VOB für Bauleiter

Bernd Kimmich
Hendrik Bach

VOB für Bauleiter

- Erläuterungen
- Praxisbeispiele
- Musterbriefe

7. Auflage

Reguvis

Bibliografische Information der Deutschen Nationalbibliothek
Die Deutsche Nationalbibliothek verzeichnet diese Publikation in der Deutschen Nationalbibliografie; detaillierte bibliografische Daten sind im Internet über http://dnb.d-nb.de abrufbar.

Reguvis Fachmedien GmbH
Amsterdamer Straße 192
50735 Köln

Internet: www.reguvis.de

Weitere Informationen finden Sie auch in unserem Themenportal unter www.betrifft-bau.de

Beratung und Bestellung:
Tel.: +49 (0) 221 97668-306
Fax: +49 (0) 221 97668-236
E-Mail: bau-immobilien@reguvis.de

ISBN (Print): 978-3-8462-1248-6

Herstellung: Günter Fabritius
Satz: MainTypo, Reutlingen
Druck und buchbinderische Verarbeitung: Appel & Klinger Druck & Medien, Schneckenlohe

Printed in Germany

Vorwort zur 7. Auflage

Eigentlich hatten wir vor, mit der Neuauflage unseres Werkes bis zur längst überfälligen Reform der VOB/B zu warten. Diese ist jedoch noch immer nicht in Sicht, so dass wir uns entschlossen haben, mit der vorliegenden 7. Auflage die in den letzten dreieinhalb Jahren ergangene Rechtsprechung zum Bauvertragsrecht aufzuarbeiten. Denn die vom Deutschen Vergabe- und Vertragsausschuss für Bauleistungen (DVA) erwartete Reformarbeit ist mittlerweile von der höchstrichterlichen Rechtsprechung übernommen worden, welche mit mehreren bahnbrechenden Entscheidungen Fakten zur Auslegung der VOB/B im Lichte des neuen Bauvertragsrechtes des BGB geschaffen hat.

Im Mittelpunkt stehen dabei – wie von uns in der 6. Auflage bereits vorausgesehen – die Nachtragsvorschriften des § 2 VOB/B. So hat der Bundesgerichtshof (BGH) in einer Grundsatzentscheidung vom 08.08.2019 zu § 2 Abs. 3 Nr. 2 VOB/B die Preisfortschreibung auf Basis der Urkalkulation verneint, wenn es ohne Anordnung des Auftraggebers zu Mengenmehrungen gekommen ist. Bereits ein Jahr zuvor hatte das Kammergericht in einer Entscheidung vom 10.07.2018 der Preisermittlung unter Anwendung der „Korbion'schen Formel" eine Absage erteilt, und zwar sowohl für § 2 Abs. 5 (Änderungsleistungen) als auch § 2 Abs. 6 (zusätzlichen Leistungen). Dem haben sich zwischenzeitlich vier weitere Obergerichte angeschlossen, so dass davon auszugehen ist, dass der BGH seine Rechtsprechung auf alle Nachtragsvorschriften der VOB/B ausdehnen wird. Des Weiteren sollen Auftragnehmer nach Auffassung einiger Obergerichte auch bei VOB-Verträgen künftig 80 % ihrer strittigen Nachtragsansprüche als Abschläge gemäß § 650c Abs. 3 BGB abrechnen und die Berechtigung dieser Ansprüche im Wege eines Eilverfahrens gemäß § 650d BGB klären lassen können.

Eine weitere wichtige Änderung der Rechtsprechung betrifft den Entschädigungsanspruch des Bauunternehmers bei Annahmeverzug des Auftraggebers. In den Jahren 2019 und 2020 hat der BGH die Voraussetzungen und den Inhalt des Entschädigungsanspruches konkretisiert. Die Corona-Pandemie 2020/21 gab Anlass, auf die Frage einzugehen, wann und unter welchen Umständen sich ein Auftragnehmer auf für ihn „unabwendbare Umstände" berufen kann und welche Auswirkungen dies auf die Bauzeit und mögliche Mehrvergütungsansprüche haben kann.

Ansonsten haben wir alle seit der letzten Auflage ergangenen wichtigen Entscheidungen eingearbeitet, um das Werk auf den aktuellsten Stand zu bringen. Anders als in den Vorauflagen nennen wir nun bei den zitierten Urteilen das jeweilige Datum und Aktenzeichen der gerichtlichen Entscheidung. Dies hat den Vorteil, dass die genannten Entscheidungen im Internet gesucht und, sofern in einer frei zugänglichen Datenbank enthalten, auch angesehen werden können, ohne dass die kostenpflichtige Datenbank von ibr-online benutzt werden muss. Alle Entscheidungen des Bundesgerichtshofs ab dem 1. Januar 2000 finden Sie im Volltext unter bundesgerichtshof.de. Viele weitere Urteile sind unter dejure.org recherchierbar. Schließlich lassen sich die knapp und verständlich gefassten

Entscheidungsbesprechungen bei ibr-online auch weiterhin unter Eingabe von Datum und Aktenzeichen einsehen, wenn ein entsprechender Zugang vorhanden ist.

Schließlich haben wir die Sammlung der Rechtstexte um einige Vorschriften ergänzt, und das gesamte neue BGB-Bauvertragsrecht abgedruckt. Wie bisher gibt es nach jedem Kapitel Musterbriefe für Auftragnehmer und Auftraggeber, die auch die neuen gesetzlichen Vorschriften berücksichtigen.

Wir dürfen unseren Kollegen Markus Fiedler, Christian Zeiske und Martin Krah für die Hilfe bei der Überarbeitung einiger Kapitel und Dr. Ulrich Dieckert für die Redaktion des Gesamtwerkes danken. Die technische Betreuung des Manuskripts erfolgte wieder in gewohnter Zuverlässigkeit durch Frau Marsha Bilgenroth. Bedanken dürfen wir uns auch bei den vielen Bau- und Projektleitern, die uns im Rahmen unserer anwaltlichen Beratung sowie bei der Durchführung von Schulungen immer wieder Anregungen für die Fortentwicklung dieses Handbuches geben.

Das Werk wird weiterhin Grundlage unserer Schulungen zum Bauvertragsrecht nach VOB/B und BGB sein. Ergänzend hierzu haben wir in 2020 eine Einführung in das Baurecht unter dem Titel „Bauvertragsrecht Kompakt nach VOB/B und BGB" herausgegeben, welche als Grundlage für eine Kompaktschulung dient. Weitere Informationen zu unseren Seminaren finden Sie unter www.bauleiterschulung.de. Auf dieser Website können auch die in diesem Werk enthaltenen Musterbriefe angefordert und Leitsätze wichtiger Urteile nachgelesen werden.

Berlin, im April 2021

Bernd Kimmich *Hendrik Bach*

Inhalt

A. Der Bauvertrag – Vertragsabschluss, Vertragsbedingungen, Vertragsänderungen

I. Was muss der Bauleiter wissen?

In diesem Kapitel besprechen wir, wie Bauverträge nach den allgemeinen Regelungen im Bürgerlichen Gesetzbuch zustande kommen und wie Bauverträge geändert werden können. Außerdem behandeln wir den Vertragsinhalt, insbesondere was Allgemeine Geschäftsbedingungen sind, wie man sie erkennt und wie man mit ihnen umgeht. 1

1. Was ist ein Bauvertrag?

a) Der Bauvertrag als Werkvertrag

Ein Vertrag ist eine Vereinbarung von zwei oder mehr Parteien miteinander. Im Vertrag verspricht jede der Vertragsparteien der anderen, etwas Bestimmtes zu tun oder zu unterlassen, also eine von der anderen Partei gewünschte Leistung zu erbringen. 2

Die Vereinbarungen der Parteien, also der Vertrag, beruhen auf Gesetzen. Das fängt damit an, dass im Bürgerlichen Gesetzbuch geregelt ist, wie und unter welchen Voraussetzungen Verträge überhaupt zustande kommen können. Außerdem werden Regelungen benötigt, wie mit widersprüchlichen Interpretationen der vereinbarten Leistungen durch die Parteien umzugehen ist und was passieren soll, wenn eine der beiden Vertragsparteien die eingegangenen Verpflichtungen nicht einhält. Da es sich hierbei um Dinge handelt, die für alle Arten von Verträgen wichtig sind, sind diese und viele weitere grundlegende Regelungen in einem „Allgemeinen Teil" des Bürgerlichen Gesetzbuches zusammengefasst. 3

Neben diesem allgemeinen Teil, in dem Regelungen für alle Arten von Verträgen enthalten sind, gibt es in einem weiteren Teil spezielle Regelungen für viele andere Arten von Verträgen, etwa Kaufverträge, Mietverträge, Dienstverträge und eben auch Werkverträge. 4

Dabei wird so vorgegangen, dass jeweils typische Konstellationen geregelt werden. So ist der Kaufvertrag als Vertragstyp dadurch geprägt, dass das Eigentum an einer bereits existierenden Sache von dem Verkäufer auf den Käufer gegen Zahlung des Kaufpreises übertragen wird, während bei einem Werkvertrag der Auftragnehmer, der im Gesetz „Unternehmer" genannt wird, ein im Zeitpunkt des Vertragsabschlusses noch nicht vorhandenes „Werk" schaffen muss (oder einen anderen vereinbarten Erfolg herbeizuführen hat). Im Gegenzug ist der Auftraggeber, nachfolgend „Besteller" genannt, zur Zahlung der vereinbarten Vergütung verpflichtet (§ 631 BGB). 5

6 Der Gesetzgeber schafft sozusagen „Schubladen", in die die konkreten Vereinbarungen (Verträge) einsortiert werden, um für das betreffende Vertragsverhältnis „passende", d.h. vom Gesetzgeber als sinnvoll angesehene Regelungen anwenden zu können.

7 Es geht dabei wie gesagt um Vertragstypen und typischerweise auftretende Probleme, die einer angemessenen Regelung bedürfen. Das schließt keineswegs aus, dass die Rechtsprechung einen Vertrag über ein individuell konfiguriertes Kraftfahrzeug, welches erst noch hergestellt werden muss, als Kaufvertrag beurteilt. Umgekehrt ist es so, dass ein Kaufvertrag über eine bereits errichtete neue Eigentumswohnung von der Rechtsprechung als Werkvertrag behandelt wird (zuletzt BGH, Urt. v. 12.5.2016 – VII ZR 171/15), obwohl die Wohnung ja schon fertig ist.

8 Begründet wird dies damit, dass die Gewährleistungsregeln des Werkvertragsrechts besser zur Situation beim Kauf einer neu errichteten Eigentumswohnung passen als die Gewährleistungsregeln des Kaufrechts. So kann der „Besteller" beim Werkvertrag einen Kostenvorschuss für die Selbstbeseitigung eines Mangels verlangen, die Gewährleistungsfrist ist länger und der Bauträger („Unternehmer") muss sich das Verschulden sämtlicher am Bau beteiligten Baufirmen und Planer zurechnen lassen.

9 Aus ähnlichen Erwägungen heraus sieht der Bundesgerichtshof (BGH) Architektenverträge seit 1965 als Werkverträge an. Vorher wurden Architektenverträge in die gesetzliche „Schublade" des Dienstvertragsrechts eingeordnet, da der Architekt nicht selbst das Haus errichte, sondern nur seine Dienste für die mangelfreie Errichtung zur Verfügung stelle.

10 An den genannten Beispielen wird deutlich, dass es der Rechtsprechung darum geht, im Rahmen der durch den Gesetzgeber geschaffenen Möglichkeiten das für die konkrete Vereinbarung der Parteien (Vertrag) am besten passende Regelwerk anzuwenden. Dass hierbei in Grenzfällen unterschiedliche Wertungen möglich sind, sollte deutlich geworden sein.

b) Der Bauvertrag als Unterfall des Werkvertrags

11 Warum ist es wichtig zu wissen, ob ein konkreter Werkvertrag als Bauvertrag einzuordnen ist? Nur bei einem Bauvertrag gibt es das Recht des Auftraggebers, Änderungen der vereinbarten Leistung anzuordnen (§§ 650b ff. BGB). Außerdem kann der Auftragnehmer gemäß § 650f BGB vom Auftraggeber eine Bauhandwerkersicherheit verlangen. Nur bei Bauverträgen hat bei Verweigerung der Abnahme eine Zustandsfeststellung gemäß § 650g BGB stattzufinden.

12 Zunächst einmal ist jeder Bauvertrag ein Werkvertrag. Ein Bauvertrag ist nach der Definition in § 650f BGB also ein Werkvertrag, dessen Gegenstand die Herstellung, die Wiederherstellung, die Beseitigung oder der Umbau eines Bauwerks oder eines Teils davon ist. Umfasst sind auch die Außenanlagen eines Bauwerks.

Unter einer Außenanlage sind Grundstücksflächen zu verstehen, die regelmäßig, aber nicht notwendig in einem wirtschaftlichen Zusammenhang mit einem Bauwerk stehen und seinem Zweck dienen. Typischerweise handelt es sich um Gartenanlagen, Parkplätze und andere Flächen, die der Gestaltung von Grundstücken dienen. Einzelne Bestandteile der Außenanlagen können selbstständige Bauwerke sein, etwa ein Swimmingpool. Das Anpflanzen eines einzelnen Baumes oder einiger weniger Pflanzen dürfte jedoch nicht ausreichen, um von der Herstellung oder Umgestaltung einer Außenanlage zu sprechen, ebenso nicht das bloße Abschieben von Boden von einem Grundstück. 13

In den meisten Fällen ist klar, ob Gegenstand des Vertrags Arbeiten an einem Bauwerk sind. Man kann sich aber durchaus die Frage stellen, ob etwa ein Spielplatz ein „Bauwerk" ist. Die juristische Regelungstechnik funktioniert nun so, dass es für jeden Begriff der in einer juristischen Definition verwendet wird, weitere „Unter-Definitionen" gibt. Diese haben sich im Laufe der Zeit aus der Rechtsprechung und der juristischen Literatur entwickelt. Manchmal wird in Gesetzen auch direkt beschrieben, was mit einem verwendeten Begriff gemeint ist. 14

Nachdem es zwar ein gesetzliches Bauvertragsrecht erst seit dem Jahr 2018 gibt, aber für Arbeiten an Bauwerken schon immer eine längere Verjährungsfrist galt, gibt es seit Jahrzehnten Urteile, die sich mit der Frage beschäftigen, was juristisch unter einem Bauwerk zu verstehen ist und was nicht. Danach ist ein „Bauwerk" eine unbewegliche, durch Verwendung von Arbeit und Material in Verbindung mit dem Erdboden hergestellte Sache. 15

Der Begriff „Bauwerk" umfasst demnach auf und unter der Erdoberfläche errichtete Werke und geht weiter als der des Gebäudes. Der Begriff des Bauwerks wird recht weit ausgelegt und umfasst neben Wohn- und Gewerbegebäuden auch Tiefbauwerke wie Straßen, Brücken, Gleisanlagen, Tunnel, Abwasseranlagen, Rohrnetze und auch größere ortsfeste technische Anlagen. Notwendig ist aber eine langfristige („dauerhafte") Verbindung mit dem Grundstück. 16

Einzelfälle: 17

Ein Rohrbrunnen ist ein Bauwerk, Drainageleitungen für Grundstücksentwässerung sind kein Bauwerk (BGH, Urt. v. 16.9.1971 – VII ZR 5/70).

Drainageleitungen zum Schutz eines Gebäudes sind Arbeiten an einem Bauwerk (BGH, Urt. v. 22.9.1983 – VII ZR 360/82).

Eine Containeranlage ist ein Bauwerk, wenn die Container untereinander verschraubt sind, auf Fundamenten stehen und die Anlage an Wasser/Abwasser/Strom angeschlossen ist (BGH, Urt. v. 30.1.1992 – VII ZR 86/90).

Ein Hochseilgarten, dessen Stämme 2,60 m tief im Erdreich verankert sind, ist ein Bauwerk (OLG Koblenz, Beschl. v. 4.8.2009 – 5 U 333/09).

Der Einbau einer individuell angepassten Einbauküche sowie von fest mit Wänden und Decken verbundener Schrankwand sind Arbeiten an einem Bauwerk (BGH, Urt. v. 15.2.1990 – VII ZR 175/89).

Eine ortsfest installierte Müllpresse, deren geschweißte Rahmenkonstruktion mit sechs Auflagestützen an dem Fundament des Gebäudes befestigt wird, ist ein Bauwerk (BGH, Urt. v. 23.1.2002 – X ZR 184/99).

Eine Freiland-Photovoltaikanlage, deren Stützen 90 cm im Boden verankert sind, ist ein Bauwerk (OLG Bamberg, Urt. v. 12.1.2012 – 6 W 38/11).

Ein Berliner Verbau ist kein Bauwerk, weil es an der dauerhaften Verbindung mit dem Grundstück fehlt (OLG Hamm, Urt. v. 24.2.2015 – 24 U 94/13).

18 Zu Aufdach-Solaranlagen gibt es unterschiedliche Meinungen. Das fängt bereits bei der Frage an, ob man den Vertrag überhaupt als Werkvertrag ansieht oder als sogenannten Werklieferungsvertrag, auf den Kaufrecht Anwendung findet. Das Typische des Werklieferungsvertrags besteht darin, dass der Schwerpunkt des Vertrags beim Kauf der Bestandteile einer Anlage liegt und die Montage nur einen sehr kleinen Anteil an der Auftragssumme hat. Der für das Kaufrecht zuständige achte Senat des BGH vertritt diese Ansicht und meint außerdem, dass die Gewährleistungsfrist nur zwei Jahre beträgt, wenn die Solaranlage nicht dem Betrieb des Gebäudes dient (auch im Kaufrecht gibt es eine verlängerte Gewährleistung auf fünf Jahre, wenn die Kaufsache entsprechend ihrer üblichen Verwendung für ein Bauwerk verwendet wurde und dessen Mangelhaftigkeit verursacht hat (§ 438 Abs. 1 Ziffer 2b BGB)). Jedenfalls liegt nach dieser Ansicht kein Bauvertrag vor, da wie oben geschildert der Bauvertrag ein Unterfall des Werkvertrags ist. Kaufverträge und Werklieferungsverträge können keine Bauverträge sein.

19 Hingegen geht der VII. Zivilsenat des BGH davon aus, dass Verträge über Lieferung und Montage von Aufdach-Photovoltaikanlagen Werkverträge sind. Das gelte jedenfalls dann, wenn zur Installation der Photovoltaikanlage die Durchführung aufwendiger, handwerklicher Installations- und Anpassungsarbeiten an dem Gebäude erforderlich sei (BGH, Urt. v. 2.6.2016 – VII ZR 348/13). Unerheblich sei, ob die Photovoltaikanlage der Stromversorgung des Gebäudes diene. Wenn es sich um Umbauarbeiten an einem Bauwerk handelt, liegt nicht nur ein Werkvertrag, sondern auch ein Bauvertrag im Sinne des § 650a BGB vor.

20 Für den Bereich der Aufdach-Photovoltaikanlagen kann man verallgemeinernd feststellen, dass überall dort, wo nicht unerhebliche Anpassungsarbeiten am Gebäude vorgenommen werden müssen (z.B. statisch erforderliche Verstärkungen, neue Dachabdichtung), von einem Werkvertrag und gleichzeitig auch einem Bauvertrag auszugehen ist. Dort, wo hingegen eine Photovoltaikanlage nur auf das Dach gestellt wird und der Montageanteil sehr gering ist, spricht viel für die

Einordnung als Werklieferungsvertrag und damit die Anwendung von Kaufvertragsrecht. Auch dann kann aber die Gewährleistungsfrist im Einzelfall fünf Jahre betragen, wenn der Strom der Anlage im Gebäude selbst verbraucht werden soll und die Anlage einen Mangel am Gebäude verursacht hat.

Abschließend ist noch darauf hinzuweisen, dass auch bei Instandhaltungsarbeiten an Gebäuden ein Bauvertrag vorliegt, wenn die entsprechenden Arbeiten für die Konstruktion, den Bestand oder den bestimmungsgemäßen Gebrauch des Bauwerks von wesentlicher Bedeutung sind (§ 650a Abs. 2 BGB). Hierunter fallen sämtliche Instandhaltungsarbeiten an tragenden Teilen des Bauwerks, am Dach und auch an Heizungs-, Wasser- und Abwasseranlagen, weil alle diese Bauteile für den bestimmungsgemäßen Gebrauch des Bauwerks wesentlich sind. Ein einfacher Fassadenanstrich, Malerarbeiten in Innenräumen, die Verlegung eines neuen Bodenbelags und ähnliche für den Bestand des Gebäudes „unwesentliche" Arbeiten fallen aber nicht unter diese Regelung, sodass dort zwar ein Werkvertrag, aber kein Bauvertrag vorliegt. Auch die Wartung einer Brandmeldeanlage mit Auswechselung einzelner Brandmelder ist wohl kein Bauvertrag (OLG Düsseldorf, Beschl. v. 14.4.2010 – Verg 60/09), wobei die genannte Entscheidung einen vergaberechtlichen Inhalt hatte. **21**

Es wird abzuwarten sein, wie die Rechtsprechung die genaue Abgrenzung zwischen wesentlichen Instandhaltungsarbeiten für ein Bauwerk und unwesentlichen Arbeiten ziehen wird. **22**

c) Der Verbraucherbauvertrag als Unterfall des Bauvertrags

Der Gesetzgeber hat sich entschlossen, für Verbraucher bei bestimmten Bauverträgen besondere Schutzvorschriften einzuführen. Die Sondervorschriften für den Verbraucherbauvertrag sollen dazu dienen, den Verbraucher vor übereilten Entscheidungen zu schützen und ihn umfassend über den Inhalt des Angebots des Unternehmers zu informieren. **23**

Verbraucherbauverträge sind Verträge, durch die der Unternehmer von einem Verbraucher zum Bau eines neuen Gebäudes oder zu erheblichen Umbaumaßnahmen an einem bestehenden Gebäude verpflichtet wird (§ 650i BGB). **24**

Der Gebäudebegriff ist zwar nicht auf Wohngebäude beschränkt, aber Bürogebäude oder Brücken werden in aller Regel im Rahmen einer gewerblichen Tätigkeit errichtet (dazu unten). Carports, Gartenschuppen, Garagen oder andere Nebengebäude werden nicht erfasst, da diese das Grundstück nicht wesentlich umgestalten. Außenanlagen sind ebenfalls kein Bauwerk. **25**

Voraussetzung für die Anwendung der Schutzvorschriften ist, dass der Bauunternehmer grundsätzlich alle Leistungen zur Herstellung des Gebäudes oder dessen Umbau aus einer Hand anbietet, der Unternehmer also als Generalübernehmer oder Generalunternehmer auftritt. Klar ist damit, dass keine Verbraucherbauver- **26** träge vorliegen, wenn der Auftraggeber bei einem Neubau oder Umbau die Leistungen gewerkeweise an unterschiedliche Auftragnehmer vergibt.

27 Wie verhält es sich bei einem Vertrag mit einem Heizungsbauer, der die komplette Heizungsanlage eines Gebäudes erneuern soll? Sind das bereits „erhebliche Umbaumaßnahmen" im Sinne des Gesetzes? Nach der derzeitigen Meinung in den Gesetzeskommentaren ist das nicht der Fall. Dabei stützt man sich aber auf Rechtsprechung, die vor Inkrafttreten der Neuregelungen in einem anderen Kontext ergangen ist. Es mag also sein, dass Gerichte zukünftig sehr umfangreiche Umbaumaßnahmen, auch wenn sie nur ein Gewerk betreffen, als Verbraucherbauverträge ansehen könnten.

28 Außerdem muss der Besteller Verbraucher sein. Verbraucher sind natürliche Personen, die ein Rechtsgeschäft abschließen, das weder ihrer gewerblichen noch ihrer selbstständigen beruflichen Tätigkeit zugerechnet werden kann (§ 13 BGB). Errichtet eine Privatperson ein Gebäude zur Vermietung, ist sie auch als Verbraucher anzusehen, wenn die Vermietung von Räumen nicht die gewerbliche Tätigkeit des Auftraggebers darstellt.

29 Auch eine Gesellschaft bürgerlichen Rechts ist Verbraucher, wenn es um den Bau oder erheblichen Umbau eines selbstgenutzten Gebäudes geht und der Gesellschaft keine juristischen Personen angehören. Wohnungseigentümergemeinschaften gelten ebenfalls als Verbraucher, wobei auch dort ein Verbraucherbauvertrag nur vorliegt, wenn erhebliche Umbaumaßnahmen an einen einzigen (General-) Unternehmer vergeben werden.

30 Was ist bei Verbraucherbauverträgen zu beachten? Dem Verbraucher steht gemäß § 650l BGB ein Widerrufsrecht zu, das inhaltlich dem Widerrufsrecht bei sonstigen Verbraucherverträgen gemäß § 355 BGB entspricht. Wird der Verbraucher über das Widerrufsrecht nicht belehrt, beginnt die 14-tägige Widerrufsfrist nicht und der Verbraucher kann noch ein Jahr lang den Vertrag widerrufen (§ 356 BGB). Außerdem muss dem Verbraucher eine detaillierte Baubeschreibung ausgehändigt werden und es gibt besondere Regelungen über Abschlagszahlungen und Sicherheiten für den Verbraucher. Wer als Bauunternehmer in diesem Bereich tätig ist, sollte sich umfassend über diese Vorschriften unterrichten.

31 Das gilt insbesondere auch deshalb, weil es neben dem gesondert geregelten Widerrufsrecht bei einem Verbraucherbauvertrag noch allgemeine Widerrufsrechte für Verbraucher gibt, die auch bei Verträgen über einzelne Bauleistungen gelten, die nicht unter den Begriff des Verbraucherbauvertrags fallen. Das betrifft zum einen alle außerhalb von Geschäftsräumen abgeschlossenen Verträge (§ 312b BGB). Hierunter versteht man Verträge, die bei gleichzeitiger Anwesenheit des Verbrauchers und des Unternehmers an einem Ort geschlossen werden, der kein Geschäftsraum des Unternehmers ist.

Beispiel: Ein Heizungsbauer wird wegen eines Defekts einer Ölheizung von einem Verbraucher angerufen. Der Heizungsbauer begibt sich zum Haus des Verbrauchers und schlägt vor, statt einer Reparatur eine Erneuerung der Heizungsanlage vorzunehmen. Am nächsten Tag kommt der Heizungsbauer mit einem Kostenvoranschlag zum Verbraucher und der Verbraucher beauftragt die Umbauarbeiten. Nachdem die Arbeiten schon zum großen Teil durchgeführt worden sind erklärt der Verbraucher, dass er den Auftrag widerrufen würde. Der Heizungsbauer wertet dies als Kündigung und klagt die Vergütung für die ausgeführten Arbeiten ein. 32

Die Klage wird abgewiesen. Das Gericht geht von einem wirksamen Widerruf des abgeschlossenen Vertrags aus (LG Coburg, Urt. v. 9.8.2018 – 21 O 175/18). Die gleiche Problematik stellt sich bei Sonderwünschen von Wohnungskäufern, die diese nicht mit dem Bauträger, sondern direkt mit ausführenden Handwerkern auf der Baustelle vereinbaren. Außerdem haben Verbraucher auch dann ein Widerrufsrecht, wenn der Vertrag ausschließlich per Telefon, per E-Mail oder über die Internet-Seite abgeschlossen wird, § 312g BGB. 33

Die Widerrufsfrist (§ 355 Abs. 2 BGB) beträgt grundsätzlich 14 Tage. Sie beginnt mit Vertragsschluss. Allerdings beginnt die Widerrufsfrist nicht zu laufen, bevor der Unternehmer den Verbraucher nicht entsprechend den Anforderungen des Gesetzes über sein Widerrufsrecht informiert hat. In dem beschriebenen Beispielsfall hätte der Verbraucher also auch noch Monate später nach vollständigem Einbau der neuen Heizung den Vertrag widerrufen können. Hätte hingegen der Heizungsbauer nur die Reparatur durchgeführt, wegen derer ihn der Verbraucher kontaktiert hatte, hätte kein Widerrufsrecht bestanden (§ 312g Abs. 2 Ziffer 11 BGB). 34

2. Abschluss und Änderung von Bauverträgen

a) Allgemeine Regeln

Bauverträge kommen – wie andere Verträge auch – dadurch zustande, dass zwei übereinstimmende Willenserklärungen vorliegen. Eine Seite unterbreitet ein Angebot, das von der anderen Seite angenommen wird. Dabei muss das Angebot nicht vom Auftragnehmer ausgehen, sondern kann auch vom Auftraggeber unterbreitet werden. Grundsätzlich muss über alle wesentlichen Punkte Einigkeit erzielt worden sein. Wird etwa über die Gewährleistungsfrist oder den Fertigstellungstermin keine Einigung erzielt, kommt der Bauvertrag nicht zustande (OLG Koblenz, Urt. v. 17.12.2010 – 10 U 1370/09). Gleiches gilt, wenn ein zu errichtendes Fertighaus nach Größe, Preis und Ausstattung nicht näher umschrieben ist (OLG Dresden, Beschl. v. 2.1.2018 – 8 U 1133/17). Die Höhe der Vergütung ist zwar auch ein wesentlicher Punkt, hier gibt es aber eine Besonderheit im Werkvertragsrecht. Gemäß § 632 BGB gilt eine Vergütung als stillschweigend vereinbart, wenn 35 der Auftraggeber die Erbringung der Leistung nach den Umständen nur gegen Zahlung einer Vergütung erwarten konnte. Dann ist auch ohne Vereinbarung eine ortsübliche Vergütung geschuldet. Hauptanwendungsfall ist die „vergessene Vergütungsvereinbarung". Bei Uneinigkeit über die Höhe der Vergütung kann es aber auch passieren, dass kein Vertrag zustande kommt (OLG Bremen, Urt. v. 29.10.2008 – 1 U 47/08). Das Urteil behandelt einen Ausnahmefall, bei dem die Vertragsparteien dachten, sie hätten sich über die Vergütung geeinigt, tatsächlich aber völlig unterschiedliche Vorstellungen über den Inhalt ihrer Vereinbarung hatten. Man nennt das juristisch einen „versteckten Dissens". Der Normalfall ist aber der „offene Dissens" (Auftragnehmer bietet Leistung für € 10.000,– an, Auftraggeber sagt, dass er höchstens € 9.000,– zahlen will). In diesen Fällen kommt der Vertrag dann zustande, wenn die Leistungserbringung begonnen und hieraus erkennbar wird, dass die Vertragsparteien die Durchführung des Vertrags nicht an der noch fehlenden Einigung über die Vergütung scheitern lassen wollten.

36 Beim Abschluss von Bauverträgen ist der Ablauf meist der, dass der Auftraggeber den Auftragnehmer auffordert, für eine bestimmte Bauleistung ein Preisangebot abzugeben. Diese Aufforderung ist kein Angebot im Rechtssinne, sondern nur die Einladung an den Auftragnehmer, seinerseits ein Preisangebot abzugeben. Anschließend wird über das Angebot verhandelt. Bei dieser Gelegenheit kann vereinbart werden, welche zusätzlichen Unterlagen im Falle einer späteren Auftragserteilung Vertragsbestandteil werden sollen. Solche Festlegungen werden in der Regel in einem Verhandlungsprotokoll festgehalten. Dort wird dann Bezug genommen auf besondere Vertragsbedingungen (meist die des Auftraggebers), Planungsunterlagen, Baugenehmigungen, Bauzeitenpläne und weitere Unterlagen.

37 Das Verhandlungsprotokoll selbst stellt noch keinen Bauvertrag dar. Im Ergebnis einer solchen Auftragsverhandlung liegt rechtlich ein annahmefähiges Angebot des Auftragnehmers mit den verhandelten Änderungen oder Ergänzungen gegenüber dem ursprünglichen Angebot vor.

Im weiteren Verlauf gibt es zwei Möglichkeiten:

38 Entweder der Vertrag kommt durch ein sogenanntes „Zuschlagschreiben", also eine einseitige Annahmeerklärung des Auftraggebers zustande oder die Parteien unterzeichnen gemeinsam eine einheitliche Vertragsurkunde, in der der wesentliche Vertragsinhalt schriftlich niedergelegt wird. Beide Möglichkeiten sind rechtlich gleichwertig.

b) Bindung an Angebote

39 Für den Auftragnehmer ist es wichtig, dass er ein Angebot grundsätzlich nur so lange zurückziehen kann, wie das Angebot dem anderen noch nicht zugegangen ist. Wenn man also ein Angebot abgeschickt hat, welches man eigentlich nicht

aufrechterhalten möchte, besteht die einzige Möglichkeit darin, dem Empfänger rechtzeitig – bevor dieser das Angebot überhaupt erhält – mitzuteilen, dass das Angebot nicht mehr gelten soll (§ 130 Abs. 1 BGB).

Ist das Angebot zugegangen, ist es grundsätzlich nicht mehr widerruflich (§ 145 BGB), es sei denn, dass der Auftragnehmer auf das Angebot den Vermerk „freibleibend" oder „unverbindlich" gesetzt hat, was rechtlich bedeutet, dass in diesen Fällen aus rechtlicher Sicht gar kein (verbindliches) Angebot vorliegt, sondern bloß die Aufforderung an die Gegenseite, ihrerseits ein Angebot abzugeben. **40**

Gleichwohl ist auch ein verbindliches und unbefristetes Angebot nicht unbeschränkt lange gültig. Ein mündliches Angebot in einem Gespräch oder am Telefon kann nur sofort angenommen werden. Ein schriftliches Angebot kann innerhalb angemessener Frist angenommen werden, sonst wird es wirkungslos (§ 147 BGB). Die Frist ergibt sich aus den Umständen des Einzelfalls und beträgt je nach den Umständen zwei bis vier Wochen. Bei einem Bauträgervertrag geht der BGH von vier Wochen aus (BGH, Urt. v. 26.2.2016 – V ZR 208/14), für einen gewerblichen Mietvertrag hat der BGH geurteilt, dass der Anbietende regelmäßig binnen zwei bis drei Wochen erwarten kann, dass sein in Aussicht genommener Vertragspartner die Annahme des Angebots erklärt (BGH, Beschl. v. 1.12.2015 – 34 Sch 26/15). Die Rechtzeitigkeit der Annahme eines Vertragsangebots hat grundsätzlich derjenige zu beweisen, der den Vertragsschluss behauptet und daraus Rechtsfolgen ableitet. Die gesetzliche Bindefrist gilt auch für Nachtragsangebote. Der Auftragnehmer kann natürlich in sein Angebot auch eine Bindefrist hineinschreiben und so selbst bestimmen, bis zu welchem Datum das Angebot gelten soll (§ 148 BGB). **41**

Bei öffentlichen Aufträgen wird die Zuschlagsfrist mit der Ausschreibung bekannt gegeben. Sie soll gemäß § 10 Abs. 6 VOB/A so kurz wie möglich und nicht länger bemessen werden, als der Auftraggeber für eine zügige Prüfung und Wertung der Angebote benötigt. Sie soll nicht mehr als dreißig Kalendertage betragen, eine längere Zuschlagsfrist ist nur in begründeten Fällen zulässig. **42**

Öffentliche und private Auftraggeber dürfen sich keine unangemessen langen Fristen für die Annahme von Angeboten vorbehalten. Regelungen in den Ausschreibungsunterlagen, dass die Bindefrist des Auftragnehmers acht Wochen oder gar länger betragen soll, sind unwirksam, wenn sie vom Auftraggeber regelmäßig wiederkehrend verwendet werden (OLG Saarbrücken, Urt. v. 8.12.2010 – 1 U 111/10). Ein öffentlicher Auftraggeber, der abweichend von § 19 VOB/A eine Bindefrist von 84 Tagen vorsieht, verhält sich treuwidrig, wenn hierfür keine besonderen Gründe vorliegen (OLG Brandenburg, Beschl. v. 10.8.2017 – 12 U 173/15). Dagegen ist gegen eine Verlängerung im Einzelfall beispielsweise auf 52 Werktage nichts einzuwenden, wenn eine kleine Gemeinde mit ehrenamtlichen Gemeindevertretern eine längere Zeit braucht, um die Angebote zu beraten **43**

(OLG Köln, Urt. v. 27.5.1992 – 13 U 23/90). Vergabestellen sollten ohne dokumentierte Begründung im Einzelfall (z.B. Umfang und Schwierigkeit der Angebotsprüfung, etwa bei zugelassenen Nebenangeboten, Vielzahl von Losen, komplexer Wertungsmatrix oder spezifischen organisatorischen Bedingungen) sicherheitshalber keine Bindefristen über 45 Kalendertage vorsehen.

44 Weigert sich ein Bieter ernsthaft und endgültig, sich an einem bindenden Vertragsangebot festhalten zu lassen, und bringt er damit zum Ausdruck, dass er nicht bereit ist, nach Annahme seines Angebots die Leistung vertragsgemäß zu erbringen, stellt dies eine Pflichtverletzung dar. Wird der Angebotsempfänger dadurch veranlasst, das Angebot nicht anzunehmen, ist er berechtigt, den Schaden geltend zu machen, der ihm dadurch entstanden ist, dass der Vertrag mit dem Bieter nicht zustande kam, sondern er einen anderen Bieter beauftragen musste (BGH, Urt. v. 24.11.2005 – VII ZR 87/04).

c) Verspätete Annahmeerklärungen

45 Es wurde oben bereits erwähnt, dass Angebote nur innerhalb der Frist angenommen werden können, die sich entweder aus dem Angebot selbst ergibt oder aus dem, was man nach gewöhnlichen Umständen erwarten kann. Ein Angebot per Telefax muss in der Regel innerhalb einer Woche angenommen werden, ein schriftliches Angebot innerhalb von zwei Wochen, umfangreiche schriftliche Angebote können auch nach vier Wochen noch wirksam angenommen werden.

46 Ist als Fristende ein bestimmtes Datum angegeben, so muss die Annahmeerklärung an diesem Tag innerhalb der Bürozeiten zugehen.

47 **Beispiel:** Die Angebotsbindefrist eines Auftragnehmers endet an einem Freitag. An diesem Freitag um 16:13 Uhr geht per Telefax die Annahmeerklärung des Auftraggebers ein. Das Büro ist bereits verlassen. Der Auftragnehmer, der wegen eines zwischenzeitlich erhaltenen anderen Auftrags keinen Wert auf diesen Abschluss legt, weist am nächsten Montag die Annahme zurück.

48 Da üblicherweise an einem Freitag gegen 15:00 Uhr Büroschluss ist, gilt die Annahmeerklärung erst am kommenden Montagvormittag als zugegangen und ist damit nicht mehr rechtzeitig (OLG Rostock, Urt. v. 24.9.1997 – 5 U 23/96). Der Zugang einer Willenserklärung setzt nämlich voraus, dass der andere die zumutbare Möglichkeit der Kenntnisnahme hatte. So geht auch ein Schriftstück, welches am 31.12. am Nachmittag in den Briefkasten einer Verwaltungsgesellschaft geworfen wird, erst am folgenden Werktag zu, weil am Silvesternachmittag üblicherweise nicht gearbeitet wird (BGH, Urt. v. 5.12.2007 – VII ZR 148/05).

49 Eine verspätete Annahmeerklärung/Auftragserteilung durch den Auftraggeber führt nicht zum Vertragsabschluss und ist rechtlich zunächst wirkungslos. Da das Angebot bereits erloschen war, konnte es nicht mehr angenommen werden. Die

verspätete Annahmeerklärung ist rechtlich aber nicht bedeutungslos, sondern wird als neues Angebot gewertet (§ 150 Abs. 1 BGB). Reagiert der Auftragnehmer hierauf nicht, kommt kein Vertrag zustande. Er kann es aber auch annehmen, etwa indem er eine Auftragsbestätigung an den Auftraggeber schickt.

Steht der Auftragnehmer mit dem Auftraggeber in einer ständigen Geschäftsverbindung, ist er verpflichtet, dem Auftraggeber unverzüglich mitzuteilen, dass er dieses neue Angebot als verspätet zurückweist, sonst kann sein Schweigen als Annahmeerklärung gewertet werden (§ 362 HGB). Eine ständige Geschäftsverbindung liegt aber nicht schon dann vor, wenn mehrere Aufträge abgewickelt wurden. Notwendig ist eine Absprache, fortgesetzt Geschäfte miteinander machen zu wollen (OLG Düsseldorf, Urt. v. 11.3.2005 – 22 U 99/04; OLG Naumburg, Urt. v. 30.9.1996 – 1 U 76/96). **50**

d) Vom Angebot abweichende Annahmeerklärungen

Es kommt häufig vor, dass im Auftragsschreiben von dem Angebot des Auftragnehmers abweichende oder zusätzliche Vertragsbedingungen enthalten sind. Das kann sich sowohl auf den Preis, als auch auf die Leistung oder andere Vertragsinhalte beziehen. **51**

Beispiel: Ein Unternehmer bietet Leistungen auf Grundlage eines Einheitspreisangebots für € 10.235,86 an. Der Auftraggeber schreibt auf das Angebot: „Beauftragt, Pauschal € 10.000,–". **52**

Ein Vertrag kommt hierdurch nicht zustande, weil das Auftragsschreiben vom Angebot abweicht. **53**

Nicht immer sind die Abweichungen so leicht erkennbar. Oft handelt es sich nur um einzelne Punkte des Auftragsschreibens, die vom Angebot abweichen. So liegt in der Übersendung eines Auftragsvergabeschreibens mit dem Vermerk „Zwei Prozent Skonto bei Zahlung innerhalb von zwölf Werktagen" die Ablehnung des eine Skontovereinbarung nicht enthaltenden Angebots, verbunden mit einem neuen Angebot auf Abschluss eines Vertrags mit Skontovereinbarung. Antwortet der Auftragnehmer „Zwei Prozent Skonto OK, aber Frist acht Tage" und nennt noch einen neuen Beginntermin, ist immer noch kein Vertrag zustande gekommen (OLG Frankfurt, Urt. v. 8.5.2015 – 10 U 124/13). Das Gleiche gilt, wenn ein öffentlicher Auftraggeber nach Bindefristverlängerung in das Zuschlagsschreiben neue Termine hineinschreibt. Antwortet der Auftragnehmer, dass er mit den neuen Terminen nur einverstanden ist, wenn Mehrkosten erstattet werden, kommt kein Vertrag zustande (BGH, Urt. v. 3.7.2020 – VII ZR 144/19). Dies ergibt sich aus § 150 Abs. 2 BGB, wo es heißt, dass eine Annahme unter Erweiterungen, Einschränkungen oder sonstigen Änderungen als Ablehnung des Angebots gilt, verbunden mit einem neuen Angebot (BGH, Urt. v. 24.2.2005 – VII ZR 141/03). **54**

e) Vertragsabschluss durch Arbeitsaufnahme

55 Wenn entweder die Auftragserteilung erst nach Ablauf der Bindefrist erfolgte oder wie eben beschrieben aufgrund abweichender Annahmeerklärungen noch kein Vertrag zustande gekommen ist, kann es gleichwohl zu einem stillschweigenden Vertragsabschluss kommen. Wenn der Auftragnehmer mit den Arbeiten beginnt, wird hierin in aller Regel die stillschweigende Annahme des verspäteten/abweichenden Auftrags liegen (OLG Brandenburg, Urt. v. 21.2.2008 – 12 U 104/07). Gleiches gilt umgekehrt, wenn ein (abweichendes) Angebot des Auftragnehmers vorliegt und der Auftraggeber Leistungen entgegennimmt, obwohl er noch keinen schriftlichen Auftrag erteilt hat.

56 In solchen Fällen ist es demzufolge nötig, die andere Seite darauf hinzuweisen, dass über diese und jene Punkte noch keine Einigung besteht und die Arbeiten nur im Vorgriff auf den noch schriftlich abzuschließenden Vertrag, also vorbehaltlich der späteren Einigung über die offenen Fragen, aufgenommen bzw. entgegengenommen werden. Kommt eine spätere Einigung nicht zustande und werden die Leistungen dennoch weiter ausgeführt bzw. entgegengenommen, gelten hinsichtlich der offen gebliebenen Punkte die VOB/B und das BGB.

f) Stillschweigende Vertragsänderungen

57 Die Grundsätze für den stillschweigenden Abschluss von Verträgen gelten auch für die Änderung von Verträgen, etwa durch die Annahme von Nachtragsangeboten. Nach Vertragsabschluss kann eine stillschweigende Annahme eines Nachtragsangebots zu bejahen sein, wenn der Auftragnehmer das Nachtragsangebot rechtzeitig vor Beginn der Arbeiten übersandt hat und der Auftraggeber ohne zu widersprechen die Leistungen entgegennimmt (OLG Koblenz, Urt. v. 28.2.2011 – 12 U 1543/07; KG, Urt. v. 31.10.2008 – 7 U 169/07). Das gilt insbesondere dann, wenn dem Nachtragsangebot Preisverhandlungen vorausgegangen waren (OLG Jena, Urt. v. 12.1.2006 – 1 U 921/04) oder der Auftragnehmer im Nachtragsangebot erklärt hat, er werde die Leistung nur zu diesen Bedingungen ausführen (OLG Hamm, Urt. v. 22.2.2010 – 17 U 67/09). Auftraggeber müssen sich daher darüber im Klaren sein, dass das Schweigen zu einem Nachtragsangebot des Auftragnehmers dazu führen kann, dass eine stillschweigende Annahme des Angebots erfolgt. Der Auftraggeber kann dies verhindern, indem er dem Auftragnehmer mitteilt, dass er das Nachtragsangebot nur „dem Grunde nach" beauftrage und hinsichtlich der Preise noch Erläuterungsbedarf bestehe. Nach der gesetzlichen Neuregelung in § 650c Abs. 3 BGB, die auch auf VOB/B-Bauverträge Anwendung findet, muss er zukünftig ohnehin aktiv werden, wenn er nicht in Höhe von 80 % der Nachtragsforderung Abschlagszahlungen leisten will.

Ebenso kann durch eine nach Vertragsabschluss erfolgte Bemusterung die vereinbarte Beschaffenheit der Bauleistung stillschweigend konkretisiert und sogar geändert werden. **58**

Wird ein Produkt bemustert, das nicht alle im Leistungsverzeichnis geforderten Anforderungen erfüllt, dann kann hierin eine stillschweigende Vertragsänderung liegen. Ob ein Gericht dies annimmt, ist eine Frage des Einzelfalls. Wenn für Bodenfliesen die Rutschfestigkeitsklasse R9 vereinbart ist und der Auftragnehmer im Bemusterungstermin unter anderem Fliesen mit der Rutschfestigkeit Klasse R10 vorstellt und diese vom Auftraggeber ausgewählt werden, soll darin keine abweichende Beschaffenheitsvereinbarung liegen (OLG Schleswig, Urt. v.18.8.2017 – 1 U 11/16). Der Auftraggeber hatte im Nachhinein festgestellt, dass sich die ausgesuchten Fliesen schlecht reinigen ließen und nach einiger Zeit fleckig aussahen. Bei der Bemusterung einer Sonnenschutzanlage war für den Auftraggeber erkennbar, dass beim Herunterfahren des zweigeteilten Sonnenschutzes die oberen Lamellen während der Abfahrt nicht in geöffneter Stellung standen, obgleich dies laut Leistungsbeschreibung so sein sollte. Bei dieser optisch wahrnehmbaren Abweichung nahm das Gericht eine stillschweigende Vertragsänderung an (OLG Bremen, Urt. v. 16.3.2012 – 2 U 94/09). **59**

Hat ein Auftragnehmer vor Auftragserteilung ein Muster für zu verlegende Natursteinplatten vorgelegt, konkretisiert dieses Muster die geschuldete Leistung. Der Auftragnehmer kann nicht im Nachhinein verlangen, dass der Auftraggeber Abweichungen in Oberfläche und Farbe von dem ursprünglichen Muster akzeptiert (LG Bonn, Urt. v. 30.12.2020 – 1 O 471/18). Dem Auftragnehmer ist in diesen Fällen dringend zu empfehlen, nicht nur ein oder zwei Musterplatten vorzulegen, sondern die ganze Bandbreite der möglichen Oberflächen und Farben vorzustellen (Grenzmuster). **60**

Ist vertraglich die Lieferung von Glaselementen aus Weißglas vereinbart und soll zur Bestimmung der Oberflächenbeschichtung eine Bemusterung stattfinden, führt der Umstand, dass die verschiedenen Beschichtungen an einem Fenster aus Grünglas präsentiert werden, nicht dazu, dass nunmehr Grünglas statt Weißglas geschuldet ist (BGH, Beschl. v. 26.2.2020 – VII ZR 89/19). Der Fall wies die Besonderheit auf, dass der Geschäftsführer des Auftragnehmers eingeräumt hatte, versehentlich das falsche Glas bestellt zu haben, dies aber später zurücknahm und sich auf die Bemusterung berief. Verallgemeinernd kann man möglicherweise sagen, dass bei optisch wahrnehmbaren Abweichungen eher an eine stillschweigende Vertragsänderung zu denken ist, als bei abweichenden technischen Eigenschaften, die sich nur durch den Einblick in Datenblätter erkennen lassen. Von entscheidender Bedeutung ist auch, ob der Auftragnehmer während der Bemusterung auf die Abweichungen hingewiesen hatte. **61**

62 Auch eine Zusage des Auftragnehmers über eine Kostenerstattung kann stillschweigend erfolgen. Hat ein Auftragnehmer eine Leistung vertragsabweichend ausgeführt und erklärt der Auftraggeber, dass entweder die Leistung neu hergestellt werden müsse oder der Auftragnehmer die Mehrkosten für geänderte Einbauteile eines anderen Gewerks übernehmen muss, kommt eine stillschweigende Vereinbarung über die Kostenübernahme zustande, wenn der Auftragnehmer einem entsprechenden Protokoll nicht widerspricht (OLG Oldenburg, Urt. v. 25.7.2019 – 14 U 34/19).

g) „Untergeschobene" Änderungen

63 Gelegentlich kommt es vor, dass Auftragnehmer in ihren Angeboten von den Ausschreibungsunterlagen abweichen, ohne dies kenntlich zu machen und Auftraggeber im Laufe der Vertragsverhandlungen oder im Auftragsschreiben Dinge in den Vertrag einführen, die nicht besprochen waren. Freundlich formuliert kann man hier von „untergeschobenen Änderungen" sprechen. Wenn der andere Vertragspartner solche nicht besprochenen Änderungen ohne eigenes Verschulden nicht erkennt, wird der geänderte Inhalt nicht Bestandteil des Vertrags.

64 So muss ein Auftragnehmer Änderungsvorschläge in den Angebotsunterlagen kennzeichnen, sodass der Auftraggeber diese bei der Angebotsprüfung nicht übersehen kann (OLG Stuttgart, Urt. v. 9.2.2010 – 10 U 76/09). Umgekehrt darf ein Auftraggeber in das Auftragsschreiben keine vorher nicht besprochenen Änderungen aufnehmen, bei denen er vernünftigerweise nicht mit einem Einverständnis des Auftragnehmers rechnen kann (OLG Koblenz, Urt. v. 23.7.2013 – 3 U 812/12) und darauf spekulieren, dass dies dem Auftragnehmer nicht auffallen wird. Keine Partei darf in einem bereits besprochenen Vertragstext noch Änderungen aufnehmen, diese nicht kenntlich machen, sondern im Begleitschreiben den Eindruck erwecken, sie habe das Angebot unverändert angenommen (BGH, Urt. v. 14.5.2014 – VII ZR 334/12).

h) Hinweispflichten vor Vertragsschluss

65 Obwohl die Beteiligten bei Vertragsverhandlungen entgegengesetzte Interessen verfolgen, besteht für jeden (zukünftigen) Vertragspartner die Pflicht, den anderen Teil über solche Umstände aufzuklären, die geeignet sind, den Vertragszweck zu vereiteln oder sonst für den Vertragspartner erkennbar von so wesentlicher Bedeutung sind, dass dieser eine Mitteilung über ein erkanntes Problem erwarten darf. Dies gilt umso mehr, wenn ein weniger fachkundiger Auftraggeber auf das größere Fachwissen des Werkunternehmers angewiesen ist.

66 Mitunter erkennt eine Vertragspartei, dass die andere Partei im Begriff ist, etwas zu vereinbaren, was ihr erhebliche wirtschaftliche Nachteile zufügen wird. Gleichwohl erfolgt häufig kein Hinweis der anderen Partei auf das Problem. Rechtlich stellt ein solches Verhalten eine Verletzung vorvertraglicher Pflichten dar, das zur

Schadensersatzpflicht führt. Niemand darf zu seinem Vorteil den anderen Vertragspartner „ins Messer laufen lassen".

Andererseits gibt es keine allgemeine Pflicht, den (möglichen) Vertragspartner vor unvernünftigen Entscheidungen zu bewahren. Ein Auftragnehmer muss deshalb auch nicht auf alle Fehler in einem Angebots-Leistungsverzeichnis hinweisen (OLG Dresden, Urt. v. 25.11.2011 – 1 U 571/10; OLG Naumburg, Urt. v. 18.8.2017 – 7 U 17/17). Der Auftragnehmer muss auch nicht auf die Möglichkeit einer Leistungsoptimierung hinweisen, wenn die erreichbare Leistung dem Vertragszweck gerecht wird (OLG Karlsruhe, Beschl. v. 10.5.2017 – 14 U 108/15). Das Erkennen und Ausnutzen von Unstimmigkeiten im Leistungsverzeichnis unter entsprechender Berücksichtigung bei der Kalkulation (niedrige Einheitspreise bei Positionen mit überhöhten Mengen) rechtfertigt nicht den Ausschluss des Bieters wegen Unzuverlässigkeit (OLG München, Beschl. v. 4.4.2013 – Verg 4/13) durch den öffentlichen Auftraggeber. Unklar ist, ob Auftraggeber in den Ausschreibungsunterlagen die Forderung aufstellen dürfen, dass der Bieter mit seinem Angebot auf erkannte Unklarheiten oder Fehler hinweisen muss. Das OLG München scheint das für möglich zu halten. Das Problem besteht darin, dass der „ehrliche Bieter" seine Chance auf den Auftrag durch solche Hinweise häufig verringert. 67

Wenn aber ein Auftragnehmer bei der Angebotsbearbeitung feststellt, dass ein vom Auftraggeber ausgeschriebenes Produkt (ein bestimmter Naturstein) für den Verwendungszweck ungeeignet ist, dann muss er hierauf hinweisen. Tut er dies nicht, macht er sich schadensersatzpflichtig (OLG Bamberg, Urt. v. 10.7.2013 – 4 U 208/12). Der Auftraggeber kann dann verlangen, so gestellt zu werden, als wäre der Vertrag nicht abgeschlossen worden, etwa indem er den für ihn nutzlosen Vertrag kündigt, ohne dass der Auftragnehmer eine Entschädigung verlangen kann. 68

In gleicher Weise unlauter handelt ein Auftraggeber, der ein Angebot beauftragt, obwohl er erkennt, dass ein Bieter sich bei einer Hauptposition seines Angebots massiv verkalkuliert hat (Angebotspreis der Position nur 18 % des Preises der übrigen Bieter) und dadurch der Unternehmer insgesamt 27 % billiger ist als der zweitplatzierte Bieter (BGH, Urt. v. 11.11.2014 – X ZR 32/14). Allerdings gilt dies nur bei eindeutig erkennbarer und erheblicher Unterkalkulation und nicht schon dann, wenn nur einzelne Positionen unterkalkuliert sind und der Angebotspreis nur 6 % von der Kostenschätzung des Auftraggebers abweicht (OLG Brandenburg, Urt. v. 25.11.2015 – 4 U 7/14). 69

3. Vertretung der Vertragsparteien

a) Vertretung juristischer Personen

Bei den weitaus meisten Bauverträgen sind juristische Personen auf beiden Seiten 70
als Vertragspartner beteiligt. Während natürliche Personen sich in der Regel selbst

vertreten, können juristische Personen nicht ohne Vertreter Verträge abschließen oder nachträglich ändern.

71 Man unterscheidet zwischen gesetzlichen (organschaftlichen) Vertretern und rechtsgeschäftlichen Vertretern. Eine GmbH handelt danach durch ihren Geschäftsführer als gesetzlicher Vertreter und möglicherweise auch durch Prokuristen als rechtsgeschäftliche Vertreter im Geschäftsverkehr. Eine Aktiengesellschaft wird durch ihren Vorstand sowie gegebenenfalls wiederum durch Prokuristen vertreten.

72 Bei öffentlichen Auftraggebern ergibt sich die Vertretungsbefugnis aus Gesetzen oder Satzungen. So kann eine Kommune nur dann wirksam einen Zusatzauftrag erteilen, wenn die in den Kommunalgesetzen des jeweiligen Bundeslandes geregelten Voraussetzungen für eine wirksame Vertretung beachtet worden sind (BGH, Urt. v. 27.11.2003 – VII ZR 346/01).

73 Alle anderen Personen, die weder gesetzliche Vertreter der juristischen Person sind noch Prokura besitzen, müssen durch ein besonderes Rechtsgeschäft bevollmächtigt werden, um die betreffende Firma oder Behörde wirksam vertreten zu können. Ohne Vollmacht haben diese Personen keine Vertretungsbefugnis, sie werden auch als „vollmachtlose Vertreter" bezeichnet.

74 Ein von einem vollmachtlosen Vertreter abgeschlossener Vertrag ist zunächst „schwebend unwirksam". Er kann im Nachhinein vom Vertretenen genehmigt werden und wird dadurch voll wirksam. Kommt es nicht zu einer Genehmigung und werden dennoch Leistungen erbracht, kommen Ansprüche des Unternehmers aus § 2 Abs. 8 VOB/B, Geschäftsführung ohne Auftrag (§§ 677, 683 BGB) und ungerechtfertigter Bereicherung (§ 812 BGB) in Betracht (BGH, Urt. v. 27.11.2003 – VII ZR 346/01; OLG Rostock, Urt. v. 19.6.2008 – 3 U 12/08). Für die Annahme einer Geschäftsführung ohne Auftrag muss die auftragslos erbrachte Leistung dem wirklichen oder mutmaßlichen Willen der Kommune (Geschäftsherrin) entsprechen. Das wird meist so sein, aber eben nicht immer. Verletzt eine öffentlich-rechtliche Körperschaft bei Abschluss eines Bauvertrags ihre vorvertragliche Pflicht, weil sie nicht auf das Erfordernis der Gesamtvertretung hinweist, ist auch ein Schadensersatzanspruch gegeben, der die Höhe des Werklohns erreichen kann (BGH, Urt. v. 22.9.2005 – VII ZR 34/04).

b) Genehmigung schwebend unwirksamer Verträge oder Vertragsänderungen

75 Der von einem vollmachtlosen Vertreter abgeschlossene „schwebend unwirksame" Vertrag oder eine schwebend unwirksame Beauftragung mit Zusatzleistungen kann im Nachhinein vom nicht wirksam vertretenen Vertragsteil genehmigt werden. Damit wird der Vertrag bzw. die Vertragsänderung dann voll wirksam. Hat etwa ein Architekt ohne ausdrücklich erteilte Vollmacht eine zusätzliche Leistung beauftragt, gibt es zwei Wege, wie der Auftraggeber den zunächst unwirksam erteilten Zusatzauftrag genehmigen kann.

Entweder der Auftraggeber genehmigt ausdrücklich die Vertragsänderung. Wenn der Auftraggeber von sich aus keine Aussage hierzu macht, kann der Auftragnehmer den Auftraggeber auffordern, die zusätzliche Beauftragung zu genehmigen. Wird die Genehmigung nicht innerhalb von zwei Wochen erteilt, so gilt sie als verweigert (§ 177 Abs. 2 BGB). Der Auftragnehmer muss demzufolge die zusätzliche Leistung auch nicht ausführen. 76

Der andere Weg besteht darin, auf eine stillschweigende Genehmigung durch den Auftraggeber zu spekulieren. Allerdings ist Schweigen nach der gesetzlichen Regelung in § 177 Abs. 2 BGB gerade nicht als Zustimmung zu werten, jedenfalls dann nicht, wenn der andere Vertragsteil ausdrücklich zur Genehmigung aufgefordert wird. Daher kommt eine stillschweigende Genehmigung nur ausnahmsweise in Betracht. Eine solche Ausnahme liegt vor, wenn der Vertretene dem Vertragspartner gegenüber zum Ausdruck bringt, dass er das Handeln des vollmachtlosen Vertreters billigt und das abgeschlossene Rechtsgeschäft gegen sich gelten lassen will (OLG Celle, Urt. v. 25.11.2009 – 14 U 21/09). So genehmigt der Auftraggeber durch die Entgegennahme einer Zusatzleistung auch eine vollmachtlose und damit zunächst schwebend unwirksame Nachtragsbeauftragung durch den Architekten. Voraussetzung ist dafür allerdings, dass der vollmachtlos vertretene Auftraggeber tatsächlich vor Erbringung der Zusatzleistung davon Kenntnis hat und ihm auch bewusst ist, dass diese Leistung im ursprünglich abgeschlossenen Vertrag nicht enthalten ist. Da dies keineswegs selbstverständlich ist, besteht der sicherste Weg für den Auftragnehmer darin, den Auftraggeber ausdrücklich um die Genehmigung zu ersuchen (siehe Musterschreiben A 9). 77

c) Umfang der Befugnisse von Architekten, Fachplanern und Bauleitern

Oft handeln bei Vertragsabschluss und auch bei der späteren Änderung oder Erweiterung von Verträgen nicht die gesetzlichen Vertreter oder die im Handelsregister eingetragenen rechtsgeschäftlichen Vertreter, sondern Architekten und Bauleiter, Projektsteuerer oder andere Angestellte der beteiligten Firmen. Diese sind für ihre Firma jeweils auf der Basis von Arbeitsverträgen, Dienstverträgen oder Werkverträgen tätig. 78

Hier stellt sich die Frage, welche Befugnisse ein angestellter Bauleiter oder Abteilungsleiter, ein freiberuflich tätiger Architekt oder Projektsteuerer oder beispielsweise Mitarbeiter eines Haustechnik-Ingenieurbüros besitzen. 79

Soweit es sich bei der betreffenden Person um einen Angestellten einer der beiden Vertragsparteien handelt, gilt Folgendes: In aller Regel haben Angestellte keine Handlungsvollmacht, die sie berechtigen würde, für ihre Firma Verträge abzuschließen oder zu ändern. Selbst für den Fall, dass ein Bauleiter einen Vertrag abgeschlossen hat, bedeutet das nicht automatisch, dass er auch jegliche Zusatzaufträge beauftragen darf. Die einem Abschlussvertreter erteilte Vollmacht zum 80

Abschluss von Geschäften bevollmächtigt ihn nicht, abgeschlossene Verträge zu ändern (§ 55 Abs. 2 HGB).

81 Selbstverständlich ist ein Bauleiter oder Architekt aber berechtigt, Mängel anzuzeigen, gemeinsame Aufmaße zu bestätigen, Stundenlohnzettel abzuzeichnen und sonst alles zu tun, was zur ordnungsgemäßen Erfüllung des abgeschlossenen Vertrags erforderlich ist. Der Umfang der Befugnisse ohne eine gesonderte Vollmachtserteilung deckt sich mit dem Inhalt von § 4 Abs. 1 Nr. 3 VOB/B. Dort wird das Anordnungsrecht des Auftraggebers innerhalb der Grenzen des abgeschlossenen Vertrags geregelt (Anordnungen zur vertragsgemäßen Ausführung der Leistung). Auch der vollmachtlose Bauleiter oder Architekt kann wirksam Fristen setzen, Mahnungen aussprechen sowie für den Fall des Fristablaufs die Kündigung androhen (OLG Köln, Urt. v. 29.12.2016 – 7 U 131/15). Die Kündigung selbst kann aber nur mit wirksamer Vertretungsbefugnis erklärt werden.

82 Die Ausübung der Anordnungsbefugnisse des Auftraggebers aus § 1 Abs. 3 oder 4 VOB/B durch Bauleiter oder Architekten erfordert dagegen eine Bevollmächtigung, weil die Änderung des Bauentwurfs oder die Anordnung einer zusätzlichen Leistung nicht mehr innerhalb des Vertrags liegen, sondern der abgeschlossene Vertrag geändert wird.

83 Alle Anordnungen oder Vereinbarungen, durch die der ursprünglich abgeschlossene Vertrag hinsichtlich des Bauinhalts oder der Termine geändert wird, bedürfen einer Vollmacht, über deren Bestehen sich der Bauleiter des Auftragnehmers Gewissheit verschaffen muss. So ist der Architekt auch nicht berechtigt, mit dem Auftragnehmer zu vereinbaren, dass statt Kunststoffrohren für die Lüftung Wickelfalzrohre aus Metall benutzt werden (KG, Urt. v. 22.5.2012 – 7 U 215/11). Der Architekt darf auch nicht ohne Bevollmächtigung zusätzliche Stemmarbeiten und Abdichtungsarbeiten anordnen (OLG Düsseldorf, Urt. v. 8.9.2000 – 22 U 47/00).

84 Architekten sind folglich nicht berechtigt, nach Vertragsabschluss eigenmächtig die Planung zu ändern, indem sie Ausführungspläne übersenden, die inhaltlich von den Vertragsplänen und insbesondere von der Baugenehmigung abweichen.

85 **Beispiel:** Ein privater Bauherr gibt ein Einfamilienhaus in Auftrag. Vertragsgrundlage für den Bauunternehmer sind die genehmigten Baueingabepläne. Nach Vertragsabschluss erfährt der Architekt, dass der Grundwasserstand höher ist als angenommen. Anstatt eine aufwendige Abdichtung zu planen, ändert der Architekt in den Ausführungsplänen die Höhenlage des Gebäudes um einen Meter. Der Auftragnehmer baut den Keller 1 m höher. Der Auftraggeber stellt das erst nach der Errichtung des Kellers fest und verlangt die Neuherstellung in der ursprünglich geplanten und genehmigten Lage.

86 In dem obigen Beispiel hat der Auftraggeber nach Entdeckung der vertragsabweichenden Ausführung vom Auftragnehmer den Abriss des bereits errichteten

Kellers und die Neuerrichtung in der genehmigten Höhenlage verlangt und vor Gericht Recht bekommen. Die Vollmacht des Architekten endet also nicht nur dort, wo die Brieftasche des Bauherrn anfängt, sondern auch da, wo die Baugenehmigung aufhört (BGH, Urt. v. 19.12.2002 – VII ZR 103/00) oder der Architekt eigenmächtig das ganze Einfamilienhaus einen Meter „höher legt" (BGH, Urt. v. 7.3.2002 – VII ZR 1/10).

Hiervon zu unterscheiden ist der Fall, dass der Bauvertrag ausdrücklich regelt, dass Einzelheiten der Bauausführung durch die nach Vertragsabschluss noch zu erstellende Ausführungsplanung des Architekten des Auftraggebers festgelegt werden. **87**

Beispiel: Ein Rohbauunternehmer macht Restwerklohnansprüche geltend. Hiergegen wendet der Bauherr Mängelrechte ein und rügt, die Fensteröffnungen seien um 7,5 cm zu klein. Ausgeführt wurden sie nach den Ausführungsplänen des Architekten, deren Maße sie einhalten. Der Bauherr bemängelt, sie hätten nach den Vertragsplänen mit größerem Maß ausgeführt werden müssen. **88**

Das OLG Hamm ließ den Einwand des Bauherrn nicht gelten (Urt. v. 5.5.2011 – 24 U 147/08). Der Auftragnehmer hat die Fensteröffnungen vertragsgemäß hergestellt, da sie der Ausführungsplanung des Architekten entsprechen. Zwar hebt auch das OLG Hamm hervor, dass der Architekt grundsätzlich nicht für den Auftraggeber vertretungsbefugt ist. Wenn aber der Bauvertrag vorsieht, dass die Werkplanung des Architekten die Bauaufgabe des Unternehmers nach Vertragsschluss konkretisieren soll, dann betrifft das auch solche Maßänderungen. **89**

Bauleiter und Architekten sind also grundsätzlich nicht befugt, Verträge abzuschließen oder nach Vertragsabschluss zusätzliche Leistungen zu Einheitspreisen oder im Stundenlohn zu beauftragen. Eine Ausnahme gilt dann, wenn die zusätzlichen Arbeiten zur mangelfreien Errichtung des geplanten Bauwerks zwingend erforderlich sind, zum Beispiel wegen nachträglicher Vorgaben des Prüfstatikers (OLG Düsseldorf, Urt. v. 6.11.1997 – 5 U 89/96) und es sich um Zusatzleistungen handelt, die im Verhältnis zum Gesamtauftrag einen untergeordneten Umfang haben (OLG Hamburg, Urt. v. 25.4.2001 – 13 U 38/00; OLG Oldenburg, Urt. v. 18.1.2007 – 8 U 181/06). **90**

Genaue Prozentzahlen lassen sich hier nicht angeben. Bei einem Kleinauftrag von € 5.000,– wird eine notwendige Zusatzleistung in einer Größenordnung von € 500,– vom Architekten auch ohne ausdrückliche Vollmacht wirksam beauftragt werden können. Handelt es sich um einen großen Auftrag mit einem Wert von € 100.000,– oder mehr, ist der Architekt oder Bauleiter sicher nicht berechtigt, eine zusätzliche Leistung mit einem Wert von € 5.000,– zu beauftragen, auch wenn sie notwendig ist. **91**

Das gilt insbesondere auch für die Beauftragung von Stundenlohnarbeiten. Der BGH hat sowohl im Jahr 1995 als auch nochmals im Jahr 2003 entschieden, dass **92** ein Bauleiter oder Architekt nicht berechtigt ist, Stundenlohnarbeiten zu beauftragen. Die Befugnis eines Bauleiters oder Architekten, Stundenlohnnachweise abzuzeichnen, bedeutet nicht, dass er die Arbeiten auch beauftragen darf (OLG Hamm, Urt. v. 19.6.2012 – 21 U 85/11; BGH, Urt. v. 24.7.2003 – VII ZR 79/02).

93 Weil Architekten und Bauleiter in der Regel nicht bevollmächtigt sind, Willenserklärungen für ihren Arbeitgeber bzw. Auftraggeber abzugeben, stellt auch der Prüfvermerk eines Architekten auf der Rechnung eines Unternehmers kein Anerkenntnis namens und in Vollmacht des Auftraggebers gegenüber dem Auftragnehmer dar (BGH, Urt. v. 6.12.2001 – VII ZR 241/00), und zwar auch dann nicht, wenn der Auftraggeber selbst das Prüfergebnis an den Auftragnehmer weiterleitet (BGH, Urt. v. 14.10.2004 – VII ZR 190/03).

d) Nachträgliche Genehmigung

94 Das vollmachtlose Handeln eines Bauleiters oder Architekten kann vom vertretenen Auftraggeber oder Auftragnehmer nachträglich genehmigt werden. Gerade bei Nachtrags- oder Terminvereinbarungen in Baubesprechungen ist es häufig so, dass die dort (zunächst schwebend unwirksamen) Vereinbarungen von beiden Seiten akzeptiert und umgesetzt und dadurch rechtswirksam werden.

95 Wenn sich einer der Vertragspartner auf die Unwirksamkeit einer Vereinbarung beruft, weil er nicht wirksam vertreten worden sei, muss man sich ansehen, wie sich die Partei nach der Vereinbarung verhalten hat.

96 **Beispiel:** Eine Baufirma wird mit dem Umbau und der Erweiterung eines Lebensmitteldiscounters beauftragt. Die Putzarbeiten werden vom Auftrag zunächst ausgenommen, da dem Bauherrn das Angebot zu teuer ist. Die Baufirma reicht ein überarbeitetes Angebot mit reduzierten Preisen nach und wird vom Bauleiter des Auftraggebers aufgefordert, mit den Putzarbeiten zu beginnen. Das wird im Baubesprechungsprotokoll auch so festgehalten. Sie führt die betreffenden Leistungen daraufhin aus und stellt hierfür die von ihr zuletzt angebotenen Preise in Rechnung. Erst danach bestreitet der Auftraggeber eine Auftragserteilung.

97 Das Gericht geht von einer nachträglichen Genehmigung der Beauftragung der Putzarbeiten aus. Nachdem dem Auftraggeber sowohl das überarbeitete Angebot als auch das Protokoll der Baubesprechung vorlagen, hätte er den ihm bekannten Festlegungen seines Bauleiters widersprechen müssen, wenn er mit diesen nicht einverstanden gewesen wäre. Das Schweigen zur Protokollniederschrift ist damit als konkludentes Einverständnis mit der hieraus zu entnehmenden Anordnung des Bauleiters zu werten, die Putzarbeiten durchführen zu lassen (OLG Dresden, Urt. v. 2.7.2014 – 1 U 1915/13).

e) Anscheins- und Duldungsvollmacht

Es gibt Situationen, wo es zwar an einer ausdrücklichen Bevollmächtigung fehlt, aber bei der Vertragsgegenseite entweder aufgrund bestimmter äußerer Umstände (Anschein) oder aufgrund der Tatsache, dass der betreffende Bauleiter oder Architekt schon mehrfach im Namen des Vertretenen gehandelt hat und dieser nicht widersprach (Duldung), ein Vertrauen auf die in Wirklichkeit fehlende Bevollmächtigung entsteht. In solchen Konstellationen spricht man juristisch von einer „Anscheins- und Duldungsvollmacht", wobei ein exaktes Auseinanderhalten dieser beiden Begriffe häufig nicht stattfindet und mitunter auch beide Aspekte nebeneinander gegeben sind. 98

Eine Anscheinsvollmacht entsteht dadurch, dass die tatsächlich vertretungsberechtigten Personen einer Vertragspartei Aufgaben, die eigentlich eine Vertretungsbefugnis erfordern, an andere, nicht vertretungsberechtigte Personen delegieren und dadurch der (falsche) Anschein erweckt wird, dass eine Vertretungsberechtigung dieser Personen bestehen würde. Das kann sowohl auf Auftraggeber- als auch auf Auftragnehmerseite passieren. 99

Der Architekt handelt mit Anscheinsvollmacht für die Erteilung von Nachtragsaufträgen, wenn der Bauherr dem Architekten allein die Vertragsverhandlungen mit dem Bauunternehmer überlässt und dem Architekten völlig freie Hand bei der Durchführung des Bauvorhabens lässt, ohne sich selbst um den Bau zu kümmern (OLG Köln, Urt. v. 20.12.2017 – 11 U 112/15). Auch wenn nach Abschluss des Bauvertrags ein Termin zur Klärung diverser noch offener Fragen sowie die Erstellung eines Verhandlungsprotokolls vereinbart wird und der Auftragnehmer dorthin einen mit dem Projekt befassten sachkundigen Mitarbeiter schickt, so muss sich der Auftragnehmer die Erklärungen dieses Mitarbeiters im Wege der Anscheinsvollmacht zurechnen lassen (BGH, Urt. v. 27.1.2011 – VII ZR 186/09). Zur Begründung führt der BGH aus, dass vor der Erstellung eines solchen Verhandlungsprotokolls ein Gespräch stattfindet, in dem erfahrungsgemäß verbindliche Vereinbarungen zur Vertragsdurchführung getroffen werden sollen bzw. müssen. Hierbei kann sich die Notwendigkeit erweisen, auf veränderte Verhältnisse zu reagieren oder noch offene Fragen zu klären. Entsendet der Auftragnehmer zu dieser Verhandlung einen Mitarbeiter, erzeugt er regelmäßig den Anschein, er werde durch einen Bevollmächtigten vertreten. Das gilt übrigens auch, wenn der Auftraggeber mit einem Terminvorschlag zur Abnahme aufgefordert wird und er zum Termin einen Architekten entsendet, der bereits seit Vertragsschluss in die vertraglichen Beziehungen zwischen den Parteien involviert war und die Abnahme erklärt (OLG Zweibrücken, Beschl. v. 14.11.2017 – 5 U 42/17). Soll dies verhindert werden, muss der Mitarbeiter/Architekt darauf hinweisen, dass er lediglich zum Verhandeln, aber nicht zu abschließenden Vereinbarungen/Erklärungen berechtigt ist. 100

101 Dies gilt auch für solche Baubesprechungen, bei denen mit Rücksicht auf die bereits vorher stattgefundenen Gespräche klar ist, dass Vereinbarungen etwa zu Terminen oder Nachträgen getroffen werden müssen. Wer dorthin einen Mitarbeiter schickt, erweckt gegenüber den anderen Teilnehmern den Anschein bzw. die Gewissheit, dass die von ihm entsandte Vertrauensperson auch bevollmächtigt sei, an seiner Stelle zu handeln (OLG Köln, Urt. v. 22.4.1994 – 19 U 250/93). Wenn etwa der Auftraggeber zu Nachtragsverhandlungen mit dem Auftragnehmer einen technischen Mitarbeiter schickt, der eigentlich keine Vertretungsbefugnis hat, muss er sich dessen Unterschrift nach den Grundsätzen der Anscheinsvollmacht zurechnen lassen (OLG München, Urt. v. 24.5.2011 – 13 U 2760/10; OLG Koblenz, Beschl. v. 11.8.2011 – 2 U 140/10).

102 Bei einer solchen Unterschrift kommt es im Übrigen nicht darauf an, ob der eigentlich vollmachtlose Vertreter die Beauftragungen oder Vereinbarungen i.V. (in Vertretung) oder i.A. (im Auftrag) unterzeichnet. Das OLG München weist zutreffend darauf hin, dass diese Abkürzungen in der betrieblichen Praxis nicht immer streng durchgehalten werden und nicht geschlussfolgert werden kann, eine Beauftragung i.A. bringe zum Ausdruck, dass keine Vollmacht bestehe (OLG München, Urt. v. 24.5.2011 – 13 U 2760/10). Mit dem Vermerk i.A. wird also der Anschein der bestehenden Vollmacht nicht zerstört.

103 Während für die Annahme der oben geschilderten Anscheinsvollmacht schon ein einmaliges vollmachtloses Handeln ausreicht, wenn der Vertretene den Anschein der Vertretungsberechtigung erweckt hat, setzt die Entstehung einer Duldungsvollmacht ein Handeln von gewisser Häufigkeit und Dauer voraus (BGH, Urt. v. 24.6.1999 – VII ZR 120/98), aufgrund dessen der andere Vertragspartner ohne Fahrlässigkeit annehmen durfte, der von dem Bauleiter oder Architekten vermeintlich vertretene Vertragspartner kenne und dulde das Handeln seines Angestellten oder Beauftragten.

104 Der Auftraggeber muss sich das Handeln seines vollmachtlosen Vertreters zurechnen lassen, wenn der Bauleiter oder Architekt während des gesamten Bauvorhabens gegenüber dem Auftragnehmer Anweisungen und (Zusatz-)Aufträge erteilt bzw. getroffen hat und der Auftraggeber dies hätte erkennen können (OLG Karlsruhe, Urt. v. 7.12.2015 – 13 U 110/13). Die Kenntnis des vollmachtlos vertretenen Auftraggebers kann sich auch daraus ergeben, dass ein Auftragnehmer die vom Architekten mündlich auf der Baustelle erteilten Zusatzaufträge schriftlich bestätigt und der Auftraggeber in Kenntnis dieser Bestätigungsschreiben und des Auftretens seines Architekten die zusätzlichen Leistungen entgegennimmt (OLG Düsseldorf, Urt. v. 9.12.2003 – 23 U 220/02) oder ein Auftraggeber sämtliche Nachträge wegen zusätzlicher Leistungen von einem hierzu nicht bevollmächtigten Fachplaner verhandeln und bestätigen lässt (OLG München, Urt. v. 24.5.2011 – 13 U 2760/10). Auch wenn der Geschäftsführer des Auftraggebers duldet, dass

ein Bauleiter mit einem Kalkulator den Bauvertrag unterzeichnet und anschließend den gesamten Schriftverkehr mit dem Auftragnehmer allein führt, kann eine Duldungsvollmacht entstehen (OLG Jena, Urt. v. 9.10.2007 – 5 U 684/06).

Vor diesen Konsequenzen seines Handelns kann man sich nur sehr eingeschränkt **105**
durch Vertragsklauseln schützen. Zwar schließt nach einer älteren Entscheidung des OLG Düsseldorf ein ausdrücklicher Hinweis im Bauvertrag, dass Bauleiter und Architekten keine Vollmacht haben, in der Regel die Annahme einer Anscheinsvollmacht aus (OLG Düsseldorf, Urt. v. 8.9.2000 – 22 U 47/00). Das gilt aber nur so lange, wie der Auftraggeber zu Besprechungen, in denen verbindliche Vereinbarungen getroffen werden sollen, selbst kommt und nicht nur seinen Architekten schickt. Die Entstehung eines schutzwürdigen Vertrauens auf das Bestehen einer Vollmacht wird durch eine entgegenstehende vertragliche Regelung erschwert, aber nicht gänzlich ausgeschlossen. Weiß der Bauherr, dass sein Architekt Zusatzaufträge vergibt und duldet er dies, so muss er sich die Zusatzaufträge aufgrund Duldungsvollmacht zurechnen lassen (so auch OLG Düsseldorf, Urt. v. 9.12.2003 – 23 U 220/02). Daran ändert auch eine Vertragsklausel nichts, nach der der Architekt keine Vollmacht hat, zumal es sich dabei in der Regel um Allgemeine Geschäftsbedingungen handelt. Wird der Vertrag anders „gelebt" als das nach dem Vertragstext vorgesehen ist, können vertragliche Regelungen zu den Vollmachten wirkungslos werden, ebenso wie dies bei Schriftformklauseln der Fall ist. Trotzdem ist dem Auftragnehmer zu empfehlen, den Auftraggeber zur Klarstellung der Vertretungsbefugnis aufzufordern; denn vereinzelt entscheiden Gerichte eben auch, dass die Annahme einer Anscheins- oder Duldungsvollmacht des Architekten nicht in Betracht komme, wenn im Bauvertrag steht, dass der Architekt nicht zur Vergabe von Nachtragsaufträgen befugt ist (OLG München, Urt. v. 10.9.2013 – 9 U 1685/12 Bau; OLG Brandenburg, Urt. v. 8.12.2016 – 12 U 192/15).

4. Schadensersatzansprüche gegen vollmachtlose Vertreter

Wenn Bauleiter oder Architekten Verträge abschließen oder Zusatzaufträge ertei- **106**
len, ohne hierfür die erforderliche Vollmacht zu besitzen, handeln sie als vollmachtlose Vertreter. Solche Rechtsgeschäfte sind schwebend unwirksam. Nur wenn der Vertretene sie nachträglich genehmigt, kommt ein Vertrag bzw. die Vertragsänderung zustande.

Wird die Genehmigung nicht erteilt, besteht theoretisch ein Schadensersatzan- **107**
spruch gegen den vollmachtlosen Vertreter. Hiervon gibt es aber eine wichtige Ausnahme, die faktisch den Regelfall darstellt. Der vollmachtlose Vertreter haftet nämlich nicht, wenn der andere Vertragspartner den Mangel der Vertretungsmacht kannte oder kennen musste (§ 179 Abs. 3 BGB). Da jeder geschäftserfahrene Baubetrieb weiß oder jedenfalls wissen müsste, dass Architekten ohne

eine ausdrückliche entsprechende Vollmacht nicht befugt sind, für den Auftraggeber Zusatzaufträge oder Änderungsaufträge zu vergeben, muss ihnen auch klar sein, dass sie solche Änderungsaufträge auf eigenes Risiko ausführen (OLG Saarbrücken, Urt. v. 11.7.2000 – 7 U 944/99-233; OLG Celle, Urt. v. 6.12.1995 – 6 U 250/94 und OLG Frankfurt, Urt. v. 22.6.1989 – 12 U 198/88).

108 Das bedeutet im Ergebnis, dass der Bauleiter/Architekt für vollmachtloses Handeln eigentlich nur dann haftet, wenn er selbst behauptet hat, Vollmacht zu besitzen (indem er beispielsweise sagt, die Änderung sei mit dem Auftraggeber abgesprochen und er solle sie beauftragen) und der Unternehmer aufgrund dieses Umstands auf eine wirksame Vertretung vertrauen durfte.

5. Erstellung des Vertragstextes/Einbeziehung von AGB/Einbeziehung der VOB/B/Einbeziehung weiterer Vertragsunterlagen/Rangfolge

109 Jeder, der einen Bauvertrag vorbereitet, muss sich überlegen, wie er den Vertragsabschluss gestalten will und welche Unterlagen „Vertragsbestandteil" werden sollen. Wir haben oben dargestellt, dass der Bauvertrag entweder durch ein Zuschlagsschreiben des Auftraggebers auf ein (zumeist vorher verhandeltes) Angebot des Auftragnehmers oder durch beiderseitige Unterzeichnung einer Vertragsurkunde zustande kommt. In beiden Fällen sollen meist weitere Unterlagen in den Bauvertrag „einbezogen" werden. Dies geschieht dadurch, dass diese Unterlagen im Bauvertrag oder in einem Verhandlungsprotokoll aufgeführt werden.

110 Hierbei kann es sich um leistungsbeschreibende Unterlagen wie das Angebot des Auftragnehmers, das Langtext-Leistungsverzeichnis, Pläne, Baubeschreibungen, Gutachten, Genehmigungen und Vereinbarungen mit Dritten handeln, die bei der Auftragsdurchführung beachtet werden sollen. Daneben sollen meist auch eigene rechtliche Vertragsbedingungen und die VOB/B in den Bauvertrag einbezogen werden.

111 Bei den meisten Unterlagen reicht es aus, wenn diese im Vertragstext als Vertragsbestandteile benannt und eindeutig bezeichnet werden (durch Verfasser, Datum und Seitenzahl, Plannummer etc.). Es ist nicht notwendig, die betreffenden Unterlagen auszudrucken, zu unterschreiben und als Anlage zum Vertrag zu nehmen. Trotzdem kann dies sinnvoll sein, um später Streit über den Inhalt der Unterlagen zu vermeiden.

112 Das gilt auch für rechtliche Vertragsbedingungen außerhalb des Bauvertrags oder Verhandlungsprotokolls. Es reicht aus, wenn der Verwender der Vertragsbedingungen auf die Geltung derselben hinweist und seinem Vertragspartner die Möglichkeit verschafft, in zumutbarer Weise vom Inhalt der Bedingungen Kenntnis zu nehmen (OLG Celle, Urt. v. 11.11.2010 – 11 U 133/10). Für die Einbeziehung der VOB/B reicht gegenüber Unternehmen sogar der bloße Hinweis auf ihre Geltung, weil man erwarten kann, dass diese sich die VOB/B selbst beschaffen können, wenn diese unbekannt sein sollte (OLG Stuttgart, Urt. v. 24.7.2012 – 10 U 56/12).

Gegenüber einem Verbraucher als Vertragspartner ist jedoch die Aushändigung der VOB/B erforderlich, um sie wirksam in den Vertrag einzubeziehen (was allerdings nicht sinnvoll ist). Ein bloßer Hinweis, sie in den Geschäftsräumen des Auftragnehmers einsehen zu können, reicht nicht (OLG Nürnberg, Urt. v. 27.11.2013 – 6 U 2521/09; BGH, Urt. v. 10.06.1999 – VII ZR 170/98). Das gilt im Übrigen auch für die Technischen Vertragsbedingungen der VOB/C, was häufig übersehen wird. Sämtliche Leistungsabgrenzungen zwischen Nebenleistungen und Besonderen Leistungen sowie die Abrechnungsvorschriften (z.B. Übermessungsregeln) stellen ebenfalls Allgemeine Geschäftsbedingungen dar, die einem Verbraucher auszuhändigen sind, wenn sie Vertragsbestandteil werden sollen. Das empfiehlt sich auch gegenüber branchenfremden Unternehmen, denn die VOB/B ist leicht zu beschaffen, die Normen der VOB/C hingegen nicht. Das liegt daran, dass als Herausgeber das Deutsche Institut für Normung fungiert, das den Standpunkt vertritt, Normen, an die sich alle halten sollen, müssten bezahlt werden. **113**

Derzeit ist es für Auftragnehmer sinnvoll, nur noch die Geltung der einschlägigen Normen der VOB/C zu vereinbaren, da die ab dem 1.1.2018 geltenden gesetzlichen Nachtragsvorschriften für den Auftragnehmer günstiger sind als die Regelungen der VOB/B und zudem schon jetzt die wenigen für den Auftragnehmer günstigen Regelungen der VOB/B (als AGB) unwirksam sind, wenn der Auftragnehmer Verwender ist und die VOB/B nicht völlig unverändert vereinbart wird. Auch für Auftraggeber stellt sich inzwischen die Frage, ob die VOB/B überhaupt Vertragsbestandteil werden soll. Wir halten dies weiterhin für sinnvoll, da man sonst zu noch mehr Punkten eigene vertragliche Regelungen schaffen müsste (Ausführung der Leistungen, Stundenlohnarbeiten, Sicherheiten, Hemmung der Verjährung durch schriftliche Mängelrüge usw.). Zudem enthalten die ATV der VOB/C viele sinnvolle Regelungen, die ansonsten anderweitig vereinbart werden müssten. Allerdings muss der Auftraggeber darauf achten, dort, wo die VOB/B unzureichende oder nachteilige Regelungen zur Verfügung stellt, sinnvolle eigene Regelungen in den Vertrag aufzunehmen (Vereinbarung einer förmlichen Abnahme, Verlängerung der Gewährleistungsfrist, Verlängerung der Frist für die Stellung der Gewährleistungssicherheit, Teilkündigung gemäß BGB usw.). **114**

Viele Projektleiter denken lange darüber nach, in welcher Reihenfolge die Geltung der Vertragsunterlagen vereinbart werden sollte. Die Bedeutung dieser Frage wird nach unserer Auffassung stark überschätzt. Nach der Rechtsprechung des BGH (z.B. Urt. v. 5.12.2002 – VII ZR 342/01) ist ein Bauvertrag mit all seinen Bestandteilen als sinnvolles Ganzes auszulegen. Daran ändert eine bestimmte Reihen- und Rangfolge der Vertragsunterlagen erst einmal nichts. Nur wenn beispielsweise offen darüber gesprochen wird, dass eine Baubeschreibung weitergehende Leistungen als das Langtext-LV enthält und daraufhin vereinbart wird, dass die Baubeschreibung vorrangig die geschuldete Vertragsleistung definiert, kann dies im **115**

Streitfall entscheidend sein. Zur Vertragsauslegung bei Widersprüchen siehe auch Kapitel C.

6. Unwirksamkeit vertraglicher Regelungen als „Allgemeine Geschäftsbedingungen"

116 Der Bauleiter kann keine juristische Vertragsprüfung vornehmen. Er muss sich allerdings darüber im Klaren sein, dass nicht alle Regelungen, die in einem Bauvertrag enthalten sind, auch tatsächlich „funktionieren" und vor Gericht einer Überprüfung standhalten. Wir stellen nachfolgend das Basiswissen zum Thema „Allgemeine Geschäftsbedingungen" dar. Eine auch nur annähernd vollständige Darstellung würde den Rahmen dieses Buches sprengen.

a) Vorformulierte und einseitig gestellte Vertragsbedingungen

117 Alle Vertragsklauseln, die von einem der beiden Vertragspartner für mehrere Verträge vorformuliert und bei Vertragsabschluss dem anderen Vertragspartner gegenüber „gestellt" wurden, werden im Streitfall vor Gericht rechtlich überprüft. Dies wird als „Inhaltskontrolle" bezeichnet. Ist ein Verbraucher beteiligt, werden sogar Vertragsklauseln kontrolliert, die nur einmal verwendet worden sind. Man nennt solche Vertragsklauseln „Allgemeine Geschäftsbedingungen" oder abgekürzt „AGB".

118 Das Gegenteil von AGB sind „Individualvereinbarungen", also Vertragsregelungen, die entweder nur ein- oder zweimal verwendet werden sollten (und sind) oder die von beiden Seiten ausgehandelt worden sind.

119 Das Kriterium der Mehrfachverwendung ist erfüllt, wenn die dreimalige Verwendung der Klausel beabsichtigt ist (BGH, Urt. v. 27.9.2001 – VII ZR 388/00). Das OLG Koblenz lässt hierfür den Nachweis einer zweimaligen tatsächlichen Verwendung ausreichen (OLG Koblenz, Urt. v. 26.3.2010 – 8 U 1325/05). Wird ein Vertragstext von einem Auftraggeber nur einmal verwendet, etwa weil der betreffende Auftraggeber auch nur einmal ein Gebäude errichtet und sich hierfür einen Vertrag „nach Maß" anfertigen lässt, kann sich der Auftragnehmer nicht mehr auf den Schutz des AGB-Rechts berufen (OLG Rostock, Urt. v. 13.1.2006 – 8 U 79/04). Das dürfte die absolute Ausnahme sein, denn regelmäßig werden auch nur einmal benutzte Verträge aus schon mehrfach in anderen Verträgen benutzten Vertragsklauseln „zusammengesetzt".

120 AGB liegen auch dann vor, wenn sie von einem Dritten für eine Vielzahl von Verträgen vorformuliert sind. Es kommt bei Verwendung von AGB Dritter nicht darauf an, dass die Vertragspartei, welche die Klausel stellt, sie nur in einem einzigen Vertrag verwenden will (BGH, Urt. v. 24.11.2005 – VII ZR 87/04). Das gilt beispielsweise, wenn ein Notar einen Bauträgervertrag im Auftrag des Bauträgers entworfen hat (OLG Brandenburg, Urt. v. 13.6.2013 – 12 U 162/12), der dann für alle

Verkäufe benutzt werden soll, oder wenn ein Architekt Vertragsklauseln verwendet, die von der Architektenkammer für eine Vielzahl von Verträgen vorformuliert sind (OLG Celle, Urt. v. 18.6.2015 – 6 U 12/15).

AGB können sowohl im Vertrag als auch in den Anlagen zum Vertrag wie etwa in den Vorbemerkungen der Leistungsverzeichnisse, im Verhandlungsprotokoll und in Zusätzlichen Vertragsbedingungen enthalten sein. Da fast alle genannten Unterlagen mehrfach verwendet werden und typischerweise in Bauverträgen verwendete Klauseln enthalten, spricht oft schon der äußere Anschein für das Vorliegen Allgemeiner Geschäftsbedingungen (BGH, Urt. v. 13.9.2001 – VII ZR 487/99; BGH, Urt. v. 27.11.2003 – VII ZR 53/03). Das gilt selbstverständlich auch für von Auftragnehmern vorformulierte Vertragsklauseln, die nach ihrer inhaltlichen Gestaltung aller Lebenserfahrung nach für eine mehrfache Verwendung entworfen wurden (OLG Koblenz, Urt. v. 26.3.2010 – 8 U 1325/05). Solche AGB von Auftragnehmern finden sich in Angebotsbegleitschreiben oder den „Einheitlichen Angebots- und Vertragsbedingungen im Deutschen Spezialtiefbau". **121**

Auch handschriftliche Regelungen in Verhandlungsprotokollen können AGB darstellen, denn nach § 305 Abs. 1 Satz 2 BGB ist es gleichgültig, in welcher Schriftart AGB verfasst sind (OLG Bamberg, Urt. v. 17.1.2011 – 4 U 185/10). Dem Charakter einer AGB steht auch nicht entgegen, dass die Parteien den im Vertragsformular vorgesehenen Text gestrichen und handschriftlich die gleiche Regelung mit dem Hinweis, die Vertragsstrafe sei verhandelt worden und gelte als „zwischen Auftraggeber und Auftragnehmer vereinbart", eingefügt haben (OLG Brandenburg, Urt. v. 4.7.2012 – 13 U 63/08). Der Auftragnehmer wird sich bei handschriftlichen Eintragungen aber nicht auf einen Anscheinsbeweis berufen können. Immer dann, wenn kein Anscheinsbeweis eingreift, muss der Vertragspartner des Verwenders beweisen, dass die Gegenseite beabsichtigt hat, die Klausel mehrfach zu verwenden. Dies wird angenommen, wenn die handschriftlich in das Verhandlungsprotokoll geschriebene Regelung in mindestens zwei weiteren Fällen inhaltsgleich vom Auftraggeber verwendet worden ist. **122**

Weitere Voraussetzung für die Inhaltskontrolle ist, dass die vorformulierte vertragliche Regelung von einer Seite (meist dem Auftraggeber) „einseitig gestellt", also nicht zwischen beiden Parteien ausgehandelt worden ist. Bei den meisten Bauverträgen wird über den Inhalt des Vertrags verhandelt. Manche Auftraggeber meinen, sie müssten nur den Nachweis führen, dass einzelne Punkte des Vertrags geändert worden sind und damit sei bewiesen, dass es sich bei dem Vertragswerk insgesamt nicht um einseitig gestellte Bedingungen gehandelt habe. Das ist jedoch unrichtig, denn das „einseitige Stellen" wird für jede Vertragsklausel gesondert beurteilt (BGH, Urt. v. 23.1.2003 – VII ZR 210/01). Durch die Tatsache, dass einzelne Klauseln geändert worden sind, wird also nicht der Beweis geführt, dass die übrigen Vertragsregelungen individuell vereinbart worden sind. **123**

124 Der Auftraggeber ist beweispflichtig, wenn er die Behauptung aufstellen will, dass die von ihm zur mehrfachen Verwendung vorgesehene Klausel nicht „gestellt", sondern individuell ausgehandelt wurde (LG Hamburg, Urt. v. 9.3.2012 – 321 O 87/11). An das „Aushandeln" werden strenge Anforderungen gestellt. Nicht jede Änderung an einer vorformulierten Vertragsklausel macht diese sogleich zu einer Individualvereinbarung.

125 **Beispiel:** Ein Generalunternehmer hat dem Nachunternehmer sein Vertragsmuster zugeschickt. Dieses sieht in § 4 Ziffer 1 vor, dass der NU Zahlungen erst erhält, wenn auch der GU für die betreffende Leistung vom Auftraggeber Geld bekommen hat. Gemäß § 4 Ziffer 2 darf der GU bei Zahlung innerhalb von zwölf Werktagen nach Rechnungseingang bei ihm 3 % Skonto ziehen. Anschließend findet eine Auftragsverhandlung statt, in der über einzelne Punkte verhandelt wird. Die Skontofrist wird dabei auf sechs Werktage verkürzt. Ist dadurch auch die Regelung in § 4 Ziffer 1 individuell ausgehandelt?

126 Nein. Der Auftraggeber hat lediglich bei einem Teil der Klausel „mit sich reden lassen". Die Regelung, dass der Nachunternehmer erst Geld bekommt, wenn auch der Generalunternehmer bezahlt worden ist (worauf der Nachunternehmer keinen Einfluss hat), ist gerade nicht zur Verhandlung gestellt worden und deshalb nach wie vor als Allgemeine Geschäftsbedingung zu prüfen, was zur Unwirksamkeit führt (OLG Koblenz, Urt. v. 5.12.2003 – 8 U 1016/03). Der Nachunternehmer kann also seine Vergütung verlangen, wenn er die Leistung vertragsgemäß erbracht hat, unabhängig davon, ob der Generalunternehmer schon bezahlt worden ist.

127 Häufig wird von Auftraggeberseite behauptet, man sei bereit gewesen, über jede einzelne Klausel zu verhandeln. Der Auftragnehmer habe aber die vorhandenen Gestaltungsmöglichkeiten nicht wahrgenommen. Da der Auftraggeber nachweisen muss, dass er den gesetzesfremden Kerngehalt seiner AGB ernsthaft zur Disposition gestellt hat, reicht diese allgemeine Schutzbehauptung nicht aus (BGH, Urt. v. 14.4.2005 – VII ZR 56/04). Derjenige, der AGB stellt und sich auf eine Individualvereinbarung berufen will, muss seinem Verhandlungspartner Gestaltungsfreiheit zur Wahrung eigener Interessen einräumen, und zwar mit der realen Möglichkeit, die inhaltliche Ausgestaltung der Vertragsbedingungen zu beeinflussen (OLG Düsseldorf, Urt. v. 6.4.2006 – 5 U 115/05). So ist eine Vertragsstrafenregelung nicht individuell ausgehandelt, wenn der Tagessatz auf Wunsch des Auftragnehmers reduziert wird, die unangemessene Vertragsstrafenobergrenze aber nicht Gegenstand der Verhandlungen war (OLG Bremen, Urt. v. 30.12.2010 – 1 U 51/08). Ein Aushandeln liegt nämlich nicht vor, wenn die für den Vertragspartner des Verwenders nachteilige Wirkung der Klausel im Zuge von Verhandlungen zwar abgeschwächt, der gesetzesfremde Kerngehalt der Klausel vom Verwender jedoch nicht ernsthaft zur Disposition gestellt wird (BGH, Urt. v. 22.10.2015 – VII ZR 58/14).

Wenn der Auftragnehmer jedoch im Zuge der Vertragsverhandlungen zu wesentlichen Punkten wie Baugrundrisiko, Kostentragung bei Planänderungen und Bausoll deutliche Veränderungen durchsetzt, dann können inhaltlich mit den geänderten Klauseln zusammenhängende Vorschriften ebenfalls als Individualvereinbarung angesehen werden (OLG Schleswig, Urt. v. 11.3.2011 – 5 U 123/08). Das Kammergericht vertritt sogar die Auffassung, wenn das Verhandlungsprotokoll eine Vielzahl handschriftlicher Streichungen, Ergänzungen und Änderungen enthalte, würden keine AGB mehr vorliegen (KG, Urt. v. 23.4.2010 – 7 U 117/09). Das ist aber unzutreffend, denn auch dann muss nach herrschender Auffassung jede Klausel einzeln daraufhin untersucht werden, ob eine reale Möglichkeit der inhaltlichen Veränderung bestand. Das mag dann für die geänderten Klauseln zutreffen, für andere Regelungen möglicherweise aber nicht. **128**

Keine AGB stellen dagegen solche Regelungen dar, welche die versprochene Bauleistung und die dafür zu zahlende Vergütung selbst bestimmen. Damit ist der enge Bereich der Leistungsbeschreibung gemeint, die das Bausoll konkretisiert (BGH, Urt. v. 26.4.2005 – X ZR 166/04). Auch Preisvereinbarungen sind keine AGB, weil sie nicht von gesetzlichen Rechtsnormen abweichen (§ 307 Abs. 3 BGB). Anders ist dies bei Preisnebenabreden wie beispielsweise Schuttbeseitigungsklauseln oder Rabatt-, Skonto- oder Nachlassklauseln. Die Abgrenzung zwischen der reinen Beschreibung der Leistung und Vertragsklauseln, die solche Beschreibungen verändern oder ausgestalten und damit AGB-Charakter aufweisen, ist schwierig, die Rechtsprechung bejaht reine Preisvereinbarungen eher selten. **129**

Beispiel: Auftraggeber (AG) und Auftragnehmer (AN) schließen einen Vertrag über die Lieferung von Abfall. Der AN verpflichtet sich, mindestens 5.000 t Abfall im Jahr anzuliefern. Wenn der AN in einem Jahr weniger als 5.000 t anliefert, soll er gemäß § 4.3 des Vertrags € 30,– netto pro Tonne für die Mindermenge bezahlen. Ursprünglich hatte der AG einen Preis von € 115,–/t für die Mindermenge vorgesehen. In Vertragsverhandlungen gelang es dem AN, den niedrigeren Betrag in Höhe von € 30,–/t für die Mindermenge durchzusetzen. **130**

Der Bundesgerichtshof sieht die Klausel nicht als Preisvereinbarung an, sondern als Vereinbarung über eine Schadensersatzpflicht bei Nichterfüllung der Mindestliefermenge (BGH, Urt. v. 22.11.2012 – VII ZR 222/12). Diese ist unwirksam, weil eine verschuldensunabhängige Haftung den Grundgedanken der gesetzlichen Schadensersatzregelungen widerspricht. Hieran änderte sich auch durch das Verhandeln über die Höhe des Schadensersatzes nichts. **131**

Ein Auftraggeber (und auch ein Auftragnehmer) kann sich auch nicht dadurch den AGB-rechtlichen Beschränkungen entziehen, indem er beispielsweise Baugrund-Risikoklauseln oder Regelungen über die Ausführung Besonderer Leistungen nach **132** den Abschnitten 4.2 der DIN 18299 ff. in Vorbemerkungen zum Leistungsverzeichnis oder in den Positionstexten selbst unterbringt, man könnte auch sagen versteckt.

b) Inhaltliche Überprüfung der Regelungen im Streitfall

133 Allgemeine Geschäftsbedingungen, die erheblich vom Gesetz abweichen und die die Gegenseite des Verwenders unangemessen benachteiligen, sind unwirksam. Hinter dieser Regelung in § 307 BGB (früher § 9 des Gesetzes zur Regelung Allgemeiner Geschäftsbedingungen) stehen folgende Gedanken:

134 Es ist grundsätzlich möglich (und oft auch sinnvoll), von den gesetzlichen Regelungen abzuweichen oder diese durch zusätzliche Vereinbarungen zu ergänzen. Dabei muss man Folgendes beachten:

- Man darf seinen Vertragspartner (gegenüber den gesetzlichen Regelungen) benachteiligen, aber nicht unangemessen.
- Wo es keine gesetzlichen Regelungen gibt, darf der Verwender nicht missbräuchlich eigene Interessen auf Kosten des Vertragspartners durchzusetzen versuchen, ohne die Interessen des Vertragspartners hinreichend zu berücksichtigen und ihm einen angemessenen Ausgleich zuzugestehen.
- Die Regelungen dürfen nicht überraschend sein, etwa an unerwarteter Stelle „versteckt".
- Alle Regelungen, nicht nur die vom Gesetz abweichenden, müssen klar und verständlich sein.

135 Bei dem zuletzt genannten Punkt handelt es sich um das sogenannte „Transparenzgebot", welches besagt, dass man sich als Verwender Allgemeiner Geschäftsbedingungen klar und verständlich ausdrücken muss. Ist dies nicht der Fall, kann eine Regelung schon wegen ihrer Unklarheit den anderen Vertragspartner unangemessen benachteiligen und deshalb unwirksam sein (§ 307 Abs. 1 BGB).

136 Überprüft werden aber nur für die Gegenseite benachteiligende Regelungen. Enthält der vom „Verwender" einseitig gestellte Vertrag auch für ihn selbst nachteilige Regelungen, kümmert das niemanden. Der Verwender kann sich also nicht darauf berufen, dass die von ihm vorgegebenen Regelungen ihn benachteiligen (OLG Jena, Urt. v. 8.4.2004 – 1 U 603/03; OLG Naumburg, Urt. v. 10.5.2017 – 5 U 3/17). Von Bedeutung ist dies, wenn Auftraggeber die VOB/B einbeziehen und ihnen später auffällt, dass die fiktive Abnahme oder die verkürzte Gewährleistungsfrist sie benachteiligt. Auftragnehmer, die aus einer Schublade einen Vertrag herausziehen, der ursprünglich von Auftraggeberseite stammt und deshalb zu auftraggeberfreundliche Regelungen enthält, haben Pech. Manche Regelungen im Vertrag wären unwirksam, wenn sie vom Auftraggeber „gestellt" worden wären, sind es aber nicht, wenn sie der Auftragnehmer selbst vorschlägt.

137 Gegenüber Verbrauchern verwendete Allgemeine Geschäftsbedingungen werden noch strenger geprüft, da neben § 307 BGB auch noch die §§ 308 und 309 BGB gelten. Dort sind Verbote für Regelungen in Allgemeinen Geschäftsbedingungen enthalten, die für Unternehmer nicht gelten, wobei in vielen Fällen bei einem Verstoß gegen die dort geregelten Verbote auch eine unangemessene Benachteiligung vorliegt und deshalb § 307 BGB anwendbar ist.

c) Die VOB/B als Allgemeine Geschäftsbedingung

Die VOB/B ist kein Gesetz, sondern stellt ebenfalls eine „Allgemeine Geschäftsbedingung" dar. Sie enthält neben „neutralen" Regelungen, die das Gesetz nur ergänzen (z.B. zu Stundenlohnarbeiten), auch Paragrafen, die ganz erheblich von den gesetzlichen Regelungen abweichen (weit überwiegend zugunsten des Auftraggebers, selten zugunsten des Auftragnehmers). **138**

Solange die VOB/B gegenüber einem anderen Unternehmer völlig unverändert vereinbart wird, akzeptieren die Gerichte diese Abweichungen vom Gesetz. Diese AGB-rechtliche „Privilegierung" der VOB/B im unternehmerischen Geschäftsverkehr ist in § 310 Abs. 1 Satz 3 BGB geregelt. Sobald aber derjenige, der den Vertrag vorformuliert und seine Bedingungen der Gegenseite stellt (meist der Auftraggeber gegenüber dem Auftragnehmer), auch nur eine einzige der für ihn ungünstigen Regelungen in der VOB/B abändert, werden sämtliche jetzt noch verbliebenen Regelungen der VOB/B daraufhin untersucht, ob sie vom Gesetz abweichen und die Vertragsgegenseite unangemessen benachteiligen (BGH, Urt. v. 22.1.2004 – VII ZR 419/02). Gegenüber Verbrauchern findet dagegen immer eine Inhaltskontrolle der Vorschriften der VOB/B statt. Außerdem muss die VOB/B einem Verbraucher ausgehändigt werden, um sie wirksam in den Vertrag einzubeziehen. **139**

Da nahezu in jedem Bauvertrag von Auftraggeberseite Teilabnahmen ausgeschlossen oder erheblich erschwert werden und zusätzlich noch die fiktive Abnahme durch Fertigstellungsanzeige oder durch Ingebrauchnahme ausgeschlossen wird oder die Geltendmachung von zusätzlichen Vergütungen an erschwerte Voraussetzungen gegenüber der VOB/B geknüpft ist, kann gesagt werden, dass die VOB/B so gut wie nie unverändert vereinbart wird. Auch öffentliche Auftraggeber, die dies versucht haben, sind hieran regelmäßig gescheitert. Die weit überwiegende Mehrzahl der von Auftraggebern formulierten Bauverträge weicht in dem einen oder anderen Punkt – absolut sinnvollerweise – von der VOB/B ab. Das gilt umgekehrt natürlich auch, wenn der Auftragnehmer den Vertrag vorformuliert hatte und zu seinen Gunsten von der VOB/B abgewichen ist. Die Folge hieraus ist dann, dass die Regelungen der VOB/B (wie auch der VOB/C) als ganz normale AGB behandelt und daraufhin überprüft werden, ob sie einer Inhaltskontrolle standhalten. **140**

Mitunter stellt sich die Frage, ob die Geltung der VOB/B einseitig vom Auftraggeber vorgegeben wurde oder beide Vertragsparteien die VOB/B in den Vertrag einbeziehen wollten. In diesem Fall lägen nämlich keine einseitig gestellten Klauseln vor. Das Kammergericht meint hierzu, dass häufig auch Auftragnehmer die **141**

VOB/B vereinbaren wollten (KG, Urt. v. 23.4.2010 – 7 U 117/09) und hat u.a. hierauf gestützt eine Inhaltskontrolle abgelehnt. Dabei hat das Gericht nicht berücksichtigt, dass Auftragnehmer nur mit der unveränderten Geltung der VOB/B einverstanden sind, nicht aber mit einem Vertrag, bei dem die wenigen vorteilhaften Regelungen (Verkürzung der Gewährleistung auf vier Jahre, Rückgabe der Sicherheit nach zwei Jahren, fiktive Abnahme) abgeändert werden und nur noch die nachteiligen Regelungen übrigbleiben.

d) Bei Überprüfung unwirksame Regelungen der VOB/B

142 Hat der Auftraggeber den Vertrag vorformuliert und ist er von der VOB/B zulasten des Auftragnehmers abgewichen, dann findet eine Überprüfung durch die Gerichte statt. Dann sind folgende auftraggeberfreundliche Regelungen in der VOB/B unwirksam:

- § 16 Abs. 3 Nr. 2 (Schlusszahlungsfalle)
- § 16 Abs. 6 (Direktzahlung an Nachunternehmer des AN)

143 Viele weitere Regelungen sind zumindest zweifelhaft, auch wenn sie bislang nicht als unwirksam angesehen werden. Das betrifft etwa das Kündigungsrecht wegen Mängeln vor Abnahme (§ 4 Abs. 7 VOB/B). Der Bundesgerichtshof hat entschieden, dass es beim BGB-Werkvertrag vor Fertigstellung keinen Anspruch auf Mangelbeseitigung gibt (BGH, Urt. v. 19.1.2017 – VII ZR 193/15). Zudem hat der Auftraggeber auch bei Nichtbeseitigung von nur geringfügigen Mängeln das Recht zur Vertragskündigung, obwohl darin keine erhebliche Vertragsverletzung liegt. Damit ist klar, dass § 4 Abs. 7 VOB/B erheblich vom Gesetz abweicht und dies den Auftragnehmer unangemessen benachteiligt. Trotzdem wird die Vorschrift als zulässig angesehen (LG Bremen, Urt. v. 20.6.2019 – 2 O 2021/10). Auch das Verbot, Nachunternehmer ohne Zustimmung des Auftraggebers zu beauftragen (§ 4 Abs. 8 VOB/B), stellt eine Benachteiligung dar, die aber von den Gerichten nicht als unangemessen angesehen wird, da der Auftraggeber ein schutzwürdiges Interesse an der Kontrolle des NU-Einsatzes auf der Baustelle habe.

144 Seit der Reform des Bauvertragsrechts gibt es nun auch gesetzliche Nachtragsvorschriften, von denen die der VOB/B erheblich abweichen (siehe hierzu Kapitel E. I. 2. b), Rn. 710 ff.). Wir gehen davon aus, dass die Gerichte zukünftig die Nachtragsvorschriften § 1 Abs. 3 (Anordnung von Leistungsänderungen) sowie § 2 Abs. 5 und 6 (Vergütungsanpassung bei Leistungsänderungen und Zusatzleistungen) als unwirksam ansehen werden, wenn der Auftraggeber als Verwender die VOB/B nicht völlig unverändert vereinbart hat. Es gelten dann die gesetzlichen Nachtragsvorschriften, außer die Regelung der VOB/B wäre für den Auftragnehmer günstiger. Das ist etwa bei § 1 Abs. 4 VOB/B der Fall, da der Auftragnehmer nach dieser Vorschrift nur für die Vertragserfüllung erforderliche Zusatzleistungen ausführen muss.

Hat der Auftragnehmer gegenüber einem Auftraggeber den Vertrag vorformuliert und ist er seinerseits zulasten des Auftraggebers von der VOB/B abgewichen, etwa durch Vereinbarung kürzerer Zahlungsfristen, wären folgende Regelungen der VOB/B unwirksam: **145**

- § 12 Abs. 5 (fiktive Abnahme)
- § 13 Abs. 4 (Verkürzung der Gewährleistung von fünf auf vier/zwei Jahre)

Gegenüber Verbrauchern sind noch weitere Regelungen der VOB/B unwirksam, etwa § 15 Abs. 3 Satz 5 (Anerkenntnis von Stundenzetteln), und das auch dann, wenn die VOB/B völlig unverändert vereinbart wurde. **146**

Wir raten Auftragnehmern grundsätzlich davon ab, die VOB/B in von ihnen gestaltete Bauverträge einzubeziehen. Für Verträge mit Verbrauchern haben wir das schon in den Vorauflagen vertreten; seit Inkrafttreten der BGB-Bauvertragsreform gibt es aber auch für Verträge mit Unternehmen keinen Grund mehr, die VOB/B zu vereinbaren. Allerdings sollten nach Möglichkeit die Vorschriften der VOB/C in den Vertrag einbezogen werden, da diese wichtige Abrechnungs- und Leistungsabgrenzungsvorschriften enthalten. Diese kann man auch mit den jeweiligen DIN-Nummern bezeichnen; sie müssen jedoch dem Vertragspartner ausgehändigt werden, da keine zumutbare Möglichkeit der Kenntnisnahme besteht (siehe auch Kapitel A. I. 5.), Rn. 109 ff.). Die bessere Option ist deshalb, die wesentlichen Abrechnungsvorschriften und Leistungsabgrenzungen in das Angebot aufzunehmen und ansonsten die VOB nicht zu erwähnen. **147**

e) Rechtsfolge der Unwirksamkeit einer Vertragsklausel als Allgemeine Geschäftsbedingung

Theoretisch wären (mindestens) drei verschiedene Möglichkeiten denkbar: **148**

- Der ganze Vertrag ist unwirksam, weil der Verwender ohne die unwirksame Klausel den Vertrag gar nicht abgeschlossen hätte.
- Das Gericht entscheidet im Streitfall durch eine ergänzende Vertragsauslegung, was die Parteien zulässigerweise vereinbart hätten, wenn ihnen die Unwirksamkeit der Vertragsklausel bewusst gewesen wäre.
- Statt der unwirksamen Klausel gilt die gesetzliche Regelung. Wo es keine solche gibt, gilt nichts als vereinbart.

Die zuerst genannte Rechtsfolge (Unwirksamkeit des gesamten Vertrags) kann schon deshalb nicht richtig sein, weil dies eine gravierende Rechtsunsicherheit bedeuten würde. Darüber hinaus würde der Verwender unter Umständen dafür belohnt, dass er Vertragsklauseln verwendet hat, die die Gegenseite unangemessen benachteiligen. Ernsthaft in Betracht zu ziehen sind folglich nur die zweite und die dritte Alternative. **149**

Die Gerichte kommen – mit ganz wenigen Ausnahmen – in der Regel zu dem Ergebnis, dass die unwirksame Klausel ersatzlos entfällt und an ihre Stelle die **150** gesetzlichen Regelungen treten. Es wird also nicht danach gefragt, was die Parteien gerade noch zulässigerweise hätten vereinbaren können.

151 **Beispiel:** Bei einem Bauvertrag ist eine Skontoregelung enthalten, die wie folgt lautet: „Der AG ist berechtigt, von jeder Abschlagsrechnung 3 % Skonto zu ziehen, wenn die Zahlung eine Woche nach Prüfung der Abschlagsrechnung durch den Architekten des Auftraggebers erfolgt. Für die Schlussrechnung beträgt die Skontofrist abweichend hiervon drei Wochen."

152 Was bedeutet diese Skontoklausel? Wenn der Architekt des Auftraggebers eine Abschlagsrechnung vier Wochen liegen lässt und dem Auftraggeber erst dann das Prüfergebnis mitteilt, hätte dieser immer noch eine Woche Zeit, um Skonto von der Rechnungssumme in Abzug zu bringen. Eine solche Klausel benachteiligt den Auftragnehmer unangemessen und ist zudem überraschend. Folglich wird das Gericht die Klausel für unwirksam erklären (LG Darmstadt, Urt. v. 20.9.2011 – 12 O 12/11). An die Stelle der unwirksamen Regelung tritt aber nun nicht etwa das, was die Parteien wahrscheinlich vereinbart hätten (Skonto innerhalb von einer Woche nach Eingang der Abschlagsrechnung beim Auftraggeber bzw. seinem Architekten). Vielmehr ist die Skontoklausel unwirksam und der Auftraggeber kann kein Skonto von den Rechnungsbeträgen in Abzug bringen.

153 Ausnahmsweise findet auch bei unwirksamen Allgemeinen Geschäftsbedingungen eine ergänzende Vertragsauslegung statt. Das ist (nur) dann der Fall, wenn in der unwirksamen Vertragsklausel ein Sachverhalt geregelt wurde, für den es keine gesetzliche Regelung gibt und der von erheblicher Bedeutung für das Vertragsverhältnis ist. So kommt beispielsweise bei unwirksamen Preisgleitklauseln eine ergänzende Vertragsauslegung in Frage (BGH, Urt. v. 13.1.2010 – VIII ZR 81/08; BGH, Urt. v. 13.4.2010 – XI ZR 197/09). Gelegentlich kommt es auch vor, dass der BGH zeitlich befristet eine ergänzende Vertragsauslegung zulässt, wenn durch die Rechtsprechung Vertragsklauseln, die jahrelang in vielen Bauverträgen verwendet wurden, für unwirksam erklärt werden. So hat der BGH entschieden, dass die unwirksame Verpflichtung zur Stellung einer Vertragserfüllungsbürgschaft auf erstes Anfordern in AGB so ausgelegt werden kann, dass der Auftragnehmer eine normale, nicht auf erstes Anfordern zahlbare Bürgschaft schuldet (BGH, Urt. v. 4.7.2002 – VII ZR 502/99).

154 Diese Entscheidungen sind und bleiben Ausnahmen. Die Grundregel lautet, dass unwirksame Regelungen in Allgemeinen Geschäftsbedingungen unwirksam sind und ersatzlos wegfallen. An die Stelle der unwirksamen Regelung tritt das Gesetzesrecht. Dies ist letztlich auch eine Art „Strafe" für den Verwender der vorformulierten Vertragsbedingungen, der entweder seinen Vertragspartner unangemessen benachteiligen wollte oder sich nicht ausreichend um eine transparente und verständliche Regelung bemüht hat.

f) Infektion an sich wirksamer Klauseln durch unwirksame Vertragsklauseln

Bislang haben wir besprochen, wie einzelne Vertragsklauseln überprüft werden, ob sie von gesetzlichen Regelungen abweichen. Manchmal ergibt sich eine unangemessene Benachteiligung eines Vertragspartners aber erst aus dem Zusammenwirken mehrerer Vertragsklauseln. **155**

So kann eine isoliert betrachtet wirksame Vertragsstrafenvereinbarung durch eine Regelung zu den Vertragsterminen („Die Frist gilt als verbindlich und verlängert sich auch nicht durch witterungsbedingte Beeinträchtigungen") unwirksam werden (BGH, Urt. v. 6.12.2007 – VII ZR 28/07). **156**

Ebenso kann eine benachteiligende Regelung zur Rückgabe von Vertragserfüllungssicherheiten dazu führen, dass auch die Vereinbarungen über die Gewährleistungssicherheit unwirksam werden (BGH, Urt. v. 5.5.2011 – VII ZR 179/10). Ferner wurde entschieden, dass eine Erschwerung der Abnahme eine an sich wirksame Sicherungsvereinbarung unwirksam machen kann (OLG Köln, Beschl. v. 10.2.2016 – 11 U 136/151). **157**

Eine unwirksame Klausel über die Abnahme, die diese von der Mitwirkung eines vertragsfremden Dritten abhängig macht, auf den der AN keinen Einfluss hat, infiziert auch die Sicherungsabrede über die Gewährleistungssicherheit (OLG Köln, Beschl. v. 10.2.2016 – 11 U 136/15), die dadurch unwirksam wird. **158**

Wenn erst mehrere Vertragsklauseln in ihrem Zusammenwirken zu der unangemessenen Benachteiligung führen, dann sind alle unwirksam. Es werden also nicht einzelne Klauseln als unwirksam kassiert, um den verbleibenden Klauseln damit zur Wirksamkeit zu verhelfen. Denn es ist nicht Sache des Gerichts, auszusuchen, welche der betroffenen Klauseln bestehen bleiben sollen (OLG Celle, Urt. v. 5.3.2014 – 7 U 114/13). **159**

g) Widersprüchliche AGB

Normalerweise gibt es in einem Bauvertrag zu jedem regelungsbedürftigen Punkt auch nur eine vertragliche Regelung. Mitunter werden aber mehrere Klauselwerke in einen Vertrag einbezogen. Ein Beispiel aus dem Speditionsgewerbe zeigt, wohin dies führen kann. Ein Spediteur vereinbarte mit seinem Kunden die Geltung der Allgemeinen Deutschen Speditionsbedingungen sowie weiterer „Zusätzlicher Vertragsbedingungen für Schwerlasttransporte". In Letzteren befand sich ein unwirksames (zu weitgehendes) Aufrechnungsverbot für den Kunden, in den Allgemeinen Speditionsbedingungen war ein wirksames Aufrechnungsverbot enthalten. Es kam zu einem Schaden und der Kunde rechnete mit dem Schadensersatz gegen die Vergütung des Spediteurs auf, was dieser für unzulässig hielt. **160**

Der Bundesgerichtshof hat in diesem Streitfall beide sich widersprechende AGB des Spediteurs verworfen. Die Einbeziehung mehrerer Klauselwerke in ein und **161** denselben Vertrag sei grundsätzlich zulässig. Führe die Verwendung mehrerer Klauselwerke jedoch dazu, dass unklar ist, welche der darin enthaltenen konkurrierenden Regelungen gelten soll, kann keine der Bestimmungen angewendet werden mit der Folge, dass die gesetzlichen Vorschriften zur Anwendung kommen (BGH, Urt. v. 16.3.2006 – I ZR 65/03). Nachdem es gesetzlich kein Aufrechnungsverbot gibt, hatte der Kunde wirksam gegen den Vergütungsanspruch des Spediteurs aufgerechnet.

162 Der Grundsatz, dass bei sich widersprechenden Allgemeinen Geschäftsbedingungen das Gesetz gilt, hat aber eine Ausnahme. Wenn nämlich eine der Regelungen für den anderen Vertragspartner günstiger ist als das Gesetz, gilt diese Regelung. So etwas kann auch passieren, wenn die Vertragsbedingungen des Auftraggebers gleiche Sachverhalte regeln wie Vorschriften in der VOB/B, aber die Vertragsbedingungen des Auftraggebers wegen Unangemessenheit unwirksam sind.

163 **Beispiel:** Ein Auftragnehmer machte wegen erheblicher Mindermengen einen Preisanpassungsanspruch nach § 2 Abs. 3 VOB/B geltend. Der Auftraggeber berief sich auf seine Vertragsbedingungen, wo geregelt war: *„Die Vertragspreise sind Festpreise für die Dauer der Bauzeit"*. Er war der Ansicht, dass damit auch Preisanpassungsansprüche nach § 2 Abs. 3 VOB/B ausgeschlossen wären. Dem folgte zwar der Bundesgerichtshof, erklärte die Klausel aber dennoch für unwirksam, weil Preisanpassungsansprüche wegen Wegfall der Geschäftsgrundlage nicht ausgeschlossen werden dürften. Anschließend stellte sich die Frage, ob nun das Gesetz gilt oder der Auftragnehmer sich trotzdem auf § 2 Abs. 3 VOB berufen konnte.

164 Der BGH bejahte diese Frage und erklärte, dass für den Fall, dass eine für den Auftragnehmer als Klauselgegner günstigere Ersatzklausel in der VOB/B enthalten ist, diese angewendet wird. Dies gelte aber nicht für den umgekehrten Fall, dass eine für den Klauselverwender gegenüber dem Gesetz günstigere Klausel aus der VOB/B Anwendung findet. Die Inhaltskontrolle von Formularklauseln diene nämlich ausschließlich dem Schutz des Vertragspartners des Verwenders; der Verwender selbst könne sich nicht auf die Unwirksamkeit einer von ihm gestellten Allgemeinen Geschäftsbedingung berufen (vgl. BGH, Urt. v. 20.7.2017 – VII ZR 259/16).

165 Das bedeutet, dass dort, wo ein Auftraggeber in seinen Bauverträgen an sich für ihn günstige Regelungen in der VOB/B so weit verschärft, dass die Vertragsklauseln unwirksam sind, er sich in diesem Punkt nicht mehr auf die für ihn günstigen VOB/B-Regelungen „zurückziehen" kann, der Auftragnehmer dies aber darf.

166 Das gleiche Problem stellt sich im Übrigen, wenn ein Generalunternehmer zusätzlich zu seinem eigenen Vertragswerk auch den Vertrag mit seinem Bauherrn in die Nachunternehmerverträge einbezieht, was nicht zu empfehlen ist.

7. Wann schreibt die VOB/B die Schriftform für Erklärungen vor?

Unter Schriftform ist zu verstehen, dass eine Erklärung schriftlich abgefasst und vom Aussteller unterschrieben ist. Die VOB/B schreibt für wichtige Erklärungen der Vertragsparteien im Verlaufe der Vertragsdurchführung die Schriftform als Wirksamkeitsvoraussetzung vor. 167

Schriftform ist notwendig bei: 168
- Zustimmung zum Nachunternehmereinsatz (§ 4 Abs. 8 VOB/B)
- Bedenken gegen die Ausführung (§ 4 Abs. 3 VOB/B)
- Baubehinderungsanzeigen (§ 6 Abs. 1 VOB/B)
- Kündigung oder Teilkündigung eines Bauvertrags (§ 8 Abs. 5 VOB/B)
- Abnahmeprotokoll bei förmlicher Abnahme (§ 12 Abs. 4 VOB/B)
- Mängelrüge nach Abnahme (§ 13 Abs. 5 Nr. 1 VOB/B)

Schriftform einer Erklärung bedeutet eigentlich, dass ein Schreiben mit einer Unterschrift versehen sein muss. Es gibt aber die Vorschrift des § 127 Abs. 2 BGB, die besagt, dass zur Wahrung der vereinbarten schriftlichen Form, soweit nicht ein anderer Wille anzunehmen ist, die „telekommunikative Übermittlung" ausreicht. Es ist bislang strittig, was genau unter „telekommunikativer Übermittlung" zu verstehen ist. Einigkeit besteht, dass es ausreichend ist, wenn ein unterschriebenes Schriftstück per Fax oder E-Mail übermittelt wird (OLG Frankfurt, Beschl. v. 16.3.2015 – 4 U 265/14). Eine einfache E-Mail soll hingegen nicht ausreichen (OLG Jena, Urt. v. 26.11.2015 – 1 U 209/05; OLG Frankfurt, Beschl. v. 30.4.2012 – 4 U 269/11). Hingegen wird in neueren Entscheidungen davon ausgegangen, dass auch eine einfache E-Mail ausreicht, um die Schriftform einzuhalten, weil auch dies eine telekommunikative Übermittlung sei (OLG Hamm, Urt. v. 4.10.2016 – 21 U 142/15; OLG Köln, Urt. v. 22.6.2016 – 16 U 145/15; OLG Koblenz, Urt. v. 8.10.2020 – 6 U 945/19). Solange noch keine Entscheidung des Bundesgerichtshofes hierzu existiert, empfiehlt sich die Übermittlung eines unterschriebenen Schriftstücks. 169

Diese Überlegungen sind allerdings hinfällig, wenn im Bauvertrag ausdrücklich geregelt ist, dass die Übersendung per E-Mail nicht ausreicht. Dann muss überall dort, wo die VOB/B und der Bauvertrag für Erklärungen die Schriftform vorsehen, tatsächlich ein unterschriebenes Schriftstück an die Gegenseite geschickt werden. Wir halten eine solche Regelung allerdings nicht für sinnvoll. 170

Man sollte nicht die Schlussfolgerung ziehen, dass überall dort, wo die Schriftform nicht zwingend vorgeschrieben ist, mündliche Erklärungen ausreichen würden. Es entstehen im Nachhinein viele Beweisschwierigkeiten, wenn wichtige Vorgänge nicht schriftlich festgehalten werden. 171

Daher empfehlen wir, auch folgende Erklärungen gegenüber dem Auftraggeber beziehungsweise gegenüber Nachunternehmern in jedem Fall schriftlich abzugeben: 172

- Ankündigung von Mehrkosten für zusätzliche Leistungen (§ 2 Abs. 6 VOB/B)
- sowie bei geänderten Leistungen (§ 2 Abs. 5 VOB/B)
- Mängelrügen vor Abnahme (§ 4 Abs. 7 VOB/B)
- Fertigstellungsanzeigen, Abnahmeverlangen (§ 12 Abs. 1 und Abs. 5 Nr. 1 VOB/B sowie § 640 Abs. 1 Satz 3 BGB)
- Nachfristsetzungen mit Kündigungsandrohung (§§ 4 Abs. 7, 5 Abs. 4 VOB/B)

8. Schriftformklauseln in AGB

173 Im Verlauf eines Bauvorhabens kommt es häufig zu kleineren oder auch größeren Vertragsänderungen, weil zusätzliche Leistungen erforderlich oder Leistungen geändert werden. Grundsätzlich können solche Vertragsänderungen mündlich vereinbart werden. Allerdings hat dies verschiedene Nachteile. Zum einen kann es bei mündlichen Vereinbarungen leichter als bei schriftlich niedergelegten Vereinbarungen zu Missverständnissen über den Vereinbarungsinhalt kommen. Außerdem ist das Gedächtnis der Beteiligten häufig nicht so zuverlässig, wie es sein sollte; manche Vertragspartner wollen sich an mündliche Vereinbarungen mitunter auch nicht mehr erinnern. Daher ist es grundsätzlich vernünftig, Vertragsänderungen schriftlich festzuhalten.

174 Viele Auftraggeber nehmen in ihre Bauverträge die ausdrückliche Regelung auf, dass Vertragsänderungen nur dann wirksam sein sollen, wenn diese schriftlich erfolgen. Auch wenn – wie oben dargestellt – gute Gründe für die Schriftform bei Vertragsänderungen sprechen, muss man allerdings sehen, dass eine solche Schriftformklausel in der Realität häufig einseitig den Auftragnehmer benachteiligt. Das ist dann der Fall, wenn beispielsweise der Auftraggeber in Baubesprechungen mündlich Anweisungen erteilt oder dies durch eine andere, vom Auftraggeber bevollmächtigte Person geschieht, gegebenenfalls auch eine Person, die mit Anscheins- oder Duldungsvollmacht handelt.

175 **Beispiel:** Während der schlüsselfertigen Errichtung eines Wohn- und Geschäftshauses durch einen Generalunternehmer beauftragt der Architekt des Bauherrn insgesamt 17 Nachträge mit einem Volumen von rund 10 % der gesamten Bausumme. Der Bauherr verweigert die Zahlung u.a. deshalb, weil im Bauvertrag festgehalten ist, dass alle Änderungen oder Ergänzungen des Vertrags zu ihrer Wirksamkeit der Schriftform bedürfen und das Schriftformerfordernis wiederum nur schriftlich außer Kraft gesetzt werden kann.

176 Der Bauherr verliert den Prozess. Der Bauherr hatte seinen Architekten im Bauvertrag als „Ansprechpartner und Vertreter" bezeichnet. Dass an gleicher Stelle im Vertrag geregelt war, dass zusätzliche Leistungen der ausdrücklichen schriftlichen Einwilligung des Bauherrn oder seines bevollmächtigten Vertreters bedürfen, konnte dem Bauherrn nicht helfen, denn ganz offensichtlich haben sich die Vertragsparteien während der Vertragsdurchführung hieran nicht gehalten.

In solchen Fällen spricht man davon, dass das Schriftformerfordernis einvernehmlich „abbedungen“ wird. Als weitere Begründung führt das OLG München in seiner Entscheidung an, dass es sich bei der Schriftformklausel im Bauvertrag um eine Allgemeine Geschäftsbedingung handelt und gemäß § 305 b BGB Individualvereinbarungen, etwa über das Außerkraftsetzen der Schriftform, grundsätzlich Allgemeinen Geschäftsbedingungen im Rang vorgehen (OLG München, Urt. v. 14.1.2004 – 27 U 468/03). **177**

Dieser „Vorrang der Individualabrede“ beruht auf der Überlegung, dass Allgemeine Geschäftsbedingungen für eine Vielzahl von Verträgen vorformuliert und daher von vornherein auf Ergänzung durch die individuellen Vereinbarungen der Parteien ausgelegt sind. Allgemeine Geschäftsbedingungen können und sollen nur insoweit gelten, als die von den Parteien getroffene Individualabrede dafür Raum lässt. Wollen die Parteien ernsthaft – wenn auch nur mündlich – etwas anderes, so kommt dem grundsätzlich Vorrang zu (BGH, Urt. v. 21.9.2005 – XII ZR 312/02). In der zitierten Entscheidung ging es um eine „einfache“ Schriftformklausel und die mündliche Abänderung eines Formularmietvertrags. Der für das Baurecht zuständige VII. Zivilsenat des BGH hielt demgegenüber zumindest in Bau- und Architektenverträgen öffentlicher Auftraggeber einfache Schriftformklauseln für wirksam (BGH, Urt. v. 10.5.2007 – VII ZR 288/05), wobei die Besonderheit der Entscheidung darin besteht, dass im Rahmen des Revisionsverfahrens nicht mehr zu überprüfen war, ob die Vertragsparteien einvernehmlich vom Schriftformerfordernis abgerückt waren. Gerade das ist aber häufig der Fall (OLG München, Urt. v. 11.3.2014 – 9 U 1477/13 Bau). **178**

Nachdem es die Rechtsprechung für möglich hielt, dass Schriftformklauseln in Allgemeinen Geschäftsbedingungen einvernehmlich außer Kraft gesetzt werden können, verwendeten manche Auftraggeber sogenannte „doppelte Schriftformklauseln“. Einer normalen (einfachen) Schriftformklausel wurde der Satz hinzugefügt, dass die Außerkraftsetzung der Schriftformklausel auch wiederum nur schriftlich erfolgen darf. Die neuere Rechtsprechung geht jedoch davon aus, dass auch doppelte Schriftformklauseln als Allgemeine Geschäftsbedingungen unwirksam sind, wenn damit der Eindruck erweckt wird, mündliche Individualabsprachen würden nicht gelten (OLG Karlsruhe, Urt. v. 12.6.2018 – 8 U 102/16). Der für das Mietrecht zuständige 12. Senat des BGH hat offengelassen, ob eine doppelte Schriftformklausel per se unwirksam ist und entschied, dass auch die doppelte Schriftformklausel, jedenfalls wegen des Vorrangs einer nachgewiesenen Individualvereinbarung, wirkungslos ist (BGH, Beschl. v. 25.1.2017 – XII ZR 69/16). **179**

Im Ergebnis kann festgehalten werden, dass vertraglich vereinbarte Schriftformklauseln in Allgemeinen Geschäftsbedingungen grundsätzlich mündlich außer Kraft gesetzt werden können. Dafür ist allerdings derjenige, der sich auf eine sol- **180** che mündliche Vereinbarung beruft, beweispflichtig. Dieser Beweis wird erleichtert, wenn es mehrfach mündliche Vereinbarungen über Zusatzleistungen, Leistungsänderungen oder Terminverschiebungen gab. Will der Auftragnehmer solche Beweisprobleme vermeiden, sollte er mündlich getroffene Vereinbarungen zumindest schriftlich bestätigen („kaufmännisches Bestätigungsschreiben") oder noch besser den Inhalt der mündlichen Vereinbarung schriftlich niederlegen und den Auftraggeber um Gegenzeichnung bitten.

9. Notwendigkeit einer Baudokumentation

181 Bauprozesse beginnen häufig erst Monate, manchmal Jahre, nachdem das Bauvorhaben abgeschlossen wurde.

182 Erfahrungsgemäß ist es für die Geschäftsführung und erst recht für die beauftragten Anwälte außerordentlich schwierig, den Bauablauf konkret zu rekonstruieren, wenn nicht bereits während der Vertragsdurchführung für eine ordnungsgemäße Dokumentation des Bauablaufs und sämtlicher Begleitumstände Sorge getragen wurde.

183 Im Rahmen von Bauprozessen müssen alle anspruchsbegründenden Tatsachen dargelegt und bewiesen werden. Umstände, die auf der Baustelle allen Beteiligten klar waren, müssen nun dem eigenen Anwalt erklärt werden, der hiervon das Gericht überzeugen muss. Prozesse dauern häufig nicht deshalb so lange, weil schwierige Rechtsfragen geklärt werden müssen, sondern wegen Unklarheiten über das tatsächliche Baugeschehen oder technische Sachverhalte, die langwierige und umständliche Beweisaufnahmen erforderlich machen.

184 Dementsprechend kommt der Dokumentation des rechtlich relevanten Bauablaufs und dem dazu gehörenden Schriftverkehr überragende Bedeutung zu. Dabei darf man nicht übersehen, dass die Dokumentation von vielen Bauleitern skeptisch betrachtet wird. Dies hat verschiedene Ursachen. Zum einen scheint häufig die Zeit zu fehlen, Bauzustände zu dokumentieren und im ausreichenden Maße Behinderungsanzeigen, Mängelanzeigen, Mehrkostenanzeigen usw. zu schreiben. Oftmals haben insbesondere Auftragnehmer das Gefühl, dass sie durch umfangreichen Schriftverkehr den Auftraggeber „verärgern". Mitunter kommt es sogar vor, dass der Auftraggeber erklärt, er wolle nicht jeden Tag zwei Briefe bekommen und der Auftragnehmer solle den Schriftverkehr „auf das Notwendigste reduzieren".

185 Zwar ist es richtig, dass jedes Schreiben dazu führt, dass die Gegenseite sich überlegen muss, ob und wie hierauf geantwortet werden muss. Da für ein Antwortschreiben Zeit aufgewandt werden muss, kann dies zu Verärgerung führen. Andererseits kann ein gut geführter Schriftverkehr zu einer Versachlichung der Diskussion und damit häufig auch zur Streitvermeidung beitragen. Voraussetzung ist allerdings, dass beide Seiten keine unwahren Behauptungen vorbringen, etwa eine Behinderung anmelden, wo tatsächlich keine solche bestand oder etwa ohne Rücksicht auf tatsächlich gegebene Behinderungen die Einhaltung von Terminen angemahnt wird. Wo ein Bauprozess unerlässlich ist, wird sich die Rechtsposition nachhaltig verbessern, wenn der Bauablauf ordentlich dokumentiert wurde und zu den tatsächlichen Fragen die entsprechenden Schriftstücke oder Fotos vorhanden sind. Wo solche Schriftstücke fehlen, treten Rechtsunsicherheiten auf, die unter Umständen nach einem jahrelangen Bauprozess dazu führen, dass Ansprüche nur deshalb nicht durchgesetzt worden sind, weil die anspruchsbegründenden Tatsachen nicht bewiesen werden konnten.

Wichtig ist auch eine ständige Kommunikation zwischen den unterschiedlichen **186** Ebenen (Geschäftsführer, Bauleiter und Poliere auf Auftragnehmerseite, Architekten, Projektleiter und Geschäftsführung auf Seiten des Auftraggebers) über den Ablauf des Baugeschehens. Es muss von Anfang an dafür Sorge getragen werden, dass der Bauleiter die für ihn notwendigen Informationen von der Geschäftsführung erhält (beispielsweise Preis- bzw. Terminänderungen und Änderungen des Bausolls). Ebenso muss er die Geschäftsführung rechtzeitig benachrichtigen, wenn der Bauablauf gestört ist, zusätzliche Vergütungsforderungen entstehen oder Bedenken gegen die Ausführung auftreten. Gleiches gilt für das Verhältnis Architekt – Bauherr.

Wir werden weiter unten Vorschläge unterbreiten, wie eine Baudokumentation **187** aussehen kann und welche Handhabung sie im Laufe eines Bauvorhabens erfahren sollte.

II. Handhabung in der Praxis

1. Wahl der Vertragsart, Zusammenstellung der Vergabeunterlagen

a) Welche Unterlagen sollten die Bieter bekommen?

Wenn die zu vergebende Bauleistung nur in einem Langtext-Leistungsverzeich- **188** nis und in Plänen beschrieben wird, spricht vieles dafür, den Bietern im Rahmen der Ausschreibung alle Unterlagen für die Angebotskalkulation zur Verfügung zu stellen. Bei größeren Projekten existieren neben den genannten Unterlagen häufig noch Gutachten, umfangreiche Baubeschreibungen, Berechnungen usw. Dann stellt sich die Frage, ob alle diese Unterlagen mit der Ausschreibung versendet werden sollen. In vielen Fällen erscheint es sinnvoll, sich zunächst auf die wesentlichen Unterlagen zu beschränken und den Eingang der Angebote abzuwarten. Denjenigen Bietern, die nach der ersten Durchsicht der Angebote zu einer Auftragsverhandlung eingeladen werden sollen, können dann die übrigen Unterlagen zur Vorbereitung der Auftragsverhandlung zur Verfügung gestellt werden. Dies sollte allerdings rechtzeitig geschehen, damit die Bieter sich hiermit auch beschäftigen können.

189 Geht man anders vor, wäre es möglich, dass einzelne Bieter durch tausende Seiten Unterlagen davon abgehalten werden, überhaupt ein Angebot abzugeben. Dieser Aspekt spricht auch gegen rein funktionale Ausschreibungen, bei denen die Bieter kein Leistungsverzeichnis, sondern nur eine Baubeschreibung erhalten. Der Bieter hat bei dieser Art der Ausschreibung einen weitaus höheren Kalkulationsaufwand, da er selbst Massen ermitteln und eventuell sogar Berechnungen anstellen muss. Wenn die Auftragslage gut ist, werden viele Bieter auf solche Ausschreibungen kein Angebot abgeben. Die Erstellung eines Leistungsverzeichnisses ist deshalb in der Regel unverzichtbar.

b) Umgang des Bieters mit nachgereichten Unterlagen

190 Hat der Bieter mit der Ausschreibung noch nicht alle relevanten Unterlagen erhalten, sei es, weil die Unterlagen zu umfangreich waren, sei es, weil manche Unterlagen noch gar nicht vorlagen, erhält der Bieter nach Abgabe seines Angebots noch weitere Projektunterlagen. Hat der Bieter erst wenige Tage vor der Auftragsverhandlung neue Pläne erhalten, sollte er darauf achten, dass bei einer Pauschalierung auf den alten Planstand pauschaliert und vereinbart wird, dass etwaige Mehr- oder Minderleistungen, die sich aus der neuen Planung ergeben, nicht im Pauschalpreis enthalten sind. Der Auftraggeber wird hier von dem Regelfall nicht begeistert sein, aber der vorsichtige Bieter wird sich nicht darauf einlassen, ohne die Möglichkeit einer genauen inhaltlichen Prüfung eine Pauschalierung unter Einschluss der neuen Pläne/Unterlagen zu akzeptieren.

c) Erstellung des Vertragswerkes

191 Der Baumarkt ist zweigeteilt. Im Bereich des privaten Einfamilienhausbaus werden die Vertragswerke von Auftragnehmerseite vorgegeben, während bei nahezu allen anderen Bauprojekten die Auftraggeberseite den Vertragsinhalt bestimmt und den Vertragsentwurf erstellt. Wir besprechen hier nur die Gestaltung des Vertragswerkes durch den Auftraggeber.

192 Bei in kleineren Aufträgen, wo eine Auftragsverhandlung entbehrlich erscheint, kann dem Auftragnehmer ein vorbereiteter Bauvertrag zur Unterschrift übersandt werden. Dieser sollte nicht allzu umfangreich ausfallen, da ein 30-seitiger Vertrag für eine Bauleistung von € 10.000,– bei kleinen Handwerksbetrieben Befürchtungen vor einer juristischen Übervorteilung auslöst. Bei größeren Aufträgen empfehlen sich aus unserer Sicht die Verwendung eines Verhandlungsprotokolls und die Auftragserteilung mittels Zuschlagsschreiben. Entweder wird das Verhandlungsprotokoll relativ knapp gehalten und durch Allgemeine Vertragsbedingungen ergänzt oder sämtliche Vertragsregelungen stehen im Verhandlungsprotokoll. Letzteres hat den Nachteil, dass der Bieter in der Auftragsverhandlung möglicherweise über wesentlich mehr Punkte diskutieren will, als dies der Fall wäre, wenn gesonderte Allgemeine Vertragsbedingungen verwendet werden.

Der Auftraggeber sollte darauf achten, dass alle für die zu erbringende Bauleistung relevanten Unterlagen im Vertrag erwähnt und dem Auftragnehmer ausgehändigt werden. Was die Reihenfolge der Vertragsbestandteile angeht, sollten das Zuschlagsschreiben und das Verhandlungsprotokoll vorrangig vor den Zusätzlichen Vertragsbedingungen (soweit vorhanden) gelten. Im Weiteren sollte im Falle einer Pauschalierung eine vorhandene ausführliche Baubeschreibung vorrangig vor dem Angebot des Bieters gelten. Für die übrigen Vertragsunterlagen empfiehlt sich, diese gleichrangig zu vereinbaren und keine starre Reihenfolge vorzusehen. Letztlich entspricht dies auch der Rechtsprechung des BGH, nach der Vertragsbestandteile als Ganzes zu betrachten sind. **193**

Der Auftraggeber sollte darauf achten, dass der Langtext des Leistungsverzeichnisses ebenfalls Vertragsbestandteil wird und nicht nur der Kurztext des Angebots-LV, da andernfalls unbeabsichtigte Lücken entstehen können (OLG München, Urt. v. 7.6.2016 – 9 U 1677/15 Bau). Regelungen wie *„der Langtext ist alleine verbindlich"* sind allerdings nicht sinnvoll, da im Angebots-LV häufig Konkretisierungen der Leistung vorgenommen werden, an denen man den Auftragnehmer später „festhalten" möchte. Sinnvoll ist daher die Formulierung, dass der Langtext den Kurztext des Angebots-LV ergänzt. **194**

Neben der möglichst umfassenden Beschreibung der zu erbringenden Leistungen ist die Vereinbarung von Zwischenterminen und Endterminen besonders wichtig. Wenn der Zeitpunkt der Leistungserbringung noch nicht feststeht, kann die Leistungserbringung auch „auf Abruf" vereinbart werden. Der Auftragnehmer muss dann darauf achten, dass Mindest- und Höchstabrufmengen innerhalb des Abrufzeitraums und ausreichend lange Abruffristen vereinbart werden. **195**

Für den Auftraggeber ist es nach wie vor sinnvoll, die VOB/B und damit auch die VOB/C in den Bauvertrag einzubeziehen. Allerdings sollte der Auftraggeber in einer Reihe von Punkten von der VOB/B abweichende bzw. die VOB und das BGB ergänzende Regelungen in den Vertrag aufnehmen. **196**

Ohne Anspruch auf Vollständigkeit betrifft dies jedenfalls folgende Punkte: **197**

- Regelungen über die Baustellenlogistik, Teilnahme an Baubesprechungen, Werkplanung und Planfreigaben, Bemusterungen, Führung eines Bautagebuches und andere organisatorische Festlegungen
- Regelungen zur Dokumentation der Leistung (Revisionspläne, zu übergebende Unterlagen, Datenformate usw.)
- Regelungen zu Nachträgen, insbesondere zu der Frage, welche Anforderungen an Nachtragsangebote gestellt werden. Weder dem BGB noch der VOB/B lässt sich nämlich entnehmen, wie detailliert ein Nachtragsangebot aufgestellt werden muss. Ferner ist zu regeln, wann der Auftraggeber ausnahmsweise sofort eine Anordnung zur Leistungsänderung treffen darf. Sinnvoll ist auch eine Konkretisierung, wie die „tatsächlich erforderlichen Mehrkosten" einer Leistungs-

änderung nachgewiesen werden müssen und in welcher Höhe Zuschläge für Allgemeine Geschäftskosten sowie Wagnis und Gewinn berechnet werden dürfen. Damit wird Streit über die Frage vermieden, ob die später vom Auftragnehmer in Nachträgen angesetzten Kosten und Zuschläge „angemessen" sind.
- Regelung, dass Teilkündigungen gemäß § 648a Abs. 2 BGB zulässig sind (also nicht nur für in sich abgeschlossene Leistungen wie in § 8 Abs. 3 Nr. 1 VOB/B geregelt), ferner dass Ersatzvornahmen vor Abnahme gemäß § 4 Abs. 7 VOB/B auch ohne Teilkündigung zulässig sind.
- Eventuell Regelungen zur Verlängerung der Gewährleistungsfrist gegenüber der VOB/B.
- Eventuell Regelungen zur Beschäftigung ausländischer Nachunternehmer und zum Nachweis der Zahlung des Mindestlohns sowie von Sozialabgaben und Berufsgenossenschaftsbeiträgen.

198 Es gibt noch eine Vielzahl von weiteren Punkten, zu denen man vertragliche Regelungen treffen kann, z.B. zu Skonto, Vertragsstrafen usw. Dabei sollte man als Auftraggeber immer im Auge behalten, dass der Umfang des Vertragswerkes in einem sinnvollen Verhältnis zum Umfang des zu vergebenden Bauauftrags stehen sollte.

2. Abgabe des Angebots durch den Bieter

199 Jede Baufirma gibt weitaus mehr Angebote ab, als sie tatsächlich an Aufträgen erledigen kann. Sofern der Auftragnehmer möchte, dass er sein Angebot noch zurückziehen kann, muss er dies mit dem Vermerk „freibleibend" oder „unverbindlich" versehen (jedoch nicht bei öffentlichen Aufträgen, weil dies zum Ausschluss führen würde). Soll das Angebot verbindlich sein, empfiehlt sich die Benennung einer konkreten Bindefrist im Angebot, damit für den Empfänger Klarheit besteht, wie lange dieses angenommen werden kann.

200 Der Auftragnehmer sollte die Vergabeunterlagen insbesondere im Hinblick auf die Voraussetzungen seiner Leistungserbringung überprüfen und schon in seinem Angebot Voraussetzungen, Leistungsausschlüsse und Leistungsabgrenzungen definieren. Das kann etwa folgende Punkte betreffen:
- Zufahrt zur Baustelle und Lagermöglichkeiten
- bauseitige Stellung von Arbeitsgerüsten und Hebezeugen
- Ausschluss von Herstellen und Schließen von Durchbrüchen
- Ausschluss baulicher Brandschutzmaßnahmen
- Ausschluss der Beseitigung von Kontaminationen
- Definition von Übergabepunkten der eigenen Leistung an die Leistungen von Dritten H/S/L/E/GLT und Jalousiebauer, Aufzugbauer usw.
- Definition von notwendigen Vorleistungen und der Qualität solcher Vorleistungen (z.B. Maßhaltigkeit, Ebenheit usw.)

- Ausschluss von Leistungen in Bauteilen, die zwar aus der Baubeschreibung oder Plänen ersichtlich sind, aber im LV nicht erfasst wurden (z.B. in Außenanlagen oder benachbarten Gebäuden/Flächen)

Soweit schon klar ist, dass der Auftrag auch Planungsleistungen umfassen soll, **201** empfiehlt sich wegen § 650c Abs. 1 BGB der Hinweis, dass sich der erforderliche Leistungsumfang nach Erstellung der Ausführungsplanung noch ändern kann und hieraus resultierende Mehrkosten vom Auftraggeber zu tragen sind (siehe Musterschreiben B 9).

3. Vorbereitung und Durchführung der Auftragsverhandlung

a) Aus Sicht des Auftraggebers

Auftraggeber wollen Preissicherheit und Terminsicherheit. Außerdem möchten **202** sie ihre vorbereiteten Vertragsbedingungen möglichst unverändert vereinbaren. In diesem Zusammenhang stellt sich zunächst die Frage, ob den zur Auftragsverhandlung eingeladenen Bietern das Verhandlungsprotokoll und die sonstigen Vertragsbedingungen vorab übersandt werden sollen. Wenn das Vertragswerk einen üblichen Inhalt hat und die Bieter nicht abschreckt, ist das durchaus sinnvoll.

Zur Erzielung einer hohen Preissicherheit gibt es durchaus verschiedene Wege. **203** Ein denkbarer Weg ist, in den jeweiligen Auftragsverhandlungen möglichst viele Informationen von den Bietern darüber zu bekommen, ob die ausgeschriebenen Mengen zutreffen und das Leistungsverzeichnis und die übrigen Ausschreibungsunterlagen technisch richtig und vollständig erscheinen. Möglicherweise führt das dazu, dass einzelne Bieter vergessene Leistungen oder andere Themen benennen und erkennbar wird, dass noch weitere oder andere Leistungen erforderlich sind, um eine funktionsfähige Bauleistung zu erbringen. Eine solche möglichst umfassende technische Klärung führt zu größerer Kostensicherheit, aber häufig auch zu einem höheren Gesamtpreis. Ist der Auftraggeber selbst Bauherr, kann dies möglicherweise durch Optimierungen an anderer Stelle ausgeglichen werden. Andere Auftraggeber haben diese Möglichkeit in der Regel nicht.

Ein anderer, häufig beschrittener Weg besteht darin, die Risiken, die man nicht **204** kennt, von denen man aber weiß, dass es sie gibt, soweit als möglich den Bieter/Auftragnehmer übernehmen zu lassen.

Das Risiko von Mehrmengen gegenüber dem LV kann durch eine Pauschalierung **205** der Vergütung auf den Auftragnehmer übertragen werden. Die Risiken aus im Leistungsverzeichnis und/oder in der Planung fehlenden oder falsch beschriebenen Leistungen sowie von Widersprüchen zu eventuellen funktionalen Vorgaben aus Baubeschreibungen lassen sich nur im Wege einer Individualvereinbarung im Vertrag auf den Auftragnehmer übertragen. Da solche besonderen Risikoübernahmen im Ergebnis einen Verzicht auf die Geltendmachung zusätzlicher Vergütung beinhalten (BGH, Urt. v. 13.3.2008 – VII ZR 194/06), muss eine solche Vereinbarung klar und eindeutig sein.

206 **Beispiel:** Vertragsgegenstand sind alle sich aus der Baubeschreibung des Bauherrn für das komplette Gewerk Elektro (Kostengruppe 440 und 450) ergebenden Leistungen. Die Anschreiben bzw. Angebote des AN wurden besprochen, geklärt und werden nicht Vertragsbestandteil. Der AN erbringt im Rahmen seiner Beauftragung die komplette Ausführungsplanung und falls erforderlich auch die Entwurfsplanung in den mangelhaften bzw. unvollständigen Bereichen. Alle erforderlichen Brandschutzmaßnahmen bei der Elektroinstallation, insbesondere Leitungsverlegung, sind im Pauschalpreis enthalten. Sämtliche Auflagen der Baubehörde, Feuerwehr und des Sachverständigen der DEKRA, ob bereits bekannt oder zukünftig gefordert, sind in Form eines entsprechenden Risikozuschlags in den Pauschalpreis einkalkuliert und müssen nicht separat vergütet werden.

207 Wenn der Auftraggeber einen Bieter findet, der dies unterschreibt, besteht Kostensicherheit, solange der Auftraggeber nicht nach Vertragsabschluss etwas an den funktionalen Vorgaben ändert.

208 Auftragnehmer müssen sich darüber klar sein, dass ähnliche funktionale Beschreibungen auch bei einzelnen Leistungen in Einheitspreisverträgen vorkommen können. Wird etwa in einer Position eines detaillierten Leistungsverzeichnisses eine Behelfsbrücke funktional beschrieben, ist es Sache des Auftragnehmers, auf Grundlage der vorliegenden Planung die für eine funktionierende und zweckentsprechende Brücke notwendigen Arbeiten im Rahmen der Kalkulation zu ermitteln. Damit wird das Risiko, welche statischen und konstruktiven Erfordernisse zu erfüllen sind, in zulässiger Weise auf den Auftragnehmer verlagert (OLG Dresden, Urt. v. 26.2.2013 – 9 U 123/12).

b) Aus Sicht des Auftragnehmers

209 Bei Durchsicht der Projektunterlagen werden Bieter häufig feststellen, dass das Angebot-Leistungsverzeichnis unvollständig oder teilweise unrichtig ist. Wir haben oben dargestellt, dass es diesbezüglich keine allgemeine Hinweispflicht des Bieters gibt. Nur wenn der Bieter feststellt, dass mit der ausgeschriebenen Leistung der vom Auftraggeber angestrebte Vertragszweck (sei es hinsichtlich der Funktionalität, sei es hinsichtlich einer kommunizierten Preisobergrenze) nicht erreicht werden kann, ist der Bieter verpflichtet, den Auftraggeber hierauf hinzuweisen. Andernfalls macht er sich schadensersatzpflichtig.

210 Für den Bieter stellt sich unabhängig von der Frage, ob man rechtlich zu Hinweisen verpflichtet ist, die Frage, ob solche Hinweise gegenüber dem Auftraggeber sinnvoll sind. Diese Frage ist nicht leicht zu beantworten, denn manche Auftraggeber

werden entsprechende Hinweise positiv aufnehmen und daraus schlussfolgern, dass der Bieter sich intensiv mit den Unterlagen auseinandergesetzt hat, technisch kompetent sowie kaufmännisch seriös auftritt. Das sind im Zweifel diejenigen Auftraggeber, die nicht unbedingt den preiswertesten Bieter beauftragen wollen, sondern den zuverlässigsten. Andere Auftraggeber wiederum werden die entsprechenden Hinweise zur Kenntnis nehmen und mit dieser Kenntnis versuchen, durch geschickte Vertragsgestaltung die erkannten Risiken einem anderen Bieter „überzuhelfen". Der seriöse Bieter, der seine Kenntnisse offenbart hat, geht leer aus, da er „zu teuer" erscheint. Es erscheint daher richtig, von Fall zu Fall abzuwägen, ob in der Auftragsverhandlung Fehler und Lücken im Leistungsverzeichnis angesprochen werden sollen.

Unabhängig davon, ob erkannte Fehler und Lücken im Leistungsverzeichnis offenbart werden, muss der Bieter (außer bei öffentlichen Aufträgen) damit rechnen, dass der Auftraggeber in der Auftragsverhandlung die Frage nach einer möglichen Pauschalierung der Vergütung stellen wird. Hierauf muss sich der Bieter vorbereiten, indem insbesondere die ausgeschriebenen Mengen anhand der Planungsunterlagen und sonstigen Vorgaben geprüft werden. Das betrifft das Thema Mengenrisiko. Soweit das Leistungsverzeichnis unvollständig oder teilweise falsch ist, muss der Bieter darauf achten, dass er keinesfalls das Vollständigkeitsrisiko oder Richtigkeitsrisiko übernimmt, etwa indem durch eine Individualvereinbarung im Verhandlungsprotokoll ein Pauschalpreis für „alle für die nach der Baubeschreibung und den übrigen Vertragsunterlagen erforderlichen Elektroarbeiten" vereinbart wird. Der Bieter kann sich überlegen, dass die Pauschalierung auf alle Leistungen beschränkt wird, die in den Ausführungsplänen enthalten sind. Soweit Mengen nicht prüfbar waren, weil hierzu Unterlagen fehlten, kann ein Pauschalpreis angeboten werden, worin bei bestimmten Positionen aber nur die LV-Mengen in der Pauschale enthalten sind und Mehr- oder Mindermengen nach Einheitspreis zur Pauschale hinzugerechnet oder von ihr abgezogen werden. Diese Überlegungen sollte der Bieter sinnvollerweise vor der Auftragsverhandlung anstellen, um für ihn wirtschaftlich sinnvolle Preisverhandlungen führen zu können. **211**

Was das Vertragswerk angeht, muss sich der Bieter im Klaren darüber sein, dass sich der Auftraggeber nicht die Mühe gemacht hat, einen 30-seitigen Bauvertrag zu erstellen, um anschließend mit dem Bieter über jeden Satz zu diskutieren. Kann der Bieter einschätzen, dass es sich bei dem Vertrag um Allgemeine Geschäftsbedingungen handelt, besteht kein Erfordernis, über jede einzelne Vertragsklausel zu verhandeln. Im Auftragsfall ist der Auftragnehmer durch die Rechtsprechung vor allzu benachteiligenden Vertragsklauseln geschützt. Zudem wird der wirtschaftliche Erfolg oder Misserfolg eines Auftrags primär dadurch bestimmt, welche Leistung der Bieter zu welchem Preis dem Auftraggeber verspricht und innerhalb welcher Zeit und unter welchen örtlichen Bedingungen diese Leistung zu erbringen **212** ist. Daher muss der Bieter in erster Linie darauf achten, einen auskömmlichen Preis zu vereinbaren, keine unnötigen Preisrisiken einzugehen und keine unrealistischen Termine zu versprechen. Erst mit weitem Abstand danach ist wirtschaftlich relevant, welche Nachtragsvorschriften, Haftungsregelungen usw. im Bauvertrag enthalten sind. Der Bieter sollte sich in der Auftragsverhandlung auf diejenigen Punkte beschränken, die tatsächlich größere wirtschaftliche Bedeutung haben. Das sind insbesondere Zahlungsfristen, Sicherheitsleistungen und Vertragsstrafen.

4. Formulierung des Zuschlagsschreibens

213 Bei der Formulierung des Zuschlagsschreibens muss der Auftraggeber daran denken, dass jede Änderung gegenüber dem Verhandlungsstand mit dem Bieter/Auftragnehmer dazu führt, dass er das vorliegende Angebot ablehnt und dieses erlischt. Daher sollte der Auftraggeber keine nicht besprochenen Punkte aufnehmen, wenn die Vergabe zeitkritisch oder das Angebot besonders günstig ist.

214 Der Zugang des Zuschlagsschreibens muss innerhalb der Bindefrist erfolgen (dazu sogleich).

5. Bindefristen in Angeboten und Verhandlungsprotokollen

215 Wird der Auftragnehmer zu einer Auftragsverhandlung eingeladen, liegt im Ergebnis der Auftragsverhandlung ein neues Angebot des Auftragnehmers mit dem dort verhandelten Inhalt vor. Der Auftragnehmer sollte vermeiden, dass übermäßig lange Bindefristen im Verhandlungsprotokoll festgehalten werden, der Bauleiter des Auftraggebers sollte darauf achten, dass eine ausreichend lange Bindefrist (zum Beispiel vier Wochen) vereinbart wird. Ohne eine solche ausdrückliche Festlegung kann es zu Streit kommen, ob die angemessene Frist zur Auftragserteilung nun zwei Wochen oder vier Wochen betrug. Ist die Bindefrist im Verhandlungsprotokoll des Auftraggebers vorgegeben, dann liegt eine Allgemeine Geschäftsbedingung vor. In diesem Fall darf die Bindefrist nicht länger als vier Wochen sein (siehe auch oben A. I. 2., Rn. 35 ff.). Längere Bindefristen benachteiligen den Auftragnehmer unangemessen und sind daher unwirksam.

6. Reaktion auf verspätete/abweichende Auftragsschreiben

216 Wie oben dargestellt, bedeutet die verspätete oder geänderte Annahme eines Angebots eine Ablehnung und gleichzeitig ein neues Angebot, das der Auftragnehmer annehmen kann, aber nicht muss. Auch wenn keine ständige Geschäftsverbindung besteht, ist es ratsam, auf verspätete oder vom ursprünglichen Angebot abweichende Auftragsschreiben schriftlich zu reagieren. Will der Auftragnehmer den Auftrag nicht oder nicht zu diesen Bedingungen annehmen, sollte er dies dem Auftraggeber mitteilen. Ist der Auftragnehmer mit den geänderten Bedingungen nicht einverstanden, darf er keinesfalls stillschweigend die Arbeiten aufnehmen, denn hieraus wird der Auftraggeber nach seinem „Empfängerhorizont" schlie-

ßen, der Auftragnehmer sei mit dem verspäteten bzw. inhaltlich abweichenden Auftrag einverstanden. Spätestens bei der Arbeitsaufnahme muss der Auftragnehmer also sagen – besser schreiben –, dass er nur vorbehaltlich einer Einigung über diese noch offenen Punkte die Arbeiten aufnimmt und bei Nichtzustandekommen einer Einigung den Auftrag ablehnt. Etwas anderes gilt nur dann, wenn das Auftragsschreiben so weit vom Inhalt der bisherigen Vertragsverhandlungen abweicht, dass der Auftraggeber vernünftigerweise nicht (mehr) mit einem Einverständnis des Auftragnehmers rechnen kann. Dies ist etwa dann der Fall, wenn der Auftraggeber die Abrechnung der Leistung von einem Anerkenntnis des am Vertrag nicht beteiligten Bauherrn abhängig machen will. In solchen Fällen kann die Aufnahme der Arbeiten durch den Auftragnehmer nicht als Einverständnis hiermit interpretiert werden (OLG Koblenz, Urt. v. 23.7.2013 – 3 U 812/12), wobei man sich auf so viel Verständnis durch ein Gericht nicht verlassen sollte.

7. Reaktion auf „Auftragsbestätigungen"

Viele Unternehmen übersenden nach der Erteilung des Auftrags an den Auftraggeber noch eine „Auftragsbestätigung". Darin werden mitunter Bedingungen oder Zusätze aufgenommen, die in dem verhandelten und beauftragten Angebot nicht enthalten waren. Außerdem können dort Abweichungen bei der Leistungsbeschreibung enthalten sein. 217

Eine solche Vorgehensweise ist im Regelfall rechtlich bedeutungslos. Wenn der Vertrag durch das Angebot und die Annahmeerklärung (Auftragsschreiben) bereits zustande gekommen ist, kann sein Inhalt nachträglich nicht mehr einseitig durch eine Auftragsbestätigung geändert werden. 218

Beispiel: Ein Auftragnehmer gibt ursprünglich ein Einheitspreisangebot ab. In der Auftragsverhandlung bietet er später einen Pauschalpreis von € 850.000,– an. Der Generalunternehmer erteilt wenige Tage später gemäß Verhandlungsprotokoll den Auftrag. Hierauf antwortet der Auftragnehmer zwei Wochen später, dass er den Auftrag „unter Vorbehalt der noch nicht abgeschlossenen Massenprüfung" bestätige und weist darauf hin, dass der Pauschalpreis nur vorläufig sei. Tatsächlich ergeben sich während der Auftragsausführung erhebliche Mengenmehrungen. Am Ende rechnet der Auftragnehmer auf Einheitspreisbasis einen weit höheren Preis ab und klagt diesen ein, als sich der Auftraggeber auf die Pauschalpreisvereinbarung beruft. 219

Das OLG Rostock hat die Klage abgewiesen und ausgeführt, dass selbst dann, wenn der Unternehmer um „Auftragsbestätigung und Rücksendung" des Auftragsschreibens bitte, der Vertrag gleichwohl bereits mit Zugang des Auftragsschreibens zustande komme und die Rücksendung eines unterschriebenen Exemplars lediglich Beweisfunktion haben solle (OLG Rostock, Urt. v. 14.3.2002 – 7 U 22/01). Gleiches gilt, wenn nach Zuschlagserteilung noch eine gesonderte 220

Vertragsurkunde erstellt und dort ein vereinbarter Punkt nicht erwähnt wird (OLG Naumburg, Urt. v. 23.12.2004 – 4 U 162/04).

221 Eine Auftragsbestätigung kann aber rechtlich bedeutsam sein, wenn der Vertragstext das tatsächlich Vereinbarte nicht oder nicht vollständig wiedergibt und der Auftragnehmer diese Punkte in seine Auftragsbestätigung aufnimmt. Das ist sinnvoll und zulässig, wenn in der Vertragsverhandlung über einen bestimmten Punkt gesprochen wurde, aber das Verhandlungsprotokoll insoweit lückenhaft ist oder wenn das Leistungsverzeichnis selbst unklar ist. Dem Auftragnehmer muss jedoch bewusst sein, dass er nur Sachverhalte „bestätigen" kann, die in der Vertragsverhandlung tatsächlich auch besprochen worden waren. Das Schweigen auf ein kaufmännisches Bestätigungsschreiben bleibt ohne Wirkung, wenn es inhaltlich so weit vom Vorbesprochenen abweicht, dass der Absender vernünftigerweise mit dem Einverständnis nicht rechnen konnte (OLG Koblenz, Beschl. v. 29.7.2013 – 3 U 116/13).

222 Ist das nicht der Fall, kann der Auftragnehmer durch eine Auftragsbestätigung einen bestimmten Leistungsumfang oder eine Sollbeschaffenheit bestätigen. Wenn der Auftraggeber nicht widerspricht, wird diese Auftragsbestätigung Vertragsinhalt.

223 **Beispiel:** Der Auftraggeber schreibt Stahl-Umfassungszargen für Rauchschutztüren aus. Ein anderer Unternehmer soll die dazu passenden Türblätter liefern. Der Auftragnehmer bietet daraufhin unter Beifügung eines Prospektes sogenannte Stahl-Gegenzargen an. Er erhält den Zuschlag und schickt dem Auftraggeber eine umfassende Auftragsbestätigung. Der Auftraggeber schweigt hierzu. Anschließend werden die angebotenen Zargen eingebaut. Die Türblätter werden von einem anderen Hersteller geliefert und passen nicht in die Zargen, während die ausgeschriebenen Zargen gepasst hätten. Der Auftragnehmer verweist auf seine Auftragsbestätigung und bekommt bei Gericht Recht (OLG Dresden, Urt. v. 29.9.2002 – 7 U 994/01).

224 Gerade das letztgenannte Beispiel zeigt deutlich, dass man sich als Bauleiter des Auftraggebers/Generalunternehmers Auftragsbestätigungen genau ansehen sollte, damit nicht nach den Grundsätzen des kaufmännischen Bestätigungsschreibens Dinge Vertragsbestandteil werden, die so nicht vereinbart waren. Da bei bestimmten Gewerken wie Fensterbau die positionsweise inhaltliche Prüfung von Auftragsbestätigungen sehr aufwendig sein kann, bietet es sich an, beim Auftragnehmer schriftlich nachzufragen, ob dieser in der Auftragsbestätigung Änderungen oder Ergänzungen vorgenommen hat.

8. Rechtzeitige Klärung der Vertretungsbefugnisse

225 Nach dem oben Gesagten dürfte klar sein, dass die Befugnisse (Vollmachten) von Bauleitern oder Architekten sinnvollerweise schriftlich geklärt werden sollten. So

kann im Verhandlungsprotokoll beispielsweise festgelegt werden, ob der Bauleiter vertretungsberechtigt ist und bis zu welcher Höhe er Zusatzaufträge erteilen kann. Ein Generalunternehmer ist gut beraten, schon im Vertrag auf die fehlende oder begrenzte Vollmacht seiner Bauleiter hinzuweisen. Jeder Vertragspartner muss in der täglichen Arbeit darauf achten, dass dies auch so beachtet wird. Es sollte nicht geduldet werden, dass im Tagesgeschäft dann doch von hierzu nicht bevollmächtigten Personen Zusatzaufträge erteilt werden.

Soweit hierdurch Erschwernisse bei der Baudurchführung eintreten, kann über **226** eine begrenzte Bevollmächtigung nachgedacht werden, etwa dergestalt, dass ein Bauleiter Zusatzaufträge bis zum Wert von € 5.000,– vergeben darf.

Auftragnehmer sollten bei nicht nachgewiesener Vollmacht die Ausführung von **227** geänderten oder zusätzlichen Leistungen ablehnen, bis der Auftraggeber durch eine vertretungsberechtigte Person die Anweisungen seines Bauleiters oder Architekten bestätigt hat. Bloßes Schweigen bedeutet nämlich in der Regel keine Zustimmung, und viele Streitigkeiten resultieren daraus, dass der Auftraggeber Anweisungen seiner Architekten später nicht gegen sich gelten lassen will.

9. Versendung von Schriftstücken, Zugangsprobleme

a) Einschreiben mit Rückschein

Diese Methode der Übersendung von Schreiben ist nur zu empfehlen, wenn der **228** Empfänger eine Firma ist, die einen geordneten Bürobetrieb unterhält. In diesen Fällen kann man sicher sein, dass der Briefträger bei der Zustellung des Einschreibens immer jemanden antrifft, dem das Einschreiben ausgehändigt werden kann.

Sofern der Briefträger vor Ort niemanden antrifft und das Schreiben deshalb **229** lediglich auf der Post hinterlegt, erhält der Empfänger nur eine Benachrichtigung über die Hinterlegung. Damit ist das Schreiben noch nicht zugegangen (BGH, Urt. v. 26.11.1997 – VIII ZR 22/97). Gerade bei Privatpersonen, die sich in der Regel tagsüber nicht zu Hause aufhalten, oder bei kleineren Firmen, deren Büro nicht ständig besetzt ist, ist das Einschreiben mit Rückschein keine zuverlässige Übersendungsform.

b) Einwurf-Einschreiben

Hierbei handelt es sich um eine Form des Einschreibens, bei der das übergebene **230** Schreiben in den Briefkasten des Empfängers eingeworfen wird und der Briefträger hierüber einen Vermerk macht. Da der Briefkasten zum „Machtbereich" des Sendungsempfängers gehört, kann damit der Nachweis des Zugangs geführt werden, und zwar unabhängig davon, ob der Empfänger seinen Briefkasten tatsächlich geleert hat oder nicht.

Grundsätzlich ist diese Form des Einschreibens als zuverlässig anzusehen (BGH, Urt. v. **231** 25.1.2012 – VIII ZR 95/11). Wie bei dem Einschreiben mit Rückschein auch kann der

Empfänger theoretisch behaupten, in dem Umschlag hätte sich etwas ganz anderes befunden, als vom Absender behauptet. Da dies jedoch extrem unglaubhaft ist, werden solche Behauptungen in der Praxis nur äußerst selten erhoben.

c) Normale Post/Telefax

232 Wenn man den Aufwand eines Einschreibens nicht betreiben möchte, steht als ebenso sichere Form der Zustellung folgende Methode zur Verfügung:

233 Das betreffende (wichtige) Schreiben wird zunächst vorab per Telefax an den Empfänger geschickt. Anschließend ruft der Bauleiter oder ein Mitarbeiter bei dem Empfänger an und erkundigt sich, ob das Telefax lesbar angekommen ist und vermerkt anschließend auf der Kopie oder dem Faxprotokoll beispielsweise:

„Mit Frau Möller gesprochen. Fax angekommen."

234 Der Bauleiter kann dann in einem etwaigen Prozess als Zeuge für den Zugang des Schreibens benannt werden.

235 Anschließend wird das Schreiben noch mit der normalen Post verschickt. Bei einer so dokumentierten Zustellung auf zwei unterschiedlichen Wegen mit Faxprotokoll und einem Aktenvermerk kann sich der Empfänger kaum nachträglich damit herausreden, das Schreiben nicht erhalten zu haben.

236 Ein Faxprotokoll mit dem „OK-Vermerk" reicht alleine als Beweis des Zugangs nach ständiger Rechtsprechung des BGH nicht aus (BGH, Beschl. v. 21.7.2011 – IX ZR 148/10). Es soll lediglich ein Indiz darstellen, was allerdings belegt, dass eine Telefax-Verbindung zustande gekommen ist, sodass der Empfänger den Zugang des Faxschreibens nicht pauschal bestreiten kann (BGH, Urt. v. 19.2.2014 – IV ZR 163/13). Das bedeutet, dass die Gegenpartei schlüssige Begründungen dafür bringen muss, warum trotz des OK-Vermerks das Fax angeblich nicht angekommen sei. Er muss darlegen, welches Gerät er an der Gegenstelle betreibt, ob die Verbindung im Speicher des Gerätes enthalten ist, ob und auf welche Weise er eine Dokumentation des Empfangsjournals führt (OLG Frankfurt, Urt. v. 5.3.2010 – 19 U 213/09). Trägt er hierzu nichts Nachvollziehbares vor, gilt der Beweis des Zugangs als geführt (BGH, Urt. v. 19.2.2014 – IV ZR 163/13).

237 Es ist zudem festzustellen, dass der Zugang von Telefaxschreiben sehr selten bestritten wird, wenn man ein Faxprotokoll vorlegen kann. Aufgrund der hohen Zuverlässigkeit der Telefaxübertragungen wissen die meisten Parteien, dass das Bestreiten des Zugangs wenig glaubhaft ist und diese Unglaubwürdigkeit auch auf den übrigen Vortrag vor Gericht „abfärben" kann.

d) Zugang von E-Mails

238 Eine E-Mail erfüllt nur die Anforderungen der Textform (§ 126 b BGB). Ob Willenserklärungen, für die Schriftform vorgesehen ist, mit E-Mail abgegeben werden

können, ist noch nicht vom Bundesgerichtshof entschieden (siehe Kapitel A. I. 7., Rn. 167 ff.). In jedem Fall ausreichend ist es, wenn die unterschriebene Erklärung eingescannt, sodann als Datei-Anlage per E-Mail übersandt und vom Empfänger ausgedruckt wird.

Unabhängig davon stellt sich aber die Frage, wie der Zugang einer E-Mail bewiesen werden kann. Dass der Absender keine Fehlermeldung über die nicht erfolgte Zustellung erhalten hat, reicht als Nachweis nicht aus. Eine Lesebestätigung soll hingegen den Zugang beweisen (OLG Koblenz, Beschl. v. 21.4.2020 – 3 U 1895/19). Wir halten es für fraglich, ob sich alle Gerichte dem anschließen. Muss der Zugang kurzfristig geklärt werden, sind eine telefonische Rückfrage, ob die E-Mail angekommen ist, und ein anschließender Aktenvermerk zu empfehlen. **239**

10. Qualität und Archivierung des Schriftverkehrs

Nach den vorangegangenen Bemerkungen könnte man auf die Idee kommen, dass der Umfang des Schriftverkehrs ein wesentlicher Qualitätsmaßstab für die Arbeit des Bauleiters ist. Dies ist natürlich nicht der Fall, vielmehr kommt es darauf an, dass die wirklich wichtigen Ereignisse und Erklärungen schriftlich festgehalten werden. Ansonsten kann das pausenlose Versenden von „Standardschreiben" dazu führen, dass die Dokumentation vollkommen unübersichtlich wird. Am Ende zählt jedoch die Qualität des Schriftverkehrs und der Dokumentation und nicht die bloße Menge des bedruckten Papiers. **240**

So sollten statt einer zu kurzen Frist und drei weiteren Nachfristen an den Nachunternehmer besser gleich eine angemessene Frist und eine weitere angemessene Nachfrist gesetzt werden. Kündigungen sollten dem Nachunternehmer nur angedroht werden, wenn sie wirklich beabsichtigt sind. Auf die „nochmalige vollinhaltliche Bekräftigung" von bereits in vorherigen Briefen dargestellten Fakten und Argumenten kann verzichtet werden. All dies kann den notwendigen Schriftverkehr straffen und zur wünschenswerten Übersichtlichkeit beitragen. **241**

11. Wann muss der Bauleiter auf Schreiben, E-Mails oder Protokolle reagieren?

Im Grundsatz gilt, dass der Bauleiter nicht auf jede E-Mail und jedes Schreiben antworten muss. Es gibt aber Situationen, in denen man aus rechtlichen Gründen auf Schreiben antworten muss, um keine Nachteile zu erleiden und weitere Situationen, in denen man aus rein praktischen Gründen antworten sollte, um die schriftlich aufgestellten Behauptungen der Gegenseite zeitnah zu entkräften. Das gilt vor allem, wenn die Gegenseite falsche Tatsachen behauptet, die richtiggestellt werden sollten. **242**

243 **Beispiel:** Zwischen einem Generalunternehmer und seinem Nachunternehmer besteht Streit über den Werklohn für die Bestellung von Reinigungsleitern bei einem Hotelneubau. Die Parteien schließen in einer Besprechung einen Vergleich. Der Generalunternehmer schickt am nächsten Tag ein Schreiben folgenden Inhalts an den Nachunternehmer: *„In der Anlage übersenden wir Ihnen die gestern geschlossene Vereinbarung in Kopie. Es wurde vereinbart, dass, wenn der Bauherr für die Leitern eine Vergütung bezahlt, diese voll an Sie bezahlt wird."*

244 Der Nachunternehmer reagiert auf dieses Schreiben nicht und klagt, nachdem keine Zahlung erfolgte, später seinen Werklohn ein. Er macht geltend, der zusätzlich bestätigte Satz, dass nur bei Zahlung des Bauherrn an den GU auch Zahlung an ihn zu leisten sei, sei nicht besprochen worden.

245 Das OLG weist die Klage des Nachunternehmers ab. Das Schreiben des Generalunternehmers sei ein kaufmännisches Bestätigungsschreiben, dem der Nachunternehmer nicht widersprochen habe. Die Vereinbarung gelte daher nach Maßgabe des Bestätigungsschreibens als abgeschlossen. Nachdem der Bauherr nicht bezahlt habe, könne auch der Nachunternehmer keine Zahlung verlangen (OLG Düsseldorf, Urt. v. 11.10.1996 – 22 U 49/96).

246 Bestätigt ein Teil gegenüber dem Vertragspartner den Inhalt eines mündlichen oder telefonischen Gesprächs in unmittelbarem zeitlichen Zusammenhang und mit erkennbarem Bezug auf das Gespräch, so gilt der Vertrag nach Maßgabe des Bestätigungsschreibens als abgeschlossen, wenn der Adressat dem Bestätigungsschreiben nicht unverzüglich (§ 121 BGB) widerspricht, d.h. innerhalb von drei bis maximal fünf Arbeitstagen. Der Annahme eines kaufmännischen Bestätigungsschreibens steht nicht entgegen, dass dieses die ausdrückliche Bitte um schriftliche Bestätigung enthält und keine solche Bestätigung abgegeben wurde (OLG Frankfurt, Urt. v. 3.8.2016 – 29 U 92/16). Das Schweigen auf ein kaufmännisches Bestätigungsschreiben bleibt nur dann ohne Wirkung, wenn das Schreiben inhaltlich derartig weit vom Vorbesprochenen abweicht, dass der Absender vernünftigerweise mit dem Einverständnis nicht rechnen konnte, was der Empfänger des Schreibens aber nachweisen muss (OLG Koblenz, Beschl. v. 29.7.2013 – 3 U 116/13).

247 Sowohl Besprechungsprotokolle (BGH, Urt. v. 27.1.2011 – VII ZR 186/09) als auch E-Mails (OLG Köln, Urt. v. 29.12.2016 – 7 U 131/15) können kaufmännische Bestätigungsschreiben darstellen. Nach inzwischen weitverbreiteter Ansicht soll das auch auf Abnahmeprotokolle zutreffen (OLG Düsseldorf, Urt. v. 9.2.2016 – 21 U 183/15; KG, Urt. v. 15.4.2014 – 7 U 57/13). Diese Rechtsprechung ist problematisch, denn die Abnahme ist eine einseitige Willenserklärung und keine Vereinbarung. Dem Auftragnehmer fehlt in der Abnahme„verhandlung" meist ein

Vereinbarungswille. Er ist in der Abnahmeverhandlung anwesend und hört sich an, was der AG sagt. Der Geschäftswille des Auftraggebers ist regelmäßig auf die Abgabe der Abnahmeerklärung und die Geltendmachung der Vorbehalte wegen Mängeln und Vertragsstrafen beschränkt. Er will also ebenfalls keine Vereinbarungen abschließen. Das schließt es natürlich nicht aus, dass bei Gelegenheit der Abnahme auch Vereinbarungen getroffen werden (z.B. über Termine zur Mangelbeseitigung). Deshalb müssen beide Seiten Abnahmeprotokolle und Besprechungsprotokolle sorgfältig darauf prüfen, ob dort Vereinbarungen „bestätigt" werden, die es so nicht gegeben hat oder zu denen die Anwesenden nicht bevollmächtigt waren.

Das Kammergericht meint, dass die Grundsätze über das kaufmännische Bestätigungsschreiben auf (Baustellen-)Protokolle entsprechend anwendbar wären, auch wenn es sich nicht um kaufmännische Bestätigungsschreiben handele. Der Auftragnehmer müsse daher dem Inhalt eines vom Auftraggeber erstellten Protokolls unverzüglich widersprechen, wolle er verhindern, dass sein Schweigen wie eine nachträgliche Genehmigung behandelt wird (KG, Urt. v. 18.9.2012 – 7 U 227/11). Die Abwicklung von Bauverträgen sei häufig durch Änderungen gekennzeichnet, die sich aus ständig neu auftauchenden technischen oder rechtlichen Problemen ergeben können. Solche Änderungen würden in (Nach-)Verhandlungen, Baubesprechungen oder anderen Sitzungen erfolgen, die dem Zweck dienen, den Vertrag an die veränderten Umstände anzupassen. Es sei üblich, dass über diese Verhandlungen Protokolle erstellt und an die Parteien verschickt werden. Der Auftraggeber könne erwarten, dass der Auftragnehmer eine Prüfung vornimmt und im Fall des fehlenden Einverständnisses dem Protokoll widerspricht. Diese Pflicht überfordere den Auftragnehmer nicht, sondern entspreche den besonderen Anforderungen an ein redliches Verhalten bei der Abwicklung eines Bauvertrags. Problematisch an diesen Ausführungen des Gerichts ist, dass nicht zwischen normalen Baubesprechungen und vereinbarten Verhandlungsterminen zur Regelung bestimmter Probleme unterschieden wird. An den wöchentlichen Baubesprechungen nehmen meist keine vertretungsberechtigten Personen der Vertragsparteien teil. Für beide Vertragsparteien besteht das Problem, dass die fehlende Vertretungsbefugnis keine Rolle spielen soll, wenn dem Protokoll nicht rechtzeitig widersprochen wird. Unabhängig von diesen Erwägungen besteht der sicherste Weg darin, den Inhalt der Baubesprechungsprotokolle zu prüfen und gegebenenfalls zu widersprechen. Dies sollte nach unserer Auffassung auch noch bis zum nächsten Besprechungstermin möglich sein, da beide Seiten ausreichend Zeit haben müssen, den Inhalt zu prüfen. **248**

Auch wenn in einem Schreiben keine angeblichen Vereinbarungen bestätigt werden, kann ein Widerspruch zu Ausführungen der Gegenseite sinnvoll sein, weil der Bauleiter die Situation (beispielsweise Auswirkungen einer Behinderung) noch **249** frisch in Erinnerung hat. Ein solcher Schriftverkehr dient dann als Erinnerungsstütze für sich selbst und Kollegen, die sich eventuell Jahre später mit dem Sachverhalt beschäftigen müssen. Wenn jedoch der Inhalt eines Schreibens aus lauter Wiederholungen oder falschen Rechtsauffassungen besteht und man inhaltlich hierzu bereits Stellung genommen hat, ist eine erneute Antwort unnötig.

12. Ablage der Unterlagen

250 Selbst bei einem kleineren Bauvorhaben nimmt der Umfang des Schriftverkehrs und der Vertragsunterlagen mehrere hundert Seiten an. Bei größeren Bauvorhaben werden daraus leicht Tausende oder Zehntausende Seiten. Ohne eine Ordnung beziehungsweise ein System fällt es den Beteiligten häufig schwer, zur rechten Zeit die benötigten Dokumente aufzufinden. Der Bauleiter sollte dabei immer auch bedenken, dass es für einen Nachfolger oder Urlaubsvertreter ebenfalls möglich sein muss, seine Arbeit nahtlos fortzusetzen. Am sinnvollsten ist es, wenn innerhalb einer Firma Regeln für die digitale Archivierung festgelegt werden, die bei jedem einzelnen Bauvorhaben gleichermaßen befolgt werden.

251 Soweit dies nicht der Fall ist, könnte die Dokumentation des Schriftverkehrs wie folgt aussehen:

1. Ordner: Vertragsunterlagen/Vertrag mit dem Auftraggeber
2. Ordner: Behinderungsanzeigen
3. Ordner: Mehrkostenanzeigen und Nachtragsangebote, für jeden Nachtrag ein Unterordner
4. Ordner: Korrespondenz mit den Nachunternehmern in Unterordnern
5. Ordner: Allgemeine Korrespondenz mit dem Auftraggeber
6. Ordner: Rechnungen und Aufmaße
7. Ordner: Baubesprechungsprotokolle
8. Ordner: Qualitätsnachweise, Prüfzeugnisse, Lieferscheine
9. Ordner: Baustellentagebuch
10. Ordner: Abnahmeprotokoll mit Mängellisten

252 Nicht jede Mehrkostenanzeige führt auch zu einem Nachtragsangebot. Oft kann zu diesem Zeitpunkt noch kein prüfbares Nachtragsangebot erstellt werden. Daher sollten Mehrkostenanzeigen und Nachtragsangebote jeweils fortlaufend nummeriert und in Unterordnern getrennt vom übrigen Schriftverkehr mit dem Auftraggeber abgeheftet werden. Dabei ist es sinnvoll, alle gestellten Nachträge in einer Excel-Liste zu erfassen und den jeweiligen Status des Nachtrags zu dokumentieren („gestellt"/„verhandelt"/„beauftragt"/„ausgeführt").

253 Teilweise wird Jahre nach Beendigung eines Bauvorhabens in Zweifel gezogen, ob die vereinbarte Betongüte erreicht wurde oder das vertraglich vereinbarte Abdichtungsmaterial nach Herstellervorschrift verwandt wurde. Es ist dann not-

wendig, Lieferscheine für den Transportbeton, Prüfprotokolle von Betonproben oder Schichtdickenprotokolle der Abdichtung aufzufinden und vorzulegen. Dem Auftragnehmer muss klar sein, dass all diese Unterlagen mindestens für die Dauer der Gewährleistungsfrist aufzubewahren sind und es nicht passieren darf, dass der Inhalt eines Baustellenbüros nach Beendigung der Baustelle dergestalt „aufgeräumt" wird, dass diese für spätere Gewährleistungsstreitigkeiten wichtigen Unterlagen weggeworfen werden. Muster von Materialien und Oberflächen sollten ebenfalls in geeigneter Weise archiviert werden, solange noch Streit über die Vertragsgerechtheit der Leistung droht.

Das Gleiche gilt für Fotodokumentationen von Mängeln oder unfertigen Leistungen von Nachunternehmern, Störungen des Bauablaufs oder Beschädigungen der eigenen Leistung. Diese Fotos werden manchmal erst Jahre später wirklich benötigt und dürfen dann nicht verschwunden sein. **254**

Der Bauleiter muss sich darüber im Klaren sein, dass das Bauvorhaben zwar mit der Abnahme technisch im Wesentlichen beendet ist, sein Unternehmen jedoch kaufmännisch und juristisch möglicherweise noch Jahre beschäftigt. Es ist deshalb wichtig, dass die Unterlagen in einer Weise archiviert werden, dass sie auch Jahre später noch zugänglich sind. Nachdem die Kommunikation auf der Baustelle häufig auch über WhatsApp oder SMS-Nachrichten geführt wird, sollten am Ende des Projekts auch diese Chat-Verläufe auf den Server übertragen und abgespeichert werden. **255**

Grundsätzlich dürfen nur solche Unterlagen weggeworfen werden, bei denen ausgeschlossen ist, dass sie noch einmal benötigt werden. So können beispielsweise Aufmaße noch gebraucht werden, wenn der Auftraggeber nach Bezahlung der Schlussrechnung eine Überzahlung behauptet und Geld zurückverlangt. Bei öffentlichen Aufträgen kann dies etwa anlässlich der Prüfung durch den Rechnungshof veranlasst werden. Die Pläne sind wichtig, um bei später auftretenden Mängeln klären zu können, ob ein Planungsfehler vorlag. Mit Blick auf die zehnjährige Haftung für arglistig verschwiegene Mängel und sogenanntes Organisationsverschulden müssen auch die Bautagebücher und Baubesprechungsprotokolle aufgehoben werden, um eine ordnungsgemäße Bauüberwachung nachweisen zu können. **256**

In vielen Fällen ist der Polier ein wichtiger Informationsträger, der in seiner „Polierbude" Unterlagen aufbewahrt, die ebenfalls gesichtet und ggf. der Archivierung zugeführt werden müssen. Wir denken hier an Bauzeitenpläne, Planungsunterlagen, Muster, Fotos und andere Bautenstandsdokumentationen. Allzu oft werden diese Unterlagen bei der Beräumung der Baustelle entsorgt und Informationen von möglicherweise erheblichem Wert gehen verloren. Der Bauleiter sollte daher den Polier anhalten, rechtzeitig die zu archivierenden Unterlagen zusammenzustellen. **257**

III. Musterschreiben

258 **Angebotsbegleitschreiben** **A 1**

An den Auftraggeber

Datum

Bauvorhaben: ...
Ihre Anfrage vom ...:
Angebot über Pflasterarbeiten im Innenhof, Bauteil A)

Sehr geehrte Damen und Herren,

anbei erhalten Sie unser Angebot über o.a. Leistungen.

Eventuell: Es gelten unsere Allgemeinen Geschäftsbedingungen, die Sie unter www.xxxx.de einsehen und herunterladen können.

Unser Angebot beinhaltet nur die dort im Einzelnen aufgeführten Leistungen. Sollte sich im Zuge der Detailplanung/Vorbereitung/Durchführung der Arbeiten herausstellen, dass zusätzliche Arbeiten erforderlich sind, behalten wir uns zusätzliche Vergütungsansprüche vor.

Wir gehen von der bauseitigen Übergabe eines Feinplanums aus, bei welchem das erforderliche Gefälle des Pflasterbelags berücksichtigt wird. Wir benötigen an den jeweiligen Tiefpunkten mindestens ... cm Höhe für die einzubauende Tragschicht. Ferner setzen wir voraus, dass wir rechtzeitig vor Ausführungsbeginn einen Ausführungsplan mit allen erforderlichen Höhenangaben sowie Gefällevorgaben erhalten.

Wir gehen weiter davon aus, dass der Transport des Pflasters durch die Zufahrt zwischen Bauteil A und B möglich ist. Sollte ein Handtransport durch das Bauteil A erforderlich werden, behalten wir uns ebenfalls Mehrkosten vor.

Unser Angebot ist bis zum ... *(Vorschlag: zwei Wochen)* befristet.

Alternativ:

Unser Angebot ist freibleibend. Nach Klärung aller obigen Punkte/nach Klärung der Terminvorstellungen/können wir Ihnen gerne ein verbindliches Angebot unterbreiten.

Wir würden uns freuen, den Auftrag zu erhalten und verbleiben

mit freundlichen Grüßen

....

(Unterschrift)

Auftragsschreiben **A 2** **259**

An den Auftragnehmer

Datum

Bauvorhaben: ...
Ihr Angebot vom ...
Auftragsverhandlung vom ...
Telefonat vom ...

Sehr geehrte Damen und Herren,

hiermit erteilen wir Ihnen den Auftrag auf Ihr Angebot gemäß Verhandlungsprotokoll vom ...

Gemäß Telefonat zwischen Ihrem Herrn ... und unserem Herrn ... haben Sie einen weiteren Nachlass i.H.v. 2 % auf den angebotenen Pauschalpreis/die angebotenen Einheitspreise eingeräumt.

Die Auftragssumme beträgt hiernach nunmehr € ...

Wir freuen uns auf eine angenehme Zusammenarbeit.

Mit freundlichen Grüßen

....

(Unterschrift)

260 Reaktion auf abweichendes Auftragsschreiben A 3

An den Auftraggeber

Datum

Bauvorhaben: ...
Unser Angebot vom ...
Ihr Auftragsschreiben vom ...

Sehr geehrte Damen und Herren,

wir bedanken uns recht herzlich für Ihr Auftragsschreiben. Zu Ihrem Auftragsschreiben möchten wir aber anmerken, dass wir in unserem Angebot nicht davon gesprochen haben, dass bei einer Zahlung innerhalb von zwei Wochen 3 % Skonto abgezogen werden können/dass wir bereits zwei Tage nach Auftragserteilung mit den Arbeiten beginnen werden.

Nachdem Sie unser Angebot nicht unverändert angenommen haben, ist noch kein Vertrag zustande gekommen.

Eventuell *(wenn die Arbeiten sofort aufgenommen werden sollen)*:

Wir werden gleichwohl am ... die Arbeiten aufnehmen, um den Fertigstellungstermin nicht zu gefährden. Hierin ist kein stillschweigendes Einverständnis mit Ihrem Skontoverlangen zu sehen.

Eventuell (wenn kein Interesse an dem Auftrag mehr besteht):

Nachdem Sie unser Angebot abgelehnt haben und wir zwischenzeitlich weitere Aufträge erhielten, müssen wir Ihnen leider mitteilen, dass wir für das Projekt nicht mehr zur Verfügung stehen.

Eventuell *(wenn vor Arbeitsaufnahme kaufmännische Klärung erfolgen soll)*:

Wir bitten Sie um Verständnis, dass wir auf die angebotenen Preise keinen Skonto einräumen können/dass wir mit den Arbeiten wegen der erforderlichen Materialbestellungen erst zehn Tage nach Auftragserteilung beginnen können. Bitte teilen Sie uns mit, wie weiter verfahren werden soll. Vor einer kaufmännischen Klärung werden wir keine Materialbestellung vornehmen.

Mit freundlichen Grüßen

....

(Unterschrift)

Reaktion auf verspätetes Auftragsschreiben A 4 **261**

An den Auftraggeber

Datum

Bauvorhaben: ...
Unser Angebot vom ...
Ihr Auftragsschreiben vom ...

Sehr geehrte Damen und Herren,

wir bedanken uns recht herzlich für Ihr Auftragsschreiben. Ihr Schreiben erreichte uns allerdings erst nach Ablauf der im Angebot genannten/der im Verhandlungsprotokoll vereinbarten Bindefrist.

Eventuell:

Zwar ist Ihr Schreiben am letzten Tag der Frist eingegangen, allerdings erst per Telefax um 19:00 Uhr. Zu diesem Zeitpunkt ist unser Büro nicht mehr besetzt.

Wir bitten Sie um Verständnis, dass wir auf die angebotenen Preise keinen Skonto einräumen können/dass wir mit den Arbeiten wegen der erforderlichen Materialbestellungen erst zehn Tage nach Auftragserteilung beginnen können.

Eventuell (wenn die Arbeiten sofort aufgenommen werden sollen):

Wir haben gleichwohl am ... die Arbeiten aufgenommen, um den Fertigstellungstermin nicht zu gefährden. Hierin ist kein stillschweigendes Einverständnis mit Ihrem Skontoverlangen zu sehen.

Mit freundlichen Grüßen

....

(Unterschrift)

262 Androhung von Schadensersatz A 5

An den Auftragnehmer

Datum

Bauvorhaben: ...
Ihr Angebot vom ...
Ihre Nachricht vom ...

Sehr geehrte Damen und Herren,

Sie haben uns mit obigem Angebot die Ausführung von Leistungen an unserem Bauvorhaben angeboten. Nun teilen Sie uns eine Woche, nachdem wir Ihr Angebot erhalten haben, mit, dass Sie wegen anderweitiger Aufträge nicht in der Lage wären, die Leistungen auszuführen und Ihr Angebot zurückziehen.

Nachdem wir Ihr Angebot erhalten haben, können Sie dieses nicht mehr einseitig zurücknehmen. Wir beabsichtigen, Ihnen in den nächsten Tagen den Zuschlag für die Ausführung der Leistungen zu erteilen und weisen schon jetzt darauf hin, dass Sie, sollten Sie die Ausführung der Leistungen verweigern, sich schadensersatzpflichtig machen. Wir müssten dann eine andere Firma beauftragen und Ihnen die Mehrkosten in Rechnung stellen.

Wir haben Verständnis für Ihre Situation, bitten aber auch um Verständnis dafür, dass wir Sie als günstigsten Bieter mit der Ausführung der Leistungen beauftragen werden. Bitte bestätigen Sie uns kurzfristig, dass Ihr Angebot weiterhin gültig ist.

Mit freundlichen Grüßen

....

(Unterschrift)

Widerspruch gegen Auftragsbestätigung **A 6** **263**

An den Auftragnehmer

Datum

Bauvorhaben: ...
Ihr Angebot vom ...
Unser Auftragsschreiben vom ...
Ihre Auftragsbestätigung vom ...

Sehr geehrte Damen und Herren,

mit unserem Zuschlagsschreiben vom ... auf Ihr Angebot vom ... ist zwischen uns ein Vertrag zustande gekommen. Nunmehr haben Sie uns nach Vertragsabschluss eine Auftragsbestätigung übersandt, in der Sie „bestätigen", dass statt des im Leistungsverzeichnis vorgesehenen Fabrikates „XY" auch das Fabrikat „Z" verwendet werden kann.

Wir widersprechen hiermit dieser Feststellung, denn dies ist zwischen uns nicht vereinbart worden. Das Leistungsverzeichnis ist für den erteilten Auftrag verbindlich. Dort ist keine Wahlmöglichkeit unter unterschiedlichen Fabrikaten vorgesehen. Wir erwarten daher, dass Sie das vereinbarte Material verwenden und weisen bereits jetzt darauf hin, dass wir eigenmächtige Abweichungen vom Vertrag insoweit nicht akzeptieren werden.

Bitte sehen Sie zukünftig davon ab, Dinge zu bestätigen, die vorher nicht vereinbart waren.

Mit freundlichen Grüßen

....

(Unterschrift)

264 Widerspruch gegen die Geltung von AGB A 7

An den Auftragnehmer

Datum

Bauvorhaben: ...
Ihr Angebot vom ...
Unser Auftragsschreiben vom ...
Ihre Auftragsbestätigung vom ...

Sehr geehrte Damen und Herren,

mit unserem Zuschlagsschreiben vom ... auf Ihr Angebot vom ... ist zwischen uns ein Vertrag zustande gekommen. Nunmehr haben Sie uns nach Vertragsabschluss noch eine Auftragsbestätigung übersandt, in der Sie „bestätigen", dass Ihre umseitig abgedruckten Allgemeinen Geschäftsbedingungen für den Vertrag gelten.

Wir machen Sie darauf aufmerksam, dass weder in Ihrem Angebot noch in dem Vergabegespräch oder im Verhandlungsprotokoll Ihre Geschäftsbedingungen erwähnt worden sind. Wir weisen daher die behauptete Geltung Ihrer AGB zurück und bitten um Beachtung.

Mit freundlichen Grüßen

....

(Unterschrift)

Klärung von Vertretungsbefugnissen A 8 265

An den Auftraggeber

Datum

Bauvorhaben: ...
Gewerk: ...
Ihr Auftrag vom ...
Hier: Vertretungsbefugnisse

Sehr geehrte Damen und Herren,

wir werden Anfang der kommenden Woche die Arbeiten an dem Bauvorhaben aufnehmen. Um einen reibungslosen Bauablauf sicherzustellen, bitten wir Sie um Benennung eines vertretungsberechtigten Mitarbeiters auf der Baustelle, der befugt ist, rechtsverbindliche Erklärungen für Sie abzugeben. Wir haben im Verhandlungsprotokoll/im Vertrag insoweit bereits unseren Herrn .../unsere Frau ... als vertretungsberechtigten Ansprechpartner benannt.

Mit freundlichen Grüßen

....

(Unterschrift)

266 Bitte um Bestätigung einer Planungsänderung oder Anordnung A 9

An den Auftraggeber

Datum

Bauvorhaben: ...
Ihr Auftrag vom ...
Änderung der Ausführungsplanung

Sehr geehrte Damen und Herren,

wir haben gestern mit der Post von Ihrem Architekten neue Ausführungspläne erhalten. Diese sehen nunmehr vor, dass die Wände der Bäder bis zur Decke (2,50 m) gefliest werden. Nach den Vertragsplänen, sollen die Bäder mit Ausnahme des Duschbereichs nur bis zu einer Höhe von 1,60 m gefliest werden.

Die übersandten Pläne enthalten also eine zusätzliche, nach dem Vertrag noch nicht vorgesehene Leistung. Wir möchten sichergehen, dass diese Änderung mit Ihrer Zustimmung erfolgt ist. Aus diesem Grunde bitten wir Sie um schriftliche Bestätigung der Änderung. Da die Fliesenarbeiten in der 35. KW beginnen, sollte uns die Bestätigung bis Ende der 34. KW vorliegen.

Sollten wir von Ihnen nichts hören, gehen wir davon aus, dass die Änderung von Ihnen nicht gewünscht ist und werden die Leistung so wie im Vertrag ursprünglich vorgesehen ausführen.

Mit freundlichen Grüßen

....

(Unterschrift)

Zurückweisung nicht beauftragter Leistungen **A 10** **267**

An den Auftragnehmer

Datum

Bauvorhaben: ...
Vertragsabweichende Leistungen

Sehr geehrte Damen und Herren,

anlässlich der gestrigen Baustellenbegehung haben wir festgestellt, dass Sie entgegen den Ausführungsplänen (Anlage ... zum Bauvertrag) begonnen haben, die Bäder deckenhoch zu fliesen. Zur Begründung erklärten Sie, dies sei in der vergangenen Woche von dem Architekten ... angeordnet worden.

Wir machen Sie darauf aufmerksam, dass der Architekt keine Vollmacht besitzt, zusätzliche Leistungen anzuordnen und so den zwischen uns abgeschlossenen Vertrag zu ändern.

Leistungen, die der Auftragnehmer eigenmächtig oder unter Abweichung vom Vertrag ausführt, werden nicht vergütet (§ 2 Abs. 8 VOB/B). Auf Verlangen des Auftraggebers hat er sie innerhalb angemessener Frist zu beseitigen.

Wir werden Ihnen in der kommenden Woche mitteilen, ob die schon gefliesten Bäder so bleiben können oder ein Rückbau gefordert wird. Alle weiteren Fliesenarbeiten führen Sie bitte nach den Vertragsplänen aus.

Mit freundlichen Grüßen

....

(Unterschrift)

268 Bestätigung einer Nachtragsvereinbarung A 11

An den Auftraggeber

Datum

Bauvorhaben: ...
Ihr Auftrag vom ...
Hier: neue Auftragssumme

Sehr geehrte Damen und Herren,

hiermit bestätigen wir Ihnen die am vergangenen Freitag getroffenen Vereinbarungen zu unseren Nachträgen Nr. 5, 6, 8 und 9.

Die neue Auftragssumme errechnet sich wie folgt:

Pauschalpreis Hauptauftrag:	136.000,– EUR
erste Vertragsfortschreibung (NA 1 – 4):	18.600,– EUR
Nachtrag 6 (zusätzliche Verankerung):	3.500,– EUR
Nachtrag 8 (durchgefärbter Putz):	4.000,– EUR
Nachtrag 9 (Sonnenschutz):	5.600,– EUR
neue Auftragssumme:	**167.700,– EUR**

Zu unserem Nachtrag Nr. 7 (Handläufe in Edelstahl) erhalten Sie in den nächsten Tagen weitere Kostennachweise. Wir gehen davon aus, dass auch zu diesem Nachtrag kurzfristig eine Einigung erfolgt.

Mit freundlichen Grüßen

....

(Unterschrift)

Widerspruch zu Bestätigungsschreiben **A 12 269**

An den Auftragnehmer

Datum

Bauvorhaben: ...
hier: Ihr Bestätigungsschreiben zur neuen Auftragssumme

Sehr geehrte Damen und Herren,

Sie haben mit Schreiben vom ... die Ergebnisse des Gesprächs über Ihre Nachträge am ... bestätigt. Wir sehen uns veranlasst, diesem Bestätigungsschreiben zu widersprechen.

Richtig ist, dass wir uns über Ihre Nachträge Nr. 6 und 8 preislich geeinigt haben. Hinsichtlich des Nachtrags Nr. 9 stand die Einigung auf eine Pauschalsumme von € 5.600,– jedoch unter dem Vorbehalt, dass Sie die behaupteten Mehrkosten von € ... uns gegenüber noch nachweisen. Sollten die nachgewiesenen Mehrkosten geringer sein, wird sich auch die Nachtragssumme entsprechend verringern.

Wir bitten um Beachtung.

Mit freundlichen Grüßen

....

(Unterschrift)

270 **Bestätigung einer Terminvereinbarung** **A 13**

An den Auftragnehmer

Datum

Bauvorhaben: ...
Vereinbarung von Vertragsterminen

Sehr geehrte Damen und Herren,

bei der gestrigen Baubesprechung haben wir mit Ihrem Bauleiter, Herrn Müller, vereinbart, dass Sie die Arbeiten am WDVS bis zum 28.5.2021 abschließen werden, damit in der Woche darauf abgerüstet werden kann.

Wir bedanken uns für Ihre Zusage und verbleiben

mit freundlichen Grüßen

....

(Unterschrift)

Hinweis zur Verhinderung einer Anscheinsvollmacht **A 14** **271**

An den Auftragnehmer/An den Auftraggeber

Datum

Bauvorhaben: ...
Besprechungstermin am ...

Sehr geehrte Damen und Herren,

an der Besprechung am kommenden Mittwoch wird unser Bauleiter, Herr ..., teilnehmen. Für diese als auch für weitere Besprechungen möchten wir darauf hinweisen, dass unser Bauleiter/unser Architekt/unser TGA-Planer mit Ihnen technische Themen, Termine und Vergütungsthemen besprechen und verhandeln soll, aber die endgültige Entscheidung über diese Punkte bei mir als Geschäftsführer liegt. Alle Vereinbarungen, mit denen eine Vertragsänderung verbunden ist, müssen also von mir bestätigt werden.

Ich bitte um Verständnis und verbleibe

mit freundlichen Grüßen

....

(Unterschrift Geschäftsführer)

B. Ausführungsunterlagen (§ 3 VOB/B)

I. Was muss der Bauleiter wissen?

1. Wer ist für die Planung verantwortlich?

Jede Bauleistung bedarf – in mehr oder weniger großem Umfang – einer Planung. Das BGB enthält hierzu keine Regelungen. Es gibt kein gesetzliches Leitbild einer „Planungsverantwortung" des Auftraggebers. Bei einem BGB-Werkvertrag muss der Auftragnehmer also selbst planen, wenn im Bauvertrag nichts Abweichendes vereinbart ist. **272**

Die VOB/B geht hingegen davon aus, dass es ausschließlich Sache des Auftraggebers ist, dem Auftragnehmer vollständige und fehlerfreie Ausführungspläne und auch sonst alle zur Ausführung notwendigen Unterlagen zu übergeben (§ 3 Abs. 1 VOB/B). **273**

Allerdings kann auch bei VOB-Verträgen zulässigerweise vereinbart werden, dass die Planung ganz oder teilweise vom Auftragnehmer übernommen wird. Aus Sicht des Auftraggebers empfiehlt sich das vor allem bei Gewerken, bei denen die ausführenden Firmen gegenüber Architekten oder Fachplanern über ein überlegenes Fachwissen verfügen. Wenn beispielsweise komplexe Sonnenschutzanlagen gebaut werden sollen, sind Architekten in der Regel mit der Erstellung einer realisierbaren Ausführungsplanung überfordert. Hier empfiehlt es sich, den Architekten die Anlagen lediglich hinsichtlich der Optik und der gewünschten Funktionen entwerfen zu lassen und die gesamte Ausführungsplanung dem Auftragnehmer zu übertragen. Gleiches gilt bei Aufzügen, Fahrtreppen, Metallbauarbeiten und gebäudetechnischen Anlagen. **274**

Geschieht dies nicht, tritt häufig die Situation ein, dass die ausführenden Unternehmen reklamieren, dass die ihnen überlassene Ausführungsplanung unvollständig oder nicht realisierbar sei. Hierdurch kommt es zu Verzögerungen des Projekts, die mit einer anderen Vertragsgestaltung vermieden werden können. **275**

Auch wenn der Auftraggeber die Ausführungsplanung erstellt bzw. erstellen lässt, sind darin nicht alle Einzelheiten der Bauausführung vorgegeben. Bei komplexen technischen Anlagen muss der Auftragnehmer in der Regel noch eine sogenannte Werk- und Montageplanung erstellen, in der beispielsweise Befestigungen und andere Einzelheiten der Montage geplant werden. **276**

2. Was gehört zu den nötigen Unterlagen?

Leider enthält die VOB/B keine Angaben darüber, was im Einzelnen zu den „nötigen Unterlagen" gehört, die der Auftraggeber dem Auftragnehmer gemäß § 3 Abs. 1 VOB/B rechtzeitig und kostenfrei zu überlassen hat. Der BGH hat in **277** einer älteren Entscheidung erklärt, der Auftraggeber müsse dem Auftragnehmer brauchbare und zuverlässige Pläne und Unterlagen zur Verfügung stellen und diejenigen Entscheidungen treffen, die für eine reibungslose Ausführung des Bauwerks erforderlich sind.

278 Dazu gehören unter anderem:
- Öffentlich-rechtliche Genehmigungen und dort enthaltene Auflagen in Kopie
- Baugrunduntersuchungen, Brandschutzgutachten und ähnliche Untersuchungsberichte
- Berechnungen, auf denen die Leistung des Auftragnehmers beruht
- Ausführungspläne im Maßstab 1:50 oder größer
- Textliche Ergänzungen zu den Zeichnungen, z.B. hinsichtlich von Baustoffen
- Zeitliche Anordnungen, wenn Koordinierungsnotwendigkeiten bestehen

279 Weisen Auftragnehmer auf fehlende Angaben in Plänen hin, hört man häufig den Satz *„Sie sind doch eine Fachfirma"* oder auch *„Das gehört zur Werksplanung"*. Wie kann nun bestimmt werden, was notwendiger Inhalt der vom Auftraggeber zu liefernden Detailplanung ist? Wie detailliert die Ausführungsplanung sein muss, hängt von den Umständen des Einzelfalls ab. Im Rahmen dieses Buches lassen sich nicht für jedes Gewerk konkrete Aussagen treffen. Wichtige Details der Ausführung erfordern jedenfalls eine entsprechende Detailplanung wie z.B. die Hinterlüftung von Fassadenelementen. Nur Einzelheiten zu untergeordneten Leistungen, die in zuverlässiger Weise erst im Rahmen der Überwachung an Ort und Stelle angegeben werden können, bedürfen keiner Einzeldarstellung im Rahmen der Ausführungsplanung. Lediglich handwerkliche Selbstverständlichkeiten, insbesondere auch technische Regeln, die zum handwerklichen Grundwissen gehören, müssen in der Ausführungsplanung nicht ausführlich beschrieben werden.

280 Ein wichtiger Aspekt ist das technische Risiko von späteren Baumängeln. Sind Details der Ausführung besonders schadensträchtig, müssen diese unter Umständen im Einzelnen geplant und dem Unternehmer in einer jedes Risiko ausschließenden Weise verdeutlicht werden (OLG Celle, Urt. v. 18.10.2006 – 7 U 69/06). Bei Leistungen der Feuchtigkeitsisolierung und Wärmedämmung muss die Ausführungsplanung bis ins kleinste Detail, notfalls bis zum Maßstab 1:1 gehen. Insbesondere bei einem Zusammenspiel von verschiedenen Leistungsbereichen muss detailgenau geklärt werden, wie z.B. Materialübergänge und -anschlüsse zu lösen sind und in welchem Verantwortungsbereich welcher Detailbereich liegt (OLG Hamm, Urt. v. 28.1.2021 – 21 U 68/14). Ausführungspläne müssen so präzise sein, dass der ausführende Unternehmer auch Einzelheiten maßstabsgerecht ohne Schwierigkeiten erkennen kann. Bei besonders schadensträchtigen Arbeiten wie etwa Abdichtungsarbeiten muss die Planung die wichtigsten Maßnahmen gegen die besondere Schadensanfälligkeit darstellen, wozu die maßgeblichen Einzelheiten der Herstellung gehören (OLG Düsseldorf, Urt. v. 8.2.2008 – 23 U 58/07). Sollen beim Betrieb einer Lüftungsanlage bestimmte Schallwerte nicht überschritten werden und muss dafür schallabsorbierendes Material in die Kanäle eingebaut werden, ist dies in der Planung ausdrücklich zeichnerisch oder textlich darzustellen (OLG Dresden, Urt. v. 28.8.2014 – 8 U 1986/13).

Ferner gilt: Überall dort, wo es unterschiedliche technische und gestalterische Möglichkeiten gibt, also Entscheidungsspielraum besteht, bedarf es planerischer Entscheidungen. Hingegen müssen diejenigen Dinge, die sich ohne Weiteres und zweifelsfrei aus DIN-Normen oder anderen Regelwerken ergeben, nicht vom Auftraggeber vorgegeben bzw. geplant werden (OLG Köln, Urt. v. 2.6.2004 – 17 U 121/99). Die Dicke der Abdichtungsschicht sollte ein Architekt aber planerisch vorgeben, auch wenn sich diese aus Normen ergibt (KG, Beschl. v. 9.4.2010 – 7 U 144/09). Zu bemerken ist zu dieser und anderen zitierten Entscheidungen, dass diese in der Regel Haftungsfälle von Architekten betrafen. Ob wirklich alles, was ein Architekt gegenüber dem Auftraggeber schuldet, dieser auch gegenüber dem ausführenden Auftragnehmer an planerischen Angaben schuldet, kann im Einzelfall diskutiert werden. Eine Fachfirma für Abdichtungsarbeiten muss sicherlich auch selbst wissen, welche Schichtdicke gemäß Abdichtungsnorm und Herstellervorgabe realisiert werden muss, wenn der Planer den zutreffenden Lastfall vorgibt. 281

Beispiel: Bei einem Dach muss der Auftraggeber die Dachform und -neigung zeichnerisch darstellen. Der Dachaufbau selbst ist in einer Konstruktionszeichnung darzustellen. Die Anschlüsse an andere Bauteile sind in Detailzeichnungen vorzugeben. In einer textlichen Ergänzung müssen das Material, das Fabrikat und die Farbe der Dachsteine angegeben werden. Der Auftraggeber muss aber nicht die Querschnitte der Dachlatten oder das Material der Nägel vorschreiben, da diese Dinge sich aus den Regelwerken des DIN und des Zentralverbandes der Dachdecker ergeben. 282

Auch die DIN-Normen 18299 sowie 18300 bis 18459 (ATV der VOB/C) können für die Vertragsauslegung bezüglich des notwendigen Inhalts der Ausführungsplanung herangezogen werden. 283

In dem jeweiligen Abschnitt „0. Hinweise für das Aufstellen der Leistungsbeschreibung" finden sich alle technischen Angaben, die aus Sicht der Verfasser der ATV notwendig sind, um die betreffende Leistung vollständig im Sinne von § 7 VOB/A zu beschreiben. Die Details, die von einem öffentlichen Auftraggeber schon vor der Vergabe entschieden und geplant werden sollen, dürften auch „notwendige Angaben" im Sinne von § 3 Abs. 1 VOB/B darstellen. Diese Hinweise gelten zwar nur für öffentliche Auftraggeber in der Phase der Ausschreibung, sie werden bei der Auftragsvergabe nicht Vertragsbestandteil. Gleichwohl enthalten die ATV Hinweise darauf, was in den einzelnen Gewerken an Planungsentscheidungen zu tref- 284 fen ist, aber auch, was der Auftragnehmer ohne entsprechende Vorgaben wissen muss. Für Sachverhalte, die bereits im Abschnitt 2 „Stoffe und Bauteile" sowie im Abschnitt 3 der jeweiligen ATV unter der Überschrift „Ausführung" geregelt sind, wird der Auftragnehmer keine Angaben des Auftraggebers verlangen können. Die Gütestelle Honorar- und Vergaberecht hat auf der Grundlage der Abgrenzungen in der VOB/C ein Merkblatt über die Schnittstellen der Planungsleistungen nach VOB zwischen Auftraggeber und ausführendem Unternehmen erstellt, das unter www.ghv-guetestelle.de heruntergeladen werden kann.

285 **Beispiel:** Bei Fliesenarbeiten soll der Auftraggeber nach Abschnitt 0. der DIN 18352 unter anderem Folgendes vorgeben: die genaue Ausbildung der Anschlüsse an andere Bauteile, ob die Leistung nach bestimmten Zeichnungen (z.B. Fliesenspiegel) ausgeführt werden soll, ob die Fliesen im Dünnbett oder Dickbett verlegt werden, die Lage und Ausführung von Bewegungsfugen bei beheizten Böden und vieles mehr.

286 Allerdings ist immer zu beachten, dass die VOB/C nur dann für die Vertragsauslegung maßgeblich ist, soweit die Vertragsparteien nichts hiervon Abweichendes vereinbart haben oder sich aus den Umständen des Vertragsabschlusses ergibt, dass der Auftragnehmer nicht mit einer „VOB-gerechten" Planung des Auftraggebers rechnen durfte. Allein die Tatsache, dass eine Leistung im Leistungsverzeichnis funktional beschrieben wird („Behelfsbrücke einschließlich der erforderlichen Gründung nach statischen, konstruktiven, verkehrstechnischen und umweltschutztechnischen Erfordernissen herstellen"), bedeutet aber nicht, dass der Auftragnehmer selbst die gesamte Ausführungsplanung erstellen muss, wenn es im Leistungsverzeichnis ebenfalls heißt, dass sich die Abmessungen der Brücke und sonstige Anforderungen nach Unterlagen des AG richten (OLG Frankfurt, Urt. v. 23.10.2017 – 29 U 86/16). Gehört hingegen laut Vertrag die Erstellung der „W+M-Planung", aus der „Konstruktion, Maße, Einbau, Befestigung, Bauanschlüsse inklusive aller Sonder- und Anschlussdetails der Bauteile sowie die Einbaufolge erkennbar sein" müssen, zum Leistungsumfang des Auftragnehmers, beschränkt sich die „W+M-Planung" nicht auf eine bloße Umsetzung der bauseits erstellten Ausführungsplanung. Vielmehr muss der Auftragnehmer alle Maße prüfen und Unstimmigkeiten sowie etwaige Bedenken gegen die vorgegebene Konstruktion frühzeitig anmelden (OLG Dresden, Beschl. v. 12.11.2013 – 12 U 877/13).

287 Der Umfang der vom Auftraggeber zu treffenden Planungsentscheidungen wird regelmäßig unterschätzt. Nach H. J. Wienert sind beim Bau eines Einfamilienhauses rund 20.000 Entscheidungen zu treffen.

Beispiel Haustür zu einer Wohnung oder einer Büroeinheit (nach H. J. Wienert, Quelle: www.tektool.de, ohne Anspruch auf inhaltliche Vollständigkeit) 288

A – Grundsätzliches/Größe der Türöffnung im Rohbau
A1 – Aufschlagrichtung
A2 – lichte Breite im Rohbau
A3 – lichte Höhe im Rohbau
A4 – zu erfüllende Schallschutzklasse
A5 – einflügelig, zweiflügelig, welches ist der Steh- und welches der Gehflügel
B – Brandschutzklasse
B1 – Brandschutzklasse T30, T90
B2 – Ausführung rauchdicht oder nicht
B3 – Notschalter erforderlich für Fluchtweg aus dem Aufzugsvorraum (wenn kein Treppenhaus)
B4 – Betonschott über der Tür im abgehängten Deckenbereich
B5 – Betonschott unter der Tür im Bereich des Doppelbodens oder Hohlraumbodens
C – Zarge
C1 – Umfassungszarge, Z-Zarge oder Blockzarge
C2 – Einbindung der Zarge in die abgehängte Decke
C3 – Anschluss der Zarge an die abgehängte Decke
C4 – Aussteifungsschiene der Zarge, die in den Estrich einbetoniert oder im Estrich ausgespart wird
C5 – Leerrohre in der Zarge, um Kabel zuführen zu können, gegebenenfalls auch für spätere Nachrüstung
C6 – Meldekontakte (Magnetkontakte) zur Einbruchsicherung oder Zutrittskontrolle
C7 – Material der Zarge (Stahl, Aluminium, Holz, Holz mit Stahlkern)
C8 – Profilierung der Zarge, z.B. Schattenfugen
C9 – Material der Oberfläche der Zarge, lackiert, gestrichen
C10 – Farbe und Glanzgrad der Oberfläche
C11 – Anschluss der Zarge an der Konstruktion (Mauerwerk, Beton, verstärktes Trennwandsystem)
C12 – Anforderung an die Vorleistung entsprechend der gewählten Befestigungstechnik
D – Türblatt
D1 – Wahl der Türkonstruktion nach den Schall-, den Brandschutzforderungen und den Einbauteilen

D2 – Wahl der Zahl und Qualität der Türbänder entsprechend dem Gewicht, der Höhe, der Verwindungssteifigkeit und dem Einbruchsschutz des Türblatts
D3 – Wahl der Verriegelungstechnik der Tür (wie viele Haltebolzen)
D4 – Wahl des Materials der Oberfläche des Türblatts
D5 – Wahl der Profilierung
D6 – Farbe und Glanzgrad der Oberfläche
D7 – aufgesetzte Profile auf dem Türblatt, gegebenenfalls Mehrfarbigkeit
D8 – Glasausschnitt ja oder nein, Größe des Glasausschnitts
D9 – Wahl des Glases entsprechend der Anforderung
D10 – Wahl des Verglasungsrahmens entsprechend den Anforderungen
E – Einbauteile, Türschließer, Schließsystem
E1 – Oben- oder Untentürschließer
E2 – Türschließer verdeckt oder sichtbar
E3 – Wahl der Mechanik oder des Fabrikats
E4 – Wahl des Designs des Türschließers, wenn sichtbar
E5 – Wahl der Art der mechanischen Schallabdichtung zum Bodenbelag
E6 – Wahl Fabrikat Magnetkontakte
E7 – Wahl Fabrikat Motor, wenn durch Motor getriebenes Türschloss
E8 – Wahl des Schließzylinders (Teil eines Schließsystems)
E9 – Panikbeschläge notwendig (Fluchtweg), wenn ja, in welcher Form
E10 – Zylinder mit geteilter Nuss (bei Fluchtweg) oder elektronisch durch Notknopf
E11 – Türöffnung durch externe Auslösung möglich
E12 – Anschluss der Tür an ein Meldesystem (Klingel und Sprechanlage siehe Gewerk Elektro)
F – Beschläge
F1 – Material Beschläge (Griff, Rosetten/Langschild)
F2 – Oberfläche Material (glänzend, gebürstet)
F3 – Form des Türgriffs, Wahl des Fabrikats
Summe der Einzelentscheidungen (ohne Sonderlösungen): 47

289 Da die Vollständigkeit der Ausführungsunterlagen bei jedem Bauvorhaben erneut geprüft werden muss, bietet es sich an, mit Checklisten zu arbeiten. Für viele Gewerke gibt es solche Checklisten von Verbänden oder Planungsbüros. Eine Checkliste für den Bereich Hochbau findet sich unter www.immoportal.com, um ein Beispiel zu nennen. Diese können für bestimmte Gewerke weiterentwickelt und verfeinert werden, sodass jeder Bauleiter anhand solcher Listen die Vollständigkeit der ihm für das aktuelle Projekt vorliegenden Ausführungsunterlagen überprüfen kann.

Was die zeichnerische und inhaltliche Qualität von Ausführungsplänen betrifft, enthält die im Internet zugängliche Dissertation von Monika Ehlers *„Ausführungsplanung im Bauprozess"* eine systematische Zusammenstellung der zu stellenden Anforderungen. Für die Gewerke der TGA enthält die Richtlinie VDI 6026 Vorgaben. In der Praxis werden diese von den Planern vielfach nicht eingehalten. Der Bauleiter sollte daher die übergebenen Pläne auf inhaltliche und zeichnerische Vollständigkeit prüfen und bei festgestellten Mängeln eine Überarbeitung verlangen. **290**

3. Risiken für den Auftragnehmer bei der Übernahme von Planungsleistungen

Eine eigene Planungsverantwortung des Auftragnehmers trotz Vereinbarung der VOB/B entsteht, wenn seitens des Auftraggebers nur eine Entwurfs- oder Genehmigungsplanung übergeben wird und die weitere Ausführungsplanung vom Auftragnehmer erbracht werden soll. Derartiges kann selbstverständlich vereinbart werden (OLG Karlsruhe, Urt. v. 31.10.1995 – 17 U 107/95), und zwar auch in Allgemeinen Geschäftsbedingungen (OLG Frankfurt, Urt. v. 28.2.1996 – 21 U 33/95). Bei einem BGB-Bauvertrag ohne Einbeziehung der VOB/B schuldet der Auftraggeber dem Auftragnehmer ohnehin keine Planungsunterlagen. **291**

Die „Planungsverantwortung" ist für den Auftragnehmer mit Chancen und Risiken verbunden. Die Chancen bestehen im Wesentlichen darin, dass der Auftragnehmer technisch und wirtschaftlich günstige Lösungen finden und die Kostenersparnisse zur Gewinnoptimierung nutzen kann. Das funktioniert allerdings nur, wenn für die Komplettleistung ein Pauschalpreis vereinbart wird. Nur dann kann der Auftragnehmer beispielsweise die gegenüber dem Entwurf eingesparten 20 t Stahl als Gewinn verbuchen. Allerdings sollte dem Auftragnehmer klar sein, dass eine Optimierung nicht darin bestehen kann, etwas anderes zu bauen, als der Auftraggeber bestellt hat. Bei qualitativen Abweichungen im Rahmen der Ausführungsplanung kann der Auftraggeber eine Anpassung der Vergütung verlangen, wenn im Vertrag nicht ausdrücklich vereinbart wurde, dass sich bei Kosteneinsparungen durch technische Optimierung oder Wahl anderer Fabrikate/Verfahren der vereinbarte Pauschalpreis nicht verringert. **292**

Für den Auftragnehmer bestehen Risiken neben dem Risiko, dass man etwas falsch plant und anschließend dafür haftet im Wesentlichen an zwei weiteren Stellen. Zum einen fehlt dem Auftragnehmer mitunter der Gesamtüberblick über die Vorstellungen des Auftraggebers. Dabei kann es sich um aktuelle Nutzungsanforderungen oder auch zukünftige Anforderungen handeln. Ist etwa bei der Planung der Neuerrichtung einer elektrotechnischen Anlage bereits bekannt, dass dem aktuellen Bauabschnitt 1 ein Bauabschnitt 2 folgen wird, bei dem weitere Kälteanlagen angeschlossen werden, dann ist bei der Dimensionierung der Kabeltrassen **293** durch den Auftragnehmer das Anforderungsprofil der Gesamtanlage zugrunde zu legen (OLG Naumburg, Urt. v. 25.8.2012 – 2 U 133/11).

294 Ein weiteres Risiko besteht darin, dass die Übernahme der „Planungsverantwortung" im Einzelfall auch bedeuten kann, dass der Auftragnehmer keine zusätzliche Vergütung geltend machen kann, wenn er im Zuge der Planung feststellt, dass er in seinem ursprünglichen Angebot Leistungen übersehen hatte. Seit 2018 gilt gemäß § 650c Abs. 1 Satz 2 BGB, dass der Auftragnehmer keine Vergütung für erforderliche Zusatz- oder Änderungsleistungen verlangen kann, wenn er „die Planung des Bauwerks oder der Außenanlagen" vertraglich übernommen hat. In der juristischen Literatur wird allerdings zu Recht die Ansicht vertreten, dass die Anwendbarkeit dieser Regelung letztlich davon abhängt, welche Vergütungsvereinbarung die Vertragsparteien getroffen haben. Wurde eine Vergütung nach Einheitspreisen oder ein Pauschalpreis für eine detailliert beschriebene Leistung vereinbart, sind auch nach Vertragsabschluss vom Unternehmer im Zuge der übertragenen Ausführungsplanung erkannte zusätzlich notwendige Leistungen zusätzlich zu vergüten. Rechtsprechung existiert hierzu noch nicht.

295 Werden Planungsleistungen vom Auftragnehmer übernommen, sollte der Auftragnehmer im Angebot ausdrücklich festhalten, dass in dem Angebotspreis nur diejenigen Leistungen enthalten sind, die dort ausdrücklich aufgeführt worden und zusätzliche Leistungen, deren Erforderlichkeit erst mit Erstellung der Ausführungsplanung erkannt wird, auch zusätzlich zu vergüten sind. Ergeben sich aus Anlagen zum Angebot des Auftragnehmers bestimmte Annahmen oder Voraussetzungen, muss der Auftragnehmer in den Vertragsverhandlungen darauf achten, dass diese ausdrücklich vereinbart werden (OLG Saarbrücken, Urt. v. 16.4.2020 – 2 U 116/18).

296 **Beispiel:** Die Sanierung eines Hochschulgebäudes mit Versammlungsräumen ist funktional beschrieben. Der Auftragnehmer hat nicht nur die Ausführungsplanung, sondern auch die Genehmigungsplanung und die Herbeiführung aller erforderlichen Genehmigungen übernommen. In dem Brandschutzkonzept zu seinem Angebot hatte der Auftragnehmer für die Seminarräume eine maximale Zahl von 200 gleichzeitigen Besuchern vorgesehen. Aus der Baubeschreibung war allerdings erkennbar, dass der Auftraggeber von einer größeren Besucherzahl ausging. Aufgrund von Brandschutzauflagen nach Versammlungsstätten-RL sowie nach Vertragsabschluss verschärfter Brandschutzanforderungen kommt es zu Mehrkosten in Höhe von mehr als 11 Mio. Euro.

297 Nach Auffassung des OLG Saarbrücken wurde die Beschränkung auf 200 Besucher nicht Vertragsbestandteil, weil die Baubeschreibung vorrangig zu den anderen Vertragsunterlagen vereinbart war. Da der Auftragnehmer das Genehmigungsrisiko übernommen habe, würden auch Verschärfungen der Vorschriften zu seinen Lasten gehen. Die Mehrkosten waren vom Auftragnehmer zu tragen. Bei einem privaten Auftrag hätte der Auftragnehmer dieses Ergebnis vermeiden können, indem in der Auftragsverhandlung die entsprechenden Einschränkungen ausdrücklich in das Verhandlungsprotokoll geschrieben worden wären. Es handelte sich jedoch um einen öffentlichen Auftrag in einem ÖPP-Verfahren. Die Risiken über die gesamte Vertragslaufzeit hinweg sind in diesen Verfahren praktisch nicht kalkulierbar.

Der Auftragnehmer muss sich darüber im Klaren sein, dass die Übernahme der 298
Genehmigungsstatik oder der Ausführungsplanung des Objekts auch die Verpflichtung zur Planungsfortschreibung umfasst. Wenn etwa durch die vom Auftraggeber erbrachte spätere Planung der haustechnischen Gewerke Änderungen bei der Durchbruchsplanung erforderlich werden, muss der Auftragnehmer diese in seine Pläne einarbeiten (KG, Urt. v. 14.1.2005 – 7 U 30/03).

Die Übertragung von Planungsaufgaben auf den Auftragnehmer schließt aber 299
nicht aus, dass der Auftraggeber sich die Überprüfung der auftragnehmerseitigen Planung auf Funktionalität und Richtigkeit vorbehält. Dies geschieht in der Regel dadurch, dass im Vertrag eine Verpflichtung des Auftragnehmers vereinbart wird, dem Auftraggeber die Ausführungspläne vorzulegen und erst nach der „Freigabe" durch den Auftraggeber nach den Plänen gebaut werden darf. Allerdings kann der Auftraggeber auch von einer solchen Überprüfung absehen. Ein Anspruch auf Freigabe der Ausführungsplanung oder einer Werk- und Montageplanung besteht nicht, da der Auftragnehmer kein „Recht auf Überwachung" hat (OLG Hamm, Urt. v. 12.4.2013 – 12 U 75/12).

Es gibt auch das Modell, dass eine Bauleistung (nur) textlich funktional und gege- 300
benenfalls in einer Entwurfsplanung beschrieben wird, ein Pauschalpreis vereinbart wird und der Auftraggeber vereinbarungsgemäß nach Vertragsabschluss die Ausführungsplanung erstellt. Diese Konstellation ist für den Auftragnehmer besonders gefährlich, da der Auftraggeber Details der Ausführung kostenträchtig planen kann. Solange er dabei im Rahmen der Funktionalbeschreibung bleibt und nichts plant, das so ungewöhnlich ist, dass der Auftragnehmer hiermit nicht rechnen musste, kann der Auftragnehmer keine Mehrkosten geltend machen. Will der Auftragnehmer spätere Diskussionen über den Umfang der für den Pauschalpreis geschuldeten Leistung vermeiden, muss er auf einer vertraglichen Regelung bestehen, die den Inhalt der vom Auftraggeber noch zu erstellenden Ausführungsplanung näher definiert (z.B. durch den Verweis auf ein Vergleichsobjekt oder einen „üblichen Bauträgerstandard").

4. Prüfung der Unterlagen auf Vollständigkeit

Meist sind bei Unterzeichnung des Bauvertrags noch nicht sämtliche Ausführungs- 301
unterlagen vorhanden. Rechtzeitig vor Baubeginn muss deshalb geprüft werden,

ob die zur Ausführung erforderlichen Unterlagen zwischenzeitlich vollständig vorliegen. Sofern Nachunternehmer beauftragt worden sind, müssen auch diese den letzten Stand der Unterlagen erhalten.

302 Viele Auftraggeber, aber auch Architekten unterschätzen den für einen reibungslosen Bauablauf erforderlichen Planungsvorlauf. Hat der Auftraggeber beispielsweise einen Generalunternehmer beauftragt, benötigt dieser detaillierte und vollständige Ausführungspläne bereits für die Ausschreibung der Nachunternehmerleistungen. Man kann natürlich auch auf Grundlage unvollständiger Ausführungspläne ausschreiben, aber dabei entstehen für die Zukunft ein erhebliches Streitpotenzial und ein völlig unnötiger Mehraufwand für den Generalunternehmer und letztlich auch für den Bauherrn. Die Leistungsverzeichnisse sind dann oftmals unvollständig oder lassen kalkulationserhebliche Einzelheiten der Leistungsausführung nicht erkennen, was zu Nachtragsangeboten der Nachunternehmer führt. Diese müssen verhandelt und beauftragt werden, was viel Zeit erfordert. Zudem ist es so, dass Fehler und Lücken der Planung oft erst im Zuge der Erstellung der Werk- und Montageplanung durch den Nachunternehmer entdeckt werden, da ein Generalunternehmer unmöglich die Fachkenntnisse jedes einzelnen Gewerks besitzen kann. Je früher daher die Vergabe der Nachunternehmerleistungen erfolgt, desto größer ist die Chance, frühzeitig solche Fehler und Lücken zu entdecken und dem Auftraggeber mitzuteilen, damit dieser sie noch rechtzeitig durch den Architekten beheben lassen kann. Das Gleiche gilt natürlich auch, wenn der Auftraggeber eine Einzelvergabe der Leistungen durchführt.

303 Es kommt hinzu, dass der zeitliche Aufwand für die Werk- und Montageplanung der einzelnen Gewerke ebenso unterschätzt wird wie die Lieferfristen für Bauelemente wie Fenster, Türen und technische Ausrüstungen. Je individueller und anspruchsvoller das Bauvorhaben ist, desto mehr Zeit ist hierfür einzukalkulieren.

304 Der Bauleiter muss wissen, dass er nur dann erfolgreich eine Baubehinderung wegen fehlender Pläne oder sonstiger Ausführungsunterlagen geltend machen kann, wenn er seinerseits die Pläne frühzeitig auf Vollständigkeit geprüft und fehlende Unterlagen rechtzeitig angemahnt hat. Fehlende Pläne sind nicht erst zwei Tage bevor sie wirklich gebraucht werden anzufordern, sondern so rechtzeitig, dass eine Behinderung noch vermieden werden kann (vgl. dazu auch Kapitel E. Rn. 691ff.). Dem Auftraggeber sollten die oben beschriebenen Risiken verspätet und/oder unvollständig übergebener Pläne mitgeteilt werden (siehe hierzu Musterschreiben B 4).

305 Bei größeren Bauvorhaben ist es sinnvoll, mit dem Auftraggeber eine sogenannte Planbeistellungsliste zu vereinbaren, in der geregelt ist, welche Planungsunterlagen dem Auftragnehmer wann übergeben werden sollen bzw. müssen. Diese Planbeistellungsliste ermöglicht es dem Auftragnehmer zu kontrollieren, ob zu den dort genannten Terminen die Pläne tatsächlich vorliegen. Andererseits sind diese Planbeistellungslisten für den Auftraggeber ein gutes Mittel, um die auf seiner Seite beteiligten Architektur- und Ingenieurbüros zu einer sorgfältigen und termingerechten Arbeit anzuhalten. Der Auftragnehmer sollte dem Auftraggeber verdeutlichen, dass solche Terminvereinbarungen durchaus auch in seinem Interesse liegen, denn allzu häufig liefern Architekten, Haustechnikplaner und Statiker die benötigten Unterlagen nicht so zeitig, wie dies notwendig wäre. Es ist dem Auftraggeber deshalb zu raten, nicht nur mit den Baufirmen, sondern auch mit den Architekten und Sonderfachleuten konkrete Termine zu vereinbaren.

Bei nicht termingerechter Lieferung der Pläne ist es für den Auftragnehmer relativ 306
einfach, nunmehr unter Verweis auf die vereinbarten Planbeistellungstermine eine (drohende) Baubehinderung anzuzeigen. Der Auftraggeber kann diese dann an die Planer weitergeben und deutlich machen, dass etwaige Behinderungsschäden aus der verspäteten Planlieferung zu deren Lasten gehen.

Übergibt der Auftraggeber dem Auftragnehmer trotz Aufforderung keine ausfüh- 307
rungsreifen Unterlagen, ist der Auftragnehmer nach einer Nachfristsetzung mit Kündigungsandrohung berechtigt, den Bauvertrag gemäß § 9 Abs. 1 VOB/B zu kündigen. Die Kündigung ist allerdings nur zulässig, wenn der Auftragnehmer nicht in zumutbarer Weise den Bauablauf umstellen und andere Leistungsteile vorziehen kann (OLG Celle, Urt. v. 1.11.2012 – 16 U 200/11).

5. Prüfung der Unterlagen auf inhaltliche Richtigkeit

Bereits vor Beginn der Bauarbeiten hat der Auftragnehmer die Verpflichtung, die 308
vom Auftraggeber übergebenen Unterlagen auf Unrichtigkeiten und Widersprüche zu überprüfen (§ 3 Abs. 3 Satz 2 VOB/B). Es geht dabei im ersten Schritt nicht um die inhaltliche (technische) Richtigkeit, sondern um eine Kontrolle, ob überhaupt alle notwendigen Unterlagen vorliegen und ob es Unklarheiten oder Widersprüche gibt. Hierzu besteht vor allem dann Anlass, wenn die einzelnen Unterlagen zu verschiedenen Zeiten und/oder von verschiedenen Verfassern (Architekt, Ingenieurbüro, Statiker, Landschaftsplaner) erstellt wurden. In einem zweiten Schritt muss dann die Prüfung auf die technische Richtigkeit der Planung erfolgen.

So muss der Auftragnehmer eines Rohbaus darauf hinweisen, wenn die Ausfüh- 309
rungsplanung des Architekten eine Wärmedämmung der Stirnseiten der Deckenplatten vorsieht, aber in den Schalplänen des Statikers diese Dämmung nicht berücksichtigt wird (OLG Stuttgart, Urt. v. 14.10.1994 – 2 U 263/93).

Wenn es aber gar keine Ausführungsplanung des Architekten gibt, muss der 310
Rohbau-Generalunternehmer hingegen nicht die Schal- und Bewehrungspläne des Statikers inhaltlich mit der ebenfalls ausgehändigten Genehmigungsplanung des Architekten im Maßstab 1:100 vergleichen und auf mögliche Diskrepanzen der Größe der Fensteröffnungen zielgerichtet untersuchen (OLG Düsseldorf, Urt. v. 12.5.2000 – 22 U 197/99). Es wird also keine Detektivarbeit verlangt. Offen-

kundige Fehler und Lücken in den Unterlagen müssen dem Auftraggeber aber unverzüglich mitgeteilt werden, damit dieser rechtzeitig Abhilfe schaffen kann, etwa wenn der Keller nach Festlegung des Nullpunkts durch den Bauleiter des Auftraggebers entgegen der Bauzeichnung 80 cm aus der Baugrube herausragen würde (OLG Schleswig, Urt. v. 10.8.2017 – 7 U 120/15) oder wenn in der Entwurfsplanung Streifenfundamente vorgesehen sind, aber für die Herstellung einer druckwasserhaltenden Abdichtung die Errichtung einer durchgehenden lastabtragenden Bodenplatte erforderlich ist (KG, Urt. v. 22.4.2016 – 21 U 119/14).

311 Verletzt der Auftragnehmer diese Verpflichtung zur Prüfung der Pläne auf Vollständigkeit, Widerspruchsfreiheit und Richtigkeit, kann dies insbesondere im Bereich der Geltendmachung von Behinderungen gravierende Konsequenzen haben, eventuell sogar Schadensersatzansprüche des Auftraggebers auslösen. Ein Auftragnehmer, der die ihm übertragenen Arbeiten in Kenntnis dessen ausführt, dass es eine Fachplanung des Auftraggebers überhaupt nicht gibt oder diese unvollständig ist, kann sich im Falle einer späteren mangelhaften Ausführung der Leistung in der Regel nicht auf ein Mitverschulden des Auftraggebers wegen fehlender Planung berufen (OLG Celle, Urt. v. 21.10.2004 – 14 U 26/04; OLG München, Urt. v. 31.7.2018 – 28 U 3161/16 Bau). Eine Mithaftung des Auftraggebers wegen unterlassener Planung kommt aber in Betracht, wenn das Planungsverschulden des Auftraggebers so schwerwiegend erscheint, dass es nicht hinnehmbar ist, ihn vollständig zu entlasten (OLG Düsseldorf, Urt. v. 22.11.2013 – 22 U 32/13). In dem entschiedenen Fall war die Herstellung einer erforderlichen Abdichtungsebene unterhalb der Fensterbänke im Leistungsverzeichnis für die Fassade nicht beschrieben worden. Das Gericht setzte ein Mitverschulden des Auftraggebers von 25 % an.

312 Es kommt häufig vor, dass nach Vertragsabschluss Planungsunterlagen übergeben werden, die Änderungen gegenüber den bei Vertragsabschluss vorliegenden Plänen beinhalten. Der Auftragnehmer kann verlangen, dass die Änderungen in den Plänen kenntlich gemacht werden oder jeder Plansendung eine textliche Erläuterung beigefügt wird, aus der sich ergibt, was in den neuen Plänen gegenüber den bisherigen konkret geändert worden ist. Da es nicht einfach ist, alle Änderungen beim Durchsehen der Pläne zu entdecken, sollte der Bauleiter sicherheitshalber bei dem verantwortlichen Planer des Bauherrn nachfragen, ob und gegebenenfalls welche Änderungen in die Pläne eingearbeitet worden sind, falls dies in den Plänen nicht kenntlich gemacht ist.

6. Entspricht der Vertrag den Regelungen der VOB/B oder liegen Abweichungen/Besonderheiten vor?

313 Im Zuge der Prüfung der Ausführungsunterlagen muss der Bauleiter auch den Bauvertrag durchsehen. Weist der Vertrag an bestimmten Stellen Besonderheiten auf oder wird von VOB-Regelungen abgewichen, sollte sich der Bauleiter dies vermerken. Häufig geraten solche Besonderheiten in Vergessenheit, was anschließend zu Fehlern führt.

Beispiele: 314

- Im Bauvertrag ist geregelt, dass der Auftragnehmer selbst Vermessungs- und Planungsleistungen übernehmen oder bestimmte behördliche Genehmigungen beantragen muss.
- Vertraglich sind erhöhte Anforderungen an die Ebenheit von Bauteilen nach der DIN 18202 oder an den Schallschutz (DIN 4109) vereinbart. Oft ergeben sich solche Anforderungen aus den Vorbemerkungen zum Langtext-LV oder dem Bauvertrag und werden bei der Weitervergabe der Leistungen an Nachunternehmer übersehen.
- Die Verwendung von PVC ist vertraglich verboten (für Kabel, Rohrleitungen etc. zu beachten)
- Im Bauvertrag ist vereinbart, dass Nachträge nur ausgeführt werden dürfen, wenn zuvor eine schriftliche Bestätigung des Auftraggebers vorliegt.
- Im Bauvertrag ist nicht geregelt, dass eine förmliche Abnahme stattfinden muss. Dies sollte sich der Bauleiter vermerken, weil für diesen Fall die Regelungen über die fiktive Abnahme in Betracht kommen, beispielsweise, wenn der Auftraggeber auf eine Fertigstellungsanzeige schweigt (§ 12 Abs. 5 Nr. 1 VOB/B).
- Der Bauvertrag schließt Teilabnahmen nicht ausdrücklich aus. Für den Fall der Nachunternehmerbeauftragung sollte der Bauleiter daran denken, eine in sich abgeschlossene Bauleistung des Nachunternehmers vom Auftraggeber im Wege der Teilabnahme abnehmen zu lassen.

Bei sämtlichen hier angesprochenen Punkten kann es erforderlich sein, dass der Bauleiter die Geschäftsführung informiert und das weitere Vorgehen bespricht. 315

II. Handhabung in der Praxis

1. Unverzügliche Durchsicht auf Vollständigkeit

Der Bauleiter ist gut beraten, sofort nach Übernahme des Projekts eine Überprüfung der vorliegenden Unterlagen auf Vollständigkeit vorzunehmen. Das sollte er auch dann tun, wenn für eine genaue inhaltliche Prüfung der Pläne die Zeit oder Detailkenntnisse fehlen. Es geht an dieser Stelle nicht um eine inhaltliche Prüfung auf Richtigkeit, sondern nur darum, gänzlich fehlende Unterlagen zu entdecken. 316

Wartet etwa der Bauleiter eines Generalunternehmers hiermit bis zur Vergabe der Leistungen an die Nachunternehmer, wird er oft erst zu diesem Zeitpunkt das Fehlen von Unterlagen feststellen, die er auch Monate vorher schon beim Auftraggeber hätte abfordern können und müssen. Eine Behinderungsanzeige ist dann 317 immer noch möglich und geboten, allerdings wird den Auftragnehmer ein Mitverschulden an der eventuellen Bauzeitverlängerung treffen.

2. Aufdecken von Lücken, Widersprüchen und Besonderheiten

318 Ebenfalls so früh wie möglich muss die inhaltliche Prüfung der Vertragsunterlagen und Pläne stattfinden. Sowohl für die eigene Arbeitsvorbereitung als auch für Nachunternehmervergaben muss der Bauleiter wissen, was genau die geschuldete Bauleistung ist und innerhalb welcher terminlichen Vorgaben und Abhängigkeiten die einzelnen Leistungen erbracht werden müssen.

319 Fehlende Detailangaben in Plänen oder Widersprüche zwischen den Unterlagen müssen so früh wie möglich erkannt und geklärt werden. Hier liegt eine der wesentlichen Möglichkeiten für den Auftragnehmer, von Anfang an knappe Terminpläne „aufzuweichen", indem jede Unvollständigkeit oder Unklarheit in den Ausführungsunterlagen gegenüber dem Auftraggeber gerügt und auf mögliche Konsequenzen für den Fertigstellungstermin hingewiesen wird.

3. Abweichende Regelungen zur Planungsverantwortung beachten

320 In vielen Verträgen ist abweichend von der VOB/B vereinbart, dass Planungsaufgaben vom Auftragnehmer zu übernehmen sind.

321 Übersieht der Bauleiter des Auftragnehmers, dass Teile der Ausführungsunterlagen oder der Vermessungsleistungen vom Auftragnehmer selbst zu erbringen sind, weil er davon ausgeht, dass die VOB/B unverändert gilt, kann auch dies zu einem Verzug des Auftragnehmers mit der Erbringung seiner Leistungen und daraus resultierenden Ansprüchen des Auftraggebers führen.

322 Vermessungsingenieure haben oft „Lieferfristen" und zu erstellende Ausführungspläne müssen zur Vorlage beim Auftraggeber eine größere Detailtiefe und sorgfältigere Ausarbeitung haben, als wenn der Auftragnehmer nur für sich selbst planen würde. Oft ist die Hinzuziehung eines Architekten oder Fachplaners notwendig.

323 Viele Auftragnehmer unterschätzen den personellen und zeitlichen Aufwand für die Erstellung einer eigenen Ausführungsplanung und deren inhaltliche Abstimmung mit dem Auftraggeber (siehe nächster Punkt). Die Folge hieraus sind Verzögerungen des Baubeginns, die zur Nichteinhaltung des Fertigstellungstermins mit allen damit verbundenen Konsequenzen führen können.

4. Mängel der Entwurfsplanung

324 Wenn der Auftragnehmer im Zuge der ihm übertragenen Ausführungsplanung feststellt, dass die vom Auftraggeber übergebenen Entwurfspläne unvollständig oder falsch sind, kann er vom Auftraggeber Nachbesserung verlangen, denn er hat ja nur die Ausführungsplanung übernommen und nicht außerdem noch die Entwurfsplanung.

Beispiel: Ein Generalunternehmer übernimmt zu einem Pauschalpreis die Rohbauarbeiten für einen Bahnhof. Mit dem Pauschalpreis abgegolten ist auch die „Technische Bearbeitung" einschließlich aller erforderlichen statischen Berechnungen. Der Auftraggeber übergibt bei Vertragsabschluss eine Entwurfsstatik. Im Zuge der Erstellung der Genehmigungsstatik verlangt der Auftraggeber vom Generalunternehmer Nachweise in Form sogenannter Setzungsberechnungen, die dieser nur gegen zusätzliche Vergütung anfertigen lassen will. 325

Das Kammergericht gibt dem Auftragnehmer Recht. Die Anfertigung von Setzungsberechnungen hätte angesichts der komplizierten Bodenverhältnisse bereits in der Entwurfsphase erfolgen müssen, um zu klären, ob sich der vom Auftraggeber erstellte Entwurf überhaupt so realisieren lässt. Da die Entwurfsplanung vom Auftraggeber stammte, muss dieser auch etwaige Unvollständigkeiten auf seine Kosten beheben (KG, Urt. v. 31.3.2003 – 26 U 110/02). 326

Verweigert der Auftraggeber zu Unrecht die Nachbesserung der Entwurfs- oder Genehmigungsplanung und verlangt deren Vervollständigung durch den Auftragnehmer, ist an einen „Planungsnachtrag" über § 2 Abs. 9 VOB/B zu denken. Das gilt auch, wenn der Auftraggeber nach Vertragsabschluss die Entwurfsplanung ändert und dadurch vom Auftragnehmer bereits fertiggestellte Teile der übernommenen Ausführungsplanung überarbeitet werden müssen (BGH, Urt. v. 26.7.2007 – VII ZR 42/05). 327

Ob durch noch weitergehende Vertragsklauseln wie etwa *„Der Auftraggeber übergibt dem Auftragnehmer nachfolgende Planunterlagen: ... Sämtliche weiteren notwendigen Planungsleistungen übernimmt der Auftragnehmer"* tatsächlich jegliche Nachforderungsmöglichkeit für den zusätzlichen Aufwand zur Behebung von Mängeln der Entwurfsplanung ausgeschlossen wird, ist durch eine juristische Prüfung des Gesamtvertrags zu klären. Der Auftragnehmer sollte solche Vertragsklauseln nicht akzeptieren und darauf bestehen, dass der Auftraggeber für etwaige Lücken oder Fehler der Entwurfsplanung auch nach Vertragsabschluss verantwortlich bleibt. 328

Führt die geänderte Entwurfsplanung zu zusätzlichen Bauleistungen, sind diese in jedem Fall zu vergüten, es sei denn, der Auftragnehmer hat ausdrücklich das Vergütungsrisiko für nach Vertragsabschluss erfolgende Änderungen der Entwurfsplanung übernommen (BGH, Urt. v. 13.3.2008 – VII ZR 194/06). 329

5. Einhaltung von Planungsterminen

Hat der Auftragnehmer die Ausführungsplanung ganz oder teilweise selbst zu erstellen, muss der Bauleiter zunächst prüfen, innerhalb welcher Fristen die Pläne erstellt werden müssen. Dabei geht es zum einen um die eigene Arbeitsvorbereitung, ferner um den notwendigen Vorlauf für das Planfreigabeverfahren und schließlich sind in manchen Bauverträgen auch Zwischentermine mit Vertragsstrafenandrohung für bestimmte Planungsstände enthalten. 330

331 Im Rahmen dieser Terminkontrolle muss der Bauleiter den beauftragten Planern feste Termine vorgeben und deren Einhaltung überwachen. Auch wenn sich absehbar der Beginn der Bauarbeiten verschieben wird, ist es dringend anzuraten, die vertraglich vereinbarten Planungstermine einzuhalten. Der Auftraggeber gerät nämlich bei einem verschobenen Baubeginn nur dann in Annahmeverzug, wenn der Auftragnehmer selbst leistungsbereit war. Dies kann zweifelhaft sein, wenn die erforderliche Werk- und Montageplanung noch gar nicht erstellt ist.

332 Der Bauleiter des Auftraggebers sollte daran denken, dass ein Generalunternehmer die ihm übertragenen Planungsleistungen in der Regel durch die noch zu beauftragenden Nachunternehmer erbringen lassen will. Solange die Nachunternehmer noch nicht beauftragt sind, wird auch nicht mit der Ausführungsplanung oder Werk- und Montageplanung begonnen. Es ist daher sinnvoll, im Vertrag mit dem Generalunternehmer neben Planungsterminen auch verbindliche Vertragstermine für die Vergabe von Schlüsselgewerken (z.B. Fassade, Metallbau, TGA) zu vereinbaren.

6. Verzögerte Planfreigaben durch den Auftraggeber

333 Sind Planungsleistungen vertraglich vom Auftragnehmer übernommen und hat sich der Auftraggeber dennoch die Prüfung und „Freigabe" dieser Pläne vorbehalten, kann es zu zeitlichen Problemen kommen. Die Pläne werden vom Auftraggeber häufig erst spät geprüft und mehrfach unter Hinweis auf angebliche Unvollständigkeiten zurückgesandt.

334 Es ist ratsam, schon im Vertrag Fristen für die Prüfung und Freigabe der Pläne zu vereinbaren. Geschieht dies nicht, sind Schadensersatzansprüche wegen verzögerter Planfreigaben nur schwer durchsetzbar (OLG Celle, Urt. v. 6.10.1994 – 22 U 234/92). Ferner sollte der Auftraggeber verpflichtet werden, die Pläne in einem Durchgang vollständig zu prüfen und im Falle nur geringfügiger Änderungen gegebenenfalls mit „Roteinträgen" freizugeben. Sollten nur einzelne Angaben fehlen, können auch unvollständige Pläne durch Teilfreigaben als Grundlage für die Bauausführung dienen.

335 Werden diese Dinge nicht vertraglich geregelt, kann es zu gravierenden Störungen im Bauablauf kommen, denen mangels vertraglicher Festlegungen kaum abzuhelfen ist. In jedem Fall muss der Bauleiter schriftlich gegenüber dem Auftraggeber Behinderung anzeigen, wenn durch verzögerte Planfreigaben eine Störung des Bauablaufs droht.

7. Rechtliche Bedeutung von Planfreigaben

336 Bei vielen Auftragnehmern bestehen falsche Vorstellungen über die rechtliche Bedeutung von Planfreigaben. Vielfach wird angenommen, indem der Auftraggeber einen Plan zur Ausführung „freigegeben" hat, habe er sich mit dem Inhalt

der freigegebenen Pläne einverstanden erklärt und könne deshalb im Nachhinein keine Gewährleistungsansprüche geltend machen, soweit die ausgeführte Leistung den freigegebenen Plänen entspricht. Diese Auffassung ist allerdings rechtlich nicht zutreffend.

Grundsätzlich gilt auch hier der Satz: „Der Auftragnehmer hat kein Recht auf Überwachung". Der Auftraggeber hat sich durch eine Vereinbarung im Bauvertrag über das Erfordernis der Freigabe von Ausführungsplänen oder Montageplänen lediglich die Möglichkeit geschaffen, die vom Auftragnehmer geschuldete Planung vor der Ausführung zu kontrollieren. Er muss von dieser Möglichkeit keinen Gebrauch machen, er kann die Pläne also auch ungeprüft freigeben. **337**

Deshalb gereicht es dem Auftraggeber nicht zum Nachteil, wenn er bei der Kontrolle der Pläne im Zuge der Planfreigabe Fehler nicht entdeckt. Solche Fehler können darin bestehen, dass entweder die Planung des Auftragnehmers von vertraglich vereinbarten Eigenschaften abweicht oder technisch falsch ist (weil sie entweder von anerkannten Regeln der Technik abweicht oder nicht funktionsgerecht ist). **338**

Eine Planfreigabe stellt auch nicht ohne Weiteres eine Änderungsanordnung des Auftraggebers dar, die den Auftragnehmer anschließend berechtigen würde, Mehrvergütungsansprüche gemäß § 2 Abs. 5/6 VOB/B geltend zu machen. Das gilt jedenfalls dann, wenn dem Auftraggeber bei der Planfreigabe nicht bewusst war, eine kostenpflichtige Abweichung vom Inhalt des abgeschlossenen Bauvertrags zu verlangen (OLG München, Urt. v. 31.8.2011 – 1 U 1682/10). Der Auftragnehmer muss also bei der Einreichung seiner Ausführungsplanung (wenn er sie erbringt) oder Werk- und Montageplanung darauf hinweisen, dass er diese oder jene Änderung gegenüber der Planung des Auftraggebers vorgenommen hat und hierfür Mehrkosten anzeigen. Wenn dem Auftraggeber aber der Änderungsvorschlag des Auftragnehmers bekannt war, dann liegt in der anschließenden Planfreigabe eine Änderungsanordnung (KG, Urt. v. 25.11.2016 – 21 U 31/14). Anderer Ansicht ist das OLG Naumburg. In dem dort entschiedenen Fall hatte der Auftragnehmer ein Nachtragsangebot für eine seiner Ansicht nach nicht geschuldete Sonderkonstruktion unterbreitet, die auch in den kurz darauf vom Ingenieurbüro des Auftraggebers freigegebenen Ausführungsplänen dargestellt war. Die Freigabe stelle keine Anordnung des Auftraggebers dar, sondern beschränke sich nach ihrem Erklärungswert nur auf die technische Schlüssigkeit und enthalte keine verbindliche Anordnung (OLG Naumburg, Urt. v. 13.10.2014 – 12 U 110/14). Das OLG Düsseldorf vertritt hingegen den Standpunkt, dass bei einem sachkundig vertretenen Auftraggeber in der Freigabe einer Fertigungsliste eine Änderungsanordnung liegt, auch wenn der Auftragnehmer nicht explizit auf Mehrkosten hinweist (OLG Düsseldorf, Urt. v. 30.8.2012 – 23 U 162/11). Allerdings bestand dort die Besonderheit, dass nur die Montageart und nicht die Leistung an sich geändert **339** wurde und dass zu diesem Zeitpunkt ohnehin keine kostengünstigere Alternative bestanden hätte. Der sicherste Weg besteht für den Auftragnehmer deshalb darin, neben der Planfreigabe eine ausdrückliche Anordnung des Auftraggebers bezüglich der Änderung zu verlangen.

340 Der planende Auftragnehmer, dem ein Fehler unterlaufen ist, kann dem Auftraggeber kein Mitverschulden im Hinblick darauf entgegenhalten, dass weder der Auftraggeber noch der von ihm mit der Planfreigabe beauftragte Architekt oder Statiker den Fehler in der Planung des Auftragnehmers bemerkt haben (OLG Hamm, Urt. v. 12.4.2013 – 12 U 75/12; OLG München, Urt. v. 4.5.2010 – 9 U 4557/09). Das OLG Karlsruhe meint hingegen, dass sich der Auftraggeber Fehler seines Architekten bei der Planfreigabe haftungsmindernd zurechnen lassen müsse (OLG Karlsruhe, Urt. v. 12.4.2016 – 8 U 174/14). Die Entscheidung dürfte nicht verallgemeinerungsfähig sein. Der Unternehmer bleibt also auch nach einer Planfreigabe für die Richtigkeit seiner Planung verantwortlich. Das gilt jedenfalls dort, wo die Planung von vertraglichen Vorgaben abweicht und technisch fehlerhaft ist.

341 **Beispiel:** Im Leistungsverzeichnis eines Fensterbauers ist vorgesehen, dass die zu liefernden Fenster eine zweifache Dichtungsebene haben sollen. In der zur Freigabe übergebenen Montageplanung ist jedoch nur eine Dichtung eingezeichnet. Allerdings weist der Fensterbauer auf diese Abweichung nicht hin. In diesem Beispielsfall ist mit der Freigabe der Ausführungsplanung kein Einverständnis des Auftraggebers mit der Ausführung nur einer Dichtungsebene verbunden.

342 Überall dort, wo es lediglich darum geht, zwischen verschiedenen technischen Alternativen auszuwählen, ist die Entscheidung des Auftraggebers bei der Planfreigabe bindend. Der Auftraggeber kann sich also, wenn die ausgeführte Leistung vertragsgerecht und technisch richtig ist, nicht mehr darauf berufen, dass man dies auch anders und gegebenenfalls besser hätte lösen können. Zu einer „optimalen Planung" ist nämlich weder der Architekt noch der planende Unternehmer verpflichtet (OLG München, Urt. v. 8.6.2004 – 13 U 5690/03; OLG Hamburg, Urt. v. 7.11.2003 – 1 U 108/02; OLG Karlsruhe, Urt. v. 31.7.2001 – 17 U 140/99).

III. Musterschreiben

Fehlende Ausführungsunterlagen **B 1 343**

An den Auftraggeber Kopie an den bauleitenden Architekten

Datum

Bauvorhaben …
Bauvertrag vom …

Sehr geehrte Damen und Herren,

eine Überprüfung der uns zur Verfügung gestellten Ausführungsunterlagen hat ergeben, dass die Schal- und Bewehrungspläne für das Bauteil E unvollständig sind. Es fehlen folgende Unterlagen: … Wir fordern Sie gemäß § 3 Abs. 1 VOB/B auf, die fehlenden Unterlagen rechtzeitig zu übergeben. Da nach dem Bauzeitenplan die Arbeiten am … beginnen sollen, benötigen wir die Pläne bis zum … Sollten die Unterlagen nicht innerhalb der o.a. Frist vorliegen, zeigen wir Baubehinderung nach § 6 Abs. 1 VOB/B an.

Mit freundlichen Grüßen

……………………………………………

(Unterschrift)

344 Fehlende Ausführungsunterlagen (ausführlich) B 2

An den Auftraggeber

Kopie an den bauleitenden Architekten

Datum

Bauvorhaben ...
Bauvertrag vom ...
Hier: erforderlicher Planungsvorlauf

Sehr geehrte Damen und Herren,

der gegenwärtige Stand der Erstellung der Ausführungsplanung für das Bauvorhaben erfüllt uns mit erheblicher Sorge. Gemäß § 3 Abs. 1 VOB/B sind Sie als Bauherr verpflichtet, uns die erforderlichen Ausführungsunterlagen rechtzeitig zu übergeben. Hierzu gehören insbesondere Ausführungspläne, in denen alle wichtigen Details der Ausführung im Sinne einer ausführungsreifen Lösung dargestellt sind.

Nachdem wir in der vergangenen Woche mit den Gründungsarbeiten begonnen haben, ist festzustellen, dass uns bisher lediglich die Rohbau-Ausführungsplanung vorliegt. Wir haben bisher keine Planungsdetails für die Fassaden, Fußbodenaufbauten, Fenster, Innentüren sowie Heizung/Lüftung/Sanitär erhalten.

Dies bedeutet zunächst, dass wir keine Möglichkeit haben, zu überprüfen, ob die für den Rohbau getroffenen Planungsentscheidungen etwa zu Aufkantungshöhen oder bezüglich der Fensteröffnungen mit den technischen Erfordernissen für die Nachfolgegewerke übereinstimmen. Dies kann unter Umständen dazu führen, dass später kostenpflichtige Nachbesserungsarbeiten am Rohbau erforderlich werden.

Ferner berücksichtigt Ihr Architekt nicht, dass wir die Nachunternehmerleistungen für die Folgegewerke rechtzeitig ausschreiben müssen und bereits für die Ausschreibung vollständige Ausführungspläne erforderlich sind. Man kann zwar grundsätzlich auch auf der Grundlage unvollständiger Ausführungspläne ein Leistungsverzeichnis erstellen, dieses wird aber notwendigerweise lückenhaft und in einzelnen für die Preisbildung wichtigen Positionen unklar sein. Die Folge hieraus ist, dass die Nachunternehmer zu einem späteren Zeitpunkt Nachträge wegen zusätzlicher Leistungen stellen werden. Diese Nachträge müssen jeweils mit den Nachunternehmern und auch mit Ihnen verhandelt werden, was einen erheblichen zeitlichen Mehraufwand für uns bedeutet.

Darüber hinaus ist es so, dass Fehler und Unklarheiten in der Ausführungsplanung häufig erst durch die jeweiligen Fachunternehmen im Zuge der Erstellung ihrer Werk- und Montageplanung entdeckt werden. Wir sind als Generalunternehmer nicht in der Lage, Einzelheiten einer Fensterplanung zuverlässig zu beurteilen. Je früher die Nachunternehmerleistungen ausgeschrieben und beauftragt werden, desto eher beginnen die Nachunternehmer mit ihrer Werk- und Montageplanung und desto früher können dabei Fehler oder Unklarheiten in den Planungsunterlagen erkannt werden.

Hinzu kommt, dass wir uns vertraglich verpflichtet haben, Ihnen die Werk- und Montageplanung der einzelnen Gewerke zur Freigabe vorzulegen. Dabei werden erfahrungsgemäß noch Änderungswünsche vorgebracht, die dann in die Werk- und Montageplanung eingearbeitet werden müssen.

Schließlich haben viele Bauteile wie Fenster und Türen mehrwöchige Lieferfristen.

Unter Berücksichtigung eines vierwöchigen Vorlaufs für die Erstellung der Leistungsverzeichnisse, anschließend noch einmal mindestens sechs Wochen für den Versand der LVs, die Auswertung der Angebote und die Auftragsverhandlungen mit den Nachunternehmern, daran anschließend vier bis sechs Wochen für die Erstellung der Werk- und Montageplanung, daran anschließend zwei Wochen für die Planfreigabe und daran wiederum anschließend vier bis acht Wochen Lieferfristen für viele Bauteile, können Sie ersehen, dass der erforderliche zeitliche Vorlauf der Ausführungsplanung rund fünf Monate beträgt.

Man kann diese Abläufe im Einzelfall beschleunigen, aber ein solcher beschleunigter Ablauf ist anfälliger für Störungen und Fehler, da man keine Zeitpuffer zur Verfügung hat, wenn doch einmal etwas schiefgeht.

Deshalb ist es für uns völlig unverständlich, dass Ihr Architekt der Ansicht ist, es würde ausreichen, wenn uns die jeweiligen Ausführungspläne vier Wochen vor dem Beginn der betreffenden Bauleistungen vorliegen würden.

Dem zwischen uns vereinbarten Bauzeitenplan können Sie den jeweiligen Beginn der einzelnen Gewerke entnehmen. Wir möchten Sie hiermit bitten, dafür Sorge zu tragen, dass uns jeweils fünf Monate vorher eine vollständige Ausführungsplanung für das betreffende Gewerk vorgelegt wird. Aktuell betrifft das die Gewerke …, für die wir den Eingang der Ausführungspläne bis zum … erwarten.

Vorsorglich weisen wir darauf hin, dass die terminlichen Risiken, die sich aus verspäteten und/oder unvollständigen Planübergaben ergeben, von uns nicht zu tragen sind.

Mit freundlichen Grüßen

……………………………………………

(Unterschrift)

345 **Fehler/Widersprüche in den Ausführungsunterlagen** B 3

An den Auftraggeber

Kopie an den bauleitenden Architekten

Datum

Bauvorhaben …
Bauvertrag vom …

Sehr geehrte Damen und Herren,

gemäß § 3 Abs. 3 VOB/B haben wir die Ausführungsunterlagen auf Unstimmigkeiten überprüft und dabei Folgendes festgestellt:

Die Ausführungsplanung hinsichtlich der Abdichtungsarbeiten an den Terrassen und Balkonen ist unvollständig. Es fehlen Detailzeichnungen zur Ausführung der Wasserabläufe. Ferner besteht ein Widerspruch zwischen dem Leistungsverzeichnis und den Ausführungsplänen für das Erdgeschoss. Im Leistungsverzeichnis sind leichte Trennwände aus Gipskartonplatten vorgesehen, während in den nun übergebenen Ausführungsplänen Trennwände aus Kalksandstein-Mauerwerk gefordert werden.

Da wir mit den Arbeiten ab dem … beginnen werden, fordern wir Sie auf, uns bis zum … die bislang fehlenden Detailzeichnungen für die Wassereinläufe an den Balkonen und Terrassen zu übergeben und verbindlich zu entscheiden, wie die Trennwände im Bereich des Erdgeschosses ausgeführt werden sollen.

Bereits jetzt teilen wir mit, dass bei einer Ausführung der Trennwände in Kalksandstein sich die Grundlagen der Preisermittlung ändern, da wir – wie im Leistungsverzeichnis vorgesehen – Trockenbauwände kalkuliert haben. Sollte eine Ausführung in Kalksandstein gefordert werden, kündigen wir bereits hiermit die Geltendmachung von Mehrkosten an.

Mit freundlichen Grüßen

………………………………………………

(Unterschrift)

Fehlerhafte Entwurfsplanung **B 4** **346**

An den Auftraggeber

Datum

Bauvorhaben ...
Bauvertrag vom ...

Sehr geehrte Damen und Herren,

aufgrund des abgeschlossenen Bauvertrags sind wir für die komplette Ausführungsplanung der haustechnischen Gewerke zuständig. Sie haben uns hierzu eine Entwurfsplanung übergeben, aus der sich u.a. die Leitungsführung der Lüftungskanäle ergibt. Im Zuge der Anfertigung der Ausführungsplanung mussten wir feststellen, dass sich die von Ihnen in der Entwurfsplanung vorgesehene Leitungsführung nicht realisieren lässt. Grund hierfür ist, dass innerhalb der abgehängten Decken die notwendigen Brandschutzklappen nicht installiert werden können. Wegen der Einzelheiten verweisen wir auf die beigefügte Stellungnahme des Ingenieurbüros ...

Wir dürfen Sie daher bitten, die uns übergebene Entwurfsplanung zu überarbeiten und einen neuen Entwurf zu übersenden, der sich von uns auch in der Ausführungsplanung technisch realisieren lässt. Wir weisen darauf hin, dass dieser bis spätestens ... vorliegen muss, da ansonsten eine erhebliche Störung des Planungsablaufs und dadurch bedingt auch eine Störung des Bauablaufs droht.

Sollten Sie wünschen, dass die Änderung der Entwurfsplanung von uns durchgeführt wird, übersenden wir Ihnen gerne kurzfristig ein Kostenangebot.

Mit freundlichen Grüßen

....

(Unterschrift)

347 Ankündigung von Planungsmehrkosten B 5

An den Auftraggeber

Datum

Bauvorhaben ...
Bauvertrag vom ...

Sehr geehrte Damen und Herren,

mit Schreiben vom ... hatten wir Ihnen mitgeteilt, dass die vorliegende Entwurfsplanung für den Bereich Lüftung technisch nicht realisierbar ist. Wir hatten Sie aufgefordert, uns eine überarbeitete Entwurfsplanung zur Verfügung zu stellen.

Sie haben hierauf geantwortet, dass nach dem Bauvertrag sämtliche Planungsleistungen mit dem vereinbarten Pauschalpreis abgegolten sind und uns aufgefordert, die notwendigen Planungsänderungen auf unsere Kosten durchzuführen.

Wir werden Ihrer Anweisung Folge leisten und die Entwurfsplanung überarbeiten. Vorsorglich teilen wir Ihnen jedoch mit, dass wir an unserer Mehrkostenanmeldung festhalten. Wir schulden nur die Ausführungsplanung, jedoch keine Behebung von Fehlern oder Lücken in der Entwurfsplanung. Wir werden Ihnen daher die zusätzlichen Planungskosten in Rechnung stellen.

Mit freundlichen Grüßen

....

(Unterschrift)

Werk- und Montageplanung **B 6** **348**

An den Auftraggeber | Kopie an den bauleitenden Architekten

Datum

Bauvorhaben ...
Bauvertrag vom ...
hier: Erstellung der Werk- und Montageplanung
Gewerk: HLS

Sehr geehrte Damen und Herren,

zur Vorbereitung unserer Leistungen erstellen wir derzeit die Werk- und Montageplanung. Bei der Planung der Lüftungskanäle haben wir festgestellt, dass sich an mehreren Stellen im Bauwerk Lüftungskanäle mit Elektrotrassen kreuzen. Ferner haben wir festgestellt, dass von Ihnen bisher keine Schachtbelegungspläne übergeben worden sind.

Wir schulden nach dem abgeschlossenen Bauvertrag keine Ausführungsplanung. Die Lage von Heizungs-, Wasser-, Abwasser- und Elektroleitungen in den Versorgungsschächten ist von Ihnen durch Schachtbelegungspläne vorzugeben. Ohne diese Pläne können wir keine Werk- und Montageplanung erstellen.

Darüber hinaus sind Sie als Auftraggeber für die Koordinierung der verschiedenen Gewerke zuständig. Das betrifft insbesondere auch die Werk- und Montageplanung. Bislang fehlen von Ihnen konkrete Vorgaben, wie die Lüftungsleitungen an den Kreuzungspunkten mit den Elektrotrassen geführt werden sollen.

Soweit Ihr Architekt auf der Baustelle geäußert hat, wir sollten selbst die Koordinierung mit dem Gewerk Elektro vornehmen, widersprechen wir dem ausdrücklich. Von Ihrem TGA-Planer wird eine ausführungsreife Lösung im Rahmen der Ausführungsplanung geschuldet. Wir fordern Sie daher auf, die fehlenden Detailangaben bis zum ... nachzuliefern und zeigen vorsorglich Behinderung bei der Erstellung der Werk- und Montageplanung an, sollten uns die Unterlagen nicht bis zu diesem Datum vorliegen.

Mit freundlichen Grüßen

....

(Unterschrift)

349 Übersendung von Plänen ohne Hinweis auf Änderungen B 7

An den Auftraggeber

Datum

Bauvorhaben: ...
Gewerk: ...
Hier: Übersendung geänderter Pläne ohne Hinweis auf Änderungen

Sehr geehrte Damen und Herren,

wir haben Anfang der Woche von Ihrem Architekten geänderte Pläne erhalten. Die Plankköpfe enthalten weder einen Index noch einen Hinweis darauf, was im Einzelnen geändert worden ist.

Wie wir bei Durchsicht der Pläne festgestellt haben, hat sich u.a. die Breite der Türen zu den Hauswirtschaftsräumen der Wohnungen vergrößert. Dies bedingt, dass längere Mauerwerksstürze von uns bestellt werden müssen.

Glücklicherweise hat unser Bauleiter diese Veränderung rechtzeitig vor Bestellung der Stürze bemerkt. Dies kann jedoch nicht der Normalzustand sein, dass unser Bauleiter die Ausführungspläne nebeneinander legt und jeweils die Unterschiede zum vorangegangenen Planungsstand heraussuchen muss. Es ist Aufgabe Ihrer Architekten, bei Übersendung geänderter Pläne einen Index auf dem Plan anzubringen, damit man erkennen kann, welches der aktuelle Planstand ist und darüber hinaus im Plankopf auf die vorgenommenen Änderungen hinzuweisen.

Wir bitten darum, unverzüglich Abhilfe zu schaffen und weisen darauf hin, dass wir Ihnen den Mehraufwand bei der Planprüfung ansonsten in Rechnung stellen und jede Verantwortung für die Fehlbestellung von Material, Bauverzögerungen etc. aus diesem Sachverhalt heraus ablehnen werden.

Mit freundlichen Grüßen

....

(Unterschrift)

Werk- und Montageplanung **B 8 350**

An den Auftragnehmer

Datum

Bauvorhaben ...
Bauvertrag vom ...
Hier: Freigabe der Werk- und Montageplanung
Gewerk: HLS

Sehr geehrte Damen und Herren,

Sie haben uns kürzlich ihre Werk- und Montageplanung übermittelt. Diese liegt bei unserem Ingenieurbüro zur Prüfung.

Vorsorglich weisen wir darauf hin, dass wir mit einer Planfreigabe keine Verantwortung für die technische Richtigkeit ihrer Montageplanung übernehmen. Diese Verantwortung bleibt auch nach einer Freigabe bei Ihnen.

Nachdem wir bisher von Ihnen nichts anderes gehört haben, gehen wir zudem davon aus, dass Sie keine Änderungen gegenüber der Beschreibung Ihrer Leistungen in den Vertragsunterlagen vorgenommen haben. Sollte das doch der Fall sein, bitten wir um einen ausdrücklichen Hinweis, ob und gegebenenfalls wo Sie etwas geändert haben und ob hierdurch für uns technische Nachteile oder Mehrkosten entstehen.

Mit freundlichen Grüßen

....

(Unterschrift)

351 **Anschreiben zum Angebot bei Übernahme der Planung** **B 9**

An den Auftraggeber

Datum

Bauvorhaben ...

Hier: Erstellung der Ausführungsplanung Gewerke Heizung und Lüftung

Sehr geehrte Damen und Herren,

anbei erhalten Sie unser detailliertes Angebot zur Errichtung der Heizungs- und Lüftungsanlagen für Ihr Projekt. Wir haben berücksichtigt, dass die komplette Ausführungsplanung von uns erstellt wird. Dabei gehen wir davon aus, dass uns eine vollständige Entwurfsplanung mit den zugehörigen Berechnungen zur Verfügung gestellt wird und die Verantwortlichkeit für die dort enthaltenen Vorgaben weiterhin bei Ihnen als Auftraggeber liegt. Sollte sich im Zuge der Erstellung unserer Ausführungsplanung herausstellen, dass diese Annahmen/Vorgaben unzutreffend sind und sich hieraus das Erfordernis zusätzlicher oder geänderter Leistungen ergibt, behalten wir uns die Geltendmachung von Mehrvergütungsansprüchen vor.

***Alternativ** für den Fall fehlender Entwurfsplanung:*

Wir haben von Ihnen eine funktionale Beschreibung der Heizungs- und Lüftungsanlagen erhalten und auf dieser Basis ein detailliertes Angebot erstellt. Für unser Angebot haben wir eine überschlägige Auslegung der Anlagen unter bestimmten Annahmen zur angestrebten Luftqualität usw. vorgenommen, was aber exakte Berechnungen nicht ersetzen kann, die es bisher nicht gibt. Wir werden diese Berechnungen auch nicht kostenfrei in der Angebotsphase erstellen, da dies ein erheblicher Aufwand wäre. Sollten wir nach Vertragsabschluss im Zuge der Erstellung unserer Berechnungen und Pläne feststellen, dass zusätzliche oder geänderte Leistungen erforderlich werden, behalten wir uns die Geltendmachung von Mehrvergütungsansprüchen vor. Wenn Sie diesbezüglich Kostensicherheit vor Vertragsabschluss haben wollen, können wir Ihnen anbieten, dass Sie zunächst nur die Erstellung der Ausführungsplanung und aller dafür erforderlichen Berechnungen beauftragen. Hierfür haben wir eine gesonderte Position in unserem beiliegenden Angebot vorgesehen. Wir würden Ihnen in diesem Fall mit der Planung ein detailliertes Angebotsleistungsverzeichnis übergeben und einen neuen Pauschalpreis hierfür anbieten. Sie könnten auf dieser Basis noch weitere Angebote einholen und anschließend entscheiden, ob Sie uns auch mit den Bauleistungen beauftragen wollen.

Mit freundlichen Grüßen

....

(Unterschrift)

C. Ermittlung des Vertragsinhalts bei Widersprüchen, Lücken und Unklarheiten

I. Was muss der Bauleiter wissen?

1. Wann ist eine Vertragsauslegung erforderlich?

Der Bauleiter war in der Regel an der Verhandlung des Bauvertrags mit dem Auftraggeber nicht unmittelbar beteiligt. Er bekommt irgendwann die Anweisung, eine bestimmte Baustelle zu übernehmen und muss sich mit den Vertragsunterlagen vertraut machen. Eines der am häufigsten auftauchenden Probleme ist hierbei, dass der Bauleiter bei der Prüfung des Vertrags sowie seiner Anlagen und der vom Auftraggeber zur Verfügung gestellten Ausführungsunterlagen feststellt, dass die geschuldete Bauleistung nicht so eindeutig beschrieben ist, dass man klar sagen kann, was für die vereinbarte Vergütung geleistet werden muss (oder wie eine eindeutig beschriebene Leistung zu vergüten ist). **352**

Bei jedem Bauvertrag müssen sowohl die zu erbringende Leistung als auch die dafür geschuldete Gegenleistung geregelt werden. Unklarheiten können entstehen, weil eine Bauleistung im Vertrag entweder gar nicht oder nur unvollständig beschrieben ist oder weil in den Vertragsunterlagen zu einer bestimmten Leistung widersprüchliche Angaben vorliegen. Es ist aber auch möglich, dass zwar die Leistung eindeutig beschrieben ist, aber die dafür zu zahlende Vergütung unklar geregelt ist. Gleiches gilt sinngemäß auch für alle anderen Vertragsregelungen, etwa zu Vertragsfristen, zur Rechnungslegung, zu Sicherheitsleistungen usw. Mitunter kommt es auch vor, dass zu bestimmten Punkten keine Regelung im Vertrag enthalten ist und man im Nachhinein feststellt, dass eine Regelungslücke vorliegt. In solchen Fällen der Unklarheit oder Lückenhaftigkeit von Vertragsunterlagen muss eine juristische Auslegung des Vertragsinhalts vorgenommen werden. **353**

Das Gesetz enthält zur Vertragsauslegung nur sehr allgemeine Vorgaben, zu denen die Rechtsprechung aber eine Reihe von Grundsätzen entwickelt hat. Wir empfehlen dem Leser, sich einige der in diesem Buch zitierten Gerichtsurteile anzusehen, um ein Gefühl für die Möglichkeiten und Grenzen der juristischen Vertragsauslegung zu entwickeln. Die Urteile des Bundesgerichtshofes sind im Internet allgemein zugänglich, das gilt auch für neuere Entscheidungen von Oberlandesgerichten. Eine gute Adresse ist dejure.de. Fast alle zitierten Urteile sind in der kostenpflichtigen Datenbank ibr-online.de veröffentlicht, zu der es auch ein kostenloses Probeabonnement gibt. **354**

2. Allgemeine Grundsätze der Vertragsauslegung

a) Ermittlung des tatsächlich Gewollten

355 Gemäß § 133 BGB ist bei unklaren einseitigen Erklärungen wie Ausschreibungen, Angeboten oder Beauftragungen (Annahmeerklärungen) zunächst der wirkliche Wille zu erforschen und nicht nur nach dem Wortlaut der Erklärung zu beurteilen, was der Erklärende wollte. Bei sogenannten nicht empfangsbedürftigen Willenserklärungen (z.B. Testamente) ist ausschließlich der tatsächliche Willen des Erklärenden relevant.

b) Das tatsächlich Gewollte ist irrelevant, wenn der Vertragspartner die Erklärung anders verstehen durfte

356 Bei allen Willenserklärungen, die zur Begründung, Änderung oder Beendigung von Verträgen führen (Angebote, Annahmeerklärungen, Kündigungen, Abnahmen), spricht man von empfangsbedürftigen Willenserklärungen. Bei diesen geht die Auslegung zwar auch nach § 133 BGB vom Willen des Erklärenden aus, aber es muss auch berücksichtigt werden, wie der Erklärungsempfänger nach Treu und Glauben mit Rücksicht auf die Verkehrssitte die Erklärung verstehen durfte, § 157 BGB. Es geht also nicht nur darum, was ein Auftraggeber bei der Formulierung der Leistungsbeschreibung oder der Auftragnehmer bei der Formulierung seines Angebots tatsächlich wollte, sondern auch darum, wie die andere Seite das Leistungsverzeichnis/das Angebot verstehen durfte. Einzelheiten hierzu besprechen wir unter I.3.c.

357 Bei der Prüfung, wie der Empfänger der Erklärung diese verstehen durfte, kommt es auch darauf an, ob die Erklärung nur an diesen einen Empfänger gerichtet war (dann sind dessen Verständnismöglichkeiten maßgeblich) oder an eine ganze Gruppe möglicher Empfänger, wie dies bei einer Ausschreibung der Fall ist. Bei der Auslegung aus der Sicht eines im Voraus nicht übersehbaren Kreises von Erklärungsempfängern kommt dem Wortlaut der Erklärung besondere Bedeutung zu. Nicht ausgesprochene Umstände sind zwar nicht völlig zu vernachlässigen, doch können sie nur zum Tragen kommen, wenn sie jeder der gedachten Empfänger erkennen konnte und im Zweifel auch so verstehen musste. Bei einer öffentlichen Ausschreibung ergibt sich das aus dem Zweck der Ausschreibung, gleiche Wettbewerbsbedingungen der Anbieter herzustellen. Daraus folgt, dass regelmäßig ein verhältnismäßig allgemeines Verständnis für die Auslegung maßgebend sein muss und Besonderheiten aus dem Bereich einzelner Empfänger der Erklärung nicht zu berücksichtigen sind (BGH, Urt. v. 22.4.1993 – VII ZR 118/92).

c) Übereinstimmendes Verständnis geht vor

358 Gelegentlich kommt es vor, dass zwei Vertragsparteien ursprünglich eine Vertragsregelung in gleicher Weise verstanden haben, aber eine Partei sich im Nachhinein

überlegt, dass man die Regelung auch anders interpretieren könnte. Das ist aber nicht ohne weiteres möglich, denn ein bei Vertragsabschluss übereinstimmendes Verständnis einer Vereinbarung durch beide Parteien geht deren Wortlaut und jeder anderweitigen Auslegung vor. Das gilt auch dann, wenn dieses Verständnis in der Vereinbarung keinen oder nur einen unvollkommenen Ausdruck gefunden hat (BGH, Beschl. v. 23.2.2006 – V ZR 201/05).

Die Frage ist nur, wie derjenige, der sich auf ein solches gemeinsames Verständnis **359** berufen will, dies beweisen soll. Man kann hierzu Zeugen befragen, aber wenn diese widersprüchliche Aussagen machen, hilft das nicht weiter. Ein objektiver Ansatzpunkt hierfür ist das Verhalten der Gegenpartei nach Vertragsabschluss. Das nachträgliche Verhalten der Parteien kann zwar den Vertragsinhalt nicht mehr beeinflussen, hat aber Bedeutung für die Ermittlung des tatsächlichen Willens und des tatsächlichen Verständnisses der an dem Rechtsgeschäft Beteiligten (BGH, Urt. v. 6.7.2005 – VIII ZR 136/04).

Erbringt ein Auftragnehmer vermeintliche Zusatzleistungen, übersendet aber bis **360** zur Abnahme kein Nachtragsangebot, gibt er durch sein eigenes Verhalten zu erkennen, dass er die später als Nachtrag geltend gemachte Leistung zunächst als bereits zum vertraglichen Leistungsumfang gehörend ansah (OLG Dresden, Urt. v. 31.8.2011 – 1 U 1682/10). Umgekehrt bestätigt ein Auftraggeber mit der vorbehaltlosen Bezahlung von Abschlagsrechnungen über zusätzliche Leistungen, dass er davon ausging, dass die betreffenden Leistungen ursprünglich im Auftrag nicht enthalten waren und besonders zu vergüten sind (OLG Celle, Urt. v. 30.1.2019 – 7 U 157/18).

d) Schließen von Lücken im Vertrag

Mitunter kommt es auch vor, dass der Vertrag Lücken enthält, d.h., ein Punkt, **361** der eigentlich hätte geregelt werden sollen, ist überhaupt nicht bedacht worden.

Wenn solche unbeabsichtigten Lücken festgestellt werden, prüft man zunächst, **362** ob die VOB/B, die VOB/C oder das Bürgerliche Gesetzbuch hierzu Vorschriften enthalten. Ist das der Fall, dann kann man streng genommen nicht von einer Lücke im Vertrag sprechen.

Es bleiben aber Fälle übrig, wo sich weder in der VOB/B noch im BGB eine pas- **363** sende Regelung findet.

Beispiel: Die Vertragsparteien haben vereinbart, dass der Auftragnehmer **364** eine 5%ige Gewährleistungssicherheit stellen muss. Vereinbart ist, dass diese nach Ablauf der vereinbarten Gewährleistungsfrist zurückgegeben wird. Die Gewährleistungsfrist beträgt fünf Jahre. Für Bauteile aus WU-Beton sowie die Dachabdichtung soll die Gewährleistungsfrist aber zehn Jahre betragen.

365 In diesem Beispiel haben die Parteien nicht bedacht, dass es keine einheitliche Gewährleistungsfrist gibt, sondern für verschiedene Bauteile unterschiedliche Fristen vereinbart worden sind. Hätten die Parteien diesen Punkt bedacht, dann hätten sie vermutlich geregelt, dass der Auftraggeber die Gewährleistungsbürgschaft zwar für zehn Jahre behalten darf, aber nach Ablauf von fünf Jahren eine sogenannte Teilenthaftungserklärung abgeben muss („*Hiermit verzichten wir in Höhe von € xxx auf die Rechte aus der Bürgschaft Nr. … und werden diese nur noch bis zu einem Maximalbetrag in Höhe von € yyy in Anspruch nehmen.*“).

366 Die Alternative zur Teilenthaftung wäre ein Austausch gegen eine Gewährleistungsbürgschaft in geringerer Höhe, nämlich 5 % des anteiligen Wertes derjenigen Bauleistungen, für die eine Gewährleistungsfrist von zehn Jahren vereinbart wurde.

367 In ähnlicher Weise wird mit anderen unbeabsichtigten Regelungslücken in einem Bauvertrag verfahren. Im Streitfall würde ein Gericht darüber entscheiden, was die Parteien vereinbart haben würden, wenn sie die Lücke im Vertrag bei Vertragsabschluss erkannt hätten.

3. Grundregeln der Vertragsauslegung bei widersprüchlicher oder unklarer Leistungsbeschreibung

368 Die VOB/B verwendet den Begriff der „Leistungsbeschreibung“ in einem sehr umfassenden Sinne. Zur Leistungsbeschreibung gemäß § 1 Abs. 2 VOB/B gehören sämtliche Unterlagen, mit denen die vertraglich geschuldete Leistung beschrieben wird. Das können sein:

- die Baubeschreibung
- das Leistungsverzeichnis
- Pläne, Berechnungen
- Herstellervorschriften
- ein Raumbuch
- diverse Gutachten

369 Weil in den meisten Bauverträgen die geschuldete Bauleistung in verschiedenen Dokumenten beschrieben wird, die zu unterschiedlichen Zeitpunkten von verschiedenen Verfassern erstellt wurden, sind Widersprüche zwischen diesen Dokumenten alltäglich. Nachfolgend beschreiben wir die wichtigsten Auslegungsgrundsätze. Rechtsprechung zu den einzelnen Fallgruppen unklarer Vertragsregelungen stellen wir im Kapitel C. II. (Rn. 416 ff.) dar.

a) Betrachtung aller Vertragsbestandteile als sinnvolles Ganzes

370 Es kommt häufig vor, dass eine Vertragspartei sich auf eine einzelne Vertragsregelung (z.B. LV-Positionstext, Plan, Gutachten) beruft und der Ansicht ist, hieraus würde sich eine bestimmte Rechtsfolge ergeben. Nach ständiger Rechtspre-

chung ist es aber so, dass alle Vertragsbestandteile bei der Ermittlung dessen, was vereinbart ist, heranzuziehen sind. Das Oberlandesgericht Frankfurt hat mit Beschl. v. 26.3.2019 – 21 U 17/18 hierzu Folgendes ausgeführt:

- Widersprüche zwischen den einzelnen Teilen der Vergabeunterlagen sind im Wege der Auslegung möglichst so aufzulösen, dass sich ein sinnvolles, den Belangen beider Vertragsparteien gerecht werdendes Resultat ergibt.
- Es gibt keine Auslegungsregel, wonach ein Vertrag mit unklarer Leistungsbeschreibung allein deshalb zulasten des Auftragnehmers geht, weil dieser die Unklarheiten nicht vor der Abgabe seines Angebots aufgeklärt hat.
- Ebenso wenig gibt es eine Auslegungsregel, wonach Unklarheiten zulasten des ausschreibenden Auftraggebers gehen, ohne dass zuvor der Versuch ihrer Auflösung im Wege einer Auslegung der Gesamtheit der Vertragsunterlagen unternommen werden muss.

Dem BGH wurde der Fall vorgelegt, dass in der Baubeschreibung für ein Einfamilienhaus eine Kellertreppe detailliert beschrieben war, aber in den ebenfalls zu den Vertragsunterlagen gehörenden Plänen keine Kellertreppe eingezeichnet war. Sowohl die Baubeschreibung als auch die Pläne sollten Vertragsbestandteil sein. In dem geschilderten Fall hat der BGH entschieden, dass der Auftragnehmer auch die Herstellung der Kellertreppe schuldete. Er stellt dabei darauf ab, dass ein Bauvertrag als ein sinnvolles Ganzes auszulegen ist und ein Keller ohne Treppe dorthin von den Parteien wohl nicht gewollt gewesen ist (BGH, Urt. v. 5.12.2002 – VII ZR 342/01). **371**

In dem angesprochenen Fall hatte der Bauunternehmer selbst die Baubeschreibung aufgestellt, in der es unter Nr. IV.7 hieß: *„Kellerabgang: eine Treppenanlage bestehend aus Betonfertigteilstufen mit seitlicher Abmauerung"*. Die Baubeschreibung wies diese Leistung also aus und beschrieb sie im Detail. Nach der Verkehrsanschauung waren insoweit die Grundriss-, Ansichts- und Schnittpläne nachrangig. Der Käufer des Hauses durfte davon ausgehen, dass die Kelleraußentreppe im Plan wohl vergessen worden war. Wenn nach der Baubeschreibung eine Treppe in den Keller führt, ist diese im Leistungsumfang enthalten. **372**

Zwar ist bei der Auslegung der Leistungsbeschreibung zunächst vom Wortlaut von der auf die konkrete Leistung bezogenen Position auszugehen. Die dort enthaltenen Formulierungen/Angaben sind jedoch in Verbindung mit den sonstigen Angaben des Leistungsverzeichnisses und anderen vertraglichen Unterlagen als sinnvolles Ganzes auszulegen. **373**

Beispiel: Ein öffentlicher Auftraggeber schreibt Ausbau, Transport und Wiedereinbau von jeweils 90.000 cbm Deponieabfall aus. Für den Ausbau und den Wiedereinbau gilt: „Die Abrechnung erfolgt grundsätzlich über cbm des abgegrabenen Müllkörpers gemäß Aufmaß durch Vermessung des AG". Für den

Transport soll die Abrechnung ebenfalls nach „abgegrabenem Material" erfolgen, wobei die Massen denen der Ausbau- und Einbaupositionen entsprechen. Der Auftragnehmer meint, für die Kalkulation der Transportposition habe er von losem, bereits rückgebautem Material ausgehen dürfen. Andernfalls hätte der AG die Formulierung „abzugrabendes Material" verwenden müssen.

374 Es handelt sich um einen klassischen Tiefbaunachtrag. Mittels Wortklauberei sollte eine Nachtragsforderung i.H.v. € 200.000,– „generiert" werden, indem die Abrechnung nach „loser Masse" mit einer wesentlich höheren Menge als ausgeschrieben erfolgte. Das Gericht berücksichtigte jedoch, dass für alle drei streitigen Positionen – auch für die Abrechnung des Transports von R. nach M. – die Abtragskubatur in R. – unbeschadet der durch das Lösen und Laden des Abfalls eintretenden Auflockerung – heranzuziehen sei. Die Angabe des spezifischen Gewichts in der Ausschreibung habe sich auf festes Material bezogen und sei zutreffend. Es bestehe daher weder für die Abrechnung höherer Mengen noch für eine Preisanpassung Anlass (OLG Koblenz, Urt. v. 19.5.2006 – 8 U 69/05).

375 Auch wenn Pläne nicht ausdrücklich als Vertragsbestandteil bezeichnet werden, ist der Inhalt der bei Vertragsabschluss vorliegenden Pläne bei der Vertragsauslegung als sinnvolles Ganzes zu beachten (BGH, Urt. v. 13.3.2008 – VII ZR 194/06). Das Argument „Diese Unterlagen sind kein Vertragsbestandteil" ist also nicht immer zutreffend. Das soll nach einer Entscheidung des OLG Naumburg sogar für solche Pläne gelten, die der Auftragnehmer mit der Ausschreibung nicht erhalten hat, in die er aber beim Auftraggeber Einsicht nehmen konnte (OLG Naumburg, Urt. v. 22.2.2013 – 12 U 120/12). Allerdings kann man dies keinesfalls verallgemeinern, weil vom Auftragnehmer nicht erwartet werden kann, bei einer bloßen Einsichtnahme in Pläne alle denkbaren Erschwernisse vorher zu erkennen.

376 Allerdings führt die Betrachtung aller Vertragsbestandteile als sinnvolles Ganzes nicht dazu, dass im Leistungsverzeichnis vergessene Leistungen ohne Vergütung geschuldet werden, nur weil die Erforderlichkeit für den Auftragnehmer erkennbar war.

377 **Beispiel:** Ein Auftragnehmer wird mit der Installation von Brandmeldeanlagen am Neubau einer Hochschule mit zwei Standorten (A + B) in zwei Losen beauftragt. Das LV für Los 2 enthält die Position „Programmierung von Ringleitungselementen, 381 Stk", die der AN für € 25,–/Stk anbot. Im LV für Los 1 ist diese Position nicht enthalten, obwohl die Programmierung zur Herbeiführung der ordnungsgemäßen Funktionalität der Brandmeldeanlage technisch zwingend erforderlich ist.

378 Nachdem die Programmierung im Los 1 eindeutig vergessen wurde, kann der Auftragnehmer für die Ausführung dieser Arbeiten bei Los 1 eine zusätzliche Vergütung verlangen (OLG Hamm, Urt. v. 13.7.2017 – 24 U 117/16).

Gleiches gilt, wenn im Leistungsverzeichnis eine Bodenposition eindeutig beschrieben ist, sich aber aus dem Bodengutachten Anhaltspunkte dafür ergeben, dass die Beschreibung eventuell nicht zutreffend ist. Solche Widersprüche muss der Auftragnehmer vor Angebotsabgabe nicht aufklären (VOB-Stelle Niedersachsen, Entsch. v. 23.2.2015 – Fall 1721).

Verallgemeinernd kann man sagen, dass überall dort, wo die Leistung im LV nicht **379** eindeutig beschrieben ist, häufig andere Vertragsunterlagen zur Auslegung mit herangezogen werden. Dort, wo hingegen das Leistungsverzeichnis klar und eindeutig ist, besteht für den Auftragnehmer bei Angebotsabgabe kein Anlass, dessen Richtigkeit zu hinterfragen oder dort nicht erwähnte Leistungen in andere Positionen „einzupreisen".

b) Vorrang der jeweils spezielleren Beschreibung vor allgemeinen Beschreibungen der Leistung

Auftragnehmer und Auftraggeber müssen sich darauf verlassen können, dass das, **380** was in einem der Bestandteile der Leistungsbeschreibung ganz konkret beschrieben ist, auch so gebaut werden soll. Die jeweils detailliertere Regelung gilt also im Regelfall vorrangig vor allgemeinen Beschreibungen. Das ist eine der wichtigsten Auslegungsregeln bei Widersprüchen innerhalb der Baubeschreibung. Deshalb kommt dem Wortlaut einer schriftlichen Leistungsbeschreibung gegenüber etwaigen Plänen jedenfalls dann eine vergleichsweise größere Bedeutung zu, wenn im Text der Leistungsbeschreibung die Leistung im Einzelnen genauer beschrieben wird als in den Plänen.

Es kann aber auch gerade umgekehrt passieren, dass die Baubeschreibung keine **381** oder nur lückenhafte Vorgaben zu einem Punkt enthält, aber in den Plänen hierzu detaillierte Angaben enthalten sind. Selbst wenn in dem Vertrag festgelegt ist, dass Ausführungspläne (Zeichnungen) nur nachrangig zu der Baubeschreibung gelten sollen, konkretisieren die nachrangig geltenden Pläne in einem solchen Fall die geschuldete Leistung (OLG Bremen, Urt. v. 30.12.2010 – 1 U 51/08; OLG Celle, Urt. v. 6.2.2003 – 5 U 159/02). Es kann aber auch sein, dass der dem Leistungsverzeichnis widersprechende Plan unbeachtlich ist, weil dort eine im LV ausgeschriebene Leistung vergessen wurde und dem Auftragnehmer klar sein musste, dass die Leistung so ausgeführt werden muss wie im LV beschrieben (OLG Düsseldorf, Urt. v. 22.11.2011 – 21 U 9/11). Die in der Entscheidung beschriebene Situation (LV-Position für eine Leistung, die in der Ausführungsplanung aber nicht eingezeichnet ist) verleitet Auftragnehmer mitunter dazu, bei Abfrage eines Pauschalpreises diese in der Planung nicht enthaltenen Leistungen kalkulatorisch herauszurechnen und damit einen günstigeren Pauschalpreis anbieten zu können. Dieses Vorgehen ist äußerst risikoreich, denn es existiert kein Grundsatz des Inhalts, dass bei Widersprüchen zwischen Plänen und Leistungsverzeichnis stets die Pläne vorrangig sind. Sicherer ist eine Klarstellung im Angebot, welche Leistungen bei der Ermittlung des angebotenen Pauschalpreises nicht berücksichtigt wurden.

382 Konkret auf ein Bauvorhaben bezogenen Vorbemerkungen eines Leistungsverzeichnisses kommt, bei der Auslegung der Leistungsbeschreibung, ein größeres Gewicht zu als Standardformulierungen in einem nachfolgenden Positionstext dieses LV (BGH, Urt. v. 11.3.1999 – VII ZR 170/98). In dem entschiedenen Fall hatte der Auftraggeber für das Langtext-LV Textbausteine aus dem Standardleistungsbuch verwendet und in der Vorbemerkung sehr detaillierte Angaben zu der Baustelle gemacht, die von den LV-Positionstexten in einem wichtigen Punkt abwichen. In vielen Fällen wird es sich allerdings genau umgekehrt verhalten, also die Vorbemerkung besteht aus Standardtextbausteinen, die für eine Vielzahl von Bauvorhaben vorformuliert sind und das Leistungsverzeichnis ist auf das konkrete Bauvorhaben bezogen aufgestellt. In solchen Fällen geht der konkrete Positionstext den allgemeinen Vorbemerkungen vor (OLG Frankfurt, Urt. v. 22.3.2006 – 4 U 94/05).

c) Berücksichtigung des Verständnisses der jeweiligen Gegenseite (des Erklärungsempfängers)

383 Für das Ergebnis der Vertragsauslegung – nicht nur bei widersprüchlicher Leistungsbeschreibung – ist es wichtig, wer die Leistungsbeschreibung aufgestellt hat. Hier geht es um die Frage, wie der Auftragnehmer die vom Auftraggeber erstellte Leistungsbeschreibung in ihrer Gesamtheit verstehen durfte und verstehen musste oder umgekehrt, wie der Auftraggeber das Angebot des Auftragnehmers, welches dieser selbst ausgearbeitet hatte, verstehen konnte. Bei der juristischen Prüfung kommt es, wie oben schon dargestellt, nicht nur darauf an, was sich derjenige dachte, der die Leistungsbeschreibung oder das Angebot erstellt hat, sondern wie der jeweils andere Vertragspartner den Inhalt derselben verstehen durfte (OLG Karlsruhe, Urt. v. 5.4.2006 – 7 U 189/05; OLG Köln, Urt. v. 15.1.2002 – 22 U 114/01; OLG Köln, Teil-Urt. v. 25.9.1995 – 20 U 259/90; BGH, Urt. v. 9.2.1995 – VII ZR 143/93; BGH, Urt. v. 22.4.1993 – VII ZR 118/92 – Sonderfarben I). Man spricht hier vom Empfängerhorizont der angesprochenen Fachkreise. Zur Feststellung, wie die beteiligten Fachkreise die in der Ausschreibung verwendeten Begriffe üblicherweise verstehen, kann ein Sachverständiger herangezogen werden (OLG Koblenz, Urt. v. 19.5.2006 – 8 U 69/05).

384 An dieser Stelle ist noch einmal zu betonen, dass es nicht darauf ankommt, wie im konkreten Fall der Auftragnehmer die Ausschreibung oder der Auftraggeber das Angebot tatsächlich verstanden hat (oder dies im Nachhinein behauptet). Vielmehr wird objektiv betrachtet, was das übliche Verständnis der Erklärung unter Berücksichtigung der „Verkehrssitte" im Kontext aller Vertragsunterlagen ist. Das ist insbesondere dann relevant, wenn es mehrere Verständnismöglichkeiten z.B. eines Positionstextes gibt.

So konnte ein Auftragnehmer unter der Position „Doppelbohlen mit Eckprofilen werksseitig verpresst" unter dieser Position nicht das Gewicht von Eckprofil plus Doppelbohle, sondern nur das der Eckprofile abrechnen, weil der gerichtlich bestellte Gutachter nachvollziehbar darlegte, dass sowohl die im LV als Vordersatz vom Auftraggeber angegebene (geringe) Menge als auch die Mengen der anderen Positionen (Mengengerüst) und schließlich der vom Auftragnehmer angebotene, im Vergleich zu anderen Positionen von Doppelbohlen, hohe Preis nur den Schluss zuließen, dass der Auftragnehmer im Rahmen der Angebotsbearbeitung erkannt hatte, dass hier nur die Eckprofile und deren Abrechnung gemeint waren (OLG Dresden, Urt. v. 17.4.2012 – 5 U 842/11). **385**

Im Einzelfall kann es eine Verpflichtung geben, Unklarheiten in den Ausschreibungsunterlagen vor Abgabe des Angebots zu klären. Sind etwa in zwei Positionen eines Leistungsverzeichnisses vergleichbare Leistungen beschrieben und zu bepreisen und ist die Abgrenzung dieser Positionen zueinander unklar, muss der Auftragnehmer die Unklarheit bereits bei der Kalkulation durch Heranziehung der Pläne klären (OLG Dresden, Urt. v. 31.5.2011 – 6 U 1798/10). **386**

Als Zwischenergebnis kann festgehalten werden, dass innerhalb der einzelnen Bestandteile der Leistungsbeschreibung keine allgemein gültige Rangfolge gilt, sondern jeweils die im konkreten Einzelfall detailliertere Regelung im Rang vor allgemeinen Vorgaben steht. Die Leistungsbeschreibung (also sämtliche Unterlagen, die die geschuldete Leistung beschreiben) ist als sinnvolles Ganzes auszulegen und die Auslegung bei Unklarheiten und Widersprüchen erfolgt danach, wie der andere Vertragspartner, der die Leistungsbeschreibung nicht aufgestellt hat, diese unter Berücksichtigung des sonstigen Vertragsinhalts üblicherweise verstehen musste. **387**

d) Berücksichtigung der Art und Weise des Zustandekommens der Erklärung oder der Vereinbarung

Daneben kann für die Auslegung unklarer oder widersprüchlicher Leistungsbeschreibungen auch die Entstehungsgeschichte der einzelnen Vertragsbestandteile und der vertraglichen Vereinbarungen eine Rolle spielen. Haben die Parteien beispielsweise die Lückenhaftigkeit eines detaillierten Leistungsverzeichnisses erkannt und sich nach längeren Vertragsverhandlungen auf eine funktionale Leistungsbeschreibung geeinigt, kommt anschließend dem Inhalt des detaillierten Leistungsverzeichnisses keine entscheidende Bedeutung bei der Auslegung mehr zu (KG, Urt. v. 18.12.2001 – 15 U 49/01; BGH, Urt. v. 23.1.1997 – VII ZR 65/96). Hat ein Unternehmer im Anschreiben zu seinem Angebot den in der Vorbemerkung zum Angebotsblankett geforderten Zweischichtbetrieb ausdrücklich ausgeschlossen, dann ist nach Beauftragung dieses Angebots durch den Auftraggeber kein Zweischichtbetrieb vereinbart, auch wenn die Parteien im weiteren Verlauf der Ver- **388** tragsverhandlungen hierauf nicht mehr zurückgekommen sind (OLG Schleswig, Urt. v. 22.12.2005 – 5 U 55/05).

389 Die Bedeutung der Vorgeschichte des Vertrags wird auch an folgendem Fall deutlich:

Beispiel: Der Inhaber eines Möbelhauses beauftragt einen Generalunternehmer mit der schlüsselfertigen Errichtung eines Möbelmarktes für € 18 Mio. Für die Elektroinstallation gibt es einen Abschnitt in der Baubeschreibung, der alle 10 bis 12 m^2 drei Stromkreise mit je einer Vierfach-, Dreifach- und Einfachsteckdose vorsieht. Diese Baubeschreibung wird dem Unternehmer erst am Tage des Vertragsabschlusses übergeben. Die vorherige Baubeschreibung, auf deren Grundlage wochenlange Preisverhandlungen und technische Abstimmungen stattfanden, enthielt diese Vorgaben nicht. Zusätzlich vereinbaren die Parteien, dass das Möbelhaus „im Zweifel" dem Standard eines Referenzobjekts entsprechen muss. Die Elektroinstallation nach der Baubeschreibung führt zu Mehrkosten in Höhe von € 800.000,– im Vergleich zur Elektroausstattung des Referenzobjekts.

390 In dem entschiedenen Fall hätte Anlass bestanden, die Vorgeschichte des Vertragsabschlusses in die Auslegung einzubeziehen. Die überarbeitete Baubeschreibung war dem Unternehmer erst am Tag der Vertragsunterzeichnung ausgehändigt worden, sein Angebot konnte sich hierauf gar nicht bezogen haben. Das Gericht (OLG Celle, Urt. v. 29.10.2003 – 7 U 21/02) hat jedoch eine Buchstabeninterpretation vorgenommen und gemeint, die Detailfestlegung in der Baubeschreibung habe Vorrang vor dem Standard des Referenzobjekts, da sie eindeutig und unmissverständlich formuliert sei. In dem obigen Beispielsfall hätte der Auftraggeber unserer Meinung nach die Verpflichtung gehabt, den Auftragnehmer vor bzw. bei Vertragsabschluss darauf hinzuweisen, dass in der überarbeiteten Baubeschreibung Leistungen von mehreren hunderttausend Euro hinzugekommen waren (zum „Unterschieben" von Änderungen des Vertragsentwurfs siehe auch Kapitel A. I. f) ff., Rn. 57 ff.). Will man kein betrügerisches Verhalten unterstellen, liegt es nahe, dass der Auftraggeber selbst nicht wusste, dass sein Elektroplaner den Ausstattungsstandard gegenüber dem Vergleichsobjekt derartig erhöht hatte. Die Entscheidung des OLG Celle ist im vollen Text lesenswert, weil man hieran sehen kann, wie unsicher die Prognose des Ergebnisses richterlicher Vertragsauslegung ist.

e) Nicht durch Auslegung auflösbare Widersprüche

391 Es kommt vor, dass sich widersprüchliche Angaben in den Vertragsunterlagen, auch unter Berücksichtigung der vorstehend geschilderten Auslegungsgrundsätze, nicht auflösen lassen.

Beispiel: In einer funktionalen Baubeschreibung für eine Tiefgarage sind die Aufzüge konkret beschrieben. Die Angaben sind aber widersprüchlich. In den Grundlagen zu Layout und architektonischer Gestaltung ist geregelt, dass *„alle Aufzüge [...] als vollverglaste Fahrkörbe und Aufzugsschächte zu konzipieren"* sind. An anderer Stelle der Baubeschreibung werden konkrete Vorgaben zu den Aufzugskabinen gemacht (vollverglaste Aufzugstüren, Wandverkleidungen zum Teil aus Stahl, teilweise verspiegelte Innenseiten etc.), die nicht zu den allgemeinen Gestaltungsvorgaben passen. Ebenfalls ergibt sich nicht eindeutig, ob der Aufzug hydraulisch oder mit Seilen betrieben werden soll. Vor Vertragsabschluss besichtigen beide Seiten eine andere Tiefgarage als sogenanntes Referenzobjekt.

Das Gericht ist nach Anhörung von Zeugen nicht davon überzeugt, dass sich die Parteien bei Vertragsschluss auf den vollverglasten Aufzug geeinigt haben. Wenn der Auftraggeber in sich widersprüchliche Unterlagen zu Vertragsbestandteilen mache und diese Widersprüche vor Vertragsschluss nicht aufgelöst werden, trage der Auftraggeber das Risiko dafür, dass die Parteien tatsächlich keine Einigung zu der von der Beklagten gewünschten Gestaltung des Aufzugs (Hydraulik, Vollglas) getroffen haben (OLG Dresden, Urt. v. 19.6.2018 – 6 U 1233/17). Nicht auflösbare Widersprüche zwischen verschiedenen Bestandteilen der Leistungsbeschreibung gehen also in der Regel zulasten dessen, der die Leistungsbeschreibung erstellt hat. **392**

4. Wenn der Wortlaut nicht das tatsächlich Gewollte wiedergibt

Kann es sein, dass trotz eines eindeutigen Wortlauts einer Einheitspreisposition oder eines Passus in einer Baubeschreibung oder einer Vertragsklausel dennoch die Notwendigkeit einer Vertragsauslegung besteht? Die Antwort lautet „Ja". **393**

Es handelt sich dabei um Ausnahmefälle, bei denen der geschriebene Text nachweislich nicht dem tatsächlichen Willen bzw. Verständnis der Parteien entspricht. **394**

Beispiel: Am 19.3.2021 wird ein Bauvertrag über Innenputzarbeiten an einem Bauvorhaben abgeschlossen. Der Rohbau ist nahezu fertig. Als Termin für die Fertigstellung der Arbeiten wird der 30.6.2022 in den Vertrag eingetragen. Mündlich besprochen war jedoch der 30.6.2021. **395**

In einem solchen Fall liegt klar auf der Hand, dass das schriftlich eindeutig Festgehaltene mit dem wirklichen Willen der Parteien nicht übereinstimmt. Vereinbart ist tatsächlich der 30.6.2021. Ähnlich gelagert sind Fälle, in denen aufgrund einer verspäteten Auftragserteilung nach einer Bindefristverlängerung der Fertigstellungstermin im Zeitpunkt der Auftragserteilung unmittelbar bevorsteht oder gar bereits überschritten ist. **396**

Auch bei eindeutigem Wortlaut des Vertrags kann es also sein, dass beide Seiten diesen Inhalt bei Vertragsabschluss gar nicht wollten. Richtig ist zwar, dass **397** bei Auslegung einer Erklärung von deren Wortlaut auszugehen ist. Die objektive Bedeutung einer Erklärung ist aber unbeachtlich, wenn sowohl der Erklärende als auch der Erklärungsempfänger sie anders verstanden haben. Der sich aus dem gemeinsamen Verständnis ergebende wirkliche Wille der Vertragspartner geht jeder anderweitigen Interpretation durch Dritte vor (OLG Braunschweig, Urt. v. 27.11.2008 – 8 U 58/07; BGH, Urt. v. 2.2.2007 – V ZR 34/06). Ferner können nach den Umständen des Einzelfalls völlig ungewöhnliche und von keiner Seite zu erwartende Leistungen, entgegen dem Wortlaut der funktionalen Beschreibung der Leistung, von der Leistungspflicht ausgenommen sein (BGH, Urt. v. 11.11.1993 – VII ZR 47/93 – Wasserhaltung II).

398 Es kommt außerdem nicht selten vor, dass trotz eindeutigen Wortlauts der Auftragnehmer etwas anderes verstanden hat und verstehen durfte, als sich der Auftraggeber bei der Formulierung dachte (bzw. umgekehrt, je nachdem, wer den Text verfasst hat).

399 **Beispiel:** Im Rahmen von Ausbauarbeiten ist im LV eine Position für Schichtstoffplatten als Einsatz in nicht benötigte Türöffnungen vorgesehen, die hinsichtlich der Oberfläche wie folgt lautet: „Oberflächenstruktur: Bütten-matt Farbton: Uni nach Wahl des Auftraggebers. Beschaffenheit nach DIN 16926." Es handelt sich am Ende um 246 zu verschließende Türöffnungen. Der Auftraggeber wählt neben der Farbe „weiß" für die Türen, vier weitere Farben, die von der Standard-Farbpalette abweichen (sogenannte Sonderfarben), die mit einem Aufpreis im Lieferprogramm der Hersteller enthalten waren. Hierfür verlangt der Auftragnehmer zusätzliche Vergütung mit der Begründung, er habe nur mit Farben aus den Standard-Farbpaletten der Hersteller rechnen müssen.

400 Der Positionstext ist eindeutig und an Klarheit kaum zu übertreffen. Nach dem Wortlaut kann der Auftraggeber – im Rahmen billigen Ermessens (§ 315 BGB) – jede beliebige Farbe aussuchen. Trotzdem bekommt der Auftragnehmer eine zusätzliche Vergütung für die Mehrkosten der Sonderfarben zugesprochen, weil das OLG Köln davon ausgeht, dass die Bieter ohne einen gesonderten Hinweis in der Ausschreibung davon ausgehen durften, dass nur standardmäßig lieferbare Farben gemeint waren und ausgesucht werden würden (OLG Köln, Teil-Urt. v. 25.9.1995 – 20 U 259/90). Der Bundesgerichtshof hat die Entscheidung am Ende bestätigt, allerdings mit dem Hinweis, dass bei der Unterscheidung zwischen Standardfarben und Sonderfarben bei einer europaweiten Ausschreibung darauf abgestellt werden müsse, ob irgendein Anbieter in der Europäischen Union die gewünschten Farben als Standardfarben anbietet (was der Auftraggeber aber nicht behauptet hatte).

5. Rangfolgeklauseln und ihre Wirkung

401 Rangfolgeklauseln sollen Widersprüche zwischen verschiedenen Vertragsbestandteilen lösen. Die VOB/B enthält in § 1 eine Rangfolgeklausel, die sinngemäß sagt, dass vorrangig die Leistungsbeschreibung gilt, danach der Vertrag des Auftraggebers, danach etwaige zusätzliche Vertragsbedingungen hierzu, anschließend die ATV der VOB/C und zum Schluss die VOB/B.

Allerdings treten die meisten Widersprüche nicht zwischen den dort genannten Vertragsunterlagen auf, sondern innerhalb der Leistungsbeschreibung. Das hat damit zu tun, dass die Leistungsbeschreibung in der Regel nicht aus einem einzigen Dokument (z.B. Leistungsverzeichnis) besteht, sondern aus einer Vielzahl von Unterlagen. Auch in einem Verhandlungsprotokoll können Vereinbarungen enthalten sein, die inhaltlich zur Leistungsbeschreibung gehören. Wie bei Widersprüchen innerhalb der Leistungsbeschreibung vorzugehen ist, sagt uns die VOB/B nicht. **402**

Viele Auftraggeber versuchen das Problem möglicher Widersprüche zwischen den einzelnen Bestandteilen der Leistungsbeschreibung dadurch zu lösen, dass eine starre Rangfolge vereinbart wird, etwa wie folgt: **403**

> *„Bei Widersprüchen gelten die Vertragsunterlagen in nachstehender Reihenfolge: …"*

Solche Klauseln sind nur von begrenztem Nutzen. Sie können jedoch einen Hinweis auf das von den Parteien Gewollte geben. **404**

> **Beispiel:** In einem Bauvertrag ist festgelegt, dass bei Widersprüchen nacheinander gelten: „(1) Dieser Vertrag, (2) das Auftragsschreiben, (3) die Baugenehmigung, (4) die Baubeschreibung des Bauherrn, (5) die GU-Leistungsbeschreibung und (6) die Ausführungspläne des Ingenieurbüros." Während die Baubeschreibung eine generelle Fabrikatsfreiheit vorsieht, enthalten die Ausführungszeichnungen konkrete Fabrikatsangaben. Der NU verbaut andere als die in den Plänen genannten Fabrikate. **405**

Das OLG Oldenburg fasst in seinem Urteil die Grundsätze der Vertragsauslegung wie folgt zusammen: **406**

- Bei Widersprüchen im Bauvertrag ist durch Vertragsauslegung der wirkliche Wille der Parteien im Zeitpunkt des Vertragsschlusses zu ermitteln.
- Dabei ist die im Vertrag als maßgeblich angegebene Reihenfolge zwischen den einzelnen Vertragsbestandteilen zu berücksichtigen.
- Unauflösliche Widersprüche gehen zulasten des Vertragsverfassers.

Im Ergebnis entscheidet das Gericht, dass aufgrund der vom Auftraggeber selbst vorgegebenen Rangfolgeklausel Fabrikatsfreiheit für den Auftragnehmer bestand (OLG Oldenburg, Urt. v. 6.5.2010 – 8 U 190/09). **407**

Eine Rangfolgeklausel im Bauvertrag darf aber nicht zu einer „Buchstabenauslegung" führen. Trotz Rangfolgeklausel sind Verträge als sinnvolles Ganzes auszulegen (BGH, Urt. v. 5.12.2002 – VII ZR 342/01). Auch ausdrücklich nachrangig **408** geltende Pläne können die Leistungsverpflichtung des Generalunternehmers aus einer Baubeschreibung konkretisieren (OLG Celle, Urt. v. 6.2.2003 – 5 U 159/02).

409 Rangfolgeklauseln können auch unvermittelt auf den Verwender selbst zurückfallen und für diesen nachteilig sein. Man stelle sich etwa vor, eine offenkundig fehlerhafte Baubeschreibung würde unter allen Umständen vorrangig vor den allgemein anerkannten Regeln der Technik gelten. Das läge ganz sicher nicht im Interesse des Auftraggebers. Ein Vorrang der Baubeschreibung ist nur dort sinnvoll, wo diese von den allgemein anerkannten Regeln der Technik oder den anderen Vertragsgrundlagen abweichende Anforderungen enthält. In allen anderen Fällen ist Gleichrangigkeit die bessere Lösung.

410 Der Bauleiter sollte sich merken, dass Rangfolgeklauseln nicht dazu führen, dass die oben geschilderten Auslegungsgrundsätze und damit die gesetzlichen Auslegungsregeln (§§ 133, 157 BGB) zum Nachteil des anderen Vertragspartners ausgeschlossen werden (OLG Celle, Urt. v. 6.2.2003 – 5 U 159/02). Er sollte aber auch wissen, dass in Baubeschreibungen oft weitergehende Qualitätsanforderungen enthalten sind, die bei der Erstellung der Leistungsverzeichnisse und Ausführungspläne vom Generalunternehmer nicht „umgesetzt" worden sind. Über die Vereinbarung einer vorrangigen Geltung der Baubeschreibung wird dann versucht, das Risiko von Fehlern und Lücken bei der Übersetzung der Baubeschreibung in Leistungsverzeichnisse und Pläne auf den Nachunternehmer zu übertragen. Um späteren Streit zu vermeiden, sollte der Nachunternehmer in solchen Fällen darauf bestehen, dass die Baubeschreibung zwar vorrangig beachtet wird, aber Leistungen bzw. Anforderungen, die im Leistungsverzeichnis nicht enthalten sind, auch nicht mit den vereinbarten Preisen abgegolten sind.

411 Unwirksam sind im Übrigen Vertragsklauseln, nach denen bei Widersprüchen zwischen verschiedenen Vertragsregelungen immer die für den Auftraggeber günstigste Regelung anzuwenden ist (OLG Hamburg, Urt. v. 6.12.1995 – 5 U 215/94) oder die jeweils „höherwertige" Leistung geschuldet ist.

6. Einseitige Leistungsbestimmungsrechte

412 Mitunter wird über einseitige Leistungsbestimmungsrechte versucht, Widersprüche innerhalb des Vertrags „aufzulösen". Sinngemäß lauten die Klauseln meist wie folgt:

> *„Im Falle von Widersprüchen innerhalb der Leistungsbeschreibung kann sich der Auftraggeber nach seiner Wahl für eine der beschriebenen Möglichkeiten entscheiden, ohne dass der Auftragnehmer Mehrkosten geltend machen kann."*

413 Im Grundsatz ist gegen einseitige Leistungsbestimmungsrechte nichts einzuwenden. Sie sind zwar für den anderen Vertragspartner gefährlich, aber nicht verboten. Für ihre Ausübung gilt § 315 BGB. Hiernach ist im Zweifel anzunehmen, dass die Leistungsbestimmung nach billigem Ermessen erfolgen soll. Für den Ausübenden bedeutet das, dass keine völlige Willkür möglich ist, sondern auch die Interessen der Gegenseite zu berücksichtigen sind. Die Entscheidung ist gerichtlich überprüfbar, allerdings besteht für den Ausübenden ein erheblicher Ermessensspielraum.

414 Wenn es sich bei der Vertragsklausel um Allgemeine Geschäftsbedingungen handelt, können solche Leistungsbestimmungsrechte unwirksam sein. Das ist der Fall, wenn dem Auftraggeber als Verwender der AGB abweichend von dem gesetzlichen Leitbild (billiges Ermessen) ein freies Ermessen eingeräumt wird (BGH, Urt. v. 6.4.2005 – VIII ZR 260/04). In vielen Fällen verstoßen einseitige Leistungsbestimmungsrechte außerdem gegen das Transparenzgebot (§ 307 Abs. 1 Satz 2 BGB). Die Unwirksamkeit einer Vertragsklausel kann sich nämlich auch daraus ergeben, dass sie nicht klar und verständlich ist. Schließlich sind viele Klauseln überraschend und mehrdeutig, was ebenfalls zur Unwirksamkeit führen kann (§ 305 c BGB).

415 Zusammenfassend lässt sich sagen, dass einseitige Leistungsbestimmungsrechte zugunsten des Auftraggebers nur dann wirksam in AGB vereinbart werden können, wenn sie klar und verständlich formuliert sind, sich nicht an versteckter Stelle im Vertrag befinden und wenn die Ausübung nach billigem Ermessen (und nicht nach freiem Belieben) erfolgen soll. Wir empfehlen, in solchen Fällen juristischen Rat einzuholen.

II. Handhabung in der Praxis

1. Beschreibung der geschuldeten Vertragsleistung

416 Wer eine zu erbringende Bauleistung beschreiben soll, steht vor mehreren Problemen, die weder theoretisch noch praktisch vollständig gelöst werden können. Das erste dieser Probleme besteht darin, dass eine Bauleistung am Ende, wenn das Gebäude oder die Heizungsanlage oder eine sonstige Anlage errichtet ist, eine funktionsfähige Einheit darstellen muss.

417 Es bieten sich zwei Wege an, wie man diese „Ganzheit" beschreiben kann. Der herkömmliche Weg besteht darin, die Bauleistung gedanklich in eine Vielzahl von einzelnen Teilleistungen und Arbeitsschritten zu zerlegen, für jede einzelne dieser Teilleistungen eine möglichst detaillierte Beschreibung zu finden und anschließend zu ermitteln, in welcher Menge die Teilleistungen voraussichtlich notwendig sind. Die klassische Form dieser Art von Leistungsbeschreibung ist ein Langtext-Leistungsverzeichnis mit detaillierten Einzelpositionen und Mengenangaben (Vordersätzen).

418 Hiermit verwandt ist das Aufstellen einer umfassenden und möglichst genauen Baubeschreibung, in der sämtliche notwendigen Teilleistungen detailliert beschrie-

ben sind. Lediglich auf die Angabe der voraussichtlichen Mengen wird hierbei verzichtet.

419 Bei beiden Methoden besteht die Gefahr, dass im Zuge der Aufgliederung der Gesamtleistung in einzelne Teilleistungen für den Gesamterfolg notwendige Arbeiten übersehen werden.

420 **Beispiel:** Ein Ingenieurbüro stellt ein Leistungsverzeichnis für eine Heizungsanlage auf. Alle Heizkörper, Zuleitungen, Verbindungsstücke, der Heizkessel und die sonstigen Anlagenbestandteile werden in einem Langtext-LV beschrieben. Der Ingenieur übersieht, dass bei den einzelnen Heizungssträngen sogenannte Strangregulierventile notwendig sind. Diese fehlen also im Langtext-LV.

421 Ein weiteres Risiko bei dieser Art der detaillierten Leistungsbeschreibung entsteht dadurch, dass die Leistungsverzeichnisse getrennt nach Gewerken aufgestellt werden. Bedingt durch diese Aufteilung kommt es zwangsläufig zu „Schnittstellenproblemen". Diese treten bei Einzelvergabe insbesondere dort auf, wo unterschiedliche Bauteile aufeinanderstoßen (technische Installationen an Wandflächen, Trockenbauwände an Metallfassaden, Türzargen an Wandputz, Fliesen an Teppichboden etc.) sowie im Bereich des Brandschutzes.

422 **Beispiel:** Im Leistungsverzeichnis für Technische Gebäudeausrüstung ist geregelt, dass in jedem Bad Lüfter eingebaut werden. Im Leistungsverzeichnis für den Innenputz fehlt eine entsprechende Position *„Nachträgliches Einputzen von bauseits eingebauten Badlüftern"*. Die Firma für Technische Gebäudeausrüstung erklärt, Putzarbeiten gehören nicht zu ihrem Auftrag. Für die Putzfirma wäre das Einputzen ebenfalls eine Zusatzleistung. Der Auftraggeber wird also eine zusätzliche Vergütung bezahlen müssen.

423 Eine wichtige Hilfe stellt in diesem Zusammenhang die Arbeit mit Schnittstellenlisten dar, mit deren Hilfe der Bauleiter in Form einer „Checkliste" alle voraussehbaren Schnittstellenprobleme prüfen und kontrollieren kann, ob die betreffenden Leistungen zweifelsfrei einem der Gewerke zugewiesen worden sind. Selbstverständlich können auch Schnittstellenlisten wiederum unvollständig sein. Dann sind nicht alle tatsächlich vorhandenen Schnittstellen erfasst.

424 Die ATV der VOB/C enthalten ebenfalls Regelungen zu Schnittstellen verschiedener Gewerke. Diese sind aber für den Auftraggeber ungünstig, weil in den ATV die meisten Schnittstellen zwar benannt werden, aber im Regelfall als „besondere Leistung", die zusätzlich zu vergüten ist. Aus Auftragnehmersicht liegt in den ATV ein erhebliches Nachtragspotenzial.

425 Man kann diese Probleme teilweise vermeiden, wenn die Bauleistung nicht in einzelne Teilleistungen aufgegliedert und detailliert beschrieben wird, sondern nur noch die wichtigsten Eigenschaften und Funktionen des Bauwerks/der Anlage

beschrieben werden. Man spricht dann von einer sogenannten „Funktionalen Baubeschreibung".

Beispiel: Komplette Heizungsanlage für das Mehrfamilienhaus Müllerstraße 3 in Berlin-Schöneberg gemäß Wärmebedarfsberechnung des Ingenieurbüros Schultze. Zur Verfügung stehender Brennstoff: Erdgas mit einem Betriebsdruck von ... und einer Kapazität von ... Mögliche Kesselstandorte ergeben sich aus dem Grundrissplan des Kellergeschosses (Anlage). **426**

In diesem Beispiel hat der Auftraggeber bewusst darauf verzichtet, die Anzahl und Art der Heizkörper, die genaue Leitungsführung, das Fabrikat des Heizkessels, den Standort des Heizkessels und des Schornsteins vorzugeben. Der dahinterstehende Gedanke ist der, dass alles, was detailliert beschrieben wird, falsch oder unvollständig sein kann, während bei einer reinen Beschreibung der erforderlichen Funktionen dieses Risiko nicht besteht. Man kann dann allenfalls noch die Beschreibung gewünschter Funktionen oder Eigenschaften vergessen. Der Auftragnehmer muss bei einer funktionalen Beschreibung der Leistung die notwendigen Komponenten der Anlage vor Angebotsabgabe selbst ermitteln und trägt das damit verbundene Risiko, notwendige Leistungen zu übersehen. **427**

Im Beispiel wird in der Baubeschreibung keine Vorgabe gemacht, ob ein atmosphärischer Brenner oder ein Gebläsebrenner verwendet werden soll. Wenn der Auftragnehmer einen Gebläsebrenner einbaut und der Auftraggeber sich durch das Geräusch gestört fühlt, stellt sich die Frage, ob die Leistung vertragsgerecht ist oder der Auftraggeber den Einbau eines atmosphärischen Brenners verlangen kann. **428**

Im ersten Schritt ist hier zu prüfen, wie gleichartige Bauwerke üblicherweise ausgestattet sind, welche Beschaffenheit der Auftraggeber also nach der Art des Bauwerks erwarten kann. Ergibt diese Prüfung verschiedene Möglichkeiten, dann hat der Auftragnehmer ein Leistungsbestimmungsrecht. Denn ein wesentliches Element der funktionalen Ausschreibung besteht darin, dass der Auftragnehmer die nicht geregelten Details der Ausführung selbst festlegt. Dieses Leistungsbestimmungsrecht unterliegt der gesetzlichen Regelung des § 315 BGB, sodass dann im Zweifel anzunehmen ist, dass die Bestimmung nach billigem Ermessen zu treffen ist. Es sind also auch die berechtigten Interessen der Gegenseite zu berücksichtigen, wobei allerdings ein Entscheidungsspielraum des Auftragnehmers besteht. Ist der Auftraggeber mit der getroffenen Entscheidung nicht einverstanden, erfolgt im Streitfall eine Prüfung durch das Gericht und eine Bestimmung durch gerichtliches Urteil. **429**

Hat der Unternehmer sich einmal auf Einzelheiten festgelegt, ist er daran auch gebunden. Man kann die Leistungsbestimmung, wenn sie einmal erfolgt ist, also nicht wieder beliebig ändern (§ 315 Abs. 2 BGB). Das ist beispielsweise für Bau- **430** träger von Bedeutung, wenn sie sich nach Abschluss der Kaufverträge auf eine bestimmte Art der Ausführung festgelegt haben und diese im Nachhinein ändern wollen.

431 Ein Nachteil von Funktionalbeschreibungen ist das höhere Konfliktpotenzial. Ein weiterer Nachteil ist die fehlende Preistransparenz. Die Qualität der Bauleistung und somit das Preis-Leistungsverhältnis des Hauptvertrags sind schwierig zu beurteilen. Mehr- oder Minderpreise bei Zusatzleistungen oder Planungsänderungen sind nicht so einfach zu ermitteln wie bei einem Einheitspreisvertrag.

432 Um die Qualität der Leistung besser zu definieren, kann der Auftraggeber neben der Beschreibung der gewünschten Funktionen einzelne Leistungen im Detail beschreiben. Er kann der Funktionalbeschreibung Pläne beifügen oder konkrete Fabrikatsangaben für Materialien (etwa Oberflächen und Objekte) machen. Das ist absolut sinnvoll, allerdings trägt der Auftraggeber dann auch das Risiko, dass sich seine Detailvorgaben als technisch falsch erweisen oder Widersprüche zwischen Funktionalbeschreibung und Detailvorgaben entstehen.

433 Das Schnittstellenproblem tritt auch bei Funktionalbeschreibungen einzelner Gewerke auf und lässt sich für den Auftraggeber nur durch eine Generalunternehmervergabe auf der Basis von Funktionalbeschreibungen lösen. Die Schnittstellenrisiken verschwinden dadurch natürlich nicht, sondern sind lediglich vom Auftraggeber zum Generalunternehmer verschoben.

2. Ergänzung der vertraglichen Leistungsbeschreibung durch technische Regelwerke, insbesondere die VOB/C

434 Die technische Beschreibung der geschuldeten Bauleistung im Vertrag wird ergänzt durch den Inhalt der Allgemeinen Technischen Vertragsbedingungen (ATV) der VOB/C. Durch den Hinweis in § 1 Abs. 1 VOB/B sind sämtliche Regelungen in den DIN-Vorschriften 18299 (diese gilt für Bauarbeiten aller Art) und 18300 bis 18451 Vertragsbestandteil eines VOB-Vertrags. Diese ATV sind – wie der Name schon sagt – ebenfalls Allgemeine Geschäftsbedingungen. Sie enthalten Regelungen zur Leistungsabgrenzung (Teil 4 „Nebenleistungen/Besondere Leistungen"), zur Abrechnung (Teil 5) sowie Festlegungen für technische Sachverhalte (Teil 2 „Stoffe und Bauteile" und Teil 3 „Ausführung"). Das bedeutet auch, dass gegenüber Verbrauchern die Regelungen der VOB/C (ebenso wie die der VOB/B) nur dann wirksam in den Bauvertrag einbezogen werden, wenn dem Auftraggeber die DIN 18299 und die ATV des jeweiligen Gewerks bei Vertragsabschluss ausgehändigt werden.

435 Zusätzlich stellt sich gegenüber Verbrauchern das Problem, dass viele Regelungen in der VOB/C für technische Laien überraschend und/oder unverständlich sein dürften. So hält das OLG Stuttgart (Urt. v. 21.2.2008 – 2 U 84/07) Übermessungsklauseln gegenüber Verbrauchern für unwirksam, wobei dies bislang eine Einzelmeinung ist.

In Abschnitt 4.2 der für alle Gewerke geltenden DIN 18299 heißt es, dass besondere Leistungen nur dann Vertragsinhalt werden, wenn sie in der Leistungsbeschreibung besonders erwähnt sind. **436**

Wenn also in einem Leistungsverzeichnis im Positionstext für den Einbau von Brandschutztüren steht: *„einschließlich aller erforderlichen Nebenarbeiten und Befestigungs- und Füllmittel entsprechend den Brandschutz- und Rauchschutzanforderungen"*, dann ist das Vergießen der Türzargen entgegen Abschnitt 4.2.4 der DIN 18360 keine besonders zu vergütende Leistung (OLG Köln, Urt. v. 22.2.2011 – 15 U 147/10), da die Leistung ja in der Leistungsbeschreibung erwähnt ist. **437**

Haben die Vertragsparteien jedoch zu einer bestimmten Leistung in der Leistungsbeschreibung (der Gesamtheit aller die Leistung beschreibenden Unterlagen) keine Festlegung getroffen, wird als Erstes geprüft, ob die ATV der VOB/C dazu eine Regelung enthalten. **438**

Beispiel: Ein Generalunternehmer errichtet schlüsselfertig einen Neubau. Er beauftragt einen Nachunternehmer, die Treppenhäuser zu streichen. In den Treppenhäusern wird vorher ein Gipsputz aufgebracht. An den Deckenuntersichten finden Spachtelarbeiten statt. Anschließend sollen die Flächen gestrichen werden. Im obersten Geschoss der Häuser können die Treppenhäuser nur gestrichen werden, wenn ein Arbeitsgerüst mit einer Höhe von mindestens 3 m aufgestellt wird. Muss dieses Gerüst von der Malerfirma gestellt werden oder vom Auftraggeber? **439**

Wenn weder in der Leistungsbeschreibung noch im Bauvertrag einschließlich den etwaigen besonderen oder zusätzlichen Vertragsbedingungen hierzu etwas steht, gelten ergänzend die ATV der DIN 18363 (Maler- und Lackierarbeiten). In Ziffer 4.1.1 ist dort geregelt, dass Arbeitsgerüste von mehr als 2,00 m Höhe eine besondere Leistung darstellen, die nicht zum Leistungsumfang gehört. Der Auftraggeber könnte zwar anordnen, dass der Maler seine Gerüste selbst mitbringen muss, dieser kann aber hierfür eine zusätzliche Vergütung verlangen. **440**

Eine Einschränkung muss jedoch gemacht werden. Hierzu folgendes **441**

Beispiel: In Abwandlung des obigen Beispiels handelt es sich diesmal um einen Renovierungsanstrich in Treppenhäusern. Der Hauseigentümer hatte gemeinsam mit dem Maler die Treppenhäuser besichtigt. Anschließend gab der Maler ein Preisangebot „auf der Grundlage der VOB" ab. Außer dem Maler sind keine anderen Gewerke in dem Haus tätig. Kann der Maler auch in diesem Fall die Bezahlung eines Arbeitsgerüstes von mehr als 2,00 m als zusätzliche Leistung verlangen?

Die Besonderheit dieses Beispiels besteht darin, dass der Maler als einziges Gewerk auf der Baustelle tätig ist. Er kann folglich nicht davon ausgehen, dass Arbeits- **442** gerüste ohnehin für die Arbeiten der Vorgewerke auf der Baustelle vorhanden sind. Bei der Besichtigung konnte der Maler erkennen, dass teilweise Wände von mehr als 4 m Höhe vorhanden sind und er musste sich Gedanken machen, wie er diese Wände zu dem vereinbarten Preis streichen will. Nach dem Verständnis des Auftraggebers umfasst der angebotene Preis die fertige Leistung. Zudem hat der Maler selbst das Angebot erstellt und nicht ein vom Auftraggeber übersandtes Angebotsblankett ausgefüllt. Das spricht ebenfalls gegen eine zusätzliche Vergütung für die Gerüste, wenn der Streit vor Gericht kommt.

443 Auch wenn die Ausschreibung vom Auftraggeber stammt, können im Einzelfall besondere Leistungen nach VOB/C ohne zusätzliche Vergütung geschuldet sein.

444 **Beispiel:** Ein Auftraggeber schreibt Pflasterarbeiten für einen Marktplatz mit Granit und Grauwacke in Diagonalverlegung aus. Eine eigene LV-Position für das Schneiden der Anfängersteine am Rand der Verlegeflächen gibt es nicht, sondern diverse Positionspreise für die Verlegung „im Diagonalverband".

445 Der Auftragnehmer macht nach Vertragsabschluss unter Berufung auf Ziffer 4.2.3 der DIN 18318 eine zusätzliche Vergütung für das Schneiden der Anfängersteine geltend. Dort ist das „Zuarbeiten, Verhau oder Schneiden von Pflastersteinen einschließlich Passstücken" als besondere Leistung bezeichnet, die mit den vereinbarten Preisen nicht abgegolten ist. Für Betonpflaster werden von der Industrie teilweise fertige Anfängersteine angeboten. Bei Natursteinen muss sich der Auftragnehmer diese jedoch selbst zuschneiden. Die (besondere) Leistung war also für die Leistungserbringung unentbehrlich, was nach Auffassung des OLG Rostock dazu führt, dass sie innerhalb der vereinbarten Einheitspreise ohne besondere Vergütung zu erbringen war. Nur das Schneiden des Pflasters beim Anarbeiten an Schachtdeckel, Masten und Stufen sei eine besondere Leistung (OLG Rostock, Urt. v. 21.4.2011 – 3 U 74/08).

446 Gleiches gilt für die Angleichung von Putzstärken im Bereich von Faschen, wenn dies bereits bei Vertragsabschluss als notwendig erkennbar war (OLG Köln, Beschl. v. 22.4.2009 – 11 U 29/09). Das Gericht stellte darauf ab, dass für den Auftragnehmer aufgrund der ausgeschriebenen unterschiedlichen Stärke von Fassaden- und Faschenputz ohne Weiteres zu erkennen war, dass am Übergang vom Fassadenputz zu den Faschen Versprünge entstehen würden, die per Handarbeit auszubilden waren. Die Ausbildung dieser Versprünge sei zwar in der Leistungsbeschreibung nicht besonders geregelt, aber gleichwohl mit der vereinbarten Vergütung abgegolten.

447 Enthält die mit dem Leistungsverzeichnis übergebene beiliegende Statik den Hinweis auf das Erfordernis einer Besonderen Leistung (Traggerüste von über 3,5 m Höhe als Steifen der Schalung unterhalb von durch ihn zu realisierenden Stahlbetondecken), ist die Leistung als besondere Leistung gemäß den Vorgaben der VOB/C ausreichend „erwähnt“. Einer gesonderten textlichen Beschreibung der Besonderen Leistung, insbesondere in Form einer gesonderten Position im Leistungsverzeichnis, bedarf es dann nicht mehr (KG, Beschl. v. 6.8.2015 – 27 U 120/14).

Brisant ist die Frage, wie sich ein Bieter bei der Angebotserstellung in solchen Fällen verhalten soll. Bei einer öffentlichen Ausschreibung darf er an den Ausschreibungsunterlagen nichts ändern (§ 13 Abs. 1 Nr. 5 VOB/A). Wenn ein Bieter erst im Zusammenhang mit der Angebotsabgabe mitteilt, dass es Unklarheiten gibt, z.B. indem er zwar das Angebot unverändert lässt, aber in einem Anschreiben vermerkt, wie er die unklare Stelle verstanden hat, geht er ein Risiko ein. Denn der öffentliche Auftraggeber wird das Angebot mit hoher Wahrscheinlichkeit ausschließen, weil er in dem Angebotsbegleitschreiben eine Änderung der Vergabeunterlagen erkennt (VK Bund, Beschl. v. 3.5.2007 – VK 2-27/07; VK Saarland, Beschl. v. 15.3.2006 – 3 VK 02/2006). Die Rechtsprechung ist hier sehr streng. **448**

Soll der Tiefbauunternehmer im obigen Beispiel also das Schneiden der Randsteine bei den LV-Positionen mit Diagonalverlegung stillschweigend mit einkalkulieren? Tut er das als einziger Bieter, weil die anderen Bieter auf einen späteren Nachtrag spekulieren, sind die Chancen für eine Zuschlagserteilung gering. Der Ausweg ist eine schriftliche Anfrage bei der ausschreibenden Stelle *vor* Angebotsabgabe. Dann muss der öffentliche Auftraggeber eine Zusatzinformation an alle Bewerber richten. Entweder die Ausschreibung wird um die Leistungsposition *„Schneiden der Anfängersteine“* ergänzt oder der Auftraggeber erklärt, dass diese Leistung in die Preise der davon betroffenen Hauptpositionen einzurechnen ist. Dann herrscht wieder Chancengleichheit. Reagiert die ausschreibende Stelle auf die Anfrage nicht, muss der Bieter unverzüglich die Rechtmäßigkeit des Vergabeverfahrens rügen. **449**

Bei privaten Auftragsvergaben hingegen kann der Bieter in einem Angebotsbegleitschreiben klarstellen, wie er die Leistungsbeschreibung verstanden hat und welche Leistungen nicht in den Angebotspreisen enthalten sind (OLG Schleswig, Urt. v. 22.12.2005 – 5 U 55/05). **450**

Die VOB/C hat für die Beurteilung der Vergütungspflicht für notwendige, aber nicht im Vertrag erwähnte Leistungen nach wie vor eine große Bedeutung (OLG Celle, Urt. v. 21.4.2010 – 14 U 134/09; BGH, Urt. v. 27.7.2006 – VII ZR 202/04). Sie ist aber eben nur eines der Vertragsbestandteile. Es ist möglich, dass ihre Regeln zur Abgrenzung von Vertragsleistungen, Nebenleistungen und besonders zu vergütenden Leistungen durch Festlegungen in anderen Vertragsbestandteilen oder die besonderen Umstände des Einzelfalls verdrängt werden. Das ergibt sich daraus, dass der Bauvertrag immer als sinnvolles Ganzes ausgelegt wird (BGH, Beschl. v. 10.4.2014 – VII ZR 144/12). Gibt es keine abweichenden vertraglichen Vereinbarungen und auch keine besonderen Umstände, bleibt es bei der Geltung der VOB/C. **451**

3. Hauptfälle unvollständiger oder unklarer Leistungsbeschreibung

a) Für den Werkerfolg notwendige Leistungen bzw. Bauteile sind nicht erwähnt

452 Man trifft hier im Wesentlichen zwei Konstellationen an, die unterschieden werden müssen. Entweder ist die nicht erwähnte Leistung klar und eindeutig von einem bestimmten Gewerk zu erbringen oder es handelt sich um eine Leistung an der Schnittstelle zwischen zwei verschiedenen Gewerken, wo die Leistungszuordnung unterschiedlich vorgenommen werden könnte.

453 **Beispiel:** Weder die Entwurfspläne noch das Leistungsverzeichnis für die Sanitärarbeiten in einem Mehrfamilienhaus enthalten einen Hinweis auf den Einbau einer Rückstauklappe. Diese ist allerdings notwendig, weil es bei Starkregen zu einem Rückstau von Wasser aus der Kanalisation kommen kann.

454 In diesem Fall ist die Leistung dem Sanitärgewerk zuzuordnen. Der Auftragnehmer muss eine solche Rückstauklappe einbauen, weil ansonsten seine Leistung mangelhaft ist. Der Auftragnehmer kann sich bei einem späteren Wasserschaden nicht auf den Standpunkt stellen, er habe keine Rückstauklappe geschuldet, da diese seinerzeit nicht beauftragt gewesen sei. Die Rückstauklappe ist „geschuldet", da sie für ein mangelfreies Abwassersystem erforderlich ist. Trotzdem (und das können selbst manche Juristen nicht begreifen) kann der Auftragnehmer für den Einbau der Rückstauklappe eine zusätzliche Vergütung verlangen, da die Leistung jedenfalls nicht zu dem vereinbarten Preis geschuldet ist. Daran ändert auch eine Pauschalierung der Vergütung nichts (OLG München, Urt. v. 17.9.2019 – 28 U 945/19 Bau). Nicht so eindeutig ist die Situation in folgendem

455 **Beispiel:** Ein Auftragnehmer soll eine Metallkonstruktion grundieren und lackieren. Vor Beginn mit den Arbeiten stellt er fest, dass die alten Anstriche auf der Konstruktion nicht mehr ausreichend haften und sich an vielen Stellen lösen. Er teilt dem Auftraggeber mit, dass zuerst alle losen Altanstriche abgestoßen werden müssen und hierfür in den betroffenen Bereichen der Untergrund gesandstrahlt werden muss.

456 Würde der Auftragnehmer ohne die notwendige Untergrundvorbehandlung seine Anstricharbeiten ausführen, könnte der Anstrich die ihm zugedachte Schutzfunktion nicht erfüllen. Die Leistung wäre mangelhaft, wenn nicht sogar völlig unbrauchbar. Die meisten Malerbetriebe sind jedoch auf Sandstrahlarbeiten gar nicht eingerichtet. In diesem Fall kann man nicht davon ausgehen, dass der Auftragnehmer diese Vorarbeiten schuldet, nur weil sie für den werkvertraglichen Erfolg notwendig sind. Vielmehr ist es dann Sache des Auftraggebers, dem hier nur mit den Anstricharbeiten beauftragten Auftragnehmer die notwendigen Voraussetzungen für seine Leistungserbringung zu schaffen.

In der Regel hat der Auftragnehmer für solche vertraglich nicht vorgesehenen Arbeiten Anspruch auf eine zusätzliche Vergütung. Anders wäre es nur, wenn sich dem Vertrag eindeutig entnehmen ließe, dass der Auftragnehmer auch das Risiko etwaiger im Vertrag nicht ausdrücklich erwähnter, aber notwendiger Vorarbeiten übernommen hat. Für eine solche vertragliche Risikoübernahme muss es aber eine eindeutige individuelle Vereinbarung geben. Durch Vertragsklauseln in Allgemeinen Geschäftsbedingungen, wie **457**

> *„Der Auftragnehmer hat die Baustelle besichtigt und sich über alle Voraussetzungen seiner Leistungserbringung informiert. Spätere Mehrkosten können nicht geltend gemacht werden.“,*

kann allenfalls eine vorvertragliche Untersuchungspflicht des Auftragnehmers begründet werden. Dies aber nur dann, wenn der Auftragnehmer vor Ausarbeitung seines Angebots überhaupt wusste, dass er sich mit den örtlichen Verhältnissen vertraut machen muss und wenn dies im Rahmen der Angebotsbearbeitung zumutbar war. Erhält der Auftragnehmer – wie das häufig geschieht – den Vertragstext mit der oben erwähnten Klausel erst, nachdem er sein Angebot bereits erstellt hat, kann hierdurch nicht rückwirkend eine Untersuchungspflicht begründet werden.

Sehr häufig befinden sich in der Leistungsbeschreibung nicht erwähnte Arbeiten an Schnittstellen verschiedener Gewerke. **458**

Beispiel: Die Brandschutzabschlüsse für haustechnische Anlagen im Bereich von Wand- und Deckenöffnungen können sowohl vom Rohbauer als auch vom Trockenbauer als auch von dem Auftragnehmer der technischen Gebäudeausrüstung hergestellt werden. **459**

Das Herstellen von Anschlüssen an andere Bauteile sowie das Verschließen von Aussparungen in Wänden und Decken sind für den Trockenbau und auch für Maurer und Putzer eine besondere Leistung nach den einschlägigen ATV der VOB/C. Das Gleiche gilt nach der DIN 18381 für den Auftragnehmer der Technischen Gebäudeausrüstung. **460**

Zwar ist das Herstellen der Brandschutzabschlüsse für den Gesamtwerkerfolg notwendig. Da sich die Leistung aber nicht eindeutig einem der beteiligten Auftragnehmer zuordnen lässt, muss der Auftraggeber eine Anordnung treffen, wer die Leistung ausführen soll. Hierfür gelten dann die Nachtragsvorschriften der VOB/B. **461**

b) Für den Werkerfolg notwendige Hilfsleistungen sind nicht erwähnt

Im Unterschied zu den eigentlichen Bauleistungen sind für den Werkerfolg notwendige Hilfsleistungen später nicht mehr sichtbar. Im Nachhinein ist nicht erkennbar, ob der Maler die Decke von einem Arbeitsgerüst, einer Hubbühne oder von einer Leiter gestrichen hat, wo der Maler auf der Baustelle seinen Lagerraum hatte, ob der Maler die Farbeimer per Hand durch das Treppenhaus tragen musste oder **462** mit einem Bauaufzug befördern konnte. Dem fertigen Gebäude ist es nicht anzusehen, ob bei seiner Errichtung eine Wasserhaltung notwendig war oder Winterbaumaßnahmen erfolgten.

463 Gerade zu solchen Hilfsleistungen enthalten die ATV der VOB/C vielfältige Regelungen, die auf die Besonderheiten der verschiedenen Gewerke abgestimmt sind. So kann der Fliesenleger vom Auftraggeber verlangen, dass dieser ihm Aufenthalts- und Lagerräume, die leicht verschließbar gemacht werden können, zur Verfügung stellt. Geschieht dies nicht, muss sich der Auftragnehmer also einen Container oder Bauwagen hierfür besorgen, ist dies eine besondere, zusätzlich zu vergütende Leistung. Das gilt allerdings nicht für Beton- und Stahlbetonarbeiten. Da zu diesem Zeitpunkt das Gebäude erst errichtet wird, hat der Auftragnehmer ohne besondere Vereinbarung keinen Anspruch darauf, Aufenthalts- und Lagerräume zur Verfügung gestellt zu bekommen. Handelt es sich jedoch um die Sanierung eines leerstehenden Altbaus, können auch Maurer und Betonbauer davon ausgehen, dass sie leerstehende Räume als Lager benutzen dürfen, soweit der Auftraggeber nicht vor Vertragsabschluss darauf hinweist, dass dies nicht möglich ist.

464 Hilfskonstruktionen wie etwa Traggerüste, die für eine ganz bestimmte Leistung des Auftragnehmers notwendig sind, werden immer häufiger nicht gesondert ausgeschrieben, sondern durch eine (teil)funktionale Leistungsbeschreibung der eigentlichen Leistungspositionen (Schalungs- oder Betonpositionen) zum Leistungsinhalt gemacht. Ihre Notwendigkeit ergibt sich teilweise nur aus der Statik und den Plänen. Es kann aber auch vorkommen, dass Hilfskonstruktionen in den Vorbemerkungen eines LV erwähnt und beschrieben werden, aber keine Leistungsposition dafür existiert. Solche Leistungsverzeichnisse sind für den Auftragnehmer gefährlich, weil der Kalkulator ja nur die einzelnen Positionen verpreist und bei umfangreichen Angeboten leicht übersehen kann, dass in der Vorbemerkung Leistungen beschrieben werden, die er irgendwo in eine Position einrechnen muss. Ist etwa in den Gerüstbaupositionen eines Leistungsverzeichnisses für eine Gebäudesanierung eindeutig beschrieben, dass das Gerüst für ein Wetterschutzdach geeignet sein muss, wird dieses dann aber nicht in einem eigenen Leistungstitel, sondern nur in einer Unterposition des Gerüst-LV beschrieben, dann ist trotz dieser unübersichtlichen Ausschreibung das Wetterschutzdach geschuldet (OLG Koblenz, Urt. v. 12.4.2010 – 12 U 171/09 und BGH, Beschl. v. 20.12.2010 – VII ZR 77/10). Allerdings erwähnt der BGH in den Entscheidungsgründen auch, dass bei einer derartig unklaren Ausschreibung ein Schadensersatzanspruch des Auftragnehmers in Betracht kommt, der in dem Verfahren aber nicht geltend gemacht wurde.

c) Es fehlen Detailangaben für die Ausführung der Leistung

465 Wenn der Normalfall eines VOB/B-Bauvertrags vorliegt, dann ist der Auftraggeber verpflichtet, dem Auftragnehmer rechtzeitig die für die Ausführung nötigen

Unterlagen zu übergeben (§ 3 Abs. 1 VOB/B). Jeder Auftragnehmer ist gut beraten, in Fällen fehlender Detailvorgaben beim Auftraggeber Rücksprache zu halten, anstatt eigenmächtig die Leistung auszuführen.

Beispiel: In einem Leistungsverzeichnis für Putzarbeiten ist u.a. die Position *„Setzen von Eckschutzschienen"* mit einer Menge von 500 m enthalten. Planerische Vorgaben, an welchen Stellen Eckschutzschienen gesetzt werden müssen, sind in den Vertragsplänen nicht enthalten. Der Auftragnehmer setzt an allen Ecken Eckschutzschienen, wodurch sich in der Schlussrechnung die abgerechnete Menge auf 1.200 m erhöht. **466**

Dem Positionstext kann nicht entnommen werden, wo die dort beschriebene Leistung ausgeführt werden soll. Deshalb ist es für den Auftragnehmer notwendig, im Falle fehlender Detailvorgaben mit dem Auftraggeber eine Klärung herbeizuführen. Versieht der Auftragnehmer eigenmächtig sämtliche Ecken mit Schutzschienen (die ihm die Arbeit erleichtern), kann er nicht ohne Weiteres erwarten, dass der Auftraggeber diese bezahlt. Möglicherweise lag dem Vordersatz von 500 m eine planerische Überlegung zugrunde, etwa dergestalt, dass nur bestimmte Ecken Schutzschienen erhalten sollten und andere nicht. **467**

Anders liegt der Fall dann, wenn beispielsweise aus 500 m am Ende 600 m Eckschutzschienen werden. Hier liegen Vordersatz- und am Ende ausgeführte Leistung nicht so weit auseinander, als dass sich dem Auftragnehmer aufdrängen musste, der Auftraggeber wolle möglicherweise nicht alle Ecken mit Schutzschienen versehen lassen. **468**

Der sicherste Weg für den Auftragnehmer besteht in allen diesen Fällen darin, von dem Auftraggeber die noch fehlenden Detailangaben rechtzeitig anzufordern. Da die *„Planungshoheit"* beim Auftraggeber liegt, hat es für den Auftragnehmer keinen Sinn, eigenmächtig Planungsentscheidungen zu treffen, die der Auftraggeber im Nachhinein für unzweckmäßig, falsch oder zu teuer hält. Fehlende Detailangaben können aber auch schon im Rahmen der Kalkulation zu Irrtümern des Auftragnehmers führen. **469**

Beispiel: In einem Leistungsverzeichnis für Rohbauarbeiten werden in getrennten Positionen die Schalungen zur Herstellung der Stützen, Decken und Wände beschrieben. Statisch-konstruktive Merkmale werden nicht genannt. Der Auftragnehmer kalkuliert mit dem Einsatz einer Systemschalung. Aus den Grundrissplänen, die der Ausschreibung nicht beigefügt waren, in die der Auftragnehmer aber Einsicht genommen hatte, war zu erkennen, dass die Wände und die darin befindlichen Stützen in einem Zug monolithisch herzustellen waren und deshalb eine Unikat-Schalung verwendet werden musste. **470**

471 Nach der Entscheidung des OLG Naumburg (Urt. v. 22.2.2013 – 12 U 120/12) steht dem Auftragnehmer hierfür keine zusätzliche Vergütung zu, da die Art der Herstellung sich aus der Statik ergab und die Wandvorlagen in den Grundrissplänen erkennbar waren. Das Problem besteht in Fällen wie diesem darin, dass der Kalkulator in aller Regel nicht alle relevanten Unterlagen kennt. Die Planeinsicht ist vermutlich nicht von ihm, sondern von anderen Mitarbeitern vorgenommen worden. In einem ähnlichen Fall aus dem Jahr 1975 hatte ein Auftragnehmer bei einem technisch anspruchsvollen Stahlbetonbauwerk, bei dem mit mehrlagigen Bewehrungen, Aussparungsbereichen bei Balkonen und Unterzügen, Versprüngen, Eckbewehrungen, dichten Bewehrungslagen und Rahmenbewehrungen zu rechnen war, ebenfalls mit dem Einsatz von Großflächenschalung kalkuliert. Der gerichtlich beauftragte Gutachter erklärte, dass der Kalkulator wohl alleine nicht erkennen konnte, dass überwiegend Kleinflächenschalung einzusetzen sei, aber dieses Wissen bei dem Bauunternehmen und seinen Technikern vorauszusetzen sei. Daraufhin wies der BGH die Klage ab (BGH, Urt. v. 25.6.1987 – VII ZR 107/86) und stellte dabei auch klar, dass der Auftragnehmer bei fehlenden Detailangaben zur Art der Schalung nicht ohne Weiteres die für ihn günstigste Ausführungsart unterstellen darf. Etwaige Zweifelsfragen seien durch eine Bieteranfrage beim Auftraggeber zu klären.

472 Das gilt erst recht, wenn im Zeitpunkt des Vertragsabschlusses nur Entwurfspläne existieren. In einer Entscheidung hat das Oberlandesgericht Düsseldorf einem Generalübernehmer eine zusätzliche Vergütung für eine Bohrpfahlgründung verwehrt (OLG Düsseldorf, Urt. v. 6.7.2006 – 5 U 89/05). Im Zeitpunkt des Vertragsabschlusses lagen weder die endgültige Genehmigungsplanung noch die Baugenehmigung vor, sondern lediglich eine Entwurfsplanung und ein Bodengutachten, das Jahre zuvor für ein anderes Bauprojekt auf dem Baugrundstück erstellt worden war und Gründungsempfehlungen enthielt. Ob die dort empfohlene tiefe Flachgründung auch für das vertragsgegenständliche Bauwerk taugte, konnte bei Vertragsabschluss nicht beurteilt werden. Aufgrund der späteren statischen Berechnungen stellte sich heraus, dass eine Bohrpfahlgründung notwendig war, die zu massiven Mehrkosten führte. Die Vertragsparteien hatten in einer Individualvereinbarung geregelt, dass sämtliche Gründungsmaßnahmen, deren Notwendigkeit sich aus dem Baugrundgutachten ergibt, einschließlich hiermit im Zusammenhang stehender eventuell erforderlicher zusätzlicher Gründungsmaßnahmen vom Pauschalpreis umfasst sein sollten. Die Entscheidung zeigt deutlich, dass der Auftragnehmer sich auf derartige Vereinbarungen nicht einlassen sollte und stattdessen bei Vertragsabschluss klarstellen muss, welche Leistungen in seinem Pauschalpreis enthalten sind und welche nicht, anstatt vertraglich das Risiko etwa erforderlicher zusätzlicher Gründungsmaßnahmen zu übernehmen.

473 Der sicherste Weg besteht in solchen Fällen für den Auftragnehmer darin, die Art und Weise der Herstellung (Einsatz von Systemflächenschalung/Flachgründung/

Art einer Abstützung etc.) ausdrücklich in den Vertrag aufzunehmen und so die Leistung zu konkretisieren. Bei öffentlichen Aufträgen, bei denen dieses Vorgehen nicht möglich ist, müssen Bieteranfragen gestellt werden, um Unklarheiten aufzuklären.

In fast allen Fällen, in denen eine Nachtragsforderung eindeutig oder überwiegend **474**
als berechtigt erscheint, einigen sich die Vertragsparteien in aller Regel auch auf eine zusätzliche Vergütung. Vor Gericht kommen sozusagen nur noch die „extremen Zweifelsfälle", was erklärt, dass Klagen in diesen Fällen häufig abgewiesen werden. Die hier aufgeführten Gerichtsentscheidungen dürfen deshalb nicht zu dem Schluss verleiten, dass jegliche Unklarheiten zulasten des Auftragnehmers gehen. Wenn in der Planung hinsichtlich einzelner Punkte der zu erbringenden Bauleistung keine Detailangaben enthalten sind, schuldet der Auftragnehmer eine Bauleistung, die sich für die nach dem Vertrag vorausgesetzte, sonst für die gewöhnliche Verwendung des Bauwerks eignet und eine Beschaffenheit aufweist, die bei Bauleistungen bzw. Bauwerken der gleichen Art üblich ist und die der Auftraggeber nach der Art des Werks erwarten kann. Verlangt der Auftraggeber etwas über diesen üblichen Standard Hinausgehendes, hat er die Mehrkosten zu bezahlen (BGH, Urt. v. 13.3.2008 – VII ZR 194/06).

d) Mengenangaben als Detailvorgabe für die Ausführung

Die Mengenangaben in einem Leistungsverzeichnis stellen im Regelfall eine Schät- **475**
zung des Auftraggebers dar. Diese muss mit der Realität nicht übereinstimmen. Wie bereits dargestellt, basiert diese Schätzung aber in der Regel auf planerischen Annahmen, sodass der Vordersatz in den meisten Fällen auch eine Planungsentscheidung des Auftraggebers (Entscheidung zum „Bauentwurf") beinhaltet.

Beispiel: Ein Auftragnehmer geht aufgrund der ausgeschriebenen Mengen **476**
(Vordersätze) für den Erdaushub und der Maße aus den übergebenen Plänen bei der Kalkulation seines Angebots im Rahmen einer öffentlichen Ausschreibung für Straßenbauarbeiten von einer Erdaushubtiefe von ca. 0,50 m aus. Tatsächlich gelangt er bei dieser Aushubtiefe aber noch nicht auf tragfähigen Boden und muss deshalb auf Anordnung des Auftraggebers den Erdaushub bis 1,60 m Tiefe vornehmen.

Hier handelt es sich nicht um eine bloße Mengenänderung beim Erdaushub, son- **477**
dern es liegt eine Änderung des Bauentwurfs durch den Auftraggeber vor. Die zusätzliche Vergütung richtet sich bei einem Einheitspreisvertrag nicht nach § 2 Abs. 3 VOB/B, sondern nach § 2 Abs. 5 VOB/B (OLG Düsseldorf, Urt. v. 13.3.1990 – 23 U 138/89). In einem ähnlich gelagerten Fall hielt der BGH allerdings nicht § 2 Abs. 5, sondern § 2 Abs. 6 VOB/B für anwendbar (BGH, Urt. v. 27.11.2003 – VII ZR 346/01). In beiden Fällen erhält der Auftragnehmer eine zusätzliche Vergütung.

478 Von besonderer Brisanz ist die Abgrenzung zwischen Mengenmehrung ohne Änderung des Bauentwurfs und Mengenmehrungen aufgrund von Änderungen des Bauentwurfs bei einem Pauschalpreisvertrag, bei dem der Auftragnehmer bekanntlich das Risiko einer Mengenerhöhung trägt.

479 **Beispiel:** Nach Vorgabe des Auftraggebers sollte ein Unternehmer mit Asbest belastete Eternitplatten demontieren und entsorgen. Die Menge war mit ca. 34.000 m^2 Eternitplatten angegeben und entsprach damit der Fläche des Daches. Ein Pauschalpreis wurde vereinbart. Nach Vertragsabschluss stellte sich heraus, dass weitere 16.000 m^2 belastete Eternitplatten aus Zwischendecken demontiert und entsorgt werden mussten.

480 Hier ergibt die Vertragsauslegung an Hand der ausgeschriebenen Menge, dass Auftraggeber und Auftragnehmer bei Vertragsabschluss davon ausgingen, dass nur die Dachfläche demontiert und entsorgt werden sollte. Mit dieser Detailfestlegung schuldete der Auftragnehmer auch nur diese Leistung für die vereinbarte Pauschalvergütung (OLG Düsseldorf, Urt. v. 25.2.2003 – 21 U 80/02). Die Anweisung, auch die Platten an den Zwischendecken zu entsorgen, war ein Zusatzauftrag im Sinne von § 1 Abs. 4 VOB/B. Allerdings hat das OLG Düsseldorf auch betont, dass der Auftragnehmer nach der Anordnung des Auftraggebers *verpflichtet* war, diese zusätzlichen Leistungen auch auszuführen und nicht nach Abbruch des Daches die Arbeiten einstellen durfte!

481 Die Vertragsauslegung kann allerdings auch ergeben, dass die Mengenangaben tatsächlich nur eine Schätzung darstellten.

482 **Beispiel:** Für Abbrucharbeiten wird ein Pauschalpreis vereinbart. Diese Vergütung setzt sich zusammen aus Pauschalen für den Abriss der drei Bauteile und diversen Zulagepositionen. In einer der für alle drei Bauteile ausgeschriebenen Zulagepositionen für „Abbruch, Estrich mit Trittschalldämmung" waren die Mehrstärken mit 3 cm (geschätzt) angegeben. Der Auftragnehmer stellt während der Arbeiten Estrichmehrstärken von über 4 cm fest.

483 Der BGH stellt hierzu fest, dass es sich nicht um eine Festlegung des Leistungsinhalts, sondern um eine Mengenschätzung gehandelt hat und deshalb die Leistungsverpflichtung Abriss und Entsorgung des gesamten Estrichs umfasste (BGH, Urt. v. 30.6.2011 – VII ZR 13/10). Allenfalls könne aus der erheblichen Mengenerhöhung ein Preisanpassungsanspruch gemäß § 2 Abs. 7 VOB/B resultieren (vgl. Kapitel E, Rn. 691 ff.). Ähnlich ist die Situation, wenn eine bestimmte Menge Stahl ausgeschrieben ist, sich später aber herausstellt, dass deutlich mehr Stahl eingebaut werden muss. Wenn sich aus der vorliegenden Statik (oder auch aus einer Schätzung an Hand von Erfahrungswerten) ergibt, dass die ausgeschriebene Menge von vornherein zu gering war, liegt der Men-

genangabe im LV eine schlichte Fehleinschätzung und eben keine planerische Annahme zugrunde.

e) Widersprüchliche Detailvorgaben für die Ausführung von Leistungen

Da der „Bauentwurf" oft aus mehreren Bestandteilen besteht, sind die Detailregelungen häufig widersprüchlich. **484**

Beispiel: In der Baubeschreibung für ein Bürogebäude ist geregelt, dass die Treppenhauswände in Sichtbeton ausgeführt werden. In dem Raumbuch ist das Treppenhaus mit einer Raumnummer bezeichnet und dort ist ein Gipsputz vorgesehen. Beide Unterlagen sind Vertragsbestandteil. Der Auftragnehmer fragt sich, was er schuldet. **485**

Da die VOB/B zu Widersprüchen innerhalb der Baubeschreibung keine Aussage trifft, ist es sinnvoll, eine vertragliche Festlegung zur Rangfolge der einzelnen Vertragsbestandteile zu treffen, auch wenn die Wirksamkeit solcher Rangfolgeklauseln nur begrenzt ist. Wenn beispielsweise geregelt wäre, dass die Baubeschreibung vorrangig vor dem Raumbuch gilt, würde es nahe liegen, im Wege der Vertragsauslegung Sichtbeton als geschuldetes Wandmaterial zu ermitteln. Gemäß dem Grundsatz, dass die detailliertere Beschreibung einer Leistung in der Regel vorrangig vor allgemeinen und eventuell gar nicht projektbezogenen Beschreibungen gilt, kann in manchen Fällen ein Auslegungsergebnis gewonnen werden. Sind jedoch beide sich widersprechenden Beschreibungen ähnlich detailliert und projektbezogen, ist dies nicht möglich. **486**

Das Ergebnis der Vertragsauslegung vor Gericht ist – ob mit oder ohne Rangfolgeklausel – in solchen Fällen nicht vorhersehbar. Es hängt von vielen Einzelheiten, eben der Gesamtheit der Vertragsumstände, ab, ob ein Gipsputz oder Sichtbeton geschuldet wird. Der praktische Hinweis für den Auftragnehmer kann daher nur lauten, dass er bei widersprüchlichen Detailvorgaben mit dem Auftraggeber eine Klärung herbeiführt und eine Anordnung dazu verlangt, wie die Leistung ausgeführt werden soll. Entscheidet sich der Auftraggeber für den Putz, hat der Auftragnehmer vermutlich Geld gespart und wird sich keine weiteren Gedanken darüber machen, ob er eventuell doch Sichtbeton geschuldet hätte. Will der Auftraggeber hingegen die Ausführung in Sichtbeton, bleibt es dem Auftragnehmer immer noch unbenommen, hierfür einen Nachtrag zu stellen und die Mehrkosten gegenüber der Ausführung mit einem Gipsputz mit der Begründung geltend zu machen, nach seiner Auffassung sei trotz der Rangfolgeklausel im Vertrag das zeitlich später erstellte und inhaltlich detailliertere Raumbuch für die Ausführung maßgeblich. Ebenfalls kann der Auftragnehmer darauf hinweisen, dass nicht auflösbare Widersprüche in den vom Auftraggeber erstellten Vertragsunterlagen zu seinen Lasten gehen (OLG Dresden, Urt. v 19.6.2018 – 6 U 1233/17). **487**

f) Detaillierte Vorgaben zu Bauleistungen bzw. Bauteilen widersprechen funktionalen Vorgaben

488 Wir haben oben bereits erwähnt, dass eine nur funktionale Baubeschreibung den Nachteil hat, dass die geschuldete Qualität der Bauleistung nicht ausreichend beschrieben wird. Aus diesem Grunde gibt es in der Praxis keine reinen Funktionalbeschreibungen, sondern alle Baubeschreibungen enthalten neben funktionalen Vorgaben auch detaillierte Angaben zur auszuführenden Leistung.

489 **Beispiel:** Die Baubeschreibung für ein Appartementhaus besteht aus mehreren Teilen. In der allgemeinen Baubeschreibung ist eine Rohbauhöhe von 300 cm vorgesehen, wovon 10 cm für den Fußbodenaufbau und 30 cm für eine abgehängte Decke vorgesehen sind, sodass die endgültige Raumhöhe 260 cm betragen soll. In der Baubeschreibung der Technischen Gebäudeausrüstung sind u.a. Klimageräte zum Einbau in die abgehängte Decke vorgesehen. Der Auftraggeber hat, um hinsichtlich der Qualität sicherzugehen, einen genauen Typ eines bestimmten Herstellers vorgegeben. Während der Bauausführung stellt sich heraus, dass das vom Auftraggeber vorgesehene Klimagerät von seinen Abmaßen nicht in den Zwischenraum der abgehängten Decke hineinpasst. Ein anderes Gerät, welches die gleichen Leistungsparameter besitzt, aber geringere Abmessungen hat, kostet deutlich mehr.

490 In dem obigen Beispiel liegt ein klarer Planungsfehler des Auftraggebers vor. Dieser hatte zwar für die Technische Gebäudeausrüstung eine Funktionalbeschreibung erstellt, dort aber hinsichtlich der Lüftungsgeräte ganz konkrete Detailvorgaben gemacht. Im Nachhinein stellte sich heraus, dass diese Detailvorgaben falsch waren. Der Auftragnehmer möchte nun im Wege der Vertragsauslegung erfahren, was er als Leistung schuldet. Die Frage kann in dieser Form nicht beantwortet werden. Hinsichtlich der vom Auftragnehmer zugesagten Leistung liegt objektiv Unmöglichkeit vor. Der Auftragnehmer kann nicht einerseits die Raumhöhe von 2,60 m einhalten und andererseits das vorgeschriebene Klimagerät einbauen. Beide Vorgaben schließen einander aus. Der Auftragnehmer muss zunächst eine Anordnung des Auftraggebers einholen, wie dieser die Leistung ausgeführt haben will. Der Auftragnehmer kann nämlich nicht wissen, was vorliegend dem mutmaßlichen Willen des Auftraggebers entspricht. Hat dieser das Gebäude bereits verkauft, muss er möglicherweise unbedingt die Raumhöhe von 2,60 m einhalten. Ist das Gebäude zur Vermietung vorgesehen, reicht möglicherweise auch eine Raumhöhe von 2,57 m aus und die vorgesehenen Geräte können eingebaut werden.

491 Eine andere Frage ist, ob der Auftragnehmer für den Fall, dass der Auftraggeber den Einbau eines teureren Klimagerätes verlangt, um die Deckenhöhe einzuhalten, eine zusätzliche Vergütung verlangen kann. Nach allgemeiner Meinung hat der Auftragnehmer in solchen Fällen regelmäßig Anspruch auf zusätzliche Vergü-

tung. Denn auch bei Abschluss eines Bauvertrags auf der Grundlage einer funktionalen Leistungsbeschreibung haftet der Auftragnehmer nicht für Planungsfehler des Auftraggebers.

Sobald also bei Vertragsabschluss Detailvorgaben existieren und sich später herausstellt, dass diese Detailvorgaben aus technischen Gründen nicht umsetzbar sind, besteht ein Anspruch auf Mehrvergütung auch beim Globalpauschalpreisvertrag, wenn der Auftragnehmer dieses Risiko nicht ausdrücklich übernommen hat. 492

Beispiel: Ein Unternehmer hat sich zur schlüsselfertigen Errichtung eines Universitätsgebäudes in Mainz verpflichtet. Der Vertrag enthält neben allgemeinen Vorgaben eine detaillierte Leistungsbeschreibung mit Plänen. Gleichzeitig wird der Unternehmer zu einer schlüsselfertigen Leistung mit „Globalpauschalpreisabrede" verpflichtet. Die detaillierte Ausführungsplanung der Fassade ließ sich jedoch aus statischen Gründen nicht verwirklichen, sodass eine vollkommen neue Konstruktion gewählt werden musste. 493

Das OLG Koblenz sprach dem Unternehmer die verlangte zusätzliche Vergütung zu (OLG Koblenz, Urt. v. 31.3.2010 – 1 U 415/08). Das Argument des Auftraggebers, der Unternehmer habe durch eine „einfache statische Überschlagsberechnung" erkennen müssen, dass die geplante Konstruktion nicht realisierbar gewesen sei, lässt es nicht gelten. Auch bei einem Globalpauschalpreisvertrag geben Detailvorgaben die für den vereinbarten Preis geschuldete Leistung vor. 494

g) Detaillierte Vorgaben zu Bauleistungen widersprechen Regeln der Technik

Hier gilt sinngemäß das bereits im vorherigen Punkt a) Gesagte. Der Auftragnehmer schuldet grundsätzlich eine den allgemein anerkannten Regeln der Technik entsprechende Bauleistung. Stellt er fest, dass dies mit detaillierten Vorgaben im Leistungsverzeichnis, der Baubeschreibung oder in Plänen im Widerspruch steht, darf er nicht ohne Rückfrage die Leistung entsprechend den falschen Detailvorgaben ausführen. 495

Es ist der Entscheidung des Auftraggebers überlassen, ob dieser an seinen Detailvorgaben festhält oder nicht. 496

Beispiel: In einem Vertrag über Abdichtungsarbeiten ist beschrieben, dass der Auftragnehmer als Schutz vor Bodenfeuchtigkeit eine Bitumenbeschichtung mit einer Trockenschichtdicke von 2 mm Stärke aufbringen soll. Nach der einschlägigen DIN 18195 ist jedoch eine Schichtdicke von mindestens 3 mm vorgesehen. 497

Der Auftragnehmer kann nicht wissen, was dem mutmaßlichen Willen des Auftraggebers entspricht. Bei der vertraglichen Festlegung von 2 mm Trockenschichtdicke kann es sich um einen Schreibfehler oder um eine bewusste Planungsent- 498 scheidung des Auftraggebers handeln. Die Planungsentscheidung kann allerdings auf Unkenntnis der Regeln der Technik beruhen. Der Auftragnehmer schuldet eine funktionsgerechte Werkleistung, was in aller Regel voraussetzt, dass die einschlägigen DIN-Normen eingehalten werden. Ist sich der Auftragnehmer sicher, dass er eine mangelhafte Leistung herstellen würde, sollte er vor Ausführung der Arbeiten eine schriftliche Haftungsfreistellung verlangen.

499 Die Frage der Mehrvergütungsansprüche aufgrund höheren Materialverbrauchs ist hiervon unabhängig. Der Auftragnehmer kann für den gestiegenen Materialverbrauch eine zusätzliche Vergütung beanspruchen.

h) Überraschende Detailfestlegungen

500 Regelungen in Baubeschreibungen und Plänen haben mitunter für den Auftragnehmer überraschenden Charakter.

501 Häufig finden sich unerwartete Detailfestlegungen in den Vorbemerkungen der Leistungsverzeichnisse oder in der Legende von Ausführungsplänen. So wird für alle Bauteile aus Beton die Einhaltung der erhöhten Ebenheitstoleranzen nach der DIN 18202 verlangt, obwohl dies für die konkrete Bauaufgabe überhaupt nicht erforderlich ist. Solche Vorgaben dienen häufig dazu, später Abzüge wegen Nichteinhaltung eben jener erhöhten Ebenheitstoleranzen vornehmen zu können.

502 In solchen Fällen muss der Auftragnehmer prüfen, ob die betreffende Festlegung an versteckter Stelle steht oder ihm auf andere Weise „untergeschoben" wurde. Wenn das der Fall ist, kann er argumentieren, dass die betreffende Festlegung als Allgemeine Geschäftsbedingung nicht wirksam Vertragsbestandteil wurde. Andernfalls muss der Auftragnehmer die Leistung in der vorgegebenen Qualität ausführen und beim nächsten Auftrag die Unterlagen aufmerksamer lesen.

i) Detailfestlegungen durch den Auftraggeber nach Vertragsabschluss

503 Oftmals erhält der Auftragnehmer zur Angebotserstellung nur eine Entwurfsplanung. Diese kann zudem noch unvollständig sein. Erst nach Vertragsabschluss teilt der Auftraggeber weitere Einzelheiten der auszuführenden Leistung mit, etwa zur geplanten Nutzung, zu Sicherheitsanforderungen oder anderen Punkten.

504 Für den Auftragnehmer stellt sich die Frage, ob es sich hierbei nur um eine Konkretisierung der vertraglich geschuldeten Leistung handelt oder ob eine Änderung des Bauentwurfs vorliegt.

505 **Beispiel:** Ein Unternehmer soll eine Halle mit Sozialräumen, darunter eine Bistroküche, errichten. In der Leistungsbeschreibung heißt es: *„Planung, Lieferung und Einbau einer mechanischen Lüftungsanlage je nach Erfordernis für Bistro und Bistroküche"*. Die Vertragspläne weisen ein Bistro von 30 m^2 und eine Bistroküche von 16 m^2 aus. Was später in der Bistroküche an Speisen angeboten

werden soll, ist im Vertrag nicht geregelt. Erst nach Vertragsabschluss übergibt der Auftraggeber einen Kücheneinrichtungsplan, nach dem ein Dönergrill, ein Lavasteingrill, eine Doppelfritteuse, ein Gasherd und weitere Küchengeräte geplant sind, die sich zudem nicht nur in der eigentlichen Bistroküche, sondern teilweise auch im Bistrobereich selbst befinden sollen.

Der Auftragnehmer fordert für die Küchenentlüftung eine zusätzliche Vergü- 506
tung. Er argumentiert, dass die Ausstattung der Küche weit über das hinausginge, womit er bei Vertragsabschluss gerechnet habe. Nachdem der Auftragnehmer noch vor dem OLG Brandenburg verloren hatte, gab ihm der BGH Recht (BGH, Urt. v. 13.3.2008 – VII ZR 194/06). Wenn kein bestimmter Verwendungszweck vertraglich vereinbart ist, dann muss die Werkleistung für die übliche Verwendung geeignet sein, d.h. hier, dass die Lüftung der Bistroküche für die gewöhnliche Nutzung im Umfang einer solchen Bistroküche geeignet sein muss. Die vom Auftraggeber nach Vertragsabschluss vorgesehene Ausstattung mit Küchengeräten ging deutlich über das hinaus, was üblicherweise in einem Bistro zur Mitarbeiterverpflegung vorhanden ist. Hier lag eine Änderung des Bauentwurfs vor, was in dem konkret entschiedenen Fall noch dadurch bekräftigt wurde, dass der Auftraggeber nach Vertragsabschluss auch die Grundrisse geändert und den Bistrobereich vergrößert hatte.

4. Hauptfälle unvollständiger oder unklarer Vergütungsabrede

a) Abrechnungsvorgaben für Einheitspreispositionen

Mitunter sind Einheitspreispositionen hinsichtlich der Abrechnung der Leistung 507
unklar formuliert. Derartiges kann beispielsweise vorkommen, wenn Texte aus dem Standardleistungsbuch nicht vollständig übernommen werden.

Beispiel: Eine Position zur Verlegung von mehrzügigen Kabelschutzrohren lautet: „Kabelschutzrohre, einschließlich fester Rohrverbindung einbauen. Rohröffnung dicht verschließen. Material: PVC-hart-Rohr (100 x 5,3 DIN 8062) Verlegeart – mehrrohrig (vierzügig) mit Sandummantelung, außen min. 10 cm dick. Verzinkten Zugdraht einziehen." Der Auftraggeber vertritt die Auffassung, dass der Abrechnung pro m der vierzügige Kanal zugrunde zu legen ist. Dem widerspricht der Auftragnehmer und fordert die Abrechnung pro zu verlegendem Einzelkabelschutzrohr.

Der Auftragnehmer bekommt Recht (VOB-Stelle Niedersachsen, Stell. v. 28.2.1996 – 508
Fall 1096). Möglicherweise hätte man das bei Auswertung des gesamten Mengengerüstes des LV und Abgleich mit den Plänen auch anders sehen können.

Beispiel: Der Einheitspreis (EP) der LV-Position 50.3.10 Verbau für eine „Grabentiefe bis 4 m" ist deutlich niedriger als der EP für eine „Grabentiefe 4,01 bis 6,0 m" (LV-Position 50.3.20). Der AG meint, bei Gräben mit einer Tiefe von über 4 m seien die ersten 4 m des Verbau nach der – günstigeren – Position 50.3.10 zu vergüten. Die – teurere – Position 50.3.20 finde nur auf die Verbauarbeiten Anwendung, die in einer Tiefe von über 4 m ausgeführt worden seien. Der AN steht demgegenüber auf dem Standpunkt, der Verbau für alle Gräben mit einer Tiefe von über 4 m sei insgesamt zum höheren EP der LV-Position 50.3.20 zu vergüten und verlangt Zahlung von € 452.600,–.

509 Das Gericht sieht das LV zwar als nicht eindeutig an, kommt aber nach einer Gesamtbetrachtung des Mengengerüstes und der Pläne zu dem Ergebnis, dass für die Bieter erkennbar war, dass nur die Bauarbeiten mit einer Tiefe von über 4 m nach der Position 50.3.20 abgerechnet werden können (OLG Dresden, Urt. v. 31.5.2011 – 6 U 1798/10).

510 In vielen Fällen helfen die Abrechnungsvorschriften der VOB/C, Unklarheiten hinsichtlich der Abrechnung der Leistung zu klären. Mitunter sind jedoch in Positionstexten des Leistungsverzeichnisses von der VOB/C abweichende Abrechnungsvorschriften enthalten.

511 **Beispiel:** In einem Langtext-Leistungsverzeichnis findet sich unter dem Positionstext für die Schalung von Betonwänden der Hinweis: *„Abrechnung nach Quadratmeter Wandfläche"*. In seiner Schlussrechnung rechnet der AN die zweiseitige Schalung von Wänden in Anwendung der DIN-Norm 18331 nach tatsächlich geschalter Fläche ab. Der AG kürzt die betreffende Rechnungsposition um € 183.475,– wegen Doppelabrechnung.

512 Der Auftragnehmer hat Glück. Im Kurztext seines Angebots-LV war der entsprechende Satz nicht enthalten. Nur das Angebots-LV wurde zum Vertragsbestandteil gemacht, verbunden mit der Aussage, dass Nebenabreden nicht getroffen wären. Mangels abweichender Vereinbarung durfte der Auftragnehmer nach VOB/C abrechnen (OLG München, Urt. v. 7.6.2016 – 9 U 1677/15 Bau). Enthält der Vertrag aber eine besondere Aufmaßvorschrift, geht diese als die speziellere Vertragsnorm der allgemeinen Bezugnahme des Vertrags auf die VOB/C und die in Abschnitt 5 der davon umfassten DIN-Normen enthaltenen Aufmaßvorschriften vor (OLG Frankfurt, Beschl. v. 26.3.2019 – 21 U 17/18).

513 Einen ähnlichen Fall hatte die VOB-Stelle Niedersachsen zu entscheiden (Stell. v. 1.8.1996 – Fall 1088):

514 **Beispiel:** In einer Leistungsbeschreibung für Erdarbeiten heißt es im Positionstext des Bodenaushubs *„Vergütet wird nur der vom Bauwerk zzgl. eines allseitigen Arbeitsraumes von 1,00 m verdrängte Aushub"*. Die Bodenverhältnisse sind nicht angegeben.

515 In der Schlussrechnung hatte der Auftragnehmer gleichwohl nach Abschnitt 5.2 der DIN 18300 abgerechnet, und zwar mit einem Böschungswinkel der Baugrube.

Die VOB-Stelle war der Ansicht, die von der VOB/C abweichende Abrechnungsmethode sei wirksam vereinbart und der Auftraggeber könne die Rechnung entsprechend kürzen. Seinerzeit war diese Entscheidung stark umstritten, inzwischen hat sich aber die Auffassung durchgesetzt, dass vertraglich vereinbarte abweichende Abrechnungsvorschriften den Regelungen der VOB/C vorgehen.

b) Unklare Reichweite einer Pauschalierung der Vergütung

Pauschalvertrag ist nicht gleich Pauschalvertrag. Es ist in jedem Einzelfall durch Auslegung des Vertrags zu ermitteln, inwieweit die Vertragsparteien das Mengenrisiko, das Risiko der Unvollständigkeit und das Risiko der Fehlerhaftigkeit der auftraggeberseitigen Planung auf den Auftragnehmer übertragen haben bzw. inwieweit der Auftragnehmer die genannten Risiken seiner eigenen Planung übernommen hat. Wir verweisen insofern auf die Ausführungen im Kapitel E und wollen an dieser Stelle nur anmerken, dass sich bei Pauschalpreisvereinbarungen und Komplettheitsklauseln in Bauverträgen häufig nicht die Frage stellt, ob die betreffende Klausel völlig unwirksam ist, sondern welche Sachverhalte die Parteien mit dieser Vertragsklausel regeln wollten und geregelt haben und welche nicht (BGH, Beschl. v. 26.2.2004 – VII ZR 96/03). In dem genannten Fall hat der BGH zutreffend entschieden, dass mit der dort behandelten Vertragsklausel das Massenänderungsrisiko nicht auf den Auftragnehmer übertragen wurde. Unklarheiten hinsichtlich der Reichweite der Pauschalpreisabrede gehen bei Anwendbarkeit des Rechts der Allgemeinen Geschäftsbedingungen zulasten des Verwenders der Klausel. **516**

Hat der Auftraggeber – wie im Regelfall – eine detaillierte Leistungsbeschreibung erstellt, trägt er die Beweislast dafür, dass eine dort nicht erwähnte Leistung gleichwohl vom Pauschalpreis mit umfasst sein sollte (OLG Bremen, Urt. v. 2.3.2009 – 3 U 38/08; OLG Düsseldorf, Urt. v. 13.11.2007 – 21 U 256/06). Solche besonderen Risikoübernahmen haben nämlich Verzichtscharakter (BGH, Urt. v. 13.3.2008 – VII ZR 194/06) und wer einen Verzicht behauptet, muss ihn auch beweisen. Auch bei Sanierungsarbeiten kann allein aus einer Pauschalpreisvereinbarung nicht geschlossen werden, dass der Auftragnehmer das Risiko übernimmt, im Leistungsverzeichnis nicht erwähnte, aber erforderliche Leistungen ohne zusätzliche Vergütung ausführen zu müssen (OLG Düsseldorf, Urt. v. 25.11.2008 – 23 U 13/08). Allerdings muss der Auftragnehmer im Streitfall durch Vorlage der entsprechenden Unterlagen erst einmal nachweisen, dass die strittige Leistung in der Leistungsbeschreibung (Leistungsverzeichnis, Vertragspläne etc.) tatsächlich nicht erwähnt war. **517**

Hat der Auftragnehmer die Leistungsbeschreibung selbst erstellt, indem er ohne Übergabe eines LV ein Angebot unterbreitet hat, gehen Widersprüche bei der Auslegung des der Auftragserteilung zugrunde liegenden Angebots zu seinen Lasten **518**

(OLG Zweibrücken, Urt. v. 28.9.2016 – 7 U 66/14). Im entschiedenen Fall ging es um die Lieferung neuer Fenster. Der Auftragnehmer lieferte auch neue Fensterbänke, was wegen der Einbautiefe der Fenster erforderlich war. Nach Beweisaufnahme durch Befragung von Zeugen blieb unklar, ob die Einbautiefe und die Erforderlichkeit neuer Fensterbänke vor Vertragsabschluss besprochen worden waren oder nicht.

c) Zusatzleistung als Nachtrag oder im Stundenlohn

519 Mitunter werden auf der Baustelle zusätzliche Leistungen vom Auftraggeber angeordnet, ohne dass über die Vergütung eine klare und eindeutige Vereinbarung getroffen wurde. Üblich sind beispielsweise Klauseln wie *„Abrechnung zum Nachweis"*. Der Auftraggeber versteht darunter eine Abrechnung nach Aufmaß, der Auftragnehmer nach nachgewiesenem Zeitaufwand. Für diesen konkreten Fall enthält § 2 Abs. 10 VOB/B allerdings eine Regelung dahingehend, dass Arbeiten im Stundenlohn nur dann vergütet werden, wenn dies ausdrücklich so vereinbart war. Mangels einer ausdrücklichen Vereinbarung ist die Formulierung *„Abrechnung zum Nachweis"* so zu verstehen, dass die Leistungen nach Aufmaß und Einheitspreisen abzurechnen sind.

5. Bausoll-Ermittlung und Nachunternehmerbeauftragung

520 Jeder Auftragnehmer, der Teile der Werkleistung an Nachunternehmer weiter vergeben will, ist bemüht, dass, was er selbst gegenüber seinem Auftraggeber schuldet, nach Möglichkeit „eins zu eins" an den Nachunternehmer weiterzugeben. Der Bauleiter, der mit der Nachunternehmervergabe beauftragt ist, sollte sich allerdings darüber im Klaren sein, dass es schwierig und bisweilen unmöglich ist, tatsächlich zu hundert Prozent alle Verpflichtungen an den Nachunternehmer „durchzustellen".

521 Bei der Weitervergabe der Bauleistung tauchen die gleichen Probleme auf, die jeder Auftraggeber bei der gedanklichen Aufteilung der Gesamtleistung in Teilleistungen hat (vergessene Leistungen, Schnittstellen etc.). Ungeachtet dieser Risiken muss der Bauleiter dafür sorgen, dass so weit als möglich das Bausoll an den Nachunternehmer weitergegeben wird. Dazu gehört insbesondere, dass der Bauleiter aus den verschiedenen Vertragsunterlagen, die im Verhältnis zum Auftraggeber gelten, alle relevanten Unterlagen heraussucht, die für das betreffende Gewerk des Nachunternehmers oder für die betreffende Teilleistung von Bedeutung sein können.

522 **Beispiel:** Ein Generalunternehmer hat mit dem Auftraggeber einen Bauvertrag, zu dem eine Vielzahl von Vertragsunterlagen gehören. Diese bestehen aus einer funktionalen Leistungsbeschreibung, aus Entwurfsplänen, aus sogenannten *„Leit-Details"*, aus der Baugenehmigung, Bodengutachten, Brandschutzgutachten etc. Alle Vertragsunterlagen zusammen füllen 37 Aktenordner.

Wenn der Generalunternehmer nun im Wege der Einzelvergabe Nachunternehmer beauftragt, kann er schlecht jedem Nachunternehmer ebenfalls die 37 Aktenordner aushändigen. Vielmehr muss der Bauleiter gründlich und gewissenhaft diese Unterlagen daraufhin durchsehen, welche Teile hiervon für die Leistung des Nachunternehmers tatsächlich relevant sind und er muss diese Unterlagen möglichst vollständig zusammenstellen. **523**

Gleichzeitig steht der Bauleiter oft vor dem Problem, dass er dem Nachunternehmer zur Angebotskalkulation nicht einfach einen Auszug aus der funktionalen Leistungsbeschreibung nebst einem Ordner „Pläne" zur Verfügung stellen kann. Würde er so vorgehen, bekäme er vermutlich keine ausreichende Anzahl vergleichbarer Angebote. Deshalb wird durch den Generalunternehmer bzw. ein von ihm beauftragtes Planungsbüro die funktionale Leistungsbeschreibung in ein Langtext-LV *„übersetzt"*. Dabei können die oben schon beschriebenen Fehler auftauchen. Der Bauleiter muss folglich prüfen, ob auf dem Weg von der Funktionalbeschreibung des Generalunternehmervertrags zum Langtext-LV des Nachunternehmervertrags das Bausoll aus dem Generalunternehmervertrag tatsächlich vollständig in das Bausoll des Nachunternehmervertrags eingeflossen ist und Schnittstellen zu Nachbargewerken geklärt sind. **524**

6. Durchstellen sonstiger Vertragsbedingungen an Nachunternehmer

Neben der Synchronisierung der Leistungspflichten versucht der Generalunternehmer häufig, weitere Vertragsbedingungen, die er mit seinem Auftraggeber vereinbart hat, in das Vertragsverhältnis zu seinem Nachunternehmer einzubeziehen. **525**

Benutzt der Generalunternehmer sein eigenes Vertragswerk und macht gleichzeitig alle Regelungen des Generalunternehmervertrags zum Vertragsbestandteil, kann dies zu Unklarheiten führen, welche Regelung nun eigentlich gelten soll. In solchen Fällen kann unter Umständen keine der konkurrierenden Bestimmungen angewendet werden und es gilt die VOB/B bzw. dort, wo diese keine Auffangregelung enthält, das Gesetz (BGH, Urt. v. 16.3.2006 – I ZR 65/03). **526**

Beispiel: Ein Bauherr errichtet ein Mehrfamilienhaus. Er vereinbart mit dem Generalunternehmer, dass je nach Verkauf der Wohnungen im Endausbau einzelne Leistungen zurückgestellt oder ganz aus dem Vertrag herausgenommen werden können und der Generalunternehmer hierfür keine Entschädigung erhält. Mit dem Nachunternehmer für Parkettarbeiten wird ein gewöhnlicher Einheitspreisvertrag über die Verlegung von ca. 2.094 m^2 Parkett vereinbart. Gleichzeitig sollen alle Regelungen des Generalunternehmervertrags auch für das Vertragsverhältnis mit dem Nachunternehmer gelten. Tatsächlich werden nur 244 m^2 Parkett ausgeführt, der Nachunternehmer verlangt entgangenen Gewinn in Höhe von € 22.633,–. **527**

528 Der BGH gibt dem Nachunternehmer Recht (BGH, Urt. v. 12.7.2007 – VII ZR 154/06). Unabhängig von der Frage, ob bereits die Vertragsklausel des Generalunternehmervertrags – also der Ausschluss jeglicher Entschädigung für entfallene Leistungen – als Allgemeine Geschäftsbedingung unwirksam ist, erklärt der BGH, der Verweis auf die Kündigungsfolgenregelung im Generalunternehmerpauschalpreisvertrag sei für den Nachunternehmer, der einen Einheitspreisvertrag abgeschlossen hatte, überraschend, sodass diese Regelung nicht Bestandteil des Nachunternehmervertrags geworden sei.

529 Der Generalunternehmer hätte das gewünschte Ergebnis nur mit einer transparenten Vertragsgestaltung erreichen können, etwa dadurch, dass im Verhandlungsprotokoll ausdrücklich festgehalten wird, dass eine Leistung „auf Abruf durch den Auftraggeber" vereinbart wird und der Nachunternehmer keinen Anspruch darauf hat, dass für sämtliche Wohnungen tatsächlich eine Parkettverlegung abgerufen wird.

7. Im Vertrag nicht geregelter Bauablauf

530 Neben der Beschreibung der Bauleistung und der hierfür zu zahlenden Vergütung gibt es eine Vielzahl weiterer regelungsbedürftiger Punkte. Dazu zählt insbesondere der zeitliche Ablauf der Leistungserbringung. Nachrangig und die vertraglichen Vereinbarungen ergänzend gelten die Vorschriften der VOB/B und des Bürgerlichen Gesetzbuches.

531 Was die Pflichten des Auftragnehmers zum Baubeginn, zur zügigen Durchführung der Arbeiten und zu Abhilfemöglichkeiten des Auftraggebers angeht, so enthält § 5 VOB/B ausführliche Regelungen. Zu der Frage, ob und inwieweit der Auftraggeber einseitig den Bauablauf bestimmen kann, schweigt die VOB/B jedoch. Allerdings gibt es für einige Gewerke Regelungen in der VOB/C. So ist in Ziffer 4.1.9 der DIN 18380 (Heizanlagen) geregelt, dass das Fertigstellen von Bauteilen in mehreren Arbeitsgängen zur Ermöglichung von Arbeiten anderer Unternehmer nur dann eine nicht zu vergütende Nebenleistung ist, wenn die eigenen Leistungen im Zuge gleichartiger Arbeiten kontinuierlich erbracht werden können. Sind diese Voraussetzungen nicht gegeben, handelt es sich um besondere Leistungen nach Abschnitt 4.2.32. Ähnliche Regelungen sind in anderen ATV von haustechnischen Gewerken enthalten. Im Trockenbau gibt es in der DIN 18340 die Festlegung, dass das einseitige Stellen von Wänden und das zeitlich getrennte Schließen nicht gesondert vergütet werden, aber nur dann, wenn die nachträglichen Leistungen im Zuge gleichartiger Trockenbauarbeiten kontinuierlich erbracht werden können. Muss der Trockenbauer hingegen die Arbeiten unterbrechen, um Installationen zu ermöglichen, sind die Mehrkosten der zeitlich getrennten Ausführung zusätzlich zu vergüten. Allerdings ist immer zu prüfen, ob eine (wirksame) abweichende vertragliche Vereinbarung vorliegt.

Ansonsten muss in Fällen des nicht geregelten Bauablaufs auf die gesetzlichen Regelungen zurückgegriffen werden.

Beispiel: Eine Firma soll einen Doppelboden in einem Bauvorhaben verlegen. Unterhalb des Doppelbodens verläuft eine Vielzahl von Versorgungsleitungen. Der Auftragnehmer hat mit den Verlegearbeiten begonnen, als ihm der Auftraggeber mitteilt, er könne in den Büroräumen den Doppelboden nur teilweise schließen. Bestimmte von der Bauleitung gekennzeichnete Bereiche seien offen zu lassen, weil dort noch nachträglich bisher fehlende Versorgungsleitungen verlegt werden würden. Im Vertrag haben die Parteien nicht geregelt, ob eine durchgängige Leistungserbringung möglich ist oder ob der Auftraggeber berechtigt ist, Teilbereiche zurückzustellen. **532**

In diesem Fall gilt § 271 BGB. Wenn im Vertrag hierzu nichts geregelt ist und sich auch aus den bei Vertragsabschluss bekannten Umständen nichts anderes ergibt, kann die Leistung im Zweifel vom Auftraggeber sofort verlangt werden und – das interessiert hier – ist der Auftragnehmer berechtigt, die Leistung sofort zu erbringen. Aus dem Gesetz ergibt sich also die Antwort, dass der Auftragnehmer berechtigt wäre, den gesamten Fußboden in einem Zug zu verlegen, denn das Gesetz ergänzt insoweit die fehlende Vertragsregelung. Wenn der Auftraggeber das nicht will, kann er anordnen, dass bestimmte Teilbereiche noch nicht geschlossen werden. Eine solche Anordnung hindert den Auftragnehmer an der Fertigstellung seiner Leistung, was für ihn erhebliche rechtliche und wirtschaftliche Nachteile mit sich bringt. **533**

Gemäß § 6 VOB/B hat er Anspruch auf Bauzeitverlängerung und gemäß § 2 Abs. 5 VOB/B auf Ersatz der entstehenden Mehrkosten. Darüber hinaus greifen aber auch die gesetzlichen Regelungen ein. Nimmt der Auftraggeber die ihm angebotene Leistung nicht an und gerät er dadurch in Annahmeverzug (§ 293 BGB), geht das Risiko („die Gefahr") von Beschädigungen der Werkleistung auf ihn über. Das Gleiche gilt, wenn der Auftraggeber Anordnungen trifft, die zu Beschädigungen führen. Unterbricht der Auftraggeber etwa die Arbeiten und kommt es wegen der Unterbrechung zu Schäden an den teilweise bereits fertiggestellten Leistungen, dann haftet der Auftraggeber für diese Schäden, es sei denn, der Auftragnehmer hat die Schäden mit zu vertreten. **534**

Beispiel: Eine Firma baut eine Fußbodenheizung in einem Einfamilienhaus. Der Auftraggeber ordnet im Sommer einen Baustopp an, der sich schließlich zwei Jahre hinzieht. In dieser Zeit kommt es zu Frostschäden an den schon verlegten Heizungsrohren. Der Auftraggeber verlangt kostenlose Nachbesserung mit der Begründung, bis zur Abnahme müsse der Auftragnehmer seine Leistung schützen. **535**

536 Man kann darüber streiten, ob hier § 644 Abs. 1 oder § 645 BGB einschlägig ist. Am Ergebnis ändert das nichts: Der Auftraggeber muss die Reparatur der zerstörten Rohre selbst bezahlen, weil er im Annahmeverzug mit der Werkleistung war und außerdem eine Anordnung gegeben hat, die hier ursächlich für die Beschädigung war (OLG Düsseldorf, Urt. v. 16.7.2004 – 22 U 59/03). Anders läge der Fall, wenn die Arbeitsunterbrechung im Winter erfolgt wäre oder von vornherein klar gewesen wäre, dass die Unterbrechung so lange dauern würde. Dann hätte der Auftragnehmer auf das notwendige Entleeren der Rohre hinweisen müssen.

III. Musterschreiben

Unwirksame Allgemeine Geschäftsbedingungen C 1 537

An den Auftraggeber

Datum

BV: ...

Hier: Vorbemerkungen des LV: Herstellen und Schließen sämtlicher Aussparungen

Sehr geehrte Damen und Herren,

in der Vorbemerkung des Leistungsverzeichnisses für die Maurerarbeiten befindet sich die Regelung, dass das Herstellen und Schließen sämtlicher Aussparungen in den vereinbarten Einheitspreisen enthalten ist. Wir zeigen hiermit an, dass wir für diese Leistung dennoch Mehrkosten anmelden.

Das vom Architekturbüro ... aufgestellte Leistungsverzeichnis enthält mehrere Seiten Vorbemerkungen, die schon nach dem äußeren Anschein Allgemeine Geschäftsbedingungen darstellen. Abgesehen davon denken wir, dass wir im Streitfall den Nachweis führen könnten, dass auch bei anderen Bauvorhaben die gleichen Vertragsregelungen verwendet worden sind.

Mit der Klausel, wonach das Herstellen und Schließen sämtlicher Aussparungen in den Einheitspreisen enthalten sein soll, tritt eine ungerechtfertigte Benachteiligung des Auftragnehmers ein. Leistungsinhalt sollen hiernach nicht nur die bei Vertragsabschluss aus den Durchbruchsplänen ersichtlichen Aussparungen sein, sondern auch nachträglich wegen Planungsänderungen angeordnete Aussparungen sowie Aussparungen, die durch Planungsfehler oder durch Fehler von anderen Unternehmen erforderlich werden.

Die Klausel ist also unwirksam (OLG München, Urt. v. 15.1.1987 – 29 U 4348/86 und OLG Hamm, Urt. v. 23.3.1993 – 21 U 237/91). Da es sich folglich bei dem Herstellen und Schließen der Durchbrüche nicht um eine vertraglich geschuldete Leistung handelt, melden wir hiermit Mehrkosten an.

Mit freundlichen Grüßen

....

(Unterschrift)

538 **Widerspruch zwischen Baubeschreibung und Leistungsverzeichnis** **C 2**

An den Auftraggeber

Datum

BV: ...
Hier: Widersprüchliche Leistungsbeschreibung

Sehr geehrte Damen und Herren,

bei der Prüfung der Vertragsunterlagen haben wir festgestellt, dass ein Widerspruch zwischen den funktionalen Vorgaben in der Baubeschreibung für das Gesamtprojekt und dem Leistungsverzeichnis Lüftungstechnik besteht.

In der Baubeschreibung ist geregelt, dass die auf dem Dach stehenden Lüfter bei dem Fenster der nächstgelegenen Wohnbebauung einen Lärmpegel von nicht mehr als 45 db auslösen dürfen. Gleichzeitig sind im Leistungsverzeichnis konkrete Lüftungsgeräte mit Typenangabe und Leistungsdaten beschrieben, die zu den vereinbarten Preisen von uns eingebaut werden sollen.

Überschlägige Berechnungen haben ergeben, dass bei Installation der ausgeschriebenen und vereinbarten Lüftungsgeräte der in der Vorbemerkung geforderte Schallpegel voraussichtlich überschritten wird.

Im Vertrag ist geregelt, dass die funktionale Baubeschreibung vorrangig vor dem Leistungsverzeichnis gelten soll. Trotzdem stehen wir auf dem Standpunkt, dass wir für die vereinbarte Vergütung nur diejenigen Lüfter schulden, die im Leistungsverzeichnis konkret beschrieben sind. Wird die auszuführende Leistung durch ein detailliertes Leistungsverzeichnis bestimmt und als Vergütung der Leistung eine Pauschalsumme vereinbart (sog. Detail-Pauschalvertrag), umfasst der vereinbarte Pauschalpreis die Leistung nur in der jeweils angegebenen Größe, Güte und Herstellungsart (OLG München, Urt. v 17.9.2019 – 28 U 945/19 Bau). Wie bitten Sie um Ihre Entscheidung, ob abweichend vom Leistungsverzeichnis andere, speziell schallgedämmte Lüftungsgeräte eingebaut werden sollen. Für diesen Fall kündigen wir vorsorglich Mehrkosten an. Alternativ käme auch eine Einhausung der Lüftungsgeräte in Frage, die allerdings nicht von uns zu bauen wäre.

Gleichzeitig weisen wir schon jetzt darauf hin, dass die notwendigen Entscheidungen von Ihnen bis zum ... getroffen werden müssen, da für die Bestellung der Anlagenkomponenten Lieferfristen von vier bis sechs Wochen gelten und bei einer Entscheidung nach dem ... eine termingerechte Fertigstellung der Leistungen nicht mehr gesichert ist.

Mit freundlichen Grüßen

....

(Unterschrift)

539 Widerspruch zwischen Baubeschreibung und Plänen C 3

An den Auftraggeber

Datum

BV: ...
Hier: Mehrkosten für doppelte Beplankung

Sehr geehrte Damen und Herren,

Sie haben uns mit Schreiben vom ... aufgefordert, die Trockenbauwände in den Flurbereichen doppelt zu beplanken. Zur Begründung haben sie auf den Plan xxx verwiesen, der zu den Vertragsplänen gehört.

In der FLB Ziffer xxx KG 342 nicht tragende Innenwände heißt es:

Nichttragende, innere Trennwände sind als Montagewände aus verzinktem Ständerwerk herzustellen. Bekleidung aus Gipskartonbauplatten 12,5 mm einlagig (als Feuchtraumplatten, wenn in Nassbereichen zu erstellen), Plattenfugen und Schraubenköpfe verspachtelt in Qualitätsstufe 3 (Q3).

In den Detailzeichnungen im Plan xxx sind die Flurwände von beiden Seiten doppelt mit Gipskartonplatten beplankt dargestellt.

Der Bundesgerichtshof hat mehrfach erklärt, dass konkret auf ein Bauvorhaben bezogenen Regelungen bei der Auslegung der Leistungsbeschreibung ein größeres Gewicht zukommt als Standardformulierungen (BGH, Urt. v. 11.3.1999 – VII ZR 179/98). Die betreffenden Details in den Plänen sind Standarddetails, die aus einem Katalog kopiert worden sind. Deshalb gilt die projektbezogene Baubeschreibung vorrangig vor diesen Standarddetails. Auf Seite xx der Vertragsbedingungen ist zudem erklärt, dass die Qualitätsbeschreibung für das Projekt in Form einer funktionalen Leistungsbeschreibung, FLB, erfolgt. Es gibt dort keinen Hinweis darauf, dass die zu erbringende Qualität durch vorliegende Pläne näher definiert werden soll.

Wir haben hier nicht den Fall, dass eine lückenhafte Leistungsbeschreibung durch Angaben in einem Plan ergänzt wird. Die Pläne sind bezüglich der Beplankung nicht detaillierter als die FLB, sondern in der Leistungsbeschreibung steht einlagig beplankt und laut Plan soll zweilagig beplankt werden. Wenn man nicht dem Grundsatz „konkret auf das Vorhaben bezogene Angaben der FLB sind vorrangig vor allgemeinen Vorgaben in Standarddetails" folgt, bleibt ein unauflösbarer Widerspruch. Dann sehen wir es so, dass nach der Rechtsprechung nicht auflösbare Widersprüche zwischen verschiedenen Bestandteilen der Leistungsbeschreibung zulasten dessen gehen, der die Leistungsbeschreibung erstellt hat (OLG Dresden, Urt. v. 19.6.2018 – 6 U 1233/17).

Mit freundlichen Grüßen

....

(Unterschrift)

540 **Lückenhaftes Leistungsverzeichnis** C 4

An den Auftraggeber

Datum

BV: ...
Hier: Im Leistungsverzeichnis fehlende Brandschutztür

Sehr geehrte Damen und Herren,

Sie haben uns mit Schreiben vom ... auf der Grundlage unseres Angebots vom ... mit der Lieferung sämtlicher Innentüren für das Bauvorhaben beauftragt. Vorrangig zu unserem Angebot sollen die Baueingabepläne des Architekturbüros ... gelten.

Bei der nochmaligen Durchsicht der Pläne haben wir festgestellt, dass im Kellergeschoss an zwei Stellen selbstschließende Brandschutztüren vorgesehen sind. Dass es sich hierbei nicht um normale feuerhemmende Türen handelt, sondern um selbstschließende Brandschutztüren, ist nur für den aufmerksamen Betrachter erkennbar, da der Zusatz in sehr kleiner Schrift im Plan vermerkt ist.

Hingegen sind weder in der uns überlassenen Baubeschreibung noch in dem Leistungsverzeichnis „Innentüren" solche selbstschließenden Brandschutztüren erwähnt. Sie haben mit Schreiben vom ... den Standpunkt vertreten, da wir den Auftrag zur Lieferung sämtlicher Innentüren hätten und die selbstschließenden Brandschutztüren aus den Vertragsplänen ersichtlich waren, würde es sich um eine zu dem vereinbarten Pauschalpreis geschuldete Leistung handeln.

Nach eingehender Prüfung des Vertrags widersprechen wir diesem Standpunkt und melden für den Einbau der selbstschließenden Brandschutztüren Mehrkosten an.

Nach der Rechtsprechung sind Verträge zwar immer als sinnvolles Ganzes auszulegen. Das bedeutet aber nicht, dass die Bieter ohne Anlass die Pläne daraufhin untersuchen müssen, ob dort Leistungen eingezeichnet sind, die im LV nicht enthalten sind. Dies beruht darauf, dass der Auftraggeber selbst aus den Plänen die notwendigen Teilleistungen in ihrer Qualität und Quantität ermittelt hat. Leistungen, die textlich überhaupt nicht beschrieben, sondern nur nach umfangreicher Plananalyse ersichtlich sind, schulden wir daher nicht zu dem vereinbarten Pauschalpreis.

Etwas anderes würde nach unserer Auffassung eventuell gelten, wenn sich diese Leistungen klar und eindeutig aus den Plänen ergeben würden. Das ist hier aber gerade nicht der Fall, weil das Kürzel für selbstschließende Brandschutztüren derart klein gedruckt ist, dass es bei der Prüfung der Vertragspläne fast zwangsläufig übersehen werden musste. Wenn im Leistungsverzeichnis und in der Baubeschreibung solche selbstschließenden Brandschutztüren nicht erwähnt sind, müssen wir bei der Prüfung der Vertragspläne diese auch nicht darauf untersuchen, ob trotzdem solche Türen in der Planung vorgesehen sind.

Wir melden daher für den Einbau dieser Türen Mehrkosten an, die wir noch mit gesondertem Schreiben beziffern werden. Außerdem weisen wir darauf hin, dass durch die Lieferfristen für die selbstschließenden Brandschutztüren der vereinbarte Fertigstellungstermin – jedenfalls was die Montage dieser beiden Türen angeht – nicht eingehalten werden kann.

Mit freundlichen Grüßen

....

(Unterschrift)

541 Pläne ergänzen die Baubeschreibung C 5

An den Auftragnehmer

Datum

BV: ...
Hier: Brüstungsabdeckungen

Sehr geehrte Damen und Herren,

Sie haben uns mit Schreiben vom ... mitgeteilt, dass Sie für die Herstellung von Verblechungen zur Abdeckung der Balkonaufkantungen eine zusätzliche Vergütung geltend machen.

Dem widersprechen wir hiermit und weisen darauf hin, dass unstrittig die Verblechungen in den Vertragsplänen dargestellt sind. Wir haben keinen Einheitspreisvertrag, wo ihr Standpunkt vertretbar wäre, sondern einen Pauschalpreis auf der Grundlage einer Baubeschreibung vereinbart. Mit dem Pauschalpreis sollten alle Leistungen abgegolten sein, die sich aus den Vertragsunterlagen ergeben.

Wir ordnen daher an, dass die Verblechungen ausgeführt werden und stellen klar, dass wir dafür keine zusätzliche Vergütung bezahlen werden.

Alternativ *(für den Fall nicht eindeutiger Sachverhalte):*

Wir ordnen hiermit die Ausführung der Leistung an und werden noch prüfen, ob es sich um eine Vertragsleistung handelt oder um eine Zusatzleistung.

Mit freundlichen Grüßen

....

(Unterschrift)

Hinweis auf ATV der VOB/C **C 6** **542**

An den Auftraggeber

Datum

BV: ...
Hier: Anfertigen von Bestandsplänen

Sehr geehrte Damen und Herren,

Sie haben uns mit Schreiben vom ... aufgefordert, für die von uns erstellte Heizungsanlage Bestandspläne anzufertigen und Ihnen zu übergeben.

Wir stellen hierzu fest, dass weder der Bauvertrag noch das Leistungsverzeichnis für unser Gewerk hierzu Regelungen enthält.

Wenn der Auftraggeber selbst den Vertrag und die Leistungsverzeichnisse aufgestellt hat und dort die geschuldeten Leistungen genau beschrieben sind, schuldet der Auftragnehmer nur das, was dort auch geregelt ist. Leistungen, die von Ihnen vergessen worden sind, müssen wir nicht zu dem vereinbarten Preis erbringen.

Schließlich verweisen wir auf die DIN 18380, die über § 1 VOB/B in den Vertrag einbezogen ist. Dort sind in Ziffer 4.2.26 Bestandspläne als „Besondere Leistungen" benannt, die der Auftragnehmer nur gegen eine zusätzliche Vergütung erbringen muss.

Eventuell:

Hinzu kommt, dass unsere Leistungen bereits abgenommen sind/***Alternativ:*** bereits abnahmefähig fertiggestellt sind. Das Anordnungsrecht des Auftraggebers endet, wenn der Vertrag erfüllt ist und die Abnahme erfolgt ist oder jedenfalls die Leistung abnahmefähig fertiggestellt ist (OLG Hamm, Urt. v. 18.1.2019 – 12 U 54/18).

Bitte teilen Sie uns mit, ob Sie auf der Erstellung der Bestandspläne bestehen. Wir werden Ihnen sodann ein Kostenangebot hierfür unterbreiten. Wenn wir uns über die Vergütung einigen, würden wir die Bestandspläne erstellen.

Mit freundlichen Grüßen

....

(Unterschrift)

543 Widerspruch zur Anwendung der ATV der VOB/C C 7

An den Auftragnehmer

Datum

BV: ...
Hier: Mehrkostenankündigung für Traggerüste

Sehr geehrte Damen und Herren,

Sie haben mit Schreiben vom ... geltend gemacht, dass wir in der Ausschreibung Traggerüste für die Decke über UG vergessen hätten. Gemäß Ziffer 4.2.6 der ATV DIN 18331 seien Traggerüste für Bauteile deren Unterseite mehr als 3,5 m über der Aufstellfläche des Traggerüstes liegt, besondere Leistungen und zusätzlich zu vergüten.

Wir stellen hierzu fest, dass in den Vorbemerkungen des Leistungsverzeichnisses der ausdrückliche Hinweis enthalten ist, dass sämtliche Schalungsunterstützungen in die Einheitspreise der Schalungspositionen einzurechnen sind. Aus den Vertragsplänen war ihnen bekannt, dass das Untergeschoss eine lichte Höhe von 4 m aufweist. Folglich musste Ihnen auch klar sein, dass das Traggerüst höher als 3,5 m sein würde.

Gibt die Leistungsbeschreibung einen gewollten Endzustand vor, der ohne Besondere Leistungen gemäß der VOB/C nicht erreicht werden kann, ist für den fachkundigen Bieter eindeutig, dass der Vertragspartner auch die Besondere Leistung ausgeführt haben will. Dies ist insbesondere dann der Fall, wenn die Leistungsbeschreibung im Endzustand Bauteilgeometrien vorgibt, die ohne die Besonderen Leistungen nicht realisiert werden können (KG, Urt. v. 5.4.2019 – 21 U 72/16). Wir werden deshalb für die erforderliche Schalungsunterstützung im Untergeschoss keine zusätzliche Vergütung bezahlen.

Mit freundlichen Grüßen

....

(Unterschrift)

Widerspruch zur Anwendung der VOB/C C 8 544

An den Auftragnehmer

Datum

BV: ...
Hier: Kürzung der Schalungsmengen

Sehr geehrte Damen und Herren,

Sie haben uns mit Schreiben vom ... aufgefordert, die Kürzungen bei der dritten Abschlagsrechnung zu begründen.

Die wesentliche Kürzung betrifft die Position für die Wandschalung. Sie haben insgesamt rund 800 m² abgerechnet, wir haben dies um die Hälfte gekürzt. Wir gehen davon aus, dass Ihnen auch klar ist, warum diese Kürzung erfolgte.

Im Leistungsverzeichnis Position xxx für die Wandschalung ist der Hinweis enthalten: „Abgerechnet wird nach Quadratmetern eingeschalter Wandfläche". Dies ist eine eindeutige Abrechnungsvorgabe. Beim Vergleich der Vordersätze der Schalungspositionen und der Wandpositionen konnten Sie im Übrigen auch erkennen, dass dort jeweils korrespondierende Mengen angesetzt waren. Bei einer Abrechnung der Schalung nach Wandabwicklung hätten die Vorderseite der Schalung doppelt so hoch sein müssen.

Zwar enthält die VOB/C DIN 18331 in Ziffer 5.2.1 die Regel, dass der Abrechnung die Abwicklung der geschalten Flächen zugrunde zu legen ist, also die Schalung auf beiden Seiten der Wand abgerechnet werden kann. Wenn aber im Vertrag ausdrücklich eine andere Art der Abrechnung vorgesehen ist, dann ist das vorrangig (OLG Frankfurt, Beschl. v. 26.3.2019 – 21 U 17/18).

Wir bitten um Berücksichtigung bei der Legung ihrer nächsten Abschlagsrechnung.

Mit freundlichen Grüßen

....

(Unterschrift)

545 Hinweis auf widersprüchliche Vertragsregelungen C 9

An den Auftraggeber

Datum

BV: ...
Hier: Zahlungsfristen gemäß Vertrag

Sehr geehrte Damen und Herren,

nachdem unsere letzte Abschlagsrechnung erst vier Wochen nach Übersendung bezahlt worden ist, haben wir uns rechtlich beraten lassen. Hierbei hat sich herausgestellt, dass widersprüchliche Vertragsregelungen vorliegen. Gemäß Ihren Besonderen Vertragsbedingungen sind Abschlagszahlungen zwei Wochen nach erfolgter Rechnungsprüfung durch Ihren Architekten zur Zahlung fällig. Bei Ihren BVB handelt es sich schon dem äußeren Anschein nach um Allgemeine Geschäftsbedingungen. Die Vertragsregelung zur Zahlungsfrist ist unwirksam, weil hierdurch die Zahlung von der Mitwirkung eines Dritten abhängig gemacht wird, auf die wir keinen Einfluss haben (LG Frankfurt/Main, Urt. v. 3.12.2007 – 3/1 O 104/07).

Gemäß § 16 Abs. 1 Nr. 3 VOB/B werden Abschlagszahlungen innerhalb von 21 Tagen nach Zugang der Rechnung fällig. Allerdings können Sie sich hierauf nicht berufen. Wenn ein Auftraggeber in seinen AGB abweichend von der VOB/B unwirksame Vertragsbedingungen verwendet, gilt nicht ersatzweise die VOB/B, sondern die gesetzliche Regelung (BGH, Urt. v. 20.7.2017 – VII ZR 259/16).

Ist eine Zahlungsfrist nicht wirksam vereinbart, so ist nach dem Gesetz die Zahlung sofort fällig (§ 271 BGB).

Wir sind bereit, Ihnen eine Woche Rechnungsprüfungsfrist zuzubilligen, erwarten zukünftig aber, dass sämtliche Abschlagsrechnungen binnen Wochenfrist beglichen werden.

Mit freundlichen Grüßen

....

(Unterschrift)

D. Mengenänderungen und Preisanpassung beim Einheitspreisvertrag und beim (Detail-)Pauschalvertrag

I. Was muss der Bauleiter wissen?

1. Allgemeines

a) Anwendungsbereiche von § 2 Abs. 3 und § 2 Abs. 7 VOB/B

546 Die Vorschriften in § 2 Abs. 3 VOB/B regeln *Preisanpassungsrechte* beim Einheitspreisvertrag im Fall von Mengenänderungen, die aufgrund ungenauer oder falscher Mengenermittlung im Leistungsverzeichnis (LV) entstehen können. Mengenerhöhungen sind für den Auftragnehmer beim Einheitspreisvertrag weniger problematisch als beim Pauschalvertrag, weil er die tatsächlich ausgeführten Mengen nach Aufmaß bezahlt bekommt, wohingegen Pauschalverträge im Grundsatz mengenunabhängig – eben pauschal – abgerechnet werden. Dort bestimmt § 2 Abs. 7 Nr. 1 Satz 2 VOB/B, dass die Pauschalvergütung im Grundsatz unverändert bleibt und nur angepasst werden kann, wenn es zu „erheblichen" Abweichungen kommt und es deshalb einer Vertragspartei nicht mehr „zumutbar" ist, dass es bei der vereinbarten Pauschalsumme bleibt. Weil die Bestimmungen in § 2 Abs. 3 und Abs. 7 VOB/B im Kern Mengenabweichungen behandeln, die ohne Anordnungen des Auftraggebers eintreten, besprechen wir beide Vorschriften in einem Kapitel.

547 Zum Verständnis der beiden Vorschriften ist es unerlässlich, sich klarzumachen, welchen Anwendungsbereich sie haben. Für § 2 Abs. 3 VOB/B hat der BGH dies in zwei Urteilen glasklar festgestellt: Eine Anpassung der vereinbarten Vergütung nach § 2 Abs. 3 VOB/B kommt nur in Betracht, wenn es ohne Eingriff des Auftraggebers in den vertraglichen Leistungsbestand zu einer reinen Mengenänderung bei den Vordersätzen der bei Vertragsschluss festgelegten Leistungen kommt (BGH, Urt. v. 26.4.2018 – VII ZR 82/17 und BGH, Urt. v. 27.11.2003 – VII ZR 346/01; ebenso: OLG Dresden, Urt. v. 19.6.2019 – 1647/18). Mengenerhöhungen aufgrund einer Anordnung des Auftraggebers begründen Nachtragsansprüche nach § 2 Abs. 5 oder Abs. 6 VOB/B und setzen eine wirksame Anordnung des Auftraggebers voraus. Umgekehrt führen vom Auftraggeber angeordnete Mindermengen zu Preisreduzierungen nach den Grundsätzen des § 2 Abs. 5 VOB/B oder der freien Teilkündigung nach § 8 Abs. 1 Nr. 2 VOB/B. Das Gleiche gilt grundsätzlich auch bei Pauschalverträgen.

b) Grundsatzentscheidung des BGH vom 8.8.2019 zu § 2 Abs. 3 Nr. 2 VOB/B

548 Da beim Einheitspreisvertrag die tatsächlich ausgeführten Mengen nach den vereinbarten Einheitspreisen abgerechnet werden (§ 2 Abs. 2 VOB/B), steht für den Auftragnehmer von vornherein fest, dass er im Fall einer Erhöhung der auszufüh-

renden Mengen auch eine höhere Vergütung erhält. Umgekehrt folgt aus einer Reduzierung der Mengen eine geringere Vergütung.

549 Bis zu einer Grundsatzentscheidung des BGH aus dem Jahr 2019 bestand nicht nur Einigkeit darüber, welche Voraussetzungen ein Preisanpassungsanspruch bei Mengenänderungen hat, sondern auch, *wie* der neue Einheitspreis ermittelt werden muss. Nach ganz herrschender Auffassung fand die Preisfortschreibung unter Anknüpfung an die ursprüngliche Kalkulation des Auftragnehmers statt (sogenannte vorkalkulatorische Preisfortschreibung). Dadurch sollte bei der Bildung des neuen Einheitspreises das im Wettbewerb zustande gekommene Vertragspreisniveau beibehalten werden. Dieser Sichtweise, die jahrzehntelang dominiert hat, wurde durch das BGH-Urteil vom 8.8.2019 eine klare Absage erteilt (BGH, Urt. v. 8.8.2019 – VII ZR 34/18). Das Urteil betraf Mengenerhöhungen beim Einheitspreisvertrag ohne eine Anordnung des Auftraggebers, also einen Fall von § 2 Abs. 3 Nr. 2 VOB/B. Welchen Inhalt die Entscheidung hat und zu welchen Konsequenzen sie möglicherweise auch in Bezug auf Nachtragsansprüche nach § 2 Abs. 5 und Abs. 6 VOB/B führt, werden wir noch ausführlich besprechen (vgl. D. I. 2. b), Rn. 554 ff.).

c) Anpassung der Pauschalvergütung nach § 2 Abs. 7 VOB/B

550 Auch bei Pauschalverträgen kann es zu Mengenänderungen ohne auftraggeberseitige Eingriffe kommen. Bei Pauschalverträgen muss grundsätzlich zwischen einem Global-Pauschalvertrag und einem Detail-Pauschalvertrag unterschieden werden (vgl. vgl. D. I. 3. a), Rn. 610 ff.). Bei einem Detail-Pauschalvertrag tragen im Grundsatz beide Parteien ein Mengenermittlungsrisiko. Der Auftragnehmer trägt aber nicht das Vollständigkeits- oder Richtigkeitsrisiko, weil nur die Vergütung, nicht aber das Bausoll (die nach dem Vertrag geschuldete Leistung) pauschaliert worden ist. Kommt es durch Anordnungen des Auftraggebers zu geänderten oder zusätzlichen Leistungen, bestehen Nachtragsansprüche nach § 2 Abs. 5 oder Abs. 6 VOB/B wie beim Einheitspreisvertrag auch (vgl. E. I. 6. c), Rn. 853 ff.). Realisiert sich bei einem Detail-Pauschalvertrag das Mengenermittlungsrisiko, weil sich nach Vertragsabschluss herausstellt, dass aufgrund falscher Mengenangaben im LV die tatsächlich auszuführenden Mengen weit höher oder weit geringer ausgefallen sind als ursprünglich angenommen, kann die Preisanpassungsregelung des § 2 Abs. 7 Nr. 1 Satz 2 VOB/B eingreifen (vgl. dazu: D. I. 3., Rn. 610 ff.).

Bei einem Global-Pauschalvertrag, bei dem nicht nur die Vergütung, sondern auch das Bausoll pauschaliert wird und der Auftragnehmer Planungsverantwortung übernimmt, hat die Vorschrift im Regelfall keinen Anwendungsbereich, weil es hier regelmäßig keine im Vertrag vereinbarten Vordersätze gibt und der Auftragnehmer deshalb auch in jeder beliebigen Menge leisten muss, was er richtigerweise zu planen gehabt hätte, um den vereinbarten Werkerfolg (eine vollständige und mangelfreie Leistung) herbeizuführen (vgl. E. I. 6. d), Rn. 873 ff.).

2. Preisanpassung beim Einheitspreisvertrag (§ 2 Abs. 3 VOB/B)

Bei einem Einheitspreisvertrag werden die Einheitspreise für die einzelnen Positionen in aller Regel anhand der vom Auftraggeber vorgegebenen Mengenangaben (Vordersätze) kalkuliert. Deshalb kann der Fall eintreten, dass bei einer Änderung der tatsächlich ausgeführten Mengen die Kalkulationsgrundlage der vereinbarten Einheitspreise nicht mehr zutrifft, beispielsweise weil der Bauschutt nicht mehr in der vorgesehenen Deponie, die 10 km von der Baustelle entfernt ist, entsorgt werden kann, sondern ein 30 km langer Anfahrtsweg zu einer anderen Deponie erforderlich wird, bei der die Deponiekosten darüber hinaus höher oder niedriger ausfallen können. Das sind eindeutig Fälle von § 2 Abs. 3 VOB/B, weil die Überschreitung des Mengenansatzes zu „Mehr- oder Minderkosten" führen kann. Fraglich ist dagegen, ob die Vorschrift auch einen Anwendungsbereich hat, wenn die Mengenänderungen keine anderen als proportionale Auswirkungen auf die Kosten hat, beispielsweise weil der Auftragnehmer auf Mengenerhöhungen spekuliert hat oder ihm bei der Preiskalkulation ein Irrtum unterlaufen ist (dazu unter D. I. 2. b) aa), Rn. 554 ff.). **551**

Das Preisanpassungsrecht nach § 2 Abs. 3 VOB/B bei Mengenüber- bzw. Mengenunterschreitungen konnte nach einer älteren Entscheidung des BGH vertraglich ausgeschlossen werden, auch in AGB (BGH, Urt. v. 8.7.1993 – VII ZR 79/92). Ob diese Entscheidung richtig war, kann dahinstehen, weil der BGH zwischenzeitlich entschieden hat, dass die vom Auftraggeber in einem VOB-Einheitspreisvertrag formularmäßig gestellte Klausel *„Massenänderungen – auch über 10 % – sind vorbehalten und berechtigen nicht zur Preiskorrektur"* oder *„die dem Angebot des Auftragnehmers zugrunde liegenden Preise sind grundsätzlich Festpreise und bleiben für die gesamte Vertragsdauer verbindlich"* wegen unangemessener Benachteiligung des Auftragnehmers nach § 307 Abs. 1 BGB unwirksam sind (BGH, Beschl. v. 4.11.2015 – VII ZR 282/14 und BGH, Urt. v. 20.7.2017 – VII ZR 259/16; anderer Auffassung: OLG Köln, Urt. v. 7.11.2014 – 19 U 55/14). Denn mit einer solchen Klausel – so der BGH – werde nicht nur eine Preisanpassung zugunsten des Auftragnehmers bei Mengenunterschreitungen nach § 2 Abs. 3 Nr. 3 VOB/B ausgeschlossen, sondern darüber hinaus auch eine Preisanpassung nach den Grundsätzen über die Störung der Geschäftsgrundlage (§ 313 BGB). Wenn solche oder vergleichbare Regelungen AGB-rechtlich unwirksam sind, greifen bei Vereinbarung der VOB/B die Preisanpassungsgrundsätze des § 2 Abs. 3 zugunsten des Auftragnehmers ein. Der Auftraggeber kann sich dagegen nicht auf die Unwirksamkeit der von ihm selbst gestellten Klausel berufen, weil das AGB-Recht nicht den Verwender vor unwirksamen Klauseln schützt, die er selbst gestellt hat (OLG Naumburg, Urt. v. 10.5.2017 – 5 U 3/17; OLG Celle, Urt. v. 10.10.2004 – 7 U 114/02; BGH, Urt. v. 4.12.1997 – VII ZR 187/96). Unabhängig davon raten wir Auftragnehmern, die Vordersatzangaben eines Leistungsverzeichnisses zu über- **552** prüfen, wenn der Auftraggeber das Preisanpassungsrecht nach § 2 Abs. 3 VOB/B im Vertrag ausschließen will. In solchen Fällen dürfte davon auszugehen sein, dass die Mengenangaben im LV tendenziell überhöht sind, um möglichst günstige Einheitspreise zu erzielen.

a) Mengenabweichungen von nicht mehr als 10 % (§ 2 Abs. 3 Nr. 1 VOB/B)

553 Eine Änderung der tatsächlich ausgeführten Menge um nicht mehr als 10 % nach oben oder unten lässt den vertraglich vereinbarten Einheitspreis unberührt (§ 2 Abs. 3 Nr. 1 VOB/B). Ist in einem LV beispielsweise ein Vordersatz von 100 m^3 Erdaushub enthalten, bleibt der Einheitspreis bei einer tatsächlich ausgeführten Menge zwischen 90 und 110 m^3 deshalb unverändert.

b) Mengenüberschreitung um mehr als 10 % (§ 2 Abs. 3 Nr. 2 VOB/B)

aa) Grundsätze der Preisanpassung nach der BGH-Entscheidung vom 8.8.2019

554 Erhöht sich die ausgeführte Menge um mehr als 10 % über den vertraglich vorgesehenen Umfang hinaus, ist auf Verlangen einer Partei ein neuer Preis unter Berücksichtigung der Mehr- *oder* Minderkosten zu vereinbaren (§ 2 Abs. 3 Nr. 2 VOB/B). Die Regelung setzt voraus, dass es einen dem LV zu entnehmenden Vordersatz gibt, wobei auch eine nur überschlägig angegebene oder eine „circa-Menge" als Vordersatzangabe anzusehen ist. Die Menge bis 110 % wird zum vertraglich vereinbarten Einheitspreis vergütet. Erst für die Menge ab 110 % besteht das Preisanpassungsrecht, sodass es zu einem *gespaltenen Einheitspreis* kommt.

555 Bislang waren sich die obergerichtliche Rechtsprechung und die baurechtliche Literatur ganz überwiegend darin einig, dass der neue Einheitspreis bei Mehr- oder Mindermengen, aber auch bei Nachträgen nach § 2 Abs. 5 oder Abs. 6 VOB/B, nach Maßgabe der dem Vertrag zugrunde liegenden Urkalkulation zu ermitteln ist (sogenannte vorkalkulatorische Preisfortschreibung). Das konnte in Abhängigkeit von der Frage, ob die kalkulatorischen Annahmen richtig bzw. zu hoch oder zu niedrig angesetzt waren, je nach Einzelfall zu einer Gewinn- oder Verlustmaximierung beim Auftragnehmer führen (OLG Koblenz, Urt. v. 24.5.2006 – 6 U 1273/03). Hierzu galt der Merkspruch, wonach im VOB/B-Vertrag ein *„guter Preis gut und ein schlechter Preis schlecht bleibt"*. Diese Formel fand im Grundsatz sowohl bei Mengenänderungen nach § 2 Abs. 3 VOB/B als auch bei Nachtragsansprüchen nach § 2 Abs. 5 oder Abs. 6 VOB/B Anwendung. Dem hat der BGH mit seiner Entscheidung vom 8.8.2019 erstmals eine klare Absage erteilt und einen regelrechten Paradigmenwechsel eingeleitet, der nach Auffassung zahlreicher Baujuristen einem Paukenschlag in der Rechtsprechung gleichkommt (BGH, Urt. v. 8.8.2019 – VII ZR 34/18). In der Entscheidung ging es um Mengenerhöhungen ohne auftraggeberseitige Anordnung, also wegen falscher Mengenangaben im LV. Dem Urteil lag folgender Sachverhalt zugrunde:

Beispiel: Ein Auftragnehmer wird mit Abbrucharbeiten beauftragt. Das Leistungsverzeichnis enthält unter der Position 2.2.0050 die „Entsorgung von Bauschutt, Abfallschlüssel-Nr. ..." mit einer vorgegebenen Menge von 1 Tonne (t). Hierfür wurde ein Einheitspreis i.H.v. € 462,–/t vereinbart. Dieser Einheitspreis setzte sich nach der Urkalkulation des Auftragnehmers wie folgt zusammen: € 292,– Entsorgungskosten (laut Angabe Deponie) sowie € 60,– Containerstellung. Auf diese Fremdkosten i.H.v. € 352,– hat der Auftragnehmer Zuschläge i.H.v. 20 % kalkuliert (ca. € 70,–). Seine eigenen Verladekosten hat er mit € 40,– angegeben. Tatsächlich mussten 83,92 t entsorgt werden, weil mehr Bauschutt angefallen ist. Diese Menge hat er zum vereinbarten Einheitspreis (€ 462,–/t) abgerechnet. Bereits das OLG Celle hatte festgestellt, dass die tatsächlichen Deponiekosten lediglich € 64,20/t sowie die tatsächlichen Containerkosten € 27,37/t betragen haben, also tatsächlich nur „Fremdkosten" i.H.v. ca. € 92,–/t entstanden sind. Zuzüglich eines GU-Zuschlags von 20 % auf diese Fremdkosten sowie eigener Verladekosten von € 40,–/t ergibt das einen Betrag i.H.v. € 150,40/t. Diesen hat das OLG Celle dem Auftragnehmer zugesprochen, nicht die geltend gemachten € 462,–/t für die Mehrmengen.

Der BGH hat dieses Urteil in vollem Umfang bestätigt. Der BGH stellte fest, dass § 2 Abs. 3 Nr. 2 VOB/B nicht regle, *„wie"* die Vergütungsanpassung bei Mengenmehrungen vorzunehmen ist, sondern nur, *„dass"* bei Mehrmengen ein Preisanpassungsanspruch bestehe. Dieser Anspruch setze – so der BGH ausdrücklich – nicht voraus, dass eine auf die Mengenmehrung kausal zurückzuführende Veränderung der im ursprünglichen Einheitspreis veranschlagten Kosten Voraussetzung für den Anspruch auf Bildung eines neuen Einheitspreises sei. **556**

In einem Leitsatz des Urteils heißt es aber ausdrücklich – darauf wird noch zurückzukommen sein –, dass es den Vertragsparteien sowohl bei Vertragsabschluss als auch nachträglich möglich ist, sich über einzelne Teilelemente der Preisbildung oder den neuen Einheitspreis insgesamt zu einigen. Dabei können sie bestimmte Maßstäbe bzw. einzelne Kriterien oder Faktoren festlegen, nach denen im konkreten Fall der neue Einheitspreis nach § 2 Abs. 3 Nr. 2 VOB/B bestimmt werden soll. Eine solche Verständigung über ein Teilelement hat der BGH beim Zuschlag i.H.v. 20 % auf die Fremdkosten angenommen, den der Auftraggeber nicht beanstandet hatte, weshalb der BGH die Angemessenheit dieses Zuschlagssatzes nicht weiter untersuchte. Falls eine Einigung hierzu nicht zustande gekommen ist, stellt sich die Frage, was man unter „angemessenen" Zuschlägen zu verstehen hat und wonach sich das konkret bestimmt. Die Zuschlagssätze aus der Urkalkulation sind, wenn es sich bei dem Vertragspreis um einen echten Wettbewerbspreis handelt, zwar möglicherweise ein Indiz für ihre Angemessenheit. Das gilt jedenfalls, wenn die Kalkulation ordnungsgemäß durchgeführt worden ist. Das gleiche Problem besteht bei § 650c Abs. 1 BGB (vgl. dazu E. I. 5. d) aa), Rn. 821 ff.). Dort hat der **557**

Gesetzgeber, um Spekulationen zu vermeiden, ausdrücklich davon abgesehen, die tatsächlich erforderlichen Mehr- oder Minderkosten aufgrund einer angeordneten Leistungsänderung mit den vertraglich kalkulierten Zuschlägen für AGK oder Wagnis und Gewinn zu beaufschlagen. So heißt es hierzu in der amtlichen Gesetzesbegründung wörtlich:

„Die Zuschläge für Allgemeine Geschäftskosten, Wagnis und Gewinn müssen angemessen sein. Der bloße Verweis des Unternehmers auf die Urkalkulation genügt nicht, um die Angemessenheit der Zuschlagssätze darzulegen."

558 Denn das könnte einen Auftragnehmer dazu verleiten, unauskömmlich niedrige direkte Kosten zu kalkulieren und unüblich hohe Zuschlagssätze vorzusehen. Zwar führt der BGH in einem weiteren Urteil vom 21.11.2019 aus, dass ein Zuschlag für AGK unabhängig davon erfolgen soll, ob durch die Mengenmehrung tatsächlich eine Bauzeitverlängerung verursacht worden ist. Das ergebe sich aus § 2 Abs. 3 Nr. 2 VOB/B gerade nicht (BGH, Urt. v. 21.11.2019 – VII ZR 10/19, dort Rn. 23). Allerdings könne die Höhe des Zuschlags nicht mit einem bloßen Verweis auf die Kalkulation des Auftragnehmers begründet werden. Die Bestimmung der im Einzelfall anzuwendenden Zuschlagssätze legt der BGH stattdessen in die Hände des jeweils zuständigen Gerichts, das zu einer Schätzung der Angemessenheit ausdrücklich berechtigt sei (§ 287 Abs. 2 BGB). Wie die Instanzgerichte damit zukünftig umgehen werden, ist noch nicht geklärt. Denkbar ist, dass sich die Angemessenheit der Zuschläge entweder nach der Branchenüblichkeit oder den Ansätzen des konkreten Unternehmens richtet. Bei den AGK dürfte es richtig sein, auf unternehmensspezifische Aspekte abzustellen. Beim Wagnis- und Gewinnzuschlag können auch konjunkturelle Gesichtspunkte oder besondere Risiken bei der Ausführung eines Bauvertrags, beispielsweise schwierige Baugrundverhältnisse bei enger Bauzeit mit einer hohen Vertragsstrafe, eine Rolle spielen. Letztlich werden Gerichte in vielen Fällen einen baubetrieblichen Sachverständigen einschalten müssen, um im Einzelfall zu bestimmen, was angemessen ist. Geht es bei Mengenerhöhungen oder Nachträgen „lediglich" um die Höhe der Zuschlagssätze, dürften professionell agierende Bauvertragsparteien grundsätzlich in der Lage sein, sich über diese Frage außergerichtlich zu einigen, falls nicht bereits der Vertrag die Höhe der Zuschläge regelt, was möglich und zur Vermeidung von Streit auch empfehlenswert ist.

559 Für die verbleibenden Teilelemente der Preisbildung ist nach Auffassung des BGH aber weder bei Vertragsabschluss noch nachträglich eine Einigung erfolgt. Denn allein aus der Vereinbarung der VOB/B folgt – so der BGH in seiner aktuellen Entscheidung – kein übereinstimmendes Verständnis in Bezug auf eine vorkalkulatorische Preisfortschreibung (ähnlich bereits: BGH, Urt. v. 14.3.2013 – VII ZR 142/12). Auch könne – so der BGH wiederum ausdrücklich – der Maßstab für die Bildung des neuen Einheitspreises nicht durch einen Rückgriff auf ein *„allgemein-*

gültiges Verständnis der Regelung durch die beteiligten Verkehrskreise oder eine bestehende Übung bestimmt werden".

Weil sich die Parteien nicht insgesamt über den neuen Einheitspreis geeinigt hätten, enthalte der Vertrag eine Lücke, die im Wege der ergänzenden Vertragsauslegung zu schließen sei. Nunmehr folgen die entscheidenden Urteilsaussagen, die aufgrund ihrer Bedeutung erneut wörtlich zitiert werden: 560

> *„Dabei entspricht es der Redlichkeit und dem bestmöglichen Ausgleich der wechselseitigen Interessen, dass durch die unvorhergesehene Veränderung der auszuführenden Leistungen im von § 2 Abs. 3 Nr. 2 VOB/B bestimmten Umfang keine der Vertragsparteien eine Besser- oder Schlechterstellung erfahren soll.*
>
> *Die im Rahmen der ergänzenden Vertragsauslegung vorzunehmende Abwägung der beiderseitigen Interessen der Parteien nach Treu und Glauben ergibt, dass – wenn nichts anderes vereinbart ist – für die Bemessung des neuen Einheitspreises bei Mehrmengen i.S.v. § 2 Abs. 3 Nr. 2 VOB/B die tatsächlich erforderlichen Kosten zzgl. angemessener Zuschläge maßgeblich sind."*

Deshalb erhielt der Auftragnehmer für die Mengen ab 110 % nur € 150,40. In einer weiteren Entscheidung aus dem Jahr 2019 hat der BGH noch einmal ausdrücklich klargestellt, dass es für den Preisanpassungsanspruch nach § 2 Abs. 3 Nr. 2 VOB/B nur darauf ankomme, dass die ausgeführte Menge den im Vertrag angegebenen Mengenansatz um mehr als 10 % überschreitet, nicht aber darauf, dass eine auf die Mengenmehrung kausal zurückzuführende Veränderung der veranschlagten Kosten eintrete (BGH, Urt. v. 21.11.2019 – VII ZR 10/19). Aus diesem Grund kam es in der Ausgangsentscheidung vom 8.8.2019 eben nicht darauf an, ob die vom Auftragnehmer an die Deponie zu zahlenden Entsorgungskosten, die Kosten für den Transport oder jene für die Anmietung von Containern wegen der Mehrmenge tatsächlich niedriger ausgefallen oder gleichgeblieben sind. 561

Aus dem BGH-Urteil vom 21.11.2019 folgt ferner, dass entgegen der auf einem Versehen beruhenden Formulierung im Urt. v. 8.8.2019, Baustellengemeinkosten (BGK) nicht im Rahmen „angemessener Zuschläge" zu berücksichtigen sind, wie es bei den Allgemeinen Geschäftskosten (AGK) sowie dem kalkulierten Gewinn der Fall ist (BGH, Urt. v. 21.11.2019 – VII ZR 10/19). Bei den BGK kommt es also darauf an, ob durch die Mengenänderung tatsächlich Mehr- oder Minderkosten entstanden sind. 562

Das sind in der Tat Paukenschläge. Wenn der BGH – wovon auszugehen ist – die Grundsätze dieser Entscheidungen auch auf Nachtragsforderungen nach § 2 Abs. 5 und Abs. 6 VOB/B überträgt, kommt das tatsächlich einem *„Erdbeben in der baurechtlichen Vergütungslandschaft gleich"* (Kniffka im Editorial zur Novemberausgabe der Zeitschrift Baurecht aus dem Jahr 2019). Auch wenn wir das Urteil im Ergebnis begrüßen, ist es zumindest überraschend, wenn der BGH den Ein- 563 druck zu erwecken versucht, er sei eigentlich noch nie von einer vorkalkulatorischen Preisfortschreibung ausgegangen. Wir meinen, dass sich das Gegenteil gleich aus mehreren Entscheidungen ergibt (BGH, NJW 1966, 971; BGHZ 131, 392 = NJW 1996, 1346). Richtig ist allerdings, dass sich der BGH bereits in zwei Entscheidungen zu „sittenwidrig überhöhten Einheitspreisen" aus dem Jahr 2013 von der vorkalkulatorischen Preisfortschreibung zumindest distanziert und damit einen Wechsel seiner Rechtsprechung vorbereitet hat (BGH, Urt. v. 7.3.2013 – VII ZR 68/10; BGH, Urt. v. 14.3.2014 – VII ZR 116/12). Richtig ist aber auch, dass die gesamte BGH-Rechtsprechung zur Sittenwidrigkeit der Preisfortschreibung ersichtlich überflüssig gewesen wäre, wenn es aus seiner Sicht für Mehrmengen oder Nachträge schon immer auf tatsächlich erforderliche Kosten zuzüglich angemessener Zuschläge angekommen wäre (vgl. dazu D. I. 2. e), Rn. 600 ff.).

564 Das BGH-Urteil ist selbstverständlich keine „Einbahnstraße" zulasten des Auftragnehmers. Denn der BGH erklärte ausdrücklich, dass durch die unvorhergesehene Veränderung „keiner der beiden Vertragspartner eine Besser- oder Schlechterstellung erfahren soll". Hätte der Auftragnehmer einen unauskömmlich niedrigen Einheitspreis vereinbart, wäre er demzufolge berechtigt gewesen, für die Mehrmenge ab 110 % die tatsächlich erforderlichen Kosten nebst angemessener Zuschläge geltend zu machen. Er müsste die Verluste also nicht auf Basis seiner Urkalkulation fortschreiben. Das begründet nicht etwa einen Eingriff in die zwischen den Parteien getroffene Preisvereinbarung für die vertragliche Leistung. Denn das Preisanpassungsverlangen betrifft nur die relevanten Mehrmengen, während die im Wettbewerb zustande gekommene Vergütungsvereinbarung im Übrigen unangetastet bleibt. *„Denn für die angebotene bzw. im Vertrag vereinbarte Menge zzgl. des Toleranzzuschlages von 10 % verbleibt es bei der vereinbarten Vergütung"* – so der BGH in den Entscheidungsgründen wörtlich.

bb) Konsequenzen der aktuellen BGH-Rechtsprechung auf Nachträge gemäß § 2 Abs. 5 und Abs. 6 VOB/B

565 Die gegenwärtig herrschende Meinung geht davon aus, dass sich die Auswirkungen der beiden BGH-Urteile aus dem Jahr 2019 mit hoher Wahrscheinlichkeit nicht auf die Abrechnung von Mehrmengen nach § 2 Abs. 3 Nr. 2 VOB/B beschränken wird. Denn die Nachtragsbestimmung des § 2 Abs. 5 VOB/B regelt die Rechtsfolgen im Fall der Ausführung einer durch Anordnung des Auftraggebers geänderten Leistung wortwörtlich genauso wie die Regelung in § 2 Abs. 3 Nr. 2 VOB/B (*„… so ist ein neuer Preis unter Berücksichtigung der Mehr- oder Minderkosten zu vereinbaren"*).

566 Anders ist der Wortlaut bei erforderlichen Zusatzleistungen, die auf Anordnung des Auftraggebers ausgeführt werden (§ 2 Abs. 6 Nr. 2 VOB/B). Dort heißt es, die Vergütung bestimmt sich *„nach den Grundlagen der Preisermittlung für die vertragliche Leistung und den besonderen Kosten der geforderten Leistung"*. Abgesehen davon, dass offen bleibt, was genau die „Grundlagen der Preisermittlung" und „besondere Kosten“ sind, ist nicht einzusehen, weshalb keine Vertragspartei durch eine unvorhergesehene Mengenänderung besser oder schlechter gestellt werden soll, dies aber bei Ausübung des auftraggeberseitigen Eingriffsrechts (Forderung einer Zusatzleistung) nicht genauso gelten soll. Umgekehrt: Es muss in diesem Fall erst recht gelten (ebenso: Franz, NJW 2020, 579; Rintelen, NZBau 2019, 696; Kniffka, Editorial zur Novemberausgabe der Zeitschrift Baurecht, Jahrgang 2019; Kapellmann/Langen/Berger, Einführung in die VOB/B, 28. Auflage, S. 17). Seit der BGH-Entscheidung vom 8.8.2019 haben bereits vier Oberlandesgerichte diese Konsequenz gezogen und die Grundsätze dieses Urteils auch auf Nachtragsansprüche übertragen. Darauf werden wir bei den Nachtragsvorschriften der VOB/B noch einmal zurückkommen (vgl. E. I. 5. a), Rn. 784 ff.).

cc) Schließung der „Regelungslücke“ durch vertragliche Vereinbarung

In der Literatur wird die Auffassung vertreten, dass bei Bauverträgen, die auf der Grundlage des Vergabe- und Vertragshandbuchs (VHB) des Bundes und der Bundesländer (soweit diese das VHB übernommen haben) geschlossen werden, die BGH-Entscheidungen aus dem Jahr 2019 von vornherein keinen Anwendungsbereich hätten (Luz, BauR 2020, 698). Das wird damit begründet, dass der BGH ausdrücklich festgestellt habe, ein übereinstimmendes Verständnis der Parteien von § 2 Abs. 3 Nr. 2 VOB/B, etwa im Sinne einer vorkalkulatorischen Preisfortschreibung, sei bei der Anwendung der Preisanpassungsvorschrift zu berücksichtigen. Insbesondere die Formblätter Preise des VHB-Bund 221 (Preisermittlung bei Zuschlagskalkulation) sowie 222 (Preisermittlung bei Kalkulation über die Endsumme) und 223 (Aufgliederung der Einheitspreise), die unmittelbar Vertragsbestandteil werden, gingen erkennbar davon aus, dass bei der Bildung neuer Preise eine vorkalkulatorische Preisfortschreibung vorzunehmen sei. Anders wäre die sich daraus ergebende Verpflichtung des Auftragnehmers, seine Urkalkulation sowie seine Teilkostenansätze vorzulegen und alle erforderlichen Auskünfte zu erteilen, widersinnig (Luz, BauR 2020, 698, 702). Wenn sich die Bieter in Kenntnis dessen durch Einreichung ihrer Angebote auf das von öffentlichen Auftraggebern durch das Vergabehandbuch begründete Verständnis über die Preisermittlung bei Mehrmengen einließen, belege dies ein übereinstimmendes, stillschweigendes Verständnis beider Parteien von der Handhabung des § 2 Abs. 3 Nr. 2 VOB/B im Sinne einer vorkalkulatorischen Preisfortschreibung. Das gelte im Übrigen auch für Nachträge nach § 2 Abs. 5 und Abs. 6 VOB/B (Luz, BauR 2020, 698, 703). **567**

Ob die Rechtsprechung dieser Auffassung folgen wird, lässt sich aber gegenwärtig noch nicht absehen, sodass die weitere Entwicklung abgewartet werden muss. Wir meinen, dass das VHB-Bund die Beschaffungsstellen des Bundes bindet, nicht aber die Bieter, weil es sich dabei in weiten Teilen um Verwaltungsanweisungen handelt (ähnlich skeptisch: OLG Köln, Urt. v. 3.2.2021 – 11 U 136/18). Aus den von Bietern auszufüllenden Formblättern kann daher allenfalls *indirekt* auf ein **568** gemeinsames Verständnis geschlossen werden. Denn diese enthalten zwar kalkulatorische Angaben des Bieters, nicht aber ausdrückliche Vorgaben des Auftraggebers, wie damit später umzugehen ist. Etwas anderes könnte nur gelten, wenn in den weiteren Vertragsbedingungen unmissverständlich geregelt ist, dass die Preisfortschreibung bei Mengenänderungen vorkalkulatorisch erfolgt und sich der Bieter dem unterwirft. Denn es steht außer Frage, dass die Schließung der vom BGH angenommenen „Regelungslücke" durch vertragliche Vereinbarungen, die ausdrücklich klar und eindeutig eine vorkalkulatorische Preisfortschreibung vorsehen, jedenfalls bei Mengenänderungen nach § 2 Abs. 3 VOB/B möglich und auch zulässig ist. Die Deutsche Bahn tut dies in ihren Besonderen Vertragsbedingungen seit jeher. Vertragliche Regelungen, die bei Mengenänderungen ohne Anordnung des Auftraggebers eine Preisfortschreibung auf Basis der Urkalkulation vorsehen, dürften auch nicht am Recht der Allgemeinen Geschäftsbedingungen (AGB) wegen unangemessener Benachteiligung des Auftragnehmers i.S.v. § 307 BGB scheitern. Denn das BGB regelt den Fall von bloßen Mengenänderungen aufgrund falscher Mengenangaben im Vertrag nicht speziell, auch nicht durch die gesetzlichen Nachtragsbestimmungen in § 650b und § 650c BGB. Aus diesem Grund kann eine vertragliche Regelung, die eine vorkalkulatorische Preisfortschreibung bei Mengenerhöhungen vorsieht, auch nicht gegen das Leitbild des Gesetzes verstoßen und deshalb wegen unangemessener Benachteiligung des Auftragnehmers unwirksam sein. Das gilt freilich nur bis zur Grenze der „Sittenwidrigkeit" (§ 138 BGB) bzw. einer „Störung der Geschäftsgrundlage" (§ 313 BGB). Für diese beiden Fälle müsste die Vertragsklausel Ausnahmen von der Preisfortschreibung auf Basis der Urkalkulation ausdrücklich zulassen, sonst wäre sie AGB-rechtlich angreifbar und unserer Auffassung nach auch unwirksam. Wie es sich bei Nachträgen und vertraglichen Vereinbarungen zur vorkalkulatorischen Preisfortschreibung verhält, besprechen wir unter E. II. 3., Rn. 937 ff.).

dd) Kritik an der aktuellen BGH-Rechtsprechung

569 Die beiden Urteile des BGH aus dem Jahr 2019 sind teilweise auf heftige Kritik gestoßen. So wird dem BGH entgegengehalten, dass die in der Ausgangsentscheidung vorgegebene Menge von 1 t schon kein Mengenansatz i.S.v. § 2 Abs. 3 Nr. 2 VOB/B, sondern lediglich eine Bedarfsposition darstelle, wodurch ein mengenunabhängiger Einheitspreis abgefragt und beauftragt worden sei. Auf Bedarfspositionen sei § 2 Abs. 3 Nr. 2 VOB/B aber von vornherein nicht anwendbar (Markus, NZBau 2020, 67; ebenso der für das Mietrecht zuständige Senat des BGH bei längerer Vorhaltung einer Containeranlage: BGH, Urt. v. 11.10.2017 – XII ZR 8/17). Dieser Einwand, mit dem sich der BGH nicht beschäftigt hat, ist nicht von der Hand zu weisen, weil aufgrund der Massenangabe (1 Tonne) vieles dafür spricht, dass es sich tatsächlich nur um eine Bedarfs- oder Eventualposition gehandelt hat und man hätte begründen müssen, dass und weshalb § 2 Abs. 3 Nr. 2 VOB/B auch darauf Anwendung findet (vgl. dazu D. I. 2. b) ee), Rn. 570 ff.).

Im Übrigen – so die Kritiker – folge aus § 2 Abs. 3 Nr. 2 VOB/B, dass ein neuer Preis „unter Berücksichtigung der Mehr- oder Minderkosten“ vereinbart werden müsse. Diese Ermittlung setze einen Abgleich zu denjenigen Kosten voraus, die dem Unternehmer bei unveränderten Mengen entstanden wären. Deshalb könne ein Preisanpassungsverlangen nicht begründet sein, wenn die direkten Kosten je Tonne gleichbleiben, sondern nur, wenn sich diese gerade wegen der größeren Mengen ändern, beispielsweise weil Geräte besser oder schlechter ausgelastet werden oder die Entsorgungskosten steigen bzw. fallen (Markus, NZBau 2020, 67). Dem lässt sich entgegenhalten, dass der Standardfall von § 2 Abs. 3 Nr. 2 VOB/B tatsächlich mehrmengenbedingte Kostenänderungen sind, beispielsweise weil der Auftragnehmer bei den direkten Kosten oder den Baustellengemeinkosten durch die Mengenerhöhung Kostenvorteile erzielt. Es ist aber ebenso gut vorstellbar, dass „Mehr- oder Minderkosten“ entstehen, die nicht ursächlich – also kausal – auf der Mengenmehrung basieren. Die BGH-Entscheidung macht dies deutlich. Der Auftragnehmer hat mit einem Zuschlagsfaktor von 20 % kalkuliert. Sieht das Leistungsverzeichnis einen Einheitspreis von € 462,– vor, heißt dies, dass der Zuschlagsfaktor von 20 % nur nachvollziehbar ist, wenn dem Unternehmer Kosten von € 385,–/t entstehen (€ 385,– x 1,2 = € 462,–). Wenn dagegen feststeht, dass die Kosten je Tonne lediglich € 92,– betragen, führt der Zuschlagsfaktor von 20 % zu einem neuen Preis i.H.v. € 110,40 (€ 92,– x 1,2 = € 110,40). Die „Minderkosten“ ergeben sich aus der Differenz. Anderenfalls würde der Auftragnehmer durch den unveränderten Einheitspreis einen unangemessen hohen Zuschlag, der lediglich als Kosten deklariert ist, erzielen (Retzlaff, BauR 2020, 517). Genau das will der BGH durch sein jetziges Verständnis von § 2 Abs. 3 Nr. 2 VOB/B verhindern. Das halten wir auch für richtig, um überproportionale Gewinne aufgrund von Preisspekulationen zu unterbinden und im Fall von Unterkalkulationen Verlustmaximierungen zu vermeiden.

ee) Grundsätze der vorkalkulatorischen Preisfortschreibung bei Mengenüberschreitungen nach § 2 Abs. 3 Nr. 2 VOB/B

570 Falls allein der Umstand, dass der Bauvertrag auf der Grundlage des Vergabe- und Vertragshandbuchs (VHB) des Bundes oder einzelner Bundesländer zustande gekommen ist, zu einer Preisfortschreibung auf Basis der Urkalkulation führen sollte oder Vereinbarungen dazu in den Bauverträgen selbst enthalten sind, stellt sich die Frage, welche Grundsätze für die Berechnung von Mehrmengen dann gelten. In solchen Fällen ist die Sichtweise, die vor der Grundsatzentscheidung des BGH aus dem Jahr 2019 der ganz herrschenden Auffassung entsprochen hat, maßgebend, sodass der neue Einheitspreis nach Maßgabe vorkalkulatorischer Preisfortschreibungsgrundsätze zu ermitteln ist (OLG Köln, Urt. v. 30.12.2014 – 17 U 83/13).

571 Mengenüberschreitungen von mehr als 10 % führen zu einer Überdeckung, wenn die gesamten Baustellengemeinkosten schon vollständig auf der Basis der

Einheitspreise für die geringere, im Vertrag angegebene Menge, gedeckt sind. Ändern sich diese Kosten durch die Mengenüberschreitung nicht und würde der Auftragnehmer auch für die gesamte Mehrmenge einen unveränderten Einheitspreis erhalten, hätte dies zur Folge, dass eine ungerechtfertigte Überdeckung einträte. Diese Überdeckung muss für die Mehrmenge ausgeglichen werden.

572 Fraglich ist, ob das auch bei Eventualpositionen gilt, die gar keinen Vordersatz haben oder lediglich eine Mengeneinheit enthalten (z.B. „1 m²"). Darum ging es bei einem VOB/B-Vertrag, der die Herstellung und Vorhaltung von Schulcontainern zum Gegenstand hatte und sich die vereinbarte Vorhaltezeit von 72 Wochen aufgrund von Verzögerungen bei der Sanierung des Schulgebäudes um über ein Jahr verlängerte. Das OLG Frankfurt hat den Verlängerungszeitraum der Vorhaltung nach Mietrecht beurteilt und es deshalb zu Recht abgelehnt, den in einer Bedarfsposition vereinbarten Einheitspreis für eine über vier Wochen hinausgehende Standzeit nach § 2 Abs. 3 Nr. 2 VOB/B zu reduzieren (OLG Frankfurt, Urt. v. 2.12.2016 – 2 U 61/16; ähnlich: OLG Hamm, Urt. v. 19.3.2012 – 17 U 30/11). Diese Entscheidung hat der XII. Senat des BGH, der für Mietsachen zuständig ist, ausdrücklich bestätigt (BGH, Urt. v. 11.10.2017 – XII ZR 8/17). Da eine solche Bedarfsposition keine Mengenansätze enthalte, eine bestimmte Menge also nicht erwartet worden war, gäbe es auch keine über § 2 Abs. 3 Nr. 2 VOB/B auszugleichende Abweichung von einer prognostizierten Menge (im Ergebnis ebenso: OLG Jena, Urt. v. 10.1.2020 – 4 U 812/15). Dagegen hat der für Bausachen zuständige VII. Zivilsenat des BGH entschieden, dass § 2 Abs. 3 VOB/B auf die Vorhaltung von Gerüsten anwendbar sein kann, wenn es aufgrund einer Überschreitung des vertraglich vereinbarten Zeitansatzes von mehr als 10 % zu Mehr- oder Minderkosten kommt (BGH, Urt. v. 11.4.2013 – VII ZR 201/12) und der Vordersatz auch eine Zeiteinheit beinhaltet, die sich aus der Fertigstellungs- und Abbaufrist nach den für verbindlich erklärten Fristen des Bauzeitenplans ergäbe. Dann ist das Gerüstbauunternehmen zum Endtermin nicht berechtigt, das Gerüst abzubauen, sondern muss es so lange vorhalten, wie es für die Ausführung der Bauarbeiten benötigt wird. Der Verlängerungszeitraum wird nach § 2 Abs. 3 Nr. 2 VOB/B behandelt, sodass ein Gerüstbauer, der teurere Gerüste anmieten muss, um andere vertragliche Verpflichtungen zu erfüllen, diese Mehrkosten nach § 2 Abs. 3 Nr. 2 VOB/B geltend machen kann. Das OLG Jena hat bei einem Gerüstbauvertrag Mehrkosten durch die Anmietung zusätzlichen Gerüstmaterials nach § 2 Abs. 3 Nr. 2 VOB/B abgelehnt, weil die Bedarfsposition für eine längere Gerüststandzeit keine konkreten Zeitangaben enthalten habe und die Dauer der Vorhaltung weder durch Vertragsfristen noch durch einen Bauzeitenplan geregelt worden sei (OLG Jena, Urt. v. 10.1.2020 – 4 U 812/15).

573 Zurück zu klassischen Vordersatzangaben im Bauvertrag (z.B. 2.000 m³ Erdaushub oder 180 t Baustahl bzw. 500 Stück Rauchmelder etc.). Im Fall konstanter BGK ist der neue Einheitspreis ab 110 % niedriger als der vereinbarte Einheitspreis.

Dagegen ist es in Einzelfällen aber durchaus auch denkbar, dass sich aufgrund unvorhersehbarer Mehrmengen die Ausführungsfristen verlängern, sodass eine längere zeitliche Inanspruchnahme der Baustelleneinrichtung sowie weiterer Produktionsmittel erforderlich wird (OLG München, Urt. v. 27.4.2016 – 28 U 4738/13; OLG Dresden, Urt. v. 9.1.2013 – 1 U 1554/09). Dann ist ein Anspruch in Höhe der zusätzlich angefallenen Baustellengemeinkosten nach § 2 Abs. 3 Nr. 2 VOB/B gegeben. Der Auftragnehmer muss aber daran denken, dass er eine Verlängerung der Bauzeit wegen Mengenerhöhungen, wie jede andere Behinderung auch, unverzüglich anzeigen (§ 6 Abs. 1 VOB/B) und die zeitlichen Auswirkungen der Mehrmengen auf den Bauablauf konkret nachweisen muss.

Allgemeine Geschäftskosten (AGK) entstehen überwiegend zeitabhängig, werden **574**
aber in aller Regel umsatzbezogen kalkuliert. Wenn ein Auftragnehmer im Rahmen eines Einheitspreises beispielsweise einen Umlageanteil von 5 % für AGK kalkuliert hat, bleibt ihm dieser Zuschlag auch für die über 110 % hinausgehende Menge richtiger Ansicht nach erhalten (OLG Nürnberg, Urt. v. 18.12.2002 – 4 U 2049/02). Denn im Gegensatz zu den objektspezifischen BGK handelt es sich bei den AGK regelmäßig um umsatzbezogene Gemeinkosten für den Betrieb des Unternehmers. Bei der Ermittlung des geänderten Einheitspreises nach § 2 Abs. 3 Nr. 2 VOB/B bleibt dieser preisbildende Faktor erhalten und ist analog der Auftragskalkulation fortzuschreiben (ebenso: OLG Dresden, Urt. v. 5.9.2017 – 4 U 551/17). Das gilt auch und unstreitig für den kalkulierten Wagnis- und Gewinnzuschlag. Das Kammergericht will bei den AGK dagegen zwischen variablen Kosten, die sich regelmäßig verändern, und Fixkosten, die normalerweise unverändert bleiben, unterscheiden (KG, Urt. v. 29.9.2005 – 27 U 120/04). Da die Fixkosten durch die Einheitspreise für die ursprünglich vereinbarte Menge bereits abgedeckt werden, sollen für die Mehrmengen über 10 % keine AGK-Zuschläge geschuldet sein. Dieser Auffassung wird zu Recht entgegengetreten (Achilles, IBR 2007, 231; OLG Koblenz, Urt. v. 5.12.2001 – 1 U 2046/98). Wenn die AGK nicht ausnahmsweise insgesamt als „unveränderlicher Festbetrag" kalkuliert worden sind, werden sie als umsatzabhängige Größe auch für die Mehrmenge über 10 % entsprechend der Kalkulation bezuschlagt. Nach herrschender Meinung muss bei Mengenüberschreitungen von mehr als 10 % deshalb nur der BGK-Anteil aus dem vertraglich vereinbarten Einheitspreis herausgerechnet werden, falls sich diese durch die Mengenerhöhung nicht verändert haben, also bereits vollständig auf der Grundlage des Einheitspreises für die geringere Menge gedeckt sind. Das ist bei konstanter Bauzeit unter Einsatz der vorgesehenen Geräte und Maschinen bzw. einer unveränderten Führungsmannschaft (Bauleitung, Vermesser, Abrechner etc.) grundsätzlich der Fall.

Beispiel: Der vertraglich vereinbarte Einheitspreis (EP) für 1 m³ Mauerwerk aus **575**
Poroton beträgt € 127,–. Statt der ausgeschriebenen 1.000 m³ ergibt sich aus

dem Aufmaß eine tatsächlich ausgeführte Menge von 1.300 m³. Die Mengenabweichung beruht auf falschen Angaben im Leistungsverzeichnis, nicht auf Anordnungen des Auftraggebers. Wie wird abgerechnet, wenn die BGK trotz der Mengenerhöhung nicht gestiegen, also konstant geblieben sind?

576 Wir unterstellen folgende Kalkulation:

– Lohnanteil:	€ 40,–	das sind die Einzelkosten der Teilleistung (EkdT)
– Materialkosten:	€ 60,–	
– Baustelleneinrichtungs- und Baustellengemeinkosten (BGK): 10 % auf die EkdT	€ 10,–	BGK + EkdT ergeben die Herstellkosten (HK)
– Allgemeine Geschäftskosten (AGK): 10 % auf die HK =	€ 11,–	EkdT + BGK + AGK ergeben die Selbstkosten (SK)
– Gewinn: 5 % auf die SK = € 6,– (leicht abgerundet)		durch Addition des Gewinnzuschlages ergibt sich der beauftragte Angebotspreis (EP)

577 Nach § 2 Abs. 3 Nr. 2 VOB/B werden 1100 m³ mit dem vereinbarten EP in Höhe von € 127,– abgerechnet. Das ergibt einen Betrag in Höhe von € 139.700,–. Für die darüber hinausgehenden 200 m³ Mauerwerk wird nur der BGK-Anteil in Höhe von € 10,–/m³ abgezogen (konstante Kosten unterstellt). Daraus ergibt sich ein gespaltener Einheitspreis für die Menge ab 110 % wie folgt: 200 m³ Mauerwerk à € 117,– = € 23.400,–. Gesamtvergütung: € 163.100,–.

578 Der Wortlaut des § 2 Abs. 3 Nr. 2 VOB/B lässt auch eine Preiserhöhung ausdrücklich zu. Ein höherer Einheitspreis kommt beispielsweise in Betracht, wenn die Mehrmenge zusätzliches Bauleitungspersonal oder den Einsatz größerer Geräte erfordert. Aber auch wenn aufgrund einer Erhöhung der Erdaushubmenge die im Vertrag vorgesehene Erdstoffdeponie nicht mehr angefahren werden kann und deshalb eine längere Transportstrecke anfällt, kommt ein Preiserhöhungsverlangen des Auftragnehmers in Betracht. Gleiches gilt, wenn der Auftragnehmer infolge der Mehrmenge über 10 % das zusätzlich benötigte Material teurer einkaufen muss. Sofern sich aufgrund der Menge über 110 % die Gesamtbauzeit verlängert, was durchaus der Fall sein kann (OLG Dresden, Urt. v. 9.1.2013 – 1 U 1554/09), bestehen Ansprüche auf Erstattung der zusätzlich anfallenden Baustellengemeinkosten nach § 2 Abs. 3 Nr. 2 VOB/B. Fordert ein Auftragnehmer wegen Überschreitung des Mengenansatzes um mehr als 10 % einen höheren Einheitspreis, hat er seine Kalkulation offenzulegen und die Mehrkosten danach prüfbar zu begründen (OLG München, Urt. v. 14.7.1993 – 27 U 191/92). Dazu muss er konkret vortragen, um welche Dauer die Baustelleneinrichtung wegen der Mengenerhöhungen länger aufrechterhalten werden musste und weshalb es aufgrund der

verlängerten Bauzeit zu Kostensteigerungen gegenüber den kalkulierten Gemeinkosten gekommen ist (OLG Koblenz, Urt. v. 15.12.2011 – 5 U 934/11). Daran würde auch die neue BGH-Rechtsprechung nichts ändern. Denn die Urteile betreffen nur die direkten Kosten, die ab 110 % nicht mehr vorkalkulatorisch fortgeschrieben werden und die Zuschlagssätze für AGK und Gewinn, deren Höhe sich nach der Angemessenheit richtet und deshalb im Vergleich zur Kalkulation erhöht, aber auch reduziert werden können. BGK sind dagegen nicht im Rahmen angemessener Zuschläge zu berücksichtigen, sondern müssen durch die Mehrmenge tatsächlich entstanden sein (BGH, Urt. v. 21.11.2019 – VII ZR 10/19, Rn. 22). Dann werden sie ab 110 % auf Kostenbasis vergütet.

ff) Ankündigungspflicht bei Mengenüberschreitungen?

Bei Mengenüberschreitungen besteht nach der VOB/B keine Ankündigungs- oder Hinweispflicht des Auftragnehmers (OLG Naumburg, Urt. v. 9.4.2015 – 6 U 19/14; OLG Dresden, Urt. v. 25.11.2011 – 1 U 571/10). Die Einführung einer Ankündigungspflicht als Anspruchsvoraussetzung in Allgemeinen Geschäftsbedingungen (AGB) dürfte einer Inhaltskontrolle nach § 307 BGB nicht standhalten und unwirksam sein (LG München I, Urt. v. 18.2.1993 – 7 O 13119/92). Das gilt jedenfalls dann, wenn die Ankündigungspflicht als echte Anspruchsvoraussetzung ausgestaltet ist, sodass der Auftragnehmer seinen Vergütungsanspruch für die Mehrmengen schon deshalb verliert, weil er einen entsprechenden Hinweis unterlassen hat. Ist die Ankündigungs- und Hinweispflicht dagegen nicht als Ausschlusstatbestand für Vergütungsansprüche formuliert, kann der Auftraggeber bei deren Verletzung gegebenenfalls mit Schadensersatzansprüchen aufrechnen. Ein Schaden kann entstehen, falls der Auftraggeber darlegen und beweisen kann, dass ihm günstigere Alternativen zur Verfügung gestanden hätten. Aus diesem Grund raten wir Auftragnehmern dringend, eine im Vertrag vereinbarte Hinweispflicht im Fall eintretender Mengenüberschreitungen ernst zu nehmen und zu befolgen, um Streit zu vermeiden. **579**

Das OLG Celle hat entschieden, ein Auftragnehmer dürfe im Falle einer „Explosion" der im LV ausgeschriebenen Mengen „nicht ohne Weiteres" davon ausgehen, dass der Auftraggeber mit der Erbringung dieser Leistungen einverstanden sei. Führe der Unternehmer die Arbeiten ohne das ausdrückliche Einverständnis seines Vertragspartners aus, könne er hierfür lediglich die im LV zugrunde gelegten Mengen abrechnen. Darüber hinaus stehe ihm weder ein vertraglicher noch ein sonstiger Vergütungsanspruch nach § 2 Abs. 8 Nr. 3 VOB/B zu (OLG Celle, Urt. v. 9.8.2012 – 16 U 197/11). Der Entscheidung lag tatsächlich ein krasser Sachverhalt zugrunde. Statt 10 Fehlstellen in der Betonsohle gab es 429 und statt 15 Reprofilierungen sind tatsächlich 350 Stück zur Ausführung gelangt. Die abgerechnete Vergütung war ca. viermal so hoch wie im Vertrag vereinbart. Möglicherweise wäre eine Neuherstellung der Leistung sinnvoller gewesen als die beauftragte Sanierung. Dennoch überzeugt die Entscheidung nicht, jedenfalls ist sie **580** nicht verallgemeinerungsfähig und muss auf Ausnahmefälle beschränkt bleiben. Denn sie verkennt, dass der Auftraggeber das Risiko der Wirtschaftlichkeit einer beauftragten Bauleistung trägt. Darüber hinaus wäre zu prüfen gewesen, ob der Auftraggeber bei einer vorherigen Benachrichtigung von der Sanierungsmaßnahme Abstand genommen oder sich tatsächlich für eine Neuherstellung entschieden hätte. Wäre Letztere im Ergebnis günstiger gewesen als die Sanierungsmaßnahme, kann lediglich die Differenz zwischen den Kosten der Sanierung und der Neuherstellung der Leistung zulasten des Auftragnehmers gehen.

gg) Zeitliche Begrenzung des Preisanpassungsverlangens?

581 Fraglich ist, ob für das Preisanpassungsverlangen eine zeitliche Begrenzung besteht. Der BGH hat dies in einer Entscheidung aus dem Jahr 2005 grundsätzlich verneint, aber darauf hingewiesen, dass ein Preisanpassungsverlangen möglichst beschleunigt geltend zu machen sei und nach allgemeinen Grundsätzen „verwirkt" werden könne (BGH, Urt. v. 14.4.2005 – VII ZR 14/04). Im Fall des BGH hatte der Auftraggeber im Zuge der Prüfung von Abschlagsrechnungen die Mehrmengen bestätigt und bezahlt, aber zweieinhalb Monate nach Zugang der Schlussrechnung ein Preisanpassungsverlangen wegen Mehrmengen nach § 2 Abs. 3 Nr. 2 VOB/B geltend gemacht. Das hielt der BGH für möglich. Von einer Verwirkung ist er bei der kurzen Dauer von zweieinhalb Monaten nicht ausgegangen. Auch ein Anerkenntnis durch die Prüfung der Abschlagsrechnung lag nicht vor, weil eine solche Prüfung grundsätzlich kein Anerkenntnis darstellt (BGH, Urt. v. 6.12.2001 – VII ZR 425/00).

582 In neuerer Zeit gibt es Urteile, die mit der oben genannten BGH-Entscheidung nicht in Übereinstimmung zu bringen sind. So hat das OLG Düsseldorf entschieden, dass der Auftraggeber einen Preisanpassungsanspruch wegen Mengenüberschreitung nur bis zur Zahlung der Schlussrechnung geltend machen könne. Gleiche er diese vorbehaltlos aus, ohne eine Preisanpassung zu verlangen, habe er sein Änderungsrecht verwirkt (OLG Düsseldorf, Urt. v. 4.11.2014 – 23 U 33/14). Ähnlich hat das Kammergericht im Jahr 2014 entschieden. Es hat ausgeführt, dass ein Auftraggeber bzw. dessen Vertreter, der die Schlussrechnung geprüft und dabei die abgerechneten Mengen anerkannt, aber keine Preisanpassung gefordert habe, im Nachhinein keine Reduzierung des Einheitspreises für die über 10 % hinausgehende Überschreitung der Mengenansätze (mehr) verlangen könne (KG, Urt. v. 8.4.2014 – 27 U 105/13). Auch wenn beide Entscheidungen fraglich sind, sollten sie Auftraggeber warnen. Werden Mengenangaben in Schlussrechnungen geprüft und bestätigt bzw. erfolgen daraufhin Zahlungen, sollte zuvor geprüft werden, ob ein Preisanpassungsverlangen wegen Mengenüberschreitung in Betracht kommt und bejahendenfalls unverzüglich geltend gemacht werden.

583 Umgekehrt gilt natürlich dasselbe. Auch der Auftragnehmer kann – selbst nach Stellung der Schlussrechnung – noch ein Preisanpassungsverlangen wegen Mengenunterschreitung nach § 2 Abs. 3 Nr. 3 VOB/B geltend machen. Nach einer Entscheidung des OLG Brandenburg ist ein Preisanpassungsverlangen des Auftragnehmers sogar dreieinhalb Jahre nach Schlussrechnungslegung möglich (OLG Brandenburg, Urt. v. 14.12.2011 – 4 U 113/10). Ob das richtig ist, kann man mit guten Gründen bezweifeln, weil Ansprüche aus einer Schlussrechnung grundsätzlich drei Jahre nach Fälligkeit verjähren und dies auch für solche Ansprüche gilt, die in einer Schlussrechnung hätten geltend gemacht werden können (OLG Hamm, Urt. v. 21.2.2012 – 21 U 93/11). Ein Auftragnehmer müsste allerdings eine Schlusszahlungserklärung des Auftraggebers nach § 16 Abs. 3 Nr. 2 VOB/B beachten und innerhalb von 28 Tagen nach Zugang der Mitteilung einen Vorbehalt erklären, wenn er nicht riskieren will, mit weiteren Ansprüchen, beispielsweise auch solchen auf Anpassung des Einheitspreises, ausgeschlossen zu sein (Einzelheiten zur Schlusszahlungserklärung des Auftraggebers im Kapitel N I. 6., Rn. 2421 ff.).

c) Mengenunterschreitung um mehr als 10 %/„Nullpositionen"

aa) Nur Erhöhung des Einheitspreises möglich

Für den Fall einer über 10 % hinausgehenden Unterschreitung des Mengenansat- **584**
zes ist auf Verlangen des Auftragnehmers der Einheitspreis zu erhöhen, diesmal jedoch für die *gesamte* tatsächlich ausgeführte Menge der Leistung (§ 2 Abs. 3 Nr. 3 VOB/B). Sind in einem LV beispielsweise *„1.000 m² Teppichboden liefern und verlegen"* ausgeschrieben und ergibt das Aufmaß, dass der Teppichboden wegen falscher Vordersatzangaben im LV – also nicht aufgrund einer Anordnung oder Teilkündigung des Auftraggebers – lediglich auf einer Fläche von 850 m² verlegt worden ist, muss auf Verlangen des Auftragnehmers ein neuer (höherer) Einheitspreis für die gesamte ausgeführte Fläche vereinbart werden. Anders als bei der Mengenmehrung bleibt also der vereinbarte Einheitspreis für die Mengenunterschreitung von 100 % bis 90 % nicht unverändert.

Die Vorschrift gilt auch, wenn eine Position, ohne dass eine Anordnung oder **585**
(Teil-)Kündigung des Auftraggebers vorliegt, überhaupt nicht ausgeführt wird, also auf eine Menge von Null sinkt (Nullpositionen oder auch Nullmengen). Auch in einem solchen Fall werden die kalkulierten Deckungsbeiträge für Baustelleneinrichtungs- und Baustellengemeinkosten, Allgemeine Geschäftskosten sowie die kalkulierten Zuschläge für Wagnis und Gewinn voll ausgeglichen (Kimmich, BauR 2011, 171). Das hat zwischenzeitlich der BGH ausdrücklich so entschieden (BGH, Urt. v. 26.11.2012 – VII ZR 19/11; ebenso: OLG Hamm, Urt. v. 19.6.2012 – 21 U 85/11). Allerdings kommt auch bei solchen Nullpositionen eine Ausgleichsberechnung wegen eventueller Mehrmengen von über 10 % in anderen Positionen bzw. wegen der Ausführung technischer Nachträge in Betracht. Auch das haben der BGH und das OLG Hamm entschieden. Wenn dagegen eine Eventual- oder Bedarfsposition nicht zur Ausführung kommt, stehen dem Auftragnehmer

keine Ansprüche unter dem Gesichtspunkt der Abrechnung von Deckungsbeiträgen wie bei Nullpositionen zu (KG, Urt. v. 5.12.2013 – 27 U 30/11).

586 Bei Mengenminderungen um mehr als 10 % kommt stets nur ein Anspruch auf Erhöhung des Einheitspreises, niemals ein Anspruch des Auftraggebers auf dessen Herabsetzung in Betracht. Die Erhöhung soll im Wesentlichen dem Mehrbetrag entsprechen, der sich durch Verteilung der Baustelleneinrichtungs- und Baustellengemeinkosten und der Allgemeinen Geschäftskosten auf die verringerte Menge ergibt. Da alle Deckungsbeiträge voll ausgeglichen werden sollen, sind nach richtiger und ganz herrschender Auffassung auch die kalkulierten Zuschläge für Wagnis und Gewinn zu bezahlen, obwohl der Gewinn in § 2 Abs. 3 Nr. 3 VOB/B nicht ausdrücklich erwähnt ist (ebenso: OLG Brandenburg, Urt. v. 16.10.2019 – 4 U 80/18). Das Wagnis hat nach überwiegender Auffassung keine selbstständige kalkulatorische Bedeutung, sondern ist Bestandteil des Gewinns oder eines Verlusts (BGH, Urt. v. 24.3.2016 – VII ZR 201/15). Das gilt jedenfalls dann, wenn der Auftragnehmer keine Zuschläge für Einzelwagnisse ausdrücklich kalkuliert hat.

587 Wenn ein Auftraggeber beispielsweise anordnet, dass statt 20 beauftragter Videoüberwachungskameras in einem Parkhaus nur 15 ausgeführt werden sollen, führt das zu einer Verringerung der ausgeschriebenen Menge um 25 %. Dennoch ist das kein Fall von § 2 Abs. 3 Nr. 2 VOB/B, weil die Mindermenge nicht auf einer falschen Mengenangabe im LV, sondern auf einer Anordnung des Auftraggebers, also einer freien Teilkündigung nach § 8 Abs. 1 VOB/B beruht. Der Auftragnehmer hat deshalb auch wegen der Mindermenge – hier ohne eine Toleranzgrenze von 10 % wie bei § 2 Abs. 3 Nr. 3 VOB/B – Anspruch auf die vereinbarte Vergütung, allerdings unter Abzug der ersparten Kosten (§ 8 Abs. 1 Nr. 2 VOB/B). Auch eine Ausgleichsberechnung mit zusätzlichen Deckungsbeiträgen aus eventuellen Nachträgen findet nicht statt, weil fernliegend ist, dass der Auftragnehmer den Nachtrag *nur wegen* der Mindermengen und dadurch freigewordener Kapazitäten ausführen konnte und deshalb einen anrechnungspflichtigen Erwerb im Wege eines echten Füllauftrags erzielte (OLG München, Beschl. v. 2.4.2019 – 28 U 413/19).

588 Der Auftragnehmer ist für die Höhe des geltend gemachten Preisanpassungsanspruchs beweispflichtig; eine Schätzung kommt nur ausnahmsweise in Betracht (OLG Koblenz, Urt. v. 24.5.2006 – 6 U 1273/03). Zur Berechnung des Preisanpassungsverlangens folgendes

589 **Beispiel:** In unserem oben geschilderten Fall zum Mauerwerk sind wir von einer Mengenerhöhung um 300 m³ ausgegangen. Wie wird abgerechnet, wenn aufgrund der örtlich vorgefundenen Verhältnisse, also aufgrund falscher Mengenermittlung im LV, statt 1.000 m³ nur 700 m³ Mauerwerk zur Ausführung kommen?

Die tatsächlich ausgeführten 700 m³ werden nach dem vereinbarten Einheitspreis abgerechnet. Also: 700 m³ à € 127,– = € 88.900,–. Für die nicht ausgeführten 300 m³ kann der Auftragnehmer nach § 2 Abs. 3 Nr. 3 VOB/B wie folgt abrechnen: 590

300 m³ à € 27,– (BGK, AGK + Gewinn) = € 8.100,–
Gesamtvergütung: € 97.000,– (€ 88.900,– + € 8.100,–)
Neuer EP pro m³: € 138,57 (€ 97.000 : 700 m²)

Noch ein Hinweis zu den direkten Kosten der Leistung: Diese sinken meistens proportional zu den Einzelkosten der Teilleistung. Das gilt jedenfalls dann, wenn die Kosten für die entsprechende Position kurzfristig abbaubar sind. Das wird oftmals, aber keineswegs immer der Fall sein. Sind beispielsweise speziell angefertigte Sondermaterialien bereits geliefert worden oder sollen die Arbeiten durch einen beauftragten Nachunternehmer ausgeführt werden, ist naheliegend, dass ein kurzfristiger Abbau der kalkulierten Kosten nicht mehr möglich ist, weil das Material nicht auf anderen Baustellen verwendet und der Nachunternehmer kurzfristig nicht auf anderen Baustellen eingesetzt werden kann. Diese kurzfristig nicht abbaubaren Kosten müssen nach § 2 Abs. 3 Nr. 3 VOB/B – wie bei einer freien Kündigung nach § 8 Abs. 1 Nr. 2 VOB/B – voll ausgeglichen werden (vgl. Kapellmann/Messerschmidt, VOB-Kommentar, Teile A und B, 7. Auflage, zu § 2 Rn. 267). 591

bb) Auswirkung der BGH-Entscheidung vom 8.8.2019 auf § 2 Abs. 3 Nr. 3 VOB/B

Die Grundsätze der BGH-Entscheidung vom 8.8.2019 zur Ermittlung des neuen Einheitspreises ab 110 % dürften auch gelten, wenn Mengenunterschreitungen von mehr als 10 % eintreten und die Zuschlagssätze für AGK und Gewinn in den betreffenden Positionen unangemessen hoch oder zu niedrig waren. Kommt es bei einer Position mit einem Vordersatz von 1.000 m² beispielsweise zu einer Mengenunterschreitung um 30 % oder 300 m² und wurden Herstellkosten i.H.v. € 100,–/m² nebst Zuschlägen i.H.v. 40 % kalkuliert, erhält der Auftragnehmer für die ausgeführte Menge (700 m²) den vereinbarten Preis i.H.v. € 98.000,– (€ 140,– × 700 m²). Für die Differenzmenge zum LV-Vordersatz (300 m²) kommt es auf tatsächlich erforderliche Herstellkosten an, die niedriger, aber auch höher ausfallen können. Betragen sie im Beispielsfall – weil der Auftragnehmer auf eine Mengenunterschreitung spekuliert hat – nur € 50,–, kann der Auftragnehmer nur angemessene Zuschlagssätze auf die tatsächlich erforderlichen Herstellkosten der entfallenen Leistung geltend machen, die dann € 15.000,– betragen (300,– m² x € 50,–). Sind aus Sicht des Tatrichters beispielsweise Zuschläge für AGK und Gewinn i.H.v. 20 % angemessen, erhält der Auftragnehmer folglich einen Ausgleich für die Mengenunterschreitung i.H.v. lediglich € 3.000,–, nicht € 12.000,– (300 m² x € 40,–), wie es bei einer vorkalkulatorischen Preisfortschreibung der Fall wäre. 592

cc) Ausgleichsberechnung

Es kann in einem Vertrag sowohl zu Mengenüber- als auch zu Mengenunterschreitungen kommen. Eine Ausgleichsberechnung soll verhindern, dass erhöhte 593

Deckungsbeiträge durch Mengenüberschreitungen erhalten bleiben, während bei Positionen mit Mengenunterschreitung die fehlenden Deckungsbeiträge durch eine Einheitspreiserhöhung ausgeglichen werden. Das sieht § 2 Abs. 3 Nr. 3 Satz 1 VOB/B ausdrücklich vor und gilt auch bei „Nullmengen" (siehe oben). Bei der danach durchzuführenden Ausgleichsberechnung kommen jedoch nur Positionen in Betracht, bei denen eine Überschreitung von mehr als 10 % eingetreten ist. Zur Ausgleichsberechnung folgendes

594 **Beispiel:** Statt 4.000 m² Bodenfliesen führt der Auftragnehmer aufgrund falscher Vordersatzangabe lediglich 3.000 m² aus. Diese 3.000 m² berechnet er mit dem vereinbarten Einheitspreis von € 40,–/m². Wegen ungedeckter Baustellengemeinkosten sowie Allgemeiner Geschäftskosten macht er wegen der nicht ausgeführten Menge von 1.000 m² weitere € 6.000,–, einschließlich des kalkulierten Gewinnzuschlags für die nicht ausgeführte Menge, geltend. Bei den Wandfliesen kam es zu einer Überschreitung des Mengenansatzes um über 10 % und darüber hinaus zu einem Nachtrag, weil der Auftraggeber höherwertige Fliesen verlangt hat.

595 Bei diesem Beispiel wird unterstellt, dass die Mengenmehrung von über 10 % nicht zu einer Erhöhung der Baustellengemeinkosten geführt hat, weil diese bereits vollständig aufgrund der im Vertrag vereinbarten, geringeren Menge gedeckt sind, was der Regelfall sein dürfte. Der Anspruch in Höhe von € 6.000,– muss zunächst reduziert werden, wenn es bei anderen Positionen zu einer Überschreitung der Vordersätze um mehr als 10 % gekommen ist. Da für solche Positionen die BGK-Zuschläge nur bis zu 110 % verlangt werden können, findet der Ausgleich bei den AGK- und Gewinnzuschlägen statt. Rechnet der Auftragnehmer bei den Wandfliesen für die Mengen über 110 % AGK sowie Gewinnzuschläge in Höhe von beispielsweise € 2.000,– ab, muss er sich diesen Betrag auf seinen Anspruch wegen Unterdeckung in Höhe von € 6.000,– anrechnen lassen. Eine Überdeckung in *„anderer Weise"* kann auch durch Nachträge, die entsprechende Umlageanteile beinhalten, eintreten (BGH, Urt. v. 26.1.2012 – VII ZR 19/11; OLG Karlsruhe, Urt. v. 24.3.2011 – 9 U 94/10). Macht der AN auf den erhöhten Einkaufspreis für die geänderten Wandfliesen beispielsweise um € 1.000,– höhere Zuschlagssätze für AGK sowie Gewinn geltend, muss auch dieser Betrag im Rahmen der Ausgleichsberechnung berücksichtigt werden, sodass der AN nach § 2 Abs. 3 Nr. 3 VOB/B im Ergebnis nur € 3.000,– aufgrund der Mengenunterschreitung bei den Bodenfliesen verlangen könnte. Bietet der Auftraggeber wegen verringerter Mengen einen „Kompensationsvertrag" an, den der Auftragnehmer nicht annimmt, muss er sich im Rahmen des § 2 Abs. 3 Nr. 3 VOB/B auch nichts anrechnen lassen (OLG Brandenburg, Urt. v. 16.10.2019 – 4 U 80/18).

Ein Gesamtvergleich zwischen den insgesamt beauftragten und den tatsächlich ausgeführten Mengen bzw. eine „pauschale" Berechnung des Ausgleichsanspruchs verbietet sich schon deshalb, weil nur Mengenänderungen ab 10 % relevant sind und ferner berücksichtigt werden muss, ob sie wegen falscher Mengenangaben im Vertrag oder aufgrund von Anordnungen bzw. (Teil-)Kündigungen des Auftraggebers eingetreten sind. Dann gelten die §§ 2 Abs. 5 und Abs. 6 bzw. 8 Abs. 1 VOB/B. Man muss also jede Position nach den dafür einschlägigen Regeln betrachten und berechnen (vgl. D. II. 1. und 2., Rn. 636 ff.). **596**

d) Ausnahmen von der Bindung an die Auftragskalkulation

Von dem Grundsatz, dass der neue Einheitspreis auf Grundlage der fortgeschriebenen Auftragskalkulation ermittelt werden muss, gab es schon vor der BGH-Entscheidung vom 8.8.2019 Ausnahmen, und zwar sowohl zugunsten als auch zulasten des Auftragnehmers. Liegt beispielsweise ein Kalkulationsirrtum des Auftragnehmers vor (infolge eines Eingabefehlers wird ein Einheitspreis in Höhe von € 20,– statt € 200,– angeboten), kann er seine Preisangabe unverzüglich anfechten (§§ 119, 121 Abs. 1 BGB). **597**

Uneingeschränkt berücksichtigungsfähig sind auch Änderungen der Lohn- und Materialpreise, wenn sich diese gegenüber dem vertraglich vorgesehenen Ausführungszeitraum erhöht haben. Das gilt in jedem Fall bei auftraggeberseitig verursachten zeitlichen Verschiebungen, also bei Behinderungen. Es gilt aber nach herrschender Auffassung auch, wenn sich Löhne oder Materialpreise gegenüber den Beschaffungskosten zum Zeitpunkt des Vertragsabschlusses erhöht haben, sodass der Auftragnehmer für die über 110 % hinausgehende Menge diese Erhöhungen bei der Berechnung des neuen Einheitspreises berücksichtigen darf (Kapellmann/Messerschmidt, VOB-Kommentar, Teile A und B, 7. Auflage zu § 2, Rn. 298). **598**

Beruht die Mengenerhöhung auf objektiv unsorgfältiger oder nicht abgeschlossener Planung, also nicht nur auf hinnehmbaren Ungenauigkeiten oder sprengt das Ausmaß der Mehrmengen jeden äquivalenten Rahmen, beispielsweise weil die Summe der Mehrvergütung sämtlicher Mehrmengen auf Basis der vereinbarten Einheitspreise 30 % der Vertragsvergütung übersteigt, kann der Auftragnehmer wiederum nicht gezwungen werden, sich an einem unauskömmlichen Einheitspreis festhalten zu lassen (OLG Rostock, Urt. v. 19.6.2008 – 3 U 12/08; OLG Koblenz, Urt. v. 27.1.1999 – 1 U 420/96). Das ist richtiger Auffassung nach der Fall, wenn der Auftraggeber Mengen im Leistungsverzeichnis ausschreibt, ohne vorher die entsprechende Ausführungsplanung fertiggestellt zu haben (Kapellmann/Messerschmidt, VOB-Kommentar, Teile A und B, 7. Auflage zu § 2, Rn. 299 und 300). **599**

e) Sittenwidrigkeit der Preisfortschreibung/Störung der Geschäftsgrundlage

In diesem Abschnitt müssen wir einen Blick auf die Welt vor dem Grundsatzurteil des BGH vom 8.8.2019 werfen. Denn bis dahin ist der BGH, wie die nachfolgenden Ent- **600** scheidungen belegen, zumindest stillschweigend noch von einer vorkalkulatorischen Preisfortschreibung bei Mengenerhöhungen ausgegangen. Anderenfalls wären die Urteile zur Sittenwidrigkeit der Preisfortschreibung bei Mengenerhöhungen und die sich daran anschließende Rechtsprechung der Instanzgerichte offensichtlich überflüssig gewesen. Kommt es nämlich für den neuen Einheitspreis ab 110 % – unabhängig von der Urkalkulation – auf tatsächlich erforderliche Kosten zuzüglich angemessener Zuschläge an, ist unerheblich, ob der vereinbarte Preis für die im Vertrag vorgesehene Menge überhöht, deutlich überhöht oder gar sittenwidrig überhöht war. Möglicherweise schauen wir hier aber auch in die Zukunft. Denn der BGH hat in der Entscheidung vom 8.8.2019 ausdrücklich vertragliche Vereinbarungen zum Umgang mit Mengenmehrungen und damit grundsätzlich auch eine Fortschreibung der Einheitspreise auf Basis der Urkalkulation für möglich und zulässig gehalten. Sollte eine solche Vereinbarung bereits angenommen werden, wenn der Bauvertrag auf Grundlage des Vergabe- und Vertragshandbuchs (VHB) des Bundes oder der Bundesländer zustande gekommen ist, wird die nachfolgend erörterte Rechtsprechung auch zukünftig eine wichtige Rolle spielen (D. I. 2. b) cc), Rn. 567 ff.).

601 Bei ungewöhnlich hohen und möglicherweise sogar in spekulativer Absicht angebotenen und beauftragten Einheitspreisen hat der BGH im Jahr 2008 in einem viel diskutierten Urteil entschieden, dass der Grundsatz der vorkalkulatorischen Preisfortschreibung nach § 2 Abs. 3 Nr. 2 oder § 2 Abs. 5 VOB/B durchbrochen werden muss, wenn der neu zu vereinbarende Einheitspreis für Mehrmengen in einem auffälligen, wucherähnlichen Missverhältnis zur Bauleistung steht und die der Preisbildung zugrunde liegende Vereinbarung *sittenwidrig* und damit nichtig ist (BGH, Urt. v. 18.12.2008 – VII ZR 201/06). Das sei jedenfalls dann zu *vermuten*, wenn der vereinbarte Einheitspreis um mehr als das Achthundertfache über dem im Bundesdurchschnitt gezahlten Preis für die ausgeschriebene Leistung liege (BGH, Beschl. v. 25.3.2010 – VII ZR 160/09). Im vom BGH entschiedenen Fall lag der vereinbarte Einheitspreis pro Kilo Stahl bei DM 2.045,15 anstelle ortsüblicher DM 2,47/kg. Dabei komme es – so der BGH – auch nicht darauf an, ob der Unternehmer in anderen Positionen unüblich niedrige Preise eingesetzt habe, um durch Gewinne in der einen Position, Verluste in anderen Positionen auszugleichen (BGH, Urt. v. 18.12.2008 – VII ZR 201/06; ebenso: OLG Dresden, Urt. v. 11.12.2009 – 4 U 1070/09). Ein solches spekulatives Bieterverhalten ist nach der Entscheidung des BGH nicht schützenswert. Stattdessen ist die Mehrmenge nach dem üblichen Preis zu vergüten (§ 632 Abs. 2 BGB). Für die ausgeschriebene Menge zuzüglich 10 % bleibt es nach der BGH-Entscheidung und der herrschenden Meinung beim vereinbarten Einheitspreis. Auf die davon abweichende Auffassung des OLG Hamm gehen wir noch gesondert ein.

602 Seit dieser Grundsatzentscheidung des BGH aus dem Jahr 2008 musste sich die Rechtsprechung unzählige Male mit der Frage befassen, ab welchem konkreten

Prozentsatz die Grenze zur Sittenwidrigkeit genau überschritten ist. Dabei trat ein regelrechter Wettlauf nach unten ein. So ging das OLG Nürnberg bereits von Sittenwidrigkeit bei einer achtfachen Überhöhung des Einheitspreises aus (OLG Nürnberg, Urt. v. 8.3.2010 – 2 U 1709/09). Diese Annahme sei insbesondere gerechtfertigt, weil die Mengenangabe im Leistungsverzeichnis offenkundig um den Faktor 100 zu niedrig angegeben wurde. Nach Auffassung des OLG Nürnberg kann die Vermutung der Sittenwidrigkeit auch nicht durch die Behauptung ausgeräumt werden, der Kalkulator habe der Position dem Ausfüllen des Leistungsverzeichnisses keine größere Aufmerksamkeit gewidmet, weil sie wirtschaftlich unbedeutend gewesen sei. Das OLG München lässt dagegen offen, ob eine Vermutung für ein sittlich verwerfliches Gewinnstreben bereits besteht, wenn der Einheitspreis im Vergleich zum ortsüblichen Preis um das 6,87-Fache überhöht ist (OLG München, Urt. v. 20.7.2010 – 13 U 4489/08). Interessant ist die Entscheidung deshalb, weil danach der Schluss auf ein sittlich verwerfliches Gewinnstreben durch Angaben zur Preisbildung widerlegt werden kann. Der Kalkulator hatte nach Ansicht des OLG München glaubhaft bekundet, dass er den hohen Einheitspreis wegen spezifischer Projektrisiken, insbesondere wegen einer sehr engen Bauzeit bei zu erwartenden schlechten Bodenverhältnissen, kalkuliert hatte.

Nach einer weiteren Entscheidung des BGH kann Sittenwidrigkeit bereits vorliegen, wenn die nach § 2 Abs. 3 VOB/B zu bestimmende Vergütung das 22-Fache 603
des üblichen Preises beträgt. Ein derartiges Missverhältnis sei aber nur dann „wucherähnlich“, wenn der das übliche Maß überschreitende Preisanteil *„sowohl absolut gesehen als auch im Vergleich zur Gesamtauftragssumme“* so erheblich ist, dass dies von der Rechtsordnung nicht mehr hingenommen werden kann (BGH, Urt. v. 14.3.2013 – VII ZR 116/12; ähnlich: LG Gießen, Urt. v. 23.7.2014 – 15 S 56/14). Damit hat der BGH eine Einschränkung dahingehend vorgenommen, dass es für die Annahme der Sittenwidrigkeit neben der Differenz zwischen dem üblichen und dem angebotenen Einheitspreis auch maßgeblich darauf ankommt, wie sich der danach neu zu bildende Preis zum Gesamtangebotspreis verhält. Dass „Bagatellpositionen“, die im Vergleich zur Gesamtauftragssumme nicht ins Gewicht fallen, ausscheiden, hatte der BGH bereits kurz zuvor entschieden (BGH, Urt. v. 7.3.2013 – VII ZR 68/10). In dieser Entscheidung wurde die Rechtsprechung zur Sittenwidrigkeit der Preisfortschreibung wegen falscher Mengenangaben im Vertrag nach § 2 Abs. 3 Nr. 2 VOB/B auf vom Auftraggeber *angeordnete Mehrmengen*, also auf Nachträge gemäß § 2 Abs. 6 VOB/B übertragen. Nach dieser Entscheidung kann eine Vergütung, die den ortsüblichen Preis um das Achtfache übersteigt, bereits den Vorwurf der Sittenwidrigkeit rechtfertigen, (BGH, Urt. v. 7.3.2013 – VII ZR 68/10).

Bemerkenswert ist eine Entscheidung des OLG Hamm. Die vom Auftragnehmer 604
angebotenen Preise in vier verschiedenen Positionen waren im Vergleich zu den

ortsüblichen Preisen um das 28-, 41-, 53- bzw. um das 2,86-Fache überhöht. Bei den ersten drei Positionen ist das OLG Hamm von Sittenwidrigkeit ausgegangen, nicht jedoch bei der Überschreitung eines Einheitspreises um das 2,86-Fache (OLG Hamm, Urt. v. 13.3.2013 – 12 U 74/12). Bemerkenswert ist dieses Urteil unter zwei Aspekten: Zunächst hat das OLG Hamm die Annahme der Sittenwidrigkeit auch damit begründet, dass die Mengenüberschreitungen für den Bieter „offensichtlich" gewesen seien. Auch wenn diesem Ansatz in bestimmten Fällen zuzustimmen sein mag, dürfen die Anforderungen an Bieter im Angebotsstadium nicht überspannt werden. Denn diese prüfen die Ausschreibungsunterlagen in erster Linie kalkulationsbezogen. Deshalb darf ohne weitere Anhaltspunkte nicht unterstellt werden, dass ihnen zu geringe Mengenvordersätze ins Auge springen müssen (so zu Recht das OLG Dresden bei einem 130 Seiten umfassenden Leistungsverzeichnis; OLG Dresden, Urt. v. 25.11.2011 – 1 U 571/10).

605 Das OLG Hamm hat in seiner Entscheidung ferner den Standpunkt vertreten, dass die Sittenwidrigkeit nicht auf die Mehrmengen beschränkt sei, die über 10 % der im Leistungsverzeichnis veranschlagten Mengen hinausgehen, sondern sich vielmehr in vollem Umfang auf den ursprünglichen Angebotspreis erstrecke. Deshalb sei die tatsächlich ausgeführte Gesamtmenge insgesamt nur nach dem ortsüblichen Einheitspreis zu vergüten (OLG Hamm, Urt. v. 13.3.2013 – 12 U 74/12; ähnlich: OLG Saarbrücken, Urt. v. 6.11.2014 – 4 U 189/13 und OLG Düsseldorf, Beschl. v. 24.2.2014 – 23 U 102/13). Diese Rechtsauffassung steht allerdings im Widerspruch zur Grundsatzentscheidung des BGH vom 18.12.2008 (BGH, Urt. v. 13.12.2008 – VII ZR 201/06) und liefe im Ergebnis auf ein grundsätzliches Preisprüfungsrecht des Auftraggebers zur Frage der Angemessenheit vereinbarter Preise hinaus. Eine gewisse Logik kann man der Entscheidung des OLG Hamm aber dennoch nicht absprechen. Wenn eine *Fortschreibung* der Einheitspreise sittenwidrig ist, stellt sich schon die Frage, weshalb dies nicht auch für den *vereinbarten* Einheitspreis der Vertragsleistung gelten soll, der exakt dasselbe Missverhältnis aufweist.

606 Das OLG Celle hielt den Einheitspreis einer Eventualposition für „Baustelleneinrichtung, Verlängerung" i.H.v. € 13.230,– für sittenwidrig überhöht, weil er bei Kosten von € 1.480,– einen Wagnis- und Gewinnanteil in Höhe von € 11.750,– (das entspricht ca. 795 %) beinhaltete (OLG Celle, Urt. v. 30.7.2015 – 5 U 24/15). Die Besonderheit des Falles bestand darin, dass der Auftragnehmer den exorbitant hohen Preis für eine Eventualposition ohne Vordersatz angeboten hatte, sodass dieser nicht in die Angebotssumme eingegangen war und bei der Wertung der Angebote folglich auch nicht berücksichtigt wurde. Das ermöglichte dem AN eine „Spekulation", ohne dass er seine Chancen auf den Zuschlag minderte. Auch das mag im Ergebnis zutreffend sein, muss aber auf echte Ausnahmefälle beschränkt bleiben. Allein der Umstand, dass ein Preis wirtschaftlich besonders günstig oder ungünstig ist, kann niemals zur Sittenwidrigkeit des Vertrags bzw. zu einer Preisvereinbarung führen (so zutreffend: OLG Zweibrücken, Beschl. v. 12.8.2014 – 4 U 197/12).

Ab welchem Faktor die Grenze zur Sittenwidrigkeit bei Mengenüberschreitungen konkret überschritten wird, ist durch die Rechtsprechung des BGH bzw. der Instanzgerichte nicht abschließend geklärt. Sicher dürfte sein, dass eine nach § 2 Abs. 3 VOB/B zu bestimmende Vergütung, die den üblichen Preis um das Doppelte übersteigt, ohne weitere Anhaltspunkte noch nicht zur Vermutung der Sittenwidrigkeit führt (OLG Hamm, Urt. v. 13.3.2013 – 12 U 74/12). Ungeklärt ist ferner, unter welchen Voraussetzungen die Vermutung der Sittenwidrigkeit als widerlegt gelten kann. Nach hier vertretener Auffassung ist dies der Fall, wenn der Auftragnehmer darlegen und beweisen kann, dass ein extrem überhöhter Einheitspreis nicht auf Spekulation, sondern tatsächlich nur auf einem Versehen beruhte, weil statt eines angemessenen Preises von € 2,– beispielsweise € 20,– oder gar € 200,– in die entsprechende Position eingetragen wurden. Es mag unangemessen und für einen Auftraggeber unzumutbar sein, die entsprechende Vergütung für die Mehrmengen zu zahlen. Sich zu verschreiben, ist aber nicht sittenwidrig. Deshalb hätte man solche und vergleichbare Fälle vor dem Urteil des BGH aus dem Jahr 2019 richtigerweise nach den Grundsätzen über die Störung der Geschäftsgrundlage (§ 313 BGB) lösen müssen. Dass § 313 BGB ausnahmsweise anwendbar sein kann, wenn die Parteien bei einer Einheitspreisvereinbarung übereinstimmend eine bestimmte Menge zugrunde gelegt haben, hat der BGH auch bejaht (BGH, Urt. v. 23.3.2011 – VII ZR 216/08), allerdings ohne genau zu sagen, unter welchen Voraussetzungen eine bestimmte Menge zur Geschäftsgrundlage erhoben wurde und wann diese weggefallen ist. Vorrangig sei – so der BGH – jedoch zu prüfen, ob die Preisfortschreibung auf Basis der Urkalkulation sittenwidrig und damit nichtig ist (BGH, Urt. v. 7.3.2013 – VII ZR 68/10). Am 14.3.2013 hat der BGH entschieden, dass selbst dann, wenn der Auftragnehmer die Vermutung für ein sittlich verwerfliches Gewinnstreben widerlegt hat, weil ihm ein bloßer (unabsichtlicher) Berechnungsfehler unterlaufen ist, es einen Verstoß gegen Treu und Glauben (§ 242 BGB) begründen könne, wenn er auf Basis dieses Preises eine Vergütung für Mengenmehrungen oder Nachträge verlange (BGH, Urt. v. 14.3.2013 – VII ZR 116/12). In dieser Entscheidung erwähnt der BGH die „Störung der Geschäftsgrundlage" (§ 313 BGB) mit keinem Wort, was das „Durcheinander" um einen weiteren Paragrafen vergrößert und letztlich auf die von Anfang an unpassende Annahme einer Sittenwidrigkeit der Preisfortschreibung zurückzuführen ist. 607

Wenn man diese Rechtsprechung dagegen für zutreffend hält, müsste sie konsequenterweise auch zugunsten von Auftragnehmern gelten, wenn es zu erheblichen Mengenerhöhungen in Positionen mit drastisch untersetzten Preisen kommt. Das liegt hier sogar noch näher, weil im Regelfall der Auftraggeber für Planung 608 und Ausschreibung verantwortlich ist. Veröffentlichte Entscheidungen zu dieser Frage liegen jedoch nicht vor. Man kann sich des Eindrucks nicht erwehren, dass nach dem Motto verfahren wird, wenn sich ein Bieter verkalkuliert, also einen zu niedrigen Preis angeboten hat, ist er selber schuld; bietet er deutlich oberhalb seiner kalkulierten Kosten an, handelt er arglistig bzw. spekulativ und wird bestraft.

609 Abschließend ist noch einmal darauf hinzuweisen, dass die gesamte „Sittenwidrigkeits-Rechtsprechung" ersichtlich obsolet ist, wenn der BGH – wovon auszugehen ist – an seiner neuen Rechtsprechung festhält und die Parteien nicht eine ausdrücklich anderweitige Vereinbarung zur Preisbildung bei Mehrmengen – beispielsweise auf Basis der Urkalkulation – getroffen haben.

3. Preisanpassung beim Pauschalvertrag (§ 2 Abs. 7 VOB/B)

a) Mengenermittlungsrisiken bei Detail- und Global-Pauschalverträgen

610 Die VOB/B regelt Pauschalverträge nur allgemein und unterscheidet dabei nicht danach, was genau im Vertrag pauschaliert worden ist und was nicht. Dafür kommt zunächst (nur) die vereinbarte Vergütung in Frage. Wurde dagegen die geschuldete Leistung auftraggeberseits detailliert beschrieben, ist das Bausoll keineswegs pauschal geregelt, sondern ebenso konkret wie bei einem Einheitspreisvertrag auch. Man spricht dann von einem Detail-Pauschalvertrag. Wurde neben der Vergütung auch das Bausoll pauschaliert und wurde dem Auftragnehmer damit die Verpflichtung zur Konkretisierung nur global beschriebener Leistungsteile übertragen, so übernimmt er Planungsverpflichtungen bis hin zur Erbringung der Entwurfs- bzw. Ausführungsplanung. Das ist ein Global-Pauschalvertrag mit (teil-)funktionaler oder auch zielorientierter Leistungsbeschreibung. Zur näheren Charakteristik der einzelnen Vertragstypen wird insbesondere auf das Kapitel E. I. 6., Rn. 838 ff. verwiesen.

611 Die einzig praxisrelevante Regelung zum Pauschalvertrag enthält die VOB/B in § 2 Abs. 7. Diese Vorschrift verleitet allerdings zu Missverständnissen, weil es dort heißt: *„Ist als Vergütung der Leistung eine Pauschalsumme vereinbart, so bleibt die Vergütung unverändert."* Das ist in dieser Allgemeinheit natürlich nicht zutreffend, weil sich der vereinbarte Pauschalpreis – unabhängig vom Charakter des Pauschalvertrags – selbstverständlich ändern kann, insbesondere wenn es zur Ausführung geänderter oder zusätzlicher Leistungen auf Anordnung des Auftraggebers kommt. Genau das steht auch ausdrücklich in der VOB/B, wenn auch erst in § 2 Abs. 7 Nr. 2. Dort ist geregelt, dass die Bestimmungen in § 2 Abs. 5 und Abs. 6 VOB/B (das sind die Nachtragsvorschriften) auch bei Vereinbarung einer Pauschalsumme gelten; eigentlich eine Selbstverständlichkeit. Beide Pauschalvertragstypen bergen jedoch das ihnen immanente Risiko, dass entweder die vom Auftraggeber vorgegebenen Mengen (Detail-Pauschalvertrag) oder die vom Auftragnehmer selbst ermittelten Mengen (Global-Pauschalvertrag) unzutreffend

sind. Für den Fall von Mengenänderungen beim Pauschalvertrag sagt die VOB/B richtig verstanden Folgendes: Wenn es Möglichkeiten gab, die vom Auftraggeber in einem Leistungsverzeichnis ausgewiesenen Mengenangaben zu prüfen (insbesondere durch Pläne, die allerdings herausverlangt werden müssen) und die Vergütung pauschaliert wurde, bleibt der vereinbarte Preis (die Pauschale) grundsätzlich unverändert, wenn es zu Mengenabweichungen wegen falscher Mengenangaben im Leistungsverzeichnis gekommen ist (§ 2 Abs. 7 Nr. 1 VOB/B; dazu: OLG Brandenburg, Urt. v. 22.5.2005 – 4 U 137/03). Da alles eine Grenze hat, gilt der Grundsatz der mengenunabhängigen Abrechnung aber nicht mehr, wenn die (mengenmäßig) ausgeführte Leistung von der vertraglich vorgesehenen Leistung (bezogen auf die Mengenangaben im Leistungsverzeichnis) so *„erheblich"* abweicht, dass einer der beiden Vertragsparteien ein Festhalten an der Pauschalsumme nach den Grundsätzen der Störung der Geschäftsgrundlage (§ 313 BGB) nicht mehr *„zumutbar"* ist (§ 2 Abs. 7 Nr. 1 Satz 2 VOB/B). Da es eine vertraglich vorgesehene Menge regelmäßig nur beim Detail-Pauschalvertrag gibt, hat die Preisanpassungsbestimmung in § 2 Abs. 7 Nr. 1 Satz 2 VOB/B auch nur dort eine praxisrelevante Bedeutung.

Der Grundsatz der mengenunabhängigen Abrechnung gilt aber nur für Mengen- **612**
änderungen aufgrund der örtlich vorgefundenen Verhältnisse, also wegen falscher Vordersatzangaben im LV. Soweit der Auftraggeber eine Leistung fordert, die nach dem abgeschlossenen Vertrag und seinen Bestandteilen nicht geschuldet ist, gilt bei allen Pauschalverträgen, dass der Auftragnehmer diese Leistung nur gegen Zahlung einer zusätzlichen Vergütung ausführen muss (§ 2 Abs. 6 VOB/B). Das Gleiche gilt nach § 2 Abs. 5 VOB/B für Änderungen der Leistung und folgt ausdrücklich und zweifelsfrei aus § 2 Abs. 7 Nr. 2 VOB/B. Das hat zuletzt das OLG München auch genau so entschieden (OLG München, Urt. v. 17.9.2019 – 28 U 945/19 Bau, ebenso: OLG Köln, Urt. v. 18.2.2019 – 11 U 59/17; BGH, Beschl. v. 12.9.2002 – VII ZR 81/01). Dabei existiert nach allgemeiner Auffassung auch keine Erheblichkeitsgrenze, die überschritten werden müsste. Ein Pauschalvertrag enthält infolgedessen kein Preispolster für vom Auftraggeber zusätzlich geforderte oder geänderte Leistungen. Deshalb ist eine Entscheidung des OLG Schleswig vom 17.8.2017 sowohl im Ergebnis als auch in der Begründung abwegig (OLG Schleswig, Urt. v. 17.8.2017 – 7 U 13/16 mit zutreffendem Praxishinweis von Bolz in IBR 2017, 606). Es gibt in diesem Zusammenhang auch keine Unterschiede zwischen den Pauschalvertragsarten, wobei im Streitfall stets geklärt werden muss, was konkret *Bausoll* geworden ist. Dass dies bei Global-Pauschalverträgen im Einzelfall schwieriger sein kann als bei Verträgen mit konkreten (detaillierten) Bausollbestimmungen des Auftraggebers, liegt auf der Hand. Die Bestimmung des Bausolls bei unklaren oder widersprüchlichen Vertragsaussagen in Leistungsbeschreibungen ist eine Frage der Vertragsauslegung und nicht Gegenstand der nachfolgenden Ausführungen (vgl. dazu das Kapitel C). In Bezug

auf das hier zu behandelnde Mengenermittlungsrisiko ist der Ausgangspunkt bei einem Global-Pauschalvertrag mit funktionaler Baubeschreibung und *auftragnehmerseitiger* Planung ein anderer als bei einem typischen Detail-Pauschalvertrag. Denn im ersten Fall hat sich der Auftragnehmer verpflichtet, aufgrund seiner Planung eine vollständige Leistung für eine Pauschale zu erbringen. Das Preisanpassungsrecht nach § 2 Abs. 7 Nr. 1 Satz 2 VOB/B hat hier keinen Anwendungsbereich, weil in einer funktionalen Baubeschreibung regelmäßig bereits Vordersätze, die als Bezugsgröße für die Ermittlung der Mengenüber- oder Mengenunterschreitung herangezogen werden können, fehlen. Der Auftragnehmer ist im Rahmen des Pauschalpreises verpflichtet, eine funktionsgerechte, vollständige und mangelfreie Leistung herzustellen. Er hat in jeder beliebigen Menge zu bauen, was er richtigerweise planen musste.

613 § 2 Abs. 7 VOB/B begrenzt deshalb grundsätzlich *nur* das bei einem Detail-Pauschalvertrag übernommene *Mengenermittlungsrisiko*. Vertragliche Vereinbarungen können prinzipiell angepasst werden, wenn sich die Umstände, die zur Grundlage des Vertrags geworden sind, nach Vertragsschluss so schwerwiegend verändert haben, dass die Parteien den Vertrag nicht oder mit einem anderen Inhalt abgeschlossen hätten und das dafür ursächliche Risiko nicht in den Verantwortungsbereich einer Vertragspartei fällt (Störung der Geschäftsgrundlage, § 313 BGB). Nebenbei bemerkt ist § 313 BGB auch in der Corona-Pandemie eine vielzitierte und häufig auch anwendbare Vorschrift (vgl. H. II. 7., Rn. 1383 ff.). Doch zurück zu unserem Thema: Wenn die tatsächlich ausgeführten Mengen/Massen von den vertraglich vorgesehenen so gravierend abweichen, dass ein Festhalten an der Pauschalsumme für eine der Vertragsparteien nicht mehr zumutbar ist, muss auf Verlangen einer Vertragspartei ein Ausgleich unter Berücksichtigung der Mehr- oder Minderkosten gewährt werden (§ 2 Abs. 7 Nr. 1 Satz 2 VOB/B).

614 Der Hauptanwendungsfall dieser Vorschrift ist folglich eine Abweichung zwischen den tatsächlich ausgeführten und den vertraglich vorgesehenen Mengen, also den Vordersätzen des LV, die sich in der Praxis meistens zulasten des Auftragnehmers auswirken. Veröffentlichte Entscheidungen, die sich mit einem beim Auftraggeber eingetretenen Mengenermittlungsrisiko befassen, sind eher selten. Das OLG Brandenburg hatte hierzu einen Fall zu entscheiden, in dem ein Auftragnehmer mit der Errichtung einer Heizungsanlage und der Verlegung von Heizungsrohren beauftragt wurde. Die Vergütung wurde auf der Grundlage eines detaillierten Leistungsverzeichnisses pauschaliert. Nach Schlussrechnungslegung forderte der Auftraggeber einen Betrag von über € 70.000,– mit der Begründung zurück, der Auftragnehmer habe statt der vorgesehenen 14.400 m lediglich 7.500 m Rohre verlegt. Dem erteilte das OLG Brandenburg eine Absage und wies darauf hin, dass der Auftraggeber den Pauschalpreis bei geringer ausgeführten Mengen „grundsätzlich" nicht kürzen könne (OLG Brandenburg, Urt. v. 27.8.2014 – 11 U 63/12).

Davon gebe es zwar – wie im umgekehrten Fall von Mengenüberschreitungen – Ausnahmen. Deren Voraussetzungen lägen aber nicht vor bzw. seien vom Auftraggeber nicht ausreichend dargelegt worden. In jüngerer Zeit hat das OLG München im Fall einer Reduzierung der verbauten Stahlmenge um 18 t dem Preisanpassungsverlangen des Auftraggebers eine Absage erteilt, weil die Mindermenge nicht zu einer Abweichung von 20 % im Verhältnis zur Gesamtauftragssumme führte (OLG München, Beschl. v. 8.7.2019 – 27 U 3203/18 Bau). Das OLG Köln hat entschieden, dass bei einer Abweichung von 9.489,32 m² Kanal nach LV-Vordersatz auf tatsächlich ausgeführte 8.195,27 m² (rund 13 %) eine gravierende Störung, die zu einer Anpassung der Pauschale führe, nicht vorliege (OLG Köln, Urt. v. 6.9.2017 – 11 U 104/11). Der BGH hat – soweit ersichtlich – bislang nur einmal entschieden, dass Mengenunterschreitungen beim Pauschalvertrag prinzipiell ein Preisanpassungsverlangen des Auftraggebers rechtfertigen können, dabei aber keine konkrete Grenze genannt. In der Entscheidung ging es im Kern um eine vertragliche Regelung zum Mengenrisiko, das auf 5 % beschränkt wurde (BGH, Urt. v. 11.9.2003 – VII ZR 116/02).

Die Gründe dafür, weshalb sich Gerichte überwiegend mit Mengenüberschreitungen befassen müssen, liegen auf der Hand. Bei einem typischen Detail-Pauschalvertrag stammen das LV sowie die Ausführungspläne, genauso wie beim Einheitspreisvertrag, regelmäßig vom Auftraggeber. Wenn ein Auftraggeber pauschaliert, wird er tunlichst darauf achten, dass die Mengenangaben im LV keinesfalls zu hoch bemessen sind. Ansonsten liefe er Gefahr mehr zu bezahlen, als es bei Abschluss eines Einheitspreisvertrags der Fall wäre (vgl. Kimmich, BauR 2011, 171, 175 ff.). Besonders kritisch sind Fälle, in denen Auftraggeber erst kurz vor Vertragsabschluss eine Pauschalierung der Vergütung verlangen. Wenn der Auftragnehmer sein Angebot in der Annahme erstellt hat, es werde ein Einheitspreisvertrag abgeschlossen, hat er möglicherweise die Vordersatzangaben des LV vor Angebotsabgabe nicht im Einzelnen überprüft. Denn bei diesem Vertragstyp gibt es für ihn prinzipiell kein Mengenermittlungsrisiko, weil bezahlt werden muss, was tatsächlich ausgeführt worden ist (§ 2 Abs. 2 VOB/B). Gerade in solchen Fällen sollten die Mengen/Massen vor Abgabe eines Pauschalpreisangebots aus den Plänen gezogen werden, falls die Pläne dem Auftragnehmer überhaupt vorliegen. Ist das nicht der Fall, muss ein Auftragnehmer diese Mengenermittlungskriterien rechtzeitig und vor allem beweisbar herausverlangen, wenn er Vergütungsrisiken im Fall von Mengenerhöhungen vermeiden will. Hat er das vergeblich getan, beispielsweise weil der Aufraggeber noch nicht über Pläne verfügt, was bedeutet, dass die im LV genannten Mengen geraten oder geschätzt worden sind, halten wir es für richtig, jede Mengenabweichung von den Angaben im LV als zusätzliche Leistung nach § 2 Abs. 6 VOB/B zu behandeln, es sei denn, der Vertrag regelt die Übernahme des damit einhergehenden Risikos ausdrücklich zulasten des Auftragnehmers. Das kann nach der Rechtsprechung beispielsweise der Fall sein, wenn **615** bei Abbrucharbeiten von einer *„Estrichstärke geschätzt ca. 3 cm"* die Rede ist, weil der Auftraggeber damit zum Ausdruck brachte, dass ihm wegen der unbekannten Beschaffenheit des abzubrechenden Gebäudes nur ungefähre Angaben möglich sind und sich der Auftragnehmer damit prinzipiell zum Abbruch in jeder anfallenden Menge verpflichtet habe (dazu unter D. I. 3. b) bb), Rn. 618 ff.).

b) Preisanpassung ab welcher Grenze?

616 Angesichts der unbestimmten Rechtsbegriffe in § 2 Abs. 7 Nr. 1 Satz 2 VOB/B („erheblich" und „nicht zumutbar") stellt sich die Frage, ab welcher konkreten Mengenüber- bzw. Mengenunterschreitung eine Anpassung des Pauschalpreises verlangt werden kann. Grundsätzlich gibt es hierzu zwei denkbare Möglichkeiten:

aa) Positionsweise Betrachtung

617 Die jeweiligen Positionen des LV werden für sich genommen betrachtet, sodass es *lediglich* auf eine erhebliche Mengenabweichung bei den Einzelpositionen ankommt, selbst wenn die aus diesen Änderungen resultierenden Vergütungsansprüche im Verhältnis zur Gesamtpauschale verhältnismäßig gering sein können. Ab welcher prozentualen Überschreitung bei dieser Sichtweise das Preisanpassungsrecht in Betracht kommt, behandeln wir unter D. I. 3. b) cc), Rn. 631 ff.

bb) Gesamtbetrachtung

618 Nach anderer Auffassung, der die Rechtsprechung zuneigt, kommt ein Preisanpassungsrecht nach § 2 Abs. 7 VOB/B dagegen nur in Betracht, wenn sich durch die Mengenänderungen eine Erhöhung oder Reduzierung des *Gesamtpauschalpreises* um mehr als ca. 20 % ergeben hätte. Auf Mengenabweichungen in Einzelpositionen soll es danach nicht ankommen, wenn sie unterhalb der Toleranzschwelle von ca. 20 % bezogen auf den vereinbarten Pauschalpreis bleiben (OLG München, Beschl. v. 8.7.2019 – 27 U 3203/19 Bau; OLG Naumburg, Urt. v. 5.5.2006 – 10 U 2/06; OLG Stuttgart, Urt. v. 7.8.2000 – 6 U 64/00). Diese 20 %-Grenze sei zwar nicht starr zu verstehen, sie diene aber als Orientierung (VOB-Stelle Niedersachsen, Stell. v. 4.4.2000 – Fall 1209; OLG Bamberg, Urt. v. 19.1.2005 – 3 U 53/04). Bei der Bestimmung der Risikogrenze stellt der BGH nicht auf den vereinbarten Pauschalpreis, sondern auf die ursprüngliche Angebotsendsumme ab (BGH, Urt. v. 27.6.1996 – VII ZR 59/95). Hat der Angebotspreis beispielsweise € 60.281,31 betragen und wurde ein Pauschalpreis in Höhe von € 48.500,– vereinbart, ist bei Ermittlung der Risikogrenze folglich an die Angebotssumme (€ 60.281,31), nicht an den vereinbarten Pauschalpreis in Höhe von € 48.500,– anzuknüpfen.

619 Ist die Risikogrenze von ca. 20 % überschritten worden, kann der Auftragnehmer nach einer Entscheidung des OLG Düsseldorf einen *umfassenden Ausgleich* verlangen, also nicht nur wegen des Teilbetrags, der über das Pauschalpreisrisiko hinausgeht (OLG Düsseldorf, Urt. v. 22.12.1994 – 5 U 302/92). Diese Entscheidung halten wir zumindest für fragwürdig, weil dann abgerechnet würde wie bei einem Einheitspreisvertrag. Das Mengenermittlungsrisiko wäre folglich komplett eliminiert, nur weil es sich in besonders hohem Maße realisiert hat. Gegen diese Entscheidung spricht zudem, dass ein Auftragnehmer in Grenzbereichen, also beispielsweise bei 19,9 % Mengenmehrungen keinen Ausgleich, bei 20,1 % dagegen die volle Vergütung erhielte. In diese Richtung tendiert auch eine BGH-Entscheidung aus dem Jahr 2003, wo das Mengenermittlungsrisiko durch eine vertragliche Vereinbarung auf 5 % für Mehr- und Mindermassen begrenzt worden ist (BGH, Urt. v. 11.9.2003 – VII ZR 116/02). Hierzu hat der BGH entschieden, dass bei Mengenabweichungen, die auf ungenauen Vordersatzangaben beruhen und die über 5 % hinausgehen, auf Verlangen ein neuer Einheitspreis gebildet werden muss. Sodann heißt es in der Entscheidung wörtlich: *„Bei der Preisbildung ist das übernommene Mengenrisiko zu berücksichtigen."*

Der grundsätzliche Unterschied der beiden Betrachtungsweisen lässt sich wie folgt **620**
verdeutlichen:

Beispiel: Ein aus ca. 150 Positionen bestehendes LV weist bei verschiedenen Positionen *falsche* Vordersatzangaben aus:

- Position 7: Ausgeschrieben wurden 15 m² Wandfliesen statt richtig 150 m² Wandfliesen
- Position 12: Ausgeschrieben wurden 750 m² Trockenbau statt richtig 1500 m² Trockenbau
- Position 22: Ausgeschrieben wurden 220 m² Dachfläche statt richtig 270 m²

Bei der Position 7 ist das Zehnfache der ausgeschriebenen Leistung ausgeführt **621**
worden, bei der Position 12 das Doppelte und bei der Position 22 ca. 20 % mehr. Es kann durchaus sein, dass sich durch diese Mengenänderungen das Verhältnis zwischen der danach zu berechnenden Vergütung und der Angebotssumme um deutlich weniger als 20 % ändert. Folgt man der Ansicht, die eine Veränderung von ca. 20 % fordert (Gesamtbetrachtung), wäre eine Preisanpassung nach § 2 Abs. 7 VOB/B nicht möglich. Nach der Einzelbetrachtung käme eine Preisanpassung sicher bei der Position 7, sehr wahrscheinlich bei der Position 12 und sicher nicht bei der Position 22 in Betracht. Stellt man auf Einzelpositionen ab, ist die Risikogrenze im Regelfall deutlich oberhalb von 20 % anzusiedeln, wobei der Prozentsatz aber nur ein Kriterium sein kann. Wenn die Pauschalvergütung beispielsweise 10 Millionen Euro beträgt und eine Position von € 1.000,– auf € 4.000,– steigt, ist das bedeutungslos. Ganz anders wäre es, wenn hier ein Pauschalpreis in Höhe von € 10.000,– vereinbart worden wäre. Es muss deshalb einmal auf die Bedeutung der Änderung je Position, vor allem aber auf die Relation zum Gesamtgewinn, der in der Pauschalvergütung enthalten ist, abgestellt werden. Wenn dieser Gesamtgewinn durch die Mengenänderung aufgezehrt wird, führt das zur Anpassung der Pauschale wegen einer Störung der Geschäftsgrundlage.

622 In der veröffentlichten Rechtsprechung findet sich – soweit ersichtlich – kein Urteil, das von der 20 %-Grenze abweicht, auch wenn in praktisch allen Entscheidungen darauf hingewiesen wird, es handele sich dabei lediglich um einen Orientierungswert. Der BGH hat sich mit der Risikogrenze noch nicht konkret befassen müssen, aber bereits im Jahr 1995 ausgeführt, dass es bei § 2 Abs. 7 Nr. 1 Satz 2 VOB/B eine Risikogrenze in Gestalt eines bestimmten Prozentsatzes des vereinbarten Pauschalpreises nicht gäbe (BGH, Urt. v. 2.11.1995 – VII ZR 29/95). In einer weiteren Entscheidung vom 27.11.2003 wird in einer Nebenbemerkung wörtlich Folgendes ausgeführt:

> *„Eine „Zumutbarkeitsgrenze" kann dann eine Rolle spielen, wenn ein Fall des § 2 Abs. 7 Nr. 1 Satz 2 VOB/B bzw. des § 242 BGB vorliegt. Ein Anwendungsbereich dieser Regelung sind Mengenabweichungen von erheblichem Gewicht, ohne dass diesen eine Leistungsänderung oder zusätzliche Leistung zugrunde liegt. Es ist darauf hinzuweisen, dass der Senat es abgelehnt hat, insoweit eine starre Grenze von 20 % zu entwickeln." (BGH, Urt. v. 27.11.2003 – VII ZR 53/03, rechte Spalte).*

623 Genau dasselbe hat der BGH noch einmal im Jahr 2011 entschieden und festgestellt, dass sich die Mengenerhöhungen derart auf die Vergütung auswirken müssen, dass das finanzielle Gesamtergebnis des Vertrags nicht nur den zu erwartenden Gewinn des Auftragnehmers aufzehrt, sondern zu Verlusten führt. Dann ist ein Festhalten an der Pauschalpreisvereinbarung *„häufig nicht mehr zumutbar"* (BGH, Urt. v. 30.6.2011 – VII ZR 13/10). Erneut lehnte es der BGH ab, auf eine starre Risikogrenze von 20 % der Gesamtvergütung abzustellen.

624 Diese Ausführungen des BGH machen deutlich, dass bei der Bestimmung der *Opfergrenze* richtigerweise die konkreten Umstände des jeweiligen Einzelfalls berücksichtigt werden müssen. Wurden einem Auftragnehmer beispielsweise erst in der letzten Verhandlungsrunde die Pläne für das Bauvorhaben übergeben und gleichzeitig eine Pauschalierung der Vergütung unter Verweis auf die genaue Ermittlung der Massen- und Mengenansätze im LV verlangt, sollte die Grenze des Preisanpassungsverlangens unserer Auffassung nach deutlich unter 20 % liegen, wenn sich im Nachhinein herausstellt, dass die Vordersatzangaben im LV – entgegen der in der Verhandlung aufgestellten Behauptung – eben nicht mit den aus den Plänen hervorgehenden Mengen übereinstimmten. In der oben genannten BGH-Entscheidung aus dem Jahr 2011 wurde deshalb auch zu Recht ausgeführt, dass es auf die gesamten Umstände des Falls ankomme, *„wobei insbesondere auch berücksichtigt werden muss, inwieweit der Auftraggeber durch irreführende Angaben in der Ausschreibung zu einer Fehlkalkulation des Auftragnehmers beigetragen hat. In einem solchen Fall scheint es nicht von vornherein ausgeschlossen, dass diesem eine Mehrvergütung zuerkannt wird, die weniger als 20 % des vereinbarten Pauschalpreises ausmacht"*. Schließlich weist der BGH darauf hin,

dass insoweit nicht auf die Risikobegrenzung von 10 % in § 2 Abs. 3 VOB/B abgestellt werden kann, weil diese Vorschrift einen anderen Regelungsbereich, nämlich einen Einheitspreisvertrag, betrifft. Die Entscheidung des BGH ist aus einem weiteren Grund interessant. Dazu folgendes

Beispiel: Ein Unternehmer wird aufgrund einer funktionalen Ausschreibung mit dem Abbruch einer Klinik beauftragt. Die Vergütung in Höhe von knapp € 620.000,– setzt sich aus verschiedenen Pauschalen für den Abriss von drei Bauteilen und für diverse Zulagepositionen zusammen. In der Position *„Zulage für Abbruchestrich mit Trittschalldämmung: Aufmeißeln des Estrichs (...)"* ist die Estrichstärke mit 3 cm (geschätzt) angegeben. Tatsächlich treten in weiten Bereichen Estrichstärken von über 4 cm auf. Dafür verlangt der AN eine Mehrvergütung von rund € 125.000,–. 625

Der BGH lehnte einen Nachtrag nach § 2 Abs. 5 oder Abs. 6 VOB/B ab. Denn die Pauschale umfasse die gesamten Abbrucharbeiten, unabhängig davon, welche Stärke der abzubrechende Estrich konkret aufweise. Die Angabe der Estrichstärke im Rahmen einer funktionalen Ausschreibung bringe lediglich zum Ausdruck, wovon der Auftraggeber ausgegangen sei. Der Mehrvergütungsanspruch könne aber nach § 2 Abs. 7 Nr. 1 Satz 2 VOB/B begründet sein, weil die Angabe der Estrichstärke erhebliche Bedeutung für die Kalkulation habe und deshalb zur Geschäftsgrundlage des Vertrags geworden sein könne (§ 313 BGB). Das sei insbesondere anzunehmen, wenn der Auftragnehmer davon ausgehen durfte, der Auftraggeber habe *„eine gewisse Gewähr für eine verlässliche Kalkulationsgrundlage geben wollen"*. Zur Klärung dieser Sachfrage hat der BGH den Fall an das Kammergericht zurückverwiesen. 626

Die Ablehnung von Nachtragsansprüchen und der Verweis auf die *unsichere* Anspruchsgrundlage des § 2 Abs. 7 Nr. 1 Satz 2 VOB/B i.V.m. § 313 BGB sind unserer Auffassung nach nicht überzeugend. Macht der Auftraggeber in einer LV-Position eine Detailangabe ohne Übergabe von Mengenermittlungskriterien und ist diese falsch, kann ein Auftragnehmer im Rahmen seines Pauschalpreisangebots das Mengenrisiko nicht zutreffend ermitteln. Das muss auch bei einer ansonsten weitgehend funktionalen Ausschreibung gelten, weil sich ein Auftragnehmer bzw. dessen Kalkulator auf die Detailangabe zur Estrichstärke verlassen darf. Auch der Hinweis darauf, dass die Estrichstärke lediglich „geschätzt" worden sei oder auch die Aufnahme des Zusatzes „circa" kann daran nichts ändern. Deshalb hätten wir in diesem Fall einen Nachtragsanspruch wegen Änderung der Leistung bejaht (§ 2 Abs. 5 VOB/B), ohne dass der Auftragnehmer seinen kalkulierten Gewinn opfern muss, bevor er eine Preisanpassung verlangen kann. 627

Zu diesem Ergebnis kam auch das OLG Düsseldorf in einem Urt. v. 26.3.2013 (OLG Düsseldorf, Urt. v. 26.3.2013 – 23 U 87/12). Der relevante Leitsatz lautet wörtlich: 628

„Haben die Parteien eines Bauvertrages den Umfang der geschuldeten Leistungen durch konkrete Angaben im Leistungsverzeichnis näher (detailliert) festgelegt und damit die konkrete Werkleistung gerade (anders als beim Global-Pauschalvertrag) nicht pauschaliert, bestimmen diese konkreten Vertragsgrundlagen Art und Umfang der für den insoweit vereinbarten Pauschalpreis zu erbringenden Werkleistungen. Später notwendig werdende oder geforderte Leistungsänderungen bzw. Zusatzleistungen werden dann nicht vom (Detail-)Pauschalpreis erfasst, selbst wenn dieser im Vertrag als „Festpreis" bezeichnet wird."

629 Auch dort ging es um einen tieferen Estrichabtrag auf bis zu 14 cm statt 3 bis 4 cm wie ausgeschrieben. Im Unterschied zur BGH-Entscheidung war die Leistung aber in einem LV detailliert festgelegt und nicht weitgehend funktional beschrieben worden. Nach der hier vertretenen Auffassung ist das unerheblich, wenn es in einer *ansonsten* funktionalen Ausschreibung detaillierte Angaben zum Leistungsinhalt gibt. Das war in der BGH-Entscheidung der Fall, weil der Auftraggeber die Estrichstärke konkret angegeben und eben nicht verlangt hatte, der vorhandene Estrich müsse *„in der jeweils vorhandenen Stärke komplett"* abgebrochen werden.

630 Die beiden Entscheidungen machen wieder einmal deutlich, dass es bei gerichtlichen Auseinandersetzungen auf Nuancen ankommen kann. Ein Prozessausgang lässt sich niemals sicher prognostizieren, wenn unklare oder mehrdeutige Leistungsbeschreibungen *ausgelegt* werden müssen. Auftragnehmern kann man in solchen Fällen nur raten, die damit verbundenen Risiken rechtzeitig anzusprechen und eine vertragliche Präzisierung zu verlangen. So wäre in beiden Fällen in Betracht gekommen, das Risiko von Mehrstärken durch klare und nicht auslegungsbedürftige Vereinbarungen auf eine bestimmte Tiefe des Abtrags zu begrenzen und ab deren Überschreitung einen zusätzlichen Vergütungsanspruch zu regeln, beispielsweise durch eine Zulageposition. Möglich wäre auch, eine prozentuale Begrenzung des Mengenrisikos zu vereinbaren, beispielsweise: *„Mehr- oder Mindermengen bzw. Massen von bis zu 5 % gelten als vereinbart"* (vgl. dazu BGH, Urt. v. 11.9.2003 – VII ZR 116/02). Lässt sich ein Auftraggeber darauf nicht ein, sollte der Auftragnehmer einschätzen, welche finanziellen Folgen eine Realisierung des Mengenrisikos haben kann und ob er dieses Risiko zu tragen bereit ist. Auftraggebern müsste man dagegen den Rat geben, auf Mengenangaben, auch mit dem Zusatz „circa", zu verzichten, wenn die Mengen nicht ermittelt werden können und dieses Risiko dem Auftragnehmer übertragen werden soll. Das ginge durch eine Leistungsbeschreibung, die eine komplette, vollständige Leistung verlangt, beispielsweise mit der Formulierung *„Abbruch des Estrichs in der jeweils vorhandenen Stärke"* (siehe oben).

cc) Vermittelnde Auffassung

631 Weil es nach der zutreffenden Auffassung des BGH tatsächlich und nicht nur theoretisch keine starre Risikogrenze von 20 % gibt, kommt eine Kombination beider

Betrachtungsweisen in Betracht, die dafür sorgt, dass die konkreten Umstände des Einzelfalls berücksichtigt werden können.

Ändern sich einzelne Positionen des Leistungsverzeichnisses beispielsweise um 30 % bis 40 %, die Gesamtvergütung aber um deutlich weniger als 20 %, bleibt die Pauschale unverändert. Kommt es dagegen in einzelnen Positionen zu Abweichungen von 100 % oder mehr, ist eine Änderung der Pauschale auch dann berechtigt, wenn sich die Gesamtvergütung nur um ca. 10 % ändert. Spätestens bei Mengenänderungen, die in der Summe mehr als 20 % des Pauschalpreisangebots ausmachen, dürfte das Preisanpassungsrecht im Regelfall zu bejahen sein. **632**

Hinsichtlich des *Selbstbehalts* halten wir – abhängig von der im Einzelfall zu bestimmenden Risikogrenze – gleitende Übergänge für richtig. Nimmt man beispielsweise eine Risikogrenze von 15 % an, ist es erwägenswert, den Auftragnehmer 5 % des Risikos alleine tragen zu lassen, weitere 5 % zu teilen und für die restlichen 5 % und den darüber hinausgehenden Betrag einen vollen Ausgleich zu gewähren. Dagegen hält das OLG Düsseldorf bei Überschreitung der 20 %-Grenze einen vollständigen Ausgleich ohne Selbstbehalt für richtig (OLG Düsseldorf, Urt. v. 22.2.1994 – 5 U 302/93). **633**

Es ist sinnvoll, gravierende Mengenüberschreitungen unverzüglich anzuzeigen und mit dem Auftraggeber rechtzeitig über eine Preisanpassung zu verhandeln, auch wenn die Vorschrift – wie § 2 Abs. 3 VOB/B – eine solche Anzeige nicht verlangt. Die Erfahrung zeigt, dass während der Ausführung der Arbeiten erfolgreicher verhandelt werden kann, als dies nach deren Abschluss der Fall ist. **634**

c) Berechnung der Pauschalpreisanpassung nach der Entscheidung des BGH vom 8.8.2019

Nach § 2 Abs. 7 Nr. 1 Satz 2 VOB/B ist der Ausgleichsanspruch *„unter Berücksichtigung der Mehr- oder Minderkosten"* zu ermitteln. Das ist dieselbe Formulierung wie bei § 2 Abs. 3 Nr. 2 VOB/B. Im folgenden Satz 3 der Bestimmung heißt es allerdings: *„Für die Bemessung des Ausgleichs ist von den Grundlagen der Preisermittlung auszugehen."* Es stellt sich also auch hier die Frage, ob der BGH seine Entscheidung vom 8.8.2019 zu Mengenerhöhungen beim Einheitspreisvertrag auch auf den Ausgleichsanspruch nach § 2 Abs. 7 Nr. 1 Satz 2 VOB/B übertragen wird, sodass es bei der Ermittlung der Pauschalpreisanpassung künftig auf tatsächlich erforderliche Mehr- oder Minderkosten nebst angemessener Zuschläge und nicht mehr in jedem Fall auf die Ansätze in einer Ur- bzw. Auftragskalkulation ankommt. Das ist höchst wahrscheinlich, aber noch nicht völlig sicher, sodass die weitere Entwicklung in der Rechtsprechung abgewartet werden muss. **635**

II. Handhabung in der Praxis

1. Mengenmehrung oder Leistungsänderung?

636 Es gibt Mengenänderungen, die darauf beruhen, dass die Schätzungen oder Berechnungen im LV falsch waren und solche, die auf nachträgliche Anordnungen des Auftraggebers zurückgehen. In der Praxis bereitet die Unterscheidung dieser Fälle oftmals Schwierigkeiten.

637 **Beispiel:** Im Rahmen eines Einheitspreisvertrags sollen 1.000 Tonnen Stabstahl und 1.000 Tonnen Baustahlmatten geliefert und verlegt werden. Zum Zeitpunkt des Vertragsabschlusses liegt nur eine Entwurfsstatik vor. Nach den später erstellten Schal- und Bewehrungsplänen und den Stahllisten sind tatsächlich 1.300 Tonnen Stabstahl und nur 700 Tonnen Matten einzubauen.

638 Ob allein in der Nennung von Vordersätzen im Leistungsverzeichnis eine konkrete Planungsentscheidung des Auftraggebers liegt, ist nicht eindeutig zu beantworten, dürfte aber in Fällen zu bejahen sein, in denen es bei Auftragserteilung noch keine Planung und damit keine Mengenermittlungskriterien gibt. Damit läge im obigen Beispielsfall eine Änderung nach § 2 Abs. 5 VOB/B vor und eben keine *Mengen*änderung aufgrund der örtlich vorgefundenen Verhältnisse nach § 2 Abs. 3 Nr. 2 VOB/B. Die Abgrenzung zwischen Mengenerhöhungen wegen falscher Mengenangaben im LV und Leistungsänderungen nach § 2 Abs. 5 oder Abs. 6 VOB/B ist insbesondere bei Pauschalverträgen von fundamentaler Bedeutung (OLG Koblenz, Urt. v. 13.4.2005 – 1 U 530/04). Denn bei bloßen Mengenänderungen besteht bei Pauschalverträgen ein Preisanpassungsrecht nach überwiegender Auffassung erst ab Überschreitung der 20 %-Grenze (siehe oben); bei *Leistungs*änderungen aufgrund einer Anordnung des Auftraggebers gibt es eine solche Grenze nicht.

639 Wurden beispielsweise lediglich 600 t „Stahl" – ohne Dimensionierung – ausgeschrieben und muss der Auftragnehmer, bezogen auf die 600 t Stahl, 150 t mit einem Durchmesser > 10 mm und 450 t mit einem Durchmesser < oder = 10 mm einbauen, hat sich die Leistung bauinhaltlich nicht geändert, unabhängig davon, ob es eine entsprechende Anordnung gab oder nicht. Das gilt jedenfalls dann, wenn es keine im Vertrag enthaltenen Hinweise dafür gibt, dass der Auftragnehmer von deutlich weniger Stahl mit einem Durchmesser von 10 mm oder weniger ausgehen durfte. Dann ergibt die Auslegung, dass von Stahldurchmessern unterschiedlicher Dimensionierung ausgegangen werden musste, jedenfalls soweit die Grenze der Üblichkeit nicht deutlich überschritten worden ist. Bei erkennbaren Unklarheiten empfiehlt sich eine Nachfrage beim Auftraggeber bzw. beim Statiker über die zu erwartenden Stahldurchmesser.

640 Eindeutig ist die Abgrenzung zwischen einer bloßen Mengenerhöhung und einer Änderung der Leistung nach § 2 Abs. 5 oder Abs. 6 VOB/B dagegen in folgendem

Beispiel: Ein Auftragnehmer erhält den Zuschlag für Arbeiten zum Ausbau einer Verbindungsstraße zwischen zwei Ortschaften. Die Parteien streiten über einen Mehrvergütungsanspruch von knapp über € 500.000,–. Die Differenz beruht im Wesentlichen darauf, dass der gesamte nicht tragfähige Boden ausgetauscht wurde. Ursprünglich war vorgesehen, den Feldweg nur im Bereich der beiden Ortschaften auf einer Länge von 60 m bis 70 m in seiner vollen Breite auszuschachten und zu stabilisieren, das etwa 2 km lange Mittelstück des Feldwegs aber unverändert zu lassen und nur mit einer Schotterschicht zu versehen. Während der Bauausführung stellte sich durch Lastplattendruckversuche heraus, dass auch die Tragfähigkeit des Mittelstücks unzureichend war. Auf Anordnung des bauüberwachenden Ingenieurbüros wurde der gesamte nicht tragfähige Untergrund auf der vollen Länge des Feldwegs ausgetauscht. Der Auftragnehmer meint, sein Vergütungsanspruch ergäbe sich aus § 2 Abs. 3 Nr. 2 VOB/B, weil es lediglich zu einer Mengenerhöhung hinsichtlich der Position „Bodenaustausch" gekommen sei.

Diese Auffassung ist falsch. Die Mengenmehrung beruhte nicht auf falschen Vordersatzangaben im LV (BGH, Urt. v. 27.11.2003 – VII ZR 346/01; bestätigt durch: BGH, Urt. v. 26.4.2018 – VII ZR 82/17). Die Preisanpassungsvorschrift in § 2 Abs. 3 Nr. 2 VOB/B kommt nur zur Anwendung, wenn eine Mengenmehrung von mehr als 10 % ohne auftraggeberseitigen Eingriff eintritt. Der Beispielsfall ist deshalb nach § 2 Abs. 5 VOB/B zu lösen. Diese Unterscheidung ist von ausschlaggebender Bedeutung, weil Anordnungen oder Forderungen des Auftraggebers nach § 2 Abs. 5 oder Abs. 6 VOB/B das Handeln von vertretungsberechtigten Personen voraussetzt (BGH, Urt. v. 27.11.2003 – VII ZR 346/01). Daran fehlte es im obigen Beispielsfall, weil das Ingenieurbüro keine Vertretungsmacht hatte. Bloße Mengenänderungen im Vergleich zu den Vordersatzangaben im LV erfordern dagegen keine Anordnungen. Denn die erforderlichen Mengen und Massen sind von Anfang an Bausoll, weil der Auftragnehmer – unabhängig von Mengenangaben im Vertrag – eine vollständige Leistung – den Werkerfolg – schuldet. In Zweifelsfällen, insbesondere bei öffentlichen Auftraggebern, sollte ein Bauleiter stets eine ausdrückliche Anordnung der vertretungsberechtigten Person verlangen. Zu einer solchen Anordnung ist der Auftraggeber aufgrund des Kooperationsgebots verpflichtet. Unterlässt er eine gebotene Anordnung, steht dem Auftragnehmer die Möglichkeit offen, gegebenenfalls ein Leistungsverweigerungsrecht geltend zu machen, die Arbeiten einzustellen und auf eine Anordnung zu bestehen (OLG Düsseldorf, Urt. v. 20.1.2009 – 23 U 47/08). Bei öffentlichen Auftraggebern muss zudem auf die Einhaltung der Schriftform bestanden werden, weil die einschlägigen Kommunalgesetze regelmäßig die Schriftform für Verpflichtungsgeschäfte vorschreiben (BGH, Urt. v. 27.12.2003 – VII ZR 346/01). **641**

2. (Teil-)Kündigungen des Auftraggebers

642 Auftragnehmer müssen beachten, dass die Preisanpassungsvorschriften in § 2 Abs. 3 oder § 2 Abs. 7 VOB/B nicht anwendbar sind, wenn der Auftraggeber die beauftragte Leistung durch freie (Teil-)Kündigungen ändert. Werden beispielsweise statt der im Vertrag vereinbarten 1.000 m² Linoleum nur 500 m² ausgeführt, weil der Auftraggeber die Hälfte der Fläche als geschliffenen Estrich belässt, so führt dies beim Fußbodenverleger zu einer Verringerung des Leistungsumfangs um 50 %. Inhaltlich handelt es sich dabei aber um eine freie Teilkündigung nach § 8 Abs. 1 VOB/B, sodass wegen der nicht ausgeführten Fläche von 500 m² die Abrechnungsvorschrift des § 8 Abs. 1 Nr. 2 VOB/B eingreift, und zwar sowohl beim Einheits- als auch beim Detail-Pauschalpreisvertrag. Das gilt natürlich auch, wenn eine Position aufgrund einer Anordnung des Auftraggebers überhaupt nicht ausgeführt worden ist (OLG München, Beschl. v. 2.4.2019 – 28 U 413/19 Bau).

643 Bei einem Einheitspreisvertrag kann es zwischen Mengenunterschreitungen nach § 2 Abs. 3 Nr. 3 VOB/B und solchen, die auf Teilkündigungen nach § 8 Abs. 1 VOB/B beruhen, Unterschiede geben, wenn die daraus resultierende Mengenunterschreitung unterhalb der Grenze von 10 % bleibt. Im ersten Fall ändert sich der EP nicht, wohingegen bei einer freien Kündigung – unabhängig von ihrer Größenordnung – nach § 8 Abs. 1 Nr. 2 VOB/B abgerechnet wird. Danach steht dem Auftragnehmer die vereinbarte Vergütung zu. Er muss sich lediglich in Abzug bringen lassen, was er durch die Nichtausführung der Leistung tatsächlich an Kosten erspart hat (§ 8 Abs. 1 Nr. 2 VOB/B). Es findet grundsätzlich auch keine Ausgleichsberechnung mit zusätzlichen Deckungsbeiträgen aus Nachträgen wie bei § 2 Abs. 3 Nr. 3 VOB/B statt. Anderes gilt nur, wenn die anderweitige Einsatzmöglichkeit der Produktionsmittel des Auftragnehmers auf einem „echten Füllauftrag" beruhte. Der Auftragnehmer müsste im Kündigungszeitpunkt folglich bis zur Kapazitätsgrenze von 100 % ausgelastet gewesen sein, sodass er nur aufgrund der (Teil-)Kündigung in der Lage war, die Nachtragsleistungen auszuführen (OLG Hamm, Urt. v. 20.11.2013 – 24 U 195/01; BGH, Urt. v. 30.9.1999 – VII ZR 206/98). Die Beweislast für die Höhe der ersparten Aufwendungen und die Anrechnungspflicht wegen echter Füllaufträge trägt nach ständiger BGH-Rechtsprechung der Auftraggeber (vgl. nur: BGH, Urt. v. 21.12.2000 – VII ZR 467/99). Der Auftragnehmer muss dagegen nur plausibel darlegen, was er tatsächlich an Kosten erspart hat und ob er durch echte Füllaufträge einen anrechnungspflichtigen Erwerb erzielte bzw. weshalb dies nicht der Fall war.

644 Beim Detail-Pauschalvertrag hat eine angeordnete Leistungsänderung, die zum Entfall von (Teil-)Leistungen führt, eine Änderung des Pauschalpreises zur Folge, ohne dass irgendeine Grenze überschritten werden müsste (§ 2 Abs. 7 Nr. 2 VOB/B i.V.m. § 2 Abs. 5 VOB/B). Das gilt auch, wenn der Auftraggeber eine beauftragte

Leistung frei kündigt. Dann wird – wie beim Einheitspreisvertrag – nach § 8 Abs. 1 Nr. 2 VOB/B abgerechnet (siehe oben).

3. Anwendung des § 2 Abs. 3 VOB/B bei Alternativ- oder Eventualpositionen

a) Alternativ- bzw. Wahlpositionen

Alternativ- oder Wahlpositionen liegen vor, wenn der Auftraggeber anstelle einer ausgeschriebenen Grundposition ein Angebot für eine davon abweichende Leistung verlangt. Damit steht fest, dass entweder die Grund- oder aber die Alternativposition zur Ausführung kommt und beauftragt wird. Wenn solche Positionen mit Vordersatzangaben ausgeschrieben worden sind, ist bei deren Ausführung anstelle der Grundposition die Anwendbarkeit des § 2 Abs. 3 VOB/B eindeutig. Schreibt der Auftraggeber dagegen ohne Mengenangaben, beispielsweise „Null" oder „Eins" aus, ist eine Anwendung des § 2 Abs. 3 VOB/B schwierig, weil es keinen Vordersatz gibt, von dem abgewichen worden sein könnte. Richtigerweise ist das Problem dadurch zu lösen, dass von der Mengenangabe der Grundposition ausgegangen wird. 645

b) Eventualpositionen

Eventual- oder Bedarfspositionen sind Leistungen, für die der Auftraggeber bereits einen Preis abfragt, deren Beauftragung oder Ausführung aber noch nicht feststeht. Deshalb besteht ein Vergütungsanspruch nur, wenn der Auftraggeber die Ausführung der Leistung tatsächlich angeordnet hat (OLG Dresden, Urt. v. 10.1.2007 – 6 U 519/04). Ohne Anordnung müssen die Voraussetzungen des § 2 Abs. 8 Nr. 2 oder 3 VOB/B vorliegen (OLG Dresden, Urt. v. 10.1.2007 – 6 U 519/04), falls der Auftragnehmer die Eventualposition eigenmächtig ausführt. Die Leistung muss also notwendig bzw. interessengemäß und die Ausführung dem Auftraggeber vorher angezeigt worden sein (vgl. E. I. 4. Rn. 772 ff.). Darauf sollte sich ein Auftragnehmer nie verlassen und stets eine ausdrückliche Anordnung verlangen. Kommen Bedarfspositionen nicht zur Ausführung, steht dem Auftragnehmer kein Vergütungsanspruch wegen einer Teilkündigung oder unter dem Gesichtspunkt der Abrechnung von Nullpositionen zu (KG, Urt. v. 5.12.2013 – 27 U 30/12). 646

Enthält die Eventualposition einen Vordersatz, ist § 2 Abs. 3 VOB/B – ebenso wie bei Alternativpositionen – unproblematisch anwendbar. Ist dagegen kein Vordersatz ausgeschrieben oder steht vor der Eventualposition die Angabe „Null" oder „Eins", ist die Anwendung dieser Vorschrift zumindest fraglich, weil es keine geforderte Menge und damit auch keine Möglichkeit gibt, Mehr- oder Mindermengen sinnvoll zu ermitteln (BGH, Urt. v. 11.10.2017 – XII ZR 8/17 und LG Bamberg, Urt. v. 2.3.2016, 1 O 462/12, anders in einem konkreten Einzelfall: BGH, Urt. v. 19.4.2013 – VII ZR 201/12, vgl. dazu: D. I. 2. b) ee), Rn. 570 ff.). Der 647

BGH hat dagegen in seiner Grundsatzentscheidung vom 8.8.2019 § 2 Abs. 3 Nr. 2 VOB/B auch auf eine Position mit einer Massenangabe von 1 Tonne angewendet und dabei überhaupt nicht problematisiert, ob es sich um eine Eventualposition gehandelt hat (vgl. D. I. 2. b) dd) und ee), Rn. 569 und 570 ff.). Das mag damit zu tun gehabt haben, dass die fragliche Leistung nicht ausdrücklich als Eventualposition bezeichnet wurde. Ist das der Fall, kann man jedenfalls nicht auf die Menge einer Grundposition abstellen wie bei Alternativpositionen (siehe oben). Deshalb bestehen – falls § 2 Abs. 3 Nr. 2 VOB/B nicht anwendbar sein sollte – zumindest Ansprüche aus Verschulden bei Vertragsverhandlungen (§§ 311, 280 BGB), wenn die tatsächlich ausgeführte Menge um mehr als 10 % von der plausibel kalkulierten Mengenschätzung des Bieters abweicht.

4. Preisanpassung auch bei Rechenfehlern?

648 Fraglich ist, ob das Preisanpassungsrecht auch eingreift, wenn sich in ein bepreistes LV ein erheblicher Rechenfehler (sogenannter externer Kalkulationsirrtum) eingeschlichen hat.

649 **Beispiel:** Einem Trockenbauer wird ein LV in Form einer Excel-Tabelle mit Mengenangaben, Einheits- und Positionspreisen übermittelt. In der Position *„Lüfteröffnungen"* weist die Excel-Tabelle seines Angebots für 113 Lüfteröffnungen bei einem Einheitspreis von € 6,08 einen Positionspreis von € 27.948,75, statt des *richtigen* Preises von € 689,07 aus. Dieser Rechenfehler fließt in den Pauschalpreis von € 314.444,50 ein. Der Auftraggeber kürzt die Schlussrechnung um die Differenz. Der Auftragnehmer beruft sich auf die Pauschalpreisvereinbarung und klagt die Differenz ein.

650 Das OLG Schleswig weist die Klage ab (OLG Schleswig, Urt. v. 19.12.2003 – 14 U 63/03). Denn die Leistungsermittlung in Form der Excel-Tabelle ist Grundlage der Pauschalpreisvereinbarung und damit unabhängig von der Kalkulation ausdrücklich Vertragsgrundlage geworden. Die Entscheidung ist zutreffend. Hier ging es zwar nicht um fehlerhaft ermittelte Mengen, sondern um einen krassen Multiplikationsfehler bei der Vergütungsberechnung. Auch ein solcher Rechenfehler muss unter dem Gesichtspunkt einer Störung der Geschäftsgrundlage (§ 313 BGB) zu einer Anpassung des Pauschalpreises führen. Das gilt jedenfalls dann, wenn eine Zumutbarkeitsschwelle überschritten wurde. Angesichts der Größenordnung von fast 10 % des Pauschalpreises ist dies richtigerweise bejaht worden.

5. Preisanpassung wegen gestiegener Materialpreise?

651 Oftmals verändern sich beispielsweise Stahl- oder Kupferpreise je nach Marktlage innerhalb der Bauzeit gravierend. Neben Auftragnehmern forderten in der Vergangenheit insbesondere Baustahllieferanten gegenüber ihren Vertragspartnern eine Vertragspreisanpassung wegen Störung der Geschäftsgrundlage (§ 313 BGB), wenn es zu solchen Preiserhöhungen kam.

Diese Frage hat nichts mit der Fallkonstellation zu tun, in der sich bei einem Ein- 652
heitspreisvertrag die ausgeschriebenen Mengen um mehr als 10 % erhöhen. Hier muss der Auftragnehmer bis zu 110 % der ausgeschriebenen Menge zu unveränderten Preisen leisten, auch bei einer Veränderung der Einkaufspreise. Für die darüber hinausgehende Mengenerhöhung brauchte er dieses Risiko dagegen nicht zu berücksichtigen, weil es grundsätzlich Sache des Auftraggebers ist, Mengen richtig auszuschreiben. Deshalb kann er ab 110 % Menge die erhöhten Materialbeschaffungskosten verlangen. Das Gleiche gilt, falls sich die Lohnkosten erhöhen sollten.

Ob Materialpreiserhöhungen innerhalb der vertraglich geschuldeten Men- 653
gen ein Preisanpassungsverlangen nach § 313 BGB rechtfertigen können, wird unterschiedlich beurteilt (verneinend: Luz, IBR 2004, 359; bejahend: Hormann, IBR 2004, 504). Wir sind der Auffassung, dass ein solches Recht – von Extremfällen abgesehen – grundsätzlich nicht besteht, und zwar weder für den Bauunternehmer noch für den Lieferanten. So hat bislang auch die Rechtsprechung geurteilt (OLG Düsseldorf, Urt. v. 19.12.2008 – 23 U 48/08; OLG Hamburg, Urt. v. 28.12.2005 – 14 U 124/05). Anders ist es, wenn sich Materialkosten infolge auftraggeberseitiger Behinderungen erhöhen, beispielsweise auch durch ein verzögertes Vergabeverfahren im Rahmen öffentlicher Ausschreibungen (BGH, Urt. v. 11.5.2009 – VII ZR 11/08). Den Vertragspartnern kann zur Vermeidung solcher Risiken nur empfohlen werden, Material- bzw. Lohngleitklauseln zu vereinbaren.

6. Falsche Mengenermittlungskriterien/Angeordnete Mehrmengen und Scheinpauschalen

Richtig verstanden regelt § 2 Abs. 7 VOB/B beim Detail-Pauschalvertrag nicht ein 654
Mengenrisiko ganz allgemein, sondern ein Mengen*ermittlungs*risiko. Beim Pauschalvertrag muss der Auftragnehmer die Mengen selbst ermitteln. Ob er das genau, ungenau oder überhaupt nicht tut, ist wegen des Mengenermittlungsrisikos prinzipiell seine Sache. Das setzt aber Ermittlungskriterien (beispielsweise Pläne, Zeichnungen oder ein schon vorhandenes Bauwerk) voraus. Solche Mengenermittlungskriterien muss ein Auftragnehmer rechtzeitig und beweisbar herausverlangen. Wenn der Auftragnehmer auf der Basis eines ihm zur Verfügung gestellten Ausführungsplanes eine (richtige) Mengenermittlung durchführt und sich dann bei der Ausführung herausstellt, dass der Plan falsch gewesen ist, hat sich gerade nicht das Mengenermittlungsrisiko, sondern der Planungsfehler des Auftraggebers realisiert. Denn richtige Mengenermittlungskriterien beizubringen, ist Sache des Auftraggebers (Kimmich, BauR 2011, 171, 178). Kommt es aufgrund

dieses Planungsfehlers zu einer Mengenerhöhung, geht das nicht zulasten des Auftragnehmers, sodass Ansprüche nach § 2 Abs. 5 oder Abs. 6 VOB/B begründet sind. Dabei kann der Auftraggeber regelmäßig nicht damit gehört werden, dass der Bieter bereits in der Angebotsphase Bedenken hätte anmelden müssen. Denn die Prüfungs- und Bedenkenhinweispflicht nach § 4 Abs. 3 VOB/B besteht erst nach Vertragsabschluss, grundsätzlich nicht in der Angebots- bzw. Bieterphase. Bieter ermitteln Preise unter kalkulatorischen Aspekten und planen nicht nach. Das gilt jedenfalls, solange der Planungs- oder Ausschreibungsfehler nicht so offenkundig ist, dass er einem Bieter förmlich „ins Augen springen" muss (vgl. OLG Celle, Urt. v. 31.7.2017 – 14 U 200/15 und OLG Koblenz, Urt. v. 31.3.2010 – 1 U 415/08).

655 Wenn der Auftraggeber Grundlagen zur Ermittlung der Mengen nicht herausgibt, beispielsweise weil er die Mengenangaben im LV aufgrund fehlender Ausführungspläne lediglich geschätzt hat, macht der Auftragnehmer durch sein Verlangen nach einer Übergabe von Plänen deutlich, dass er die zur Ausführung kommenden Mengen prüfen will. Ist das nicht möglich und wurde nicht ausdrücklich eine besondere Risikoübernahme vereinbart, bestimmt die im Vertrag genannte Menge das Bausoll, sodass jede Abweichung zu Ansprüchen nach § 2 Abs. 6 VOB/B, ohne Anordnung nach § 2 Abs. 8 Nr. 2 oder Nr. 3 VOB/B führt.

656 **Beispiel:** Ein Auftraggeber bittet telefonisch um ein Pauschalangebot für *„600 m² Dielen abschleifen und versiegeln"*. Der Auftragnehmer erhält – trotz entsprechender Nachfrage – weder Pläne noch wird in sonstiger Weise deutlich, um welche Flächen es sich handeln soll. Er unterbreitet ein Angebot auf Einheitspreisbasis, welches bei € 10.800,– endet. Am Telefon einigen sich die Parteien dann auf einen *„Pauschalpreis"* von € 10.000,–. Tatsächlich muss der Auftragnehmer 630 m² Dielen abschleifen.

657 Hier liegt in Wirklichkeit ein *„verkappter"* Einheitspreisvertrag vor, sodass nach Aufmaß abgerechnet werden kann. Denn der Auftragnehmer muss bei einem Detail-Pauschalvertrag die Vordersatzangaben anhand der ihm vom Auftraggeber vorgegebenen Mengenermittlungskriterien überprüfen können. Ob er anhand dieser Kriterien, die er allerdings anfordern muss, gründlich, nachlässig oder überhaupt nicht prüft, bleibt ihm überlassen (siehe oben). Denn er trägt ein Mengenermittlungsrisiko. Wenn der Auftraggeber dagegen keine Pläne hat oder sie nicht aushändigt und auch an Ort und Stelle keine Mengenprüfung möglich ist, gibt es keine Mengenermittlungskriterien und unserer Auffassung nach auch kein Mengenermittlungsrisiko (Kimmich, BauR 2011, 171, 177 f.). Dennoch ist Auftragnehmern in solchen Fällen zu empfehlen, erst gar keinen Pauschalpreis zu vereinbaren. Denn es ist durchaus möglich, dass ein Gericht hier von einer *bewussten Risikoübernahme* ausgeht. Jedenfalls sollte ein Auftragnehmer – vor Vertragsabschluss – beweiskräftig dokumentieren, dass ihm trotz entsprechender Nachfrage keine Mengenermittlungskriterien zur Verfügung gestellt worden sind.

Ein Mengenermittlungsrisiko besteht auch nicht, wenn in einem LV oder in einer Funktionalausschreibung sogenannte *Scheinpauschalen* oder *Preislistenpauschalen* ausgeschrieben worden sind und der Auftragnehmer das Risiko von Mengenerhöhungen nicht ausdrücklich übernommen hat. Wenn der Auftraggeber beispielsweise im Bereich der Außenanlagen fünf Kiefern, Kronhöhe 2,50 m, oder drei Garagen fordert und es in den Vertragsbestandteilen keinerlei Hinweise auf eventuelle Mehrmengen gibt, ist jede weitere Kiefer oder Garage, die über die ausgeschriebene Anzahl hinausgeht, zu vergüten. Hier liegt eine nach § 2 Abs. 6 VOB/B zu behandelnde angeordnete Mehrmenge vor. Der *Vordersatz* ist hier gleichzeitig der „Bauentwurf" und alleiniger Bezugspunkt zur Definition der geschuldeten Menge. Er bestimmt und begrenzt das Bausoll. Das gilt im Grundsatz auch bei Global-Pauschalverträgen mit funktionaler Leistungsbeschreibung. 658

Beispiel: Eine Funktionalausschreibung im Rahmen eines Schlüsselfertigbaus lautet wie folgt: *„leichte Zwischenwände in allen Geschossen gemäß Entwurfsplanung"*. Die Entwurfsplanung im Maßstab 1:200 ist Vertragsinhalt geworden. Sie sieht im ersten Obergeschoss nur Zwischenwände in sechs WC-Bereichen vor. Während der Bauausführungsphase ordnet der Auftraggeber Zwischenwände für weitere vier Räume des ersten Obergeschosses an. 659

Der Auftraggeber hat hier den Bauentwurf geändert und die Ausführung einer zusätzlichen Leistung verlangt, die bisher im Vertrag nicht vorgesehen war. Er kann dies nach § 1 Abs. 3 oder 4 VOB/B tun, muss jedoch die *angeordnete Mehrmenge* nach § 2 Abs. 7 Nr. 2 VOB/B in Verbindung mit § 2 Abs. 5 oder 6 VOB/B vergüten. Dies gilt – wie das Beispiel zeigt – auch bei einem Global-Pauschalvertrag mit funktionaler Leistungsbeschreibung (ähnlich: BGH, Urt. v. 13.3.2008 – VII ZR 194/06). 660

Anders war es in einem kürzlich vom OLG München entschiedenen Fall. 661

Beispiel: Der Auftragnehmer wird mit Entkernungs- und Entsorgungsleistungen zu einem Pauschalpreis beauftragt. Danach soll er sämtliche Verkleidungen an Wänden, Decken, Trennwänden und Durchgängen sowie Bodenbeläge und Wandbeschichtungen entfernen. Der Auftragnehmer verlangt Mehrvergütung in Höhe von knapp € 34.000,– und begründet dies damit, der Teerkork sei zu erheblichen Teilen auf Beton verklebt gewesen und habe sich nicht auf mineralischem Putz befunden.

Dem erteilt das OLG München eine Absage (OLG München, Urt. v. 13.11.2019 – 662
27 U 4740/18 Bau). Da die Leistung funktional beschrieben worden sei, müsse

der Auftragnehmer denjenigen Aufwand betreiben, der erforderlich sei, um den vereinbarten Werkerfolg herbeizuführen. Das gilt auch, wenn die Ausführung tatsächlich aufwendiger ist als angenommen („entfernen" heißt nun einmal „entfernen"). Das Urteil ist zutreffend, bedarf aber einer Einschränkung für Extremfälle. Auch bei eindeutigem Wortlaut der Leistungsbeschreibung können völlig ungewöhnliche Verhältnisse, die zu von keiner Seite zu erwartenden Leistungen führen, Nachtragsansprüche rechtfertigen. Das gilt wegen § 7 Abs. 1 Nr. 3 VOB/A insbesondere im Bereich der öffentlichen Auftragsvergabe. Denn danach darf dem Auftragnehmer kein ungewöhnliches Wagnis für Umstände und Ereignisse, auf die er keinen Einfluss hat und die nicht einschätzbar sind, auferlegt werden (BGH, Urt. v. 11.11.1993 – VII ZR 47/93).

7. Besondere Risikoübernahmen bei Pauschalverträgen

663 Der Grundsatz, dass ein Mengenermittlungsrisiko immer Mengenermittlungskriterien voraussetzt, wird durchbrochen, wenn der Auftragnehmer bewusst, offen und unmissverständlich ein besonderes (Mengen-)Risiko übernimmt. Das ist sicher dann der Fall, wenn ein LV keine Vordersatzangaben enthält und der geschuldete Erfolg nur funktional beschrieben worden ist. Da es hier keinen Ausgangspunkt für die Bestimmung einer Mengenüberschreitung gibt, findet § 2 Abs. 7 VOB/B prinzipiell auch keine Anwendung. Ebenso wenig können Mengenerhöhungen nach § 2 Abs. 7 VOB/B geltend gemacht werden, wenn das Leistungsverzeichnis und die darin enthaltenen Vordersatzangaben vom Auftragnehmer selbst erstellt worden sind. Hier hat der Auftragnehmer Planungsaufgaben und die damit einhergehenden Risiken übernommen (OLG Düsseldorf, Urt. v. 30.9.2003 – 23 U 204/02).

664 Wenn der Auftragnehmer erkennt, dass es Mengenermittlungskriterien nicht gibt, aber jede nach Sachlage erforderliche Menge zu erbringen ist und er sich darauf „sehenden Auges" einlässt, ist eine Preisanpassung nach § 2 Abs. 7 VOB/B im Regelfall nicht möglich, zumindest aber enorm schwierig und kommt nur unter strengen Voraussetzungen wie der Gefährdung der wirtschaftlichen Existenz des Betriebs (vgl. OLG Frankfurt, Urt. v. 28.5.2017 – 22 U 141/13) in Betracht. Besondere Risikoübernahmen kann es selbst bei Einheitspreisverträgen geben. Das hat das OLG Dresden in einem Fall angenommen, bei dem es aufgrund von Mengenverschiebungen nicht zum vom Auftragnehmer kalkulierten Verkauf und Erlös von Fels der Bodenklasse 7 gekommen ist, weil Mengenverschiebungen in die Bodenklassen 3 bis 5 und 6 eingetreten sind (OLG Dresden, Urt. v. 15.1.2019 – 6 U 1326/18). Dieses Urteil ist heutzutage wegen der Grundsatzentscheidung des BGH zu § 2 Abs. 3 VOB/B fragwürdig (vgl. D. I. 2. b), Rn. 554 ff.). Denn danach soll keine Partei durch unvorhergesehene Mengenänderungen eine Besser- oder Schlechtfeststellung erfahren.

665 Der Auftraggeber kann aber beispielsweise beim Bau eines Drainage-Bodens wie folgt ausschreiben: *„Ausschachtung bis auf kiesführende Schicht"* oder auch

„Wasserhaltung nach Wahl des Auftragnehmers". Lässt die Ausschreibung an keiner Stelle erkennen, *wie* die Wasserhaltung zu leisten oder *wann* diese kiesführende Schicht anzutreffen ist, muss der Auftragnehmer entscheiden, ob er ein unbeschränktes Mengenrisiko eingehen will oder nicht. Denn gibt der Auftraggeber keine Mengenermittlungsparameter heraus oder sind solche schlichtweg nicht vorhanden, muss zum unveränderten Pauschalpreis ausgeschachtet werden, gleichgültig, ob 5 m, 10 m oder noch tiefer gegraben werden muss. Hier handelt es sich um Bausollbestimmungen, die den herbeizuführenden Erfolg lediglich funktional beschreiben. Die unbestimmte Menge ist die zwangsläufige Folge des unbestimmten Leistungsinhalts bzw. der funktionalen Leistungsbeschreibung selbst. Das gilt bis zur Grenze einer Störung der Geschäftsgrundlage (§ 313 BGB), wenn man nicht von einem völlig ungewöhnlichen Wagnis ausgeht (vgl. dazu: BGH, Urt. v. 11.11.1993 – VII ZR 47/93; BGH, Urt. v. 7.3.2013 – VII ZR 68/10). Beides sind Ausnahmefälle, die im Streitfall nicht zu verlässlichen Prozessergebnissen führen.

Ähnlich liegt es in folgendem **666**

Beispiel: Ein Tunnelbauer wird mit der Herstellung eines Stollens beauftragt. Während der Ausführung stößt er auf Baugrund, der seiner Auffassung nach vom vertraglichen Baugrundgutachten abweicht und macht Nachträge in Höhe von knapp 1,8 Mio. € geltend. Der Auftraggeber lehnt jedwede Mehrvergütungsansprüche ab, weil der Auftragnehmer nach dem abgeschlossenen Vertrag das Mengenrisiko ausdrücklich übernommen habe.

Das Kammergericht gab dem Auftraggeber Recht (KG, Urt. v. 26.11.2010 – **667** 21 U 57/09). Im Rahmen der Auftragsverhandlungen hatte die Baufirma unter Zugrundelegung der Ausschreibungsunterlagen, zu denen ein Baugrundgutachten und eine tunnelbautechnische Stellungnahme gehörten, ausdrücklich das Mengenrisiko auch hinsichtlich der Verteilung der Boden- und Vortriebsklassen übernommen. Im Verhandlungsprotokoll bestätigte die Baufirma, ihr sei bewusst, dass sie damit ein erhöhtes Baugrundrisiko übernehme. Da die Parteien mit der Pauschalpreisvereinbarung die ursprüngliche Unterscheidung nach Vortriebsklassen wissentlich aufgehoben haben, besteht der geltend gemachte Mehrvergütungsanspruch wegen bewusster Risikoübernahme nicht. Das Kammergericht stellte jedoch klar, dass die Baufirma nicht jedes Baugrundrisiko übernommen habe. Wären Bodenverhältnisse für *„in der Leistungsbeschreibung nicht definierte und nicht in den Baugrundgutachten vorgesehene Vortriebsklassen"* vorgefunden worden, hätte ein Nachtragsanspruch bestanden.

Solche und ähnliche Urteile sind nicht überraschend und nachvollziehbar. Wenn man als Auftragnehmer nicht auf der unsicheren Grundlage einer Störung der Geschäftsgrundlage (§ 313 BGB) argumentieren will, sollte man sich reiflich überlegen, ob solche Risikoübernahmen wirtschaftlich vertretbar sind. Denn manchmal kann man mit Bauverträgen nur Geld verdienen, indem man sie nicht unterschreibt. Man darf nicht glauben, dass die Störung der Geschäftsgrundlage ein Allheilmittel ist, um solche Fälle befriedigend zu lösen. Denn eine Voraussetzung für die Anwendung dieser Vorschrift ist, dass die Veränderung nicht aufgrund vertraglicher Vereinbarung dem Risikobereich einer Vertragspartei zuzuordnen ist, was in dem vom Kammergericht entschiedenen Fall jedoch eindeutig so war.

668 Der Auftragnehmer ist in Fällen, in denen sich die auszuführenden Mengen nicht ermitteln lassen, gut beraten, wenn er auf die Vereinbarung von konkreten Öffnungsklauseln besteht. Diese sollten vorsehen, dass das Risiko bis zu einer bestimmten Menge im Rahmen der Pauschale getragen wird, die darüber hinausgehende Mehrmenge aber nach einem zuvor vereinbarten Einheitspreis abgerechnet wird.

669 **Beispiel:** In einem LV für Rohbauarbeiten sind 800 Tonnen Stahl enthalten. Die Prüfstatik liegt noch nicht vor, teilweise müssen die Schal- und Bewehrungspläne auftraggeberseitig noch überarbeitet werden. Der Auftraggeber will trotzdem die Vergütung pauschalieren.

670 Der Auftragnehmer würde hier ein erhebliches Risiko eingehen, ließe er sich auf die geforderte Pauschalierung ein (BGH, Urt. v. 27.6.1996 – VII ZR 59/95). Interessengerecht könnte es sein, das Risiko einer Mengen- bzw. Massenerhöhung – beispielsweise bis 840 Tonnen – im Rahmen des Pauschalpreises zu übernehmen und darüber hinaus einen Einheitspreis pro Tonne Stahl zu vereinbaren. Solche Öffnungsklauseln können auch vereinbart werden, wenn es zu einer erheblichen Unterschreitung der ausgeführten Mengen oder Massen kommt. Für den Auftraggeber würde sich im obigen Beispielsfall möglicherweise eine Regelung anbieten, wonach der Pauschalpreis bis zu einer Mengenunterschreitung von 20 t unverändert bleibt, danach aber eine Reduzierung der Pauschale um einen bestimmten Betrag pro Tonne stattfinden muss.

8. Mengenverrechnungen bei Pauschalverträgen

671 Gelegentlich nehmen Auftraggeber Mengenminderungen zum Anlass, zusätzliche Leistungen zu fordern, die sie nicht vergüten wollen.

672 **Beispiel:** Ein Detail-Pauschalvertrag sieht nach dem LV sowie den auftraggeberseitigen Plänen Lampen nur in den Verkaufsflächen eines Bekleidungshauses, nicht jedoch in den Treppenhäusern vor. Der Vordersatz für die Lampen in den Verkaufsflächen lautet: 750 Stück. Nachträglich ordnet der Auftraggeber die Ausführung von Lampen auch in den Treppenhäusern an, wodurch eine zusätzliche Stückzahl von 80 Lampen anfällt. Bei der Montage der Lampen in den Verkaufsflächen stellt sich heraus, dass sich der Auftraggeber bei der Mengenermittlung verrechnet hat; dort sind tatsächlich nur 700 Lampen auszuführen. Der Auftraggeber stellt sich auf den Standpunkt, er könne die Mindermenge bezüglich der Verkaufsflächen (50 Stück) mit den Lampen für die Treppenhäuser (80 Stück) verrechnen, sodass er nur 30 zusätzliche Lampen zu bezahlen habe.

Das ist falsch, und zwar eindeutig. Dass die Mengenermittlungskriterien für die Verkaufsflächen, die nicht geändert worden sind, unrichtig waren, schadet oder nützt den Vertragsparteien je nach Fallkonstellation. Im Beispielsfall hatte der Auftragnehmer Glück. Das gehört zum Wesen des Pauschalpreises, weil Mengenabweichungen außerhalb des Preisanpassungsrechts nach § 2 Abs. 7 Nr. 1 Satz 2 VOB/B eben nicht zu einer Änderung des Pauschalpreises führen. Die angeordneten, zusätzlichen Lampen für die Treppenhäuser hat der Auftraggeber folglich nach § 2 Abs. 7 Nr. 2 i.V.m. § 2 Abs. 6 VOB/B in voller Höhe zu bezahlen. Die gleichen Überlegungen würden gelten, wenn ein Landschaftsbauer für einen Pauschalpreis ca. 10.000 m² Rasen einzupflanzen hat und sich wegen falscher Mengenermittlung erst später herausstellt, dass die Fläche nur 9.000 m² beträgt. Hier kann ein Auftraggeber als Ausgleich für die Mindermenge beispielsweise nicht die Lieferung und Montage von drei Parkbänken fordern. 673

9. Vertragliche Vereinbarungen zu Mengenänderungen

a) Ausschluss von § 2 Abs. 3 VOB/B bei Einheitspreisverträgen/Nachunternehmerproblematik

Nach der Rechtsprechung des BGH lässt sich ein Preisanpassungsverlangen wegen Mengenänderungen in AGB des Auftraggebers nicht vollständig ausschließen (BGH, Urt. v. 20.7.2017 – VII ZR 259/16; BGH, Beschl. v. 4.11.2015 – VII ZR 282/14). Es muss nach dem Wortlaut der vertraglichen Regelung zumindest eine Preisanpassung wegen einer Störung der Geschäftsgrundlage (§ 313 BGB) möglich sein. Ist das nach der Klausel im Vertrag ausdrücklich der Fall, sollen also nur die Bestimmungen in § 2 Abs. 3 Nr. 2 und 3 VOB/B (Preisanpassung ab 10 % Mengenabweichung) ausgeschlossen werden, dürfte dies nach der Rechtsprechung des BGH prinzipiell zulässig sein. Das kann für Auftragnehmer im Einzelfall zu erheblichen wirtschaftlichen Nachteilen führen. Denn nicht selten erhöhen Auftraggeber die Vordersatzangaben bewusst, um günstige Einheitspreise zu erzielen. Dieses Problem muss bereits vor Vertragsabschluss gesehen werden. Wenn § 2 Abs. 3 VOB/B vertraglich ausgeschlossen werden soll, besteht auch bei einem Einheitspreisvertrag Anlass zu einer besonders genauen Prüfung der vom Auftraggeber ausgeschriebenen Mengen und Massen. 674

Ist das Preisanpassungsrecht im Hauptauftrag ausgeschlossen worden, sollte dieser Ausschluss im Normalfall auch in den Verträgen mit Nachunternehmern erfol- 675 gen. Ansonsten kann die missliche Situation eintreten, dass gegenüber dem Auftraggeber kein Preisanpassungsrecht besteht, gegenüber dem Nachunternehmer aber die kalkulierten Deckungsbeiträge ausgeglichen werden müssen, falls es zu Mengenunterschreitungen von mehr als 10 % kommt. Welche nachteiligen Rechtsfolgen der vertragliche Ausschluss von § 2 Abs. 3 VOB/B im Einzelfall auch für einen Auftraggeber haben kann, zeigt das folgende Beispiel:

676 **Beispiel:** Die Stadt Stuttgart lässt eine Hangsicherung durch eine Bodenvernagelung durchführen. Die Bodennägel sollen durch Zementsuspension verfüllt werden. Pro Kubikmeter Zementsuspension ist ein Einheitspreis vereinbart. In dem Hang gibt es Klüfte. Bei dem Verfüllvorgang fließen erhebliche Mengen des Materials in die Klüfte, sodass sich die Verfüllmenge gegenüber der Ausschreibung vervielfacht. Der Auftraggeber lehnt eine Zahlung auf Basis der vertraglich vereinbarten Einheitspreise ab, weil dies zu erheblichen Mehrkosten – im Beispielsfall ca. € 150.000,– – führt. Der Auftraggeber hatte in den Vorbemerkungen des LV die Preisanpassungsregelungen des § 2 Abs. 3 VOB/B wie folgt ausgeschlossen:

„Weichen die ausgeführten Mengen (…) um mehr als 10 % von dem im Vertrag vorgesehenen Umfang ab (…), dürfen (…) die Einheitspreise des Angebots nicht geändert werden."

677 Das OLG Stuttgart gab dem Auftragnehmer Recht und verurteilte den Auftraggeber zur vollen Zahlung der Mehrmenge nach den vertraglich fest vereinbarten Einheitspreisen (OLG Stuttgart, Urt. v. 16.2.2000 – 4 U 126/99). Zunächst hob das Gericht hervor, dass der Auftraggeber selbst das Preisanpassungsrecht nach § 2 Abs. 3 VOB/B ausgeschlossen und damit „sehenden Auges" ein Risiko übernommen habe. Das ist schon deshalb zutreffend, weil sich der Verwender einer von ihm selbst gestellten Klausel nicht auf den Schutz des AGB-Rechts und damit auf eine Unwirksamkeit der Regelung berufen kann (BGH, Urt. v. 25.2.2016 – VII ZR 49/15). Auch die neue BGH-Rechtsprechung vom 8.8.2019 hätte daran sehr wahrscheinlich nichts geändert, weil die Parteien hier einen festen Einheitspreis vereinbart haben und der BGH solche Vereinbarungen ausdrücklich zulässt (vgl. D. I. 2. b) cc), Rn. 567 ff.).

b) Ausschluss von § 2 Abs. 7 VOB/B bei Detailpauschalverträgen/Nachunternehmerproblematik

678 Ein Ausschluss der Preisanpassungsmöglichkeit nach § 2 Abs. 7 Nr. 1 Satz 2 VOB/B und damit ein Ausschluss der Grundsätze wegen einer Störung der Geschäftsgrundlage nach § 313 BGB ist in Allgemeinen Geschäftsbedingungen unwirksam (OLG Hamburg, Urt. v. 6.12.1995 – 5 U 215/94). Gleiches gilt, wenn der Auftraggeber Ansprüche nach § 2 Abs. 7 VOB/B verwehren will, weil eine unverzügliche schriftliche Anzeige des Preisanpassungsverlangens unterblieben ist. Dagegen

ist es wegen der unbestimmten Rechtsbegriffe in § 2 Abs. 7 Nr. 1 Satz 2 VOB/B grundsätzlich zulässig, die Voraussetzungen einer Anpassung des Pauschalpreises wegen Mengenabweichungen zu konkretisieren und beispielsweise zu regeln, dass ein Festhalten an der vereinbarten Pauschalsumme nur für den Fall unzumutbar ist, dass der sich aus den Mengenabweichungen ergebende Betrag um mehr 20 % von der Angebotsendsumme abweicht und für diesen Fall lediglich der über 20 % hinausgehende Mehr- oder Minderbetrag ausgeglichen wird, sodass für beide Parteien ein Selbstbehalt von 20 % als vereinbart gilt (ebenso, wenn auch für eine deutlich geringerer Risikogrenze von 5 %: BGH, Urt. v. 11.9.2003 – VII ZR 116/02). Auftragnehmern ist vor allem bei mengenmäßig unkalkulierbaren Einzelpositionen zu empfehlen, das Risiko zu begrenzen und beispielsweise zu vereinbaren, dass Mehr- oder Mindermengen von 5 % als vereinbart gelten, darüber hinausgehende Mengenabweichungen dagegen auf EP-Basis oder als Zulageposition vergütet werden.

Auch bei Pauschalverträgen muss bei der Beauftragung von Nachunternehmern **679** vermieden werden, dass sich das Mengenermittlungsrisiko nur im eigenen Unternehmen realisiert. Das wäre beispielsweise der Fall, wenn ohne vorherige Prüfung der Mengenangaben die Vergütung gegenüber dem Bauherrn pauschaliert wurde, die Nachunternehmer dagegen auf EP-Basis beauftragt worden sind und sich erst im Nachhinein herausstellt, dass die Vordersatzangaben im LV zu gering waren. Dann bleibt der Hauptauftragnehmer auf dem Mengenermittlungsrisiko sitzen, das er gegenüber seinem Auftraggeber durch die Pauschalierung der Vergütung bis zur Grenze des § 2 Abs. 7 Nr. 1 Satz 2 VOB/B übernommen hat, weil die Nachunternehmer nach Aufmaß – ohne eigenes Mengenermittlungsrisiko – vergütet werden müssen.

III. Musterschreiben

680 **Preisanpassungsverlangen bei Mengenunterschreitungen nach § 2 Abs. 3 Nr. 3 VOB/B bzw. bei „Nullpositionen"** **D 1**

An den Auftraggeber

Datum

Bauvorhaben …
Bauvertrag vom …

Sehr geehrte Damen und Herren,

gemäß § 2 Abs. 3 Nr. 3 VOB/B ist bei einer über 10 % hinausgehenden Unterschreitung des Mengenansatzes auf Verlangen der Einheitspreis für die tatsächlich ausgeführte Menge der Leistung zu erhöhen.

Ein Vergleich der ausgeführten Mengen hat ergeben, dass bei den nachfolgend aufgelisteten Positionen des Leistungsverzeichnisses der dort vorgesehene Mengenansatz um mehr als 10 % unterschritten worden ist:

Position … um …%,

Position … um …%,

Position … um …%,

Da nach § 2 Abs. 3 Nr. 3 VOB/B deshalb ein neuer Preis vereinbart werden muss, bieten wir Ihnen folgende Preise an:

Position zu … €/…,

Position zu … €/…,

Position zu … €/…,

Die Erhöhung der Einheitspreise entspricht dem Mehrbetrag, der sich durch Verteilung der Baustelleneinrichtungs- und Baustellengemeinkosten sowie der Allgemeinen Geschäftskosten und des Gewinns auf die verringerten Mengen ergibt (vgl. OLG Brandenburg, Urt. v. 16.10.2019 – 4 U 80/18). Die entsprechenden Zuschlagssätze sind angemessen und entsprechen unserer Urkalkulation. Wir bitten Sie, die Preisanpassung zu bestätigen und haben uns hierfür eine Frist bis zum …. notiert.

Falls Sie Rückfragen haben, stehen wir für deren Beantwortung gerne zur Verfügung.

Eventuell *(Hinweis auf Anwendbarkeit des § 2 Abs. 3 Nr. 3 VOB/B auch bei „Nullpositionen“)*:

Wir weisen vorsorglich darauf hin, dass die Positionen ... und ... ohne eine Anordnung oder Teilkündigung Ihres Hauses überhaupt nicht zur Ausführung gelangt sind (sogenannte Nullpositionen). Auch auf solche ersatzlos weggefallenen Positionen ist nach der Rechtsprechung des BGH die Bestimmung in § 2 Abs. 3 Nr. 3 VOB/B anwendbar (BGH, Urt. v. 26.1.2012 – VII ZR 19/11). Der Ausgleichsanspruch umfasst auch die infolge der Mengenminderung entstandene Unterdeckung des auf die betreffenden Positionen entfallenden Gewinnanteils (vgl. OLG Brandenburg, Urt. v. 16.10.2019 – 4 U 80/18).

Mit freundlichen Grüßen

....

(Unterschrift)

681 Zurückweisung eines Preiserhöhungsverlangens wegen Mengenunterschreitungen (Einheitspreisvertrag) D 2

An den Auftragnehmer

Datum

Bauvorhaben ...
Ihr Schreiben vom ...

Sehr geehrte Damen und Herren,

mit Schreiben vom ... verlangen Sie eine Erhöhung der Einheitspreise für die Positionen ... und ... nach § 2 Abs. 3 Nr. 3 VOB/B wegen Mengenunterschreitungen.

Wir erlauben uns den Hinweis, dass diese Vorschrift gemäß der Ziffer ... des zwischen uns abgeschlossenen Bauvertrages abbedungen worden ist. Das ist auch nach der BGH-Rechtsprechung zulässig, weil wir im Vertrag ausdrücklich Preisanpassungsmöglichkeiten nach den Grundsätzen über die Störung der Geschäftsgrundlage (§ 313 BGB) zugelassen haben (BGH, Urt. v. 20.7.2017 – VII ZR 259/16). Dass Ihnen aufgrund der Mengenunterschreitungen ein Festhalten an dem vereinbarten Einheitspreis nicht zugemutet werden kann, ist nicht ersichtlich. Aus diesem Grund ist Ihr Preiserhöhungsverlangen unbegründet. Für eventuelle Rückfragen stehen wir Ihnen zur Verfügung.

Eventuell *(Hinweis auf Ausgleichsberechnung):*

Mit Schreiben vom ... verlangen Sie eine Erhöhung der Einheitspreise für die Positionen ... und ... nach § 2 Abs. 3 Nr. 3 VOB/B. Dieses Verlangen ist grundsätzlich berechtigt, berücksichtigt jedoch nicht, dass es bei den Positionen ... und ... zu einer Erhöhung der Mengen um mehr als 10 % gekommen ist. Deshalb müssen Sie gemäß § 2 Abs. 3 Nr. 3 Satz 1 VOB/B eine Ausgleichsberechnung vornehmen. Darüber hinaus weisen wir darauf hin, dass am ... und ... technische Nachträge nach § 2 Abs. 5 und Abs. 6 VOB/B beauftragt worden sind. Die in diesem Zusammenhang vereinbarten Preise enthalten ebenfalls Deckungsbeiträge für AGK sowie Wagnis und Gewinn. Auch diesen Umstand haben Sie bei Ihrem Preisanpassungsverlangen zu berücksichtigen, weil die VOB/B ausdrücklich regelt, dass bei Mengenunterschreitungen auch ein Ausgleich „in anderer Weise“ erfolgen kann. Umlageanteile aus Nachträgen sind nach der Rechtsprechung des BGH ein solcher anderweitiger Ausgleich im Sinne des § 2 Abs. 3 Nr. 3 VOB/B (BGH, Urt. v. 26.1.2012 – VII ZR 19/11; ebenso: OLG Karlsruhe, Urt. v. 24.3.2011 – 9 U 94/10).

Eventuell *(bei fehlender Prüfbarkeit des neuen Preises):*

Ihr Preiserhöhungsverlangen wegen Mengenunterschreitungen haben wir zur Kenntnis genommen. Dem Grunde nach steht Ihrem Haus eine Erhöhung der Einheitspreise für die genannten Positionen zu. Allerdings können wir die Höhe der von Ihnen berechneten (neuen) Einheitspreise in keiner Weise nachvollziehen. Nach § 2 Abs. 3 Nr. 3 VOB/B besteht eine Verpflichtung, das Preisanpassungsverlangen prüfbar zu begründen. Hierzu muss nachgewiesen werden, wie die Einzelkosten der Teilleistung bzw. die Deckungsbeiträge für Baustelleneinrichtungs- und Baustellengemeinkosten und die Zuschlagssätze für Allgemeine Geschäftskosten sowie Wagnis und Gewinn kalkuliert worden sind. Die Zuschlagssätze für AGK sowie Gewinn müssen nach der aktuellen Rechtsprechung des BGH angemessen sein (BGH, Urt. v. 8.8.2019 – VII ZR 34/18). Wir behalten uns eine entsprechende Prüfung vor, sobald uns die dafür notwendigen Informationen vorliegen. Wir dürfen deshalb um Übersendung der entsprechenden Unterlagen bis zum ... bitten, damit wir die Berechnung vom ... überprüfen und weiterbearbeiten können.

Mit freundlichen Grüßen

....

(Unterschrift)

682 **Hinweis auf die Unwirksamkeit eines vollständigen Preisanpassungsausschlusses wegen Mengenänderungen beim Einheitspreisvertrag** **D 3**

An den Auftraggeber

Datum

Bauvorhaben ...
Bauvertrag vom ...

Sehr geehrte Damen und Herren,

wir hatten mit unserer Schlussrechnung Ansprüche wegen Mengenunterschreitungen um mehr als 10 % sowie für Nullpositionen, also vollständig entfallene Leistungen, nach § 2 Abs. 3 Nr. 3 VOB/B geltend gemacht. Ihrer Schlussrechnungsprüfung entnehmen wir, dass Sie diese Ansprüche unter Hinweis auf die Ziffer ... des Bauvertrages zurückweisen. Denn dort sei ein Ausschluss des Preisanpassungsverlangens wegen Mengenänderungen vereinbart worden. Richtig ist, dass an der entsprechenden Stelle des Bauvertrages Folgendes geregelt ist:

„Massenänderungen – auch über 10 % – sind vorbehalten und berechtigen nicht zur Preiskorrektur. Die vereinbarten Einheitspreise sind Festpreise."

Der BGH hat am 4.11.2015 entschieden, dass eine solche vom Auftraggeber formularmäßig gestellte Klausel wegen unangemessener Benachteiligung des Auftragnehmers unwirksam ist (BGH, Beschl. v. 4.11.2015 – VII ZR 282/14). Das hat der BGH am 20.7.2017 noch einmal ausdrücklich bestätigt (BGH, Urt. v. 20.7.2017 – VII ZR 256/16). Denn damit wird auch die Preisanpassungsmöglichkeit nach den Grundsätzen über die Störung der Geschäftsgrundlage (§ 313 BGB) ausgeschlossen, was in Allgemeinen Geschäftsbedingungen nicht möglich ist. Dass die entsprechende Klausel keine Individualvereinbarung darstellt, die zwischen uns ausgehandelt worden ist, dürfte ebenso unstreitig sein, wie dass diese Regelung von Ihrem Haus auch in anderen Bauverträgen, beispielsweise zum Bauvorhaben ..., inhaltsgleich verwendet worden ist. Damit liegt eine Allgemeine Geschäftsbedingung vor.

Wir halten deshalb an unserer Berechnung, die auf der Grundlage des § 2 Abs. 3 Nr. 3 VOB/B erfolgt ist, fest. Wir bitten Sie, die geltend gemachten Ansprüche in Höhe von € ... auszugleichen und haben uns hierfür eine Frist bis zum ... notiert.

Mit freundlichen Grüßen

....

(Unterschrift)

Preisanpassungsverlangen des Auftraggebers bei Mengenüberschreitungen nach § 2 Abs. 3 Nr. 2 VOB/B **D 4** 683

An den Auftragnehmer

Datum

Bauvorhaben …
Bauvertrag vom …

Sehr geehrte Damen und Herren,

nach § 2 Abs. 3 Nr. 2 VOB/B ist auf Verlangen ein neuer Preis zu vereinbaren, wenn die ausgeführte Menge um mehr als 10 % von dem im Vertrag vorgesehenen Umfang abweicht.

Bei den nachfolgend aufgelisteten Positionen des Leistungsverzeichnisses ist der ursprünglich ausgewiesene Mengenansatz um mehr als 10 % überschritten worden, ohne dass sich dadurch die Bauzeit oder die Baustelleneinrichtung bzw. die zum Einsatz gekommenen Geräte oder Maschinen geändert hätten:

Position … um …%,
Position … um …%,
Position … um …%,

Da nach § 2 Abs. 3 Nr. 2 VOB/B in solchen Fällen ein neuer Preis vereinbart werden muss, möchten wir Sie bitten, uns schnellstmöglich Ihre geänderten Preise mitzuteilen. Dabei ist zu berücksichtigen, dass sich durch die Mengenerhöhungen im Fall konstanter Baustellengemein- und Einrichtungskosten eine Überdeckung ergibt. Deshalb ist der Preis ab 110 % niedriger als der vereinbarte Einheitspreis. Gleiches gilt für die Allgemeinen Geschäftskosten (AGK), die sich durch die Mengenüberschreitungen nicht erhöht haben und deshalb für die Menge über 110 % ebenfalls aus dem neu zu bildenden EP herausgerechnet werden müssen. *(**erläuternde Anmerkung nur für den Verfasser des Briefes:** Letzteres ist rechtlich angreifbar und entspricht nicht der herrschenden Meinung. Nur nach einer Entscheidung des Kammergerichts sind im Falle einer Mengenerhöhung von über 10 % auch die kalkulierten Allgemeinen Geschäftskosten aus dem neuen Einheitspreis herauszurechnen, wenn es sich dabei nicht um variable, sondern um Fixkosten handelt, KG, Urt. v. 29.9.2005 – 27 U 120/04; anderer Ansicht: OLG Nürnberg, Urt. v. 18.12.2002 – 4 U 2049/02 und OLG Dresden, Urt. v. 5.9.2017 – 4 U 551/17 sowie OLG Schleswig, Urt. v. 11.5.1991 – 7 U 214/91).*

Für die Benennung der geänderten Einheitspreise mit prüfbaren Nachweisen haben wir uns eine Frist bis zum ... notiert. Sollten Sie Rückfragen haben, stehen wir Ihnen selbstverständlich jederzeit zur Verfügung.

Mit freundlichen Grüßen

....

(Unterschrift)

Preisfortschreibung bei Mengenerhöhungen 684
gemäß § 2 Abs. 3 Nr. 2 VOB/B nach tatsächlich erforderlichen Kosten **D 5**

An den Auftragnehmer

Datum

Bauvorhaben …
Bauvertrag vom …
Ihr Preisanpassungsverlangen vom …

Sehr geehrte Damen und Herren,

bei der Ausführung der Arbeiten ist es zu einer erheblichen Massenüberschreitung bei den Stahlpositionen gekommen. Ihr vorkalkulatorisch ermitteltes Preisanpassungsverlangen nach § 2 Abs. 3 Nr. 2 VOB/B müssen wir jedoch zurückweisen.

Der vertraglich vereinbarte Einheitspreis je Kilogramm Stahl beträgt nach der Position … des LV € 20,–. Unsere Recherchen haben ergeben, dass der zum Zeitpunkt der Ausführung ortsübliche und angemessene Preis bei ca. € 2,50/kg liegt. Der angebotene Einheitspreis ist somit um das 8-Fache überhöht. Nach der aktuellen Rechtsprechung des BGH (BGH, Urt. v. 8.8.2019 – VII ZR 34/18) kommt in einem solchen Fall eine Preisfortschreibung auf Basis der Urkalkulation, unabhängig davon, ob ein Fall der Sittenwidrigkeit vorliegt, wovon hier auszugehen ist, nicht mehr in Betracht. Der BGH hat in diesem Urteil entschieden, dass § 2 Abs. 3 Nr. 2 VOB/B lediglich regelt, dass ein Preisanpassungsanspruch bei Mengenerhöhungen über 10 % besteht, nicht aber wie die Preisanpassung zu erfolgen hat, falls dazu keine Einigung erfolgt ist. Der BGH hat ferner entschieden, dass durch die unvorhergesehene Änderung der Mengen keine der Vertragsparteien eine Besser- oder Schlechterstellung erfahren soll und es deshalb der Redlichkeit entspricht, dass für die Bemessung des neuen Einheitspreises nach § 2 Abs. 3 Nr. 2 VOB/B *„die tatsächlich erforderlichen Kosten zzgl. angemessener Zuschläge"* maßgeblich sind. Wir bitten Sie deshalb, uns den von Ihrem Haus bezahlten Preis pro Kilo Stahl prüfbar nachzuweisen und haben uns hierfür eine Frist bis zum … notiert. Wir sind vorläufig bereit, die Mehrkosten auf Basis unserer internen Ermittlungen (€ 2,50/kg Stahl) zu vergüten. Ihre Zuschlagssätze in Höhe von … % halten wir für angemessen, sodass eine entsprechende Zahlung erfolgen wird.

Eventuell *(unangemessen hohe Zuschlagssätze):*

Ausweislich Ihrer Urkalkulation haben Sie Zuschlagssätze für Allgemeine Geschäftskosten sowie Wagnis und Gewinn in Höhe von insgesamt 30 % auf die Herstellkosten angesetzt. Das halten wir nach Rücksprache mit unserem bauüberwachenden Ingenieurbüro für unangemessen, auch unter Berücksichtigung der gegenwärtigen Situation in der Baubranche. Nach der aktuellen Rechtsprechung des BGH besteht ein Anspruch nur in Höhe „angemessener Zuschläge", wobei die Angemessenheit nicht mit einem bloßen Verweis auf die Kalkulation begründet werden kann (BGH, Urt. v. 21.11.2019 – VII ZR 10/19). Um Ihnen entgegenzukommen, sind wir – ohne Einschaltung von Sachverständigen oder Gerichten – bereit, Zuschlagssätze von insgesamt 15 % auf die Herstellkosten zu akzeptieren. Dieses Zugeständnis erfolgt jedoch ohne Anerkennung einer Rechtspflicht und nur für den Fall Ihres Einverständnisses. Sollten Sie auf die von Ihnen kalkulierten Zuschlagssätze bestehen, schlagen wir zur Vermeidung einer gerichtlichen Auseinandersetzung vor, einen unabhängigen Sachverständigen mit einem Schiedsgutachten zur Frage der Angemessenheit der Zuschlagssätze zu beauftragen.

***Eventuell** (Antwort des AG auf eine Erwiderung des AN zur Zahlung der tatsächlich erforderlichen Kosten):*

Sie teilen in Ihrem Schreiben vom … mit, dass sich die Deponiekosten für das kontaminierte Erdreich durch die Mengenerhöhung von über 10 % im Vergleich zu den Vordersätzen des Leistungsverzeichnisses nicht reduziert hätten, sondern nach wie vor € 65,–/t betragen würden. Vor diesem Hintergrund lehnen Sie eine Berechnung der Deponiekosten für die Mehrmengen über 10 % aufgrund dieser tatsächlich erforderlichen Kosten i.H.v. € 65,–/t ab und verlangen stattdessen den hierfür aus Ihrer Urkalkulation hervorgehenden Betrag i.H.v. € 180,–/t. Ihr Standpunkt ist unzutreffend und steht im Widerspruch zu einer Entscheidung des Bundesgerichtshofs vom 21.11.2019 – VII ZR 10/19. Dort hat der BGH ausdrücklich entschieden, dass *„sich aus § 2 Abs. 3 Nr. 2 VOB/B nicht ergibt, dass eine auf die Mengenmehrung kausal zurückzuführende Veränderung der im ursprünglichen Einheitspreis veranschlagten Kosten Voraussetzung für den Anspruch auf Vereinbarung eines neues Preises ist"*. Vielmehr gelten auch in solchen Fällen die Grundsätze der BGH-Entscheidung vom 8.8.2019 – VII ZR 34/18. Maßgebend für den neuen Einheitspreis sind infolgedessen die tatsächlich erforderlichen Kosten zzgl. angemessener Zuschläge für die Mehrmengen. Es kommt deshalb nicht drauf an, dass die von Ihrem Haus gezahlten Deponiekosten trotz der Mengenerhöhung gleichgeblieben sind.

***Eventuell** (Preisfortschreibung bei zusätzlichen Leistungen nach § 2 Abs. 6 VOB/B):*

Wir bestreiten nicht, dass unser Haus aufgrund einer nach Vertragsabschluss geänderten Planung statt der im Vertrag vorgesehenen 50 Wanddurchführungen die Ausführung weiterer 1.800 Durchdringungen angeordnet hat und dies zu Nachtragsansprüchen gemäß § 2 Abs. 6 VOB/B führt. Zwischen uns dürfte aber unstreitig sein, dass der im Vertrag vereinbarte Einheitspreis von € 68,–/Stück deutlich überhöht ist, weil diesem nach Ihrer Kalkulation ein Aufwandswert von 130 min. je Durchdringung zugrunde liegt, die Leistung aber in knapp 20 min. erbracht werden kann. Das haben uns technische Fachleute auf Nachfrage ausdrücklich bestätigt. Damit liegt der vereinbarte Einheitspreis ca. um ein X-Faches über dem ortsüblichen und angemessenen Einheitspreis bzw. den Ihnen tatsächlich entstandenen (erforderlichen) Mehrkosten.

Der BGH hat in einem Grundsatzurteil vom 8.8.2019 – VII ZR 34/18 entschieden, dass es im Fall von Mengenmehrungen über 10 % (§ 2 Abs. 3 Nr. 2 VOB/B) nicht auf die Ansätze in einer Urkalkulation, sondern auf die *tatsächlich erforderlichen Mehrkosten zzgl. angemessener Zuschläge* ankommt. Es trifft zu, dass sich diese Entscheidung zwar nur mit Mengenmehrungen wegen falscher Mengenangaben im Vertrag beschäftigt und nicht ausdrücklich zur Berechnung von Nachtragsansprüchen Stellung nimmt.

Nach Rücksprache mit unserem Anwaltsbüro vertreten aber nahezu alle Baujuristen den Standpunkt, dass der BGH die Grundsätze zur Preisanpassung bei Mengenmehrungen nach § 2 Abs. 3 Nr. 2 VOB/B auch auf VOB/B-Nachträge übertragen wird. Zwischenzeitlich haben bereits vier Oberlandesgerichte genau diese Konsequenz auch gezogen (KG, Urt. v. 27.8.2019 – 21 U 160/18; OLG Düsseldorf, Urt. v. 19.12.2019 – 5 U 52/19; OLG Brandenburg, Urt. v. 22.4.2020 – 11 U 153/18; OLG Köln, Urt. v. 3.2.2021 – 11 U 136/18).

Wir fordern Sie deshalb auf, die tatsächlich erforderlichen Kosten der Nachtragsleistung prüfbar anzugeben. Bis dahin vergüten wir den geltend gemachten Nachtrag – ohne Anerkennung einer Rechtspflicht, im Falle einer Einigung aber verbindlich – auf Basis unserer obigen Berechnungen zum zeitlichen Mehraufwand. Wir weisen ferner darauf hin, dass wir Ihre Zuschlagssätze für Allgemeine Geschäftskosten in Höhe von 10 % sowie den Gewinnzuschlag in gleicher Höhe nicht beanstanden werden, falls es zu einer Einigung auf Basis unseres Vorschlages kommen sollte. Anderenfalls behalten wir uns eine Prüfung der Frage vor, ob die von Ihnen kalkulierten Zuschlagssätze der Angemessenheit entsprechen.

Mit freundlichen Grüßen

....

(Unterschrift)

685 **Preisanpassungsverlangen des Auftragnehmers bei Mengenerhöhungen auf Basis tatsächlich erforderlicher Kosten zzgl. angemessener Zuschläge** **D 6**

An den Auftraggeber

Datum

Bauvorhaben ...
Bauvertrag vom ...

Sehr geehrte Damen und Herren,

wir haben für eine Menge von 50 Wanddurchführungen einen EP von € 1,50/ Stück vereinbart (Pos. ... des LV). Aufgrund der örtlich vorgefundenen Verhältnisse mussten aber tatsächlich 1.450 Durchdringungen ausgeführt werden. Unter Zugrundelegung des erforderlichen zeitlichen Aufwands von ca. 20 Minuten pro Durchdringung und der unserer Auftragskalkulation zugrunde liegenden Zuschlagssätze in Höhe von ... %, die angemessen sind, wäre je Durchdringung ein Preis von € 8,– angemessen. Dieser Betrag entspricht den tatsächlich erforderlichen Kosten. Der kalkulierte Aufwandswert von 4 Minuten pro Durchdringung basierte auf falschen Annahmen.

Dagegen kann nicht eingewendet werden, die Vergütung für Mehrmengen nach § 2 Abs. 3 Nr. 2 VOB/B sei auf Basis der in der Urkalkulation enthaltenen Ansätze fortzuschreiben. Denn der BGH hat in einem Grundsatzurteil vom 8.8.2019 – VII ZR 34/18 entschieden, dass § 2 Abs. 3 Nr. 2 VOB/B nicht regelt, auf welchem Weg die Preisanpassung bei Mengenüberschreitungen zu ermitteln ist. Dazu führt der BGH wörtlich Folgendes aus:

„Haben sich die Parteien nicht insgesamt oder im Hinblick auf einzelne Elemente der Preisbildung geeinigt, enthält der Vertrag eine Lücke, die im Wege der ergänzenden Vertragsauslegung gemäß §§ 133, 157 BGB zu schließen ist. Dabei entspricht es der Redlichkeit und dem bestmöglichen Ausgleich der wechselseitigen Interessen, dass durch die unvorhergesehene Veränderung der auszuführenden Leistungen im von § 2 Abs. 3 Nr. 2 VOB/B bestimmten Umfang keine der Vertragsparteien eine Besser- oder Schlechterstellung erfahren soll.

Die im Rahmen der ergänzenden Vertragsauslegung vorzunehmende Abwägung der beiderseitigen Interessen der Parteien nach Treu und Glauben ergibt, dass – wenn nichts anderes vereinbart ist – für die Bemessung des neuen Einheitspreises bei Mehrmengen i. S. v. § 2 Abs. 3 Nr. 2 VOB/B die tatsächlich erforderlichen Kosten zzgl. angemessener Zuschläge maßgeblich sind."

Das gilt für Mehrmengen ab 110 %, also für 1.395 Wanddurchführungen. Wir bitten Sie deshalb, den Restbetrag aus unserer Rechnung vom … bis zum … zu überweisen und werden die Angelegenheit unseren Rechtsanwälten übergeben, falls diese Frist fruchtlos verstreichen sollte.

Alternativ *(bei unangemessenen niedrigen Zuschlagssätzen):*

Aus unserer Urkalkulation ergeben sich Zuschlagssätze für Allgemeine Geschäftskosten sowie Wagnis und Gewinn auf die Fremdkosten in Höhe von insgesamt 5 %. Diese Zuschlagssätze gelten nach neuer BGH-Rechtsprechung allerdings nur für die Mengen bis 110 % (BGH, Urt. v. 8.8.2019 – VII ZR 34/18). Mit dieser Entscheidung hat der BGH die Preisfortschreibung bei Mengenmehrungen auf Basis der Urkalkulation beendet. Für die ausgeführten Mengen über 110 % kommt es auf die tatsächlich erforderlichen Kosten zzgl. angemessener Zuschläge an. Sowohl unter betriebs- als auch unter branchenbezogenen Gesichtspunkten sind Zuschläge i.H.v. … insgesamt … % angemessen *(eventuell: Das ergibt sich auch aus testierten Bilanzen unserer Wirtschaftsprüfer)*. Auf dieser Grundlage haben wir die Schlussrechnung erstellt und bitten um fristgemäßen Ausgleich. Sollten Sie gegen die Angemessenheit der geltend gemachten Zuschlagssätze Einwendungen geltend machen wollen, dürfen wir um eine Mitteilung mit einer entsprechenden Begründung bis zum … bitten.

Mit freundlichen Grüßen

………………………………………………

(Unterschrift)

686 **Zurückweisung eines Preisanpassungsverlangens des Auftragnehmers bei Mehrmengen auf Basis tatsächlich erforderlicher Kosten** **D 7**

An den Auftragnehmer

Datum

Bauvorhaben ...
Bauvertrag vom ...

Sehr geehrte Damen und Herren,

Sie machen ein Preisanpassungsverlangen für Mehrmengen von über 10 % bei den Positionen ... und ... auf Basis tatsächlich erforderlicher Kosten nebst angemessener Zuschläge geltend. Das begründen Sie mit der BGH-Entscheidung vom 8.8.2019 (Az.: VII ZR 34/18). Sie weisen im Ausgangspunkt zu Recht darauf hin, dass der BGH mit diesem Urteil eine Berechnung auf Kostenbasis, unabhängig von der Urkalkulation, grundsätzlich ermöglicht hat.

Allerdings übersehen Sie den zweiten amtlichen Leitsatz dieser Entscheidung, der wörtlich lautet:

„Abgesehen von der in § 2 Abs. 3 Nr. 2 VOB/B vorgesehenen Einigung auf einen neuen Einheitspreis können die Vertragsparteien sowohl bei Vertragsabschluss für den ungewissen Fall, dass Mengenmehrungen im Sinne dieser Bestimmung eintreten als auch nachträglich, sobald aufgrund konkret eingetretener Mehrmengen ein neuer Einheitspreis verlangt wird, sich über einzelne Teilelemente der Preisbildung verständigen. Sie können etwa einen bestimmten Maßstab bzw. einzelne Kriterien oder Faktoren festlegen, nach denen im konkreten Fall der neue Einheitspreis nach § 2 Abs. 3 Nr. 2 bestimmt werden soll."

Eine solche Vereinbarung ist in den Besonderen Vertragsbedingungen, dort Ziffer ..., erfolgt. In dieser Vertragsbestimmung haben wir nicht lediglich vereinbart, dass die Preisfortschreibung vorkalkulatorisch zu erfolgen hat, sondern konkret geregelt, welche Kostenelemente mit welchen Ansätzen (kalkulierte Zuschlagssätze, Fremdkosten, Mittellohn etc.) heranzuziehen sind. Eine solche Vereinbarung ist wirksam und insbesondere unter AGB-rechtlichen Gesichtspunkten nicht zu beanstanden. Denn das Gesetz (BGB) regelt die Frage der Vergütungsanpassung im Fall von Mehrmengen nicht, auch nicht durch die Reform des Bauvertragsrechts. Dort werden lediglich Nachtragsansprüche für Vertragsänderungen durch Anordnungen des Auftraggebers geregelt (§ 650b und c BGB), nicht Mengenerhöhungen wegen falscher Angaben im Vertrag. Da es ein gesetzliches Leitbild für Mehrmengen nicht gibt, kann mit der oben zitierten Vertragsregelung auch keine unangemessene Benachteiligung entgegen gesetzlicher Vorschriften verbunden sein. Wir weisen Ihre Rechnung vom ... deshalb zurück und bitten um Neueinreichung unter Beachtung der vertraglichen Regelungen.

Eventuell *(Vertrag auf der Grundlage der Vergabe- und Vertragshandbücher (VHB) des Bundes bzw. der Länder, die das VHB übernommen haben):*

In Ihrer Rechnung vom ... berechnen Sie neue Einheitspreise für Positionen mit Mehrmengen über 10 % auf Basis tatsächlich erforderlicher Kosten nebst angemessener Zuschläge und berufen sich zur Begründung dafür auf die BGH-Entscheidung vom 8.8.2019 (VII ZR 34/18). Auch wenn im Grundsatz zutrifft, dass der BGH die vorkalkulatorische Preisfortschreibung für Mehrmengen bei § 2 Abs. 3 Nr. 2 VOB/B beendet hat, lässt der BGH im zweiten amtlichen Leitsatz der Entscheidung ausdrücklich abweichende Vertragsvereinbarungen zu. Dort heißt es, dass die Vertragsparteien *„sowohl bei Vertragsschluss (...) als auch nachträglich (...) Faktoren festlegen können, nach denen im konkreten Fall der neue Einheitspreis nach § 2 Abs. 3 Nr. 2 VOB/B bestimmt werden soll"*.

Zwischen uns dürfte unstreitig sein, dass der Bauvertrag auf der Grundlage des Vergabe- und Vertragshandbuchs des Bundes (VHB-Bund) zustande gekommen ist. Die ergänzenden Formblätter Preise 221 bis 223 sind unmittelbar Vertragsbestandteil geworden. Allein aus diesen Formblättern ergibt sich, dass die Preisbildung bei Mengenmehrungen nicht auf der Grundlage tatsächlich erforderlicher Kosten nebst angemessener Zuschläge, sondern auf Basis der Urkalkulation zu erfolgen hat. Denn anderenfalls wären die geforderten Angaben zur Kalkulation (Formblätter 221 und 222) sowie zur Aufgliederung der Einheitspreise (Formblatt 223) ohne erkennbaren Sinn.

In Kenntnis dieser vertraglichen Regelungen haben Sie Ihr Angebot eingereicht. Hinzu kommt, dass diese Praxis der vorkalkulatorischen Preisfortschreibung einer jahrzehntelangen Übung entspricht und wir gemeinsam die Regelung in § 2 Abs. 3 Nr. 2 VOB/B auch bei anderen Bauvorhaben, die in der Vergangenheit durchgeführt worden sind, genau so praktiziert haben. Der BGH hat bereits im Jahr 2013 entschieden, dass ein übereinstimmender Wille der Parteien wie eine Individualvereinbarung zu behandeln und deshalb maßgeblich ist.

Der erste amtliche Leitsatz dieser Entscheidung lautet:

„Gehen die Parteien übereinstimmend davon aus, dass die Berechnung des neuen Preises im Wege einer Fortschreibung der dem Vertrag zugrunde liegenden Kalkulation des Auftragnehmers (und nicht anhand tatsächlicher oder üblicher Kosten) zu erfolgen hat, ist das Gericht daran gebunden (BGH, Urt. v. 14.3.2013 – VII ZR 142/12)."

Es kann nicht ernsthaft zweifelhaft sein, dass wir die Regelung in § 2 Abs. 3 Nr. 2 VOB/B nicht im Sinne der neuen BGH-Rechtsprechung des Jahres 2019 verstanden haben wie bereits die genannten Formblätter Preise (siehe oben), aber auch die umfangreichen Berechnungsbeispiele im Teil 5 des VHB-Bund (Nachtragsmanagement, vgl. Formblatt 510) und unsere bisherige praktische Handhabung von Mengenänderungen i.S.v. § 2 Abs. 3 VOB/B belegen *(**erläuternde Anmerkung nur für den Verfasser des Briefes:** Die Behauptung, dass bereits ein Vertragsabschluss auf der Grundlage des VHB-Bund ausreicht, um eine vorkalkulatorische Preisfortschreibung zu vereinbaren, ist gerichtlich noch nicht geklärt, weshalb dieser Standpunkt rechtlich angreifbar ist, vgl. OLG Köln, Urt. v. 3.2.2021 – 11 U 136/18., das dieser Auffassung tendenziell skeptisch gegenübersteht).*

Wir weisen nur vorsorglich darauf hin, dass eine Preisfortschreibung auf Basis der Urkalkulation nicht gegen AGB-rechtliche Grundsätze verstößt. Denn ein übereinstimmender Wille ist eine Individualvereinbarung, sodass das AGB-Recht von vornherein keine Anwendung findet (§ 305 Abs. 1 Satz 3 BGB). Im Übrigen enthält das Bürgerliche Gesetzbuch keine spezielle Vorschrift zur Preisbildung bei Mehrmengen. Deshalb können vertragliche Regelungen zur Preisfortschreibung auch nicht von gesetzlichen Bestimmungen abweichen und zu einer unangemessenen Benachteiligung führen.

Wir weisen Ihre Rechnung vom … deshalb zurück und bitten um Neueinreichung unter Beachtung der hier vorgetragenen Argumente.

Mit freundlichen Grüßen

....

(Unterschrift)

Preisanpassungsverlangen wegen Mengenunterschreitungen bei Eventual- oder Alternativpositionen (Einheitspreisvertrag) D 8 687

An den Auftraggeber

Datum

Bauvorhaben …
Bauvertrag vom …

Sehr geehrte Damen und Herren,

Ihr Haus hat mit Zuschlagserteilung vom … hinsichtlich der Position … des LV die Alternativposition, die wir zu einem Einheitspreis in Höhe von € … angeboten hatten, beauftragt. Eine Mengenangabe enthielt diese Alternativposition, im Gegensatz zur Grundposition, nicht. Wir sind im Rahmen der Berechnung unserer Ansprüche wegen Mengenunterschreitung nach § 2 Abs. 3 Nr. 3 VOB/B deshalb von der Mengenangabe der Grundposition ausgegangen. Sollten Sie zur anliegenden Berechnung Rückfragen haben, stehen wir für deren Beantwortung gerne zur Verfügung.

Alternativ *(Mengenunterschreitungen bei Eventualpositionen ohne Vordersatzangaben):*

Zwischen uns ist unstreitig, dass Ihr Haus mit Schreiben vom … die Ausführung der Eventualposition … angeordnet hat. Unstreitig ist ferner, dass diese Position mit der Vordersatzmenge „1" ausgeschrieben worden ist und wir im Rahmen der Kalkulation dieser Eventualposition bautechnisch plausibel von einer auszuführenden Menge von … Stück/m² ausgegangen sind. Das ist auch nach nochmaliger Prüfung der Vertragspläne nachvollziehbar und zutreffend. Da die von uns geschätzte Menge um ca. 30 % unterschritten worden ist, machen wir Ausgleichsansprüche in Höhe von € … nach § 2 Abs. 3 Nr. 3 VOB/B wegen nicht erwirtschafteter Deckungsbeiträge geltend und verweisen zur konkreten Berechnung dieser Ansprüche auf die beigefügte Anlage. Nach der Rechtsprechung des BGH findet § 2 Abs. 3 VOB/B auch auf Positionen mit einer Mengenangabe „1" Anwendung (BGH, Urt. v. 8.8.2019 – VII ZR 34/18 und Urt. v. 11.4.2013 – VII ZR 201/12). Sollten Sie hierzu Rückfragen haben, stehen wir für deren Beantwortung gerne zur Verfügung.

Mit freundlichen Grüßen

……………………………………………

(Unterschrift)

688 **Preisanpassungsverlangen wegen Mengenerhöhungen beim Detail-Pauschalvertrag/ Widerspruch des Auftragnehmers gegen eine Kürzung der Pauschale wegen Mengenunterschreitungen** **D 9**

An den Auftraggeber

Datum

Bauvorhaben …
Bauvertrag vom …
Mehrkosten gemäß § 2 Abs. 7 VOB/B

Sehr geehrte Damen und Herren,

zwischen uns wurde eine Pauschalpreisvereinbarung getroffen.

Dieser Pauschalpreis ist aufgrund erheblicher Mengenabweichungen im Vergleich zu den Angaben im LV nicht mehr haltbar. Folgende Vordersätze des Leistungsverzeichnisses haben sich verändert:

Position:
– ausgeschrieben: … ausgeführt: …
– Veränderung: … %

Position:
– ausgeschrieben: … ausgeführt: …
– Veränderung: … %

Mengenabweichungen in einer solchen Größenordnung führen zu einem Preisanpassungsrecht nach den Grundsätzen der Störung der Geschäftsgrundlage (§ 2 Abs. 7 Nr. 1 Satz 2 VOB/B i.V.m. § 313 BGB). Denn die Mengenüberschreitungen in den beiden Positionen führen zusammen zu zusätzlichen Kosten i.H.v. € 5.000,– bei einer vereinbarten Pauschalvergütung i.H.v. € 40.000,–. Diese zusätzlichen Kosten zehren den in der Pauschale enthaltenen Gesamtgewinn von 5 % nicht nur vollständig auf, sondern würden zu einem Verlustgeschäft führen, was nach der Rechtsprechung des BGH nicht zumutbar ist (BGH, Urt. v. 30.6.2011 – VII ZR 13/10). Wir bitten deshalb um eine Anpassung der Pauschalsumme und die Vereinbarung eines kurzfristigen Gesprächstermins, damit wir uns vor Stellung der Schlussrechnung nach Möglichkeit einigen können.

Alternativ *(bei Überschreitung der 20 %-Grenze):*

Wir hatten im Bauvertrag vom … eine Pauschalsumme in Höhe von € 100.000,– vereinbart. Diese Vergütung ist aufgrund von erheblichen Abweichungen der ausgeführten Leistung im Vergleich zu der vertraglich vorgesehenen Leistung nicht mehr ausreichend. Aufgrund von gravierenden Mengenerhöhungen in folgenden Positionen … tritt eine Abweichung von ca. 25 % im Verhältnis zum vereinbarten Pauschalpreis ein. Nach § 2 Abs. 7 Nr. 1 Satz 2 VOB/B haben wir bei Abweichungen dieser Größenordnung einen Anspruch auf Anpassung des Pauschalpreises (z.B. OLG Naumburg, Urt. v. 5.6.2006 – 10 U 2/06). Dazu verweisen wir auf die in der beigefügten Anlage erläuterten Berechnungen, die auf Basis unserer Auftragskalkulation erfolgt sind (erläuternde Anmerkung nur für den Verfasser des Briefes: Ob und in welcher Höhe der Auftragnehmer hier einen Selbstbehalt berücksichtigt, ist eine Frage der Umstände des Einzelfalls. Im Ausgangspunkt muss er das nicht und kann die Reaktion des Auftraggebers abwarten). Wir bitten um entsprechende Bezahlung bis zum …

Eventuell *(Geltendmachung des Anspruchs auf Basis tatsächlich entstandener Kosten nebst angemessener Zuschläge):*

Angesichts einer Überschreitung der vereinbarten Pauschalvergütung um ca. 30 % durch Mengenüberschreitungen wegen falscher Mengenangaben im Vertrag kann an einem Ausgleichsanspruch nach § 2 Abs. 7 Nr. 1 Satz 2 VOB/B dem Grunde nach kein Zweifel bestehen. Wegen der Höhe der geltend gemachten Ansprüche, deren Ermittlung auf Basis tatsächlich erforderlicher Mehrkosten zuzüglich angemessener Zuschläge erfolgt ist, verweisen wir auf die Grundsatzentscheidung des BGH vom 8.8.2019 – VII ZR 34/18. Denn unsere Ansätze in der Urkalkulation waren unauskömmlich, die Zuschläge für AGK und Gewinn unangemessen niedrig (vgl. die beigefügten Erläuterungen mit Nachweisen). Auch wenn das BGH-Urteil einen Einheitspreisvertrag behandelt hat, gehen praktisch alle Baujuristen davon aus, dass es wegen der vergleichbaren Interessenlage auch auf Pauschalverträge und damit auf § 2 Abs. 7 VOB/B anwendbar ist.

Alternativ *(bei Unterschreitung der 20 %-Grenze):*

Aufgrund falscher Vordersatzangaben im Leistungsverzeichnis, maßgeblich bei den Positionen … und …, kommt es zu einer Überschreitung des vereinbarten Pauschalpreises in Höhe von ca. 12 %. Deshalb machen wir einen Preisanpassungsanspruch nach § 2 Abs. 7 Nr. 1 Satz 2 VOB/B geltend. Im vorliegenden Fall sind uns die Vertragspläne erst in der letzten Verhandlungsrunde am … mit der Zusage übergeben worden, die Mengenangaben des Leistungsverzeichnisses seien von Ihrem Ingenieurbüro gründlich und deshalb zutreffend ermittelt worden. Die Pauschalierung erfolge nur, um Aufmaße und deren Prüfung zu vermeiden. Erst daraufhin haben wir die Vergütung unter Gewährung eines Nachlasses von 3 % pauschaliert. Eine Mengenprüfung war uns bekanntermaßen nicht mehr möglich, weil Ihr Haus auf einen sofortigen Vertragsabschluss bestanden hat. Erst während der Bauausführung stellte sich heraus, dass die

Vordersätze, insbesondere bei den o.g. Positionen, erheblich untersetzt waren. Da es nach der Rechtsprechung des BGH eine starre prozentuale Risikogrenze bei Mengenüberschreitungen nicht gibt, weil es danach auf die konkreten Umstände des Einzelfalls ankommt (BGH, Urt. v. 27.11.2003 – VII ZR 53/03 und BGH, Urt. v. 30.6.2011 – VII ZR 13/10), rechtfertigen Mehrmengen der hier in Rede stehenden Größenordnung das Preisanpassungsverlangen vor allem wegen der fast schon irreführenden Angaben Ihres Hauses, derentwegen die Pauschalpreisabrede überhaupt nur zustande gekommen ist.

Eventuell *(Vergleichsvorschlag):*

Ohne Anerkennung einer Rechtspflicht, für den Fall einer Einigung aber verbindlich, schlagen wir als Kompromisslösung vor, das Mengenrisiko auf 5 % zu begrenzen, sodass wir aufgrund der Mengenerhöhungen lediglich einen zusätzlichen Vergütungsanspruch in Höhe von € ... geltend machen. Wir bitten um Ihre Entscheidung bis zum ... und weisen darauf hin, dass wir uns für den Fall einer Ablehnung dieses Angebotes vorbehalten, einen vollständigen Ausgleich für die eingetretenen Mengenerhöhungen zu verlangen. Das ist nach einer Entscheidung des OLG Düsseldorf bei einer Überschreitung der Risikogrenze berechtigt (OLG Düsseldorf, Urt. v. 22.12.1994 – 5 U 302/93).

Alternativ *(bei nicht vorhandenen Mengenermittlungskriterien):*

Aus dem von Ihrem Haus erstellten Leistungsverzeichnis (dort Position 12) geht hervor, dass 250 m Glattrohr wärmegedämmt werden sollten. Da es weder Ausführungspläne noch sonstige Anhaltspunkte gab, anhand derer wir diese Mengenangabe hätten prüfen können, wurde der von uns angebotene Pauschalpreis aufgrund dieser Angabe im Leistungsverzeichnis kalkuliert. In der Verhandlung vom ... hatten wir Sie ausdrücklich darum gebeten, uns geeignete Mengenermittlungskriterien zur Verfügung zu stellen. Sie teilten uns daraufhin mit, dass die Planung gegenwärtig noch nicht abgeschlossen sei und uns deshalb die entsprechenden Pläne erst nach Vertragsabschluss übergeben werden könnten.

Nunmehr stellt sich aufgrund der uns am ... übergebenen Pläne heraus, dass statt der im Leistungsverzeichnis ausgewiesenen 250 m tatsächlich 320 m Glattrohr zu dämmen sind. Das Risiko einer solchen Mengenerhöhung tragen wir nicht, weil uns Kriterien zur Ermittlung der geschuldeten Leistung nicht zur Verfügung standen. Damit begrenzt die im LV genannte Menge das vertragliche Bausoll, sodass die aus den Plänen resultierende Mengenmehrung von 70 m eine angeordnete Mengenmehrung nach § 2 Abs. 6 VOB/B darstellt, die wir grundsätzlich nach den vertraglichen Preisvereinbarungen als Zusatzleistung abrechnen können. Der Einheitspreis für diese Position beträgt € .../m. Da es durch die Mengenmehrung nicht zu einer Verlängerung der Bauzeit kommen wird, werden wir aus diesem Einheitspreis den BGK-Anteil herausrechnen, sodass sich für die Mehrmenge ein neuer EP in Höhe von € .../m ergibt.

Alternativ *(bei falschen Mengenermittlungskriterien):*

Ihnen ist bereits aufgrund des im Mai dieses Jahres geführten Schriftverkehrs bekannt, dass die Windlastenberechnung des Ingenieurbüros ... falsch gewesen ist. Aus diesem Grund erhöhte sich die Anzahl der Verankerungen für die Innenverkleidung des U-Bahnschachts um ... Stück. Da wir bei einem Detail-Pauschalpreisvertrag lediglich ein Mengenermittlungsrisiko tragen, nicht aber für falsche Basisdaten verantwortlich sind, machen wir gemäß des anliegenden Nachtragsangebots Nr. ... eine besondere Vergütung nach § 2 Abs. 6 VOB/B in Höhe von € ... geltend. Die Angaben im Vertrag waren kalkulatorisch vollständig, wenn auch technisch unzutreffend. Wir weisen vorsorglich darauf hin, dass unser Kalkulator bei der Bearbeitung des Leistungsverzeichnisses keine Möglichkeit hatte, die falsche Berechnung des Ingenieursbüros zu erkennen. Die Prüfungs- und Bedenkenhinweispflicht nach § 4 Abs. 3 VOB/B besteht im Übrigen erst nach Vertragsabschluss und nicht bereits im Angebotsstadium (OLG Celle, Urt. v. 31.1.2017 – 14 U 200/15 und OLG Koblenz, Urt. v. 31.3.2010 – 1 U 415/08).

Alternativ *(Widerspruch des Auftragnehmers gegen eine auftraggeberseitige Kürzung der Pauschalvergütung wegen Mengenunterschreitungen):*

Ausweislich des Rechnungsrückläufers vom ... kürzen Sie die Position ... (Baustahl), weil entgegen des von Ihrem Haus erstellten Leistungsverzeichnisses lediglich 170 t Baustahl, statt der ausgeschriebenen 188 t Baustahl, verbaut worden sind. Das weisen wir zurück, weil Mengenunterschreitungen nach § 2 Abs. 7 VOB/B bei Pauschalverträgen nur dann zu einer Pauschalpreisreduzierung führen können, wenn die ausgeführte Leistung von der vertraglich vorgesehenen Leistung so erheblich abweicht, dass ein Festhalten an der Pauschalsumme nicht mehr zumutbar ist. Deshalb müsste ein objektives Missverhältnis zwischen Leistung und Gegenleistung bestehen, das unerträglich und unvorhersehbar war. Von einer solchen Störung der Geschäftsgrundlage kann im vorliegenden Fall nicht die Rede sein, weil es hier positionsbezogen lediglich zu einer Mengenunterschreitung von ca. 9 % gekommen ist. Die Rechtsprechung geht davon aus, dass ein Pauschalpreisanpassungsanspruch grundsätzlich erst besteht, wenn es durch die Mengenunterschreitung zu einer Abweichung von der vereinbarten Gesamtvergütung im Bereich von 20 % kommt (OLG Köln, Urt. v. 6.9.2017 – 11 U 104/11).

Wir halten deshalb an unserer Forderung fest und bitten um entsprechende Bezahlung des ausstehenden Betrages bis zum ... Sollte diese Frist fruchtlos verstreichen, werden wir die Angelegenheit unserem Rechtsanwalt übergeben.

Eventuell *(Widerspruch gegen Zurückweisung eines Nachtrags):*

Mit Schreiben vom ... weisen Sie unseren Nachtragsanspruch in Höhe von € ... zurück. Dieser Anspruch basiert darauf, dass wir Schadstoffe entsorgen mussten, die vom Sachverständigen, der in Ihrem Auftrag eine Begutachtung der Schadstoffbelastung vorgenommen hat, nicht aufgefunden wurden. Im LV ist auf diese Begutachtung ausdrücklich Bezug genommen worden („Analytik der Voruntersuchung"). Ihr Argument, es habe sich dabei nur um eine grobe Einschätzung gehandelt, verfängt ebenso wenig wie Ihr Hinweis darauf, dass wir als Fachfirma selbst ein Gutachten hätten in Auftrag geben können.

Stattdessen haben Sie als Auftraggeber die von Ihrem Sachverständigen erstellte Analytik zur Schadstoffbelastung zum Gegenstand eines detaillierten Leistungsverzeichnisses und des Vertrages gemacht. Aus Sicht eines verständigen Bieters ergab sich daraus eindeutig, dass im Rahmen der Kalkulation allein die in der Untersuchung konkret aufgezeigten Entsorgungsrisiken berücksichtigt werden mussten und unsererseits keinerlei Veranlassung bestand, die Ergebnisse der Voruntersuchung in Frage zu stellen oder gar ein eigenes Gutachten einzuholen. Wenn die auszuführende Leistung durch ein detailliertes Leistungsverzeichnis bestimmt und als Vergütung der Leistung eine Pauschalsumme vereinbart wird, liegt ein Detail-Pauschalvertrag vor. Der vereinbarte Pauschalpreis bezieht sich deshalb lediglich auf die im Vertrag konkret genannten Leistungen, die grundsätzlich mengenunabhängig abzurechnen sind. Damit ist ein Aufmaßverzicht für die konkret ausgeschriebenen Leistungen verbunden. Wir übernehmen insoweit ein Mengenermittlungsrisiko, nicht jedoch das Risiko, dass die Leistung falsch oder unvollständig beschrieben worden ist. Nicht beschriebene, aber für die Vertragserfüllung notwendig werdende Zusatzleistungen sind deshalb ebenso besonders zu vergüten wie bei einem Einheitspreisvertrag. Das folgt bereits aus § 2 Abs. 7 Nr. 2 VOB/B und ist beispielsweise vom OLG München auch klar und eindeutig so entschieden worden (OLG München, Urt. v. 17.9.2019 – 28 U 945/19 Bau).

Mit freundlichen Grüßen

....

(Unterschrift)

Zurückweisung des Verlangens einer kostenlosen Ausführung zusätzlicher Leistungen wegen Mengenunterschreitungen **689**
D 10

An den Auftraggeber

Datum

Bauvorhaben …
Ihr Schreiben vom …

Sehr geehrte Damen und Herren,

wir hatten für das Einpflanzen von Rasen auf einer Fläche von 10.000 m² nach den Angaben im LV einen Pauschalpreis in Höhe von € … vereinbart. Richtig ist, dass wegen falscher Mengenermittlung in dem von Ihrem Haus erstellten Leistungsverzeichnis tatsächlich nur Rasen auf einer Fläche von ca. 8.800 m² einzupflanzen war. Das rechtfertigt beim Pauschalvertrag aber keine Reduzierung der vereinbarten Pauschalvergütung, weil hier beide Parteien ein Mengenermittlungsrisiko übernommen haben, das nur nach den Grundsätzen einer Störung der Geschäftsgrundlage begrenzt wird (§ 2 Abs. 7 Nr. 1 Satz 2 VOB/B). Die dafür erforderliche Überschreitung einer Erheblichkeitsgrenze von ca. 20 % bezogen auf den Gesamtpauschalpreis ist im vorliegenden Fall aber bei Weitem nicht erreicht (OLG Brandenburg, Urt. v. 27.8.2014 – 11 U 63/12). Deshalb ist es auch nicht gerechtfertigt, die kostenlose Ausführung von drei Parkbänken zum Ausgleich der Mengenunterschreitung zu fordern. Denn Parkbänke schulden wir nach den vertraglichen Vereinbarungen zweifelsfrei nicht. Sollten Sie die Ausführung dieser Leistung weiterhin verlangen, werden wir hierfür ein gesondertes Angebot übersenden. Falls Sie bei Ihrer Auffassung bleiben sollten, werden wir die Ausführung dieser Leistung allerdings verweigern. Denn bei den Parkbänken handelt es sich um eine andere Leistung i.S.d. § 1 Abs. 4 Satz 2 VOB/B, die dem Auftragnehmer nur mit seiner Zustimmung übertragen und deren Ausführung nicht einseitig erzwungen werden kann. Wir machen unsere Zustimmung deshalb von der Annahme unseres Angebots abhängig.

Mit freundlichen Grüßen

……………………………………………

(Unterschrift)

690 **Zurückweisung eines Preiserhöhungsverlangens wegen Mengenüberschreitungen (Pauschalvertrag)** **D 11**

An den Auftragnehmer

Datum

Bauvorhaben …
Ihr Schreiben vom …

Sehr geehrte Damen und Herren,

Ihr Haus verlangt eine Erhöhung des Pauschalpreises wegen Mengenüberschreitungen. Dieses Verlangen weisen wir zurück, weil eine Erhöhung der Mengenansätze in einzelnen Positionen nach allgemeiner Auffassung nur dann eine Erhöhung des Pauschalpreises rechtfertigen kann, wenn eine Grenze von 20 % überschritten wurde (vgl. beispielsweise: OLG Stuttgart, Urt. v. 7.8.2000 – 6 U 64/00). Bei der Ermittlung der 20 %-Grenze ist aber nicht auf Einzelpositionen abzustellen und auch nicht der vereinbarte Pauschalpreis in Höhe von € 55.000,– maßgebend, sondern der von Ihrem Haus genannte Angebotsendpreis in Höhe von € 60.000,– (BGH, Urt. v. 2.11.1995 – VII ZR 29/95). Der Nachlass ist infolgedessen bei der Ermittlung des Pauschalpreisrisikos zu berücksichtigen, was Sie ebenfalls übersehen haben. Das OLG Bamberg hat eine Anpassung der Pauschale selbst bei Mengenüberschreitungen von annähernd 50 % verneint (OLG Bamberg, Beschl. v. 21.4.2015 – 4 U 184/14). Eine Pauschalpreisvereinbarung führt zu einer mengenunabhängigen Abrechnung der beauftragten Leistung. Da die von Ihrem Haus angeführten Mengenerhöhungen auch nicht ansatzweise die nach § 2 Abs. 7 Nr. 1 Satz 2 VOB/B erforderliche Grenze überschreiten und Mengenermittlungskriterien zur Angebotsabgabe vorlagen, lehnen wir den Anspruch auf Anpassung des Pauschalpreises ab. Wir weisen nur ergänzend und vorsorglich darauf hin, dass die behaupteten Mengenerhöhungen in keiner Weise prüfbar dargelegt, sondern lediglich behauptet worden sind. Es fehlt sowohl an einem entsprechenden Aufmaß als auch an Aufmaßzeichnungen.

Eventuell *(Zurückweisung einer Pauschalpreisanpassung auf Grundlage der Urkalkulation):*

Es steht aufgrund der eingetretenen Mengenüberschreitungen der Sache nach außer Frage, dass Ihnen ein Anspruch auf Erhöhung der Pauschalvergütung nach § 2 Abs. 7 VOB/B zusteht. Die von Ihrem Haus vorgenommene Berechnung auf Basis der in Ihrer Urkalkulation enthaltenen Ansätze weisen wir allerdings zurück, weil diese bezüglich der Deponie- und Transportkosten (alternativ: der Materialpreise für Stahl, des Mittellohns etc.) offensichtlich und unstreitig nicht den tatsächlich entstandenen Kosten entsprechen. Auch Ihre Zuschlagssätze für AGK und Gewinn, die sie vorkalkulatorisch fortschreiben, sind unangemessen hoch. Wir verweisen in diesem Zusammenhang auf ein Grundsatzurteil des BGH vom 8.8.2019 – ZR VII 34/18, wonach für eine Vergütungsanpassung bei Mengenmehrungen die tatsächlich erforderlichen Kosten zuzüglich angemessener Zuschläge maßgeblich sind. Auch wenn diese Entscheidung einen Einheitspreisvertrag behandelte, teilten uns unsere Rechtsanwälte mit, dass diese Entscheidung wegen der identischen Interessenlage nach Auffassung praktisch aller Baujuristen auch auf Pauschalverträge und damit auf Ihren Anspruch nach § 2 Abs. 7 VOB/B anwendbar ist. Wir bitten deshalb um eine Neuberechnung auf Basis der durch die Mehrmengen tatsächlich entstandenen Kosten zuzüglich angemessener Zuschläge mit prüfbaren Nachweisen. Im Anschluss daran werden wir Ihre Rechnung weiterbearbeiten.

Eventuell *(Hinweis auf Selbstbehalt):*

Zwar haben sich die Mengen/Massen um mehr als 20 % im Verhältnis zur vereinbarten Pauschalvergütung verändert, konkret um 35 %. Bei Ihrem Preisanpassungsverlangen müssen Sie jedoch einen Selbstbehalt in Höhe des vertraglich übernommenen Mengenermittlungsrisikos berücksichtigen. Dieser Selbstbehalt besteht bis zur Risikogrenze, ab der nach der Rechtsprechung das Preisanpassungsrecht gemäß § 2 Abs. 7 Nr. 1 Satz 2 VOB/B geltend gemacht werden kann, also in Höhe von 20 %. Anderenfalls käme es zu einer Abrechnung wie bei einem Einheitspreisvertrag. Eine solche Abrechnungsweise haben wir jedoch nicht vereinbart. Wir bieten Ihnen kulanterweise – ohne Anerkennung einer Rechtspflicht, im Falle einer Einigung aber verbindlich – bereits eine Erhöhung des Pauschalpreises ab 15 % an und bitten hierzu um Ihre kurzfristige Zustimmung, damit die entsprechende Zahlung geleistet werden kann. An unser Angebot halten wir uns bis zum ... gebunden.

Eventuell *(Hinweis auf besondere Risikoübernahme):*

Es trifft bereits grundsätzlich nicht zu, dass es im Vergleich zu den Angaben im Leistungsverzeichnis zu Mengenerhöhungen beim Estrichabtrag gekommen ist. Denn zum fraglichen Bereich der Rampe heißt es im LV, dass der vorhandene Estrich „in der jeweils vorhandenen Stärke" abzubrechen ist. Das ist insoweit eine funktionale Beschreibung der geschuldeten Leistung ohne konkrete Mengenangaben und rechtfertigt Ansprüche nach § 2 Abs. 7 VOB/B allenfalls, wenn wir irreführende oder falsche Mengenangaben gemacht hätten und die von Ihren Annahmen abweichenden Mengen nicht nur den Gewinn aufgezehrt, sondern zu einem Verlustgeschäft geführt hätten (BGH, Urt. v. 30.6.2011 –

VII ZR 13/10). Für all das gibt es hier keine Anhaltspunkte. Dass Sie von einer Estrichstärke von circa 3 cm – statt tatsächlich vorhandener 10 cm – ausgegangen sind, ändert daran nichts.

Denn Ihr Haus hat uns vor Vertragsabschluss zu keinem Zeitpunkt zur Herausgabe von Plänen oder der Mitteilung von Mengenermittlungskriterien aufgefordert und damit das Risiko einer Mengenüberschreitung unbesehen übernommen.

Eventuell *(Hinweis auf fehlende Prüfstatik):*

Wir hatten im Rahmen der Vertragsverhandlungen unter Zeugen darauf hingewiesen, dass die Prüfstatik erst im Verlauf der ... Kalenderwoche vorliegen wird. Dennoch hat Ihr Haus, auch in Bezug auf die Stahlpositionen, eine Pauschalierung der Vergütung akzeptiert, ohne auf eine Öffnungsklausel im Fall von Massenerhöhungen zu bestehen. Damit geht eine bewusste Risikoübernahme einher, die eine Anpassung des Pauschalpreises nach § 2 Abs. 7 VOB/B ausschließt. Der vereinbarte Pauschalpreis bezog sich auch nicht etwa auf die zum Zeitpunkt der Vertragsverhandlung vorliegenden Informationen. Eine solche Einschränkung gibt es im Vertrag zweifelsfrei nicht. Damit haben Sie hinsichtlich der Stahlmengen auf eigenes Risiko gehandelt und können dieses Risiko nicht nachträglich durch eine Anpassung der Pauschale wegen einer „Störung der Geschäftsgrundlage" kompensieren.

Mit freundlichen Grüßen

....

(Unterschrift)

E. Nachträge

I. Was muss der Bauleiter wissen?

1. Einführung/Reform des Bauvertragsrechts 2018

Jedes Bauwerk ist ein komplexes Ganzes. Die Menge der zur Verfügung stehenden Baumaterialien wächst ebenso schnell wie die Zahl der zu beachtenden technischen Normen. Hinzu kommen ständig neue gesetzliche Anforderungen an Gebäude wie etwa Vorgaben zur Energieeffizienz. Wir haben im Kapitel B dargestellt, dass schon beim Bau eines gewöhnlichen Einfamilienhauses mehrere tausend Planungsentscheidungen getroffen werden müssen. Bei Einkaufszentren oder einem Krankenhaus potenziert sich diese Zahl. Allein deshalb ist es praktisch unmöglich, bereits bei Abschluss der Bauverträge alle Planungsentscheidungen vollständig, abschließend und richtig zu treffen. **691**

Erschwerend kommt hinzu, dass viele Bauvorhaben unter erheblichem Zeitdruck stehen. Deshalb werden Bauverträge oftmals zu einem Zeitpunkt abgeschlossen, zu dem die Planung noch nicht abgeschlossen ist. Die Hoffnung auf zeitliche Vorteile im Fall einer baubegleitenden Planung ist nicht selten illusionär. Werden Entscheidungen später unter Zeitdruck korrigiert, entsteht Nachtragspotenzial, das in der Regel erhebliche Auswirkungen auf die vereinbarten Fristen hat und deshalb einen wesentlichen Teil der anfangs gewonnenen Zeit wieder aufzehrt. Es kommt darüber hinaus ständig vor, dass Entscheidungen korrigiert werden, weil sich die Anforderungen an das Bauwerk oder seine Nutzer geändert haben. Die Ursache zahlreicher Nachtragsstreitigkeiten beruht darauf, dass nicht sorgfältig zu Ende geplant worden ist, bevor mit den Arbeiten begonnen wird. Das ließe sich vermeiden, wenn alle am Bau Beteiligten vor Ausführungsbeginn besprechen und durchdenken würden, welchen Anforderungen und Erwartungen das Bauvorhaben entsprechen soll. Diese Überlegungen münden in den ebenso einfachen wie wahren Grundsatz: Erst gründlich planen bzw. untersuchen, dann bauen. Die DIN 18205 „Bedarfsplanung im Bauwesen" gibt dazu wichtige Hinweise. Auch die Honorarordnung für Architekten und Ingenieure (HOAI) geht davon aus, dass die Leistungen erst geplant und dann ausgeschrieben werden und nicht umgekehrt. Tatsächlich wird heutzutage aber nicht nur im privaten, sondern auch im öffentlichen Bauwesen mit den Arbeiten begonnen, obwohl nur eine grobe Entwurfsplanung vorliegt, während die zur Ausführung notwendigen Pläne im Maßstab 1:100 oder 1:50 baubegleitend erstellt werden. Das ist unserer Erfahrung nach die Hauptursache für Nachträge und gestörte Bauabläufe. **692**

Dennoch ist es in vielen Fällen unmöglich, eine komplexe Bauleistung bereits vor Abschluss der Bauverträge vollständig, richtig und widerspruchsfrei zu beschreiben. Die Planung von Ausstattungsdetails setzt Nutzer voraus, die zu Beginn der **693**

Baumaßnahmen oftmals fehlen oder sich im Laufe der Ausführung ändern. Auch die konkreten Baugrundverhältnisse können nicht in allen Einzelheiten bekannt sein. Bei mehrjähriger Bauzeit ändern sich häufig die anerkannten Regeln der Technik, was zum Zeitpunkt des Bauvertragsabschlusses nicht vorhersehbar gewesen sein muss.

694 Stellt der Auftragnehmer eine andere als die geschuldete Bauleistung her, hat das Konsequenzen in Bezug auf die vereinbarte Vergütung. Die entscheidende Voraussetzung für einen Nachtrag ist, dass die vertraglich geschuldete Leistung (das Bausoll) von der tatsächlich hergestellten Leistung (dem Bau-Ist) abweicht. Diese Abweichung darf, wenn sie zu einer Nachtragsvergütung führen soll, nicht dem Risikobereich des Auftragnehmers zuzuordnen und muss vom Auftraggeber angeordnet worden sein. Nachtragsansprüche setzen grundsätzlich voraus, dass der Auftraggeber die vereinbarte Leistung nach Vertragsabschluss geändert oder eine zusätzliche Leistung verlangt hat. Bevor man sich mit den Nachtragsvorschriften der VOB/B in § 2 Abs. 5 und Abs. 6 beschäftigt, muss geklärt werden, weshalb der Auftraggeber zu vertragsändernden Anordnungen überhaupt berechtigt ist. Die Antwort findet sich in § 1 Abs. 3 und Abs. 4 VOB/B, die einseitige Leistungsbestimmungsrechte regeln. Damit korrespondiert das ebenso einseitige Recht des Auftragnehmers auf eine entsprechende Vergütungsanpassung (§ 2 Abs. 5 und Abs. 6 VOB/B).

695 Die werkvertraglichen Regelungen im Bürgerlichen Gesetzbuch (BGB) sahen seit ihrem Inkrafttreten im Jahr 1900 bis Ende 2017 weder Anordnungsrechte des Auftraggebers noch Regelungen zur Vergütungsanpassung vor. Das führte zu erheblichen Problemen, wenn die VOB/B nicht vereinbart wurde und entsprechende vertragliche Regelungen fehlten, weil es ein praktisches Bedürfnis dafür gibt, dass der Auftraggeber notwendige Zusatzleistungen verlangen oder Änderungen der Leistung anordnen kann. Die Rechtsprechung löste die dadurch entstandenen Probleme mehr schlecht als recht mit den Grundsätzen von Treu und Glauben, bewegte sich dabei aber auf unsicherem Grund, weil spezielle gesetzliche Regelungen fehlten (vgl. BGH, BauR 1996, 378).

696 Um diesen unbefriedigenden Zustand nach 117 Jahren zu beenden, hat der Gesetzgeber am 10.3.2017 eine Reform des Bauvertragsrechts verabschiedet und dabei erstmals Regelungen zu Anordnungsrechten und der daraus resultierenden Vergütungsanpassung geschaffen (§§ 650b und 650c BGB). Diese Bestimmungen gelten für ab dem 1.1.2018 abgeschlossene Bauverträge gemäß § 650a BGB. Nicht maßgeblich ist, dass der Bauvertrag ab dem 1.1.2018 abgewickelt wird. Wurde der Bauvertrag beispielsweise am 27.12.2017 geschlossen, finden die Neuregelungen keine Anwendung. Das BGB behält in den §§ 650b und c die BGB-Begriffe aus dem Werkvertragsrecht (§§ 631 ff. BGB) *„Besteller"* und *„Unternehmer"* bei. Die VOB/B spricht dagegen vom *„Auftraggeber"* und *„Auftragnehmer"*.

Unterschiede ergeben sich daraus nicht. Im Sinne eines einheitlichen Sprachgebrauchs verwenden wir die Begriffe der VOB/B.

Um die inhaltlichen Unterschiede zwischen den BGB-Regelungen und jenen der VOB/B sowie ihre praktischen Auswirkungen deutlich zu machen, gehen wir in diesem Kapitel folgendermaßen vor: Unter E. I. 2. a), Rn. 699 ff. werden die Anordnungsrechte des Auftraggebers nach § 1 Abs. 3 und Abs. 4 VOB/B besprochen. Ist die VOB/B Vertragsbestandteil geworden, gelten für Verträge, die bis zum 31.12.2017 abgeschlossen worden sind, ausschließlich diese Regelungen, falls der Vertrag keine davon abweichenden Bestimmungen vorsieht. Für ab dem 1.1.2018 abgeschlossene Bauverträge werden die Anordnungsrechte des Auftraggebers in § 650b BGB geregelt. Diese Vorschrift wird unter E. I. 2. b), Rn. 710 ff. erläutert. Unabhängig davon, ob die Regelungen der VOB/B oder des BGB gelten, setzen Nachträge stets eine wirksame Anordnung des Auftraggebers voraus. Liegt eine solche nicht vor oder kann sie nicht bewiesen werden, bestehen Vergütungsansprüche nur noch unter den Voraussetzungen des § 2 Abs. 8 Nr. 2 oder Nr. 3 VOB/B (dazu unter E. I. 4., Rn. 772 ff.). Die Nachtragsvorschriften der VOB/B (§ 2 Abs. 5 und Abs. 6 VOB/B) sowie ihre Voraussetzungen werden unter E. I. 3., Rn. 737 ff., die Systematik zur Berechnung der Ansprüche unter E. I. 5. b), Rn. 795 ff. dargestellt. Davon weichen die Regelungen zur Vergütungsanpassung nach § 650c BGB in erheblichem Maße ab (E. I. 5. d), Rn. 819 ff.), jedenfalls nach dem bisherigen Verständnis der VOB/B-Systematik. **697**

Ob dieses Verständnis nach wie vor gilt, ist aber mehr als fraglich. Denn wir haben bereits im Kapitel D. I. 2. b) aa), Rn. 554 ff. die Grundsatzentscheidung des BGH zu Mehrmengen ohne auftraggeberseitige Anordnung nach § 2 Abs. 3 Nr. 2 VOB/B besprochen (BGH, Urt. v. 8.8.2019 – VII ZR 34/18). Auch wenn es in diesem Urteil nicht um Nachträge aufgrund von Anordnungen des Auftraggebers ging, sind die dortigen Überlegungen des BGH mit höchster Wahrscheinlichkeit auf die Nachtragsvorschrift für Änderungsleistungen (§ 2 Abs. 5 VOB/B) und mit hoher Wahrscheinlichkeit auch auf § 2 Abs. 6 VOB/B, der zusätzliche Leistungen regelt, zu übertragen. Das hätte das Ende der vorkalkulatorischen Preisfortschreibung auf Basis der Urkalkulation, auch bei Nachträgen nach der VOB/B, zur Folge und würde einen Paradigmenwechsel begründen. Auf das Grundsatzurteil des BGH und seine Auswirkungen auf Nachtragsansprüche nach der VOB/B gehen wir unter E. I. 5. a), Rn. 784 ff. ausführlich ein.

Schließlich stellt sich ganz grundsätzlich die Frage, welche Auswirkungen die Nachtragsvorschriften des BGB auf VOB/B-Verträge haben (Wann gilt was?). Diese enorm praxisrelevante Frage wird unter E. II. 1., Rn. 897 ff. besprochen. **698**

2. Leistungsbestimmungsrechte des Auftraggebers

a) Nach § 1 Abs. 3 und Abs. 4 VOB/B

699 Nach dem Leitbild der HOAI erstellt der Auftraggeber die Planung und verspracht *danach* die Bauaufgabe in einer Leistungsbeschreibung, um den Bietern eine Kalkulation ihrer Preise zu ermöglichen. Dabei kommt es immer wieder vor, dass entweder unvollständig oder falsch geplant bzw. eine für den Werkerfolg notwendige Leistung vergessen worden ist. Das gilt erst recht bei einer baubegleitenden Planung (siehe oben). Es entspricht praktischen Bedürfnissen, dass der Auftraggeber die Möglichkeit hat, die vergessene Leistung nachträglich zu verlangen oder einen Planungsfehler zu korrigieren. Denn die Beauftragung eines anderen Auftragnehmers würde zu erheblichen Koordinations- und Schnittstellenproblemen führen.

700 In § 1 Abs. 3 und Abs. 4 Satz 1 VOB/B sind deshalb Regelungen enthalten, die es dem Auftraggeber ermöglichen, auch nach Vertragsabschluss *Änderungen des Bauentwurfs* anzuordnen (§ 1 Abs. 3 VOB/B) oder *erforderliche Zusatzleistungen* zu verlangen (§ 1 Abs. 4 Satz 1 VOB/B). Als Äquivalent hat der Auftragnehmer einen Anspruch auf Preisanpassung nach § 2 Abs. 5 oder Abs. 6 VOB/B.

aa) Änderungen des Bauentwurfs (§ 1 Abs. 3 VOB/B)

701 Für den Bereich der Planungsänderungen nach § 1 Abs. 3 VOB/B ist anerkannt, dass es keine unbeschränkte Änderungsbefugnis gibt. Es muss sich um *Änderungen* des Bauentwurfs (Bauinhaltsänderungen) handeln, nicht um eine komplette *Neuplanung* des Bauvorhabens. Der Begriff der Änderungen des Bauentwurfs umfasst geringfügige Abänderungen, beispielsweise das Versetzen von Eingängen oder Wänden, bis hin zu weitgehenden Umgestaltungen des Bauprojekts durch eine Veränderung des Grundrisses oder die Verwendung anderer Materialien. Auch Mengenverschiebungen durch eine geänderte Raumaufteilung sind zulässig. Eine Bauentwurfsänderung nach § 1 Abs. 3 VOB/B und damit eine *Pflicht* des Auftragnehmers zur Ausführung liegt aber nicht mehr vor, wenn der Auftraggeber die Errichtung eines zusätzlichen Geschosses fordert (BGH, Urt. v. 13.12.2001 – VII ZR 28/00).

702 Das Recht zur Änderung ist nicht dem Recht zur Vorlage eines *neuen* Bauentwurfs gleichzustellen. Es ist ferner zu beachten, dass sich der Auftragnehmer zu einer bestimmten Bauleistung wie beispielsweise Fliesenarbeiten verpflichtet hat und nicht zu etwas bautechnisch völlig anderem wie etwa der Ausführung eines Terrazzofußbodens. Art und Umfang der vertraglich vorgesehenen Leistung können für den Auftragnehmer von entscheidender Bedeutung gewesen sein. Er hat möglicherweise für die geänderte Leistung überhaupt keine entsprechend ausgebildeten Fachkräfte oder die erforderlichen Geräte. Deshalb kann eine Ausführungspflicht nur bestehen, wenn der Betrieb des Auftragnehmers auf die angeordnete Änderung eingerichtet ist. Solche und ähnliche Einschränkungen des Anordnungsrechts nach § 1 Abs. 3 VOB/B folgen aber nur aus den Grundsätzen von Treu und

Glauben, weil die Änderungsbefugnisse in Bezug auf den Bauentwurf nach dem Wortlaut der Vorschrift unbeschränkt sind und weder eine technische noch eine gesetzliche oder behördliche Notwendigkeit voraussetzen.

Das einseitige Änderungsrecht nach § 1 Abs. 3 VOB/B bezieht sich grundsätzlich auf den *Bauinhalt*, nicht dagegen auf die Änderung der *Bauzeit*. Damit ist gemeint, dass es kein dahingehendes Anordnungsrecht ohne Veränderung des Leistungsziels – des Bauinhalts – gibt. Werden Bauinhaltsänderungen angeordnet, können und dürfen damit mittelbar auch Auswirkungen auf die Umstände der Ausführung und die Bauzeit verbunden sein, schon weil sich das in vielen Fällen gar nicht vermeiden lässt. Dann besteht neben Nachtragsansprüchen auch ein Anspruch auf Verlängerung der Ausführungsfristen, wenn Behinderung angezeigt wurde (§ 6 Abs. 1 VOB/B). Nach herrschender Auffassung ist der Auftraggeber nach § 1 Abs. 3 VOB/B aber nicht berechtigt, isoliert die vereinbarte Bauzeit zu ändern oder Beschleunigungsmaßnahmen anzuordnen, auch nicht nach § 650b BGB (Kapellmann/Messerschmidt, VOB-Kommentar, Teile A und B, 7. Auflage zu § 1 Rn. 68 ff. und G. II. 5, Rn. 1161 ff.). Etwas anderes kommt nur in Ausnahmefällen aufgrund der Kooperationspflichten bei Bauverträgen in Betracht. **703**

bb) Zusätzliche Leistungen (§ 1 Abs. 4 VOB/B)

Die Vorschrift des § 1 Abs. 4 VOB/B besteht aus zwei Sätzen, die aufeinander Bezug nehmen. Sie lauten: **704**

> *„Nicht vereinbarte Leistungen, die zur Ausführung der vertraglichen Leistung erforderlich werden, hat der Auftragnehmer auf Verlangen des Auftraggebers mit auszuführen, außer wenn sein Betrieb auf derartige Leistungen nicht eingerichtet ist. Andere Leistungen können dem Auftragnehmer nur mit seiner Zustimmung übertragen werden.“*

Insbesondere der erste Satz der Vorschrift macht deutlich, dass ein Auftragnehmer die Zusatzleistungen nur dann ausführen *muss*, wenn diese technisch notwendig sind, um die Arbeiten vollständig und mangelfrei herzustellen und sein Betrieb auf solche Leistungen eingerichtet ist. Um nicht vereinbarte Leistungen nach § 1 Abs. 4 Satz 1 VOB/B handelt es sich dann, wenn sie zur Herstellung eines funktionstauglichen und zweckentsprechenden Werks erforderlich, aber vertraglich nicht geschuldet sind. Als Ausgleich für deren Erbringung gewährt § 2 Abs. 6 VOB/B dem Auftragnehmer einen Anspruch auf besondere (zusätzliche) Vergütung (BGH, Urt. v. 7.3.2013 – VII ZR 68/10). **705**

Sofern Leistungen dagegen nicht *erforderlich* sind, um die vertraglich vereinbarte Leistung funktionstauglich auszuführen, können sie dem Auftragnehmer nur mit seiner *„Zustimmung“* übertragen werden (§ 1 Abs. 4 Satz 2 VOB/B). Der Auftragnehmer muss solche Leistungen nicht ausführen; er kann sie beispielsweise von einer vorherigen Vergütungsvereinbarung abhängig machen, ohne die Preisanpas- **706** sungsgrundsätze des § 2 Abs. 6 Nr. 2 VOB/B beachten zu müssen. Der Auftragnehmer ist folglich nicht mehr an seine Auftragskalkulation gebunden. Er kann höhere Preisforderungen stellen, auf die sich der Auftraggeber aber nicht einlassen *muss*. Kommt es nicht zu einer Vergütungsvereinbarung, kann der Auftragnehmer die tatsächlich erforderlichen Kosten zuzüglich angemessener Zuschläge verlangen.

cc) Abgrenzungsprobleme zwischen § 1 Abs. 3 und Abs. 4 VOB/B

707 § 1 Abs. 3 VOB/B schränkt das Anordnungsrecht des Auftraggebers für Änderungen nach seinem Wortlaut – im Gegensatz zu § 1 Abs. 4 Satz 1 VOB/B – nicht ein. Diese beiden Regelungen der VOB/B können zu erheblichen Abgrenzungsproblemen führen, wie folgende Beispiele zeigen.

Beispiele:

- Der Auftraggeber ordnet beim Bau eines Einfamilienhauses zusätzlich die Errichtung einer Terrasse oder eines Stellplatzes an, wovon im Vertrag nicht die Rede war.
- Der Auftraggeber verlangt, dass der nach den Vertragsplänen frei zugängliche Parkplatz eine Parkplatzmauer erhält.
- Statt bis zu einer Höhe von 1,4 m sollen die Badezimmer in einem Mehrfamilienhaus bis zur Decke (2,8 m) verfliest werden.
- Einem Fliesenleger wird der Auftrag erteilt, Marmor im Eingangsbereich eines Hotels zu verlegen (ca. 300 m^2). Nachträglich verlangt der Auftraggeber auch die Verlegung von Marmor in den Bädern der Suiten im 6. Geschoss, wodurch weitere 80 m^2 Marmor anfallen würden.

708 Man wird in keinem der Beispielsfälle sagen können, dass die jeweiligen Leistungen technisch zwingend erforderlich sind, um die beauftragten Leistungen vollständig und mangelfrei herzustellen. Eindeutig ist dies jedoch nur im vierten Beispielsfall. Würde man die anderen Beispiele dem Änderungsrecht des § 1 Abs. 3 VOB/B unterstellen, müsste der Auftragnehmer die Leistungen ohne seine Zustimmung ausführen, nach § 1 Abs. 4 Satz 2 VOB/B dagegen nicht.

709 Die oftmals schwierige Abgrenzung zwischen Änderungen nach § 1 Abs. 3 VOB/B und erforderlichen Zusatzleistungen nach § 1 Abs. 4 Satz 1 VOB/B, die es so nach § 650b BGB nicht mehr gibt (dazu sogleich), hat im Prinzip nur eine praktische Bedeutung. Denn § 2 Abs. 6 Nr. 1 Satz 2 VOB/B verlangt, dass der Nachtragsanspruch für eine erforderliche Zusatzleistung vor der Ausführung angekündigt werden muss. Das ist prinzipiell Anspruchsvoraussetzung. Es reicht eine Ankündigung dem Grunde nach, die konkrete Höhe der Mehrkosten muss nicht angegeben werden. Bei § 2 Abs. 5 VOB/B besteht eine solche Ankündigungspflicht dagegen nicht. Praktiker sollten daraus den einzig richtigen Schluss ziehen und Nachtragsansprüche immer vor der Ausführung ankündigen, dann ist man auf dem sichersten Weg und vermeidet Fehler.

b) Änderungsbegehren des Auftraggebers nach § 650b BGB für ab dem 1.1.2018 abgeschlossene Bauverträge

§ 650b BGB regelt, unter welchen Voraussetzungen der Auftraggeber den Bauvertrag durch Anordnungen ändern kann. Dabei wird nicht zwischen Änderungs- und Zusatzleistungen wie nach der VOB/B (siehe oben), sondern danach unterschieden, ob eine Änderung notwendig ist, um den Werkerfolg herbeizuführen oder nicht. Die Bestimmung ist mit § 1 Abs. 3 und Abs. 4 VOB/B dennoch vergleichbar, auch wenn es bedeutende inhaltliche Unterschiede gibt. Der wichtigste Unterschied besteht darin, dass es die prinzipiell sofort zu befolgenden Anordnungsechte, wie bei § 1 Abs. 3 und Abs. 4 VOB/B nicht mehr gibt. Stattdessen sollen sich die Parteien nach einem *Änderungsbegehren* des Auftraggebers einigen, und zwar vor der Ausführung der Leistung (dazu unter E. I. 2. d), Rn. 726 ff.). Der Auftraggeber kann also nicht – wie nach VOB/B – eine sofort zu befolgende Anordnung aussprechen, sondern muss dem Auftragnehmer zunächst mitteilen, dass er eine andere als die im Vertrag vereinbarte Leistung wünscht oder – mit dem Begriff des Gesetzes – „begehrt". **710**

aa) Änderung des vereinbarten Werkerfolgs (§ 650b Abs. 1 Nr. 1 BGB)/„gewillkürtes" Änderungsbgehren

Eine „Änderung des Werkerfolgs" nach § 650b Abs. 1 Nr. 1 BGB umfasst sowohl Änderungs- als auch Zusatzleistungen. Dieses Änderungsbegehren ist an keine inhaltlichen Beschränkungen geknüpft, sondern kann vom Auftraggeber nach freiem Belieben ausgeübt werden, weshalb man auch von „gewillkürtem" Änderungsbegehren spricht. Es kann auf qualitativen Vorstellungen des Auftraggebers, anderen optischen Erwartungen oder auch auf sonstigen Gründen beruhen, die nichts mit technischer Notwendigkeit oder geänderten Vorschriften zu tun haben müssen. Solche Änderungsbegehren werden „gewillkürt" genannt, weil damit treffend zum Ausdruck kommt, dass sie nicht notwendig sind, um eine mangelfreie, funktionstaugliche Leistung herzustellen. Denkbar ist auch, dass es aus rein wirtschaftlichen Gründen erfolgt, um Kosten zu verringern (Standard- statt Marmorfliesen). **711**

Der Auftragnehmer muss gewillkürte Änderungen allerdings nur befolgen, wenn ihm die Ausführung der Änderung „zumutbar" ist. Besteht Streit über die Frage der Zumutbarkeit, trägt grundsätzlich der Auftraggeber die Beweislast, es sei denn, es handelt sich um rein betriebsinterne Vorgänge, über die der Auftraggeber keine Kenntnis haben kann (§ 650b Abs. 1 Satz 3 BGB). **712**

bb) Zur Erreichung des Werkerfolgs notwendige Änderungen (§ 650b Abs. 1 Nr. 2 BGB)

Änderungen nach § 650b Abs. 1 Nr. 2 BGB dienen dazu, den vereinbarten Werkerfolg – eine mangelfreie Leistung – zu erreichen; sie sind zur Herbeiführung des Werkerfolgs demzufolge „notwendig". Solche Änderungen können aus unter- **713** schiedlichen Gründen veranlasst sein, beispielsweise durch Änderungen der anerkannten Regeln der Technik bzw. nachträglich erteilte behördliche Vorgaben. § 650b Abs. 1 Nr. 2 BGB betrifft insbesondere Fälle, in denen die auftraggeberseitige Leistungsbeschreibung lücken- oder fehlerhaft ist und ihre Realisierung deshalb nicht zur Herstellung einer mangelfreien und funktionstauglichen Leistung führen würde. In solchen Fällen ist der Auftragnehmer, wenn er dies erkennen kann, zu einem Bedenkenhinweis nach § 4 Abs. 3 VOB/B verpflichtet, und zwar auch bei BGB-Bauverträgen (OLG Düsseldorf, Urt. v. 18.7.2013 – 5 U 142/12; BGH, Beschl. v. 28.1.2016 – VII ZR 206/13). Notwendige Änderungsbegehren nach § 650b Abs. 1 Nr. 2 BGB werden häufig die Folge auftragnehmerseitiger Bedenkenhinweise nach § 4 Abs. 3 VOB/B sein.

714 Bei notwendigen Änderungsbegehren hängt die Ausführungspflicht grundsätzlich nicht von der Zumutbarkeit für den Auftragnehmer ab. Vielmehr geht das Gesetz prinzipiell davon aus, dass erforderliche Maßnahmen zur Erreichung des vereinbarten Werkerfolgs auch zumutbar sind. Ausnahmen von der Ausführungspflicht hat der Gesetzgeber zwar nicht geregelt, sie sind unter dem Gesichtspunkt der Unmöglichkeit (§ 275 BGB) aber dennoch denkbar, wenn auch an strenge Voraussetzungen geknüpft. So wird man beispielsweise von einem Schreiner, der eine Treppe aus Holz herstellen soll, nicht verlangen können, dass er aufgrund einer Anordnung der Baubehörde zum Brandschutz eine feuerbeständige Stahltreppe ausführt.

cc) Einvernehmen über die Änderung und die Vergütungsanpassung (§ 650b Abs. 1 Satz 1 BGB)

715 § 650b BGB verfolgt das Ziel, nach Möglichkeit ein Einvernehmen der Vertragsparteien herbeizuführen, bevor der Auftraggeber von seinem Anordnungsrecht nach § 650b Abs. 2 BGB Gebrauch machen kann. Eine solche Einigung vor Ausführung der Leistungen ist prinzipiell im Interesse beider Parteien, weil auf diesem Weg ein Streit, der zu Bauverzögerungen, der Ausübung von Leistungsverweigerungsrechten oder gar der Kündigung des Bauvertrags führen kann, vermieden werden soll. Deshalb stellt § 650b Abs. 1 Satz 1 BGB in den Vordergrund, dass die Vertragsparteien eine Einigung sowohl über die Änderung selbst als auch über die Mehr- oder Mindervergütung anstreben.

c) Angebot über die Mehr- oder Mindervergütung (§ 650b Abs. 1 Satz 2 BGB)/ Ausnahmen von der Verpflichtung zur Erstellung eines Nachtragsangebots

aa) Grundsatz: Angebot des Auftragnehmers erforderlich

716 Ein Einvernehmen über die Vergütungsanpassung ist nur möglich, wenn ein Angebot über die Mehr- oder Mindervergütung vorliegt. Deshalb ist der Auftragnehmer nach § 650b Abs. 1 Satz 2 BGB grundsätzlich verpflichtet, ein solches Angebot zu erstellen. Der Gesetzeswortlaut selbst verpflichtet den Auftragnehmer jedoch nicht, sein Angebot näher aufzuschlüsseln oder es auf Basis der Urkalkulation bzw. voraussichtlich entstehender Kosten prüfbar zu begründen. Dagegen wird unseres Erachtens zu Recht eingewendet, dass das Angebot nach § 650c Abs. 3 BGB zur Begründung von Abschlagszahlungen i.H.v. 80 % dienen kann, sodass es zumindest prüfbar sein muss (vgl. E. I. 5. e), Rn. 833 ff.). Der kooperative Auftragnehmer wird deshalb nicht nur einen Endpreis nennen, jedenfalls dann nicht, wenn der Auftraggeber über das Angebot verhandeln will und dazu nachvollziehbare Informationen verlangt. Deshalb ist es richtig, dass der Angebotspreis auf Verlangen des Auftraggebers mit erforderlichen Kosten oder aufgrund einer Preisfortschreibung nach Maßgabe der Urkalkulation begründet werden muss, auch wenn die Auffassung vertreten wird, der Auftragnehmer könne – praktisch bis zur Grenze der Sittenwidrigkeit – einen Preis „seiner Wahl" anbieten.

bb) Erste Ausnahme: Unzumutbarkeit der Ausführung nicht notwendiger Änderungen (§ 650b Abs. 1 Satz 2, 2. Halbsatz BGB)

Handelt es sich um nicht notwendige, gewillkürte Änderungen nach § 650b Abs. 1 **717**
Nr. 1 BGB, besteht die Verpflichtung zur Erstellung eines Angebots nur, wenn dem Auftragnehmer die Ausführung der Änderung zumutbar ist (§ 650b Abs. 1 Satz 2 BGB). Bei Unzumutbarkeit gibt es – niemals – ein Anordnungsrecht des Auftraggebers, weshalb der Auftragnehmer auch kein Nachtragsangebot erstellen muss. Dem Auftragnehmer ist es nicht zumutbar, eine Leistung auszuführen, für die er kein qualifiziertes Personal oder nicht die erforderlichen Geräte bzw. Maschinen hat. Die Beweislast für die Zumutbarkeit trägt grundsätzlich der Auftraggeber, weil er den Vertrag ändern will. Das gilt beispielsweise, wenn streitig ist, ob das für die Ausführung der Änderungsleistung notwendige Material tatsächlich im Handel erhältlich ist oder der Befolgung der Anordnung gesetzliche oder behördliche Bestimmungen entgegenstehen. Der Auftragnehmer trägt nach § 650b Abs. 1 Satz 3 BGB die Beweislast für die Unzumutbarkeit nur dann, wenn er sich auf *betriebsinterne Vorgänge* beruft, in die der Auftraggeber keinen Einblick hat.

Um betriebsinterne Vorgänge handelt es sich beispielsweise, wenn der Auftrag- **718**
nehmer behauptet, er werde von einem bestimmten Verkäufer aufgrund eines laufenden Rechtsstreits nicht beliefert, das angeordnete Material aber nur bei diesem Lieferanten erhältlich ist oder der Auftragnehmer geltend machen will, dass die zur Ausführung einer Änderungsleistung erforderliche Fachkraft den Betrieb verlassen hat und kein geeigneter Ersatz vorhanden ist. Ein betriebsinterner Vorgang wäre es auch, wenn ein Auftragnehmer behauptet, die gewillkürte Änderungsleistung würde eine Verlängerung der Bauzeit verursachen, was ihm deshalb unzumutbar sei, weil er nach Ablauf der im Vertrag vereinbarten Fertigstellungsfrist keine Kapazitäten habe, um seine anderweitigen Verpflichtungen erfüllen zu können. Nach der Begründung des Gesetzgebers handelt es sich dagegen nicht um betriebsinterne Vorgänge, sofern allgemein die technischen Möglich-

keiten, die Ausstattung oder die Qualifikation des Auftragnehmers betroffen ist. Das erscheint fraglich, weil ein technisch nicht sachkundiger Auftraggeber das im Zweifel nicht beurteilen kann. Deshalb dürfte es in solchen Fällen richtig sein, dass der Auftragnehmer zumindest in einlassungsfähiger Art und Weise darlegen muss, dass und weshalb ihm die Befolgung der Anordnung nicht zumutbar ist und der Auftraggeber dann im Streitfall für das Gegenteil beweispflichtig ist. Wie die Rechtsprechung diese Frage zukünftig behandeln wird, bleibt abzuwarten.

719 Der Gesetzgeber sieht bei einem Streit über die Zumutbarkeit der Ausführung, der nicht durch Verhandlungen beigelegt werden kann, die Möglichkeit einer raschen gerichtlichen Klärung durch eine einstweilige Verfügung nach § 650d BGB vor (vgl. dazu E. I. 2. g), Rn. 733 ff.).

cc) Zweite Ausnahme: Auftraggeber trägt die Planungsverantwortung (§ 650b Abs. 1 Satz 4 BGB)

720 Wichtig und enorm praxisrelevant ist die Bestimmung in § 650b Abs. 1 Satz 4 BGB. Danach ist der Auftragnehmer zur Erstellung eines Nachtragsangebots nur verpflichtet, wenn der Auftraggeber zuvor die für die Änderung erforderliche Planung vorgenommen und dem Auftragnehmer zur Verfügung gestellt hat. Das gilt allerdings nur, wenn der Auftraggeber die Planungsverantwortung trägt, also die entsprechenden Planungsverpflichtungen im Vertrag nicht auf den Auftragnehmer übertragen worden sind. Das Gesetz will vermeiden, dass der Auftragnehmer im Zuge der Ausführung von Änderungs- oder Zusatzleistungen auch Planungsleistungen erbringen und damit Planungsrisiken eingehen muss, die er bei Vertragsabschluss nicht übernommen hat. Das gilt sowohl für zumutbare, gewillkürte Änderungsbegehren als auch für notwendige. Diese Regelung folgt dem Grundsatz *„Wer einmal plant, plant immer!“* und galt unserer Auffassung nach schon immer, und zwar auch bei Verträgen unter Einbeziehung der VOB/B (vgl. E. II. 13., Rn. 1003 ff.), auch wenn dort eine entsprechende Vorschrift fehlt. Deshalb ist es vertretbar und unserer Auffassung nach richtig, diese Bestimmung auch auf VOB/B-Bauverträge anzuwenden. Denn das Gesetz gilt automatisch ergänzend, wenn die VOB/B keine das Gesetz verdrängende, speziellere Regelung trifft.

dd) Dritte Ausnahme: Notwendige Leistungen bei Planungsverantwortung des Auftragnehmers (§ 650b Abs. 1 Satz 5 BGB)

721 Eine Verpflichtung zur Erstellung eines Nachtragsangebots besteht auch nicht, wenn dem Auftragnehmer für den zusätzlichen Aufwand von vornherein kein Nachtragsanspruch zusteht. Das Gesetz regelt, dass immer dann, wenn die Leistungspflicht des Auftragnehmers nach dem abgeschlossenen Vertrag nicht nur die Ausführung der Leistung, sondern auch die Planung umfasst, das Risiko vergessener oder falsch geplanter Leistungen grundsätzlich beim Auftragnehmer liegen soll, wenn diese Leistungen notwendig sind, um den vereinbarten Werkerfolg herbeizuführen (§ 650b Abs. 1 Satz 5 BGB i.V.m. § 650c Abs. 1 Satz 2 BGB).

Das folgt dem Grundsatz *„Wer plant, der haftet!“*. Damit soll vermieden werden, dass Auftragnehmer eigene Planungsfehler durch Stellung von Nachträgen ausgleichen können. Das ist bei VOB/B-Bauverträgen nicht anders. Denn funktionalen Leistungsbeschreibungen ist immanent, dass der Auftragnehmer zur Planung der nicht näher bestimmten Details verpflichtet ist (vgl. E. I. 6. d), Rn. 873 ff.) und deshalb für die vereinbarte Vergütung leisten muss, was er richtigerweise zu planen hatte, nämlich eine funktionstaugliche Leistung. Die Rechtsprechung geht schon immer davon aus, dass der Auftragnehmer bei Vereinbarung eines Pauschalpreises das Risiko von im Angebot fehlenden Leistungen übernimmt, wenn er zur Planung der Leistung verpflichtet ist und auf der Grundlage eigener Untersuchungen das Angebot erstellt hat (OLG Düsseldorf, Urt. v. 30.9.2003 – 23 U 204/02; OLG Saarbrücken, Urt. v. 31.5.2012 – 1 U 376/10). Verbleiben trotz der Prüfung durch den Auftragnehmer Restrisiken, muss er entweder die noch vorhandenen Unwägbarkeiten genauer untersuchen oder sich im Bauvertrag für eventuelle Mehrmengen, Zusatzleistungen oder sonstige Erschwernisse ausdrücklich die Geltendmachung einer besonderen Vergütung vorbehalten. Deshalb ist es richtig, dass dem Auftragnehmer aus der Beseitigung eigener Planungsfehler kein Nachtragsanspruch erwachsen darf, wenn er bereits nach dem Vertrag eine von Anfang an fehlerfreie Planung und eine funktions- und gebrauchstaugliche Leistung schuldet.

Die gesetzliche Risikozuweisung im Fall auftragnehmerseitiger Planung geht nach **722** ihrem Wortlaut aber weiter als die bisherige Rechtsprechung zur VOB/B, da sie auch für Einheitspreisverträge gilt. Sie ist für planende Auftragnehmer deshalb gefährlich und mit Risiken behaftet. Denn das Angebot für den Auftrag wird in der Regel zu einem Zeitpunkt erstellt, in dem die Planung, zu der sich der Auftragnehmer verpflichtet, noch gar nicht existiert. Das Angebot basiert deshalb in aller Regel nicht auf einer für das konkrete Projekt bereits vorliegenden, abgeschlossenen Planung, sondern auf Annahmen und Erfahrungen aus anderen Bauvorhaben. Es kann deshalb Lücken enthalten bzw. von unzutreffenden Voraussetzungen in Bezug auf das konkrete Projekt ausgehen. Das gilt insbesondere bei Sanierungsarbeiten, bei denen sich der Umfang der erforderlichen Leistungen oder Erschwernisse bei der Durchführung häufig erst im Laufe der Vertragserfüllung zeigt. Es gibt aber auch Verträge, in denen der Auftraggeber zwar eine Entwurfsplanung erstellt oder bestimmte Vorgaben macht und der Auftragnehmer auf dieser Grundlage ein Angebot abgibt und die Verpflichtung zur Erstellung der Ausführungsplanung übernimmt. Welche Rechtsfolge tritt ein, wenn sich in solchen Fällen herausstellt, dass unvorhersehbare Erschwernisse, die nicht auf Planungsfehlern beruhen, auftreten oder die Entwurfsplanung bzw. sonstige Vorgaben des Auftraggebers so nicht umsetzbar sind?

Wir meinen, dass in solchen und vergleichbaren Fallkonstellationen Nachtragsan- **723** sprüche nicht ausgeschlossen sind. Das ist nur bei schuldhaften Planungsfehlern des Auftragnehmers sachgerecht, nicht aber, wenn sich beispielsweise erst durch zerstörerische Eingriffe in die Bausubstanz feststellen lässt, dass es zu unerwarteten Erschwernissen kommt. Das muss erst recht gelten, wenn die Planung des Auftragnehmers auf falschen oder unvollständigen Vorgaben des Auftraggebers beruht. Die Rechtsprechung wird das noch klären müssen. Deshalb kann jedem Auftragnehmer, der Planungsverpflichtungen übernimmt, nur geraten werden, in seinem Angebot und im Vertrag eindeutig klarzustellen, welche Leistungen darin enthalten und vertraglich geschuldet sind und welche nicht, weil sich eventuell erst im Zuge der Ausführung der Arbeiten herausstellen kann, dass zusätzlich vergütungspflichtige Leistungen erforderlich werden, die besonders vergütet werden müssen. Der Auftragnehmer sollte also einen möglichst klaren, konkreten und projektbezogenen Vorbehalt in Bezug auf die Geltendmachung von Nachtragsansprüchen vereinbaren, falls es zu weiteren Leistungen kommt, die nicht auf Planungsfehlern, sondern auf unvorhersehbaren Erschwernissen beruhen. Bei lediglich formelhaften Risikoausschlüssen in Allgemeinen Geschäftsbedingungen (AGB) besteht das Risiko, dass ein Gericht diese wegen Abweichung vom gesetzlichen Leitbild für unwirksam erklärt.

724 Wenn dem Auftragnehmer nach § 650c Abs. 1 Satz 2 BGB für den notwendigen zusätzlichen Aufwand von vornherein kein Vergütungsanspruch zusteht, beispielsweise weil er tatsächlich schuldhaft falsch oder unvollständig geplant hat, muss er konsequenterweise auch kein Nachtragsangebot erstellen (§ 650b Abs. 1 Satz 5, 2. Halbsatz BGB).

ee) Frist für das Nachtragsangebot

725 Das Gesetz sieht eine Frist für die Abgabe des Angebots nicht vor. Der Auftragnehmer hat eine angemessene Bearbeitungszeit, die von den konkreten Umständen des Einzelfalls abhängig ist. Für deren Länge kommt es auf den Umfang der vom Auftraggeber begehrten Änderung, aber auch auf die Frage an, wer die Planungsverantwortung trägt. Trägt sie der Auftraggeber und ist das Änderungsbegehren planungsrelevant, muss der Auftragnehmer das Angebot erst nach Übergabe der geänderten Planung oder zumindest derjenigen Informationen, welche die Erstellung eines Angebots ermöglichen (z.B. eine geänderte Leistungsbeschreibung), innerhalb angemessener Frist vorlegen. Legt der Auftraggeber keine geänderte Planung oder eine geänderte Leistungsbeschreibung vor, entsteht das Anordnungsrecht niemals, auch nicht, wenn die Leistungen erforderlich sind, um ein mangelfreies Bauwerk herzustellen. Anderenfalls könnte der Auftragnehmer doch wieder zur Übernahme von Planungsleistungen und damit einhergehender Planungsrisiken gezwungen werden. Reicht der Auftragnehmer kein Angebot ein, obwohl er dazu verpflichtet ist, kann der Auftraggeber die Ausführung der Leistungen anordnen, aber erst nach Ablauf von 30 Tagen seit Zugang des Änderungsbegehrens beim Auftragnehmer (siehe Rn. 727). Das gilt beispielsweise, wenn die Leistungen keine

Änderung der Planung erfordern oder diese dem Auftragnehmer übergeben wurde bzw. der Auftragnehmer die Planungsverantwortung trägt. Problematisch ist diese Frist, wenn die Umsetzung der Änderung dringend ist und sich eine Verzögerung der Ausführung auf die vereinbarten Termine, möglicherweise auch auf Nachfolgeunternehmer auswirkt. Das gleiche Problem kann entstehen, wenn der Auftragnehmer zwar ein „schnelles", aber völlig überhöhtes Angebot unterbreitet und zu einer sachgerechten Einigung nicht bereit ist, sondern den Zeitdruck ausnutzen will, um unrealistische Preise durchzusetzen. Der Streit darüber dürfte sich zu der Frage hin verschieben, ob der Auftragnehmer wegen der fehlenden Preiseinigung an der Ausführung der Leistung gehindert war oder in Verzug geraten ist, weil er kein sachgerechtes Angebot vorgelegt hat oder dies zu spät erfolgte.

d) Anordnungsrecht des Auftraggebers nach § 650b Abs. 2 BGB

Das vorrangige Ziel des Gesetzgebers ist, dass es sowohl zu einer Einigung über **726** die Änderung als auch über die daraus resultierende Vergütungsanpassung kommt. Deshalb sollen die Parteien die Möglichkeit haben, über ein entsprechendes Angebot des Auftragnehmers zu verhandeln. Diese Verhandlungen dürfen aber nicht dazu führen, dass die Leistungen über Gebühr verzögert werden. Aus diesem Grund bestimmt § 650b Abs. 2 BGB eine zeitliche Grenze von 30 Tagen. Diese Frist beginnt mit dem Zugang des Änderungsbegehrens beim Auftragnehmer. Sie ist eine Höchstfrist. Natürlich können sich die Parteien auch schneller einigen, dann besteht die Ausführungspflicht sofort im Anschluss an die Einigung. In diesem Fall ist der Auftraggeber aber verpflichtet, die vereinbarte Vergütung zu zahlen, auch wenn sie unangemessen hoch ist. Umgekehrt muss der Auftragnehmer für die vereinbarte Vergütung leisten, selbst wenn sie sich im Nachhinein als unauskömmlich herausstellt.

Erzielen die Parteien binnen 30 Tagen keine Einigung, kann der Auftraggeber die **727** Änderung in Textform anordnen (§ 650b Abs. 2 Satz 1 BGB). Diese bis zu 30 Tage bestehende Verhandlungsfrist ist der entscheidende Unterschied zur VOB/B. Denn nach § 1 Abs. 3 und Abs. 4 Satz 1 VOB/B hat der Auftraggeber sofort zu befolgende Anordnungsrechte (vgl. E. I. 2. a), Rn. 699 ff.). Der Auftragnehmer muss einer Anordnung, die für die Erreichung des Werkerfolgs notwendig ist (§ 650b Abs. 1 Nr. 2 BGB), grundsätzlich nachkommen, einer Anordnung in Bezug auf nicht notwendige Leistungen (§ 650b Abs. 1 Nr. 1 BGB) dagegen nur, wenn ihm die Ausführung zumutbar ist (§ 650b Abs. 2 Satz 2 BGB). Trägt der Auftraggeber die Planungsverantwortung, besteht das Anordnungsrecht nur, wenn er zuvor die Planungsänderung vorgenommen und dem Auftragnehmer zur Verfügung gestellt hat (siehe Rn. 725).

In der Praxis wird es aus Zeitgründen oder auch aus Unkenntnis der Rechtslage **728** häufig vorkommen, dass der Auftragnehmer einer Änderungsanordnung Folge leistet, ohne ein Angebot zu erstellen oder die 30-Tage-Frist für Verhandlungen über ein vorliegendes Angebot beachtet wird. Das führt zu Vergütungsansprüchen des Auftragnehmers nach § 632 Abs. 2 BGB. Er erhält folglich die übliche Vergütung, d.h. die tatsächlich erforderlichen Kosten zzgl. angemessener Zuschläge.

729 Der Gesetzgeber will mit dieser zeitlichen Begrenzung verhindern, dass der Bauablauf durch die Verhandlungen endlos lange verzögert wird. Das ist im Prinzip auch sinnvoll, wobei sich sofort die Frage stellt, ob es nicht Ausnahmen von der 30-Tage-Frist geben muss. Das Gesetz sieht solche allerdings nicht vor, sehr zum Leidwesen von Auftraggebern, die das durchweg beklagen, und zwar mit Recht. Bei Gefahr im Verzug, insbesondere bei einer Gefährdung von Leib und Leben, kann kein Zweifel bestehen, dass der Auftraggeber Anordnungen sofort erteilen kann. Schwieriger zu beantworten ist die Frage, was gilt, wenn bereits wenige Tage nach dem Änderungsbegehren ein Nachtragsangebot vorliegt, das der Auftraggeber aber nicht annehmen will, weil es seiner Auffassung nach überhöht ist, der Auftragnehmer dagegen auf seinem Angebot beharrt. Muss der Auftraggeber dann tatsächlich 30 Tage warten, bevor er die Anordnung erteilen und den Auftragnehmer zur Ausführung der Leitung verpflichten kann?

730 Es liegt auch auf der Hand, dass eine Vielzahl von Nachtragsleistungen auf dem kritischen Weg liegen oder jedenfalls terminrelevant sind, sodass die Arbeiten komplett unterbrochen oder zumindest verzögert werden, wenn die Ausführung nicht unverzüglich erfolgt. Ein unkooperativer Auftragnehmer mit Entschleunigungsbedürfnis wird möglicherweise argumentieren, es stünde dem Auftraggeber doch jederzeit frei, sein Nachtragsangebot zu akzeptieren, um die unverzügliche Ausführung zu erreichen. Anderenfalls müsse er mit der Anordnung, die zur Ausführungspflicht führt, eben 30 Tage abwarten. Das ist ersichtlich unbefriedigend, jedenfalls für Auftraggeber. Unserer Auffassung nach wäre es in solchen Fällen richtig, dem Auftraggeber schon vor Ablauf der 30-Tage-Frist eine verbindliche Anordnung zu ermöglichen, wenn er sich im Gegenzug bereit erklärt, vorläufig 80 % gemäß dem Nachtragsangebot zu vergüten, falls der Auftragnehmer von der Möglichkeit des § 650c Abs. 3 BGB Gebrauch macht (vgl. E. I. 5. e), Rn. 833 ff.). Eines ist aber klar: Weigert sich der Auftragnehmer von vornherein, überhaupt ein Nachtragsangebot vorzulegen, obwohl er dazu verpflichtet ist, muss der Auftraggeber ebenfalls ein sofortiges Anordnungsrecht haben. Denn § 650b Abs. 2 BGB begründet keine prinzipielle „Wartefrist", sondern dient den Verhandlungen über das Nachtragsangebot des Auftragnehmers, die nicht stattfinden können, wenn es nicht existiert. Weitere Fragen zu Ausnahmen von der 30-Tage-Frist behandeln wir noch einmal ausführlich im Zusammenhang mit vertraglichen Vereinbarungen, die Modifizierungen der §§ 650b und c BGB zum Gegenstand haben (vgl. E. II. 3., Rn. 937 ff.). Veröffentlichte Urteile dazu liegen bis heute nicht vor. Deshalb empfiehlt es sich für Auftraggeber, solche im Vertrag ausdrücklich zu regeln.

e) Anordnung in Textform

Die Bestimmung in § 650b Abs. 2 Satz 1 BGB verlangt im Interesse der Rechtssicherheit die Textform für Anordnungen. Eine eigenhändige Unterschrift des Auftraggebers ist nicht notwendig, sodass eine einfache E-Mail, deren Zugang der Auftraggeber allerdings beweisen muss, zweifelsfrei ausreicht. Dieses Formerfordernis soll einerseits der besseren Beweisbarkeit der Anordnung dienen, aber auch den Auftraggeber vor möglicherweise übereilten mündlichen Anordnungen schützen. Falls eine Anordnung nicht in der vorgeschriebenen Form erfolgt, ist sie nichtig (§ 125 BGB). Ein Auftragnehmer muss mündlichen Anordnungen nicht Folge leisten, wovon ihm auch dringend abzuraten ist. Leistet der Auftragnehmer aufgrund einer bloß mündlichen Anordnung und beruft sich der Auftraggeber später auf die Formnichtigkeit seiner Anordnung, hat der Auftragnehmer nach der amtlichen Begründung des Gesetzgebers keinen vertraglichen Vergütungsanspruch für die erbrachten Leistungen. Eine Rückabwicklung habe vielmehr nach „Bereicherungsrecht" zu erfolgen. Da solche Leistungen regelmäßig nicht herausgegeben werden können, besteht ein Anspruch des Auftragnehmers auf Wertersatz (§ 818 Abs. 2 BGB). Der Auftragnehmer erhält in solchen Fällen den objektiven Verkehrswert, sodass es auf die übliche Vergütung nach § 632 Abs. 2 BGB ankommen dürfte. Da es eine übliche Vergütung oft nicht gibt, bemisst sich der Anspruch in der Regel nach den tatsächlich erforderlichen Kosten zuzüglich angemessener Zuschläge. **731**

f) Leistungspflichten innerhalb der 30-Tage-Frist

Die geänderte Leistungspflicht des Auftragnehmers entsteht grundsätzlich erst mit einer Einigung oder durch die Anordnung des Auftraggebers nach Ablauf der 30-Tage-Frist, es sei denn, die Vertragsparteien weichen davon möglicherweise stillschweigend ab (siehe oben unter E. I. 2. d), Rn. 726). Das heißt nichts anderes, als dass es bis dahin bei der vertraglich vereinbarten Leistung bleibt. Mit anderen Worten: Vor einer Einigung oder Anordnung nach Ablauf von 30 Tagen ist der Auftragnehmer zur Ausführung der Änderungsleistung nicht verpflichtet, sondern weiterhin zur Erfüllung des Vertrags so, wie er abgeschlossen wurde. Wir empfehlen dem Auftragnehmer folgende Vorgehensweise: Handelt es sich um ein „gewillkürtes" Änderungsbegehren, sollte der Auftragnehmer nachfragen, ob er die vom Änderungsbegehren betroffenen Leistungen bis zu einer eventuellen Einigung weiterhin vertragsgemäß erbringen oder abwarten soll. Bei notwendigen Änderungsbegehren, möglicherweise aufgrund eines Bedenkenhinweises nach § 4 Abs. 3 VOB/B, empfiehlt sich die Mitteilung, dass man ohne eine gegenteilige Weisung die betroffenen Leistungen vorläufig unterbrechen werde, bis eine Einigung oder Anordnung nach Ablauf der 30-Tage-Frist erfolgt ist. Denn anderenfalls würde – sehenden Auges – eine möglicherweise mangelhafte Leistung erbracht werden. **732**

g) Klärung von Streitfragen durch einstweilige Verfügung (§ 650d BGB)

733 Aus dem Anordnungsrecht nach § 650b BGB oder der Vergütungsanpassung nach § 650c BGB können sich Streitigkeiten vielfältiger Art ergeben, etwa wenn der Auftragnehmer die Befolgung eines gewillkürten Änderungsbegehrens für unzumutbar hält, sich die Parteien über die Planungsverantwortung oder über die Frage streiten, ob überhaupt eine „Änderung" begehrt oder die verlangte Leistung bereits nach dem Vertrag geschuldet wird. Dafür sieht das Gesetz eine Klärung im Eilverfahren durch eine einstweilige Verfügung nach § 650d BGB vor. Der Gesetzeszweck besteht darin, eine schnelle gerichtliche Entscheidung herbeiführen zu können, wenn Streit über die Anordnung nach § 650b BGB oder die Vergütungsanpassung aufgrund der 80 %-Regelung nach § 650c Abs. 3 BGB entsteht (dazu E. I. 5. e), Rn. 833 ff.), um im Interesse beider Vertragsparteien Baustillstände, Kündigungen oder Liquiditätsengpässe beim Auftragnehmer zu vermeiden.

734 Aber auch einstweilige Verfügungen erlangt man nicht von heute auf morgen. Bei Streitigkeiten wird ein Gericht oftmals nicht ohne Anhörung des Gegners, also erst nach einer mündlichen Verhandlung entscheiden. Klar ist aber, dass einstweilige Verfügungsverfahren wesentlich weniger Zeit in Anspruch nehmen als ein normaler Bauprozess. Denn es können weder Zeugen geladen noch Sachverständige beauftragt werden. Entscheidet das Gericht nicht ohne einmalige Anhörung der gegnerischen Partei, können durchaus zwei bis drei Wochen vom Eingang des Antrags bis zur Entscheidung des Gerichts verstreichen. Dann aber kann es bereits zu spät sein, um zeitlich negative Folgen oder gar Bauunterbrechungen abzuwenden, von Fällen einer „Gefahr im Verzug" ganz zu schweigen. Deshalb ist die starre – nach dem Gesetzeswortlaut ausnahmslose – 30-Tage-Frist nicht vernünftig, weshalb wir dem Auftraggeber auch empfehlen, davon abweichende vertragliche Regelungen vorzusehen (vgl E. II. 3., Rn. 937 ff.).

735 Gerichtliche Entscheidungen zu den §§ 650b und c BGB, auch einstweilige Verfügungen nach § 650d BGB, sind noch relativ selten. Das mag mit der momentan guten Baukonjunktur, möglicherweise aber auch damit zu tun haben, dass in den meisten Bauverträgen die VOB/B vereinbart wird und die Parteien glauben, dass allein deshalb die gesetzlichen Bestimmungen im BGB keine Rolle spielen. Dass diese Auffassung in vielen Fällen auf einem Irrtum beruht, werden wir unter E. II. 1., Rn. 897 ff. noch näher behandeln. Das Landgericht Berlin hat am 16.10.2020 entschieden, dass einstweilige Verfügungen zur Durchsetzung von Abschlagsrechnungen nach § 650c Abs. 3 BGB – also i.H.v. 80 % – auch möglich und zulässig sind, wenn die VOB/B im Vertrag vereinbart wurde (LG Berlin, Beschl. v. 16.10.2020 – 8 O 126/20). Die Anwendbarkeit von § 650c Abs. 3 und § 650d BGB auf VOB/B-Bauverträge ist zwar umstritten, wird aber auch in der baurechtlichen Literatur überwiegend bejaht (vgl. Kapellmann/Langen/Berger, Ein-

führung in die VOB/B, 28. Auflage, Rn. 46). Der Antrag auf Erlass der einstweiligen Verfügung scheiterte daran, dass wegen einer Kündigung des Vertrags Schlussrechnungsreife eingetreten sei, sodass die Geltendmachung von Abschlagsrechnungen und deshalb auch die Anwendung der 80 %-Regelung in § 650c Abs. 3 BGB nach Auffassung des Landgerichts Berlin nicht mehr in Betracht käme. Das Kammergericht Berlin hat diese Entscheidung am 2.3.2021 aufgehoben (Urt. v. 2.3.2021 – 21 U 1098/20). Im Ausgangspunkt bejaht auch das Kammergericht sowohl die Anwendbarkeit von § 650c BGB als auch von § 650d BGB und problematisiert dabei nicht einmal mit einem Wort, ob die VOB/B „im Ganzen" vereinbart wurde oder nicht (vgl. dazu E. II. 1., Rn. 897 ff.). Dann weicht das Kammergericht von der Vorinstanz ab, indem es entscheidet, dass der Zweck von § 650d BGB darin bestehe, dem Auftragnehmer bei umstrittener Nachtragsvergütung rasch Liquidität zu verschaffen, um sein Vorleistungsrisiko zu begrenzen. Dieser Zweck rechtfertige es, eine einstweilige Verfügung nach § 650d BGB (hier eine Zahlungsverfügung des Auftragnehmers) auch noch nach Abschluss der Arbeiten und selbst nach einer Abnahme der Leistungen zuzulassen. Denn anderenfalls müsste sich der Auftragnehmer auf eine riskante Leistungseinstellung nach § 16 Abs. 5 Nr. 4 VOB/B bzw. § 320 BGB berufen oder eine möglicherweise unwirksame Kündigung wegen vermeintlichen Zahlungsverzugs (§ 9 Abs. 1 Nr. 1 VOB/B) aussprechen. Das ist richtig. Genauso richtig ist die Überlegung des Kammergerichts, dass auch eine Bauhandwerkersicherung (§ 650f BGB) nach Kündigung oder Abnahme verlangt werden kann (BGH, Urt. v. 6.3.2014 – VII ZR 349/12). So wie der Auftragnehmer dort vor einem insolvenzbedingten Forderungsausfall geschützt werden soll, muss ihm eine Zahlungsverfügung nach § 650d BGB bis zur endgültigen Klärung seiner Nachtragsansprüche in einem regulären Bauprozess, der oft Jahre in Anspruch nimmt, in der Zwischenphase möglich sein.

Das Landgericht Berlin hat am 20.4.2020 den Erlass einer einstweiligen Verfügung nach § 650d BGB abgelehnt, weil der Auftragnehmer einen Bauzeitnachtrag bzw. 80 % der dafür in seinem Angebot genannten Vergütung durchsetzen wollte. Das Landgericht Berlin war der zutreffenden Auffassung, dass Anordnungen zur Bauzeit nicht von § 650b BGB erfasst werden. Diese Bestimmung setze vielmehr voraus, dass eine Änderung der Leistung angeordnet wurde (Landgericht Berlin, Beschl. v. 20.4.2020 – 19 O 34/20; ähnlich: Landgericht Berlin, Beschl. v. 4.12.2020 – 32 O 244/19). Auch das Kammergericht hat es abgelehnt, den Auftragnehmer im Wege einer einstweiligen Verfügung nach § 650d BGB zum unverzüglichen Beginn mit den Bauarbeiten zu verpflichten (KG, Beschl. v. 6.4.2020 – 7 W 32/19), weil dieses Begehren nicht auf eine Änderung der Leistung nach § 650b Abs. 1 BGB zurückgehe. **736**

3. Die Nachtragsvorschriften der VOB/B

a) Ausgangsüberlegung: Was ist Bausoll?

737 Durch die vereinbarte Vergütung werden gemäß § 2 Abs. 1 VOB/B alle Leistungen abgegolten, die nach der Leistungsbeschreibung, den Besonderen und Zusätzlichen Vertragsbedingungen, den Zusätzlichen Technischen Vertragsbedingungen, den Allgemeinen Technischen Vertragsbedingungen für Bauleistungen (VOB/C) und der gewerblichen Verkehrssitte zur vertraglichen Leistung gehören. Diese Aussage korrespondiert weitgehend mit der Rangfolgeregelung bei Widersprüchen im Vertrag nach § 1 Abs. 2 VOB/B (zu Rangfolgeregelungen vgl. Kapitel C I. 4., Rn. 401 ff.). Die Aufzählung in § 2 Abs. 1 VOB/B besagt zunächst, dass sich die auszuführende Leistung eben nicht nur aus dem Leistungsverzeichnis, den Plänen oder der Baubeschreibung ergibt, sondern der gesamte Vertrag einschließlich aller seiner Bestandteile daraufhin überprüft werden muss, welche Leistungspflichten der Auftragnehmer übernommen hat. Das gilt insbesondere, wenn bausollbestimmende Regelungen widersprüchlich oder mehrdeutig bzw. lückenhaft sind. Nach der Rechtsprechung muss der Vertrag dann als „sinnvolles Ganzes" ausgelegt werden, wobei es auf das Verständnis des Bieters ankommt, also den objektiven Empfängerhorizont. Nach diesem Maßstab muss im Einzelfall entschieden werden, an welcher Stelle des Vertrags die vergleichsweise detaillierte, also speziellere Aussage enthalten ist bzw. ob der Bieter Fehler der Ausschreibung bereits in der Angebotsphase erkennen und den Auftraggeber nach § 4 Abs. 3 VOB/B darauf hinweisen musste. Fragen der Vertragsauslegung werden im Kapitel C behandelt.

738 Nachträge kommen grundsätzlich nur in Betracht, wenn sich nach Vertragsabschluss etwas geändert hat. Deshalb ist die erste Frage immer: *Was ist Bausoll?* Erst wenn feststeht, welche Leistungen für den Einheits- oder Pauschalpreis geschuldet sind, kann beantwortet werden, ob und aus welchen Gründen das Bau-Ist, also die tatsächlich hergestellte Leistung, davon abweicht. Die Bestimmung des Bausolls hängt aber nicht nur von der Notwendigkeit ab, unklare oder widersprüchliche Bausollbestimmungen auszulegen, sondern auch davon, in welcher Art und Weise der Auftraggeber die Leistung beschrieben und ob er die Planung selbst erstellt oder Planungsaufgaben auf den Auftragnehmer übertragen hat. Bevor die unterschiedlichen Techniken der Leistungsbeschreibung bzw. die verschiedenen Vertragstypen erörtert werden (vgl. unter E. I. 6., Rn. 838 ff.), behandeln wir die Nachtragsvorschriften und ihre rechtlichen Voraussetzungen. Denn diese sind im Ausgangspunkt davon unabhängig, ob ein Einheitspreis- oder Pauschalvertrag abgeschlossen wurde.

739 Die VOB/B enthält zwei Nachtragsvorschriften in § 2 Abs. 5 und Abs. 6. Der wesentliche Unterschied zwischen diesen beiden Bestimmungen besteht darin, dass § 2 Abs. 5 VOB/B einen Mehr- oder Minderkostenausgleich für bereits vertraglich vereinbarte Leistungen vorsieht, die aufgrund einer *Anordnung* des Auftraggebers *geändert* wurden, wohingegen § 2 Abs. 6 VOB/B einen besonderen

Vergütungsanspruch für erforderliche Leistungen regelt, die nach dem abgeschlossenen Vertrag nicht Bausoll geworden sind und die der Auftraggeber *zusätzlich* gefordert hat. Die Unterscheidung kann von praktischer Bedeutung sein, weil nur § 2 Abs. 6 Nr. 1 Satz 2 VOB/B verlangt, dass der Auftragnehmer den Anspruch auf die besondere Vergütung vor der Ausführung ankündigen muss, während eine entsprechende Bestimmung in § 2 Abs. 5 VOB/B fehlt (vgl. E. I. 3. e), Rn. 750 ff.). Die Voraussetzungen und Rechtsfolgen der beiden Nachtragsvorschriften sind ansonsten identisch. Das heißt: Hat der Auftragnehmer Mehrkosten angekündigt, ist gleichgültig, ob § 2 Abs. 5 oder Abs. 6 VOB/B anwendbar ist.

Die beiden Nachtragsvorschriften sind sowohl auf Einheitspreis- als auch auf Pauschalverträge anwendbar, und zwar einschränkungslos. Das folgt für Pauschalverträge ausdrücklich aus § 2 Abs. 7 Nr. 2 VOB/B. Dort heißt es, dass die Regelungen in § 2 Abs. 5 und Abs. 6 VOB/B auch bei Vereinbarung einer Pauschalsumme gelten. Dafür muss auch keine wie auch immer geartete Erheblichkeitsgrenze überschritten werden (BGH, Beschl. v. 12.9.2002 – VII ZR 81/01; BGH, Urt. v. 29.6.2000 – VII ZR 186/99). **740**

b) Änderungsleistungen (§ 2 Abs. 5 VOB/B)

Die Änderungsanordnung korrespondiert mit dem Leistungsbestimmungsrecht nach § 1 Abs. 3 VOB/B und kann den Bauinhalt betreffen (*„Änderungen des Bauentwurfs“*) oder sich auf die Umstände der Ausführung von bereits beauftragten Leistungen beziehen (*„andere Anordnungen des Auftraggebers“*); wir nennen diese Anordnungen des Auftraggebers Bauumstandsänderungen. **741**

Beispiele für Bauinhaltsänderungen: **742**
- Der Auftraggeber ordnet statt der ursprünglich geplanten feststehenden Fenster im Erdgeschoss Fenster mit beweglichen Elementen zum Öffnen an.
- Der Auftraggeber ordnet an, statt Ortbeton Fertigteildecken zu verwenden.
- Der Auftraggeber verlangt statt des im Leistungsverzeichnis vorgesehenen vieradrigen Elektrokabels den Einbau eines Kabels mit sechs Adern.

Beispiele für Bauumstandsänderungen: **743**
- Im Vertrag wurde die Sperrung einer Straße zwecks Transporterleichterung zugesagt. Diese wird zurückgenommen, weshalb die Arbeiten auf Anordnung des Auftraggebers bei laufendem Verkehr ausgeführt werden.
- Der Auftraggeber ordnet einen Baustopp in bestimmten Baubereichen an, weil aufgrund von Mieterwechseln das Raumprogramm geändert werden muss.
- Die geplante Reihenfolge der Bauleistungen wird auf Anordnung des Auftraggebers verändert.
- Statt des vorgesehenen Maschineneinsatzes wird Handschachtung angeordnet.

744 Solche Bauinhalts- bzw. Bauumstandsänderungen begründen Mehrkostenansprüche nach § 2 Abs. 5 VOB/B, wenn der Auftraggeber eine entsprechende Anordnung getroffen hat und dadurch Mehrkosten entstehen (OLG Zweibrücken, Urt. v. 15.2.2002 – 2 U 30/01; OLG Nürnberg, Urt. v. 13.10.1999 – 4 U 1683/99; KG, Urt. v. 15.3.1999 – 24 U 5157/98). Daneben können Ansprüche auf Verlängerung der Ausführungsfristen nach § 6 Abs. 2 Ziffer 1 a) VOB/B bestehen, wenn die Änderungen zeitrelevant sind. Nach dem Wortlaut des § 2 Abs. 5 VOB/B ist aber auch der umgekehrte Fall denkbar, nämlich dass eine Bauinhalts- oder Bauumstandsänderung zu Minderkosten führt. In diesem Fall kann der Auftraggeber eine Reduzierung der vereinbarten Preise verlangen, wobei die kalkulierten Deckungsbeiträge erhalten bleiben müssen (vgl. E. I. 5. b), aa), (4), Rn. 807 f.).

745 Ein Auftragnehmer muss Folgendes beachten: Wenn Änderungen angeordnet werden, müssen auch die zeitlichen Folgen bedacht und zum Gegenstand des Nachtragsangebots gemacht werden. Das gilt auch bei Zusatzleistungen nach § 2 Abs. 6 VOB/B. Ist der Auftragnehmer dazu nicht in der Lage, weil sich die zeitabhängigen Kosten bei Angebotsabgabe noch nicht abschließend bewerten lassen, muss er einen entsprechenden Vorbehalt erklären. Ansonsten kann er mit der Geltendmachung weiterer Mehrkosten wegen der durch die Änderungsanordnung eingetretenen Bauzeitverlängerung ausgeschlossen sein. Das gilt nach der Rechtsprechung jedenfalls dann, wenn der Auftraggeber das Nachtragsangebot angenommen hat. Denn es gibt keinen *„Nachtrag zum Nachtrag"* (KG, Urt. v. 22.6.2018 – 7 U 111/17; OLG München, Urt. v. 26.9.2017 – 28 U 2834/09; auch OLG München, Urt. v. 26.6.2012 – 9 U 3604/11 Bau; OLG Brandenburg, Beschl. v. 18.8.2009 – 11 W 25/08). Nach einer Entscheidung des OLG Jena ist ein Vorbehalt entbehrlich, wenn dem Auftraggeber zum Zeitpunkt der Vereinbarung des Sachnachtrags bereits ein gesonderter Behinderungsnachtrag vorlag (OLG Jena, Urt. v. 22.4.2008 – 5 U 1025/06).

746 In den Kontext von § 2 Abs. 5 VOB/B gehört auch die Frage, ob ein öffentlicher Auftraggeber das sogenannte Vergabeverfahrensrisiko, also die Mehrkosten aus einer verspäteten Zuschlagserteilung nach Bindefristverlängerung, tragen muss. Das hat der BGH bereits am 11.5.2009 bejaht (BGH, Urt. v. 11.5.2009 – VII ZR 11/08), gilt nach einer weiteren Entscheidung des BGH aber nur, wenn sich durch den verspäteten Zuschlag auch die Fristen für die Ausführung der Leistung ändern (BGH, Urt. v. 10.9.2009 – VII ZR 82/08). Die daraus resultierenden Mehrkosten, beispielsweise aufgrund von Materialverteuerungen, ergeben sich aus der Differenz zwischen den hypothetischen Ist-Kosten für die Sollbauzeit und den Kosten für die tatsächliche Bauzeit (BGH, Urt. v. 22.7.2010 – VII ZR 213/08). Deshalb muss der Auftragnehmer konkret vortragen, welche Preise er bei Einhaltung der geplanten Bauzeit hätte zahlen müssen und welche er aufgrund der Bauzeitverschie-

bung tatsächlich bezahlen musste. So ist es auch, wenn der Auftragnehmer aufgrund der Vergabeverzögerung und einer daraus resultierenden Verschiebung der Bauzeit nicht mehr das befristete Angebot eines günstigeren Nachunternehmers annehmen konnte und ihm deshalb höhere Nachunternehmerkosten entstanden sind (BGH, Urt. v. 8.3.2012 – VII ZR 202/09). Einer Mehrkostenberechnung auf der Basis von Index-Veränderungen des Statistischen Bundesamtes hat der BGH eine Absage erteilt (BGH, Urt. v. 22.7.2010 – VII ZR 213/08; ebenso: OLG Celle, Urt. v. 25.5.2011 – 14 U 62/08). Selbst wenn der Auftraggeber im Zuschlagsschreiben eine neue Bauzeit nennt, kommt der Vertrag zu den angebotenen Bedingungen zustande, sodass der Auftragnehmer einen vertraglichen Anspruch auf Anpassung der Bauzeit und der Vergütung an die geänderten Umstände geltend machen kann. Anders kann es dagegen sein, wenn der Auftraggeber im Zuschlagsschreiben eine neue Bauzeit einseitig vorgibt, um eine ausdrückliche „Annahmebestätigung" bittet und diese vom Auftragnehmer vorbehaltlos erklärt und akzeptiert wird (BGH, Urt. v. 6.9.2012 – VII ZR 193/10). Erklärt sich der Bieter auf ein solches Verlangen mit den geänderten Vertragsfristen hingegen nicht einverstanden, kommt ein Bauvertrag nicht zustande, auch wenn das Vorgehen des Auftraggebers wegen eines Verstoßes gegen das Nachverhandlungsverbot (§ 15 Abs. 3 VOB/A) vergaberechtswidrig war (BGH, Urt. v. 3.7.2020 – VII ZR 144/19).

c) Zusatzleistungen (§ 2 Abs. 6 VOB/B)

Diese Vorschrift regelt einen besonderen Vergütungsanspruch für Bauleistungen, die nach dem Vertrag nicht geschuldet sind, deren Durchführung der Auftraggeber aber nachträglich fordert. Eine Zusatzleistung im Sinne des § 2 Abs. 6 VOB/B liegt vor, wenn eine neuartige Leistung verlangt und nicht eine bereits vorhandene geändert wird. Der Anspruch auf besondere Vergütung nach § 2 Abs. 6 VOB/B korrespondiert mit dem Anordnungsrecht des Auftraggebers nach § 1 Abs. 4 Satz 1 VOB/B (vgl. E. I. 2. a) bb), Rn. 704 ff.). 747

Beispiele für Zusatzleistungen: 748

- Nachträglicher Einbau einer im Leistungsverzeichnis nicht erwähnten, aber erforderlichen Abwasserhebeanlage.
- Der Auftraggeber hat vergessen, eine notwendige Bauwerksabdichtung im Leistungsverzeichnis auszuschreiben.
- Anordnung der Errichtung eines Gerüstes über 2 m Arbeitshöhe, obwohl diese Besondere Leistung nach der VOB/C (beispielsweise: DIN 18338, Abschnitte 4.1.1 und 4.2.3) im Vertrag nicht erwähnt wurde.
- Der Auftraggeber verlangt zusätzliche Verankerungen, weil die von seinem Ingenieurbüro erstellte Windlastberechnung falsch gewesen ist.

§ 2 Abs. 6 VOB/B greift auch, wenn der Auftraggeber eine Mehrung inhaltlich unveränderter Leistungen anordnet. Die *angeordnete* Mengenmehrung fällt unter 749

§ 2 Abs. 6 VOB/B, die Mengenmehrung wegen falscher Mengenangaben im LV – also ohne Anordnung des Auftraggebers – unter § 2 Abs. 3 Nr. 2 VOB/B, falls eine 10 %-Grenze überschritten wird.

d) Wirksame Anordnung des Auftraggebers nach Ausführung einer modifizierten Leistung

750 Dreh- und Angelpunkt jedes Nachtrags nach § 2 Abs. 5 oder Abs. 6 VOB/B ist eine wirksame *Anordnung* des Auftraggebers (OLG Düsseldorf, Urt. v. 21.11.2014 – 22 U 37/14). Das setzt eine rechtsgeschäftliche Erklärung voraus. Hierfür gelten die Regeln für Willenserklärungen, insbesondere auch das Recht der Stellvertretung. Ein rein passives Verhalten stellt regelmäßig keine einen vertraglichen Mehrvergütungsanspruch auslösende Anordnung des Auftraggebers dar, selbst wenn eine Pflicht zum Handeln bestand (OLG Düsseldorf, Urt. v. 30.8.2012 – 23 U 162/11.; OLG Düsseldorf, Urt. v. 20.1.2009 – 23 U 47/08). Diese Anordnungsrechte bestehen regelmäßig nur bis zur abnahmereifen Fertigstellung der Leistung. Danach ist der Auftragnehmer nicht mehr verpflichtet, Änderungs- oder Zusatzleistungen auszuführen, weil der Vertrag dann erfüllt ist (OLG Hamm, Urt. v. 18.1.2019 – 12 U 54/18).

aa) Anspruch des Auftragnehmers auf eine Anordnung

751 Der Auftraggeber ist auf Verlangen des Auftragnehmers zur Erteilung einer Anordnung aufgrund des Kooperationsgebots im Bauvertrag verpflichtet; sie steht keineswegs in seinem freien Ermessen. Unterlässt der Auftraggeber auf eine Nachfrage, beispielsweise im Rahmen eines Bedenkenhinweises des Auftragnehmers nach § 4 Abs. 3 VOB/B, eine gebotene Anordnung, steht dem Auftragnehmer die Möglichkeit offen, ein Leistungsverweigerungsrecht geltend zu machen, gegebenenfalls die Arbeiten einzustellen und auf eine Anordnung zu bestehen (OLG Düsseldorf, Urt. v. 20.1.2009 – 23 U 47/08; OLG Düsseldorf, Urt. v. 25.10.2013 – 22 U 21/13; OLG Düsseldorf, Urt. v. 30.8.2012 – I-23 U 162/11). Das OLG Düsseldorf hat ausdrücklich entschieden, dass in Fällen, in denen der Auftraggeber eine notwendige Anordnung unterlassen hat und es dadurch zu einer Behinderung oder Unterbrechung der Bauausführung gekommen ist, dem Auftragnehmer Ansprüche auf Verlängerung der Ausführungsfristen (§ 6 Abs. 2 Nr. 1a) VOB/B) sowie auf Erstattung der behinderungsbedingten Mehrkosten nach § 6 Abs. 6 VOB/B oder § 642 BGB zustehen (OLG Düsseldorf, Urt. v. 25.10.2013 – 22 U 21/13 und Urt. v. 2.3.2018 – 22 U 71/17). Die Verpflichtung zur Anordnung bedeutet nicht, dass der Auftraggeber aufgrund des Bedenkenhinweises stets eine *bausolländernde* Anordnung treffen muss. Er kann, beispielsweise aus Kostengründen oder weil er technisch anderer Auffassung ist, auch anordnen, dass es bei der vertraglich beauftragten Leistung bleibt, muss dann aber das Risiko von Mängeln tragen (§§ 4 Abs. 3 i.V.m. 13 Abs. 3 VOB/B). Dem Auftragnehmer ist bei einem Bedenkenhinweis zu raten, für die Anordnung des Auftraggebers eine

angemessene Frist zu setzen und um eine Mitteilung zu bitten, falls die Entscheidung längere Zeit in Anspruch nehmen sollte. Hätte eine spätere Entscheidung Auswirkungen auf die vereinbarten Ausführungsfristen, kann die Mitteilung mit einer Behinderungsanzeige verbunden werden. Es versteht sich von selbst, dass dafür aus Beweisgründen und wegen § 6 Abs. 1 VOB/B die Schriftform notwendig ist. Keinesfalls darf der Auftragnehmer aus einem Schweigen des Auftraggebers auf einen Bedenkenhinweis schließen, dass dieser mit geänderten oder zusätzlichen Leistungen einverstanden ist. Vielmehr ist das Gegenteil der Fall. Schweigt der Auftraggeber, bleibt es grundsätzlich bei den Leistungen, die im Vertrag vereinbart worden sind. Auch darauf sollte ein Auftragnehmer hinweisen. Bestehen allerdings nicht nur Bedenken, sondern stehen der Ausführung der beauftragten Leistung gesetzliche bzw. behördliche Bestimmungen entgegen oder führt die beauftragte Leistung zu einer Gefahr für Leib und Leben Dritter, muss der Auftragnehmer die Leistung verweigern. Das folgt aus § 4 Abs. 1 Nr. 4 VOB/B (OLG Karlsruhe, Urt. v. 20.7.2004 – 17 U 262/01).

Von der Anordnung zur Ausführung geänderter oder zusätzlicher Leistungen **752**
streng zu unterscheiden ist die Frage, ob der Auftragnehmer verlangen kann, dass die dafür zu zahlende Vergütung vor der Ausführung vereinbart oder vom Auftraggeber bestätigt wird. Das ist nach herrschender Auffassung zu verneinen, sodass ein Auftragnehmer beim VOB/B-Vertrag grundsätzlich nicht berechtigt ist, die Erbringung der Nachtragsleistung von einer vorherigen Einigung über die Zusatzvergütung abhängig zu machen (KG, Urt. v. 13.6.2017 – 21 U 24/15; OLG Hamm, Urt. v. 22.12.2011 – 21 U 111/10; OLG Brandenburg, Urt. v. 10.10.2005 – 4 U 151/04). Vertragsdurchführung geht vor Preisgewissheit. Wirksame Anordnungen müssen deshalb sofort umgesetzt werden, soweit das technisch möglich ist. Darin liegt der entscheidende Unterschied zu § 650b Abs. 2 BGB (vgl. E. I. 2. d), Rn. 726 ff.).

bb) Stellvertretung bei bausolländernden Anordnungen

Anordnungen sind Willenserklärungen. Für diese gelten die Regeln der Stellver- **753**
tretung. Insbesondere bei öffentlichen Auftraggebern sollte stets bedacht und geprüft werden, ob der Anordnende Vertretungsmacht hat. Denn Anordnungen nach § 1 Abs. 3 und Abs. 4 VOB/B sind Verpflichtungsgeschäfte im Sinne der Kommunalgesetze (BGH, Urt. v. 27.11.2003 – VII ZR 346/01). Ist dort die Schriftform vorgesehen, ist eine nur mündliche Anordnung unwirksam, selbst wenn der Anordnende vertretungsbefugt ist (OLG Köln, Beschl. v. 3.12.2019 – 14 U 25/19).

Die Frage einer wirksamen Vertretung bei bausolländernden Anordnungen stellt **754**
sich natürlich auch bei einem privaten Auftraggeber, sodass in allen Zweifelsfällen rechtzeitig und verbindlich geklärt werden sollte, ob die Anordnung von einer vertretungsberechtigten Person erteilt wurde. Im Zweifelsfall sollte nachgefragt und die schriftliche Bestätigung bzw. eine Genehmigung des Vertretungsberechtigten

eingeholt werden, bevor mit der Leistungsausführung begonnen wird (§ 177 BGB). Der Auftragnehmer kann dieses Verlangen nach einer eindeutigen und wirksamen Anordnung mit dem Hinweis auf ein anderenfalls bestehendes Leistungsverweigerungsrecht verbinden (siehe oben). Auftraggeber müssen nicht die Sorge haben, dass solche Anordnungen in jedem Fall nachtragsbegründend sind. Ergibt die Auslegung des Vertrags, dass sich die Anordnung lediglich auf Leistungen bezogen hat, die bereits Bausoll nach dem abgeschlossenen Vertrag geworden sind, bleibt es auch bei der im Vertrag vereinbarten Vergütung. Dieser Gedanke gilt selbstverständlich auch umgekehrt: Ist mit einer Anordnung objektiv die Ausführung einer Änderungs- oder Zusatzleistung verbunden, muss der Auftraggeber den entsprechenden Nachtrag selbst dann vergüten, wenn er die Mehrkostenanzeige des Auftragnehmers unter Verweis darauf, dass die Leistungen bereits Bausoll geworden sind, zuvor zurückgewiesen, die Ausführung der Leistungen aber dennoch verlangt hat (KG, Urt. v. 17.12.2013 – 7 U 203/12).

755 Der Bauleiter des Auftraggebers oder ein bauüberwachender Architekt sind ohne ausdrückliche Bevollmächtigung grundsätzlich nicht zur Anordnung von Änderungs- oder Zusatzleistungen befugt; ihre Vollmacht endet, wo das Portemonnaie des Bauherrn beginnt (OLG Karlsruhe, Urt. v. 7.12.2015 – 13 U 110/13; OLG Brandenburg, Urt. v. 8.12.2016 – 12 U 192/15; OLG München, Urt. v. 10.9.2013 – 9 U 1685/12 Bau; KG, Urt. v. 22.5.2012 – 7 U 215/11). Unter welchen Voraussetzungen ausnahmsweise von einer sogenannten Duldungs- oder Anscheinsvollmacht auszugehen ist, lässt sich nicht sicher prognostizieren. Grundsätzlich geht die Rechtsprechung davon aus, dass Rechtsscheinsvollmachten vorliegen können, wenn der Auftraggeber das Handeln seines Bauleiters oder Architekten zwar nicht positiv kennt, es aber bei pflichtgemäßer Sorgfalt hätte erkennen bzw. verhindern müssen und der Auftragnehmer annehmen durfte, der Auftraggeber dulde und billige das Handeln des angeblichen Vertreters (OLG München, Urt. v. 24.5.2011 – 13 U 2760/10; OLG Dresden, Urt. v. 22.9.2010 – 6 U 61/05; OLG Karlsruhe, Urt. v. 23.3.2010 – 8 U 43/09). Das kann beispielsweise der Fall sein, wenn der Bauherr dem Architekten allein die Vertragsverhandlungen mit dem Auftragnehmer überlässt und der Architekt bei Abschluss des Bauvertrags mit Vollmacht des Bauherrn handelt. Das dürfte die Annahme rechtfertigen, dass er dann auch zur Erteilung von Nachträgen bevollmächtigt ist (OLG Köln, Urt. v. 20.12.2017 – 11 U 112/15). Das Gleiche kann gelten, wenn ein Bauleiter oder Architekt während der gesamten Bauausführungsphase gegenüber dem Auftragnehmer Nachtragsaufträge erteilt und der Auftraggeber dies erkannt hat oder hätte erkennen können, aber nicht eingeschritten ist. Das kann zu einer Duldungsvollmacht führen (OLG Karlsruhe, Urt. v. 7.12.2015 – 13 U 110/13). Der für Rechtsscheinsvollmachten notwendige Vertrauenstatbestand kann aber bereits dann fehlen, wenn im Vertrag ausdrücklich geregelt ist, dass Bau- bzw. Projektleiter oder bauüberwachende Architekten/Ingenieure keine Vollmacht haben (OLG Brandenburg,

Urt. v. 8.12.2016 – 12 U 192/15; OLG Frankfurt, Urt. v. 2.4.2015 – 13 U 132/13; OLG München, Urt. v. 10.9.2013 – 9 U 1685/12 Bau).

Das OLG Brandenburg vertritt die Auffassung, eine Duldung lasse sich nicht ohne Weiteres daraus herleiten, dass dem Auftraggeber Abschriften der Baubesprechungsprotokolle zugeleitet worden sind und er daraufhin nicht intervenierte (OLG Brandenburg, Urt. v. 30.11.2011 – 4 U 144/07). Das ist aber kritisch und unsicher. Das OLG Karlsruhe vertritt hierzu eine andere Auffassung (OLG Karlsruhe, Urt. v. 23.3.2010 – 8 U 43/09). Denn für Baubesprechungsprotokolle gelten die Grundsätze des kaufmännischen Bestätigungsschreibens (OLG Oldenburg, Urt. v. 25.7.2019 – 14 U 34/19; BGH, Urt. v. 27.1.20011 – VII ZR 186/09; KG, Urt. v. 18.9.2012 – 7 U 227/11; OLG Frankfurt, Urt. v. 22.12.2011 – 10 U 78/06). Danach muss der jeweilige Empfänger dem Inhalt eines Protokolls unverzüglich widersprechen, wenn er verhindern will, dass sein Schweigen wie eine nachträgliche Genehmigung behandelt wird (*„Wer schweigt, der bleibt"*). Das soll nach Auffassung des OLG Frankfurt selbst dann gelten, wenn die Anordnung, die im Baubesprechungsprotokoll dokumentiert worden ist, nicht von einer vertretungsberechtigten Person erteilt wurde (OLG Frankfurt, Urt. v. 22.12.2011 – 10 U 78/06). Diese Entscheidungen zeigen, dass die Überprüfung von Besprechungsprotokollen auch für den Auftraggeber wichtig ist, weil mit einem Schweigen gravierende Rechtsnachteile verbunden sein können. Die Grundsätze des kaufmännischen Bestätigungsschreibens sollen nach einer Entscheidung des OLG Köln auch gelten, wenn dieses von einem öffentlichen Auftraggeber per E-Mail verschickt worden ist (OLG Köln, Urt. v. 29.12.2016 – 7 U 131/15). Dann müsste der Auftragnehmer unverzüglich widersprechen, wenn der Inhalt aus seiner Sicht unzutreffend ist. Innerhalb welcher Frist der Empfänger eines kaufmännischen Bestätigungsschreibens widersprechen muss, lässt sich nicht allgemein sagen, weil es auf die Umstände des konkreten Einzelfalls ankommt. Erkennt der Auftraggeber anhand eines Bestätigungsschreibens, das ihm an einem Donnerstag zugeht, dass sein Vertragspartner die aus dessen Sicht verbindlich geänderten Materialien bereits am Montag der darauffolgenden Woche bestellen will, sollte er sich mit seinem Widerspruch nicht bis Dienstag Zeit lassen. Dagegen kann ein Widerspruch auch noch nach einer Woche rechtzeitig sein, wenn der Absender des Bestätigungsschreibens klar zum Ausdruck bringt, dass die Anordnung erst nach zwei Wochen umgesetzt bzw. relevant wird. Liegen solche erkennbaren Umstände des Einzelfalls nicht vor, wird man sagen können, dass ein Widerspruch nach Ablauf von drei Arbeitstagen seit Zugang des Bestätigungsschreibens jedenfalls in den kritischen Bereich gerät. **756**

cc) Anordnung in eindeutiger Art und Weise

Das Fordern oder Anordnen einer modifizierten Leistung ist von der Äußerung **757**
unverbindlicher Hinweise, Wünsche oder Anfragen des Auftraggebers abzugrenzen

(dazu: OLG Düsseldorf, Urt. v. 6.11.1998 – 22 U 103/98; BGH, Urt. v. 10.4.1997 – VII ZR 211/95). Im Streitfall ist der Auftragnehmer für eine verbindliche Anordnung beweispflichtig (OLG Hamm, Urt. v. 8.3.2012 – 17 U 49/11; OLG Brandenburg, Urt. v. 25.8.2011 – 12 U 69/10ff.). Ist in einem konkreten Fall unklar, ob der Auftraggeber lediglich über eine Ausführungsvariante nachdenkt, sollte der Auftragnehmer nachfragen, ob die Leistung tatsächlich verlangt wird und gleichzeitig darauf hinweisen, dass in diesem Fall eine zusätzliche Vergütung zu bezahlen ist. Erfolgt die Anordnung von einem Vertretungsberechtigten des Auftraggebers zwar verbindlich, aber lediglich mündlich, empfiehlt es sich dringend, ein kaufmännisches Bestätigungsschreiben zu versenden, das die konkreten Umstände der Anordnung (Inhalt, Person, Ort und Datum) festhält. Widerspricht der Empfänger nicht unverzüglich, legt der Inhalt dieses kaufmännischen Bestätigungsschreibens die mündlich getroffene Vereinbarung verbindlich fest (siehe oben).

dd) Schweigen als Anordnung oder Beauftragung?

758 Problematisch sind Fälle, in denen ein Auftraggeber schweigt und es der Auftragnehmer versäumt hat, für eine beweisbare Anordnung des Auftraggebers zu sorgen. Dann stellt sich die Frage, unter welchen Voraussetzungen von einer stillschweigenden Anordnung auszugehen ist. Man muss unterscheiden: Wenn ein Auftragnehmer beispielsweise entgegen den Angaben im Bauvertrag schadstoffbelastete Stahlträger vorfindet, hat er im Grundsatz zwei Möglichkeiten: Er kann die erforderlichen Zusatz- oder Änderungsleistungen erbringen, ohne den Auftraggeber bzw. seine Bauleitung zu informieren oder er kann nach einer entsprechenden schriftlichen Mitteilung die ausdrückliche Anordnung des Auftraggebers abwarten. Das ist der sicherste Weg. Entscheidet er sich dagegen ohne eine Mitteilung für die sofortige Ausführung der Leistungen und hat der Auftraggeber keine Kenntnis von der veränderten Situation, liegt auch keine stillschweigende Anordnung vor (OLG Düsseldorf, Urt. v. 20.1.2009 – 23 U 47/08). In solchen Fällen kann sich ein Vergütungsanspruch des Auftragnehmers nur noch unter den unsicheren Voraussetzungen des § 2 Abs. 8 Nr. 2 oder Nr. 3 VOB/B ergeben (vgl. E. I. 4. c) und d), Rn. 776 ff. und 778 ff.). Anders kann es sein, wenn der Auftraggeber nachweislich informiert wird oder die Situation aufgrund der Anwesenheit seiner Bauleitung kennt und er die Zusatz- oder Änderungsleistungen schweigend entgegennimmt (OLG Düsseldorf, Urt. v. 20.1.2009– 23 U 47/08). Dann hätte der Auftraggeber handeln können und müssen, wenn er mit den Arbeiten nicht einverstanden war (OLG Brandenburg, Urt. v. 9.7.2002 – 11 U 187/01). Mit anderen Worten: Er darf den Auftragnehmer nicht einfach sehenden Auges weiterarbeiten lassen oder gar zur zügigen Leistungserbringung auffordern und erst nach Ausführung der Arbeiten erklären, es habe an einer entsprechenden Anordnung gefehlt (OLG Dresden, Urt. v. 23.12.2004 – 9 U 3114/98; ähnlich: OLG Köln, Urt. v. 14.1.2003 – 22 U 128/02).

In den Kontext einer stillschweigenden Anordnung gehört die Frage, ob der Auftraggeber ein Nachtragsangebot auch stillschweigend (konkludent) beauftragen kann. Das hat die Rechtsprechung in Einzelfällen bejaht. Wenn der Auftraggeber zusätzliche Leistungen gefordert und der Auftragnehmer hierfür ein Nachtragsangebot unterbreitet hat, kann dessen stillschweigende Annahme dadurch zum Ausdruck kommen, dass der Auftraggeber diese Leistungen duldend entgegennimmt, ohne dem Nachtragsangebot zu widersprechen (OLG Koblenz, Urt. v. 28.2.2011 – 12 U 1543/07). Das soll jedenfalls dann gelten, wenn der Auftraggeber erst widerspricht, nachdem die zusätzliche Leistung ausgeführt wurde (KG, Urt. v. 31.10.2008 – 7 U 169/07; ähnlich: OLG Jena, Urt. v. 12.1.2006 – 1 U 921/04). 759

Beispiel: Der AN führt Zinkverkleidungsarbeiten an einem Kragdach aus. Im Rahmen einer Baustellenbesprechung wird über die Notwendigkeit einer zusätzlichen Wärmedämmung gesprochen. In dieser Besprechung bietet der AN die Lieferung der Dämmung gegen eine zusätzliche Vergütung an. Der nicht zur Beauftragung von Zusatzleistungen bevollmächtigte Bauleiter des AG nimmt dieses Angebot des AN in das Baustellenprotokoll auf und leitet es an den AG weiter. Anschließend liefert der AN die Wärmedämmung, die der AG widerspruchslos entgegennimmt. Er verweigert im Anschluss daran aber die Bezahlung mit der Begründung, er habe die zusätzliche Wärmedämmung nicht in Auftrag gegeben. 760

Das OLG Hamm verurteilte den Auftraggeber antragsgemäß (OLG Hamm, Urt. v. 22.2.2010 – 17 U 67/09). In der widerspruchslosen Entgegennahme der Leistung liege eine stillschweigende Annahme des Nachtragsangebots, weil der Auftragnehmer das Verhalten seines Vertragspartners nach Treu und Glauben nur so verstehen konnte, dass dieser mit den Leistungen nach Maßgabe des Angebots einverstanden gewesen sei. Auch wenn man diese und ähnliche Entscheidungen nicht verallgemeinern darf, halten wir das Urteil jedenfalls dann für zutreffend, wenn ein sachkundiger Auftraggeber ständig mit einer professionellen Bauleitung vor Ort ist. Denn es kann im Einzelfall tatsächlich treuwidrig sein, die Leistungen in Kenntnis des Nachtragsangebots widerspruchslos entgegenzunehmen und erst nachträglich Erkenntnisse zu offenbaren, die man während der Ausführungszeit für sich behalten hat. Wie bereits oben ausgeführt, ist das aber nicht der sicherste Weg. Dieser besteht darin, eine ausdrückliche Anordnung eines Vertretungsberechtigten zu verlangen und mitzuteilen, dass eine solche Voraussetzung für die Erbringung der modifizierten Leistung ist. 761

ee) Behördliche Auflagen

Behördliche Auflagen und Anordnungen, die in den Verantwortungs- und Risikobereich des Auftraggebers fallen (§ 4 Abs. 1 Nr. 1 Satz 2 VOB/B), können dem 762

Auftraggeber ebenfalls zuzurechnen sein; sie gelten jedenfalls dann als dessen Anordnung, wenn er die behördlichen Mitteilungen kennt und den Dingen daraufhin ihren Lauf lässt (OLG Zweibrücken, Urt. v. 15.2.2002 – 2 U 30/01). Das gilt erst recht, wenn im Vertrag bzw. in der Baubeschreibung festgelegt wurde, dass den Weisungen der zuständigen Behörde Folge zu leisten ist (OLG Naumburg, Urt. v. 18.2.2016 – 2 U 17/13). Auch eine verkehrsrechtliche Anordnung der zuständigen Straßenverkehrsbehörde kann im Einzelfall eine dem Auftraggeber zuzurechnende Anordnung sein (LG Neuruppin, Urt. v. 14.6.2018 – 31 O 40/16). Wir raten aber auch hier zur Vorsicht. Denn im Grundsatz setzt ein Nachtragsanspruch die Anordnung des Auftraggebers selbst oder eines Vertretungsberechtigten voraus. Es ist immerhin denkbar, dass der Auftraggeber gegen die Weisung der Behörde oder auch eines Prüfstatikers den Rechtsweg beschreiten bzw. verhandeln will. Diese Möglichkeit sollte der Auftragnehmer dem Auftraggeber grundsätzlich erhalten. Erbringt er stattdessen die modifizierte Leistung, ohne den Auftraggeber vorher zu informieren und seine Anordnung einzuholen, riskiert er unter Umständen seinen Nachtragsanspruch. Wenn man in solchen Fällen nicht von einer dem Auftraggeber zuzurechnenden Anordnung ausgeht, bestehen Vergütungsansprüche nur unter den unsicheren Voraussetzungen einer Geschäftsführung ohne Auftrag gemäß § 2 Abs. 8 Nr. 3 VOB/B (KG, Urt. v. 28.4.2015 – 7 U 141/14) oder nach § 2 Abs. 8 Nr. 2 VOB/B (dazu unter E. I. 4. Rn. 774 ff.).

ff) Übergabe geänderter Pläne

763 Übergibt der Auftraggeber geänderte Pläne, stellt dies sogar eine schriftliche Änderungsanordnung dar, wenn daraus Bauinhaltsänderungen oder Zusatzleistungen hervorgehen (KG, Urt. v. 21.4.2016 – 27 U 81/15). Anders ist es nach Auffassung des OLG Dresden allerdings dann, wenn der Auftraggeber eine auftragnehmerseitige Ausführungsplanung lediglich freizeichnet, der dortige Inhalt aber von der ursprünglichen Planung abweicht und der Auftraggeber bei der Planfreigabe nicht mit dem Bewusstsein gehandelt hat, eine kostenpflichtige Änderungsanordnung zu erteilen (OLG Dresden, Urt. v. 31.8.2011 – 1 U 1682/10; ebenso: OLG Naumburg, Urt. v. 13.10.2014 – 12 U 110/14). In einem vom OLG Düsseldorf entschiedenen Fall hat dagegen ein „sachkundig vertretener Auftraggeber" eine von den Vertragsunterlagen abweichende auftragnehmerseitige Fertigungsliste freigegeben, was nach Auffassung des Gerichts eine Anordnung i.S.d. § 2 Abs. 5 VOB/B begründete (OLG Düsseldorf, Urt. v. 30.8.2012 – 23 U 162/11). Das OLG Düsseldorf stellte im Rahmen seiner Entscheidung darauf ab, dass die Leistungsänderung für einen Fachmann erkennbar gewesen sei und die Fertigungsliste ohne jeden Widerspruch bzw. Vorbehalt zur Ausführung freigegeben wurde. Das ist im Einzelfall vertretbar, aber unsicher.

gg) Beweisbare Aktenlage

Die Ausführungen zur Notwendigkeit und den Voraussetzungen einer Anordnung machen deutlich, dass sich ein Auftragnehmer nicht auf juristisches Glatteis begeben sollte, das er sofort betritt, wenn er sich auf unsichere Konstruktionen wie stillschweigend erteilte Anordnungen oder Duldungs- bzw. Anscheinsvollmachten einlässt. Es liegt in seinem ureigensten Interesse, stattdessen für eine klare und vor allem beweisbare Aktenlage zu sorgen. Denn er muss die Voraussetzungen der Nachtragsansprüche beweisen, nicht der Auftraggeber, dass es daran fehlt (OLG Zweibrücken, Urt. v. 28.9.2016 – 7 U 66/14). Auch hier gilt wie immer: „Wer schreibt, der bleibt!" Erfolgt eine Anordnung nur mündlich, raten wir dringend, diese in einem Schreiben zu bestätigen, und zwar unverzüglich. Denn damit ist die Anordnung dokumentiert. Das gilt nach den Grundsätzen des kaufmännischen Bestätigungsschreibens jedenfalls dann, wenn der Auftraggeber dem Schreiben nicht ebenso unverzüglich widersprochen hat. **764**

e) Ankündigungserfordernis vor der Ausführung

Zwischen § 2 Abs. 5 VOB/B und § 2 Abs. 6 VOB/B besteht ein bereits erwähnter Unterschied, der einer sachlichen Rechtfertigung entbehrt. Denn nur § 2 Abs. 6 Nr. 1 Satz 2 VOB/B verlangt, dass der Auftragnehmer den Nachtragsanspruch ankündigen muss, bevor er mit der Ausführung beginnt. Bei § 2 Abs. 5 VOB/B besteht eine solche Ankündigungspflicht dagegen nicht (OLG Köln, Beschl. v. 26.1.2016 – 3 U 115/15). Dieser Unterschied ist sachlich deshalb nicht gerechtfertigt, weil der Zweck der Ankündigung in der Information des Auftraggebers begründet liegt und bei Änderungsleistungen genauso – wenn nicht sogar noch mehr – besteht wie im Fall von Zusatzleistungen. **765**

Nach der früheren Rechtsprechung des BGH war das Ankündigungserfordernis bei § 2 Abs. 6 VOB/B eine zwingende Anspruchsvoraussetzung (BGH, Urt. v. 23.5.1996 – VII ZR 245/94). Der BGH hat diese Rechtsprechung zwischenzeitlich abgemildert. Danach muss der Auftraggeber darlegen, dass er bei rechtzeitiger Ankündigung anders disponiert, also kostengünstiger gebaut hätte (BGH, Urt. v. 8.11.2001 – 7 ZR 111/00; ebenso: OLG München, Beschl. v. 8.7.2019 – 27 U 3203/18 Bau). Erst dann muss der Auftragnehmer beweisen, dass auch die rechtzeitige Ankündigung an der Situation nichts geändert hätte (ähnlich: OLG Düsseldorf, Urt. v. 23.8.2002 – 22 U 25/02). Kann er diesen Beweis führen, ist die unterbliebene Ankündigung unschädlich. Eine Ausnahme von der Ankündigungspflicht besteht auch, wenn sie im konkreten Fall für den Schutz des Auftraggebers entbehrlich oder ihr Versäumnis ausnahmsweise entschuldigt ist (OLG Schleswig, Urt. v. 4.4.2018 – 12 U 4/18; OLG Dresden, Urt. v. 27.4.2017 – 10 U 881/14). **766**

Nach einer Entscheidung des OLG Dresden soll ein Nachtragsanspruch jedenfalls dann ausscheiden, wenn bis zur Abnahme der Leistung kein Nachtragsangebot **767** bzw. eine entsprechende Ankündigung erfolgt sei. Denn dadurch gebe ein Auftragnehmer zu erkennen, dass er die später als Nachtrag geltend gemachte Leistung als bereits zum vertraglichen Bausoll gehörend angesehen habe (OLG Dresden, Urt. v. 31.8.2011 – 1 U 1682/10). Auch wenn wir diese Entscheidung nicht für verallgemeinerungsfähig halten, zeigt sie dennoch, dass das Unterlassen der Ankündigung riskant sein kann. Das OLG Düsseldorf hat beispielsweise einen Nachtragsanspruch für zusätzlich ausgeführte Vermessungsleistungen abgelehnt, weil der Auftragnehmer die notwendige Ankündigung unterlassen hat und der Auftraggeber beweisen konnte, dass er in der Lage gewesen wäre, diese Vermessungsarbeiten von seinen eigenen Mitarbeitern und damit kostenlos ausführen zu lassen (OLG Düsseldorf, Urt. v. 21.11.2014 – 22 U 37/14).

768 Kein Streit besteht darüber, dass die Ankündigung des Nachtragsanspruchs dem Grunde nach ausreicht; ein konkretes Angebot mit Preisen wird von der VOB/B nicht verlangt (OLG Hamm, Urt. v. 16.1.2017 – 17 U 111/16), auch wenn die Übersendung eines Nachtragsangebots die erforderliche Ankündigung nach § 2 Abs. 6 Nr. 1 Satz 2 VOB/B darstellt (OLG Hamm, Urt. v. 13.7.2017 – 24 U 117/16). Anders ist es nach § 650b Abs. 1 Satz 2 BGB, weil diese Vorschrift grundsätzlich ein Angebot verlangt (vgl. E. I. 2. c), Rn. 716 ff.). Nur in Ausnahmefällen kann der Auftragnehmer auch nach der VOB/B verpflichtet sein, die Höhe der Mehrkosten zumindest näherungsweise anzugeben. Das kommt beispielsweise in Betracht, wenn die Nachtragsvergütung erheblich ist und der Auftraggeber diese mangels eigener Fachkunde nicht wissen konnte (OLG Köln, Urt. v. 28.1.2009 – 11 U 228/05). Der Entscheidung des OLG Köln lag tatsächlich ein extremer Ausnahmefall zugrunde, weil es bei einer vereinbarten Vergütung in Höhe von € 80.000,– um Mehrkosten in einer Größenordnung von 1,5 Mio. € ging. In einem Fall, in dem sich ein Auftraggeber der Bedeutung seiner Anordnung möglicherweise nicht bewusst ist, empfiehlt es sich dringend, einen entsprechenden Hinweis zur Höhe des Nachtragsanspruchs zu machen.

769 Man kann Bauleitern nur empfehlen, keinen Unterschied zwischen § 2 Abs. 5 und Abs. 6 VOB/B zu machen, sondern Nachtragsansprüche unterschiedslos immer anzukündigen, also auch bei geänderten Leistungen nach § 2 Abs. 5 VOB/B. Das ist der sicherste Weg. Im Übrigen verlangen Auftraggeber oftmals in Zusätzlichen oder Besonderen Vertragsbedingungen, dass der Nachtragsanspruch auch bei § 2 Abs. 5 VOB/B angekündigt werden muss, um Überraschungen nach Ausführung der Leistung zu vermeiden. Das ist zulässig, auch wenn die VOB/B dann nicht mehr „im Ganzen" vereinbart ist. Die Konsequenzen solcher und weiterer Abweichungen von der VOB/B zulasten von Auftragnehmern besprechen wir ausführlich unter E. II. 1. a), Rn. 897 ff.

f) Schriftformklauseln für Nachträge

Manche Auftraggeber weichen im Bauvertrag an etlichen Stellen von den Nachtragsregelungen der VOB/B ab. Eine in der Praxis häufig anzutreffende Änderung besteht darin, dass der Auftragnehmer eine Nachtragsvergütung nur verlangen kann, wenn es vor der Ausführung auf der Grundlage eines konkreten Angebots zu einem schriftlichen Auftrag gekommen ist. Solche Vertragsbestimmungen stellen regelmäßig Allgemeine Geschäftsbedingungen (AGB) dar. Die Frage ist, ob diese und vergleichbare Verschärfungen rechtlich wirksam sind. Nach der Rechtsprechung des BGH ist eine Klausel in einem Bauvertrag, nach der jegliche Vergütungsforderungen ausgeschlossen sind, wenn sie nicht auf schriftlichen Zusatz- und Nachtragsaufträgen des Auftraggebers beruhen, wegen unangemessener Benachteiligung des Auftragnehmers nach § 307 BGB unwirksam (BGH, Urt. v. 14.10.2004 – VII ZR 190/03 und BGH, Urt. v. 27.11.2003 – VII ZR 53/03; ebenso: OLG Hamburg, Urt. v. 25.9.2019 – 4 U 26/18 und OLG Koblenz, Urt. v. 1.7.2009 – 1 U 1535/08). Nicht zu beanstanden ist es dagegen, wenn der Vertrag vorsieht, dass sämtliche Nachtragsansprüche – also auch solche nach § 2 Abs. 5 VOB/B – vor der Ausführung angekündigt werden müssen, gegebenenfalls auch unter Vorlage eines spezifizierten Nachtragsangebots (siehe oben). **770**

Ein Bauleiter muss den Bauvertrag kennen und rechtzeitig prüfen, ob und bejahendenfalls in welcher Art und Weise dort von den Nachtragsvorschriften der VOB/B abgewichen wurde. Denn eine Abweichung kann durchaus wirksam sein, auch wenn dadurch die VOB/B nicht mehr „im Ganzen" vereinbart worden ist (vgl. E. II. 1., Rn. 897 ff.). Das gilt auch für alle sonstigen Änderungen der VOB/B oder für Vertragsregelungen, die unüblich sind und sich im Zweifel nachteilig auswirken können, wenn man sie übersieht oder vergisst. Es dürfte besser sein, solche Regelungen zu befolgen und sich nur im Ernstfall auf einen Streit über ihre AGB-rechtliche Wirksamkeit einzulassen, zumal die verbindliche Feststellung, ob Vertragsklauseln unwirksam sind, einen Bauprozess voraussetzt, den man nach Möglichkeit vermeiden sollte. Wer Bauverträge nicht liest oder deren Inhalte im Laufe der Zeit vergisst, erlebt bei streitigen Auseinandersetzungen oftmals eine Welt voller juristischer Wunder. Wir raten deshalb dazu, eine Checkliste zu erstellen, um zu verhindern, dass wichtige Vertragsinhalte, die im Verlauf der Bauausführungsphase beachtet werden müssen, übersehen, vergessen oder in ihrer Bedeutung unterschätzt werden. Zumindest sollte der Bauleiter diejenigen Regelungen des Bauvertrags besonders kennzeichnen, auf die es im Bauablauf entscheidend ankommt. Das sind neben den Regelungen zu Nachträgen sowie Fristen und Termine, beispielsweise auch Bestimmungen zu den Vertretungsbefugnissen, zum Planfreigabeverfahren, zu Bemusterungsentscheidungen, zum Abnahmeprozedere oder zur gemeinsamen Aufmaßnahme etc. **771**

4. Ausführung von Leistungen ohne Anordnung (§ 2 Abs. 8 VOB/B)

a) Grundsatz: Keine Vergütung (§ 2 Abs. 8 Nr. 1 VOB/B)

772 In der Praxis kommt es ständig vor, dass Leistungen ohne Anordnung des Auftraggebers ausgeführt werden, der Anordnende keine Vertretungsmacht hat oder eine wirksame Anordnung nicht bewiesen werden kann, weil sie nur mündlich erteilt wurde und der Auftraggeber sich diesbezüglich an nichts mehr erinnern kann. Viele Auftragnehmer sind sich der dadurch entstehenden Gefahren oft gar nicht bewusst, weil sie glauben, die Ausführung der beauftragten Leistung führe zu Mängeln, sodass eine vom Vertrag abweichende Leistung nicht riskant sein könne und ganz grundsätzlich Nachtragsansprüche rechtfertige, wenn erst durch die Änderungs- oder Zusatzleistungen ein mangelfreies und funktionstaugliches Werk entsteht. Diese Auffassung ist unzutreffend und kann im Zweifel zum Fiasko werden. Denn im Grundsatz erhält der Auftragnehmer keine Vergütung, wenn er ohne Auftrag oder unter eigenmächtiger Abweichung vom Vertrag – also ohne wirksame Anordnung – Leistungen ausgeführt hat. Das folgt aus § 2 Abs. 8 Nr. 1 Satz 1 VOB/B und gilt im Grundsatz auch für Eventualpositionen, auf deren Notwendigkeit der Auftragnehmer hinweisen muss, sodass der Auftraggeber sie durch eine Anordnung „aktivieren" kann (OLG Dresden, Urt. v. 2.10.2018 – 9 U 186/17; OLG Karlsruhe, Urt. v. 25.11.2014 – 13 U 69/13). Auch wenn eine Anordnung vorlag, beispielsweise durch den bauüberwachenden Architekten oder den internen Bauleiter des Auftraggebers, dieser aber keine Vollmacht zu vertragsändernden Anordnungen hatte, gilt der Grundsatz des § 2 Abs. 8 Nr. 1 VOB/B, wonach solche Leistungen prinzipiell nicht vergütet werden (OLG Brandenburg, Urt. v. 8.12.2016 – 12 U 192/15; OLG München, Urt. v. 10.9.2013 – 9 U 1685/12 Bau; OLG Düsseldorf, Urt. v. 20.1.2009 – 23 U 47/08). Wenn Leistungen ohne eine wirksame Anordnung ausgeführt werden, sind sie im Ausgangspunkt mangelhaft und müssen auf Verlangen des Auftraggebers sogar beseitigt werden (OLG Köln, Urt. v. 20.11.2003 – 18 U 120/01). Das folgt aus § 2 Abs. 8 Nr. 1 Satz 2 VOB/B.

773 Von dem Grundsatz, dass Leistungen ohne eine wirksame Anordnung nicht vergütet werden, gibt es Ausnahmen, für deren Voraussetzungen der Auftragnehmer allerdings beweispflichtig ist (OLG Düsseldorf, Urt. v. 21.11.2014 – 22 U 37/14).

b) Erste Ausnahme: Vergütung bei nachträglichem Anerkenntnis (§ 2 Abs. 8 Nr. 2 Satz 1 VOB/B)

774 Weicht der Auftragnehmer eigenmächtig vom Vertrag ab, erhält er dennoch eine Vergütung, wenn der Auftraggeber die Leistung „nachträglich anerkennt" (§ 2 Abs. 8 Nr. 2 Satz 1 VOB/B). Ein nachträgliches Anerkenntnis kann in der gesonderten Abnahme der betreffenden Leistung, der Zahlung einer besonderen Abschlagsrechnung für die auftragslose Leistung oder in einer die Leistung betreffenden Mängelrüge zu sehen sein. Eine auftragslos erbrachte Leistung kann auch

im Rahmen einer Schlussrechnungsprüfung anerkannt werden, wenn der Auftraggeber nicht die Leistung insgesamt bestreitet, sondern lediglich die Preisangabe kürzt und dadurch nur die Höhe der Vergütung streitig stellt (OLG Düsseldorf, Urt. v. 22.3.2013 – 22 U 94/11). Ein Anerkenntnis setzt aber mehr voraus als das bloße „zur Kenntnis nehmen" von Leistungen. Erforderlich ist, dass der Auftraggeber die erbrachte Leistung durch ein erkennbares Verhalten „billigt" (OLG Dresden, Urt. v. 27.4.2017 – 10 U 181/14).

Nach einer Entscheidung des OLG Koblenz liegt dagegen ein Anerkenntnis i.S.d. § 2 Abs. 8 Nr. 2 VOB/B auch vor, wenn der Auftraggeber die Einbringung eines vom Vertrag abweichenden Materials nicht unterbindet, obwohl er die Abweichung erkennt. Das soll jedenfalls dann gelten, wenn das eingebaute Material technisch gleichwertig ist und vom Auftraggeber auch verwertet wird (OLG Koblenz, Urt. v. 28.2.2011 – 12 U 1543/07; ähnlich: OLG Schleswig, Urt. v. 29.6.2010 – 3 U 92/09). Diese Entscheidungen sind unserer Auffassung nach fraglich und nicht verallgemeinerungsfähig, weil ein Anerkenntnis grundsätzlich eine rechtsgeschäftliche Erklärung voraussetzt. Dafür reicht die bloße Hinnahme einer nicht angeordneten Leistung prinzipiell nicht aus. Kein Anerkenntnis liegt in einer Abnahme der Gesamtleistung (anderer Ansicht: OLG Brandenburg, Urt. v. 8.12.2016 – 12 U 192/15), in einem gemeinsamen Aufmaß oder dem Prüfvermerk eines Architekten auf der Rechnung. **775**

c) Zweite Ausnahme: Vergütung der Leistung nach § 2 Abs. 8 Nr. 2 Satz 2 VOB/B

§ 2 Abs. 8 Nr. 2 Satz 2 VOB/B bestimmt, dass der Auftragnehmer bei Bausollabweichungen ohne wirksame Anordnung des Auftraggebers dennoch eine Vergütung erhält, wenn die Leistung **776**
- notwendig war,
- dem wirklichen oder mutmaßlichen Willen des Auftraggebers entsprach und
- sie dem Auftraggeber unverzüglich – spätestens vor der Ausführung – angezeigt wurde.

Die Anzeige kann im Ausnahmefall entbehrlich sein, beispielsweise, wenn es um die Ausführung unaufschiebbarer Arbeiten geht oder zumindest der Bauleiter des Auftraggebers von deren Notwendigkeit Kenntnis hatte (OLG Celle, Urt. v. 16.2.2011 – 7 U 167/10; OLG Dresden, Urt. v. 15.1.2003 – 11 U 283/02). Auf solche Ausnahmen darf man sich natürlich nicht verlassen und sollte – wo immer möglich – vor der Ausführung beweiskräftig anzeigen, dass außervertragliche Leistungen erbracht werden. Noch besser ist es, zuvor die Anordnung des Vertretungsberechtigten einzuholen, das ist der sicherste Weg. **777**

d) Dritte Ausnahme: Anwendbarkeit der Regeln über die Geschäftsführung ohne Auftrag (§§ 677 ff. BGB) nach § 2 Abs. 8 Nr. 3 VOB/B

Noch geringere Voraussetzungen enthält die Vorschrift in § 2 Abs. 8 Nr. 3 VOB/B. **778**
Danach erhält der Auftragnehmer eine Vergütung nach den Vorschriften der

Geschäftsführung ohne Auftrag (§§ 677 ff. BGB), wenn die eigenmächtig ausgeführte Leistung

- interessengemäß (nicht zwingend notwendig) war und
- dem wirklichen oder mutmaßlichen Willen des Auftraggebers entsprach.

779 Der Vorteil von § 2 Abs. 8 Nr. 3 VOB/B besteht darin, dass eine Anzeige der Leistung nach herrschender Meinung keine zwingende Anspruchsvoraussetzung ist (OLG Karlsruhe, Urt. v. 7.12.2015 – 13 U 110/13; anderer Auffassung: OLG Celle, Urt. v. 2.9.2015 – 14 U 154/13). Eine unterbliebene Anzeige (§ 681 BGB) kann allerdings Schadensersatzansprüche des Auftraggebers begründen, wenn er beweisen kann, dass er bei rechtzeitiger Anzeige günstigere Alternativen gehabt hätte. Hat der Auftraggeber bereits einen entgegenstehenden Willen geäußert, ist dieser maßgeblich, auch wenn er aus Sicht des Auftragnehmers unvernünftig erscheint. Das ist beispielsweise der Fall, wenn der Auftraggeber die Position eines Nachtragsangebots ausdrücklich gestrichen hat (OLG Köln, Urt. v. 17.1.2018 – 16 U 60/17). Etwas anderes kann nur gelten, wenn dem Willen des Auftraggebers öffentliche Interessen, z.B. zwingendes Bauordnungsrecht oder die Abwehr von Gefahren, entgegenstehen (OLG Düsseldorf, Urt. v. 21.11.2014 – 22 U 37/14). Wenn ein Auftraggeber behauptet, eine Leistung sei bereits vom vertraglich vereinbarten Bausoll umfasst, sich dieser Standpunkt aber nachträglich als falsch herausstellt, kann er weder die Notwendigkeit bzw. Interessengemäßheit dieser Leistung in Abrede stellen noch kann er bestreiten, dass ihre Ausführung seinem mutmaßlichen Willen entsprach (OLG Schleswig, Urt. v. 29.6.2010 – 3 U 92/09; OLG Düsseldorf, Urt. v. 25.11.2008 – 23 U 13/08; BGH, Urt. v. 20.8.2009 – VII ZR 205/07).

780 Eigenmächtige Abweichungen von der Leistungsbeschreibung sind für den Auftragnehmer insbesondere bei öffentlichen Auftraggebern gefährlich. Denn diese sind regelmäßig besonderen Vergabe- und Formvorschriften unterworfen. Die Ausführung von Bauleistungen ohne vorherige Anordnung oder Beauftragung durch einen Vertretungsberechtigten dürfte deshalb nur in Ausnahmefällen deren wirklichem oder mutmaßlichem Willen entsprechen bzw. interessengemäß sein (OLG Frankfurt, Urt. v. 8.3.2011 – 5 U 48/10; BGH, Urt. v. 27.11.2003 – VII ZR 346/01). Bei öffentlichen Auftraggebern müssen Auftragnehmer deshalb konsequent auf wirksame Anordnungen von Vertretungsberechtigten bestehen. Das setzt nach den Kommunalgesetzen der jeweiligen Bundesländer in aller Regel die Beachtung der Schriftform voraus (BGH, Urt. v. 27.11.2003 – VII ZR 346/01). Solange solche Anordnungen nicht vorliegen, müssen und sollten geänderte Leistungen nicht erbracht werden. Entstehen dadurch Behinderungen, resultieren sie aus der Sphäre des Auftraggebers und begründen Ansprüche auf Verlängerung der Ausführungsfristen bzw. auf Ausgleich der daraus resultierenden Mehrkosten (§ 6 Abs. 2 und Abs. 6 VOB/B bzw. § 642 BGB).

Es ist nicht übertrieben, wenn man feststellt, dass die Rechtsprechung mit den Ausnahmetatbeständen in § 2 Abs. 8 Nr. 2 und Nr. 3 VOB/B eher zurückhaltend umgeht. So hat das OLG Köln entschieden, dass eine eigenmächtige Abweichung von den Vorgaben des Leistungsverzeichnisses eine Vertragsverletzung darstelle und nicht dem wirklichen oder mutmaßlichen Willen des Auftraggebers entsprechen könne (OLG Köln, Urt. v. 26.6.2006 – 15 U 223/11). Das ist allerdings deutlich zu weitgehend, weil die Ausnahmetatbestände gerade voraussetzen, dass eine eigenmächtige Abweichung vom Vertrag vorliegt. Deshalb hat das Kammergericht zu Recht Ansprüche nach § 2 Abs. 8 Nr. 3 VOB/B bejaht, nachdem ein Auftragnehmer wegen Anforderungen des Bauaufsichtsamts eine Änderung der Regenentwässerung ausgeführt hatte (KG, Urt. v. 28.4.2015 – 7 U 141/14). Regelt der Vertrag ausdrücklich, dass den Weisungen der zuständigen Behörde Folge zu leisten ist, sind deren Anordnungen jenen des Auftraggebers gleichzustellen (OLG Naumburg, Urt. v. 18.2.2016 – 2 U 17/13), sodass Nachtragsansprüche entstehen und es auf die Ausnahmetatbestände in § 2 Abs. 8 Nr. 2 und 3 VOB/B nicht mehr ankommt. 781

e) Höhe der Vergütung nach § 2 Abs. 8 Nr. 2 oder Nr. 3 VOB/B

War eine auftragslos ausgeführte Leistung notwendig, entsprach sie dem Willen des Auftraggebers und wurde ihm die Ausführung unverzüglich angezeigt (§ 2 Abs. 8 Nr. 2 Satz 2 VOB/B), erhält der Auftragnehmer eine Vergütung nach den Grundsätzen der Nachtragsbestimmungen in § 2 Abs. 5 oder 6 VOB/B (§ 2 Abs. 8 Nr. 2 Satz 3 VOB/B). Welche das sind, besprechen wir gleich im Anschluss. 782

Beruft sich der Auftragnehmer auf die Regelungen zur Geschäftsführung ohne Auftrag (§§ 677 ff. BGB), soll ihm nach herrschender Meinung die „übliche Vergütung" nach § 632 Abs. 2 BGB zustehen (OLG Jena, Urt. v. 9.1.2020 – 8 U 176/19). Letzterenfalls müsste die Vergütung nicht mehr, wie nach dem bisherigen Verständnis der VOB/B, auf Basis der Urkalkulation fortgeschrieben werden, sodass der gute Preis nicht unbedingt gut, der schlechte Preis nicht zwingend schlecht bleiben muss. Stattdessen könnte der Auftragnehmer bei schlechten, der Auftraggeber bei guten Preisen verlangen, dass auf Basis tatsächlich erforderlicher Mehrkosten zuzüglich angemessener Zuschläge abzurechnen ist. Ob das bisherige Verständnis von den Preisanpassungsbestimmungen der VOB/B (also die vorkalkulatorische Preisfortschreibung), die der BGH durch die Grundsatzentscheidung zu Mehrmengen bei § 2 Abs. 3 Nr. 2 VOB/B beendet hat (vgl. D. I. 2. b), Rn. 554 ff.), bei Nachträgen nach § 2 Abs. 5 und Abs. 6 VOB/B oder auch bei Ansprüchen nach § 2 Abs. 8 Nr. 2 und 3 VOB/B noch gilt, besprechen wir jetzt vor dem Hintergrund des BGH-Urteils vom 8.8.2019 ausführlich. 783

5. Berechnung der Nachtragsvergütung

a) Auswirkungen der BGH-Entscheidung vom 8.8.2019 auf die Ermittlung der Nachtragsvergütung nach VOB/B

784 Der BGH hat die Preisfortschreibung auf Basis der Urkalkulation beendet, wenn es ohne Anordnung des Auftraggebers zu Mengenmehrungen nach § 2 Abs. 3 Nr. 2 VOB/B gekommen ist (BGH, Urt. v. 8.8.2019 – VII ZR 34/18). Dieses Urteil wurde unter D. I. 2. b) aa), Rn. 554 ff. ausführlich besprochen. Der BGH hat auch entschieden, dass die Parteien sowohl bei Vertragsschluss als auch nachträglich eine Vereinbarung über die Preisbildung treffen und dabei Kriterien festlegen können, nach denen sich die Anpassung der neuen Einheitspreise bestimmt (vgl. E. I. 5. c), Rn. 819 ff.). Liegt eine solche Vereinbarung nicht vor, sind für die Bemessung des neuen Einheitspreises die tatsächlich erforderlichen Kosten zzgl. angemessener Zuschläge maßgeblich.

785 Die allgemeine Meinung in der baurechtlichen Literatur geht davon aus, dass der BGH diese Grundsätze auch auf die Nachtragsbestimmung in § 2 Abs. 5 VOB/B übertragen wird, weil der Wortlaut dieser Vorschrift „1:1" der Regelung des § 2 Abs. 3 Nr. 2 VOB/B entspricht. Für die Preisermittlung bei erforderlichen und vom Auftraggeber angeordneten Zusatzleistungen enthält § 2 Abs. 6 Nr. 2 VOB/B allerdings einen von § 2 Abs. 5 VOB/B abweichenden Wortlaut. Dort wird für die Bemessung der Vergütung auf die *„Grundlagen der Preisermittlung für die vertragliche Leistung und die besonderen Kosten der geforderten Leistung"* abgestellt. Dennoch geht die ganz herrschende Auffassung dahin, dass der BGH auch bei angeordneten Zusatzleistungen die vorkalkulatorische Preisfortschreibung beenden wird, wenn die Parteien dazu keine wirksame, anderslautende Vereinbarung getroffen haben (vgl. E. II. 3., Rn. 937 ff.).

786 Bereits vor dem BGH-Urteil hatte das Kammergericht einer Preisermittlung unter analoger Fortschreibung der Auftragskalkulation eine Absage erteilt, und zwar sowohl für § 2 Abs. 5 als auch für § 2 Abs. 6 VOB/B (KG, Urt. v. 10.7.2018 – 21 U 30/17). An dieser Rechtsprechung hält das Kammergericht in späteren Entscheidungen ausdrücklich fest (KG, Urt. v. 27.8.2019 – 21 U 160/18 und Urt. v. 2.3.2021 – 21 U 1098/20). Das OLG Düsseldorf hat die BGH-Entscheidung explizit auf § 2 Abs. 5 VOB/B übertragen (OLG Düsseldorf, Urt. v. 19.12.2019 – 5 U 52/19). Der vierte amtliche Leitsatz des Urteils lautet wie folgt:

> *„Der vom Bundesgerichtshof in seinem Urteil vom 8.8.2019 aufgestellte Grundsatz, dass für die Bemessung des neuen Einheitspreises bei Mehrmengen im Sinne von § 2 Abs. 3 Nr. 2 VOB/B die tatsächlich erforderlichen Kosten zzgl. angemessener Zuschläge maßgeblich sind, findet auch bei der Ermittlung des neuen Einheitspreises von geänderten Leistungen im Sinne von § 2 Abs. 5 VOB/B Anwendung."*

Das OLG Köln überträgt die BGH-Rechtsprechung sowohl auf § 2 Abs. 5 als auch auf § 2 Abs. 6 VOB/B (OLG Köln, Urt. v. 3.2.2021 – 11 U 136/18).

Das OLG Brandenburg hat im April des Jahres 2020 diese Konsequenz für erforderliche Zusatzleistungen gemäß § 2 Abs. 6 VOB/B gezogen (OLG Brandenburg, Urt. v. 22.4.2020 – 11 U 153/18). Der amtliche Leitsatz dieser Entscheidung lautet: **787**

> *„Der vom Bundesgerichtshof in seinem Urteil vom 8.8.2019 aufgestellte Grundsatz, dass für die Bemessung des neuen Einheitspreises bei Mehrmengen im Sinne von § 2 Abs. 3 Nr. 2 VOB/B die tatsächlich erforderlichen Kosten zzgl. angemessener Zuschläge maßgeblich sind, findet auch bei der Ermittlung des neuen Einheitspreises von zusätzlichen Leistungen im Sinne von § 2 Abs. 6 VOB/B Anwendung."*

Diese Entscheidung des OLG Brandenburg ist angriffen worden, weil der Vertrag – wie auch im Fall des OLG Köln (Urt. v. 3.2.2021 – 11 U 136/18) – auf der Grundlage des Vergabe- und Vertragshandbuchs (VHB) des Bundes abgeschlossen wurde (Luz, BauR 2020, 698 ff.). Denn das dortige Formblatt 510 bringe zum Ausdruck, dass nicht tatsächlich erforderliche Kosten zzgl. angemessener Zuschläge, sondern die Fortschreibung der Urkalkulation für die Ermittlung des Nachtragsanspruchs maßgeblich seien (vgl. dazu auch D. I. 2. b. dd), Rn. 569 ff.). Wir kommen auf die Frage, unter welchen Voraussetzungen Vereinbarungen zur Ermittlung der Nachtragsvergütung zulässig sind, unter E. I. 5. c), Rn. 819 ff. noch einmal zurück. Wenn vertragliche Regelungen zur vorkalkulatorischen Preisfortschreibung getroffen wurden und wirksam sind, gilt für die Ermittlung von Nachtragsansprüchen das bisherige Verständnis der VOB/B, das wir im Anschluss erläutern. Dieses Preisermittlungssystem gilt natürlich auch, wenn sich die Parteien nach Vertragsabschluss darauf einigen, also übereinstimmend, möglicherweise auch stillschweigend, von einem solchen Verständnis der VOB/B-Nachtragsbestimmungen ausgehen. **788**

Bereits eingangs dieses Kapitels wurde dargestellt, dass es für ab dem 1.1.2018 abgeschlossene Bauverträge erstmals gesetzliche Nachtragsbestimmungen gibt. In § 650c BGB ist die Vergütungsanpassung geregelt. Diese Bestimmung besprechen wir im Einzelnen unter E. I. 5. d), Rn. 819 ff. Dann wird verständlich, weshalb der BGH am 8.8.2019 einen Paradigmenwechsel vorgenommen hat und aus welchen Gründen er diese Rechtsprechung mit hoher Wahrscheinlichkeit auf alle Vergütungsansprüche nach § 2 VOB/B übertragen wird. **789**

Fassen wir zusammen: Der BGH hat mit dem Grundsatzurteil vom 8.8.2019 die vorkalkulatorische Preisfortschreibung für Mehrmengen nach § 2 Abs. 3 Nr. 2 VOB/B beendet, wenn die Parteien nicht bereits im Vertrag oder nachträglich eine dahingehende Vereinbarung zur Preisbildung getroffen haben. Überträgt der BGH die Grundsätze seiner Entscheidung zu Mehrmengen auch auf VOB/B-Nachträge bzw. auf alle Vergütungsregelungen in § 2 VOB/B insgesamt, ist zumindest recht- **790** lich das Ende einer Abrechnungspraxis, die sich nach Meinung zahlreicher Autoren, aber auch des Deutschen Vergabe- und Vertragsausschusses (DVA) jahrzehntelang bewährt haben soll, besiegelt.

791 Auch wenn das BGH-Urteil überwiegend begrüßt worden ist, gab es teilweise heftige Kritik an der Entscheidung (vgl. nur: Markus, NZBau 2020, 67). Der Haupteinwand ist, dass Äpfel mit Birnen verglichen würden. Denn um die Mehr- oder Minderkosten bei einer Überschreitung des Mengenansatzes bewerten zu können, müsse man Kosten in Bezug zum Preis und zum Mengenansatz setzen. Über dieses Verhältnis gäbe die dem vereinbarten Preis zugrunde liegende Kalkulation Auskunft. Mit anderen Worten: Mehr- oder Minderkosten ließen sich sinnvoll nur durch einen Vergleich zwischen denjenigen Kosten, die bei unveränderten Mengen entstanden wären und denjenigen, die durch die Mengenerhöhung eingetreten sind, ermitteln. Es stellt sich allerdings die Frage, weshalb lediglich mehrmengenbedingte Kostenänderungen relevant sein sollen. Es gibt, wie die Grundsatzentscheidung des BGH zeigt, durchaus auch „Mehr- oder Minderkosten", die gerade nicht ursächlich auf der Mengenmehrung beruhen, sondern dem Auftragnehmer von der ersten Mengeneinheit an, die über den Vordersatz hinaus eintreten, entstehen (vgl. D. I. 2. b) cc), Rn. 567 ff.).

792 Ist es in solchen Fällen nicht nachvollziehbar, wenn der BGH aus Gründen der Redlichkeit Nachteilen aus Unterkalkulationen einerseits, aber auch Vorteilen aus Preisspekulationen andererseits einen Riegel vorschiebt, indem er bei der Bildung des neuen Einheitspreises für Mehrmengen über 10 % auf tatsächliche Kosten und angemessene Zuschläge abstellt? Und ist es nicht richtig, dass sich Preisspekulationen im Baualltag geradezu eingebürgert haben und mit dieser Rechtsprechung wirksam bekämpft werden können? Stimmt es etwa nicht, dass die Preisanpassungs- und Nachtragsbestimmungen der VOB/B (§ 2 Abs. 5 und Abs. 6 für Nachträge sowie § 2 Abs. 3 und Abs. 7 für Mengenänderungen) intransparent und vor allem sprachlich missglückt sind? Lässt sich denn insbesondere aus § 2 Abs. 3 und Abs. 5 VOB/B (*„Ausgleich der Mehr- oder Minderkosten"*) wirklich eine vorkalkulatorische Preisfortschreibung ableiten? Und hat nicht der Gesetzeber mit der Reform des Bauvertragsrechts in § 650c Abs. 1 BGB klar und eindeutig zum Ausdruck gebracht, dass der Regelfall eben nicht die vorkalkulatorische Preisfortschreibung, sondern eine Vergütung aufgrund tatsächlich erforderlicher Mehr- oder Minderkosten nebst angemessener Zuschläge ist?

793 Das BGH-Urteil lässt im Übrigen die zwischen den Parteien getroffene Vergütungsvereinbarung unangetastet, denn es gilt nicht für die im Vertrag vereinbarte Menge zzgl. eines Toleranzzuschlags von 10 %. Dafür bleibt es bei der vereinbarten Vergütung. So ist es auch bei § 2 Abs. 5 und 6 VOB/B. Auch hier darf man nicht auf die kalkulierten Kosten einerseits und tatsächliche Kosten andererseits abstellen. Eine solche Saldoberechnung ist unzulässig. Stattdessen muss die Differenz zwischen den hypothetischen Kosten, die ohne die Anordnung des Auftraggebers entstanden wären und denjenigen Ist-Kosten, die aufgrund der Anordnung tatsächlich entstanden sind, ermittelt werden. So bleiben Gewinne und Verluste, die bei Ausführung der beauftragten Leistung angefallen wären, betragsmäßig erhalten.

Aufgrund der neuen Urteile zu den Nachtrags- und Preisanpassungsbestimmun- 794
gen stellt sich die Frage, ob und wenn ja weshalb das jahrzehntelange Verständnis der VOB/B – die vorkalkulatorische Preisfortschreibung – überhaupt noch besprochen und erklärt werden muss. Das ist deshalb zu bejahen, weil davon auszugehen ist, dass die aktuelle Rechtsprechung des BGH und der Oberlandesgerichte (siehe oben) zahlreiche Auftraggeber veranlassen wird, dieses bisherige Verständnis bereits im Bauvertrag zu vereinbaren, was der BGH – zumindest bei Mengenerhöhungen nach § 2 Abs. 3 Nr. 2 VOB/B – auch ausdrücklich zugelassen hat. Die Grundsätze der vorkalkulatorischen Preisfortschreibung werden also nicht von heute auf morgen aus dem Baualltag verschwinden. Aus diesem Grund befassen wir uns damit nach wie vor ausführlich.

b) Grundsätze der Vergütungsanpassung nach dem bisherigen Verständnis von § 2 Abs. 5 und Abs. 6 VOB/B

Nach ganz herrschender Auffassung zeichnete sich die Systematik der Nachtrags- 795
berechnung nach § 2 Abs. 5 und Abs. 6 VOB/B dadurch aus, dass die Ermittlung der Vergütung für eine geänderte oder zusätzliche Leistung auf Basis der Ur- und Auftragskalkulation erfolgt, also eine vorkalkulatorische Preisfortschreibung stattfinden muss (OLG Stuttgart, Urt. v. 10.5.2016 – 10 U 51/15; OLG Düsseldorf, Urt. v. 9.2.2016 – 21 U 100/15; OLG Köln, Urt. v. 24.3.2015 – 22 U 162/13; OLG Dresden, Urt. v. 29.1.2015 – 10 U 476/12). Davon ist bislang auch der BGH, zumindest stillschweigend, ausgegangen. Denn anderenfalls wäre seine Sittenwidrigkeits-Rechtsprechung aus dem Jahr 2008 nicht zu erklären und ersichtlich obsolet gewesen (vgl. D. I. 2. e), Rn. 600 ff.). Wenn es bei Mehrmengen über 10 % nicht auf den vereinbarten Einheitspreis ankommt, sondern auf tatsächliche Kosten, ist es offensichtlich überflüssig, sich mit der Frage zu befassen, ab welchem Faktor die Fortschreibung des vertraglichen Einheitspreises zu einer sittenwidrigen Preisbildung führt (BGH, Urt. v. 18.12.2008 – VII ZR 201/06).

Zu den Begriffen Ur- bzw. Auftragskalkulation ist auszuführen, dass es zwischen 796
beiden keine Unterschiede gibt, wenn das vom Auftragnehmer abgegebene Angebot beauftragt wird, ohne dass es zu Änderungen der Leistung und der angebotenen Vergütung kommt. Gewährt der Auftragnehmer Skonti bei vorfristiger Zahlung, wirken sie sich zwar nicht auf die Berechnung der Nachtragsvergütung nach der Urkalkulation des Auftragnehmers aus, sind aber als Zahlungsmodalität auch dort zu beachten. Gewährt der Auftragnehmer einen summenmäßigen

oder prozentualen Nachlass bei unverändert bleibender Leistung (echter Nachlass), weichen Ur- bzw. Auftragskalkulation voneinander ab. Für die Ermittlung der Nachtragsvergütung auf vorkalkulatorischer Basis müssen dann die Preise auf Basis der Urkalkulation fortgeschrieben werden, weil in solchen Fällen der Nachlass aus Gründen der Erlangung des Auftrags, also unter Akquisitionsgesichtspunkten, gewährt wird. Diese Nachlässe sind – ohne ausdrücklich anderweitige Vereinbarung – grundsätzlich nicht auf Nachtragsforderungen zu übertragen (vgl. dazu unter E. II. 6., Rn. 962).

797 Kommt es auf die Urkalkulation an, muss man gedanklich die Frage stellen, wie der Preis für die geänderte Leistung vom Bieter kalkuliert und angeboten worden wäre, wenn er bereits bei Erstellung seines Angebots gewusst hätte, dass der Auftraggeber die ausgeschriebene Leistung ändert oder notwendige Zusatzleistungen fordert (OLG Hamm, Urt. v. 14.10.2016 – 12 U 67/15). Bei einer geänderten Leistung ist dabei – soweit möglich – an die Kostenelemente der Auftragskalkulation der geänderten Position anzuknüpfen (BGH, Urt. v. 14.3.2013 – VII ZR 142/12). Erhält die Ur- bzw. Auftragskalkulation diejenigen Kostenelemente nicht, die bei einer Änderungs- oder Zusatzleistung entstehen, muss eine möglichst vergleichbare Bezugsposition des LV herangezogen werden und auf deren Basis die Preisfortschreibung erfolgen.

798 Diese Grundsätze führen zu dem bekannten Merksatz: *„Guter Preis bleibt guter Preis; schlechter Preis bleibt schlechter Preis"* (OLG Brandenburg, Urt. v. 25.11.2015 – 4 U 7/14). Nach dieser Systematik kommt es also nicht auf eine übliche Vergütung oder die tatsächlich erforderlichen Kosten nebst angemessener Zuschläge an, sondern auf die für die Nachtragsleistung verwertbaren Elemente der Ur- oder Auftragskalkulation wie beispielsweise den Mittellohn oder die kalkulierten Zuschlagssätze für Allgemeine Geschäftskosten (AGK) sowie Wagnis und Gewinn. Zu diesem Verständnis der VOB/B konnte man nach ihrem Wortlaut aber allenfalls bei zusätzlichen Leistungen kommen, weil in § 2 Abs. 6 Nr. 2 VOB/B geregelt ist, dass sich die Vergütung *„nach den Grundlagen der Preisermittlung für die vertragliche Leistung und den besonderen Kosten der geforderten Leistung"* bestimmt. In § 2 Abs. 5 VOB/B heißt es dagegen, dass bei geänderten Leistungen ein neuer Preis unter Berücksichtigung der *„Mehr- oder Minderkosten"* zu vereinbaren ist. Von einer Anknüpfung an die Auftragskalkulation ist dort nicht die Rede. Dennoch entsprach es seit Jahrzehnten förmlich einem Glaubenssatz, dass die Nachtragsvergütung in beiden Fällen gleich berechnet wird, und zwar unter analoger Fortschreibung der Auftragskalkulation.

799 Wir erläutern die vorkalkulatorische Preisfortschreibung nach dem bisherigen Verständnis der VOB/B schwerpunktmäßig anhand der Nachtragsvorschrift in § 2 Abs. 5 VOB/B. Auf Besonderheiten von § 2 Abs. 6 VOB/B gehen wir im Anschluss ein. Denn die Besprechung dieser Grundsätze ist aus den bereits oben genannten

Gründen selbst dann nicht überflüssig, wenn der BGH die Leitlinien seines Urteils vom 8.8.2019 zukünftig auch auf VOB/B-Nachtragsansprüche überträgt, wovon allerdings auszugehen ist (siehe oben). Das wird der BGH demnächst klären, weil die bereits erwähnte Entscheidung des Kammergerichts vom 10.7.2018 – 21 U 30/17 dort im Revisionsverfahren anhängig ist.

aa) Änderungsleistungen (§ 2 Abs. 5 VOB/B)

(1) Methodische Grundsätze

In § 2 Abs. 5 VOB/B ist geregelt, dass der neue Preis *„unter Berücksichtigung der Mehr- oder Minderkosten“* zu vereinbaren ist. Diese Vereinbarung „soll“ vor der Ausführung getroffen werden, zwingend erforderlich ist eine Vereinbarung aber nicht (OLG Düsseldorf, Urt. v. 25.10.2013 – 22 U 21/13). Denn nach der VOB/B-Systematik sind wirksame Anordnungen – soweit möglich – sofort zu befolgen, ohne dass der Auftragnehmer einen Anspruch auf Preisvereinbarung vor der Ausführung hat. Das ist ein zentraler Unterschied zu der Regelung in § 650b BGB (vgl. dazu E. I. 2. b), Rn. 710 ff.). § 2 Abs. 5 VOB/B ist schon nach seinem Wortlaut keine Einbahnstraße; die Vorschrift kann auch eine Anspruchsgrundlage für Vergütungsreduzierungen sein, wenn eine Änderungsanordnung vorliegt, die zu Kosteneinsparungen führt. **800**

Der BGH hat die Systematik der Nachtragsberechnung bei § 2 Abs. 5 VOB/B wie folgt beschrieben: **801**

> *„Die Ermittlung der Vergütung für eine geänderte Leistung erfolgt (...) in der Weise, dass – soweit wie möglich – an die Kostenelemente der Auftragskalkulation angeknüpft wird. Abzustellen ist dabei grundsätzlich auf die Auftragskalkulation der geänderten Position. Eine Bezugsposition ist heranzuziehen, wenn die Auftragskalkulation die Kostenelemente nicht enthält, die aufgrund der Änderung der Leistung nunmehr für die Preisbildung maßgeblich sind (BGH, Urt. v. 14.3.2013 – VII ZR 142/12).“*

Danach ist im Anwendungsbereich des § 2 Abs. 5 VOB/B vorrangig auf die Auftragskalkulation der geänderten Position abzustellen. Das schließt aber nicht aus, dass sich auch Mehr- oder Minderkosten aufgrund der Änderungsanordnung in anderen Positionen ergeben können (BGH, Urt. v. 20.8.2009 – VII ZR 205/07). Kostenelemente, die durch die Anordnung nicht betroffen werden, bleiben regelmäßig unverändert. Bei den von der Änderungsanordnung betroffenen Kostenelementen sind grundsätzlich die gleichen Kostenansätze zu wählen wie in der vom Auftragnehmer zugrunde gelegten Kalkulation für die Vertragsleistung. Das gilt neben den geänderten Einzelkosten der Teilleistung insbesondere auch für die Zuschlagssätze für Allgemeine Geschäftskosten (AGK) sowie Wagnis und Gewinn. **802**

Eine Bezugsposition ist dagegen heranzuziehen, wenn die Auftragskalkulation jene Kostenelemente nicht enthält, die aufgrund der Änderungsanordnung für **803** die Preisbildung maßgebend sind. Gibt es eine vergleichbare Position in der Auftragskalkulation, kann die Kalkulation anhand dieser Position analog fortgeschrieben werden. Diese Methodik dient dazu, das im Wettbewerb zustande gekommene Vertragspreisniveau für die beauftragte Leistung auch bei Nachträgen beizubehalten. Hat der Auftragnehmer gleichartige Positionen eines Auftrags in unterschiedlicher Weise, teilweise für ihn günstig und teilweise für ihn ungünstig kalkuliert, kann die Preisfortschreibung nicht allein aus der für ihn ungünstigen Position hergeleitet werden. Es muss – so der BGH – in diesem Fall eine Gesamtschau erfolgen, mit der sichergestellt wird, dass der Auftragnehmer durch die Leistungsänderung keine wirtschaftlichen Nachteile in Kauf nehmen muss. Dabei ist allgemein anerkannt, dass dem Auftragnehmer jedenfalls der kalkulierte Gewinn aus dem ursprünglich geschlossenen Vertrag erhalten bleiben muss (BGH, Urt. v. 13.3.2013 – VII ZR 142/12).

804 Existiert keine Auftragskalkulation oder enthält sie nicht die notwendigen Informationen, kann der Auftragnehmer nachträglich eine baubetrieblich plausible Preisaufschlüsselung für die vertraglich vereinbarte Leistung erstellen und anhand dieser Kalkulation die Mehrkosten für die geänderte Leistung begründen (BGH, Urt. v. 13.7.2006 – VII ZR 68/05; OLG Brandenburg, Urt. v. 14.10.2014 – 12 U 236/11 und OLG Düsseldorf, Urt. v. 25.10.2013 – 22 U 21/13). Dabei muss der Auftragnehmer die Kalkulation, auf der die Berechnung der Nachträge erfolgt, im Streitfall offenlegen (OLG Stuttgart, Urt. v. 10.5.2016 – 10 U 51/15; OLG Köln, Beschl. v.26.1.2016 – 3 U 115/15), anderenfalls wird seine Klage auf Zahlung einer Nachtragsvergütung als unschlüssig abgewiesen (OLG Düsseldorf, Urt. v. 21.11.2014 – 22 U 37/14). Eine Schätzung von Mehr- oder Minderkosten dürfte nur in Ausnahmefällen zulässig sein (hierzu: OLG Jena, Urt. v. 25.6.2009 – 1 U 1359/00; OLG Koblenz, Urt. v. 25.5.2006 – 6 U 1273/03). Führt eine angeordnete Leistungsänderung aus Sicht des Auftraggebers zu Minderkosten, trägt er hierfür die Darlegungs- und Beweislast (KG, Urt. v. 22.8.2005 – 10 U 54/01).

(2) Bezugnahme auf Preisermittlungssysteme

805 Um eine analoge Fortschreibung der Kalkulation zu gewährleisten, kann in bestimmten Einzelfällen, in denen die Auftragskalkulation keine unmittelbar verwertbaren Aussagen enthält, auch auf allgemein anerkannte Preisermittlungssysteme (beispielsweise SIRAdos Baupreishandbuch 2021 oder Plümecke, Preisermittlung für Bauarbeiten, 28. Auflage) bzw. auch andere Richtwertesammlungen zurückgegriffen werden. Dadurch kann sichergestellt werden, dass das Vertragspreisniveau erhalten bleibt. Stellt sich beispielsweise heraus, dass eine Bezugsposition aus dem LV in der Baudatei von SIRAdos um 20 % teurer ist als der beauftragte Preis, müsste dieser Faktor auch bei Ermittlung der Vergütung für die geänderte oder zusätzliche Leistung berücksichtigt werden. Ergibt sich aus der Baudatei von SIRAdos weiter, dass die geänderte Leistung € 500,– kostet, würde analoge Kostenfortschreibung bedeuten, dass der Auftragnehmer nach dem Vertragspreisniveau für die geänderte Leistung nur € 400,– erhält, also wiederum 20 % weniger.

(3) Baustellengemeinkosten (BGK)

Wenn durch die auftraggeberseitige Anordnung keine zusätzlichen Baustellengemeinkosten entstehen, bleibt es bei dem kalkulierten Zuschlagssatz auf die Vertragsleistung (KG, Urt. v. 17.12.2013 – 7 U 203/12). Eine darüber hinausgehende Beaufschlagung der Mehrkosten mit BGK ist nur gerechtfertigt, wenn durch die Nachtragsleistung die Bauzeit verlängert wurde oder die Ausführung der Nachtragsleistung zusätzliche BGK, die nicht kalkuliert worden sind, verursachte, beispielsweise weil andere oder weitere Geräte bzw. Maschinen eingesetzt werden mussten. Falls geänderte Leistungen zu einer Veränderung des Baustellengemeinkostenapparats führen, z.B. durch dessen längere Vorhaltung oder den Einsatz größerer Geräte, müssen diese Kosten den Einzelkosten der Teilleistung zugeordnet werden. Die so ermittelten Herstellkosten der geänderten Leistung werden nicht mehr mit dem vorbestimmten BGK-Zuschlagssatz beaufschlagt. **806**

(4) Allgemeine Geschäftskosten (AGK) sowie Wagnis und Gewinn

Die Herstellkosten der geänderten Leistung werden mit dem der Auftragskalkulation zu entnehmenden Zuschlag (prozentual) für AGK beaufschlagt. Das ergibt die Selbstkosten. Diese Selbstkosten werden dann mit Wagnis und Gewinn – wiederum analog der Auftragskalkulation – beaufschlagt. Es ist besser und richtiger, in der Auftragskalkulation nicht zwischen Wagnis und Gewinn zu unterscheiden, weil Wagnis Bestandteil des Gewinns (oder Verlusts) und kein echter Kostenfaktor ist (ebenso: BGH, Urt. v. 24.3.2016 – VII ZR 201/15). **807**

Qualitative Leistungsreduzierungen des laut Vertrag zu errichtenden Werkes berühren den Anspruch auf die vereinbarte Vergütung dagegen nur insoweit, als sich die Änderungen effektiv kostenmindernd auswirken. In jedem Fall hat der Auftragnehmer Anspruch darauf, dass die vorauskalkulierten Deckungsbeiträge für AGK und Gewinn in vollem Umfang erhalten bleiben. Wenn sich ein Auftraggeber beispielsweise entschließt, statt des beauftragten Marmors nunmehr Standardfliesen aus Keramik verlegen zu lassen, bleiben dem Auftragnehmer die im Rahmen des Marmorpreises kalkulierten Deckungsbeiträge voll erhalten. Die Preisänderung betrifft folglich nur die effektiven Einsparungen bei den Materialkosten. Umgekehrt: Entstehen durch die Anordnung geänderter Leistungen insgesamt höhere direkte Kosten als für die beauftragte Leistung (Marmor- statt Keramikfliesen), bleibt es nicht nur bei der Erhaltung der kalkulierten Deckungsanteile; stattdessen dürfen die zusätzlichen Kosten noch mit den kalkulierten Zuschlagssätzen für AGK sowie Gewinn beaufschlagt werden. Denn diesen zusätzlichen Kosten stehen zusätzliche Kapazitätsbindungen gegenüber. **808**

bb) Zusatzleistungen (§ 2 Abs. 6 VOB/B)

(1) Methodische Grundsätze

809 Bei der Berechnung der besonderen Vergütung nach § 2 Abs. 6 VOB/B auf Basis der Urkalkulation gibt es keine methodischen Unterschiede zu § 2 Abs. 5 VOB/B. Auch im Falle notwendiger Zusatzleistungen (§ 1 Abs. 4 Satz 1 VOB/B), die der Auftragnehmer nach einer entsprechenden Anordnung ausführen muss, ist er nach bisherigem Verständnis der VOB/B an seine Auftragskalkulation gebunden (§ 2 Abs. 6 Nr. 2 VOB/B). Es bleibt folglich beim Preisniveau des Hauptvertrags, sodass etwaige Preisunterdeckungen ebenso erhalten bleiben wie ein überdurchschnittlicher Gewinn. Deshalb ist es abwegig, wenn ein Auftragnehmer, der zusätzliche Leistungen ausführt, diese auf Basis der im Vertrag vereinbarten Verrechnungssätze für Stundenlohnarbeiten bezahlt verlangt (OLG Nürnberg, Urt. v. 23.10.2014 – 13 U 1907/12).

810 Bei anderen Leistungen nach § 1 Abs. 4 Satz 2 VOB/B besteht weder eine Ausführungspflicht noch das Erfordernis, die Auftragskalkulation heranzuziehen (vgl. E. I. 2. a) bb), Rn. 704 ff.). Der Auftragnehmer kann die Ausführung solcher Leistungen entweder ablehnen oder neue Preise, losgelöst von seiner Auftragskalkulation, verlangen. Diese muss der Auftraggeber aber selbstverständlich nicht akzeptieren. Kommt eine Preisvereinbarung nicht zustande, wird die Leistung eben nicht ausgeführt.

(2) Ermittlung einer Bezugsposition bei Zusatzleistungen

811 Für manche Zusatzleistungen existiert als Basis eine passende Position aus dem Leistungsverzeichnis deshalb, weil lediglich Mengenmehrungen angeordnet werden. Das ist ein Fall von § 2 Abs. 6 VOB/B. Der Preis kann dann direkt aus dem Leistungsverzeichnis entnommen werden, wobei gegebenenfalls zu berücksichtigen ist, dass keine zusätzlichen Baustellengemeinkosten (BGK) für die angeordnete Mehrmenge entstehen, wenn die Bauzeit und die Geräte bzw. Maschinen, trotz der Mehrmengen, unverändert geblieben sind. Dann gibt es – wie bei § 2 Abs. 3 Nr. 2 VOB/B – auch keine BGK-Zuschläge auf die Mehrmengen (OLG Koblenz, Urt. v. 15.12.2011 – 5 U 934/11; OLG München, Urt. v. 14.7.2009 – 28 U 3805/08).

812 Handelt es sich nicht um angeordnete Mengenmehrungen und existiert wegen der Neuartigkeit der Leistung eine Bezugsposition im LV nicht, kann auch hier über Richtwertesammlungen das Preisniveau der beauftragten Leistung ermittelt werden. Stellt man dabei fest, dass das Vertragspreisniveau um einen bestimmten Prozentsatz unter- oder oberhalb dieser Richtwerte liegt, ist auch für den Nachtrag eine analoge Kostenfortschreibung unter Berücksichtigung dieser Abweichung vorzunehmen. Das gilt aber nur für die Einzelkosten der Teilleistung, weil die kalkulierten Zuschlagssätze für AGK sowie Gewinn, nicht für BGK (siehe oben), der Auftragskalkulation entnommen werden müssen.

c) Vereinbarungen zur vorkalkulatorischen Preisfortschreibung

Wenn der BGH die Grundsätze der vorkalkulatorischen Preisfortschreibung auch bei Nachtragsansprüchen nach § 2 Abs. 5 und Abs. 6 VOB/B kippt, wovon auszugehen ist (vgl. E. I. 5. a), Rn. 784 ff.), stellt sich die Frage, ob und unter welchen Voraussetzungen vertragliche Vereinbarungen zur Preisermittlung möglich und zulässig sind. Denn der BGH hat in seinem Grundsatzurteil vom 8.8.2019 im zweiten Leitsatz ausdrücklich entschieden, dass die Parteien sowohl bei Vertragsschluss als auch nachträglich Maßstäbe bzw. einzelne Kriterien oder Faktoren festlegen können, nach denen im konkreten Fall der neue Preis bestimmt werden soll. Wir haben bereits unter D. I. 2 b) dd)., Rn. 569 ff. erwähnt, dass in der baurechtlichen Literatur die Auffassung vertreten wird, eine solche Vereinbarung liege bereits vor, wenn der Bauvertrag auf der Grundlage des Vergabe- und Vertragshandbuchs des Bundes (VHB) oder der Bundesländer, die das VHB übernommen haben, abgeschlossen wurde. Dann sei nicht – wie nach dem BGH-Urteil – auf tatsächlich erforderliche Kosten nebst angemessenen Zuschläge, sondern wie bisher auf die Urkalkulation des Auftragnehmers abzustellen. Dagegen wird zu Recht eingewendet, dass allein durch die Formblätter des VHB – auch nicht aufgrund der Formblätter Preise Nr. 221 bis 223 – keine Rückschlüsse auf den beiderseitigen Parteiwillen bzw. ein gemeinsames Verständnis der Nachtragsberechnung möglich sei und insbesondere der Leitfaden zur Berechnung der Vergütung bei Nachträgen (Teil 5) nicht Vertragsbestandteil werde (ähnlich skeptisch: OLG Köln, Urt. v. 3.2.2021 – 11 U 136/18). In seinem Urteil zu § 2 Abs. 3 Nr. 2 VOB/B führt der BGH aus, dass diese Vorschrift nicht auf einem allgemeingültigen Verständnis der beteiligten Verkehrskreise im Sinne einer vorkalkulatorischen Preisfortschreibung beruhe. Man darf davon ausgehen, dass der BGH das bei § 2 Abs. 5 und Abs. 6 VOB/B genauso sieht. Das spricht unserer Auffassung nach dagegen, dass alleine das VHB und seine Preisformblätter den Ausschlag geben, weil sich aus den kalkulatorischen Angaben des Bieters nicht ergibt, wie damit später bei Nachträgen umzugehen ist. Weitere Gerichtsentscheidungen zu dieser Frage liegen noch nicht vor, sodass die weitere Entwicklung abgewartet werden muss. **813**

Bei Bauverträgen, in denen das VHB keine Rolle spielt, beispielsweise im Rahmen privater Auftragsvergaben, stellt sich ebenfalls die Frage, unter welchen Voraussetzungen von einer wirksamen Vereinbarung zur vorkalkulatorischen Preisfortschreibung bei Nachträgen auszugehen ist. Fraglich ist insbesondere, ob es ausreicht, wenn in Vertragsklauseln, die Allgemeine Geschäftsbedingungen darstellen, lediglich geregelt wird, die Vergütung bestimme sich nach den Preisermittlungsgrundlagen des Hauptvertrags oder werde auf Basis einer vorkalkulatorischen Preisfortschreibung ermittelt. Wir meinen, dass eine solche Regelung schon im Ausgangspunkt zu undifferenziert ist, weil bei näherer Betrachtung offenbleibt, was damit genau gemeint sein soll: Sollen Gewinne oder Verluste **814** nur betragsmäßig oder unter Berücksichtigung eines Vertragspreisniveaufaktors – also prozentual – fortgeschrieben werden, sodass sich Über- oder Unterdeckungen potenzieren können? Wie verhält es sich mit Erhöhungen der kalkulierten Kosten durch Umstände, die erst nach Vertragsabschluss eintreten? Was genau sind *„besondere Kosten der geforderten Leistung"* und nach welchen Kriterien wird die dafür geschuldete Vergütung ermittelt? Es müsste ferner konkret geregelt werden, welche Kostenelemente der Ur- bzw. Auftragskalkulation (Einzelkosten der Teilleistung, BGK, AGK oder Gewinn etc.) mit welchen Ansätzen heranzuziehen sind. Diese Fragen beantwortet der Begriff vorkalkulatorische Preisfortschreibung alleine nicht, sodass eine solche Regelung weder klar noch verständlich und deshalb im Zweifel AGB-rechtlich unwirksam wäre (§ 307 Abs. 1 Satz 2 BGB).

815 Selbst wenn man solche Vertragsklauseln ausreichen lassen würde, um die Konsequenzen aus der BGH-Entscheidung vom 8.8.2019 zu vermeiden, müsste jedenfalls für ab dem 1.1.2018 abgeschlossene Bauverträge berücksichtigt werden, dass nach § 650c Abs. 1 BGB für die Vergütungsanpassung die tatsächlich erforderlichen Kosten mit angemessenen Zuschlägen für Allgemeine Geschäftskosten sowie Gewinn maßgeblich sind (dazu unter E. I. 5. d) aa), Rn. 821 ff.). Einseitig gestellte Vertragsklauseln, die vom Auftraggeber mehrfach verwendet werden, unterliegen im Streitfall einer Inhaltskontrolle nach § 307 BGB. Das kann zur Unwirksamkeit einer Klausel führen, wenn sich die benachteiligte Partei dagegen gerichtlich wehrt. Eine solche Inhaltskontrolle setzt von § 650c Abs. 1 BGB abweichenden vertraglichen Regelungen enge Grenzen (vgl. E. II. 3., Rn. 937 ff.). Die Wirksamkeit der Vereinbarung einer vorkalkulatorischen Preisfortschreibung setzt deshalb entweder eine individuell ausgehandelte Regelung oder aber voraus, dass im Vertrag klar und verständlich geregelt wird, wie genau der Nachtragsanspruch ermittelt werden soll, d.h. für welche Kostenelemente welche konkreten Ansätze heranzuziehen sind und ob Verluste bzw. Gewinne nur betragsmäßig oder prozentual fortgeschrieben werden sollen und wie mit besonderen Kosten, für die es keine Bezugspunkte in der Auftragskalkulation gibt, umzugehen ist. Darüber hinaus ist es notwendig, dass für Fälle, in denen die analoge Preisfortschreibung zu unerträglichen Ergebnissen führen würde, die Bestimmung in § 313 BGB (Störung der Geschäftsgrundlage) ausdrücklich für anwendbar erklärt wird.

816 Wenn im Vertrag für Mehrmengen nach § 2 Abs. 3 Nr. 2 VOB/B eine vorkalkulatorische Preisfortschreibung vereinbart wird, stellt sich das Problem einer AGB-rechtlichen Inhaltskontrolle anders dar, weil das BGB keine spezielle gesetzliche Regelung zu Mengenmehrungen kennt, auch nicht in § 650b und § 650c BGB. Diese Vorschriften regeln auftraggeberseitige Anordnungsrechte in Bezug auf modifizierte Leistungen und die dafür zu zahlende Vergütung, wenn eine Einigung zwischen den Parteien nicht zustande gekommen ist. Allerdings gibt es auch im BGB Grenzen durch allgemeine Vorschriften für Ausnahmefälle in § 138 BGB (Sittenwidrigkeit) und § 313 BGB (siehe oben). Diese Vorschriften müssten, wenn Preise für Mengenänderungen vorkalkulatorisch ermittelt werden sollen, nach der Klausel im Vertrag ausdrücklich anwendbar bleiben, wenn AGB-rechtliche Risiken vermieden werden sollen.

Viele Leser werden sich die Frage gestellt haben, aus welchen Gründen der BGH – jedenfalls bei Mehrmengen nach § 2 Abs. 3 Nr. 2 VOB/B – im August 2019 einen Paradigmenwechsel bei der Ermittlung des neuen Preises ab 110 % vorgenommen hat, obwohl er jahrelang – zumindest stillschweigend – von einer vorkalkulatorischen Preisfortschreibung ausgegangen ist. Auch in seiner Entscheidung sagt der BGH ausdrücklich, dass *„nach herrschender Auffassung in der obergerichtlichen Rechtsprechung und der Literatur (...) bei der Preisbildung nach § 2 Abs. 3 Nr. 2 VOB/B die ursprüngliche Kalkulation des Auftragnehmers zu berücksichtigen und ihre Einzelbestandteile unter Berücksichtigung der Mehr- oder Minderkosten fortzuschreiben (vorkalkulatorische Preisfortschreibung) sind, wodurch das Vertragspreisniveau bei der Bildung des neuen Einheitspreises beibehalten werden soll"*. Im Anschluss daran nennt der BGH eine Vielzahl von Oberlandesgerichten sowie namhafte Baurechtler, die diesen Standpunkt vertreten haben und auch nach der BGH-Entscheidung vom 8.8.2019 weiterhin vertreten (z.B. Kapellmann/Messerschmidt, VOB-Kommentar, Teile A und B, 7. Auflage zu § 2, Rn. 211 ff. und speziell zu § 2 Abs. 3 Nr. 2 VOB/B, Rn. 387 a ff.). **817**

Auch wenn ein Hinweis im Urteil vom 8.8.2019 dazu fehlt, legt bereits die erwähnte Entscheidung aus dem Jahr 2013 den Schluss nahe, dass der BGH schon seinerzeit nicht mehr davon überzeugt war, dass der Wortlaut der VOB/B-Nachtragsbestimmungen zu einer vorkalkulatorischen Preisfortschreibung führt (BGH, Urt. v. 14.3.2013 – VII ZR 142/12). Bereits dort hat der BGH ausgeführt, dass ein Gericht an dieses Verständnis der VOB/B lediglich gebunden sei, wenn die Parteien selbst übereinstimmend davon ausgegangen sind. Den Ausschlag für den Rechtsprechungswandel dürfte dann endgültig die Reform des Bauvertragsrechts 2018, insbesondere die dortige Regelung zur Vergütungsanpassung in § 650c Abs. 1 BGB, gegeben haben. Auch wenn der BGH das in seiner Entscheidung so nicht zum Ausdruck bringt, tritt man ihm nicht zu nahe, wenn man unterstellt, dass diese gesetzliche Regelung ein mitentscheidender Grund für die endgültige Abkehr von der vorkalkulatorischen Preisfortschreibung war. **818**

d) Vergütungsanpassung nach § 650c BGB bei ab dem 1.1.2018 abgeschlossenen Verträgen

Die Bestimmung in § 650c BGB weicht von dem bisherigen Verständnis der VOB/B-Systematik und damit von den Preisfortschreibungsgrundsätzen auf Basis der Urkalkulation ab. Denn nach dieser Vorschrift hat der Auftragnehmer ein Wahlrecht, ob er die Vergütungsanpassung bei einer Anordnung des Auftraggebers gemäß § 650b **819**

Abs. 2 BGB – also im Fall einer nicht zustande gekommenen Einigung über den Preis – nach den tatsächlich erforderlichen Kosten mit angemessenen Zuschlägen für AGK und Gewinn (§ 650c Abs. 1 BGB) oder nach den Ansätzen aus einer vereinbarungsgemäß hinterlegten Urkalkulation geltend macht (§ 650c Abs. 2 BGB).

820 Nach der amtlichen Begründung des Gesetzgebers ist das erklärte Ziel des neuen Berechnungsmodells, Spekulationen einzudämmen und Streit über die Preisanpassung weitestgehend zu vermeiden. Die Regelung soll Anreize für eine korrekte Ausschreibung durch den Auftraggeber und eine sachgerechte Kalkulation durch den Auftragnehmer schaffen. Die Berechnungsmethode nach den tatsächlich erforderlichen Kosten für den Mehr- oder Minderaufwand soll insbesondere verhindern, dass der Auftragnehmer angeordnete Mehrleistungen nach den Preisen seiner Urkalkulation erbringen muss, die möglicherweise im Hinblick auf den Wettbewerb zu knapp oder sogar unauskömmlich sind bzw. zwischenzeitlich eingetretene Preissteigerungen nicht berücksichtigen. Zugleich soll der Berechnungsmaßstab der tatsächlich erforderlichen Kosten nebst angemessener Zuschläge die Möglichkeit einschränken, durch Spekulationen ungerechtfertigte Preisvorteile zu erzielen.

aa) Berechnung nach den tatsächlich erforderlichen Kosten mit angemessenen Zuschlägen für Allgemeine Geschäftskosten (AGK) sowie Wagnis und Gewinn (§ 650c Abs. 1 BGB)

821 Macht der Auftragnehmer von seinem Wahlrecht Gebrauch und rechnet er nach § 650c Abs. 1 BGB die tatsächlich erforderlichen Mehrkosten nebst angemessener Zuschläge ab, kommt es auf seine Ur- bzw. Auftragskalkulation und die dortigen Ansätze nicht mehr an. Das führt zu einer Durchbrechung des vormaligen VOB/B-Grundsatzes *„schlechter Vertragspreis führt zu ebenso schlechten Nachtragsansprüchen"*. Der Auftragnehmer wird von dieser Abrechnungsmöglichkeit insbesondere dann Gebrauch machen, wenn in seiner Kalkulation zu niedrige oder unauskömmliche Ansätze enthalten sind. Bei der Ermittlung des veränderten Aufwands ist die Differenz zwischen den hypothetischen Kosten, die ohne die Anordnung entstanden wären und den Ist-Kosten, die aufgrund der Anordnung tatsächlich entstanden sind, zu bilden. Hinzu kommen angemessene AGK- und Gewinnzuschläge (siehe unten). Für denjenigen Aufwand, der auch bei Ausführung der vertraglichen Leistung entstanden wäre, bleibt es bei der vertraglich getroffenen Preisvereinbarung. Führt eine geänderte Leistung, beispielsweise die Anbringung von Duschköpfen an die Decke, statt wie vorgesehen an die Wände der Bäder, zu einem zusätzlich erforderlichen Zeitaufwand von 20 Minuten pro Duschkopf, wird nur dieser Zusatzaufwand nach den tatsächlichen Lohnkosten vergütet, falls die kalkulierten Lohnkosten zu gering waren. Die Erforderlichkeit des zusätzlichen Aufwands – hier 20 Minuten pro Duschkopf – und die tatsächlichen Lohnkosten muss der Auftragnehmer im Streitfall beweisen.

Aus der amtlichen Gesetzesbegründung geht auch hervor, wie mit „verdeckten" Vergabegewinnen bzw. Verlusten umzugehen ist. Danach wird die Berechnung der Mehr- oder Mindervergütung nicht um einen sogenannten Vertragspreisniveaufaktor ergänzt. Denn die Anwendung dieses Faktors könnte zu einer Potenzierung von Gewinnen oder Verlusten führen. Stattdessen soll die im Wettbewerb für die Ausgangsleistungen zustande gekommene anteilige Gewinn- oder Verlustspanne für die jeweilige Bezugsposition in ihrer ursprünglichen Höhe (d.h. als Absolutbetrag) erhalten bleiben – also nicht prozentual fortgeschrieben werden –, um das Preisrisiko für die Vertragsparteien zu begrenzen. 822

Beispiel: Der Unternehmer kalkuliert mit Materialbeschaffungskosten in Höhe von € 5,–/m für ein im LV bestimmtes dreiadriges, ungeschirmtes Kabel, ohne zuvor die Einkaufspreise zu überprüfen. Tatsächlich muss er € 10,– aufwenden, um sich dieses Kabel zu beschaffen. Der Auftraggeber ändert die Ausführung in ein sechsadriges geschirmtes Kabel. Die tatsächlichen Beschaffungskosten hierfür betragen € 15,–/m. Wie wird – positionsbezogen – die Vergütungsanpassung nach § 650c Abs. 1 BGB berechnet? 823

Berücksichtigt man den verdeckten Vergabeverlust als Absolutbetrag, erhält der Unternehmer für das geänderte Kabel lediglich € 10,–/m, nicht € 15,–/m, weil er auch bei Ausführung des vereinbarten Kabels positionsbezogen einen (verdeckten) Verlust in Höhe von € 5,–/m gemacht hätte. Dieser bleibt erhalten. Denn bei der Ermittlung des infolge der Anordnung veränderten Aufwands nach den tatsächlichen Kosten ist die Differenz zwischen den hypothetischen Kosten, die ohne die Anordnung entstanden wären (hier € 10,–) und den Ist-Kosten, die aufgrund der Anordnung tatsächlich entstanden sind (€ 15,–), zu bilden. Diese Differenz (hier: € 5,–) ist die Grundlage für die Vergütung des geänderten Aufwands. Damit erhält der Auftragnehmer die ursprünglich kalkulierten Materialbeschaffungskosten in Höhe von € 5,–/m und den infolge der Anordnung entstandenen Mehraufwand in Höhe weiterer € 5,–/m, insgesamt also € 10,–/m. Würde man mit einem Vertragspreisniveaufaktor rechnen, den Vergabeverlust also prozentual fortschreiben, erhielte der Auftragnehmer nur € 7,50/m, also die Hälfte der tatsächlich entstandenen Mehrkosten für den Einkauf des geänderten Kabels. Dadurch würde sich der Verlust pro Meter Kabel um € 2,50 erhöhen. Das will der Gesetzgeber vermeiden. Genauso verhält es sich auch im umgekehrten Fall, in dem der Auftragsunternehmer einen (verdeckten) Vergabegewinn i.H.v. 100 % erzielen würde, weil er das vertraglich vereinbarte Kabel nachweislich für € 2,50/m beschaffen konnte und sich aus seiner Kalkulation Kosten in Höhe von € 5,–/m ergeben. Kommt es jetzt zu einer Änderung und kostet das Kabel € 15,–/m, kann der Auftragnehmer unter Berücksichtigung des Vergabegewinns von € 2,50/m positionsbezogen „nur" € 17,50/m für das geänderte Kabel geltend machen. Würde man den Vergabegewinn prozentual fortschrei- 824 ben, erhielte er stattdessen € 30,–/m, sodass der Vergabegewinn nicht mehr € 2,50/m, sondern € 15,–/m betragen würde.

825 Ob die betragsmäßige Fortschreibung von Vergabegewinnen bzw. -verlusten auch nach dem bisherigen Verständnis der VOB/B in § 2 Abs. 5 und Abs. 6 gilt, ist zwar umstritten, dürfte aber der herrschenden Meinung entsprechen (OLG Dresden, Beschl. v. 28.6.2012 – 16 U 831/11). Das gilt auch für den Fall der Beauftragung von Nachunternehmern (OLG Hamm, Urt. v. 9.5.2018 – 12 U 88/17; ausdrücklich anderer Auffassung: Kapellmann/Messerschmidt, VOB-Kommentar, Teile A und B, 7. Auflage zu § 2 VOB/B, Rn. 435).

826 Die Zuschläge für Allgemeine Geschäftskosten sowie Wagnis und Gewinn müssen nach § 650c Abs. 1 BGB „angemessen" sein. Dabei kann der Auftragnehmer im Ausgangspunkt auf seine Ansätze aus der Urkalkulation zurückgreifen. Allein das reicht aber nicht aus, um die Angemessenheit dieser Zuschlagssätze nachzuweisen. Denn es versteht sich von selbst, dass die von einem Auftragnehmer kalkulierten Zuschlagssätze unangemessen hoch sein können. Besteht darüber Streit, ist von der Rechtsprechung noch nicht geklärt, ob sich die Angemessenheit der Zuschläge nach der Branchenüblichkeit richten oder betriebsbezogen ermittelt werden. Bei den Allgemeinen Geschäftskosten halten wir es für richtig, auf unternehmensspezifische Aspekte und nicht auf branchenübliche AGK-Zuschläge abzustellen. Das trägt den konkreten Verhältnissen des jeweiligen Betriebs angemessen Rechnung. Denn es macht schon einen Unterschied, ob ein Auftragnehmer einen Geschäftssitz in der Innenstadt von München mit einem Betriebshof und einer eigenen Kantine nebst Kindertagesstätte hat oder in einem Container im Gewerbegebiet angesiedelt ist. Beim Wagnis- und Gewinnzuschlag könnte es dagegen richtig sein, ihn nach der Branchenüblichkeit für die jeweilige Bauleistung zu bestimmen, weil es hier nicht um die Deckung von Kosten geht.

827 In der Praxis dürften solche Fragen oftmals nicht ohne Einholung eines Sachverständigengutachtens zu klären sein. Der BGH gesteht in einer Entscheidung zu § 2 Abs. 3 Nr. 2 VOB/B dem Tatrichter dabei aber auch ausdrücklich die Möglichkeit der Schätzung gemäß § 287 Abs. 2 ZPO zu (BGH, Urt. v. 21.11.2019 – VII ZR 10/19). Lagen die Ansätze aus der Urkalkulation unterhalb des Angemessenen, ist der Auftragnehmer daran nicht mehr gebunden, was ein ganz entscheidender Vorteil der Neuregelung ist, weil der Wettbewerbsdruck oftmals dazu führt, dass tendenziell eher zu geringe als zu hohe Preise vereinbart werden. Ist es dennoch einmal umgekehrt, hat der Auftraggeber den Vorteil, keine unangemessen hohe Nachtragsvergütung zahlen zu müssen (dazu sogleich). Wenn die Parteien Unwägbarkeiten und Streit über die Angemessenheit der Zuschlagssätze vermeiden wollen, können sie diese sowohl bei Vertragsabschluss als auch nachträglich einvernehmlich vereinbaren. Das hat der BGH im zweiten Leitsatz der Grundsatzentscheidung vom 8.8.2019 ausdrücklich zugelassen (BGH, Urt. v. 8.8.2019 – VII ZR 34/18). Weil der Auftraggeber im dort entschiedenen Fall den Zuschlagssatz in Höhe von insgesamt 20 % auf die Fremdkosten anstandslos vergütet hat und lediglich Streit über die Preisfortschreibung hinsichtlich der Fremdkosten selbst bestand, hat der BGH diesen Zuschlagssatz nicht mehr daraufhin untersucht, ob er aus seiner Sicht angemessen war oder nicht. Die dahingehende Einigung war für den BGH verbindlich.

bb) Berechnung nach einer vereinbarungsgemäß hinterlegten Urkalkulation (§ 650c Abs. 2 BGB)

Der Auftragnehmer hat ein Wahlrecht, ob er Nachträge auf Basis der tatsächlich erforderlichen Kosten nach § 650c Abs. 1 BGB oder nach einer vereinbarungsgemäß hinterlegten Urkalkulation gemäß § 650c Abs. 2 BGB abrechnen will. Das folgt aus der Formulierung in § 650c Abs. 2 BGB, wo es heißt, *„Der Unternehmer kann zur Berechnung der Vergütung für den Nachtrag auf die Ansätze in einer vereinbarungsgemäß hinterlegten Urkalkulation zurückgreifen"*. Macht der Auftragnehmer von dieser Wahlmöglichkeit Gebrauch, greift zu seinen Gunsten eine widerlegliche Vermutung dahingehend ein, dass die in der Urkalkulation enthaltenen Kostenansätze den tatsächlich erforderlichen Kosten entsprechen und auch die kalkulierten Zuschläge für AGK bzw. Wagnis und Gewinn (weiterhin) angemessen sind (§ 650b Abs. 2 Satz 2 BGB). **828**

Bezieht sich der Auftragnehmer auf die entsprechenden Ansätze seiner Urkalkulation, kann der Auftraggeber Beweis für die Behauptung antreten, sie seien unangemessen hoch. Die Wirkung der Vermutung besteht also darin, dass sie der Auftraggeber im Streitfall durch Beweis widerlegen muss. Das gilt sowohl für die direkten Kosten der Leistung als auch für die Zuschlagssätze. Um solche Einwendungen vorbringen zu können, muss sich der Auftraggeber mit der Kalkulation und der Sachgerechtheit der dort angesetzten Kosten sowie der Angemessenheit der Zuschlagssätze auseinandersetzen. Gelingt ihm im Streitfall der entsprechende Beweis, erhält der Auftragnehmer lediglich eine Nachtragsvergütung wie nach § 650c Abs. 1 BGB, also die tatsächlich erforderlichen Kosten mit angemessenen Zuschlägen. Das führt zu einer Durchbrechung des Grundsatzes „guter Preis bleibt guter Preis". Einige Autoren haben – allerdings vor der Grundsatzentscheidung des BGH vom 8.8.2019 – spitzfindig, aber zu Recht darauf hingewiesen, dass diese Möglichkeit für den Auftraggeber, nämlich zu beweisen, dass die Kosten oder die Zuschläge in der Kalkulation zu hoch angesetzt wurden, entfalle, wenn er – wie meistens – „Verwender" der VOB/B ist. Denn in einem solchen Fall könne sich der Auftraggeber nicht darauf berufen, dass eine von ihm selbst gestellte Allgemeine Geschäftsbedingung (die VOB/B) wegen unangemessener Benachteiligung unwirksam sei, sodass an ihrer Stelle das Gesetz, also § 650c Abs. 1 BGB, gelte. Damit würde auch die Widerlegung der Vermutung nach § 650c Abs. 2 Satz 2 BGB entfallen und ein guter Preis ein guter Preis bleiben (näher dazu: Langen, NZBau 2019, 10). Auch wenn diese Überlegung im Ausgangspunkt zutref- **829** fend ist, dürfte sie jedenfalls dann nicht mehr gelten, wenn der BGH die Preisfortschreibung auf Basis der Urkalkulation auch bei VOB/B-Nachträgen beendet. Dann kommt es unabhängig von § 650c Abs. 2 Satz 2 BGB auch bei VOB/B-Nachträgen eben nicht mehr auf die Ansätze in einer Urkalkulation, sondern auf tatsächlich entstandene Mehrkosten zzgl. angemessener Zuschläge an, falls die Parteien nicht ausdrücklich eine davon abweichende (wirksame) Vereinbarung getroffen haben (vgl. E. I. 5. c), Rn. 819 ff.).

830 Nach dem Gesetzeswortlaut ist eine Berechnung nach den Ansätzen aus der Urkalkulation nur möglich, wenn diese „vereinbarungsgemäß hinterlegt" worden ist. Das würde eine vertragliche Regelung erfordern, die den Auftragnehmer zur Hinterlegung der Kalkulation verpflichtet. Die amtliche Gesetzesbegründung führt dazu aus, dass es auch ausreicht, wenn die Kalkulation im Streitfall einvernehmlich offengelegt wird und sich die Parteien darüber einig sind, die Kalkulation zur Berechnung von Nachträgen anzuwenden. Es ist also nicht zwingend erforderlich, dass die Hinterlegung der Kalkulation schon im Vertrag vereinbart wird. Streitig ist dagegen, ob der Auftragnehmer einen Anspruch darauf hat, dass der Auftraggeber – ohne entsprechende vertragliche Vereinbarung – eine einseitig angebotene Urkalkulation annehmen muss. Dafür spricht, dass anderenfalls das Wahlrecht des Auftragnehmers nach § 650c Abs. 2 BGB ausgehebelt wird. Dagegen spricht, dass eine vereinbarungsgemäß hinterlegte oder einvernehmlich offengelegte Urkalkulation das Gegenteil einer dem Auftraggeber einseitig aufgenötigten Urkalkulation ist. Wir meinen, dass die Urkalkulation aber selbst dann eine Rolle spielen kann. Zwar greift in diesem Fall die Vermutungswirkung nach § 650c Abs. 2 Satz 2 BGB zugunsten des Auftragnehmers nicht ein. Der Auftragnehmer kann aber im Streitfall seine Behauptung, die in der Urkalkulation ausgewiesenen Kosten seien sachgerecht ermittelt worden und auch die geltend gemachten Zuschläge seien angemessen, seinerseits beweisen. Das bedeutet: Ist eine Urkalkulation vereinbarungsgemäß hinterlegt worden, muss der Auftraggeber die Vermutung widerlegen, wenn er die danach berechnete Vergütung für unangemessen hoch hält; anderenfalls ist der Auftragnehmer beweispflichtig, wenn er sich auf seine Urkalkulation berufen will.

831 Die in § 650c Abs. 2 Satz 2 BGB geregelte Vermutungswirkung kann allerdings nur greifen, wenn die Urkalkulation aussagekräftig aufgeschlüsselt ist und neben den Einzelkosten der Teilleistung (Material- und Lohnkosten etc.) sowie den Baustellengemeinkosten auch die Zuschlagssätze nachvollziehbar ausgewiesen wurden. Die Einzelkosten der Leistung, die geändert wurde sowie alle für sie geltenden Zuschläge müssen deshalb unmittelbar aus der Kalkulation des Auftragnehmers entnommen werden können oder zumindest anhand von in der Kalkulation enthaltenen Angaben aus ihr ableitbar sein. Die Parteien dürften gut beraten sein, bereits im Bauvertrag die Anforderungen an eine zu hinterlegende Urkalkulation konkret zu regeln.

Die Vermutung einer Sachgerechtheit der Kalkulation gemäß § 650c Abs. 2 Satz 2 BGB ist noch nicht widerlegt, wenn der Auftraggeber lediglich die Unrichtigkeit einzelner kalkulatorischer Ansätze beweisen kann. Denn die gesetzliche Vermutung bezieht sich auf den Nachtragsanspruch in der geltend gemachten Höhe. Höhere Ansätze in einzelnen Positionen können durch zu niedrige Ansätze in anderen Positionen ausgeglichen werden. Es geht also nicht um einzelne Posten der Nachtragsberechnung, sondern um den Nachtragsanspruch insgesamt.

cc) Keine Kombination der Berechnungsmethode innerhalb eines Nachtrags

Der Auftragnehmer ist nach dem Gesetzeswortlaut („*Vergütung für den Nachtrag*") berechtigt, dieses Wahlrecht für jeden Nachtrag einzeln auszuüben. Innerhalb einer Nachtragsberechnung darf es aber keine Kombination zwischen den tatsächlich erforderlichen Kosten einerseits und den kalkulierten Kosten andererseits geben, um Anreize für spekulative Kostenverschiebungen zu vermeiden. Deshalb kann der Auftragnehmer den änderungsbedingten Mehraufwand nicht auf Kostenbasis (§ 650c Abs. 1 BGB), die Zuschläge für AGK und Gewinn aber nach seiner Kalkulation berechnen (§ 650c Abs. 2 BGB), es sei denn, diese entsprechen der Angemessenheit. Das gesetzgeberische Ziel wird aber nicht erreicht, wenn der Auftragnehmer das Wahlrecht von Nachtrag zu Nachtrag unterschiedlich ausüben kann. Die damit verbundene Möglichkeit einer „Rosinenpickerei" ist nicht sachgerecht und erlaubt im Ausgangspunkt doch wieder eine risikofreie Spekulation des Auftragnehmers. Denn bei unterkalkulierten Preisen hat er die Möglichkeit der Abrechnung auf Kostenbasis nebst angemessener Zuschläge (§ 650c Abs. 1 BGB). Bei überkalkulierten Preisen wird der Auftragnehmer seine Kalkulation fortschreiben und auf sein Wahlrecht nach § 650c Abs. 2 BGB verweisen. Er wird hoffen, dass der Auftraggeber gar nicht auf die Idee kommt, die kalkulativen Ansätze in Frage zu stellen und die Richtigkeitsvermutung gemäß § 650c Abs. 2 Satz 2 BGB zu widerlegen. Möglicherweise verhindert die zukünftige Rechtsprechung solche im Gesetz angelegten Fehlanreize, indem sie die Ausübung des Wahlrechts nur einmal in Bezug auf sämtliche Nachträge zulässt. 832

e) Berechnung der Nachtragsvergütung nach der 80 %-Regelung gemäß § 650c Abs. 3 BGB

Ein weiterer ganz entscheidender Vorteil für Auftragnehmer ist, dass sie nach § 650c Abs. 3 BGB in einer Abschlagsrechnung vorläufig 80 % der in ihrem Angebot nach § 650b Abs. 1 Satz 2 BGB ausgewiesenen Mehrvergütung ansetzen können, wenn keine Einigung über die Vergütungsanpassung binnen 30 Tagen erzielt worden ist und der Auftraggeber die Änderung daraufhin angeordnet hat (§ 650b Abs. 2 BGB). Durch die Regelung in § 650c Abs. 3 BGB erhält der Auftragnehmer während der Ausführung einen leicht zu begründenden vorläufigen Mehrvergütungsanspruch. Die Regelung soll nach dem Gesetzeszweck dem vorleistungspflichtigen Auftragnehmer schnell Liquidität verschaffen und verhindern, 833 dass er die Änderung zunächst ohne Vergütung erbringen und eine Klärung erst nach Abnahme und Schlussrechnungslegung herbeiführen kann. Die 80 %-Regelung gilt allerdings nur für dem Grunde nach berechtigte Nachtragsansprüche (vgl. E. II. 2. b), Rn. 930 ff.). Will sich der Auftraggeber gegen diese vorläufig pauschalierte Abrechnung wehren, muss er eine anderslautende gerichtliche Entscheidung durch eine einstweilige Verfügung nach § 650d BGB herbeiführen (vgl. E. I. 2. g), Rn. 733 ff.). Zahlt der Auftraggeber die geltend gemachten 80 % nicht, kann auch der Auftragnehmer diesen Anspruch im Wege der einstweiligen Verfügung gerichtlich feststellen lassen und aus einer stattgebenden Eilentscheidung des Gerichts vollstrecken (Zahlungsverfügung).

834 Für die Berechtigung eines Eilantrags nach § 650d BGB muss es wegen des Zwecks von § 650c Abs. 3 BGB ausreichen, wenn der Auftragnehmer glaubhaft machen kann, dass ihm eine Vergütung i.H.v. 80 % des geltend gemachten Nachtragsanspruchs zusteht. Nicht erforderlich ist, dass der bis dahin erbrachte Leistungsstand insgesamt eine Zahlung von 80 % rechtfertigt. Mängel an anderen als der Nachtragsleistung oder sonstige, streitige Gegenansprüche des Auftraggebers dürfen deshalb im Rahmen der 80 %-Regelung keine Rolle spielen. Hierzu vertritt das Kammergericht Berlin allerdings eine dezidiert andere Auffassung (KG, Urt. v. 2.3.2021 – 21 U 1098/20). Danach muss der Auftragnehmer im Zeitpunkt der Geltendmachung von 80 % – unter Berücksichtigung bereits geleisteter Zahlungen – einen Leistungsstand erreicht haben, der einen fälligen Anspruch in dieser Höhe ergibt. Ein Zahlungsanspruch nach § 650c Abs. 3 BGB könne deshalb nur bestehen, wenn sich ein positiver Saldo zwischen der berechtigten Gesamtvergütung und den bisher geleisteten Zahlungen ergebe. Anderenfalls habe es der Auftragnehmer in der Hand, einen Streit über erbrachte Mengen oder einen Mängeleinbehalt indirekt bis zur Schlussrechnungslegung für sich zu entscheiden. Das überzeugt nicht. Denn die Frage, ob auch nach Fertigstellung oder sogar nach Abnahme der Leistung eine Zahlungsverfügung nach § 650d BGB beantragt werden könne, bejaht das Kammergericht unter Verweis darauf, dass der Auftragnehmer nach der Rechtsprechung des BGH auch in solchen Fällen eine Bauhandwerkersicherheit nach § 650f BGB (vormals § 648a BGB) verlangen kann (BGH, Urt. v. 6.3.2014 – VII ZR 349/12), siehe auch E. I. 2. g), Rn. 733 ff.) und die Interessenlage vergleichbar sei. Zu § 650f BGB hat der BGH entschieden, dass es für den Anspruch auf Sicherheitsleistung ausreiche, wenn der Zahlungsanspruch schlüssig dargelegt worden sei und alle Streitfragen rechtlicher und tatsächlicher Art im Hauptsacheprozess geklärt werden müssten. Deshalb dürfte es auch dem Zweck von § 650c Abs. 3 BGB und § 650d BGB besser entsprechen, wenn dort nur unstreitige oder vom Auftraggeber bewiesene Gegenforderungen berücksichtigt werden (im Ergebnis ebenso: ibr-online-Kommentar, Stand 16.2.2021 zu § 650c Abs. 3 BGB, Rn. 121). Die Vorgaben und Ziele des Gesetzes führen bei Eilverfahren nach § 650d BGB folglich dazu, dass sich Nachtragsansprüche (teilweise) rechtlich verselbstständigen.

Durch § 650c Abs. 3 BGB erhält der Auftragnehmer erneut ein Wahlrecht. Er kann unter erleichterten Voraussetzungen 80 % auf Basis seines Angebots oder auch die ungekürzte Vergütung verlangen. Entscheidet er sich für Letzteres, hat er allerdings nicht die Möglichkeit der Durchsetzung von 80 % im Eilverfahren nach § 650d BGB. Wählt der Auftragnehmer für einen Nachtrag die 80 %-Regelung, kann er nur alle Abschlagsrechnungen für diesen Nachtrag auf Basis von 80 % fordern und muss die Differenz mit der Schlussrechnung geltend machen. Kommt es zu einer vorläufigen Zahlung nach der 80 %-Regelung, erfolgt die abschließende Berechnung der Mehrvergütung erst nach Abnahme im Rahmen der Schlussrechnungslegung (§ 650c Abs. 3 Satz 2 BGB). **835**

Die 80 %-Regelung kann erhebliche Risiken für Auftraggeber mit sich bringen. **836** Denn es kann zu Überzahlungen kommen, wenn sich im Nachhinein herausstellt, dass das Nachtragsangebot deutlich überhöht angesetzt wurde oder der Nachtrag schon dem Grunde nach nicht berechtigt war. Erscheint dem Auftraggeber das Risiko einer Überzahlung aufgrund der 80 %-Regelung zu hoch, muss er gerichtlichen Rechtsschutz im Eilverfahren nach § 650d BGB in Anspruch nehmen. Das gilt jedenfalls dann, wenn der Auftragnehmer wegen einer Nichtzahlung von 80 % mit einer Leistungsverweigerung droht oder die Arbeiten wegen eines (vermeintlichen) Zahlungsverzugs nach § 16 Abs. 5 Nr. 4 VOB/B tatsächlich eingestellt hat. Das kann er bei dem Grunde nach berechtigten Nachtragsforderungen selbst dann, wenn sich sein Angebot im Nachhinein als überhöht herausstellt (KG, Urt. v. 2.3.2021 – 21 U 1098/20). Die Grenze, ab der es nicht mehr auf das Angebot ankommt, dürfte erst in Fällen des klaren Rechtsmissbrauchs, also bei sittenwidrig überhöhten Angebotspreisen, überschritten sein. Solche Angebote können Zahlungsansprüche in Höhe von 80 % nicht begründen. Nun dürfte es eher selten vorkommen, dass für das Einschlagen eines Nagels mehrere tausend Euro verlangt werden, sondern häufiger, dass sich der Angebotspreis aus Sicht des Auftraggebers beispielsweise „nur" auf das Doppelte dessen beläuft, was dem Auftragnehmer nach § 650c Absätze 1 oder 2 BGB zusteht. Der Gesetzgeber nimmt eine „gewisse Überzahlung" aufgrund der 80 %-Regelung eindeutig hin, sodass dem Auftraggeber in solchen Fällen nur die Möglichkeit bleibt, einstweiligen Rechtsschutz nach § 650d BGB zu suchen. Will der Auftraggeber das nicht und zahlt er vorläufig 80 %, ist es eine Selbstverständlichkeit, dass ihm Überzahlungen, die aufgrund der 80 %-Regelungen erfolgt sind, zurückgewährt werden müssen (§ 650c Abs. 3 Satz 3 BGB). Um das Überzahlungsrisiko weiter zu reduzieren und leichtfertig zu hoch angesetzten Mehrvergütungsangeboten entgegenzuwirken, hat der Gesetzgeber ferner eine Verzinsungspflicht vorgesehen. Nach § 650c Abs. 3 Satz 3 BGB muss der Auftragnehmer zu Unrecht erhaltene Zahlungen ab dem Zeitpunkt ihres Eingangs verzinsen. Diese Verzinsungspflicht tritt allerdings erst ein, wenn die geleisteten Abschlagszahlungen nach § 650c Abs. 3 BGB die insgesamt berechtigte Nachtragsvergütung in der Schlussrechnung überschreiten.

Das könnte den Auftragnehmer auf die Idee bringen, sein Angebot von vornherein um 25 % zu überhöhen. Bezahlt der Auftraggeber daraufhin 80 %, ist die Nachtragsleistung vollständig vergütet, ohne dass verzinsungspflichtige Überzahlungen produziert worden sind. Wegen der Höhe der Zinsen ordnet § 650c Abs. 3 Satz 4 BGB die entsprechende Anwendung von § 288 BGB an. Das bedeutet, dass die Verzinsung bei Rechtsgeschäften, an denen ein Verbraucher nicht beteiligt ist, neun Prozentpunkte über dem Basiszinssatz beträgt. Für Verträge mit Verbrauchern gilt ein Zinssatz von fünf Prozentpunkten über dem Basiszinssatz. Ist der Auftragnehmer über jedes Insolvenzrisiko erhaben, könnte man als Auftraggeber bei Überzahlungen von einer akzeptablen Rendite sprechen, die mit dem Sparbuch längst nicht mehr zu erzielen ist.

837 Abschließend stellt sich die Frage, ob die 80 %-Regelung auch auf VOB/B-Bauverträge anwendbar ist. Das wird von namhaften Autoren mit der Begründung bejaht, die VOB/B enthalte zu dieser Frage keine abschließende und deshalb das BGB verdrängende Regelung. § 650c Abs. 3 BGB gelte deshalb auch beim VOB/B-Bauvertrag ergänzend, ohne dass es dafür einer vertraglichen Vereinbarung bedarf. Andere Autoren halten dem entgegen, die Bestimmungen in § 16 Abs. 1 VOB/B für Abschlagszahlungen seien abschließende und spezielle Regelungen, sodass der Anwendungsbereich von § 650c Abs. 3 BGB „gesperrt" sei. Das Landgericht Berlin hat die Anwendbarkeit der 80 %-Regelung nach § 650c Abs. 3 BGB auch bei einem VOB/B-Bauvertrag bejaht und dabei noch nicht einmal thematisiert, ob die „VOB/B im Ganzen" vereinbart oder von ihren Einzelbestimmungen abgewichen wurde (LG Berlin, Urt. v. 16.10.2020 – 8 O 126/20). Dem stimmte das Kammergericht im Berufungsverfahren ausdrücklich zu (KG, Urt. v. 2.3.2021 – 21 U 1098/20). Die gleiche Frage stellt sich beim einstweiligen Rechtsschutz nach § 650d BGB. Auch hier ist fraglich, ob die Möglichkeit, eine einstweilige Verfügung zu erwirken, auch auf den VOB/B-Bauvertrag anwendbar ist. Das wurde sowohl vom Landgericht Berlin als auch vom Kammergericht einschränkungslos bejaht und entspricht der ganz herrschenden Meinung (LG Berlin, Urt. v. 16.10.2020 – 8 O 126/08; KG, Urt. v. 2.3.2021 – 21 U 1098/20). Beide Gerichte haben dabei nicht einmal ansatzweise problematisiert, ob die VOB/B „im Ganzen" oder mit Abweichungen zulasten des Auftragnehmers vereinbart wurde (vgl. dazu E. II. 1., Rn. 897 ff.). Das Kammergericht hat allerdings zu Recht darauf hingewiesen, dass in einem Eilverfahren nach § 650d BGB keine gesetzliche Vermutung dafür bestehe, wonach dem Auftragnehmer vorläufig 80 % gemäß seines Nachtragsangebotes nach § 650c Abs. 3 BGB tatsächlich zustehen. Denn die 80 %-Regelung eröffne für den Auftragnehmer die Möglichkeit, die Nachtragsvergütung einseitig festzusetzen, wenn eine Einigung über die Vergütungsanpassung nicht zustande gekommen ist. Sobald eine Partei ein Gericht nach § 650d BGB angerufen hat, ist es Aufgabe dieses Gerichts, den Vergütungsanspruch des Auftragnehmers *„so gut wie möglich preislich zu bewerten"* (KG, Urt. v. 2.3.2021 –

21 U 1098/20). Es könne – so das Kammergericht – nicht sein, dass der Tatrichter vermuten müsse, die im Angebot angesetzte Vergütung sei der Höhe nach berechtigt. Das Gericht dürfe aber schätzen, weil eine exakte Ermittlung der Nachtragsvergütung im Eilverfahren nicht möglich sei, da hier nur eine summarische Prüfung zu erfolgen habe.

6. Vertragstypen/Art und Weise der Leistungsbeschreibung/Vergütungsrisiken

a) Einführung

Ein Nachtragsanspruch setzt eine bausolländernde Anordnung des Auftraggebers nach Vertragsabschluss voraus. Zur Beantwortung der Frage, ob sich das Bausoll geändert hat, ist – neben einer Vertragsauslegung (dazu Kapitel C, Rn. 352 ff.) – von oftmals entscheidender Bedeutung, wer die Bauleistung geplant bzw. ausgeschrieben hat und ob die Leistung detailliert oder nur global bzw. funktional beschrieben wurde. Deshalb ist zwischen den unterschiedlichen Techniken der Leistungsbeschreibung einerseits und den danach in Betracht kommenden Vergütungsvereinbarungen andererseits zu unterscheiden. Denn daraus resultieren Vergütungsrisiken, die von der einen oder der anderen Vertragspartei übernommen werden. Beginnen wir zunächst mit den im Bauvertrag in Betracht kommenden Möglichkeiten und unterscheiden in einem ersten Schritt zwischen folgenden Vertragstypen: **838**
- Leistungsvertrag (Einheitspreisvertrag oder Pauschalvertrag)
- Stundenlohnvertrag
- Selbstkostenerstattungsvertrag

Da der Selbstkostenerstattungsvertrag nur selten vorkommt, soll er hier nicht behandelt werden. Stundenlohnarbeiten werden im Kapitel F (Rn. 1038 ff.) besprochen. **839**

Beim Leistungsvertrag unterscheidet man zwischen Einheitspreis- und Pauschalverträgen. Bei Pauschalverträgen muss nochmals zwischen einem Detail-Pauschalvertrag und einem Global-Pauschalvertrag differenziert werden. Das ist oft schwierig, weil sich die Art und Weise der Leistungsbeschreibung (detailliert oder global) innerhalb ein und desselben Bauvertrags ständig ändern kann. Deshalb werden zunächst die Strukturen der jeweiligen Vertragstypen beschrieben und herausgearbeitet, wodurch sie sich charakteristischerweise auszeichnen. **840**

b) Einheitspreisvertrag

aa) Struktur des Einheitspreisvertrags

Bei einem Einheitspreisvertrag werden sowohl die zu erbringenden Leistungen, als auch die dafür geschuldete Vergütung detailliert geregelt. Die Ausführungsplanung stammt regelmäßig vom Auftraggeber. Der typische Einheitspreisver- **841** trag zeichnet sich dadurch aus, dass der Auftraggeber seine Detail-Planung in ein detailliertes Leistungsverzeichnis (LV) mit vorläufigen Mengen- bzw. Massenangaben (Vordersätze) umsetzt. Von einem solchen Vertrag geht die VOB/B aus, wenn nicht ausdrücklich etwas anderes vereinbart worden ist. Denn in § 2 Abs. 2 VOB/B heißt es, dass sich die Vergütung nach den vertraglichen Einheitspreisen und den tatsächlich ausgeführten Leistungen berechnet, wenn keine andere Berechnungsart vereinbart worden ist.

842 Aus § 3 Abs. 1 VOB/B folgt, dass dem Auftragnehmer die für die Ausführung nötigen Unterlagen, wozu maßgeblich die Ausführungspläne gehören, rechtzeitig und unentgeltlich zu übergeben sind. Der Begriff der Ausführungsunterlagen nach § 3 Abs. 1 VOB/B ist weitgehend zu verstehen, sodass dazu neben brauchbaren und zuverlässigen Plänen zumindest im Maßstab 1:50 auch alle sonstigen erforderlichen Unterlagen, wie beispielsweise Untersuchungsergebnisse (Baugrundgutachten), die Baugenehmigung sowie eventuell geprüfte Standsicherheitsnachweise und statisch notwendige Angaben gehören. Davon sind auch alle weiteren öffentlich-rechtlichen Genehmigungen nach § 4 Abs. 1 Nr. 1 Satz 2 VOB/B umfasst, ohne die der Auftragnehmer die Leistung nicht erbringen darf. Anders wäre es nur, wenn der Vertrag die Beibringung dieser Genehmigungen ausdrücklich dem Auftragnehmer zuweist, wie das beim Schlüsselfertigbau der Fall sein kann.

843 Es versteht sich eigentlich von selbst, dass ein Auftraggeber, der mangels anderweitiger Vereinbarung zur Beibringung dieser Ausführungsunterlagen verpflichtet ist, damit prinzipiell auch das Risiko der Richtigkeit und Vollständigkeit dieser Unterlagen tragen muss. Denn mit der Erledigung einer Aufgabe geht im Regelfall auch die Übernahme der daraus resultierenden Haftungsrisiken einher. Das wird im Rahmen der nachfolgenden Darlegungen noch viele Male relevant. Wenn notwendige Leistungen vergessen oder falsch geplant worden sind, muss der Auftragnehmer diese zwar herstellen oder in geänderter Art ausführen, weil sein Werk ansonsten mangelhaft ist; er muss dies aber nicht für die im Vertrag vereinbarte Vergütung tun, sondern hat unter den bereits besprochenen Voraussetzungen Nachtragsansprüche nach § 2 Abs. 5 oder Abs. 6 VOB/B. Deshalb ist im Ausgangspunkt eindeutig, dass der Auftraggeber beim Einheitspreisvertrag grundsätzlich das Risiko der Richtigkeit und Vollständigkeit der von ihm beizubringenden Ausführungsunterlagen trägt. Dass der Auftragnehmer, nicht der Bieter, zu deren Prüfung verpflichtet ist und gegebenenfalls Bedenken anmelden muss, folgt aus § 4 Abs. 3 VOB/B bzw. § 3 Abs. 3 VOB/B. Das wird von Auftraggebern, aber gelegentlich auch von der Rechtsprechung, zu Unrecht übersehen: Die VOB/B gilt erst, nachdem der Vertrag zustande gekommen ist und nicht bereits in der Angebotsphase. Zu diesem Zeitpunkt bewirbt man sich um einen Auftrag und ist Bieter, nicht Auftragnehmer. Auch darauf werden wir zurückkommen.

Bei einem perfekten, also einem vollständigen und richtigen Leistungsverzeichnis sowie einem Auftraggeber, der nach Vertragsschluss keinerlei Planungsänderungen vornimmt oder zusätzliche Leistungen verlangt, besteht praktisch keine Notwendigkeit für Nachträge, da die bloßen Mengenabweichungen gegenüber den Vordersätzen des Leistungsverzeichnisses über die Einheitspreise abgerechnet werden. Allenfalls können diese nach § 2 Abs. 3 VOB/B auf Verlangen angepasst werden, wenn es wegen ungenauer Ermittlung der Vordersätze im LV zu Mengenüber- oder Mengenunterschreitungen von mehr als 10 % kommt (vgl. D. I. 2., Rn. 551 ff.). Da es in der Realität aber kaum einem Auftraggeber gelingt, das Leistungsverzeichnis so aufzustellen, dass tatsächlich alle notwendigen Arbeiten erfasst werden und es deshalb während der Bauphase häufig zur Anordnung geänderter oder zusätzlicher Leistungen kommt bzw. kommen muss, besteht beim Einheitspreisvertrag ein erheblicher Spielraum für Nachträge. Das gilt erst recht, wenn es zum Zeitpunkt des Bauvertragsabschlusses noch gar keine brauchbaren Ausführungspläne gibt, weil baubegleitend geplant wird. 844

bb) Bedarfs- und Alternativpositionen

Wenn im Zeitpunkt der Ausschreibung noch nicht klar ist, ob und in welchem Umfang bestimmte Leistungen notwendig werden, können solche in Eventual- oder Bedarfspositionen ausgeschrieben werden. Meist wird die Menge bei diesen Positionen auf „eins" gesetzt, d.h., der Auftragnehmer gibt nur einen Einheitspreis an. In der Spalte, in der ansonsten der Gesamtpreis eingetragen wird, steht der Vermerk „nur Einheitspreis" bzw. „NEP". Für den Auftraggeber sind solche Eventual- oder Bedarfspositionen in der Wertung der Angebote problematisch. Manche Bieter tragen dort bewusst hohe Einheitspreise ein, da diese nicht in den Gesamtpreis des Angebots einfließen. Aus diesem Grund dürfen öffentliche Auftraggeber gemäß § 7 Abs. 1 Nr. 4 Satz 2 VOB/A Bedarfspositionen grundsätzlich nicht in die Leistungsbeschreibung aufnehmen (OLG München, Beschl. v. 22.10.2015 – Verg 5/15). Eine Ausnahme gilt nur für „angehängte" Stundenlohnarbeiten, die in dem unbedingt erforderlichen Umfang aufgenommen werden dürfen. Ein Auftragnehmer muss wissen, dass für die Ausführung der Bedarfsposition eine Anordnung des Auftraggebers notwendig ist (OLG Dresden, Urt. v. 2.10.2018 – 9 U 186/17). Wer eine Bedarfsposition ohne Anordnung erbringt, handelt unter eigenmächtiger Abweichung vom Auftrag und riskiert wegen § 2 Abs. 8 Nr. 1 VOB/B seinen Vergütungsanspruch, vgl. E. I. 4., Rn. 774 ff. (OLG Oldenburg, Urt. v. 3.5.2007 – 8 U 254/06). 845

Neben Bedarfspositionen gibt es noch Alternativpositionen. Hier ist grundsätzlich klar, dass eine bestimmte Leistung auszuführen ist, es werden aber zwei oder mehr Varianten der gleichen Leistung ausgeschrieben. Wenn die Ausführung der Alternative nur von den tatsächlich vorgefundenen Verhältnissen abhängt, beispielsweise von den konkreten Bodenverhältnissen, bedarf es einer Entscheidung des 846

Auftraggebers nicht, um die tatsächlich ausgeführte Alternativposition abrechnen zu können (OLG Frankfurt, Urt. v. 15.9.2004 – 21 U 5/04).

cc) Zulagepositionen

847 Eine weitere Sonderform von Leistungspositionen in einem Leistungsverzeichnis stellen Zulagepositionen dar. Diese beziehen sich auf eine bestimmte Grundposition und enthalten einen Zulagepreis für Erschwernisse oder eine aufwendigere Ausführung der Grundleistung.

848 **Beispiel:** In der Grundposition ist ein Zementestrich in einer Stärke von 45 mm ausgeschrieben. In einer Zulageposition werden Mehrstärken wegen Unebenheiten des Untergrundes mit einem bestimmten Preis pro 10 mm Mehrstärke ausgeschrieben.

849 Der Sache nach handelt es sich auch in diesen Fällen oftmals um Bedarfspositionen ohne Vordersatz. Es gibt aber auch Zulagepositionen, die mit Vordersätzen ausgeschrieben werden, etwa weil eine aufwendigere Ausführung nur für einen Teil der Grundpositionen vorgesehen ist. Zu beachten ist, dass mit der Abrechnung einer Zulageposition noch nicht gesagt ist, dass damit automatisch auch die Grundposition zum Tragen kommt (OLG Koblenz, Urt. v. 11.5.2007 – 5 U 1686/05). Sieht der Bauvertrag beispielsweise in einer Grundposition Bodenbewegungen und in einer Zulageposition Bodenverbesserungsmaßnahmen vor, muss zur Abrechnung der Grundposition nachgewiesen werden, in welchem Umfang mit der Bodenverbesserung auch Bodenbewegungen stattgefunden haben. Der vom OLG Koblenz beauftragte Sachverständige hatte erläutert, dass es falsch wäre, im Umfang der „Bodenverbesserung" (Zulageposition) einen zwingenden Rückschluss auf die Ausführung der Grundposition „Bodenbewegung" zu ziehen.

dd) Hinweise für das Aufstellen der Leistungsbeschreibung

850 Bei öffentlichen Ausschreibungen wird in § 7 Abs. 1 Nr. 7 VOB/A gefordert, dass die *„Hinweise für das Aufstellen der Leistungsbeschreibung"* in den Abschnitten Null der Allgemeinen Technischen Vertragsbedingungen für Bauleistungen, DIN 18299 ff. (VOB/C), zu beachten sind.

851 Das bedeutet beispielsweise für Malerarbeiten, dass Leibungen im Leistungsverzeichnis gesondert und nach Längenmaß (Meter) ausgeschrieben werden sollen (Ziffer 0.5.2 der DIN 18363). Allerdings werden bereits nach dem Wortlaut der DIN 18299 die Hinweise für das Aufstellen der Leistungsbeschreibung nicht Vertragsbestandteil. Deshalb darf sich kein Auftragnehmer darauf verlassen, dass der Auftraggeber diese Hinweise tatsächlich alle befolgt hat. Der Auftraggeber kann durchaus abweichend eine andere Art und Weise der Leistungsbeschreibung und Abrechnung vorsehen, etwa indem Leibungen nach Quadratmetern ausgeschrieben werden oder in einer Hauptposition das „Streichen von Wänden, Decken und Leibungen" erfasst wird. Eine solche Art der Ausschreibung entspricht dann zwar

nicht den *„Hinweisen für das Aufstellen der Leistungsbeschreibung"* nach VOB/C. Da die Abweichung für den Bieter aber erkennbar ist, gilt vorrangig die vertragliche Vereinbarung. Wenn diese vorsieht, dass Leibungen nicht gesondert abgerechnet werden, dann bleibt es auch dabei.

Die Vorschriften der Abschnitte Null der jeweiligen DIN-Norm können für die Bieter aber insofern von Bedeutung sein, als sie aus dem Fehlen *„nach den Erfordernissen des Einzelfalles"* notwendiger Angaben den Schluss ziehen dürfen, dass besondere Erschwernisse auch nicht bestehen. Wenn beispielsweise entgegen der Ziffer 0.2.2 der DIN 18299 nicht davon die Rede ist, dass Arbeiten in Räumen stattfinden, in denen der Betrieb weiterläuft, muss der Bieter nicht mit dem Gegenteil rechnen, sodass die Ausführung der Leistungen bei laufendem Betrieb und einer entsprechenden Anordnung des Auftraggebers einen Anspruch nach § 2 Abs. 5 VOB/B, ohne Anordnung nach § 2 Abs. 8 Nr. 2 oder Nr. 3 VOB/B, nach sich ziehen kann. Erwähnt die Ausschreibung Schadstoffbelastungen entgegen der Ziffer 0.2.15 der DIN 18299 oder der DIN 18300, dort Ziffer 0.2.13, nicht, darf der Bieter auch davon ausgehen, dass der Boden nicht kontaminiert ist, es sei denn, aus den Umständen ergibt sich klar und eindeutig, dass der im Leistungsverzeichnis beschriebene Boden – entgegen der Ausschreibung – regelmäßig Schadstoffbelastungen aufweist (BGH, Urt. v. 22.12.2011 – VII ZR 67/11; ähnlich: OLG Naumburg, Urt. v. 27.6.2019 – 2 U 11/18). Von solchen eindeutigen Umständen ist aber grundsätzlich nicht auszugehen, wie der BGH in einer weiteren Entscheidung ausdrücklich und zu Recht festgestellt hat (BGH, Urt. v. 21.3.2013 – VII ZR 122/11). Wegen der Einzelheiten zur VOB/C und ihrer Bedeutung für die Vertragsauslegung wird auf das Kapitel C, II. 2., Rn. 434 ff. verwiesen. **852**

c) Detail-Pauschalvertrag

aa) Struktur des Detail-Pauschalvertrags

Die VOB/B enthält nur wenige und unzureichende Regelungen zu Pauschalverträgen, die zudem sprachlich missglückt und inhaltlich schwer verständlich sind. Die einzig praxisrelevante Bestimmung stellt § 2 Abs. 7 VOB/B dar. Wer diese Vorschrift liest, wird schnell bemerken, dass dort die Begriffe Detail- oder auch Global-Pauschalvertrag überhaupt nicht vorkommen. Die Unterscheidung dieser Pauschalvertragstypen ist aber notwendig, weil für Nachträge von entscheidender Bedeutung sein kann, was im Bauvertrag tatsächlich pauschaliert wurde und was nicht. Dabei kommen prinzipiell beide Seiten der Medaille in Betracht: Es kann entweder nur die Vergütung oder neben der Vergütung auch die Bauleistung pauschaliert worden sein, gegebenenfalls auch nur teilweise. **853**

Der Begriff Detail-Pauschalvertrag bringt zum Ausdruck, dass lediglich die Vergütung, nicht aber die dafür geschuldete Bauleistung pauschaliert wurde. Auch hier erstellt der Auftraggeber – wie beim Einheitspreisvertrag – regelmäßig die Planung bis hin zur Ausführungsplanung und setzt diese in entsprechende Leistungsbeschreibungen mit Leistungsverzeichnis um. Der häufigste Fall in der Praxis ist der, dass zunächst auf der Basis eines Leistungsverzeichnisses Einheitspreise abgefragt werden und erst zu einem späteren Zeitpunkt die Vergütung pauschaliert wird. Im Regelfall ist hier das Leistungsverzeichnis genauso konkret und ausführlich wie bei einem Einheitspreisvertrag. Es enthält vorläufige Mengen- bzw. Massenangaben (Vordersätze), wobei durch die Pauschalierungsabrede „lediglich" vereinbart wird, dass die beauftragten Leistungen mengenunabhängig, also pauschal, abgerechnet werden. Deshalb ist bei diesem Vertragstyp auch kein Aufmaß zur Schlussrechnung erforderlich, um prüfbar abzurechnen. Eine solche Pauschalpreisabrede führt zum Aufmaßverzicht; sie enthält aber kein Preispolster für unwesentliche Leistungsänderungen oder Zusatzleistungen (BGH, Beschl. v. 12.9.2002 – VII ZR 81/01). Das folgt neben dem Grundsatz *„Wer plant, der haftet!"* bereits unmissverständlich aus § 2 Abs. 7 Nr. 2 VOB/B. Danach gelten die Nachtragsvorschriften in § 2 Abs. 5 und Abs. 6 VOB/B *„auch bei Vereinbarung einer Pauschalsumme"*. Dafür muss auch keinesfalls eine wie auch immer geartete Erheblichkeitsgrenze überschritten werden.

854 Weil der Auftraggeber bei diesem Vertragstyp die Detail-Planung und daraus die Detail-Ausschreibung selbst übernommen hat, spricht im Ausgangspunkt eine Vermutung für die Richtigkeit und Vollständigkeit dieser Ausschreibung (OLG Brandenburg, Urt. v. 9.7.2002 – 11 U 187/01; ähnlich: OLG Bremen, Urt. v. 2.3.2009 – 3 U 38/08). Darauf darf sich ein Bieter grundsätzlich verlassen, es sei denn, der Ausschreibungsfehler ist bereits im Rahmen der Angebotsphase – also aus der Sicht eines Kalkulators – offensichtlich erkennbar. In solchen Fällen muss der Bieter beim Auftraggeber vor Abgabe des Angebots nachfragen, wenn er Risiken vermeiden will (OLG Celle, Urt. v. 2.10.2019 – 14 U 171/18; OLG Naumburg, Urt. v. 18.8.2017 – 7 U 17/17). Vorvertragliche Aufklärungspflichten bestehen auch, wenn ein Leistungsverzeichnis in dem Sinne unvollständig ist, dass dem Bieter kalkulationserhebliche Angaben fehlen. Klärt der Bieter eine solche kalkulationserhebliche Unklarheit nicht auf und kalkuliert er stattdessen mit der für ihn günstigsten Ausführungsvariante, steht ihm kein Anspruch auf Mehrvergütung zu, wenn es im Rahmen der Ausführung zu den zu erwartenden Erschwernissen kommt (OLG München, Urt. v. 27.4.2016 – 28 U 4738/13 Bau). Nicht ohne Grund wird in Ziffer 1 der Teilnahmebedingungen für die Vergabe von Bauleistungen (Formblatt 212 VHB) folgende Obliegenheit des Bieters statuiert:

> *„Enthalten die Vergabeunterlagen nach Auffassung des Unternehmens Unklarheiten, Unvollständigkeiten oder Fehler, so hat es unverzüglich die Vergabestelle vor Angebotsabgabe in Textform darauf hinzuweisen."*

855 Das beantwortet zwar nicht die Frage, wann einem Bieter im konkreten Einzelfall genau was auffallen muss, sondern besagt lediglich, dass wenn etwas aufgefallen ist, eine Hinweispflicht besteht. Dem zu entsprechen, heißt, auf dem sichersten Weg zu bleiben. Wann eine Angabe in Vertragsbestandteilen technisch aus der Perspektive eines Bieters offenkundig falsch ist oder die Leistungsbeschreibung eine kalkulationserhebliche Unvollständigkeit aufweist, wird in Bauprozessen oftmals nur durch Einschaltung von Sachverständigen, die dem Tatrichter das notwendige technische Hintergrundwissen vermitteln, zu klären sein.

Im Grundsatz muss es aber bei der Primärverantwortung dessen bleiben, der die Leistungsbeschreibung erstellt hat. Vorvertragliche Prüfungs- und Hinweispflichten müssen die Ausnahme bleiben, weil ein Bieter Preise ermittelt und nicht nachplant. Deshalb ist mit der vereinbarten Pauschale nur abgegolten, was näher bestimmt ist (OLG Bamberg, Urt. v. 1.6.2011 – 8 U 127/10; OLG Düsseldorf, Urt. v. 26.3.2013 – 23 U 87/12). Der Auftragnehmer ist grundsätzlich nicht verpflichtet, vergessene Leistungen für die Pauschale zu komplettieren, nur weil sie bautechnisch notwendig sind, um eine funktionsgerechte Bauleistung herzustellen. Er muss gemäß § 4 Abs. 3 VOB/B bzw. § 3 Abs. 3 VOB/B – nach Vertragsabschluss – lediglich auf für ihn erkennbare Planungs- bzw. sonstige Ausschreibungsfehler hinweisen und eine Anordnung des Auftraggebers einholen, wenn er geänderte oder zusätzliche Leistungen nach § 2 Abs. 5 oder Abs. 6 VOB/B abrechnen und sich nicht auf die unsichere Anspruchsgrundlage des § 2 Abs. 8 Nr. 2 oder Nr. 3 VOB/B verlassen will. Das hat im Fall eines detaillierten Leistungsverzeichnisses und einer Pauschalpreisvereinbarung – also für einen Detail-Pauschalvertrag – zuletzt das OLG München mit vollem Recht genau so entschieden (OLG München, Urt. v. 17.9.2019 – 28 U 945/19 Bau; ebenso: OLG Karlsruhe, Urt. v. 16.4.2010 – 4 U 146/08; OLG Düsseldorf, Urt. v. 13.11.2007 – 21 U 256/06; OLG Düsseldorf, Urt. v. 9.12.2003 – 23 U 220/02; OLG Rostock, Urt. v. 14.3.2002 – 7 U 22/01). Auch der BGH hält Nachtragsforderungen nach § 2 Abs. 7 Nr. 2 VOB/B in Verbindung mit § 2 Abs. 5 bzw. Abs. 6 VOB/B bei bausolländernden Anordnungen für berechtigt, weil auch die geringste Abweichung vom detailliert bestimmten Bausoll eine Mehrvergütung rechtfertigt (BGH, Beschl. v. 12.9.2002 – VII ZR 81/01; ähnlich: BGH, Urt. v. 15.12.1994 – VII ZR 140/93). **856**

Wenn auftraggeberseitig kein Leistungsverzeichnis vorgelegt wird oder sich der Auftragnehmer selbst ein Leistungsverzeichnis zur Kostenermittlung erstellt hat, ändert das nichts am Vorliegen eines Detail-Pauschalvertrags, wenn die kompletten Ausführungspläne vom Auftraggeber erstellt werden. Denn durch die Ausführungspläne kann der Auftraggeber bis ins Detail regeln, was Gegenstand des Angebots werden soll. Gibt es für einzelne Leistungsbereiche Leistungsverzeichnisse und Ausführungspläne, für andere Bereiche aber nur funktionale Leistungsbeschreibungen und keine Ausführungspläne, liegt eine Mischform vor. Es ist gleichgültig, wie man einen solchen Vertrag nennt. Denn entscheidend ist nicht, wie der Vertrag bezeichnet wurde, sondern ob der Auftraggeber für bestimmte **857**

Leistungen konkrete Angaben aufgrund seiner Planungsentscheidungen gemacht hat. Falls der Auftraggeber in diesen Bereichen nach Vertragsabschluss Änderungen vornimmt oder zusätzliche Leistungen fordert, sind Nachtragsansprüche begründet.

bb) Übernahme des Mengenermittlungsrisikos

858 Im Gegensatz zu einem Einheitspreisvertrag steht die Vergütung beim Detail-Pauschalvertrag bereits bei Vertragsabschluss fest, wenn es nicht zu Nachträgen oder (Teil-)Kündigungen des Vertrags kommt. Denn die geschuldete Leistung wird bis zur Grenze der Unzumutbarkeit mengenunabhängig – pauschal – abgerechnet. Das besagen im Kern die Regelungen zum Pauschalvertrag in § 2 Abs. 7 VOB/B, wenn auch in missverständlicher Art und Weise (vgl. D. I. 3., Rn. 610 ff.). Das hat zur Folge, dass bei einem Detail-Pauschalvertrag ein Mengenermittlungsrisiko in Bezug auf die im Vertrag vereinbarte Leistung besteht, das prinzipiell beide Vertragspartner treffen kann. Ein Mengenermittlungsrisiko setzt grundsätzlich Mengenermittlungskriterien wie Pläne, Zeichnungen oder ein bereits vorhandenes Gebäude voraus. Ohne Mengenermittlungskriterien gibt es bei einem Detail-Pauschalvertrag regelmäßig auch kein Mengenermittlungsrisiko.

859 Es ist auch nicht richtig, wenn behauptet wird, nur den Auftragnehmer treffe beim Detail-Pauschalvertrag ein Mengenrisiko. Richtig ist vielmehr, dass prinzipiell beide Parteien das Risiko tragen, die Mengen auf der Basis der Mengenermittlungskriterien falsch zu berechnen. Wenn die Mengenermittlung des Auftraggebers oder diejenige des Auftragnehmers zu hoch ausgefallen ist, liegen die tatsächlich ausgeführten Mengen (bei ansonsten unverändertem Bausoll) unter den bei Vertragsabschluss fehlerhaft ermittelten Mengen. Der Auftragnehmer kann in diesem Fall bis zur Grenze des § 2 Abs. 7 Nr. 1 Satz 2 VOB/B die vereinbarte Pauschale abrechnen, ohne sich wegen der Mindermengen einen Abzug gefallen lassen zu müssen (vgl. D. I. 3. b), Rn. 616 ff.). Anders ist es, wenn Anordnungen des Auftraggebers vorliegen, die zu Minderleistungen führen (OLG Koblenz, Urt. v. 23.2.2017 – 6 U 150/16). Hier bedarf es nicht der Überschreitung einer Opfergrenze wie bei § 2 Abs. 7 Nr. 1 Satz 2 VOB/B, bevor es zu einer Preisanpassung kommt. Stattdessen gilt hierfür § 2 Abs. 5 VOB/B. Das folgt zweifelsfrei aus § 2 Abs. 7 Nr. 2 VOB/B. Effektive Kostenersparnisse sind deshalb von der vereinbarten Vergütung in Abzug bringen. Wenn entfallene oder geänderte Leistungselemente (beispielsweise Baustoffe) teurer waren, als die durch Anordnung modifizierte Leistung, bleiben dem Auftragnehmer die ursprünglich kalkulierten Deckungsbeiträge für die höherwertige Leistung aber jedem Fall erhalten (Kapellmann/Messerschmidt, VOB-Kommentar, Teile A und B, 7. Auflage zu § 2 VOB/B, Rn. 428).

860 Der Auftragnehmer ist gut beraten, die Mengenangaben im Leistungsverzeichnis (Vordersätze) zu überprüfen, da Planer einzelne Bauteile beim Ermitteln der Mengen übersehen haben können oder die Mengen bewusst zu niedrig ange-

setzt wurden. Verlangt der Auftraggeber ein Pauschalangebot, muss der Auftragnehmer Mengenermittlungskriterien (Pläne oder Zeichnungen) beweisbar herausverlangen und anderenfalls klar zum Ausdruck bringen, dass eine Abrechnung nach Aufmaß erfolgt. Existieren keine Pläne, anhand derer die ausgeschriebenen Mengen überprüft werden können, ist von einer Pauschalierung der Vergütung prinzipiell abzuraten. Ein Mengenermittlungsrisiko besteht dagegen nicht, wenn eine – nicht überprüfbare – Mengenangabe im Leistungsverzeichnis implizit eine Planungsentscheidung des Auftraggebers darstellt.

Beispiel: Im Leistungsverzeichnis eines Generalunternehmervertrags ist im Titel „Außenanlagen" geregelt: „fünf Stück Betula Tendula Höhe 350 cm" Ein Außenanlagenplan existiert (noch) nicht. Übersendet der Auftraggeber in diesem Fall nach Vertragsabschluss einen Außenanlagenplan, der sieben Sandbirken statt der ausgeschriebenen fünf enthält, liegt eine Änderung des Bauentwurfs vor, weil der Auftragnehmer die Mengenangabe im Leistungsverzeichnis als Planungsentscheidung ansehen durfte und es keine Mengenermittlungskriterien gab. **861**

Gelegentlich werden solche Angaben auch als „Schein-Pauschalen" bezeichnet. Denn hier und in vergleichbaren Fällen kann die Richtigkeit der Mengenangabe nicht durch Nachrechnen überprüft werden, sondern beruht auf einer Bausoll-Entscheidung des Auftraggebers. Wenn er diese ändert, liegt eine angeordnete Mehrmenge vor, die gemäß § 2 Abs. 7 Nr. 2 i.V.m. § 2 Abs. 6 VOB/B vergütet werden muss. **862**

Wenn für bestimmte Leistungen keine aussagekräftigen Mengenermittlungskriterien existieren, sollte der Auftragnehmer sein Pauschalpreisangebot für diese Leistungen einschränken, indem er zum Ausdruck bringt, dass Mehr- oder Mindermengen nach Aufmaß abgerechnet werden. **863**

Beispiel: Für die Lieferung und Montage von Stahlbetonfertigteilen macht der Auftragnehmer ein Angebot auf Einheitspreisbasis in Höhe von € 429.157,96. Die für die Berechnung der Stahlmengen erforderlichen Bewehrungspläne liegen nicht vor. Nachdem der Auftraggeber auf die Vereinbarung einer Pauschalvergütung drängt, bietet der Auftragnehmer einen Pauschalpreis von € 420.000,–, besteht aber auf einer konkreten Abrechnung der Bewehrungsmassen. Weil dem Auftraggeber dieser Preis zu hoch erscheint, unterbreitet der Auftragnehmer ein weiteres Angebot über pauschal € 410.000,– und schreibt dann wörtlich: *„Die Bewehrungsangaben im Leistungsverzeichnis wurden aufgrund der Statik und unserer Erfahrungswerte ermittelt. Mehr- oder Mindermengen werden nach Stahllisten zu einem Einheitspreis von € 1,10/kg netto abgerechnet."* Dieses Angebot nimmt der Auftraggeber an. Es kommt zu erheblichen Mehrmengen in Höhe von ca. € 60.000,–, die aber nicht auf angeordnete Änderungs- oder Zusatzleistungen zurückzuführen sind. **864**

865 Das OLG Hamburg gab der Klage statt und verwies zu Recht darauf, dass die Pauschalpreisabrede nicht für Mehr- oder Mindermengen beim Stahl, sondern nur für die weiteren im Leistungsverzeichnis beschriebenen Leistungen galt (OLG Hamburg, Urt. v. 10.9.2013 – 7 U 106/09). Deshalb sollte ein Auftragnehmer bei unkalkulierbaren Positionen solche oder vergleichbare Öffnungsklauseln vereinbaren, wenn er Mengenrisiken bis zur Grenze des § 2 Abs. 7 Nr. 1 Satz 2 VOB/B vermeiden will (vgl. D. I. 3. b) bb), Rn. 630).

cc) Falsche oder geänderte Mengenermittlungskriterien

866 Ändert der Auftraggeber mit der Planung auch die Mengenermittlungskriterien, beispielsweise, weil die zur Pauschalierung übergebenen Pläne falsch waren, begründet dies grundsätzlich Nachtragsansprüche nach § 2 Abs. 5 oder Abs. 6 VOB/B (BGH, Beschl. v. 12.9.2002 – VII ZR 81/01; BGH, Urt. v. 29.6.2000 – VII ZR 168/99). Das gilt jedenfalls, solange der Planungsfehler aus der Sicht eines Bieters nicht derart offenkundig war, dass er ihm förmlich „ins Auge springen" musste. Die mengenunabhängige Abrechnung bezieht sich somit nur auf diejenigen Leistungen, die sich aus den Vertragsunterlagen ergeben (Leistungsverzeichnis, Ausführungspläne, Baubeschreibung etc.). Diese bestimmen das Bausoll, also die für die Pauschale geschuldete Leistung. Ein Nachtragsanspruch steht dem Auftragnehmer deshalb auch zu, wenn über das vereinbarte Bausoll hinaus Zusatzleistungen gefordert werden, auch wenn das „nur" zu Mehrmengen in Bezug auf vertraglich vereinbarte Leistungen führt. Eine solche Forderung des Auftraggebers hat mit dem Mengenermittlungsrisiko nichts zu tun. Auch das wird in der Praxis immer wieder übersehen.

867 **Beispiel:** Aus der Ausführungsplanung für ein Bürogebäude gehen konkrete Wandstärken hervor. Der Auftragnehmer soll eine elektroakustische Anlage herstellen. Nach Vertragsabschluss ordnet der Auftraggeber aus Schallschutzgründen an, die Bürotrennwände stärker auszuführen. Dadurch wird eine höhere Anzahl von Schallgebern erforderlich, weil anderenfalls die Warnmeldungen in den Büros nicht ausreichend deutlich zu verstehen sind.

868 Der Auftraggeber muss in diesem Fall jeden Schallgeber zusätzlich vergüten, der auf seine Änderungsanordnung zurückgeht. Hier hat sich kein Mengenermittlungsrisiko realisiert, sondern ist eine Zusatzleistung ausgeführt worden, weil der Auftraggeber von seinem Änderungsrecht bei den Wandstärken Gebrauch gemacht hat. Diese Überlegungen gelten auch, wenn die Änderung wegen eines fehlerhaften Plans, also falscher Mengenermittlungskriterien, erfolgt (vgl.: Kimmich, BauR 2011, 171, 175 ff.). Ist beispielsweise eine Windlastberechnung unzutreffend und mussten deshalb bei der Verkleidung eines Bahntunnels mehr Verankerungen ausgeführt werden, als sich aus den Vordersatzangaben des Leistungsverzeichnisses ergab, hat sich wiederum nicht das Mengenermittlungsrisiko

realisiert, sondern das Risiko, dass die vom Auftraggeber beigebrachten Mengenermittlungskriterien – die Windlastberechnung – falsch waren. Wird ein fehlerhafter Plan geändert, liegt eine Änderung des Bauentwurfs vor. Das führt auch bei einem Pauschalvertrag zu einem Nachtragsanspruch. Denn richtige Mengenermittlungskriterien beizubringen, ist prinzipiell Sache dessen, der die Planungsfunktion übernommen hat.

dd) Abrechnung nach Einheitspreisen oder pauschal: Wen trifft die Beweislast?

Im Einzelfall kann durchaus zweifelhaft sein, ob ein (Detail-)Pauschalvertrag oder ein Einheitspreisvertrag abgeschlossen wurde. Denn oftmals versäumen die Parteien hierzu eindeutige Absprachen bzw. vergessen das letzte Verhandlungsergebnis schriftlich zu dokumentieren und einigen sich stattdessen per Handschlag oder am Telefon auf die Vergütung. Im Nachhinein ist lediglich unstreitig, dass kein Schenkungsvertrag abgeschlossen wurde. Dann stellt sich die Frage nach der Beweislast. **869**

Beispiel: Die Parteien schließen einen VOB/B-Bauvertrag. Der Auftragnehmer rechnet nach Aufmaß und Einheitspreisen ab. Der Auftraggeber beruft sich dagegen auf eine niedrigere Pauschalpreisvereinbarung, die mündlich getroffen worden sei und zahlt lediglich den Pauschalpreis. Der Auftragnehmer klagt den Differenzbetrag zu seiner Abrechnung ein. **870**

Das OLG Koblenz wies die Klage ab (OLG Koblenz, Beschl. v. 29.7.2013 – 3 U 116/13) und gab zur Begründung an, dass der Auftragnehmer die Behauptung des Auftraggebers, es sei eine Pauschalsumme vereinbart worden, nicht widerlegen und demzufolge die Vereinbarung einer Abrechnung nach Einheitspreisen nicht beweisen konnte. Denn für die Vergütungsvereinbarung trägt der Auftragnehmer die Beweislast (ebenso: OLG Brandenburg, Beschl. v. 15.8.2019 – 12 U 96/17 und OLG Celle, Beschl. v. 19.7.2018 – 13 U 39/18). Das soll unabhängig davon gelten, ob die VOB/B in den Vertrag einbezogen worden ist oder nicht (OLG Köln, Urt. v. 29.8.2014 – 19 U 200/13). Um den Auftragnehmer in solchen Fällen nicht in eine unüberwindbare Beweisnot zu bringen, muss der Auftraggeber aber die Pauschalpreisabrede nach Ort, Zeit und Höhe nachvollziehbar darlegen, und zwar substantiiert, also konkret und genau (so ausdrücklich: OLG Celle, Beschl. v. 19.7.2018 – 13 U 39/18). Hat der Auftraggeber das getan, ist es Sache des Auftragnehmers, diese Behauptungen zu widerlegen und den Gegenbeweis zu führen. Um hier nicht auf juristisches Glatteis zu geraten, kann man den Parteien nur empfehlen, Vergütungsvereinbarungen oder nachträgliche Änderungen der Vergütung stets beweiskräftig – also schriftlich – zu fixieren. **871**

Im Zweifel werten Gerichte bereits die bloße Abrundung des Angebotsendpreises als Indiz für den Abschluss eines Pauschalvertrags (OLG Hamm, Urt. v. 19.3.2012 – 17 U 30/11). Das ist erst recht der Fall, wenn die Leistung unverändert geblieben **872** ist (echter Nachlass) und die angebotene Vergütung in nennenswerter Höhe verändert wurde. Das ist vertretbar, wenn nach erfolgter Abrundung nur noch ein neuer Gesamtpreis vereinbart wurde. Wenn ein nennenswerter Nachlass – bzw. eine Erhöhung der Angebotssumme – nicht zu einer Pauschalierung der Vergütung führen soll und dennoch ein Gesamtbetrag genannt wird, sollte der Vertrag klar regeln, dass nach ausgeführten Mengen und Einheitspreisen abgerechnet wird.

d) Global-Pauschalvertrag

aa) Struktur des Global-Pauschalvertrags

873 Diesen Vertragstyp kennzeichnet, dass der Auftragnehmer für die Detaillierung funktionaler bzw. globaler Vorgaben des Auftraggebers verantwortlich ist. Er unterscheidet sich vom typischen Detail-Pauschalvertrag dadurch, dass nicht nur die Vergütung, sondern (zumindest teilweise) auch das Bausoll pauschaliert wird (OLG Düsseldorf, Urt. v. 22.8.2014 – 22 U 7/14; OLG Dresden, Urt. v. 26.2.2013 – 9 U 123/12; OLG Naumburg, Urt. v. 2.2.2006 – 4 U 56/5; LG Köln, Urt. v. 12.6.2007 – 5 O 367/06; OLG Celle, Urt. v. 14.7.2005 – 14 U 217/04). Dabei kommt es eher selten vor, dass dem Auftragnehmer die vollständige Planung unter Einschluss der Entwurfsplanung übertragen wird. Denn in solchen Fällen gibt der Auftraggeber gestalterische Entscheidungen weitgehend aus der Hand, während einem Bieter schon in der Angebotsphase erhebliche Planungskosten entstehen. Aus diesen Gründen überwiegen in der Praxis teilfunktionale Leistungsbeschreibungen, denen auftraggeberseitige Vor- und Entwurfsplanungen zugrunde liegen, sodass der Auftragnehmer nur die Ausführungsplanung übernimmt, sich dabei aber im Vertrag zur Erbringung einer kompletten und funktionstauglichen Leistung verpflichtet.

874 Bestandteil eines solchen Vertrags ist typischerweise eine funktionale Leistungsbeschreibung oder auch nur ein Leistungsprogramm, die häufig an rangerster Stelle genannt werden. Der Auftraggeber beschreibt darin die sich aus dem Verwendungszweck ergebenden Nutzungsanforderungen. Die planerische und technische Umsetzung wird weitgehend dem Auftragnehmer überlassen. Im Gegensatz zu einem Detail-Pauschalvertrag gibt der Auftraggeber hier nicht Schritt für Schritt den konkreten Weg zur Erreichung des Ziels vor, sondern beschränkt sich im Wesentlichen auf die Beschreibung des gewünschten Erfolgs, nämlich eine für den vorgesehenen Verwendungszweck funktionstaugliche Leistung. Er überlässt es damit dem Auftragnehmer, die planerischen Voraussetzungen für die Umsetzung dieses Erfolgs zu schaffen sowie die konkrete Art der Ausführung selbst festzulegen (vgl. OLG Düsseldorf, Beschl. v. 16.8.2019 – Verg 56/18). Dabei sind Verträge, in denen Detail-Festlegungen in Gänze fehlen, extrem selten. Beispiele für eine total-funktionale Leistungsbeschreibung wären: *„Ein komplett funktionsfähiges Bürogebäude“*; oder: *„geschuldet ist eine*

voll funktionsfähige Hochgeschwindigkeitstrasse". Solche Global-Pauschalverträge gibt es in der Praxis nicht. Auch im Schlüsselfertigbau kommen sie nur ganz ausnahmsweise vor, weil jeder Auftraggeber weiß, dass bei nicht detailliert beschriebenen Leistungen jeweils die preiswerteste Ausführung gewählt wird. Diese ist aber in der Regel weder gestalterisch noch technisch vertretbar, wenn ein bestimmter Qualitätsstandard erreicht werden soll. Der Regelfall ist vielmehr, dass Teilleistungen, bei denen der Auftraggeber keine besonderen Qualitätsanforderungen oder kein Interesse an gestalterischen Einzelheiten hat, funktional ausgeschrieben werden (beispielsweise: *„Gerüstbau nach Wahl des Auftragnehmers", „kompletter Abbruch des vorhandenen Gebäudes", „eine fix und fertige Baugrube"* oder auch *„eine funktionstaugliche Brandmeldeanlage nach dem Brandschutzgutachten des Ingenieurbüros ... unter Beachtung aller öffentlich-rechtlichen Bestimmungen"* etc.).

Wenn eine Leistung nicht auftraggeberseitig geplant worden ist, erbringt der Auf- **875**
tragnehmer insoweit wesentliche Teile der Ausführungsplanung, wenn er nicht sogar verpflichtet ist, die gesamte Ausführungsplanung selbst zu erstellen. Genau diese Funktionsverlagerung, also die Übernahme von Planungsverpflichtungen – und damit einhergehender Planungsrisiken – durch den Auftragnehmer, ist für den Global-Pauschalvertrag kennzeichnend. Ohne planerische Funktionsverlagerung kann grundsätzlich kein Global-Pauschalvertrag vorliegen. Das ist allenfalls anders, wenn ein Auftragnehmer ein besonders außergewöhnliches Risiko ausdrücklich übernimmt, beispielsweise weil er sich aufgrund einer erst noch vom Auftraggeber zu erstellenden Entwurfsplanung zu einer schlüsselfertigen Leistung für einen Pauschalpreis verpflichtet hat (OLG Düsseldorf, Urt. v. 25.2.2003 – 21 U 44/02) oder dem Auftraggeber vertraglich ausdrücklich die Möglichkeit eingeräumt wird, nach Vertragsabschluss die dem Vertrag zugrunde liegende Planung zu ändern, ohne dass deshalb eine Vergütungsanpassung stattfindet. Der BGH hat in einer Entscheidung aus dem Jahr 2008 ausgeführt, dass *„wegen der damit übernommenen Risiken (...) an die Annahme einer solchen Vereinbarung strenge Anforderungen zu stellen sind"* (vgl. BGH, Urt. v. 13.3.2008 – VII ZR 194/06). Aus rechtlicher Sicht kann man Auftragnehmer vor solchen Verträgen mit völlig unkalkulierbaren Risiken nur warnen. In der Praxis kommen sie auch eher selten vor. Der Regelfall ist vielmehr, dass der Auftragnehmer funktional beschriebene Leistungen ohne auftraggeberseitige Detailvorgaben aufgrund eigener Planung herstellt. Damit ist prinzipiell der Auftragnehmer befugt, die Detaillierungsentscheidung zu treffen, also das Bausoll zu bestimmen.

Beispiel: Der Auftraggeber schreibt eine Heizungsanlage für ein Einfamilien- **876**
haus aus. Er gibt lediglich die Art der Heizung (Gasheizung mit Brennwerttherme) vor und übergibt dem Auftragnehmer gleichzeitig Grundrisspläne des zu errichtenden Hauses. Der Unternehmer macht daraufhin ein Pauschalpreis-

angebot, und zwar ebenfalls ohne nähere Angabe zu den Heizkörpern, dem Material der Rohre etc.

877 Ein solcher Vertrag ist nicht etwa lückenhaft. Er bestimmt vielmehr, dass nicht der Auftraggeber die Planung zu erbringen oder zu vervollständigen hat, sondern der Auftragnehmer. Dann ist es auch sachgerecht, ihm die entsprechenden Risiken aus der Übernahme der Planungsfunktion zuzuweisen (OLG Schleswig, Urt. v. 3.8.2012 – 1 U 66/11; KG, Urt. v. 30.4.1998 – 27 U 3646/97). Genau das bringt die gesetzliche Nachtragsbestimmung in § 650c Abs. 1 Satz 2 BGB auch zum Ausdruck (vgl. E. I. 2. c) dd), Rn. 721). Umfasst die Leistungspflicht des Auftragnehmers auch die Planung des Bauwerks, steht diesem im Fall der Ausführung notwendiger Leistungen grundsätzlich kein Anspruch auf Vergütungsanpassung zu. Im Gegenzug erhält er aber das Leistungsbestimmungsrecht, also die Befugnis, die nicht näher geregelten Details selbst festzulegen und über deren konkrete Ausführung zu entscheiden (OLG Dresden, Urt. v. 31.8.2011 – 1 U 682/10).

bb) Einzelgewerk, Gewerkezusammenfassung bzw. Schlüsselfertigbau

878 Der Auftraggeber kann einzelne Gewerke (beispielsweise die Ausführung der Fassade) auf Basis eines detaillierten Leistungsverzeichnisses mit Ausführungsplanung vergeben und gleichzeitig andere Gewerke (beispielsweise *„alle erforderlichen Abbruchleistungen sowie Erd- und Unterfangungsarbeiten"* oder bei einer Brückensanierung *„Baustelleneinrichtung und Gerüstbauarbeiten nach Wahl des Auftragnehmers"*) auf der Grundlage einer funktionalen Leistungsbeschreibung beauftragen.

879 Wenn der Auftragnehmer die Ausführungsplanung für nur ein Gewerk erstellt und das Leistungsverzeichnis selbst verfasst hat, wie das beispielsweise bei Projektierungsleistungen vorkommt, ist es eine Selbstverständlichkeit, dass der Auftragnehmer das Vollständigkeits- und Richtigkeitsrisiko für seinen Leistungsbereich trägt. Die Koordination mehrerer Leistungsbereiche schuldet er dann jedoch nicht. Bei einer Gewerkezusammenfassung wie im Schlüsselfertigbau verlangt eine Komplettleistung dagegen mehr als eine Addition der einzelnen Gewerke. Ein Schlüsselfertigbauer hat die Koordination aller Leistungen, die Bewältigung sämtlicher Schnittstellen und die Zusammenfassung aller Leistungsbereiche zu einem funktionsfähigen Bauvorhaben sicherzustellen. Selbst wenn bei einem solchen Vertrag eine vollständige auftraggeberseitige Ausführungsplanung vorliegen würde, bliebe dennoch ein Rest an Planungsleistung beim Auftragnehmer, weil er wenigstens die Funktionenendkontrolle und Koordination schuldet. Kommt der Auftragnehmer diesen Pflichten nach, muss er zwar auf fehlende oder falsch geplante Leistungen hinweisen (§ 4 Abs. 3 VOB/B), diese aber nicht im Rahmen des Pauschalpreises komplettieren bzw. berichtigen (unrichtig deshalb: OLG Jena, Urt. v. 7.2.2008 – 1 U 102/07).

cc) Leistungsbestimmungsrecht des Auftragnehmers bei fehlenden Detailregelungen

Soweit vertragliche Detailregelungen fehlen und im Vertrag nichts anderes vereinbart ist, hat der Auftragnehmer im Rahmen der funktionalen Vorgaben allein das Leistungsbestimmungsrecht, das er lediglich *„nach billigem Ermessen"* ausüben muss (§ 315 BGB). Dabei hat er die Lage des Objekts und den Standard des Bauwerkes, wie er aus dem Vertrag erkennbar wird, zu berücksichtigen. Es ist sicher nicht zulässig, in einem Luxushotel in repräsentativer Lage Türgarnituren aus Plastik einzubauen. Wenn unterschiedliche Gestaltungsmöglichkeiten im Rahmen des Objektstandards bestehen, entspricht grundsätzlich jede davon der Billigkeit; das Auswahlermessen des Auftragnehmers ist folglich weit. Nur wenn seine Entscheidung den Rahmen des Üblichen oder der gewerblichen Verkehrssitte verlässt, ist die Grenze seines Auswahlrechts überschritten. Bewegt sich die Entscheidung dagegen im Bereich billigen Ermessens, bestimmt sie das Bausoll (OLG Dresden, Urt. v. 31.8.2011 – 1 U 1682/10). Davon abweichende Anordnungen des Auftraggebers führen zu Nachtragsansprüchen nach § 2 Abs. 5 oder Abs. 6 VOB/B (zutreffend: OLG Schleswig, Urt. v. 17.8.2017 – 7 U 13/16). Gerade dieses Bestimmungsrecht des Auftragnehmers ist der strukturelle Nachteil eines Global-Pauschalvertrags, den der Auftraggeber bei diesem Vertragstyp – bewusst oder unbewusst – in Kauf zu nehmen hat. Im Gegenzug erhält er ein funktionstaugliches Werk, das den anerkannten Regeln der Technik zum Zeitpunkt der Abnahme entsprechen muss. Soweit der Auftraggeber nicht Details selbst vorgegeben bzw. geplant hat und auch nachträglich nichts ändert, gibt es prinzipiell keinen Spielraum für Nachtragsansprüche des Auftragnehmers. Das ist der strukturelle Vorteil eines Global-Pauschalvertrags mit funktionaler Leistungsbeschreibung. **880**

Der Auftragnehmer ist verpflichtet, rechtzeitig mitzuteilen, welche Auswahlentscheidung er treffen will. Er sollte deshalb die Ausführungspläne vom Auftraggeber freigeben lassen, um späterem Streit vorzubeugen. Die Planfreigabe bewirkt allerdings keine Entlassung des Auftragnehmers aus seiner Planungsverantwortung. Übersieht der Auftraggeber dabei technische Fehler der Planung, kann sich der Auftragnehmer nicht darauf berufen, unzureichend kontrolliert worden zu sein. **881**

Enthält der Vertrag Bemusterungsbestimmungen, sollte dort auch die Anzahl der vorzulegenden Varianten geregelt werden. Bemusterungsklauseln sorgen dafür, dass der Auftraggeber die Auswahlentscheidung nur innerhalb des vorgegebenen Standards treffen kann. Der Auftraggeber sollte dabei eine Preisspanne bzw. bestimmte Materialien oder Hersteller nennen, die der Auftragnehmer anbieten muss. Verzögert der Auftraggeber die Bemusterungsentscheidung oder vereinbarte Planfreigaben, kann der Auftragnehmer nach § 6 VOB/B in der ordnungsgemäßen Ausführung seiner Leistung behindert sein (OLG Dresden, Urt. v. 31.8.2011 – 1 U 1682/10). **882**

dd) Risikoverlagerung bei (teil-)funktionalen Ausschreibungen

883 Wenn dem Auftragnehmer bei einem Bauvorhaben nur Entwurfspläne und eine Baugenehmigung sowie eine knappe Baubeschreibung übergeben werden, die Ausführungsplanung dagegen von ihm zu erbringen ist, kann sich die Frage stellen, was genau zur Schlüsselfertigkeit gehört bzw. ob der Auftragnehmer Nachträge geltend machen kann, wenn in der funktionalen Baubeschreibung Leistungen fehlen, die zur zweckentsprechenden Nutzung notwendig sind.

884 **Beispiel:** Ein Bauträger lässt ein Wohnhaus errichten und verkauft dieses „schlüsselfertig". Gegenstand des Vertrags ist u.a. eine Baubeschreibung, in der keine Malerarbeiten erwähnt sind. Der Vertrag beinhaltet ferner einen Abschnitt, der bestimmte Leistungen von der Schlüsselfertigkeit ausnimmt. Die Malerarbeiten sind dort nicht erwähnt. Der Bauträger vertritt den Standpunkt, Malerarbeiten seien von ihm nicht geschuldet.

885 Dies sah das OLG Nürnberg anders (OLG Nürnberg, Urt. v. 11.2.1999 – 2 U 3110/98/). Nach dem Sprachgebrauch versteht man unter „schlüsselfertig", dass der Käufer das Haus aufschließen und die Möbel hineinstellen kann. Alle Bauleistungen, die funktional notwendig sind, um ein voll gebrauchsfähiges Bauwerk herzustellen, sind deshalb unabhängig davon geschuldet, ob sie in der Baubeschreibung ausdrücklich erwähnt sind oder nicht (ähnlich: OLG Naumburg, Urt. v. 20.6.2013 – 1 U 91/12; OLG Schleswig, Urt. v. 21.12.2011 – 9 U 16/05; OLG München, Urt. v. 2.10.2001 – 9 U 2101/9; BGH, Urt. v. 10.5.2001 – VII ZR 248/00).

886 Die Risiken eines Global-Pauschalvertrags können erheblich sein, auch im Rahmen öffentlicher Auftragsvergaben.

887 **Beispiel:** Der Auftragnehmer hat sich zur kompletten, schlüsselfertigen Sanierung des Olympiastadions in Berlin verpflichtet. Die Parteien streiten über ca. 5,4 Mio. € wegen der Kosten einer PCB/EOX-Sanierung. Die Funktionalausschreibung lautet: „... *Abtragen der Beschichtung des Oberringes im nicht überdachten Bereich und die Sanierung des darunter liegenden Betons.*" Der Auftragnehmer macht geltend, er habe bei Vertragsabschluss die Kontaminierung der von ihm zu entfernenden Betonbeschichtung im Oberring nicht erkennen können. Der Auftraggeber hat die Berechtigung dieser Nachtragsforderung im Hinblick auf die vertragliche Regelung, wonach das Risiko nicht vollständiger und/oder lückenhafter Vertragsgrundlagen und hieraus entstehender Kosten mit dem Pauschalpreis abgegolten sind, bestritten.

888 Sowohl das Landgericht Berlin als auch das Kammergericht haben die Klage des Auftragnehmers abgewiesen (LG Berlin, Urt. v. 12.11.2002 – 13 O 264/02; KG, Urt. v. 14.2.2006 – 21 U 5/03). Wenn ein Risiko offen und eindeutig erkenn-

bar auf den Auftragnehmer übertragen wird, ist eine solche Risikoverlagerung nach Auffassung des Kammergerichts nicht zu beanstanden. Das gilt auch bei einer öffentlichen Auftragsvergabe. Denn in solchen Fällen könne das Vertrauen des Auftragnehmers, ihm werde kein ungewöhnliches Wagnis übertragen (§ 7 Abs. 1 Nr. 3 VOB/A), nicht begründet, jedenfalls aber nicht schützenswert sein (ähnlich: OLG Celle, Urt. v. 20.11.2019 – 14 U 191/13; OLG Koblenz, Urt. v. 17.4.2002 – 1 U 829/99). Denn Vergaberecht ist kein Vertragsrecht (BGH, Urt. v. 1.6.2017 – VII ZR 49/16 und Urt. v. 21.11.1991 – VII ZR 203/90; OLG Köln, Urt. v 13.11.2012 – 24 U 125/11). Das heißt: Die VOB/A schützt Bieter vor Vergaberechtsverstößen grundsätzlich nur vor Vertragsabschluss. Selbst wenn gegen Grundsätze des § 7 VOB/A verstoßen wird, weil die Leistung nicht so eindeutig und erschöpfend beschrieben worden ist, dass eine einwandfreie Preisermittlung möglich ist, führt das keineswegs dazu, dass der Auftragnehmer stets Nachtragsansprüche geltend machen kann, wenn er auf eine unkalkulierbar ausgeschriebene Leistung dennoch ein Angebot abgegeben hat (BGH, Urt. v. 23.1.1997 – VII ZR 65/96). Bei erkennbaren Vergaberechtsverstößen muss ein Bieter vor Abgabe des Angebots eine Bieteranfrage stellen oder – falls eine solche keinen Erfolg hat – die Ausschreibung als vergaberechtswidrig rügen, und zwar rechtzeitig (§ 160 GWB). Ausnahmen davon sind nur bei einem berechtigten Vertrauen des Bieters auf eine VOB/A-konforme Ausschreibung begründet. Das bedeutet, dass ein Bieter die Leistungsbeschreibung „im Zweifelsfall" so verstehen darf, dass der Auftraggeber die Anforderungen der VOB/A einhalten will, ihm also kein ungewöhnliches Wagnis überträgt. Er muss dann auch bei einem ansonsten eindeutigen Wortlaut der Ausschreibung nicht damit rechnen, dass ihm ein nach der konkreten Sachlage von vornherein nicht erkennbares Risiko übertragen wird (OLG Hamm, Urt. v. 15.2.2011 – 26 U 100/10). Die Grundsätze einer „VOB/A-konformen Auslegung" können aber nur eingreifen, wenn diese als realistische Auslegungsmöglichkeit in Betracht kommt, anderenfalls gibt es auch kein „Auslegungsvertrauen". So ist es, wenn sich aus der Leistungsbeschreibung unter Berücksichtigung aller Vertragsumstände klar und eindeutig ergibt, dass der Auftragnehmer ein bestimmtes, wenn auch möglicherweise unkalkulierbares Wagnis übernehmen soll (OLG Düsseldorf, Urt. v. 12.12.2019 – 5 U 236/18). In einer Entscheidung von grundsätzlicher Bedeutung hat der BGH zu Nachtragsansprüchen aufgrund einer VOB/A-konformen Auslegung Stellung genommen.

Beispiel: Im Rahmen eines öffentlichen Tiefbauauftrags findet sich im Leistungsverzeichnis folgende Position: *„Trockenhaltung der Kanalbaugrube durch Wasserhaltungsmaßnahmen nach Wahl des Auftragnehmers."* Der öffentliche Auftraggeber hat auf variable Grundwasserstände von 0,3 m bis 3,5 m über Baugrubensohle hingewiesen. Der Auftragnehmer kalkulierte die Absenkung 889 mittels Filterlanzen. Diese Maßnahmen reichten jedoch nicht aus. Wegen der besonderen Durchlässigkeit des Sandbodens mussten aufwendigere Brunnen gebohrt werden. Dafür stellte der Auftragnehmer einen Nachtrag in Höhe von ca. € 16.000,– und vertrat den Standpunkt, er habe nach der Ausschreibung nicht davon ausgehen müssen, dass an der Baustelle besonders durchlässiger Sandboden auftrete.

890 Der BGH hielt den Einwand, die aufgetretene Situation sei *völlig ungewöhnlich*, für beachtlich und hat den Rechtsstreit zur weiteren Sachaufklärung zurückverwiesen (BGH, Urt. v. 11.11.1993 – VII ZR 47/93). Das OLG Celle hat daraufhin den Nachtrag gemäß § 2 Abs. 5 VOB/B bejaht (OLG Celle, Urt. v. 1.6.1995 – 7 U 189/91). Der BGH hat in seiner Entscheidung darauf hingewiesen, dass es bei der Vertragsauslegung nicht nur auf den reinen Wortlaut der Ausschreibung ankomme, sondern alle Umstände des Einzelfalls mitberücksichtigt werden müssten. Er hielt es für möglich, dass der Auftragnehmer in einem Gebiet mit überwiegend bindigen Böden (Weserland) nicht mit dem an der Baustelle angetroffenen Sandboden rechnen musste. Das OLG Frankfurt ging dagegen in einem anderen Fall davon aus, im Hessischen Ried müsse man mit sogenannten Torflinsen rechnen, weil das aufgrund des Baugebiets allgemein bekannt, jedenfalls aber nicht ungewöhnlich sei (OLG Frankfurt, Urt. v. 19.8.2019 – 13 U 249/17). Die Entscheidung des BGH aus dem Jahr 1993 hat grundsätzliche Bedeutung. Denn aus ihr folgt, dass völlig ungewöhnliche Risiken, mit denen nach der konkreten Sachlage nicht gerechnet werden musste, nicht Bausoll werden. Notwendige Arbeiten zur Bewältigung solcher Risiken sind deshalb nicht von der vereinbarten Vergütung umfasst und rechtfertigen Nachträge (bestätigt durch: BGH, Urt. v. 9.1.1997 – VII ZR 259/95). Aber Vorsicht: Verallgemeinerungen sind hier fehl am Platz. Geht ein Gericht davon aus, dass die Verhältnisse auf der Baustelle zu erwarten und somit gerade nicht ungewöhnlich waren oder dem Auftragnehmer ein bestimmtes Risiko (offen und eindeutig) zugewiesen wurde, sodass keine Auslegungszweifel bzw. mehrere Auslegungsmöglichkeiten bestehen, können Nachtragsansprüche ohne Weiteres scheitern (OLG Celle, Urt. v. 20.11.2019 – 14 U 191/13 und Urt. v. 2.9.2015 – 14 U 154/13 sowie OLG München, Urt. v. 12.2.2019 – 9 U 728/18 Bau). So war es im oben beschriebenen Beispiel, das die schlüsselfertige Sanierung des Olympiastadions in Berlin zum Gegenstand hatte. Denn dort gab es eine individuell ausgehandelte Vertragsbestimmung, nach der auch Arbeiten zur Bewältigung unvorhersehbarer Risiken vom Pauschalpreis umfasst waren.

891 Auch wenn die BGH-Entscheidung zum ungewöhnlichen Wagnis eine öffentliche Auftragsvergabe zum Gegenstand hatte, können ihre Kerngedanken auch im Rahmen privater Bauverträge eine Rolle spielen. Denn auch solche Auftragsvergaben bewegen sich nicht im rechtsfreien Raum. Deshalb darf der Auftragnehmer – wie bei öffentlichen Ausschreibungen – grundsätzlich davon ausgehen, dass ihm kein völlig ungewöhnliches Wagnis auferlegt wird, sofern der Vertrag nichts Gegenteiliges bestimmt. Die in § 7 Abs. 1 Nr. 1 bis 3 VOB/A geregelten Grundsätze beruhen auf den Erfordernissen einer Ausschreibung, die den Auftragnehmer nicht entgegen den Geboten von Treu und Glauben übervorteilt (Kniffka, BauR 2015, 1892, 1898). Voraussetzung ist aber auch hier, dass der Auftragnehmer nicht bestimmte Risiken ausdrücklich und bewusst auf sich genommen hat.

Eine besondere Risikoübernahme im Rahmen einer privaten Auftragsvergabe behandelte eine Entscheidung des OLG Düsseldorf aus dem Jahr 2003. Der Generalübernehmer verpflichtete sich in einem Schlüsselfertig-Bauvertrag, ein Bekleidungshaus zu einem Pauschalpreis von ca. 31 Mio. € zu erstellen. Zum Zeitpunkt der Beauftragung lag noch nicht einmal die Entwurfsplanung des beauftragten Stararchitekten Renzo Piano vor. Im Vertrag wurde dies ausdrücklich geregelt. Stattdessen gab es zum Zeitpunkt der Beauftragung lediglich Pläne zu einem genehmigten Bauvorbescheid sowie ein „funktionales Leistungsprogramm". Nach Übergabe der überarbeiteten Genehmigungsplanung machte der Generalübernehmer 56 Nachträge geltend, weil er die in dieser Planung ausgewiesenen Leistungen so nicht kalkuliert habe. Dem folgte das OLG Düsseldorf nicht. Wer einen Schlüsselfertig-Bauvertrag zu einem Pauschalpreis abschließe, obwohl sich das Bausoll erst aus einer noch zu erstellenden Planung ergäbe, habe bewusst ein Kalkulationsrisiko übernommen (OLG Düsseldorf, Urt. v. 25.2.2003 – 21 U 44/02). Wird ein Kaufhaus nach Wahl eines Stararchitekten versprochen, ist ein solches für den vereinbarten Pauschalpreis auch zu liefern. Für die Wirksamkeit eines Vertragsschlusses ist es nicht von Bedeutung, ob die bewusst übernommenen Verpflichtungen und Risiken kalkulierbar sind oder nicht (BGH, Urt. v. 27.6.1996 – VII ZR 59/95). Auch in jüngerer Zeit gibt es Entscheidungen, die in dieselbe Richtung gehen (OLG Düsseldorf, Urt. v. 12.12.2019 – 5 U 236/18; OLG München, Urt. v. 12.2.2019 – 9 U 728/18 Bau; OLG Celle, Urt. v. 15.3.2017 – 14 U 42/14). **892**

e) Vor- und Nachteile der jeweiligen Vertragstypen

Man könnte meinen, dass der Global-Pauschalvertrag für den Auftraggeber immer am vorteilhaftesten ist, weil sich dadurch Nachträge am besten vermeiden lassen. Es fragt sich, warum dann überhaupt noch Einheitspreisverträge abgeschlossen werden. Die Antwort lautet schlicht: Jede Ausschreibungsmethode bzw. jeder Vertragstyp hat spezifische Vor- und Nachteile. **893**

Der Einheitspreisvertrag hat den Vorteil, dass der Auftraggeber aufgrund der detaillierten Leistungsbeschreibung genau weiß, welche konkreten Bauleistungen er für den Preis tatsächlich bekommt. Er kann bis in das letzte Detail die Ausstattung des Gebäudes und die Eigenschaften der Werkleistung bestimmen. Auch die finanziellen Auswirkungen von Nachträgen sind leichter überschaubar, weil die Vergütung für Änderungs- oder Zusatzleistungen oftmals einfacher aus den **894**

Einheitspreisen abzuleiten ist als bei Pauschalverträgen. Für den Auftragnehmer besteht der Vorteil eines Einheitspreisvertrags darin, dass er im Regelfall weder ein Mengen- noch ein Planungsrisiko trägt und aufgrund der detaillierten Leistungsbeschreibung Änderungen der vereinbarten Leistungen meist schnell erkennen kann. Für Auftraggeber ist dagegen problematisch, dass Mengenerhöhungen in der Abrechnung zunächst nicht auffallen müssen und eine nachlässige oder baubegleitende Planung zu Nachtragsansprüchen, regelmäßig mit Auswirkungen auf die vereinbarte Bauzeit, führen.

895 Der Detail-Pauschalvertrag verbindet die Vorteile einer detaillierten Leistungsbeschreibung mit einer mengenunabhängigen Abrechnung und schafft eine erhöhte Preissicherheit, weil Mengenabweichungen aufgrund der örtlich vorgefundenen Verhältnisse bis zur Grenze des § 2 Abs. 7 VOB/B keinen Einfluss auf die zu zahlende Vergütung haben. Zudem ist die Abrechnung einfacher, weil kein Aufmaß erstellt werden muss. Der Auftraggeber trägt jedoch – wie beim Einheitspreisvertrag – das Ausschreibungs- und Planungsrisiko. Fehlende oder falsch geplante Leistungen führen regelmäßig zu Nachtragsforderungen nach § 2 Abs. 5 und Abs. 6 VOB/B wie beim Einheitspreisvertrag.

896 Der Global-Pauschalvertrag bietet für den Auftraggeber zwar ein Maximum an Kostensicherheit, weil er für die Pauschale alle funktional notwendigen Leistungen erhält. Der Verzicht auf eine eigene Ausführungsplanung und eine detaillierte Leistungsbeschreibung hat jedoch den Nachteil, dass der Auftraggeber bei Vertragsabschluss nicht weiß, welche Bauleistungen konkret zur Ausführung kommen werden. Er sollte davon ausgehen, dass der Auftragnehmer unter Beachtung des funktional Notwendigen jeweils die preiswerteste technische Lösung bzw. die günstigsten Baustoffe auswählt. Aspekte der Langlebigkeit und Wartungsfreundlichkeit oder geringe Betriebskosten spielen dann keine Rolle, wenn sie vom Auftraggeber in der Funktionalbeschreibung nicht mit bedacht wurden, beispielsweise durch Konkretisierungen oder Bemusterungsklauseln.

II. Handhabung in der Praxis

1. Bedeutung der gesetzlichen Nachtragsbestimmungen für ab dem 1.1.2018 abgeschlossene VOB/B-Bauverträge: Sind die Nachtragsbestimmungen der VOB/B (noch) wirksam?

897 Die Nachtragsbestimmungen im BGB weichen von denen der VOB/B in erheblichem Maße ab und stellen den Auftragnehmer im Ergebnis besser, auch wenn die aktuelle Rechtsprechung zur Ermittlung der Nachtragsvergütung einen großen Teil der Unterschiede eingeebnet hat (vgl. E. I. 5. a), Rn. 784 ff.). Der nach wie vor bestehende, entscheidende Unterschied ist, dass es nach § 650b Abs. 2 BGB keine sofort zu befolgenden Anordnungsrechte des Auftraggebers wie nach § 1 Abs. 3

und Abs. 4 Satz 1 VOB/B gibt (vgl. E. I. 2. d), Rn. 726 ff.). Stattdessen ist dem Anordnungsrecht des Auftraggebers eine Verhandlungsphase von bis zu 30 Tagen vorgeschaltet. Damit steht die Frage im Raum, welche Bedeutung die gesetzlichen Bestimmungen auf Bauverträge haben, die ab dem 1.1.2018 unter Einbeziehung der VOB/B abgeschlossen wurden. Gelten die §§ 650b, c und d BGB dann nur, wenn der Vertrag das ausdrücklich regelt oder müssen diese Bestimmungen vertraglich ausgeschlossen werden, damit es bei den Nachtragsbestimmungen der VOB/B bleibt? Um diese Fragen zu beantworten, muss man sich mit der Rechtsnatur der VOB/B und dem Recht der Allgemeinen Geschäftsbedingungen (AGB) befassen.

a) Die VOB/B als Allgemeine Geschäftsbedingung (AGB)

Bekanntlich ist die VOB/B kein Gesetz, sondern eine Allgemeine Geschäftsbedingung. AGB können im Streitfall – also in einem Prozess – daraufhin überprüft werden, ob sie den Vertragspartner des Verwenders entgegen den Geboten von Treu und Glauben unangemessen benachteiligen (§ 307 BGB). Davon ist auszugehen, wenn eine Klausel mit wesentlichen Grundgedanken der gesetzlichen Regelung, von der abgewichen wird, nicht in Übereinstimmung zu bringen ist (§ 307 Abs. 2 Nr. 1 BGB). Seit dem 1.1.2018 gibt es erstmals gesetzliche Regelungen zu Nachträgen, von denen die VOB/B – eine AGB – abweicht, und zwar gravierend, auch wenn die BGH-Entscheidung vom 8.8.2019 die Unterschiede bei der Berechnung der Ansprüche beseitigt hat, falls der BGH die dortigen Grundsätze für Mengenerhöhungen nach § 2 Abs. 3 Nr. 2 VOB/B auch auf VOB/B-Nachträge übertragen sollte (siehe oben). 898

Wenn die Einzelbestimmungen der VOB/B, also auch die Anordnungsrechte des Auftraggebers (§ 1 Abs. 3 und Abs. 4 VOB/B) und die Nachtragsvorschriften in § 2 Abs. 5 und Abs. 6 VOB/B, einer AGB-rechtlichen Inhaltskontrolle nach Maßgabe des § 307 BGB unterliegen, könnten diese Bestimmungen wegen unangemessener Benachteiligung des Auftragnehmers unwirksam sein, falls der Auftraggeber „Verwender" der VOB/B ist. Das bedeutet, dass die VOB/B auf sein Verlangen hin in den Vertrag einbezogen worden ist, was der Regelfall ist. Eine solche AGB-rechtliche Inhaltskontrolle einzelner VOB/B-Vorschriften nach § 307 BGB scheidet im unternehmerischen Geschäftsverkehr allerdings von vornherein aus, wenn die VOB/B „im Ganzen", also ohne Einschränkungen oder Erweiterungen zulasten des Auftragnehmers, vereinbart worden ist. Das folgt aus § 310 Abs. 1 Satz 3 BGB. In diesem Fall ist die gesamte VOB/B der richterlichen Inhaltskontrolle entzogen, also „AGB-fest". Sehen die Vertragsbedingungen des Auftraggebers dagegen beispielsweise zwingend eine förmliche Abnahme vor, sodass die fiktiven Abnahmeformen nach § 12 Abs. 5 Nr. 1 und 2 VOB/B oder Teilabnahmen nach § 12 Abs. 2 VOB/B vertraglich ausgeschlossen werden, entfällt bereits dadurch die AGB-rechtliche Privilegierung der VOB/B auch im unternehmerischen 899

Geschäftsverkehr, sodass dann *jede* einzelne Bestimmung der VOB/B im Streitfall daraufhin untersucht werden kann, ob mit ihr eine unangemessene Benachteiligung des Auftragnehmers verbunden ist (KG, Urt. v. 10.1.2017 – 21 U 14/16). Auch nur geringfügige Abweichungen von der VOB/B führen dazu, dass sie nicht mehr „im Ganzen" vereinbart ist, sodass es nicht auf das Gewicht des Eingriffs ankommt (BGH, Urt. v. 10.5.2007 – VII ZR 226/05 und BGH, Urt. v. 15.4.2004 – VII ZR 129/02).

900 Schon vor Inkrafttreten der gesetzlichen Regelungen war umstritten, ob das weite Änderungsrecht des § 1 Abs. 3 VOB/B und die Nachtragsbestimmungen der VOB/B in § 2 Abs. 5 und Abs. 6 einer isolierten AGB-rechtlichen Inhaltskontrolle standhalten würden (zum Meinungsstand: ibr-online-Kommentar Bauvertragsrecht, Stand 16.2.2021, § 650b, Rn. 253 ff.). Der BGH hat dies in einer älteren Entscheidung aus dem Jahr 1996 bejaht, musste sich mit dieser Frage in neuerer Zeit aber nicht mehr befassen (BGH, Urt. v. 25.1.1996 – VII ZR 33/94). Bereits vor der Reform des Bauvertragsrechts sprach Vieles dafür, § 1 Abs. 3 VOB/B und beide Nachtragsbestimmungen als mit dem Transparenzgebot des § 307 Abs. 1 Satz 2 BGB nicht vereinbar anzusehen. Es ist beinahe überraschend, dass aktuelle Rechtsprechung zu dieser Frage nicht existiert. Möglicherweise kamen in der Vergangenheit nur wenige Auftragnehmer auf die Idee, die Nachtragsbestimmungen der VOB/B gerichtlich anzugreifen, obwohl der ehemalige Vorsitzende des VII. Zivilsenats beim BGH diesen ein geradezu vernichtendes Zeugnis ausgestellt hat (Kniffka, BauR 2012, 411 ff.).

901 Nach Inkrafttreten der Regelungen in § 650b und § 650c BGB kann unserer Auffassung nach kein ernsthafter Zweifel daran bestehen, dass das nach seinem Wortlaut unbeschränkte Anordnungsrecht des § 1 Abs. 3 VOB/B sowie der Umstand, dass auch erforderliche Zusatzleistungen auf Anordnung des Auftraggebers nach § 1 Abs. 4 Satz 1 VOB/B *sofort* auszuführen sind, ohne dass dem eine 30-tägige Einigungsphase – wie in § 650b Abs. 2 BGB – vorgeschaltet ist, dazu führt, dass sowohl die Anordnungsrechte nach VOB/B als auch die beiden Nachtragsbestimmungen in § 2 Abs. 5 und Abs. 6 VOB/B für ab dem 1.1.2018 abgeschlossene Bauverträge einer AGB-rechtlichen Inhaltskontrolle wegen unangemessener Benachteiligung des Auftragnehmers nicht mehr standhalten und deshalb unwirksam sind, wenn die VOB/B auf Verlangen bzw. Initiative des Auftraggebers in den Vertrag einbezogen wurde, sodass er Verwender der VOB/B ist (siehe oben). Das ist gegenwärtig die herrschende, wenn auch nicht unbestrittene Auffassung (vgl. Kniffka, ibr-online-Kommentar, Stand 16.2.2021 vor § 631, Rn. 73 ff. mit weiteren Nachweisen). Daran kann sich unserer Auffassung nach auch dann nichts ändern, wenn der BGH seine Grundsatzentscheidung zu Mehrmengen nach § 2 Abs. 3 Nr. 2 VOB/B auf die Nachtragsbestimmungen der VOB/B überträgt, also die vorkalkulatorische Preisfortschreibung dort ebenfalls beendet. Denn ohne wirksame Anordnungen nach § 1 Abs. 3 oder Abs. 4 Satz 1 VOB/B entstehen keine Nachtragsansprüche. Sind die sofort zu befolgenden Anordnungsrechte des Auftraggebers nach der VOB/B aber unwirksam, weil sie von der 30-Tage-Frist des § 650b Abs. 2 BGB abweichen, hat das die Unwirksamkeit der darauf basierenden Nachtragsbestimmungen zur Folge. Darüber hinaus ist umstritten, ob die 80 %-Regelung gemäß § 650c Abs. 3 BGB auch im VOB/B-Vertrag anwendbar ist, was von einigen Autoren allein wegen des Wortlauts der gesetzlichen Bestimmung verneint, von der herrschenden Meinung dagegen bejaht wird (vgl. E. I. 5. e), Rn. 833 ff.). Wie die herrschende Meinung haben zwischenzeitlich auch das Landgericht und das Kammergericht Berlin geurteilt und § 650c Abs. 3 BGB auch im VOB/B-Bauvertrag für anwendbar erklärt (LG Berlin, Urt. v. 16.10.2020 – 8 U 126/20; KG, Urt. v. 2.3.2021 – 21 U 1098/20). Beide Gerichte haben gleichzeitig entschieden, dass die Regelung in § 650d (einstweilige Verfügung bei Streit über Nachträge) auch beim VOB/B-Bauvertrag anwendbar ist und dafür noch nicht einmal thematisiert, ob die VOB/B im Ganzen vereinbart wurde oder nicht (vgl. E. I. 2. g), Rn. 733 ff. und E. I. 5. e), Rn. 833 ff.). Ob sich das durchsetzen wird, bleibt abzuwarten.

Die VOB/B-Nachtragsbestimmungen sind in Bezug auf die Frage, wie die Nach- **902**
tragsvergütung ermittelt wird, jedenfalls intransparent bzw. unklar und auch deshalb AGB-rechtlich unwirksam (§ 305c i.V.m. § 307 Abs. 1 Satz 2 BGB). Falls die Rechtsprechung der herrschenden Meinung folgt, wovon auszugehen ist, kann sich der Auftragnehmer zukünftig auf die gesetzlichen Bestimmungen *insgesamt* berufen, auch wenn ein VOB/B-Vertrag abgeschlossen worden ist. Er muss dazu lediglich nachweisen, dass der Vertrag an irgendeiner Stelle zu seinen Lasten von der VOB/B abweicht. Wegen der Gegenauffassung, die nicht der herrschenden Meinung entspricht, verweisen wir auf Kapellmann/Messerschmidt, VOB-Kommentar, Teile A und B, 7. Auflage vor § 2 Abs. 3 bis Abs. 8 VOB/B, Rn. 211 ff. Nach herrschender Meinung ist nur die unveränderte VOB/B „AGB-fest" (§ 310 Abs. 1 Satz 3 BGB). Für eine Änderung der VOB/B reicht es aus, dass diese Änderungen auch in Vertragsbestandteilen, beispielsweise den Vorbemerkungen zum Leistungsverzeichnis, enthalten sind. Sie müssen nicht unmittelbar im Bauvertrag selbst geregelt sein.

Interessant ist in diesem Zusammenhang, dass öffentliche Auftraggeber seit 2018 **903**
förmlich in eine „lupenreine" Vereinbarung der VOB/B „flüchten", um die Geltung der gesetzlichen Nachtragsvorschriften zu vermeiden. Öffentliche Auftraggeber sind gemäß § 8a VOB/A verpflichtet, die VOB/B zu vereinbaren. In § 8a Abs. 2 Nr. 1 VOB/A heißt es, dass die Allgemeinen Vertragsbedingungen für die Ausführung von Bauleistungen – also die VOB/B – *„grundsätzlich"* unverändert bleiben sollen und eventuelle Zusätzliche Vertragsbedingungen der VOB/B *„nicht widersprechen"* dürfen. Da dies in der Vergangenheit dennoch häufig, um nicht

zu sagen regelmäßig, vorgekommen ist, hat die öffentliche Hand im 2019 aktualisierten Vergabe- und Vertragshandbuch (VHB) Abweichungen von der VOB/B ausdrücklich gestrichen. Auch die Senatsverwaltung für Stadtentwicklung und Wohnen in Berlin hat mit Rundschreiben vom 22.12.2017 die Formblätter der Anweisung Bau (ABau) einer Überprüfung unterzogen und zahlreiche Änderungen mit dem Ziel vorgenommen, jedes Risiko einer Abweichung von der VOB/B zu vermeiden. Die Frage, ob es Abweichungen von der VOB/B im Bauvertrag gibt, muss in jedem Einzelfall gesondert geprüft werden, weil auch Abweichungen in weiteren Vertragsbestandteilen enthalten sein können (siehe oben). Ob private Auftraggeber seit Anfang 2018 die unveränderte VOB/B vereinbaren, wagen wir allerdings schon im Hinblick auf die Verjährungsfristen für Mängelansprüche nach § 13 Abs. 4 VOB/B zu bezweifeln. Darauf werden wir gleich näher eingehen (vgl. E. II. 1. b) aa), Rn. 906 ff.).

904 Die Frage, ob die Nachtragsbestimmungen der VOB/B AGB-rechtlich wirksam sind, wird drastisch an Bedeutung verlieren, wenn der BGH seine Rechtsprechung zur Preisfortschreibung bei Mengenmehrungen auf VOB/B-Nachträge überträgt und die Möglichkeit für Auftragnehmer, 80 % der im Nachtragsangebot geltend gemachten Vergütung abzurechnen und eine Zahlungsverfügung nach § 650d BGB erwirken zu können, auch bei Vereinbarung der VOB im Ganzen besteht (siehe oben). Relevanz hat das Thema aber nach wie vor insbesondere für die Frage, ob es sofort zu befolgende Anordnungsrechte wie nach § 1 Abs. 3 und Abs. 4 Satz 1 VOB/B gibt oder stattdessen eine bis zu 30 Tagen dauernde Einigungsphase besteht (§ 650b Abs. 2 BGB).

905 Die Problematik der AGB-rechtlichen Unwirksamkeit einzelner VOB/B-Bestimmungen geht über das Thema Nachträge weit hinaus. So sind die Regelungen zur Schlusszahlungserklärung des Auftraggebers nach § 16 Abs. 3 Nr. 2 bis 5 VOB/B zweifelsfrei unwirksam, wenn die VOB/B nicht im Ganzen vereinbart worden ist (BGH, Urt. v. 10.5.2007 – VII ZR 226/05). Das Gleiche gilt für § 2 Abs. 8 Nr. 1 VOB/B, aber möglicherweise auch für weitere Regelungen, wie beispielsweise § 4 Abs. 7 Satz 3 VOB/B (Kündigungsrecht des Auftraggebers aus wichtigem Grund wegen Nichtbeseitigung von *irgendwelchen* Mängeln) oder § 6 Abs. 6 Satz 1 VOB/B, der dem Auftragnehmer bei Behinderungen einen Anspruch auf entgangenen Gewinn nur bei Vorsatz oder grober Fahrlässigkeit des Auftraggebers gewährt (vgl. H. II. 4. b), Rn. 1356). Die AGB-rechtliche Unwirksamkeit einzelner VOB/B-Bestimmungen führt aber nicht dazu, dass deshalb die gesamte VOB/B nicht mehr gilt. Die Unwirksamkeit betrifft stattdessen nur die unangemessen benachteiligenden Regelungen selbst, nicht die VOB/B insgesamt, weil sie ganz überwiegend ausgewogene und damit wirksame Vorschriften enthält (vgl. A. I. 6. c), Rn. 138 ff.).

b) Konsequenzen für die Vertragsgestaltung

aa) Auftraggeber als Verwender der VOB/B

Im Regelfall verwenden Auftraggeber in weiten Teilen vorformulierte Bauverträge, **906** Verhandlungsprotokolle sowie Besondere oder Zusätzliche Vertragsbedingungen und bestimmen die vertraglich geschuldete Leistung durch Leistungsbeschreibungen, Pläne, Gutachten etc. In aller Regel beziehen sie dabei auch die aktuelle Fassung der VOB/B als *Verwender* in den Bauvertrag ein. Damit stellt sich die Frage, ob der Umstand, dass die Einzelbestimmungen der VOB/B einer AGB-rechtlichen Inhaltskontrolle unterliegen, wenn diese nicht unverändert vereinbart worden ist, es rechtfertigt, solche Abweichungen rechtssicher zu vermeiden. Das ist schon deshalb fraglich, weil die überwiegende Meinung davon ausgeht, dass die VOB/B bereits dann nicht mehr „im Ganzen" vereinbart ist, wenn im Vertrag eine Verjährungsfrist für Mängelansprüche von fünf Jahren geregelt ist, was immerhin dem Gesetz entspricht (§ 634a Abs. 1 Nr. 2 BGB), aber von § 13 Abs. 4 Nr. 1 VOB/B abweicht. Danach verjähren Mängelansprüche bei Bauwerken bereits nach vier Jahren und für wartungsbedürftige Anlagen schon nach zwei Jahren, falls der Auftragnehmer nicht mit der Wartung beauftragt wurde (§ 13 Abs. 4 Nr. 2 VOB/B). Dabei steht außer Streit, dass davon abweichende Regelungen, die eine fünfjährige Verjährungsfrist vorsehen, selbst natürlich nicht AGB-widrig sein können, eben weil sie dem Gesetz entsprechen und § 13 Abs. 4 Nr. 1 und 2 VOB/B die Vereinbarung abweichender Verjährungsfristen ausdrücklich zulässt. Geht man aber mit der wohl herrschenden Meinung davon aus, dass die VOB/B allein deshalb nicht mehr im Ganzen vereinbart ist, wäre schon dadurch eine AGB-rechtliche Inhaltskontrolle der VOB/B möglich (so beispielsweise: OLG Naumburg, Urt. v. 27.4.2006 – 2 U 138/05; OLG Dresden, Urt. v. 13.12.2007 – 12 U 1498/07; OLG Hamm, Urt. v. 17.7.2008 – 21 U 145/05; OLG München, Urt. v. 25.1.1994 – 13 U 5798/93; anderer Ansicht: OLG Brandenburg, Urt. v. 8.11.2007 – 12 U 30/07). Der BGH hat diese Frage bislang noch nicht entschieden. Folgt man der überwiegenden Meinung der Rechtsprechung, hätte die Vereinbarung einer fünfjährigen Verjährungsfrist für Mängelansprüche zur Konsequenz, dass die VOB/B nicht mehr AGB-fest ist, was für ab dem 1.1.2018 abgeschlossene Bauverträge höchstwahrscheinlich zur Unwirksamkeit der Anordnungsrechte sowie der Nachtragsbestimmungen der VOB/B, aber auch weiterer VOB/B-Bestimmungen, führt (siehe oben).

Ob dieser Nachteil im Ergebnis aber nicht geringer wiegt als eine Vereinbarung der **907** VOB/B im Ganzen, darf allerdings bezweifelt werden. Hinzu kommt, dass oftmals gar nicht verlässlich sichergestellt oder im Detail überprüft werden kann, ob tatsächlich keine vertraglichen Abweichungen von der VOB/B vorgenommen wurden. Denn zahlreiche Ingenieurbüros, die Leistungsverzeichnisse mit Vorbemerkungen erstellen, weichen dort – häufig unbewusst – von den Regelungen der VOB/B ab, beispielsweise dadurch, dass sie Ankündigungspflichten des Auftragnehmers bei

Mehrmengen von über 10 % vorsehen. Diese Anzeigepflicht gibt es bei § 2 Abs. 3 Nr. 2 VOB/B gerade nicht (OLG Naumburg, Urt. v. 9.4.2015 – 6 U 19/14). Eine Abweichung von der VOB/B läge aber auch vor, wenn vor dem Titel „Stundenlohnarbeiten" geregelt wäre, dass solche Arbeiten nur vergütet werden, wenn sie vor ihrem Beginn *schriftlich* vereinbart wurden. Zwar verlangt § 2 Abs. 10 VOB/B eine entsprechende Vereinbarung, nicht aber, dass sie schriftlich erfolgen muss. Auftraggeber sind auch nicht unbedingt an Teilabnahmen für in sich abgeschlossene Leistungen nach § 12 Abs. 2 VOB/B interessiert. Denn damit ist ein Gefahrübergang und der Beginn der Verjährung für Mängelansprüche verbunden. Da das BGB Teilabnahmen nicht kennt, ist ihr Ausschluss AGB-rechtlich auch nicht unwirksam. Mit ihm ist aber zwingend verbunden, dass die VOB/B nicht mehr „im Ganzen" vereinbart ist, eben weil § 12 Abs. 2 VOB/B abbedungen wurde. Ein letztes Beispiel: Teilkündigungen des Bauvertrags aus wichtigem Grund, beispielsweise wegen der Nichtbeseitigung von Mängeln in der Ausführungsphase (§ 4 Abs. 7 Satz 3 VOB/B) oder wegen Verzugs (§ 5 Abs. 4 VOB/B), sind nur möglich, wenn sich die Kündigung auf einen „in sich abgeschlossenen Teil" der vertraglichen Leistung bezieht (§ 8 Abs. 3 Nr. 1 Satz 2 VOB/B). Der Begriff des in sich abgeschlossenen Teils der Leistung wird vom BGH so verstanden wie bei der Teilabnahme nach § 12 Abs. 2 VOB/B, also außerordentlich eng. Im Zweifel sind Auftraggeber wegen dieser VOB/B-Regelung gezwungen, den gesamten Bauvertrag zu kündigen, wenn sie nicht riskieren wollen, eine freie Teilkündigung nach § 8 Abs. 1 VOB/B auszusprechen. Das wiederum veranlasst viele Auftraggeber, aus guten Gründen von dieser Beschränkung bei Teilkündigungen abzuweichen. Die Konsequenz folgt auf dem Fuße: Das ist nicht mehr die unveränderte VOB/B. Allein diese Beispiele machen deutlich, dass es oftmals nicht nur schwer, sondern im Zweifel auch nicht sinnvoll ist, lupenreine VOB/B-Verträge abzuschließen. Denn die daraus resultierenden Nachteile können von weit größerem Gewicht sein als eine Inhaltskontrolle der VOB/B und die daraus resultierende Unwirksamkeit der VOB/B-Nachtragsbestimmungen oder auch der Regelungen zur Schlusszahlungserklärung nach § 16 Abs. 3 Nr. 2 bis 5 VOB/B. Stets muss der Auftraggeber bei der Vertragsgestaltung entscheiden, welche konkreten Interessen für ihn größere Bedeutung haben. Vereinheitlichungen oder schematische Antworten auf diese Frage verbieten sich von vornherein. Es mag sein, dass ein Auftraggeber allein wegen der Wartefrist von bis zu 30 Tagen nach § 650b Abs. 2 BGB oder den Vorteilen, die eine Schlusszahlungserklärung haben kann (vgl. § 16 Abs. 3 Nr. 2 VOB/B), Abweichungen von der VOB/B um jeden Preis vermeiden will. Genauso gut ist es aber denkbar, dass ein Bauträger gegenüber einem Generalunternehmer von den Regelverjährungsfristen in § 13 Abs. 4 Nr. 1 und 2 VOB/B allein deswegen abweicht – fast möchte man sagen, abweichen muss –, weil er gegenüber den Erwerbern der Eigentumswohnungen aufgrund der zwingenden gesetzlichen Vorschrift in § 634a Abs. 1 Nr.2 BGB fünf Jahre gewährleistungspflichtig ist.

Im Übrigen gilt der Grundsatz: *„Wo kein Kläger, da kein Richter!"* Unsere Erfahrung zeigt, dass sich weit über drei Jahre nach Inkrafttreten der gesetzlichen Nachtragsbestimmungen nur sehr wenige Auftragnehmer auf diese Regelungen berufen und im Streitfall Ernst machen. Das mag mit der momentan guten Baukonjunktur, aber auch mit dem Umstand zu tun haben, dass zahlreiche Auftragnehmer die gesetzlichen Regelungen gar nicht kennen oder glauben, sie spielten bei Vereinbarung der VOB/B keine Rolle. Manche Auftragnehmer kommen womöglich schon aus „geschäftspolititschen" Gründen niemals auf die Idee, die Unwirksamkeit von VOB/B-Bestimmungen vorzubringen und zum Gegenstand eines Prozesses zu machen. Sollte das dennoch einmal der Fall sein, muss der Auftraggeber Nachträge im Zweifel eben nach den gesetzlichen Vorschriften abwickeln und vergüten. Nur am Rande: Nahezu jeder Bauvertrag enthält weitere AGB-rechtlich unwirksame Regelungen. Das kann beispielsweise für Umlageklauseln gelten (OLG Brandenburg, Urt. v. 20.8.2020 – 12 U 34/20) oder für Klauseln, nach denen bei einer freien Kündigung – entgegen § 8 Abs. 1 Nr. 2 VOB/B bzw. § 648 BGB – nur die erbrachten Leistungen bezahlt werden müssen (BGH, Urt. v. 12.7.2007 – VII ZR 154/06) oder auch für eine Sicherungsabrede, nach der ein Auftragnehmer eine Vertragserfüllungsbürgschaft i.H.v. 10 % stellen und der Auftraggeber auf Abschlagsrechnungen dennoch nur 90 % bezahlen muss (BGH, Urt. v. 9.12.2020 – VII ZR 7/10). Das wissen viele Auftraggeber auch und behalten solche Regelungen dennoch bei, ohne dass es deshalb jedes Mal zu gerichtlichen Auseinandersetzungen kommt. Drastischer formuliert: Ein AGB-Verstoß kann sich kaufmännisch lohnen. Wie gesagt: „Wo kein Kläger, da kein Richter". Vor diesem Hintergrund werden Auftraggeber auch zukünftig Abweichungen von der VOB/B vornehmen, wobei sie sich bei einem Streit über bausolländernde Anordnungen entscheiden müssen, ob sie es auf einen Bauprozess oder ein einstweiliges Verfügungsverfahren nach § 650d BGB ankommen lassen oder einer gütlichen Einigung den Vorzug einräumen. Das gilt auch, wenn Auftragnehmer Nachträge nach der 80 %-Regelung in § 650c Abs. 3 BGB abrechnen, falls keine Einigung über die Nachtragsvergütung erfolgt ist (siehe oben). **908**

Eine weitere (bessere) Möglichkeit für Auftraggeber, die von der VOB/B abweichen wollen oder müssen, besteht darin, die gesetzlichen Bestimmungen in §§ 650b und c BGB angemessen zu modifizieren, also zu ändern bzw. zu ergänzen, dabei aber ihren Kerngehalt nicht anzutasten. Denn ansonsten fallen diese vertraglichen Regelungen ebenfalls einer AGB-rechtlichen Inhaltskontrolle zum Opfer und erleiden dasselbe Schicksal wie die Nachtragsbestimmungen der VOB/B selbst. Auf solche Änderungen und ihre Zulässigkeit gehen wir unter E. II. 3., Rn. 937 ff. ausführlich ein. Dort werden wir auch behandeln, ob und in welchen Fällen vertragliche Regelungen zur vorkalkulatorischen Preisfortschreibung nach der Entscheidung des BGH vom 8.8.2019 zulässig sind. **909**

bb) Auftragnehmer als Verwender der VOB/B

910 Jetzt wird es erst richtig kompliziert, sodass eine noch differenziertere Betrachtung notwendig ist: In der Regel ist ein Auftragnehmer „Verwender" der VOB/B nur bei Bauverträgen mit Verbrauchern, weil er meistens nur dort in der Lage ist, seinen Vertrag durchzusetzen. In diesem Fall unterliegt die VOB/B aber selbst dann einer AGB-rechtlichen Inhaltskontrolle, wenn sie unverändert, also im Ganzen vereinbart worden ist (§ 310 Abs. 1 Sätze 1 und 3 BGB). Deshalb könnte sich der Auftragnehmer nicht auf die für ihn günstigeren Verjährungsvorschriften der VOB/B in § 13 Abs. 4 Nr. 1 und 2 VOB/B berufen. Auch die fiktiven Abnahmeformen nach § 12 Abs. 5 Nr. 1 und Nr. 2 VOB/B kommen gegenüber Verbrauchern nicht in Betracht, weil sie zum Nachteil des Auftraggebers in unangemessen benachteiligender Weise vom Gesetz abweichen. Gleiches gilt für die Vergütungsanpassung bei Nachträgen. Selbst wenn man unterstellen würde, dass es trotz der BGH-Entscheidung vom 8.8.2019 bei den Grundsätzen einer vorkalkulatorischen Preisfortschreibung bleibt, bliebe es doch nicht bei dem Grundsatz „guter Preis bleibt guter Preis", wenn der Auftragnehmer die VOB/B gegenüber einem Verbraucher verwendet hat. Denn in einem solchen Fall könnte sich der Verbraucher zu seinen Gunsten auf die Unwirksamkeit der VOB/B-Nachtragsbestimmungen und die für ihn günstigere gesetzliche Bestimmung in § 650c Abs. 1 BGB berufen, sodass er lediglich die infolge der Anordnung entstandenen Kosten nebst angemessener Zuschläge bezahlen müsste. Denn eine AGB-Inhaltskontrolle findet grundsätzlich nur *zulasten* desjenigen statt, der die Allgemeine Geschäftsbedingung verwendet hat (BGH, Urt. v. 9.3.2006 – VII ZR 268/04; OLG Celle, Urt. v. 13.10.2004 – 7 U 114/02). Das Gesetz will nur dessen Vertragspartner schützen, nicht den Verwender vor sich selbst. Wenn ein Vertragspartner für ihn ungünstige Bestimmungen selbst in den Vertrag einführt, sind sie auch anwendbar. Das gilt jedenfalls, wenn ihn diese schlechter stellen als das Gesetz. Ein Auftragnehmer könnte sich gegenüber Verbrauchern also nicht darauf berufen, dass § 650b BGB wegen der 30-Tage-Frist für ihn günstigere Regelungen enthält als die VOB/B.

911 Ist der Auftragnehmer (ausnahmsweise) einmal Verwender der VOB/B bei Bauverträgen mit Unternehmern, ist die Rechtslage anders zu beurteilen, wenn es sich tatsächlich um einen lupenreinen VOB/B-Vertrag handelt, also keine Veränderungen zulasten des Auftraggebers vorgenommen worden sind. Dann ist die VOB/B wiederum „AGB-fest", sodass ihre Einzelvorschriften keiner AGB-rechtlichen Inhaltskontrolle unterliegen. Deshalb gelten sämtliche für den Auftragnehmer vorteilhaften Regelungen der VOB/B, beispielsweise zur Verjährung der Mängelansprüche, zur Teilabnahme, aber auch die fiktiven Abnahmeformen nach § 12 Abs. 5 VOB/B. Genauso gelten aber auch die für ihn nachteiligen Vorschriften, also § 1 Abs. 3 und Abs. 4 VOB/B sowie die Nachtragsvorschriften in § 2 Abs. 5 und Abs. 6 VOB/B oder die Regelungen zur Schlusszahlungserklärung des Auftraggebers gemäß § 16 Abs. 3 Nr. 2 bis 5 VOB/B. Enthält der vom Auftragnehmer gegen-

über einem Unternehmen verwendete Bauvertrag aber Abweichungen von der VOB/B zu dessen Lasten, kann auch in diesem Vertragsverhältnis eine AGB-rechtliche Inhaltskontrolle der VOB/B stattfinden. Das führt dann zu genau denselben Konsequenzen wie bei Bauverträgen mit Verbrauchern (siehe oben).

Dieses ganze Durcheinander beruht nur darauf, dass die VOB/B nicht längst so **912**
geändert worden ist, dass ihre Einzelbestimmungen keine AGB-rechtliche Inhaltskontrolle fürchten müssen. Bis es soweit ist, was hoffentlich bald der Fall sein wird, raten wir Auftragnehmern bei Verträgen mit Verbrauchern, durchaus weiterhin die VOB/B zu vereinbaren, weil die überwiegende Anzahl der dortigen Bestimmungen sinnvoll und AGB-rechtlich auch überhaupt nicht zu beanstanden ist. Dort, wo das doch einmal der Fall sein sollte und ein Verbraucher sich darauf auch beruft, gelten eben anstelle der unwirksamen VOB/B-Regelungen die gesetzlichen Bestimmungen. Genauso wäre es auch, wenn die VOB/B nicht vereinbart wurde. Denn dann gilt das Gesetz sowieso. Anders wäre es nur, wenn ein Auftragnehmer den Vorteilen einer uneingeschränkten Geltung der gesetzlichen Nachtragsbestimmungen ein so starkes Gewicht beimisst, dass er darauf nicht verzichten will. Dann darf er die VOB/B nicht in den Bauvertrag einbeziehen.

Bei Verträgen mit Unternehmen verhält es sich prinzipiell genauso, allerdings **913**
mit der bereits erwähnten Besonderheit: Verwendet der Auftragnehmer hier die VOB/B unverändert, hat er – anders als bei Verträgen mit Verbrauchern (siehe oben) – Vorteile bei der Verjährung von Mängelansprüchen sowie bei Teil- und fiktiven Abnahmen. Er kann sich dann aber nicht auf die BGB-Nachtragsvorschriften berufen, soweit sie für ihn günstiger sind. Ob es dieser Nachteil rechtfertigt, die VOB/B nicht mehr in den Vertrag einzubeziehen, hängt wiederum von den Interessen des Auftragnehmers, insbesondere von der Frage ab, ob er die Vorteile der BGB-Nachtragsbestimmungen für so bedeutsam hält, dass er deswegen auf die Vereinbarung der VOB/B verzichten will. In diesem Fall dürfte aber an der Neugestaltung des Bauvertrags kein Weg vorbeiführen, weil dann die sinnvollen und wichtigen VOB/B-Bestimmungen durch vertragliche Regelungen ersetzt werden müssen. Ob ein Auftragnehmer diese Rechtslage prinzipiell zum Anlass nehmen sollte, neue Bauverträge zu entwerfen und zu verwenden, entzieht sich einer schematischen Beantwortung. Falls es in der Vergangenheit keine nennenswerten Probleme oder Streitereien aufgrund der abgeschlossenen Verträge gab, eher nicht. Ist der Bauvertrag dagegen Jahre alt und seitdem nicht mehr überarbeitet worden, könnte es sich anbieten, ihn insgesamt einer kritischen Prüfung zu unterziehen, insbesondere, wenn es häufiger zum Streit kommt oder der Auftragnehmer feststellt, dass wichtige Fragen im Vertrag überhaupt nicht oder nicht befriedigend geregelt worden sind.

2. Leistungsverweigerungsrecht bei Streit über Nachträge/Verhalten in Konfliktsituationen

914 Von erheblicher Praxisrelevanz ist die Frage, unter welchen Voraussetzungen der Auftragnehmer berechtigt ist, die Ausführung einer Nachtragsleistung zu verweigern bzw. welche Konsequenzen eintreten, wenn der Auftraggeber mit der Zahlung von Nachtragsforderungen in Verzug gerät. Dabei muss wiederum zwischen den Nachtragsbestimmungen der VOB/B und den Regelungen in den §§ 650c und 650b BGB differenziert werden.

a) Leistungsverweigerungsrecht bei VOB/B-Verträgen

aa) Keine wirksame Anordnung

915 Es wurde bereits dargelegt, dass eine *wirksame Anordnung* des Auftraggebers zur Ausführung einer zusätzlichen oder geänderten Leistung die Kardinalvoraussetzung für Nachtragsansprüche nach § 2 Abs. 5 und Abs. 6 VOB/B darstellt (vgl. E. I. 3. d), Rn. 750 ff.). Zur Wiederholung: Der Auftraggeber ist wegen des Kooperationsgebots am Bau zur Erteilung einer Anordnung verpflichtet, sie steht nicht in seinem Belieben. Das gilt insbesondere, wenn der Auftragnehmer Bedenken gegen die vorgesehene Art der Ausführung angezeigt (§ 4 Abs. 3 VOB/B) und vom Auftraggeber eine Antwort auf die Frage verlangt hat, ob es dennoch bei der im Vertrag vereinbarten Leistung bleiben soll oder nicht (OLG Düsseldorf, Urt. v. 2.3.2018 – 22 U 71/17). Unterlässt der Auftraggeber eine gebotene Anordnung, steht dem Auftragnehmer das Recht zu, die Ausführung einer geänderten oder zusätzlichen Leistung zu verweigern und auf eine Anordnung zu bestehen (OLG Düsseldorf, Urt. v. 25.10.2013 – 22 U 21/13). Reagiert der Auftraggeber auf einen Bedenkenhinweis nicht, müssen zusätzliche oder geänderte Leistungen auch nicht ausgeführt werden, sodass es bei den vertraglich vereinbarten Leistungen bleibt, es sei denn, diese verstoßen gegen gesetzliche bzw. behördliche Bestimmungen oder begründen eine Gefahr für Leib und Leben Dritter (§ 4 Abs. 1 Nr. 4 Satz 1 VOB/B). Dann *muss* der Auftragnehmer ein Leistungsverweigerungsrecht ausüben (OLG Karlsruhe, Urt. v. 20.7.2004 – 17 U 262/01).

bb) Beauftragung des Nachtrags nur dem Grunde nach oder bloße Anordnung des Auftraggebers

916 Dass Auftragnehmer an einer verbindlichen Nachtragsvereinbarung vor der Ausführung interessiert sind, liegt auf der Hand. Fraglich ist aber, ob darauf ein Anspruch besteht oder sie sich stattdessen mit einer bloßen Anordnung oder einer Beauftragung *dem Grunde nach* zufriedengeben müssen. Nach herrschender Auffassung besteht nach der VOB/B ein Anspruch auf eine Preisvereinbarung vor Ausführung der Leistung nicht. Vertragsdurchführung geht im Zweifel vor Preisgewissheit (KG, Urt. v. 13.6.2017 – 21 U 24/15; OLG Düsseldorf, Urt. v. 10.11.2005 – 21 U 1783/03). Dazu hat das OLG Hamm eine Entschei-

dung getroffen, in der die herrschende Meinung prägnant wiedergegeben wird (OLG Hamm, Urt. v. 22.12.2011 – 21 U 111/10). Die relevanten Leitsätze dieses Urteils lauten wie folgt:

> *„1. Im VOB-Vertrag ist der Auftragnehmer verpflichtet, eine geänderte oder zusätzliche Leistung auszuführen, wenn sie wirksam angeordnet wird (VOB/B, § 1 Abs. 3 und Abs. 4).*
>
> *2. Mit einer wirksamen Anordnung entsteht ein Anspruch des Auftragnehmers auf eine geänderte Vergütung (VOB/B, § 2 Abs. 5 und Abs. 6). Daraus folgt, dass der Auftragnehmer die Leistung nicht allein deshalb verweigern darf, weil eine Vereinbarung über die zusätzliche Vergütung noch nicht getroffen ist.*
>
> *3. Auch ein Streit über die sich aus § 2 Abs. 5 und Abs. 6 VOB/B ergebende Vergütung berechtigt grundsätzlich nicht zur Leistungsverweigerung.*
>
> *4. Stellt der Auftragnehmer die Arbeiten dennoch ein und macht er die Fortführung von einer Einigung über eine Zusatzvergütung abhängig, kommt dieses Verhalten einer Erfüllungsverweigerung gleich und der Auftraggeber ist zur Kündigung des Bauvertrages aus wichtigem Grund berechtigt."*

In einem Einzelfall mit zahlreichen Besonderheiten ist das OLG Düsseldorf von die- **917**
sen Grundsätzen – vorsichtig – abgewichen (OLG Düsseldorf, Urt. v. 2.3.2018 – 22 U 71/17). Es hat ausgeführt, dass ein Leistungsverweigerungsrecht des Auftragnehmers nach Treu und Glauben (§ 242 BGB) auch dann gegeben sein könne, wenn sich *„der Auftraggeber hinsichtlich eingereichter Nachtragsangebote – unter Verstoß gegen seine Kooperationspflichten – völlig passiv verhält"*. Dieses passive Verhalten *„über längere Zeit"* könne zur Unzumutbarkeit der Ausführung modifizierter Leistungen führen und *„ausnahmsweise ein Leistungsverweigerungsrecht des Auftragnehmers begründen, wenn die Höhe der streitigen Nachträge im Verhältnis zur Gesamtvergütung einen erheblichen prozentualen Anteil ausmacht"*. Dem möchte man Wort für Wort zustimmen, aber gleichzeitig vor Verallgemeinerungen warnen. Denn es kommt tatsächlich auf die konkreten Umstände des jeweiligen Einzelfalls an. Es ist nach wie vor riskant, Nachtragsleistungen allein deshalb zu verweigern, weil der Auftraggeber das Nachtragsangebot nicht der Höhe nach beauftragt hat. Ein Auftragnehmer, der trotz eines prüfbaren Nachtragsangebots lediglich eine Anordnung oder eine Beauftragung dem Grunde nach erhalten hat, sollte zunächst nachfragen, ob der Auftraggeber weitere Informationen zur Prüfung des Nachtragsangebots benötigt. Besteht lediglich Streit über die Höhe der Nachtragsvergütung, empfiehlt es sich ferner, dem Auftraggeber anzubieten, wenigstens einen Mindestbetrag vor der Ausführung zu akzeptieren und diesen einvernehmlich unstreitig zu stellen.

Ist der Auftraggeber dazu nicht bereit, kann sich der Auftragnehmer auch auf den **918**
Standpunkt stellen, dass selbst bei „lupenreinen" VOB/B-Bauverträgen die Mög-

lichkeit der Abrechnung von Nachtragsansprüchen nach der 80 %-Regelung in § 650c Abs. 3 BGB besteht (LG Berlin, Urt. v. 16.10.2020 – 8 O 126/10; KG, Urt. v. 2.3.2021 – 21 U 1098/20). Er sollte in diesem Fall seine Nachtragsrechnung über 100 % stornieren und unter Berufung auf § 650c Abs. 3 BGB eine neue Rechnung über 80 % der Forderung einreichen. Zahlt der Auftraggeber die 80 % nicht, kann der Auftragnehmer diesen Anspruch im einstweiligen Verfügungsverfahren nach § 650d BGB geltend machen. Das ist im Zweifel besser, als die unsichere Ausübung eines Leistungsverweigerungsrechts, weil sie unter Umständen zu einer Kündigung des Auftraggebers aus wichtigem Grund führen kann.

919 Ein Auftraggeber, der ein Nachtragsangebot entweder schon dem Grunde oder auch nur der Höhe nach für zweifelhaft hält, sollte von einer Beauftragung absehen, selbst wenn die Beauftragung allein nicht zwingend zu einer Zahlungsverpflichtung führt (vgl. BGH, Urt. v. 26.4.2005 – X ZR 166/04 sowie E. II. 5., Rn. 958 ff.). Stattdessen sollte er die Leistung anordnen, dabei aber ihre Vergütungspflichtigkeit nicht endgültig bestreiten, weil er dadurch ein Leistungsverweigerungsrecht des Auftragnehmers begründen kann, falls er sich irrt (siehe unten).

cc) Bestreiten des Nachtrags schon dem Grunde nach

920 Liegt zwar eine wirksame Anordnung des Auftraggebers vor, bestreitet er einen der Sache nach berechtigten Nachtrag aber bereits dem Grunde nach endgültig und ernsthaft, begeht er eine Vertragsverletzung. Der Auftragnehmer kann sich in solchen Fällen unzweifelhaft weigern, die geänderte oder zusätzliche Leistung auszuführen (OLG Koblenz, Urt. v. 6.11.2014 – 6 U 245/14; OLG Bremen, Urt. v. 6.5.2008 – 3 U 50/07; OLG Brandenburg, Urt. v. 23.4.2009 – 12 U 111/04; BGH, Urt. v. 13.3.2008 – VII ZR 194/06; BGH, Urt. v. 24.6.2004 – VII ZR 271/01). Denn es ist einem Auftragnehmer nicht zuzumuten, die Werkleistung in Kenntnis der Tatsache zu erbringen, dass er seinen Vergütungsanspruch nur mit gerichtlicher Hilfe wird durchsetzen können. Von diesem Leistungsverweigerungsrecht sollte jedoch nur vorsichtig Gebrauch gemacht werden. Der Auftragnehmer muss sich sicher sein, dass sein Verlangen nach einer Mehrvergütung zumindest dem Grunde nach berechtigt ist, also tatsächlich eine Bausoll/Bau-Ist-Abweichung vorliegt. Diese Frage hängt häufig von einer Auslegung des Bauvertrags ab, die mit erheblichen Unsicherheiten verbunden sein kann. Denn das Ergebnis einer Auslegung ist oft nicht objektiv eindeutig und deshalb mit Unsicherheiten behaftet (vgl. Kapitel C, Rn. 352 ff.). Stellt sich erst im Nachhinein heraus, dass schon dem Grunde nach kein Nachtragsanspruch bestand und verweigert der Auftragnehmer die Erbringung der Leistung, begeht *er* eine Pflichtverletzung, die den Auftraggeber zur Kündigung des Bauvertrags aus wichtigem Grund berechtigt (OLG Frankfurt, Urt. v. 21.9.2011 – 1 U 154/10; OLG Brandenburg, Urt. v. 2.9.2005 – 4 U 128/04). Andererseits ist das Stellen unbegründeter Nachtragsforderungen für sich betrachtet kein Kündigungsgrund, solange der Auftragnehmer die Leistungen nicht einstellt, um Druck auszuüben (OLG Zweibrücken, Urt. v. 29.9.2016 – 6 U 5/15).

Das Leistungsverweigerungsrecht gilt grundsätzlich für Nachträge jeder Größenordnung. Eine Ausnahme unter dem Gesichtspunkt des Schikaneverbots kommt nur in Betracht, wenn der Auftragnehmer eine Meinungsverschiedenheit bei tatsächlich unklarer Rechtslage und geringfügigen Nachtragsforderungen als Druckmittel nutzt, um sich vom Vertrag zu lösen (OLG Celle, Urt. v. 26.5.1993 – 6 U 139/92). Das OLG Saarbrücken ist von der Geringfügigkeit einer Nachtragsforderung bei Mehrkosten von 1,5 % der Nettovertragssumme ausgegangen (OLG Saarbrücken, Urt. v. 13.10.2010 – 1 U 380/09). Auch wenn sich hier Schematisierungen verbieten, wird man in keinem Fall sagen können, dass die Nachtragsvergütung im Verhältnis zur Auftragssumme *erheblich* sein muss. Die Verweigerung der Leistung setzt immer voraus, dass zuvor der Versuch einer einvernehmlichen Streitbeilegung unternommen worden ist. Erst wenn eine Vertragspartei dies nachhaltig ablehnt oder eine Einigung scheitert, besteht das Leistungsverweigerungs- bzw. Kündigungsrecht. Der BGH begründet dies mit dem Kooperationsgebot bei Bauverträgen (BGH, Urt. v. 28.10.1999 – VII ZR 393/98). Der Einigungsversuch sollte aus Beweisgründen dokumentiert werden. Vorsicht ist geboten, wenn der Auftraggeber prinzipiell Verhandlungsbereitschaft signalisiert, aber eine nachvollziehbare Berechnung der Mehrkosten verlangt. Legt der Auftragnehmer eine solche nicht vor, steht ihm auch kein Leistungsverweigerungsrecht zu. Verweigert der Auftragnehmer dennoch die Leistung, kann dies zu einer schadensersatzbegründenden Kündigung des Auftraggebers nach § 8 Abs. 3 VOB/B führen (KG, Urt. v. 21.11.2011 – 7 U 74/10). **921**

Ein Auftraggeber ist schlecht beraten, wenn er die Zahlung einer dem Grunde nach streitigen Nachtragsleistung bereits vor der Ausführung endgültig und ernsthaft verweigert, weil dann die Gefahr der berechtigten Ausübung eines Leistungsverweigerungsrechts besteht und gegebenenfalls Stillstandskosten und Entschädigungsansprüche nach § 642 BGB auf ihn zukommen, falls er sich täuscht. Besser ist es, die Ausführung der Leistung anzuordnen und dabei Äußerungen zu unterlassen, die auf ein endgültiges Bestreiten der Nachtragsforderung hindeuten könnten. Der Auftraggeber kann z.B. mitteilen, dass er unbeschadet einer noch zu erfolgenden Prüfung des Vergütungsanspruchs dem Grunde und der Höhe nach die Ausführung der Leistungen anordnet. **922**

dd) Abrechnung von Nachträgen in Abschlagsrechnungen

Hat der Auftragnehmer eine geänderte oder zusätzliche Leistung auf Anordnung des Auftraggebers aber ohne eine Vergütungsvereinbarung ausgeführt, stellt sich die Frage, welche Möglichkeiten er hat, wenn der Auftraggeber die Zahlung der prüfbar abgerechneten Nachtragsforderung, gegebenenfalls auch nur teilweise, verweigert. Dazu hat der BGH am 24.5.2012 eine wichtige Entscheidung getrof- **923** fen (BGH, Beschl. v. 24.5.2012 – VII ZR 34/11). Im Prozess ging es um Verzugszinsen für verspätet bezahlte Abschlagsrechnungen, in denen Nachtragsforderungen geltend gemacht wurden. Der Auftraggeber hatte unter Berufung auf sein internes Prüfungsverfahren lediglich bestimmte prozentuale Abschläge nach dem Ergebnis einer Vorprüfung vergütet. Dem erteilte der BGH eine unmissverständliche Absage. Denn der Auftragnehmer ist berechtigt, auch dann Abschlagszahlungen für eine vom Auftraggeber geforderte zusätzliche oder geänderte Leistung zu fordern, wenn eine Einigung über deren Vergütung noch nicht stattgefunden hat. Zu Recht wies der BGH darauf hin, dass der Anspruch auf eine Nachtragsvergütung bereits aufgrund der Anordnung des Auftraggebers entsteht und dieser Anspruch gerade nicht davon abhängt, dass zuvor eine Vergütungsvereinbarung getroffen wurde (ebenso: OLG Köln, Urt. v. 7.6.2016 – 22 U 45/12). Zum Einwand des Auftraggebers, sein Prüfungsverfahren sei kompliziert und nehme mehr Zeit in Anspruch, als die VOB/B in § 16 Abs. 1 Nr. 3 für die Zahlung von Abschlagsrechnungen vorsehe, führte der BGH wörtlich Folgendes aus:

> *„Dass der Auftraggeber im Falle der Überreichung einer prüfbaren Abrechnung nicht berechtigt ist, die Zahlung zu verweigern, weil er – ohne wirksam eine von § 16 Abs. 1 Nr. 3 VOB/B abweichende Vereinbarung getroffen zu haben – ein langwieriges internes Prüfungsverfahren durchführt, liegt auf der Hand und bedarf keiner Klärung. (…) Ebenso wenig besteht Klärungsbedarf dahingehend, dass ein Auftraggeber nicht berechtigt ist, eine Abschlagszahlung allein deshalb zu verweigern, weil er die Forderung für überhöht hält oder die Forderung tatsächlich überhöht ist."*

924 Daraus folgt, dass ein Auftraggeber, dem eine prüfbare Abrechnung von Nachtragsleistungen vorliegt, selbst dann nicht zur vollständigen Verweigerung der Zahlung berechtigt ist, wenn einzelne Elemente der Nachtragsberechnung – beispielsweise Materialeinkaufspreise – noch nicht nachgewiesen worden sind. Wurden beispielsweise auf Anordnung geänderte Lampen montiert, kann der Auftraggeber die Zahlung der Nachtragsforderung nicht allein deshalb verweigern, weil eine Rechnung des Lieferanten nicht vorgelegt wurde. Der Auftraggeber muss in diesem Fall eine Mindestvergütung zahlen. Das Gleiche gilt, wenn streitig ist, ob die Ausführung einer geänderten oder zusätzlichen Leistung pro Abrechnungseinheit weitere 30 Minuten Zeit in Anspruch nahm (beispielsweise die Montage geänderter oder weiterer Duschköpfe an der Decke statt an der Wand) – wie der Auftragnehmer behauptet – oder lediglich 10 Minuten, wie der Auftraggeber einwendet. Auch hier gibt es eine unstreitige Mindestvergütung, die der Auftraggeber zahlen muss. Selbst wenn die Abrechnung tatsächlich überhöht ist, rechtfertigt das keine Verweigerung der Zahlung insgesamt.

925 Im vom BGH entschiedenen Fall hatte der Auftragnehmer aufgrund der Rechnungskürzungen die weitere Leistungserbringung nicht verweigert, sondern

„nur" Verzugszinsen nach § 16 Abs. 5 Nr. 3 VOB/B geltend gemacht. Es kann aber kein Zweifel daran bestehen, dass ein Auftragnehmer – darüber hinaus – auch zur Verweigerung der Erbringung weiterer Leistungen nach § 16 Abs. 5 Nr. 4 VOB/B berechtigt ist, wenn eine fällige Abschlagsrechnung nicht vergütet wird (OLG Köln, Urt. v. 7.6.2016 – 22 U 45/12; LG Leipzig, Urt. v. 8.2.2008 – 04 HK O 7871/03). Das gilt auch, wenn es sich dabei um die Nichtbezahlung von Nachtragsforderungen handelt. Die Ausübung des Leistungsverweigerungsrechts nach § 16 Abs. 5 Nr. 4 VOB/B setzt Zahlungsverzug des Auftraggebers und eine danach nochmals erfolglos verstrichene Frist zur Zahlung voraus (OLG Karlsruhe, Urt. v. 28.5.2016 – 4 U 296/11). Nach der VOB/B werden Abschlagszahlungen binnen 21 Tagen zur Zahlung fällig (§ 16 Abs. 3 Nr. 1 VOB/B). Zahlungsverzug tritt – auch ohne eine Mahnung – spätestens 30 Tage nach Zugang der (prüfbaren) Rechnung ein (§ 16 Abs. 5 Nr. 3 Satz 3 VOB/B). Danach bedarf es des Ablaufs einer weiteren angemessenen Frist, wobei im Normalfall fünf banküblich Arbeitstage ausreichend sind. Aus Sicherheitsgründen empfiehlt es sich, in der Nachfristsetzung die Ausübung des Leistungsverweigerungsrechts ausdrücklich anzudrohen.

Um nicht missverstanden zu werden: Keineswegs kann ein Auftragnehmer die **926** weitere Leistungserbringung stets deshalb verweigern, weil eine Nachtragsvergütung nicht oder nicht in voller Höhe bezahlt worden ist. Das Leistungsverweigerungsrecht setzt nicht nur voraus, dass der Nachtrag dem Grunde nach berechtigt ist, sondern auch, dass er prüfbar abgerechnet wurde. Erhebt der Auftraggeber Einwendungen gegen die Prüfbarkeit oder die Höhe der Forderung, muss der Auftragnehmer entscheiden, ob er die Nachtragshöhe sachgerecht ermittelt hat oder die Einwendungen des Auftraggebers zutreffend sind. Ist Letzteres der Fall und stellt der Auftragnehmer die Leistungen dennoch ein, riskiert er eine schadensersatzbegründende Kündigung des Vertrags. Problematisch wird es auch, wenn der Auftraggeber mangelhafte Leistungen und ein darauf gestütztes Zurückbehaltungsrecht mit Druckzuschlag nach § 641 Abs. 3 BGB einwendet. Der Auftragnehmer ist bis zur Abnahme für die Mangelfreiheit seiner Leistung beweispflichtig. Liegen Mängel vor, darf der Auftraggeber in der Regel das Doppelte der voraussichtlichen Mangelbeseitigungskosten einbehalten und gerät, wenn wegen des Zurückbehaltungsrechts mit Druckzuschlag keine einredefreie Zahlungsforderung des Auftragnehmers besteht, auch nicht in Zahlungsverzug. Stellt der Auftragnehmer seine Leistungen dennoch ein, ist wiederum eine Kündigung aus wichtigem Grund berechtigt.

In Streitfällen, in denen die Berechtigung des Nachtrags schon dem Grunde nach **927** objektiv unklar ist, empfiehlt es sich eher nicht, ein unsicheres Leistungsverweigerungsrecht auszuüben. Besser ist es, Zwischenvergleiche anzustreben, beispielsweise dadurch, dass der Auftraggeber die beanspruchte Mehrvergütung, gegebenenfalls auch in geringerer Höhe zahlt, sein eventueller Rückforderungsanspruch aber durch eine Bürgschaft abgesichert wird (oder umgekehrt: der Auftraggeber stellt eine Bürgschaft in Höhe der streitigen Forderung). Solche Zwischeneinigungen können Leistungsverweigerungsrechte und Baustillstände bis hin zu Kündigungen des Vertrags vermeiden und sind bei objektiv unsicherer Rechtslage in aller Regel besser, als auf Maximalstandpunkte zu bestehen.

928 Auftragnehmer sollten allerdings stets darauf achten, zum Zeitpunkt der Fertigstellung nicht mit hohen, unbezahlten Forderungen dazustehen. Denn dann haben sie kein effektives Mittel mehr, Druck auf die Zahlungsbereitschaft des Auftraggebers auszuüben. Sind Zahlungsansprüche wegen tatsächlicher oder angeblicher Mängel streitig oder macht der Auftraggeber strittige Gegenansprüche geltend, muss der Auftragnehmer rechtzeitig über eine Sicherung der Werklohnforderung nach § 650f BGB nachdenken (dazu Kapitel P, Rn. 2696 ff.).

929 Besteht über Nachtragsforderungen dem Grunde oder auch nur der Höhe nach Streit, kommt die Anwendung der 80 %-Regelung (§ 650c Abs. 3 BGB) und ein einstweiliges Verfügungsverfahren nach § 650d BGB in Betracht, falls der Auftraggeber nicht zahlt. Zur Wiederholung: Beide Vorschriften sind nach herrschender Meinung bei Vereinbarung der VOB/B anwendbar (LG Berlin, Urt. v. 16.10.2020 – 8 O 126/20 und KG, Urt. v. 2.3.2021 – 21 U 1098/20). Ein erfolglos gebliebenes Eilverfahren nach § 650d BGB kann man verschmerzen; die unbegründete Einstellung der Leistung und eine darauf folgende Kündigung des Auftraggebers aus wichtigem Grund dagegen in der Regel nicht. Auch für Auftraggeber gilt: Bevor eine möglicherweise freie Kündigung nach § 8 Abs. 1 VOB/B ausgesprochen wird – weil der Nachtrag sowohl nach Grund und Höhe berechtigt ist –, sollte auch er besser eine Klärung nach § 650d BGB vornehmen und beispielsweise die Feststellung beantragen, dass die Leistung entweder schon Bausoll oder aber der geltend gemachten Höhe nach unbegründet ist.

b) Leistungsverweigerungsrecht bei ab dem 1.1.2018 abgeschlossenen Bauverträgen

aa) Keine wirksame Anordnung

930 Wir erinnern uns: Nach § 650b Abs. 1 BGB besteht kein sofortiges Anordnungsrecht des Auftraggebers. Stattdessen sieht die Bestimmung vor, dass der Auftraggeber zunächst eine Änderung begehrt und die Parteien auf der Grundlage eines Nachtragsangebots eine Einigung über die Vergütungsanpassung anstreben. Erst wenn eine Einigung binnen 30 Tagen nach Zugang des Änderungsbegehrens nicht erfolgt ist, kann der Auftraggeber zur Erreichung des Werkerfolgs notwendige Änderungen in Textform anordnen, sonstige Änderungen dagegen nur, wenn deren Ausführung dem Auftragnehmer zumutbar ist (§ 650b Abs. 2 BGB).

931 Auch nach diesen Bestimmungen ist eine wirksame Anordnung, gegebenenfalls aufgrund eines Bedenkenhinweises des Auftragnehmers nach § 4 Abs. 3 VOB/B, zwingend notwendig, um eine Ausführungspflicht zu bewirken. Ohne eine wirksame Anordnung ist der Auftragnehmer – ebenso wie nach der VOB/B – nicht zur Ausführung einer Änderungsleistung verpflichtet. Besteht schon dem Grunde nach Streit über die Frage, ob eine bausolländernde Anordnung vorliegt, kann diese Streitfrage im einstweiligen Verfügungsverfahren nach § 650d BGB geklärt werden.

bb) Nur der Höhe nach streitige Nachtragsansprüche

Hier ist die Rechtslage klar, wenn der Auftragnehmer von der Möglichkeit des **932**
§ 650c Abs. 3 BGB Gebrauch gemacht hat. Auch wenn die im Nachtragsangebot geltend gemachte Vergütung überhöht angesetzt wurde, ist der Auftraggeber aufgrund der 80 %-Regelung (vorläufig) zur Zahlung in dieser Höhe verpflichtet, falls er keine anderslautende Entscheidung im Eilverfahren nach § 650d BGB erwirkt hat (siehe oben). Zahlt er die 80 % nicht, gerät er in Zahlungsverzug, auch wenn die Forderung überhöht war (KG, Urt. v. 2.3.2021 – 21 U 1098/20). Das kann zur berechtigten Leistungseinstellung des Auftragnehmers (§ 16 Abs. 5 Nr. 4 VOB/B bzw. § 320 BGB), bis hin zu einer Kündigung des Bauvertrags nach § 9 Abs. 1 Nr. 1 VOB/B führen. Der Auftragnehmer kann aber auch stattdessen – oder parallel zu den obigen Mitteln – seinerseits eine Zahlungsverfügung nach § 650d BGB beantragen, wenn der Auftraggeber das nicht tut. Wurden dagegen 80 % gezahlt, wird die restliche Vergütungsforderung erst nach Abnahme und Stellung einer prüfbaren Schlussrechnung fällig (§ 650c Abs. 3 Satz 3 BGB). Stellt sich nach Abnahme der Leistung heraus, dass die Angebotssumme überhöht war, hat der Auftraggeber einen Anspruch auf Erstattung geleisteter Überzahlungen nebst Zinsen (§ 650c Abs. 3 Sätze 3 und 4 BGB).

Ob die Rechtsprechung gegen „Phantasieangebote" einschreitet und bei haltlos **933**
überhöht oder unprüfbar geltend gemachten Mehrvergütungsansprüchen eine Zahlungsverpflichtung nach der 80 %-Regelung und damit auch einen Zahlungsverzug verneint, bleibt abzuwarten, ist aber unseres Erachtens nur in Ausnahmefällen denkbar. Denn der Gesetzgeber hat mit § 650d BGB die Möglichkeit geschaffen, gerichtlichen Rechtsschutz im einstweiligen Verfügungsverfahren in Anspruch zu nehmen und auf diesem Weg rasch eine baubegleitende Klärung von Streitfragen zu Nachträgen herbeizuführen. Im Übrigen kann man sich trefflich darüber streiten, wann tatsächlich „haltlos überhöhte" Nachtragsangebote vorliegen. Wer will das im Streitfall verbindlich beurteilen, wenn nicht das zuständige Gericht?

cc) Bereits dem Grunde nach streitige Nachtragsansprüche

Fraglich ist, ob der Auftraggeber auch bei bereits dem Grunde nach streitigen **934**
Nachtragsforderungen (vorläufig) zur Zahlung nach der 80 %-Regelung verpflichtet ist, wenn er keine anderslautende gerichtliche Entscheidung erwirkt. Da das Gesetz diese Frage in § 650c Abs. 3 BGB nicht ausdrücklich beantwortet hat,

kommen zwei Sichtweisen in Betracht, die tatsächlich auch beide vertreten werden. Namhafte Autoren sind der Meinung, dass der Auftraggeber zur Vermeidung eines Zahlungsverzugs eine gerichtliche Eilentscheidung nach § 650d BGB erwirken muss, auch wenn er den Nachtrag für unbegründet hält und er sich später tatsächlich als unbegründet herausstellen sollte (Nachweise bei ibr-online-Kommentar, Stand: 16.2.2021, § 650c BGB, Rn. 119 f.).

935 Verlangt man dagegen mit der wohl herrschenden Meinung für einen vorläufigen Zahlungsanspruch des Auftragnehmers in Höhe von 80 % eine objektiv berechtigte Nachtragsforderung, handelt der Auftragnehmer zumindest riskant, wenn er ohne vorherige Klärung der Streitfrage durch eine einstweilige Verfügung (§ 650d BGB) die weitere Leistungserbringung verweigert. Denn nach dieser Auffassung besteht ohne eine berechtigte Nachtragsforderung kein Zahlungsanspruch i.H.v. 80 % und deshalb auch kein Zahlungsverzug des Auftraggebers. Dann begeht ein Auftragnehmer, der die weitere Leistungserbringung verweigert, weil er sich über die Berechtigung des Nachtrags irrt, eine Pflichtverletzung, die zur auftraggeberseitigen Kündigung des Bauvertrags aus wichtigem Grund führen kann. Unserer Auffassung nach wollte der Gesetzgeber einen vorläufigen Zahlungsanspruch in Höhe von 80 % nur für objektiv begründete Nachtragsforderungen schaffen. Das kommt in der amtlichen Gesetzesbegründung, nicht in § 650c Abs. 3 BGB, auch zum Ausdruck, weil es dort heißt, dass jedenfalls „ein Teil der *geschuldeten* Mehrvergütung im Rahmen von Abschlagszahlungen berücksichtigt wird". Damit ist klar, dass es sich um sachlich berechtigte Nachtragsansprüche handeln muss.

936 Bei objektiv unklarer Rechtslage ist es für den Auftragnehmer deshalb besser, kein Leistungsverweigerungsrecht auszuüben, sondern vor oder während der Ausführung der Leistung im Eilverfahren nach § 650d BGB zu klären, ob es sich bei der Anordnung (oder dem Änderungsbegehren) um eine Leistungsänderung handelt oder – womöglich noch besser – erst nach Ausführung der Leistung den Anspruch auf Zahlung von 80 % gemäß § 650c Abs. 3 BGB im Eilverfahren nach § 650d BGB geltend zu machen. Dann riskiert der Auftragnehmer nur die Abweisung seines Antrags, nicht jedoch eine schadensersatzbegründende Kündigung oder Verzugsansprüche des Auftraggebers (siehe oben). Diese Situation kann aber auch für Auftraggeber gefährlich sein. Denn stellt sich die Nachtragsforderung als tatsächlich berechtigt heraus und hat er nicht 80 % des Nachtragsangebots vergütet, gerät er in Zahlungsverzug und begründet damit ein Leistungsverweigerungsrecht des Auftragnehmers nach § 320 BGB bzw. § 16 Abs. 5 Nr. 4 VOB/B. Kündigte er nach dessen Ausübung den Bauvertrag, weil er sich über die Berechtigung des Nachtragsanspruchs täuschte, handelt es sich dabei um eine freie Kündigung mit den Abrechnungsfolgen des § 8 Abs. 1 Nr. 2 VOB/B bzw. § 648 BGB. Will der Auftraggeber dieses Risiko vermeiden, muss er eine vorläufige Klärung im Eilverfahren erwirken (§ 650d BGB) und feststellen lassen, dass der Auftragnehmer die angeordnete Leistung bereits als Vertragsleistung schuldet (siehe oben).

3. §§ 650b und 650c BGB modifizierende Vertragsregelungen

Es liegt auf der Hand, dass die bis zu 30 Tage dauernde Verhandlungsfrist bei einer Vielzahl von Nachträgen, die möglicherweise auch noch technisch komplex sind, zu erheblichen Verzögerungen führen kann. Liegen die von einem Änderungsbegehren betroffenen Leistungen auf dem kritischen Weg, kann sogar ein Baustillstand während dieser Zeit eintreten. Besonders misslich ist die Situation dann, wenn man es mit Auftragnehmern zu tun hat, die deutlich überhöhte Nachtragsangebote unterbreiten, anschließend die Verhandlungen „entschleunigen", um den Abschlussdruck auf den Auftraggeber zu erhöhen, ihn also veranlassen wollen, das überhöhe Angebot anzunehmen, um zeitliche Verzögerungen der Ausführung zu vermeiden. Es wundert deshalb nicht, dass vor allem die Auftraggeberseite die 30-Tage-Frist heftig kritisiert und für vollständig missglückt hält. Das ändert aber nichts an der Tatsache, dass der Gesetzgeber diese Frist in § 650b Abs. 2 BGB vorgesehen hat und es davon – jedenfalls nach dem Gesetzeswortlaut – auch keine Ausnahmen gibt. Diese, aber auch weitere Unzulänglichkeiten der gesetzlichen Vorschriften kann der Auftraggeber zum Anlass nehmen, die Nachtragsbestimmungen in § 650b und § 650c BGB zu ergänzen bzw. zu modifizieren. 937

a) Ausnahmen von der 30-Tage-Frist des § 650b Abs. 2 BGB

aa) Gefahr im Verzug

Der Gesetzeswortlaut bedeutet dennoch nicht, dass solche Ausnahmen von vornherein und unter keinen Umständen in Betracht kommen. Sicher ist, dass es sofortige Anordnungsrechte bei „Gefahr im Verzug" geben muss. Wenn ein Gerüst wegen unerwarteter Orkanböen während der Standzeit oder aus anderen Gründen einzustürzen droht, ist es ersichtlich unsinnig, wenn der Auftraggeber dem Gerüstbauer erst leistungsändernde Anordnungen erteilen kann, nachdem das Gerüst bereits eingestürzt ist. Selbst wenn der Vertrag das nicht ausdrücklich regelt, was dennoch empfehlenswert ist, muss das Anordnungsrecht in solchen Fällen sofort bestehen. Eine entsprechende Vertragsregelung wäre selbstverständlich auch nicht AGB-widrig, weil sie den Auftragnehmer nicht unangemessen benachteiligt, sondern stattdessen dem gesunden Menschenverstand entspricht. 938

bb) Endgültiges Scheitern der Verhandlungen vor Ablauf der 30-Tage-Frist

Unserer Auffassung nach muss ein sofortiges Anordnungsrecht des Auftraggebers auch dann bestehen, wenn die Verhandlungen über das Nachtragsangebot endgültig gescheitert sind, man sich also nur darüber einig ist, sich nicht einigen zu können. Das Gleiche muss gelten, wenn der Auftragnehmer Verhandlungen von vornherein verweigert oder ein völlig inakzeptables Phantasieangebot vorlegt. In 939 solchen Fällen wäre das Abwarten des Fristablaufs ein bloßer Formalismus. Wenn bereits eine Woche nach dem Änderungsbegehren klar ist, dass man sich über das Nachtragsangebot des Auftragnehmers nicht einigen kann, wäre es sinnlos, weitere drei Wochen abwarten zu müssen, bevor die Anordnung erteilt werden kann. Auch hier empfehlen wir zur Klarstellung eine entsprechende vertragliche Regelung, die AGB-rechtlich unproblematisch sein dürfte.

940 Nicht wirksam wäre es dagegen, wenn der Auftraggeber die 30-Tage-Frist nach der vertraglichen Regelung allein dadurch umgehen könnte, dass er Nachtragsangebote kategorisch ablehnt, Verhandlungen darüber verweigert, also selbst an einer Einigung nicht interessiert ist und auf diesem Weg das Scheitern von Verhandlungen herbeiführen könnte, bevor sie überhaupt begonnen haben. Würde ein solches Verhalten die 30-Tage-Frist aushebeln, wäre das nicht nur mit dem Gesetzeswortlaut, sondern auch mit Sinn und Zweck von § 650b Abs. 2 BGB unvereinbar.

cc) Kein bzw. verspätetes Angebot des Auftragnehmers

941 Fraglich ist auch, ob und wann eine Anordnung vor Fristablauf bei einem fehlenden Angebot des Auftragnehmers nach § 650b Abs. 1 Satz 2 BGB zulässig ist. In solchen Fällen wird man nach dem Gesetz ein vorzeitiges Anordnungsrecht erst bejahen können, nachdem der Auftragnehmer erklärt hat, dass er – aus welchen Gründen auch immer – überhaupt kein Angebot vorlegen wird, obwohl er nach § 650b Abs. 1 Satz 2 BGB dazu verpflichtet ist. Allein der Umstand, dass dem Auftraggeber die Erstellung des Nachtragsangebots zu lange dauert, dürfte für ein sofortiges Anordnungsrecht nicht ausreichen, wobei auch hier Ausnahmen vorstellbar sind, beispielsweise wenn es um notwendige Änderungen geht, die dringend ausgeführt werden müssen, weil einzugsbereite Nutzer vor der Tür stehen oder Nachfolgegewerke in der Ausführung ihrer Leistung behindert werden.

942 Deswegen kann der Auftraggeber im Vertrag regeln, innerhalb welcher Frist ein Nachtragsangebot im Normalfall vorgelegt werden muss (beispielsweise binnen drei Arbeitstagen) bzw. vorsehen, dass der Auftragnehmer unverzüglich mitzuteilen hat, dass und weshalb ihm die Einhaltung dieser Frist nicht möglich ist und wann er es voraussichtlich vorlegen wird. Wir halten es für AGB-rechtlich denkbar, aber nicht für sicher, dass in solchen Fällen, in denen sich das Angebot verzögert, die Ausführung der Leistung aber aus objektiven Gründen dringend ist, ebenfalls ein sofortiges Anordnungsrecht im Vertrag geregelt wird. Dessen Ausübung muss dann aber wenigstens zur Zahlung von 80 % der später im Angebot genannten Vergütung führen, falls der Auftraggeber keine anderslautende gerichtliche Eilentscheidung erwirkt (§ 650d BGB) und der Auftragnehmer von dieser Abrechnungsmöglichkeit Gebrauch gemacht hat (§ 650c Abs. 3 BGB).

b) Unzumutbarkeit bei „gewillkürten" Änderungsbegehren/Notwendigkeit einer auftraggeberseitgen Planung

Unerfreulich ist auch, dass ein Auftragnehmer nicht innerhalb einer kurzen Frist mitteilen muss, dass ihm die Ausführung eines „gewillkürten" Änderungsbegehrens nach § 650b Abs.1 Nr. 1 BGB aus seiner Sicht unzumutbar ist oder er der Auffassung ist, dass das Änderungsbegehren planungsrelevant ist und der Auftraggeber die Planungsverantwortung gemäß § 650b Abs. 1 Satz 4 BGB trägt (vgl. E. I. 2. c) bb) und cc), Rn. 717 und 720 ff.). Denn ersterenfalls ist der Auftragnehmer überhaupt nicht zur Erstellung eines Angebots verpflichtet, letzterenfalls nur, nachdem ihm die planungsrelevanten Informationen zur Erstellung des Angebots zugegangen sind. Auch in diesen Fällen ist es sinnvoll und AGB-rechtlich auch nicht zu beanstanden, dass kurze Fristen für die Mitteilung solcher Informationen des Auftragnehmers im Vertrag geregelt werden. **943**

c) Abweichungen von der 80 %-Regelung des § 650c Abs. 3 BGB

Es ist schließlich nachvollziehbar, dass Auftraggeber Überzahlungen aufgrund der 80 %-Regelung in § 650c Abs. 3 BGB vermeiden wollen, selbst wenn sie in solchen Fällen nach Abnahme und Schlussrechnungslegung einen Rückforderungsanspruch nebst Zinsen haben. Denn dessen Durchsetzung unterliegt im Zweifel dem Insolvenzausfallrisiko, wenn der Auftraggeber den gezahlten Betrag nicht später mit einem neu erwirtschafteten positiven Forderungssaldo des Auftragnehmers verrechnen und sich auf diesem Weg die Liquidität wieder „zurückholen" kann, ohne prozessieren zu müssen. Tut der Auftraggeber das, müsste der Auftragnehmer (erneut) eine Zahlungsverfügung nach § 650d BGB beantragen (KG, Urt. v. 2.3.2021 – 21 U 1098/20). **944**

Trotz der Risiken, die mit der 80 %-Regelung verbunden sind, ist es unserer Auffassung nach AGB-rechtlich unzulässig, die Abrechnungsmöglichkeit nach § 650c Abs. 3 BGB durch eine vertragliche Regelung auszuschließen oder ihre Ausübung unzumutbar zu erschweren. Deshalb halten wir es für nicht wirksam, wenn der Auftraggeber regelt, dass eine Zahlung in Höhe von 80 % nur erfolgt, wenn der Auftragnehmer eine Bürgschaft in gleicher Höhe stellt oder der Auftraggeber seine Zahlungsverpflichtung in dieser Höhe durch Übergabe einer Bürgschaft ersetzen kann. Wir räumen ein, dass dazu auch andere Standpunkte vertretbar sind, weil veröffentlichte Gerichtsentscheidungen dazu nicht vorliegen. **945**

Wir würden Auftraggebern, wenn sie die Bestimmungen in den §§ 650b und c BGB modifizieren wollen, aber aus AGB-rechtlichen Gründen prinzipiell zur Vorsicht raten. Denn sobald ein Gericht von einer unangemessenen Benachteiligung und damit einer unwirksamen Regelung ausgeht, ist womöglich die gesamte Regelung unwirksam (§ 307 BGB), also auch jene Teile, die für sich betrachtet wirksam gewesen wären (vgl. BGH, Beschl. v. 27.11.2013 – VII ZR 371/12). In **946** jedem Fall dürfte es notwendig sein, Spezialisten einzuschalten, also erfahrene Baujuristen mit der Formulierung solcher Regelungen zu beauftragen.

d) Regelungen zur vorkalkulatorischen Preisfortschreibung bei Mengenänderungen und Nachträgen

947 Fraglich ist schließlich, ob der Auftraggeber das Wahlrecht des Auftragnehmers ausschließen und ihn verpflichten kann, Nachträge ausschließlich unter analoger Fortschreibung der Auftragskalkulation geltend zu machen (§ 650c Abs. 2 BGB), also nicht auf Basis tatsächlich erforderlicher Kosten zuzüglich angemessener Zuschläge (§ 650c Abs. 1 BGB). Wir müssen in diesem Zusammenhang noch einmal auf die Grundsatzentscheidung des BGH vom 8.8.2019, mit der die vorkalkulatorische Preisfortschreibung bei Mehrmengen über 10 % nach § 2 Abs. 3 Nr. 2 VOB/B beendet worden ist (vgl. D. I. 2. b) aa), Rn. 554 ff.), zurückkommen. Der BGH hat es in dieser Entscheidung ausdrücklich zugelassen, dass sich die Parteien *„sowohl bei Vertragsabschluss (...), als auch nachträglich (...), über einzelne Teilelemente der Preisbildung verständigen können. Sie können etwa einen bestimmten Maßstab bzw. einzelne Kriterien oder Faktoren festlegen, nach denen im konkreten Fall der neue Einheitspreis nach § 2 Abs. 3 Nr. 2 VOB/B bestimmt werden soll."* Damit steht unserer Auffassung nach fest, dass jedenfalls bei Mehrmengen ohne auftraggeberseitige Anordnung auch eine Vertragsklausel, die nicht individuell ausgehandelt wurde – also eine AGB – und die eine vorkalkulatorische Preisfortschreibung vorsieht, nicht wegen unangemessener Benachteiligung des Auftragnehmers unwirksam ist, weil das Gesetz solche Fälle nur bei einer Sittenwidrigkeit der Preisfortschreibung (§ 138 BGB) oder über eine Störung der Geschäftsgrundlage (§ 313 BGB) regelt. Sieht eine Vertragsklausel bei Mengenänderungen nach § 2 Abs. 3 VOB/B also vor, dass die Preisfortschreibung grundsätzlich auf Basis der Urkalkulation zu erfolgen hat und wird dabei auch geregelt, was das konkret heißt und sieht die Regelung ausdrücklich vor, dass die §§ 138 und 313 BGB unberührt bleiben, ist das unserer Auffassung nach AGB-rechtlich nicht zu beanstanden (vgl. E. I. 5 c), Rn. 819 ff.).

948 Anders ist es bei Nachträgen, weil es dazu für ab dem 1.1.2018 abgeschlossene Verträge eine spezielle gesetzliche Regelung in § 650c BGB gibt. Die Vergütungsanpassung nach den tatsächlich erforderlichen Kosten zuzüglich angemessenerer Zuschläge (§ 650c Abs. 1 BGB), aber auch die 80 %-Regelung in § 650c Abs. 3 BGB dürften Leitbildcharakter haben, sodass davon unangemessen abweichende Regelungen nach § 307 Abs. 1 BGB AGB-rechtlich unwirksam sind. Das gilt natürlich insbesondere dann, wenn der BGH die Grundsätze aus der Entscheidung vom 8.8.2019 auch auf die Nachtragsbestimmungen der VOB/B überträgt, was höchstwahrscheinlich ist. Dann kann man als Auftraggeber eine vorkalkulatorische Preisfortschreibung bei Nachträgen – rechtssicher – nur noch individualvertraglich vereinbaren, nicht mehr durch einseitig gestellte Vertragsklauseln (vgl. E. I. 5. c), Rn. 819 ff.).

4. Wechsel des Vertragstyps im Verlauf der Vertragsverhandlungen

Oft durchläuft die Verhandlungsphase mehrere Stadien: Zunächst wird ein Einheitspreisangebot auf der Basis eines detaillierten Leistungsverzeichnisses abgegeben; anschließend wird unter Berücksichtigung eines Nachlasses pauschaliert und ganz am Ende wird eine *„fix und fertige Leistung"* mit Komplettheitsklausel vereinbart. **949**

Beispiel: Ein Generalunternehmer schreibt Gerüstbauleistungen auf der Grundlage eines Leistungsverzeichnisses mit Vordersatzangaben aus. Im Rahmen der Auftragsverhandlung wird ein Nachlass vereinbart und die Vergütung pauschaliert. Schließlich wird vorrangig vor dem Leistungsverzeichnis eine Komplettheitsklausel mit dem Inhalt *„Herstellen, Liefern und Montieren der kompletten Rüstung einschließlich aller erforderlichen Neben- und Besonderen Leistungen gemäß VOB/C in fix und fertiger Leistung gebrauchsfähig, funktionstüchtig und abnahmereif"* vereinbart. Alle Mengenangaben des Leistungsverzeichnisses werden gestrichen und durch die Zahl 1 ersetzt. Der Nachunternehmer will anschließend Mehrmengen geltend machen, weil er auch die Fassade im Bereich der noch nicht verfüllten Baugruben einrüsten musste; dies sei aus dem Leistungsverzeichnis nicht hervorgegangen. **950**

Trotz erheblicher Mehrmengen – im Beispielsfall ca. 28 % – konnte der Nachunternehmer keine Preisanpassung verlangen (KG, Urt. v. 18.12.2001 – 15 U 49/01). Entscheidend war, dass die Komplettheitsklausel nach dem Verhandlungsprotokoll vorrangig vor dem Leistungsverzeichnis galt und die dort ausgewiesenen Mengenangaben durch einen funktional beschriebenen Leistungsumfang ersetzt worden sind (ähnlich: OLG Brandenburg, Urt. v. 6.3.2007 – 11 U 166/05). Dem Gerüstbauer habe dadurch klar sein müssen, dass er eine fix und fertige Leistung, also eine komplette Einrüstung, schuldete. Diese Verpflichtung wurde nach Auffassung des Kammergerichts individuell vereinbart und stellte deshalb keine Allgemeine Geschäftsbedingung dar (ähnlich: KG, Urt. v. 21.7.2011 – 27 U 11/11). **951**

Diese Fallkonstellation ist der – unwirksamen – Vereinbarung einer Komplettheitsklausel beim Detail-Pauschalvertrag zum Verwechseln ähnlich. Der Unterschied im Beispielsfall bestand darin, dass das detaillierte Leistungsverzeichnis durch eine funktionale Beschreibung des Bausolls *ersetzt*, die Komplettheitsklausel also nicht der weiterhin geltenden detaillierten Leistungsbeschreibung nur *übergestülpt* wurde. Letzteres wäre herrschender Auffassung nach in Allgemeinen Geschäftsbedingungen nicht möglich (vgl. E. II. 10. a), Rn. 973 ff.). **952**

953 Eine Entscheidung des BGH macht das nochmals deutlich:

Beispiel: Ein Unternehmer verpflichtet sich im Rahmen des Umbaus eines historischen Gebäudes zur Herstellung und Montage von Fenster- und Türelementen. Dazu erstellt er ein Leistungsverzeichnis, das sich auf den Altbautrakt beschränkt. Für den Neubauteil liegt dem Unternehmer nur ein Übersichtsplan vor. Nach Verhandlungen wird ein „Pauschalfestpreisvertrag" über netto € 168.000,– mit folgendem Zusatz geschlossen: *„Alle Öffnungen in dem Bauwerk inkl. Endbehandlung und Verglasung mit ISO-Normal ...".* Er meint, für die Fenster und Türen im Neubautrakt stehe ihm ein Nachtragsanspruch zu, weil diese im ursprünglichen Leistungsverzeichnis nicht enthalten gewesen seien. Er klagt ca. € 80.000,– ein.

954 Ohne Erfolg. Der BGH stellte in seiner Entscheidung darauf ab, dass der Vertrag nicht auf der Grundlage eines detaillierten Leistungsverzeichnisses abgeschlossen wurde. Stattdessen hätten die Parteien die Technik der Leistungsbeschreibung geändert und seien von einer Leistungsbeschreibung mit Leistungsverzeichnis zu einer funktionalen Beschreibung übergegangen (BGH, Urt. v. 23.1.1997 – VII ZR 65/96). Danach habe der Auftragnehmer *„alle Öffnungen inkl. Endbehandlung und Verglasung"* übernommen. Damit sei das Risiko der Vollständigkeit der Leistungsbeschreibung auf ihn übergegangen. Für die Wirksamkeit eines Vertragsschlusses komme es – so der BGH – gerade nicht darauf an, dass der Auftragnehmer den Umfang der übernommenen Verpflichtung genau kennt oder zuverlässig kalkulieren kann (ebenso: BGH, Urt. v. 27.6.1996 – VII ZR 59/95). Das Berufungsgericht hatte anders entschieden, weil die Vertragsregelung, die ein Schließen „aller Öffnungen" vorsah, nach Treu und Glauben nur die vorhandene Altbausubstanz gemeint haben könne, zumal im Rahmen der Ortsbesichtigung nur der Altbestand überschaubar gewesen sei. Das halten wir für überzeugender als die davon abweichende BGH-Entscheidung.

955 Wenn die Vertragsparteien die Vergütung für Stahlbeton- und Maurerarbeiten auf der Basis eines Leistungsverzeichnisses mit Einzelpositionen pauschalieren, ist im Zweifel (noch) nicht davon auszugehen, dass *allein* durch die Bestätigung, nunmehr die kompletten Leistungen zu einem Pauschalpreis zu erbringen, die Rechtsnatur des Vertrags in einen Global-Pauschalvertrag mit funktionaler Leistungsbeschreibung geändert wurde (OLG Celle, Urt. v. 25.10.2001 – 14 U 74/00). Dabei war für das OLG Celle maßgebend, dass im Zeitpunkt des Vertragsabschlusses nur das Leistungsverzeichnis, nicht jedoch die Prüfstatik, Bewehrungspläne oder sonstige Ausführungszeichnungen vorlagen. Diese Planungsunterlagen hatte der Auftraggeber beizubringen. Auch ein Zeuge aus dem Lager des Auftraggebers habe nicht bestätigt, dass das Leistungsverzeichnis nicht mehr gelten sollte und stattdessen eine Komplettleistung aufgrund einer funktionalen Leistungsbeschreibung geschuldet war.

Die Beispielsfälle machen deutlich, dass der Teufel wie so oft im Detail steckt. Auftragnehmer sollten jedoch gewarnt sein, wenn im Laufe der Vertragsverhandlungen die Technik der Leistungsbeschreibung geändert und von einem Leistungsverzeichnis, das der Auftragnehmer für sein Angebot und die Preisvereinbarung als verbindlich erachtet, zu einer nur noch funktionalen Beschreibung mit Begriffen wie beispielsweise „fix und fertige Leistung", „schlüsselfertig" oder „komplett" etc. übergegangen und die Vergütung pauschaliert wird. Das gilt insbesondere, wenn das Leistungsverzeichnis und das darauf Bezug nehmende Angebot des Auftragnehmers entweder überhaupt nicht mehr oder nur noch nachrangig Bestandteil des Vertrags wird. Der Auftragnehmer muss dann damit rechnen, dass die Rechtsprechung davon ausgeht, er habe sich *sehenden Auges* zu einer kompletten Leistung für den vereinbarten Pauschalpreis verpflichtet. Auftragnehmer sollten sich besser zweimal überlegen, ob sie Verträge, in denen das Leistungsverzeichnis nicht mehr als vorrangige Vertragsgrundlage genannt oder die Ausführung einer kompletten bzw. schlüsselfertigen Leistung – unabhängig von detaillierten Vorgaben des Auftraggebers – verlangt wird, abschließen wollen, weil der Ausgang eines Rechtsstreits in solchen Fällen nicht prognostizierbar ist. **956**

Auch wenn Auftraggeber nach Abgabe eines auftragnehmerseitigen Angebots auf LV-Basis weitere Vertragsunterlagen *nachschieben*, ist enorme Vorsicht geboten. Der Auftragnehmer muss entweder prüfen, ob darin zusätzliche oder geänderte Leistungen enthalten sind oder darauf hinweisen, dass sich der von ihm angebotene Preis nur und ausschließlich auf diejenigen Leistungen bezieht, die im LV zum Bausoll erklärt worden sind. Das muss dann im Vertrag aber auch so geregelt werden. Anderenfalls kann es zwar sein, dass Gerichte helfen, wenn dem Auftragnehmer gewissermaßen heimlich bzw. versteckt bausolländernde Vertragsunterlagen nach oder in den Vertragsverhandlungen „untergeschoben" werden und er so über den tatsächlichen Leistungsumfang getäuscht wird. Sicher ist das aber keineswegs. Deshalb muss der Auftragnehmer auch solche Unterlagen genau überprüfen, bevor er den Bauvertrag unterschreibt. Anderenfalls sind riskante Bauprozesse mit offenem Ausgang vorprogrammiert. **957**

5. Verbindlichkeit einer Nachtragsvereinbarung

Es kommt vor, dass Auftraggeber Nachtragsangebote beauftragen, ohne vorher genau geprüft zu haben, ob es sich tatsächlich um einen berechtigten Nachtrag handelt. Verlangt der Auftraggeber aber lediglich diejenige Leistung, die der Auftragnehmer bereits nach dem Vertrag schuldet, stimmen Bausoll und Bauist überein; Nachtragsansprüche bestehen dann nicht. Bezahlt der Auftraggeber eine solche Nachtragsforderung dennoch, kann er deren Rückerstattung verlangen (OLG Dresden, Urt. v. 3.6.1999 – 7 U 616/99). Hierzu hat das Kammergericht eine abweichende Auffassung vertreten und ausgeführt, dass der Auftraggeber eine Leistung, die er ausdrücklich beauftragt habe, selbst dann bezahlen müsse, **958** wenn sie bereits nach dem Hauptauftrag geschuldet war (KG, Urt. v. 4.11.2004 – 10 U 300/03). Der BGH hat dieser Auffassung des Kammergerichts zu Recht widersprochen (BGH, Urt. v. 26.4.2005 – X ZR 166/04; ebenso OLG Naumburg, Urt. v. 16.12.2019 – 12 U 114/19). Der Leitsatz der BGH-Entscheidung lautet: *„Wird eine Leistung aufgrund eines Werkvertrags geschuldet und vergütet, so kann der Auftragnehmer dieselbe Leistung aufgrund einer Nachtragsvereinbarung in der Regel nicht ein zweites Mal bezahlt verlangen. Etwas anderes gilt, wenn der Auftraggeber in der Nachtragsvereinbarung eine gesonderte Vergütungspflicht selbständig anerkannt hat oder die Vertragsparteien sich gerade in Ansehung dieser Frage verglichen haben."*

959 Auftraggeber sollten dennoch vorsichtig sein und *zweifelhafte* Nachträge nur unter ausdrücklichem Prüfungsvorbehalt beauftragen oder schlicht die Ausführung der entsprechenden Leistungen anordnen. Eine Zahlungspflicht für beauftragte Nachträge besteht nach der BGH-Rechtsprechung nur dann, wenn über die Nachtragsfähigkeit der Leistung Uneinigkeit bestand, daraufhin verhandelt und dabei eine Einigung erzielt worden ist. Das ist ein Vergleich oder ein Anerkenntnis, der jeweils beide Vertragspartner bindet, selbst wenn sich nachträglich herausstellen sollte, dass die Leistung bereits vom vertraglichen Bausoll umfasst war (ebenso: OLG Celle, Urt. v. 14.10.2004 – 5 U 149/03). Beauftragte Nachträge, auf die das nicht zutrifft, können im Rahmen der Schlussrechnungsprüfung wieder *bestritten* werden, wobei nach unserem Dafürhalten der Auftraggeber dann beweisen muss, dass die zuvor als Nachtrag beauftragte Leistung tatsächlich schon vom vertraglichen Bausoll umfasst war (Kimmich, BauR 2009, 1494 ff.).

960 Fraglich ist, ob die Bestätigung von Nachträgen bei der Prüfung der Schlussrechnung ein Anerkenntnis bzw. eine Einigung über die Höhe der Nachtragsvergütung zur Folge hat. Das wurde vom OLG Düsseldorf bejaht, weil der Auftraggeber nach einer entsprechenden Schlussrechnungsprüfung Zahlungen zugesagt und sich erst im Prozess auf eine fehlende Einigung berufen hatte (OLG Düsseldorf, Urt. v. 4.11.2014 – 23 U 33/14). Das OLG Düsseldorf hat aber ausdrücklich klargestellt, dass *allein* die Übersendung einer geprüften Schlussrechnung noch kein Schuldanerkenntnis darstellt und der Auftraggeber Einwendungen gegen die von ihm geprüfte Schlussrechnung grundsätzlich sogar noch zwei Jahre nach erfolgter Rechnungsprüfung vorbringen kann, insbesondere wenn der Prüfvermerk vom Architekten stammt (ebenso: BGH, Urt. v. 6.12.2001 – VII ZR 241/00). Deshalb sollten Auftraggeber, die geprüfte Schlussrechnungen übersenden, auf Zahlungsankündigungen oder die Verwendung des Worts „anerkannt" verzichten, wenn sie sich noch nicht endgültig festlegen wollen.

961 Umgekehrt stellt sich für den Auftragnehmer die Frage, ob er von einer Nachtragsvereinbarung wieder abrücken kann, etwa weil sich erst im Zuge der Ausführung der zusätzlichen oder geänderten Leistungen herausgestellt hat, dass der erforderliche Aufwand tatsächlich wesentlich höher war. Interne Kalkulationsirrtümer sind im Allgemeinen unbeachtlich und rechtfertigen kein Abrücken von der getroffenen Preisvereinbarung. Nachtragsvereinbarungen stellen grundsätzlich abschließende Regelungen dar (OLG Düsseldorf, Beschl. v. 24.7.2017 – 23 U 11/16; OLG München, Urt. v. 26.6.2012 – 9 U 3604/11 Bau). Das gilt auch und insbesondere für bauzeitabhängige Mehrkosten, die im Nachtragsangebot nicht berücksichtigt worden sind, wenn kein Vorbehalt der späteren Geltendmachung dieser Kosten erfolgt ist (KG, Urt. v. 22.6.2018 – 7 U 111/17; OLG München, Urt. v. 26.9.2017 – 28 U 2834/09 und OLG Jena, Urt. v. 22.4.2008 – 5 U 1025/06). Daran müssen Auftragnehmer bei der Erstellung von Nachtragsangeboten denken, wenn zu diesem Zeitpunkt (noch) nicht feststeht, ob und gegebenenfalls welche konkreten zeitlichen Auswirkungen die Erbringung der angebotenen Leistung hat. Eine Änderung der vereinbarten Nachtragsvergütung kommt allenfalls nach den Grundsätzen des § 313 BGB (Störung der Geschäftsgrundlage) in Betracht. Dazu muss der Auftragnehmer beweisen, dass er erforderliche Leistungen zum Zeitpunkt der Nachtragsvereinbarung nicht erkennen konnte und sich der Auftraggeber – wären die fehlenden Leistungen von Beginn an bekannt gewesen – redlicherweise auf eine höhere Vergütung hätte einlassen müssen. Ob ein Auftragnehmer damit durchdringt, ist aber mehr als unsicher. Deshalb ist ihm zu raten, bereits im Nachtragsangebot zu erklären, dass und weshalb sich möglicherweise erst im Zuge der Ausführung herausstellen kann, dass weitere oder andere Leistungen notwendig werden, die gesondert vergütet werden müssen (vgl. E. I. 2. c) dd), Rn. 721 ff.).

6. Nachlässe auf Nachtragsforderungen

Summenmäßige Nachlässe bleiben auf den vereinbarten Betrag beschränkt, wirken sich also bei Nachträgen nicht aus, sofern die Abrechnungssumme den Auftragswert überschreitet. Auch ein vereinbarter prozentualer Preisnachlass gilt richtiger Ansicht nach nicht automatisch auch für Nachtragsforderungen (KG, Urt. v. 6.11.2015 – 7 U 166/14; OLG Köln, Urt. v. 8.10.2002 – 24 U 67/02). Zu dieser Frage wird aber auch eine gegenteilige Auffassung vertreten (LG Neuruppin, Urt. v. 14.6.2018 – 31 O 40/16; OLG Hamm, Urt. v. 13.1.1995 – 12 U 84/94; OLG Düsseldorf, 22.9.1992 – 23 U 224/91). Der Auftragnehmer sollte, wenn er Unklarheiten vermeiden will, ausdrücklich mitteilen und im Vertrag regeln, dass der Nachlass auf die Vertragssumme beschränkt ist. Wenn der Auftragnehmer in seinem Angebot dagegen einen Nachlass *„auf alle Einheitspreise"* gewährt, dann muss er im Regelfall auch auf Nachträge übertragen werden (BGH, Urt. v. 4.7.2003 – VII ZR 79/02). Auftragnehmer, die das nicht wollen, sollten daher nur Nachlässe auf die *„Einheitspreise dieses Angebots/Leistungsverzeichnisses"* anbieten. Eine Klausel im Bauvertrag des Auftraggebers, wonach ein vertraglich eingeräumter Nachlass auch für Nachtragsvergütungen gilt, dürfte gegen § 307 BGB versto- **962** ßen und deshalb AGB-rechtlich unwirksam sein (LG Berlin, Urt. v. 18.7.2001 – 26 O 489/00).

7. Verpflichtung zur Hinterlegung der Ur- oder Auftragskalkulation

963 Insbesondere öffentliche Auftraggeber versuchen Streitigkeiten bei der Ermittlung der Nachtragsvergütung von vornherein zu vermeiden, indem sie den Auftragnehmer verpflichten, ausgefüllte „ergänzende Formblätter Preise" (Nr. 221 bis 223) abzugeben. Diese Formblätter des VHB-Bund (Ausgabe 2017) wurden letztmals im Juli 2019 aktualisiert und sind seit dem 1. August 2019 anzuwenden. Private Auftraggeber verlangen dagegen oftmals im Bauvertrag, eine in einem versiegelten Umschlag enthaltene Urkalkulation nach Auftragserteilung einzureichen. Einer einvernehmlich hinterlegten Ur- bzw. Auftragskalkulation (zu diesen Begriffen vgl. E. I. 5. b), Rn. 795) kommt nach § 650c Abs. 2 Satz 2 BGB die Vermutung zu, dass die auf ihrer Basis fortgeschriebene Vergütung der Vergütung nach § 650c Abs. 1 BGB entspricht. Es wird also vermutet, dass der Auftragnehmer für die Vertragsleistung tatsächlich erforderliche Kosten und angemessene Zuschläge kalkuliert hat. Gegenteiliges müsste im Streitfall vom Auftraggeber bewiesen werden (vgl. E. I. 5. d) bb), Rn. 828 ff.). Viele Auftragnehmer unterschätzen eine solche Vereinbarung im Bauvertrag. Eine nachlässig durchgeführte Auftragskalkulation konnte zumindest in der Vergangenheit zu bösen Überraschungen führen. Ausnahmen von der vorkalkulatorischen Preisfortschreibung kamen eher selten und dann auch nur unter rechtlich äußerst unsicheren Voraussetzungen wie einer Sittenwidrigkeit der Preisfortschreibung oder einer Störung der Geschäftsgrundlage in Betracht (vgl. D. I. 2. e), Rn. 600 ff.).

964 Zur Verbindlichkeit einer nach Vertragsabschluss übergebenen Auftragskalkulation gibt es eine Entscheidung des BGH, die allerdings Besonderheiten aufweist (BGH, Beschl. v. 20.10.2007 – VII ZR 137/07). Denn der Auftragnehmer wurde auf der Grundlage eines Angebots, das keine Einheitspreise, sondern lediglich Mengenangaben und Gesamtpreise für die einzelnen Positionen enthielt, beauftragt. Nach Vertragsabschluss übergab der Auftragnehmer eine „Massenermittlung", die aus einzelnen Positionen, den ihnen zugewiesenen Mengen, den jeweiligen Einheitspreisen sowie den Positionsgesamtpreisen bestand. Die Massenermittlung endete zwar mit der vereinbarten Vergütung, wie sie sich aus dem ursprünglichen Angebot ergab. Allerdings differierten die Mengenangaben, sodass sich bei Zugrundelegung der im Angebot genannten Mengen und den Einheitspreisen eine höhere Gesamtvergütung ergeben hätte. Der Auftragnehmer berief sich im Prozess darauf, dass dennoch die Preisangaben in der Massenermittlung maßgeblich seien. Das sah der BGH anders. Er hielt es für fernliegend, dass der Auftraggeber eine Vereinbarung treffen wollte, nach der es allein seinem Vertragspartner oblegen hätte, die Einheitspreise zu bestimmen, ohne dass er von diesen in Kenntnis gesetzt wurde. Es wäre ungewöhnlich, so der BGH, wenn die Parteien ihrer

Vereinbarung ein anderes Verständnis von einer Urkalkulation zugrunde legen wollten, als dies im Baugewerbe allgemein üblich sei. Danach belegt eine Ur- oder Auftragskalkulation die dem Angebot zugrunde liegende Preisbildung. Wird sie hinterlegt, kommt es im Bedarfsfall zu einer Offenlegung der bis dahin geheim zu haltenden Preisermittlung. Der Bedarfsfall sind Nachträge, Mengenänderungen oder andere Umstände, die dazu führen, dass der Vertragspreis angepasst werden kann. Dagegen dient die Hinterlegung der Kalkulation nicht dazu, bereits getroffene Preisvereinbarungen einseitig zu ändern oder neue Preise festzulegen (ebenso: OLG Naumburg, Urt. v. 22.11.2010 – 9 U 22/08).

8. Verbot von Mischkalkulationen bei öffentlicher Auftragsvergabe

Mischkalkulationen oder Preisverlagerungen können nach § 16 VOB/A die Unvollständigkeit des Angebots begründen und einen Angebotsausschluss rechtfertigen. Unzulässige Preisverlagerungen liegen vor, wenn der Bieter einer bestimmten Leistung nicht die dafür tatsächlich entstehenden Kosten zuordnet, sondern diese auf andere Positionen umlegt. Das führt zwar für sich betrachtet nicht dazu, dass der Bieter die geforderten Preise nicht angegeben hat (BGH, Urt. v. 19.6.2018 – X ZR 100/16). Zeigt die Angebotsstruktur dagegen, dass deutlich unter den zu erwartenden Kosten liegenden Ansätzen bei bestimmten Positionen auffällig hohe Ansätze bei anderen Positionen entsprechen, ist das ein Indiz für eine unzulässige Verlagerung von Preisangaben auf hierfür nicht vorgesehene Positionen. Diese Indizwirkung muss der Bieter durch nachvollziehbare Erklärungen, die den Vorwurf einer unzulässigen Preisverlagerung ausräumen, erschüttern. Anderenfalls ist ein derart spekulativ aufgestelltes Angebot nach Auffassung des BGH nicht zuschlagfähig (BGH, Urt. v. 19.6.2018 – X ZR 100/16). Die Vergabekammer des Bundes hat entschieden, dass Baustellengemeinkosten, für die das Leistungsverzeichnis eine konkrete Position vorsieht, auch dort kalkuliert werden müssen (VK Bund, Beschl. v. 3.5.2007 – VK 2-27/07). Alle anderen Baustellengemeinkosten müssen als Zuschlag auf die Einheitspreise umgelegt werden. Das ist erforderlich, um den Vorwurf einer zum Ausschluss führenden Mischkalkulation zu vermeiden. **965**

Bei öffentlichen Ausschreibungen nach der VOB/A zwingen mischkalkulierte Niedrigpreise (z.B. Einheitspreise in Höhe von € 0,01, die nicht auf baustellenübergreifenden Synergieeffekten beruhen) folglich zum Ausschluss des Angebots nach § 16 Abs. 1 Nr. 1 c) VOB/A (dazu grundsätzlich: BGH, Beschl. v. 18.5.2004 – X ZB 7/04; ähnlich: OLG München, Beschl. v. 3.12.2015 – Verg 9/15). Das Kammergericht hat entschieden, dass die Vergabestelle im Ausgangspunkt die objektive Beweislast für das Vorliegen einer Mischkalkulation trage und es *„eine weitgehende Großzügigkeit zugunsten des Bieters für geboten"* halte. Bei Zweifeln an einer Mischkalkulation sei ein Angebotsausschluss nicht gerechtfertigt (KG, Beschl. v. 14.8.2012 – Verg 8/12). Ein öffentlicher Auftraggeber, der das Risiko eines ungerechtfertigten **966**

Angebotsausschlusses vermeiden will, sollte von seinem Recht zur Aufklärung des Angebotsinhalts (§ 15 VOB/A) Gebrauch machen. Gleiches gilt, wenn der Auftraggeber einen Kalkulationsirrtum mit für den Bieter unzumutbaren Folgen erkennen musste. Anderenfalls kann in der Zuschlagserteilung eine Verletzung vorvertraglicher Rücksichtnahmepflichten liegen, die ein dauerhaftes Leistungsverweigerungsrecht des Auftragnehmers begründet (BGH, Beschl. v. 11.11.2014 – X ZR 32/14; ebenso: OLG Dresden, Beschl. v. 2.7.2019 – 16 U 975/19 und OLG Brandenburg, Urt. v. 17.3.2016 – 12 U 76/15).

9. Vergütungsklauseln beim Einheitspreisvertrag

967 Gelegentlich versuchen Auftraggeber auch bei Einheitspreisverträgen die Vertragssumme zu begrenzen bzw. die Zahlung von Nachtragsforderungen von einem vorherigen schriftlichen Auftrag abhängig zu machen. Dazu folgendes

968 **Beispiel:** Die Vertragsparteien schließen einen Bauvertrag auf der Basis eines Leistungsverzeichnisses mit Einheitspreisen. Die Auftragssumme beläuft sich auf ca. € 160.000,– (brutto). Der Vertrag wird handschriftlich als „Einheitspreisvertrag" bezeichnet. In den Allgemeinen Geschäftsbedingungen (AGB), die der Auftraggeber gestellt hat, ist Folgendes geregelt: *„Auch bei einem Einheitspreisvertrag ist die Auftragssumme limitiert. Zusätzliche Leistungen werden nur nach schriftlich erteiltem Auftrag bezahlt."* Aufgrund von Mehrmengen und zusätzlichen Leistungen rechnet der Auftragnehmer mit der Schlussrechnung exakt € 209.754,94 ab. Der Auftraggeber beruft sich auf die vertraglichen Ausschlussklauseln.

969 Ohne Erfolg. Der BGH vertritt die Auffassung, dass die Höchstpreisklausel dem Wesen des Einheitspreisvertrags widerspricht. Eine Allgemeine Geschäftsbedingung, welche die vorläufige Auftragssumme in einen Höchstpreis umfunktioniert, ist bei einem Einheitspreisvertrag überraschend (§ 305c BGB), sodass die Klausel allein deshalb unwirksam ist (BGH, Urt. v. 14.10.2004 – VII ZR 190/03). Im Übrigen bestätigte der BGH in diesem Urteil, dass der generelle Ausschluss von Nachforderungen, die nicht auf einem schriftlichen Auftrag beruhen, AGB-rechtlich unwirksam ist (so bereits: BGH, Urt. v. 27.11.2003 – VII ZR 53/03).

970 Einen ähnlichen Sachverhalt behandelt folgendes

Beispiel: In einem Einheitspreisvertrag stellt der Auftraggeber in seinen Allgemeinen Geschäftsbedingungen u.a. folgende Klausel: *„Die Angebots- und Vertragspreise gelten für die fertige Leistung bzw. Lieferung. Für die angebotenen Leistungen übernimmt der AN die Verpflichtung der Vollständigkeit, d.h., Leistungen und Nebenleistungen, die sich aus den Positionen zwangsläufig ergeben, sind einzukalkulieren, auch wenn sie im Leistungsverzeichnis nicht ausdrücklich erwähnt sind. Der Bieter wird ausdrücklich angehalten, sich vor Kalkulation des Angebots von der Situation an Ort und Stelle zu informieren. Nachforderungen aufgrund unberücksichtigter Schwierigkeiten werden grund-*

sätzlich nicht anerkannt." Bei Ausführung der Leistung kam es zu Massenänderungen, die der AN vergütet haben will.

Der BGH hat den Anspruch bejaht (BGH, Beschl. v. 26.2.2004 – VII ZR 96/03), weil er die Klausel schon im Ausgangspunkt nicht als Übertragung des Mengen- oder Massenänderungsrisikos auf den Auftragnehmer interpretiert hat. Wenn man die zitierte Regelung so verstanden hätte, wäre sie aus AGB-rechtlichen Gründen zweifelsfrei nichtig gewesen (§ 307 Abs. 1 BGB). Stattdessen – so der BGH – begründet die Klausel nur die Verpflichtung des Auftragnehmers, die zur Ausführung einer *ausgeschriebenen* Leistung notwendigen Teilarbeiten bei der Kalkulation auch vollständig zu berücksichtigen; eine bloße Selbstverständlichkeit. Aus der Entscheidung folgt weiter mittelbar, dass der BGH die Verpflichtung des Bieters zur Besichtigung der Baustelle und die Beschränkung der Vergütung bei Erschwerungen der Leistung für AGB-rechtlich bedenklich hält, wobei er diese Frage nicht ausdrücklich entscheiden musste. Die Tendenz, solche Ortsbesichtigungsklauseln für unwirksam zu halten, ist aber eindeutig zum Ausdruck gekommen. 971

Auch die Klausel in einem Einheitspreisvertrag, nach der die dem Angebot zugrunde liegenden Preise grundsätzlich Festpreise sind und für die gesamte Vertragsdauer verbindlich bleiben, ist AGB-rechtlich unwirksam (BGH, Urt. v. 20.7.2017 – VII ZR 259/16). Das gilt nach Auffassung des BGH jedenfalls dann, wenn mit der Klausel auch Ansprüche auf Anpassung der Vergütung nach § 313 BGB (Störung der Geschäftsgrundlage) ausgeschlossen werden. Die Unwirksamkeit der Klausel führt dazu, dass zugunsten des Auftragnehmers § 2 Abs. 3 Nr. 3 VOB/B gilt, wenn es zu Mengenunterschreitungen von mehr als 10 % kommt (D. I. 2. c), Rn. 584). 972

10. Wirksamkeit von Komplettheitsklauseln

a) Beim Detail-Pauschalvertrag

Häufig versuchen Auftraggeber bei Detail-Pauschalverträgen, Planungsrisiken durch Bestimmungen im Bauvertrag auf den Auftragnehmer abzuwälzen. Dies geschieht durch die Vereinbarung sogenannter *Komplettheits- oder Vollständigkeitsklauseln*. Dadurch soll der Auftragnehmer verpflichtet werden, alle erforderlichen Leistungen für den Pauschalpreis auszuführen, unabhängig davon, ob diese Leistungen zum Vertragsinhalt gemacht worden sind oder nicht. 973

Beispiel: Der Auftraggeber schreibt in einem detaillierten Leistungsverzeichnis eine Heizungsanlage aus. Die elektronische Regelungseinheit fehlt. Im Vertrag heißt es allgemein: *„Gegen die vereinbarte Vergütung übernimmt der Auftragnehmer alle Leistungen, die erforderlich sind, um das Werk vollständig zu erbringen, selbst wenn sie in den Vertragsunterlagen nicht erwähnt sind."* Muss 974 der Auftragnehmer die nicht erwähnte Heizungsregelung für den vereinbarten Pauschalpreis liefern?

975 Zur Beantwortung dieser Frage muss man sich zunächst Folgendes klar machen: Die VOB/B trennt grundsätzlich zwischen den Funktionen Planung und Ausschreibung, die ohne abweichende vertragliche Vereinbarung Sache des Auftraggebers sind (§ 3 Abs. 1 VOB/B) und der ordnungsgemäßen Ausführung der Bauleistung, die der Auftragnehmer schuldet. Danach bestimmt sich im Ausgangspunkt auch die Risikozuweisung. Für fehlerhafte oder unvollständige Planung und Ausschreibung ist und bleibt der Auftraggeber verantwortlich. Für Ausführungsfehler haftet der Auftragnehmer. Eine Komplettheitsklausel wie in dem obigen Beispiel würde diese Risikozuweisung durch einen Satz in ihr Gegenteil verkehren. Der Auftragnehmer soll Planungsrisiken übernehmen, obwohl er keine Planungsleistungen schuldete. Mit anderen Worten: Der Auftraggeber kann nicht einerseits über das Leistungsverzeichnis und die Ausführungsplanung Vollständigkeit vorgeben und gleichzeitig die Relevanz dieser Vorgabe durch eine globale Klausel, die den Auftragnehmer zur Vollständigkeit verpflichten soll, wieder aufheben.

976 Bei auftraggeberseitiger Planung und Ausschreibung sind Komplettheitsklauseln, soweit sie Allgemeine Geschäftsbedingungen (AGB) darstellen, nach herrschender Meinung wegen unangemessener Benachteiligung des Auftragnehmers gemäß § 307 BGB unwirksam (ECE-Entscheidung des OLG Hamburg, Urt. v. 6.12.1995 – 5 U 295/94; der BGH hat die Revision gegen diese Urteile nicht angenommen; zuletzt: OLG Brandenburg, Urt. v. 7.2.2018 – 4 U 19/18; OLG Dresden, Urt. v. 22.9.2009 – 10 U 980/08; OLG Rostock, Urt. v. 19.5.2009 – 4 U 84/05). Das OLG Hamm hat den Standpunkt vertreten, dass ein Bieter im Rahmen einer öffentlichen Ausschreibung trotz ausdrücklicher Vorgabe des Auftraggebers nicht verpflichtet ist, die Baustelle vor Angebotsabgabe zu besichtigen (ähnlich skeptisch: BGH, Beschl. v. 26.2.2004 – VII ZR 96/03, siehe oben). Gemäß § 7 Abs. 1 VOB/A müsse der Ausschreibungstext die Bieter in die Lage versetzen, ohne vorherige Ortsbesichtigung ein umfassendes Angebot abzugeben (OLG Hamm, Urt. v. 14.10.2016 – 12 U 67/15). Soweit Ortsbesichtigungsklauseln nur den Zweck verfolgen, Planungs- und Ausschreibungsrisiken auf den Auftragnehmer zu verlagern, sind sie AGB-rechtlich unzulässig. Eine in AGB enthaltene Komplettheitsklausel ist im Rahmen eines Detail-Pauschalvertrags deshalb wirkungslos. Auf die davon abweichende Entscheidung des OLG Düsseldorf vom 27.5.2014 – 23 U 162/13 gehen wir gleich noch näher ein. Bei einer individualvertraglich *ausgehandelten* Vereinbarung findet eine Inhaltskontrolle am Maßstab von Treu und Glauben dagegen nicht statt (§ 305 Abs. 1 Satz 3 BGB). In diesem Fall wäre eine Komplettheitsklausel zulässig (OLG Köln, Urt. v. 6.5.2009 – 11 U 79/08). Komplettheitsklauseln erfüllen in der Praxis eher selten die Voraussetzungen einer Individualvereinbarung und unterliegen deshalb in den weitaus meisten Fällen einer AGB-rechtlichen Inhaltskontrolle.

Zurück zu unserem oben geschilderten Beispiel: Wenn der Auftraggeber selbst die Ausführungsplanung für die Heizungsanlage erstellt, dabei aber die Heizungsregelung vergessen hat, muss er für dieses Planungsrisiko auch einstehen. Die fehlende Heizungsregelung ist nicht Sache des Auftragnehmers. Denn dieser kann nicht wissen, ob der Auftraggeber möglicherweise eine kostengünstigere Möglichkeit hat, die Regelung durch einen anderen Unternehmer einbauen zu lassen. Die Komplettheitsklausel würde aber dazu führen, dass der Auftragnehmer für die Folgen einer Fehlplanung einstehen müsste, also auch Kosten zu tragen hätte, die bei Ausschreibung und Beauftragung der Leistung sowieso entstanden wären. Diese „Sowieso-Kosten" kann der Auftragnehmer unserer Auffassung nach selbst dann verlangen, wenn ein Hinweis auf die fehlende Heizungsregelung vor Vertragsabschluss geboten gewesen wäre (vgl. OLG Hamburg, Urt. v. 3.12.2019 – 4 U 129/18 und KG, Urt. v. 28.3.2014 – 7 U 54/13). **977**

Zur Wirksamkeit von Komplettheitsklauseln beim Detail-Pauschalvertrag hat das OLG Düsseldorf eine dezidiert andere Meinung, die es in einem einstweiligen Verfügungsverfahren zur Sicherung einer Werklohnforderung nach § 650e BGB (neue Fassung) vertreten hat (OLG Düsseldorf, Urt. v. 27.5.2014 – 23 U 162/13). In dieser Entscheidung wird ausgeführt, dass auch in Fällen, in denen die Leistung durch ein Leistungsverzeichnis detailliert beschrieben worden ist, der Leistungsumfang durch eine Schlüsselfertigkeits-, Komplettheits- oder Vollständigkeitsklausel auf die Ausführung notwendiger, aber im Bauvertrag nicht aufgeführter Leistungen, erweitert werden könne und eine solche Klausel auch dann nicht unwirksam sei, wenn es sich um eine Allgemeine Geschäftsbedingung (AGB) handelt. Das OLG Düsseldorf meinte, die fragliche Klausel regle nur das Verhältnis von Leistung und Gegenleistung und unterliege deshalb gemäß § 307 Abs. 3 Satz 1 BGB nicht der AGB-rechtlichen Inhaltskontrolle. **978**

Das halten wir für eindeutig falsch, auch wenn im Ausgangspunkt noch zutrifft, dass die Preisvereinbarung selbst von der AGB-Inhaltskontrolle ausgenommen ist, weil durch die Vereinbarung der Vergütung nicht von Rechtsvorschriften abgewichen wird. Das gilt aber nicht für *Preisnebenabreden*, also für Vereinbarungen, welche die Vergütung nicht unmittelbar betreffen, sondern mittelbare Auswirkungen auf den Preis und die Leistung haben. Von einer der Inhaltskontrolle unterliegenden Preisnebenabrede ist der BGH beispielsweise bei einer Baureinigungsklausel ausgegangen und hat einen Abzug hierfür in Höhe von 0,5 % der Schlussrechnungssumme für AGB-rechtlich unwirksam erklärt (BGH, Urt. v. 6.7.2000 – VII ZR 73/00; ebenso: OLG Brandenburg, Urt. v. 20.8.2020 – 12 U 34/20). **979**

Preisnebenabreden, die AGB-rechtlich kontrollfähig sind, liegen vor, wenn das vertragliche Hauptleistungsversprechen verändert, ausgehöhlt oder modifiziert wird. Ob das der Fall ist, hängt maßgeblich davon ab, ob der Auftraggeber die Leistung geplant und detailliert ausgeschrieben hat – so im vom OLG Düsseldorf ent- **980** schiedenen Fall – oder ob sich der Auftragnehmer aufgrund einer nur globalen Leistungsbeschreibung ohne detaillierte Ausführungspläne zu einer Komplettleistung verpflichtet hat. Letzterenfalls wäre die Klausel AGB-rechtlich unbedenklich, weil ein sachkundiger Auftragnehmer wissen muss, welche Risikoverlagerung mit einer funktionalen Leistungsbeschreibung verbunden ist (BGH, Urt. v. 27.6.1996 – VII ZR 59/95). So lag der Fall hier aber nicht. Stattdessen hat das OLG Düsseldorf allein aufgrund der Komplettheitsklausel unterstellt, dass dadurch ein Bauvertrag mit funktionaler Leistungsvereinbarung – ein Global-Pauschalvertrag – abgeschlossen worden sei, was nicht zutreffend ist. Im Fall des OLG Düsseldorf ging es auch nicht darum, die Leistungsbeschreibung selbst AGB-rechtlich zu prüfen. Auch dieser Bereich, welcher der Identifizierung des Leistungsgegenstandes dient, unterliegt wegen § 307 Abs. 1 Satz 3 BGB nicht der AGB-Inhaltskontrolle. Wenn ohne die Klausel der Vertragsinhalt (das Bausoll) dagegen bestimmbar bleibt, liegt eine AGB in Gestalt einer Preisnebenabrede vor. Wenn beispielsweise in einer Position des Leistungsverzeichnisses die „Gründung" detailliert beschrieben wird, es am Ende aber heißt, der Auftragnehmer trage das Risiko abweichender Bodenverhältnisse und übernehme im Rahmen der von ihm angebotenen Preise das Baugrundrisiko, ist das zweifelsfrei eine das Hauptleistungsversprechen modifizierende Preisnebenabrede, und zwar völlig unabhängig davon, ob sie in den Vorbemerkungen des Leistungsverzeichnisses oder im Positionstext selbst enthalten ist. Will der Auftraggeber eine Komplettleistung für einen Pauschalpreis, muss er funktional ausschreiben, also auf Detailangaben verzichten. Die Entscheidung des OLG Düsseldorf ist heftig umstritten (vgl. die Leseranmerkungen bei ibr-online 2015, S. 3). Man hätte zumindest erwarten können, dass sich das Gericht mit der herrschenden Meinung, von der seine Entscheidung abweicht, gründlich auseinandersetzt. Selbst das ist unterblieben. Man kann es Auftraggebern deshalb nicht verübeln, wenn sie sich auf diese Entscheidung berufen und unter Verweis auf eine vertragliche Komplettheitsklausel Nachträge beim Detail-Pauschalvertrag zurückweisen.

981 Ein vergleichbares Problem hat der BGH in einer Grundsatzentscheidung vom 13.3.2008 behandelt (BGH, Urt. v. 13.3.2008 – VII ZR 194/06). Auch darin ging es um das Spannungsverhältnis zwischen einer „Schlüsselfertigklausel" mit Pauschalpreisabrede einerseits sowie konkreten Vorgaben des Auftraggebers andererseits.

982 **Beispiel:** Der AN verpflichtete sich auf der Grundlage einer Leistungsbeschreibung zum Bau einer mechanischen Lüftungsanlage. In der Leistungsbeschreibung heißt es: *„Planung, Lieferung und Einbau einer mechanischen Lüftungsanlage je nach Erfordernis für Bistro und Bistroküche."* Grundlage des Angebots war eine Bauwerksplanung (Grundrissplanung). Diese wies ein Bistro mit 30 m² und eine Bistroküche mit 16 m² aus. Nach Vertragsabschluss legte der Bauherr einen geänderten Grundriss und gleichzeitig erstmals eine Küchenplanung vor.

Danach waren im vergrößerten Bistro umfangreiche Küchengeräte vorgesehen. Der Lüftungsbauer machte die Ausführung der danach erforderlichen Lüftungsanlage von einer vorherigen Nachtragsvereinbarung abhängig. Das lehnte der Bauherr ab. Wegen der Weigerung, die geänderte Lüftungsanlage ohne zusätzliche Vergütung auszuführen, kündigte der Bauherr den Vertrag und verlangte Restfertigstellungsmehrkosten in Höhe von ca. € 43.000,–.

Das OLG Brandenburg hat der Klage des Bauherrn stattgegeben. Der BGH hob die Entscheidung auf und beanstandete die dort vorgenommene Vertragsauslegung, die lediglich auf die Funktionalität des Angebots („Lüftungsanlage komplett") abstellte, nicht aber auf dessen Grundlage, also die auftraggeberseitige Planung. Nach dieser Entscheidung gilt: Fordert der Auftraggeber ein funktionales Angebot des Auftragnehmers zur Erstellung einer technischen Anlage unter Vorlage der von ihm bis zu diesem Zeitpunkt erstellten Bauwerksplanung, so wird diese Planung grundsätzlich Gegenstand des Angebots. Soweit nach Vertragsschluss angeordnete Änderungen der Bauwerksplanung nach § 1 Abs. 3 VOB/B Änderungen der technischen Leistung zur Folge haben, führt dies zu einem geänderten Vergütungsanspruch nach § 2 Abs. 5 VOB/B (BGH, Urt. v. 13.3.2008 – VII ZR 194/06; ähnlich: OLG Schleswig, Urt. v. 17.8.2017 – 7 U 13/06). **983**

Der BGH hob gleichzeitig hervor, dass es den Bauvertragsparteien freistehe, ausdrücklich eine andere Risikoverteilung vorzunehmen. Sie können beispielsweise vereinbaren, dass der Auftragnehmer auch solche Leistungen ohne Anspruch auf Mehrvergütung zu erbringen hat, die dadurch entstehen, dass der Auftraggeber nach Vertragsschluss die dem Vertrag zugrunde liegende Planung ändert. Das wäre wegen der damit übernommenen Risiken aber *„ungewöhnlich"*. Deshalb sind an eine solche Vereinbarung strenge Anforderungen zu stellen (BGH, Urt. v. 13.3.2008 – VII ZR 194/06; ebenso: OLG Brandenburg, Urt. v. 21.11.2018 – 4 U 19/18; OLG Düsseldorf, Urt. v. 19.7.2011 – 21 U 76/09). Mit der Formulierung *„Lüftung komplett nach Erfordernis"* wird deshalb lediglich zum Ausdruck gebracht, dass es Sache des Auftragnehmers ist, nach der dem *Vertrag* zugrunde liegenden Planung die für eine funktionierende Technik notwendigen Einzelheiten zu ermitteln. Selbst ein „garantierter Pauschalfestpreis" schützt nicht vor Nachträgen, wenn spätere Änderungsleistungen aufgrund behördlicher Auflagen erforderlich werden (OLG Koblenz, Urt. v. 14.11.2012 – 5 U 465/12). **984**

Wichtig ist auch die Aussage des BGH, dass es keine Auslegungsregel gibt, die besagt, dass ein Vertrag mit einer unklaren Leistungsbeschreibung allein deshalb zulasten des Auftragnehmers auszulegen ist, weil er die Unklarheit vor der Abgabe seines Angebots nicht aufgeklärt hat (nochmals bestätigt durch BGH, Urt. v. 12.9.2013 – VII ZR 227/11). Stattdessen nimmt eine solche Aufklärung, wenn sie erfolgt ist, dem Auftragnehmer lediglich das Risiko ab, dass sein Verständnis des Vertrags von der Auslegung eines Gerichts abweicht. Denn letz- **985** terenfalls hat sich der Auftragnehmer verkalkuliert; diesen Fehler kann er nicht durch einen Nachtrag kompensieren. Deshalb ist es auch falsch, wenn Oberlandesgerichte immer wieder entscheiden, dass bereits ein Bieter – also nicht erst der Auftragnehmer nach Vertragsabschluss – die Ausschreibungsunterlagen prüfen und bestehende Unklarheiten, Widersprüche oder Lücken aufklären müsse, was jedenfalls dann gelte, wenn der Ausschreibungsfehler „offenkundig" sei und bereits bei der Angebotsbearbeitung auffallen musste. Ein Auftragnehmer, der diese Aufklärung nicht vornehme, so die Argumentation, spekuliere und habe deshalb Nachtragsansprüche nicht verdient. Das überzeugt gleich aus mehreren Gründen nicht: Denn es vermengt Fragen der Vertragsauslegung mit vorvertraglichen Verhaltenspflichten. Darüber hinaus ist die solchen Entscheidungen zugrunde liegende Annahme, der Pflicht zur richtigen Ausschreibung entspreche vor Vertragsabschluss eine Pflicht zur Prüfung der übergebenen Unterlagen, mehr als fraglich. Es gibt keine Pflicht des *Bieters*, die vom Auftraggeber zur Verfügung gestellten Unterlagen auf Unklarheiten, Widersprüche oder Lücken zu überprüfen. Eine solche Pflicht besteht für Auftragnehmer, also nach Vertragsabschluss, und zwar nach § 4 Abs. 3 und § 3 Abs. 3 Satz 2 VOB/B. Dass ein Bieter auf Fehler oder Unklarheiten in den Vergabeunterlagen hinweisen sollte, wenn er sie tatsächlich erkannt hat, haben wir zur Vermeidung von Auseinandersetzungen und riskanten Bauprozessen bereits an anderer Stelle empfohlen (vgl. E. I. 6. c) aa), Rn. 853 f.). Das ist eine *Obliegenheit*, die im eigenen Interesse des Bieters liegt, begründet aber keine *Vertragspflicht* zur Prüfung technischer Detailfragen vor Abschluss des Bauvertrags. Selbst wenn man eine solche Prüfungspflicht aus vorvertraglichen Rücksichtnahmepflichten ableiten wollte, kann eine Verletzung dieser Pflicht im Ausgangspunkt nicht die Auslegung des Vertrags, also die Frage, welche Leistungen Bausoll geworden sind, beeinflussen. Mit anderen Worten: Eine unterlassene Aufklärung ändert nicht den Vertragsinhalt. Maßgeblich ist nicht, ob bzw. was ein Bieter aufgeklärt hat, sondern welche Leistung er nach einer Vertragsauslegung schuldet. Stellt man dagegen auf vorvertragliche Rücksichtnahmepflichten ab und verlangt Hinweise und Aufklärung bei „offenkundigen" Planungs- bzw. sonstigen Fehlern in Vertragsbestandteilen des Auftraggebers, stellt sich die Frage, zu welchem Ergebnis eine (richtige) Auskunft des Auftraggebers geführt hätte und ob durch die richtige Antwort nicht dieselben geänderten Leistungen notwendig geworden wären. Denn dann und insoweit entstehen auch bei Verletzung vorvertraglicher Hinweispflichten in der Regel reine „Sowieso-Kosten".

986 Im Ausgangpunkt richtig ist deshalb eine Entscheidung des OLG Koblenz vom 31.3.2010, in der ein Auftragnehmer zahlreiche Nachträge mit einem Wert von ca. 3,5 Mio. € geltend gemacht hat. Dem Vertrag lag eine „Global-Pauschalpreisabrede" zugrunde; der Auftragnehmer hatte sich zur schlüsselfertigen Errichtung eines Universitätsgebäudes verpflichtet. Dennoch gab es zumindest teilweise eine detaillierte Leistungsbeschreibung mit auftraggeberseitiger Planung. Der Hauptstreitpunkt betraf die Herstellung der Fassade, für die der Auftraggeber eine detaillierte Ausführungsplanung erstellt hatte. Da sich diese aus statischen Gründen nicht verwirklichen ließ und eine vollkommen neue Konstruktion gewählt werden musste, verlangte der Auftragnehmer eine Preisanpassung nach § 2 Abs. 5 VOB/B, die das beklagte Land mit Hinweis auf den Global-Pauschalpreis und die Schlüsselfertigkeitsabrede zurückwies. Zur Begründung führte die Beklagte ferner aus, der Auftragnehmer habe durch „einfache statische Überschlagsrechnungen" erkennen müssen, dass die geplante Konstruktion nicht realisierbar gewesen sei.

Das OLG Koblenz gab dem Unternehmer bei dem Nachtragsanspruch hinsichtlich der Fassade – und der meisten anderen Nachträge – Recht (OLG Koblenz, Urt. v. 31.3.2010 – 1 U 415/08). Das OLG Koblenz weist zu Recht darauf hin, dass auch eine Schlüsselfertigkeitsabrede bei Vorliegen einer detaillierten Leistungsbeschreibung nicht geeignet ist, den Abgeltungsumfang der vereinbarten Pauschalsumme zu erweitern. Denn insoweit gehen die Detailregelungen einer globalen Regelung vor. Sodann führt das OLG Koblenz zutreffend aus, dass ein Bieter im Angebotsstadium grundsätzlich nicht gehalten ist, auf Planungsfehler oder Fehler im Leistungsverzeichnis hinzuweisen, weil er die Prüfung der Ausschreibungsunterlagen nur unter kalkulatorischen Aspekten vornimmt und die Prüfungs- und Hinweispflicht gemäß § 4 Abs. 3 VOB/B erst nach Vertragsabschluss gilt. Misslich ist, dass das OLG Koblenz diese Aussage wiederum für Fälle relativiert, in denen *„offenkundige Mängel und Lücken der Leistungsbeschreibung"* vorliegen, auch wenn es solche im vorliegenden Fall verneint hat (OLG Koblenz, Urt. v. 31.3.2010 – 1 U 415/08). Deshalb musste das OLG Koblenz auch nicht entscheiden, ob dann nicht wenigstens die Sowieso-Kosten, also jene, die auch bei erfolgtem Bedenkenhinweis entstanden wären, vom Auftraggeber hätten bezahlt werden müssen. **987**

Vor welchem Dilemma Bieter oftmals stehen, zeigt eine Entscheidung des OLG Brandenburg aus dem Jahr 2016. Der Auftragnehmer wurde mit dem Komplettabbruch einer Schule aufgrund eines Leistungsverzeichnisses nach Einheitspreisen beauftragt. Nach der dortigen Position 4.1 waren 12.900 m² Gebäude abzubrechen, zu zerkleinern und zu sortieren. Der nachfolgende Titel 5 „Materialentsorgung" beinhaltete drei Positionen. Die einschlägige Position 5.2 des LV lautete: *„5 t Bauschutt, vorsortiert, nicht kontaminiert auf den Recyclingplatz anliefern und fachgerecht entsorgen/lagern"*. Der AN setzte hierfür einen Preis von € 16,–/t an und machte nach Ausführung der Arbeiten eine Vergütung für knapp 6.000 t nicht kontaminiertes Abbruchmaterial als Mengenmehrung nach § 2 Abs. 3 Nr. 2 VOB/B in Höhe von über € 95.000,– geltend, die der Auftraggeber nicht bezahlt hat, weil er meinte, die Abbruchposition 4.1 des LV umfasse auch die Entsorgung des abzubrechenden Materials. Während das Landgericht Potsdam der Klage stattgab, vertrat das OLG Brandenburg im Berufungsverfahren eine andere Auffassung (OLG **988**

Brandenburg, Urt. v. 2.3.2016 – 4 U 65/15). Danach habe die Abbruchposition, auch wenn sie die Entsorgung nicht wörtlich erwähnte, dahingehend verstanden werden müssen, dass dort auch der Aufwand für die Entsorgung des gesamten Abbruchmaterials in den vereinbarten Einheitspreis einzukalkulieren war. Denn es habe einem Fachunternehmen „unmittelbar ins Auge springen müssen", dass das Abbruchvolumen ein Zigfaches der in Position 5.2 des LV angegebenen Menge ausmachte. Deshalb habe es sich dort nur um eine *Reserveposition* für die Entsorgung von Materialien gehandelt, die keiner anderen Leistungsposition zugeordnet werden konnten. Das ist unserer Auffassung nach zweifelhaft, weil es die Anforderungen an Bieter in der Angebotsphase überspannt und wiederum den Gesichtspunkt der Sowieso-Kosten ausblendet. Denn in der Angebotsphase muss eine Prüfung nur unter kalkulatorischen Gesichtspunkten stattfinden. Der angebotene Preis von € 16,–/t war – wie der Prozess ergab – auch nicht spekulativ überhöht. Deshalb war unserer Auffassung nach die Entscheidung des LG Potsdam, das von Mehrmengen nach § 2 Abs. 3 Nr. 2 VOB/B ausgegangen ist, zutreffend. Wenn dagegen die kalkulierten Entsorgungskosten oberhalb der tatsächlichen Entsorgungskosten gelegen hätten, wäre der vereinbarte Preis nur bis 110 % der ausgeschriebenen Leistung maßgebend gewesen. Das folgt aus dem bereits ausführlich besprochenen Grundsatzurteil des BGH vom 8.8.2019 (vgl. D. I. 2. b) aa), Rn. 554 ff.).

989 Falls der Kalkulator das Problem gesehen hat, wird er sich möglicherweise die Frage gestellt haben, wie hoch die Chancen für einen Zuschlag sind, wenn er die gesamten Entsorgungskosten in der Position 5.2 des LV berücksichtigt, obwohl dort nur 5 t als Vordersatz genannt wurden. Es ist naheliegend, dass er vermutet hat, andere Bieter werden die Entsorgungskosten nach der ausgeschriebenen Menge berechnen, sodass ein Angebot unter Einschluss der Entsorgungskosten von knapp € 100.000,– nicht bezuschlagt werde. Will ein Bieter dieses Dilemma und Bauprozesse mit unsicherem Ausgang vermeiden, muss er vor Abgabe seines Angebots nachfragen, was im vorliegenden Fall ohne Risiko gewesen wäre, weil es sich um eine öffentliche Ausschreibung handelte und die Vergabestelle auf eine Bieteranfrage verpflichtet gewesen wäre, die Unklarheit gegenüber allen Bietern richtigzustellen. Dann hätte wieder Wettbewerbs- und Chancengleichheit bestanden (Vergabekammer des Bundes, Beschl. v. 28.1.2017 – VK 2-129/16, Vergabekammer Lüneburg, Beschl. v. 28.1.2016 – VgK-50/2015 und Vergabekammer Sachsen, Beschl. v. 24.8.2016 – 1/SVK/017/16). Die Vergabekammer des Bundes hat in dem o.g. Beschl. v. 28.1.2017 unmissverständlich entschieden, dass der Auftraggeber die von einem Bieter gestellten Fragen und die entsprechenden Antworten *allen* Bietern zur Verfügung stellen muss. Und weiter: Fehler der Ausschreibung sind in jedem Stand des Vergabeverfahrens zu korrigieren, und zwar *„völlig unabhängig davon, wie kurzfristig die Frage vor dem Ablauf der Angebotsfrist eingeht"*. Wenn die daraufhin erfolgte Klarstellung bzw. Korrektur bedingt, dass die Bieter mehr Zeit benötigen, um das Angebot an die neuen Informationen anzupassen, *„steht hierfür die Möglichkeit der Verlängerung der Angebotsfrist zur Verfügung“* (VK Bund, Beschl. v. 28.1.2017 – VK 2-129/16).

b) Beim Global-Pauschalvertrag

Bei einem Global-Pauschalvertrag mit alleiniger Planungsverantwortung des Auftragnehmers sind Komplettheitsklauseln wirksam, weil sie nur regeln, was ohnehin gilt: Der Auftragnehmer hat für den vereinbarten Pauschalpreis ein vollständig gebrauchsfähiges Werk herzustellen. Er hat zu bauen, was er richtigerweise hätte planen müssen, um diesen Erfolg herbeizuführen. **990**

Liegt dagegen für bestimmte Leistungen eine *auftraggeberseitige* Ausführungsplanung und damit eine Detaillierung des Bausolls bereits bei Vertragsabschluss vor und regelt der Auftraggeber in Allgemeinen Geschäftsbedingungen dennoch, dass für die Pauschale eine schlüsselfertige, komplette Leistung geschuldet ist, muss die Rechtslage differenzierter beurteilt werden: Bei lediglich *einem* beauftragten Gewerk gelten die Grundsätze, die zum Detail-Pauschalvertrag bereits erläutert wurden. Die Klausel ist AGB-rechtlich unwirksam, weil der Auftraggeber nicht die Folgen unvollständigen oder falschen Planens auf den Auftragnehmer abwälzen kann (vgl. E. II. 10. a), Rn. 973 ff.). **991**

Bei einer Gesamtheit von Gewerken, also prototypisch beim Schlüsselfertigbau, wird vom Auftragnehmer, dem die Ausführungsplanung auftraggeberseits zur Verfügung gestellt wird, dagegen mehr verlangt als die bloße Addition kompletter Einzelgewerke. Der Auftragnehmer schuldet hier neben der Bewältigung von Schnittstellen insbesondere Koordinationsleistungen sowie eine Planendkontrolle. Das bedeutet aber nicht, dass er damit gleichzeitig auch die alleinige Verantwortung für die Vollständigkeit und Richtigkeit der auftraggeberseitigen Planung übernimmt. Der Auftragnehmer muss zwar die Ausführungsplanung durcharbeiten und auf fehlende oder unrichtig geplante Leistungen hinweisen (§ 4 Abs. 3 VOB/B), nicht aber muss er diese für den Pauschalpreis komplettieren. Denn der Auftraggeber bleibt auch bei einem Global-Pauschalvertrag für die Richtigkeit seiner Vorgaben sowie seiner zum Zeitpunkt des Vertragsabschlusses bereits vorliegenden Entwurfspläne nebst Detailvorgaben (mit-)verantwortlich. Im Regelfall erhält der Auftragnehmer also eine zusätzliche Vergütung, wenn er aufgrund falscher Vorgaben des Auftraggebers Änderungs- oder Zusatzleistungen erbringen muss. Er müsste gegebenenfalls nur die Mehrkosten tragen, die aus einem verspäteten Hinweis resultieren. Immer hat der Auftraggeber dagegen die Sowieso-Kosten zu bezahlen. Eine davon abweichende Vereinbarung, nach der ein Auftragnehmer eine Garantiehaftung für fremde Planung übernehmen soll, wäre nur als ausgehandelte Individualvereinbarung – nicht als AGB – wirksam. **992**

Wenn der Auftragnehmer auf der Grundlage auftraggeberseitiger Entwurfspläne seinerseits die Ausführungsplanung zu erstellen hat, muss er auch diese Entwurfs- **993** planung durcharbeiten und den Auftraggeber – nach Vertragsabschluss – auf eventuelle Fehler dieser Planung hinweisen (§ 4 Abs. 3 VOB/B). Tut er das rechtzeitig, hat er regelmäßig Nachtragsansprüche, wenn es daraufhin zu bausolländernden Anordnungen des Auftraggebers kommt. Falls die vom Auftraggeber erstellte Entwurfsplanung und die darauf basierende Ausführungsplanung des Auftragnehmers denselben Fehler aufweisen, muss sich der Auftraggeber an den Kosten der Mängelbeseitigung beteiligen. Denn der Auftraggeber muss sich das Verschulden seines Entwurfsplaners zurechnen lassen (KG, Urt. v. 14.4.2009 – 21 U 10/07; ebenso: OLG Frankfurt, Urt. v. 16.3.2010 – 14 U 31/04). In beiden Entscheidungen nahmen die Gerichte eine hälftige Schadensteilung an. Letzteres ist zweifelhaft und nicht verallgemeinerungsfähig. Wenn ein Generalunternehmer wie im Fall des OLG Frankfurt einen Schlüsselfertigvertrag für ein Erlebnisbad abschließt, muss er die ihm zur Verfügung gestellte Entwurfsplanung nicht nur prüfen, sondern bis zur Ausführungsreife bearbeiten und somit ihre Richtigkeit selbst planerisch durchdenken. Damit verschiebt sich die Verantwortung und also auch die Haftung im Regelfall deutlich zulasten des Generalunternehmers.

11. Ermittlung der Nachtragsvergütung beim Einsatz von Nachunternehmern

994 Auch bei der Ermittlung der von Nachunternehmern erbrachten Nachtragsleistung kann es auf die Entscheidung des BGH vom 8.8.2019 ankommen, wenn der BGH die dortigen Grundsätze auch auf VOB/B-Nachtragsansprüche überträgt (vgl. E. I. 5. a), Rn. 784 ff.). Bei Zusatzleistungen käme es dann auf die dem Nachunternehmer tatsächlich entstandenen (erforderlichen) Kosten zuzüglich angemessener Zuschläge an. Der Hauptauftragnehmer kann gegenüber seinem Auftraggeber den von ihm kalkulierten Zuschlagssatz (GU- oder Regiezuschlag) auf die Fremdleistung geltend machen, wenn er angemessen ist. Bei Änderungsleistungen müsste dargelegt werden, welche Kosten dem Nachunternehmer bei Ausführung der beauftragten, unveränderten Leistung (hypothetisch) entstanden wären und welche Kosten aufgrund der Änderung tatsächlich entstanden sind. Auf diesen Differenzbetrag kann der Nachunternehmer die kalkulierten, zumindest aber angemessene Zuschläge verlangen. Die so ermittelte Nachtragsvergütung kann der Hauptauftragnehmer dann wiederum unter Berücksichtigung seines kalkulierten Zuschlagssatzes an seinen Vertragspartner durchstellen, jedenfalls, wenn dieser Zuschlagssatz angemessen ist. Das entspricht der Rechtslage eines BGB-Bauvertrags nach § 650c Abs. 1 BGB (E. I. 5. d) aa), Rn. 821 ff.).

995 Ginge man nach dem bisherigen Verständnis der VOB/B von einer vorkalkulatorischen Preisfortschreibung aus oder beruft sich der Hauptauftragnehmer auf § 650c Abs. 2 BGB und ermittelt die Nachtragsvergütung auf Basis seiner Urkalkulation, müsste Folgendes gelten: Ist der Hauptauftragnehmer im Rahmen seiner Kalkulation von einer Eigenleistung ausgegangen, hat er die Arbeiten aber später

durch einen Nachunternehmer ausführen lassen, muss der Preis für die geänderte oder zusätzliche Leistung in analoger Fortschreibung der Auftragskalkulation für die Eigenleistung ermittelt werden. Auf die tatsächlichen Kosten des Nachunternehmers kommt es nach bisherigem Verständnis der VOB/B nicht an.

Sah bereits die Auftragskalkulation einen Nachunternehmereinsatz vor, wäre der **996** Hauptauftragnehmer aber auch in der Lage, die Leistung im eigenen Betrieb zu erbringen, kann er die Nachtragskalkulation wahrscheinlich selbst vornehmen. Die Frage, ob er stattdessen verpflichtet ist, die Nachunternehmerkalkulation offenzulegen, ist streitig. Die überwiegende Auffassung lehnt dies zu Recht ab. Dass diese Auffassung richtig ist, ergibt sich aus folgenden Überlegungen: Die Leistungsbeschreibungen können in gestuften Vertragsverhältnissen unterschiedlich sein. Es ist durchaus denkbar, dass dem Nachunternehmer gegenüber dem Hauptauftragnehmer keine Nachtragsforderung zusteht, während dieser berechtigte Nachtragsforderungen gegenüber seinem Vertragspartner stellen kann und umgekehrt. Denn in den jeweiligen Vertragsverhältnissen kann es zu unterschiedlichen Regelungen des Bausolls kommen. Darüber hinaus ist es denkbar, dass der Nachunternehmer insolvent geworden ist und es bereits aus diesem Grund faktisch unmöglich ist, eine Nachtragskalkulation zu erhalten. Allein daran kann ein berechtigter Nachtrag des Hauptauftragnehmers nicht scheitern. Deshalb halten wir die Entscheidung des OLG Hamm, die anders verstanden werden kann, für falsch (OLG Hamm, Urt. v. 14.10.2016 – 12 U 67/15). Vertreter der anderen Auffassung meinen, es gäbe eine Vorlagepflicht, weil der Hauptauftragnehmer bei der Weitervergabe von Bauleistungen an Nachunternehmer verpflichtet sei, die VOB/B zu vereinbaren (§ 4 Abs. 8 Nr. 2 VOB/B). Was der Hauptauftragnehmer machen soll, wenn der Nachunternehmer aufgrund abweichender Bausollbestimmungen gar nicht berechtigt ist, einen Nachtrag zu stellen oder insolvent geworden ist, sagen die Vertreter dieser Auffassung nicht.

Geht aus der Auftragskalkulation hervor, dass eine Leistung durch Nachunterneh- **997** mer erbracht wird und ist der Hauptauftragnehmer zu deren Ausführung selbst nicht in der Lage, muss er entweder die Nachtragskalkulation seines Nachunternehmers einfordern oder auf allgemeine Baupreisdateien ausweichen und die Kosten für die geänderte Leistung danach analog fortschreiben (vgl. E. I. 5. b) aa) (2), Rn. 805). Der kalkulierte Zuschlag auf die Fremdleistung bleibt bestehen. Es empfiehlt sich, bereits im Nachunternehmervertrag die Verpflichtung zur Vorlage einer aussagekräftigen Kalkulation in einem versiegelten Umschlag zu vereinbaren.

Verdeckte Vergabegewinne oder Verluste, die der Hauptauftragnehmer bei **998** Ausführung der unveränderten Nachtragsleistung erzielt hätte, müssen unserer Auffassung nach betragsmäßig erhalten bleiben (ebenso: OLG Dresden, Urt. v. 28.6.2012 – 16 U 831/11) und dürfen, um sachlich nicht gerechtfertigte Gewinnmaximierungen oder überproportionale Verluste zu vermeiden, deshalb nicht prozentual fortgeschrieben werden (so aber: Kapellmann/Messerschmidt, VOB-Kommentar, Teile A und B, 7. Auflage zu § 2, Rn. 435). Die Fortschreibung von Vergabeverlusten oder -gewinnen als Absolutbetrag entspricht auch der Regelung in § 650c Abs. 1 BGB, wie sich aus der amtlichen Begründung des Gesetzgebers ergibt (vgl. E. I. 5. d) aa) Rn. 821 ff.). Wenn man die hier vertretene Auffassung einer betragsmäßigen Fortschreibung von verdeckten Gewinnen und Verlusten für zutreffend hält, gilt das auch für Materialbeschaffungskosten. Macht der Auftragnehmer wegen geänderter Baustoffe Mehrkosten geltend, muss er diese, falls der Auftraggeber das verlangt, durch Rechnungen der Lieferanten, nicht durch Angebote, belegen und im Streitfall auch beweisen. Skontovereinbarungen, die der Auftragnehmer mit seinen Lieferanten vereinbart hat, gehen den Auftraggeber nichts an, sodass diese auch nicht berücksichtigt werden müssen. Anders soll es bei Mengenrabatten, Preisnachlässen oder für bereits vereinbarte Jahresrückvergütungen sein (ibr-online-Kommentar, Stand: 16.2.2021, § 650c, Rn. 44), was man unserer Auffassung nach mit guten Gründen bezweifeln kann.

12. Schätzung der Nachtragsvergütung bei erheblichem Ermittlungsaufwand

999 Der Auftragnehmer ist für die Höhe der Nachtragsvergütung darlegungs- und beweispflichtig. Das ist insbesondere bei Pauschalverträgen oftmals schwierig bzw. mit erheblichem Aufwand verbunden.

1000 **Beispiel:** Ein Heizungsbauer hat einen Pauschalvertrag für die Errichtung einer Heizungsanlage abgeschlossen. Im Angebot sind nur der Heizkessel sowie die Heizkörper detailliert beschrieben und mit Preisen versehen. Die notwendigen Rohrleitungen und Verbindungsstücke wurden nicht separat verpreist. Der Auftraggeber ändert nachträglich die geplante und beauftragte Leitungsführung, wodurch ein Mehraufwand von 10 m Rohrmaterial nebst fünf Verbindungsstücken sowie ein zeitlicher Zusatzaufwand von 10 Stunden für Verlegung und Umplanung entstehen.

1001 Wenn man hier eine Preisfortschreibung auf Basis der Urkalkulation verlangt, müsste der Auftragnehmer, um zu einer prüfbaren Nachtragsabrechnung zu gelangen, im Nachhinein ein detailliertes Leistungsverzeichnis für die beauftragten Leistungen (Rohrleitungen, Verbindungsstücke etc.) aufstellen. Auch bezüglich der Planung, für die es gar keine besondere Position im Angebot gab, müsste nachträglich eine Position ausgewiesen werden, um einen anteiligen Preis für die ursprünglichen Planungsleistungen zu erhalten. Es ist klar, dass der Aufwand für die prüfbare Abrechnung dieses Nachtrags in keinem Verhältnis zu den mutmaßlichen Mehrkosten steht. Dennoch wird einem Auftragnehmer, dem es nicht gelingt, hier eine kaufmännische Lösung zu erzielen, kaum ein anderer Weg übrig bleiben. Für Bagatellen muss aber eine Schätzung der Mehrkosten gemäß § 287 Abs. 2 ZPO möglich sein, um einen unverhältnismäßig hohen Aufwand zu vermeiden (hierzu: OLG Jena, Urt. v. 25.6.2009 – 1 U 1359/00). Gerichte gehen mit solchen Schätzungen aber sehr zurückhaltend um (OLG Dresden, Urt. v. 15.1.2015 – 9 U 764/14; OLG Koblenz, Urt. v. 24.5.2006 – 6 U 1273/03; OLG München, Urt. v. 14.7.1993 – 27 U 191/92). Wenn keine Einigung zu erzielen ist und es nicht um geringfügige Forderungen geht, muss der Auftragnehmer, wenn er keine (detaillierte) Auftragskalkulation hat, sie nachträglich auf plausibler Grundlage erstellen. Das ist zulässig, aber aufwändig (BGH, Urt. v. 7.11.1996 – VII ZR 82/95; OLG Düsseldorf, Urt. v. 25.10.2013 – 22 U 21/13).

Auch hier zeigt sich der Vorteil des § 650c Abs. 1 BGB, weil der Auftragnehmer **1002**
danach die für die Ausführung der Leistung erforderlichen Kosten zuzüglich angemessener Zuschläge geltend machen kann. Die Kalkulation spielt dann keine Rolle. Zum gleichen Ergebnis käme man, wenn der BGH die Grundsätze der Entscheidung vom 8.8.2019 auch auf VOB/B-Nachtragsansprüche überträgt (E. I. 5. a), Rn. 784 ff.).

13. Verpflichtung zur Erstellung eines Nachtragsangebots/Wer trägt die Kosten?

a) Nachtragsleistung erfordert Änderung der Planung

Bevor die Frage beantwortet wird, wer die Kosten eines Nachtragsangebots zu **1003**
tragen hat, sollte man zunächst überlegen, ob ein Auftragnehmer zu dessen Erstellung in jedem Fall gezwungen werden kann. Die Antwort hängt maßgeblich davon ab, ob die Erstellung des Nachtragsangebots die vorherige Erbringung von Planungsleistungen erfordert und welche Partei zum Zeitpunkt des Vertragsabschlusses zur Erstellung der Planung verpflichtet war. Geht mit einer Anordnung des Auftraggebers keine Änderung der Planung einher, beispielsweise weil sich nur der Farbton eines Teppichbodens ändert, muss der Auftragnehmer ein entsprechendes Nachtragsangebot vorlegen und kann dafür auch keine besondere Vergütung verlangen.

Wenn die Ausführung einer Nachtragsleistung dagegen eine Änderung der Ent- **1004**
wurfs- oder Ausführungsplanung voraussetzt und der Auftragnehmer auf der Grundlage einer vom Auftraggeber erstellten Ausführungsplanung beauftragt worden ist, kann man einen Auftragnehmer nicht dazu zwingen, Planungsaufgaben zu übernehmen, die zur Erstellung eines Nachtragsangebots erforderlich sind („Wer einmal plant, plant immer"). Genau das sieht § 650b Abs. 1 Satz 4 BGB für ab dem 1.1.2018 abgeschlossene Bauverträge auch so vor, indem es dort heißt, dass ein Auftragnehmer nur dann zur Erstellung eines Angebots über die Mehr- oder Mindervergütung verpflichtet ist, wenn ein Auftraggeber, der die Planungsverantwortung trägt, die erforderliche Planungsänderung vorgenommen

und dem Auftragnehmer zur Verfügung gestellt hat. Da die VOB/B zu dieser Frage keine spezielle Regelung trifft, dürfte § 650b Abs. 1 Satz 4 BGB auch für ab dem 1.1.2018 abgeschlossene VOB/B-Verträge gelten.

1005 Unabhängig davon vertreten wir – unbeschadet dieser gesetzlichen Neubestimmung – den Standpunkt, dass ein Auftragnehmer ohne die Zurverfügungstellung planerischer Grundlagen durch den Auftraggeber noch nie zur Erstellung planungsrelevanter Nachtragsangebote gezwungen werden konnte, wenn er nach dem Vertrag nicht für die Planung der Leistung verantwortlich ist. Denn mit der Übernahme von Planungsaufgaben geht eine Haftung für deren Vollständigkeit und Richtigkeit einher. Oftmals kann ein Auftragnehmer aber gar nicht beurteilen, ob und in welchem Maße die Änderung seiner Leistung auch eine Änderung von Leistungen anderer Unternehmer erfordert, damit diese nach wie vor funktionstauglich sind. Deshalb konnte ein Auftragnehmer schon immer, auch bei vor dem 1.1.2018 abgeschlossenen VOB/B-Verträgen, verlangen, dass ihm die geänderte Planung, zumindest aber ein geänderter Leistungsbeschrieb zur Verfügung gestellt wird und er erst danach ein Nachtragsangebot erstellen muss. Mit anderen Worten: Die VOB/B sieht in § 1 Abs. 3 und Abs. 4 Satz 1 zwar das Recht des Auftraggebers vor, die Ausführung geänderter oder erforderlicher Zusatzleistungen zu verlangen. Sie kennt aber kein Recht, den Auftragnehmer zur Erbringung von Planungsleistungen zu zwingen, wenn er eine solche Verpflichtung bei Vertragsabschluss nicht übernommen hat. Anders ist es bei Global-Pauschalverträgen, für die gerade kennzeichnend ist, dass der Auftragnehmer neben Bauleistungen auch Planungsleistungen zu erbringen hat.

b) Freiwillige Übernahme von Planungsaufgaben

1006 Selbstverständlich kann ein Auftragnehmer Planungsleistungen freiwillig übernehmen bzw. einem entsprechenden Verlangen des Auftraggebers faktisch Folge leisten, obwohl der Auftraggeber ein solches Anordnungsrecht nach der VOB/B gar nicht hat. Dann stellt sich die Frage, wer die Kosten für die Erstellung oder Änderung einer Planung tragen muss. Das OLG Brandenburg vertritt die Auffassung, diese fielen regelmäßig dem Auftragnehmer zur Last (OLG Brandenburg, Urt. v. 2.12.2015 – 11 U 102/12). Wenn man eine dahingehende Pflicht des Auftragnehmers aus den oben genannten Gründen verneint, ist die Entscheidung unzutreffend. Genau so sieht es auch das OLG Frankfurt und hat einem Auftragnehmer für Planungsleistungen eine besondere Vergütung zugesprochen (OLG Frankfurt, Urt. v. 23.10.2017 – 29 U 86/16).

1007 Wir empfehlen einem Auftragnehmer folgende Vorgehensweise: Wenn Planungsleistungen nach dem Vertrag nicht geschuldet sind, sollte der Auftragnehmer darauf auch hinweisen und deutlich machen, dass er nach der VOB/B nicht zur Erstellung eines Nachtragsangebots gezwungen werden kann, das die vorherige

Erbringung von Planungsleistungen voraussetzt. Zur Begründung kann er jedenfalls für ab dem 1.1.2018 abgeschlossene Verträge auf die Regelung in § 650b Abs. 1 Satz 4 BGB verweisen. Er kann gleichzeitig mitteilen, dass er zur Erstellung des Nachtragsangebots freiwillig bereit wäre, wenn der Auftraggeber seinerseits bereit ist, hierfür eine angemessene Vergütung zu zahlen und diese vor Erstellung des Nachtragsangebots verbindlich zu vereinbaren. Ob er dafür ein Pauschalangebot unterbreitet oder eine Abrechnung nach Zeitaufwand verlangt, wird von den Umständen des Einzelfalls, insbesondere aber von der Frage abhängen, ob der Zeitaufwand für die Erstellung des Nachtragsangebots prognostizierbar ist oder nicht. Man kann den Anspruch auf eine Vergütung für die Erstellung planungsrelevanter Nachtragsangebote auf § 2 Abs. 6 VOB/B oder § 2 Abs. 9 VOB/B bzw. § 632 BGB (übliche Vergütung) stützen. Die Anspruchsgrundlage ist eher von akademischer Bedeutung.

c) Interne und externe Kalkulationskosten bzw. Kosten der Nachtragsangebotserstellung

aa) Interne Kosten

Unabhängig von der Frage der Planungsverantwortung und der Planungsänderungskosten kann die Erstellung komplexer Nachtragsangebote erhebliche Kalkulations- und Nachtragsbearbeitungskosten verursachen. Ob diese erstattungsfähig sind, ist in Rechtsprechung und Literatur umstritten. Eine herrschende Meinung gab es bislang nicht. Unserer Auffassung nach zutreffend ist eine außerordentlich lesenswerte Entscheidung des Landgerichts Schwerin, in der es um Nachtragsbearbeitungskosten ging, die durch den kompletten Einsatz des Projektleiters und teilweise den zusätzlichen Einsatz eines Bauleiters sowie zusätzliche Vertragsmanagementkosten für bis zu vier Monate entstanden sind (LG Schwerin, Urt. v. 28.6.2017 – 3 O 162/16). Der Auftragnehmer musste eine Vielzahl komplexer und umfangreicher Nachtragsansprüche im Zusammenhang mit Straßenbauarbeiten sowie dem Ersatzneubau einer Brücke ermitteln. Das Landgericht Schwerin hat entschieden, dass die dadurch verursachten Nachtragsbearbeitungskosten nicht durch Gemeinkostenzuschläge der Auftragskalkulation oder durch AGK-Zuschläge abgegolten sind. Die infolge der Nachträge entstehenden Kosten der Bauleitung seien wie Einzelkosten der Teilleistung der Nachtragsleistung zu behandeln. Das Landgericht Schwerin hat immerhin geltend gemachte Ansprüche in Höhe von rund € 175.000,– „dem Grunde nach" für berechtigt erklärt und deshalb ein sogenanntes Grundurteil erlassen. Wegen der Höhe der Ansprüche bedürfe es einer voraussichtlich „mehrstufigen Beweisaufnahme", was darauf hindeutet, dass ohne ein Sachverständigengutachten sowie Zeugenvernehmungen keine Entscheidung zur konkreten Höhe der Ansprüche möglich ist. Allein die „Drohung" damit könnte den Parteien helfen, sich zu vergleichen, bevor weiteres Geld aufgewendet wird, das in die Taschen von Anwälten und Sachverständigen 1008 fließt und nicht dorthin, wo es eigentlich hingehört, nämlich in jene des Auftragnehmers. Wir halten diese Entscheidung, die detailliert und gut begründet ist, sowohl baubetrieblich als auch rechtlich für überzeugend.

1009 Allerdings hat der BGH am 20.10.2020 entschieden, dass Kosten, die anfallen, um den Nachtragsanspruch zu berechnen, weder von § 2 Abs. 5 VOB/B noch von § 2 Abs. 9 VOB/B erfasst werden. Damit ist klar, dass der BGH Kalkulationskosten bzw. Kosten für die Erstellung des Nachtragsangebots nicht für erstattungsfähig hält. Das Urteil des BGH bezieht sich zwar nur auf externe Sachverständigenkosten (dazu sogleich), gilt aber genauso für interne Kosten, soweit sie „nur" deshalb entstehen, um die Höhe der Nachtragsvergütung zu ermitteln. Damit dürfte diese vormals strittige Frage abschließend entschieden sein, sodass sich ein Auftraggeber, der dieses Urteil kennt, darauf berufen sollte.

bb) Externe Sachverständigenkosten

1010 Der BGH hat in der oben erwähnten Entscheidung Kosten, die ein Auftragnehmer für die Einholung eines Privatgutachtens zur Ermittlung eines Nachtragsanspruchs aufgewendet hat (ca. € 80.500,–), ausdrücklich nicht für erstattungsfähig erklärt (BGH, Urt. v. 22.10.2020 – VII ZR 10/17). Der Sache nach ging es um Mehrkostenansprüche wegen verzögerten Zuschlags und der durch einen weiteren Baustopp eingetretenen Bauverzögerung. In den Entscheidungsgründen, dort Rn. 15, setzt sich der BGH zunächst mit dem Meinungsstand zu der allgemeinen Frage, ob die *„Kosten zur Ermittlung der Mehrvergütung"* erstattungsfähig sind, auseinander. Er entscheidet die Frage *„hinsichtlich der Kosten eines Privatgutachtens zur Ermittlung der Mehrvergütung nach § 2 Abs. 5 VOB/B"* dahin, dass diese nicht als Teil der Mehrkosten vom Auftraggeber zu erstatten sind. Bei der gebotenen Auslegung von § 2 Abs. 5 VOB/B sei diese Vorschrift dahingehend zu verstehen, dass neue Preise unter Berücksichtigung der Mehr- oder Minderkosten berücksichtigt werden sollen, die im Zusammenhang mit der Ausführung der entsprechenden Änderungsleistung anfallen. Hierzu gehörten nicht diejenigen Kosten, die erforderlich sind, um im Falle einer fehlenden Vereinbarung der Parteien die geschuldete Vergütung erst zu ermitteln. Auch § 2 Abs. 9 Nr. 1 VOB/B sei nicht einschlägig. Denn der Auftraggeber habe die Vorlage eines Gutachtens über die Höhe des Nachtragsanspruchs nicht verlangt. Die Vorinstanz – das OLG Dresden – hatte den Anspruch dagegen nach § 2 Abs. 5 VOB/B bejaht (OLG Dresden, Urt. v. 30.12.2016 – 12 U 547/15).

1011 Da es in den Entscheidungsgründen grundsätzlich heißt, dass *„Kosten, die erforderlich sind, (...) um die geschuldete Vergütung erst zu ermitteln"*, nicht erstattungsfähig sind, werden von dem Urteil auch interne Nachtragsbearbeitungskosten umfasst (siehe oben). Die weitere Aussage des Urteils, § 2 Abs. 5 VOB/B umfasse nur Kosten, die im Zusammenhang mit der *Ausführung* der Leistung anfallen, sind deshalb zweifelsfrei auf Planungskosten und auch auf Kosten der

Überwachung der Nachtragsleistung übertragbar. Diese Kosten kann ein Auftragnehmer nach § 2 Abs. 5 oder Abs. 9 VOB/B, im Gegensatz zu Kosten für die Erstellung des Nachtragsangebots und Kalkulationskosten, deshalb verlangen. Denn sie fallen, wie der BGH fordert, im Zusammenhang mit der Ausführung der betroffenen Änderungs- oder Zusatzleistungen an.

III. Musterschreiben

Anmerkung der Autoren:

Die Musterschreiben E 1 bis E 17 basieren auf Verträgen, für welche die Nachtragsbestimmungen der VOB/B gelten. Die Musterschreiben E 13, E 14 und E 15 basieren auf der BGH-Entscheidung vom 8.8.2019. Hier spielt das Grundsatzurteil eine zentrale Rolle.

Die Musterschreiben E 18 bis E 26 können bei ab dem 1.1.2018 abgeschlossenen Bauverträgen verwendet werden, falls die VOB/B entweder nicht (BGB-Bauvertrag) oder nicht „im Ganzen" vereinbart wurde (vgl. E. II. 1. a), Rn. 897 ff.).

1012 Anordnung einer Änderung des Bauentwurfs durch den Auftraggeber (§ 1 Abs. 3 VOB/B) E 1

An den Auftragnehmer

Datum

Bauvorhaben ...
Bauvertrag vom ...

Sehr geehrte Damen und Herren,

hiermit ordnen wir die Ausführung folgender geänderter Leistungen nach § 1 Abs. 3 VOB/B an:

Der in dem Plan für die Außenanlagen eingezeichnete Zaun wird nach der beigefügten Planung um zwei Meter nach Norden verschoben, aber ansonsten parallel zur ursprünglich vorgesehenen Ausführung installiert. Wir gehen davon aus, dass diese Änderung keine Auswirkungen auf die vereinbarte Vergütung sowie die Ausführungsfristen hat und bitten anderenfalls um eine unverzügliche Mitteilung mit entsprechender Begründung.

Alternativ *(Hinweis auf die Verpflichtung zur sofortigen Befolgung der Anordnung)*:

Wir ordnen nach § 1 Abs. 3 VOB/B an, dass auch die Fenster im Erdgeschoss mit beweglichen Elementen und Aluminiumrahmen und nicht wie in der Planung vorgesehen, als feststehende Fenster mit Holzrahmen ausgeführt werden. Wir bitten um Ihre Bestätigung, dass Sie dieser Anordnung unverzüglich Folge leisten und gehen davon aus, dass diese Änderung terminneutral umgesetzt werden kann. Anderenfalls bitten wir um eine entsprechende Mitteilung.

Mit freundlichen Grüßen

....

(Unterschrift)

Anordnung des Auftraggebers zur Ausführung notwendiger Zusatzleistungen (§ 1 Abs. 4 Satz 1 VOB/B) 1013

E 2

An den Auftragnehmer

Datum

Bauvorhaben …
Bauvertrag vom …

Sehr geehrte Damen und Herren,

nach Rücksprache mit unserem Architekten ordnen wir an, die im Vertrag nicht vereinbarte, aber aufgrund der Wasserverhältnisse erforderliche Außenabdichtung des Kellergeschosses mit auszuführen (§ 1 Abs. 4 Satz 1 VOB/B). Ihren Vorschlag, damit eine andere Firma zu beauftragen, lehnen wir ab. Nach § 1 Abs. 4 Satz 1 VOB/B *hat* der Auftragnehmer nicht vereinbarte Leistungen, die zur funktionstauglichen Ausführung der beauftragten Leistung erforderlich sind, auf Verlangen des Auftraggebers mit auszuführen, außer sein Betrieb ist auf derartige Leistungen nicht eingerichtet. Davon kann bei einer Firma, die eine gewerkeübergreifende Komplettsanierung von Wohnhäusern anbietet, keine Rede sein. Da Ihr Haus überwiegend Nachunternehmer eingesetzt hat, müssen Sie sich deren personelle und sachliche Ausstattung sowie deren Fachkompetenz zurechnen lassen.

Wir weisen nur vorsorglich darauf hin, dass eine Verpflichtung zur Befolgung dieser Anordnung nicht voraussetzt, dass wir zuvor eine Vereinbarung über die zusätzliche Vergütung getroffen haben.

***Eventuell** (Auswirkung des Nachtrags auf die Bauzeit):*

Sollte die Ausführung dieser Zusatzleistung aus Ihrer Sicht bauzeitrelevant sein, bitten wir mit der Übersendung des Nachtragsangebots gleichzeitig um eine Mitteilung, um welche Dauer sich die Fertigstellung der Gesamtleistungen voraussichtlich verlängern wird.

***Eventuell** (Anordnung unter Verweis auf Ausführungspflicht ohne vorherige Preisvereinbarung):*

Unbeschadet einer noch zu erfolgenden Prüfung Ihres Vergütungsanspruchs dem Grunde und der Höhe nach ordnen wir die Ausführung folgender Leistungen an:

Einbau von Rohrdichtungen in den Leerrohren DN 150 im Schacht der Räume … und …

Wir weisen rein vorsorglich darauf hin, dass Sie für den Fall der Geltendmachung einer Nachtragsvergütung nicht berechtigt sind, die Ausführung der hier verbindlich angeordneten Leistungen bis zu einer Einigung über die Vergütung zu verweigern.

Mit freundlichen Grüßen

....

(Unterschrift)

Auftragnehmer verlangt eine wirksame Anordnung/Weiterer Schriftverkehr, abhängig von der Reaktion des Auftraggebers **E 3** 1014

An den Auftraggeber

Landkreis …
Frau Landrätin …

Datum

Bauvorhaben …

Sehr geehrte Damen und Herren,

wie Lastplattendruckversuche ergeben haben, ist das Erdreich unter der Sohle des ca. 2 km langen Mittelstücks des Feldweges unserer Auffassung nach nicht ausreichend tragfähig, sodass wir – ebenso wie im Bereich der beiden Ortschaften – Bodenverbesserungsmaßnahmen vorschlagen. Die Einheitspreise für den Bodenaustausch ergeben sich aus dem Leistungsverzeichnis, dort Position … Ob und in welchem Umfang darüber hinaus weitere bauzeitabhängige oder sonstige mehrmengenbedingte Kostenerhöhungen entstehen, lässt sich momentan allerdings noch nicht abschließend beurteilen. Sollten Sie ein konkretes Nachtragsangebot wünschen, setzen Sie sich bitte mit uns in Verbindung.

Wir haben die Notwendigkeit von Bodenverbesserungsmaßnahmen am … mit Ihrem Ingenieurbüro besprochen, das unsere Meinung teilt und auch bereits eine Anordnung zum Austausch des Bodens erteilt hat. Da das Ingenieurbüro nach dem zwischen uns abgeschlossenen Vertrag aber keine Vollmacht für vertragsändernde Anordnungen hat und nach § … der Kommunalordnung für Verpflichtungsgeschäfte ausdrücklich die Einhaltung der Schriftform vorgesehen ist, bitten wir um Ihre schriftliche Genehmigung bzw. eine Anordnung bis zum …, wie wir mit der vorgefundenen Situation umgehen sollen. Wir weisen darauf hin, dass wir noch bis kommenden Mittwoch Arbeiten im Bereich der beiden Ortschaften ausführen können, danach aber an der Fortführung der Leistung so lange gehindert sind, bis Klarheit besteht, ob der Boden auch im Bereich des Mittelstücks ausgetauscht bzw. sonstige Bodenverbesserungsmaßnahmen ausgeführt werden sollen. Wir planen gegenwärtig nicht, unsere Kapazitäten ab Mittwoch an anderen Bauvorhaben einzusetzen, weil dies kurzfristig nicht möglich ist und wir nicht beurteilen können, bis wann Ihre Entscheidung erfolgt. Wir halten uns deshalb weiterhin leistungsbereit und teilen Ihnen mit, dass Stillstandskosten entstehen werden, falls mangels einer verbindlichen Anordnung die Leistungen unterbrochen werden müssen.

Für eventuelle Rückfragen stehen wir Ihnen gerne zur Verfügung.

Eventuell *(falls keine Reaktion des Auftraggebers erfolgt ist)*:

Wir hatten Sie mit Schreiben vom … um eine Anordnung wegen der Bodenverhältnisse unter der Sohle des Mittelstücks gebeten. Bis zum heutigen Tag ist eine entsprechende Reaktion nicht erfolgt, weshalb wir die Arbeiten ab dem … unterbrechen mussten. Wir weisen an dieser Stelle ausdrücklich darauf hin, dass ein Auftraggeber aufgrund des Kooperationsgebots im Bauvertrag zu einer wirksamen Anordnung verpflichtet ist (OLG Düsseldorf, Urt. v. 2.3.2018 – 22 U 71/17). Unterlässt er eine gebotene Anordnung, ist der Auftragnehmer berechtigt, die Erbringung zusätzlicher oder geänderter Leistungen zu verweigern.

Nach den Ergebnissen der von uns durchgeführten Lastplattendruckversuche halten wir eine Ausführung der Leistungen wie vertraglich vereinbart – also ohne Bodenverbesserungsmaßnahmen – für in höchstem Maße problematisch, weil sowohl nach unserer als auch nach der Einschätzung Ihres Ingenieurbüros in diesem Fall Schäden an der herzustellenden Ortsverbindungsstraße geradezu vorprogrammiert sind (vgl. unser Schreiben vom …). Wir bitten Sie deshalb nochmals um eine ausdrückliche schriftliche Anordnung bis zum … Bis dahin werden wir die Arbeiten weiterhin einstellen, uns aber nach wie vor leistungsbereit halten, also unsere Kapazitäten vorläufig nicht von der Baustelle abziehen, weil ein anderweitig produktiver Einsatz kurzfristig nicht möglich ist. Dadurch entstehen ausweislich der beigefügten Aufstellung Stillstandskosten in Höhe von ca. € …/Tag.

Sollte Ihre Entscheidung mehr Zeit in Anspruch nehmen, dürfen wir schnellstmöglich um eine entsprechende Mitteilung bitten, weil wir bei einer länger fortdauernden Unterbrechung gegebenenfalls einen anderen Auftrag vorziehen könnten, sodass weitere Stillstandskosten – jedenfalls teilweise – vermeidbar wären. Falls wir auch innerhalb der hier gesetzten Frist nichts von Ihnen hören sollten, müssen wir davon ausgehen, dass es bei den im Vertrag vereinbarten Leistungen bleibt und das Mittelstück ohne Bodenverbesserungsmaßnahmen – also wie beauftragt – ausgeführt werden soll. Auf die dadurch möglicherweise eintretenden Mängel und Schäden haben wir bereits in unserem Schreiben vom … hingewiesen. Sollte es hierzu kommen, sind wir von der Gewährleistung frei (§ 13 Abs. 3 VOB/B). Wir regen dringend an, dass Sie sich unverzüglich mit uns in Verbindung setzen, falls Sie Fragen zu unserem Schreiben haben.

Eventuell *(bei einer bausolländernden Anordnung des Auftraggebers)*:

Sie haben mit Schreiben vom … angeordnet, dass zusätzliche Bodenverbesserungsmaßnahmen auch unter der Sohle des Mittelstücks ausgeführt werden sollen. Diese Anordnung werden wir befolgen und fügen wegen der dafür zu zahlenden Vergütung nach § 2 Abs. 6 VOB/B unser Nachtragsangebot als Anlage bei. Darin sind auch bauzeitabhängige Mehrkosten, die durch die eintretende Bauzeitverlängerung entstehen, enthalten. Wir bitten um schnellstmögliche Beauftragung oder eine Mitteilung, falls es Fragen zu unserem Nachtragsangebot geben sollte. Wir sind auch gerne bereit, Ihnen unsere Kalkulation im Rahmen einer Besprechung zu erläutern.

Eventuell *(bei Zurückweisung des auftragnehmerseitigen Vorschlags oder einem nochmaligen Schweigen)*:

Sie hatten uns mit Schreiben vom … mitgeteilt, dass Sie Bodenverbesserungsmaßnahmen unter der Sohle des Mittelstücks technisch nicht für erforderlich halten und es vor allem aus Kostengründen bei der im Vertrag vorgesehenen Ausführung bleiben soll (***alternativ:*** *Sie haben auch auf unser nochmaliges Schreiben vom … nicht reagiert*). Das nehmen wir zur Kenntnis und werden die Arbeiten ab dem … so fortsetzen, wie es im Bauvertrag vereinbart worden ist. Dazu sind wir nach § 4 Abs. 1 Nr. 4 VOB/B verpflichtet. Wir weisen allerdings noch einmal auf unsere bereits mit Schreiben vom … angezeigten Bedenken hin. Dort haben wir Ihnen insbesondere die Tragweite der Nichtbefolgung unseres Vorschlags ausführlich dargelegt und mitgeteilt, welche Schäden eintreten können, wenn es bei der vertraglich vorgesehenen Art der Ausführung bleibt. Sollte es im Verlauf der vertraglich vereinbarten fünfjährigen Gewährleistungsdauer zu Mangelerscheinungen oder Schäden kommen, die auf unserem Bedenkenhinweis beruhen, sind wir nach § 13 Abs. 3 VOB/B von der Gewährleistung frei.

Für eventuelle Rückfragen stehen wir Ihnen gerne zur Verfügung.

Eventuell *(bei Mitteilung des Auftraggebers, dass die Entscheidung weitere Zeit beansprucht)*:

Sie haben uns mit Schreiben vom … mitgeteilt, dass die Entscheidung, ob Bodenverbesserungsmaßnahmen ausgeführt werden sollen, ca. sechs Wochen Zeit in Anspruch nehmen werde. Denn damit müsse aufgrund der zusätzlichen Kosten zuvor der Gemeinderat, befasst werden, der aufgrund der Sommerferien erst wieder Anfang September zusammentritt. Das nehmen wir zur Kenntnis und bieten Ihnen an, mit unserem Personal und unseren Geräten abzurücken, weil aufgrund der gegenwärtigen Auftragslage die Möglichkeit besteht, jedenfalls einen Großteil der momentan noch an der Baustelle gebundenen Kapazitäten an anderen Bauvorhaben einzusetzen. Dadurch würden sich die Unterbrechungskosten reduzieren lassen. Eine solche Umsetzung ist für unser Haus wirtschaftlich aber nur sinnvoll und profitabel, wenn der von Ihnen mitgeteilte Entscheidungszeitraum von sechs Wochen bestehen bleibt. Stimmen

Sie diesem Vorschlag zu, sind wir allerdings nicht in der Lage, die Arbeiten vor Ablauf dieses Zeitraums wieder aufzunehmen. Wir bitten um Ihre schnellstmögliche schriftliche Mitteilung, wie Sie sich entscheiden wollen. Wenn wir uns durchgehend leistungsbereit halten, entstünden Stillstandskosten in Höhe von ca. € .../Woche, für die uns gemäß § 642 BGB eine Entschädigung zusteht.

Für Rückfragen stehen wir gerne zur Verfügung.

Mit freundlichen Grüßen

....

(Unterschrift)

Reaktion des Auftragnehmers auf angeordnete Änderungs- oder Zusatzleistungen, die nicht ausgeführt werden müssen **E 4** 1015

An den Auftraggeber

Datum

Bauvorhaben …
Bauvertrag vom …
Ihre Anordnung vom …

Sehr geehrte Damen und Herren,

Sie hatten uns wegen eines Mieterwechsels mit Schreiben vom … aufgefordert, statt der vertraglich vereinbarten Granitfliesen einen Terrazzo-Boden auszuführen. Dieser Aufforderung können wir nicht Folge leisten, da wir nicht über die erforderlichen Fachkräfte verfügen und derartige Leistungen noch niemals zuvor ausgeführt haben. Das gilt auch für den von uns beauftragten Nachunternehmer, dessen Betrieb auf solche Arbeiten ebenfalls nicht eingerichtet ist. Derart grundlegende „Anstatt-Leistungen", die unseren Fachbereich verlassen, sind uns nicht zumutbar, sodass wir dieser für uns überraschenden und damit unvorhersehbaren Änderungsanordnung nicht Folge leisten müssen.

Bitte teilen Sie uns schnellstmöglich mit, ob Sie dennoch an Ihrer Entscheidung festhalten wollen. In diesem Fall müssten Sie den mit uns geschlossenen Bauvertrag kündigen, wobei wir vorsorglich auf die Abrechnungsfolgen nach § 8 Abs. 1 Nr. 2 VOB/B hinweisen.

Alternativ *(Hinweis auf andere Leistungen nach § 1 Abs. 4 Satz 2 VOB/B)*:

Sie hatten mit Schreiben vom … angeordnet, dass auch in den Bauteilen D und E, die nicht Vertragsgegenstand sind, Kabelzugarbeiten ausgeführt werden sollen. In diesem Zusammenhang weisen wir darauf hin, dass es sich dabei nicht um *erforderliche* Leistungen zur Ausführung der beauftragten Arbeiten nach § 1 Abs. 4 Satz 1 VOB/B handelt und uns *andere Leistungen* nur mit unserer Zustimmung übertragen werden können (§ 1 Abs. 4 Satz 2 VOB/B). Wir verweisen auf das anliegende Angebot, an das wir uns bis zum … gebunden halten. Im Rahmen dieses Angebots sind wir nicht verpflichtet, die Ansätze aus der Auftragskalkulation für die Vertragsleistung fortzuschreiben, worauf wir nur vorsorglich hinweisen.

Alternativ *(Ablehnung der Ausführung anderer Leistungen)*:

Da es sich bei den von Ihrem Haus geforderten Kabelzugarbeiten in den Bauteilen D und E um andere Leistungen nach § 1 Abs. 4 Satz 2 VOB/B handelt, sind wir zu deren Ausführung nicht verpflichtet. Aus Kapazitätsgründen müssen wir die Übernahme dieser Arbeiten leider ablehnen, weil wir in den kommenden Wochen bereits vollständig ausgelastet sind.

Eventuell *(Ablehnung einer Nachtragsleistung wegen abnahmereifer Fertigstellung der beauftragten Leistung)*:

Sie hatten uns mit Schreiben vom ... aufgefordert, weitere Halogenlampen in den Bereichen ... und ... aufgrund von Nutzerwünschen anzubringen. Wir lassen an dieser Stelle außen vor, ob es sich hierbei um erforderliche Zusatzleistungen nach § 1 Abs. 4 Satz 1 VOB/B oder andere Leistungen gemäß § 1 Abs. 4 Satz 2 VOB/B handelt, die uns nur mit unserer Zustimmung übertragen werden könnten. Denn darauf kommt es hier nicht an. Wir haben die vertraglich vereinbarten Leistungen bereits am ... abnahmereif fertiggestellt und mit Schreiben vom ... die Durchführung der förmlichen Abnahme beantragt. Es ist rechtlich eindeutig, dass nach abnahmereifer Fertigstellung der Vertragsleistung keine Nachträge mehr ausgeführt werden müssen (OLG Hamm, Urt. v. 18.1.2019 – 12 U 54/18). Da unser gesamter Betrieb in den kommenden Wochen vollständig ausgelastet ist, können wir Ihrer Bitte leider nicht entsprechen.

Alternativ *(freiwilliges Angebot)*:

Wir hatten Ihnen bereits mitgeteilt, dass nach abnahmereifer Fertigstellung der Leistung keine Anordnungsrechte zur Ausführung zusätzlicher oder geänderter Leistungen mehr bestehen. Sie baten uns dennoch um ein Angebot, weil es Ihnen nicht gelungen sei, ein anderes Unternehmen zu beauftragen. Wenn Sie mit der Ausführung der Leistungen in der Zeit vom ... bis ... einverstanden sind, wären wir bereit, die gewünschten Leistungen zu den in unserem beigefügten Angebot genannten Einheitspreisen auszuführen. Dass wir dabei nicht mehr an die Grundlagen der Preisermittlung für die ursprünglich beauftragten Leistungen gebunden sind, bedarf keiner näheren Begründung. An unser Angebot halten wir uns bis zum ... gebunden.

Mit freundlichen Grüßen

....

(Unterschrift)

Aufforderung des Auftragnehmers zur Übergabe einer geänderten Leistungsbeschreibung vor Erstellung eines Nachtragsangebots 1016

E 5

An den Auftraggeber

Datum

Bauvorhaben ...
Bauvertrag vom ...
Ihr Schreiben vom ...

Sehr geehrte Damen und Herren,

mit Schreiben vom ... teilten Sie uns mit, dass die Spannkammerrückwand der Brücke aufgrund ihres erst kürzlich zutage getretenen Zustandes (vgl. unser Schreiben vom ...) entweder komplett abgerissen und neu errichtet oder umfangreich saniert werden muss. Sie erwähnten gleichzeitig, dass Sie entgegen den im Bauvertrag getroffenen Vereinbarungen erwägen, diese Arbeiten bei laufendem Verkehr ausführen zu lassen. Gleichzeitig baten Sie uns um „Variantenuntersuchungen" sowie die Vorlage dementsprechender Nachtragsangebote.

Hierzu teilen wir Ihnen mit, dass wir nach dem abgeschlossenen Bauvertrag keine Planungsleistungen nach den Leistungsphasen der HOAI schulden, sondern Ihr Haus die Planungsverantwortung trägt. Das zu erstellende Nachtragsangebot setzt jedoch umfangreiche Planungsleistungen bis hin zu einer Änderung der Entwurfsplanung voraus. Zwar sind wir nach der VOB/B verpflichtet, geänderte oder notwendige Zusatzleistungen zu erbringen. Das gilt aber nicht hinsichtlich der dafür notwendigen Planungsleistungen, die ganzen Leistungsbildern der HOAI entsprechen. Nach § 3 Abs. 1 VOB/B müssen uns die für die Ausführung notwendigen Unterlagen unentgeltlich und rechtzeitig übergeben werden. Dazu gehört insbesondere die erforderliche Planung. Diese Vorschrift gilt auch, wenn ein Auftraggeber während der Bauphase Anordnungen erteilt, die eine Änderung der Planung erfordern. Wir bitten Sie deshalb, uns zumindest entsprechend geänderte Leistungsverzeichnistexte und gegebenenfalls auch die bereits geänderte Planung zu übersenden, weil wir anderenfalls kein Nachtragsangebot unterbreiten werden. Dass unser Standpunkt zutrifft, folgt auch aus § 650b Abs. 1 Satz 4 BGB. Nach dieser Bestimmung muss ein Auftragnehmer, der keine vertragliche Planungsverpflichtung übernommen hat, ein Nachtragsangebot nur erstellen, wenn der Auftraggeber die für die Änderung erforderliche Planung vorgenommen und dem Auftragnehmer zur Verfügung gestellt hat. Diese Bestimmung gilt auch in unserem Vertrag, weil die

VOB/B zu dieser konkreten Frage keine spezielle Regelung enthält. In solchen Fällen gilt das Gesetz und damit die oben genannte Vorschrift automatisch ergänzend.

Eventuell *(Preisangebot für freiwillige Planungsleistungen)*:

Da wir nach dem abgeschlossenen Vertrag keine Planungsleistungen schulden, sind wir zur Erstellung eines Nachtragsangebots, das eine vorherige Änderung der Entwurfs- bzw. Ausführungsplanung voraussetzt, nicht verpflichtet. Dennoch wären wir zur Erbringung der entsprechenden Planungsleistungen auf freiwilliger Basis bereit, wenn zuvor eine angemessene Vergütung vereinbart wird (§ 632 BGB bzw. § 2 Abs. 9 VOB/B). Aus unserer Sicht kommen dafür zwei Möglichkeiten in Betracht: Entweder wir vereinbaren ein Pauschalhonorar in Höhe von € … oder wir rechnen die zu erbringenden Planungsleistungen nach Zeitaufwand ab, wobei der Stundensatz des zum Einsatz kommenden Mitarbeiters € … beträgt. Sollten Sie sich für diese Alternative entscheiden, werden wir Ihnen zeitnah Stundenlohnzettel übergeben, aus denen hervorgeht, welche Planungsleistungen innerhalb welches Zeitraums ausgeführt worden sind. Bitte teilen Sie uns mit, ob Sie mit unserem Vorschlag einverstanden sind oder die notwendigen Planungsleistungen durch das von Ihnen beauftragte Ingenieurbüro erbringen lassen wollen.

Wir weisen aber darauf hin, dass eine Verzögerung Ihrer Entscheidung zu einer weiteren Verlängerung der Ausführungsfristen führt, weil wir die Arbeiten ab dem … unterbrechen müssen, bis Klarheit darüber besteht, wie die Leistungen konkret ausgeführt werden sollen. Momentan halten wir uns weiterhin leistungsbereit und bitten um eine Mitteilung, falls wir unsere Produktionsmittel abziehen und – soweit möglich – anderweitig einsetzen sollen.

Mit freundlichen Grüßen

……………………………………………

(Unterschrift)

Ankündigung einer Nachtragsvergütung/Nachtragsangebot mit Aufforderung zur Annahme/Vorbehalt wegen zusätzlicher zeitabhängiger Kosten **E 6** 1017

An den Auftraggeber

Datum

Bauvorhaben …
Bauvertrag vom …

Sehr geehrte Damen und Herren,

Sie haben am … den Einbau einer Abwasserhebeanlage am tiefsten Punkt des Kellers verlangt. Da wir diese Leistung nach dem abgeschlossenen Vertrag nicht schulden, zeigen wir gemäß § 2 Abs. 6 Nr. 1 Satz 2 VOB/B an, dass wir hierfür eine besondere Vergütung geltend machen werden. Das Nachtragsangebot werden wir Ihnen zeitnah übersenden.

Alternativ *(Anzeige der Mehrvergütung bei Änderungen nach § 2 Abs. 5 VOB/B)*:

Wir möchten Sie darauf aufmerksam machen, dass sich durch die seit dem … vorliegende Detailplanung im Bereich der Balkone die Grundlagen unserer Preisermittlung geändert haben. Nach der bei Vertragsabschluss vorliegenden Planung (Vorabzüge) war der Einsatz von Großflächenschalungen möglich, während nach der seit dem … zur Ausführung freigegebenen Planung nur eine Kleinschalung eingesetzt werden kann. Dies führt zu Mehrkosten. Aus diesem Grund kündigen wir an, dass wir eine Preisanpassung nach § 2 Abs. 5 VOB/B verlangen. Eine entsprechende Berechnung der Mehrkosten geht Ihnen gesondert zu. (***Alternativ:*** Beigefügt übersenden wir Ihnen unser Nachtragsangebot, um dessen Annahme wir bis zum … bitten, damit die Leistungen ohne Verzögerungen ausgeführt werden können.)

Eventuell *(Aufforderung zur Beauftragung wegen Schriftformklausel für Nachträge im Bauvertrag)*:

Wir verweisen auf das als Anlage beigefügte Nachtragsangebot und bitten Sie, dieses unverzüglich, spätestens jedoch bis zum … zu beauftragen. Nach der Ziffer … des Bauvertrags dürfen wir Nachtragsleistungen erst ausführen, nachdem uns hierfür eine schriftliche Beauftragung vorliegt. Wir müssen die Ausführung der Arbeiten deshalb von einer entsprechenden Beauftragung abhängig machen und Ihnen gleichzeitig mitteilen, dass sich die Ausführung verzögern wird, falls die o.g. Frist zur Annahme unseres Nachtragsangebots überschritten werden sollte. Denn in diesem Fall können die Arbeiten, die nach dem vereinbarten Bauzeitenplan ab dem … anstehen, nicht wie vorgesehen ausgeführt werden. Falls Sie weitere Informationen oder Unterlagen zur Prüfung unseres Nachtragsangebots benötigen, setzen Sie sich bitte unverzüglich mit uns in Verbindung.

Eventuell *(Vorbehalt der Geltendmachung weiterer zeitabhängiger Kosten über das Nachtragsangebot hinaus)*:

Durch die von Ihrem Haus angeordneten Leistungsänderungen verschieben sich nach momentanem Erkenntnisstand auch die Ausführungsfristen, wobei sich gegenwärtig noch nicht genau abschätzen lässt, um wie viele Tage oder Wochen sich die Bauzeit konkret verlängern wird. Wir haben in unserem Nachtragsangebot deshalb noch keine bauzeitabhängigen Kosten berücksichtigt, die durch eine Verlängerung der Bauzeit zusätzlich entstehen werden. Wir behalten uns vor, diese Kosten über das anliegende Nachtragsangebot hinaus geltend zu machen, sobald die Dauer der nachtragsbedingten Ausführungsfristverlängerung feststeht.

Mit freundlichen Grüßen

....

(Unterschrift)

Ankündigung eines Nachtrags dem Grunde nach/Hinweis auf Loslösung von der Kalkulation/Androhung der Leistungsverweigerung 1018

E 7

An den Auftraggeber

Datum

Bauvorhaben …
Bauvertrag vom …

Sehr geehrte Damen und Herren,

in der Baubesprechung vom ... hatten Sie/Ihr bevollmächtigter Vertreter angeordnet, dass die Wände der Bäder bis zur Decke (2,80 m) verfliest werden sollen. Im Leistungsverzeichnis/der Ausführungsplanung des Architekten … ist dagegen eine Verfliesung nur bis 1,60 m vorgesehen. Da es sich hierbei um eine Zusatzleistung handelt, haben wir Anspruch auf besondere Vergütung gemäß § 2 Abs. 6 VOB/B. Die Geltendmachung dieses Anspruchs kündigen wir gemäß § 2 Abs. 6 Nr. 1 Satz 2 VOB/B hiermit dem Grunde nach an. Wir werden die Leistung ab dem … ausführen und Ihnen in Kürze ein entsprechendes Nachtragsangebot überreichen. Diese Zusatzleistungen führen zu einer Verlängerung der Ausführungsfrist um voraussichtlich … Werktage. Denn beim vertragsgemäßen Einsatz einer Kolonne und einer werktäglichen Arbeitszeit von 07:30 Uhr bis 17:00 Uhr können zusätzliche … m² Fliesen nicht innerhalb der im Vertrag vereinbarten Fristen ausgeführt werden. Auch die bauzeitabhängigen Mehrkosten sind Bestandteil des anliegenden Nachtragsangebots.

Alternativ *(Hinweis auf Ausübung des Leistungsverweigerungsrechts bei Bestreiten des Nachtrags schon dem Grunde nach)*:

Ihr Architekt hat am ... angeordnet, die Kellerwände mit kunststoffmodifizierter Bitumendickbeschichtung abzudichten. Wir haben bereits in der Besprechung vom ... darauf hingewiesen, dass wir eine solche vertikale Abdichtung des Kellers weder nach dem Text des Leistungsverzeichnisses noch nach den uns übergebenen Ausführungsplänen schulden. Sie haben sich dagegen auf die Ziffer ... des Bauvertrags berufen, wo es heißt, dass sämtliche Leistungen, die zur Herstellung eines mangelfreien Bauwerks notwendig sind, selbst dann im Rahmen des Pauschalpreises erbracht werden müssen, wenn die Leistungen in den Vertragsbestandteilen nicht ausdrücklich genannt werden. Dazu teilen wir Ihnen nochmals mit, dass eine solche Komplettheitsklausel bei einem Detail-Pauschalvertrag nach allgemeiner Auffassung wirkungslos ist (vgl. nur: OLG Dresden, Urt. v. 22.9.2009 – 10 U 980/08 und OLG Brandenburg, Urt. v. 9.7.2002 – 11 U 187/01). Wir haben nach dem abgeschlossenen Vertrag keine

Planungsverpflichtungen übernommen. Deshalb haften wir auch nicht für Fehler, die von Ihrem Planer zu verantworten sind. Prüfungs- und Bedenkenhinweispflichten bestehen nach § 4 Abs. 3 VOB/B erst nach Vertragsabschluss. Selbst wenn wir geahnt hätten, dass nach Freilegung der Kelleraußenwände Abdichtungsmaßnahmen erforderlich sein könnten und auf dafür im Leistungsverzeichnis und in der Planung fehlende Aussagen hingewiesen hätten, wären die zusätzlichen Leistungen vergütungspflichtig gewesen. Insoweit handelt es sich hier um reine Sowieso-Kosten. Wir übersenden Ihnen deshalb beigefügt unser Nachtragsangebot nebst Kalkulation. Bei der Vergütung haben wir die Grundlagen der Preisermittlung für die beauftragen Vertragsleistungen – soweit verwertbar – und die besonderen Kosten der zusätzlich geforderten Leistung berücksichtigt. (alternativ: Wir haben unser Nachtragsangebot auf Basis der erforderlichen Mehrkosten erstellt und hierfür angemessene Zuschläge für AGK sowie Wagnis und Gewinn geltend gemacht, weil unsere Auftragskalkulation zu den Lohnkosten unauskömmlich ist und die Zuschlagssätze aufgrund unserer damaligen betrieblichen Situation ebenfalls unangemessen niedrig kalkuliert wurden (***Anmerkung: zur Begründung dieser Alternative wird auf das Musterschreiben E 13 verwiesen***).

Wir bitten um Ihre schnellstmögliche Beauftragung, damit die Leistungen unverzüglich ausgeführt werden können. Sollten Sie bei Ihrem Standpunkt bleiben und die Zahlung einer Nachtragsvergütung weiterhin bereits dem Grunde nach ablehnen, werden wir von unserem Leistungsverweigerungsrecht Gebrauch machen. Hierzu verweisen wir auf die Entscheidung des BGH vom 24.6.2004 – II ZR 271/01, wonach uns dieses Recht zusteht, wenn der Auftraggeber die Zahlung einer Nachtragsvergütung schon dem Grunde nach endgültig und ernsthaft verweigert.

Mit freundlichen Grüßen

....

(Unterschrift)

Geltendmachung einer Nachtragsvergütung beim Global-Pauschalvertrag E 8 1019

An den Auftraggeber

Datum

Bauvorhaben …
Bauvertrag vom …

Sehr geehrte Damen und Herren,

der von Ihnen beauftragte bauleitende Architekt hat in der Baubesprechung vom … gefordert, dass der Parkplatz eine Umzäunung erhalten soll. Diese Leistungen schulden wir im Rahmen des vereinbarten Pauschalpreises nicht, weil in der funktionalen Baubeschreibung vom … ein Zaun nicht erwähnt wird und es sich dabei auch nicht um eine funktional notwendige Bauleistung handelt, die erforderlich ist, um die beauftragte Leistung vollständig und mangelfrei herzustellen. Aus diesem Grund können uns diese Arbeiten nur mit unserer Zustimmung übertragen werden (§ 1 Abs. 4 Satz 2 VOB/B). Wir sind bereit, die Leistung auszuführen, falls eine vorherige Beauftragung des beigefügten Nachtragsangebots bis zum … erfolgt. Der vertraglich vereinbarte Fertigstellungstermin wird sich in diesem Fall um … Tage auf den … verschieben.

Alternativ *(Mehrkosten wegen Änderungsanordnung mit Aufforderung zur Bestätigung)*:

Nach der funktionalen Baubeschreibung schulden wir Badewannen eines deutschen Markenherstellers mittlerer Preisklasse. Wir haben in den Wohnungen deshalb Badewannen der Marke „Bamberg Juwel" vorgesehen. Diese Auswahlentscheidung entspricht billigem Ermessen, weil sie sich an dem für uns erkennbaren Ausstattungsstandard der Wohnungen orientiert. Der von Ihnen beauftragte bauleitende Architekt teilte im Rahmen der Baubesprechung vom … mit, dass aufgrund von Mieterwünschen in den Wohnungen 4, 7, 9 und 12 sowie in den Dachgeschosswohnungen Badewannen des Typs „Bamberg Kronjuwel" eingebaut werden sollen. Die dadurch entstehenden Mehrkosten betragen nach dem beigefügten Angebot insgesamt € … Wir bitten Sie um Ihre dementsprechende schriftliche Bestätigung bis zum …, weil nach dem zwischen uns abgeschlossenen Vertrag der bauüberwachende Architekt ausdrücklich keine Vollmacht zur Anordnung geänderter oder zusätzlicher Leistungen hat. Vor einer solchen Genehmigung durch einen Vertretungsberechtigten Ihres Hauses werden wir keine entsprechende Bestellung bei unserem Lieferanten veranlassen, wodurch die vereinbarte Frist für den Einbau der Badewannen gefährdet ist, wenn uns Ihre Genehmigung nicht unverzüglich zugeht.

Eventuell *(Hinweis auf Ausführungsfristverlängerung)*:

Wir weisen Sie darauf hin, dass die geänderten Badewannen, deren Ausführung in der letzten Baubesprechung verbindlich angeordnet wurde, eine Lieferzeit von vier Wochen haben, sodass wir die entsprechenden Arbeiten erst ab der … Kalenderwoche, statt wie vorgesehen in der … Kalenderwoche ausführen können. Dadurch verlängert sich die Fertigstellungsfrist entsprechend. Die dadurch zusätzlich entstehenden zeitabhängigen Kosten sind in unserem beigefügten Nachtragsangebot enthalten.

Alternativ *(Hinweis auf Mehrkosten wegen falscher auftraggeberseitiger Planung)*:

Wie bereits mit Schreiben vom ... ausgeführt, lässt sich die Fassade aus statischen Gründen nicht verwirklichen, sodass eine vollkommen neue Konstruktion gewählt werden muss. Die Ausführung der Fassade wurde bereits im Leistungsverzeichnis detailliert beschrieben. Zur Leistungsbeschreibung gehörte auch eine detaillierte Ausführungsplanung des Ingenieurbüros … Die erforderlichen Änderungen führen zu erheblichen Mehrkosten. Zur Begründung verweisen wir auf das als Anlage beigefügte Nachtragsangebot mit Erläuterungen.

Der von Ihnen in der Besprechung vom ... mitgeteilte Standpunkt, wonach wir aufgrund der getroffenen „Global-Pauschalpreisabrede mit Schlüsselfertigklausel" zur Herstellung der geänderten Fassade im Rahmen der vereinbarten Vergütung verpflichtet seien, ist nach der Rechtsprechung zweifelsfrei falsch. Es trifft zwar zu, dass im Bauvertrag weite Teile der Leistung nur funktional beschrieben worden sind. Das ändert aber nichts an der Berechtigung unseres Nachtragsanspruchs. Denn für die Detailplanung der Fassade waren wir nicht verantwortlich und haften deshalb auch nicht für Fehler der Planung Ihres Ingenieurbüros. Weder eine Schlüsselfertigkeitsabrede noch die Vereinbarung eines Pauschalpreises sind im Falle einer detaillierten auftraggeberseitigen Leistungsbeschreibung geeignet, den Abgeltungsumfang der vereinbarten Pauschalsumme zu erweitern, weil die Detailregelungen des Vertrags einer globalen Regelung vorgehen (BGH, Urt. v. 13.3.2008 – VII ZR 194/06 und OLG Koblenz, Urt. v. 31.3.2010 – 1 U 415/08).

Wir weisen ferner darauf hin, dass wir im Angebotsstadium nicht zur Prüfung von statischen Berechnungen verpflichtet waren, weil die Bestimmung in § 4 Abs. 3 VOB/B erst nach Abschluss des Bauvertrags gilt. In der Angebotsphase ist ein Bieter nicht gehalten, auf eventuelle Planungsfehler oder Fehler im Leistungsverzeichnis hinzuweisen, weil die Prüfung der Ausschreibungsunterlagen nur unter kalkulatorischen Aspekten erfolgt. Anders ist es allenfalls, wenn der Planungsfehler völlig offenkundig und für einen Bieter im Rahmen der Kalkulation eindeutig erkennbar war. Das ist bei Fehlern in statischen Berechnungen zweifelsfrei auszuschließen. Sollten Sie den Nachtrag weiterhin bereits dem Grunde nach endgültig ablehnen, werden wir von unserem Leistungsverweigerungsrecht Gebrauch machen und unsere Rechtsanwälte einschalten. Wir stehen Ihnen für alle Rückfragen gerne zur Verfügung.

Alternativ *(Hinweis auf Fehler in der auftraggeberseitigen Entwurfsplanung)*:

Wir hatten Ihnen bereits mitgeteilt, dass die Korrosionsschäden an dem Wasserbecken auf Fehler in der von Ihrem Fachplanungsbüro erstellten Entwurfsplanung zurückgehen. Ursache für die Korrosionsschäden ist die nicht geplante Entlüftung eines Schallwasserbehälters. Solche Fehler in der Entwurfsplanung müssen Sie sich als Auftraggeber selbst dann entgegenhalten lassen, wenn uns die fehlerhafte Planung bei ordnungsgemäßer Überprüfung der Entwurfsplanung hätte auffallen müssen (OLG Frankfurt, Urt. v. 16.3.2010 – 14 U 31/04; KG, Urt. v. 14.4.2009 – 21 U 10/07). Das ist hier jedoch nicht der Fall, weil weder ein offenkundiger Fehler der Planung vorlag noch kalkulationserhebliche Angaben in der Leistungsbeschreibung gefehlt haben. Selbst wenn wir diesen Planungsfehler bereits vor Vertragsabschluss erkannt hätten, wären bei einem entsprechenden Hinweis unsererseits von Anfang an höhere Kosten für die Lieferung und den Einbau des Schallwasserbehälters entstanden, sodass es sich insoweit um reine Sowieso-Kosten handelt.

Eventuell *(Angebot zur Teilung der Kosten bei geteilter Planungsverantwortung)*:

Zwischen uns ist unstreitig, dass die Entwurfsplanung für das Brückenbauwerk, die von Ihrem Ingenieurbüro … erstellt wurde, mangelhaft und die von uns erstellte Ausführungsplanung in demselben Punkt fehlerhaft ist. Zwischen uns ist ferner unstreitig, dass die Ausfräsarbeiten der Fahrbahn, die nunmehr notwendig werden, ca. € … an Kosten verursachen werden. In einem Fall mangelhafter Entwurfspläne muss sich der Auftraggeber an den Kosten der Mängelbeseitigung beteiligen (KG, Urt. v. 14.4.2009 – 21 U 10/07). Wir schlagen zur Vermeidung einer juristischen Auseinandersetzung eine Kostenteilung vor. An dieses Angebot halten wir uns bis zum … gebunden und bitten innerhalb dieser Frist um Ihre Rückäußerung.

Mit freundlichen Grüßen

………………………………………………

(Unterschrift)

1020 Reaktion auf Zurückweisung eines Nachtrags wegen unterbliebener Aufklärung von Unklarheiten bzw. Anzeige von Bedenken bei Planungsfehlern vor Auftragserteilung/Hinweis auf Sowieso-Kosten E 9

An den Auftraggeber

Datum

Bauvorhaben …
Unser Nachtragsangebot vom …

Sehr geehrte Damen und Herren,

Sie haben unser Nachtragsangebot vom … zurückgewiesen und dabei die Auffassung vertreten, wir hätten vor Abgabe unseres Angebots aufklären müssen, ob die Hochspannungsleitungen im Bereich der Brücke nur während der vorgesehenen Bohrpfahlarbeiten oder für die gesamte Ausführung unserer Leistungen entfernt bleiben. Sie meinen, weil eine entsprechende Nachfrage unseres Hauses unterblieben sei, müssten wir die Mehrkosten, die dadurch entstanden sind, dass der für Materialtransporte vorgesehene Kran nicht zum Einsatz kommen konnte, selbst tragen. Das ist nach der Rechtsprechung des BGH zweifelsfrei unzutreffend (vgl. BGH, Urt. v. 12.9.2013 – VII ZR 227/11 und BGH, Urt. v. 13.3.2008 – VII ZR 194/06). Wenn der Ausschreibung zu entnehmen war, dass eine für den verkehrsüblichen Einsatz eines Krans hinderliche Hochspannungsleitung wegen der vorgesehenen Bohrpfahlarbeiten ohnehin zum Beginn der Arbeiten abgebaut wird, muss ein Bieter ohne einen entsprechenden Hinweis in der Ausschreibung nicht annehmen, dass die Hochspannungsleitung nur für die Dauer der Bohrpfahlarbeiten entfernt bleibt. Ein solcher Hinweis wäre nach § 7 Abs. 1 Nr. 1 bis 3 VOB/A vielmehr seitens des Auftraggebers geboten gewesen. Die Auslegung des Vertrags ergibt folglich, dass wir von einem möglichen Kraneinsatz ausgehen durften. Dieses Auslegungsergebnis wird auch nicht etwa dadurch beeinflusst, dass wir als Bieter etwaige Unklarheiten der Ausschreibung nicht vor Angebotsabgabe aufgeklärt haben. Denn dafür bestand keine Veranlassung. Wir halten deshalb an unserem Nachtragsangebot ausdrücklich fest und werden den Anspruch notfalls auf gerichtlichem Weg durchsetzen, falls nicht zeitnah eine Einigung über die geltend gemachten Mehrkosten erfolgt.

Eventuell *(Hinweis auf Sowieso-Kosten bei einem unterbliebenen Bedenkenhinweis vor Vertragsabschluss)*:

Mit Schreiben vom … vertreten Sie die Auffassung, der Planungsfehler des Ingenieurbüros … sei so offenkundig gewesen, dass er auch im Rahmen der

Kalkulation habe auffallen müssen. Dem widersprechen wir nachdrücklich. Für einen Kalkulator mit branchenüblichem Normalwissen ist es im Rahmen der Ermittlung von Angebotspreisen weder möglich noch zumutbar, sich mit derart speziellen technischen Fragen der Ausführung zu befassen, zumal der Text der Leistungsbeschreibung kalkulatorisch vollständige Angaben enthielt, auch wenn diese auf einer fehlerhaften Planung Ihres Ingenieurbüros beruhten. Es bestand für den Angebotsbearbeiter deshalb überhaupt keine Veranlassung, sich im Detail mit der Planung, die im Positionstext des Leistungsverzeichnisses auch nicht konkret genannt worden ist, auseinanderzusetzen. Selbst wenn man den aus unserer Sicht unzutreffenden Standpunkt vertreten wollte, es habe dennoch bereits vor Vertragsabschluss eine Prüfungs- und Hinweispflicht bestanden, handelt es sich bei der von uns geltend gemachten Nachtragsvergütung um reine Sowieso-Kosten. Diese wären in gleicher Höhe entstanden, wenn ein entsprechender Hinweis unseres Hauses schon vor oder bei Abgabe des Angebots erfolgt wäre. In technischer Hinsicht ist zwischen uns nämlich unstreitig, dass dann der Planungsfehler bereits zu diesem Zeitpunkt korrigiert worden wäre. Auch in diesem Fall hätten wir unser Angebot um die erforderlichen Änderungs- und Zusatzleistungen ergänzt und dafür ebenfalls eine Vergütung geltend gemacht. Im wirtschaftlichen Endergebnis hätte ein Hinweis vor Vertragsabschluss folglich nicht zu geringeren Kosten geführt, weil durch unseren in der Ausführungsphase erfolgten Bedenkenhinweis keine zusätzlichen Kosten entstehen werden. Wir bitten Sie deshalb, Ihren Standpunkt noch einmal zu überdenken und haben uns für Ihre Antwort eine Frist bis zum … notiert.

Mit freundlichen Grüßen

………………………………………

(Unterschrift)

1021 **Nachtrag bei Widerspruch zwischen dem LV-Text und den Plänen/vorläufiger Einigungsvorschlag/Reaktion auf ein passives Verhalten des Auftraggebers zu Nachtragsangeboten** **E 10**

An den Auftraggeber

Datum

Bauvorhaben ...
Unser Nachtragsangebot vom ...

Sehr geehrte Damen und Herren,

Sie haben die Bezahlung des Nachtrags Nr. 5 auch im Rahmen unserer Besprechung vom gestrigen Tag nochmals abgelehnt, weil Sie nach wie vor den Standpunkt vertreten, dass wir aufgrund der Ausführungsplanung, die Bestandteil des Bauvertrags geworden ist, zur Herstellung automatisch öffnender Brandschutztüren verpflichtet sind, obwohl die elektrische Ansteuerung dieser Türen im Leistungsverzeichnis nicht erwähnt worden ist.

Wir haben Ihnen mitgeteilt, dass die Ausführungsplanung nach der Ziffer 3 des Vertrags im Rang nach dem Leistungsverzeichnis gilt. Ohnehin folgt aus § 7b Abs. 2 VOB/A, dass Zeichnungen, die für die Ausführung maßgebend sein sollen, eindeutig zu benennen sind. Das erfordert einen konkreten Hinweis auf die Maßgeblichkeit einer Planaussage in der entsprechenden Position des Leistungsverzeichnisses. Denn wir kalkulieren unsere Preise in der Angebotsphase anhand der im LV textlich beschriebenen Leistungen und nicht aufgrund von Plänen, die dort nicht erwähnt werden. Das ist auch zulässig, solange die Angaben im LV kalkulatorisch vollständig sind und – wie hier – eine einwandfreie Preisermittlung ermöglichen.

Um eine weitere Eskalation zu vermeiden, schlagen wir Ihnen folgende Zwischenlösung vor: Wir lassen die Frage, ob eine zusätzliche Vergütungspflicht besteht, zum gegenwärtigen Zeitpunkt ausdrücklich offen. Sie übergeben uns bis zum ... eine Sicherheit für den von uns mit € ... bezifferten Nachtragsanspruch nach § 650f BGB (vormals: § 648a BGB). Im Gegenzug verzichten wir auf die Ausübung unseres Leistungsverweigerungsrechts und stellen die Leistungen bis zum ... her. Falls wir uns auch nach Abschluss des Bauvorhabens nicht einigen können, muss die Frage der Vergütungspflicht gegebenenfalls gerichtlich geklärt werden. Wir bitten um Ihre Mitteilung zu diesem Vorschlag bis zum ...

Eventuell *(Hinweis auf Ausübung des Leistungsverweigerungsrechts wegen passiven Verhaltens des Auftraggebers zu Nachtragsangeboten über eine längere Zeit):*

Zu unseren Nachtragsangeboten vom … und … liegt uns bis zum heutigen Tag weder eine Beauftragung noch irgendeine Stellungnahme Ihres Hauses vor, obwohl wir darum mit Schreiben vom … ausdrücklich gebeten hatten. Es ist zwischen uns unstreitig, dass wir die entsprechenden Leistungen seit dem … ausführen und uns hierfür erhebliche Mehrkosten entstehen. Am gestrigen Tag teilten Sie uns auf nochmalige Nachfrage telefonisch mit, Sie seien nach der VOB/B nicht verpflichtet, Nachträge zu beauftragen. Daraus könne auch kein Leistungsverweigerungsrecht resultieren, weil Sie die Nachtragsforderungen weder endgültig noch ernsthaft bestritten hätten und eine wirksame Anordnung zur Ausführung der Leistungen vorliege. Das halten wir in diesem Fall nicht für zutreffend. Es gibt weder einen von Ihrem Haus genannten noch einen für uns ersichtlichen Sachgrund, weshalb Sie zu den Ihnen seit vielen Wochen vorliegenden Nachtragsangeboten in preislicher Hinsicht keine Stellung nehmen. Nach Ihrer telefonischen Mitteilung gäbe es auch keine Unklarheiten oder sonstige Rückfragen zu unseren Nachtragsangeboten, weil Sie sich mit diesen noch überhaupt nicht näher beschäftigt hätten. Wir verweisen in diesem Zusammenhang auf eine Entscheidung des OLG Düsseldorf vom 2.3.2018 – 22 U 71/17 und zitieren den dortigen letzten amtlichen Leitsatz wie folgt:

„Grundlage eines Leistungsverweigerungsrechts des Auftragnehmers aus Treu und Glauben (§ 242 BGB) kann auch sein, dass sich der Auftraggeber hinsichtlich eingereichter Nachtragsangebote – unter Verstoß gegen seine Kooperationspflichten – völlig passiv verhält, denn dem Auftragnehmer kann nicht zugemutet werden, Anordnungen des Auftraggebers gemäß § 1 Abs. 3 bzw. Abs. 4 Satz 1 VOB/B befolgen zu müssen, ohne auf der anderen Seite Klarheit über die ihm dafür zustehende Vergütung zu erhalten."

Wir geben Ihnen deshalb nochmals Gelegenheit, unsere Nachtragsangebote zu beauftragen bzw. konkret mitzuteilen, aus welchen Gründen eine Beauftragung in der geltend gemachten Höhe nicht erfolgen kann. Wir sind selbstverständlich bereit, unsere Angebote zu erläutern und Fragen zu beantworten, nachdem sie gestellt worden sind. Das ist bis zum heutigen Tag aber nicht der Fall. Wir setzen zur Beauftragung unserer Nachtragsangebote deshalb nochmals eine Frist bis … und weisen darauf hin, dass wir im Fall des erneuten fruchtlosen Fristablaufs unsere Rechtsanwälte einschalten werden. Gegebenenfalls müssen Sie ab diesem Zeitpunkt auch damit rechnen, dass wir die weitere Leistungserbringung aus den oben genannten Gründen verweigern werden.

Mit freundlichen Grüßen

…………………………………………

(Unterschrift)

1022 **Reaktion des Auftragnehmers auf (teilweise) Verweigerung der Zahlung einer Nachtragsvergütung** E 11

An den Auftraggeber

Datum

Bauvorhaben …
Unser Nachtragsangebot vom …
Unsere 7. Abschlagsrechnung vom …

Sehr geehrte Damen und Herren,

wir hatten Ihnen am … ein Angebot über die Ausführung geänderter Fensterprofile aufgrund Ihrer Anordnung vom … übersandt. Sie haben dieses Angebot zum damaligen Zeitpunkt nicht angenommen und zur Begründung darauf hingewiesen, dass nach der VOB/B vor der Ausführung einer Nachtragsleistung kein Anspruch auf eine Vergütungsvereinbarung bestehe. Selbst wenn das zutreffend wäre, verstehen wir nach wie vor nicht, weshalb Sie sich auf diese rein formale und noch dazu umstrittene Rechtsposition zurückgezogen haben.

Nachdem die geänderten Leistungen aber zwischenzeitlich ordnungsgemäß ausgeführt worden sind, haben wir die daraus resultierenden Mehrkosten mit der siebten Abschlagsrechnung vom … entsprechend unseres Angebots prüfbar abgerechnet. Im Rahmen der Prüfung dieser Abschlagsrechnung haben Sie die entsprechenden Nachträge unter Hinweis auf eine fehlende Preiseinigung gestrichen. Sie haben ferner darauf hingewiesen, dass die Prüfung unserer Nachtragsforderungen mehr Zeit als die von der VOB/B vorgesehene Prüfungsfrist für Abschlagsrechnungen von 21 Tagen in Anspruch nehme und Sie die Berechtigung unserer Forderungen erst im Rahmen der Schlussrechnungsprüfung abschließend bewerten werden.

Beide Einwände sind nach der Rechtsprechung des BGH zweifelsfrei unzulässig (BGH, Beschl. v. 24.5.2012 – VII ZR 34/11). Nach dieser Entscheidung ist ein Auftragnehmer berechtigt, auch dann Abschlagszahlungen für eine vom Auftraggeber geforderte zusätzliche oder geänderte Leistung zu fordern, wenn eine Einigung über deren Vergütung nicht stattgefunden hat. Der BGH hat ausdrücklich darauf hingewiesen, dass auch ein langwieriges internes Prüfungsverfahren des Auftraggebers daran nichts ändern kann. Das wurde auch vom OLG Köln ausdrücklich so bestätigt (OLG Köln, Urt. v. 7.6.2016 – 22 U 45/12).

Wir setzen Ihnen für die Zahlung unserer Nachtragsforderungen aus der siebten Abschlagsrechnung deshalb eine angemessene Nachfrist bis zum … (angemessen sind ca. fünf bankübliche Arbeitstage) und weisen Sie darauf hin, dass wir nach Ablauf dieser Frist von unserem Leistungsverweigerungsrecht nach § 16 Abs. 5 Nr. 4 VOB/B Gebrauch machen werden, falls auch diese Frist fruchtlos verstreichen sollte. Gleichzeitig werden wir Verzugszinsen nach § 16 Abs. 5 Nr. 3 VOB/B in Höhe von 9 Prozentpunkten über dem Basiszinssatz gemäß § 288 Abs. 2 BGB berechnen. Für eventuelle Rückfragen stehen wir Ihnen gerne zur Verfügung.

Eventuell *(Prozentuale A-Konto-Zahlung auf Nachtragsforderungen)*:

Sie haben auf unsere in der siebten Abschlagsrechnung geltend gemachten Nachtragsforderungen (N 1 bis N 4) lediglich A-Konto-Zahlungen zwischen ca. 20 % und 60 % geleistet und zur Begründung darauf hingewiesen, dass die abschließende Prüfung der Nachtragsforderungen noch längere Zeit in Anspruch nehmen werde. Das ist nach einer BGH-Entscheidung vom 24.5.2012 – VII ZR 34/11 unzulässig. Die Dauer Ihres internen Prüfungsverfahrens ändert nichts an der zwischen uns vereinbarten Zahlungsfrist für Abschlagsrechnungen nach § 16 Abs. 1 Nr. 3 VOB/B, die 21 Tage beträgt. Deshalb ist es unberechtigt, lediglich A-Konto-Zahlungen nach freiem Ermessen zu leisten, ohne konkret zu begründen, weshalb unsere Nachtragsforderungen nicht in voller Höhe bezahlt worden sind. Wir weisen an dieser Stelle darauf hin, dass Sie im Falle der vollständigen Zahlung unserer Abschlagsrechnung kein endgültiges Anerkenntnis im Rechtssinne abgeben.

Vor diesem Hintergrund setzen wir Ihnen eine angemessene Nachfrist zur Zahlung des Restbetrages i.H.V. … bis zum … (*ca. 5 Arbeitstage*) und weisen Sie darauf hin, dass wir von unserem Leistungsverweigerungsrecht nach § 16 Abs. 5 Nr. 4 VOB/B Gebrauch machen werden, falls auch diese Frist fruchtlos verstreichen sollte. In jedem Fall werden wir ab Beginn des Zahlungsverzugs Zinsen in Höhe von 9 Prozentpunkten über dem Basiszinssatz geltend machen (§ 16 Abs. 5 Nr. 3 VOB/B i.V.m. § 288 Abs. 2 BGB). Für eventuelle Rückfragen stehen wir Ihnen gerne zur Verfügung. ***Eventuell*** *(Auftraggeber hält Nachtragsforderung für überhöht)*:

Sie teilten uns im Rahmen der Prüfung unserer siebten Abschlagsrechnung mit, dass Sie unsere Nachtragsforderung vom … für überhöht halten, weil wir die Materialeinkaufspreise nicht durch Angebote bzw. Rechnungen unserer Lieferanten nachgewiesen hätten (***alternativ:*** die erhöhten Kosten unserer Nachunternehmer nicht durch deren Nachtragskalkulation prüfbar begründet hätten). Aus diesem Grund verweigern Sie die Zahlung der Nachtragsvergütung insgesamt. Der Sache nach ist zwischen uns unstreitig, dass wir entgegen der Position … des LV Lampen mit ballwurfsicheren Scheiben geliefert und ordnungsgemäß eingebaut haben. Darüber hinaus haben sich die Materialkosten aufgrund Ihrer Anordnungen auch noch bei zahllosen weiteren Positionen (Kabel, Stecker, Vorschaltgeräte und Halterungen etc.) geändert. Die Zusammenstellung und der Nachweis der konkreten Mehrkosten ist arbeitsaufwendig und wird erhebliche Zeit in Anspruch nehmen. Darüber hinaus liegen uns zum gegenwärtigen Zeitpunkt teilweise nur Angebote, nicht aber alle Rechnungen unserer Lieferanten vor, weil wir vereinbart haben, dass Rechnungen erst ab bestimmten Beträgen gestellt werden. Nach einer BGH-Entscheidung vom 24.5.2012 – VII ZR 34/11 ist es nicht zulässig, die Zahlung des Nachtrags insgesamt zu verweigern, nur weil der Auftraggeber eine Nachtragsforderung für überhöht hält. Da der Sache nach unstreitig ist, dass wir geänderte und höherwertige Leistungen ausgeführt haben, ist jedenfalls eine unstreitige Mindestvergütung geschuldet. Wir verlangen deshalb, dass bis zum konkreten Nachweis der gestiegenen Materialeinkaufskosten jedenfalls die im Vertrag vereinbarte Vergütung zuzüglich eines Zuschlags i.H.v. ... % gezahlt wird. Die Differenz zu unserer Abrechnung wird fällig, nachdem wir die entsprechenden Nachweise zusammengestellt und vorgelegt haben. Damit ist sichergestellt, dass Ihr Haus in keinem Fall eine Überzahlung leistet. Im Übrigen ist mit der Zahlung einer Abschlagsrechnung kein Anerkenntnis verbunden, weil es sich dabei nur um eine vorläufige Zahlung handelt.

Wir setzen Ihnen zur Zahlung des entsprechenden Betrags in Höhe von € ... deshalb eine angemessene Nachfrist bis zum ... und weisen Sie darauf hin, dass wir neben der Geltendmachung von Verzugszinsen gemäß § 16 Abs. 5 Nr. 3 VOB/B berechtigt sind, die weitere Leistungserbringung zu verweigern, falls auch diese Frist fruchtlos verstreichen sollte (§ 16 Abs. 5 Nr. 4 VOB/B).

Für Rückfragen stehen wir Ihnen gerne zur Verfügung.

Alternativ *(Stornierung der Abschlagsrechnung über 100 % und Geltendmachung von 80 % nach § 650c Abs. 3 BGB)*:

Mit Schreiben vom ... teilten Sie uns mit, dass Sie unsere Abschlagsrechnung vom ... so lange nicht bezahlen werden, bis eine Preiseinigung über die Nachtragsvergütung stattgefunden hat. Unabhängig davon, dass dies eindeutig unzulässig ist, stornieren wir unsere Abschlagsrechnung und machen von der Möglichkeit des § 650c Abs. 3 BGB Gebrauch. Wir verlangen deshalb die Bezahlung von vorläufig 80 % der in unserem Nachtragsangebot genannten Vergütung und fügen Ihnen die entsprechende Rechnung als Anlage bei. Eine nochmalige Fälligkeitsfrist von 21 Tagen für die Bezahlung dieser Rechnung kommt nicht in Betracht, sodass wir um Zahlung innerhalb einer Woche bitten. Vorsorglich setzen wir bereits hiermit eine weitere Nachfrist von drei banküblichen Arbeitstagen.

Zur Erläuterung dieses Vorgehens verweisen wir darauf, dass nach herrschender Meinung sowie den Entscheidungen des Landgerichts und des Kammergerichts § 650c Abs. 3 BGB auch bei Vereinbarung der VOB/B anwendbar ist (LG Berlin, Urt. v. 16.10.2020 – 8 O 126/20 und KG, Urt. v. 2.3.2021 – 21 U 1098/20). Falls Sie die Zahlung von 80 % verweigern, ohne eine anderslautende Entscheidung im Eilverfahren nach § 650d BGB herbeizuführen, geraten Sie selbst dann in Zahlungsverzug, wenn sich im Nachhinein herausstellen sollte, dass die erhobene Forderung überhöht war. Wir wären deshalb berechtigt, die Leistungen einzustellen, falls auch die hier gesetzte Nachfrist zur Zahlung fruchtlos verstreichen sollte (§ 16 Abs. 5 Nr. 4 VOB/B bzw. § 320 BGB).

Daneben hätten wir die Möglichkeit, eine Zahlungsverfügung nach § 650d BGB im Eilverfahren zu erwirken. Denn auch diese Vorschrift ist nach allgemeiner Auffassung und den beiden oben genannten Gerichtsentscheidungen selbst bei Vereinbarung der „VOB im Ganzen", also ohne inhaltliche Veränderungen, anwendbar. Wir hoffen, dass es zur Vermeidung der dadurch für die unterliegende Partei entstehenden Kosten und im Sinne einer fristgemäßen Fertigstellung der Leistung nicht zu den hier genannten Maßnahmen kommen muss. Im Übrigen müssen Sie nicht befürchten, dass mit der Zahlung von 80 % ein Anerkenntnis verbunden ist oder Ihrem Haus ein Schaden wegen möglicher Überzahlung entsteht. Die Abrechnung von 80 % ist vorläufig. Eventuelle Überzahlungen nebst Zinsen i.H.v. 9 % sind zurückzugewähren (§ 650c Abs. 3 Sätze 3 und 4 BGB). Wir werden die Differenz zu unserem Angebotspreis dagegen erst mit Schlussrechnungslegung nach Abnahme der Leistung fällig stellen.

Mit freundlichen Grüßen

....

(Unterschrift)

1023 **Anordnung des Auftraggebers ohne Preisvereinbarung vor Ausführung der Leistung/Zurückweisung von Nachtragsforderungen/unbillige Ausübung eines Leistungsbestimmungsrechts durch den Auftragnehmer** E 12

An den Auftragnehmer

Datum

Bauvorhaben ...
Ihr Nachtragsangebot vom ...

Sehr geehrte Damen und Herren,

Sie hatten mit Schreiben vom ... mitgeteilt, dass Ihr Haus Lampen mit ballwurfsicheren Scheiben in der Turnhalle und zusätzlich erforderliche Duschköpfe nur liefern und montieren werde, wenn wir zuvor Ihr Nachtragsangebot vom ... nach Grund und Höhe beauftragen. Wir müssen Sie deshalb darauf hinweisen, dass es einen Anspruch auf Vereinbarung einer Nachtragsvergütung vor Ausführung der Leistungen nach der VOB/B nicht gibt. Denn Vertragsdurchführung geht vor Preisgewissheit (KG, Urt. v. 13.6.2017 – 21 U 24/15). Stellt ein Auftragnehmer die Arbeiten dennoch ein und macht er die Fortführung der Leistungen von einer Einigung über die Zusatzvergütung abhängig, stellt dieses Verhalten eine Erfüllungsverweigerung dar und berechtigt den Auftraggeber zur Kündigung des Bauvertrags aus wichtigem Grund (OLG Hamm, Urt. v. 22.12.2011 – 21 U 111/10). Wir haben Ihren Nachtragsanspruch weder endgültig noch ernsthaft abgelehnt, sondern lediglich darauf hingewiesen, dass wir die Frage, ob Sie Lampen mit ballwurfsicheren Scheiben aufgrund der funktionalen Leistungsbeschreibung bereits nach dem Vertrag schulden, gegenwärtig noch prüfen und die damit im Zusammenhang stehenden Fragen auch mit unserem Fachplanungsbüro besprechen wollen. Es steht Ihnen nach Ausführung der entsprechenden Leistungen jederzeit frei, die aus Ihrer Sicht berechtigte Nachtragsvergütung abzurechnen. Bis dahin haben Sie aber kein Recht, die Ausführung der von uns bereits mit Schreiben vom ... angeordneten Leistungen zu verweigern. Wir gehen deshalb davon aus, dass Sie diese Leistungen nunmehr unverzüglich erbringen werden, um den vereinbarten Fertigstellungstermin nicht zu gefährden.

Alternativ *(Zurückweisung einer Nachtragsforderung, weil Nebenleistungen nach der VOB/C Bausoll sind)*:

mit Schreiben vom ... hatten Sie einen Vergütungsanspruch nach § 2 Abs. 6 VOB/B geltend gemacht, weil der Untergrund angeblich von Verschmutzungen durch Gips, Mörtelreste und Ähnlichem gereinigt werden musste. Dies sei eine besonders zu vergütende Leistung nach der Ziffer 4.2.7 der DIN 18336 und mit den vereinbarten Einheitspreisen nicht abgegolten. Mit Ihrer Abschlagsrechnung vom … machen Sie hierfür einen zusätzlichen Vergütungsanspruch in Höhe von € … geltend und teilen mit, dass Sie die weitere Leistungserbringung verweigern werden, falls keine entsprechende Zahlung erfolgen sollte. Dem müssen wir widersprechen, weil sich aus dem Bautagebuch, insbesondere den Eintragungen vom … und …, zweifelsfrei ergibt, dass diese Verschmutzungen durch den von Ihnen beauftragten Nachunternehmer … verursacht worden sind. Aus diesem Grund handelte es sich bei den Reinigungsleistungen um Nebenleistungen gemäß der Ziffer 4.1.3 der DIN 18336, die nicht gesondert zu vergüten sind (vgl. KG, Urt. v. 9.5.2017 – 21 U 97/15).

Im Übrigen sind Sie nach § 2 Abs. 6 Nr. 1 Satz 2 VOB/B verpflichtet, einen Nachtragsanspruch wegen zusätzlicher Leistungen vor der Ausführung anzukündigen und nicht erst, nachdem die Leistungen bereits erbracht worden sind. Dabei handelt es sich um eine echte Anspruchsvoraussetzung, worauf wir nur rein vorsorglich hinweisen.

Alternativ *(Zurückweisung weiterer bauzeitabhängiger Mehrkosten)*:

Sie machen mit Schreiben vom … noch einen Bauzeitnachtrag geltend und vertreten den Standpunkt, Sie hätten im Rahmen Ihrer bisherigen Nachtragsangebote bauzeitabhängige Mehrkosten nicht berücksichtigt, wobei die Ausführung der Nachträge „zweifelsfrei" höhere Baustellengemeinkosten durch eine längere Vorhaltung der Baustelleneinrichtung bzw. erhöhte Bauleitungskosten etc. erforderlich machten. Auch wenn uns entsprechende Nachweise zu dieser Behauptung nicht vorliegen, weisen wir Ihren Bauzeitnachtrag bereits aus rechtlichen Gründen zurück. Zwischen uns dürfte unstreitig bleiben, dass wir sämtliche technischen Nachträge aufgrund Ihrer Angebote verhandelt und auch Preiseinigungen erzielt haben. Auf den Umstand, dass über die in Ihren Nachtragsangeboten genannte Vergütung hinaus weitere Kosten hinzukommen können, haben Sie weder im seinerzeit geführten Schriftverkehr noch in den Besprechungen hingewiesen. Nach der Rechtsprechung ist völlig eindeutig, dass in solchen Fällen Nachtragsvereinbarungen abschließende Regelungen sind. Es gibt demzufolge keine „Nachträge zu Nachträgen", wenn kein entsprechender ausdrücklicher Vorbehalt erfolgt ist (OLG München, Urt. v. 26.9.2017 – 28 U 34/09; KG, Urt. v. 22.6.2018 – 7 U 111/17). Auch der bloße Hinweis in unserer Besprechung vom …, es werde sich eine Veränderung der Ausführungsfristen ergeben, stellt den erforderlichen, unmissverständlichen Vorbehalt nicht dar (OLG Brandenburg, Beschl. v. 18.08.2019 – 11 W 25/08).

Alternativ *(Hinweis darauf, dass Besondere Leistungen nach VOB/C im konkreten Fall Bausoll sind)*:

Sie machen Nachtragsansprüche geltend, weil das Schließen von Schlitzen und Durchbrüchen nach Abschnitt 4.2.14 der DIN 18382 eine Besondere Leistung sei und es hierfür keine gesonderte Ordnungsziffer im LV gäbe. Das rechtfer tigt eine Nachtragsvergütung jedoch nicht, weil in den Vorbemerkungen zum LV diese Leistungen eindeutig zur geschuldeten Leistung erklärt worden sind und es eine Schlitz- und Durchbruchsplanung gab, die auch Vertragsbestandteil wurde. Danach waren die erforderlichen Mengen eindeutig ermittelbar. Das ist nach der Rechtsprechung ausreichend, um die Leistungen zum vertraglichen Bausoll zu machen (vgl. BGH, Beschl. v. 10.4.2015 – VII ZR 144/12 und KG, Beschl. v. 6.8.2015 – 27 U 120/14).

Alternativ *(Hinweis auf das Bausoll bei funktionalem Leistungsbeschrieb)*:

Ihre Abschlagsrechnung vom ... ist am ... bei uns eingegangen. Darin machen Sie eine besondere Vergütung geltend, weil Sie statt der von Ihnen beabsichtigten offenen, eine aufwändigere geschlossene Wasserhaltung außerhalb des Spundwandkastens durchführen mussten. Diese Nachtragsforderung lehnen wir ab, weil Sie nach dem Leistungsverzeichnis für die nicht näher beschriebene Wasserhaltung eine Pauschalvergütung in Höhe von € 10.000,– angeboten haben. Deshalb ist eine nach Sachlage notwendige Wasserhaltung zu leisten. Das folgt daraus, dass die fragliche Leistung (hier: Wasserhaltung) unstreitig nur funktional beschrieben worden ist (vgl. OLG Dresden, Urt. v. 26.2.2013 – 9 U 123/12 und speziell zur Wasserhaltung: BGH, Urt. v. 9.4.1992 – VII ZR 129/91). Aus diesem Grund haben wir weder eine Änderungsanordnung erteilt noch die Durchführung von zusätzlichen Arbeiten gefordert. Sie schulden Wasserhaltung; wir verlangen nicht mehr, aber auch nicht weniger als die Erbringung der bereits im Vertrag vereinbarten Leistung und die Herbeiführung des danach geschuldeten Werkerfolgs.

Alternativ *(Hinweis auf Ausübung des Leistungsbestimmungsrechts außerhalb der Grenzen billigen Ermessens)*:

Sie haben mit Schreiben vom ... ein Nachtragsangebot gemäß § 2 Abs. 5 VOB/B übersandt, weil wir anlässlich der Baubesprechung vom ... darauf hingewiesen hatten, dass wir Türdrückergarnituren aus Plastik nicht akzeptieren werden, sondern stattdessen höherwertige Edelstahl-Drückergarnituren verlangen. Sie haben daraufhin mitgeteilt, dass der Bauvertrag zur konkreten Qualität der Drückergarnituren keine Regelung treffe. Deshalb seien Sie berechtigt, das Leistungsbestimmungsrecht auszuüben. Auch wenn Letzteres im Grundsatz zutreffend ist, muss Ihnen aufgrund der vertraglich detailliert beschriebenen

Ausstattungsmerkmale der Wohnungen (Bäder in Marmor, Eichenparkett etc.) sowie der bevorzugten Wohnlage klar gewesen sein, dass sich auch die in der Leistungsbeschreibung nicht näher bestimmten Bauteile hinsichtlich ihrer Qualität an dem erkennbaren Ausstattungsstandard orientieren müssen. Das folgt zweifelsfrei aus § 315 Abs. 1 BGB, wo es heißt, dass das Leistungsbestimmungsrecht nach „billigem Ermessen" auszuüben ist. Danach sind die Grundsätze von Treu und Glauben unter Berücksichtigung der Interessen beider Parteien zu berücksichtigen. Deshalb ordnen wir hiermit die unverzügliche Ausführung der in Ihrem Nachtragsangebot genannten Türdrückergarnituren aus Edelstahl an, bestätigen aber gegenwärtig nicht die dafür geltend gemachte besondere Vergütung. Sollten Sie nach Ausführung der Leistungen entsprechend abrechnen, werden wir anwaltlich prüfen lassen, ob und gegebenenfalls in welcher Höhe Ihre Forderung berechtigt ist.

Wir fordern Sie auf, schnellstmöglich mit der Montage zu beginnen, weil ansonsten der vereinbarte Fertigstellungstermin überschritten und unser Vertragspartner in diesem Fall eine erhebliche Vertragsstrafe geltend machen wird. Diese Vertragsstrafe werden wir an Ihr Haus als Schadensersatz durchstellen, falls Sie die vereinbarte Fertigstellungsfrist schuldhaft überschreiten sollten (§ 6 Abs. 6 Satz 1 VOB/B).

Mit freundlichen Grüßen

....

(Unterschrift)

1024 **Zurückweisung einer vorkalkulatorischen Preisfortschreibung bei Nachträgen/ Verlangen nach einer Offenlegung der Kalkulation/Berücksichtigung verdeckter Vergabeverluste/Zurückweisung von BGK-Zuschlägen** **E 13**

(das Eingangsschreiben und die erste Alternative basieren auf der BGH-Entscheidung vom 8.8.2019)

An den Auftragnehmer

Datum

Bauvorhaben …
Ihr Nachtragsangebot vom …

Sehr geehrte Damen und Herren,

Sie vertreten in Bezug auf Ihr Nachtragsangebot vom … den Standpunkt, dass die kalkulierten Materialkosten in Höhe von € 10,–/kg Stahl (***alternativ:*** *der Kalkulationslohn (Mittellohn zuzüglich Sozialkosten)* in Höhe von € 50,–/h oder auch die Deponiekosten i.H.v. € 220,–/t) analog der Urkalkulation fortgeschrieben werden könnten. Sie berufen sich dabei auf eine langjährige Rechtsprechung zur vorkalkulatorischen Preisfortschreibung bei Nachtragsforderungen. Auch wenn Ihr Standpunkt grundsätzlich zutreffend war, gilt er wegen einer Grundsatzentscheidung des BGH und weiterer Urteile von Oberlandesgerichten zwischenzeitlich nicht mehr. Im Einzelnen: Der BGH hat am 8.8.2019 – VII ZR 34/18 entschieden, dass die Vergütung von Mehrmengen über 10 % aufgrund falscher Mengenangaben im Vertrag (§ 2 Abs. 3 Nr. 2 VOB/B) nicht vorkalkulatorisch, sondern anhand der tatsächlich erforderlichen Kosten zzgl. angemessener Zuschläge zu ermitteln ist. Der BGH begründet dies damit, dass im Fall unvorhergesehener Mengenmehrungen eine Besser- oder Schlechterstellung einer Vertragspartei nach Treu und Glauben ausgeschlossen werden soll. Diese Grundsätze gelten unabhängig davon, ob die geänderten oder zusätzlichen Leistungen kausal zu einer Änderung der in der Kalkulation veranschlagten Kosten führten. Selbst wenn der von Ihrem Haus zu zahlende Stahlpreis gleich geblieben sein sollte, kann der infolge der Änderungen vermehrte Aufwand nur nach den tatsächlich erforderlichen Kosten mit angemessenen Zuschlägen für Allgemeine Geschäftskosten sowie Gewinn geltend gemacht werden. Das hat der BGH in einer weiteren Entscheidung vom 21.11.2019 – VII ZR 10/19 ausdrücklich klargestellt. Der in Rede stehende Bewehrungsstahl B 500B kostete nach unseren Recherchen im fraglichen Zeitraum nicht mehr als € 1,–/kg, sodass ausgeschlossen werden kann, dass Ihre Kalkulation die tatsächlich erforderlichen Kosten ausweist.

Auch wenn sich der BGH in den oben genannten Entscheidungen nicht explizit mit Nachtragsforderungen nach § 2 Abs. 5 oder Abs. 6 VOB/B befasst hat, sind unsere Rechtsanwälte der Auffassung, dass die Grundsätze dieser BGH-Rechtsprechung auch auf Nachtragsforderungen übertragen werden müssen. Zwischenzeitlich haben bereits vier Oberlandesgerichte genau diese Konsequenz auch gezogen (KG, Urt. v. 27.8.2019 – 21 U 160/18 und Urt. v. 2.3.2021 – 21 U 1098/20; OLG Düsseldorf, Urt. v. 19.12.2019 – 5 U 52/19; OLG Brandenburg, Urt. v. 22.4.2020 – 11 U 153/18; OLG Köln, Urt. v. 3.2.2021 – 11 U 136/18). Wir bitten Sie deshalb, uns Ihre Nachtragsforderung anhand der infolge der Änderungsanordnung tatsächlich erforderlichen Kosten prüfbar darzulegen. Wir behalten uns ferner eine Prüfung vor, ob die von Ihrem Haus kalkulierten Zuschlagssätze branchenüblich und deshalb angemessen sind.

Alternativ *(Aufforderung zur Öffnung der hinterlegten Auftragskalkulation)*:

Ihr Nachtragsangebot vom ... akzeptieren wir nur dem Grunde nach. Gemäß der Ziffer ... des Bauvertrags wurde uns am ... Ihre in einem versiegelten Umschlag enthaltene Auftragskalkulation übergeben. Aus dieser Auftragskalkulation müssen sich die Einzelkosten der Teilleistung, die Zusammensetzung der Baustelleneinrichtungs- und Baustellengemeinkosten, der Mittellohn sowie lohngebundene Kosten und die Zuschlagssätze für AGK und Gewinn ergeben. Ihr o.g. Nachtragsangebot erscheint uns weder hinsichtlich der direkten Kosten plausibel noch bezüglich der Zuschlagssätze angemessen, sodass wir Sie um die Vereinbarung eines Termins bitten, in dem wir die von Ihnen hinterlegte Auftragskalkulation zum Zwecke der Überprüfung Ihres Nachtragsangebots öffnen wollen. Bitte setzen Sie sich bis zum ... mit dem Unterzeichner in Verbindung.

Wir weisen vorsorglich darauf hin, dass wir aufgrund der aktuellen BGH-Rechtsprechung sowie der oberlandesgerichtlichen Rechtsprechung zu Mehrmengen und Nachträgen Ihre Ansätze aus der Urkalkulation nicht akzeptieren werden, wenn die dortigen Angaben nicht den tatsächlich erforderlichen Kosten entsprechen. Gleiches gilt bezüglich der kalkulierten Zuschlagssätze für Allgemeine Geschäftskosten sowie Gewinn, die objektiv angemessen sein müssen (BGH, Urt. v. 8.8.2019 – VII ZR 34/18; OLG Köln, Urt. v. 3.2.2021 – 11 U 138/18; KG, Urt. v. 2.3.2021 – 21 U 1098/20; OLG Düsseldorf, Urt. v. 19.12.2019 – 5 U 52/19; OLG Brandenburg, Urt. v. 22.4.2020 – 11 U 153/18).

Falls Sie Ihr Nachtragsangebot aufgrund dieses Schreibens ändern, also auf Kostenbasis zzgl. angemessener Zuschläge abrechnen und entsprechende Nachweise beifügen, können wir von der Vereinbarung eines Termins zur Öffnung Ihrer Ur- bzw. Auftragskalkulation absehen.

Alternativ *(Hinweis auf einen „verdeckten" Vergabeverlust)*:

Es ist der Sache nach unstreitig, dass wir am … die Ausführung eines geänderten Kabels bei der Position … des LV angeordnet haben. Aus Ihrer Auftragskalkulation, die uns am … übergeben wurde, geht hervor, dass Sie für das beauftragte Kabel (BUS 1 x 2 x 1 mm^2) einen Materialpreis in Höhe von € 2,–/m kalkuliert hatten. Nunmehr erfahren wir durch Ihr Nachtragsangebot, dem eine Preisliste Ihres Lieferanten beigefügt war, dass Ihr Haus für das beauftragte Kabel im Einkauf € 3,80/m hätte bezahlen müssen. Dieser verdeckte Verlust i.H.v. € 1,80/m ist auf das Nachtragsangebot betragsmäßig zu übertragen, sodass wir bereit sind, für das von uns geforderte Kabel (BUS 2 x 2 x 0,75 mm^2) € 4,70/m zu vergüten. Das entspricht dem nachgewiesenen Einkaufspreis in Höhe von € 6,50/m abzüglich des Betrages in Höhe von € 1,80/m. Hinzu kommen die unveränderten Lohnkosten in Höhe von € …/m sowie die Zuschlagssätze für AGK sowie Gewinn nach Ihrer Auftragskalkulation. Eine Änderungsanordnung führt nicht dazu, dass der Auftragnehmer einen Verlust, den er bei Ausführung der vertragsgemäßen Leistung realisiert hätte, kompensieren kann. Das gilt nicht nur nach § 650c Abs. 1 BGB, sondern auch bei VOB/B-Bauverträgen. Deshalb bleiben Gewinne, aber auch Verluste aus Lieferanten- oder Nachunternehmerverträgen betragsmäßig erhalten (OLG Dresden, Urt. v. 28.6.2012 – 16 U 831/11).

Alternativ *(Zurückweisung gesonderter Baustelleneinrichtungs- und Baustellengemeinkosten)*:

Es trifft der Sache nach zu, dass Ihrem Haus Nachtragsansprüche wegen geänderter und zusätzlicher Leistungen zustehen. Wir entnehmen Ihren Nachtragsberechnungen, dass darin auch Baustellengemeinkostenzuschläge „gemäß Auftragskalkulation" i.H.v. … % geltend gemacht werden. Diesen Anspruch weisen wir zurück. Denn aus Ihren Darlegungen geht an keiner Stelle hervor, dass es durch die Ausführung dieser Leistungen zum Anfall zusätzlicher Baustellengemeinkosten gekommen ist. Weder hat sich dadurch die vertraglich vereinbarte Bauzeit verlängert noch ist ersichtlich, dass die Führungsmannschaft der Baustelle verstärkt oder andere bzw. zusätzliche Geräte/Maschinen eingesetzt werden mussten oder eingesetzt worden sind. Wenn aufgrund der Nachträge keine zusätzlichen BGK entstehen, besteht auch kein Anspruch darauf, die Einzelkosten der modifizierten Leistungen mit Baustellengemeinkosten zu beaufschlagen (KG, Urt. v. 17.12.2013 – 7 U 203/12, bestätigt vom BGH mit Beschl. v. 27.4.2016 – VII ZR 24/14).

Mit freundlichen Grüßen

……………………………………………

(Unterschrift)

Zurückweisung eines Nachtragsangebots auf Basis tatsächlich erforderlicher Kosten nebst angemessener Zuschläge durch einen öffentlichen Auftraggeber (basierend auf der BGH-Entscheidung vom 8.8.2019) 1025

E 14

An den Auftragnehmer

Datum

Bauvorhaben …
Nachtragsangebot vom …

Sehr geehrte Damen und Herren,

im Begleitschreiben zu Ihrem im Betreff genannten Nachtragsangebot, das auf Basis tatsächlich erforderlicher Kosten nebst angemessener Zuschläge erstellt wurde, verweisen Sie auf eine Entscheidung des BGH vom 8.8.2019. Sie meinen, der BGH habe die vorkalkulatorische Preisfortschreibung nach den Ansätzen in der Urkalkulation nicht nur für Mehrmengen nach § 2 Abs. 3 Nr. 2 VOB/B beendet, vielmehr seien die Grundsätze dieser Entscheidung auch auf Nachtragsforderungen gemäß § 2 Abs. 5 und Abs. 6 VOB/B zu übertragen. Selbst wenn das zutreffend sein sollte, was gegenwärtig nicht feststeht, haben Sie unserer Auffassung nach den zweiten Leitsatz dieses Urteils übersehen bzw. nicht richtig gewürdigt. Denn dort heißt es ausdrücklich:

„Abgesehen von der in § 2 Abs. 3 Nr. 2 VOB/B vorgesehenen Einigung auf einen neuen Einheitspreis können die Vertragsparteien sowohl bei Vertragsschluss für den ungewissen Fall, dass Mengenmehrungen im Sinne dieser Bestimmung eintreten als auch nachträglich, sobald aufgrund konkret eingetretener Mehrmengen ein neuer Einheitspreis verlangt wird, sich über einzelne Teilelemente der Preisbildung verständigen. Sie können etwa einen bestimmten Maßstab bzw. einzelne Kriterien oder Faktoren festlegen, nach denen im konkreten Fall der neue Einheitspreis nach § 2 Abs. 3 Nr. 2 VOB/B bestimmt werden soll."

Zwischen uns dürfte unstreitig sein, dass Grundlage des Vertrags das aktuelle Vergabe- und Vertragshandbuch (VHB) des Bundes in der Fassung des Jahres 2019 geworden ist. Im dortigen Teil 5 (Nachtragsmanagement) wird auf vielen Seiten konkret dargestellt, auf welcher Grundlage Nachtragsansprüche ermittelt werden müssen. Die dortigen Berechnungsbeispiele für Nachträge (Formblatt 510) basieren zweifelsfrei auf einer Preisfortschreibung nach den Kostenansätzen bzw. Zuschlägen der Urkalkulation. Auch wenn der Teil 5 des VHB nicht unmittelbar Vertragsinhalt geworden ist, stellt seine Regelungssystematik auf die ergänzenden Formblätter Preise (Nr. 221 bis 223) ab, die für einen Bieter erkennbar von einer vorkalkulatorischen Preisfortschreibung ausgehen. Darauf werden wir gleich noch einmal zurückkommen.

In diesem Sinne haben wir auch in der Vergangenheit, beispielsweise bei den Bauvorhaben … und …, Nachträge abgewickelt und vergütet, und zwar einvernehmlich. Damit bestand zwischen uns ein gemeinsames Verständnis darüber, wie die Nachtragsvorschriften gehandhabt werden. Dieses übereinstimmende Verständnis ist auch nach der BGH-Entscheidung maßgebend. Der BGH hat bereits im Jahr 2013 entschieden, dass in einem Fall, in dem die Parteien gemeinsam davon ausgehen, dass die Berechnung des neuen Preises im Wege einer Fortschreibung der dem Vertrag zugrunde liegenden Kalkulation (und nicht anhand tatsächlicher oder üblicher Kosten) zu erfolgen hat, für ein Gericht bindend ist (BGH, Urt. v. 14.3.2013 – VII ZR 142/12). Seitens Ihres Hauses wurde auch im Aufklärungsgespräch zu Ihrem Angebot vom … mit keinem Wort erwähnt, dass Sie bei diesem Bauvorhaben in Bezug auf Nachträge anders verfahren wollen, als es in der Vergangenheit der Fall war.

Das VHB beinhaltet auch Formblätter, die unmittelbar Vertragsbestandteil geworden sind (beispielsweise die Formblätter Preise 221 bis 223, siehe oben). Diese Formblätter gehen offensichtlich und für jedermann erkennbar davon aus, dass bei Nachträgen und Mengenänderungen eine vorkalkulatorische Preisfortschreibung stattfindet. Denn anderenfalls wären sie ohne jeglichen Sinn. (***Anmerkung nur für den Verfasser des Briefes:*** *Der Standpunkt, dass allein wegen eines Vertragsabschlusses auf Basis des VHB-Bund eine vorkalkulatorische Preisfortschreibung nach den verwertbaren Elementen der Urkalkulation stattfinden müsse, ist angreifbar und gerichtlich bis heute nicht bestätigt worden. Vielmehr war das OLG Köln in einer Entscheidung vom 3.2.2021 (AZ: 11 U 136/18) in der Tendenz der Auffassung, dass das allein für ein übereinstimmendes Verständnis zur Ermittlung von Nachtragsansprüchen nicht ausreicht.*)

Ihr Haus hat sich, wie auch in der Vergangenheit, auf dieses Verständnis der Preisermittlungssystematik eingelassen und daraufhin den Zuschlag erhalten. Wir bitten Sie deshalb, Ihr Nachtragsangebot zu überdenken und es auf Basis der sich aus Ihrer Kalkulation ergebenden Ansätze zu überarbeiten. Wir sichern Ihnen für diesen Fall zu, dass wir ein solches Nachtragsangebot unverzüglich prüfen und beauftragen bzw. eine Abschlagsrechnung nach Ausführung der Leistung auch innerhalb der vereinbarten Fälligkeitsfrist bezahlen werden. Anderenfalls dürfte an einer rechtlichen Auseinandersetzung kein Weg vorbeiführen, was wir in unser beiderseitigem Interesse nach Möglichkeit vermeiden sollten.

Alternativ *(ausdrückliche vertragliche Vereinbarung zur vorkalkulatorischen Preisfortschreibung)*:

Sie verweisen mit Schreiben vom … auf das Urteil des BGH vom 8.8.2019 und halten sich deshalb für berechtigt, Ihren Nachtragsanspruch auf Basis tatsächlich erforderlicher Kosten nebst angemessener Zuschläge zu berechnen. Dabei übersehen Sie, dass die Grundsätze der BGH-Entscheidung – soweit sie überhaupt auf Nachträge übertragbar sind – nur gelten, wenn es eine vertragliche Regelungslücke gibt. Denn aus dem zweiten amtlichen Leitsatz der Entscheidung geht eindeutig hervor, dass bereits im Vertrag Regelungen zur Preisanpassung getroffen werden können. Der BGH hat übrigens schon im Jahr 2013 entschieden, dass die Parteien übereinstimmend davon ausgehen können, dass die Berechnung von Nachtragsansprüchen im Wege einer Fortschreibung der Urkalkulation (und nicht anhand tatsächlicher oder üblicher Kosten) zu erfolgen hat (BGH, Urt. v. 14.3.2013 – VII ZR 142/12).

So liegt der Fall hier. Denn in der Ziffer … des zwischen uns abgeschlossenen Vertrags haben wir die vorkalkulatorische Preisfortschreibung auf Basis Ihrer Urkalkulation zweifelsfrei vereinbart. Dabei haben wir Detailregelungen getroffen, insbesondere über die Berücksichtigungsfähigkeit von Preissteigerungen nach Vertragsabschluss und welche Kostenelemente (z.B. der Mittellohn sowie AGK- und Gewinnzuschläge) mit welchen Ansätzen heranzuziehen sind. Wir haben ferner geregelt, dass verdeckte Vergabegewinne oder Vergabeverluste betragsmäßig erhalten bleiben und nicht prozentual fortgeschrieben werden, um ungerechtfertigte Gewinn- oder Verlustmaximierungen zu vermeiden. Für Fälle, bei denen die vorkalkulatorische Preisfortschreibung zu unangemessenen Ergebnissen führen würde, sieht die Vertragsklausel ausdrücklich vor, dass die §§ 138 und 313 BGB anwendbar bleiben.

Die zwischen uns vereinbarte Regelung, die Sie in den Vertragsverhandlungen anstandslos akzeptiert haben, entspricht im Kern dem jahrzehntelangen Verständnis der Nachtragsregelungen der VOB/B und führt im vorliegenden Fall auch zu sachgerechten Preisen. Es ist auch nicht ansatzweise erkennbar, dass eine vorkalkulatorische Preisfortschreibung zu einer „Störung der Geschäftsgrundlage" führt und Ihnen eine Abrechnung der Nachtragsvergütung auf Basis der Urkalkulation deshalb nicht zumutbar wäre. Wir bitten Sie unter Beachtung der vertraglichen Regelungen um Neueinreichung Ihres Nachtragsangebots und stehen Ihnen für eventuelle Rückfragen gerne zur Verfügung.

Mit freundlichen Grüßen

……………………………………………

(Unterschrift)

1026 **Nachtragsangebot des Auftragnehmers auf Basis tatsächlich erforderlicher Kosten zzgl. angemessener Zuschläge wegen unauskömmlicher Ansätze in der Urkalkulation (basierend auf der BGH-Entscheidung vom 8.8.2019)** **E 15**

An den Auftraggeber

Datum

Bauvorhaben …
Nachtragsangebot vom …
Ihr Schreiben vom …

Sehr geehrte Damen und Herren,

mit Schreiben vom … weisen Sie unser Nachtragsangebot vom … zurück, weil wir dort nicht die verwertbaren Ansätze der Ihnen am … übergebenen Urkalkulation übernommen haben und Nachtragsansprüche Ihrer Auffassung nach vorkalkulatorisch ermittelt werden müssten.

Wir räumen ein, dass Ihr Standpunkt bis August des Jahres 2019 grundsätzlich zutreffend war. Allerdings hat der Bundesgerichtshof am 8.8.2019 – VII ZR 34/18 für Mehrmengen wegen falscher Mengenangaben im Vertrag (§ 2 Abs. 3 Nr. 2 VOB/B entschieden, dass der Preisanpassungsanspruch für Mehrmengen über 10 % nicht vorkalkulatorisch, sondern anhand der tatsächlich erforderlichen Kosten zzgl. angemessener Zuschläge für Allgemeine Geschäftskosten sowie Wagnis und Gewinn ermittelt werden muss. Dieses Ergebnis – so der BGH – entspreche der Redlichkeit und dem bestmöglichen Ausgleich der wechselseitigen Interessen. Keine der beiden Vertragsparteien solle durch die Mengenänderung eine Besser- oder Schlechterstellung erfahren.

Es trifft zwar grundsätzlich zu, dass sich der BGH in dieser Entscheidung nicht explizit mit Nachtragsansprüchen gemäß § 2 Abs. 5 oder Abs. 6 VOB/B beschäftigt hat. Nach Rücksprache mit unseren Rechtsanwälten steht aber nahezu sicher fest, dass der BGH diese Grundsätze wegen gleicher Interessenlage auch auf Nachtragsforderungen übertragen wird, sobald er dazu Gelegenheit hat. Zwischenzeitlich haben bereits vier Oberlandesgerichte genau diese Konsequenz aus der BGH-Entscheidung auch gezogen (KG, Urt. v. 27.8.2019 – 21 U 160/18 und Urt. v. 2.3.2021 – 21 U 1098/20; OLG Düsseldorf, Urt. v. 19.12.2019 – 5 U 52/19; OLG Brandenburg, Urt. v. 22.4.2020 – 11 U 153/18; OLG Köln, Urt. v. 3.2.2021 – 11 U 136/18).

Wir halten deshalb an unserem Nachtragsangebot vom … fest, weil die uns entstehenden Lohnkosten für die Ausführung der zusätzlichen bzw. geänderten Leistungen deutlich höher ausfallen als der von uns kalkulierte Mittellohn i.H.v. € .../h und die Zuschläge für die Lohnnebenkosten in Höhe von € .../h, die ebenfalls unauskömmlich sind. Das ergibt sich aus den beigefügten Unterlagen unserer Lohnbuchhaltung. Danach betragen die Lohnkosten pro Stunde zzgl. aller Sozialkosten tatsächlich € ... (***alternativ:*** *Den kalkulierten Deponiekosten i.H.v. € 40,–/t stehen ausweislich der beigefügten Rechnung tatsächliche Kosten i.H.v. € 70,–/t gegenüber.*) Auch die von uns kalkulierten Zuschlagssätze in Höhe von 3 % für Allgemeine Geschäftskosten sowie 2 % für Wagnis und Gewinn sind nicht branchenüblich und deshalb unangemessen. Deshalb haben wir einen üblichen AGK-Zuschlag i.H.v. 7 % berücksichtigt, den wir auf Wunsch durch eine von unserem Wirtschaftsprüfer testierte Unternehmensbilanz nachweisen können. Der Wagnis- und Gewinnzuschlag beträgt objektiv angemessene 5 %, sodass wir insgesamt Zuschlagssätze i.H.v. 12 % berechnet haben.

Alternativ *(Hinweis auf eine fehlende wirksame vertragliche Vereinbarung zur vorkalkulatorischen Preisfortschreibung)*:

Sie weisen unsere Abschlagsrechnung vom ... zurück, weil Sie die Auffassung vertreten, wir hätten zur vorkalkulatorischen Preisfortschreibung bei Nachträgen eine wirksame vertragliche Vereinbarung getroffen. Das lasse der BGH in seiner Entscheidung vom 8.8.2019 ausdrücklich zu. Eine solche Regelung schließe eine vertragliche Regelungslücke aus, sodass die BGH-Entscheidung auf unseren Vertrag nicht anwendbar sei. Aus diesem Grund seien wir nicht berechtigt, die änderungsbedingten Mehrkosten auf Basis tatsächlich erforderlicher Kosten nebst angemessener Zuschläge zu berechnen.

Das halten wir nach Rücksprache mit unseren Rechtsanwälten aus mehreren Gründen für unzutreffend: Zunächst kann eine Vertragsklausel, die nur besagt, die Vergütung sei nach den Preisermittlungsgrundlagen des Hauptvertrags fortzuschreiben, keine hinreichend bestimmte Preisermittlungsgrundlage sein, weil sie letztlich nur den Wortlaut von § 2 Abs. 6 Nr. 2 VOB/B wiederholt. Wir haben im Vertrag nicht konkret geregelt, was unter „den besonderen Kosten der zusätzlichen Leistung" zu verstehen ist bzw. ob und in welchem Umfang Preissteigerungen zu berücksichtigen sind. Es fehlen ferner Regelungen dazu, welche einzelnen Kostenelemente mit welchen Ansätzen heranzuziehen sind bzw. ob Gewinne oder Verluste lediglich als Absolutbetrag oder prozentual fortgeschrieben werden müssen, was bei Unterkalkulationen zu einer Verlustmaximierung und bei überkalkulierten Preisen zu einer Gewinnmaximierung führen würde. Unsere Rechtsanwälte teilten uns ferner mit, dass der BGH bereits im Jahr 2013 ausdrücklich entschieden hat, dass die Nachtragsbestimmungen der VOB/B keinen Schluss auf eine vorkalkulatorische Preisfortschreibung zulassen, sondern davon nur auszugehen sei, wenn die Vertragsparteien die VOB/B-

Regelungen übereinstimmend so verstanden haben (BGH, Urt. v. 14.2.2013 – VII ZR 142/12). Ein solches gemeinsames Verständnis ist vorliegend nicht ersichtlich.

Selbst wenn die Klausel, auf die Sie sich berufen, dennoch eine inhaltlich ausreichend bestimmte Preisermittlungsgrundlage wäre, handelt es sich dabei zweifelsfrei um eine Allgemeine Geschäftsbedingung (AGB), weil wir diese Regelung nicht individuell ausgehandelt haben. Im Rahmen der anwaltlichen Beratung wurde uns weiter mitgeteilt, dass die Nachtragsregelungen der VOB/B bei ab dem 1.1.2018 abgeschlossenen Bauverträgen einer Inhaltskontrolle am Maßstab des § 307 BGB nicht mehr standhalten. Eine solche Inhaltskontrolle der VOB/B kann in unserem Vertragsverhältnis schon deshalb stattfinden, weil die Ziffer ... des Bauvertrags zwingend eine förmliche Abnahme vorsieht, was bereits für sich betrachtet dazu führt, dass die VOB/B nicht mehr „im Ganzen" vereinbart worden ist, weil dadurch die fiktiven Abnahmeformen in § 12 Abs. 5 VOB/B ausgeschlossen wurden (§ 310 Abs. 1 Satz 3 BGB). Daneben gibt es zahlreiche weitere Abweichungen von der VOB/B, wie zwischen uns unstreitig bleiben dürfte. Wenn die Nachtragsbestimmungen der VOB/B unwirksam sind, gilt das zweifelsfrei auch für die von Ihnen in Bezug genommene Vertragsklausel, weil sie im Kern keine anderen Aussagen als § 2 Abs. 6 Nr. 2 VOB/B beinhaltet (siehe oben). Sind die Nachtragsbestimmungen der VOB/B bzw. ähnliche Vertragsklauseln aber unwirksam, gelten an ihrer Stelle die gesetzlichen Regelungen in § 650b und § 650c BGB. Nach § 650c Abs. 1 BGB wird der infolge der leistungsändernden Anordnungen vermehrte Aufwand nach den tatsächlich erforderlichen Kosten zuzüglich angemessener Zuschläge für Allgemeine Geschäftskosten sowie Wagnis und Gewinn ermittelt. Auf genau dieser Basis haben wir die Vergütung für die Nachtragsleistungen in unserem Angebot berechnet und entsprechende Nachweise mit Erläuterungen beigefügt. Dagegen machen Sie auch keine Einwände geltend, weil Sie unsere Preisermittlungsmethode bereits dem Grunde nach ablehnen, was unzutreffend ist.

Wir setzen Ihnen für die Zahlung unserer Abschlagsrechnung vom ..., mit der wir die Leistung nach ordnungsgemäßer Erbringung abgerechnet haben, deshalb eine Nachfrist bis zum ... und werden die Angelegenheit unseren Rechtsanwälten übergeben, falls diese Frist fruchtlos verstreichen sollte.

Alternativ *(Vergabe auf Grundlage des VHB-Bund)*:

Sie vertreten die Auffassung, eine Ermittlung der Nachtragsvergütung auf Basis tatsächlich erforderlicher Mehrkosten zuzüglich angemessener Zuschläge für AGK und Gewinn sei im vorliegenden Fall nicht möglich, weil die Formblätter des VHB-Bund vorschrieben, dass die Vergütungsanpassung nach § 2 Abs. 5

und Abs. 6 VOB/B auf Grundlage einer vorkalkulatorischen Preisanpassung zu erfolgen habe. Solche Vereinbarungen seien nach der BGH-Entscheidung vom 8.8.2019 zulässig und allein maßgeblich. Dem widersprechen wir nachdrücklich. Das VHB-Bund bindet Sie als öffentlichen Auftraggeber, weil es sich dabei in wesentlichen Teilen um Verwaltungsanweisungen handelt, die nicht Vertragsbestandteil werden (so z.B. der gesamte Teil 5, Nachtragsmanagement). Die Formblätter 221 bis 223 enthalten zwar kalkulatorische Angaben des Bieters, nicht aber ausdrückliche Vorgaben des Auftraggebers oder gar Vereinbarungen dazu, wie damit später – nach Abschluss des Vertrags – bei Nachträgen umzugehen ist. Konkrete Regelungen dazu enthält der zwischen uns abgeschlossene Vertrag aber gerade nicht. Auch das OLG Köln hat es in einer aktuellen Entscheidung vom 3.2.2021 – 11 U 136/18 abgelehnt, aus den Formblättern des VHB-Bund ein übereinstimmendes Verständnis über eine vorkalkulatorische Berechnungsmethode für Nachträge abzuleiten. Wir setzen zur Zahlung der geltend gemachten Vergütung deshalb eine Nachfrist bis zum … und werden die Angelegenheit unseren Anwälten übergeben, falls diese Frist fruchtlos verstreichen sollte.

Alternativ (Abrechnung von 80 % der Angebotssumme nach § 650c Abs. 3 BGB):

Mit Schreiben vom … haben Sie unser Nachtragsangebot vom … zurückgewiesen, weil Sie die unzutreffende Auffassung vertreten, wir seien verpflichtet, unsere Nachtragsansprüche auf Basis der in der Urkalkulation enthaltenen Ansätze zu ermitteln. Dass diese Auffassung unzutreffend ist, haben wir unter Verweis auf die aktuelle Rechtsprechung des BGH und fünf Entscheidungen von vier Oberlandesgerichten bereits mit Schreiben vom … ausführlich begründet.

Nach ordnungsgemäßer Ausführung der Nachtragsleistungen haben wir uns nach Rücksprache mit unseren Rechtsanwälten dafür entschieden, von der Möglichkeit in § 650c Abs. 3 BGB Gebrauch zu machen und vorläufig nur 80 % der in unserem Nachtragsangebot genannten Vergütung abzurechnen. Den Differenzbetrag werden wir erst nach Abnahme der Leistung in der Schlussrechnung fällig stellen.

Unsere Rechtsanwälte teilten uns mit, dass die Bestimmung in § 650c Abs. 3 BGB auch bei Vereinbarung der VOB/B „im Ganzen" Anwendung findet, weil die VOB/B dazu keine spezielle Regelung enthält, die § 650c Abs. 3 BGB verdrängen könnte. In solchen Fällen gilt das Gesetz automatisch ergänzend. Uns wurde ferner mitgeteilt, dass das Landgericht Berlin diese Frage am 16.10.2020 – 8 O 126/20 auch so entschieden hat. Das Landgericht Berlin hat in diesem Urteil weiter entschieden, dass der Auftragnehmer berechtigt ist, den Anspruch auf Zahlung von 80 % im Rahmen einer einstweiligen Verfügung nach § 650d BGB geltend zu machen, weil auch diese Vorschrift bei Vereinbarung der VOB/B gilt. Das Kammergericht hat dieses Urteil, soweit es um die Anwendbarkeit von § 650c Abs. 3 und § 650d BGB – auch bei Vereinbarung der VOB/B im Vertrag – geht, in vollem Umfang bestätigt (Urt. v. 2.3.2021 – 21 U 1098/20). Neben der Beantragung einer Zahlungsverfügung nach § 650d BGB wären wir im Falle eines Zahlungsverzugs auch berechtigt, die Leistungen einzustellen (§ 16 Abs. 5 Nr. 4 VOB/B bzw. § 320 BGB). Das würde selbst dann gelten, wenn sich im Nachhinein herausstellen sollte, dass die erhobene Forderung überhöht war. Wir setzen Ihnen zur Zahlung der Abschlagsrechnung, die Ihnen seit über einem Monat vorliegt, deshalb eine angemessene Nachfrist von einer Woche und vorsorglich eine weitere Nachfrist von drei bankübblichen Arbeitstagen. Selbstverständlich steht es auch Ihrem Haus frei, im Wege einer einstweiligen Verfügung feststellen zu lassen, dass unser Nachtragsangebot und damit unsere Rechnung nach der 80 %-Regelung überhöht ist (§ 650c Abs. 3 i.V.m. § 650d BGB). Bitte teilen Sie uns möglichst unverzüglich mit, ob Sie beabsichtigen, nach § 650d BGB zu verfahren.

Wir hoffen allerdings nicht, dass es dazu kommen muss und bitten Sie deshalb, die beigefügte Abschlagsrechnung bis zum … zu bezahlen. Wir weisen darauf hin, dass mit dieser Zahlung kein Anerkenntnis verbunden ist, es sich also um eine vorläufige Zahlung handelt. Sollten Sie im Rahmen der Schlussrechnungsprüfung zu dem Ergebnis kommen, dass aufgrund der 80 %-Regelung eine Überzahlung erfolgt ist, können Sie einen Rückforderungsanspruch nebst Zinsen geltend machen (§ 650c Abs. 3 Sätze 3 und 4 BGB).

Mit freundlichen Grüßen

....

(Unterschrift)

Geltendmachung einer Vergütung nach § 2 Abs. 8 Nr. 2 bzw. 3 VOB/B bei Leistungen ohne wirksame Anordnung des Auftraggebers **E 16** 1027

An den Auftraggeber

Datum

Bauvorhaben …
Ihr Schreiben vom …

Sehr geehrte Damen und Herren,

mit Schreiben vom … haben Sie unsere Nachtragsforderung abgelehnt und zur Begründung darauf verwiesen, dass Sie die Leistungsänderungen bzw. Zusatzleistungen nicht wirksam angeordnet hätten, weil Ihr bauleitender Architekt nach der Ziffer … des Vertrags für solche Anordnungen keine Vollmacht habe. Wir nehmen das zur Kenntnis, weisen aber darauf hin, dass nach § 2 Abs. 8 Nr. 2 bzw. Abs. 3 VOB/B ein Nachtrags- bzw. Vergütungsanspruch auch dann besteht, wenn die ausgeführten Leistungen notwendig und interessengemäß waren. Das können Sie hier aber nicht bestreiten, weil ohne Ausführung dieser Arbeiten die Leistung nicht funktionstauglich und insofern mangelhaft gewesen wäre und schon aus diesem Grund Ihrem mutmaßlichen Willen entsprachen, jedenfalls aber interessengemäß waren. Dass wir diese Arbeiten ausführen werden, ergibt sich aus dem Baubesprechungsprotokoll vom …, das wir Ihnen vor Erbringung dieser Leistungen zugesandt hatten. Wir fordern Sie deshalb auf, den geltend gemachten Betrag bis zum … auszugleichen.

Alternativ *(Notwendigkeit nicht angeordneter Leistungen)*:

Unsere Nachtragsansprüche wegen der Sanierung Ihrer Dachterrasse aus der Schlussrechnung vom … sind nach wie vor offen. Wir hatten diese Zusatzleistungen auf Anordnung des von Ihnen beauftragten Sachverständigen erbracht und hierfür bereits am … ein Nachtragsangebot übersandt. Dieses Nachtragsangebot haben Sie nach Ausführung der Leistungen mit der Begründung zurückgewiesen, es sei eine Komplettsanierung für einen Festpreis vereinbart worden. Deshalb seien wir verpflichtet, auch solche Schäden, die erst bei der Bauteilöffnung vom … zutage getreten sind und die vor Vertragsabschluss unstreitig nicht erkennbar waren, für den vereinbarten Pauschalpreis zu beseitigen. In Ihrem Schreiben vom … führen Sie wörtlich aus: *„Die ausgeführten Arbeiten waren zur Erreichung des Werkerfolgs notwendig, weil ohne diese Arbeiten die Sanierung der Dachterrasse nicht mangelfrei erbracht werden konnte."* Darüber hinaus lehnen Sie die Zahlung unserer Nachtragsforderung mit der weiteren Begründung ab, der von Ihnen beauftragte Gutachter habe bei der Anordnung der zusätzlichen Leistungen weder in Ihrem Namen noch mit Vollmacht gehandelt. Selbst wenn diese Behauptung zutreffend sein sollte, steht uns ein Vergütungsanspruch gemäß § 2 Abs. 8 Nr. 2 bzw. Nr. 3 VOB/B zu. Nach dieser Regelung erhält der Auftragnehmer für Leistungen, die er ohne Auftrag oder unter eigenmächtiger Abweichung vom Auftrag ausgeführt hat, dennoch eine Vergütung, wenn sie dem mutmaßlichen Willen des Auftraggebers entsprachen bzw. interessengemäß waren und sie dem Auftraggeber unverzüglich angezeigt worden sind. Diese Voraussetzungen liegen hier vor.

Denn es ist unstreitig, dass vor dem Öffnen der Terrasse niemand eine sichere Aussage über das konkrete Schadensbild machen konnte. Dennoch haben Sie darauf bestanden, dass wir wegen der fortschreitenden Schadensentwicklung auf der Grundlage unseres Angebots unverzüglich mit den Arbeiten beginnen sollten, und zwar bevor die Terrassenflächen geöffnet worden sind. Dass es in Ihrem Auftragserteilungsschreiben heißt, es handele sich um einen Festpreis für die „Komplettsanierung", bedeutet nicht, dass wir das Risiko übernommen haben, auch bis dahin nicht erkennbare Schäden ohne zusätzliche Vergütung zu beseitigen. Denn unser Angebot hat sich nur auf diejenigen Leistungen bezogen, die vor der Bauteilöffnung als notwendig erkennbar waren. Erst danach wurde sichtbar, dass die Balken komplett verfault waren und vollständig erneuert werden mussten. Die Notwendigkeit der von uns ausgeführten Zusatzleistungen steht schon deshalb außer Frage, weil Sie behauptet haben, sie seien von Anfang an geschuldet und auch erforderlich gewesen (siehe oben). Unserer Anzeigepflicht haben wir durch Übersendung des Nachtragsangebots entsprochen. Die Vergütung haben wir auf Basis unserer Urkalkulation ermittelt. Dagegen machen Sie auch keine Einwendungen geltend, weil Sie der unzutreffenden Auffassung sind, uns stünden aufgrund der Festpreisvereinbarung schon dem Grunde nach keine weiteren Vergütungsansprüche zu. Sollten Sie an diesem Standpunkt festhalten, lässt sich ein Rechtsstreit nicht vermeiden. Wir werden deshalb ab dem … unseren Rechtsanwalt beauftragen, falls auch bis dahin keine Zahlung erfolgt sein sollte.

Mit freundlichen Grüßen

……………………………………………

(Unterschrift)

Zurückweisung einer Vergütung nach § 2 Abs. 8 Nr. 2 bzw. Abs. 3 VOB/B **E 17** **1028**

An den Auftragnehmer

Datum

Bauvorhaben ...
Ihre Nachtragsforderung vom ...

Sehr geehrte Damen und Herren,

es dürfte unstreitig sein, dass wir die Änderung des im Vertrag vereinbarten Hängegerüsts in ein Standgerüst nicht angeordnet haben. Sie berufen sich stattdessen darauf, die Anordnung sei von unserem Architekturbüro erteilt worden. Das begründet Ihren Vergütungsanspruch nicht, weil im Bauvertrag eindeutig geregelt ist, dass bauüberwachende Ingenieure keine Vollmacht zur Anordnung von Nachtragsleistungen haben. Das würde selbst dann gelten, wenn es diese vertragliche Regelung nicht gäbe. Denn bekanntlich endet die Vollmacht eines bauüberwachenden Ingenieurs dort, wo das Portemonnaie des Bauherrn beginnt. Damit liegt eine eigenmächtige Abweichung vom Vertrag ohne wirksame Anordnung vor (§ 2 Abs. 8 Nr. 1 VOB/B). Die von Ihrem Haus mit Schreiben vom ... aufgestellte Behauptung, die Änderung sei technisch zwingend notwendig gewesen, ist sachlich unzutreffend. Denn der von uns beauftragte Sachverständige ... hat uns in seiner Stellungnahme vom ..., das wir diesem Schreiben als Anlage beifügen, mitgeteilt, dass die Ausführung eines hängenden Gerüstes technisch durchaus möglich gewesen wäre, sodass die von Ihnen ausgeführte Leistung weder interessengemäß noch notwendig war. Deshalb besteht auch kein Vergütungsanspruch nach § 2 Abs. 8 Nr. 2 oder Nr. 3 VOB/B.

Nur vorsorglich weisen wir darauf hin, dass eine Vergütung bei eigenmächtigen Abweichungen vom Vertrag ohnehin nur verlangt werden könnte, wenn uns diese Leistungen vor der Ausführung angezeigt worden wären, was vorliegend unstreitig nicht der Fall war (vgl. OLG Celle, Urt. v. 2.9.2015 – 14 U 154/12). Auch deshalb weisen wir Ihre Forderung in Höhe von € ... als unbegründet zurück.

Mit freundlichen Grüßen

....

(Unterschrift)

Anmerkung der Autoren: Die folgenden Musterschreiben sollten nur für BGB-Bauverträge oder bei im Vertrag geregelten Abweichungen von der VOB/B zulasten des AN verwendet werden, falls der AG die Vereinbarung der VOB/B verlangt hat (vgl. zur Begründung E. II. 1. a), Rn. 897 ff. und das Musterschreiben E 24)

1029 **Mehrkostenangebot wegen Änderung des vereinbarten Werkerfolgs bzw. notwendiger Änderungen/Zahlung nach der 80 %-Regelung** **E 18**

An den Auftraggeber

Datum

Bauvertrag vom ...
Ihr Schreiben vom ...

Sehr geehrte Damen und Herren,

mit Schreiben vom ... hatten Sie mitgeteilt, dass entgegen Ihrer ursprünglichen Planung, die eine separate Küche von 16 m² vorsah, die Küche nunmehr erweitert und in den Gastbereich mit umfangreichen Küchengeräten (Dönergrill, Lavastein etc.) integriert werde. Auch wenn wir ein funktionales Angebot für die Herstellung der Lüftungsanlage abgegeben und einen Pauschalpreis vereinbart haben, bezog sich dieses Angebot auf die damalige Bauwerksplanung (BGH, Urt. v. 13.3.2008 – VII ZR 194/06). Da wir die VOB/B nicht vereinbart haben, ist es auch nicht möglich, die nunmehr erforderliche Änderung der Lüftungsanlage anzuordnen, wie in der gestrigen Bausitzung erfolgt. Denn hierbei handelt es sich rechtlich betrachtet um ein Änderungsbegehren nach § 650b Abs. 1 BGB.

Wir unterbreiten Ihnen deshalb gemäß § 650b Abs. 1 Satz 2 BGB ein Angebot wegen der daraus resultierenden Mehrkosten und bitten um Beauftragung, damit wir die entsprechenden Bestellungen vornehmen und die gegenwärtig unterbrochenen Arbeiten schnellstmöglich wieder aufnehmen können. Die Ausführung dieser Leistungen wird zu einer Verlängerung der im Vertrag vereinbarten Fertigstellungsfrist führen, weil aufgrund Ihrer Planungsänderung eine wesentlich größer dimensionierte Lüftungsanlage zur Ausführung kommt und die dafür benötigten Materialien teilweise Lieferzeiten von bis zu 2 Wochen haben. Die daraus resultierenden bauzeitabhängigen Kosten bzw. die Kosten für die Unterbrechung der Leistungsausführung lassen sich zum gegenwärtigen Zeitpunkt aber noch nicht verlässlich einschätzen, weil wir nicht beurteilen können, ob bzw. wann und mit welchem konkreten Inhalt Sie unser Angebot beauftragen werden. Deshalb beinhaltet unser Angebot auch keine bauzeitabhängigen Kosten oder Kosten, die wegen der Unterbrechung der Leistung entstehen werden. Wir behalten uns ausdrücklich vor, diese über das Angebot hinaus geltend zu machen, nachdem feststeht, welche zeitlichen Folgen aus der Änderung der Lüftungsanlage entstehen werden.

Wir weisen darauf hin, dass Ihr Haus Änderungen gemäß § 650b Abs. 2 BGB erst nach Ablauf von 30 Tagen seit Zugang des Änderungsbegehrens – Ihr Schreiben vom … ist bei uns am … eingegangen – in Textform anordnen kann, falls bis dahin keine Einigung über die Vergütungsanpassung zustande gekommen sein sollte. Für Rückfragen oder Verhandlungen über unser Nachtragsangebot stehen wir Ihnen selbstverständlich gerne und jederzeit zur Verfügung.

Eventuell *(Vorschlag zur vorläufigen Regelung der Vergütungsanpassung)*:

Mit Schreiben vom … begehrten Sie eine Änderung der Fensterprofile in den Wohnungen … und … (Aluminium statt Kunststoff). Wir unterbreiten Ihnen beigefügt unser Angebot auf Basis tatsächlich erforderlicher Kosten nebst angemessener Zuschläge (§ 650c Abs. 1 BGB).

Falls Sie mit den angebotenen Leistungen einverstanden sind, aber eine verbindliche Beauftragung unseres Nachtragsangebots gegenwärtig noch nicht vornehmen wollen, schlagen wir Ihnen zur Vermeidung weiterer Verzögerungen, die mit einer Ausschöpfung der 30-Tage-Frist nach § 650b Abs. 2 BGB verbunden wären, vor, dass wir nach § 650c Abs. 3 BGB verfahren. Danach steht uns nach Erbringung der Änderungsleistungen ein vorläufiger Anspruch auf Zahlung von 80 % der in unserem Nachtragsangebot geltend gemachten Mehrvergütung zu. Sollte sich nach Abnahme und Stellung der Schlussrechnung herausstellen, dass damit eine Überzahlung geleistet worden ist, gelten die Regelungen in § 650c Abs. 3 Sätze 3 und 4 BGB. Wir bitten um Ihre Stellungnahme zu diesem Vorschlag und stehen für eventuelle Rückfragen gerne zur Verfügung. Sollten wir nichts von Ihnen hören, werden wir vorläufig auch nichts veranlassen, insbesondere keine Materialbestellungen vornehmen. Das hätte eine weitere Ausführungsfristverlängerung und entsprechende zeitabhängige Mehrkosten zur Folge, die – teilweise – vermeidbar wären, wenn Sie mit unserem Vorschlag einverstanden sind.

Alternativ *(Bedenken gegen die vorgesehene Art der Ausführung mit Hinweis auf eine Unterbrechung der Arbeiten)*:

Wir teilen Ihnen gemäß § 4 Abs. 3 VOB/B mit, dass wir Bedenken haben, das von Ihnen beauftragte Putzsystem auszuführen. Denn wie wir gestern erst erfahren haben, wurde Ihrerseits der Dachüberstand verringert, sodass Regenwasser zu erheblichen, möglicherweise großflächigen Verfleckungen der Fassade führen kann. Aus unserer Sicht muss entweder das Putzsystem geändert (z.B. Dickputz) oder der Dachüberstand vergrößert werden. Die Entscheidung überlassen wir Ihnen, weil es mehrere Lösungsmöglichkeiten gibt. Wir werden die Putzarbeiten aus den vorgenannten Gründen deshalb unterbrechen (alternativ: mit den Putzarbeiten nicht beginnen), weil das Putzsystem so, wie es beauftragt wurde, mit sehr hoher Wahrscheinlichkeit nicht zu einer funktionstauglichen Leistung führt und wir ohne diesen Hinweis Gefahr laufen, für Mängel, wie oben beschrieben, haften zu müssen. Wir gehen bis zu einer gegenteiligen Nachricht davon aus, dass eine Unterbrechung der Arbeiten in Ihrem Interesse ist, um unnötige Kosten zu vermeiden. Wir sehen Ihrer möglichst unverzüglichen Stellungnahme entgegen und werden Ihnen je nach Ihrer Entscheidung gegebenenfalls ein entsprechendes Angebot wegen erforderlicher Änderungsleistungen unterbreiten (§ 650b Abs. 1 Nr. 2 BGB).

Eventuell (Notwendigkeit einer Anordnung in Textform):

Sie haben unser Nachtragsangebot innerhalb der 30-Tage-Frist nicht angenommen. Stattdessen hat der bauüberwachende Architekt im Rahmen der gestrigen Baubesprechung mündlich angeordnet, dass die Leistungen ohne vorherige Preiseinigung ausgeführt werden sollen. Wir weisen Sie deshalb darauf hin, dass Anordnungen nach § 650b Abs. 2 Satz 1 BGB nur wirksam sind, wenn sie in Textform erfolgen. Die Anordnung muss vom Auftraggeber selbst oder einem dazu zweifelsfrei bevollmächtigten Vertreter erteilt werden, was bei Ihrem Architekten nicht der Fall ist. Sobald uns Ihre Anordnung les- und speicherbar vorliegt, werden wir die Leistung ausführen und diese im Anschluss nach der 80 %-Regelung in § 650c Abs. 3 BGB abrechnen.

Mit freundlichen Grüßen

....

(Unterschrift)

Widerspruch gegen ein „gewillkürtes" Änderungsbegehren des Auftraggebers wegen Unzumutbarkeit der Ausführung 1030

E 19

An den Auftraggeber

Datum

Bauvorhaben …
Bauvertrag vom …
Ihr Schreiben vom …

Sehr geehrte Damen und Herren,

mit Schreiben vom … begehren Sie die Ausführung von Fischgrätparkett in den Penthouse-Wohnungen im 6. OG, statt der vertraglich vereinbarten Dielen, die bei uns vorrätig sind. Die Ausführung dieser Änderung ist zur Erreichung des vereinbarten Werkerfolgs nicht notwendig (§ 650b Abs. 1 Nr. 1 BGB), sodass wir zur Unterbreitung eines entsprechenden Nachtragsangebots nur verpflichtet sind, wenn uns die Erbringung dieser geänderten Leistungen zumutbar wäre (§ 650b Abs. 2 Satz 2 BGB). Das ist vorliegend nicht der Fall, weil der daraus resultierende zusätzliche Zeitaufwand durch die handwerklich aufwendigere Verlegung von Parkett sowie durch mehrfaches Lackieren bzw. Ölen und die dadurch bedingten Trocknungszeiten immens ist. Hinzu kommt, dass eine Nachfrage bei unserem Lieferanten ergeben hat, dass das Fischgrätparkett in der von Ihnen verlangten Qualität und Menge erst in ca. drei Wochen ab verbindlicher Bestellung geliefert werden könnte. Nach gegenwärtigem Erkenntnisstand würde sich daraus eine Verlängerung der Fertigstellungsfrist um mindestens sechs Wochen ergeben. Für diesen Leistungszeitraum fehlen uns aber die betrieblichen Kapazitäten, weil sämtliche Arbeitskräfte ab dem … an anderen Bauvorhaben gebunden sein werden. Denn aufgrund der Corona-Pandemie haben wir mit zahlreichen Auftraggebern eine Verschiebung von bereits beauftragten Leistungen vereinbaren müssen, sodass unser Betrieb nach Ablauf der zwischen uns vertraglich vereinbarten Fertigstellungsfrist vollständig ausgelastet ist. Falls Sie dazu weitere Nachweise verlangen sollten, sind wir gerne bereit, Ihnen die Kapazitätsauslastung anhand der Auftragslage konkret und im Einzelnen zu belegen. Wir bitten um schnellstmögliche Mitteilung, ob Sie dennoch an Ihrer Entscheidung festhalten wollen. Bis dahin werden wir die Arbeiten unterbrechen. Sollte es bei Ihrer Entscheidung bleiben, müssten Sie den Vertrag gemäß § 648 BGB bzw. § 8 Abs. 1 VOB/B kündigen und einen anderen Unternehmer beauftragen.

Sollten Sie dazu nicht bereit sein, käme in Betracht, dass wir die Materialbestellungen zwar jetzt vornehmen, die Arbeiten dann aus den vorgenannten Gründen aber voraussichtlich erst in der KW … fertigstellen könnten. Sollten Sie damit einverstanden sein, werden wir Ihnen kurzfristig ein Nachtragsangebot übersenden.

Alternativ (Hinweis auf fehlende technische Möglichkeiten bzw. fehlende Erfahrung):

Mit Schreiben vom … begehren Sie die Ausführung eines Terrazzo-Bodens im Gastraum des Restaurants im Erdgeschoss anstatt der vereinbarten Granitfliesen. Die Ausführung dieser Änderung ist zur Erreichung des vereinbarten Werkerfolgs nicht notwendig (§ 650b Abs. 1 Nr. 1 BGB), sodass wir zur Unterbreitung eines entsprechenden Nachtragsangebots bzw. zur Erbringung dieser Leistung nur verpflichtet sind, wenn uns die Ausführung eines Terrazzo-Bodens zumutbar wäre (§ 650b Abs. 2 Satz 2 BGB). Das ist vorliegend nicht der Fall, weil wir hierfür keine geeigneten Fachkräfte haben und seit Bestehen unseres Betriebs noch niemals einen Terrazzo-Fußboden verlegt haben. Diese Anstatt-Leistung verlässt eindeutig unseren Fachbereich und unsere technischen Möglichkeiten. Wir weisen darauf hin, dass Ihr Haus nach § 650b Abs. 2 Satz 2 BGB die Beweislast trägt, falls Sie die Auffassung vertreten sollten, die Befolgung der Änderung sei uns dennoch zumutbar. Wir bitten um schnellstmögliche Mitteilung, ob Sie dennoch an Ihrer Entscheidung festhalten wollen. Bis dahin werden wir die Arbeiten unterbrechen. Wir gehen davon aus, dass das gegenwärtig in Ihrem Interesse ist. Anderenfalls bitten wir um Nachricht. Sollte es bei Ihrer Entscheidung bleiben, müssten Sie den Vertrag gemäß § 648 BGB bzw. § 8 Abs. 1 VOB/B kündigen und einen anderen Unternehmer beauftragen. Für Rückfragen stehen wir gerne zur Verfügung.

Mit freundlichen Grüßen

……………………………………………

(Unterschrift)

Hinweis auf eine erforderliche auftraggeberseitige Planung zur Erstellung eines Nachtragsangebots 1031

E 20

An den Auftraggeber

Datum

Bauvertrag vom ...
Ihr Schreiben vom ...

Sehr geehrte Damen und Herren,

Sie haben mit Schreiben vom ... planungsrelevante Änderungs- bzw. Zusatzleistungen verlangt und uns aufgefordert, bis zum ... ein entsprechendes Nachtragsangebot zu erstellen. Da Ihr Haus nach dem abgeschlossenen Vertrag zweifelsfrei die Planungsverantwortung trägt, sind wir dazu erst verpflichtet, wenn die für die Änderung erforderliche Planung Ihrerseits vorgenommen und uns zur Verfügung gestellt worden ist (§ 650b Abs. 1 Satz 4 BGB). Anderenfalls besteht auch kein Anordnungsrecht nach Ablauf der 30-Tage-Frist gemäß § 650b Abs. 2 BGB. Wir dürfen Sie deshalb bitten, uns zumindest ein geändertes Leistungsverzeichnis zur Erstellung des Nachtragsangebots zu übersenden. Das würde nach momentanem Erkenntnisstand für die Ermittlung der Nachtragsvergütung bzw. die Erstellung eines Angebots ausreichen. Die zur Ausführung freigegebene geänderte Planung müssten Sie uns dann aber rechtzeitig vor der Ausführung dieser Leistungen übergeben.

Mit freundlichen Grüßen

....

(Unterschrift)

1032 Vorbehalt des Auftragnehmers im Angebot, falls er die Planungsverantwortung trägt

E 21

An den Auftraggeber

Datum

Angebot für die Sanierung Ihrer Dachterrasse

Sehr geehrte Damen und Herren,

nach unserer Besichtigung vom ... übersenden wir Ihnen als Anlage ein Angebot für die Sanierung Ihrer Dachterrasse. Da wir neben der Ausführung auch die Planung dieser Leistungen übernehmen sollen, machen wir, wie bereits im Rahmen des Ortstermins mündlich besprochen, nochmals ausdrücklich darauf aufmerksam, dass in diesem Angebot nur die gegenwärtig als notwendig ersichtlichen Leistungen enthalten sind. Denn wir können momentan nicht verlässlich beurteilen, ob nach einer Öffnung der Dachterrasse ein kompletter Austausch der Balken erforderlich wird, möglicherweise, weil sie weitgehend verfault sind. Das entscheidet sich erst nach einer Bauteilöffnung. Deshalb teilen wir Ihnen wegen der Bestimmung in § 650c Abs. 1 Satz 2 BGB mit, dass solche und weitere Leistungen, die sich erst im Zuge der Ausführung als notwendig herausstellen, zusätzlich über unser Angebot und den dort genannten Pauschalpreis hinaus zu vergüten sind. Falls Sie vor einer Beauftragung weitere Untersuchungen wünschen, können wir die Dachterrasse auch vor einer Auftragserteilung öffnen, müssten uns aber zuvor über die dafür zu zahlende Vergütung verständigen. Wir haben Ihre Aussagen im Rahmen der Ortsbesichtigung dahingehend verstanden, dass mit den Arbeiten wegen der fortschreitenden Schadensentwicklung schnellstmöglich begonnen werden soll. Sollten Sie Rückfragen haben, setzen Sie sich bitte mit uns in Verbindung.

Mit freundlichen Grüßen

....

(Unterschrift)

Nachtragsangebot mit Hinweisen zur Vergütungsanpassung nach § 650c Abs. 1 oder Abs. 2 BGB **1033** **E 22**

An den Auftraggeber

Datum

Bauvertrag vom ...
Ihr Schreiben vom ...

Sehr geehrte Damen und Herren,

gemäß Ihres Änderungsbegehrens vom ... übersenden wir Ihnen anliegend unser Nachtragsangebot nebst Nachweisen zur Kostenermittlung mit der Bitte um Beauftragung. Vorher werden wir die Arbeiten nicht ausführen (§ 650b Abs. 2 BGB). Zur Erläuterung der dortigen Kostenansätze weisen wir darauf hin, dass wir den vermehrten Aufwand gemäß § 650b Abs. 1 BGB nach den tatsächlich erforderlichen Kosten mit angemessenen Zuschlägen für Allgemeine Geschäftskosten sowie Wagnis und Gewinn ermittelt haben. Wir weisen ferner darauf hin, dass bauzeitabhängige Mehrkosten in dem Angebot nicht enthalten sind, weil wir momentan nicht beurteilen können, ob und wie lange sich die Ausführungsfristen im Falle einer Beauftragung verlängern werden. Sollten Sie Rückfragen haben, stehen wir für deren Beantwortung gerne zur Verfügung.

Alternativ *(Ermittlung der Vergütung nach einer vereinbarungsgemäß hinterlegten Urkalkulation)*:

Zur Höhe der Vergütungsanpassung verweisen wir auf § 650c Abs. 2 BGB. Wir haben zur Berechnung der Vergütung für die Änderungs- und Zusatzleistungen auf die Ansätze aus der vereinbarungsgemäß hinterlegten Urkalkulation zurückgegriffen. Die Urkalkulation hatten wir Ihnen aufgrund der vertraglichen Regelung in Ziffer ... des Bauvertrags bereits am ... übersandt.

Eventuell *(Hinweis auf die 30-Tage-Frist nach § 650b Abs. 2 BGB)*:

Wir dürfen Sie entsprechend der gesetzlichen Regelung in § 650b Abs. 2 BGB bitten, dieses Nachtragsangebot schnellstmöglich anzunehmen, damit die Leistungen möglichst kurzfristig ausgeführt werden können. Falls eine Einigung binnen 30 Tagen nach Zugang Ihres Änderungsbegehrens nicht zustande kommen sollte, können Sie die Ausführung dieser Leistungen in Textform anordnen, wobei wir in diesem Fall nach Erbringung der Leistung (vorläufig) 80 % der in unserem Nachtragsangebot genannten Mehrvergütung in Rechnung stellen werden (§ 650c Abs. 3 BGB). In unserem Nachtragsangebot sind bauzeitabhängige Mehrkosten nicht enthalten, weil momentan nicht feststeht, ob Sie an Ihrem Änderungsbegehren festhalten bzw. wann mit der Ausführung der geänderten Leistungen begonnen werden kann. Wir behalten uns deshalb vor, solche Kosten über das Angebot hinaus geltend zu machen.

Wir gehen derzeit davon aus, dass wir die von Ihrem Änderungsbegehren betroffenen Leistungen zunächst nicht weiter fortsetzen, sondern bis zu Ihrer Entscheidung unterbrechen sollen. Falls Sie stattdessen eine vertragsgemäße Fortführung dieser Leistungen wünschen sollten, teilen Sie uns dies bitte unverzüglich mit. Die Auswirkungen ihres Änderungsbegehrens auf die vereinbarten Fristen werden wir Ihnen mitteilen, sobald Sie sich entschieden haben. Gegenwärtig halten wir uns mit sämtlichen Produktionsmitteln vereinbarungsgemäß leistungsbereit, sodass wir uns auch die Geltendmachung von Entschädigungsansprüchen (§ 642 BGB) vorbehalten, falls ein produktiver Einsatz unserer Mitarbeiter bzw. der Geräte und Maschinen etc. nicht durchgehend möglich sein sollte. Bis zum … können wir noch vereinbarungsgemäß im 4. und 5. OG leisten, ab diesem Zeitpunkt allerdings nicht mehr, falls sich Ihre Entscheidung verzögern sollte.

Mit freundlichen Grüßen

……………………………………………

(Unterschrift)

Abrechnung der Leistungen nach der 80 %-Regelung **E 23 1034**

An den Auftraggeber

Datum

Bauvertrag vom …
Abschlagsrechnung zu unserem Nachtragsangebot vom …

Sehr geehrte Damen und Herren,

nachdem wir uns über die Vergütungsanpassung nicht einigen konnten, haben Sie mit Schreiben vom … die Ausführung der in unserem Nachtragsangebot aufgeführten Leistungen angeordnet. Nach Ausführung dieser Leistungen machen wir von der Möglichkeit des § 650c Abs. 3 BGB Gebrauch und berechnen mit der anliegenden Abschlagsrechnung vorläufig 80 % der in unserem Nachtragsangebot genannten Mehrvergütung. In Höhe dieses Betrags besteht eine Zahlungsverpflichtung, falls Ihr Haus keine anderslautende gerichtliche Entscheidung im Wege der einstweiligen Verfügung nach § 650d BGB erwirkt.

Eventuell *(Hinweis auf die Konsequenzen eines Zahlungsverzuges)*:

Unsere Abschlagsrechnung vom …, mit der wir Nachtragsleistungen nach § 650c Abs. 3 BGB i.H.v. 80 % abgerechnet hatten, ist innerhalb der Fälligkeitsfrist von drei Wochen nicht bezahlt worden (§ 16 Abs. 1 Nr. 3 VOB/B). Wir setzen deshalb eine angemessene Nachfrist zur Zahlung innerhalb fünf banküblicher Arbeitstage. Vorsorglich setzen wir eine weitere Nachfrist von drei Tagen unter Verweis auf § 16 Abs. 5 Nr. 4 VOB/B. Sollte Ihr Haus mit der Zahlung dieses Betrags in Verzug geraten, werden wir entweder die weitere Leistungserbringung gemäß § 320 BGB bzw. § 16 Abs. 5 Nr. 4 VOB/B verweigern oder unseren Zahlungsanspruch im Eilverfahren nach § 650d BGB gerichtlich geltend machen. Wir hoffen, dass es dazu im Sinne einer weiterhin kooperativen Zusammenarbeit bzw. einer Einhaltung der vertraglich vereinbarten Termine nicht kommen muss und stehen Ihnen für Rückfragen gerne zur Verfügung. Wir weisen darauf hin, dass mit der Zahlung des Nachtrags i.H.v. vorläufig 80 % kein Anerkenntnis verbunden ist und Ihr Haus nach Abnahme bzw. Stellung der Schlussrechnung berechtigt ist, Rückforderungsansprüche nebst Zinsen geltend zu machen, falls es wegen der 80 %-Regelung zu einer Überzahlung gekommen sein sollte (§ 650c Abs. 3 Sätze 3 und 4 BGB).

Mit freundlichen Grüßen

……………………………………………

(Unterschrift)

1035 Geltendmachung von Nachtragsansprüchen nach § 650b und c BGB bei Bauverträgen unter Einbeziehung der VOB/B, falls im Vertrag Abweichungen von der VOB/B zulasten des Auftragnehmers erfolgt sind **E 24**

An den Auftraggeber

Datum

Bauvertrag vom …
Ihr Schreiben vom …

Sehr geehrte Damen und Herren,

mit Schreiben vom … haben Sie eine Änderung des Beleuchtungskonzepts in den Etagen 3 bis 5 des Einkaufszentrums … angeordnet. Dadurch kommt es neben einer erheblichen Mengenmehrung der beauftragten Leuchten in einzelnen Shops auch zur Ausführung hochwertiger Design-LED Hängeleuchten des Herstellers … Wir verweisen dazu nochmals auf unser Nachtragsangebot vom …, das wir auf Basis der tatsächlich erforderlichen änderungsbedingten Mehrkosten mit angemessenen Zuschlägen für Allgemeine Geschäftskosten sowie Wagnis und Gewinn ermittelt hatten (§ 650c Abs. 1 BGB). Denn die kalkulierten Lohnkosten i.H.v. € …/h (einschließlich Sozialkosten) liegen ausweislich der beigefügten Unterlagen aus unserer Lohnbuchhaltung unter den tatsächlich in unserem Haus entstehenden Kosten. Für diese änderungsbedingten Mehrkosten haben wir branchenüblich angemessene Zuschläge für Allgemeine Geschäftskosten sowie Gewinn i.H.v. insgesamt … % berechnet, weil die kalkulierten Zuschläge für AGK i.H.v. ... sowie Gewinn i.H.v. … % unangemessen niedrig sind. Heute erreichte uns ein Schreiben, mit dem Sie die sofortige Ausführung der von uns angebotenen Leistungen anordnen, ohne das Angebot zu beauftragen oder darüber zu verhandeln. Zur Begründung verweisen Sie darauf, dass gemäß Ziffer … des Vertrags die VOB/B vereinbart wurde und Sie aufgrund der einseitigen, sofort zu befolgenden Anordnungsrechte in § 1 Abs. 3 und Abs. 4 VOB/B berechtigt seien, die Ausführung von Änderungs- und Zusatzleistungen zu verlangen, ohne dass zuvor eine Preiseinigung stattgefunden habe. Sie lehnen unser Nachtragsangebot mit der Begründung ab, dass es nicht auf vorkalkulatorischer Grundlage ermittelt wurde, was Ihrer Auffassung nach gemäß § 2 Abs. 5 und Abs. 6 VOB/B zwingend erforderlich sei.

Dazu nehmen wir nach Rücksprache mit unserem Rechtsanwalt wie folgt Stellung: Es trifft zu, dass der von Ihnen verwendete Bauvertrag in Ziffer … der Besonderen Vertragsbedingungen die Einbeziehung der VOB/B, die eine Allgemeine Geschäftsbedingung (AGB) darstellt, regelt. Allerdings verstoßen die Anordnungsrechte in § 1 Abs. 3 und Abs. 4 VOB/B sowie die Nachtragsbestimmungen der VOB/B in § 2 Abs. 5 und Abs. 6 VOB/B nach dem neuen gesetzlichen Leitbild des Bauvertragsrechts im BGB gegen das Recht der Allgemeinen Geschäftsbedingungen (AGB) und sind deshalb unwirksam. An ihrer Stelle gelten die gesetzlichen Nachtragsbestimmungen in § 650b und § 650c BGB. Denn die genannten VOB/B-Vorschriften sind intransparent und benachteiligen uns im Vergleich zu den gesetzlichen Nachtragsvorschriften entgegen den Geboten von Treu und Glauben unangemessen (§ 307 Abs. 1 BGB).

Eine AGB-rechtliche Inhaltskontrolle einzelner VOB/B-Bestimmungen findet nur dann nicht statt, wenn die VOB/B im Ganzen, also ohne inhaltliche Änderungen zu unseren Lasten, vereinbart worden ist (§ 310 Abs. 1 Satz 3 BGB). Das ist vorliegend schon deshalb nicht der Fall, weil in Ziffer ... des Bauvertrags eine förmliche Abnahme zwingend vorgesehen ist und dadurch die fiktiven Abnahmeformen nach § 12 Abs. 5 Nr. 1 und 2 VOB/B abbedungen wurden (vgl. KG, Urt. v. 10.1.2017 – 21 U 14/16). Auch Teilabnahmen nach § 12 Abs. 2 VOB/B sind gemäß Ziffer ... des Bauvertrags ausgeschlossen. Wir weisen deshalb nur ergänzend darauf hin, dass nach Ziffer ... des Bauvertrags auch eine Verpflichtung zur Anzeige von Mehrkosten bei Änderungen des Bauentwurfs besteht, was § 2 Abs. 5 VOB/B gerade nicht vorsieht und die Verjährungsfrist für Mängelansprüche – entgegen § 13 Abs. 4 Nr. 1 VOB/B – fünf Jahre und drei Monate beträgt.

Da die Nachtragsbestimmungen der VOB/B wegen ihrer AGB-Widrigkeit nicht zur Anwendung kommen, sind wir nach § 650c Abs. 1 BGB berechtigt, die Mehrvergütung nach den tatsächlich erforderlichen Kosten mit angemessenen Zuschlägen zu ermitteln. Das ist auch deshalb zulässig, weil der BGH am 8.8.2019 für die Preisanpassung von Mehrmengen nach § 2 Abs. 3 Nr. 2 VOB/B entschieden hat, dass die Preisfortschreibung nicht vorkalkulatorisch, sondern anhand der tatsächlich erforderlichen Kosten nebst angemessener Zuschläge erfolgen muss. Auch wenn sich das Urteil nicht unmittelbar mit Nachtragsansprüchen befasst, ist es wegen der identischen Interessenlage auf VOB/B-Nachträge gemäß § 2 Abs. 5 und Abs. 6 übertragbar. Vier Oberlandesgerichte (Berlin, Düsseldorf, Brandenburg und Köln) haben diese Konsequenz zwischenzeitlich bereits gezogen. Deshalb wäre unser auf Mehrkostenbasis ermitteltes Nachtragsangebot selbst dann zulässig, wenn die VOB/B-Bestimmungen Anwendung finden sollten.

Falls eine Einigung über die Vergütungsanpassung nicht erfolgt, können Sie die Ausführung der Leistungen erst 30 Tage nach Zugang des Änderungsbegehrens anordnen (§ 650b Abs. 2 BGB). In diesem Fall werden wir von der Möglichkeit des § 650c Abs. 3 BGB Gebrauch machen und nach Erbringung der Leistungen vorläufig 80 % der in unserem Angebot genannten Vergütung in

Rechnung stellen, falls wir uns auch bis dahin nicht geeinigt haben oder seitens Ihres Hauses eine anderslautende gerichtliche Entscheidung im Eilverfahren erwirkt worden ist (§ 650d BGB).

Eventuell *(Androhung einer einstweiligen Verfügung nach § 650d BGB)*:

Nach ordnungsgemäßer Ausführung der Leistungen verweigern Sie nach wie vor die Zahlung von 80 % gemäß unseres Nachtragsangebots vom … Sie berufen sich u.a. darauf, dass wegen der Vereinbarung der VOB/B die gesetzliche Vorschrift in § 650c Abs. 3 BGB von vornherein keine Anwendung finden könne. Dass und weshalb dies unzutreffend ist, haben wir bereits mit Schreiben vom … im Einzelnen begründet.

Sollten Sie bei Ihrem Standpunkt bleiben, werden wir eine Zahlungsverfügung im Eilverfahren nach § 650d BGB erwirken. In diesem Zusammenhang verweisen wir darauf, dass das Landgericht Berlin kürzlich entschieden hat, dass die 80 %-Regelung nach § 650c Abs. 3 BGB selbst dann Anwendung findet, wenn die VOB/B im Ganzen, also unverändert, vereinbart worden ist (LG Berlin, Urt. v. 16.10.2020 – 8 O 126/10). Das Gleiche gilt für § 650d BGB. Diese Entscheidung ist vom KG, soweit es um die Anwendbarkeit von § 650c Abs. 3 BGB und § 650d BGB beim VOB/B-Vertrag ging, ausdrücklich und in vollem Umfang bestätigt worden (KG, Urt. v. 2.3.2021 – 21 U 1098/20).

Bitte teilen Sie uns schnellstmöglich mit, ob Sie zur Vermeidung einer gerichtlichen Auseinandersetzung zu einer Einigung bereit sind. Wir weisen darauf hin, dass eine Zahlung von 80 % der Vergütung kein Anerkenntnis darstellt und Sie eventuelle Überzahlungen nebst Zinsen nach Stellung unserer Schlussrechnung zurückfordern könnten (§ 650c Abs. 3 Satz 3 und 4 BGB).

Mit freundlichen Grüßen

…………………………………………

(Unterschrift)

Änderungsbegehren des Auftraggebers nach § 650b Abs. 1 BGB/ Anordnung nach § 650b Abs. 2 BGB/Ausnahmen von der 30-Tage-Frist **E 25** 1036

An den Auftragnehmer

Datum

Bauvertrag vom ...

Sehr geehrte Damen und Herren,

gemäß § 650b Abs. 1 Nr. 1 BGB wünschen wir verschiedene Änderungen der Sanitärausstattung in den Badezimmern und verweisen hierzu auf die beigefügte Anlage, aus der die Änderungen im Einzelnen hervorgehen. Wir dürfen Sie unverzüglich, spätestens aber bis zum ..., um Erstellung eines Nachtragsangebots bitten (§ 650b Abs. 1 Satz 2 BGB), damit wir uns möglichst kurzfristig über die Vergütungsanpassung einigen können. Wir bitten ferner um eine unverzügliche Mitteilung, falls sich das Nachtragsangebot verzögern sollte, weil die Ausführung der Leistungen aufgrund bevorstehender Mietereinzüge schnellstmöglich realisiert werden muss.

Alternativ *(notwendiges Änderungsbegehren nach § 650b Abs. 1 Nr. 2 BGB)*:

Die im Vertrag vorgesehenen Klimageräte passen wegen der Abmessungen nicht in die abgehängte Decke. Deshalb ist es notwendig, kleinere Geräte, welche die gleichen Leistungsparameter aufweisen müssen, einzubauen. Bitte reichen Sie hierzu schnellstmöglich ein prüfbares Angebot ein. Wir bitten Sie, die Änderung unverzüglich umzusetzen, damit der Fertigstellungstermin eingehalten werden kann und Nachfolgegewerke nicht behindert werden. Sollte Ihr Angebot realistisch sein, werden wir es unverzüglich beauftragen. Anderenfalls steht Ihnen nach Ausführung der Leistung jederzeit die Möglichkeit offen, vorläufig 80 % der angebotenen Vergütung abzurechnen (§ 650c Abs. 3 BGB).

Alternativ *(Bitte um sofortige Leistungserbringung mit Zahlungsvorschlag)*:

Ihnen ist bekannt, dass die Änderungen wegen der Eröffnung der Messe am ... unverzüglich ausgeführt werden müssen. Sie teilten uns mit, dass die Erstellung des Nachtragsangebots mindestens zehn Arbeitstage in Anspruch nehmen werde, weil die Ermittlung der geänderten Material- und Lohnkosten aufwendig sei und die dafür zuständige Mitarbeiterin bis Ende dieser Woche krankheitsbedingt nicht zur Verfügung stehe. Deshalb machen wir Ihnen folgenden Vorschlag: Sie erbringen die Änderungsleistungen unverzüglich, also bereits vor Erstellung des Angebots. Sobald uns das Angebot vorliegt, werden wir es beauftragen, sofern es den Anforderungen des § 650c BGB entspricht. Sollten wir uns über die Vergütung nicht rasch einigen können, sind wir bereit, gemäß

§ 650c Abs. 3 BGB zu verfahren und vorläufig 80 % der in Ihrem Angebot genannten Vergütung zu bezahlen, falls wir nicht eine anderslautende gerichtliche Entscheidung nach § 650d BGB erwirken sollten. Wir sichern verbindlich zu, dass wir Ihnen unverzüglich nach Eingang Ihres Angebots mitteilen, wie verfahren werden soll. Damit ist sichergestellt, dass Sie kein unzumutbares Vorleistungsrisiko auf sich nehmen müssen. Bitte teilen Sie uns spätestens im Lauf des morgigen Tages mit, ob Sie mit unserem Vorschlag einverstanden sind.

Eventuell *(Anordnung nach Ablauf von 30 Tagen)*:

Nachdem wir uns über Ihr Nachtragsangebot vom ... innerhalb der in § 650b Abs. 2 BGB genannten Frist von 30 Tagen nicht einigen konnten, ordnen wir hiermit die Ausführung der Änderungen in der gesetzlich vorgeschriebenen Textform an und bitten um unverzügliche Umsetzung, damit weitere Verzögerungen vermieden werden.

Eventuell *(Ablehnung einer Vergütungsanpassung wegen Planungsverantwortung des Auftragnehmers)*:

Ihr Nachtragsangebot vom ... weisen wir zurück. Denn die Leistungspflicht Ihres Hauses umfasste neben der Ausführung der Arbeiten auch die dafür erforderliche Planung („fix und fertige" Komplettleistung). Da es sich bei den Änderungs- bzw. Zusatzleistungen um für die Erreichung des vereinbarten Werkerfolgs notwendige Leistungen handelt, steht Ihnen dafür ein Nachtragsanspruch gemäß § 650c Abs. 1 Satz 2 BGB nicht zu. Sollte Ihr Haus nach wie vor von einer Berechtigung des Nachtragsanspruchs ausgehen und die Erbringung der erforderlichen Leistungen verweigern, werden wir den Erlass einer einstweiligen Verfügung nach § 650d BGB beantragen. Darüber hinaus werden wir die Vertragsstrafe oder einen gegebenenfalls höheren Verzugsschaden geltend machen, falls es zu einer Überschreitung des im Vertrag vereinbarten Fertigstellungstermins kommen sollte.

Alternativ *(Notwendige Änderung bei Planungsverantwortung des Auftragnehmers)*:

Mit Schreiben machen Sie eine Nachtragsvergütung i.H.v. 80 % gemäß § 650c Abs. 3 BGB für eine angeblich geänderte Ausführung des Gerüsts geltend. Wir weisen darauf hin, dass hierfür kein Vergütungsanspruch besteht, weil es in der entsprechenden Position des Leistungsverzeichnisses hierzu heißt:

„Arbeitsgerüste, einschließlich Gründung, nach statischen, konstruktiven und sicherheitstechnischen Erfordernissen herstellen und beseitigen, für den Zeitraum der eigenen Leistung vorhalten und unterhalten."

Damit haben wir vereinbart, dass die erforderlichen Gerüstbauarbeiten nach Ihrer Wahl auszuführen sind (funktionale Ausschreibung). Aus diesem Grund oblag Ihnen neben der Verpflichtung zur Ausführung der Leistung auch die dafür notwendige Planung. § 650c Abs. 1 Satz 2 BGB bestimmt, dass dem Auftragnehmer kein Anspruch auf Mehrvergütung zusteht, wenn die ausgeführten Leistungen zur Erreichung des Werkerfolgs notwendig sind. Sollten Sie dennoch an Ihrem Anspruch festhalten und – wie kürzlich angedeutet – ein Leistungsverweigerungsrecht für die Erstellung des Gerüsts am Bauteil … geltend machen, falls wir nicht vorläufig 80 % bezahlen, werden wir die Streitfrage im Eilverfahren nach § 650d BGB klären lassen. Wir dürfen unverzüglich um Ihre Stellungnahme bitten und haben uns für Ihre späteste Rückantwort den … notiert.

Eventuell *(Sofortige Anordnung wegen Gefahr im Verzug)*:

In Ihrem Anschreiben zum Nachtragsangebot vom … weisen Sie unter Bezugnahme auf § 650b Abs. 2 BGB darauf hin, dass Sie die für die Standsicherheit des Gerüsts erforderlichen Änderungs- und Zusatzleistungen erst nach Beauftragung Ihres Angebots oder anderenfalls nach Ablauf von 30 Tagen bei einer entsprechenden Anordnung unseres Hauses ausführen werden. Es dürfte eigentlich schon bei oberflächlicher Prüfung Ihres pauschalen und in keiner Weise näher aufgeschlüsselten Angebots klar sein, dass die geltend gemachte Vergütung haltlos überhöht ist. Ihnen ist bekannt, dass das Gerüst aufgrund der vom Wetterdienst für die kommende Woche vorhergesagten Windstärken möglicherweise einsturzgefährdet ist. Schon deshalb kommt eine Berufung auf die 30-Tage-Frist in § 650b Abs. 2 BGB nicht in Betracht. Es besteht Gefahr im Verzug. Die notwendigen Arbeiten zur Herbeiführung der Standsicherheit des Gerüsts müssen deshalb unverzüglich ausgeführt werden, was wir hiermit ausdrücklich anordnen. Ihnen steht es nach Ausführung der Leistungen frei, von der Möglichkeit in § 650c Abs. 3 BGB Gebrauch zu machen und 80 % der in Ihrem Angebot genannten Vergütung abzurechnen. Falls Sie davon Gebrauch machen sollten, werden wir kurzfristig entscheiden, ob wir (vorläufig) eine entsprechende Zahlung leisten und nach Schlussrechnungslegung Rückforderungsansprüche nebst Zinsen geltend machen (§ 650c Abs. 3 Sätze 3 und 4 BGB) oder stattdessen den Erlass einer anderslautenden einstweiligen Verfügung nach § 650d BGB beantragen werden. Wir bitten um Ihre unverzügliche, gegebenenfalls auch telefonische Mitteilung bis spätestens morgen früh um 11:00 Uhr, ob Sie unserer Anordnung nunmehr schnellstmöglich Folge leisten. Anderenfalls werden wir sofort einen Ersatzunternehmer mit den notwendigen Arbeiten beauftragen und die Angelegenheit unseren Rechtsanwälten übergeben.

Eventuell *(Anordnung zur Ausführung, weil eine Einigung vor Ablauf der 30-Tage-Frist endgültig gescheitert ist)*:

Wir haben über Ihr Nachtragsangebot vom … wegen einer notwendigen Änderung der Baugrube am … verhandelt. Leider ist es aufgrund Ihrer beharrlichen

Weigerung, von der vorkalkulatorischen Preisfortschreibung Abstand zu nehmen, nicht zu einer Einigung gekommen. Dabei müsste zwischen uns eigentlich unstreitig sein, dass Ihre Kalkulationsansätze nicht die erforderlichen Kosten ausweisen und Ihre Zuschlagssätze jenseits der Angemessenheit liegen. Zwar sind Sie gemäß § 650c Abs. 2 BGB grundsätzlich berechtigt, die Vergütung für den Nachtrag auf Basis der uns am … übergebenen Urkalkulation zu ermitteln. Nach § 650c Abs. 2 Satz 2 BGB wird aber lediglich vermutet, dass die danach fortgeschriebene Vergütung der Vergütung nach § 650c Abs. 1 BGB (tatsächlich erforderliche Kosten nebst angemessener Zuschläge) entspricht. Damit ist die Möglichkeit für den Auftraggeber verbunden, diese Vermutung zu widerlegen. Das haben wir getan. Denn die Deponie- und Transportkosten betragen, entgegen den Angaben in Ihrer Urkalkulation, nicht € 295,–/t, sondern nur rund € 92,–/t (Deponiekosten i.H.v. € 64,–/t sowie Transportkosten i.H.v. € 27,30/t).

Seit dem Gespräch vom … steht jedenfalls fest, dass eine Einigung auf Basis Ihres Angebots nicht zustande kommen wird. Die Verhandlungen sind damit endgültig gescheitert. Aus diesem Grund wäre es ein bloßer Formalismus, wenn wir noch einmal weitere zweieinhalb Wochen warten müssten, bevor wir eine Anordnung zur Ausführung der Leistungen nach § 650b Abs. 2 BGB treffen könnten. Denn die Verhandlungsfrist von bis zu 30 Tagen hat ersichtlich nur dann einen Sinn, wenn überhaupt noch Verhandlungen stattfinden, was zwischen uns nicht der Fall ist. Darüber hinaus ist Ihnen bekannt, dass wir unter enormem Zeitdruck stehen, weil Vertragsstrafen- bzw. Schadensersatzansprüche erheblichen Umfangs drohen, falls wir den mit unserem Auftraggeber verbindlich vereinbarten Fertigstellungstermin schuldhaft überschreiten sollten.

Deshalb ordnen wir die Ausführung der Leistungen bereits zum jetzigen Zeitpunkt verbindlich an. Es steht Ihnen frei, nach Erbringung der Leistung von der 80 %-Regelung nach § 650c Abs. 3 BGB Gebrauch zu machen. Uns steht es dagegen frei, entweder vorläufig Zahlung in dieser Höhe zu leisten oder eine anderslautende gerichtliche Entscheidung im Eilverfahren zu erwirken (§ 650d BGB). Bitte teilen Sie uns unverzüglich mit, ob Sie unserer Anordnung Folge leisten. Wir haben uns hierfür eine Frist bis … notiert. Falls Sie bei Ihrem Standpunkt bleiben und es deshalb zu weiteren Verzögerungen kommen sollte, werden wir die seitens unseres Auftraggebers geltend gemachten Ansprüche an Ihr Haus durchstellen.

Mit freundlichen Grüßen

……………………………………………

(Unterschrift)

Androhung einer einstweiligen Verfügung wegen unberechtigter Nachtragsansprüche/ Unprüfbarkeit der Nachtragsansprüche/überhöhte Zuschlagssätze **1037**
E 26

An den Auftragnehmer

Datum

Bauvertrag vom ...
Ihr Schreiben vom ...

Sehr geehrte Damen und Herren,

mit Schreiben vom ... übersandten Sie uns ein Nachtragsangebot und vertreten die Auffassung, der notwendige Einsatz von „Big Bags" für die Entsorgung des asbesthaltigen Materials begründe Nachtragsansprüche, weil Ihr Haus davon ausgegangen sei, man könne dieses Material über die im LV genannten Schuttabwurfschächte entsorgen. Dem widersprechen wir entschieden, weil im Vertrag geregelt ist, dass vor Beginn der Abbrucharbeiten entsprechend der Örtlichkeit, der Bauart, dem Bauzustand und den Baustoffen die Abbruchmethode vom Auftragnehmer zu prüfen und nach den Sicherheitsregeln für das Entfernen von Asbest „ZH 1/513" der Bauberufsgenossenschaft sowie der „TRGS 519" – jeweils in der neuesten Ausgabe – festzulegen ist. Es war für einen fachkundigen Bieter deshalb offensichtlich und eindeutig erkennbar, dass die Verwendung von Schüttrutschen beim Abbruch von asbesthaltigem Porenbeton unzulässig ist, sodass ein Nachtragsanspruch schon dem Grunde nach nicht besteht.

Bitte teilen Sie uns unverzüglich, spätestens jedoch bis zum ... mit, ob Ihr Haus dennoch an dem Nachtragsangebot festhält und die Leistungserbringung vor Ablauf der 30-Tage-Frist nach § 650b Abs. 2 BGB verweigert, weil wir für diesen Fall eine sofortige Klärung dieser Frage im einstweiligen Verfügungsverfahren nach § 650d BGB veranlassen werden.

Alternativ *(Auftragnehmer macht nicht prüfbare Mehrkosten geltend)*:

Wir haben bereits im Rahmen der letzten Bausitzung vom ... mitgeteilt, dass der von Ihnen geltend gemachte Nachtragsanspruch der Höhe nach nicht prüfbar ist, weil Aussagen über die erforderlichen Mehrkosten sowie die Zuschläge für Allgemeine Geschäftskosten bzw. Gewinn in Gänze fehlen. Sie nennen lediglich verschiedene Einzelpreise ohne jede Erläuterung bzw. Preisaufschlüsselung. Falls Sie auf Basis Ihrer Urkalkulation abrechnen wollen, müssten Sie diese zumindest offenlegen und die Mehrkosten entsprechend der dortigen Ansätze analog fortschreiben. Eine Ermittlung der Nachtragsvergütung auf Basis der Urkalkulation ist nach § 650c Abs. 2 Satz 1 BGB ohnehin nur möglich, wenn die Urkalkulation vereinbarungsgemäß hinterlegt worden ist und die dortigen Ansätze den tatsächlich erforderlichen Kosten entsprechen (§ 650c Abs. 2 Satz 2 BGB). Uns liegt weder Ihre Urkalkulation, geschweige denn eine entsprechende Fortschreibung der dortigen Kostenansätze vor. Stattdessen nennen Sie neue Einheitspreise, ohne diese auch nur ansatzweise zu erläutern bzw. zu belegen (siehe oben).

Wir hatten Sie schon vor Wochen gebeten, die Leistungen unverzüglich auszuführen, weil unser Auftraggeber bereits mit der Geltendmachung von Vertrags- bzw. Verzugsschadensersatzansprüchen gedroht hat und Ihr Phantasieangebot nicht geeignet war, eine Einigung über die Vergütung zu erzielen. Deshalb findet die 30-Tage-Frist in § 650b Abs. 2 BGB im hier vorliegenden Fall keine Anwendung. Dennoch haben Sie sich beharrlich geweigert, unserer Anordnung Folge zu leisten, offenbar um Druck auszuüben und unrealistische Preise durchzusetzen.

Nachdem die 30-Tage-Frist nach § 650b Abs. 2 BGB zwischenzeitlich verstrichen ist, ordnen wir hiermit die Ausführung der in Ihrem Angebot genannten Änderungsleistungen an, bestätigen aber die von Ihnen geltend gemachte Vergütung aus den genannten Gründen ausdrücklich nicht. Sollten Sie an Ihrem Nachtragsangebot festhalten und die Leistungen gemäß der 80 %-Regelung nach § 650c Abs. 3 BGB abrechnen, werden wir eine gerichtliche Klärung im Eilverfahren nach § 650d BGB herbeiführen. Wir hoffen nicht, dass es dazu kommen muss und fordern Sie nochmals auf, uns Ihr Kostenangebot vom ... näher zu erläutern bzw. deutlich zu machen, auf welcher Basis Sie eigentlich abrechnen wollen.

Sollte es wegen einer Verzögerung der Leistungen zu Ansprüchen unseres Auftraggebers kommen, werden wir diese an Ihr Haus durchstellen müssen. Deshalb könnte es in Ihrem eigenen Interesse ratsam sein, ab jetzt mit maximal möglichem Einsatz zu leisten, um den vereinbarten Fertigstellungstermin doch noch einzuhalten.

Alternativ *(Auftragnehmer macht unangemessen hohe Zuschlagssätze geltend)*:

Sie machen Mehrkosten auf Basis ihrer Urkalkulation geltend und schreiben unter Verweis auf § 650c Abs. 2 BGB den dortigen AGK-Zuschlag in Höhe von 20 % auf die Herstellkosten sowie den Gewinnzuschlag in Höhe von 10 % auf die Selbstkosten entsprechend fort. Diese Zuschlagssätze akzeptieren wir wegen ihrer Unangemessenheit nicht. Auch wenn die Urkalkulation vereinbarungsgemäß bei uns hinterlegt worden ist und Ihr Haus danach Zuschlagssätze in der genannten Höhe kalkuliert hat, sind wir als Auftraggeber berechtigt, die in § 650c Abs. 2 Satz 2 BGB geregelte Vermutung der Angemessenheit der Zuschlagssätze dieser Zuschläge zu widerlegen. Für die Angemessenheit kommt es auf branchenübliche Umstände an. Wie uns seitens unseres Ingenieurbüros mitgeteilt wurde, sind allenfalls Zuschläge in Höhe von insgesamt ... % üblich und angemessen. Betriebs- oder vertragsbezogene Gründe, die höhere Zuschlagssätze rechtfertigen könnten, sind weder vorgetragen noch ersichtlich. Dementsprechend haben wir Zahlung geleistet.

Mit freundlichen Grüßen

....

(Unterschrift)

F. Stundenlohnarbeiten

I. Was muss der Bauleiter wissen?

1. Vertragliche Vereinbarung notwendig

Stundenlohnarbeiten wird von der VOB/B, aber auch von der Rechtsprechung, mit einem gewissen Misstrauen begegnet. Denn im Gegensatz zum Einheitspreis- oder Pauschalvertrag wird beim Stundenlohnvertrag nicht die erbrachte Leistung, sondern die aufgewendete Zeit vergütet. Weil dieser Abrechnungsmodus für Auftraggeber gefährlich sein kann, setzt die Zahlung von Stundenlohnarbeiten nach § 2 Abs. 10 VOB/B in erster Linie voraus, dass sie als solche vor ihrem Beginn ausdrücklich vereinbart worden ist (OLG Dresden, Urt. v. 7.2.2017 – 9 U 1257/16; OLG München, Urt. v. 7.6.2016 – 9 U 1677/15 Bau), und zwar mit einem Vertretungsberechtigten des Auftraggebers (dazu unter F. II. 3., Rn. 1044 ff.). Deshalb berechtigt § 2 Abs. 10 VOB/B den Auftraggeber nicht dazu, einseitig Stundenlohnarbeiten anzuordnen. **1038**

Probleme treten immer wieder auf, wenn beispielsweise in einer besonderen Position der Leistungsbeschreibung aufgeführt ist, dass sogenannte Regiestunden nach einem bestimmten Stundensatz vergütet werden, ohne dass dabei eine *bestimmte* Leistung konkret bezeichnet worden ist. Eine solche Vereinbarung reicht im Zweifel nicht aus, um die durchgeführten Leistungen nach Zeitaufwand zu berechnen. Denn mit ihr wird nur die Höhe der zu zahlenden Verrechnungssätze geregelt, *wenn* eine ausdrückliche Vereinbarung darüber getroffen wurde, welche Leistungen nach Zeitaufwand abgerechnet werden sollen. Eine wirksame Stundenlohnvereinbarung nach § 2 Abs. 10 VOB/B setzt voraus, dass von den Vertragspartnern – vor der Ausführung der jeweiligen Arbeiten – festgelegt wird, *welche* konkreten Leistungen bzw. Teilleistungen nach Stundenlöhnen zu vergüten sind (OLG Frankfurt, Urt. v. 5.1.2006 – 5 U 70/06). Es versteht sich von selbst, dass der Auftragnehmer aus Beweisgründen auf eine schriftliche Vereinbarung bestehen sollte. Wer lediglich *„auf Zuruf"* arbeitet, programmiert Probleme geradezu vor. **1039**

Liegt zwar eine Stundenlohnvereinbarung vor, fehlt aber eine Regelung zum Stundenverrechnungssatz, hat der Auftraggeber die ortsübliche Vergütung zu entrichten (§ 15 Abs. 1 Nr. 2 VOB/B i.V.m. § 632 Abs. 2 BGB). Wenn der Auftragnehmer nach ortsüblichen Vergleichspreisen abrechnet, trifft ihn in einem Prozess die Darlegungs- und Beweislast dafür, dass er sich innerhalb einer angemessenen Bandbreite bewegt hat. **1040**

Verlangt der Auftraggeber ausdrücklich, dass die Stundenlohnarbeiten von einer Aufsichtsperson überwacht werden, kann der Auftragnehmer, falls dafür nicht ein gesonderter Stundenverrechnungssatz vereinbart wurde, wiederum eine ortsübliche Vergütung verlangen (§ 15 Abs. 2 VOB/B). **1041**

2. Anzeige vor Beginn der Ausführung

1042 Wenn zwischen der Vereinbarung von Stundenlohnarbeiten und der tatsächlichen Ausführung eine längere Zeitspanne liegt, sollte dem Auftraggeber schriftlich angezeigt werden, dass nunmehr die Ausführung dieser Arbeiten bevorsteht (§ 15 Abs. 3 Satz 1 VOB/B). Die Anzeige dient dazu, dem Auftraggeber eine Überprüfung dahingehend zu ermöglichen, in welchem Umfang tatsächlich Stundenlohnarbeiten geleistet werden. Die Anzeige ist nur entbehrlich, wenn die Vereinbarung unmittelbar vor Ausführung der Stundenlohnarbeiten getroffen worden ist. Ansonsten müssen sich aus der Anzeige sowohl der Tag des Arbeitsbeginns als auch die konkret zur Ausführung anstehenden Arbeiten ergeben.

1043 Die Anzeigepflicht wird in der Praxis regelmäßig vernachlässigt. Ein Anspruchsverlust ist damit zwar nicht verbunden. Aus der Verletzung der Anzeigepflicht können aber Beweisprobleme für den Auftragnehmer folgen. Das ist beispielsweise der Fall, wenn der Auftraggeber behauptet, er habe aufgrund der unterlassenen Anzeige keine Möglichkeit gehabt, die Ausführung der Arbeiten zu überprüfen und sich deshalb weigert, die vorgelegten Stundenlohnzettel zu unterzeichnen.

3. Rechtzeitige Übergabe prüfbarer Stundenlohnzettel

1044 Um dem Auftraggeber die rasche Kontrolle von Stundenlohnarbeiten zu ermöglichen und dem Auftragnehmer umgehend Klarheit über eventuelle Einwendungen des Auftraggebers zu verschaffen, sieht die VOB/B in § 15 Abs. 3 Sätze 2 bis 5 folgende Regelungen vor:

1045 Die Stundenlohnzettel über die ausgeführten Tätigkeiten müssen – je nach Verkehrssitte – werktäglich, spätestens aber wöchentlich eingereicht werden, falls keine davon abweichende Vereinbarung im Vertrag getroffen worden ist. Solche Regelungen muss der Bauleiter des Auftragnehmers kennen und beachten. Fehlen dazu Bestimmungen im Vertrag, ist es bei erheblichem Umfang empfehlenswert, die Stundenlohnarbeiten täglich zu erfassen und am auf die Ausführung folgenden Arbeitstag zu übergeben. Werden Stundenlohnzettel verspätet übergeben und entsteht deshalb Streit über den Umfang der Arbeiten, kann der Auftraggeber eine Neuberechnung der Vergütung nach § 15 Abs. 5 VOB/B verlangen (siehe unten). Deshalb ist eine Regelung, nach der die rechtzeitige Übergabe von Stundenlohnzetteln als absolute Anspruchsvoraussetzung geregelt ist, AGB-rechtlich unwirksam (OLG Düsseldorf, Urt. v. 14.8.2006 – 21 U 149/05). Auf einen solchen Streit sollte sich der Auftragnehmer aber nicht einlassen, weil er sich dadurch nur selbst schadet.

Die Stundenlohnzettel müssen die Namen jedes Beschäftigten mit Arbeitsbeginn und Arbeitsende, deren Funktion und die Art ihres Einsatzes lesbar ausweisen. Darüber hinaus sollte so genau wie möglich angegeben werden, welche konkreten Arbeiten von den jeweiligen Mitarbeitern durchgeführt worden sind.

Ansonsten sind die Stundenlohnberichte möglicherweise nicht prüfbar, sodass die entsprechende Rechnung auch nicht fällig werden kann (LG Konstanz, Urt. v. 19.2.2020 – 30 O 138/19; OLG Hamm, Beschl. v. 8.2.2005 – 24 W 20/04; KG, Urt. v. 29.2.2000 – 4 U 1926/99). Falls vereinbart wurde, dass über die im Stundenlohn ausgeführten Leistungen hinaus auch der Einsatz von Geräten, Maschinen oder von verwendetem Material etc. vergütet werden soll, muss der Stundenlohnzettel auch dazu prüfbare Angaben enthalten (§ 15 Abs. 3 Satz 2 VOB/B). Deshalb sind einfache Zeiterfassungsberichte, aus denen sich lediglich entnehmen lässt, welche Mitarbeiter an welchen Tagen wie viele Stunden an einem Bauvorhaben geleistet haben wollen, für einen rechtssicheren Nachweis ungeeignet.

Mehreren Entscheidungen des BGH ist zu entnehmen, dass er die Anforderun- **1046**
gen der Instanzgerichte an den Inhalt von Stundenlohnzetteln für überzogen hält. In zwei Entscheidungen aus dem Jahr 2009 heißt es dazu, der Auftragnehmer müsse zur schlüssigen Begründung eines nach Zeitaufwand zu bemessenden Vergütungsanspruchs grundsätzlich nur darlegen, wie viele Stunden für die Erbringung der beauftragten Leistungen angefallen sind (BGH, Urt. v. 28.5.2009 – VII ZR 76/06; BGH, Urt. v. 17.4.2009 – VII ZR 164/07; ebenso: OLG München, Beschl. v. 11.7.2017 – 13 U 54/17). Weil der Auftraggeber für die Unwirtschaftlichkeit des abgerechneten Zeitaufwands beweispflichtig ist, müssen sich aus den Darlegungen des Auftragnehmers zu Art und Inhalt der abgerechneten Leistungen jedoch Informationen entnehmen lassen, die es dem Auftraggeber ermöglichen, den Beweis der Unwirtschaftlichkeit zu führen (BGH, Urt. v. 17.4.2009 – VII ZR 164/07). Wir warnen Auftragnehmer davor, diese Aussagen auf VOB/B-Verträge zu übertragen. Denn aus den Entscheidungsgründen des BGH geht ausdrücklich hervor, dass § 15 VOB/B keine Anwendung fand, weil es einmal um Beratungsleistungen eines Ingenieurs und im anderen Fall um einen BGB-Bauvertrag ging, nicht um Bauleistungen unter Einbeziehung der VOB/B. Der BGH hat später noch einmal bestätigt, dass zur Begründung eines nach Zeitaufwand zu bemessenden Vergütungsanspruchs grundsätzlich nur dargelegt werden müsse, wie viele Stunden der Auftragnehmer aufgewendet habe. Der Auftragnehmer brauche nicht danach zu differenzieren, welche Arbeitsstunden für welche Tätigkeiten an welchen Tagen angefallen seien. Es bedürfe nicht einmal der Vorlage von Stundennachweisen oder sonstiger Belege zum Umfang der erbrachten Tätigkeiten. Bestreite der Auftraggeber die abgerechneten Arbeiten, sei hierüber Beweis zu erheben (BGH, Beschl. v. 5.1.2017 – VII ZR 184/14). Auch diese Entscheidung betraf einen BGB-Vertrag, in den die VOB/B nicht einbezogen worden ist. Zwischenzeitlich hat das OLG Schleswig die Grundsätze der eben dargestellten BGH-Entscheidungen explizit auf einen VOB/B-Vertrag übertragen (OLG Schleswig, Urt. v. 15.11.2013 – 1 U 59/12). Auch wenn diese Entscheidungen auftragnehmerfreundlich sind, raten wir davon ab, bei der Anfertigung von Stundenlohnzetteln nachlässig zu sein. Je detaillierter sich den Berichten entnehmen lässt,

welche konkreten Arbeiten in welchen Bereichen ausgeführt worden sind, desto geringer ist die Gefahr, dass ein Auftraggeber erfolgreich einwenden kann, es habe eine Vermischung von Stundenlohnarbeiten einerseits und bereits vertraglich beauftragten Leistungen andererseits stattgefunden oder der geltend gemachte Zeitaufwand sei für die ausgeführte Leistung zu hoch, sodass gegen die Grundsätze der wirtschaftlichen Betriebsführung verstoßen wurde.

1047 Werden Stundenlohnzettel entweder nicht fristgerecht oder gar nicht eingereicht, begeht der Auftragnehmer eine Pflichtverletzung. Der Auftraggeber kann dann nach § 15 Abs. 5 VOB/B verlangen, dass für die nachweisbar ausgeführten Leistungen eine Vergütung vereinbart wird, die einem wirtschaftlich vertretbaren Aufwand an Arbeitszeit und Verbrauch von Stoffen entspricht. Die aus den Rapporten hervorgehende Stundenzahl ist dann nicht mehr maßgebend. Andererseits rechtfertigt allein die verspätete oder gänzlich unterbliebene Vorlage von Rapporten nicht in jedem Fall den Verlust des Werklohnanspruchs (OLG Düsseldorf, Urt. v. 9.8.2013 – 22 U 161/12). Allerdings muss der Auftragnehmer dann im Streitfall nachträglich alle notwendigen Angaben vortragen und beweisen, die in den Stundenzetteln hätten enthalten sein müssen. Das ist in einem Bauprozess, der meist Monate, wenn nicht Jahre nach den fraglichen Ereignissen stattfindet, praktisch unmöglich, jedenfalls aber außerordentlich schwierig. Deshalb hat die Klägerin den Prozess beim OLG Düsseldorf auch verloren. Der Beweis durch Zeugenaussagen ist zwar grundsätzlich möglich (OLG Hamm, Urt. v. 8.2.2011 – 21 U 88/10), aber mit erheblichen Unsicherheiten verbunden. Das zeigt auch eine Entscheidung des OLG Köln. Dort hatte ein Auftraggeber Mangelbeseitigungsarbeiten auf Stundenlohnbasis an einen Ersatzunternehmer vergeben, konnte aber die Erforderlichkeit des Zeitaufwands nicht beweisen, weil er weder Stundenlohnzettel des Ersatzunternehmers vorlegte noch dessen Aufwand anderweitig in prüfbarer Weise aufschlüsseln und darlegen konnte. Das führte zum Verlust des geltend gemachten Anspruchs, weil sich im Nachhinein nicht mehr aufklären ließ, ob die abgerechneten Leistungen ausschließlich der Mangelbeseitigung dienten und hierfür auch erforderlich waren (OLG Köln, Urt. v. 16.3.2016 – 16 U 109/15).

1048 Der BGH beurteilt die Beweislastverteilung bei Streit über den Umfang von Stundenlohnleistungen differenzierter. Danach muss der Auftragnehmer zunächst darlegen, wie viele Stunden angefallen sind. Bei Stundenlohnarbeiten trifft den Auftragnehmer eine vertragliche Nebenpflicht zur wirtschaftlichen Betriebsführung; „Stunden schinden“ begründet eine Verletzung dieser Pflicht und löst Gegenansprüche des Auftraggebers – im Ergebnis eine Kürzung des geltend gemachten Zeitaufwands – aus. Diesen Gegenanspruch wegen unwirtschaftlichem – das heißt zu langsamem – Arbeiten muss allerdings der Auftraggeber beweisen (BGH, Urt. v. 28.5.2009 – VII ZR 74/06). Den Auftragnehmer trifft – so der BGH – aber eine *„sekundäre Darlegungslast“*. Das bedeutet, dass der Auftragnehmer zu den nach Zeitaufwand abgerechneten Leistungen jedenfalls so viel vortragen muss, dass dem Auftraggeber eine Beurteilung möglich ist, ob die aufgewendete Zeit erforderlich war. Welchen Sachvortrag das konkret erfordert, hängt vom Informations- und Kontrollbedürfnis des Auftraggebers und damit vom Einzelfall ab, so der BGH (BGH, Urt. v. 17.4.2009 – VII ZR 164/07). Der langen Rede kurzer Sinn: Ein Auftragnehmer, der auf dem sichersten Weg bleiben und Streit über die aufgewendete Zeit und ihre Erforderlichkeit vermeiden will, schreibt möglichst detaillierte Rapporte und übergibt sie unverzüglich, allerspätestens aber wöchentlich, an den Auftraggeber. Adressat der Stundenlohnzettel ist, wie auch bei der Anzeige nach § 15 Abs. 3 Satz 1 VOB/B, der Auftraggeber selbst, auch wenn nach herrschender Meinung der bauüberwachende Architekt insoweit als empfangsbevollmächtigt gilt.

Vertragsklauseln, nach denen der Anspruch auf Stundenlohnvergütung allein **1049**
deshalb vollständig entfällt, weil die Rapporte nicht innerhalb von beispielsweise einer Woche nach Abschluss der Arbeiten vorgelegt wurden, sind AGB-widrig und damit nichtig. Es bleibt aber bei den Beweisnachteilen, die ein Auftragnehmer in solchen Fällen hat (siehe oben).

4. Bescheinigung und Rückgabe der Stundenlohnzettel/Anerkenntniswirkung

Der Auftraggeber hat die Verpflichtung, die Stundenlohnzettel unverzüglich, spä- **1050**
testens jedoch innerhalb von sechs Werktagen nach deren Zugang zurückzugeben (§ 15 Abs. 3 Satz 3 VOB/B). Er hat dabei das Recht, Einwendungen auf den Stundenlohnzetteln selbst oder gesondert schriftlich geltend zu machen. Nicht fristgemäß zurückgegebene Stundenlohnzettel gelten als anerkannt (§ 15 Abs. 3 Satz 5 VOB/B).

Bestätigt der Auftraggeber die Richtigkeit der Stundenlohnzettel ausdrücklich **1051**
(die VOB spricht von deren Bescheinigung), ist damit nach herrschender Auffassung ein Anerkenntnis verbunden. Die Anerkenntniswirkung tritt jedoch nur ein, wenn der Stundenlohnzettel prüfbare Angaben enthielt (OLG Oldenburg, Urt. v. 30.10.2003 – 8 U 55/03) und zuvor eine wirksame Stundenlohnvereinbarung getroffen wurde. Fraglich ist, wie weit diese Anerkenntniswirkung reicht. Nach herrschender Meinung ist der Auftraggeber an unterschriebene oder nicht fristgemäß zurückgegebene Stundenlohnzettel nur gebunden, wenn er nicht beweisen kann, dass sie unrichtig sind (OLG Köln, Urt. v. 16.9.2008 – 24 U 167/07). Mit der Unterzeichnung der Stundenlohnzettel ist deshalb kein Anerkenntnis der objektiven Erforderlichkeit des dokumentierten Zeitaufwands verbunden, sondern nur, dass die dort aufgeführten Stunden tatsächlich geleistet worden sind. Aus der Bescheinigung bzw. der nicht fristgemäßen Rückgabe resultiert aber eine Umkehr der Beweislast, sodass der Auftraggeber die Unrichtigkeit der dort doku-

mentierten Angaben bzw. die Unangemessenheit der aufgewendeten Stunden voll beweisen muss, was in der Praxis eher schwierig werden dürfte. Rügt der Auftraggeber dagegen fristgemäß innerhalb von sechs Werktagen, dass bei der Durchführung der Arbeiten die Grundsätze wirtschaftlicher Betriebsführung missachtet wurden, kann er mit diesen Einwendungen durchaus Erfolg haben (OLG Düsseldorf, Urt. v. 28.2.2012 – 23 U 59/11) und eine Neuberechnung verlangen.

1052 Fraglich ist, ob die Anerkenntniswirkung auch eintritt, wenn der Auftragnehmer Stundenlohnzettel verspätet einreicht und der Auftraggeber innerhalb von sechs Werktagen keine Einwendungen geltend macht. Davon geht das OLG Saarbrücken aus und verneint die Anerkenntniswirkung nur, wenn die Stundenlohnzettel so spät eingereicht werden, dass dem Auftraggeber deswegen eine Überprüfung des dokumentierten Stundenansatzes nicht mehr möglich ist (OLG Saarbrücken, Urt. v. 29.3.2011 – 4 U 242/10). Diese Entscheidung ist nicht überzeugend und dürfte eine Einzelmeinung darstellen. Ansonsten müsste der Auftraggeber Stundenlohnzettel, die erst mit der Schlussrechnung eingereicht werden, innerhalb von sechs Werktagen beanstanden, sodass ihm dafür nicht die Prüfungsfrist von mindestens 30 Kalendertagen nach § 16 Abs. 3 Nr. 1 Satz 1 VOB/B zur Verfügung steht. Nach herrschender Meinung gilt deshalb: Verspätet eingereichte Stundenlohnzettel können bestritten werden, sodass der einer wirtschaftlichen Betriebsführung entsprechende Aufwand durch eine Beweisaufnahme geklärt werden muss (§ 15 Abs. 5 VOB/B). Hat der Auftraggeber Stundenlohnzettel dagegen anstandslos bescheinigt, tritt die Anerkenntniswirkung in Gestalt einer Umkehrung der Beweislast (siehe oben) auch ein, wenn sie verspätet übergeben worden sind.

1053 Aufgrund der Prüfungsfrist von sechs Werktagen und des möglichen Anerkenntnisses nach deren Ablauf sollte sich der Bauleiter des Auftragnehmers die Übergabe der Stundenlohnzettel mit Datumsangabe bestätigen lassen oder jedenfalls beweiskräftig dokumentieren, wann er sie wem übergeben hat. Denn der Auftragnehmer, der sich auf die Anerkenntniswirkung beruft, trägt die Beweislast für die fristgerechte Einreichung der Stundenlohnzettel, ihre Prüfbarkeit, die rechtzeitige Anzeige sowie den Ablauf der Frist von sechs Werktagen. Der Bauleiter des Auftraggebers muss sicherstellen, dass er die Rapporte fristgemäß überprüft und innerhalb von sechs Werktagen zurückgibt, weil er anderenfalls beweisen muss, dass dortige Angaben unrichtig sind und weshalb er das nicht rechtzeitig geltend machen konnte.

5. Abrechnung von Stundenlohnarbeiten

1054 Stundenlohnrechnungen sollten alsbald nach Abschluss der Arbeiten, längstens jedoch in Abständen von vier Wochen, eingereicht werden (§ 15 Abs. 4 VOB/B). Die Frist zur Vorlage der Stundenlohnrechnung beginnt grundsätzlich nach

Abschluss der Stundenlohnarbeiten. Abweichendes gilt dann, wenn der Auftragnehmer mit der Ausführung umfangreicher Stundenlohnarbeiten bei einer sich über eine längere Zeit erstreckenden Baumaßnahme beauftragt worden ist. In diesem Fall ist der Auftragnehmer gehalten, spätestens vier Wochen nach Beginn der Stundenlohnarbeiten die erste Stundenlohnrechnung vorzulegen.

Da auch über Stundenlohnarbeiten prüfbar abzurechnen ist, hat der Auftrag- **1055**
nehmer seinen Stundenlohnrechnungen die zum Nachweis von Art und Umfang der Stundenlohnleistungen gefertigten Stundenlohnzettel beizufügen. In der Rechnung sind die Arbeiten nach Art, Umfang und Ausführungszeitraum zu beschreiben, sodass sie vom Auftraggeber unter Berücksichtigung der übergebenen Stundenlohnzettel eindeutig zugeordnet und beurteilt werden können. Die Bezugnahme auf Angaben in den Stundenlohnzetteln ist zulässig, soweit diese ihrerseits inhaltlich prüffähig sind und vom Auftraggeber nachvollzogen werden können.

II. Handhabung in der Praxis

1. Abgrenzung zwischen Werk- und Dienstvertrag bzw. zur Arbeitnehmerüberlassung

Ist die Bezahlung von Leistungen im Stundenlohn als solche unstreitig, kann frag- **1056**
lich sein, ob ein Werk- oder ein Dienstvertrag abgeschlossen wurde. Für die Abgrenzung kommt es entscheidend darauf an, ob der Unternehmer die Vergütung für seine Arbeitsleistung (Dienstvertrag) oder für die Herbeiführung eines bestimmten Erfolgs (Werkvertrag) erhält (BGH, Urt. v. 21.1.2003 – X ZR 261/01; OLG Düsseldorf, Urt. v. 22.8.2014 – 22 U 39/14 und OLG Hamm, Urt. v. 28.11.2017 – 24 U 120/16). Ist Letzteres der Fall, hängt die Fälligkeit des Vergütungsanspruchs von einer Abnahme der Werkleistung und einer prüfbaren Schlussrechnung ab (KG, Urt. v. 9.11.2007 – 7 U 75/07). Ist kein Werkvertrag abgeschlossen worden, kann es sich um illegale Arbeitnehmerüberlassung handeln. Nach § 1 Abs. 1 des Arbeitnehmerüberlassungsgesetzes (AÜG) bedarf der Verleiher grundsätzlich einer Erlaubnis. Im Baugewerbe ist eine solche – von bestimmten Ausnahmen abgesehen – grundsätzlich unzulässig (§ 1b AÜG). Werkverträge und Arbeitnehmerüberlassungsverträge unterscheiden sich dadurch, dass der Auftragnehmer im ersten Fall einen Werkerfolg schuldet, dessen Herbeiführung er selbst organisiert, während er im zweiten Fall lediglich Arbeitnehmer zur Verfügung stellt, die in den „fremden Betrieb" eingegliedert sind und die Arbeiten allein nach den Weisungen des dortigen Betriebsinhabers leisten (OLG Koblenz, Urt. v. 18.10.2013 – 8 U 131/12; BGH, Urt. v. 21.1.2003 – X ZR 261/01). Die Konsequenzen einer unzulässigen Arbeitnehmerüberlassung sind gravierend. Denn in solchen Fällen fingiert das Arbeitnehmerüberlassungsgesetz ein Arbeitsverhältnis zwischen Entleiher und

Leiharbeitnehmer (LAG Schleswig-Holstein, Urt. v. 19.7.2012 – 5 SA 474/11). Die zwingenden Schutzvorschriften des AÜG können auch nicht dadurch umgangen werden, dass ein vom tatsächlichen Geschäftsinhalt abweichender Vertragstyp gewählt und beispielsweise die Leistungen durch ein Leistungsverzeichnis beschrieben werden (LAG Berlin-Brandenburg, Urt. v. 12.12.2012 – 15 Sa 1217/12; BGH, Urt. v. 25.6.2002 – X ZR 83/00).

2. Bescheinigte Stundenlohnzettel ersetzen nicht die erforderliche Stundenlohnvereinbarung

1057 Es ist ein weit verbreiteter Irrtum, die nicht fristgemäße Bescheinigung von Stundenlohnzetteln oder auch ihre ausdrückliche Bestätigung durch den Auftraggeber würde eine Stundenlohnvereinbarung nach § 2 Abs. 10 VOB/B ersetzen (BGH, Urt. v. 24.7.2003 – VII ZR 79/02; BGH, Urt. v. 14.7.1994 – VII ZR 186/93). Der Auftraggeber erkennt durch die Bestätigung der Rapporte regelmäßig nicht an, dass er die auf den Stundenlohnzetteln ausgewiesenen Arbeiten auch nach Zeitaufwand vergüten werde; er bestätigt lediglich, dass die dort aufgelisteten Arbeiten nach Art und Umfang tatsächlich ausgeführt worden sind (OLG Frankfurt, Urt. v. 11.7.2016 – 21 U 2/16; OLG Dresden, Urt. v. 6.12.2005 – 14 U 1523/05). Etwas anderes gilt nur in besonders gelagerten Ausnahmefällen.

1058 **Beispiel:** In einem Gebäude ist eine automatische Parkanlage zu sanieren. Der Auftraggeber beauftragt hierzu verschiedene Unternehmer. Einer von ihnen ist mit der Installation der Mechanik beauftragt. Nachdem Schwierigkeiten mit der Elektrik auftreten, wird dieser Unternehmer beauftragt, auch die Softwareprobleme zu lösen. Der Auftragnehmer legt regelmäßig Stundenlohnzettel vor, die der Geschäftsführer des Auftraggebers unterzeichnet. Eine Stundenlohnrechnung wird anstandslos bezahlt. Später beruft sich der Auftraggeber darauf, dass eine wirksame Stundenlohnvereinbarung nicht zustande gekommen sei. Der Auftragnehmer klagt daraufhin Stundenlohnvergütung in Höhe von rund € 65.000,– ein.

1059 Das OLG Düsseldorf gab dem Auftragnehmer Recht, soweit er unterschriebene Stundenlohnzettel vorlegen konnte (OLG Düsseldorf, Urt. v. 10.9.2004 – 22 U 15/04; ähnlich: OLG Hamburg, Urt. v. 21.12.1999 – 8 U 189/99). Das Gericht stellte fest, dass die Abzeichnung von Regiezetteln zwar regelmäßig nur Art und Umfang der erbrachten Leistungen betreffe, im Einzelfall aber weitergehende Bedeutung haben könne. Im vorliegenden Fall lasse die Abzeichnung einen Rückschluss auf eine Vergütungsabrede zu. Denn eine regelmäßige Stundenaufstellung und deren Abzeichnung ergäben nur einen Sinn, wenn auch die Abrechnung nach Stunden erfolgen sollte. Das Urteil ist aus Sicht des Auftragnehmers natürlich zu begrüßen, es sollte aber nicht zu Verallgemeinerungen und Fehlschlüssen verleiten. Denn das OLG Düsseldorf hat ein maßgebliches Indiz für eine Stundenlohnvereinbarung darin gesehen, dass der Auftraggeber zu keiner Zeit Einwände gegen die Stundenlohnabrechnungen vorgebracht und *eine* Stundenlohnrechnung sogar in voller Höhe bezahlt hat. Deshalb: Ohne weitere Anhaltspunkte reichen unterschriebene Stundenlohnzettel allein grundsätzlich nicht aus, um die erforderliche Stundenlohnvereinbarung hieb- und stichfest nachzuweisen (OLG Nürnberg, Urt. v. 8.8.1997 – 6 U 351/96).

Gleiches gilt auch für die Zahlung von Abschlagsrechnungen, in denen Stun- **1060**
denlohnarbeiten enthalten sind. Denn Abschlagszahlungen erfolgen grundsätzlich ohne Anerkennung einer Rechtspflicht (OLG Hamm, Urt. v. 19.6.2012 – 21 U 85/11; OLG Dresden, Urt. v. 11.1.2012 – 13 U 1004/11). Dadurch wird eine fehlende vertragliche Vereinbarung regelmäßig nicht ersetzt. Auch hier dürfte eine Einschränkung in solchen Fällen berechtigt sein, bei denen in der Bezahlung der konkret aufgelisteten Stundenlohnarbeiten die nachträgliche Annahme eines Angebots auf Ausführung von Stundenlohnarbeiten oder deren Genehmigung gesehen werden kann. Auch darauf hat das OLG Düsseldorf zu Recht hingewiesen (OLG Düsseldorf, Urt. v. 10.9.2004 – 22 U 15/04, siehe oben).

Der Auftragnehmer erkennt hoffentlich, dass er ohne beweisbare Stundenlohn- **1061**
vereinbarung juristisches Glatteis betritt; er sollte deshalb den *sichersten Weg* beschreiten und auf eine schriftliche Vereinbarung der Stundenlohnarbeiten mit einem Vertretungsberechtigten des Auftraggebers bestehen.

3. Vollmacht zur Beauftragung von Stundenlohnarbeiten

Weder der bauleitende Architekt des Auftraggebers noch dessen Bauleiter sind **1062**
ohne ausdrückliche Vollmacht des Geschäftsherrn berechtigt, eine Stundenlohnvereinbarung zu treffen (OLG Hamm, Urt. v. 19.6.2012 – 21 U 85/11). Die bloße Ermächtigung eines Bauleiters, Stundenlohnzettel abzuzeichnen, ist für eine entsprechende Vertretungsmacht des Bauleiters zum Abschluss einer *Stundenlohnvereinbarung* nicht ausreichend (OLG Frankfurt, Urt. v. 5.12.2006 – 5 U 70/06; OLG Dresden, Urt. v. 6.12.2005 – 14 U 1523/05; BGH, Urt. v. 24.7.2003 – VII ZR 79/02).

Aus diesem Grund muss der Bauleiter des Auftragnehmers darauf achten, dass **1063**
eine nach Vertragsabschluss getroffene Vereinbarung über die Ausführung von Stundenlohnarbeiten mit einer *vertretungsberechtigten* Person abgeschlossen wird und anderenfalls den Auftraggeber bzw. dessen bevollmächtigten Vertreter nachträglich zu einer Genehmigung der Vereinbarung oder entsprechenden Anordnung auffordern, und zwar *bevor* die Arbeiten ausgeführt werden (§ 177 Abs. 1 BGB). Hat beispielsweise der bauleitende Architekt des Auftraggebers die Ausführung von Stundenlohnarbeiten angeordnet, geht aber aus dem Bauvertrag nicht hervor, dass eine Vollmacht besteht, sollte dem Auftraggeber schriftlich mitgeteilt werden, dass der Architekt Stundenlohnarbeiten angeordnet hat und gleichzeitig um eine schriftliche Bestätigung dieser Anordnung innerhalb kur-

zer Frist gebeten werden. Gleichzeitig empfiehlt sich der ausdrückliche Hinweis, dass die Arbeiten nicht ausgeführt werden, *bevor* die entsprechende Genehmigung vorliegt. Wird die Genehmigung nicht ausdrücklich erteilt, gilt sie als verweigert (§ 177 Abs. 2 BGB). Man kann also gerade nicht unterstellen, dass mit einem Schweigen eine Zustimmung verbunden ist.

1064 Wenn ein Auftraggeber die Bezahlung von Stundenlohnarbeiten mit der Begründung ablehnt, der Anordnende habe keine Vollmacht gehabt, muss geprüft werden, ob die Voraussetzungen einer Duldungs- oder Anscheinsvollmacht vorliegen. Hat der Handelnde bereits in anderen Fällen mehrfach Änderungs- und Zusatzleistungen angeordnet oder Stundenlohnarbeiten beauftragt und musste der Vertretungsberechtigte dies auch erkennen, kann das der Fall sein (OLG Dresden, Urt. v. 22.9.2010 – 6 U 61/05; OLG Karlsruhe, Urt. v. 23.3.2010 – 8 U 43/09). Liegen die Voraussetzungen für eine solche Rechtsscheinvollmacht nicht vor, müssen – auch bei fehlender oder unwirksamer Vereinbarung – technisch notwendige Leistungen nach § 2 Abs. 8 Nr. 2 oder 3 VOB/B vergütet werden, wenn sie interessengemäß waren, was in der Regel zu bejahen sein dürfte (OLG München, Urt. v. 27.4.2016 – 28 U 4738/13 Bau). Allerdings kann der Auftragnehmer dann nicht nach Stundenverrechnungssätzen abrechnen, sondern muss die tatsächlich erforderlichen Kosten nebst angemessenen Zuschlägen geltend machen oder die Vergütung auf Basis der Ansätze seiner Ur- bzw. Auftragskalkulation ermitteln (dazu auch unter F. II. 5., Rn. 1067 ff.). Auf solche unsicheren Konstruktionen sollte sich ein Auftragnehmer nie verlassen und stattdessen für die verbindliche Klärung der Vertretungsverhältnisse sorgen.

1065 In der Praxis gibt es immer wieder Probleme mit der Wirksamkeit von Anordnungen bauleitender Architekten oder Ingenieure. Dem Bauleiter des Auftragnehmers ist deshalb grundsätzlich zu empfehlen, die Vertretungsmacht dieser Personen genau zu prüfen. Das geschieht am besten schon vor Baubeginn, wenn die Klärung dieser Frage noch keine zeitrelevanten Folgen hat und der Auftraggeber losgelöst von einem Einzelfall grundsätzlich mitteilen kann, wer ihn auf der Baustelle vertritt. Fehlen ausdrückliche vertragliche Vereinbarungen zur Stellvertretung, gilt der Merksatz: *„Die Vertretungsmacht des Architekten endet, wo das Portemonnaie des Bauherrn beginnt"* (OLG Düsseldorf, Urt. v. 8.9.2000 – 22 U 47/00). Der Architekt ist nach allgemeiner Auffassung nur berechtigt, die zur ordnungsgemäßen Erfüllung des Vertrags erforderlichen Erklärungen abzugeben, nicht hingegen hat er die Befugnis, den Vertrag zu ändern (KG, Urt. v. 22.5.2012 – 7 U 15/11).

4. Vollmacht zur Bescheinigung von Stundenlohnzetteln

1066 Die Vertretungsproblematik stellt sich bei der *Bescheinigung* von Stundenlohnzetteln anders dar. Die herrschende Meinung geht davon aus, dass es sich hierbei um eine Art Ersatzaufmaß handelt. Da der bauleitende Architekt eine originäre Architektenvollmacht zur Vornahme des gemeinsamen Aufmaßes oder einer Aufmaßprüfung hat, ist er auch bevollmächtigt, Stundenlohnzettel zu bescheinigen oder Einwendungen zu erheben. Dagegen hat ein Architekt keine originäre Vollmacht, Zahlungsansprüche durch Erklärungen im Rahmen von Rechnungsprüfungen anzuerkennen oder Stundenlohnarbeiten zu vereinbaren (BGH, Urt. v. 6.12.2001 – VII ZR 241/00; OLG Düsseldorf, Urt. v. 10.12.2002 – 21 U 106/02).

5. Vergütung von Leistungen bei fehlender Stundenlohnvereinbarung

Fehlt es an einer Stundenlohnvereinbarung, heißt das im Ausgangspunkt zunächst **1067** nur, dass die ausgeführten Leistungen nicht nach Zeitaufwand abgerechnet werden können. Wenn es sich bei diesen Arbeiten aber zweifelsfrei um Zusatz- oder Änderungsleistungen handelte, müssen diese Leistungen als Nachtrag gemäß § 2 Abs. 5 oder Abs. 6 VOB/B vergütet werden, wenn ihre Ausführung wirksam angeordnet wurde, anderenfalls unter den Voraussetzungen des § 2 Abs. 8 Nr. 2 oder 3 VOB/B (vgl. E. I. 4., Rn. 772 ff.). Die Leistungen müssen, falls sie eigenmächtig, das heißt ohne Auftrag erbracht wurden, dann aber technisch notwendig gewesen und dem Auftraggeber vor der Ausführung angezeigt worden sein (vgl. OLG München, Urt. v. 27.4.2016 – 28 U 4738/13 Bau). In solchen Fällen muss eine prüfbare Abrechnung über die durchgeführten Arbeiten unter analoger Fortschreibung der Auftragskalkulation erfolgen. Es gilt folglich der kalkulierte Mittellohn, wenn die Arbeiten nicht ausschließlich von besonders hochqualifiziertem Personal oder nur von Bauhelfern ausgeführt worden sind. Hinzu kommen die kalkulierten Deckungsbeiträge für Allgemeine Geschäftskosten (AGK) sowie Wagnis und Gewinn; das verwendete Material darf in Höhe der nachweisbar entstandenen Kosten abgerechnet werden (ebenso: OLG München, Urt. v. 27.4.2016 – 28 U 4738/13 Bau).

Auch an dieser Stelle muss darauf hingewiesen werden, dass die vorkalkulato- **1068** rische Preisfortschreibung zwar dem bisherigen Verständnis der Nachtrags- und Preisanpassungsbestimmungen der VOB/B entspricht, dies aber möglicherweise seit dem Grundsatzurteil des BGH vom 8.8.2019 nicht mehr der Fall ist. Nach dieser Entscheidung kommt es bei Mehrmengen von über 10 % nach § 2 Abs. 3 Nr. 2 VOB/B auf die tatsächlich erforderlichen Kosten nebst angemessener Zuschläge an (vgl. D. I. 2. b), Rn. 554 ff.). Falls der BGH die Grundsätze dieser Entscheidung auch auf Nachtragsansprüche bzw. Ansprüche nach § 2 Abs. 8 VOB/B überträgt – wovon auszugehen ist –, kann der Auftragnehmer sowohl im Fall einer bloß fehlenden Stundenlohnvereinbarung, als auch bei Ausführung auftragsloser, eigenmächtiger Leistungen auf Basis tatsächlich erforderlicher Kosten nebst angemessener Zuschläge abrechnen. Letzterenfalls ist Voraussetzung dafür allerdings, dass die Arbeiten notwendig bzw. interessengemäß waren und dem Auftraggeber vor der Ausführung angezeigt worden sind (siehe oben).

6. Rückforderung geleisteter Stundenlohnvergütung

1069 Fraglich ist, ob der Auftraggeber Stundenlohnarbeiten, die er auf eine Schlussrechnung bezahlt hat, zurückfordern kann, wenn sich nachträglich herausstellt, dass falsch abgerechnet wurde.

1070 **Beispiel:** Der AN führt über mehrere Jahre unterschiedliche Bauleistungen im Stundenlohn aus. Aufgrund staatsanwaltschaftlicher Ermittlungen ergibt sich, dass es erhebliche Diskrepanzen zwischen den internen Wochenberichten des AN und den gegenüber dem Auftraggeber abgerechneten Stundenzetteln gibt. Der AG fordert daraufhin ca. € 134.000,– zurück, die er auf Schlussrechnungen gezahlt hatte.

1071 Das OLG Schleswig gibt dem Auftraggeber Recht (OLG Schleswig, Urt. v. 24.10.2008 – 1 U 6/07). Es handelt sich der Sache nach um einen Bereicherungsanspruch nach § 812 Abs. 1 Satz 1 BGB. Für dessen Voraussetzungen ist der Auftraggeber beweisbelastet (BGH, Urt. v. 6.12.1990 – VII ZR 98/89). Wären die Zahlungen dagegen über Voraus- oder Abschlagszahlungen geleistet worden und hätte sich bereits im Rahmen der Schlussrechnungsprüfung eine Überzahlung ergeben, bestünde ein vertraglicher Anspruch auf Rückzahlung (BGH, Urt. v. 22.11.2007 – VII ZR 130/06). In diesem Fall muss der Auftragnehmer beweisen, dass die Zahlungen zu Recht erfolgt sind (BGH, Urt. v. 11.2.1999 – VII ZR 399/97).

7. Stundenlohnposition im Detail-Pauschalvertrag

1072 Was gilt, wenn eine Stundenlohnposition in einem detaillierten Angebotsleistungsverzeichnis nicht gesondert im Anschluss an den vereinbarten Pauschalpreis, sondern als eine von vielen Positionen im Leistungsverzeichnis enthalten ist und in die Berechnung des Pauschalpreises Eingang gefunden hat?

1073 **Beispiel:** In einem detaillierten Leistungsverzeichnis findet sich folgende Position: 500 h à € 37,– = € 18.500,–. Die Angebotssumme lautet € 1.249.700,–. Die Parteien vereinbaren einen Pauschalpreis in Höhe von € 1,2 Mio.

1074 Die Antwort fällt schwer, weil nur eindeutig ist, dass die Stundenlohnarbeiten vom Leistungsumfang des Pauschalvertrags erfasst und in die Pauschalvergütung eingeflossen sind. Einfacher wäre die Antwort, wenn der Vertrag mit der Pauschale von € 1,2 Mio. enden würde und darunter (gesondert) die Stundenlohnposition aufgeführt worden wäre. Dies hätte zur Vereinbarung einer Eventualposition für Stundenlohnarbeiten geführt, die genauso zu behandeln gewesen wäre wie bei einem Einheitspreisvertrag. Eine Vergütung hätte nur verlangt werden können, wenn Stundenlohnarbeiten auf Anordnung des Auftraggebers geleistet und durch Stundenlohnrapporte dokumentiert worden wären. Das ist jedoch nicht der im Beispiel geschilderte Fall. Denn dort ist die Stundenlohnvergütung in die Pauschale eingeflossen.

Die richtige Lösung dürfte sein, die ausgewiesenen „500 h" wie eine Scheinpauschale, also eine Mengenangabe ohne Mengenermittlungskriterien zu behandeln. Das heißt: Stundenlohnarbeiten müssen hier nur vergütet werden, wenn sie auch tatsächlich anfallen. Die Stundenlohnanordnung oder eine Vereinbarung und entsprechende Stundenlohnzettel müssen nachgewiesen werden. Falls genau 500 h – der unwahrscheinlichste Fall – geleistet werden, bleibt es bei der Pauschale. Verlangt der Auftraggeber mehr als 500 h, liegt eine angeordnete Mehrmenge vor, die nach § 2 Abs. 6 VOB/B zu den vereinbarten Stundenlohnsätzen vergütet werden muss. Ruft der Auftraggeber weniger als 500 h ab, ist die Mindermenge im Ergebnis zu behandeln wie eine freie Teilkündigung nach § 8 Abs. 1 VOB/B. Der Auftragnehmer erhält dann den vereinbarten Stundenlohnsatz, gekürzt um ersparte Aufwendungen (§ 8 Abs. 1 Nr. 2 VOB/B). Da der Lohnaufwand regelmäßig erspart wird, bleibt dem Auftragnehmer unter dem Strich der in den kalkulierten Lohnstunden enthaltene Deckungsanteil für Allgemeine Geschäftskosten sowie Wagnis und Gewinn. Zum selben Ergebnis käme man, wenn man auf die nicht geleisteten Lohnstunden bei Überschreitung der 10 %-Grenze die Bestimmung des § 2 Abs. 3 Nr. 3 VOB/B anwenden würde, die jedoch nur beim Einheitspreisvertrag gilt. **1075**

III. Musterschreiben

1076 **Aufforderung zur Genehmigung einer Stundenlohnanordnung durch den Vertretungsberechtigten** **F 1**

An den Auftraggeber

Datum

Bauvorhaben …

Sehr geehrte Damen und Herren,

in der letzten Bauberatung vom … hat der von Ihnen beauftragte Architekt, Herr Dipl.-Ing. … (***alternativ:*** Ihre Bauleiterin) angeordnet, folgende Arbeiten im Stundenlohn auszuführen:

… (konkrete Angabe der im Stundenlohn auszuführenden Arbeiten)

Da Ihr Architekt (***alternativ:*** Ihre Bauleiterin) nach Ziffer … des Bauvertrags nicht vertretungsberechtigt ist, bitten wir Sie deshalb um Ihre schriftliche Genehmigung bis zum … und teilen Ihnen mit, dass unser Stundenverrechnungssatz € …,–/h (netto) beträgt. Falls uns eine Genehmigung innerhalb der o.g. Frist vorliegt, werden wir die Arbeiten im Anschluss daran unverzüglich ausführen.

Eventuell *(Hinweis auf eine Behinderung, falls die Genehmigung unterbleibt):*

Wir weisen Sie darauf hin, dass die Genehmigung innerhalb der oben genannten Frist erfolgen muss, weil ansonsten die ab dem … anstehenden Arbeiten nicht wie im Bauablaufplan vorgesehen ausgeführt werden können.

Eventuell *(Klärung der Vertretungsbefugnisse für die Zukunft):*

Wir dürfen Sie auch für zukünftige Fälle um eine Mitteilung bitten, ob der bauleitende Architekt (***alternativ:*** Ihre Bauleiterin) Ihr rechtsgeschäftlicher Vertreter für das Bauvorhaben ist oder stattdessen sämtliche vertragsrelevanten Absprachen ausschließlich mit Ihnen als Vertretungsberechtigtem getroffen werden müssen. Wir dürfen für diesen Fall rein vorsorglich darauf hinweisen, dass Warte- bzw. Stillstandszeiten, die dadurch entstehen, dass keine wirksamen Anordnungen vorliegen und wir deshalb jeweils Ihre Genehmigung einholen müssen, bau- und damit kostenzeitrelevant sein können.

Alternativ *(Klärung der Vertretungsbefugnisse vor Baubeginn):*

In Ziffer 8 des Verhandlungsprotokolls heißt es, dass die Vertretungsberechtigten Ihres Hauses mit der Erteilung des Auftrags benannt werden. Dem Auftrags- erteilungsschreiben vom … konnten wir dahingehende Aussagen allerdings nicht entnehmen. Wir halten es für sinnvoll, wenn Sie uns spätestens in der Bauanlaufberatung, die am … stattfindet, mitteilen, welche Personen gegebenenfalls in welchem Umfang Vertretungsmacht haben. Dadurch kann vermieden werden, dass die Klärung solcher Fragen in der Bauausführungsphase zu Verzögerungen führt.

Mit freundlichen Grüßen

………………………………………………

(Unterschrift)

1077 Mitteilung über den Beginn von Stundenlohnarbeiten F 2

An den Auftraggeber

Datum

Bauvorhaben …

Sehr geehrte Damen und Herren,

in der Position … des LV ist vorgesehen, dass die Programmierung der Steuerungsanlagen im Stundenlohn abgerechnet wird. Gemäß § 15 Abs. 3 VOB/B zeigen wir Ihnen hiermit an, dass wir mit der Ausführung dieser Arbeiten am … beginnen werden (***erläuternde Anmerkung nur für den Verfasser des Briefes***: *Die Frist bis zum Beginn der Arbeiten muss so ausreichend bemessen sein, dass der AG die Möglichkeit der Anwesenheit und Prüfung vor Ort hat).*

Mit freundlichen Grüßen

…………………………………………

(Unterschrift)

Antwort des Auftragnehmers auf eine Zurückweisung von Stundenlohnarbeiten durch den Auftraggeber **1078**

F 3

An den Auftraggeber

Datum

Bauvorhaben …
Ihr Schreiben vom …

Sehr geehrte Damen und Herren,

mit Schreiben vom … hatten Sie die Bezahlung unser Stundenlohnabrechnung vom … mit der Behauptung zurückgewiesen, es läge keine wirksame Stundenlohnvereinbarung vor. Wir weisen Sie in diesem Zusammenhang darauf hin, dass der bauleitende Architekt (***alternativ:*** Ihre Bauleiterin) bereits mehrfach die Ausführung zusätzlicher bzw. geänderter Leistungen angeordnet hat und diese von Ihrem Haus auch stets anstandslos bezahlt worden sind. Aus diesem Grund hätten Sie uns mitteilen müssen, dass eine Vollmacht dennoch nicht besteht und verbindliche Absprachen nur mit Ihrer Geschäftsführung getroffen werden können. Da dies nicht erfolgt ist, haben wir darauf vertraut, dass Ihr Architekt (***alternativ:*** Ihre Bauleiterin) auch zur Beauftragung der streitgegenständlichen Stundenlohnarbeiten bevollmächtigt war. Dieses Vertrauen ist nach den Grundsätzen der Duldungsvollmacht auch berechtigt, sodass wir Sie bitten, die Stundenlohnarbeiten nunmehr bis zum ... zu bezahlen, um eine gerichtliche Auseinandersetzung zu vermeiden.

Alternativ *(Reaktion auf den Einwand einer fehlenden Stundenlohnvereinbarung):*

Unsere Stundenlohnabrechnung vom … wurde mit dem Einwand zurückgewiesen, es sei keine ausdrückliche Vereinbarung der Abrechnung nach Zeitaufwand gemäß des Stundenverrechnungssatzes in Position … des Leistungsverzeichnisses vereinbart worden. Das führt aber nicht dazu, dass die von Ihrem Haus unstreitig angeordneten und von uns ordnungsgemäß ausgeführten Leistungen schenkungsweise erbracht worden sind. Wir fügen diesem Schreiben deshalb eine Abrechnung der ausgeführten Änderungs- bzw. Zusatzleistungen nach den Grundsätzen des § 2 Abs. 5 und Abs. 6 VOB/B bei. Da es sich hierbei um reine Lohnleistungen handelte, haben wir den entstandenen Zeitaufwand mit dem Kalkulationslohn in Höhe von € …/h abgerechnet und Zuschläge für Allgemeine Geschäftskosten sowie Wagnis und Gewinn in Höhe von insgesamt … % gemäß unserer Urkalkulation in Ansatz gebracht. Wir bitten um Zahlung innerhalb der von der VOB/B vorgesehenen Frist von 21 Tagen oder um einen konkreten Hinweis innerhalb dieser Frist, falls Sie die Angaben in der anliegenden Abschlagsrechnung nicht nachvollziehen können oder Ihnen weitere Informationen zu deren Prüfung fehlen.

Eventuell *(Reaktion auf den Einwand einer fehlenden Anordnung):*

Sollten Sie die Zahlung der Stundenlohnrechnung unter Verweis auf eine fehlende Anordnung zur Ausführung der erbrachten Leistungen weiterhin verweigern, werden wir die Arbeiten nach Einheitspreisen abrechnen. Da zwischen uns unstreitig ist, dass es sich bei den durchgeführten Arbeiten um notwendige zusätzliche bzw. geänderte Leistungen handelte, die wir nach dem abgeschlossenen Bauvertrag nicht schuldeten, kann an der grundsätzlichen Vergütungspflicht dieser Leistungen nach § 2 Abs. 8 Nr. 2 und 3 VOB/B kein Zweifel bestehen. Wir bitten deshalb um Ihre schriftliche Mitteilung, ob die Arbeiten im Stundenlohn bezahlt werden oder Ihr Haus eine Abrechnung auf Basis der Urkalkulation verlangt und haben uns für deren Eingang eine Frist bis zum … vorgemerkt.

Alternativ *(Abrechnung der Leistungen nach tatsächlich erforderlichen Kosten nebst angemessener Zuschläge):*

Die von uns erbrachten Arbeiten waren unstreitig notwendig, um eine mangelfreie Leistung herzustellen. Deshalb war ihre Erbringung auch interessengemäß nach § 2 Abs. 8 Nr. 3 VOB/B.

Diese Leistungen haben wir entsprechend der Grundsatzentscheidung des BGH vom 8.8.2019 nach den tatsächlich erforderlichen Kosten nebst angemessener Zuschläge für Allgemeine Geschäftskosten sowie Wagnis und Gewinn abgerechnet (vgl. die anliegend beigefügten Erläuterungen). Auch wenn diese Entscheidung des BGH Mehrmengen nach § 2 Abs. 3 Nr. 2 VOB/B betrifft, gehen die herrschende Meinung und die bisherige Rechtsprechung der Oberlandesgerichte davon aus, dass die Grundsätze dieses Urteils auch auf alle weiteren Vergütungsansprüche nach § 2 VOB/B zu übertragen sind.

Mit freundlichen Grüßen

………………………………………………

(Unterschrift)

Reaktion des Auftragnehmers auf den Einwand einer nicht prüfbaren Stundenlohnabrechnung wegen unzureichender Stundenlohnzettel **F 4** 1079

An den Auftraggeber

Datum

Bauvorhaben …
Unsere Stundenlohnabrechnung vom …
Ihr Schreiben vom …

Sehr geehrte Damen und Herren,

zu unserer im Betreff genannten Stundenlohnabrechnung teilten Sie uns mit, diese sei nicht prüfbar, weil wir die Erforderlichkeit des abgerechneten Zeitaufwands nicht ausreichend dargelegt hätten. Dieser Auffassung widersprechen wir und verweisen zur Begründung auf die Rechtsprechung des BGH. Danach ist zur schlüssigen Darlegung eines nach Zeitaufwand zu bemessenden Vergütungsanspruchs grundsätzlich nur anzugeben, wie viele Stunden für die Ausführung der beauftragten Leistung aufgewendet wurden. Eine Differenzierung danach, welche Arbeitsstunden für welche Tätigkeiten an welchen Tagen angefallen sind, ist dagegen nicht geschuldet (BGH, Beschl. v. 5.1.2017 – VII ZR 184/14). Ebenso hat das OLG Schleswig, auch bei Vereinbarung der VOB/B, entschieden (OLG Schleswig, Urt. v. 15.11.2013 – 1 U 59/12). Wenn Ihr Haus dagegen einwenden will, die abgerechnete Stundenzahl entspreche nicht den Grundsätzen einer wirtschaftlichen Betriebsführung, sind Sie für diese Behauptung darlegungs- und beweispflichtig (BGH, Urt. v. 28.5.2009 – VII ZR 84/06). Diejenigen Mitarbeiter, welche die Stundenlohnarbeiten ausgeführt haben, teilten uns auf eine entsprechende Rückfrage mit, dass keineswegs langsam gearbeitet wurde und eine solche Behauptung seitens Ihrer Bauleitung auch zu keinem Zeitpunkt aufgestellt worden ist. Wir bitten deshalb bis zum … um eine konkrete Mitteilung, aus welchen Gründen Sie erst nach Abrechnung der Arbeiten die mit keinem Wort begründete Auffassung vertreten, die aufgewendete Stundenzahl sei unangemessen hoch.

Eventuell *(Angebot aus Kulanz):*

Auch wenn Ihre Behauptung, die Anzahl der von uns abgerechneten Stunden sei zu hoch, von Ihrem Haus nicht bewiesen worden ist, was nach der Rechtsprechung des BGH zweifelsfrei erforderlich ist, sind wir an einem Rechtsstreit nicht interessiert und machen Ihnen aus Kulanz den Vorschlag, einen Betrag i.H.v. € … zu vergüten, um die Angelegenheit einvernehmlich abzuschließen.

An dieses Angebot halten wir uns bis zum … gebunden.

Mit freundlichen Grüßen

....

(Unterschrift)

Beweiskräftige Dokumentation der Übergabe von Stundenlohnzetteln **F 5** **1080**

An den Auftraggeber

(eventuell: vorab per E-Mail)

Datum

Bauvorhaben …
Stundenlohnarbeiten …

Sehr geehrte Damen und Herren,

beigefügt übersenden wir Ihnen die Stundenlohnzettel für die von uns gestern ausgeführten Stundenlohnarbeiten gemäß der vertraglichen Vereinbarung vom … Wir bitten Sie, die Rapportzettel möglichst kurzfristig zu bescheinigen.

Für eventuelle Rückfragen stehen wir gerne zur Verfügung. Das gilt auch, falls Sie einzelne Angaben in den Stundenlohnzetteln nicht zuordnen oder aus anderen Gründen nicht prüfen können.

Mit freundlichen Grüßen

………………………………………………

(Unterschrift)

1081 **Zurückweisung einer Stundenlohnabrechnung durch den Auftraggeber** **F 6**

An den Auftragnehmer

Datum

Bauvorhaben …
Ihre Stundenlohnrechnung vom …

Sehr geehrte Damen und Herren,

Ihre Stundenlohnabrechnung vom … über die Durchführung von Nachspachtelungsarbeiten weisen wir zurück, weil es sich dabei unserer Auffassung nach um Leistungen handelt, die Sie gemäß der Position … des Leistungsverzeichnisses bereits im Rahmen des dort vereinbarten Einheitspreises schuldeten und bezahlt bekommen haben. Die von Ihnen berechneten Arbeiten sind deshalb keine zusätzlichen Leistungen, sondern stellen vertraglich beauftragte Leistungen dar.

Darüber hinaus weisen wir Sie vorsorglich darauf hin, dass es in jedem Fall an einer wirksamen Stundenlohnvereinbarung nach § 2 Abs. 10 VOB/B fehlt. Weder der von uns beauftragte Architekt noch unser Bauleiter sind bevollmächtigt, Stundenlohnvereinbarungen zu treffen. Die bloße Unterzeichnung von Stundenzetteln ersetzt eine notwendige Stundenlohnvereinbarung mit den Vertretungsberechtigten unseres Hauses nicht. Wir bitten Sie dies auch für zukünftige Fälle zu beachten und alle relevanten Vereinbarungen nur mit dem Unterzeichnenden (***alternativ:*** unserer Geschäftsführung) zu treffen.

Eventuell *(Hinweis auf fehlende Notwendigkeit anordnungslos erbrachter Stundenlohnarbeiten):*

Sie machen für das zweimalige Anstreichen der Fassade erhöhte Lohn- und Materialkosten nach Zeitaufwand bzw. durch Rechnungen Ihres Materiallieferanten geltend. Das weisen wir zurück, weil wir im LV nur einen einmaligen Anstrich vereinbart hatten. Den von Ihnen ausgeführten zweiten Anstrich haben wir weder angeordnet noch war er zur mangelfreien Ausführung der Leistung notwendig. Diese Leistung entspricht deshalb nicht unserem mutmaßlichen Willen, sie war auch nicht interessengemäß (§ 2 Abs. 8 Nr. 2 oder Nr. 3 VOB/B). Es handelt sich infolgedessen um eine eigenmächtige Abweichung vom Vertrag, die nicht von uns vergütet werden muss (§ 2 Abs. 8 Nr. 1 VOB/B). Denn wir hatten uns zur Vermeidung eines zweiten Anstrichs für eine Fassadenfarbe der Deckkraftklasse 1 entschieden, um den zusätzlichen Zeitaufwand zu vermeiden. Bei handwerklich einwandfreiem Arbeiten reicht das auch aus, um ein zufriedenstellendes Ergebnis zu erzielen.

Eventuell *(bei Abrechnung von Nebenleistungen nach der VOB/C im Stundenlohn):*

In der 5. Abschlagsrechnung werden Maßnahmen zum Schutz von Bauteilen, insbesondere von Türen und Fenstern, vor Verunreinigungen und Beschädigungen durch loses Abdecken, Abhängen bzw. Umwickeln im Stundenlohn geltend gemacht. Unabhängig davon, dass es keine wirksame Stundenlohnvereinbarung mit einem Vertretungsberechtigten unseres Hauses nach § 2 Abs. 10 VOB/B gibt, handelt es sich hierbei um Nebenleistungen nach Ziffer 4.1.3 der DIN 18363. Diese Leistungen werden bereits über die Einheitspreise vergütet und rechtfertigen weder eine Abrechnung im Stundenlohn noch als Nachtrag gemäß § 2 Abs. 6 VOB/B.

Eventuell *(bei vertraglich vereinbartem Schriftformerfordernis für Stundenlohnarbeiten):*

Wegen der Geltendmachung von Stundenlohnarbeiten in den Positionen … und … der uns vorliegenden Abschlagsrechnung dürfen wir auf Ziffer … der Zusätzlichen Vertragsbedingungen (ZVB) verweisen. Dort ist geregelt, dass Stundenlohnarbeiten nur vergütet werden, wenn sie zuvor *schriftlich* angeordnet bzw. vereinbart worden sind. Eine solche Regelung ist zulässig (vgl.: OLG München, Urt. v. 27.4.2016 – 28 U 4738/13 Bau). Unabhängig davon, dass unser bauüberwachendes Ingenieurbüro nach dem Verhandlungsprotokoll – dort Ziffer … – keine Befugnis hat, solche Vereinbarungen zu treffen, fehlt es auch an der Einhaltung der vertraglich vereinbarten Schriftform. Die Arbeiten waren im Übrigen technisch keineswegs erforderlich und deshalb auch nicht in unserem Interesse, worauf wir unter Verweis auf § 2 Abs. 8 Nr. 2 und 3 VOB/B nur vorsorglich hinweisen. Wir bitten insbesondere für zukünftige Fälle um Beachtung der vertraglichen Vereinbarungen und weisen Ihre Stundenlohnabrechnung zurück.

Mit freundlichen Grüßen

………………………………………………

(Unterschrift)

1082 **Rüge verspätet übergebener oder unprüfbarer Stundenlohnzettel** F 7

An den Auftragnehmer

Datum

Bauvorhaben …
Ihre Stundenlohnabrechnung vom …

Sehr geehrte Damen und Herren,

am ... hatten Sie uns eine Stundenlohnabrechnung übersandt und dabei erstmals Stundenlohnzettel vorgelegt.

Nach § 15 Abs. 3 Satz 2 VOB/B waren Sie verpflichtet, die Stundenlohnzettel werktäglich, spätestens aber wöchentlich einzureichen (***alternativ:*** nach Ziffer … des Vertrags besteht eine Verpflichtung zur Einrichtung von Stundenlohnzetteln an dem … auf die Ausführung folgenden Arbeitstag). Diese Fristen haben Sie um Wochen, teilweise sogar um Monate überschritten. Nach einer derart langen Zeit bestehen erhebliche Zweifel über den Umfang der von Ihrem Haus behaupteten Stundenlohnarbeiten. Unser Bauleiter teilte auf Nachfrage mit, er könne sich beim besten Willen nicht mehr daran erinnern, ob die geltend gemachten Stunden tatsächlich unter Beachtung von Anwesenheits- und Pausenzeiten geleistet worden sind und ob der geltend gemachte Zeitaufwand erforderlich war, um die Leistungen auszuführen. Darüber hinaus sind die eingereichten Stundenlohnberichte größtenteils nicht prüfbar, weil aus ihnen nicht hervorgeht, welche Mitarbeiter innerhalb welcher konkreten Zeiten welche im Stundenlohn vereinbarten Arbeiten ausgeführt haben sollen. Allgemeine Angaben auf den Stundenlohnberichten wie beispielsweise *„Mängelbeseitigung"* oder *„Arbeiten auf Anordnung"* reichen für eine prüfbare Aufstellung nicht aus. Ferner können wir das abgerechnete Material nicht den einzelnen Stundenlohnrapporten bzw. den jeweiligen Leistungen zuordnen.

Wir verlangen deshalb insgesamt eine Neuberechnung der Stundenlohnarbeiten gemäß § 15 Abs. 5 VOB/B. Berücksichtigen Sie dabei bitte, dass bei der Durchführung von Arbeiten im Stundenlohn die Grundsätze einer wirtschaftlichen Betriebsführung beachtet werden müssen. Gleiches gilt für die Geltendmachung der Kosten für das verwendete Material (OLG Düsseldorf, Urt. v. 8.2.2012 – 23 U 59/11).

Alternativ *(Einwand der Unprüfbarkeit von Stundenlohnzetteln):*

Wir weisen Ihre Stundenlohnzettel, die Sie uns am … übergeben haben, innerhalb der von der VOB/B vorgesehenen Frist von sechs Werktagen als unprüfbar zurück. Aus Stundenlohnzetteln müssen sich die jeweils geleisteten Arbeitsstunden, die eingesetzten Personen (auch hinsichtlich ihrer Funktion), die Art ihres Einsatzes und welche konkreten Arbeiten in der angegebenen Zeit ausgeführt worden sind, ergeben. Sie reichten dagegen Aufstellungen ein, aus denen sich lediglich entnehmen lässt, welche Arbeiter an welchem Tag wie viele Stunden geleistet haben sollen. Das reicht für die Prüfbarkeit von Stundenlohnzetteln nach der Rechtsprechung nicht aus (KG, Urt. v. 29.2.2000 – 4 U 19/26/99). Für eine prüfbare Abrechnung ist es erforderlich, dass die nach Zeitaufwand abgerechneten Leistungen zumindest so aufgeschlüsselt werden, dass wir die Erforderlichkeit des Aufwands überprüfen können. Stattdessen reichen Sie bloße Zeiterfassungsbögen ein und geben nicht einmal näherungsweise an, welche Arbeiten wo und in welcher Zeit geleistet wurden. Berücksichtigen Sie darüber hinaus bitte, dass Sie Pausenzeiten nicht berechnen können (OLG Saarbrücken, Urt. v. 12.8.2016 – 5 U 34/14) und dass Sie bei unterschiedlichen Verrechnungssätzen auch die jeweilige Qualifikation der für die fraglichen Arbeiten zum Einsatz gekommenen Mitarbeiter angeben müssen.

Vor diesem Hintergrund weisen wir Ihre Abrechnung als insgesamt nicht prüfbar zurück und ersuchen Sie, die fehlenden Angaben unverzüglich nachzuholen und eine Neuberechnung der Vergütung nach § 15 Abs. 5 VOB/B vorzunehmen. Dort ist geregelt, dass bei einer verspäteten Vorlage prüfbarer Stundenlohnzettel verlangt werden kann, dass für die nachweisbar ausgeführten Leistungen eine Vergütung vereinbart und bezahlt wird, die nach den Grundsätzen einer wirtschaftlichen Betriebsführung angemessen ist. Für deren Höhe sind Sie darlegungspflichtig.

Eventuell *(Vorschlag einer gütlichen Einigung bei verspätet eingereichten Rapporten):*

Aufgrund der eindeutig verspäteten Vorlage der Stundenlohnzettel bestehen erhebliche Zweifel an der Erforderlichkeit der geltend gemachten Stunden. Wir meinen nicht, dass für die Leistungen ein wirtschaftlich vertretbarer Aufwand gemäß § 15 Abs. 5 VOB/B geltend gemacht wurde. Bekanntlich sind Sie nach der Rechtsprechung für die Anzahl der im Stundenlohn geleisteten Arbeiten in vollem Umfang darlegungs- und beweisbelastet. Zur Vermeidung einer gerichtlichen Auseinandersetzung sind wir, ohne Anerkennung einer Rechtspflicht, im Falle einer Einigung aber rechtsverbindlich, bereit, Ihnen für die ausgeführten

Arbeiten eine Vergütung zu bezahlen, die bei wirtschaftlicher Betriebsführung angemessen sein dürfte. Das bedeutet konkret, dass wir statt der geltend gemachten 300 Monteurstunden insgesamt 220 und anstelle der in Ansatz gebrachten 100 Stunden für den Einsatz von Bauhelfern 70 Stunden bezahlen würden. Da wir eine Beaufsichtigung der Stundenlohnarbeiten nicht verlangt haben und eine solche auch nicht notwendig war, lehnen wir die Zahlung von 40 Polierstunden für „Aufsicht Stundenlohnarbeiten" unter Verweis auf § 15 Abs. 2 VOB/B insgesamt ab. Falls Sie damit einverstanden sind, verzichten wir auf eine Neuberechnung der Stundenlohnarbeiten nach Maßgabe des § 15 Abs. 5 VOB/B. An dieses Angebot halten wir uns bis zum … gebunden.

Mit freundlichen Grüßen

....

(Unterschrift)

G. Ausführungs- und Vertragsfristen (§ 5 VOB/B)

I. Was muss der Bauleiter wissen?

1. Regelungen zur Bauzeit im BGB und in § 5 VOB/B

Bei der Durchführung von Bauvorhaben spielt die Bauzeit eine entscheidende Rolle. Wenn der Auftragnehmer eine Teilleistung oder die beauftragte Gesamtleistung bis zu einem bestimmten Zeitpunkt fertigstellen soll und die vereinbarten Fristen überschritten werden, leitet der Auftraggeber daraus regelmäßig Konsequenzen ab. Wer Baustellenschriftverkehr liest, macht die Erfahrung, dass auftraggeberseits oft behauptet wird, der Auftragnehmer sei mit der Leistung in Verzug. Entsprechende Inverzugsetzungen werden von Auftragnehmern ebenso häufig unter Verweis auf angebliche Behinderungen zurückgewiesen. Was bleibt, ist Rechtsunsicherheit auf beiden Seiten. **1083**

Bevor eine konkrete Aussage darüber getroffen werden kann, ob der Auftragnehmer tatsächlich mit der Leistung in Verzug ist, muss zunächst geklärt werden, welche Fristenregelungen das BGB bzw. die VOB/B vorsehen und vor allem, welche Bestimmungen zur Bauzeit im Vertrag getroffen worden sind. „Verzug" ist ein in § 286 BGB gesetzlich definierter Begriff. Wer dessen Voraussetzungen nicht kennt, kann in Bauprozessen unerfreuliche Überraschungen erleben. **1084**

a) Fristenregelungen im BGB

Das BGB enthält keine speziell auf den Bauvertrag zugeschnittenen Vorschriften zu Fristen und Terminen, sondern nur Bestimmungen im allgemeinen Schuldrecht, die ohne konkrete vertragliche Vereinbarungen nicht geeignet sind, Klarheit hinsichtlich der Bauzeit zu schaffen. Nach § 271 BGB gilt, dass der Auftraggeber die Leistung *sofort* verlangen und der Auftragnehmer sie sofort bewirken kann, wenn eine Zeit für die Leistung weder bestimmt noch aus den Umständen zu entnehmen ist. Dass Bauleistungen vom Auftraggeber nicht „sofort" verlangt werden können, liegt vor dem Hintergrund des erforderlichen Herstellungsprozesses auf der Hand. Dem Auftragnehmer steht dafür eine „angemessene" Frist zu. Es kommt also darauf an, in welcher Zeit die Fertigstellung möglich und zumutbar ist (BGH, Urt. v. 8.3.2001 – VII ZR 470/99 und OLG Düsseldorf, Beschl. v. 27.7.2016 – 22 U 54/16). **1085**

Dieser gesetzliche Grundsatz der sofortigen Leistungsbewirkung hat nach der Rechtsprechung allerdings zur Folge, dass der Auftragnehmer alsbald nach Abschluss des Vertrags mit der Ausführung beginnen und sie in angemessener Zeit zügig zu Ende führen muss (OLG Hamburg, Urt. v. 29.10.2009 – 6 U 253/08; BGH, Urt. v. 8.3.2001 – VII ZR 470/99). Dabei sind branchenspezifische Vorlaufzeiten zu **1086** beachten, sodass mit den Arbeiten erst nach Berücksichtigung einer vom Einzelfall abhängigen Arbeitsvorbereitungsdauer begonnen werden muss (LG Heidelberg, Urt. v. 29.8.2014 – 12 O 22/14 KfH). Da dem Auftragnehmer die für die Herstellung der Leistung notwendige Zeit zu gewähren ist, darunter aber verschiedenes verstanden werden kann, führen fehlende oder unklare Fristvereinbarungen regelmäßig zu erheblichem Streitpotenzial. Dabei geht die Rechtsprechung allerdings davon aus, dass der Auftragnehmer wegen des gesetzlichen Grundsatzes der sofortigen Fälligkeit der Leistung die Beweislast dafür trägt, dass die angemessene Herstellungsfrist noch nicht abgelaufen ist (BGH, Urt. v. 21.10.2003 – X ZR 218/01 und BGH, Urt. v. 8.3.2001 – VII ZR 470/99). Welche tatsächlichen und rechtlichen Probleme aus dem Begriff „angemessene Herstellungsfrist" folgen, wenn vertragliche Regelungen dazu fehlen oder überholt sind (beispielsweise wegen Behinderungen oder Unterbrechungen), behandeln wir noch ausführlich.

1087 Die Konsequenzen einer verzögerten Leistungserbringung ergeben sich aus § 323 Abs. 1 BGB. Das dort geregelte Rücktrittsrecht des Auftraggebers setzt voraus, dass der Auftragnehmer die *fällige* Leistung nicht oder nicht vertragsgemäß erbracht hat und eine angemessene Frist zur Leistung oder Nacherfüllung ergebnislos verstrichen ist (BGH, Urt. v. 14.6.2012 – VII ZR 148/10). Die Fälligkeit der Leistung bestimmt sich nach § 271 BGB und hängt deshalb vom Ablauf einer nach den Umständen angemessenen Herstellungsfrist ab, ist im Zweifel also unsicher (siehe oben). Wurde im Vertrag die VOB/B vereinbart, kommt § 5 Abs. 4 VOB/B entscheidende Bedeutung zu.

b) Regelungen zur Bauzeit in § 5 VOB/B

1088 Die VOB/B enthält in § 5 unter dem Oberbegriff „Ausführungsfristen" Fristen verschiedener Qualität, nämlich Vertragsfristen und Nicht-Vertragsfristen. Dadurch wird die unterschiedliche Verbindlichkeit dieser beiden Ausführungsfristen gekennzeichnet.

1089 § 5 Abs. 1 Satz 1 VOB/B bestimmt, dass die Ausführung nach den verbindlichen Fristen (Vertragsfristen) zu beginnen, angemessen zu fördern und zu vollenden ist. Aus § 5 Abs. 1 Satz 2 VOB/B folgt, dass es daneben auch unverbindliche Fristen oder Nicht-Vertragsfristen gibt. Die Vorschrift nennt ausdrücklich „Einzelfristen des Bauzeitenplans", die lediglich unverbindlich sind, es sei denn, der Bauvertrag bestimmt ausdrücklich, dass es sich hierbei oder bei einem Teil davon um Vertragsfristen handelt. § 5 Abs. 2 VOB/B enthält Regelungen für den Fall, dass für den Beginn mit der Ausführung keine Frist vereinbart wurde. Die Regelung in § 5 Abs. 3 VOB/B wird als Abhilfeanordnung des Auftraggebers bezeichnet. Diese Vorschrift hat enorme praktische Bedeutung, wenn Nicht-Vertragsfristen überschritten werden oder konkrete Fristvereinbarungen im Vertrag fehlen bzw. durch die realen Geschehnisse des Bauablaufs überholt sind. § 5 Abs. 4 VOB/B regelt einen Teil der Ansprüche des Auftraggebers, wenn der Auftragnehmer mit der Leistung in Verzug geraten ist (vgl. G. I. 6., Rn. 1129 ff.).

Obwohl § 5 VOB/B den Erfordernissen der Praxis besser gerecht wird als die undifferenzierten Bestimmungen des BGB, sollten die Parteien im Bauvertrag nach Möglichkeit konkret regeln, wann genau mit den Arbeiten zu beginnen ist, zu welchem Zeitpunkt die Leistung abnahmereif fertiggestellt sein muss bzw. welche Zwischenfristen gelten und ob diese verbindlich sind. Dabei ist es ratsam, Bestimmungen wie *„Bauzeit ca. 8 Wochen nach Fertigstellung der Rohbauarbeiten"* oder *„Zwischentermine werden nach Beginn der Arbeiten noch gesondert vereinbart"* tunlichst zu vermeiden, weil solche Regelungen nicht zu verbindlichen Fristen führen und in Fällen mangelnder Kooperationsbereitschaft einer Vertragspartei Streit über die Bauzeit geradezu vorprogrammiert ist. Sollte die Vereinbarung kalendermäßig bestimmter Fristen nicht möglich sein, weil zum Zeitpunkt des Vertragsabschlusses noch unklar ist, wann mit den Arbeiten begonnen werden kann, empfiehlt es sich, zumindest konkrete Ausführungsdauern für einzelne Leistungen zu regeln (vgl. G. II. 1., Rn. 1145 ff.). **1090**

2. Vertragsfristen

a) Vertragliche Vereinbarung notwendig

Verbindliche Vertragsfristen sind zunächst nur solche, die im Vertrag ausdrücklich so bezeichnet worden sind. Vertragsfristen sind Ausführungsfristen, die verbindlich sind und damit die „Fälligkeit" der Leistung regeln. Ihre Überschreitung kann, wenn weitere Voraussetzungen vorliegen, sofort bzw. automatisch den Verzug des Auftragnehmers begründen (vgl. G. I. 5. a), Rn. 1116 ff.). Wann immer die Möglichkeit besteht, sollte nicht nur die Verbindlichkeit der jeweiligen Vertragsfrist vereinbart, sondern auch sichergestellt werden, dass sie kalendermäßig bestimmt ist oder jedenfalls mit dem Kalender sicher bestimmt werden kann. Dann sprechen wir von „Kalenderfristen". **1091**

Beispiele: Ausführungsbeginn: 1.7.2021 oder verbindliche Vertragsfrist für die abnahmereife Fertigstellung der Leistung: 15.12.2021; Fertigstellung der Brandmeldeanlage: drei Monate nach Zusendung des brandschutztechnischen Gutachtens; oder: Verbindliche Vertragszwischenfristen sind: **1092**

Herstellung der Fundamentplatte: 25.2.2021

Fertigstellung des Rohbaus: 28.8.2021

Über die Verbindlichkeit einer Vertragsfrist entscheiden die Parteien durch entsprechende Vereinbarungen im Bauvertrag. Zur Vermeidung von Unklarheiten empfiehlt es sich dringend, die Begriffe der VOB/B zu verwenden und Vertragsfristen auch ausdrücklich so zu bezeichnen. Das gilt ganz besonders für Zwischenfristen. Deshalb ist es zweifelhaft, wenn das OLG Stuttgart für die Frage, ob lediglich **1093** eine unverbindliche Kontrollfrist im Sinn des § 5 Abs. 1 Satz 2 VOB/B oder eine verbindliche Vertragszwischenfrist vorliegt, auf die *Bedeutung* der entsprechenden Bauleistung für den weiteren Bauablauf abstellen will (OLG Stuttgart, Urt. v. 1.12.2020 – 10 U 124/20). Wegen der Konsequenzen, die aus einer schuldhaften Überschreitung verbindlicher Fristen folgen können, muss man klare und unmissverständliche Vereinbarungen zur Verbindlichkeit von Zwischenfristen verlangen.

b) Beginn- und Fertigstellungstermin

1094 Von der Notwendigkeit, verbindliche Fristen im Vertrag auch ausdrücklich als solche zu bezeichnen, gibt es nur zwei Ausnahmen: die Frist für den Baubeginn ist immer eine Vertragsfrist, also verbindlich. Gleiches gilt für die Fertigstellungsfrist. Auch diese Frist ist grundsätzlich eine verbindliche Vertragsfrist. Die rechtlichen Folgen, die aus einer Überschreitung dieser Fristen resultieren, hängen aber davon ab, ob es sich um kalendermäßig bestimmte oder wenigstens bestimmbare Fristen handelt und – wie immer – wer für ihre Überschreitung verantwortlich ist.

1095 Regelt der Bauvertrag die „Fertigstellung Ende 2021", heißt das, dass die Leistung spätestens bis zum 31.12.2021 zu vollenden ist. Damit ist die Verbindlichkeit dieses Endtermins vereinbart. Werden dagegen für den Baubeginn oder die Fertigstellung nur unbestimmte „circa-Termine" vereinbart, handelt es sich zwar um eine Vertragsfrist, aber nicht um eine „Kalenderfrist". Bei Erreichen dieser Frist wird die Bauleistung zwar fällig, deren Überschreitung führt jedoch nicht sofort zum Verzug. Vielmehr muss der Auftraggeber den Auftragnehmer nach Eintritt der Fälligkeit mahnen, um ihn wirksam in Verzug zu setzen (OLG Koblenz, Urt. v. 23.4.2013 – 3 U 838/12). Das Gleiche würde gelten, wenn eine Zwischenfrist zwar als „verbindlich" vereinbart wurde, sie aber nicht kalendermäßig bestimmt oder wenigstens bestimmbar ist. So etwas – eine Mahnung – ist bei Vertragsfristen, die gleichzeitig Kalenderfristen sind, wegen § 286 Abs. 2 Nr. 1 BGB nicht notwendig. Nicht-Kalenderfristen liegen beispielsweise vor, wenn der Bauvertrag vorsieht, dass mit den Arbeiten *„zwei Monate nach Ende der Schlechtwetterperiode"* zu beginnen ist oder die Leistungen *„ca. vier Wochen nach Beendigung der Trockenbauarbeiten"* abzuschließen sind. Hier lässt sich das Fristende weder durch einen bloßen Blick in den Kalender bestimmen noch von einem konkreten Ereignis an nach dem Kalender berechnen. Damit ist wiederum eine angesichts des Umfangs der Leistungen angemessene Frist maßgeblich. Die so berechnete, unsichere Frist ist allerdings eine Nicht-Kalenderfrist, sodass nach deren Ablauf gemahnt werden müsste, um den Verzug des Auftragnehmers herbeizuführen (vgl. G. I. 5. b), Rn. 1121 ff.).

c) Zwischenfristen

1096 Selbstverständlich steht es den Vertragsparteien frei, Zwischenfristen für in sich abgeschlossene Teile der Leistung oder sonstige Leistungen ausdrücklich als verbindliche Vertragsfristen zu vereinbaren. Auch eine Regelung, nach der sämtliche

Einzelfristen des Bauzeitenplans verbindliche Vertragsfristen sind, dürfte rechtlich zulässig sein (BGH, Urt. v. 14.1.1999 – VII ZR 73/98). Empfehlenswert ist eine solche Vereinbarung im Regelfall aber nicht, weil sie die Dispositionsfreiheit des Auftragnehmers unnötig einengt, ihm sinnvolle Möglichkeiten von Kapazitätsanpassungen nimmt und die Gefahr eines „aktiven Behinderungsmanagements" provoziert. Darüber hinaus kann nicht ausgeschlossen werden, dass eine vom Auftraggeber formularmäßig verwendete Klausel, nach der sämtliche Einzelfristen des Bauvertrags verbindliche Vertragsfristen sind, in einem Bauprozess aus AGB-rechtlichen Gründen für unwirksam erklärt wird, wenn sie den Auftragnehmer entgegen den Geboten von Treu und Glauben unangemessen benachteiligt.

Besser ist es deshalb, nur solche Einzelfristen des Bauzeitenplans als verbindliche Vertragsfristen zu vereinbaren, die für den Fortgang der Arbeiten besonders wichtig sind, damit die Leistungen der verschiedenen Unternehmer sicher ineinander greifen, oder für deren Einhaltung ein besonderes Interesse des Auftraggebers besteht. Diese Empfehlung entspricht auch der Regelung in § 9 Abs. 2 Nr. 2 VOB/A (siehe unten). **1097**

3. Nicht-Vertragsfristen

a) Fristen im Bauzeitenplan (§ 5 Abs. 1 Satz 2 VOB/B)

In einem Bauzeitenplan enthaltene Einzelfristen sind ohne entsprechende vertragliche Regelung keine Vertragsfristen (Nicht-Vertragsfristen), also nicht verbindlich (OLG Rostock, Beschl. v. 14.8.2012 – 4 U 80/11; OLG Düsseldorf, Urt. v. 9.5.2008 – 22 U 191/07). Das folgt aus § 5 Abs. 1 Satz 2 VOB/B. Der Ablauf solcher Nicht-Vertragsfristen löst (noch) keine unmittelbaren Folgen aus (KG, Urt. v. 13.8.2013 – 7 U 166/12). Diese Fristen haben zunächst nur Warn-, Kontroll- und Organisationsfunktion, ihre schuldhafte Überschreitung führt keineswegs sofort oder gar automatisch zum Verzug des Auftragnehmers. Die Leistung ist zu den dort genannten Zeitpunkten noch nicht einmal fällig. **1098**

Auch die bereits erwähnte Bestimmung in § 9 Abs. 2 Nr. 2 VOB/A macht deutlich, dass es einen Unterschied zwischen verbindlichen Vertragsfristen und sonstigen Fristen, insbesondere solchen in einem Bauzeitenplan gibt. Diese Regelung der VOB/A sieht vor, dass in Fällen, in denen ein Bauzeitenplan aufgestellt wird, nur die für den Fortgang der Gesamtarbeit besonders wichtigen Einzelfristen als vertraglich verbindliche Fristen (Vertragsfristen) vereinbart werden sollen. Auch wenn sich die Bestimmungen der VOB/A nur an öffentliche Auftraggeber richten, bringt die Vorschrift im Kontext mit § 5 Abs. 1 Satz 2 VOB/B zum Ausdruck, dass ohne ausdrückliche Vereinbarung im Bauvertrag Einzelfristen eines Bauzeitenplans nicht verbindlich und damit keine Vertragsfristen sind. Der Auftragnehmer gerät bei Überschreitung einer solchen Frist folglich nicht automatisch in Verzug (KG, Urt. v. 13.8.2013 – 7 U 166/12). **1099**

b) Einseitig vom Auftraggeber gesetzte Fristen/Fristen in Baubesprechungsprotokollen

1100 Werden vom Auftraggeber einseitig Fristen vorgegeben, handelt es sich im Ausgangspunkt ebenfalls nicht um Vertragsfristen. Weder der Auftraggeber noch dessen bauleitender Architekt sind berechtigt, einseitig verbindliche Vertragsfristen zu setzen (OLG Koblenz, Beschl. v. 21.4.2020 – 3 U 1895/19). Dabei ist im Ausgangspunkt gleichgültig, ob sich diese Fristen aus dem Schriftverkehr oder aus Baustellenprotokollen ergeben. Dennoch *kann* auch die schuldhafte Überschreitung einseitig vom Auftraggeber gesetzter Fristen oder von Fristen in Baubesprechungsprotokollen zum Verzug führen.

1101 **Beispiel:** In einem Bauvertrag gibt es lediglich einen Beginntermin, der vom Auftragnehmer eingehalten wurde, sowie einen Fertigstellungstermin Ende Oktober 2021. Zu weiteren Fristen heißt es im Bauvertrag: *„Nach Absprache mit der Bauleitung"*. Zu solchen Absprachen kommt es indes nicht mehr, weil sich die Parteien darüber nicht einigen können. Daraufhin setzt der Auftraggeber im April 2021 einseitig Herstellfristen für bestimmte Einzelleistungen, beispielsweise geschossweise, die er als angemessen bezeichnet. Der Auftragnehmer antwortet darauf, die Einzelfristen seien unangemessen, begründet das aber nicht. Stattdessen behauptet er – wiederum ohne jeglichen Nachweis –, den Fertigstellungstermin werde er einhalten.

1102 Die vom Auftraggeber einseitig gesetzten Fristen sind zwar keine Vertragsfristen, weil sie nicht vereinbart wurden. Deshalb würde deren Überschreitung selbst dann nicht zum Verzug führen, wenn hierfür ein auftragnehmerseitiges Verschulden vorläge. Dennoch sollte der Auftragnehmer nicht einfach nur behaupten, die Fristen seien unangemessen, er werde aber den vereinbarten Fertigstellungstermin einhalten. Das ist deshalb gefährlich, weil er nach der Rechtsprechung die Beweislast dafür trägt, dass die vom Auftraggeber einseitig vorgegebenen Fristen unangemessen kurz sind (OLG Hamburg, Urt. v. 29.10.2009 – 6 U 253/08; BGH, Urt. v. 21.10.2003 – X ZR 218/01). Dazu reicht ein einfaches Bestreiten der Angemessenheit der gesetzten Fristen grundsätzlich nicht aus. Stattdessen sollte der Auftragnehmer konkret mitteilen, aus welchen Gründen die jeweiligen Vorgaben des Auftraggebers nicht eingehalten werden können bzw. wann er die verlangten Leistungen fertigstellen wird (OLG Hamburg, Urt. v. 29.10.2009 – 6 U 253/08). Reagiert ein Auftragnehmer auf einseitig gesetzte Fristen nicht, kann ihm der Auftraggeber nach deren Ablauf, auch bei fehlender Fristvereinbarung, eine Abhilfeanordnung nach § 5 Abs. 3 VOB/B erteilen (OLG Stuttgart, Urt. v. 30.1.2018 – 10 U 84/17; OLG Köln, Urt. v. 22.12.2016 – 3 U 89/15; OLG Hamm, Urt. v. 11.11.2009 – 12 U 49/09). Die Nichtbefolgung einer solchen Abhilfeanordnung kann unter weiteren Voraussetzungen zum Verzug des Auftragnehmers mit der Leistung bis hin zu einem schadensersatzbegründenden Kündigungsrecht des Auftraggebers nach § 8 Abs. 3 VOB/B führen (vgl. G. I. 5. b), Rn. 1121 ff.).

Besonders problematisch wird es, wenn in einem Baubesprechungsprotokoll von verbindlichen Vertragsfristen die Rede ist, obwohl es eine Zustimmung des Auftragnehmers dazu in der Baubesprechung nicht gegeben hat. 1103

Beispiel: Nachdem ein ursprünglich vereinbarter Bauzeitenplan aus Gründen, die zwischen den Parteien streitig sind, aus den Fugen geraten ist, setzt der Bauleiter des Auftraggebers im Rahmen von Baubesprechungen einseitige Herstellungsfristen für bestimmte Leistungen und bezeichnet diese als *„verbindliche Vertragsfristen"*. Am Ende des Protokolls heißt es zudem, dass alle Festlegungen des Protokolls als zutreffend gelten, wenn diesen nicht binnen drei Arbeitstagen widersprochen wird. 1104

Bereits eine Entscheidung des BGH aus dem Jahr 2011 legte es nahe, ein Baustellenbesprechungsprotokoll als kaufmännisches Bestätigungsschreiben anzusehen (BGH, Urt. v. 27.11.2011 – VII ZR 186/09). Im kaufmännischen Geschäftsverkehr kann das bloße Schweigen nach Zugang eines auf eine Besprechung folgenden Bestätigungsschreibens – anders als gegenüber Verbrauchern – Rechtswirkungen in Gestalt einer Genehmigung des Inhalts dieses Schreibens entfalten. Das gilt insbesondere, wenn an der Besprechung Vertretungsberechtigte auf beiden Seiten teilgenommen haben. Es dürfte aber auch dann gelten, wenn die Teilnehmer mit Wissen der Vertretungsberechtigten zu der Besprechung entsandt worden sind (vgl.: OLG Zweibrücken, Beschl. v. 14.11.2017 – 5 U 42/17; BGH, Urt. v. 27.1.2011 – VII ZR 186/09). Nach Auffassung des OLG Frankfurt wird durch ein kaufmännisches Bestätigungsschreiben auch eine gegebenenfalls fehlende Vertretungsmacht geheilt (OLG Frankfurt, Urt. v. 22.12.2011 – 10 U 78/06; ähnlich: OLG Dresden, Urt. v. 2.7.2014 – 1 U 1915/13). 1105

In einem solchen Fall muss der Auftragnehmer dem Inhalt des Protokolls unverzüglich, jedenfalls aber innerhalb einer im Protokoll genannten Frist, widersprechen, wenn er rechtliche Risiken vermeiden will. Im Falle eines Widerspruchs sollte er aber beachten, dass die einseitig gesetzten Fristen nicht bedeutungslos sind, auch wenn es sich dabei nicht um „verbindliche Vertragsfristen" handelt. Es sind dann immerhin Fristen, deren Unangemessenheit der Auftragnehmer darlegen und im Streitfall beweisen muss (siehe oben unter Bezugnahme auf BGH, Urt. v. 21.10.2003 – X ZR 218/01). Auch das Kammergericht Berlin hat entschieden, dass die Grundsätze über das kaufmännische Bestätigungsschreiben auf Baustellenprotokolle entsprechend anwendbar sind und der Auftragnehmer dem Inhalt eines vom Auftraggeber erstellten Protokolls unverzüglich widersprechen muss, wenn er verhindern will, dass sein Schweigen wie eine nachträgliche Genehmigung behandelt wird (KG, Urt. v. 18.9.2012 – 7 U 227/11). Das hat das 1106

Kammergericht in einem späteren Fall bestätigt, in dem nach Vertragsabschluss eine Verhandlung über den Vertragsinhalt stattgefunden hatte und darüber ein Protokoll erstellt wurde, aus dem Änderungen des Vertrags erkennbar waren. Diesen hatte der Auftragnehmer nach Zusendung des Protokolls nicht widersprochen, weshalb er sie gegen sich gelten lassen musste (KG, Urt. v. 15.4.2014 – 7 U 57/13). Man kann den Merkspruch *„Wer schreibt, der bleibt"* bei kaufmännischen Bestätigungsschreiben folglich auch umkehren: *„Wer schweigt, der bleibt!"*

4. Beginn der Ausführung nach Abruf (§ 5 Abs. 2 VOB/B)

a) Auskunftspflicht des AG

1107 Ist für den Beginn der Ausführung keine Frist vereinbart, *hat* der Auftraggeber auf Verlangen des Auftragnehmers Auskunft über den voraussichtlichen Beginn zu erteilen (§ 5 Abs. 2 Satz 1 VOB/B). Wenn eine Leistung „auf Abruf" vereinbart wurde, bedeutet das jedoch nicht, dass der Auftraggeber diese auf unbestimmte Zeit hinausschieben darf (OLG Düsseldorf, Urt. v. 20.2.2009 – 22 U 135/08). Das Gleiche gilt, wenn für die Leistungserbringung ein „circa-Termin" vereinbart wurde (OLG Düsseldorf, Urt. v. 29.10.2010 – 22 U 138/08). Das heißt, dass der Auftraggeber unter Berücksichtigung der konkreten Umstände des Einzelfalls, auch der am Bau häufig vorkommenden Verzögerungen, verpflichtet ist, die Leistung innerhalb *angemessener* Frist abzurufen. Ein zu langes Hinauszögern der Aufforderung zum Beginn der Ausführung ist dem Auftragnehmer grundsätzlich nicht zumutbar (OLG Frankfurt, Urt. v. 12.6.2012 – 11 U 102/10). Unterlässt der Auftraggeber den gebotenen rechtzeitigen Abruf, verletzt er eine vertragliche Pflicht, sodass dem Auftragnehmer Entschädigungs- oder Schadensersatzansprüche zustehen können (§ 642 BGB, § 6 Abs. 6 VOB/B).

1108 Was im Einzelfall angemessen ist, lässt sich abstrakt nicht beantworten, sondern hängt von den Umständen des Einzelfalls ab. Das OLG Frankfurt hat eine den Baubeginn vom Abruf des Auftraggebers abhängig machende Regelung – ähnlich wie in § 5 Abs. 2 VOB/B – als Bestimmungsrecht des Auftraggebers eingestuft, das den Auftragnehmer nicht unangemessen benachteilige, wenn es „nach billigem Ermessen" ausgeübt wird (OLG Frankfurt, Urt. v. 28.4.2017 – 29 U 166/16). Im Fall des OLG Frankfurt ging es um drei Mehrfamilienhäuser. Bei Bauleistungen so erheblichen Umfangs könne jedenfalls ein Abruf binnen drei Monaten nach dem im Vertrag unverbindlich angegebenen circa-Baubeginn noch zulässig sein, so das OLG Frankfurt. Der Auftragnehmer ist jedenfalls gut beraten, wenn er den Auftraggeber beweisbar, also schriftlich, darauf hinweist, dass aufgrund der Organisation seines Betriebs kurzfristig Klarheit über den Beginn der Arbeiten geschaffen werden muss. Unterlässt der Auftraggeber den gebotenen Abruf – trotz eines entsprechenden Auskunftsverlangens des Auftragnehmers –, kann er in Annahmeverzug geraten, sodass der Auftragnehmer jedenfalls nicht mehr die Gefahr des zufälligen Untergangs einer bereits erbrachten Teilleistung bzw. angelieferten Materials trägt. Das folgt aus § 644 Abs. 1 Satz 2 BGB. In einem vom OLG Düsseldorf entschiedenen Fall hatte der Auftragnehmer, nachdem verschiedene Aufforderungen fruchtlos verstrichen waren, eine Frist gesetzt, um mit dem Einbau von Aufzugsanlagen beginnen zu können, die ebenfalls nicht beachtet wurde. Danach kam es zum Diebstahl des eingelagerten Materials, das der Auftragnehmer aufgrund des auftraggeberseitigen Annahmeverzugs abrechnen konnte (OLG Düsseldorf, Urt. v. 20.2.2009 – 22 U 135/08).

Darüber hinaus kann das pflichtwidrige Unterlassen des Abrufs der Leistung den **1109** Auftragnehmer zur Kündigung des Bauvertrags nach § 9 Abs. 1 Nr. 1 VOB/B berechtigen (OLG Düsseldorf, Urt. v. 29.10.2010 – 22 U 135/08 und OLG Düsseldorf, Urt. v. 20.2.2009 – 22 U 135/08). Voraussetzung dafür ist aber eine angemessen gesetzte Frist zum Leistungsabruf mit ausdrücklicher Kündigungsandrohung für den Fall des fruchtlosen Fristablaufs. Die Kündigung ist danach schriftlich zu erklären (§ 9 Abs. 2 VOB/B). Ungeklärt ist das Verhältnis des Kündigungsrechts nach § 9 VOB/B zum Kündigungsrecht nach § 6 Abs. 7 VOB/B, das voraussetzt, dass eine Unterbrechung mindestens drei Monate dauert bzw. mit den Arbeiten innerhalb von drei Monaten nach Vertragsabschluss nicht begonnen werden konnte (vgl. H. I. 5. c), Rn. 1282 ff.). Begreift man § 6 Abs. 7 Nr. 1 VOB/B als die gegenüber § 9 Abs. 1a VOB/B speziellere Regelung, wäre in solchen Fällen eine Kündigung erst nach dreimonatiger Unterbrechung möglich. Davor stünden dem Auftragnehmer lediglich Entschädigungs- bzw. Schadensersatzansprüche zu, falls der Auftraggeber den gebotenen rechtzeitigen Abruf unterlässt (siehe oben). Auch wenn die überwiegende Auffassung dahin geht, bereits vor Ablauf des in § 6 Abs. 7 VOB/B genannten Zeitraums eine Kündigung des Auftragnehmers nach § 9 Abs. 1 Nr. 1 VOB/B zuzulassen, sollte ein vorsichtiger Auftragnehmer überlegen, ob er in solchen Fällen ein Restrisiko eingehen oder auf dem sichersten Weg bleiben will und deshalb den Ablauf der drei Monate abwartet, bevor er eine Kündigung ausspricht.

b) Beginnfrist

§ 5 Abs. 2 Satz 2 VOB/B bestimmt, dass der Auftragnehmer innerhalb von zwölf **1110** Werktagen nach Aufforderung des Auftraggebers mit der Ausführung zu beginnen *hat*. Diese Beginnpflicht ist eine durch den Abruf bedingte verbindliche Vertragsfrist im Sinne des § 5 Abs. 1 Satz 1 VOB/B, sodass der Auftragnehmer nach Ablauf von zwölf Werktagen automatisch in Verzug gerät, wenn er nicht innerhalb dieser Frist mit der Ausführung beginnt, obwohl Baufreiheit besteht. Auch wenn der Abruf formlos erfolgen kann, ist dem Auftraggeber aus Beweisgründen Schriftform dringend zu empfehlen. Das erleichtert auch die Berechenbarkeit des Fristablaufs nach § 286 Abs. 2 Nr. 2 BGB (vgl. G. I. 5. a), Rn. 1116 f.).

1111 Fordert der Auftraggeber einen „sofortigen" Beginn ohne Beachtung der 12-Tage-Frist, hat der Auftragnehmer das Recht, die Einhaltung dieser Frist zu verlangen. Die einseitige Verkürzung der Frist durch den Auftraggeber ist unbeachtlich. Liegen die Gründe für eine Verzögerung des Beginns über die Frist von zwölf Werktagen hinaus im Verantwortungsbereich des Auftraggebers, kann dies zu Ansprüchen des Auftragnehmers führen, wenn er innerhalb dieser Frist beginnen will und dies dem Auftraggeber auch angezeigt hat (§ 642 BGB bzw. § 6 Abs. 6 VOB/B).

1112 Durch eine individualvertraglich ausgehandelte Vereinbarung im Bauvertrag kann die Regelfrist von zwölf Werktagen sowohl verkürzt als auch verlängert werden. Stellt die Regelung eine Allgemeine Geschäftsbedingung dar, dürfte eine deutliche Verkürzung der Frist im Regelfall zu einer unangemessenen Benachteiligung des Auftragnehmers führen, sodass die Bestimmung nach § 307 Abs. 1 BGB unwirksam ist und an deren Stelle die Frist von zwölf Werktagen tritt. Etwas anderes kommt in Betracht, wenn kürzere Beginnfristen, wie beispielsweise bei Malerarbeiten oder anderen Leistungen, die erkennbar keine längere Arbeitsvorbereitungsdauer erfordern, üblich sind.

1113 Nach einer behinderungsbedingten Unterbrechung von bereits begonnenen Bauarbeiten ist der Auftragnehmer nach § 6 Abs. 3 VOB/B verpflichtet, die Arbeiten „unverzüglich" wieder aufzunehmen. Unverzüglich bedeutet wie immer: ohne schuldhaftes Zögern. Ein nochmaliger Leistungsabruf durch den Auftraggeber nach § 5 Abs. 2 Satz 2 VOB/B ist prinzipiell nicht erforderlich, es sei denn, der Auftragnehmer kann nicht erkennen, wann der Auftraggeber eine Wiederaufnahme der unterbrochenen Leistungen wünscht oder eine solche möglich ist. Die Frist für den Wiederbeginn hängt von den Umständen des Einzelfalls, beispielsweise davon ab, ob die Baustelle nach Absprache mit dem Auftraggeber komplett geräumt wurde, sodass sie nach Wegfall der Unterbrechung vollständig neu eingerichtet werden muss. Fehlen Anhaltspunkte für die Frist des Wiederbeginns, kann man sich an der Regelfrist von zwölf Werktagen orientieren. Verstößt ein Auftragnehmer gegen die Verpflichtung zur rechtzeitigen Wiederaufnahme der Arbeiten nach einer Unterbrechung, kann der Auftraggeber unter Beachtung der formellen Voraussetzungen des § 5 Abs. 4 VOB/B den Bauvertrag nach § 8 Abs. 3 VOB/B schadensersatzbegründend kündigen (OLG Hamm, Urt. v. 23.4.2004 – 26 U 130/03).

c) Anzeige des Beginns

1114 Ist eine Leistung nach Abruf vereinbart, hat der Auftragnehmer den tatsächlichen Beginn nach § 5 Abs. 2 Satz 3 VOB/B anzuzeigen. Hier empfiehlt sich aus Beweisgründen die Schriftform, auch wenn nach der Bestimmung der VOB/B eine formlose Anzeige zulässig ist. Die Anzeigepflicht besteht nicht, wenn für den Beginn eine konkrete Frist vereinbart wurde; sie gilt also nur für Abrufleistungen.

5. Verzug des Auftragnehmers

Für die Beantwortung der Frage, ob ein Auftragnehmer in Verzug geraten ist, **1115** muss im Ausgangspunkt zunächst danach unterschieden werden, ob Vertragsfristen oder Nicht-Vertragsfristen überschritten worden sind.

a) Schuldhafte Überschreitung von Vertragsfristen

Wenn der Termin für den Ausführungsbeginn oder der Fertigstellungstermin allein **1116** mit dem Kalender bestimmt werden können, tritt nach *schuldhafter* Überschreitung dieser Fristen ohne weitere Voraussetzungen sofort der Verzug des Auftragnehmers ein. Denn diese Fristen sind – auch ohne ausdrückliche Vereinbarung – immer verbindliche Vertragsfristen (siehe oben). Das Gleiche gilt für solche Zwischenfristen, die im Vertrag als *verbindlich* bezeichnet worden sind. Eine Mahnung ist dann für den Verzugseintritt gemäß § 286 Abs. 2 Nr. 1 BGB nicht erforderlich (OLG Köln, Beschl. v. 16.10.2014 – 11 U 47/14). Aber: Die Fristen müssen durch einen bloßen Blick in den Kalender ohne weitere Hilfsmittel feststellbar oder von einem bestimmten Ereignis an berechenbar sein (§ 286 Abs. 2 Nr. 2 BGB). Damit reichen Angaben wie beispielsweise „Fertigstellung in der 34. Kalenderwoche 2020 oder Ende Mai 2021" aus, nicht aber Vereinbarungen wie Fertigstellung der Leistung in „ca. 4 Wochen". Das heißt: Bei Ablauf einer kalendermäßig bestimmbaren verbindlichen Vertragsfrist ist die Bauleistung nicht nur fällig, gleichzeitig gerät der Auftragnehmer bei deren Überschreitung auch *automatisch* in Verzug, wenn er die Fristüberschreitung *verschuldet* hat. Letzteres ist unerlässliche Voraussetzung für den Verzug. Denn ohne ein Verschulden des Auftragnehmers gibt es keinen Verzug. Das folgt aus § 286 Abs. 4 BGB. Dort heißt es, dass der Schuldner – hier: Der Auftragnehmer als Schuldner der Bauleistung – nicht in Verzug gerät, solange die Leistung infolge eines Umstandes unterbleibt, den er nicht zu *vertreten* hat. Anders wäre es nur, wenn der Auftragnehmer die Einhaltung des Fertigstellungstermins „garantiert" hätte, was in der Praxis eher selten vorkommen dürfte. Dann schuldet er den Ersatz von Verzögerungsschäden – ausnahmsweise – unabhängig von der Frage, ob er die Überschreitung dieser Frist verschuldet hat oder nicht (OLG München, Urt. v. 28.1.2020 – 28 U 452/19).

Der Auftragnehmer hat darzulegen und zu beweisen, dass er für die Fristüber- **1117** schreitung nicht verantwortlich ist (BGH, Urt. v. 8.3.2001 – VII ZR 470/99). Mit anderen Worten: Das Verschulden des Auftragnehmers wird vermutet. Gegenteiliges muss er darlegen und im Streitfall auch beweisen. Der BGH hat entschieden, dass ein Auftragnehmer, der sich auf fehlendes Verschulden für die Fristüberschreitung berufen will, seiner Darlegungslast nur genügt, wenn er konkrete Angaben zur Behinderung macht, wofür in der Regel eine bauablaufbezogene Darstellung der jeweiligen Behinderungen erforderlich ist (BGH, Urt. v. 5.11.2015 – VII ZR 43/15). Liegen Behinderungen aus dem Verantwortungsbereich des Auftraggebers vor und wurden diese nach § 6 Abs. 1 VOB/B angezeigt oder war deren Anzeige wegen Offenkundigkeit entbehrlich (§ 6 Abs. 1 Satz 2 VOB/B), wird die Leistung, auch wenn für ihre Erbringung eine verbindliche Kalenderfrist vereinbart wurde, zum vorgesehenen Zeitpunkt schon gar nicht fällig, vom Verzug ganz zu schweigen (vgl. G. I. 7., Rn. 1138 ff.).

1118 Einer Mahnung zur Herbeiführung des Verzugs bedarf es neben dem in § 286 Abs. 2 Nr. 1 BGB geregelten Fall (siehe oben) auch bei „Ereignisfristen" nicht. Denn nach § 286 Abs. 2 Nr. 2 BGB ist eine Mahnung zur Herbeiführung des Verzugs auch entbehrlich, wenn die Vertragsfrist anhand des Kalenders jedenfalls *bestimmbar* war. Das ist der Fall, wenn der Leistung *„ein Ereignis vorauszugehen hat und eine angemessene Zeit in der Weise bestimmt ist, dass sie sich von dem Ereignis an nach dem Kalender berechnen lässt"*.

1119 So ist es beispielsweise, wenn im Bauvertrag geregelt ist: *„Verbindliche Vertragsfrist: Fertigstellung der Dachdeckerarbeiten drei Wochen nach förmlicher Abnahme des Dachstuhls"*. Der BGH hat entschieden, dass die Vereinbarung einer Fertigstellungsfrist *„acht Monate nach Baugenehmigung"* ebenfalls eine hinreichend bestimmte Ereignisfrist i.S.d. § 286 Abs. 2 Nr. 2 BGB ist (BGH, Urt. v. 5.11.2015 – VII ZR 43/15). Dennoch sollte auch in Fällen, in denen sich der Lauf einer Vertragsfrist aufgrund eines Ereignisses nach dem Kalender berechnen lässt, auf eine Mahnung grundsätzlich nicht verzichtet werden. Auch hier gilt, dass regelmäßig der sicherste Weg beschritten werden sollte. Denn das OLG München ist der – allerdings zweifelhaften Auffassung – dass die Festlegung eines Ausführungszeitraums *„von 26 Werktagen ab Beginn"* nicht zu einer kalendermäßig bestimmbaren Fertigstellungsfrist führt (OLG München, Urt. v. 10.9.2013 – 9 U 1685/12; ähnlich: OLG Frankfurt, Urt. v. 12.6.2012 – 11 U 102/10).

1120 Wenn der Auftragnehmer mit der Fertigstellung im Verzug ist, muss er alle zumutbaren Anstrengungen unternehmen, um die Leistungen innerhalb der ihm vom Auftraggeber gesetzten Frist nachzuholen, wenn er eine schadensersatzbegründende Kündigung nach § 8 Abs. 3 VOB/B vermeiden will (OLG Hamm, Urt. v. 31.5.2007 – 24 U 150/04). Eine Fristsetzung des Auftraggebers mit Kündigungsandrohung kann seitens des Auftragnehmers eine erhebliche Erhöhung der Zahl der Arbeitskräfte und der täglichen Arbeitsstunden bis hin zu Doppelschichten und Samstagsarbeit erfordern. Setzt der Auftraggeber eine aus Sicht des Auftragnehmers unangemessen kurze Frist, muss letzterer aufgrund der Kooperations- und Kommunikationspflichten im Bauvertrag darüber unverzüglich (spätestens binnen Wochenfrist) informieren und seinerseits eine angemessene Frist für die Fertigstellung nennen, die er anhand eines plausiblen Bauzeitenplans begründen sollte (OLG Hamm, Urt. v. 31.5.2007 – 24 U 140/04).

b) Schuldhafte Überschreitung von Nicht-Vertragsfristen

aa) Abhilfeanordnung nach § 5 Abs. 3 VOB/B zur Herbeiführung der Fälligkeit der Leistung

Bei Nicht-Vertragsfristen reicht selbst der schuldhafte Ablauf der Frist für den Verzugseintritt nicht aus. Tatsächlich ist die Leistung des Auftragnehmers, selbst wenn die Frist kalendermäßig bestimmt oder bestimmbar ist, zu diesem Zeitpunkt noch nicht einmal fällig. Wie bereits gesagt: Nicht-Vertragsfristen haben lediglich eine Warn- und Kontrollfunktion. Ihre Verletzung führt nicht unmittelbar zu rechtlichen Folgen. Um hier die Fälligkeit der jeweiligen Leistung herbeizuführen, muss der Auftraggeber zuerst eine Abhilfeanordnung nach § 5 Abs. 3 VOB/B aussprechen. Mit der Abhilfeanordnung korrespondiert ein Abhilfeanspruch des Auftraggebers, weil er die Verletzung von in einem Bauzeitenplan oder auch anderswo vereinbarten Einzelfristen nicht hinnehmen muss, selbst wenn es sich dabei nicht um verbindliche Vertragsfristen handelt. Sind Arbeitskräfte, Geräte, Gerüste oder Bauteile so unzureichend, dass die Ausführungsfristen – also beispielsweise auch die Fristen eines Bauzeitenplans – *offenbar* nicht eingehalten werden können, muss der Auftragnehmer nach dieser Vorschrift auf Verlangen unverzüglich Abhilfe schaffen. Beachtet der Auftragnehmer eine berechtigte Abhilfeanordnung nach § 5 Abs. 3 VOB/B nicht, so ist die Bauleistung nach Ablauf der in der Abhilfeanordnung gesetzten (Nach-)Frist nunmehr fällig. **1121**

Der Auftraggeber muss nicht warten, bis beispielsweise eine Einzelfrist des Bauzeitenplans tatsächlich abgelaufen ist, bevor eine Abhilfeanordnung ausgesprochen werden kann. Ist aufgrund des bisherigen Bauablaufs nahezu sicher, dass der Auftragnehmer ohne zusätzliche Anstrengungen die Frist nicht einhalten wird, kann die Abhilfeanordnung bei einer entsprechend konkreten Begründung auch bereits vor Fristablauf erfolgen. Wenn sich der Auftraggeber in einem Bauprozess auf die Verletzung der Abhilfepflicht durch den Auftragnehmer beruft, muss er allerdings konkret vortragen und beweisen, dass die Ausführungsfristen wegen des unzureichenden Einsatzes von Kapazitäten „offenbar“ nicht hätten eingehalten werden können. **1122**

Beispiel: Bei Vertragsabschluss wurde ein Bauzeitenplan vereinbart. Der Bauvertrag sieht nicht vor, dass die dortigen Einzelfristen verbindliche Vertragsfristen sind. Erdaushub und Berliner Verbau sollen danach in der Zeit vom 29.5. bis 28.7.2020 erbracht werden. Bereits zu Beginn der 29. Kalenderwoche (am 13.7.2020) stellt der Auftraggeber fest, dass die entsprechenden Leistungen nicht einmal zur Hälfte ausgeführt wurden, obwohl bereits ca. 2/3 der dafür im Bauzeitenplan vorgesehenen Ausführungsdauer verstrichen ist. Aus den Bautagesberichten ergibt sich, dass der Auftragnehmer teilweise nicht die erforderlichen Maschinen und Geräte vorgehalten und an verschiedenen Tagen überhaupt nicht gearbeitet hat, obwohl Baufreiheit bestand. **1123**

1124 In einem solchen Fall kann der Auftraggeber auch vor Fristablauf belegen, dass die Ausführungsfristen *„offenbar"* nicht eingehalten werden können, wenn der Auftragnehmer im gleichen Tempo weiterarbeitet und seine Kapazitäten nicht verstärkt. Erteilt der Auftraggeber deshalb bereits im Verlauf der 29. Kalenderwoche eine Abhilfeanordnung nach § 5 Abs. 3 VOB/B, sollte er zunächst dazu auffordern, unverzüglich Abhilfe zu schaffen und für die Leistungen (Erdaushub und Berliner Verbau), für die der Bauzeitenplan eine Fertigstellungsfrist zum 28.7.2020 vorsieht, gleichzeitig eine Nachfrist, beispielsweise bis Montag, den 3.8.2020, setzen. Spätestens nach Ablauf dieser Frist ist die Leistung fällig. Den Verzug begründet das aber noch nicht, jedenfalls nicht sicher. Denn die Bauzeitenplanfrist war eben keine verbindliche Vertragsfrist. Um den Verzug des Auftragnehmers rechtssicher herbeizuführen, muss nach Fälligkeit noch eine Mahnung erfolgen (siehe unten).

1125 Wenn keine Ausführungsfristen vereinbart wurden oder vereinbarte Fristen – gegebenenfalls auch verbindliche – durch den realen Bauablauf überholt sind und der Auftraggeber daraufhin einseitig angemessene Termine zur Fertigstellung bestimmter Teilleistungen oder der Gesamtleistung gesetzt hat, findet § 5 Abs. 3 VOB/B entsprechende Anwendung (OLG Hamm, Urt. v. 11.11.2009 – 12 U 49/09, ähnlich: KG, Urt. v. 15.3.2004 – 26 U 28/02). Das OLG Hamm verweist zur Begründung darauf, dass die Abhilfeanordnung nach § 5 Abs. 3 VOB/B dem Grundsatz des § 271 BGB entspricht, wonach der Auftragnehmer die Leistung nach Beginn mit dem jeweils gebotenen vollen Einsatz unverzüglich durchzuführen und zu beenden hat. Auch in einem solchen Fall wird die Leistung nach Ablauf der in einer Abhilfeanordnung gesetzten Frist fällig, wenn sie angemessen war. Nochmals: Gegenteiliges müsste der Auftragnehmer mit einer baubetrieblich nachvollziehbaren Begründung darlegen und im Streitfall beweisen (BGH, Urt. v. 21.10.2003 – X ZR 218/01 und BGH, Urt. v. 8.3.2001 – VII ZR 470/99).

bb) Mahnung zur Herbeiführung des Verzugs

1126 Fälligkeit und Verzug sind zweierlei (KG, Urt. v. 13.8.2013 – 7 U 166/12). Um den Auftragnehmer rechtssicher in Verzug zu setzen, muss nach Ablauf der in der Abhilfeanordnung gesetzten Frist eine Mahnung erfolgen. Das ist erforderlich, wenn der Auftraggeber Verzugsfolgen geltend machen und kein Risiko eingehen will. Denn durch die Abhilfeanordnung ist zunächst nur die Fälligkeit der Leistung herbeigeführt worden, eine Mahnung ist hier nach § 286 Abs. 1 Nr. 1 oder Nr. 2 BGB nicht entbehrlich. Das OLG Köln hält dagegen eine Abhilfeanordnung mit Kündigungsandrohung für den Fall, dass der Auftragnehmer dieser nicht Folge leistet, für ausreichend. Anschließend sei der Auftraggeber zur Kündigung aus wichtigem Grund berechtigt (OLG Köln, Urt. v. 30.7.2013 – 24 U 179/11). Der sicherste Weg ist das aber nicht, sodass wir dringend davon abraten, dieses Urteil zu verallgemeinern und so zu verfahren. Im Prinzip muss die Mahnung keine Fristsetzung enthalten, sodass es ausreichen würde, die Fertigstellung nach Fälligkeit schlicht anzumahnen. Empfehlenswert ist das allerdings nicht, sodass eine nochmalige Nachfristsetzung sicherer ist, insbesondere wenn der Vertrag im Fall des fruchtlosen Fristablaufs aus wichtigem Grund gekündigt werden soll. Eine entsprechende Formulierung könnte lauten:

„Die in unserer Abhilfeanordnung zum ... gesetzte Frist ist zwischenzeitlich fruchtlos verstrichen, ohne dass uns hierfür plausible Gründe mitgeteilt worden sind. Die Leistung war mit Ablauf der in der Abhilfeanordnung gesetzten Frist fällig. Deshalb mahnen wir die Fertigstellung der Leistung hiermit ausdrücklich an und fordern Sie gleichzeitig dazu auf, die Fertigstellung spätestens bis zum ... vorzunehmen."

Wer jedes Restrisiko im Fall einer Kündigung vermeiden will, sollte zunächst mit **1127** Nachfristsetzung mahnen und erst anschließend in einem gesonderten Schreiben unter nochmaliger Nachfristsetzung die Kündigung des Vertrags androhen (§ 5 Abs. 4 VOB/B). Das ist freilich ein mühseliger und langwieriger Weg zur schadensersatzbegründenden Kündigung. Gerade diese Ausführungen zu den Verzugsvoraussetzungen bei Nicht-Vertragsfristen belegen, weshalb der Auftraggeber kalendermäßig bestimmte oder zumindest bestimmbare, verbindliche Vertragszwischenfristen vereinbaren sollte.

Insbesondere, wenn der Auftraggeber den Vertrag wegen Verzugs nach den §§ 5 **1128** Abs. 4 i.V.m. 8 Abs. 3 VOB/B kündigen will, sollte er im Zweifel den sichersten *Weg* wählen, um eine anderenfalls drohende freie Kündigung nach § 8 Abs. 1 VOB/B zu vermeiden. Denn der BGH deutet eine fehlgeschlagene Kündigung nach § 8 Abs. 3 VOB/B in der Regel in eine jederzeit mögliche freie Kündigung um (BGH, Urt. v. 24.7.2003 – VII ZR 218/02; ähnlich: OLG Frankfurt, Urt. v. 8.4.2019 – 19 U 53/18), sodass der Auftraggeber verpflichtet ist, auch eine Vergütung für die nicht ausgeführten Leistungen unter Abzug konkret ersparter Aufwendungen zu bezahlen, ohne dass er seinerseits Schadensersatz verlangen kann. Geht es dem Auftraggeber dagegen *nur* um die Geltendmachung der Vertragsstrafe oder des durch den Verzug entstandenen Schadens, spricht nichts dagegen, sich auf den rechtlich allerdings unzutreffenden Standpunkt zu stellen, Verzug sei bereits nach Ablauf der im Bauzeitenplan genannten oder jedenfalls der in der Abhilfeanordnung gesetzten Frist eingetreten. Folgt das Gericht in einem Bauprozess dieser Auffassung nicht, berechnet es die Ansprüche eben erst nach Zugang der Mahnung bzw. der dort gesetzten Nachfrist. Einen Rechtsnachteil erleidet der Auftraggeber hier, anders als im Fall des Ausspruchs einer Kündigung, jedenfalls nicht. Folglich führt der sicherste Weg zu einer Kündigung aus wichtigem Grund (§ 8 Abs. 3 VOB/B) bei Nicht-Vertragsfristen über folgende Stationen: Zuerst erfolgt eine Abhilfeanordnung nach § 5 Abs. 3 VOB/B mit Nachfristsetzung. Im Fall des fruchtlosen Ablaufs dieser Nachfrist muss, wiederum mit Nachfristsetzung, gemahnt werden. Nach der Mahnung wird die Kündigung für den Fall des fruchtlosen Ablaufs einer letzten angemessenen Nachfrist unmissverständlich angedroht.

6. Ansprüche des Auftraggebers bei Verzug des Auftragnehmers mit der Leistung

1129 Steht fest, dass der Auftragnehmer mit der Leistung in Verzug geraten ist, können gravierende Rechtsfolgen eintreten. Der Auftraggeber hat prinzipiell folgende Rechte bzw. Ansprüche:

a) Zurückbehaltungsrecht gegen Abschlagsrechnungen (§§ 273, 320 BGB)

1130 Wenn eine schon abgerechnete (Teil-)Leistung noch nicht erbracht ist, hat der Auftraggeber das Recht, die Zahlung einer Abschlagsrechnung insoweit zu verweigern. Das versteht sich von selbst und ist rechtlich betrachtet gar nicht die Folge des Verzugs, sondern resultiert aus der fehlenden Teil-Fertigstellung.

b) Schadensersatz (§ 6 Abs. 6 Satz 1 VOB/B)

1131 Nach § 6 Abs. 6 Satz 1 VOB/B hat der Auftraggeber Anspruch auf Ersatz aller durch den Verzug entstandenen Schäden; entgangenen Gewinn kann er nach dem Wortlaut des § 6 Abs. 6 VOB/B nur bei Vorsatz oder grober Fahrlässigkeit des Auftragnehmers geltend machen. Die Darlegungs- und Beweislast für Vorsatz oder grobe Fahrlässigkeit trifft den Auftraggeber (OLG Schleswig, Urt. v. 31.3.2006 – 1 U 162/03). Das Gleiche gilt für den eingetretenen Schaden und seine konkrete Höhe. Vereinbaren die Parteien einen „pauschalierten Schadensersatz", hängt auch dieser davon ab, dass der Auftragnehmer die Fristüberschreitung zu vertreten hat (KG, Urt. v. 4.12.2014 – 27 U 4/10). Keineswegs ist damit eine verschuldensunabhängige Garantiehaftung begründet worden. Das wäre – wie bei der Vertragsstrafe – aus AGB-rechtlichen Gründen nur im Rahmen einer Individualvereinbarung zulässig und stellt im Bauvertrag die absolute Ausnahme dar. Der pauschalierte Schadensersatz hat im Vergleich zur Vertragsstrafe den zusätzlichen Nachteil, dass tatsächlich ein Schaden eingetreten sein muss. Erleichtert ist nur der Beweis der Schadenshöhe, wohingegen eine Vertragsstrafe gerade keinen Schaden erfordert und sich deshalb besonders gut als Druckmittel zur Erreichung von Termintreue eignet.

1132 Typische Beispiele für Schäden wegen Verzugs sind Ansprüche auf Ersatz des durch die verspätete Fertigstellung entstandenen Mietausfalls (dazu: OLG Köln, Urt. v. 29.12.2016 – 7 U 131/15; OLG Karlsruhe, Urt. v. 9.5.2006 – 8 U 211/04), die entgangene Einspeisevergütung bei Errichtung einer Photovoltaikanlage (OLG Dresden, Urt. v. 25.6.2013 – 9 U 1190/12) oder die bei einem anderen Unternehmer entstandenen Behinderungskosten. Um einen nach § 6 Abs. 6 VOB/B ersatzfähigen Verzögerungsschaden handelt es sich beispielsweise auch bei den Finanzierungskosten des Bauherrn, die er alternativ zu den entgangenen Nettomieteinnahmen und bis zu deren Höhe als Verzugsschadensersatz geltend machen kann (BGH, Urt. v. 4.5.2000 – VII ZR 203/98). Eine Vertragsstrafe, die der Generalunternehmer wegen Verzugs eines Nachunternehmers an seinen Auftraggeber zahlen muss, kann er von diesem als Schadensersatz verlangen (BGH, Urt. v. 18.12.1997 – VII ZR 342/98). Den Generalunternehmer trifft allerdings eine Schadensminderungspflicht. Das bedeutet konkret, dass er den Nachunternehmer rechtzeitig darauf hinweisen muss, dass ihm ein „Durchstellen" dieser Vertragsstrafe droht.

c) Vertragsstrafe (§ 11 VOB/B)

Wie sich aus § 11 Abs. 1 VOB/B ergibt, kann der Auftraggeber eine Vertragsstrafe **1133**
auch bei einem VOB/B-Bauvertrag nur verlangen, wenn er sie mit dem Auftragnehmer wirksam vereinbart hat. In Bauverträgen verspricht der Auftragnehmer die Zahlung einer Vertragsstrafe meistens für den Fall, dass er die verbindliche Fertigstellungsfrist (schuldhaft) überschreitet. Die Geltendmachung einer Vertragsstrafe setzt nicht den Eintritt eines Schadens voraus, das ist ihr Vorteil. Macht ein Auftraggeber aber Schadensersatzansprüche über eine Vertragsstrafe hinaus geltend, muss er sich den Vertragsstrafenanspruch auf den Schadensersatzanspruch anrechnen lassen. Eine Klausel im Vertrag, nach der im Fall einer Fristüberschreitung neben Schadensersatzansprüchen gleichzeitig eine verwirkte Vertragsstrafe verlangt werden kann, wäre wegen § 340 Abs. 2 BGB aus AGB-rechtlichen Gründen unwirksam (OLG Düsseldorf, Urt. v. 22.3.2002 – 5 U 85/01). Einzelheiten zur Vertragsstrafe behandeln wir gesondert im Kapitel I, Rn. 1416 ff.

d) Schadensersatzbegründende Kündigung (§ 5 Abs. 4 i.V.m. § 8 Abs. 3 VOB/B)

Ist der Auftragnehmer in Verzug geraten, steht dem Auftraggeber unter Beach- **1134**
tung der Voraussetzungen in den §§ 5 Abs. 4 i.V.m. 8 Abs. 3 VOB/B ein Kündigungsrecht aus wichtigem Grund zu (vgl. Kapitel J. I. 2. b), Rn. 1527 ff. und J. II. 1., Rn. 1626 ff.). Die Kündigung kann nach § 8 Abs. 3 Nr. 1 Satz 2 VOB/B auf einen in sich abgeschlossenen Teil der vertraglichen Leistung beschränkt werden. Die Voraussetzungen für eine in sich abgeschlossene Teilleistung sind genauso streng wie bei der Teilabnahme nach § 12 Abs. 2 VOB/B. Liegen danach in sich abgeschlossene Teile der Leistung nicht vor, kann der Auftraggeber entweder nur den ganzen Vertrag kündigen oder überhaupt nicht, jedenfalls nicht aus wichtigem Grund. Dass er auch sonstige Teilleistungen immer ohne wichtigen Grund, also *frei* kündigen kann (§ 8 Abs. 1 VOB/B), ist eine andere Frage, aber möglicherweise aufgrund der Rechtsfolgen nicht in seinem Interesse. Wenn für den Beginn von einzelnen Bauleistungen Zwischenfristen als verbindliche Vertragsfristen vereinbart worden sind, rechtfertigt auch deren schuldhafte Überschreitung die schadensersatzbegründende Kündigung des ganzen Bauvertrags (OLG Düsseldorf, Urt. v. 9.5.2008 – 22 U 191/07). Zuvor muss jedoch wie immer eine angemessene

(Nach-)Frist zur Vertragserfüllung mit einer inhaltlich eindeutigen Kündigungsandrohung abgelaufen sein (§ 5 Abs. 4 VOB/B).

1135 Das OLG Stuttgart hat entschieden, dass es für eine Kündigung aus wichtigem Grund ausreichen *kann*, wenn dem Auftragnehmer eine sogenannte Erklärungsfrist, innerhalb derer er seine Leistungsbereitschaft anzeigen muss, gesetzt worden ist (OLG Stuttgart, Urt. v. 23.11.2006 – 13 U 53/06). Das ist aber unsicher. Deshalb raten wir ausdrücklich, stets kalendermäßig bestimmte Nachfristen für die Fertigstellung einer (Teil-)Leistung zu setzen. Die Nachfristsetzung mit Kündigungsandrohung muss aus Beweisgründen ebenso schriftlich erfolgen wie die Kündigungserklärung nach Ablauf der gesetzten Frist. Hier ist die Einhaltung der Schriftform wegen § 8 Abs. 6 VOB/B zwingend. Aufgrund einer Entscheidung des OLG Frankfurt vom 30.4.2012 verbietet sich hierfür die Versendung einer E-Mail, sofern nicht eine qualifizierte elektronische Signatur vorliegt (OLG Frankfurt, Beschl. v. 30.4.2012 – 4 U 269/11). Das OLG Jena hat sich dieser Entscheidung ausdrücklich angeschlossen (OLG Jena, Urt. v. 26.11.2015 – 1 U 209/15; anderer Ansicht: OLG Köln, Urt. v. 22.6.2016 – 16 U 145/15 und OLG Hamm, Urt. v. 4.10.2016 – 21 U 142/15). Neben der Frage, ob die E-Mail überhaupt das Schriftformerfordernis erfüllt, muss der Absender den Zugang der E-Mail beim Empfänger beweisen (VK Bund, Beschl. v. 5.11.2012 – VK 3-120/12). Das fällt oftmals schwer, es sei denn, es liegt eine Antwort auf die E-Mail oder eine Lesebestätigung vor (dazu: OLG Koblenz, Beschl. v. 21.4.2020 – 3 U 1895/19; BGH, Beschl. v. 17.7.2013 – I ZR 64/13 und VK Bund, Beschl. v. 3.2.2014 – VK 2-1/14). Eine Lesebestätigung begründet zumindest einen Anscheinsbeweis, sodass der Auftraggeber, der den Zugang bestreiten will, den entsprechenden Beweis führen müsste.

1136 Ohne eine vorherige Kündigung nach § 8 Abs. 3 VOB/B kann der Auftraggeber grundsätzlich keinen Schadensersatz, insbesondere keine Mehrkosten verlangen, die ihm aus der Beauftragung eines Ersatzunternehmers entstehen (OLG Düsseldorf, Urt. v. 28.5.2015 – 22 U 173/14; OLG Schleswig, Urt. v. 29.6.2010 – 3 U 92/09). Eine Fristsetzung mit Kündigungsandrohung ist nur dann entbehrlich, wenn der Auftragnehmer sich *ernsthaft* und *endgültig* weigert, die Leistung vertragsgemäß fertigzustellen (BGH, Urt. v. 14.11.2017 – VII ZR 65/14; OLG Zweibrücken, Urt. v. 29.9.2016 – 6 U 6/15) oder wenn von vornherein mit Sicherheit feststeht, dass der Auftragnehmer aus von ihm zu vertretenden Gründen die Frist nicht einhalten wird und eine Fortsetzung des Vertrags für den Auftraggeber unzumutbar ist (BGH, Urt. v. 14.6.2012 – VII ZR 148/10; BGH, Urt. v. 4.5.2000 – VII ZR 53/99). Dabei handelt es sich aber um Ausnahmefälle, für die der Auftraggeber darlegungs- und beweispflichtig ist.

1137 Ist eine angemessene Nachfrist für die Fertigstellung einer (Teil-)Leistung fruchtlos verstrichen und liegt eine inhaltlich unmissverständliche Kündigungsandrohung vor, hat der Auftraggeber danach zwar das Recht, innerhalb angemessener Frist zu überlegen, ob er die Kündigung tatsächlich aussprechen will (OLG Celle, Beschl. v. 22.5.2009 – 14 U 45/09). Kündigt der Auftraggeber aber erst weit nach Ablauf dieser Überlegungsfrist, kann das schadensersatzbegründende Kündigungsrecht nach § 8 Abs. 3 VOB/B verwirkt sein (OLG München, Beschl. v. 12.7.2016 – 13 U 2466/15 Bau; OLG Frankfurt, Urt. v. 15.6.2009 – 2 U 205/11). Das Gleiche gilt, wenn sich der Auftraggeber nach Ablauf der in der Kündigungsandrohung gesetzten Frist auf weitere Verhandlungen einlässt, weil in einem solchen Fall die vormalige Kündigungsandrohung ihre Warnfunktion verloren haben kann (OLG Köln, Urt. v. 14.11.2008 – 19 U 54/08; BGH, Urt. v. 28.10.2004 – VII ZR 18/03). Wenn der Auftraggeber den sichersten Weg gehen will, sollte er nach dem Scheitern der Verhandlungen eine nochmalige Nachfrist setzen und für den Fall deren fruchtlosen Ablaufs wiederum unmissverständlich die Kündigung des Vertrags aus wichtigem Grund androhen, weil er ansonsten Gefahr läuft, eine freie Kündigung auszusprechen.

7. Rechtsfolgen von Behinderungen oder höherer Gewalt

Bleibt zu klären, welche Auswirkungen Behinderungen durch den Auftraggeber bzw. höhere Gewalt oder andere für den Auftragnehmer unabwendbare Umstände, nicht zuletzt auch außergewöhnliche Witterungseinflüsse, mit denen nicht gerechnet werden musste, auf die vereinbarten Ausführungsfristen haben. Die Antwort ist im Prinzip einfach: Der Auftragnehmer kommt trotz Überschreitung einer verbindlichen Vertragsfrist – selbst nach Zugang einer Mahnung – nicht in Verzug, wenn er für die Fristüberschreitung Behinderungs- oder Unterbrechungsgründe aus dem *Risikobereich* des Auftraggebers geltend machen kann bzw. für die Fristüberschreitung nicht verantwortlich ist. Denn in solchen Fällen verlängern sich die Ausführungsfristen nach § 6 Abs. 2 Nr. 1 a) bis c) VOB/B, ohne dass es hierfür auf ein Einverständnis des Auftraggebers ankäme (OLG Düsseldorf, Urt. v. 28.2.2014 – 22 U 112/13). Das heißt: Ob ein Auftragnehmer im Verzug ist, kann nicht allein danach beurteilt werden, ob er eine Frist überschritten hat. Es kommt darauf an, *weshalb*. Denn Verzug setzt immer Verschulden voraus (§ 286 Abs. 4 BGB). Allerdings wird das Verschulden des Auftragnehmers vermutet. Deshalb muss er im Streitfall das Gegenteil beweisen (BGH, Urt. v. 5.11.2015 – VII ZR 43/15; BGH, Urt. v. 8.3.2001 – VII ZR 470/99). **1138**

Behinderungen durch den Auftraggeber nach § 6 Abs. 2 Nr. 1 a) VOB/B sind unter zwei Gesichtspunkten relevant: Sie schließen Ansprüche des Auftraggebers wegen Verzugs mit der Leistung aus. Darüber hinaus können sie unter weiteren Voraussetzungen Ansprüche des Auftragnehmers auf Zahlung der durch die Behinderung entstandenen Schäden (§ 6 Abs. 6 Satz 1 VOB/B) oder auf Entschädigung nach § 6 Abs. 6 Satz 2 VOB/B i.V.m. § 642 BGB begründen (vgl. Kapitel H. I. 3. b) bb) und cc), Rn. 1234 und 1238 ff.). **1139**

1140 An einem Verschulden kann es beispielsweise fehlen, wenn wegen unzureichender Vorunternehmerleistungen oder fehlender Pläne, einer nicht rechtzeitig vorhandenen Baugenehmigung (OLG Düsseldorf, Urt. v. 28.1.2014 – 22 U 112/13). bzw. aufgrund technischer Nachträge, die zeitrelevant sind, Ausführungsfristen überschritten wurden (OLG Dresden, Urt. v. 9.1.2013 – 1 U 1554/09). Das sind Fälle des § 6 Abs. 2 Nr. 1a) VOB/B, also Umstände aus dem Risikobereich des Auftraggebers. Ob Nachträge zu einer Bauzeitverlängerung führen, hängt von den konkreten Umständen ab. Denn keineswegs hat eine geänderte oder zusätzliche Leistung *automatisch* zeitliche Auswirkungen. Haben Nachtragsleistungen aus Sicht des Auftragnehmers zeitliche Folgen, beispielsweise weil das geänderte Material längere Lieferzeiten hat oder die aufwendigere Leistung mit den vorgesehenen Kapazitäten in der vereinbarten Zeit nicht zu schaffen ist, muss der Auftragnehmer dies, wie jede andere Behinderung auch, nach § 6 Abs. 1 VOB/B unverzüglich anzeigen (OLG Stuttgart, Urt. v. 29.11.2011 – 10 U 58/11).

1141 Ein Leistungsverzug des Auftragnehmers ist daneben ausgeschlossen, wenn die Fristüberschreitung durch Streik oder Aussperrung verursacht wird (§ 6 Abs. 2 Nr. 1b VOB/B), ein nicht besonders praxisrelevanter Fall. Von größerer Bedeutung ist § 6 Abs. 2 Nr. 1c) VOB/B. Danach werden die Ausführungsfristen auch durch höhere Gewalt oder andere für den Auftragnehmer unabwendbare Umstände verlängert. Unter höherer Gewalt versteht man betriebsfremde oder auch von außen durch elementare Naturkräfte auf das Werk einwirkende Ereignisse, wie beispielsweise ein Erdbeben oder ein „Jahrhundert-Hochwasser" in einem normalerweise nicht hochwassergefährdeten Gebiet. Von höherer Gewalt kann man seit der Einordnung der Corona-Epidemie durch die Weltgesundheitsorganisation (WHO) vom 12.3.2020 als Pandemie zwar begrifflich ausgehen, auch wenn es dafür auf die konkreten Umstände des Einzelfalls ankommt (vgl. hierzu H. II. 7., Rn. 1383 ff.).

1142 Entgegen weit verbreiteter Meinung führt Schlechtwetter nicht allgemein, sondern nur ausnahmsweise zu einer Ausführungsfristverlängerung. Kann aufgrund des während der vereinbarten Ausführungszeit üblichen Wetters nicht oder nur mit geringerer Produktivität gearbeitet werden, ist das grundsätzlich keine Behinderung im Rechtssinne, wie sich klar und eindeutig aus § 6 Abs. 2 Nr. 2 VOB/B ergibt. Dadurch werden Ausführungsfristen grundsätzlich nicht verlängert. Ungünstige Witterungseinflüsse führen deshalb nur zu einer Ausführungsfristverlängerung, wenn sie außergewöhnlich sind. Nur dann liegen „unabwendbare Umstände" im Sinne des § 6 Abs. 2 Nr. 1c VOB/B vor. Um das beurteilen zu können, müssen die Mittelwerte der vergangenen ca. 10 bis 20 Jahre als Vergleichsmaßstab herangezogen werden (vgl. H. II. 6., Rn. 1360 ff.).

1143 Unabhängig davon, ob es sich um fristverlängernde Umstände aus dem Verantwortungsbereich des Auftraggebers, höhere Gewalt oder unabwendbare Umstände handelt, ist der Auftragnehmer für die entsprechenden Voraussetzungen beweispflichtig. Kommt es wegen solcher Ereignisse zu Fristüberschreitungen, gelingt dem Auftragnehmer der Entlastungsbeweis in einem Bauprozess regelmäßig nur, wenn er sämtliche daraus resultierende Behinderungen nach § 6 Abs. 1 VOB/B ordnungsgemäß angezeigt hat oder beweisen kann, dass die Anzeige wegen Offenkundigkeit entbehrlich war (zur Behinderungsanzeige vgl. H. I. 4., Rn. 1261 ff.).

Zu Recht angezeigte Behinderungen und daraus resultierende Ausführungsfristverlängerungen bedeuten allerdings nicht, dass ein Auftragnehmer niemals mehr in Verzug mit der Leistung geraten kann, ohne dass zuvor neue Fristvereinbarungen getroffen worden sind. Behinderungen haben nicht zur Folge, dass der Auftragnehmer danach frei ist, die Leistung nach seinem Belieben irgendwann fertigzustellen, weil ohne seine Zustimmung überhaupt keine Fristen mehr gelten. Denn die Verlängerung der Ausführungsfristen wegen Behinderungen bestimmt sich nach deren Dauer (§ 6 Abs. 4 VOB/B). Auch wenn diese Dauer oftmals schwer zu bestimmen und zwischen den Parteien streitig ist (vgl. dazu: H. I. 3. a), Rn. 1223 ff.), gibt es nach Ablauf der durch die Behinderung bewirkten Ausführungsfristverlängerung einen neuen Termin, an dem die jeweilige Leistung fällig ist und keineswegs überhaupt nichts mehr, wie manche Auftragnehmer meinen. Es versteht sich von selbst, dass man über die Dauer der konkreten Fristverlängerung, insbesondere bei schleichenden Behinderungen, trefflich streiten kann. In Bauprozessen, in denen es um Mehrkosten wegen Behinderungen einerseits sowie um Ansprüche des Auftraggebers wegen Verzugs andererseits geht, muss ein Gericht die damit im Zusammenhang stehenden Fragen aber entscheiden. Der Auftragnehmer muss wissen, dass er für die Dauer der durch Behinderungen eingetretenen Fristverlängerung beweispflichtig ist. Kann er beispielsweise nur belegen, dass eine behinderungsbedingte Ausführungsfristverlängerung von zwei Monaten eingetreten ist, überschreitet er die vereinbarte Bauzeit dagegen um drei Monate, kann er für vier Wochen im Verzug sein. Richtig ist allerdings, dass der um die Behinderungsdauer verschobene Termin, also die ermittelte neue Leistungsfrist – ohne vorherige Vereinbarung – in aller Regel keine Kalenderfrist sein kann, weil man sie nicht allein mit dem Kalender berechnen kann. Das wiederum hat zur Folge, dass der Auftraggeber den Verzug erst durch eine Mahnung nach Fälligkeit der Leistung herbeiführen muss, was in der Praxis mit gravierenden Rechtsunsicherheiten und Risiken verbunden sein kann (vgl. G. II. 3., Rn. 1149 ff.). 1144

II. Handhabung in der Praxis

1. Vereinbarung von Ausführungsdauern

Der Auftraggeber steht häufig vor dem Problem, dass er zum Zeitpunkt des Vertragsabschlusses für den Beginn der Leistung (noch) keine kalendermäßig bestimmbare Frist benennen kann, andererseits aber verbindliche Vertragszwischenfristen 1145 und einen konkreten Endfertigstellungstermin vereinbaren will. Würde er hier eine unsichere Kalenderfrist für den Beginn der Arbeiten vereinbaren, bestünde das Risiko, sich Behinderungsansprüchen auszusetzen, falls der Beginn zum vorgesehenen Zeitpunkt nicht möglich ist.

1146 In einem solchen Fall empfiehlt sich die Vereinbarung von *Ausführungsdauern* für bestimmte Leistungen. Dabei sollte zunächst geregelt werden, dass der Auftragnehmer beispielsweise innerhalb einer Frist von zwölf Werktagen mit den Arbeiten zu beginnen und dem Auftraggeber den tatsächlichen Ausführungsbeginn schriftlich anzuzeigen hat. Im Anschluss daran wird für konkret benannte Teilleistungen jeweils eine Ausführungsdauer in Werktagen, Wochen oder Monaten vereinbart. Der Vertrag sollte regeln, dass das Ende der jeweiligen Ausführungsdauer eine verbindliche Vertragsfrist ist. Das Ende der letzten Ausführungsdauer kennzeichnet den vertraglichen Endfertigstellungstermin, der wiederum als verbindliche Vertragsfrist bezeichnet wird. Wegen der Bestimmung in § 286 Abs. 2 Nr. 2 BGB wäre dann die Vereinbarung von verbindlichen Vertragszwischenfristen bzw. des Endfertigstellungstermins sichergestellt, weil sich von einem bestimmten Ereignis an (schriftliche Anzeige des Baubeginns) der Zeitpunkt für die jeweiligen Leistungen nach dem Kalender berechnen lässt. Das gilt jedenfalls dann, wenn keine Behinderungen aufgetreten sind.

2. Einseitige Änderung von Ausführungsfristen durch den Auftraggeber

1147 Vereinbarte Vertragsfristen sind für beide Vertragsparteien verbindlich. Der Auftraggeber hat kein Recht, diese Fristen *einseitig* zu ändern bzw. aufzuheben. Der Auftraggeber ist nach herrschender Meinung grundsätzlich auch nicht berechtigt, die vereinbarte Bauzeit durch die Anordnung von Beschleunigungsmaßnahmen zu verkürzen. Das gilt im Übrigen auch für Nicht-Vertragsfristen, also beispielsweise die in einem Bauzeitenplan vereinbarten Einzelfristen. Anordnungen des Auftraggebers mit dem isolierten Ziel einer Verkürzung der vereinbarten Bauzeit sind nach herrschender Auffassung weder nach § 1 Abs. 3 VOB/B noch gemäß § 650b BGB zulässig (vgl. E. I. 2. a) aa), Rn. 701 ff.). Befolgt der Auftragnehmer solche Anordnungen dennoch, beispielsweise weil er Streit mit dem Auftraggeber vermeiden will, kann er wegen „anderer Anordnungen des Auftraggebers" die dadurch entstandenen Mehrkosten nebst angemessener Zuschläge gemäß § 2 Abs. 5 VOB/B geltend machen (vgl. H. I. 3. b) aa), Rn. 1230 ff.). Ordnet der Auftraggeber einen Baustopp an oder führt die Anordnung zu einer zeitlichen Streckung der Leistung, hat der Auftragnehmer ein Wahlrecht, ob er seine Mehrkosten zzgl. angemessener Zuschläge gemäß § 2 Abs. 5 VOB/B oder Schadensersatzansprüche nach § 6 Abs. 6 VOB/B geltend machen will. Ob und unter welchen Voraussetzungen Beschleunigungsanordnungen des Auftraggebers zur Vermeidung oder Aufholung von Verzögerungen ausnahmsweise zulässig sein können, behandeln wir gesondert unter G. II. 5., Rn. 1161 ff.

Sieht der Bauvertrag dagegen ausdrücklich vor, dass der Auftraggeber das Recht hat, die vereinbarte Bauzeit zu ändern, ist eine solche Regelung als Allgemeine Geschäftsbedingung (AGB) nur wirksam, wenn das Änderungsrecht auf die Belange des Auftragnehmers in angemessener Weise Rücksicht nimmt und nach billigem Ermessen ausgeübt wird. Darüber hinaus muss aus der Regelung erkennbar hervorgehen, unter welchen konkreten Voraussetzungen und in welchem Umfang die vereinbarten Fristen verändert werden können und welche Ansprüche dem Auftragnehmer bei Befolgung solcher Anordnungen zustehen. Insgesamt muss die Klausel so ausgestaltet sein, dass die zeitlichen Änderungsanordnungen für den Auftragnehmer zumutbar sind. **1148**

3. Behinderungsbedingt verschobene Vertragsfristen

Verschieben sich kalendermäßig bestimmte Vertragsfristen durch Behinderungen aus dem Verantwortungsbereich des Auftraggebers, beispielsweise weil die für die Ausführung notwendigen Pläne nicht rechtzeitig vorliegen oder Vorleistungen nicht fertiggestellt sind, stellt sich die Frage, welche Fristen dann an ihrer Stelle gelten und ob diese ohne Weiteres verbindlich sind. Dieser Frage kommt für den vereinbarten Fertigstellungstermin besondere Bedeutung zu. **1149**

Unabhängig davon, ob es zu einer kompletten Unterbrechung der Leistungserbringung oder zu „schleichenden Behinderungen" durch eine unproduktive Leistungsausführung wegen Warte- und Leerzeiten kommt, lässt sich in aller Regel nicht mit dem Kalender bestimmen, um welche konkrete Dauer sich die Ausführungs- oder Vertragsfristen genau verlängern, wenn es hierzu keine Vereinbarung der Parteien gibt. Deshalb ist sowohl bei Unterbrechungen als auch bei Behinderungen die um die Unterbrechungs- oder Behinderungsdauer verlängerte (neue) Frist – jedenfalls ohne eine neue Terminvereinbarung – grundsätzlich keine Kalenderfrist. **1150**

Andererseits ist es unzutreffend, wenn Auftragnehmer meinen, im Fall von Behinderungen gäbe es grundsätzliche keine Möglichkeit mehr, sie in Verzug zu setzen. Das ist deshalb unrichtig, weil § 6 Abs. 4 VOB/B regelt, dass die Fristverlängerung nach der Dauer der Behinderung mit einem Zuschlag für die Wiederaufnahme der Arbeiten und die etwaige Verschiebung in eine ungünstigere Jahreszeit berechnet wird. Diese Ausführungsfristverlängerung mag bei Unterbrechungen einfacher zu ermitteln sein als bei verzögerter Leistungserbringung durch schleichende Behinderungen. Dennoch führt die Frist für die Wiederaufnahme der Arbeiten bzw. der Zuschlag für eine etwaige Verschiebung in eine ungünstigere Jahreszeit auch bei Unterbrechungen dazu, dass die konkrete Ausführungsfristverlängerung und damit der neue Fertigstellungstermin nicht mehr allein mit einem Kalender bestimmt werden können, sodass der Verzugseintritt stets von einer Mahnung des Auftraggebers abhängig ist. Dabei versteht es sich von selbst, dass man darüber, **1151** um wie viele Tage, Wochen oder Monate genau sich vereinbarte Fristen verlängern, streiten kann, insbesondere bei schleichenden Behinderungen, also einem unproduktiven Arbeiten unter vom Vertrag abweichenden Umständen („Bauen auf Zuruf" oder „stop-and-go-Baustelle"). Das aber ist eine andere Frage. Die Fristverlängerung und ihre konkrete Dauer müssen im Streitfall vom Auftragnehmer anhand seiner Dokumentation bewiesen werden (vgl. H. I. 3. a), Rn. 1223 ff.). Kann er diesen Beweis nicht oder nicht in dem von ihm geltend gemachten Umfang führen, beispielsweise weil einzelne Behinderungen nicht dokumentiert worden sind, werden sie im Bauprozess auch nicht berücksichtigt, sodass sich ein neuer Fertigstellungstermin ergeben kann, der zeitlich vor dem tatsächlichen Abschluss der Arbeiten liegt. Das Gleiche gilt, wenn sich der Auftragnehmer über die zeitlichen Auswirkungen von Behinderungen täuscht und deshalb mehr Zeit für die Fertigstellung braucht, als ihm in einem Bauprozess, gegebenenfalls nach einer Beweisaufnahme durch Einholung eines baubetrieblichen Sachverständigengutachtens, hierfür zuerkannt wird.

1152 Überschreitet der Auftragnehmer diejenigen Fristen, die sich unter Berücksichtigung der Behinderungen und ihrer fristverlängernden Wirkung ergeben, kann er in Verzug geraten, auch wenn diese Fristen nicht mehr mit dem Kalender bestimmt werden können. Letzteres führt aber nur dazu, dass der Auftragnehmer nicht mehr *automatisch* in Verzug gerät, sondern erst aufgrund einer Mahnung des Auftraggebers nach Fälligkeit der Leistung (OLG Düsseldorf, Beschl. v. 27.7.2016 – 22 U 54/16; OLG Celle, Urt. v. 26.10.2016 – 7 U 27/16; KG, Urt. v. 13.8.2013 – 7 U 166/12; OLG Hamm, Urt. v. 30.7.2013 – 21 U 84/12; BGH, Urt. v. 22.5.2003 – VII ZR 469/01). Das Gleiche gilt, wenn eine kalendermäßig bestimmte Vertragsfrist durch bauzeitrelevante Nachträge verschoben wird. Auch in diesem Fall ist der Fertigstellungstermin nicht mehr nach dem Kalender bestimmt, sodass der Auftragnehmer wiederum erst durch eine Mahnung nach Fälligkeit in Verzug gerät (OLG Düsseldorf, Urt. v. 30.5.2000 – 22 U 214/99). Diese Rechtsprechung, die auf den Voraussetzungen des Verzugs basiert (§ 286 BGB), hat in der Praxis erhebliche Konsequenzen, auch für Auftraggeber.

1153 **Beispiel:** Der Auftragnehmer zeigt während der Ausführungsphase mehrfach Behinderung wegen fehlender Pläne, unzureichender Vorleistungen und zeitrelevanter Änderungsleistungen etc. an. Der Auftraggeber hat einen Teil der Behinderungsanzeigen bereits dem Grunde nach zurückgewiesen und vertritt hinsichtlich eines weiteren Teils die Auffassung, dass der Auftragnehmer lediglich einen Anspruch auf Verlängerung der Fertigstellungsfrist um vier Wochen habe. Der Auftragnehmer hingegen meint, die Fertigstellungsfrist habe sich behinderungsbedingt um insgesamt zwei Monate verschoben. Zwar habe er durchgehend arbeiten können, aber an zahlreichen Tagen nur unproduktiv. Der Auftraggeber macht daraufhin einen Verzugsschaden (z.B. Mietausfall) für vier

Wochen geltend, weil die vereinbarte Fertigstellungsfrist tatsächlich um zwei Monate überschritten wurde.

Welcher Standpunkt tatsächlich richtig ist, wird sich im Zweifel erst nach einem jahrelangen Bauprozess herausstellen. Wenn die einvernehmliche Vereinbarung eines neuen Fertigstellungstermins nicht möglich ist, muss der Auftraggeber in solchen Fällen zunächst von der Richtigkeit seines Standpunktes ausgehen, wovon auch sonst. Danach haben sich im obigen Beispielsfall die Ausführungsfristen nur um vier Wochen verschoben. Er muss die Fertigstellung dann zu diesem Zeitpunkt verlangen bzw. anmahnen. Hat der Auftraggeber Recht, ist die Leistung zu diesem Zeitpunkt fällig. Überschreitet der Auftragnehmer diese Frist, muss eine (weitere) Mahnung – sinnvollerweise mit vorsorglicher Nachfristsetzung – erfolgen (vgl. G. I. 5. b) bb), Rn. 1126 f.). Stellt sich der Standpunkt des Auftraggebers als richtig heraus, weil der Auftragnehmer Gegenteiliges nicht beweisen kann, gerät der Auftragnehmer spätestens durch die Mahnung in Verzug, sodass der Auftraggeber zumindest berechtigt ist, den ab diesem Zeitpunkt entstandenen Schaden geltend zu machen (§ 6 Abs. 6 VOB/B). Ob er an dessen Stelle die vereinbarte Vertragsstrafe verlangen kann, werden wir anschließend unter G. II. 4., Rn. 1157 ff. besprechen. **1154**

Entschließt sich der Auftraggeber, bei objektiv unklarer Rechtslage zur fristverlängernden Wirkung von Behinderungen auf eine Kündigung zu verzichten, um eine (ungewollte) freie Kündigung nach § 8 Abs. 1 VOB/B zu verhindern, will er sich aber die Möglichkeit erhalten, Schadensersatz oder die Vertragsstrafe geltend zu machen, muss er der Unsicherheit dadurch begegnen, dass er vorsorglich weitere Mahnungen, gegebenenfalls täglich oder in kurzen Abständen, bis zur tatsächlichen Fertigstellung der Leistung durch den Auftragnehmer ausspricht. Die erste Mahnung erfolgt nach Ablauf des vom Auftraggeber angenommenen Verlängerungszeitraums, der zuvor schriftlich mitgeteilt worden ist (siehe oben). Danach erfolgt die zweite, dritte und vierte Mahnung etc. im Abstand weniger Tage oder sogar täglich, quasi prophylaktisch, und zwar bis zur Fertigstellung der Leistung. Ist der Auftraggeber so vorgegangen und stellt sich in einem Bauprozess heraus, dass beispielsweise die ersten drei Mahnungen mangels Fälligkeit der Leistung wirkungslos waren, weil der Auftraggeber die Berechtigung oder die Dauer von Behinderungen falsch eingeschätzt hat, die vierte Mahnung dagegen nach Fälligkeit der Leistung erfolgte, ist der Auftragnehmer wenigstens verpflichtet, den danach entstandenen Schaden zu bezahlen. Die ersten drei Mahnungen schaden in diesem Fall so wenig, wie sie helfen. **1155**

Äußerstenfalls kann der Auftraggeber den Vertrag auch aus wichtigem Grund kündigen (§§ 5 Abs. 4 i.V.m. 8 Abs. 3 VOB/B). Letzteres ist aber dann gefährlich, wenn sich nachträglich herausstellt, dass seine Sichtweise zu den Behinderungen unzutreffend war. Selbst wenn der Auftragnehmer im obigen Beispielsfall mögli- **1156** cherweise keinen Anspruch auf die von ihm verlangte zweimonatige Verschiebung der Fertigstellungsfrist hatte, kann sich in einem Prozess nach einer Analyse des gestörten Bauablaufs herausstellen, dass die *richtige* Fristverlängerung wegen der eingetretenen Behinderungen fünf Wochen betragen hat. Hat der Auftraggeber aber zuvor gekündigt, wird seine Kündigung nach § 8 Abs. 3 VOB/B im Regelfall in eine freie Kündigung nach § 8 Abs. 1 VOB/B umgedeutet (vgl. nur: OLG München, Urt. v. 10.12.2019 – 28 U 1575/17 Bau und BGH, Urt. v. 24.7.2003 – VII ZR 218/02). Der Auftraggeber erhält dann nicht nur keinen Schadensersatz, sondern muss wegen der kündigungsbedingt nicht mehr ausgeführten Leistungen die vereinbarte Vergütung unter Abzug der konkret ersparten Aufwendungen bezahlen (§ 8 Abs. 1 Nr. 2 VOB/B).

4. Vertragsstrafe bei Behinderungen

1157 Wir knüpfen an das obige Beispiel an, spitzen es aber zur Verdeutlichung der Problematik folgendermaßen zu: Wegen nachgewiesener Behinderungen verschiebt sich die Fertigstellungsfrist bei einer vereinbarten Bauzeit von einem Jahr um sechs Monate. Weil der Auftragnehmer während der Ausführungsphase Mängel beseitigen musste und teilweise, trotz bestehender Baufreiheit, nicht geleistet hat, hält er den sich aus der Fristverlängerung ergebenden Fertigstellungstermin nicht ein, sondern überschreitet diesen schuldhaft um weitere sechs Wochen. Deshalb macht der Auftraggeber die vereinbarte Vertragsstrafe von 5 % geltend. Der Auftraggeber hat die Fertigstellung nach Ablauf von 18 Monaten (zwölf Monate vereinbarte Bauzeit zzgl. sechs Monate Fristverlängerung wegen Behinderungen) verlangt und *anschließend* – also nach Fälligkeit – gemahnt, sodass am Verzug des Auftragnehmers für einen Zeitraum von circa sechs Wochen kein Zweifel besteht. Ist dem Auftraggeber dadurch nachweislich ein Schaden entstanden, hat der Auftragnehmer diesen nach § 6 Abs. 6 VOB/B zu ersetzen (siehe oben).

1158 Falls dem Auftraggeber dagegen kein oder nur ein geringer Schaden entstanden ist, stellt sich die Frage, ob er die vereinbarte Vertragsstrafe geltend machen kann. Das setzt voraus, dass das Vertragsstrafeversprechen auch die Überschreitung der behinderungsbedingt auf 18 Monate verlängerten Bauzeit sanktioniert. Grundsätzlich führt eine Fristverlängerung von nicht nennenswerter Dauer nicht zum Wegfall des Vertragsstrafeversprechens (OLG Celle, Urt. v. 13.7.2005 – 7 U 17/05; OLG Dresden, Urt. v. 26.5.1999 – 8 U 327/99). Etwas anderes gilt aber dann, wenn auftraggeberseitige Behinderungen zu einer *durchgreifenden Neuordnung* der gesamten Terminplanung führen. Dann gilt das ursprüngliche Vertragsstrafeversprechen nicht mehr für den um die Behinderungsdauer verschobenen (neuen) Fertigstellungstermin (OLG Dresden, Urt. v. 12.12.2012 – 13 U 431/11; KG, Urt. v. 8.4.2014 – 27 U 105/13; OLG Köln, Urt. v. 27.4.2012 – 3 U 61/11; OLG Düsseldorf, Urt. v. 19.4.2012 – 23 U 150/11; BGH, Urt. v. 14.1.1993 – VII ZR 185/91). Dass es zu einer durchgreifenden Neuordnung der Terminplanung gekommen ist, muss der Auftragnehmer beweisen (BGH, Urt. v. 14.1.1999 – VII ZR 73/98). Das OLG Dresden hat einen solchen Fall bereits angenommen, wenn der Auftraggeber den Baubeginn bei einer geplanten Bauzeit von ca. zwei Monaten um zwei Wochen verschiebt (OLG Dresden, Urt. v. 13.12.2006 – 6 U 946/06; ähnlich: OLG Hamm, Urt. v. 29.5.1996 – 25 U 154/95). Das OLG München vertritt die Auffassung, dass ein Vertragsstrafeversprechen bereits hinfällig wird, wenn die Verbindlichkeit des Fertigstellungstermins vom Zeitpunkt des Baubeginns abhängt und mit der Ausführung wegen auftraggeberseitiger Behinderungen nicht fristgerecht begonnen werden konnte (OLG München, Beschl. v. 26.1.2012 – 9 U 2772/11 Bau). Eine im Bauvertrag enthaltene Regelung, wonach die Vertragsstrafe auch für verschobene Termine gelten soll, ist nach Auffassung des Landgerichts München AGB-widrig (LG München I, Urt. v. 22.12.2004 – 8 O 24/04).

Wird der ursprünglich vereinbarte Fertigstellungstermin, der überschritten wurde, **1159** einvernehmlich aufgehoben und vereinbart, dass die Restarbeiten zu einem neuen Termin fertiggestellt werden sollen, ist nicht ohne Weiteres davon auszugehen, dass die Vertragsstrafe auch für diesen Termin gilt, wenn dazu keine ausdrückliche Regelung getroffen worden ist (OLG Hamm, Urt. v. 12.7.2017 – 12 U 156/15; OLG Celle, Urt. v. 21.9.2004 – 16 U 111/04). Soll der neu vereinbarte Fertigstellungstermin wiederum mit einer Vertragsstrafe belegt sein, so müssen die Parteien dies unmissverständlich vereinbaren (OLG Rostock, Urt. v. 30.4.2008 – 2 U 49/07). Nach anderer Auffassung kommt es für die Fortgeltung der Vertragsstrafe auf die Umstände des Einzelfalls, insbesondere darauf an, ob die Vertragsstrafe im Bauvertrag terminneutral formuliert worden ist (OLG Düsseldorf, Urt. v. 7.4.2016 – 5 U 81/15; BGH, Urt. v. 30.6.2006 – VII ZR 44/05).

Man kann Auftraggebern nur empfehlen, nach Möglichkeit für Klarheit zu sor- **1160** gen, indem unter Berücksichtigung der eingetretenen Behinderungen ein neuer Fertigstellungstermin vereinbart und *gleichzeitig* geregelt wird, dass die im Vertrag vereinbarte Strafe auch für diesen Termin gilt. Weil ein Auftragnehmer zu einer solchen Vereinbarung aber nicht verpflichtet ist, kann es sinnvoll sein, ihm bei der Dauer der Fristverlängerung entgegenzukommen, dieses Entgegenkommen aber von einer Vereinbarung zur Fortgeltung der Vertragsstrafe für den neuen Termin abhängig zu machen. Solche Vereinbarungen können im Sinne der Rechtssicherheit auch für den Auftragnehmer sinnvoll sein. Zwar muss er dafür von Maximalstandpunkten abrücken. Im Gegenzug kann er aber verlässlich einschätzen, ab wann ihm eine Kündigung aus wichtigem Grund oder Verzugs- bzw. Vertragsstrafenansprüche drohen. Diese Klarheit hat möglicherweise größere Vorteile als die zweifelhafte Hoffnung, dass sich der eigene Standpunkt in einem Bauprozess beweisen und durchsetzen lässt.

5. Durchführung von Beschleunigungsmaßnahmen

a) Kein zeitliches Anordnungsrecht des Auftraggebers nach § 1 Abs. 3 VOB/B oder § 650b BGB

1161 Grundsätzlich ist der Auftragnehmer *nicht* verpflichtet, seinen Personal- oder Maschineneinsatz zu verstärken, um eine vom Auftraggeber verursachte Behinderung mit fristverlängernder Wirkung aufzuholen (vgl. G. II. 2., Rn. 1147 ff.); denn es gibt nach herrschender Meinung kein Recht des Auftraggebers, eine Beschleunigung anzuordnen, insbesondere nicht nach § 1 Abs. 3 VOB/B. Das folgt unserer Auffassung nach auch daraus, dass der Deutsche Vergabe- und Vertragsausschuss bereits im Jahr 2006 über die Einführung eines zeitlichen Anordnungsrechts des Auftraggebers diskutiert, ein solches aber ausdrücklich abgelehnt hat. Hätte bereits die nach wie vor unverändert geltende Fassung des § 1 Abs. 3 VOB/B ein zeitliches Anordnungsrecht zugelassen, wäre eine Neuregelung ersichtlich überflüssig gewesen. Auch mit der Reform des Bauvertragsrechts ist ein ursprünglich vorgesehenes zeitliches Anordnungsrecht nachträglich wieder gestrichen worden, sodass auch § 650b BGB nach ganz herrschender Meinung kein allgemeines Anordnungsrecht zur Bauzeit und damit auch kein Recht zur Erzwingung von Beschleunigungsmaßnahmen beinhaltet (Kapellmann/Messerschmidt, VOB-Kommentar, Teile A und B, 7. Auflage zu § 1 Abs. 3, Rn. 68 ff.).

1162 Im Ausgangspunkt kann ein Auftragnehmer deshalb nach Wegfall einer Behinderung die Arbeiten mit den vorauskalkulierten Kapazitäten fortsetzen. Er kann prinzipiell „Dienst nach Vorschrift" machen. Deshalb ist es auch richtig, wenn das OLG Köln in einer Entscheidung ausführt, dass der Auftragnehmer nicht dazu verpflichtet ist, die Folgen einer eingetretenen Behinderung durch Beschleunigungsmaßnahmen aufzufangen (OLG Köln, Urt. v. 30.7.2013 – 24 U 179/11).

b) Notwendigkeit der Vereinbarung von Beschleunigungsmaßnahmen

1163 Beschleunigungsmaßnahmen kann der Auftraggeber im Regelfall also nur erreichen, wenn er sich mit dem Auftragnehmer darüber einigt, auch in Bezug auf die dafür zu zahlende Vergütung (Kimmich, BauR 2008, 263 ff.). Dabei ist der Auftragnehmer nicht an seine Auftragskalkulation gebunden. Kommt es wegen unterschiedlicher Preisvorstellungen nicht zu einer Einigung, muss auch nicht beschleunigt werden. Ordnet der Auftraggeber eine Beschleunigung an und führt sie der Auftragnehmer aus, ohne dass zuvor die hierfür geschuldete Vergütung konkret vereinbart wurde, bemessen sich die Ansprüche nach § 2 Abs. 5 und Abs. 6 VOB/B. Das bedeutet, dass ein Auftragnehmer, der die Aufforderung zur Durchführung einer Beschleunigung faktisch befolgt, weil er Streit vermeiden will, die nachweislich entstandenen Mehrkosten nebst angemessener Zuschläge auch dann verlangen kann, wenn keine Vereinbarung über die Vergütung der Beschleunigungsmaßnahmen getroffen wurde (OLG Dresden, Urt. v. 9.1.2013 –

1 U 1554/09). Eine Abrechnung von Beschleunigungsmaßnahmen im Stundenlohn kommt ohne eine entsprechende Stundenlohnvereinbarung nicht in Betracht (OLG Dresden, Urt. v. 7.2.2017 – 9 U 1253/16).

Haben die Parteien lediglich vereinbart, dass beschleunigt wird, ohne dass damit **1164** bestimmte Fertigstellungstermine verknüpft worden sind, hat der Auftragnehmer die versprochene Vergütung bereits dann verdient, wenn er beweisen kann, dass er die vereinbarten Maßnahmen tatsächlich durchgeführt hat (OLG Köln, Urt. v. 18.8.2005 – 7 U 129/04). Der bloße Einwand des Auftraggebers, die Beschleunigung hätte nicht zum gewünschten Erfolg geführt, reicht dagegen nicht aus. Deshalb sollte der Auftraggeber in der Beschleunigungsvereinbarung konkret regeln, welche Fristen für die Zahlung der Beschleunigungsvergütung eingehalten werden müssen.

Vorsicht ist geboten, wenn der Auftragnehmer ohne vorherige Einigung bzw. **1165** ohne eine eindeutig beweisbare Anordnung beschleunigt, weil er meint, im Interesse des Auftraggebers zu handeln.

Beispiel: Planungsunterlagen sind unvollständig. Dadurch wird der Bauablauf **1166** gestört. Der Auftragnehmer beauftragt selbst die Vervollständigung der Pläne bei einem Ingenieurbüro und stellt dem Auftraggeber hierfür die Kosten in Rechnung. Der Auftraggeber hat jedoch gar keine Mieter für das Gebäude, weshalb die Überschreitung der Termine für ihn keine nachteiligen finanziellen Auswirkungen gehabt hätte.

In einem solchen Fall sind Beschleunigungsmaßnahmen unnötig. Die Nachbesse- **1167** rung der Planung könnte der Auftraggeber von seinem Planer als Mangelbeseitigung und damit ohne Mehrkosten verlangen. Deshalb der dringende Rat: Wenn Beschleunigungsmaßnahmen ausgeführt werden, sollte tunlichst eine *vorherige* Vereinbarung getroffen, jedenfalls aber eine eindeutige Anordnung des Auftraggebers zur Beschleunigung verlangt werden, und zwar von einem dazu bevollmächtigten Vertreter. Welche Konsequenzen eine ohne Anordnung ausgeführte Beschleunigungsmaßnahme haben kann, zeigt auch das folgende

Beispiel: Bei der Ausführung von Estricharbeiten kommt es zu Verzögerungen wegen nicht rechtzeitig erbrachter Vorleistungen anderer Unternehmer. Um die vereinbarten Termine einzuhalten, verwendet der Auftragnehmer anstelle des vertraglich vereinbarten Estrichs einen sogenannten Schnellestrich und verlangt dafür Mehrkosten in Höhe von € 7.600,–.

Das OLG Brandenburg wies die Klage ab (OLG Brandenburg, Urt. v. 30.11.2011 – **1168** 4 U 144/07). Denn es habe an einer entsprechenden *Anordnung* nach § 2 Abs. 5 bzw. Abs. 6 VOB/B gefehlt. Auch eine Entschädigung nach § 642 BGB könne nicht verlangt werden, weil diese Bestimmung die wirtschaftlichen Nachteile ausgleiche, die dadurch entstehen, dass eine Leistung nicht erbracht werden konnte und der Auftraggeber dadurch in Annahmeverzug geraten sei. Wir halten diese Entscheidung für fragwürdig, weil jedenfalls Ansprüche nach § 2 Abs. 8 Nr. 2 bzw. Nr. 3 VOB/B in Betracht gekommen wären. Hätte sich die Bauzeit ohne Beschleunigung nachweislich um beispielsweise drei Wochen verlängert und wären dadurch Ansprüche wegen Wartezeiten, verlängerter Vorhaltung der Baustelleneinrichtung etc. in etwa gleicher Höhe entstanden, sind Beschleunigungsmaßnahmen für knapp € 8.000,– jedenfalls interessengemäß und damit nach § 2 Abs. 8 Nr. 3 VOB/B vergütungspflichtig. Der Nachweis und die Durchsetzung dieser Ansprüche sind jedoch mit erheblichen Unwägbarkeiten verbunden (vgl. E. I. 4., Rn. 772 ff.). Auftragnehmer, die den sichersten Weg gehen wollen, führen Beschleunigungsmaßnahmen deshalb grundsätzlich nicht ohne eine beweisbare Anordnung des Auftraggebers durch, es sei denn, die Rechtslage ist derart unklar, dass eine Kündigung aus wichtigem Grund oder Vertragsstrafen- bzw. Schadensersatzansprüche drohen und diese Gefahr in keinem Verhältnis zu den Kosten einer Beschleunigung steht. Denn unzweifelhaft muss ein Auftragnehmer von sich aus beschleunigen, wenn er die Verzögerung zu vertreten hat, und zwar bis zum möglichen Maximum. Selbst wenn der Auftraggeber in solchen Fällen eine Beschleunigung anordnen würde, wäre das nur ein Verlangen nach ordnungsgemäßer Vertragserfüllung. Der Auftragnehmer ist nach § 5 Abs. 1 VOB/B weiterhin verpflichtet, die vereinbarten Fristen einzuhalten. Überschreitet der Auftragnehmer diese aus Eigenverschulden, droht die Geltendmachung von Ansprüchen durch den Auftraggeber. Eine Beschleunigung ist hier also im Eigeninteresse des Auftragnehmers.

c) Pflicht zur Beschleunigung wegen des Kooperationsgebots

1169 Kein Grundsatz ohne Ausnahmen. Es ist durchaus denkbar, dass die Rechtsprechung wegen der beim Bauvertrag bestehenden *Kooperationspflichten* bzw. nach den Grundsätzen von Treu und Glauben (§ 242 BGB) in bestimmten Fällen von einer Pflicht zur Beschleunigung ausgeht. Das kommt in Betracht, wenn der Auftraggeber an der Einhaltung des vertraglich vereinbarten Fertigstellungstermins ein begründetes Interesse hat, dem Auftragnehmer nach den konkreten Umständen des Einzelfalls Beschleunigungsmaßnahmen möglich und zumutbar sind und der Auftraggeber bereit ist, eine Vereinbarung über die Vergütung der Beschleunigungsmehrkosten zu treffen, und zwar vor ihrer Durchführung.

1170 Dabei kann vom Auftragnehmer nicht verlangt werden, neues Personal einzustellen bzw. Mitarbeiter von anderen Baustellen abzuziehen. Zur Aufstockung der Kapazitäten wird eine Verpflichtung bestehen, wenn solche im Betrieb vorhanden sind oder kurzfristig beschafft werden können. Verlangt der Auftraggeber, dass Maschinen oder Geräte angemietet bzw. weitere Arbeitskräfte über Nachunternehmer gebunden werden, muss er die daraus resultierenden Mehrkosten in jedem Fall bezahlen.

Eine „unechte" Beschleunigungspflicht kann aus der Bestimmung in § 6 Abs. 3 VOB/B folgen. Danach hat der Auftragnehmer bei einer Behinderung *„alles zu tun, was ihm billigerweise zugemutet werden kann, um die Weiterführung der Arbeiten zu ermöglichen"*. Das bedeutet, dass er nicht starr am vorgesehenen Ablauf der Arbeiten festhalten, sondern flexibel reagieren muss. Kommt es dadurch zu wirtschaftlichen Nachteilen, beispielsweise weil der Auftragnehmer seine Produktionsmittel nicht mehr uneingeschränkt produktiv einsetzen kann, hat er Entschädigungsansprüche nach § 642 BGB. Von § 6 Abs. 3 VOB/B ist dagegen nicht umfasst, dass der Auftragnehmer Personal oder Maschinen von anderen Baustellen abzieht, um zu beschleunigen. Erst recht ist er – ohne entsprechende Vereinbarung – nach § 6 Abs. 3 VOB/B nicht verpflichtet, zusätzliche Nachunternehmer einzusetzen oder – ohne ausdrückliche Anordnung – geänderte bzw. zusätzliche Leistungen auszuführen, die einen Beschleunigungseffekt haben können.

d) Beschleunigungsmaßnahmen bei unklarer Verantwortlichkeit

Macht der Auftragnehmer in kritischen Fällen Beschleunigungsmaßnahmen von einer vorherigen Vergütungsvereinbarung abhängig, geht er dann ein Risiko ein, wenn sich im Nachhinein herausstellt, dass er die Fristüberschreitung selbst zu vertreten hatte, also lediglich im Eigeninteresse beschleunigen würde (siehe oben). Wenn objektiv unklar ist, wer die Fristüberschreitung in welchem Umfang zu vertreten hat, ist es für beide Parteien im Zweifel ratsam, zwar eine Vereinbarung über die Durchführung von Beschleunigungsmaßnahmen und deren Kosten zu treffen, dabei aber ausdrücklich offen zu lassen, wer für die eingetretenen Verzögerungen in welchem Umfang verantwortlich ist. Ist der Auftraggeber zu einer solchen Vereinbarung unter Offenlassung der Haftungsfrage nicht bereit, sollte der Auftragnehmer jedenfalls auf eine entsprechende Anordnung bestehen, weil er dann zumindest eine Vergütung nach § 2 Abs. 5 VOB/B erhält, wenn er beweisen kann, nicht im Eigeninteresse – also zur Vermeidung eines Verzugs – beschleunigt zu haben (OLG Dresden, Urt. v. 9.1.2013 – 1 U 1554/09; OLG Hamm, Urt. v. 19.6.2012 – 21 U 85/11). Ist Letzteres der Fall, begründet die Anordnung des Auftraggebers keine Ansprüche, weil er dann nur auf Einhaltung des Vertrags und der dort vereinbarten Fristen bestanden hat (OLG Hamm, Urt. v. 19.6.2012 – 21 U 85/11). 1171

Problematisch ist, ob eine Beschleunigungsanordnung vorliegt, wenn der Auftraggeber Behinderungsanzeigen zurückweist, aber dennoch auf die Einhaltung der vereinbarten Fristen besteht. Die Oberlandesgerichte Hamm, Koblenz und Schleswig vertreten die Auffassung, in einem solchen Fall könne in dem Drängen des Auftraggebers auf die Einhaltung des vereinbarten Fertigstellungstermins keine – auch keine stillschweigende – Beschleunigungsanordnung im Sinne von § 2 Abs. 5 VOB/B gesehen werden (OLG Hamm, Urt. v. 19.6.2012 – 21 U 85/11; OLG Koblenz, Urt. v. 12.1.2007 – 10 U 423/06; OLG Schleswig, Urt. v. 31.10.2006 – 1172

3 U 28/05). Wir halten das nicht für zutreffend (vgl. Kimmich, BauR 2008, 263 ff.). Denn Behinderungen bewirken automatisch eine Fristverlängerung nach § 6 Abs. 2 Nr. 1 VOB/B um deren Dauer, wenn sie angezeigt wurden oder offenkundig sind. Wenn ein Auftraggeber dennoch auf die Einhaltung des Fertigstellungstermins besteht, kann daraus nach dem Verständnis des Auftragnehmers nur folgen, dass Beschleunigungsmaßnahmen gefordert werden. Aufgrund der abweichenden Entscheidungen zu dieser Frage muss aber nochmals davor gewarnt werden, Beschleunigungsmaßnahmen ohne vorherige Vereinbarung mit dem Auftraggeber durchzuführen. Zumindest sollte versucht werden, eine Einigung über die Maßnahmen unter Offenlassung der Haftungsfrage zu erzielen (siehe oben). Lehnt ein Auftraggeber auch das ab, muss der Auftragnehmer entscheiden, ob er auf einer Verlängerung der Bauzeit besteht oder eventuell auf eigenes Risiko und damit im Zweifel auch auf eigene Kosten beschleunigt.

6. Strategien zur Vermeidung von Streit über die Bauzeit

1173 Streit über die Bauzeit ist besonders gefährlich, wenn vertragliche Vereinbarungen dazu fehlen, unzureichend oder unklar sind. Deshalb sollten eindeutige Terminvereinbarungen getroffen werden. Es macht keinen Sinn, in einem Vertrag zu regeln, dass später noch ein Bauzeitenplan vereinbart wird, darauf aber anschließend nicht mehr zurückzukommen. Ungeeignet sind auch Regelungen, die vorsehen, dass Termine *„zwischen den Bauleitern abzustimmen sind"*, weil Rechtsunsicherheit entsteht, wenn solche Absprachen wegen unterschiedlicher Auffassungen über Behinderungen oder die erforderliche Dauer einzelner Leistungen unter Berücksichtigung von Vorbereitungszeiten nicht zustande kommen.

1174 Oftmals wird bereits bei Vertragsabschluss ein Bauzeitenplan vereinbart oder kurz danach vorgelegt, der aufgrund von zwischenzeitlich eingetretenen Behinderungen nicht mehr dem tatsächlichen Bauablauf Rechnung trägt. Dann sollte jeweils mit der Benachrichtigung über den Wegfall einer Behinderung eine Anpassung des Bauzeitenplans gefordert werden. Dies kann auch in der Form geschehen, dass der Auftragnehmer selbst den neuen Bauzeitenplan aufstellt und den Auftraggeber um dessen Bestätigung bittet.

1175 Auftragnehmern wird es schwerfallen, Behinderungen wegen fehlender Pläne konkret darzulegen, wenn außer dem Beginn- und dem Fertigstellungstermin keine weiteren Vereinbarungen – beispielsweise zum Planvorlauf bzw. zur Dauer der Arbeitsvorbereitung oder zu Planfreigaben – getroffen worden sind. Falls im Zeitpunkt des Vertragsabschlusses noch eine Reihe von zur Ausführung freigegebener Pläne fehlen, sollten konkrete Planbeistellfristen vereinbart werden. Das sorgt für Rechtssicherheit und kann helfen, endlose Streitereien über die Frage zu vermeiden, wann welche Pläne übergeben werden müssen, weil die VOB/B dazu nur regelt, dass dem Auftragnehmer die für die Ausführung notwendigen Unterlagen „rechtzeitig“ und „unentgeltlich“ zu übergeben sind (§ 3 Abs. 1 VOB/B). Der Auftraggeber muss dann allerdings dafür sorgen, dass diese Fristen, gegebenenfalls mit einem Zeitpuffer, auch im Rahmen der Architekten- und Ingenieurverträge verbindlich vereinbart, die jeweiligen Fristen in den beiden Verträgen also synchronisiert werden. Das wird allzu häufig übersehen. Auch der Verzug des Architekten mit der Vorlage der Planung setzt voraus, dass in diesen Verträgen konkrete Termine als verbindliche Vertragsfristen vereinbart worden sind (OLG Düsseldorf, Urt. v. 4.2.2011 – 22 U 123/10; OLG Celle, Urt. v. 6.1.2011 – 16 U 37/10).

Weigert sich ein Auftraggeber, Planbeistellfristen zu vereinbaren, sollte der Auf- **1176**
tragnehmer bereits unmittelbar nach Vertragsabschluss prüfen, wann er unter Berücksichtigung der im Bauvertrag vereinbarten Termine die jeweils noch fehlenden Pläne benötigt und dies dem Auftraggeber unter Beifügung eines Bauzeitenplans auch rechtzeitig mitteilen. Aus dem Bauzeitenplan sollte durch entsprechende Eintragungen hervorgehen, wann welche konkret bezeichneten Pläne unter Berücksichtigung der Dauer der Arbeitsvorbereitung vorliegen müssen, um einen störungsfreien Bauablauf zu gewährleisten. Dabei kann auch auf dafür notwendige Vorleistungen anderer Unternehmer oder Planungsaussagen, die besonders wichtig sind und nach der Erfahrung des Auftragnehmers häufig fehlen bzw. zu ungenau sind, hingewiesen werden. Werden solche Fragen rechtzeitig angesprochen, ist die Reaktionszeit länger, sodass Behinderungen und fruchtloser Streit eher vermieden werden können, als wenn das erst geschieht, nachdem bereits Behinderungen eingetreten sind oder unmittelbar drohen.

Wenn die Fronten auf der Baustelle verhärtet sind, beharren beide Vertragspar- **1177**
teien oft unnachgiebig auf ihren unterschiedlichen Standpunkten zu Behinderungen und ihren zeitlichen Auswirkungen bzw. zum Verzug des Auftragnehmers. Wer aber hat Recht? In der Kürze der zur Verfügung stehenden Zeit sind solche Fragen, die in aller Regel auch baubetriebliches Wissen erfordern, rechtlich oftmals nicht eindeutig zu beantworten. In Bauprozessen wird darüber unter Einschaltung von Sachverständigen und Anhörung von Zeugen häufig jahrelang gestritten. Erfahrungsgemäß wird dabei jedes Blatt Papier, das terminrelevante Informationen enthält, in unzähligen Schriftsätzen bewertet, selbstverständlich mit entgegengesetzten Standpunkten. Da die Schreiben der Parteien häufig auch noch Begriffe enthalten oder technische Zusammenhänge darstellen, die sich nur Fachleuten erschließen, gleichen solche Auseinandersetzungen nicht selten der Teilnahme an einer Lotterie. Erst am Ende des Bauprozesses, der möglicherweise auch noch über mehrere Instanzen geführt wird, erfährt man durch das rechtskräftige Urteil, ob bzw. inwieweit der eingenommene Standpunkt zutreffend war. Der Ausgang solcher Bauprozesse ist praktisch nicht prognostizierbar.

Aus diesem Grund kann man beiden Vertragsparteien nur den dringenden Rat **1178**
geben, sich möglichst zu einigen und nicht das unkalkulierbare Risiko eines unsi-

cheren Prozesses mit oftmals unabsehbaren wirtschaftlichen Konsequenzen einzugehen. Denn kündigt der Auftraggeber beispielsweise den Vertrag, weil er glaubt, der Auftragnehmer sei im Verzug und stellt sich erst im Prozess heraus, dass sich die Ausführungsfristen doch um einen längeren Zeitraum verschoben haben, kann im Ergebnis nur eine freie Kündigung ausgesprochen worden sein. Der Auftraggeber erhält in diesem Fall nicht nur keinen Schadensersatz; er zahlt die volle vertragliche Vergütung des Auftragnehmers abzüglich ersparter Aufwendungen (§ 8 Abs. 1 Nr. 2 VOB/B). Umgekehrt: Lag zum Zeitpunkt der Kündigung tatsächlich ein Verzug des Auftragnehmers vor, handelt es sich um eine schadensersatzbegründende Kündigung nach § 8 Abs. 3 VOB/B. Der Auftragnehmer muss dann jeden aus der Kündigung entstandenen Schaden ausgleichen. Beide Vertragspartner stecken in solchen Zweifelsfällen in einer echten Zwickmühle. Bevor wechselseitig Maximalstandpunkte eingenommen werden, sollten sich deshalb beide Parteien gründlich überlegen, ob ein gegenseitiges Nachgeben nicht sinnvoller ist als ein risikobehafteter und vor allem teurer Bauprozess. Dazu kann es hilfreich sein, Mitarbeitern, die sich in bereits zahllos geschriebenen Briefen bzw. in Besprechungen „verschlissen" haben und deshalb nicht mehr in der Lage sind, den eingenommenen Standpunkt kritisch zu hinterfragen, eine Pause zu verordnen und durch Kollegen oder auch Vorgesetzte auszutauschen, um wieder lösungsorientiert und kompromissbereit an einer pragmatischen Einigung arbeiten zu können.

1179 Wenn ein Kompromiss nicht zu erzielen ist, kann der Bauzeitenplan dennoch den tatsächlichen Gegebenheiten angepasst werden. Beide Parteien können dabei ausdrücklich darauf hinweisen, dass die Terminfortschreibung nicht mit einem Schuldeingeständnis für die Ursachen der Fristüberschreitung verbunden ist, sondern nur dem Umstand Rechnung trägt, dass die Arbeiten nicht wie im ursprünglichen Bauzeitenplan vereinbart vorangeschritten sind. Bei objektiv unklarer Rechtslage kommt insbesondere in Betracht, rechtzeitig über Beschleunigungsmaßnahmen nachzudenken und entsprechende Vereinbarungen zu treffen. Wenn der Streit über die Verantwortung für eine Fristüberschreitung nicht sofort beigelegt werden kann, bietet sich eine Vereinbarung an, in der die verbindliche Klärung dieser Frage zunächst einvernehmlich offen gelassen wird (siehe oben). Durch ein Schiedsgutachten, äußerstenfalls durch einen Bauprozess, kann später immer noch geklärt werden, wer für die Verzögerung verantwortlich war, sodass die Kosten der Beschleunigung – gegebenenfalls quotal – nachträglich gemäß den jeweiligen Verursachungsbeiträgen verteilt werden. Eine solche Vereinbarung kann helfen, den Eintritt eines anderenfalls sicheren Schadens zu vermeiden. Wenn durch Beschleunigungsmaßnahmen eines Nachunternehmers, die beispielsweise € 30.000 kosten, eine Vertragsstrafe des Bauherrn gegenüber dem Generalunternehmer in Höhe von € 100.000 oder – noch schlimmer – eine Kündigung des GU-Vertrags abgewendet werden kann, sind sowohl der Generalunternehmer als auch dessen Nachunternehmer gut beraten, jedenfalls der Sache nach eine Vereinbarung über die Durchführung von Beschleunigungsmaßnahmen zu treffen und alle weiteren Fragen erst dann verbindlich zu klären, nachdem das Bauvorhaben fristgemäß fertiggestellt worden ist.

III. Musterschreiben

Anmerkung der Verfasser: *Die Musterschreiben G 1 bis G 5 behandeln Fälle, in denen keine verbindlichen Vertragszwischenfristen vereinbart worden sind, sondern lediglich Bauzeitenplanfristen oder einseitig gesetzte Fristen vorliegen. Weil der Schriftverkehr zu einer Kündigung aus wichtigem Grund nach den §§ 5 Abs. 4 i.V.m. 8 Abs. 3 VOB/B führen soll, haben wir rechtlich den sichersten Weg eingeschlagen, um die im Text angesprochenen Risiken so weit wie möglich zu vermeiden (vgl. G. I. 5. b), Rn. 1121 ff.).*

1180 **Abhilfeanordnung des Auftraggebers nach § 5 Abs. 3 VOB/B bei Nicht-Vertragsfristen** G 1

An den Auftragnehmer

Datum

Bauvorhaben …
Bauvertrag vom …

Sehr geehrte Damen und Herren,

nach den Einzelfristen im Bauzeitenplan mussten die Erdarbeiten in der Zeit vom 8.6. bis zum 8.10.2021 fertiggestellt werden. Für diese Leistungen stehen folglich insgesamt vier Monate zur Verfügung. Bereits zum gegenwärtigen Zeitpunkt ist absehbar, dass bei einem Arbeitskräfte- und Geräteeinsatz wie in den letzten Wochen diese Frist offenbar nicht eingehalten werden kann. Denn aus den Bautagesberichten seit der 33. Kalenderwoche geht hervor, dass Ihr Haus teilweise nur an drei Tagen in der Woche gearbeitet hat und darüber hinaus auch der Maschinen- und Geräteeinsatz unzureichend war. In der 37. Kalenderwoche wurden überhaupt keine Leistungen ausgeführt, obwohl Baufreiheit bestand. Deshalb sind zum gegenwärtigen Zeitpunkt nur knapp 50 % der Erdbauarbeiten erbracht, obwohl für deren Fertigstellung nach dem Bauzeitenplan nur noch ca. vier Wochen zur Verfügung stehen. Auch wenn es sich bei den im Bauzeitenplan vereinbarten Fristen nicht um verbindliche Vertragsfristen handelt, besteht nach § 5 Abs. 3 VOB/B Ihrerseits die Verpflichtung, unverzüglich Abhilfe zu schaffen und die Baustelle so zu besetzen, dass die Ausführungsfristen, also auch diejenigen des Bauzeitenplans, eingehalten werden, sodass der Gesamtfertigstellungstermin nicht in Gefahr gerät. Dazu fordern wir hiermit auf.

Gleichzeitig setzen wir für die Fertigstellung der Erdarbeiten vorsorglich eine Nachfrist bis

Freitag, den 15.10.2021,

gehen aber davon aus, dass die im Bauzeitenplan vereinbarte Frist eingehalten wird, gegebenenfalls auch durch entsprechende Beschleunigungsmaßnahmen, die in Ihrem eigenen Interesse liegen.

Eventuell *(Angebot zur Rückäußerung im Hinblick auf die gesetzte Nachfrist):*

Sollte die im Bauzeitenplan vereinbarte Frist nicht eingehalten werden können oder die von uns zum 15.10.2021 gesetzte Nachfrist aus Ihrer Sicht unangemessen kurz bemessen sein, bitten wir unverzüglich um eine nachvollziehbare

Begründung sowie um eine Mitteilung, bis zu welchem Zeitpunkt die Erdarbeiten fertiggestellt werden und ob Ihr Haus dennoch den vereinbarten Gesamtfertigstellungstermin einhalten wird. Wir werden gegebenenfalls im Anschluss daran entscheiden, ob wir mit einem von Ihnen genannten Termin, der dann aber verbindlich sein müsste, einverstanden sind oder nicht. Für eventuelle Rückfragen steht Ihnen der Unterzeichner gerne zur Verfügung.

Mit freundlichen Grüßen

....

(Unterschrift)

1181 **Mahnung nach Erteilung der Abhilfeanordnung** G 2

An den Auftragnehmer

Datum

Bauvorhaben ...
Bauvertrag vom ...
Unsere Abhilfeanordnung vom ...

Sehr geehrte Damen und Herren,

mit Schreiben vom ... hatten wir gemäß § 5 Abs. 3 VOB/B dazu aufgefordert, den Baustelleneinsatz unverzüglich zu verstärken, damit die im Bauzeitenplan vereinbarte Frist für die Fertigstellung der Erdarbeiten (8.10.2021) eingehalten werden kann. Für die Ausführung der entsprechenden Arbeiten hatten wir vorsorglich eine Nachfrist bis zum 15.10.2021 gesetzt, ohne dass dagegen sachlich begründete Einwände vorgebracht wurden.

Da auch diese Frist zwischenzeitlich fruchtlos verstrichen ist und die Erdbauarbeiten nach wie vor nicht vollständig fertiggestellt sind, mahnen wir die unverzügliche Fertigstellung hiermit an und setzen vorsorglich eine weitere Nachfrist bis

Mittwoch, den 20.10.2021.

Sollte auch diese Frist fruchtlos verstreichen, tritt spätestens nach deren Ablauf Verzug ein. Auf die daraus resultierenden Konsequenzen, die in der Geltendmachung von Schadensersatz, äußerstenfalls in einer Kündigung des gesamten Bauvertrags aus wichtigem Grund bestehen können, weisen wir ebenfalls vorsorglich hin.

Mit freundlichen Grüßen

....

(Unterschrift)

Nachfristsetzung mit Kündigungsandrohung nach fruchtloser Mahnung **G 3** **1182**

An den Auftragnehmer

Datum

Bauvorhaben …
Bauvertrag vom …
Unser Schreiben vom ...

Sehr geehrte Damen und Herren,

mit Schreiben vom ... hatten wir die Fertigstellung der Erdarbeiten spätestens bis zum 20.10.2021 angemahnt. Diese Frist ist erneut fruchtlos verstrichen. Wir geben hiermit letztmalig Gelegenheit, die Erdarbeiten bis spätestens **Mittwoch, den 27.10.2021** fertigzustellen und werden für den Fall des nochmaligen Fristablaufs den Bauvertrag nach den §§ 5 Abs. 4 i.V.m. 8 Abs. 3 VOB/B kündigen und Schadensersatz geltend machen.

Mit freundlichen Grüßen

....

(Unterschrift)

1183 **Kündigungserklärung des Auftraggebers** **G 4**

An den Auftragnehmer

Datum

Bauvorhaben …
Bauvertrag vom …
Unsere Kündigungsandrohung vom …

Sehr geehrte Damen und Herren,

wir hatten Ihrem Haus mit Schreiben vom … die Kündigung des Bauvertrags angedroht, falls auch die letztmalig von uns gesetzte Nachfrist zur Fertigstellung der Erdarbeiten bis zum 27.10.2021 fruchtlos verstreichen sollte. Nachdem die Leistungen nach wie vor nicht fertiggestellt worden sind, kündigen wir hiermit den Bauvertrag nach den §§ 5 Abs. 4 i.V.m. 8 Abs. 3 VOB/B aus wichtigem Grund.

Eventuell *(Aufforderung zu Aufmaß und Abnahme):*

Um Abgrenzungsschwierigkeiten zu vermeiden, bieten wir innerhalb der kommenden fünf Arbeitstage an, gemeinsam das Aufmaß zu nehmen und die Abnahme der bis zum Kündigungszeitpunkt erbrachten Leistungen durchzuführen, damit Ihr Haus gegebenenfalls die Möglichkeit zur Mangelbeseitigung erhält, bevor der Ersatzunternehmer mit seinen Leistungen beginnt. Setzen Sie sich zum Zweck der Terminvereinbarung mit uns in Verbindung.

Mit freundlichen Grüßen

…………………………………………

(Unterschrift)

Abhilfeanordnung des Auftraggebers bei einseitig gesetzten Fristen **G 5** **1184**

*(**Anmerkung:** Die hier beschriebene Vorgehensweise kommt nicht nur für die Fertigstellung der Gesamtleistung, sondern auch für bestimmte Einzelleistungen in Betracht.)*

An den Auftragnehmer

Datum

Bauvorhaben ...
Unser Schreiben vom ...

Sehr geehrte Damen und Herren,

bekanntlich kam es in der letzten Baubesprechung nicht zur Vereinbarung eines verbindlichen Fertigstellungstermins, weil Ihren Aussagen zufolge hierfür noch Absprachen mit verschiedenen Nachunternehmern sowie Materiallieferanten notwendig seien. Da dies ausschließlich in Ihrem Verantwortungsbereich liegt, bestimmen wir einen aus unserer Sicht angemessenen Fertigstellungstermin für Freitag, den 29.10.2021. Sollte dieser Termin aus Ihrer Sicht nicht angemessen sein, bitten wir dafür um eine nachvollziehbare Begründung sowie um eine Mitteilung, bis wann und auf welchem zeitlichen Weg die Leistungen abnahmereif fertiggestellt werden. Wir weisen darauf hin, dass Sie nach der Rechtsprechung verpflichtet sind, die Arbeiten zügig zu Ende zu führen und die Beweislast dafür tragen, dass die von uns gesetzte Frist nicht angemessen ist (BGH, Urteile vom 21.10.2003 – X ZR 218/01 und vom 8.3.2001 – VII ZR 470/99).

Eventuell *(Abhilfeanordnung nach § 5 Abs. 3 VOB/B bei fruchtlosem Fristablauf):*

Der von uns im Schreiben vom ... gesetzte Termin zur Fertigstellung der Arbeiten bis zum 29.10.2021 wurde ohne Angabe nachvollziehbarer Gründe nicht eingehalten. Es ist auch nicht erkennbar, dass Ihr Haus seitdem Beschleunigungsmaßnahmen durchführt. Wir fordern deshalb gemäß § 5 Abs. 3 VOB/B dazu auf, unverzüglich Abhilfe zu schaffen, insbesondere den Arbeitskräfteeinsatz zu verstärken und setzen für die Fertigstellung eine Nachfrist bis zum 5.11.2021.

Eventuell *(Mahnung bei fruchtlosem Fristablauf):*

Auch die in unserer Abhilfeanordnung vom ... gesetzte Nachfrist zur Fertigstellung (5.11.2021) ist erneut überschritten worden, ohne dass hierfür eine Begründung mitgeteilt oder Behinderungen angezeigt worden sind. Deshalb mahnen wir die unverzügliche Fertigstellung hiermit an und setzen vorsorglich eine weitere Nachfrist bis zum 10.11.2021. Spätestens nach Ablauf dieser Frist befindet sich Ihr Haus mit der Leistung im Verzug.

Eventuell *(Kündigungsandrohung im Fall des abermaligen fruchtlosen Fristablaufs):*

Ihr Haus hat auch die in der Mahnung vom ... gesetzte Fertigstellungsfrist bis zum 10.11.2021 erneut nicht eingehalten. Wir setzen deshalb eine letzte Frist zur Fertigstellung der Leistung bis zum 17.11.2021 und werden den Vertrag für den Fall des abermaligen fruchtlosen Ablaufs dieser Frist nach den §§ 5 Abs. 4 i.V.m. 8 Abs. 3 VOB/B aus wichtigem Grund kündigen und jeden uns aus der Kündigung entstehenden Schaden geltend machen.

Eventuell *(Kündigungserklärung nach Fristablauf):*

Nachdem zwischenzeitlich alle zur Fertigstellung der Leistung gesetzten Fristen ergebnislos verstrichen sind, kündigen wir hiermit den Bauvertrag aus wichtigem Grund.

Mit freundlichen Grüßen

....

(Unterschrift)

Kündigungsandrohung bei verbindlichen Vertragsfristen nach Verzugseintritt/ Hinweis auf ein „Durchstellen" der Vertragsstrafe **1185**

G 6

An den Auftragnehmer

Datum

Bauvorhaben …
Bauvertrag vom …

Sehr geehrte Damen und Herren,

nach dem zwischen uns abgeschlossenen Bauvertrag ist die Einzelfrist des Bauzeitenplans für die Fertigstellung aller Trennwände vom EG bis zum 2. OG eine verbindliche Vertragsfrist nach § 5 Abs. 1 Satz 1 VOB/B. Danach waren diese Leistungen bis zum 15.6.2021 fertigzustellen. Diese Frist ist zwischenzeitlich fruchtlos verstrichen, ohne dass Behinderungen aus unserem Verantwortungsbereich oder andere fristverlängernde Gründe vorgelegen haben.

Da mit Ablauf des 15.6.2021 Verzug eingetreten ist, setzen wir eine angemessene Nachfrist zur Fertigstellung der o.g. Leistungen bis

Mittwoch, den 23.6.2021

und werden den Bauvertrag gemäß §§ 5 Abs. 4 i.V.m. 8 Abs. 3 VOB/B schadensersatzbegründend kündigen, falls auch diese Frist ergebnislos verstreichen sollte.

Alternativ *(Hinweis, dass die Vertragsstrafe des Hauptauftraggebers als Schaden „durchgestellt" wird):*

Sie haben die verbindliche Vertragszwischenfrist für die Fertigstellung der Trennwände bis zum 2. OG schuldhaft überschritten und sind damit seit dem 16.6.2021 im Verzug. Wir setzen für die Fertigstellung dieser Leistungen eine angemessene Nachfrist bis zum 22.6.2021 und machen bei dieser Gelegenheit darauf aufmerksam, dass wir mit unserem Auftraggeber eine Vertragsstrafe i.H.v. bis zu 5 % unseres Vergütungsanspruchs vereinbart haben, falls wir unseren Fertigstellungstermin nicht einhalten. Diese Vertragsstrafe ist höher als der mit Ihnen vereinbarte Pauschalpreis. Wir weisen vorsorglich darauf hin, dass wir diese Vertragsstrafe als Schaden „durchstellen" werden, falls es durch Ihren Verzug zur Verwirkung dieser Vertragsstrafe kommen sollte. Beachten Sie deshalb nicht nur die o.g. Nachfrist, sondern tragen Sie auch dafür Sorge, dass der zwischen uns vereinbarte Fertigstellungstermin eingehalten wird, um diese Konsequenz zu vermeiden. Sollten Sie auch den 22.6.2021 überschreiten, müssen Sie ferner damit rechnen, dass wir eine letzte Nachfrist setzen und die

Kündigung des Vertrags aus wichtigem Grund androhen werden (§§ 5 Abs. 4 i.V.m. 8 Abs. 3 VOB/B).

Eventuell *(Kündigungsandrohung mit Nachfristsetzung):*

Nachdem auch die von uns zum 22.6.2021 gesetzte Frist verstrichen ist, setzen wir eine letzte Nachfrist zur Vertragserfüllung bis zum 28.6.2021. Sollten die Leistungen auch bis dahin nicht abnahmereif fertiggestellt worden sein, werden wir den Vertrag aus wichtigem Grund kündigen.

Mit freundlichen Grüßen

....

(Unterschrift)

Mehrfache Mahnungen bei behinderungsbedingt verschobenen Vertragsfristen G 7 **1186**

An den Auftragnehmer

Datum

Bauvorhaben ...
Bauvertrag vom ...

Sehr geehrte Damen und Herren,

mit Schreiben vom ... und vom ... hatten Sie Behinderung wegen fehlender Trockenbauleistungen im 3. und 4. OG angezeigt. Diese Leistungen wurden am 15.1.2021 fertiggestellt, sodass seitdem wieder uneingeschränkte Baufreiheit besteht. Unter Berücksichtigung der angezeigten Behinderungen verschiebt sich der zwischen uns vertraglich vereinbarte Fertigstellungstermin für die Estricharbeiten (12.4.2021) somit um maximal vier Wochen. Eine Frist für die Wiederaufnahme der Arbeiten kommt nicht in Betracht, weil Ihre Mitarbeiter durchgehend in anderen Bereichen der Baustelle beschäftigt waren und es weder zu längeren Unterbrechungen der Arbeiten noch zu einem Abzug Ihrer Produktionsmittel gekommen ist. Auch zeitrelevante Maßnahmen zur Vorbereitung einer Fortsetzung der Estricharbeiten im 3. oder 4. OG sind nicht erforderlich, jedenfalls für uns nicht erkennbar. Daraus resultiert ein neuer Fertigstellungstermin zum **10.5.2021**. Wir mahnen die Fertigstellung für diesen Termin hiermit an und setzen gleichzeitig und vorsorglich eine Nachfrist bis

Mittwoch, den 12.5.2021.

Sollte die bis zum 10.5.2021 angemahnte Fertigstellung nicht erfolgen, befinden Sie sich mit der Leistung im Verzug. Wir weisen darauf hin, dass wir in diesem Fall die im Vertrag vereinbarte Vertragsstrafe bzw. Schadensersatz geltend machen werden.

Zweite Mahnung:

Mit Schreiben vom ... hatten wir unter Berücksichtigung der behinderungsbedingten Ausführungsfristverlängerung die Fertigstellung der Leistung bis zum 10.5.2021 angemahnt und vorsorglich eine Nachfrist bis zum 12.5.2021 gesetzt. Da auch diese Frist verstrichen ist, mahnen wir die Fertigstellung erneut an und setzen vorsorglich eine weitere Nachfrist bis

Freitag, den 14.5.2021.

Dritte Mahnung:

Wir hatten mit Schreiben vom ... nochmals dazu aufgefordert, die Leistungen bis zum 14.5.2021 fertigzustellen. Da auch diese Frist abermals fruchtlos verstrichen ist, mahnen wir die Fertigstellung nochmals an und setzen vorsorglich eine weitere Frist bis **Dienstag, den 18.5.2021**.

Vierte Mahnung:

Wir mahnen unter Bezugnahme auf den geführten Schriftverkehr die Fertigstellung der Leistung erneut bis Donnerstag, den **20.5.2021** an. Nach unserer Auffassung sind Sie bereits seit dem 10.5.2021, spätestens aber nach Ablauf der ersten von uns gesetzten Nachfrist, also ab dem 12.5.2021, mit der Leistung im Verzug. Auf die dadurch eintretenden Rechtsfolgen haben wir bereits in unserem damaligen Schreiben hingewiesen, sodass wir die Vertragsstrafe (***alternativ:*** den durch den Verzug entstehenden Schaden) ab dem 11.5.2021 geltend machen werden.

*(**Anmerkung:** Der Auftraggeber sollte diese Mahnungen in kurzen Abständen bis zur tatsächlichen Fertigstellung fortsetzen. Zur Begründung vgl. G. II. 3., Rn. 1149 ff.)*

Mit freundlichen Grüßen

....

(Unterschrift)

Aufforderung des Auftragnehmers zum Abruf der Leistung durch den Auftraggeber **1187**
G 8

An den Auftraggeber

Datum

Bauvorhaben …
Bauvertrag vom …

Sehr geehrte Damen und Herren,

im Bauvertrag ist geregelt, dass wir die Leistungen nach einem entsprechenden Abruf durch Ihr Haus zu erbringen haben. Wir bitten Sie gemäß § 5 Abs. 2 VOB/B, uns Auskunft über den voraussichtlichen Beginn zu erteilen. Für Ihre Antwort haben wir uns eine Frist bis zum … notiert.

Da seit Vertragsabschluss bereits acht Wochen verstrichen sind, bitten wir zu berücksichtigen, dass nach der Rechtsprechung eine Verpflichtung besteht, die Leistungen binnen angemessener Frist abzurufen und uns Auskunft über diesen Beginntermin zu erteilen. Eine pflichtwidrige Unterlassung des Abrufs kann eine Kündigung des Bauvertrags nach § 9 Abs. 1 Nr. 1 VOB/B rechtfertigen. Selbstverständlich sind wir an einer solchen Kündigung nicht interessiert. Dennoch müssen wir den Einsatz unserer Kapazitäten planen und insbesondere wegen einer möglichen Beteiligung unseres Hauses an verschiedenen Ausschreibungen, u.a. für ein größeres Bauvorhaben, zeitnah erfahren, ab wann die Arbeiten beginnen sollen. Für Rückfragen stehen wir Ihnen gerne zur Verfügung.

Eventuell *(Nachfristsetzung mit Kündigungsandrohung):*

Mit Schreiben vom ... hatten wir dazu aufgefordert, uns den voraussichtlichen Baubeginntermin mitzuteilen und hierfür eine Frist bis zum ... gesetzt. Diese Frist ist zwischenzeitlich fruchtlos verstrichen, ohne dass uns eine entsprechende Mitteilung Ihres Hauses vorliegt. Da seit Vertragsabschluss zwischenzeitlich drei Monate verstrichen sind, setzen wir hiermit nochmals eine Frist zur Mitteilung des Baubeginntermins bis zum … und werden für den Fall des abermaligen ergebnislosen Fristablaufs den Bauvertrag nach § 9 Abs. 1 Nr. 1 VOB/B kündigen. Denn es ist uns nicht länger zumutbar, uns weiterhin für einen unbestimmten Zeitraum leistungsbereit zu halten. Darauf haben wir bereits in unserem vorangegangenen Schreiben hingewiesen, ohne dass eine Reaktion erfolgt ist.

Der Unterzeichner steht Ihnen für alle Rücksprachen nach wie vor gerne zur Verfügung.

Mit freundlichen Grüßen

....

(Unterschrift)

Vereinbarung über eine Bauzeitverlängerung und die Fortgeltung der Vertragsstrafe **G 9** 1188

An den Auftragnehmer

Datum

Bauvorhaben …
Bauvertrag vom …

Sehr geehrte Damen und Herren,

mit Schreiben vom ... und ... hatten Sie Behinderungen angezeigt und nach deren Wegfall eine Verlängerung der Ausführungsfristen um acht Wochen geltend gemacht. Wir hatten Ihnen bereits mitgeteilt, dass wir wegen der Möglichkeit von Ausweicheinsätzen in anderen Bereichen der Baustelle davon ausgehen, dass sich die vereinbarte Fertigstellungsfrist aufgrund der von Ihnen angezeigten Behinderungen um maximal vier Wochen verschiebt.

Zur Vermeidung weiteren Streits bzw. zur Schaffung von Rechtsklarheit bieten wir Ihnen in unser beiderseitigem Interesse an, den Fertigstellungstermin einvernehmlich um sechs Wochen, also bis zum …, zu verlängern, wenn dabei gleichzeitig klargestellt wird, dass die im Vertrag vereinbarte Vertragsstrafe auch für diesen (neuen) Fertigstellungstermin gilt.

Wir erwarten Ihre Antwort bis zum ... und stehen Ihnen für eventuelle Rückfragen gerne zur Verfügung. Bis zur o.g. Frist halten wir uns an unser Angebot gebunden.

Mit freundlichen Grüßen

…………………………………………

(Unterschrift)

1189 **Zurückweisung einer Inverzugsetzung** **G 10**

An den Auftraggeber

Datum

Bauvorhaben ...
Bauvertrag vom ...
Ihr Schreiben vom ...

Sehr geehrte Damen und Herren,

mit Schreiben vom ... teilten Sie uns mit, dass wir die im Bauzeitenplan vorgesehene Frist für die Fertigstellung der Parkettarbeiten im 1. OG überschritten hätten, wodurch wir in Verzug geraten seien. Gleichzeitig drohen Sie uns eine Kündigung nach § 8 Abs. 3 VOB/B an, falls wir die Arbeiten nicht innerhalb einer Nachfrist von sechs Werktagen fertigstellen.

Hierzu stellen wir fest, dass wir mit Schreiben vom ... Behinderung wegen fehlender Belegreife des Estrichs angemeldet haben. Unabhängig davon wurde im Bauvertrag nicht vereinbart, dass die Einzelfristen des Bauzeitenplans verbindliche Vertragsfristen sind (vgl. § 5 Abs. 1 Satz 2 VOB/B). Aus diesem Grund würde mit Ablauf der von Ihrem Haus gesetzten Frist selbst dann kein Verzug eintreten, wenn wir die Fristüberschreitung zu vertreten hätten, was aus den genannten Gründen ohnehin nicht der Fall ist.

Sollten Sie dennoch – wie bereits angekündigt – den Bauvertrag kündigen, kann es sich dabei nur um eine freie Kündigung nach § 8 Abs. 1 VOB/B handeln. Auf die entsprechenden Rechtsfolgen nach § 8 Abs. 1 Nr. 2 VOB/B weisen wir vorsorglich hin.

Wir bieten Ihnen zur Vermeidung weiteren Streits an, die geforderten Arbeiten bis zum ... abzuschließen. Das ist vor dem Hintergrund der eingetretenen Behinderung wegen nicht ausreichender Vorleistungen angemessen und auch notwendig, um die Parkettarbeiten im 1. OG fertigzustellen.

Alternativ *(Hinweis auf schuldlose Überschreitung einer verbindlichen Vertragsfrist wegen Mehrmengen und Nachträgen)*

Sie vertreten in Ihrem Schreiben vom ... die Auffassung, wir seien mit den Parkettarbeiten im 1. OG im Verzug, weil wir die für die Ausführung dieser Arbeiten verbindlich vereinbarte Vertragszwischenfrist überschritten hätten. Dass es zu einer Fristüberschreitung gekommen ist, trifft zu. Ein Verzug mit der Leistung setzt jedoch voraus, dass wir die Fristüberschreitung auch zu vertreten, also verschuldet haben (§ 286 Abs. 4 BGB). Das ist vorliegend aber nicht der Fall, weil es zu den Bauablauf entscheidend beeinflussenden Mehrmengen gemäß § 2 Abs. 3 Nr. 2 VOB/B von ca. 30 % sowie aufgrund mehrfach von Erwerbern nicht eingehaltener Bemusterungstermine zu Behinderungen gekommen ist. Die Erwerber ... und ... haben darüber hinaus eine Materialauswahl getroffen, die in dem zwischen uns abgeschlossenen Vertrag nicht vorgesehen war. Neben den hierfür bereits vereinbarten Mehrkosten i.H.v. € .../m² kam es zu Lieferzeiten von ... Wochen, die vermeidbar gewesen wären, wenn sich die Bemusterungsentscheidungen innerhalb unserer Vereinbarung gehalten hätten. Darauf hatten wir mit Schreiben vom ... sowie ... auch gemäß § 6 Abs. 1 VOB/B hingewiesen und Behinderung angezeigt. Aus diesem Grund ist Ihr Haus nach Ablauf der gesetzten Nachfrist weder berechtigt, den Bauvertrag schadenersatzbegründend zu kündigen, noch die Vertragsstrafe geltend zu machen. Wir weisen nochmals darauf hin, dass sich der Zwischentermin für die Ausführung der Parkettarbeiten im 1. OG behinderungsbedingt auf den ... verschiebt und wir berechtigt sind, wegen dieser Bauzeitverlängerung eine angemessene Entschädigung nach § 642 BGB geltend zu machen.

Eventuell *(Angebot zur gütlichen Einigung):*

Sollten Sie den von uns vorgeschlagenen Termin zur Fertigstellung der Parkettarbeiten im 1. OG akzeptieren, wären wir im Gegenzug bereit, auf die Geltendmachung der durch die Bauzeitüberschreitung entstehenden Mehrkosten zu verzichten. Wir halten dieses Angebot im Sinne der Vermeidung weiteren Streits bzw. einer Kündigung des Bauvertrags, die aus unserer Sicht nur eine freie Kündigung nach § 8 Abs. 1 VOB/B sein könnte, in unser beiderseitigem Interesse für fair und angemessen. Für Ihre Rückäußerung haben wir uns eine Frist bis zum ... notiert.

Eventuell *(Hinweis auf fehlendes Verschulden für verspätete Materiallieferung):*

Ausweislich Ihrer Schlussrechnungsprüfung machen Sie die Vertragsstrafe wegen verspäteter Fertigstellung der Fensteranlagen geltend. Wir weisen darauf hin, dass wir die entsprechenden Bestellungen nachweislich rechtzeitig vorgenommen haben und es allein aufgrund eines Verschuldens unseres Lieferanten zu einer Verzögerung der Lieferung um drei Wochen gekommen ist. Nach der Rechtsprechung müssen wir uns das Verschulden unseres Lieferanten nicht zurechnen lassen, weil wir nicht die Herstellung der Fenster, sondern lediglich deren Beschaffung schulden, sodass der Lieferant nicht unser Erfüllungsgehilfe ist.

Nach einer Entscheidung des OLG Celle (Urt. v. 11.10.2007 – 6 U 40/07) waren wir auch nicht etwa verpflichtet, die benötigten Fenster „vorrätig" zu halten.

Deshalb trifft uns für die Fristüberschreitung kein Verschulden, weil wir, einen normalen Verlauf unterstellt, die Bestellung so vorgenommen haben, dass es bei vereinbarungsgemäßer Lieferung durch unseren Vertragspartner nicht zu der Verzögerung gekommen wäre. Wir fügen Ihnen die Bestellung mit dem dort vereinbarten Liefertermin bei und bitten um Rücksprache, falls Sie weitere Informationen benötigen. Anderenfalls gehen wir davon aus, dass von der Geltendmachung der Vertragsstrafe Abstand genommen wird und setzen zur Zahlung des entsprechenden Betrags eine Nachfrist bis zum …

Mit freundlichen Grüßen

…………………………………………

(Unterschrift)

Zurückweisung einseitig gesetzter „Vertragsfristen"/ Widerspruch gegen Baubesprechungsprotokoll 1190

G 11

An den Auftraggeber

Datum

Bauvorhaben …
Bauvertrag vom …
Baustellenbesprechungsprotokoll Nr. 8 vom 19.4.2021

Sehr geehrte Damen und Herren,

im 8. Baustellenbesprechungsprotokoll vom 19.4.2021 steht unter Ziffer 3 auf Seite 4, dass wir die Montage der Kabeltrassen sowie Kabelzugarbeiten im 3. OG des Bauteils D nach Wegfall der unstreitigen Behinderung aufgrund fehlender Vorunternehmerleistungen (vgl. unser Schreiben vom …) bis Anfang der 18. Kalenderwoche 2021, also bis zum 2.5.2021, fertigzustellen hätten. Im Anschluss daran heißt es, dies sei eine „verbindliche Vertragsfrist". Dem widersprechen wir hiermit ausdrücklich.

Wir weisen darauf hin, dass wir diese Einzelfrist weder vertraglich vereinbart haben noch ein Bauzeitenplan existiert, aus dem sich diese Frist entnehmen ließe. Unser Bauleiter hat in der fraglichen Baubesprechung der von Ihrem Mitarbeiter einseitig gesetzten Frist auch ausdrücklich widersprochen, weil sie bei Einsatz der vertraglich vereinbarten Kapazitäten (zwei Kolonnen à drei Mann) nicht angemessen ist.

Unter Berücksichtigung der notwendigen Arbeitsvorbereitungsdauer für die Beschaffung von Material und die Erstellung der Werkstatt- und Montageplanung werden wir diese Arbeiten bei vertraglich vereinbarten Arbeitszeiten von Montag bis Freitag, jeweils von 07:30 Uhr bis 17:00 Uhr, voraussichtlich erst bis Freitag, den 7.5.2021 fertigstellen können. Ein Verzug mit der Leistung vor Ablauf dieser Frist scheidet schon deshalb aus, weil die von Ihnen einseitig gesetzte Herstellungsfrist (2.5.2021) nicht angemessen ist.

Alternativ *(Widerspruch gegen einseitig gesetzte „Vertragsfrist" im Schriftverkehr):*

Sie teilten uns mit Schreiben vom … mit, dass wir die Werkstatt- und Montageplanung bis zum 26.4.2021 vorzulegen hätten und dies eine *verbindliche* Vertragsfrist sei. Wir weisen darauf hin, dass diese Frist weder im Vertrag noch zu irgendeinem Zeitpunkt nach Vertragsabschluss zwischen uns vereinbart worden ist. Da wir mit der Werkstatt- und Montageplanung erst nach Übergabe der Ausführungsplanung Ihres Fachplaners, also ab dem 20.4.2021 beginnen konnten und deren Fertigstellung ca. zwei Wochen erfordert, werden wir Ihnen unsere Planung frühestens am Dienstag, den 4.5.2021 zur Prüfung und Freigabe übergeben können. Es dürfte sich von selbst verstehen, dass ein Verzug aufgrund des Ablaufs einseitig gesetzter Fristen nicht eintreten kann. Sollte Ihr Haus dessen ungeachtet den Vertrag kündigen, handelt es sich dabei um eine freie Kündigung nach § 8 Abs. 1 VOB/B. Wir werden in diesem Fall auch eine Vergütung für die kündigungsbedingt nicht mehr ausgeführten Leistungen unter Abzug ersparter Kosten geltend machen.

Mit freundlichen Grüßen

…………………………………………

(Unterschrift)

Zurückweisung einer Vertragsstrafe bzw. eines Verzögerungsschadens **G 12** **1191**

An den Auftraggeber

Datum

Bauvorhaben …
Bauvertrag vom …
Ihr Schreiben vom …

Sehr geehrte Damen und Herren,

mit Schreiben vom … machen Sie die vereinbarte Vertragsstrafe i.H.v. € … wegen Überschreitung des Fertigungsstellungstermins geltend. Das weisen wir aus folgenden Gründen zurück: Unstreitig ist zunächst, dass für die schuldhafte Überschreitung des vertraglich vereinbarten Fertigstellungstermins (20.9.2021) die Zahlung einer Vertragsstrafe vereinbart wurde. Genauso unstreitig ist aber, dass sich dieser Termin aufgrund von Umplanungen des Dachs und der Fassade und einer damit einhergehenden Unterbrechung der Leistungen um mindestens drei Monate verschoben hat. Sie vertreten deshalb die Auffassung, die Leistungen hätten spätestens Ende 2021 fertiggestellt sein müssen, sodass Sie ab Januar 2022 bis zur tatsächlichen Fertigstellung am 25. Februar 2022 zur Geltendmachung der Vertragsstrafe berechtigt seien. Dieser Standpunkt ist nach der Rechtsprechung unzutreffend. Wenn die Bauausführung durch Behinderungen so erheblich verzögert wird, dass eine durchgreifende Neuorganisation des Bauablaufs erforderlich wird, ist eine Vertragsstrafe für den ursprünglich vereinbarten Termin hinfällig und gilt nicht mehr automatisch für den behinderungsbedingt verschobenen Termin (vgl. KG, Urt. v. 8.4.2014 – 27 U 105/13 und OLG München, Beschl. v. 29.2.2016 – 28 U 3609/15 Bau). Das gilt vorliegend insbesondere deshalb, weil wir weder einen neuen Fertigstellungstermin, geschweige denn vereinbart haben, dass die Vertragsstrafe auch für diesen Termin gelten soll (vgl. OLG Düsseldorf, Urt. v. 7.4.2016 – 5 U 81/15).

Alternativ *(Zurückweisung von Verzugsschäden):*

Mit Schreiben vom … machen Sie Mietausfallschäden für die Monate Januar und Februar 2022 geltend, weil wir mit der Fertigstellung der Leistung in Verzug geraten seien. Das weisen wir zurück, und zwar aus folgenden Gründen: Zwischen uns ist aufgrund der Nachtragsvereinbarung vom … unstreitig, dass es zu umfangreichen Nachtragsleistungen gekommen ist, die bauzeitrelevant waren. Das haben wir Ihnen mit Schreiben vom … auch ausdrücklich angezeigt.

Darüber hinaus haben wir Ihnen am … angezeigt, dass – entgegen den Vereinbarungen im Vertrag – das zu entsorgende Material mit PCB und Asbest kontaminiert war, was wiederum zu einer Verlängerung der im Vertrag vereinbarten Fertigstellungsfrist und Mehrkosten, über die noch keine Einigung erzielt worden ist, führte. Einen neuen Fertigstellungstermin haben wir aufgrund unterschiedlicher Auffassungen zum Ausführungsfristverlängerungszeitraum jedoch nicht vereinbart. Fest steht jedoch, dass der neue Fertigstellungstermin nicht mehr kalendermäßig bestimmt war, sodass es für die Geltendmachung von Verzugsschäden einer Mahnung nach Fälligkeit der Leistung bedarf (OLG Hamm, Urt. v. 30.7.2013 – 21 U 84/12; BGH, Urt. v. 22.5.2003 – VII ZR 469/01). Sie haben lediglich mit Schreiben vom 15.12.2021 mitgeteilt, wir hätten die Arbeiten bis Ende 2021 fertigzustellen. Unter Berücksichtigung der bauzeitrelevanten Nachträge sowie der Behinderungen wegen kontaminierten Abbruchmaterials hat sich der Fertigstellungstermin dagegen mindestens um sechs Wochen, also bis zum 10.1.2022, verschoben, sodass die Leistung Ende 2021 noch nicht einmal fällig war. Stattdessen trat die Fälligkeit frühestens am 10.1.2022 ein. Erst ab diesem Zeitpunkt hätten Sie eine verzugsbegründende Mahnung aussprechen können, was nach dem Schriftverkehr aber unstreitig nicht der Fall gewesen ist. Deshalb weisen wir den geltend gemachten Mietausfallschaden zurück und setzen Ihnen zur Zahlung des zu Unrecht einbehaltenen Betrags eine Nachfrist bis zum … Sollte diese Frist fruchtlos verstreichen, werden wir den Vorgang unseren Rechtsanwälten übergeben und unsere Ansprüche gegebenenfalls gerichtlich geltend machen.

Mit freundlichen Grüßen

……………………………………………

(Unterschrift)

Beschleunigungsangebot des Auftragnehmers **G 13** 1192

An den Auftraggeber

Datum

Bauvorhaben …
Bauvertrag vom …
Ihre Anordnung vom …

Sehr geehrte Damen und Herren,

mit Schreiben vom … hatten wir Behinderung angezeigt. Seit dem … ist die Behinderung weggefallen, sodass wir ab dem … wieder störungsfrei arbeiten können. Sie baten um Mitteilung, durch welche Maßnahmen die dadurch eingetretene Verschiebung des Fertigstellungstermins um ca. … Wochen aufgeholt werden könnte. Dazu teilen wir Ihnen mit, dass es ab der nächsten Kalenderwoche möglich wäre, fünf zusätzliche Arbeitskräfte sowie einen weiteren Bauleiter (***alternativ***: Polier) einzusetzen. Darüber hinaus könnten wir die werktägliche Arbeitszeit bis 22:00 Uhr verlängern und auch am 31.10.2021, der in Brandenburg ein Feiertag (Reformationstag) ist, arbeiten. Die dadurch entstehenden Mehrkosten teilen wir Ihnen wie folgt mit:

…

Wir bitten um Ihre schriftliche Beauftragung der Beschleunigungsmaßnahmen spätestens bis zum …

Alternativ *(Beschleunigungsangebot mit Hinweis darauf, dass die Maßnahmen ohne Vereinbarung unterbleiben):*

Mit Schreiben vom … hatten wir Baubehinderung angezeigt. Seit dem … sind die hindernden Umstände entfallen; die Fertigstellungsfrist hat sich dadurch um … Wochen verschoben. Wir könnten die versäumte Zeit durch folgende Maßnahmen in den Kalenderwochen 44 bis 50 aufholen:

…

Diese Beschleunigungsmaßnahmen führen gemäß dem als Anlage beigefügten Angebot zu Kosten in Höhe von € .../Woche. Falls Sie die Durchführung dieser Beschleunigungsmaßnahmen wünschen, dürfen wir um Ihre schriftliche Beauftragung bis zum ... bitten. Wie wir Ihnen bereits telefonisch mitgeteilt haben, werden wir ohne eine verbindliche Vereinbarung nicht beschleunigen, weil wir grundsätzlich nicht verpflichtet sind, Behinderungen, die in Ihrem Verantwortungsbereich lagen, durch eine Aufstockung unserer Kapazitäten aufzuholen (OLG Köln, Urt. v. 30.7.2013 – 24 U 179/11). Weder die VOB/B noch der zwischen uns abgeschlossene Vertrag sieht für Beschleunigungsmaßnahmen ein einseitiges Anordnungsrecht des Auftraggebers vor. Soweit sich aus dem Kooperationsgebot in Ausnahmefällen eine Verpflichtung zur Ausführung von Beschleunigungsmaßnahmen ergeben sollte, setzt das eine vorherige Einigung über die Vergütung der dadurch entstehenden Mehrkosten voraus. Im Rahmen einer solchen Beschleunigungsvereinbarung sind wir jedoch nicht an unsere Auftragskalkulation gebunden, die einen unauskömmlichen Mittellohn sowie unangemessen niedrige AGK- und Gewinnzuschläge von insgesamt 6 % ausweist. Wir sind in unserem Beschleunigungsangebot deshalb bei den Überstunden von tatsächlich entstehenden Lohn- und Sozialkosten i.H.v. € .../h ausgegangen und haben diese um die tariflichen Überstundenzuschläge im Baugewerbe erhöht. Die geltend gemachten AGK- sowie Gewinnzuschläge i.H.v. insgesamt ... % sind angemessen. Für Rückfragen stehen wir gerne zur Verfügung.

Alternativ *(Beschleunigungsangebot bei Streit über die Ursachen der Fristüberschreitung unter Offenlassung der Haftungsfrage):*

Wir hatten mit Schreiben vom ... angezeigt, dass sich aufgrund fehlender Vorunternehmerleistungen, die nach dem Bauzeitenplan am ... fertiggestellt sein mussten, tatsächlich aber erst am ... fertiggestellt waren, die Ausführungsfristen (insbesondere der Gesamtfertigstellungstermin) um voraussichtlich ... Wochen verschieben werden. Sie haben unsere Behinderungsanzeige mit der Begründung zurückgewiesen, es sei unsere Sache, die Arbeiten mit dem Vorunternehmer zu koordinieren, jedenfalls sei ein gleichwertiger Ausweicheinsatz in anderen Baubereichen möglich gewesen. Beides ist nicht zutreffend. Denn wir haben weder vertraglich noch nach der VOB/B oder dem Gesetz eine Möglichkeit, den von Ihrem Haus beauftragten Unternehmer zur rechtzeitigen Ausführung seiner Leistungen zu zwingen. Die Koordinierungspflicht liegt nach § 4 Abs. 1 Nr. 1 VOB/B bei Ihnen als Auftraggeber. Auch ein gleichwertiger Ausweicheinsatz bestand nicht, weil wir lediglich in wenigen Räumen des vierten Obergeschosses im Bauteil E Leistungen ausführen konnten (vgl. unsere Behinderungsanzeige vom ...), nach dem Bauzeitenplan aber in allen Etagen dieses Bauteils Baufreiheit bestehen sollte. Deshalb konnten die Kolonnen nicht kontinuierlich bzw. im vorgesehenen Umfang durchgehend beschäftigt werden; es kam zu erheblichen Produktivitätsverlusten durch Wartezeiten und phasenweise auch zu längeren Unterbrechungen der Arbeiten, die wir in den Bautagesberichten detailliert festgehalten haben.

Auch wenn wir uns zum gegenwärtigen Zeitpunkt nicht über die Dauer der Ausführungsfristverlängerung einigen können, wäre es ab der kommenden

Kalenderwoche möglich, die Arbeiten auf der Baustelle zu beschleunigen. Folgende Maßnahmen kämen in Betracht:

...

Die dafür zu zahlende Vergütung beträgt ausweislich der als Anlage beigefügten Aufstellung € ...

Wir schlagen zur Vermeidung einer anderenfalls unabwendbaren Verschiebung des Fertigstellungstermins vor, dass Ihr Haus diese Beschleunigungsmaßnahmen unverzüglich anordnet und wir nach Abschluss des Bauvorhabens versuchen, eine einvernehmliche Lösung über die Zahlung der Beschleunigungskosten zu erzielen. Das bedeutet, dass wir zum gegenwärtigen Zeitpunkt die Haftungsfrage für die eingetretene Verzögerung und ihre konkrete Dauer ausdrücklich offen lassen. Dadurch wäre ein anderenfalls sicher eintretender Schaden, nämlich die Vertragsstrafe Ihres Auftraggebers, vermeidbar.

Sollten Sie damit nicht einverstanden sein und weiterhin lediglich auf die Einhaltung des vereinbarten Fertigstellungstermins bestehen, werden wir keine Beschleunigungsmaßnahmen durchführen. Dadurch verlängert sich die Bauzeit, was darüber hinaus zur Geltendmachung von Entschädigungsansprüchen (§ 642 BGB) durch unser Haus führen wird. Diese werden sehr wahrscheinlich höher ausfallen als die Kosten einer Beschleunigung.

Wir bitten um eine Antwort zu diesem Vorschlag bis zum ... und stehen Ihnen für eventuelle Rückfragen zu unserem Beschleunigungsangebot gerne zur Verfügung.

Alternativ *(konkrete Beschleunigungsmaßnahmen bei Offenlassung der Haftungsfrage mit Schiedsgutachtervorschlag):*

Wir verweisen zunächst noch einmal auf unsere im Betreff genannten Behinderungsanzeigen, die wir ausdrücklich aufrechterhalten. Da wir uns auch anlässlich der letzten Baubesprechung vom ... nicht auf eine Ausführungsfristverlängerung einigen konnten, weil Sie nach wie vor einen Teil der Behinderungen nicht anerkennen, machen wir Ihnen folgenden Vorschlag:

Wir könnten ab der kommenden Kalenderwoche folgende Beschleunigungsmaßnahmen durchführen:

Verlängerung der täglichen Arbeitszeit bis 22:00 Uhr

Verstärkung der Baustelle um 10 Mitarbeiter, wodurch der Einsatz eines weiteren Bauleiters erforderlich wird.

Die Kosten hierfür entnehmen Sie bitte dem beigefügten Angebot. Wir sind bereit, diese Beschleunigungsmaßnahmen auf schriftliche Anordnung durchzuführen, dabei aber die Verantwortlichkeit für die eingetretene Fristüberschreitung und ihre konkrete Dauer ausdrücklich offen zu lassen. Falls wir uns auch nach Abschluss des Bauvorhabens nicht einigen können, sollten wir uns auf eine Entscheidung der Streitfragen durch Einholung eines baubetrieblichen Schiedsgutachtens verständigen. Auf diesem Weg kann schneller und kostengünstiger als im Rahmen eines Bauprozesses geklärt werden, wer in welchem Umfang für die Bauzeitverlängerung Verantwortung trägt. Die entsprechenden Kosten der Beschleunigung sowie die Gutachterkosten müssten, gegebenenfalls quotal, der Partei auferlegt werden, die für die Fristüberschreitung Verantwortung trägt. Wir erbitten Ihre schriftliche Stellungnahme zu diesem Vorschlag bis zum ... Bis dahin halten wir uns an das Angebot gebunden.

Mit freundlichen Grüßen

....

(Unterschrift)

An den Auftragnehmer

Datum

Bauvorhaben ...
Ihre Behinderungsanzeigen vom ... und ...

Sehr geehrte Damen und Herren,

Ihr Haus hat durch die im Betreff genannten Schreiben Behinderungen angezeigt und nach deren Wegfall eine Ausführungsfristverlängerung um vier Wochen verlangt. Wir lassen an dieser Stelle offen, ob diese Ausführungsfristverlängerung tatsächlich berechtigt ist, weil das in der Kürze der Zeit nicht verlässlich beurteilt werden kann.

Es dürfte zwischen uns aber unstreitig sein, dass jedenfalls seit dem ... Baufreiheit in den Geschossen ... und in den Gewerbebereichen ... und ... besteht, sodass dort zeitgleich gearbeitet werden kann, wodurch die eingetretenen Behinderungen ausgeglichen und der vereinbarte Gesamtfertigstellungstermin eingehalten werden könnte. Daran haben wir – wie Ihnen aufgrund mehrerer Telefonate in der letzten Woche auch bekannt ist – ein erhebliches Interesse, weil die Käufer der Wohnungen bzw. die Mieter der Gewerbeflächen eine empfindliche Vertragsstrafe oder Verzugsschadensersatz geltend machen können, wenn die vereinbarten Übergabetermine überschritten werden. Den Gewerbemietern wurde für diesen Fall sogar ein Rücktrittsrecht vom Mietvertrag eingeräumt. Ihre Bauleitung teilte uns in der letzten Bausitzung vom ... mit, dass Ihr Haus grundsätzlich über die notwendigen Kapazitäten verfügt, um die Arbeiten entsprechend zu beschleunigen. Deshalb ordnen wir hiermit an, unverzüglich mit maximal möglichem Einsatz zu arbeiten.

Zwar trifft es grundsätzlich zu, dass nach der VOB/B kein allgemeines Anordnungsrecht für Beschleunigungsmaßnahmen besteht. Unter Berücksichtigung der bei Bauverträgen bestehenden Kooperationspflichten ist davon in bestimmten Fällen aber eine Ausnahme geboten. So liegt es hier, weil erhebliche Schäden drohen, falls die Leistungen nicht zum vereinbarten Termin fertiggestellt werden und Ihnen Beschleunigungsmaßnahmen möglich und auch zumutbar sind (siehe oben).

Wir sind jederzeit bereit, Ihnen die Kosten der Beschleunigung zu vergüten und ein nachvollziehbares Beschleunigungsangebot auch unverzüglich zu beauftragen, sodass Ihr Haus nicht auf eigenes Risiko in Vorlage treten muss. Wir sehen einem solchen Angebot entgegen, gehen aber davon aus, dass Sie unserer Anordnung schnellstmöglich Folge leisten werden.

Mit freundlichen Grüßen

....

(Unterschrift)

H. Behinderungen und Unterbrechungen (§ 6 VOB/B)

I. Was muss der Bauleiter wissen?

1. Störungen des Bauablaufs

Wir müssen uns zunächst klarmachen, dass § 6 VOB/B zwei Fallkonstellationen **1194**
des gestörten Bauablaufs regelt, nämlich Behinderungen und Unterbrechungen bzw. zeitliche Verschiebungen der Ausführung. Eine weitere, von § 6 nicht behandelte Ursache für gestörte Bauabläufe ist der Verzug des Auftragnehmers mit der Leistung, die im Kapitel G ausführlich behandelt wurde.

Eine *Störung* liegt vor, wenn der tatsächliche Bauablauf (Ist-Verlauf) von dem ver- **1195**
traglich vorgesehenen Ablauf (Soll-Verlauf) abweicht. Das muss nicht zwingend nachteilige zeitliche Folgen verursachen, also tatsächlich zu einer Verschiebung der Ausführungsfristen führen. Der Begriff sagt auch nichts darüber aus, von wem die Störung ausgeht oder gar verschuldet ist.

Behinderungen sind Störungen, die zwar nicht zu einem völligen Stillstand des **1196**
Baugeschehens führen (dann läge eine *Unterbrechung* vor), die aber doch dessen Fortgang hemmen oder verzögern und dadurch unplanmäßig auf den vorgesehenen Produktionsablauf einwirken. Behinderungen sind demnach *Störungen* mit negativen zeitlichen Auswirkungen. Soweit sie durch einen Umstand aus dem Risikobereich des Auftraggebers verursacht oder unabwendbar sind, werden die Ausführungsfristen, insbesondere der vereinbarte Fertigstellungstermin, verlängert (§ 6 Abs. 2 Nr. 1 und Nr. 2 VOB/B). Voraussetzung hierfür ist jedoch, dass die Behinderung angezeigt wurde oder eine Behinderungsanzeige ausnahmsweise entbehrlich war (§ 6 Abs. 1 Sätze 1 und 2 VOB/B).

2. Ursachen für Fristüberschreitungen

Für die Überschreitung von Ausführungsfristen kommen prinzipiell nur drei Ursa- **1197**
chen in Betracht:

a) Verzug des Auftragnehmers

Erste Möglichkeit: Die Fristüberschreitung ist vom Auftragnehmer selbst zu ver- **1198**
antworten. Das kann beispielsweise der Fall sein, wenn er den erforderlichen Zeitbedarf oder die üblichen Witterungseinflüsse falsch einschätzt, das notwendige Material nicht rechtzeitig beschafft oder während der Ausführungszeit Mängel seiner Leistung beseitigen muss. Auch schuldhafte Fristüberschreitungen eines von ihm beauftragten Nachunternehmers muss er sich zurechnen lassen.

Überschreitet der Auftragnehmer aus solchen oder ähnlichen Gründen die ver- **1199**
einbarten Vertragsfristen, gerät er automatisch in Verzug, wenn diese Fristen kalendermäßig bestimmt oder nach dem Kalender bestimmbar waren. Im Fall

der schuldhaften Überschreitung von Nicht-Vertragsfristen muss der Auftraggeber allerdings eine Abhilfeanordnung sowie eine Mahnung aussprechen, um den Verzug des Auftragnehmers herbeizuführen (vgl. G. I. 5. a) und b), Rn. 1116 und 1121 ff.). Der Auftragnehmer hat dann natürlich keinen Anspruch auf Verlängerung der Ausführungsfristen oder Mehrkosten. Im Fall des Verzugs kann der Auftraggeber wahlweise Schadensersatz oder eine vereinbarte Vertragsstrafe geltend machen bzw. den Vertrag unter den Voraussetzungen der §§ 5 Abs. 4 i.V.m. 8 Abs. 3 VOB/B aus wichtigem Grund kündigen (vgl. G. I. 6., Rn. 1129 ff.).

b) Behinderungen

1200 *Zweite Möglichkeit:* Der Auftragnehmer hat die Fristüberschreitung nicht zu vertreten, weil es zu Behinderungen oder Unterbrechungen aus dem Risikobereich des Auftraggebers gekommen ist, die Behinderung wegen Streik bzw. Aussperrung oder aufgrund höherer Gewalt oder anderer Umstände für den Auftragnehmer unabwendbar war (§ 6 Abs. 2 Nr. 1a), b) und c) VOB/B). Dass der Auftragnehmer in solchen Fällen einen Anspruch auf Verlängerung der Ausführungsfristen hat, versteht sich von selbst und folgt bereits aus § 6 Abs. 2 Nr. 1 VOB/B. Schwieriger zu beantworten ist dagegen die Frage, wie die Fristverlängerung konkret berechnet wird (vgl. dazu H. I. 3. a), Rn. 1223 ff.). Noch schwieriger wird es bei der Frage, ob und unter welchen konkreten Voraussetzungen dem Auftragnehmer Ansprüche auf Erstattung der durch die Ausführungsfristverlängerung bedingten *Mehrkosten* zustehen (vgl. H. I. 3. b), Rn. 1230 ff.).

aa) Typische Ursachen für Behinderungen aus dem Risikobereich des Auftraggebers

1201 In der Praxis treten Behinderungen besonders häufig aus folgenden Gründen auf:

- Fehlende oder mangelhafte Vorleistungen anderer Unternehmer
- nicht ausreichender Planvorlauf/fehlerhafte oder unvollständige Pläne
- Umstellung des geplanten Bauablaufs durch Anordnungen des Auftraggebers (*Springerbaustelle* oder auch *Bauen auf Zuruf*)
- Anordnung geänderter oder zusätzlicher Leistungen nach § 2 Abs. 5 und Abs. 6 VOB/B oder erhebliche Mehrmengen ohne Anordnung des Auftraggebers nach § 2 Abs. 3 Nr. 2 VOB/B
- Verspätete Bemusterungsentscheidungen des Auftraggebers
- Fehlerhafte Beschreibung des Baugrundes
- Mangelhafte Koordination bzw. Fehler bei der Abstimmung der Terminpläne verschiedener Gewerke

1202 Eine abschließende Aufzählung aller in Betracht kommender Behinderungsursachen ist aufgrund der Vielzahl der denkbaren Fälle nicht möglich. Im Verlauf der nachfolgenden Ausführungen werden immer wieder Gründe für Behinderungen dargestellt. Zu den praxisrelevanten und wichtigsten Behinderungsgründen erfolgen zuvor grundsätzliche Bemerkungen:

bb) Behinderung wegen verspäteter oder mangelhafter Vorunternehmerleistung

Die häufigste Ursache für Behinderungen sind fehlende oder mangelhafte Vorunternehmerleistungen von Drittunternehmern. Der Auftraggeber hat dafür zu sorgen, dass die notwendigen Vorleistungen so rechtzeitig zur Verfügung stehen, dass die Leistung des Auftragnehmers darauf aufbauen kann (OLG Hamm, Urt. v. 30.7.2013 – 21 U 84/12). Das ist eine dem Auftraggeber obliegende Mitwirkungshandlung nach § 642 BGB. Die Mitwirkungshandlungen des Auftraggebers sind in einem weiten Sinn zu verstehen und können sowohl in einem Tun als auch in einem Unterlassen bestehen. Maßgebend ist, ob ohne die Mitwirkung des Auftraggebers die Herstellung des Werks erfolgen kann oder nicht. Letzteres ist bei erforderlichen Vorarbeiten, die vom Auftragnehmer nicht geschuldet werden, zweifelsfrei der Fall. Unterlässt der Auftraggeber eine erforderliche Mitwirkungshandlung und gerät er dadurch in Annahme- bzw. Gläubigerverzug, kann dem Auftragnehmer ein Anspruch auf angemessene Entschädigung nach § 642 BGB zustehen (vgl. H. I. 3. b) cc), Rn. 1238 ff.). Das hat der BGH bereits im Jahr 1999 erstmals so entschieden und ist seitdem ständige Rechtsprechung (BGH, Urt. v. 21.10.1999 – VII ZR 185/98 und Urt. v. 20.4.2017 – VII ZR 194/13; OLG Celle, Urt. v. 1.11.2001 – 13 U 148/00; OLG Hamm, Urt. v. 30.7.2013 – 21 U 84/12). Schadensersatzansprüche nach § 6 Abs. 6 VOB/B, die ein Verschulden des Auftraggebers voraussetzen, sind in diesen Fällen nach der Rechtsprechung allerdings nicht gegeben (H. I. 3. b) bb), Rn. 1234 ff.). 1203

Um Entschädigungsansprüche geltend machen zu können, muss der Auftragnehmer Behinderung anzeigen (§ 6 Abs. 1 VOB/B) und seine Leistung anbieten (§ 295 BGB), um den Annahmeverzug des Auftraggebers nach § 642 BGB herbeizuführen. Dafür kann es genügen, dass er seine Mitarbeiter auf der Baustelle zur Verfügung hält und damit zu erkennen gibt, dass er bereit und in der Lage ist, seine Leistungen zu erbringen (BGH, Urt. v. 19.12.2000 – VII ZR 440/01). Zieht der Auftragnehmer dagegen Produktionsmittel von der Baustelle ab, die er nicht durchgehend anderweitig beschäftigen kann, ist ein tatsächliches, also ausdrückliches Angebot des Auftragnehmers der sicherste Weg. Dieses Angebot kann mit einer Behinderungsanzeige verbunden werden (H. I. 4., Rn. 1261 ff.). 1204

cc) Behinderung wegen verspäteter Planbeistellung

Immer wieder kommt es zu Bauablaufstörungen wegen verspätet eingehender oder mangelhafter Pläne. Nach der VOB/B ist grundsätzlich der Auftraggeber verpflichtet, die für die Ausführung nötigen Unterlagen unentgeltlich und vor allem rechtzeitig zu übergeben (§ 3 Abs. 1 VOB/B), wenn Planungsverpflichtungen nicht im Vertrag dem Auftragnehmer übertragen wurden. Ob diese Verpflichtung eine echte Vertragspflicht des Auftraggebers ist, deren Überschreitung zu Schadensersatzansprüchen führt, ist streitig, wird aber von der Rechtsprechung überwiegend abgelehnt (BGH, Urt. v. 21.10.1999 – VII ZR 185/98; KG, Urt. v. 29.1.2019 – 1205

21 U 122/18). Hält man das für zutreffend, kann der Auftragnehmer im Fall verspäteter Planbeistellung wiederum eine angemessene Entschädigung unter den Voraussetzungen des § 642 BGB verlangen. Dass sich dadurch die Ausführungsfristen, auch Vertragsfristen, verlängern können, ist unstreitig, weil es für einen Anspruch auf Verlängerung der Ausführungsfristen nach § 6 Abs. 2 Nr. 1a) VOB/B auf eine schuldhafte Pflichtverletzung des Auftraggebers nicht ankommt (BGH, Urt. v. 21.3.2002 – VIII ZR 224/00; KG, Urt. v. 29.1.2019 – 21 U 122/18).

1206 Wenn bei einer baubegleitenden Planung, der nicht nur von Juristen, sondern auch von technischen Fachleuten mit erheblicher Skepsis begegnet wird, von Anfang an klar ist, dass ein möglicherweise wesentlicher Teil der Planung erst im Verlauf der Ausführungsphase erstellt wird, ist es empfehlenswert, bereits bei Vertragsabschluss neben einem Bauzeitenplan auch einen Planbeistellplan mit konkreten Terminen für die jeweiligen Planungsfortschritte zu vereinbaren und dabei auch die notwendige Dauer der Arbeitsvorbereitung, beispielsweise für Materialbestellungen oder die Anfertigung von Werkstatt- und Montageplänen, zu berücksichtigen. Ist vorgesehen, dass der Auftraggeber Werkstatt- und Montagepläne freigeben muss, sollten auch hierfür konkrete Fristen im Vertrag vereinbart werden. Wenn im Bauvertrag Planübergabefristen vereinbart worden sind, begründet deren Überschreitung eine Vermutung dafür, dass dadurch Behinderungen eintreten (OLG Düsseldorf, Urt. v. 9.5.1996 – 5 U 287/93). Zur Vereinbarung von verbindlichen Planvorlageterminen auf der Grundlage eines Bauzeitenplans ist ein Architekt auch ohne ausdrückliche oder schriftliche Vollmacht des Auftraggebers berechtigt (OLG Köln, Urt. v. 29.12.2016 – 7 U 131/15; BGH, Urt. v. 21.3.2002 – VII ZR 224/00). Auftraggeber äußern gegen Vereinbarungen zur Planlieferung des Öfteren Vorbehalte, weil sie dann eine Vertragspflicht zur fristgemäßen Planübergabe schaffen und bei deren schuldhafter Verletzung Schadensersatzansprüche nach § 6 Abs. 6 VOB/B begründen, die es ohne eine solche Vereinbarung nach der Rechtsprechung nicht gäbe (siehe oben). Auch wenn dieser Einwand zutrifft, muss der Auftraggeber zweierlei bedenken: Zum einen kann der Auftraggeber, auch wenn die rechtzeitige Planbeistellung nur eine Mitwirkungshandlung und keine echte Vertragspflicht ist, zur Zahlung einer angemessenen Entschädigung nach § 642 BGB verpflichtet sein (vgl. H. I. 3. b) cc), Rn. 1238 ff.). Zum anderen sollte das Argument der Rechtssicherheit und Verlässlichkeit stärker gewichtet werden, weil dadurch endlose Streitereien über die Frage, wann Pläne übergeben werden müssen, um die im Bauvertrag vereinbarten Fristen einzuhalten, vermieden werden können. Baubegleitender Streit über solche Fragen führt nicht zu besseren Ergebnissen, vergiftet häufig das Arbeitsklima und mündet am Ende oftmals in unsichere Bauprozesse.

1207 Der Auftraggeber muss bei der Vereinbarung von Planübergabefristen mit Auftragnehmern aber daran denken, auch mit dem Architekten bzw. den Fachplanern *verbindliche* Termine für die Planbeistellung vertraglich zu vereinbaren. Denn allein aus dem Umstand, dass ein Bauwerk zu einem bestimmten Termin fertiggestellt sein muss, können noch keine Vertragsfristen für die Vorlage der jeweiligen Pläne abgeleitet werden (OLG Celle, Urt. v. 6.1.2011 – 16 U 37/10; ähnlich: OLG Düsseldorf, Urt. v. 4.2.2011 – 22 U 123/10).

Wenn Planbeistellfristen nicht vereinbart worden sind, muss der Auftraggeber **1208**
rechtzeitig, also *bevor* Folgen eintreten, unter konkreter Fristsetzung zur Übergabe der notwendigen Pläne aufgefordert werden. Nach fruchtlosem Ablauf dieser Frist sollte eine kalendermäßig bestimmte Nachfrist gesetzt werden. Auf diesem Weg kann auch ohne vereinbarte Fristen eine Behinderung begründet werden (OLG Düsseldorf, Urt. v. 9.5.1996 – 5 U 287/93). Keinesfalls darf der Auftragnehmer *sehenden Auges* bis zur letzten Minute warten, um erst dann mitzuteilen, dass er nunmehr behindert sei. Ein Auftragnehmer sollte sich deshalb so früh wie möglich mit der Frage befassen, wann er unter Berücksichtigung der üblichen Arbeitsvorbereitungsdauer bestimmte bei Vertragsabschluss noch nicht vorliegende Pläne benötigt und dies so rechtzeitig mitteilen, dass sich der Auftraggeber und seine Planer darauf einstellen können. Soll der Auftragnehmer nach den vertraglichen Vereinbarungen einen Bauzeiten- oder Detailterminplan vorlegen, ist es sinnvoll, dort konkret anzugeben, wann zur Ausführung freigegebene Pläne vorliegen müssen, um die Arbeiten fristgemäß fertigstellen zu können. Das ist gerade bei baubegleitender Planung unerlässlich, um Streit zu vermeiden oder für einen solchen ausreichend gewappnet zu sein.

Die sich in diesem Zusammenhang immer wieder stellende Frage, wie detailliert **1209**
ein Architekt oder ein Ingenieur Leistungen zu planen hat, lässt sich nicht pauschal beantworten. Die Planung muss jedenfalls bei handwerklich ordnungsgemäßer Ausführung zu einer fachlich richtigen, vollständigen und dauerhaft gebrauchsfähigen Leistung führen. Im Ausgangspunkt hat der mit der Ausführungsplanung beauftragte Architekt oder Fachplaner die Lösung der Bauaufgabe *ausführungsreif* zeichnerisch darzustellen und mit den erforderlichen textlichen Ausführungen zu versehen (BGH, Urt. v. 18.5.2000 – VII ZR 436/98). Dabei müssen die Leistungen umfassend zeichnerisch dargestellt und insbesondere *haftungskritische Arbeiten*, wie beispielsweise eine Abdichtung gegen Feuchtigkeit, sorgfältig im Sinne einer bis ins kleinste Detail gehenden Ausführungsplanung dargestellt werden, die dem Auftragnehmer alle maßgeblichen Informationen in einer jedes Risiko ausschließenden Weise verdeutlicht (so ausdrücklich: BGH, Urt. v. 15.6.2000 – 21 U 68/14 und OLG Düsseldorf, Urt. v. 16.6.2017 – 22 U 14/17 und Urt. v. 5.2.2013 – 23 U 185/11; ähnlich: OLG Stuttgart, Urt. v. 30.11.2010 – 10 U 67/10). Das hat in jüngster Zeit auch das OLG Hamm für die Ausführung eines unbelüfteten Dachs (sogenanntes „Warmdach") bzw. für die Planung von Fenstern in zwei Entscheidungen ausdrücklich betont (OLG Hamm, Urt. v.

18.1.2021 – 21 U 68/14 und Urt. v. 3.12.2020 – 24 U 14/20). *Bei „schadensanfälligen Dachkonstruktionen bedürfen die Anschlüsse in den Fensterbereichen einer eingehenden Planung"*, wobei der Architekt auch *„im Einzelnen festzulegen (hat), welcher Bauunternehmer welche Anschlussarbeiten in diesem Bereich"* vorzunehmen hat, so das OLG Hamm zu Recht. Das heißt: Je schadensträchtiger die Ausführung ist, desto detaillierter muss die Planung des Architekten oder Fachplaners sein, insbesondere, wenn an der Ausführung mehrere Auftragnehmer beteiligt sind. Zur Abgrenzung der von den Fachplanern im Rahmen der technischen Ausrüstungen geschuldeten Planungsleistungen und jenen der ausführenden Firmen im Rahmen der Erstellung der Werkstatt- und Montageplanung gibt die VOB/C in den Abschnitten 3 der DIN 18379 (raumlufttechnische Anlagen), der DIN 18380 (Heizungsanlagen und zentrale Wassererwärmungsanlagen), der DIN 18382 (Nieder- und Mittelspannungsanlagen bis 36 kV) und der DIN 18386 (Gebäudeautomation) wertvolle Hinweise (vgl. dazu auch den Aufsatz von Simmendinger, IBR 2012, 1015 sowie Kapitel B. I. 1., Rn. 272 ff.). Es dürfte aber klar sein, dass Werkstatt- und Montagepläne Arbeitsvorbereitungspläne sind, die auf der Basis von Ausführungsplänen nach den Leistungsphasen der HOAI erstellt werden und prinzipiell nicht darstellen, „was", sondern „wie" die vom Auftraggeber geplante Leistung handwerklich umgesetzt wird.

dd) Behinderung wegen technischer Nachträge oder Mehrmengen

1210 Technische Nachträge liegen prinzipiell im Verantwortungsbereich des Auftraggebers, weil der Auftragnehmer die Ausführung nicht beauftragter, aber notwendiger Leistungen sowie die Änderung von Leistungen – jedenfalls bei auftraggeberseitiger Planung und Ausschreibung – nicht zu verantworten hat (OLG Stuttgart, Urt. v. 29.11.2011 – 10 U 85/11; OLG Köln, Urt. v. 30.7.2013 – 24 U 179/11). Auch den Bauablauf entscheidend beeinflussende unvorhersehbare Mehrmengen ohne Anordnung des Auftraggebers von über 10 % können eine Verlängerung der Ausführungsfristen nach sich ziehen (OLG Dresden, Urt. v. 9.1.2013 – 1 U 1554/09). Führt eine Nachtragsleistung zu einer Verlängerung der Bauzeit, wird auch der zeitliche Mehraufwand, also insbesondere die bauzeitabhängigen Kosten, gemäß § 2 Abs. 5 oder Abs. 6 VOB/B vergütet (OLG Köln, Urt. v. 3.2.2021 – 11 U 136/18).

1211 Nicht jeder Nachtrag oder jede Mengenmehrung hat jedoch zwingend oder gar automatisch bauzeitverlängernde Wirkung. Ist beispielsweise das Erdreich – entgegen der Ausschreibung – stärker kontaminiert, erhöhen sich zwar die Deponiegebühren erheblich, wohingegen die Bauzeit jedenfalls dann nicht berührt wird, wenn keine andere Deponie angefahren werden muss. Es ist ferner denkbar, dass ein Auftragnehmer durch eine *geschickte* Organisation der zusätzlichen oder geänderten Leistungen oder die Ausnutzung von Zeitpuffern den vorgesehenen Bauablauf einhalten kann. Zu solchen Maßnahmen ist ein Auftragnehmer nach § 6 Abs. 3 VOB/B auch verpflichtet.

Sofern technische Nachträge oder Mengenmehrungen dagegen zeitliche Folgen haben, gilt: Der Auftragnehmer muss die Behinderung nach § 6 Abs. 1 VOB/B anzeigen, um die fristverlängernde Wirkung zu erreichen (OLG Stuttgart, Urt. v. 29.11.2011 – 10 U 58/11). Er sollte darüber hinaus dokumentieren, wann und durch welches Personal die geänderten oder zusätzlichen Leistungen ausgeführt worden sind. Eine *automatische* Fristverlängerung wird nur dann zu bejahen sein, wenn die zeitlichen Auswirkungen für den Auftraggeber völlig offenkundig sind (§ 6 Abs. 1 Satz 2 VOB/B, dazu OLG Köln, Urt. v. 30.7.2013 – 24 U 179/11). Darauf sollte sich ein Auftragnehmer im Zweifel aber nicht verlassen, zumal in vielen Bauverträgen ausdrücklich geregelt ist, dass die Bauzeitrelevanz von Nachträgen immer angezeigt werden muss. **1212**

ee) Behinderung aus Rechtsgründen

Auch rechtliche Gründe können zu einer Behinderung führen. Wurde dem Auftraggeber beispielsweise angezeigt, dass eine zusätzliche Leistung nur gegen eine besondere Vergütung ausgeführt wird und hat der Auftraggeber eindeutig und endgültig zum Ausdruck gebracht, dass er den sachlich berechtigten Nachtrag nicht bezahlen werde, kann der Auftragnehmer die Ausführung dieser Leistung verweigern und Behinderung anzeigen (OLG Bremen, Urt. v. 6.5.2008 – 3 U 50/07; BGH, Urt. v. 24.6.2004 – VII ZR 271/01). Gleiches gilt, wenn eine fällige und einredefreie Abschlagsrechnung trotz Nachfristsetzung nicht bezahlt (§ 16 Abs. 5 Nr. 4 VOB/B) oder eine Sicherheit nach § 650f BGB (vormals: § 648a BGB) nicht geleistet wird (OLG Dresden, Urt. v. 19.6.2018 – 6 U 1233/17; OLG Düsseldorf, Urt. v. 12.4.2019 – 12 U 68/18; KG, Urt. v. 16.2.2018 – 21 U 66/16). Auch nicht bezahlte Nachträge, die in Abschlagsrechnungen geltend gemacht werden, rechtfertigen unter den Voraussetzungen des § 16 Abs. 5 Nr. 4 VOB/B die Ausübung eines Leistungsverweigerungsrechts. Hierfür ist unerheblich, dass wegen des Nachtrags noch keine Preisvereinbarung zustande gekommen ist (BGH, Beschl. v. 24.5.2012 – VII ZR 34/11; LG Leipzig, Urt. v. 8.2.2008 – 04HK O 7871/03). **1213**

c) Höhere Gewalt oder andere unabwendbare Umstände

Dritte Möglichkeit: Die Fristüberschreitung ist von keiner Vertragspartei verschuldet; sie beruht entweder auf höherer Gewalt (beispielsweise der Corona-Pandemie, vgl. H. II. 7., Rn. 1383 ff.) oder ist für den Auftragnehmer objektiv unabwendbar, wie beispielsweise Witterungsverhältnisse, mit denen normalerweise nicht gerechnet werden musste, die also einen statistischen Ausreißer darstellen (vgl. dazu im Einzelnen H. II. 6., Rn. 1360 ff.). Auch hier folgt bereits aus der VOB/B selbst, dass der Auftragnehmer grundsätzlich einen Anspruch auf Verlängerung der Ausführungsfristen hat (§ 6 Abs. 2 Nr. 1c) VOB/B) und deshalb nicht in Verzug geraten kann, weil die Überschreitung der vereinbarten Ausführungsfristen dann nicht auf seinem Verschulden beruht. **1214**

d) Ursachen aus unterschiedlichen Verantwortungsbereichen

1215 Es ist natürlich auch denkbar, dass alle Einzelursachen für Bauzeitüberschreitungen bei ein und demselben Bauvorhaben zu verschiedenen Zeitpunkten oder parallel auftreten. So kann beispielsweise zum vereinbarten Baubeginn eine Vorunternehmerleistung fehlen, die für die Ausführung der beauftragten Leistung erforderlich ist, sodass mit den Arbeiten statt am 10.1.2021 erst am 15.2.2021 begonnen werden konnte. Vom 15.3. bis zum 30.3.2021 können völlig unvorhersehbare Witterungsverhältnisse aufgetreten sein, die ebenfalls ausführungsfristverlängernd wirkten. Wenn der Auftragnehmer trotz Berücksichtigung der daraus resultierenden Ausführungsfristverlängerung noch um einen weiteren Monat später fertig wurde, ist naheliegend, dass er diese Fristüberschreitung selbst zu vertreten hat, wenn entweder keine weiteren Behinderungen aufgetreten oder vom Auftragnehmer nicht dokumentiert worden sind, weshalb er sie im Streitfall nicht beweisen kann.

e) Sonderproblem: Doppelkausalität

1216 Kritisch sind Fälle, in denen zwei Verursachungsbeiträge parallel laufen, wobei jede Ursache für sich allein dazu führt, dass während eines bestimmten Zeitraums nicht gearbeitet werden kann.

1217 **Beispiel:** Der Auftragnehmer soll am 1.6.2020 beginnen und die Arbeiten am 1.6.2021 fertigstellen. Zum vereinbarten Termin (1.6.2020) liegt die vom Auftraggeber beizubringende Baugenehmigung nicht vor. Diese wird erst am 1.10.2020 erteilt. Unstreitig hat der Auftragnehmer aber vom 1.6. bis 1.8.2020 weder Personal noch Gerät, um die Arbeiten auszuführen. Das kann er erst ab dem 2.8.2020.

1218 Die erste Frage ist, um welchen Zeitraum sich der Fertigstellungstermin verschiebt. Theoretisch könnte man über eine Quotierung im Verhältnis 50:50 nachdenken, was im Ergebnis hieße, dass sich die ursprüngliche Bauzeit von zwölf Monaten auf zehn Monate verkürzen würde. Denn am 2.8.2020 konnte der Auftragnehmer aufgrund der nach wie vor fehlenden Baugenehmigung nicht mit den Arbeiten beginnen; dies war erst nach deren Vorlage, also am 1.10.2020 möglich. Deshalb ist es richtig, die Fristverlängerung ungekürzt nach dem vom Auftraggeber verursachten Störungszeitraum zu berechnen.

1219 Da der Auftragnehmer zum vorgesehenen Beginntermin (1.6.2020) aber nicht leistungsbereit war, kann er jedenfalls bis zum 2.8.2020 weder Schadensersatz (§ 6 Abs. 6 VOB/B) noch Entschädigung (§ 642 BGB) verlangen. Dies ist erst ab dem 2.8.2020, also dem Zeitpunkt seiner eigenen Leistungsbereitschaft, der Fall.

1220 Daneben gibt es Fälle sogenannter *kumulativer Kausalität*. Dort wirken zwei Ursachen zusammen, die zu einer Behinderung führen, wobei die Behinderung bereits entfiele, wenn es eine der beiden Ursachen nicht gäbe.

Beispiel: Der Auftraggeber erteilt eine technisch falsche Anordnung zur Ausführung einer Leistung, die anschließend zurückgebaut und neu hergestellt werden muss. Der Auftragnehmer hätte dies erkennen und Bedenken gegen die Anordnung anzeigen müssen (§ 4 Abs. 3 VOB/B). 1221

Dauern der Rückbau und die Neuherstellung vier Wochen, dürfte es richtig sein, die Verursachungsanteile nach dem Maß der Mitverursachung bzw. des Mitverschuldens zu quoteln, wobei hier Schätzungen nach § 287 ZPO zulässig sind (BGH, BauR 1993, 600). 1222

3. Ansprüche des Auftragnehmers bei Behinderungen oder für ihn unabwendbaren Umständen

a) Zeitliche Folge: Ausführungsfristverlängerung nach der „Dauer" der Behinderung (§ 6 Abs. 4 VOB/B)

Die Ausführungsfristen werden nach § 6 Abs. 2 VOB/B verlängert, wenn die Ursache der Behinderung aus dem Risikobereich des Auftraggebers stammt, höhere Gewalt oder andere für den Auftragnehmer unabwendbare Umstände vorliegen (vgl. H. I. 2. b) und c), Rn. 1200 und 1214 ff.). Ein Verschulden des Auftraggebers ist nach dem Wortlaut der Vorschrift dafür nicht erforderlich (OLG Düsseldorf, Urt. v. 28.2.2014 – 22 U 112/13), wohl aber eine Behinderungsanzeige des Auftragnehmers nach § 6 Abs. 1 VOB/B (vgl. H. I. 4., Rn. 1261 ff.). 1223

Schwierig wird es bei der Frage, wie die Ausführungsfristverlängerung berechnet wird. Dazu gibt es in der VOB/B eine Regelung in § 6 Abs. 4. Dort heißt es: *„Die Fristverlängerung wird berechnet nach der Dauer der Behinderung mit einem Zuschlag für die Wiederaufnahme der Arbeiten und die etwaige Verschiebung in eine ungünstigere Jahreszeit."* Mit dieser Vorschrift kommt man einigermaßen gut zurecht, wenn bestimmte Arbeiten beispielsweise erst einen Monat später beginnen konnten, weil der Auftragnehmer dann (frühestens) einen Monat später fertig sein muss. Streiten kann man hier nur über den Zuschlag für die Wiederaufnahme der Arbeit oder die weiteren zeitlichen Folgen durch eine Verschiebung der Ausführungszeit in eine eventuell ungünstigere Jahreszeit. Es liegt auf der Hand, dass bei einer Unterbrechung der Arbeiten möglicherweise abtransportierte Geräte oder Teile der Baustelleneinrichtung erst wieder herangeschafft werden müssen. Denkbar ist auch, dass der Auftragnehmer seine gewerblichen Arbeitskräfte oder auch das Aufsichtspersonal zur Vermeidung von Stillstandskosten anderweitig eingesetzt hat bzw. einsetzen musste, nun aber nicht „auf Zuruf" in der Lage ist, die Arbeiten nach Wegfall der Unterbrechung unverzüglich wieder aufzunehmen. Stattdessen darf er den anderen Auftrag zu Ende führen, bevor er die behinderungsbedingt unterbrochenen Leistungen wiederaufnehmen muss (so zu Recht: OLG Stuttgart, Urt. v. 5.2.1974 – 4 U 64/73 und OLG Köln, Urt. v. 6.6.2003 – 19 U 217/02). 1224

1225 Es ist wie sooft: Die Dauer für die Wiederaufnahme bemisst sich nach den jeweiligen Umständen des Einzelfalls. Möglicherweise kann man sich dabei an der Regelung in § 5 Abs. 2 VOB/B orientieren. Danach muss der Auftragnehmer, wenn für den Beginn der Ausführung keine Frist vereinbart ist, innerhalb von zwölf Werktagen nach Aufforderung beginnen. Andererseits sind Fälle vorstellbar, in denen diese Frist kürzer oder auch länger sein kann. Deshalb ist es empfehlenswert, mit dem Auftraggeber zu sprechen und ihn zu fragen, ob er eine durchgehende Leistungsbereitschaft auch während des Unterbrechungszeitraums wünscht, was einerseits die Wiederaufnahmefrist verkürzt, andererseits aber auch zu Entschädigungsansprüchen nach § 642 BGB führt, wenn und soweit der Auftragnehmer seine Produktionsmittel nutzlos bereithält. Setzt er sie dagegen anderweitig – produktiv – ein, beispielsweise indem er einen Auftrag vorzieht oder einen neuen Auftrag annimmt, hat dies zwar Auswirkungen auf die Höhe der Entschädigung, kann aber dazu führen, dass die Wiederaufnahmefrist nach Wegfall der Unterbrechung länger ist. Wenn solche Fragen im Raum stehen, ist es wegen des Kooperationsgebots sinnvoll, dem Auftraggeber die unterschiedlichen Alternativen bzw. ihre zeitlichen und wirtschaftlichen Konsequenzen aufzuzeigen und ihm die Entscheidung zu überlassen. Ob eine Behinderung oder Unterbrechung zu einer Verschiebung der Arbeiten in eine ungünstigere Jahreszeit führt, was einen zeitlichen Zuschlag über die ursprünglich vereinbarte Ausführungsdauer hinaus zur Folge hat, muss gewerke- bzw. leistungsbezogen beurteilt werden. Dem Auftragnehmer ist in solchen Fällen dringend zu empfehlen, die Produktivität bzw. ihren Abfall während der Leistungsausführung in der ungünstigeren Jahreszeit durch Aufmaße und Bautagesberichte genau zu dokumentieren, damit ein Gericht im Streitfall jedenfalls zu Schätzungen anhand der Dokumentation in der Lage ist.

1226 Wesentlich schwieriger ist die Berechnung der Ausführungsfristverlängerung, wenn zwar gearbeitet wurde – genauer: die Produktionsmittel des Auftragnehmers durchgehend und unvermindert auf der Baustelle bereitgehalten wurden –, die Arbeiten aber nur verlangsamt – also unproduktiv – vorangingen, beispielsweise weil Vorunternehmerleistungen gefehlt haben oder der Auftraggeber durch Anordnungen den Bauablauf umgestellt hat, sodass es zu einem ständige Wechsel des Arbeitsplatzes mit entsprechenden Umrüst-, Leer- und Wartezeiten kam. Ein weiteres Beispiel für unproduktives Arbeiten wäre, wenn ein vom Auftraggeber zu stellender Bauaufzug beispielsweise an insgesamt zehn Arbeitstagen nicht für Materialtransporte zur Verfügung steht, weil er defekt oder für andere Unternehmer gesperrt war. In solchen und vergleichbaren Fällen kann man die Ausführungsfristverlängerung nicht nach der Dauer der Behinderung berechnen. Denn es ist gearbeitet worden, wenn auch weniger produktiv, als es bei einem zur Verfügung stehenden Bauaufzug der Fall gewesen wäre. Dass der Auftragnehmer auch hierfür entschädigt werden muss, steht außer Frage. Fraglich ist dagegen, was er in solchen Fällen konkret dokumentieren muss, um seinen Anspruch plausibel darlegen zu können. Dass Behinderungsanzeigen dafür allein nicht ausreichend sind, versteht sich von selbst. Denn sie müssen zum Beginn der Behinderung geschrieben werden und können keine Aussagen über die erst danach eintretenden zeitlichen und wirtschaftlichen Folgen der Behinderung treffen. Gerade hier, also beim verlangsamten Bauablauf aufgrund schleichender Behinderungen, kommt Bautagesberichten und zeitnahen Aufmaßen überragende Bedeutung zu (vgl. H. II. 1. c) bb), Rn. 1306 ff.).

b) Wirtschaftliche Folgen von Behinderungen: „Mehrkosten"

Behinderungen wirken sich regelmäßig auch wirtschaftlich aus. In gerichtlichen Auseinandersetzungen geht es insbesondere um Ansprüche aus folgenden Gründen: **1227**

- Längere Anwesenheit des Bauüberwachungspersonals (Bauleiter, Polier etc.)
- Längere Vorhaltung der Baustelleneinrichtung sowie der Geräte, Werkzeuge und Maschinen
- keine anderweitigen Einsatzmöglichkeiten für das (unproduktiv) bereitgehaltene Personal (gewerbliche Arbeitskräfte und Bauleitung oder die Maschinen, Geräte etc.) bei verschobenen oder unterbrochenen Leistungen
- Produktivitätsverluste und Minderleistungen bei verlangsamtem Bauablauf durch
  - Wartezeiten des Personals, beispielsweise wegen nicht fertiggestellter Vorunternehmerleistungen
  - häufige Wechsel des Arbeitsplatzes wegen Anordnungen des Auftraggebers mit unproduktiven Wege- bzw. Transportzeiten und einem Verlust von Einarbeitungseffekten
  - ungünstige Kolonnenzusammensetzung
  - Änderungen der optimalen Abschnittsgrößen
- Zusatz- und Minderleistungen bei Stilllegung und Wiederaufnahme der Arbeiten
- Materialverteuerung/Lohnerhöhungen
- Erhöhte Nachunternehmerkosten
- Nicht gedeckte Allgemeine Geschäftskosten
- Entgangener Gewinn
- Interne und externe Dokumentationskosten

Solche Behinderungsfolgen können prinzipiell verursacht werden durch: **1228**

- vom Auftraggeber *verschuldete Behinderungen*. Das begründet Schadensersatzansprüche des Auftragnehmers nach § 6 Abs. 6 Satz 1 VOB/B, wenn der Auftraggeber oder seine Erfüllungsgehilfen vertraglich übernommene Verpflichtungen verletzt haben und dies vermeidbar war. Schuldet der Auftraggeber Genehmigungen für das Bauvorhaben nach § 4 Abs. 1 Nr. 1 Satz 2 VOB/B, muss er dafür sorgen, dass diese rechtzeitig vorliegen und dazu die erforderlichen Unterlagen wiederum rechtzeitig zusammenstellen und den Genehmigungsbehörden vorlegen. Übliche Verzögerungen bei der Erteilung von Genehmigungen sind vom Auftraggeber einzukalkulieren. Soweit der Auftraggeber nach § 4 Abs. 1 Nr. 1 Satz 1 VOB/B Koordinierungspflichten hat, muss er für schuldhafte Pflichtverletzungen, auch für Pflichtverletzungen von Architekten und Ingenieuren, einstehen. Die verspätete Lieferung von zur Ausführung freigegebenen Plänen soll dagegen nach der Rechtsprechung des BGH nur dann Schadensersatzansprüche begründen, wenn der Auftraggeber sich im Vertrag ausdrücklich *verpflichtet* hat, Pläne zu bestimmten Zeitpunkten verbindlich zu übergeben (siehe oben unter H. I. 2. b) cc), Rn. 1205 ff.). Denn die Mitwirkungshandlungen des Auftraggebers, selbst wenn sie zur Erfüllung der Werkleistung erforderlich sind, sollen danach regelmäßig bloße *Obliegenheiten* darstellen, sofern die Vertragsauslegung nicht ausnahmsweise ergibt, dass es sich dabei um eine Vertragspflicht handelt. So hat kürzlich das OLG Düsseldorf in den Entscheidungsgründen wortwörtlich ausgeführt: *„Die Mitwirkung des Auftraggebers bei der Durchführung des Bauvorhabens gehört nicht zu seinen vertraglichen Hauptpflichten"* (OLG Düsseldorf, Urt. v. 19.12.2019 – 5 U 52/19). Das bewegt sich nah an der Grenze zur Absurdität, ist juristische Haarspalterei und sachlich nicht berechtigt. Momentan führt aber kein Weg daran vorbei, dass die Rechtsprechung der Instanzgerichte dem BGH in dieser Frage folgt und auch bei nicht rechtzeitig fertiggestellten Vorleistungen Dritter Schadensersatzansprüche verneint, Entschädigungsansprüche nach § 642 BGB dagegen gewährt. Denn dafür reicht die Verletzung von Mitwirkungshandlungen oder von Obliegenheiten aus (vgl. dazu H. I. 3. b) cc), Rn. 1238 ff.).

- vom Auftraggeber unterlassene oder *verspätete Mitwirkungshandlungen*, beispielsweise im Fall fehlender oder mangelhafter Vorunternehmerleistungen (siehe oben). Daraus können seit einer BGH-Entscheidung aus dem Jahr 1999 vom Verschulden des Auftraggebers unabhängige Entschädigungsansprüche nach § 642 BGB resultieren. Dieses BGH-Urteil und die oben geschilderte Rechtsprechung zu den in der Regel unerfüllbaren Voraussetzungen für Schadensersatzansprüche sind der wesentliche Grund dafür, weshalb § 642 BGB den Schadensersatzanspruch nach § 6 Abs. 6 VOB/B in den vergangenen 20 Jahren praktisch vollständig verdrängt hat. Möglicherweise spielt § 6 Abs. 6 VOB/B aber aufgrund der aktuellen Rechtsprechung des BGH zu § 642 BGB zukünftig wieder eine größere Rolle (vgl. H. I. 3. b) cc), Rn. 1238 ff.).
- *rechtmäßige Anordnungen des Auftraggebers* mit zeitlichen Auswirkungen. Wir verstehen darunter bauzeitrelevante Anordnungen, bei denen der Auftraggeber *keine andere Wahl* hat, weil ansonsten die Leistung nicht hergestellt werden kann. Natürlich muss ein Auftragnehmer beispielsweise eine geänderte Straßenführung für den Abtransport von Erdreich akzeptieren, wenn die ursprünglich vorgesehene Straße aufgrund behördlicher Anordnung gesperrt

wird (OLG Naumburg, Urt. v. 30.6.2011 – 2 U 113/09). Das führt überwiegender Auffassung nach zu einem *Behinderungsnachtrag* wegen Bauumstandsänderungen (*„andere Anordnungen des Auftraggebers“)* nach § 2 Abs. 5 VOB/B (Kimmich, BauR 2008, 263, 264 ff.).

- *andere, nicht zwingend notwendige Anordnungen* des Auftraggebers mit zeitlichen Auswirkungen (beispielsweise: Verkürzung der Bauzeit, Beschleunigungsanordnungen). Solche Anordnungen sind prinzipiell nicht erlaubt, also rechtswidrig. Denn ein Auftraggeber ist grundsätzlich nicht berechtigt, einseitig die Bauzeit zu verkürzen, um beispielsweise den Verzug eines anderen Unternehmers oder eigene Versäumnisse aufholen zu lassen (vgl. G. II. 5., Rn. 1161 ff.). Dennoch wird sich ein Auftragnehmer auch solchen rechtswidrigen Anordnungen häufig unter dem Zwang der Verhältnisse beugen. In diesem Fall kann er neben Schadensersatzansprüchen nach § 6 Abs. 6 VOB/B wahlweise auch Ansprüche nach § 2 Abs. 5 VOB/B geltend machen.
- *technische Nachträge*. Wenn der Auftraggeber erforderliche Zusatzleistungen oder geänderte Leistungen nach § 1 Abs. 3 oder Abs. 4 Satz 1 VOB/B anordnet, führt dies zu Ansprüchen auf Vergütungsänderung nach § 2 Abs. 5 oder Abs. 6 VOB/B. Solche Anordnungen sind nach der VOB/B erlaubt, also nicht rechtswidrig und können schon deshalb keine Schadensersatzansprüche nach § 6 Abs. 6 VOB/B begründen. Wenn Nachtragsleistungen aber bauzeitrelevant sind, verlängern sich die Ausführungsfristen wie bei sonstigen Behinderungen auch, vorausgesetzt, es liegt eine ordnungsgemäße Behinderungsanzeige oder ihre Entbehrlichkeit wegen Offenkundigkeit vor (§ 6 Abs. 1 VOB/B). Das gilt prinzipiell auch für Mehrmengen wegen falscher Mengenangaben nach § 2 Abs. 3 Nr. 2 VOB/B ohne Anordnungen des Auftraggebers (OLG Dresden, Urt. v. 9.1.2013 – 1 U 1554/09; OLG Köln, Urt. v. 30.7.2013 – 24 U 179/11; OLG Stuttgart, Urt. v. 29.11.2011 – 10 U 58/11). Der Auftragnehmer muss die aus einem technischen Nachtrag oder Mehrmengen resultierende Bauzeitverlängerung nicht ohne Ausgleich hinnehmen. Vielmehr ist er berechtigt, neben den Herstellkosten für die geänderten oder zusätzlichen Leistungen auch alle zeitlichen Auswirkungen, wie beispielsweise den verlängerten Einsatz der Bauleitung oder eine verlängerte Vorhaltung der Baustelleneinrichtung, im Rahmen der Nachtragsvergütung gemäß § 2 Abs. 5 oder Abs. 6 VOB/B (OLG Köln, Urt. v. 3.2.2021 – 11 U 136/18) geltend zu machen. Er muss diese Kosten aber bereits in seinem Nachtragsangebot berücksichtigen oder – falls dies zum Zeitpunkt der Erstellung des Nachtragsangebots noch nicht möglich sein sollte – einen ausdrücklichen Vorbehalt der Nachforderung von bauzeitabhängigen Kosten erklären, weil er anderenfalls mit solchen Forderungen ausgeschlossen sein kann (KG, Urt. v. 22.6.2018 – 7 U 111/17; OLG Düsseldorf, Beschl. v. 24.7.2017 – 23 U 11/16; OLG München, Urt. v. 26.9.2017 – 28 U 2834/09).

1229 Prinzipiell kommen für den Auftragnehmer also mehrere Möglichkeiten der Geltendmachung behinderungsbedingter Mehrkosten in Betracht. Teilweise kann er sich die Anspruchsgrundlage aussuchen, teilweise nicht, weil nur eine Vorschrift in Betracht kommt (vgl. H. II. 5., Rn. 1357 ff.). Für den Praktiker kommt es meistens weniger auf die juristischen Details dieser Vorschriften an, sondern eher auf die Beachtung der bei allen Anspruchsgrundlagen gleichermaßen bestehenden *Dokumentationspflichten*. Denn Ansprüche wegen Behinderungen scheitern bei Gericht regelmäßig daran, dass diese Dokumentationspflichten nicht oder jedenfalls nicht hinreichend genau beachtet worden sind. Wegen der überragenden Wichtigkeit dieses Themas werden die damit im Zusammenhang stehenden Fragen gesondert unter H. II. 1., Rn. 1286 ff. besprochen. In jüngerer Zeit hat die Abgrenzung zwischen Entschädigungsansprüchen nach § 642 BGB und Schadensersatzansprüchen nach § 6 Abs. 6 VOB/B wegen der aktuellen Rechtsprechung des BGH wieder an Bedeutung zugenommen. Deshalb müssen wir uns mit den Voraussetzungen, aber auch mit den Berechnungsmethoden dieser Bestimmungen näher befassen. Beginnen wir zunächst mit zeitlichen Folgen, die auf Anordnungen von Vertretungsberechtigten des Auftraggebers beruhen.

aa) Behinderungsnachtrag (§ 2 Abs. 5 VOB/B)

1230 Trifft der Auftraggeber eine *rechtmäßige* Anordnung mit zeitlichen Folgen aufgrund zwingender technischer Notwendigkeit, hat der Auftragnehmer nach überwiegender Auffassung Vergütungsansprüche nach § 2 Abs. 5 VOB/B (*Behinderungsnachtrag*). Solche Anordnungen begründen keine Schadensersatzansprüche nach § 6 Abs. 6 VOB/B, weil sie erlaubt und infolgedessen nicht rechtswidrig sind. Der Auftragnehmer hat dadurch aber keinen Nachteil, weil er auf der Grundlage seiner Auftragskalkulation in vollem Umfang vergütet wird.

1231 Befolgt der Auftragnehmer nicht erlaubte Anordnungen, beispielsweise unter dem Zwang der Verhältnisse, kann er die Folgen ebenfalls nach § 2 Abs. 5 VOB/B, wahlweise auch Schadensersatz gemäß § 6 Abs. 6 VOB/B, verlangen (OLG Naumburg, Urt. v. 23.6.2011 – 2 U 113/09; OLG Celle, Urt. v. 22.7.2009 – 14 U 166/08).

1232 Wenn der BGH seine Rechtsprechung vom 8.8.2019 zu Mehrmengen nach § 2 Abs. 3 Nr. 2 VOB/B auch auf VOB/B-Nachtragsansprüche überträgt – wovon auszugehen ist – kommt es für die Berechnung der Ansprüche, ähnlich wie beim Schadensersatz nach § 6 Abs. 6 VOB/B, auf tatsächlich erforderliche Mehrkosten zuzüglich angemessener Zuschläge für AGK sowie Wagnis und Gewinn an (vgl. dazu D. I. 2. b), Rn. 554 ff. und E. I. 5. a), Rn. 784 ff.). In diese Richtung ging bereits eine ältere Entscheidung des BGH aus dem Jahr 2009 (BGH, Urt. v. 10.9.2009 – VII ZR 152/08). In diesem Fall ging es um die verspätete Zuschlagserteilung eines öffentlichen Auftraggebers wegen verzögerter Bereitstellung von Haushaltsmitteln im Rahmen eines Vergabeverfahrens nach der VOB/A. Die Klägerin machte Ansprüche für gestiegene Stoff-, Material- und Nachunternehmerkosten in Höhe von ca. 1,3 Mio. € geltend. Der BGH hat diesen Ansprüchen trotz einer vom Bieter erklärten Bindefristverlängerung stattgegeben, zur Anspruchshöhe aber – seinerzeit überraschend – ausgeführt, dass *„in Anlehnung an die Grundsätze des § 2 Abs. 5 VOB/B"* nur diejenigen *„Mehrkosten"* zu berücksichtigen seien, die ursächlich auf die Verschiebung der Bauzeit zurückzuführen sind (ebenso: OLG Brandenburg, Urt. v. 15.12.2016 – 12 U 179/15). Damit hat der BGH ausdrücklich keine Fortschreibung der Auftragskalkulation, sondern – wie beim Schadensersatzanspruch – eine Darlegung der Differenz zwischen den tatsächlichen Kosten der verschobenen Ausführungszeit im Vergleich zu den hypothetischen Kosten der ursprünglich ausgeschriebenen Bauzeit verlangt. Die Kalkulation des klagenden Bieters im Hinblick auf Materialpreise und Nachunternehmerleistungen hielt der BGH nicht für maßgebend.

Bei den Zuschlagssätzen für Allgemeine Geschäftskosten und Gewinn unterscheidet sich der Schadensersatzanspruch aber vom Vergütungsanspruch nach § 2 Abs. 5 VOB/B, und zwar unabhängig davon, ob man ihn vorkalkulatorisch oder nach der neuen Rechtsprechung des BGH ermittelt (dazu sogleich). **1233**

bb) Schadensersatz (§ 6 Abs. 6 VOB/B)

Behinderungen können zu Schadensersatzansprüchen nach § 6 Abs. 6 Satz 1 VOB/B führen. Voraussetzung ist, dass der Auftraggeber oder seine Erfüllungsgehilfen – deren Verschulden er sich nach § 278 BGB zurechnen lassen muss – die Behinderung mindestens fahrlässig verursacht haben. Der Auftraggeber haftet folglich für *schuldhafte* Pflichtverletzungen. Der Auftragnehmer ist für das Verschulden des Auftraggebers nicht beweispflichtig. Vielmehr muss sich Letzterer von diesem Vorwurf entlasten. **1234**

Der Schadensersatzanspruch wurde noch nie auf vorkalkulatorischer Basis ermittelt, wie es nach dem bisherigen Verständnis der VOB/B bei Nachtragsansprüchen der Fall war (siehe oben). Vielmehr kam es darauf an, welche *tatsächlichen Mehrkosten* durch die Behinderung konkret entstanden sind. Der Schaden besteht in Höhe der *Differenz* zwischen der hypothetischen Vermögenslage des Auftragnehmers ohne die Behinderung und der tatsächlichen Vermögenslage, so wie sie durch die Störung verursacht worden ist. Muss der Auftragnehmer seine Mitarbeiter aufgrund der Behinderung unter Fortzahlung des Arbeitslohns oder Gehalts freistellen, ist für den Schadensersatzanspruch infolgedessen maßgeblich, welche Lohn- bzw. Gehaltskosten tatsächlich aufgewendet worden sind. Auf die kalkulierten oder übliche Stundenverrechnungsansätze kommt es deshalb nicht an (OLG Celle, Urt. v. 4.3.2020 – 7 U 334/18). **1235**

Unbestritten ist, dass der Auftragnehmer die durch die Bauzeitverlängerung zusätzlich angefallenen direkten Kosten (beispielsweise durch längere Vorhaltung der Baustelleneinrichtung sowie der Bauleitung etc.) mit dem AGK-Zuschlag nach seiner Auftragskalkulation berechnen kann, jedenfalls wenn dieser Zuschlags- **1236** satz der Angemessenheit entspricht (sogenannte Zuschlagsberechnung, vgl. OLG Düsseldorf, BauR 1998, 487; OLG München, Urt. v. 9.11.1990 – 23 U 4090/90). Fraglich und umstritten ist dagegen, ob der Auftragnehmer seine wegen der Behinderung unterdeckten AGK geltend machen kann (sogenannte Unterdeckungsberechnung). Die Rechtsprechung lehnt dies überwiegend ab (LG Mainz, Urt. v. 8.1.2016 – 2 O 328/14; OLG Köln, Beschl. v. 23.2.2015 – 17 U 35/14 und LG Bonn, Urt. v. 10.3.2014 – 1 O 360/12). Dagegen haben namhafte Baubetriebswirte die Unterdeckungsberechnung befürwortet, insbesondere wenn der Auftragnehmer während der Bauzeitverlängerung im Grenzbereich von 100 % ausgelastet war, sodass er in dieser Periode tatsächlich keine neuen Aufträge annehmen und ausführen konnte (Sundermeier, BauR 2010, 1145; Drittler, BauR 2008, 1217). Das hat zur Folge, dass aufgrund der Kapazitätsbindung keine neuen AGK-Deckungsbeiträge erwirtschaftet werden können (vgl. zur Unterdeckungsberechnung H. II. 2. b), Rn. 1340 ff.).

1237 Entgangenen Gewinn kann der Auftragnehmer nach § 6 Abs. 6 Satz 1 VOB/B nur bei Vorsatz oder grober Fahrlässigkeit des Auftraggebers geltend machen. Diese Bestimmung weicht von den gesetzlichen Vorschriften in den §§ 280 und 252 BGB ab. Das könnte zur AGB-Widrigkeit von § 6 Abs. 6 Satz 1 VOB/B führen, wenn die VOB/B nicht „im Ganzen" vereinbart worden ist. Dann würden anstelle der unwirksamen VOB/B-Regelung die gesetzlichen Bestimmungen des BGB gelten. Da aber auch § 280 Abs. 1 Satz 1 BGB – genauso wie § 6 Abs. 1 Satz 1 VOB/B – eine schuldhafte Pflichtverletzung verlangt, kommt es auf die Wirksamkeit von § 6 Abs. 6 Satz 1 VOB/B nur bei der Frage an, ob der Auftragnehmer den auf der Baustelle selbst oder anderweitig entgangenen Gewinn nach den §§ 280 und 252 BGB geltend machen kann (vgl. dazu H. II. 4. b), Rn. 1356 ff.).

cc) Entschädigung (§ 642 BGB)

1238 *(1) Anwendbarkeit des § 642 BGB auch im VOB/B-Vertrag*

Bis zu einer Grundsatzentscheidung aus dem Jahr 1999 vertrat der BGH die Auffassung, dass § 642 BGB im VOB/B-Vertrag prinzipiell nicht anwendbar sei, weil die VOB/B die finanziellen Folgen von Behinderungen in § 2 Abs. 5 VOB/B und § 6 Abs. 6 VOB/B abschließend regle (vgl. BGH, Urt. v. 27.6.1985 – VII ZR 23/84). Diese Rechtsprechung führte insbesondere bei fehlenden oder mangelhaften Vorunternehmerleistungen dazu, dass beispielsweise ein Rohbauunternehmer, der wegen nicht fertiggestellter Erdarbeiten nicht zum vereinbarten Termin beginnen konnte, lediglich eine Bauzeitverlängerung nach § 6 Abs. 2 Nr. 1a VOB/B verlangen, aber keine Schadensersatzansprüche geltend machen konnte. Das beruhte auf der oben bereits geschilderten Rechtsprechung des BGH, der die baureife Zurverfügungstellung des Grundstücks grundsätzlich nur als Mitwirkungshandlung oder Obliegenheit des Auftraggebers bewertet, sodass es für den Schadensersatzanspruch an einer schuldhaften Pflichtverletzung fehlt. Anders wäre dies nur, wenn sich der Auftraggeber im Vertrag ausdrücklich verpflichtet hätte, das Baugrundstück zu einem bestimmten Zeitpunkt baureif zur Verfügung zu stellen, was eher selten der Fall sein dürfte. Denn dafür reicht – so der BGH – allein die Vereinbarung von Vertragsfristen nicht aus (BGH, Urt. v. 21.10.1999 – VII ZR 185/98). Auch Vergütungsansprüche nach § 2 Abs. 5 VOB/B sind in solchen Fällen regelmäßig nicht gegeben. Denn hierfür wäre eine *Anordnung* des Auftraggebers mit zeitlichen Folgen erforderlich, an der es meist fehlt. Auch wenn diese Rechtsprechung umstritten ist, hält der BGH an seiner Auffassung bis heute fest, allerdings mit *einer* gravierenden Änderung: Denn er bejaht seit der Entscheidung aus dem Jahr 1999 und unter ausdrücklicher Aufgabe seiner bisherigen Rechtsprechung erstmals vom Verschulden des Auftraggebers unabhängige Entschädigungsansprüche gemäß § 642 BGB. In der Entscheidung wird klargestellt, dass § 642 BGB neben § 6 Abs. 6 Satz 1 VOB/B anwendbar ist. Und weiter wörtlich: *„Der Auftraggeber kann dem Nachfolgeunternehmer aus § 642 BGB haften, wenn er durch das Unterlassen einer bei der Herstellung des Werkes erforderlichen und ihm obliegenden Mitwirkungshandlung in den Verzug der Annahme kommt"* (BGH, Urt. v. 21.10.1999 – VII ZR 185/98).

Der Entschädigungsanspruch nach § 642 BGB ist keineswegs auf Fälle fehlender **1239**
oder mangelhafter Vorunternehmerleistungen beschränkt. Er greift immer dann ein, wenn der Auftraggeber eine ihm obliegende Mitwirkungshandlung unterlässt und den Auftragnehmer dadurch außerstande setzt, die Leistung vertragsgemäß zu erbringen. Der Entschädigungsanspruch nach § 642 BGB stellt seit dieser BGH-Entscheidung die alles dominierende Anspruchsgrundlage dar, weil sie weder eine Anordnung noch ein Verschulden des Auftraggebers voraussetzt und die Berechnung der Ansprüche durch einen Rückgriff auf die vereinbarte Vergütung gemäß § 642 Abs. 2 BGB einfacher ist als die konkrete Darlegung der durch die Behinderung tatsächlich entstandenen Schäden bzw. Mehrkosten. Weil der Entschädigungsanspruch nach bislang herrschender Meinung auch alle Folgeschäden der Behinderung umfasste, spielte der Schadensersatzanspruch nach § 6 Abs. 6 Satz 1 VOB/B praktisch keine Rolle mehr; er wurde durch § 642 BGB vollständig verdrängt. Das könnte sich durch eine weitere Grundsatzentscheidung des BGH zu § 642 BGB aus dem Jahr 2017 geändert haben. Dieses Urteil hat der BGH in einer nachfolgenden Entscheidung vom 30.1.2020 noch einmal ausdrücklich bestätigt. Die praktische Bedeutung dieser beiden Urteile ist immens. Deshalb werden sie an passender Stelle noch ausführlich besprochen.

Die Anwendbarkeit des § 642 BGB ist seit der Neufassung der VOB im Jahr 2006 **1240**
in § 6 Abs. 6 Satz 2 ausdrücklich geregelt, indem es dort heißt: *„Im Übrigen bleibt der Anspruch des Auftragnehmers auf angemessene Entschädigung nach § 642 BGB unberührt, sofern die Anzeige nach Nr. 1 Satz 1* (das heißt die Behinderungsanzeige) *erfolgt oder wenn Offenkundigkeit nach Nr. 1 Satz 2 gegeben ist"* (gemeint ist die Offenkundigkeit der Behinderung).

(2) Anspruchsvoraussetzungen: Annahmeverzug des Auftraggebers und Anzeige der Behinderung

1241 Der Entschädigungsanspruch nach § 642 BGB setzt voraus, dass der Auftraggeber eine erforderliche Mitwirkungshandlung, die in weitem Sinn zu verstehen ist und sowohl in einem Tun, als auch in einem Unterlassen bestehen kann, nicht rechtzeitig vornimmt und dadurch in Annahme- oder Gläubigerverzug gerät (BGH, Urt. v. 21.10.1999 – VII ZR 185/98; OLG Hamm, Urt. v. 30.7.2013 – 21 U 84/12; BGH, Urt. 19.12.2002 – VII ZR 440/01). Zur Begründung des Annahmeverzugs ist ein ordnungsgemäßes Angebot der Leistung durch den Auftragnehmer nach den §§ 294 ff. BGB erforderlich (BGH, Urt. v. 19.12.2002 – VII ZR 440/01). Das hat der BGH in der Entscheidung vom 26.10.2017 noch einmal bestätigt, weil der Annahmeverzug gemäß § 293 BGB dadurch eintritt, dass der Gläubiger (der Auftraggeber) die ihm vom Auftragnehmer angebotene Leistung nicht annimmt (BGH, Urt. v. 26.10.2017 – VII ZR 16/17; ebenso: OLG Celle, Urt. v. 4.3.2020 – 7 U 334/18).

1242 Neben einem ordnungsgemäßen Angebot bedarf es einer Behinderungsanzeige nach § 6 Abs. 1 VOB/B, es sei denn, es liegen Fälle von Offenkundigkeit vor. Das hat der BGH bereits im Jahr 1999 entschieden und entspricht seit 2006 auch dem Wortlaut von § 6 Abs. 6 Satz 2 VOB/B. Das Angebot der Leistung kann Bestandteil der Behinderungsanzeige sein bzw. mit ihr verbunden werden. Dann liegt nicht nur ein tatsächliches Angebot nach § 294 BGB vor, es ist durch die Wahrung der Schriftform auch beweisbar. Nach der Rechtsprechung des BGH kann auch ein wörtliches Angebot nach § 295 BGB ausreichen (BGH, Urt. v. 19.12.2002 – VII ZR 440/01). Dafür genügt es, dass der Auftragnehmer seine Mitarbeiter auf der Baustelle zur Verfügung hält und dabei für den Auftraggeber zu erkennen gibt, dass er bereit und in der Lage ist, seine Leistungen zu erbringen (ebenso: OLG Düsseldorf, Urt. v. 19.2.2013 – 21 U 24/12; BGH, Urt. v. 19.12.2002 – VII ZR 440/01). Will der Auftraggeber dagegen einwenden, der Auftragnehmer sei nicht leistungsbereit oder leistungswillig gewesen, trägt er hierfür die Beweislast (OLG Frankfurt, Urt. v. 8.5.2015 – 25 U 174/13).

1243 Wenn der Auftragnehmer Produktionsmittel behinderungs- oder unterbrechungsbedingt von der Baustelle abzieht, er aber dennoch Entschädigungsansprüche geltend machen will, weil keine anderweitigen produktiven Einsatzmöglichkeiten bestehen oder das nicht durchgehend bzw. nur zu schlechteren Konditionen der Fall ist, sollte das dem Auftraggeber aus Beweisgründen schriftlich mitgeteilt und die Leistung ausdrücklich angeboten werden. Teilt der Auftragnehmer solches nicht in beweisbarer, also schriftlicher Form mit, ist der Einwand des Auftraggebers vorprogrammiert, er habe seine Leistungen in den fraglichen Zeiträumen nicht angeboten, sei nicht leistungsbereit gewesen oder habe Erwerb auf anderen Baustellen erzielt, weshalb Ansprüche gegen ihn nicht in Betracht kämen. Hat der

Auftragnehmer während eines Unterbrechungszeitraums keine Möglichkeit, seine Kapazitäten anderweitig einzusetzen, beispielsweise weil er andere Aufträge nicht hat oder nicht vorziehen kann, sollte der Auftraggeber darüber informiert werden, damit er gewarnt ist und weiß, dass wirtschaftliche Folgen auf ihn zukommen, wenn er nicht unverzüglich Abhilfe schafft.

(3) Entschädigung nur für die Dauer des Annahmeverzugs

Nach bislang herrschender Auffassung umfasste der Entschädigungsanspruch **1244** nach § 642 BGB nicht nur Ansprüche *während* der Dauer des Annahmeverzugs, vielmehr erhielt der Auftragnehmer eine Entschädigung für *alle* Nachteile, die ihm infolge des Annahmeverzugs entstehen, also nicht nur beschränkt auf den Zeitraum des Annahmeverzugs. Dabei kann es sich um erhöhte Aufwendungen infolge von Material- und Lohnkostensteigerungen, aber auch um Mehraufwendungen für Nachunternehmer und Geräte handeln (so: Kapellmann/Messerschmidt, VOB-Kommentar, Teile A und B, 7. Auflage zu § 6 VOB/B, Rn. 92). Die Oberlandesgerichte Jena und Köln sind dagegen der Auffassung, der Anspruch auf Entschädigung nach § 642 BGB sei auf die Dauer des Annahmeverzugs beschränkt und umfasse nicht die danach eintretenden Erschwernisse (OLG Jena, Urt. v. 11.10.2005 – 8 U 849/04; OLG Köln, Urt. v. 14.8.2003 – 12 U 114/02).

Dieser Auffassung hat sich der BGH im Jahr 2017 angeschlossen (BGH, Urt. v. **1245** 26.10.2017 – VII ZR 16/17). Im ersten amtlichen Leitsatz heißt es, dass § 642 BGB dem Auftragnehmer eine angemessene Entschädigung dafür gewährt, dass er *„während der Dauer des Annahmeverzugs"* des Auftraggebers *„infolge Unterlassens einer diesem obliegenden Mitwirkungshandlung Personal, Geräte und Kapital, also die Produktionsmittel zur Herstellung der Werkleistung bereithält"*. Im zweiten amtlichen Leitsatz der Entscheidung wird ausdrücklich klargestellt, dass *„Mehrkosten wie gestiegene Lohn- und Materialkosten, die zwar aufgrund des Annahmeverzugs (...), aber erst nach dessen Beendigung anfallen, nämlich bei Ausführung der verschobenen Werkleistung, nicht vom Entschädigungsanspruch nach § 642 BGB erfasst sind"*. Aus dem vierten amtlichen Leitsatz dieser Entscheidung folgt, dass sich die Höhe des Entschädigungsanspruchs gemäß § 642 Abs. 2 BGB nach der Höhe der vereinbarten Vergütung bestimmt und auch die in dieser Vergütung enthaltenen Anteile für Wagnis, Gewinn und Allgemeine Geschäftskosten umfasst (siehe unten).

Dass der BGH den Entschädigungsanspruch auf die Dauer des Annahmeverzugs **1246** beschränkt und dabei nicht die Kosten berücksichtigt, die nach dessen Beendigung weiter anfallen können, wird in der baurechtlichen Literatur teilweise heftig kritisiert, weil das zu „Haftungslücken" führen kann, insbesondere wenn die Arbeiten nicht vollständig unterbrochen werden, sondern verlangsamt ablaufen, beispielsweise wegen schleppender Erbringung von Vorunternehmerleistungen. Selbst wenn der Auftragnehmer sein Personal reduziert, laufen die Baustellengemeinkosten trotzdem meistens in voller Höhe weiter, weil ein Bauleiter oder ein Container unabhängig davon benötigt wird, ob 20 oder nur 10 Mitarbeiter sinnvoll eingesetzt werden können. Der Bauleiter ist dann aber um 50 % weniger produktiv als bei voller Besetzung der Baustelle. Für diesen Produktivitätsverlust während des (teilweisen) Annahmeverzugs kann der Auftragnehmer eine Entschädigung verlangen, aber eben nur so lange wie der Annahmeverzug dauert. Kann nach dessen Beendigung irgendwann wieder mit vollem Personaleinsatz weitergearbeitet werden, wird sich die Bauzeit möglicherweise erheblich verlängern, sodass der Auftragnehmer zusätzliche Baustellengemeinkosten hat, die er aber nach § 642 BGB nicht erstattet bekommt, weil sie erst *nach* der Beendigung des Annahmeverzugs entstehen. Auch wenn sich die vereinbarte Bauzeit vom Sommer in den Winter verschiebt und dann wegen der Witterung beispielsweise Maler- oder Putzarbeiten nicht oder nicht mehr so produktiv ausgeführt werden können, sodass die Baustelle für mehrere Wochen stillsteht bzw. der Auftragnehmer wegen der Witterung langsamer vorankommt und für dieselbe Leistung mehr Stunden aufwenden muss, erhält der Auftragnehmer über § 642 BGB dafür keine Entschädigung. Das Gleiche gilt, wenn sich in der verschobenen Bauzeit die Lohn- oder Materialkosten erhöhen.

1247 All das wäre dem Auftragnehmer völlig egal, wenn er dafür Schadensersatz nach § 6 Abs. 6 Satz 1 VOB/B verlangen könnte. Genau das ist nach der Rechtsprechung des BGH aber nur der Fall, wenn die Mitwirkungshandlung des Auftraggebers nach dem abgeschlossenen Vertrag als selbstständige *Haupt-* oder *Nebenpflicht* geregelt ist, der Auftraggeber also ausdrücklich die Verpflichtung übernommen hat, das Baugrundstück zu den vereinbarten Terminen ausführungsbereit zur Verfügung zu stellen. Genau davon geht der BGH bei unterbliebenen, aber für die Ausführung erforderlichen oder verspäteten Mitwirkungshandlungen gerade nicht aus. Denn der Auftraggeber wolle sich im Regelfall nicht verpflichten, beispielsweise für die rechtzeitige Erbringung von Vorunternehmerleistungen geradezustehen (vgl. auch H. II. 2. b) bb), Rn. 1345 ff.). Das ist eine erstaunliche Aussage. Würde sich ein Auftragnehmer tatsächlich auf einen Vertragsabschluss einlassen, wenn dort ausdrücklich geregelt wäre, dass alle auftraggeberseitigen Mitwirkungshandlungen, wie rechtzeitige Vorunternehmerleistungen und die rechtzeitige Übergabe von Plänen oder Genehmigungen, vom Auftraggeber gar nicht geschuldet sind, sondern er beliebig entscheiden kann, wann er diese Mitwirkungshandlungen vornimmt? Es ist fraglich, ob sich ein klar denkender Auftragnehmer auf einen solchen Vertrag einließe. Diese berechtigten Einwände haben den BGH aber bis heute nicht überzeugt und zu einer Änderung seiner Rechtsprechung bewogen. Vielmehr hat der BGH diese Auffassung noch einmal ausdrücklich bestätigt (BGH, Urt. v. 30.1.2020 – VII ZR 33/19). Deshalb bleibt es dabei: Mehrkosten nach Beendigung des Annahmeverzugs werden nicht nach § 642 BGB entschädigt. Dafür kann der Auftragnehmer „nur" Schadensersatzansprüche nach § 6 Abs. 6 Satz 1 VOB/B geltend machen, das aber auch nur dann, wenn eine schuldhafte Pflichtverletzung des Auftraggebers vorliegt, an der es nach Auffassung des BGH in den so enorm praxisrelevanten Vorunternehmerfällen gerade fehlt. Beinahe noch erstaunlicher ist, welche Lösung er dem Auftragnehmer in Fällen, in denen es aufgrund seiner Rechtsprechung zu Haftungslücken kommen kann, anbietet. Wir zitieren wörtlich:

> *„Liegen die Voraussetzungen für einen solchen Schadensersatzanspruch nicht vor, kann der Unternehmer, wenn ihm das Festhalten am unveränderten Vertrag nicht zumutbar ist, verlangen, dass die Vergütung nach § 313 BGB angepasst wird. (...) Der Unternehmer kann im Übrigen den Vertrag gemäß § 643 BGB wegen des Annahmeverzugs des Bestellers kündigen und damit die sich aus einer erwarteten Lohn- oder Materialpreissteigerung ergebenden Nachteile vermeiden."*

Der BGH trifft diese Aussage nur in einer Nebenbemerkung des Urteils vom 26.10.2017, dort Rn. 34 und befasst sich dabei nicht ausdrücklich mit den Bestimmungen in § 6 Abs. 3 und § 6 Abs. 7 VOB/B. Nach § 6 Abs. 3 VOB/B hat der Auftragnehmer auch im Falle einer Behinderung *„alles zu tun, was ihm billigerweise zugemutet werden kann, um die Weiterführung der Arbeiten zu ermöglichen"*. Diese Vorschrift ist einschlägig, wenn es gerade nicht zu einer vollständigen Unterbrechung der Leistungsausführung, sondern zu „schleichenden Behinderungen" kommt, bei denen zwar gearbeitet werden kann, aber verlangsamt, also unproduktiv. Für Unterbrechungen regelt § 6 Abs. 7 VOB/B, dass diese eine Kündigung nur rechtfertigen können, wenn sie mindestens drei Monate an- oder fortdauern (vgl. H. I. 5., Rn. 1278 ff.). **1248**

Deshalb ist fraglich und auch umstritten, ob tatsächlich jeder Annahmeverzug des Auftraggebers, insbesondere bei Vereinbarung der VOB/B, eine Kündigung nach § 643 BGB bzw. § 9 Abs. 1 Nr. 1 VOB/B wegen unterlassener Mitwirkungshandlung rechtfertigen kann (vgl. dazu H. I. 5. c), Rn. 1282 ff.). Im Übrigen stellt sich die Frage, ob es wirklich im Interesse der Vertragsparteien ist, dass es zu einer Vertragsbeendigung kommt, weil der Auftragnehmer möglicherweise auf den wirtschaftlichen Folgen einer Behinderung nach Beendigung des Annahmeverzugs sitzen bleibt. Unabhängig davon kann ein Auftragnehmer aber mit dieser Aussage des BGH in der Rn. 34 des Urteils vom 27.10.2017 argumentieren und unter Androhung einer Kündigung versuchen, eine einvernehmliche Regelung für solche Folgen zu vereinbaren. Möglicherweise wählt der Auftraggeber das aus seiner Sicht kleinere Übel und stimmt einer solchen Vereinbarung zu, um die Gefahr einer Vertragsbeendigung zu vermeiden. Ist das nicht der Fall, raten wir aber dringend dazu, anwaltlichen Rat im Einzelfall einzuholen und nicht vorschnell zu kündigen. **1249**

(4) Inhalt und Berechnung des Entschädigungsanspruchs nach § 642 Abs. 2 BGB

1250 In einem weiteren Grundsatzurteil vom 30.1.2020 hat der BGH die bis dahin ungeklärte Frage, welchen genauen Inhalt der Entschädigungsanspruch hat und wie er zu bemessen ist, behandelt (BGH, Urt. v. 30.1.2020 – VII ZR 33/19). Der Entscheidung lag ein Sachverhalt zugrunde, in dem ein Auftragnehmer mit Trockenbauarbeiten an einem Schulbauvorhaben beauftragt wurde. Nach den vereinbarten Vertragsfristen hätte der Auftragnehmer mit den Arbeiten am Bauteil „Schulerweiterung" am 21.11.2016 beginnen sollen, was aufgrund fehlender Vorleistungen aber erst ab dem 2.5.2017 möglich war. Für diesen Zeitraum des Annahmeverzugs (21.11.2016 bis 2.5.2017) machte der Auftragnehmer Entschädigungsansprüche gemäß § 642 BGB in Höhe von knapp € 160.000,– geltend. Die Vorinstanz hatte Ansprüche für diesen Bauteil abgelehnt (KG, Urt. v. 29.1.2019 – 21 U 122/18). Der BGH hat das Urteil aufgehoben und zur weiteren Sachaufklärung an das Kammergericht zurückverwiesen. Der BGH hat in dieser Entscheidung erstmals näher dazu Stellung genommen, wie der Entschädigungsanspruch gemäß § 642 BGB ermittelt werden muss und dabei enorm wichtige Aussagen zu der bis dahin umstrittenen Frage getroffen, wie mit Zuschlägen für Allgemeine Geschäftskosten sowie Wagnis und Gewinn umzugehen ist.

1251 Der erste Leitsatz des Urteils ist noch verhältnismäßig allgemein:

> *„§ 642 BGB erfordert eine Abwägungsentscheidung des Tatrichters auf der Grundlage der in § 642 Abs. 2 BGB genannten Kriterien."*

Wir verstehen darunter, dass es in vielen Fällen schlichtweg nicht möglich ist, mit mathematischer Exaktheit, quasi bis auf die zweite Stelle hinter dem Komma, die konkreten wirtschaftlichen Auswirkungen von Behinderungen zu berechnen. Das führt dazu, dass auch Schätzungen auf baubetrieblich plausibler Grundlage möglich und zulässig sein müssen. Das sagt der BGH in den Entscheidungsgründen dann auch wirklich genau so (dazu später).

1252 Der nächste und letzte Teil des amtlichen Leitsatzes wird dann konkreter und hat es durchaus in sich:

> *„Dabei ist die angemessene Entschädigung im Ausgangspunkt an den auf die unproduktiv bereitgehaltenen Produktionsmittel entfallenden Vergütungsanteilen einschließlich der Anteile für Allgemeine Geschäftskosten sowie für Wagnis und Gewinn zu orientieren."*

1253 Mit anderen und womöglich besser verständlichen Worten: § 642 BGB gewährt dem Auftragnehmer eine Entschädigung dafür, dass er – allerdings nur während der Dauer des Annahmeverzugs – seine Produktionsmittel (Personal, Geräte etc. letztlich also die Ressourcen seines Geschäftsbetriebs) zur Herstellung der Werkleistung bereithält, aber nicht oder nicht durchgehend produktiv einsetzen kann (so bereits: BGH, Urt. v. 26.10.2017 – VII ZR 16/17). Aus dem Wortlaut des § 642 Abs. 2 BGB leitet der BGH ab, dass danach vier Kriterien zu berücksichtigen sind, nämlich die Dauer des Annahmeverzugs, die Höhe der vereinbarten Vergütung, andererseits die durch den Annahmeverzug ersparten Aufwendungen und der dadurch erzielte oder erzielbare anderweitige Erwerb, beispielsweise durch Verwendung der Produktionsmittel an anderen Bauvorhaben (BGH, Urt. v. 30.1.2020 – VII ZR 33/19, dort Rn. 48). Schließlich erfolgt eine Aussage, die oben schon einmal erwähnt wurde:

> *„Die Vorschrift sieht danach keine exakte Berechnung des Entschädigungsanspruchs vor, sondern geht davon aus, dass der Tatrichter im Rahmen der erforderlichen Abwägung einen Ermessensspielraum hat. Er kann dabei auf die Möglichkeit der Schätzung gemäß § 287 ZPO zurückgreifen."*

In den Rn. 51 und 55 des Urteils heißt es, dass ein am Sinn und Zweck der Vorschrift orientiertes Verständnis dazu führt, dass die Höhe der Entschädigung einen Bezug zu der vergeblichen Bereithaltung von Produktionsmitteln während der Dauer des Annahmeverzugs haben muss. Deshalb ist festzustellen, inwieweit der Auftragnehmer während des Annahmeverzugs Produktionsmittel unproduktiv bereitgehalten hat, wobei die hierauf entfallenden Anteile aus der vereinbarten Vergütung ermittelt und entschädigt werden müssen. Wenn beispielsweise der Kalkulationslohn des Auftragnehmers € 32,–/h beträgt, käme es für die Berechnung der Entschädigung wegen einer produktionslosen Vorhaltung von gewerblichen Arbeitskräften nicht darauf an, dass tatsächlich nur Lohnkosten in Höhe von € 26,–/h entstanden sind, wie es beim Schadensersatz nach § 6 Abs. 6 Satz 1 VOB/B der Fall wäre (dazu: OLG Celle, Urt. v. 4.3.2020 – 7 U 334/18). So verhielte es sich auch bei der Berechnung der Entschädigung für eigene oder gemietete Maschinen bzw. Geräte oder für Bestandteile der allgemeinen Baustelleneinrichtung (z.B. Kran, Container etc.). Entscheidend ist hier – wiederum anders als beim Schadensersatzanspruch – nicht, was die unproduktive Vorhaltung kostet oder welche Miete der Auftragnehmer zahlen muss, sondern vielmehr, welche vereinbarten Vergütungsanteile darauf entfallen, einschließlich der dafür kalkulierten Zuschläge für Allgemeine Geschäftskosten sowie Wagnis und Gewinn. Nur bei Unterkalkulationen kann der Auftragnehmer zumindest die infolge des Annahmeverzugs entstandenen Kosten geltend machen (so: KG, Urt. v. 16.2.2018 – 21 U 66/16). 1254

Schon nach dem bloßen Wortlaut des § 642 Abs. 2 BGB ist eindeutig, dass infolge des Annahmeverzugs ersparte Aufwendungen (einschließlich darauf entfallender AGK- sowie Wagnis- und Gewinnzuschläge) in Abzug gebracht werden müssen, beispielsweise Materialkosten. § 642 Abs. 2 BGB verlangt auch, dass berücksichtigt werden muss, was der Auftragnehmer durch *„anderweitige Verwendung seiner Arbeitskraft erwerben kann"*. Die Aussagen des BGH hierzu (Rn. 57 des Urteils) 1255 sind wichtig und praxisrelevant, weshalb sie wiederum wörtlich zitiert werden:

> *„Im Hinblick auf das Kriterium des anderweitigen Erwerbs hat der Tatrichter weiterhin zu prüfen, ob der Unternehmer seine Produktionsmittel während des Annahmeverzugs anderweitig – produktiv – eingesetzt hat oder einsetzen konnte. Dabei ist es ohne Bedeutung, ob die anderweitige Einsatzmöglichkeit auf einem sogenannten „echten Füllauftrag" beruht, also auf einem Auftrag, der nur wegen des Annahmeverzugs angenommen und ausgeführt werden kann."*

1256 Hier entscheidet der BGH ausdrücklich anders als bei einer freien Kündigung des Auftraggebers nach § 8 Abs. 1 VOB/B oder § 648 Satz 2 BGB n.F. Dort muss sich der Auftragnehmer einen anderweitigen Erwerb nach einer auftraggeberseitigen freien Kündigung nur anrechnen lassen, wenn er zum Zeitpunkt dieser Kündigung bis zur Kapazitätsgrenze vollständig ausgelastet war, also der anderweitige Erwerb nur wegen der Kündigung möglich gewesen ist. Der BGH begründet dies damit, dass der Auftragnehmer – anders als bei einer freien Kündigung – seinen vollen Vergütungsanspruch behält, den er durch Ausführung der Leistung nach Beendigung des Annahmeverzugs verdient. Für die Berücksichtigung eines anderweitigen Erwerbs kommt es aber auch bei § 642 BGB darauf an, dass er *produktiv* war. Liegt kein produktiver Einsatz vor, beispielsweise weil der Auftragnehmer durch den Einsatz zusätzlicher Arbeitskräfte an einem anderen Bauvorhaben schneller fertig wird, ohne dass ihm das besonders vergütet wird und er seine Arbeitskräfte nach frühzeitiger Fertigstellung während des fortbestehenden auftraggeberseitigen Annahmeverzugs mit neuen oder vorgezogenen Aufträgen beschäftigen kann, liegt kein produktiver Einsatz vor, sodass in diesem Fall ohne Belang ist, dass die Produktionsmittel eingesetzt worden sind. Vergleichbares würde gelten, wenn ein produktiver Ausweicheinsatz mit einer geringeren Vergütung verbunden wäre. In diesem Fall müsste vom Entschädigungsanspruch (nur) abgezogen werden, was durch den zwar produktiven, aber schlechter vergüteten Ausweicheinsatz erwirtschaftet worden ist.

1257 Wiederum anders als bei einer freien Kündigung trägt der Auftragnehmer die Darlegungs- und Beweislast für alle in § 642 Abs. 2 BGB genannten Kriterien (Rn. 58 des Urteils). Auch in diesem Zusammenhang weist der BGH noch einmal darauf hin, dass sich Beweiserleichterungen durch die Möglichkeit einer Schadensschätzung nach § 287 ZPO ergeben. Für den Auftragnehmer hat das zur Folge, dass er zeitnah und präzise dokumentieren muss, ob bzw. in welcher Weise und für wie lange er seine Produktionsmittel während des Annahmeverzugs anderweitig eingesetzt hat bzw. welche Aufwendungen durch den Annahmeverzug erspart worden sind, beispielsweise Materialkosten (vgl. H. II. 1. c), Rn. 1293 ff.).

(5) Bedeutung des Entschädigungsanspruchs in anderen Fallkonstellationen

Die Grundsatzentscheidungen des BGH zu § 642 BGB betrafen ganz überwiegend Fälle, in denen ein Nachfolgeunternehmer aufgrund fehlender Vorleistungen Dritter an der Ausführung gehindert war oder der Auftraggeber den Beginn der Arbeiten verschoben hat. Dass in solchen Fällen Entschädigungsansprüche nach § 642 BGB bestehen, ist zwischenzeitlich geklärt und unstreitig. Das erschöpft den Anwendungsbereich dieser Vorschrift aber keineswegs. Denn Entschädigungsansprüche kommen auch in Betracht, wenn beispielsweise wegen eines Kampfmittelfundes oder einer von der Behörde ohne Verschulden des Auftraggebers verspätet erteilten Baugenehmigung nicht gearbeitet werden kann. In diesen Fällen kann der Auftragnehmer ohne Weiteres leistungsbereit sein und seine Leistung auch wie geschuldet angeboten bzw. ordnungsgemäß Behinderung angezeigt haben, falls diese nicht offenkundig war. Hält er in solchen Fällen Produktionsmittel vergeblich bereit, besteht am Entschädigungsanspruch des Auftragnehmers kein ernsthafter Zweifel. Denn der Auftraggeber unterlässt auch dann eine ihm obliegende Mitwirkungshandlung, wenn er das Baugrundstück nicht in einer Weise zur Verfügung stellt, die dem Auftragnehmer die Erbringung der geschuldeten Leistung ermöglicht. Das hat der BGH bereits am 20.4.2017 entschieden, auch wenn er dort Entschädigungsansprüche des Auftragnehmers wegen außergewöhnlich ungünstiger Witterungseinflüsse verneint hat (BGH, Urt. v. 20.4.2017 – VII ZR 194/13, dort Rn. 18 und 19). Auf die Witterungsproblematik gehen wir unter H. II. 6., Rn. 1360 ff. ausführlich ein. **1258**

Anders als bei gewöhnlichen Witterungseinflüssen ist es bei einer aus behördeninternen Gründen verspätet erteilten Baugenehmigung oder nicht rechtzeitig übergebenen Plänen. Das folgt aus § 3 Abs. 1 sowie § 4 Abs. 1 Nr. 1 Satz 2 VOB/B, die hierfür jedenfalls Mitwirkungshandlungen regeln, auch wenn der BGH diese nicht als Pflichten bezeichnet. Für § 642 BGB kommt es nicht auf ein Verschulden des Auftraggebers an, sodass unerheblich ist, aus welchen Gründen der Auftraggeber seine Mitwirkungshandlung nicht vornehmen kann, sondern allein darauf, dass sie unterblieben oder nicht rechtzeitig erfolgt ist. Ähnlich ist es bei Kampfmittelfunden, auch wenn der Auftraggeber ihr Vorhandensein nicht verschuldet hat. Es obliegt ihm aber, ein Grundstück zur Verfügung zu stellen, das kampfmittelfrei ist. Dazu muss er gegebenenfalls rechtzeitig entsprechende Sondierungen veranlassen. Kommt es dennoch überraschend oder sogar unvermeidbar zum Fund einer Fliegerbombe, spielt es keine Rolle, dass es am Verschulden des Auftraggebers selbst oder der Firma, welche die Sondierungen durchgeführt hatte, fehlt. **1259**

Die Abgrenzung zwischen erforderlichen Mitwirkungshandlungen des Auftraggebers und solchen Umständen, auf die er objektiv keinen Einfluss nehmen kann, beispielsweise bei höherer Gewalt, ist oft schwierig und nicht immer zweifelsfrei möglich. Darauf kommen wir im Zusammenhang mit der Witterungsproblematik **1260**

(H. II. 6. Rn. 1360 ff.) sowie der Corona-Pandemie (H. II. 7., Rn. 1383 ff.) noch einmal zurück. Der BGH hat dazu zwar entschieden, dass Mitwirkungshandlungen des Auftraggebers in einem weiten Sinn zu verstehen sind und sowohl in einem Tun als auch in einem Unterlassen bestehen können. Maßgebend sei, dass die Leistung ohne die Mitwirkung des Auftraggebers nicht erbracht werden könne. Welche Mitwirkungshandlungen ihm konkret obliegen, müsse gegebenenfalls anhand einer *„Auslegung des Vertrages"* ermittelt werden (BGH, Urt. v. 20.4.2017 – VII ZR 194/13). Deshalb gibt es nach wie vor Fallkonstellationen, in denen der Auftraggeber das Grundstück nicht baureif zur Verfügung stellen kann, der Auftragnehmer aber dennoch keine Entschädigungs- oder sonstigen Ansprüche geltend machen kann. Man denke in diesem Zusammenhang beispielsweise an ein Erdbeben, Flugzeugabstürze oder Terroranschläge. Dabei handelt es sich eindeutig um Fälle höherer Gewalt. Mit anderen Worten: Der Auftraggeber unterlässt keine erforderliche Mitwirkungshandlung, weil er keine vornehmen kann. Dass sich ein Auftraggeber im Vertrag verpflichtet hat, solche Umstände abzuwehren, ist rein theoretisch, kommt also in der Praxis nicht vor. Der Auftraggeber trägt in solchen Fällen nur das Zeitrisiko, weil die Ausführungsfristen nach § 6 Abs. 2 Nr. 1c VOB/B verlängert werden; das Vergütungsrisiko muss der Auftragnehmer tragen, weil ohne ein Verschulden des Auftraggebers Schadensersatzansprüche ausscheiden und Entschädigungsansprüche nicht in Betracht kommen, wenn schon keine erforderliche Mitwirkungshandlung des Auftraggebers besteht. Hier trifft der Auftraggeber auch in aller Regel keine zeitrelevante Anordnung, sodass auch Nachtragsansprüche gemäß § 2 Abs. 5 oder Abs. 6 VOB/B ausscheiden.

4. Behinderungsanzeige

1261 Eine Ausführungsfristverlängerung setzt voraus, dass dem Auftraggeber unverzüglich angezeigt wird, wenn sich der Auftragnehmer in der ordnungsgemäßen Ausführung der Leistung behindert glaubt (§ 6 Abs. 1 Satz 1 VOB/B). Das heißt, dass auch möglicherweise bevorstehende Behinderungen angezeigt werden müssen, um dem Auftraggeber die Möglichkeit zu geben, die Behinderung erst gar nicht eintreten zu lassen (OLG Stuttgart, Urt. v. 29.11.2011 – 1 U 58/11). Auch der Schadensersatzanspruch nach § 6 Abs. 6 Satz 1 VOB/B sowie der Entschädigungsanspruch nach § 642 BGB setzen eine Behinderungsanzeige oder deren Entbehrlichkeit wegen Offenkundigkeit voraus. Das gilt auch, wenn es aufgrund von bauzeitrelevanten Anordnungen des Auftraggebers bzw. wegen technischer Nachträge gemäß § 2 Abs. 5 oder Abs. 6 VOB/B oder aufgrund von Mengenmehrungen nach § 2 Abs. 3 Nr. 2 VOB/B zu einer Verlängerung der Ausführungsfristen kommt. Das heißt, dass die Pflicht zur Anzeige einer Behinderung nicht davon abhängt, aus welchen Gründen sie eingetreten ist und auf welche Anspruchsgrundlage der Auftragnehmer seine Mehrkostenansprüche stützt. Auch wenn ein BGB-Vertrag vorliegt, sollte der Auftragnehmer, obwohl es dort keine ausdrückliche Verpflichtung zur Anzeige von Behinderungen gibt, dennoch Behinderungsanzeigen schreiben, weil der Anspruch des Auftragnehmers auf Ersatz behinderungsbedingter Mehrkosten nach Auffassung des OLG Hamm um einen Mitverschuldensanteil gekürzt wird, wenn er das unterlassen hat (OLG Hamm, Urt. v. 9.3.2017 – 24 U 32/13).

a) Inhalt der Behinderungsanzeige

Der Auftragnehmer muss in der Behinderungsanzeige so genau wie möglich darlegen, welche *konkreten Arbeiten* er aufgrund *welcher Umstände* nicht wie geplant ausführen kann (OLG Hamm, Urt. v. 30.7.2013 – 21 U 84/12; BGH, Urt. v. 21.10.1999 – VII ZR 185/98). Es reicht keineswegs aus, lediglich pauschal mitzuteilen, dass die vorgesehene Erbringung der Bauleistung erschwert sei. Der Auftraggeber muss die hindernden Umstände *und* deren konkrete Auswirkungen auf den vorgesehenen oder vereinbarten Bauablauf erfahren (BGH, Urt. v. 5.11.2015 – VII ZR 43/15). Deshalb muss eine Behinderungsanzeige alle Tatsachen enthalten, aus denen sich für den Auftraggeber mit hinreichender Klarheit und erschöpfend die Gründe sowie die Auswirkungen der Behinderung ergeben. Die Behinderungsanzeige dient nach der Rechtsprechung dem Schutz des Auftraggebers. Er soll informiert und gewarnt werden, damit er die Behinderung abwenden oder zumindest zeitnah abstellen kann (BGH, Urt. v. 21.10.1999 – VII ZR 185/98). Diesen Zweck kann eine Behinderungsanzeige nicht erfüllen, wenn sie für in der Vergangenheit liegende Umstände erfolgt, der Auftraggeber also erst informiert wird, nachdem die Behinderung bereits entfallen ist (OLG Oldenburg, Urt. v. 20.8.2019 – 2 U 81/19). **1262**

Der Auftragnehmer braucht dagegen weder mitzuteilen, dass er Mehrkostenansprüche geltend macht, noch in welcher Höhe Ansprüche entstehen können (BGH, Urt. v. 21.12.1989 – VII ZR 132/88). Dazu wird der Auftragnehmer zum Zeitpunkt des Eintritts der Behinderung oft auch gar nicht in der Lage sein, weil er weder ihre Dauer noch ihre wirtschaftlichen Auswirkungen, die in der Zukunft liegen, konkret bewerten oder abschätzen kann. Welche Mitarbeiter für welche Zeiträume nicht oder nicht produktiv eingesetzt werden können, muss deshalb baubegleitend in aussagekräftigen Bautagesberichten festgehalten werden. **1263**

Bei vielen Behinderungen wird es sich so verhalten, dass die Arbeiten keineswegs komplett eingestellt werden, sondern lediglich einzelne Leistungen/Gewerke oder bestimmte Baubereiche betroffen sind. Oft kann irgendwo gearbeitet werden, wenn auch nicht mit der geplanten Produktivität und Effizienz (*schleichende Behinderung*). Vielfach wird der Auftragnehmer nicht die Möglichkeit haben, Personal abzuziehen und auf anderen Baustellen einzusetzen, weil er entweder keine sinnvollen Ausweichmöglichkeiten hat oder die Behinderungen bzw. Unterbrechungen jeweils nur von kurzer Dauer sind oder nur Teile der eingesetzten Produktionsmit- **1264** tel betreffen. Um dem Einwand des Auftraggebers, es habe an zahlreichen Stellen des Bauvorhabens gleichwertige Arbeitsmöglichkeiten gegeben, zuvorzukommen, sollte der Auftragnehmer schon in seiner Behinderungsanzeige mitteilen, dass die Abweichungen vom vertraglich vereinbarten Bauablauf mit Minderleistungen wegen häufiger Wechsel des Arbeitsplatzes, dem Verlust von Einarbeitungseffekten, ungünstiger Kolonnenzusammensetzung oder Wartezeiten etc. verbunden sind.

1265 In welchem konkreten Umfang Warte- bzw. Leerzeiten bei den eingesetzten Arbeitskräften und Geräten eintreten, kann schon deshalb nicht Gegenstand einer Behinderungsanzeige sein, weil sie spätestens mit Beginn der Störung erfolgen muss und ihre konkreten Auswirkungen zu diesem Zeitpunkt noch gar nicht feststehen können. Im Rahmen der Verpflichtung zur Anzeige von Behinderungen reicht es deshalb aus, wenn dem Auftraggeber mitgeteilt wird, dass zwar Ausweicheinsätze auf der Baustelle in Betracht kommen, diese aber dazu führen werden, dass die am Ende eines Arbeitstages abrechenbare Bauleistung nicht jener entspricht, die erzielt worden wäre, wenn es keine Behinderungen gegeben hätte. Welche Arbeiten dann wo und in welchem Umfang erbracht wurden und welche konkreten Warte-, Leer- oder Stillstandszeiten entstanden sind, muss in den Bautagesberichten am Ende des jeweiligen Arbeitstages bzw. durch zeitnahe Aufmaße festgehalten werden. Die Behinderungsanzeige stellt also den Beginn der Dokumentation der Störung dar. Weil ein Bauleiter keine hellseherischen Fähigkeiten hat und nicht in die Zukunft schauen kann, weiß er erst am Ende des jeweiligen Arbeitstages, welche konkreten Folgen die Behinderung hatte und kann, jedenfalls wenn er anwesend war, beurteilen, wo und in welchem Umfang gearbeitet wurde und weshalb es zu Ausfallzeiten gekommen ist. Das kann und muss sich aus den Bautagesberichten ergeben, deren Bedeutung gerade bei einem verlangsamten Bauablauf in der Praxis völlig unterschätzt wird. Sieht der Bauvertrag eine Verpflichtung zur Vorlage oder Übergabe der Bautagesberichte vor, sollte diese auch befolgt werden. Anderenfalls hängt es vom Inhalt und der Qualität der Bautagesberichte ab, ob sie dem Auftraggeber zur Verfügung gestellt werden. Die Unterzeichnung von Bautagesberichten durch den Auftraggeber ist dagegen nicht von entscheidender Bedeutung. Denn das kann ein Auftragnehmer nicht erzwingen. Die Praxis zeigt, dass gerade solche Bautagesberichte nicht unterschrieben werden, in denen Behinderungen dokumentiert werden. Ein Auftragnehmer kann aber zumindest dafür sorgen, dass die Bautagesberichte dem Auftraggeber zur Kenntnis gelangen, indem er sie ihm beweiskräftig zustellt, beispielsweise vorab per Telefax und E-Mail und daneben noch mit der regulären Post.

1266 Die sprachliche Darstellung von Bauablaufstörungen und ihren tatsächlichen Auswirkungen fällt oft schwer. Deshalb kann es hilfreich sein, ergänzend auf Pläne zurückzugreifen und beispielsweise Bauabschnitte farblich zu kennzeichnen, in denen aufgrund fehlender Vorunternehmerarbeiten die eigene Leistung nicht wie vorgesehen erbracht werden kann. Zur Verdeutlichung des Sachverhalts sollten auch Fotos gemacht werden. Mit einer aussagekräftigen Fotodokumentation kann beispielsweise anschaulich nachgewiesen werden, dass eine Lampenmontage nicht möglich war, weil Decken gefehlt haben oder der Fußbodenleger in den fraglichen Bereichen gearbeitet hat. Der Bauleiter des Auftragnehmers sei allerdings davor gewarnt, lediglich Fotos zu machen, aber auf eine sprachliche Darstellung der Behinderungsumstände und ihrer Auswirkungen zu verzichten. Das reicht nach § 6 Abs. 1 VOB/B keinesfalls aus.

b) Verpflichtung zur unverzüglichen Anzeige

Die Behinderung muss ohne schuldhaftes Zögern (unverzüglich) angezeigt werden. **1267** Der Auftraggeber soll schnellstmöglich informiert werden, damit er die Behinderung abwenden oder ihre zeitlichen Auswirkungen begrenzen kann. Deshalb sind Behinderungsanzeigen kurz vor Ablauf des Fertigstellungstermins wertlos, wenn die Behinderungen zu diesem Zeitpunkt nicht mehr bestehen. Werden Behinderungen verspätet angezeigt, kann das den Einwand des Mitverschuldens für eine eintretende Ablaufverzögerung begründen (§ 254 BGB). Dem Kooperationsgebot im Bauvertrag entspricht ein Auftragnehmer in geradezu idealer Weise, wenn er eine denkbare Behinderung ankündigt, bevor sie sich tatsächlich sofort negativ auf den vorgesehenen Bauablauf auswirkt (so auch: OLG Stuttgart, Urt. v. 29.11.2011 – 10 U 58/11). Dann kann der Auftraggeber möglicherweise so rechtzeitig reagieren und Abhilfe schaffen, dass es erst gar nicht zu zeitlichen bzw. wirtschaftlichen Konsequenzen kommt.

c) Adressat der Behinderungsanzeige

Grundsätzlich muss die Baubehinderung dem Auftraggeber selbst angezeigt werden. **1268** Die Anzeige nur an den bauleitenden Architekten zu richten, reicht im Zweifel nicht aus, es sei denn, dieser ist bereits im Bauvertrag als Vertreter des Auftraggebers genannt oder nachträglich ausdrücklich bevollmächtigt worden. Wenn beispielsweise die Ursache der Behinderung auf Versäumnisse des Architekten (mangelhafte Koordination, fehlender oder nicht aussagekräftiger Plan) zurückgeht, kann der Auftragnehmer nicht davon ausgehen, dass der Architekt diese Behinderungsanzeige unverzüglich an den Bauherrn weiterleitet. Dies hat der BGH für den Bedenkenhinweis nach § 4 Abs. 3 VOB/B ausdrücklich entschieden (BGH, Urt. v. 19.12.1996 – VII ZR 309/95); für die Behinderungsanzeige gilt jedoch nichts anderes. Um Nachteile von vornherein zu vermeiden, sollte sie deshalb immer an den Auftraggeber adressiert und auch an ihn gesendet werden. Eine Behinderungsanzeige an den Auftraggeber zu richten, sie aber über die Postadresse des bauüberwachenden Ingenieurs zu versenden, ist riskant, weil nicht verlässlich beurteilt werden kann, ob dieser die Behinderungsanzeige tatsächlich an den Auftraggeber weiterleitet und ob dies unverzüglich erfolgt.

1269 Wer Nachteile vermeiden will, weil durch Behinderungsanzeigen das Verhältnis zum Architekten belastet werden kann, sollte darüber nachdenken, zunächst nur diesen zu informieren und um entsprechende Abhilfemaßnahmen, beispielsweise die Übergabe einer Planung bis zu einem bestimmten Zeitpunkt, zu bitten. Dies kann mit dem Hinweis erfolgen, dass die Behinderung gegenüber dem Bauherrn angezeigt werden müsse, falls die zur Ausführung freigegebenen Pläne auch innerhalb dieser Frist nicht vorliegen sollten. Ein Auftragnehmer, der so vorgeht, muss aber wissen, dass ein Gericht den Beginn der Behinderung im Zweifel erst ab dem Zeitpunkt berechnet, zu dem der Auftraggeber selbst informiert worden ist.

d) Schriftform/Behinderungsanzeigen im Bautagebuch

1270 Eine der wichtigsten Bauleiterregeln lautet: „*Wer schreibt, der bleibt*". Sie gilt ganz besonders für Behinderungsanzeigen. Es empfiehlt sich nach wie vor nicht, Behinderungsanzeigen nur per einfacher E-Mail ohne qualifizierte elektronische Signatur zu versenden (OLG Jena, Urt. v. 26.11.2015 – 1 U 209/15; OLG Frankfurt, Beschl. v. 30.4.2012 – 4 U 269/11), weil dadurch möglicherweise die Schriftform nicht gewahrt wird (anderer Ansicht: OLG Köln, Urt. v. 22.6.2016 – 16 U 145/15 und OLG Hamm, Urt. v. 4.10.2016 – 21 U 142/15)). Auch wenn die Urteile zu einer anderen VOB/B-Vorschrift ergangen sind, welche ebenfalls die Einhaltung der Schriftform verlangt (§ 13 Abs. 5 Nr. 1 Satz 2 VOB/B), raten wir wie immer dazu, auf dem sichersten Weg zu bleiben. Dieser wird eindeutig verlassen, wenn Behinderungsanzeigen nur per einfacher E-Mail versandt werden. Denn es ist durchaus möglich, dass im Vertrag, beispielsweise in Abhängigkeit von der Bedeutung der jeweiligen Erklärung, unterschiedliche Formanforderungen geregelt werden, einerseits ausschließlich schriftlich, andererseits schriftlich oder per E-Mail. Darüber hinaus ist die alleinige Versendung einer Behinderungsanzeige per E-Mail schon deshalb riskant, weil der Absender den Zugang beweisen muss, nicht der Empfänger, dass er sie nicht erhalten hat. Eine Lesebestätigung kann den Anschein eines ordnungsgemäßen Zugangs begründen, sodass eine Umkehr der Beweislast eintritt (OLG Koblenz, Beschl. v. 21.4.2020 – 3 U 1895/19; BGH, Beschl. v. 17.7.2013 – I ZR 64/13; VK Bund, Beschl. v. 3.2.2014 – VK 2-1/14). Gerade bei Behinderungsanzeigen wird das Schriftformgebot besonders häufig missachtet, um das *Klima* auf der Baustelle nicht zu belasten. Das kann zu gravierenden Nachteilen führen, weil insbesondere im Bauprozess ohne schriftliche Behinderungsanzeigen regelmäßig nicht bewiesen werden kann, dass der Auftraggeber rechtzeitig, klar und eindeutig auf den Behinderungsumstand *und* die dadurch eintretende störende Wirkung auf den vorgesehenen Bauablauf hingewiesen worden ist (OLG Saarbrücken, Urt. v. 3.11.1999 – 1 U 599/98-108). Zwar gibt es durchaus Entscheidungen, die auch mündliche Behinderungsanzeigen ausreichen lassen, weil das Schriftformgebot nur Beweiszwecken diene und keine Wirksamkeitsvoraussetzung sei. Allerdings muss der Auftragnehmer dann beweisen, wann er wen unverzüglich und konkret über die Tatsache und die Wirkung der Behinderung informiert hat. Gerichte begegnen dem Vortrag des Auftragnehmers, dies sei erfolgt, mit einer gehörigen Portion Skepsis und erheblichen Anforderungen an einen entsprechend konkreten Sachvortrag im Bauprozess. In einem vom OLG Oldenburg entschiedenen Fall hatte die Klägerin behauptet, es seien regelmäßig mündliche Behinderungsanzeigen erfolgt und dafür Beweis durch Benennung von Mitarbeitern angetreten. Dazu führt das OLG Oldenburg in den Entscheidungsgründen Folgendes aus:

> *„Allerdings füllt der Tatsachenvortrag des Klägers die Anforderungen an eine solche Behinderungsanzeige nicht ansatzweise aus. Damit war auch dem Beweisantritt, der sich als reine Ausforschung dargestellt hätte, nicht nachzugehen" (OLG Oldenburg, Urt. v. 20.8.2019 – 2 U 81/19).*

Dem ist eigentlich nur hinzuzufügen, dass das Urteil kein Ausreißer, sondern der Regelfall ist. Deshalb handelt ein Auftragnehmer enorm riskant, wenn er Behinderungen nur mündlich anzeigt. Er läuft dann Gefahr, sich Ansprüchen auf Schadensersatz bzw. der Vertragsstrafe auszusetzen (OLG Rostock, Urt. v. 29.12.2004 – 3 U 19/04). Auch wenn der Auftragnehmer nach überwiegender Auffassung trotz Verletzung der Anzeigepflicht berechtigt ist, das unverschuldete Überschreiten von Fristen im Bauprozess einzuwenden (OLG Zweibrücken, Urt. v. 3.3.2006 – 1 U 48/04; BGH, Urt. v. 14.1.1999 – VII ZR 73/98; KG, Urt. v. 8.4.2014 – 27 U 105/13), verschlechtert sich seine Lage ganz erheblich, weil er das beweisen muss, und zwar durch konkrete Angaben zu Beginn und Ende, also der Dauer der Behinderung. Die bloße Benennung irgendwelcher Umstände, die angeblich nicht in seiner Risikosphäre liegen, genügt dafür nicht (BGH, Urt. v. 5.11.2015 – VII ZR 43/15). Ohne Behinderungsanzeigen dürfte ein solcher Beweis in einem oftmals Jahre nach den fraglichen Ereignissen stattfindenden Bauprozess nur schwer zu führen sein, weil sich kein normaler Mensch so präzise an derart lang zurückliegende Vorgänge erinnern kann, wie es von der Rechtsprechung verlangt wird. Eines ist dagegen sicher: Geldwerte Ansprüche nach § 6 Abs. 6 VOB/B, § 2 Abs. 5 VOB/B oder § 642 BGB sind ohne Behinderungsanzeigen nicht durchsetzbar, jedenfalls nicht im Rahmen gerichtlicher Auseinandersetzungen, es sei denn, die Behinderungsanzeige ist ausnahmsweise entbehrlich, worauf sich ein Auftragnehmer im Zweifel aber nie verlassen sollte (siehe Rn. 1275). **1271**

Will der Auftragnehmer auf eine förmliche Behinderungsanzeige nicht verzichten, aber gleichzeitig ein gesondertes Schreiben vermeiden, kommt die Dokumentation der Störung im Bautagebuch in Betracht. Das gilt jedenfalls dann als Behinderungsanzeige, wenn das entsprechende Blatt dem Auftraggeber ohne Verzögerung zugeht. Die Bautagebucheintragung hat den Vorteil, dass sie dem Auftraggeber bzw. seinem Beauftragten ohne Zeitverlust übermittelt werden kann, insbesondere wenn er die Baustelle ständig überwacht. Eine Unterschrift **1272** des Auftraggebers oder des Architekten ist nicht erforderlich, sondern dokumentiert die Kenntnisnahme. Unabhängig davon, ob ein erforderlicher Plan noch nicht vorliegt, eine notwendige Vorleistung fehlt oder eine dringend erforderliche Anordnung verschoben wird, kann jede Behinderung im Bautagebuch sachlich dargelegt werden. Das Bautagebuch sollte vom Bauleiter persönlich geführt werden. Führt es der Polier, muss der Bauleiter regelmäßig kontrollieren, ob die Eintragungen vollständig sind. Entschädigungs- oder Schadensersatzansprüche müssen auch hier weder beziffert noch angekündigt werden (BGH, Urt. v. 21.12.1989 – VII ZR 132/88), auch wenn sich eine zeitnahe Klärung dieser Ansprüche empfiehlt.

e) Abmeldung der Behinderung

1273 Sobald die hindernden Umstände weggefallen sind, sollte der Auftraggeber darüber schriftlich unterrichtet werden (§ 6 Abs. 3 Satz 2 VOB/B). Die Praxis zeigt, dass die Pflicht zur Abmeldung der Behinderung oft vernachlässigt wird. Falls auf gesonderte Schreiben verzichtet wird, muss der Bauleiter jedenfalls intern *dokumentieren*, wann eine angezeigte Behinderung entfallen ist. Denn für die Dauer der Behinderung, also für deren Anfang und Ende, ist der Auftragnehmer nach ständiger Rechtsprechung des BGH voll beweispflichtig (BGH, Urt. v. 5.11.2015 – VII ZR 43/15 und Urt. v. 24.2.2005 – VII ZR 225/03). Behauptet ein Auftraggeber beispielsweise, eine fehlende Vorleistung sei bereits eine Woche nach Anzeige der Behinderung fertiggestellt worden und kann der Auftragnehmer nicht beweisen, dass dies tatsächlich erst drei Wochen später der Fall war, geht dieser Streit zulasten des Auftragnehmers aus. Im Prozess wird dann nur die unstreitige Behinderungsdauer von einer Woche berücksichtigt. Wird dem Auftragnehmer dagegen mitgeteilt, dass er beispielsweise wegen fehlender Vorunternehmerleistungen erst gar nicht zur Baustelle fahren muss oder rückt er wegen länger anhaltender Unterbrechungen ab, muss ihm allerdings der Auftraggeber mitteilen, wann mit den Arbeiten begonnen oder diese fortgesetzt werden können. Das steht zwar nicht in der VOB/B, folgt aber aus dem Kooperationsgebot bzw. den Grundsätzen von Treu und Glauben.

1274 Gleichzeitig empfiehlt es sich, neben der Abmeldung der Behinderung mitzuteilen, welche Ausführungsfristverlängerung gefordert wird, falls dies möglich ist. Sinnvollerweise sollte der Bauzeitenplan einvernehmlich fortgeschrieben werden. Dem Auftragnehmer ist in jedem Fall zu raten, hierzu schriftlich aufzufordern. Reagiert der Auftraggeber nicht, sollte der Bauzeitenplan einseitig angepasst werden. Dies macht zumindest die Position des Auftragnehmers deutlich und sorgt im Bauprozess für eine bessere Beweislage.

f) Entbehrlichkeit der Behinderungsanzeige

1275 Unterlässt der Auftragnehmer die Anzeige der Behinderung, besteht ein Anspruch auf Berücksichtigung der hindernden Umstände und damit auf eine Verlängerung der Ausführungsfristen nur dann, wenn dem Auftraggeber offenkundig die Tatsache der Behinderung *und* deren hindernde Wirkung bekannt waren (§ 6 Abs. 1 Satz 2 VOB/B). Der Umkehrschluss lautet folglich: War die Behinderung *oder* ihre Auswirkung dem Auftraggeber nicht positiv bekannt, verlängern sich die Ausführungsfristen nicht. Konsequenz: Der Auftragnehmer riskiert – trotz unverschuldeter Fristüberschreitung – die Geltendmachung auftraggeberseitiger Ansprüche (OLG Rostock, Urt. v. 29.12.2004 – 3 U 19/05) und verliert Mehrkostenansprüche nach allen denkbaren Anspruchsgrundlagen. Die Entbehrlichkeit der Baubehinderungsanzeige wegen Offenkundigkeit muss der Auftragnehmer beweisen (OLG Saarbrücken, Urt. v. 3.11.1999 – 1 U 599/98-108).

Nach der Rechtsprechung des BGH ist die Anzeigepflicht nur ausnahmsweise ent- **1276** behrlich, wenn sie eine reine *Förmelei* wäre, weil dem Auftraggeber alle Informationen über die Störung bereits vorliegen, sodass die Informationsfunktion der Behinderungsanzeige entfällt (BGH, Urt. v. 21.10.1999 – VII ZR 185/98; OLG Düsseldorf, Urt. v. 9.5.1996 – 5 U 287/93). Das dürfte bei *schleichenden Behinderungen*, also unproduktivem Arbeiten, grundsätzlich nicht der Fall sein, jedenfalls ist der Beweis, dass der Auftraggeber von den Auswirkungen positive Kenntnis hatte, nur schwer oder gar nicht möglich. Störungen sind häufig offenkundig, die daraus resultierenden zeitlichen Auswirkungen dagegen keineswegs immer. Der Auftraggeber wird möglicherweise behaupten, er sei von gleichwertigen Ausweicheinsätzen auf der Baustelle ausgegangen. Von Produktivitätsverlusten wegen schleichender Behinderungen habe er noch nie gehört. Deshalb sind Behinderungsanzeigen allenfalls entbehrlich, wenn es zu *Unterbrechungen*, also einer vollständigen Einstellung der Arbeiten kommt und der Auftraggeber das auch weiß, wie bei von ihm angeordneten Bauzeitverschiebungen. Offenkundigkeit liegt auch vor, wenn in auftraggeberseitigen Besprechungsprotokollen Behinderungen und ihre zeitlichen Auswirkungen benannt oder gar Aussagen zu einer Bauzeitverlängerung gemacht werden. Nach einer Entscheidung des OLG Stuttgart soll eine unterlassene Behinderungsanzeige auch dann unschädlich sein, wenn der Auftraggeber die Behinderung ohnehin nicht hätte beseitigen können (OLG Stuttgart, Urt. v. 29.11.2011 – 10 U 58/11). Diese Entscheidung ist höchst problematisch. Sie ist unserer Auffassung nach mit der BGH-Rechtsprechung nicht in Übereinstimmung zu bringen. Denn danach hat eine Behinderungsanzeige nicht nur die Funktion, dem Auftraggeber eine Abhilfemöglichkeit zu schaffen; er soll darüber hinaus informiert und gewarnt werden, um sich auf die Folgen der Verzögerung einstellen zu können (BGH, Urt. v. 21.10.1999 – VII ZR 185/98).

Offenkundigkeit kann auch vorliegen, wenn nicht der Auftraggeber selbst, son- **1277** dern ein von ihm beauftragter Dritter zuverlässig Kenntnis hat und sich der Auftraggeber diese Kenntnis im konkreten Fall auch zurechnen lassen muss. Verbreiteter Ansicht nach wird es für ausreichend gehalten, wenn einem bauleitenden

Architekten die Behinderung offenkundig bekannt war. Ein gut beratener Bauleiter sollte sich darauf aber nicht verlassen. Wenn der Architekt der Verursacher der Störung ist, *muss* der Auftraggeber selbst informiert werden.

5. Kündigungsmöglichkeit bei Unterbrechungen (§ 6 Abs. 7 VOB/B)

a) Leistungsstillstand länger als drei Monate

1278 Nach § 6 Abs. 7 VOB/B besteht eine Kündigungsmöglichkeit bei einer *Unterbrechung* des Baugeschehens von mehr als drei Monaten. Dieses Kündigungsrecht steht beiden Vertragsparteien zu. Eine Unterbrechung liegt vor, wenn die Leistungsausführung des Auftragnehmers insgesamt zum Stillstand gekommen ist. Bloße Verzögerungen der Arbeiten insgesamt oder die Einstellung nur einzelner Leistungsbereiche reichen für das Sonderkündigungsrecht nach § 6 Abs. 7 VOB/B dagegen nicht aus. Gleiches gilt nach Auffassung des OLG Düsseldorf, wenn während der Unterbrechung zumindest baufördernde Planungsleistungen erbracht werden können (OLG Düsseldorf, Urt. v. 29.1.2008 – 21 U 22/07). Dauert eine vollständige Unterbrechung dagegen länger als drei Monate fort und ist nach Ablauf dieser Frist eine Fortführung der Arbeiten nicht in Sicht, kann jeder Vertragsteil den Vertrag schriftlich kündigen. Die Kündigung kann bereits vor Ablauf der Dreimonatsfrist erklärt werden, wenn mit *Sicherheit* feststeht, dass die Unterbrechung länger als drei Monate dauern wird.

1279 Das Kündigungsrecht nach § 6 Abs. 7 VOB/B besteht auch dann, wenn sich der vertraglich festgelegte Baubeginn um mehr als drei Monate verschiebt, beispielsweise weil eine erforderliche Genehmigung noch nicht erteilt worden ist, auftraggeberseits Umplanungen stattfinden oder erforderliche Vorleistungen Dritter fehlen (OLG Celle, Beschl. v. 18.11.1999 – 16 U 67/99; OLG Frankfurt, Urt. v. 21.10.1997 – 8 U 129/97). Die Kündigungsmöglichkeit erfordert folglich nicht, dass der Auftragnehmer mit den Arbeiten auf der Baustelle bereits begonnen hat (OLG Naumburg, Urt. v. 5.4.2016 – 1 U 115/15; BGH, Urt. v. 13.5.2004 – VII ZR 363/02).

b) Abrechnung und weitergehende Ansprüche der Parteien

1280 Nach einer Kündigung gemäß § 6 Abs. 7 VOB/B werden die bis dahin ausgeführten Leistungen nach den Vertragspreisen abgerechnet (§ 6 Abs. 5 VOB/B). Außerdem sind bereits entstandene Kosten zu vergüten, die in den Vertragspreisen der nicht ausgeführten Leistung enthalten sind. Wenn der Auftragnehmer die Unterbrechung nicht zu vertreten hat, besteht auch ein Anspruch auf die Kosten der Baustellenberäumung (dazu: OLG Köln, Urt. v. 1.10.1999 – 11 U 234/98), wobei den Parteien, abhängig von der Frage, wer für die Unterbrechung verantwortlich war, weitergehende Ansprüche zustehen können.

1281 Die Kündigung kann selbst von der Vertragspartei ausgesprochen werden, aus deren Risikobereich die Ursache für die Unterbrechung herrührt, sofern ihr ein

Festhalten am Bauvertrag nicht mehr zumutbar ist (BGH, Urt. v. 20.10.2005 – VII ZR 190/02; BGH, Urt. v. 13.5.2004 – VII ZR 363/02). Deshalb ist ein Auftraggeber bei einer mehr als dreimonatigen Unterbrechung nicht auf eine freie Kündigung nach § 8 Abs. 1 VOB/B angewiesen. Diese kann für ihn wegen der Abrechnungsfolgen des § 8 Abs. 1 Nr. 2 VOB/B ungünstiger sein. Mit der Kündigungsmöglichkeit nach § 6 Abs. 7 VOB/B stellt er sich möglicherweise besser. Denn Schadensersatzansprüche nach § 6 Abs. 6 VOB/B kann der Auftragnehmer nicht allein deshalb geltend machen, weil die Unterbrechung der *Risikosphäre* des Auftraggebers zuzuordnen ist. Für einen Schadensersatzanspruch ist vielmehr die *schuldhafte* Verletzung einer Vertragspflicht notwendig (BGH, Urt. v. 20.10.2005 – VII ZR 190/02). Dagegen sind für die Dauer des Annahmeverzugs Entschädigungsansprüche nach § 642 BGB möglich, wenn der Auftraggeber durch das Unterlassen einer bei der Herstellung des Werkes erforderlichen Mitwirkungshandlung in Verzug der Annahme kommt. Im Fall des Schürmann-Baus in Bonn hat der BGH dies bejaht, weil die Überflutung der Baustelle dazu geführt hat, dass der leistungsbereite Auftragnehmer die Arbeiten nicht ausführen konnte und der Auftraggeber den erforderlichen, ihm obliegenden Hochwasserschutz nicht vorgenommen hatte (BGH, Urt. v. 13.5.2004 – VII ZR 363/02). Aus der Anwendung von § 6 Abs. 6 VOB/B und § 642 BGB folgt, dass der Auftragnehmer, auch wenn der Auftraggeber die Unterbrechung zu vertreten hat und nach § 6 Abs. 7 VOB/B kündigt, nicht schlechter gestellt wird als bei einer eigenen Kündigung wegen Annahmeverzugs nach § 9 Abs. 1 Nr. 1 VOB/B oder einer freien Auftraggeberkündigung nach § 8 Abs. 1 VOB/B. Umgekehrt: Kündigt der Auftragnehmer nach § 6 Abs. 7 VOB/B, obwohl er die Unterbrechung zu vertreten hat, kann der Auftraggeber Schadensersatz nach § 6 Abs. 6 VOB/B verlangen.

c) Verhältnis des § 6 Abs. 7 VOB/B zu § 9 Abs. 1 Nr. 1 VOB/B und § 6 Abs. 3 VOB/B

Nach § 9 Abs. 1 Nr. 1 VOB/B kann der Auftragnehmer den Vertrag kündigen, **1282**
wenn der Auftraggeber in Annahmeverzug gerät und eine Frist zur Vertragserfüllung mit Kündigungsandrohung fruchtlos verstrichen ist. § 9 Abs. 1 Nr. 1 VOB/B entspricht § 643 BGB mit einer Ausnahme. Nach § 9 Abs. 2 VOB/B muss nach Ablauf einer angemessenen Frist schriftlich gekündigt werden, während nach § 643 BGB der Vertrag nach Fristablauf als aufgehoben gilt. Diese Kündigungsrechte hängen nicht davon ab, dass die Arbeiten länger als drei Monate unterbrochen werden.

Deshalb ist fraglich und umstritten, ob der Auftragnehmer die Kündigung des Ver- **1283**
trags gemäß § 9 Abs. 1 Nr. 1 VOB/B bereits vor Ablauf von drei Monaten erklären kann, wenn er beispielsweise wegen fehlender Vorleistungen Dritter, fehlender Genehmigungen oder einer erforderlichen Kampfmittelberäumung nicht arbeiten kann, weil ihm der Auftraggeber kein baureifes Grundstück zur Verfügung

stellt. Das wird von der wohl herrschenden Auffassung bejaht, weil § 9 Abs. 1 Nr. 1 VOB/B eine Sonderregelung für den Fall des auftraggeberseitigen Annahmeverzugs enthalte (OLG Celle, Urt. v. 1.11.2012 – 16 U 200/11; Kapellmann/Messerschmidt, VOB-Kommentar, Teile A und B, 7. Auflage zu § 9, Rn. 28). Betrifft die unterlassene Mitwirkungshandlung aber nur einen Teil der Leistungen oder kommt es deshalb lediglich zu einer Verlangsamung der Arbeiten, muss der Auftragnehmer wegen § 6 Abs. 3 VOB/B an anderer Stelle oder unter anderen Umständen weiterarbeiten, soweit ihm das zumutbar ist (OLG Celle, Urt. v. 1.11.20212 – 16 U 200/11). Denn solche Verzögerungen sind am Bau üblich und können eine Kündigung nach § 9 Abs. 1 Nr. 1 VOB/B nur rechtfertigen, wenn dem Auftragnehmer die Vertragsfortsetzung unzumutbar ist. Nach anderer Auffassung ist § 6 Abs. 7 VOB/B gegenüber § 9 Abs. 1 Nr. 1 VOB/B die speziellere Regelung, sodass eine Kündigung erst nach dreimonatiger Unterbrechung möglich ist (Bolz/Daniel, BauR 2008, 924 ff.).

1284 Für die herrschende Meinung könnte das Urteil des BGH vom 26.10.2017 – VII ZR 16/17, dort Rn. 34, sprechen. Dort hat der BGH entschieden, dass der Auftragnehmer wegen Annahmeverzugs nach § 643 BGB kündigen könne, wenn er vermeiden wolle, auf Nachteilen, die erst nach Beendigung des Annahmeverzugs entstehen, sitzenzubleiben (vgl. H. I. 3. b) cc), Rn. 1238 ff.). Allerdings hat der BGH in dieser Entscheidung weder § 6 Abs. 7 VOB/B und die dort geregelte 3-Monats-Frist noch § 9 Abs. 1 Nr. 1 VOB/B und das Spannungsverhältnis dieser Vorschriften zueinander thematisiert. Er ist auch nicht darauf eingegangen, dass der Auftragnehmer nach § 6 Abs. 3 VOB/B zu Anpassungen verpflichtet ist, um eine Weiterführung der Arbeiten zu ermöglichen, soweit ihm diese zumutbar sind (siehe oben). Wir vertreten die Auffassung, dass § 9 Abs. 1 Nr. 1 VOB/B nicht bei jeder Behinderung, die ein vertragsgemäßes Arbeiten verhindert, eine Kündigungsmöglichkeit für den Auftragnehmer nach § 9 Abs. 1 Nr. 1 VOB/B bzw. § 643 BGB begründet. Es müssen deshalb erforderliche Mitwirkungshandlungen des Auftraggebers fehlen, die den Auftragnehmer außerstande setzen, überhaupt mit den Arbeiten zu beginnen oder diese in zumutbarer Weise fortzuführen. Liegen solche Fälle vor, muss die 3-Monats-Frist nicht abgelaufen sein, bevor die speziellere Kündigungsmöglichkeit des § 9 Abs. 1 Nr. 1 VOB/B eingreifen kann. Ebenso ist es im umgekehrten Fall eines Verzugs des Auftragnehmers mit der Leistung. Hier kann der Auftraggeber, wenn der Auftragnehmer aus von ihm zu vertretenden Gründen mit der Leistung nicht beginnt oder diese unterbricht, selbstverständlich aus wichtigem Grund kündigen, und zwar bevor die 3-Monats-Frist abgelaufen ist (§§ 5 Abs. 4 i.V.m. 8 Abs. 3 VOB/B).

d) „Strategische" Möglichkeiten für den Auftragnehmer

1285 Der Auftragnehmer wird in vielen Fällen einer dreimonatigen Unterbrechung oder einer Verschiebung des Baubeginns um diese Dauer gar nicht in erster Linie an einer Kündigung des Vertrags, sondern vielmehr an einer verbindlichen Klärung der Verzögerungsfolgen interessiert sein, und zwar bevor er mit den Leistungen beginnt oder diese fortsetzt. Dabei kann es um die Frage der angemessenen Anlaufzeit nach Wegfall der Unterbrechung, die konkrete Verlängerung der Ausführungsfristen bis zur Fertigstellung, aber auch um gestiegene Lohn-, Nachunternehmer- oder Materialkosten etc. gehen, die erst nach Beendigung des Annahmeverzugs entstehen und deshalb nur unter Schadensersatzgesichtspunkten erstattungsfähig sind (§ 6 Abs. 6 VOB/B), nicht nach § 642 BGB (vgl. H. I. 3. b) cc), Rn. 1238 ff.). Über solche Fragen kann man nach Fertigstellung der Arbeiten endlos streiten, und zwar regelmäßig zulasten des Auftragnehmers, der seinen Ansprüchen im Zweifel jahrelang „hinterherprozessieren" muss. Es ist einem Auftragnehmer deshalb nicht verwehrt, unter Verweis auf das Kündigungsrecht nach § 6 Abs. 7 VOB/B auf eine klare und vor allem rechtssichere Vereinbarung zu bestehen. Ist eine Aufnahme oder Fortsetzung der Arbeiten aufgrund auftraggeberseitigen Annahmeverzugs nicht möglich, kann unter Verweis auf die BGH-Entscheidung vom 26.10.2017 (VII ZR 16/17) das Kündigungsrecht nach § 9 Abs. 1 Nr. 1 VOB/B bzw. § 643 BGB auch weit vor Ablauf der 3-Monats-Frist ins Feld geführt werden. Möglicherweise hat der Auftraggeber ein hohes Interesse daran, eine Kündigung des Auftragnehmers zu vermeiden, weil er weiß, dass er durch die Beauftragung eines Ersatzunternehmers deutlich gravierendere Nachteile in Bezug auf die Bauzeit und die von diesem geltend gemachte Vergütung erleidet. Darauf wird man einen Auftraggeber – freundlich, aber bestimmt – hinweisen dürfen, um ihm ein Entgegenkommen beim Abschluss einer verbindlichen Vereinbarung zu erleichtern.

II. Handhabung in der Praxis

1. Dokumentation des gestörten Bauablaufs

a) Einführung

Die gerichtliche Durchsetzung von Ansprüchen aus Behinderungen ist eine der schwierigsten Aufgaben im Baurecht. Sie erfordert neben rechtlichen und baubetrieblichen Kenntnissen einen Dokumentationsaufwand, der in der Praxis regelmäßig unterschätzt und meistens auch vernachlässigt wird. Ohne konkrete Nachweise anhand einer rechtzeitig erstellten Dokumentation ist die prozessuale Durchsetzung von Mehrkostenansprüchen wegen Bauzeitverlängerung praktisch aussichtslos. Das gilt unabhängig davon, auf welche konkrete Anspruchsgrundlage der Auftragnehmer seine Forderungen stützt, wobei sich die Dokumentationsanforderungen und der Inhalt einer Dokumentation durchaus unterscheiden können. Das folgt unserer Auffassung nach mit hinreichender Klarheit aus den beiden bereits ausführlich besprochenen Entscheidungen des BGH zum Entschädigungsanspruch nach § 642 BGB (vgl. H. I. 3. b) cc), Rn. 1238 ff.). Es kommt insbesondere darauf **1286** an, ob der vereinbarte Baubeginntermin verschoben oder die Leistungen während der Ausführungszeit unterbrochen wurden oder es einen verzögerten bzw. verlangsamten Bauablauf, also schleichende Behinderungen gegeben hat. Dennoch: Unabhängig von der Anspruchsgrundlage bzw. der Frage, ob Unterbrechungen oder eine Bauablaufverzögerung vorliegen, Dokumentationsanforderungen gibt es immer und in jedem Fall. Fehlende bzw. unzureichende Dokumentation sind der Hauptgrund dafür, weshalb eine Vielzahl von Klagen wegen Ansprüchen aus Behinderungen vor Gericht scheitern. Es gibt dutzende von klageabweisenden Entscheidungen, in denen nicht der geringste Zweifel daran bestand, dass der Sache nach Behinderungen aus dem Verantwortungsbereich des Auftraggebers vorgelegen haben. Die Ansprüche wurden nicht wegen fehlender Behinderungen oder nicht vorhandener Anspruchsgrundlagen, sondern einzig und allein deshalb zurückgewiesen, weil der Auftragnehmer in der Ausführungsphase nicht aussagekräftig dokumentiert hat, welche konkreten zeitlichen und wirtschaftlichen Folgen die jeweilige Behinderung hatte.

1287 Die nachfolgenden Ausführungen sind deshalb von zentraler und im Zweifel streitentscheidender Bedeutung. Wir wissen aufgrund zahlreicher Bauleiterschulungen, dass viele Auftragnehmer die Dokumentationsanforderungen der Rechtsprechung für unerfüllbar halten, jedenfalls aber die Auffassung vertreten, dass der hierfür zu betreibende Aufwand praktisch nicht zu leisten sei. Das muss man ernstnehmen, weil Juristen nicht aufgrund eigener Erfahrung beurteilen können, ob solche Aussagen zutreffend oder eher nachträgliche Schutzbehauptungen darstellen, weil das Problem unterschätzt wurde oder die notwendige Disziplin bei der Dokumentation und dem Schriftverkehr im Laufe der Zeit verloren gegangen ist. Am Ende ist es Einerlei: Praktiker müssen wissen, dass unabhängig davon, ob sie den Aufwand für übertrieben, nicht erfüllbar oder für finanziell zu aufwendig halten, Ansprüche wegen Behinderungen vor Gericht in aller Regel nicht oder nur teilweise durchsetzbar sind, wenn die Dokumentation nicht baubegleitend erfolgt ist.

1288 Wir werden bei den Dokumentationspflichten zwischen Entschädigungsansprüchen nach § 642 BGB, Schadensersatzansprüchen nach § 6 Abs. 6 Satz 1 VOB/B und Vergütungsansprüchen nach § 2 Abs. 5 VOB/B unterscheiden. Das halten wir mit zahlreichen anderen Autoren, insbesondere aufgrund der aktuellen Rechtsprechung des BGH zu § 642 BGB, auch für richtig. Zu den Dokumentationspflichten beim Schadensersatzanspruch nach § 6 Abs. 6 Satz 1 VOB/B muss auf ältere Urteile zurückgegriffen werden, weil diese Anspruchsgrundlage durch § 642 BGB in den letzten 20 Jahren praktisch vollständig verdrängt worden ist und es aktuelle BGH-Urteile zum Schadensersatzanspruch des Auftragnehmers bei Behinderungen nach § 6 Abs. 6 Satz 1 VOB/B nicht gibt.

b) Hilfsmittel der Dokumentation

Ein Bauleiter, der Behinderungen dokumentiert, sollte sich am Ende eines Arbeitstages, an dem Behinderungen eingetreten sind, stets die Kontrollfrage stellen, ob er mit seinen Aufzeichnungen zu einem späteren Zeitpunkt, möglicherweise auch erst nach Fertigstellung der Leistung, in der Lage wäre, die an diesem Tag eingetretenen Störungen und ihre wirtschaftlichen Folgen beweisbar darzustellen und zu bewerten. Insbesondere sollte er bei langanhaltenden schleichenden Behinderungen rechtzeitig um zusätzliches Personal bitten, wenn er selbst nicht in der Lage ist, die erforderliche Dokumentation stets zeitnah zu erstellen. Die dadurch entstehenden Kosten können erstattungsfähig sein, wenn sie erforderlich waren (vgl. H. II. 1. f), Rn. 1333 ff.). Niemand verkennt, dass die Dokumentationsanforderungen erheblich sein können, insbesondere beim verzögerten Bauablauf. Ein Auftragnehmer muss aber wissen, dass er spätestens in einem Bauprozess *Schiffbruch* erleidet, wenn es in den Bautagesberichten unter dem Stichwort „Bauablauf" lediglich heißt: *stressig!* Die dadurch verlorengegangenen Informationen lassen sich im Nachhinein regelmäßig nicht mehr rekonstruieren, sodass ein Bauprozess mit höchster Wahrscheinlichkeit aussichtslos ist. Deshalb muss baubegleitend dokumentiert werden. **1289**

Die wichtigsten Dokumentationsmittel sind: **1290**
- Behinderungsanzeigen/Schriftverkehr der Parteien
- Aussagekräftige Bautagesberichte (Bautagebuch)
- Baubesprechungsprotokolle
- zeitnahe Aufmaße der Leistungen, die im Zeitraum von Behinderungen erbracht worden sind
- Fotodokumentation
- Aktennotizen
- Festlegungen im Terminplan (Soll-Ist-Vergleich), fortgeschriebene bzw. störungsmodifizierte Bauzeitenpläne
- Überwachung der Planlieferungsliste

Neben Behinderungsanzeigen sind Bautagesberichte das wichtigste Dokumentationsmittel, um Behinderungen nachzuweisen. Folgende Angaben können in diesen Berichten, abhängig von den Umständen des Einzelfalls, beispielsweise enthalten sein: **1291**
- Eingesetzte Produktionsmittel: Arbeitskräfte, Aufsichtspersonal, Geräte und Maschinen, Baustelleneinrichtung, Nachunternehmer. Wichtig ist vor allem, dass sich aus den Bautagesberichten ergibt, in welchen konkreten Bereichen die Kapazitäten eingesetzt und welche Arbeiten dort ausgeführt worden sind.
- Eintragung von Behinderungen (beispielsweise: verspäteter Planeingang oder inhaltlich unzureichende Pläne, vom Auftraggeber nicht rechtzeitig getroffene Entscheidungen, Boden- oder Grundwasserverhältnisse, fehlende oder unzureichende Vorunternehmerleistungen).

- Arbeitszeiten (evtl.: Überstunden, falls vergütungspflichtig, weil vom Auftraggeber angeordnet).
- Warte- bzw. Ausfallzeiten, möglichst getrennt nach Ursachen (eigenverschuldet, fremdverschuldet, witterungsbedingt). Kommen Ansprüche wegen unproduktiven Arbeitens in Betracht, sollte der jeweilige Bautagesbericht angeben, aus welchen Gründen Warte-, Leer- oder Stillstandszeiten entstanden sind und welche Mitarbeiter davon für welche Zeiträume betroffen waren.
- Änderungsanordnungen des Auftraggebers in zeitlicher Hinsicht bzw. Anordnungen zu zusätzlichen oder geänderten Leistungen (wann von wem in welcher Zeit ausgeführt).
- Witterungsdaten, Wasserstände etc.
- Angaben zu erforderlichen Bemusterungsentscheidungen, falls verspätet.

1292 Je konsequenter dokumentiert wird, desto schneller lassen sich Probleme erkennen und lösen. Beide Parteien sollten sich darüber im Klaren sein, dass prozessuale Auseinandersetzungen wegen gestörter Bauabläufe extrem zeit- und kostenintensiv sind. Vor diesem Hintergrund ist ein kaufmännischer Kompromiss häufig die bessere Lösung. Die Chancen einer außergerichtlichen Einigung steigen erheblich, wenn dem Auftraggeber anhand fundierter Unterlagen vor Augen geführt werden kann, dass ein Bauprozess auch für ihn mit Risiken verbunden ist.

c) Dokumentationspflichten beim Entschädigungsanspruch nach § 642 BGB

aa) Verspäteter Beginn oder Unterbrechung der Leistungen während der Ausführung

1293 Vor den beiden BGH-Entscheidungen aus den Jahren 2017 und 2020 sind die meisten Oberlandesgerichte davon ausgegangen, dass § 642 BGB – ebenso wie der Schadensersatzanspruch nach § 6 Abs. 6 Satz 1 VOB/B – stets eine konkrete bauablaufbezogene Darstellung der einzelnen Behinderungen und ihrer zeitlichen und wirtschaftlichen Auswirkungen voraussetze (vgl. dazu H. II. 1. d), Rn. 1311 ff.). Unterschiede zwischen diesen beiden Anspruchsgrundlagen gebe es nicht (so z.B. OLG Frankfurt, Urt. v. 23.7.2013 – 6 U 122/12 und OLG München, Urt. v. 20.11.2007 – 9 U 2741/07; OLG Düsseldorf, Urt. v. 7.6.2016 – 23 U 149/13 und OLG Hamm, Urt. v. 9.3.2017 – 24 U 32/13). Selbst nach den aktuellen BGH-Entscheidungen gibt es Oberlandesgerichte, die das nach wie vor fordern (OLG Oldenburg, Urt. v. 20.8.2019 – 2 U 81/19). Tatsache ist, dass der BGH das für § 642 BGB noch niemals verlangt hat, erst recht nicht in den beiden jüngsten Urteilen. In der Entscheidung vom 26.10.2017 – VII ZR 16/17 heißt es unter der Rn. 21 der Entscheidungsgründe dazu wörtlich:

> *„Es kann dahinstehen, ob die Auffassung des Berufungsgerichts zutrifft, wonach eine bauablaufbezogene Darstellung vorliegend entbehrlich war (…).“*

Die Vorinstanz hatte beim Entschädigungsanspruch nach § 642 BGB genau das – eine bauablaufbezogene Darstellung – für nicht erforderlich angesehen (KG, Urt. v. 10.1.2017 – 21 U 14/16). Der BGH hat diese Entscheidung – teilweise – aufgehoben, aber aus einem völlig anderen Grund. Denn es ging in diesem Fall um Ansprüche, die dem Auftragnehmer erst *nach* Beendigung des Annahmeverzugs entstanden sind. Solche Ansprüche sah der BGH als vom Entschädigungsanspruch nicht umfasst an (dazu bereits ausführlich unter H. I. 3. b) cc) (3), Rn. 1244 ff.). Der BGH hat in der Entscheidung aber bereits in den Leitsätzen eindeutig zum Ausdruck gebracht, dass es sich beim Entschädigungsanspruch nach § 642 BGB um einen verschuldensunabhängigen Anspruch eigener Art handelt, auf den die Vorschriften zur Berechnung des Schadensersatzes nicht anwendbar sind. **1294**

Auch in der aktuellsten Entscheidung des BGH vom 30.1.2020 – VII ZR 33/19 ist an keiner einzigen Stelle davon die Rede, dass der vereinbarte Bauablauf ohne Behinderungen mit dem tatsächlichen Bauablauf verglichen und jeweils im Einzelnen dargelegt werden muss, welche Behinderung zu welchen zeitlichen und wirtschaftlichen Folgen führte. **1295**

Zu den Dokumentationsanforderungen und zur Berechnung des Entschädigungsanspruchs folgendes **1296**

Beispiel: Der Auftragnehmer soll Parkettarbeiten in einer Schule vom 9.4.2020 (vereinbarter Baubeginntermin) bis zum 9.6.2020 (Fertigstellungstermin) ausführen. Während dieses Ausführungszeitraums konnte mit den Arbeiten nicht begonnen werden, weil der Estrich wegen zu hoher Restfeuchte nicht belegreif war. Tatsächlich wurden die Leistungen vom 13.8. bis zum 15.12.2020 ausgeführt. Für den Zeitraum des Annahmeverzugs verlangte der Auftragnehmer eine Entschädigung nach § 642 BGB.

Das OLG Karlsruhe hat in einem ganz ähnlich gelagerten Fall Ansprüche bejaht und sich hierbei mehrfach auf das BGH-Urteil vom 30.1.2020 bezogen (OLG Karlsruhe, Urt. v. 27.8.2020 – 8 U 49/19). Das Urteil ist außerordentlich lehrreich und deshalb lesenswert. Denn das OLG Karlsruhe macht dort deutlich, was ein Unternehmer darlegen muss, um seine Ansprüche gerichtlich durchsetzen zu können und wie die Ansprüche berechnet werden können. Nachfolgend werden Einzelheiten des Sachverhalts weggelassen, weil Details aufgrund der Umstände des Einzelfalls für das Verständnis der Grundsätze dieses Urteils überflüssig sind. Dass der Auftraggeber im Annahmeverzug war, hat er im Prozess nicht bestritten. Deshalb ging es auch nicht um die Frage, ob ein Angebot der Leistung erforderlich war. Der Auftragnehmer wäre in jedem Fall gut beraten gewesen, die Leistung anzubieten, also deutlich zu machen, dass er leistungsbereit und leistungsfähig ist. Denn das muss er im Zweifel, insbesondere wenn dies prozessual bestritten wird, ebenso **1297** beweisen, wie dass die Behinderung angezeigt wurde, auch wenn hier ein Fall von Offenkundigkeit vorgelegen haben dürfte.

1298 Bei der Berechnung der Entschädigungsansprüche ging es zunächst um die „produktionslos" vorgehaltenen gewerblichen Arbeitskräfte. Nach einer Zeugenvernehmung ging das OLG Karlsruhe davon aus, dass der Parkettleger für die Ausführung der Leistungen ca. 1600 Arbeitsstunden beim Einsatz von vier Arbeitskräften veranschlagt hatte. Dass dieser Ansatz unrealistisch war, wurde vom Auftraggeber nicht behauptet und war auch nicht ersichtlich, weil er sich aus der Kalkulation des Auftragnehmers ergab. Nach den Aufzeichnungen, die von einem Zeugen bestätigt wurden, konnten die vier Mitarbeiter an insgesamt ca. 500 Stunden bei anderen Bauvorhaben – produktiv – eingesetzt werden. Von den verbleibenden 1100 Stunden hat das OLG Karlsruhe im Wege der Schätzung gemäß § 287 ZPO berücksichtigt, dass ein Viertel dieser Zeit produktiv für die Erledigung interner Aufgaben aufgewendet wurde (Werkzeugreinigung, Aufräum- und Inventurarbeiten etc.). Die verbleibenden 825 Stunden wurden mit dem *„nachvollziehbar dargelegten Kalkulationslohn für diese Arbeitnehmer in Höhe von € 26,47 je Arbeitsstunde"* (Mittellohn: € 13,37/Arbeitsstunde zuzüglich Sozialkosten in Höhe von € 13,10/Arbeitsstunde) entschädigt.

1299 Dass die Klägerin darüber hinaus einen Bau- und Projektleiter während des Annahmeverzugs „produktionslos" vorgehalten hat, wurde vom OLG Karlsruhe dagegen verneint, weil der als Zeuge befragte Bauleiter zwar glaubhaft aussagte, dass *„er in der in Rede stehenden Zeit etwas weniger als vorher gearbeitet habe, weil ja ein Projekt weggefallen sei (...), gleichwohl aber samstags immer im Büro war"*. Daraus zog das OLG Karlsruhe den Schluss, dass der Bauleiter während des Annahmeverzugs voll ausgelastet war, weil anderenfalls die Samstagsarbeit nicht erklärbar wäre. Dem möchte man, wenn auch nur augenzwinkernd hinzufügen, dass es Menschen geben soll, die an Samstagen ihre Wohnung verlassen und stattdessen ins Büro gehen, obwohl das die Arbeitsbelastung nicht unbedingt erfordern würde. Wie dem auch sei. Die Ausführungen des OLG Karlsruhe machen jedenfalls deutlich, dass auch die Kosten für das Aufsichtspersonal erstattungsfähig sind, wenn die entsprechenden Mitarbeiter wegen des Annahmeverzugs nicht oder nicht vollständig produktiv eingesetzt werden konnten. Auch dafür kommt es, wie bei den gewerblichen Arbeitskräften, auf die vereinbarte Vergütung für den vorgesehenen Einsatz der Bauleitung an, also auf die Auftragskalkulation des Auftragnehmers.

1300 Für Geräte, die während des Annahmeverzugs vergeblich vorgehalten wurden, hat das OLG Karlsruhe – wiederum nach der nicht bestrittenen und plausiblen Kalkulation des Auftragnehmers – 19 % auf die Lohnkosten beaufschlagt (BGK-Zuschlag nach dem Formblatt KEV 180.1). Wichtig ist dabei, dass es nicht darauf ankam, ob diese Geräte auf der Baustelle „geparkt" worden sind. Es reichte aus, dass sie für das konkrete Bauvorhaben so bereitgehalten wurden, dass sie dort jederzeit eingesetzt werden konnten. Davon war das Gericht überzeugt, weil der Auftragnehmer nachgewiesen hatte, dass die Geräte im eigenen Werkzeugraum an einem *„speziell markierten, dem Bauvorhaben konkret zugeordneten Abstellplatz"* aufbewahrt und während des gesamten Annahmeverzugs dort gelagert wurden.

Zu den Allgemeinen Geschäftskosten sowie dem Wagnis- und Gewinnzuschlag führt das OLG Karlsruhe wörtlich aus: **1301**

> *„Die angemessene Entschädigung für die vergebliche Bereithaltung von Produktionsmitteln umfasst auch die in der Vergütung enthaltenen Anteile für Allgemeine Geschäftskosten sowie für Wagnis und Gewinn."*

Das entspricht exakt der Rechtsprechung des BGH in den beiden Urteilen aus den Jahren 2017 und 2020. Zur Höhe dieser Ansprüche wiederum ein wörtliches Zitat aus der Entscheidung des OLG Karlsruhe: **1302**

> *„Die Klägerin hat die genannten Anteile bei der Aufschlüsselung der Angebotssumme in dem Formblatt KEV 180.1 als prozentuale Zuschläge auf die Lohn- und Stoffkosten angegeben. Danach erhob sie bei der Kalkulation der Angebotssumme einen Zuschlag auf den Kalkulationslohn von 38 % für Allgemeine Geschäftskosten und einen weiteren Zuschlag auf den Kalkulationslohn von 9 % für Wagnis und Gewinn. (...) Diese Preiskalkulation (...) ist in sich stimmig und rechnerisch nachvollziehbar. Sie entspricht, wie die Zeugin ... ausgesagt hat, der jahrelangen Praxis der Klägerin. Der Senat hat daher – wie schon das Landgericht – keine Bedenken, die von der Klägerin kalkulierten Zuschläge für Allgemeine Geschäftskosten und für Wagnis und Gewinn der Bemessung des Entschädigungsanspruchs zugrunde zu legen."*

Wir haben dieses Urteil so ausführlich behandelt, weil es lehrbuchhaft darstellt, wie sich die Grundsatzentscheidungen des BGH zukünftig auswirken werden, wenn Auftragnehmer die Voraussetzungen des § 642 BGB beweisen können. Dazu gehört in aller Regel, dass ein Auftragnehmer seine Leistungen ausdrücklich anbietet, weil ein solches Angebot Voraussetzung für den Annahmeverzug ist. Das Angebot kann mit einer Behinderungsanzeige, die für § 642 BGB ebenfalls grundsätzlich erforderlich ist, verbunden werden. Im Fall des OLG Karlsruhe war die Behinderungsanzeige allerdings nach § 6 Abs. 1 Satz 2 VOB/B entbehrlich, weil offenkundig war, dass während der vereinbarten Ausführungszeit wegen Verzögerung der Estricharbeiten kein Parkett verlegt werden konnte. Denn dem Auftraggeber waren das Ergebnis der Restfeuchtemessung und die daraus resultierende mangelnde Belegreife bekannt. Das hat die Vorinstanz zutreffend herausgearbeitet und festgestellt, dass eine Behinderungsanzeige eine *„reine Förmelei"* gewesen wäre und deshalb entbehrlich war (LG Mosbach, Urt. v. 18.4.2019 – 2 O 232/17). **1303**

1304 Der Auftragnehmer muss baubetrieblich plausibel darlegen, wie viele Mitarbeiter er in der fraglichen Zeit einsetzen wollte und welche Gesamtstundenzahl er für die Ausführung der Arbeiten veranschlagt hat. Er muss ferner darlegen, für welche Zeiträume er welche Mitarbeiter anderweitig – produktiv – beschäftigt hat oder aus welchen Gründen das nicht oder jedenfalls nicht durchgehend möglich gewesen ist. Er muss schließlich darlegen und beweisen, welche Vergütungsanteile er für die unproduktiv bereitgehaltenen Produktionsmittel kalkuliert hatte und ob bzw. welche Aufwendungen er infolge des Annahmeverzugs erspart hat. Dabei handelt es sich in erster Linie um Baustoffe, die er zwar möglicherweise vergeblich vorhält, aber in aller Regel später verwenden kann (LG Mosbach, Urt. v. 18.4.2019 – 2 O 232/17). Die gleichen Überlegungen gelten für die allgemeine Baustelleneinrichtung (Mannschaftswagen, Container, Bauzaun etc.) sowie die für den Einsatz vorgesehenen Maschinen und Geräte. Hinzu kommen Zuschläge für Allgemeine Geschäftskosten sowie Wagnis und Gewinn nach der Kalkulation des Auftragnehmers für die nutzlos bereitgehaltenen Produktionsmittel. Wenn man theoretisch unterstellt, ein Auftragnehmer hat während der Dauer des Annnahmeverzugs keine Möglichkeiten, seine Produktionsmittel anderweitig produktiv einzusetzen, müsste er sich folglich vom vereinbarten Vergütungsanspruch lediglich in Abzug bringen lassen, was er aufgrund des Annahmeverzugs erspart hat, also die Stoffkosten, die er als Vergütungsanspruch nach Ausführung der Leistungen machen kann.

1305 Der Fall des OLG Karlsruhe macht aber deutlich, weshalb Haftungslücken entstehen können, auch wenn es darum in der Entscheidung nicht ging, weil keine Mehrkosten nach Beendigung des Annahmeverzugs geltend gemacht wurden. Denn der Auftragnehmer hat die Leistungen nicht in gut zwei Monaten ausgeführt, sondern dafür mehr als doppelt so lange gebraucht. Höhere Baustellengemeinkosten nach Beendigung des Annahmeverzugs sind aber so wenig erstattungsfähig, wie es gestiegene Lohn- oder Materialeinkaufskosten gewesen wären. Schadensersatzansprüche nach § 6 Abs. 6 Satz 1 VOB/B bestanden dafür ebenfalls nicht, wir kennen bereits den Grund: Mitwirkungshandlungen sind keine Pflichten, deren schuldhafte Verletzung zu solchen Ansprüchen führt, so jedenfalls der BGH in ständiger, wenn auch falscher Rechtsprechung.

bb) Verzögerte oder verlangsamte Leistungsausführung („schleichende" Behinderungen)

1306 Die Entscheidungen des BGH aus den Jahren 2017 und 2020 betrafen im Grundsatz Fälle, in denen Leistungen in andere Zeiträume verschoben worden sind. „Verlangsamungsfälle", in denen der Annahmeverzug des Auftraggebers nicht zu einer vollständigen Unterbrechung der Bauarbeiten führt, aber diese wesentlich unproduktiver voranschreiten, hat der BGH noch nicht explizit geklärt. Dennoch werden in solchen Fällen die Produktionsmittel des Auftragnehmers länger auf der Baustelle gebunden. Es ist überhaupt kein Sachgrund dafür ersichtlich, weshalb dem Auftragnehmer dafür keine Entschädigungsansprüche zustehen sollten, wenn und solange der Auftraggeber im Annahmeverzug war, weil er Mitwirkungshandlungen nicht oder verspätet vorgenommen hat. Dass während der verlängerten Ausführungszeit Produktionsmittel möglicherweise niemals vollständig nutzlos vorgehalten wurden, sondern stattdessen ihre Nutzung nur weniger produktiv gewesen ist, kann nicht entscheidend sein. Genau so sieht es auch das Kammergericht in einem Urteil aus dem Jahr 2018 (KG, Urt. v. 16.2.2018 – 21 U 66/16). Den beiden amtlichen Leitsätzen 7. und 8. stimmen wir voll und ganz zu, weshalb sie wörtlich zitiert werden sollen:

> *„Auch wenn der Mitwirkungsverzug des Bestellers lediglich zur Verlangsamung eines Prozesses auf der Baustelle führt, kann dies zu einem nach § 642 BGB zu ersetzenden Nachteil führen, weil der Unternehmer die durch den betroffenen Prozess gebundenen Produktionsmittel länger vorhalten muss.*
>
> *Hält der Unternehmer aufgrund des Mitwirkungsverzugs ein Produktionsmittel vergeblich bereit, ist mit Ablauf der kleinsten zeitlichen Abrechnungseinheit der Nachteil dem Grunde nach entstanden. Die Frage, in welchem zeitlichen Umfang die Vorhaltung durch den Mitwirkungsverzug veranlasst ist, kann das Gericht deshalb unter den Voraussetzungen von § 287 ZPO nach freiem Ermessen entscheiden."*

War die Vergütung des Auftragnehmers nicht auskömmlich (Unterkalkulation), **1307**
beläuft sich die Entschädigung dennoch zumindest auf die Höhe der *Mehrkosten*, die ihm durch den Annahme- oder Mitwirkungsverzug des Auftraggebers entstanden sind (das hat das Kammergericht im 9. Leitsatz des oben genannten Urteils entschieden).

Dass auch ein behinderungsbedingt verzögerter Bauablauf prinzipiell zu Ent- **1308**
schädigungsansprüchen führen muss, ist nahezu zwingend. Denn es gibt weder eine baubetriebliche noch eine juristische Begründung dafür, einen Auftragnehmer für nutzlos bereitgehaltene Produktionsmittel zu entschädigen, wenn er beispielsweise wegen eines Annahmeverzugs für vier Wochen überhaupt nicht leisten konnte, ihm dagegen eine Entschädigung zu versagen, wenn er in dieser Zeit wegen § 6 Abs. 3 VOB/B zwar gearbeitet hat, aber beispielsweise nur zwei Drittel derjenigen abrechenbaren Bauleistungen erbringen konnte, die er ohne den Mitwirkungs- oder Annahmeverzug des Auftraggebers hätte erbringen können. Hat er während dieser Zeit seine Produktionsmittel in vollem Umfang bereitgehalten, war dies zu einem Drittel nutzlos und rechtfertigt eine Entschädigung.

Wenn für die Ausführung der Arbeiten beispielsweise eine Bauzeit vom 2.1. bis **1309**
zum 31.3.2021 vereinbart wurde, in dieser Zeit aber wegen verschiedener Behinderungen nur 50 % der Leistungen ausgeführt werden konnten, erhält der Auf-

tragnehmer für diesen Zeitraum 50 % der vereinbarten Vergütung *und* eine Entschädigung, deren Höhe davon abhängt, ob und inwieweit er Produktionsmittel anderweitig einsetzen konnte bzw. welche Aufwendungen er während des Annahmeverzugs erspart hat. Unterstellt, dass alle Produktionsmittel während dieser Zeit vollständig an dem Bauvorhaben gebunden waren, weil ein anderweitig produktiver Einsatz nicht möglich war, hat der Auftragnehmer in aller Regel wiederum nur Stoff- bzw. Materialkosten erspart (siehe oben). Diese muss er von seinem Vergütungsanspruch, bezogen auf die nicht ausgeführten Leistungen (im Beispiel 50 %), in Abzug bringen, sodass er für die nicht ausgeführten 50 % der geschuldeten Leistung die vereinbarte Vergütung abzüglich der Materialkosten erhält, nur dass es sich hierbei – logischerweise – nicht um einen Vergütungsanspruch für ausgeführte Leistungen, sondern um einen Entschädigungsanspruch nach § 642 BGB handelt. Wenn der Auftragnehmer die restlichen 50 % bis zum 31.5.2021 erbringen muss, erhält er nach Beendigung des Annahmeverzugs nur die restliche vereinbarte Vergütung, aber keine Entschädigung für Nachteile, die erst ab diesem Zeitraum entstanden sind. Dafür kann er, wenn der Auftraggeber die Verlängerung der Bauzeit zu vertreten hatte, „nur" Schadensersatzansprüche nach § 6 Abs. 6 Satz 1 VOB/B geltend machen.

1310 Es versteht sich von selbst, dass die Dokumentationspflichten bei schleichenden Behinderungen wesentlich höher sind als bei Unterbrechungen. Letzterenfalls gibt es weder Anlass für das Schreiben von detaillierten Bautagesberichten noch für zeitnahe Aufmaße, weil nichts geleistet worden ist. In Verlangsamungsfällen muss der Auftragnehmer dagegen in täglichen Bautagesberichten präzise und genau dokumentieren, welche Mitarbeiter in welchen Abschnitten gearbeitet haben und zu welchen Warte- bzw. Leerzeiten es aus welchen Gründen gekommen ist. Er muss auch erfassen, welche Leistungen – trotz der Behinderungen – mengenmäßig erbracht worden sind. Anderenfalls dürfte dem Auftragnehmer in streitigen Auseinandersetzungen der Nachweis schwerfallen, dass die in den Bautagesberichten enthaltenen Angaben tatsächlich dazu geführt haben, dass die Produktivität – also die abrechenbare Leistung – entsprechend vermindert wurde. Es versteht sich aufgrund der BGH-Rechtsprechung von selbst, dass hierfür keine mathematisch exakten Nachweise geliefert werden können und müssen. Denn ein Gericht kann hier Schätzungen vornehmen. Das geht allerdings nur, wenn baubetrieblich plausible Grundlagen vorgetragen worden sind. Je genauer dokumentiert worden ist, desto näher muss sich eine Schätzung an den Darlegungen des Auftragnehmers bewegen. Sind die Aufzeichnungen lückenhaft oder nachlässig, kann ein Tatrichter von den Angaben des Auftragnehmers – wiederum im Wege der Schätzung – einen mehr oder weniger deutlichen prozentualen Abschlag vornehmen. Die Auseinandersetzung ist dann zwar nicht in vollem Umfang gewonnen, aber eben auch nicht vollständig verloren. Genau deshalb sind Bautagesberichte und zeitnahe Aufmaße in solchen Fällen die entscheidenden Beweismittel, auch wenn sie von der Praxis völlig unterschätzt und oftmals überhaupt nicht geschrieben werden. Dann wird es auch mit Schätzungen schwierig, weil raten und schätzen eben zweierlei sind. Der Auftragnehmer muss im Prozess die Grundlagen für eine Schätzung darlegen und beweisen, also dass die Behinderung bzw. unterlassene Mitwirkungshandlung zu zeitlichen Auswirkungen auf den vereinbarten Bauablauf und zu wirtschaftlichen Nachteilen führte (OLG Celle, Urt. v. 4.3.2020 – 7 U 334/18). Anderenfalls sind Bauprozesse praktisch nicht zu gewinnen, auch nicht teilweise.

d) Dokumentationspflichten beim Schadensersatzanspruch nach § 6 Abs. 6 Satz 1 VOB/B

aa) Darlegungs- und Beweislast zum Haftungsgrund

Der BGH hat in vier Grundsatzentscheidungen dargelegt, welche Voraussetzun- **1311**
gen der Auftragnehmer erfüllen muss, um Schadensersatzansprüche aus gestörten Bauabläufen durchsetzen zu können und wie diese Ansprüche der Höhe nach ermittelt werden (BGH, Urt. v. 20.2.1986 – VII ZR 286/64; BGH, Urt. v. 21.3.2002 – VII ZR 224/00; BGH, Urt. v. 24.2.2005 – VII ZR 141/03; BGH, Urt. v. 24.2.2005 – VII ZR 225/03). Diese BGH-Entscheidungen befassen sich nur mit § 6 Abs. 6 Satz 1 VOB/B, nicht mit dem Entschädigungsanspruch nach § 642 BGB. Zur Wiederholung: Der Schadensersatzanspruch setzt eine schuldhafte Pflichtverletzung des Auftraggebers voraus. Der BGH behandelt Mitwirkungshandlungen des Auftraggebers grundsätzlich nicht als Pflicht, sondern nur als Obliegenheit (BGH, Urt. v. 21.10.1999 – VII ZR 1185/98). Wenn man die rechtzeitige Übergabe der für die Ausführung nötigen Unterlagen (z.B. Pläne) oder die Herbeiführung der erforderlichen Genehmigungen trotz §§ 3 Abs. 1 und 4 Abs. 1 Nr. 1 VOB/B nur als Mitwirkungshandlung oder Obliegenheit einstuft, sind Schadensersatzansprüche genauso ausgeschlossen wie bei fehlenden Vorunternehmerleistungen (vgl. H. I. 3. b) bb), Rn. 1234 ff.). In solchen Fällen kann der Auftragnehmer zwar Entschädigungsansprüche nach § 642 BGB geltend machen, aber eben nur *während der Dauer des* Annahmeverzugs, nicht für eventuelle Mehrkosten, die erst *nach dessen Beendigung* entstehen (vgl. H. I. 3. b) cc) (3), Rn. 1244 ff.). Dadurch können Haftungslücken entstehen, wenn der BGH auch zukünftig bei seiner Auffassung bleibt, weil der Auftragnehmer dann beispielsweise gestiegene Lohn- und Materialkosten, erhöhte Nachunternehmerkosten oder solche, die aus einer Verschiebung in eine ungünstigere Jahreszeit entstehen, weder nach § 642 BGB noch nach § 6 Abs. 6 Satz 1 VOB/B geltend machen kann. Bleibt zu hoffen, dass der BGH dieses von ihm selbst geschaffene Problem erkennt und zukünftig alle erforderlichen Mitwirkungshandlungen des Auftraggebers als Pflichten behandelt, deren schuldhafte Verletzung zu Schadensersatzansprüchen führt.

Kommen wir zurück zu den Dokumentationspflichten beim Schadensersatzan- **1312**
spruch. Neben dem BGH verlangen praktisch alle Gerichte dafür eine konkrete

bauablaufbezogene Darstellung der jeweiligen Behinderung und der daraus resultierenden Wirkungen (zuletzt: OLG Stuttgart, Urt. v. 14.8.2018 – 10 U 154/17; OLG München, Urt. v. 26.9.2017 – 28 U 2834/09; OLG Köln, Urt. v. 31.5.2017 – 16 U 98/16; OLG Karlsruhe, Beschl. v. 22.6.2015 – 13 U 181/13). Was ist damit gemeint?

1313 Zunächst muss zwischen der Behinderung und deren Folgen unterschieden werden. Der Auftragnehmer muss den Tatbestand der Störung und die insoweit verletzte Pflicht des Auftraggebers in vollem Umfang beweisen. Liegen mehrere Pflichtverletzungen vor, muss der Auftragnehmer diese jeweils für den *Einzelfall* vortragen (BGH, Urt. v. 24.2.2005 – VII ZR 141/03). Das gehört zum Haftungsgrund. Schätzungen sind hier nicht möglich. Wenn ein Auftragnehmer beispielsweise Schadensersatz wegen einer verspätet vorgelegten Ausführungsplanung geltend macht, muss er deshalb beweisen, dass der Auftraggeber die Pläne schuldet, wann sie hätten vorgelegt werden müssen und wann sie tatsächlich geliefert worden sind. Für die Pflichtverletzung ist entweder erforderlich, dass der Auftraggeber sie ohne gesonderte Anforderung zu bestimmten Zeitpunkten zu übergeben hatte, was nach Ansicht des BGH nur bei einer dahingehenden Vereinbarung im Vertrag der Fall ist (siehe oben) oder wenn beispielsweise feststeht, dass ein Bauzeitenplan *„in der Weise zur Grundlage der Bauabwicklung gemacht wurde, dass es unter Berücksichtigung der vereinbarten Vorlaufzeiten keiner gesonderten Anforderung der Pläne bedurfte"* (BGH, Urt. v. 21.3.2002 – VII ZR 224/00). Anderenfalls muss der Auftragnehmer erforderliche Pläne rechtzeitig herausverlangen. Der Auftragnehmer muss beweisen, dass er die aus einer verspäteten Planlieferung resultierende Behinderung angezeigt hat und wie lange sie dauerte. Auch das gehört zum Haftungsgrund und entzieht sich einer Schätzung. Wenn eine Behinderungsanzeige unterblieben ist, muss der Auftragnehmer beweisen, dass sie wegen Offenkundigkeit entbehrlich war (vgl. H. I. 4. f), Rn. 1275 ff.). Der Auftragnehmer braucht dagegen nicht zu beweisen, dass der Auftraggeber die Pflicht schuldhaft verletzt hat. Vom Verschuldensvorwurf muss sich der Auftraggeber entlasten (§ 286 Abs. 4 BGB).

bb) Schätzungen nach § 287 ZPO zu den Folgen der Behinderung

1314 Der Auftragnehmer braucht nicht in allen Einzelheiten zu beweisen, welche genauen *Folgen* die Störung in zeitlicher und wirtschaftlicher Hinsicht hatte (BGH, Urt. v. 24.2.2005 – VII ZR 225/03). Ein Gericht darf auf der Grundlage konkreter Anhaltspunkte bei der Höhe der Ansprüche Schätzungen gemäß § 287 ZPO vornehmen (OLG Düsseldorf, Urt. v. 25.2.2003 – 21 U 80/02; OLG Braunschweig, Urt. v. 13.3.1994 – 4 U 51/93). Das folgt bereits eindeutig aus der ersten Grundsatzentscheidung des BGH zu Behinderungen (BGH, Urt. v. 20.2.1986 – VII ZR 286/84). In diesem Urteil heißt es wörtlich:

„... Die Vorschrift des § 287 ZPO erleichtert die Darlegungslast und Beweislast des Geschädigten. Denn danach darf die Klage nicht abgewiesen werden,

wenn der Haftungsgrund unstreitig oder bewiesen, ein Schadenseintritt zumindest wahrscheinlich und greifbare Anhaltspunkte für eine richterliche Schadenschätzung vorhanden sind."

Der BGH hat diese Erwägungen in allen weiteren Grundsatzentscheidungen **1315** bestätigt (BGH, Urt. v. 21.3.2002 – VII ZR 224/00; BGH, Urt. v. 24.2.2005 – VII ZR 141/03; BGH, Urt. v. 24.2.2005 – VII ZR 225/03). Steht im Ausgangspunkt also fest, dass die Verzögerung vom Auftraggeber zu vertreten ist, braucht die Anspruchshöhe nicht auf Euro und Cent bewiesen zu werden. Schätzungen dürfen sich aber von den tatsächlichen Bauumständen nicht so weit entfernen, dass sie allein auf fiktiven Annahmen beruhen, die nichts mehr mit der Wirklichkeit des realen Bauablaufs zu tun haben (KG, Urt. v. 19.4.2011 – 21 U 55/07; OLG München, Urt. v. 20.11.2007 – 9 U 2741/07). Die Darlegung eines baustellenbezogenen Ist- und Soll-Ablaufs muss der Wirklichkeit entsprechen und zumindest plausible Schätzungsgrundlagen liefern. Deshalb akzeptiert die Rechtsprechung nur theoretische Fortschreibungen des Bauablaufs, die durch den tatsächlichen Bauablauf widerlegt werden, zu Recht nicht und weist Ansprüche, die anhand abstrakter Angaben zu Störungssachverhalten oder rein hypothetischer Schadensberechnungen erfolgen, regelmäßig ab (LG Stuttgart, Urt. v. 14.7.2015 – 23 O 251/14; OLG Köln, Urt. v. 28.1.2014 – 24 U 199/12; OLG Hamm, Urt. v. 30.7.2013 – 21 U 84/12). Die Grundlagen und Ergebnisse von Schätzungen müssen einzelfallbezogen und wirklichkeitsnah sein. Je genauer die Bautagesberichte des Auftragnehmers die tatsächlichen Abläufe auf der Baustelle wiedergeben, umso eher müssen Schätzungen möglich sein, wenn es „nur" um die Frage geht, inwieweit konkret dargelegte Behinderungen von bestimmter Dauer zu welcher Verlängerung der Bauzeit und daraus resultierender Mehrkosten geführt haben (BGH, Urt. v. 24.2.2005 – VII ZR 225/03).

Wenn ein Gericht den Vortrag des Auftragnehmers aufgrund fehlender Sach- **1316** kunde nicht versteht, muss es von Amts wegen einen gerichtlich bestellten Sachverständigen hinzuziehen. Das gilt insbesondere, wenn es ein vom Auftragnehmer vorgelegtes Privatgutachten nicht zu würdigen weiß (BGH, Urt. v. 24.2.2005 – VII ZR 225/03). Soweit der Vortrag des Auftragnehmers Fehler, Unklarheiten oder Lücken enthält, müssen Gerichte darauf hinweisen, und zwar nicht erst im klageabweisenden Urteil, sondern im Verlauf des Bauprozesses. Der Auftragnehmer muss vom Gericht Gelegenheit erhalten, seinen Vortrag dort nachzubessern oder zu ergänzen, wo aus dessen Sicht Informationen fehlen oder unvollständig sind.

cc) Inhalt einer konkreten bauablaufbezogenen Darstellung nach der Rechtsprechung

Die einzelnen Schritte einer bauablaufbezogenen Darstellung müssen jedenfalls **1317** erfolgen, wenn es zu zahlreichen Behinderungen gekommen ist und der Auftragnehmer aufgrund der daraus resultierenden Ausführungsfristverlängerung Schadensersatz geltend machen will. Dann erfolgt in der Regel eine Abrechnung „von unten nach oben", d.h., der Auftragnehmer ermittelt seine Ansprüche für die gesamte behinderungsbedingte Ausführungsfristverlängerung anhand der einzelnen Kostenkomplexe, beispielsweise für die längere Vorhaltung des Aufsichtspersonals, von Geräten und Maschinen bzw. der Baustelleneinrichtung sowie der Mehrstunden, die ihm im Vergleich zu seiner Kalkulation behinderungsbedingt entstanden sind und beaufschlagt diese direkten Kosten der Behinderung mit dem kalkulierten AGK-Zuschlag (vgl. H. II. 2. b), Rn. 1340 ff.). Er muss den tatsächlichen Bauablauf bzw. die aufgetretenen Störungen genauso zeitnah dokumentieren wie bei Entschädigungsansprüchen auch (siehe oben). Deshalb führt auch bei Schadensersatzansprüchen an aussagekräftigen Bautagesberichten und zeitnahen Aufmaßen kein Weg vorbei.

1318 Eine bauablaufbezogene Darstellung von Behinderungen beginnt mit einem Vortrag zum *zeitlichen Bausoll*. Das ist der *erste Schritt*. Der Auftragnehmer muss darlegen, welche Regelungen im Vertrag zu Fristen und Terminen getroffen worden sind bzw. welche Pflichten der Auftraggeber in zeitlicher Hinsicht hatte. Dabei kommt dem sogenannten *kritischen Weg* und seiner Herausarbeitung besondere Bedeutung zu. Auf dem kritischen Weg liegen solche Vorgänge, deren Verschiebung *zwingend* zu einer Verlängerung der Ausführungsfristen führt, weil Kompensationsmöglichkeiten oder Zeitreserven nicht vorhanden sind. Der Auftragnehmer muss angeben, wie er die einzelnen Leistungen bis zur Fertigstellung erbringen wollte und dass er die Bauzeit bei ungestörtem Bauablauf eingehalten hätte. Gibt es keinen zwischen den Parteien vereinbarten Bauzeitenplan, muss im Zweifel nachträglich eine baubetrieblich plausible Darlegung des vorgesehenen Ablaufs erstellt werden. Es ist deshalb offensichtlich unzutreffend, wenn das OLG Brandenburg meint, Ansprüche aus Behinderungen bestünden nicht, wenn „kein verbindlicher Bauzeitenplan" vereinbart wurde (OLG Brandenburg, Urt. v. 2.12.2015 – 11 U 102/12). Wäre das richtig, könnte ein Auftragnehmer in solchen Fällen auch nicht in Verzug geraten, was ersichtlich niemand annimmt.

1319 In einem *zweiten Schritt* muss der Auftragnehmer die einzelnen Behinderungen mit Anfangs- und Enddatum konkret darlegen. Dabei ist anzugeben, dass und weshalb sich die Pflichtverletzung des Auftraggebers negativ auf den planmäßigen Bauablauf ausgewirkt hat. Bei dieser Darstellung ist insbesondere darauf zu achten, dass der kausale Zusammenhang zwischen den Pflichtverletzungen und den daraus resultierenden zeitlichen Folgen für den geplanten Bauablauf herausgearbeitet wird. Der Auftragnehmer kann nun die jeweiligen Ausführungsdauern der behinderten Arbeiten (mit Angaben zum Beginn und zum Ende dieser Vorgänge) in einen störungsmodifizierten Bauablaufplan eintragen. Das ist der *dritte Schritt*. Leistungen, die vereinbarungsgemäß – also innerhalb vereinbarter Ausführungsdauern ungestört – erbracht werden konnten, müssen darin nicht angegeben werden.

Verzögerungen, die der Auftragnehmer selbst zu vertreten hat, müssen bei der Berechnung der Ausführungsfristverlängerung unberücksichtigt bleiben. Liegt Eigenverschulden des Auftragnehmers vor, das zur Gesamtbauzeitverlängerung beigetragen hat, sollte das unserer Auffassung nach auch nicht verschwiegen, sondern zugestanden werden, weil ansonsten die Gefahr besteht, dass Gerichte – wenn auch zu Unrecht – den gesamten Sachvortrag des Auftragnehmers als unschlüssig zurückweisen (OLG Köln, Beschl. v. 27.10.2014 – 11 U 70/13; OLG Hamm, Urt. v. 30.7.2013 – 21 U 84/12; LG Halle, Urt. v. 21.10.2011 – 3 O 549/04). Der Auftragnehmer müsste ferner den Einwand des Auftraggebers, die Störung sei auf eine unzureichende Ausstattung der Baustelle bzw. auf von Anfang an falsch kalkulierte Leistungsansätze zurückzuführen, widerlegen (OLG Köln, Urt. v. 28.1.2014 – 24 U 199/12). Dazu muss er vortragen, wie er den Einsatz von Personal und Geräten kalkuliert hatte und wie diese tatsächlich eingesetzt wurden. **1320**

Behinderungsauswirkungen bzw. eine zutreffende Kalkulation lassen sich oftmals dadurch aufzeigen, dass erbrachte Leistungen eines ungehinderten Bauabschnitts mit einem solchen verglichen werden, wo es zu Störungen gekommen ist. Hat der Auftragnehmer bei den ungestörten Abschnitten seine kalkulierten Leistungswerte erreicht, spricht dies dafür, dass seine Ansätze auskömmlich gewesen sind und in gestörten Bauabschnitten dafür, dass die Behinderung für den erhöhten Aufwand ursächlich war. Eine solche Darstellung setzt jedoch voraus, dass der Bauleiter auch dokumentiert hat, welche Leistungen in ungestörten Bauabschnitten erbracht worden sind. Zum Nachweis der Angemessenheit von Kalkulationsansätzen können auch firmeninterne Kalkulationstabellen oder Ansätze aus der baubetriebswirtschaftlichen Literatur herangezogen werden (z.B. Plümecke, Preisermittlung für Bauarbeiten, 28. Auflage). **1321**

Beispiel: Eine Estrichkolonne, bestehend aus drei Mann, kann in der zweiten Etage eines Bauvorhabens ungehindert arbeiten, weil alle erforderlichen Vorleistungen dort vollständig erbracht worden sind. Die durchschnittliche Tagesleistung beträgt nachweislich 120 m² (oder diese Leistung pro Kolonne und Arbeitstag lässt sich durch firmeninterne Kalkulationsunterlagen baubetrieblich plausibel belegen). Wenn in der flächenmäßig vergleichbaren dritten Etage Behinderungen durch fehlende Heizungsverteilungen auftreten und die Tagesleistung der Kolonne auf 90 m² sinkt, dann spricht bei ansonsten unveränderten Bauumständen eine Vermutung dafür, dass die fehlenden Vorleistungen für die Produktivitätseinbußen ursächlich waren. **1322**

In einem *letzten Schritt* wird der tatsächliche Bauablauf (Bau-Ist-Zeitenplan) mit dem störungsmodifizierten Bauablaufplan verglichen. Stimmt der Fertigstellungstermin des Bau-Ist-Zeitenplans mit demjenigen des störungsmodifizierten Bauab- **1323** laufs überein, lässt dies vermuten, dass die Ausführungsfristverlängerung kausal auf die Behinderungen zurückzuführen ist und kein Eigenverschulden des Auftragnehmers vorliegt. Endet der Bau-Ist-Zeitenplan nach dem störungsmodifizierten Bauablauf, beruht der überlappende Teil auf Eigenverschulden des Auftragnehmers, sodass er für diesen Zeitraum keine Ansprüche geltend machen kann (siehe oben). Hat der Auftragnehmer die Leistungen dagegen vor dem Endtermin des modifizierten Bauablaufplans fertiggestellt, spricht dies für die Durchführung von Beschleunigungsmaßnahmen oder die Ausnutzung verdeckter Zeitpuffer (siehe unten).

1324 Zumindest ein Vergleich der Soll- und Ist-Abläufe wird in praktisch allen Urteilen verlangt (LG Stuttgart, Urt. v. 14.7.2015 – 23 O 251/14; KG, Urt. v. 19.4.2011 – 21 U 55/07; OLG München, Urt. v. 20.11.2007 – 9 U 2741/07; OLG Köln, Urt. v. 28.1.2014 – 24 U 199/12; BGH, Urt. v. 24.2.2005 – VII ZR 141/03). Die Erstellung eines Bau-Ist-Zeitenplans setzt zwingend voraus, dass der tatsächliche Bauablauf zeitnah dokumentiert worden ist. Denn nachträglich ist der Auftragnehmer meistens nicht mehr in der Lage, konkret anzugeben, in welchen Zeiträumen behinderungsbedingt verschobene Leistungen tatsächlich ausgeführt worden sind und ob diese Verschiebungen auch ursächlich auf den angezeigten Behinderungen beruhten. Die Dokumentationsanforderungen sind dabei einzelfallabhängig. Kommt es lediglich zu *einer* Unterbrechung von bestimmter Dauer, beispielsweise weil notwendige Vorleistungen fehlen und deshalb überhaupt keine Leistungen ausgeführt werden können, ist der Nachweis der dadurch eintretenden Bauzeitverlängerung relativ einfach zu führen, insbesondere wenn nur die nicht gedeckten, zeitabhängigen Baustellengemeinkosten geltend gemacht werden (KG, Urt. v. 12.2.2008 – 21 U 155/06).

1325 Anders ist es bei einer Vielzahl von *schleichenden* Behinderungen, deren Auswirkungen sich möglicherweise auch noch überlagern. Denn in Fällen, in denen zwar gearbeitet werden konnte, aber unproduktiv, besteht die Schwierigkeit häufig darin, dass sich die Mitarbeiter auf der Baustelle selbst organisieren und Arbeiten *strecken*. Wenn die Arbeitskräfte beispielsweise erkennen, dass weitere Pläne erst in 14 Tagen übergeben werden, nehmen die nach den vorhandenen Plänen ausführbaren Leistungen meistens auch tatsächlich zwei Wochen in Anspruch, obwohl sie bereits innerhalb einer Woche hätten fertiggestellt sein können, wenn durchgehend produktiv, also mit *voller Kraft* gearbeitet worden wäre. Ähnlich verhält es sich, wenn zwar Arbeitsmöglichkeiten bestehen, aber ständig der Arbeitsplatz gewechselt werden muss, weil notwendige Vorleistungen fehlen, Bauabschnitte kleiner bzw. ungünstiger sind oder der Auftraggeber Leistungen in bestimmten Bereichen vorzieht, beispielsweise weil dort bereits Nutzer vorhanden sind, die schnellstmöglich einziehen wollen. Auf der Baustelle geht es meist hektisch und betriebsam zu, weil nach Arbeitsmöglichkeiten gesucht wird und alle Mitarbeiter ständig in Bewegung sind. Während der Auftraggeber meint, es sei alles in Ordnung, ist am Ende des Arbeitstages auch nicht ansatzweise die vorauskalkulierte Leistung erbracht worden. Denn bekanntlich stellt die für den Wechsel des Arbeitsplatzes und den Transport von Werkzeugen und Material aufgewendete Zeit keine nach einem Leistungsverzeichnis abrechenbare Leistung dar.

Die Folgen schleichender Behinderungen wird man hieb- und stichfest nur nachweisen können, wenn es neben aussagekräftigen Bautagesberichten auch tägliche oder jedenfalls zeitnahe Aufmaße gibt, die belegen, dass und weshalb der Arbeitstag unproduktiv war. Schleichende Behinderungen sind die gefährlichsten, weil sie in ihren Auswirkungen nicht rechtzeitig erkannt oder unterschätzt werden. Der nicht ständig vor Ort anwesende Bauleiter sieht zwar, dass die erbrachte Bauleistung nicht den Erwartungen entspricht, er kann die einzelnen Ursachen und die daraus resultierenden zeitlichen Folgen aber nicht konkret benennen, später jedenfalls nicht mehr im Einzelnen beweisen. Dann muss ein instruierter Polier oder ein eigens abgestellter Mitarbeiter die Bautagesberichte erstellen, aus denen im Einzelnen hervorgeht, wer, wann, wo gearbeitet hat bzw. aus welchen Gründen und für welche Dauer Warte- bzw. Leerzeiten eingetreten sind. Um nicht falsch verstanden zu werden: Man kann und muss nicht jede einzelne Minute bzw. jedes unproduktive Herumstehen oder jeden zusätzlichen Weg mit der Stoppuhr messen und im Bautagesbericht erfassen. Das verlangt niemand. Kommt es aber zu erheblichen Ausfallzeiten, in denen die gewerblichen Arbeitskräfte oder ein Teil davon keine oder jedenfalls nicht annähernd die vorgesehene Leistung erbringen können, beispielsweise weil sie vom Auftraggeber geänderte Materialien beschaffen oder das Material statt mit Bauaufzügen mit der Hand durchs Treppenhaus tragen müssen, kann und muss dies aus den Bautagesberichten in prüfbarer Art und Weise hervorgehen. Das Gleiche gilt, wenn aufgrund fehlender Vorunternehmerleistungen oder wegen nicht vorhandener Pläne gewerbliche Arbeitskräfte nennenswerte Zeiten pro Tag nicht produktiv arbeiten konnten. Der Auftragnehmer sollte ferner erfassen, welche abrechenbaren Leistungen trotz der Behinderungen tatsächlich erbracht worden sind. Das erfordert zeitnahe Aufmaße. **1326**

Bei der Erstellung des tatsächlichen Bau-Ist-Zeitenplans dürfen Pufferzeiten nicht von vornherein unberücksichtigt bleiben. Zwar haben diese den Zweck, Verzögerungen auszugleichen, die auf interne Störungen zurückzuführen sind. Insoweit stehen sie dem Auftragnehmer zu. Das bedeutet aber nicht, dass der Auftragnehmer sie nicht in Anspruch nehmen muss, wenn Behinderungen vom Auftraggeber zu vertreten sind (OLG Köln, Urt. v. 28.1.2014 – 24 U 199/12). Dazu ist ein Auftragnehmer unter Schadensminderungsgesichtspunkten verpflichtet (§ 6 Abs. 3 VOB/B). Anderenfalls könnte er die Arbeiten einstellen, obwohl Leistungen möglich wären. Nachteilig ist ein Aufzehren der Pufferzeiten aber dann, wenn sie für vom Auftraggeber zu vertretende Behinderungen in Anspruch genommen **1327** wurden und es später zu eigenverschuldeten Verzögerungen kommt, die wegen des Verbrauchs der Pufferzeiten nicht mehr ausgeglichen werden können. Führt das am Ende zur Überschreitung des kritischen Wegs und damit zu einer Verlängerung der Bauzeit, sind die daraus resultierenden Mehrkosten vom Auftraggeber zu ersetzen (vgl. Kniffka, ibr-online-Kommentar, Bauvertragsrecht, Stand 16.2.2021, § 631, Rn. 784). Der Auftraggeber darf den Zeitpuffer also nur insoweit für sich in Anspruch nehmen, wie der Auftragnehmer die Reserve nicht selbst benötigt, um interne Störungen auszugleichen (OLG Düsseldorf, Urt. v. 20.7.2011 – U (Kart) 11/11; Planker, IBR 2014, 193).

dd) Berechnung der Schadensersatzansprüche

1328 Der Schaden muss konkret ermittelt werden, indem die hypothetischen tatsächlichen Kosten, die ohne die Behinderung entstanden wären, mit denjenigen verglichen werden, die durch die Behinderungen tatsächlich entstanden sind (OLG Celle, Urt. v. 4.3.2020 – 7 U 334/18; OLG Frankfurt, Urt. v. 25.9.2015 – 4 U 268/14). Die Differenz aus diesen beiden Vermögenslagen ist der zu ersetzende Schaden des Auftragnehmers (vgl. H. I. 3. b) bb), Rn. 1234 ff.). Die direkten Kosten der Behinderung werden nach herrschender Meinung (nur) mit dem kalkulierten Deckungsbeitrag für Allgemeine Geschäftskosten beaufschlagt (vgl. H. II. 2. b), Rn. 1340 ff.). Wegen des Gewinnzuschlags vgl. H. II. 4. b), Rn. 1356 ff.

e) Dokumentationspflichten bei Nachträgen oder Mehrmengen nach § 2 Abs. 3 Nr. 2 VOB/B bzw. wegen zeitrelevanter Anordnungen des Auftraggebers nach § 2 Abs. 5 VOB/B

1329 Der Auftragnehmer muss wissen, dass vom Auftraggeber angeordnete Änderungs- oder Zusatzleistungen, die aus seiner Sicht zu einem zusätzlichem Zeitbedarf führen, keineswegs automatisch die Ausführungsfristen verlängern. Das Gleiche gilt für Mehrmengen ohne Anordnungen des Auftraggebers. Dazu müssen sie dem Auftraggeber – wie jede andere Behinderung auch – angezeigt werden, es sei denn, es liegt Offenkundigkeit vor. Das kann in Einzelfällen so sein, verlassen sollte sich ein Auftragnehmer darauf aber nicht. Sind die Nachtragsleistungen zeitrelevant und wurde das dem Auftraggeber angezeigt, besteht kein Zweifel daran, dass es sich hierbei um Umstände aus dem Risikobereich des Auftraggebers handelt, die nach § 6 Abs. 2 Nr. 1a) VOB/B zu einer Verlängerung der Ausführungsfristen führen (vgl. H. I. 2. b) dd), Rn. 1210 ff.). Der Nachtragsanspruch des Auftragnehmers nach § 2 Abs. 5 oder Abs. 6 VOB/B umfasst dann auch alle durch den zusätzlichen Zeitaufwand bedingten Mehrkosten (OLG Köln, Urt. v. 3.2.2021. – 11 U 136/18). Bei Mehrmengen nach § 2 Abs. 3 Nr. 2 VOB/B werden bei der Ermittlung des neuen Einheitspreises ab 110 % der ausgeschriebenen Leistung auch erhöhte bauzeitabhängige Kosten berücksichtigt, falls es zu solchen tatsächlich gekommen ist. Deshalb muss der Auftragnehmer diese Kosten entweder als Nachtrag gemäß § 2 Abs. 5 oder Abs. 6 VOB/B oder mehrmengenbedingte

Kostenerhöhungen über § 2 Abs. 3 Nr. 2 VOB/B abrechnen. Wenn der Auftragnehmer eine Mehrvergütung wegen Bauzeitverlängerung nach § 2 Abs. 5 oder Abs. 6 VOB/B geltend macht, muss er die tatsächlich auf der Anordnung beruhende Verzögerung des Bauablaufs darlegen und beweisen. Insofern gibt es keine geringeren Beweisanforderungen als bei einem Schadensersatzanspruch nach § 6 Abs. 6 Satz 1 VOB/B (OLG München, Urt. v. 27.4 2016 – 28 U 4738/13 Bau). Der Auftragnehmer ist deshalb gut beraten, wenn er in den Bautagesberichten dokumentiert, wann und unter Einsatz welcher Produktionsmittel die Nachtragsleistung ausgeführt worden ist und weshalb dies zur Folge hatte, dass die nach dem vereinbarten Bauablauf anstehenden Arbeiten entweder nicht oder nicht wie vorgesehen, also nur mit einem zusätzlichen Zeitbedarf, ausgeführt werden konnten.

Das Gleiche gilt, wenn der Auftraggeber eine „andere Anordnung" nach § 2 **1330**
Abs. 5 VOB/B trifft, die zeitliche Auswirkungen hat, beispielsweise eine andere Transportstrecke oder Handarbeit statt Geräteeinsatz anordnet, Arbeiten wegen bevorstehender Mietereinzüge vorzieht bzw. Arbeitsabschnitte verkleinert. Auch hier muss Behinderung angezeigt und müssen die Auswirkungen in Bautagesberichten dokumentiert werden.

Unterbreitet der Auftragnehmer ein Nachtragsangebot, muss er unbedingt darauf **1331**
achten, darin auch die bauzeitabhängigen Mehrkosten zu berücksichtigen. Wenn der Auftraggeber das Nachtragsangebot annimmt oder eine Nachtragsvergütung vereinbart wird, kann er davon ausgehen, dass die Vergütungsregelung abschließend ist und damit auch sämtliche bauzeitabhängigen Kosten abgegolten sind. Dann gibt es keinen „Nachtrag zum Nachtrag". Das gilt nur dann nicht, wenn der Auftragnehmer einen entsprechenden, unmissverständlichen Vorbehalt erklärt hat. So sieht es jedenfalls die ganz überwiegende Rechtsprechung (OLG München, Urt. v. 26.9.2017 – 28 U 2834/09; KG, Urt. v. 22.6.2018 – 7 U 111/17 und OLG Düsseldorf, Beschl. v. 24.7.2017 – 23 U 11/16; OLG Brandenburg, Beschl. v. 18.8.2009 – 11 W 25/08).

Gelegentlich verbinden Auftraggeber den Abschluss einer Nachtragsvereinbarung **1332**
mit dem Verlangen, der Auftragnehmer solle gleichzeitig bestätigen, dass sich die Ausführungsfristen durch die Nachtragsleistungen nicht verlängern. Hier müssen Auftragnehmer reiflich überlegen, ob sie für den Vorteil der Preissicherheit die möglicherweise sachlich unzutreffende Erklärung zur Zeitrelevanz abgeben wollen oder besser darauf verzichten. Denn es ist im Nachhinein nicht möglich, sich auf den Standpunkt zu stellen, dem Auftraggeber habe klar sein müssen, dass die Nachtragsleistung nicht in der vereinbarten Zeit ausgeführt werden konnte, sodass der Erklärung keine Bedeutung zukomme. Besser ist es, die Nachtragsvereinbarung in einem solchen Fall nicht zu unterschreiben, den Vorbehalt beweiskräftig zu dokumentieren und die Nachtragsleistung nach Ausführung gemäß der 80 %-Regelung in § 650c Abs. 3 BGB abzurechnen. Dieses Recht hat der Auftrag-

nehmer nach herrschender Meinung auch beim VOB/B-Bauvertrag (vgl. E. I. 5. e), Rn. 833 ff.).

f) Einschaltung von Sachverständigen/interne Dokumentationskosten

1333 Wenn ein Bauleiter mit der Dokumentation von Behinderungen überfordert ist, sollte kurzfristig über die Einschaltung eines Sachverständigen nachgedacht werden. Zumindest muss zusätzliches Personal eingesetzt werden, weil es bei einer Vielzahl parallel stattfindender Bauverzögerungen auf größeren Baustellen mit mehreren Dutzend Arbeitskräften oft nicht möglich ist, sich um den Baufortschritt einerseits und die umfangreichen Dokumentationspflichten andererseits gleichzeitig zu kümmern. Es empfiehlt sich, dies rechtzeitig zu tun, weil eine unzureichende Dokumentation auch von einem Sachverständigen nachträglich nicht mehr *repariert* werden kann.

1334 Die durch die Einschaltung eines Sachverständigen entstehenden Kosten können im Prozessfall erstattungsfähig sein, wenn sie prozessbezogen sind (BGH, BauR 1986, 347; BGH, Beschl. v. 25.1.2007 – VII ZR 74/06; BGH, Beschl. v. 17.12.2002 – VII ZR 56/02). Prozessbezogenheit liegt vor, wenn die Tätigkeit des Sachverständigen in unmittelbarer Beziehung zum Rechtsstreit steht. Das dürfte in der Regel der Fall sein, wenn der Auftragnehmer vor Beauftragung des Sachverständigen mit einer Klage gedroht hatte. Es liegt also nahe, den Auftraggeber über die bevorstehende Beauftragung zu informieren und im Gutachtenauftrag ausdrücklich auf die streitige Auseinandersetzung Bezug zu nehmen und dabei deutlich zu machen, dass es um die Ermittlung und Begründung von Ansprüchen in einem Rechtsstreit geht. Auch der Auftraggeber kann einen Sachverständigen beauftragen, um unbegründete Ansprüche abzuwehren, insbesondere wenn bereits mit einer Klage gedroht worden ist. Für Schadensersatzansprüche nach § 6 Abs. 6 Satz 1 VOB/B ist das unbestritten. Kommt es zu einem Prozess, kann der Auftragnehmer als Kläger grundsätzlich entscheiden, ob er Privatgutachterkosten als Teil der Klageforderung oder im Kostenfestsetzungsverfahren geltend macht (OLG Hamburg, Urt. v. 16.3.2020 – 4 U 37/19). Voraussetzung dafür ist, dass der Auftragnehmer ohne das Tätigwerden eines Sachverständigen seine Ansprüche nicht in der erforderlichen Art und Weise darlegen und begründen kann, es also erforderlich und das Gutachten verwertbar war.

1335 Die Oberlandesgerichte Karlsruhe und Koblenz vertreten die Auffassung, dass im Rahmen des Entschädigungsanspruchs nach § 642 BGB Privatgutachterkosten nicht erstattungsfähig seien (OLG Karlsruhe, Urt. v. 27.2.2007 – 8 U 47/06; OLG Koblenz, Urt. v. 25.9.2013 – 5 U 909/12). Das OLG Karlsruhe argumentiert damit, dass § 642 BGB kein Schadensersatzanspruch darstelle, sondern nur einen Ausgleich dafür gewähre, dass der Auftragnehmer seine Kapazitäten vergeblich vorgehalten habe, wozu Sachverständigenkosten nicht gehörten. Das deckt sich mit den späteren Aussagen des BGH zum Umfang des Entschädigungsanspruchs nach § 642 BGB in den Urteilen vom 26.10.2017 und 30.1.2020, auch wenn der BGH in diesen beiden Entscheidungen nicht über Kosten für Privatgutachter oder interne Dokumentationskosten entschieden hat. Dagegen ist der BGH der Auffassung, dass solche Kosten jedenfalls nicht nach § 2 Abs. 5 oder Abs. 9 VOB/B erstattungsfähig sind, weil sie nur zur Ermittlung der Ansprüche aufgewendet werden und nicht im Zusammenhang mit der Ausführung der Leistung stehen (BGH, Urt. v. 22.10.2020 – VII ZR 10/17 und E. II. 13., Rn. 1003 ff.). Würde man dem auch bei § 642 BGB folgen, könnte der Auftragnehmer solche Kosten im Prozess nur als Schadensersatzansprüche nach § 6 Abs. 6 Satz 1 VOB/B geltend machen. Das dann entstehende Problem wurde schon mehrfach angesprochen: Der BGH behandelt erforderliche Mitwirkungshandlungen des Auftraggebers nicht als Pflichten, sondern nur als Obliegenheiten, sodass Schadensersatzansprüche in wichtigen Fallkonstellationen ausscheiden (H. I. 3. b) bb), Rn. 1234 ff.).

Man sieht auch hier, dass diese Rechtsprechung nicht zu sachgerechten Ergebnissen führt. **1336** Zumindest dann, wenn die Geltendmachung einer Entschädigung nach § 642 BGB objektiv einen Dokumentationsaufwand erforderte, den der Bauleiter selbst nicht leisten konnte, muss man dem Auftragnehmer im gleichen Umfang wie beim Schadensersatzanspruch die notwendigen Dokumentationskosten erstatten (Althaus/Heindl, Der öffentliche Bauauftrag, 3. Auflage, 4. Teil, Rn. 285). Selbst wann man anderer Auffassung ist, besteht für beide Parteien die Möglichkeit, die Kosten eines prozessbezogenen Privatgutachtens im Rahmen des Kostenfestsetzungsverfahrens nach Abschluss des Prozesses geltend zu machen (§ 91 ZPO). Auch hier kommt es darauf an, ob die Kosten zur zweckentsprechenden Rechtsverteidigung notwendig waren. Das kann bei baubetrieblichen Fragen ohne Weiteres der Fall sein (OLG Bamberg, Beschl. v. 27.3.2006 – 3 W 43/06; OLG Saarbrücken, Beschl. v. 14.10.2011 – 9 W 131/11).

Schwieriger zu beurteilen ist die Frage, ob auch *intern* entstehende Kosten erstat- **1337** tungsfähig sind, beispielsweise weil zusätzliches Personal des Auftragnehmers auf der Baustelle zu Dokumentationszwecken eingesetzt werden oder der für das Bauvorhaben zuständige Bauleiter nachweislich Überstunden machen musste, um die Dokumentation sachgerecht anzufertigen. Wir bejahen auch diese Frage, wenn die Kosten notwendig waren, nachweisbar sind und eine *Bagatellgrenze* überschritten wird (im Ergebnis ebenso: Kapellmann/Messerschmidt, VOB-Kommentar, Teile A und B, 7. Auflage § 6 VOB/B Rn. 76). Wenn die Rechtsprechung eine aussagekräftige Dokumentation der einzelnen Behinderungen und ihrer Auswirkungen verlangt, kann man nicht gleichzeitig den Standpunkt vertreten, die Kosten für zusätzlich eingesetzte Mitarbeiter, die bei größeren Bauvorhaben und komplexen Störungssachverhalten ganz erheblich sein können, seien Sache des Auftragnehmers und von diesem selbst zu tragen. Das muss unabhängig von der Anspruchsgrundlage gelten (Althaus/Heindl, Der öffentliche Bauauftrag, 2. Auflage, 4. Teil, Rn. 285 und 5. Teil, Rn. 239).

2. Die Behandlung von Allgemeinen Geschäftskosten (AGK) bei Behinderungen

a) Behandlung der AGK-Zuschläge bei Entschädigungsansprüchen nach § 642 BGB

1338 Unter „Allgemeinen Geschäftskosten" (AGK) versteht man diejenigen Kosten, die dem Auftragnehmer nicht durch einen konkreten Bauauftrag, sondern durch seinen Betrieb insgesamt entstehen. Sie umfassen beispielsweise die Kosten der Unternehmensverwaltung (Geschäftsführung und Sekretariat), die Kosten des Bauhofs, der Lohnbuchhaltung, Mieten für Gebäude, allgemeine Bürokosten, aber auch Steuern und Abgaben etc. AGK werden regelmäßig mit vorbestimmten Zuschlagssätzen und nicht auftragsbezogen kalkuliert. Die AGK fließen in den jeweiligen Bauauftrag somit als Prozentsatz des Vertragspreises ein; sie erscheinen in der Kalkulation als umsatzbezogene Größe. Diese Zuordnung stellt allerdings eine buchungstechnische *Krücke* dar, weil eine verursachungsgerechte Kostenzuweisung von der Unternehmensebene auf den einzelnen Bauauftrag nicht möglich ist (Sundermeier, BauR 2010, 1145 ff.). Der Unternehmer ermittelt diese Kosten für das Geschäftsjahr und setzt sie zum geplanten Gesamtumsatz in ein entsprechendes Verhältnis. Daraus ergibt sich der Zuschlagssatz auf die Herstellkosten für das jeweilige Bauvorhaben, der von der vereinbarten Vergütung umfasst und mit ihr abgegolten wird.

1339 Seit den BGH-Entscheidungen vom 26.10.2017 und 30.1.2020 ist geklärt, dass der Entschädigungsanspruch auch die in der Vergütung enthaltenen Anteile für Allgemeine Geschäftskosten sowie Wagnis und Gewinn umfasst, soweit Produktionsmittel nutzlos vor- bzw. bereitgehalten wurden (H. I. 3. b) cc), Rn. 1238 ff.). Wegen der in der Vergütung enthaltenen AGK-Zuschläge kann sich der Auftragnehmer auf seine Kalkulation beziehen, die jedenfalls maßgeblich ist, solange sie nicht völlig unangemessene bzw. unrealistische Ansätze enthält (ebenso: KG, Urt. v. 10.1.2017 – 21 U 14/16).

b) AGK-Berechnungsmethoden bei Schadensersatzansprüchen nach § 6 Abs. 1 Satz 1 VOB/B

1340 Obwohl regelmäßig eine umsatzabhängige Kalkulation erfolgt (siehe oben), ist eindeutig, dass der weit überwiegende Anteil der AGK in ihrer Entstehung rein *zeitabhängig* ist. Trotz jahrelanger Diskussion ist nach wie vor umstritten, wie AGK bei Schadensersatzansprüchen zu behandeln sind. Im Wesentlichen werden dazu zwei unterschiedliche Berechnungsmethoden vertreten.

Beispiel: (in Anlehnung an Roquette, BauR 2010, 1648 ff.): Bei einer Auftragssumme von 1,2 Mio. € und einer vereinbarten Bauzeit von zwölf Monaten ist, wenn man eine lineare Verteilung der Bauleistung über die Zeit annimmt, von abrechenbaren Leistungen in Höhe von € 100.000,–/Monat auszugehen. Bei kalkulierten AGK von 10 % würde der Auftragnehmer einen Deckungsbeitrag in Höhe von € 10.000,–/Monat erwirtschaften. Verlängert sich die Bauzeit bei gleichbleibender Auftragssumme auf zwei Jahre, sinkt der monatliche Umsatz um die Hälfte, also auf € 50.000,–. Das führt zu einer monatlichen Unterdeckung bei den AGK um € 5.000,–/Monat. Insgesamt entsteht für die Gesamtbauzeit von zwei Jahren ein fehlender Deckungsbeitrag für AGK in Höhe von € 120.000,– (24 Monate x € 5.000,–). Dieser setzt sich zusammen aus der Unterdeckung der AGK während der vereinbarten Bauzeit von einem Jahr (€ 60.000,–) und der Unterdeckung der AGK im Verlängerungszeitraum in selber Höhe. Letzteres setzt allerdings voraus, dass das Personal und die vorgesehenen Geräte in gleichem Umfang auf der Baustelle gebunden bleiben und nicht auf anderen Baustellen eingesetzt werden können, wodurch zusätzlicher Umsatz mit entsprechender AGK-Deckung entstehen würde. 1341

Umstritten ist, unter welchen Voraussetzungen und in welcher Höhe der Auftragnehmer Ansprüche wegen des durch den Leistungsentfall entstehenden Deckungsbeitragsverlusts geltend machen kann. 1342

aa) Zuschlagsberechnung

Eine Berechnungsmethode, die anerkannt ist, beaufschlagt die durch die Bauzeitverlängerung zusätzlich angefallenen direkten Kosten (beispielsweise durch längere Vorhaltung der Baustelleneinrichtung, der Geräte und Maschinen sowie der Bauleitung etc.) mit dem AGK-Zuschlag nach der Auftragskalkulation. Diese Berechnungsmethode wird als *Zuschlagsberechnung* bezeichnet; sie entspricht der herrschenden Meinung (OLG Düsseldorf, BauR 1998, 487; OLG München, Urt. v. 9.11.1990 – 23 U 4090/90). 1343

Beispiel: Aufgrund von Behinderungen aus dem Verantwortungsbereich des Auftraggebers ist es in dem eingangs genannten Beispielsfall zu direkten Behinderungskosten in Höhe von insgesamt € 500.000,– gekommen. Beträgt der kalkulierte Zuschlagssatz für AGK 10 %, besteht nach der Zuschlagsberechnung ein Anspruch in Höhe von € 50.000,–. 1344

bb) Unterdeckungsberechnung

Eine andere Berechnungsmethode ist die *Unterdeckungsberechnung*. Sie gewährt dem Auftragnehmer einen Anspruch auf Ausgleich des durch die Leistungsminderung eingetretenen Verlusts ähnlich wie bei einer freien Kündigung des Auftraggebers (§ 8 Abs. 1 Nr. 2 VOB/B). Hält man diese Berechnungsmethode für zutreffend, erhielte der Auftragnehmer im eingangs beschriebenen Beispielsfall die bei 1345 den AGK eingetretene Unterdeckung in Höhe von € 120.000,– (dazu im Einzelnen: Roquette, BauR 2010, 1468; Kues/Lüders, BauR 2012, 1847 ff.). Ein Auftragnehmer, der entgangene AGK-Deckung während der Bauzeitverlängerung geltend macht, müsste sich allerdings die im Rahmen von Nachträgen erlösten AGK-Zuschläge anrechnen lassen, um eine Doppelabrechnung zu vermeiden (OLG Köln, Beschl. v. 27.10.2014 – 11 U 70/13). Das Gleiche gilt, wenn der Auftragnehmer erst infolge der Behinderungen oder Unterbrechungen in die Lage versetzt wird, Füllaufträge anzunehmen, weil er insoweit durch den anderweitigen Einsatz seiner Kapazitäten seinen Schaden mindert. Ferner muss berücksichtigt werden, dass AGK zwar ganz überwiegend zeitabhängig entstehen, aber auch zu geringen Teilen umsatzabhängig sein können. Hätte der Auftragnehmer im obigen Beispiel in seiner Kalkulation angegeben, dass die AGK nur zu 75 % zeitabhängig und zu 25 % umsatzabhängig sind, müsste man den Anspruch um den entsprechenden Faktor kürzen, sodass der Auftragnehmer lediglich € 90.000,– geltend machen könnte (€ 120.000,– x 75 % = € 90.000,–). Bei der Unterdeckungsberechnung ist es im Rahmen einer Schätzung nach § 287 ZPO zulässig, die kalkulierte sowie die tatsächlich erzielte AGK-Deckung als Durchschnittswert bezogen auf die Gesamtbauzeit zu berechnen.

1346 Der Einwand des Auftraggebers gegen diese Berechnungsmethode besteht regelmäßig darin, dass sich die AGK-Deckung lediglich in spätere Perioden verschiebt, dort aber in unverminderter Höhe erwirtschaftet wird. Um diesem Einwand zu begegnen, müsste der Auftragnehmer darlegen und beweisen, dass seine Produktionsmittel während der Bauzeitverlängerung auf der Baustelle gebunden waren und er deshalb keine neuen Aufträge zur Deckung seiner kalkulierten AGK annehmen konnte. Das ist dann der Fall, wenn das Unternehmen im Grenzbereich von 100 % ausgelastet war. Bei größeren Unternehmen wird dies eher selten der Fall sein. Beim klassischen *Ein-Mann-Handwerksbetrieb* dürfte die Bindung von Produktionsfaktoren wegen der Bauzeitverlängerung dagegen regelmäßig dazu führen, dass in dieser Periode tatsächlich keine neuen Aufträge ausgeführt werden können, sodass aufgrund der Kapazitätsbindung keine neuen AGK-Deckungsbeiträge erwirtschaftet werden.

1347 Der weitere Einwand des Auftraggebers, dass die Produktionsfaktoren während der Bauzeitverzögerung bei anderen Bauvorhaben eingesetzt werden konnten, geht häufig ins Leere, weil jedenfalls bei schleichenden Behinderungen gewerbliche Arbeitskräfte, Geräte oder Bauleitungspersonal nicht *frei* werden, sondern die Produktivität bei unvermindertem Einsatz der Kapazitäten lediglich sinkt. Selbst wenn es zu kürzeren Unterbrechungen kommen sollte, kann ein Auftragnehmer häufig weder Personal noch Geräte anderweitig einsetzen, sondern muss sie für die bevorstehende Wiederaufnahme der Arbeiten bereithalten. Eine Reihe namhafter Baubetriebswirte befürwortet die Unterdeckungsberechnung (Einzelheiten dazu bei Vygen/Joussen/Schubert/Lang, Bauverzögerung und Leistungsänderung, 7. Auflage, Teil B, Rn. 264 ff.), wohingegen Juristen dieser Berechnungsmethode eher skeptisch bzw. grundsätzlich ablehnend gegenüberstehen (statt aller: Kniffka-Retzlaff, ibr-online-Kommentar, Stand: 16.2.2021, § 642, Rn. 92 ff.). Bislang haben sich die Landgerichte Mainz und Bonn sowie das OLG Köln mit ihr beschäftigt und darauf gestützte Ansprüche zurückgewiesen (LG Mainz, Urt. v. 8.1.2016 – 2 O 328/14; OLG Köln, Beschl. v. 23.2.2015 – 17 U 35/14; LG Bonn, Urt. v. 10.3.2014 – 1 O 360/12). Den Entscheidungsgründen ist allerdings zu entnehmen, dass nicht die Berechnungsmethodik als solche verworfen wurde, sondern die geltend gemachten Ansprüche nicht ausreichend konkret nachgewiesen worden sind. Die gestellten Anforderungen waren allerdings derart übertrieben hoch, dass sie zu Recht als unerfüllbar bezeichnet worden sind.

Bei Entschädigungsansprüchen nach § 642 BGB ist ein solcher Nachweis eindeutig **1348**
nicht erforderlich, weil es auf die vereinbarte Vergütung für die nutzlos bereitgehaltenen Produktionsmittel und den in dieser Vergütung enthaltenen AGK-Anteil ankommt. Muss man dagegen Schadensersatz nach § 6 Abs. 1 Satz 1 VOB/B geltend machen, beispielsweise für Mehrkosten, die erst nach Beendigung des Annahmeverzugs entstanden sind, ist man nur mit der Zuschlagsberechnung auf der sicheren Seite (siehe oben). Ein Auftragnehmer, dem das nicht reicht, muss mit seinen Beratern entscheiden, ob er trotz der hohen Anforderungen Ansprüche nach der Unterdeckungsberechnung geltend machen will bzw. ob er die dafür erforderlichen Nachweise vorlegen kann.

3. Behandlung der Baustellengemeinkosten bei Behinderungen

a) Entschädigung nach § 642 BGB

Wenn der auftraggeberseitige Annahmeverzug dazu führt, dass Geräte und **1349**
Maschinen oder die allgemeine Baustelleneinrichtung (Bauzaun, Container, Kran etc.) umsonst (unproduktiv) vorgehalten werden, erhält der Auftragnehmer auch dafür eine Entschädigung nach § 642 BGB, die sich an der Höhe der vereinbarten Vergütung für die nutzlos vorgehaltenen Produktionsmittel orientiert (BGH, Urt. v. 26.10.2017 – VII ZR 16/17; BGH, Urt. v. 30.1.2020 – VII ZR 33/19 und OLG Karlsruhe, Urt. v. 27.8.2020 – 8 U 49/19). Dabei kann es im Ausgangspunkt keinen Unterschied machen, ob der Mitwirkungsverzug des Auftraggebers dazu führt, dass mit den Arbeiten nicht zum vereinbarten Termin begonnen werden kann bzw. es zu einer Unterbrechung während der Ausführungszeit kommt oder die Leistungen verlangsamt weitergeführt werden, wie es bei schleichenden Behinderungen der Fall ist (vgl. H. II. 1. c), Rn. 1293 ff.). Wenn der Auftragnehmer Leistungen auf der Baustelle erbringt, aber häufig den Arbeitsplatz wechseln muss, Wege- und Umrüstzeiten in Kauf nehmen muss und Wartezeiten wegen nicht fer-

tiger Vorunternehmerleistungen hat, hält er seine Geräte bzw. Maschinen und die Baustelleneinrichtung zwar nicht völlig umsonst vor, er nutzt sie aber nicht so produktiv, wie es im ungestörten Bauablauf der Fall gewesen wäre. Auch dafür wird der Auftragnehmer entschädigt, wenn er den Produktivitätsabfall beweisen kann. Das ist eine Frage der Dokumentation, die gerade in solchen Fällen aussagekräftig und zeitnah erstellt werden muss.

1350 Bei schleichenden Behinderungen kann dennoch ein bereits angesprochenes Problem entstehen. Denn auch bei verzögerter Leistungserbringung laufen die BGK in voller Höhe weiter, weil der Einsatz eines (ganzen) Bauleiters in der Regel davon unabhängig ist, ob 15 Mitarbeiter oder nur 7 Mitarbeiter auf der Baustelle sinnvoll und produktiv eingesetzt werden können. Leistet der Auftragnehmer irgendwann nach Beendigung des Annahmeverzugs weiter, benötigt er dafür dieselben Ressourcen (Bauleiter, Maschinen, Kran, Gerüste etc.), erhält dafür aber nur eine BGK-Deckung über die in der Vergütung dafür enthaltenen Anteile. Darüber hinaus zusätzlich entstehende Baustellengemein- oder Baustelleneinrichtungskosten werden nicht vom Entschädigungsanspruch umfasst, weil sie erst nach Beendigung des Annahmeverzugs entstehen (BGH, Urt. v. 26.10.2017 – VII ZR 16/17). Diesen Nachteil oder Schaden kann der Auftragnehmer nur nach § 6 Abs. 6 Satz 1 VOB/B geltend machen, wofür aber eine schuldhafte Pflichtverletzung des Auftraggebers vorliegen muss. Genau daran fehlt es nach Auffassung des BGH bei einem Unterlassen von Mitwirkungshandlungen (vgl. H. I. 3. b) cc), Rn. 1238 ff.).

1351 In diesem Zusammenhang ist auch eine aktuelle Entscheidung des Kammergerichts zu hinterfragen. Dort hatte der Auftraggeber dem Auftragnehmer am Freitag mitgeteilt, dass mit den Arbeiten aufgrund einer fehlenden Baugenehmigung doch nicht – wie vereinbart – am Montag der folgenden Woche begonnen werden könne. Der Auftragnehmer teilte daraufhin mit, dass die Vorbereitungen für den Transport der Geräte abgeschlossen seien und man diesen nicht mehr stoppen wolle. Bis zum Erhalt der Baugenehmigung vergingen ca. zehn Tage, für die der Auftragnehmer wegen unproduktiver Vorhaltung von Geräten ca. € 20.000,– geltend macht. Das Kammergericht hat der Klage stattgegeben (KG, Urt. v. 28.4.2020 – 21 U 76/19). Zur Begründung wird angeführt, es sei „vertretbar" gewesen, dass der Auftraggeber die Baustelle trotz der anderslautenden Weisung des Auftraggebers eingerichtet habe. Der Zahlungsanspruch ergab sich aus einer im Vertrag vereinbarten *„Eventualposition Drehbohreinheit bei Stillständen bzw. Unterbrechungen, welche der AN nicht zu vertreten hat, vorhalten: 1 Std./270 €"*.

1352 Im letzten amtlichen Leitsatz führt das Kammergericht wörtlich aus:

> *„Während des Annahmeverzugs des Bestellers kann der Unternehmer seine Produktionsmittel nicht unbegrenzt gegen Vergütung bzw. Entschädigung für den Besteller vorhalten. Er hat den Vorhalt eines Produktionsmittels zu been-*

den, wenn ihn der Besteller dazu anweist. Ansonsten hat er über die Dauer des Vorbehalts eine vertretbare Entscheidung zu treffen, bei der die Besonderheiten des Einzelfalls und das berechtigte Bestellerinteresse zu berücksichtigen sind, vor unnötigen Ausgaben geschützt zu werden."

Das ist missverständlich. Es mag sein, dass der Auftragnehmer einer verbindlichen **1353**
Anordnung zur Beendigung des Produktionsmitteleinsatzes im Einzelfall Folge leisten muss. Dadurch aber wird – was aber auch das Kammergericht so sieht – die Dauer des Annahmeverzugs nicht zwingend beendet. Wenn der Auftragnehmer seine Produktionsmittel nicht anderweitig produktiv eingesetzt hat oder einsetzen konnte, steht ihm dafür eine angemessene Entschädigung zu, unabhängig davon, ob beispielsweise Geräte auf der Baustelle vorgehalten oder auf Weisung des Auftraggebers zurücktransportiert werden. Wenn das Kammergericht sagen wollte, der Auftragnehmer dürfe einen Annahmeverzug nicht als „Freibrief" verstehen und seine Produktionsmittel nicht unbegrenzt lang gegen Entschädigung vorhalten, sondern müsse eine wirtschaftlich vertretbare Abwägungsentscheidung treffen, ist das richtig (ähnlich: KG, Urt. v. 16.2.2018 – 21 U 66/16). Klar ist aber auch, dass es nicht von vornherein eine zeitliche Begrenzung gibt. Der Auftragnehmer muss zu jedem Zeitpunkt wirtschaftlich sinnvolle Möglichkeiten eines anderweitigen Erwerbs ergreifen. Gibt es solche nicht, wird er für die Vorhaltung seiner Produktionsmittel, unabhängig von ihrer Dauer, entschädigt. Die Beweislast dafür, dass kein anderweitiger Erwerb möglich war, trägt der Auftragnehmer (BGH, Urt. v. 30.1.2020 – VII ZR 33/19). Das unterstreicht erneut die Bedeutung der Dokumentationspflichten.

b) Schadensersatz nach § 6 Abs. 6 Satz 1 BGB

Macht ein Auftragnehmer BGK auf Schadensersatzbasis nach § 6 Abs. 6 VOB/B **1354**
geltend und hat er diese projektbezogen kalkuliert und auf die Einzelkosten der Teilleistung umgelegt, muss er die zusätzlichen BGK – beispielsweise die längere Vorhaltung des Baustellencontainers oder die längere Anwesenheit des Bauleiters – als „direkte Kosten der Behinderung" geltend machen. Diese werden nicht noch einmal prozentual mit BGK bezuschlagt. Beim Schadensersatz kommt es auf nachweislich entstandene Kosten, nicht auf die in der Kalkulation des Auftragnehmers dafür enthaltenen Vergütungsanteile wie bei § 642 BGB an. Der Vorteil von § 6 Abs. 6 Satz 1 VOB/B ist jedoch, dass er auch BGK umfasst, die erst nach Beendigung des Annahmeverzugs entstehen und damit beispielsweise auch zusätzliche BGK, die dadurch entstehen können, dass Leistungen behinderungsbedingt in einer ungünstigeren Jahreszeit ausgeführt werden müssen (§ 6 Abs. 4 VOB/B). Hat der Auftragnehmer die BGK dagegen über vorbestimmte Zuschlagssätze kalkuliert, gilt – wie bei den AGK – dass die direkten Behinderungsmehrkosten entsprechend prozentual beaufschlagt werden können. Mehrkosten wegen längeren Anfalls zeitabhängiger BGK können

dann aber nicht zusätzlich als direkte Kosten der Behinderung geltend gemacht werden.

4. Wagnis- und Gewinnzuschläge bei Behinderungen

a) § 642 BGB

1355 Seit der BGH-Entscheidung vom 26.10.2017 steht fest, dass dem Auftragnehmer auch der in der vereinbarten Vergütung enthaltene Gewinnanteil für die nutzlos bereitgehaltenen Produktionsmittel zusteht. Der Auftragnehmer kann sich dabei auf seine Kalkulation beziehen, die er auch noch nachträglich aufstellen kann. Hat der Auftragnehmer keinen Gewinn kalkuliert, beispielsweise beim Selbstkostenerstattungsvertrag, kann er ihn im Rahmen des Entschädigungsanspruchs auch nicht geltend machen. Anders wäre es bei einem Behinderungsnachtrag wegen zeitrelevanter Anordnungen des Auftraggebers oder der Ausführung technischer Nachträge mit zeitlichen Folgen, jedenfalls nach dem neuen Verständnis zur Ermittlung von Nachtragsansprüchen. Danach sind immer angemessene Gewinnzuschläge auf die tatsächlich erforderlichen Mehrkosten berechtigt (vgl. E. I. 5. a), Rn. 784 ff.).

b) § 6 Abs. 6 Satz 1 VOB/B

1356 § 6 Abs. 6 Satz 1 VOB/B enthält eine Haftungsbeschränkung, weil der Auftragnehmer entgangenen Gewinn nur bei Vorsatz oder grober Fahrlässigkeit verlangen kann. Das kann zum einen der Fall sein, weil dem Auftragnehmer auf einer anderen Baustelle, auf der er ohne die Behinderung hätte leisten können, Gewinn entgeht. Zum anderen kann es um den Gewinnzuschlag auf die Selbstkosten (im Behinderungsfall: auf die direkten Kosten der Behinderung) der Baustelle gehen, bei der es zu Behinderungen gekommen ist. Auch in diesem Fall kann der Auftragnehmer wegen der Haftungsbeschränkung in § 6 Abs. 6 Satz 1 VOB/B die direkten Behinderungskosten nebst prozentualem AGK-Zuschlag nur mit Gewinn beaufschlagen, wenn Vorsatz oder grobe Fahrlässigkeit auf Seiten des Auftraggebers vorliegt, was eher selten der Fall sein dürfte. Da diese Einschränkung in erheblichem Maße vom Leitbild des Gesetzes (§§ 280, 252 BGB) abweicht, weil nach § 280 BGB auch einfache Fahrlässigkeit ausreicht, ist sie nach herrschender Meinung gemäß § 307 BGB unwirksam, wenn die VOB/B nicht „im Ganzen" vereinbart worden ist. Hält man § 6 Abs. 6 Satz 1 VOB/B dagegen für wirksam, kann der Auftragnehmer entgangenen Gewinn, unabhängig von der Baustelle, auf der er entgeht, nur bei Vorsatz oder grober Fahrlässigkeit des Auftraggebers geltend machen.

5. Unterschiede bei der Anspruchsberechnung zwischen § 6 Abs. 6 Satz 1 VOB/B und § 642 BGB bzw. § 2 Abs. 5 VOB/B

1357 Zwischen § 642 BGB und § 6 Abs. 6 Satz 1 VOB/B können Unterschiede bestehen, weil § 642 Abs. 2 BGB an die vereinbarte Vergütung sowie die kalkulierten AGK-

und Gewinnzuschläge bezogen auf die nutzlos bereitgehaltenen Produktionsmittel anknüpft, nicht an tatsächlich entstandene Mehrkosten (vgl. H. I. 3. b) cc) (4), Rn. 1244 ff.). Der Gewinn, der einem Auftragnehmer auf anderen Baustellen entgeht, ist nach Auffassung des BGH von § 642 BGB dagegen nicht umfasst (BGH, Urt. v. 26.10.2017 – VII ZR 16/17, Rn. 45), sondern kann, wenn man § 6 Abs. 6 Satz 1 VOB/B für wirksam hält, nur geltend gemacht werden, falls den Auftraggeber Vorsatz oder grobe Fahrlässigkeit trifft (siehe oben). Hält man die Haftungsbeschränkung dagegen für unwirksam, gelten anstelle des unwirksamen § 6 Abs. 6 Satz 1 VOB/B die gesetzlichen Bestimmungen in den §§ 280, 252 BGB. Dafür reicht einfache Fahrlässigkeit aus (siehe oben).

Unabhängig vom entgangenen Gewinn spielt der Schadensersatzanspruch nach **1358**
§ 6 Abs. 6 Satz 1 VOB/B oder nach § 280 BGB aber eine entscheidende Rolle, wenn nach Beendigung des auftraggeberseitigen Annahme- oder Mitwirkungsverzugs weitere Schäden entstehen, beispielsweise durch gestiegene Material- oder Lohnkosten oder erhöhte Baustelleneinrichtungs- und Gemeinkosten, beispielsweise weil sich die Arbeiten in eine ungünstigere Jahreszeit verschieben. Denn diese Mehrkosten werden nach der Rechtsprechung des BGH – im Gegensatz zu § 6 Abs. 6 VOB/B – vom Entschädigungsanspruch nach § 642 BGB nicht erfasst (BGH, Urt. v. 26.10.2017 – VII ZR 16/17, vgl. H. I. 3. b) cc), Rn. 1238 ff.). Ein weiterer Unterschied zwischen § 642 BGB und § 6 Abs. 6 Satz 1 VOB/B besteht darin, dass sich die Höhe des Entschädigungsanspruchs wegen § 642 Abs. 2 BGB nach der vereinbarten Vergütung bestimmt, während es beim Schadensersatzanspruch auf nachweislich entstandene Kosten ankommt.

Trifft der Auftraggeber eine Anordnung zur Bauzeit, Anordnungen mit nachteili- **1359**
gen zeitlichen Folgen, ordnet er beispielsweise einen Baustopp, kleinere Arbeitsabschnitte oder eine ungünstigere Reihenfolge der Leistungsausführung an, kann der Auftragnehmer nach § 2 Abs. 5 VOB/B Vergütungsansprüche wegen *„anderer Anordnungen des Auftraggebers"* geltend machen. Wenn der BGH die Grundsätze seiner Entscheidung vom 8.8.2019 zu Mehrmengen nach § 2 Abs. 3 Nr. 2 VOB/B auf die Nachtragsvorschriften der VOB/B überträgt (vgl. E. I. 5. a), Rn. 784 ff.), werden alle zeitlichen Folgen dieser Anordnung auf Basis tatsächlich erforderlicher Mehrkosten (wie beim Schadensersatzanspruch) vergütet, unabhängig davon, zu welchem Zeitpunkt sie eintreten (so: OLG Köln, Urt. v. 3.2.2021 – 11 U 136/18). Dazu kommen immer angemessene AGK- sowie Gewinnzuschläge. Hierfür kann der Auftragnehmer auf seine kalkulativen Ansätze zurückgreifen, falls der Auftraggeber nicht zu Recht einwendet, sie lägen außerhalb einer angemessenen Bandbreite (vgl. E. I. 5. d) bb), Rn. 828 ff.).

6. Witterungseinflüsse als Behinderung

a) Unvorhersehbare Witterungsverhältnisse oder normales Wetter?

1360 Auftragnehmer machen im Winter oftmals *Schlechtwettertage* geltend, obwohl nach den im Vertrag vereinbarten Ausführungsfristen von Anfang an klar gewesen ist, dass witterungskritische Arbeiten auch im Winter ausgeführt werden müssen. Wenn die tatsächliche Witterungslage dem allgemein vorauszusehenden Witterungsablauf entspricht, werden die Ausführungsfristen nicht verlängert. Das folgt explizit aus § 6 Abs. 2 Nr. 2 VOB/B und im BGB-Vertrag aus der Gefahrtragungsregel in § 644 Abs. 1 BGB (OLG Frankfurt, Urt. v. 29.5.2015 – 24 U 7/15; LG Hagen, Urt. v. 27.2.2014 – 8 O 362/06). Denn die VOB geht davon aus, dass die Vertragsparteien die üblicherweise vorherrschenden Witterungsbedingungen bereits berücksichtigt haben (ebenso: § 9 Abs. 1 Nr. 1 VOB/A). Berücksichtigen die Terminvereinbarungen das jahreszeitübliche Wetter dagegen nicht oder nicht in ausreichendem Maß, muss der Auftragnehmer bei Vertragsabschluss auf eine von § 6 Abs. 2 Nr. 2 VOB/B abweichende Vereinbarung bestehen, weil ihm ansonsten höchstwahrscheinlich entgegengehalten wird, es sei seine Sache, die Arbeiten so zu organisieren, dass sie bei normaler Witterung im Rahmen der vereinbarten Fristen auch tatsächlich ausgeführt werden können.

1361 Auftragnehmer müssen dagegen nicht mit *statistischen Ausreißern* rechnen. Ein wolkenbruchartiger Regen oder Sturm, die in diesen Stärken an der Baustelle im Durchschnitt nur circa alle 20 Jahre vorkommen, sind mit Sicherheit solche Ausreißer. Ebenso die Kälteperiode im Winter 1995/1996 in Norddeutschland, der Winter 2009/2010 in Berlin und Brandenburg, aber sicher nicht die Eistage im Februar 2021. Die konkret auf der Baustelle vorherrschenden Witterungsverhältnisse müssen also deutlich von den Minimum-Maximum-Werten innerhalb eines längeren Zeitraums abweichen. Ob und ab wann die Wettersituation an der konkreten Baustelle über das hinzunehmende Maß hinausgeht, muss anhand der meteorologischen Mittelwerte aus den vergangenen circa 10 bis 20 Jahren ermittelt werden. Die Klimadaten sind beim Deutschen Wetterdienst unter www.dwd.de abrufbar. Als ungewöhnlich und damit bauzeitverlängernd werden aber nur solche Witterungsverhältnisse angesehen, die von den klimatischen Mittelwerten der letzten wenigstens 10 bis maximal 20 Jahre *signifikant* abweichen. Mit solchen Witterungseinflüssen muss ein Auftragnehmer nicht rechnen, sodass es sich um unabwendbare Umstände nach § 6 Abs. 2 Nr. 1c) VOB/B handelt.

1362 **Beispiel:** Wenn an einem bestimmten Ort im März üblicherweise mit 10 Frosttagen gerechnet werden muss, der März 2021 dagegen 20 Frostarbeitstage brachte, könnte die witterungsbedingte Bauzeitverlängerung wie folgt berechnet werden: Nach den Mittelwerten war mit 10 Frosttagen zu rechnen. Dieser Wert muss dann um einen bestimmten Zuschlag, beispielsweise 3 Arbeitstage, erhöht werden, weil nur signifikante Abweichungen eine Bauzeitverlängerung rechtfertigen. Die so errechneten 13 Frosttage gehen zulasten des Auftragnehmers; für die weiteren 7 Arbeitstage besteht ein Anspruch auf Verlängerung der Bauzeit. Das gilt natürlich nur, wenn sich die Witterungsverhältnisse auf die auszuführenden Leistungen auch tatsächlich störend ausgewirkt haben, was gewerke- bzw. leistungsbezogen bestimmt werden muss.

Weil dem Auftraggeber nicht bekannt sein muss, ob bzw. in welchem Umfang **1363** sich Witterungseinflüsse konkret behindernd auswirken, muss ein Auftragnehmer Behinderungen aufgrund außergewöhnlicher Witterung nach § 6 Abs. 1 VOB/B ebenso schriftlich anzeigen wie jede andere Behinderung auch.

b) Entschädigung nach § 642 BGB bei ungewöhnlichen Witterungseinflüssen?

Zum Rekordwinter 2009/2010 in Berlin und Brandenburg gibt es zwei Entschei- **1364** dungen, in denen zwar eine Verlängerung der Ausführungsfristen wegen § 6 Abs. 2 Nr. 1c) VOB/B bejaht, daraus resultierende Entschädigungsansprüche des Auftragnehmers nach § 642 BGB aber abgelehnt werden (OLG Brandenburg, Urt. v. 26.6.2013 – 11 U 36/12; KG, Urt. v. 28.5.2013 – 7 U 12/12). Das sieht auch der BGH so (BGH, Urt. v. 20.4.2017 – VII ZR 194/13). Denn es sei vorbehaltlich abweichender Vereinbarungen im Vertrag, die eher selten sein dürften, keine dem Auftraggeber obliegende Mitwirkungshandlung im Sinne des § 642 BGB, während der Ausführungsphase außergewöhnlich ungünstige Witterungseinflüsse auf das Baugrundstück in Form von Frost, Eis und Schnee, mit denen nicht gerechnet werden musste, abzuwehren. Auch wenn der Auftraggeber das Baugrundstück prinzipiell in einer Weise zur Verfügung stellen muss, die dem Auftragnehmer die Erbringung der geschuldeten Leistung ermöglicht, wozu mit Sicherheit die dafür erforderlichen Vorleistungen anderer Unternehmer zählen, gehört dazu doch nicht die Abwendung von Umständen, die von keiner Partei beeinflusst werden können, wie es bei ungewöhnlichem Wetter der Fall ist. Mangels Anordnung des Auftraggebers ergab sich auch kein Anspruch aus § 2 Abs. 5 oder Abs. 6 VOB/B. Der Schadensersatzanspruch nach § 6 Abs. 6 Satz 1 VOB/B scheiterte am fehlenden Verschulden.

Beschleunigt der Auftragnehmer, um Behinderungen wegen außergewöhnlicher **1365** Witterung zu kompensieren, hängt der Anspruch auf Beschleunigungsmehrkosten von einer entsprechenden Anordnung bzw. Vereinbarung mit dem Auftraggeber ab. Existiert eine solche nicht, steht dem Auftragnehmer ein Anspruch allenfalls zu, wenn er beweisen kann, dass die Beschleunigung interessengemäß war und er sie dem Auftraggeber vorher angezeigt hat (§ 2 Abs. 8 Nr. 3 VOB/B). Das kann der Fall sein, wenn die Kosten einer anderenfalls eintretenden Bauzeitverlängerung höher ausfallen, als diejenigen der Beschleunigung (Kimmich, BauR 2008, 263 ff., 270; vgl. G. II. 5., Rn. 1162 ff.). Sicher durchsetzbar sind solche Ansprüche aber nicht, sodass der Auftragnehmer versuchen sollte, eine Vereinbarung zu treffen, jedenfalls aber auf eine Anordnung zur Beschleunigung bestehen.

c) Verschiebung von Arbeiten in eine ungünstigere Jahreszeit

1366 In bestimmten Fällen können auch *normale* Witterungsverhältnisse eine Behinderung rechtfertigen, sodass sich die Ausführungsfristen verlängern.

> **Beispiel:** Nach dem Bauzeitenplan soll der erweiterte Rohbau schon Anfang Oktober fertig sein. Durch Umstände, die der Auftraggeber zu vertreten hat, ist eine Bauverzögerung eingetreten. Dadurch verschieben sich die Rohbauarbeiten in die kalte Jahreszeit. Im November kann an insgesamt sieben Tagen nicht betoniert werden, obwohl die Temperaturen für die Jahreszeit durchaus nicht ungewöhnlich sind.

1367 In solchen Fällen muss der Auftraggeber eine Bauzeitverlängerung akzeptieren, auch wenn keine für die Jahreszeit ungewöhnlichen Witterungsverhältnisse herrschen (§ 6 Abs. 4 VOB/B). Denn der Auftragnehmer musste in diesem Fall bei Vertragsabschluss nicht damit rechnen, dass Betonierarbeiten in der kritischen Jahreszeit ausgeführt werden müssen.

1368 Gleiches gilt natürlich auch umgekehrt: Kommt der Auftragnehmer mit bestimmten Arbeiten durch seine Schuld nicht schnell genug voran und erst dadurch in den Winter hinein, begründet dies auch bei unvorhersehbaren Witterungsverhältnissen keinen Anspruch auf Ausführungsfristverlängerung.

> **Beispiel:** Wenn nach dem Bauzeitenplan sämtliche Betonierarbeiten bereits im September abgeschlossen sein sollten und der Auftragnehmer hiermit wegen unzureichender Besetzung der Baustelle in Verzug gerät, begründet auch ein ungewöhnlicher Kälteeinbruch im November keine Behinderung, die zu einer Verlängerung der Ausführungsfristen führt.

d) Fristverlängerung bei üblichem Wetter wegen Besonderheit der Arbeiten

1369 Die Bestimmung in § 6 Abs. 2 Nr. 2 VOB/B, nach der eine Ausführungsfristverlängerung nur bei außergewöhnlichen Witterungsverhältnissen in Frage kommt, führt gelegentlich zu Ergebnissen, die mit Gerechtigkeitsvorstellungen nur schwer zu vereinbaren sind. Zur Vermeidung von Härten kann es deshalb in Ausnahmefällen geboten sein, die Grundsätze von Treu und Glauben zu berücksichtigen. Ist dem Auftragnehmer beispielsweise eine genau bestimmte Frist zur Ausführung einer Bauleistung gesetzt worden (z.B. vom 15.9.2020 bis zum 18.9.2020) und kann die Leistung nach den Regeln der Technik nur bei trockenem Wetter ausgeführt werden, wird man eine Verlängerung der Ausführungsfrist nicht verneinen dürfen, wenn es während dieser Zeit häufig regnete, selbst wenn einige Tage

Dauerregen im September nichts Ungewöhnliches sind. Dazu gibt es eine zutreffende Entscheidung des LG Karlsruhe (Urt. v. 14.11.2014 – 14 O 25/14). Der relevante Leitsatz lautet wörtlich:

> *„Die Regelung in § 6 Abs. 2 Nr. 2 VOB/B, wonach Witterungseinflüsse während der Ausführungszeit, mit denen bei Abgabe des Angebotes normalerweise gerechnet werden muss, nicht als Behinderung gelten, ist auf Tagesbaustellen, die nur ein oder zwei Tage andauern, oder auf Bauarbeiten in Sperrpausen bei Gleisbaumaßnahmen, die nur wenige nächtliche Stunden als Bauzeit vorsehen, nicht anwendbar."*

Diese Entscheidung ändert aber nichts daran, dass der Auftragnehmer bei länge- **1370**
ren Ausführungsdauern das übliche Wetter einzukalkulieren hat und eine Behinderung selbst dann nicht vorliegt, wenn aufgrund dieses Wetters tatsächlich nicht gearbeitet werden kann (LG Hannover, Urt. v. 16.2.2017 – 21 O 19/16).

Ob Regelungen der VOB/C (DIN 18299 ff.) zu Schutzmaßnahmen bei bestimmten **1371**
Temperaturen daran etwas ändern, ist zweifelhaft.

Beispiel: Nach DIN 18331 (Beton- und Stahlbetonarbeiten) sind Betonierarbeiten bei Temperaturen unter +5 °C nur unter besonderen Schutzmaßnahmen möglich, die nach Abschnitt 4.2.10 als *Besondere Leistungen* bezeichnet werden.

Man kann die Auffassung vertreten, dass die Unterschreitung der in der DIN **1372**
genannten Temperatur, selbst wenn sie jahreszeitlich üblich ist, schon dann ein unabwendbares Ereignis begründet und damit ausführungsfristverlängernd wirkt, solange der Auftraggeber die entsprechenden Schutzmaßnahmen nicht ausdrücklich angeordnet hat, sie im Vertrag nicht vereinbart und deshalb auch nicht geschuldet sind (so: Kapellmann/Messerschmidt, VOB-Kommentar, Teile A und B, 7. Auflage zu § 6 VOB/B Rn. 27). Genau so sollte ein Auftragnehmer in entsprechenden Fällen auch argumentieren. Ob dieser Standpunkt zutrifft und sich im Fall einer gerichtlichen Auseinandersetzung auch durchsetzen lässt, ist wegen der Bestimmung in § 6 Abs. 2 Nr. 2 VOB/B aber fraglich. Man könnte die oben erwähnte Regelung in Abschnitt 4.2.10 der DIN 18331 auch so verstehen, dass ein Auftragnehmer, der bei entsprechendem Wetter nicht arbeitet, aber vom Auftraggeber dennoch zur Leistungserbringung aufgefordert wird, verlangen kann, dass ihm Maßnahmen, die eine Leistungsausführung bei diesem Wetter ermöglichen (beispielsweise beheizte Zelte oder der Einsatz bauchemischer Zusätze), als *Besondere Leistungen* zusätzlich vergütet werden müssen. Solange der Auftraggeber das nicht verlangt, kann der Auftragnehmer die entsprechenden Arbeiten einstellen, muss aber dennoch die im Vertrag vereinbarten Fristen erfüllen. Das ist die Argumentation des Auftraggebers.

Ist der Auftragnehmer irrtümlicherweise davon ausgegangen, dass auch übliches **1373**
Wetter grundsätzlich die Bauzeit verlängert, wenn aufgrund der Temperaturen tat-

sächlich nicht gearbeitet werden kann oder ist er bei der Kalkulation von unrealistischen Witterungsverhältnissen ausgegangen, muss er überlegen, ob er die Kosten, die eine Ausführung der Leistungen ermöglichen, selbst übernimmt, wenn der Auftraggeber deren Zahlung wegen § 6 Abs. 2 Nr. 2 VOB/B zu Recht ablehnt. Dabei sollte er die wirtschaftlichen Folgen, die ein Verzug auslösen kann, in ein Verhältnis zu den Kosten setzen, die bei einer Fortführung der Arbeiten entstehen und eine Risikoabwägung vornehmen. Jedenfalls sollte sich der Auftragnehmer rechtzeitig mit der Witterungsproblematik auseinandersetzen, um nicht nachträglich unerfreuliche Überraschungen zu erleben.

e) Witterungsbedingte Schutzmaßnahmen

1374 § 4 Abs. 5 Satz 1 VOB/B regelt, dass der Auftragnehmer die von ihm ausgeführte Leistung vor Beschädigung und Diebstahl zu schützen hat. Diese Leistungen sind mit der vereinbarten Vergütung abgegolten und rechtfertigen keine besondere Vergütung. Das gilt insbesondere, wenn in den DIN 18299 ff. (VOB/C) solche Schutzpflichten als Nebenleistungen definiert sind.

1375 Dagegen bestimmt § 4 Abs. 5 Satz 2 VOB/B, dass Schutzmaßnahmen der ausgeführten Leistungen vor Winterschäden und Grundwasser sowie die Beseitigung von Schnee und Eis nicht zu den vertraglichen Verpflichtungen des Auftragnehmers gehören, wenn der Vertrag das nicht ausdrücklich vorsieht. Sind Winterschäden zu befürchten oder ist bereits bei Vertragsabschluss klar, dass Schnee und Eis beseitigt werden müssen, sollten bereits im Leistungsverzeichnis entsprechende Positionen aufgenommen werden, um nachträgliche Diskussionen zu vermeiden.

1376 Sieht der Vertrag solche Maßnahmen nicht vor, muss sie der Auftragnehmer nur auf Verlangen, also nach einer entsprechenden *Anordnung* des Auftraggebers und nur gegen Zahlung einer besonderen Vergütung nach § 2 Abs. 6 VOB/B ausführen (§ 4 Abs. 5 Satz 2 VOB/B). Wie immer ist der Auftragnehmer gut beraten, die Anordnung beweiskräftig zu dokumentieren. Erteilt sie der Auftraggeber nur mündlich, kommt hierfür ein kaufmännisches Bestätigungsschreiben des Auftragnehmers in Betracht. Wegen § 2 Abs. 6 Nr. 1 Satz 2 VOB/B muss der Auftragnehmer die Ankündigungspflicht dem Grunde nach beachten. Empfehlenswert ist ferner, diejenigen Maßnahmen, die der Auftraggeber verlangt, genau zu bestimmen, um Streitigkeiten über deren Notwendigkeit zu vermeiden. Ist die Vergütung der Höhe nach nicht vereinbart worden, richtet sie sich nach § 2 Abs. 6 Nr. 2 VOB/B, also nach den Kosten dieser besonderen Leistungen zuzüglich angemessener Zuschläge. Sieht der Vertrag Schutzmaßnahmen nicht vor und ordnet sie der Auftraggeber auch nicht von sich aus an, drohen der erbrachten Bauleistung aber witterungsbedingte Schäden, muss der Auftragnehmer darauf hinweisen (§ 4 Abs. 3 VOB/B) und eine Anordnung des Auftraggebers zur Durchführung von Schutzmaßnahmen verlangen. Das kann er für den Fall, dass die Anordnung unterbleibt, mit einem Hinweis auf die Haftungsfreistellung nach § 13 Abs. 3 VOB/B verbinden.

Zu beachten ist allerdings, dass eine vertragliche Pflicht zur Erbringung von Schutzmaßnahmen auch aus den Umständen des Bauvertrags folgen kann. Dies ist beispielsweise der Fall, wenn die Arbeiten als „Winterbaumaßnahme" in der witterungskritischen Jahreszeit ausgeführt werden sollen. Eine Reihe von Witterungsschutzmaßnahmen sind bereits Nebenleistungen nach der VOB/C und damit auch ohne besondere Erwähnung im Bauvertrag geschuldet. 1377

Beispiel: Die Verpflichtung zur Sicherung der Arbeiten gegen Niederschlagswasser, mit dem normalerweise gerechnet werden muss, ist nach DIN 18299, Abschnitt 4.1.10 eine *Nebenleistung*. Dasselbe gilt für den Schutz des jungen Betons gegen Witterungseinflüsse, wenn die Arbeiten bei Temperaturen über 5 °C ausgeführt werden (DIN 18331, Abschnitt 4.1.6). 1378

Soweit Schutzmaßnahmen dagegen *Besondere Leistungen* nach der VOB/C sind (beispielsweise DIN 18331, Abschnitt 4.2.10 oder DIN 18349, Abschnitt 4.2.7), müssen diese nur erbracht werden, wenn der Auftraggeber sie anordnet (siehe oben). 1379

f) Abweichende Vereinbarungen im Bauvertrag

Es liegt im Interesse des Auftragnehmers, im Bauvertrag ausdrücklich Vereinbarungen für bestimmte Witterungsverhältnisse zu treffen, also von § 6 Abs. 2 Nr. 2 VOB/B abzuweichen, wenn die *normale* Witterung bei der Bemessung der Ausführungsdauer nicht oder nicht ausreichend berücksichtigt wurde. 1380

Ist von Anfang an klar, dass witterungsabhängige Arbeiten in eine kritische Jahreszeit fallen, der Bauzeitenplan und die terminlichen Vereinbarungen aber vorsehen, dass durchgehend gearbeitet werden müsste, um die Fristen einzuhalten, kann beispielsweise vereinbart werden, dass sich die Ausführungsfristen verlängern, wenn während der Durchführung dieser Arbeiten am Morgen auf der Baustelle weniger als 0 °C gemessen werden und ein entsprechender Eintrag im Bautagebuch erfolgt ist. Werden Betonierarbeiten beauftragt, kann geregelt werden, dass sich Lufttemperaturen unter +5 °C ausführungsfristverlängernd auswirken, es sei denn, der Auftraggeber ordnet *Besondere Leistungen* nach der DIN 18331, Abschnitt 4.2.10 an (siehe oben). Eine weitere Möglichkeit besteht darin, im Bauvertrag ausdrücklich zu regeln, wie viele witterungsbedingte Ausfalltage berücksichtigt worden sind, sodass ein darüber hinausgehender witterungsbedingter Arbeitsausfall als Behinderung gilt und zu einer Ausführungsfristverlängerung führt. Wird dabei gleichzeitig geregelt, dass Mehrkostenansprüche für diesen Verlängerungszeitraum ausgeschlossen sind, ist das AGB-rechtlich nicht zu beanstanden (ähnlich: OLG Zweibrücken, Beschl. v. 16.5.2014 – 1 U 73/13). 1381

1382 Im Rahmen einer öffentlichen Auftragsvergabe nach den Regeln der VOB/A rechtfertigen Terminvorgaben, die das jahreszeitübliche Wetter nicht berücksichtigen, eine Bieteranfrage oder eine Rüge des Vergabeverfahrens. Denn einem Auftragnehmer darf kein ungewöhnliches Wagnis für Umstände und Ereignisse aufgebürdet werden, auf die er keinen Einfluss hat und deren Einwirkung auf die Preise und Fristen er nicht im Voraus schätzen kann (§ 7 Abs. 1 Nr. 3 VOB/A). Handelt es sich dagegen um einen privaten Auftraggeber, muss der Auftragnehmer entscheiden, ob er solche Umstände im Rahmen der Vertragsverhandlungen ansprechen oder abwarten und sich gegebenenfalls auf Streit einlassen will.

7. Auswirkungen der Corona-Pandemie auf Bauverträge

a) Höhere Gewalt (§ 6 Abs. 2 Nr. 1c) VOB/B)

1383 Spätestens seit Mitte März 2020 kann die Corona-Pandemie begrifflich aber nicht grundsätzlich und losgelöst von den konkreten Umständen des Einzelfalls als höhere Gewalt eingestuft werden. Denn am 12.3.2020 hat die WHO den Covid-19-Ausbruch offiziell zu einer Pandemie erklärt. Dennoch gibt es bis heute (Frühjahr 2021) keine in Kraft getretene Verordnung, welche die Aufnahme oder Fortführung von Bauvorhaben generell untersagt. Deshalb besteht grundsätzlich auch weiterhin die Möglichkeit, Bauleistungen vereinbarungsgemäß zu erbringen.

1384 Gerade deshalb kann der Auftragnehmer nicht einfach unter Berufung auf die Pandemie höhere Gewalt geltend machen, die Arbeiten einstellen oder nicht zum vereinbarten Beginn aufnehmen. Dabei muss auch berücksichtigt werden, dass ab dem 12.3.2020 jedenfalls bestimmte Beschränkungen, beispielsweise Kontaktverbote oder auch Reiseerschwernisse, vorhersehbar waren. Von höherer Gewalt auf Seiten des Auftragnehmers kann aber beispielsweise ausgegangen werden, wenn sein gesamter Betrieb oder ein nennenswerter Teil seiner Beschäftigten behördlicherseits unter Quarantäne gestellt wurde und er für die Arbeiten objektiv kein Ersatzpersonal beschaffen kann oder Nachunternehmer aufgrund von überraschend angeordneten Reisebeschränkungen die Baustelle nicht erreichen können und es wiederum unmöglich ist, andere Firmen zu beauftragen. Das gilt auch, wenn es aus dem Ausland zu Engpässen bei der Beschaffung von Baumaterial kommt und eine Ersatzbeschaffung im Inland ausscheidet. Solche Umstände muss der Auftragnehmer aber nach § 6 Abs. 1 VOB/B anzeigen, weil er keineswegs davon ausgehen kann, dass diese und ihre zeitlichen Auswirkungen für den Auftraggeber offenkundig sind. Das könnte im Einzelfall nur dann anders zu beurteilen sein, wenn es behördlicherseits zu einer Schließung der Baustelle kommt und der Auftraggeber Adressat dieser Verfügung auf der Grundlage des Infektionsschutzgesetzes ist.

1385 Beruft sich der Auftragnehmer aus diesen oder vergleichbaren Gründen zu Recht auf höhere Gewalt, entstehen gegen ihn – mangels Verschuldens – keine Schadensersatz- oder Vertragsstrafenansprüche wegen Verzugs, weil er einen Anspruch auf Verlängerung der Ausführungsfristen nach § 6 Abs. 2 Nr. 1c) i.V.m. § 6 Abs. 4 VOB/B hat. Dagegen trägt der Auftragnehmer das wirtschaftliche Risiko, weil er in einem solchen Fall seine Leistung aufgrund fehlender Leistungsfähigkeit nicht anbieten kann. Deshalb scheiden Entschädigungsansprüche gegen den Auftraggeber nach § 642 BGB aus.

b) Entschädigung nach § 642 BGB bei Leistungsfähigkeit und Leistungsbereitschaft des Auftragnehmers

Ist der Auftragnehmer leistungsbereit und leistungsfähig – was er dem Auftraggeber mitteilen und seine Leistung auch anbieten muss –, kann der Auftraggeber nicht unter schlichtem Verweis auf die Corona-Pandemie die Aufnahme oder Fortsetzung der Leistung unterbinden, wenn er Entschädigungsansprüche nach § 642 BGB vermeiden will. Dafür muss er konkrete Gründe geltend machen, die auf höherer Gewalt beruhen und vorher Anstrengungen unternehmen, die dem Auftragnehmer die Leistungserbringung ermöglichen (siehe unten). **1386**

Fraglich ist, ob der Auftragnehmer eine Entschädigung für Wartezeiten verlangen kann, die beispielsweise deshalb entstehen können, weil Leistungen von Vorunternehmern, die wegen der Corona-Pandemie nicht erbracht worden sind, die Arbeitsaufnahme oder Fortsetzung des Auftragnehmers hindern. Dazu nimmt ein Erlass des Bundesinnenministeriums vom 23.3.2020 – 70406/21 Stellung. Das Bundesinnenministerium bezieht sich darin u.a. auf die Entscheidung des BGH vom 20.4.2017, nach der ein Auftragnehmer wegen außergewöhnlich ungünstiger Witterungseinflüsse keine Entschädigungsansprüche geltend machen kann (vgl. H. II. 6. a), Rn. 1360 ff.). In dem Erlass heißt es wörtlich: **1387**

> *„Bei höherer Gewalt gerät auch der Auftraggeber nicht in Annahmeverzug; die Voraussetzungen des § 642 BGB liegen nicht vor (vgl. BGH, Urt. v. 20.4.2017 – VII ZR 194/13). Die dortigen Ausführungen zu ungewöhnlich ungünstigen Witterungsverhältnissen sind nach hiesiger Ansicht – erst recht – auf eine Pandemie übertragbar. Das gilt insbesondere auch für Fallkonstellationen, in denen ein Vorgewerk Leistungen aufgrund höherer Gewalt nicht rechtzeitig erbringen kann und das nachfolgende Gewerk deswegen Ansprüche wegen Behinderung gegen den Auftraggeber erhebt."*

Diese Auffassung ist rechtlich angreifbar. Zwar kann auch beim Auftraggeber höhere Gewalt vorliegen, die einen Entschädigungsanspruch des Auftragnehmers ausschließt. Das dürfte beispielsweise der Fall sein, wenn seine Projekt- oder Bauleitung unter Quarantäne steht, die erforderlichen Leitungsaufgaben nicht aus dem Homeoffice erledigt werden können und auch keine Vertretung beschafft werden kann. Gleiches würde unserer Auffassung nach gelten, wenn behördlicherseits zum Zwecke von Kontaktbeschränkungen, also zur Eindämmung der **1388**

Pandemie, ein Verbot zur Aufnahme oder Fortsetzung der Bauarbeiten erginge. Anders ist es dagegen, wenn aufgrund der Pandemie ein Vorunternehmer an der rechtzeitigen Erbringung seiner Leistung gehindert ist und deshalb der Nachunternehmer nicht arbeiten kann. In diesem Fall unterlässt der Auftraggeber eine notwendige Mitwirkungshandlung, wobei unbeachtlich ist, ob er das verschuldet hat oder nicht. Zugegebenermaßen kann man das auch anders beurteilen. Entscheidungen zu dieser Frage gibt es (noch) nicht.

1389 Wegen der gegenwärtig bestehenden Rechtsunsicherheit ist den Vertragspartnern – wie eigentlich immer – zur Kooperation und wechselseitigen Rücksichtnahme zu raten, in diesem Fall besonders dringend. Niemand ist gut beraten, bei außergewöhnlichen Umständen, die pandemiebedingt eintreten, Maximalstandpunkte einzunehmen. Das gilt insbesondere, wenn der Auftragnehmer den Beginn oder die Fortsetzung der Leistungen verweigern will, obwohl er, wenn auch möglicherweise unter eingeschränkten oder anderen Umständen, arbeiten könnte. Es gilt erst recht, wenn er beabsichtigt, den Vertrag wegen Annahmeverzugs des Auftraggebers nach § 9 Abs. 1 Nr. 1 VOB/B zu kündigen. Denn es ist fraglich und von der Rechtsprechung noch nicht entschieden, ob und unter welchen Voraussetzungen hier der Auftraggeber eine ihm obliegende Mitwirkungshandlung unterlässt. Selbst wenn man sich nicht über alle Einzelheiten abschließend einigen kann, kommt eine Vereinbarung „dem Grunde nach“ in Betracht, wobei vor Abschluss der Baumaßnahme offengelassen wird, welcher Partei welche Ansprüche zustehen. Das kann, wenn auch nach Fertigstellung keine Einigung möglich ist, dann immer noch geklärt werden, ohne dass möglicherweise irreparable Schäden durch eine unbegründete Leistungsverweigerung des Auftragnehmers oder eine Kündigung des Vertrags entstanden sind.

c) Störung der Geschäftsgrundlage nach § 313 BGB

1390 Eine Vertragsanpassung nach § 313 BGB kommt in Betracht, wenn vertragliche Anpassungs- bzw. Force-Majeure-Klauseln, also vertragliche Regelungen zu Fällen höherer Gewalt, fehlen. § 313 BGB kann beispielsweise einschlägig sein, wenn der Auftragnehmer zwar die Arbeiten prinzipiell fortsetzen kann, er dafür aber neue Mitarbeiter einstellen bzw. andere oder zusätzliche Nachunternehmer bzw. teureres Ersatzmaterial beschaffen muss. Denn aus § 6 Abs. 3 VOB/B folgt die Verpflichtung des Auftragnehmers, *„alles zu tun, was ihm billigerweise zugemutet werden kann, um eine Weiterführung der Arbeiten zu ermöglichen“*. Schon deshalb muss der Auftragnehmer kooperieren und versuchen, die zeitlichen Auswirkungen der Corona-Pandemie zu begrenzen. Die Corona-Krise war jedenfalls bis Mitte März 2020 unvorhersehbar (siehe oben), sodass zumindest für Verträge, die davor abgeschlossen worden sind, eine Vertragsanpassung nach den Grundsätzen der Störung der Geschäftsgrundlage in Betracht kommt. Bei danach abgeschlossenen Verträgen ist das deutlich schwieriger, jedenfalls soweit daraus resultierende Erschwernisse der Leistungsausführung bekannt oder absehbar waren.

So kommt eine Anpassung der Vergütung oder der Bauzeit nach § 313 BGB in Betracht, wenn der Auftraggeber eine Fortführung der Arbeiten verlangt und der Auftragnehmer dazu, gegebenenfalls in eingeschränkter Art und Weise, auch in der Lage ist, es aber dadurch zu höheren Kosten beim Auftragnehmer kommt. Voraussetzung dafür ist aber, dass der Auftragnehmer durch aussagekräftige Unterlagen und prüfbare Angebote nachweist, aus welchen Gründen es konkret zu welchen Kostensteigerungen kommt. Mit Sicherheit wird die Rechtsprechung auch verlangen, dass eine „Zumutbarkeitsgrenze" überschritten werden muss, bevor der Preisanpassungsanspruch greift. Auch dazu gibt es gegenwärtig keine veröffentlichten Urteile zum Bauvertragsrecht (zum Mietrecht, insbesondere zur Frage der zu zahlenden Miete, gibt es dagegen bereits eine Vielzahl von Entscheidungen, aber kein auch nur ansatzweise einheitliches Bild, vgl. nur LG München I, Urt. v. 12.2.2021 – 31 O 11516/20 und v. 25.1.2022 – 31 O 7743/20; LG Stuttgart, Urt. v 19.11.2021 – 11 O 215/20; LG Mönchengladbach, Urt. v 2.11.2020 – 12 O 154/20). Nach unserer Auffassung dürfte die Zumutbarkeitsgrenze bereits überschritten sein, wenn die Kostensteigerungen den kalkulierten Wagnis- und Gewinnanteil vollständig aufzehren und es deshalb zu Verlusten beim Auftragnehmer kommen würde. Es ist aber keineswegs sicher, dass Gerichte diese Frage zukünftig so entscheiden werden, es sind auch deutlich höhere Zumutbarkeitsgrenzen denkbar und juristisch zu vertreten. Im Mietrecht wird teilweise verlangt, dass der Mieter durch die ungeminderte Verpflichtung zur Zahlung der Miete in eine existenzielle Notlage kommt. Klarheit wird frühestens bestehen, wenn der BGH diese und ähnliche Rechtsfragen entschieden hat, was voraussichtlich aber erst der Fall sein wird, nachdem die Pandemie längst vorbei ist. Auch aus diesem Grund kann man den Vertragsparteien nur raten, sich möglichst gütlich zu einigen und keine riskanten und im Zweifel kostspieligen Prozesse zu führen. 1391

d) Kündigung wegen coronabedingter Unterbrechung oder Verschiebung der Leistung

Kommt es zu einer mehr als dreimonatigen Unterbrechung oder kann mit den Arbeiten innerhalb von drei Monaten nach dem vereinbarten Termin nicht begonnen werden, haben beide Parteien die Möglichkeit, den Vertrag nach § 6 Abs. 7 VOB/B zu kündigen, falls sie sich nicht über neue Ausführungsfristen oder vom Auftragnehmer geltend gemachte Entschädigungsansprüche (§ 642 BGB) während des Unterbrechungszeitraums einigen können (vgl. H. I. 5. a), Rn. 1278 ff.). 1392

Fraglich ist, ob wechselseitig auch schon vor Ablauf der 3-Monats-Frist gekündigt werden kann. Möglicherweise kann der Auftragnehmer gemäß § 9 Abs. 1 Nr. 1 VOB/B bzw. § 643 BGB wegen Annahmeverzugs des Auftraggebers oder aus 1393 wichtigem Grund (§ 648a BGB n.F.) auch kurzfristiger kündigen. Das hat der BGH, wenn auch in einer anderen Fallkonstellation, prinzipiell für möglich gehalten (BGH, Urt. v. 26.10.2017 – VII ZR 16/17, siehe oben unter H. I. 3. b) cc), Rn. 1238 ff.). Aber hier ist Vorsicht geboten (vgl. hierzu auch H. I. 5. c), Rn. 1282 ff.). Denn eine solche Kündigung könnte zumindest voraussetzen, dass dem Auftragnehmer die Vertragsfortsetzung unzumutbar ist. Wann und unter welchen konkreten Voraussetzungen die Rechtsprechung von einer solchen Unzumutbarkeit ausgeht, ist, wie immer bei unbestimmten Rechtsbegriffen, fraglich. Das dürfte insbesondere bei Kündigungen, die mit der Corona-Pandemie im Zusammenhang stehen, zu erheblicher Rechtsunsicherheit führen.

1394 Ein Auftragnehmer ist aber gut beraten, über eine Sicherung seines Vergütungsanspruchs nachzudenken, insbesondere, wenn der Auftraggeber zu einer von der Covid-19-Pandemie besonders betroffenen Branche gehört (beispielsweise: Gastronomie, Tourismus, Messe- oder Eventbranche). Dafür bietet sich die Bauhandwerkersicherung nach § 650f BGB n.F. an (vgl. Kapitel P, Rn. 2696 ff.).

8. Muss auf Behinderungsanzeigen oder Inverzugsetzungen reagiert werden?

1395 Sachlich unbegründete Behinderungsanzeigen müssen nicht zwingend zurückgewiesen werden, etwa weil sie anderenfalls als anerkannt gelten. Auch wenn sie keine Ausführungsfristverlängerung bewirken, empfiehlt es sich dennoch, darauf zu antworten und sie unter Angabe konkreter Gründe schriftlich zurückzuweisen. Soweit eine Behinderung nur allgemein behauptet wurde, weshalb unklar ist, welche Arbeiten aufgrund welcher Bauumstände konkret beeinträchtigt sein sollen, ist es ratsam, wenn der Auftraggeber seinem Vertragspartner mitteilt, dass er detailliert anzugeben hat, aufgrund welcher Umstände welche Auswirkungen auf den vorgesehenen Bauablauf eintreten. Gegebenenfalls kann ihm auch mitgeteilt werden, dass gleichwertige Ausweicheinsätze möglich sind und deshalb nicht zu erkennen ist, weshalb sich bei der Ausführung von Arbeiten in anderen Bereichen des Bauvorhabens die Ausführungsfristen verlängern sollen. Ist eine Behinderungsanzeige deshalb unbegründet, weil (noch) keine konkrete Störung des Bauablaufs eingetreten ist, beispielsweise weil der angeforderte Schal- und Bewehrungsplan noch gar nicht benötigt oder nach Vorabzügen gearbeitet wird, sollte auch darauf schriftlich hingewiesen werden. Gleiches gilt, wenn der Auftragnehmer die zeitlichen Auswirkungen einer Behinderung falsch dargestellt hat. Auch wenn der Auftragnehmer für die Berechtigung seiner Behinderungsanzeige die Beweislast trägt, kann sich die Position des Auftraggebers in einem Bauprozess erheblich verschlechtern, wenn er auf unbegründete Behinderungsanzeigen nicht reagiert hat und ihm zum Zeitpunkt der gerichtlichen Auseinandersetzung diejenigen Informationen fehlen, die notwendig sind, um die Berechtigung der angezeigten Behinderung bestreiten zu können.

Sofern die Behinderungsanzeige zutreffend ist, empfiehlt sich eine gemeinsame Fortschreibung des Bauzeitenplans. Häufig kann in diesem Stadium auch noch eine einvernehmliche Verständigung darüber erzielt werden, um welchen konkreten Zeitraum die Fertigstellungsfrist verlängert wird. Vereinbarungen, in denen Ausführungsfristen geändert oder angepasst werden, sollten jeweils von vertretungsberechtigten Personen auf beiden Seiten unterzeichnet werden. **1396**

Umgekehrt gilt dasselbe: Auch wenn ein Schweigen kein Anerkenntnis zur Folge hat, sollten Auftragnehmer aus Beweisgründen Inverzugsetzungen schriftlich widersprechen, wenn sie der Auffassung sind, dass die Fristüberschreitung ohne ihr Verschulden eingetreten ist. Dabei kann ergänzend auf den im Zusammenhang mit den Behinderungen geführten Schriftverkehr verwiesen werden, wenn bereits aussagekräftige Behinderungsanzeigen vorliegen. Wiederholt der Auftraggeber seinen Standpunkt, ohne neue Argumente zu nennen, muss darauf nicht erneut geantwortet werden. **1397**

Wer Baustellenschriftverkehr liest, macht die Erfahrung, dass häufig der immer gleiche Sachverhalt zum Gegenstand zahlloser Schreiben gemacht wird. Dabei wird die Argumentation der jeweils anderen Partei vorzugsweise *vollinhaltlich* zurückgewiesen, auf eine Begründung aber oftmals verzichtet. Das ist weder erforderlich noch hilfreich. Denn *„getretener Quark wird breit, nicht stark"*. Bei Gericht wird gewogen und nicht gezählt. Entscheidend ist deshalb, dass unbegründete Behinderungsanzeigen in *einem* Schreiben sachlich zurückgewiesen oder deren Inhalt richtiggestellt wird. Antwortet der Auftragnehmer daraufhin, dass er seine Behinderungsanzeige aufrechterhalte, ohne neue Gründe zu nennen, muss dieses Schreiben nicht ein weiteres Mal unter Wiederholung der bereits genannten Argumente zurückgewiesen werden. Umgekehrt muss der Auftragnehmer eine den Voraussetzungen des § 6 Abs. 1 VOB/B entsprechende Behinderungsanzeige nicht wiederholen oder ausdrücklich aufrechterhalten, wenn sie vom Auftraggeber ohne stichhaltige Gründe zurückgewiesen oder mit einer inhaltsleeren Inverzugsetzung beantwortet wird. **1398**

9. Pflicht zur Aufholung von Behinderungen/Beschleunigungsmaßnahmen

Bereits im Kapitel G II. 5., Rn. 1161 ff. wurde dargestellt, dass es nach der VOB/B keine allgemeine Pflicht zur Beschleunigung gibt (OLG Köln, Urt. v. 30.7.2013 – 24 U 179/11), um Behinderungen aus dem Verantwortungsbereich des Auftraggebers aufzuholen. Der Auftraggeber ist deshalb nach herrschender Meinung nicht berechtigt, Beschleunigungsmaßnahmen durch eine Anordnung zu erzwingen, ohne sich mit dem Auftragnehmer vorher darüber zu einigen. Ein solches Recht folgt – wiederum herrschender Ansicht nach – auch nicht aus § 650b BGB (so auch: LG Berlin, Beschl. v. 4.10.2019 – 28 O 209/19 und LG Berlin, Beschl. v. 6.4.2020 – 7 W 32/19). **1399**

Ein Auftragnehmer ist nach Wegfall einer Behinderung also grundsätzlich berechtigt, mit den vorauskalkulierten Kapazitäten weiterzuarbeiten, er kann im Regelfall *Dienst nach Vorschrift* machen, muss aber – wie bereits mehrfach erwähnt – zumutbare Anstrengungen unternehmen, um eine Weiterführung der Arbeiten zu ermöglichen oder die Auswirkungen von Behinderungen zu begrenzen. Insoweit begründet § 6 Abs. 3 VOB/B eine „unechte" Beschleunigungspflicht, aber nach herrschender Meinung kein Anordnungsrecht für „echte" Beschleunigungsmaßnahmen und schon gar kein Recht zu isolierten Anordnungen mit bauzeitverkürzender Wirkung (vgl. dazu auch: E. I. 2. a) bb), Rn. 703 f. und G. II. 5., Rn. 1161 ff.).

III. Musterschreiben

Behinderungsanzeige wegen fehlender Mitwirkungshandlung **H 1 1400**

An den Auftraggeber

Datum

Bauvorhaben …
Bauvertrag vom …

Sehr geehrte Damen und Herren,

wir sind seit dem … durch den fehlenden Baustromanschluss bei der Erbringung unserer Leistungen behindert. Laut Bauvertrag, dort Ziffer …, obliegt Ihnen als Auftraggeber die Bereitstellung des Baustromanschlusses mit einer Leistung von 20 KW. Da ein solcher fehlt, können wir derzeit folgende Geräte nicht einsetzen: …

Deshalb müssen folgende Arbeiten von Hand ausgeführt werden:

…

Dies führt zu einer Verlängerung der Ausführungsfrist, deren Dauer wir Ihnen mit gesondertem Schreiben nach Wegfall der Behinderung mitteilen werden.

Alternativ *(Anzeige einer drohenden Behinderung mit weiteren zeitlichen Folgen):*

Im Vertrag ist vereinbart, dass uns für die Abdichtungsarbeiten an den Balkonen ein Hängegerüst zur Verfügung gestellt wird. Da wir nach den Vereinbarungen im Bauzeitenplan mit diesen Leistungen ab der kommenden Woche beginnen sollen, teilen wir Ihnen mit, dass das Gerüstbauunternehmen den Aufbau des Gerüsts seit vorgestern aus uns nicht bekannten Gründen unterbrochen hat. Wir werden die Abdichtungsarbeiten nicht vereinbarungsgemäß ausführen können, wenn uns das Gerüst nicht ab Beginn der kommenden Woche zur Verfügung steht. Da demnächst mit Witterungsverhältnissen gerechnet werden muss, die Abdichtungsarbeiten im Freien nicht zulassen, wird sich die Fertigstellungsfrist möglicherweise erheblich verschieben, falls die Arbeiten nicht in der dafür vorgesehenen Zeit ausgeführt werden können.

Mit freundlichen Grüßen

………………………………………………

(Unterschrift)

1401 Behinderungsanzeige wegen fehlender Mitwirkungshandlung (Vorunternehmerleistung) H 2

An den Auftraggeber

Datum

Bauvorhaben …
Bauvertrag vom …

Sehr geehrte Damen und Herren,

nach dem vertraglich vorgesehenen Bauablauf sollen wir in der kommenden Kalenderwoche mit der Estrichverlegung im dritten Obergeschoss beginnen. Hierfür hatten wir den Einsatz von zwei Kolonnen à 3 Mann vorgesehen. Gegenwärtig sind dort noch umfangreiche Trockenbauarbeiten im Gang (vgl. die beigefügten Fotos vom heutigen Tag), sodass wir – falls die entsprechenden Vorleistungen nicht bis kommenden Montag fertiggestellt werden – den vereinbarten Bauablauf umstellen und zwischen einzelnen Räumen in anderen Geschossen, in denen eine Estrichverlegung möglich ist, *„springen"* müssen. Dadurch werden Umrüstzeiten erforderlich. Unter Umständen wird zumindest zeitweise eine komplette Kolonne nicht eingesetzt werden oder nur unproduktiv arbeiten können. Wir bitten Sie deshalb dringend, für die rechtzeitige Fertigstellung der erforderlichen Vorleistungen zu sorgen, um eine Bauzeitverlängerung und daraus resultierende Mehrkosten nach Möglichkeit zu vermeiden.

Eventuell *(Anzeige der eingetretenen Behinderung):*

Wir nehmen Bezug auf unser im Betreff genanntes Schreiben, mit dem wir angezeigt hatten, dass die Estricharbeiten im 3. OG nicht vereinbarungsgemäß ausgeführt werden können, falls die dafür notwendigen Trockenbauarbeiten nicht bis Montag, den … fertiggestellt worden sind. Wie wir heute feststellen mussten, ist das nicht der Fall, sodass wir dort nur eingeschränkt in den Mietbereichen … und … Estrich verlegen können. Da wir den Einsatz von zwei Kolonnen vorgesehen hatten und auch nicht in der Lage sind, unser Personal kurzfristig an anderen Bauvorhaben produktiv einzusetzen, wird eine Kolonne zeitweise überhaupt nicht arbeiten können, weil es zu Wartezeiten kommt. Weitere Produktivitätsverluste entstehen durch den häufigen Wechsel des Arbeitsplatzes. Wir werden in den jeweiligen Bautagesberichten konkret festhalten, welche Leistungen in den jeweiligen Bereichen ausgeführt worden sind und Ihnen diese Bautagesberichte unverzüglich zur Verfügung stellen. Wir werden auch erfassen, welche Leistungen wir an den Tagen, an denen die

Behinderung fortbesteht, tatsächlich erbracht haben und dem gegenüberstellen, welche Leistungen wir ohne diese Behinderung hätten erbringen können. Denn für die nutzlos bereitgehaltenen Produktionsmittel steht uns ein Entschädigungsanspruch nach § 642 BGB zu.

Mit freundlichen Grüßen

....

(Unterschrift)

1402 Behinderung wegen fehlender bzw. geänderter Pläne/Angebot der Leistung H 3

An den Auftraggeber

Datum

Bauvorhaben …
Bauvertrag vom …

Sehr geehrte Damen und Herren,

nach den vertraglich vereinbarten Planbeistellfristen hätten uns die Schal- und Bewehrungspläne am … übergeben werden müssen. Wir haben ferner eine Vorlauffrist für den Beginn der Leistungen von … Tagen für die notwendige Arbeitsvorbereitung vereinbart. Wir hatten bereits in der Baubesprechung vom … darauf hingewiesen, dass die Pläne dringend benötigt werden, weil wir das Personal sowie Maschinen und Geräte etc. nicht an anderen Bauvorhaben einsetzen können und auch keine anderen Arbeitsmöglichkeiten auf der Baustelle bestehen. Das ist Ihrer Bauleitung auch bekannt. Da uns die erforderlichen Pläne nach wie vor nicht vorliegen, verschieben sich die Ausführungsfristen entsprechend.

Alternativ *(Behinderung wegen fehlender Ausführungsplanung ohne vereinbarte Planbeistelltermine):*

Nach dem Bauzeitenplan soll mit den Betonierarbeiten der Fundamentplatte am … begonnen werden. Unter Berücksichtigung der üblichen Arbeitsvorbereitungsdauer von … Tagen müssen uns die zur Ausführung freigegebenen Schal- und Bewehrungspläne deshalb spätestens am … vorliegen. Wir weisen darauf hin, dass sich im Fall einer verspäteten Planübergabe die Ausführungsfristen möglicherweise sogar um einen über die vereinbarte Ausführungsdauer von … Tagen hinausgehenden Zeitraum verlängern werden, weil wir dann Gefahr laufen, in die witterungskritische Jahreszeit zu kommen. Damit mussten wir bei Abschluss des Bauvertrags nicht rechnen (vgl. § 6 Abs. 4 VOB/B). Andere Arbeiten können nicht vorgezogen werden, weil die Ausführung der Fundamentplatte auf dem kritischen Weg liegt. Da wir gegenwärtig auch keine Möglichkeiten haben, unsere Kapazitäten an anderen Bauvorhaben produktiv einzusetzen oder andere Aufträge vorzuziehen, halten wir uns weiterhin leistungsbereit und bieten Ihnen die Ausführung der Leistung zum vereinbarten Termin an. Eine Verzögerung der Planübergabe hätte deshalb auch wirtschaftliche Folgen, weil uns eine Entschädigung für nutzlos bereitgehaltene Produktionsmittel zusteht.

Alternativ *(Behinderung wegen Arbeiten nach Vorabzügen):*

Nach den vereinbarten Planbeistellfristen sollten uns die Schal- und Bewehrungspläne für die Tiefgarage am ... vorliegen. Tatsächlich sind uns die vom Prüfstatiker freigegebenen Pläne aber erst am ... zugegangen. Zwar haben wir auf Ihre ausdrückliche Anweisung vom ... nach Vorabzügen gearbeitet. Aus den freigegebenen Plänen ergeben sich aber gravierende Änderungen hinsichtlich der Stahlsorten sowie deren Dimensionierung. Wir wollen dies an folgenden Beispielen verdeutlichen:

...

...

Die nachträgliche Änderung der bereits ausgeführten Bewehrung führt zu einem erheblichen zeitlichen Mehraufwand, den wir in den Bautagesberichten konkret erfassen werden. Dadurch verschiebt sich der vereinbarte Fertigstellungstermin. Wir werden voraussichtlich ... Arbeitstage benötigen, um die Änderungsanordnungen umzusetzen. Die dadurch entstehenden Mehrkosten werden wir geltend machen, sobald die Änderungsleistungen abgeschlossen sind.

Mit freundlichen Grüßen

....

(Unterschrift)

1403 Behinderung wegen zeitlicher Anordnung des Auftraggebers H 4

An den Auftraggeber

Datum

Bauvorhaben ...
Bauvertrag vom ...

Sehr geehrte Damen und Herren,

Sie haben am heutigen Tag einen Baustopp der Trockenbauarbeiten im Erdgeschoss angeordnet, weil das Raumprogramm aufgrund einer Forderung des zukünftigen Gewerbemieters komplett geändert werden müsse und die dadurch erforderliche Änderung der Pläne nach Ihren Aussagen mindestens ... Wochen Zeit in Anspruch nehmen werde. Wir weisen darauf hin, dass nach dem Bauzeitenplan die Trockenbauarbeiten bereits Ende dieses Monats fertiggestellt sein sollten, weshalb wir den Einsatz von ... Mitarbeitern vorgesehen hatten. Wir werden uns bemühen, unser Personal an anderen Bauvorhaben zu beschäftigen, was aufgrund der Kurzfristigkeit Ihrer Anordnung und der gegenwärtigen Auftragslage aber schwierig werden dürfte. Die durch den angeordneten Baustopp entstehenden Kosten sind nach § 2 Abs. 5 VOB/B vergütungspflichtig. Bitte teilen Sie uns rechtzeitig mit einem Vorlauf von mindestens ... Tagen mit, wann die Arbeiten fortgesetzt werden können.

Sollte die Unterbrechung möglicherweise doch von kürzerer Dauer sein, bitten wir um eine schnellstmögliche Mitteilung, falls wir uns weiterhin durchgehend leistungsbereit halten sollen. Wenn uns eine solche Mitteilung unverzüglich erreicht, werden wir unsere Kapazitäten nicht anderweitig einsetzen und könnten deshalb die Arbeiten nach erfolgten Planänderungen unverzüglich fortsetzen, ohne dass ein nennenswerter Zuschlag für die Wiederaufnahme der Arbeiten anfallen würde. In diesem Fall entstehen jedoch arbeitstäglich Kosten für die Vorhaltung unserer Produktionsmittel in Höhe von ca. € .... Dazu kommen die kalkulierten Zuschläge für Allgemeine Geschäftskosten und Gewinn in Höhe von insgesamt 15 %. Zur Begründung der Kosten verweisen wir auf die beigefügte Anlage, in der eine Aufschlüsselung der einzelnen Kostenkomplexe erfolgt ist. Sollten Sie hierzu Rückfragen haben, stehen wir für deren Beantwortung gerne zur Verfügung.

Mit freundlichen Grüßen

....

(Unterschrift)

Behinderung wegen technischer Nachträge/ **1404**
Vorbehalt wegen zeitabhängiger Kosten **H 5**

An den Auftraggeber

Datum

Bauvorhaben …
Bauvertrag vom …

Sehr geehrte Damen und Herren,

Sie haben in der letzten Bauberatung vom … mitgeteilt, dass aufgrund eines Mieterwechsels die Gewerbefläche im Erdgeschoss als Cocktailbar und nicht wie ursprünglich vorgesehen als Speiserestaurant genutzt werden soll. Aus diesem Grund hatten Sie angeordnet, die im Vertrag vereinbarten und teilweise bereits montierten optischen Rauchmelder durch hochwertige Hitzemelder zu ersetzen. Sie ordneten an, die Leistungen gegenwärtig noch nicht zu erbringen, da der neue Nutzer möglicherweise noch die Raumaufteilung ändern bzw. die geplante Küche ganz wegfallen werde. Deshalb sind die Arbeiten gegenwärtig unterbrochen. Dennoch baten Sie uns für die Verhandlungen mit dem Nutzer um ein Kostenangebot.

Wir können momentan nur die voraussichtlichen Lohn- und Materialkosten sowie die Zuschlagssätze für AGK und Gewinn nach den in der letzten Bausitzung gemachten Angaben – ohne nochmalige Änderung der Raumaufteilung – mitteilen. Dazu verweisen wir auf die beigefügte Anlage. Die Stillstandskosten lassen sich aufgrund der ungeklärten Dauer der Unterbrechung dagegen nicht abschließend beziffern. Wir können die am Bauvorhaben eingesetzten Mitarbeiter momentan nicht an anderen Baustellen einsetzen, weil dort kurzfristig keine sinnvollen Arbeitsmöglichkeiten bestehen. Wir werden deshalb erst nach Beendigung der Unterbrechung ermitteln, welche bauzeitabhängigen Kosten durch den Baustopp bzw. die Verlängerung der Ausführungsfristen zusätzlich entstehen werden. Wir teilen Ihnen aber mit, dass die Kosten für die Vorhaltung unserer Produktionsmittel pro Arbeitstag ca. € … betragen. Hinzu kommen die vereinbarten Zuschläge für AGK sowie Gewinn.

Bitte teilen Sie uns mit, wann nach gegenwärtigem Erkenntnisstand mit einer Fortsetzung der Arbeiten zu rechnen ist. Sollte der Baustopp für einen längeren Zeitraum fortdauern, käme eventuell in Betracht, andere Aufträge vorzuziehen, sodass die Kosten der Unterbrechung begrenzt werden könnten. Solange wir nichts Gegenteiliges von Ihnen hören, werden wir uns allerdings weiterhin leistungsbereit halten, damit eine Fortsetzung der Arbeiten nach Beendigung des Unterbrechungszeitraums ohne Verzögerung möglich ist.

Mit freundlichen Grüßen

....

(Unterschrift)

Anzeige einer Behinderung wegen ungewöhnlicher Witterungseinflüsse/ Abmeldung der Behinderung/Angebot zur Beschleunigung **H 6** 1405

An den Auftraggeber

Datum

Bauvorhaben: …
Bauvertrag vom …

Sehr geehrte Damen und Herren,

mit Zuschlagsschreiben vom … sind wir mit der Errichtung einer Autobahnbrücke einschließlich der Rampen beauftragt worden. Gemäß Ziffer … hatten wir als Fertigstellungstermin den … vereinbart. Seit heute müssen wir die Arbeiten wegen außergewöhnlich ungünstiger Witterungseinflüsse einstellen. Das Einschalen des Widerlagers ist aufgrund einer ca. 30 cm starken Schneedecke mit darunter liegender Vereisung der Oberflächen nicht möglich. Die Temperaturen betragen momentan -10 °C. Daran soll sich auch in den kommenden Tagen und Wochen nichts ändern. Nach Auskunft des Deutschen Wetterdienstes wird eine außergewöhnlich lange Periode mit Frost, Eis und Schnee erwartet, die deutlich über den Durchschnittswerten der vergangenen 20 Jahre liegt. Damit mussten wir bei Vertragsabschluss nicht rechnen, sodass diese Witterungsumstände einen Anspruch auf Verlängerung der Ausführungsfristen begründen (§ 6 Abs. 2 Ziffer 2 VOB/B).

Eventuell *(Mitteilung über den Wegfall der Behinderung mit Beschleunigungsangebot):*

Wir teilen Ihnen unter Bezugnahme auf unser Schreiben vom … mit, dass wir die Arbeiten aufgrund der Witterung seit dem … eingestellt haben und die Leistungen ab heute wieder fortsetzen konnten. Durch die witterungsbedingte Unterbrechung von … Wochen verschieben sich die vereinbarten Ausführungsfristen und der Fertigstellungstermin entsprechend.

Ab der kommenden Kalenderwoche wären Beschleunigungsmaßnahmen möglich, mit denen wir – einen zukünftig ungestörten Bauablauf unterstellt – den im Vertrag vereinbarten Fertigstellungstermin voraussichtlich einhalten könnten. Wir dürfen auf das anliegende Beschleunigungsangebot verweisen und um eine schriftliche Mitteilung bitten, ob diese Maßnahmen durchgeführt werden sollen. Falls sich Rückfragen zum anliegenden Angebot ergeben, stehen wir für deren Beantwortung gerne zur Verfügung. Beachten Sie bitte, dass die Beschleunigungsvereinbarung zeitnah, spätestens jedoch bis zum …, zustande kommen muss, weil sich anderenfalls der vertraglich vereinbarte Fertigstellungstermin nicht realisieren lässt. Ohne eine entsprechende Vereinbarung gehen wir davon aus, dass keine Beschleunigungsmaßnahmen durchgeführt werden sollen.

Eventuell *(Mitteilung über durchgeführte Beschleunigungsmaßnahmen ohne Anordnung):*

Wie bereits im Schreiben vom … mitgeteilt, kam es in der Zeit vom … bis … zu Witterungseinflüssen, mit denen wir bei Abgabe des Angebots nicht rechnen mussten. Um eine Verlängerung der Bauzeit zu vermeiden, haben wir nach Wiederaufnahme der Arbeiten Beschleunigungsmaßnahmen durch Überstunden, eine Verstärkung der Bauleitung und den Einsatz größerer Geräte durchgeführt. Das haben wir mit Schreiben vom … auch angezeigt. Ihr Haus hat diesen Beschleunigungsmaßnahmen zu keinem Zeitpunkt widersprochen, sondern in den Baubesprechungen stets darauf hingewiesen, dass der vereinbarte Fertigstellungstermin unbedingt eingehalten werden müsse.

Auch wenn es keine ausdrückliche Anordnung zur Durchführung von Beschleunigungsmaßnahmen gegeben hat, steht uns dafür ein Vergütungsanspruch zu. Hätten wir die Arbeiten nicht beschleunigt, wäre es zu einer Verlängerung der Bauzeit um … Wochen und daraus resultierender Entschädigungsansprüche gekommen, die mutmaßlich höher ausgefallen wären als die Kosten der Beschleunigung.

Die Beschleunigungsmaßnahmen waren notwendig, um den Fertigstellungstermin einhalten zu können und aus dem oben genannten Grund auch interessengemäß. Deshalb steht uns dafür ein Vergütungsanspruch nach § 2 Abs. 8 Nr. 2. bzw. 3 VOB/B zu. Die entstandenen Mehrkosten zuzüglich angemessener Zuschläge machen wir mit der anliegenden Rechnung geltend.

Mit freundlichen Grüßen

………………………………………………

(Unterschrift)

Anzeige einer Behinderung trotz normalen Wetters wegen Besonderheit der Arbeiten 1406
H 7

(***Anmerkung der Verfasser:*** *Wegen § 6 Abs. 2 Nr. 2 VOB/B ist der Inhalt dieses Schreibens angreifbar)*

An den Auftraggeber

Datum

Bauvorhaben …
Bauvertrag vom …

Sehr geehrte Damen und Herren,

nach dem Bauzeitenplan sollten wir ab dieser Woche mit den Betonierarbeiten beginnen. Das ist gegenwärtig bei Temperaturen von deutlich unter +5 °C ohne Vorsorge- und Schutzmaßnahmen, die nach Abschnitt 4.2.10 der DIN 18331 Besondere Leistungen darstellen, nicht möglich. Dass diese Besonderen Leistungen nach dem zwischen uns abgeschlossenen Vertrag nicht geschuldet sind, dürfte unstreitig sein. Da der Bauzeitenplan keine Ausfalltage für Arbeiten vorsieht, an denen witterungsbedingt nicht gearbeitet werden kann, stellen die gegenwärtigen Witterungsverhältnisse unabwendbare Umstände dar und führen zu einer Bauzeitverlängerung um die Dauer der dadurch bedingten Unterbrechung gemäß § 6 Abs. 2 Nr. 1c) VOB/B (vgl. Kapellmann/Messerschmidt, VOB-Kommentar, Teile A und B, 7. Auflage zu § 6, Rn. 27). Wenn Ihr Haus die Ausführung Besonderer Leistungen nach den Abschnitten 4.2.10 der DIN 18331 anordnet, werden wir dieser Anordnung unverzüglich Folge leisten und die dadurch entstehenden Kosten nach § 2 Abs. 6 VOB/B geltend machen. Wir bitten hierzu um eine schnellstmögliche Rückäußerung, damit wir entsprechend disponieren können.

Alternativ *(witterungsbedingte Behinderung bei kurzen Ausführungsfristen):*

Wie bereits mitgeteilt, betrug die Schienentemperatur in der Nacht vom 28. zum 29.1.2021 -12 °C, sodass eine fachgerechte Ausführung der erforderlichen Schweißarbeiten unmöglich war. Auch wenn diese Temperatur im Monat Januar nicht ungewöhnlich ist, kommt die Regelung in § 6 Abs. 2 Nr. 2 VOB/B bei Arbeiten, die in Zeitfenstern von nur wenigen Tagen oder gar Stunden ausgeführt werden müssen, nicht zur Anwendung, da offensichtlich ist, dass die entsprechenden Leistungen nur bei Frost- und Eisfreiheit ausgeführt werden können (LG Karlsruhe, Urt. v. 14.11.2014 – 14 O 25/15). Wir weisen deshalb den Vorwurf des Verzugs und die in Abzug gebrachte Vertragsstrafe zurück.

Mit freundlichen Grüßen

....

(Unterschrift)

Anzeige einer Unterbrechung der Arbeiten mit Anfrage an den Auftraggeber, ob weiterhin Gerät und Personal vorgehalten werden sollen 1407

H 8

An den Auftraggeber

Datum

Bauvorhaben …
Bauvertrag vom …
Unser Schreiben vom …

Sehr geehrte Damen und Herren,

bereits mit Schreiben vom … hatten wir Sie darauf hingewiesen, dass wir die nach dem Bauzeitenplan seit dem … anstehenden Erdarbeiten aufgrund der nach wie vor unbeantworteten Frage, ob Ihrerseits Bodenverbesserungsmaßnahmen im Bereich des Mittelstücks der Straße angeordnet werden, nicht ausführen können. Sie baten hierfür aufgrund der mit Ihrem Ingenieurbüro notwendigen Rücksprachen um eine angemessene Entscheidungsfrist. Die Arbeiten sind deshalb seit dem ... unterbrochen.

Da gegenwärtig nicht feststeht, wann die Arbeiten fortgesetzt werden können, bitten wir schnellstmöglich um eine Mitteilung, ob wir unsere Mitarbeiter weiterhin durchgehend leistungsbereit halten und auch die vorhandene Baustelleneinrichtung sowie die Geräte und Maschinen dort belassen sollen. Die Vorhaltekosten unserer Produktionsmittel betragen pro Arbeitstag ca. € …, die wir auf Verlangen im Einzelnen aufschlüsseln können. Falls die Unterbrechung länger als vier Wochen dauern sollte, könnten wir möglicherweise einen anderen Auftrag vorziehen oder unsere Produktionsmittel, jedenfalls teilweise, anderweitig profitabel einsetzen, wodurch sich die Stillstandskosten voraussichtlich reduzieren ließen. Wir bitten deshalb um eine schnellstmögliche Mitteilung, ob wir uns weiterhin leistungsbereit halten oder unsere Kapazitäten anderweitig einsetzen sollen. Letzteres kommt aber nur in Betracht, wenn der Unterbrechungszeitraum mindestens vier Wochen beträgt. Nach Beendigung des Unterbrechungszeitraums müssen Sie in diesem Fall allerdings mit einer Anlauffrist für die Wiederaufnahme unserer Leistungen von ca. … Arbeitstagen rechnen.

Wir bitten um Ihre kurzfristige Entscheidung.

Mit freundlichen Grüßen

…………………………………………

(Unterschrift)-

1408 Abmeldung der Unterbrechung und Mitteilung der Fristverlängerung H 9

An den Auftraggeber

Datum

Bauvorhaben …
Bauvertrag vom …
Unser Schreiben vom …

Sehr geehrte Damen und Herren,

wir haben mit Schreiben vom … angezeigt, dass wir ab dem … wegen fehlender Ausführungspläne keine Arbeiten erbringen konnten. Diese Unterbrechung ist seit dem … beendet, sodass wir unter Berücksichtigung einer angemessenen Frist von … Arbeitstagen für die Wiederaufnahme der Leistungen (§ 6 Abs. 4 VOB/B) die Arbeiten ab dem … fortsetzen werden.

Die Verlängerung der Ausführungsfrist infolge der Unterbrechung berechnen wir wie folgt:

1.) Dauer der Unterbrechung: … Arbeitstage

2.) Zuschlag für die Wiederaufnahme der Arbeiten: … Arbeitstage

Wir haben als Anlage zu diesem Schreiben einen fortgeschriebenen Bauzeitenplan beigefügt und bitten um Ihre schriftliche Bestätigung bis zum ….

Eventuell (Berechnung von Entschädigungsansprüchen):

Aufgrund der Unterbrechung machen wir Entschädigungsansprüche geltend. In der anliegenden Abschlagsrechnung haben wir die kalkulierten Vergütungsanteile für die nutzlos bereitgehaltenen Produktionsmittel einschließlich der darin enthaltenen Zuschläge für Allgemeine Geschäftskosten sowie Wagnis und Gewinn geltend gemacht (§ 642 BGB). Ein anderweitiger, produktiver Einsatz unserer Kapazitäten auf anderen Baustellen war wegen der Kurzfristigkeit und der nur … Tage dauernden Unterbrechung nicht möglich. Nach der Rechtsprechung steht uns für die Dauer des Annahmeverzugs eine angemessene Entschädigung zu, die nach den oben genannten Kriterien zu ermitteln ist (vgl. BGH-Urteile vom 26.10.2017 – VII ZR 16/17 und vom 30.1.2020 – VII ZR 33/19). Sollten Sie dazu Rückfragen haben, stehen wir für deren Beantwortung gerne zur Verfügung. Anderenfalls bitten wir um fristgemäße Zahlung.

Eventuell *(Hinweis auf weitere witterungsbedingte Folgen von Behinderungen):*

Da wir aufgrund der Unterbrechung in der Zeit vom ... bis ... mit den Außenputzarbeiten voraussichtlich erst Anfang Dezember beginnen können, ist mit weiteren, witterungsbedingten Behinderungen zu rechnen. Nach dem Bauzeitenplan hätten diese Arbeiten bereits bis Ende Oktober abgeschlossen sein sollen. Da wir mit einer Verschiebung dieser Arbeiten in den Dezember nicht rechnen konnten, führen auch in dieser Jahreszeit übliche Witterungsverhältnisse von unter +5 °C, insbesondere nächtlicher Frost, zu einer weiteren Ausführungsfristverlängerung (§ 6 Abs. 4 VOB/B). Sollte es dazu kommen, werden wir Ihr Haus unverzüglich informieren.

Mit freundlichen Grüßen

....

(Unterschrift)

1409 **Entschädigung gemäß § 642 BGB wegen Verschiebung der Arbeiten** H 10

An den Auftraggeber

Datum

Bauvorhaben …
Bauvertrag vom …

Sehr geehrte Damen und Herren,

es ist unstreitig, dass sich die Parkettarbeiten, die nach den vertraglichen Vereinbarungen in der Zeit vom … (Baubeginntermin) bis zum … (vereinbarte Fertigstellungsfrist) hätten ausgeführt werden sollen, aufgrund zu hoher Restfeuchte des Estrichs erst ab dem … ausgeführt werden konnten. Zwischen dem vereinbarten und dem tatsächlichen Baubeginn waren wir aufgrund der nicht vorhandenen Belegreife des Estrichs an der Erbringung von Arbeiten gehindert, obwohl wir leistungsbereit waren. Darauf haben wir mit Schreiben vom … hingewiesen und die Leistungen auch angeboten.

Gemäß unserer Kalkulation hatten wir für die Ausführung der Arbeiten insgesamt … Stunden veranschlagt. Unser Kalkulationslohn beträgt Euro …/Arbeitsstunde und setzt sich aus dem Mittellohn von Euro …/Arbeitsstunde zzgl. Sozialkosten in Höhe von Euro …/Stunde zusammen (vgl. Preisformblatt 221). Gemäß der anliegenden Aufstellung konnten wir die für den Einsatz auf der Baustelle vorgesehenen Arbeitskräfte insgesamt … Stunden bei anderen Bauvorhaben produktiv einsetzen. Daraus resultiert eine produktionslose Vorhaltung im Umfang von … Arbeitsstunden und demzufolge ein Entschädigungsanspruch in Höhe von € … Unseren Bauleiter konnten wir während dieser Zeit nicht produktiv an anderen Baustellen einsetzen oder andere Aufträge vorziehen, bei denen sein Einsatz möglich gewesen wäre. Ausweislich unserer Kalkulation haben wir den Bauleitereinsatz im Rahmen der Baustellengemeinkosten mit € …/Monat veranschlagt. Unser Bauleiter hat im fraglichen Zeitraum nur interne Büroarbeiten bzw. Aufräum- und Inventurarbeiten geleistet. Wir schätzen diese Tätigkeiten im Umfang von einem Drittel als produktiv ein und bringen den entsprechenden Betrag von den kalkulierten Bauleitungskosten in Abzug. Eine solche Schätzung ist nach der Rechtsprechung möglich und zulässig (BGH, Urt. v. 30.1.2020 – VII ZR 33/19).

Für die produktionslose Vorhaltung von Geräten und Maschinen machen wir gemäß unserer Kalkulation einen weiteren Betrag in Höhe von € … geltend. Diese Geräte sind für das konkrete Bauvorhaben in unserem Werkzeugraum vorgehalten und aufbewahrt worden, ohne dass während dieser Zeit eine anderweitige Einsatzmöglichkeit bestand.

Die angemessene Entschädigung für die vergebliche Bereithaltung von Produktionsmitteln umfasst auch die in der Vergütung enthaltenen Anteile für Allgemeine Geschäftskosten sowie Gewinn (BGH, Urteile vom 26.10.2017 – VII ZR 16/17 und vom 30.1.2020 – VII ZR 33/19). Nach unserer Kalkulation haben wir einen Zuschlag auf den Kalkulationslohn von ... % für Allgemeine Geschäftskosten und einen weiteren Zuschlag von ... % für Wagnis und Gewinn vorgenommen. Bezogen auf die unproduktiven Arbeitsstunden (siehe oben) ergibt sich daraus ein weiterer Betrag in Höhe von € ...

Wir bitten um fristgemäßen Ausgleich der beigefügten Rechnung und stehen Ihnen für eventuelle Rückfragen gerne zur Verfügung.

Mit freundlichen Grüßen

....

(Unterschrift)

1410 Entschädigungsanspruch nach § 642 BGB (verlangsamter Bauablauf wegen schleichender Behinderungen) H 11

An den Auftraggeber

Datum

Bauvorhaben …
Bauvertrag vom …

Sehr geehrte Damen und Herren,

aufgrund des in der Vergangenheit geführten Schriftverkehrs dürfte der Sache nach unstreitig sein, dass es an dem Bauvorhaben zu zahlreichen Behinderungen wegen fehlender Vorleistungen Dritter, verspäteter Bemusterungsentscheidungen von Nutzern und nicht rechtzeitig übergebener Ausführungspläne gekommen ist, ohne dass die Arbeiten für einen längeren Zeitraum unterbrochen waren und wir unsere Kapazitäten deshalb auch nicht auf anderen Baustellen profitabel einsetzen konnten. Dazu verweisen wir auf unsere Behinderungsanzeigen, in denen wir Ihnen die Ausführung der Leistungen angeboten und Leistungsbereitschaft angezeigt hatten.

Aus diesem Grund haben wir sämtliche Produktionsmittel auch während des fraglichen Zeitraums vom … bis zum …, in dem die Behinderungen eingetreten sind, in vollem Umfang vorgehalten. Wir haben baubegleitend in den Ihnen bereits vorliegenden Bautagesberichten dokumentiert, welche abrechenbaren Leistungen im fraglichen Zeitraum ausgeführt worden sind und welche Leer- bzw. Warte- und Umrüstzeiten dadurch eingetreten sind. Auch die entsprechenden Aufmaßblätter liegen Ihnen vor. Dem stellen wir gegenüber, welche abrechenbaren Leistungen wir im Falle eines ungestörten Bauablaufs nach dem vereinbarten Terminplan hätten erbringen können und müssen. Da wir unsere Arbeitskräfte, die Bauleitung sowie Geräte und Maschinen weder anderweitig einsetzen konnten noch anderweitig produktiv eingesetzt haben, steht uns für die (teilweise) nutzlose Bereithaltung unserer Produktionsmittel eine angemessene Entschädigung zu, die auch die in der Vergütung enthaltenen Anteile für Allgemeine Geschäftskosten sowie für Wagnis und Gewinn umfasst (vgl. BGH-Urteile vom 26.10.2017 – VII ZR 16/17 und vom 30.1.2020 – VII ZR 33/19). Gemäß § 642 Abs. 2 BGB haben wir berücksichtigt, welche Aufwendungen wir während der Dauer des Annahmeverzugs erspart haben.

Unsere Berechnungen verdeutlichen wir anhand der verlangsamten Arbeiten vom … bis zum … In dieser Zeit – also an zehn Arbeitstagen – hätten wir nach dem Bauzeitenplan 320 m^2 Parkett pro Arbeitstag, insgesamt also 3.200 m^2

Fertigparkett verlegen müssen. Bei einem geplanten Einsatz von 20 Mitarbeitern und einer täglichen Arbeitszeit von 8 Stunden wurden 1.600 Stunden für die Ausführung der Arbeiten veranschlagt. Der kalkulierte Aufwandswert pro m² Parkett beträgt 0,5 Stunden, sodass die vorgesehene Leistung nach dem Vertragsterminplan im Falle eines störungsfreien Arbeitens erreicht worden wäre (0,5 h x 3.200 m² = 1.600 h). Deshalb war unsere Kalkulation für einen ungestörten Bauablauf zeitlich plausibel. Dass dieser Leistungsansatz realistisch war, ergibt sich auch anhand solcher Tage, an denen störungsfrei gearbeitet werden konnte und an denen eine Leistung von circa 320 m² Fertigparkett pro Arbeitstag erbracht wurde.

Als Einheitspreis für das Verlegen des Parketts wurden € 60,–/m² vereinbart. Demzufolge hätten wir innerhalb dieser zehn Arbeitstage einen Vergütungsanspruch in Höhe von 3.200 m² x € 60,–/m² = € 192.000,– erwirtschaftet. Wie sich aus den Bautagesberichten und Aufmaßblättern ergibt, wurden im fraglichen Zeitraum aufgrund der angezeigten Behinderungen aber lediglich 2.000 m² Parkett verlegt, wodurch die abrechenbare Vergütung auf € 120.000,– gesunken ist. Die daraus resultierende Differenz beträgt € 72.000,–. Davon haben wir ersparte Materialkosten in Höhe von € 25,–/m² (insgesamt: 1.200 m² x € 25,– = € 30.000,–) in Abzug gebracht. Daraus ergibt sich die geltend gemachte Entschädigung in Höhe von € 42.000,– für die Leistungsminderung um 1.200 m² Parkett im fraglichen Zeitraum. Abzüge bei den Baustellengemeinkosten kommen nicht in Betracht, weil hier keine Kosten erspart worden sind. Es dürfte zwischen uns auch unstreitig sein, dass wir im fraglichen Zeitraum nicht in der Lage waren, unseren Bauleiter oder Werkzeuge bzw. die Baustelleneinrichtung zeitweise von der Baustelle abzuziehen und anderweitig produktiv einzusetzen, weil es keine längeren Unterbrechungszeiträume gegeben hat, in denen sinnvolle Ausweicheinsätze auf, anderen Baustellen möglich gewesen wären (siehe oben).

Der beigefügten Aufstellung ist zu entnehmen, dass wir für die weiteren Behinderungszeiträume, in denen es zu Produktivitätsminderungen gekommen ist, ebenso vorgegangen sind und auf diesem Weg einen Entschädigungsanspruch in Höhe von insgesamt € ... ermittelt haben, den wir mit der anliegenden Abschlagsrechnung geltend machen. Sollten sich hierzu Rückfragen ergeben oder Ihnen Informationen, die zur Prüfung unserer Berechnung erforderlich sind, nicht vorliegen, dürfen wir um eine kurzfristige Rückmeldung bitten. Wir sind zu erläuternden Gesprächen gerne bereit. Wir hoffen, dass wir aufgrund unserer Angaben kurzfristig eine Einigung erzielen können, ohne dass wir ein baubetriebliches Gutachten in Auftrag geben müssen. Denn das würde erhebliche Kosten verursachen, die unserer Auffassung nach vermeidbar sind, wenn wir uns kurzfristig verständigen können. Wir sehen Ihrer Stellungnahme bis zum … entgegen und verbleiben

Eventuell *(Vorschlag zur Einholung eines Schiedsgutachtens):*

Mit Schreiben vom … teilten Sie uns mit, dass Sie unsere Berechnungsmethode für unberechtigt halten und die Ermittlung des geltend gemachten Entschädigungsanspruchs nicht nachvollziehen können. Wir bieten Ihnen deshalb kurzfristig ein Gespräch an, in dem wir unsere Ansätze noch einmal ausführlich erläutern werden. Sollten wir dennoch nicht zu einer Einigung kommen, schlagen wir Ihnen die gemeinsame Beauftragung eines Sachverständigen und die Einholung eines baubetrieblichen Schiedsgutachtens vor. Die dadurch entstehenden Kosten sollten zulasten derjenigen Partei gehen, deren Standpunkt sich als unzutreffend herausstellt, gegebenenfalls quotal. Ein solches Schiedsgutachten verursacht in jedem Fall geringere Kosten als ein Bauprozess. Wir bitten um kurzfristige Rückäußerung und haben uns hierfür eine Frist bis zum … notiert.

mit freundlichen Grüßen

……………………………………………

(Unterschrift)

Zurückweisung einer Baubehinderungsanzeige **H 12 1411**

An den Auftragnehmer

Datum

Bauvorhaben ...
Bauvertrag vom ...
Ihr Schreiben vom .....

Sehr geehrte Damen und Herren,

Sie teilten uns mit Schreiben vom ... mit, dass Sie angeblich in der Ausführung der Leistung behindert sind. Die von Ihnen hierfür vorgebrachten Gründe erkennen wir nicht an.

Tatsächlich haben Sie die Ausführungspläne bereits am ... und damit rechtzeitig erhalten. Die fristgemäße Übergabe der Ausführungspläne ist im Bautagebuch dokumentiert. Dass in diesen Plänen angeblich notwendige Angaben zur Ausführung der Leistung fehlten und Sie die entsprechenden Informationen erst durch mehrfache mündliche Rücksprache mit unserem Planungsbüro ... am ... erhalten haben, wurde uns erstmals mitgeteilt, nachdem mit den Arbeiten bereits begonnen wurde. Selbst wenn Ihre diesbezüglichen Behauptungen zutreffen sollten, was wir gegenwärtig noch nicht geprüft haben, hätten Sie in jedem Fall gegen die Verpflichtung zur *unverzüglichen* Anzeige der Behinderung verstoßen, weshalb eine Ausführungsfristverlängerung von vornherein nicht in Betracht kommt. Denn eine Behinderungsanzeige hat die Funktion, uns zu warnen und uns die Möglichkeit zu geben, eine Behinderung zu vermeiden oder schnellstmöglich abzustellen. Diese Warnfunktion kann eine Behinderungsanzeige, die erst erfolgt, nachdem die Behinderung entfallen ist, nicht mehr erfüllen.

Folglich bleibt es bei den im Vertrag vereinbarten Fristen und Terminen. Sollten Sie diese überschreiten, werden wir die vereinbarte Vertragsstrafe oder Schadensersatz geltend machen. Falls Sie sich trotz der hier dargestellten Tatsachen auf ein fehlendes Verschulden für die Fristüberschreitung berufen wollen, müssen Sie aufgrund der von Ihrem Haus zu tragenden Beweislast eine konkrete bauablaufbezogene Darstellung der aus Ihrer Sicht eingetretenen Behinderungen und ihrer zeitlichen Auswirkungen vorlegen. Das hat der BGH letztmals am 5.11.2015 entschieden (BGH, VII ZR 43/15). Nach unserer Kenntnis konnten die eingesetzten Arbeitskräfte auf der Baustelle durchgehend arbeiten, wenn auch möglicherweise nicht in jedem Fall in den vorgesehenen Arbeitsbereichen. Entsprechende Anpassungen sind nach § 6 Abs. 3 VOB/B aber von vornherein geschuldet, weil ein Auftragnehmer, selbst wenn Behinderungen vorliegen, alles zu tun hat, was ihm billigerweise zugemutet werden kann, um eine Weiterführung der Arbeiten zu ermöglichen. Dass durch eventuelle Umstellungen negative zeitliche oder wirtschaftliche Folgen eingetreten sind, ist gegenwärtig durch nichts bewiesen und noch nicht einmal in einlassungsfähiger Art und Weise behauptet worden.

Alternativ *(Hinweis auf gleichwertigen Ausweicheinsatz):*

In der Tat sind Ihnen die Ausführungspläne für den Bauabschnitt … erst am … übergeben worden. Aufgrund Ihres Schreibens vermögen wir aber nicht nachzuvollziehen, inwiefern hieraus eine konkrete Behinderung entstanden sein soll, zumal sämtliche Mitarbeiter Ihres Hauses uneingeschränkt in den Bauabschnitten … und … unvermindert hätten weiterarbeiten können. Damit wäre zwar eine Änderung des geplanten Bauablaufs verbunden gewesen. Solche Anpassungen sind nach § 6 Abs. 3 VOB/B zumutbar und aufgrund der Kooperationspflichten im Bauvertrag bzw. wegen Schadensminderungspflichten auch geschuldet. Denn ein Auftragnehmer darf nicht starr an seinem vorgesehenen Bauablauf festhalten, sondern muss flexibel auf die veränderten Umstände reagieren und den Bauablauf so umstellen, dass eine Weiterführung der Arbeiten möglich und die Auswirkungen der Behinderung gering gehalten oder ganz vermieden werden (vgl. Kapellmann/Messerschmidt, VOB-Kommentar, Teile A und B, 7. Auflage zu § 6 Rn. 30). Dazu hätten Sie sich mit uns abstimmen können und müssen, was jedoch nicht erfolgt ist.

Im Übrigen oblag es Ihnen, uns rechtzeitig mitzuteilen, wann welche Pläne konkret benötigt werden. Sie haben uns vor dem … (Datum der Behinderungsanzeige) unstreitig nicht aufgefordert, Ihnen die Ausführungspläne bis zum … zu übergeben, weil anderenfalls Behinderungen eintreten. Dazu wären Sie aber nach § 6 Abs. 1 VOB/B verpflichtet gewesen. Dass wir Planbeistelltermine nicht vertraglich vereinbart haben und von Anfang an eine baubegleitende Planung vorgesehen war, ist zwischen uns ebenfalls nicht streitig. Wir bitten Sie deshalb, uns in Zukunft rechtzeitig darüber zu informieren, wann Sie zur Ausführung freigegebene Pläne benötigen und uns dabei jeweils angemessene Reaktionszeiten einzuräumen.

Alternativ *(Widerspruch gegen angezeigte Behinderungsdauer):*

In der Tat sind Ihnen die Ausführungspläne für den Bauabschnitt C erst am … übergeben worden. Wir erkennen allerdings nur eine Baubehinderung von drei Tagen an, weil bis zum … Arbeiten am Bauteil B ausgeführt worden sind, sodass sich die Verzögerung der Planbeistellung tatsächlich nur vom … bis … ausgewirkt hat. Der Ausweicheinsatz war gleichwertig, sodass dadurch keine negativen zeitlichen Folgen eingetreten sind.

Unter Berücksichtigung dieser Behinderung verlängern sich die Ausführungsfristen des Bauzeitenplans entsprechend. Gleiches gilt für den Fertigstellungstermin, der sich nunmehr auf den … verschiebt. Wir übersenden Ihnen als Anlage den angepassten Bauzeitenplan und bitten um Ihre schriftliche Bestätigung bis zum …

Alternativ *(Angebot der Vereinbarung einer Bauzeitverlängerung bei Aufrechterhaltung der Vertragsstrafe für den neuen Fertigstellungstermin):*

Sie baten mit Schreiben vom ... um eine Ausführungsfristverlängerung von drei Monaten. Es trifft zu, dass aufgrund der Anordnung geänderter Leistungen für die Fassade eine Ausführungsfristverlängerung dem Grunde nach berechtigt ist. Auch die Behinderungsanzeigen Nr. 1 und Nr. 3 wegen fehlender Vorleistungen anderer Unternehmer erkennen wir der Sache, nicht jedoch der Dauer nach an, weil sie nicht zu einer vollständigen Unterbrechung, sondern nur zu einer geringfügigen Verlangsamung der Leistungserbringung geführt haben. Unberechtigt sind dagegen die Behinderungsanzeigen Nr. 2 und Nr. 4. In diesem Zusammenhang verweisen wir auf unsere Schreiben vom ... und ... Dass die geänderten Leistungen an der Fassade zu einer Ausführungsfristverlängerung um insgesamt drei Monate geführt haben, wurde von Ihnen zwar behauptet, aber durch keine näheren Angaben bauablaufbezogen, also anhand von Soll- und Ist-Zeitplänen bzw. durch aussagekräftige Bautagesberichte, nachgewiesen.

Insgesamt ist aus unserer Sicht deshalb allenfalls eine Verschiebung des Fertigstellungstermins um … Wochen, also bis zum … gerechtfertigt. Wir sind bereit, diese Fristverlängerung schriftlich zu vereinbaren, sofern uns im Gegenzug bestätigt wird, dass die im Vertrag vereinbarte Vertragsstrafe auch für diesen neuen Fertigstellungstermin gilt. Wir bitten um Rückäußerung zu diesem Vorschlag bis zum … und geben zu bedenken, dass eine verbindliche Einigung sinnvoller ist, als die Fortsetzung des Streits über den Fertigstellungstermin und die damit verbundenen Unwägbarkeiten.

Mit freundlichen Grüßen

....

(Unterschrift)

1412 Zurückweisung einer Behinderung wegen Schlechtwetters H 13

An den Auftragnehmer

Datum

Bauvorhaben …
Ihre Behinderungsanzeige vom …

Sehr geehrte Damen und Herren,

mit Schreiben vom … wurde uns Behinderung nach § 6 Abs. 1 VOB/B angezeigt, weil gegenwärtig Temperaturen von unter +5 °C herrschten und deshalb keine Betonierarbeiten möglich seien. Ihr Haus beruft sich in diesem Zusammenhang auf den Abschnitt 4.2.10 der DIN 18331, wonach Vorsorge- und Schutzmaßnahmen für das Betonieren unter +5 °C *Besondere Leistungen* darstellen. Da solche Leistungen weder im Vertrag vereinbart noch von uns angeordnet wurden, meinen Sie, dass sich die Ausführungsfristen um die Dauer der witterungsbedingten Unterbrechungen verschieben.

Das ist unserer Auffassung nach unzutreffend. Denn Ihr Haus wird nicht bestreiten können, dass die gegenwärtigen Temperaturen für die Jahreszeit keineswegs ungewöhnlich sind. Nach § 6 Abs. 2 Nr. 2 VOB/B verlängern Witterungseinflüsse während der Ausführungszeit, mit denen bei Abgabe des Angebots bzw. des Vertragsabschlusses normalerweise gerechnet werden musste, die Ausführungsfristen nicht, weil solche Witterungsverhältnisse nicht als Behinderung gelten. Die von Ihnen zitierte Bestimmung in Abschnitt 4.2.10 der DIN 18331 ändert daran nichts. Vielmehr geht aus dieser Regelung hervor, dass unser Haus eine besondere Vergütung zu zahlen hätte, wenn Sie die Arbeiten witterungsbedingt unterbrechen, wir aber dennoch auf eine Fortsetzung der Arbeiten bestehen, beispielsweise um eine vorzeitige Fertigstellung der Leistung zu erreichen. Das tun wir nicht, sondern verlangen lediglich, dass der im Vertrag vereinbarte Fertigstellungstermin eingehalten wird.

Wir können auch nicht erkennen, dass im vorliegenden Fall eine Ausnahme von der Bestimmung in § 6 Abs. 2 Nr. 2 VOB/B in Betracht kommt. Eine solche Ausnahme wäre allenfalls bei Baustellen gerechtfertigt, bei denen kurze Ausführungsfristen von nur wenigen Tagen vereinbart worden sind oder die Leistungen während kurzer Betriebsunterbrechungen in der Nacht ausgeführt werden müssen. In solchen Fällen besteht tatsächlich keine Möglichkeit, die versäumte Zeit aufzuholen, wenn witterungsbedingt nicht gearbeitet werden kann. So liegt der Fall hier aber nicht, weil die Betonierarbeiten nach dem vereinbarten

Ablaufplan zwischen dem 5. September und dem 10. Dezember 2021 ausgeführt werden sollen. Wenn Ihr Haus das jahreszeitübliche Wetter berücksichtigt hätte, wäre es ohne Weiteres möglich gewesen, die vereinbarte Fertigstellungsfrist einzuhalten. Es oblag Ihnen, die Arbeiten zeitlich so zu organisieren, dass normales Wetter nicht zu einer Fristüberschreitung führt. Nach den uns vorliegenden Bautagesberichten wurden aber beispielsweise vom 5. bis zum 10. September überhaupt keine Betonierarbeiten ausgeführt, obwohl Baufreiheit bestand. Dass Sie in der witterungsunkritischen Zeit nicht oder nicht mit vollem Einsatz gearbeitet haben, geht nicht zu unseren Lasten. Jedenfalls sind die von Ihnen mitgeteilten Temperaturen für den November nicht ungewöhnlich, sondern jahreszeitlich vollkommen üblich.

Da die im Vertrag vereinbarte Frist für die Fertigstellung der Betonierarbeiten eine verbindliche Vertragszwischenfrist ist, tritt Verzug mit der Leistung ein, wenn diese Frist schuldhaft überschritten wird (§ 5 Abs. 1 Satz 1 VOB/B). Wir weisen deshalb vorsorglich auf die Vertragsstrafenvereinbarung für diesen Zwischentermin hin und teilen Ihnen gleichzeitig mit, dass auch wir uns zur Zahlung einer Vertragsstrafe von bis zu 5 % verpflichtet haben, falls wir den mit unserem Auftraggeber vereinbarten Termin schuldhaft überschreiten sollten. Wir behalten uns deshalb vor, diese Vertragsstrafe als Schadensersatz geltend zu machen, falls sie von unserem Auftraggeber berechtigterweise in Abzug gebracht wird und Ihr Haus dafür verantwortlich ist.

Mit freundlichen Grüßen

....

(Unterschrift)

1413 Zurückweisung eines Schadensersatzanspruchs nach § 6 Abs. 6 Satz 1 VOB/B wegen Behinderung **H 14**

An den Auftragnehmer

Datum

Bauvorhaben ...
Ihre Rechnung vom ...

Sehr geehrte Damen und Herren,

mit Schreiben vom ... haben Sie uns wegen einer angeblichen Bauzeitverlängerung von sechs Monaten insgesamt € ... als Schadensersatz nach § 6 Abs. 6 Satz 1 VOB/B in Rechnung gestellt. Wir weisen unter Bezugnahme auf den hierzu bereits geführten Schriftverkehr zunächst darauf hin, dass ein Großteil Ihrer Behinderungsanzeigen von uns als sachlich unbegründet zurückgewiesen worden ist (Schreiben vom ...).

Darüber hinaus reicht es zur Geltendmachung von Schadensersatzansprüchen nicht aus, lediglich angebliche Pflichtverletzungen und eine sich daraus ergebende Bauzeitverlängerung um sechs Monate zu behaupten. Vielmehr besteht nach ständiger Rechtsprechung eine Verpflichtung zur Vorlage einer konkreten bauablaufbezogenen Darstellung der einzelnen Behinderungen und der sich daraus jeweils kausal ergebenden Bauzeitverlängerung nach Dauer und Umfang (vgl. statt aller: BGH, Urt. v. 24.2.2005 – VII ZR 141/03). Dazu gehört mindestens ein Vergleich zwischen dem zeitlichen Bausoll im ungestörten Bauablauf und dem tatsächlichen Bau-Ist-Zeitenplan. Zum notwendigen Sachvortrag gehört auch der Nachweis, dass die vereinbarte Bauzeit mit den von der Preiskalkulation umfassten Produktionsmitteln bei einem ungestörtem Bauablauf hätte eingehalten werden können (OLG Köln, Urt. v. 28.1.2014 – 24 U 199/12). Solche prüfbaren Angaben sind in Ihrem Schreiben sowie den dort beigefügten Anlagen nicht enthalten. Stattdessen behaupten Sie ohne plausiblen Nachweis, die Fristen hätten sich wegen fehlender Pläne (***alternativ***: *fehlender Vorunternehmerleistungen etc.*) um ... Monate verschoben. Dabei berücksichtigen Sie nicht, dass während der geltend gemachten Behinderungszeiträume teilweise nach Vorabzügen gearbeitet wurde, Ausweicharbeiten in anderen Bereichen des Bauvorhabens möglich waren und darüber hinaus auch technische Nachträge, die mit entsprechenden Deckungsbeiträgen vergütet wurden, ausgeführt worden sind.

Sie berücksichtigen schon im Ausgangspunkt nicht, dass Mitwirkungshandlungen, wie die Beistellung von Plänen oder Vorunternehmerleistungen, nach ständiger Rechtsprechung keine selbstständigen (Neben-)Pflichten sind, deren

Verletzung Schadensersatzansprüche rechtfertigt (KG, Urt. v. 29.1.2019 – 21 U 122/18 und BGH, Urt. v. 21.10.1999 – VII ZR 185/98). Dazu wäre es erforderlich gewesen, die Mitwirkungshandlungen im Bauvertrag ausdrücklich als Vertragspflicht zu regeln. Das ist aber unzweifelhaft nicht erfolgt. Deshalb hätten Sie uns jeweils rechtzeitig, mit angemessenen Reaktionszeiten, auffordern müssen, Ihnen bestimmte Pläne zu bestimmten Zeitpunkten zur Verfügung zu stellen. Ohne solche Aufforderungen zur Planübergabe und dementsprechende Behinderungsanzeigen liegt schon keine schuldhafte Pflichtverletzung unseres Hauses vor, die Schadensersatzansprüche nach § 6 Abs. 6 VOB/B rechtfertigen könnten (BGH, Urt. v. 21.10.1999 – VII ZR 185/98; OLG Düsseldorf, Urt. v. 19.12.2019 – 5 U 52/19).

Im Übrigen dürfte unstreitig sein, dass Ihr Haus in der Zeit vom ... bis ... Mängel der eigenen Leistung beseitigt hat, und zwar aufgrund unserer Mängelrüge vom ... In der Zeit vom ... bis ... war die Baustelle unzureichend besetzt, möglicherweise weil der von Ihnen beauftragte Nachunternehmer nicht über ausreichende Kapazitäten verfügte, was wiederum nicht zu unseren Lasten geht. Bei der Berechnung der mehrkostenrelevanten Bauzeitverlängerung müssen solche Umstände, die in Ihrem Verantwortungsbereich liegen, berücksichtigt und von der Ist-Bauzeit abgezogen werden. Aus diesen Gründen kann die Anspruchsberechnung nicht nach der tatsächlichen Bauzeit erfolgen, wie von Ihnen behauptet wird. All das gehört zum Haftungsgrund und muss vom Auftragnehmer in vollem Umfang durch eine konkrete bauablaufbezogene Darstellung der jeweiligen Behinderungen und ihrer kausalen Auswirkungen auf die vereinbarte Bauzeit bewiesen werden (BGH, Urt. v. 24.2.2005 – VII ZR 141/03).

Darüber hinaus ist uns eine Überprüfung der geltend gemachten Ansprüche auch der Höhe nach nicht möglich. Ihrem Schreiben entnehmen wir, dass Sie Schadensersatz verlangen. In einem solchen Fall müssten Sie die Kosten eines ungestörten Bauablaufs mit denjenigen vergleichen, die aufgrund der von uns zu vertretenden Behinderungen tatsächlich entstanden sind. Nur in Höhe der nachgewiesenen Differenz bestünde ein Anspruch nach § 6 Abs. 6 Satz 1 VOB/B (OLG Celle, Urt. v. 4.3.2020 – 7 U 334/18; BGH, Urt. v.20.2.1986 – VII ZR 268/84). Auch für die Höhe der Ansprüche ist Ihr Haus darlegungs- und beweispflichtig. Weder aus Ihrem Schreiben vom ... noch aus sonstigen Unterlagen geht prüfbar hervor, wie die Kosten eines ungestörten Bauablaufs ermittelt wurden bzw. welche konkreten Mehrkosten behinderungsbedingt tatsächlich entstanden sein sollen.

Alternativ *(Berechnung der Ansprüche nach der Auftragskalkulation bzw. aufgrund von Schätzungen nach einem Parteigutachten):*

Ihrem Schreiben haben wir entnommen, dass Ihre Anspruchsberechnung offensichtlich nach der Auftragskalkulation, teilweise aber auch aufgrund für unser Haus nicht nachvollziehbaren Schätzungen erfolgt ist. Das ist schon im Ansatz unzulässig. Wenn Sie Ansprüche nach § 2 Abs. 5 VOB/B geltend machen wollen, müssen Sie darlegen, dass wir zeitrelevante Anordnungen getroffen haben, was von Ihnen weder angezeigt wurde (§ 6 Abs. 1 VOB/B) noch für uns ersichtlich ist. Auch bei Entschädigungsansprüchen wegen verspäteter Mitwirkungshandlungen nach § 642 BGB besteht nach der Rechtsprechung eine Verpflichtung, konkret und bauablaufbezogen darzulegen, welche Behinderung oder unterlassene Mitwirkungshandlung kausal zu welcher Verschiebung der im Vertrag vereinbarten Fristen geführt haben soll (OLG Düsseldorf, Urt. v. 7.6.2016 – 23 U 149/13 und OLG Frankfurt, Urt. v. 23.7.2013 – 6 U 122/12). Dazu gehört mindestens, dass Sie beweisen, welche Mitwirkungshandlung wir verzögert haben sollen, wie lange die Störung dauerte (Anfang und Ende), zu welchen zeitlichen Folgen das führte sowie dass Ihr Haus die Leistungen angeboten und die jeweiligen Behinderungen rechtzeitig und konkret angezeigt hat (OLG Celle, Urt. v. 4.3.2020 – 7 U 334/18). All diese Fragen betreffen den Haftungsgrund und sind einer Schätzung von vornherein nicht zugänglich (BGH, Urt. v. 24.2.2005 – VII ZR 141/03).

Das beigefügte baubetriebliche Parteigutachten geht indes von theoretischen Fortschreibungen des Bauablaufs aufgrund herausgegriffener Einzelaspekte des Baugeschehens aus, was nach der Rechtsprechung nicht zulässig ist (KG, Urt. v. 19.4.2011 – 21 U 55/07; OLG Köln, Urt. v. 28.1.2014 – 24 U 199/12). Ein Gutachten, in dem von arbeitswissenschaftlichen Schätzungen ausgegangen wird, ist demnach nicht geeignet, Ansprüche zu begründen. Das gilt für jede in Betracht kommende Anspruchsgrundlage.

Im Übrigen ist eine Vielzahl der dortigen Terminangaben durch den tatsächlichen Bauablauf, wie er sich aus den von Ihrem Haus in Bezug genommenen Bautagesberichten ergibt, bereits widerlegt. Dazu nur ein Beispiel: Die Behinderung wegen nicht fertiggestellter Decken im 3. OG soll sich zeitlich bis zum 30.6.2021 ausgewirkt haben (Ende der Behinderung), obwohl Ihre Arbeiten dort bereits am 14.6.2021 fertiggestellt waren. Das ergibt sich aus dem Bautagebuch unseres bauüberwachenden Ingenieurbüros.

Darüber hinaus fehlt auch der Nachweis, dass die Bauzeit mit den kalkulierten Mitteln bei ungestörtem Bauablauf eingehalten worden wäre. Ebenso wenig werden die im Vertrag vereinbarten Pufferzeiten oder Anpassungsmöglichkeiten in Form einer flexiblen Umstellung von Leistungen in solche Bereiche, in denen gearbeitet werden konnte, berücksichtigt, wozu ein Auftragnehmer nach § 6 Abs. 3 VOB/B aber verpflichtet ist. Das Gleiche gilt für Zeiträume, in denen nach den vorgelegten Bautagesberichten nicht geleistet wurde, obwohl während dieser Zeiten unstreitig keine Behinderungen vorgelegen haben.

Darüber hinaus wird ein Gewinnzuschlag geltend gemacht. Gewinn ist nach § 6 Abs. 6 Satz 1 VOB/B aber nur geschuldet, wenn die angeblichen Behinderungen von uns vorsätzlich oder grob fahrlässig verursacht worden wären. Dafür ist nichts ersichtlich.

Wir lehnen die Bezahlung Ihrer Rechnung deshalb ab.

Mit freundlichen Grüßen

....

(Unterschrift)

1414 **Zurückweisung von Entschädigungsansprüchen nach § 642 BGB** **H 15**

An den Auftragnehmer

Datum

Bauvorhaben …
Ihre Berechnung zum angeblichen Annahmeverzug unseres Hauses vom …

Sehr geehrte Damen und Herren,

Ihr Haus hat mit Schreiben vom … Entschädigungsansprüche nach § 642 BGB geltend gemacht. Unabhängig davon, dass zumindest ein Teil der geltend gemachten Behinderungen schon der Sache nach streitig ist, wurden die geltend gemachten Ansprüche der Höhe nach auch nicht ansatzweise prüfbar dargelegt. Stattdessen wird pauschal behauptet, die kalkulierten Leistungswerte hätten aufgrund „schleichender Behinderungen" nicht erzielt werden können, sodass die Produktivität an zahlreichen Arbeitstagen erheblich gesunken sei. Aufgrund dieser pauschalen Behauptungen wird die Differenz im Vermögen zwischen einem (hypothetisch) ungestörten Bauablauf und dem tatsächlichen Bauablauf, der angeblich ausschließlich auf fehlenden Mitwirkungshandlungen unseres Hauses beruhen soll, berechnet.

Eine solche Berechnung ist schon im Ausgangspunkt nicht zulässig (OLG Köln, Urt. v. 14.8.2018 – 10 U 154/17; OLG München, Urt. v. 26.9.2017 – 28 U 2834/09 und zuletzt: OLG Celle, Urt. v. 4.3.2020 – 7 U 334/18). Nach der Rechtsprechung muss auch bei § 642 BGB konkret und bauablaufbezogen dargelegt werden, zu welchen zeitlichen Auswirkungen auf den vorgesehenen Bauablauf es aufgrund von unterlassenen Mitwirkungshandlungen gekommen ist. Dazu müssen Sie die Dauer der einzelnen Störungen mit Anfang und Ende benennen. Ferner muss hinsichtlich jeder einzelnen Behinderung die konkret unterlassene Mitwirkungshandlung, die Behinderungsanzeige, das Angebot der Leistung und die ursächlichen Konsequenzen auf den Bauverlauf und die beauftragten Leistungen angegeben werden. Dazu ist ein Vergleich der Soll- und der Ist-Bauabläufe erforderlich, der von Ihnen nicht vorgenommen wurde.

Ihr Haus hätte ferner darlegen müssen, dass die kalkulierten Leistungsansätze realistisch und damit in Anbetracht des Aufwands der Leistungserbringung auch erfüllbar waren. Auch das ist nicht erfolgt.

Aus den Bautagesberichten müsste sich zumindest prüfbar ergeben, welche konkreten Arbeiten an den fraglichen Tagen von welchen Mitarbeitern in welchen Bereichen des Bauvorhabens tatsächlich erbracht worden sind und inwieweit es hier zu konkreten Beeinträchtigungen durch unser Haus gekommen ist.

Aus den uns vorgelegten Bautagesberichten gehen solche Angaben nicht hervor, weil dort nur ganz allgemein ausgeführt wird, welche Arten von Arbeiten ausgeführt worden sind (beispielsweise: Kabelzugarbeiten oder Lampenmontage). Daraus geht aber nicht hervor, welche Mitarbeiter Ihres Hauses aus welchen Gründen angeblich nicht profitabel gearbeitet haben und welche konkreten Warte- und Leerzeiten in welchen Zeiträumen aufgetreten sein sollen, die von uns zu verantworten sind. Zu Leer- oder Ausfallzeiten aufgrund eines häufigen Wechsels des Arbeitsplatzes oder wegen fehlender Vorleistungen steht dort nichts. Sonstige Unterlagen, die den angeblichen Leistungsabfall nachweisen, liegen uns nicht vor. Wir weisen Ihre Abrechnung deshalb dem Grunde und der Höhe nach als unprüfbar zurück.

Alternativ *(Zurückweisung der Ansprüche, weil Mehrkosten erst nach Beendigung des Annahmeverzugs entstanden sind bzw. Angaben zu einem anderweitigen Erwerb fehlen):*

Mit Schreiben vom ... macht Ihr Haus Entschädigungsansprüche nach § 642 BGB wegen gestiegener Lohn- bzw. Materialkosten geltend, die unstreitig erst nach Beendigung des Annahmeverzugs angefallen sind. Das ist bereits nach dem ersten Grundsatzurteil des BGH vom 26.10.2017 – VII ZR 16/17 nicht zulässig. In der Entscheidung heißt es wörtlich:

„Mehrkosten wie gestiegene Lohn- und Materialkosten, die zwar aufgrund des Annahmeverzugs des Bestellers, aber erst nach dessen Beendigung anfallen, nämlich bei Ausführung der verschobenen Werkleistung, sind vom Entschädigungsanspruch nach § 642 BGB nicht erfasst."

Diese Grundsätze hat der BGH zwischenzeitlich noch einmal ausdrücklich bestätigt (Urt. v. 30.1.2020 – VII ZR 33/19). Aus dieser Entscheidung folgt ferner, dass auf den Entschädigungsanspruch für die Dauer des Annahmeverzugs angerechnet werden muss, was Ihr Haus an Kosten erspart bzw. durch anderweitige Einsatzmöglichkeit der Produktionsmittel erworben hat oder erwerben konnte. In diesem Zusammenhang führt der BGH Folgendes aus:

„Dabei ist es ohne Bedeutung, ob die anderweitige Einsatzmöglichkeit auf einem sogenannten „echten Füllauftrag" beruht, also auf einem Auftrag, der nur wegen des Annahmeverzugs angenommen und ausgeführt werden kann. (...)

Die Darlegungs- und Beweislast für die in § 642 Abs. 2 BGB genannten Kriterien trägt nach allgemeinen Grundsätzen der Unternehmer als Anspruchsteller, der die Tatsachen für die vom Tatrichter vorzunehmende Abwägungsentscheidung beizubringen hat."

Wir fordern Sie deshalb auf, uns die entsprechenden Informationen in prüfbarer Art und Weise vorzulegen, damit wir in die Lage versetzt werden, die Berechtigung Ihrer Ansprüche zu prüfen. Denn es dürfte aufgrund der Baubesprechungen unstreitig sein, dass Sie zumindest Teile Ihrer Produktionsmittel für nennenswerte Zeiträume von der Baustelle abgezogen und während dieser Zeiten anderweitig produktiv eingesetzt haben.

Eventuell *(Vergleichsangebot zur Vermeidung eines Rechtsstreits):*

Trotz der hier vorgebrachten Argumente verkennen wir nicht grundsätzlich, dass es auch aufgrund von Behinderungen, die in unserem Verantwortungsbereich lagen, zur Überschreitung des im Vertrag vereinbarten Fertigstellungstermins gekommen sein kann. Da ein Rechtsstreit Kapazitäten bindet und erhebliche Kosten verursacht, bieten wir Ihnen – ohne Anerkennung einer Rechtspflicht, im Falle einer Einigung aber rechtsverbindlich – an, Ihrem Haus eine pauschale Entschädigung in Höhe von € ... zu zahlen. Damit wären alle wechselseitigen Ansprüche aus der Überschreitung des Fertigstellungstermins, insbesondere auch Vertragsstrafen- bzw. Schadensersatzansprüche, abgegolten und erledigt. Wir bitten um eine Mitteilung bis zum ..., ob mit diesem Vorschlag Einverständnis besteht und stehen für eventuelle Rückfragen gerne zur Verfügung. Bis dahin halten wir uns an das Angebot gebunden.

Eventuell *(Zurückweisung von Baustellengemein- bzw. Einrichtungskosten):*

Mit Schreiben vom ... teilen Sie uns mit, dass Sie den Turmdrehkran trotz unseres Schreibens vom ... weiterhin auf der Baustelle belassen und dafür Mietkosten geltend machen werden. Das ist nach einer Entscheidung des Kammergerichts Berlin vom 28.4.2020 – 21 U 76/19 unzulässig. Dort heißt es in den amtlichen Leitsätzen wörtlich wie folgt:

„Während des Annahmeverzugs des Bestellers kann der Unternehmer seine Produktionsmittel nicht unbegrenzt gegen Vergütung bzw. Entschädigung für den Besteller vorhalten. Er hat den Vorhalt eines Produktionsmittels zu beenden, wenn ihn der Besteller dazu anweist. Ansonsten hat er über die Dauer des Vorhalts eine vertretbare Entscheidung zu treffen, bei der die Besonderheiten des Einzelfalls und das berechtigte Bestellerinteresse zu berücksichtigen sind, vor unnötigen Ausgaben geschützt zu werden."

Wir hatten Ihnen bereits mit Schreiben vom ... mitgeteilt, dass die Unterbrechung aufgrund einer erforderlichen Planungsänderung noch mindestens bis zum ... fortdauern wird und Sie deshalb Ihre gesamten Produktionsmittel, die zum Einsatz vorgesehen waren, abziehen und anderweitig einsetzen können. Dazu sind Sie nach der oben genannten Gerichtsentscheidung unter dem

Gesichtspunkt der Schadensminderung auch verpflichtet. Sie können Ihre Produktionsmittel nicht zu unseren Lasten auf der Baustelle parken. Wir lehnen die Zahlung der Vorhaltekosten für den Turmdrehkran deshalb ab.

Mit freundlichen Grüßen

....

(Unterschrift)

1415 **Zurückweisung einer AGK-Unterdeckungsberechnung wegen gestörten Bauablaufs H 16**

An den Auftragnehmer

Datum

Bauvorhaben …
Ihre Schlussrechnung vom …

Sehr geehrte Damen und Herren,

Ihrer Schlussrechnung haben wir entnommen, dass Sie wegen einer angeblichen AGK-Unterdeckung insgesamt € … und direkte Behinderungskosten i.H.v. € … geltend machen. Im Ausgangspunkt wird behauptet, es sei ein AGK-Zuschlag von 15 % auf die Herstellkosten kalkuliert worden. Schon diese Behauptung ist gegenwärtig durch nichts bewiesen und wird von uns bestritten. Wir haben den Verdacht, dass hier zielorientiert nachkalkuliert worden ist, weil solche AGK-Zuschläge weder ortsüblich, geschweige denn angemessen sind. Die Zuschlagssätze müssen realistisch sein (vgl. KG, Urt. v. 10.1.2017 – 21 U 14/16).

Da sich Ihr Haus mit Fragen der AGK-Erstattung bei gestörten Bauabläufen offensichtlich näher befasst hat, wird Ihnen nicht entgangen sein, dass bereits die Zulässigkeit Ihrer Berechnungsmethode nach allen hierzu veröffentlichten Gerichtsentscheidungen abgelehnt worden ist (LG Mainz, Urt. v. 8.1.2016 – 2 O 328/14; OLG Köln, Beschl. v. 23.2.2015 – 17 U 35/14; LG Bonn, Urt. v. 10.3.2014 – 1 O 360/12).

Unabhängig davon wird im Rahmen Ihrer Berechnung nicht berücksichtigt, dass während der Unterbrechung der Arbeiten zwischen Anfang Mai und Ende Juni 2021 das Personal, jedenfalls aber ein Teil der zum Einsatz vorgesehenen Arbeitskräfte und weitere Produktionsmittel, von der Baustelle abgezogen und an anderen Baustellen eingesetzt werden konnten, wodurch AGK-Deckungsbeiträge erwirtschaftet wurden. Nach der aktuellen BGH-Rechtsprechung ist jeder anderweitige Erwerb zu berücksichtigen, wobei es ohne Bedeutung ist, ob die anderweitige Einsatzmöglichkeit auf einem sogenannten „echten Füllauftrag" beruhte, also auf einem Auftrag, der nur wegen der unterlassenen Mitwirkungshandlung angenommen und ausgeführt werden konnte (BGH, Urt. v. 30.1.2020 – VII ZR 33/19). Das gilt unabhängig davon, ob Entschädigung nach § 642 BGB oder Schadensersatzansprüche nach § 6 Abs. 6 VOB/B geltend gemacht werden.

Sie berücksichtigen auch nicht, dass Allgemeine Geschäftskosten zwar überwiegend zeitabhängig entstehen, aber in Teilen auch umsatzabhängig sind. Sie lassen schließlich außer Acht, dass wir technische Nachträge erheblichen Umfangs vergütet haben, durch die ebenfalls eine AGK-Deckung erzielt worden ist. Eine Berechnung, die solche Faktoren außer Acht lässt, ist schon im Ausgangspunkt unschlüssig. Aus diesen Gründen ist es unerlässlich, eine behinderungsbedingte Unterdeckung von AGK durch eine konkret projektbezogene Nachweisführung zu belegen. Wir zitieren in diesem Zusammenhang den Leitsatz einer Entscheidung des OLG Köln vom 8.4.2015, in der es unter anderem um eine geltend gemachte Unterdeckung von AGK ging (Az. 17 U 35/14): *„Verlangt der Auftragnehmer eine Entschädigung wegen Bauzeitverzögerung (BGB § 642), hat er eine Gegenüberstellung der gesamten betrieblichen Situation hinsichtlich sämtlicher Einnahmen und Ausgaben betreffend aller von ihm geplanten und außerdem aller tatsächlich auch durchgeführten Arbeiten bzw. der jeweils veränderten Positionen für den kompletten Ausführungszeitraum vorzulegen, und zwar einmal fiktiv ohne die Bauzeitverzögerung und einmal mit dieser."*

Diesen Anforderungen genügen Ihre Erläuterungen und Berechnungen nicht einmal ansatzweise, weshalb wir gegenwärtig auch keine Grundlage sehen, in Vergleichsverhandlungen einzutreten.

Alternativ *(Vorschlag einer außergerichtlichen Einigung):*

Wir machen Ihnen – trotz der hier erfolgten Einwendungen – dennoch ein Angebot. Denn es ist der Sache nach unstreitig, dass es zu bauzeitverlängernden Behinderungen gekommen ist. Deshalb machen wir Ihnen, ohne Anerkennung einer Rechtspflicht, im Falle einer Einigung aber verbindlich, folgenden Vorschlag: Wir wären bereit, direkte Behinderungskosten in Höhe von € … zu bezahlen. Aufgrund Ihrer bisherigen Darlegungen schätzen wir, dass ein Anspruch in dieser Höhe bestehen könnte. Bezuschlagt man diese Kosten mit einem angemessenen AGK-Zuschlag in Höhe von … %, ergäbe sich daraus ein Gesamtbetrag in Höhe von € …. Diesen würden wir im Fall einer verbindlichen und abschließenden Einigung bezahlen. Wir bitten um Ihre Stellungnahme bis zum … und stehen für eventuelle Rückfragen gerne zur Verfügung. Bis dahin halten wir uns an unser Angebot gebunden.

Mit freundlichen Grüßen

……………………………………………

(Unterschrift)

I. Vertragsstrafe (§ 11 VOB/B)

I. Was muss der Bauleiter wissen?

1. Bedeutung des Rechts der Allgemeinen Geschäftsbedingungen für Bauvertragsklauseln

a) Der Begriff „Allgemeine Geschäftsbedingungen"

Allgemeine Geschäftsbedingungen (nachfolgend: AGB) sind Klauseln, die für eine Vielzahl von Verträgen vorformuliert sind und die eine Vertragspartei (Verwender) der anderen Vertragspartei bei Abschluss eines Vertrags stellt (§ 305 Abs. 1 BGB). Solche Vertragsbedingungen unterliegen im Streitfall einer richterlichen Inhaltskontrolle nach § 307 BGB. Danach sind Bestimmungen unwirksam, wenn sie den Vertragspartner des Verwenders entgegen den Geboten von Treu und Glauben unangemessen benachteiligen. **1416**

Bauverträge bestehen zu einem Großteil aus AGB. Das betrifft beispielsweise Regelungen zu Nachträgen, der Abnahme und Gewährleistung, der Verpflichtung zur Stellung von Sicherheiten und insbesondere auch Vertragsstrafen. Dabei ist unerheblich, in welchen konkreten Vertragsbestandteilen AGB enthalten sind. So können Allgemeine oder Besondere bzw. Zusätzliche Vertragsbedingungen ebenso AGB enthalten wie technische Vorschriften. Das Gleiche gilt für die nichttechnischen Regelungen der in der VOB/C enthaltenen „Allgemeinen Technischen Vertragsbedingungen", beispielsweise die Abrechnungsbestimmungen in den jeweiligen Abschnitten 5 der DIN 18299 ff. (BGH, Urt. v. 17.6.2004 – VII ZR 75/03; OLG Celle, Urt. v. 15.1.2003 – 7 U 64/00). **1417**

Keine AGB stellen dagegen solche Regelungen dar, welche die versprochene Bauleistung selbst bestimmen. Damit ist der enge Bereich der Leistungsbeschreibung oder des Leistungsverzeichnisses gemeint, die das Bausoll konkretisieren (BGH, Urt. v. 26.4.2005 – X ZR 166/04). Auch Preisvereinbarungen sind keine AGB, weil sie nicht von gesetzlichen Rechtsnormen abweichen (§ 307 Abs. 3 BGB). Anders ist es bei Preisnebenabreden wie beispielsweise Schuttbeseitigungsklauseln oder Rabatt-, Skonto- oder Nachlassklauseln. Die Abgrenzung zwischen der reinen Beschreibung der Leistung und Vertragsklauseln, die solche Beschreibungen verändern oder ausgestalten und damit AGB-Charakter aufweisen, ist schwierig. Eindeutig ist dagegen, dass sich ein Auftraggeber nicht dadurch den AGB-rechtlichen Beschränkungen entziehen kann, indem er beispielsweise Baugrund-Risikoklauseln oder Regelungen über die Ausführung Besonderer Leistungen nach den Abschnitten 4.2 der DIN 18299 ff. in Vorbemerkungen zum Leistungsverzeichnis oder in den Positionstexten selbst unterbringt, man könnte auch sagen versteckt. **1418**

1419 Im Baurecht spielen Vertragsstrafenvereinbarungen für Fristüberschreitungen eine wichtige Rolle, weil die Überschreitung des Fertigstellungstermins regelmäßig mit einem Vertragsstrafenabzug sanktioniert wird. Da Vertragsstrafenvereinbarungen nahezu immer AGB sind, wird zunächst erläutert, unter welchen Voraussetzungen AGB vorliegen und wie die Inhaltskontrolle funktioniert, insbesondere bei Vertragsstrafen für Fristüberschreitungen.

aa) Einseitiges Stellen der Klausel

1420 Eine AGB liegt vor, wenn eine Bestimmung im Vertrag einseitig gestellt, d.h. nicht individuell ausgehandelt wurde und die mehrfache Verwendung der Klausel beabsichtigt ist (§ 305 Abs. 1 BGB). Ein solches Aushandeln erfordert mehr als bloßes Verhandeln. Von einem Aushandeln kann nur dann gesprochen werden, wenn der Verwender den in seinen AGB enthaltenen „gesetzesfremden Kerngehalt" inhaltlich ernsthaft zur Disposition stellt und dem Vertragspartner Gestaltungsfreiheit zur Wahrung eigener Interessen einräumt. Dazu bedarf es einer realen Möglichkeit, die inhaltliche Ausgestaltung der Vertragsbedingungen zu beeinflussen (OLG Düsseldorf, Urt. v. 24.3.2015 – 23 U 66/14).

1421 Ein solches Aushandeln liegt nicht vor, wenn eine Klausel im Zuge von Verhandlungen zwar abgeschwächt, ihr gesetzesfremder Kerngehalt aber nicht in Frage gestellt worden ist (BGH, Urt. v. 22.10.2015 – VII ZR 58/14). Es reicht demzufolge nicht aus, dass ein per Beamer an die Wand projizierter Vertrag „Zeile für Zeile" durchgegangen wurde (OLG Celle, Urt. v. 5.3.2014 – 7 U 114/13) oder der Auftragnehmer durch Unterschrift bestätigt, der Vertrag sei individuell ausgehandelt worden (BGH, Urt. v. 20.3.2014 – VII ZR 248/13). Das Kammergericht vertritt dagegen die nicht überzeugende Auffassung, dies sei anders, wenn das Verhandlungsprotokoll eine Vielzahl handschriftlicher Streichungen, Ergänzungen und Änderungen enthalte (KG, Urt. v. 23.4.2010 – 7 U 117/09). Denn auch hier muss nach herrschender Auffassung jede Klausel gesondert daraufhin untersucht werden, ob eine *reale* Möglichkeit der inhaltlichen Veränderung bestand. Macht der Verwender geltend, seine AGB seien ausgehandelt worden, trifft ihn hierfür die Beweislast (LG Hamburg, Urt. v. 9.3.2012 – 321 O 87/11). Der Annahme, dass AGB vorliegen, steht nicht entgegen, dass ein Vertrag in Teilen auch individuell ausgehandelte Vereinbarungen enthält (OLG Düsseldorf, Urt. v. 24.3.2015 – 23 U 66/14). Das bedeutet, dass jede einzelne Vertragsklausel daraufhin untersucht werden muss, ob sie ausgehandelt oder einseitig gestellt wurde.

1422 Danach sind die Voraussetzungen eines Aushandelns nicht erfüllt, wenn der Verwender die prozentuale Höhe der Vertragsstrafe pro Werktag sowie die Höchstgrenze in der Auftragsverhandlung mündlich erläutert und der Vertragspartner diese lediglich „abnickt" (OLG Köln, Urt. v. 17.8.2010 – 3 U 69/09). Vielmehr hätte der Auftraggeber Alternativen anbieten bzw. seine Bereitschaft zur Vereinbarung geringerer Prozentsätze erklären müssen. Dem Charakter einer AGB steht auch nicht entgegen, dass die Parteien den im Vertragsformular vorgesehenen Text gestrichen und handschriftlich die gleiche Regelung mit dem Hinweis, die Vertragsstrafe sei verhandelt worden und gelte als „zwischen Auftraggeber und Auftragnehmer vereinbart", eingefügt haben (OLG Brandenburg, Urt. v. 4.7.2012 – 13 U 63/08). Die beiden Entscheidungen belegen, dass Gerichte im Umgang mit Vertragsstrafenklauseln außerordentlich streng sind. Versuche, das AGB-Recht durch handschriftliches Ausfüllen von Lückentexten oder Bestätigungsklauseln zu umgehen, sind regelmäßig zum Scheitern verurteilt. Nach Auffassung des OLG Bremen ist eine Vertragsstrafenregelung auch dann nicht individuell ausgehandelt, wenn zwar der Tagessatz auf Wunsch des Auftragnehmers reduziert wird, die unangemessen hohe Vertragsstrafenobergrenze aber nicht Gegenstand der Verhandlungen war (OLG Bremen, Urt. v. 30.12.2010 – 1 U 51/08). Die Skepsis der Rechtsprechung gegen Vertragsstrafenklauseln belegt auch eine Entscheidung des BGH vom 20.6.2013 (BGH, Urt. v. 20.6.2013 – VII ZR 82/12). Enthält ein Vertragsformular eine Ankreuzoption für eine Vertragsstrafe sowie einen Lückentext, so führt allein die Eintragung eines Prozentsatzes in die Lücke ohne Ausübung der Ankreuzoption nicht zu einer Vertragsstrafenvereinbarung. Nach Auffassung des Kammergerichts ist auch eine Vertragsstrafenregelung der Deutschen Bahn unwirksam, in der es hieß, *„Die Vertragsstrafe beträgt für jeden Kalendertag der schuldhaften Fristüberschreitung … bei Endterminen: 0,1 v.H. der Auftragssumme netto oder 0,00 i.W. Euro"* (KG, Urt. v. 25.3.2014 – 27 U 99/13). Die Wahlmöglichkeit zwischen verschiedenen Optionen stellt ebenfalls kein Aushandeln dar (BGH, Urt. v. 20.3.2018 – X ZR 25/17).

bb) Mehrfachverwendung

Das Kriterium der Mehrfachverwendung ist regelmäßig erfüllt, wenn die dreimalige **1423**
Verwendung der Klausel beabsichtigt ist (BGH, Urt. v. 27.9.2001 – VII ZR 388/00). Darüber hinaus kann eine Vermutung für die AGB-Eigenschaft einer Klausel bestehen, wenn der Verwender gewerblich als Bauträger tätig ist und der Vertrag Klauseln enthält, die *typischerweise* in solchen Verträgen verwendet werden (BGH, Urt. v. 27.9.2001 – VII ZR 388/00; BGH, Urt. v. 14.5.1992 – VII ZR 204/90). Dann kann auch eine bereits zweimalige Verwendung ausreichend sein (OLG Koblenz, Urt. v. 26.3.2010 – 8 U 1325/05). Auch Regelungen in Verhandlungsprotokollen können AGB darstellen, selbst wenn dort handschriftliche Eintragungen enthalten sind. Denn nach § 305 Abs. 1 Satz 2 BGB ist es gleichgültig, in welcher Schriftart AGB verfasst sind (OLG Bamberg, Urt. v. 17.1.2011 – 4 U 185/10).

Wird ein Vertragstext von einem Auftraggeber nur einmal verwendet, etwa weil **1424**
der betreffende Auftraggeber auch nur einmal ein Gebäude errichtet und sich hierfür einen Vertrag „nach Maß" anfertigen lässt, kann sich der Auftragnehmer nicht mehr auf den Schutz des AGB-Rechts berufen (OLG Rostock, Urt. v. 13.1.2006 – 8 U 79/04). AGB liegen dagegen vor, wenn sie von einem Dritten für eine Viel-

zahl von Verträgen vorformuliert sind und die Vertragspartei, welche die Klausel stellt, sie nur in einem einzigen Vertrag verwenden will (BGH, Urt. v. 24.11.2005 – VII ZR 87/04). Das gilt beispielsweise, wenn ein Notar einen Bauträgervertrag im Auftrag des Bauträgers entworfen hat (OLG Brandenburg, Urt. v. 13.6.2013 – 12 U 162/12) oder ein Architekt Vertragsklauseln verwendet, die von der Architektenkammer für eine Vielzahl von Verträgen vorformuliert sind (OLG Celle, Urt. v. 18.6.2015 – 6 U 12/15).

1425 Entsteht Streit darüber, ob eine Vertragsregelung eine AGB darstellt, muss der Auftragnehmer beweisen, dass der Auftraggeber beabsichtigt hat, die Klausel mehrfach zu verwenden (OLG Celle, Urt. v. 30.8.2012 – 13 U 135/11; BGH, Urt. v. 15.4.2008 – X ZR 126/06). Der Auftraggeber ist dagegen beweispflichtig, wenn er die Behauptung aufstellen will, dass die Klausel nicht „gestellt", sondern individuell ausgehandelt wurde (LG Hamburg, Urt. v. 9.3.2012 – 321 O 87/11).

cc) Einbeziehung der AGB in den Vertrag

1426 AGB werden nur Vertragsbestandteil, wenn sie durch eine ausdrückliche oder jedenfalls stillschweigende Vereinbarung gelten sollen. Dazu ist ein ausdrücklicher Hinweis des Verwenders von AGB erforderlich (§ 305 Abs. 2 Nr. 1 BGB). Gegenüber einem Verbraucher als Vertragspartner ist im Regelfall die Aushändigung der AGB erforderlich. Einer Privatperson als Auftraggeber muss deshalb beispielsweise der komplette Text der VOB/B übergeben werden, um sie wirksam in den Vertrag einzubeziehen. Ein bloßer Hinweis, sie in den Geschäftsräumen des Auftragnehmers einsehen zu können, reicht dagegen nicht (OLG Nürnberg, Urt. v. 27.11.2013 – 6 U 2521/09; BGH, Urt. v. 10.6.1999 – VII ZR 170/98). Das gilt im unternehmerischen Geschäftsverkehr allerdings nicht (§ 310 Abs. 1 BGB). Dort reicht es aus, wenn der Verwender auf die Geltung der AGB hinweist und seinem Vertragspartner die Möglichkeit verschafft, in zumutbarer Weise vom Inhalt der Bedingungen Kenntnis zu nehmen (OLG Celle, Urt. v. 11.11.2010 – 11 U 133/10). Für die Einbeziehung der VOB/B reicht gegenüber Unternehmen der vertragliche Hinweis auf ihre Geltung, weil man hier erwarten kann, dass diese ihnen unbekannte Vertragsbedingungen anfordern oder selbst beschaffen (OLG Stuttgart, Urt. v. 24.7.2012 – 10 U 56/12).

b) Inhaltskontrolle nach § 307 BGB

1427 Nach § 307 Abs. 1 BGB ist eine Klausel, die eine AGB darstellt, unwirksam, wenn sie den Vertragspartner des Verwenders „entgegen den Geboten von Treu und Glauben" unangemessen benachteiligt. Von einer unangemessenen Benachteiligung ist auszugehen, wenn die Klausel mit wesentlichen Grundgedanken der gesetzlichen Regelung, von der abgewichen wird, nicht zu vereinbaren ist.

1428 Soweit dies der Fall ist, gilt anstelle der unwirksamen Klausel das Gesetz (§ 306 BGB). Die unwirksame Klausel wird also nicht auf ihren AGB-rechtlich gerade noch zulässigen Kern reduziert (OLG Celle, Urt. v. 5.3.2014 – 7 U 114/13). Im Rahmen einer AGB-rechtlichen Inhaltskontrolle muss zunächst geprüft werden, wie sich die Rechtslage nach dem Gesetz darstellen würde. Weicht die fragliche Klausel nach Auffassung des zuständigen Gerichts so weit vom Leitbild des Gesetzes ab, dass das Ergebnis dem anderen Vertragsteil nach Treu und Glauben nicht mehr zumutbar ist, wird die Klausel für unwirksam erklärt. Sind nur einzelne Klauselteile unwirksam, so kommt es für die Wirksamkeit der übrigen Klauselteile darauf an, ob diese inhaltlich, optisch und sprachlich trennbar seien (BGH, Beschl. v. 27.11.2013 – VII ZR 371/12). An einer Trennbarkeit soll es fehlen, wenn der Vertrag selbst keine Fristen aufweist, aber auf einen Bauzeitenplan verweist, der sämtliche Fristen enthält (OLG Karlsruhe, Urt. v. 21.12.2018 – 8 U 55/17). Die Rechtsprechung zu unwirksamen Bauvertragsklauseln ist nahezu uferlos.

c) Die VOB/B als Allgemeine Geschäftsbedingung

Seit Inkrafttreten des Forderungssicherungsgesetzes am 1.1.2009 ist die AGB- 1429
rechtliche Privilegierung der VOB/B im unternehmerischen Geschäftsverkehr in § 310 Abs. 1 Satz 3 BGB geregelt. Seitdem ist gesetzlich klargestellt, dass die Bestimmungen der VOB/B nur dann nicht der AGB-rechtlichen Inhaltskontrolle unterliegen, wenn die VOB/B ohne jede Änderung in den Vertrag einbezogen wurde. Das entsprach allerdings schon zuvor der Rechtsprechung des BGH (BGH, Urt. v. 22.1.2004 – VII ZR 419/02) und gilt auch, wenn die VOB/B von öffentlichen Auftraggebern verwendet wird (BGH, Urt. v. 10.5.2007 – VII ZR 226/05). Dass private Auftraggeber die VOB/B im Ganzen, also ohne jede Einschränkung oder Erweiterung vereinbaren, dürfte eher die Ausnahme sein. So reicht es beispielsweise bereits aus, die Abnahmefiktionen nach § 12 Abs. 5 VOB/B oder eine Teilabnahme nach § 12 Abs. 2 VOB/B auszuschließen, um eine Inhaltskontrolle der einzelnen VOB/B-Vorschriften zu ermöglichen (KG, Urt. v. 10.1.2017 – 21 U 14/16; OLG Brandenburg, Urt. v. 24.4.2008 – 12 U 189/07).

Die Regelung in § 310 Abs. 1 BGB stellt aber klar, dass die AGB-rechtliche Privi- 1430
legierung der VOB/B bei Verwendung gegenüber Verbrauchern nicht gilt (BGH, Urt. v. 24.7.2008 – VII ZR 55/17). Selbst wenn die VOB/B auf Initiative des ausführenden Unternehmers ohne jede Einschränkung vereinbart wird, wäre die Verjährungsfrist für Mängel von Bauleistungen, die nach § 13 Abs. 4 Nr. 1 VOB/B vier Jahre beträgt, gegenüber einem Verbraucher unwirksam, weil sie von der fünfjährigen Gewährleistungsdauer nach § 634a Abs. 1 Ziffer 2 BGB abweicht.

Es würde den Rahmen dieses Kapitels sprengen, im Einzelnen darzulegen, wel- 1431
che VOB/B-Bestimmungen im Falle einer AGB-rechtlich möglichen Inhaltskontrolle unwirksam sind. Sicher ist aber beispielsweise, dass die Regelungen zur Schlusszahlungserklärung des Auftraggebers (§ 16 Abs. 3 Nr. 2 bis 5 VOB/B) einer solchen Inhaltskontrolle nicht standhalten (BGH Urt. v. 10.5.2007 – VII ZR 226/05). Wegen

weiterer Einzelheiten zu dieser Thematik verweisen wir auf die Ausführungen im Kapitel A. I. 5., Rn. 117 ff. und nochmals auf das bereits erwähnte „AGB-Handbuch Bauvertragsklauseln" von Markus/Kaiser/Kapellmann, 5. Auflage, dort Kapitel 6, Rn. 69 bis 112.

2. Wofür können Vertragsstrafen vereinbart werden?

a) Fristüberschreitungen

1432 Werden verbindliche Fristen schuldhaft überschritten, kann der Auftraggeber nach dem Gesetz und der VOB/B Schadensersatz verlangen (§ 280 Abs. 2 BGB bzw. § 6 Abs. 6 VOB/B). Diese Ansprüche müssen deshalb nicht vertraglich vereinbart werden. Allerdings ist der Auftraggeber für die konkrete Höhe seines durch den Verzug des Auftragnehmers entstandenen Schadens voll beweispflichtig. Dieser Schadensnachweis fällt oftmals schwer, nicht selten entsteht durch die Fristüberschreitung auch kein Vermögensschaden. Weil der Auftraggeber aber ein Interesse an der Einhaltung der vereinbarten Termine hat und hierfür ein entsprechendes Druckmittel benötigt, werden in Bauverträgen regelmäßig Vertragsstrafen für den Fall der Fristüberschreitung vereinbart.

b) Verbotene Submissionsabsprachen

1433 Insbesondere öffentliche Auftraggeber machen davon Gebrauch, Vertragsstrafen zu vereinbaren, falls sich nach Auftragserteilung herausstellt, dass der Auftragnehmer an einer verbotenen Preisabsprache zwischen den Bietern teilgenommen hat. Solche Vertragsstrafen werden grundsätzlich als zulässig erachtet (OLG München, Urt. v. 19.5.1994 – U (K) 7043/93 und OLG München, Urt. v. 29.9.1994 – U (K) 7111/93). In den vom OLG München entschiedenen Fällen betrug die Vertragsstrafe 3 % der Auftragssumme, was nicht beanstandet wurde. Das OLG Celle hat entschieden, dass eine Klausel in einem Bauvertrag, wonach der Auftragnehmer im Falle einer unzulässigen Wettbewerbsbeschränkung eine Vertragsstrafe in Höhe von 15 % der Auftragssumme zu zahlen hat, wirksam ist, es sei denn, dass ein Schaden nicht entstanden ist oder in geringerer Höhe nachgewiesen werden kann (OLG Celle, Urt. v. 6.10.2011 – 6 U 61/11).

c) Unzulässiger Nachunternehmereinsatz

1434 Gemäß § 4 Abs. 8 VOB/B hat der Auftragnehmer die Leistungen im eigenen Betrieb auszuführen. Nur mit schriftlicher Zustimmung des Auftraggebers darf er sie an Nachunternehmer übertragen. Die Zustimmung ist nur dann nicht notwendig, wenn es sich um Leistungen handelt, auf die der Betrieb des Auftragnehmers nicht eingerichtet ist.

1435 Grundsätzlich ist der Auftraggeber berechtigt, Verstöße gegen dieses Selbstausführungsgebot mit einer Vertragsstrafe zu sanktionieren. Diese darf allerdings nicht unangemessen sein. So hält das Kammergericht eine Vertragsstrafe in Höhe von 3 % der Auftragssumme bei ungenehmigtem Nachunternehmereinsatz für zu hoch (KG, Urt. v. 13.3.2001 – 4 U 2902/00). Die Vertragsstrafenhöhe müsse sich am Wert der unzulässigerweise von einem Nachunternehmer ausgeführten Bauleistung bemessen. Darüber hinaus könnte man gegen die Klausel auch einwenden, die Vertragsstrafenregelung müsse aus AGB-rechtlichen Gründen vorsehen, dass der Auftragnehmer mit seiner Verpflichtung zur persönlichen Leistungserbringung in Verzug geraten ist. Das setzt eine vorherige Fristsetzung zur Erbringung der Leistungen im eigenen Betrieb voraus.

d) Einsatz von Schwarzarbeitern

Der Auftraggeber kann eine Vertragsstrafe für den Fall vereinbaren, dass der Auftragnehmer Beschäftigte ohne Arbeitserlaubnis einsetzt. Auch hier gilt, dass die Vertragsstrafe nicht unangemessen hoch sein darf. Dazu gibt es eine veröffentlichte Entscheidung (OLG Brandenburg, Urt. v. 8.11.2006 – 4 U 54/06). Die dort vom Gericht zu prüfende Klausel sah eine Vertragsstrafe beim Einsatz von Schwarzarbeitern pro Person und Tag in Höhe von € 5.000,– vor. Das OLG Brandenburg vertrat die Auffassung, dass eine Vertragsstrafe hierfür zwar grundsätzlich vereinbart werden darf. Die Klausel ist aber unwirksam, wenn sie keine Begrenzung enthält, weil sie ansonsten theoretisch in unbeschränkter Höhe anwachsen kann. In der Entscheidung heißt es, dass man sich bei der Vertragsstrafenhöhe am Vergabehandbuch des Bundes orientieren müsse. Dort sind Vertragsstrafen bei mehrfachen Verstößen auf 10 % des Auftragswertes, maximal auf einen Betrag in Höhe von € 250.000,– begrenzt. Vor dem Hintergrund der Rechtsprechung des BGH zur Obergrenze im Fall des Verzugs von 5 % dürfte es AGB-rechtlich grundsätzlich riskant sein, Vertragsstrafen jenseits dieser Grenze zu vereinbaren. **1436**

e) Kundenschutzklauseln

Mitunter setzt ein Auftragnehmer Nachunternehmer ein, möchte aber verhindern, dass diese bei etwaigen Folgeaufträgen direkt an den Auftraggeber herantreten und dem Auftragnehmer Konkurrenz bei zukünftigen Aufträgen machen. **1437**

Die Zulässigkeit solcher mit Vertragsstrafen bewehrten Kundenschutzklauseln ist umstritten. Das OLG Stuttgart hält eine entsprechende Vereinbarung für unwirksam (OLG Stuttgart, Urt. v. 25.4.1994 – 2 U 225/96), ebenso das OLG Schleswig (Urt. v. 14.9.2000 – 7 U 83/99). Dagegen geht das OLG Köln von der Wirksamkeit einer nachvertraglichen Kundenschutzklausel in einem Subunternehmervertrag aus (OLG Köln, Urt. v. 15.5.1998 – 19 U 25/98). Eine Wettbewerbsklausel in einem Vertrag zwischen Generalunternehmer und Subunternehmer mit der Überschrift „Wartung und Instandhaltung" ist überraschend und deshalb nach § 305c BGB unwirksam (OLG Hamburg, Urt. v. 2.11.2004 – 8 U 57/04). **1438**

Unabhängig von diesem Meinungsstreit ist klar, dass eine nachvertragliche Kundenschutzklausel, die mit einer Vertragsstrafe bewehrt ist, zeitlich begrenzt sein **1439** muss. Soll sich der Kundenschutz auf einen längeren Zeitraum als ein bis zwei Jahre nach Beendigung des Nachunternehmervertrags erstrecken, dürfte die Vertragsstrafenvereinbarung unwirksam sein.

f) Nichtzahlung des Mindestlohns oder Verstoß gegen eine Tariftreueerklärung

1440 Nach einer Entscheidung des Europäischen Gerichtshofs (EuGH) dürfen öffentliche Auftraggeber von Bietern und deren Nachunternehmern verlangen, dass sie sich zur Zahlung des gesetzlichen Mindestlohns verpflichten (EuGH, Urt. v. 17.11.2015 – Rs. C-115/14). Deshalb bestehen keine Bedenken, Verstöße gegen die Zahlung des Mindestlohns mit einer angemessenen Vertragsstrafe für jeden Einzelfall zu belegen.

1441 Im Hinblick auf Verstöße gegen Tariftreueerklärungen stellt sich die Rechtslage dagegen anders dar. Der EuGH hält Tariftreueerklärungen, nach denen sich der Auftragnehmer verpflichten muss, seinen Arbeitnehmern über die Zahlung des Mindestlohns hinaus den am Ort der Leistungserbringung geltenden Tariflohn zu bezahlen, für unwirksam (EuGH, Urt. v. 3.4.2008 – Rs. C-346/06). Damit können Verstöße gegen Tariftreueerklärungen auch nicht mehr mit einer Vertragsstrafe sanktioniert werden.

g) Verspätete Rechnungslegung

1442 Nicht selten ist der Auftraggeber wegen der notwendigen Abrechnung von Fördermitteln oder aus anderen Gründen darauf angewiesen, dass die beauftragten Unternehmen ihre Schlussrechnungen zeitnah legen. § 14 Abs. 3 VOB/B enthält hierzu Fristen. Deshalb ist es prinzipiell möglich, für die schuldhaft verspätete Rechnungslegung eine Vertragsstrafe zu vereinbaren (OLG Jena, Urt. v. 26.1.1999 – 8 U 1273/98). Die Höhe der Strafe muss sich an der zumindest abstrakten Schadensgefahr bemessen. Die vom OLG Jena seinerzeit nicht beanstandeten Sätze von 0,2 % pro Kalendertag und maximal 10 % der Auftragssumme dürften nach der BGH-Rechtsprechung zur Obergrenze bei Verzug mit der Leistung von 5 % zwischenzeitlich nicht mehr zulässig sein (BGH, Urt. v. 23.1.2003 – VII ZR 210/01).

h) Vertragswidrig nicht zurückgegebene Bürgschaft gemäß § 650f BGB (vormals: § 648a BGB)

1443 Nach dem Gesetz hat der Auftragnehmer unmittelbar nach Vertragsabschluss das Recht, eine Bürgschaft gemäß § 650f BGB (vormals: § 648a BGB) in voller Höhe der noch nicht bezahlten Auftragssumme zzgl. 10 % pauschal für Nebenforderungen zu verlangen. Der Auftraggeber wird durch diese gesetzliche Regelung belastet und hat folglich ein Interesse daran, dass ein Unternehmer, der im Wege von Abschlagszahlungen Teile der vertraglich vereinbarten Vergütung erhält, in entsprechender Höhe auf die Rechte aus der Bürgschaft verzichtet und eine sogenannte Enthaftungserklärung gegenüber dem Bürgen abgibt. Zwar ergibt sich bereits aus dem Gesetz, dass die Bürgschaft nur in der Höhe in Anspruch genommen werden kann, in der tatsächlich noch eine Werklohnforderung besteht. Für den Bürgen ist dennoch der volle Bürgschaftsbetrag als Avalkreditsumme maßgebend, solange keine Enthaftungserklärung erfolgt ist.

Es liegt nahe, diesen Punkt vertraglich zu regeln. Entweder wird der Bürgschafts- **1444** betrag in mehrere Einzelbürgschaften „gestückelt" oder der Auftragnehmer wird verpflichtet, nach einer erhaltenen Abschlagszahlung einen anteiligen Verzicht auf die Rechte aus der Bürgschaft gegenüber dem Bürgen zu erklären. Gleichzeitig kann vereinbart werden, dass der Auftragnehmer für den Fall, dass er die vereinbarte Enthaftungserklärung schuldhaft nicht abgibt, eine Vertragsstrafe verwirkt. Bei der Höhe der Vertragsstrafe kann an einen anteiligen Prozentsatz der vertragswidrig nicht zurückgegebenen Bürgschaftssumme angeknüpft werden. Rechtsprechung zur Wirksamkeit solcher Vertragsstrafen existiert nicht.

3. AGB-rechtliche Wirksamkeit von Vertragsstrafenvereinbarungen für Fristüberschreitungen

a) Beachtung des Transparenzgebots

Nach § 307 Abs. 1 Satz 2 BGB kann eine Vertragsklausel unwirksam sein, wenn **1445** „die Bestimmung nicht klar und verständlich ist", also intransparent ist. Davon ist der BGH in einem Fall ausgegangen, in dem sich die Vertragsstrafe pro Zeiteinheit nach der „Auftragssumme" bemessen sollte, wohingegen in der Klausel eine weitere Bezugsgröße, nämlich die „Schlussrechnungssumme", genannt wurde. Das lasse – so der BGH – mehrere Deutungen zu, sodass die Klausel zu unbestimmt sei (BGH, Urt. v. 6.12.2007 – VII ZR 28/07).

Auch das Landgericht Kleve hat entschieden, dass der Begriff der „Auftrags- **1446** summe" als Bezugsgröße der Vertragsstrafe im konkreten Fall mehrere Deutungen zulasse, sodass die Vertragsstrafenklausel allein deshalb unwirksam sei (LG Kleve, Urt. v. 14.3.2012 – 2 O 272/11). In der Vertragsstrafenklausel war beim Tagessatz vom „Endbetrag der Auftragssumme" die Rede, wohingegen die Obergrenze von 5 % sich nur auf die „Auftragssumme" bezog. Dies ist mehrdeutig, weil der Endbetrag der Auftragssumme auch Nachträge umfasse, was bei der Auftragssumme nicht der Fall sei. Die Regelung verstoße deshalb gegen das Bestimmtheitsgebot und führe zur Intransparenz. Dagegen ist es aus Sicht des OLG Köln zulässig, die Vereinbarung der Vertragsstrafe einheitlich und durchgängig an die „Schlussrechnungssumme" zu knüpfen, wenn sich aus der Vertragsgestaltung ergibt, dass die Nettoschlussrechnungssumme gemeint ist (OLG Köln, Urt. v. 23.12.2011 – 19 U 24/11).

Kommt es zu einer Umkehr der Umsatzsteuerschuldnerschaft, empfehlen wir drin- **1447** gend, in der Vertragsstrafenklausel selbst den Begriff der „Nettoschlussrechnungssumme" zu verwenden. Anderenfalls besteht ein Unwirksamkeitsrisiko im Hinblick auf die Vertragsstrafenhöhe (Praxishinweise zu OLG Köln, Urt. v. 23.12.2011 – 19 U 24/11, veröffentlicht in IBR 2013, 14). Jedenfalls muss vermieden werden, dass unterschiedliche Bezugsgrößen genannt werden. Aufgrund der Entscheidungen des OLG Köln sowie des LG Kleve bestehen die geringsten Risiken, wenn als Bezugsgröße für die Vertragsstrafe sowohl beim Tagessatz als auch bei der Obergrenze einheitlich die „Nettoschlussrechnungssumme" genannt wird. Denn es kann aufgrund freier Teilkündigungen des Auftraggebers oder beim Entfall von Leistungen ohne Anordnung zu einer erheblichen Reduzierung der Abrechnungssumme im Vergleich zur Auftragssumme kommen. Wäre hier die Auftragssumme für die Berechnung der Vertragsstrafe maßgebend, kann es passieren, dass deren Höhe in keinem angemessenen Verhältnis zur abrechenbaren Vergütung des Auftragnehmers steht. Die Praxis zeigt allerdings, dass die Abrechnungssumme aufgrund technischer Nachträge häufiger von der Auftragssumme nach oben abweicht. Dann ist eine Regelung, nach der sich die Vertragsstrafe an der Schlussrechnungssumme bemisst, für den Auftraggeber vorteilhaft.

b) Verschuldenserfordernis

1448 Eine wirksame Vertragsstrafe für Fristüberschreitungen setzt stets *Verzug* des Auftragnehmers mit der Leistung voraus. Ein Auftragnehmer kommt aber niemals in Verzug, wenn die Leistung infolge eines Umstandes unterbleibt, den er nicht zu vertreten hat (§ 286 Abs. 4 BGB). Allein der Umstand einer zeitlich späteren Fertigstellung der Leistung belegt noch nicht das für die Verwirkung einer Vertragsstrafe nötige Verschulden des Auftragnehmers (OLG Brandenburg, Urt. v. 4.7.2012 – 13 U 63/08).

1449 Nachdem die Rechtsprechung zunächst verlangte, dass sich das Verschuldenserfordernis aus der Vertragsstrafenklausel selbst ergeben müsse, lässt es der BGH zwischenzeitlich genügen, dass die VOB/B in den Bauvertrag einbezogen worden ist. Denn aus § 11 Abs. 2 VOB/B geht das Verschuldenserfordernis hervor (BGH, Urt. v. 13.12.2001 – VII ZR 432/00; bestätigt durch BGH, Urt. v. 23.1.2003 – VII ZR 210/01). Zur Regelung der Verschuldensabhängigkeit ist es auch nicht erforderlich, dass § 11 Abs. 2 VOB/B in der Vertragsstrafenregelung ausdrücklich genannt wird. Stattdessen genügt es, wenn die VOB/B wirksam in den Vertrag einbezogen wurde (BGH, Urt. v. 7.3.2002 – VII ZR 41/01; BGH, Urt. v. 30.3.2006 – VII ZR 44/05).

1450 Allerdings darf sich aus weiteren Vertragsbestandteilen, die vorrangig vor § 11 VOB/B gelten sollen, nicht etwas anderes ergeben. Regelt der Auftraggeber beispielsweise im Bauvertrag, dass die vertraglich vereinbarte Fertigstellungsfrist witterungsbedingt nicht verlängerbar ist, macht allein dies eine Vertragsstrafenregelung unwirksam. Denn in der Konsequenz wäre die Vertragsstrafe in einem solchen Fall selbst dann verwirkt, wenn sich aufgrund von Behinderungen die Ausführungszeit in eine ungünstigere Jahreszeit verschiebt und dem Auftragnehmer dadurch unverschuldet weitere Erschwernisse in der Leistungserbringung entstehen (BGH, Urt. v. 6.12.2007 – VII ZR 28/07) oder wenn Witterungsverhältnisse eintreten, mit denen bei Abschluss des Bauvertrags normalerweise nicht gerechnet werden musste. Solche Witterungseinflüsse gelten nach § 6 Abs. 2 Nr. 2 VOB/B als Behinderung und verlängern die Ausführungsfristen entsprechend.

Zweifel daran, ob das Verschuldenserfordernis abbedungen worden ist, können **1451** sich auch ergeben, wenn der Auftragnehmer keine Möglichkeit hat, das fehlende Verschulden nachzuweisen, weil er Behinderungen erst nachträglich und nicht unverzüglich angezeigt hat, wie es § 6 Abs. 1 VOB/B verlangt. Denn nach der Rechtsprechung des BGH kann sich der Auftragnehmer, der sich gegen eine Vertragsstrafe oder einen Schadensersatzanspruch wegen Verzugs verteidigen will, auch dann auf fehlendes Verschulden berufen, wenn er eine Behinderung nicht angezeigt hat (BGH, Urt. v. 14.1.1999 – VII ZR 73/98; OLG Düsseldorf, Urt. v. 19.4.2012 – I-23 U 150/11; KG, Urt. v. 8.4.2014 – 27 U 105/13). Auftraggeber sollten Unwägbarkeiten hinsichtlich der Frage, ob die Vertragsstrafe nur im Falle des Verschuldens verwirkt ist, vermeiden und in der Vertragsstrafenvereinbarung selbst eindeutig klarstellen, dass die Vertragsstrafe nur dann zu zahlen ist, wenn der Auftragnehmer die Fristüberschreitung verschuldet hat bzw. wenn er sich im Verzug mit der Leistung befindet. Garantiert der Auftragnehmer einen Fertigstellungszeitpunkt, so haftet er allerdings verschuldensunabhängig (OLG München, Urt. v. 28.1.2020 – 28 U 452/19).

c) Absolute Obergrenze

Jede Vertragsstrafenregelung muss eine angemessene absolute Obergrenze ent- **1452** halten (OLG München, Beschl. v. 13.7.2018 – 28 U 429/18 Bau), weil sie vom Auftraggeber nicht dazu benutzt werden darf, sich wegen Fristüberschreitungen ungerechtfertigt zu bereichern. Eine Vertragsstrafe muss also in einem angemessenen Verhältnis zum möglichen Schaden und darüber hinaus in einem angemessenen Verhältnis zum Werklohnanspruch des Auftragnehmers stehen.

Lange Jahre hielt die Rechtsprechung Vertragsstrafen wegen Nichteinhaltung der **1453** Fertigstellungsfrist bis zu einer Höhe von 10 % der Auftragssumme für zulässig. Dadurch kam es in zahlreichen Fällen zu Vertragsstrafenforderungen, die oftmals in keinem Verhältnis zum potenziellen Schaden des Auftraggebers standen. Aus diesem Grund hat der BGH bereits im Jahr 2003 seine Rechtsprechung geändert und entschieden, dass eine in AGB des Auftraggebers enthaltene Vertragsstrafenklausel nur noch eine Obergrenze von maximal 5 % der Auftragssumme vorsehen darf, auch wenn es aus den oben genannten Gründen sicherer ist, durchgehend den Begriff der „Abrechnungssumme" zu verwenden (BGH, Urt. v. 23.1.2003 – VII ZR 210/01).

1454 Dabei ist zu beachten, dass sich die Obergrenze der Vertragsstrafe eindeutig aus der Vertragsstrafenklausel selbst ergeben muss (OLG Bremen, Urt. v. 30.12.2010 – 1 U 51/08). Ist an dieser Stelle eine Lücke im Vertrag, die handschriftlich ausgefüllt werden soll, reicht es beispielsweise nicht aus, wenn durch eine Fußnote im Vertragsmuster geregelt wird: „maximale Höhe 5 %". Durch eine solche Fußnote wird die Obergrenze der Vertragsstrafe nicht definiert, sie stellt lediglich eine Anleitung zum Ausfüllen des Vertragsmusters dar (BGH, Beschl. v. 24.2.2005 – VII ZR 340/03). Für die Vertragsgestaltung kann man daher nur empfehlen, bereits im Vertrag einen bestimmten Prozentsatz einzusetzen, der von den Parteien dann immer noch handschriftlich durchgestrichen werden kann, wenn beispielsweise nur 3 % statt 5 % vereinbart werden sollen. Die Wirksamkeit einer 5%igen Obergrenze wurde zuletzt vom OLG Köln bestätigt, und zwar auch für Großbauvorhaben, bei denen die Auftragssumme zu einer außerordentlich hohen Vertragsstrafe (hier: über 8,6 Mio. €) führen kann (OLG Köln, Urt. v. 23.12.2011 – 19 U 24/11).

d) Maximale Höhe pro Zeiteinheit

1455 Vertragsstrafen wegen der Überschreitung von Fristen werden in der Regel mit einem prozentualen Betrag der Auftrags- oder Abrechnungssumme pro Tag der verschuldeten Fristüberschreitung vereinbart. Wir weisen aufgrund des Transparenzgebots noch einmal darauf hin, dass keine unterschiedlichen Bezugsgrößen für die Verwirkung der Vertragsstrafe verwendet werden dürfen und es zur Vermeidung unangemessen hoher Vertragsstrafen beim Wegfall von Leistungen AGB-rechtlich am sichersten ist, durchgehend den Begriff der „Nettoschlussrechnungssumme" zu verwenden. Alternativ dazu ist auch die Vereinbarung einer festen Summe pro Tag oder pro Woche denkbar. In beiden Fällen muss jedoch die pro Werktag verwirkte Vertragsstrafe in einer angemessenen Höhe zur Gesamtvertragsstrafe stehen. Wäre beispielsweise nach lediglich einer Woche Fristüberschreitung schon die gesamte Vertragsstrafe von 5 % der Auftragssumme verwirkt, läge eindeutig eine unwirksame Regelung vor (LG Osnabrück, Urt. v. 31.3.2011 – 4 O 122/11).

1456 In der Rechtsprechung wurde lange diskutiert, ob 0,3 % oder nur 0,2 % der Auftragssumme pro *Werktag* zulässig sind. Samstage gelten wegen § 11 Abs. 3 VOB/B als Werktage. Dagegen ist eindeutig, dass eine Vertragsstrafe von 0,5 % der Auftragssumme pro *Werktag*, aber auch ein Tagessatz von 0,5 % pro *Arbeitstag* unangemessen hoch ist (BGH, Urt. v. 17.1.2002 – VII ZR 198/00; OLG Köln, Urt. v. 17.8.2010 – 3 U 69/09). Im Jahr 2007 hat der BGH entschieden, dass eine Vertragsstrafe in Höhe von 0,3 % der Auftragssumme pro Werktag des Terminverzugs den Auftragnehmer nicht unangemessen benachteiligt und damit wirksam ist (BGH, Urt. v. 6.12.2007 – VII ZR 28/07).

Der Vertragsstrafensatz von 0,3 % pro Werktag dürfte gegenwärtig die AGB-rechtlich zulässige Höchstgrenze darstellen. Wenn der BGH zukünftig von seiner Rechtsprechung zu diesem Tagessatz aus dem Jahr 2007 abweichen sollte, würde er mit Sicherheit eine Umstellungs- oder Anpassungsfrist gewähren, wie er es bei der Absenkung der Obergrenze von 10 % auf 5 % getan hat. Auftraggeber sollten in keinem Fall höhere Sätze vereinbaren und bei der Formulierung der Vertragsstrafe darauf achten, dass ausdrücklich der Begriff „Werktage" verwendet wird, weil anderenfalls auch der Kalendertag gemeint sein könnte, was zu einem Anfall der Vertragsstrafe an sieben Tagen in der Woche führen würde und allein deshalb die gesamte Vertragsstrafenregelung nichtig machen kann. Dabei spielt es auch keine Rolle, wenn der Auftragnehmer beispielsweise fünf Monate oder noch länger im Verzug war, sodass sich die Höhe der Vertragsstrafe pro Zeiteinheit wegen der Höchstgrenze praktisch gar nicht auswirkt. Darauf kommt es bei der AGB-rechtlichen Beurteilung nicht an. Die Klausel wäre insgesamt unwirksam. **1457**

e) Überschreitung von Zwischenterminen

Eine Vertragsstrafe für die Überschreitung von Zwischenterminen ist grundsätzlich nur wirksam, wenn sich ihre Höhe nach dem anteiligen Wert der Bauleistung bemisst, mit welcher der Auftragnehmer in Verzug geraten ist. Das hat der BGH zwischenzeitlich ausdrücklich bestätigt (BGH, Urt. v. 6.12.2012 – VII ZR 13/11). Der BGH weist in seiner Entscheidung darauf hin, dass es unangemessen sei, wenn die Vertragsstrafe für die Überschreitung eines Zwischentermins an die gesamte Auftragssumme anknüpfe, also auch an Leistungen, die erst *nach* dem Zwischentermin erbracht werden müssen. Das gelte selbst dann, wenn an der Einhaltung der Zwischenfrist sogar ein größeres Interesse als an der Einhaltung des Fertigstellungstermins bestehe. Denn der Auftraggeber sei in einem solchen Fall durch die Möglichkeit, Schadensersatz geltend zu machen, ausreichend geschützt. Damit dürften Vertragsstrafen für die schuldhafte Überschreitung des Anfangstermins nur wirksam sein, wenn bereits für den Beginn der Arbeiten eine Vergütung vereinbart worden ist (ebenso: Mayr, BauR 2013, 1192 ff.). **1458**

Umfasst ein Auftrag mehrere Bauteile, muss die Vertragsstrafe wiederum am Einzelwert des Gebäudes, mit dessen Herstellung der Auftragnehmer in Verzug ist, bemessen werden. **1459**

Beispiel: Ein Generalunternehmer schuldet die schlüsselfertige Errichtung eines Bürokomplexes, der aus drei Bauteilen besteht. Der Bauteil 1 soll am 1. April, Bauteil 2 am 1. Juni und Bauteil 3 am 1. August fertiggestellt werden, was gleichzeitig der vereinbarte Gesamtfertigstellungstermin ist. Der Gesamtfertigstellungstermin wird eingehalten, allerdings verzögerte sich die Fertigstellung von Bauteil 1 um einen Monat aus vom Generalunternehmer zu vertretenden Gründen. **1460**

1461 Bei einer Vertragsstrafenhöhe von 0,2 % pro Arbeitstag sind bei 22 Arbeitstagen 4,4 % Vertragsstrafe angefallen. Würde man diese Vertragsstrafe nun auf die gesamte Auftragssumme berechnen, obwohl die Bauteile 2 und 3 termingerecht fertiggestellt wurden, würde das bezogen auf den anteiligen Wert von Bauteil 1 eine Vertragsstrafe von mehr als 13 % der von der Verspätung betroffenen Werkleistung ausmachen. Aus diesem Grund muss die Vertragsstrafe für einzelne Bauteile auf 5 % ihres jeweiligen Wertes begrenzt werden (OLG Jena, Urt. v. 10.4.2002 – 7 U 938/01; OLG Celle, Urt. v. 13.7.2005 – 7 U 17/05). Der BGH teilt diese Auffassung, wie sich aus der Entscheidung BGH, Urt. v. 23.1.2003 – VII ZR 210/01 ergibt. Deshalb ist auch eine Vertragsstrafenvereinbarung unwirksam, wenn der Auftragnehmer für die Errichtung von zwei Anlagen jeweils bis zu 5 % der Gesamtauftragssumme zu zahlen hat (OLG Bamberg, Urt. v. 17.1.2011 – 4 U 185/10).

1462 Rechtlich noch nicht geklärt ist die Frage, ob eine Vertragsstrafe für die Nichteinhaltung des Endfertigstellungstermins an die Gesamtabrechnungssumme anknüpfen darf, wenn die Bauleistung aus mehreren selbstständigen Bauwerken besteht.

1463 **Beispiel:** Ein Generalunternehmer soll 20 Reihenhäuser errichten, für die *ein* Endfertigstellungstermin vereinbart worden ist. 19 der 20 Reihenhäuser werden termingerecht fertiggestellt, lediglich bei einem Haus überschreitet der Generalunternehmer den Fertigstellungstermin schuldhaft um einen Monat.

1464 Unstreitig hat der Generalunternehmer in diesem Beispiel den Gesamtfertigstellungstermin der Reihenhausanlage überschritten. Berechnet man die Vertragsstrafe hier nach der Schlussrechnungssumme, erhält er für das letzte Haus praktisch keine Vergütung mehr, weil bei einem Verzug von ca. 20 Arbeitstagen und einer maximal zulässigen Vertragsstrafenhöhe von 0,3 % pro Arbeitstag die Obergrenze von 5 % bereits um 1 % überschritten wäre. Nimmt man an, dass im Beispielsfall die Gesamtvergütung 4 Mio. € (netto) beträgt, würde eine Vertragsstrafe in Höhe von 5 %, die sich nach dieser Summe bemisst, tatsächlich dazu führen, dass dem Auftraggeber ein Reihenhaus „geschenkt" wird. Wir halten eine solche Vertragsstrafenregelung für unwirksam, weil sie den Auftragnehmer unangemessen benachteiligt. Denn ihre Höhe steht in keinem Verhältnis zu dem bei Überschreitung des Fertigstellungstermins für ein einzelnes Haus typischerweise entstehenden Schaden. Obwohl Rechtsprechung hierzu noch nicht existiert, empfiehlt es sich, Einzelvertragsstrafen für jedes einzelne Haus, nicht jedoch für die Gesamtfertigstellung der Reihenhausanlage zu vereinbaren, wenn das Risiko einer insgesamt nichtigen Vertragsstrafenvereinbarung vermieden werden soll.

1465 Eine Vertragsstrafenvereinbarung für die Überschreitung von Zwischenterminen ist ebenfalls unwirksam, wenn bereits *eine* geringfügige Fristüberschreitung am Anfang des Bauvorhabens dazu führt, dass auch nachfolgende Zwischentermine überschritten werden und dadurch wegen ein und derselben schuldhaften Verzögerung mehrere Vertragsstrafen auf alle weiteren Zwischentermine anfallen (OLG Naumburg, Urt. v. 15.11.2011 – 1 U 51/11; OLG Koblenz, Urt. v. 23.3.2000 – 2 U 792/99).

Beispiel: Mit einem Rohbauunternehmer sind Vertragsstrafen für die Nichteinhaltung folgender Zwischentermine vereinbart: Fertigstellung Bodenplatte, Fertigstellung Decke über KG, Fertigstellung Decke über 3. OG, Dach und Fassade wetterdicht, Gesamtfertigstellung. **1466**

Wenn sich nun gleich zu Beginn der Arbeiten die Fertigstellung der Bodenplatte um sechs Werktage verzögert und es dem Rohbauunternehmer nicht gelingt, diese Verzögerung aufzuholen, sodass auch sämtliche weiteren Zwischentermine sowie der Endtermin um eine Woche überschritten werden, wären insgesamt vier Vertragsstrafen auf die Zwischentermine und zusätzlich die Vertragsstrafe wegen Überschreitung des Endtermins angefallen. Bei einer Vertragsstrafe von 0,2 % pro Arbeitstag ergäbe dies 1,2 % der jeweils anteilig zu erbringenden Bauleistung für die Zwischentermine (4 x 1,2 % = 4,8 %) und noch einmal 1,2 % der Gesamtabrechnungssumme für die Nichteinhaltung des Endtermins. In der Summe müsste der Unternehmer rund 6 % Vertragsstrafe bezahlen, obwohl er den Endtermin lediglich um eine Woche überschritten hat. Es liegt auf der Hand, dass dies den Auftragnehmer unangemessen benachteiligt. Aus diesem Grund müssen Vertragsstrafenvereinbarungen für Zwischenfristen in AGB ausschließen, dass ein Zusammenrechnen der Einzelvertragsstrafen (Kumulierung) erfolgt und stattdessen jeweils nur die höchste Einzelvertragsstrafe verwirkt ist (OLG Hamm, Urt. v. 10.2.2000 – 21 U 85/98). Dies wäre in dem beschriebenen Beispielsfall die Vertragsstrafe für die Überschreitung des Endtermins. **1467**

Die Ausführungen zu Vertragsstrafen für die Nichteinhaltung von Zwischenterminen machen deutlich, dass solche Regelungen in hohem Maße gefährlich sind. Will ein Auftraggeber darauf dennoch nicht verzichten, sollte er *getrennte* Vertragsstrafen für die Überschreitung des Gesamtfertigstellungstermins einerseits und die Überschreitung der Zwischenfristen andererseits vereinbaren. Dabei sollte eine klare optische und inhaltliche Trennung erfolgen, weil dies davor schützt, dass durch die Unwirksamkeit der Vertragsstrafe für Zwischentermine auch die Vertragsstrafe für den Endfertigstellungstermin unwirksam wird (BGH, Beschl. v. 27.11.2013 – VII ZR 371/12; OLG Dresden, Urt. v. 12.12.2012 – 13 U 431/11). AGB-rechtlich dürfte eine Pönalisierung von Zwischenterminen nur wirksam sein, wenn sich die Vertragsstrafe am Wert der bis zu dem jeweiligen Termin geschuldeten Bauleistung bemisst, eine Kumulierung ausgeschlossen und bei Einhaltung des Endtermins vorgesehen ist, dass die Einzelvertragsstrafen die Gesamtstrafe nicht erreichen. **1468**

f) Weitergeltung der Vertragsstrafe bei Terminverschiebungen

1469 In vielen Bauverträgen ist geregelt, dass die vereinbarte Vertragsstrafe für die Überschreitung des Fertigstellungstermins weiterhin gelten soll, wenn sich der Fertigstellungstermin aus vom Auftragnehmer nicht zu vertretenden Gründen verschiebt und/oder die Vertragsparteien eine neue Terminvereinbarung treffen. Eine solche Klausel dürfte in AGB unwirksam sein, weil damit erreicht werden soll, dass die Vertragsstrafe auch in Fällen einer durchgreifenden Änderung des Bauablaufs, also ganz erheblicher Fristverschiebungen „automatisch" weiter gilt. Dies benachteiligt den Auftragnehmer unangemessen (LG München I, Urt. v. 22.12.2004 – 8 O 23/04). Zulässig wäre dagegen eine Klausel, wonach die vereinbarte Vertragsstrafe auch für verschobene oder neu vereinbarte Termine weiterhin gilt, soweit damit keine durchgreifende Änderung des Bauablaufs verbunden ist. Handelt es sich um erhebliche Terminverschiebungen, hängt es von den Umständen des Einzelfalls ab, ob die ursprünglich getroffene Vertragsstrafenregelung auch für den neuen Fertigstellungstermin gelten soll, wenn die Parteien dies nicht ausdrücklich vereinbart haben (Einzelheiten hierzu unter II. 3., Rn. 1491 ff.).

4. Vorbehalt der Vertragsstrafe

1470 Gemäß § 11 Abs. 4 VOB/B muss sich der Auftraggeber die Vertragsstrafe bei der Abnahme vorbehalten, anderenfalls verliert er den Vertragsstrafenanspruch. Es reicht nicht aus, dass die Geltendmachung der Vertragsstrafe vor der Abnahme angekündigt oder erst nachträglich erklärt wird (OLG Bremen, Urt. v. 30.12.2010 – 1 U 51/08). Ausreichend ist allerdings, wenn der Auftraggeber bereits vor der Abnahme die Aufrechnung mit der gesamten Vertragsstrafe erklärt hat, weil dadurch der Anspruch auf die Vertragsstrafe vollständig erlischt. Eine Vorbehaltserklärung ist dann bei der Abnahme nicht mehr erforderlich (BGH, Urt. v. 5.11.2015 – VII ZR 43/15).

1471 Da der Vorbehalt mitunter bei der Abnahme vergessen wird, ist in vielen Bauverträgen eine Regelung enthalten, wonach sich der Auftraggeber die Geltendmachung der Vertragsstrafe auch noch nach der Abnahme vorbehalten kann. Eine solche Regelung ist in AGB zulässig (OLG Dresden, Urt. v. 18.9.1997 – 7 U 763/97). Zu beachten ist allerdings, dass der Vorbehalt nicht unbegrenzt lange über den Zeitpunkt der Abnahme hinausgeschoben werden darf. AGB-rechtlich problematisch wäre eine Vereinbarung, wonach der Vorbehalt noch bis zur Zahlung der Schlussrechnung geltend gemacht werden kann, auch wenn das OLG Dresden eine solche Regelung nicht beanstandet hat (OLG Dresden, Urt. v. 18.9.1997 – 7 U 763/97). Nach einer Entscheidung des Kammergerichts muss die Klausel dagegen vorsehen, dass der Vertragsstrafenvorbehalt innerhalb der Prüfungsfrist für die Schlussrechnung erklärt wird und nicht bis zum Zeitpunkt der tatsächlichen Schlusszahlung verschoben werden kann (KG, Urt. v. 23.3.1999 – 4 U 1635/97). Anderenfalls hätte es der Auftraggeber für den Fall, dass gar keine Schlusszahlung erfolgt, in der Hand, den Auftragnehmer noch lange Zeit nach der Abnahme im Ungewissen darüber zu lassen, ob eine Vertragsstrafe geltend gemacht wird (ebenso: LG Wiesbaden, Urt. v. 19.9.2012 – 5 O 169/07). Dem ist zuzustimmen.

Die Vorbehaltserklärung selbst muss klar und unmissverständlich sein (OLG Rostock, Urt. v. 27.1.2009 – 4 U 55/08). Ist im Bauvertrag keine förmliche Abnahme nach § 12 Abs. 4 VOB/B vorgesehen und wird eine solche nach Abschluss der Arbeiten auch von keiner Vertragspartei verlangt, kommen die fiktiven Abnahmearten nach § 12 Abs. 5 Nr. 1 und 2 VOB/B in Betracht. Der Auftraggeber muss darauf achten, dass er sich dann innerhalb der dort genannten Fristen von zwölf bzw. sechs Werktagen die Geltendmachung der Vertragsstrafe ausdrücklich und beweisbar vorbehält (§ 12 Abs. 5 Nr. 3 VOB/B). Im Fall einer konkludenten Abnahme muss der Vorbehalt ebenfalls im zeitlichen Zusammenhang mit den dafür maßgeblichen Umständen erklärt werden (OLG Köln, Urt. v. 5.7.2017 – 16 U 138/15). Falls eine förmliche Abnahme vereinbart worden ist, beide Parteien darauf aber über einen längeren Zeitraum hinweg nicht mehr zurückkommen, kann darin ein Verzicht auf die Durchführung der förmlichen Abnahme liegen. In einem solchen Fall kommt eine konkludente oder stillschweigende Abnahme in Betracht, beispielsweise wenn der Auftraggeber die Leistung bestimmungsgemäß in Benutzung genommen und die Schlussrechnung ohne wesentliche Abzüge bezahlt hat. Dann muss der Auftraggeber den Vertragsstrafenvorbehalt spätestens bis zu dem Zeitpunkt erklärt haben, in dem er die Billigung der Leistung zum Ausdruck bringt (OLG Rostock, Urt. v. 27.1.2009 – 4 U 55/08). **1472**

Fordert der Auftragnehmer nach § 640 Abs. 2 BGB n.F. (vormals: § 640 Abs. 1 Satz 3 BGB) zur Abnahme binnen angemessener Frist auf, treten alle Abnahmewirkungen ein, wenn der Auftraggeber die Abnahme nicht innerhalb dieser Frist unter Angabe mindestens eines Mangels verweigert. Auch in diesem Fall wäre der Vorbehalt innerhalb der vom Auftragnehmer angemessen gesetzten Frist zur Abnahme zu erklären. **1473**

Im Erfordernis des Vertragsstrafenvorbehalts kann sich eine Haftungsgefahr für Architekten verbergen. Denn diese machen sich schadensersatzpflichtig, wenn der Bauherr Vertragsstrafenansprüche nur deshalb nicht durchsetzen kann, weil der Architekt bei der Durchführung der Abnahme die Erklärung des Vorbehalts vergessen hat (OLG Bremen, Urt. v. 6.12.2012 – 3 U 16/11; OLG Saarbrücken, Urt. v. 3.4.2007 – 4 U 587/05-226). Wenn ein Architekt dem Bauherrn Vertragsmuster zur Beauftragung von Firmen mit Vertragsstrafenregelungen zur Verfügung stellt, muss er darüber hinaus wissen, dass solche ohne Festlegung von angemessenen Obergrenzen nicht wirksam sind (OLG Hamm, Urt. v. 15.2.2005 – 21 U 27/04). **1474**

5. Vertragsstrafe und konkreter Schaden

1475 Der Auftraggeber ist nicht berechtigt, neben einer Vertragsstrafe zusätzlich den ihm aufgrund der Pflichtverletzung des Auftragnehmers konkret entstandenen Schaden geltend zu machen (LG Frankfurt/Oder, Urt. v. 14.3.2011 – 14 O 69/10; OLG Düsseldorf, Urt. v. 22.3.2002 – 5 U 85/01). Dies gilt für alle Arten von Vertragsstrafen, also nicht nur für die Vertragsstrafe wegen Fristüberschreitung. Allerdings darf der Auftraggeber neben der Vertragsstrafe einen über die Vertragsstrafe summenmäßig hinausgehenden Schadensersatzanspruch geltend machen.

1476 **Beispiel:** Die von einem Generalunternehmer verwirkte Vertragsstrafe wegen schuldhafter Nichteinhaltung des Fertigstellungstermins beträgt € 100.000,–. Der Mietausfall seines Vertragspartners aufgrund der verspäteten Fertigstellung beläuft sich auf € 150.000, –.

1477 In diesem Beispiel darf der Auftraggeber neben der Vertragsstrafe noch den darüber hinausgehenden Betrag von € 50.000,– als konkreten Verzugsschaden geltend machen, sofern er die Höhe eines solchen Schadens beweisen kann. Das Gleiche gilt auch bei einer Vertragsstrafe wegen einer unerlaubten Submissionsabsprache. Kann der Auftraggeber nachweisen, dass ihm aufgrund von Preisabsprachen der Bieter ein höherer Schaden als die Vertragsstrafe entstanden ist, darf er den über die Vertragsstrafe hinausgehenden Schaden verlangen (OLG Frankfurt, Urt. v. 7.11.2006 – 11 U 53/03).

1478 Es ist zulässig, eine Vertragsstrafe als konkreten Verzugsschaden an einen Nachunternehmer durchzustellen, wenn sich dieser im Verzug befand und die verspätete Fertigstellung des Bauwerks ursächlich auf dem Verzug des Nachunternehmers beruhte (BGH, Urt. v. 25.1.2000 – X ZR 197/97; BGH, Urt. v. 18.12.1997 – VII ZR 342/96). Denn bei einer Vertragsstrafe, die der Hauptauftragnehmer an einen Nachunternehmer durchstellt, handelt es sich um einen Schadensersatzanspruch, welcher der Höhe nach grundsätzlich nicht begrenzt ist. Allerdings muss der Hauptauftragnehmer seine Schadensminderungspflicht beachten (§ 254 BGB). Deshalb empfiehlt es sich, den Nachunternehmer im Fall des sich abzeichnenden oder bereits eingetretenen Verzugs ausdrücklich darauf hinzuweisen, dass er mit einem Durchstellen der Vertragsstrafe als Schadensersatz rechnen muss. Ein solcher Hinweis kann auch bereits im Bauvertrag erfolgen. Allerdings ist die Alleinschuld eines Nachunternehmers oft schwer nachweisbar, weil die Nichteinhaltung des Fertigstellungstermins im Regelfall auf einer Vielzahl unterschiedlicher Verzögerungsursachen beruht und meist nicht kausal auf den Leistungsverzug eines einzelnen Nachunternehmers zurückgeführt werden kann (OLG Düsseldorf, Urt. v. 19.4.2012 – I-23 U 150/11).

1479 Wird ein Nachunternehmer mit der Vertragsstrafe des Hauptauftragnehmers belastet, muss Letzterer nachweisen, dass eine wirksame Vertragsstrafenvereinbarung mit seinem Auftraggeber vorliegt (OLG Düsseldorf, Urt. v. 9.9.2003 – 23 U 98/02). Das wäre beispielsweise nicht der Fall, wenn die Vertragsstrafe unabhängig vom Eintritt des Verzugs vereinbart ist oder unzulässige Vertragsstrafensätze pro Zeiteinheit bzw. eine unzulässig hohe Obergrenze vorsieht. Es ist auch unzulässig, die Zahlung der Vergütung des Nachunternehmers so lange zu verweigern, bis in einem Rechtsstreit zwischen dem Generalunternehmer und seinem Auftraggeber geklärt ist, ob in diesem Vertragsverhältnis eine Vertragsstrafe verwirkt wurde und das ursächlich auf einer Verzögerung der Leistung des Nachunternehmers beruhte (BGH, Urt. v. 6.9.2012 – VII ZR 72/10).

6. Vertragsstrafe und Kündigung

Eine Vertragsstrafe wegen Nichteinhaltung des Fertigstellungstermins soll gegen- **1480**
über dem Auftragnehmer als Druckmittel für eine vertragsgemäße Fertigstellung wirken. Diese Funktion kann die Vertragsstrafe nicht mehr erfüllen, wenn der Auftraggeber den Vertrag gekündigt hat, etwa weil der Fertigstellungstermin bereits um zwei Wochen überschritten worden ist. In solchen Fällen kann die Vertragsstrafe nur bis zum Zeitpunkt des Wirksamwerdens der Kündigung berechnet werden (§ 8 Abs. 8 VOB/B). Für den danach liegenden Zeitraum, in dem möglicherweise weitere Schäden wegen der Nichterfüllung des Vertrags entstehen (Mehrkosten der Fertigstellung, Mietausfälle etc.), kann der Auftraggeber diese Mehrkosten als Schadensersatz zusätzlich zur Vertragsstrafe geltend machen, weil insoweit keine Anrechnung stattfindet (OLG Düsseldorf, Urt. v. 12.7.2002 – 5 U 238/00; ähnlich: BGH, Urt. v. 8.5.2008 – I ZR 88/06).

7. Vertragsstrafe und Corona

Soweit der Vertrag vor der Corona-Pandemie geschlossen wurde, können coro- **1481**
nabedingte Hinderungsgründe als „höhere Gewalt" zu einer Ausführungsfristverlängerung gem. § 6 Abs. 2 Nr. 1c VOB/B führen, sodass der Auftraggeber keine Vertragsstrafe verlangen kann (LG Paderborn, Urt. v. 25.9.2020 – 3 O 261/20). Im Einzelfall kommt auch eine Vertragsanpassung über eine Störung der Geschäftsgrundlage gemäß § 313 BGB in Betracht. Näheres hierzu besprechen wir im Kapitel G unter Ziffer I. 4.

II. Handhabung in der Praxis

1. Bis wann kann eine Vertragsstrafe berechnet werden?

Bis zu welchem Zeitpunkt eine Vertragsstrafe verlangt werden kann, hängt in ers- **1482**
ter Linie von der Vereinbarung ab. Knüpft die Vertragsstrafe an die „Fertigstellung" an, kommt es darauf an, dass die Leistung *abnahmereif*, also ohne wesentliche Mängel, hergestellt worden ist (OLG Karlsruhe, Urt. v. 5.9.1997 – 8 U 136/96). Nicht entscheidend ist dagegen, wann die Fertigstellung angezeigt oder die

Abnahme verlangt wurde und auch nicht, ob bzw. wann die Abnahme schließlich erklärt worden ist (BGH, Urt. v. 14.1.1999 – VII ZR 73/98).

1483 Wurde die Vertragsstrafe für den Fall versprochen, dass die *Bezugsfertigkeit* des Gebäudes nicht fristgemäß hergestellt wurde, ist entscheidend, ob einem Käufer oder Mieter der Bezug des Objekts zumutbar ist. Abnahmereife ist hierfür nicht Voraussetzung (OLG Hamm, Urt. v. 17.3.2006 – 25 U 111/04; KG, Urt. v. 28.5.2002 – 15 U 4/01). Soll eine Vertragsstrafe bereits verwirkt sein, wenn die Leistung nicht *mangelfrei* hergestellt worden ist, würde dies nahezu immer zu ihrem Anfall führen, sodass eine solche Vereinbarung unserer Auffassung nach AGB-rechtlich unwirksam ist (vergleichbar: KG, Urt. v. 8.4.2014 – 27 U 105/13). Denn nach dieser Bestimmung kann die Abnahme wegen unwesentlicher Mängel nicht verweigert werden.

1484 Auch wenn die Leistung nicht vollständig ist, vom Auftraggeber jedoch ohne wesentliche Einschränkungen benutzt werden kann, ist der Auftraggeber nach zwei Einzelfallentscheidungen nicht berechtigt, die Vertragsstrafe zu verlangen (OLG Karlsruhe, Urt. v. 5.9.1997 – 8 U 136/96 sowie OLG München, Urt. v. 21.3.2006 – 13 U 5102/05). In der Entscheidung des OLG Karlsruhe waren tatsächlich nur noch geringfügige Restleistungen zu erbringen. Die Entscheidung des OLG München ist insofern bemerkenswert, als dort Teile der Tiefgarage nicht benutzbar waren und dem Auftraggeber dennoch versagt wurde, wegen der fehlenden Restleistungen weiterhin die Vertragsstrafe zu berechnen. Diese Entscheidung ist nicht verallgemeinerungsfähig und stellt einen Ausnahmefall in der Rechtsprechung dar. Der Auftragnehmer muss sich darauf einstellen, dass er die Vertragsstrafe verwirkt, wenn die Leistung zum vereinbarten Zeitpunkt nicht abnahmereif, also ohne wesentliche Mängel, hergestellt worden ist. Aus diesem Grund sollte ein Auftragnehmer versuchen, die Vertragsstrafe auf Fälle zu beschränken, in denen die Bezugsfertigkeit nicht gegeben ist (dazu im Anschluss). Im Fall einer Benutzbarkeit des Gebäudes könnte auch vereinbart werden, die Höhe der Vertragsstrafe nicht nach der Auftrags- oder Abrechnungssumme, sondern anhand des Wertes der fehlenden bzw. mangelhaften Leistungen zu bemessen.

2. Verhandlungsstrategie des Auftragnehmers bei Vertragsstrafenklauseln

1485 Soweit es sich um vorformulierte Vertragsbestimmungen handelt, die bereits nach ihrem äußeren Erscheinungsbild für die mehrfache Verwendung vorgesehen sind, sollte es der Auftragnehmer im Regelfall unterlassen, über Einzelheiten der Vertragsstrafenvereinbarung zu verhandeln, wenn sie AGB-rechtlich unwirksam sind. Wird die Klausel daraufhin geändert, kann aus einer unzulässigen Klausel eine wirksame Vertragsstrafe geworden sein.

Ist Gegenstand des Bauvertrags die Herstellung von Häusern, Wohnungen oder Gewerbeeinheiten, sollte ein Auftragnehmer allerdings darüber verhandeln, dass die Vertragsstrafe nicht für die vollständige bzw. abnahmereife Fertigstellung vereinbart wird, sondern lediglich an die „Bezugsfertigkeit" des Objekts anknüpft. In vielen Fällen verhält es sich so, dass ein Bauvorhaben durchaus in Benutzung genommen wird, obwohl noch Restleistungen fehlen und eine Reihe von Mängeln vorhanden sind. Die Auftraggeberseite argumentiert dann gerne damit, dass man zur Verhinderung größeren Schadens das Gebäude bereits bezogen habe, aber die Vertragsstrafe wegen fehlender Restleistungen oder Mängel trotzdem verlangt werden könne, weil es an der Abnahmereife fehle. Mitunter handelt es sich hierbei um Außenanlagen oder andere Restleistungen, welche die Benutzbarkeit des Bauwerks in keiner Weise einschränken. Der Auftragnehmer sollte deshalb darauf hinwirken, dass von vornherein vereinbart wird, dass bei einer Bezugsfertigkeit (das ist ein Begriff aus dem Bauträgerrecht, zu dem auch Rechtsprechung existiert) der Vertragsstrafenzeitraum endet. In einem solchen Fall kann eine Vertragsstrafe selbst dann nicht verlangt werden, wenn noch wesentliche Mängel vorliegen, das Gebäude aber dennoch im Wesentlichen bestimmungsgemäß genutzt werden kann (OLG Hamm, Urt. v. 17.3.2006 – 25 U 111/04). 1486

Handelt es sich um mehrere Bauteile oder um ein größeres Gebäude, wird es häufig so sein, dass zu dem vereinbarten Endtermin der überwiegende Teil des Bauwerks bezugsfertig ist und auch genutzt wird, wobei einzelne Teilbereiche noch nicht bezugsfertig sind. Wir erinnern an den Fall der 20 Reihenhäuser, von denen 19 Reihenhäuser zum Fertigstellungstermin bezogen waren und lediglich ein Haus um einen Monat zu spät fertig wurde. Hier empfiehlt sich eine vertragliche Vereinbarung, nach der die Vertragsstrafe nur anteilig für die Häuser oder Bauteile geltend gemacht werden kann, die tatsächlich zum vereinbarten Termin nicht fertiggestellt worden sind. 1487

Erfahrungsgemäß ist es in vielen Fällen nicht möglich, den Auftraggeber zu einem Abrücken von vorformulierten Vertragsbedingungen, insbesondere von Vertragsstrafenversprechen, zu bewegen. Dann sollte der Auftragnehmer *nach* Abschluss des Vertrags in einem Anschreiben mitteilen, über welche einzelnen Punkte des Vertrags er abweichende Vorstellungen geäußert hat und dass der Auftraggeber zu entsprechenden Verhandlungen hierüber nicht bereit war. Der Auftragnehmer sollte sich stets klar machen, welche wirtschaftlichen Folgen im Fall der Wirksamkeit einer Vertragsklausel auf ihn zukämen. Sind diese Folgen erheblich, empfiehlt sich eine vorherige juristische Prüfung im Einzelfall. Sind die Folgen der Wirksamkeit einer Klausel im Verhältnis zur Bedeutung des Auftrags dagegen eher gering, sollte sich der Auftragnehmer in der Organisation des Bauablaufs auf die Wirksamkeit der fraglichen Regelung einstellen und eine AGB-rechtliche Überprüfung erst vornehmen, wenn es auf deren Wirksamkeit tatsächlich ankommt. 1488

1489 **Beispiel:** Der Bauvertrag sieht eine Vertragsstrafe für die schuldhafte Überschreitung sämtlicher Einzelfristen des Bauzeitenplans sowie des Endfertigstellungstermins vor. Die Vertragsstrafe für die Überschreitung von Einzelfristen bemisst sich nicht anhand des Wertes der anteiligen Leistungen, der zu den jeweiligen Zeitpunkten geschuldet ist.

1490 Eine solche Vertragsstrafe ist in AGB zweifelsfrei unwirksam (vgl. oben unter I. 3. e), Rn. 1458 ff.). Über eine solche Klausel zu verhandeln, empfiehlt sich im Zweifel eher nicht. Denn möglicherweise schafft man auf diese Weise eine wirksame Vereinbarung durch Aushandeln, sodass eine Vertragsstrafe anfallen kann. Werden die jeweiligen Fristen eingehalten, spielt die Vertragsstrafe ohnehin keine Rolle. Es macht auch keinen Sinn, die Unwirksamkeit solcher oder ähnlicher Klauseln bereits kurz nach Vertragsabschluss anzusprechen. Die damit einhergehende Verschlechterung des Geschäftsklimas sollte man sich nach Möglichkeit ersparen. Kommt es dagegen tatsächlich zu schuldhaften Fristüberschreitungen und macht der Auftraggeber daraufhin die Vertragsstrafe geltend, ist der Ernstfall eingetreten. Es reicht aus, erst zu diesem Zeitpunkt die AGB-Widrigkeit der Klausel geltend zu machen.

3. Vertragsstrafe für verschobene Termine

1491 Nach einer Grundsatzentscheidung des BGH wird eine Vertragsstrafenvereinbarung für die Überschreitung des Fertigstellungstermins insgesamt hinfällig, wenn sich aufgrund von Behinderungen der vertraglich vereinbarte Bauablauf durchgreifend geändert hat und es daraufhin zu einer grundlegenden Neuordnung des Terminplans gekommen ist (BGH, Urt. v. 14.1.1993 – VII ZR 185/91; ebenso: OLG Düsseldorf, Urt. v. 7.4.2016 – 5 U 81/15; KG, Urt. v. 8.4.2014 – 27 U 105/13). Dann müsste der Auftragnehmer eine Vertragsstrafe selbst dann nicht zahlen, wenn er den um die Behinderungsdauer verschobenen Fertigstellungstermin schuldhaft nicht einhält. Das OLG Dresden hält dies beispielsweise für gegeben, wenn sich eine vorgesehene zweimonatige Bauzeit aus vom Auftragnehmer nicht zu vertretenden Gründen um zwei Wochen verlängert hat oder sich der Fertigstellungstermin aufgrund einer Nachtragsvereinbarung wegen der Lieferzeit für einen neuen Motor, die zwölf Wochen beträgt, verschiebt (OLG Dresden, Urt. v. 13.12.2006 – 6 U 946/06 und OLG Dresden, Urt. v. 12.12.2012 – 13 U 431/11). Auch eine auftraggeberseitig verursachte Verzögerung des Baubeginns kann zum Entfall der Vertragsstrafe führen, wenn die Verbindlichkeit des Fertigstellungstermins vom Zeitpunkt des Baubeginns abhängt (OLG München, Beschl. v. 26.1.2012 – 9 U 2772/11 Bau).

1492 Andererseits kann eine Vertragsstrafenvereinbarung trotz eingetretener Behinderungen auch für den sich daraus ergebenden neuen Fertigstellungstermin fortgelten. Wann dies der Fall ist, hängt von den Umständen des Einzelfalls ab. Grundsätzlich darf es nicht zu einer *durchgreifenden* Änderung des Bauablaufs gekommen sein. Das OLG Dresden hat beispielsweise entschieden, dass der Zeitplan nicht umgeworfen werde, wenn bei einer Ausführungsdauer von 895 Werktagen an insgesamt 61 Tagen Unterbrechungen auftreten (OLG Dresden, Urt. v. 26.5.1999 – 8 U 327/99; ähnlich: OLG Düsseldorf, Urt. v. 10.6.1997 – 21 U 205/96).

Auftraggebern ist bei neuen Terminvereinbarungen zu empfehlen, ausdrücklich **1493** zu regeln, dass die vertraglich vereinbarte Vertragsstrafe auch für den neuen Fertigstellungstermin gilt. Wurde das nicht vereinbart und heben die Parteien einen ursprünglich vereinbarten Fertigstellungstermin einvernehmlich auf und bestimmen einen neuen Termin, so ist im Zweifel davon auszugehen, dass die ursprüngliche Vertragsstrafenregelung nicht mehr gelten soll, wenn für diesen Termin nicht wiederum ausdrücklich eine Vertragsstrafe vereinbart wurde (OLG Hamm, Urt. v. 12.7.2017 – I-12 U 156/16; OLG Düsseldorf, Urt. v. 7.4.2016 – 5 U 81/15; OLG Celle, Urt. v. 21.9.2004 – 16 U 111/04). Das Kammergericht vertritt die Auffassung, dass es bei einer Verlängerung der Ausführungsfrist von den Umständen des Einzelfalls abhänge, ob die ursprünglich getroffene Vertragsstrafenregelung auch für den neuen Fertigstellungstermin gelten soll, wenn die Parteien diese Frage nicht ausdrücklich geregelt haben (KG, Urt. v. 7.5.2004 – 7 U 6018/99). Dafür kann sprechen, dass die Vertragsstrafe terminneutral formuliert wurde, das heißt dem Wortlaut nach, auch auf veränderte Fristen angewandt werden könnte (BGH, Urt. v. 30.3.2006 – VII ZR 44/05).

Ein weiteres Problem für Auftraggeber besteht darin, dass bei behinderungsbe- **1494** dingt verschobenen Vertragsfristen die neue Fertigstellungsfrist nicht mehr kalendermäßig bestimmbar ist, falls kein neuer Termin unter Berücksichtigung der Behinderungen vereinbart wurde. Da die Vertragsstrafe immer Verzug des Auftragnehmers voraussetzt, ist stets eine Mahnung nach Fälligkeit erforderlich, um den Verzug des Auftragnehmers herbeizuführen (vgl. hierzu Kapitel G. I. 3, Rn. 1152 ff.).

4. Vertragsstrafe bei verspäteten Materiallieferungen

Es kommt vor, dass der Auftragnehmer einen Fertigstellungstermin nur deshalb **1495** nicht einhalten kann, weil Material verspätet auf die Baustelle geliefert wird. Der Auftragnehmer muss sich das Verschulden seiner Nachunternehmer, Planer und sonstiger Dritter, die er zur Erfüllung des Vertrags beauftragt hat, zurechnen lassen (§ 278 BGB). Bei Lieferanten von Baumaterial ist das jedoch regelmäßig nicht der Fall (OLG Celle, Urt. v. 11.10.2007 – 6 U 40/07). Der Auftragnehmer kann eine allein wegen verspäteter Materiallieferungen verlangte Vertragsstrafe deshalb im Regelfall zurückweisen.

Das gilt jedenfalls dann, wenn er das Material rechtzeitig bei einem ordnungsge- **1496** mäß ausgewählten Lieferanten bestellt hat und nicht zur Herstellung des Materials, sondern lediglich zu seiner Beschaffung verpflichtet ist. Neben der Vertragsstrafe entfällt selbstverständlich auch der Verzugsschadensersatzanspruch, weil auch dieser vom Verschulden abhängig ist. Ist der Lieferant dagegen ausnahmsweise in den werkvertraglichen Pflichtenkreis des Auftragnehmers einbezogen, muss er sich dessen Verschulden nach § 278 BGB zurechnen lassen. Das soll beispielsweise der Fall sein, wenn ein Rohbauunternehmer sich den Fertigbeton von einer Firma anliefern lässt (OLG Karlsruhe, Urt. v. 27.2.1997 – 11 U 31/96). Das OLG Karlsruhe vertritt die Auffassung, der Auftragnehmer schulde hier die Herstellung des Betons, sodass er sich des Lieferanten als Erfüllungsgehilfe bedient habe. Allerdings erging die Entscheidung vor der großen BGB-Reform im Jahr 2002 und würde heute möglicherweise anders ausfallen.

III. Musterschreiben

Unwirksame Vertragsstrafenvereinbarung

I 1 1497

An den Auftraggeber

Datum

Bauvorhaben: …
Bauvertrag vom …

Sehr geehrte Damen und Herren,

ausweislich der Schlussrechnungsprüfung wird eine Vertragsstrafe für die Überschreitung des Fertigstellungstermins geltend gemacht. Wir erlauben uns in diesem Zusammenhang zunächst den Hinweis auf unsere Behinderungsanzeigen vom … und vom …, aus denen sich mit hinreichender Deutlichkeit ergibt, dass der vertraglich vereinbarte Fertigstellungstermin aus Gründen, die wir nicht zu vertreten hatten, überschritten wurde. Eine Vertragsstrafe setzt aber stets Verzug mit der Leistung und damit Verschulden voraus.

Darüber hinaus weisen wir vorsorglich darauf hin, dass die Vertragsstrafenvereinbarung in Ziffer … des Verhandlungsprotokolls aus AGB-rechtlichen Gründen unwirksam ist. Denn dort werden als Bezugsgröße für den Anfall der Vertragsstrafe verschiedene Begriffe, nämlich einmal die „Schlussrechnungssumme" und an anderer Stelle der Begriff der „Auftragssumme" verwendet. Das lässt mehrere Deutungen zu und stellt nach der Rechtsprechung des BGH einen Verstoß gegen das AGB-rechtliche Transparenzgebot dar (BGH, Urt. v. 6.12.2007 – VII ZR 28/07, abgedruckt in BauR 2008, 508).

Alternativ *(Hinweis auf einen unzulässig hohen Tagessatz):*

Die vereinbarte Vertragsstrafe ist aus AGB-rechtlichen Gründen unwirksam, weil sie einen werktäglich geschuldeten Satz von 0,5 % der Auftragssumme vorsieht (BGH, Urt. v. 17.1.2002 – VII ZR 198/00).

Wir bitten Sie deshalb, die zu Unrecht in Abzug gebrachte Vertragsstrafe auszuzahlen und haben uns hierfür eine Frist bis zum … notiert. Sollten Sie von Ihrer Auffassung nicht abrücken, werden wir anwaltliche Hilfe zur Durchsetzung unserer Forderung in Anspruch nehmen. Dadurch entstünden zusätzliche Kosten, die von Ihnen zu tragen wären.

Alternativ *(Hinweis auf eine unwirksame Vertragsstrafenregelung für Zwischentermine):*

Die vereinbarte Vertragsstrafe in Ziffer … des Bauvertrags ist unwirksam, weil dort eine Pönalisierung von Zwischenterminen vorgesehen ist und sich die Höhe der jeweiligen Vertragsstrafe nicht nach dem Wert der bis dahin geschuldeten Bauleistung, sondern nach der Auftragssumme insgesamt bemisst. Das ist nach der Rechtsprechung unzulässig (vgl. BGH, Urt. v. 6.12.2012 – VII ZR 133/11, abgedruckt in IBR 2013, 69). Es liegen im vorliegenden Fall auch keine trennbaren Regelungen für die Zwischentermine einerseits und den Endfertigstellungstermin andererseits vor, die einer jeweils eigenständigen AGB-Kontrolle unterzogen werden können.

Mit freundlichen Grüßen

……………………………………………

(Unterschrift)

Unwirksame Vertragsstrafenvereinbarung für den Beginntermin **I 2 1498**

An den Auftraggeber

Datum

Bauvorhaben ...
Bauvertrag vom ...

Sehr geehrte Damen und Herren,

bei der Zahlung der ersten Abschlagsrechnung wurde uns wegen Nichteinhaltung des Baubeginntermins die vereinbarte Vertragsstrafe von 5 % abgezogen. Wir widersprechen dieser Kürzung und weisen darauf hin, dass vorliegend keine wirksame Vertragsstrafenvereinbarung hinsichtlich des Beginntermins vorliegt. Bei Überschreitung dieses Termins kann nach der Rechtsprechung eine Vertragsstrafe in Allgemeinen Geschäftsbedingungen nur wirksam sein, wenn bereits für den Beginn der Arbeiten eine Vergütung vereinbart wurde und diese die Bezugsgröße für die Berechnung der Vertragsstrafe darstellt. Das ist nach dem zwischen uns abgeschlossenen Vertrag aber eindeutig nicht der Fall, sodass die Vertragsstrafenvereinbarung unwirksam ist (BGH, Urt. v. 6.12.2012 – VII ZR 133/11). Zudem liegt nach dem Vertrag die Möglichkeit nahe, dass die Überschreitung mehrerer hintereinander folgender Zwischentermine aus den gleichen Ursachen die Vertragsstrafe mehrfach anfallen lässt, ohne dass eine Anrechnung stattfindet bzw. nur die höchste Einzelvertragsstrafe verwirkt ist.

Auch diese Regelung benachteiligt uns unangemessen und ist AGB-rechtlich unwirksam (OLG Nürnberg, Beschl. v. 24.3.2010 – 13 U 201/10).

Wir fordern Sie deshalb auf, den zu Unrecht vorgenommenen Rechnungsabzug bis zum ... auszuzahlen.

Eventuell *(Hinweis auf Unwirksamkeit der Vertragsstrafe für den Fertigstellungstermin):*

Wir weisen vorsorglich darauf hin, dass auch die Vertragsstrafe für eine eventuell schuldhafte Überschreitung des Endfertigstellungstermins unwirksam ist, weil die Vertragsstrafenregelung für die Zwischentermine sowie den Endtermin im vorliegenden Fall eine Einheit bildet und nicht getrennt beurteilt werden kann (BGH, Beschl. v. 27.11.2013 – VII ZR 371/12).

Eventuell *(Angebot zur gütlichen Einigung):*

Die Unwirksamkeit der Vertragsstrafe für den Anfangstermin hat nach der Rechtsprechung auch die Unwirksamkeit für den Endfertigstellungstermin zur Folge (BGH, Urt. v. 6.12.2012 – VII ZR 133/11). Deshalb kann dahinstehen, ob wir diesen Termin tatsächlich schuldhaft um vier Wochen überschritten haben. Wir bieten Ihnen jedoch ohne Anerkennung einer Rechtspflicht, im Falle einer Einigung aber verbindlich an, die Vertragsstrafe wegen der Überschreitung des Fertigstellungstermins für eine Woche zu zahlen, wenn Sie im Gegenzug auf weitere Vertragsstrafenansprüche verzichten. Wir bitten um entsprechende Rückäußerung bis zum … und stehen Ihnen für eventuelle Rückfragen gerne zur Verfügung.

Mit freundlichen Grüßen

....

(Unterschrift)

Wegfall der Vertragsstrafenvereinbarung wegen gravierender bauseitiger Behinderungen 1499

I 3

An den Auftraggeber

Datum

Bauvorhaben: …
Bauvertrag vom …

Sehr geehrte Damen und Herren,

uns wurde in der Schlussrechnungsbesprechung vom … mitgeteilt, dass Sie beabsichtigen, die Vertragsstrafe geltend zu machen, weil wir den behinderungsbedingt um drei Monate verschobenen Fertigstellungstermin noch einmal um vier Wochen überschritten haben. Wir müssen deshalb darauf hinweisen, dass der Abzug der Vertragsstrafe unter zwei Gesichtspunkten unberechtigt ist: Zunächst fehlt es an einer verzugsbegründenden Mahnung nach Ablauf der durch die Behinderungen verschobenen Fertigstellungsfrist. Im Falle einer behinderungsbedingten Verschiebung von Vertragsfristen gerät ein Auftragnehmer nach der Rechtsprechung erst in Verzug, wenn eine Mahnung nach Fälligkeit der Leistung erfolgt ist (BGH, Urt. v. 22.5.2003 – VII ZR 469/01; KG, Urt. v. 14.6.2013 – 7 U 124/12). Darüber hinaus ist die Vertragsstrafenvereinbarung hier in Wegfall geraten, weil aufgrund der durch Ihr Haus bedingten Verzögerungen der Zeitplan völlig aus dem Takt geraten ist und wir daraufhin zu einer durchgreifenden Neuordnung des Bauablaufs gezwungen waren (OLG Celle, Urt. v. 26.10.2016 – 7 U 27/16; OLG Köln, Urt. v. 27.4.2012 – 3 U 61/11). Bedenken Sie bitten, dass wir ein Vertragsstrafenversprechen für den im Vertrag genannten Termin abgegeben haben und nicht für einen solchen, der sich behinderungsbedingt um mehrere Monate verschoben hat.

Wir ersuchen Sie deshalb, vom Abzug der Vertragsstrafe Abstand zu nehmen und stehen Ihnen für Rückfragen gerne zur Verfügung.

Eventuell *(Vereinbarung eines neuen Fertigstellungstermins ohne nochmalige Vereinbarung einer Vertragsstrafe):*

Der von Ihrem Haus in der Schlussrechnungsprüfung vorgenommene Vertragsstrafenabzug ist nicht begründet. Zwar trifft es zu, dass wir im Juli 2016, also nach Wegfall der Behinderungen bzw. Unterbrechungen, einen neuen Fertigstellungstermin vereinbart haben. Dabei wurde aber nicht geregelt, dass die Vertragsstrafe auch für diesen um zwei Monate verschobenen Fertigstellungstermin gelten soll. Das führt nach der Rechtsprechung dazu, dass die im Vertrag vereinbarte Vertragsstrafe nicht für den verschobenen Fertigstellungstermin gilt

(OLG Düsseldorf, Urt. v. 19.4.2012 – 23 U 150/11). Hinzu kommt, dass wir die neue Terminvereinbarung erst zu einem Zeitpunkt getroffen haben, in dem der vertragliche Fertigstellungstermin bereits verstrichen war und uns die durch Ihr Haus verursachten Behinderungen zu einer durchgreifenden Neuordnung des gesamten Ablaufplans gezwungen haben.

Sollte am Abzug der Vertragsstrafe festgehalten werden, müssen wir die Angelegenheit unserem Anwalt übergeben und ihm Klageauftrag erteilen. Für Rückfragen stehen wir gerne zur Verfügung.

Eventuell *(Hinweis auf die AGB-rechtliche Unwirksamkeit einer vertraglichen Regelung, wonach die Vertragsstrafe auch für verschobene Termine gelten soll):*

Uns wurde mitgeteilt, dass wegen schuldhafter Überschreitung des um die Behinderungsdauer verschobenen Fertigstellungstermins die Vertragsstrafe geltend gemacht wird. Sie beziehen sich dabei auf eine Klausel im Bauvertrag, wonach die Vertragsstrafe auch für behinderungsbedingt verschobene Termine gelten soll. Nach einer Entscheidung des LG München ist eine solche Regelung aus AGB-rechtlichen Gründen unwirksam (LG München I, Urt. v. 22.12.2004 – 8 O 23/04). Falls wir uns nicht verständigen können, werden wir diese Frage gerichtlich klären lassen. Zur Vermeidung eines solchen Prozesses bieten wir Ihnen ohne Anerkennung einer Rechtspflicht, im Falle einer Einigung aber rechtsverbindlich an, Ihrem Haus den durch die Verzögerung konkret entstandenen Mietausfallschaden zu ersetzen. Nach Ihrer telefonischen Auskunft vom … handelt es sich hierbei um einen Betrag in Höhe von € 4.000,–, weil lediglich drei Wohnungsmieter um vier Wochen verspätet einziehen konnten. Bei dieser Sachlage bestehen ohnehin Zweifel daran, ob eine um das zehnfache höhere Vertragsstrafe geltend gemacht werden kann, weil alle anderen Wohnungen sowie die Gewerbeeinheiten unter Berücksichtigung der von Ihrem Haus zu vertretenden Behinderungen fristgemäß fertiggestellt worden sind. Wir bitten um Mitteilung bis zum …, ob Sie mit unserem Vorschlag einverstanden sind.

Mit freundlichen Grüßen

....

(Unterschrift)

Verschiebung des Endtermins wegen Behinderungen/fehlende Mahnung nach Fälligkeit **1500**

I 4

An den Auftraggeber

Datum

Bauvorhaben ...
Bauvertrag vom ...

Sehr geehrte Damen und Herren,

bei der Zahlung unserer Schlussrechnung haben Sie eine Vertragsstrafe wegen Nichteinhaltung des Endtermins abgezogen. Wir halten dies für unberechtigt.

Wie unstreitig sein dürfte, kam es während der Bauzeit zu mehrfachen Behinderungen, die wir nicht zu vertreten hatten (vgl. unsere Schreiben vom ... und ...). Da es nach Wegfall der Behinderungen nicht zu einer neuen Terminvereinbarung gekommen ist, war der neue Fertigstellungstermin nicht mehr kalendermäßig bestimmt, sodass Verzug nur aufgrund einer Mahnung Ihres Hauses eintreten konnte (OLG Celle, Urt. v. 26.10.2016 – 7 U 27/16). Es trifft zwar grundsätzlich zu, dass wir den behinderungsbedingt verschobenen Fertigstellungstermin nochmals überschritten haben. Ihrerseits wurde jedoch keine Mahnung nach Eintritt der Fälligkeit ausgesprochen, weshalb kein Verzug besteht (KG, Urt. v. 14.6.2013 – 7 U 124/12; BGH, Urt. v. 22.5.2003 – VII ZR 469/01). Wir fordern Sie deshalb auf, die zu Unrecht abgezogene Vertragsstrafe unverzüglich, spätestens jedoch bis zum ... an uns auszuzahlen.

Mit freundlichen Grüßen

....

(Unterschrift)

1501 Inverzugsetzung durch den Auftraggeber bei behinderungsbedingt verschobenem Fertigstellungstermin I 5

An den Auftragnehmer

Datum

Bauvorhaben …
Bauvertrag vom …

Sehr geehrte Damen und Herren,

wir hatten als Fertigstellungstermin für die vertraglichen Leistungen den …. dieses Jahres vereinbart. Sie haben mit mehreren Schreiben Behinderung hinsichtlich der Ausführung Ihrer Leistungen angezeigt und eine Bauzeitverlängerung geltend gemacht. Danach hätten die Leistungen spätestens am … fertiggestellt sein müssen. Denn die angezeigten Behinderungen rechtfertigen eine Verschiebung des Endtermins um maximal drei Wochen. Wir stellen hiermit fest, dass auch innerhalb der behinderungsbedingt um drei Wochen verlängerten Ausführungsfrist die Leistungen nicht vertragsgerecht fertiggestellt wurden. Zum heutigen Tage fehlen noch folgende Restleistungen: ...

Wir fordern Sie hiermit auf, die Vertragsleistung vollständig und abnahmereif bis spätestens zum … zu erbringen. Vorsorglich weisen wir darauf hin, dass wir im Fall des fruchtlosen Ablaufs dieser Nachfrist die vertraglich vereinbarte Vertragsstrafe geltend machen werden.

Alternativ *(Herbeiführung des Verzugs zum frühestmöglichen Zeitpunkt, rechtlich ist dieser Weg aber nicht sicher):*

Berücksichtigt man die von Ihrem Haus mit Schreiben vom … und vom … angezeigten Behinderungen, verschiebt sich der vereinbarte Endfertigstellungstermin um drei Wochen auf den 1.8.2017. Wir mahnen die Fertigstellung bereits hiermit für diesen Termin an und werden ab dem 2.8.2017 die vereinbarte Vertragsstrafe geltend machen, falls dieser Termin schuldhaft überschritten werden sollte. Vorsorglich setzen wir für die abnahmereife Fertigstellung der Leistung eine Nachfrist bis zum 7.8.2017.

Mit freundlichen Grüßen

…………………………………………

(Unterschrift)

Fehlender Vorbehalt der Vertragsstrafe

I 6 1502

An den Auftraggeber

Datum

Bauvorhaben …
Bauvertrag vom …

Sehr geehrte Damen und Herren,

Sie haben uns in der vergangenen Woche die Schlussrechnungsprüfung übersandt und hierbei eine Vertragsstrafe wegen Nichteinhaltung des Fertigstellungstermins in Abzug gebracht. Dem widersprechen wir hiermit. Zum einen sind wir der Ansicht, dass die Überschreitung des Fertigstellungstermins von uns ohnehin nicht zu vertreten ist. Wir verweisen auf unsere Behinderungsschreiben vom ... und …

Unabhängig davon haben Sie auch keinen wirksamen Vorbehalt der Vertragsstrafe erklärt. In dem Abnahmeprotokoll vom ... ist – entgegen der Regelung in § 11 Abs. 4 VOB/B – kein Vorbehalt der Vertragsstrafe enthalten.

Alternativ *(fehlender Vorbehalt bei fiktiver Abnahme):*

Eine förmliche Abnahme hat bisher nicht stattgefunden. Allerdings hatten wir Sie unter Hinweis auf die Fertigstellung unserer Leistungen unter angemessener Fristsetzung bis zum 3.8.2017 aufgefordert, die Abnahme zu erklären (§ 640 Abs. 2 BGB). Darauf wurde nicht reagiert. Damit sind sämtliche Abnahmewirkungen eingetreten, ohne dass von Ihrem Haus ein Vorbehalt der Vertragsstrafe geltend gemacht wurde.

Im Bauvertrag ist zwar geregelt, dass der Vorbehalt der Vertragsstrafe noch bis zur Schlusszahlung geltend gemacht werden kann. Hierunter ist nach der Entscheidung des Kammergerichts (Urt. v. 23.3.1999 – 4 U 1635/97) zu verstehen, dass der Vorbehalt innerhalb der Prüfungsfrist für die Schlussrechnung geltend gemacht werden muss. Unsere Schlussrechnung ging Ihnen spätestens am 12.8.2017 zu. Ihre Schlussrechnungsprüfung mit dem Abzug der Vertragsstrafe erreichte uns jedoch erst am 21.9.2017 und damit deutlich außerhalb der Prüfungsfrist von 30 Tagen nach § 16 Abs. 3 Nr. 1 VOB/B. Das hat zur Folge, dass ein rechtzeitiger Vorbehalt der Vertragsstrafe nicht mehr möglich und somit die Vertragsstrafe von uns auch nicht geschuldet ist.

Wir fordern Sie hiermit auf, die unberechtigt abgezogene Vertragsstrafe unverzüglich an uns auszuzahlen.

Alternativ *(AGB-rechtlich unwirksame Klausel zur Vorbehaltserklärung):*

Bei der Abnahme vom ... hat sich Ihr Haus die Geltendmachung der Vertragsstrafe nicht vorbehalten. Sie verweisen wegen des dennoch geltend gemachten Vertragsstrafenabzugs auf eine Klausel im Bauvertrag, wonach der Vorbehalt noch bis zur Zahlung der Schlussrechnung geltend gemacht werden kann. Eine solche Regelung ist nach einer Entscheidung des LG Wiesbaden unwirksam (Urt. v. 19.9.2012 – 5 U 169/07, abgedruckt in IBR 2013, 1167), weil die Vorbehaltserklärung dann möglicherweise erst Monate oder gar Jahre nach Abschluss der Arbeiten bzw. deren Abnahme möglich wäre. Eine Verschiebung der Vorbehaltserklärung ist zwar grundsätzlich zulässig; der Vorbehalt muss aber spätestens zum Zeitpunkt der Fälligkeit der Schlussrechnung erfolgen (ebenso: KG, Urt. v. 23.3.1999 – 4 U 1635/97). Unsere Schlussrechnung liegt Ihnen nachweislich seit acht Wochen vor, sodass der Vorbehalt hier zu spät erklärt wurde. Wir bitten Sie deshalb, die zu Unrecht in Abzug gebrachte Vertragsstrafe auszuzahlen und haben uns hierfür eine Frist bis zum ... notiert.

Mit freundlichen Grüßen

....

(Unterschrift)

Vertragsstrafe trotz Ingebrauchnahme **I 7 1503**

An den Auftraggeber

Datum

Bauvorhaben ...
Bauvertrag vom ...

Sehr geehrte Damen und Herren,

Sie machen uns gegenüber wegen Nichteinhaltung des Fertigstellungstermins eine Vertragsstrafe geltend. Deshalb weisen wir darauf hin, dass das Bauwerk/ unsere Leistungen am ... und damit zum vereinbarten Fertigstellungstermin übergeben wurden und seitdem auch genutzt werden. Soweit Sie darauf verweisen, dass noch eine Reihe von Restleistungen fehlen und deshalb noch keine abnahmereife bzw. vollständige Fertigstellung vorliege, machen wir auf die Entscheidung des OLG München aufmerksam (Urt. v. 21.3.2006 – 13 U 5102/05), nach der eine teilweise Gebrauchseinschränkung trotz überwiegender Nutzbarkeit der Leistung es nicht rechtfertigt, weiterhin die Vertragsstrafe zu verlangen.

Wir fordern Sie daher auf, den unberechtigten Vertragsstrafenabzug unverzüglich auszuzahlen.

Eventuell *(Vergleichsangebot zur Vertragsstrafe):*

In der Schlussrechnungsprüfung machen Sie die vertraglich vereinbarte Vertragsstrafe von 5 % der Abrechnungssumme geltend, weil die Abnahmereife erst sechs Wochen nach dem vereinbarten Fertigstellungstermin hergestellt wurde. Das ist unserer Auffassung nach nicht gerechtfertigt, weil die Bezugsfertigkeit der Wohnungen bereits eine Woche nach dem vertraglich vereinbarten Fertigstellungstermin gegeben war und das Bauvorhaben seit diesem Zeitpunkt auch tatsächlich bestimmungsgemäß genutzt wird.

Nach zwei Entscheidungen der Oberlandesgerichte München und Karlsruhe ist die Geltendmachung der Vertragsstrafe bis zur vollständigen Fertigstellung in solchen Fällen nicht gerechtfertigt (OLG Karlsruhe, Urt. v. 5.9.1997 – 8 U 136/96 sowie OLG München, Urt. v. 21.3.2006 – 13 U 5102/05). Geht man von einem Verzug mit der Fertigstellung um sechs Werktage aus, beträgt die Vertragsstrafe € 1.800,–. Wir bieten Ihnen hiermit ohne Anerkennung einer Rechtspflicht, im Falle einer Einigung aber verbindlich an, diesen Abzug auf € 3.000,– zu erhöhen. Falls Sie damit einverstanden sind, ersparen wir uns einen langwierigen und kostspieligen Rechtsstreit, der anderenfalls unabwendbar wird. Wir bitten um Mitteilung Ihrer Entscheidung bis zum ...

Eventuell (Angebot *der Übernahme des tatsächlich entstandenen Schadens):*

Ausweislich Ihrer Schlussrechnungsprüfung machen Sie wegen angeblich schuldhafter Fristüberschreitung die maximale Vertragsstrafe in Höhe von 5 % der Abrechnungssumme geltend.

Wir haben Ihnen bereits im Rahmen der Schlussrechnungsbesprechung mitgeteilt, dass sich der Fertigstellungstermin aufgrund von Behinderungen, die wir mit Schreiben vom … und … auch angezeigt hatten, verschoben hat. Wir haben Ihnen ferner mitgeteilt, dass es nach Wegfall dieser Behinderungen nicht zur Vereinbarung eines neuen Fertigstellungstermins gekommen ist, obwohl wir dies mehrfach angeboten hatten. Aufgrund der Behinderungen ist der neue Fertigstellungstermin damit nicht mehr kalendermäßig bestimmt, weshalb Verzug nur im Falle einer Mahnung nach Fälligkeit der Leistung eintreten kann. Solche verzugsbegründenden Mahnungen liegen aber nicht vor. Aus diesem Grund ist die Vertragsstrafe schon aus Rechtsgründen nicht verwirkt.

Unbeschadet dessen wären wir – ohne Anerkennung einer Rechtspflicht, im Falle einer Einigung aber rechtsverbindlich – bereit, mit den Mietern des Bauvorhabens über eine Entschädigung wegen des verspäteten Einzugs in die jeweiligen Wohnungen zu verhandeln. Sollten Sie damit einverstanden sein, werden wir die erforderlichen Gespräche unverzüglich führen und Sie über das Ergebnis unterrichten. Falls die Mieter realistische Vorstellungen äußern, werden wir uns an den entsprechenden Entschädigungssummen beteiligen, sodass ein Rechtsstreit vermieden werden könnte.

Wir bitten Sie um Ihre Rückäußerung bis zum … und stehen Ihnen für eventuelle Rücksprachen gerne zur Verfügung.

Eventuell (Vertragsstrafe *knüpft an Bezugsfertigkeit):*

Sie machen die Vertragsstrafe geltend, weil die Leistung zum vereinbarten Zeitpunkt nicht abnahmereif hergestellt worden ist. Wir weisen deshalb darauf hin, dass die Vertragsstrafe nach Ziffer … des Bauvertrags nicht an die Fertigstellung oder Abnahmereife anknüpft, sondern an die bezugsfertige Herstellung des Objekts. Diese haben wir innerhalb der vereinbarten Frist realisiert, weil das Bauvorhaben seit diesem Zeitpunkt bezogen und damit in Benutzung genommen wurde. Der Vertragsstrafenabzug ist deshalb nicht gerechtfertigt.

Eventuell (Vertragsstrafe *wegen nicht bzw. später erfolgter Abnahmeerklärung):*

Sie verlangen die Zahlung der Vertragsstrafe, weil die Leistung bis zum heutigen Tag nicht (***eventuell:*** *erst am …*) abgenommen worden ist. Wir weisen deshalb darauf hin, dass es nach der Rechtsprechung des BGH weder darauf ankommt, wann wir die Fertigstellung angezeigt bzw. eine Abnahme verlangt haben, geschweige denn entscheidend ist, wann und ob die Abnahme tatsächlich erklärt worden ist (BGH, Urt. v. 14.1.1999 – VII ZR 73/98). Für eine Verwirkung der Vertragsstrafe ist stattdessen einzig und allein maßgeblich, wann die Leistung tatsächlich fertiggestellt, also abnahmereif erbracht worden ist. Das war, wie wir im Streitfall beweisen werden, zum vertraglich vereinbarten Fertigstellungstermin und damit rechtzeitig der Fall. Dass das Bauvorhaben seit diesem Zeitpunkt auch ohne nennenswerte Einschränkungen genutzt wird, werden Sie nicht bestreiten wollen. Die vorhandenen Mängel, die allesamt unwesentlich sind, werden wir bis Ende der kommenden Woche beseitigen. Sollte die in Abzug gebrachte Vertragsstrafe nicht bis zum … ausgezahlt worden sein, werden wir die Angelegenheit unserem Anwalt übergeben und gegebenenfalls eine gerichtliche Klärung herbeiführen.

Mit freundlichen Grüßen

……………………………………………

(Unterschrift)

J. Kündigungsrechte des Auftraggebers nach § 8 VOB/B

I. Was muss der Bauleiter wissen?

Die VOB/B (und nunmehr auch das BGB) unterscheidet im Hinblick auf die Voraussetzungen, vor allem aber auch auf die Rechtsfolgen zwei grundsätzliche Kündigungsarten, nämlich **1504**
- die freie Kündigung (§ 8 Abs. 1 VOB/B, § 648 BGB) und
- die Kündigung aus wichtigem Grund (§ 8 Abs. 3 und 5 VOB/B, § 648a BGB).

1. Freie Kündigung nach § 8 Abs. 1 VOB/B

a) Grundsätze

Jeder Werkvertrag kann bis zur Fertigstellung der Leistungen jederzeit vom Auftraggeber gekündigt werden. Die Regelung in § 8 Abs. 1 VOB/B entspricht exakt der gesetzlichen Regelung in § 648 Satz 1 und 2 BGB. **1505**

Das jederzeitige Kündigungsrecht des Auftraggebers ist eine Besonderheit des Werkvertragsrechts. Begründet wird dies damit, dass Werkleistungen immer individuell auf den Besteller zugeschnitten sind und dieser deshalb das Recht haben soll, sich bis zur Fertigstellung des Werkes – auch grundlos – wieder vom Vertrag zu lösen. Andererseits ist klar, dass die freie Kündigung keine Vermögensnachteile für den Auftragnehmer zur Folge haben darf. **1506**

b) Kündigungsfolgen

Der Auftragnehmer erhält im Falle einer freien Kündigung des Auftraggebers **1507**
- die anteilige Vergütung für die erbrachten Leistungen sowie
- für die nicht erbrachten Leistungen die anteilige vereinbarte Vergütung abzüglich der von ihm durch die Nichtausführung bzw. Nichtfertigstellung des Werkes ersparten Aufwendungen und eines anderweitigen Erwerbs durch sogenannte „Füllaufträge". Alternativ kann der Auftragnehmer für die nicht ausgeführten Leistungen auch eine pauschale Entschädigung von 5 % der anteiligen Vergütung verlangen.

Der Auftraggeber kann seinerseits keine Schadensersatzansprüche geltend machen, da er den Vertrag aus freien Stücken gekündigt hat. Das gilt auch dann, wenn eine Kündigung aus wichtigem Grund beabsichtigt war, aber mangels wichtigen Grundes oder wegen formeller Fehler bei der Kündigung tatsächlich eine freie Kündigung ausgesprochen wurde (vgl. J. I. 2. k), Rn. 1585). **1508**

c) Ersparte Aufwendungen

Den Aufbau der Vergütungsabrechnung nach einer freien Kündigung besprechen wir im Kapitel „Abrechnung und Zahlung". Nachfolgend behandeln wir **1509** die Frage, welche Aufwendungen sich der Auftragnehmer als erspart abziehen lassen muss.

1510 Lohnkosten sind nur erspart, wenn sie infolge der Kündigung nicht mehr anfallen. Das ist letztlich nur der Fall, wenn der Auftragnehmer seinen Beschäftigten kündigt (wozu er aber nicht verpflichtet ist, BGH, Urt. v. 28.10.1999 – VII ZR 326/98). In allen anderen Fällen fallen die Lohnkosten für den Auftragnehmer trotz der Kündigung des Werkvertrags weiter an. Deshalb sind sie nicht erspart. In Betracht kommt allerdings anderweitiger Erwerb, wenn die Mitarbeiter auf anderen Baustellen eingesetzt werden. Dazu später im Detail (vgl. J. I. 1. d), Rn. 1517 ff).

1511 Materialkosten werden – soweit sie noch nicht entstanden sind – erspart. Auch hier ist (nur) die tatsächliche Ersparnis von der noch nicht verdienten Vergütung abzuziehen. Kosten für Material, das bereits bestellt wurde und nicht anderweitig verwendet werden kann, müssen nicht abgezogen werden. Kann das Material – gegebenenfalls mit Stornokosten – an den Lieferanten zurückgegeben werden, muss dies auch geschehen. Der Auftraggeber kann allerdings verlangen, dass ihm Material, das er als für den Auftragnehmer nicht anderweitig verwendbar bezahlen soll, nach der Bezahlung ausgehändigt wird und er dieses Material dann selbst nutzen kann (OLG Köln, Urt. v. 27.2.2004 – 11 U 103/03).

1512 Nachunternehmerkosten sind ebenfalls nur erspart, soweit sie nicht anfallen. Der gekündigte Auftragnehmer muss seinen Nachunternehmern ebenfalls frei kündigen oder mit ihnen eine einvernehmliche Vertragsaufhebung vereinbaren. Dabei können aber keine beliebig hohen Entschädigungen mit dem Nachunternehmer vereinbart werden. Vielmehr muss auch im Verhältnis zum Auftraggeber nachgewiesen werden, dass der Nachunternehmer in dieser Höhe einen Vergütungsanspruch gehabt hätte. Dies sollte bereits bei Abschluss solcher Vereinbarungen dokumentiert werden. Allerdings muss der Auftragnehmer vor der Kündigung seiner Nachunternehmer prüfen, ob im Werkvertrag ein Eintrittsrecht des Auftraggebers in die Nachunternehmerverträge vereinbart wurde. Ist dies der Fall, darf nicht sofort gekündigt werden. Vielmehr muss der Auftraggeber aufgefordert werden, sich innerhalb einer gesetzten Frist (eine Woche dürfte angemessen sein) darüber zu erklären, ob er von seinem Eintrittsrecht Gebrauch machen will. Nach Ablauf der Frist kann dann die Kündigung ausgesprochen werden, wenn der Auftraggeber bis dahin nicht die Absicht erklärt hat, in die Verträge einzutreten.

1513 Kalkulierte Vergütungsanteile für Allgemeine Geschäftskosten sind nach der Rechtsprechung kein ersparter Aufwand, da sie nicht projektbezogen anfallen, sondern unabhängig von einem einzelnen Auftrag.

1514 Baustellengemeinkosten können erspart sein, wenn sie wegen der Kündigung nicht mehr anfallen. Das betrifft in erster Linie zeitabhängige Kosten wie Miete von Containern, aber auch einmalig anfallende Kosten wie Planungskosten, Vermessungskosten, Kosten der Bestandsdokumentation und dergleichen.

Gewinn ist kein ersparter Aufwand. Ein kalkuliertes Wagnis ist erspart, wenn bestimmte projektbezogene Risiken nicht mehr entstehen können. In der Regel wird es aber so sein, dass kein konkretes Wagnis kalkuliert wurde, sondern das kalkulierte Wagnis bei normalem Projektverlauf Bestandteil des Gewinns ist (BGH, Urt. v. 24.3.2016 – VII ZR 201/15). **1515**

Die Abrechnung der ersparten Aufwendungen findet grundsätzlich nicht auf kalkulatorischer Basis statt. Es kommt also nicht darauf an, welchen Lohn- oder Materialaufwand der Auftragnehmer für eine bestimmte Leistungsposition kalkuliert hatte, sondern entscheidend ist, was ihn die Ausführung der Leistung bei Fortführung des Vertrags tatsächlich gekostet hätte. Der Auftragnehmer soll durch die freie Kündigung wirtschaftlich weder schlechter noch besser stehen als bei vollständiger Durchführung des Vertrags. Entsprechen die ersparten Aufwendungen seiner Kalkulation, kann er dies auch so vortragen (BGH, Urt. v. 22.9.2005 – VII ZR 63/04). Wendet der Auftraggeber ein, dass einzelne Kalkulationsansätze unrealistisch seien, muss notfalls ein Sachverständiger darüber entscheiden, welchen Aufwand der Auftragnehmer durch die Kündigung tatsächlich erspart hat. **1516**

d) Füllaufträge

Kann der Auftragnehmer seine Arbeitskräfte und die Materialien anderweitig verwenden, dann erhält er wirtschaftlich betrachtet Deckungsbeiträge für Lohn, Allgemeine Geschäftskosten und erwirtschafteten Gewinn. Konnte der Auftragnehmer aufgrund der Kündigung und der dadurch frei gewordenen Kapazitäten einen solchen „Füllauftrag" annehmen, muss er sich diesen „anderweitigen Verdienst" anrechnen lassen. Allerdings hat nicht der Auftragnehmer, sondern der Auftraggeber die Beweislast für die anderweitige Verwendung der Arbeitskraft oder deren böswilliges Unterlassen (BGH, Urt. v. 21.12.2000 – VII ZR 467/99). **1517**

Als Füllaufträge kommen nur nach der Vertragskündigung angenommene Aufträge in Betracht. Der Auftragnehmer muss sich also nicht darauf verweisen lassen, er habe durch vor der Kündigung erteilte Zusatzaufträge Deckungsbeiträge für Allgemeine Geschäftskosten sowie zusätzlichen Gewinn erwirtschaftet. Das bedeutet für die Praxis: Setzt der Auftragnehmer nach der Kündigung des Werkvertrags am Bauvorhaben A seine Mitarbeiter am Bauvorhaben B ein, dann sind die damit verbundenen Vorteile nicht gezwungenermaßen Füllaufträge bzw. anderweitiger Erwerb. Entscheidend ist vielmehr, ob der Auftragnehmer den Auftrag für das Bauvorhaben B erst nach bzw. durch die Kündigung (und die damit freiwerdenden Kapazitäten) annehmen konnte. **1518**

Selbst nach einer freien Teilkündigung im selben Vertragsverhältnis erteilte Zusatzaufträge stellen nur dann einen „anderweitigen Erwerb" dar, wenn der Auftrag- **1519** nehmer diese Aufträge ohne die vorangegangene Teilkündigung nicht hätte ausführen können. Ein anderweitiger Erwerb durch einen Füllauftrag kann in der Regel nur dann festgestellt werden, wenn der gekündigte Auftragnehmer voll oder zumindest im Grenzbereich von 100 % ausgelastet ist, sodass er den weiteren Auftrag ohne die Kündigung nicht hätte annehmen können. Der Auftragnehmer muss in diesen Fällen darlegen, dass er keine Füllaufträge angenommen hat. Im Übrigen liegt die Darlegungs- und Beweislast beim Auftraggeber. Dieser kann nicht verlangen, dass der Auftragnehmer seine gesamte Geschäftsstruktur offenlegt, um ihm die Beurteilung zu ermöglichen, welche Aufträge ohne die Kündigung nicht akquiriert worden wären (OLG Hamm, Urt. v. 20.11.2003 – 24 U 195/01).

1520 In der Praxis kommt diese Anrechnung so gut wie nie vor, weil der Auftraggeber nicht wissen kann, welche Aufträge der Auftragnehmer möglicherweise als Füllauftrag angenommen hat. Auch wenn der Auftragnehmer sein Personal erwiesenermaßen anderweitig eingesetzt und laut veröffentlichter Bilanz einen überdurchschnittlichen Umsatz erzielt hat, kann er bei dem heute verbreiteten Nachunternehmereinsatz in vielen Fällen nachweisen, dass er diese Aufträge auch dann angenommen hätte, wenn der streitgegenständliche Werkvertrag nicht gekündigt worden wäre. Der Auftragnehmer wird in diesen Fällen immer argumentieren, er hätte die zusätzlichen Leistungen überwiegend mit Nachunternehmern erbringen können, sodass es sich eben nicht um „Füllaufträge" gehandelt habe. Der Auftraggeber kann mangels Einblick in den Geschäftsbetrieb des Auftragnehmers hierzu in der Regel keinen Gegenbeweis führen.

1521 Noch seltener kommt es vor, dass dem Auftragnehmer vorzuwerfen ist, er hätte einen Füllauftrag böswillig nicht angenommen und es dadurch versäumt, einen anderweitigen Erwerb herbeizuführen. Nur dort, wo der Auftraggeber selbst einen Füllauftrag anbietet, kann er nachweisen, dass der Auftragnehmer diesen treuwidrig oder wie es im Gesetz heißt „böswillig" abgelehnt hat (OLG Saarbrücken, Urt. v. 31.5.2005 – 4 U 216/04-44) oder dass der Erlös aus einem von ihm selbst erteilten weiteren Auftrag anzurechnen ist.

1522 **Beispiel:** Ein Auftraggeber kündigt den Werkvertrag mit einem Metallbau-Unternehmer wegen Terminverzugs. Der Metallbau-Unternehmer wendet ein, er sei aufgrund von Behinderungen wegen fehlender Pläne nicht im Terminverzug gewesen. Möglicherweise handelt es sich also um eine freie Kündigung des Vertrags. Der Unternehmer verweist darauf, dass er einen Teil der zu liefernden Balkonanlagen bereits in der Werkstatt fertiggestellt habe und diese Balkonanlagen für kein anderes Bauvorhaben Verwendung finden könnten. Daraufhin bietet der Auftraggeber an, die Balkonanlagen zu einem bestimmten Preis zu übernehmen. Der Unternehmer lehnt dies ab, da er für den noch gar nicht angefangenen Teil der Leistung 30 % entgangenen Gewinn geltend macht und der Ansicht ist, wenn der Auftraggeber die Schlussrechnung nicht insgesamt bezahle, sei er auch nicht verpflichtet, die bereits fertigen Balkonanlagen an den Auftraggeber zu übergeben.

Hier liegt der klassische Fall eines Füllauftrags vor. Der Auftraggeber hat dem 1523 Auftragnehmer nach der Kündigung den Ankauf von Material angeboten und der Auftragnehmer hat dieses Angebot abgelehnt, da er die Balkonanlagen als „Druckmittel" für die Durchsetzung einer überhöhten Schlussrechnungsforderung benutzen wollte. In solchen Fällen kann man nachweisen, dass der Unternehmer einen ihm möglichen anderweitigen Erwerb böswillig unterlassen hat.

e) Erleichterte pauschale Abrechnung

In § 648 BGB ist eine Regelung enthalten, nach der gesetzlich vermutet wird, dass dem Auftragnehmer 5 % der auf den noch nicht erbrachten Teil der Werkleistung entfallenden vereinbarten Vergütung zustehen. Man wollte mit § 648 Satz 3 BGB für den Auftragnehmer die Darlegungslast erleichtern, obwohl das aufgrund der geschilderten Rechtsprechung an sich nicht nötig war.

Deshalb kann der AN 5 % der auf den noch nicht erbrachten Teil der Werkleis- 1524 tung entfallenden Vergütung auch ohne eine Abrechnung des Vertrags geltend machen. Der Auftraggeber kann den Nachweis einer höheren Ersparnis führen, was ihm nach dem oben Gesagten selten gelingen wird.

2. Kündigung aus wichtigem Grund nach § 8 Abs. 3 VOB/B

a) Grundsätze

Ein Werkvertrag kann wie jeder andere Vertrag auch aus einem wichtigen Grund 1525 gekündigt werden. § 8 Abs. 3 VOB/B behandelt die Kündigung aus wichtigem Grund wegen Pflichtverletzungen des Auftragnehmers (auch schadensersatzbegründende Kündigung genannt).

Konkret geregelt sind 1526
- die Kündigung wegen verzögerter Leistungserbringung (§ 5 Abs. 4 VOB/B),
- die Kündigung wegen Nichtbeseitigung von Mängeln (§ 4 Abs. 7 VOB/B) und
- die Kündigung wegen unerlaubten Nachunternehmereinsatzes (§ 4 Abs. 8 VOB/B).

Daneben existieren noch weitere, ungeschriebene wichtige Kündigungsgründe.

b) Die drei Kündigungsmöglichkeiten bei verzögerter Leistungserbringung des Auftragnehmers (§ 5 Abs. 3 und 4 VOB/B)

Die Vorschrift des § 5 Abs. 4 VOB/B enthält drei unterschiedliche Kündigungs- 1527 gründe, die alle mit der Problematik der verzögerten Leistungserbringung zusammenhängen. Beginnt der Auftragnehmer nicht rechtzeitig mit den Arbeiten, gerät er mit der Fertigstellung (auch von Teilleistungen) in Verzug oder kommt er einer

Abhilfeanordnung des Auftraggebers (§ 5 Abs. 3 VOB/B) nicht nach, kann der Werkvertrag aus wichtigem Grund gekündigt werden (§ 5 Abs. 4 VOB/B).

1528 Lässt man den selten vorkommenden Fall der Kündigung wegen nicht fristgemäßen Baubeginns beiseite, dann stellt sich als wichtigste Frage für den Bauleiter, wann eine Kündigung wegen Verzugs mit verbindlichen Vertragsfristen in Frage kommt und in welchen Situationen stattdessen mit der Abhilfeanordnung des § 5 Abs. 3 VOB/B gearbeitet werden muss.

1529 Die Antwort lautet während der Bauzeit wie folgt: Sind verbindliche Zwischenfristen oder der Endtermin bereits überschritten und hat der Auftragnehmer die Überschreitung zu vertreten, dann kommt die Kündigung wegen Verzugs in Betracht. Sind bisher nur Ausführungsfristen überschritten, dann sollte eine Abhilfeanordnung getroffen und bei Nichtbefolgung die Kündigung hierauf gestützt werden.

1530 Durch den Ablauf von reinen Ausführungsfristen aus dem Bauzeitenplan tritt noch kein Verzug ein. Allerdings ist in der Regel die Einhaltung des Endtermins zumindest gefährdet. Wenn Arbeitskräfte, Geräte, Gerüste, Stoffe oder Bauteile so unzureichend sind, dass die Ausführungsfristen offenbar nicht eingehalten werden können, muss der Auftragnehmer auf Verlangen unverzüglich Abhilfe schaffen. Dazu ist es nicht erforderlich, dass die voraussichtliche Nichteinhaltung des Fertigstellungstermins vom Auftraggeber „bewiesen" wird. Allerdings reicht die bloße Annahme des Auftraggebers, nach dem vom Auftragnehmer bisher gezeigten Verhalten sei nicht damit zu rechnen, dass er die Arbeiten pünktlich leisten werde, nicht aus. Vielmehr muss sich der AG anhand von Tatsachen die Gewissheit verschaffen, dass mit an Sicherheit grenzender Wahrscheinlichkeit keine Gesamtfertigstellung innerhalb der vertraglichen Ausführungsfrist erwartet werden kann (OLG Celle, Beschl. v. 7.7.2009 – 14 U 45/09).

1531 Wichtig ist, dass mit der Abhilfeanordnung nicht gewartet werden muss, bis die aus dem Bauzeitenplan ersichtlichen Ausführungsfristen bereits überschritten worden sind; die Abhilfeanordnung kann schon in angemessener Zeit vor Fristablauf ergehen, wenn mit Sicherheit davon ausgegangen werden kann, dass der Auftragnehmer die Ausführungsfrist nicht einhalten wird (OLG Köln, Urt. v. 28.6.2006 – 11 U 48/04).

1532 In der Abhilfeanordnung braucht nicht unbedingt eine Frist für die Erbringung der eigentlichen Bauleistung gesetzt zu werden. Vielmehr reicht es aus, den Auftragnehmer aufzufordern, innerhalb einer angemessenen Frist den Personal- oder Geräteeinsatz so zu verstärken, dass die Ausführungsfristen zukünftig eingehalten werden können.

1533 Bei Zweifeln darüber, ob eine bestimmte, mit dem Auftragnehmer vereinbarte Frist nun eine verbindliche Vertragsfrist oder „nur" eine Ausführungsfrist ist, sollte der sichere Weg über die Abhilfeanordnung gegangen werden, weil Irrtümer über den Rechtscharakter der Frist den Auftraggeber teuer zu stehen kommen können (Stichwort: Freie Kündigung).

Ist jedoch bereits der ursprünglich vereinbarte Endtermin überschritten oder eine angemessene Frist zur Leistungserbringung verstrichen und danach eine Inverzugsetzung erfolgt, dann kommt auch eine Kündigung wegen Verzugs mit der Leistungserbringung in Betracht. **1534**

Zu der unterschiedlichen Rechtsqualität von Ausführungsfristen und verbindlichen Vertragsfristen und den unterschiedlichen Möglichkeiten von Terminvereinbarungen vergleiche auch Kapitel G, Ausführungs- und Vertragsfristen. **1535**

Nicht direkt unter § 5 Abs. 4 VOB/B fällt die Situation, in der der Auftragnehmer zwar nicht im Verzug mit der Erbringung seiner Leistungen ist, aber zur Durchsetzung unberechtigter Abschlagsforderungen die Arbeiten einstellt oder wie in einem vom OLG München entschiedenen Fall das vereinbarte Montagepersonal um zwei Drittel reduziert. Auch dieses Verhalten kann den Auftraggeber nach Setzung einer kurzen Frist zur Wiederaufnahme der Arbeiten dazu berechtigen, den Werkvertrag fristlos zu kündigen (OLG München, Urt. v. 22.2.2011 – 9 U 1731/10). In dem entschiedenen Fall hatte der Auftragnehmer eine Nachfrist von 24 Stunden zur Bezahlung einer gerade seit einer Woche fälligen Abschlagsrechnung gesetzt und zudem angekündigt, künftig wegen anhaltend unpünktlicher Zahlungen mit Wochenfrist Bezahlung der Abschlagsrechnungen zu verlangen. Im Vertrag waren hingegen 30 Tage Zahlungsfrist vorgesehen. Wäre der Auftragnehmer etwas umsichtiger mit seiner Fristsetzung vorgegangen, wäre die Entscheidung möglicherweise anders ausgegangen, denn vermutlich hatte der Auftraggeber sich ebenfalls nicht ganz vertragstreu verhalten. **1536**

c) Die Kündigung wegen nicht erfolgter Mangelbeseitigung vor Abnahme (§ 4 Abs. 7 i.V.m. § 8 Abs. 3 VOB/B)

Eine Besonderheit des VOB/B-Vertrags besteht darin, dass der Auftraggeber bereits vor dem vereinbarten Fertigstellungstermin bzw. vor Abnahme die Beseitigung von Mängeln verlangen kann. Bei einem BGB-Werkvertrag ist dies nur ausnahmsweise möglich. In der Regel muss die Leistung beim BGB-Vertrag erst bei Fertigstellung, also zum vereinbarten Fertigstellungstermin, vollständig und mangelfrei sein. Bis dahin bestimmt der Unternehmer, wann er die Mängel beseitigt. Dem Auftraggeber stehen beim BGB-Werkvertrag vor der Abnahme keine Mängelbeseitigungsansprüche zu (BGH, Urt. v. 19.1.2017 – VII ZR 193/15). Daher gibt es auch keine Möglichkeit der Vertragskündigung wegen „normalen Mängeln" (OLG Brandenburg, Urt. v. 13.1.2011 – 12 U 129/09). Bei einem BGB-Werkvertrag ist eine Kündigung nur bei schwerwiegenden Mängeln möglich, die der Auftragnehmer trotz Fristsetzung und Nachfristsetzung mit Kündigungsandrohung nicht behebt (OLG Schleswig, Urt. v. 9.3.2010 – 3 U 55/09). **1537**

1538 Die Vorschrift des § 4 Abs. 7 VOB/B weicht also von der gesetzlichen Regelung ab. Es kommt hinzu, dass der Auftraggeber nach der VOB-Regelung nicht nur zu einer Selbstvornahme der Mangelbeseitigung berechtigt ist, sondern gegenüber dem Auftragnehmer die Kündigung des gesamten Werkvertrags androhen darf, wenn die Beseitigung einzelner Mängel nicht innerhalb einer von ihm gesetzten angemessenen Frist erfolgt. Das widerspricht dem § 648a BGB, der eine Kündigung aus wichtigem Grund nur bei Unzumutbarkeit der Vertragsfortführung vorsieht. Aus diesem Grund halten wir es für wahrscheinlich, dass künftig die Vorschrift des § 4 Abs. 7 VOB/B als unwirksam angesehen wird, wenn die VOB/B nicht unverändert vereinbart wurde (anderer Ansicht allerdings OLG Koblenz, Urt. v. 28.07.2020 – 4 U 1282/17 und LG Bremen, Urt. v. 20.6.2019 – 2 O 2021/10 – nicht rechtskräftig). Das hätte dann zur Folge, dass eine „freie Kündigung" ausgesprochen wurde (vgl. J I. 2. k), Rn. 1585 ff.), wenn kein gesetzlicher Kündigungsgrund bestand (weil die Fortsetzung des Vertrags unzumutbar war) und der Auftraggeber dann die Kosten der Mangelbeseitigung nicht erstattet bekäme. Auf die damit in der Praxis verbundenen Probleme gehen wir unter J. II. 2. a), Rn. 1656 ff. ein.

1539 Der Bauleiter muss wissen, dass die Voraussetzungen einer Kündigung wegen unterlassener Mangelbeseitigung vor Abnahme nach der Regelung in § 4 Abs. 7 BOB/B wesentlich leichter herbeizuführen sind als die Voraussetzungen einer Kündigung wegen Verzugs. Wir haben im Einzelnen dargestellt, wie schwierig es ist, den Werkvertrag wegen Fristüberschreitungen zu kündigen.

1540 Eine Kündigung nach § 4 Abs. 7 VOB/B setzt lediglich folgende Schritte voraus:

- Aufforderung zur Mangelbeseitigung unter konkreter Angabe des Mangels mit Fristsetzung
- Nachfristsetzung mit Kündigungsandrohung
- Schriftliche Kündigung des Werkvertrags oder einer in sich abgeschlossenen Teilleistung

1541 Theoretisch wäre es möglich, die Mangelrüge mündlich zu erklären oder schriftlich zu rügen, ohne eine Frist zu setzen. Der Wortlaut von § 4 Abs. 7 lässt dies zu. Eine Aufforderung zur „umgehenden Mangelbeseitigung" könnte ausreichend sein (BGH, Urt. v. 12.8.2009 – VIII ZR 254/08). Anschließend könnte nach fruchtlosem Ablauf einer angemessenen Frist die Nachfrist mit Kündigungsandrohung gesetzt werden. Wir raten hiervon jedoch ausdrücklich ab.

1542 Die Kündigung ist nur berechtigt, wenn die Mangelbeseitigungsaufforderung inhaltlich präzise abgefasst ist und die gerügten Mängel klar und deutlich beschrieben waren. Der Auftragnehmer muss zweifelsfrei ersehen, was er im Einzelnen nachbessern soll. In der Praxis sind häufig Mangelrügen zu beobachten, die diesen Anforderungen nicht entsprechen. So reicht die Forderung „die gerügten Mängel zu beseitigen" nicht aus (OLG Köln, Urt. v. 17.8.2010 – 3 U 69/09).

Dabei ist nach bisheriger Rechtsprechung die Kündigung des gesamten Vertrags nicht nur bei besonders schwerwiegenden Mängeln möglich. Das OLG Düsseldorf hat etwa bei nicht beseitigten Mängeln mit einem Beseitigungsaufwand von € 3.500,– in der Ausbauphase eines Einfamilienhauses den Auftraggeber für berechtigt gehalten, den Vertrag mit einem Gesamtvolumen von € 140.000,– lange vor dem Fertigstellungstermin zu kündigen (OLG Düsseldorf, Urt. v. 23.6.1995 – 22 U 205/94). Auch das Kammergericht betont, dass es keinen Grundsatz gibt, dass geringfügige Mängel bis zur Abnahme hinzunehmen wären (KG, Urt. v. 6.5.2004 – 10 U 62/03). Wir halten diese Rechtsprechung für problematisch. Während des Herstellungsprozesses kommt es regelmäßig zu Mängeln und es ist objektiv betrachtet keineswegs immer erforderlich, diese sofort zu beseitigen. Der Praktiker muss sich jedoch darauf einstellen. **1543**

Der Bauleiter des Generalunternehmers, aber auch des Nachunternehmers, muss sich ferner über die Beweislastverteilung bei § 4 Abs. 7 VOB/B im Klaren sein. Hat der Auftraggeber Mängel erkannt und ein Mangelbeseitigungsbegehren an den Auftragnehmer gerichtet, braucht er den Beweis der Mangelhaftigkeit nicht zu führen. Er muss nur die angebliche Mangelhaftigkeit oder Vertragswidrigkeit der Leistung konkret darlegen. Die Beweislast für das Nichtvorhandensein der Mängel bzw. die Vertragsgerechtheit der Leistung liegt beim Auftragnehmer. Dieser muss nach bislang überwiegender Meinung in der baurechtlichen Literatur und Rechtsprechung seinerseits die ordnungsgemäße Vertragserfüllung beweisen (OLG Zweibrücken, Urt. v. 30.1.2006 – 7 U 74/05; OLG Celle, Urt. v. 24.11.1994 – 7 U 13/94). Nach dieser Meinung muss der Auftraggeber nur die objektiven Kündigungsvoraussetzungen darlegen, also den Zugang einer konkreten Mängelrüge und der Nachfristsetzung mit Kündigungsandrohung. Der Auftragnehmer muss dann beweisen, dass die Mängelrüge unberechtigt war, weil die Leistung die vereinbarte Beschaffenheit hatte und den Regeln der Technik entsprach. **1544**

Man kann an der Richtigkeit dieser Beweislastverteilung zweifeln und argumentieren, dass derjenige, der ein Kündigungsrecht aus wichtigem Grund ausüben will, alle Voraussetzungen des Kündigungsrechts (also auch die Mangelhaftigkeit der Leistung) zu beweisen hat. Der X. Senat des BGH teilt diese Auffassung und erklärt, der Besteller müsse die Mängel beweisen, die den wichtigen Grund darstellen sollen (BGH, Beschl. v. 19.9.2006 – X ZR 178/04). Auch das OLG Hamburg (Urt. v. 1.10.2015 – 5 U 146/10) teilt diesen Standpunkt, was sich aus dem Volltext der Entscheidung ergibt. Danach trägt der Auftraggeber die Beweislast für das Vorliegen eines wichtigen Grundes, und zwar auch dann, wenn eine Mängelrüge Grund für die Kündigung ist. Dass grundsätzlich der Auftragnehmer die Mängelfreiheit seiner Werkleistung vor deren Abnahme zu beweisen hat, stehe dem nicht entgegen. Wie der für das Werkvertragsrecht zuständige VII. Senat des BGH diese Frage sieht, ist unklar. **1545**

1546 Soll dem Auftragnehmer wegen Mängeln gekündigt werden, ist dem Auftraggeber dringend zu raten, den Zustand der Werkleistung so beweiskräftig wie möglich zu dokumentieren. Dies ist insbesondere dann geboten, wenn die mangelhafte Leistung kurzfristig durch eine mangelfreie Leistung ersetzt werden soll und ein Gerichtsgutachter im Rahmen eines nachfolgenden Bauprozesses nicht mehr beurteilen kann, ob der Mangel vorhanden war oder nicht.

1547 Grundsätzlich ändert eine Ersatzvornahme nichts an der Beweislast für die Mangelfreiheit. Die Untätigkeit des Unternehmers rechtfertigt es nicht, dem an seiner Stelle tätig werdenden Besteller nunmehr die Beweislast für das Vorliegen von Mängeln aufzuerlegen (OLG Naumburg, Urt. v. 8.1.2013 – 1 U 57/12). Lässt der Auftraggeber aber angebliche Mängel, für die der Auftragnehmer die Beweislast trägt, im Wege der Ersatzvornahme ohne ausreichende Dokumentation beseitigen, so kann darin aber im Einzelfall eine Beweisvereitelung liegen. Das ist der Fall, wenn das Vorliegen oder Nichtvorliegen der Mängel nur im Laufe der Mängelbeseitigungsarbeiten überprüft werden konnte und der Auftraggeber dem Auftragnehmer keine dahingehenden Feststellungen ermöglicht hat, obwohl dieser darum gebeten hatte, zu den Bauteilöffnungen eingeladen zu werden (BGH, Urt. v. 23.10.2008 – VII ZR 64/07). Daher sollte der Auftragnehmer bei strittigen Mängeln an den Untersuchungsterminen teilnehmen können.

d) Kündigung wegen unerlaubten Nachunternehmereinsatzes (§ 4 Abs. 8 VOB/B)

1548 Der Auftragnehmer hat die Leistung im eigenen Betrieb auszuführen. Mit schriftlicher Zustimmung des Auftraggebers darf er sie an Nachunternehmer übertragen. Die Zustimmung ist nicht notwendig bei Leistungen, auf die der Betrieb des Auftragnehmers nicht eingerichtet ist. Verstößt der Auftragnehmer gegen diese Verpflichtung, kann der Auftraggeber nach einer Fristsetzung den Vertrag kündigen.

1549 Zustimmung des Auftraggebers bedeutet im Rechtssinne die vorherige Einverständniserklärung (anders als die Genehmigung, die eine nachträgliche Einverständniserklärung darstellt). Indem die VOB/B das Wort Zustimmung verwendet, bringt sie also zum Ausdruck, dass in jedem Fall vor der Beauftragung des Nachunternehmers gefragt werden muss, ob dem Einsatz von Nachunternehmern zugestimmt wird. Die Zustimmung liegt etwa vor, wenn der Auftragnehmer (Bieter) schon im Angebot für bestimmte Leistungen Nachunternehmer benennt und vom Auftraggeber auf Basis des Angebots beauftragt wird (KG, Urt. v. 18.10.2016 – 7 U 90/15).

1550 Von erheblicher Bedeutung ist, dass die VOB/B aus Beweisgründen eine mündliche Zustimmung nicht ausreichen lässt, sondern Schriftform verlangt. Zwar wird man davon ausgehen können, dass ein Auftraggeber, der über mehrere Wochen hinweg in Kenntnis der Nachunternehmertätigkeit „nichts gesagt hat“, dem Nachunternehmereinsatz stillschweigend zugestimmt hat (OLG Celle, Beschl. v. 22.5.2009 – 14 U 45/09). Dies ist jedoch die Ausnahme und sollte auch als solche gesehen werden. Sicherer und in der VOB/B so vorgesehen ist die schriftliche Zustimmung des Auftraggebers.

Die VOB/B enthält mit dem Gebot der Selbstausführung in § 4 Abs. 8 VOB/B eine 1551
gravierende Abweichung von den Grundgedanken der gesetzlichen Vorschriften, die den Auftragnehmer erheblich benachteiligt. Das BGB kennt keine solche Einschränkung für den Auftragnehmer. Die Rechtsprechung hält diese Abweichung vom Gesetz dennoch für zulässig, auch in Allgemeinen Geschäftsbedingungen (zuletzt KG, Beschl. v. 11.1.2010 – 27 U 70/09). Das Kammergericht begründet seine Auffassung damit, dass § 4 Abs. 8 VOB/B gar kein Verbot eines Nachunternehmereinsatzes ohne sachlichen Grund beinhalte, sondern lediglich einen Zustimmungsvorbehalt regle, der den Auftragnehmer nicht unangemessen benachteilige. Gleichzeitig vertritt das Gericht aber den Standpunkt, dass der Auftraggeber die Zustimmung nur in besonderen Ausnahmefällen erteilen müsse, was in sich widersprüchlich ist und letztlich bestätigt, dass der Auftragnehmer gegenüber der gesetzlichen Regelung in seiner wirtschaftlichen Entscheidungsfreiheit erheblich eingeschränkt wird.

Die Notwendigkeit der Zustimmung zu Nachunternehmereinsätzen gilt nur für 1552
diejenigen Bauleistungen, auf die der Betrieb des Auftragnehmers eigentlich eingerichtet ist, die er aber dennoch an Nachunternehmer vergeben will. Leistungen hingegen, auf die der Betrieb des Auftragnehmers nicht eingerichtet ist, können auch ohne Zustimmung des Auftraggebers auf Nachunternehmer übertragen werden.

Konkret bedeutet dies, dass ein Generalunternehmer im Regelfall auch ohne 1553
Zustimmung des Auftraggebers sämtliche Ausbaugewerke an Nachunternehmer vergeben kann. Problematisch ist allerdings die Vergabe von Leistungen an Nachunternehmer aus den Bauhauptgewerken wie Beton- und Maurerarbeiten. Häufig werden Auftraggeber davon ausgehen, dass solche Bauleistungen von eigenen Mitarbeitern des Generalunternehmers erbracht werden. Jedenfalls ist dies bislang bei kleineren und mittleren Bauvorhaben eine gängige Verfahrensweise.

Will der Generalunternehmer abweichend von diesen Erwartungen des Auftrag- 1554
gebers auch Bauhauptleistungen untervergeben, muss er bereits bei Vertragsabschluss die Zustimmung des Auftraggebers hierüber einholen oder den Auftraggeber ausdrücklich darüber informieren, dass sein Betrieb beispielsweise auf Eisenflechterarbeiten nicht eingerichtet ist und keine entsprechenden Arbeitnehmer beschäftigt.

Je größer das Bauvorhaben und der konkrete Auftrag sind, desto weniger kann 1555
der Auftraggeber allerdings davon ausgehen, dass der Generalunternehmer selbst

Schalungsarbeiten ausführt, eine MSR-Firma selbst Kabel verzieht oder ein Lüftungsbauer Isolierungsarbeiten durch eigene Mitarbeiter durchführen lässt. In der Regel haben die Firmen hierfür kein eigenes Personal und sind auf die Erbringung solcher Arbeiten im eigenen Betrieb nicht mehr eingerichtet. In solchen Fällen ist die Berufung auf die fehlende Zustimmung durch den Auftraggeber als Rechtsmissbrauch anzusehen.

1556 Zu diesem Grenzbereich ist keine Rechtsprechung veröffentlicht. In der Kommentarliteratur wird hierzu die Ansicht vertreten, ein Auftragnehmer dürfe sich wegen der grundsätzlichen Selbstausführungsverpflichtung überhaupt nur um solche Aufträge bewerben, die er bis auf unwesentliche Nebenleistungen ausschließlich im eigenen Betrieb erbringen kann.

1557 Wir halten diese Auffassung für überholt. In den vergangenen Jahren hat sich in der Bauwirtschaft ein tiefgreifender Wandel hin zu einer verstärkten Spezialisierung und umfassendem Nachunternehmereinsatz bei komplexen Bauleistungen vollzogen. Die Rechtsprechung kann daher die heutige Baupraxis nicht an Idealbildern der sechziger oder siebziger Jahre messen, als innerhalb einer Baufirma nahezu alle zur Durchführung eines Auftrags erforderlichen Leistungen selbst erbracht wurden.

1558 Allerdings besteht hier aufgrund der oben geschilderten Literaturmeinung ein erhebliches Streitrisiko. Daher muss der Auftragnehmer auch dort, wo der Einsatz von Nachunternehmern üblich ist und kein eigenes Personal vorgehalten wird, spätestens bei Vertragsabschluss darauf hinweisen, welche Arbeiten er von Nachunternehmern ausführen lassen wird. In der VOB/B 2016 neu eingefügt wurde die Verpflichtung, dem Auftraggeber die Nachunternehmer und deren Nachunternehmer ohne Aufforderung spätestens bis zum Leistungsbeginn des Nachunternehmers mit Namen, gesetzlichen Vertretern und Kontaktdaten bekannt zu geben. Auf Verlangen des Auftraggebers hat der Auftragnehmer für seine Nachunternehmer Erklärungen und Nachweise zur Eignung vorzulegen. Allerdings sagt die VOB/B nicht, um welche Nachweise es sich dabei handeln soll, was die Regelung intransparent macht.

e) Sonstige wichtige Kündigungsgründe

1559 Die Aufzählung der Kündigungsgründe in der VOB/B ist nicht abschließend (OLG Stuttgart, Urt. v. 31.1.2017 – 10 U 70/16). Es gibt eine Vielzahl von Entscheidungen, in denen Gerichte ein grob vertragswidriges Verhalten des Auftragnehmers als ausreichenden Grund für eine fristlose Kündigung des Werkvertrags angesehen haben. Durch die Reform des Werkvertragsrechts 2018 ist dieses bereits in der Rechtsprechung anerkannte Kündigungsrecht wegen Unzumutbarkeit der Vertragsfortführung jetzt auch gesetzlich geregelt (§ 648a BGB). Die Aufzählung aller denkbaren Kündigungsgründe ist nicht möglich, da es sich hierbei immer um Einzelfallentscheidungen handelt.

So kann der Auftraggeber den Werkvertrag fristlos kündigen, wenn er feststellt, dass eine Fachfirma, die die Ausführung von Arbeiten übernommen hat, für die eine Eintragung in der Handwerksrolle erforderlich ist, mangels entsprechender Qualifikation nicht in der Handwerksrolle eingetragen ist (OLG Hamm, Urt. v. 1.12.1993 – 12 U 86/93). Der Auftraggeber kann weiter den Vertrag kündigen, wenn der Auftragnehmer ihm betrügerisches Verhalten vorwirft oder nach Rechnungskürzungen dem Auftraggeber oder seinen Familienangehörigen mit körperlicher Gewalt droht. **1560**

Ebenso verletzt der Auftragnehmer seine Kooperationspflicht schwerwiegend, wenn er auf ein Einschreiben nicht reagiert, dem Auftraggeber die Annahme eines Nachtragsangebots nicht mitteilt und aufgrund einer Bauablaufstörung einen umfassenden Gewährleistungsausschluss verlangt. Ein solches Verhalten rechtfertigt eine außerordentliche Kündigung des Auftraggebers (OLG Brandenburg, Urt. v. 16.3.2011 – 13 U 5/10). **1561**

Auch wenn der Auftragnehmer trotz mehrfacher Aufforderung des Auftraggebers keine zumutbare Frist für die Ausführung des Bauvorhabens nennt oder er die Weiterarbeit von der vorherigen Beauftragung und überhöhten Nachtragsangeboten abhängig macht (OLG Brandenburg, Urt. v. 9.2.2005 – 4 U 128/04), ist eine Kündigung aus wichtigem Grund möglich. Ebenfalls ein Kündigungsgrund ist die Zahlung von Schmiergeldern durch den Auftragnehmer an Mitarbeiter des Auftraggebers oder sonstige auf Seiten des Auftraggebers tätige Beteiligte (z.B. Bauleiter des Auftraggebers). **1562**

Schmiergelder und Gewaltandrohung oder unzulässige Absprachen von Bietern im Vergabeverfahren rechtfertigen auch eine sofortige Kündigung aus wichtigem Grund, ohne dass vorher eine Abmahnung mit Kündigungsandrohung erfolgt ist. In allen Fällen von „normalen" Vertragsverletzungen, wie etwa der Arbeitseinstellung zur Durchsetzung unberechtigter Nachträge oder der Weigerung, einen neuen Bauzeitenplan aufzustellen, ist jedoch zwingend eine vorherige Fristsetzung mit Kündigungsandrohung zur Wiederaufnahme der Arbeiten erforderlich (OLG Zweibrücken, Urt. v. 29.9.2016 – 6 U 6/15). Ferner muss sich der Auftraggeber selbst vertragstreu verhalten, also im Falle strittiger Nachträge ernsthafte Vergütungsverhandlungen mit dem Auftragnehmer führen, z.B. indem er seinerseits einen Betrag nennt, den er bereit ist, für die zusätzliche oder geänderte Leistung zu bezahlen. Verstößt der Auftraggeber selbst gegen dieses Kooperationsgebot, ist er nicht berechtigt, den Werkvertrag aus wichtigem Grund zu kündigen (OLG Brandenburg, Urt. v. 15.1.2008 – 11 U 98/07). **1563**

Schließlich kann die Kündigung auch berechtigt sein, wenn eine Vielzahl einzelner bzw. kleinerer Pflichtverletzungen vorliegt, die zwar nicht isoliert, aber in der Gesamtbetrachtung zur Zerstörung des Vertrauensverhältnisses zwischen den Parteien geführt haben (OLG Dresden, Urt. v. 17.11.2020 - 6 U 349/20). **1564**

f) Kündigungsandrohung

1565 Ist eine Frist zur Mangelbeseitigung oder eine Fristsetzung zur Fertigstellung der Leistungen oder die in einer Abhilfeanordnung nach § 5 Abs. 3 VOB/B gesetzte Frist verstrichen, muss der Auftragnehmer noch einmal unter Fristsetzung zur Abhilfe aufgefordert werden. Das Gleiche gilt für die Kündigung wegen unerlaubten Nachunternehmereinsatzes.

1566 Dieses Schreiben muss, wenn der Werkvertrag anschließend gekündigt werden soll, eine Nachfrist sowie eine inhaltlich eindeutige Kündigungsandrohung enthalten.

1567 **Beispiele für nicht ausreichende Kündigungsandrohungen:**
- Wird die Frist nicht eingehalten, wird das Konsequenzen haben.
- Nach Fristablauf werden wir Schadensersatz fordern oder Ihnen den Auftrag entziehen.
- Nach nochmaligem Fristablauf riskieren Sie eine Vertragsbeendigung.

1568 **Beispiele für ausreichende Kündigungsandrohungen:**
- Nach fruchtlosem Fristablauf werden wir den Vertrag kündigen.
- Nach nochmaligem Fristablauf werden wir das Vertragsverhältnis beendigen.
- Nach Ablauf der gesetzten Frist lassen wir die Leistung durch einen Ersatzunternehmer fertigstellen.

1569 Enthält die Nachfristsetzung keine Kündigungsandrohung, wird der Werkvertrag aber dennoch gekündigt, hat der Auftraggeber eine freie Kündigung nach § 8 Abs. 1 VOB/B ausgesprochen (OLG Köln, Urt. v. 28.6.2006 – 11 U 48/04). Dass eine solche mit gravierenden Rechtsnachteilen verbunden ist, wurde bereits erläutert. Fehlt also eine unmissverständliche Nachfristsetzung mit Kündigungsandrohung, muss ein solches Schreiben vor Ausspruch der Kündigung zwingend nachgeholt werden.

1570 Eine Kündigungsandrohung verliert ihre Warnfunktion, wenn aus dem nachträglichen Verhalten des die Kündigung androhenden Vertragspartners für den Gegner erkennbar wird, er werde nicht mehr an seiner Kündigungsandrohung festhalten (BGH, Urt. v. 28.10.2004 – VII ZR 18/03). Das ist etwa dann der Fall, wenn eine zu lange Zeit zwischen Kündigungsandrohung und Kündigungserklärung verstreicht, in der die Arbeiten weitergeführt werden und sogar noch Besprechungen stattfinden (OLG München, Beschl. v. 25.11.2015 – 13 U 2466/15 Bau). Eine anschließend dennoch ausgesprochene Kündigung ist dann eine freie Kündigung.

g) Verhandlungen mit dem Auftragnehmer während oder nach Fristablauf

1571 Es kommt häufig vor, dass während des Laufs einer Nachfrist mit Kündigungsandrohung oder nach Ablauf einer solchen Nachfrist noch Gespräche zwischen den Parteien geführt werden. Kündigt der Auftraggeber nach dem Scheitern der Einigungsbemühungen dann den Vertrag, wird mitunter vom Auftragnehmer behauptet, die Kündigung sei nicht nach § 8 Abs. 3 VOB/B berechtigt gewesen, da der Auftraggeber durch die Teilnahme an den Gesprächen zu erkennen gegeben habe, dass er an der Kündigungsandrohung nicht mehr festhalte. Im Einzelfall mag dies richtig sein, aber generell wird man solche Gespräche nicht als Verzicht auf die Kündigungsandrohung oder ein bereits bestehendes Kündigungsrecht ansehen dürfen (OLG Celle, Beschl. v. 22.5.2009 – 14 U 45/09; OLG Düsseldorf, Urt. v. 24.11.2000 – 22 U 61/00). Gleichwohl empfiehlt es sich für den Auftraggeber gerade bei noch laufenden Nachfristen klarzustellen, dass durch die Gespräche die gesetzten Fristen nicht verlängert werden (oder alternativ mitzuteilen, dass die Nachfrist aufgrund der laufenden Gespräche um eine bestimmte Dauer, z.B. eine Woche, verlängert wird).

h) Verwirkung des Kündigungsrechts

Dem Bauleiter des Auftraggebers muss klar sein, dass er nicht wochenlang oder **1572**
gar Monate zuschauen kann, wie der Auftragnehmer unerlaubt einen Nachunternehmer einsetzt oder andere grobe Pflichtverletzungen begeht, ohne hieraus Konsequenzen zu ziehen. Ein Kündigungsrecht aus wichtigem Grund wird verwirkt, wenn der Auftraggeber durch sein eigenes Verhalten zum Ausdruck bringt, dass er die Pflichtverletzung nicht als so wesentlich ansieht, dass sie eine außerordentliche Kündigung rechtfertigt. Das ergibt sich aus § 314 Abs. 3 BGB (BGH, Urt. v. 26.3.2008 – X ZR 70/06).

Ebenso wenig kann der Auftraggeber einem Auftragnehmer wegen ungenehmig- **1573**
ten Nachunternehmereinsatzes kündigen, um anschließend mit dessen Subunternehmer einen Vertrag über die gleichen Leistungen abzuschließen (OLG Düsseldorf, Urt. v. 14.1.1997 – 21 U 109/95). Ein solches Verhalten ist treuwidrig, wenn der Auftraggeber gar keine Bedenken gegen die fachliche Eignung des Subunternehmers hat, obwohl er seine Zustimmung wegen nicht nachgewiesener Referenzobjekte des vom Nachunternehmer vorgeschlagenen Subunternehmers verweigert hatte.

Bei der Kündigung wegen Nichtbeseitigung von Mängeln oder Verzugs mit der **1574**
Leistungserbringung kommt eine Verwirkung des Kündigungsrechts als solches nicht in Frage. Allerdings kann die Kündigungsandrohung ihre Wirksamkeit verlieren, wenn nach einer Nachfristsetzung mit Kündigungsandrohung das Kündigungsrecht nicht zeitnah ausgeübt wird. Sind seit Ablauf der Nachfrist mit Kündigungsandrohung mehrere Wochen verstrichen, sollte die Kündigungsandrohung (mit kurzer Frist) noch einmal wiederholt werden, bevor eine Kündigung ausgesprochen wird.

i) Vorsicht bei Teilkündigungen nach § 8 Abs. 3 VOB/B

1575 Liegen die Voraussetzungen für eine Kündigung aus wichtigem Grund nach § 8 Abs. 3 VOB/B vor, kann eine solche Kündigung auch auf einen in sich abgeschlossenen Teil der vertraglichen Leistung beschränkt werden (§ 8 Abs. 3 Nr. 1 Satz 2 VOB/B).

1576 **Beispiel:** Einem Nachunternehmer wurden Estrich- und Bodenbelagsarbeiten an einem Mehrfamilienhaus übertragen. Für die Durchführung der Bodenbelagsarbeiten wurden verbindliche Zwischenfristen für die einzelnen Geschosse vereinbart, mit denen der Auftragnehmer bereits seit längerem in Verzug ist. Die Estricharbeiten können dagegen noch innerhalb des Bauzeitenplans ausgeführt werden.

1577 In einem solchen Fall kann der Generalunternehmer die Kündigung auf die Durchführung der Bodenbelagsarbeiten beschränken, sodass der Nachunternehmer nach wie vor verpflichtet ist, die Estricharbeiten fertigzustellen.

Eine Teilkündigung aus wichtigem Grund kann aber nach einer Entscheidung des BGH nicht auf die einzelnen Geschosse eines Bauvorhabens beschränkt werden. Der BGH hält eine Teilkündigung nämlich nur dann für zulässig, wenn die Leistungen für sich genommen teilabnahmefähig wären (BGH, Urt. v. 20.8.2009 – VII ZR 212/07), weil § 8 Abs. 3 VOB/B ausdrücklich von „in sich abgeschlossenen Leistungen" spricht, auf die die Kündigung beschränkt werden kann. Mängel oder mangelhafte Leistungsteile innerhalb eines Gewerks können hiernach grundsätzlich nicht als in sich abgeschlossene Teile der geschuldeten Leistung angesehen werden (OLG Koblenz, Urt. v. 29.8.2013 – 6 U 965/12).

1578 Eine unwirksame außerordentliche Teilkündigung des Auftraggebers für nicht in sich abgeschlossene Leistungen wird laut BGH regelmäßig nicht in eine an sich mögliche freie Teilkündigung umgedeutet (BGH, Urt. v. 20.8.2009 – VII ZR 212/07; ebenso: OLG Celle, Urt. v. 27.2.2019 – 7 U 227/18; anders aber: OLG Karlsruhe, Urt. v. 17.4.2018 – 19 U 66/16 und KG, Urt. v. 13.6.2017 – 21 U 24/15). Die Gründe kann man der BGH-Entscheidung nicht entnehmen. Die nachfolgende nachdrückliche Weigerung des Auftraggebers, sich von der dadurch unwirksamen Teilkündigung zu distanzieren, kann sogar als erhebliche Pflichtverletzung gewertet werden, sodass der (unwirksam) teilgekündigte Auftragnehmer seinerseits den Werkvertrag aus wichtigem Grund kündigen darf (BGH, Urt. v. 20.8.2009 – VII ZR 212/07).

1579 Diese Entscheidung ist für die Praxis von großer Bedeutung und stellt für den Bauleiter des Auftraggebers eine echte „Falle" dar. Nach dieser Rechtsprechung bleibt bei nicht teilabnahmefähigen (Teil-)Leistungen – vor allem bei Mängeln – derzeit nur der Weg einer einvernehmlichen Vertragsaufhebung oder der Gesamtkündigung des Vertrags. Auftraggeber sollten ihre Verträge deshalb dahingehend ergänzen, dass die Teilkündigung auch für abgrenzbare Teile des geschuldeten Werks zulässig ist (siehe § 648a Abs. 2 BGB).

Unabhängig von der rechtlichen Problematik ist klar, dass das Vertragsverhältnis 1580
durch jede Teilkündigung gemäß § 8 Abs. 3 VOB/B erheblich belastet wird, denn der Auftragnehmer muss damit rechnen, dass der Auftraggeber von der noch ausstehenden Vergütung für den nicht gekündigten und noch auszuführenden Leistungsteil seine vermeintlichen Schadensersatzforderungen abziehen wird. Das motiviert den Auftragnehmer nicht unbedingt zur zügigen Fertigstellung seiner Leistungen, da er damit rechnen muss, sowieso kein Geld mehr zu bekommen. Häufig folgt daher auf eine Teilkündigung auch die Gesamtkündigung, wenn nicht rechtzeitig eine Einigung über die Schadensersatzansprüche zu Stande kommt.

j) Kündigungsfolgen

Der Auftragnehmer erhält im Fall einer solchen Kündigung aus wichtigem Grund 1581
nur die bis dahin ausgeführten Leistungen bezahlt. Bereits produzierte, aber noch nicht auf die Baustelle gelieferte Montageteile stellen dabei keine erbrachte Leistung dar (OLG Düsseldorf, Urt. v. 13.3.2020 – 22 U 222/19; OLG München, Urt. v. 17.3.2015 – 9 U 2856/11 Bau). Der Auftragnehmer erhält also weder einen entgangenen Gewinn noch die kalkulierten Deckungsbeiträge für Allgemeine Geschäftskosten aus den nicht ausgeführten Leistungen. Stattdessen ist er dem Auftraggeber zum Schadensersatz verpflichtet.

Hat der Auftraggeber aus wichtigem Grund gemäß § 8 Abs. 3 VOB/B gekündigt, 1582
kann er vom Auftragnehmer den Ersatz des gesamten kündigungsbedingt entstandenen Schadens verlangen. Dabei kann der Auftraggeber sogar einen Vorschuss wegen der voraussichtlichen Mehrkosten verlangen, bevor die Endabrechnung der Mehrkosten vorliegt (OLG Düsseldorf, Urt. v. 14.11.2008 – 22 U 69/08).

Ein Anspruch auf Erstattung von Restfertigstellungsmehrkosten steht dem Auf- 1583
traggeber auch dann zu, wenn er zwar den Vertrag dem Auftragnehmer nicht ausdrücklich entzieht, aber der Auftraggeber und der Auftragnehmer sich stillschweigend über die Aufhebung des Werkvertrags verständigen, nachdem der Auftragnehmer die vertragsgemäße Fertigstellung endgültig verweigert hat (KG, Urt. v. 29.4.2008 – 6 U 17/07).

Für die Weiterführung der Arbeiten kann der Auftraggeber Geräte, Gerüste, 1584
andere Teile der Baustelleneinrichtung und bereits angelieferte Baustoffe und Bauteile gegen angemessene Vergütung in Anspruch nehmen (§ 8 Abs. 3 Nr. 3 VOB/B). Macht der Auftraggeber von diesem Recht Gebrauch, sollte umgehend eine Bestandsaufnahme der übernommenen Geräte und Materialien erfolgen, gegebenenfalls mit einem Hinweis an den Auftragnehmer, dass ihm untersagt wird, diese von der Baustelle zu entfernen.

k) Umdeutung der unwirksamen Kündigung aus wichtigem Grund in eine freie Kündigung

1585 Ein Problem für den Auftraggeber entsteht dann, wenn sich seine vermeintliche Kündigung nach § 8 Abs. 3 VOB/B vor Gericht als unberechtigt erweist, weil Formfehler gemacht wurden oder der wichtige Grund nicht gegeben war. Jeder Bauleiter muss wissen, dass eine Kündigung des Auftraggebers dann nicht etwa wirkungslos ist. Tatsächlich wird dann statt einer Kündigung aus wichtigem Grund eine sogenannte freie Kündigung nach § 8 Abs. 1 VOB/B ausgesprochen. Juristisch wird das als „Umdeutung" der eigentlich beabsichtigten Kündigung aus wichtigem Grund in eine „freie" Kündigung bezeichnet (OLG München, Urt. v. 10.12.2019 – 28 U 1575/17 Bau; BGH, Urt. v. 24.7.2003 – VII ZR 218/02).

1586 Nach einer freien Kündigung kann der Auftraggeber keine Schadensersatzansprüche wegen der Mehrkosten der Fertigstellung geltend machen. Umgekehrt kann der Auftragnehmer eine Entschädigung verlangen. Vor einer beabsichtigten Kündigung eines Werkvertrags sollte daher immer geprüft werden, ob die Voraussetzungen für eine Kündigung nach § 8 Abs. 3 VOB/B tatsächlich vorliegen und im Streitfall auch bewiesen werden können. Bei einer Kündigung wegen Leistungsverzugs ist etwa zu berücksichtigen, dass es während der Bauausführung zu Baubehinderungen oder abweichenden Terminabsprachen gekommen sein kann und deshalb Verzug nicht, noch nicht oder nicht mehr vorliegt. Wird die Kündigung auf Verzug mit der Mangelbeseitigung gestützt, muss geprüft werden, ob in den Mängelanzeigen die Mängel ausreichend konkret und örtlich bestimmt gerügt worden sind.

1587 Hat der Auftragnehmer aber seine Leistungen bereits zu großen Teilen erbracht und drohen bei weiterem Zuwarten erhebliche Schäden, kann es sinnvoll sein, sofort zu kündigen und das Risiko einer Umdeutung in eine freie Kündigung in Kauf zu nehmen.

1588 3. Kündigung gemäß § 8 Abs. 2 VOB/B wegen Insolvenz

a) Grundsätze und Kündigungsgründe

1589 Durch die Stellung eines Insolvenzantrags bzw. durch die Anordnung der vorläufigen Verwaltung oder die Eröffnung des Insolvenzverfahrens wird der Werkvertrag nicht beendet oder aufgehoben. Vielmehr bestehen die wechselseitigen Rechte und Pflichten unverändert fort. Deren Erfüllung wird jedoch dadurch beeinträchtigt, dass der Schuldner (hier der Auftragnehmer) aufgrund des Verlustes seiner wirtschaftlichen Leistungsfähigkeit meist nicht mehr in der Lage ist, die geschuldeten Bauleistungen vertragsgemäß zu erbringen. Da dies dem Interesse des Auftraggebers an einer zügigen und mangelfreien Fortführung des Bauvorhabens entgegensteht, sieht die VOB/B in § 8 Abs. 2 ein Sonderkündigungsrecht vor. Danach kann der Auftraggeber den Vertrag kündigen, wenn der Auftragnehmer seine Zahlungen einstellt, von ihm oder zulässigerweise vom Auftraggeber oder einem anderen Gläubiger das Insolvenzverfahren (§§ 14 und 15 InsO) bzw. ein vergleichbares gesetzliches Verfahren beantragt ist, ein solches Verfahren eröffnet wird oder dessen Eröffnung mangels Masse abgelehnt wird.

Nach herrschender Meinung ist eine Kündigung, die an die Eröffnung des Insolvenzverfahrens anknüpft, wegen Verstoßes gegen § 119 i.V.m. § 103 InsO unwirksam, weil durch diese Regelung das Wahlrecht des Insolvenzverwalters in gesetzwidriger Weise ausgehebelt wird. **1590**

Der BGH hat deshalb in einer Entscheidung vom 15.11.2012 Klauseln in einem Stromlieferungsvertrag, die an die Eröffnung des Insolvenzverfahrens anknüpften, für unwirksam erklärt (vgl. BGH, Urt. v. 15.11.2012 – IX ZR 169/11). Der BGH sah es in dieser Entscheidung sogar als unzulässig an, wenn der Vertrag bereits im Fall der Zahlungseinstellung bzw. Stellung des Insolvenzantrags gekündigt wird. Denn auch in diesem Fall bestünde für den Insolvenzverwalter keine Chance mehr, den Vertrag mit Masse sichernder Wirkung fortzusetzen. Vor diesem Hintergrund muss dringend davor gewarnt werden, die Kündigung von Bauverträgen einzig und allein auf § 8 Abs. 2 Nr. 1 VOB/B zu stützen. Der Auftraggeber sollte vielmehr prüfen, inwieweit der Auftragnehmer mit der Leistungserbringung oder mit der Mangelbeseitigung aufgrund insolvenzbedingter Ausfallerscheinungen in Verzug ist. Kündigungen aus diesen Gründen gemäß § 8 Abs. 3 Nr. 1 i.V.m. § 4 Abs. 7 bzw. § 5 Abs. 4 VOB/B dürften weiterhin zulässig sein. Auch bei Eigen-Insolvenzanträgen des Auftragnehmers sieht der BGH die Kündigung des Auftraggebers für zulässig an (BGH, Urt. v. 7.4.2016 – VII ZR 56/15). **1591**

Wird hingegen die Eröffnung eines Insolvenzverfahrens vom Gericht mangels Masse abgelehnt und ist der Werkvertrag zu diesem Zeitpunkt weiterhin in Kraft, dann wird sich der Auftraggeber nach wie vor auf § 8 Abs. 2 Nr. 1 VOB/B stützen können; denn in diesem Fall gibt es keinen Insolvenzverwalter, dessen Wahlrecht ausgehebelt werden kann. **1592**

b) Kündigungsfolgen

Ist eine Kündigung nach § 8 Abs. 2 Nr. 1 VOB/B (letzte Alternative: nach Ablehnung mangels Masse) wirksam ausgesprochen worden, sind die ausgeführten Leistungen nach § 6 Abs. 5 VOB/B abzurechnen und dem Auftragnehmer zu vergüten. Der Auftragnehmer (bzw. der Insolvenzverwalter) hat die ausgeführten Leistungen folglich nach den Vertragspreisen abzurechnen und kann darüber hinaus die Kosten geltend machen, die ihm bereits entstanden und in den Vertragspreisen des nicht ausgeführten Teils der Leistung enthalten sind. Dazu gehört etwa der Aufwand für bereits angefertigte Bauelemente wie Fenster etc. **1593**

Dabei ist auch der Insolvenzverwalter gehalten, eine prüfbare Schlussrechnung gemäß § 16 Abs. 3 VOB/B vorzulegen (LG Frankfurt/M., Urt. v. 18.9.2009 – **1594**

2-20 O 220/08). Hiervon kann nur dann eine Ausnahme gemacht werden, wenn deren Vorlage z.B. durch Zeitablauf unmöglich geworden ist. Aber auch in einem solchen Fall ist der Insolvenzverwalter gehalten, die behaupteten Forderungen schlüssig darzulegen.

1595 Gemäß § 8 Abs. 2 Nr. 2 Satz 2 VOB/B kann der Auftraggeber vom Auftragnehmer Schadensersatz wegen Nichterfüllung verlangen. Dabei handelt es sich in der Regel um die Mehrkosten, die dem Auftraggeber wegen der Vollendung des Bauvorhabens durch einen Dritten entstehen. Insgesamt ist der Auftraggeber im Wege des Schadensersatzes nach § 8 Abs. 2 Nr. 2 Satz 2 so zu stellen, als hätte der Auftragnehmer den Vertrag ordnungsgemäß erfüllt.

1596 Die auf Geld gerichteten Schadensersatzansprüche sind aufgrund der Insolvenz des Auftragnehmers regelmäßig zur Tabelle anzumelden, soweit nicht eine Aufrechnung gegen Werklohnansprüche des Auftragnehmers stattfindet.

1597 Der Auftraggeber darf – anders als bei der Kündigung nach § 8 Abs. 3 VOB/B – das auf die Baustelle angelieferte Baumaterial nach der insolvenzbedingten Kündigung nicht ohne Weiteres selbst verwenden. § 8 Abs. 2 enthält nämlich keine dem § 8 Abs. 3 Nr. 3 VOB/B entsprechende Regelung. Nach dieser Vorschrift kann der Auftraggeber nach einer Kündigung gemäß § 8 Abs. 3 VOB/B Geräte, Gerüste, auf der Baustelle vorhandene andere Einrichtungen und zugelieferte Stoffe und Bauteile gegen angemessene Vergütung in Anspruch nehmen. Im Fall der Kündigung wegen Insolvenz ist also eine Vereinbarung mit dem Auftragnehmer nötig, wobei zu beachten ist, dass Baustoffe in der Regel unter Eigentumsvorbehalt geliefert werden und deshalb oftmals dem gekündigten Auftragnehmer noch gar nicht gehören. Hier ist dann eine Einigung mit dem Lieferanten zu treffen. Ansonsten wäre der Auftraggeber eventuell einer doppelten Inanspruchnahme durch Bereicherungsansprüche des Lieferanten und vertraglichen Zahlungsansprüchen des Nachunternehmers ausgesetzt.

4. Sonderkündigungsrechte für öffentliche Auftraggeber (§ 8 Abs. 5 VOB/B)

1598 Die Kündigungsregelungen in § 8 Abs. 5 VOB/B wurden speziell für öffentliche Auftraggeber geschaffen. Diese sollen dazu dienen, dass bei schwerwiegenden Mängeln im Ausschreibungsverfahren eine vorzeitige Vertragsbeendigung und anschließende Neuausschreibung erfolgen kann. Voraussetzung bei beiden Kündigungstatbeständen ist, dass ein Bauauftrag an einem Bauvorhaben oberhalb des sogenannten Schwellenwertes vorliegt (derzeit € 5.350.000,– für das gesamte Bauprojekt).

1599 Bislang war es so, dass Fehler bei der Wertung der Angebote im Vergabeverfahren mit Erteilung des Zuschlags bedeutungslos wurden, also keinen Einfluss auf den abgeschlossenen Werkvertrag hatten. Nunmehr kann der öffentliche Auftraggeber den Werkvertrag kündigen, wenn der Auftragnehmer wegen eines zwingenden Ausschlussgrundes zum Zeitpunkt des Zuschlags nicht hätte beauftragt werden dürfen (§ 8 Abs. 5 Nr. 2 VOB/B).

Bedenkt man, dass es eine Vielzahl zwingender Ausschlussgründe im Vergabever- 1600
fahren gibt, die nicht eben selten übersehen werden, dann wird klar, dass hier eine massive Rechtsunsicherheit für den Auftragnehmer entsteht. Es kommt hinzu, dass der Auftraggeber Schadensersatz gemäß § 8 Abs. 3 Nr. 2 VOB/B verlangen kann. Zudem ist der Auftragnehmer auch noch Schadensersatzansprüchen der Nachunternehmer ausgesetzt, wenn er bereits Nachunternehmer mit der Ausführung von Teilen der Leistung beauftragt hat und diese kündigen muss. In Anbetracht der Tatsache, dass selbst Bagatellgründe zum zwingenden Ausschluss führen können und die VOB/B nicht nur auf die zwingenden Ausschlussgründe nach § 123 GWB abstellt (Betrug, Korruption, Geldwäsche), bestehen erhebliche Zweifel an der Wirksamkeit der Regelung, wenn eine richterliche Inhaltskontrolle stattfindet (siehe hierzu Kapitel A. I. 5, Rn. 116 ff).

Eine weitere neue Kündigungsmöglichkeit besteht bei einer „wesentlichen Ände- 1601
rung des Vertrags". Gemeint ist damit in erster Linie die Notwendigkeit von Nachtragsleistungen in einem Umfang von mehr als 15 % der ursprünglichen Auftragssumme, wobei das Gesamtvolumen aller Nachträge betrachtet wird. Wenn man diesen Maßstab konsequent anlegen würde, könnten die öffentlichen Auftraggeber die Mehrzahl aller abgeschlossenen Verträge kündigen, da bei den Ausschreibungen häufig Leistungen in diesem Umfang vergessen werden. Die weitaus meisten öffentlichen Auftraggeber haben an einer Kündigung und Neuausschreibung gar kein Interesse, aber wenn es keine plausiblen Gründe für den Verzicht auf eine Neuausschreibung gibt oder man nach einem Vorwand für eine Vertragskündigung sucht, kann es zu einer Vertragskündigung kommen.

Man muss sich vor Augen führen, dass dabei in aller Regel kein Fehler des Auftrag- 1602
nehmers vorliegen wird, sondern der Auftraggeber in der Ausschreibung Leistungen vergessen oder falsch beschrieben hat. Nur deshalb kommt es nach Auftragsvergabe zu der Notwendigkeit einer Neuausschreibung. Diese hat häufig auch massive Auswirkungen auf völlig unbeteiligte Dritte, nämlich Nachunternehmer des gekündigten Auftragnehmers.

Beispiel: Eine Stadt schreibt die Sanierung einer Schule mit einem Gesamt- 1603
volumen von sieben Millionen Euro aus. Ein Fensterbauer mit einem Auftragsvolumen von € 400.000,– erhält den Auftrag. Später wird festgestellt, dass in der Ausschreibung eine ganze Fassade vergessen wurde oder dass als erhaltenswert eingestufte Fenster neu hergestellt werden müssen. Das Nachtragsvolumen beträgt deutlich über 30 % der Auftragssumme. Die Stadt kündigt aufgrund dieser wesentlichen Änderung des Vertrags den Auftrag mit dem

Fensterbauer. Dieser wiederum kündigt die Bestellung von Fensterprofilen und den Nachunternehmer für den Sonnenschutz, die aber genauso wie der Fensterbauer nicht für diese „wesentliche Veränderung" verantwortlich sind.

1604 Nach § 6 Abs. 5 VOB/B werden die ausgeführten Leistungen abgerechnet. Der Anspruch aus § 648 BGB (bisher § 649 BGB) auf Zahlung der vollen Vergütung abzüglich ersparter Aufwendungen ist ausgeschlossen, was eine gravierende Abweichung von dem gesetzlichen Leitbild darstellt. Allerdings enthält § 123 GWB seit 2016 eine EU-Richtlinie; umgesetzt wurde eine gleichartige Kündigungsregelung, sodass davon auszugehen ist, dass der Gesetzgeber für öffentliche Auftraggeber ein Sonderrecht schaffen wollte. Jeder, der sich um einen öffentlichen Auftrag bewirbt, sollte bedenken, dass er gekündigt werden kann, wenn die Ausschreibung fehlerhaft war oder unvorhersehbare Umstände eintreten. Sofern der Auftragnehmer die Leistung ganz oder teilweise an Nachunternehmer weitervergeben hat, steht auch ihm das Kündigungsrecht gemäß Abs. 4 Nr. 2 b zu, wenn der Hauptauftrag gekündigt wurde. Entsprechendes gilt für jeden Auftraggeber der Nachunternehmerkette, sofern sein jeweiliger Auftraggeber den Vertrag deshalb gekündigt hat. Zu beachten ist, dass diese Kündigungsmöglichkeit nur bei wesentlichen Änderungen des Vertrags besteht, nicht aber bei einer Kündigung gemäß Abs. 4 Nr. 2 a (der Auftragnehmer hätte von der Vergabe ausgeschlossen werden müssen).

1605 Etwaige Schadensersatzansprüche der Parteien bleiben unberührt. Der gekündigte Auftragnehmer muss dafür aber ein Verschulden des Auftraggebers im Vergabeverfahren nachweisen. Das wird häufig möglich sein, aber sicher nicht in jedem Fall.

1606 Die Kündigung ist vom Auftraggeber innerhalb von zwölf Werktagen nach Kenntnis des Kündigungsgrundes zu erklären. Das werden viele öffentliche Auftraggeber nicht schaffen, denn die Frist ist mit Blick auf die erforderlichen Entscheidungsprozesse sehr kurz.

1607 Insgesamt bergen die in § 8 Abs. 4 Nr. 2 VOB/B geschaffenen neuen Kündigungsgründe hohes Konfliktpotenzial, zumindest bis von Seiten der Rechtsprechung durch klarstellende Urteile derzeit noch bestehende Unklarheiten bei der Anwendung dieses Kündigungsgrundes ausgeräumt werden.

5. Schriftliche Kündigung erforderlich (§ 8 Abs. 6 VOB/B)

1608 Eine Kündigung gemäß § 8 VOB/B ist stets schriftlich und von der Geschäftsführung auszusprechen. Die Schriftform wird nur durch einen unterschriebenen Brief gewahrt, der allerdings auch eingescannt per Mail oder Fax übermittelt werden kann. Wie oben dargestellt, kann es auch eine Vielzahl weiterer „wichtiger" Kündigungsgründe geben, die in der VOB/B nicht ausdrücklich erwähnt sind. Für eine Kündigung aus solchen anderen Gründen soll das Schriftformerfordernis nicht gelten (OLG Bremen, Urt. v. 21.1.2011 – 2 U 133/07). Gleichwohl ist die Schriftform dringend anzuraten.

Wird die Kündigung von einem vollmachtlosen Vertreter ausgesprochen, wird sie 1609
dennoch wirksam, wenn der gekündigte Auftragnehmer die fehlende Vollmacht nicht unverzüglich rügt (§ 174 BGB). Erfolgt eine solche Rüge innerhalb von ein bis zwei Tagen, ist die Kündigung wirkungslos und muss erneut, diesmal mit wirksamer Vertretung des Auftraggebers, erklärt werden. Der Zugang des Kündigungsschreibens muss im Streitfall bewiesen werden und ist deshalb zu überprüfen und zu dokumentieren.

In der Kündigung müssen die VOB/B-Vorschriften nicht benannt werden. Bei einer 1610
Kündigung nach § 8 Abs. 3 VOB/B sollte jedoch deutlich gemacht werden, dass die Kündigung „aus wichtigem Grund" erfolgt. Auch eine Bezugnahme auf die vorangegangene(n) Kündigungsandrohung(en) ist rechtlich nicht unbedingt erforderlich. Allerdings zeigt die Erfahrung, dass es sinnvoll ist, dem Auftragnehmer in dem Kündigungsschreiben noch einmal deutlich vor Augen zu führen, warum die Kündigung erfolgt ist. Zum einen kann das dem Auftragnehmer selbst die Berechtigung der Kündigung klarmachen, zum anderen ist bei einem späteren Rechtsstreit auch für das Gericht deutlich, warum hier eine Kündigung aus wichtigem Grund ausgesprochen wurde.

Werden Kündigungsgründe, die objektiv vorliegen und dem Auftragnehmer auch 1611
bekannt sind, im Kündigungsschreiben nicht aufgeführt, können diese in einem späteren Rechtsstreit gleichwohl vorgebracht werden. Der BGH hat das Nachschieben von in dem Kündigungsschreiben nicht erwähnten Gründen für eine fristlose Kündigung akzeptiert (BGH, Urt. v. 25.3.1993 – X ZR 17/92). Diese Rechtsprechung ist allerdings auf Kritik gestoßen. Wenn man also in dem Kündigungsschreiben Gründe nennt, dann sollte man auch alle bekannten Kündigungsgründe angeben, um keine Rechtsnachteile zu erleiden.

Das spätere Nachschieben eines im Kündigungsschreiben nicht genannten Kün- 1612
digungsgrundes setzt in jedem Fall voraus, dass für den nicht erwähnten Kündigungsgrund alle formellen Voraussetzungen (Fristsetzung und Androhung der Kündigung) vorlagen.

6. Notwendigkeit von Aufmaß und Abnahme nach Kündigung

Der Auftragnehmer kann nach einer Kündigung ein Aufmaß sowie die Abnahme 1613
der von ihm ausgeführten Leistungen verlangen (§ 8 Abs. 6 VOB/B). In der Vergangenheit haben viele Auftragnehmer von diesem Recht keinen Gebrauch gemacht, weil bei einer Kündigung die Abnahme nach allgemeiner Ansicht keine Voraussetzung für die Fälligkeit der Schlussrechnungsforderung war. Dies hat sich durch eine Entscheidung des BGH geändert. Hiernach muss auch nach einer Vertragskündigung im Regelfall eine Abnahme erfolgen (BGH, Urt. v. 11.5.2006 – VII ZR 146/04).

1614 Der BGH begründet dies damit, dass auch nach einer Kündigung oftmals hinreichend abgrenzbare Teilleistungen vorliegen, die auf ihre Vertragsgerechtheit und Mangelfreiheit geprüft werden können. Das ist in vielen Fällen sicher richtig. Allerdings ist die Abgrenzung zwischen unfertigen Leistungen und mangelhaften Leistungen in der Praxis oft schwierig.

1615 **Beispiel:** Ein Auftragnehmer schuldet einen Gipsinnenputz der vereinbarten Oberflächenqualität „Q3". Nach der Kündigung wegen Verzugs mit der Leistungserbringung verlangt der Auftragnehmer die Abnahme der bis dahin ausgeführten Arbeiten. Der Auftraggeber rügt unter Angabe der betroffenen Bauteile, dass bei rund einem Drittel der Flächen die Ebenheitsanforderungen nicht erfüllt seien und verweigert die Abnahme. Der Auftragnehmer ist der Ansicht, es handele sich dort um unfertige Leistungen und nicht um Mängel, da die geschuldete Ebenheit mit einem abschließenden Spachteln und Schleifen hätte hergestellt werden sollen.

1616 Für den Bauleiter des Auftraggebers bedeutet dies einen ganz erheblichen Mehraufwand. Wenn der Auftragnehmer die Abnahme verlangt, wird er eine umfassende Mangeldokumentation vornehmen müssen, um wegen aller vorhandenen Mängel einen Vorbehalt bei der Abnahme erklären zu können. Da selbst fertiggestellte Bauleistungen häufig noch eine Vielzahl von Mängeln aufweisen, führt dies bei teilfertigen Bauleistungen zu langen Mängellisten. In dem obigen Beispiel dürfte es sich tatsächlich um nicht erbrachte Restleistungen handeln und nicht um Mängel. Auch diese nicht erbrachten Leistungen müssen akribisch dokumentiert werden, denn nicht erbrachte Leistungen kann der Auftragnehmer auch nicht abrechnen. In einem Aufmaß muss also festgehalten werden, welche der geputzten Wände komplett fertig waren und bei welchen Wänden das abschließende Spachteln und Schleifen noch nicht durchgeführt war.

1617 Ungeklärt ist ferner, ob der Auftraggeber wegen erheblicher Mängel oder der Vielzahl der Mängel die Abnahme verweigern darf und was die Folge ist. Ist die Kündigung gerade wegen der Nichtbeseitigung von Mängeln ausgesprochen, kommt eine Verweigerung der Abnahme nicht in Betracht, da der Auftraggeber durch die Kündigung gerade zu erkennen gegeben hat, dass er die gerügten Mängel nunmehr selbst beseitigen will. Erfolgte die Kündigung jedoch wegen Verzugs mit der Leistungserbringung und sind noch wesentliche Mängel vorhanden, wird der Auftraggeber die Abnahme bis zur Beseitigung dieser wesentlichen Mängel zunächst verweigern können. Entweder der Auftragnehmer beseitigt die Mängel oder sein Werklohnanspruch wird nicht fällig und die Verjährungsfrist für die Mängelansprüche beginnt nicht zu laufen.

1618 Überall dort, wo der Auftraggeber in der Regel schon wegen des weiteren Baufortschritts die Mängel beheben lassen muss, tritt allerdings mit der Beseitigung der Mängel durch einen Drittunternehmer ebenfalls die Abnahmefähigkeit ein. Der Auftragnehmer kann die Abnahme verlangen, obwohl er die Mängel nicht selbst beseitigt hat (BGH, Urt. v. 11.5.2006 – VII ZR 146/04). Die Abnahme ist dann nachzuholen, wenn der Auftragnehmer sie verlangt. Hierauf sollte der Bauleiter eines gekündigten Auftragnehmers unbedingt achten.

7. Mängelfeststellungen nach Kündigung

Fordert der Auftraggeber während der Bauausführung die Behebung von Män- **1619**
geln und kündigt nach entsprechender Fristsetzung mit Kündigungsandrohung den Vertrag, muss er dem Auftragnehmer für andere Mängel gleichwohl Gelegenheit zur Nachbesserung geben (OLG Brandenburg, Urt. v. 17.5.2006 – 4 U 208/98; BGH, Urt. v. 21.12.2000 – VII ZR 488/99).

Das gilt erst recht für eine Kündigung wegen Verzugs mit der Leistungserbrin- **1620**
gung. Nach einer solchen Kündigung hat der Auftragnehmer das Recht, die an der bis zur Kündigung ausgeführten Leistung vorhandenen Mängel zu beseitigen und so seinen vollen Werklohn für die bis dahin ausgeführten Leistungen zu verdienen.

Der Bauleiter des Auftraggebers muss daher bis zur Fertigstellung der Leistungen **1621**
darauf achten, dass alle im Zeitpunkt der Kündigung vorliegenden Mängel – mit Ausnahme derjenigen Mängel, wegen derer der Vertrag gekündigt wurde – wie auch nach der Kündigung festgestellte Mängel unter Fristsetzung zur Beseitigung angezeigt werden. Es handelt sich hier um eine sehr häufig vorkommende Situation. Wenn der nach der Kündigung mit der Ersatzvornahme betraute Drittunternehmer ohne vorherige Mängelrüge gegenüber dem gekündigten Unternehmer neu festgestellte Mängel beseitigt, kann der Auftraggeber die hierfür anfallenden Kosten nicht als Schadensersatz von dem gekündigten Auftragnehmer verlangen.

Soweit es sich allerdings nicht um Mängel, sondern um Restleistungen handelt, **1622**
ist dies nicht erforderlich, da mit der Kündigung die Vertragserfüllungsansprüche untergehen. Da die Abgrenzung oft schwierig ist, besteht der sicherste Weg in einer Mängelrüge.

Wenn der Auftragnehmer nach der Kündigung neu festgestellte Mängel besichti- **1623**
gen will, muss ihm hierzu Gelegenheit gegeben werden. Wird dies nicht beachtet, kann eine Beweislastumkehr die Folge sein (BGH, Urt. v. 23.10.2008 – VII ZR 64/07).

Auch wenn das Vertragsverhältnis mit dem insolventen Auftragnehmer beendet **1624**
ist, ist dieser weiterhin zur Beseitigung der von ihm verursachten Mängel verpflichtet und berechtigt. Die bloße Insolvenz eines Unternehmers führt nicht zwingend zur Unzumutbarkeit der Nacherfüllung (OLG Düsseldorf, Urt. v. 17.12.2009 – 5 U 57/09). Bevor der Auftraggeber in die Ersatzvornahme geht, hat er den Auftragnehmer folglich in jedem einzelnen Fall unter Fristsetzung zur Beseitigung aufzufordern. Erst nach Ablauf dieser Frist kann der Auftraggeber die Mängel auf Kosten des insolventen Auftragnehmers beseitigen lassen.

1625 Der Insolvenzverwalter muss so lange zur Beseitigung jedes einzelnen neu auftretenden Mangels aufgefordert werden, bis er eindeutig und abschließend erklärt, dass er für eine Mangelbeseitigung nicht (mehr) zur Verfügung steht (vgl. Musterschreiben). Denn die Tatsache, dass der Verwalter die Beseitigung eines konkret gerügten Mangels im Einzelfall verweigert, bedeutet noch lange nicht, dass er zur Beseitigung eines anderen, gegebenenfalls später gerügten Mangels nicht in der Lage wäre. Im Übrigen ist die Aufforderung zur Mangelbeseitigung auch für die Durchsetzung von Ersatzansprüchen gegenüber entsprechenden Bürgen erforderlich.

II. Handhabung in der Praxis

1. Einzelprobleme der Kündigung wegen verzögerter Leistungserbringung (§ 5 Abs. 4 VOB/B)

a) Überschreitung bloßer Ausführungsfristen

1626 Zur Erinnerung: Da die Fristen in einem Bauzeitenplan regelmäßig keine verbindlichen Vertragsfristen sind und lediglich Warnfunktion haben, sind die Bauleistungen zu den dort angegebenen Terminen noch nicht einmal fällig. Der Auftraggeber hat also keinen Anspruch darauf, vom Auftragnehmer die Erbringung der Bauleistung genau zu dem dort genannten Termin zu verlangen.

1627 Wenn die Besetzung der Baustelle beispielsweise mit Arbeitskräften oder Baustoffen so unzureichend ist, dass die Ausführungsfristen offenbar nicht eingehalten werden können, muss der Auftragnehmer auf Verlangen unverzüglich Abhilfe schaffen. Diese Abhilfeanordnung sollte stets schriftlich an den Nachunternehmer gerichtet werden. Dabei sollte eine konkrete Frist angegeben werden.

1628 Nach Ablauf dieser Frist gerät der Auftragnehmer, der die Abhilfeanordnung missachtet hat, zwar nicht in Verzug mit der Erbringung der Bauleistung, aber er macht sich einer schweren Vertragsverletzung schuldig. Die VOB/B geht davon aus, dass auch bloße Ausführungsfristen in Bauzeitenplänen einzuhalten sind und dass der Auftragnehmer geeignetes und ausreichendes Personal sowie die entsprechenden Geräte und Materialien bereitstellen muss, um dieser Verpflichtung nachzukommen. Die Missachtung dieser Verpflichtung gemäß § 5 Abs. 3 VOB/B gibt dann dem Auftraggeber das Recht, unter Nachfristsetzung gemäß § 5 Abs. 4 VOB/B eine Kündigungsandrohung auszusprechen und den Werkvertrag gemäß § 8 Abs. 3 VOB/B zu kündigen, falls auch nach der Kündigungsandrohung keine Abhilfe geschaffen wird.

1629 Nachfolgend soll noch einmal anhand eines konkreten Beispiels gezeigt werden, wie zu verfahren ist, wenn der Nachunternehmer lediglich eine Ausführungsfrist überschreitet und der Auftraggeber deshalb den Vertrag kündigen will.

Beispiel: In einem Bauzeitenplan ist die Frist für den Fenstereinbau auf den 24.7.2021 festgesetzt. Der Auftraggeber stellt eine Woche vor Fristablauf fest, dass es dem Nachunternehmer bei dem bisherigen Tempo offenbar nicht gelingen wird, diese Frist einzuhalten. 1630

Da die Frist in dem Bauzeitenplan keine verbindliche Vertragsfrist darstellt, wäre die Teilleistung (Fenstereinbau) nach Ablauf des 24.7.2021 noch nicht einmal fällig, schon gar nicht würde Verzug eintreten. Eine sofortige Kündigung wäre eine freie Kündigung (KG, Urt. v. 13.8.2013 – 7 U 166/13). Der Bauleiter des Auftraggebers muss deshalb eine Abhilfeaufforderung gemäß § 5 Abs. 3 VOB/B setzen und den Nachunternehmer mit angemessener Frist (eine Woche) auffordern, sein Personal oder die Materiallieferungen so zu verstärken, dass die Ausführungstermine zukünftig eingehalten werden können. Dies ist bereits vor dem 24.7.2021 möglich. 1631

Missachtet der Nachunternehmer die zur Abhilfe gesetzte Frist und bestätigt sich inzwischen, dass der Personal- und/oder Material- oder Geräteeinsatz völlig unzureichend ist, kann dem Auftragnehmer für die Realisierung der geforderten Abhilfe eine weitere Nachfrist mit Kündigungsandrohung gesetzt werden. 1632

Läuft auch diese Frist ab, kann der Werkvertrag nach § 8 Abs. 3 Nr. 1 VOB/B – schriftlich – gekündigt werden. 1633

Der Auftraggeber muss vor Gericht im Streitfall darlegen können, dass der Personal- oder Material- bzw. Geräteeinsatz des Auftragnehmers tatsächlich unzureichend war. Außerdem ist Voraussetzung für das Setzen einer Abhilfeanordnung, dass es überhaupt noch einen verbindlichen Bauzeitenplan mit Ausführungsfristen gibt (anderer Ansicht: OLG Hamm, Urt. v. 11.11.2009 – 12 U 49/09). Schon aus diesem Grund sollte der Bauleiter immer darauf achten, dass im Fall von Baubehinderungen der Bauzeitenplan „fortgeschrieben“ wird, also mit dem Auftragnehmer neue Ausführungsfristen vereinbart werden. 1634

b) Überschreitung einer verbindlichen Zwischenfrist

Nachfolgend wird gezeigt, wie vorzugehen ist, wenn der Nachunternehmer eine verbindliche Zwischenfrist überschreitet und der Auftraggeber deshalb den Werkvertrag kündigen will. 1635

Beispiel: In einem Nachunternehmervertrag ist eine Zwischenfrist für den Fenstereinbau auf den 24.7.2013 festgesetzt worden. In dem Werkvertrag ist ausdrücklich geregelt, dass diese Frist eine verbindliche Vertragsfrist darstellt. 1636

Da es sich bei dieser Frist um eine verbindliche Vertragsfrist handelt, die kalendermäßig eindeutig bestimmt ist, gerät der Nachunternehmer mit Ablauf des 24.7.2013 in Verzug, ohne dass es einer Mahnung bedarf. Deshalb kann bereits 1637 am 25.7.2013 eine Nachfristsetzung (beispielsweise auf den 2.8.2013) mit inhaltlich eindeutiger Kündigungsandrohung erfolgen. Verstreicht auch diese Nachfrist, ohne dass die Teilleistung fertiggestellt ist, kann der Geschäftsführer den Werkvertrag schriftlich kündigen.

1638 Allerdings muss der Bauleiter wissen, dass dieses Vorgehen nur möglich ist, wenn es keine Behinderungen gab. Durch Baubehinderungen können sich nämlich Ansprüche des Auftragnehmers auf Verlängerung der Fristen ergeben haben. Das führt dazu, dass nicht mehr automatisch mit Fristablauf Verzug eintritt, sondern nach Ablauf der behinderungsbedingt verlängerten Frist (also bei Fälligkeit der Leistung) die Fertigstellung der Teilleistung erst einmal angemahnt werden muss. Erst durch diese Mahnung nach Fälligkeit tritt Verzug ein. Wenn es tatsächlich Störungen im Bauablauf gab, und wenn diese die Ausführungsfrist auch nur um einen Tag verlängert haben, muss also nach Ablauf der verbindlichen Zwischenfrist zuzüglich der berechtigten Fristverlängerung immer eine Mahnung erfolgen, weil sonst kein Verzug eintritt. Erst danach kann die Nachfrist mit Kündigungsandrohung gesetzt werden.

c) Überschreitung des Fertigstellungstermins

1639 Hier gelten im Vergleich zu den verbindlichen Zwischenfristen keinerlei Besonderheiten. Der Auftragnehmer kommt bei Überschreitung der vereinbarten Vertragsfristen automatisch in Verzug, sodass ihm sofort eine angemessene Nachfrist mit Kündigungsandrohung gesetzt werden kann. Nach Ablauf dieser Frist kann der Werkvertrag vom Geschäftsführer gekündigt werden.

1640 Kommt es jedoch zu Bauverzögerungen, die der Auftragnehmer nicht zu vertreten hat (BGH, Urt. v. 22.5.2003 – VII ZR 469/01) oder leistet der Auftraggeber eine vereinbarte Anzahlung zu spät (OLG München, Urt. v. 27.6.2000 – 9 U 2810/99), wird der Fertigstellungstermin hinfällig und Verzug kann nur nach Zugang einer Mahnung durch den Auftraggeber eintreten.

1641 **Beispiel:** Vertraglicher Beginntermin war der 3.5.2021. Die Ausführungszeit betrug zwei Monate. Vor Beginn sollte eine Anzahlung von 30 % geleistet werden. Diese geht aber erst am 12.5.2021 beim Unternehmer ein. Außerdem wird die Baustelle vier Tage wegen eines Streiks stillgelegt. Fertigstellungstermin wäre der 2.7.2021 gewesen.

1642 Hier sind 14 Tage Behinderung eingetreten. Möglicherweise ist noch ein Zuschlag für die Wiederaufnahme der Arbeiten zu machen. Der Fertigstellungstermin verschiebt sich also um geschätzte drei Wochen auf den 23.7.2021. Nach diesem Datum muss zunächst einmal die Fertigstellung angemahnt werden, weil ohne Mahnung von einem Verzug nicht die Rede sein kann. Nach Zugang der Mahnung kann eine Nachfrist mit Kündigungsandrohung gesetzt werden. Eine Nachfristsetzung mit Kündigungsandrohung, die der Auftraggeber bereits vorher abschickt, wäre also wirkungslos. Eine Mahnung vor dem 23.7.2021 ist risikobehaftet, weil eventuell ein Zuschlag für die verspätete Anzahlung und die Wiederaufnahme der Arbeiten nach dem Streik zu machen ist. Solche Zuschläge können letztlich nur geschätzt werden.

Hier – wie in allen anderen Fällen der Nachfristsetzung – gilt: Wenn im Zeitpunkt **1643** der Nachfristsetzung noch kein Verzug vorlag, geht die Nachfristsetzung ins Leere (BGH, Urt. v. 15.3.1996 – V ZR 316/94) und die nachfolgende Kündigung kann teuer werden.

Hat der Auftragnehmer seinerseits ein Leistungsverweigerungsrecht, etwa wegen **1644** Verzugs des Auftraggebers mit Abschlagszahlungen oder Stellung einer Sicherheit nach § 648a BGB, schließt das den Verzug mit der Leistungserbringung aus (OLG Düsseldorf, Urt. v. 12.4.2019 – 22 U 62/18; BGH, Urt. v. 23.5.2003 – V ZR 190/02), und zwar unabhängig davon, ob der Auftragnehmer sich bereits auf das Leistungsverweigerungsrecht berufen hatte.

Wenn der Werkvertrag lediglich eine Bauzeit von zwei Monaten vorsieht, ohne **1645** dass der Beginn geregelt wurde, ist die Leistung kalendermäßig nicht eindeutig bestimmbar. Eine Ausnahme gilt dann, wenn nach Vertragsabschluss das Datum des Fristbeginns (z.B. Baubeginn) einvernehmlich festgelegt worden ist (BGH, Urt. v. 13.12.2001 – VII ZR 432/00).

Der Nachunternehmer ist daher bei Fristablauf noch nicht im Verzug, sondern **1646** erst, wenn ihm nach Ablauf der zwei Monate eine Mahnung geschickt wird. Diese Mahnung sollte eine Fristsetzung zur Fertigstellung enthalten. Verstreicht diese Frist, ohne dass die Leistung fertiggestellt wurde, tritt Verzug ein. Enthält die Mahnung keine Frist, tritt unmittelbar mit Zugang der Mahnung Verzug ein.

Erst wenn danach erfolglos eine Nachfrist gesetzt wurde, die mit einer inhaltlich **1647** zweifelsfreien Kündigungsandrohung versehen war, ist der Auftraggeber zur Kündigung des Werkvertrags aus wichtigem Grund nach § 8 Abs. 3 VOB/B berechtigt.

Ist bereits vor Ablauf der zwei Monate abzusehen, dass der Nachunternehmer die **1648** vereinbarte Bauzeit nicht einhält, kann ihm bereits rechtzeitig vorher eine Abhilfeanordnung mit angemessener Frist gesetzt werden. Hilft der Auftragnehmer der unzureichenden Baustellenbesetzung nicht ab, kann er nach Setzung einer Nachfrist mit einer Kündigungsandrohung und wiederum fruchtlosem Fristablauf gekündigt werden.

Befindet sich der Auftragnehmer bereits im Verzug und fordert der Auftraggeber **1649** ihn auf, die Baustelle „unverzüglich" ausreichend zu besetzen und droht für den Fall der Nichterfüllung Auftragsentziehung an, ist auch dies eine für die spätere Kündigung ausreichende Fristsetzung (BGH, Urt. v. 13.12.2001 – VII ZR 432/00).

d) Kündigung schon vor dem Fertigstellungstermin möglich?

1650 Es wurde oben dargestellt, dass eine Kündigung vor Ablauf des Fertigstellungstermins entweder auf die Überschreitung vereinbarter verbindlicher Zwischentermine oder auf die Nichtbeachtung von Abhilfeaufforderungen gestützt werden kann. Ausnahmsweise kann ein Werkvertrag auch ohne diese Voraussetzungen gekündigt werden, wenn definitiv feststeht, dass der vereinbarte Fertigstellungstermin aus vom Auftragnehmer zu vertretenden Gründen nicht mehr eingehalten werden kann und dem Auftraggeber die Fortsetzung des Vertrags nicht zumutbar ist (OLG Hamm, Urt. v. 5.8.2013 – 17 U 148/11; BGH, Urt. v. 4.5.2000 – VII ZR 53/99). Wegen des erheblichen Risikos sollte dieses Vorgehen auf klare Ausnahmefälle beschränkt werden (OLG Köln, Urt. v. 28.6.2006 – 11 U 48/04; OLG Köln, Beschl. v. 1.6.2012 – 11 U 203/11).

e) Was tun, wenn keine Termine vertraglich vereinbart oder die vereinbarten Termine wegen Behinderungen schon überschritten sind?

1651 Nicht selten kommt der Fall vor, dass bei Vertragsunterzeichnung noch nicht genau bekannt ist, wann die Arbeiten beginnen sollen und innerhalb welcher Fristen beziehungsweise zu welchen Terminen sie auszuführen sind. Wenn keine konkrete Terminvereinbarung getroffen wird, beinhaltet dies sowohl für den Auftraggeber/Generalunternehmer als auch für den Auftragnehmer erhebliche Risiken. Ähnlich problematisch ist der Fall, dass die ursprünglich vereinbarten Termine aufgrund von auftraggeberseitigen Behinderungen bereits überschritten sind und nun Streit darüber besteht, welcher Ausführungszeitraum dem Auftragnehmer noch zusteht.

1652 Hinsichtlich des Beginns der Bauarbeiten gilt § 5 Abs. 2 VOB/B, wonach bei fehlender Vereinbarung innerhalb von zwölf Werktagen nach Aufforderung zu beginnen ist. Die VOB/B enthält außer der allgemeinen Aussage, dass die Bauarbeiten angemessen zu fördern und zu vollenden sind, keine weiteren Aussagen zur Bauzeit. Allerdings regelt § 271 BGB, dass dort, wo für die Fälligkeit einer Leistung kein Termin vereinbart ist, die Leistung im Zweifelsfall sofort zu erbringen ist. Bei Bauleistungen bedeutet dieses „sofort“, dass die beauftragten Arbeiten alsbald nach Vertragsabschluss zu beginnen und in angemessener Zeit zügig durchzuführen sind (BGH, Urt. v. 8.3.2001 – VII ZR 470/99; OLG Frankfurt, Urt. v. 8.2.1994 – 10 U 14/93).

1653 Auch beim Fehlen eines vertraglich vereinbarten Fertigstellungstermins tritt also mit Ablauf einer angemessenen Herstellungsfrist die Fälligkeit der Leistung ein. Bei Streit über die Frage, ob die Leistung bei Fristablauf tatsächlich fällig war, trägt der Auftragnehmer die Beweislast dafür, dass – angeblich – die angemessene Herstellungsfrist noch nicht abgelaufen ist (BGH, Urt. v. 21.10.2003 – X ZR 218/01). Gleiches gilt im Ergebnis, wenn zwar ein Fertigstellungstermin vereinbart war, dieser aber wegen Behinderungen der Arbeit nicht eingehalten werden konnte. Der Auftragnehmer muss im Streitfall darlegen und beweisen, um welche Dauer sich die vereinbarte Ausführungszeit durch die Behinderungen verlängern musste. Dazu ist in der Regel eine konkrete, bauablaufbezogene Darstellung der jeweiligen Behinderung unumgänglich (BGH, Urt. v. 24.2.2005 – VII ZR 141/03).

Allerdings gerät der Auftragnehmer nach Ablauf der angemessenen Herstellungs- **1654**
frist noch nicht in Verzug. Vielmehr ist dazu nach Ablauf der angemessenen Frist und Eintritt der Fälligkeit noch eine Mahnung mit Nachfristsetzung notwendig. Erst mit Ablauf der Nachfrist würde dann Verzug mit der Leistungserbringung eintreten. Ab diesem Zeitpunkt haftet der Auftragnehmer also für den Verzugsschaden des Auftraggebers, auch wenn keine Fertigstellungsfrist vereinbart war. Anschließend kann dann ganz normal über § 5 Abs. 4 VOB/B vorgegangen werden, das heißt, nach eingetretenem Verzug muss noch einmal eine Nachfrist – diesmal mit Kündigungsandrohung – gesetzt werden. Anschließend kann der Werkvertrag dann (schriftlich!) gekündigt werden.

Wie man sieht, ist dies ein äußerst umständlicher Weg. Außerdem ist es oft strit- **1655**
tig, wie lang sich eine „angemessene Frist“ zur Leistungserbringung bemisst. Erfolgt die Mahnung und erste Nachfristsetzung zu früh (also vor Fälligkeit), tritt kein Verzug ein. Wird die zweite Nachfrist mit Kündigungsandrohung gesetzt, bevor der Verzug eingetreten ist, ist die Nachfristsetzung unwirksam (BGH, Urt. v. 15.3.1996 – V ZR 316/94) und die darauf gestützte Kündigung ist eine freie Kündigung. Deshalb noch einmal der Rat, kalendermäßig bestimmbare Anfangs- und Endtermine sowie verbindliche Vertragszwischenfristen in angemessener Zahl zu vereinbaren. Dies liegt wegen der oben angesprochenen Beweislastverteilung auch im Interesse des Auftragnehmers, was von Auftragnehmerseite häufig übersehen wird.

2. Einzelprobleme der Kündigung wegen Verzugs mit der Mangelbeseitigung

a) Kündigung überhaupt möglich?

Die Kündigung wegen Verzugs mit der Mangelbeseitigung setzt voraus, dass der **1656**
Auftragnehmer überhaupt zur Mangelbeseitigung verpflichtet ist. Zwar enthält die VOB/B (anders als das BGB) in § 4 Abs. 7 VOB/B die grundsätzliche Pflicht des Auftragnehmers, Mängel schon vor der Abnahme zu beseitigen. Aus den bereits oben angesprochenen Gründen ist die Wirksamkeit dieser Regelung allerdings zweifelhaft geworden.

Kündigt der Auftraggeber dennoch wegen des Verzugs mit der Mangelbeseiti- **1657**
gung, so geht er das Risiko ein, dass die von ihm vermeintlich ausgesprochene Kündigung aus wichtigem Grund in eine sogenannte freie Kündigung umgedeutet wird. Das hätte für ihn schmerzhafte finanzielle Folgen (siehe dazu J. I. 2. k),

Rn. 1585 ff.).Insbesondere könnte er dann die zur Mangelbeseitigung notwendigen Kosten nicht beim Auftragnehmer geltend machen.

1658 Möchte der Auftraggeber dieses Risiko vermeiden, dennoch aber Mängel auf Kosten des Auftragnehmers beseitigen, so stehen ihm hierfür zwei Wege zur Verfügung:

- Zum einen dürfte es möglich sein, mit dem Auftragnehmer schon im Werkvertrag wirksam eine Pflicht zur Mangelbeseitigung vor der Abnahme zu vereinbaren, wenn die entsprechende Klausel – anders als § 4 Abs. 7 VOB/B – auch die Interessen des Auftragnehmers angemessen berücksichtigt.
- Ist dies nicht möglich oder nicht geschehen, so steht es dem Auftraggeber grundsätzlich frei, die Leistungen des Auftragnehmers trotz ihrer Mangelhaftigkeit abzunehmen (das gilt selbst bei wesentlichen Mängeln). Der Auftraggeber kann also die Abnahme erklären und sich dabei die Ansprüche wegen der bei Abnahme vorhandenen Mängel vorbehalten. Nach erfolgter Abnahme kann er dem Auftragnehmer dann eine einfache Frist zur Mangelbeseitigung setzen und nach Fristablauf die Mängel auf Kosten des Auftragnehmers beseitigen (§ 13 Abs. 5 Nr. 2 VOB/B).

b) Form und Inhalt der Mängelrüge

aa) Notwendiger Inhalt

1659 Dem Bauleiter des Auftraggebers empfehlen wir dringend, die Mängelrügen so konkret wie möglich abzufassen und die Fristsetzungen zur Mangelbeseitigung zu dokumentieren. So reicht es beispielsweise keinesfalls aus, wenn wie folgt gerügt wird:

- „Diverse Fensterlaibungen müssen nachgearbeitet werden"
- „Die Oberflächenstruktur des Putzes ist ungleichmäßig"
- „Die Verlegung der Kabel ist nicht DIN-gerecht"
- „Anschlüsse unsauber" usw.

1660 Mit solchen pauschalen Mängelrügen kann man bei Gericht keinen Erfolg haben. Die Rechtsprechung verlangt, dass sich aus der Mängelanzeige konkret ergeben muss, wo der Mangel vorliegt und was genau eigentlich bemängelt wird (OLG Köln, Urt. v. 17.8.2010 – 3 U 69/09).

1661 Geht es also um Abweichungen von einer DIN-Vorschrift, sollte auf den konkreten Abschnitt oder eine Zeichnung in der DIN hingewiesen und genau dargelegt werden, warum/inwiefern die ausgeführte Leistung hiervon abweicht.

1662 **Beispiel:** „In der DIN 18202 Tabelle 3 ist für fertige Bodenbeläge eine Ebenheitstoleranz von maximal 4 mm bei einem Stichmaß von 1 m Länge vorgesehen. Bei der örtlichen Nachmessung an den Bauteilen … (konkrete Bodenflächen bezeichnen) hat sich herausgestellt, dass diese Anforderungen nicht eingehalten sind. Vielmehr wurden Maßabweichungen von bis zu 6 mm gemessen. Wir fordern Sie hiermit auf, …"

Es kann nicht eindringlich genug darauf hingewiesen werden, dass eine konkrete Mängelanzeige die Grundvoraussetzung für alle weiteren rechtlichen Schritte ist. Die Geltendmachung von Kosten für eine Ersatzvornahme nach erfolgter Teilkündigung scheitert häufig schon daran, dass die Mängelrüge nicht konkret genug war, sodass der Auftragnehmer später behauptet, er hätte gar nicht gewusst, was überhaupt von ihm verlangt worden ist. **1663**

Nicht erforderlich ist es dagegen, die Ursachen eines aufgetretenen Mangels zu ermitteln. Es reicht demnach völlig aus, gegenüber dem Auftragnehmer zu rügen, dass an verschiedenen Stellen das Dach undicht ist oder dass die Farbe an den Fenstern abplatzt. Welche Ursache die eintretende Feuchtigkeit bzw. das Ablösen der Farbe hat, muss der Auftraggeber nicht darlegen. **1664**

bb) Angemessenheit der Fristen

Ein weiterer wichtiger Punkt ist die Angemessenheit der Fristen. Es macht keinen Sinn, am Freitagnachmittag eine Frist zur Mangelbeseitigung auf Montagvormittag um 10:00 Uhr zu setzen, weil derart kurze Fristen nicht angemessen sind. **1665**

In der Regel muss eine Frist zur Mangelbeseitigung so bemessen sein, dass der Auftragnehmer bei zügiger Arbeit und angemessenem Personaleinsatz die Mängel auch tatsächlich beseitigen kann (OLG Brandenburg, Urt. v. 21.3.2018 – 11 U 124/15). Technische Aspekte, wie Aushärtungszeiten von Beton oder dergleichen, müssen berücksichtigt werden. Der Auftragnehmer kann jedoch nicht verlangen, dass er die Mängel beispielsweise erst ein oder zwei Wochen später beseitigt, vielmehr geht die VOB/B davon aus, dass erkannte Mängel sofort und ohne Zögern beseitigt werden. **1666**

Das bedeutet für den Auftragnehmer auch, dass der Auftraggeber in erheblicher Weise in seinen Arbeitsablauf eingreifen kann, denn die übrigen vertraglichen Fristen laufen weiter und werden durch die Notwendigkeit von Mangelbeseitigungsarbeiten nicht verlängert. **1667**

cc) Schriftform ist zu empfehlen

Auch wenn die VOB/B dies für „normale" Mängelrügen (die nicht der Unterbrechung der Gewährleistungsfrist dienen sollen) nicht vorschreibt, ist für die Mängelrüge die schriftliche Form dringend zu empfehlen. **1668**

Der Auftragnehmer muss zwar im Streitfall das Nichtvorhandensein der gerügten Mängel beweisen. Bevor es hierzu kommt, muss der Auftraggeber aber erst einmal nachweisen, dass er die Mängel, die angeblich nicht beseitigt worden sind, überhaupt gerügt hat. Die Mängelrüge als objektive Kündigungsvoraussetzung kann nur durch die Schriftform sicher dokumentiert werden. Der Zugang der Mängelrüge muss im Streitfall ebenfalls nachgewiesen werden. **1669**

c) Ersatzvornahmen vor Abnahme erst nach Kündigung des Werkvertrags

1670 Kommt der Auftragnehmer seiner Verpflichtung zur Mangelbeseitigung innerhalb einer vom Auftraggeber gesetzten angemessenen Frist nicht nach, ist der Auftraggeber berechtigt, die Mängel auf Kosten des Auftragnehmers entweder selbst zu beseitigen oder die Beseitigung durch Dritte vornehmen zu lassen.

1671 Im Fall der Mangelbeseitigung vor Abnahme ist aber in jedem Fall eine schriftliche Kündigung des Werkvertrags erforderlich, wenn der Auftraggeber den Mangel selbst beseitigen will, falls nicht ohnehin eine Gesamtkündigung des Vertrags stattfinden soll (BGH, Urt. v. 2.10.1997 – VII ZR 44/97). Denn ohne eine schriftliche Kündigung gegenüber dem Auftragnehmer kann der Auftraggeber die Kosten der Ersatzvornahme nur dann ersetzt verlangen, wenn der Nachunternehmer sich endgültig geweigert hatte, die Mängel zu beseitigen (BGH, Urt. v. 20.4.2000 – VII ZR 164/99). Ein wiederholtes Nichtreagieren auf Mängelbeseitigungsaufforderungen des Auftraggebers steht einer endgültigen Leistungsverweigerung gleich (OLG Frankfurt, Urt. v. 2.10.2009 – 24 U 4/09).

1672 Wir haben oben unter I. 9. dargestellt, dass eine Teilkündigung beim VOB/B-Werkvertrag nur für „in sich abgeschlossene Teile der Leistung" möglich ist. Mängel oder mangelhafte Leistungsteile innerhalb eines Gewerks können hiernach grundsätzlich nicht als in sich abgeschlossene Teile der geschuldeten Leistung angesehen werden (BGH, Urt. v. 20.8.2009 – VII ZR 212/07; OLG Koblenz, Urt. v. 29.8.2013 – 6 U 965/12). Man kann nur hoffen, dass bei der schon seit 2018 angekündigten Überarbeitung der VOB/B dieses Problem gelöst wird. Bis dahin muss sich jeder Auftraggeber darüber bewusst sein, dass eine Teilkündigung der Mangelbeseitigung nicht möglich ist und der sicherste Weg daher die Gesamtkündigung des Vertrags oder eines tatsächlich abgeschlossenen Teils der Leistung (vgl. Kapitel L. I. 2. f), Rn. 1819 ff.) ist, auch wenn dies in vielen Fällen nicht im Interesse des Auftragnehmers liegt.

1673 Nach einer Entscheidung des Kammergerichts (KG, Urt. v. 12.12.2000 – 27 U 10281/99) soll die Notwendigkeit der schriftlichen Kündigung sogar für Vorarbeiten zur eigentlichen Mangelbeseitigung bestehen. In dem entschiedenen Fall hatte ein Generalunternehmer nach Mangelrüge, aber ohne Teilkündigung, Stemmarbeiten durchführen lassen, um es dem Eisenflechterbetrieb anschließend zu ermöglichen, nachträgliche Änderungen der falsch verlegten Bewehrung vorzunehmen. Die Kosten der Stemmarbeiten zog der Generalunternehmer dem Verlegebetrieb ab. Das Kammergericht ist der Ansicht, der Generalunternehmer hätte den Eisenflechter auffordern müssen, selbst die notwendigen Stemmarbeiten am Beton vorzunehmen. Im Fall der Weigerung wäre eine Kündigung auszusprechen gewesen. Wir halten dies für falsch, weil Gegenstand der Kündigung nur die Vertragsleistung sein kann, nicht aber Vorarbeiten an Leistungen anderer Unternehmer.

Vereinzelt wird diskutiert, ob sich der Auftragnehmer auch ohne vorherige Fristsetzung mit Kündigungsandrohung und anschließender Kündigung wenigstens die ersparten Aufwendungen zur Mangelbeseitigung abziehen lassen muss. Wenn der Auftraggeber eine Mangelbeseitigung ohne vorherige Mangelbeseitigungsaufforderung durchführt, gibt es keinen Ersatzanspruch für die Mangelbeseitigungskosten. Daran besteht kein Zweifel. Fraglich ist aber, was bei einer „vergessenen" schriftlichen Kündigung gilt. Hierfür wird teilweise vertreten, dass die fehlende Kündigung zwar zum Verlust des Schadensersatzanspruchs gemäß § 8 Abs. 3 VOB/B führt (da dieser ja eine Kündigung voraussetzt), aber sich der Auftragnehmer zumindest abziehen lassen muss, was er durch die nicht von ihm durchgeführte Mangelbeseitigung erspart hat (so OLG Koblenz, Urt. v. 16.1.2004 – 8 U 889/03; OLG Celle, Urt. v. 1.8.2002 – 13 U 48/02). Wir halten das im Ergebnis für vertretbar, da die Auslegung des BGH, § 4 Abs. 7 VOB/B enthalte nicht nur ein Kündigungsrecht des Auftraggebers, sondern auch eine Kündigungspflicht, nicht überzeugt. Das BGB sieht das jederzeitige Recht des Auftraggebers vor, dem Auftragnehmer die Vertragsleistung ganz oder teilweise ohne Angabe von Gründen zu entziehen (§ 649 BGB). Da die Abgrenzung zwischen Restleistungen und Mängelbeseitigungsleistungen ohnehin schwierig ist, spräche einiges für einen solchen vergütungsrechtlichen Ansatz. Andere Oberlandesgerichte lehnen dies jedoch ab (etwa OLG Düsseldorf, Urt. v. 26.10.2010 – 21 U 159/09) Der BGH hat die letzte Entscheidung hierzu im Jahr 1987 getroffen. Das bedeutet in der Praxis, dass der Auftragnehmer bei Fehlen der Mangelrüge oder Durchführung einer Ersatzvornahme ohne vorherige Kündigung für eine mangelhafte Leistung den vollen Werklohn erhält (so auch OLG Düsseldorf, Urt. v. 28.5.2009 – 5 U 92/07; OLG München, Urt. v. 2.6.2009 – 9 U 2141/06), wenn der Auftraggeber nicht nachweisen kann, dass der Auftragnehmer bereits vor der Ersatzvornahme die Mangelbeseitigung endgültig und ernsthaft verweigert hat. **1674**

3. Drohende Kündigung wegen unerlaubten Nachunternehmereinsatzes

Wenn der Auftraggeber dem Nachunternehmereinsatz nicht zugestimmt hat bzw. eine nachträgliche Genehmigung verweigert und den Auftragnehmer – unter Kündigungsandrohung – zur Ausführung der Leistung im eigenen Betrieb auffordert, ist „Gefahr im Verzug". Lässt der Auftragnehmer diese Frist fruchtlos verstreichen, droht ihm eine Kündigung gemäß § 8 Abs. 3 VOB/B. Nach erfolgter Kündigung ist der Auftraggeber infolgedessen berechtigt, jeden kündigungsbedingt entstandenen Schaden geltend zu machen. **1675**

Die Situation verschärft sich noch dadurch, dass der Auftragnehmer gegenüber dem Nachunternehmer, dessen Einsatz der Auftraggeber ablehnt, nicht berechtigt ist, eine Kündigung aus wichtigem Grund auszusprechen. Vielmehr muss er nach § 8 Abs. 1 VOB/B kündigen. Dies hat zur Folge, dass der Nachunternehmer **1676** berechtigt ist, seine volle vertragliche Vergütung abzüglich der ersparten Aufwendungen zu verlangen (§ 8 Abs. 1 Nr. 2 VOB/B).

1677 Die Ansprüche des gekündigten Nachunternehmers nach § 8 Abs. 1 Nr. 2 VOB/B dürften im Vergleich zu den Schadensersatzansprüchen des Auftraggebers nach § 8 Abs. 3 Nr. 2 VOB/B aber regelmäßig das geringere Übel darstellen. Jedenfalls muss innerhalb der vom Auftraggeber mit Kündigungsandrohung gesetzten Frist nach Rücksprache mit der Geschäftsführung entschieden werden, ob der ohne Zustimmung des Auftraggebers beauftragte Nachunternehmer gekündigt werden soll. Unter Umständen kann dem Auftraggeber aber auch ein Preisnachlass angeboten werden. Eine Neuverhandlung der Preise wird im Zweifel für den Auftragnehmer, der im Verhältnis zum Auftraggeber unerlaubten Nachunternehmereinsatz betreibt, das geringere Übel sein.

4. Aufrechnung des Auftraggebers in der Insolvenz des Auftragnehmers

a) Aufrechnung mit Werklohn für Leistungen bis zur Antragstellung

1678 Wie dargestellt, kann der Auftraggeber vom insolventen Auftragnehmer Schadensersatz wegen Nichterfüllung verlangen. Dieser Anspruch kann vom Auftraggeber sofort nach Kündigung bzw. nach Ablehnung der Erfüllung des Vertrags durch den Insolvenzverwalter geltend gemacht werden. In der Regel liegt jedoch die Schlussrechnung des insolventen Auftragnehmers vor, bevor der Auftraggeber seine Schadensersatzansprüche abschließend beziffern kann.

1679 Es war lange Zeit umstritten, ob der Auftraggeber gegen diese Vergütung mit seinen Schadensersatzforderungen wirksam aufrechnen kann. Gegen eine Aufrechnung wurde angeführt, dass mit Gegenforderungen, die erst nach Eröffnung des Insolvenzverfahrens fällig werden, nicht gegen die Insolvenzmasse aufgerechnet werden könne (§ 95 Abs. 1 Satz 3 InsO). Der BGH hat diese Frage in einem Grundsatzurteil aus dem Jahr 2005 geklärt (BGH, Urt. v. 23.6.2005 – VII ZR 197/03). Er hält eine Aufrechnung mit den Schadensersatzansprüchen des Auftraggebers für gerechtfertigt, weil diese Ansprüche bereits mit der Vertragskündigung entstehen. Dass der Auftraggeber den Anspruch noch nicht beziffern kann, ändert daran nichts.

b) Aufrechnung mit Werklohn für Leistungen nach Eröffnung des Verfahrens

1680 Hat der insolvente Auftragnehmer nach Eröffnung des Verfahrens noch Leistungen für den Auftraggeber erbracht, dann kann gegen die aus diesen Teilleistungen resultierenden Vergütungsansprüche nicht mit Schadensersatzansprüchen wegen Nichterfüllung aufgerechnet werden. Denn gemäß § 96 Abs. 1 Nr. 1 InsO ist die Aufrechnung unzulässig, wenn der Auftraggeber erst nach der Eröffnung des Insolvenzverfahrens etwas zur Insolvenzmasse schuldig geworden ist.

c) Aufrechnung mit Werklohn für Leistungen nach Antragstellung und vor Verfahrenseröffnung

Nimmt der Auftraggeber nach Antragstellung noch weitere Bauleistungen des Auftragnehmers entgegen, dann kann er gegen die hieraus resultierenden weiteren Vergütungsforderungen nicht mit seinen Schadensersatzansprüchen aufrechnen, wenn ihm die Stellung des Insolvenzantrags bekannt war. Dies ergibt sich aus § 96 Abs. 1 Nr. 3 InsO, wonach die Aufrechnung unzulässig ist, wenn ein Insolvenzgläubiger (hier: der Auftraggeber) die Möglichkeit der Aufrechnung durch eine anfechtbare Rechtshandlung erlangt hat. Anfechtbar ist nach § 130 InsO eine Rechtshandlung, die einem Insolvenzgläubiger eine Sicherung oder Befriedigung gewährt, wenn sie nach dem Eröffnungsantrag vorgenommen worden ist und wenn der Gläubiger zur Zeit der Handlung die Zahlungsunfähigkeit oder den Eröffnungsantrag kannte (vgl. § 130 Abs. 1 Nr. 2 InsO). Zwar kann der Insolvenzverwalter die erbrachte Werkleistung als solche nicht zurückfordern. Er muss jedoch wegen der Anfechtungsmöglichkeit den diesbezüglich verdienten Werklohn behalten können, ohne dass dieser durch Aufrechnung zum Erlöschen gebracht wird (vgl. OLG Stuttgart, Urt. v. 13.10.2005 – 13 U 78/05). Dem Auftraggeber muss also klar sein, dass er nach Antragstellung erbrachte Leistungen des Auftragnehmers im Zweifel bezahlen muss, ohne hiergegen aufrechnen zu können. **1681**

III. Musterschreiben

1682 **Abhilfeanordnung gemäß § 5 Abs. 3 VOB/B** J 1

An den Auftragnehmer

Datum

Bauvorhaben ...
Werkvertrag vom ...
Abhilfeanordnung gemäß § 5 Abs. 3 VOB/B

Sehr geehrte Damen und Herren,

gemäß Bauzeitenplan (Anlage ... des Werkvertrags) sind Sie verpflichtet, die Decke über 1. OG bis zum ... herzustellen.

Da bereits jetzt eindeutig absehbar ist, dass Sie diese Frist nicht einhalten werden, fordern wir Sie auf, Ihre Baustelle stärker zu besetzen. Statt wie bisher lediglich zwei Mitarbeiter sind unverzüglich mindestens vier Mitarbeiter mit der Ausführung der entsprechenden Leistung zu beauftragen. Die hier geforderte Abhilfe erwarten wir bis zum ..., da ansonsten weitere Verzögerungen des Bauablaufs drohen.

Mit freundlichen Grüßen

....

(Unterschrift)

Mahnung nach fruchtloser Abhilfeanordnung **J 2 1683**

An den Auftragnehmer

Datum

Bauvorhaben …
Werkvertrag vom …
Abhilfeanordnung gemäß § 5 Abs. 3 VOB/B

Sehr geehrte Damen und Herren,

mit der im Betreff genannten Abhilfeanordnung vom … (§ 5 Abs. 3 VOB/B) hatten wir Sie aufgefordert, unverzüglich mindestens vier Mitarbeiter mit der Ausführung der entsprechenden Leistung zu beauftragen, um die Teilleistung Decke 1. OG pünktlich/wenigstens bis zum … fertigzustellen. Da Sie unsere Aufforderung missachtet haben und heute sowie in den letzten Tagen wieder nur zwei Ihrer Mitarbeiter auf der Baustelle waren, setzen wir Ihnen eine Nachfrist zur Personalverstärkung bis zum …

Wir weisen Sie bereits hiermit darauf hin, dass Sie für den Fall des Ablaufs auch dieser Nachfrist mit der Befolgung der Abhilfeanordnung in Verzug geraten und den daraus resultierenden Schaden auszugleichen haben. Wir drohen die Kündigung des Vertrags gemäß den §§ 5 Abs. 4, 8 Abs. 3 VOB/B hiermit ausdrücklich an.

Mit freundlichen Grüßen

………………………………………

(Unterschrift)

1684 Mahnung nach Ablauf einer verbindlichen Vertragsfrist J 3

An den Auftragnehmer

Datum

Bauvorhaben ...
Werkvertrag vom ...
Nachfristsetzung mit Kündigungsandrohung gemäß § 5 Abs. 3 Nr. 4 i.V.m. § 8 Abs. 3 VOB/B

Sehr geehrte Damen und Herren,

gemäß dem Werkvertrag und den dort vereinbarten verbindlichen Vertragszwischenterminen sind Sie nach Ablauf des ... mit Ihrer Teilleistung Fertigstellung Decke über 1. OG in Verzug geraten.

Wir setzen Ihnen eine Nachfrist bis zum ... und erklären bereits hiermit, dass wir Ihnen nach fruchtlosem Ablauf dieser Frist den Auftrag entziehen werden (§ 8 Abs. 3 VOB/B).

Wir weisen Sie ferner darauf hin, dass wir gemäß § 8 Abs. 3 Nr. 2 VOB/B sämtliche Schäden, die aus der Auftragsentziehung entstehen, zu gegebener Zeit einfordern werden.

Mit freundlichen Grüßen

....

(Unterschrift)

Übergabe neuer Terminpläne

J 4 1685

An den Auftragnehmer

Datum

Bauvorhaben …
Werkvertrag vom …
Neue Terminpläne

Sehr geehrte Damen und Herren,

aufgrund … (Ursache für die Verzögerung der Bauarbeiten) ist es erforderlich geworden, dass wir neue Terminpläne für die weitere Koordinierung der Arbeiten aufstellen. Diese Terminpläne sind von Ihnen zukünftig zu beachten.

Wir weisen ausdrücklich darauf hin, dass damit kein Anerkenntnis der von Ihnen geltend gemachten Baubehinderungen verbunden ist, da die jetzt eingetretene Verzögerung der Arbeiten ausschließlich von Ihrer Firma verschuldet ist. Der vertraglich vereinbarte Fertigstellungstermin verschiebt sich also nicht, wir weisen ausdrücklich auf die vereinbarte Vertragsstrafe hin.

Eventuell *(Motivierung des Auftragnehmers, die neuen Termine einzuhalten):*

Sollten Sie allerdings die hier gesetzten Ausführungs- und Fertigstellungsfristen einhalten, werden wir von der Geltendmachung einer Vertragsstrafe bezogen auf den ursprünglich vereinbarten Fertigstellungstermin absehen. Es liegt also in Ihrem Interesse, die jetzt gesetzten Termine einzuhalten.

Alternativ *(wenn aufgrund von Behinderungen Anspruch auf Bauzeitverlängerung besteht):*

Mit der Übersendung dieses neuen Terminplans erkennen wir eine Bauzeitverlängerung von … Tagen an. Neuer verbindlicher Fertigstellungstermin ist damit der … (Datum). Für diesen neuen Fertigstellungstermin gilt auch die vereinbarte Vertragsstrafe. Wir dürfen Sie bitten, uns dies durch Unterschrift auf diesem Schreiben verbindlich zu bestätigen.

Mit freundlichen Grüßen

…………………………………………

(Unterschrift)

1686 **Auftragsentziehung gemäß § 8 Abs. 3 VOB/B** J 5

An den Auftragnehmer

Datum

Bauvorhaben …
Werkvertrag vom …
Auftragsentziehung gemäß § 8 Abs. 3 VOB/B

Sehr geehrte Damen und Herren,

wir hatten Sie mit Schreiben vom … darauf hingewiesen, dass wir Ihnen für den Fall des abermaligen Fristablaufs den Auftrag entziehen und Schadensersatz geltend machen werden.

Da die Frist verstrichen ist, ohne dass die Leistung von Ihnen erbracht wurde, kündigen wir hiermit den Vertrag gemäß § 8 Abs. 3 VOB/B und werden die Leistung zu Ihren Lasten durch einen Ersatzunternehmer ausführen lassen. Gleichzeitig weisen wir darauf hin, dass wir Sie für jeden Schaden haftbar machen werden, der uns kündigungsbedingt entsteht.

Da die Bauleistungen unverzüglich fortgesetzt werden müssen, fordern wir Sie auf, Ihre bis zum heutigen Tag erbrachten Bauleistungen unverzüglich zu dokumentieren und gegebenenfalls ein Aufmaß vor Ort zu nehmen.

Zur Abnahme Ihrer bis zum Kündigungszeitpunkt erbrachten Leistungen schlagen wir folgende Termine vor: …

Wir dürfen um Ihre schriftliche Terminbestätigung bitten.

Eventuell *(wenn Gerüste oder Baumaterial in Anspruch genommen werden sollen):*

Da wir für die Fortführung der Arbeiten das von Ihnen erstellte Gerüst (ferner: Geräte, Baumaterial etc.) benötigen, weisen wir Sie darauf hin, dass wir das Gerüst (Bauteile) gegen angemessene Vergütung in Anspruch nehmen werden (§ 8 Abs. 3 Nr. 3 VOB/B). Bitte unterbreiten Sie uns diesbezüglich Ihre Vorstellungen bis zum …

Mit freundlichen Grüßen

……………………………………………

(Unterschrift)

Mangelbeseitigungsaufforderung mit Kündigungsandrohung **J 6 1687**

An den Auftragnehmer

Datum

Bauvorhaben …
Werkvertrag vom …
Mangelbeseitigungsaufforderung mit Kündigungsandrohung vor Abnahme
(§ 4 Abs. 7 i.V.m. § 8 Abs. 3 VOB/B)

Sehr geehrte Damen und Herren,

hiermit zeigen wir Ihnen an, dass der von Ihnen eingebrachte Estrich im Raum … nicht die nach der DIN 18560 erforderliche Mindeststärke von … cm aufweist.

Wir fordern Sie hiermit gemäß § 4 Abs. 7 VOB/B auf, diesen Mangel unverzüglich, spätestens jedoch bis zum … zu beseitigen und drohen Ihnen bereits hiermit an, Ihnen den Auftrag zu entziehen, falls die Mangelbeseitigung nicht fristgemäß und vollständig erfolgt (§ 8 Abs. 3 VOB/B).

Wir weisen Sie ferner darauf hin, dass uns der Bauherr ebenfalls unter Fristsetzung mit Kündigungsandrohung zur Mangelbeseitigung aufgefordert hat und für den Fall einer Auftragsentziehung erhebliche Schadensersatzforderungen auf Sie zukommen werden.

Mit freundlichen Grüßen

……………………………………………

(Unterschrift)

1688 **Reaktion auf Mangelbeseitigungsaufforderung des Auftraggebers** J 7

An den Auftraggeber

Datum

Bauvorhaben ...
Werkvertrag vom ...
Ihr Schreiben vom ...

Sehr geehrte Damen und Herren,

Sie haben uns mit Schreiben vom ... aufgefordert, die Estricharbeiten nachzubessern, weil die erforderliche Mindestdicke nach DIN 18560 unterschritten wurde.

Ihnen ist bekannt, dass wir für dieses Gewerk einen Nachunternehmer, die Firma ..., beauftragt haben.

Da wir Ihre Fristsetzung an den Nachunternehmer durchstellen müssen, bitten wir hinsichtlich der Mangelbeseitigung um eine angemessene Fristverlängerung bis zum ...

Wir erkennen den von Ihnen gerügten Mangel aber bereits hiermit verbindlich an und sichern zu, den Mangel innerhalb der o.a. Frist zu beseitigen, gegebenenfalls unter Einschaltung eines Ersatzunternehmers, falls sich unser Nachunternehmer weigern sollte, der Mangelbeseitigungsaufforderung fristgemäß Folge zu leisten.

Alternativ:

Da der Estrich von einem Nachunternehmer ausgeführt wurde und wir gegenwärtig nicht in der Lage sind, Ihre Mangelrüge innerhalb der von Ihnen gesetzten Frist zu prüfen, bitten wir um angemessene Fristverlängerung bis zum ...

Wir sichern Ihnen zu, dass wir zur Berechtigung Ihrer Mangelrüge kurzfristig Stellung nehmen werden. Sollten die Mängel vorhanden sein, werden wir diese innerhalb angemessener Frist beseitigen. Dabei muss aber berücksichtigt werden, dass wir für die Estricharbeiten einen Nachunternehmer beauftragt haben, dem unsererseits eine Frist gesetzt werden muss.

Mit freundlichen Grüßen

....

(Unterschrift)

Nachfristsetzung **J 8 1689**

An den Auftragnehmer

Datum

Bauvorhaben …
Werkvertrag vom …
Fristsetzung zur Mangelbeseitigung vom …

Sehr geehrte Damen und Herren,

mit Schreiben vom … hatten wir Ihnen mitgeteilt, dass der Estrich in genau bezeichneten Bereichen nicht die geforderte Mindestdicke erreicht. Innerhalb der von uns gesetzten Frist haben Sie keine Mangelbeseitigungsarbeiten vorgenommen. Auch unter Berücksichtigung Ihres Nachunternehmereinsatzes haben Sie die Verpflichtung, festgestellte Mängel unverzüglich zu beseitigen. Das gilt umso mehr, als nachfolgende Gewerke durch den mangelhaften Estrich behindert werden.

Wir setzen Ihnen hiermit eine Nachfrist bis … (drei Werktage reichen regelmäßig aus), um mit den Mangelbeseitigungsarbeiten zu beginnen und die Mangelbeseitigung bis zum … abzuschließen.

Für den Fall, dass Sie nicht fristgerecht beginnen oder die Arbeiten nicht fristgerecht durchführen, werden wir den Vertrag kündigen und die Leistung auf Ihre Kosten durch einen Ersatzunternehmer fertigstellen lassen.

Mit freundlichen Grüßen

……………………………………………

(Unterschrift)

1690 Anschreiben zum Angebot J 9

An den Auftraggeber

Datum

Bauvorhaben ...
Beabsichtigter Nachunternehmereinsatz

Sehr geehrte Damen und Herren,

anbei erhalten Sie unser Angebot für die angefragten Bauleistungen im Gewerk ...

In technischer Hinsicht gehen wir davon aus, dass ...

Sollte einer der oben genannten Punkte nicht zutreffen, bitten wir um einen rechtzeitigen Hinweis vor der Vergabeverhandlung.

Darüber hinaus möchten wir Sie schon jetzt darüber informieren, dass wir beabsichtigen, für sämtliche ... Arbeiten einen für uns tätigen Nachunternehmer einzusetzen, da unser Betrieb auf diese Arbeiten nicht eingerichtet ist.

Alternativ: ... da wir zwar auch eigene Kapazitäten in diesem Bereich haben, diese jedoch ausgelastet sind.

Alternativ: ... diese jedoch möglicherweise ausgelastet sein werden.

Wir dürfen daher darum bitten, sollte eine Beauftragung an uns erwogen werden, bereits mit dem Auftrag die Genehmigung zum Nachunternehmereinsatz im beschriebenen Umfang zu erteilen.

Wir würden uns freuen, den Auftrag zu erhalten.

Mit freundlichen Grüßen

....

(Unterschrift)

Rüge ungenehmigten Nachunternehmereinsatzes **J 10 1691**

An den Auftragnehmer

Datum

Bauvorhaben ...
Werkvertrag vom ...

Sehr geehrte Damen und Herren,

anlässlich der gestrigen Baustellenbegehung haben wir festgestellt, dass die ... Arbeiten von Mitarbeitern der Fa. XY ausgeführt werden. Wir gehen davon aus, dass es sich hierbei um einen Nachunternehmer von Ihnen handelt. Nach der Regelung in § 4 Abs. 8 VOB/B sind Sie jedoch verpflichtet, die Leistungen im eigenen Betrieb auszuführen. Eine Einwilligung zum Nachunternehmereinsatz ist von uns nicht erteilt worden.

Wir fordern Sie daher auf, den ungenehmigten Nachunternehmereinsatz unverzüglich zu beenden und die Leistungen im eigenen Betrieb auszuführen. Hierfür setzen wir Ihnen eine Frist bis zum ... (eine Woche ist ausreichend, in der Regel aber auch notwendig).

Für den Fall der Fortsetzung des ungenehmigten Nachunternehmereinsatzes drohen wir bereits jetzt die Kündigung des Vertrags gem. § 8 Abs. 3 VOB/B an. Wir hoffen, dass es hierzu nicht kommen muss und verbleiben

mit freundlichen Grüßen

....

(Unterschrift)

1692 **Bitte um nachträgliche Genehmigung des Nachunternehmereinsatzes** **J 11**

An den Auftraggeber

Datum

Bauvorhaben ...
Werkvertrag vom ...
Ihr Schreiben vom ....

Sehr geehrte Damen und Herren,

Sie haben uns mit obigem Schreiben aufgefordert, den Einsatz unseres Nachunternehmers Fa. XY unverzüglich zu beenden. Wir möchten zunächst darum bitten, die uns insoweit gesetzte Frist um eine Woche zu verlängern. Innerhalb der kommenden zwei Tage werden wir Ihnen mit gesondertem Schreiben Nachweise über die Zuverlässigkeit und Fachkunde unseres Nachunternehmers zusenden. Die Fa. XY ist seit ... Jahren für unser Unternehmen tätig, es besteht aus unserer Sicht keinerlei Anlass, an der Zuverlässigkeit und Fachkunde der Mitarbeiter unseres Nachunternehmers zu zweifeln. Ferner schlagen wir vor, dass der Polier unseres Nachunternehmers auch an den Bausitzungen teilnimmt, damit insofern ein reibungsloser Informationsfluss gewährleistet ist.

Wir bitten Sie höflichst, Ihre Aufforderung zur Beendigung des Nachunternehmereinsatzes zu überdenken und – nach Erhalt und Prüfung der angekündigten Unterlagen – den Nachunternehmereinsatz nachträglich zu genehmigen.

In Erwartung Ihrer positiven Rückantwort verbleiben wir

mit freundlichen Grüßen

....

(Unterschrift)

Zurückweisung der Aufforderung des Auftraggebers **J 12** **1693**

An den Auftraggeber

Datum

Bauvorhaben ...
Werkvertrag vom ...
Ihr Schreiben vom ...

Sehr geehrte Damen und Herren,

mit Schreiben vom ... haben Sie uns aufgefordert, den Einsatz unseres Nachunternehmers Fa. XY unverzüglich zu beenden. Hierfür haben Sie uns eine Frist bis zum ... gesetzt.

Wir dürfen Sie zunächst bitten, die uns gesetzte Frist angemessen um mindestens eine Woche zu verlängern, damit zunächst der tatsächliche Sachverhalt zutreffend ermittelt werden kann. Wir meinen in der Sache, dass Sie von unzutreffenden tatsächlichen Voraussetzungen ausgehen.

Die von Ihnen angesprochene Vorschrift der VOB/B enthält die Regelung, dass eine Zustimmung nicht notwendig ist bei Leistungen, auf die der Betrieb des Auftragnehmers nicht eingerichtet ist. Wir teilen Ihnen hierzu mit, dass die hier angesprochenen Isolierungsarbeiten schon seit mehr als fünf Jahren ausschließlich an Nachunternehmer vergeben werden und wir keine eigenen Arbeitskräfte für solche Isolierungsarbeiten beschäftigen. Unser Betrieb ist daher auf die Erbringung solcher Arbeiten nicht eingerichtet.

Die VOB/B kennt auch keine Verpflichtung eines Bieters, dem Auftraggeber vorher im Einzelnen mitzuteilen, ob er sämtliche der angebotenen Leistungen im eigenen Betrieb ausführt und welche Teilleistungen er nicht im eigenen Betrieb ausführen kann und daher auch ohne Zustimmung des Auftraggebers an Nachunternehmer vergeben darf.

Weder in Ihren Angebotsbedingungen noch in den Vertragsverhandlungen sind wir von Ihnen auf diese Problematik angesprochen worden. Wir durften daher davon ausgehen, dass Ihnen bekannt ist, dass nahezu alle Betriebe der Lüftungstechnik Isolierungsarbeiten von Nachunternehmern ausführen lassen. Soweit Ihnen das nicht bekannt war, bedauern wir dieses Kommunikationsproblem, es ändert aber nichts an der Tatsache, dass wir nach unserer Auffassung berechtigt sind, ohne Ihre Zustimmung die Fa. XY als Nachunternehmer einzusetzen.

Wir bitten daher um nochmalige Prüfung. Gerne sind wir bereit, Ihnen Nachweise über die Zuverlässigkeit und Sachkunde unseres Nachunternehmers zu übersenden.

Mit freundlichen Grüßen

....

(Unterschrift)

Aufforderung an den Insolvenzverwalter zur Ausübung seines Wahlrechts gemäß § 103 InsO **J 13** 1694

An den Insolvenzverwalter

Datum

Bauvorhaben: ...
Werkvertrag vom ...
Aufforderung gemäß § 103 Abs. 2 Satz 2 InsO

Sehr geehrte(r) Frau/Herr ...,

wie wir erfahren haben, sind Sie vom Amtsgericht ... zum Insolvenzverwalter unseres Vertragspartners bestellt worden. Wie Sie bereits aus Ihrer Zeit als vorläufiger Insolvenzverwalter wissen, sind die Bauarbeiten einstweilen fortgeführt worden.

Da wir von Ihnen bisher nicht gehört haben, ob Sie die Fortsetzung des Vertrags wünschen, haben wir Sie aufzufordern, sich hierüber gemäß § 103 Abs. 2 Satz 2 InsO unverzüglich, spätestens jedoch bis zum ... zu erklären. Sollten Sie diese Erklärung innerhalb der gesetzten Frist nicht abgeben, gehen wir davon aus, dass Sie auf einer Erfüllung des Vertrags nicht bestehen. Wir würden dann die noch zu erbringenden Leistungen anderweitig beauftragen und einen eventuellen Mehraufwand als Schadensersatz geltend machen.

Mit freundlichen Grüßen

....

(Unterschrift)

1695 Aufforderung an den Insolvenzverwalter zur Mangelbeseitigung J 14

An den Insolvenzverwalter

Datum

Bauvorhaben: ...
Werkvertrag vom ...
Aufforderung zur Mangelbeseitigung

Sehr geehrte(r) Frau/Herr ...,

wie Ihnen bekannt ist, hat die Gemeinschuldnerin Leistungen am Bauvorhaben ... für uns erbracht. Wie wir nunmehr feststellen mussten, sind diese Leistungen mit Mängeln behaftet. So ist der Estrich im 2. OG ohne die erforderlichen Dehnungsfugen eingebaut. Es handelt sich um drei fehlende Fugen. Die Lage der fehlenden Dehnungsfugen können Sie dem beigefügten Plan entnehmen (Anlage).

Wir setzen Ihnen zur Beseitigung des Mangels eine Frist bis zum ... (zwei Wochen). Ferner fordern wir Sie auf, sich gemäß § 103 Abs. 2 InsO zu erklären, ob Sie zur Beseitigung dieser Mängel bereit sind. Wir setzen Ihnen hierzu eine Frist bis zum ... (eine Woche). Sollten die Fristen fruchtlos verstreichen, werden wir die Mängel im Wege der Ersatzvornahme beseitigen und entsprechenden Kostenerstattungsanspruch geltend machen (vom Sicherheitseinbehalt abziehen).

Um Ihnen (und uns) ähnliche Aufforderungen auch für die Zukunft zu ersparen, fordern wir Sie des Weiteren auf, sich eindeutig und abschließend zu erklären, ob Sie zur Beseitigung von Mängeln, die von der Gemeinschuldnerin verursacht wurden, überhaupt zur Verfügung stehen. Wir sehen einer solchen Erklärung ebenfalls bis zum ... entgegen. Sollten Sie sich nicht erklären, müssten wir Sie in jedem einzelnen Fall zur Mangelbeseitigung auffordern.

Mit freundlichen Grüßen

....

(Unterschrift)

K. Kündigungsrechte des Auftragnehmers

I. Was muss der Bauleiter wissen?

Die Kündigung des Werkvertrags durch den Auftragnehmer ist in der Praxis eher selten. Das mag mit der Tatsache zu tun haben, dass eine solche Kündigung regelmäßig in einen Rechtsstreit mündet und der Auftragnehmer seinen Vergütungsanspruch dann nur mit gerichtlicher Hilfe durchsetzen kann. Zudem wird bzw. sollte sich der Auftragnehmer vor einer geplanten Kündigung ohnehin regelmäßig anwaltlich beraten lassen. Insoweit können und möchten wir uns an dieser Stelle auf die wesentlichen Grundzüge einer auftragnehmerseitigen Kündigung beschränken. **1696**

1. Kein freies Kündigungsrecht des Auftragnehmers

Ein Auftraggeber kann den Werkvertrag ohne wichtigen Grund jederzeit kündigen (§ 8 Abs. 1 VOB/B). Ein derartiges freies Kündigungsrecht steht dem Auftragnehmer nicht zu. Er kann den Vertrag nur aus wichtigem Grund kündigen. Liegt ein wichtiger Grund nicht vor, dann bleibt der Vertrag bestehen, auch wenn der Auftragnehmer die Kündigung erklärt hat. In der Kündigungserklärung liegt dann allerdings eine Vertragsverletzung des Auftragnehmers, die den Auftraggeber seinerseits zur Kündigung aus wichtigem Grund berechtigt (LG Berlin, Urt. v. 14.2.2007 – 105 O 114/05; BGH, Urt. v. 4.7.1996 – VII ZR 227/93). **1697**

Zwei in der Praxis besonders wichtige Kündigungsgründe sind in § 9 Abs. 1 VOB/B ausdrücklich geregelt (siehe 2.). Die Regelung ist aber nicht abschließend (siehe 3.). **1698**

2. Kündigungsgründe nach § 9 Abs. 1 VOB/B

a) Unterlassene Mitwirkung des Auftraggebers nach § 9 Abs. 1 Nr. 1 VOB/B

Der Auftragnehmer kann den Vertrag kündigen, wenn der Auftraggeber eine ihm obliegende Handlung unterlässt, in Annahmeverzug gerät und dadurch den Auftragnehmer außerstande setzt, die Leistung auszuführen. **1699**

aa) Art und Rechtsnatur der Mitwirkungshandlungen

Die Mitwirkungshandlungen nach § 9 Abs. 1 Nr. 1 VOB/B werden rechtlich als sogenannte Obliegenheiten qualifiziert. Diese sind im Gegensatz zu den echten Vertragsverpflichtungen nicht isoliert einklagbar; ihre Befolgung ist vielmehr ein Gebot des eigenen Interesses, da der Auftraggeber im Fall ihrer Verletzung rechtliche Nachteile erleiden kann, beispielsweise die Kündigung des Werkvertrags durch den Auftragnehmer. **1700**

Die wichtigsten Mitwirkungsfälle sind folgende: **1701**

- Pflicht zur Bereitstellung des Baugrundstücks bzw. der baulichen Anlagen (OLG Karlsruhe, Urt. v. 26.6.2008 – 19 U 179/06; OLG Brandenburg, Urt. v. 22.12.2015 – 12 U 152/14)

- Pflicht zur rechtzeitigen Übergabe der Ausführungsunterlagen wie Pläne, Zeichnungen usw. (§ 3 Abs. 1 VOB/B)
- Pflicht zur Absteckung der Hauptachsen der baulichen Anlagen (§ 3 Abs. 2 VOB/B)
- Pflicht zur Herbeiführung der erforderlichen öffentlich-rechtlichen Genehmigungen und Erlaubnisse (§ 4 Abs. 1 Nr. 1 Satz 2 VOB/B)
- Pflicht zur unentgeltlichen Überlassung von Lager- und Arbeitsplätzen und Anschlüssen (§ 4 Abs. 4 VOB/B)
- Pflicht zu sachgerechten Anordnungen im Rahmen von Bedenkenhinweisen (§ 4 Abs. 1 Nr. 4 i.V.m. § 4 Abs. 3 VOB/B)
- Auskunft über den voraussichtlichen Beginn der Ausführung und zum Abruf der Leistungen (§ 5 Abs. 2 VOB/B)
- Pflicht zur Kooperation im Rahmen von geänderten und zusätzlichen Leistungen (§ 2 Abs. 5 und Abs. 6 VOB/B)
- Pflicht zur gemeinsamen Zustandsfeststellung von später verdeckten Leistungen (§ 4 Abs. 10 VOB/B)
- Pflicht zur gemeinsamen Aufmaßnahme für Leistungen, die bei Weiterführung der Arbeiten nur schwer feststellbar sind, falls der Auftragnehmer rechtzeitig gemeinsame Feststellungen beantragt (§ 14 Abs. 2 VOB/B)

1702 Weitere Mitwirkungs- und Kooperationspflichten sind in den jeweiligen Abschnitten 3 der VOB/C geregelt (z.B. DIN 18305, Abschnitt 3.3.2 und 3.4.2 und DIN 18300, Abschnitt 3.4.2)

1703 Obliegenheiten können sich auch aus dem Vertrag ergeben. So kann in einem Bauvertrag beispielsweise geregelt sein, dass der Auftraggeber Sanitärobjekte oder ähnliche sichtbare Oberflächen rechtzeitig vor der Ausführung zu bemustern hat. Im Vertrag kann auch geregelt sein, dass der Auftragnehmer bestimmte Aufgaben selbst übernimmt (Einmessung, Planung). Zu beachten ist auch, dass bei einem BGB-Werkvertrag (wenn also die VOB/B nicht vereinbart wurde) der Auftraggeber regelmäßig keine Ausführungsplanung bereitstellen muss, da eine Planungsverpflichtung nur in der VOB/B, aber nicht im BGB enthalten ist.

bb) Annahmeverzug des Auftraggebers

1704 Der Auftraggeber muss sich aufgrund des Unterlassens seiner Mitwirkungshandlung in Annahmeverzug befinden. Das setzt zunächst einmal voraus, dass der Auftragnehmer selbst zur Leistung bereit ist. Wenn der Auftragnehmer beispielsweise mangels ausreichenden Personals oder Geräten noch nicht imstande ist, mit den Leistungen zu beginnen, dann können auch fehlende Pläne nicht zu einem Annahmeverzug des Auftraggebers führen, denn auch wenn die Pläne vorliegen würden, könnte der Auftragnehmer ja nicht beginnen. Folglich liegt in diesem Fall zwar eine fehlende Mitwirkungshandlung vor, aber eben kein Annahmeverzug. Dies ergibt sich aus § 297 BGB.

Zudem muss der Auftragnehmer seine Leistung ordnungsgemäß anbieten. Entweder liegt das Anbieten der Leistung in der Anwesenheit auf der Baustelle oder der Auftragnehmer schreibt dem Auftraggeber, dass er leistungsbereit ist und gerne beginnen würde. Ein wörtliches Angebot reicht nach § 295 BGB aus (BGH, Urt. v. 19.12.2002 – VII ZR 440/01); empfehlenswert ist ein schriftliches Angebot (Behinderungsanzeige). Beim VOB/B-Vertrag ist immer eine (schriftliche) Behinderungsanzeige notwendig, um den Auftraggeber in Annahmeverzug zu setzen (BGH, Urt. v. 21.10.1999 – VII ZR 185/98). In der Behinderungsanzeige sollte der Auftragnehmer auch zum Ausdruck bringen, dass er selbst leistungsbereit, aber aufgrund der unterlassenen Mitwirkung zur Leistungserbringung außerstande ist. Ob der Auftraggeber das Unterlassen der Mitwirkungshandlung verschuldet hat, ist für den Eintritt des Annahmeverzugs unerheblich. **1705**

Das Anbieten der Leistung ist in der Praxis auch deshalb von Bedeutung, weil nachträglich Streit darüber entstehen kann, was die Ursache und was die Wirkung der Behinderung war. Hat z.B. der Auftragnehmer die Baustelle nicht besetzt, weil der Auftraggeber die von ihm geschuldete Planung nicht lieferte, dann könnte der Auftraggeber einwenden, dass der Ursachenzusammenhang genau anders herum war: Gerade weil die Baustelle nicht besetzt (und der Auftragnehmer nicht leistungsbereit) war, hat er die Planung (noch) nicht geliefert. Hier hilft ein klarstellendes Schreiben des Auftragnehmers (Behinderungsanzeige), wonach die Baustelle gerade wegen der fehlenden Planung nicht besetzt wird. **1706**

Dem Auftragnehmer ist es nicht zumutbar, sich für eine völlig unbestimmte Dauer ständig leistungsbereit zu halten. Das gilt auch dann, wenn die Parteien die Leistungserbringung „auf Abruf" vereinbart haben. Der Auftraggeber kann auch dann die Leistung nicht auf unbestimmte Zeit hinausschieben (OLG Frankfurt, Urt. v. 28.4.2017 – 29 U 166/16; OLG Düsseldorf, Urt. v. 20.2.2009 – 22 U 135/08). **1707**

cc) Leistungserbringung nicht möglich oder nicht zumutbar

In der Praxis wird häufig übersehen, dass eine Kündigung wegen Annahmeverzugs nur möglich ist, wenn der Auftragnehmer behinderungsbedingt außerstande gesetzt wird, seine Leistungen zu erbringen. Nicht jede Behinderung, deren Ursache im Verantwortungsbereich des Auftraggebers liegt (§ 6 Abs. 2 Nr. 1a VOB/B), kann also eine Auftragnehmerkündigung nach § 9 Abs. 1 Nr. 1 VOB/B rechtfertigen. Betrifft die unterlassene Mitwirkungshandlung nur einen Teil der Arbeiten, muss der Auftragnehmer, soweit möglich und zumutbar, in anderen Bereichen weiterarbeiten. Das folgt aus § 6 Abs. 3 VOB/B. Nach dieser Bestimmung ist ein Auftragnehmer verpflichtet, alles zu tun, was ihm billigerweise zugemutet werden kann, um die Weiterführung der Arbeiten zu ermöglichen. **1708**

Übergibt der Auftraggeber dem Auftragnehmer etwa keine ausführungsreifen Unterlagen, ist der Auftragnehmer in der ordnungsgemäßen Ausführung der Leistung behindert. Er ist aber erst dann berechtigt, den Vertrag zu kündigen, wenn **1709** er nicht in zumutbarer Weise den Bauablauf umstellen und andere Leistungsteile vorziehen kann (OLG Celle, Urt. v. 1.11.2012 – 16 U 200/11). Kündigungsvoraussetzung ist also, dass durch die unterlassene Mitwirkungshandlung ein Leistungshindernis von einer gewissen Dauer und Erheblichkeit eintreten muss und es dem Auftragnehmer auch unter Berücksichtigung von § 6 Abs. 3 VOB/B nicht mehr zumutbar ist, sich weiterhin leistungsbereit zu halten.

1710 Auf die Unmöglichkeit oder Unzumutbarkeit der Leistungserbringung kommt es nicht an, wenn der Auftraggeber die Planung als Vertragspflicht schuldet (vgl. K. I. 2. b) bb), Rn. 1714 ff.).

b) Zahlungs- oder sonstiger Schuldnerverzug des Auftraggebers nach § 9 Abs. 1 Nr. 2 VOB/B

aa) Zahlungsverzug

1711 Der Auftragnehmer hat auch dann ein Kündigungsrecht, wenn der Auftraggeber eine fällige Zahlung nicht leistet oder sonst in Schuldnerverzug gerät. Von praktischer Bedeutung ist in erster Linie der Zahlungsverzug bei der Begleichung von Abschlagsrechnungen (OLG Stuttgart, Urt. v. 31.1.2017 – 10 U 70/16). Dabei kommen auch die Kündigung wegen abgerechneter, aber unbezahlter Ansprüche aus Nachträgen oder Behinderungsschadensersatzansprüche in Betracht (OLG Düsseldorf, Urt. v. 29.1.2008 – 21 U 22/07).

1712 Das – sehr praxisrelevante – Hauptproblem einer Kündigung wegen Zahlungsverzugs ist, ob der Auftragnehmer tatsächlich eine fällige und einredefreie Forderung hat und der Auftraggeber wirksam in Verzug gesetzt worden ist. Das wird von Auftragnehmern häufig vorschnell bejaht.

> **Beispiel**: Der Auftragnehmer geht von einer fälligen Forderung in Höhe von rund € 150.000,– aus. Tatsächlich ist hiervon ein Teilbetrag in Höhe von etwa € 50.000,– mangels prüffähiger Aufmaße nicht fällig. Im Umfang von € 10.000,– ist streitig, ob die abgerechneten Leistungen erbracht wurden. Schließlich steht dem Auftraggeber wegen Mängeln ein Zurückbehaltungsrecht zu. Die Mangelbeseitigungskosten belaufen sich auf knapp € 50.000,–, sodass der Auftraggeber knapp € 100.000,– zurückbehalten darf. Zwar ist nach den Feststellungen des Gerichts schlussendlich ein Teilbetrag von etwa € 3.000,– tatsächlich fällig. Dieser geringe Betrag rechtfertigt aber keine Vertragskündigung (in Anlehnung an OLG Stuttgart, Urt. v. 31.1.2017 – 10 U 70/16).

1713 Da sich der Auftragnehmer in der Regel kaum sicher sein kann, dass sein Zahlungsanspruch tatsächlich besteht und fällig ist, ist die Kündigung wegen (vermeintlichen) Zahlungsverzugs risikobehaftet. Auf alle damit im Zusammenhang stehenden Probleme gehen wir unter K. II. 2. (vgl. Rn. 1747 ff.) näher ein.

bb) Sonstiger Schuldnerverzug

Neben Zahlungspflichten können den Auftraggeber weitere vertragliche Pflichten **1714** treffen. Insbesondere bei größeren Bauvorhaben sind die Mitwirkungshandlungen des Auftraggebers häufig als echte Vertragspflichten ausgestaltet, sodass der Auftraggeber nicht nur in Annahme-, sondern auch in Schuldnerverzug geraten kann, wenn die Mitwirkungshandlung schuldhaft unterbleibt (OLG Celle, Urt. v. 15.10.1992 – 22 U 191/91). Für das Verschulden seiner Erfüllungsgehilfen hat der Auftraggeber ebenso einzustehen wie der Hauptauftragnehmer für das Verschulden seiner Nachunternehmer (§ 278 BGB).

Solche Vertragspflichten des Auftraggebers und nicht bloße Obliegenheiten liegen **1715** beispielsweise vor, wenn er nach dem Vertrag eine vereinbarte Zahlungssicherheit zu leisten oder die Bereitstellung von Material und Gerüsten übernommen hat. Eine echte Vertragspflicht ist aber auch die Pflicht zur Teilabnahme in sich abgeschlossener Teile der Gesamtleistung nach § 12 Abs. 2 VOB/B – falls im Vertrag nicht ausgeschlossen – oder die Pflicht zur Zustandsbesichtigung nach § 4 Abs. 10 VOB/B.

Echte Vertragspflichten des Auftraggebers dürften ferner vorliegen, wenn der Ver- **1716** trag ausdrücklich regelt, dass der Auftraggeber dem Auftragnehmer vier Wochen nach Vertragsabschluss eine vollständige Ausführungsplanung zu übergeben hat.

Immer wenn eine Mitwirkungshandlung des Auftraggebers nach einer Auslegung **1717** des Vertrags als echte Rechtspflicht ausgestaltet wurde, steht dem Auftragnehmer neben dem Kündigungsrecht nach § 9 Abs. 1 Nr. 1 VOB/B auch die Kündigungsmöglichkeit nach § 9 Abs. 1 Nr. 2 VOB/B wegen Schuldnerverzugs zu. Dieses Kündigungsrecht setzt nicht voraus, dass der Auftragnehmer durch die Vertragsverletzung des Auftraggebers außerstande gesetzt wird, seine Arbeiten auszuführen, wie es bei § 9 Abs. 1 Nr. 2 VOB/B der Fall ist. Vielmehr reicht für eine Kündigung aus, dass der Auftraggeber im Verzug ist und seine Verpflichtung trotz Nachfristsetzung und Kündigungsandrohung nicht erfüllt.

Im Ergebnis ist die Kündigung für den Auftragnehmer also leichter, wenn der Auf- **1718** traggeber mit einer echten Rechtspflicht und nicht nur mit einer Mitwirkungsobliegenheit in Verzug gerät. Deshalb hat die Abgrenzung zwischen einer echten Rechtspflicht und einer bloßen Mitwirkungsobliegenheit durchaus praktische Bedeutung. Allerdings kann die Abgrenzung (auch Juristen) schwerfallen. Insoweit empfiehlt es sich entweder, zu dieser Frage Rechtsrat eines erfahrenen Baujuristen einzuholen oder den sichersten Weg zu gehen und im Zweifel eine bloße Mitwirkungsobliegenheit anzunehmen.

3. Sonstige Kündigungsgründe

Die beiden Sonderkündigungsgründe des § 9 Abs. 1 VOB/B stehen neben dem **1719** allgemeinen Rechtsgrundsatz, dass Schuldverhältnisse von einer gewissen

Dauer auch ohne ausdrückliche Regelung gekündigt werden können, wenn ein sonstiger wichtiger Grund vorliegt. Die in § 9 Abs. 1 VOB/B genannten Kündigungsgründe sind also nicht abschließend (OLG Stuttgart, Urt. v. 31.1.2017 – 10 U 70/16). Die Kündigung aus wichtigem Grund ist immer möglich, wenn dem kündigenden Teil unter Berücksichtigung aller Umstände des Einzelfalls und unter Abwägung der beiderseitigen Interessen die Fortsetzung des Vertragsverhältnisses bis zur Fertigstellung des Werks nicht zugemutet werden kann (§ 648a Abs. 1 BGB).

1720 Das ist immer dann der Fall, wenn sich ein Vertragspartner grob vertragswidrig verhält, dies zu einem schwerwiegenden endgültigen Vertrauensverlust führt und es dem anderen Vertragspartner deshalb nicht mehr zugemutet werden kann, an dem Vertragsverhältnis festzuhalten (OLG Stuttgart, Urt. v. 31.1.2017 – 10 U 70/16). Eine solche Störung des Vertrauensverhältnisses durch den Auftraggeber liegt beispielsweise vor, wenn dieser Arbeitnehmer des Auftragnehmers zur Schwarzarbeit für sich herangezogen hat (OLG Köln, Urt. v. 18.9.1992 – 19 U 106/92). Querulatorisches Verhalten des Auftraggebers (ständige unberechtigte Mangelrügen, wiederholte Forderungen nach nicht vereinbarten Leistungen und Baustellenverbote) kann nur im Ausnahmefall einen wichtigen Kündigungsgrund darstellen, nämlich wenn das Vertrauensverhältnis dadurch vollständig zerstört wird (OLG München, Urt. v. 18.12.2007 – 13 U 3113/07; OLG Celle, Urt. v. 22.9.2005 – 6 U 37/05). Ein offensichtlich aus kurzfristiger Verärgerung durch den Auftraggeber ausgesprochenes Hausverbot soll nach Ansicht des OLG München keinen Kündigungsgrund darstellen, sein hartnäckiges Fordern nicht geschuldeter Leistungen dagegen schon (OLG München, Urt. v. 18.12.2007 – 13 U 3113/07).

1721 Ein interner Kalkulationsirrtum rechtfertigt dagegen grundsätzlich keine Kündigung des Vertrags, auch wenn die beauftragten Preise noch so unauskömmlich sein mögen (BGH, Urt. v. 7.7.1998 – X ZR 17/97; OLG Frankfurt, Urt. v. 3.7.1997 – 1 U 157/95). Nur in den Ausnahmefällen eines für den Auftraggeber völlig offensichtlichen Kalkulationsfehlers wird sich ein Auftragnehmer durch eine unverzügliche Anfechtung von dem Vertrag lösen können, es sei denn, der Auftraggeber ist zu einer angemessenen Preiserhöhung bereit (OLG Jena, Urt. v. 30.11.2000 – 1 U 99/00; OLG Düsseldorf, Urt. v. 7.11.1995 – 21 U 12/95).

4. Formelle Kündigungsvoraussetzungen nach § 9 Abs. 2 VOB/B

a) Nachfristsetzung mit Kündigungsandrohung

1722 Die bloße Verletzung einer Mitwirkungspflicht oder der Zahlungsverzug reicht noch nicht aus, um den Vertrag zu kündigen. Gemäß § 9 Abs. 2 Satz 2 VOB/B ist die Kündigung erst zulässig, wenn der Auftragnehmer dem Auftraggeber eine angemessene Frist zur Vertragserfüllung gesetzt und angekündigt hat, dass er nach fruchtlosem Fristablauf den Vertrag kündigen werde. Auch wenn die VOB/B eine mündliche Nachfristsetzung mit Kündigungsandrohung ausreichen lässt, sollte sie aus Beweisgründen immer schriftlich erfolgen.

Die Kündigungsandrohung muss Dreierlei zum Ausdruck bringen: **1723**

- Dem Auftraggeber ist genau mitzuteilen, welche konkrete Mitwirkungshandlung ihm obliegt. Wird die Kündigung auf Annahmeverzug (§ 9 Abs. 1 Ziffer 1) gestützt, ist mitzuteilen, weshalb der Auftragnehmer ohne die Mitwirkung außerstande ist, die Leistung auszuführen. Der Auftraggeber muss klar erkennen können, was konkret von ihm verlangt wird.
- Die dem Auftraggeber gesetzte Nachfrist muss angemessen sein, also so bestimmt werden, dass er bei Anspannung aller Mittel und Kräfte zur Nachholung der Handlung innerhalb der gesetzten Frist in der Lage ist. Aus Rechtssicherheitsgründen empfiehlt es sich, ein konkretes Datum für die Erfüllung zu setzen. Eine nach Eintritt des Zahlungsverzugs gesetzte Nachfrist von fünf Tagen für die Bezahlung einer Abschlagsrechnung wird im Regelfall ausreichend sein (OLG Koblenz, Beschl. v. 19.7.2012 – 5 U 178/12), wohingegen eine Nachfrist von 24 Stunden mit der Androhung der sofortigen Arbeitseinstellung zu kurz ist (OLG München, Urt. v. 22.2.2011 – 9 U 1731/10). Wenn die Frist objektiv zu kurz bemessen wurde, verlängert sie sich automatisch um einen angemessenen Zeitraum. Wenn der Auftragnehmer bei Mitwirkungshandlungen des Auftraggebers unsicher ist, ob die gesetzte Frist den Kriterien der Angemessenheit entspricht, empfiehlt es sich, noch einmal eine letzte Nachfrist zu setzen oder mit dem Ausspruch der Kündigung noch einige Tage nach dem Ablauf der Frist abzuwarten. Zur Erinnerung: Ist zum Zeitpunkt des Ausspruchs der Kündigung die angemessene Frist tatsächlich noch nicht abgelaufen, so ist die Kündigungserklärung wirkungslos, der Vertrag besteht weiterhin. In der unberechtigten Kündigungserklärung liegt allerdings ein Vertragsverstoß, der seinerseits den Auftraggeber zur Kündigung aus wichtigem Grund befugt.
- Darüber hinaus ist es zwingend notwendig, dass der Auftragnehmer dem Auftraggeber zugleich mitteilt, dass er nach fruchtlosem Fristablauf den Vertrag kündigen werde. Diese Kündigungsandrohung ist mit der Nachfristsetzung zu verbinden. Die Nachfristsetzung mit Kündigungsandrohung ist nur dann entbehrlich, wenn der Auftraggeber seine Mitwirkungshandlung endgültig und ernsthaft verweigert. Davon sollte ein Auftragnehmer, der den sichersten Weg beschreiten will, aber nur in wirklich eindeutigen Fällen ausgehen (LG Berlin, Urt. v. 14.2.2007 – 105 O 114/05). Wichtig ist, dass der Auftragnehmer eine Kündigungsandrohung unmissverständlich und eindeutig formuliert. Eine Erklärung wie beispielsweise *„behalten wir uns entsprechende weitere Schritte vor"* reicht nicht aus (OLG Brandenburg, Urt. v. 17.6.2010 – 12 U 21/10). Dem Auftraggeber muss eindeutig vor Augen geführt werden, dass eine Kündigung erfolgen wird, falls er die Nachfrist fruchtlos verstreichen lässt.

1724 Ob der Auftragnehmer nach Fristablauf tatsächlich eine Kündigung ausspricht, liegt dann immer noch in seinem Ermessen. Wenn er tatsächlich kündigen will, muss er dies aber unmittelbar nach Fristablauf tun. Beispielsweise verliert die Kündigungsandrohung ihre Warnfunktion, wenn nach Fristablauf weitere Gespräche stattfinden und der Auftragnehmer einen neuen Bauzeitenplan übergibt (BGH, Urt. v. 28.10.2004 – VII ZR 18/03).

b) Schriftliche Kündigungserklärung

1725 Die Kündigung selbst muss nach § 9 Abs. 2 Satz 1 VOB/B schriftlich erklärt werden (für den Bauvertrag siehe nunmehr auch § 650h BGB). Es empfiehlt sich, die Kündigung vorab per Telefax und anschließend per Einwurf-Einschreiben oder Einschreiben mit Rückschein zu versenden. Auch das Einscannen eines unterschriebenen Kündigungsschreibens und der Versand per E-Mail ist zulässig (OLG Frankfurt, Beschl. v. 16.3.2015 – 4 U 265/14; anderer Ansicht wohl OLG Jena, Urt. v. 26.11.2015 – 1 U 209/15 – vielfach kritisiert).

1726 Die Kündigungserklärung sollte vom gesetzlichen Vertreter des Auftragnehmers (bei einer GmbH: dem Geschäftsführer) unterschrieben sein, da der Auftraggeber die Kündigung sonst gemäß § 174 BGB zurückweisen kann.

5. Kündigungsfolgen

a) Vergütung für die erbrachten Leistungen

1727 Gemäß § 9 Abs. 3 Satz 1 VOB/B sind nach einer wirksamen Kündigung die bis zum Kündigungszeitpunkt erbrachten Leistungen des Auftragnehmers zu den Vertragspreisen abzurechnen. Zur prüfbaren Abrechnung der bis zur Kündigung erbrachten Leistungen bedarf es eines Aufmaßes. Entspricht die Leistung den Plänen, ist das Aufmaß aus den Plänen heraus zu erstellen (VOB/C, DIN 18299 Abschnitt 5). Gerade bei teilfertigen Leistungen ist dies aber nicht immer unproblematisch möglich.

1728 **Beispiel:** Ein Vertrag über Trockenbauarbeiten wird gekündigt. Ein Teil der Wände ist erst einseitig gestellt, andere Wände sind fertiggestellt, aber noch nicht gespachtelt. Zudem befinden sich auf der Baustelle bereits gelieferte, aber noch nicht eingebaute Gipskartonplatten.

1729 In diesen Fällen muss vor Ort ein gemeinsames Aufmaß durchgeführt werden. Darauf hat der Auftragnehmer in entsprechender Anwendung des § 8 Abs. 6 VOB/B sowie § 14 Abs. 2 VOB/B einen Anspruch (BGH, Urt. v. 19.12.2002 – VII ZR 103/00). Der Auftragnehmer sollte den Auftraggeber deshalb unbedingt schriftlich zur Abnahme und einer gemeinsamen Aufmaßnahme mit einer Frist von zwölf Werktagen (14 Kalendertagen) auffordern.

Ein Aufmaß ist auch nach Kündigung eines Pauschalpreisvertrags für teilfertige Leistungen erforderlich, weil die bis zur Kündigung erbrachten Leistungen aufgrund des Pauschalpreises in ein Verhältnis zur Gesamtleistung gesetzt werden müssen, um den anteiligen Pauschalpreis für die erbrachten Leistungen ermitteln zu können (OLG Brandenburg, Urt. v. 25.4.2007 – 4 U 190/03; BGH, Urt. v. 13.7.2006 – VII ZR 68/05). **1730**

Angelieferte, tatsächlich aber noch nicht eingebaute Bauteile sind keine erbrachten Leistungen (OLG München, Urt. v. 17.3.2015 – 9 U 2856/11 Bau). **1731**

Sind Teilleistungen vollständig erbracht und lässt sich hierfür ein anteiliger Pauschalpreis ermitteln (z.B. über die Titelsumme des Angebots), bedarf es insoweit keines Aufmaßes (KG, Urt. v. 28.9.2012 – 7 U 253/11). Wenn sich im Zuge der Planung oder Ausführung herausstellt, dass die eine oder andere kalkulierte Menge einer Position von der ursprünglichen Annahme abweicht, dann hat dies auf die ursprüngliche Preiskalkulation keine Auswirkung. Der Auftragnehmer kann daher zu Recht auf die aus damaliger Sicht für die Erbringung des geschuldeten funktionsfähigen Werkes plausibel kalkulierten Mengen abstellen. **1732**

Hatte der Auftragnehmer den Vertrag nur auf Grundlage überschlägiger Zahlen ohne detaillierte Preiskalkulation geschlossen, muss er zwecks Bewertung des Anteils der erbrachten Leistungen an der geschuldeten Gesamtleistung nachträglich eine (fiktive) Kalkulation erstellen, die zu dem vereinbarten Preis passt. Dabei kann der Wert der erbrachten Leistungen bei fehlender Urkalkulation so berechnet werden, dass der übliche Preis der erbrachten Leistungen ins Verhältnis zum üblichen Preis der vereinbarten Gesamtleistung gesetzt und der sich dabei ergebende Faktor mit dem vereinbarten Gesamtpreis multipliziert wird (OLG Hamm, Urt. v. 26.2.2015 – 24 U 56/10). **1733**

Der Auftragnehmer muss im Fall einer Kündigung unbedingt auf eine Abnahme seiner erbrachten Leistungen bestehen. Die Abnahme ist auch im Fall der Kündigung Voraussetzung für die Fälligkeit der Schlussrechnung (BGH, Urt. v. 11.5.2006 – VII ZR 146/04) und den Beginn der Gewährleistungsfrist (BGH, Urt. v. 19.12.2002 – VII ZR 103/00). Der Auftraggeber hat auch nach Kündigung eine Abnahmepflicht, es sei denn, er ist wegen wesentlicher Mängel zur Abnahmeverweigerung berechtigt (§ 12 Abs. 3 VOB/B). **1734**

Der Auftragnehmer bleibt trotz der Kündigung berechtigt und verpflichtet, Mängel an den bis zum Kündigungszeitpunkt erbrachten Leistungen zu beseitigen. Hierin liegt für den Auftraggeber ein erhebliches Problem. Entdeckt etwa der beauftragte Ersatzunternehmer Mängel an den Vorleistungen, müssen diese erst einmal unter Fristsetzung gerügt werden, bevor sie nach Fristablauf von dem Ersatzunternehmer beseitigt werden. Gleiches gilt für bei der Abnahme entdeckte Mängel. Andernfalls bleibt der Auftraggeber auf den Kosten der Mangelbeseitigung sitzen. **1735**

1736 Anders liegt der Fall, wenn der Auftragnehmer kündigt, weil der Auftraggeber an der Beseitigung von Mängeln mitwirken muss (z.B. in Form von Planungsleistungen), dies aber nicht tut. In diesem Fall ist der Auftragnehmer nach Kündigung nicht mehr zur Mangelbeseitigung verpflichtet; er muss sich aber die (einfachen) Kosten der Mangelbeseitigung abziehen lassen (OLG München, Urt. v. 17.3.2015 – 9 U 2856/11 Bau).

b) Kündigungsbedingt nicht mehr ausgeführte Leistungen

1737 Wegen des kündigungsbedingt nicht mehr ausgeführten Teils der Leistung steht dem Auftragnehmer eine angemessene Entschädigung nach § 642 BGB zu (§ 9 Abs. 3 Satz 2 VOB/B). Diese angemessene Entschädigung soll die Vermögensnachteile ausgleichen, die dem Auftragnehmer durch die vorzeitige Vertragsbeendigung entstanden sind. Das OLG Celle ist der Auffassung, dass hierzu die kündigungsbedingt nicht abbaubaren Lohnkosten, die kalkulierten Allgemeinen Geschäftskosten, nutzlos gewordene Verwaltungsaufwendungen sowie der entgangene Gewinn gehören (OLG Celle, Urt. v. 24.2.1999 – 14a (6) U 4/98). Ähnlich hat das OLG Nürnberg entschieden (OLG Nürnberg, Urt. v. 4.1.2006 – 6 U 114/03).

1738 Entgegen der richtigen Auffassung des OLG Celle vertritt der BGH – ohne dies näher zu begründen – allerdings die Auffassung, dass der Auftragnehmer im Rahmen eines Entschädigungsanspruchs nicht den kalkulierten Anteil für Wagnis und Gewinn beanspruchen könne (BGH, Urt. v. 21.10.1999 – VII ZR 185/98; ähnlich OLG Brandenburg, Urt. v. 17.6.2010 – 12 U 21/10). Diese Rechtsprechung ist heftig umstritten, sodass wir einem Auftragnehmer durchaus empfehlen, im Rahmen der Kündigungsabrechnung nach § 9 Abs. 3 VOB/B i.V.m. § 642 BGB auch Wagnis und Gewinn hinsichtlich der kündigungsbedingt nicht mehr ausgeführten Leistungen geltend zu machen.

1739 Der Entschädigungsanspruch unterliegt der Umsatzsteuer (BGH, Urt. v. 24.1.2008 – VII ZR 280/05).

c) Weitergehende Ansprüche des Auftragnehmers

1740 In § 9 Abs. 3 Satz 2, 2. Halbsatz VOB/B ist geregelt, dass dem Auftragnehmer alle weiteren Ansprüche erhalten bleiben. Die Vorschrift soll verhindern, dass die vorausgehenden Regelungen Ausschlusscharakter haben.

1741 Als weitergehende Ansprüche kommen in Betracht: Sind die Mitwirkungsobliegenheiten nach einer Vertragsauslegung als echte Vertragspflichten ausgestaltet, steht dem Auftragnehmer grundsätzlich Ersatz des durch die Nichterfüllung entstehenden Schadens zu (§ 280 BGB). Ein solcher Anspruch besteht jedoch nicht, wenn wegen Obliegenheitsverletzungen bzw. Annahmeverzugs gekündigt wurde (OLG Brandenburg, Urt. v. 17.6.2010 – 12 U 21/10). Aufwendungsersatzansprüche sind denkbar, wenn der Auftragnehmer während des Annahmeverzugs des

Auftraggebers Schutzmaßnahmen zugunsten der bis zur Kündigung erbrachten Leistung vornimmt (§ 304 BGB).

6. Kündigung wegen Unterbrechung

Unabhängig von einem Annahme- oder Schuldnerverzug kann im VOB-Vertrag gemäß § 6 Abs. 7 jede Vertragspartei nach einer länger als drei Monate andauernden Unterbrechung den Vertrag schriftlich kündigen. Dazu verweisen wir auf unsere Ausführungen im Kapitel H (siehe H. I. 5., Rn. 1278 ff.) und unten unter K. II. 5., Rn. 1772 ff. **1742**

II. Handhabung in der Praxis

1. Grundsätzlich: Risiken einer Kündigung

Erfahrungsgemäß werden Verträge weitaus häufiger von Auftraggebern gekündigt. **1743** Wer hieraus den Schluss zieht, dass sich Auftraggeber in der Regel vertragstreuer verhalten als Auftragnehmer, dürfte allerdings nicht richtig liegen. Die Ursache liegt vielmehr in den unterschiedlichen rechtlichen und wirtschaftlichen Gefahren.

Der maßgebliche rechtliche Unterschied besteht zunächst in dem Fehlen eines **1744** freien Kündigungsrechts für den Auftragnehmer (vgl. K. I. 1., Rn. 1697 f.). Liegt ein wichtiger Kündigungsgrund tatsächlich nicht vor, bleibt der Vertrag wirksam (OLG Düsseldorf, Urt. v. 25.2.2003 – 21 U 44/02); der Auftragnehmer begeht mit der Kündigung eine Vertragsverletzung. Das gilt auch, wenn zwar nicht gekündigt wird, aber die Arbeiten unberechtigt eingestellt werden. Dem Auftraggeber steht dann seinerseits ein Kündigungsrecht nach § 8 Abs. 3 VOB/B zu (OLG München, Urt. v. 15.7.1997 – 28 U 3517/96). Im Fall des Fehlens eines wichtigen Kündigungsgrundes verliert der Auftragnehmer also nicht nur seine Ansprüche wegen der kündigungsbedingt nicht mehr ausgeführten Arbeiten, er macht sich zudem schadensersatzpflichtig. Der Auftragnehmer muss also Vorsicht walten lassen.

Eine weitere Ursache für die verhältnismäßig seltene Kündigung durch den Auf- **1745** tragnehmer liegt darin, dass die Kündigung im Regelfall für den Auftragnehmer erhebliche wirtschaftliche Risiken mit sich bringt. Sobald der Auftragnehmer den Vertrag gekündigt hat, kann er realistischerweise nicht mehr damit rechnen, in absehbarer Zeit noch eine Vergütung für seine Werkleistung zu erhalten. Der Auftraggeber wird häufig die Berechtigung der Kündigung bestreiten, seinerseits kündigen und die Verrechnung mit angeblichen Schadensersatzansprüchen ankündigen. Deshalb kann es für den Auftragnehmer ratsam sein, *die Zähne zusammenzubeißen* und trotz der Pflichtverletzungen des Auftraggebers den Vertrag fortzusetzen.

Eine Kündigung ist wirtschaftlich am ehesten vertretbar, wenn der Auftragneh- **1746** mer entweder noch gar keine Leistungen erbracht hat oder die bis dahin erbrachten Leistungen im Wesentlichen vollständig bezahlt sind. Sind Zahlungsrückstände vorhanden, kann es ferner darauf ankommen, ob der Auftragnehmer bereits eine Sicherheit für seine Werklohnforderung besitzt oder nicht (§ 648a BGB).

2. Zahlungsverzug des Auftraggebers

1747 Wie bereits unter I. dargestellt, liegt der in der Praxis häufigste Kündigungsgrund in dem Zahlungsverzug des Auftraggebers. Der die Kündigung erwägende Auftragnehmer muss jedoch Vorsicht walten lassen: Ist der Auftraggeber mit der Zahlung gar nicht im Verzug, riskiert er eine unberechtigte Kündigung mit den damit verbundenen Rechtsnachteilen (siehe 1.).

1748 Der Zahlungsanspruch muss also fällig sein. Das setzt bei Werklohnansprüchen das Erreichen des abgerechneten bzw. vereinbarten Bautenstandes, prüfbare Rechnungen, den Ablauf der Zahlungsfristen und das Fehlen von berechtigten Einwendungen des Auftraggebers voraus. Stellt sich letztendlich heraus, dass kein oder nur ein geringer fälliger Zahlungsanspruch des Auftragnehmers besteht, so ist die Kündigung aus wichtigem Grund nicht möglich (so etwa das OLG Stuttgart, Urt. v. 31.1.2017 – 10 U 70/16 bei einem offenen Zahlungsanspruch von etwa € 3.000,– und einem Bauvolumen von rund € 4 Millionen).

a) Nachgewiesener Leistungsstand und Zahlungsfristen

1749 Soweit im Vertrag nichts anderes vereinbart ist, hat der Auftraggeber Anspruch auf Abschlagszahlungen in Höhe des Wertes der jeweils nachgewiesenen vertragsgemäßen Leistungen (§ 16 Abs. 1 Nr. 1 VOB/B). Einen ähnlichen Anspruch gibt § 632a BGB. Soweit die Vertragsparteien einen Zahlungsplan vereinbart haben, gilt dieser vorrangig vor der allgemeinen Regelung in § 16 Abs. 1 Nr. 1 VOB/B und der gesetzlichen Regelung in § 632a BGB.

1750 Abschlagsrechnungen sind nach der VOB/B binnen 21 Tagen (§ 16 Abs. 1 Nr. 3 VOB/B), Schlussrechnungen innerhalb von einem Monat (§ 16 Abs. 3 Nr. 1 Satz 1 BGB), jeweils ab Rechnungszugang, zu zahlen und damit fällig. Der Zahlungsverzug setzt voraus, dass nach Fälligkeit eine kalendermäßig bestimmte Nachfrist zur Zahlung gesetzt wird (§ 16 Abs. 5 Nr. 3 VOB/B) oder aber eine Frist von 30 Kalendertagen seit Zugang der Rechnung verstrichen ist. Wegen der weiteren Einzelheiten verweisen wir auf das Kapitel N. I. 5., vgl. Rn. 2417 ff.

b) Einreden des Auftraggebers

1751 Rechnungen werden auch nach Ablauf der Zahlungsfristen nicht fällig, solange dem Auftraggeber Einreden zustehen. Praxisrelevant sind insbesondere der Einwand der Unprüfbarkeit der Abrechnung und das Vorhandensein von Mängeln (siehe etwa OLG Stuttgart, Urt. v. 31.1.2017 – 10 U 70/16).

aa) Unprüfbarkeit der Abrechnung

Gemäß § 14 Abs. 1 VOB/B sind Rechnungen prüfbar aufzustellen. Ohne eine prüfbare Abrechnung der Leistung entsteht kein fälliger Anspruch auf Abschlagszahlungen oder die Schlusszahlung. Zahlungsverzug kann dann nicht eintreten. Wie in Kapitel N geschildert, treten Probleme mit der Prüfbarkeit von Abschlagsrechnungen vor allem bei Pauschalpreisverträgen auf. Auch wenn ein Pauschalpreis vereinbart ist, kann der Auftragnehmer beispielsweise nicht einfach einen *„Leistungsstand von 10 %"* abrechnen, sondern muss durch ein überschlägiges Aufmaß und Angabe anteiliger Preise begründen, weshalb dieser Leistungsstand dem abgerechneten Anteil des Pauschalpreises entspricht. **1752**

Ein ähnliches Problem tritt bei der Prüfbarkeit der Abrechnung von Nachträgen auf, insbesondere bei Global-Pauschalverträgen. Es ist Sache des Auftragnehmers, den von ihm verlangten Preis nachvollziehbar zu begründen. Ist die Nachtragsabrechnung nicht prüffähig, muss der Auftraggeber hieraus zunächst keine Zahlung leisten, selbst wenn die Nachtragsforderung dem Grunde nach begründet ist. **1753**

Problematisch ist, ob sich der Auftraggeber auch nachträglich – also nach der Kündigung – darauf berufen kann, die Abschlagsrechnung sei nicht prüfbar und deshalb nicht fällig gewesen. Bei Schlussrechnungen ist dies nach Ablauf der Prüfungsfrist nicht mehr möglich, wie vom BGH bereits entschieden (BGH, Urt. v. 22.12.2005 – VII ZR 316/03) und nunmehr auch in § 16 Abs. 3 Nr. 1 Satz 2 VOB/B ausdrücklich geregelt ist. Bei Abschlagsrechnungen existiert eine solche Regelung zwar nicht, allerdings gibt es für das Architektenrecht Entscheidungen, nach denen der Einwand der fehlenden Prüfbarkeit auch bei Abschlagsrechnungen verwirkt werden kann (OLG Celle, Urt. v. 8.4.2009 – 14 U 111/08; BGH, Urt. v. 16.3.2005 – XII ZR 269/01). Nachdem die Prüfungsfrist für die Schlussrechnung nun regelmäßig 30 Tage beträgt, dürfte im Ergebnis gelten, dass der Auftraggeber sich auch bei VOB/B-Verträgen nicht mehr auf die fehlende Prüfbarkeit von Abschlagsrechnungen berufen kann, wenn er diese nicht innerhalb von 30 Tagen gerügt hat; denn was für Schlusszahlungen gilt, muss erst recht für (nur vorläufige) Abschlagszahlungen gelten. **1754**

bb) Mängel der erbrachten Leistung

Es gibt bekanntlich kein Bauvorhaben, welches gänzlich ohne Mängel errichtet wird. Bei Mängeln hat der Auftraggeber das Recht, das Doppelte der voraussichtlichen Mangelbeseitigungskosten einzubehalten (§ 641 Abs. 3 BGB). **1755**

Im Fall von Mängeln wird die Abschlagsrechnung also ggf. überhaupt nicht fällig. Mahnungen und Nachfristsetzungen gehen ins Leere, aufgrund des Zurückbehaltungsrechts kann der Auftraggeber nicht in Verzug geraten. Erschwerend kommt hinzu, dass der Auftraggeber nicht angeben muss, in welcher Höhe Mangelbeseitigungskosten entstehen werden. Es ist grundsätzlich Sache des Auftragnehmers darzulegen, dass der einbehaltene Betrag unverhältnismäßig und deshalb unbillig **1756** hoch ist (BGH, Urt. v. 6.12.2007 – VII ZR 125/06). Deshalb müssen Auftragnehmer, bevor sie die Kündigung nach § 9 Abs. 1 Nr. 2 VOB/B in Erwägung ziehen, genau prüfen, inwieweit ihr Werk tatsächlich mangelfrei ist.

1757 Zum Bumerang kann die Kündigung des Auftragnehmers werden, wenn sich der Auftraggeber erst nachträglich auf Zurückbehaltungsrechte wegen Mängeln beruft.

1758 **Beispiel:** Ein Fußbodenleger hat hochwertigen Kunststoff-Bodenbelag zu verlegen. Nachdem er die Hälfte der Leistung ausgeführt hat, muss er feststellen, dass der Auftraggeber fällige Abschlagsrechnungen nicht begleicht. Der Auftragnehmer mahnt die Bezahlung der Abschlagsrechnung an und setzt anschließend eine Nachfrist mit Kündigungsandrohung. Schließlich kündigt er den Vertrag, nachdem keine Zahlung erfolgt. Der Auftraggeber hatte zu diesem Zeitpunkt (noch) keine Mängel gerügt. Im nachfolgenden Prozess verlangt der Unternehmer Restwerklohn und entgangenen Gewinn. Zwischenzeitlich hat sich ein Gutachter mit dem verlegten Fußboden beschäftigt und festgestellt, dass der Auftragnehmer für eine gewerbliche Nutzung ungeeignete Scheuerleisten verwendet hat.

1759 Kann sich der Auftraggeber wegen der nachträglich festgestellten Mängel auf ein Zurückbehaltungsrecht berufen, obwohl er die Mängel damals nicht kannte, sie deshalb nicht angezeigt und kein Zurückbehaltungsrecht geltend gemacht hat?

1760 Ganz überwiegend wird die Meinung vertreten, ein Zurückbehaltungsrecht bestünde unabhängig davon, ob sich der Auftraggeber darauf berufen hat oder nicht. Dem folgt auch der BGH in ständiger Rechtsprechung (BGH, Urt. v. 23.5.2003 – V ZR 190/02; BGH, Urt. v. 6.5.1999 – VII ZR 180/98). Der gleichen Auffassung ist das OLG Frankfurt (OLG Frankfurt, Urt. v. 12.4.2006 – 7 U 99/05). Anderer Ansicht ist im Ergebnis das OLG Celle (OLG Celle, Urt. v. 24.2.1999 – 14a (6) U 4/98). Auch wenn Manches für die Auffassung des OLG Celle sprechen mag, weil ein Auftragnehmer möglicherweise auf die Kündigung verzichtet hätte, wenn ihm die Mängel mitgeteilt worden wären, entspricht die Entscheidung nicht der herrschenden Auffassung. Auch deshalb muss ein Auftragnehmer stets sorgfältig prüfen, ob die Leistung objektiv mangelfrei ist, bevor er eine Kündigung wegen Zahlungsverzugs erwägt.

c) Mahnung

1761 Voraussetzung für den Verzug ist grundsätzlich eine Mahnung (§ 286 Abs. 1 BGB). Diese ist nur entbehrlich, wenn die Leistungszeit nach dem Kalender bestimmt ist (§ 286 Abs. 2 Nr. 1 BGB). Dazu genügt jedoch die einseitige Vorgabe des Auftragnehmers, etwa durch die Angabe eines Zahlungstermins in seiner Rechnung, nicht (BGH, Urt. v. 25.10.2007 – III ZR 91/07).

Wer den sichersten Weg beschreiten will, muss nach Eintritt der Fälligkeit stets unter Nachfristsetzung zur Zahlung auffordern, also mahnen. Eine Kündigung nach § 9 Abs. 2 VOB/B ist erst nach Ablauf der Nachfrist mit Kündigungsandrohung möglich. Es ist möglich, die Mahnung und die Nachfristsetzung unter Kündigungsandrohung gemäß § 9 Abs. 2 VOB/B in einem Schreiben zu verbinden. Ratsam ist dies allerdings nicht. Wir halten es für sicherer, nach Eintritt der Fälligkeit unter Fristsetzung zu mahnen und nach fruchtlosem Ablauf dieser Frist – erneut unter Nachfristsetzung – die Kündigung anzudrohen. 1762

d) Alternative: Sonderkündigungsrecht nach § 650f BGB (früher § 648a BGB)

Im Rahmen der obigen Erörterungen dürfte deutlich geworden sein, dass die auftragnehmerseitige Kündigung wegen Zahlungsverzugs oft mit erheblichen Schwierigkeiten verbunden ist. Häufig lässt sich zum Zeitpunkt der Kündigungserklärung nicht mit Sicherheit beurteilen, ob der abgerechnete Leistungsstand erreicht, die Rechnung prüfbar ist und – vor allem – Mängel der Bauleistungen *nicht* vorhanden sind. 1763

Die Kündigung wegen Zahlungsverzugs ist deshalb für den Auftragnehmer riskant. Der bessere Weg führt regelmäßig über § 650f BGB (früher § 648a BGB). Nach dieser Vorschrift kann der Auftragnehmer eine Sicherheit für seine Vergütungsansprüche fordern (vgl. Kapitel P). Wird die Sicherheit trotz Fristsetzung nicht gestellt, kann der Auftragnehmer den Vertrag kündigen (§ 650f Abs. 5 Satz 1 BGB). Dieses Kündigungsrecht besteht völlig unabhängig von einem etwaigen Zahlungsverzug des Auftraggebers, also auch in den hier besprochenen Problemfällen, insbesondere bei Zurückbehaltungsrechten des Auftraggebers wegen Mängeln. 1764

In allen kritischen Fällen sollte der Auftragnehmer von einer Kündigung wegen Zahlungsverzugs Abstand nehmen bzw. vorher eine sorgfältige Prüfung des Einzelfalls, gegebenenfalls mit anwaltlicher Unterstützung, vornehmen. Bleibt das Kündigungsrecht wegen Zahlungsverzugs fraglich, ist eine Kündigung nach § 650f Abs. 5 BGB wegen Nichtgewährung einer Zahlungssicherheit stets der sicherere Weg. 1765

3. Annahmeverzug und eigene Leistungsbereitschaft

Es gibt Situationen, in denen der Auftraggeber tatsächlich notwendige Mitwirkungshandlungen nicht vornimmt, aber gleichwohl nicht in Annahmeverzug gerät, weil der Auftragnehmer zu diesem Zeitpunkt überhaupt nicht leistungsbereit oder leistungswillig ist. 1766

Beispiel: Ein Rohbauunternehmer soll vertragsgemäß am 15.2.2021 mit den Gründungsarbeiten beginnen. Allerdings liegt fünf Tage vorher noch keine Baugenehmigung vor, sodass der Auftragnehmer die Beschaffung der Baugenehmigung unter Fristsetzung anmahnt. Der Auftraggeber antwortet hierauf, 1767 dass aufgrund des wochenlangen Dauerfrostes, der noch andauern soll, ohnehin noch keine Fundamentierungsarbeiten stattfinden könnten und weist eine Behinderung der Arbeiten von sich.

1768 Wenn es zutrifft, dass der Auftragnehmer aufgrund des Frostes ohnehin nicht arbeiten kann, kommt der Auftraggeber nicht in Annahmeverzug, obwohl er tatsächlich nicht dafür gesorgt hat, dass die Baugenehmigung rechtzeitig vor dem vereinbarten Baubeginn vorliegt. Würde der Auftragnehmer unter diesen Voraussetzungen eine Nachfrist mit Kündigungsandrohung setzen und anschließend den Vertrag kündigen, wäre diese Vertragskündigung unberechtigt, da sich der Auftraggeber nicht im Annahmeverzug befunden hat.

4. Folgen des gekündigten Generalunternehmervertrags

1769 Kommt es zur Kündigung des Bauvertrags zwischen dem Bauherrn und einem Generalunternehmer, beendet diese Kündigung die Vertragsverhältnisse des Generalunternehmers mit seinen Subunternehmern nicht automatisch. Diese Verträge bleiben wirksam.

1770 Der Generalunternehmer hat häufig keine andere Möglichkeit, als den Subunternehmern eine sogenannte freie Kündigung auszusprechen, die er jedoch – wegen der nachteiligen Folgen des § 8 Abs. 1 VOB/B – scheut. Tritt dann der Bauherr an den Subunternehmer heran, um ihn unmittelbar mit der Fertigstellung zu beauftragen, darf der Subunternehmer nicht voreilig handeln. Zunächst muss das Vertragsverhältnis zum Generalunternehmer beendet werden. Das wird über eine Kündigung wegen unterlassener Mitwirkungshandlung (§ 9 Abs. 1 Nr. 1 VOB/B) regelmäßig möglich sein, da der Generalunternehmer nicht mehr in der Lage ist, seiner Obliegenheit zur Bereitstellung des Baugrundstücks nachzukommen. Die formellen Voraussetzungen (Nachfristsetzung und Kündigungsandrohung) gilt es dennoch zu beachten.

1771 Bevor die Arbeiten nach der Kündigung unmittelbar mit dem Bauherrn fortgesetzt werden, ist es ratsam, eine gemeinsame Leistungsfeststellung mit dem Generalunternehmer durchzuführen und die Abnahme zu verlangen, die nach neuerer Rechtsprechung des BGH auch beim gekündigten Vertrag notwendig ist (BGH, Urt. v. 11.5.2006 – VII ZR 146/04). Verweigert der Generalunternehmer das gemeinsame Aufmaß bzw. die Abnahme zu Unrecht, geht dies nicht zulasten des Subunternehmers (siehe oben).

5. Kündigungsrecht bei Unterbrechung oder Behinderung

1772 Die Kündigungstatbestände des § 9 Abs. 1 VOB/B überschneiden sich mit anderen Regelungen der VOB/B, insbesondere mit dem Sonderkündigungsrecht des § 6 Abs. 7 VOB/B, aber auch mit der Kooperationspflicht des § 6 Abs. 3 VOB/B. Zu den daraus folgenden Problemen im Einzelnen:

a) Unterbrechung kürzer als drei Monate

§ 6 Abs. 7 VOB/B erlaubt die Kündigung durch den Auftragnehmer, wenn die Bauarbeiten für länger als drei Monate unterbrochen sind. Dabei muss der Ablauf der Frist nicht abgewartet werden, es reicht aus, wenn mit Sicherheit abzusehen ist, dass die Arbeiten in den kommenden drei Monaten nicht weitergeführt werden können. Diese Kündigungsmöglichkeit ist für den Auftragnehmer risikolos, da der Auftraggeber keine Gegenansprüche oder Einwendungen geltend machen kann. Es spielt auch keine Rolle, ob der Auftraggeber die Unterbrechung zu vertreten hat oder nicht. **1773**

Fraglich ist allerdings, ob bei Unterbrechung der Bauarbeiten nur § 6 Abs. 7 VOB/B einschlägig ist und die Kündigung in diesen Fällen folglich immer davon abhängt, dass die Unterbrechung der Arbeiten voraussichtlich drei Monate andauern wird. Wir halten das für falsch, weil § 9 Abs. 1 Nr. 1 VOB/B eine Sonderregelung für den Fall enthält, dass der Auftraggeber in Annahmeverzug gerät. Demnach ist § 6 Abs. 7 VOB/B eine *zusätzliche* Kündigungsmöglichkeit, schließt aber eine Kündigung des Vertrags vor Ablauf von drei Monaten nicht aus, wenn die Unterbrechung der Arbeiten auf der Verletzung von Mitwirkungsobliegenheiten des Auftraggebers beruht und sich dieser deshalb im Annahmeverzug befindet. In diesem Sinne hat auch das OLG Celle entschieden (OLG Celle, Urt. v. 1.11.2012 – 16 U 200/11). **1774**

b) Behinderung wegen fehlender Mitwirkungshandlung

Nach der gesetzlichen Regelung (§§ 642, 643 BGB) besteht ein Kündigungsrecht wegen unterlassener Mitwirkung des Auftraggebers auch dann, wenn der Auftragnehmer seine Leistungen nur in Teilbereichen nicht erbringen kann. Auch in diesem Fall gerät der Auftraggeber hinsichtlich derjenigen Teilleistungen, die wegen fehlender Mitwirkung nicht erbracht werden können, in Annahmeverzug. Aus dem Wortlaut von § 9 Abs. 1 Nr. 1 VOB/B (*„außerstande"*) wird aber mehrheitlich gefolgert, dass bei einem VOB/B-Vertrag nur dann ein Kündigungsrecht besteht, wenn der Auftragnehmer gar keine Leistungen mehr erbringen kann, also durch die fehlende Mitwirkung eine Unterbrechung der Arbeiten eingetreten ist. **1775**

Anders ist die Rechtslage, wenn es sich bei der Mitwirkungshandlung nicht nur um eine Obliegenheit, sondern um eine echte Rechtspflicht handelt. Nach dem eindeutigen Wortlaut des § 9 Abs. 1 Nr. 2 VOB/B kommt es im Fall der Verletzung einer Rechtspflicht (und damit des Schuldnerverzugs) nicht darauf an, wie sich die Pflichtverletzung konkret auswirkt. Es ist also unerheblich, ob die geschuldete Mitwirkung die Arbeiten insgesamt oder nur in Teilbereichen bzw. kurz- oder langfristig behindert. **1776**

Beispiel: Die Parteien vereinbarten, dass die bauseits zu stellenden Stoffe bis zum 1.12.2011 auf die Baustelle geliefert werden. **1777**

1778 In diesem Beispiel könnte der Auftragnehmer sich (unter den formellen Voraussetzungen des § 9 Abs. 2 VOB/B) vom Vertrag lösen. Es käme nicht darauf an, ob und gegebenenfalls zu welcher konkreten Beeinträchtigung das Fehlen der Baustoffe geführt hat.

III. Musterschreiben

Nachfristsetzung mit Kündigungsandrohung **K 1 1779**

An den Auftraggeber

Datum

Bauvorhaben …

Sehr geehrte Damen und Herren,

wir hatten bereits mit Schreiben vom … die Zahlung der dritten Abschlagsrechnung, die seit dem … fällig ist, angemahnt. Da wir auch nach Ablauf der Nachfrist keinen Zahlungseingang feststellen können, setzen wir eine nochmalige Nachfrist zur Zahlung bis zum … (*drei bis fünf Kalendertage sind im Normalfall ausreichend*) und teilen Ihnen mit, dass wir nach Ablauf dieser Frist den Werkvertrag nach § 9 Abs. 1 Nr. 2 VOB/B kündigen werden.

Sollten Sie berechtigte Einwendungen gegen unsere Abschlagsrechnung vorbringen können, bitten wir Sie dringend, uns diese vor Ablauf der o.g. Frist mitzuteilen.

Alternativ:

Mit Schreiben vom … hatten Sie uns mitgeteilt, dass Sie zur Prüfung unserer angemahnten Abschlagsrechnung noch weitere Unterlagen benötigen würden. Diese haben wir Ihnen bereits vor drei Tagen zugesandt. Wir weisen Sie vorsorglich darauf hin, dass Ihre Einwendungen gegen die Prüffähigkeit unserer Rechnung nur einen Teil der abgerechneten Leistungen betreffen. Hinsichtlich der prüfbaren Leistungen hätten Sie die Zahlung nach Fälligkeit veranlassen müssen. Darauf haben wir mit dem o.g. Schreiben bereits hingewiesen und nochmals eine Frist zur Zahlung des unstreitigen Teilbetrags gesetzt. Wir weisen darauf hin, dass mit der vorsorglichen Übersendung der von Ihnen geforderten Unterlagen keine neue Prüfungsfrist von 21 Kalendertagen in Gang gesetzt wird, sondern die Prüfung Ihrerseits nunmehr unverzüglich erfolgen muss.

Wir setzen Ihnen hiermit zur Bezahlung unserer Abschlagsrechnung eine weitere Nachfrist bis zum … (drei bis fünf Kalendertage). Sollten Sie innerhalb der hier gesetzten Nachfrist nicht wenigstens den unstreitigen Teilbetrag in Höhe von … gezahlt haben, werden wir den Bauvertrag gemäß § 9 Abs. 1 Nr. 2 VOB/B kündigen.

Mit freundlichen Grüßen

………………………………………………

(Unterschrift)

1780 Kündigung wegen Zahlungsverzugs K 2

An den Auftraggeber

Datum

Bauvorhaben …

Sehr geehrte Damen und Herren,

wir haben Sie am … unter Fristsetzung mit Kündigungsandrohung zur Zahlung eines Gesamtbetrags in Höhe von € … aufgefordert. Hierbei handelte es sich um den noch ausstehenden Restbetrag aus der dritten Abschlagsrechnung vom … sowie den Gesamtbetrag unserer vierten Abschlagsrechnung vom … Mit der Zahlung dieses Betrags sind Sie bereits seit dem Zugang unserer Mahnung vom … in Verzug.

Sie haben bis heute weder Zahlung geleistet noch mitgeteilt, aus welchen Gründen Sie Ihrer Auffassung nach berechtigt sein könnten, die Zahlung zu verweigern. Hierzu hatten wir Ihnen aber ausdrücklich Gelegenheit gegeben.

Aus diesem Grund kündigen wir hiermit den zwischen uns abgeschlossenen Vertrag gemäß § 9 Abs. 1 Nr. 2 VOB/B und werden unsere Schlussrechnung stellen.

Wir fordern Sie auf, hinsichtlich der erbrachten Leistungen ein gemeinsames Aufmaß zu nehmen sowie die Abnahme der bis zum Kündigungszeitpunkt erbrachten Leistungen zu erklären.

Alternativ benennen wir hierfür folgende Termine:

…

Bitte setzen Sie sich zum Zwecke der konkreten Terminvereinbarung mit dem Unterzeichner in Verbindung.

Mit freundlichen Grüßen

…………………………………………

(Unterschrift)

Herbeiführung des Annahmeverzugs bei Mitwirkungshandlungen **K 3 1781**

An den Auftraggeber

Datum

Bauvorhaben …

Sehr geehrte Damen und Herren,

mit Schreiben vom ... haben wir Sie aufgefordert, uns die Ausführungsplanung für unser Gewerk zu übergeben. Wie Ihnen bekannt ist, können wir gegenwärtig weder die notwendige Werkstatt- und Montageplanung erbringen noch das für die Ausführung der Leistungen erforderliche Material bestellen. Aufgrund der vertraglich vereinbarten Ausführungstermine haben wir unsere Kapazitäten aber so eingerichtet, dass wir die Arbeiten nunmehr ausführen, wozu wir aufgrund des Fehlens der Ausführungsplanung außerstande sind. Wir fordern Sie deshalb nochmals auf, uns die Planungsunterlagen schnellstmöglich, spätestens aber bis zum ..., zur Verfügung zu stellen. Sollte auch diese Frist fruchtlos verstreichen, geraten Sie mit Ihren Verpflichtungen in Verzug. Auf § 9 Abs. 1 Nr. 1 und 2 VOB/B bzw. § 642 BGB, der einen Entschädigungsanspruch für die Dauer des Annahmeverzugs gewährt, weisen wir vorsorglich hin.

Mit freundlichen Grüßen

……………………………………………

(Unterschrift)

1782 **Fristsetzung mit Kündigungsandrohung bei Mitwirkungshandlungen** K 4

An den Auftraggeber

Datum

Bauvorhaben ...

Sehr geehrte Damen und Herren,

wir hatten Sie mit Schreiben vom ... nochmals aufgefordert, uns die Ausführungsplanung für unser Gewerk zu übergeben. Wir hatten Sie ferner darauf hingewiesen, dass wir uns während der vertraglich vereinbarten Fristen stets leistungsbereit halten, wir aber außerstande sind, die Arbeiten auszuführen, wenn uns die Planung nicht zur Verfügung gestellt wird.

Da Sie auf unsere Schreiben lediglich mitgeteilt haben, Sie seien gegenwärtig noch in Abstimmungsprozessen mit dem Architekten bzw. dem Nutzer des Bauvorhabens, setzen wir gemäß § 9 Abs. 2 VOB/B eine nochmalige Frist zur Übergabe der Ausführungsplanung bis zum ... und teilen Ihnen mit, dass wir den Bauvertrag nach § 9 Abs. 1 Nr. 1 VOB/B kündigen werden, falls die hier gesetzte Frist wiederum ergebnislos verstreichen sollte.

Mit freundlichen Grüßen

....

(Unterschrift)

Kündigung wegen Annahmeverzugs **K 5 1783**

An den Auftraggeber

Datum

Bauvorhaben ...

Sehr geehrte Damen und Herren,

mit Schreiben vom ... hatten wir Ihnen eine letzte Nachfrist für die Freigabe unserer Montageplanung gesetzt und die Vertragskündigung für den Fall des fruchtlosen Fristablaufs angedroht. Da wir bis zum heutigen Tag immer noch keine Nachricht von Ihnen erhalten haben, kündigen wir hiermit den zwischen uns abgeschlossenen Vertrag über die Lieferung und den Einbau von Treppengeländern. Nach § 9 Abs. 3 Satz 1 VOB/B werden wir die bereits erbrachten Leistungen nach den vereinbarten Preisen abrechnen. Darüber hinaus steht uns wegen der kündigungsbedingt nicht mehr ausgeführten Leistungen eine angemessene Entschädigung zu (§ 642 BGB). Da wir die komplette Montageplanung bereits erstellt haben und für Sie auch ein Zeitfenster im Rahmen unserer Arbeitsvorbereitung für die Produktion der Geländer vorgesehen hatten, berechnen wir folgende Entschädigung: ...

Wir bitten um Verständnis für diesen Schritt. Wenn Sie der Meinung sind, dass Sie noch gewisse Änderungen an der Montageplanung vornehmen wollen, obwohl diese vertragsgemäß war, hätten Sie solche Änderungen im Rahmen von § 1 Abs. 3 VOB/B anordnen können. Wenn Sie aber weder eine konkrete Planungsänderung verlangen noch unsere vertragsgemäße Montageplanung freigeben wollen, sind wir nicht verpflichtet, hier noch länger einen Schwebezustand hinzunehmen, bis Sie oder Ihre Architekten sich entschieden haben. Sobald Sie wissen, wie die Geländer aussehen sollen, sind wir gerne bereit, Ihnen ein neues Angebot zu unterbreiten.

Mit freundlichen Grüßen

....

(Unterschrift)

1784 **Nachfristsetzung mit Kündigungsandrohung bei sonstigem Schuldnerverzug** **K 6**

An den Auftraggeber

Datum

Bauvorhaben …

Sehr geehrte Damen und Herren,

wir haben unter Ziffer … des Bauvertrags vereinbart, dass uns eine Woche nach Vertragsabschluss eine Zahlungsbürgschaft in Höhe von 20 % der Pauschalsumme (***eventuell:*** das Baumaterial, Gerüste etc.) übergeben wird. Diese Frist ist fruchtlos verstrichen.

Mit Schreiben vom … haben wir zur Übergabe der Zahlungsbürgschaft eine weitere Frist bis zum … gesetzt. Auch diese Frist ist erfolglos abgelaufen.

Wir setzen Ihnen hiermit eine letzte Nachfrist zur Stellung der Bürgschaft bis zum … (eine Woche ist angemessen). Sollte auch diese Nachfrist erfolglos ablaufen, werden wir den Vertrag gemäß § 9 Abs. 1 Nr. 2 VOB/B kündigen und die uns zustehenden Ansprüche in der Schlussrechnung geltend machen.

Mit freundlichen Grüßen

……………………………………………

(Unterschrift)

Kündigung wegen Schuldnerverzugs **K 7 1785**

An den Auftraggeber

Datum

Bauvorhaben ...

Sehr geehrte Damen und Herren,

mit Schreiben vom ... hatten wir die Kündigung des Vertrags angedroht, wenn uns nicht bis zum ... eine vollständige Ausführungsplanung für das Bauteil 2 zur Verfügung gestellt wird. Sie haben geantwortet, dass Sie nicht dafür verantwortlich seien, wenn Ihr Architekt noch „einzelne Pläne" zeichnen muss. Außerdem sind Sie der Meinung, dass wir wegen einer bis heute erfolgten Unterbrechung der Arbeiten von lediglich zwei Wochen nicht berechtigt seien, den gesamten Bauvertrag zu kündigen.

Wir können Ihren Argumenten nicht folgen und erklären hiermit die Kündigung des zwischen uns abgeschlossenen Bauvertrags.

Sie haben sich im Vertrag ausdrücklich verpflichtet, uns rechtzeitig die Ausführungsplanung zur Verfügung zu stellen. Hierbei handelt es sich um eine echte Rechtspflicht Ihrerseits, sodass Sie durch die Nichterfüllung dieser Verpflichtung in Schuldnerverzug geraten sind. Das Kündigungsrecht gemäß § 9 Abs. 1 Nr. 2 VOB/B ist nicht davon abhängig, ob es bereits zu einer längeren Unterbrechung der Arbeiten gekommen ist oder nicht. Entscheidend ist danach nur, ob sich der Auftraggeber im Schuldnerverzug befindet und nach Eintritt des Schuldnerverzugs eine Nachfrist mit Kündigungsandrohung fruchtlos verstrichen ist. Diese Voraussetzungen liegen hier vor. Das Verschulden des von Ihnen beauftragten Architekten ist Ihnen zuzurechnen, ebenso wie uns das Verschulden unserer Nachunternehmer zugerechnet wird, wenn deren Leistungen nicht rechtzeitig oder mangelhaft erbracht werden.

Abschließend möchten wir betonen, dass wir gerne bereit sind, mit Ihnen in der kommenden Woche über einen Neuabschluss des Bauvertrags zu sprechen. Allerdings müssten dann realistische neue Fertigstellungstermine vereinbart werden. Wenn Ihr Architekt mehr Zeit für die Planung benötigt, möchten wir auch neue Ausführungsfristen vereinbaren. Darüber hinaus haben sich zwischenzeitlich die Preise für ... erhöht, sodass wir gegebenenfalls auch über eine

Anpassung des Vertragspreises und die Kosten, die uns während des Verzugszeitraums entstanden sind, sprechen müssten.

Mit freundlichen Grüßen

....

(Unterschrift)

L. Abnahme

I. Was muss der Bauleiter wissen?

In diesem Kapitel geht es um die rechtsgeschäftliche oder auch privatrechtliche Abnahme der Werkleistung. Regelungen hierzu finden sich in § 12 VOB/B sowie in den §§ 640 und 641 BGB. Seit der Reform des BGB-Bauvertragsrechts 2018 gelten neue Vorschriften im BGB, die auch auf VOB/B-Verträge anwendbar sind. 1786

1. Der Begriff der Abnahme

Die privatrechtliche Abnahme darf nicht mit der Gebrauchsabnahme durch die Bauaufsichtsbehörde verwechselt werden. Die Abnahme nach § 640 BGB betrifft das Vertragsverhältnis zwischen Auftraggeber und Auftragnehmer, während die Gebrauchsabnahme lediglich die Einhaltung öffentlich-rechtlicher Vorschriften, die für die Allgemeinheit gelten, verlangt. Deshalb haben beide Begriffe und Vorgänge nichts miteinander zu tun. Abnahme im rechtsgeschäftlichen Sinn bedeutet die einseitige Billigung des Werks durch den Auftraggeber als vertragsgemäße Leistungserfüllung. Die behördliche Bauabnahme richtet sich allein nach den Vorschriften des öffentlichen Rechts; sie ersetzt in keinem Fall die Abnahme durch den Auftraggeber. Denn trotz einer behördlichen Abnahme kann ein Bauwerk Mängel aufweisen, die zur privatrechtlichen Abnahmeverweigerung berechtigen. 1787

Die Abnahme ist eine gesetzliche *Hauptpflicht* des Auftraggebers. Sie *muss* erklärt werden, wenn die Leistung ohne wesentliche Mängel fertiggestellt worden ist. Das folgt aus § 640 Abs. 1 Satz 1 BGB, wo es heißt, dass der Besteller *verpflichtet* ist, das vertragsmäßig hergestellte Werk abzunehmen (das BGB verwendet nach wie vor den althergebrachten Begriff des *Bestellers*, während die VOB/B vom *Auftraggeber* spricht; beide Begriffe haben dieselbe Bedeutung). 1788

Nicht selten scheitert die gerichtliche Durchsetzung von Vergütungsansprüchen an der fehlenden Abnahme oder deren Beweisbarkeit. Die Abnahme ist der Dreh- und Angelpunkt einer Werklohnklage; denn sie ist nach § 641 Abs. 1 BGB Voraussetzung für die Fälligkeit des Vergütungsanspruchs (OLG Hamm, Urt. v. 9.5.2001 – 24 U 140/00; BGH, Urt. v. 30.4.1992 – VII ZR 185/90). Der Auftragnehmer muss im Fall einer gerichtlichen Auseinandersetzung beweisen, dass die Werkleistung abgenommen worden ist oder eine vom Auftraggeber erklärte Abnahmeverweigerung zu Unrecht erfolgte (BGH, Beschl. v. 18.5.2010 – VII ZR 158/09; OLG München, Urt. v. 5.1.2008 – 13 U 4378/07; OLG Dresden, Urt. v. 13.12.2006 – 6 U 946/06). Ansonsten ist eine Werklohnklage ohne Weiteres abweisungsreif. 1789

Zunächst sollen die unterschiedlichen Abnahmeformen erläutert werden:

2. Die verschiedenen Formen der Abnahme

a) Förmliche Abnahme

1790 Eine förmliche Abnahme hat nach § 12 Abs. 4 Nr. 1 VOB/B stattzufinden, wenn eine Vertragspartei dies ausdrücklich verlangt. Die förmliche Abnahme setzt die Anwesenheit beider Vertragsparteien voraus. Bei der förmlichen Abnahme wird das Abnahmeergebnis schriftlich festgehalten. Jede Partei erhält eine Ausfertigung. Streitig ist, ob die Unterschrift des Auftraggebers Wirksamkeitsvoraussetzung einer förmlichen Abnahme ist. Das wird überwiegend verneint (OLG Hamburg, Urt. v. 30.10.2009 – 9 U 144/00). Dem ist zuzustimmen, weil bereits der Wortlaut des § 12 Abs. 4 Nr. 1 Satz 3 VOB/B davon spricht, dass lediglich „der Befund" in der Niederschrift festzuhalten ist (anderer Ansicht jedoch: OLG Hamburg, Beschl. v. 4.4.2014 – 1 U 123/13). Jedenfalls ist die Unterschrift des Auftragnehmers für eine wirksame förmliche Abnahme nicht erforderlich, weil die Abnahme eine einseitige Willenserklärung des Auftraggebers darstellt.

1791 Ist das Abnahmeprotokoll von beiden Vertragspartnern unterzeichnet worden und weicht die dort individuell eingetragene Gewährleistungsfrist von der gesetzlichen oder der im Vertrag vereinbarten Frist ab, so bedarf es der Auslegung. Nach der neueren Rechtsprechung des Bundesgerichtshofs soll es darauf ankommen, ob die Parteien tatsächlich eine neue Vereinbarung zur Gewährleistungsfrist treffen wollten, oder ob es sich nur um ein Versehen handelte (BGH, Urt. v. 27.9.2018 – VII ZR 45/17). Damit hat der BGH Urteilen, die vom Vorrang der Festlegungen im Abnahmeprotokoll ausgingen, eine Absage erteilt (so etwa noch OLG Düsseldorf, Urt. v. 9.2.2016 – 21 U 183/15). Wir raten generell davon ab, im Abnahmeprotokoll Angaben zur Dauer oder zum Ende der Gewährleistungsfrist zu machen, denn das kann im Einzelfall zu ungewollten Widersprüchen zwischen Abnahmeprotokoll und Vertrag führen. Etwas anderes gilt nur dann, wenn die Parteien im Abnahmeprotokoll einvernehmlich eine Neuregelung zur Gewährleistungsfrist treffen wollen. Dann sollte das aber im Abnahmeprotokoll so auch ausdrücklich vermerkt werden.

1792 In der Abnahmeniederschrift hat der Auftraggeber Vorbehalte wegen bekannter Mängel und wegen Vertragsstrafen zu erklären. Solche Vorbehalte stehen einer ausdrücklich erklärten Abnahme nicht entgegen, selbst wenn schwerwiegende Mängel vorgelegen haben sollten, die eine Abnahmeverweigerung gerechtfertigt hätten (OLG Köln, Beschl. v. 17.7.2014 – 11 U 79/14; OLG München, Urt. v. 29.10.2013 – 9 U 773/13 Bau). Unterschreibt der Auftraggeber das Abnahmeprotokoll „vorbehaltlich der laut Anlage aufgeführten Mängel", erklärt er damit die Abnahme, sodass sämtliche Abnahmewirkungen trotz dieses Vorbehalts eintreten (OLG Hamm, Urt. v. 2.10.2013 – 12 U 5/13). Will der Auftraggeber die Abnahme verweigern, muss er dies im Protokoll unmissverständlich zum Ausdruck bringen. Denn eine Anfechtung der Abnahmeerklärung ist praktisch nicht möglich (LG Frankfurt/Main, Urt. v. 31.3.2016 – 2-24 O 15/08).

Der Auftragnehmer ist berechtigt, Einwendungen in das Abnahmeprotokoll aufzunehmen (§ 12 Abs. 4 Nr. 1 Satz 2 VOB/B). Unterschreibt der Auftragnehmer das Abnahmeprotokoll, ist damit kein Anerkenntnis seines Inhalts verbunden (BGH, Urt. v. 25.9.1986 – VII ZR 276/84; OLG Düsseldorf, Urt. v. 18.12.1984 – 23 U 142/84). Es empfiehlt sich dennoch, einen klarstellenden Vermerk aufzunehmen, wenn gerügte Mängel streitig sind oder gesondert geprüft werden müssen. Man kann beispielsweise formulieren: „unter dem Vorbehalt der Prüfung der gerügten Mängel" oder „kein Anerkenntnis in Bezug auf die gerügten Mängel sowie die vorbehaltene Vertragsstrafe". **1793**

In den meisten Werkverträgen ist die förmliche Abnahme bereits im Werkvertrag zwingend vorgeschrieben. Solche Vereinbarungen sind zulässig. Ist dies der Fall, scheidet die fiktive Abnahme nach § 12 Abs. 5 VOB/B grundsätzlich aus (OLG Hamm, Urt. v. 30.4.2019 – 24 U 14/18; OLG Koblenz, Beschl. v. 1.3.2018 – 1 U 1011/17; OLG München, Beschl. v. 25.9.2017 – 9 U 1847/17 Bau). Anderer Ansicht ist allerdings das Kammergericht (KG, Beschl. v. 8.11.2013 – 7 U 103/13). Der Bauleiter des Auftragnehmers muss deshalb im Werkvertrag nachlesen, ob dort eine förmliche Abnahme vereinbart worden ist. Bejahendenfalls muss er nach Fertigstellung der Werkleistung zu deren Durchführung binnen zwölf Werktagen auffordern (§ 12 Abs. 1 VOB/B, § 640 Abs. 2 BGB). **1794**

b) Ausdrückliche, aber formlose Abnahme (§ 640 Abs. 1 BGB)

Ist die förmliche Abnahme im Werkvertrag nicht vereinbart worden und wird sie nach Fertigstellung auch von keiner Partei verlangt, kann der Auftraggeber auch in Abwesenheit des Auftragnehmers formlos abnehmen. Ein schriftliches Abnahmeprotokoll ist nicht erforderlich. Dem Auftragnehmer ist aus Beweisgründen und wegen der für ihn günstigen Abnahmewirkungen aber dringend zu empfehlen, sich schnellstmöglich schriftlich bestätigen zu lassen, dass und vor allem zu welchem Zeitpunkt der Auftraggeber abgenommen hat. **1795**

c) Stillschweigende Abnahme

Von einer stillschweigenden oder konkludenten Abnahme ist auszugehen, wenn die Abnahme zwar nicht ausdrücklich erklärt wird, das Verhalten des Auftraggebers aber den Schluss zulässt, dass er die Werkleistung als im Wesentlichen vertragsgerecht anerkennt (BGH, Urt. v. 20.2.2014 – VII ZR 26/12; OLG Düsseldorf, Urt. v. 19.11.2013 – 23 U 15/13; OLG Düsseldorf, Urt. v. 25.9.2007 – 21 U 163/06). Darauf kann es beispielsweise ankommen, wenn der Werkvertrag eine förmliche Abnahme vorsieht, aber diese nach Abschluss der Arbeiten von keiner Vertragspartei verlangt wird, sodass weder ein Abnahmeverlangen noch ein Abnahmeprotokoll vorliegt. Hat der Auftraggeber ein Bauwerk bezogen, kann darin nach Ablauf einer angemessenen Prüfungsfrist eine stillschweigende Abnahme liegen, wenn sich aus dem Verhalten des Auftraggebers nichts Gegenteiliges ergibt. Die **1796**

Dauer der Prüfungs- bzw. Bewertungsfrist orientiert sich an den Umständen des Einzelfalls und regelmäßig nicht an den starren Fristen der in § 12 Abs. 5 VOB/B geregelten Abnahmefiktion (OLG Düsseldorf, Urt. v. 8.4.2016 – 22 U 165/15; OLG München, Urt. v. 8.5.2019 – 20 U 124/19 Bau: sieben Wochen sind zur Prüfung einer Heizungsanlage im Winter ausreichend). Die Annahme, dass ein Auftraggeber stillschweigend abgenommen habe, kann beispielsweise durch die vorbehaltlose Zahlung der Schlussrechnung berechtigt sein (OLG München, Beschl. v. 21.11.2018 – 28 U 1888/18 Bau; OLG München, Urt. v. 10.11.2015 – 9 U 4218/14 Bau; OLG Stuttgart, Urt. v. 21.4.2009 – 10 U 9/09). Ist die Leistung dagegen objektiv nicht funktions- oder gebrauchstauglich, bedeutet die vorbehaltlose Zahlung der Rechnung keine stillschweigende Erklärung der Abnahme (BGH, Urt. v. 5.6.2014 – VII ZR 276/13; BGH, Beschl. v. 27.1.2011 – VII ZR 175/09 und OLG Stuttgart, Urt. v. 19.4.2011 – 10 U 116/10; anders OLG München, Beschl. v. 21.11.2018 – 28 U 1888/18 Bau). Weil nicht sicher prognostizierbar ist, wann ein Gericht von einer stillschweigend erklärten Abnahme ausgeht, sollten sich Auftragnehmer auf die damit verbundenen Unwägbarkeiten nicht einlassen, sondern nach Fertigstellung der Leistung ein Abnahmeverlangen stellen. Das gilt ganz besonders im Hinblick auf die Neuregelung des § 640 Abs. 2 BGB, weil dann ein Schweigen des Auftraggebers zum Eintritt der Abnahmewirkungen führt (vgl. L I. 2. e), Rn. 1810 ff.).

1797 Eine stillschweigende Abnahme liegt nicht allein darin, dass der Hauptauftragnehmer die Werkleistung seinem Auftraggeber zur Abnahme anbietet, weil er damit nicht automatisch zum Ausdruck bringt, dass er die von einem Nachunternehmer erbrachte Leistung als im Wesentlichen vertragsgerecht anerkennt. Hier bestehen eigenständige Verträge, die grundsätzlich unterschiedlich beurteilt werden müssen (OLG Hamm, Urt. v. 12.12.2006 – 26 U 49/04; OLG Oldenburg, Urt. v. 1.11.1995 – 2 U 129/95). Anders kann es sein, wenn der Bauherr die Leistung daraufhin tatsächlich bestimmungsgemäß nutzt (OLG Brandenburg, Urt. v. 18.6.2015 – 12 U 14/14), etwa das erstellte Bauwerk an Dritte vermietet (OLG München, Beschl. v. 21.11.2018 – 28 U 1888/18 Bau).

1798 Auftraggeber sollten sich davor hüten, auch nur in die Nähe der Voraussetzungen einer stillschweigenden Abnahme zu geraten, falls im Werkvertrag eine förmliche Abnahme vereinbart worden ist. Das hat folgenden Hintergrund: Wenn eine vom Auftragnehmer übergebene Gewährleistungsbürgschaft Mängelansprüche *„für bereits fertiggestellte und ohne Beanstandungen und Auflagen förmlich abgenommene Leistungen"* sichert, ist nach Auffassung zahlreicher Gerichte eine Inanspruchnahme der Mängelbürgschaft ausgeschlossen, wenn keine förmliche Abnahme durchgeführt wurde (OLG München, Beschl. v. 24.1.2011 – 13 U 3970/10; OLG Frankfurt, Urt. v. 30.11.2006 – 4 U 140/06; OLG Rostock, Urt. v. 31.8.2006 – 7 U 2/06; LG Wiesbaden, Urt. v. 29.6.2005 – 5 O 443/04). Darüber hinaus verliert der Auftraggeber auch bei einer stillschweigenden Abnahme seine in § 640 Abs. 3 BGB n.F. (vormals: § 640 Abs. 2 BGB) genannten Ansprüche, wenn der Mangel offenkundig war und er sich seine Rechte nicht vorbehalten hat (BGH, Urt. v. 25.2.2010 – VII ZR 64/09).

Das Gleiche kann für die Vertragsstrafe gelten, wenn im Werkvertrag nicht wirk- 1799 sam geregelt worden ist, dass der Vorbehalt auch noch zu einem späteren Zeitpunkt erklärt werden kann. Ohne Vorbehalt entfällt die Vertragsstrafe. Das gilt auch für die stillschweigende bzw. konkludente Abnahme (OLG Köln, Urt. v. 5.7.2017 – 16 U 138/15). Daher sollten Auftraggeber immer auf Abnahmeverlangen reagieren und entweder die Abnahme schriftlich verweigern oder innerhalb von zwölf Werktagen einen Termin ansetzen.

Bis einem Auftraggeber unterstellt werden kann, er habe stillschweigend abge- 1800 nommen, muss ohne Fristsetzung des Auftragnehmers zur Abnahme ein erheblicher Zeitraum von bis zu zwei Monaten verstrichen sein (OLG Düsseldorf, Urt. v. 8.4.2016 – 22 U 165/15). Im Zweifel kann die Frist sogar noch deutlich länger sein (BGH, Urt. v. 26.9.2013 – VII ZR 220/12). Bis dahin trägt der Auftragnehmer die Gefahr der Verschlechterung oder des Untergangs der Werkleistung bzw. das Diebstahlsrisiko. Dass während dieser Zeit die Verjährung der Mängelansprüche nicht beginnt und die Schlussrechnungsforderung nicht fällig wird, soll nur der Vollständigkeit halber erwähnt werden.

d) Fiktive Abnahmen nach § 12 Abs. 5 VOB/B

Die fiktiven Abnahmen nach § 12 Abs. 5 VOB/B treten in zwei Erscheinungsformen 1801 auf. Beide Abnahmefiktionen können im Werkvertrag, auch durch AGB, wirksam ausgeschlossen werden, auch wenn dann die VOB/B nicht mehr „im Ganzen" vereinbart ist (siehe oben). Dann kommt prinzipiell nur noch die Durchführung einer förmlichen Abnahme in Betracht (siehe oben). Der vertragliche Ausschluss der fiktiven Abnahmen ist der Regelfall, weil sie für den Auftraggeber keine Vorteile bringt und wegen des Eintritts aller Abnahmewirkungen sowie eines Verlustes nicht vorbehaltener Ansprüche sogar außerordentlich nachteilig sein kann. Die VOB/B regelt folgende Abnahmefiktionen:

aa) Schweigen auf eine Fertigstellungsanzeige

Zeigt der Auftragnehmer die Fertigstellung der Leistung an, ohne selbst die förm- 1802 liche Abnahme zu verlangen, gilt die Werkleistung als abgenommen, wenn nicht der Auftraggeber binnen einer Frist von zwölf Werktagen ab Zugang der Fertigstellungsmitteilung eine förmliche Abnahme verlangt oder die Abnahme innerhalb dieser Frist ausdrücklich verweigert (§ 12 Abs. 5 Nr. 1 VOB/B). Dabei wird von der Rechtsprechung angenommen, dass die kommentarlose Übersendung der Schlussrechnung als Fertigstellungsanzeige gilt (OLG Frankfurt, Urt. v. 2.8.2017 – 29 U 216/16; OLG Düsseldorf, Urt. v. 30.8.2012 – 23 U 143/11).

bb) Inbenutzungnahme

1803 Die Bauleistung gilt auch als abgenommen, wenn der Auftraggeber die Leistung *bestimmungsgemäß* in Benutzung genommen und nicht innerhalb einer Frist von sechs Werktagen nach Beginn der Nutzung die förmliche Abnahme verlangt oder die Abnahme ausdrücklich verweigert hat (§ 12 Abs. 5 Nr. 2 VOB/B).

1804 Von einer fiktiven Abnahme durch den Bezug einer Wohnung ist jedoch nicht auszugehen, wenn der Einzug lediglich unter dem *Zwang der Verhältnisse* erfolgt, beispielsweise weil eine Mietwohnung gekündigt wurde (OLG Brandenburg, Urt. v. 4.4.2007 – 13 U 105/06; BGH, Urt. v. 8.1.2004 – VII ZR 198/02). Eine Abnahmefiktion nach § 12 Abs. 5 Nr. 2 VOB/B scheidet auch aus, wenn der Auftraggeber bereits vor der Ingebrauchnahme wesentliche Mängel gerügt oder die Abnahme wegen dieser Mängel ausdrücklich verweigert hat (OLG München, Urt. v. 12.1.2016 – 9 U 1621/15 Bau; KG, Urt. v. 29.6.2007 – 7 U 165/06; OLG Frankfurt, Urt. v. 25.7.2003 – 2 U 107/02).

1805 Die Nutzung der Werkleistung zur Fortführung der Arbeiten gilt nicht als Abnahme (§ 12 Abs. 5 Nr. 2 Satz 2 VOB/B). Die Beauftragung von Nachfolgewerken lässt nicht den Rückschluss zu, dass der Auftraggeber die (Teil-)Abnahme der Leistungen des Auftragnehmers erklären wollte (BGH, Beschl. v. 7.2.2019 – VII ZR 274/17).

1806 Nach OLG Naumburg, Urteil vom 10.5.2017 – 5 U 3/17 soll es für die Ingebrauchnahme genügen, wenn der Auftraggeber das bestellte Einfamilienhaus bezieht, selbst wenn zu diesem Zeitpunkt die Einliegerwohnung noch nicht fertiggestellt worden sei.

cc) Vorbehalte im Rahmen der fiktiven Abnahme

1807 Der fiktiven Abnahme kommt insbesondere wegen der vom Auftraggeber zu erklärenden Vorbehalte erhebliche Bedeutung zu. Innerhalb der in § 12 Abs. 5 VOB/B geregelten Fristen von zwölf bzw. sechs Werktagen hat der Auftraggeber Vorbehalte wegen einer verwirkten Vertragsstrafe sowie wegen bekannter Mängel zu erklären (§ 12 Abs. 5 Nr. 3 VOB/B). Ein vorher ausgesprochener Vorbehalt ist wirkungslos (OLG Düsseldorf, Urt. v. 12.11.1993 – 22 U 91/93). Unterbleibt der Vorbehalt, hat der Auftraggeber keinen Anspruch auf eine vereinbarte Vertragsstrafe (OLG Zweibrücken, Urt. v. 12.2.2015 – 6 U 40/13; OLG Naumburg, Urt. v. 8.1.2004 – 4 U 154/03), es sei denn, im Werkvertrag ist geregelt, dass der Vorbehalt noch zu einem späteren Zeitpunkt, beispielsweise bis zur Fälligkeit der Schlussrechnung, geltend gemacht werden kann (OLG Dresden, Urt. v. 18.9.1997 – 7 U 763/97; KG, Urt. v. 23.3.1999 – 4 U 1635/97).

dd) Fiktive Abnahme trotz wesentlicher Mängel?

1808 Weist das Bauwerk zum Zeitpunkt der (fiktiven) Abnahme wesentliche Mängel auf, so ist fraglich, ob die Abnahmewirkungen dennoch eintreten. Diese Frage ist nicht endgültig geklärt. Das OLG Karlsruhe ist der Ansicht, dass es auf das hypothetische Verhalten des Auftraggebers im Fall einer tatsächlich durchgeführten Abnahme ankommen soll: Hätte der Auftraggeber die wesentlichen Mängel bei tatsächlich durchgeführter Abnahme festgestellt und die Abnahme verweigert, dann sollen sie auch dem Eintritt der fiktiven Abnahme entgegenstehen. Anders dagegen, soweit es sich um versteckte wesentliche Mängel handelt, die auch bei einer durchgeführten Abnahme nicht aufgefallen wären (OLG Karlsruhe, Urt. v. 21.12.2018 – 8 U 55/17). Andere meinen, dass der Auftraggeber den Eintritt der Abnahmefiktion nur verhindern könne, wenn er sich ausdrücklich auf die wesentlichen Mängel berufe und die Abnahme verweigere. Für diese Sichtweise spricht auch die gesetzliche Regelung in § 640 Abs. 2 BGB, nach der die Abnahmewirkungen eben eintreten, wenn der Auftraggeber nicht innerhalb einer ihm zur Abnahme gesetzten Frist wesentliche Mängel benenne und die Abnahme verweigere (dazu noch sogleich im Detail).

Für den Auftragnehmer besteht der sicherste Weg darin, sich nicht auf die Fristen **1809**
des § 12 Abs. 5 VOB/B zu verlassen, sondern seinerseits nach § 640 Abs. 2 BGB eine Frist zur Abnahme zu setzen. Denn in diesem Fall kann der Auftraggeber, wie dargelegt, den Eintritt der Abnahmewirkungen nur durch Angabe mindestens eines wesentlichen Mangels bei gleichzeitiger ausdrücklicher Verweigerung der Abnahme verhindern.

e) Abnahmefiktion nach BGB

Der Gesetzgeber hat im Rahmen der Bauvertragsreform 2018 die Rechtsposi- **1810**
tion des Auftragnehmers für die Fälle verbessert, in denen der Auftraggeber dem Wunsch nach Erklärung der Abnahme nicht nachkommt, sondern schweigt. Um den fiktiven Eintritt der Abnahmewirkungen zu verhindern, genügt es nicht mehr, sich zu einem Abnahmeverlangen des Auftragnehmers überhaupt nicht zu erklären. Stattdessen muss der Auftraggeber, wenn er den Eintritt der Abnahmewirkungen verhindern will, mindestens einen konkreten Mangel angeben. Denn in § 640 Abs. 2 BGB heißt es:

> *„Als abgenommen gilt ein Werk auch, wenn der Unternehmer dem Besteller nach Fertigstellung des Werks eine angemessene Frist zur Abnahme gesetzt hat und der Besteller die Abnahme nicht innerhalb dieser Frist unter Angabe mindestens eines Mangels verweigert hat."*

Nach dem Wortlaut der Vorschrift könnte man annehmen, dass zur Abnahmever- **1811**
weigerung nunmehr jeder (auch unwesentliche) Mangel genügt. Das ist jedoch nicht richtig: Beruft sich der Auftraggeber auf unwesentliche Mängel, dann treten zwar die Abnahmewirkungen nach § 640 Abs. 2 BGB nicht ein. Gleichzeitig gerät der Auftraggeber aber nach § 640 Abs. 1 BGB in Abnahmeverzug, was letztlich doch zur fiktiven Abnahme führt (BGH, Beschl. v. 18.5.2010 – VII ZR 158/09). Deshalb gilt nach wie vor: Ist der für eine Abnahmeverweigerung ins Feld geführte

Mangel nicht *wesentlich*, treten sämtliche Abnahmewirkungen ein. Das folgt aus der amtlichen Begründung des Gesetzgebers zu § 640 Abs. 2 BGB n.F., wo es heißt, dass diese Möglichkeit einer fiktiven Abnahme erhalten bleiben soll, da sie ein wichtiges Instrument zur Herbeiführung der Abnahmewirkungen bei unberechtigter Abnahmeverweigerung des Auftraggebers darstellt. Werden also offensichtlich nicht bestehende oder unwesentliche Mängel genannt, treten die Abnahmewirkungen ein.

1812 Für das Nichtvorhandensein oder die Unwesentlichkeit der Mängel ist allerdings der Auftragnehmer beweispflichtig. Das ist und bleibt mit Risiken verbunden, insbesondere wenn in solchen Fällen der Vergütungsanspruch prozessual geltend gemacht wird. Stellt sich im Bauprozess heraus, dass die für die Abnahmeverweigerung geltend gemachten Mängel tatsächlich wesentlich waren, führt dies zur vollständigen Klageabweisung als derzeit unbegründet. Wie sich ein Auftragnehmer in solchen Fällen verhalten sollte, wird unter L. II. 5., Rn. 1905 ff. behandelt.

1813 Der Vorteil des neuen § 640 Abs. 2 BGB besteht für den Auftragnehmer darin, dass die Abnahmefiktion immer dann eintritt, wenn er dem Auftraggeber nach Fertigstellung des Werks eine angemessene Frist zur Abnahme gesetzt und der Auftraggeber die Abnahme nicht innerhalb dieser Frist unter Angabe wenigstens eines konkreten Mangels verweigert hat (sondern schweigt).

1814 In Bezug auf die Angemessenheit der Frist kann man sich an § 12 Abs. 1 VOB/B orientieren, wonach die Abnahme „binnen zwölf Werktagen" durchzuführen ist. Dabei obliegt es dem Auftraggeber bei einer Abnahmeverweigerung allerdings nicht, die Mangelrüge unter Angabe technischer Einzelheiten zu begründen. Nach wie vor reicht es aus, wenn der Auftraggeber die äußeren Erscheinungsformen beschreibt, also beispielsweise mitteilt, an welchen Stellen Mängel aufgetreten sind (beispielsweise Putz im Treppenhaus platzt ab) bzw. dass die im Vertrag vereinbarte Beschaffenheit nicht vorhanden ist. Im Gegensatz zur bisherigen Rechtslage führt das Schweigen auf ein Abnahmeverlangen oder die Nichtbenennung von Mängeln aber auch dann zum fiktiven Eintritt sämtlicher Abnahmewirkungen, wenn tatsächlich wesentliche Mängel vorhanden gewesen sein sollten. Diese Rechtsfolge sollte einen Auftraggeber warnen: Wird er zur Erklärung der Abnahme innerhalb angemessener Frist aufgefordert, muss er sich nunmehr erklären, wenn er den Eintritt der Abnahmewirkungen vermeiden will. Vormals konnte er schweigen und beispielsweise erst im Prozess auf Zahlung des Werklohns behaupten, der Vergütungsanspruch sei aufgrund wesentlicher Mängel und der Tatsache, dass er nicht ausdrücklich abgenommen habe, nicht zur Zahlung fällig. Das ist nun nicht mehr möglich.

1815 Zur Vermeidung von Missbrauch wurde in § 640 Abs. 2 BGB aufgenommen, dass die *„Fertigstellung"* Voraussetzung für den fiktiven Eintritt der Abnahmewirkungen ist. Damit soll vermieden werden, dass ein Auftragnehmer die Erklärung der Abnahme verlangt, obwohl die im Vertrag geregelten Leistungen noch nicht in einer Art und Weise erbracht worden sind, die eine Ingebrauchnahme bzw. Nutzung der Leistung ermöglichen, das Werk also zu früh angedient worden ist. Unter welchen Voraussetzungen ein Werk im Sinne dieser Vorschrift als „fertiggestellt" gilt, kann auch zukünftig schwierige Abgrenzungsfragen aufwerfen. Sicher ist, dass der Begriff der Fertigstellung in § 640 Abs. 2 BGB sich von einer vollständigen Fertigstellung nach der Bestimmung in § 3 Abs. 2 Satz 2 Nr. 2 der Makler- und Bauträgerverordnung (MaBV) unterscheidet. Danach ist Voraussetzung, dass sämtliche Arbeiten erbracht und alle wesentlichen Mängel behoben worden sind, sodass die Leistung *abnahmereif* erbracht wurde. Das verlangt eine „Fertigstellung" nach § 640 Abs. 2 BGB eindeutig nicht, weil die Abnahmefiktion bei einem Schweigen des Auftraggebers oder der Nichtbenennung von Mängeln auch eintritt, wenn sich nachträglich herausstellt, dass tatsächlich wesentliche Mängel vorhanden waren. Die Fertigstellung im Sinne des § 640 Abs. 2 BGB ist vielmehr schon dann gegeben, wenn der Auftragnehmer zumindest das vertragliche Leistungsprogramm (also sinngemäß das Leistungsverzeichnis) abgearbeitet hat.

Für Auftraggeber, die Verbraucher sind, gelten Einschränkungen der soeben **1816** beschriebenen Rechtslage. Denn § 640 Abs. 2 Satz 2 BGB sieht Folgendes vor:

> *Ist der Besteller ein Verbraucher, so treten die Rechtsfolgen des Satzes 1 nur dann ein, wenn der Unternehmer den Besteller zusammen mit der Aufforderung zur Abnahme auf die Folgen einer nicht erklärten oder ohne Angabe von Mängeln verweigerten Abnahme hingewiesen hat; der Hinweis muss in Textform erfolgen.*

Verbraucher (also private Häuslebauer) müssen vom Auftragnehmer infolgedessen **1817** hinreichend klar und unmissverständlich über die Rechtsfolgen des § 640 Abs. 2 BGB informiert werden, wenn die Abnahmewirkungen danach fiktiv eintreten sollen. Denn von einem Verbraucher kann nicht erwartet werden, dass er sich über die rechtlichen Konsequenzen im Klaren ist, wenn er sich auf die Aufforderung zur Erklärung der Abnahme nicht äußert oder die Abnahme ohne Benennung eines konkreten Mangels verweigert. Informiert der Auftragnehmer den Verbraucher nicht entsprechend, treten die Fiktion der Abnahme und die Abnahmewirkungen nicht ein. In den neuen Regelungen zum Verbraucherbauvertrag (§§ 650i bis 650o) ist diese Informationspflicht zwingend ausgestaltet worden (§ 650o BGB). Eine davon abweichende Vereinbarung im Bauvertrag ist deshalb unwirksam.

Die Regelung in § 640 Abs. 2 BGB ist im Fall einer Abnahmeverweigerung durch **1818** die ebenfalls neue Bestimmung in § 650g BGB (Zustandsfeststellung bei Verweigerung der Abnahme) ergänzt worden (vgl. L I. 3. a), Rn. 1822 ff.).

f) Teilabnahme

Beim VOB/B-Vertrag hat der Auftragnehmer einen Anspruch auf Abnahme in sich **1819** abgeschlossener Teile der Leistung (§ 12 Abs. 2 VOB/B). Auch mit einer solchen

Teilabnahme treten alle Wirkungen einer *normalen* Abnahme ein. So beginnt beispielsweise die Verjährungsfrist für Mängelansprüche hinsichtlich der teilabgenommenen Leistung (OLG Brandenburg, Urt. v. 5.5.2004 – 4 U 118/03). Bei mehreren Teilabnahmen begründet die Teilabnahme des letzten Bauteils gleichzeitig die endgültige Abnahme der Gesamtleistung. Es bedarf dann keines Gesamtabnahmeprotokolls mehr, wenn der Auftraggeber die Abnahme bereits für alle Leistungen erklärt hat (KG, Urt. v. 11.3.2011 – 6 U 128/08).

1820 Eine in sich abgeschlossene Leistung liegt vor, wenn der betreffende Teil von der Gesamtleistung funktionell trennbar und unabhängig von den übrigen Leistungen selbstständig gebrauchsfähig und bewertbar ist. Beispiele hierfür sind die Herstellung der Heizungsanlage bei zugleich geschuldeter Sanitärinstallation (vgl. Praxishinweis zu OLG Düsseldorf, Urt. v. 13.3.1990 – 23 U 163/89) oder die Fertigstellung eines Loses (Schwachstrom), wenn gleichzeitig ein weiteres Los (Starkstrom) beauftragt wurde. Teilabnahmen kommen auch in Betracht, wenn ganze Häuser oder Wohnungen nach demselben Vertrag fertiggestellt werden. Gleiches gilt, wenn Geschäftslokale oder Büroetagen eines Gebäudekomplexes für sich nutzbar und bereits einzugsbereite Mieter vorhanden sind. Auch die komplette Fertigstellung einzelner funktions- und gebrauchsfähiger Etagen stellt eine in sich abgeschlossene Teilleistung dar und rechtfertigt eine Teilabnahme, auch wenn die übrigen Einheiten des Gebäudes noch nicht fertiggestellt sind. Demgegenüber sind fertiggestellte Stockwerke eines Rohbaus nicht teilabnahmefähig, da sie für sich genommen weder funktions- noch gebrauchstauglich sind. Auch bei einer Treppenanlage, für die ein Geländer geschuldet ist, kann die Treppe ohne das Geländer nicht als trennbar angesehen werden, da die Gebrauchstauglichkeit ohne das Geländer nicht gegeben ist.

1821 Ist die VOB/B nicht vereinbart, so hat der Auftragnehmer nur dann einen Anspruch auf eine Teilabnahme, wenn diese ausdrücklich vertraglich vereinbart wurde (BGH, Beschl. v. 7.2.2019 – VII ZR 274/17; OLG Düsseldorf, Urt. v. 1.2.2018 – 5 U 113/13). Aber auch bei einem VOB/B-Vertrag haben Auftraggeber an Teilabnahmen regelmäßig kein Interesse, weshalb sie solche im Vertrag oftmals ausschließen. Das ist rechtlich zulässig, auch in Allgemeinen Geschäftsbedingungen. Allerdings ist dann die VOB/B nicht mehr „im Ganzen" vereinbart, sodass im Streitfall eine Inhaltskontrolle einzelner VOB/B-Bestimmungen erfolgen kann. Wenn Teilabnahmen vertraglich nicht ausgeschlossen worden sind, sollte der Auftragnehmer, wenn er von „in sich abgeschlossenen Teilen der Leistung ausgeht", eine Teilabnahme verlangen und für deren Erklärung – ebenso wie bei der Gesamtabnahme – eine angemessene Frist von ca. zwölf Werktagen setzen. Schweigt der Auftraggeber dazu oder nennt er nicht mindestens einen konkreten Mangel, treten die Abnahmewirkungen in Bezug auf die in sich abgeschlossenen Teile der Leistung ein, wie es beim Gesamtabnahmeverlangen nach § 640 Abs. 2 BGB n.F. der Fall ist. Das regelt § 640 Abs. 2 BGB zwar nicht ausdrücklich, weil das BGB eine § 12 Abs. 2 VOB/B entsprechende Regelung nicht kennt. Dennoch besteht in Bezug auf die vormalige Regelung in § 640 Abs. 1 Satz 3 BGB Einigkeit darüber, dass im Rahmen eines VOB/B-Vertrags, der Teilabnahmen nicht ausschließt, die Abnahmewirkungen fiktiv eintreten, wenn die (Teil-)Abnahme nicht erklärt wird, obwohl dazu eine Verpflichtung besteht. Nunmehr muss deshalb nach § 640 Abs. 2 BGB dasselbe gelten.

3. Zustandsfeststellung bei Verweigerung der Abnahme nach § 650g BGB bzw. § 4 Abs. 10 VOB/B

a) Zustandsfeststellung nach § 650g BGB bei Bauverträgen

Für Bauverträge gilt nunmehr § 650g BGB, der durchweg sinnvolle Regelungen **1822** enthält. Da die VOB/B zu den dort behandelten Fragen keine abweichende Vorschrift enthält, gelten die dortigen Bestimmungen auch bei Bauverträgen unter Einbeziehung der VOB/B. Daran ändert auch § 4 Abs. 10 VOB/B nichts, weil er eine Zustandsfeststellung grundsätzlich nur für solche Leistungen vorsieht, die durch den weiteren Baufortschritt verdeckt werden.

Durch § 650g BGB wird die Regelung zur fiktiven Abnahme (§ 640 Abs. 2 BGB) **1823** ergänzt, indem er dem Auftragnehmer einen Anspruch auf eine gemeinsame Feststellung des Werkzustands verschafft, falls der Auftraggeber die Abnahme verweigert hat (§ 650g Abs. 1 BGB). § 650g Abs. 2 BGB regelt die Voraussetzungen einer einseitigen Zustandsfeststellung durch den Auftragnehmer. § 650g Abs. 3 BGB enthält praxisrelevante Regelungen zur Beweislast in Fällen, in denen dem Auftraggeber das Werk „verschafft" wurde, es der Auftraggeber möglicherweise sogar nutzt und zu einem späteren Zeitpunkt Mängel auftreten, die im Zustandsfeststellungsprotokoll nicht genannt worden sind.

§ 650g Abs. 1 BGB lautet: **1824**

> *Verweigert der Besteller die Abnahme unter Angabe von Mängeln, hat er auf Verlangen des Unternehmers an einer gemeinsamen Feststellung des Zustandes des Werkes mitzuwirken. Die gemeinsame Zustandsfeststellung soll mit der Angabe des Tages der Anfertigung versehen werden und ist von beiden Vertragsparteien zu unterschreiben.*

In der Praxis besteht ein Bedürfnis dafür, den Zustand der Leistung zum Zeit- **1825** punkt des Abnahmeverlangens zu dokumentieren, wenn der Auftraggeber die Abnahme wegen Mängeln verweigert und Streit über deren Vorhandensein oder deren Wesentlichkeit besteht. Das gilt insbesondere, wenn das Werk in Benutzung genommen wird, weil dann häufig unklar und deshalb streitig ist, wann bestimmte Mängel in Erscheinung getreten sind und vor allem wer sie verursacht hat.

Nunmehr trifft den Auftraggeber eine Obliegenheit, auf Verlangen des Auftrag- **1826** nehmers an einer gemeinsamen Zustandsfeststellung mitzuwirken. Eine solche ersetzt nicht die Abnahme, sie soll vielmehr den Zustand des Werkes dokumentieren, um späterem Streit vorzubeugen. § 650g Abs. 1 Satz 2 BGB sieht aufgrund der Dokumentationsfunktion der Zustandsfeststellung vor, dass ihre Ergebnisse von beiden Vertragsparteien unterschrieben und mit dem Datum der Anfertigung versehen werden. Letzteres ist wichtig, wenn es erst nach der Zustandsfeststellung zu Mängeln oder Schäden an der erbrachten Leistung kommt. § 650g BGB sieht im Regelfall eine gemeinsame Zustandsfeststellung vor. Sie kann unter bestimmten Voraussetzungen aber auch einseitig vom Auftragnehmer vorgenommen werden. § 650g Abs. 2 BGB lautet:

„Bleibt der Besteller einem vereinbarten oder einem von dem Unternehmer innerhalb einer angemessenen Frist bestimmten Termin zur Zustandsfeststellung fern, so kann der Unternehmer die Zustandsfeststellung auch einseitig vornehmen. Dies gilt nicht, wenn der Besteller infolge eines Umstands fernbleibt, den er nicht zu vertreten hat und den er dem Unternehmer unverzüglich mitgeteilt hat. Der Unternehmer hat die einseitige Zustandsfeststellung mit der Angabe des Tages der Anfertigung zu versehen und sie zu unterschreiben sowie dem Besteller eine Abschrift der einseitigen Zustandsfeststellung zur Verfügung zu stellen."

1827 Im Kern sind die Bestimmungen in § 650g Abs. 1 und 2 BGB klar und verständlich, auf den zweiten Blick werfen sie jedoch Fragen auf, die von der Rechtsprechung noch zu klären sind. Zunächst stellt sich die Frage, ob die Zustandsfeststellung sofort im Anschluss an eine Abnahmeverweigerung durchgeführt werden kann. Diese Frage dürfte zu bejahen sein, weil es in einem solchen Fall keinen Grund dafür gibt, zu einem späteren Zeitpunkt einen nochmaligen Termin durchzuführen.

1828 Nach der amtlichen Begründung des Gesetzgebers sollen die Voraussetzungen einer einseitigen Zustandsfeststellung nicht vorliegen, wenn sich die Vertragsparteien zwar zu einer gemeinsamen Zustandsfeststellung einfinden, sich in deren Rahmen aber nicht auf den festzustellenden Zustand einigen können. In solchen Fällen stehe es den Parteien frei, in einem selbstständigen Beweisverfahren gemäß den §§ 485 ff. ZPO den Zustand des Werks von einem gerichtlich bestellten Sachverständigen feststellen zu lassen. Das ist zweifelhaft und abzulehnen, weil sich diese Lösung bei näherer Betrachtung als praxisfern erweist. Es gibt unzählige gerichtliche Beweisverfahren, die nach vielen Jahren der sachverständigen Begutachtung immer noch kein Ende gefunden haben. Ortstermin folgt auf Ortstermin, Ergänzungsgutachten auf Ergänzungsgutachten und Anhörungen auf Anhörungen mit dem Ergebnis, dass auch danach noch zahlreiche Fragen offen sind und kein abschließendes Ergebnis vorliegt. Gestattet man es dem Auftraggeber, schlichtweg die Unterzeichnung eines Zustandsfeststellungsprotokolls zu verweigern, weil er meint, man habe sich auf den Zustand nicht einigen können, wären der Umgehung dieser Vorschrift Tür und Tor geöffnet. Bis zu einer Klärung dieser Frage empfehlen wir Auftragnehmern, in solchen Fällen die Zustandsfeststellung einseitig durchzuführen, mit dem Datum zu versehen und den Auftraggeber über das Ergebnis schriftlich in Kenntnis zu setzen. Dabei sollte in einem Begleitschreiben mitgeteilt werden, weshalb der Auftraggeber die Mitwirkung an der Zustandsfeststellung verweigert hat und dass diese Gründe wegen des Interesses an den Wirkungen der Zustandsfeststellung nicht durchgreifend sind.

Von enormer Praxisrelevanz ist die Bestimmung in § 650g Abs. 3 BGB. Denn an die **1829**
Zustandsfeststellung knüpfen sich unter bestimmten Voraussetzungen Vermutungen, die den Auftragnehmer davor schützen sollen, auch für Mängel oder Schäden seiner Leistung einstehen zu müssen, die von ihm nicht verursacht worden sind. Die Vorschrift lautet:

> *„Ist das Werk dem Besteller verschafft worden und ist in der Zustandsfeststellung nach Absatz 1 oder 2 ein offenkundiger Mangel nicht angegeben, wird vermutet, dass dieser nach der Zustandsfeststellung entstanden und vom Besteller zu vertreten ist. Die Vermutung gilt nicht, wenn der Mangel nach seiner Art nicht vom Besteller verursacht worden sein kann."*

Wie bereits ausgeführt, ist bei Abnahmeverweigerungen oftmals streitig, ob es **1830**
sich um wesentliche Mängel handelt, die eine Abnahmeverweigerung rechtfertigen oder lediglich unwesentliche Mängel vorliegen, die den Auftraggeber zur Erklärung der Abnahme verpflichten. Häufig verliert der Auftragnehmer in solchen Fällen die Möglichkeit, die von ihm erbrachte Leistung weiterhin zu schützen, weil sie in den Herrschafts- und Einflussbereich des Auftraggebers übergeht und sie von diesem oder von Dritten bereits genutzt wird. Dadurch kommt es oftmals zu Beeinträchtigungen der bereits erbrachten Werkleistung, deren Ursachen nachträglich unklar bzw. streitig sind. Waren die Restleistungen oder Mängel, die zur Abnahmeverweigerung geführt haben, tatsächlich wesentlich – Gegenteiliges müsste der Auftragnehmer im Streitfall beweisen –, würde er nach § 4 Abs. 5 i.V.m. § 12 Abs. 6 VOB/B bzw. § 644 BGB die Gefahr selbst für solche Mängel oder Schäden tragen, die womöglich der Auftraggeber selbst oder Dritte verursacht haben, wenn er eben das nicht hieb- und stichfest beweisen kann, was oftmals nahezu unmöglich ist.

Dieses Risiko des Auftragnehmers schränkt § 650g Abs. 3 BGB ein. Ist dem Auf- **1831**
traggeber das Werk verschafft worden und hat eine Zustandsfeststellung nach den Absätzen 1 oder 2 stattgefunden, spricht eine Vermutung – der Beweis des ersten Anscheins – dafür, dass ein „offenkundiger Mangel", der in der Zustandsfeststellung nicht angegeben wurde, erst *nach* der Zustandsfeststellung entstanden und deshalb vom Auftraggeber zu vertreten ist. Durch § 650g Abs. 3 BGB werden dem Auftraggeber auch von Dritten verursachte Schäden der Leistung zugerechnet, wenn er die Vermutung nicht durch Beweis widerlegen kann. Der Gesetzgeber

hält diese Rechtsfolge für gerechtfertigt, weil der Auftraggeber bereits im Besitz der Leistung ist und daher Beeinträchtigungen durch Dritte eher vermeiden kann als der Auftragnehmer, der bis zum Zeitpunkt der Abnahme oder – bei berechtigter Abnahmeverweigerung – bis zum Zeitpunkt der Zustandsfeststellung dafür einzustehen hat.

1832 Um einen offenkundigen Mangel handelt es sich, wenn er bei einer ordnungsgemäßen Zustandsfeststellung ohne Weiteres hätte entdeckt werden können. Was in diesem Sinne offenkundig ist, hängt von den Umständen des Einzelfalls und insbesondere auch von der Fachkunde des Auftraggebers ab. Voraussetzung für den Eintritt dieser Vermutung ist aber, dass die formalen Anforderungen an eine Zustandsfeststellung nach den Absätzen 1 oder 2 eingehalten worden sind. Nach § 650g Abs. 3 Satz 2 BGB gilt die Vermutung nicht, wenn der Mangel nach seiner Art nicht vom Auftraggeber verursacht worden sein kann, was beispielsweise in Betracht kommt, wenn es sich um einen Materialfehler handelt oder der Mangel darin besteht, dass die Leistung von den Beschaffenheitsangaben im Vertrag abweicht, weil ein anderes Fabrikat verwendet wurde.

1833 Trotz dieser Neuregelung ist nach wie vor fraglich, welche Rechtsfolgen eintreten, wenn die Leistung unstreitig nicht abnahmereif fertiggestellt ist, beispielsweise weil noch in einzelnen Etagen oder Bereichen eines Bauvorhabens geleistet werden muss, der Auftraggeber aber bereits Teile der erbrachten Leistung nutzt, indem er sie beispielsweise an Mieter übergibt, die mit der Einrichtung der Wohnungen oder Gewerbeeinheiten beginnen. Das regelt § 650g Abs. 3 BGB zwar nicht ausdrücklich. Dennoch dürfte der Regelung auch in diesen Fällen Bedeutung zukommen (vgl. L. II. 6., Rn. 1912 ff.).

1834 Der Vollständigkeit halber soll erwähnt werden, dass nach § 650g Abs. 4 Nr. 2 BGB nunmehr auch im BGB-Bauvertrag eine prüffähige Schlussrechnung Voraussetzung für die Fälligkeit der Vergütung ist (was früher für BGB-Verträge umstritten war). Einzelheiten dazu werden im Kapitel N (Abrechnung und Zahlung) besprochen.

b) Feststellung des Zustands von Teilen der Leistung (§ 4 Abs. 10 VOB/B)

1835 Für bis zum 31.12.2017 abgeschlossene VOB/B-Verträge kann ein Auftragnehmer „nur" eine Feststellung von Teilen der Leistung nach § 4 Abs. 10 VOB/B verlangen. Die Schwäche dieser Vorschrift besteht darin, dass sie die Verdeckung von Leistungen durch den weiteren Baufortschritt voraussetzt und die Rechtsfolgen einer gemeinsam durchgeführten oder der einseitigen Feststellung nicht regelt. Bei VOB/B-Verträgen wird ein Auftragnehmer nur nach § 4 Abs. 10 VOB/B vorgehen, wenn die Leistung nicht fertiggestellt ist bzw. dem Auftraggeber das Werk (noch) nicht verschafft wurde, aber später Teile der Leistung durch den weiteren Baufortschritt verdeckt und dadurch der Prüfung und Feststellung entzogen werden. Ist die Leistung dagegen fertiggestellt und wird sie vom Auftraggeber oder

Dritten – zumindest teilweise – auch in Benutzung genommen, aber dennoch die Abnahme verweigert, ist eine Zustandsfeststellung nach § 650g BGB im Vergleich zu § 4 Abs. 10 VOB/B eindeutig vorzugswürdig.

Die Zustandsfeststellung nach § 4 Abs. 10 VOB/B ist ebenfalls keine rechtsgeschäftliche Abnahme und hat demzufolge auch nicht deren Wirkungen. Sie ist – anders als die Teilabnahme nach § 12 Abs. 2 VOB/B – aber nicht auf in sich abgeschlossene Teile der Leistung beschränkt. Bei der Zustandsfeststellung geht es grundsätzlich um die Vorbereitung der späteren rechtsgeschäftlichen Abnahme. Dabei werden vorweg die tatsächlichen Gegebenheiten unselbstständiger Teilleistungen festgestellt, die für die spätere Prüfung der Leistung im Rahmen der eigentlichen Abnahme von Bedeutung sind. Es ist ein Gebot der Zweckmäßigkeit, beispielsweise die Bewehrung zu prüfen, bevor Böden und Decken betoniert werden. Bei Leitungen, die in Wänden verlegt werden, ist es sinnvoll, deren Zustand festzustellen, bevor die Wandschlitze geschlossen werden. **1836**

Beide Parteien haben das Recht, eine Zustandsfeststellung zu verlangen. Aus Beweisgründen sollte die Aufforderung dazu schriftlich unter Nennung konkreter Terminvorschläge erfolgen. Nach § 4 Abs. 10 Satz 2 VOB/B ist das Ergebnis schriftlich niederzulegen. Diese Bestimmung dient der Rechtsklarheit und der Dokumentation des Ergebnisses. Die Einhaltung der Schriftform führt aber nicht dazu, dass der Auftraggeber im Rahmen der späteren rechtsgeschäftlichen Abnahme nicht mehr berechtigt ist, Mängel zu rügen, die er im Rahmen der Zustandsfeststellung nicht beanstandet hat. Nach herrschender Ansicht trägt der Auftraggeber aber die *Beweislast*, falls er zu einem späteren Zeitpunkt vom Ergebnis der gemeinsamen Feststellungen abweichen will. Denn der Zweck einer Zustandsfeststellung nach § 4 Abs. 10 VOB/B besteht darin, eine für beide Vertragsparteien verbindliche Grundlage zu schaffen, solange die Leistungen noch zerstörungsfrei beurteilt werden können. Dieser Zweck würde vereitelt, wenn eine Vertragspartei das Ergebnis der gemeinsamen Feststellungen später einfach wieder bestreiten könnte (ebenso: Kapellmann/Messerschmidt, VOB-Kommentar, Teile A und B, 7. Auflage zu B § 4 Rn. 235). Dem Auftragnehmer ist deshalb dringend zu raten, einer Mängelrüge im Zustandsprotokoll zu widersprechen und Beweise zu sichern, wenn der Mangel seiner Auffassung nach nicht vorhanden oder nicht seinem Verantwortungsbereich zuzuordnen ist. Kommt es nur zu einer einseitigen Zustandsfeststellung, beispielsweise weil der Auftraggeber die Mitwirkung verweigert, tritt nach überwiegender Auffassung keine Beweislastumkehr zugunsten des Auftragnehmers ein. Diese Auffassung ist dann angreifbar, wenn der Auftraggeber eine (Teil-)Leistung bereits in Benutzung nimmt, eine Teilabnahme nach § 12 Abs. 2 VOB/B aber unter Verweis auf deren vertraglichen Ausschluss verweigert. **1837**

Bei Leistungen, die der nachträglichen Feststellung durch Fortführung der Arbeiten entzogen werden, empfiehlt es sich ferner, mit der Zustandsfeststellung **1838** gleichzeitig ein gemeinsames Aufmaß zu nehmen. Denn Streitigkeiten über den erbrachten Leistungsumfang können nachträglich oft nicht mehr oder nur unter erheblichen Schwierigkeiten geklärt werden. Auch dazu sollte ein Auftragnehmer schriftlich auffordern und konkrete Terminvorschläge unterbreiten. Dann tritt bei nachträglichen Aufmaßstreitigkeiten eine Umkehr der Beweislast ein, wenn die einseitig festgestellten Massen nicht mehr überprüft werden können (BGH, Urt. v. 22.5.2003 – VII ZR 143/02). Diese Rechtsfolge leitet der BGH aus § 14 Abs. 2 Satz 3 VOB/B ab (vgl. Kapitel N, II. 4., Rn. 2497 ff.). Gleiches gilt, wenn der Auftraggeber nach der Kündigung des Werkvertrags zur gemeinsamen Aufmaßnahme aufgefordert wurde, daran aber nicht mitgewirkt hat (LG Duisburg, Urt. v. 4.9.2008 – 8 O 231/07).

4. Die Wirkungen der Abnahme

1839 Durch die Abnahme treten wichtige Rechtsfolgen ein. Die Abnahmewirkungen sind für den Auftragnehmer allesamt günstig. Die wichtigsten Abnahmewirkungen sind:

a) Beendigung des Erfüllungsstadiums

1840 Mit der Abnahme endet das Erfüllungsstadium. Damit ist eine Kündigung des Werkvertrags nicht (mehr) möglich. Der Mangelbeseitigungsanspruch richtet sich nach § 13 Abs. 5 VOB/B und nicht – wie vor der Abnahme – nach § 4 Abs. 7 VOB/B mit dem Kündigungsrecht nach § 8 Abs. 3 VOB/B.

b) Fälligkeit der Schlussrechnung

1841 Nach § 641 Abs. 1 BGB ist die Abnahme oder der fiktive Eintritt der Abnahmewirkungen nach § 640 Abs. 2 BGB Voraussetzung für die Fälligkeit des Vergütungsanspruchs. Nunmehr ist darüber hinaus eine „prüffähige Schlussrechnung" nach § 650g Abs. 4 Nr. 2 BGB erforderlich (siehe oben). Bei VOB/B-Verträgen gilt prinzipiell dasselbe, wobei dort die Prüfbarkeit der Schlussrechnung sowie der Ablauf der Prüffrist schon immer Fälligkeitsvoraussetzungen waren (§ 16 Abs. 3 Nr. 1 VOB/B). Klar ist, dass eine endgültige, aber unberechtigte Abnahmeverweigerung zum Eintritt sämtlicher Abnahmewirkungen und damit auch zur Fälligkeit der Schlussrechnungsforderung führt (OLG Frankfurt, Urt. v. 29.9.2014 – 1 U 283/12; OLG Düsseldorf, Urt. v. 23.4.2009 – 5 U 142/08). Bei einer endgültigen und unberechtigten Abnahmeverweigerung gilt dies sogar dann, wenn der Auftragnehmer nicht, wie in § 640 Abs. 1 Satz 3 BGB a.F. vorgesehen, eine angemessene Frist zur Abnahme gesetzt hat (BGH, Beschl. v. 18.5.2010 – VII ZR 158/09). Für ab dem 1.1.2018 abgeschlossene Verträge muss nach § 640 Abs. 2 BGB dasselbe gelten.

1842 Eine Abnahme ist auch nicht mehr Voraussetzung für die Fälligkeit des Werklohnanspruchs, wenn die Werkleistung zwar wesentliche Mängel aufweist, der Auftraggeber aber nicht Mangelbeseitigung, sondern Minderung oder Schadensersatz verlangt (§ 13 Abs. 6 oder Abs. 7 VOB/B). Dann liegt ein sogenanntes Abrechnungsverhältnis vor (BGH, Urt. v. 19.1.2017 – VII ZR 235/15; OLG Brandenburg, Urt. v. 8.11.2018 – 12 U 25/16; OLG München, Beschl. v. 26.8.2015 – 27 U 520/15 Bau; OLG Brandenburg, Urt. v. 7.6.2012 – 12 U 234/11; BGH, Urt. v. 22.9.2005 – VII ZR 117/03 und BGH, Urt. v. 23.6.2005 – VII ZR 197/03). Das Gleiche gilt, wenn der Auftraggeber bereits Drittunternehmen mit der Beseitigung von Mängeln und der Restfertigstellung beauftragt hat (OLG Brandenburg, Urt. v. 15.3.2018 – 12 U 82/17). Ob von einem Abrechnungsverhältnis allein deshalb ausgegangen werden kann, weil ein Auftraggeber die Schlussrechnungsforderung um Schadensersatzansprüche gekürzt hat, ist fraglich und dürfte von den konkreten Umständen des jeweiligen Einzelfalls abhängen (dafür: OLG Koblenz, Urt. v. 17.1.2013 – 1 U 201/12). Auftraggeber, die das vermeiden wollen, sollten stattdessen Einbehalte wegen mangelhafter Leistung, gegebenenfalls mit Druckzuschlag, nach § 641 Abs. 3 BGB geltend machen, nicht aber mit Gegenansprüchen aufrechnen oder gar die Annahme einer ordnungsgemäß angebotenen Mangelbeseitigung verweigern. Letzteres kann wiederum zur Fälligkeit des Vergütungsanspruchs ohne Abnahme führen. Umgekehrt kann der Auftragnehmer durch seine Weigerung, Mängel zu beseitigen, kein Abrechnungsverhältnis mit der Folge herbeiführen, dass sein Vergütungsanspruch auch ohne Abnahme fällig wird (OLG Düsseldorf, Urt. v. 22.7.2014 – 21 U 193/13).

Eine vom Auftraggeber vorformulierte Vertragsklausel, nach der eine Schluss- **1843**
zahlung erst nach *„mängelfreier Abnahme"* erfolgen muss, ist wegen unangemessener Benachteiligung des Auftragnehmers AGB-rechtlich unwirksam (KG, Urt. v. 8.4.2014 – 27 U 105/13; OLG Jena, Urt. v. 6.3.2013 – 2 U 105/12). Denn das hätte zur Folge, dass jedweder Mangel – unabhängig von seiner Bedeutung – dazu führen würde, dass kein fälliger Zahlungsanspruch entstehen kann. Nach dem Gesetz und der VOB/B berechtigen unwesentliche Mängel aber nicht zur Verweigerung der Abnahme, sondern lediglich zur Geltendmachung eines Zurückbehaltungsrechts in Höhe der doppelten Mangelbeseitigungskosten (§ 640 Abs. 1 Satz 2 BGB bzw. § 12 Abs. 3 VOB/B i.V.m. § 641 Abs. 3 BGB). Andererseits müssen Auftragnehmer wissen, dass auch nur *ein* Mangel, der wesentlich ist, unabhängig von der Höhe der Mangelbeseitigungskosten zur Abnahmeverweigerung berechtigt und damit die Fälligkeit des gesamten Anspruchs aus der Schlussrechnung verhindert.

Eine Besonderheit besteht im Rahmen sogenannter „Leistungsketten" aufgrund **1844**
der in § 641 Abs. 2 BGB geregelten *Durchgriffsfälligkeit*. Hat beispielsweise der Bauherr die Leistung gegenüber dem Generalunternehmer abgenommen oder gilt sie in diesem Vertragsverhältnis als abgenommen, wird der Vergütungsanspruch des Nachunternehmers unabhängig davon fällig, ob dessen Leistung abnahmereif erbracht worden ist oder nicht (OLG Brandenburg, Urt. v. 13.10.2016 –

12 U 26/15). Dann darf der Generalunternehmer die Zahlung der Schlussrechnung selbst dann nicht wegen fehlender Abnahme verweigern, wenn die Leistung des Nachunternehmers mit wesentlichen Mängeln behaftet ist. Stattdessen muss er ein Leistungsverweigerungsrecht nach § 641 Abs. 3 BGB geltend machen (OLG Celle, Urt. v. 25.5.2014 – 14 U 171/13). Das Gleiche gilt, wenn der Generalunternehmer für die Leistung des Nachunternehmers die Vergütung erhalten hat (OLG Düsseldorf, Urt. v. 8.4.2011 – 22 U 165/10). Umgekehrt kann ein Generalunternehmer seine Zahlungsverpflichtung gegenüber einem Nachunternehmer nicht davon abhängig machen, dass er von seinem Vertragspartner Zahlung erhalten hat. Sogenannte „Pay when Paid"-Klauseln sind AGB-rechtlich eindeutig unwirksam (LG Saarbrücken, Urt. v. 7.11.2011 – 3 O 201/11; OLG München, Urt. v. 25.1.2011 – 9 U 1953/10).

c) Gefahrübergang

1845 Die Gefahr einer zufälligen Verschlechterung oder des Untergangs der Werkleistung geht mit der Abnahme auf den Auftraggeber über. Bis zur Abnahme trägt diese Gefahr grundsätzlich der Auftragnehmer (§§ 644, 645 BGB sowie § 12 Abs. 6 i.V.m. § 7 VOB/B), der seine Leistung bis dahin schützen muss (§ 4 Abs. 5 VOB/B). Aussagen zu Schutzpflichten finden sich häufig in den Allgemeinen Technischen Vertragsbedingungen für Bauleistungen (VOB/C, DIN 18299 ff.). In den einzelnen DIN-Normen ist häufig unter den dortigen Abschnitten 4.1 geregelt, dass Schutz- und Sicherheitsmaßnahmen *Nebenleistungen* sind, die auch ohne ausdrückliche Erwähnung zur vertraglich geschuldeten Leistung gehören. Daneben können weitergehende Schutzmaßnahmen aber auch *Besondere Leistungen* nach den Abschnitten 4.2 darstellen, die nur gegen zusätzliche Vergütung ausgeführt werden müssen (vgl. L. I. 4. c) bb), Rn. 1865 ff.).

1846 Dem Gefahrübergang kommt in der Praxis erhebliche Bedeutung zu. Erst mit der Abnahme gehen die Leistungs- und Vergütungsgefahr auf den Auftraggeber über. Leistungsgefahr bedeutet, dass ein *vor* der Abnahme ohne Verschulden des Auftragnehmers beschädigtes oder zerstörtes Werk noch einmal auf Kosten des Auftragnehmers errichtet werden muss. Vergütungsgefahr heißt, dass ein *nach* der Abnahme zerstörtes oder beschädigtes Werk nicht noch einmal hergestellt werden muss und der Auftragnehmer trotz der Beschädigung oder Zerstörung die vereinbarte Vergütung für die erbrachten Werkleistungen verlangen kann. Von dem Grundsatz, dass die Vergütungsgefahr erst mit der Abnahme oder einer unberechtigten Abnahmeverweigerung übergeht, gibt es Ausnahmen.

aa) Übergang der Vergütungsgefahr vor Abnahme

(1) Durch höhere Gewalt oder objektiv unabwendbare Umstände

1847 Der Übergang der Vergütungsgefahr vor Abnahme nach § 7 VOB/B ist an außerordentlich strenge Voraussetzungen geknüpft. Nur in Fällen *„höherer Gewalt"* oder

„anderer, objektiv unabwendbarer, vom Auftragnehmer nicht zu vertretender Umstände" trägt der Auftraggeber die Vergütungsgefahr schon vor der Abnahme und muss deshalb das beschädigte oder zerstörte Werk bezahlen, ohne einen Gegenwert zu erhalten. Wenn die Voraussetzungen eines vorgezogenen Gefahrübergangs nicht vorliegen, muss der Auftragnehmer bei Zerstörung oder Beschädigung des Werks sogar geleistete Abschlagszahlungen zurückerstatten. Davon ist das OLG Düsseldorf bei einem Großbrand, dessen Ursachen nicht vollständig geklärt werden konnten, ausgegangen (OLG Düsseldorf, Urt. v. 31.5.2002 – 9 U 94/01).

Unter den Begriff der objektiv unabwendbaren Umstände fallen nur solche Ereig- **1848** nisse, die nach menschlicher Erfahrung in dem Sinne unvorhersehbar sind, dass ihre Auswirkungen trotz Anwendung aller Sorgfalt nicht verhütet oder in ihren Wirkungen unschädlich gemacht werden können. Höhere Gewalt ist nach der Rechtsprechung ein von außen auf das Werk einwirkendes Ereignis, das wiederum objektiv unvorhersehbar ist. Dafür reicht es nicht aus, dass das schädigende Ereignis für den Auftragnehmer unabwendbar war. Es muss stattdessen objektiv und unabhängig von der konkreten Situation unvorhersehbar und nicht vermeidbar gewesen sein. Für diese Voraussetzungen ist der Auftragnehmer beweispflichtig (OLG Jena, Urt. v. 29.10.1997 – 2 U 417/97). Schon das geringste Verschulden des Auftragnehmers schließt einen Übergang der Gefahr vor der Abnahme aus. Unserer Auffassung nach läge ein solches unabwendbares Ereignis vor, wenn ein Rettungshubschrauber aufgrund eines Unfalls auf einer frisch asphaltierten Fläche landet, wodurch diese beschädigt oder zerstört wird.

Witterungseinflüsse sind nicht allgemein zu den unabwendbaren Umständen **1849** zu rechnen. Der Auftragnehmer muss die unfertigen Bauleistungen vor solchen Einflüssen schützen (OLG Schleswig, Urt. v. 4.6.2002 – 8 U 18/01). Auch seltenere Witterungsverhältnisse, die nach den Umständen aber nicht völlig außerhalb der Erfahrung liegen, bleiben im Risikobereich des Auftragnehmers (OLG Frankfurt, Urt. v. 29.5.2015 – 24 U 7/15). So sind etwa starke Regenfälle beim Rohrleitungsbau im offenen Gelände eine typische Schadensursache, deren Auswirkungen für den Auftragnehmer nicht unvorhersehbar sind (OLG Düsseldorf, Urt. v. 16.4.2002 – 4 U 187/01). Die Grenze ist erst bei ganz außergewöhnlichen, nach der Jahreszeit unter keinen Umständen zu erwartenden Wetterbedingungen zu ziehen, z.B. bei einer Sturmflut, einem Orkan oder auch bei wolkenbruchartigen Regenfällen von z.B. 64 mm/m² an einem Septembertag. Werden die Arbeiten auf Anordnung des Auftraggebers unterbrochen und kommt es deshalb an einer Fußbodenheizung zu Frostschäden, trägt der Auftragnehmer dieses Risiko nicht, wenn er den Bauherrn zuvor auf das Frostrisiko bzw. die Notwendigkeit, die Heizung zu entleeren, hingewiesen hatte (OLG Düsseldorf, Urt. v. 16.7.2004 – 22 U 59/03).

1850 Wird Baumaterial vor der Abnahme auf der Baustelle entwendet, trägt der Auftragnehmer auch dafür grundsätzlich die Gefahr nach § 644 Abs. 1 BGB (zuletzt: OLG Saarbrücken, Urt. v. 3.12.2014 – 1 U 49/14). Insbesondere der Diebstahl von Gerüstmaterial und Baustelleneinrichtungen ist ein erhebliches Problem. Das Kammergericht hat entschieden, dass auf den werkvertraglichen Teil eines Gerüstbauvertrags (Auf- und Abbau) die Bestimmung in § 4 Abs. 5 VOB/B anzuwenden ist (KG, Urt. v. 5.8.2009 – 11 U 64/08). Der Bauherr hatte das Baugerüst inklusive Bauaufzug an einem Mittwoch für den darauffolgenden Freitag zum Abbau freigegeben. Als der Gerüstbauer am Montag mit dem Abbau beginnen wollte, war der Bauaufzug gestohlen. Die Schadensersatzklage gegen den Bauherrn wegen Verletzung mietvertraglicher Obhutspflichten wurde zurückgewiesen, weil ab der Freimeldung die nach Mietrecht zu behandelnde Gebrauchsüberlassung endete und danach der Gerüstbauer wieder zur Sicherung des Bauaufzugs gegen Diebstahl verpflichtet war.

1851 Werden Gerüstteile allerdings während der Dauer der Vorhaltung gestohlen und kann der Auftraggeber sie deshalb nicht zurückgeben, steht dem Auftragnehmer ein Schadensersatzanspruch zu, wenn der Auftraggeber zumutbare Sicherungsmaßnahmen unterlassen hat (OLG Frankfurt, Urt. v. 1.8.2014 – 2 U 17/14). Denn auf die Verpflichtung zur Rückgabe des Gerüstes findet das Mietvertragsrecht Anwendung. Danach haftet der Auftraggeber, wenn er seine Rückgabepflicht schuldhaft nicht erfüllen kann. Das wurde in diesem Fall vom OLG Frankfurt jedoch verneint, weil der Auftraggeber beweisen konnte, dass er die Baustelle mit 2 m hohen Bauzaunelementen aus Stahlgittern und die Zufahrt zur Baustelle durch ein verschließbares Tor gesichert hatte. Werden mietrechtliche Schadensersatzansprüche geltend gemacht, muss die kurze Verjährungsfrist von sechs Monaten nach Rückgabe der Mietsache gemäß § 548 BGB beachtet werden (zuletzt: AG Euskirchen, Urt. v. 4.7.2016 – 20 C 14/16).

(2) Durch Anordnungen des Auftraggebers

1852 Fraglich ist, unter welchen Voraussetzungen ein Gefahrübergang vor Abnahme in Betracht kommt, wenn Beschädigungen oder Zerstörungen der Werkleistung auf eine Maßnahme des Auftraggebers oder anderer von ihm beauftragter Unternehmer zurückzuführen sind. Wenn durch eine dem Auftraggeber zurechenbare Handlung die bereits hergestellte Leistung einer Gefährdung ausgesetzt wurde und diese Gefährdung ursächlich für die Beschädigung war, muss der Auftraggeber auch vor der Abnahme einen der geleisteten Arbeit entsprechenden Teil der Vergütung bezahlen.

1853 **Beispiel:** Durch eindringendes Rheinhochwasser wurden Starkstrominstallations- und weitere Elektroarbeiten am Schürmann-Bau zerstört, nachdem der Rohbauunternehmer den ordentlich geplanten Hochwasserschutz zur Rheinseite an zwei Stellen entfernt hatte, ohne sogleich den Spalt zwischen Schlitzwand und Baukörper endgültig abzudichten.

Der BGH hat entschieden, dass der Elektrounternehmer für die ausgeführten und durch das Hochwasser zerstörten Arbeiten eine Vergütung erhält (BGH, Urt. v. 16.10.1997 – VII ZR 64/96). Der BGH vertrat die Auffassung, dass der Auftraggeber den Hochwasserschutz während der Bauzeit übernommen hat und der Elektrounternehmer keine Möglichkeit hatte, auf diesen Schutz Einfluss zu nehmen. Deshalb stehe der Auftraggeber der Gefahr, die sich aus der Beschaffenheit des Hochwasserschutzes ergäbe, *näher* als der Auftragnehmer (BGH, Urt. v. 21.8.1997 – VII ZR 17/96). Solche Entscheidungen dürfen jedoch nicht verallgemeinert werden. Gerichte entscheiden oft auch anders und nach dem Prinzip, dass der Auftragnehmer generell vor der Abnahme die Gefahr trage bzw. zum Schutz seiner Leistungen verpflichtet sei. Wie hoch die Schutzpflichten im Einzelfall sein können, verdeutlicht das folgende **1854**

Beispiel: Ein Auftraggeber lässt ein Büro- und Geschäftshaus mit Tiefgarage errichten. Ein Dachdecker ist mit der Dachabdichtung beauftragt und erstellt mehrere Abdichtungsschichten, wobei er eine Dampfsperre und eine Wärmedämmschicht aus Foamglas aufbringt. Anschließend soll die Fläche gepflastert werden. Nach Fertigstellung, jedoch vor Abnahme der Abdichtungsarbeiten, befährt der Pflasterer die Fläche mit Lkws, wodurch es zu Beschädigungen kommt. Die Reparatur kostet ca. € 35.000,–. Der Dachdecker verlangt diese Kosten von seinem Auftraggeber. **1855**

Die Klage blieb in allen Instanzen erfolglos (OLG Naumburg, Urt. v. 30.11.2000 – 2 U 104/00; Revision vom BGH nicht angenommen). Ein vorzeitiger Gefahrübergang könne nur angenommen werden, wenn das Werk vor der Abnahme in Folge einer *Anweisung* des Auftraggebers beschädigt worden sei. Die Beauftragung des Folgeunternehmers, der die Pflasterarbeiten auszuführen hatte, könnte eine solche Anweisung darstellen. Das OLG Naumburg hat einen Gefahrübergang dennoch verneint, weil die Beauftragung des Pflasterers nicht *zwangsläufig* dazu geführt habe, dass die von dem Dachdecker hergestellte Fläche mit schweren Lkws befahren wurde. **1856**

Der betroffene Auftragnehmer hat in solchen Fällen nur noch die Möglichkeit, den Schädiger selbst in Anspruch zu nehmen (OLG Dresden, Urt. v. 15.11.2005 – 14 U 2368/04). Dazu ist es erforderlich, sich die Schadensersatzansprüche des Auftraggebers abtreten zu lassen (OLG Düsseldorf, Urt. v. 15.11.1995 – 19 U 21/95 und OLG Naumburg, Urt. v. 30.11.2000 – 2 U 104/00). Darauf besteht ein Anspruch. In der Praxis steht der Auftragnehmer in solchen Fällen allerdings häufig vor dem Problem, dass die Schadensverursachung (anders als im Fall des OLG Naumburg) häufig nicht eindeutig einer Firma zugeordnet werden kann. **1857**

Wird die Leistung vor der Abnahme durch einen Drittunternehmer beschädigt, erteilt der Auftraggeber aber dennoch einen entgeltlichen Reparaturauftrag, kann **1858** er sich regelmäßig nicht mehr darauf berufen, dass der Auftragnehmer möglicherweise noch die Leistungsgefahr getragen habe. Er hat die vereinbarte Vergütung jedenfalls dann zu bezahlen, wenn sich aus den Umständen ergibt, dass er trotz der noch fehlenden Abnahme eine Vergütungspflicht begründen wollte (BGH, Urt. v. 8.3.2012 – VII ZR 177/11; ebenso: OLG Celle, Urt. v. 9.5.2012 – 14 U 147/10).

(3) Durch Inbenutzungnahme

1859 Die Bestimmung in § 650g Abs. 3 BGB zur Zustandsfeststellung und ihren Folgen schränkt das Gefahrtragungsrisiko des Auftragnehmers ein, wenn der Auftraggeber die Leistung nutzt oder ihm das Werk verschafft worden ist, er aber die Abnahme wegen Mängeln verweigert und anschließend unklar ist, wann bzw. von wem ein Mangel verursacht wurde. Hat auf Verlangen des Auftragnehmers eine Zustandsfeststellung nach den Absätzen 1 oder 2 des § 650g BGB stattgefunden, besteht eine Vermutung dahingehend, dass ein offenkundiger Mangel erst nach der Zustandsfeststellung entstanden und vom Auftraggeber zu vertreten ist, wenn der Mangel in der Zustandsfeststellung nicht angegeben wurde. Auf diesem Weg können dem Auftraggeber von Dritten verursachte Schäden zugerechnet werden, wenn er die Vermutung nicht widerlegen kann (vgl. I. 3. a), Rn. 1822 ff.). Unbeschadet dieser neuen Regelung zur Zustandsfeststellung und der damit verbundenen Wirkungen gibt es in der Rechtsprechung vereinzelt Fälle, in denen von einem Gefahrübergang trotz nicht erfolgter Abnahme ausgegangen wurde, wenn der Bauherr die Leistung nutzte.

1860 **Beispiel:** Ein Eigentümer saniert sein Haus. Er lässt unter anderem das Dach neu eindecken. Wegen Mängeln an den Verblechungsarbeiten nimmt er die Leistungen des Dachdeckers nicht ab. Eines Nachts werfen Unbekannte Farbbeutel an die frisch renovierte Fassade und auf das neu eingedeckte Dach. Der Auftraggeber verlangt vom Dachdecker, dass dieser die verschmutzen Dachziegel auf eigene Kosten auswechselt.

1861 Das OLG Hamm hat in diesem Fall dem Auftragnehmer Recht gegeben und erklärt, der Auftraggeber trage unabhängig von der Abnahme das Risiko für Beschädigungen der Leistung, wenn er die tatsächliche Sachherrschaft und damit die alleinige Schutzmöglichkeit habe (OLG Hamm, Urt. v. 20.12.2001 – 24 U 25/00). Die Entscheidung ist überzeugend. Die bisherige gesetzliche Risikoverteilung ist für Bauleistungen zu undifferenziert, weil die Übergabe der Leistung oft nicht mit der Abnahme zusammenfällt und der Auftragnehmer in vielen Fällen faktisch keine Möglichkeiten des Schutzes der erbrachten Leistung hat. Das gilt insbesondere dann, wenn sie durch den Auftraggeber selbst oder durch Dritte ganz oder teilweise in Benutzung genommen wird, der Auftraggeber die Abnahme aber dennoch verweigert. Genau diesem Problem wird durch die Regelung in § 650g Abs. 3 BGB Rechnung getragen.

(4) Durch Annahmeverzug des Auftraggebers in der Bauausführungsphase

Nicht vollständig geklärt ist die Frage, ob die Gefahr auch dann auf den Auftraggeber übergeht, wenn der Auftragnehmer aus Gründen im Verantwortungsbereich des Auftraggebers gehindert ist, seine Leistungen fortzusetzen oder fristgemäß zu beenden. Das wird man wegen der Bestimmung in § 644 Abs. 1 Satz 2 BGB grundsätzlich bejahen müssen. Diese Vorschrift ist neben § 7 VOB/B anwendbar und regelt, dass die Gefahr auf den Auftraggeber übergeht, wenn er in Verzug der Annahme kommt. Das ist beispielsweise der Fall, wenn der Auftraggeber eine Unterbrechung der Bauarbeiten anordnet und während des Baustillstands Frostschäden eintreten (OLG Düsseldorf, Urt. v. 16.7.2004 – 22 U 59/03). Dem Auftragnehmer ist in solchen Fällen aber zu empfehlen, auf erkennbare Risiken nach § 4 Abs. 3 VOB/B hinzuweisen. **1862**

Streiten kann man darüber, ob der Auftraggeber die Gefahr wegen Annahmeverzugs trägt, wenn die Leistung auch bei Fortsetzung der Arbeiten zerstört worden wäre, beispielsweise durch ein Unwetter. Dann muss der Auftraggeber die Vergütung für die zerstörte Leistung nicht allein deshalb zahlen, weil die für eine Fortsetzung der Leistungen notwendigen Pläne fehlten. Es bleibt folglich bei der Gefahrtragung durch den Auftragnehmer. Anders ist die Rechtslage zu beurteilen, wenn der Annahmeverzug des Auftraggebers zu einer Überschreitung der vereinbarten Ausführungsdauer führt und die Leistung ohne den Annahmeverzug des Auftraggebers innerhalb der vereinbarten Ausführungsfristen fertiggestellt worden wäre. Gleiches gilt, wenn ohne den Annahmeverzug die Zerstörung oder Beschädigung vermeidbar gewesen wäre, beispielsweise weil der Auftragnehmer bei Fortsetzung seiner Leistungen auf der Baustelle Sicherungsmaßnahmen gegen die Beschädigung hätte treffen und diese damit vermeiden können. **1863**

Für den Annahmeverzug des Auftraggebers ist ein Angebot des Auftragnehmers erforderlich (§ 294 BGB). Deshalb sollte ein Auftragnehmer seine Leistungsbereitschaft klar zum Ausdruck bringen und diese möglichst durch ein entsprechendes Schreiben, in dem er seine Leistung ausdrücklich anbietet, dokumentieren. **1864**

bb) Besondere Schutzmaßnahmen als zusätzliche Leistung nach § 2 Abs. 6 VOB/B

Fraglich ist, ob und wann der Auftragnehmer für besonders aufwendige Sicherungs- bzw. Schutzmaßnahmen eine gesonderte Vergütung verlangen kann. So kann beispielsweise der Schutz gegen Graffiti-Malereien an einer kilometerlangen Lärmschutzwand einen immensen Aufwand und entsprechend hohe Kosten verursachen. Die VOB-Stelle Niedersachsen hat entschieden, dass der Auftragnehmer verpflichtet sei, seine Leistung bis zur Abnahme vor derartigen Schmierereien zu schützen. Dies folge aus § 4 Abs. 5 VOB/B (VOB-Stelle Niedersachsen, Stell. v. 10.4.1996 – Fall 1072). Ob diese Entscheidung richtig ist, darf bei einer 19,6 km langen Lärmschutzwand und einer Bauzeit von drei Jahren bezweifelt werden. Ein Auftragnehmer muss sich aber darauf einstellen, dass solche **1865** und ähnliche Urteile nicht selten sind. Ohne eine ausdrückliche vertragliche Vereinbarung zu besonders aufwändigen Schutzmaßnahmen und einer Vergütungsregelung hierfür bleibt nur ein mit Unsicherheiten verbundener Weg: Der Auftragnehmer kann sich auf den Standpunkt stellen, dass solche Leistungen nach § 2 Abs. 6 VOB/B nur gegen eine besondere Vergütung geschuldet sind. Dafür spricht, dass die VOB/C in zahlreichen Normen Schutzpflichten ausdrücklich als *„Besondere Leistungen"* aufführt (z.B. 4.2.1 der DIN 18314; 4.2.14 der DIN 18331; 4.2.5 der DIN 18363 oder 4.2.5 der DIN 18364). Lehnt der Auftraggeber ein entsprechendes Nachtragsangebot ab und weist der Auftragnehmer ausdrücklich auf die Gefahr von Beschädigungen hin (§ 4 Abs. 3 VOB/B), so ist der Standpunkt vertretbar, dass der Auftragnehmer dann nicht mehr verpflichtet ist, die Werkleistung zu schützen (vgl. OLG Schleswig, Urt. v. 4.6.2002 – 8 U 18/01).

1866 **Beispiel:** Ein Parkett- oder Bodenleger hat seine Leistungen bis zur Begehbarkeit durch Absperrmaßnahmen zu sichern (vgl. 4.1.4 der DIN 18356 bzw. 4.1.6 der DIN 18365). Dazu gehört es, die fertiggestellten Flächen durch Absperrbänder und Hinweisschilder zu kennzeichnen und vor einem Begehen durch Dritte zu schützen. Sinnvoll ist eine Angabe, ab welchem Zeitpunkt der Boden wieder betreten werden darf, ohne dadurch Schäden zu verursachen. Solche Maßnahmen sind als Nebenleistungen nicht besonders vergütungspflichtig. Nicht dazu gehört jedoch, ein Betreten durch weitere Absperrmaßnahmen unmöglich zu machen.

1867 Dennoch kann der Auftragnehmer im obigen Fall darauf hinweisen, dass seiner Erfahrung nach die naheliegende Gefahr des vorzeitigen Betretens durch Dritte trotz der Absperrbänder und Hinweisschilder besteht und weitere Schutzmaßnahmen, beispielsweise die Verlegung von Schutzfolie, in Betracht kommen und bei entsprechender Anordnung gegen Zahlung einer besonderen Vergütung ausgeführt werden. Der Auftragnehmer könnte dem Auftraggeber alternativ dazu auch mitteilen, dass er die Räume durch Verschließen sichern muss, wenn er Beschädigungen oder vergütungspflichtige Schutzmaßnahmen vermeiden will.

d) Beweislastumkehr bei Mängeln

1868 Mängelansprüche des Auftraggebers setzen eine Mangelhaftigkeit der Leistung „zum Zeitpunkt der Abnahme" voraus (§ 13 Abs. 1 VOB/B). Dazu genügt es, dass der Mangel bei Abnahme zumindest im Keim existent, wenn auch nicht zwingend sichtbar war. Oftmals ist aber gerade streitig, ob der Mangel bereits zu diesem Zeitpunkt vorhanden war oder erst danach, beispielsweise durch unsachgemäßen Gebrauch, mangelhafte oder unterbliebene Wartung bzw. mechanische Beschädigung entstanden ist. Dann kommt der Frage, wer die Beweislast trägt, im Bauprozess entscheidende Bedeutung zu.

Vor der Abnahme muss der Auftragnehmer beweisen, dass seine Leistung frei von Sachmängeln ist (OLG München, Urt. v. 30.1.2018 – 28 U 105/17 Bau). Das gilt auch, wenn der Auftraggeber die Abnahme wegen wesentlicher Mängel verweigert hat (BGH, Urt. v. 24.10.1996 – VII ZR 98/94) oder Mängel im Wege der Selbstvornahme beseitigt wurden (BGH, Urt. v. 23.10.2008 – VII ZR 64/07). Der BGH hat allerdings darauf hingewiesen, dass bei einer Abnahmeverweigerung eine Beweisvereitelung vorliegen könne, wenn das Vorhandensein von Mängeln erst im Zuge von Mangelbeseitigungsarbeiten überprüfbar sei und der Auftraggeber dem Auftragnehmer keine dahingehenden Feststellungen ermöglicht hat (BGH, Urt. v. 23.10.2008 – VII ZR 64/07). Der Auftraggeber ist deshalb gut beraten, wenn er in solchen Fällen entweder Beweise für die Mangelhaftigkeit der Werkleistung sichert, bevor er die Mängel beseitigen lässt oder dem Auftragnehmer ausdrücklich die Möglichkeit einer Beweissicherung einräumt. Denn in solchen Fällen kann ein vom Gericht bestellter Sachverständiger oftmals nur noch den sanierten Zustand beurteilen, aber nichts zur Mangelhaftigkeit der streitgegenständlichen Leistung sagen (OLG Celle, Urt. v. 8.5.2014 – 5 U 163/13; OLG Naumburg, Urt. v. 9.4.2015 – 6 U 20/14). **1869**

Mit der Abnahme geht die Beweislast für Mängel der Werkleistung auf den Auftraggeber über (BGH, Beschl. v. 6.2.2014 – VII ZR 160/12; BGH, Urt. v. 11.10.2001 – VII ZR 383/99; OLG Brandenburg, Beschl. v. 29.8.2017 – 12 U 149/16; OLG Schleswig, Urt. v. 3.8.2012 – 1 U 78/11; OLG München, Urt. v. 15.1.2008 – 13 U 4378/07; OLG Hamburg, Urt. v. 9.3.2005 – 13 U 19/01). Ausnahme: Der Mangel wurde bereits im Abnahmeprotokoll gerügt und die Gewährleistung hierfür ausdrücklich vorbehalten. Dann bleibt es bei der Beweislast des Auftragnehmers für das Nichtvorhandensein des Mangels, falls er diesen bestreiten will (BGH, Urt. v. 23.10.2008 – VII ZR 64/07 und BGH, Urt. v. 24.10.1996 – VII ZR 98/94). **1870**

Die Beweislastumkehr wird in der Praxis häufig unterschätzt. Welche Bedeutung diese Abnahmewirkung hat, zeigt das folgende **1871**

Beispiel: Der Auftragnehmer führt Innenputzarbeiten im Rahmen eines Wohnungsneubaus durch. Nach vorbehaltloser Zahlung der Schlussrechnung löst sich der Putz im Treppenhaus sowie im Ober- und Dachgeschoss vom Mauerwerk und liegt hohl. Der Bauherr macht Mängelbeseitigungskosten in Höhe von über € 90.000,– geltend. **1872**

Das OLG Koblenz stellte zunächst fest, dass mit der vorbehaltlosen Zahlung der Schlussrechnung eine konkludente Abnahme erfolgt sei. Der entscheidende Leitsatz lautet wörtlich: **1873**

> *„Löst sich ein aufgebrachter Innenputz nach der Abnahme von der Wand, muss der Auftraggeber beweisen, dass der Putz bei der Abnahme nicht die vorausgesetzte Beschaffenheit (hier Haftfähigkeit an der Wand) besaß bzw. dass der*

Auftragnehmer bei der Durchführung der Arbeiten die anerkannten Regeln der Technik nicht beachtet hat und die fehlende Wandhaftung des Innenputzes aus dem Verantwortungsbereich des Auftraggebers herrührt." (OLG Koblenz, Beschl. v. 21.6.2013 – 4 U 765/12)

1874 Das OLG Koblenz kam aufgrund eines eingeholten Sachverständigengutachtens zu dem Ergebnis, dass die fehlende Haftfähigkeit des Putzes auf eine nicht erkennbare Innenfeuchte der Steine oder eine eventuell vorhandene Rohbaufeuchte zurückzuführen sein könne. Die Entscheidung ist im Ergebnis zutreffend, auch wenn man einen Mangel als solchen hier nur schwer in Abrede stellen kann, weil die Haftung des Putzes an den Wänden eine zumindest stillschweigend vereinbarte Beschaffenheit darstellt. Ist der Auftragnehmer aber seiner Prüfungs- und Bedenkenhinweispflicht nachgekommen oder hatte er keine Möglichkeit, die mangelhafte Vorleistung zu erkennen, wird er von der Mängelhaftung nach § 4 Abs. 3 i.V.m. § 13 Abs. 3 VOB/B frei. Von Letzterem ist offensichtlich das OLG Koblenz ausgegangen, sodass die Entscheidung im Ergebnis, wenn auch nicht in der Begründung, richtig ist.

1875 Man kann Auftragnehmern in Fällen, in denen die Verantwortung für die Mangelerscheinungen objektiv nicht eindeutig ist, deshalb nur raten, auf die Beweislastumkehr nach erfolgter Abnahme hinzuweisen. Besteht der Auftraggeber dennoch auf Mangelbeseitigung, sollte ein ausdrücklicher Vorbehalt dahingehend erfolgen, dass die Untersuchungskosten sowie weitere Maßnahmen in Rechnung gestellt werden, falls sich der Standpunkt des Auftragnehmers nachträglich als zutreffend herausstellt (vgl. M. II. 6. b), Rn. 2214 ff.).

1876 In Einzelfällen erleichtern Gerichte die nach Abnahme dem Auftraggeber obliegende Beweisführung durch die Grundsätze des sogenannten *Anscheinsbeweises*, wenn ein typischer Geschehensablauf den Schluss darauf zulässt, dass der Mangel bereits vor der Abnahme vorhanden gewesen sein muss, weil andere Ursachen nach der Lebenserfahrung ausscheiden (LG Stuttgart, Urt. v. 15.12.2010 – 21 O 152/09). Ein solcher Anscheinsbeweis setzt aber voraus, dass zuvor der typische Geschehensablauf bewiesen worden ist (OLG Nürnberg, Beschl. v. 2.11.2015 – 13 U 2227/13).

e) Beginn der Gewährleistungsfrist

1877 Mit der Abnahme – oder einer Teilabnahme nach § 12 Abs. 2 VOB/B – beginnt die Verjährung der Mängelansprüche des Auftraggebers (§ 634a Abs. 2 BGB bzw. § 13 Abs. 4 Nr. 3 VOB/B). Das Gleiche gilt bei einer endgültigen – unberechtigten – Abnahmeverweigerung (OLG Oldenburg, Urt. v. 11.12.2014 – 8 U 140/09; OLG Hamm, Urt. v. 17.5.1991 – 26 U 157/90).

1878 Die Gewährleistungsfrist beginnt auch für solche Mängel, die bei Abnahme festgestellt bzw. im Abnahmeprotokoll vorbehalten wurden. Die Gewährleistungsfrist beginnt einheitlich mit der Abnahme.

f) Verlust nicht vorbehaltener Ansprüche

1879 Gewährleistungsansprüche wegen bekannter Mängel muss sich der Auftraggeber bereits bei der Abnahme vorbehalten, ansonsten verliert er den Anspruch auf Mangelbeseitigung, Selbstvornahmekosten und Minderung, § 640 Abs. 3 BGB n.F. (vormals: § 640 Abs. 2 BGB). Das gilt aber nur, wenn der Auftraggeber den Mangel im Zeitpunkt der Abnahme positiv kannte (KG, Urt. v. 20.1.2012 – 6 U 89/08; OLG Düsseldorf, Urt. v. 18.7.2002 – 12 U 172/01). Deshalb reicht es nicht aus, wenn er zwar das äußere Erscheinungsbild des Mangels wahrgenommen hat, aber um die Fehlerhaftigkeit des Werkes nicht wusste (OLG Karlsruhe, Urt. v. 29.5.2009 – 4 U 160/08) oder die Unkenntnis auf grober Fahrlässigkeit beruhte (OLG Schleswig, Urt. v. 18.8.2017 – 1 U 11/16; OLG Jena, Urt. v. 6.3.2013 – 2 U 105/12; OLG München, Beschl. v. 8.2.2012 – 13 U 2928/11; zweifelhaft KG, Urt. v. 25.11.2016 – 21 U 31/14, wonach die bloße Erkennbarkeit für das tatsächliche Erkennen sprechen soll). Für die positive Kenntnis des Auftraggebers vom Mangel ist der Auftragnehmer im Streitfall beweispflichtig.

1880 Es dürfte aber ausreichen, wenn in einem Abnahmeprotokoll Mängel aufgeführt sind, ohne dass ein ausdrücklicher Vorbehalt im Hinblick auf die Geltendmachung von Mängelansprüchen erklärt worden ist. Denn die Nennung der Mängel im Abnahmeprotokoll dürfte ausreichend zum Ausdruck bringen, dass der Auftraggeber sich die Ansprüche wegen dieser Mängel vorbehalten möchte.

1881 Ist der notwendige Vorbehalt unterblieben, verliert der Auftraggeber nach herrschender Auffassung aber nicht den Schadensersatzanspruch nach § 13 Abs. 7 VOB/B oder § 634 Nr. 4 BGB (OLG Hamm, Urt. v. 17.1.1990 – 26 U 112/89). Das führt dazu, dass der Auftraggeber bei unterlassenem Vorbehalt zwar keine Mangelbeseitigung mehr verlangen kann, ihm aber ein Schadensersatzanspruch in Höhe der Mangelbeseitigungskosten zusteht und der Auftragnehmer so letztlich doch den (finanziellen) Aufwand für die Mangelbeseitigung trägt. Diese Rechtsprechung hat allerdings in letzter Zeit eine erhebliche Einschränkung dadurch erfahren, dass der BGH die Abrechnung des Schadensersatzanspruchs auf Basis rein fiktiver Mangelbeseitigungskosten seit einer Grundsatzentscheidung aus dem Jahr 2018 nicht mehr zulässt (BGH, Urt. v. 22.2.2018 – VII ZR 46/17). Bis zu diesem Urteil konnte der Auftraggeber einen Schadensersatzanspruch in Höhe der (fiktiven) Mangelbeseitigungskosten selbst dann geltend machen, wenn er die Mangelbeseitigung noch nicht durchgeführt hatte. Das entsprach im Prinzip der Abrechnung von Verkehrsunfallschäden auf Basis fiktiver Reparaturkosten einer Vertragswerkstatt. Seit der Entscheidung aus dem Jahr 2018 ist das jedenfalls für Mängel am Bau nicht mehr möglich. Der Schadensersatzanspruch beschränkt sich nunmehr nur noch auf den durch den Mangel eingetretenen konkreten Wertverlust des Werkes. Dazu ist gegenüberzustellen, welchen Wert das Werk ohne den Mangel gehabt hätte und welchen (geringeren) Wert es nun mangelbedingt hat. Erst bzw. nur, wenn der Auftraggeber den Mangel tatsächlich beseitigen lässt, kann er die (tatsächlichen) Mangelbeseitigungskosten als Schaden geltend machen.

Beispiel: Der Auftragnehmer sollte einen dunkelblauen Teppich verlegen, verlegte aber tatsächlich einen dunkelgrauen.

1882 Der Auftraggeber kann nach der Grundsatzentscheidung aus dem Jahr 2018 die fiktiven Mangelbeseitigungskosten für den Austausch des Teppichs nicht geltend machen, solange er die Mangelbeseitigung nicht durchführen lässt. Er kann allenfalls den Wertverlust geltend machen, der allerdings schwer zu bemessen ist, da ein dunkelgrauer Teppich nicht per se weniger wert ist als ein dunkelblauer Teppich.

1883 Auch Vertragsstrafenansprüche muss sich der Auftraggeber bei der Abnahme vorbehalten, es sei denn, im Werkvertrag ist geregelt, dass der Vorbehalt noch bis zur Fälligkeit der Schlussrechnung erfolgen kann, was rechtlich zulässig ist. Enthält der Werkvertrag eine solche Regelung nicht und ist der Vorbehalt bei der Abnahme unterblieben, sind Vertragsstrafenansprüche des Auftraggebers verfallen (§ 11 Abs. 4 VOB/B), es sei denn, der Auftraggeber hat bereits vor der Abnahme mit seinem Vertragsstrafenanspruch aufgerechnet (BGH, Urt. v. 5.11.2015 – VII ZR 43/15).

1884 In der notwendigen Vorbehaltserklärung kann eine Haftungsfalle für bauüberwachende Architekten liegen. Denn im Ausgangspunkt gilt, dass ein bauleitender Architekt ohne ausdrückliche Bevollmächtigung weder berechtigt ist, die Abnahme vorzunehmen noch für den Auftraggeber einen wirksamen Vertragsstrafenvorbehalt zu erklären (OLG Hamm, Urt. v. 21.4.1993 – 12 U 40/92; LG Leipzig, Urt. v. 25.8.1998 – 8 O 1791/98). Wenn der Architekt auf Wunsch des Auftraggebers den Abnahmetermin ohne dessen Beisein wahrnimmt, sollte er sich sicherheitshalber eine schriftliche Vollmacht erteilen lassen. Kann der Bauherr eine Vertragsstrafe nur deshalb nicht durchsetzen, weil der Architekt den Vorbehalt vergessen hat, besteht zumindest die Gefahr einer Schadensersatzpflicht des Architekten (OLG Saarbrücken, Urt. v. 3.4.2007 – 4 U 587/05-26).

1885 Die Vorbehalte sollten sicherheitshalber ausdrücklich erklärt werden. Man kann beispielsweise schreiben:

> *„Der Auftraggeber behält sich die Geltendmachung der Vertragsstrafe und seine Gewährleistungsansprüche für folgende Mängel ausdrücklich vor: …"*

1886 Für die Praxis empfiehlt es sich, einen solchen Vorbehalt bereits als festen Bestandteil (Textbaustein) in das Abnahmeprotokoll aufzunehmen. Damit ist sichergestellt, dass der Vorbehalt im Einzelfall nicht vergessen wird.

Kommen fiktive Abnahmen nach § 12 Abs. 5 Nr. 1 oder 2 VOB/B in Betracht, beispielsweise weil der Vertrag keine förmliche Abnahme vorsieht, müssen die Vorbehalte wegen bekannter Mängel oder Vertragsstrafen spätestens zu den in § 12 Abs. 5 Nr. 1 oder 2 VOB/B genannten Zeitpunkten geltend gemacht werden (§ 12 Abs. 5 Nr. 3 VOB/B). Bei einer stillschweigenden oder konkludenten Abnahme muss der Vorbehalt bei dem Verhalten, das eine Billigung der Werkleistung zum Ausdruck bringt, erklärt werden (OLG Rostock, Urt. v. 27.1.2009 – 4 U 55/08).

5. Voraussetzungen einer Abnahmeverweigerung

Unwesentliche Mängel oder Restleistungen rechtfertigen eine Abnahmeverweige- **1887**
rung nicht (§ 640 Abs. 1 Satz 2 BGB, § 12 Abs. 3 VOB/B). Wann von wesentlichen Mängeln/Restleistungen auszugehen ist, hängt von den Umständen des Einzelfalls ab und lässt sich nicht allgemein beantworten. Im Vordergrund steht die Frage, ob dem Auftraggeber die mit der Abnahme verbundenen nachteiligen Wirkungen zumutbar sind (OLG Köln, Urt. v. 18.11.2015 – 11 U 33/15; OLG Hamburg, Urt. v. 10.6.2003 – 9 U 121/00). Dabei kommt es für die Abgrenzung zwischen wesentlichen und unwesentlichen Mängeln auf folgende Aspekte an:

- Umfang und Dauer der Mangelbeseitigungsmaßnahmen,
- die Höhe der Mangelbeseitigungskosten (OLG Köln, Urt. v. 20.9.2006 – 11 U 213/05)
- vor allem aber auf die Auswirkungen des Mangels für die Funktions- und Gebrauchstauglichkeit des erstellten Werks (OLG München, Urt. v. 15.1.2008 – 13 U 4378/07; OLG Stuttgart, Urt. v. 22.12.1999 – 4 U 105/99).

So hat das OLG Frankfurt zu Recht entschieden, dass die unzureichende Quali- **1888**
tät des Betonbodens einen wesentlichen Mangel darstellt, wenn die Nutzbarkeit der betroffenen Flächen für den vertraglich vorausgesetzten Zweck (Befahrung durch Hubwagen mit 2.200 kg Nutzlasten) beeinträchtigt wird (OLG Frankfurt, Urt. v. 17.9.2013 – 14 U 129/12). Aber auch die Nutzung einer Werkleistung führt nicht zu einer (stillschweigenden) Abnahme, wenn zuvor Mängel gerügt worden sind, die eine Abnahmeverweigerung rechtfertigen (BGH, Urt. v. 5.11.2015 – VII ZR 43/15). Wurde dagegen eine Leistung abweichend vom Vertrag, aber technisch gleichwertig ausgeführt, kann ein wesentlicher Mangel ausscheiden (OLG Düsseldorf, Urt. v. 14.4.2015 – 23 U 82/14).

Ob mehrere unwesentliche Mängel im Einzelfall einem wesentlichen Mangel gleich- **1889**
stehen, wird unterschiedlich beurteilt (dafür: OLG München, Urt. v. 15.1.2008 – 13 U 4378/07; dagegen: LG Heidelberg, Urt. v. 28.7.1995 – 5 O 103/93). Das Kammergericht hat entschieden, dass es bei einem Großbauvorhaben unvermeidlich sei, dass bei den Abnahmebegehungen eine Vielzahl von Mängeln festgestellt wird. In der Entscheidung heißt es: *„Aus der Anzahl der in den Begehungsprotokollen aufgelisteten Mängel kann deshalb keine Aussage über die (fehlende)*

Abnahmefähigkeit der Leistung getroffen werden." (KG, Urt. v. 11.3.2011 – 6 U 128/08).

1890 Sicher ist, dass *ein* wesentlicher Mangel ausreicht, um die Abnahme zu verweigern (OLG Schleswig, Urt. v. 10.3.2006 – 14 U 47/05; BGH, Urt. v. 30.4.1992 – VII ZR 185/90). Sicherheitsrelevante Mängel sind selbst dann wesentlich, wenn die Beseitigungskosten nur sehr gering sind. So hat das OLG Hamm entschieden, dass eine fehlende Absturzsicherung mit Beseitigungskosten von ca. € 2.000,– bei einer Auftragssumme von 1,5 Mio. € als wesentlicher Mangel anzusehen ist, wenn von diesem Mangel ein nicht unerhebliches Gefahrenpotenzial ausgeht (OLG Hamm, Urt. v. 26.11.2003 – 12 U 112/02). Sofern die Funktionstauglichkeit oder die Gebrauchsfähigkeit nicht gegeben ist (Heizungsanlage oder Aufzug funktionieren nicht), kann die Abnahme sowieso verweigert werden (OLG Hamm, Urt. v. 16.12.2003 – 21 U 102/03; BGH, Urt. v. 30.4.1992 – VII ZR 185/90). Lediglich optische Beeinträchtigungen rechtfertigen eine Abnahmeverweigerung in aller Regel nicht (dazu: OLG Hamm, Urt. v. 24.3.2003 – 17 U 88/02). In besonders gelagerten Ausnahmefällen können aber auch optische Mängel durchaus wesentlich sein (OLG Köln, Urt. v. 30.1.2002 – 27 U 4/01).

1891 Oft verweigern Auftraggeber die Abnahme deshalb, weil Unterlagen wie Revisionszeichnungen oder Herstellerbescheinigungen etc. fehlen. Das OLG Rostock hat entschieden, dass eine Vertragsklausel, die bei fehlenden Unterlagen, gleich welchen Umfangs und welcher Wichtigkeit, eine Abnahmeverweigerung rechtfertigt, unwirksam ist (OLG Rostock, Urt. v. 7.2.2005 – 3 U 43/04). Das ist zweifelsfrei richtig, sollte Auftragnehmer aber nicht dazu verleiten, die geschuldete Dokumentation nachlässig zu behandeln, weil die Berechtigung der Abnahmeverweigerung immer von den konkreten Umständen des Einzelfalls abhängt. So hat das OLG Hamm entschieden, dass die fehlende Übergabe von Revisionsplänen für ein Seniorenheim einen wesentlichen Mangel darstellt, der einer Abnahme entgegensteht (OLG Hamm, Urt. v. 17.6.2008 – 19 U 152/04; ähnlich: OLG Bamberg, Urt. v. 8.12.2010 – 3 U 93/09). Zur Begründung heißt es, die Zurverfügungstellung solcher Pläne sei für die Gebrauchsfähigkeit eines Objekts der vorliegenden Größenordnung unerlässlich, weil detaillierte Übersichtspläne, insbesondere über die Elektro-, Sanitär- und Heizungsanlageneinrichtungen für die fachgerechte und zielorientierte Instandhaltung und Wartung dieser Anlagen notwendig seien. Andererseits rechtfertigt nicht jede fehlende Bescheinigung bzw. Prüfung stets eine Abnahmeverweigerung (OLG Stuttgart, Beschl. v. 25.1.2010 – 10 U 119/09). Kürzlich hat das OLG Frankfurt entschieden, dass fehlende Prüfprotokolle, die Glasfasermessungen betrafen und entgegen den Vereinbarungen im Verhandlungsprotokoll lediglich im Datenformat „dwg" zur Verfügung gestellt worden sind, zwar keine Abnahmeverweigerung, aber ein Zurückbehaltungsrecht in Höhe von über € 10.000,– rechtfertigen (OLG Frankfurt, Urt. v. 24.2.2015 – 16 U 135/14;

ähnlich: OLG Köln, Urt. v. 7.8.2015 – 19 U 104/14). Um Streit zu vermeiden, sollte ein Auftragnehmer stets darauf achten, dass alle von ihm beizubringenden Unterlagen wie beispielsweise Prüfzeugnisse für Materialien, Abnahmebescheinigungen des TÜV, Zulassungsbescheinigungen oder Revisionspläne im Abnahmezeitpunkt vollständig vorliegen. Das gilt besonders für Unterlagen wie etwa Schaltpläne oder Bedienungsanleitungen, die für die Gebrauchstauglichkeit des Werks maßgeblich sind. Anderenfalls besteht neben der Gefahr einer berechtigten Abnahmeverweigerung jedenfalls die Möglichkeit der Geltendmachung eines Zurückbehaltungsrechts mit Druckzuschlag (§ 641 Abs. 3 BGB).

Der Auftraggeber muss beachten, dass die Unterzeichnung des Abnahmeprotokolls „unter Vorbehalt" der förmlichen Abnahme nicht entgegensteht. Denn wie bereits ausgeführt, ist auch eine unter Mängelvorbehalt erklärte Abnahme eine Abnahme im Rechtssinn (OLG Köln. Urt. v. 21.12.2017 – 7 U 49/13; OLG Köln, Beschl. v. 17.7.2014 – 11 U 79/14; OLG Hamm, Urt. v. 2.10.2013 – 12 U 5/13). Will der Auftraggeber die Abnahme wegen Mängeln verweigern, muss er dies auch in eindeutiger Art und Weise zum Ausdruck bringen. Auch eine vorzeitige Abnahme ist rechtlich wirksam (BGH, Urt. v. 20.8.2009 – VII ZR 205/07). Sie kann insbesondere nicht nachträglich wegen Irrtums angefochten werden, selbst wenn erst nach der Abnahme wesentliche Mängel zu Tage treten, bei deren Kenntnis der Auftraggeber die Abnahme hätte verweigern können (LG Frankfurt/Main, Urt. v. 31.3.2016 – 2-24 O 15/08; OLG München, Urt. v. 13.12.2011 – 9 U 2533/11). **1892**

Gelegentlich entsteht Streit über die Frage, ob eine Erklärung des Auftraggebers tatsächlich als Abnahme verstanden werden kann. Hierzu hat das OLG Karlsruhe entschieden, dass eine Vereinbarung zwischen den Parteien nach Fertigstellung der Leistungen, in der streitige Mängel aufgelistet sind und gleichzeitig die Fälligkeit der Schlusszahlung geregelt ist, auch ohne ausdrückliche Erwähnung des Begriffs Abnahme als solche gewertet werden kann (OLG Karlsruhe, Urt. v. 19.3.2009 – 9 U 152/08). Unterschreibt der Auftraggeber das Abnahmeprotokoll, so spricht eine Vermutung dafür, dass er die Abnahme erklären wollte. Diese Vermutung kann der Auftraggeber aber widerlegen, indem er etwa nachweist, dass er während der Abnahme zumindest mündlich deutlich gemacht hat, dass er die Leistung nicht als im Wesentlichen vertragsgerecht ansieht (OLG München, Beschl. v. 18.3.2019 – 28 U 3311/18 Bau). **1893**

Enthält das Abnahmeprotokoll die Formulierung, dass die Abnahme erst erteilt wird, wenn dort genau beschriebene Mängel beseitigt werden, begründet die Unterschrift dieses Protokolls durch den Auftraggeber noch keine Abnahme. Das Gleiche gilt, wenn sich ein Auftraggeber bei der Abnahmebegehung allgemein zufrieden geäußert und sinngemäß erklärt hat, „es sei alles in Ordnung", aber sich nach der Begehung weigert, das ihm vom Auftragnehmer vorgelegte Abnahmeprotokoll zu unterzeichnen (OLG Hamburg, Beschl. v. 4.4.2012 – 1 U 123/13). **1894**

II. Handhabung in der Praxis

1. Fristsetzung bzw. Terminfindung zur Abnahme

1895 In der Praxis kommt es immer wieder vor, dass die Parteien sich nicht auf einen Termin zur Abnahme einigen können. Häufig meinen Auftragnehmer dann, dass der Auftraggeber sich im Abnahmeverzug befinde bzw. die Wirkungen der Abnahme eingetreten seien. Das kann vorschnell sein, wie folgendes Beispiel zeigt (Sachverhalt nach OLG München, Beschl. v. 27.4.2018 – 28 U 2471/17 Bau):

1896 **Beispiel:** Bei einem Bauträgervertrag haben die Parteien die förmliche Abnahme vereinbart. Der Bauträger bietet mit Schreiben vom 29.3.2016 die Übergabe/Abnahme am 6.5.2016 an. Der Erwerber rügt mit Schreiben vom 4.5.2016 zahlreiche Mängel, sodass der Abnahmetermin tatsächlich nicht stattfindet. Nach Beseitigung der Mängel fordert der Bauträger den Erwerber am 23.5.2016 auf, am 13.6.2016 um 14:00 Uhr zur Abnahme zu erscheinen. Der Erwerber bestätigt den Termin nicht. Später schlägt der Bauträger noch den 28.6.2016 als Abnahmetermin vor, der Erwerber Termine im Juli 2016. Tatsächlich können die Parteien sich aber nicht auf einen Termin verständigen. Am 30.6.2016 erklärt der Bauträger den Rücktritt vom Vertrag wegen Abnahmeverzugs des Erwerbers. Der Erwerber klagt daraufhin auf Feststellung, dass die Rücktrittserklärung unwirksam ist und der Vertrag weiterhin besteht.

1897 Das OLG München erklärt den Rücktritt für unwirksam. Der Auftragnehmer hätte sich nach Ansicht des Gerichts stärker um eine einvernehmliche Terminfindung bemühen und nach Scheitern der Bemühungen eine Frist zur Abnahme setzen müssen. Die Entscheidung des Gerichts ist insoweit nicht verallgemeinerungsfähig, als der Auftragnehmer dort wegen vermeintlichen Abnahmeverzugs den Rücktritt vom Vertrag erklärt hat. Zudem erging das Urteil noch zur alten Rechtslage, also vor Inkrafttreten des neuen § 640 Abs. 2 BGB. Wie bereits oben ausgeführt, treten die Abnahmewirkungen nach dieser Neuregelung ein, wenn der Auftragnehmer eine angemessene Frist zur Abnahme gesetzt und der Auftraggeber die Abnahme nicht innerhalb der Frist unter Angabe mindestens eines wesentlichen Mangels verweigert hat.

1898 Dennoch sollten Auftragnehmer das Urteil zum Anlass nehmen, sich bei Abnahmeversuchen besonders kooperativ zu zeigen. In der Praxis empfiehlt es sich, nach Fertigstellung eine Frist zur Abnahme von zwölf Werktagen zu setzen und dem Auftraggeber sogleich mehrere Alternativtermine für die Abnahmebegehung vorzuschlagen. Alternativ kann der Auftraggeber auch um Benennung eines konkreten Termins gebeten werden. Finden die Parteien keinen gemeinsamen Termin innerhalb der Frist, so ist es eine Frage des Einzelfalls, welche Rechtsfolgen sich daraus ergeben. Hat sich der Auftraggeber auf die vorgeschlagenen Termine überhaupt nicht gemeldet, so treten nach § 640 Abs. 2 BGB mit Fristablauf die Abnahmewirkungen ein. Hat etwa der Auftraggeber eine Reihe von Terminvorschlägen unterbreitet, die vom Auftragnehmer allesamt ohne nähere Begründung abgelehnt wurden, so ist durchaus fraglich, ob nach Fristablauf tatsächlich die Wirkungen der Abnahme (§ 640 Abs. 2 BGB) eintreten, weil der Auftragnehmer die notwendige Kooperationsbereitschaft hat vermissen lassen. Im Zweifelsfall sollte der Auftragnehmer in solchen Fällen kurz begründen, weshalb ihm die vorgeschlagenen Termine nicht möglich sind und seinerseits Gegenvorschläge unterbreiten.

2. Vollmacht zur Erklärung der rechtsgeschäftlichen Abnahme

Die Abnahme ist grundsätzlich von einer vertretungsberechtigten Person zu erklären. Weder der bauleitende Architekt noch der Bauleiter des Auftraggebers sind ohne ausdrückliche Bevollmächtigung zu deren Durchführung berechtigt (OLG Düsseldorf, Urt. v. 12.11.1996 – 21 U 68/96). Im Werkvertrag sollte nachgelesen werden, ob bzw. welche rechtsgeschäftlichen Vertreter des Auftraggebers dort genannt sind. In dem Schreiben, mit dem zur Durchführung der Abnahme aufgefordert wird, sollte gegebenenfalls darauf hingewiesen werden, dass der im Vertrag genannte Vertreter oder eine mit Vollmacht ausgestattete Person erscheint. Wenn eine schriftliche Vollmacht nicht vorgelegt werden kann, empfehlen sich eine telefonische Nachfrage und die Anfertigung einer entsprechenden Aktennotiz. **1899**

Auftraggeber sollten beachten: Wird die Abnahme verlangt und schicken sie daraufhin einen Architekten oder den Bauleiter zum Abnahmetermin, dürfte regelmäßig von einer Anscheinsvollmacht auszugehen sein (BGH, Urt. v. 27.1.2011 – VII ZR 186/09; OLG Zweibrücken, Beschl. v. 14.11.2017 – 5 U 42/17). In einem solchen Fall muss sich der Auftraggeber die von dieser Person erklärte Abnahme grundsätzlich zurechnen lassen (OLG Braunschweig, Urt. v. 20.12.2012 – 8 U 7/12). **1900**

3. Dokumentation der Abnahme und des Abnahmezeitpunktes

Es ist für beide Vertragspartner sinnvoll, eine vereinbarte förmliche Abnahme auch durchzuführen. Da die Abnahme gravierende Rechtswirkungen auslöst, sollte Klarheit darüber bestehen, ob und vor allem wann genau diese Wirkungen eintreten. Wird circa fünf Jahre nach Abschluss der Bauarbeiten oder der Übersendung einer Schlussrechnung ein Mangel gerügt und liegt eine beweisbare (förmliche) Abnahme oder ein Abnahmeverlangen nach § 640 Abs. 2 BGB nicht vor, stellt sich die Frage nach der Verjährung der Mängelansprüche. Ob bzw. an welchem Tag hier eine stillschweigende Abnahme erfolgt ist und damit die Verjährungsfrist in Lauf gesetzt wurde, bleibt ebenso ungewiss, wie der Zeitpunkt, zu dem eine Bürgschaft zur Ablösung des Sicherheitseinbehalts zurückgegeben werden muss. Auch wegen des Gefahrenübergangs ist die verlässliche Dokumentation der Abnahme von entscheidender Bedeutung. Ein Auftraggeber riskiert dagegen **1901**

Ansprüche aus einer Mängelbürgschaft, wenn er die in der Bürgschaftserklärung vorgesehene förmliche Abnahme nicht durchführt und es stattdessen lediglich zu einer stillschweigenden Abnahme kommt (OLG München, Beschl. v. 24.1.2011 – 13 U 3970/10; OLG Frankfurt, Urt. v. 30.11.2006 – 4 U 140/06).

4. Ein Nachunternehmer verlangt die Abnahme vor Fertigstellung der Leistungen des Hauptunternehmers

1902 Verlangt der Nachunternehmer die Abnahme seiner Leistungen, bevor der Hauptauftragnehmer (Generalunternehmer) die Abnahme vom Hauptauftraggeber (Bauherrn) erlangt hat, so muss der Hauptauftragnehmer zunächst prüfen, ob er vom Hauptauftraggeber eine Teilabnahme der Nachunternehmerleistung nach § 12 Abs. 2 VOB/B verlangen kann oder ob Teilabnahmen nach dem Vertrag ausgeschlossen sind. Ist Letzteres der Fall, kann sich ein Hauptauftragnehmer nur durch vertragliche Vereinbarungen dagegen sichern, dass er aufgrund der unterschiedlichen Abnahmezeitpunkte länger haftet, als er Mängelansprüche an seine Nachunternehmer durchstellen kann. Es kann beispielsweise vereinbart werden, dass die Gewährleistungsfrist des Nachunternehmers erst fünf Jahre und drei Monate nach der erfolgten Abnahme des Gesamtbauwerks durch den Bauherrn, *spätestens* jedoch zu einem genau fixierten Zeitpunkt endet. Der dadurch begründete Gewährleistungszeitraum kann durchaus über fünf Jahre hinausgehen. Entscheidend ist nur, dass für den Nachunternehmer eindeutig *bestimmbar* ist, zu welchem konkreten Zeitpunkt seine Gewährleistungsverpflichtung spätestens *endet*. So hat das OLG Köln entschieden, dass in Nachunternehmerverträgen ein anzuerkennendes Bedürfnis für eine angemessene Verlängerung der Verjährungsfrist besteht, da der Hauptauftragnehmer (insbesondere der Generalunternehmer) die Abnahme erst später erlangt als seine Auftragnehmer (OLG Köln, Urt. v. 28.7.2016 – 7 U 179/15). In der Entscheidung wurde gleichzeitig darauf hingewiesen, dass bei besonders haftungskritischen Arbeiten mit der Gefahr von Spätschäden – beispielsweise der Abdichtung von Flachdächern – die Verjährungsfrist auch auf zehn Jahre und drei Monate verlängert werden kann (ebenso: BGH, Urt. v. 9.5.1996 – VII ZR 269/94).

1903 Dagegen ist es nicht zulässig, die Verjährungsfrist für Mängelansprüche erst in Lauf zu setzen, wenn der Bauherr die Leistung abgenommen hat. Eine solche Vereinbarung ist nach allgemeiner Auffassung AGB-rechtlich unwirksam (BGH, Urt. v. 18.1.2001 – VII ZR 247/98; BGH, Urt. v. 17.11.1994 – VII ZR 245/93; OLG Düsseldorf, Urt. v. 14.7.1995 – 22 U 46/95). Denn der Nachunternehmer hat keinen Einfluss darauf, ob bzw. wann der Auftraggeber des Hauptauftragnehmers abnimmt. Für ihn bleibt der Abnahmezeitpunkt völlig ungewiss. Es ist AGB-rechtlich auch nicht möglich, den Beginn der Gewährleistung daran zu knüpfen, dass *alle* Mängel ordnungsgemäß beseitigt worden sind (KG, Urt. v. 8.4.2014 – 27 U 105/13; OLG Celle, Urt. v. 20.7.2000 – 13 U 271/99). Eine solche Klausel benachteiligt den Auftragnehmer unangemessen, weil sie entgegen dem gesetzlichen Leitbild für den Beginn der Gewährleistung auf die *restlose* Mangelbeseitigung abstellt. Denn nach dem Gesetz ist ein Abnahmeverlangen schon berechtigt, wenn keine *wesentlichen* Mängel vorliegen (§ 12 Abs. 3 VOB/B bzw. § 640 Abs. 1 Satz 2 BGB).

Läuft die Gewährleistungsfrist eines Nachunternehmers ab, bevor das Gewährleistungsstadium mit dem Auftraggeber endet, muss die Leistung des Nachunternehmers zuvor untersucht werden. Deshalb ist es unerlässlich, sich den Ablauf der Gewährleistungsfristen zu vermerken (Fristenbuch) und durch organisatorische Maßnahmen sicherzustellen, dass eine rechtzeitige Begutachtung vor Eintritt der Verjährung erfolgt. Gegebenenfalls sind schriftliche Mängelrügen auszusprechen, die den Ablauf der Verjährungsfrist unterbrechen bzw. hemmen (§ 13 Abs. 5 Nr. 1 Satz 2 VOB/B). Dabei sollte sicherheitshalber auf eine Mängelrüge per einfacher E-Mail verzichtet werden, auch wenn das OLG Köln für die verjährungsunterbrechende Wirkung einer schriftlichen Mängelrüge die einfache E-Mail ausreichen lässt (OLG Köln, Urt. v. 22.6.2016 – 16 U 145/15; anderer Auffassung: OLG Frankfurt, Beschl. v. 30.4.2012 – 4 U 269/11; OLG Jena, Urt. v. 26.11.2015 – 1 U 209/15). Die Möglichkeit einer Verjährungsunterbrechung durch schriftliche Mangelrüge besteht allerdings nur, wenn die VOB/B in den Vertrag einbezogen worden ist. Anderenfalls muss der Auftraggeber den Ablauf der Verjährungsfrist durch gerichtliche Maßnahmen – beispielsweise durch ein selbstständiges Beweisverfahren oder eine Vorschussklage – hemmen, wenn ein Auftragnehmer nicht bereit ist, einen beispielsweise auf sechs Monate befristeten Verzicht auf die Einrede der Verjährung zu erklären. 1904

5. Auftraggeber verweigert die Abnahme wegen wesentlicher Mängel

Wenn der Auftraggeber die Abnahme unter Verweis auf Mängel verweigert, sollte sich der Auftragnehmer – wenn die Mängel als solche unstreitig sind – grundsätzlich nicht auf einen Streit über die Berechtigung der Abnahmeverweigerung einlassen. Denn er muss im Streitfall beweisen, dass die Mängel lediglich unwesentlich waren (OLG München Urt. v. 15.1.2008 – 13 U 4378/07). Ein Auftragnehmer muss bedenken, dass bei einer berechtigten Abnahmeverweigerung keine einzige Abnahmewirkung eintritt, was für ihn mit erheblichen Nachteilen verbunden ist. Stellt sich beispielsweise erst im Rahmen eines Bauprozesses und einer Beweisaufnahme durch Einholung eines Sachverständigengutachtens heraus, dass tatsächlich ein wesentlicher Mangel vorliegt, ist die Klage auf Zahlung der Vergütung wegen fehlender Fälligkeit des Anspruchs ohne Weiteres abweisungsreif. Stattdessen sollte der Auftragnehmer die unstreitigen Mängel so schnell wie möglich beseitigen und die aus seiner Sicht unberechtigte Abnahmeverweigerung durch ein Schreiben an den Auftraggeber dokumentieren. Darin sollte der Auftragnehmer zum Ausdruck bringen, dass und weshalb er lediglich von unwesent- 1905 lichen Mängeln ausgeht und wegen der unberechtigten Abnahmeverweigerung sämtliche Abnahmewirkungen eingetreten sind. Gleichzeitig sollte er bei ab dem 1.1.2018 abgeschlossenen Verträgen zu einer Zustandsfeststellung nach § 650g BGB auffordern, weil damit die Vermutungswirkungen nach Absatz 3 dieser Vorschrift verbunden sind, wenn nach Verschaffung des Werks Mängel auftreten, die im Zustandsfeststellungsprotokoll nicht angegeben wurden (vgl. L. I. 3. a), Rn. 1822 ff.).

1906 Nach Beseitigung der Mängel muss noch einmal „vorsorglich" zur Erklärung der Abnahme aufgefordert werden. Darin liegt kein Widerspruch, weil die Rechtslage oftmals objektiv nicht eindeutig ist und deshalb nicht sicher prognostiziert werden kann, wie ein Gericht im Streitfall entscheiden würde. Stellt sich der Standpunkt des Auftraggebers als zutreffend heraus, war seine Abnahmeverweigerung berechtigt. Dann treten die Abnahmewirkungen allein durch Beseitigung der gerügten Mängel keineswegs automatisch ein. Das ist der Grund, weshalb der Auftragnehmer in solchen Fällen ein weiteres Mal unter angemessener Fristsetzung zur Erklärung der Abnahme auffordern muss, auch wenn er darin zum Ausdruck bringen sollte, dass sein nochmaliges Abnahmeverlangen nur vorsorglich und hilfsweise erfolgt. Äußert sich der Auftraggeber dazu nicht oder benennt er nicht erneut konkret einen Mangel, tritt die Abnahmefiktion nach § 640 Abs. 2 BGB ein (vgl. L. I. 2. e), Rn. 1802 ff.). Wessen Standpunkt zutreffend war, muss beispielsweise entschieden werden, wenn es nach der streitigen Abnahmeverweigerung zu Beschädigungen der Leistung kommt oder erst kurz vor Ablauf der vereinbarten Gewährleistungsdauer Mängel in Erscheinung treten.

1907 **Beispiel:** Der Auftraggeber verweigerte die Abnahme am 30.10.2021 wegen Mängeln, die der Auftragnehmer bis zum 15.11.2016 beseitigte. Danach verlangte er erneut die Abnahme bis zum 27.11.2021. Dazu schwieg der Auftraggeber. Am 5.11.2021 wird die Werkleistung durch unbekannte Dritte beschädigt. Oder: Der Auftraggeber rügt am 10.11.2026 Mängel. Im Vertrag ist eine fünfjährige Gewährleistungsdauer vereinbart worden.

1908 War die Abnahmeverweigerung am 30.10.2021 unberechtigt, weil die gerügten Mängel lediglich unwesentlich waren und kann der Auftragnehmer dies in einem Prozess auch beweisen, sind die Abnahmewirkungen bereits mit der Abnahmeverweigerung eingetreten. Das bedeutet, dass der Auftragnehmer für die am 5.11.2021 verursachten Beschädigungen nicht mehr verantwortlich ist, weil der Gefahrübergang bereits am 30.10.2021 stattgefunden hat. Er kann sich in Bezug auf die erst am 10.11.2026 gerügten Mängel auf Verjährung berufen, weil die Verjährungsfrist – wiederum aufgrund der unbegründeten Abnahmeverweigerung – bereits am 31.10.2021 begonnen hat, sodass die Verjährung der Mängelansprüche am 30.10.2026 eintritt. War die Abnahmeverweigerung dagegen berechtigt, hat am 30.10.2021 weder ein Gefahrübergang stattgefunden noch ist es zum Beginn der Verjährungsfrist für Mängelansprüche gekommen. Dazu ist die Beseitigung aller wesentlichen Mängel und – nach entsprechender Aufforderung – die Abnahmeerklärung des Auftraggebers oder der fiktive Eintritt der Abnahmewirkungen nach § 640 Abs. 2 BGB erforderlich. Letzteres wäre im obigen Beispiel mit Ablauf des 27.11.2021 der Fall.

Die Frage, ob eine Abnahmeverweigerung berechtigt war, stellt sich auch, wenn **1909** der Auftragnehmer seinen Vergütungsanspruch aus der Schlussrechnung einklagt, beispielsweise weil er nicht nur die Wesentlichkeit der Mängel, sondern die Mangelhaftigkeit seiner Leistung als solche bestreitet. Diese Prozesse sind riskant. Bejaht das Gericht die Berechtigung der Abnahmeverweigerung, wird die Klage auf Zahlung der Schlussrechnung insgesamt und unabhängig von der Höhe der Mangelbeseitigungskosten als derzeit unbegründet abgewiesen, weil der Anspruch nicht fällig ist. Stellt das Gericht zwar Mängel fest, hält sie indes nicht für wesentlich, treten die Abnahmewirkungen und damit auch die Fälligkeit der Schlussrechnung ein. In diesem Fall ist der Auftraggeber „nur" berechtigt, das Doppelte der für die Mangelbeseitigung erforderlichen Kosten einzubehalten (§ 641 Abs. 3 BGB).

Diese Überlegungen machen deutlich, wie sich ein Auftraggeber im Zweifel ver- **1910** halten sollte. Ist die Rechtslage objektiv unklar und will er den Eintritt der Abnahmewirkungen nach Möglichkeit vermeiden, muss er mindestens einen Mangel angeben und die Abnahme verweigern. Dadurch kann für ihn kein rechtlicher Nachteil entstehen, selbst wenn die Abnahmeverweigerung zu Unrecht erfolgte, weil die bei der Abnahme gerügten Mängel entweder nicht vorhanden oder lediglich unwesentlich waren, was im Streitfall aber vom Auftragnehmer bewiesen werden muss. Die einzige Konsequenz daraus ist, dass die Abnahmewirkungen bereits mit der unbegründeten Verweigerung eintreten. Das wäre aber auch der Fall gewesen, wenn die Abnahme erklärt worden wäre. Das belegt, dass sich ein Auftraggeber durch eine unbegründete Abnahmeverweigerung nicht schlechter stellt, als er im Fall einer erklärten Abnahme gestanden hätte. Allenfalls kann er, wenn er die Schlussrechnung konsequenterweise nicht bezahlt, in Zahlungsverzug geraten und deshalb Zinsen schulden (§ 641 Abs. 4 BGB). Ein Auftraggeber sollte nach neuer Rechtslage eine Aufforderung zur Abnahme binnen angemessener Frist stets beachten, weil es zur Abnahmefiktion kommt, wenn er sich nicht zum Abnahmeverlangen äußert, selbst wenn wesentliche Mängel vorgelegen haben sollten (§ 640 Abs. 2 BGB n.F.).

Bei einem Streit über Mängel oder deren Wesentlichkeit ist beiden Vertragspart- **1911** nern zu empfehlen, die Streitfragen kooperativ und möglichst ohne Einschaltung von Gerichten zu klären. Dazu bietet sich die *gemeinsame* Beauftragung eines unabhängigen Sachverständigen, der die technischen Streitfragen verbindlich klärt, an. Denn auch ein Gericht wird solche Fragen im Zweifel nicht ohne ein

Sachverständigengutachten entscheiden können. Die außergerichtliche Beauftragung eines gemeinsamen Sachverständigen führt oftmals wesentlich schneller zu verlässlichen Ergebnissen und verursacht zudem in der Regel geringere Kosten. Darüber hinaus lassen sich Unwägbarkeiten vermeiden, die eintreten, wenn es zu Kündigungen des Vertrags oder Selbstvornahmen gekommen ist. Stellen sich die Mangelrügen erst in einem Prozess als unbegründet heraus, bleibt der Auftraggeber auf sämtlichen Kosten, einschließlich derjenigen des Prozesses, sitzen. Im umgekehrten Fall zahlt der Auftragnehmer deutlich mehr, als an Kosten entstanden wären, wenn er zu Recht gerügte Mängel selbst beseitigt hätte.

6. Verweigerung der Abnahme, obwohl die Leistung in Benutzung genommen wird

1912 Hier muss zwischen zwei Szenarien unterschieden werden: Ist das Werk insgesamt fertiggestellt, verweigert der Auftraggeber aber die Abnahme wegen Mängeln, sollte eine Zustandsfeststellung nach § 650g BGB durchgeführt werden, gegebenenfalls auch einseitig, falls der Auftraggeber daran trotz angemessener Fristsetzung nicht mitwirkt (§ 650g Abs. 2 BGB). Der Grund dafür besteht in der Vermutungswirkung des § 650g Abs. 3 BGB (vgl. L. I. 3. a), Rn. 1822 ff.).

1913 Stellt sich die Abnahmeverweigerung im Nachhinein als unbegründet heraus, sind die Abnahmewirkungen mit der Verweigerungserklärung eingetreten. Weil der Auftragnehmer das nicht in jedem Fall sicher beurteilen kann, sollte er nach Beseitigung der Mängel noch einmal zur Abnahme auffordern, wobei er zum Ausdruck bringen kann, dass dieses (zweite) Abnahmeverlangen nur vorsorglich für den Fall erfolgt, dass die (erste) Abnahmeverweigerung berechtigt war (siehe oben unter II. 5.).

1914 Wesentlich schwieriger zu beantworten ist die Frage, wie sich die Rechtslage darstellt, wenn die Gesamtleistung unstreitig nicht vollständig und damit auch nicht abnahmereif fertiggestellt worden ist, der Auftraggeber aber dennoch Teile der bereits erbrachten Leistung in Benutzung nimmt und dem Auftragnehmer dadurch und insoweit faktisch Schutzmöglichkeiten, wie etwa das Verschließen von Wohnungen, entzieht. Das kann beispielsweise durch Mieter von Wohn- oder Gewerbeeinheiten, die entsprechende Bereiche bereits beziehen und mit Möbeln bzw. Einrichtungsgegenständen ausstatten, der Fall sein. Eine solche Nutzung ist für den Auftragnehmer nur dann unproblematisch, wenn die VOB/B vereinbart worden ist und Teilabnahmen nach § 12 Abs. 2 VOB/B nicht ausgeschlossen worden sind, was allerdings oft der Fall sein wird und rechtlich auch zulässig ist. Sind Teilabnahmen im VOB/B-Vertrag nicht ausgeschlossen, sollte der Auftragnehmer nach § 640 Abs. 2 BGB (für Altfälle nach § 640 Abs. 1 Satz 3 BGB) vorgehen und den Auftragnehmer unter angemessener Fristsetzung zur Erklärung der Teilabnahme auffordern. Erklärt sich der Auftraggeber dazu nicht oder benennt er keine konkreten Mängel, treten die Abnahmewirkungen bezogen auf die in sich abgeschlossenen Teile der Leistung nach Fristablauf ein. Regelmäßig sollte zur Erklärung der Teilabnahme binnen zwölf Werktagen aufgefordert werden (§ 12 Abs. 1 VOB/B entsprechend), wobei von dieser Frist in bestimmten Einzelfällen auch nach unten abgewichen werden kann, beispielsweise wenn zwischen der Fertigstellung und der Inbenutzungnahme ein kürzerer Zeitraum liegt.

Problematisch wird es allerdings, wenn Teilabnahmen ausdrücklich ausgeschlossen sind oder die VOB/B nicht vereinbart wurde und der Vertrag die Möglichkeit von Teilabnahmen nicht ausdrücklich regelt, weshalb der Auftraggeber auch nicht bereit ist, eine Teilabnahme zu erklären. Muss ein Auftragnehmer es hier tatsächlich hinnehmen, dass er weiterhin die Gefahr trägt und im Zweifel beweisen muss, dass ein Mangel im Zeitpunkt der Inbenutzungnahme nicht vorhanden war, sondern erst danach von Dritten verursacht wurde? Ein solches Ergebnis wäre unserer Auffassung nach mit Gerechtigkeitsvorstellungen nicht in Übereinstimmung zu bringen und würde dem Auftragnehmer Risiken auferlegen, die er faktisch nicht vermeiden kann. Denn er verliert seine Schutz- und Einwirkungsmöglichkeiten jedenfalls dann, wenn er die Schlüssel und damit die Sachherrschaft für bestimmte Bereiche eines Bauvorhabens abgibt. Wie soll ein Auftragnehmer verhindern, dass im Zuge der Einrichtung von Wohnungen oder Gewerbeeinheiten und ihrer nachfolgenden Nutzung Schäden verursacht werden und auf welchem Weg soll er beweisen, dass diese zum Zeitpunkt der Inbenutzungnahme nicht vorhanden waren? Weder das Gesetz noch die VOB/B regeln diese Problematik, obwohl sie sich in der Praxis ständig stellt. Denn eine Zustandsfeststellung nach § 650g BGB setzt voraus, dass die Abnahme nach *Fertigstellung* verweigert wird. Um die Abnahme nach Fertigstellung der Gesamtleistung geht es hier aber nicht, weil sie unstreitig aufgrund fehlender Leistungen nicht verlangt werden kann. Wir vertreten die Auffassung, dass auch in solchen Fällen nach dem in § 650g BGB zum Ausdruck gekommenen Rechtsgedanken eine Zustandsfeststellung verlangt werden kann und die damit verbundene Vermutungswirkung nach § 650g Abs. 3 BGB in Bezug auf die in Benutzung genommenen Leistungen auch eintritt, wenn dem Auftraggeber das Werk noch nicht insgesamt „verschafft" worden ist, wie es die Bestimmung nach ihrem Wortlaut eigentlich vorsieht. Denn es stellt ein unredliches und widersprüchliches Verhalten dar, wenn der Auftraggeber einen Teil der Werkleistung einerseits nutzt, andererseits aber den Gefahrübergang bzw. die Beweislastumkehr für Mängel nicht eintreten lassen will. **1915**

Ungeachtet eines Ausschlusses von Teilabnahmen im Vertrag sollten Auftragnehmer ihre Durchführung dennoch binnen angemessener Frist verlangen und in dem Schreiben deutlich machen, dass wegen der Inbenutzungnahme faktisch keine Schutzmöglichkeiten mehr bestehen. Gleichzeitig sollte hilfsweise zu einer Zustandsfeststellung nach § 650g BGB aufgefordert werden. Der Auftragnehmer **1916** sollte die Zustandsfeststellung vor Inbenutzungnahme einseitig vornehmen, wenn er innerhalb angemessener Frist dazu aufgefordert und der Auftraggeber die Mitwirkung ohne triftige Begründung verweigert hat (§ 650g Abs. 2 BGB). Wirkt der Auftraggeber nicht an der Zustandsfeststellung mit und nimmt sie der Auftragnehmer deshalb einseitig vor, sollte er den Tag der Anfertigung vermerken, die Mitteilung unterschreiben und seinem Vertragspartner unverzüglich eine Abschrift zukommen lassen (§ 650g Abs. 2 Satz 3 BGB). Das führt unserer Meinung nach zu den in § 650g Abs. 3 BGB geregelten Rechtsfolgen, wonach vermutet wird, dass ein offenkundiger Mangel, der in der Zustandsfeststellung nicht angegeben wurde, nach der Zustandsfeststellung entstanden und vom Auftraggeber zu vertreten ist. Es bleibt abzuwarten, ob sich die Rechtsprechung dieser Auffassung anschließen wird. Diese offene Frage sollte einen Auftragnehmer aber nicht davon abhalten, in der hier vorgeschlagenen Weise zu verfahren, weil er einen rechtlichen Nachteil nicht befürchten muss, sondern allenfalls den gewünschten Vorteil nicht erzielt.

1917 Vor Geltung der Bestimmung in § 650g BGB können vergleichbare Rechtsfolgen allenfalls aus § 4 Abs. 10 VOB/B, der ebenfalls die Feststellung des Zustands von Teilen der Leistung regelt, abgeleitet werden. Zwar wird die Leistung nicht durch die weitere Ausführung der Prüfung und Feststellung entzogen, wie es § 4 Abs. 10 VOB/B vorsieht; es treten aber damit vergleichbare Probleme auf, weil beispielsweise nach der Eröffnung einzelner Geschäfte eines Fachmarktzentrums bei der erst später erfolgenden Gesamtabnahme nicht mehr verlässlich beurteilt werden kann, in welchem Zustand die Räume bei der Übergabe an den Mieter waren. Deshalb muss auch bei § 4 Abs. 10 VOB/B gelten: Wenn ein Auftraggeber die Teilabnahme nicht erklärt oder an einer Zustandsfeststellung trotz schriftlicher Aufforderung innerhalb angemessener Frist nicht mitwirkt, hat er die Beweislast für das Vorhandensein von offenkundigen Mängeln, die im Übergabezeitpunkt nicht gerügt worden sind. Auch die Gefahr einer Beschädigung der Leistung muss ab dem Zeitpunkt der Nutzung auf den Auftraggeber übergehen, weil der Auftragnehmer regelmäßig keine Möglichkeit mehr hat, seine Leistung vor dadurch eintretende Beschädigungen oder Zerstörungen zu schützen. Auf die Bestimmung in § 4 Abs. 10 VOB/B muss sich ein Auftragnehmer stützen, wenn der Vertrag vor dem 1.1.2018 abgeschlossen wurde, weil § 650g BGB in solchen Fällen nicht anwendbar ist. Dennoch werden Gerichte diese Regelung auch bei Beurteilung der Rechtslage von „Altfällen" nicht ignorieren können, weil sie einen sachgerechten Interessenausgleich schafft. § 4 Abs. 10 VOB/B wird auch für nach dem 1.1.2018 abgeschlossene VOB/B-Verträge weiterhin einen Anwendungsbereich in solchen Fällen haben, in denen Leistungen zwar nicht genutzt, aber durch den weiteren Baufortschritt verdeckt und damit der zerstörungsfreien Feststellung zum Zeitpunkt der Abnahme entzogen werden.

7. Die förmliche Abnahme ist vereinbart, findet aber nicht statt

Nicht selten kommt es vor, dass im Bauvertrag eine förmliche Abnahme vereinbart ist, aber nicht durchgeführt wird. Der Auftragnehmer stellt nach Fertigstellung seiner Leistungen die Schlussrechnung, der Auftraggeber prüft die Schlussrechnung und bezahlt. Nach Übersendung einer Gewährleistungsbürgschaft wird auch der Sicherheitseinbehalt ausbezahlt. Auf die eigentlich vereinbarte förmliche Abnahme kommen beide Seiten nicht mehr zurück. **1918**

Die Rechtsprechung geht in diesen Fällen davon aus, dass beide Seiten auf die förmliche Abnahme verzichtet haben. Ist eine förmliche Abnahme vereinbart, kann sich der Auftragnehmer zwar im Regelfall nicht auf eine konkludente Abnahme durch den Auftraggeber stützen. Die Parteien können jedoch im Einzelfall auf eine vereinbarte förmliche Abnahme einvernehmlich verzichten. Ein solcher Verzicht kann insbesondere darin liegen, dass der Auftragnehmer die Schlussrechnung stellt und der Auftraggeber die fertige Bauleistung in Benutzung nimmt, ohne dass eine der Parteien dabei deutlich macht, dass sie noch auf die vereinbarte förmliche Abnahme zurückkommen will, wobei unerheblich ist, ob sich die Parteien der Tatsache bewusst waren, dass eine förmliche Abnahme eigentlich vorgesehen war oder ob sie das nur vergessen haben (OLG Düsseldorf, Urt. v. 18.12.2018 – 22 U 93/18). **1919**

Nun ist zu prüfen, ob der Auftraggeber auf andere Art und Weise zum Ausdruck gebracht hat, dass er die Leistungen des Auftragnehmers abnehmen will. Die Abnahme kann nicht nur ausdrücklich, sondern auch konkludent, das heißt durch schlüssiges Verhalten erklärt werden. Diese Voraussetzung ist erfüllt, wenn der Auftraggeber die Rechnung des Auftragnehmers prüft und bezahlt, er keine Mängelrügen erhebt und eine Gewährleistungsbürgschaft annimmt, die erst nach der Abnahme zu stellen ist (OLG Düsseldorf, Urt. v. 19.11.2013 – 23 U 15/13). **1920**

Nicht so einfach zu beantworten ist die Frage, ob dies auch gilt, wenn der Auftraggeber im Zusammenhang mit der Schlussrechnungsprüfung Mängel gerügt und einen Mangeleinbehalt vorgenommen hat. Nach unserer Auffassung schließt ein Einbehalt die Annahme einer stillschweigend („konkludent") erklärten Abnahme nicht aus. Auch wenn Leistungen ausdrücklich/förmlich abgenommen werden, werden schließlich Mängel gerügt und auch Einbehalte von der Schlussrechnung vorgenommen. Stellt der Auftragnehmer seine Schlussrechnung ohne Verlangen der vereinbarten förmlichen Abnahme und zahlt der Auftraggeber den restlichen Werklohn bis auf einen nicht näher begründeten geringfügigen Betrag, kann das Verhalten der Parteien als übereinstimmender Verzicht auf eine förmliche Abnahme und als Abnahmeerklärung des Auftraggebers ausgelegt werden (OLG Stuttgart, Urt. v. 21.4.2009 – 10 U 9/09). In dem entschiedenen Fall hatte der Auftraggeber neben dem fünfprozentigen Gewährleistungseinbehalt (der nicht durch Bürgschaft abgelöst worden war) einen weiteren Einbehalt i.H.v. 3,9 % der **1921**

Abrechnungssumme vorgenommen, ohne diesen näher zu begründen. Man wird je nach Höhe der Mängeleinbehalte entscheiden müssen, ob der Auftraggeber die Mängel als so erheblich ansah, dass man ihm einen Abnahmewillen nicht unterstellen kann.

1922 Soweit vereinzelt vertreten wird, dass bei Vereinbarung einer förmlichen Abnahme im Vertrag eine konkludente Abnahme nicht in Betracht komme (so OLG Hamm, Urt. v. 30.4.2019 – 24 U 14/18), ist das unzutreffend. In dem dort entschiedenen Fall hatte der Auftraggeber ausdrücklich die Abnahme verweigert. Demzufolge lag in der Ingebrauchnahme der Leistung des Auftragnehmers auch keine stillschweigende Abnahme. Es handelt sich – wie nicht selten – um eine falsche Überschrift zu einem im Ergebnis richtigen Urteil.

8. Der Werkvertrag wurde gekündigt

1923 Auch im Fall einer Kündigung des Werkvertrags wird die Werklohnforderung erst mit der Abnahme der bis dahin erbrachten Werkleistung fällig (BGH, Urt. v. 11.5.2006 – VII ZR 146/04). Die Abnahmewirkungen treten auch hier ein, wenn sie vom Auftraggeber grundlos verweigert wird (OLG München, Urt. v. 24.4.2013 – 13 U 1800/12 Bau). Auf eine Abnahme nach Kündigung besteht gemäß § 8 Abs. 7 VOB/B ein Anspruch, es sei denn, der Auftraggeber ist berechtigt, die Abnahme wegen wesentlicher Mängel zu verweigern (BGH, Urt. v. 19.12.2002 – VII ZR 103/00). Auch bei einer Kündigung trägt der Auftragnehmer die Beweislast für die Mängelfreiheit seiner Leistungen (OLG Hamm, Urt. v. 31.7.2003 – 17 U 8/03). Nur wenn der Auftraggeber nach der Kündigung die Mängel selbst beseitigt hat oder lediglich noch Schadensersatz verlangt, wird der Werklohn auch ohne Abnahme fällig. Es findet dann eine Abrechnung der beiderseitigen Ansprüche statt (BGH, Urt. v. 22.9.2005 – VII ZR 117/03; OLG Brandenburg, Urt. v. 8.1.2003 – 4 U 82/02).

1924 Der Auftragnehmer muss deshalb innerhalb einer angemessenen Frist (regelmäßig binnen zwölf Werktagen) zur Abnahme der bis zum Kündigungszeitpunkt erbrachten Leistungen nach § 640 Abs. 2 BGB n.F. auffordern. Auch hier gilt: Erklärt sich der Auftraggeber nicht oder nennt er nicht mindestens einen konkreten Mangel, treten die Abnahmefiktion und damit alle Abnahmewirkungen nach § 640 Abs. 2 BGB n.F. ein. Dabei sollte gleichzeitig der erreichte Bautenstand genauestens dokumentiert oder – noch besser – ein gemeinsames Aufmaß genommen werden. Auch darauf besteht nach § 8 Abs. 7 VOB/B ein Anspruch. Am sinnvollsten ist es, den Auftraggeber gleichzeitig zur Abnahme *und* zu einer gemeinsamen Aufmaßnahme aufzufordern. Erscheint der Auftraggeber zu diesem Termin unentschuldigt nicht und lassen sich anschließend die Aufmaßstreitigkeiten nicht oder nur noch mit einem unverhältnismäßig hohen Aufwand klären, hat der Auftraggeber die Beweislast, wenn er die Mengenangaben des Auftragnehmers bestreiten will (LG Duisburg, Urt. v. 4.9.2008 – 8 O 231/07; BGH, Urt. v. 22.5.2003 – VII ZR 143/02; OLG Celle, Urt. v. 28.8.2002 – 22 U 159/01).

Auch nach einer Kündigung hat der Auftragnehmer grundsätzlich eine **1925** Pflicht zur Mangelbeseitigung innerhalb angemessener Frist (OLG Frankfurt, Urt. v. 17.8.2011 – 12 U 125/08). Einer Aufforderung zur Mangelbeseitigung bedarf es nur für solche Mängel nicht (mehr), derentwegen der Vertrag gekündigt wurde. Es wäre also ein Irrtum, anzunehmen, dass eine auftraggeberseitige Kündigung (beispielsweise wegen Verzugs mit der Leistungserbringung) automatisch bedeutet, dass Mängel nicht mehr beseitigt werden müssen. Wenn der Auftragnehmer einer Mangelbeseitigungsaufforderung unter angemessener Fristsetzung nicht nachkommt, trägt er die Kosten einer Selbstvornahme (§ 13 Abs. 5 Nr. 2 VOB/B). Ein Auftraggeber muss dagegen bedenken: Geht er ohne vorherige angemessene Fristsetzung zur Selbstvornahme über, bleibt er auf deren Kosten sitzen.

9. Abnahme von Mangelbeseitigungsleistungen

Ein Auftragnehmer muss beachten, dass bei einem VOB/B-Werkvertrag auch die **1926** erbrachten Mangelbeseitigungsleistungen abgenommen werden müssen (§ 13 Abs. 5 Nr. 1 Satz 3 VOB/B). Eine bloße Mangelabmeldung reicht nicht aus (OLG Dresden, Urt. v. 31.8.2010 – 5 U 923/06). Nach erfolgter Mangelbeseitigung empfiehlt sich wiederum ein Vorgehen nach § 640 Abs. 2 BGB n.F. Mit der Abmeldung der Mängel sollte deshalb gleichzeitig zur Abnahme innerhalb angemessener Frist aufgefordert werden.

Weshalb die Abnahme von Mangelbeseitigungsleistungen so wichtig ist, zeigt das **1927** folgende

Beispiel: Der Auftragnehmer errichtet ein Trapezdach an einer Lagerhalle. Die Leistungen werden im Mai 1991 abgenommen. Die VOB/B ist vereinbart. Im Januar 1994 rügt der Auftraggeber erstmals schriftlich Mängel. Im Januar 1998 bessert der Auftragnehmer nach und meldet die Mängel ab. Zu einer Abnahme der Mangelbeseitigungsleistungen kommt es jedoch nicht. Im März 2000 rügt der Auftraggeber erneut Mängel. Erst im November 2000 lehnt der Auftragnehmer die (weitere) Mangelbeseitigung endgültig ab. Im Juni 2001 leitet der Auftraggeber ein gerichtliches Beweissicherungsverfahren ein. Der Auftragnehmer beruft sich auf Verjährung. Der Rechtsstreit geht durch alle Instanzen, der BGH entscheidet ihn Ende September 2008.

Obwohl von der Abnahme bis zur BGH-Entscheidung über 17 Jahre vergan- **1928** gen sind, lehnte der BGH eine Verjährung der Mängelansprüche ab (BGH, Urt. v. 25.9.2008 – VII ZR 32/07). Das begründet er mit den Verjährungsregeln in § 13 Abs. 5 VOB/B. Bekanntlich führt der Zugang einer schriftlichen Mangelrüge zu einer Unterbrechung der Verjährung (§ 13 Abs. 5 Nr. 1 Satz 2 VOB/B). Erst mit der *Abnahme* der Mangelbeseitigungsleistung (oder deren endgültiger Verweigerung) beginnt eine neue Verjährungsfrist von zwei Jahren (§ 13 Abs. 5 Nr. 1 Satz 3 VOB/B). Das heißt für den Beispielsfall: Vom Zugang der schriftlichen Mängelrüge an und während des gesamten Zeitraums der Mangelbeseitigung war der Ablauf der Verjährungsfrist gehemmt. Diese Hemmung endete nicht allein aufgrund der Mangelbeseitigungserklärung des Auftragnehmers im Jahr 1998. Dafür wäre eine Abnahme oder ein Abnahmeersatz erforderlich gewesen. Ein Abnahmeersatz liegt vor, wenn entweder der Auftraggeber die weitere Entgegennahme von Mangelbeseitigungsleistungen oder der Auftragnehmer deren Erbringung *endgültig* verweigert (BGH, Beschl. v. 16.5.2013 – VII ZR 63/11). Ein Abnahmeersatz kann auch durch eine fiktive Abnahme erfolgen (§ 12 Abs. 5 VOB/B oder § 640 Abs. 2 BGB bzw. § 640 Abs. 1 Satz 3 BGB a.F.). Im Beispielsfall endete die Hemmung der Verjährung deshalb erst im November 2000 als der Auftragnehmer weitere Mangelbeseitigungsleistungen endgültig verweigerte. Ab diesem Zeitpunkt begann die Zwei-Jahres-Frist nach § 13 Abs. 5 Nr. 1 Satz 3 VOB/B zu laufen. Der Antrag auf Einleitung eines gerichtlichen Beweisverfahrens im Juni 2001 war damit rechtzeitig und hemmte den Ablauf der Verjährungsfrist erneut.

1929 Der BGH hat in seiner Entscheidung ferner darauf hingewiesen, dass in der Durchführung von Mangelbeseitigungsmaßnahmen auch ein Anerkenntnis liegen kann (§ 212 BGB). Ein Anerkenntnis führt zu einem *Neubeginn* der vertraglich *vereinbarten* Verjährungsfrist, und zwar auch bei Vereinbarung der VOB/B (BGH, Urt. v. 25.9.2008 – VII ZR 32/07; BGH, Urt. v. 13.1.2005 – VII ZR 15/04). Deshalb sollte ein Auftragnehmer, wenn er Mängel lediglich aus Kulanz oder zur Vermeidung von Streit beseitigt, ausdrücklich und vor allem schriftlich darauf hinweisen, dass mit der Mangelbeseitigung kein Anerkenntnis verbunden ist (BGH, Beschl. v. 23.8.2012 – VII ZR 155/10; OLG Jena, Urt. v. 9.4.2008 – 4 U 1100/06).

III. Musterschreiben

Abnahmeverlangen bei vereinbarter förmlicher Abnahme

L 1 1930

An den Auftraggeber

Datum

Bauvorhaben …
Werkvertrag vom …

Sehr geehrte Damen und Herren,

nach Fertigstellung der vertraglich vereinbarten Leistungen bitten wir um deren Abnahme innerhalb von zwölf Werktagen (§ 12 Abs. 1 VOB/B). Wegen der vertraglich vereinbarten förmlichen Abnahme schlagen wir – alternativ – folgende Termine vor:

…

…

Setzen Sie sich zum Zwecke der Terminvereinbarung bitte mit unserem Herrn … in Verbindung. Gleichzeitig übersenden wir Ihnen die Schlussrechnung nebst Aufmaß (Anlage).

Eventuell *(Verlangen der Zustandsfeststellung nach § 650g BGB bei Verweigerung der Abnahme):*

Sollte die Abnahme verweigert werden, bitten wir, am selben Tag an einer gemeinsamen Feststellung des Werkzustands nach § 650g BGB mitzuwirken, damit die Vereinbarung eines weiteren Termins nach Möglichkeit vermieden werden kann. Sollte dies aus Ihrer Sicht nicht möglich sein, dürfen wir um eine entsprechende Mitteilung unter Angabe der Gründe hierfür bitten.

Eventuell *(Klärung der Vertretungsbefugnisse):*

Im Werkvertrag ist geregelt, dass Ihr Haus durch die Herren … und … vertreten wird. Wir bitten Sie deshalb höflichst, dafür Sorge zu tragen, dass einer dieser beiden Herren bei der Abnahme anwesend ist oder ein mit entsprechender Vollmacht ausgestatteter Vertreter zur Abnahme erscheint.

Eventuell *(Aufforderung zum gemeinsamen Aufmaß):*

Zur Erstellung der Schlussrechnung dürfen wir gleichzeitig darum bitten, mit uns ein gemeinsames Aufmaß zu nehmen. Aus unserer Sicht kann dies am Tag der Abnahme erfolgen. Sollten Sie wegen des Aufmaßes einen gesonderten Termin vereinbaren wollen, setzen Sie sich bitte mit uns in Verbindung.

Mit freundlichen Grüßen

....

(Unterschrift)

Abnahmeaufforderung gegenüber einem Verbraucher/Hinweis auf Eintritt der Abnahmewirkungen **1931**

L 2

An den Auftraggeber

Datum

Bauvorhaben ...
Werkvertrag vom ...

Sehr geehrte Eheleute ...,

da wir unsere Leistungen am ... fertiggestellt haben, bitten wir um Erklärung der Abnahme innerhalb von zwölf Werktagen und schlagen Ihnen für eine Abnahmebegehung mit unserem Haus – alternativ – folgende Termine vor:

...

...

Entsprechend der gesetzlichen Regelung in § 640 Abs. 2 Satz 2 BGB teilen wir Ihnen mit, dass eine ohne Angabe mindestens eines Mangels verweigerte Abnahme oder ein Schweigen auf das hier gestellte Abnahmeverlangen nach § 640 Abs. 2 Satz 1 BGB die Fiktion der Abnahme herbeiführt. Das bedeutet, dass alle mit der Abnahme verbundenen Rechtswirkungen wie beispielsweise der Gefahrübergang oder der Beginn der Verjährungsfrist für Mängelansprüche eintreten. Darüber hinaus müssen Sie die Mangelhaftigkeit der von uns erbrachten Leistung beweisen, wenn Gewährleistungsansprüche geltend gemacht werden. Sollten Sie hierzu oder zu unserem Abnahmeverlangen Rückfragen haben, stehen wir für deren Beantwortung gerne zur Verfügung.

Mit freundlichen Grüßen

....

(Unterschrift)

1932 Hinweis auf Eintritt der Abnahmewirkungen wegen Fristablaufs L 3

An den Auftraggeber

Datum

Bauvorhaben ...
Unser Schreiben vom ...

Sehr geehrte Damen und Herren,

mit Schreiben vom ... haben wir Sie innerhalb der in der VOB/B vorgesehenen Frist von zwölf Werktagen aufgefordert, die Abnahme förmlich zu erklären und Terminvorschläge für die Durchführung einer Abnahmebegehung unterbreitet. Diese Frist ist zwischenzeitlich ergebnislos verstrichen. Damit sind die Abnahmewirkungen nach § 640 Abs. 2 BGB eingetreten. Wir übersenden Ihnen anliegend unsere Schlussrechnung und dürfen um eine möglichst kurzfristige Prüfung und Zahlung bitten. Sollten Sie Fragen zu den dort abgerechneten Leistungen haben, stehen wir für deren Beantwortung gerne zur Verfügung. Gleichzeitig übersenden wir die im Vertrag vereinbarte Gewährleistungsbürgschaft zur Ablösung des Sicherheitseinbehalts und fordern dazu auf, die Vertragserfüllungsbürgschaft bis zum ... im Original an uns zurückzugeben.

Mit freundlichen Grüßen

....

(Unterschrift)

Fertigstellungsanzeige/Übersendung der Schlussrechnung (förmliche Abnahme im Werkvertrag nicht vereinbart) **L 4** 1933

An den Auftraggeber

Datum

Bauvorhaben …
Werkvertrag vom …

Sehr geehrte Damen und Herren,

als Anlage übersenden wir Ihnen unsere Schlussrechnung und bitten um eine kurzfristige Mitteilung, falls Ihr Haus weitere Erläuterungen bzw. sonstige Unterlagen zu deren Prüfung benötigen sollte.

Sollte sich die Schlussrechnungsprüfung verzögern, bitten wir um Ausgleichung des unbestrittenen Guthabens als Abschlagszahlung (§ 16 Abs. 3 Nr. 1 Satz 4 VOB/B).

Alternativ *(Fertigstellungsmitteilung):*

Wir teilen Ihnen mit, dass wir die Bauleistungen am … fertiggestellt haben.

Mit freundlichen Grüßen

…………………………………………

(Unterschrift)

1934 Aufforderung zur Teilabnahme (§ 12 Abs. 2 VOB/B) oder Zustandsfeststellung (§ 4 Abs. 10 VOB/B) L 5

An den Auftraggeber

Datum

Bauvorhaben …
Werkvertrag vom …

Sehr geehrte Damen und Herren,

wir teilen Ihnen mit, dass wir die Wohnungen … sowie die Gewerbeeinheiten im Erdgeschoss (***alternativ:*** andere in sich abgeschlossene Teile der Leistung) am … fertiggestellt haben und bitten um Teilabnahme dieser in sich abgeschlossenen Leistungen innerhalb von zwölf Werktagen nach § 12 Abs. 2 VOB/B. Hierzu schlagen wir Ihnen – alternativ – folgende Termine vor: …

Alternativ (Zustandsfeststellung nach § 4 Abs. 10 VOB/B wegen Verdeckung erbrachter Leistungen):

Da wir am … die Decken schließen werden, bitten wir rechtzeitig vorher um die Durchführung einer gemeinsamen Zustandsfeststellung wegen der bereits verlegten Kabel und Elektrokomponenten (§ 4 Abs. 10 VOB/B). Gleichzeitig bitten wir Sie, mit uns ein gemeinsames Aufmaß dieser Leistungen zu erstellen. Wir schlagen Ihnen hierzu folgenden Termin vor: …

Bitte setzen Sie sich kurzfristig mit uns in Verbindung, falls ein anderer Termin vereinbart werden soll. Beachten Sie für diesen Fall aber bitte, dass nach dem o.g. Termin der Zustand der Leistung ebenso wenig zerstörungsfrei festgestellt und geprüft werden kann wie die von unserem Haus geleisteten Mengen.

Mit freundlichen Grüßen

……………………………………………

(Unterschrift)

Abnahmeverlangen des Auftragnehmers sowie Aufforderung zur gemeinsamen Aufmaßnahme nach Kündigung des Werkvertrags durch den Auftraggeber **L 6** **1935**

An den Auftraggeber

Datum

Bauvorhaben ...
Werkvertrag vom ...
Ihre Kündigung vom ...

Sehr geehrte Damen und Herren,

Sie haben mit Schreiben vom ... den zwischen uns abgeschlossenen Werkvertrag gekündigt, weil wir nach Ihrer Auffassung mit der Leistung in Verzug geraten sind. Wir hatten Ihnen bereits durch unser Schreiben vom ... mitgeteilt, dass ein wichtiger Grund für die Kündigung nach § 8 Abs. 3 VOB/B nicht vorlag, weil wir aufgrund der angezeigten Behinderungen vom ... an der fristgemäßen Ausführung der Leistung gehindert waren. Ein Verzug zum Kündigungszeitpunkt lag deshalb nicht vor. Aus diesem Grund wurde nach unserer Auffassung lediglich eine freie Kündigung nach § 8 Abs. 1 VOB/B ausgesprochen.

Wir wollen die damit im Zusammenhang stehenden Fragen an dieser Stelle nicht weiter vertiefen, fordern Sie aber gemäß § 8 Abs. 7 VOB/B auf, die von uns bis zum Kündigungszeitpunkt erbrachten Leistungen abzunehmen. Wir setzen Ihnen hierfür eine angemessene Frist bis zum

... (binnen zwölf Werktagen).

Wir schlagen Ihnen hierzu folgende Alternativtermine ... vor und bitten Sie, sich wegen einer konkreten Terminvereinbarung an unseren Herrn ... zu wenden.

Gleichzeitig fordern wir Sie auf, an einer gemeinsamen Aufmaßfeststellung mitzuwirken. Aus unserer Sicht kann das Aufmaß am Tag der Abnahme genommen werden. Sollten Sie hierfür einen gesonderten Termin vereinbaren wollen, dürfen wir um eine entsprechende Benachrichtigung bitten. In jedem Fall muss das Aufmaß genommen werden, bevor die Leistungen durch einen Ersatzunternehmer fortgesetzt werden. Sollte eine gemeinsame Aufmaßnahme verweigert werden, müssen wir einseitige Feststellungen treffen. Wir weisen Sie vorsorglich darauf hin, dass in diesem Fall die Beweislast auf Ihr Haus übergeht, falls unser einseitiges Aufmaß bestritten wird und eine spätere Überprüfung nicht mehr möglich sein sollte.

Alternativ *(Abnahmeaufforderung gegenüber einem Verbraucher für ab dem 1.1.2018 abgeschlossene Verträge):*

Sie haben den Werkvertrag am … gekündigt, wobei nach wie vor streitig ist, ob die Kündigung auf einer schuldhaften Pflichtverletzung unseres Hauses basiert oder lediglich eine freie Kündigung nach § 648 BGB n.F. bzw. § 8 Abs. 1 VOB/B ausgesprochen wurde. Unbeschadet dessen bitten wir Sie um Erklärung der Abnahme der bis zum Kündigungszeitpunkt erbrachten Leistungen binnen zwölf Werktagen. Für die Vereinbarung eines Termins stehen wir jederzeit zur Verfügung.

Gemäß der Regelung in § 640 Abs. 2 Satz 2 BGB weisen wir darauf hin, dass die Abnahmewirkungen fiktiv eintreten, wenn Sie sich innerhalb dieser Frist zu unserer Abnahmeaufforderung nicht äußern oder die Abnahme ohne Nennung mindestens eines Mangels verweigert wird. Für den Fall, dass es zu einer Verweigerung der Abnahme kommen sollte, fordern wir bereits hiermit dazu auf, an einer gemeinsamen Zustandsfeststellung mitzuwirken (§ 650g BGB). Wir gehen davon aus, dass Sie damit einverstanden sind und bitten anderenfalls um eine Nachricht mit entsprechender Begründung. Ansonsten werden wir die Zustandsfeststellung einseitig vornehmen und Sie über das Ergebnis informieren (§ 650g Abs. 2 BGB). Vorsorglich verweisen wir auf die Rechtsfolgen einer Zustandsfeststellung, die in § 650g Abs. 3 BGB geregelt sind. Sollten Sie Rückfragen zur Abnahmefiktion oder zur Zustandsfeststellung haben, setzen Sie sich bitte mit uns in Verbindung.

Mit freundlichen Grüßen

……………………………………………

(Unterschrift)

Abnahmeverweigerung des Auftraggebers zur Vermeidung des Eintritts der fiktiven Abnahmewirkungen nach § 12 Abs. 5 Nr. 1 oder 2 VOB/B **L 7** 1936

An den Auftragnehmer

Datum

Bauvorhaben …
Ihre Fertigstellungsanzeige vom …

Sehr geehrte Damen und Herren,
mit Schreiben vom … haben Sie die Fertigstellung Ihrer Leistungen angezeigt. Wir teilen Ihnen hierzu mit, dass eine Abnahmereife wegen folgender Mängel nicht gegeben ist:

….

Wir fordern Sie auf, diese Mängel unverzüglich zu beseitigen. Vorsorglich behalten wir uns schon jetzt die Geltendmachung der Vertragsstrafe vor.

Eventuell *(Abnahmeverweigerung bei Inbenutzungnahme):*

Auch wenn gegenwärtig bereits verschiedene Nutzer/Mieter die Wohn- bzw. Gewerbeeinheiten beziehen, weisen wir darauf hin, dass eine Abnahmereife Ihrer Leistungen aufgrund folgender Mängel nicht gegeben ist: …

Die Inbenutzungnahme erfolgt, um Verzugsschadensersatzansprüche der Mieter/Nutzer zu vermeiden. Wir weisen vorsorglich darauf hin, dass aufgrund der hier genannten Mängel der Eintritt der Abnahmewirkungen nach § 12 Abs. 5 Nr. 2 VOB/B ausgeschlossen ist und bitten Sie, die Mängel spätestens bis zum … zu beseitigen. Im Anschluss daran sind wir nach entsprechender Aufforderung bereit, einen Abnahmetermin zu vereinbaren.

Alternativ *(Vorschlag zur gemeinsamen Beauftragung eines Sachverständigen):*

Wir nehmen Bezug auf den Termin am …, bei dem wir mitgeteilt haben, dass wir die Abnahme wegen wesentlicher Mängel bzw. fehlender Restleistungen verweigern (§ 12 Abs. 3 VOB/B) und das Gebäude nur deshalb an einen Teil der Mieter/Nutzer übergeben haben, um Verzugsschadensersatzansprüche zu vermeiden. Sollten Sie die Berechtigung der Abnahmeverweigerung anzweifeln, sind wir bereit, gemeinsam mit Ihrem Haus einen unabhängigen Sachverständigen zu beauftragen, der die Frage der Wesentlichkeit der Mängel sowie der ausstehenden Restleistungen verbindlich entscheidet. Die Kosten des Schiedsgutachtens trägt die Partei, die mit ihrer Behauptung unterliegt. Wir weisen vorsorglich darauf hin, dass der im Vertrag genannte Fertigstellungstermin vorgestern abgelaufen ist und sich Ihr Haus seit diesem Zeitpunkt im Verzug mit der Leistung befindet. Denn Behinderungen lagen weder vor noch sind uns solche schriftlich angezeigt worden. Wir setzen vorsorglich eine Nachfrist zur abnahmereifen Fertigstellung der Leistung bis zum … und bitten um eine Mitteilung, falls Sie eine sachverständige Begutachtung wünschen.

Mit freundlichen Grüßen

....

(Unterschrift)

Reaktion auf eine Abnahmeverweigerung des Auftraggebers/Vorschlag zur gemeinsamen Beauftragung eines Sachverständigen/Zustandsfeststellung nach § 650g BGB 1937

L 8

An den Auftraggeber

Datum

Bauvorhaben …
Abnahmebegehung vom …

Sehr geehrte Damen und Herren,

Sie haben am … die Abnahme unserer Werkleistungen wegen angeblich wesentlicher Mängel verweigert. Wir haben bereits im Verlauf der Abnahmebegehung darauf hingewiesen, dass diese Mängel, die überwiegend optischer Natur sind und nicht zu einer Gebrauchs- bzw. Funktionsbeeinträchtigung führen, eine Abnahmeverweigerung nach § 12 Abs. 3 VOB/B nicht rechtfertigen können. Im Fall einer unberechtigten Abnahmeverweigerung treten sämtliche Abnahmewirkungen ein (OLG Oldenburg, Urt. v. 11.12.2014 – 8 U 140/09). Das ist unser Auffassung nach seit dem … (Tag der erklärten Abnahmeverweigerung) der Fall.

Wir werden die gerügten Mängel, die der Sache nach unstreitig sind, dennoch schnellstmöglich beseitigen und Ihr Haus im Anschluss daran vorsorglich und hilfsweise noch einmal zur Erklärung der Abnahme auffordern. Diese nochmalige Aufforderung zur Erklärung der Abnahme stellt kein widersprüchliches Verhalten dar, sondern ist dem Umstand geschuldet, dass nicht mit absoluter Sicherheit prognostizierbar ist, wessen Standpunkt zur Berechtigung der Abnahmeverweigerung für den Fall einer gerichtlichen Auseinandersetzung zutrifft.

Eventuell *(Zustandsfeststellung):*

Aufgrund der von Ihrem Haus erklärten Abnahmeverweigerung fordern wir gemäß der Bestimmung in § 650g Abs. 1 BGB dazu auf, an einer gemeinsamen Feststellung des Zustands der Werkleistung mitzuwirken und setzen hierfür eine aus unserer Sicht angemessene Frist bis zum … Wir schlagen bereits hiermit – alternativ – folgende Termine vor:

…

Sollte die von uns gesetzte Frist aus Ihrer Sicht zu kurz bemessen sein, teilen Sie uns dies unter Angabe der Gründe bitte unverzüglich mit, wobei wir für diesen Fall um Benennung eines Alternativtermins bitten. Sollte sich Ihr Haus innerhalb dieser Frist nicht melden oder keine nachvollziehbaren Gründe für die Nichtteilnahme an der Zustandsfeststellung nennen, werden wir die entsprechenden Feststellungen einseitig treffen und Ihnen das Ergebnis schriftlich mitteilen (§ 650g Abs. 2 BGB). Auf die dadurch eintretenden Rechtsfolgen nach § 650g Abs. 3 BGB weisen wir vorsorglich hin.

Alternativ *(Vorschlag zur gemeinsamen Beauftragung eines Sachverständigen bzw. Aufforderung zur Zustandsfeststellung nach § 650g BGB für ab dem 1.1.2018 abgeschlossene Verträge):*

Sie haben am ... die Abnahme unserer Werkleistungen verweigert. Dabei ist streitig geblieben, ob wir die an den Unterseiten des Geländerhandlaufs in Erscheinung getretenen Schweißnasen zwischen dem 2. und 3. OG beseitigen müssen oder stattdessen berechtigt sind, die Mangelbeseitigung wegen unverhältnismäßig hohen Aufwands zu verweigern (§ 13 Abs. 6 VOB/B). Wir halten an dieser Stelle nochmals fest, dass die rein optischen Mängel in keinem Fall eine Verweigerung der Abnahme rechtfertigen und die Wirkungen der Abnahme wegen Ihrer unbegründeten Abnahmeverweigerung eingetreten sind.

Wir haben Ihnen wegen der optischen Mängel eine Minderung der Vergütung in Höhe von € ... angeboten. Dieses Angebot haben Sie abgelehnt. Bevor es zu einer Kündigung des Vertrags und einer Selbstvornahme kommt, schlagen wir Ihnen vor, die Frage der Unverhältnismäßigkeit einer Nachbesserung gemäß § 13 Abs. 6 VOB/B durch einen unabhängigen Sachverständigen der Industrie- und Handelskammer verbindlich klären zu lassen. Die Kosten des Sachverständigen sollte diejenige Partei tragen, zu deren Lasten die Streitfrage entschieden wird. Bitte teilen Sie uns bis zum ... mit, ob Sie mit unserem Vorschlag einverstanden sind.

Gleichzeitig fordern wir zur Mitwirkung an einer Zustandsfeststellung nach § 650g BGB innerhalb einer angemessenen Frist von einer Woche auf und unterbreiten Ihnen hierfür – alternativ – folgende Terminvorschläge: ... Sollte diese Frist aus Ihrer Sicht unangemessen kurz sein, teilen Sie uns dies bitte unter Angabe von Gründen unverzüglich mit. Wir bitten für diesen Fall gleichzeitig um die Benennung von Alternativterminen. Anderenfalls werden wir die Zustandsfeststellung entsprechend den Bestimmungen in § 650g Abs. 2 BGB einseitig vornehmen und Sie über das Ergebnis schriftlich unterrichten.

Mit freundlichen Grüßen

....

(Unterschrift)

Aufforderung zur Teilabnahme, hilfsweise zur Zustandsfeststellung bei (teilweiser) Nutzung der Leistung nach § 650g BGB bzw. nach § 4 Abs. 10 VOB/B für VOB/B-Verträge 1938

L 9

An den Auftraggeber

Datum

Bauvorhaben ...
Werkvertrag vom ...

Sehr geehrte Damen und Herren,

Sie haben uns mit Schreiben vom ... mitgeteilt, dass die Mietbereiche 3, 5, 9 und 14 des Fachmarktzentrums bereits Anfang des kommenden Monats von den Mietern bezogen und anschließend zeitnah für den Publikumsverkehr eröffnet werden sollen. Damit sind wir prinzipiell einverstanden, müssen aber um Ihr Verständnis dafür bitten, dass wir ab Übergabe bzw. Einrichtung der entsprechenden Mietbereiche faktisch keine Möglichkeit mehr haben, die von uns in diesen Bereichen fertiggestellten Leistungen zu schützen. Wir bitten Sie deshalb, rechtzeitig vorher eine Teilabnahme nach § 12 Abs. 2 VOB/B durchzuführen und schlagen Ihnen hierfür (alternativ) folgende Termine vor:

... (binnen zwölf Werktagen)

...

Die unberechtigte Verweigerung einer Teilabnahme führt nach § 640 Abs. 2 zum Eintritt aller Abnahmewirkungen.

Eventuell *(bei Ausschluss von Teilabnahmen im Werkvertrag/Verlangen auf Zustandsfeststellung nach § 650g BGB):*

Sollten Sie eine Teilabnahme nach § 12 Abs. 2 VOB/B verweigern, fordern wir innerhalb derselben Frist dazu auf, an einer gemeinsamen Feststellung des Zustands der oben genannten Leistungen gemäß § 650g BGB mitzuwirken. Sollten dabei Mängel festgestellt werden, wäre mit hoher Sicherheit zu gewährleisten, dass diese rechtzeitig vor einer Übergabe an die Mieter beseitigt werden könnten. Gleichzeitig sollte ein gemeinsames Aufmaß genommen werden, weil sich nach einer Ingebrauchnahme eventuelle Streitfragen möglicherweise nur schwer oder nur noch mit einem unzumutbar hohen Aufwand klären lassen.

Setzen Sie sich zum Zwecke der Terminvereinbarung bitte mit dem Unterzeichner in Verbindung. Sollte Ihr Haus an einer Zustandsfeststellung innerhalb der hier gesetzten Frist nicht mitwirken können, teilen Sie uns bitte die Gründe dafür und mögliche Alternativtermine mit. Falls auf dieses Schreiben keine Reaktion erfolgen sollte, werden wir vor der Übergabe an die Nutzer einseitige Feststellungen zum Zustand der Leistung treffen und Sie über das Ergebnis schriftlich informieren (§ 650g Abs. 2 BGB). Auf die dadurch eintretenden Rechtsfolgen nach § 650g Abs. 3 BGB weisen wir vorsorglich hin.

Alternativ *(Zustandsfeststellung nach § 4 Abs. 10 VOB/B):*

Ihr Haus hat uns in der letzten Bausitzung am ... mitgeteilt, dass die Wohnungen ... und ... im Bauteil A bereits Ende der kommenden Woche an die Mieter übergeben werden, die am darauffolgenden Wochenende einziehen wollen. Sie baten uns deshalb um Übergabe der Schlüssel für die entsprechenden Bereiche. Da wir ab diesem Zeitpunkt keine Möglichkeit mehr haben, unsere Leistungen zu schützen, bitten wir um Teilabnahmen für diese Wohnungen nach § 12 Abs. 2 VOB/B, die rechtzeitig vor dem Einzug stattfinden müssen. Wir schlagen folgende Termine vor (...) und bitten um Vereinbarung eines konkreten Termins.

Falls Teilabnahmen verweigert werden sollten, fordern wir zu einer gemeinsamen Zustandsfeststellung nach § 4 Abs. 10 VOB/B innerhalb derselben Frist auf. Es mag sein, dass die von uns erbrachten Leistungen durch die Nutzung der Wohnungen nicht der Prüfung und Feststellung *entzogen* werden, wie § 4 Abs. 10 VOB/B dies vorsieht. Es tritt aber eine vergleichbare Folge ein, weil wir im Anschluss daran nicht oder nur noch schwer beweisen können, dass eventuelle Mängel oder Schäden unserer Leistung nicht durch uns, sondern durch Dritte verursacht worden sind. Für nach der Übergabe aufgetretene Mängel/Beschädigungen können wir deshalb nicht haftbar gemacht werden, weil wir durch die Schlüsselübergabe keine Möglichkeit mehr haben, solche Beschädigungen zu verhindern. Wir weisen in diesem Zusammenhang darauf hin, dass der Gesetzgeber dieses Problem zwischenzeitlich gesehen und dafür eine Regelung in § 650g BGB getroffen hat. Auch wenn diese Bestimmung erst für Verträge gilt, die ab dem 1.1.2018 abgeschlossen worden sind, müssen die dort zum Ausdruck gekommenen Wertungen auf die Zustandsfeststellung nach § 4 Abs. 10 VOB/B übertragen werden. Sollte Ihr Haus auch die Teilnahme an einer Zustandsfeststellung verweigern, werden wir einseitige Feststellungen treffen und über das Ergebnis schriftlich informieren.

Eventuell *(Kompromissvorschlag bei Erklärung der Teilabnahme):*

Falls Sie eine Teilabnahme durchführen sollten, wären wir bereit, die Verjährungsfrist für Mängelansprüche einheitlich erst mit der Gesamtabnahme unserer Leistungen in Lauf zu setzen. Wir halten es aufgrund der Nutzung der o.g. Mietbereiche dagegen für sachgerecht und angemessen, dass die Gefahr einer zufälligen Verschlechterung der Leistung bzw. die Beweislast für Mängel ab dem Zeitpunkt der Ingebrauchnahme übergeht, da wir ab dann faktisch keine Möglichkeit mehr haben, unsere Werkleistungen zu schützen.

Mit freundlichen Grüßen

....

(Unterschrift)

1939 **Hinweis auf die Notwendigkeit besonderer Schutzmaßnahmen zur Vermeidung von Beschädigungen der erbrachten Leistung** L 10

An den Auftraggeber

Datum

Bauvorhaben …
Werkvertrag vom …

Sehr geehrte Damen und Herren,

wir haben die Küchen in den Wohnungen … und … einschließlich aller Elektrogeräte auf Ihre Weisung in der Baubesprechung vom … installiert, obwohl die Türen zu den Wohnungen noch nicht verschließbar sind und am kommenden Wochenende Malerarbeiten in den entsprechenden Wohnungen durchgeführt werden. Wir weisen deshalb nochmals darauf hin, dass wir faktisch keine Möglichkeit haben, den Diebstahl der von uns eingebauten Geräte oder Beschädigungen der von uns erbrachten Leistungen durch die Malerarbeiten zu verhindern. Wir bitten Sie deshalb, schnellstmöglich dafür Sorge zu tragen, dass die Tischlerfirma unverzüglich für ein sicheres Verschließen der Wohnungseingangstüren Sorge trägt und die Malerfirma angewiesen wird, die Kücheneinrichtung vor Ausführung der Malerarbeiten entsprechend zu schützen. Sollten Sie solche Schutzmaßnahmen durch unser Haus verlangen, bitten wir kurzfristig um einen entsprechenden Hinweis, werden uns für diesen Fall aber vorbehalten, eine besondere Vergütung nach § 2 Abs. 6 VOB/B zu verlangen.

Alternativ *(Besondere Schutzmaßnahmen bei Parkettarbeiten nach DIN 18356):*

Wir teilen Ihnen mit, dass wir nach Verlegung des Parketts in den Mietbereichen … und … die nach Abschnitt 4.1.4 der DIN 18356 geforderten Schutzmaßnahmen durch Absperrbänder und Hinweisschilder vorgenommen haben. Uns ist aber bekannt, dass verschiedene Firmen in den kommenden Tagen in diesen Bereichen noch Restleistungen erbringen und deshalb das Parkett betreten müssen. Wir bitten Sie, diese Firmen darauf hinzuweisen, dass ein Betreten des Parketts mit Straßenschuhen oder das Aufstellen von Leitern ohne vorherige besondere Schutzmaßnahmen zu Beschädigungen des Parketts führen wird. Bitte sorgen Sie dafür, dass die jeweiligen Firmen für entsprechende Schutzmaßnahmen Sorge tragen. Sollten Sie Schutzmaßnahmen des verlegten Parketts durch unser Haus wünschen, bitten wir schnellstmöglich um eine entsprechende Mitteilung. Wir weisen für diesen Fall darauf hin, dass es sich dabei um besonders vergütungspflichtige Leistungen handelt.

Mit freundlichen Grüßen

....

(Unterschrift)

1940 Aufforderung zur Abnahme von Mängelbeseitigungsleistungen L 11

An den Auftraggeber

Datum

Bauvorhaben ...
Werkvertrag vom ...
Ihre Mängelrüge vom ...

Sehr geehrte Damen und Herren,

hiermit zeigen wir Ihnen an, dass wir die von Ihnen mit Schreiben vom ... gerügten Mängel in der Zeit vom ... bis ... ordnungsgemäß beseitigt haben. Wir dürfen Sie deshalb bitten, diese Mangelbeseitigungsarbeiten innerhalb einer angemessenen Frist von zwölf Werktagen abzunehmen. Sollten Sie einen Termin zur Abnahme der Mangelbeseitigungsleistungen vereinbaren wollen, setzen Sie sich bitte innerhalb der o.g. Frist mit uns in Verbindung.

Falls wir innerhalb der Frist nichts von Ihnen hören sollten, gehen wir davon aus, dass Sie sich von der Ordnungsgemäßheit der Mangelbeseitigung bereits anderweitig überzeugt haben.

Mit freundlichen Grüßen

....

(Unterschrift)

Förmliche Abnahme im Werkvertrag nicht vereinbart: Verlangen einer förmlichen Abnahme nach Fertigstellungsanzeige des Auftragnehmers/ Widerspruch gegen Fertigstellungsanzeige/ Verlangen einer förmlichen Abnahme bei Ingebrauchnahme **1941**

L 12

An den Auftragnehmer

Datum

Bauvorhaben …
Werkvertrag vom …
Ihr Schreiben vom …

Sehr geehrte Damen und Herren,

Sie haben uns mit Schreiben vom … die Fertigstellung Ihrer Bauleistungen angezeigt (***alternativ:*** die Schlussrechnung übersandt). Wir verlangen hiermit die Durchführung einer förmlichen Abnahme nach § 12 Abs. 4 VOB/B und schlagen als Termin den … (*regelmäßig binnen zwölf Werktagen nach Zugang der Mitteilung*) vor.

Alternativ *(Erklärung der Abnahmeverweigerung):*

Mit Schreiben vom ... zeigten Sie die Fertigstellung Ihrer Leistungen an (***alternativ:*** haben Sie Ihre Schlussrechnung übersandt).

Wir weisen Sie darauf hin, dass aufgrund der nachfolgend genannten Mängel bzw. Restleistungen die von Ihnen vertraglich geschuldete Leistung nicht abnahmereif fertiggestellt ist, sodass wir zu einer Abnahme auch nicht verpflichtet sind und Ihrer Fertigstellungsanzeige ausdrücklich widersprechen. Folgende Mängel (M) bzw. Restleistungen (R) müssen erledigt sein, bevor eine Abnahme in Betracht kommt:

... *(Mängel und Restleistungen konkret auflisten)*

Wir haben Sie aufzufordern, die Restleistungen innerhalb der im Vertrag vereinbarten Fertigstellungsfrist auszuführen und bis dahin auch die Mängel ordnungsgemäß zu beseitigen. Im Anschluss daran werden wir Ihr Haus zu einer förmlichen Abnahmebegehung einladen.

Alternativ *(Aufforderung zur Abnahme wegen Inbenutzungnahme):*

Da das Gebäude ab dem 15.3.2021 an die Mieter übergeben wird, sollten wir rechtzeitig vorher einen gemeinsamen Abnahmetermin vereinbaren. Aus unserer Sicht kommt hierfür der 4. oder 11.3.2021 in Betracht. Bitte setzen Sie sich wegen der konkreten Terminvereinbarung mit uns in Verbindung.

Mit freundlichen Grüßen

....

(Unterschrift)

Erklärung von Vorbehalten durch den Auftraggeber nach Fertigstellungsanzeige, falls keine förmliche Abnahme erfolgen soll 1942
L 13

An den Auftragnehmer

Datum

Bauvorhaben …
Werkvertrag vom …
Ihr Schreiben vom …

Sehr geehrte Damen und Herren,

Sie haben uns am … angezeigt, dass Sie die vertraglich geschuldeten Bauleistungen fertiggestellt haben (***alternativ:*** die Schlussrechnung übersandt).

Wir erklären hiermit innerhalb der Frist des § 12 Abs. 5 Nr. 1 VOB/B *(Anmerkung: spätestens binnen zwölf Werktagen nach Zugang der Mitteilung)*, dass wir die im Vertrag vereinbarte Vertragsstrafe aufgrund der schuldhaften Überschreitung des Fertigstellungstermins geltend machen werden. Gleichzeitig erklären wir einen Gewährleistungsvorbehalt wegen der nachfolgend im Einzelnen aufgelisteten Mängel: …

Wir fordern Sie hiermit auf, diese Mängel unverzüglich, spätestens bis zum … (*konkrete Frist eintragen*) zu beseitigen und uns über die erfolgte Beseitigung schriftlich zu informieren.

Alternativ *(Vorbehalt der Vertragsstrafe bei Ingebrauchnahme):*

Das Gebäude wurde am … bezogen. Wir erklären deshalb fristgemäß (*Anmerkung: spätestens binnen sechs Werktagen nach Ingebrauchnahme)*, dass wir uns die Geltendmachung der im Vertrag vereinbarten Vertragsstrafe vorbehalten.

Ferner erklären wir, dass wir uns Gewährleistungsansprüche wegen folgender Mängel vorbehalten:

…

Wir fordern zur Beseitigung dieser Mängel bis zum … auf.

Mit freundlichen Grüßen

……………………………………………

(Unterschrift)

1943 Abnahmeverlangen des Auftraggebers oder des Auftragnehmers nach Kündigung des Werkvertrags L 14

An den Auftragnehmer

Datum

Bauvorhaben ...
Kündigung des Werkvertrags vom ...

Sehr geehrte Damen und Herren,

wir haben den mit Ihnen abgeschlossenen Werkvertrag am ... wegen schuldhafter Fristüberschreitung nach § 5 Abs. 4 i.V.m. § 8 Abs. 3 VOB/B gekündigt. Da wir die Restleistungen unverzüglich durch Ersatzunternehmer fertigstellen lassen werden, um den Eintritt weiterer Verzögerungsschäden zu vermeiden, laden wir Sie zur förmlichen Abnahme der von Ihrem Haus bis zum Kündigungszeitpunkt erbrachten Leistungen sowie zu einer gemeinsamen Aufmaßnahme ein.

Wir schlagen Ihnen hierzu folgende Alternativtermine vor: ...

Bitte setzen Sie sich zum Zwecke der konkreten Terminvereinbarung mit dem Unterzeichner in Verbindung. Wir weisen vorsorglich darauf hin, dass Ihr Haus für die Mangelfreiheit der erbrachten Leistungen beweispflichtig ist. Gleiches gilt für die ausgeführten Mengen. Berücksichtigen Sie bitte, dass entsprechende Feststellungen erschwert, wenn nicht gar teilweise unmöglich werden, falls die Arbeiten durch Dritte fortgesetzt werden, bevor wir die Ordnungsgemäßheit Ihrer bis zum Kündigungszeitpunkt erbrachten Leistungen geprüft bzw. das Aufmaß gemeinsam genommen haben.

Alternativ *(Abnahmeaufforderung des Auftragnehmers nach Kündigung):*

Sie haben den Werkvertrag am ... gekündigt. Wir haben bereits mitgeteilt, dass aus unserer Sicht nur eine freie Kündigung nach § 8 Abs. 1 VOB/B vorliegt, weil wir die Fristüberschreitung nicht zu vertreten hatten. Wir fordern Sie hiermit auf, die von uns erbrachten Werkleistungen binnen zwölf Werktagen abzunehmen (§ 12 Abs. 1 VOB/B) und gleichzeitig gemeinsame Aufmaßfeststellungen zu treffen. Sollte sich Ihr Haus zu diesem Abnahmeverlangen nicht erklären oder die Abnahme ohne Nennung mindestens eines Mangels verweigern, treten die Abnahmewirkungen nach § 640 Abs. 2 BGB fiktiv ein. Die Verweigerung eines gemeinsamen Aufmaßes führt zu einer Beweislastumkehr, falls Ihr Haus unsere einseitigen Feststellungen nachträglich bestreiten sollte und eine Überprüfung danach nicht mehr oder nur noch schwer möglich ist. Gleiches gilt, falls Ersatzunternehmer die von Ihnen mit Schreiben vom … gerügten Mängel, die wir bestreiten, beseitigen sollten, bevor wir die Ordnungsgemäßheit unserer Leistungen dokumentieren konnten. Wir haben zur Beweissicherung einen Sachverständigen beauftragt, der in der kommenden Woche die notwendigen Feststellungen treffen wird. Bitte sorgen Sie dafür, dass bis zu diesem Zeitpunkt keine Leistungen in Bezug auf die streitigen Mängel erbracht werden und informieren Sie uns schnellstmöglich, falls dem plausible Gründe entgegenstehen sollten.

Mit freundlichen Grüßen

……………………………………………

(Unterschrift)

1944 Mangelbeseitigungsaufforderung nach Kündigung des Werkvertrags wegen Verzugs mit der Leistung L 15

An den Auftragnehmer

Datum

Bauvorhaben ...
Kündigung des Werkvertrags vom ...

Sehr geehrte Damen und Herren,

wir haben den Werkvertrag am ... gekündigt, weil Sie mit der Leistung in Verzug geraten sind (§§ 5 Abs. 4 i.V.m. 8 Abs. 3 VOB/B).

Bei der Abnahme der bis zum Kündigungszeitpunkt erbrachten Leistungen haben wir folgende Mängel festgestellt:

...

Wir fordern Sie auf, diese Mängel innerhalb angemessener Frist, spätestens jedoch bis zum ... (*konkretes Datum eintragen*) ordnungsgemäß zu beseitigen und uns im Anschluss daran schriftlich über die erfolgte Beseitigung zu informieren. Wir weisen darauf hin, dass eine Kündigung des Werkvertrags wegen Verzugs mit der Leistung nichts daran ändert, dass Ihr Haus für Mängel der bis zum Kündigungszeitpunkt erbrachten Teilleistungen gewährleistungspflichtig ist. Sollte die hier gesetzte Frist fruchtlos verstreichen, ohne dass dafür nachvollziehbare Gründe genannt worden sind, werden wir die Mängel im Wege der Selbstvornahme zu Ihren Lasten beseitigen lassen.

Für Rückfragen stehen wir Ihnen gerne zur Verfügung.

Mit freundlichen Grüßen

....

(Unterschrift)

M. Mängelansprüche/Prüfungs- und Bedenkenhinweis-pflichten

I. Was muss der Bauleiter wissen?

Da es mangelfreie Bauwerke in der Praxis nicht gibt, sind Kenntnisse des Gewährleistungsrechts für jeden Baubeteiligten unverzichtbar. Wir werden im Folgenden zunächst klären, welche Anforderungen das Gesetz bzw. die VOB/B an die Leistungen des Auftragnehmers stellt und wann seine Leistungen mangelhaft bzw. mangelfrei sind (§ 633 Abs. 2 BGB, § 13 Abs. 1 VOB/B). Dabei wird es insbesondere um die Erfolgshaftung des Auftragnehmers und den sogenannten funktionalen Mangelbegriff gehen. In diesem Zusammenhang beschäftigen wir uns auch mit der Mängelhaftung des Auftragnehmers bei unterlassener Bedenkenanmeldung (§§ 4 Abs. 3, 13 Abs. 3 VOB/B). **1945**

Sodann gehen wir auf die Ansprüche des Auftraggebers bei Mängeln vor und nach Abnahme ein. Hier werden wir insbesondere die letzten Grundsatzurteile des Bundesgerichtshofs erörtern, die sich um die Mängelansprüche des Auftraggebers vor der Abnahme sowie die Abrechnung sogenannter fiktiver Mangelbeseitigungskosten drehen. Abschließend werden wir uns mit der Verjährung der Mängelansprüche des Auftraggebers (also den Gewährleistungsfristen) nach BGB und VOB/B beschäftigen (§ 634a BGB, § 13 Abs. 4 VOB/B). **1946**

1. Der Mangelbegriff

Nach § 13 Abs. 1 VOB/B ist eine Leistung mangelfrei, wenn sie **1947**

- die vertraglich vereinbarte Beschaffenheit hat
  und
- den anerkannten Regeln der Technik entspricht
  oder
- falls eine Beschaffenheitsvereinbarung fehlt, sich die Leistung für die nach dem Vertrag vorausgesetzte oder gewöhnliche Verwendung eignet und eine Beschaffenheit aufweist, die bei Werken der gleichen Art üblich ist und vom Auftraggeber nach der Art der Leistung erwartet werden kann.

Wie wir sogleich noch im Einzelnen erörtern werden, kommt es bei der Frage des Vorliegens der oben genannten Voraussetzungen maßgeblich auf den Zeitpunkt der Abnahme an (§ 13 Abs. 1 VOB/B). Die Gewährleistungspflicht setzt voraus, dass der Mangel dem Werk des Auftragnehmers anhaftet, d.h. aus seinem Verantwortungsbereich herrührt und nicht auf Ursachen beruht, die von Dritten gesetzt wurden. Auf ein Verschulden des Auftragnehmers kommt es dagegen regelmäßig nicht an (OLG München, Urt. v. 27.2.2018 – 9 U 3595/16 Bau; OLG Bamberg, Urt. v. 16.2.2017 – 1 U 111/15; OLG Koblenz, Urt. v. 27.9.2016 – 4 U 674/14). **1948**

a) Vereinbarte Beschaffenheit

1949 Nach § 13 Abs. 1 VOB/B ist primär auf die *„vertraglich vereinbarte Beschaffenheit"* abzustellen. In einem Werkvertrag wird die zu erbringende Leistung in der Regel durch eine Leistungsbeschreibung mit Leistungsverzeichnis oder mit Leistungsprogramm festgelegt. Die dort getroffenen Bestimmungen der technischen Verfahrensweise eines Fabrikats oder einer konkreten Typenbezeichnung, sind als Beschaffenheitsvereinbarung i.S.d. § 13 Abs. 1 VOB/B anzusehen (OLG Stuttgart, Urt. v. 4.4.2006 – 12 U 205/05). Das gilt auch für Angaben zu Maßen, Formen oder Farben. Eigenmächtige Abweichungen von konkreten Vorgaben der Leistungsbeschreibung führen auch dann zur Mangelhaftigkeit, wenn die anerkannten Regeln der Technik beachtet worden sind (OLG Düsseldorf, Urt. v. 26.5.2009 – 23 U 97/08). Das gilt selbst dann, wenn es das ausgeschriebene Produkt auf dem Markt nicht (mehr) gibt; in diesem Fall muss der Auftragnehmer sich mit dem Auftraggeber ins Benehmen setzen (OLG München, Beschl. v. 3.8.2017 – 28 U 3844/16 Bau). Allein die Abweichung von der Leistungsbeschreibung stellt einen Mangel dar (OLG Düsseldorf, Urt. v. 3.7.2012 – 21 U 150/09; OLG Koblenz, Beschl. v. 20.8.2009 – 1 U 295/09; OLG Bamberg, Urt. v. 16.4.2007 – 4 U 198/05). Dabei ist zu beachten, dass sich Beschaffenheitsvereinbarungen auch aus weiteren Vertragsbestandteilen, insbesondere den Ausführungsplänen, ergeben können.

1950 Auch unerhebliche Abweichungen von der vereinbarten Beschaffenheit, durch die der Wert oder die Gebrauchstauglichkeit objektiv nicht beeinträchtigt werden, können einen Mangel darstellen (OLG Celle, Urt. v. 11.6.2008 – 14 U 213/07; BGH, Urt. v. 21.9.2004 – X ZR 244/01; BGH, Urt. v. 9.1.2003 – VII ZR 181/00). Das ist seit Jahren ständige Rechtsprechung und wurde zuletzt vom BGH noch einmal ausdrücklich bestätigt (BGH, Beschl. v. 30.7.2015 – VII ZR 70/14).

1951 Auftraggeber nehmen Abweichungen von Beschaffenheitsvereinbarungen zum Anlass, Mangelbeseitigungs- bzw. Minderungsansprüche geltend zu machen, beispielsweise wenn ohne vorherige Vereinbarung Produkte anderer Hersteller oder andere Fabrikate verwendet wurden. Das ist im Ausgangspunkt auch berechtigt, weil es eben nicht darauf ankommt, ob und inwieweit sich die Abweichung nachteilig auswirkt. Das kann allenfalls die Prüfung der Frage rechtfertigen, ob dem Mangelbeseitigungsanspruch des Auftraggebers der Einwand unverhältnismäßig hoher Kosten entgegensteht und nur eine Minderung in Betracht kommt (OLG Celle, Urt. v. 19.12.2013 – 6 U 73/13; OLG Stuttgart, Urt. v. 31.3.2004 – 9 U 12/02). Am Vorliegen eines Mangels ändert das allerdings nichts, so der BGH wörtlich (BGH, Beschl. v. 30.7.2015 – VII ZR 70/14). Im Grundsatz stellt es gar einen Mangel dar, wenn der Auftragnehmer die Leistung technisch besser ausführt als in der Leistungsbeschreibung vereinbart (wobei dem Auftraggeber die Berufung auf Mangelansprüche nach Treu und Glauben verwehrt sein kann, siehe etwa

OLG Koblenz, Urt. v. 23.2.2017 – 6 U 150/16; OLG Düsseldorf, Urt. v. 3.7.2012 – 21 U 150/09; OLG Stuttgart, Urt. v. 4.4.2006 – 12 U 205/05).

Für Auftragnehmer ist deshalb Vorsicht geboten. Bei allen Abweichungen von konkreten Angaben in Leistungsverzeichnissen sollte stets die vorherige schriftliche Zustimmung des Auftraggebers eingeholt werden, um Streit zu vermeiden. Die entsprechende Vereinbarung muss mit den Vertretungsberechtigten abgeschlossen werden, wozu der bauüberwachende Architekt/Ingenieur regelmäßig nicht gehört, wenn der Vertrag nicht ausdrücklich etwas anderes regelt. Ansonsten kann es vorkommen, dass bei der Materialbeschaffung zwar Kosten eingespart werden, dieser Vorteil aber nicht nur verschwindet, sondern ein immenser Schaden entsteht, wenn der Auftraggeber zu Recht auf die Erfüllung des Vertrags besteht. Das gilt auch, wenn in einem Leistungsverzeichnis ein bestimmtes Produkt mit dem Zusatz *„oder gleichwertig/oder ähnlich"* ausgeschrieben wurde. Falls der Auftragnehmer das Alternativprodukt nicht bereits in das Leistungsverzeichnis eingetragen und zum Gegenstand seines Angebots gemacht hat, sollte er vor Ausführung der Leistung nachfragen, ob auch aus Sicht des Auftraggebers Gleichwertigkeit mit dem vorgegebenen Leitfabrikat besteht. Dabei empfiehlt es sich, die Anfrage mit der Übersendung von Produktdatenblättern oder vergleichbaren Unterlagen zu versehen. **1952**

Eine Beschaffenheitsvereinbarung kann auch stillschweigend getroffen werden. Das ist etwa der Fall, wenn der Auftraggeber erkennbar bestimmte Eigenschaften des bestellten Werkes erwartet. **1953**

Beispiel: Der Auftragnehmer ist beauftragt, die Produktionshalle einer Großbäckerei „schneeweiß" zu streichen. Mit einer dazu erstellten Musterfläche zeigt sich der Auftraggeber einverstanden. Als der Auftragnehmer seine Leistungen nahezu fertiggestellt hat, geraten die Parteien in Streit und die Bauarbeiten ruhen etwa ein halbes Jahr. Bei Wiederaufnahme der Arbeiten stellt der Auftraggeber fest, dass die gestrichenen Flächen bereits vergilbt waren. Da der Auftraggeber nicht zahlt, erhebt der Auftragnehmer Zahlungsklage. Der vom Gericht bestellte Sachverständige stellt fest, dass bei weißen Farbtönen eine dauerhafte Farbstabilität nicht möglich sei und sieht im Vergilben keinen (wesentlichen) Mangel. Das OLG gibt dem Auftragnehmer daraufhin Recht.

Anders der BGH: Das Bausoll ergebe sich nicht daraus, was technisch möglich oder ausführbar sei. Entscheidend sei vielmehr, welche erkennbare Erwartungshaltung der Besteller gehabt habe. Der Besteller habe mangels Fachwissens erwarten dürfen, dass die weiße Farbe nicht schon nach wenigen Monaten vergilbt (BGH, Urt. v. 31.8.2017 – VII ZR 5/17). Der Auftragnehmer hätte der Haftung (nur) durch eine rechtzeitige Bedenkenanmeldung entgehen können. Ähnlich: OLG Hamburg (Urt. v. 28.9.2018 – 11 U 128/17) für den Fall, dass Roll-Möbel eines Arztes in **1954** dessen repräsentativer Praxis Spuren im PVC-Design-Bodenbelag hinterlassen und OLG Frankfurt (Urt. v. 23.1.2017 – 29 U 135/16) für einen Glas-Tanzboden, bei dem der Auftraggeber erwarten dürfe, dass das Herabfallen von schweren Gläsern und metallbeschlagene Pfennig-Absätze nicht zu Beschädigungen führt.

b) Anerkannte Regeln der Technik

1955 Eine Werkleistung ist auch mangelhaft, wenn sie nicht den anerkannten Regeln der Technik entspricht. Unter den anerkannten Regeln der Technik versteht man Bauverfahrensweisen, die theoretisch (wissenschaftlich) richtig sind, sich in der Baupraxis dauerhaft bewährt haben und hinsichtlich beider Merkmale von der überwiegenden Anzahl der Sachverständigen und Ingenieure bejaht werden (OLG Hamm, Urt. v. 14.8.2019 – 12 U 73/18; OLG Karlsruhe, Urt. v. 9.12.2015 – 6 U 174/14).

1956 Solche Regeln sind nicht ausschließlich in schriftlichen Regelwerken enthalten, sondern können auch durch ungeschriebene Regeln konkretisiert werden (BGH, Urt. v. 21.11.2013 – VII ZR 275/12). Der Begriff der anerkannten Regeln der Technik ist folglich nicht mit den DIN-Normen oder den Allgemeinen Technischen Vertragsbedingungen in Teil C der VOB (DIN 18299 ff.) identisch. Bei den anerkannten Regeln der Technik handelt es sich um übergeordnete Kriterien, die von den am Bau Tätigen zu beachten sind, gleichgültig, ob diese ausdrücklich in DIN-Normen oder anderenorts (beispielsweise VDI-Richtlinien oder VDE-Bestimmungen) geregelt sind (LG Trier, Urt. v. 20.5.2016 – 1 S 205/14; OLG Brandenburg, Urt. v. 26.1.2005 – 4 U 118/04).

1957 Das bedeutet auch: Festlegungen in verbreiteten oder üblichen Regelwerken sind nicht gezwungenermaßen, immer und ausnahmslos anerkannte Regeln der Technik.

1958 **Beispiel:** Ein Elektrofachunternehmen führt Installationsarbeiten aus. Der Vertrag enthält keine Ausführungsdetails. Das Unternehmen verlegt Kabel unter Putz unter Verwendung sogenannter Hakennägel. Das rügt der Auftraggeber als mangelhaft, weil nach der einschlägigen VDE-Norm (VDE 0100 Teil 520 Abs. 21.2.4) die Befestigung der Kabel mit Hakennägeln unzulässig sei.

1959 Das Landgericht Duisburg hat einen Mangel verneint. Denn das Elektrounternehmen hat Fachliteratur vorgelegt, aus der sich ergab, dass die Zulässigkeit der Verwendung von Hakennägeln in Fachkreisen streitig ist. In einem solchen Fall könne es dem Auftragnehmer nicht vorgeworfen werden, wenn er sich für eine der diskutierten Verlegungsmethoden entscheide (LG Duisburg, Urt. v. 30.11.2006 – 7 S 172/06).

1960 Es ist zulässig, im Vertrag eine von den anerkannten Regeln der Technik abweichende Ausführung zu vereinbaren (OLG Celle, Urt. v. 16.5.2013 – 13 U 11/09).

Das Zustandekommen einer solchen Vereinbarung muss der Auftragnehmer jedoch beweisen (OLG München, Urt. v. 26.2.2013 – 9 U 1553/12 Bau; OLG Brandenburg, Urt. v. 30.3.2011 – 13 U 16/10). Ist der Auftraggeber nicht fachkundig, muss ein verständlicher Hinweis darauf erfolgen, dass die vorgegebene Ausführung nicht den anerkannten Regeln der Technik entspricht oder nur eingeschränkt brauchbar ist (OLG Düsseldorf, Urt. v. 16.6.2017 – 22 U 14/17). Das Gleiche gilt, wenn der Auftragnehmer sich zu seiner Entlastung darauf berufen will, er habe aufgrund der verbindlichen Anordnung einer untauglichen Ausführungsweise durch den Auftraggeber die vereinbarte Funktionstauglichkeit nicht erfüllen können (BGH, Urt. v. 29.9.2011 – VII ZR 87/11).

aa) Insbesondere DIN-Normen/Schriftliche Regelwerke

Schriftliche technische Regelwerke, insbesondere DIN-Normen, haben eine Bedeu- **1961**
tung, die von Baupraktikern oftmals missverstanden wird. Im Ausgangspunkt muss man zunächst wissen, dass DIN-Normen keine Rechtsvorschriften, sondern private technische Regelungen mit Empfehlungscharakter sind. Sie können die anerkannten Regeln der Technik wiedergegeben oder aber auch hinter diesen zurückbleiben, beispielsweise weil sie für einen längeren Zeitraum nicht überarbeitet und dem aktuellen Wissenstand angepasst worden sind (OLG Hamm, Urt. v. 14.8.2019 – 12 U 73/18; BGH, Urt. v. 14.5.1998 – VII ZR 184/97).

Beispiel: Zwischen der Erwerberin einer neu errichteten Doppelhaushälfte und **1962**
dem Veräußerer besteht Streit über den geschuldeten Schallschutz. Der Vertrag sieht eine „Schalldämmung nach DIN 4109" vor. Das Berufungsgericht vertrat die Auffassung, die Beklagte schulde nur einen Schallschutz, der den Mindestanforderungen der DIN 4109 genüge, obwohl die Parteien eine Bauausführung vereinbart haben, die zu einem erhöhten Schallschutz geführt hätte.

Dieser Argumentation trat der BGH entgegen (BGH, Urt. v. 4.6.2009 – VII ZR 54/07; **1963**
BGH, Urt. v. 14.6.2007 – VII ZR 45/06). Wenn durch die vereinbarte Bauweise höhere Schallschutzwerte erreicht werden können als sich aus den Anforderungen der DIN 4109 ergibt, sind die höheren Werte geschuldet. Der BGH führt weiter aus, dass die Frage, welcher Schallschutz bei der Errichtung von Doppelhäusern konkret geschuldet ist, durch eine Auslegung des Vertrags ermittelt werden muss (ebenso: LG München I, Urt. v. 25.7.2008 – 18 O 2325/08). Die Werte der DIN 4109 können schon deshalb nicht herangezogen werden, weil sie lediglich Mindestanforderungen zur Vermeidung unzumutbarer Belästigungen regeln und die Mindestmaße der DIN 4109 „in der Regel keine anerkannten Regeln der Technik für die Herstellung des Schallschutzes in Wohnungen sind, die üblichen Qualitäts- und Komfortstandards genügen" (BGH, Urt. v. 4.6.2009 – VII ZR 54/07).

Höchst umstritten ist nach wie vor, ob eine vertikale Abdichtung von Kellerwänden **1964**
gegen drückendes Wasser mit einer zweilagigen Bitumendickbeschichtung den

anerkannten Regeln der Technik entspricht. Das wird überwiegend verneint (OLG Brandenburg, Urt. v. 16.6.2006 – 13 U 18/04). Das OLG Brandenburg hat festgestellt, dass diese Abdichtungsmethode weder DIN-gerecht ist noch den anerkannten Regeln der Technik entspricht. Das OLG folgte damit dem beauftragten Sachverständigen, der ausführte, dass in der DIN 18195 (Ausgaben 1982 und 2000) für den Lastfall „drückendes Wasser" eine solche Abdichtung mit Bitumendickbeschichtung nicht aufgeführt sei. Nach deren Teil 6 hätte die Abdichtung vielmehr mit dem unter Punkt 8 (Ausgabe 2000) genannten Materialien, z.B. Bitumenschweißbahnen, erfolgen müssen. Ähnlich hat das OLG Hamm im Jahr 2019 für den Fall einer kombinierten Abdichtung aus kunststoffmodifizierter Bitumendickbeschichtung (KMB) und WU-Beton entschieden (OLG Hamm, Urt. v. 14.8.2019 – 12 U 73/18). Das Deutsche Institut für Normung (DIN) hat dem allerdings in einer Stellungnahme widersprochen („Stellungnahme zum Urteil des OLG Hamm vom 14. August 2019" vom 23.12.2019, abrufbar unter www.din.de). Es ist der Ansicht, dass diese kombinierte Abdichtung den anerkannten Regeln der Technik entspräche. Behauptet der Auftragnehmer, er habe die anerkannten Regeln der Technik beachtet, müsste er beweisen, dass sich diese Art der Ausführung in der Baupraxis dauerhaft bewährt hat und dies von der überwiegenden Anzahl der Sachverständigen auch so gesehen wird. Davon kann beim Lastfall drückendes Wasser wohl nicht unstreitig die Rede sein, weshalb die Risiken von Dickbeschichtungen bei Druckwasser nach wie vor erheblich sind, und zwar sowohl für den Unternehmer als auch für den planenden bzw. bauüberwachenden Architekten (OLG Celle, Urt. v. 26.3.2001 – 14 U 141/98; BGH, Urt. v. 15.6.2000 – VII ZR 212/99).

1965 Die rechtliche Bedeutung schriftlicher technischer Regelwerke, insbesondere von DIN-Normen, besteht in einer Beweiserleichterung. Denn es wird vermutet, dass sie den Stand der anerkannten Regeln der Technik zutreffend wiedergeben. Wenn DIN-Normen nicht eingehalten werden, spricht der Beweis des ersten Anscheins dafür, dass die Leistung nicht den anerkannten Regeln der Technik entspricht und damit mangelhaft ist (OLG Hamm, Urt. v. 14.8.2019 – 12 U 73/18; OLG Düsseldorf, Urt. v. 14.3.2014 – 22 U 100/13). Der Auftragnehmer kann diese Vermutung durch Beweis widerlegen (OLG Hamm, Urt. v. 14.8.2019 – 12 U 73/18; OLG Brandenburg, Urt. v. 18.6.2009 – 12 U 164/08). Diesen Beweis zu erbringen, dürfte in einem Bauprozess aber schwierig sein. Denn es müsste bewiesen werden, dass die DIN-Norm nicht mehr dem aktuellen Stand der anerkannten Regeln der Technik entspricht und dies von der überwiegenden Anzahl der technischen Fachleute auch so eingeschätzt wird.

1966 Kann dieser Beweis nicht geführt werden, sind dennoch Fälle denkbar, in denen Verstöße gegen DIN-Normen oder die anerkannten Regeln der Technik nicht zu Gewährleistungsansprüchen des Auftraggebers führen. Davon ist aber nur auszugehen, wenn mit einem Verstoß weder ein Schadensrisiko noch eine Beeinträchtigung der Gebrauchs- oder Funktionstauglichkeit einhergeht. Dafür ist der Auftragnehmer beweispflichtig.

Beispiel: Der Auftraggeber macht Mängelansprüche wegen zu geringen Gefälles des Balkonestrichs geltend. Der vom Gericht beauftragte Sachverständige stellt fest, dass zur Einhaltung der anerkannten Regeln der Technik ein Gefälle von mehr als 1,5 % erforderlich sei und der Unternehmer ein geringeres Gefälle ausgeführt habe. 1967

Im Beispielsfall hat das OLG Nürnberg Gewährleistungsansprüche des Auftraggebers abgelehnt (OLG Nürnberg, Urt. v. 25.7.2002 – 13 U 979/02). Denn nach den Aussagen des Sachverständigen könne trotz des zu geringen Gefälles mit Sicherheit kein Schaden entstehen, weil die jeweiligen Flächen sehr klein seien, es sich um innenliegende überdachte Balkone handele und die Oberflächenbeschichtung zudem sehr gut geglättet sei, sodass das Wasser einwandfrei abfließen könne. Mit dieser Begründung ist die Entscheidung, die allerdings einen Ausnahmefall darstellt, gut vertretbar (ähnlich: OLG Koblenz, Urt. v. 16.1.2013 – 5 U 748/12). Zwar hat der Sachverständige nicht behauptet, die vom Auftragnehmer verletzte Flachdachrichtlinie entspreche nicht den anerkannten Regeln der Technik, er hat aber überzeugend ausgeführt, dass der Verstoß nachweisbar mit keinerlei Risiken verbunden sei. Anders ist es in folgendem 1968

Beispiel: Der Auftragnehmer wird mit der Abdichtung des Kellergeschosses eines Wohnhauses gegen drückendes Wasser beauftragt. Er fertigt eine Bodenplatte aus wasserdichtem Beton und verkleidet die aufgehenden Kellermauern aus mit Ortbeton verfüllten Filigranplatten, die er mit einer Bitumendickbeschichtung abdichtet. Der Auftraggeber hält die Kellerabdichtung für mangelhaft und macht knapp € 150.000,– für den Einbau einer Weißen Wanne geltend. 1969

Das OLG Frankfurt ist der Auffassung, es liege kein Mangel vor, auch wenn die gewählte Konstruktion für den Lastfall „drückendes Wasser" in der einschlägigen DIN-Vorschrift nicht vorgesehen sei (OLG Frankfurt, Urt. v. 7.7.2006 – 13 U 174/05). Es folgte damit dem Sachverständigen, der wörtlich ausführte: *„Die ausgezeichnete Haftung der Beschichtung am Untergrund, der lückenlose Auftrag im einsehbaren Bereich und die große Materialdicke lassen den Rückschluss zu, dass mit sehr großer Wahrscheinlichkeit das Bauwerk hinreichend abgedichtet ist."* Diese Entscheidung ist falsch. Denn im Prozess ist weder behauptet noch bewiesen worden, dass die zum Zeitpunkt der Entscheidung gültige DIN-Norm nicht den Stand der anerkannten Regeln der Technik zutreffend wiedergibt. Dass die Abdichtung *„mit sehr großer Wahrscheinlichkeit"* ausreichend ist, um das Bauwerk abzudichten, reicht auch nicht ansatzweise aus, um einen Mangel zu verneiP 1970 nen. Ein Auftraggeber muss nicht abwarten, ob tatsächlich Feuchtigkeitserscheinungen auftreten, zumal die Gewährleistungsdauer regelmäßig nur fünf Jahre beträgt, wohingegen eine Kellerabdichtung mehrere Jahrzehnte halten muss. Die Entscheidung macht aber deutlich, dass Gerichte der Bewertung von Sachverständigen oftmals unkritisch folgen, ohne die sich stellenden Rechtsfragen zutreffend zu beantworten.

1971 Die Vermutungswirkung schriftlicher technischer Regelwerke greift auch in umgekehrter Richtung: Hat der Auftragnehmer nach einer einschlägigen DIN-Norm geleistet, streitet der Anscheinsbeweis für ihn. Hier wird zu seinen Gunsten vermutet, dass die Norm dem Stand der anerkannten Regeln der Technik entspricht und seine Leistung deshalb mangelfrei ist. Selbstverständlich kann jetzt der Auftraggeber versuchen, diese Vermutung zu widerlegen. Dafür trägt er dann die Beweislast.

bb) Herstellervorgaben

1972 Herstellervorgaben oder Richtlinien stehen den anerkannten Regeln der Technik nicht zwingend gleich, sodass eine Abweichung nicht zwangsläufig zu einem Mangel der Leistung führen muss (OLG Hamm, Urt. v. 2.9.2015 – 12 U 199/14; OLG Frankfurt, Urt. v. 15.6.2012 – 2 U 205/11 und OLG Celle, Urt. v. 23.3.2011 – 14 U 89/09). Allerdings kann deren Beachtung im Vertrag geregelt worden sein; dann liegt eine Beschaffenheitsvereinbarung vor. Denkbar ist auch, dass Herstellervorgaben der Einhaltung von Sicherheitsanforderungen dienen oder technische Risiken vermeiden sollen. Auch hier kann eine Missachtung unter dem Gesichtspunkt einer stillschweigenden Beschaffenheitsvereinbarung oder eines Verstoßes gegen anerkannte Regeln der Technik zum Mangelvorwurf führen (BGH, Urt. v. 21.4.2011 – VII ZR 130/10; OLG Jena, Urt. v. 27.7.2006 – 1 U 897/04).

cc) Änderung der anerkannten Regeln der Technik

1973 Fraglich ist, was gilt, wenn sich die anerkannten Regeln der Technik während der Bauphase ändern. Für die Mangelfreiheit des Werkes kommt es nach § 13 Abs. 1 VOB/B auf die Einhaltung der anerkannten Regeln der Technik im Zeitpunkt der Abnahme an (BGH, Urt. v. 14.11.2017 – VII ZR 65/14; OLG Nürnberg, Urt. v. 23.9.2010 – 13 U 194/08). Die Leistung ist also mangelhaft, wenn sie nicht den neuen Regeln entsprechend ausgeführt wird. Insofern muss der Auftragnehmer, bei Änderung der anerkannten Regeln der Technik nach Vertragsschluss (aber vor Abnahme), Bedenken anmelden. Das heißt aber nicht, dass die dadurch entstehenden Mehrkosten nicht gesondert vergütungspflichtig wären. Kann der Auftragnehmer die neuen Anforderungen nur durch Änderungs- oder Zusatzleistungen erfüllen, muss der Auftraggeber diese nach § 2 Abs. 5 oder Abs. 6 VOB/B vergüten (BGH, Urt. v. 14.11.2017 – VII ZR 65/14). Das mag allenfalls anders sein, wenn die Leistung nur funktional beschrieben wurde, der Auftraggeber also auf detaillierte Angaben zur Ausführung verzichtet hat (Praxishinweis zu OLG Nürnberg, Urt. v. 23.9.2010 – 13 U 194/08, veröffentlicht in IBR 2011, 13). Entsprach das Werk zum Zeitpunkt der Abnahme den anerkannten Regeln der Technik, muss eine in der Gewährleistungsphase durchgeführte Mangelbeseitigung die zu diesem Zeitpunkt geltenden anerkannten Regeln der Technik erfüllen (OLG Stuttgart, Beschl. v. 14.9.2011 – 10 W 9/11). Das OLG Stuttgart vertritt darüber hinaus die Auffassung, der Auftraggeber müsse sich an den Mehrkosten, die durch die gestiegenen technischen Anforderungen entstehen, nicht beteiligen (ebenso: OLG Schleswig, Urt. v. 1.2.2019 – 1 U 42/18 und OLG Hamm, Urt. v. 27.10.2006 – 12 U 47/06). Wir halten das unter dem Gesichtspunkt der „Sowieso-Kosten" zumindest für fraglich (vgl. hierzu: Miernik, BauR 2012, 151 ff.).

Der Auftragnehmer ist während der Auftragsdurchführung verpflichtet, auf **1974** bevorstehende oder bereits eingetretene Änderungen der anerkannten Regeln der Technik hinzuweisen (BGH, Urt. v. 14.11.2017 – VII ZR 65/14), soweit die Regeländerung unter Berücksichtigung branchenüblichen Normalwissens erkennbar war. Das gilt auch bei einer Änderung von öffentlich-rechtlichen Bestimmungen. Weigert sich der Auftraggeber, Leistungen anzuordnen, die zur Erfüllung der geänderten Regeln der Technik notwendig sind, muss der Auftragnehmer diese Leistungen auch nicht ausführen. Nach einem entsprechenden Bedenkenhinweis wäre er von der Mängelhaftung frei (§ 13 Abs. 3 VOB/B). Dieselben Grundsätze gelten für Architekten und Ingenieure. Auch diese schulden eine Planung, die zum Zeitpunkt der Abnahme den anerkannten Regeln der Technik entspricht. Sie dürfen deshalb nicht auf dem Stand der ursprünglichen Planung stehen bleiben, sondern müssen sich auf dem Laufenden halten und ihr Werk auf Übereinstimmung mit den aktuellen Regeln der Technik überprüfen (OLG Dresden, Urt. v. 9.6.2010 – 1 U 745/09).

Den umgekehrten Fall hatte das OLG Frankfurt in seinem Urteil vom 19.9.2018 – **1975** 29 U 152/17 zu entscheiden: Dort hatten sich die nach der DIN an das Werk zu stellenden Anforderungen nach Vertragsabschluss reduziert. Das OLG bejahte zwar den Mangel, sah die Mangelbeseitigung allerdings als unverhältnismäßig an, weil das Werk jedenfalls den nach Abnahme geltenden Anforderungen entsprach und im Übrigen auch keine Gebrauchsbeeinträchtigung aufwies.

dd) Verlangte Ausführung widerspricht den anerkannten Regeln der Technik

In der Praxis kommt es gelegentlich vor, dass Auftraggeber aus Kostengründen **1976** von vornherein eine „minderwertige" Leistung beauftragen und anschließend Mängelansprüche geltend machen.

Beispiel: Der Auftragnehmer saniert das Dach einer Reithalle, welches zuvor **1977** von einem zwischenzeitlich insolventen Dritten mangelhaft errichtet wurde. Im Vorprozess mit dem insolventen Unternehmer stellte ein Sachverständiger fest, dass konkret genannte Sanierungsarbeiten erforderlich sind, die bei ordnungsgemäßer Ausführung zwar zur Regensicherheit, aber nicht zur Regendichtheit führen. Mit diesen Arbeiten wurde der nun auf Restwerklohn klagende Auftragnehmer beauftragt. Der AG verweigert die Abnahme und die Zahlung unter Verweis darauf, dass der Auftragnehmer eine Unterspannbahn hätte einbauen müssen, um Regendichtigkeit zu erzielen. Diese Leistung sei zwar nicht ausdrücklich, aber jedenfalls stillschweigend beauftragt worden. Zumindest hätte der Auftragnehmer Bedenken gegen die vorgesehene Art der Ausführung anmelden müssen.

1978 Dem erteilte das OLG Saarbrücken eine Absage (OLG Saarbrücken, Urt. v. 13.10.2011 – 8 U 298/07). Denn die Reithalle sei für ihre zweckentsprechende Nutzung geeignet. Sie diene weder dem dauerhaften Aufenthalt von Mensch oder Tier noch zur Einlagerung von Gegenständen. Eine stillschweigende Beschaffenheitsvereinbarung, die über die explizit beauftragten Leistungen hinausgeht, kommt ebenfalls nicht in Betracht, weil die beauftragten Leistungen zur Erstellung eines funktionstauglichen Werks ausreichen. Der Auftragnehmer durfte ferner davon ausgehen, dass sich der Auftraggeber bewusst für eine qualitativ geringere Konstruktions- und Ausführungsart entschieden habe. Er musste auch keine Bedenken nach § 4 Abs. 3 VOB/B anmelden. Letzteres ist im vorliegenden Fall vertretbar, sollte einen Auftragnehmer aber nicht zu Verallgemeinerungen verleiten. Im Grundsatz gilt nämlich, dass auch eine „Billiglösung" den anerkannten Regeln der Technik entsprechen und gebrauchstauglich sein muss (OLG Rostock, Urt. v. 15.9.2020 – 4 U 16/20). Deshalb gilt: Sobald eine aus Kostengründen geringwertige Leistung beauftragt wird, die möglicherweise auch noch den anerkannten Regeln der Technik widerspricht, jedenfalls aber nicht zur uneingeschränkten Gebrauchstauglichkeit führt, muss der Auftragnehmer seiner Prüfungs- und Hinweispflicht nachkommen. Beruft sich der Auftragnehmer in einem solchen Fall darauf, er habe aufgrund bindender Anordnung einer untauglichen Ausführungsweise durch den Auftraggeber die vereinbarte oder nach dem Vertrag vorausgesetzte Funktion von vornherein nicht erfüllen können, trägt er für diese Behauptung die Darlegungs- und Beweislast (BGH, Urt. v. 29.9.2011 – VII ZR 87/11).

1979 Die gleichen Grundsätze gelten für bauplanende Architekten und Ingenieure (OLG Dresden, Urt. v. 9.6.2010 – 1 U 745/09). Schlägt ein bauplanender Ingenieur eine von den anerkannten Regeln der Technik abweichende Ausführung vor, muss er in jedem Fall umfassend aufklären, insbesondere darüber, welche Risiken und Folgen die entsprechende Planung mit sich bringen kann (OLG München, Urt. v. 14.4.2010 – 27 U 31/09). Das Gleiche gilt, wenn der Auftraggeber eine verbindliche Vorgabe macht, die den anerkannten Regeln der Technik zum Abnahmezeitpunkt nicht mehr entspricht (OLG Dresden, Urt. v. 9.6.2010 – 1 U 745/09).

c) Eignung für die nach dem Vertrag vorausgesetzte, ansonsten für die gewöhnliche Verwendung

Wenn im Werkvertrag keine bestimmte Beschaffenheit vereinbart wurde, ist die Leistung mangelfrei, wenn sie sich entweder für die nach dem Vertrag vorausgesetzte oder für die gewöhnliche Verwendung eignet und eine Beschaffenheit aufweist, die bei Werken der gleichen Art üblich ist und die der Auftraggeber nach der Art der Leistung erwarten konnte (§ 13 Abs. 1 Satz 3 VOB/B). Danach ist entscheidend, ob sich die Leistung für den Verwendungszweck eignet (OLG Naumburg, Urt. v. 9.3.2011 – 9 U 108/10). Ist im Vertrag auch kein konkreter Verwendungszweck geregelt worden, kommt es auf den gewöhnlichen Verwendungszweck an (OLG München, Urt. v. 30.11.2005 – 27 U 229/05). **1980**

Ein Werk kann deshalb auch mangelhaft sein, wenn die Leistung in der vereinbarten Art und Weise ausgeführt wurde und den anerkannten Regeln der Technik entspricht, aber dennoch nicht funktionstauglich ist. Der BGH geht von einem *funktionalen* Mangelbegriff aus (BGH, Urt. v. 7.2.2019 – VII ZR 274/17; BGH, Urt. v. 29.9.2011 – VII ZR 87/11; ebenso: OLG Düsseldorf, Urt. v. 26.3.2019 – 23 U 90/18; OLG Zweibrücken, Urt. v. 3.12.2013 – 8 U 32/11; OLG Saarbrücken, Urt. v. 2.6.2016 – 4 U 136/15; OLG Köln, Urt. v. 22.6.2016 – 16 U 145/15). **1981**

Beispiel: Der Eigentümer eines Forsthauses, das nicht an das öffentliche Stromnetz angeschlossen ist, beauftragt einen Unternehmer mit der Errichtung eines Blockheizkraftwerks, das den Strom- und Wärmebedarf decken soll. Gleichzeitig beauftragt er einen Installateur mit der Errichtung einer Heizungsanlage und deren Anschluss an das Kraftwerk. Weil der Strombedarf des Hauses nur gering ist, produziert das Kraftwerk keine ausreichende Abwärme für die Heizung. Der Eigentümer hält die Heizungsanlage für mangelhaft und erklärt den Rücktritt vom Vertrag. Gegenüber der Restwerklohnklage des Installateurs in Höhe von ca. € 10.000,– verlangt er Rückzahlung der von ihm bereits gezahlten Vergütung in Höhe von ca. € 19.000,–. Das Landgericht sowie das OLG München waren der Auffassung, die Leistung des Installateurs sei mangelfrei. **1982**

Diesen Entscheidungen widersprach der BGH (BGH, Urt. v. 8.11.2007 – VII ZR 183/05). Ob ein Mangel vorliege, bestimme sich nicht allein nach der vereinbarten Beschaffenheit der Werkleistung. Es komme vielmehr auch darauf an, welche *Funktion* das Werk nach dem Willen der Vertragspartner erfüllen soll. Deshalb sei die Heizungsanlage mangelhaft, weil sie den vereinbarten Gebrauchszweck, das Haus ausreichend zu beheizen, nicht erfülle. **1983**

Der Heizungsinstallateur wird sich fragen, wie er in solchen Fällen eine Mangelhaftung vermeiden kann. Der BGH weist folgenden Weg: Wenn das Haus nur deshalb nicht ausreichend beheizt werden kann, weil das Kraftwerk eines anderen Unternehmers keine ausreichende Wärme zur Verfügung stellt, hängt **1984** die Verantwortung für den Mangel davon ab, ob der Heizungsinstallateur die konzeptionelle Ungeeignetheit des Blockheizkraftwerks erkennen musste (BGH, Urt. v. 8.11.2007 – VII ZR 183/05). Bejahendenfalls muss der Heizungsinstallateur beweisen, dass er seiner Bedenkenhinweispflicht nach § 4 Abs. 3 VOB/B ausreichend nachgekommen ist. War dies der Fall, scheidet eine Mangelverantwortung nach § 13 Abs. 3 VOB/B aus (ebenso: OLG Zweibrücken, Urt. v. 3.12.2013 – 8 U 32/11). Nachdem der BGH den Fall zur Klärung dieser Frage zurückverwiesen hat, musste das OLG München erneut entscheiden (OLG München, Urt. v. 27.5.2008 – 28 U 4500/04). Es geht nach Hinzuziehung eines Sachverständigen davon aus, dass von einem Heizungsinstallateur kein Fachwissen über Blockheizkraftwerke zu erwarten ist, sodass ihn keine Hinweispflichten zur Funktion der Gesamtanlage treffe.

1985 Ebenso hat das OLG Hamm in einem Fall entschieden, in dem ein Auftragnehmer, der mit der Installation einer Wärmepumpenheizung mit Kühlfunktion beauftragt wurde, seinen Auftraggeber bzw. den vorleistenden Elektriker, der mit der Ausführung der Raumthermostate und deren Verkabelung mit dem Steuerungsgerät der Heizung beauftragt wurde, nicht darauf hingewiesen hat, dass sich die vorhandene Kühlfunktion nur ansteuern lasse, wenn ein mindestens vieradriges Kabel verwendet wird. Der Elektriker hat stattdessen nur ein dreiadriges Kabel ausgeführt. Das OLG Hamm vertrat die Auffassung, dieses Erfordernis gehöre zum Grundwissen eines Elektrikers, sodass der Heizungsbauer keine Verpflichtung gehabt habe, diesen auf die Notwendigkeit der Verwendung eines mindestens vieradrigen Kabels hinzuweisen (OLG Hamm, Urt. v. 19.4.2016 – 24 U 48/15; dagegen: Steffen/Scherwitzki, BauR 2016, 1815 ff.).

1986 Zum funktionalen Mangelbegriff ein weiteres

Beispiel: Der Bauherr beauftragt eine Bautenschutzfirma, Feuchtigkeitsschäden an seinem Haus zu besichtigen. Nachdem die Firma die Feuchtigkeit auf eine mangelhafte Horizontalsperre zurückführte, wurde sie mit deren Erneuerung an den betroffenen Stellen beauftragt. Nach Ausführung der Arbeiten stellte sich heraus, dass der wirkliche Grund für die Feuchtigkeitserscheinungen eine infolge Lochfraßes undichte Warmwasserleitung war. Der Bauherr fordert die gezahlte Vergütung zurück.

1987 Das OLG Celle gab dem Auftraggeber Recht (OLG Celle, Urt. v. 20.5.2009 – 14 U 22/09). Auch wenn die beauftragte Leistung als solche sachmängelfrei ausgeführt worden ist, ergibt eine Auslegung des Vertrags, dass es dem Auftraggeber um die Beseitigung der Feuchtigkeitsschäden ging, sodass sich die Firma nicht darauf zurückziehen kann, sie habe die Horizontalsperre fachgerecht erneuert. Dagegen hat kürzlich das OLG München entschieden, dass der mit der Beschichtung einer Fassade beauftragte Auftragnehmer keine „dauerhafte Rissüberbrückung" schulde, wenn er sich exakt an die vom Auftraggeber vorgegebenen fünf Arbeitsschritte gehalten habe (OLG München, Beschl. v. 15.10.2015 – 28 U 1494/15). Diese Entscheidung ist zweifelhaft, weil sich ein Auftragnehmer nach dem funktionalen Mangelbegriff nicht darauf beschränken darf, lediglich die vereinbarten Arbeiten auszuführen, auch wenn sie in einem Leistungsverzeichnis konkret aufgeführt worden sind. Führen die vereinbarten Arbeiten nicht zu einer dauerhaft gebrauchsfähigen Leistung, ist sie mangelhaft (OLG Saarbrücken, Urt. v. 2.6.2016 – 4 U 136/15; OLG Celle, Urt. v. 16.5.2013 – 13 U 11/09). Auch in diesem Zusammenhang spielen die Prüfungs- und Bedenkenhinweispflichten eine überragende Rolle. Wenn erkennbar war, dass der Auftraggeber eine dauerhafte Rissüberbrückung erreichen wollte, hätte der Auftragnehmer prüfen müssen, ob dieser Erfolg mit den vereinbarten Arbeitsschritten zu erzielen ist und verneinendenfalls Bedenken geltend machen müssen (ebenso: OLG Brandenburg, Urt. v. 22.12.2015 – 4 U 26/12). Müssen danach auf Anordnung des Auftraggebers zusätzliche oder geänderte Leistungen ausgeführt werden, sind diese nach § 2 Abs. 5 oder 6 VOB/B vergütungspflichtig. Der Einwand des Auftraggebers, der Hinweis habe bereits vor Vertragsabschluss erfolgen müssen, verfängt dagegen nicht, weil § 4 Abs. 3 VOB/B grundsätzlich erst nach Vertragsabschluss anwendbar ist und man von einem Bieter regelmäßig nicht erwarten kann, dass er bereits in der Angebotsphase nachplant (OLG Koblenz, Urt. v. 31.3.2010 – 1 U 415/08).

In diesen Zusammenhang gehört auch eine Grundsatzentscheidung des BGH, in **1988**
der es um den Spontanbruch von Glasscheiben geht:

Beispiel: Ein Auftragnehmer bringt an einem Neubau Einscheibensicherheits- **1989**
glas (ESG) mit den ausgeschriebenen Elementen an. Dabei kam es wegen Nickelsulfit-Einschlüssen zum Bruch von Scheiben, wobei einzelne Bruchstücke herabfielen. In der Leistungsbeschreibung wurde vereinbart, dass die zur Verwendung kommenden vorgespannten Glasscheiben keine zerstörenden Einschlüsse (z.B. Nickelsulfit) haben dürfen. Die Auftraggeberin hält deshalb die Glasfassade insgesamt für mangelhaft und verlangt den Austausch sämtlicher Glasscheiben. Sie macht deshalb einen Mangelbeseitigungskostenvorschuss von € 240.000,– geltend.

Der BGH hob das der Klage stattgebende Urteil des OLG Düsseldorf auf und verwies **1990**
die Sache zur weiteren Aufklärung zurück (BGH, Urt. v. 8.5.2014 – VII ZR 203/11). Im Ausgangspunkt folgte der BGH der Auffassung des OLG Düsseldorf, das eine Mangelhaftigkeit der Fassade angenommen hatte. Der BGH begründete dies mit dem funktionalen Mangelbegriff, wonach das Werk alle Eigenschaften aufweisen muss, die den vertraglich geschuldeten Erfolg herbeiführen. Wenn konkrete Beschaffenheitsvereinbarungen fehlen, kommt es auf den vertraglich vorausgesetzten oder gewöhnlichen Gebrauch an. Lässt sich dieser mit den vereinbarten

Leistungen nicht herbeiführen, schuldet der Unternehmer dennoch die vereinbarte oder die nach dem Vertrag vorausgesetzte Funktionstauglichkeit (so auch OLG Düsseldorf, Urt. v. 26.3.2019 – 23 U 90/18). Die Auslegung des Vertrags ergab hier, dass die Verwendung von Glasscheiben vereinbart worden ist, bei denen kein Risiko eines Glasbruchs besteht. Das folge aus der Leistungsbeschreibung, in der geregelt worden sei, dass die Glasscheiben keine zerstörenden Einschlüsse aufweisen dürfen. Dann folgen Ausführungen, die von grundsätzlicher Bedeutung sind. Wir zitierten den BGH deshalb wörtlich:

„Birgt die ausgeschriebene Variante ein Risiko, das der Besteller erkennbar nicht übernehmen will, muss der Unternehmer, wenn er dieses Risiko auch nicht tragen will, diesen nach der ständigen Rechtsprechung des Senats darauf hinweisen und mit ihm vertraglich einen Ausschluss des Risikos vereinbaren. Das hat der Senat gerade in den Fällen entschieden, in denen es darum ging, ob die vereinbarte Ausführung in der Lage ist, die nach dem Vertrag vorausgesetzte Funktion zu erfüllen. Ist durch die beschriebene Ausführung die nach dem Vertrag vorausgesetzte Funktion erkennbar gefährdet oder nicht erreichbar, kann der Unternehmer den Besteller nicht im Ungewissen lassen und für den Fall der Risikoverwirklichung die Auffassung vertreten, die Wahl einer bestimmten Ausführungsweise führe dazu, dass die vereinbarte Funktionstauglichkeit eine andere sei, als der Besteller sich vorgestellt habe." (BGH, Urt. v. 8.5.2014 – VII ZR 203/11, Rn. 26).

1991 Trotz dieser Ausführungen hat der BGH den geltend gemachten Vorschussanspruch verneint, und zwar deshalb, weil der vollständige Ausschluss von Nickelsulfit-Einschlüssen technisch nicht erreichbar sei, weshalb ein Fall der dauerhaften objektiven Unmöglichkeit vorliege. Die Konsequenz ist der Wegfall des Anspruchs auf Mangelbeseitigung und damit auch der Anspruch auf Zahlung des darauf gerichteten Vorschusses (ähnlich: OLG Hamburg, Urt. v. 19.8.2016 – 9 U 47/10). Das führte aber nicht zur Abweisung der Klage, sondern zur Zurückverweisung an das OLG Düsseldorf. Denn es komme ein Schadensersatzanspruch, der auch die Erstattung von Folgeschäden umfasse, in Betracht. Der Schadensersatzanspruch ist – im Gegensatz zum Mangelbeseitigungs- oder Vorschussanspruch – aber vom Verschulden des Auftragnehmers abhängig. Der BGH führte hierzu aus, eine Haftung des Auftragnehmers sei danach nur ausgeschlossen, wenn er das verbleibende Risiko von Nickelsulfit-Einschlüssen nicht kannte und diese Unkenntnis auch nicht zu vertreten hatte. Sein Einwand, den Beratern der Auftraggeberin sei bekannt gewesen, dass ein Restrisiko verbleibe, müsse unter dem Gesichtspunkt des Mitverschuldens (§ 254 BGB) berücksichtigt werden. Der Fall zeichnete sich dadurch aus, dass der Vertrag konkrete Aussagen zum Risiko des unvermeidbaren Bruchs von Scheiben traf. Ohne solche Anhaltspunkte kann man unseres Erachtens nicht davon ausgehen, dass der Auftragnehmer ein solches Risiko übernimmt. Auftragnehmer, die juristische Unwägbarkeiten vermeiden wollen, müssen auf erkennbare Risiken unmissverständlich hinweisen und die Haftung dafür ausschließen. Denn der BGH hat in einer weiteren Entscheidung, der ein vergleichbarer Sachverhalt zugrunde lag, an seinem Grundsatzurteil festgehalten (BGH, Beschl. v. 9.7.2014 – VII ZR 161/13).

d) Die Erscheinungsformen des Mangels sind voneinander unabhängig

Der BGH hat wiederholt entschieden, dass die Erscheinungsformen des Mangels selbstständig, also jeweils für sich zu betrachten sind (BGH, Urt. v. 21.9.2014 – X ZR 244/01 und BGH, Urt. v. 19.1.1995 – VII ZR 131/93). Eine Bauleistung kann im Zeitpunkt der Abnahme durchaus den anerkannten Regeln der Technik entsprechen, aber dennoch mangelhaft sein (OLG Hamm, Urt. v. 27.9.2012 – 17 U 170/11; OLG Oldenburg, Urt. v. 7.12.2006 – 8 U 182/06; BGH, Urt. v. 9.7.2002 – X ZR 242/99). Wie bereits oben ausgeführt, kann auch eine Leistung, die den einschlägigen DIN-Normen entspricht, mangelhaft sein (OLG München, Urt. v. 16.4.2013 – 27 U 219/10; OLG Brandenburg, Urt. v. 26.9.2013 – 12 U 115/12). 1992

Beispiel: Ein Werkunternehmer errichtet eine Brücke in Spannbetonbauweise nach dem Spannverfahren. Er beachtet alle im Zeitpunkt der Abnahme bekannten anerkannten Regeln der Technik. Dies stellen Sachverständige ausdrücklich fest. Dennoch treten Risse an der Brücke auf. 1993

In einem solchen Fall liegt ein Mangel vor, weil der Auftragnehmer den Erfolg (ein mangelfreies Bauwerk) verschuldensunabhängig herbeiführen muss; Mängelhaftung ist prinzipiell Erfolgshaftung (BGH, Urt. v. 10.11.2005 – VII ZR 147/04; OLG Hamm, Urt. v. 8.11.20216 – 21 U 161/13). Zur Mangelbeseitigung gehören auch alle erforderlichen Vor- und Nacharbeiten. Hat der Auftragnehmer die Leistung allerdings nach den Beschaffenheitsvereinbarungen des Vertrags aufgrund einer detaillierten Leistungsbeschreibung sowie in Übereinstimmung mit den anerkannten Regeln der Technik erbracht, hängt die Mangelverantwortung davon ab, ob eine Prüfungs- und Bedenkenhinweispflicht nach § 4 Abs. 3 VOB/B bestand und bejahendenfalls, ob der Auftragnehmer dieser beweisbar nachgekommen ist. 1994

Es versteht sich von selbst, dass ein Mangel nicht den Eintritt eines Schadens voraussetzt. Verstößt die ausgeführte Werkleistung gegen anerkannte Regeln der Technik, muss der Auftraggeber nicht warten, bis ein Schaden eingetreten ist, bevor er Gewährleistungsansprüche geltend machen kann (OLG Karlsruhe, Urt. v. 29.11.2013 – 13 U 80/12; OLG Frankfurt, Urt. v. 4.10.2011 – 10 U 264/07). Dass die Erscheinungsformen des Mangels voneinander unabhängig sind, wird auch dadurch deutlich, dass eine funktionstaugliche und den anerkannten Regeln der Technik entsprechende Leistung allein deshalb mangelhaft ist, wenn sie von der vereinbarten Beschaffenheit abweicht (vgl. M. I. 1. a), Rn. 1949 ff.). 1995

2. Prüfungs- und Bedenkenhinweispflichten nach § 4 Abs. 3 VOB/B/ Rechtsfolgen eines Bedenkenhinweises (§ 13 Abs. 3 VOB/B)

a) Mängel im Verantwortungsbereich Dritter

aa) Vorbemerkungen zum Verständnis der Thematik

1996 Wenn man die Rechtsprechung zum Baurecht verfolgt, stellt man fest, dass es nahezu keinen Themenbereich gibt, der häufiger Gegenstand von Bauprozessen ist als die Prüfungs- und Bedenkenhinweispflichten des Auftragnehmers nach § 4 Abs. 3 VOB/B. Um es vorwegzunehmen: Die Anforderungen an den Bauleiter des Auftragnehmers werden immer vielfältiger und strenger. Das mag man bedauern, weil sich bei Lektüre zahlreicher Urteile der Eindruck aufdrängt, dass die Grenzen zwischen den Pflichten der Vertragspartner nicht mehr ausreichend beachtet werden. Das gilt insbesondere für den Bereich der Planung, wenn und soweit sie dem ausführenden Unternehmer seitens des Auftraggebers bzw. seiner Sonderfachleute zur Verfügung gestellt wird. Genau diese Aufgabenverteilung entspricht aber dem Leitbild der VOB/B, weil es nach § 3 Abs. 1 VOB/B der Auftraggeber ist, der dem Auftragnehmer die für die Ausführung „nötigen Unterlagen" unentgeltlich und rechtzeitig zu übergeben hat, wenn im Werkvertrag keine davon abweichenden Regelungen getroffen wurden, was selbstverständlich möglich ist. Wenn es aber dabei geblieben ist, dass der Auftraggeber bestimmt, welche Leistungen auszuführen sind und er diese Leistungen durch Ingenieure planen und ausschreiben lässt, dann muss er im Ausgangspunkt auch für die Richtigkeit und Vollständigkeit seiner Vorgaben verantwortlich sein. Auch der Umstand, dass ein Auftraggeber an bestimmten Stellen schlechte planerische Vorgaben macht, begründet keine umfassenden Prüfungspflichten des Aufragnehmers in Bezug auf die gesamte Planung (OLG München, Urt. v. 5.6.2013 – 13 U 1425/12 Bau).

1997 Niemand stellt in Abrede, dass man seinen Vertragspartner vor vermeidbaren Schäden schützen muss. Das gilt nicht nur im Werkvertragsrecht. Deshalb basieren die Prüfungs- und Hinweispflichten in § 4 Abs. 3 VOB/B auf dem Grundsatz von Treu und Glauben und entsprechen damit schon dem gesunden Menschenverstand. Das darf aber nicht so weit gehen, dass der Auftragnehmer einschränkungslos zum Nachplanen verpflichtet wird und er praktisch immer in der Mitverantwortung steht, wenn die auftraggeberseitigen Vorgaben falsch oder unvollständig sind. Auftragnehmer beklagen, unseres Erachtens nicht zu Unrecht, dass der Auftraggeber zu nachlässiger Planung geradezu verleitet wird, wenn man vom Auftragnehmer in der Ausführungsphase zusätzlich verlangt, dass er wegen seiner Prüfungs- und Bedenkenhinweispflichten die Planung auf eigenes Risiko und regelmäßig auf eigene Kosten vervollständigen oder nachbessern muss. Manche werden dagegen einwenden, dass man den Auftragnehmer dazu doch gar nicht zwingen könne, weil er berechtigt sei, Behinderung anzumelden, wenn die Planung nicht die notwendigen Detailangaben enthält oder falsch ist.

Das ist im Prinzip richtig. Richtig ist aber auch, dass solche Behinderungsanzeigen oftmals mit dem Hinweis darauf, dass der Detaillierungsgrad der Planung, jedenfalls für eine sachkundige Fachfirma, ausreichend sei, zurückgewiesen werden. Gerade im Bereich der technischen Gebäudeausrüstung wird auf die in der VOB/C (DIN 18299 ff.) geregelte Verpflichtung zur Erstellung von Werkstatt- und Montageplänen verwiesen. Wenn man ergänzend im Blick behält, welche Anforderungen die Rechtsprechung an die Dokumentation gestörter Bauabläufe stellt, wird deutlich, weshalb Auftragnehmer sich oftmals dem Zwang der Verhältnisse beugen, die Planung selbst vervollständigen und davon absehen, die Arbeiten einzustellen.

Im Ausgangspunkt können dem Auftragnehmer Mängel an seiner Werkleistung **1998** nicht angelastet werden, wenn die Mangelursache im Verantwortungsbereich des Auftraggebers liegt. Wenn ein Mangel auf die Leistungsbeschreibung oder Anordnungen des Auftraggebers, auf die von diesem gelieferten oder vorgeschriebenen Stoffe oder Bauteile oder auf die Beschaffenheit der Vorleistung eines anderen Unternehmers zurückzuführen ist, haftet der Auftragnehmer „nur", wenn er die ihm obliegende Prüfungs- und Bedenkenhinweispflicht nach § 4 Abs. 3 VOB/B verletzt hat. Versteht man § 4 Abs. 3 VOB/B richtig, führt die Beachtung der Hinweispflicht zu einer Enthaftung für Mängel (OLG Düsseldorf, Urt. v. 6.10.2017 – 22 U 41/17). Das folgt aus § 13 Abs. 3 VOB/B. Anders ausgedrückt: § 4 Abs. 3 VOB/B legt einem Auftragnehmer Verpflichtungen (genauer: Obliegenheiten) auf; die Erfüllung der Prüfungs- und Bedenkenhinweispflicht *befreit* den Auftragnehmer von der Mängel- oder Schadensersatzhaftung, falls sich der Auftraggeber über den Bedenkenhinweis hinweggesetzt hat. Der Auftragnehmer haftet nach § 13 Abs. 3 VOB/B nicht, wenn er die ihm nach § 4 Abs. 3 VOB/B obliegende Mitteilung gemacht hat. Es ist im Streitfall Sache des Auftragnehmers, die Erfüllung der Voraussetzungen des § 4 Abs. 3 VOB/B darzulegen und zu beweisen (BGH, Urt. v. 8.11.2007 – VII ZR 183/05). Zu den inhaltlichen und formellen Voraussetzungen des Bedenkenhinweises vgl. die Ausführungen unter II. 1., Rn. 1986 ff. Es ist also keineswegs so, dass kein Mangel vorliegt, nur weil er auf der unzureichenden Vorleistung eines anderen Unternehmers oder falscher Planung basiert (OLG Rostock, Beschl. v. 3.5.2017 – 4 U 110/15). Ein Mangel bleibt ein Mangel, egal aus welchen Gründen er entstanden ist. Weil die Bestimmungen in § 4 Abs. 3 i.V.m. § 13 Abs. 3 VOB/B Konkretisierungen des Grundsatzes von Treu und Glauben sind, gelten sie auch bei BGB-Verträgen, in denen die VOB/B nicht vereinbart worden ist (OLG Düsseldorf, Urt. v. 8.7.2013 – 5 U 142/12; OLG Naumburg, Urt. v. 26.6.2014 – 2 U 131/13; BGH, Urt. v. 8.11.2007 – VII ZR 183/05).

bb) Umfang der Prüfungspflichten

Für die Freistellung des Auftragnehmers von jeglicher Mangelverantwortung ist **1999** erforderlich, dass ein Bedenkenhinweis erfolgt ist oder er nicht geboten war. Wenn der Auftragnehmer nach Lage des Einzelfalls Fehler Dritter von vornherein nicht erkennen konnte, ist er nach § 13 Abs. 3 VOB/B ebenfalls von der Gewährleistung frei (OLG Hamm, Urt. v. 19.4.2016 – 24 U 48/15; OLG Köln, Beschl. v. 22.2.2016 – 11 U 106/15; OLG Bamberg, Urt. v. 17.4.2013 – 3 U 127/12; OLG Schleswig, Urt. v. 22.3.2011 – 3 U 48/10). Eine Haftung des Auftragnehmers wegen eines unterlassenen Bedenkenhinweises besteht folglich nur, wo ihm eine Prüfung zumutbar ist und er unter Berücksichtigung branchenüblichen Normalwissens in der Lage sein musste, den Fehler zu erkennen (KG, Beschl. v. 12.10.2017 – 27 U 60/17; OLG Frankfurt, Urt. v. 7.12.2010 – 5 U 95/09; OLG Düsseldorf, Urt. v. 26.3.2013 – 23 U 87/12; OLG Brandenburg, Urt. v. 9.5.2007 – 13 U 103/03). Labortechnische Untersuchungen muss der Auftragnehmer regelmäßig nicht vornehmen (OLG Frankfurt, Urt. v. 15.1.2018 – 21 U 22/17).

2000 Der Umfang der Prüfungs- und Hinweispflichten ergibt sich aus dem Grundsatz der Zumutbarkeit, wie sie sich nach den Umständen des Einzelfalls darstellen. Was danach zu fordern ist, bestimmt sich in erster Linie durch das vom Auftragnehmer zu erwartende Fachwissen (OLG Naumburg, Urt. v. 26.6.2014 – 2 U 131/13). Es dürfte sich von selbst verstehen, dass man angesichts der Vielzahl denkbarer Fallkonstellationen nicht in wenigen Sätzen beschreiben kann, was von einem Auftragnehmer konkret geprüft werden muss und wo die Grenzen der Prüfungspflichten liegen. Die Rechtsprechung stellt gerade in den letzten Jahren zunehmend darauf ab, ob es sich um einen mit seiner Spezialisierung und Erfahrung werbenden Unternehmer handelt oder nicht. So führte das OLG Düsseldorf in einer Entscheidung aus dem Jahr 2014 wörtlich aus:

> *„An einen als Fachbetrieb (hier: für „automatische Türanlagen" und „Garagentorbetriebe") firmierenden Werkunternehmer sind hohe Anforderungen an seine Prüfungs- und Bedenkenhinweispflicht zu stellen." (OLG Düsseldorf, Beschl. v. 14.2.2014 – 22 U 101/13)*

2001 In einer Entscheidung aus dem Jahr 2013 heißt es, bei einem Spezialunternehmer seien höhere Anforderungen an seine Prüfungspflichten zu stellen. Er dürfe sich nicht auf die Fachplanung verlassen, wenn deren Lücken bzw. Mängel für ihn erkennbar seien. Und weiter: Der Umstand, dass eine Fachplanung vorliege, entlaste als solcher nicht und entbinde den Auftragnehmer nicht von seiner eigenen Prüfungspflicht (OLG Düsseldorf, Urt. v. 5.2.2013 – 23 U 185/11). In dieselbe Richtung geht eine Entscheidung des OLG Brandenburg, wo ein privater Bauherr erweiterte Rohbauarbeiten einschließlich der Abdichtungsarbeiten für die Errichtung eines Einfamilienhauses in Auftrag gegeben hatte und sich der Auftragnehmer, nachdem Mängel bei den Abdichtungsarbeiten aufgetreten sind, auf die Vorgaben im Leistungsverzeichnis berief. Das OLG Brandenburg vertrat die Auffassung, der Unternehmer habe erkennen müssen, dass entgegen den auftraggeberseitigen Vorgaben nicht nur eine Abdichtung gegen nichtdrückendes

Wasser, sondern eine Abdichtung gegen aufstauendes Sickerwasser gewollt war (OLG Brandenburg, Urt. v. 22.12.2015 – 4 U 26/12; ähnlich: OLG Zweibrücken, Urt. v. 3.12.2013 – 8 U 32/11). Der Unternehmer – so das OLG Brandenburg weiter – müsse seiner Prüfungs- und Hinweispflicht selbst dann nachkommen, wenn ein Fachingenieur/Architekt die Ausführung des Werks geplant habe, es sei denn, der Auftragnehmer dürfe auf die größere Fachkunde des Planers vertrauen, was im konkreten Fall allerdings verneint worden ist.

Davon abweichende Entscheidungen, die in jüngster Zeit insbesondere vom OLG Köln stammen, rücken dagegen die Differenzierung zwischen den Verantwortungsbereichen „Ausschreibung und Planung" einerseits bzw. „Ausführung der Leistung" andererseits deutlicher in den Vordergrund. Das halten wir aus den eingangs dargestellten Gründen auch für zutreffend. In einer Entscheidung heißt es wörtlich: **2002**

> *„Der mit der Ausführung von Heizungs-, Klima-, Lüftungs- und Kältetechnikleistungen beauftragte Auftragnehmer muss nicht erkennen, dass die genehmigte Gesamthöhe des Gebäudes durch die Lüftungsanlage überschritten ist, selbst wenn die ihm überlassenen Pläne konkrete Angaben zur Gesamthöhe enthalten. Insoweit kann sich der Auftragnehmer auf die Vorgaben des Fachplaners verlassen.*
>
> *Ist ein Baumangel (hier: falsche Höhenanlage der Lüftungsrohre) auf die Vorgaben des Fachplaners zurückzuführen, kommt eine gesamtschuldnerische Haftung des Auftragnehmers mit den „Planern" für die Beseitigung des Gesamtmangels „falsche Höhenanlage Rohre" nicht in Betracht.*
>
> *Die Entwicklung eines Alternativkonzepts zur Herstellung eines genehmigungsfähigen bau- und nachbarrechtlich zulässigen Zustands fällt in den Pflichtenkreis des Auftraggebers." (OLG Köln, Urt. v. 17.5.2013 – 19 U 194/11)*

Ähnlich hat das OLG Köln in einem Fall entschieden, in dem Mängel auf falschen statischen Vorgaben des Auftraggebers beruhten. Auch diese Entscheidung ist so bedeutsam, dass der Leitsatz eine wörtliche Wiedergabe lohnt: **2003**

> *„Der Auftragnehmer kann sich grundsätzlich auf die Erkenntnisse eines Sonderfachmanns verlassen, er hat sie nur auf offenkundige, im Rahmen seiner eigenen Sachkunde ohne Weiteres „ins Auge springende" Mängel zu überprüfen. Das gilt insbesondere in Bezug auf eine ihm vorgegebene, von einem Statiker als Sonderfachmann erstellte statische Berechnung." (OLG Köln, Urt. v. 20.5.2015 – 11 U 116/14)*

Im aktuellsten Fall ging es um die Lieferung und Montage raumlufttechnischer Anlagen auf Grundlage einer auftraggeberseitigen Fachplanung. Der Auftraggeber machte geltend, die Anlage sei mangelhaft, weil die in der Baubeschreibung vorgegebenen Temperaturen nicht eingehalten werden. Der vom Gericht beauf- **2004** tragte Sachverständige führte aus, dieser Mangel sei auf konkrete Vorgaben der Fachplaner zurückzuführen, die der Auftragnehmer nicht habe erkennen können. Dem folgte das OLG Köln und führte in der Entscheidung wörtlich Folgendes aus:

> *„Beruht das vom Auftraggeber erstellte Leistungsverzeichnis auf den Planungen von Sonderfachleuten und erkennen diese eine bestehende Problematik nicht, muss der bauausführende Auftragnehmer nicht klüger sein; er darf sich vielmehr auf die Aussagen der Sonderfachleute verlassen, soweit diese nicht offensichtlich unzutreffend sind." (OLG Köln, Beschl. v. 22.2.2016 – 11 U 106/15)*

2005 Zuletzt hat das OLG Jena entschieden, dass der Rohbauunternehmer ein vom Auftraggeber in Auftrag gegebenes Baugrundgutachten eines Sonderfachmanns nur auf ins Auge springende Fehler oder Lücken bzw. Widersprüche hin zu überprüfen hat (OLG Jena, Beschl. v. 11.5.2020 – 8 U 822/19).

Es gibt weitere Entscheidungen, die in diese Richtung gehen und Hinweispflichten verneinen oder einschränken, wenn dem Auftraggeber oder seinen Planern Funktionseinschränkungen oder Risiken bekannt waren (OLG Bamberg, Urt. v. 17.4.2013 – 3 U 127/12; OLG Stuttgart, Urt. v. 31.3.2015 – 10 U 93/14; OLG Bamberg, Urt. v. 14.8.2009 – 6 U 39/03).

2006 So sehr Auftragnehmer diese Entscheidungen auch begrüßen werden, verallgemeinerungsfähig sind sie nicht. Denn es gibt eine Vielzahl anders lautender Urteile, die den Auftragnehmer keineswegs von seiner Prüfungs- und Bedenkenhinweispflicht entbinden, nur weil der Auftraggeber einen Sonderfachmann eingeschaltet hat. Das folgt insbesondere aus dem letzten BGH-Urteil zu dieser Thematik (BGH, Urt. v. 18.1.2001 – VII ZR 457/98). Dem folgen zahlreiche Oberlandesgerichte ausdrücklich (OLG Brandenburg, Urt. v. 22.12.2015 – 4 U 26/12 und OLG Brandenburg, Urt. v. 26.2.2014 – 4 U 99/11; OLG Celle, Urt. v. 22.1.2014 – 14 U 131/13; OLG Düsseldorf, Urt. v. 22.4.2005 – 23 U 157/04). Deshalb ist es im Zweifel riskant, eine auftraggeberseitige Planung unkritisch hinzunehmen, insbesondere wenn sich Zweifel an der Qualität der Planung aufdrängen. Auch Spezialunternehmer müssen wissen, dass von ihnen mehr verlangt wird als von durchschnittlichen Handwerksbetrieben (OLG Düsseldorf, Urt. v. 5.2.2013 – 23 U 185/11; OLG Köln, Urt. v. 19.7.2006 – 11 U 139/15 und OLG Jena, Urt. v. 30.4.2002 – 3 U 1144/01).

2007 Wichtige Hinweise für die Prüfungspflicht finden sich oftmals in der VOB/C in den Abschnitten 3 der jeweiligen DIN-Vorschriften (beispielsweise: DIN 18320, Ziffer 3.1.10; DIN 18330, Ziffer 3.1.1; DIN 18331, Ziffer 3.1.3 oder DIN 18339, Ziffer 3.1.1). Die dortigen Angaben sind aber keineswegs abschließend, weil in den jeweiligen Abschnitten lediglich beispielhaft aufgezählt wird, wogegen Bedenken geltend zu machen sind. Dies wird durch das Wort *„insbesondere"* verdeutlicht (OLG Köln, Urt. v. 8.2.2006 – 11 U 93/04; BGH, Urt. v. 7.6.2001 – VII ZR 471/99).

Das OLG Brandenburg hatte im Jahr 2002 einen Fall zu entscheiden, in dem es u.a. um die Frage ging, ob der Vorunternehmer auch die Planung für ein Nachfolgegewerk überprüfen müsse. Das hat das OLG Brandenburg verneint. Interessant ist die Entscheidung deshalb, weil sie grundsätzliche Ausführungen zum Umfang der Prüfungspflichten enthält. Diese seien am stärksten hinsichtlich der vom Auftraggeber beigestellten Stoffe und Bauteile, geringer hinsichtlich der Vorleistung anderer Unternehmer und am geringsten dort, wo es um die vorgesehene Art der Ausführung – also die Planung – geht (OLG Brandenburg, Urt. v. 30.1.2002 – 4 U 104/01). Das OLG Zweibrücken hat entschieden, dass der Vorunternehmer die Leistungen eines Nachunternehmers nur überprüfen und Bedenken mitteilen muss, wenn ihm aufgrund überlegenen Fachwissens klar gewesen sein musste, dass dessen Leistungen zu einem Schaden am eigenen Gewerk führen werden (OLG Zweibrücken, Urt. v. 2.5.2011 – 7 U 77/09; ähnlich: OLG München, Urt. v. 17.7.2012 – 3 U 658/11 Bau). Gleiches gilt, wenn der Auftragnehmer erkennen kann, dass seine Leistung infolge nicht sachgemäßer Verwendung durch den Auftraggeber zwangsläufig einen Schaden erleiden wird. Der Auftragnehmer darf seinen Vertragspartner nicht „ins offene Messer laufen" lassen, wenn er die Sachlage klar erkennt (OLG München, Urt. v. 9.4.2013 – 9 U 4449/08). Das soll auch noch nach Abnahme gelten (OLG Koblenz, Urt. v. 8.10.2020 – 6 U 1945/19). Dagegen muss ein Fensterbauer, der im Rahmen bestehender Toleranzen leistet, nicht dafür einstehen, dass Fensterflügel über den Boden schleifen, weil die Höhe des endgültigen Bodenaufbaus von den nachfolgenden Arbeiten des Estrich- bzw. Fliesenlegers abhing (LG Krefeld, Urt. v. 3.8.2016 – 2 O 346/15). Ebenso wenig soll es Aufgabe des Dachdeckers sein, die später vom Zimmerer herzustellende Dichtigkeit des Anschlusses zur Fassade zu überprüfen (OLG Oldenburg, Urt. v. 28.4.2015 – 2 U 4/14). **2008**

b) Einzelheiten zu den Fallgruppen der Prüfungspflichten nach § 4 Abs. 3 VOB/B

aa) Bedenken gegen die vorgesehene Art der Ausführung

Der Auftragnehmer muss „die vorgesehene Art der Ausführung" prüfen, wozu im Grundsatz alle die Leistung beschreibenden Vertragsunterlagen (Pläne, Zeichnungen, sowie das Leistungsverzeichnis einschließlich der Vorbemerkungen bzw. eventuelle Gutachten) gehören. Wie aus § 13 Abs. 3 VOB/B folgt, bezieht sich die Prüfungspflicht aber auch auf „Anordnungen des Auftraggebers" oder der von ihm beauftragten Fachleute. Wenn auf die zeichnerische Darstellung einer Leistung verzichtet wird und stattdessen an Ort und Stelle mündliche Hinweise für deren Ausführung gegeben werden, muss der Auftragnehmer diese genauso auf ihre Geeignetheit prüfen, wie es bei zeichnerischen Darstellungen der Fall ist. **2009**

Im Rahmen der Prüfung des Baugrundes werden grundsätzlich keine Fachkenntnisse verlangt, da diese üblicherweise nur von Sonderfachleuten zu erwarten sind (OLG Bamberg, Urt. v. 15.1.2001 – 4 U 58/00). Auch in diesem Bereich besteht **2010** keine uneingeschränkte Prüfpflicht des Auftragnehmers, der die auftraggeberseitig vorgegebenen Details nicht allgemein in Zweifel ziehen muss, jedenfalls wenn die Fehler nicht offenkundig sind (OLG Celle, Urt. v. 23.2.2012 – 16 U 4/10; OLG Frankfurt, Urt. v. 16.12.2011 – 10 U 294/09). Wie bereits ausgeführt, können aber gesteigerte Anforderungen an die Hinweispflichten bei einem Spezialtiefbauunternehmen gestellt werden (OLG Jena, Urt. v. 30.4.2002 – 3 U 1144/01 veröffentlicht in IBR 2005, 314 mit kritischer Anmerkung von Schalk im Praxishinweis; OLG Köln, Urt. v. 19.7.2006 – 11 U 139/05).

2011 Auch wenn der Regelfall nach wie vor ist, dass der Auftraggeber die Leistung plant und ausschreibt, sind vertraglich abweichende Regelungen möglich und zulässig. Selbstverständlich kann ein Auftraggeber die Leistung nur oder im Wesentlichen funktional ausschreiben und dem Auftragnehmer alle notwendigen Planungsaufgaben übertragen. Der Grundsatz *„wer plant, der haftet"* gilt in beide Richtungen. Wenn vertraglich ausdrücklich geregelt ist, dass der Auftragnehmer Planungsleistungen nach den Leistungsphasen der HOAI übernimmt, dann muss er für deren Richtigkeit und Vollständigkeit auch in vollem Umfang einstehen (OLG Düsseldorf, Urt. v. 11.7.1996 – 5 U 18/96). Hat der Auftragnehmer solche Planungsleistungen dagegen nicht übernommen, weil der Vertrag solche Verpflichtungen nicht regelt, kann er sich nicht damit herausreden, dass ihm der Auftraggeber eigentlich eine Planung hätte zur Verfügung stellen müssen, falls dies unterblieben ist. Wenn ein Auftragnehmer – erst recht ein Fachunternehmer – Leistungen in Kenntnis des Umstands erbringt, dass der Auftraggeber keine Planung zur Verfügung gestellt hat, muss er auf die Notwendigkeit solcher Pläne hinweisen und Behinderung anzeigen, falls die Leistungen deshalb nicht wie vorgesehen ausgeführt werden können (§ 6 Abs. 1 VOB/B). Führt er die Leistung ohne einen solchen Hinweis aus, handelt er auf eigenes Risiko und muss, falls Mängel auftreten, dafür auch haften (OLG Düsseldorf, Urt. v. 8.4.2016 – 22 U 164/15; OLG Düsseldorf, Beschl. v. 14.2.2014 – 22 U 101/13). Das OLG Brandenburg hat in diesem Zusammenhang aber zutreffend entschieden, dass der Verzicht des Auftraggebers auf eine Ausführungsplanung nicht automatisch bedeute, dass der Auftragnehmer die Erstellung dieser Planung schuldet. Das müsste im Vertrag ausdrücklich so geregelt sein. Wenn dem Auftragnehmer dann trotz eines entsprechenden Hinweises keine Ausführungsplanung zur Verfügung gestellt wird, er die Leistung aber dennoch erbringt, kann er dem Auftraggeber die fehlende Planung nicht mehr zur Last legen (OLG Brandenburg, Urt. v. 11.9.2013 – 4 U 100/12; OLG München, Urt. v. 31.7.2018 – 28 U 3161/16 Bau). Kurzum: Eine fehlerhafte Planung wird hinsichtlich der Bedenkenhinweispflichten nicht anders behandelt als eine solche, die gar nicht vorhanden ist. Ein Auftragnehmer muss sich in solchen Fällen entscheiden: Übernimmt er die Risiken, um Streit zu vermeiden, gehen Mängel der Leistung zu seinen Lasten. Will er das vermeiden, muss er Bedenken und gegebenenfalls Behinderung anzeigen.

Fraglich ist oftmals, welcher Zeitpunkt für die Beurteilung der Prüfungs- und Hinweispflichten maßgeblich ist. Denn nicht nur im Baurecht gilt, dass man schlauer ist, wenn man das Rathaus verlassen hat. Steht eine Tiefgarage erst einmal unter Wasser, werden Fachleute die Ursachen dafür wesentlich schneller benennen können, als wenn sie (noch) trockenen Fußes in derselben stehen. In Gewährleistungsprozessen ist der Mangel aber in aller Regel bereits in Erscheinung getreten und hat gegebenenfalls sogar einen Schaden am Bauwerk verursacht. Der Wissensstand ist infolgedessen ein anderer als zu dem Zeitpunkt, in dem einem ausführenden Unternehmer die fehlerhaften Pläne zur Verfügung gestellt worden sind. In prozessualen Auseinandersetzungen macht man häufig die Erfahrung, dass – mit Ausnahme des Auftragnehmers – alle meinen, der Fehler sei doch vollständig offenkundig gewesen. Wie gesagt: Im Nachhinein ist man immer schlauer. Wir meinen deshalb nicht, dass es richtig ist, den Prüfungsmaßstab des Auftragnehmers erst *nach* Auftreten des Mangels festzulegen. Denn ein in Erscheinung getretener Mangel lässt seine Ursache oft sehr viel leichter erkennen, als dies vor Ausführung der Leistung der Fall war. Um diesen Gedanken an einem Beispiel zu verdeutlichen, der für Schriftgelehrte sofort nachvollziehbar sein müsste: Sollte sich in dieses Kapitel ein Tippfehler eingeschlichen haben – was wir nicht hoffen –, wird ihn der Leser möglicherweise genauso übersehen haben wie wir, die wir dieses Kapitel mehrere Male durchgesehen haben. Falls es dennoch vorgekommen sein sollte, dass wir statt „Planungsfehler" fälschlicherweise „Planungfehler" geschrieben haben und jetzt mit dem Finger auf die entsprechende Zeile deuten, wird jeder sofort erkennen, dass ein „s" fehlt. Deshalb muss zur Beantwortung der Frage, ob der Auftragnehmer seine Bedenkenhinweispflicht verletzt hat, auf den Zeitpunkt der Leistungsausführung und nicht auf denjenigen nach Eintritt des Mangels bzw. Schadens abgestellt werden. **2012**

bb) Bedenken gegen Stoffe oder Bauteile/„Ausreißer"

Der Auftragnehmer hat auch die Geeignetheit von vorgeschriebenen Materialien und Werkstoffen zu prüfen. Vorgeschrieben sind Baustoffe dann, wenn der Auftragnehmer auf deren Auswahl keinen Einfluss hat und ihm konkrete Materialien ohne Ausweichmöglichkeit als für die Ausführung verbindlich genannt werden. Dafür reicht das bloße Einverständnis des Auftraggebers mit der Verwendung eines bestimmten Baustoffs allein noch nicht aus. Auch dessen Freigabe nach entsprechender Bemusterung stellt regelmäßig keine die Gewährleistung des Auftragnehmers ausschließende Anordnung des Auftraggebers dar (OLG Nürnberg, Urt. v. 2.2.2005 – 6 U 2794/04). Ein Baustoff wird durch den Auftraggeber auch nicht vorgeschrieben, wenn seine Verwendung auf Drängen des Auftragnehmers erfolgt. Es entlastet den Auftragnehmer auch nicht, wenn er mitteilt, dass er über die Tauglichkeit des vorgeschlagenen Baustoffs keine Erfahrung oder Kenntnisse besitzt (BGH, Urt. v. 12.5.2005 – VII ZR 45/04). **2013**

2014 Der Auftragnehmer wird dagegen von seiner Mangelbeseitigungspflicht frei, wenn der Auftraggeber die Verwendung eines bestimmten Materials *verbindlich* vorschreibt und dem Auftragnehmer hiergegen bei sorgfältiger Prüfung keine Bedenken kommen mussten (OLG Jena, Urt. v. 2.4.2008 – 2 U 811/05; OLG Brandenburg, Urt. v. 9.5.2007 – 13 U 103/03). Hält der Auftragnehmer die Verwendungsfähigkeit von Baustoffen, die ihm in diesem Sinn vorgeschrieben worden sind, nicht für gegeben, muss er dies mitteilen (OLG Karlsruhe, Urt. v. 17.3.2011 – 13 U 86/10). Baustoffe, die den allgemeinen Güteanforderungen oder den DIN-Normen entsprechen, gelten grundsätzlich als geeignet, sodass die Prüfungspflicht entfällt, wenn der Auftraggeber deren Verwendung ausdrücklich verlangt. Werden dagegen Bauprodukte verwendet, die weder ein Übereinstimmungszeichen noch die Konformitätskennzeichnung der Europäischen Union (CE-Kennzeichnung) tragen, kann das allein einen Mangel darstellen, unabhängig davon, ob die Produkte die Voraussetzungen für eine entsprechende Kennzeichnung erfüllen oder nicht (LG Mönchengladbach, Urt. v. 17.6.2015 – 4 S 141/14; ähnlich: OLG Stuttgart, Urt. v. 31.3.2015 – 10 U 46/14 für Wärmedämmverbundsysteme, die weder über eine allgemeine bauaufsichtliche Zulassung noch über eine Zustimmung im Einzelfall verfügten; ebenso OLG Rostock, Beschl. v. 3.5.2017 – 4 U 110/15). Werden solche Bauprodukte vom Auftraggeber, beispielsweise in einem Leistungsverzeichnis, verbindlich vorgeschrieben, muss der Auftragnehmer prüfen, ob sie die notwendigen Voraussetzungen erfüllen und verneinendenfalls Bedenken anmelden. Sonst ist die Leistung mangelhaft.

2015 Die Einstandspflicht des Auftragnehmers für einen fehlerhaften Baustoff wird selbst dann nicht aufgehoben, wenn der Auftraggeber ein Produkt vorschreibt, das generell auch geeignet ist, bei dem aber ein *„Ausreißer"* (beispielsweise ein Produktionsfehler im Einzelfall) den Baumangel verursacht hat (OLG Frankfurt, Urt. v. 15.1.2018 – 21 U 22/17; OLG Nürnberg, Urt. v. 2.2.2005 – 6 U 2794/04; OLG Karlsruhe, Urt. v. 12.1.2001 – 14 U 181/97; BGH, Urt. v. 14.3.1996 – VII ZR 34/95). Bestimmt der Auftraggeber nur allgemein, dass ein bestimmter Stoff verwendet werden soll, muss er auch lediglich auf dieser allgemeinen Ebene das Risiko der grundsätzlichen Eignung des Baustoffs übernehmen. Das darüber hinausgehende Risiko eines Ausreißers bleibt infolgedessen beim Auftragnehmer. Auch eine vom Auftraggeber nach Bemusterung erteilte Freigabe eines Baustoffs stellt allenfalls dann eine gewährleistungsbefreiende Anordnung dar, wenn der Auftraggeber das Risiko für die Geeignetheit des Baustoffs bzw. für versteckte Mängel erklärtermaßen übernehmen will (OLG Nürnberg, Urt. v. 2.2.2005 – 6 U 2794/04).

2016 Schreibt der durch einen Fachplaner beratene Auftraggeber bewusst ein nicht erprobtes Material vor, muss der Auftragnehmer nicht mehr auf Mängelrisiken hinweisen, wenn der *„Versuchscharakter"* der gewählten Lösung allseits bekannt war (OLG Hamm, Urt. v. 4.4.2003 – 34 U 132/01). Daraus lässt sich der allgemeine Schluss ableiten, dass eine Bedenkenanmeldung nach § 4 Abs. 3 VOB/B grundsätzlich nicht erforderlich ist, wenn der Auftraggeber von einer Problematik bzw. einem Risiko bereits anderweitig umfassend und lückenlos Kenntnis hat (OLG Köln, Urt. v. 16.1.2007 – 3 U 214/05; OLG Düsseldorf, Urt. v. 13.3.2013 – 5 U 71/01). Da eine solche Kenntnis des Auftraggebers im Streitfall aber vom Auftragnehmer bewiesen werden muss, empfiehlt sich auch in diesen Fällen eine schriftliche Mitteilung.

cc) Bedenken gegen (Vor-)Leistungen anderer Unternehmer

Die Prüfungspflicht von Vorunternehmerleistungen umfasst nach dem Wortlaut **2017** des § 4 Abs. 3 VOB/B zunächst nur solche bereits vorhandenen Bauleistungen, auf denen der Auftragnehmer mit seinen Arbeiten tatsächlich aufbaut (BGH, Urt. v. 30.6.2011 – VII ZR 109/10). Die prüfungspflichtige Leistung des Vorunternehmers muss deshalb die technische Grundlage für die nachfolgende Leistung bilden. Danach hat beispielsweise ein Parkettleger zu prüfen, ob der eingebrachte Estrich ausreichend getrocknet ist bzw. ob die Restfeuchte das Parkett beeinträchtigen wird (OLG Hamm, Urt. v. 13.12.2000 – 25 U 148/98). Gleiches gilt für die Einhaltung von Ebenheitstoleranzen.

Setzt der Auftraggeber eine Frist zur Mangelbeseitigung, ist diese wirkungslos, **2018** wenn der Auftragnehmer den Mangel ohne die vorherige Nachbesserung der Vorunternehmerleistung nicht beseitigen kann. Eine für die Mangelbeseitigung notwendige Vorleistung muss der Auftraggeber zur Verfügung stellen, nachdem er auf die Mängel hingewiesen worden ist (BGH, Urt. v. 8.11.2007 – VII ZR 183/05).

Im Jahr 2016 hat das OLG Hamm entschieden, dass ein „Vorunternehmer" nicht **2019** zwingend zeitlich vor dem prüfungspflichtigen Auftragnehmer tätig geworden sein muss. Es komme vielmehr darauf an, ob die Leistung des anderen Unternehmers die sachlich-technische Grundlage für die Leistung des Auftragnehmers bilde, was auch bei zeitlich nachgelagerten Arbeiten der Fall sein könne (OLG Hamm, Urt. v. 19.4.2016 – 24 U 48/15). In der Entscheidung ging es um einen Heizungsbauer, der mit der Installation einer Wärmepumpenheizung mit Kühlfunktion beauftragt wurde. Die Montage der Raumthermostate und deren Verkabelung mit dem Steuerungsgerät der Heizung wurden von einem Elektriker durchgeführt. Die Kühlfunktion ließ sich über die Thermostate nicht regeln, weil der Elektriker für deren Anschluss ein dreiadriges statt eines mindestens vieradrigen Kabels verwendet hat. Das OLG Hamm hat einen Mangel der Heizung verneint, was vor dem Hintergrund des funktionalen Mangelbegriffs mehr als fraglich ist (vgl. BGH, Urt. v. 8.11.2007 – VII ZR 183/05). Wenn ein Mangel verneint wird, kommt es auf die Beachtung der Prüfungs- und Bedenkenhinweispflichten erst gar nicht an. Diese kommen vielmehr erst ins Spiel, wenn eine Leistung mangelhaft ist. Der Unternehmer haftet für diese Mängel nicht mehr, wenn er seiner Bedenkenhinweispflicht nachgekommen ist. § 13 Abs. 3 VOB/B ist ein Enthaftungstatbestand im Fall von Mängeln der Leistung. Unbeschadet dessen verneinte das OLG Hamm die Haftung des Heizungsbauers, weil er zwar auch im Hinblick auf die zeitlich nachfolgende Leistung des Elektrikers grundsätzlich prüfungspflichtig sei, er sich aber habe darauf verlassen können, dass dieser über die notwendigen Grundkenntnisse verfüge und deshalb wissen musste, dass wegen der Kühlfunktion ein mindestens vieradriges Kabel erforderlich war. Deshalb habe keine Pflicht bestanden, den Elektriker auf diese seinem Fachgebiet zuzuordnende Anforderung ausdrücklich hinzuweisen.

2020 Die Hinweispflicht nach § 4 Abs. 3 VOB/B entfällt auch nicht deshalb, weil der Auftraggeber die Vorarbeiten, die zu dem späteren Schaden führten, selbst fehlerhaft ausgeführt hat (OLG Karlsruhe, Urt. v. 28.10.2004 – 17 U 19/01). Dies gilt umso mehr, wenn ein wichtiger Bauabschnitt betroffen ist (beispielsweise: Abdichtungsarbeiten), von dessen fachgerechter Ausführung das Gelingen des Gesamtbauwerks entscheidend abhängt. Werden Eigenleistungen erbracht, ist dem Auftragnehmer grundsätzlich zu raten, dem Bauherrn einen Hinweis zu erteilen, wenn die in Eigenleistung ausgeführten Arbeiten keine handwerklichen Selbstverständlichkeiten sind, sondern Spezialkenntnisse voraussetzen, über die jedenfalls nicht jeder Laie selbstverständlich verfügt (OLG Hamm, Beschl. v. 12.10.2010 – 19 W 33/10). Das ist der sicherste Weg, um sich vor Ansprüchen zu schützen.

2021 Die Grenzen der Prüfungspflicht ergeben sich aus dem Gesichtspunkt der Zumutbarkeit. Es kommt entscheidend auf die Erkennbarkeit eines Baumangels für einen fachkundigen Auftragnehmer an. Auch hier sind die jeweiligen Abschnitte 3 der VOB/C (DIN 18299 ff.) zu beachten. Dort finden sich oftmals Vorunternehmerleistungen, die vom Nachunternehmer geprüft werden müssen (beispielsweise: 3.1.5 der DIN 18382). Allgemein kann nicht mehr verlangt werden als eine Prüfung durch Befühlen, Nachmessen und normale Belastungsproben. So ist beispielsweise ein Unternehmer, der einen Terrassenbelag einbringen soll, nicht verpflichtet, mit einer Sonde zu prüfen, ob das Erdreich unter der Terrasse nach der Aufschüttung ordnungsgemäß verdichtet worden ist. Auch wenn ein Grenzwert von 7 % – es ging um den Feinkornanteil – nur geringfügig überschritten wird und dies nach den Ausführungen eines Sachverständigen auch für ein geschultes Auge nicht erkennbar ist, kann man dem Auftragnehmer keine Verletzung von § 4 Abs. 3 VOB/B vorwerfen (OLG Celle, Urt. v. 23.2.2012 – 16 U 4/10). Ein Auftragnehmer muss auch nicht Sachverständige oder fachkundigere Dritte hinzuziehen, um erst dadurch herauszufinden, ob es Anlass für Bedenkenhinweise gibt (OLG Dresden, Urt. v. 6.10.2015 – 9 U 272/15).

dd) Bedenken wegen der Sicherung gegen Unfallgefahren

2022 Die Verpflichtung zur Prüfung bezieht sich auf Unfallverhütungsmaßnahmen, für die der Auftraggeber selbst Sorge zu tragen hat. Solche Unfallverhütungsmaßnahmen aus dem Bereich des Auftraggebers sind insbesondere denkbar, wenn ihm als

Grundstückseigentümer die Verkehrssicherungspflicht für das Grundstück obliegt. Für Unfallverhütungsmaßnahmen im Rahmen der Ausführung der beauftragten Leistung ist der Auftragnehmer ohnehin selbst verantwortlich (§ 4 Abs. 2 VOB/B).

3. Mängelansprüche vor der Abnahme

Vor der Abnahme der Leistung stehen dem Auftraggeber bei Mängeln folgende Ansprüche zu: 2023

a) Anspruch auf Mangelbeseitigung/Rügepflicht des Auftraggebers in der Ausführungsphase?

Ist ein Werkvertrag ohne Einbeziehung der VOB/B abgeschlossen worden, kann der Auftraggeber Mangelbeseitigung grundsätzlich erst nach der Abnahme verlangen. Damit hat der BGH eine lange Zeit kontrovers diskutierte Frage entschieden (BGH, Urt. v. 19.1.2017 – VII ZR 301/13). Im Rahmen eines BGB-Werkvertrags ist der Auftraggeber nur ausnahmsweise berechtigt, Mängelrechte schon vor der Abnahme geltend zu machen. 2024

Bislang ist nicht abschließend geklärt, welche Folgen die vorgenannte Grundsatzentscheidung für VOB/B-Verträge hat. Nach § 4 Abs. 7 Nr. 1 VOB/B muss der Auftragnehmer Mängel, die schon während der Bauausführung auftreten, nachbessern. Ob diese Regelung allerdings weiterhin AGB-rechtlich wirksam ist, ist zweifelhaft. Praktische Bedeutung hat dies vor allem für die Frage der Kündigung des Bauvertrags wegen Mängeln. Deshalb kommen wir auf das Problem weiter unten (vgl. M. I. 3. c)) zurück. 2025

Nach der neueren BGH-Rechtsprechung hat der Auftraggeber allerdings dann vor Abnahme einen Anspruch auf Mangelbeseitigung, wenn der Auftragnehmer das Werk als fertiggestellt zur Abnahme anbietet und der Auftraggeber nur noch Schadensersatz verlangt oder die Minderung erklärt, weil dann ein Abrechnungsverhältnis besteht (BGH, Urt. v. 19.1.2017 – VII ZR 235/15). 2026

Eine andere Frage ist, ob der Auftraggeber zur Rüge von Mängeln bereits in der Ausführungsphase verpflichtet ist und ihm anderenfalls Rechtsnachteile drohen. Das kommt in Betracht, wenn ihm die Mängel tatsächlich bekannt sind. Für eine solche Kenntnis reicht ein passives Verhalten des Auftraggebers oder die widerspruchslose Hinnahme einer vom Vertrag abweichenden Leistung mit Sicherheit nicht aus (vergleichbar: OLG Köln, Urt. v. 28.5.2014 – 11 U 99/10). Wenn der Auftraggeber den Mangel zweifelsfrei erkannt hat, kann die im Werkvertrag bestehende Kooperationspflicht eine unverzügliche Mängelrüge gebieten (ebenso: Weyer, IBR 2009, 370). Stellt der Auftraggeber beispielsweise bereits zu Beginn der Verkleidung einer Fassade mit Natursteinplatten Farbabweichungen fest, rügt diese aber erst nach der Abnahme, verstößt dieses Verhalten gegen Treu und Glauben, sodass die Mängelhaftung des Auftragnehmers wegen mitursächli- 2027 chen Verschuldens zumindest eingeschränkt ist (§ 254 Abs. 1 BGB). Den Einwand des Mitverschuldens kann der Auftragnehmer aber nur erfolgreich vorbringen, wenn er beweisen kann, dass der Auftraggeber trotz Kenntnis der Mängel eine unverzügliche Rüge unterlassen hat und es dadurch zu höheren Mangelbeseitigungskosten gekommen ist. Das ändert aber nichts an dem Grundsatz, dass der Auftraggeber nicht zur Bauüberwachung, beispielsweise durch einen Architekten oder Ingenieur, verpflichtet ist (BGH, Urt. v. 18.4.2002 – VII ZR 70/01). Werden Mängel mangels Überwachung nicht erkannt und deshalb auch nicht gerügt, stellt das keine Pflichtverletzung des Auftraggebers dar.

b) Schadensersatzanspruch

2028 Hat der Auftragnehmer den Mangel zu vertreten, handelte er also mindestens fahrlässig, schuldet er neben der Mangelbeseitigung Schadensersatz (§ 4 Abs. 7 Satz 2 VOB/B). Die Beweislast für fehlendes Verschulden trifft den Auftragnehmer.

2029 **Beispiel:** Der Auftragnehmer verlegt Heizestrich regelwidrig in zu geringer Stärke. Der Estrich muss deshalb abgebrochen werden, wodurch die Heizleitungen beschädigt werden.

2030 Für den dadurch entstehenden Schaden – Verschulden unterstellt – haftet der Estrichleger nach § 4 Abs. 7 Satz 2 VOB/B. Kommt es beispielsweise aufgrund einer verzögerten Mangelbeseitigung darüber hinaus zu Mietausfallschäden, haftet der Auftragnehmer dafür ebenfalls (OLG München, Urt. v. 20.8.2013 – 9 U 794/12 Bau).

2031 Der Auftraggeber ist grundsätzlich auch berechtigt, Schadensersatz in der Weise zu verlangen, dass er das mangelhaft errichtete Werk zur Verfügung stellt und den ihm aus der Nichterfüllung des Vertrags entstandenen Schaden geltend macht. Dieser sogenannte große Schadensersatzanspruch führt jedenfalls vor der Abnahme dazu, dass der Werklohnanspruch des Auftragnehmers untergeht. In einem vom BGH entschiedenen Fall hat ein Landwirt eine mit bestimmten Maßen zu errichtende Kartoffelhalle zurückgewiesen, weil die Lagerkapazität um 8,7 % zu klein ausgefallen ist. Der Landwirt konnte die Rücknahme (also den Abriss) der mangelhaften Halle verlangen, bereits geleistete Abschlagszahlungen zurückfordern und etwaige über die vereinbarte Vergütung hinausgehende Mehrkosten für die Errichtung einer mangelfreien Halle verlangen (BGH, Urt. v. 29.6.2006 – VII ZR 86/05). Der BGH ist im konkreten Fall auch nicht etwa davon ausgegangen, dass die Geltendmachung dieses Anspruchs unverhältnismäßig war (BGH, Urt. v. 29.6.2006 – VII ZR 86/05).

2032 Der BGH hat zuletzt entschieden, dass der Auftraggeber den Schadensersatz regelmäßig nicht auf Basis fiktiver Mangelbeseitigungskosten abrechnen kann und ihm vor der Beseitigung der Mängel auch kein Anspruch auf Erstattung der Umsatzsteuer zusteht. Darauf kommen wir im Rahmen der Erörterung des Schadensersatzanspruchs nach Abnahme noch im Detail zurück (vgl. M. I. 4. f), Rn. 2089 ff.)

c) Kündigungsrecht

Wie oben angesprochen, ist nach einer Entscheidung des BGH (BGH, Urt. v. 19.1.2017 – VII ZR 193/15) auch für den VOB/B-Vertrag zweifelhaft geworden, ob der Auftraggeber vor Abnahme überhaupt einen Anspruch auf Mangelbeseitigung hat. Das gilt jedenfalls dann, wenn die VOB/B nicht als Ganzes vereinbart wurde und deshalb der Inhaltskontrolle nach dem AGB-Recht unterliegt. Verneint man die Wirksamkeit der Regelung in § 4 Abs. 7 VOB/B, dann steht dem Auftraggeber regelmäßig kein Kündigungsrecht wegen Mängeln zu. Wir haben dieses Problem – und die damit verbundenen Fallstricke für Auftraggeber – in Kapitel J. II. 2. a), Rn. 1656 ff. bereits erörtert. **2033**

Geht man (wie das LG Bremen im Urt. v. 20.6.2019 – 2 O 2021/10) von der Wirksamkeit der VOB/B-Regelung aus, dann gilt: Die Mangelbeseitigungspflicht nach § 4 Abs. 7 VOB/B kennt grundsätzlich keine Erheblichkeitsschwelle, wonach geringfügige Mängel bis zur Abnahme hinzunehmen wären (KG, Urt. v. 6.5.2004 – 10 U 62/03). Ausnahmen davon sind denkbar, insbesondere, wenn der Auftraggeber keinen sachlich nachvollziehbaren Grund nennen kann, seine Mangelbeseitigungsaufforderung quasi schikanös erfolgt und damit gegen Treu und Glauben verstößt. Davon sollte ein Auftragnehmer im Zweifel aber nicht ausgehen. Denn kommt er seiner Verpflichtung zur Mangelbeseitigung nicht nach, kann ihm der Auftraggeber eine angemessene Frist zur Beseitigung des Mangels setzen und erklären, dass er nach fruchtlosem Ablauf der Frist den Vertrag kündigen werde (§ 4 Abs. 7 Satz 3 i.V.m. § 8 Abs. 3 Abs. 1 VOB/B). In einem solchen Fall haftet der Auftragnehmer auf Ersatz des Schadens, der dem Auftraggeber durch die Kündigung entsteht (§ 8 Abs. 3 Nr. 2 VOB/B). **2034**

Für den Auftraggeber ist Vorsicht geboten: Eine Kündigungsandrohung kann ihre Warnfunktion verlieren, wenn aus dem Verhalten des Auftraggebers erkennbar wird, er werde nicht mehr an seiner Kündigungsandrohung festhalten. Das kann beispielsweise der Fall sein, wenn der Auftraggeber nach Fristablauf über einen längeren Zeitraum Mangelbeseitigungsmaßnahmen akzeptiert, ohne die Kündigung auszusprechen. Dann muss die Kündigungsandrohung vor Ausspruch einer Kündigung wiederholt werden (OLG Frankfurt, Urt. v. 15.6.2012 – 2 U 205/11; BGH, Urt. v. 28.10.2004 – VII ZR 18/03). Wann das konkret der Fall ist, lässt sich nicht allgemein beantworten, weil es wie so oft auf die Umstände des konkreten Einzelfalls ankommt. Auftraggeber, die Risiken vermeiden wollen, sollten unmittelbar nach Ablauf einer Überlegungsfrist, die bei einer Woche liegen dürfte, kündigen oder die Kündigungsandrohung unter nochmaliger Fristsetzung wiederholen, wenn sie länger zugewartet haben. **2035**

2036 Der Auftraggeber muss ferner Folgendes beachten: Der BGH interpretiert die Kündigungsmöglichkeit in § 4 Abs. 7 Satz 3 VOB/B anders als es der Wortlaut der Vorschrift vermuten lässt. Die Vorschrift besagt wörtlich, dass der Auftraggeber nach Ablauf der unter Kündigungsandrohung gesetzten Frist den Auftrag entziehen *kann*. Wenn der Auftraggeber den Mangel aber im Wege der Ersatz- oder Selbstvornahme beseitigen lassen will, *muss* er den Vertrag kündigen. Ansonsten bleibt er nach der Rechtsprechung auf den Nachbesserungskosten sitzen (BGH, Urt. v. 2.10.1997 – VII ZR 44/97; ebenso: OLG Saarbrücken, Urt. v. 12.1.2017 – 4 U 4/15; OLG Jena, Urt. v. 10.2.2016 – 7 U 755/15; OLG Düsseldorf, Urt. v. 25.11.2014 – 21 U 172/12; OLG Naumburg, Urt. v. 15.11.2011 – 1 U 51/11). Die Oberlandesgerichte Koblenz und Celle sind zwar der Auffassung, der Auftragnehmer müsse sich die dadurch ersparten Nachbesserungskosten von seinem Vergütungsanspruch abziehen lassen, wenn eine Kündigung nicht ausgesprochen wurde (OLG Koblenz, Urt. v. 16.1.2004 – 8 U 889/03; OLG Celle, Urt. v. 1.8.2002 – 13 U 48/02). Diese Entscheidungen widersprechen der Rechtsprechung des BGH (BGH, Urt. v. 23.2.2005 – VII ZR 100/04); sie sollten nicht verallgemeinert werden. Deshalb gilt für Auftraggeber: Falls vor der Abnahme Mängel durch einen Ersatzunternehmer beseitigt werden sollen, muss der Werkvertrag zuvor nach den §§ 4 Abs. 7 i.V.m. 8 Abs. 3 VOB/B gekündigt werden. Die Kündigung kann auf einen in sich abgeschlossenen Teil der vertraglichen Leistung i.S.d. § 12 Abs. 2 VOB/B beschränkt werden (§ 8 Abs. 3 Nr. 1 Satz 2 VOB/B). Für die Kündigungserklärung selbst ist die Einhaltung der Schriftform zu beachten (§ 8 Abs. 6 VOB/B).

2037 Eine Kündigung vor der Abnahme ist ausnahmsweise entbehrlich, wenn der Auftragnehmer die Mangelbeseitigung endgültig und ernsthaft verweigert hat (OLG Düsseldorf, Urt. v. 28.5.2009 – 5 U 92/07; OLG Dresden, Urt. v. 2.7.2001 – 12 U 2170/00; BGH, Urt. v. 20.4.2000 – VII ZR 164/99). Auftraggeber sollten sich aber hüten, vorschnell von einer Mangelbeseitigungsverweigerung auszugehen. Die Rechtsprechung zur endgültigen und ernsthaften Erfüllungsverweigerung ist streng (vgl. OLG Saarbrücken, Urt. v. 5.3.2002 – 7 U 436/00-107; BGH, Urt. v. 7.3.2002 – III ZR 12/01). Selbst das Bestreiten von Mängeln im Bauprozess stellt nicht in jedem Fall eine ernsthafte und endgültige Verweigerung der Mangelbeseitigung dar (OLG Schleswig, Urt. v. 23.6.2005 – 16 U 41/04).

2038 Hat der Auftraggeber gekündigt, ist er für die Höhe der Mangelbeseitigungskosten ebenso beweispflichtig wie für eventuelle Restfertigstellungsmehrkosten (BGH, Urt. v. 25.6.2015 – VII ZR 220/14). Darauf muss bereits bei der Beauftragung von Ersatzunternehmern geachtet werden. Es sollte ferner eine Rechnungslegung vereinbart werden, aus der sich klar ergibt, welche Mängel beseitigt bzw. welche Restleistungen erbracht wurden.

2039 Ist der Vertrag wegen Nichtbeseitigung von Mängeln gekündigt worden, muss dem Auftragnehmer für andere (neue) Mängel – ungeachtet der erfolgten Kündigung – wiederum Gelegenheit zur Nachbesserung innerhalb angemessener Frist gegeben werden (OLG Brandenburg, Urt. v. 17.5.2006 – 4 U 208/98; BGH, Urt. v. 21.12.2000 – VII ZR 488/99). Erst nach fruchtlosem Ablauf dieser Frist sind Selbstvornahmen zulasten des gekündigten Auftragnehmers möglich (OLG Hamm, Beschl. v. 28.12.2006 – 24 W 39/06). Das ist nur für jene Mängel nicht erforderlich, derentwegen der Vertrag gekündigt wurde. Bei einer Kündigung aus anderen Gründen, beispielsweise wegen Verzugs mit der Leistung, muss dem Auftragnehmer stets Gelegenheit zur Nachbesserung innerhalb einer angemessenen Frist gegeben werden. Sonst bleibt der Auftraggeber auf den Selbstvornahmekosten sitzen (OLG Frankfurt, Urt. v. 17.8.2011 – 12 U 125/08).

Die Kündigungsmöglichkeit wegen Nichtbeseitigung von Mängeln vor Abnahme **2040** ist für den Auftragnehmer gefährlich. Denn er muss nach einer Entscheidung des OLG Zweibrücken beweisen, dass der Mangel bzw. der Kündigungsgrund nicht vorgelegen hat (OLG Zweibrücken, Urt. v. 30.1.2006 – 7 U 74/05). Auftragnehmern ist deshalb dringend anzuraten, Arbeitsvorgänge oder Produktionsprozesse sorgfältig zu protokollieren, wenn eine solche Dokumentation für den späteren Nachweis der Mängelfreiheit erforderlich oder gar in DIN-Vorschriften vorgeschrieben ist. Spätestens wenn es zu einer auftraggeberseitigen Kündigung wegen Nichtbeseitigung streitiger Mängel gekommen ist, muss der Auftragnehmer dringend und unverzüglich Beweise für die Mangelfreiheit der Leistung sichern, und zwar bevor ein Ersatzunternehmer die erbrachte Leistung beseitigt hat.

d) Zurückbehaltungsrecht des Auftraggebers

Der Auftraggeber kann – solange Mängel bestehen – auch ein Zurückbehaltungs- **2041** recht gegen die Zahlung von Abschlagsrechnungen geltend machen. Dabei darf der Auftraggeber nach § 641 Abs. 3 BGB im Regelfall das Doppelte der für die Beseitigung des Mangels erforderlichen Kosten einbehalten. Wir kommen auf die Einzelheiten des Zurückbehaltungsrechts sogleich zurück (vgl. M. I. 4. b), Rn. 2049 ff.). Bereits hier sei allerdings darauf hingewiesen, dass das Zurückbehaltungsrecht wegen Mängeln auch vor Abnahme anwendbar ist, weil dies im Gesetz ausdrücklich klargestellt wird (§ 632a Abs. 1 Satz 4 i.V.m. § 641 Abs. 3 BGB). Auch wenn also der Auftraggeber nach der neueren BGH-Rechtsprechung vor der Abnahme keinen Anspruch auf Mangelbeseitigung hat (BGH, Urt. v. 19.1.2017 – VII ZR 193/15), so kann er dennoch schon vor Abnahme einen angemessenen Teil der Vergütung einbehalten. Auf diesem Umweg wird der Auftraggeber den Auftragnehmer häufig zur Mangelbeseitigung motivieren können.

e) Minderung

Die Rechtsprechung erkennt bereits vor der Abnahme ein Minderungsrecht des **2042** Auftraggebers unter den Voraussetzungen des § 13 Abs. 6 VOB/B an (vgl. M. I. 3. e), Rn. 2076 ff.).

4. Mängelansprüche nach der Abnahme

2043 War die Leistung im Zeitpunkt der Abnahme mangelhaft, stehen dem Auftraggeber folgende Ansprüche zu:

a) Anspruch auf Mangelbeseitigung

2044 § 13 Abs. 5 Nr. 1 VOB/B regelt den Anspruch des Auftraggebers auf Mangelbeseitigung nach der Abnahme. Der Anspruch umfasst nicht nur die eigentliche Herstellung der vertragsgemäßen Leistung, sondern auch alle im Zusammenhang mit der Mangelbeseitigung entstehenden Zusatzkosten für werkfremde Vor- bzw. Nacharbeiten. Gleiches gilt für solche Leistungen, die zur Wiederherstellung des früheren Zustands erforderlich werden (OLG Düsseldorf, Urt. v. 26.4.2010 – 21 U 130/09). Hat z.B. der Heizungsbauer bei einer Fußbodenheizung eine mangelhafte Dämmplatte eingebaut, dann muss er auch die Kosten für die De-/Remontage des Estrichs sowie für etwaige Maler- oder Renovierungsarbeiten übernehmen (OLG Düsseldorf, Urt. v. 16.6.2017 – 22 U 14/17).

2045 Treten nach der Abnahme, aber noch während der Gewährleistungszeit Mängel auf, muss der Auftraggeber zur Mangelbeseitigung innerhalb angemessener Frist auffordern. Obwohl eine mündliche Mängelrüge ausreicht, sollte sie aus Beweisgründen grundsätzlich schriftlich erfolgen. Für die Verjährungsunterbrechung nach § 13 Abs. 5 Nr. 1 Satz 2 VOB/B ist eine schriftliche Mängelrüge sogar zwingend erforderlich (vgl. M. I. 5. d), Rn. 2131 ff.).

2046 Die Mangelbeseitigungsaufforderung muss das äußere Erscheinungsbild des Mangels und die Schadensörtlichkeit möglichst genau bezeichnen; pauschale Angaben genügen nicht (BGH, Urt. v. 5.6.2014 – VII ZR 276/13; OLG Köln, Urt. v. 12.3.2013 – 3 U 5/12). Ein hinreichend bestimmtes Mängelbeseitigungsverlangen liegt deshalb nicht vor, wenn nur allgemein eine mangelhafte Ausführung gerügt wird. Erforderlich ist, dass die Erscheinungen, bei denen es sich nach Auffassung des Auftraggebers um vertragswidrige Abweichungen handelt, hinreichend genau beschrieben werden. Deshalb ist beispielsweise bei der Beauftragung von Malerarbeiten für mehrere hundert Fenster an einem Botschaftsgebäude auch konkret anzugeben, welche Fenster von der Mängelrüge betroffen sind. Angaben zu Mangelursachen sind dagegen nicht erforderlich (OLG Brandenburg, Beschl. v. 19.11.2008 – 12 W 52/08; ähnlich: OLG Köln, Urt. v. 12.3.2013 – 3 U 5/12). Deshalb ist eine Mängelrüge mit dem Inhalt „*Wasser tritt von unten ein*", ein unmissverständlicher Hinweis auf Abdichtungsmängel des Bauwerks, sodass der Auftragnehmer zur umfassenden Abklärung aller denkbaren Mängelursachen und deren Beseitigung verpflichtet ist (OLG München, Urt. v. 22.2.2006 – 27 U 607/05). Unzureichend soll dagegen die Rüge sein, dass im Hauptkanal, sowie an den Hausanschlüssen „verschiedene Undichtigkeiten" festgestellt wurden (OLG Frankfurt, Urt. v. 25.4.2016 – 17 U 190/15).

Der Auftraggeber muss im Rahmen der Mängelrüge nicht angeben, inwieweit die Mangelsymptome, bei mehreren dafür als Verursacher in Betracht kommenden Gewerken, gerade auf der Mangelhaftigkeit der Leistungen des in Anspruch genommenen Auftragnehmers beruhen (OLG Düsseldorf, Urt. v. 23.10.2015 – 22 U 57/15). Unter welchen Voraussetzungen der Auftraggeber die Untersuchungskosten unberechtigter Mängelrügen zu tragen hat, wird unter M. II. 6. b), Rn. 2214 ff. behandelt.

Prinzipiell ist es Sache des Auftragnehmers, die Art und Weise der Mangelbeseitigung zu bestimmen (OLG Düsseldorf, Urt. v. 23.10.2015 – 22 U 57/15 und OLG Düsseldorf, Urt. v. 30.8.2012 – 23 U 143/11; OLG Celle, Urt. v. 17.3.2011 – 6 U 125/10). Das gilt auch vor der Abnahme (BGH, Urt. v. 7.3.2013 – VII ZR 119/10). Der Auftragnehmer muss dabei allerdings die anerkannten Regeln der Technik sowie die Beschaffenheitsvereinbarungen im Vertrag beachten (OLG Köln, Beschl. v. 18.9.2013 – 11 U 79/13). Ersichtlich untaugliche Nachbesserungsversuche braucht ein Auftraggeber nicht zu akzeptieren. Wenn die ordnungsgemäße Mangelbeseitigung nur auf *eine* bestimmte Weise möglich ist, muss der Auftragnehmer diese auch vornehmen (OLG Stuttgart, Urt. v. 30.12.2009 – 9 U 18/09). Der Auftraggeber kann ein dieser Verpflichtung nicht entsprechendes und damit untaugliches Mangelbeseitigungsangebot zurückweisen (BGH, Urt. v. 5.5.2011 – VII ZR 28/10; BGH, Urt. v. 13.12.2001 – VII ZR 27/00). Lässt ein Auftraggeber eine ordnungsgemäß angebotene Nachbesserung nicht zu, weil er meint, diese sei ungeeignet, trägt er insoweit das Beurteilungsrisiko (BGH, Beschl. v. 22.7.2010 – VII ZR 117/08). Er gerät dann hinsichtlich der angebotenen Mangelbeseitigung in Annahmeverzug, verliert dadurch aber nicht seinen Anspruch auf Mangelbeseitigung (OLG Düsseldorf, Urt. v. 30.8.2012 – 23 U 143/11). Gefährlich wird es dann, wenn der Auftraggeber zur Selbstvornahme übergeht, weil er irrtümlich glaubt, die von ihm zurückgewiesene Nachbesserung führe nicht zu einer mangelfreien Leistung. Da der Auftragnehmer in diesem Fall mit der Mangelbeseitigung nicht im Verzug ist, bleibt der Auftraggeber auf den Selbstvornahmekosten sitzen. Andererseits stellt ein bloßes Einverständnis des Auftraggebers mit einer bestimmten Art und Weise der Nachbesserung regelmäßig keinen Verzicht auf weitere Mängelansprüche dar, wenn die vom Auftragnehmer durchgeführte Nachbesserung fehlschlägt (OLG Celle, Urt. v. 2.6.2010 – 14 U 205/03). **2047**

Jedenfalls bei aufwändigen Mangelbeseitigungsarbeiten kann der Auftraggeber verlangen, dass der Auftragnehmer vor der Durchführung ein Sanierungskonzept erstellt und dem Auftraggeber zur Prüfung vorlegt (OLG Düsseldorf, Urt. v. 9.11.2018 – 22 U 91/14; ähnlich OLG Karlsruhe, Urt. v. 2.9.2015 – 13 U 16/15 bei einem bereits gescheiterten Mangelbeseitigungsversuch). Allerdings ist hier Vorsicht geboten: Da der Auftragnehmer grundsätzlich Herr der Mangelbeseitigung ist, ist das vorzitierte Urteil nicht verallgemeinerungsfähig. Es bezog sich **2048** auf einen Fall, in dem es um komplexe Schallschutzmängel ging und in dem der Auftragnehmer angekündigt hatte, sich schrittweise (und kostensparend) an den Mangel „heranzutasten".

b) Zurückbehaltungsrecht

2049 Der Auftraggeber kann bis zur Beseitigung der Mängel die Einrede des nicht erfüllten Vertrags geltend machen. Dieses Recht wird als Leistungsverweigerungs- oder Zurückbehaltungsrecht bezeichnet (§§ 273, 320 BGB). Das Gesetz regelt dieses Zurückbehaltungsrecht bei Werk- und Bauverträgen in § 641 Abs. 3 BGB. Da die VOB/B hierzu keine ausdrückliche Regelung enthält, ist diese Vorschrift selbstverständlich auch bei VOB/B-Verträgen anwendbar.

2050 Nach § 641 Abs. 3 BGB beträgt der Mangeleinbehalt *„in der Regel"* das Doppelte der zur Beseitigung des Mangels erforderlichen Kosten. Das wird als sogenannter *Druckzuschlag* bezeichnet. Ist der Auftraggeber mit der Entgegennahme der ordnungsgemäß angebotenen Mangelbeseitigung im Annahmeverzug, entfällt dadurch nicht der Mangelbeseitigungsanspruch als solcher, sondern lediglich der Druckzuschlag. Das Leistungsverweigerungsrecht ist dann auf die Höhe der einfachen Mangelbeseitigungskosten beschränkt (OLG Karlsruhe, Urt. v. 24.2.2015 – 8 U 117/12). Nach der Rechtsprechung des BGH muss der Auftraggeber, der wegen eines Baumangels die Bezahlung des Werklohns verweigert, nichts zur Höhe der voraussichtlichen Mangelbeseitigungskosten vortragen (BGH, Urt. v. 6.12.2007 – VII ZR 125/06). Vielmehr wäre es in einem Prozess Sache des Auftragnehmers, darzulegen und zu beweisen, dass der Auftraggeber unter Berücksichtigung der voraussichtlichen Mangelbeseitigungskosten nebst Druckzuschlag einen Betrag einbehält, der zu einer Übersicherung führt.

2051 **Beispiel:** Dem Auftragnehmer steht aus der Schlussrechnung noch ein Betrag in Höhe von € 100.000,– zu. Der Auftraggeber behauptet Mängel.

2052 Der Auftraggeber kann zunächst den gesamten Werklohn einbehalten. Wenn der Auftragnehmer konkret vorträgt und erforderlichenfalls auch beweist, dass € 20.000,– zur Mangelbeseitigung ausreichend sind, würde der Auftraggeber – bei einem Druckzuschlag in Höhe des Doppelten der Mangelbeseitigungskosten – zur unbedingten Zahlung von € 60.000,– und zur Zahlung weiterer € 40.000,– nur Zug um Zug gegen Mangelbeseitigung verurteilt. Es ist ausdrücklich gesetzlich geregelt, dass ein Auftraggeber den Druckzuschlag auch im Rahmen der Zahlung von Abschlagsrechnungen geltend machen kann (§ 632a Abs. 1 Satz 2 und 4 BGB).

2053 Der Auftraggeber kann in begründeten Fällen den Druckzuschlag auch erhöhen, beispielsweise auf das Dreifache der voraussichtlichen Mangelbeseitigungskosten. Zur Begründung kann er etwa darauf verweisen, dass sich der Auftragnehmer bereits während der Bauausführungsphase als unzuverlässig erwiesen habe. Ein Auftragnehmer ist gegen ein solches Vorgehen prinzipiell machtlos, weil er seine Abschlags- oder Schlussrechnung gerichtlich geltend machen müsste, wenn er die Höhe des Druckzuschlags nicht akzeptieren will. Sind die Mängel als solche unstreitig, dürfte es sinnvoller sein, diese zu beseitigen und sich nicht auf einen langwierigen Rechtsstreit einzulassen, zumal das Gericht dem Auftragnehmer mit hoher Wahrscheinlichkeit entgegenhalten würde, der Streit über die Höhe des Einbehalts wäre überflüssig, wenn er seiner Mangelbeseitigungsverpflichtung nachkäme.

Für die Höhe des Zurückbehaltungsrechts kommt es im Übrigen auch nicht auf die Frage an, welcher Vergütungsanspruch für die mangelhafte Leistung im Vertrag vereinbart worden ist. Entscheidend ist vielmehr, welche Kosten dem Auftraggeber entstünden, wenn er einen Ersatzunternehmer mit der Mangelbeseitigung beauftragen müsste. **2054**

Beispiel: Die Dokumentation eines mit sicherheitstechnischen Leistungen beauftragten Unternehmers ist unvollständig und teilweise mangelhaft. Im Leistungsverzeichnis ist für die vollständige Dokumentation ein Vergütungsanspruch in Höhe von € 2.000,– vereinbart worden. Der Auftragnehmer bietet dem Auftraggeber deshalb an, € 4.000,– bis zur vollständigen Übergabe der Dokumentation einzubehalten. **2055**

Darauf muss sich der Auftraggeber nicht einlassen. Würde ihn die Vervollständigung der Unterlagen und die Beseitigung der vorhandenen Mängel im Falle der Beauftragung eines Ingenieurbüros voraussichtlich € 10.000,– kosten, kann er unbeschadet des nur geringen Vergütungsanspruchs einen Betrag in Höhe von € 20.000,– einbehalten. **2056**

Die praktischen Erfahrungen, die man in Bauprozessen mit dem Druckzuschlag nach § 641 Abs. 3 BGB macht, geben Anlass zu folgenden Bemerkungen: Die gesetzgeberische Intention der Vorschrift ist nachvollziehbar und berechtigt. Auch ein Auftragnehmer soll an der ordnungsgemäßen Mangelbeseitigung ein Interesse haben. Der Auftraggeber muss von den mit einer Selbstvornahme einhergehenden Belastungen nach Möglichkeit verschont bleiben, insbesondere weil sich danach Abgrenzungsschwierigkeiten ergeben, wenn die Leistung erneut Mängel aufweist. Dann ist absehbar, dass sich der Auftragnehmer und der Ersatzunternehmer die Verantwortung dafür wechselseitig zuschieben und der Auftraggeber vor Beweisschwierigkeiten steht. Andererseits erlebt man häufig, dass gerade der Druckzuschlag in Bauprozessen missbraucht wird, insbesondere wenn der Auftraggeber nicht zahlen will oder schlichtweg nicht zahlen kann. Es ist im Rahmen eines Prozesses keine große Schwierigkeit, Mängel in einer Art und Weise vorzutragen, die das Gericht zu einer langwierigen Beweisaufnahme zwingt. Das gilt **2057** insbesondere, wenn zur Untermauerung der Mängelbehauptungen ein Parteigutachten vorgelegt wird. Schöpft der Auftraggeber dann auch noch alle Möglichkeiten der Prozessverzögerung aus, dauert der Bauprozess bereits in erster Instanz nicht selten jahrelang. Gerade Auftragnehmer, die auf schnelle Zahlungen angewiesen sind, lassen sich dann oftmals auf Vergleiche ein, die mit Gerechtigkeitsvorstellungen nicht zu vereinbaren sind. Das ist die Kehrseite des Druckzuschlags nach § 641 Abs. 3 BGB. Auftragnehmer können sich dagegen nur zur Wehr setzen, indem sie sofort eine Sicherheit nach § 650f BGB (vormals § 648a BGB) verlangen und dieses Recht gegebenenfalls gerichtlich einklagen (vgl. Kapitel P, Rn. 2696 ff.).

2058 Fraglich ist, ob ein Auftraggeber ein Leistungsverweigerungsrecht gegen Zahlungsansprüche aus einem Bauvorhaben geltend machen kann, wenn an einem anderen Bauvorhaben Mängel bestehen. Das ist grundsätzlich zu verneinen, weil die wechselseitigen Leistungsverpflichtungen auf verschiedenen Verträgen beruhen und deshalb nicht in einem Gegenseitigkeitsverhältnis stehen, was Voraussetzung des Leistungsverweigerungsrechts ist (KG, Urt. v. 20.9.2016 – 21 U 67/15; ebenso OLG München, Beschl. v. 13.1.2016 – 28 U 2481/15 Bau für den Fall, dass verschiedene Gewerke an einem Bauvorhaben betroffen sind). Hat der Auftragnehmer einen Anspruch auf Auszahlung des Gewährleistungseinbehalts, beispielsweise weil er eine Bürgschaft übergeben hat, ist auch eine Aufrechnung des Auftraggebers mit Ansprüchen aus einem anderen Bauvorhaben in der Regel unzulässig (OLG Karlsruhe, Urt. v. 9.12.2014 – 8 U 165/13; anderer Auffassung, aber unzutreffend: OLG Hamm, Urt. v. 27.10.2006 – 12 U 47/06). Anders ist es, wenn die Parteien einen Rahmenvertrag über die Ausführung von Bauleistungen geschlossen haben. Dann stehen die Mängelansprüche des Auftraggebers aus einem Bauvorhaben und der Werklohnanspruch des Auftragnehmers aus einem anderen Bauvorhaben in einem Gegenseitigkeitsverhältnis, sodass dem Auftraggeber gegen den Zahlungsanspruch des Auftragnehmers ein Leistungsverweigerungsrecht zustehen kann (OLG München, Beschl. v. 21.5.2014 – 13 U 4423/13 Bau).

c) Ersatz- bzw. Selbstvornahme

aa) Angemessene Frist zur Mangelbeseitigung

2059 Kommt der Auftragnehmer einer Aufforderung zur Mangelbeseitigung innerhalb angemessener Frist nicht nach, kann der Auftraggeber zur Ersatz- bzw. Selbstvornahme zulasten des Auftragnehmers schreiten (§ 13 Abs. 5 Nr. 2 VOB/B). Problematisch ist, wenn beispielsweise ein Generalunternehmer Mängelrügen des Bauherrn lediglich kommentarlos an den Nachunternehmer weiterleitet. Das stellt nach Auffassung des OLG Stuttgart selbst dann kein schriftliches Mangelbeseitigungsverlangen dar, wenn damit die Einladung zu einem Ortstermin zwecks Abklärung der Mangelverantwortlichkeit verbunden ist (OLG Stuttgart, Urt. v. 21.4.2009 –

10 U 9/09). Deshalb ist zu beachten, dass der Auftraggeber selbst zur Mangelbeseitigung auffordern und hierfür eine angemessene Frist setzen muss, auch wenn er hierbei entsprechende Schreiben seines Bauherrn beifügen kann.

Im Rahmen von Mangelbeseitigungsaufforderungen stellt sich für Auftraggeber immer wieder die Frage, welche konkrete Frist zur Mangelbeseitigung gesetzt werden muss, damit die Selbstvornahmekosten erstattungsfähig sind. Die VOB/B regelt hierzu lediglich, dass die Frist *angemessen* sein muss. Welche Frist angemessen ist, hängt naturgemäß von den Umständen des Einzelfalls ab und kann nicht generell bestimmt werden. Im Grundsatz ist diejenige Frist angemessen, die ein Auftragnehmer „unter größten Anstrengungen" benötigt, um den Mangel ordnungsgemäß zu beheben (OLG Düsseldorf, Urt. v. 10.5.2016 – 21 U 180/15). Dabei kann die Frist wesentlich kürzer bemessen sein als die ursprüngliche Zeit, die der Auftragnehmer zur Herstellung der Leistung hatte. **2060**

Falls die gesetzte Frist nach Auffassung des Gerichts zu kurz bemessen wurde, ist die Mangelbeseitigungsaufforderung gleichwohl nicht wirkungslos. Vielmehr läuft *automatisch* eine aus Sicht des Gerichts angemessene Frist. Ein Auftraggeber, der zur Ersatz- bzw. Selbstvornahme übergehen will, aber Zweifel an der Angemessenheit der von ihm gesetzten Frist hat, sollte mit der Beauftragung der Selbstvornahme entweder noch einen bestimmten Zeitraum nach Fristablauf abwarten oder eine Nachfrist setzen. Eine andere Möglichkeit besteht darin, eine aus Sicht des Auftraggebers angemessene Frist zu setzen und den Auftragnehmer aufzufordern, eine konkrete Mitteilung zu machen, falls die gesetzte Frist aus seiner Sicht zu kurz bemessen sein sollte. Dabei kann gleichzeitig um eine Mitteilung gebeten werden, ob der Auftragnehmer die geltend gemachten Mängel anerkennt bzw. innerhalb welcher Frist er diese beseitigen will. Erfolgt darauf keine Reaktion, beruft sich der Auftragnehmer im Prozess auf Zahlung der Selbstvornahmekosten aber dennoch auf die Unangemessenheit der ihm gesetzten Frist, dürfte er mit diesem Einwand wegen eines Verstoßes gegen das Kooperationsgebot kein Gehör finden. **2061**

Auftraggeber sollten ferner beachten, dass die an den Auftragnehmer gerichtete Aufforderung, sich binnen einer bestimmten Frist lediglich über seine *Leistungsbereitschaft* zu erklären oder mit der Mangelbeseitigung zu beginnen, regelmäßig keine ordnungsgemäße Fristsetzung zur Mangelbeseitigung darstellt (OLG Frankfurt, Urt. v. 4.11.2014 – 16 U 69/14; BGH, Urt. v. 23.2.2006 – VII ZR 84/05). Lediglich in Ausnahmefällen dürfte der Ablauf einer Beginnfrist erheblich sein, insbesondere wenn der für die Mangelbeseitigung erforderliche Zeitraum vom Auftraggeber nicht oder nur schwer eingeschätzt werden kann oder ihm ein Abwarten bis zum Ablauf der Mangelbeseitigungsfrist nicht zumutbar ist (LG Heidelberg, Urt. v. 23.1.2014 – 3 S 20/13; KG, Urt. v. 22.8.2006 – 21 U 165/03; OLG Stuttgart, Urt. v. 23.11.2006 – 13 U 53/06). Das hilft einem Auftraggeber in der Praxis **2062** wenig, weil er nicht sicher prognostizieren kann, wann ein Gericht einen solchen Ausnahmefall annimmt. Deshalb sollte der Auftraggeber, wann immer dies möglich ist, eine konkrete Frist zur Beendigung der Mangelbeseitigungsarbeiten setzen. Liegt ein Ausnahmefall vor, bei dem es einem Auftraggeber aus besonderen Gründen nicht zumutbar ist, das Verstreichen einer zur Mangelbeseitigung gesetzten Frist abzuwarten, sollten in dem Schreiben, das lediglich eine Erklärungs- oder Beginnfrist enthält, diejenigen Gründe konkret genannt werden, die ein Zuwarten bis zum Ablauf der Erledigungsfrist unzumutbar machen.

2063 Beseitigt ein Auftraggeber den Mangel, ohne dem Auftragnehmer zuvor die Möglichkeit der Mangelbeseitigung innerhalb angemessener Frist eingeräumt zu haben, verliert er nicht nur seine Mängelrechte, sondern ist zur Zahlung der vollen Vergütung verpflichtet (OLG Koblenz, Beschl. v. 23.4.2015 – 5 U 142/15; OLG Düsseldorf, Urt. v. 11.10.2013 – 22 U 81/13). Dagegen vertritt das OLG Koblenz die Auffassung, ein Auftragnehmer müsse sich in einem solchen Fall wenigstens in Abzug bringen lassen, was er an Kosten für die Mängelbeseitigungsleistungen erspart habe (OLG Koblenz, Urt. v. 16.1.2004 – 8 U 889/03). Das ist indes eine Mindermeinung, die vom BGH nicht geteilt wird (BGH, Urt. v. 23.2.2005 – VII ZR 100/04).

bb) Entbehrlichkeit der Fristsetzung

2064 Das BGB enthält eine Reihe von Ausnahmen, die eine Fristsetzung zur Mangelbeseitigung entbehrlich machen. Diese Ausnahmen gelten auch bei Vereinbarung der VOB/B. Hauptanwendungsfall ist die ernsthafte und endgültige Verweigerung des Auftragnehmers nach § 637 Abs. 2 BGB (hierzu: OLG Koblenz, Urt. v. 27.4.2004 – 3 U 625/03). Auftraggebern ist hier jedoch zur äußersten Vorsicht zu raten. Denn es kann im Einzelfall außerordentlich zweifelhaft sein, ob ein bestimmtes Verhalten des Auftragnehmers tatsächlich als „endgültige und ernsthafte" Mangelbeseitigungsverweigerung anzusehen ist. Gerichte stellen hohe Anforderungen an eine Selbstvornahme ohne vorangegangene Fristsetzung (OLG Düsseldorf, Urt. v. 6.11.2007 – 21 U 172/06). So stellt das Bestreiten von Mängeln in einem Bauprozess nicht ohne Weiteres eine endgültige Erfüllungsverweigerung dar (OLG Frankfurt, Urt. v. 14.6.2012 – 12 U 185/10). Wenn dagegen in einem selbstständigen Beweisverfahren Mängel festgestellt worden sind und sich der Auftragnehmer dennoch nicht bereiterklärt, diese zu beseitigen, sondern sie zum großen Teil bestreitet, kann dies als endgültige Verweigerung der Mängelbeseitigung anzusehen sein (OLG München, Urt. v. 22.12.2010 – 9 U 5082/09). Das Gleiche gilt, wenn der Auftragnehmer während umfassender vorprozessualer Auseinandersetzungen das Vorliegen von Mängeln verneint und eine Pflicht zur Gewährleistung schlechthin bestreitet (BGH, Urt. v. 18.9.2014 – VII ZR 58/13). Wenn ein Auftraggeber die damit verbundenen Zweifelsfragen erst gar nicht entstehen lassen will, sollte der *sicherste Weg* beschritten werden. Das heißt: schriftliche Aufforderung zur Beseitigung konkret bezeichneter Mängel innerhalb angemessener Frist.

Nach fruchtlosem Ablauf einer zur Nachbesserung gesetzten (angemessenen) Frist ist der Auftraggeber nicht mehr verpflichtet, das Angebot des Auftragnehmers zur Mangelbeseitigung anzunehmen. Er kann wählen, welche Ansprüche er gegen den Auftragnehmer geltend machen will. Der Auftragnehmer kann folglich nicht mehr gegen den Willen des Auftraggebers nachbessern (BGH, Urt. v. 27.2.2003 – VII ZR 338/01). Stattdessen setzt die Mangelbeseitigung nach Eintritt des Verzugs die ausdrückliche Zustimmung des Auftraggebers voraus (OLG Koblenz, Beschl. v. 27.3.2014 – 3 U 944/13). Finden nach Fristablauf Verhandlungen zwischen den Parteien statt, ohne dass es zu einer Einigung oder Zustimmung des Auftraggebers kommt, lebt das Recht des Auftragnehmers zur Mangelbeseitigung auch nicht wieder auf (OLG Karlsruhe, Urt. v. 29.11.2013 – 13 U 80/12). **2065**

cc) Mehrfache Nachbesserung

Oft ist fraglich, ob der Auftraggeber nach erfolgloser Nachbesserung eine weitere Frist zur Mangelbeseitigung setzen muss. **2066**

Beispiel: Die Stadtwerke lassen das Hallen- und Freibad ihrer Stadt sanieren. Die Schwimmbecken erhalten eine neue Fußbodenbeschichtung (Epoxidharzbelag). Auf eine entsprechende Rüge der Stadtwerke bessert der Auftragnehmer nach. Die Abnahme der Nachbesserungsleistung wird abgelehnt. Im Rahmen eines selbstständigen Beweisverfahrens stellt der vom Gericht beauftragte Sachverständige handwerkliche Fehler bei der Mangelbeseitigung fest und schlägt vor, die Fußbodenbeläge auszubauen, zu entsorgen und zu erneuern. Dies wird von den Stadtwerken veranlasst, ohne den Auftragnehmer nochmals zur Mangelbeseitigung aufzufordern. Die Selbstvornahmekosten in Höhe von über € 50.000,– klagen die Stadtwerke ein. Der Auftragnehmer wendet ein, ihm hätte nach erfolgloser Nachbesserung ein weiterer Nachbesserungsversuch zugebilligt werden müssen. **2067**

Dem folgt das Gericht nicht (OLG Bremen, Urt. v. 24.2.2005 – 5 U 35/04). Wenn der erste Nachbesserungsversuch fehlgeschlagen ist, bedarf es keiner weiteren Fristsetzung mehr; vielmehr kann der Auftraggeber sogleich zur Selbstvornahme übergehen. Die Entscheidung basiert auf § 636 BGB. Dort ist von einem Recht des Auftragnehmers zur mehrmaligen Nachbesserung nicht die Rede. Diese Bestimmung gilt zwar auch bei Einbeziehung der VOB/B in den Vertrag. Dennoch warnen wir davor, diese Entscheidung zu verallgemeinern und ungeprüft auf andere Sachverhalte zu übertragen. Denn es gibt auch andere obergerichtliche Entscheidungen, nach denen die unvollständige oder fehlgeschlagene Mangelbeseitigung eine nochmalige Mängelrüge erfordern kann (OLG Köln, Beschl. v. 13.2.2015 – 11 U 126/14; OLG Karlsruhe, Urt. v. 29.11.2013 – 13 U 80/12). Nicht erforderlich ist eine weitere Mangelbeseitigungsaufforde- **2068** rung, wenn sie dem Auftraggeber unzumutbar ist, weil der Auftragnehmer durch sein vorheriges Verhalten das Vertrauen in seine Leistungsfähigkeit derart erschüttert hat, dass keine Veranlassung besteht, diesem Unternehmer nochmals Gelegenheit zur Mangelbeseitigung zu geben. Ob diese Voraussetzungen vorliegen, ist schwer prognostizierbar und hängt – wie immer – von den Umständen des Einzelfalls ab. Will der Auftraggeber den sichersten Weg einschlagen, sollte er nach einer fehlgeschlagenen Nachbesserung nochmals Gelegenheit zur Mangelbeseitigung geben.

dd) Umfang der Selbstvornahme/Prognoserisiko

2069 Der Auftraggeber ist bei einer Selbstvornahme nicht gehalten, im Interesse des Auftragnehmers besondere Anstrengungen zu unternehmen, um den günstigsten Anbieter zu finden. Er darf auch einen überhöhten Preis akzeptieren, wenn er wie ein vernünftig denkender Bauherr handelt oder ihm aus anderen Gründen, beispielsweise bei Gefahr im Verzug, keine andere Wahl bleibt (OLG Celle, Urt. v. 4.8.2016 – 13 U 104/12; OLG Düsseldorf, Urt. v. 19.7.2011 – 21 U 76/09). Ein Auftraggeber muss im Rahmen eines Bauprozesses aber beweisen, dass die geltend gemachten Selbstvornahmekosten tatsächlich der Mangelbeseitigung dienten. Dafür besteht keine Vermutung (BGH, Urt. v. 25.6.2015 – VII ZR 220/14; OLG Stuttgart, Urt. v. 15.11.2011 – 10 U 66/10). Wenn Mangelbeseitigungsarbeiten durch Ersatzunternehmer beispielsweise im Stundenlohn beauftragt werden, sollte sich sowohl aus dem Auftrag selbst als auch aus den Stundenlohnzetteln bzw. der Rechnung des Ersatzunternehmers prüfbar ergeben, dass die ausgeführten Arbeiten der Mangelbeseitigung dienten und nicht andere Arbeiten (mit-)ausgeführt worden sind (OLG Köln, Urt. v. 13.3.2016 – 16 U 109/15).

2070 Fraglich ist, ob der Auftragnehmer die Fremdnachbesserungskosten auch tragen muss, wenn sich die im Wege der Selbstvornahme durchgeführten Maßnahmen im Nachhinein als nicht erforderlich erweisen.

2071 **Beispiel:** Der Auftraggeber verlangt von einem Tischler, die Fenster komplett auszutauschen, weil es konstruktionsbedingt zu Wasser- und Windeintritten kommt. Ein im beiderseitigen Einverständnis hinzugezogener Sachverständiger hatte den Komplettaustausch – ebenso wie der vom Bauherrn beauftragte Architekt – zuvor für erforderlich gehalten. Nachdem der Tischler dieser Aufforderung innerhalb angemessener Frist nicht nachkam, ging der Auftraggeber zur Selbstvornahme über und machte die daraus resultierenden Kosten geltend. Das OLG Rostock hat die Klage aufgrund eines von ihm eingeholten Sachverständigengutachtens abgewiesen, weil der gerichtlich beauftragte Sachverständige die Auffassung vertrat, es hätte ausgereicht, die Falzdichtungen auszutauschen.

Der BGH hat der Revision des Bauherrn stattgegeben und den Auftragnehmer antragsgemäß verurteilt (BGH, Urt. v. 7.3.2013 – VII ZR 119/10). Denn ein Auftraggeber kann diejenigen Fremdnachbesserungskosten verlangen, die er als wirtschaftlich denkender Bauherr im Zeitpunkt der Beauftragung des Dritten für angemessen halten durfte. Hat er sich zuvor sachkundig beraten lassen, kommt es auf diejenigen Selbstvornahmekosten an, die aufgrund dieser Beratung entstanden sind. Das damit bestehende Risiko einer Fehleinschätzung (das sogenannte Prognoserisiko) trägt der Auftragnehmer (ebenso: OLG Celle, Urt. v. 12.5.2016 – 16 U 131/15; OLG Oldenburg, Urt. v. 4.8.2015 – 2 U 16/15; OLG Hamm, Urt. v. 25.11.2014 – 24 U 43/13). Die Grenze der Kostenerstattungspflicht ist aber dort erreicht, wo Leistungen ausgeführt werden, die der Auftragnehmer nicht schuldete und die nicht notwendig waren, um ein vertragsgemäßes Werk zu erstellen. Teureres Material ist nur zu erstatten, wenn sich der Mangel auf anderem Weg nicht beseitigen lässt (OLG Stuttgart, Urt. v. 15.11.2011 – 10 U 66/10). 2072

d) Kostenvorschussanspruch

Zur Selbstvornahme gibt es in manchen Fällen eine sinnvolle Alternative: den Kostenvorschussanspruch (§ 637 Abs. 3 BGB). Dieser Weg sollte beispielsweise erwogen werden, wenn die Mangelbeseitigung nicht dringlich ist oder der Auftraggeber nicht über die notwendigen Mittel zur Zahlung der Mangelbeseitigungskosten verfügt. Denn Bauprozesse können dauern. Stellt sich nach deren Abschluss heraus, dass der auf die Selbstvornahmekosten in Anspruch genommene Unternehmer insolvent ist, steht der Auftraggeber mit leeren Händen da. Ein Vorschussanspruch kommt insbesondere in Betracht, wenn Beweisschwierigkeiten drohen, beispielsweise weil nicht vollständig klar ist, welcher von mehreren in Betracht kommenden Auftragnehmern in welchem Umfang für die aufgetretenen Mängel verantwortlich ist. Denn der Auftraggeber ist nach Abnahme der Leistung für das Vorhandensein des Mangels im Zeitpunkt der Abnahme beweispflichtig (OLG Celle, Urt. v. 8.5.2014 – 5 U 163/13). Oftmals ist es nach durchgeführter Mangelbeseitigung schwierig, diesen Beweis hieb- und stichfest zu führen (KG, Beschl. v. 22.7.2008 – 7 U 58/08; BGH, Urt. v. 25.9.2008 – VII ZR 204/07). 2073

Im Rahmen einer Vorschussklage können die Kosten der Mangelbeseitigung geschätzt werden, soweit hierfür ausreichende Grundlagen vorhanden sind (OLG Frankfurt, Urt. v. 7.12.2010 – 5 U 95/09; BGH, Urt. v. 22.2.2001 – VII ZR 115/99). An die Darlegung zur Anspruchshöhe dürfen beim Kostenvorschuss keine allzu strengen Anforderungen gestellt werden. Denn es handelt sich dabei um eine vorläufige Zahlung, über deren Verwendung am Ende abgerechnet werden muss (OLG Stuttgart, Urt. v. 25.5.2011 – 9 U 122/10; BGH, Urt. v. 22.2.2001 – VII ZR 115/99). Der Auftraggeber muss weder sachverständige Beratung in Anspruch nehmen noch Kostenvoranschläge einholen. Er darf die Kosten nach Auffassung des OLG Düsseldorf „laienhaft" schätzen (OLG Düsseldorf, Urt. v. 13.1.2017 – 2074

22 U 134/16). Reicht der geltend gemachte Vorschuss nicht aus, besteht eine Nachschusspflicht des Auftragnehmers (BGH, Urt. v. 25.9.2008 – VII ZR 204/07). Die Geltendmachung des Kostenvorschussanspruchs ist allerdings ausgeschlossen, wenn der Auftraggeber die Mängel tatsächlich nicht beseitigen lassen will (BGH, Urt. v. 14.1.1999 – VII ZR 19/98). Entscheidet sich der Auftraggeber, der einen Vorschussanspruch geltend gemacht hat, die Mangelbeseitigung doch nicht durchführen zu lassen, muss er auf einen Schadensersatzanspruch umstellen, kann dann die Mehrwertsteuer allerdings nicht mehr geltend machen (BGH, Urt. v. 22.7.2010 – VII ZR 176/09).

2075 Über einen erhaltenen Vorschuss muss innerhalb angemessener Frist abgerechnet werden, ansonsten besteht ein Rückforderungsanspruch des Auftragnehmers (BGH, Urt. v. 14.1.2010 – VII ZR 108/08). Welche Frist für die Durchführung der Mangelbeseitigung angemessen ist, muss im Einzelfall unter Berücksichtigung der konkreten Umstände festgestellt werden. Der Anspruch auf Kostenvorschuss zur Mangelbeseitigung umfasst alle Kosten, die im Rahmen der erforderlichen Nachbesserung anfallen, einschließlich der notwendigen Vor- und Nacharbeiten (OLG Karlsruhe, Urt. v. 1.3.2005 – 17 U 114/04) sowie die Mehrwertsteuer, falls der Auftraggeber nicht vorsteuerabzugsberechtigt ist (OLG Brandenburg, Urt. v. 29.8.2013 – 12 U 183/12). Nicht vom Kostenvorschussanspruch umfasst sind solche Maßnahmen, um die das Werk bei ordnungsgemäßer Ausführung von vornherein teurer geworden wäre (Sowieso-Kosten). Auch das hat das OLG Brandenburg entschieden (Urt. v. 29.8.2013 – 12 U 183/12). Der Anspruch ist ab Rechtshängigkeit zu verzinsen (OLG Karlsruhe, Urt. v. 28.10.2004 – 17 U 19/01).

e) Minderung

2076 Ist die Beseitigung des Mangels unmöglich oder würde sie einen unverhältnismäßig hohen Aufwand erfordern und wird sie deshalb vom Auftragnehmer verweigert, kann der Auftraggeber anstelle der Nachbesserung eine Minderung der Vergütung verlangen (§ 13 Abs. 6 VOB/B).

2077 Gerade Auftragnehmer verstehen diese Vorschrift häufig falsch: Für die Beurteilung der Verhältnismäßigkeit von Mangelbeseitigungskosten kommt es *nicht* auf das Verhältnis der entstehenden Kosten zu dem ursprünglichen Aufwand für die Herstellung der Werkleistung an. Entscheidend ist vielmehr das *Verhältnis* des zur Mangelbeseitigung erforderlichen Aufwandes und der Vorteil, den diese Mangelbeseitigung für den Auftraggeber hat (OLG Dresden, Urt. v. 2.2.2017 – 10 U 672/12; OLG Celle, Urt. v. 31.8.2017 – 13 U 154/15; OLG München, Urt. v. 24.4.2013 – 13 U 1800/12 Bau; OLG Hamm, Urt. v. 15.5.2012 – 21 U 113/11; BGH, Urt. v. 29.6.2006 – VII ZR 86/05; BGH, Urt. v. 10.11.2005 – VII ZR 64/04).

2078 Bei Schallschutzmängeln im Wohnungsbau kann der Auftraggeber nahezu immer Maßnahmen verlangen, die zur Herstellung des erforderlichen Schallschutzes notwendig sind, auch wenn die Ausführung der entsprechenden Arbeiten mit einem außerordentlich hohen Aufwand verbunden ist (OLG Köln, Urt. v. 16.9.2010 – 7 U 158/08 ; OLG Düsseldorf, Urt. v. 19.12.2003 – 22 U 69/03; BGH, Urt. v. 14.5.1998 – VII ZR 184/97). Kürzlich hat das OLG Bamberg entschieden, dass ein Mangelbeseitigungsaufwand von über € 37.000,– zur Beseitigung von Schallschutzmängeln an einer Eigentumswohnung mit einem Wert von € 187.500,– nicht unverhältnismäßig ist (OLG Bamberg, Beschl. v. 25.3.2013 – 3 U 185/12). In bestimmten Fällen kann Nachbesserung auch komplette Neuherstellung bedeuten, selbst wenn die dafür entstehenden Kosten höher sind als die der ursprünglichen Herstellung (BGH, Urt. v. 29.6.2006 – VII ZR 86/05; OLG Karlsruhe, Urt. v. 24.2.2015 – 8 U 117/12). Auch bei Abdichtungsarbeiten wird der Einwand der Unverhältnismäßigkeit jedenfalls dann nicht durchgreifen können, wenn zumindest das erhöhte Risiko eines Schadenseintritts besteht (OLG München, Urt. v. 28.7.2015 – 28 U 3070/13 Bau; OLG Düsseldorf, Urt. v. 26.5.2009 – 23 U 97/08). Ist fraglich, ob eine mangelhafte Werkleistung dauerhaft funktionstauglich bleibt, kommt eine Minderung nicht in Betracht (BGH, Beschl. v. 10.10.2018 – VII ZR 229/17).

Beispiel: Der Bauherr verlangt Kostenvorschuss zur Mangelbeseitigung durch Neueindeckung des Daches in Höhe von € 252.000,–. Der Zimmerer hat für die Sichtschalung nur 20 mm dicke Bretter anstatt der vertraglich vereinbarten 24 mm dicken Bretter verwendet. Er macht geltend, die Kosten einer Neuerrichtung des Daches seien unverhältnismäßig hoch. **2079**

Ohne Erfolg! Zwei vom Gericht beauftragte Sachverständige kommen zu dem Ergebnis, dass eine nachhaltige Funktionsbeeinträchtigung während der üblichen Lebenserwartung eines Daches von mehr als 40 Jahren nur durch eine Neuherstellung ausgeschlossen werden kann. Dennoch halten sie eine solche nicht für sinnvoll, weil die Dachflächen schon einen erheblichen Zeitraum ohne äußerliche Anzeichen einer Überbeanspruchung standgehalten hätten. Ein weiterer Sachverständiger bezeichnete eine ein- bis zweimalige Wartung pro Jahr als ausreichend, um das Dach funktionstüchtig zu erhalten. Das Gericht weicht von dieser Auffassung ausdrücklich ab und stellt fest, dass die Frage, ob eine Mangelbeseitigung notwendig und verhältnismäßig sei, vom Gericht und nicht von Sachverständigen entschieden werden müsse (OLG München, Urt. v. 7.8.2007 – 13 U 2063/05). Unter Hinweis auf die BGH-Rechtsprechung hält es die Neueindeckung des Daches nicht für unverhältnismäßig, weil dem Bauherrn das von den Sachverständigen bejahte Restrisiko nicht auferlegt werden könne. **2080**

Der Einwand der Unverhältnismäßigkeit der Nachbesserung ist nach der Rechtsprechung grundsätzlich nur dann gerechtfertigt, wenn einem *objektiv* geringen Interesse des Auftraggebers an einer mangelfreien Vertragsleistung ein ganz **2081** erheblicher und deshalb vergleichsweise unangemessener Aufwand gegenübersteht, sodass die Forderung nach ordnungsgemäßer Vertragserfüllung ein Verstoß gegen Treu und Glauben ist (OLG Celle, Urt. v. 13.12.2018 – 5 U 194/14; OLG Hamm, Urt. v. 15.5.2012 – 21 U 113/11; OLG Köln, Urt. v. 16.9.2010 – 7 U 158/08; BGH, Urt. v. 6.12.2001 – VII ZR 241/00). Einen solchen Fall hat das OLG Oldenburg bei einer nicht fachgerechten Dämmung einer Wasserleitung angenommen, die zu einem höheren Energieverbrauch von ca. € 50,–/Jahr führte, wohingegen der Nachbesserungsaufwand mindestens € 44.000,– betragen hätte (OLG Oldenburg, Urt. v. 11.12.2014 – 8 U 140/09). Der BGH ist von einer Unverhältnismäßigkeit der Mangelbeseitigungskosten ausgegangen, wenn der vom Unternehmer eingebaute Niedrigtemperaturkessel im Verhältnis zur vertraglich vorgesehenen Brennwertheizanlage lediglich zu einem Energiemehrverbrauch von 1,5 %, das entspricht Energiemehrkosten in Höhe von € 55,–/jährlich, führt (BGH, Beschl. v. 18.7.2013 – VII ZR 231/11; ähnlich: OLG München, Urt. v. 18.6.2014 – 27 U 4301/13). Zweifelhaft ist deshalb eine Entscheidung des OLG Karlsruhe (Beschl. v. 1.2.2018 – 9 U 52/17), nach der Mangelbeseitigungskosten in Höhe von € 4.500,– für den Austausch von Dachflächenfenstern nicht unverhältnismäßig sein sollen, obwohl der Mangel nur € 8,10 jährlich an zusätzlichen Heizkosten verursacht hätte (eingebaut wurden nur eine zweifache anstatt der geschuldeten dreifachen Wärmeschutzverglasung).

2082 Eine in solchen Fällen vorzunehmende Minderung bemisst sich nicht anhand der Nachbesserungskosten, sondern nach demjenigen Aufwand, den der Auftragnehmer durch die tatsächliche Ausführung der Leistung erspart hat (BGH, Urt. v. 9.1.2003 – VII ZR 181/00). Deshalb ist es unzutreffend, wenn das OLG Schleswig meint, die notwendigen Mangelbeseitigungskosten seien ein Anhaltspunkt für die zu schätzende Minderung (OLG Schleswig, Urt. v. 9.12.2016 – 1 U 17/13).

2083 Der Hauptanwendungsfall der Minderung wegen unverhältnismäßig hoher Mangelbeseitigungskosten dürften optische Mängel sein (OLG Celle, Urt. v. 19.12.2013 – 6 U 73/13; OLG Stuttgart, Urt. v. 24.7.2012 – 10 U 56/12; OLG Bamberg, Urt. v. 16.4.2007 – 4 U 198/05; OLG Hamm, Urt. v. 24.3.2003 – 17 U 88/02). Aber auch hier sind immer die Umstände des Einzelfalls zu berücksichtigen.

2084 **Beispiel:** Ein Erwerber kauft vom Bauträger ein qualitativ hochwertiges Reiheneckhaus zum Preis von € 416.000,–. Der komplette Bodenbelag des Erdgeschosses besteht aus Granitplatten. Es treten Mängel in Form von punktuellen Hohlstellen und gerissenen Fliesenfugen auf. Der Bauträger veranlasst Nachbesserungsarbeiten, lässt jedoch nur einzelne Granitplatten austauschen. Es kommt zu Farbabweichungen. Daraufhin verlangt der Erwerber innerhalb einer angemessenen Frist den kompletten Austausch aller Granitplatten. Nachdem die Frist verstrichen ist, macht der Bauherr Vorschuss zur Mangelbeseitigung in Höhe von € 20.000,– geltend.

Das OLG Frankfurt gab dem Erwerber Recht (OLG Frankfurt, Urt. v. 1.10.2004 – 24 U 194/03). Zur Mangelbeseitigung war eine komplette Neubelegung des Granitbelags erforderlich und angemessen. Die Möglichkeit des Austauschs einzelner Platten wäre nur geeignet gewesen, wenn farbgleiches Material zur Verfügung gestanden hätte. Verbleibt bei einer hochwertigen Immobilie ein optisches Schadensbild, muss sich der Auftraggeber damit nicht zufrieden geben. Wenn dagegen bei Zweckbauten, beispielsweise einem Supermarkt, lediglich optische Unregelmäßigkeiten in Form verschmutzter Leimholzbinder auftreten, kann dies – ohne ausdrückliche Beschaffenheitsvereinbarung – sogar ausnahmsweise dazu führen, dass ein Auftraggeber weder Mangelbeseitigungs- noch Minderungsansprüche geltend machen kann (OLG Schleswig, Urt. v. 10.02.2012 – 1 U 20/11). 2085

Bei der Beurteilung der Frage, ob der Auftragnehmer zu Recht den Einwand des unverhältnismäßig hohen Mangelbeseitigungsaufwandes erhebt, ist der Grad seines Verschuldens an der Entstehung des Mangels in die Gesamtabwägung einzubeziehen. Das Maß des Verschuldens ist jedoch nicht das alleinige Kriterium. Im Einzelfall ist es dem Auftragnehmer deshalb nicht verwehrt, sich auch dann auf die Unverhältnismäßigkeit des Mangelbeseitigungsaufwandes zu berufen, wenn er den Mangel vorsätzlich herbeigeführt hat (BGH, Urt. v. 10.2.2012 – 1 U 20/11). 2086

Ein Minderungsrecht besteht ausnahmsweise auch in Fällen, in denen eine Mangelbeseitigung aus persönlichen oder wirtschaftlichen Gründen für den Auftraggeber unzumutbar ist (dazu: OLG Dresden, Urt. v. 23.4.2002 – 15 U 77/01). Auch hier sind strenge Anforderungen zu stellen. Die Entgegennahme von Nachbesserungsarbeiten kann für den Auftraggeber beispielsweise dann unzumutbar sein, wenn sie mit einer vorübergehenden Stilllegung seines Gewerbebetriebs verbunden wäre. Weitere Gründe können sein: zahlreiche vergebliche Nachbesserungsversuche, unsichere Erfolgsaussichten der vorgesehenen Nachbesserung oder der Umstand, dass der Auftraggeber die hergestellten Wohnungen sofort benötigt, um sie an Erwerber zu übergeben. 2087

Wenn der Auftragnehmer die Mangelbeseitigung wegen unverhältnismäßig hoher Kosten zu Recht verweigert hat, kann sich die Minderung nicht nach den Mangelbeseitigungskosten bemessen (BGH, Urt. v. 9.1.2003 – VII ZR 181/00; ähnlich: OLG Düsseldorf Urt. v. 18.2.2014 – 23 U 62/13; missverständlich deshalb: OLG Schleswig, Urt. v. 9.12.2016 – 1 U 17/13). Der Minderwert richtet sich in solchen Fällen nach der Differenz zwischen der erbrachten und der geschuldeten Leistung (BGH, Urt. v. 11.10.2012 – VII ZR 179/11; BGH, Urt. v. 9.1.2003 – VII ZR 181/00). Dabei kann es darauf ankommen, was der Auftragnehmer durch die Ausführung der mangelhaften Leistung erspart hat (OLG Stuttgart, Urt. v. 31.3.2004 – 9 U 12/02; 2088

BGH, Urt. v. 9.1.2003 – VII ZR 181/00). Häufig kommt es in Bauprozessen hier zu einer Schätzung (LG Berlin, Beschl. v. 15.2.2016 – 84 S 54/15). Werden Sachverständige beauftragt, wenden diese zur Ermittlung des mängelbedingten Minderwertes oft die sogenannte Zielbaummethode nach Aurnhammer an (dazu Zöller, IBR 2017, 237 und OLG Düsseldorf, Urt. v. 18.12.2007 – 23 U 164/05; OLG Schleswig, Urt. v. 9.12.1999 – 2 U 18/99; OLG Stuttgart, Urt. v. 23.3.1994 – 9 U 275/93).

f) Schadensersatzansprüche

2089 Die in § 13 Abs. 7 VOB/B geregelten Schadensersatzansprüche setzen allesamt ein Verschulden, also mindestens einfache Fahrlässigkeit, voraus. In diesen Fällen muss der Unternehmer nicht nur nachbessern, sondern auch die infolge des Mangels eingetretenen Folgeschäden ersetzen. Kann er sich vom Vorwurf des Verschuldens entlasten, beispielsweise weil er die einschlägigen DIN-Vorschriften beachtet hat, scheidet eine Schadensersatzverpflichtung nach § 13 Abs. 7 VOB/B grundsätzlich aus (OLG Hamburg, Urt. v. 27.11.2009 – 14 U 91/09).

2090 An einem Verschulden fehlte es im folgenden

Beispiel: Ein Installateur tauscht im Rahmen von Arbeiten an einer Heizung in einer Übergabestation Wasserhähne aus. Als Dichtungen verwendet er neu entwickelte, asbestfreie und faserverstärkte Flanschdichtungen. Nach einem Jahr bricht die Dichtung wegen eines Materialfehlers aus. Der Hersteller der Dichtung hatte diese als gleichwertiges Ersatzmaterial für die asbesthaltige Dichtung empfohlen. Es treten Mangelfolgeschäden (Wassereinbruch) in Höhe von ca. € 75.000,– auf.

2091 Der BGH hat hier ein Verschulden des Installateurs und damit eine Schadensersatzverpflichtung hinsichtlich des Wasserschadens (Mangelfolgeschaden) verneint (BGH, Urt. v. 12.12.2001 – X ZR 192/00). Ein eigenes Verschulden des Installateurs lag nicht vor, weil er nicht voraussehen konnte, dass die Flanschdichtung beim Einbau in Heißwassersysteme aushärtet. Für ein Verschulden des Herstellers der Dichtung hat er nicht einzustehen. Der Baustofflieferant ist in diesem Fall nicht Erfüllungsgehilfe des Auftragnehmers. Aus diesem Grund muss der Installateur zwar die Dichtung nachbessern, nicht jedoch den weitergehenden Wasserschaden ersetzen. Das OLG München hat entschieden, dass kein Verschulden des Werkunternehmers vorliegt, wenn er die anerkannten Regeln der Technik beachtet hat, selbst wenn in Fachkreisen bereits über deren Richtigkeit diskutiert wird. Denn auch von einem Fachbetrieb könne nicht verlangt werden, jede Äußerung aus der Wissenschaft zu kennen, um hieraus entsprechende Konsequenzen zu ziehen (OLG München, Urt. v. 24.7.2007 – 9 U 5022/06).

2092 Nach § 13 Abs. 7 Nr. 1 VOB/B haftet der Auftragnehmer bei schuldhaft verursachten Mängeln für Schäden aus der Verletzung des Lebens, des Körpers oder der

Gesundheit. Aufgrund der Höchstpersönlichkeit dieser Rechtsgüter ist die Haftung unbeschränkt und erfasst auch fahrlässige Pflichtverletzungen.

Nach § 13 Abs. 7 Nr. 2 VOB/B besteht auch eine uneingeschränkte Haftung des Auftragnehmers, wenn er einen Mangel vorsätzlich oder grob fahrlässig verursacht hat. **2093**

§ 13 Abs. 7 Nr. 3 VOB/B erfasst zwei Schadensgruppen: Zum einen geht es um Schäden *„an der baulichen Anlage"*, zum anderen um die *„darüber hinausgehenden Schäden"*. Die Schadensersatzverpflichtung nach § 13 Abs. 7 Nr. 3 Satz 1 VOB/B setzt einen wesentlichen Mangel voraus, der die Gebrauchsfähigkeit erheblich beeinträchtigt und der auf ein Verschulden des Auftragnehmers zurückzuführen ist. Kommt es wegen fahrlässig falsch ausgeführter Elektroarbeiten zu einem Brand, haftet der Elektrounternehmer auch für die Beseitigung der Brandschäden. Den darüber hinausgehenden Schaden hat der Auftragnehmer gemäß § 13 Abs. 7 Nr. 3 Satz 2 VOB/B zu erstatten, wenn der Mangel auf einem Verstoß gegen die anerkannten Regeln der Technik beruht, im Fehlen der vertraglich vereinbarten Beschaffenheit besteht oder er ihn durch eine Versicherung nach Maßgabe der Vorschrift hätte decken können. Darunter fällt der wegen einer Mangelbeseitigung erforderliche Hotelaufenthalt oder eine Mietminderung, die der Auftraggeber wegen eines Mangels hinnehmen muss (OLG Brandenburg, Urt. v. 5.3.2014 – 4 U 134/09; OLG Karlsruhe, Urt. v. 10.8.2011 – 7 U 62/10). Auch wenn Mängel an der Leistung des Auftragnehmers, beispielsweise an der Aufhängung einer Kühldecke, zu Schäden an einem anderen Gewerk – hier: einer Gipskartondecke – führen, liegt ein Mangelfolgeschaden vor, den der Auftragnehmer in der Ausführungsphase nach § 4 Abs. 7 Satz 2 VOB/B und nach Abnahme gemäß § 13 Abs. 7 Nr. 3 Satz 2 VOB/B zu ersetzen hat (OLG Köln, Urt. v. 18.3.2011 – 19 U 5/10). **2094**

Der früher üblichen Praxis, den Schadensersatzanspruch auf Basis fiktiver Mangelbeseitigungskosten zu berechnen, hat der BGH im Urteil vom 22.2.2018 – VII ZR 46/17 eine Absage erteilt. **2095**

Beispiel: An den vom Auftragnehmer in einem Einfamilienhaus verlegten Natursteinplatten zeigen sich Risse, Ablösungen und Kalkausspülungen. Der Auftraggeber macht deshalb gerichtlich einen Kostenvorschuss in Höhe der Mangelbeseitigungskosten von € 90.000,– inklusive Umsatzsteuer geltend und gewinnt in erster Instanz. Im Laufe des weiteren Prozesses veräußert der Auftraggeber das Einfamilienhaus. Da er keine Mangelbeseitigung mehr beabsichtigt, stützt er seinen Zahlungsanspruch nunmehr auf Schadensersatz in Höhe der (fiktiven) Mangelbeseitigungskosten. Das Oberlandesgericht Düsseldorf weist die Klage im Jahr 2017 in Höhe der Umsatzsteuer ab, spricht dem Auftraggeber aber den Nettobetrag zu. In der Revisionsinstanz hebt der BGH das Urteil vollständig auf.

2096 Die Entscheidung des Oberlandesgerichts lag auf einer Linie mit der damaligen Rechtsprechung. Danach konnte der Auftraggeber seinen Schaden auf Basis der zur Mangelbeseitigung notwendigen Kosten berechnen, auch wenn er die tatsächliche Beseitigung des Mangels gar nicht beabsichtigte (sogenannte fiktive Mangelbeseitigungskosten). Im Jahr 2010 hat der BGH erste Zweifel an dieser Rechtsprechung geäußert und entschieden, dass dem Auftraggeber jedenfalls kein Anspruch auf Zahlung der Umsatzsteuer zustehe, weil diese vor Mangelbeseitigung nicht anfällt (BGH, Urt. v. 22.7.2010 – VII ZR 176/09). Mit dem bereits oben erwähnten Urteil vom 22.2.2018 hat der BGH der Abrechnung auf Basis fiktiver Mangelbeseitigungskosten sodann vollständig den Riegel vorgeschoben. Der Auftraggeber könne Mangelbeseitigungskosten nur dann als Schaden geltend machen, wenn die Mangelbeseitigung tatsächlich erfolgt sei. Denn vor bzw. ohne Zahlung der Mangelbeseitigungskosten entstehe dem Auftraggeber gar kein Schaden in entsprechender Höhe (so auch BGH, Urt. v. 21.6.2018 – VII ZR 173/16). Bis dahin bestehe der Schaden letztendlich nur in Höhe des objektiven mangelbedingten Minderwertes des (Bau-)Werks. Veräußert der Auftraggeber das erstellte (Bau-)Werk, so steht ihm nur der konkrete Mindererlös zu (BGH, Urt. v. 22.2.2018 – VII ZR 46/17).

2097 Für die Praxis bedeutet dies: Der Auftraggeber muss sich zukünftig entscheiden, ob er die Mangelbeseitigung durchführen möchte. Plant er die Mangelbeseitigung, so kann er einen Kostenvorschuss zur Mangelbeseitigung auf Basis der notwendigen Mangelbeseitigungskosten geltend machen. Andernfalls steht ihm letztlich nur der Minderwert des Werks zu. Dieser Minderwert kann – ähnlich wie eine Minderung des Werklohns – auf Basis der Vergütung des Auftragnehmers berechnet werden. Insoweit kann auf die obigen Ausführungen zur Minderung im Fall unverhältnismäßig hoher Mangelbeseitigungskosten verwiesen werden (vgl. M. I. 4. e), Rn. 2076 ff.).

2098 Wenn der Auftraggeber ein mangelhaftes Werk abgenommen hat, obwohl er den Mangel kannte, entfallen nach dem Wortlaut des § 640 Abs. 3 BGB der Anspruch auf Nacherfüllung und der Ersatz- oder Selbstvornahme sowie das Minderungsrecht. Das setzt allerdings im Ausgangspunkt eine *positive* Kenntnis des Auftraggebers vom Mangel voraus; grob fahrlässige Unkenntnis („kennen müssen") reicht dafür nicht (OLG Jena, Urt. v. 6.3.2013 – 2 U 105/12; OLG München, Beschl. v. 8.2.2012 – 13 U 2928/11). Die Beweislast für die positive Kenntnis vom Mangel trägt der Auftragnehmer (OLG Karlsruhe, Urt. v. 29.5.2009 – 4 U 160/08). Vom Ausschluss nicht umfasst ist dagegen der Schadensersatzanspruch nach § 634 Nr. 4 BGB bzw. § 13 Abs. 7 VOB/B. Dieser Anspruch umfasst aber nur dann die Mangelbeseitigungskosten, wenn die Mangelbeseitigung tatsächlich erfolgt ist. Andernfalls kann der Auftraggeber seinen Schaden allein auf Basis des mangelbedingten Minderwertes berechnen (siehe oben). Der Anspruch ist verschuldensabhängig, was Auftragnehmern im Regelfall aber nicht hilft, weil sie sich vom vermuteten Verschuldensvorwurf entlasten müssen und Abweichungen von der vertraglich vereinbarten Beschaffenheit oder Verstöße gegen die anerkannten Regeln der Technik praktisch immer zu vertreten haben. Soweit ersichtlich, hat nunmehr erstmals das OLG Schleswig entschieden, dass der Auftraggeber, der ein Werk in Kenntnis des Mangels abnimmt, ohne sich seine Mängelansprüche vorzubehalten, keinen Anspruch auf Schadensersatz wegen der Mangelbeseitigungskosten geltend machen kann (OLG Schleswig, Urt. v. 18.12.2015 – 1 U 125/14; dazu Kögl, BauR 2016, 1844 ff.). Das OLG führt in den Entscheidungsgründen aus, dass es die davon abweichende herrschende Auffassung nicht für überzeugend hält. Denn der Auftraggeber verhalte sich widersprüchlich, wenn er einerseits das Werk trotz der ihm bekannten Mängel als vertragsgerecht akzeptiere, andererseits aber den Geldbetrag verlange, der notwendig sei, um den Mangel zu beseitigen. Trotz dogmatischer Bedenken spricht viel für die Auffassung des OLG Schleswig, auch wenn die Entscheidung kontrovers diskutiert wird (vgl. den Praxishinweis und die Leseranmerkungen zu OLG Schleswig, Urt. v. 18.12.2015 – 1 U 125/14, veröffentlicht in IBR 2016, 212). Ob sich der BGH dieser Auffassung anschließen wird, steht zur Entscheidung, weil das OLG Schleswig die Revision zugelassen hat.

Zu beachten ist ferner, dass neben Ansprüchen nach § 13 Abs. 7 VOB/B auch **2099** Ansprüche nach § 823 BGB bestehen können, wenn es durch den Mangel zu weiteren Eigentumsverletzungen kommt, die nichts mit dem auszuführenden Werk zu tun haben (OLG Jena, Urt. v. 11.7.2012 – 7 U 95/12). Dieser Anspruch hat den Vorteil, dass die Verjährung nicht wie bei § 13 Abs. 7 VOB/B mit der Abnahme, sondern erst nach Ablauf von drei Jahren seit der Entstehung des Anspruchs und der Kenntnis des Gläubigers von der Person des Schuldners beginnt, längstens aber nach Ablauf von zehn Jahren seit seiner Entstehung verjährt (§ 199 Abs. 1 und Abs. 3 BGB).

g) Merkantiler Minderwert

Erfolgt eine Mangelbeseitigung ordnungsgemäß, kann dennoch ein Schaden in **2100** Gestalt eines sogenannten merkantilen Minderwertes verbleiben. Ein merkantiler Minderwert liegt vor, wenn nach erfolgter Mangelbeseitigung eine verringerte Verwertbarkeit der Immobilie gegeben ist, weil die maßgeblichen Verkehrskreise ein im Vergleich zur vertragsgemäßen Ausführung geringeres Vertrauen in die Qualität des Gebäudes haben (BGH, Urt. v. 6.12.2012 – VII ZR 84/10; BGH, Urt. v. 9.1.2003 – VII ZR 181/10). Dann muss ein redlicher Verkäufer einen Kaufinteressenten über die ausgeführten Mängelbeseitigungsarbeiten informieren. Das gilt aber nicht, wenn die Ursachen der Mängelerscheinungen vollständig behoben wurden, sodass zukünftige Mängel ausgeschlossen sind. Zwischenzeitlich haben sich verschiedene Oberlandesgerichte mit dem merkantilen Minderwert beschäftigt und Ansprüche des Auftraggebers bejaht (OLG Köln, Urt. v. 16.3.2016 – 16 U 63/15; OLG Oldenburg, Urt. v. 11.12.2014 – 8 U 140/09). Das gilt beispielsweise, wenn Undichtigkeiten im Dachbereich beseitigt wurden, eine vollständige Überprüfung der durchgeführten Arbeiten aber nicht möglich ist und bei einem potenziellen Käufer Risiken wegen verborgener Mängel verbleiben (OLG Stuttgart, Urt. v. 8.2.2011 – 12 U 74/10). Das OLG Hamm hat die mangelhafte Abdichtung eines Kellers als „klassischen Fall" eines merkantilen Minderwertes angesehen (OLG Hamm, Urt. v. 10.5.2010 – 17 U 92/09). Auch nach vollständiger Mangelbeseitigung, beispielsweise durch komplette Neuherstellung eines Daches, soll ein merkantiler Minderwert verbleiben, weil es sich dabei um einen gravierenden Sanierungseingriff handelt und deshalb immer die theoretische Möglichkeit besteht, dass sich die Mängelbeseitigung, jedenfalls nach Einschätzung der maßgeblichen Verkehrskreise, nachteilig auf den Bestand des Gebäudes auswirkt (OLG München, Urt. v. 17.12.2013 – 9 U 960/13 Bau).

2101 Die Höhe des merkantilen Minderwertes ist im Regelfall durch Einholung eines Sachverständigengutachtens zu bestimmen. Verbleiben Zweifel zur Höhe, kann ein Gericht die Schadenshöhe nach § 287 Abs. 1 ZPO schätzen, wobei in Kauf genommen wird, dass das Ergebnis unter Umständen mit der Wirklichkeit nicht exakt übereinstimmt (BGH, Urt. v. 6.12.2012 – VII ZR 84/10).

2102 Wir meinen, dass die Rechtsprechung zum merkantilen Minderwert auf objektiven Grundlagen basieren muss, also nicht uferlos sein darf. Ansonsten besteht die Gefahr, dass ein Auftragnehmer trotz nachweisbar ordnungsgemäßer Mangelbeseitigung mit weiteren Kosten belastet wird, obwohl kein Käufer daraus vernünftigerweise eine Verringerung des Verkehrswertes ableiten kann und möglicherweise sogar das Gegenteil der Fall ist. In diese zutreffende Richtung weist eine Entscheidung des LG Hamburg (Urt. v. 3.2.2016 – 302 O 365/14). Dort heißt es, dass kein merkantiler Minderwert verbleibe, wenn die Kosten der Schadensbeseitigung im Verhältnis zum Verkehrswert des Grundstücks nur gering waren (hier: 1,42 %) und keine gravierenden Schäden vorlagen, die nach der allgemeinen Verkehrsanschauung befürchten lassen, dass das Schadensbild auch zukünftig auftritt.

5. Verjährungsfristen für Mängelansprüche nach BGB und VOB/B/ Hemmung und Unterbrechung der Verjährungsfrist

a) Verjährung der Mängelansprüche nach BGB

2103 Die Verjährungsfrist für Mängelansprüche ist in § 634a BGB geregelt. Sie beträgt für Arbeiten an Bauwerken sowie für Planungs- und Überwachungsleistungen für Bauwerke fünf Jahre (§ 634a Abs. 1 Nr. 2 BGB). Für sonstige Werkleistungen, die keine Bauleistungen sind, besteht eine zweijährige Verjährungsfrist (§ 634a Abs. 1 Nr. 1 BGB).

Ein Bauwerk ist eine unbewegliche, durch Verwendung von Arbeit und Material in Verbindung mit dem Erdboden hergestellte Sache. Der Begriff Bauwerk umfasst demnach auf und unter der Erdoberfläche errichtete Werke; der Begriff ist also umfassender als der des Gebäudes. Zu den Bauwerken gehören beispielsweise auch Eisen- und Straßenbahngleise, Brücken und Überführungen, größere ortsfeste technische Anlagen und Straßenbauwerke sowie Gasrohrleitungsnetze. Nicht selten erfolgt die Abgrenzung zwischen einer beweglichen Sache und einem Bauwerk danach, ob das Werk die spezifischen Bauwerksrisiken aufweist. Damit ist insbesondere das Risiko gemeint, dass sich Mängel nicht sofort, sondern erst nach Jahren zeigen. Dort, wo die Rechtsprechung Risiken erkennt, tendiert sie häufig zur Annahme eines Bauwerks und damit zur fünfjährigen Verjährungsfrist (so zum Beispiel BGH, Urt. v. 7.12.2017 – VII ZR 101/14 für eine Kartoffelchipsanlage und BGH, Urt. v. 20.12.2012 – VII ZR 182/10 für einen Trainingsplatz). Eine Treppe ist jedenfalls dann ein Bauwerk, wenn Treppenläufe und Podeste auf einem neu errichteten Betonfundament gegründet werden (OLG Frankfurt, Urt. v. 15.9.2017 – 25 U 87/16). 2104

In jüngster Zeit ist heftig umstritten, ob ein Vertrag über die Lieferung und Montage einer Photovoltaikanlage ein Kauf-, Werk- oder Bauvertrag ist. Zahlreiche Oberlandesgerichte gehen von einem Kaufvertrag mit Montageverpflichtung aus und bejahen deshalb lediglich eine zweijährige Verjährungsfrist für Mängelansprüche (OLG Saarbrücken, Urt. v. 11.11.2015 – 1 U 51/15; OLG Stuttgart, Urt. v. 5.4.2016 – 1 U 83/15; OLG München, Urt. v. 9.7.2015 – 14 U 91/15 und OLG München, Urt. v. 14.1.2014 – 28 U 883/13 Bau; OLG Naumburg, Urt. v. 20.2.2014 – 1 U 86/13). Diese Entscheidungen gehen auf ein älteres BGH-Urteil zurück, in dem der Wert des gelieferten Materials die Montagevergütung annähernd um das Sechsfache überstiegen hat (BGH, Urt. v. 3.3.2004 – VIII ZR 76/03). Dagegen hat der 9. Senat des OLG München bereits im Jahr 2013 einen Vertrag über die Errichtung einer Dach-Photovoltaikanlage als Bauvertrag qualifiziert und eine fünfjährige Verjährungsfrist für Mängelansprüche bejaht (OLG München, Urt. v. 10.12.2013 – 9 U 543/12 Bau ; ebenso OLG Frankfurt, Urt. v. 6.5.2019 – 29 U 199/16). Dieser Auffassung hat sich zwischenzeitlich auch der BGH im Fall der Errichtung einer Photovoltaikanlage auf dem Dach einer Tennishalle angeschlossen (BGH, Urt. v. 2.6.2016 – VII ZR 348/13). Zur Begründung führt der BGH aus, dass auch Umbauarbeiten an einem bereits errichteten Gebäude Bauwerksarbeiten darstellen, wenn sie für Konstruktion, Bestand, Erhaltung oder Benutzbarkeit von wesentlicher Bedeutung sind und die eingebauten Teile mit dem Gebäude selbst fest verbunden werden. Das kann bei der Installation technischer Anlagen ohne Weiteres der Fall sein (ebenso: BGH, Urt. v. 15.5.1997 – VII ZR 287/95). Die Photovoltaikanlage wurde nach Auffassung des BGH durch eine Vielzahl der verbauten Komponenten dergestalt mit der Halle verbunden, dass eine Trennung vom Gebäude nur aufgrund erheblicher Eingriffe in das Dach und die Gebäudeaußenhaut möglich wäre. 2105

2106 Der VIII. Zivilsenat des BGH, der für das Kaufrecht zuständig ist, hat das anders beurteilt und eine feste Verbindung der Anlage mit dem Erdboden selbst verlangt (BGH, Urt. v. 9.10.2013 – VIII ZR 318/12). Der Sachverhalt dieser Entscheidung wies allerdings eine Besonderheit auf, weil dort ein Landwirt die Anlage bei einem Lieferanten gekauft und anschließend selbst auf dem vorhandenen Dach seiner Scheune montiert hatte. Deshalb ging es in dieser Entscheidung um die Frage, ob eine fünfjährige Verjährung beim Kauf von Baustoffen nach § 438 Abs. 1 Nr. 2 b) BGB bestand, was der VIII. Senat mit der fragwürdigen Begründung verneinte, die Anlage erfülle keinerlei Funktion für das Gebäude selbst, weil es nicht dessen Stromversorgung diene und die Mangelhaftigkeit der Anlage nicht zugleich die Mangelhaftigkeit des Gebäudes verursacht habe.

2107 Das OLG Bamberg hat entschieden, dass Gewährleistungsansprüche wegen Mängeln an den Modulen einer Freiland-Photovoltaikanlage erst nach Ablauf von fünf Jahren verjähren (OLG Bamberg, Urt. v. 12.1.2012 – 6 W 38/11). Die Verankerung der Anlage durch 90 cm in den Boden eingerammte Pfosten führe zu einer Verbindung mit dem Grund und Boden, sodass die Anlage nicht mehr ohne vorherige komplette Zerlegung entfernt werden könne. Unwesentlich sei dagegen, dass zwischen den einzelnen Modulen keine bauliche Verbindung bestehe und diese mit der Unterkonstruktion lediglich verschraubt seien. Interessant ist die Hilfserwägung des OLG Bamberg. Selbst wenn die Module lediglich geliefert worden wären, sodass Kaufrecht Anwendung findet, würde § 438 Abs. 1 Nr. 2 b) BGB eingreifen, da die Module entsprechend ihrer üblichen Verwendungsweise für ein Bauwerk – eine Freiland-Photovoltaikanlage – verwendet worden seien. Für Baumaterial gilt nach der gesetzlichen Bestimmung eine fünfjährige Verjährungsfrist für Mängelansprüche (vgl. M. I. 5. h), Rn. 2151 ff.).

2108 Zu Windenergieanlagen existiert gegenwärtig nur eine Entscheidung des Landgerichts Hannover, das bei der Errichtung einer solchen Anlage eine fünfjährige Verjährungsfrist für Mängelansprüche annimmt, weil es sich dabei um ein Bauwerk handele (LG Hannover, Urt. v. 22.1.2010 – 2 O 302/07). Auch wenn hierzu eine gefestigte Rechtsprechung noch nicht existiert, dürfte die Entscheidung des LG Hannover jedenfalls dann zutreffend sein, wenn die Windenergieanlage nicht nur geliefert und auf einem bereits vorhandenen Fundament montiert wird, sondern sämtliche Arbeiten zur Errichtung der Windenergieanlage geschuldet sind.

2109 Auch Instandsetzungs- und Änderungsarbeiten an bestehenden Gebäuden, die zur Erneuerung oder für deren Bestand von wesentlicher Bedeutung sind, gelten als Bauwerksarbeiten, sofern eine feste Verbindung mit dem Gebäude besteht. Die Arbeiten müssen aber nach Umfang und Bedeutung mit Neubauarbeiten vergleichbar sein. So sind beispielsweise die Neuisolierung der Außenwände nebst Verlegung einer Drainage zur Beseitigung von Kellernässe, die Erneuerung der Dacheindeckung auf einer größeren Teilfläche sowie umfangreiche Malerarbeiten im Innen- und Außenbereich bei vollständiger Renovierung eines Hauses den Bauwerksarbeiten zuzurechnen.

Bei Malerarbeiten im Innenbereich eines Gebäudes handelt es sich dagegen nach Auffassung des LG Berlin lediglich um Arbeiten an einem Grundstück und nicht um Bauwerksleistungen, mit der Folge, dass die Verjährungsfrist nur zwei Jahre nach § 634a Abs. 1 Nr. 1 BGB beträgt (LG Berlin, Urt. v. 14.2.2008 – 5 O 232/07). Werden dagegen umfangreiche Malerarbeiten an der Fassade, im Treppenhaus sowie im Keller und in den Wohnbereichen geschuldet, können Arbeiten „bei einem Bauwerk" vorliegen, sodass die Mängelansprüche der fünfjährigen Verjährung unterliegen (BGH, Urt. v. 16.9.1993 – VII ZR 180/92). Der BGH hat dies mit dem Zweck der längeren Verjährungsfrist für Arbeiten an Bauwerken bejaht, die das Späterkennbarkeitsrisiko von Mängeln berücksichtigt. Das muss man beispielsweise auch bei der Verlegung eines Dielen- oder Parkettbodens bejahen (anderer Auffassung: AG Köln, Urt. v. 18.3.2010 – 137 C 546/09). **2110**

Die zweijährige Verjährungsfrist nach § 634a Abs. 1 Nr. 1 BGB gilt beispielsweise für Arbeiten an einem Grundstück. Dazu gehören reine Erdarbeiten, deren Zweck allein in der Veränderung des Zustandes von Grund und Boden besteht. Die zweijährige Verjährungsfrist gilt auch für Landschaftsbauarbeiten nach der DIN 18320 oder für isoliert beauftragte Bagger- bzw. Planierungsarbeiten (OLG Düsseldorf, Urt. v. 15.5.2012 – I-23 U 118/11). Dagegen verjähren Mängelansprüche bei der Verfüllung eines Baugrundstücks durch Lieferung und Einbau von Schlacke, um darauf die Bodenplatte eines Gebäudes zu gründen, erst in fünf Jahren, weil es sich hierbei um eine Bauwerksarbeit handelt (OLG Köln, Urt. v. 7.2.2008 – 15 U 106/07). Gleiches gilt bei der Erneuerung eines Trainingsplatzes mit Rollrasen, Rasentragschicht, Bewässerungsanlage, Rasenheizung und Kunstfaserverstärkung (BGH, Urt. v. 20.12.2012 – VII ZR 182/10). Der BGH weist in dieser Entscheidung erneut darauf hin, dass es bei der Einordnung der geschuldeten Werkleistung als Bauwerk maßgeblich darauf ankomme, ob Mängel erfahrungsgemäß erst nach vielen Jahren auftreten. Das sei der Grund für die längere Verjährungsfrist. Die Beispiele zeigen, dass eine zweifelsfreie Abgrenzung oftmals nicht sicher möglich ist. Auftraggeber, die daraus resultierende Risiken vermeiden wollen, sollten die Verjährungsfrist deshalb ausdrücklich im Vertrag regeln. Bei besonders haftungskritischen Arbeiten ist durchaus eine Verjährungsfrist von zehn Jahren, auch in Allgemeinen Geschäftsbedingungen, möglich. Das hat der BGH für Flachdacharbeiten ausdrücklich entschieden (BGH, Urt. v. 9.5.1996 – VII ZR 259/94; ebenso: OLG Köln, Urt. v. 28.7.2016 – 7 U 179/15). Das OLG Köln hielt eine Verlängerung der Verjährungsfrist durch Individualvereinbarung sogar bis zur Grenze von 30 Jahren für prinzipiell möglich (OLG Köln, Urt. v. 28.7.2016 – 7 U 179/15). **2111**

Werden in einem einheitlichen Werkvertrag sowohl „Arbeiten an einem Bauwerk: Gewährleistungsfrist" als auch „Arbeiten an einem Grundstück" erfasst **2112** (gemischte Leistungen), kommt es nicht zu einer Aufteilung bei der Dauer der Gewährleistung. Vielmehr handelt es sich dann für den ganzen Auftrag insgesamt um „Arbeiten an einem Bauwerk" mit der hierfür maßgeblichen längeren Verjährungsfrist von fünf Jahren (OLG Düsseldorf, Urt. v. 15.5.2012 – I-23 U 118/11)

b) Verjährung der Mängelansprüche nach VOB/B

aa) Bauwerke

2113 Die VOB/B regelt in § 13 Abs. 4 die Verjährungsfristen für Mängelansprüche eigenständig und abweichend von den Verjährungsfristen in § 634a BGB. Wenn die Geltung der VOB/B vereinbart wurde, gehen die dortigen Verjährungsfristen denjenigen im BGB vor. Aber auch bei Einbeziehung der VOB/B in den Bauvertrag können aufgrund der ausdrücklichen Regelungen in § 13 Abs. 4 VOB/B davon abweichende Verjährungsfristen vereinbart werden. Dabei ist ein Auftraggeber in besonderen Einzelfällen auch nicht an die fünfjährige Verjährungsfrist nach BGB gebunden, sondern kann bei haftungskritischen Arbeiten mit der Gefahr von Spätschäden auch eine zehnjährige Gewährleistungsdauer, selbst in AGB, vereinbaren (BGH, Urt. v. 9.5.1996 – VII ZR 259/94; OLG Köln, Urt. v. 28.7.2016 – 7 U 179/15).

2114 Wenn der Bauvertrag keine von der VOB/B abweichenden Bestimmungen enthält, gilt für Bauwerke § 13 Abs. 4 Nr. 1 Satz 1 VOB/B. Dort heißt es:

> *„Ist für Mängelansprüche keine Verjährungsfrist im Vertrag vereinbart, so beträgt sie für Bauwerke 4 Jahre, für andere Werke, deren Erfolg in der Herstellung, Wartung oder Veränderung einer Sache besteht und für die vom Feuer berührten Teile von Feuerungsanlagen 2 Jahre. Abweichend von Satz 1 beträgt die Verjährungsfrist für feuerberührte und abgashemmende Teile für Feuerungsanlagen ein Jahr."*

2115 Für den Begriff der Bauwerksarbeiten gilt das oben zu § 634a Abs. 1 Nr. 2 BGB Gesagte entsprechend. Der Begriff *„Arbeiten an einem Grundstück"* wurde bereits in der VOB/B Fassung 2006 gestrichen. Solche Arbeiten werden seitdem erfasst *von „Werken, deren Erfolg in der Herstellung, Wartung oder Veränderung einer Sache besteht"*. Im Ergebnis ist es deshalb bei der zweijährigen Verjährungsfrist für reine Erdarbeiten geblieben. Auch die vormals dem Begriff *„Arbeiten an einem Grundstück"* zugeordneten Landschaftsbauarbeiten nach DIN 18320 unterliegen weiterhin der zweijährigen Verjährungsfrist.

2116 Planungs- und Überwachungsleistungen für Bauwerke, die beispielsweise im Rahmen eines Generalübernehmervertrags geschuldet sind, unterliegen der fünfjährigen Verjährungsfrist des § 634a Abs. 1 Nr. 2 BGB.

bb) Wartungsbedürftige Anlagen

2117 § 13 Abs. 4 Nr. 2 VOB/B enthält eine spezielle Vorschrift für wartungsbedürftige Anlagen bzw. Anlagenteile. Die Bestimmung lautet:

„Ist für Teile von maschinellen und elektrotechnischen/elektronischen Anlagen, bei denen die Wartung Einfluss auf Sicherheit und Funktionsfähigkeit hat, nichts anderes vereinbart, beträgt für diese Anlagenteile die Verjährungsfrist für Mängelansprüche abweichend von Abs. 1 zwei Jahre, wenn der Auftraggeber sich dafür entschieden hat, dem Auftragnehmer die Wartung für die Dauer der Verjährungsfrist nicht zu übertragen; dies gilt auch, wenn für weitere Leistungen eine andere Verjährungsfrist vereinbart ist."

Durch diese Bestimmung soll der Streit, ob ein Mangel auf von Anfang an vertrags- **2118** widriger Leistung oder unzureichender Wartung beruht, nach Möglichkeit vermieden werden. Als Anlagen(-teile), bei denen die Wartung Einfluss auf die Sicherheit und Funktionsfähigkeit hat, gelten insbesondere Anlagen der Gebäudeleittechnik sowie Gefahrenmeldeanlagen. Gleiches gilt für Aufzugsanlagen, Rolltreppen und andere fördertechnische Anlagen sowie Mess-, Steuer- und Regeleinrichtungen.

Der Wartungsvertrag muss notwendig den Zeitraum der Gewährleistung abde- **2119** cken und spätestens zum Zeitpunkt der rechtsgeschäftlichen Abnahme der Bauleistung mit dem Auftragnehmer selbst zustande gekommen sein. Die Vergabe der Wartung an einen anderen Unternehmer hindert die Verkürzung der Frist auf zwei Jahre nicht. Damit sich ein Auftraggeber entscheiden kann, ist ein Angebot des Auftragnehmers, die Wartung im erforderlichen Umfang bis zum Ende der Verjährungsfrist von vier Jahren zu übernehmen, erforderlich. Ein solches Angebot sollte der Auftraggeber gegebenenfalls separat zu den eigentlichen Werkleistungen verlangen, wenn er die Wartung nicht bereits zum Gegenstand des Leistungsverzeichnisses machen will.

Selbst wenn ein Auftragnehmer neben Anlagen oder Anlagenteilen, die gewartet **2120** werden müssen, andere Leistungen ausführt und hierfür eine längere Verjährungsfrist vereinbart worden ist, bleibt es nach § 13 Abs. 4 Nr. 2 VOB/B bei der Verkürzung der Verjährungsfrist für die wartungsrelevanten Anlagenteile. Das folgt ausdrücklich aus dem letzten Satz der Bestimmung in § 13 Abs. 4 Nr. 2 VOB/B. Soll davon abgewichen werden, muss diese Bestimmung im Bauvertrag ausdrücklich ausgeschlossen werden (OLG Koblenz, Beschl. v. 13.1.2014 – 3 U 827/13; OLG München, Beschl. v. 23.2.2010 – 28 U 5512/09). Eine entsprechende Regelung im Bauvertrag könnte lauten:

„In Abweichung von § 13 Abs. 4 Nr. 1 und 2 VOB/B beträgt die Verjährungsfrist für Mängelansprüche einheitlich fünf Jahre."

cc) AGB-rechtliche Wirksamkeit der kürzeren VOB/B-Verjährungsfristen?

Abschließend soll zu den Verjährungsfristen der VOB/B noch auf ein Problem ein- **2121** gegangen werden, das in der Praxis für erhebliche Verunsicherung sorgt und dazu führt, dass der VOB/B mit Skepsis begegnet wird. Dabei wird die Frage gestellt, ob es überhaupt noch sinnvoll sei, die VOB/B zu vereinbaren. Was hat es damit auf sich? Ausgangspunkt der Überlegung ist, dass die VOB/B eine „Allgemeine Geschäftsbedingung" darstellt (vgl. C. I. 6. c), Rn. 138 ff.). Bei Verträgen zwischen Unternehmern findet eine AGB-rechtliche Inhaltskontrolle einzelner VOB/B-Bestimmungen nicht statt, wenn die VOB/B ohne inhaltliche Abweichungen insgesamt in den Vertrag einbezogen worden ist (§ 310 Abs. 1 Satz 3 BGB), also keinerlei Änderungen von den dortigen Regelungen vorgenommen wurden. Das gilt aber nicht bei Verträgen zwischen einem Unternehmer und einem Verbraucher, wenn die VOB/B nicht auf Verlangen des Verbrauchers selbst vereinbart wurde (§ 310 Abs. 1 Satz 3 i.V.m. Abs. 3 BGB). Mit dieser seit dem 1.1.2009 geltenden Regelung wurde die sogenannte Privilegierung der VOB/B für Verbraucherverträge abgeschafft. Deshalb unterliegen dort sämtliche Einzelregelungen der VOB/B und damit auch die Verkürzung der Verjährungsfristen in § 13 Abs. 4 VOB/B einschränkungslos der Inhaltskontrolle nach dem AGB-Recht. Damit sind die kürzeren Verjährungsfristen in § 13 Abs. 4 Nr. 1 und Nr. 2 VOB/B – gegenüber Verbrauchern – unwirksam. Das allein sollte einen Auftragnehmer nicht davon abhalten, die VOB/B in den Vertrag einzubeziehen. Denn dadurch stellt er sich in Bezug auf die Verjährungsfristen nicht schlechter, als wenn er von vornherein auf die Vereinbarung der VOB/B verzichtet hätte. Denn in beiden Fällen gilt die gesetzliche Verjährungsfrist von fünf Jahren nach § 634a BGB. Ein triftiger Grund für Auftragnehmer, zukünftig auf die Vereinbarung der VOB/B zu verzichten, besteht in den Nachtragsvorschriften des BGB (§ 650b und § 650c), die für Auftragnehmer deutliche Vorteile gegenüber den Nachtragsbestimmungen der VOB/B (§ 2 Abs. 5 und 6) aufweisen (vgl. E. I. 2. b), Rn. 710 ff., E. I. 5. d), Rn. 819 ff. und E. I. 5. e), Rn. 833 ff.).

2122 Dagegen gelten die Verjährungsfristen der VOB/B, wenn sie auf Verlangen des Auftragnehmers gegenüber einem Unternehmen oder einer juristischen Person einbezogen wird und der Vertrag keine Abweichungen zur VOB/B enthält. Wurde die VOB/B – wie meistens – auf Verlangen des Auftraggebers in den Vertrag einbezogen, gelten die Verjährungsfristen in § 13 Abs. 4 Nr. 1 und 2 unabhängig davon, ob an anderer Stelle des Vertrags von der VOB/B abweichende Bestimmungen enthalten sind. Denn der Verwender der VOB/B – in diesem Fall der Auftraggeber – kann sich nicht auf den Schutz der AGB-rechtlichen Inhaltskontrolle berufen.

c) Verjährungsfrist bei arglistig verschwiegenen Mängeln/Organisationsverschulden

2123 Eine wichtige Besonderheit gilt für arglistig verschwiegene Mängel (§ 634a Abs. 3 BGB). Diese Vorschrift ist auch im Rahmen eines VOB/B-Vertrags anwendbar. Danach verjähren Ansprüche wegen arglistig verschwiegener Mängel in der regelmäßigen Verjährungsfrist des § 195 BGB. Die regelmäßige Verjährungsfrist beträgt zwar nur drei Jahre; sie endet jedoch wegen der Bestimmung in § 634a Abs. 3 Satz 2 BGB in keinem Fall vor Ablauf der Verjährungsfrist des § 634a Abs. 1 Nr. 2 BGB, die fünf Jahre beträgt.

Der Vorteil der Verjährungsfrist bei arglistig verschwiegenen Mängeln liegt darin, dass sie erst mit dem Schluss des Jahres beginnt, in dem der Anspruch entstanden ist und der Gläubiger von den Umständen, die den Anspruch begründen, sowie von der Person des Schuldners Kenntnis erlangt oder ohne grobe Fahrlässigkeit erlangen konnte (§ 199 Abs. 1 BGB). Das ist eine Besonderheit, weil ansonsten die Verjährung der Mängelansprüche bereits mit der Abnahme beginnt (§ 634a Abs. 2 BGB und § 13 Abs. 4 Nr. 3 VOB/B). Ohne Rücksicht auf diese Kenntnis verjähren Ansprüche aufgrund arglistig verschwiegener Mängel längstens nach Ablauf von zehn Jahren seit ihrer Entstehung, also der Abnahme der Werkleistung (§ 199 Abs. 3 Nr. 1 oder Abs. 4 BGB). Damit läuft die Höchstfrist also spätestens zehn Jahre nach der Abnahme der Leistung ab. Da die Verjährungsvorschriften im Fall von arglistig verschwiegenen Mängeln nur schwer verständlich sind, folgendes 2124

Beispiel: Die Abnahme einer Werkleistung fand am 15.3.2012 statt. Bereits am 17.5.2012 stellt der Auftraggeber fest, dass der Auftragnehmer einen Mangel arglistig verschwiegen hat. 2125

Die dreijährige Regelfrist des § 195 Abs. 1 BGB würde bereits am 31.12.2015 enden. Da nach der gesetzlichen Regelung die Verjährungsdauer aber frühestens mit Ablauf der „üblichen" Frist von fünf Jahren endet, tritt sie hier erst am 15.3.2017 ein. Stellt der Auftraggeber den arglistig verschwiegenen Mangel dagegen erst am 15.3.2018 fest, so beträgt die Verjährungsfrist drei Jahre ab dem 31.12.2018 und endet folglich erst am 31.12.2021 (§§ 195, 199 Abs. 1 BGB). Sie endet – unabhängig von der Mangelkenntnis – spätestens am 15.3.2022, also zehn Jahre nach Abnahme der Leistung (§ 634a BGB i.V.m. § 199 Abs. 4 BGB). 2126

Die Arglisthaftung ist ein Ausnahmefall. Sie greift nur ein, wenn der Auftragnehmer bewusst mangelhaft leistet und den Mangel trotz sicherer Kenntnis wider Treu und Glauben nicht mitteilt (OLG München, Beschl. v. 29.9.2014 – 28 U 4245/13; OLG Celle, Urt. v. 10.6.2010 – 16 U 3/10). Arglist setzt sich aus einem Wissens- und einem Wollenselement zusammen (OLG Celle, Urt. v. 7.12.2006 – 13 U 145/06). Der Auftraggeber muss die Kenntnis des Auftragnehmers beweisen; Beweiserleichterungen sind allenfalls bei besonders schweren oder augenfälligen Mängeln denkbar, auch wenn allein die Schwere des Mangels nicht ausreicht, um den erforderlichen Beweis zu führen (OLG Dresden, Urt. v. 12.12.2013 – 10 U 1954/12). Von einer Arglist des Bauunternehmers ist der BGH bei einem Gründungsmangel ausgegangen, weil der Unternehmer in Kenntnis seiner vertraglichen Verpflichtung die zur Vermeidung einer fehlerhaften Gründung notwendige Bodenuntersuchung nicht vorgenommen und er den Auftraggeber bei der Abnahme des Hauses darauf und auf die damit verbundenen Risiken nicht hingewiesen hat (BGH, Urt. v. 8.3.2012 – VII ZR 116/10). Nach Auffassung des OLG Rostock kann Arglist bereits vorliegen, wenn sich der Auftragnehmer bewusst ist, dass ein ihm bekann- 2127 ter Mangel den Auftraggeber von der Erklärung der Abnahme abhalten würde und er diesen Umstand nicht offenbart hat, obwohl er dazu nach Treu und Glauben verpflichtet war (OLG Rostock, Urt. v. 8.6.2010 – 4 U 3/02).

2128 Der BGH hat die verlängerte Haftung für Arglist auch auf Fälle ausgeweitet, in denen einem Auftraggeber aufgrund fehlerhafter oder unterlassener Qualitätskontrollen in seinem Betrieb ein sogenanntes Organisationsverschulden zur Last fällt (BGH, Urt. v. 30.11.2004 – X ZR 43/03; BGH, Urt. v. 13.3.1992 – VII ZR 5/01). Dabei kann dem Auftragnehmer die Arglist seines Bauleiters zugerechnet werden, wenn er diesen mit der Prüfung des Werks auf Mangelfreiheit betraut hat (OLG Saarbrücken, Urt. v. 4.3.2015 – 1 U 84/13). Wie auch bei der Arglist lässt allein die Schwere eines Baumangels nicht den Rückschluss zu, der Auftragnehmer habe die Bauüberwachung entweder nicht oder unzulässig organisiert (BGH, Urt. v. 27.11.2008 – VII ZR 206/06; ebenso: OLG Düsseldorf, Urt. v. 5.11.2013 – 23 U 27/13; OLG Karlsruhe, Urt. v. 15.7.2014 – 19 U 23/19; OLG Dresden, Urt. v. 12.12.2013 – 10 U 1954/12 und OLG Hamm, Urt. v. 10.4.2014 – 17 U 38/12). Vereinzelt wird dies aber auch anders beurteilt (OLG Naumburg, Urt. v. 12.11.2003 – 6 U 90/03).

2129 Ein Generalunternehmer muss sich das arglistige Verschweigen von Mängeln durch seine Nachunternehmer gemäß § 278 BGB wie eigenes arglistiges Verschweigen zurechnen lassen (OLG Celle, Urt. v. 6.10.2005 – 6 U 58/05; OLG Karlsruhe, Urt. v. 29.12.2005 – 19 U 125/04). Der BGH hat entschieden, dass die sorgfältige Auswahl eines Nachunternehmers eine Organisationspflichtverletzung ausschließt, wenn der Hauptauftragnehmer mangels eigener Fachkunde oder mangels Lizenzierung die Leistungen nicht selbst vornehmen kann (BGH, Urt. v. 11.10.2007 – VII ZR 99/06; KG, Urt. v. 28.5.2009 – 27 U 27/08). Auch die Behauptung, der Bauleiter sei kaum vor Ort gewesen und habe keine Überprüfung der Leistung durchgeführt, lässt für sich betrachtet ebenso wenig den Schluss auf ein Organisationsverschulden zu wie die bloße Vielzahl von Mängeln (OLG Naumburg, Urt. v. 14.11.2006 – 9 U 112/05). Auftragnehmer, insbesondere Generalunternehmer, sind dennoch gut beraten, den Bauablauf sorgfältig zu dokumentieren, sodass sie bei Gewerken mit einer Tendenz zu Spätschäden auch noch innerhalb der kritischen Frist von zehn Jahren nachweisen können, dass zumindest stichprobenartige Untersuchungen stattgefunden haben.

2130 Wie oben erwähnt, beträgt die Verjährungsdauer bei arglistigem Verschweigen von Mängeln drei Jahre ab Kenntnis vom Anspruch sowie vom Anspruchsgegner, mindestens aber fünf Jahre nach § 634a Abs. 3 BGB und maximal zehn Jahre ab der Entstehung des Anspruchs (§ 199 Abs. 3 Nr. 1 und Abs. 4 BGB). Das gilt auch für Fälle des Organisationsverschuldens.

d) Unterbrechung der Verjährung durch schriftliche Mangelrüge/Symptomtheorie

Die VOB/B enthält – im Gegensatz zum Werkvertragsrecht des BGB – die Möglichkeit, die Verjährung durch schriftliche Mängelrüge zu unterbrechen. Denn die VOB/B regelt in § 13 Abs. 5 Nr. 1 Satz 2, dass der Anspruch auf Beseitigung der gerügten Mängel in zwei Jahren verjährt, gerechnet vom Zugang des schriftlichen Verlangens an, jedoch nicht vor Ablauf der Regelfrist nach § 13 Abs. 4 VOB/B oder der an ihrer Stelle vereinbarten Frist. 2131

Beispiel: Die Parteien schließen einen Bauvertrag unter Einbeziehung der VOB/B. Im Bauvertrag sind keine von § 13 Abs. 4 VOB/B abweichenden Verjährungsfristen für Mängelansprüche vereinbart. Die Werkleistung wird am 30.6.2013 abgenommen; die Verjährung läuft somit ab dem 1.7.2013. Bei Vereinbarung der VOB/B tritt Verjährung also mit Ablauf des 30.6.2017 ein. Bereits am 10.8.2013 tritt ein Mangel in Erscheinung, den der Auftraggeber sogleich schriftlich rügt. 2132

Hier hat die Unterbrechung durch schriftliche Mangelrüge keine die Verjährung verlängernde Wirkung. Denn würde der Anspruch auf Beseitigung des Mangels in zwei Jahren, gerechnet vom Zugang des schriftlichen Mangelbeseitigungsverlangens an verjähren, träte die Verjährung bereits am 10.8.2015, also *vor* Ablauf der vierjährigen Regelfrist des § 13 Abs. 4 Nr. 1 VOB/B ein. Wird der Mangel dagegen erst am 2.5.2017 gerügt, greift die Quasi-Unterbrechung des § 13 Abs. 5 Nr. 1 Satz 2 VOB/B ein. Wenn dem Auftragnehmer die schriftliche Mangelrüge am 2.5.2017 zugegangen ist, verjähren Mängelansprüche erst mit Ablauf des 2.5.2019, anstatt mit Ablauf des 30.6.2017. 2133

Sinn und Zweck dieser Regelung ist es, dem Auftraggeber einen Ausgleich dafür zu gewähren, dass nach § 13 Abs. 4 Nr. 1 VOB/B die Gewährleistungsdauer für Bauwerksarbeiten kürzer ist als die gesetzliche Verjährungsfrist von fünf Jahren (§ 634a Abs. 1 Nr. 2 BGB). Gleichwohl greift die Bestimmung bei Einbeziehung der VOB/B auch ein, wenn statt der kurzen Fristen des § 13 Abs. 4 VOB/B längere Verjährungsfristen im Vertrag vereinbart worden sind (BGH, Urt. v. 13.1.2005 – VII ZR 15/04). Die Unterbrechung erfordert zwingend ein *schriftliches* Mängelbeseitigungsverlangen. Dieses muss dem Auftragnehmer vor Ablauf der Verjährungsfrist beweisbar zugehen. Wichtig ist in diesem Zusammenhang der Beschluss des OLG Frankfurt vom 30.4.2012 (Beschl. v. 30.4.2012 – 4 U 269/11). Danach erfüllt eine Mängelrüge per E-Mail nicht das Schriftformerfordernis des § 13 Abs. 5 Nr. 1 Satz 2 VOB/B, sofern nicht eine qualifizierte elektronische Signatur vorliegt (ebenso: LG Frankfurt/Main, Urt. v. 8.1.2015 – 2-20 O 229/13; OLG Jena, Urt. v. 26.11.2015 – 1 U 209/15). Mit einer E-Mail kann nach diesen Entscheidungen die Verjährungsfrist für Mängel nicht wirksam verlängert 2134 werden. Auch wenn die genannten Urteile umstritten sind und das OLG Köln hierzu explizit eine davon abweichende Auffassung vertreten hat (OLG Köln, Urt. v. 22.6.2016 – 16 U 145/15), sollte ein Auftraggeber, der den sichersten Weg gehen will, auf Mängelrügen per E-Mail verzichten. Das gilt jedenfalls dann, wenn der drohende Ablauf einer Verjährungsfrist verhindert werden soll. Selbst wenn eine einfache E-Mail ausreichen sollte, stünde der Auftraggeber immer noch vor dem Problem, im Streitfall den Zugang der E-Mail beweisen zu müssen (VK Bund, Beschl. v. 5.11.2012 – VK 3-120/12). Dafür reicht nach einer Entscheidung der Vergabekammer des Bundes eine Lesebestätigung des Empfängers aus (VK Bund, Beschl. v. 3.2.2014 – VK 2-1/14). Diese Funktion kann aber im E-Mail-Programm deaktiviert werden. In Betracht kommt, eine Mängelrüge zu unterzeichnen, den Brief als PDF-Datei einer E-Mail anzuhängen und eine Lesebestätigung anzufordern. Wird diese erteilt, sind beide mit der einfachen E-Mail verbundenen Probleme erledigt, weil hier an der Einhaltung der Schriftform aufgrund der Unterschrift kein Zweifel bestehen kann und mit der Lesebestätigung dokumentiert ist, dass der Empfänger die Mängelrüge auch erhalten hat.

2135 Bei mehrfacher schriftlicher Mängelrüge wird die Gewährleistungsfrist aber nur *einmal* verlängert (OLG Karlsruhe, Urt. v. 23.9.2003 – 17 U 234/02; BGH, Urt. v. 5.7.1990 – VII ZR 164/87). Daher verlängert eine schriftliche Mängelrüge nach § 13 Abs. 5 Nr. 1 VOB/B die Mängelverjährungsfrist für solche Mängel nicht, die der Auftraggeber bereits bei Abnahme gerügt hatte (LG München I, Urt. v. 18.9.2019 – 11 O 9751/18). Die Vorschrift in § 13 Abs. 5 Nr. 1 Satz 2 VOB/B hält nach herrschender Auffassung auch einer isolierten AGB-Inhaltskontrolle stand (OLG Düsseldorf, Urt. v. 9.3.2010 – 21 U 46/09; OLG Hamm, Urt. v. 17.7.2008 – 21 U 145/05; OLG Celle, Urt. v. 5.9.2007 – 7 U 26/07 und OLG Naumburg, Urt. v. 27.4.2006 – 2 U 138/05; anderer Ansicht: LG Halle, Urt. v. 29.11.2005 – 12 O 49/05).

2136 Für die Verjährungsunterbrechung nach § 13 Abs. 5 Nr. 1 Satz 2 VOB/B ist erforderlich, aber auch ausreichend, dass der Mangel nach seinem äußeren Erscheinungsbild beschrieben wird. Die technischen Ursachen muss der Auftraggeber nicht benennen; sie sind nach der Symptomtheorie des BGH im Rahmen einer Mangelrüge nicht maßgebend (BGH, Beschl. v. 24.8.2016 – VII ZR 41/14; BGH, Urt. v. 30.10.2007 – X ZR 101/06; BGH, Urt. v. 17.1.2002 – VII ZR 488/00). Mit einer diese Voraussetzungen erfüllenden Mängelrüge macht der Auftraggeber alle Ursachen der genannten Symptome und damit den Mangel selbst in vollem Umfang zum Gegenstand seines Mängelbeseitigungsverlangens. Das hat insbesondere Bedeutung, wenn die angegebenen Mangelerscheinungen nur an bestimmten Stellen des Bauwerks aufgetreten sind, während ihre Ursache das ganze Gebäude oder andere Bereiche erfasst (BGH, Beschl. v. 24.8.2016 – VII ZR 41/14). Deshalb ist die Aufforderung, den Mangel nur an denjenigen Stellen zu beseitigen, an denen er in Erscheinung getreten ist, nicht als Begrenzung des Mängelbeseitigungsverlangens zu verstehen (OLG Naumburg, Urt. v. 5.8.2016 – 7 U 17/16; BGH, Urt. v. 26.3.1992 – VII ZR 258/90).

Beispiel: Die gesamte Fassade eines Geschäftshauses ist mangelhaft isoliert. Feuchtigkeit tritt jedoch zunächst nur in der dritten Etage des insgesamt achtstöckigen Gebäudes und auch dort lediglich in fünf Büros in Erscheinung. 2137

Wenn der Auftraggeber in einem solchen Fall „Feuchtigkeit im Bereich der Fassade" dieser fünf Büros rügt, gilt der Mangel insgesamt als gerügt, auch wenn er erst teilweise in Erscheinung getreten ist. Deshalb erfasst die Unterbrechungswirkung nach § 13 Abs. 5 Nr. 1 Satz 2 VOB/B auch sämtliche Mangelerscheinungen, die auf dieser Ursache (mangelhafte Isolierung) beruhen, selbst wenn weitere Mängel erst nach Ablauf der vereinbarten Verjährungsfrist in Erscheinung treten. 2138

Hierzu ein weiteres 2139

Beispiel: Nach dem Bauvertrag gilt die vierjährige Verjährungsfrist des § 13 Abs. 4 Nr. 1 VOB/B. Die Werkleistung wird am 1.6.2016 förmlich abgenommen. Die Verjährung der Mängelansprüche würde folglich mit Ablauf des 1.6.2020 eintreten. Am 15.5.2020 geht dem Auftragnehmer eine schriftliche Mangelrüge wegen Feuchtigkeitserscheinungen der von ihm isolierten Fassade in fünf Büros des dritten Geschosses zu. Das Gebäude hat insgesamt acht Stockwerke. Der Auftragnehmer beseitigt die Mängel, teilt jedoch zuvor ausdrücklich mit, dass die Beseitigung „ohne Anerkennung einer Rechtspflicht" erfolge. Am 14.3.2022, also nach Ablauf der Verjährungsfrist, treten weitere Feuchtigkeitserscheinungen aufgrund der mangelhaft isolierten Fassade in allen Geschossen des Gebäudes auf. Der Werkunternehmer beruft sich auf Verjährung.

Zu Unrecht: Durch den Zugang der schriftlichen Mangelrüge am 15.5.2020 wurde die Verjährung unterbrochen. Vor Ablauf des 15.5.2022 können Mängel, die aufgrund der fehlerhaften Isolierung eintreten, nicht verjähren. Zwar trat eine Unterbrechung der Verjährung hier nicht aufgrund eines Anerkenntnisses ein (§ 212 Abs. 1 Nr. 1 BGB), weil der Auftragnehmer den Mangel ausdrücklich ohne Anerkennung einer Rechtspflicht beseitigt hat. Da der Mangel aber in den Verantwortungsbereich des Auftragnehmers fällt, hilft dem Auftraggeber die Unterbrechung nach § 13 Abs. 5 Nr. 1 Satz 2 VOB/B. Der Auftraggeber müsste die jetzt mit Ablauf des 15.5.2022 erneut drohende Verjährung rechtzeitig durch gerichtliche Maßnahmen hemmen (§ 204 BGB). Eine weitere schriftliche Mängelrüge reicht nicht mehr aus (siehe oben). 2140

Wie weit die Symptomtheorie reicht, zeigt ein Urteil des OLG Stuttgart aus dem Jahr 2016 (OLG Stuttgart, Urt. v. 23.11.2016 – 3 U 65/16): 2141

Beispiel: Der Auftraggeber hatte kurz vor Ablauf der Gewährleistungsfrist gerügt: „Südostseite EG, 1. Fenster rote Farbe Farbabschürfungen durch Reparatur Rollladenkästen ausbessern". Zu den Farbabschürfungen war es gekommen, weil der Rollladenkasten bei einer Reparatur abgenommen wurde und dabei auch Putz abgeschlagen werden musste. Im Zuge des Streits über die Farbabschürfungen stellt sich (erst nach Ablauf der Gewährleistungsfrist) heraus, dass sämtliche Rollladenkästen des Bauvorhabens regelwidrig eingeputzt waren. Dieser Mangel war zuvor nicht gerügt worden. Dennoch verlangt der Auftraggeber die Mangelbeseitigung auch im Hinblick auf das fachwidrige Einputzen. Kann sich der Auftragnehmer auf Verjährung berufen?

2142 Nein! Die Mangelanzeige erfasse letztendlich auch das regelwidrige Einputzen, weil die Farbabschürfungen darauf zurückzuführen waren. Mit der (rechtzeitigen) Rüge der Farbabschürfungen sei also auch deren Ursache (fachwidriges Einputzen) rechtzeitig gerügt worden.

e) Hemmung der Verjährung durch Verhandlungen

2143 Auch in einem weiteren Fall läuft die Verjährungsfrist nicht *ungestört* ab. In der Praxis kommt es häufig durch Verhandlungen über den geltend gemachten Mangel zu einer Hemmung der Verjährung (§ 203 BGB), bis eine Vertragspartei die Fortsetzung der Verhandlungen verweigert. Dabei ist für ein verjährungshemmendes Verhandeln nicht erforderlich, dass es beispielsweise zu einer gemeinsamen Ortsbegehung, also einem Verhandeln im engeren Sinne kommt. Stattdessen genügt jeder Meinungsaustausch über die vom Auftraggeber geltend gemachten Mängelansprüche, wenn der Auftragnehmer seine Verantwortung nicht sofort und unmissverständlich ablehnt (OLG Düsseldorf, Urt. v. 1.10.2015 – 22 U 48/15; BGH, Beschl. v. 28.10.2010 – VII ZR 82/09; BGH, Urt. v. 26.10.2006 – VII ZR 194/05). Das gilt sogar dann, wenn der Auftragnehmer auf die Mangelrüge des Auftraggebers zunächst nur antwortet, dass seiner Auffassung nach ein Bedienungsfehler vorliege und er den Auftraggeber noch einmal in die ordnungsgemäße Handhabung der gelieferten Anlage einweist (BGH, Urt. v. 30.10.2007 – X ZR 101/06).

2144 Auch die Untersuchung von Mängelursachen stellt ein Verhandeln über den Anspruch nach § 203 BGB dar und führt zu einer Hemmung der Verjährung. Für die Hemmung kann es bereits ausreichen, wenn der Auftragnehmer mitteilt, er habe die Mängelrüge an seinen Nachunternehmer zur Prüfung weitergeleitet. Die Verjährung kann nach einer solchen Hemmung frühestens drei Monate nach dem Ende der Verhandlungen eintreten (§ 203 Satz 2 BGB), also etwa nach einem letzten Brief des Auftragnehmers, mit dem dieser Mangelbeseitigungsmaßnahmen endgültig und ernsthaft ablehnt.

f) Neubeginn der Verjährung durch Anerkenntnis

Wenn ein Auftragnehmer vorbehaltlos Mangelbeseitigungsmaßnahmen vornimmt, kann damit ein Anerkenntnis der Mängel verbunden sein. Die Folge daraus ist, dass nicht nur eine Hemmung der Verjährung und damit eine Verlängerung der Verjährungsfrist um zwei Jahre nach § 13 Abs. 5 Nr. 1 Satz 2 VOB/B eintritt, sondern die vereinbarte Verjährungsfrist für die anerkannten Mängel neu beginnt (BGH, Urt. v. 13.1.2005 – VII ZR 15/04; OLG München, Beschl. v. 8.8.2016 – 28 U 1483/16 Bau). Hat der Auftragnehmer den Mangel einmal anerkannt, dann kann er dieses Anerkenntnis durch nachträgliches Bestreiten nicht wieder beseitigen (OLG München, Beschl. v. 23.6.2016 – 27 U 2283/15 Bau). Allerdings setzt ein Anerkenntnis i.S.d. § 212 Abs. 1 Nr. 1 BGB ein Verhalten des Auftragnehmers voraus, aus dem sich *eindeutig* das Bewusstsein vom Bestehen des Anspruchs ergibt. **2145**

Eine Mangelbeseitigung aus bloßer Kulanz reicht nicht aus (OLG Jena, Urt. v. 9.4.2008 – 4 U 1100/06). Auch bei geringfügigen Mängeln wird man nicht ohne Weiteres von einem Anerkenntnis im Rechtssinne ausgehen können. Anders ist dies aber bei solchen Mängeln, deren Beseitigung einen erheblichen Aufwand erfordert. Deshalb ist einem Auftragnehmer, der seine Mangelverantwortung nicht anerkennen will, dringend zu raten, dem Auftraggeber ausdrücklich mitzuteilen, dass die Mangelbeseitigung lediglich aus Kulanz bzw. zur Vermeidung von Streit erfolge. Ist dies der Fall gewesen, geht der BGH nicht von einem Anerkenntnis nach § 212 Abs. 1 Nr. 1 BGB aus (BGH, Beschl. v. 23.8.2012 – VII ZR 155/10). **2146**

Auch hier gilt, dass in Fällen, in denen der Unternehmer seine Verantwortung für Mangelerscheinungen anerkannt hat, wegen der Symptomrechtsprechung des BGH (siehe oben) damit gleichzeitig auch ein Neubeginn der vereinbarten Verjährungsfrist hinsichtlich aller Mangelursachen verbunden ist, auf denen diese Mangelerscheinungen beruhen (OLG München, Urt. v. 10.12.2013 – 9 U 1317/13 Bau). Gibt der Auftragnehmer erst nach Ablauf der Verjährungsfrist ein Anerkenntnis ab, kann ein solches die bereits eingetretene Verjährung nicht mehr beseitigen; der Anspruch bleibt verjährt. Das gilt jedenfalls dann, wenn der Erklärende nicht wusste, dass die Gewährleistungsfrist bereits abgelaufen war (OLG Celle, Urt. v. 15.9.2010 – 7 U 53/10). **2147**

Die Ausführungen machen deutlich, dass es im Einzelfall schwierig sein kann, die Verjährung von Mängelansprüchen richtig zu beurteilen. Bevor Ansprüche wegen Verjährung zurückgewiesen werden, sollte der Auftragnehmer genau prüfen, ob während der vereinbarten Verjährungsfrist Hemmungs- oder Unterbrechungstatbestände eingetreten sind. Sonst können Selbstvornahmen zu seinen Lasten drohen. **2148**

g) Neubeginn einer zweijährigen Verjährungsfrist nach Abnahme der Mängelbeseitigung

2149 Aufgrund der Bedeutung für die Praxis wird in Ergänzung zu den Ausführungen im Kapitel Kapitel L. II. 9., Rn. 1926 ff., noch einmal darauf hingewiesen, dass im Fall einer Mängelbeseitigung die durch die Mängelbeseitigung eingetretene Hemmung der Verjährung erst endet und die neue zweijährige Verjährungsfrist für diese Leistungen erst in Lauf gesetzt wird, wenn die Mängelbeseitigungsarbeiten vom Auftraggeber abgenommen worden sind. Das folgt aus § 13 Abs. 5 Nr. 1 Satz 3 VOB/B (BGH, Urt. v. 16.5.2013 – VII ZR 63/11; BGH, Urt. v. 25.9.2008 – VII ZR 32/07). Es reicht deshalb entgegen weit verbreiteter Praxis nicht aus, die Mängelbeseitigung anzuzeigen, den Mangel also lediglich „abzumelden" (OLG Dresden, Urt. v. 31.8.2010 – 5 U 923/06). Will der Auftragnehmer nicht auf eine stillschweigende Abnahme „setzen", sondern den sichersten Weg gehen, zeigt er die Beseitigung der gerügten Mängel an und fordert den Auftraggeber gleichzeitig zur Erklärung der Abnahme innerhalb angemessener Frist auf. Reagiert der Auftraggeber auf ein solches Verlangen nicht, beginnt die neue zweijährige Verjährungsfrist für Mängelansprüche nach Ablauf der angemessen gesetzten Frist (§ 640 Abs. 2 BGB n.F.). Für die Frist zur Abnahme der beseitigten Mängel kann man sich an der 12-Werktage-Frist in § 12 Abs. 1 VOB/B orientieren. Wurde eine zu kurze Frist gesetzt, läuft die angemessene – wie immer – automatisch.

2150 Die neue Frist von zwei Jahren kann – wie bei § 13 Abs. 5 Nr. 1 Satz 2 VOB/B – nicht vor Ablauf der Regelfristen nach § 13 Abs. 4 VOB/B oder der an ihrer Stelle vereinbarten Frist enden; sie wirkt sich also nur aus, wenn die Mängelbeseitigungsleistung später als zwei Jahre vor Ablauf der VOB/B-Verjährungsfrist von vier Jahren abgenommen wird. Bei mehreren Mangelbeseitigungsversuchen beginnt mit der erneuten Abnahme der Mängelbeseitigungsleistung stets eine neue Frist von zwei Jahren. Diese neue Frist von zwei Jahren gilt nur für solche Mängel, die von der Mängelrüge betroffen waren, nicht für weitere Leistungen. Aber auch hier ist die Symptomrechtsprechung des BGH zu beachten (siehe oben). Treten nach Ablauf der regulären Verjährungsfrist weitere Mängel in Erscheinung, die auf denselben Ursachen beruhen wie jene, die Gegenstand der abgenommenen Mängelbeseitigungsleistungen waren, gilt die neue Verjährungsfrist von zwei Jahren auch für diese Mängel.

h) Verjährung der Mängelansprüche gegen Baustofflieferanten

2151 Nach § 438 Abs. 1 Nr. 2 b) BGB verjähren Ansprüche gegen Verkäufer, die Materialien liefern, welche entsprechend ihrer üblichen Verwendungsweise für ein Bauwerk verwendet worden sind und dessen Mangelhaftigkeit verursacht haben, erst nach Ablauf von fünf Jahren. Die fünfjährige Verjährungsfrist kann nach der Rechtsprechung auch im unternehmerischen Geschäftsverkehr nicht durch

Allgemeine Geschäftsbedingungen des Lieferanten verkürzt werden (LG Köln, Urt. v. 7.2.2007 – 91 O 87/06; ebenso: OLG Naumburg, Urt. v. 21.5.2010 – 10 U 60/08; ähnlich: BGH, Urt. v. 10.10.2013 – VII ZR 19/12).

Der Zweck der Regelung besteht darin, Bauunternehmern, die gegenüber ihren **2152**
Auftraggebern für Mängel regelmäßig fünf Jahre lang haften, den Rückgriff auf den Lieferanten mangelhafter Materialien zu ermöglichen. Die Bestimmung ist auf Baumaterialien aller Art anwendbar, unabhängig davon, ob sie der Herstellung des Rohbaus oder dem Innenausbau dienen. Sie gilt beispielsweise für Steine, Zement, aber auch für den Fahrstuhl, Fenster, Türen, Badewannen, Sanitärobjekte, Tapeten etc. Wegen Einzelheiten hierzu, auch zur neuen Rechtslage im Hinblick auf die anfallenden Aus- und Einbaukosten nach § 439 Abs. 3 BGB n.F., wird auf das Kapitel Q, Kauf von Baustoffen, Rn. 2781 ff. verwiesen.

II. Handhabung in der Praxis

1. Inhaltliche und formelle Voraussetzungen des Bedenkenhinweises nach § 4 Abs. 3 VOB/B

a) Anforderungen an die Konkretheit der Mitteilung

Die Mitteilung muss allgemein verständlich, aber dennoch so detailliert sein, dass **2153**
sie den Auftraggeber in die Lage versetzt, die Bedenken zu prüfen und anschließend eine entsprechende Anordnung zu treffen (OLG Koblenz, Urt. v. 10.3.2011 – 5 U 1113/10 ; OLG Jena, Urt. v. 12.7.2006 – 2 U 1122/05). Wird sie dem nicht gerecht, so ist sie unbeachtlich (OLG Brandenburg, Urt. v. 20.5.2020 – 11 U 74/18). Auf die Verwendung von Fachbegriffen oder die Beschreibung technischer Zusammenhänge, die sich allenfalls Ingenieuren oder Sachverständigen erschließen, sollte dabei tunlichst verzichtet werden. Das gilt insbesondere, wenn der Auftraggeber ein technischer Laie auf dem fraglichen Gebiet ist. Empfehlenswert ist es, in dem Bedenkenhinweis mitzuteilen, man gehe davon aus, dass die Tragweite seiner Nichtbefolgung deutlich geworden sei und bitte anderenfalls um eine entsprechende Nachricht. Dem Auftraggeber müssen insbesondere die nachteiligen Folgen und die sich daraus ergebenden Gefahren konkret dargelegt werden, sodass er in die Lage versetzt wird, die Tragweite der Nichtbefolgung des Bedenkenhinweises klar zu erkennen (OLG Brandenburg, Urt. v. 20.5.2020 – 11 U 74/18; OLG Saarbrücken, Urt. v. 15.11.2017 – 1 U 11/17; OLG Hamburg, Urt. v. 28.9.2018 – 11 U 128/17; OLG Düsseldorf, Urt. v. 24.3.2015 – 21 U 62/14; OLG Düsseldorf, Urt. v. 6.10.2017 – 22 U 41/17). Ist der Auftraggeber unerfahren oder nimmt er die aus einem Bedenkenhinweis folgenden Gefahren erkennbar nicht ernst, muss er in einer Weise aufgeklärt werden, dass angenommen werden kann, er nehme das Risiko von Mängeln bewusst in Kauf (OLG München, Urt. v. 17.3.2015 – 9 U 2856/11 Bau).

2154 Auftragnehmer haben oftmals die Sorge, durch möglicherweise sachlich unbegründete Bedenkenhinweise das Vertragsverhältnis zu belasten oder gar eine Pflichtverletzung zu begehen. Diese Befürchtung ist unbegründet, weil die Vorschrift eben nicht besagt, dass ein Hinweis die *Gewissheit* eines Schadenseintritts erfordert, sondern ausreichen lässt, dass *Bedenken* vorliegen. Die Anmeldung von Bedenken stellt deshalb grundsätzlich keine Pflichtverletzung dar (OLG Hamm, Urt. v. 24.5.2012 – 21 U 95/11; OLG Schleswig, Urt. v. 1.9.2004 – 9 U 38/03). Zudem ist es nicht notwendig (und häufig auch nicht sinnvoll), eine Bedenkenanmeldung unbedingt als solche zu betiteln, mit Paragrafen zu spicken oder die Gewährleistung rundherum abzulehnen. Es genügt völlig, den Auftraggeber weniger provokativ und in sachlicher Form über erkannte Risiken zu informieren, soweit dies eben nur verständlich und erschöpfend geschieht.

2155 Kritisch kann es dann werden, wenn der Auftraggeber – trotz des Bedenkenhinweises – auf die Ausführung der Arbeiten besteht und der Auftragnehmer dessen ungeachtet die Leistungserbringung verweigert, obwohl dem weder behördliche noch gesetzliche Bestimmungen entgegenstehen oder eine Gefahr für Leib und Leben Dritter droht. Dann kann der Auftragnehmer in Verzug mit der Leistung geraten (OLG Hamm, Urt. v. 24.5.2012 – 21 U 95/11) und riskiert eine Vertragskündigung.

2156 Der Auftragnehmer *kann* in seiner Mitteilung auch Vorschläge zur Abhilfe machen. Hierzu ist er aber nicht verpflichtet (so ausdrücklich OLG Koblenz, Urt. v. 8.10.2020 – 6 U 1945/19; ebenso OLG Schleswig, Urt. v. 18.7.2018 – 12 U 8/18). Vorschläge sollte er jedenfalls dann unterlassen, wenn er über die Geeignetheit seines Vorschlags unsicher ist. Falls der Auftraggeber den Lösungsvorschlag befolgt und sich dieser anschließend als ungeeignet herausstellt, ist der Auftragnehmer für den daraus entstehenden Mangel oder Schaden allein verantwortlich. Wenn der Auftragnehmer dennoch Vorschläge unterbreiten will, er sich aber nicht sicher ist, sollte er auch dementsprechend formulieren und eine Haftung für die Richtigkeit des Vorschlags ausschließen. Gibt es einen bauplanenden oder bauüberwachenden Architekten, bietet es sich an, den Auftraggeber zu bitten, diesem die Entscheidung über die Geeignetheit des Vorschlags zu überlassen.

2157 Der Auftragnehmer muss den Bedenkenhinweis wiederholen, wenn der Auftraggeber einen Sachverständigen eingeschaltet und dieser – für den Auftragnehmer erkennbar – eine falsche Auskunft erteilt hat. Ohne nochmaligen Hinweis ist der Auftragnehmer jedenfalls in einer Mithaftung (KG, Urt. v. 23.1.2002 – 26 U 70/01).

b) Rechtzeitigkeit

2158 Der Auftragnehmer muss Bedenken unverzüglich, das heißt ohne schuldhaftes Zögern, möglichst schon vor Beginn der Arbeiten mitteilen. Dem Auftraggeber soll grundsätzlich eine Reaktion ermöglicht werden, ohne dass Störungen des Bauablaufs eintreten.

Beispiel: Der Auftragnehmer erkennt bereits im Rahmen der Prüfung des Leistungsverzeichnisses – also schon vor Beginn der Arbeiten –, dass ein vorgeschriebenes Material ungeeignet ist. Auf Bedenken weist er aber erst zwei Monate später hin, als er das fragliche Material benötigt. Die Beschaffung geeigneten Materials nimmt aufgrund von Lieferfristen drei Wochen in Anspruch. Der Auftragnehmer meldet daraufhin gleichzeitig Baubehinderung gemäß § 6 Abs. 1 VOB/B an. 2159

In einem solchen Fall muss sich der Auftragnehmer möglicherweise eine Pflichtverletzung zum Vorwurf machen lassen, weil bei rechtzeitigem Bedenkenhinweis das richtige Material zum Zeitpunkt der Ausführung vorhanden gewesen wäre. Eine Ausführungsfristverlängerung wegen Baubehinderung wird er nicht verlangen können, wenn feststeht, dass er das Problem tatsächlich schon früher erkannt hat oder erkennen musste. 2160

Wenn der Auftraggeber dagegen die von ihm zu treffende Entscheidung verzögert, kommen Bauzeitverlängerungs- und Mehrkostenansprüche nach § 6 VOB/B in Betracht. Welcher Zeitraum einem Auftraggeber zur Prüfung des Bedenkenhinweises gegeben werden muss, lässt sich nicht allgemein beantworten. Grundsätzlich muss ihm eine angemessene Reaktionszeit gewährt werden. Ein Auftragnehmer ist berechtigt, mit der Ausführung der Arbeiten, auf die sich sein Bedenkenhinweis bezieht, zu warten, bis der Auftraggeber reagiert hat oder reagieren konnte. Es bietet sich an, dem Auftraggeber schon im Bedenkenhinweis mitzuteilen, wie lange man warten werde bzw. innerhalb welcher Frist die Antwort erwartet wird. Schon diese Wartezeit kann zu einer Verlängerung der Ausführungsfrist nach § 6 Abs. 2 VOB/B führen, wenn der Bedenkenhinweis sachlich berechtigt war und dem Auftragnehmer nicht zum Vorwurf gemacht werden kann, er habe den Bedenkenhinweis schuldhaft zu spät erteilt. Wie sich die Rechtslage darstellt, wenn der Auftraggeber zu einem Bedenkenhinweis schweigt, wird nachfolgend unter II. 2. behandelt. 2161

c) Schriftform

§ 4 Abs. 3 VOB/B sieht für die Mitteilung von Bedenken die Schriftform vor. 2162
Seit den Entscheidungen der Oberlandesgerichte Frankfurt und Jena (OLG Jena, Urt. v. 26.11.2015 – 1 U 209/15 und OLG Frankfurt, Beschl. v. 30.4.2012 – 4 U 269/11) sollte für einen Bedenkenhinweis auf die einfache E-Mail verzichten, wer den sichersten Weg gehen will. Das gilt trotz der anderslautenden Entscheidungen des OLG Koblenz und des OLG Köln, nach denen die Schriftform auch durch eine einfache E-Mail wegen § 127 Abs. 2 BGB gewahrt wird (OLG Koblenz, Urt. v. 8.10.2020 – 6 U 1945/19; OLG Köln, Urt. v. 22.6.2016 – 16 U 145/15). Denn nach wie vor ist der Absender für den Zugang der E-Mail beweispflichtig,

was zu Schwierigkeiten führen kann, wenn weder eine Lesebestätigung noch eine Antwort vorliegt (vgl. M. I. 5. d), Rn. 2134).

2163 Noch weitaus gefährlicher ist es, die Bedenken nur mündlich mitzuteilen. Mündlich vorgetragene Bedenken reichen allenfalls dann aus, wenn der Auftraggeber dadurch zuverlässig, inhaltlich klar und vollständig informiert worden ist (OLG Jena, Urt. v. 9.1.2020 – 8 U 176/19; OLG Hamburg, Urt. v. 19.8.2016 – 9 U 47/10)). Im Fall einer gerichtlichen Auseinandersetzung besteht nahezu nie die Möglichkeit, eine mündlich erfolgte Bedenkenanmeldung hieb- und stichfest zu beweisen. Dies auch deshalb, weil die inhaltlichen Anforderungen an eine (mündliche) Bedenkenanmeldung hoch sind. Der Auftragnehmer muss beweisen, dass er ein Problem nicht nur angesprochen, sondern mit dem Auftraggeber erschöpfend erörtert hat, insbesondere unter Hinweis auf die bestehenden technischen Risiken. Eine Vernehmung von Zeugen bei Gericht, die regelmäßig Jahre nach dem fraglichen Ereignis stattfindet, ist immer mit erheblichen Unsicherheiten verbunden. Der Auftragnehmer trägt aber die Darlegungs- und Beweislast für die ordnungsgemäße Erfüllung der Prüfungs- und Hinweispflicht (BGH, Urt. v. 8.11.2007 – VII ZR 183/05). Das OLG Düsseldorf nahm im Fall einer nur mündlichen Mitteilung, über deren Inhalt und Konkretheit auch noch Streit bestand, schon deshalb eine Mithaftung des Auftragnehmers an, weil er gegen die Verpflichtung zur Wahrung der Schriftform verstoßen hatte (OLG Düsseldorf, Beschl. v. 5.6.2012 – 23 U 167/11; ähnlich: OLG München, Urt. v. 17.3.2015 – 9 U 2856/11 Bau).

2164 Kann der Auftragnehmer die mündliche Bedenkenanmeldung nicht beweisen, dann führt dies nach einer Entscheidung des OLG Stuttgart sogar dazu zu, dass der Auftragnehmer allein haftet und sich nicht auf einen Planungsfehler des Auftraggebers berufen kann. Dies deshalb, weil der Auftragnehmer in diesem Fall den Planungsmangel erkannt und trotz der Gewissheit über den Mangel gebaut hat (OLG Stuttgart, Urt. v. 15.4.2014 – 10 U 127/13; anderer Auffassung ist das Kammergericht im Urt. v. 29.12.2017 – 21 U 120/15).

2165 Aus diesem Grund kann jedem Bauleiter des Auftragnehmers nur dringend geraten werden, gerade hier die Schriftform unbedingt zu beachten („*Wer schreibt, der bleibt*"). Dabei müssen weder Paragraphen aus der VOB/B genannt, geschweige denn darauf hingewiesen werden, dass ein übergangener, aber berechtigter Bedenkenhinweis zum Anspruchsverlust nach § 13 Abs. 3 VOB/B führt. Letzteres empfiehlt sich zumindest dann nicht, wenn das Verhältnis mit dem Auftraggeber ohnehin schon belastet ist und ein Hinweis auf rechtliche Konsequenzen das Vertragsverhältnis weiter belasten würde.

d) Adressat

2166 Adressat der Bedenkenanmeldung ist immer und zuerst der Auftraggeber selbst (OLG Brandenburg, Urt. v. 16.10.2012 – 11 U 102/11; OLG Hamm,

Urt. v. 30.3.1995 – 17 U 205/93). Der Bauleiter des Auftragnehmers darf sich beispielsweise nicht darauf verlassen, dass der Architekt, gegen dessen Planung sich die Bedenken richten, den Auftraggeber darüber zeitnah und inhaltlich vollständig unterrichtet (OLG Schleswig, Urt. v. 11.4.2014 – 1 U 10/13; BGH, Urt. v. 19.12.1996 – VII ZR 309/95). Deshalb ist nur auf der sicheren Seite, wer das Schreiben zumindest auch seinem Auftraggeber direkt zusendet. Es empfiehlt sich, den Brief an den Auftraggeber direkt zu adressieren und gegebenenfalls darauf hinzuweisen, dass der Architekt/Ingenieur eine Durchschrift erhält.

In Ausnahmefällen kann eine Bedenkenanmeldung an den Architekten ausreichen **2167** (OLG Hamburg, Urt. v. 19.8.2016 – 9 U 47/10). Nach einer Entscheidung des OLG Celle (OLG Celle, Urt. v. 25.9.2003 – 5 U 14/03) soll ein mündlicher Bedenkenhinweis gegenüber dem bauleitenden Ingenieur ausreichend sein, wenn dieser die geplante Ausführung daraufhin so einleuchtend erklärt, dass für die angemeldeten Bedenken kein Raum mehr bleibt (ebenso OLG Jena, Urt. v. 9.1.2020 – 8 U 176/19). In einem solchen Fall wiege das dem Auftraggeber zuzurechnende Verschulden des Architekten so schwer, dass eine Haftung des Auftragnehmers ausscheide. Diese Entscheidung ist mindestens fragwürdig und keineswegs verallgemeinerungsfähig. Sie sollte nicht dazu verleiten, auf den *sichersten Weg* zu verzichten. Das ist der Bedenkenhinweis an den Auftraggeber selbst. Denn nach anderen Entscheidungen reicht selbst ein Bedenkenhinweis an einen rechtsgeschäftlich bevollmächtigten Architekten nicht aus, wenn sich dieser den Bedenken verschließt (OLG Celle, Urt. v. 4.8.2016 – 13 U 104/12; OLG Celle, Urt. v. 21.10.2004 – 14 U 26/04; ebenso: OLG Düsseldorf, Urt. v. 5.2.2013 – 23 U 185/11 und OLG Brandenburg, Urt. v. 16.10.2012 – 11 U 102/11). Ob das richtig ist, sei dahingestellt. Denn immerhin war der Architekt in diesen Fällen bevollmächtigt. Die Entscheidungen sollten Auftragnehmern aber vor Augen führen, dass nur der schriftliche Bedenkenhinweis an den Auftraggeber selbst alle diesbezüglichen Zweifel ausschließt (OLG Schleswig, Urt. v. 11.4.2014 – 1 U 10/13).

2. Reaktion des Auftraggebers auf einen Bedenkenhinweis

Die VOB/B regelt nicht ausdrücklich, dass und innerhalb welcher Frist der Auftrag- **2168** geber auf einen Bedenkenhinweis reagieren muss. Eine solche Reaktionspflicht folgt nach zutreffender Auffassung aber aus dem Kooperationsgebot am Bau (OLG Stuttgart, Beschl. v. 21.11.2016 – 10 U 71/16). Der Auftragnehmer muss nach Mitteilung der Bedenken einen angemessenen Zeitraum warten, um dem Auftraggeber eine sachgerechte Entscheidung zu ermöglichen. Dabei sollte mitgeteilt werden, innerhalb welcher Frist der Auftraggeber reagieren muss, um Behinderungen zu vermeiden. Sind Behinderungen trotz rechtzeitigen Hinweises nicht vermeidbar, stehen dem Auftragnehmer Ansprüche auf Verlängerung der Bauzeit und daraus resultierender Mehrkosten zu (siehe oben). Ein Auftragnehmer ist gut beraten, bereits in seinem Bedenkenhinweisschreiben mitzuteilen, dass Störungen des Bauablaufs unvermeidlich sind, weil er keine Möglichkeit hatte, die Bedenken bereits zu einem früheren Zeitpunkt mitzuteilen. Das kann beispielsweise der Fall sein, wenn ein bauüberwachender Architekt/Ingenieur eine mündliche Anordnung auf der Baustelle trifft oder fortgeschriebene Pläne übergibt, deren Befolgung nach Auffassung des Auftragnehmers zu einem Mangel der Leistung führen würde, er aber weiterarbeiten müsste, um die vereinbarten Fristen einzuhalten.

2169 Dem Auftragnehmer ist darüber hinaus zu empfehlen, ausdrücklich darauf hinzuweisen, dass es bei der vorgesehenen Art der Ausführung bleibt, falls nicht ausdrücklich eine anderslautende Anordnung innerhalb der angegebenen Frist erteilt wird. In keinem Fall sollte der Auftragnehmer den umgekehrten Weg einschlagen und aus einem Schweigen des Auftraggebers eine Zustimmung zum Bedenkenhinweis und die Anordnung einer anderen Ausführungsart – die gegebenenfalls Mehrkosten verursacht – ableiten. Denn aus einem Schweigen folgt in diesem Fall weder eine Zustimmung noch die Anordnung zur Ausführung geänderter oder zusätzlicher Leistungen. Der Auftragnehmer sollte sich auch nicht mit Anordnungen Dritter, die nicht ausdrücklich vertretungsbefugt sind, zufriedengeben, sondern stattdessen auf eine ausdrückliche Anordnung seines Vertragspartners bestehen. Das gilt vor allem, wenn ein bauüberwachender Architekt/Ingenieur die Bedenkenanmeldung zurückweist oder Anordnungen trifft, die zu Mehrkosten führen. Wenn eine Antwort des Auftraggebers bzw. des Vertretungsberechtigten unterbleibt, ist es eine delikate Frage, ob der Aufragnehmer dann die Arbeiten – trotz seiner fortbestehenden Bedenken – einfach fortsetzen darf. Sicherer dürfte es sein, noch einmal auf die bereits erfolgte Mitteilung hinzuweisen und endgültig die Fortsetzung der Arbeiten nach den bestehenden Vorgaben anzukündigen, falls innerhalb der gesetzten Frist abermals geschwiegen wird. Dann ist er von der Mängelhaftung frei (OLG Stuttgart, Beschl. v. 21.11.2016 – 10 U 71/16).

2170 Teilt der Auftraggeber die Bedenken und trifft daraufhin Anordnungen, können diese nach § 2 Abs. 5 oder Abs. 6 VOB/B zur Ausführung geänderter oder zusätzlicher Leistungen führen, was einerseits Nachtragsansprüche, andererseits aber auch eine Ausführungsverlängerung rechtfertigen kann, falls die Nachträge Zeitrelevanz haben. Darauf muss ein Auftragnehmer aber gesondert hinweisen (§ 6 Abs. 1 VOB/B). Hält der Auftragnehmer die auf den Bedenkenhinweis erteilten Anordnungen wiederum für ungeeignet, muss er den Bedenkenhinweis wiederholen, um Haftungsgefahren zu vermeiden.

2171 Weist der Auftraggeber die Bedenken zurück und besteht auf die vereinbarte Ausführung, so gilt nach § 4 Abs. 1 Nr. 4 VOB/B, dass der Auftragnehmer verpflichtet ist, die Leistungen entsprechend auszuführen, wobei er für die daraus resultierenden Folgen nicht mehr verantwortlich ist (§§ 4 Abs. 3 i.V.m. 13 Abs. 3 VOB/B). Verweigert er die Leistung trotz einer solchen Anordnung, kann er in Verzug geraten, wenn er vereinbarte Fristen überschreitet (OLG Köln, Beschl. v. 16.10.2014 – 11 U 47/14; OLG Hamm, Urt. v. 24.5.2012 – 21 U 95/11). Ob und unter welchen Voraussetzungen dem Auftragnehmer in solchen Fällen ein Leistungsverweigerungsrecht zusteht, wird im Anschluss behandelt.

3. Ausführungspflicht des Auftragnehmers?/Gewissheit statt Bedenken

Es kommt vor, dass Auftragnehmer lediglich Bedenken anmelden, obwohl genau **2172** genommen keine Bedenken mehr vorliegen, sondern schon Gewissheit besteht. Von Bedenken im Sinne des § 4 Abs. 3 VOB/B kann nicht mehr gesprochen werden, wenn der Auftragnehmer mit Sicherheit weiß, dass beispielsweise eine auftraggeberseitige Planung fehlerhaft ist und zwingend zu Mängeln führen muss. Bedenken sind Ängste, Zweifel, Sorgen und Befürchtungen, aber nicht mehr.

Deshalb kann der Auftragnehmer für einen Mangel (mit-)verantwortlich sein, **2173** wenn er in voller Kenntnis der Fehlerhaftigkeit einer Planung *nur* Bedenken anmeldet und anschließend dennoch nach diesem Plan leistet, beispielsweise weil der Auftraggeber nicht reagierte (OLG Stuttgart, Urt. v. 15.4.2014 – 10 U 127/13; OLG Köln, Urt. v. 14.6.1995 – 13 U 2/93). Dem Bauleiter des Auftragnehmers ist dringend zu raten, die Frage, ob lediglich Bedenken vorhanden sind oder bereits Gewissheit besteht, kritisch und genau zu prüfen. Wenn tatsächlich nur Bedenken vorliegen, sollten in der Mitteilung auch keine anderen Begriffe, die einen Schluss auf Gewissheit zulassen, verwendet werden.

Wenn *lediglich* Bedenken bestehen, der Aufraggeber diese aber ausdrücklich **2174** nicht teilt, ist der Auftragnehmer grundsätzlich verpflichtet, die Leistung in der vereinbarten Art und Weise fortzusetzen (§ 4 Abs. 1 Nr. 4 VOB/B). Ein Leistungsverweigerungsrecht steht ihm nicht zu, es sei denn, der Durchführung der Arbeiten stehen gesetzliche bzw. behördliche Bestimmungen entgegen oder es drohen bei entsprechender Fortsetzung Gefahren für Leib und Leben Dritter (OLG Hamm, Urt. v. 24.5.2012 – 21 U 95/11; KG, Urt. v. 23.4.2010 – 6 U 30/09). In einem solchen Fall muss der Auftragnehmer die Ausführung der Leistungen verweigern (OLG Brandenburg, Urt. v. 7.11.2007 – 13 U 24/07; OLG Karlsruhe, Urt. v. 20.7.2004 – 17 U 262/01). Das OLG Düsseldorf hat ein Leistungsverweigerungsrecht des Auftragnehmers auch angenommen, wenn die begründeten Bedenken des Auftragnehmers vom Auftraggeber offensichtlich nicht ernst genommen wurden, es aber gleichzeitig mit an Sicherheit grenzender Wahrscheinlichkeit zum Eintritt eines erheblichen Mangels bzw. eines nicht nur geringfügigen Schadens kommen wird (OLG Düsseldorf, Urt. v. 2.3.2018 – 22 U 71/17).

Wenn der Architekt in seiner Planung bauordnungsrechtliche Vorschriften dadurch **2175** missachtet, dass notwendige Abstandsflächen zu dem Nachbargrundstück nicht eingehalten werden, darf der Auftragnehmer – trotz einer entsprechenden Anweisung – die Leistung nicht ausführen (§ 4 Abs. 1 Abs. 4 VOB/B). Ansonsten besteht die Gefahr einer Haftung, selbst wenn ein Bedenkenhinweis erfolgt ist (OLG Oldenburg, Urt. v. 15.7.2004 – 8 U 121/04).

2176 Das gilt beispielsweise auch, wenn bei einer Fußbodenheizung die nach der Energieeinsparverordnung (EnEV) vorgeschriebenen Thermostatventile fehlen. Das OLG Brandenburg hat in einem solchen Fall angedeutet, der Auftragnehmer könne sich hier von seiner Mangelverantwortung befreien, wenn er seiner Bedenkenhinweispflicht nachgekommen sei (OLG Brandenburg, Urt. v. 2.10.2008 – 12 U 92/08). Ob das zutrifft, ist zweifelhaft, weil die EnEV öffentlich-rechtliche Bauvorschriften enthält, die nicht zur Disposition der Parteien des Werkvertrags stehen. Deshalb wird die Auffassung vertreten, dass in solchen Fällen auch ein entsprechender Hinweis des Auftragnehmers nicht zu einer Haftungsfreistellung gegenüber dem Auftraggeber führt (Kurzaufsatz von Reichert, IBR 2009, 191). Selbst wenn man das anders beurteilen sollte und Gewährleistungsansprüche des durch den Hinweis informierten Auftraggebers ablehnen würde, bestünde die Gefahr, als Verantwortlicher einer Ordnungswidrigkeit herangezogen zu werden (§ 26 Abs. 2 EnEV i.V.m. § 14 OWiG).

2177 Ist in solchen oder ähnlichen Fällen keine einvernehmliche Lösung herbeizuführen, weil der Auftraggeber auf seinem Standpunkt beharrt, kann es sogar geboten sein, den Werkvertrag gemäß § 9 Abs. 1a VOB/B – nach vorheriger schriftlicher Androhung – zu kündigen. Denn der Auftraggeber unterlässt hier eine ihm obliegende Mitwirkungshandlung und setzt den Auftragnehmer dadurch außerstande, seine Leistung auszuführen. Das müssen auch bauplanende Architekten und Ingenieure beachten, wenn deren Auftraggeber eine Ausführung verlangen, die gegen öffentlich-rechtliche Bauvorschriften verstößt oder Gefahren für Leib und Leben Dritter verursacht. Anders verhält es sich dagegen, soweit die Anordnung des Auftraggebers *lediglich* zu einem Verstoß gegen anerkannte Regeln der Technik führt. Wenn der Auftraggeber trotz eines eindeutigen und unmissverständlichen Hinweises auf eine solche Ausführung besteht, ist der Auftragnehmer oder der planende Architekt von der Haftung frei (OLG München, Urt. v. 26.2.2013 – 9 U 1553/12 Bau; BGH, Urt. v. 4.6.2009 – VII ZR 54/07). In einer aktuellen Entscheidung des OLG Saarbrücken wird hierfür aber eine rechtsgeschäftliche Risikoübernahmevereinbarung verlangt (OLG Saarbrücken, Urt. v. 17.12.2015 – 4 U 140/14). Das ist möglicherweise überzogen, sollte Auftragnehmer aber warnen. Sie müssen in jedem Fall beweisen, dass sie ihren Vertragspartner in verständlicher Art und Weise über die Risiken und ihre Tragweite aufgeklärt haben und dieser trotzdem auf die von den anerkannten Regeln der Technik abweichende Ausführung bestanden hat.

2178 Die Grenze zwischen Bedenken einerseits und Gewissheit andererseits mag ebenso fließend sein wie die Frage, ob im konkreten Fall behördliche Bestimmungen entgegenstehen oder Gefahren für Dritte eintreten. Ein Auftragnehmer, der Risiken vermeiden will, sollte im Zweifel dem Auftraggeber ausdrücklich die Klärung der Frage durch einen unabhängigen Sachverständigen vorschlagen. Dadurch bringt er seine Kooperationsbereitschaft zum Ausdruck und erspart sich den Vorwurf der Besserwisserei. Ist ein Auftraggeber auch dazu nicht bereit, muss der Auftragnehmer abwägen, ob er das Restrisiko eingeht und im Zweifel haftet oder den Streit mit dem Auftraggeber austrägt. Einfach sind solche Fälle jedenfalls nicht, sodass sich die Hinzuziehung von sach- und rechtskundigem Rat dringend empfiehlt, bevor Schaden entsteht.

4. Gesamtschuldnerische Haftung zwischen Auftragnehmern und Architekten bzw. Fachplanern

Gesamtschuldnerische Haftung bedeutet, dass sich der Gläubiger aussuchen kann, 2179
welchen seiner Schuldner er konkret in Anspruch nehmen will. Grundsätzlich haften sämtliche Gesamtschuldner für den Schaden in voller Höhe; die Haftungsaufteilung nach Quoten erfolgt im Innenverhältnis der Gesamtschuldner untereinander (§§ 421, 426 BGB). Am Bau sind folgende Fallkonstellationen besonders praxisrelevant:

a) Planungsfehler und Verstoß gegen § 4 Abs. 3 VOB/B

Zwischen planenden Architekten/Fachplanern und ausführenden Unternehmen 2180
besteht ein Gesamtschuldverhältnis, wenn der Baumangel auf einen Planungsfehler der Architekten/Ingenieure *und* einen daraufhin erfolgten Ausführungsfehler des Unternehmens zurückzuführen ist (OLG Frankfurt, Urt. v. 10.10.2012 – 9 U 90/11). Diese gesamtschuldnerische Haftung setzt natürlich voraus, dass der Planungsfehler für den Auftragnehmer erkennbar war und die danach erforderliche Warnung nach § 4 Abs. 3 VOB/B unterblieben ist (OLG Brandenburg, Beschl. v. 30.3.3017 – 12 U 94/13; OLG Köln, Urt. v. 17.5.2013 – 19 U 194/11; OLG Brandenburg, Urt. v. 5.11.2009 – 12 U 112/08).

Der Auftraggeber muss sich aber auch bei einem Verstoß gegen § 4 Abs. 3 VOB/B 2181
das Planungsverschulden seiner Erfüllungsgehilfen (Architekten, Statiker, Haustechnikplaner etc.) anspruchskürzend entgegenhalten lassen, wenn er den ausführenden Unternehmer auf Mangelbeseitigung oder Schadensersatz in Anspruch nimmt. Musste der Auftragnehmer den Planungsfehler dagegen nicht erkennen, haftet der Architekt/Ingenieur allein. Dem Auftraggeber wird das Verschulden dieser Personen nach § 278 BGB zugerechnet (OLG Frankfurt, Urt. v. 10.10.2012 – 9 U 90/11; OLG Karlsruhe, Urt. v. 17.3.2011 – 13 U 86/10; OLG Düsseldorf, Urt. v. 7.12.2010 – 21 U 156/09; OLG Celle, Urt. v. 2.6.2010 – 14 U 205/03). Wir halten es für richtig, den Planungsfehler deutlich stärker zu gewichten als die Verletzung der Hinweispflicht durch den Auftragnehmer. Denn in solchen Fällen sind die Sonderfachleute die *Primärverursacher*, die durch den Planungsfehler die eigentliche Ursache des Mangels gesetzt, also den Stein erst ins Rollen gebracht haben. Deshalb ist es im Nor-

malfall richtig, wenn der Auftragnehmer in solchen Fällen im Ergebnis nur in Höhe eines Drittels für die Mangelbeseitigungskosten bzw. die Schäden einstehen muss (OLG Köln, Urt. v. 28.11.2019 – 7 U 166/18; OLG München, Urt. v. 20.12.2016 – 9 U 1430/16 Bau; OLG Saarbrücken, Urt. v. 17.12.2015 – 4 U 140/14; OLG Düsseldorf, Urt. v. 29.11.2012 – 5 U 129/07; OLG Koblenz, Beschl. v. 24.4.2012 – 5 U 843/11; OLG Karlsruhe, Urt. v. 17.3.2011 – 13 U 86/10; OLG Naumburg, Urt. v. 14.1.2003 – 1 U 80/02). Nur in dieser Höhe (1/3) besteht eine Gesamtschuldnerschaft mit dem Architekten (OLG Karlsruhe, Urt. v. 13.3.2007 – 17 U 304/05).

2182 Konkrete Quoten hängen immer von den Umständen des jeweiligen Einzelfalls ab (OLG Düsseldorf, Urt. v. 8.2.2008 – 23 U 58/07). So kann es ohne Weiteres vorkommen, dass sich bei einer grob fahrlässigen oder gar vorsätzlichen Verletzung der Prüfungs- und Bedenkenhinweispflicht oder bei besonderer Sachkunde eines Spezialunternehmers die Haftungsquoten beispielsweise auf 50 % : 50 % ändern (OLG Naumburg, Urt. v. 8.5.2013 – 2 U 174/12). Unter Umständen haftet hier der Auftragnehmer sogar für den gesamten Schaden allein (zu solchen Fällen: OLG Celle, Urt. v. 20.3.2018 – 14 U 96/17; KG, Urt. v. 9.1.2015 – 7 U 227/03; OLG Koblenz, Urt. v. 27.4.2004 – 3 U 625/03; OLG Bamberg, Urt. v. 10.6.2002 – 4 U 179/01; OLG Köln, Urt. v. 14.6.1995 – 13 U 2/93). Das kann nach der Rechtsprechung der Fall sein, wenn sich der Fehler geradezu aufdrängen musste oder positiv erkannte Planungsfehler nicht mitgeteilt wurden (OLG Frankfurt, Urt. v. 7.12.2010 – 5 U 95/09; BGH, Urt. v. 11.10.1990 – VII ZR 228/89). Bei *„ins Auge springenden"* Fehlern der Planung oder Leistungsbeschreibung muss der Auftragnehmer damit rechnen, dass er in vollem Umfang für die daraus resultierenden Folgen einzustehen hat und das Mitverschulden eines Planers nicht berücksichtigt wird (OLG Stuttgart, Urt. v. 22.12.2004 – 4 U 176/04). Gleiches soll gelten, wenn eine Aufteilung der Verursachungsbeiträge nicht möglich ist oder wenn der Ausführungsfehler auch ohne den Planungsmangel selbstständig zum eingetretenen Schaden in voller Höhe geführt hat (OLG Jena, Urt. v. 21.7.2011 – 1 U 1223/05; OLG Frankfurt, Urt. v. 10.10.2012 – 9 U 90/11).

2183 Eine Alleinhaftung des ausführenden Unternehmers kommt ferner in Betracht, wenn es keiner Ausführungsplanung bedarf, weil der Architekt einschlägige Regeldetails als bekannt voraussetzen darf. Für deren Beachtung ist der Auftragnehmer folglich allein verantwortlich, ohne dass er einen Mitverschuldenseinwand geltend machen kann (OLG Köln, Urt. v. 2.6.2004 – 17 U 121/99). Auch wer ein Gewerk ausführt, obwohl er weiß, dass es eine erforderliche Fachplanung nicht gibt, kann sich im Fall einer mangelhaften Ausführung nicht auf ein Mitverschulden des Auftraggebers wegen fehlender Planung berufen; der ausführende Unternehmer haftet auch hier in voller Höhe (OLG Düsseldorf, Urt. v. 8.4.2016 – 22 U 164/15 und OLG Düsseldorf, Beschl. v. 14.2.2014 – 22 U 101/13; OLG Brandenburg, Urt. v. 11.9.2013 – 4 U 100/12).

Umgekehrt kann eine Haftung trotz fehlenden Bedenkenhinweises ganz entfallen, wenn das Verschulden des Auftraggebers (beispielsweise aufgrund seiner Sachkunde) eindeutig überwiegt und das Mitverschulden des Auftragnehmers dahinter vollständig zurücktritt (OLG Celle, Urt. v. 11.10.2001 – 22 U 6/01). **2184**

Wenn ein Planungsfehler und ein unterbliebener Bedenkenhinweis gemeinsam für einen Mangel/Schaden verantwortlich sind, muss der Auftragnehmer den Mangel dennoch vollständig beseitigen, weil Architekten/Ingenieure im Rahmen ihrer Gewährleistungspflichten nur den Planungsfehler selbst beseitigen müssen, nicht aber zur Ausführung von Mängelbeseitigungsleistungen herangezogen werden können. Verlangt der Auftraggeber deshalb die Mangelbeseitigung vom Auftragnehmer, kann dieser zunächst eine neue, mangelfreie Planung verlangen (OLG München, Urt. v. 20.12.2016 – 9 U 1430/16 Bau). Zudem kann er vom Auftraggeber einen Zuschuss in Höhe der jeweiligen Haftungsquote des Architekten beanspruchen (OLG Düsseldorf, Urt. v. 16.6.2017 – 22 U 14/17; OLG Düsseldorf, Beschl. v. 5.6.2012 – 23 U 167/11; BGH, Urt. v. 13.9.2001 – VII ZR 392/00). **2185**

Beispiel: Durch einen (erkennbaren) Planungsfehler tritt ein Mangel auf, dessen Beseitigung € 25.000,– kostet. Der Auftraggeber nimmt (nur) den Auftragnehmer in Anspruch, weil dieser unstreitig seine Prüfungs- und Bedenkenhinweispflicht verletzt hat. **2186**

Geht man hier von einer (Mit-)Haftung des Auftragnehmers in Höhe eines Drittels aus, kann er die Durchführung der Mangelbeseitigung davon abhängig machen, dass der Auftraggeber einen Betrag in Höhe von € 16.500,– (2/3) auf ein Sperrkonto einbezahlt oder in anderer Weise Sicherheit leistet. Das kann der Auftragnehmer verlangen, bevor er mit der Mangelbeseitigung beginnt (OLG Naumburg, Urt. v. 7.8.2007 – 9 U 59/07; BGH, Urt. v. 13.9.2001 – VII ZR 392/00; BGH, Urt. v. 22.3.1984 – VII ZR 50/82; nach anderer Meinung kann der Auftragnehmer nur eine Sicherheitsleistung in angemessener Höhe verlangen: OLG München, Urt. v. 27.2.2018 – 9 U 3595/16 Bau). Er sollte dies vor allem deshalb tun, weil er nach erfolgter Mangelbeseitigung das Insolvenzrisiko seines Vertragspartners trägt und auf seinem Anspruch möglicherweise *sitzen bleibt*. Ohne eine solche Absicherung kann es dem Auftragnehmer nicht zugemutet werden, auf eigenes Risiko in Vorleistung zu gehen. Verweigert der Auftraggeber eine Sicherheitsleistung, zu deren Höhe der Auftragnehmer allerdings konkret vortragen muss, ist er nicht zur Mangelbeseitigung verpflichtet (OLG Bamberg, Urt. v. 4.5.2016 – 3 U 214/15; OLG Düsseldorf, Beschl. v. 5.6.2012 – 23 U 167/11). Leistet der Auftraggeber den verlangten Zuschuss nicht und geht stattdessen zur Selbstvornahme über, hat er mangels Verzugs des Auftragnehmers keinen Kostenerstattungsanspruch. Die Höhe des Zuschussanspruchs richtet sich grundsätzlich nach den tatsächli- **2187** chen (Selbst-)Kosten, die dem Auftragnehmer im Rahmen der erforderlichen Mangelbeseitigung entstehen, nicht nach den (kalkulierten) Vertragspreisen (BGH, Urt. v. 22.5.2010 – VII ZR 182/09).

2188 Ist für die Beseitigung eines auf einem Planungsfehler beruhenden Mangels eine neue Planung erforderlich, so ist diese vom Auftraggeber geschuldet.

2189 Wird dagegen der planende Architekt in Anspruch genommen, kann er im Wege des Gesamtschuldnerausgleiches im Innenverhältnis den Haftungsanteil des Auftragnehmers geltend machen, auch wenn diesem vom Bauherrn keine Gelegenheit zur Nachbesserung eingeräumt wurde (OLG Karlsruhe, Urt. v. 13.3.2007 – 17 U 304/05). Der fehlerhaft planende Architekt kann nicht einwenden, der Planungsfehler wäre bei ordnungsgemäßer Bauüberwachung rechtzeitig entdeckt und verhindert worden. Er muss deshalb gegenüber dem Bauherrn in vollem Umfang für Mängel und Schäden einstehen und kann sich lediglich in Höhe der Mitverschuldensquote des Auftragnehmers schadlos halten, sofern dieser seine Prüfungs- und Bedenkenhinweispflicht nach § 4 Abs. 3 VOB/B verletzt hat (OLG Schleswig, Urt. v. 19.1.2007 – 14 U 199/04).

2190 Fraglich ist, ob eine Verpflichtung des Auftraggebers zur Prüfung der vom Auftragnehmer erstellten Werkstatt- und Montagepläne besteht bzw. ob der Auftragnehmer gegenüber seinem Auftraggeber einen Mitverschuldenseinwand erheben darf, wenn eine solche Prüfung durch die vom Auftraggeber eingesetzten Sonderfachleute unterblieben ist und dadurch ein Schaden entsteht. Das wurde vom OLG Hamm mit der Begründung verneint, der Auftragnehmer habe keinen Anspruch auf Beaufsichtigung und Überwachung (OLG Hamm, Urt. v. 12.4.2013 – 12 U 75/12). Diese Begründung halten wir für unzutreffend und begrüßen deshalb eine aktuelle Entscheidung des OLG Karlsruhe, die zu dem Ergebnis kommt, dass sich der Auftraggeber das Verschulden der von ihm zur Prüfung und Freigabe der Werkpläne eingesetzten Fachleute zurechnen lassen muss (OLG Karlsruhe, Urt. v. 12.4.2016 – 8 U 174/14; ebenso: Hammacher, BauR 2013, 1592 bis 1596). Das OLG Karlsruhe nahm gleiche Verursachungsbeiträge an, sodass der Auftraggeber vom Auftragnehmer nur 50 % der Nachbesserungskosten verlangen konnte.

b) Verletzung der Bauüberwachungspflicht/Neuregelung in § 650t BGB

2191 Beruht ein Mangel einerseits auf einem Ausführungsfehler des Auftragnehmers und gleichzeitig auf einer schuldhaften Verletzung der Bauüberwachungspflicht des vom Auftraggeber beauftragten Architekten/Ingenieurs, besteht im Ausgangspunkt wiederum ein Gesamtschuldverhältnis zwischen dem Architekten und dem Auftragnehmer (OLG Dresden, Urt. v. 27.3.2008 – 9 U 1644/05; OLG Nürnberg, Urt. v. 12.5.2004 – 4 U 2439/99; BGH, Urt. v. 23.10.2003 – VII ZR 448/01; BGH, Urt. v. 21.12.2000 – VII ZR 192/98). Der bauüberwachende Architekt ist insbesondere zur genauen Überwachung besonders schadensträchtiger Baudetails verpflichtet. Nur handwerkliche Selbstverständlichkeiten müssen nicht besonders überwacht werden (OLG Köln, Urt. v. 19.10.2005 – 11 U 170/03; KG, Urt. v. 15.2.2006 – 24 U 29/05). Eine verbindliche Aussage darüber, welche Arbeiten konkret als *handwerkliche Selbstverständlichkeiten* angesehen werden, ist nicht möglich. Sicher ist, dass Abdichtungs-, Isolierungs- sowie Dach- und Dachdeckerarbeiten zu den wichtigen Bauvorgängen gehören, bei denen der Architekt zu erhöhter Aufmerksamkeit und einer besonders intensiven Wahrnehmung der Bauaufsicht verpflichtet ist (OLG Koblenz, Urt. v. 20.12.2012 – 1 U 926/11; OLG Dresden, Urt. v. 26.8.2010 – 10 U 178/07; BGH, Urt. v. 6.7.2000 – VII ZR 82/98). Das gilt auch bei Sanierungsarbeiten an Altbauten (OLG Celle, Urt. v. 28.3.2007 – 7 U 188/06).

Der Nachweis einer Verletzung der Bauaufsichtspflicht des Architekten ist im Regelfall durch einen sogenannten *Anscheinsbeweis* erleichtert (OLG Frankfurt, Urt. v. 26.2.2009 – 22 U 240/05; OLG Saarbrücken, Urt. v. 11.12.2006 – 8 U 274/01; BGH, Urt. v. 16.5.2002 – VII ZR 81/00). Das bedeutet, dass der typische Geschehensablauf dafür spricht, dass die Überwachung des Architekten bei der Ausführung der Bauarbeiten mangelhaft war. Danach muss sich der Architekt vom Vorwurf des vermuteten Verschuldens entlasten und beweisen, dass er den Auftragnehmer in der gebotenen Weise überwacht hat (OLG Dresden, Urt. v. 25.6.2009 – 10 U 1559/07). Deshalb ist es dringend notwendig, sowohl aussagekräftig zu dokumentieren, wann Weisungen zur handwerklich ordnungsgemäßen Ausführung der Leistung erfolgt sind, als auch schriftlich festzuhalten, wann bzw. durch wen die notwendigen Kontrollen erfolgt sind und dass diese stattgefunden haben, bevor die Leistungen durch den weiteren Baufortschritt der Prüfung entzogen wurden. **2192**

Man kann von Architekten/Ingenieuren sicherlich nicht verlangen, dass sie ständig auf der Baustelle anwesend sind. Es muss aber sichergestellt werden, dass der Unternehmer die planerischen Vorgaben ordnungsgemäß umsetzt bzw. den erteilten Anordnungen Folge leistet. Das muss jedenfalls stichprobenartig geprüft werden, und zwar insbesondere dort, wo sich die ordnungsgemäße Ausführung wegen der Fortsetzung der Arbeiten durch Inaugenscheinnahme nachträglich nicht mehr kontrollieren lässt (OLG Nürnberg, Urt. v. 20.6.2012 – 6 U 1643/09). Erhöhte Anforderungen an die Bauüberwachungspflicht des Architekten bestehen auch, wenn sich im Verlauf der Bauausführung Anhaltspunkte für Mängel ergeben haben und der Auftragnehmer erkennbar unzuverlässig ist oder bereits technische Schwächen offenbart hat (OLG Düsseldorf, Urt. v. 21.12.2012 – 23 U 18/12). **2193**

Der bauüberwachende Architekt ist verpflichtet, als mangelhaft erkannte Leistungen gegenüber den ausführenden Unternehmen zu beanstanden und diese zeitnah zur Beseitigung der Mängel aufzufordern. Wird diese Aufforderung nicht **2194** beachtet, muss der Architekt Rücksprache mit seinem Auftraggeber halten und ihn umfassend über die technischen Gegebenheiten und Möglichkeiten unterrichten (OLG Rostock, Urt. v. 2.2.2011 – 2 U 20/08). Zur Erteilung von Rechtsrat ist er dabei nicht verpflichtet. Müssen neben technischen auch rechtliche Fragen beurteilt und entschieden werden, sollte der Architekt die Einschaltung eines Rechtsanwalts empfehlen und diesen Rat auch beweiskräftig dokumentieren. Das gilt ganz besonders dann, wenn sich Auftragnehmer weigern, Mängel zu beseitigen und deshalb Selbstvornahmen oder Kündigungen im Raum stehen. Unabhängig davon, dass ein bauüberwachender Architekt ohne ausdrückliche Vollmacht des Bauherrn zu solchen Erklärungen ohnehin nicht befugt ist, handelt er riskant, wenn dadurch wirtschaftliche Schäden eintreten. Das Gleiche gilt, wenn sich Mängel nur durch zusätzliche oder geänderte Leistungen, die nicht Bausoll geworden sind, vermeiden lassen. Der bauüberwachende Architekt hat keine originäre Vollmacht, solche Leistungen anzuordnen und dadurch den geschlossenen Werkvertrag abzuändern (OLG Köln, Urt. v. 5.2.2013 – 24 U 44/12). Er sollte stattdessen seinen Vertragspartner über die Situation aufklären und ihn veranlassen, die notwendigen Anordnungen gegenüber den ausführenden Unternehmern selbst zu treffen. Anderenfalls riskiert er eine Inanspruchnahme als vollmachtloser Vertreter nach § 179 Abs. 1 BGB. Diese Vertreterhaftung ist nach § 179 Abs. 3 BGB nur ausgeschlossen, wenn der Auftragnehmer das Fehlen der Vertretungsmacht kannte, beispielsweise weil bereits der Vertrag eindeutig regelt, dass der Architekt zu vertragsändernden Anordnungen nicht befugt ist (OLG Düsseldorf, Urt. v. 7.12.2007 – 22 U 135/07; OLG Saarbrücken, Urt. v. 11.7.2000 – 7 U 944/99-233).

2195 Kommt es zu einem Mangel/Schaden, der auf einem Ausführungsfehler des Auftragnehmers einerseits und einer Bauüberwachungspflichtverletzung des Architekten andererseits beruht und wird daraufhin der Auftragnehmer in Anspruch genommen, kann dieser – anders als im Fall fehlerhafter Pläne – dem Auftraggeber kein mitwirkendes Verschulden des Architekten entgegenhalten. Er haftet gegenüber dem Bauherrn im Außenverhältnis in voller Höhe, weil ein Recht auf Überwachung nicht besteht (OLG Celle, Urt. v. 2.6.2010 – 14 U 205/03; OLG Schleswig, Urt. v. 19.1.2007 – 14 U 199/04). Der Auftraggeber verletzt folglich keine eigene Verpflichtung, wenn der von ihm beauftragte Architekt die Bauüberwachung mangelhaft oder gar nicht durchführt. Im Rahmen der Bauaufsicht ist der Architekt nicht Erfüllungsgehilfe des Auftraggebers (BGH, Urt. v. 22.6.2004 – 21 U 225/03; OLG Brandenburg, Urt. v. 17.1.2017 – 6 U 40/15; OLG München, Urt. v. 9.6.2015 – 9 U 2530/14 Bau).

2196 Allerdings kann der Auftragnehmer vom bauüberwachenden Architekten in besonders gelagerten Fällen (teilweise) Haftungsfreistellung bzw. nach erfolgter Mangelbeseitigung eine Haftungsbeteiligung in Höhe einer wiederum einzelfallabhängigen Quote verlangen. Diese Haftungsbeteiligung des Architekten ist aber auf Ausnahmefälle beschränkt und setzt eine Aufsichtspflichtverletzung bei schadensgeneigten Arbeiten, die in besonderem Maße überwachungsbedürftig sind, voraus (OLG Stuttgart, Urt. v. 19.11.2015 – 2 U 56/15; OLG Düsseldorf, Beschl. v. 21.11.2014 – 22 U 141/14). Der Auftragnehmer haftet in solchen Fällen im Innenverhältnis zum Architekten in Höhe von ca. 75 %, wohingegen der seine Bauaufsichtspflichten verletzende Architekt mit einer Haftungsquote von ca. 25 % zu rechnen hat. Entscheidend ist aber immer der konkrete Einzelfall, der je nach Sachlage auch zu anderen Quoten bzw. einer alleinigen Haftung des Auftragnehmers führen kann (OLG Koblenz, Urt. v. 19.3.2004 – 8 U 397/03; LG Kiel, Urt. v. 30.9.2004 – 6 O 100/01). Das OLG Stuttgart hat entschieden, dass bei besonders fehlerträchtigen Bauabschnitten wie Aushub- und Unterfangungsarbeiten eine Haftung des Architekten sogar in Höhe von 1/3 des entstandenen Schadens in Betracht kommt (OLG Stuttgart, Urt. v. 13.2.2006 – 5 U 136/05). Dieses Urteil darf jedoch den Blick auf den Grundsatz nicht verstellen: Ein Auftragnehmer haftet für Ausführungsfehler grundsätzlich alleine, falls es sich nicht um besonders gefahrgeneigte Arbeiten handelt und dem Architekten deshalb keine schwerwiegende Pflichtverletzung zur Last gelegt werden kann. Die Bedeutung der gesamtschuldnerischen Haftung für Architekten und Ingenieure zeigt sich in dieser Fallgruppe vor allem dann, wenn der ausführende Unternehmer insolvent ist und der Auftraggeber deshalb seine Mangelbeseitigungs- bzw. Schadensersatzansprüche diesem gegenüber nicht mehr durchsetzen kann. Dann haftet der Architekt/Ingenieur gegenüber seinem Vertragspartner in voller Höhe, eben weil er neben dem ausführenden Unternehmer Gesamtschuldner ist.

Für bauüberwachende Architekten/Ingenieure ist von praxisrelevanter Bedeutung, ob sie gegenüber ihrem Auftraggeber einwenden können, dass die von einem anderen Büro erstellte Planung mangelhaft war. Das wird zwischenzeitlich von der ganz herrschenden Rechtsprechung bejaht. Danach muss sich der Auftraggeber solche Planungsfehler gegenüber dem mit der Objektüberwachung beauftragten Architekten anspruchskürzend entgegenhalten lassen (BGH, Urt. v. 14.7.2016 – VII ZR 193/14 und BGH, Urt. v. 15.5.2013 – VII ZR 257/11 sowie Urt. v. 27.11.2008 – VII ZR 206/06). Auch hier dürfte gelten, dass im Regelfall der Fehler des Planers schwerer wiegt als die Pflichtverletzung des Bauüberwachers, der diesen Fehler nicht bemerkt hat. **2197**

Das BGB sieht nunmehr Bestimmungen zum Architekten- bzw. Ingenieurvertrag vor (§§ 650p bis 650t BGB). Für die gesamtschuldnerische Haftung enthält § 650t BGB eine für Architekten und Ingenieure vorteilhafte Regelung. Denn der Auftraggeber kann diese im Fall von Bauüberwachungspflichtverletzungen erst auf Schadensersatz in Anspruch nehmen, nachdem er dem ausführenden Unternehmer zuvor erfolglos eine angemessene Frist zur Mängelbeseitigung gesetzt hat. Das **2198** reicht allerdings aus. Der Auftraggeber muss die Ansprüche, falls sich der Auftragnehmer weigert, die Mängel zu beseitigen, nicht gerichtlich durchsetzen, bevor er den Architekten oder Ingenieur in Anspruch nehmen kann. Diese Regelung gilt aber nur für die Fallkonstellation einer schuldhaften Verletzung der Bauüberwachungsverpflichtungen, nicht bei Planungsfehlern (siehe oben). In diesen Fällen steht es dem Auftraggeber nach wie vor frei, an welchen Gesamtschuldner er sich wendet (OLG Frankfurt, Urt. v. 14.12.2010 – 16 U 145/10).

c) Unterlassener Hinweis auf mangelhafte Vorleistungen

2199 Zeigt der Auftragnehmer erkennbare Fehler des Vorunternehmers nicht rechtzeitig an, so besteht eine Haftung auch dann, wenn der Mangel der eigenen Leistung auf die fehlerhafte Vorunternehmerleistung zurückzuführen ist. Der Auftragnehmer, der seiner Prüfungs- und Hinweispflicht nicht nachgekommen ist, haftet zwar regelmäßig nicht für die Mangelhaftigkeit der Leistung des Vorunternehmers (OLG Koblenz, Urt. v. 15.7.2004 – 5 U 173/04). Er haftet aber dann, wenn dadurch seine eigene Leistung Schaden nimmt. Dieser Grundsatz gilt, wenn die verschiedenen Leistungsbereiche in technischer Hinsicht eindeutig voneinander getrennt betrachtet werden können.

2200 **Beispiel:** Der Bodenbelag muss entfernt werden, weil der Estrich Unebenheiten oder Risse aufweist, die der Bodenverleger erkennen konnte.

2201 Hier muss der Bodenverleger zwar nicht den Estrich reparieren, aber die Kosten für die Entfernung und Wiederherstellung des Bodenbelags übernehmen, weil er den erforderlichen Bedenkenhinweis vor Ausführung seiner Arbeiten unterlassen hat.

2202 Mitunter treten Mängel auf, zu deren Entstehung mehrere Auftragnehmer ursächlich beigetragen haben. Der Auftraggeber kann ausnahmsweise jeden der Auftragnehmer wegen der ganzen verfehlten Leistung als Gesamtschuldner in Anspruch nehmen, wenn sich die Leistungsbereiche im Rahmen der vorzunehmenden Nachbesserung in technischer Hinsicht nicht voneinander trennen lassen (OLG Düsseldorf, Urt. v. 23.10.2015 – 22 U 57/15; OLG Frankfurt, Urt. v. 22.6.2004 – 14 U 76/99). Beseitigt einer der beiden verantwortlichen Auftragnehmer den Mangel oder leistet er Schadensersatz, kann er von dem anderen Unternehmer einen Ausgleich verlangen, der dessen Haftungsquote im Innenverhältnis entspricht (BGH Urt. v. 26.6.2003 – VII ZR 126/02). Der Auftragnehmer ist auch zur Prüfung von Vorleistungen verpflichtet, die der Auftraggeber selbst erbracht hat (OLG Hamm, Urt. v. 18.7.2002 – 21 U 82/01).

5. Vorteilsausgleichung bei mehrstufigen Vertragsverhältnissen/Abzug „Neu für alt“

2203 Fraglich ist, ob bei mehrstufigen Vertragsverhältnissen – also in Leistungsketten – ein Vertragspartner Ansprüche auch dann geltend machen und durchsetzen kann, wenn feststeht, dass er selbst von seinem Vertragspartner nicht mehr in Anspruch genommen werden kann.

Beispiel: Ein Bauträger beauftragt einen GU mit der Errichtung von 315 Wohnungen. Mit der Lieferung und dem Einbau der Fenster beauftragt dieser einen Nachunternehmer, der einen weiteren Nachunternehmer einsetzt. Jahre später stellt sich heraus, dass die Rahmeneckverbindungen nicht vollflächig verklebt sind. Weder die Erwerber noch der Bauträger oder der GU haben Ansprüche wegen der Fenster geltend gemacht. Diese wären in den jeweiligen Vertragsbeziehungen auch eindeutig verjährt gewesen. Der Nachunternehmer verlangte von seinem Vertragspartner, der die Leistung ausgeführt hat, nach fruchtloser Fristsetzung mit Ablehnungsandrohung dennoch Schadensersatz in Höhe der Sanierungskosten. **2204**

Der BGH hat die Klage abgewiesen (BGH, Urt. v. 28.6.2007 – VII ZR 81/06). Der Nachunternehmer erleidet infolge des Mangels keine finanzielle Einbuße, weil feststeht, dass er seinerseits wegen des Mangels nicht mehr in Anspruch genommen werden kann. Dieser Wegfall der Vermögenseinbuße ist nach dem Rechtsgedanken der Vorteilsausgleichung bzw. nach Treu und Glauben (§ 242 BGB) zu berücksichtigen (ebenso: OLG Brandenburg, Urt. v. 12.10.2011 – 13 U 86/07 und OLG Saarbrücken, Urt. v. 29.6.2010 – 4 U 250/05). Anders liegt der Fall aber dann, wenn der dazwischen geschaltete Auftragnehmer keinen Schadensersatz, sondern Mangelbeseitigung verlangt und deshalb ein Leistungsverweigerungsrecht gegen den Zahlungsanspruch seines Vertragspartners geltend macht. Denn dieser Anspruch hat das Ziel, die Mängelbeseitigung zu bewirken. Kommt der in Anspruch genommene Auftragnehmer seiner Verpflichtung nach, wird nicht der GU, sondern der jetzige Eigentümer des Gebäudes begünstigt (BGH, Urt. v. 1.8.2013 – VII ZR 75/11). **2205**

Es sind Fälle denkbar, in denen eine Mangelbeseitigung für den Auftraggeber Vorteile mit sich bringt. Auch hier ist fraglich, inwieweit diese Vorteile berücksichtigt bzw. ausgeglichen werden müssen. **2206**

Beispiel: Der Auftraggeber rügt Mängel der Asphaltdecke einer Bundesstraße (Kornverletzungen und Zersetzungen). Er verlangt Kostenvorschuss für die Mangelbeseitigung in Höhe von € 161.000,–. Der Auftragnehmer beruft sich auf die Unverhältnismäßigkeit der Kosten. **2207**

Diesen Einwand hat der BGH wegen des objektiven Interesses an einer Mangelbeseitigung nicht gelten lassen und den Fall an das OLG Dresden zurückverwiesen (BGH, Urt. v. 10.11.2005 – VII ZR 137/04). In der nachfolgenden Entscheidung hat das OLG Dresden der Klage des Auftraggebers nur zu 3/5 stattgegeben (OLG Dresden, Urt. v. 21.3.2007 – 6 U 219/03). Der Auftraggeber musste sich die **2208** längere Lebensdauer der reparierten Straße als Vorteil anrechnen lassen. Denn durch die Sanierung der Bundesstraße habe sich die übliche Nutzungsdauer von 16 Jahren um weitere 8 Jahre verschoben. Vergleichbar hat das OLG Naumburg in einem Fall entschieden, in dem eine Produktionshalle mit Flachdach, dessen Lebensdauer ein vom Gericht beauftragter Sachverständiger mit 30 Jahren angab, 10 Jahre ohne Einschränkungen benutzt werden konnte und danach aufgrund von Mängeln neu hergestellt werden musste (OLG Naumburg, Urt. v. 19.2.2015 – 2 U 49/13). Eine Vorteilsanrechnung nach den Grundsätzen „neu für alt" kommt dagegen nicht in Betracht, wenn die Vorteile für den Auftraggeber ausschließlich auf einer Verzögerung der Mangelbeseitigung durch den Auftragnehmer beruhen und sich der Auftraggeber jahrelang mit einem fehlerhaften Werk begnügen musste (OLG München, Beschl. v. 1.9.2020 – 28 U 1686/20 Bau; OLG Dresden, Urt. v. 16.7.2014 – 1 U 600/12; OLG Köln, Beschl. v. 18.9.2013 – 11 U 79/13)

6. Häufig auftretende Probleme in der Praxis

a) Umgang mit streitigen Mängeln

2209 Im Baualltag ist oft streitig, ob überhaupt ein Mangel vorliegt bzw. wer dafür verantwortlich ist. Der Auftragnehmer wird in einem solchen Fall die verlangten Arbeiten verweigern oder ihre Durchführung von der Zahlung einer Vergütung abhängig machen, wohingegen der Auftraggeber meint, die Arbeiten seien im Rahmen der Gewährleistung geschuldet und deshalb nicht gesondert zu bezahlen.

2210 Solche Fallkonstellationen können für beide Vertragspartner gefährlich sein. Verweigert der Auftragnehmer die Ausführung der Leistung und stellt sich im Nachhinein heraus, dass er den Mangel doch zu verantworten hatte, kann der Auftraggeber den Werkvertrag unter Beachtung der weiteren Voraussetzungen des § 4 Abs. 7 VOB/B (dessen Wirksamkeit hier unterstellt) schadensersatzbegründend kündigen (§ 8 Abs. 3 VOB/B). Nach der Abnahme kann er eine Selbstvornahme zulasten des Auftragnehmers durchführen lassen (§ 13 Abs. 5 Nr. 2 VOB/B). Ist dagegen der Standpunkt des Auftraggebers falsch, weil die Leistung des Auftragnehmers gerade nicht mangelhaft war und kommt es zu einer Kündigung des Vertrags durch den Auftraggeber, kann es sich im Ergebnis nur um eine freie Kündigung mit den Abrechnungsfolgen des § 8 Abs. 1 Nr. 2 VOB/B handeln. In diesem Fall zahlt der Auftraggeber neben der Vergütung für die vertraglich ausgeführten Leistungen auch die volle Vergütung für die kündigungsbedingt nicht mehr ausgeführten Arbeiten, abzüglich der konkret ersparten Aufwendungen. Sind die Werkleistungen bereits abgenommen, gehen Selbstvornahmekosten nicht zulasten des Auftragnehmers. Um solche und ähnliche Szenarien mit unkalkulierbaren Risiken zu vermeiden, sollten die Parteien kooperieren. Folgende Lösungsmöglichkeiten kommen in Betracht:

Die Vertragsparteien beauftragen *gemeinsam* einen Sachverständigen mit der Begutachtung der Werkleistung und unterwerfen sich dessen Feststellungen jedenfalls in technischer Hinsicht. Je nach Ausgang des Gutachtens wird entweder ein kostenpflichtiger Auftrag erteilt oder im Rahmen der Gewährleistungsverpflichtung nachgebessert. Falls ein solches Verfahren zu viel Zeit in Anspruch nimmt und die Streitfrage auch nach Ausführung der Arbeiten noch geklärt werden kann, kommt Folgendes in Betracht: Es wird vereinbart, dass der Auftragnehmer die Nachbesserung ohne Anerkennung einer Rechtspflicht vornimmt und erst nachträglich entschieden wird, wer für die entstandenen Kosten aufkommt. Stellt sich heraus, dass der Auftragnehmer für den Mangel nicht verantwortlich war, steht ihm aus dieser Absprache ein Vergütungsanspruch in Höhe der Mangelbeseitigungskosten zu. Der Auftraggeber kann auch einen vergütungspflichtigen Auftrag erteilen, sich jedoch die Rückforderung der bezahlten Vergütung ausdrücklich vorbehalten. Stellt sich dann heraus, dass der Auftragnehmer den Mangel zu verantworten hatte, ist er zur Rückzahlung verpflichtet. **2211**

Ist der Auftraggeber zu solchen Verfahrensweisen nicht bereit, kann der Auftragnehmer auch unter dem ausdrücklichen Vorbehalt der Geltendmachung einer Vergütung nachbessern. Er sollte in diesem Fall aber für eine ausreichende Beweissicherung sorgen. Stellt sich bei Durchführung der Arbeiten heraus, dass er für den Mangel tatsächlich nicht verantwortlich ist, hat der Auftragnehmer einen Zahlungsanspruch, wenn ihm der Beweis der Mangelfreiheit seiner Leistung gelingt (OLG Celle, Urt. v. 8.5.2002 – 7 U 47/00). Dagegen meint das OLG Düsseldorf, in solchen Fällen bestehe ein Anspruch nur, wenn zuvor eine entsprechende vertragliche Vereinbarung getroffen wurde (OLG Düsseldorf, Urt. v. 19.6.2007 – 21 U 164/06). Ähnlich hat das LG Leipzig entschieden (LG Leipzig, Urt. v. 4.11.2005 – 05 HK O 2727/05). **2212**

Beachte: Der Auftragnehmer ist im Streitfall gut beraten, weder Mangelbehauptungen des Auftraggebers noch von ihm behauptete Kosten widerspruchslos hinzunehmen. In einem vom OLG Oldenburg zuletzt entschiedenen Fall hatte der Auftragnehmer unstreitig eine Trockenbaudecke in einem falschen Raster hergestellt. Dem Auftraggeber waren deshalb angeblich Mehrkosten für neue Lüftungsauslässe entstanden, die er dem Auftragnehmer in einer Baubesprechung anlastete. Der Auftragnehmer widersprach nicht. Hierin sah das OLG Oldenburg eine verbindliche Einigung über die Kostentragung durch den Auftragnehmer (OLG Oldenburg, Urt. v. 25.7.2019 – 14 U 34/19). Nach Ansicht des Gerichts hätte der Auftragnehmer widersprechen müssen, wenn er zur Kostenübernahme nicht bereit gewesen sei. Der Auftraggeber habe das Schweigen als Zustimmung verstehen dürfen. **2213**

b) Untersuchungskosten bei unberechtigter Mängelrüge

2214 Oft werden Mängel der Leistung gerügt, obwohl nicht mit der gebotenen Gründlichkeit untersucht worden ist, ob die Mängel überhaupt in den Verantwortungsbereich des in Anspruch genommenen Auftragnehmers fallen. Falls sich erst nach einer kostenintensiven Untersuchung herausstellt, dass die Leistung tatsächlich mangelfrei war, stellt sich die Frage, wer die Untersuchungs- bzw. Anfahrtskosten zu tragen hat. Fest steht jedenfalls, dass die Aufforderung des Auftraggebers, eine „mangelhafte" Leistung zu reparieren, nicht dahingehend verstanden werden kann, dass er die Arbeiten bezahlen wolle, selbst wenn sich im Nachhinein ergeben sollte, dass ein Baumangel gar nicht vorgelegen hat (OLG Frankfurt, Urt. v. 16.6.2011 – 18 U 35/10; ähnlich: OLG Celle, Urt. v. 6.1.2011 – 6 U 122/10). Deshalb ist zu klären, wie sich ein Auftragnehmer in Fällen, in denen seine Verantwortung für den Mangel nicht feststeht, sinnvollerweise verhalten sollte.

2215 **Beispiel:** Ein Auftragnehmer führt Lüftungs- und Heizungsinstallationsarbeiten für einen Hotelneubau aus. Auf eine Mangelanzeige kündigt der Auftragnehmer in seiner Antwort an, eine Untersuchung der Anlage durchzuführen, um festzustellen, wo die Ursachen der Durchfeuchtungen liegen. Gleichzeitig macht er jedoch einen eindeutigen Vorbehalt dahingehend, eine Vergütung zu verlangen, sofern sich durch die Untersuchung ergeben sollte, dass die Durchfeuchtungen nicht auf Mängel seines Gewerks zurückzuführen sind. Tatsächlich stellte sich heraus, dass die Leistung mangelfrei war. Er berechnet für Untersuchungs- und Anfahrtskosten insgesamt € 4.172,89.

2216 Das OLG Karlsruhe hat der Klage im Wesentlichen stattgegeben (OLG Karlsruhe, Urt. v. 13.5.2003 – 17 U 193/02). Zur Begründung führt das Gericht aus, dass dem Auftragnehmer ein Anspruch zustehe, weil er *zuvor* unmissverständlich zu verstehen gegeben habe, dass er Kostenerstattung verlangen werde, falls sich die Mangelfreiheit seiner Leistung herausstellen sollte. Der Auftraggeber hat die Tätigkeit des Auftragnehmers in Kenntnis dieses Vorbehalts in Anspruch genommen und damit stillschweigend erklärt, dass er dem Verlangen seines Vertragspartners auf Abschluss eines (bedingten) Werkvertrags zustimmt. Daher liegt ein stillschweigender Vertragsabschluss vor, der den Auftraggeber zur Zahlung der üblichen Vergütung verpflichtet (ebenso: OLG Celle, Urt. v. 8.5.2002 – 7 U 47/00; LG Kassel, Urt. v. 1.2.2008 – 12 S 2/06). Auch das OLG Koblenz hat entschieden, dass ein Auftraggeber die Kosten für die Überprüfung zu zahlen hat, wenn sich die Mängelrüge als unberechtigt erweist und der Auftragnehmer zuvor erklärt hat, er werde in einem solchen Fall die Kosten für die örtliche Überprüfung in Rechnung stellen (OLG Koblenz, Beschl. v. 4.3.2015 – 3 U 1042/14).

2217 Dagegen sollte sich ein Auftragnehmer davor hüten, sein Tätigwerden von einer *vorherigen* Erklärung des Auftraggebers abhängig zu machen, er werde die Kosten der Untersuchung und weiterer Maßnahmen für den Fall übernehmen, dass der Auftragnehmer für den Mangel nicht verantwortlich ist. Denn der BGH hat entschieden, dass ein Auftraggeber vor Aufforderung zur Mangelbeseitigung grundsätzlich nicht verpflichtet ist, die Verantwortlichkeit des in Anspruch genommenen Auftragnehmers zu prüfen (BGH, Urt. v. 2.9.2010 – VII ZR 110/09). Der BGH hat in demselben Urteil entschieden, der in Anspruch genommene Auftragnehmer dürfe die Mangelbeseitigung nicht davon abhängig machen, dass der Auftraggeber *zuvor* erkläre, er übernehme die Kosten, falls den Auftragnehmer keine Verantwortung treffe (BGH, Urt. v. 2.9.2010 – VII ZR 110/09).

Deshalb ist es besser, so vorzugehen, wie es die Oberlandesgerichte Karlsruhe und **2218**
Koblenz vorgezeichnet haben. Das heißt, dass die Untersuchung bzw. die Mangelbeseitigung nicht von einer *vorherigen* Kostenübernahmeerklärung abhängig gemacht wird, sondern lediglich ein Hinweis erfolgt, dass Ansprüche geltend gemacht werden, falls sich der Standpunkt des Auftragnehmers als zutreffend herausstellen sollte. Unterlässt der Auftragnehmer einen solchen Hinweis, erbringt er im Rahmen der Fehleruntersuchung eine auftragslose Leistung, die selbst dann nicht vergütet wird, wenn eine mangelhafte Ausführung nicht vorlag (OLG Brandenburg, Urt. v. 16.1.2008 – 4 U 49/07; OLG Düsseldorf, Urt. v. 19.6.2007 – 21 U 164/06). Eine andere, wenngleich riskantere Möglichkeit besteht darin, schon die Untersuchung des Mangels vor Ort abzulehnen und den Auftraggeber darauf hinzuweisen, dass er für den Fall einer Selbstvornahme für die Mangelhaftigkeit der Leistung beweispflichtig ist. Denn nach erfolgter Abnahme kehrt sich die Beweislast für Mängel, die bereits zum Zeitpunkt der Abnahme vorgelegen haben müssen, um. Lässt sich der Auftraggeber davon nicht beeindrucken und kann er im Prozess auf Zahlung der Selbstvornahmekosten den erforderlichen Beweis tatsächlich führen, kann diese Vorgehensweise für den Auftragnehmer teurer werden, als wenn er die Leistung selbst erbracht hätte.

c) Mangelhafte Leistung oder natürlicher Verschleiß

In vielen Fällen stellt sich die Frage, ob die Beanstandungen des Auftraggebers **2219**
tatsächlich auf einen Mangel der Bauleistung zum Zeitpunkt der Abnahme oder lediglich auf üblichen Verschleiß bzw. übliche Abnutzung oder einen unsachgemäßen Umgang, eventuell auch auf unterbliebene bzw. falsche Wartung zurückzuführen sind.

Hier ergeben sich schwierige Abgrenzungsfragen, die von der Rechtsprechung **2220**
nicht einheitlich beantwortet werden. Grundsätzlich muss eine Leistung *zum Zeitpunkt der Abnahme* mangelfrei erstellt worden sein (§ 13 Abs. 1 VOB/B). Das kann durchaus der Fall sein, obwohl eine Werkleistung während der Gewährleistungszeit nicht oder nicht mehr uneingeschränkt gebrauchs- und funktionstauglich ist. Beruht dies beispielsweise auf einem verschlissenen Teil, liegt eine Mangelhaftig-

keit der Leistung nur dann vor, wenn die Haltbarkeit dieses Verschleißteils im konkreten Fall hinter einer vereinbarten, anderenfalls hinter der üblichen Lebensdauer zurückbleibt. Der Auftraggeber kann weder erwarten noch verlangen, dass die Verschleißteile eine über das normale Maß hinausgehende Lebensdauer aufweisen und während der vereinbarten Verjährungsfrist für Mängelansprüche – regelmäßig fünf Jahre – funktionstauglich bleiben. Das OLG München hat Gewährleistungsansprüche des Auftraggebers abgelehnt, wenn dieser das Bauwerk nicht ausreichend gepflegt habe. Im dortigen Fall waren geraume Zeit nach Abnahme Schäden an Betonpflastersteinen aufgetreten, die nach Feststellungen des gerichtlich bestellten Sachverständigen auf die unterlassene Nachverfugung sichtbar leerer Fugen zurückzuführen waren. Das OLG München schloss sich der Einschätzung des Sachverständigen an, dass die Nachverfugung Sache des Auftraggebers gewesen sei (OLG München, Beschl. v. 19.6.2017 – 9 U 4169/16 Bau).

2221 Ob Verschleißteile vorliegen und welche Lebensdauer der Üblichkeit entspricht, muss im Zweifel durch eine Beweisaufnahme geklärt werden. Dabei spielen Vermutungen eine nicht unbedeutende Rolle. Wenn ein Leuchtmittel wenige Wochen nach der Abnahme ausfällt, spricht dies im Zweifel für dessen Mangelhaftigkeit. Dem ist aber nicht mehr so, wenn der Ausfall beispielsweise erst nach zwei Jahren eintritt. Dann wird die Beweisführung dahingehend, dass das Leuchtmittel bereits im Zeitpunkt der Abnahme einen Fehler aufgewiesen hat, schwieriger.

2222 Abgrenzungsprobleme ergeben sich auch, wenn die Leistung innerhalb der Verjährungsfrist optisch nicht mehr dem Erscheinungsbild zum Zeitpunkt der Abnahme entspricht.

2223 **Beispiel:** Der Auftragnehmer wird mit der Installation eines Wärmedämmverbundsystems (WDVS) mit mineralischem Oberputz beauftragt. Die Arbeiten werden förmlich abgenommen. Zwei Jahre später zeigen sich auf der Oberfläche des Putzes Verfärbungen, die nach den Feststellungen des Sachverständigen auf Algenbefall zurückzuführen sind. Der Auftraggeber verklagt den Auftragnehmer auf Zahlung eines Vorschusses für die Beseitigung der Verfärbungen in Höhe von ca. € 25.000,–. Er behauptet, es sei ungeeignetes Material verwendet worden, ohne dabei auf die Gefahren eines Algenbefalls hinzuweisen. Der AN wendet ein, der Algenbefall sei aufgrund von Umwelteinflüssen wie Verschmutzungen nicht zu vermeiden.

2224 Das Landgericht Darmstadt hat die Klage des Auftraggebers abgewiesen (LG Darmstadt, Urt. v. 7.8.2007 – 14 O 615/05). Nach dem Sachverständigengutachten stehe fest, dass das verwendete WDVS den anerkannten Regeln der Technik entspreche und es keine Patentrezepte für eine befallfreie Fassade gebe, da die schädigenden Umwelteinflüsse grundsätzlich überall vorhanden sein können und eine Prognose über die optische Entwicklung des Oberputzes in der konkreten Umgebung nicht mehr als eine Spekulation sei. Die Oberlandesgerichte München und Frankfurt sind dem in ähnlich gelagerten Fällen entgegengetreten und haben grundsätzlich einen Mangel bejaht (OLG München, Urt. v. 27.1.1999 – 27 U 415/98 und OLG Frankfurt, Beschl. v. 7.7.2010 – 7 U 76/09). Das OLG München meint, das Fassadenmaterial müsse eine Beschaffenheit aufweisen, die einen Algen- oder Schimmelbefall der Fassade und damit einhergehende Verfärbungen möglichst lange hinausschiebe. Das OLG Frankfurt stellt darauf ab, dass ein Bauherr nicht damit rechnen müsse, die wärmegedämmten Fassaden bereits nach wenigen Jahren reinigen zu müssen. Dass diese Erwartung des Auftraggebers mit der in der Leistungsbeschreibung vereinbarten Ausführungsart möglicherweise nicht zu erreichen sei, ändere nichts an der Erfolgshaftung des Unternehmers. Deshalb komme es auch nicht darauf an, dass der in der Leistungsbeschreibung vereinbarte mineralische Putz und das verwendete Wärmedämmsystem für sich genommen mangelfrei ausgeführt worden seien und selbst eine Beschichtung mit einem Biozid den Algenbewuchs möglicherweise nicht dauerhaft verhindern könne. Diese beiden Entscheidungen sind heftig umstritten. Vielfach wird der Standpunkt vertreten, es könne kein Mangel vorliegen, wenn die Leistung technisch nicht besser ausführbar sei und die optischen Beeinträchtigungen schlichtweg unvermeidbar sind.

Die Baupraxis muss sich jedoch darauf einstellen, dass Gerichte jedenfalls für einen **2225**
Zeitraum von fünf Jahren Algen- und Pilzbefall mit deutlichen Beeinträchtigungen der Fassadenoptik nicht tolerieren. Deshalb empfiehlt es sich dringend, dass der Auftragnehmer seinen Vertragspartner auf diese Problematik unmissverständlich und vor allem beweisbar hinweist. Das gilt selbst dann, wenn auf bestimmte Maßnahmen aus Kostengründen verzichtet wurde und der Auftragnehmer seinen Vertragspartner für sachkundig hält. Der Bedenkenhinweis sollte nach Möglichkeit bereits vor Vertragsabschluss erfolgen. Erfolgt der Hinweis erst in der Ausführungsphase und entscheidet sich der Auftraggeber dann für einen Algenschutz oder sonstige, den Algenbefall verlangsamende Maßnahmen, sind das regelmäßig Besondere Leistungen nach DIN 18345, Ziffer 4.2.19 oder DIN 18363, Ziffer 4.2.24. Verlangt der Auftraggeber die Ausführung solcher Leistungen, sind sie als Sowieso-Kosten besonders zu vergüten.

Zur Abgrenzung zwischen einem Baumangel und natürlichem Verschleiß gibt es **2226**
weitere Entscheidungen. Das OLG Köln ist der Auffassung, dass ein Pflasterstein, der in „anthrazit" ausgeführt werden soll, damit sich der Plattenbelag von den hellen Klinkern der Hausfassade absetzt, nicht bereits nach zwei Jahren derart ausgeblichen sein darf, dass sie nur noch hellgrau erscheinen (OLG Köln, Urt. v. 23.10.2001 – 3 U 21/01). Diese Entscheidung dürfte schon deshalb richtig sein, weil sich im Lauf des Prozesses herausstellte, dass die Steine nicht mit lichtechten und wetterfesten Pigmenten eingefärbt wurden und deshalb ihre Farbe verloren.

2227 In einem vom OLG Düsseldorf entschiedenen Fall sollte der Auftragnehmer Fenster eines Gebäudes „offenporig" streichen, also lediglich lasieren. Zwei Jahre nach Abnahme war der Anstrich „ausgelaugt" bzw. „verblichen". Das OLG Düsseldorf sah darin keinen Baumangel (OLG Düsseldorf, Urt. v. 17.9.1991 – 21 U 26/91). Der Maler schuldete keine „Wetterbeständigkeit", weil in der zum damaligen Zeitpunkt geltenden DIN 18363 weder Lasurfarben noch Lasuranstrichstoffe aufgeführt waren. Der Bauherr habe deshalb nicht verlangen können, dass ein nicht normierter Baustoff länger als ein Jahr halte. Eine Hinweispflicht des Auftragnehmers habe nicht bestanden, weil ihm der Auftrag von einem durch einen Architekten vertretenen Bauherrn erteilt worden sei. Ähnlich hat das OLG Köln im Fall von Glasscheiben eines Kamins entschieden, die nach drei bis fünf Stunden Nutzung verrußen. Das sei branchenüblich und stelle keinen Mangel dar. Auch ein entsprechender Hinweis auf die Reinigungsbedürftigkeit sei entbehrlich, weil man dies als allgemein bekannt unterstellen müsse (OLG Köln, Beschl. v. 25.6.2012 – 19 U 35/12).

2228 Das OLG Celle hat entschieden, ein Auftragnehmer müsse nicht darüber aufklären, dass die ausgewählten Steinplatten Eisen enthalten, das unter Witterungseinfluss oxidiert. Die daraus resultierende – unvermeidliche – Bildung von Rostflecken sei auch kein Mangel der Platten (OLG Celle, Urt. v. 17.3.2011 – 6 U 125/10). Diese Entscheidung dürfte nur richtig sein, wenn ein durchschnittlich sorgfältiger Ausführungsbetrieb tatsächlich nicht erkennen konnte, dass es aufgrund des Eisengehalts zu Korrosionserscheinungen kommen kann. Anderenfalls sollte bereits vor Vertragsabschluss ein entsprechender Hinweis erfolgen, um Bauprozesse mit unsicherem Ausgang von vornherein zu vermeiden. Die Aussagen zur Entbehrlichkeit von Bedenkenhinweisen in diesen Entscheidungen sind fraglich und nicht verallgemeinerungsfähig. Auch hier gilt, dass der Auftragnehmer nur den sichersten Weg beschreitet, wenn er in solchen und vergleichbaren Fällen deutlich und beweisbar mitteilt, dass sich bei der beauftragten Ausführungsart Schadensbilder zeigen können, die auf dem vorgeschriebenen Weg nicht vermeidbar sind. Einen solchen Hinweis hat das OLG München bei der Verlegung von weißem Carrara-Marmor verlangt, weil sich bereits nach kurzer Dauer Gelbverfärbungen ergeben können, die trotz fachgerechter Ausführung nicht vermeidbar sind (OLG München, Urt. v. 5.3.1996 – 13 U 5809/94; ebenso bei der Verlegung von Naturstein: OLG Bamberg, Urt. v. 10.7.2013 – 4 U 208/12; OLG Hamm, Urt. v. 8.5.2012 – 21 U 89/11).

d) Bedeutung einer „Garantie"

2229 Der Begriff der Garantie wird gesetzlich nicht definiert. An verschiedenen Stellen werden lediglich die Rechtsfolgen einer Garantie geregelt, beispielsweise in § 639 BGB, wo es heißt, dass sich der Auftragnehmer auf eine Vereinbarung zur Haftungsbeschränkung nicht berufen kann, wenn er eine Garantie für die Beschaffenheit des Werks übernommen hat. In § 276 Abs. 1 BGB ist geregelt, dass ein Schuldner Vorsatz und Fahrlässigkeit zu vertreten hat, wenn sich nicht aus dem Vertrag oder der Übernahme einer Garantie eine strengere Haftung entnehmen lässt.

Im Werkvertragsrecht können einer vertraglich übernommenen Garantie mehrere **2230**
Bedeutungen zukommen. So kann ein Auftragnehmer eine Garantie für die „verwendeten Produkte", die Einhaltung der Wärmedämm- bzw. Schallschutzwerte oder auf die Dichtigkeit des Daches abgeben. In solchen Fällen ist es naheliegend, von einer sogenannten *unselbstständigen* Garantie auszugehen. Das bedeutet, dass der Auftragnehmer die zugesicherte Eigenschaft unbedingt verspricht, sodass er, wenn sie fehlt, auch ohne Verschulden auf Schadensersatz haftet (§ 276 Abs. 1 Satz 1 BGB). Eine *selbstständige* Garantie wird angenommen, wenn der Auftragnehmer die Haftung für einen über die bloße Vertragsmäßigkeit des Werks hinausgehenden, noch von anderen Faktoren abhängigen wirtschaftlichen Erfolg übernimmt. Davon wird man im Rahmen eines Werkvertrags nur in seltenen Ausnahmefällen ausgehen können.

Fest steht jedenfalls, dass Mängelhaftung und Garantie zweierlei sind. Ein Auf- **2231**
tragnehmer muss sowohl nach BGB als auch nach der VOB/B dafür einstehen, dass seine Leistungen *im Zeitpunkt der Abnahme* mangelfrei sind, anderenfalls muss er nachbessern. Das muss im Vertrag nicht geregelt werden, es entspricht dem Gesetz und der VOB/B (§ 634 BGB sowie § 13 Abs. 1 und Abs. 5 Nr. 1 VOB/B). Eine Garantie muss dagegen ausdrücklich vereinbart werden. Dass eine Werkleistung Monate oder gar Jahre nach der Abnahme nicht mehr die Eigenschaften aufweist, die sie zum Zeitpunkt ihrer Fertigstellung hatte, kann auf normaler Abnutzung durch deren Gebrauch oder auch darauf beruhen, dass Teile schlichtweg verschlissen sind (siehe oben). Möglicherweise kam es auch zu Schäden wegen unsachgemäßen Gebrauchs, mechanischer Beschädigung oder falscher bzw. unterbliebener Wartung. Wenn ein Auftragnehmer hier keine Garantie für eine bestimmte Haltbarkeitsdauer übernommen hat, muss er nur kostenlos nachbessern, wenn der Auftraggeber beweisen kann, dass der Fehler bei der Abnahme bereits *im Keim* vorhanden war (OLG Köln, Urt. v. 23.10.2001 – 3 U 21/01).

Erwähnenswert ist in diesem Zusammenhang eine Entscheidung des Oberlandes- **2232**
gerichts Naumburg, wo in einem Angebot des Auftragnehmers erklärt worden war, er übernehme für die handwerklichen Arbeiten eine *Garantie* von zwei Jahren ab Rechnungsdatum. Zu Recht wurde hierzu entschieden, dass diese Aussage nicht auf eine Verkürzung der gesetzlichen Gewährleistungsansprüche abziele, sondern eine darüber hinausgehende Einstandsverpflichtung begründe. Der Auftraggeber habe diese Erklärung so verstehen dürfen, dass der Auftragnehmer in den ersten zwei Jahren verschuldensunabhängig für die Mangelfreiheit der handwerklichen Leistung einstehe und es für die restlichen drei Jahre bei der gesetz-

lichen Gewährleistungsverpflichtung bleibe (OLG Naumburg, Urt. v. 21.3.2011 – 10 U 31/10).

e) Verzug mit der Annahme der Mangelbeseitigung

2233 Die Frage, ob der Auftraggeber sein Zurückbehaltungsrecht mit doppeltem Druckzuschlag verliert, wenn er dem zur Mangelbeseitigung bereiten Auftragnehmer die Nachbesserung verweigert, ist umstritten. Der BGH hat zu Recht entschieden, dass ein Auftraggeber, der sich im Annahmeverzug befindet, regelmäßig nur noch den einfachen Betrag der Mangelbeseitigungskosten zurückhalten darf (BGH, Beschl. v. 22.7.2010 – VII ZR 117/08; ebenso: OLG Karlsruhe, Urt. v. 24.2.2015 – 8 U 117/12; OLG München, Urt. v. 30.5.2001 – 27 U 700/00). Dagegen meint das OLG Celle, dass ein Zurückbehaltungsrecht überhaupt nicht mehr bestehe (OLG Celle, Urt. v. 13.7.2004 – 16 U 41/04), während das OLG Düsseldorf dem Auftraggeber den vollen Druckzuschlag auch bei Annahmeverzug zugebilligt hat (OLG Düsseldorf, Urt. v. 28.6.1991 – 22 U 1/91).

2234 Das Zurückbehaltungsrecht entfällt dagegen vollständig, wenn der Auftraggeber nach fruchtlosem Ablauf der zur Mangelbeseitigung gesetzten Frist entweder nach § 8 Abs. 3 VOB/B gekündigt oder eine Minderung bzw. Schadensersatz geltend gemacht hat. Denn dadurch ist der Mangelbeseitigungsanspruch und das darauf basierende Leistungsverweigerungsrecht erloschen. Es entsteht ein sogenanntes Abrechnungsverhältnis, das einerseits zur Fälligkeit des Vergütungsanspruchs – auch ohne Abnahme der Werkleistung – führt und andererseits zur Konsequenz hat, dass die wechselseitigen Ansprüche zu verrechnen sind (OLG Naumburg, Urt. v. 12.9.2013 – 2 U 183/12; OLG Düsseldorf, Urt. v. 29.11.2012 – 5 U 129/07).

2235 Auftragnehmern ist in jedem Fall zu raten, sowohl die eigene Nachbesserungsbereitschaft als auch die Weigerung des Auftraggebers, Zutritt zu dem Bauvorhaben zu gewähren, schriftlich zu dokumentieren. Hat der Auftraggeber die Mängel während dieser Zeit durch Dritte beseitigen lassen, obwohl ihm Mangelbeseitigungsleistungen angeboten worden sind, bleibt er auf den Kosten der Selbstvornahme sitzen. Das gilt auch, wenn er nach einer Kündigung des Werkvertrags – gleich aus welchen Gründen – ein „Baustellenverbot" ausgesprochen und dem Auftragnehmer deshalb die Möglichkeit der Mangelbeseitigung genommen hat. Wurde dagegen vormals ein Baustellenverbot ausgesprochen, sind die Mängel aber noch nicht beseitigt worden, kann sich der Auftraggeber im Prozess auf Zahlung von Werklohn erneut auf sein mangelbedingtes Leistungsverweigerungsrecht berufen. Denn dadurch hat er zu erkennen gegeben, dass er das Betreten der Baustelle zum Zwecke der Mangelbeseitigung zulässt und seinen Annahmeverzug beendet (BGH, Urt. v. 8.7.2004 – VII ZR 317/02).

f) Sowieso-Kosten

Falls eine ordnungsgemäße Mangelbeseitigung nur durch ein aufwändigeres Herstellungsverfahren möglich sein sollte, ist der Auftraggeber verpflichtet, sich an den Mängelbeseitigungskosten in Höhe der Sowieso-Kosten zu beteiligen. Denn der Auftraggeber hätte auch ursprünglich für die teurere Ausführung mehr bezahlen müssen (OLG Rostock, Urt. v. 8.6.2010 – 4 U 3/02; OLG Karlsruhe, Urt. v. 7.3.2006 – 8 U 200/05; OLG Koblenz, Urt. v. 16.12.2004 – 5 U 772/04). Für die Höhe der nachvollziehbar kalkulierten Sowieso-Kosten kann der Auftragnehmer – bevor er die Mängel beseitigt – eine Sicherheitsleistung beispielsweise durch Bürgschaft verlangen. **2236**

Es versteht sich dagegen von selbst, dass der Auftraggeber Sowieso-Kosten dann nicht erstatten muss, wenn der Auftragnehmer die zusätzlich erforderlichen Maßnahmen von Beginn an schuldete, deren Ausführung also Bausoll geworden ist. Ob eine Leistung schon nach dem Vertrag geschuldet wird, hängt maßgeblich von dem vereinbarten Vertragstyp, insbesondere der Art der Leistungsbeschreibung, ab. Im Falle einer detaillierten Leistungsbeschreibung des Auftraggebers schuldet der Auftragnehmer für die vereinbarte Vergütung grundsätzlich nur diejenigen Leistungen, die dort konkret beschrieben sind. Somit können der verpreiste Leistungsumfang und die für die Erreichung des geschuldeten Werkerfolgs notwendigen Leistungen auseinanderfallen (vgl. Franz/Steffen, IBR 2009, 1434). Lässt sich nach der Leistungsbeschreibung des Auftraggebers keine vollständige und mangelfreie Leistung erstellen, hat der Auftragnehmer zwar die Pflicht zum Bedenkenhinweis nach § 4 Abs. 3 VOB/B; daraufhin geänderte oder zusätzliche Leistungen sind vom Auftraggeber jedoch als Sowieso-Kosten zu vergüten (KG, Urt. v. 28.3.2014 – 7 U 54/13). Ähnlich verhält es sich, wenn die Parteien durch eine Leistungs- und Preisreduzierung eine bestimmte Ausführungsart zum Inhalt der Vergütungsvereinbarung gemacht haben, ohne die herausgenommene Leistung ein mangelfreies Werk aber nicht hergestellt werden kann. Auch dann handelt es sich bei den Kosten der Mangelbeseitigung insoweit um Sowieso-Kosten (OLG Braunschweig, Urt. v. 20.12.2007 – 8 U 134/06). **2237**

Schuldete der Auftragnehmer dagegen aufgrund einer funktionalen oder globalen Leistungsbeschreibung von Anfang an eine vollständige Leistung und erreicht er dieses Ziel mit den von ihm vorgesehenen Mitteln nicht, ist der erhöhte Aufwand nicht gesondert zu vergüten (OLG Hamburg, Urt. v. 19.2.2015 – 4 U 111/13). Das Gleiche gilt, wenn der Auftragnehmer das Leistungsverzeichnis selbst formuliert hat und sich der geschuldete Erfolg mit der dort genannten Ausführungsart nicht erreichen lässt (OLG Hamm, Urt. v. 25.9.2003 – 21 U 8/03). Zweifelhaft ist deshalb die Begründung eines Urteils des OLG Düsseldorf aus dem Jahr 2019 (OLG Düsseldorf, Urt. v. 26.3.2019 – 23 U 90/18). Dort hatte der Auftragnehmer eine falsche Abdichtungstechnologie (Injektionen) vorgeschlagen, weshalb die Abdich- **2238** tung letztlich auch scheiterte. Die technisch richtige Abdichtung (Bitumen) kostete das etwa 2,5-fache der Injektion. Der Auftraggeber klagt auf Zahlung eines Vorschusses in Höhe der Herstellungskosten der Bitumen-Abdichtung. Im Ergebnis richtig entschied das OLG, dass dem Auftraggeber nur ein Anspruch in Höhe der für die Injektionen gezahlten Vergütung zustehe. Dazu argumentiert das OLG, dass der Auftraggeber die Vergütung für die Injektionen nicht gezahlt hätte, wenn der Auftragnehmer (wozu er verpflichtet gewesen sei) Bedenken gegen das Injektionsvolumen angemeldet hätte. Es erscheint widersprüchlich, vom Auftragnehmer eine Bedenkenanmeldung gegen die von ihm selbst vorgeschlagene Abdichtungstechnologie zu verlangen. Richtiger dürfte es sein, dem Auftraggeber den Vorschussanspruch insoweit zu verwehren, als er die Mehrkosten ohnehin hätte tragen müssen, wenn der Auftragnehmer von Anfang an das richtige Verfahren angeboten hätte.

2239 Problematisch sind Fälle, in denen sich die anerkannten Regeln der Technik zwischen Vertragsschluss und Abnahme verschärfen, wodurch bisher nach dem Vertrag nicht vorgesehene Leistungen notwendig werden, um die neuen Anforderungen einhalten zu können. Dass der Unternehmer diese Leistungen schuldet, unterliegt keinem Zweifel, weil seine Leistung *zum Zeitpunkt der Abnahme* den anerkannten Regeln der Technik entsprechen muss (OLG Nürnberg, Urt. v. 23.9.2010 – 13 U 194/08). Damit ist indes noch nicht beantwortet, ob der Auftraggeber diese zusätzliche Leistung besonders vergüten muss. Das ist nach herrschender Auffassung jedenfalls dann zu bejahen, wenn die Änderung der anerkannten Regeln der Technik nicht bereits bei Vertragsabschluss offenkundig bevorstand, sodass die erhöhten Kosten in die Vergütung einzukalkulieren waren oder der Auftragnehmer einen entsprechenden Hinweis hätte machen müssen.

2240 Eindeutig sind Fälle, in denen die Leistung im Abnahmezeitpunkt mangelfrei war und sich die anerkannten Regeln der Technik erst nach der Abnahme der Bauleistung geändert haben. Hier fehlt es bereits an einem Mangel im Zeitpunkt der Abnahme, sodass der Auftragnehmer nicht zur Erfüllung der nunmehr geltenden anerkannten Regeln im Rahmen der Gewährleistung verpflichtet ist. Wenn die Bauleistung dagegen bereits bei der Abnahme mangelhaft war, sind Zusatzkosten der Mangelbeseitigung, die erst durch höhere Anforderungen aufgrund einer Fortentwicklung der anerkannten Regeln der Technik nach Abnahme erforderlich werden, nach überwiegender Auffassung nicht vom Auftraggeber zu vergüten (OLG Köln, Urt. v. 26.2.2015 – 24 U 111/14; OLG Stuttgart, Urt. v. 3.7.2012 – 10 U 33/12 und OLG Stuttgart, Beschl. v. 14.9.2011 – 10 W 9/11). Diese Rechtsprechung begegnet erheblichen Zweifeln. Wenn ein Unternehmer beispielsweise die Vorgaben nach der EnEV 2014 einhalten muss, während der Gewährleistungsphase aber die EnEV 2016 gilt, muss sich der Auftraggeber unserer Auffassung nach diejenigen Vorteile anrechnen lassen, die ihm durch eine die Vorgaben der

EnEV 2016 erfüllende Mangelbeseitigung zufließen. Das bedeutet, dass er diejenigen Kosten zu bezahlen hat, die nur und nachweisbar durch die erhöhten Anforderungen entstehen (ebenso: Karczewski, Praxishinweis zu OLG Stuttgart, Urt. v. 3.7.2012 – 10 U 33/12).

g) Insolvenz des Auftragnehmers

Auftraggeber übersehen häufig, dass auch der Insolvenzverwalter eines Auftragnehmers bereit und in der Lage sein kann, Mängel zu beseitigen. Aus diesem Grund ist es stets erforderlich, den Insolvenzverwalter schriftlich und unter angemessener Fristsetzung zur Mangelbeseitigung aufzufordern (OLG Celle, Urt. v. 14.12.1994 – 11 U 12/94; OLG Düsseldorf, Urt. v. 4.12.1992 – 22 U 154/92). Allein der Umstand, dass ein Auftragnehmer sich im förmlichen Insolvenzverfahren befindet, führt nicht dazu, dass die Mangelbeseitigung rechtlich unmöglich geworden ist (OLG Naumburg, Urt. v. 10.5.2002 – 2 U 113/01). Ohne Fristsetzung zur Mangelbeseitigung ist deshalb auch eine Minderung des Werklohnanspruchs nicht berechtigt (OLG Düsseldorf, Urt. v. 28.1.2005 – 23 U 150/04). 2241

Etwas anderes kann allenfalls gelten, wenn der Auftraggeber darlegen und beweisen kann, dass der Insolvenzverwalter zu einer Mangelbeseitigung nicht in der Lage gewesen wäre, sodass eine entsprechende Fristsetzung eine überflüssige Förmelei dargestellt hätte. Das wird regelmäßig zu bejahen sein, wenn der Insolvenzverwalter beispielsweise bereits im Rahmen einer vormals erfolgten Mängelrüge mitgeteilt hat, dass er den Betrieb eingestellt habe und deshalb eine Mangelbeseitigung nicht in Betracht komme. Ein solcher Fall kann auch vorliegen, wenn der Auftragnehmer vor Abnahme zahlungsunfähig wird, daraufhin den Geschäftsbetrieb einstellt und die Durchführung eines Insolvenzverfahrens beantragt (KG, Urt. v. 21.5.2010 – 6 U 153/08). Wird hier die Gewährleistungsbürgschaft in Anspruch genommen, kann der Bürge nicht einwenden, dem Auftragnehmer bzw. Insolvenzverwalter sei keine Frist zur Mangelbeseitigung, gegebenenfalls mit einer Kündigungsandrohung vor Abnahme, gesetzt worden. Der Bürge muss den Anspruch voll befriedigen. 2242

Macht dagegen der Insolvenzverwalter des Auftragnehmers Werklohn geltend, kann die Aufrechnung erklärt werden, falls die Mängel im Wege der Selbstvornahme beseitigt worden sind oder ein Anspruch auf Kostenvorschuss zur Mangelbeseitigung besteht. Auch dafür ist jedoch eine vorherige Mängelrüge mit Fristsetzung erforderlich, wenn kein Ausnahmefall vorliegt (siehe oben). Auch wenn der Auftragnehmer insolvent wird, bleibt es bei der Höhe des vereinbarten Gewährleistungseinbehalts von regelmäßig 5 % der Auftragssumme. Ist ein Sicherheitseinbehalt nicht vereinbart worden, kann der Auftraggeber – auch im Insolvenzfall – keinen Sondereinbehalt vornehmen, weil möglicherweise zukünftig noch Mängel auftreten können (BGH, Urt. v. 24.3.1994 – IX ZR 149/93). 2243

h) Haftung des Auftragnehmers für ein Verschulden des Baustofflieferanten

2244 Der Frage, ob sich ein ausführender Unternehmer das Verschulden seines Baustofflieferanten nach § 278 BGB zurechnen lassen muss, kommt bei einem Schadensersatzanspruch, beispielsweise für Mangelfolgeschäden, entscheidende Bedeutung zu. Denn der Schadensersatzanspruch ist – im Gegensatz zum Anspruch auf Mangelbeseitigung – vom Verschulden des Auftragnehmers abhängig.

2245 **Beispiel:** Der Auftragnehmer wird nach einem Brandschaden, der zur Zerstörung der Bodenfliesen geführt hat, mit deren Sanierung beauftragt. Der Auftragnehmer verwendet einen mangelhaften Steinreiniger, der die Glasur der Bodenfliesen zerstört. Neben den Sanierungskosten beantragt der Auftraggeber die gerichtliche Feststellung, dass der Auftragnehmer auch zur Erstattung aller sonstigen Schäden verpflichtet ist, die aus dem Fliesenaustausch resultieren.

2246 Das OLG Nürnberg bejaht neben einer Verpflichtung zur Mangelbeseitigung auch die Ersatzpflicht des Fliesenlegers für Mangelfolgeschäden, weil er sich das Verschulden des Herstellers nach § 278 BGB zurechnen lassen müsse (OLG Nürnberg, Urt. v. 28.11.2002 – 13 U 323/02). Ob Letzteres zutreffend ist, halten wir für fraglich. Nach der Rechtsprechung kommt es für eine Verschuldenszurechnung darauf an, ob der Lieferant oder Hersteller in den werkvertraglichen Pflichtenkreis des Auftragnehmers einbezogen wurde oder nicht. Erst durch eine Vertragsauslegung ist zu ermitteln, ob sich der Auftragnehmer auch zur Herstellung des Materials oder lediglich zu dessen Beschaffung verpflichtet hat. Im obigen Beispiel sprechen die besseren Argumente dafür, den Hersteller des Reinigungsmittels nicht als Erfüllungsgehilfen des Fliesenlegers anzusehen. Denn die Herstellung des Reinigungsmittels gehörte sicher nicht zu dessen vertraglichen Pflichten. Ebenso ist beim Einbau fehlerhafter Heizungsventile (BGH, Urt. v. 12.12.2001 – X ZR 192/00) oder Heizkörper, bei der Verwendung mangelhaften Dichtungsmaterials oder bei der Lieferung von mangelhaftem Estrich zu entscheiden (LG Berlin, Urt. v. 9.12.1996 – 93 O 111/96). Auch in diesen Fällen beschafft der Auftragnehmer lediglich das Material, schuldet jedoch nach der Verkehrsanschauung nicht dessen Herstellung.

2247 Wenn der Lieferant dagegen im Rahmen der Herstellungspflicht des Auftragnehmers tätig wird, ist er dessen Erfüllungsgehilfe, sodass dem Auftragnehmer das Verschulden des Lieferanten wie eigenes Verschulden zugerechnet wird. Die Rechtsprechung hat dies beispielsweise für den Betonlieferanten (OLG Karlsruhe, Urt. v. 27.2.1997 – 11 U 31/96) angenommen. Gleiches dürfte beispielsweise auch für den Lieferanten einer spezifisch zusammengesetzten Estrichmischung oder maßhergestellter Außenrollläden gelten. Die Beispiele zeigen, dass die Abgrenzung im Einzelfall schwierig sein kann.

Ob der Lieferant Erfüllungsgehilfe des Auftragnehmers ist, hat auch Bedeutung, wenn es aufgrund von verspäteten Materiallieferungen zu einem Verzug der Fertigstellung kommt. Findet eine Verschuldenszurechnung nicht statt, muss der Auftragnehmer weder Vertragsstrafe noch Schadensersatz bezahlen. Hierzu hat das OLG Celle entschieden, dass eine Vertragsstrafenklausel in Allgemeinen Geschäftsbedingungen, nach der ein Auftragnehmer auch im Fall „verspäteter oder ausgefallener Materiallieferungen" haftet, unwirksam ist (OLG Celle, Urt. v. 11.10.2007 – 6 U 40/07). Das ist konsequent, weil mit dieser Klausel eine AGB-rechtlich unwirksame, da vom Verschulden unabhängige Haftung begründet werden soll und der Lieferant nur ausnahmsweise Erfüllungsgehilfe des Auftragnehmers ist, sodass regelmäßig keine Verschuldenszurechnung über § 278 BGB stattfindet. **2248**

i) Haftung des Baustofflieferanten für entstehende Aus- und Einbaukosten/ Neuregelung in § 439 Abs. 3 BGB

Dass der ausführende Unternehmer von seinem Lieferanten die Nachlieferung mangelfreien Materials verlangen kann, versteht sich von selbst, wobei noch einmal auf § 438 Abs. 1 Ziffer 2 b) BGB hinzuweisen ist. Danach verjährt dieser Nacherfüllungsanspruch bei Baustoffen, die entsprechend ihrer üblichen Verwendungsweise für ein Bauwerk verwendet worden sind *und* dessen Mangelhaftigkeit verursacht haben, erst in fünf Jahren. Dieser Anspruch ist von einem Verschulden des Lieferanten unabhängig. Lange Zeit war fraglich, ob dies auch für die Aus- und Einbaukosten gilt. Der BGH hat hierzu im Jahr 2008 entschieden, dass der Verkäufer mangelhafter Parkettstäbe im Rahmen seiner Nacherfüllungspflicht zur Ersatzlieferung mangelfreier Parkettstäbe, nicht aber zur Zahlung der Aus- und Wiedereinbaukosten verpflichtet ist (BGH, Urt. v. 15.7.2008 – VIII ZR 211/07). **2249**

Weil diese Rechtslage allgemein als unbillig empfunden wurde, hat der Gesetzgeber für ab dem 1.1.2018 abgeschlossene Kaufverträge in § 439 Abs. 3 BGB geregelt, dass der Lieferant von Baustoffen auch im unternehmerischen Geschäftsverkehr verschuldensunabhängig für die Aus- und Einbaukosten aufzukommen hat. Einzelheiten zur neuen Rechtslage werden im Kapitel Q I. 3., Rn. 2809 ff. besprochen. **2250**

III. Musterschreiben

2251 **Mangelbeseitigungsaufforderung nach Abnahme** **M 1**

An den Auftragnehmer

Datum

Bauvorhaben …
Bauvertrag vom …

Sehr geehrte Damen und Herren,

am ... fand die förmliche Abnahme Ihrer Werkleistung statt. Bei einer Begehung mit dem bauüberwachenden Architekten haben wir festgestellt, dass zwischenzeitlich folgende Mängel aufgetreten sind:

... *(konkrete Mängel gegebenenfalls mit Verortung eintragen, äußere Erscheinung des Mangels beschreiben, technische Ursachen müssen nicht genannt werden)*

Wir fordern Sie gemäß § 13 Abs. 5 Nr. 1 VOB/B auf, diese Mängel bis spätestens ... (*konkretes Datum eintragen, Angemessenheit der Frist beachten*) zu beseitigen und uns über die erfolgte Mangelbeseitigung schriftlich zu informieren. Sollte Ihrem Haus eine Mangelbeseitigung innerhalb dieser Frist nicht möglich sein, bitten wir bis zum ... (*konkretes Datum eintragen*) um eine Mitteilung, ob die Mängel als solche anerkannt bzw. innerhalb welcher Frist diese beseitigt werden. Sollten ein von unserer Fristsetzung abweichendes Datum für die Mangelbeseitigung genannt und hierfür nachvollziehbare Gründe vorgebracht werden, teilen wir unverzüglich mit, ob wir damit einverstanden sind oder auf eine vorherige Mangelbeseitigung bestehen müssen.

Sollte die hier gesetzte Frist zur Mangelbeseitigung fruchtlos verstreichen, muss Ihr Haus damit rechnen, dass wir kostenpflichtige Selbstvornahmen nach § 13 Abs. 5 Nr. 2 VOB/B durchführen lassen werden. Falls die Bezahlung dieser Kosten verweigert wird, werden wir auf die uns vorliegende Gewährleistungsbürgschaft zurückgreifen müssen.

***Eventuell** (Erklärungs- und Beginnfrist bei besonderer Dringlichkeit der Mängelbeseitigung):*

Soeben teilte uns die Hausverwaltung des Fachmarktzentrums mit, dass die Rolltreppe im Bereich des Foyers ausgefallen ist. Wir fordern Sie deshalb auf, unverzüglich, spätestens bis morgen Vormittag, verbindlich zu erklären, dass Sie den Mangel schnellstmöglich beheben werden und mit der Mangelbeseitigung noch im Verlauf des morgigen Tages beginnen. Für die Erledigung der

Mangelbeseitigung setzen wir hilfsweise eine Frist bis Ende dieser Woche, weisen aber aufgrund der Dringlichkeit der durchzuführenden Mängelbeseitigungsleistungen darauf hin, dass wir zur kostenpflichtigen Selbstvornahme übergehen werden, falls die hier gesetzte Erklärungs- bzw. Beginnfrist nicht eingehalten wird. Das Fachmarktzentrum teilte uns aufgrund des gegenwärtig laufenden Weihnachtsgeschäfts mit, dass erhebliche Beeinträchtigungen für den Publikumsverkehr bestehen, wenn die Rolltreppe nicht unverzüglich instandgesetzt wird. Die in dem Schreiben unseres Vertragspartners angekündigten Schadensersatzansprüche sind so erheblich, dass unverzügliches Handeln geboten ist, zumal es bei der Benutzung der Treppenhäuser zu Unfallgefahren, insbesondere für ältere Besucher, kommt. Bitte setzen Sie sich unverzüglich mit uns in Verbindung, gegebenenfalls auch über die Funknummer ..., damit wir die notwendigen Maßnahmen schnellstmöglich besprechen und einen Vororttermin vereinbaren können.

Alternativ *(Mangelbeseitigungsaufforderung vor Abnahme mit Kündigungsandrohung):*

Wir haben anlässlich einer Begehung am ... festgestellt, dass folgende Leistungen mangelhaft sind: (*äußere Erscheinung der Mängel jeweils mit Verortung eintragen*).

Wir haben Sie gemäß § 4 Abs. 7 VOB/B aufzufordern, diese Mängel unverzüglich, spätestens jedoch bis zum ... *(konkrete, aber angemessene Frist eintragen)* ordnungsgemäß zu beseitigen, weil ansonsten der mit der Ausführung der Folgearbeiten beauftragte Unternehmer behindert ist. Nach der Bestimmung in § 4 Abs. 7 VOB/B besteht eindeutig eine Verpflichtung zur Beseitigung von Mängeln bereits in der Bauausführungsphase.

Sollte diese Frist ergebnislos verstreichen, ohne dass die Mängel beseitigt worden sind oder triftige Gründe für deren Nichtbeseitigung genannt wurden, werden wir den Bauvertrag nach § 8 Abs. 3 VOB/B schadensersatzbegründend kündigen.

Mit freundlichen Grüßen

....

(Unterschrift)

2252 Mangelrüge wegen Abweichung von der vereinbarten Beschaffenheit M 2

An den Auftragnehmer

Datum

Bauvorhaben …
Bauvertrag vom …

Sehr geehrte Damen und Herren,

Ihr Haus hat unsere Mängelrüge vom … mit der Begründung zurückgewiesen, die gröbere Kieskörnung (2/5), die entgegen den Angaben im Leistungsverzeichnis (Kieskörnung: 0/5 gemäß Position …) ausgeführt worden ist, stelle deshalb keinen Mangel dar, weil damit weder ein Verstoß gegen anerkannte Regeln der Technik noch eine Einschränkung der Gebrauchstauglichkeit einhergehe. Diese Auffassung ist zweifelsfrei falsch – sie widerspricht der ständigen Rechtsprechung des BGH. Danach liegt ein Mangel auch vor, wenn eine Abweichung von der vereinbarten Beschaffenheit nicht zu einer Beeinträchtigung des Werts oder der Gebrauchstauglichkeit führt (BGH, Beschl. v. 30.7.2015 – VII ZR 70/14, abgedruckt in IBR 2015, 539).

Falls Ihr Haus der Auffassung ist, der Mangelbeseitigungsaufwand sei unverhältnismäßig hoch, bitten wir um eine entsprechende Mitteilung mit inhaltlicher Begründung. Sollten die von Ihnen vorgebrachten Argumente nachvollziehbar sein, wären wir bereit, über eine Minderung der für die Leistung vereinbarten Vergütung zu verhandeln. Denn am Vorliegen eines Mangels ändert es nichts, dass der Mangelbeseitigungsaufwand unverhältnismäßig hoch ist. Deshalb steht uns in jedem Fall ein Minderungsrecht zur Seite. Auch das hat der BGH im oben genannten Urteil entschieden.

Wir bitten um Ihre entsprechende Rückäußerung bis zum … und gehen davon aus, dass der Mangel innerhalb der von uns gesetzten Frist, spätestens jedoch bis zum …, beseitigt wird, falls wir zuvor nichts Gegenteiliges hören sollten.

Mit freundlichen Grüßen

…………………………………………

(Unterschrift)

Zurückweisung einer Mängelrüge **M 3 2253**

An den Auftraggeber

Datum

Bauvorhaben …
Ihr Schreiben vom …

Sehr geehrte Damen und Herren,

mit Schreiben vom ... haben Sie uns aufgefordert, die von Ihnen gerügten Mängel innerhalb von drei Arbeitstagen zu beseitigen. Wir bitten Sie um Verständnis dafür, dass wir diese Fristsetzung als unangemessen kurz zurückweisen müssen. Wie Ihnen bekannt ist, haben wir mit der Ausführung der beanstandeten Leistungen einen Nachunternehmer beauftragt. An diesen müssen wir Ihre Mangelrüge – wiederum mit angemessener Fristsetzung – durchstellen. Die Prüfung und gegebenenfalls Beseitigung der Mängel – die Berechtigung Ihrer Rüge unterstellt – wird voraussichtlich nicht vor dem ... (*gegebenenfalls konkretes Datum eintragen*) möglich sein. Wir können darüber hinaus auch nicht erkennen, aus welchen Gründen die von Ihnen gesetzte Frist erforderlich ist. Denn Gefahr im Verzug besteht objektiv nicht.

Für eine Rücksprache stehen wir Ihnen natürlich gerne zur Verfügung.

Alternativ *(Hinweis auf fehlende Verortung der gerügten Mängel):*

Ihre Mängelrüge vom ... weisen wir zurück, weil gänzlich unklar ist, welche konkreten Mangelerscheinungen gerügt werden sollen. Das ist jedoch Voraussetzung einer berechtigten Mangelrüge, weil es uns nicht zumutbar ist, in sämtlichen Wohnungen und Gewerbeeinheiten des Gebäudes nach denkbaren Mängeln unserer Leistung zu suchen. Bitte geben Sie deshalb konkret an, wo Sie welche Mängelerscheinungen festgestellt haben. Sobald die entsprechende Mitteilung erfolgt ist, werden wir Ihre Beanstandungen prüfen und eventuell vorhandene Mängel innerhalb einer angemessenen Frist beseitigen.

Alternativ *(Hinweis auf Einhaltung der anerkannten Regeln der Technik):*

Mit Schreiben vom ... haben Sie Mängel unserer Leistungen gerügt. Wir haben Ihre Mängelrüge am ... vor Ort geprüft und dabei festgestellt, dass wir die Toleranzen beim Einbau von Pflasterdecken nach der DIN 18318, dort Ziffern 3.3.1, 3.3.3 und 3.3.4, eingehalten haben. Ein Mangel unserer Leistung liegt deshalb nicht vor. Sollten Sie unsere Aussagen anzweifeln, sind wir gerne bereit, diese durch einen unabhängigen Gutachter überprüfen zu lassen. Wir halten diesen

Weg für geeigneter, als nach einer eventuellen Selbstvornahme über deren Kosten gerichtlich zu streiten.

Für alle Rückfragen stehen wir Ihnen gerne zur Verfügung.

Alternativ *(Hinweis auf natürliche Abnutzung/Verschleiß):*

Mit Schreiben vom ... wurde beanstandet, dass an den Fassaden ein Algenbefall in Erscheinung getreten ist und zur Mangelbeseitigung bis zum ... aufgefordert. Nach Prüfung des Sachverhalts gehen wir nicht von einer mangelhaften Bauleistung im Zeitpunkt der Abnahme, sondern von einem natürlichen Verschleiß bzw. nicht vermeidbaren optischen Erscheinungen aufgrund von Umweltbedingungen aus. Wir haben Ihrem Haus bereits im Rahmen der Vertragsverhandlungen mitgeteilt, dass das Leistungsverzeichnis weder einen speziellen Algenschutz noch Dachüberstände vorsieht, die solche Erscheinungen dauerhaft vermeiden können. Sie haben sich jedoch aus Kostengründen dazu entschlossen, auf besondere Schutzmaßnahmen zu verzichten. Vor diesem Hintergrund sind wir zur kostenlosen Nachbesserung nicht verpflichtet. Wir verweisen in diesem Zusammenhang auf eine Entscheidung des Landgerichts Darmstadt vom 7.8.2007 – 14 O 615/05. Um Ihnen entgegenzukommen, wären wir gegebenenfalls bereit, die von Ihnen gewünschten Nachbesserungsarbeiten auszuführen, wenn im Gegenzug die uns entstehenden Selbstkosten (Material und Lohn sowie Allgemeine Geschäfts- und Fahrtkosten) vergütet werden. Sollten Sie daran interessiert sein, bitten wir um eine Mitteilung, damit wir ein entsprechendes Angebot unterbreiten können.

Für eventuelle Rückfragen stehen wir Ihnen gerne zur Verfügung.

Alternativ *(Hinweis auf Besondere Leistungen nach VOB/C):*

Mit Schreiben vom ... haben Sie uns aufgefordert, Schlitze und Durchbrüche herzustellen bzw. zu verschließen. Sie vertreten die Auffassung, anderenfalls sei unsere Leistung nicht fertiggestellt bzw. mangelhaft. Nach der einschlägigen DIN 18382 (Nieder- und Mittelspannungsanlagen mit Nennspannungen bis 36 kV, dort Ziffer 4.2.4) ist das Herstellen von Schlitzen und Durchbrüchen eine Besondere Leistung, die vergütungspflichtig ist. Denn diese Leistungen sind weder Bestandteil des Leistungsverzeichnisses noch in anderen Vertragsunterlagen zu unserem Bausoll erklärt worden. Wir fügen diesem Schreiben ein entsprechendes Nachtragsangebot bei und werden die Leistungen ausführen, wenn Sie uns entsprechend Ziffer ... des Bauvertrags hierfür einen schriftlichen Auftrag erteilt haben. Denn im Vertrag steht, dass Nachtragsansprüche nur durchsetzbar sind, wenn sie schriftlich beauftragt wurden. Sollten Sie die Höhe des Vergütungsanspruchs nicht prüfen können, stehen wir für weitere Erläuterungen auf Nachfrage gerne zur Verfügung. Aus unserer Sicht muss in jedem Fall eine Mindestvergütung genannt werden, wobei wir dann gegebenenfalls nach Abschluss der Arbeiten über den Differenzbetrag streiten müssen. Wir weisen abschließend darauf hin, dass eine Beauftragung aus Termingründen dringend notwendig ist, weil ansonsten diejenigen Arbeiten, die nach dem Bauzeitenplan ab der kommenden Kalenderwoche anstehen, nicht wie vorgesehen ausgeführt werden können.

Mit freundlichen Grüßen

....

(Unterschrift)

2254 **Ablehnung der Mangelbeseitigung wegen Verjährung** **M 4**

An den Auftraggeber

Datum

Bauvorhaben …
Bauvertrag vom …

Sehr geehrte Damen und Herren,

mit Schreiben vom ... haben Sie uns aufgefordert, die dort gerügten Mängel im Rahmen unserer Gewährleistungsverpflichtung zu beseitigen. Wir müssen Ihnen mitteilen, dass wir gemäß § 13 Abs. 4 VOB/B (***alternativ:*** § 634a Abs. 1 Nr. 2 BGB) nicht mehr verpflichtet sind, diese Mängel zu beseitigen. Die förmliche Abnahme fand am ... statt. Entsprechend § 13 Abs. 4 Nr. 1 VOB/B (***alternativ:*** § 634a BGB) beträgt die Verjährungsfrist für Mängelansprüche nach Ziffer ... des Bauvertrags vier Jahre (***alternativ:*** fünf Jahre nach BGB). Diese Frist lief bereits am ... ab. Deshalb besteht unsererseits keine Verpflichtung mehr, die von Ihnen gerügten Mängel im Rahmen der Gewährleistungsverpflichtung zu beseitigen. Ihre Mängelansprüche sind zwischenzeitlich verjährt.

Eventuell *(Angebot zur Mangelbeseitigung gegen Vergütung):*

Sofern Sie eine Mangelbeseitigung durch unser Unternehmen wünschen, sind wir hierzu grundsätzlich bereit. Voraussetzung ist jedoch, dass wir eine Einigung über die Vergütung treffen. Sollten Sie daran interessiert sein, bitten wir Sie, sich mit unserem Herrn ... in Verbindung zu setzen.

Mit freundlichen Grüßen

……………………………………………

(Unterschrift)

Zurückweisung einer Verjährungseinrede **M 5 2255**

An den Auftragnehmer

Datum

Bauvorhaben …
Ihr Schreiben vom …

Sehr geehrte Damen und Herren,

mit Schreiben vom … haben Sie im Hinblick auf unser Mängelbeseitigungsverlangen vom … die Einrede der Verjährung geltend gemacht. Die Zurückweisung unseres Mängelbeseitigungsverlangens ist nach § 13 Abs. 5 Nr. 1 Satz 2 VOB/B jedoch unbegründet, weil die Mängel vor Ablauf der Verjährungsfrist schriftlich gerügt wurden und die Verjährung deshalb frühestens zwei Jahre, gerechnet vom Zugang des schriftlichen Verlangens an, eintreten kann. Diese Unterbrechung der Verjährung greift auch für die mangelhaft abgedichteten Fenster im 5. OG, weil sie auf denselben Ursachen beruhen, wie diejenigen Mängel der Fenster im 1. OG, die wir vor Ablauf der Verjährungsfrist schriftlich gerügt haben. Das ist ständige Rechtsprechung (OLG Naumburg, Urt. v. 5.8.2016 – 7 U 17/16; BGH, Beschl. v. 24.8.2016 – VII ZR 41/14). Wir geben letztmalig Gelegenheit zur Nachbesserung bis zum … und werden zur kostenpflichtigen Selbstvornahme übergeben, falls auch diese Frist fruchtlos verstreichen sollte.

Alternativ *(Zurückweisung des Verjährungseinwandes wegen Durchführung von Mängelbeseitigungsleistungen):*

Die Zurückweisung unserer Mängelrüge wegen angeblicher Verjährung der Ansprüche ist unbegründet. Wir haben am … Feuchtigkeitserscheinungen in drei Büros aufgrund mangelhafter Fassadenisolierung gerügt. Diese Mängel sind in der Zeit vom … bis … behoben und die entsprechenden Arbeiten von uns anschließend abgenommen worden. Nach Abnahme der Mängelbeseitigungsleistung beginnt für diese Leistung eine neue Verjährungsfrist von zwei Jahren (§ 13 Abs. 5 Nr. 1 Satz 3 VOB/B). Diese neue Verjährungsfrist bezieht sich nach der Symptom-Rechtsprechung des BGH nicht nur auf die von uns gerügten Mängel und die von Ihrem Haus beseitigten Mangelerscheinungen, sondern erfasst alle Mängel, welche für diese Mangelerscheinungen ursächlich waren (BGH, Urt. v. 5.6.2014 – VII ZR 276/13, veröffentlicht in IBR 2014, 484). Wir fordern Sie deshalb nochmals dazu auf, auch die in den weiteren Büros aufgetretenen Feuchtigkeitserscheinungen gemäß unserer Mangelrüge vom … bis zum … zu beseitigen und werden anderenfalls kostenpflichtige Selbstvornahmen veranlassen.

Alternativ *(Hemmung der Verjährung wegen Verhandlungen nach § 203 BGB):*

Die Zurückweisung unserer Mangelrüge vom … wegen angeblicher Verjährung der Ansprüche ist zweifelsfrei unbegründet. Denn es dürfte unstreitig bleiben, dass wir in der Zeit vom … bis … über die Mängel und die Verantwortung Ihres Hauses dafür verhandelt haben und am … sogar eine gemeinsame Ortsbegehung stattgefunden hat. Erst mit Schreiben vom … hat Ihr Haus die Mangelbeseitigung definitiv abgelehnt, wenn auch aus unserer Sicht zu Unrecht. Die durch die Verhandlungen eingetretene Hemmung der Verjährung endet frühestens drei Monate nach Ihrem ablehnenden Schreiben vom … (§ 203 Satz 2 BGB). Sollte Ihr Haus dennoch auf dem eingenommenen Standpunkt beharren und mit den Mangelbeseitigungsarbeiten nicht spätestens bis zum … beginnen, werden wir die ab dem … drohende Verjährung durch gerichtliche Maßnahmen hemmen und entweder ein selbstständiges Beweisverfahren durchführen oder Vorschuss für die voraussichtlichen Mangelbeseitigungskosten verlangen. Die dadurch entstehenden Kosten sind ebenfalls von Ihrem Haus zu tragen, wenn sich unser Standpunkt als zutreffend herausstellt, wovon wir auch nach nochmaliger Prüfung und Rücksprache mit dem bauüberwachenden Architekturbüro … ausgehen.

Alternativ *(Neubeginn der Verjährung wegen Anerkenntnisses gemäß § 212 BGB):*

Ihr Haus hat aufgrund unserer Mängelrüge vom ... umfangreiche Mängelbeseitigungsleistungen wegen der Undichtigkeit des Flachdaches in der Zeit vom … bis … vorgenommen, die wir am … auch förmlich abgenommen haben. Dadurch ist aber nicht nur eine neue zweijährige Verjährungsfrist nach § 13 Abs. 5 Nr. 1 Satz 3 VOB/B in Lauf gesetzt worden. Denn Ihr Haus hat zu keinem Zeitpunkt erklärt, dass die Mängelbeseitigungsleistungen nur aus Kulanz oder ohne Anerkennung einer Rechtspflicht erfolgen. Bei Maßnahmen dieses Umfangs konnten wir die einschränkungslose Ausführung der von uns verlangten Arbeiten nur als Anerkenntnis in Bezug auf die gerügten Mängel werten. Damit beginnt die im Vertrag vereinbarte Verjährung von fünf Jahren neu (§ 212 BGB). Deshalb haben wir die zwischenzeitlich erneut aufgetretenen

Mängel in unverjährter Zeit gerügt, sodass Ihr Haus zur Mangelbeseitigung verpflichtet ist. Sollten Sie unserer Aufforderung nicht bis zum … nachgekommen sein, werden wir eine kostenpflichtige Selbstvornahme beauftragen.

Mit freundlichen Grüßen

…………………………………………

(Unterschrift)

Zurückweisung von Selbstvornahmekosten **M 6 2256**

An den Auftraggeber

Datum

Bauvorhaben ...
Ihr Schreiben vom ...

Sehr geehrte Damen und Herren,

mit Schreiben vom ... wurden wir unter Beifügung einer Rechnung der Firma ... zur Zahlung von Selbstvornahmekosten aufgefordert. Sie sind der Auffassung, die von der Firma ... beseitigten Mängel würden auf mangelhaften Leistungen unseres Unternehmens beruhen. Unabhängig davon, dass wir diese Frage zum gegenwärtigen Zeitpunkt nicht geprüft haben – und nach erfolgter Ausführung der Arbeiten auch nicht mehr prüfen können –, weisen wir darauf hin, dass nach § 13 Abs. 5 Nr. 2 VOB/B ein Anspruch auf Bezahlung der Mangelbeseitigungskosten nur bestehen kann, wenn uns vor Beauftragung der Selbstvornahme Gelegenheit zur Nachbesserung innerhalb angemessener Frist gegeben wurde. Dies ist aber nicht erfolgt, weil hier weder eine mündliche, geschweige denn eine schriftliche Mangelrüge vorliegt.

Eventuell *(Hinweis auf Unbegründetheit der Inanspruchnahme einer Bürgschaft):*

Aus diesem Grund ist auch die Inanspruchnahme der von uns gestellten Gewährleistungsbürgschaft unberechtigt. Wir haben die bürgende Bank bereits entsprechend informiert. Diese wird aufgrund des von uns dargelegten Sachverhalts keine Zahlung leisten. Wir bitten Sie, den Sachverhalt noch einmal zu überprüfen und stehen Ihnen für eventuelle Rückfragen gerne zur Verfügung.

Eventuell *(Hinweis auf Unprüfbarkeit der geltend gemachten Selbstvornahmekosten):*

Sie machen mit Schreiben vom ... Selbstvornahmekosten in Höhe von € ... wegen Mängeln des von uns errichteten Wohn- und Geschäftshauses geltend. Sie teilen mit, die erbrachten Sanierungsleistungen seien auf Stundenlohnbasis beauftragt worden. Die uns vorgelegten Tagelohnzettel sind in keiner Weise prüfbar, weil aus ihnen auch nicht ansatzweise hervorgeht, welche konkreten Leistungen ausgeführt worden sind bzw. dass diese Leistungen in einem Zusammenhang mit den gerügten Mängeln stehen. Wir verweisen in diesem Zusammenhang auf eine Entscheidung des BGH vom 25.6.2015 – VII ZR 220/14, veröffentlicht in IBR 2015, 478. Danach muss ein Auftraggeber im Rahmen der Geltendmachung von Mängelbeseitigungskosten konkret darlegen, dass die durchgeführten Maßnahmen auch tatsächlich der Mängelbeseitigung dienten. Dafür besteht keine Vermutung. Die vorgelegte Abrechnung ist dagegen in keiner Weise nachvollziehbar, sodass wir nicht beurteilen können, welche Leistungen des Ersatzunternehmers in welchem Umfang zur Mängelbeseitigung erforderlich waren.

Mit freundlichen Grüßen

....

(Unterschrift)

Verweigerung der Mangelbeseitigung wegen unverhältnismäßig hohen Aufwandes 2257

M 7

An den Auftraggeber

Datum

Bauvorhaben …
Bauvertrag vom …
Ihr Schreiben vom …

Sehr geehrte Damen und Herren,

mit Schreiben vom … haben Sie uns aufgefordert, die dort im Einzelnen gerügten Mängel zu beseitigen. Wir haben daraufhin am … eine Ortsbegehung durchgeführt. Dabei haben wir festgestellt, dass die Tropfnasen durch die Schweißarbeiten an den Geländern nur an der Unterseite und darüber hinaus nur zwischen dem 3. und 4. OG erkennbar sind. Eine Gebrauchs- oder Funktionsbeeinträchtigung ist damit in keiner Weise verbunden. Durch die Mangelbeseitigung würde ein unverhältnismäßig hoher Aufwand entstehen, weil wir den gesamten Handlauf des Geländers austauschen müssten, wodurch weitere optische Beeinträchtigungen des Gesamterscheinungsbildes entstehen könnten. Darüber hinaus stehen die Kosten einer Mangelbeseitigung in keinem vernünftigen Verhältnis zum ohnehin nicht sicheren Erfolg solcher Maßnahmen. Deshalb lehnen wir die Mangelbeseitigung in diesem Fall ab (§ 13 Abs. 6 VOB/B).

Wegen des geringfügigen optischen Mangels sind wir aber bereit, Ihnen eine Minderung in Höhe von € … zu gewähren. Bitte teilen Sie uns bis zum … mit, ob Sie damit einverstanden sind.

Alternativ *(Angebot einer Minderung wegen optischer Mängel vor Abnahme):*

Sie haben uns mit Schreiben vom … unter Fristsetzung aufgefordert, die Sichtbetonwände der Achse … abzureißen, weil dort Rippling-Erscheinungen aufgetreten sind. Wir bestreiten diesen optischen Mangel nicht grundsätzlich, weisen aber darauf hin, dass das Rippling nur wahrnehmbar ist, wenn man unmittelbar vor den Sichtbetonwänden steht. Mit diesen Erscheinungen ist unstreitig weder eine Gebrauchs- noch eine Funktionsbeeinträchtigung verbunden. Wir lehnen die Beseitigung dieses rein optischen Mangels deshalb ab, weil eine Mangelbeseitigung nur mit einem unverhältnismäßig hohen Aufwand möglich wäre (§ 13 Abs. 6 VOB/B). Die dafür notwendigen Kosten überschreiten jene der Herstellung der Leistung, was angesichts der nur geringfügigen optischen

Beeinträchtigungen nicht akzeptabel ist. Wir bieten stattdessen eine Minderung in Höhe von ... % der vereinbarten Vergütung für die Herstellung der betroffenen Sichtbetonwände an.

Sollten Sie damit nicht einverstanden sein, schlagen wir vor, unverzüglich einen gemeinsamen Sachverständigen zu beauftragen, der verbindlich klärt, ob eine Mangelbeseitigung erfolgen muss oder wegen unverhältnismäßig hohen Aufwandes verweigert werden darf. Letzterenfalls sollte der Sachverständige auch die Höhe der Minderung bestimmen. Sollte Ihr Haus zum gegenwärtigen Zeitpunkt eine Kündigung des Werkvertrags aussprechen, kann es sich dabei nur um eine freie Kündigung im Sinne des § 8 Abs. 1 VOB/B handeln, falls wir zur Verweigerung der Mangelbeseitigung aus den oben dargestellten Gründen berechtigt sind. Auch im Fall eines Bauprozesses dürfte diese Frage nicht ohne Einschaltung eines Sachverständigen beantwortet werden können. Deshalb ist es unserer Auffassung nach sinnvoller, die Frage jetzt verbindlich zu klären und sich nicht auf einen kostspieligen und langwierigen Bauprozess mit unsicherem Ausgang einzulassen.

Wir bitten um Mitteilung bis zum ..., ob mit einem unserer Vorschläge Einverständnis besteht. Sollten Sie einer Begutachtung durch einen Sachverständigen den Vorzug vor einer Minderung der Vergütung einräumen, schlagen wir die Büros ... oder ... vor. Falls Sie damit nicht einverstanden sein sollten, können wir die konkrete Auswahl des Sachverständigen auch der Industrie- und Handelskammer ... überlassen.

Mit freundlichen Grüßen

....

(Unterschrift)

Vorschlag einer Schiedsgutachtenvereinbarung wegen streitiger Mängel M 8 2258

An den Auftraggeber

Datum

Bauvorhaben …
Ihre Mangelrüge vom …

Sehr geehrte Damen und Herren,

anlässlich der Ortsbegehung vom … haben wir die von Ihnen gerügten Mängel eingehend untersucht. Dabei konnten die zwischen uns aufgetretenen Meinungsverschiedenheiten nicht beigelegt werden. Wir sind nach wie vor der Auffassung, dass die Aussinterungserscheinungen an den Treppenstufen auf eine mangelhafte Bauwerksabdichtung, die nicht von uns hergestellt wurde, zurückzuführen sind. Wir halten es nicht für sinnvoll, wenn die Mängel – wie angekündigt – durch einen Ersatzunternehmer beseitigt werden und wir uns anschließend in einem Bauprozess über die Kostenerstattung streiten. Denn auch ein Gericht wird die technischen Fragen nicht ohne Einschaltung eines Sachverständigen klären können.

Wir schlagen deshalb vor, gemeinsam einen unabhängigen Sachverständigen zu beauftragen, der die Streitfrage verbindlich klärt. Das kann kurzfristig erfolgen. Die Kosten des Sachverständigen sollte diejenige Partei tragen, zu deren Lasten die Begutachtung ausgeht.

Bitte teilen Sie uns bis zum … mit, ob in der vorgeschlagenen Weise verfahren werden kann. In diesem Fall regen wir an, dass unverzüglich ein öffentlich bestellter und vereidigter Gutachter, den die Industrie- und Handelskammer vorschlagen sollte, beauftragt wird.

Mit freundlichen Grüßen

………………………………………………

(Unterschrift)

2259 Hinweis auf die Geltendmachung von Untersuchungskosten bei unbegründeter Mängelrüge M 9

An den Auftraggeber

Datum

Bauvorhaben …
Ihre Mangelrüge vom …

Sehr geehrte Damen und Herren,

Sie haben mit Schreiben vom … verschiedene Mängel an den von uns ausgeführten Elektroinstallationsarbeiten gerügt und uns bis zum … zur Mangelbeseitigung aufgefordert. Bereits nach den von Ihnen beschriebenen Mängelerscheinungen schließen wir praktisch aus, dass diese auf einer mangelhaften Leistung unseres Hauses im Zeitpunkt der Abnahme beruhen. Vielmehr scheint es uns so zu sein, dass keine oder nur unzureichende Wartungsleistungen durchgeführt worden sind, wobei wir mit der Wartung nicht beauftragt wurden. Ihrem Haus dürfte bekannt sein, dass der Auftraggeber nach Abnahme der Leistung für das Vorhandensein des Mangels im Zeitpunkt der Abnahme beweispflichtig ist.

Sollten wir bis zum … nichts Gegenteiliges von Ihnen hören, werden wir dennoch eine Untersuchung vor Ort durchführen. Dazu ist es aber erforderlich, dass sich zwei Monteure auf den Weg machen. Sollte sich im Rahmen der örtlichen Überprüfung herausstellen, dass wir – wie von uns vermutet – für die gerügten Mängel nicht verantwortlich sind, werden wir die Kosten für die Überprüfung in Rechnung stellen. Bei einer Entfernung von … km und voraussichtlich mindestens … anfallenden Monteurstunden werden diese bei ca. € … liegen. Diese Kosten sind vom Auftraggeber zu tragen, falls sich die Mängelrüge als tatsächlich unbegründet erweist (OLG Koblenz, Beschl. v. 4.3.2015 – 3 U 1042/14, veröffentlicht in IBR 2015, 302). Sollten Sie nähere Angaben zu den aus unserer Sicht verantwortlichen Ursachen für die Mangelerscheinungen wünschen, stehen wir für ein erläuterndes Telefonat gerne zur Verfügung. Sollten wir nichts von Ihnen hören, werden wir am …, ab … Uhr vor Ort sein. Bitte sorgen Sie für entsprechende Baufreiheit. Wir würden es begrüßen, wenn ein instruierter Vertreter Ihres Hauses vor Ort wäre, damit wir die technischen Fragen nach Möglichkeit gemeinsam klären können.

Eventuell *(Geltendmachung der Untersuchungskosten bei unbegründeter Mängelrüge):*

Wir haben mit Schreiben vom … darauf hingewiesen, dass wir die Untersuchungskosten für den Fall der Unbegründetheit Ihrer Mängelrüge geltend machen werden. Sie haben auf dieses Schreiben nicht reagiert, sodass wir am … in der Zeit vom … bis … vor Ort waren und bei dieser Gelegenheit auch die Verschleißteile ausgetauscht haben. Diese waren für die in Erscheinung getretenen Mängel verantwortlich. Wie von uns bereits vermutet, handelte es sich infolgedessen nicht um mangelhafte Bauleistungen im Zeitpunkt der Abnahme, sondern um Abnutzung durch Gebrauch der Leistung. Wir hatten Ihnen angekündigt, dass wir im Fall der Unbegründetheit der Mängelrüge die uns entstandenen Kosten geltend machen werden. Diese betragen ausweislich der anliegenden Rechnung € … Sollten Sie hierzu Fragen haben, stehen wir für deren Beantwortung gerne zur Verfügung. Wir meinen, dass die Abrechnung prüfbar ist, weil wir neben den Fahrtkosten die aufgewendeten Monteurstunden in Form von Tagelohnzetteln erfasst und dabei auch die verwendeten Ersatzteile angegeben haben. Wir dürfen deshalb darum bitten, den in Rechnung gestellten Betrag bis zum … auszugleichen.

Mit freundlichen Grüßen

……………………………………………

(Unterschrift)

2260 Keine Abrechnung fiktiver Mangelbeseitigungskosten M 10

An den Auftraggeber

Datum

Bauvorhaben …
Bauvertrag vom …
Ihr Schreiben vom …

Sehr geehrte Damen und Herren,

mit Schreiben vom … haben Sie uns mitgeteilt, dass Sie im Hinblick auf die Mängel von einer Mangelbeseitigung absehen und stattdessen die fiktiven Mangelbeseitigungskosten als Schaden geltend machen.

Wir weisen darauf hin, dass dieses Vorgehen spätestens seit der Grundsatzentscheidung des Bundesgerichtshofs (Urt. v. 22.2.2018 – VII ZR 46/17) nicht mehr zulässig ist. Nach diesem Urteil kann der Auftraggeber die Mangelbeseitigungskosten nur noch dann als Schaden geltend machen, wenn die Mangelbeseitigung tatsächlich durchgeführt wurde. Die Abrechnung auf Basis sogenannter fiktiver Mangelbeseitigungskosten ist nicht mehr möglich. Stattdessen steht Ihnen (solange Sie die Mangelbeseitigung nicht durchführen lassen) nur der mangelbedingte Minderwert des Werks zu. Diesen haben Sie konkret nachzuweisen.

Eventuell: Wir schlagen vor, zu dieser Frage einen gemeinsamen Sachverständigen zu beauftragen und diesen den konkreten Minderwert für beide Seiten verbindlich bestimmen zu lassen.

Mit freundlichen Grüßen

………………………………………………

(Unterschrift)

Bedenken wegen der vorgesehenen Art der Ausführung **M 11 2261**

An den Auftraggeber Kopie an den bauleitenden Architekten

Datum

Bauvorhaben …
Bauvertrag vom …

Sehr geehrte Damen und Herren,

entsprechend § 4 Abs. 3 VOB/B teilen wir Ihnen Folgendes mit: Bei einer Überprüfung der Statik fiel uns auf, dass dort möglicherweise keine Lastannahmen für die Schüttung innerhalb der Holzbalkendecken berücksichtigt worden sind. Dennoch hat uns der bauleitende Architekt heute aufgefordert, die Zimmerarbeiten fortzusetzen. Nach dem zwischen uns abgeschlossenen Bauvertrag hat das Architekturbüro … aber keine Vollmacht, verbindliche Anordnungen zu erteilen. Das gilt insbesondere, wenn eine entsprechende Ausführung die Gefahr von Mängeln mit sich bringt.

Wir bitten deshalb unverzüglich um eine Mitteilung, ob Ihr Haus trotz unseres Hinweises – den wir nach wie vor aufrechterhalten – auf die Durchführung der Arbeiten besteht und haben uns hierfür eine Frist bis zum … notiert. Sollten wir innerhalb dieser Frist keine anders lautende Anordnung erhalten, gehen wir davon aus, dass Sie unsere Bedenken nicht teilen, sodass wir die Leistungen weisungsgemäß bzw. wie im Vertrag vorgesehen ausführen werden. Wir weisen an dieser Stelle vorsorglich darauf hin, dass die in diesem Schreiben aufgeworfene Frage spätestens bis zu der o.g. Frist geklärt sein muss, weil ansonsten die Arbeiten, die nach dem zwischen uns vereinbarten Bauablaufplan ab dem … beginnen sollen, nicht wie vorgesehen ausgeführt werden können. Dadurch käme es zu einer Verschiebung der Termine und zu Mehrkosten wegen Behinderung. Sollte Ihnen nicht klar sein, welche Tragweite die Zurückweisung der von uns angemeldeten Bedenken haben kann bzw. welche Mängel oder Schäden in diesem Fall eintreten können, setzen Sie sich bitte mit uns in Verbindung. Wir sind gerne zu ergänzenden Erläuterungen bereit, falls Sie von Ihrem Architekten nicht bereits ausreichend informiert wurden.

Eventuell *(Hinweis auf § 13 Abs. 3 VOB/B):*

Wir weisen vorsorglich darauf hin, dass wir für eventuelle Mängel oder Schäden nicht einstehen werden, falls Ihr Haus trotz dieser nochmaligen Mitteilung auf die Durchführung der Arbeiten bestehen sollte (§ 13 Abs. 3 VOB/B).

Alternativ *(Hinweis auf Ausführung der vereinbarten Leistung ohne ausdrückliche Änderungsanordnung):*

Wir haben soeben den Plan Nr. ... vom ... des Ingenieurbüros ... über die Herstellung der Notüberläufe an den Balkonen erhalten. Wir bitten um Überprüfung, ob der dort genannte Durchmesser von 30 mm ausreichend dimensioniert ist. Möglicherweise ergibt sich aus der Flachdachrichtlinie oder aus anderen Vorschriften die Erforderlichkeit eines größeren Durchmessers.

Sollte uns bis zum ... (*konkretes Datum eintragen*) keine ausdrückliche Änderungsanordnung seitens Ihres Hauses vorliegen, gehen wir davon aus, dass es bei der vorgesehenen Art der Ausführung bleibt.

Mit freundlichen Grüßen

....

(Unterschrift)

Bedenken gegen Voruntenehmerleistung **M 12 2262**

An den Auftraggeber

Kopie an den bauleitenden Architekten

Datum

Bauvorhaben …

Sehr geehrte Damen und Herren,

gemäß § 4 Abs. 3 VOB/B machen wir hiermit folgende Bedenken gegen die Vorleistungen im Gewerk Erdarbeiten geltend:

Im Bereich zwischen Achse 16 und 26 hat eine Kontrolle des Ingenieurbüros ... ergeben, dass der Untergrund nicht ausreichend verdichtet ist (die entsprechenden Prüfzeugnisse fügen wir diesem Schreiben als Anlage bei). Beginnen wir dennoch bereits zum gegenwärtigen Zeitpunkt mit den Straßenbauarbeiten, könnten Setzungen, Risse und Verformungen bis hin zur (teilweisen) Zerstörung des Oberflächengefüges auftreten.

Bitte teilen Sie uns umgehend, spätestens bis zum … *(konkretes Datum eintragen)* schriftlich mit, ob wir unsere Leistungen dennoch fortsetzen sollen. Falls wir innerhalb dieser Frist keine Stellungnahme von Ihrem Haus erhalten, müssen wir davon ausgehen, dass unsere Bedenken nicht geteilt werden und wir die Leistungen wie vertraglich vereinbart ausführen sollen. Sollte die Prüfung unseres Bedenkenhinweises einen längeren Zeitraum in Anspruch nehmen, bitten wir um eine Mitteilung, bis wann die Entscheidung voraussichtlich erfolgen wird. Wir bitten, dabei zu bedenken, dass wir unsere Mitarbeiter gegenwärtig leistungsbereit halten, auch weil kein sinnvoller Ausweicheinsatz an anderen Baustellen in Betracht kommt, zumal wir momentan nicht wissen, bis wann die hier aufgeworfene Frage verbindlich geklärt worden ist. Soweit unser Haus die an der Baustelle leistungsbereiten Kapazitäten nicht produktiv einsetzen kann, werden wir Stillstands- bzw. Unterbrechungskosten geltend machen.

Eventuell *(Hinweis auf § 13 Abs. 3 VOB/B):*

Sollte Ihr Haus unsere Bedenken nicht teilen und eine Fortsetzung der Arbeiten verlangen, lehnen wir die Haftung für eventuell auftretende Mängel oder sonstige Schäden aufgrund der unzureichenden Verdichtung des Untergrundes bereits hiermit ab (§ 13 Abs. 3 VOB/B).

Mit freundlichen Grüßen

……………………………………………

(Unterschrift)

2263 Bedenken gegen vorgeschriebene Baustoffe/Hinweis auf Sowieso-Kosten M 13

An den Auftraggeber

Kopie an den bauleitenden Architekten

Datum

Bauvorhaben ...

Sehr geehrte Damen und Herren,

nach der Ausschreibung sollen hinsichtlich der Sanierung des Abwassersystems Euskeritrohre verwendet werden. Nach § 4 Abs. 3 VOB/B machen wir darauf aufmerksam, dass die Rohre möglicherweise nicht die erforderliche Scheiteldruckkraft aufweisen und darüber hinaus für diese Rohre kein Prüfzeichen vorliegt und auch keine allgemeine bauaufsichtliche Zulassung besteht. Insbesondere eine fehlende Scheiteldruckkraft kann zukünftig folgende Mängel der Leistung bzw. Schäden verursachen: ... *(hier sollte die Tragweite einer Nichtbefolgung des Bedenkenhinweises in allgemein verständlichen Worten angegeben werden)*

Wir bitten schnellstmöglich, spätestens bis zum ..., um eine schriftliche Stellungnahme zu den von uns dargelegten Bedenken, da wir im Interesse Ihres Hauses vermeiden möchten, dass eine Verzögerung bei der Ausführung der Bauleistung eintritt. Sollte bis zum ... keine Änderungsanordnung bei uns eingegangen sein, gehen wir davon aus, dass Sie unsere Bedenken nicht teilen und es bei den vertraglich vereinbarten Rohren bleibt.

Eventuell *(Alternativvorschlag wegen der ungeeigneten Materialvorgabe; in rechtlicher Hinsicht ist ein solcher Vorschlag nicht geschuldet und möglicherweise sogar gefährlich):*

Gestatten Sie uns abschließend den Hinweis, dass aus unserer Sicht die Rohre des Herstellers ..., Fabrikat ... für die Ausführung geeignet wären. Wir bitten Sie aber, diese Frage noch einmal mit dem bauplanenden Architekten zu besprechen. Falls Sie die Ausführung des von uns vorgeschlagenen Rohrtyps anordnen, entstehen je laufendem Meter zusätzliche Kosten in Höhe von € ..., die nach § 2 Abs. 5 VOB/B zu vergüten sind.

Mit freundlichen Grüßen

....

(Unterschrift)

Reaktion auf eine schriftliche Zurückweisung von Bedenken **M 14** **2264**

An den Auftraggeber

Kopie an den bauleitenden Architekten

Datum

Bauvorhaben …
Unser Schreiben vom …

Sehr geehrte Damen und Herren,

mit Schreiben vom … wurde uns mitgeteilt, dass unsere Bedenken hinsichtlich der Verwendung von Euskeritrohren nicht geteilt werden und das vereinbarte Material zur Ausführung kommen soll. Dem werden wir gemäß § 4 Abs. 1 Nr. 4 VOB/B nachkommen, möchten aber nochmals darauf hinweisen, dass die in unserem Schreiben vom … genannten Bedenken nach wie vor bestehen und gegebenenfalls zu Mängeln bzw. Schäden führen können, die wir bereits im Schreiben vom … genannt haben. Für diesen Fall sind wir nach § 13 Abs. 3 VOB/B von der Gewährleistungs- und Schadensersatzverpflichtung befreit.

Eventuell *(Reaktion auf Zurückweisung von Bedenken durch den bauüberwachenden Architekten):*

Wir haben mit Schreiben vom … mitgeteilt, dass Bedenken gegen die Verwendung der ausgeschriebenen halogenfreien Kabel bei den Sicherheitsleuchten bestehen. Am gestrigen Tag teilte uns das mit der Bauüberwachung beauftragte Büro … am Ende der Baubesprechung mündlich mit, diese Bedenken würden Ihrerseits nicht geteilt, sodass wir die Arbeiten – wie vereinbart – fortsetzen sollen. Wir bitten um Ihr Verständnis dafür, dass uns diese Aussage angesichts der drohenden Schäden nicht ausreicht, zumal das Büro … nach dem zwischen uns abgeschlossenen Vertrag keine Vertretungsmacht hat und auch nach Vertragsabschluss nicht durch Ihr Haus bevollmächtigt wurde. Bevor wir die Sicherheitsbeleuchtung mit halogenfreien Kabeln ausführen, bitten wir deshalb Ihr Haus als unseren Vertragspartner um eine schriftliche Mitteilung bis zum …, ob die Aussage des Büros … bestätigt wird. Bis zum Ablauf dieser Frist werden wir die Arbeiten zurückstellen, um Schäden zu vermeiden. Sollte uns bis dahin keine Änderungsanordnung Ihres Hauses oder eine sonstige Reaktion vorliegen, werden wir die Arbeiten – wie im Vertrag vereinbart – ausführen. Wir weisen vorsorglich darauf hin, dass wir in diesem Fall von der Mängelhaftung frei sind (§ 13 Abs. 3 VOB/B). Sollte Ihrem Haus nicht klar sein, aus welchen technischen Gründen wir Bedenken haben oder welche Tragweite die Nichtbefolgung unseres Hinweises haben kann, stehen wir für erläuternde

Gespräche oder die Beantwortung konkreter Rückfragen gerne und jederzeit zur Verfügung.

Mit freundlichen Grüßen

....

(Unterschrift)

Mündliche Zurückweisung schriftlich angemeldeter Bedenken **M 15** **2265**

An den Auftraggeber Kopie an den bauleitenden Architekten

Datum

Bauvorhaben …
Mündliche Zurückweisung unserer mit Schreiben vom … angemeldeten Bedenken

Sehr geehrte Damen und Herren,

Sie haben uns anlässlich einer Baubesprechung vom … mitgeteilt, dass die von uns mit Schreiben vom … im Einzelnen mitgeteilten Bedenken nicht geteilt werden und Sie die Ausführung der Leistung entsprechend den vertraglichen Regelungen in Position … des LV anordnen.

Wir werden die Leistung deshalb ab dem … wie vertraglich vorgesehen ausführen, weisen aber vorsorglich nochmals darauf hin, dass die vorgesehene Ausführungsart zu den von uns bereits beschriebenen Mängeln/Schäden führen kann, für die wir nach § 13 Abs. 3 VOB/B von der Haftung frei sind. Sollten Sie zwischenzeitlich unsere Bedenken teilen, bitten wir um eine Mitteilung bzw. entsprechende Anordnungen zur gewünschten Art der Leistungsausführung. Falls Sie eine längere Bedenkzeit benötigen, teilen Sie uns dies bitte ebenfalls mit, damit wir uns darauf entsprechend einrichten können. Aufgrund der gegenwärtigen Auftragslage wären wir in der Lage, unsere Mitarbeiter an anderen Baustellen einzusetzen, sodass die Kosten einer Unterbrechung jedenfalls reduziert werden könnten. Falls wir uns auch während einer längeren Bedenkzeit leistungsbereit halten sollen, sodass eine unverzügliche Fortsetzung der Arbeiten nach Ihrer Entscheidung möglich ist, bitten wir ebenfalls um eine kurzfristige Rückäußerung.

Mit freundlichen Grüßen

………………………………………………

(Unterschrift)

2266 Gewissheit eines Schadenseintritts **M 16**

An den Auftraggeber — Kopie an den bauleitenden Architekten

Datum

Bauvorhaben …

Sehr geehrte Damen und Herren,

der eingebrachte Estrich weist noch eine extrem hohe Restfeuchte auf (vgl. die als Anlage beigefügten Messprotokolle). Eine Verlegung des Parketts ist deshalb gegenwärtig nicht sinnvoll, weil es mit an Sicherheit grenzender Wahrscheinlichkeit aufquellen würde. Wir werden die Arbeiten deshalb nur ausführen, wenn Sie dies bis zum … *(konkretes Datum eintragen)* schriftlich anordnen und uns gleichzeitig von der Haftung für Mängel oder Schäden freistellen, die auf eine zu hohe Restfeuchte des Estrichs zurückzuführen sind.

Sollte die hier gesetzte Frist verstreichen, ohne dass uns eine Haftungsfreistellungserklärung vorliegt, werden wir uns vorbehalten, die Leistungen aufgrund des ansonsten mit Sicherheit zu erwartenden Schadenseintritts zu verweigern. Gleichzeitig weisen wir darauf hin, dass wir aufgrund dieses Sachverhalts gegenwärtig an der ordnungsgemäßen Ausführung unserer Leistungen nach dem vertraglich vereinbarten Bauzeitenplan gehindert sind.

Alternativ *(Anordnung des Auftraggebers führt zu einem Verstoß gegen anerkannte Regeln der Technik):*

Aufgrund der seitens Ihres Ingenieurbüros … am … übergegebenen Planung weisen wir darauf hin, dass diese nicht den anerkannten Regeln der Technik entspricht, weil dort der Einbau bodengleicher Terrassentüren vorgesehen ist, nach der DIN 18195 aber eine Anschlusshöhe von 15 cm erforderlich ist, um drohende Wassereintritte und entsprechende Schäden in der Wohnung zu vermeiden. Die Aussage Ihres Architekten …, dies sei so mit Ihnen ausführlich besprochen worden und es bestehe mit einer Abweichung von der DIN 18195 Einverständnis, reicht uns in diesem Fall nicht aus, wofür wir um Verständnis bitten. Wir sind bereit, die Arbeiten entsprechend der Planung auszuführen, wenn dies Ihrerseits ausdrücklich so verlangt bzw. angeordnet wird, weil das Architekturbüro … nach dem Vertrag keine Vollmacht zur Erteilung verbindlicher Anordnungen hat. Sollte Ihnen die Tragweite unseres Bedenkenhinweises nicht vollständig klar sein, stehen wir für alle damit im Zusammenhang stehenden Erläuterungen jederzeit zur Verfügung. Bitte teilen Sie uns spätestens bis zum … mit, wie verfahren werden soll, weil ansonsten eine Behinderung eintritt, da wir mit der Montage der Terrassentür ab dem ... beginnen und diese deshalb spätestens bis zum ... bestellen müssen. Anderenfalls können die Arbeiten nicht in der dafür vorgesehen Zeit ausgeführt werden.

Mit freundlichen Grüßen

....

(Unterschrift)

2267 **Leistungsverweigerungsrecht bei Verstoß gegen bauordnungsrechtliche Vorschriften oder bei Gefahr für Leib und Leben Dritter** **M 17**

An den Auftraggeber — Kopie an den bauleitenden Architekten

Datum

Bauvorhaben …

Sehr geehrte Damen und Herren,

beim Auswinkeln des Baukörpers haben wir eine Unterschreitung des Grenzabstandes bis zu 1,30 m festgestellt. Ihr Architekt hat uns am ... dennoch angewiesen weiterzuarbeiten, da er die Differenzen des Grenzabstandes mit dem zuständigen Sachbearbeiter des Bauamtes regeln werde. Wir weisen darauf hin, dass wir nicht berechtigt sind, diese Arbeiten auszuführen, bevor eine verbindliche Klärung mit dem Bauamt erfolgt ist (§ 4 Abs. 1 Nr. 4 VOB/B, OLG Oldenburg, Urt. v. 15.7.2004 – 8 U 121/04). Wir werden die Leistungen deshalb vorläufig einstellen. Dadurch verlängern sich je nach Dauer der Unterbrechung die vertraglich vereinbarten Ausführungsfristen (§ 6 Abs. 2 VOB/B).

Alternativ *(Bedenkenhinweis bei Verstoß gegen EnEV-Anforderungen):*

Wir hatten bereits mit Schreiben vom … mitgeteilt, dass die Planung der Fußbodenheizung gegen Anforderungen der Energieeinsparverordnung (EnEV) verstößt, weil die danach vorgeschriebenen Thermostatventile fehlen. Der Mitarbeiter des von Ihnen beauftragten Fachplanungsbüros … teilte uns daraufhin am … mit, ein Verstoß gegen anerkannte Regeln der Technik sei unerheblich, wenn der Auftraggeber damit ausdrücklich einverstanden sei. Dieses Einverständnis liege nach Rücksprache mit Ihnen vor. Erlauben Sie uns hierzu den Hinweis, dass die Vorgaben der EnEV zwingende öffentlich-rechtliche Bauvorschriften beinhalten, die nicht zur Disposition der Vertragsparteien stehen (§ 4 Abs. 1 Nr. 4 VOB/B). Das ist bei anerkannten Regeln der Technik – DIN-Normen etc., deren Nichtbeachtung keine Gefahren für Leib und Leben Dritter verursacht – möglicherweise anders. Die EnEV richtet sich zwar vorrangig an den Bauherrn; sie umfasst aber auch Personen, die bei der Errichtung der Anlagentechnik tätig werden (§ 26 Abs. 2 EnEV). Die Abweichung von Vorgaben der EnEV stellt eine bußgeldbewehrte Ordnungswidrigkeit dar, die auch für daran beteiligte Firmen gilt (§ 14 OWiG). Wir werden der Anordnung Ihres Fachplanungsbüros deshalb nicht Folge leisten und melden hiermit Behinderung an, weil wir seit dem … an der Fortsetzung der Montageleistungen gehindert sind.

Eventuell *(Hinweis auf Fortsetzung der vereinbarten Leistung im Fall einer ausdrücklichen Haftungsfreistellung):*

Falls ein Vertreter Ihres Hauses ausdrücklich und verbindlich erklären sollte, dass Ihr Haus uns sowohl von der Mängelhaftung als auch von eventuell festgesetzten Bußgeldern freistellen wird, werden wir die Arbeiten – wie vertraglich vereinbart – fortsetzen, auch wenn wir dies aus den genannten Gründen, insbesondere im Interesses Ihres Hauses, nicht für sinnvoll halten und davon dringend abraten.

Alternativ *(Leistungsverweigerung bei Gefahr für Leib und Leben Dritter):*

Sie haben mit Schreiben vom ... angeordnet, dass wir eine Entfernung von Deckenbalken sowie die Verschiebung der Mitteldachpfette ausführen sollen, obwohl der dafür nach der Bauordnung erforderliche Standsicherheitsnachweis fehlt. Wir bitten um Verständnis, dass wir dieser Anordnung nicht Folge leisten können, weil öffentlich-rechtliche Vorschriften entgegenstehen und darüber hinaus eine Gefahr für Leib und Leben Dritter bestehen kann, sodass uns eine zivilrechtliche Haftung droht. In solchen Fällen sind wir nach § 4 Abs. 1 Nr. 4 VOB/B berechtigt, die Arbeiten einzustellen und die Ausführung der entsprechenden Leistungen zu verweigern (KG, Urt. v. 23.4.2010 – 6 U 30/09; OLG Karlsruhe, Urt. v. 20.7.2004 – 17 U 262/01). Wir sind gerne bereit, unseren Standpunkt einer sachverständigen Überprüfung zu unterziehen. Teilen Sie uns bitte mit, ob Sie dies zur Vermeidung einer Kündigung des Bauvertrags wünschen.

Mit freundlichen Grüßen

....

(Unterschrift)

2268 **Ausschluss der Gewährleistung wegen eines erfolgten Bedenkenhinweises (§ 13 Abs. 3 VOB/B)** **M 18**

An den Auftraggeber

Datum

Bauvorhaben …
Bauvertrag vom …
Ihr Schreiben vom …

Sehr geehrte Damen und Herren,

mit Schreiben vom ... haben Sie uns aufgefordert, die dort gerügten Mängel zu beseitigen. Wir möchten darauf hinweisen, dass wir von der Haftung für diese Mängel gemäß § 13 Abs. 3 VOB/B frei sind, weil sie auf Ihre mündliche Anordnung vom ... (***alternativ:*** auf die Leistungsbeschreibung/auf die Beschaffenheit der Vorleistung eines anderen Unternehmers) zurückzuführen sind und wir gemäß § 4 Abs. 3 VOB/B unsere Bedenken hinsichtlich der jetzt aufgetretenen Mängel mit Schreiben vom ... geltend gemacht haben. Auf diesen Bedenkenhinweis haben Sie innerhalb der dort gesetzten Frist nicht reagiert (***alternativ:*** Unseren Bedenkenhinweis haben Sie mit Schreiben vom ... ausdrücklich zurückgewiesen und uns zur Ausführung der Leistungen aufgefordert).

Eventuell *(Angebot zur Mangelbeseitigung gegen Vergütung):*

Wir sind jedoch bereit, die von Ihnen gerügten Mängel zu beseitigen, sofern hierfür eine angemessene Vergütung gezahlt wird. Sollten Sie daran interessiert sein, bitten wir um eine entsprechende Mitteilung, damit wir ein konkretes Angebot unterbreiten können.

Mit freundlichen Grüßen

…………………………………………

(Unterschrift)

Gesamtschuldnerische Haftung des Auftragnehmers wegen Planungsfehler ohne Bedenkenhinweis/Zuschussanspruch vor Ausführung der Mangelbeseitigung M 19 2269

An den Auftraggeber

Datum

Bauvorhaben …
Ihr Schreiben vom …

Sehr geehrte Damen und Herren,

mit Schreiben vom ... haben Sie uns aufgefordert, die dort gerügten Mängel bis zum ... zu beseitigen. Wir haben in diesem Zusammenhang darauf hingewiesen, dass für die in Erscheinung getretenen Baumängel in erster Linie Planungsfehler Ihres Architekten verantwortlich sind. Das ist zwischen uns auch nicht streitig. Die Mangelbeseitigungskosten werden voraussichtlich € 30.000,– betragen. Auch dies ist zwischen uns unstreitig.

Da der bauplanende Architekt Ihr Erfüllungsgehilfe ist, dessen Verschulden Sie sich zurechnen lassen müssen, sind wir nach der Rechtsprechung nur verpflichtet, die Mangelbeseitigung auszuführen, nachdem in Höhe der Haftungsquote des Architekten eine ausreichende Sicherheit – beispielsweise durch Bankbürgschaft – geleistet worden ist (BGH, Urt. v. 13.9.2001 – VII ZR 392/00). Im Regelfall beträgt die Haftungsquote des Architekten für Planungsfehler 2/3, unser Verursachungsbeitrag wegen des unterlassenen Bedenkenhinweises nach § 4 Abs. 3 VOB/B lediglich 1/3 (OLG Saarbrücken, Urt. v. 17.12.2015 – 4 U 140/14; OLG Düsseldorf, Urt. v. 29.11.2012 – 5 U 129/07). Wir bitten Sie deshalb, uns bis zum ... *(konkretes Datum eintragen)* eine geeignete Sicherheit in Höhe von € 20.000,– zu stellen, sodass die Mangelbeseitigung fristgemäß durchgeführt werden kann. Sollte uns eine entsprechende Sicherheit nicht vorliegen, werden wir die Ausführung der Mangelbeseitigungsleistungen verweigern.

Für alle Rückfragen steht Ihnen der Unterzeichnende gerne zur Verfügung.

Mit freundlichen Grüßen

………………………………………………

(Unterschrift)

2270 Mängelansprüche gegen Baustofflieferanten M 20

An den Lieferanten

Datum

Unsere Bestellung vom …

Sehr geehrte Damen und Herren,

am … haben wir bei Ihrem Haus Schraubenverdichter für eine in ein Gebäude zu installierende Klimaanlage bestellt, die am … geliefert worden sind. Zweieinhalb Jahre nach dieser Lieferung sind Mängel an einem der drei Schraubenverdichter aufgetreten, die nach unserer Überprüfung vor Ort eindeutig auf Materialfehlern beruhen. Wir bitten deshalb um eine Nachlieferung im Rahmen der bestehenden Gewährleistungsverpflichtung und weisen vorsorglich auf die Bestimmung in § 438 Abs. 1 Ziffer 2 b) BGB hin. Danach verjähren Gewährleistungsansprüche beim Kauf von Baustoffen erst nach Ablauf von fünf Jahren. Die Abkürzung dieser Frist in Ihren Lieferbedingungen (dort Ziffer …) ist nach dem Recht der Allgemeinen Geschäftsbedingungen auch im unternehmerischen Geschäftsverkehr unwirksam (LG Köln, Urt. v. 7.2.2007 – 91 O 87/06, veröffentlicht in IBR 2008, 387). Bitte setzen Sie sich zum Zwecke der Terminvereinbarung für die Lieferung mit dem Unterzeichner in Verbindung. Hierfür haben wir uns eine Frist bis zum … notiert.

Mit freundlichen Grüßen

…………………………………………

(Unterschrift)

N. Abrechnung und Zahlung (§§ 14 und 16 VOB/B)

I. Was muss der Bauleiter wissen?

1. Wirtschaftliche Bedeutung

Bauleistungen werden rechtlich auf der Grundlage des Werkvertragsrechts des BGB erbracht. Häufig wird als zusätzliche Vertragsgrundlage die VOB/B vereinbart. Gemäß § 641 BGB ist die vereinbarte Vergütung „bei der Abnahme" zu entrichten. Ein Tischler, der in seiner Werkstatt auf Bestellung einen Tisch oder Schrank anfertigt, kann die Übergabe des fertigen „Werkes" an den Kunden („Besteller") davon abhängig machen, dass der Kunde vorher den vereinbarten Preis bezahlt. Der Bauunternehmer hat gegenüber anderen Werkunternehmern wie dem besagten Tischler, einen gravierenden Nachteil. Er baut auf einem fremden Grundstück, an dem er keinen alleinigen Besitz hat. Er kann die Übergabe seiner Bauleistung deshalb nicht von der vorherigen Bezahlung abhängig machen. **2271**

Außerdem gehen nach § 946 BGB das Eigentum an den verwendeten Baumaterialien sowie der Wert aller geleisteten Arbeiten unmittelbar auf den Eigentümer des Grundstücks (der nicht identisch mit dem Auftraggeber der Bauleistung sein muss) über. Ist die Bauleistung erst einmal fertig, hat der Auftragnehmer also keinerlei Druckmittel mehr, um die Zahlung seiner Vergütung durchzusetzen. Weil Gerichtsverfahren Zeit und Geld kosten, ist der Bauunternehmer in einer Schlussrechnungsbesprechung immer in der wirtschaftlich unterlegenen Situation. Das bedeutet im Umkehrschluss, dass der Bauleiter dafür sorgen muss, dass so viel wie möglich von der vereinbarten Vergütung über Abschlagsrechnungen vor Fertigstellung der Leistungen abgerechnet wird. Allerdings ist das nur bei Aufträgen möglich, die über mehrere Monate hinweg ausgeführt werden. Dauert die Erledigung des Auftrags nur vier Wochen, ist es faktisch so, dass wenn es dem Auftragnehmer nicht gelingt, mit dem Auftraggeber eine teilweise Vorkasse zu vereinbaren, die gesamte Vorleistung erbracht ist, bevor der Vergütungsanspruch fällig wird, selbst wenn nach zwei Wochen eine Abschlagsrechnung gelegt wird. **2272**

Erschwerend kommt hinzu, dass gemäß § 16 VOB/B die Zahlungsfrist für Abschlagsrechnungen drei Wochen (21 Werktage) beträgt. Kaum ein Auftraggeber ist bereit, kürzere Zahlungsfristen zu vereinbaren, weil die VOB ja eine faire Regelung darstelle. Der Bauunternehmer muss also seine Leistung vorfinanzieren und trägt zudem das Vorleistungsrisiko, d.h. das Risiko, mit seiner Werklohnforderung auszufallen, wenn der Besteller zahlungsunfähig wird. In diesem Kapitel geht es darum, dass der Bauleiter des Auftragnehmers dafür sorgen muss, dass erbrachte Leistungen zügig und prüfbar abgerechnet werden, damit das Volumen der nicht bezahlten Vorleistungen nicht größer als unbedingt nötig wird. Erfüllt der Auftraggeber seine Zahlungsverpflichtungen nicht, muss Druck ausgeübt werden, **2273** was nicht zwangsläufig eine Einstellung der Arbeiten bedeuten muss. Nimmt der Auftragnehmer die Überschreitung von Zahlungsfristen oder unberechtigte Rechnungskürzungen hin, ohne hiergegen energisch vorzugehen, wird er am Ende des Projekts feststellen, dass ein viel zu hoher Anteil seiner Leistungen noch nicht bezahlt ist.

2. Abschlagsrechnungen

a) Was kann abgerechnet werden?

2274 Gemäß § 16 Abs. 1 VOB/B kann der Auftragnehmer für bereits erbrachte Leistungen Abschlagszahlungen in möglichst kurzen Zeitabständen verlangen, wenn vertraglich keine anderen Regelungen getroffen sind. Bei größeren Projekten rechnen viele Auftragnehmer monatlich ab, auch eine wöchentliche Abrechnung ist aber zulässig. Vertragliche Regelungen, die die Anzahl von Abschlagsrechnungen beschränken, werden häufig wegen unangemessener Benachteiligung unwirksam sein, da in § 632a BGB ebenfalls ein Recht auf Abschlagszahlungen geregelt ist, welches nicht unangemessen eingeschränkt werden darf.

2275 Es können grundsätzlich nur schon erbrachte Leistungen abgerechnet werden und nicht solche, die erst innerhalb der nächsten Wochen fertig werden. Es gibt teilweise Auftragnehmer, die bewusst Leistungen abrechnen, die erst innerhalb der Zahlungsfrist für die Abschlagsrechnung erbracht werden sollen und die Rechnungskürzung des Auftraggebers mit der Begründung zurückweisen, die Leistung sei doch schließlich fertig („aggressives Aufmaß"). Geschieht dies wiederholt, begeht der Auftragnehmer eine Vertragsverletzung.

2276 Die einzige Ausnahme von der Notwendigkeit der bereits erfolgten Leistungserbringung gilt für eigens angefertigte Bauteile (die noch beim Auftragnehmer oder Lieferanten lagern können) oder für bereits auf die Baustelle gelieferte Baustoffe. Diese können aber nur nach Leistung einer Sicherheit oder Übertragung des Eigentums auf den Auftraggeber abgerechnet werden. Der Auftraggeber wird die Eigentumsübertragung häufig ablehnen, weil er das Risiko von Diebstählen oder Beschädigungen nicht übernehmen will. Außerdem bereitet die Eigentumsübertragung oft rechtliche Probleme.

2277 **Beispiel:**

Unwirksam: Hiermit überträgt der Auftragnehmer auf den Auftraggeber das Eigentum an 50 Paletten Kalksandsteinen.

Wirksam: Hiermit überträgt der Auftragnehmer dem Auftraggeber das Eigentum an den auf dem Grundstück Müllerstraße 35 rechts neben der Einfahrt lagernden 50 Paletten Kalksandsteinen. Der Herausgabeanspruch gegen den Grundstückseigentümer wird an den Auftraggeber abgetreten, dieser nimmt die Eigentumsübertragung und die Abtretung an.

Das eine rechtliche Problem besteht darin, dass die Gegenstände so exakt wie möglich bezeichnet werden müssen, sodass man genau weiß, an welchen Sachen das Eigentum übergehen soll. In dem ersten Beispiel wüsste man gar nicht, um welche 50 Paletten es sich handelt, daher wäre ein Herausgabeanspruch im Streitfall nicht durchsetzbar. Zweitens ist der Auftragnehmer oft (noch) nicht Eigentümer, weil die Baumaterialien noch nicht bezahlt sind und sein Lieferant unter Eigentumsvorbehalt geliefert hat. Wenn es sich um Baumaterial oder Bauteile handelt, die zum Weiterverkauf oder Einbau in das Gebäude bestimmt sind, darf zwar auch der Nichteigentümer das Eigentum übertragen (§ 366 HGB). Das geht aber nur bei schon auf der Baustelle oder bei dem Auftragnehmer lagerndem Material. Befindet sich das Material noch beim Lieferanten, muss dieser zustimmen. Drittens ist noch die tatsächliche Übergabe oder ersatzweise die Abtretung der Herausgabeansprüche gegen den derzeitigen Besitzer zur wirksamen Eigentumsübertragung notwendig. Hier können Fehler geschehen, die letztlich zur Unwirksamkeit der Eigentumsübertragung führen. **2278**

Wir haben das Musterschreiben N 7 zu diesem Thema entworfen. In Anbetracht der rechtlichen und tatsächlichen Probleme sollte sich der Auftraggeber aber nur mit rechtlicher Beratung auf eine Eigentumsübertragung einlassen. Der einfachere Weg ist in diesen Fällen die Vereinbarung einer Vorauszahlung gegen Bürgschaft, weil diese sicher ist und schon vor der Anfertigung der Bauteile oder Lieferung der Baustoffe abgerechnet und gezahlt werden kann. Allerdings verursacht die Beantragung einer Bürgschaft zusätzliche Kosten und häufig wird ein Auftragnehmer, der beim Material nicht in Vorleistung gehen kann, auch keine Bürgschaft stellen können. Dann bleibt nur der Weg der Zahlung gegen Übertragung des Eigentums, wenn der Baufortschritt durch die eingeschränkten Vorfinanzierungsmöglichkeiten des Auftragnehmers nicht behindert werden soll. **2279**

b) Beizufügende Abrechnungsunterlagen

Wichtig ist, dass Abschlagsrechnungen nur prüfbar sind, wenn die entsprechenden Leistungsnachweise beigefügt sind. Das gilt sowohl für Einheitspreis- als auch für Pauschalpreisverträge. Manche Auftragnehmer sind der Ansicht, bei einem Pauschalpreisvertrag könne man ohne weitere Nachweise z.B. „30 Prozent Leistungsstand" abrechnen. Das ist jedoch unzutreffend. Zwar muss der Auftragnehmer kein exaktes Aufmaß wie bei einem Einheitspreisvertrag beifügen, aber dem Auftraggeber muss doch die Möglichkeit gegeben sein, an Hand der eingereichten Nachweise zu überprüfen, ob die jetzt in Rechnung gestellte Abschlagssumme im Verhältnis zum vereinbarten Pauschalpreis dem erreichten Leistungsstand entspricht (BGH, Urt. v. 25.10.1990 – VII ZR 201/89). Wie man sieht, müssen den Abschlagsrechnungen auch beim Pauschalpreisvertrag Leistungsnachweise beigefügt werden, soweit dies für die Prüfbarkeit der Rechnung notwendig ist. Rechtsprechung zu der Frage, wie detailliert dieser Leistungsnachweis sein muss, ist **2280** nicht zu finden, da es in gerichtlichen Verfahren eigentlich immer um Schlussrechnungsforderungen geht. Nach unserer Ansicht muss ein sinnvoller Kompromiss vereinbart werden, denn wenn der Auftragnehmer eines Pauschalvertrags für die Abschlagsrechnungen genauso exakte Aufmaße beifügen müsste wie bei einem Einheitspreisvertrag, würde ihm der wesentliche Vorteil der Pauschalierung verlorengehen, nämlich die Ersparnis des Aufwands für ein detailliertes Aufmaß.

2281 Entspricht die ausgeführte Leistung den Plänen, ist anhand der Pläne abzurechnen (DIN 18299 Ziffer 5). Die VOB geht also als Regelfall nicht von einem Aufmaß vor Ort auf der Baustelle aus, sondern davon, dass die Mengen aus den Plänen „gezogen" werden. Existieren keine vermaßten Pläne oder wurde abweichend von den Plänen gebaut, muss für die davon betroffenen Leistungen ein körperliches Aufmaß vor Ort stattfinden. Wo Zeichnungen (Abrechnungspläne oder Handzeichnungen) für das Verständnis der Aufmaßblätter und damit die Prüfbarkeit der abgerechneten Leistungen notwendig sind, müssen diese ebenfalls beigefügt werden.

2282 Nicht ausreichend ist eine Abrechnung nach Materiallisten angelieferten Materials, wenn sich daraus nicht ergibt, wo genau die aufgelisteten Materialien verbaut worden sind (OLG Brandenburg, Urt. v. 17.1.2019 – 12 U 116/18). Zulässig ist natürlich eine entsprechende Vereinbarung. Bei schwierig aufzumessenden Materialien wie etwa Kabeln, ist es aus Sicht des Auftragnehmers empfehlenswert, eine Abrechnung nach auf die Baustelle geliefertem Material abzüglich Retouren zu vereinbaren. Ebenso könnte für Baustahl vereinbart werden, dass die Abrechnung nach den Stahllisten des Statikers erfolgt und kein positionsbezogenes Gesamtaufmaß erstellt werden muss. Vereinbart werden könnte auch, dass bei der Verwendung von Filigrandecken ein pauschaler Aufschlag für die in den Stahllisten nicht enthaltene zusätzliche Bewehrung und bei der Abrechnung von Kabeln ein pauschaler Abzug für Verschnitt gemacht wird. Solche Vereinbarungen vereinfachen die Abrechnung. Möglicherweise ist der Auftragnehmer bereit, zum Ausgleich etwaiger Ungenauigkeiten und seines ersparten Aufwands einen Nachlass auf die betreffenden Positionen einzuräumen.

2283 Vertragliche Regelungen, die die Zahlung von Abschlagsrechnungen zusätzlich davon abhängig machen, dass der Auftragnehmer nur dann eine Abschlagsrechnung stellen darf, wenn er der Rechnung „ein von der Bauüberwachung bestätigtes Aufmaß beifügt", sind unwirksam. Wird in den AGB des Auftraggebers die Fälligkeit von Faktoren abhängig gemacht, auf die der Auftragnehmer keinen Einfluss hat, verstößt dies gegen § 307 Abs. 2 BGB (LG Frankfurt/Main, Urt. v. 3.12.2007 – 3/1 O 104/07).

c) Gemeinsame Feststellung der erbrachten Leistung (Aufmaß)

2284 In der Praxis wird zu oft die Vorschrift des § 14 Abs. 2 VOB/B missachtet. Dort ist geregelt, dass die für die Abrechnung notwendigen Feststellungen dem Fortgang der Leistung entsprechend möglichst gemeinsam vorzunehmen sind. Für Leistungen, die bei Weiterführung der Arbeiten nur schwer feststellbar sind, hat der Auftragnehmer rechtzeitig gemeinsame Feststellungen zu beantragen. Das betrifft erstens die Feststellung, ob bestimmte Leistungen überhaupt ausgeführt wurden (z.B. Isolierungen, Abdichtungen) und zweitens, ob nach Zeichnungen abgerechnet werden kann oder ein körperliches Aufmaß genommen werden muss.

Die Regelung ist deshalb wichtig, weil der Auftragnehmer im Rahmen eines Bau- **2285**
prozesses grundsätzlich für die von ihm erbrachten und abgerechneten Bauleistungen voll beweispflichtig ist. Bestreitet der Auftraggeber Mengen/Massen und ist eine abgerechnete Bauleistung durch den weiteren Baufortschritt verdeckt worden, läuft der Auftragnehmer Gefahr, die Erbringung einer bestimmten Position nicht beweisen zu können.

Folgende Leistungen sind bei Fortführung der Arbeiten nicht oder nur schwer **2286**
überprüfbar:

- Aushub- und Verfüllungsarbeiten
- Abbrucharbeiten
- Schließen von Schlitzen/Durchbrüchen
- Putzausbesserungen und Betonkosmetik
- Abrechnung von Estrich- oder Putzmehrstärken (OLG Braunschweig, Urt. v. 18.11.1999 – 8 U 136/99)
- Kabelverlegung und andere Installationen in Schächten, abgehängten Decken und Doppelböden

Um sich vor Auftraggebern zu schützen, die solche Beweisprobleme kennen und **2287**
ausnutzen, ist es zwingend erforderlich, rechtzeitig die notwendigen Feststellungen gemeinsam zu treffen. Deshalb sollte der Auftraggeber zu solchen Aufmaßterminen schriftlich eingeladen werden. Dabei darf der Hinweis, dass die Leistungen aufgrund des Baufortschritts verdeckt werden, nicht fehlen. Entsendet der Auftraggeber dann seinen Architekten, so ist dieser als bevollmächtigt anzusehen, die notwendigen Feststellungen zu treffen. Voraussetzung ist aber, dass der Auftraggeber Kenntnis von dem Termin hat und mit dieser Kenntnis den Architekten oder Bauleiter beauftragt, den Termin wahrzunehmen.

Sofern wirklich gemeinschaftliche Feststellungen im beiderseitigen Einver- **2288**
nehmen getroffen wurden, sind diese für beide Vertragspartner bindend (KG, Urt. v. 20.6.1995 – 7 U 556/95). Liegt ein solches gemeinsames Aufmaß vor, kann der Auftraggeber später nicht mehr pauschal einwenden, die getroffenen Feststellungen entsprächen nicht der Wirklichkeit. Ein Abrücken von der Bindungswirkung ist nur dann möglich, wenn der betroffene Vertragspartner im Einzelnen darlegt und beweist, dass ihm die Unrichtigkeit im Zeitpunkt der Aufmaßfeststellung erst nach dem gemeinsamen Aufmaß bekannt geworden ist (OLG Hamm, Urt. v. 12.7.1991 – 26 U 146/89). Insofern tritt also eine Umkehr der Beweislast ein.

2289 Dies gilt insbesondere auch nach einer Kündigung. Bleibt der Auftraggeber dem Termin zum gemeinsamen Aufmaß fern und ist ein neues Aufmaß oder eine Überprüfung des einseitig genommenen Aufmaßes nicht mehr möglich, trägt der Auftraggeber im Prozess die Darlegungslast für die Unrichtigkeit des Aufmaßes (BGH, Urt. v. 22.5.2003 – VII ZR 143/02). Er muss also „substantiiert" darlegen und beweisen, warum und inwieweit das einseitig vom Auftragnehmer angefertigte Aufmaß unrichtig sein soll. Das Gleiche gilt, wenn der Auftraggeber zunächst die einseitig vom Auftragnehmer ermittelten Mengen bestätigt und daraufhin der Auftragnehmer auf eine gemeinsame Feststellung verzichtet. Ist später eine Überprüfung nicht mehr möglich, weil die Leistungen durch den weiteren Baufortschritt verdeckt sind, muss der Auftraggeber darlegen und beweisen, welche Massen zutreffend sein sollen (BGH, Urt. v. 22.7.2006 – VII ZR 202/04; BGH, Urt. v. 24.7.2003 – VII ZR 79/02).

2290 Dort, wo die ausgeführte Leistung den Plänen entspricht und im Nachhinein überprüfbar ist, gibt es allerdings keine Verpflichtung des Auftraggebers, an einem gemeinsamen Aufmaß teilzunehmen. Hier erstellt der Auftragnehmer das Aufmaß anhand der Pläne allein. Voraussetzung ist allerdings, dass solche vermaßten Pläne bereits existieren. Unserer Auffassung nach besteht keine Verpflichtung des Auftragnehmers, nur für Zwecke des Aufmaßes vermaßte Aufmaßpläne zu erstellen. Wenn keine Pläne existieren, muss eben vor Ort aufgemessen werden.

d) Aufbau der Rechnungen

2291 Die Rechnungen müssen übersichtlich aufgebaut sein. Das bedeutet, dass das Leistungsverzeichnis bzw. das Preisangebot die Grundlage ist und die Rechnung in genau der gleichen Reihenfolge der Titel und Einzelpositionen mit den gleichen Positionsbezeichnungen aufzubauen ist. Position 1.05.11 des Angebots muss also mit gleichem (ggf. verkürztem) Leistungstext auch Position 1.05.11 der Rechnung sein.

2292 Hat sich die unter einer Position beschriebene Leistung nach Vertragsabschluss geändert, muss dies in der Rechnung kenntlich gemacht werden.

2293 **Beispiel:** Pos. 1.05.11 war Lieferung und Montage eines Heizkessels Buderus „XY". Eingebaut wurde nach Anweisung des Auftraggebers ein Heizkessel der Firma Wolff. In der Rechnung könnte das wie folgt aussehen:
Pos. 1.05.11 entfallen
Pos. 1.05.11 a) Lieferung und Montage Heizkessel Wolff „YZ", sonst wie Pos. 1.05.11 des Angebots

2294 Zusätzlich beauftragte Leistungen werden gesondert abgerechnet. Die fortlaufend durchnummerierten Nachträge können also entweder am Ende des jeweiligen Titels oder am Ende der Rechnung alle nacheinander abgerechnet werden.

e) Elektronische Rechnungslegung

Vom 27.11.2020 an sind Auftragnehmer verpflichtet, Rechnungen an Bundesbehörden elektronisch einzureichen. Die Pflicht zur E-Rechnung gilt dann auf Bundesebene mit wenigen Ausnahmen. Eine davon sind Zahlungsaufforderungen für Direktaufträge bis zu einem Betrag von € 1.000,–. Details regelt die Verordnung über die elektronische Rechnungsstellung im öffentlichen Auftragswesen des Bundes (ERechV). **2295**

Eine E-Rechnung ist ein nach genauen Vorgaben strukturierter Datensatz, der in einem elektronischen Format erstellt, übermittelt und empfangen wird. Darüber hinaus muss eine automatische Weiterverarbeitung des Datensatzes möglich sein. Leistungsnachweise, Lieferscheine, vertraglich vereinbarte zahlungsbegründende Unterlagen sollen direkt an den Auftraggeber übermittelt werden. Werden Dokumente per E-Mail mit der Rechnung übermittelt, müssen die Dokumente mit dem Namen des Rechnungsstellers und der Rechnungsnummer benannt werden. Die E-Mail darf beim Absenden eine Größe von 10 MB nicht überschreiten, sonst kann die Nachricht nicht empfangen werden. Da Aufmaße und die zugehörigen Pläne häufig größere Dateien sind, ist eine Abstimmung mit dem Auftraggeber erforderlich. Die Verpflichtung zur Stellung von E-Rechnungen wird schrittweise auch auf alle anderen öffentlichen Auftraggeber ausgedehnt. **2296**

f) Digitales Aufmaß

Die VOB/B enthält noch keine Regelungen darüber, ob Auftragnehmer die Aufmaße rein digital erstellen und an den Auftraggeber übermitteln können. Technisch ist es heute ohne weiteres möglich, aus vorliegenden digitalen CAD-Plänen in 2D automatisch die Wandflächen, Bodenflächen, Mauerwerksmassen und andere Mengen zu errechnen. Hat der Auftraggeber die gleichen Pläne auf dem Planserver zur Verfügung, könnte er die abgerechneten Mengen ohne weiteres ebenfalls direkt aus den Plänen ermitteln und somit die Mengenermittlung des Auftragnehmers überprüfen. **2297**

Einen weiteren Fortschritt bringen 3D-Modelle des Bauvorhabens. Damit ist es nun auch möglich, die Mengen von dreidimensional in dem Objekt verlaufenden Lüftungskanälen, Kabeltrassen usw. zeitsparend aus dem Modell zu ermitteln. Gleiches gilt, wenn sich 3D-Modelle auch im Tiefbau und bei der Errichtung von Außenanlagen durchsetzen. Allerdings ist hierfür die Bereitschaft des Auftraggebers erforderlich, ebenfalls die hierfür erforderlichen Computerprogramme vorzuhalten. **2298**

Rechtsprechung zu diesem Themenkomplex ist kaum veröffentlicht. Allerdings hat die VOB-Stelle Niedersachsen schon im Jahr 1995 entschieden, dass ein Auftragnehmer, der Einzelflächen seiner Abrechnung mittels eines CAD-Programms berechnet hatte, prüfbar abgerechnet hat (VOB-Stelle Niedersachsen, Stell. v. 31.7.1995 – Fall 1051). Der Auftraggeber hielt die Abrechnung für nicht **2299** prüfbar, da die jeweiligen Mengen ohne Einzelberechnung angegeben waren. Der Auftragnehmer argumentierte, von ihm könne nicht erwartet werden, dass die Flächen in der Mengenermittlung von Hand, z.B. durch Zusammensetzen geometrisch einfacher Einzelflächen wie Dreiecke, Kreise usw. berechnet werden, nur um sie für das Ingenieurbüro des Auftraggebers prüfbar zu machen. Dem folgte die VOB-Stelle.

g) Kumulative Rechnungslegung

2300 Obgleich in der VOB/B nicht ausdrücklich geregelt, sollte der Bauleiter darauf achten, dass Abschlagsrechnungen beim Einheitspreisvertrag kumulativ aufgestellt werden, das heißt, dass in jeder Abschlagsrechnung komplett die bis dahin erbrachten Leistungen abgerechnet werden (unter Abzug der bislang tatsächlich erhaltenen Zahlungen).

2301 **Beispiel:** Der Auftragnehmer legt die fünfte Abschlagsrechnung vor und rechnet in den betreffenden Einzelpositionen komplett diejenigen Mengen und Massen ab, die bis zum Zeitpunkt der Rechnungslegung erbracht worden sind (unter Einschluss der mit der ersten bis vierten Abschlagsrechnung bereits abgerechneten Mengen/Massen). Von dem sich dann ergebenden Betrag wird zunächst ein etwa vereinbarter Sicherheitseinbehalt abgezogen und anschließend die auf die erste bis vierte Abschlagsrechnung erhaltenen Zahlungen. Schließlich wird der Rechnung das Aufmaß über die seit Stellung der vierten Abschlagsrechnung erbrachten Leistungen beigefügt.

2302 Diese kumulative Abrechnung hat für beide Seiten den Vorteil, dass man ohne Durchsicht der ersten bis vierten Abschlagsrechnung sieht, welcher Leistungsstand erreicht ist. Dadurch, dass nur die tatsächlich erfolgten Zahlungen abgezogen werden, sieht der Auftraggeber auf einen Blick, welche Zahlung der Unternehmer derzeit beansprucht. Wegen dieser Vorteile ist die kumulative Rechnungslegung im Vergabehandbuch des Bundes (VHB), dessen Vertragsmuster von den meisten öffentlichen Auftraggebern benutzt werden, ausdrücklich vorgeschrieben.

h) Abrechnung von Sammelpositionen in Einheitspreisverträgen

2303 Es wurde in Kapitel C geschildert, dass bei der Aufstellung eines Leistungsverzeichnisses für einen Einheitspreisvertrag so vorgegangen wird, dass die ganzheitliche Bauleistung in eine Vielzahl einzelner Arbeitsschritte zerlegt wird. Bei dieser gedanklichen Zerlegung kann der Auftraggeber wiederum wählen, wie tief die Teilleistungen aufgegliedert werden.

2304 **Beispiel:** In einem Einheitspreisvertrag über Putzarbeiten wird folgende Position beschrieben:
„Gips-Maschinenwandputz in Wohnungen, einschließlich Laibungsputz, einschließlich aller Zu-, An- und Beiputzarbeiten wie Einputzen von Küchenlüftern,

Anarbeiten von Türzargen, Durchreichen etc. Die Kanten der Fenster- und Türlaibungen sind umlaufend mit einem Eckschutzprofil zu versehen."

Bei dem vorstehenden Beispiel hat sich der Auftraggeber entschlossen, eine ganze Reihe an sich unterschiedlicher Teilleistungen unter einer Position zusammenzufassen. Strukturell hat dieses Vorgehen eine gewisse Ähnlichkeit mit einem Detail-Pauschalpreisvertrag. Auch dort werden mehrere detailliert beschriebene Teilleistungen zusammengefasst und es wird deren Erbringung zu einem Gesamtpreis vereinbart. 2305

Der Auftraggeber hätte im vorstehenden Fall auch den Laibungsputz gesondert ausschreiben können, ebenso wie das Anarbeiten von Türzargen, das Einputzen von Küchenlüftern sowie das Setzen von Eckschutzschienen nach laufenden Metern. Aus einer Position wären dann vier oder fünf Positionen geworden. 2306

In der Endabrechnung vereinfacht und erleichtert das Zusammenfassen mehrerer Teilleistungen unter einer EP-Position das Aufmaß und die Abrechnung. Probleme tauchen allerdings dann auf, wenn im Zuge der Durchführung der Leistungen nicht alle unter der Position erfassten Teilleistungen gleichzeitig ausgeführt werden. Wenn beispielsweise der Auftragnehmer zunächst in Teilbereichen nur den maschinell aufzubringenden Wandputz herstellt, aber der Laibungsputz sowie das Einarbeiten der Türen noch nicht begonnen wurde, entspricht der Wert der hergestellten Teilleistung nicht dem vereinbarten Einheitspreis. Vielmehr muss der Auftraggeber darauf achten, dass er tatsächlich nur den anteiligen Wert der erbrachten Teilleistungen bezahlt und nicht etwa den vollen vereinbarten Einheitspreis für die Gesamtposition. Hier wäre also der Einheitspreis im Rahmen der Rechnungsprüfung anteilig zu kürzen. Das Gleiche gilt, wenn der Auftragnehmer neben der eigentlichen Bauleistung die Erstellung von Bestandsplänen übernommen hat. Ist hierfür keine gesonderte Vergütungsposition vorgesehen, dann ist die Vergütung hierfür in den Einheitspreisen bzw. anteiligen Pauschalpreisen enthalten. Liegen für die bereits ausgeführten und abgerechneten Leistungen noch keine Bestandspläne vor, ist der Auftraggeber berechtigt, eine anteilige Kürzung der abgerechneten Einheitspreise vorzunehmen, damit keine Überzahlung des Aufragnehmers einritt. 2307

Auch bei einer Vertragskündigung sind diese Besonderheiten zu berücksichtigen, weil regelmäßig noch nicht alle unter der Position erfassten Teilleistungen erbracht sind. Hier ist eine besonders sorgfältige Dokumentation des erreichten Bautenstandes im Zeitpunkt der Kündigung erforderlich, was sinnvollerweise durch ein gemeinsames Aufmaß sowie eine genaue Aufstellung der fehlenden Teilleistungen bei der Abnahme geschehen sollte (§ 8 Abs. 6 VOB/B). 2308

i) Umsatzsteuerliche Behandlung von Abschlagsrechnungen

Die folgenden Ausführungen gelten nur dann, wenn keine „Umkehrbesteuerung" erfolgt. Bei der Umkehrbesteuerung zwischen Bauunternehmern ist der Auftrag- 2309 geber an Stelle des Auftragnehmers verpflichtet, die jeweils fällige Umsatzsteuer an das Finanzamt abzuführen. Liegen die Voraussetzungen für die Umkehrbesteuerung vor, müssen die Rechnungen des Unternehmers einen entsprechenden Hinweis enthalten. In allen anderen Fällen muss der Unternehmer darauf achten, dass in der Finanzbuchhaltung Abschlagsrechnungen und Schlussrechnungen unterschiedlich behandelt werden.

2310 Die Steuerpflicht für Werkleistungen entsteht erst mit Erbringung der vollständigen Leistung. Das ist bei Bauleistungen der Zeitpunkt der Abnahmefähigkeit. Als Ausnahme ist in § 13 Abs. 1 Ziffer 1 a UStG bestimmt, dass Teilleistungen im Sinne des Umsatzsteuergesetzes dann vorliegen, wenn für bestimmte Teile einer wirtschaftlich teilbaren Leistung das Entgelt von vornherein gesondert vereinbart wurde.

2311 In Bauverträgen gibt es entweder Einheitspreise für bestimmte Positionen oder einen Pauschalpreis für die Vertragsleistung. Es gibt aber nur selten Vereinbarungen, dass beispielsweise für abgrenzbare Teilleistungen eine bestimmte anteilige Vergütung schon bei Vertragsabschluss als selbstständiger Preis vereinbart ist (etwa Teilpauschalen für einzelne Bauabschnitte). Nur in solchen Fällen läge eine selbstständige Teilleistung vor, deren Fertigstellung sofort zur Umsatzsteuerpflicht führt. Die Folge dieser gesetzlichen Regelungen ist, dass die Legung von Abschlagsrechnungen vor der Fertigstellung noch keine Umsatzsteuerzahllast auslöst und umsatzsteuerrechtlich eine Abweichung von der „Soll-Versteuerung" vorliegt. Umsatzsteuer muss nur in dem Umfang an das Finanzamt entrichtet werden, wie tatsächlich Zahlungen auf die Abschlagsrechnungen eingegangen sind.

2312 Insbesondere bei Handwerksbetrieben ist es jedoch verbreitet, Abschlagsrechnungen in der EDV als sogenannte Teilrechnungen zu erstellen und bei der Aufstellung von Folgerechnungen zum Auftrag immer die vollen Rechnungsbeträge der vorher gelegten Rechnungen in Abzug zu bringen. Gleichzeitig werden die Teilrechnungen sofort als Umsatzerlöse gebucht. Das hat zur Folge, dass die ausgewiesene Umsatzsteuer sofort und in voller Höhe an das Finanzamt zu zahlen ist, was bei einer Abschlagsrechnung nicht der Fall wäre. Werden die Abschlagsrechnungen vom Auftraggeber nicht vollständig bezahlt, etwa weil Einbehalte oder Rechnungskürzungen erfolgten, hat dies außerdem zur Folge, dass neben dem in der Schlussrechnung ausgewiesenen Zahlbetrag noch Restsummen aus einer oder mehreren Abschlagsrechnungen offen sind. Diese können aber nach Schlussrechnungslegung nicht mehr eingeklagt werden.

2313 Der Auftragnehmer muss also im Fakturierungsprogramm die richtige Rechnungsart wählen und in der Finanzbuchhaltung dürfen die Rechnungsbeträge aus Abschlagsrechnungen nicht sofort als Umsatzerlöse verbucht werden. Sie können auf einem Verrechnungskonto umsatzsteuerlich neutral „geparkt" werden. Erst wenn tatsächlich eine Zahlung auf die Abschlagsrechnung eingegangen ist, erfolgt in der Finanzbuchhaltung eine Buchung als „erhaltene Anzahlung" unter Angabe der Rechnungsnummer der Abschlagsrechnung und Auflösung des Verrechnungskontos. In der Schlussrechnung werden dementsprechend nur die tatsächlich erhaltenen Abschlagszahlungen von der Schlussrechnungssumme abgezogen und nicht etwa die Abrechnungssummen der einzelnen Abschlagsrechnungen.

j) Bis wann können Abschlagszahlungen verlangt werden?

Der Anspruch auf Abschlagszahlung ist immer auf eine vorläufige Bezahlung für schon erbrachte Leistungen gerichtet. Eine bestimmte Grenze ist weder in der VOB/B noch im BGB vorgesehen. Der Auftragnehmer kann also theoretisch auch bis 99 % der Abrechnungssumme Abschlagsrechnungen legen. Sobald der Vertrag jedoch durch vollständige Erfüllung (Abnahmefähigkeit ist eingetreten) oder Kündigung oder in sonstiger Weise beendet ist, erlischt automatisch das Recht auf Abschlagszahlungen. Dann ist die Schlussrechnung zu erstellen. **2314**

Bei größeren Bauvorhaben kann der Auftragnehmer für die Erstellung der Schlussrechnung häufig einen Zeitraum von mehr als einem Monat beanspruchen. Die Länge der Frist hängt von der vereinbarten Bauzeit ab und ist in § 14 Abs. 3 VOB/B geregelt. Betrug etwa die vertragliche Ausführungsfrist ein Jahr, hat der Auftragnehmer fünf Wochen Zeit, die Schlussrechnung zu erstellen. Solange die Schlussrechnung noch nicht aufgestellt sein muss, kann der Auftragnehmer weiterhin Abschlagszahlungen beanspruchen (BGH, Urt. v. 15.4.2004 – VII ZR 471/01). Erst wenn die Frist zur Erstellung der Schlussrechnung abgelaufen ist und die Abnahme stattgefunden hat, können keine Abschlagszahlungen mehr verlangt werden (BGH, Urt. v. 20.8.2009 – VII ZR 205/07). **2315**

Auch wenn die Prüfungsfrist für die Schlussrechnung jetzt nur noch 30 Kalendertage beträgt, stellt sich die Frage, ob zwischen Schlussrechnungslegung und Ablauf der Prüfungsfrist die letzte noch nicht bezahlte Abschlagsrechnung eingeklagt werden kann. Grundsätzlich ist dies nicht möglich. Folgende Ausnahmen werden von der Rechtsprechung gemacht: **2316**

Wenn der Auftraggeber bereits erklärt hat, er werde keine weiteren Zahlungen leisten, muss der Ablauf der Prüffrist nicht abgewartet werden. Die Klage aus der Schlussrechnung ist sofort möglich. **2317**

Wenn der Auftraggeber ein unstrittiges Guthaben aus der letzten Abschlagsrechnung nicht bezahlt hat, kann die Klage zunächst hierauf gestützt werden (OLG Naumburg, Urt. v. 22.5.2003 – 7 U 10/03). Die Klage muss dann aber später nach Ablauf der Prüfungsfrist auf die Schlussrechnung „umgestellt" werden (BGH, Urt. v. 20.8.2009 – VII ZR 205/07). **2318**

Bestreitet der Auftraggeber die Abnahmefähigkeit der Leistung und schickt er die Schlussrechnung wegen angeblich noch nicht vollständiger Fertigstellung zurück, **2319** kann der Auftragnehmer die letzte Abschlagsrechnung einklagen, auch wenn er die Ansicht vertritt, das Zurücksenden der Schlussrechnung sei unberechtigt gewesen (OLG Dresden, Urt. v. 22.4.2004 – 4 U 1947/03).

2320 Wenn Streit besteht, ob die Leistung abnahmefähig ist und ob die Schlussrechnung überhaupt gestellt werden durfte, kann und muss die Klage hilfsweise neben der Schlussrechnung auch auf die noch nicht bezahlte Abschlagsforderung gestützt werden (BGH, Urt. v. 15.6.2000 – VII ZR 30/99). Dazu ist dringend zu raten, da ansonsten die Klage aus der Schlussrechnung mangels Fälligkeit komplett abgewiesen werden kann. So hat das OLG Hamm eine Klage auf € 75.000,– aus einer Schlussrechnung über eine Auftragssumme von € 1,5 Mio. wegen angeblich zu Recht verweigerter Abnahme abgewiesen, weil ein Geländer zur Absturzsicherung im Wert von € 2.000,– zwischen einem Parkplatz und einem 80 cm tiefer liegenden Gehweg noch nicht angebracht war (OLG Hamm, Urt. v. 26.11.2003 – 12 U 112/02). Zur Begründung wurde ausgeführt, dass sicherheitsrelevante Mängel in jedem Fall zur Abnahmeverweigerung berechtigen würden. Hätte der Auftragnehmer vorsorglich noch eine Abschlagsrechnung ohne die fehlenden Geländer gelegt, hätte das Gericht einer hilfsweise auf Zahlung dieser Abschlagsrechnung gestützten Teilklage stattgeben müssen.

k) Abschlagsforderungen für Nachtragsleistungen

2321 Ordnet der Auftraggeber im Verlauf der Bauausführung zusätzliche oder geänderte Leistungen an und entstehen dem Auftragnehmer hierdurch Mehrkosten, steht dem Auftragnehmer dafür eine zusätzliche Vergütung zu. Wichtig ist zu wissen, dass der Anspruch auf zusätzliche Vergütung nicht davon abhängig ist, dass bereits eine Einigung über die Höhe der zusätzlichen Vergütung getroffen wurde oder eine „Beauftragung" seitens des Auftraggebers mit einer bestimmten Vergütungssumme vorliegt. Der zusätzliche Vergütungsanspruch entsteht automatisch infolge der Anordnung der Leistungsänderung und der Ausführung der geänderten Leistung. Der Auftragnehmer ist berechtigt, auch dann Abschlagszahlungen für eine vom Auftraggeber geforderte zusätzliche oder geänderte Leistung zu fordern, wenn eine Einigung über deren Vergütung nicht stattgefunden hat (BGH, Beschl. v. 24.5.2012 – VII ZR 34/11).

2322 Nach den Regelungen der VOB/B können erbrachte Nachtragsleistungen zu 100 % abgerechnet werden. Die neue gesetzliche Regelung in § 650c Abs. 3 BGB sieht vor, dass der Auftragnehmer ein Wahlrecht hat, entweder zu 100 % abzurechnen oder nur 80 % der verlangten Nachtragsvergütung zu fordern, wenn es noch keine Einigung über die Höhe der Nachtragsvergütung gibt. Diese neue gesetzliche Regelung bezieht sich nach ihrem Wortlaut nur auf Nachtragsangebote gemäß § 650b Abs. 1 BGB. Wir gehen allerdings davon aus, dass diese Vorschrift von den Gerichten auch auf nach dem 1.1.2018 abgeschlossene VOB/B-Verträge angewendet werden wird, wobei unterschiedliche rechtliche Begründungen denkbar sind. Eine dieser Begründungen lautet, dass die Nachtragsregelungen der VOB/B schon lange in Kraft sind und nicht anzunehmen ist, dass die Verfasser bewusst von gesetzlichen Regelungen abweichen wollten. Damit gelten die gesetzlichen Regelungen neben denen der VOB/B (LG Berlin, Urt. v. 16.10.2020 – 8 O 126/20).

Wie sollte sich der Auftragnehmer an dieser Stelle verhalten? Unsere Empfehlung **2323** ist, nach Ausführung der Nachtragsleistung zunächst einmal mit der nächsten Abschlagsrechnung die verlangte zusätzliche Vergütung zu 100 % abzurechnen. Immerhin ist es ja möglich, dass der Auftraggeber im Rahmen der Rechnungsprüfung zu dem Ergebnis kommt, dass die Forderung berechtigt ist und demzufolge auch vollständig bezahlt. Nur wenn tatsächlich ein Streit über die Höhe der Nachtragsvergütung besteht, was spätestens nach einer Kürzung der verlangten Nachtragsvergütung im Rahmen der Rechnungsprüfung zutage tritt, macht es für den Auftragnehmer Sinn, darüber nachzudenken, mit der nächsten Abschlagsrechnung das Wahlrecht auszuüben und 80 % der verlangten Nachtragsvergütung abzurechnen. Wenn der Auftragnehmer nämlich von diesem Wahlrecht Gebrauch macht, hat der Auftraggeber in dieser Höhe auch zu zahlen, wenn er nicht bei Gericht eine Herabsetzung des Betrags beantragt und eine entsprechende gerichtliche Entscheidung ergeht. Umgekehrt kann der Auftragnehmer seinerseits beantragen, dass der Auftraggeber vom Gericht verpflichtet wird, im Wege der Abschlagszahlung die volle verlangte Vergütung, statt nur 80 % hiervon zu bezahlen. Allerdings funktioniert dies nur bis zum Eintritt der Schlussrechnungsreife (LG Berlin, Urt. v. 16.10.2020 – 8 O 126/20).

Das bedeutet faktisch, dass bei kurzfristigen Bauaufträgen, die innerhalb weniger **2324** Wochen ausgeführt werden, die gesetzliche Neuregelung wenig Bedeutung hat. Bei solchen kurzfristigen Aufträgen werden in der Regel nur eine – maximal zwei – Abschlagsrechnungen gelegt und kurze Zeit später ist dann auch die Leistung beendet und die Schlussrechnung ist zu erstellen. Dann hilft dem Auftragnehmer auch die gesetzliche Neuregelung nicht mehr. Von großer praktischer Bedeutung ist die 80-Prozent-Regelung jedoch bei Bauaufträgen, die sich über viele Monate hinziehen. Dort verschafft sie dem Auftragnehmer die Möglichkeit, seine Liquidität zu sichern und sich nicht mit massiven Kürzungen der Nachtragsvergütung im Rahmen der Rechnungsprüfung abfinden zu müssen. Der Auftragnehmer hat nämlich ein rechtssicheres Leistungsverweigerungsrecht, wenn der Auftraggeber die in Rechnung gestellten 80 % der Nachtragsvergütung nicht bezahlt und keine abweichende gerichtliche Entscheidung ergeht. Ohne dass er selbst die Initiative ergreift und vor Gericht geht, kann er aber auch nicht mehr als 80 % verlangen. Bereits bei der Aufstellung des Nachtragsangebots, spätestens aber bei Erstellung der Abschlagsrechnung, wird der Auftragnehmer sich auch überlegen müssen, ob seine Nachtragsforderung dem Grunde und der Höhe nach berechtigt ist, denn bei einer anderslautenden gerichtlichen Entscheidung wird er die Kosten des Verfahrens tragen müssen.

2325 Der Auftraggeber muss zukünftig Nachtragsangebote wesentlich schneller prüfen und in Verhandlungen mit dem Auftragnehmer treten, wenn er vermutet, dass die in einem Nachtragsangebot enthaltene Vergütung zu hoch sei. Er muss hierfür auch selbst die Vergütungshöhe prüfen und kann sich nicht mehr – wie bislang häufig geschehen – darauf berufen, dass die verlangte Nachtragsvergütung für ihn „nicht prüffähig" sei.

2326 Wie oben dargestellt, entsteht der Anspruch des Auftragnehmers auf zusätzliche Vergütung der Erbringung der einseitig angeordneten zusätzlichen oder geänderten Leistungen (BGH, Beschl. v. 24.5.2012 – VII ZR 34/11). Sobald Teile der geänderten/zusätzlichen Leistung ausgeführt worden sind, können für diese Leistungsteile auch Abschlagsrechnungen gestellt werden. Wenn der Auftraggeber diese innerhalb der 21-tägigen Zahlungsfrist nicht bezahlt und der Auftragnehmer die Zahlung angemahnt hat, kommt der Auftraggeber insoweit in Zahlungsverzug.

2327 Allerdings stellt der BGH dabei nicht auf die Höhe der ursprünglich geltend gemachten Nachtragsforderung ab, sondern darauf, auf welche Summe für die jeweilige Zusatzleistung sich die Parteien (Monate später) schließlich geeinigt hatten.

2328 **Beispiel:** Der Auftraggeber ordnet eine zusätzliche Leistung an, für die der Auftragnehmer ein Nachtragsangebot in Höhe von € 105.000,– unterbreitet und in dieser Höhe die zusätzliche Leistung nach Erbringung in eine Abschlagsrechnung aufnimmt.

2329 Der Auftraggeber zahlt auf die Abschlagsrechnung pauschal € 70.000,– für die zusätzliche Leistung. Fünf Monate später einigen sich die Vertragsparteien auf eine zusätzliche Vergütung in Höhe von € 95.000,–. Den Differenzbetrag in Höhe von € 25.000,– zahlt der Auftraggeber mit der Schlussrechnung.

2330 In dem Beispielsfall befand sich der Auftraggeber rund fünf Monate im Zahlungsverzug, und zwar genau mit der Höhe des Differenzbetrags zwischen dem Abschlag von € 70.000,– und der schließlich vereinbarten Nachtragsvergütung von € 95.000,–. Der Auftragnehmer kann für den Zeitraum des Zahlungsverzugs entsprechende Verzugszinsen geltend machen. Voraussetzung hierfür ist allerdings, dass der Auftragnehmer die zusätzliche Vergütung überhaupt in eine Abschlagsrechnung aufgenommen hat. Ohne dass eine Rechnung gestellt wird, kann der Auftraggeber auch nicht in Zahlungsverzug kommen. Auch hier wird sich die gesetzliche Neuregelung auswirken, denn wenn der Auftragnehmer sich entscheidet, nur 80 % der verlangten Nachtragsvergütung abzurechnen, kommt der Auftraggeber bezüglich der nicht abgerechneten 20 % der Nachtragsvergütung nicht in Zahlungsverzug.

l) Abschlagszahlungen sind meistens kein Anerkenntnis der Leistung

Mit einer Abschlagszahlung ist in der Regel kein Anerkenntnis des Auftraggebers hinsichtlich der Vertragsgemäßheit der abgerechneten Leistung oder der Vergütungspflicht verbunden. Bei der Prüfung der Schlussrechnung kann der Auftraggeber grundsätzlich auch Positionen streichen, die eigentlich schon bezahlt sind, eben weil es sich nur um vorläufige Zahlungen handelt (OLG Düsseldorf, Urt. v. 11.2.2000 – 22 U 154/99). Es kann sich hier um nachträgliche Mengenkürzungen handeln oder auch darum, dass die Vergütungspflicht für abgerechnete und bezahlte Zusatzleistungen nachträglich in Abrede gestellt wird. **2331**

Bei Mengenkürzungen ist die Sache relativ klar. Der Auftraggeber ist überhaupt nicht verpflichtet, die in Abschlagsrechnungen abgerechneten Mengen zu überprüfen. Er kann auch einfach bezahlen. Hieraus kann man nicht schlussfolgern, dass der Auftraggeber die Abrechnungsmengen anerkennen wollte. Der BGH nimmt ein Anerkenntnis nämlich nur dann an, wenn sich die Parteien in Kenntnis des Klärungsbedarfs oder der Regelungsbedürftigkeit über einen Streitpunkt oder eine Ungewissheit geeinigt haben (BGH, Urt. v. 24.6.1999 – VII ZR 120/98), also ein Anerkenntnisvertrag abgeschlossen wurde, für den ein entsprechendes Angebot und seine Annahme nachgewiesen sein müssen. Folgerichtig sind auch Prüfvermerke eines Architekten auf den Abschlagsrechnungen kein Anerkenntnis der abgerechneten Leistungen, da die abgerechneten Positionen gerade nicht endgültig dem Streit entzogen werden sollen (OLG Hamm, Urt. v. 25.11.2009 – 12 U 155/08). **2332**

Die Zahlung von Abschlagsrechnungen kann jedoch als konkludenter Verzicht auf ein schriftlich vereinbartes Schriftformerfordernis ausgelegt werden (OLG München, Urt. v. 11.3.2014 – 9 U 1477/13 Bau). Allein mit dem Argument, eine Vertragsänderung sei nicht schriftlich vereinbart, kann der Auftraggeber nach der teilweisen Bezahlung der geänderten Leistungen also nicht durchdringen, da dies treuwidrig wäre. **2333**

Auch wenn durch die Bezahlung einer Abschlagsrechnung die abgerechneten Mengen nicht anerkannt werden, fragt sich, ob unter besonderen Umständen in der Bezahlung von Abschlagsrechnungen doch ein Anerkenntnis der Vergütungspflicht dem Grunde nach liegen kann. Relevant ist dies im Grunde nur bei Nachtragsforderungen, und zwar unter zwei Aspekten. **2334**

Mitunter bestreitet der Auftraggeber, eine zusätzliche Leistung überhaupt angeordnet zu haben. Für auftragslos erbrachte Leistungen erhält der Auftragnehmer aber keine Vergütung, außer der Auftraggeber hätte die Leistungen „nachträglich anerkannt" oder die Leistungen waren für die Erfüllung des Vertrags notwendig und entsprachen dem mutmaßlichen Willen des Auftraggebers (§ 2 Abs. 8 VOB/B). In den Fällen der fehlenden Anordnung ist regelmäßig unstrittig, dass es sich um eine zusätzliche oder geänderte Leistung handelt, allerdings fehlt eine **2335** ausdrückliche Anordnung. In diesem Fall wird überwiegend vertreten, dass die Bezahlung einer Abschlagsrechnung, in der die auftragslos erbrachte Leistung abgerechnet wird, jedenfalls ein „nachträgliches Anerkenntnis" im Sinne von § 2 Abs. 8 VOB/B ist (LG Berlin, Urt. v. 13.8.1999 – 100 O 63/97).

2336 Anders sind die Fälle zu behandeln, in denen schon strittig ist, ob bei einer Nachtragsforderung überhaupt eine zusätzliche oder geänderte Leistung vorliegt. Oftmals liegt in solchen Fällen eine Anordnung zur Leistungserbringung vor, der Auftraggeber geht aber davon aus, dass er nur etwas anordnet, das sowieso schon vertraglich geschuldet ist.

2337 **Beispiel:** Ein Bauunternehmer soll den erweiterten Rohbau für ein Schulungszentrum errichten. Es wird ein Pauschalpreis vereinbart. Ursprünglich sollte der Vertrag neben den Rohbau- und Erdarbeiten auch die Erstellung der Außenanlagen umfassen. Im Laufe der Auftragsverhandlungen wird der Titel Außenanlagen aus dem Deckblatt des Vertragsentwurfs gestrichen. Im endgültigen Vertrag steht nichts mehr von Außenanlagen, außer in der Präambel wo vermerkt ist: „ ... und die Herstellung der Außenanlagen, welche noch abschließend zu verhandeln sind." Nach Vertragsabschluss verlangt der Auftraggeber dann die Herstellung der Außenanlagen. Der Auftragnehmer rechnet in mehreren Abschlagsrechnungen insgesamt € 324.000,– nach Aufmaß und EP's hierfür ab, die bezahlt werden. Bei der Schlussrechnungsprüfung streicht der Auftraggeber den kompletten Titel Außenanlagen und meint, diese wären im Pauschalpreis schon enthalten gewesen.

2338 Damit kommt der Auftraggeber vor Gericht „nicht durch". Denn wenn die Außenanlagen für den Pauschalpreis herzustellen gewesen wären, hätte der Auftraggeber jedwede weitere zusätzliche Zahlung für die Außenanlagen von vornherein zurückweisen müssen. Indem er dies aber nicht getan hat, sondern ohne jeden Einwand € 324.150,51 gezahlt hat, kann dies nach Ansicht des Gerichts nicht anders verstanden werden, als dass der Auftraggeber die Verpflichtung, die Außenanlagen zusätzlich bezahlen zu müssen, nicht grundsätzlich in Zweifel zog. Aufgrund dieser Gesamtumstände sei daher von einem schlüssig erklärten Anerkenntnis dem Grunde nach auszugehen. Dieses schließe die Einwendung, eine zusätzliche Vergütung sei nicht vereinbart worden, von vornherein aus (OLG Celle, Urt. v. 30.1.2019 – 7 U 157/18).

2339 Man wird dies nicht auf jede kleine Einzelposition übertragen können. Dem Bauleiter des Auftraggebers muss aber klar sein, dass es gefährlich ist, durch die Bezahlung von Nachtragsleistungen dem Konflikt während der Bauzeit, der mit der Rechnungskürzung aufbrechen würde, aus dem Weg gehen zu wollen.

2340 Der Auftragnehmer ist seinerseits berechtigt, in weiteren Abschlagsrechnungen oder in der Schlussrechnung Leistungen abzurechnen, die er an sich schon in einer der vorangegangen Abschlagsrechnungen hätte abrechnen können, aber nicht abgerechnet hat. Es gibt also für den Auftraggeber keinen Vertrauensschutz dahingehend, dass die gelegten Abschlagsrechnungen vollständig alle bis dahin erbrachten Leistungen beinhalten, und zwar auch nicht bei einem kumulativen Aufmaß.

m) Zahlungspläne

Bei Pauschalpreisverträgen empfiehlt es sich, bei Vertragsabschluss oder zu einem späteren Zeitpunkt einen Zahlungsplan zu vereinbaren. Andernfalls kann Streit darüber entstehen, wie detailliert der Auftragnehmer im Rahmen von Abschlagsrechnungen den erreichten Leistungsstand nachweisen muss (siehe Rn. 2280). **2341**

Aus Auftragnehmersicht sollte der Zahlungsplan einfach zu handhaben sein, etwa indem bauteil- oder wohnungsbezogen bestimmte ausgeführte Leistungen an definierte Zahlungen geknüpft werden. Ein solcher Zahlungsplan muss ausreichend detailliert sein und nicht nur Raten wie etwa „Fertigstellung Fenstereinbau" vorsehen. Wenn nämlich in dem betreffenden Bauteil auch nur zwei Fenster noch nicht eingebaut sind, könnte der Auftraggeber darauf verweisen, dass die betreffende Rate nicht zur Zahlung fällig ist. Abhilfe schafft eine Vereinbarung, dass die jeweiligen Raten auch prozentual abgerechnet werden können, wenn mindestens ein bestimmter Prozentanteil der betreffenden Leistung erbracht ist. **2342**

Aus Auftraggebersicht darf ein Zahlungsplan nicht dazu führen, dass der Auftragnehmer mehr an Abschlagszahlungen erhält, als dem tatsächlich erreichten Leistungsstand entspricht. Beispielsweise ist daran zu denken, dass bei vielen Gewerken am Ende noch Revisionsunterlagen zu erstellen sind und auch hierfür eine Rate vorgesehen werden sollte. Abgesehen von solchen untergeordneten Problemen versuchen manche Auftragnehmer auch, den Zahlungsplan bewusst so zu gestalten, dass der Auftraggeber benachteiligt wird. Relevant ist das dort, wo der Bauvertrag nebst Zahlungsplan nicht vom Auftraggeber vorgegeben oder individuell vereinbart wird, sondern vom Auftragnehmer „einseitig gestellt" wird. Ein solcher vom Auftragnehmer gestellter Zahlungsplan ist als Allgemeine Geschäftsbedingung zu behandeln. Benachteiligt der Zahlungsplan den Auftraggeber unangemessen, ist er wegen Verstoßes gegen § 307 BGB unwirksam (BGH, Urt. v. 8.11.2012 – VII ZR 191/12). Es gilt dann die gesetzliche Regelung des § 632a BGB (Zahlung nach Baufortschritt). **2343**

Ein Zahlungsplan, der Abschlagszahlungen zu bestimmten Zeitpunkten oder in gewissen Zeitabständen vorsieht, birgt im Fall von Bauzeitverzögerungen die Gefahr, dass der Wert der erbrachten Leistungen hinter der Summe der geleisteten Zahlungen zurückbleibt. Ist neben dem Zahlungsplan ein Bauzeitenplan vereinbart, ist der Bauzeitenplan im Zweifel Geschäftsgrundlage des Zahlungsplans. Bleibt der tatsächliche Baufortschritt hinter dem Bauzeitenplan zurück, ist auch der Zahlungsplan anzupassen (OLG Stuttgart, Urt. v. 28.4.2020 – 10 U 294/19). **2344**

3. Die prüfbare Schlussrechnung

a) Einheitspreisvertrag

2345 Die Schlussrechnungserstellung beim Einheitspreisvertrag birgt meist keine größeren Probleme. Der Auftragnehmer muss nur darauf achten, dass er die Rechnung übersichtlich aufstellt, dass er die Reihenfolge der Positionen aus dem Angebot/Leistungsverzeichnis übernimmt und die gleichen Bezeichnungen für die einzelnen Leistungspositionen verwendet. Wird dies eingehalten und der Rechnung das Schlussaufmaß mit Abrechnungsplänen beigefügt, dürfte die Prüffähigkeit der Rechnung nicht zu bezweifeln sein.

2346 Strittig ist meist nur die Prüfbarkeit einzelner Abrechnungspositionen. Das kann daran liegen, dass die Aufmaßunterlagen nicht nachvollziehbar sind oder dass Preise für Nachtragsleistungen nicht nachvollziehbar dargelegt wurden. Dies macht die Rechnung aber nicht in Gänze „unprüfbar". Vielmehr ist der Auftraggeber gehalten, alle Rechnungspositionen, die er prüfen kann, auch zu prüfen. Gleichzeitig sollte hinsichtlich der übrigen Teile die Nichtprüfbarkeit gerügt werden. Zu den Einzelheiten siehe Kapitel N. II. 6 (Rn. 2503 ff.)

2347 Hakt der Auftraggeber die abgerechneten Einheitspreise nicht nur ab, sondern nimmt er auch teilweise Massenänderungen vor, spricht dies im Übrigen dafür, dass die (Schluss-)Rechnung des Auftragnehmers prüfbar war (OLG Frankfurt, Beschl. v. 12.4.2013 – 14 U 30/13).

2348 Änderungen und Ergänzungen des Vertrags, also sämtliche Nachträge, sind in der Rechnung besonders zu kennzeichnen, am sinnvollsten werden sie nach Abrechnung der vertraglich beauftragten Leistungen unter einer besonderen Ordnungsziffer abgerechnet. Falls der Auftraggeber dies verlangt, sind die Nachträge getrennt abzurechnen (§ 14 Abs. 1 Satz 4 VOB/B).

b) Pauschalvertrag

2349 Wird der Pauschalvertrag vollständig durchgeführt, ist die Schlussrechnung unproblematisch, da ein Aufmaß nicht erforderlich ist und lediglich die Pauschalsumme abgerechnet wird.

2350 Werden dagegen Nachträge (Zusatz- bzw. Änderungsleistungen) durchgeführt, müssen diese separat von der Pauschale unter einer gesonderten Überschrift abgerechnet werden.

2351 Sehr häufig führen nachträgliche Änderungen dazu, dass nicht nur Leistungen hinzukommen, sondern auch Leistungen aus der Pauschale entfallen. Diese entfallenen Leistungen werden entweder unmittelbar im Zusammenhang mit dem betreffenden Nachtrag abgerechnet (Nachtragsforderung als Differenzberechnung) oder übersichtlich und prüfbar bereits oben von der Pauschale in Abzug gebracht.

Beispiel: 2352

Pauschalpreis gemäß Vertrag:	€ 105.000,–
Abzüglich nicht erbrachte Erdarbeiten für Lärmschutzwall:	€ 10.000,–
Zuzüglich Lärmschutzwand aus Betonteilen gemäß NT-Angebot:	€ 15.000,–
Endsumme:	€ 110.000,–

Maßgeblich ist immer das Informations- und Kontrollinteresse des Auftraggebers, das Umfang und Differenzierung der für die Prüfung erforderlichen Angaben in der Schlussrechnung bestimmt und gleichzeitig begrenzt (BGH, Urt. v. 26.10.2002 – VII ZR 99/99). Selbst wenn eine Leistungsänderung nicht zu Mehrkosten geführt hat, sollte der Auftragnehmer in der Schlussrechnung auf die Leistungsänderung hinweisen und begründen, warum der Pauschalpreis trotz Änderung der Leistung unverändert bleibt. Das gilt sinngemäß auch bei Einheitspreisverträgen. Hat der Unternehmer also beispielsweise mit Zustimmung des Auftraggebers statt Sickerschächten aus Beton ganz oder teilweise solche aus PVC eingebaut, muss er dies in der Rechnung kenntlich machen, weil der Auftraggeber sonst vermuten könnte, der Auftragnehmer wolle Abweichungen verbergen und sich in unlauterer Weise Vorteile verschaffen. 2353

c) Nur bereits erfolgte Zahlungen werden abgesetzt

Erfolgte Zahlungen sind einzeln mit dem erhaltenen Zahlbetrag und Datum aufzuführen. Berechtigt gezogene Skonti sind ebenfalls zu berücksichtigen. 2354

Sowohl beim Einheitspreis- als auch beim Pauschalpreisvertrag gilt, dass von der ermittelten Schlussrechnungssumme nur die tatsächlich geleisteten Abschlagszahlungen abzusetzen sind, nicht jedoch unbezahlte Abschlagsrechnungen als Abzugsposition mit aufgenommen werden dürfen. 2355

Wird das nicht beachtet, hat dies bei der Schlussrechnungslegung zur Folge, dass die Schlussrechnung nicht denjenigen Zahlbetrag aufweist, den der Auftraggeber noch zahlen muss und neben dem in der Schlussrechnung ausgewiesenen Betrag noch Rechnungsbeträge aus einer oder mehreren Abschlagsrechnungen in der Buchhaltung offen stehen. Soll jetzt eine Klage eingereicht werden, müssten neben dem in der Schlussrechnung ausgewiesenen Betrag auch noch die offenen Beträge aus verschiedenen Abschlagsrechnungen eingeklagt werden, was nach allgemeiner Ansicht nicht zulässig ist. 2356

d) Skontovereinbarungen

Bei der Aufstellung der Schlussrechnung sollte der Auftragnehmer prüfen, welche Zahlungen tatsächlich innerhalb der vereinbarten Skontofristen erfolgt sind. In Literatur und Rechtsprechung werden zur Zulässigkeit von Skontoabzügen sehr strenge Auffassungen vertreten, die vielen Auftraggebern nicht bekannt sind. 2357

2358 Vorsorglich sollte die Wirksamkeit der Skontovereinbarung juristisch geprüft werden. Wenn die Skontoregelung als Allgemeine Geschäftsbedingung des Auftraggebers anzusehen ist, kann sie aus verschiedenen Gründen unwirksam sein. Eine Skontoklausel in AGB ist nur wirksam, wenn die Skontofrist klar und eindeutig geregelt ist. Die Vereinbarung einer Skontierungsfrist, die erst nach Fälligkeit der Zahlungsverpflichtungen eintritt, weicht vom Grundgedanken des Skontos ab und ist daher unangemessen im Rahmen von Allgemeinen Geschäftsbedingungen, sowie auch überraschend (LG München I, Urt. v. 11.8.2006 – 18 O 22392/04). Eine Vereinbarung, wonach die Skontofrist mit Rechnungsprüfung beginnen soll, stellt keine klare Fristenregelung dar, denn bei einer solchen Fristenregelung hat es der Auftraggeber in der Hand, den Fristbeginn beliebig nach hinten zu verschieben, was mit dem Sinn einer Skontoabrede nicht vereinbar ist (LG Darmstadt, Urt. v. 20.9.2011 – 12 O 12/11). Ebenso ist das der Fall, wenn die Skontofrist erst beginnen soll, wenn die vom Architekten geprüfte Rechnung beim Auftraggeber eingegangen ist, denn das kann Tage oder Wochen nach Rechnungseingang sein.

2359 Ist die Skontoklausel wirksam, kommt es darauf an, ob die Zahlungen innerhalb der Skontofrist geleistet wurden. Die Skontofähigkeit ist dabei für jede Zahlung gesondert zu beurteilen (OLG Karlsruhe, Urt. v. 22.1.1999 – 14 U 146/97). Innerhalb der vereinbarten Frist geleistete Abschlagszahlungen sind also skontofähig, auch wenn andere Abschlagsrechnungen zu spät gezahlt werden. Ist Skonto für alle Abschlagszahlungen und die Schlusszahlung vereinbart, dann sind auch Teilzahlungen nach Rechnungskürzungen skontofähig (OLG Hamm, Urt. v. 7.2.1995 – 21 U 73/94). Entscheidend ist, dass die Rechnungskürzungen nachvollziehbar sind und begründet werden. Deutlich überzogene Kürzungen führen zum Verlust des Skontorechts (OLG Düsseldorf, Urt. v. 8.9.2000 – 22 U 25/00).

2360 Strenger urteilen andere Gerichte, dass jede nicht völlig unbedeutende Rechnungskürzung zum Verlust der Skontierfähigkeit führt (KG, Urt. v. 12.12.2003 – 4 U 263/01; OLG Stuttgart Urt. v. 6.3.2012 – 10 U 102/11) und schon eine unberechtigte Rechnungskürzung von 0,5 % der Abrechnungssumme zum Verlust des Skontoabzugs führt. Begründet wird dies damit, dass Zweck einer Skontoabrede ist, dem Auftragnehmer als Gegenleistung für den von ihm gewährten Teilerlass eine rasche Liquidität zu gewähren, indem die Zahlung des Auftraggebers schnell und gegenüber der vertraglichen Regelung vor Fälligkeit erfolgt.

2361 Der AG muss deshalb mit der Zahlung der Schlussrechnung die entsprechenden Betragsdifferenzen aus den Abschlagszahlungen an den Bauunternehmer nachzahlen. Dem steht auch nicht entgegen, dass der Bauunternehmer die inkorrekten Abzüge zunächst widerspruchslos hingenommen hat. Ein stillschweigendes Einverständnis kann hieraus nicht gefolgert werden (OLG Karlsruhe, Urt. v. 19.2.2013 – 4 U 96/12).

Aus Auftraggebersicht wird bei dieser Betrachtungsweise nicht hinreichend berücksichtigt, dass kleinere Fehler bei komplexen Rechungsprüfungen immer vorkommen können. Welcher Bauleiter kann tatsächlich zuverlässig „auf den Euro" die Höhe eines Mängeleinbehalts oder die Berechtigung einzelner Abzüge beurteilen? Würde jede noch so geringfügige unberechtigte Rechnungskürzung zum Verlust der Skontierfähigkeit führen, wäre die Skontovereinbarung für den Auftraggeber wertlos. Da mehrere Oberlandesgerichte jedoch eine strenge Auffassung vertreten, muss sich der Bauleiter des Auftraggebers darüber im Klaren sein, dass unberechtigte Rechnungskürzungen zum Verlust des Skontorechts führen können. **2362**

Ist zwischen Auftraggeber und Auftragnehmer strittig, ob die Rechnungskürzungen im Zusammenhang mit diskontierten Abschlagszahlungen berechtigt waren, muss der Auftraggeber darlegen und beweisen, dass die von ihm vorgenommenen Kürzungen zu Recht erfolgt sind. Gelingt ihm dies nicht, muss der Auftraggeber zu Unrecht gezogene Skonti nachbezahlen (OLG Düsseldorf, Urt. v. 8.9.2000 – 22 U 25/00). **2363**

e) Abzug von Umlagen

In vielen Bauverträgen sind sogenannte „Umlagen" für den Verbrauch von Baustrom und Bauwasser sowie die Mitbenutzung von Sanitäreinrichtungen enthalten. Dabei handelt es sich praktisch immer um Allgemeine Geschäftsbedingungen des Auftraggebers. **2364**

Ebenso sind Umlagen für die Kostenbeteiligung an einer vom Auftraggeber für alle Gewerke abgeschlossenen Bauleistungsversicherung üblich. Die in AGB enthaltene Klausel: *„Der Auftraggeber schließt eine Bauwesenversicherung ab. Die anteilige Prämie wird mit 0,25 % von der Schlusssumme in Abzug gebracht ..."* unterliegt als Preisvereinbarung allerdings nicht der richterlichen Inhaltskontrolle nach § 307 BGB (BGH, Urt. v. 6.7.2000 – VII ZR 73/00) und ist wirksam. **2365**

Andere Umlageklauseln können den Auftragnehmer unangemessen benachteiligen. Das ist dann der Fall, wenn sie nicht klar genug formuliert sind (OLG Hamm, Urt. v. 10.1.2013 – 21 U 14/12 – 0,75 % Umlage für „Baunebenkosten") oder wenn der Auftraggeber Umlagen für eigentlich von ihm geschuldete Leistungen verlangt (OLG Hamm, Urt. v. 21.3.1996 – 17 U 93/95). In dem dort entschiedenen Fall hatte der Auftraggeber die Umlage nicht nur für Baustrom und Bauwasser, sondern auch für „allgemeine Bauschäden, deren Verursacher nicht festgestellt werden konnte", verlangt. Auch eine Umlage, in der neben anderen Dingen auch die Beseitigung des Bauschutts enthalten ist, benachteiligt den Auftragnehmer unangemessen und ist insgesamt unwirksam (OLG Brandenburg, Urt. v. 20.8.2020 – 12 U 34/20). Das Gericht hat in dieser Entscheidung zutreffend festgestellt, dass eine Allgemeine Geschäftsbedingung auch dann vorliegt, wenn **2366** die Höhe der Pauschale durch eine handschriftliche Ergänzung des vorgedruckten Textes festgelegt wird.

2367 Unwirksam sind auch Umlageklauseln, wenn die Umlagen in Relation zu den tatsächlichen Kosten deutlich überhöht sind (OLG Stuttgart, Urt. v. 25.7.1997 – 2 U 4/97). In der dortigen Entscheidung wurden 1 % für Bauwasser und 0,5 % für Baustrom als zu hoch angesehen, da die tatsächlichen Kosten des Auftraggebers für das Bauvorhaben deutlich niedriger lagen. Das OLG Hamburg hat sich dieser Sichtweise angeschlossen und sieht in einer Bauvertragsklausel, wonach von der Schlussrechnung des Auftragnehmers für die Bereitstellung und Inanspruchnahme von Baustrom- und Bauwasseranschlüssen für den Verbrauch von Wasser und Strom sowie für die Mitbenutzung der Wasch- und Toilettenanlagen ein Betrag in Höhe von 1,8 % der Nettoauftragssumme abgezogen werden, wegen der Höhe der Umlage eine unangemessene Benachteiligung (OLG Hamburg, Urt. v. 4.12.2013 – 13 U 1/109).

2368 Das OLG Karlsruhe hat hingegen eine Klausel, wonach jeder Auftragnehmer der Technik- und Ausbaugewerke für Baustellenversorgung und Entsorgung mit 1,5 % der Abrechnungssumme belastet wird, nicht als unangemessen angesehen (OLG Karlsruhe, Urt. v. 31.10.1995 – 17 U 107/95). Dass unklar ist, was genau unter Baustellenversorgung und -entsorgung zu verstehen ist, hat das Gericht dabei allerdings nicht thematisiert und zur Unangemessenheit der Höhe war vom Auftragnehmer anscheinend nichts vorgetragen worden.

2369 Unwirksam sind in jedem Fall Umlageklauseln, wenn hierdurch das Erfordernis einer Fristsetzung zur Erfüllung von (Neben-)Pflichten des Auftragnehmers ausgehebelt wird. Da einzelne Auftragnehmer immer wieder Schutt, Verpackungen und Abfälle nicht beseitigen, hatte ein Auftraggeber eine Bauschuttklausel in den Vertrag aufgenommen, nach der der Auftragnehmer seinen Bauschutt beseitigen musste und für „Restschutt" zusätzlich eine Schuttumlagepauschale von 1 % der Abrechnungssumme zahlen sollte. Dies ist allerdings unwirksam (OLG Stuttgart, Urt. v. 25.7.1997 – 2 U 4/97). Ebenso unwirksam ist die Klausel: „Für anteilige Baureinigung werden dem Auftragnehmer 0,5 % von der Schlusssumme in Abzug gebracht." (BGH, Urt. v. 6.7.2000 – VII ZR 73/00), da die Baureinigung zunächst einmal Sache des Auftragnehmers ist und der Auftraggeber bei mangelhafter Erfüllung dieser Verpflichtung erst einmal eine Nachfrist setzten muss. Abgesehen davon ist die Baufeinreinigung Sache des Auftraggebers, die Kosten hierfür können nicht auf die Auftragnehmer überwälzt werden.

f) Umsatzsteuerausweis in der Schlussrechnung

2370 Das Umsatzsteuergesetz (§ 14 Abs. 5 Satz 2 UStG) verlangt, dass Auftragnehmer in der Schlussrechnung die im Voraus vereinnahmten Teilbeträge und die darauf entfallende Umsatzsteuer absetzen, wenn sie über die erhaltenen

Abschlagszahlungen Rechnungen mit gesondert ausgewiesener Umsatzsteuer erteilt haben.

Beim Abzug von Abschlagszahlungen in der Schlussrechnung ist unbedingt zu beachten, dass die erhaltenen Abschlagszahlungen in der gleichen Form in Abzug gebracht werden, wie sie zuvor dem Kunden in Rechnung gestellt wurden. Das heißt, wenn (wie üblich) in der Abschlagsrechnung die Umsatzsteuer getrennt ausgewiesen wurde, dann muss auch der Abzug des Abschlags in der Schlussrechnung getrennt in Nettobetrag und Umsatzsteuer erfolgen. **2371**

Beispiel:
Schlussrechnung Nr. xxx vom (Datum)
Bauvorhaben: Errichtung eines Geschäftshauses
Fertigstellung: (Datum)

Vereinbartes	Entgelt (netto) in EUR	Umsatzsteuer 19 % in EUR	Preis in EUR
	1.000.000,–	190.000,–	1.190.000,–
abzüglich: geleistete Anzahlungen			
10.2.2006	200.000,–	38.000,–	238.000,–
15.5.2006	200.000,–	38.000,–	238.000,–
20.8.2006	400.000,–	76.000.–	476.000,–
Restzahlung	200.000,–	38.000,–	238.000,–

Meist kann eine fehlerhafte Rechnungslegung korrigiert werden, aber es fallen bei einer steuerlichen Prüfung Verzugszinsen auf die wegen der fehlerhaften Rechnungslegung zunächst doppelt geschuldete Umsatzsteuer sowie zusätzlicher Aufwand in der Buchhaltung an. Einzelheiten hierzu stehen im Merkblatt Nr. 3: Umsatzsteuer – Versteuerung von Anzahlungen, Abschlagsrechnungen des Zentralverbands des Handwerks. **2372**

g) Zeitpunkt der Schlussrechnungslegung

Die VOB/B stellt in § 14 Abs. 3 nur auf die Fertigstellung der Leistungen ab. Die Schlussrechnung kann (und muss) gelegt werden, sobald der Auftragnehmer die vertraglich vereinbarten Leistungen beendet hat. Hat der Auftraggeber die Abnahme erklärt, kann und muss schlussgerechnet werden, auch wenn noch Restleistungen fehlen. Sind die Restleistungen geringfügig, kann komplett abgerechnet werden. Der Auftraggeber mag einen Einbehalt für die fehlenden Leistungen vornehmen (BGH, Urt. v. 20.8.2009 – VII ZR 205/07). Bei erheblichen Restleistungen muss eine Teilschlussrechnung gelegt werden. Umgekehrt ist es aber nicht erforderlich, dass vor Legung der Schlussrechnung und Beginn der Schlussrechnungsprüfung die Abnahme stattfindet (OLG München I, Urt. v. 17.12.1992 – 7 O 9858/92). Zwar wird die Schlussrechnungsforderung erst fällig, wenn die Prüfungsfrist abgelaufen ist und entweder die Abnahme stattgefunden hat oder der **2373**

Auftraggeber sich im Abnahmeverzug befindet. Die Schlussrechnung kann aber schon vorher gelegt werden.

2374 Die Schlussrechnungslegung ist gleichzeitig eine vertragliche Pflicht des Auftragnehmers. Da der Auftraggeber das Bauprojekt seinerseits auch hinsichtlich der Abrechnung beenden will, kann es nicht sein, dass die beteiligten Unternehmer abrechnen „wann sie wollen". Die Länge der Frist für die Aufstellung der Schlussrechnung hängt nach § 14 Abs. 3 VOB/B von der vereinbarten Bauzeit ab. Betrug etwa die vertragliche Ausführungsfrist weniger als drei Monate, hat der Auftragnehmer nur zwei Wochen Zeit, die Schlussrechnung zu erstellen. Für jede weiteren drei Monate Ausführungsfrist kommt eine Woche hinzu. Nach dem Text der VOB/B kommt es nur auf die vereinbarte Bauzeit an. Hat sich diese durch Zusatzaufträge verlängert, muss dem Auftragnehmer nach unserer Auffassung aber unabhängig von einer Vereinbarung über die Bauzeitverlängerung auch mehr Zeit für das Aufstellen der Schlussrechnung eingeräumt werden.

2375 Viele Auftragnehmer überschreiten die Fristen zur Schlussrechnungslegung, die für Abrechnungsaufträge und Pauschalverträge mit vielen Leistungsänderungen und Zusatzleistungen recht knapp bemessen sind. Der Auftraggeber hat in diesem Fall gemäß § 14 Abs. 4 VOB/B das Recht, nach Ablauf der Frist gemäß § 14 Abs. 3 dem Auftragnehmer eine (Nach-)Frist zur Erstellung der Schlussrechnung zu setzen und nach erfolglosem Ablauf der Nachfrist die Schlussrechnung auf Kosten des Auftragnehmers selbst aufzustellen. Gerade öffentliche Auftraggeber machen hiervon gelegentlich Gebrauch. Wenn der Auftraggeber mit der Schlussabrechnung ein Ingenieurbüro beauftragt, können für den Auftragnehmer schnell erhebliche Kosten anfallen. Um dies zu vermeiden, kann eine unvollständige Schlussrechnungslegung sinnvoll sein.

h) Unvollständige Schlussrechnungslegung

2376 Häufig verzögert sich die Legung der Schlussrechnung, weil der Werkunternehmer einzelne Leistungen oder Ansprüche noch nicht prüfbar abrechnen kann. Oft betrifft dies zusätzliche oder geänderte Leistungen (Nachträge) und Ansprüche aus Baubehinderungen. In diesen Fällen sollte auch eine unvollständige Schlussrechnungslegung in Erwägung gezogen werden.

2377 Zwar wird der Vergütungsanspruch des Auftragnehmers nach VOB/B (§ 16 Abs. 3) und BGB (§ 650g Abs. 4) erst fällig, wenn eine (prüfbare) Schlussrechnung gelegt wird. Da eine Schlussrechnung begrifflich eine abschließende Berechnung sämtlicher Vergütungsansprüche aus dem Bauvertrag sein soll, kann der Standpunkt vertreten werden, dass der Werklohnanspruch des Auftragnehmers nicht fällig wird, wenn er z.B. mit seiner Schlussrechnung lediglich den ursprünglichen Leistungsumfang abrechnet und Nachtragsforderungen ankündigt. Zur Begründung wird darauf verwiesen, dass der Auftragnehmer nach Abnahme der Werkleistung keine Abschlagszahlungen mehr verlangen kann und eine unvollständige Schlussrechnung de facto eine Abschlagsrechnung sei (BGH, Urt. v. 11.3.1982 – VII ZR 104/81).

Andererseits kann niemand den Auftragnehmer daran hindern, eine als solche bezeichnete Schlussrechnung aufzustellen, in der bestimmte Leistungen nicht enthalten sind. Wenn der Auftragnehmer den Auftraggeber nicht direkt darauf hinweist, wird dies vermutlich auch nicht auffallen. Eine andere Möglichkeit besteht in der Erstellung einer Teilschlussrechnung für einen abgegrenzten Bereich der Leistungen. Es ist nicht zu beanstanden, wenn ein Auftragnehmer zwei Teilschlussrechnungen für einen Bauauftrag legt (KG, Urt. v. 9.6.2009 – 21 U 182/07). Hierzu besteht etwa auch Anlass, wenn nur noch geringfügige Restleistungen fehlen, aber der AG bereits die Abnahme der Vertragsleistung erklärt hat. Dann besteht sogar eine Pflicht zur Schlussrechnungslegung (BGH, Urt. v. 20.8.2009 – VII ZR 205/07). **2378**

Grundsätzlich ist der Auftragnehmer berechtigt, auch nach Schlussrechnungslegung und Bezahlung der Schlussrechnung vergessene Leistungen nachzuberechnen (OLG Hamm, Urt. v. 21.2.2012 – 21 U 93/11; OLG Zweibrücken, Urt. v. 6.2.2003 – 4 U 71/02). Es gibt also keine „Bindungswirkung" einer einmal gelegten Schlussrechnung. Der Auftragnehmer ist demnach nicht gehindert, auch noch nach Stellung der Schlussrechnung solche Forderungen geltend zu machen, die nicht in die Schlussrechnung aufgenommen worden waren, obwohl das möglich gewesen wäre. Derartige Ansprüche werden allerdings gemeinsam mit den in der Schlussrechnung abgerechneten Forderungen fällig und verjähren innerhalb der regelmäßigen Verjährungsfrist von drei Jahren. **2379**

Lediglich in Ausnahmefällen ist der Bauunternehmer unter dem Gesichtspunkt widersprüchlichen Verhaltens an seine Schlussrechnung gebunden, wenn der Auftraggeber auf eine abschließende Berechnung der Vergütung vertraut hat und vertrauen durfte und sich darauf in einer Weise eingerichtet hat, dass ihm eine Nachforderung nach Treu und Glauben nicht zugemutet werden kann (BGH, Urt. v. 19.2.1998 – VII ZR 236/96). Juristisch wird dies als Verwirkung weitergehender Ansprüche bezeichnet. Dafür muss in jedem Fall ein längerer Zeitraum („Zeitmoment") vergehen und der Auftraggeber muss ein schutzwürdiges Vertrauen auf die Vollständigkeit der Schlussabrechnung entwickelt haben („Umstandsmoment"). Dies wird nur in absoluten Ausnahmefällen anzunehmen sein. **2380**

Im Ergebnis bedeutet dies, dass der Auftragnehmer bei einer unvollständigen Schlussrechnungslegung keinen Vorbehalt der nachträglichen Berechnung weitergehender Ansprüche machen muss. Besteht ein normales Verhältnis zum Auftraggeber, sollte der Vorbehalt aus psychologischen Gründen gemacht werden. Befürchtet der Bauunternehmer jedoch, dass der Auftraggeber die Schlussrechnung wegen des Vorbehalts zurückweist, weil es sich wegen des Vorbehalts nicht um eine Schlussrechnung handeln würde, kann der Vorbehalt weggelassen werden. Ein sol- **2381** cher Vorbehalt kann allerdings später notwendig werden, wenn die VOB/B völlig unverändert vereinbart wurde und der Auftraggeber eine Schlusszahlung leistet und dabei gemäß § 16 Abs. 3 VOB/B ausdrücklich erklärt, er werde keine weiteren Zahlungen leisten (siehe dazu unten Kapitel N. I. 6., Rn. 2421 ff.), denn dann wird die unvollständige Schlussrechnungslegung für den Auftragnehmer gefährlich.

i) Übermittlung des Prüfergebnisses an den Auftragnehmer

2382 Im Normalfall übermittelt der Auftraggeber nach erfolgter Rechnungsprüfung dem Auftragnehmer ein sogenanntes Prüfexemplar der Rechnung, aus dem die vorgenommenen Kürzungen bei Mengen und Preisen im Detail ersichtlich sind. Überraschenderweise gibt es aber hierzu keine rechtliche Verpflichtung. Der Auftraggeber muss zwar die berechtigte Vergütungsforderung bezahlen, also mindestens den im Ergebnis der Rechnungsprüfung seiner Meinung nach zutreffend ermittelten Betrag an den Auftragnehmer ausbezahlen, wenn er nicht in Zahlungsverzug geraten will. Eine detaillierte Begründung, wie er auf die ermittelte Summe gekommen ist, schuldet der Auftraggeber aber nicht.

2383 Für den Auftragnehmer ist es zwar sehr unbefriedigend, einfach nur eine gegenüber dem Schlussrechnungsbetrag geringere Zahlung zu erhalten und nicht zu wissen, warum die Rechnung nicht vollständig bezahlt wurde. Wenn der Auftraggeber aber auch auf Nachfrage den geleisteten Zahlbetrag nicht weiter begründet, bleibt dem Auftragnehmer nichts weiter übrig als Klage einzureichen.

2384 Manche Auftraggeber übermitteln dem Auftragnehmer kein Prüfergebnis, weil sie glauben, dass sie damit die Forderung im geprüften Umfang anerkennen würden. Dies ist allerdings nach der Rechtsprechung normalerweise nicht der Fall. Durch die Übersendung der geprüften Schlussrechnung gibt der Auftraggeber kein kausales Schuldanerkenntnis ab. Eine auf die Rechnungsprüfungserklärung gestützte Urkundenklage des Auftragnehmers ist deshalb unstatthaft (OLG Celle, Urt. v. 7.12.2006 – 14 U 61/06).

2385 Enthält eine geprüfte Schlussrechnung Kürzungen in einzelnen Positionen, bedeutet dies also nicht, dass die anderen Positionen voll und die gekürzten Positionen im nicht gekürzten Umfang anerkannt werden. Ein Prüfvermerk stellt nach der Rechtsprechung nur den Nachweis für die durchgeführte rechnerische Prüfung und Feststellung der Einzelpositionen (Mengen- und Einheitspreise) und des Gesamtergebnisses dar. Der Auftraggeber ist grundsätzlich nicht daran gehindert, die vom Auftragnehmer ermittelten Massen später, etwa im Prozess, zu bestreiten, auch wenn er zuvor die in der Schlussrechnung abgerechneten Massen durch einen Prüfvermerk bestätigt hat (OLG München, Beschl. v. 14.3.2017 – 13 U 3469/16 Bau; OLG Düsseldorf, Urt. v. 4.11.2014 – 23 U 33/14).

2386 Allerdings soll er dann die Beweislast dafür tragen, welche Massen zutreffen (OLG Dresden, Urt. v. 24.10.2018 – 1 U 601/17, anderer Ansicht OLG Bamberg,

Beschl. v. 17.5.2016 – 4 U 196/15). Ob tatsächlich eine Beweislastumkehr eintritt oder nur eine erhöhte Darlegungslast für den Auftraggeber, muss hier nicht entschieden werden. Jedenfalls muss der Auftraggeber spätestens in einem gerichtlichen Verfahren dazu vortragen, welche Mengen seiner Meinung nach zu Unrecht vom Auftragnehmer abgerechnet worden wären. Das gilt insbesondere, wenn er selbst die Bauleitung durchgeführt hatte und sich an Ort und Stelle von Art und Umfang der Leistung überzeugen konnte. Ein pauschales Bestreiten kann allenfalls dann zulässig sein, wenn der Auftraggeber die Abrechnungsmengen nicht überprüfen kann.

Ein Anerkenntnis der geprüften Vergütungsforderung des Auftragnehmers liegt **2387** wahrscheinlich nicht einmal dann vor, wenn der Auftraggeber im Rahmen der Schlussrechnungsprüfung die Aufrechnung mit Gegenforderungen, etwa einer Vertragsstrafe oder Verzugsschäden, erklärt. Im Einzelfall mag das so sein (BGH, Urt. v. 8.6.1989 – X ZR 50/88). Meist wird es sich aber so verhalten, dass der aufrechnende Auftraggeber nur dann ein Anerkenntnis abgeben will, wenn die zur Aufrechnung gestellte Gegenforderung vom Auftragnehmer seinerseits ebenfalls anerkannt wird.

j) Wann kann der Auftraggeber die Ausstellung einer neuen Rechnung verlangen?

Der Auftraggeber kann eine korrigierte Rechnung verlangen, wenn die gestellte **2388** Rechnung in der Weise inhaltlich falsch ist, dass der Auftraggeber hierdurch Rechtsnachteile hat. Das ist etwa der Fall, wenn der Rechnungsempfänger nicht korrekt bezeichnet wurde, wenn der Leistungszeitraum in der Rechnung nicht oder nicht richtig angegeben wurde oder wenn die Rechnung andere steuerlich notwendige Angaben nicht enthält.

Ebenso kann der Auftraggeber verlangen, dass für dasselbe Bauvorhaben erteilte **2389** getrennte Aufträge für Erdarbeiten und Außenanlagen auch getrennt abgerechnet werden (OLG Hamm, Urt. v. 20.6.2002 – 23 U 50/01). Hingegen ist der Auftragnehmer nicht verpflichtet, einen Gesamtauftrag nach Bauteilen in einer oder mehreren Rechnungen getrennt abzurechnen. Die Abrechnung richtet sich nämlich grundsätzlich nach der Gliederung des Leistungsverzeichnisses und der dort enthaltenen Reihenfolge und Bezeichnung der Positionen. Ohne ausdrückliche Vereinbarung ist der Auftragnehmer nicht verpflichtet, einzelne Positionen aufzuteilen und getrennt abzurechnen.

Erst recht nicht muss sich der Auftragnehmer darauf einlassen, auf Wunsch des **2390** Auftraggebers die Rechnung auf einen Dritten auszustellen, mit dem kein Vertrag besteht. Zahlt der Dritte nicht, muss die Rechnung erneut umgeschrieben werden und dann besteht das Risiko, dass der eigentliche Auftraggeber behauptet, der Auftragnehmer wäre damit einverstanden gewesen, dass der Dritte statt seiner Vertragspartner wird. Zwar bedeutet die Ausstellung einer Rechnung auf einen Dritten keine einvernehmliche Auswechslung des Vertragspartners (KG, Beschl. v. 7.7.2016 – 27 U 12/16), es kommt aber hierdurch zu überflüssigen Zweifeln und Diskussionen. Wenn überhaupt, sollte also eine Umschreibung der Rechnung erst erfolgen, nachdem eine Vereinbarung vorliegt, dass der Dritte statt des Auftraggebers in den Vertrag eintritt und der Dritte bezahlt hat.

2391 Manche Auftragnehmer verlangen auch, dass, nach Rechnungskürzungen oder einer Einigung über die abschließend zu zahlende Vergütung, die Rechnung neu ausgestellt werden solle. Dies ist jedoch unberechtigt. Nach Erteilung einer Schlussrechnung besteht aus rechtlichen Gesichtspunkten kein Anlass mehr, eine wiederholte Abrechnung wegen einer vergleichsweisen Regelung der Werklohnforderung zu fordern. Der Umsatzsteuerausweis in der Schlussrechnung stellt in Verbindung mit der Vergleichsvereinbarung eine umsatzsteuerrechtlich hinreichende Rechnung nach § 14 UStG dar (OLG Dresden, Beschl. v. 27.10.2008 – 11 U 1002/08). Ein Vergleich, bei dem der Werklohnanspruch verringert wird, stellt nur eine Minderung der Bemessungsgrundlage nach § 17 UStG dar, weil nachträglich die zu entrichtende Gegenleistung herabgesetzt wurde.

4. Die Abrechnung gekündigter Bauverträge

a) Abrechnung der bis zur Kündigung erbrachten Leistung

2392 Im Fall einer Vertragskündigung wird bei einem Einheitspreisvertrag die erbrachte Leistung nach Vertragspreisen abgerechnet. Ebenso wie beim ungekündigten Vertrag muss ein Aufmaß vorgelegt werden.

2393 Bei Pauschalpreisverträgen gibt es keine Einzelpreise mehr, sondern nur einen Gesamtpreis. Aus diesem muss nun prüfbar ein anteiliger Pauschalpreis für die bis zur Kündigung erbrachten Arbeiten ermittelt werden. Die Abgrenzung zwischen erbrachten und nicht erbrachten Leistungen muss den Auftraggeber in die Lage versetzen, sich sachgerecht zu verteidigen (BGH, Urt. v. 2.5.2002 – VII ZR 325/00 und BGH, Urt. v. 25.7.2002 – VII ZR 263/01).

2394 Die Rechtsprechung verlangt zur prüfbaren Abrechnung des gekündigten Pauschalpreisvertrags, dass der Auftragnehmer im ersten Schritt ermittelt, welche Leistungen insgesamt für die vereinbarte Pauschale geschuldet waren (bei vollständiger Vertragserfüllung). Wenn es vor der Pauschalierung kein Leistungsverzeichnis gab, muss der Auftragnehmer dazu nachträglich ein detailliertes Leistungsverzeichnis mit Mengen und Massen sowie Einzelpreisen für die verschiedenen Leistungen aufstellen oder eine nach Gewerken und eingesetzten Nachunternehmern aufgeschlüsselte Leistungsaufstellung vorlegen (BGH, Urt. v. 8.7.1999 – VII ZR 237/98). Dabei muss er Preiskorrekturen bei den Einzelpreisen vornehmen, wenn sich herausstellt, dass bei der Kalkulation eines Pauschalpreises ganze Leistungspositionen vergessen worden sind (OLG Brandenburg, Urt. v. 17.5.2006 – 4 U 208/98). Wenn sich keine anderen Anhaltspunkte ergeben, ist der Wert der vergessenen Position gleichmäßig auf alle übrigen Leistungspositionen verteilt abzuziehen.

Eine Ausnahme von der vorstehend beschriebenen Abrechnungsweise kommt ausnahmsweise dann in Betracht, wenn zum Kündigungszeitpunkt 95 % oder mehr der Bauleistung erbracht sind. Dann kann es gerechtfertigt sein, von einem Aufmaß sämtlicher erbrachten Bauleistungen abzusehen und nur die noch fehlenden Leistungen mengenmäßig und preislich zu erfassen (BGH, Urt. v. 16.10.2014 – VII ZR 176/12 für 95,5 % Leistungsstand). **2395**

In der Vergangenheit teilweise überspannte Anforderungen an die Prüfbarkeit wurden von der Rechtsprechung korrigiert (OLG Dresden, Urt. v. 27.5.2004 – 13 U 1925/01). Hiernach darf für die Prüfbarkeit der Abrechnung kein höherer Detailmaßstab angelegt werden als an die Detailliertheit der vertraglichen Leistungsbeschreibung selbst. **2396**

Die nachträgliche Aufstellung eines Leistungsverzeichnisses ist weiter entbehrlich, wenn der Auftragnehmer vor Abschluss des Pauschalpreisvertrags ein detailliertes Angebot mit Einheitspreisen abgegeben hatte. In diesen Fällen kann auch bei der Abrechnung des gekündigten Pauschalpreisvertrags auf das ursprüngliche Angebot und die dort ausgewiesenen Einheitspreise zurückgegriffen werden, um auf der Grundlage eines Aufmaßes der bis zum Kündigungszeitpunkt erbrachten Leistungen dann einen anteiligen Pauschalpreis für die bis zur Kündigung erbrachten Leistungen zu bilden (BGH, Urt. v. 4.7.1996 – VII ZR 227/93). Sind die Mengenansätze des Leistungsverzeichnisses unrichtig gewesen, ist bei teilfertigen Leistungen gegebenenfalls eine Korrektur der Einheitspreise vorzunehmen (siehe unten). **2397**

Im Zuge der Pauschalpreisbildung gewährte Nachlässe auf die ursprüngliche Einheitspreissumme sind zu berücksichtigen. Dabei ist zu prüfen, ob der Preisnachlass über alle Positionen gleichmäßig erfolgte oder nur einzelne Titel oder Positionen reduziert wurden und ob die Preisreduzierung mit Änderungen bei der geschuldeten Leistung einherging (etwa preiswertere Fabrikate, Entfall von Leistungen vor der Auftragserteilung). **2398**

Ferner ist zu beachten, dass die nach dem Vertrag geschuldeten Massen – auf die es allein ankommt – nicht unbedingt mit den Vordersätzen des ursprünglichen Angebots übereinstimmen müssen. **2399**

Beispiel: In dem vertraglichen Leistungsverzeichnis eines Fliesenlegers sind unter anderem 950 m² Wandfliesen enthalten. Nach Vertragsabschluss stellt sich heraus, dass nach den Plänen und der Leistungsbeschreibung tatsächlich 980 m² auszuführen sind. Bis zur Kündigung sind hiervon 750 m² erbracht. **2400**

In dem obigen Beispiel kann der Fliesenleger nicht 78,9 % des vereinbarten Pauschalpreises abrechnen. Er müsste für diese Position eine Preisanpassung vor- **2401** nehmen, da er für den vereinbarten Pauschalpreis nicht 950 m², sondern 980 m² schuldete und im Zeitpunkt der Kündigung demzufolge nicht 78,9 % sondern erst 76,5 % der geschuldeten Leistung erbracht waren. Allerdings muss der Auftragnehmer nach unserer Auffassung nicht von sich aus für jede einzelne Leistung die Übereinstimmung der Vordersätze in dem Pauschalierungs-LV mit den tatsächlich auszuführenden Mengen prüfen. Solange keine Anhaltspunkte für Abweichungen bestehen, wird man die Mengenansätze aus dem Pauschalierungs-LV auch der Ermittlung des prozentualen Leistungsstandes zugrunde legen. Das OLG München vertritt sogar den Standpunkt, dass eine solche Überprüfung gar nicht geschuldet sei, weil der Unternehmer bei einer Kündigung nicht wissen müsse, wie viel an Leistung er zur vollständigen Vertragserfüllung noch hätte erbringen müssen (OLG München, Urt. v. 24.5.2011 – 13 U 2760/10). Ähnlich argumentiert das KG, dass Mengenabweichungen von 3 % zwischen den Vordersätzen im LV und tatsächlich auszuführender Menge bei einer Position unbeachtlich seien und für die Abrechnung der vollständig erbrachten Teilleistung kein Aufmaß erforderlich sei (KG, Urt. v. 28.9.2012 – 7 U 253/11). Hingegen meint das OLG Zweibrücken, dass auch bei vollständig erbrachten Positionen nachträglich die tatsächlich ausgeführten Mengen zu ermitteln seien (OLG Zweibrücken, Beschl. v. 18.2.2015 – 4 U 66/14). Wir meinen, dass dies unzutreffend ist. Bei einem Pauschalpreisvertrag wird mengenunabhängig abgerechnet. Wenn eine bestimmte Teilleistung, für die es im Pauschalpreisangebot eine Titelsumme gab, vollständig erbracht ist, spielt es keine Rolle, ob die ausgeführten Mengen den ursprünglich im LV angesetzten Mengen entsprochen haben. Die Aufmaßthematik stellt sich nach unserer Auffassung daher nur bei teilfertigen Leistungen, nicht aber dort, wo ganze Leistungsbereiche, für die es einen anteiligen Pauschalpreis (Titelsumme) gab, vollständig ausgeführt worden sind. Der BGH hat in einer älteren Entscheidung betont, die Anforderungen an eine prüfbare Abrechnung können nicht schematisch in der Weise festgelegt werden, dass die Abgrenzung zwischen erbrachten und nicht erbrachten Leistungen nur durch ein Aufmaß möglich ist. Vielmehr kann sich diese Abgrenzung auch aus Umständen ergeben, die anderweitig ermittelt oder den Parteien bereits bekannt sind (BGH, Urt. v. 11.2.1999 – VII ZR 91/98). Genau das ist der Fall, wenn in dem Pauschalpreisangebot, das dem Vertragsabschluss zugrunde liegt, Titelsummen für einzelne Gewerke oder Bauteile ausgewiesen sind und das betreffende Gewerk oder Bauteil vollständig hergestellt wurde.

2402 Hat der Auftragnehmer den Vertrag nur auf Grundlage überschlägiger Zahlen oder ohne jede Berechnung seiner Kosten geschlossen, muss er ebenfalls nachträglich eine (fiktive) Kalkulation erstellen, die zu dem vereinbarten Preis passt und seiner Kostenstruktur möglichst gut entspricht. Dabei kann der Wert der erbrachten Leistungen bei fehlender Urkalkulation so berechnet werden, dass für sämtliche zum Pauschalpreis zu erbringenden Leistungen übliche Preise aus einer Baupreisdatenbank angesetzt werden. Anschließend wird der vereinbarte Pauschalpreis ins Verhältnis zum ermittelten üblichen Preis der vereinbarten Gesamtleistung gesetzt und der sich dabei ergebende Faktor mit den ermittelten üblichen Preisen für die erbrachten Leistungen multipliziert (OLG Hamm, Urt. v. 26.2.2015 – 24 U 56/10). Alternativ kann der Auftragnehmer in der nachträglich erstellten Vertragskalkulation die Preise der einzelnen Teilleistungen auch von vornherein so ansetzen, dass bei Addition aller Positionen die vereinbarte Pauschalsumme herauskommt.

b) Abrechnung der kündigungsbedingt nicht erbrachten Leistungen bei freier Kündigung

Hat der Auftraggeber den Bauvertrag aus wichtigem Grund (§ 8 Abs. 3 VOB/B) gekündigt, kann der Auftragnehmer nur die bis zum Kündigungszeitpunkt erbrachten Leistungen abrechnen (und darauf hoffen, dass der Auftraggeber gegen den Vergütungsanspruch nicht komplett mit Gegenforderungen aufrechnet). Handelte es sich jedoch um eine sogenannte freie Kündigung gemäß § 8 Abs. 1 VOB/B, kann der Auftragnehmer neben den tatsächlich erbrachten Leistungen den „entgangenen Gewinn" abrechnen. Dies geschieht in der Weise, dass nach der Ermittlung der Vergütung für die bis zur Kündigung erbrachten Leistungen in die Rechnung die restliche Vergütungssumme eingesetzt wird und hiervon dann diejenigen Aufwendungen abgezogen werden, die der Auftragnehmer durch die Kündigung konkret erspart hat. **2403**

Beispiel: Pauschalpreis € 500.000,– (netto) **2404**

1. Schritt:
Einreichung einer Auftragskalkulation für den Gesamtpreis von € 500.000,–, aus der sich sämtliche zu erbringenden Bauleistungen mit Einzelpreisen ergeben.

2. Schritt:
Abrechnung der bis zum Kündigungszeitpunkt erbrachten Leistungen gemäß Aufmaß und ermittelten Einzelpreisen.

In diesem **Beispiel:**	€ 300.000,–
3. Schritt (nur bei freier Kündigung):	
Restvergütung:	€ 200.000,–
minus konkret ersparte Aufwendungen:	€ 150.000,–
Differenzbetrag:	€ 50.000,–
Gesamtabrechnungssumme (netto):	€ 350.000,–

Beim Einheitspreisvertrag wird ebenfalls in zwei Schritten abgerechnet, allerdings sind die ersparten Aufwendungen in der Regel für jede Position einzeln unter konkreter Darlegung der ersparten Aufwendungen abzurechnen (BGH, Urt. v. 14.1.1999 – VII ZR 277/97). Bei überschaubaren und ähnlichen Leistun- **2405** gen (z.B. Türen) kann der Auftragnehmer die ersparten Aufwendungen aber auch für das Leistungsverzeichnis insgesamt vortragen. Der Darlegungsumfang bestimmt sich nach den Erfordernissen des Einzelfalls (BGH, Urt. v. 14.1.1999 – VII ZR 277/97).

2406 Selbstverständlich kann und muss der Auftragnehmer auf die bis zum Kündigungszeitpunkt durchgeführten und abgerechneten Leistungen die gesetzlich gültige Umsatzsteuer ausweisen. Die gemäß § 649 Satz 2 BGB oder § 8 Abs. 1 Abs. 2 VOB/B nach freier Kündigung eines Bauvertrags zu zahlende Vergütung ist jedoch nur insoweit Entgelt im Sinne von § 10 Abs. 1 UStG, als sie auf schon erbrachte Leistungsteile entfällt. Der auf die nicht erbrachten Leistungen entfallende Vergütungsanteil hat Entschädigungscharakter und wird ohne Umsatzsteuer abgerechnet (BGH, Urt. v. 22.11.2007 – VII ZR 83/05). Das Finanzgericht Niedersachsen vertritt allerdings die Auffassung, dass der Anspruch der Umsatzsteuer unterliege (FG Niedersachsen, Urt. v. 28.2.2019 – 5 K 214/18). Gegen das Urteil wurde beim BFH Revision eingelegt (Az: V R 13/19), über die noch nicht entschieden ist. Wollen Auftragnehmer und Auftraggeber einen Vergleich schließen, der auch die Kündigungsentschädigung umfasst, sollte sich der Auftragnehmer die Nachforderung der Umsatzsteuer für den Fall vorbehalten, dass sich der Bundesfinanzhof dem Urteil des FG Niedersachsen anschließt.

2407 Wichtig ist in diesem Zusammenhang für den Auftragnehmer ferner, dass er von der restlichen vereinbarten Vergütung nur dasjenige abziehen muss, was er wirklich an Aufwendungen erspart hat, beispielsweise für Baumaterial, Gerätemieten und Personalkosten (soweit das Personal anderweitig eingesetzt werden konnte). Sämtliche im Pauschalpreis einkalkulierten sonstigen Gemeinkosten bzw. allgemeine Geschäftskosten müssen nicht abgezogen werden. Tatsächlich erhält der Auftragnehmer also nicht nur den „entgangenen Gewinn", sondern vor allem den Kostendeckungsbeitrag des Auftrags für die Allgemeinen Geschäftskosten sowie die nicht ersparten Baustellengemeinkosten. Auch ein vom Auftragnehmer kalkulierter Zuschlag für Wagnis ist nicht als ersparte Aufwendung von der Vergütung in Abzug zu bringen, da hiermit das allgemeine unternehmerische Risiko abgesichert werden soll (BGH, Urt. v. 24.3.2016 – VII ZR 201/15).

2408 Baumaterialien, die bereits gekauft oder hergestellt sind und an einem anderen Bauvorhaben keine Verwendung finden können, dürfen ebenfalls abgerechnet werden, weil der Auftragnehmer insoweit ja nichts erspart hat. Der Auftragnehmer ist allerdings verpflichtet, diese Bauteile auf Verlangen dem Auftraggeber Zug um Zug gegen Bezahlung auszuhändigen (OLG Köln, Urt. v. 27.2.2004 – 11 U 103/03).

2409 Ist der Auftragnehmer ein Bauträger oder Generalunternehmer, der die Leistungen durch Nachunternehmer hat ausführen lassen, so ist die Abrechnung der ersparten Aufwendungen für die noch nicht erbrachten Leistungen auf der Basis der Nachunternehmerpreise und Abrechnungen zulässig und sachgerecht. Nur so sei gewährleistet, dass der Auftragnehmer durch die Kündigung weder Vor- noch Nachteile habe. Notwendig sei nicht eine Kalkulation für den Zeitpunkt des Vertragsabschlusses (die in dem entschiedenen Fall nicht existierte), sondern eine Preiskalkulation auf der Basis der tatsächlichen Nachunternehmerpreise im Zeitpunkt der Kündigung (BGH, Urt. v. 8.7.1999 – VII ZR 237/98). Daraus kann man herleiten, dass es generell nicht darauf ankommt, welche Aufwendungen kalkulatorisch erspart wurden. Entscheidend ist allein der tatsächlich ersparte Aufwand. Dieser kann im Einzelfall natürlich auch höher sein als der kalkulierte Aufwand.

5. Die Prüfungs- und Zahlungsfristen der VOB/B (§ 16 Abs. 1 und 3 VOB/B 2016)

Die VOB/B sieht für die Bezahlung von Abschlagsrechnungen eine Frist von 21 Tagen (vormals 18 Werktagen) vor (§ 16 Abs. 1 Nr. 3 VOB/B). Der Anspruch auf die Schlusszahlung wird alsbald nach Prüfung und Feststellung der vom Auftragnehmer vorgelegten Schlussrechnung fällig, spätestens innerhalb von 30 Tagen nach Zugang beim Auftraggeber, falls keine davon abweichende Frist vereinbart wurde (§ 16 Abs. 3 Nr. 1 Sätze 1 und 2 VOB/B). Die Prüfungsfrist läuft im Übrigen auch dann, wenn die Schlussrechnung erst im Rahmen eines Rechtsstreits übersandt wird. Unabhängig von den gerichtlich gesetzten Fristen ist die Rechnungsprüfung dann innerhalb von 30 Tagen oder der an ihrer Stelle vereinbarten Frist vorzunehmen. **2410**

Die Zahlungsfrist für Abschlagsrechnungen beträgt drei Wochen. Bei BGB-Werkverträgen gibt es hingegen ohne gesonderte Vereinbarung keine solche Zahlungsfrist für den Auftraggeber, vielmehr sind Abschlagsrechnungen ebenso wie Schlussrechnungen sofort zur Zahlung fällig. **2411**

Abschließend ist zu erwähnen, dass die Prüfungsfrist für die Schlussrechnung nur einmal läuft und nicht etwa mehrmals in Anspruch genommen werden kann. Der Auftraggeber sollte eine ihm übersandte Schlussrechnung nach Zugang sofort daraufhin zu überprüfen, ob alle von ihm für notwendig erachteten Unterlagen beiliegen. Fehlende Unterlagen hat er unverzüglich anzufordern. Unterlässt er dies und fordert die Unterlagen erst kurz vor Ablauf der Prüfungsfrist an, kann er sich nicht auf mangelnde Fälligkeit der Schlussrechnung bzw. eine Verlängerung der Prüfungsfrist berufen, wenn davon auszugehen ist, dass der Auftragnehmer ihm bei rechtzeitiger Rüge die erforderlichen Unterlagen zugeschickt hätte, sodass die Rechnungsprüfung im Rahmen der Prüfungsfrist hätte erfolgen können (OLG Nürnberg, Urt. v. 9.7.1999 – 6 U 3845/98). Die Prüfungsfrist beginnt also mit Zugang der Schlussrechnung, sie wird für den Zeitraum gehemmt, in dem der Auftraggeber weitere Unterlagen anfordert oder die Rechnung neu aufgestellt wird, und sie läuft weiter, wenn die angeforderten Unterlagen beim Auftraggeber erneut eingereicht werden (OLG Nürnberg, Urt. v. 9.7.1999 – 6 U 3845/98). **2412**

2413 Der Auftraggeber bekommt auch keine „zweite Chance" zur Rüge der Nichtprüfbarkeit, wenn der Auftragnehmer nach einer ersten objektiv nicht prüfbaren Rechnung eine überarbeitete, wiederum nicht prüfbare Rechnung einreicht. Ist die Rügefrist einmal verstrichen und damit die Werklohnforderung fällig geworden, bleibt es dabei, auch wenn der Auftragnehmer noch eine geänderte und wiederum nicht prüfbare Rechnung legt (BGH, Urt. v. 27.1.2011 – VII ZR 41/10; BGH, Urt. v. 22.12.2005 – VII ZR 316/03).

2414 Es kommt ohnehin selten vor, dass eine Schlussrechnung in Gänze nicht prüfbar ist. Häufig sind von der fehlenden Prüfbarkeit nur Teile der Rechnung betroffen. Die bloß pauschal gehaltene Rüge, die Rechnung sei nicht prüfbar, genügt deshalb nicht. Der Auftraggeber muss detailliert mitteilen, inwieweit ihm Informationen aus der Rechnung fehlen. Mit nicht rechtzeitig vorgebrachten Einwendungen gegen die Prüfbarkeit ist der Auftraggeber im Hinblick auf die Fälligkeit der Werklohnforderung ausgeschlossen. Die Einwendungen sind dann nur noch im Rahmen der Schlüssigkeit im Zusammenhang mit der Prüfung der Richtigkeit der Abrechnung relevant (OLG Stuttgart, Urt. v. 14.8.2018 – 10 U 154/17).

2415 Weitere Voraussetzung für die Fälligkeit der Schlusszahlung ist die Abnahme der Leistungen oder der Eintritt der Abnahmefiktion des § 640 Abs. 2 BGB (der Auftraggeber hat innerhalb der für die Abnahme gesetzten Frist keine Mängel gerügt). Nicht mehr ausdrücklich im BGB geregelt ist der Eintritt des Abnahmeverzugs. Auch dieser führt zur Fälligkeit der Schlusszahlung. Diesen Abnahmeverzug kann der Auftragnehmer dadurch herbeiführen, dass er den Auftraggeber zunächst unter angemessener Fristsetzung zur Abnahme auffordert. Kommt der Auftraggeber seiner Pflicht zur Erklärung der Abnahme auch innerhalb einer gesetzten Nachfrist nicht nach, obwohl die Leistungen fertiggestellt sind und keine wesentlichen Mängel aufweisen, wird der Werklohn auch ohne Abnahme zur Zahlung fällig. Für die Fertigstellung und das Fehlen wesentlicher Mängel ist der Auftragnehmer beweispflichtig.

2416 Nach der Rechtsprechung des BGH ist eine Nachfristsetzung zur Abnahme dann entbehrlich, wenn der Auftraggeber die Abnahme schon vorher endgültig und ernsthaft verweigert hat. Ist dies der Fall, sollte sich der Auftragnehmer immer selbstkritisch fragen, ob die Abnahmeverweigerung vielleicht doch berechtigt ist (siehe hierzu auch Kapitel L., Rn. 1786 ff.). Umgekehrt muss sich der Auftraggeber darüber im Klaren sein, dass das Benennen von unwesentlichen, in der Sache nicht zur Abnahmeverweigerung berechtigenden Mängeln zwar die Abnahmefiktion des § 640 Abs. 2 BGB verhindert, aber nichts daran ändert dass eine unberechtigte Abnahmeverweigerung nicht die Fälligkeit der Schlusszahlung verhindern kann. Entschließt sich der Auftragnehmer in einer solchen Situation zur Klage, wird innerhalb des Werklohnprozesses durch das Gericht geprüft, ob die Abnahmeverweigerung berechtigt war oder nicht.

6. Zahlungsverzug des Auftraggebers

Aus den vorangegangenen Ausführungen ist deutlich geworden, dass ein etwaiger Zahlungsverzug des Auftraggebers zunächst einmal voraussetzt, dass der Auftragnehmer eine fällige und durchsetzbare Forderung aus einer Abschlags- oder Schlussrechnung hat. Voraussetzung hierfür ist, dass die in Rechnung gestellte Leistung erbracht ist (beim BGB-Werkvertrag frei von wesentlichen Mängeln). Bei einem VOB/B-Vertrag müssen als zusätzliche Fälligkeitsvoraussetzungen erstens eine prüfbare Rechnung vorliegen und zweitens die jeweiligen Zahlungs- bzw. Prüfungsfristen für die Abschlags- bzw. Schlussrechnung verstrichen sein. 2417

Allerdings gerät der Auftraggeber mit Ablauf der 21-tägigen Frist für Abschlagsrechnungen bzw. der 30-tägigen Prüfungsfrist (oder einer vertraglich vereinbarten verlängerten Prüfungsfrist) für die Schlussrechnung nicht automatisch in Zahlungsverzug. Voraussetzung hierfür ist, dass der Auftragnehmer entweder die Bezahlung anmahnt oder aber abwartet, bis 30 Tage nach Zugang der Rechnung verstrichen sind. Nach Ablauf dieser 30-Tage-Frist gerät der Auftraggeber, wenn er kein Verbraucher ist, automatisch, ohne dass es einer Nachfristsetzung bedarf, in Zahlungsverzug, § 286 Abs. 3 BGB. Lediglich für Schlussrechnungen kann diesbezüglich eine längere Frist von bis zu 60 Tagen vereinbart werden. 2418

Beispiel: Ein Auftragnehmer stellt am 1.10.2013 eine Abschlagsrechnung. Diese geht dem Auftraggeber am 2.10.2013 zu. Nach Ablauf von 21 Tagen tritt am 23.10.2013 Fälligkeit des Rechnungsbetrags ein. Ohne dass der Auftragnehmer etwas unternehmen muss, tritt am 3.11.2013 Zahlungsverzug ein, denn an diesem Tag sind genau 30 Tage nach Zugang der Rechnung verstrichen. 2419

Der Vollständigkeit wegen ist darauf hinzuweisen, dass der Auftraggeber nicht in Zahlungsverzug gerät, wenn er berechtigterweise die Zahlung verweigern darf. Das ist insbesondere dann der Fall, wenn der Auftraggeber ein Zurückbehaltungsrecht wegen Mängeln an der abgerechneten Werkleistung geltend macht oder andere vertraglich vereinbarte Zurückbehaltungsrechte eingreifen, etwa weil der Auftragnehmer pflichtwidrig nicht nachgewiesen hat, dass er seinen Beschäftigen den Mindestlohn zahlt und keine Beitragsrückstände bei den Sozialversicherungsträgern und der Berufsgenossenschaft vorliegen. In vielen Bauverträgen ist geregelt, dass der Auftraggeber solche Nachweise verlangen kann und, werden diese nicht vorgelegt, Einbehalte von ansonsten fälligen Zahlungen tätigen darf. 2420

Ein Zurückbehaltungsrecht nach den §§ 273, 274 BGB schließt die Fälligkeit und damit den Verzug aber nur dann aus, wenn der Auftraggeber es vor Eintritt des Verzugs auch geltend gemacht hat. War der Zahlungsverzug bereits eingetreten, beseitigt das nachträglich geltend gemachte Zurückbehaltungsrecht den Verzug nicht ohne Weiteres. Vielmehr muss der Auftraggeber durch geeignete Maßnahmen den

Verzug beenden, etwa die Zahlung Zug um Zug gegen Beseitigung der Mängel anbieten (BGH, Urt. v. 28.1.2016 – VII ZR 266/14). Geschieht das nicht, kann der Auftragnehmer, trotz des Zurückbehaltungsrechts, Verzugszinsen geltend machen.

7. Die Schlusszahlungsfalle (§ 16 Abs. 3 Nr. 2 bis 5 VOB/B 2016)

2421 Die VOB/B sieht die Möglichkeit vor, dass der Auftraggeber nach Legung der Schlussrechnung eine so genannte Schlusszahlung leistet (oder ausdrücklich weitere Zahlungen ablehnt) und dabei den Auftragnehmer darauf hinweist, dass es sich um eine Schlusszahlung handelt und der Auftragnehmer mit sämtlichen weitergehenden Forderungen aus dem Bauvertrag ausgeschlossen ist, wenn er gegenüber dieser Schlusszahlung nicht innerhalb von 28 Tagen einen Vorbehalt erklärt. Nach unserer Auffassung gehört diese Regelung in der VOB/B abgeschafft, da sie eine derartig gravierende Benachteiligung des Auftragnehmers darstellt, die auch mit dem Interesse des Auftraggebers an Klarheit hinsichtlich der geschuldeten Vergütung nicht begründet werden kann.

2422 Eine solche Schlusszahlungserklärung setzt zwingend voraus, dass in der Erklärung des Auftraggebers der ausdrückliche Hinweis auf den Rechtsverlust enthalten ist. Ein bloßer Verweis, wie etwa „Schlusszahlung gemäß § 16 Abs. 3 VOB/B", reicht nicht aus! Sinnvollerweise sollte der Auftraggeber ausdrücklich darauf hinweisen, dass der Auftragnehmer mit jeglichen Nachforderungen ausgeschlossen ist, wenn er gegenüber der Schlusszahlungserklärung keinen Vorbehalt erklärt (siehe Musterschreiben N 10).

2423 Wenn eine wirksame Schlusszahlungserklärung vorliegt und § 16 Abs. 3 Ziffer 2 VOB/B wirksam vereinbart wurde (siehe unten), muss sich der Auftragnehmer seine weitergehenden Vergütungsansprüche in einem Schreiben „vorbehalten", sonst gehen sie ihm verloren. Wichtig dabei ist, dass der Auftragnehmer in diesem Zusammenhang prüft, ob es noch nicht abgerechnete Forderungen gibt. Der Bundesgerichtshof meint nämlich, dass ein Auftragnehmer, der zwar einen ausreichenden Vorbehalt gegenüber den Rechnungskürzungen des Auftraggebers erhoben hat, aber nicht angekündigt hat, dass noch weitere Ansprüche nachberechnet werden, mit solchen weiteren Ansprüchen ausgeschlossen sei (BGH, Urt. v. 24.3.2016 – VII ZR 201/15). Nach dieser Rechtsprechung werden also auch komplett vergessene Forderungen ausgeschlossen. Das ist nicht nur extrem benachteiligend, sondern fast schon sittenwidrig.

2424 An die Vorbehaltserklärung werden nach der Rechtsprechung keine strengen Anforderungen gestellt. Es reicht völlig aus, wenn der Auftragnehmer erklärt, er halte die Forderung aus der Schlussrechnung aufrecht (BGH, Urt. v. 18.4.2002 – VII ZR 260/01).

2425 In dem entschiedenen Fall hatte der Auftraggeber eine Schlussrechnung erheblich gekürzt und insbesondere die Aufrechnung mit angeblichen Gegenforderungen für Mangelbeseitigungskosten erklärt. Der Auftragnehmer hatte geschrieben, dass er ohne Vorlage weiterer Nachweise die Mangelbeseitigungskosten nicht prüfen könne und diese ihm weit überhöht erschienen. Bereits die Erklärung „halten wir vorbehaltlich einer näheren Prüfung der Gegenforderungen an unserer Forderung fest" hat der BGH ausreichen lassen.

Im Übrigen ist in der Kommentierung zu der genannten Entscheidung zutreffend **2426** festgestellt, dass die Schlusszahlungsfalle in der Praxis fast nie greift, gleichwohl aber regelmäßig erhebliche Aufregung beim Auftragnehmer wegen der Fristwahrung und der Notwendigkeit, den Zugang des Vorbehalts und dessen Begründung nachweisen zu müssen, hervorruft.

Da in nahezu sämtlichen auftraggeberseitig vorgegebenen Bauverträgen die fikti- **2427** ven Abnahmeformen des § 12 Abs. 5 VOB/B ausgeschlossen sind und auch sonst erhebliche Abweichungen von der VOB/B gemacht werden, wird so gut wie nie die VOB unverändert vereinbart. Das hat rechtlich zur Folge, dass jeder einzelne Paragraf und Absatz der VOB/B daraufhin geprüft wird, ob die Regelung der VOB von wesentlichen Grundgedanken der gesetzlichen Regelung im BGB abweicht und der Vertragspartner des Verwenders unangemessen benachteiligt wird (BGH, Urt. v. 9.10.2001 – X ZR 153/99). Das ist nach ständiger Rechtsprechung bei den Regelungen zur Schlusszahlung in § 16 Abs. 3 VOB/B der Fall, sodass sie als Allgemeine Geschäftsbedingung unwirksam sind (BGH, Urt. v. 19.3.1998 – VII ZR 116/97).

Hat der Auftragnehmer jedoch selbst die VOB/B als Vertragsinhalt vorgeschlagen **2428** und sind seitens des Auftraggebers keine abweichenden vorformulierten Bedingungen gestellt worden, dann ist die Schlusszahlungsfalle wirksam und unbedingt vom Auftragnehmer zu beachten.

Unabhängig hiervon ist es natürlich der sicherste Weg, wenn gegenüber einer **2429** solchen Schlusszahlungserklärung innerhalb von 28 Tagen ein Vorbehalt geltend gemacht und innerhalb von weiteren 28 Tagen nach Ablauf der ersten Frist begründet wird. Wenn die vorbehaltene Forderung bereits prüfbar abgerechnet ist, sollte die Begründung gleich in das Vorbehaltsschreiben mit aufgenommen werden. Dann reicht es nämlich völlig aus, auf die vorliegende Abrechnung noch einmal zu verweisen. Falsch ist die Auffassung, dass ein Auftragnehmer, der einen (unzureichenden) Vorbehalt erklärt, sich angeblich wegen widersprüchlichen Verhaltens nicht auf die Unwirksamkeit der „Schlusszahlungsfalle" berufen dürfe (so aber OLG Koblenz, Beschl. v. 13.12.2012 – 10 U 1282/11). Der Auftragnehmer kann aber in seinem Vorbehaltsschreiben klarstellen, dass er davon ausgehe, dass die Schlusszahlungsregelung unwirksam ist und nur vorsichtshalber hiermit ein Vorbehalt gegen die angekündigte Schlusszahlung erklärt werde (siehe Musterschreiben N 11).

2430 Die gesonderte Begründung des Vorbehalts ist nur in den Fällen notwendig, in denen beispielsweise Nachtragsforderungen bislang noch nicht oder nicht prüfbar abgerechnet sind. Dann muss der Auftragnehmer innerhalb der Frist für die Begründung des Vorbehalts die betreffende Forderung prüfbar abrechnen. Das dürften aber Ausnahmefälle sein.

8. Verjährung des Vergütungsanspruchs

a) Allgemeine Verjährungsfrist

2431 Der Vergütungsanspruch des Auftragnehmers verjährt in der regelmäßigen Verjährungsfrist von drei Jahren (§ 195 BGB). Die VOB/B enthält insoweit keine Sonderregeln.

2432 Der Beginn der Verjährung richtet sich nach § 199 Abs. 1 BGB. Danach beginnt die regelmäßige Verjährungsfrist von drei Jahren am Ende des Jahres, in dem der Anspruch entstanden ist. Außerdem muss der Anspruch auch fällig (durchsetzbar) sein. Beim Bauvertrag entsteht der Werklohnanspruch mit der Erbringung der Bauleistung. Zur Fälligkeit braucht es noch die Abnahme (oder Abnahmeverzug) und bei Vereinbarung der VOB/B zusätzlich eine prüfbare Schlussrechnung.

b) Beginn der Verjährung beim BGB-Bauvertrag

2433 Die Aufstellung einer (prüffähigen) Rechnung ist auch beim BGB-Bauvertrag Fälligkeitsvoraussetzung. Der einzige Unterschied zur VOB/B ist noch, dass die Schlussrechnung sofort zur Zahlung fällig ist, während nach § 16 Abs. 3 VOB/B erst die Prüfungsfrist ablaufen muss.

2434 **Beispiel:** Bei einem BGB-Bauvertrag findet die Abnahme der Leistung am 27.11.2016 statt. Der Auftragnehmer übersendet die Schlussrechnung Mitte Dezember 2016.

2435 Da der Vergütungsanspruch mit der Abnahme und Schlussrechnungslegung fällig geworden ist, beginnt die Verjährung Ende des Jahres 2016 und tritt mit Ablauf des 31.12.2019 ein.

c) Beginn der Verjährung beim VOB/B-Bauvertrag

2436 Anders als beim BGB-Werkvertrag setzt die Fälligkeit des Schlussrechnungsanspruchs neben der Abnahme und der prüfbaren Abrechnung den Ablauf der Prüfungsfrist voraus.

2437 **Beispiel:** Bei einem VOB/B-Bauvertrag wird die förmliche Abnahme am 14.11.2016 erklärt. Die Schlussrechnung geht dem Auftraggeber am 20.12.2016 zu.

2438 Die Vergütung wird spätestens am 19.1.2017 mit dem Ablauf der Prüfungsfrist von 30 Tagen nach § 16 Abs. 3 Nr. 1 VOB/ fällig. Damit beginnt die Verjährungsfrist erst Ende des Jahres 2017 am 31.12.2017 und die Verjährung tritt am 31.12.2020 ein. Ohne Vereinbarung der VOB/B wäre die Schlussrechnung hingegen sofort fällig gewesen und die Verjährungsfrist hätte zum 1.1.2017 begonnen und am 31.12.2019 geendet.

Innerhalb der Verjährungsfrist verjähren auch alle Ansprüche, die in der Schlussrechnung (möglicherweise versehentlich) nicht geltend gemacht worden sind. Erforderlich ist hierfür entweder die Bezeichnung als „Schlussrechnung" oder es muss für den Auftraggeber aus dem Inhalt der Rechnung ersichtlich sein, dass hiermit eine Endabrechnung beabsichtigt ist. Handelt es sich um eine bloße „Rechnung", mit der nur 85 % der erbrachten Leistungen abgerechnet werden, dann liegt keine Schlussrechnung vor, sodass die Verjährung des Vergütungsanspruchs insgesamt nicht beginnt (OLG Düsseldorf, Urt. v. 4.7.2006 – 21 U 149/05). Selbst ein Nachsatz *„Mit Dank für das entgegengebrachte Vertrauen"* auf einer Rechnung nach Abschluss aller Bauleistungen soll nicht ausreichen, um eine Rechnung zu einer Schlussrechnung zu machen (BGH, Beschl. v. 23.11.2006 – VII ZR 249/05). Ob das tatsächlich immer zutrifft, ist zweifelhaft. Wenn die Abrechnung aus der Sicht des Auftraggebers abschließenden Charakter hat und die gesamten in Auftrag gegebenen und erbrachten Leistungen abgerechnet werden, sodass sich damit eine weitere Rechnung erkennbar erübrigt, kann eine solche Rechnung durchaus als Schlussrechnung angesehen werden (OLG Karlsruhe, Urt. v. 28.5.2013 – 8 U 123/09). **2439**

Wenn ein Auftragnehmer bei einem VOB/B-Bauvertrag keine Schlussrechnung einreicht, kann der Anspruch prinzipiell nicht fällig werden und damit auch nicht verjähren. Um dem entgegenzuwirken, hat der Auftraggeber unter den Voraussetzungen des § 14 Abs. 4 VOB/B die Möglichkeit, selbst eine Schlussrechnung zu erstellen. **2440**

In diesem Fall tritt Fälligkeit mit Zugang der Schlussrechnung beim Auftragnehmer ein (BGH, Urt. v. 12.10.2001 – V ZR 338/00). Verzichtet der Auftraggeber darauf, selbst eine Schlussrechnung zu erstellen, kann auch Jahre nach der Beendigung des Bauvorhabens noch Schlussrechnung durch den Auftragnehmer gelegt werden. **2441**

Beispiel: Ein Dachdecker führt im Jahr 1986 Arbeiten aus. Bereits kurz nach Fertigstellung rügt der Auftraggeber Mängel. Eine Schlussrechnung legt er nicht, da ihm klar ist, dass der Auftraggeber wegen der Mängel ohnehin keine Zahlung leisten wird. Nach einer Reihe vergeblicher Versuche ist die Mangelbeseitigung erst 1992 abgeschlossen. 1996 stellt der Auftragnehmer seine Schlussrechnung, die er erst Ende 1998 einklagt. **2442**

In diesem Fall entschied das OLG Celle zugunsten des Auftragnehmers (Urt. v. 7.4.2000 – 7 U 17/99). Solange die Mangelbeseitigung noch nicht erfolg- **2443** reich abgeschlossen war, habe eine Schlussrechnung nicht gelegt zu werden brauchen. Der danach folgende Zeitraum von vier Jahren bis zur Schlussrechnungslegung sei für die Annahme einer Verwirkung zu kurz. Damit war die Forderung noch nicht verjährt.

2444 Hiervon zu unterscheiden ist der Fall, in dem der Auftragnehmer eine Schlussrechnung gelegt hat, die objektiv nicht prüffähig ist. Wird dies vom Auftraggeber innerhalb der Prüfungsfrist nicht gerügt, beginnt die Verjährung der Werklohnforderung nach Ablauf der Frist und Abnahme der Leistung am Ende des Jahres. Der Auftragnehmer kann sich also nicht Jahre später darauf berufen, dass seine Schlussrechnung nicht prüffähig gewesen sei und deshalb die Verjährung nicht begonnen habe (OLG Hamm, Urt. v. 23.9.2009 – 12 U 78/09).

d) Hemmung der Verjährung

2445 In vielen Fällen läuft die Verjährungsfrist nicht ungestört ab, sondern der Fristablauf ist durch bestimmte Ereignisse gehemmt. Die wichtigsten Fälle sind

- Verhandlungen über den Anspruch
- Vereinbarung eines Leistungsverweigerungsrechts
- gerichtliche Geltendmachung der Forderung

2446 Nach § 203 BGB führt eine Verhandlung zwischen den Vertragsparteien über den Anspruch zu einer Hemmung der Verjährung. Wichtig ist aber, dass über den Vergütungsanspruch verhandelt werden muss. Ist der Vergütungsanspruch unstrittig oder jedenfalls nicht Gegenstand der Verhandlungen, sondern wird lediglich über die Mängelrügen des Auftraggebers verhandelt, hemmt dies nicht die Verjährung des Vergütungsanspruchs. Für ein Verhandeln über den Vergütungsanspruch genügt jeder Meinungsaustausch, sofern nicht eine Vertragspartei unmissverständlich zum Ausdruck bringt, dass keinerlei Kompromissbereitschaft besteht (BGH, Urt. v. 26.10.2006 – VII ZR 194/05; OLG Düsseldorf, Urt. v. 15.8.2006 – 21 U 143/05; BGH, Urt. v. 17.2.2004 – VI ZR 429/02). Eine durch Verhandlungen eingetretene Hemmung endet durch ausdrückliche Verweigerung der Fortsetzung der Verhandlung oder das „Einschlafen" der Verhandlungen. Für die Verweigerung ist grundsätzlich ein klares und eindeutiges Verhalten einer Partei im Sinne einer Verneinung des Anspruchs einerseits oder das Verneinen jedweder weiterer Verhandlungen andererseits erforderlich (OLG Düsseldorf, Urt. v. 1.10.2015 – 22 U 48/15). Wann ein „Einschlafen" der Verhandlungen anzunehmen ist, hängt davon ab, ob nach der Aktion eines Verhandlungspartners mit einer Reaktion des anderen Verhandlungspartners zu rechnen ist und somit bei unterlassener Reaktion ein Ende der Verhandlungen und damit ein Ende der Hemmung der Verjährung anzunehmen ist (§ 203 BGB), ist davon abhängig, welche Reaktionszeit im Einzelfall aus objektiver Sicht erwartet werden kann. Soweit es lediglich um die Übersendung ohne Weiteres zugänglicher Unterlagen geht, kann die Frist eventuell mit zwei Wochen anzunehmen sein. Reagiert der Verhandlungspartner nicht innerhalb des zu erwartenden Zeitraums und muss der Nachfragende davon ausgehen, dass die Reaktion wegen einer allgemein fehlenden Bereitschaft zu weiteren Verhandlungen bewusst unterbleibt, kann er die Hemmung nicht dadurch verlängern, dass er eine Reaktion noch einmal anmahnt (OLG Hamm, Urt. v. 24.2.2015 – 24 U 94/13).

Die Wirkung der Hemmung besteht darin, dass sich die Verjährungsfrist um den **2447** Zeitraum verlängert, innerhalb dessen die Verhandlungen geführt werden (§ 209 BGB). Die Hemmungswirkung endet drei Monate nach dem Ende der Verhandlungen (§ 203 BGB). Häufig werden „eingeschlafene Verhandlungen" auch wieder aufgenommen, der zwischen den „Verhandlungsrunden" liegende Zeitraum zählt aber nicht als Hemmungszeitraum.

Die Vereinbarung einer Zahlung nach Mangelbeseitigung oder Erbringung von **2448** Restleistungen führt ebenfalls zu einer Hemmung der Verjährung (§ 205 BGB). Notwendig ist aber eine ausdrückliche Vereinbarung. Macht der Auftraggeber lediglich einseitig von einem Leistungsverweigerungsrecht Gebrauch, ändert das nichts an dem Ablauf der Verjährungsfrist des Vergütungsanspruchs. Hierin liegt eine große Gefahr für den Auftragnehmer, denn die Klärung von Mängeln etwa in einem gerichtlichen Beweisverfahren kann sich über mehrere Jahre hinziehen. Die Verjährung des Vergütungsanspruchs wird durch die gerichtliche Klärung der Mängel aber nicht gehemmt. Die Erklärung: „Ich zahle, wenn die Mängel beseitigt sind", kann zwar im Einzelfall ein Anerkenntnis der Werklohnforderung darstellen, wenn diese ansonsten unstrittig ist. Vielfach ist das aber nicht der Fall, denn neben den Mängeln sind häufig auch Nachtragsforderungen des Auftragnehmers strittig. Um hier Rechtssicherheit zu erlangen, sollte der Auftragnehmer auf einer schriftlichen Vereinbarung der ihm zustehenden Restvergütung bestehen, auch wenn diese erst später ausgezahlt wird. Dabei ist es ratsam, für einzelne Mängel bzw. Mängelkomplexe jeweils konkrete Teilbeträge zu benennen, die der Auftragnehmer ausgezahlt bekommt, wenn die jeweiligen Mängel behoben sind. Wird hingegen nur eine Gesamtsumme vereinbart, die „nach vollständiger Beseitigung der Mängel gemäß Anlage 1 zu dieser Vereinbarung" ausgezahlt wird, kann sich die Auszahlung erheblich in die Länge ziehen, wenn sich auch nur einer der Mängel als schwierig zu beheben herausstellt.

Schließlich führt die Geltendmachung einer Forderung durch Mahnbescheid oder **2449** Klage nach § 204 Abs. 1 Nr. 1 und Nr. 3 BGB ebenfalls zu einer Hemmung, also zu einer Aussetzung des Fristlaufs für den Hemmungszeitraum. Im Gegensatz zur Rechtslage vor 2002 bewirkt die gerichtliche Geltendmachung aber keinen Neubeginn der Verjährung mehr. Das hat zur Folge, dass gerichtliche Verfahren ohne Verzögerungen durchgeführt werden müssen, weil ansonsten sogar noch während eines Rechtsstreits die Verjährung der Forderung eintreten kann. Diese

Gefahr besteht insbesondere beim Übergang vom Mahnverfahren in das Klageverfahren bei Vergütungsansprüchen und vom Beweisverfahren in das Hauptsacheverfahren bei Gewährleistungsansprüchen.

2450 Das schriftliche Anmahnen einer fälligen Forderung hat dagegen keinerlei Rechtswirkungen. Es führt weder zu einem Neubeginn noch zu einer Hemmung der Verjährung. Zur Vermeidung der Verjährung muss der Auftragnehmer also seine Forderung noch innerhalb der laufenden Verjährungsfrist entweder durch Klage oder zumindest durch einen Mahnbescheid geltend machen oder eine ausdrückliche und schriftliche Vereinbarung mit dem Auftraggeber über die Verlängerung der Verjährungsfrist treffen.

e) Neubeginn der Verjährung

2451 § 212 Abs. 1 Nr. 1 BGB bestimmt schließlich, dass ein Anerkenntnis des Anspruchs durch den Schuldner zu einem Neubeginn der Verjährung führt. Nach dem Gesetz kann in der Vornahme von Abschlagszahlungen, Zinszahlungen oder Sicherheitsleistungen ein Anerkenntnis der Gesamtforderung liegen, wenn sich hieraus das Bewusstsein des Auftraggebers vom Bestehen der konkreten Forderung eindeutig erkennen lässt. Der BGH ist allerdings mit der Annahme eines Schuldanerkenntnisses bei Vergütungsansprüchen sehr vorsichtig und bejaht ein solches nur dann, wenn vorher Streit oder Ungewissheit über die Höhe des Anspruchs bestand und durch einen Anerkenntnisvertrag zwischen Auftraggeber und Auftragnehmer die Forderungshöhe verbindlich festgestellt werden sollte (BGH, Urt. v. 27.1.2015 – VI ZR 87/14; BGH, Urt. v. 24.6.1999 – VII ZR 120/98). Die zur Erstellung des Jahresabschlusses eingeholte positive Saldenbestätigung des Auftraggebers kann ebenfalls ein deklaratorisches Schuldanerkenntnis darstellen (OLG München, Urt. v. 2.10.1996 – 7 U 3605/96).

9. Rückforderungsansprüche des Auftraggebers

a) Fälligkeit

2452 Hat ein Auftraggeber ausnahmsweise schon höhere Abschlagszahlungen geleistet als durch den Leistungsstand gerechtfertigt sind, wird er darauf drängen, dass der Unternehmer die zu viel bezahlten Beträge zurückerstattet. Grundsätzlich entsteht der Anspruch des Auftraggebers gegen einen Architekten oder Werkunternehmer auf Abrechnung seiner Leistungen und gegebenenfalls Rückzahlung seiner überschüssigen Abschlagszahlungen aber erst nach Beendigung des Vertrags. Davor ist dieser Anspruch auch dann nicht gegeben, wenn die weitere Durchführung des Bauvorhabens ins Stocken geraten ist und die vollständige Erfüllung des Vertrags damit bis auf Weiteres ausbleiben wird (KG, Urt. v. 16.6.2009 – 27 U 157/08). Dies trifft etwa dann zu, wenn die Parteien einen Zahlungsplan vereinbart hatten, der nicht dem tatsächlichen Wert der einzelnen Teilleistungen entsprach.

Kann der Auftraggeber die Überzahlung nicht mit der nächsten Abschlagszahlung korrigieren, muss er erst den Vertrag beenden, bevor ein Rückzahlungsanspruch entsteht, notfalls durch eine freie Kündigung (die allerdings mit erheblichen Nachteilen verbunden sein kann). **2453**

Hat der Auftraggeber aber versehentlich eine Rechnung doppelt bezahlt oder hat der Unternehmer Leistungen als erbracht abgerechnet, die noch gar nicht ausgeführt waren, dürfte auch ein sofortiger Rückzahlungsanspruch schon vor Vertragsbeendigung bestehen. Allerdings ist dies von der Rechtsprechung noch nicht geklärt. **2454**

b) Beweislast

Fordert der Auftraggeber zu viel geleistete Abschlagszahlungen zurück, so trifft grundsätzlich den Auftragnehmer die Darlegungs- und Beweislast, dass er berechtigt ist, die bis zu diesem Zeitpunkt erhaltenen Abschlagszahlungen zu behalten. Aus einer Vereinbarung über Voraus- oder Abschlagszahlungen im Bauvertrag folgt nämlich die vertragliche Verpflichtung des Auftragnehmers, seine Leistungen abzurechnen und ein vertraglicher Anspruch des Auftraggebers auf Rückzahlung des festgestellten Überschusses. Die Darlegungs- und Beweislast richtet sich dabei nicht nach dem gesetzlichen Bereicherungsrecht (BGH, Urt. v. 11.2.1999 – VII ZR 399/97). Das bedeutet im Ergebnis, dass der Auftraggeber lediglich schlüssig darlegen muss, warum er der Ansicht ist, bereits mehr an Abschlagszahlungen geleistet zu haben, als dem Auftragnehmer auf der Basis der vertraglichen Vereinbarungen zusteht. Es ist dann Sache des Auftragnehmers, im Einzelnen darzulegen und zu begründen – und im Streitfall auch zu beweisen –, dass er die Abschlagszahlungen behalten darf. Das gilt nicht nur bei der Vereinbarung von Abschlagszahlungen nach VOB/B, sondern auch im BGB-Werkvertrag, etwa im Verhältnis Auftraggeber – Architekt und sonstigen Planern (BGH, Urt. v. 22.11.2007 – VII ZR 130/06). **2455**

Das gilt auch, wenn der Auftraggeber die Überzahlung bei der Schlussrechnungsprüfung feststellt. Auch hier geht es nicht um die Rückforderung einer auf eine Schlussrechnung geleisteten Zahlung, sondern um die Rückforderung von Abschlagszahlungen. **2456**

Hat der Auftraggeber hingegen eine Schlusszahlung geleistet, ändert sich diese Darlegungs- und Beweislast. Es ist nunmehr Sache des Auftraggebers, darzulegen und im Streitfall zu beweisen, dass die Leistung ohne Rechtsgrund erfolgt ist (OLG Köln, Urt. v. 17.1.2018 – 16 U 60/17; BGH, Urt. v. 6.12.1990 – VII ZR 98/89). Das gilt auch dann, wenn der Auftragnehmer zur Rechtfertigung des erhaltenen Werklohns nachträglich einen anderen als den ursprünglich angegebenen Rechtsgrund behauptet (OLG München, Urt. v. 18.12.2012 – 9 U 3932/11 Bau). **2457**

2458 **Beispiel:** Ein Auftragnehmer führt in Absprache mit dem Bauleiter des Auftraggebers zusätzliche Leistungen auf der Baustelle aus. Der Bauleiter des Auftraggebers schlägt vor, diese zusätzlichen Leistungen nicht als Nachtrag auszuweisen, sondern zur Vereinfachung eine größere Menge einer Leistungsposition des Einheitspreisvertrags abzurechnen, als tatsächlich erbracht wurde.

2459 Wenn der Auftraggeber entdeckt, dass unter einer bestimmten Position in der Schlussrechnung zu viel an Menge abgerechnet wurde, kann sich der Auftragnehmer also im Nachhinein durchaus darauf berufen, dass zwar diese zu viel abgerechnete Menge nicht erbracht worden ist, aber dafür andere, nicht abgerechnete Arbeiten geleistet wurden, für die im Ergebnis die abgerechnete Vergütung bzw. die erhaltene Schlusszahlung gerechtfertigt ist.

2460 Ausnahmsweise können sich Beweiserleichterungen zugunsten des Auftraggebers ergeben, wenn sich herausstellt, dass ein Auftragnehmer bewusst und systematisch überhöht abgerechnet hat.

2461 **Beispiel:** Ein Auftragnehmer (Maler) wird von einem Auftraggeber über mehrere Jahre hinweg mit der Ausführung von Bauunterhaltungsarbeiten im Stundenlohn beauftragt. In einer Vielzahl von Einzelfällen rechnet der Auftragnehmer zu viele Stunden ab, was der Auftraggeber im Nachhinein beim Abgleich firmeninterner Unterlagen mit den Stundenlohnnachweisen entdeckt.

2462 Eigentlich müsste der Auftraggeber jetzt im Einzelnen darlegen, welche Zahlungen er ohne Rechtsgrund geleistet hat, also welche Stunden nicht angefallen sind. In dem Beispielsfall hat das OLG Schleswig (Urt. v. 15.5.2008 – 16 U 124/06) jedoch in Rechnung gestellt, dass der Auftraggeber aufgrund des Zeitablaufs nicht in der Lage war, den tatsächlich angefallenen niedrigeren Stundenaufwand des Auftragnehmers und damit die genaue Höhe der Überzahlung im Einzelnen darzulegen. Da andererseits feststand, dass der Auftragnehmer systematisch und über längere Zeiträume zu viel abgerechnet hatte, hielt es das OLG Schleswig für möglich, den Betrag der Überzahlung zu schätzen und damit dem Auftraggeber eine Beweiserleichterung zuzugestehen.

c) Verjährung des Rückforderungsanspruchs

2463 Für den bereicherungsrechtlichen Rückforderungsanspruch gilt die regelmäßige Verjährungsfrist von drei Jahren ab Kenntnis der den Anspruch begründenden Umstände, längstens zehn Jahre seit Leistung der Zahlung. Grob fahrlässige Unkenntnis steht der Kenntnis gleich. Bezogen auf den Rückforderungsanspruch bedeutet dies, dass es ausreicht, wenn dem Auftraggeber alle die Überzahlung letztlich begründenden Umstände als solche bekannt sind. Nicht notwendig ist es hingegen, dass der Auftraggeber bereits erkannt hat, dass eine Überzahlung vorliegt.

Inzwischen haben mehrere Senate des BGH entschieden, dass eine Kenntnis des Auftraggebers von den Umständen bzw. grob fahrlässige Unkenntnis bereits dann vorliegt, wenn der Auftraggeber im Besitz der maßgeblichen Unterlagen ist, also bei einem Einheitspreisvertrag das Leistungsverzeichnis, die Aufmaße und die Schlussrechnung. Bei Pauschalpreisverträgen, wo mengenunabhängig abgerechnet wird, gibt es zwar kein Aufmaß, aber auch dort existieren in der Regel Bautenstandsfeststellungen sowie ein Abnahmeprotokoll, mit dem der Auftraggeber die vertragsgemäße Erbringung der zu dem Pauschalpreis geschuldeten Leistung bestätigt hat. **2464**

War aus den dem Auftraggeber zur Verfügung stehenden Unterlagen die vertragswidrige Abrechnung (sei es beim Einheitspreisvertrag die Abrechnung tatsächlich nicht erbrachter Mengen und Massen oder bei einem Pauschalpreisvertrag die Abrechnung nicht erbrachter, jedoch zum Pauschalpreis geschuldeter Leistungen) ohne Weiteres ersichtlich, dann beginnt die dreijährige Verjährungsfrist am Ende des Jahres, in dem der Auftraggeber die Zahlung geleistet hat (BGH, Urt. v. 8.5.2008 – VII ZR 106/07). **2465**

In dem zuletzt genannten Fall hatte der Auftraggeber ein Ingenieurbüro mit der Rechnungsprüfung beauftragt, welches grob fahrlässig die Zuvielberechnung übersehen hatte. Das Ingenieurbüro nahm die Rechnungsprüfung ohne Hinzuziehung des Leistungsverzeichnisses vor, was der BGH als ungewöhnlich grobe Verletzung der im Verkehr erforderlichen Sorgfalt angesehen hat. Ähnlich dürfte es sich verhalten, wenn bei der Rechnungsprüfung kein Abgleich mit den Vertragsunterlagen erfolgt und dadurch Leistungen zusätzlich bezahlt werden, die der Auftragnehmer bereits zu den vereinbarten Preisen schuldet. **2466**

Eine entscheidende rechtliche Frage ist die, ob sich der Auftraggeber in Fällen, in denen er die Rechnungsprüfung nicht selbst vornimmt, die Kenntnis oder die grob fahrlässige Unkenntnis des von ihm beauftragten Architekten oder Ingenieurbüros zurechnen lassen muss oder ob er sich auf den Standpunkt stellen kann, er persönlich habe die die Überzahlung begründenden Umstände weder gekannt noch grob fahrlässig nicht gekannt. **2467**

Der BGH vertritt hierzu die Auffassung, dass sich der Auftraggeber die Kenntnis oder die grob fahrlässige Unkenntnis desjenigen, der die Rechnung prüft, zurechnen lassen muss (OLG Koblenz, Beschl. v. 6.2.2014 – 2 U 1116/12). Es macht im Verhältnis zum Auftragnehmer keinen Unterschied, ob der Auftraggeber die Rechnungen intern durch eigene Mitarbeiter prüfen lässt oder extern durch ein Ingenieurbüro. **2468**

Erst recht muss sich der Auftraggeber in der Regel das Wissen zurechnen lassen, das innerhalb seiner Organisation an einer Stelle vorhanden ist, auch wenn die rechnungsprüfende Stelle diese Information nicht besaß (BGH, Urt. v. 2.2.1996 – V ZR 239/94). **2469**

2470 Wenn gegenüber einem Auftragnehmer Rückforderungsansprüche erhoben werden sollen, ist also gründlich zu prüfen, wann der Auftraggeber bzw. die von ihm mit der Rechnungsprüfung beauftragten Hilfspersonen Kenntnis von den die Überzahlung begründenden Umständen bzw. Ursachen hatten. Es ist hingegen nicht erforderlich, dass der Auftraggeber bzw. die von ihm beauftragten Personen aus diesen bekannten oder grob fahrlässig nicht bekannten Umständen die zutreffenden rechtlichen Schlüsse gezogen haben (BGH, Beschl. v. 19.3.2008 – III ZR 220/07).

10. Das Recht des Auftraggebers zur Zahlung an Dritte (§ 16 Abs. 6 VOB/B)

2471 Unter bestimmten Voraussetzungen ist der Auftraggeber berechtigt, Direktzahlungen an einen Nachunternehmer seines Auftragnehmers zu leisten.

2472 Voraussetzung ist nach der Regelung in der VOB/B, dass sich der Auftragnehmer mit den Zahlungen an seinen Nachunternehmer im Verzug befindet und der Nachunternehmer wegen des Zahlungsverzugs seine Leistungen zu Recht verweigert. Weitere Voraussetzung der Direktzahlung ist, dass der Auftragnehmer den gegen ihn gerichteten Zahlungsanspruch des Nachunternehmers und den Zahlungsverzug anerkannt hat oder sich innerhalb einer vom Auftraggeber hierfür gesetzten Frist nicht erklärt.

2473 Da das Bürgerliche Gesetzbuch keine solche Befugnis zu Direktzahlungen an Dritte vorsieht, weicht die VOB/B hier erheblich vom gesetzlichen Leitbild ab. Der Auftraggeber muss wissen, dass § 16 Abs. 6 VOB/B nur dann wirksam vereinbart ist, wenn die VOB/B unverändert in den Vertrag einbezogen wurde. Da dies nur sehr selten der Fall ist, geht der Auftraggeber das Risiko ein, dass sich der Auftragnehmer später darauf beruft, dass die Direktzahlung an den Nachunternehmer unwirksam war. Dieser Gefahr kann man nur durch eine dreiseitige Zahlungsvereinbarung begegnen.

2474 Für den Nachunternehmer, der eine Direktzahlung vom Auftraggeber erhalten soll, stellt sich ein weiteres gravierendes Problem. Direktzahlungen werden in der Regel erwogen, wenn der Auftragnehmer nicht in der Lage ist, die fälligen Zahlungen an seinen Nachunternehmer zu leisten. In solchen Fällen liegt oftmals bereits eine Zahlungsunfähigkeit oder eine Überschuldung vor, sodass oft wenige Wochen nach der Direktzahlung der Insolvenzfall eintritt. Der Insolvenzverwalter des Auftragnehmers ist dann berechtigt, von dem Nachunternehmer, der vom Auftraggeber direkt Geld erhalten hat, diesen Betrag zurückzufordern, weil er gegenüber anderen Insolvenzgläubigern durch die Zahlung bevorteilt worden ist (BGH, Urt. v. 10.5.2007 – IX ZR 146/05).

2475 In Anbetracht dieses erheblichen Risikos für den Nachunternehmer sollte dieser sich auf solche Direktzahlungen nur dann einlassen, wenn mit an Sicherheit grenzender Wahrscheinlichkeit feststeht, dass es sich nur um eine ganz vorübergehende Zahlungsstockung handelt. In allen anderen Fällen besteht der bessere Weg darin, dass der Auftraggeber den Vertrag mit dem Auftragnehmer kündigt und anschließend einen neuen Vertrag direkt mit dem bisherigen Nachunternehmer abschließt. Das ist der einzige Weg, bei dem der Nachunternehmer vermeiden kann, sich später Rückforderungsansprüchen eines Insolvenzverwalters ausgesetzt zu sehen.

II. Handhabung in der Praxis

1. Abgestimmte Schlussrechnungslegung

Es kommt vor, dass nach Fertigstellung der Bauleistungen und erfolgter Abnahme **2476** eine Vielzahl von Abrechnungspositionen und/oder Nachtragsforderungen strittig sind. Der Auftragnehmer weiß, dass seine Forderungen aller Wahrscheinlichkeit nach nur in geringerer Höhe, als bisher geltend gemacht, durchsetzbar sind. Würde der Auftragnehmer nun seine Forderungen in voller Höhe in eine Schlussrechnung aufnehmen, würde auf den gesamten Schlussrechnungsbetrag sofort die Umsatzsteuer fällig. Dies würde einen erheblichen Liquiditätsabfluss bedeuten. Aus diesem Grund ist es sinnvoll, zunächst nur einen Entwurf der Schlussrechnung zu erstellen und nach Möglichkeit eine Abstimmung mit dem Auftraggeber hinsichtlich der strittigen Forderungen herbeizuführen.

Allerdings kann die Legung der Schlussrechnung nicht unbegrenzt lange hinaus- **2477** geschoben werden. Gemäß Umsatzsteuergesetz ist der Auftragnehmer verpflichtet, innerhalb von sechs Monaten nach Fertigstellung der Bauleistung eine Rechnung mit gesondert ausgewiesener Umsatzsteuer auszustellen (§ 14 Abs. 2 UStG). Die Fertigstellung wird häufig mit dem Zeitpunkt der Abnahme zusammenfallen, diese ist aber auch hier nicht Voraussetzung für die Verpflichtung zur Rechnungslegung.

Unabhängig von der Verpflichtung zur Rechnungslegung entsteht die Umsatz- **2478** steuerschuld bei einer Besteuerung nach „vereinbarten Entgelten" bereits mit Ablauf des Voranmeldungszeitraums, in dem die Leistung erbracht wurde (also der Fertigstellung der Leistungen). Wird also die Schlussrechnung nicht zügig nach Fertigstellung gestellt, muss der Auftragnehmer darauf achten, seinen Steuerberater zu informieren, damit eine vorläufige Umsatzsteuervoranmeldung auf der Basis der voraussichtlich durchsetzbaren Forderungshöhe erfolgt, sofern nicht Umkehrbesteuerung nach § 13b vorliegt. Beachtet der Auftragnehmer dies nicht, kann dies als Steuerhinterziehung gewertet werden.

2. Zahlungsverzug und Verzugszinsen

a) Rechtzeitigkeit von Zahlungen

2479 Früher entsprach es ständiger Rechtsprechung, dass eine Zahlung dann rechtzeitig bzw. fristgerecht erfolgt war, wenn der Auftraggeber zum Fälligkeitstermin alles Notwendige für die Bezahlung veranlasst hatte. Es musste ein Überweisungsauftrag bei dem Geldinstitut des Auftraggebers eingegangen sein. Ferner war Bedingung, dass das Konto Deckung aufwies oder eine Kreditlinie vorhanden war. Unter diesen Voraussetzungen wurde also die Einhaltung der Zahlungsfrist angenommen, obwohl der Auftragnehmer das Geld wegen der Laufzeit der Überweisung erst einige Tage später erhielt.

2480 Für die rechtzeitige Zahlung wird seit der VOB/B 2012 (§ 16 Abs. 5 Nr. 3 Satz 3 VOB/B) nicht mehr auf den Zeitpunkt der Vornahme der Leistungshandlung (z.B. die Anweisung der Zahlung), sondern auf den Zeitpunkt des Leistungserfolgs, d.h. den Zugang des Zahlungsbetrags beim Auftragnehmer, abgestellt (OLG Karlsruhe, Urt. v. 9.4.2014 – 7 U 177/13). Dadurch haben sich faktisch die Zahlungsfristen geringfügig verkürzt.

b) Zahlungsverzug auch ohne Nachfristsetzung (§ 16 Abs. 5 Nr. 3 VOB/B 2012)

2481 Zahlt der Auftraggeber bei Fälligkeit der Rechnung nicht (21 Tage bei Abschlagsrechnungen bzw. regelmäßig 30 Tage bei der Schlussrechnung), kann der Auftragnehmer eine kurze Nachfrist setzen. Drei Bankarbeitstage sind ausreichend. Nach Ablauf der Nachfrist tritt Zahlungsverzug ein, sodass der Auftragnehmer Zinsen in Höhe von 9 Prozentpunkten über dem Basiszinssatz geltend machen kann (§ 16 Abs. 5 Nr. 3 Sätze 1 und 2 VOB/B 2012 i.V.m. § 288 Abs. 2 BGB).

2482 Durch die VOB/B 2012 kommt der Auftraggeber zukünftig aber auch ohne Nachfristsetzung spätestens 30 Kalendertage nach Zugang einer prüfbaren und inhaltlich begründeten Rechnung in Zahlungsverzug (§ 16 Abs. 5 Nr. 3 Satz 2 VOB/B 2012). Die Frist von 30 Tagen verlängert sich auf höchstens 60 Kalendertage, wenn die Prüfungsfrist für die Schlussrechnung durch eine vertragliche Vereinbarung verlängert worden ist (§ 16 Abs. 5 Nr. 3 Satz 4 VOB/B).

c) Verzugszinsen ohne Mahnung oder Fristablauf bei unberechtigter Rechnungskürzung

2483 Erklärt der Auftraggeber gegenüber einer geprüften Rechnungsforderung des Auftragnehmers die Aufrechnung mit eigenen Gegenforderungen und stellen sich diese später als unbegründet heraus, tritt sofort Verzug ein. In der Erklärung der Aufrechnung liegt nämlich eine endgültige Leistungsverweigerung, sodass eine gesonderte Mahnung mit Nachfristsetzung nicht erforderlich ist (OLG Düsseldorf, Urt. v. 13.3.2003 – 5 U 102/02).

Das Gleiche gilt, wenn der Auftraggeber in der Rechnung enthaltene Nachtragsforderungen grundlos kürzt oder komplett streicht. 2484

Beispiel: Ein Auftraggeber kürzt sämtliche Nachtragspositionen in den Abschlagsrechnungen um pauschal 50 %, weil er die Preise als überhöht ansieht. Monate später einigen sich die Vertragsparteien über die Vergütung, wobei der Auftragnehmer rund 80 % der beanspruchten Vergütung erhält. 2485

Vorausgesetzt, die Abrechnung der zusätzlichen Vergütungsforderungen war prüfbar, befand sich der Auftraggeber über Monate hinweg bezüglich der Differenz zwischen bezahltem und schließlich zuerkanntem Betrag im Zahlungsverzug. Der Auftragnehmer kann wegen dieser Rechnungskürzungen Verzugszinsen verlangen (BGH, Beschl. v. 24.5.2012 – VII ZR 34/11; OLG Frankfurt, Urt. v. 12.1.2011 – 4 U 91/10). 2486

d) Höhe der Verzugszinsen

Hinsichtlich der Höhe der Zinsen wird in § 16 Abs. 5 Nr. 3 Satz 2 VOB/B auf die Regelung im BGB verwiesen: 2487

Der Auftraggeber schuldet bei Zahlungsverzug gemäß § 288 Abs. 2 BGB Zinsen in Höhe von 9 % über dem Basiszinssatz (Stand 1.1.2021: – 0,88 %), also gegenwärtig 8,12 %. Ein Zinsberechnungsprogramm findet sich unter www.basiszins.info. 2488

Der Auftragnehmer kann in beiden Fällen höhere Verzugszinsen verlangen, wenn er nachweist, dass er beispielsweise Kredit bei seiner Hausbank in Anspruch nimmt und die dort zu zahlenden Zinsen über den gesetzlichen Zinssätzen liegen. 2489

e) Die Zinslücke bei Schlussrechnungslegung

Häufig ist es so, dass bei Streit über die Höhe der Vergütungsforderung schon die letzten Abschlagsrechnungen vom Auftraggeber nicht in voller Höhe bezahlt werden. Erfolgten die Abzüge zu Unrecht und wurde eine Nachfrist gesetzt, besteht Zahlungsverzug. 2490

In dem Augenblick, in dem die „Schlussrechnungsreife" eintritt – das ist dann der Fall, wenn die Abnahme erfolgt ist oder jedenfalls erklärt werden müsste –, endet der Verzug mit der Zahlung der Abschlagsrechnungen. Der zu diesem Zeitpunkt säumige Auftraggeber bekommt einen Zahlungsaufschub von mindestens 30 Tagen und kann bis zum Zugang der Schlussrechnung sowie innerhalb der Prüfungsfrist seine Rechnungskürzungen noch einmal überdenken. Erst nach Zugang des geprüften Rechnungsrückläufers, spätestens nach Ablauf der Prüfungsfrist für die Schlussrechnung, tritt dann ohne Mahnung erneut Verzug ein, wenn die Rechnung prüfbar ist oder die fehlende Prüffähigkeit nicht gerügt wird. 2491

Es entsteht so eine Lücke bei der Berechnung der Verzugszinsen, die nach dieser Rechtsprechung vom Auftragnehmer hingenommen werden muss. 2492

3. Zahlungsverzug und Leistungsverweigerungsrecht des Auftragnehmers

2493 Der Auftragnehmer ist zur Leistungsverweigerung berechtigt, wenn der Auftraggeber in Zahlungsverzug geraten ist (§ 16 Abs. 5 Nr. 4 VOB/B 2016). Allerdings muss er vorher eine Nachfrist zur Zahlung setzen. Die Ausübung des Leistungsverweigerungsrechts ist ein wirksames Druckmittel des Auftragnehmers, wenn Abschlagsrechnungen nicht oder nicht vollständig bezahlt werden. Nach Ablauf der Prüfungsfrist von 21 Tagen kann der Auftragnehmer eine kalendermäßig bestimmte Nachfrist zur Zahlung setzen (regelmäßig dürften drei Arbeitstage ausreichend sein) und bei fruchtlosem Ablauf dieser Frist die Leistungen einstellen. Hat der Auftragnehmer nicht gemahnt, tritt Verzug nach Ablauf von 30 Tagen nach Zugang der Rechnung automatisch ein. Sollen die Arbeiten eingestellt werden, raten wir in beiden Fällen dazu, eine angemessene Nachfrist zur Zahlung zu setzen und die Ausübung des Leistungsverweigerungsrechts im Fall des fruchtlosen Fristablaufs ausdrücklich anzudrohen. Das ist der sicherste Weg.

2494 Der Auftragnehmer muss sich diesen Schritt allerdings aus mehreren Gründen gut überlegen. Befindet sich der Auftraggeber nämlich nicht im Zahlungsverzug, etwa weil die Abschlagsrechnung berechtigterweise als nicht prüfbar gerügt worden ist oder der Auftraggeber Zurückbehaltungsrechte wegen Mängeln der Leistung geltend macht, dann wäre die Arbeitseinstellung unberechtigt und damit eine Pflichtverletzung. Der Auftraggeber könnte darauf seinerseits mit der Androhung der Vertragskündigung reagieren, wenn die Arbeiten innerhalb einer von ihm gesetzten Frist nicht wieder aufgenommen werden. Auch wenn der Auftraggeber nicht zu diesem Schritt greift, drohen dem Auftragnehmer Nachteile, denn bei einer unberechtigten Leistungsverweigerung laufen die Fertigstellungsfristen weiter und der Auftragnehmer läuft Gefahr, in Verzug mit seiner Bauleistung zu geraten. Die Folge hieraus können Vertragsstrafen- und Verzugsschadensersatzansprüche des Auftraggebers sein, ferner Ansprüche auf Behinderungsschadensersatz nach § 6 Abs. 6 VOB/B, wenn der Auftragnehmer durch den Baustillstand andere Gewerke in der Ausführung ihrer Leistungen behindert.

2495 Außerdem muss sich der Auftragnehmer überlegen, wie er seine eigenen Arbeitskräfte anderweitig einsetzen kann und mit seinen Nachunternehmern über diesen Punkt ebenfalls sprechen. Eine Arbeitsunterbrechung hat sowohl für den Auftragnehmer als auch für seine Nachunternehmer erst einmal gravierende Nachteile, denn es wird kein Umsatz erwirtschaftet und die Arbeitnehmer wie auch die Baustelleneinrichtung müssen weiterhin bezahlt werden. Zwar besteht keine direkte rechtliche Verpflichtung, die Arbeitnehmer anderweitig einzusetzen, aber dies liegt im eigenen Interesse des Auftragnehmers und ist in vielen Fällen auch im Rahmen seiner Schadensminderungspflicht geboten.

Diese Überlegungen sollte der Auftragnehmer auch dem Auftraggeber mitteilen und ihn darauf hinweisen, dass die Arbeitskräfte entweder „in Bereitschaft" gehalten und dafür Stillstandskosten geltend gemacht werden oder auf eine andere Baustelle umgesetzt werden, wo sie dann aber mindestens zwei Wochen eingesetzt werden müssen, damit das wirtschaftlich sinnvoll ist. Eine solche Mitteilung an den Auftraggeber kann zudem den Druck der Leistungsverweigerung deutlich verstärken. 2496

4. Der Auftraggeber verweigert seine Mitwirkung an der Erstellung des Aufmaßes

Wenn der Auftraggeber die Aufmaßerstellung vereitelt (beispielsweise dadurch, dass er ein Baustellenverbot ausspricht) oder an der gemeinsamen Feststellung nicht mitwirkt, begeht er eine Vertragsverletzung, die zu einer Beweislastumkehr führen kann (OLG Celle, Urt. v. 28.8.2002 – 22 U 159/01; BGH, Urt. v. 22.5.2003 – VII ZR 143/02). 2497

Auf diesen Umstand sollte der Auftraggeber allerdings schriftlich hingewiesen werden. In einem solchen Fall hat der Auftragnehmer lediglich anhand von Fotos darzulegen, welche Leistungen er aus seiner Sicht erbracht hat. Der Auftraggeber muss ihm dann das Gegenteil beweisen. 2498

Allerdings gilt dies nur dort, wo Leistungen durch den weiteren Baufortschritt verdeckt werden oder ein späteres Nachmessen aus anderen Gründen nicht oder nur schwer möglich ist. Sind die Leistungen jederzeit zugänglich, braucht es keine „gemeinsamen Feststellungen". Der Auftragnehmer muss dann das Aufmaß allein nehmen und der Auftraggeber kann es später kontrollieren. 2499

Zu beachten ist außerdem, dass dort, wo die ausgeführte Leistung den Plänen entspricht, das Aufmaß nach den Plänen und nicht vor Ort auf der Baustelle zu nehmen ist. Das ergibt sich aus den Allgemeinen Technischen Vertragsbedingungen der DIN 18299. Auch in diesem Fall muss der Aufragnehmer das Aufmaß zunächst alleine erstellen. Eine gemeinsame Aufmaßprüfung ist oft sinnvoll, aber von der VOB/B nicht vorgeschrieben. 2500

5. Umgang mit Mengenkürzungen bei Abschlagsrechnungen

Regelmäßig kommt es bei nach Aufmaß und Einheitspreis abgerechneten Leistungen zu Mengenkürzungen im Rahmen der Prüfung der Abschlagsrechnungen. Viele Auftragnehmer ignorieren diese Mengenkürzungen und stellen bei der nächsten Abschlagsrechnung einfach wieder die ungekürzten Mengen in Rechnung. Über die Dauer des Bauvorhabens hinweg sammelt sich so eine hohe Zahl von strittigen Abrechnungspositionen an. Für den Auftraggeber ist das insofern lästig, als er bei der Prüfung der 8. Abschlagsrechnung wieder sämtliche bei der 1. bis 7. Abschlagsrechnung schon einmal vorgenommenen Mengenkürzungen 2501 erneut vornehmen muss. Umgekehrt hat der Auftragnehmer das Problem, dass es eben keine gemeinsamen Zwischenfeststellungen gibt und bei der Schlussabrechnung sämtliche von den Kürzungen betroffenen Positionen vollumfänglich strittig sein können.

2502 Deshalb liegt es im Interesse beider Parteien, sich bei größeren Aufträgen im Abstand mehrere Wochen an einen Tisch zu setzen, die Mengenkürzungen gemeinsam durchzugehen und sich möglichst auf Abrechnungswerte zu einigen. Diese sind dann dem weiteren Streit der Parteien entzogen, außer eine der beiden Seiten kann im Nachhinein nachweisen, dass ein Fehler vorliegt, der damals nicht bekannt war (OLG Hamm, Urt. v. 12.7.1991 – 26 U 146/89).

6. Der Auftraggeber rügt die fehlende Prüffähigkeit der Schlussrechnung nicht

2503 Die Vergütung des Auftragnehmers ist – unbeschadet des Rechts auf Abschlagszahlungen – vom Auftraggeber zu entrichten, wenn der Auftraggeber die Abnahme erklärt hat oder die Abnahme nach § 641 Abs. 2 BGB entbehrlich ist (fiktive Abnahme oder Abnahmeverzug) und der Auftragnehmer eine prüffähige Schlussrechnung erteilt hat. Die Schlussrechnung ist prüffähig, wenn sie eine übersichtliche Aufstellung der erbrachten Leistungen enthält und für den Besteller nachvollziehbar ist. Sie gilt (fiktiv) als prüffähig, wenn der Auftraggeber nicht innerhalb von 30 Tagen nach Zugang der Schlussrechnung begründete Einwendungen gegen ihre Prüffähigkeit erhoben hat. Das steht so seit 2018 in § 650g Abs. 4 BGB und galt nach der Rechtsprechung bei VOB-Verträgen schon vorher.

2504 Bedeutung hat dies für die Verzinsung und wenn es zum Rechtsstreit kommt. Ist die Rechnung nämlich wegen mangelnder Prüffähigkeit zunächst nicht fällig, gerät der Auftraggeber nicht in Verzug, wenn er die fehlende Prüfbarkeit fristgerecht rügt. Hat der Auftraggeber aber die mangelnde Prüffähigkeit nicht gerügt, weil er die Rechnung gar nicht geprüft hat, wird die Rechnung fällig, selbst wenn die Abrechnung unverständlich ist. Dann kann sich der Auftraggeber nicht mehr nur darauf berufen, dass die Rechnung mangels Prüfbarkeit nicht fällig sei. Es liegt also grundsätzlich im eigenen Interesse des Auftraggebers, erhaltene Schlussrechnungen zeitnah zu prüfen und die fehlende Prüffähigkeit zu rügen, wenn die Rechnung ganz oder hinsichtlich einzelner Positionen nicht nachvollziehbar ist.

2505 Will der Auftraggeber den Einwand der fehlenden Prüfbarkeit erheben, reicht die bloß pauschal gehaltene Rüge, die Rechnung sei nicht prüfbar, nicht aus. Der Auftraggeber muss detailliert darlegen, inwieweit ihm Informationen aus der Rechnung fehlen (OLG Stuttgart, Urt. v. 14.8.2018 – 10 U 154/17).

2506 Teilweise wird unter Auftragnehmern die Auffassung vertreten, der Auftraggeber könne nach Ablauf der Prüfungsfrist überhaupt keine Einwände gegen die Schlussrechnung mehr vorbringen. Das ist unzutreffend. Der Auftraggeber kann also auch im Fall eines späteren Prozesses die inhaltliche Richtigkeit der Schlussrechnung in Zweifel ziehen und vorbringen, Leistungen seien entweder gar nicht oder mit geringeren Mengen erbracht worden. Der Einwand, die Schlussrechnung sei inhaltlich falsch, geht ihm also nicht verloren (BGH, Urt. v. 22.12.2005 – VII ZR 316/03; BGH, Urt. v. 23.9.2004 – VII ZR 173/03).

Für Abschlagsrechnungen gibt es eine vergleichbare Regelung nicht. Die Frage ist also, ob der Auftraggeber eine nicht prüfbare Abschlagsrechnung ohne entsprechende Rüge einfach nicht bezahlen kann und sich lange nach Ablauf der 21-tägigen Zahlungsfrist, etwa wenn der Auftragnehmer die Arbeiten eingestellt hat, noch auf die mangelnde Fälligkeit berufen darf. Die VOB/B enthält hierzu in § 16 Abs. 1 (der die Regelungen zu Abschlagszahlungen enthält) keine Regelung. Es gibt aber Rechtsprechung zu Abschlagsrechnungen von Architekten. Dort werden seit einigen Jahren die Regelungen der VOB/B ebenfalls angewandt. So haben sowohl der BGH als auch das OLG Celle schon vor mehreren Jahren (als noch die zweimonatige Prüfungsfrist für Schlussrechnungen nach VOB/B galt) entschieden, dass sich der Auftraggeber auch bei Abschlagsrechnungen eines Architekten nach Ablauf von zwei Monaten nicht mehr auf die fehlende Prüfbarkeit berufen kann (OLG Celle, Urt. v. 8.4.2009 – 14 U 111/08; BGH, Urt. v. 16.3.2005 – XII ZR 269/01). Nachdem die Prüfungsfrist für die Schlussrechnung nun regelmäßig 30 Tage beträgt, dürfte im Ergebnis gelten, dass der Auftraggeber sich auch bei VOB/B-Verträgen nicht mehr auf die fehlende Prüfbarkeit von Abschlagsrechnungen berufen kann, wenn er diese nicht innerhalb von 30 Tagen gerügt hat, denn was für Schlusszahlungen gilt, muss erst recht für (nur vorläufige) Abschlagszahlungen gelten. **2507**

7. Der Auftraggeber schickt die Schlussrechnung zurück oder schickt kein Prüfexemplar

Viele Auftraggeber sind der Ansicht, eine Werklohnforderung könne dadurch aus der Welt geschafft werden, dass die Schlussrechnung „zu unserer Entlastung" zurückgeschickt wird. Rechtlich ist das Zurücksenden der Rechnung ebenso unnötig wie unbeachtlich. Die Prüfungsfrist beginnt mit Zugang der Schlussrechnung. Wenn die Rechnung ganz oder teilweise nicht prüfbar ist, muss der Auftraggeber dem Auftragnehmer dies detailliert rügen, wobei dies im eigenen Interesse sobald als möglich geschehen sollte. Der Auftragnehmer muss dann die fehlenden Unterlagen nachreichen. Selbst wenn die Rechnung komplett falsch ausgestellt ist, ändert dies nichts daran, dass ein Zurücksenden der Rechnung nicht notwendig ist. **2508**

Gelegentlich kommt es auch vor, dass der Auftraggeber lediglich ein Prüfergebnis übermittelt, ohne im Einzelnen zu begründen, wie er auf dieses Prüfergebnis gekommen ist. Für den Auftragnehmer ist dies extrem ärgerlich, da er nicht weiß, **2509** zu welchen Positionen er eventuell weitere Nachweise liefern oder zur Berechtigung Argumente vortragen muss. Aus Sicht des Auftraggebers ist die Strategie allerdings im Einzelfall sinnvoll, denn häufig ist es so, dass der Auftraggeber Gegenforderungen erhebt (Vertragsstrafe, Mangelkosten, sonstige Gegenforderungen), für die er im Fall einer gerichtlichen Auseinandersetzung beweispflichtig ist. Schickt der Auftraggeber dem Auftragnehmer ein sogenanntes Prüfexemplar seiner Schlussrechnung, aus dem hervorgeht, welche Einzelpositionen bestätigt bzw. gekürzt worden sind, stellt das zwar kein Anerkenntnis der Abrechnungspositionen dar, kann aber trotzdem dazu führen, dass im Fall eines Prozesses vom Gericht eine gesteigerte Darlegungslast angenommen wird. Wenn also die Gegenforderungen des Auftraggebers strittig sind, wird dieser vermeiden wollen, dass die Vergütungsforderung des Auftragnehmers in einem Gerichtsverfahren als unstrittig erscheint. Häufig wird in diesen Fällen dem Auftragnehmer angeboten, dass man die Rechnungsprüfung mündlich erörtern und dabei auch die Gegenforderungen besprechen könne. Auch wenn der Auftragnehmer dies ärgerlich findet, sollte er das Gespräch wahrnehmen, um die Argumente des Auftraggebers zu erfahren.

8. Der Auftraggeber will nach Kündigung die Bauausführung mit einem anderen Unternehmer unverzüglich fortsetzen

2510 Der Bauleiter des Auftragnehmers sollte den Auftraggeber auch hier schriftlich darauf hinweisen, dass dieser ihm die Feststellung des Bautenstandes ermöglichen und an der Aufmaßerstellung mitwirken muss, soweit die Leistungen durch den weiteren Baufortschritt nicht mehr feststellbar sein werden. Vereitelt dies der Auftraggeber dadurch, dass er Drittfirmen mit der Leistungsfortführung beauftragt, ist er prozessual verpflichtet, das von dem Auftragnehmer im Rahmen seiner Möglichkeiten erstellte Aufmaß zu widerlegen.

2511 Wurde der Vertrag gekündigt, ist besondere Aufmerksamkeit auf die Bautenstandsfeststellung zu richten. In der Regel ist in solchen Fällen Eile geboten, denn häufig wird der Auftraggeber die Leistungen durch einen anderen Unternehmer weiterführen lassen wollen, sodass nachträglich die notwendigen Feststellungen nur schwer getroffen werden können. Der Auftragnehmer kann dem Auftraggeber jedenfalls nicht im Wege der einstweiligen Verfügung die Weiterführung der Arbeiten verbieten, bis er ein Aufmaß erstellt hat (OLG Düsseldorf, Beschl. v. 5.6.2001 – 22 W 29/01).

2512 Nach der Kündigung bzw. einer Teilkündigung eines Pauschalpreisvertrags muss der Bauleiter daher umgehend und unter Fristsetzung zur Mitarbeit und Teilnahme an einem gemeinsamen Aufmaß auffordern. Kommt dieses nicht zustande, sollten umgehend eigene, dann eben einseitige Aufmaße erstellt werden, wobei der Auftragnehmer damit zur Vermeidung von Zeitverzügen sofort und parallel zu der Aufforderung an den Auftraggeber mit dem Aufmaß beginnen sollte.

Der Schwerpunkt des körperlichen Aufmaßes liegt bei den teilfertigen Leistungen. Diese müssen sorgfältig vor Ort dokumentiert und erfasst werden. Komplett erbrachte Teilleistungen müssen hingegen nicht örtlich aufgemessen werden, wenn sich die Leistung aus Zeichnungen ermitteln lässt. Noch gar nicht angefangene Arbeiten müssen ebenfalls nur dann örtlich aufgemessen werden, wenn sich diese nicht nachträglich aus Zeichnungen oder anderen Unterlagen entnehmen lassen. **2513**

Neben dem Erstellen von Aufmaßunterlagen kann es sich empfehlen, eine Fotodokumentation über die wesentlichen bis zur Kündigung erbrachten Bauleistungen anzufertigen. Diese Fotos können später als Beleg dafür dienen, dass bestimmte Leistungen entweder bereits fertig waren oder noch gar nicht begonnen wurden. Wichtig ist dabei, dass die Fotos später eindeutig bestimmten Räumen bzw. Bauteilen zugeordnet werden können. Das kann etwa dadurch geschehen, dass in einem Plan direkt bei der Aufnahme der Ort vermerkt wird. **2514**

9. Gerichtliche Geltendmachung der Werklohnforderung

Bei Bauverträgen nach der VOB/B und ab 2018 auch nach BGB ist eine prüfbare Schlussrechnung Voraussetzung für die Fälligkeit der Schlusszahlung. In § 650g Abs. 4 BGB ist 2018 eine inhaltlich § 16 Abs. 3 Nr. 1 VOB/B entsprechende Regelung aufgenommen worden. Wenn eine Bauleistung nicht prüfbar abgerechnet wird, muss der Auftraggeber keine Zahlung leisten, sodass er auch nicht in Verzug geraten kann, wenn die fehlende Prüffähigkeit fristgerecht gerügt wurde. **2515**

Eine Werklohnklage, die auf einer nicht prüfbaren Abrechnung beruht, wird vom Gericht als „derzeit unbegründet" abgewiesen (BGH, Urt. v. 11.2.1999 – VII ZR 399/97), wenn der Auftraggeber die fehlende Prüffähigkeit rechtzeitig gerügt hatte. Die Forderung kann dann auf der Basis einer neuen prüfbaren Abrechnung neu eingereicht werden. Dies gilt allerdings nicht, wenn der Auftraggeber die fehlende Prüffähigkeit nicht innerhalb der Prüfungsfrist gerügt hatte. In diesem Fall ist die Werklohnforderung trotz objektiv nicht gegebener Prüffähigkeit fällig. Wenn das Gericht jedoch die Forderung aufgrund der fehlenden Prüfbarkeit sachlich nicht beurteilen kann, wird die Klage als „unbegründet" abgewiesen. Dann muss der unterlegene Auftragnehmer Berufung hiergegen einlegen, denn sonst geht der Anspruch endgültig verloren (OLG Koblenz, Urt. v. 11.10.2002 – 10 U 1601/01). **2516**

Zwar sollen die Gerichte in solchen Fällen dem Kläger konkret sagen, warum die Rechnung als nicht prüffähig angesehen wird (BGH, Urt. v. 11.2.1999 – VII ZR 399/97; OLG Zweibrücken, Urt. v. 24.5.2005 – 8 U 116/04). Man sollte sich aber nicht darauf verlassen, dass jedes Gericht die Hinweispflicht aus § 139 ZPO gleichermaßen ernst nimmt. Es ist regelmäßig sinnvoller, bei Rügen des Auftraggebers die Abrechnung zu überarbeiten als das Risiko einzugehen, dass die Klage mangels Fälligkeit der Forderung abgewiesen wird. **2517**

2518 Zu beachten ist schließlich, dass Schlussrechnungen in den seltensten Fällen in Gänze nicht prüfbar sind. Soweit nur einzelne Positionen nicht prüfbar sind und dies vom Auftraggeber gerügt wird, ist jedenfalls der Teil der Vergütung fällig, der prüfbar abgerechnet ist und nach Abzug der erhaltenen Abschlagszahlungen als Guthaben des Auftragnehmers aus der Schlussrechnung verbleibt (BGH, Urt. v. 27.11.2003 – VII ZR 288/02).

III. Musterschreiben

Aufforderung zur gemeinsamen Leistungsfeststellung **N 1 2519**

An den Auftraggeber

Kopie an den bauleitenden Architekten

Datum

Bauvorhaben …
Bauvertrag vom …
Gemeinsame Leistungsfeststellung gemäß § 14 Abs. 2 VOB/B

Sehr geehrte Damen und Herren,

wir fordern Sie nach Fertigstellung der Innenputzarbeiten auf, spätestens bis zum … einen gemeinsamen Aufmaßtermin mit uns zu vereinbaren, da ab der … Kalenderwoche mit den Tapezierarbeiten begonnen wird, sodass eine nachträgliche Prüfung und Feststellung der von uns durchgeführten Putzarbeiten nicht mehr möglich ist. Gleichzeitig bitten wir um Teilabnahme nach § 12 Abs. 2 VOB/B.

Wir schlagen hierfür den … vor und bitten um eine kurze schriftliche Bestätigung bzw. Angabe von Alternativterminen.

Alternativ: (bei einem vertraglichen Ausschluss von Teilabnahmen)

Neben einem gemeinsamen Aufmaß verlangen wir eine Zustandsbesichtigung nach § 4 Abs. 10 VOB/B, weil nach Durchführung der Tapezierarbeiten eine Prüfung der von uns erbrachten Innenputzarbeiten nicht mehr möglich ist.

Mit freundlichen Grüßen

……………………………………………

(Unterschrift)

2520 Gemeinsames Aufmaß nach Kündigung eines Pauschalpreisvertrags N 2

An den Auftraggeber | Kopie an den bauleitenden Architekten

Datum

Bauvorhaben ...
Bauvertrag vom ...
Ihre Kündigung vom ...
Bautenstandsdokumentation

Sehr geehrte Damen und Herren,

Sie haben den mit uns abgeschlossenen Bauvertrag nach § 8 Abs. 3 VOB/B gekündigt. Einer solchen Kündigung widersprechen wir ausdrücklich, weil wir mit der Ausführung unserer Bauleistungen/Mangelbeseitigungsarbeiten nicht im Verzug gewesen sind (*gegebenenfalls nähere Begründung*).

Da Sie durch Ihre Erklärung allerdings zum Ausdruck bringen, dass Sie an einer Fortführung unserer Leistungen nicht mehr interessiert sind und den Bauvertrag damit gemäß § 8 Abs. 1 VOB/B gekündigt haben, sind wir verpflichtet, die bis zum Kündigungszeitpunkt erbrachten Leistungen prüfbar abzurechnen. Hierfür ist die Erstellung eines gemeinsamen Aufmaßes erforderlich (§ 8 Abs. 7 VOB/B).

Wir schlagen für die Erstellung des Aufmaßes folgende Termine vor:

...

und bitten um eine kurze schriftliche Bestätigung bzw. Nennung von Alternativterminen, falls die o.a. Termine nicht in Betracht kommen sollten.

Gleichzeitig verlangen wir die Abnahme der von uns bis zum Kündigungszeitpunkt erbrachten Leistungen, die gemeinsam mit dem Aufmaß erfolgen kann.

Mit freundlichen Grüßen

....

(Unterschrift)

Rüge der Nichtprüfbarkeit einer Abschlagsrechnung **N 3 2521**

An den Auftragnehmer

Datum

Bauvorhaben ...
Ihre Abschlagsrechnung vom ...

Sehr geehrte Damen und Herren,

wir haben mit Ihnen einen Pauschalpreisvertrag abgeschlossen, nach dem Sie Zahlungen nach Baufortschritt verlangen können. Nunmehr erhielten wir von Ihnen die erste Abschlagsrechnung, mit der Sie „Pauschal 15 %" der Auftragssumme in Rechnung stellen. Diese Abschlagsrechnung ist für uns nicht prüfbar. Auch bei einem Pauschalpreisvertrag müssen Sie nachweisen, dass der erreichte Leistungsstand eine Rechnungslegung in Höhe von 15 % der Auftragssumme rechtfertigt.

Wir dürfen daher darum bitten, uns entsprechende Leistungsnachweise zuzusenden. Vorher kann eine Zahlung nicht erfolgen.

Mit freundlichen Grüßen

....

(Unterschrift)

2522 Zusendung nachträglich geforderter Unterlagen zur Schlussrechnung N 4

An den Auftraggeber

Datum

Bauvorhaben ...
Unsere Schlussrechnung vom ...
Ihr Schreiben vom ...

Sehr geehrte Damen und Herren,

wir haben Ihnen am ... unsere Schlussrechnung übersandt. Drei Wochen nach Zugang der Rechnung haben Sie mit Schreiben vom ... weitere Unterlagen angefordert, ohne die Sie die Rechnungsprüfung nicht vornehmen könnten. Anbei erhalten Sie die von Ihnen geforderten zusätzlichen Abrechnungszeichnungen /Mengenberechnungen/...

Wir weisen vorsorglich darauf hin, dass wir die Prüfung und Bezahlung unserer Schlussrechnung nunmehr innerhalb der kommenden 10 Tage erwarten. Die Frist zur Prüfung der Schlussrechnung kann nur einmal in Anspruch genommen werden. Da Sie die Rechnung zunächst drei Wochen nicht geprüft haben, stehen jetzt nur noch die restlichen 10 Tage zur Rechnungsprüfung zur Verfügung. Keineswegs beginnt noch einmal eine neue Frist von 30 Tagen.

Mit freundlichen Grüßen

....

(Unterschrift)

Mahnung und Nachfristsetzung N 5 2523

An den Auftraggeber

Datum

Bauvorhaben ...
Unsere Schlussrechnung vom ...

Sehr geehrte Damen und Herren,

wir haben Ihnen am ... unsere Schlussrechnung übersandt. Die Prüfungsfrist von 30 Tagen nach § 16 Abs. 3 Nr. 1 VOB/B ist verstrichen, ohne dass wir einen vollständigen Zahlungseingang verzeichnen konnten. Da wir keine von der regelmäßigen Prüfungsfrist abweichende Vereinbarung getroffen haben, ist der Anspruch aus der Schlussrechnung spätestens seit dem … (30 Tage nach Zugang der Rechnung unter Berücksichtigung üblicher Postlaufzeiten) zur Zahlung fällig.

Im Zuge der Schlussrechnungsprüfung wurden von Ihnen Mengenkürzungen vorgenommen, Nachträge gestrichen und Abzüge wegen Mängeln vorgenommen.

Wir sind mit den von Ihnen vorgenommenen Rechnungskürzungen nicht einverstanden. Wir weisen vorsorglich darauf hin, dass Sie sich bereits jetzt im Zahlungsverzug befinden.

Wir setzen Ihnen eine Nachfrist zur Zahlung bis zum … und wären kulanterweise bereit, auf die Berechnung von Verzugszinsen zu verzichten, falls die Zahlung innerhalb der Nachfrist geleistet wird.

Alternativ (Berechnung von Verzugszinsen):

Unsere Schlussrechnung vom … dürfte Ihnen unter Berücksichtigung üblicher Postlaufzeiten von maximal zwei Arbeitstagen spätestens am … zugegangen sein. Nach § 16 Abs. 3 Nr. 1 VOB/B ist die Rechnung 30 Tage nach Zugang fällig geworden. Aus § 16 Abs. 5 Nr. 3 Satz 2 VOB/B folgt, dass spätestens 30 Tage nach Zugang der Rechnung gleichzeitig Zahlungsverzug eintritt, ohne dass es einer Mahnung bedarf.

Damit besteht Zahlungsverzug spätestens seit dem … Nach § 16 Abs. 5 VOB/B haben wir Anspruch auf Verzugszinsen in Höhe von 9 Prozentpunkten über dem Basiszinssatz. Der gegenwärtige Basiszinssatz beträgt … %. Damit beläuft sich unser Zinsanspruch bei einer Zahlung am … auf € … Wir fordern Sie deshalb auf, den Gesamtbetrag in Höhe von € … bis spätestens … zu bezahlen.

Anderenfalls werden wir die Angelegenheit unserem Rechtsanwalt übergeben.

Mit freundlichen Grüßen

....

(Unterschrift)

Androhung der Leistungseinstellung **N 6 2524**

An den Auftraggeber

Datum

Bauvorhaben ...
Unsere Abschlagsrechnung vom ...

Sehr geehrte Damen und Herren,

wir haben Ihnen am ... unsere 4. Abschlagsrechnung übersandt. Die Zahlungsfrist von 21 Tagen nach § 16 Abs. 1 Nr. 3 VOB/B ist verstrichen, ohne dass wir einen vollständigen Zahlungseingang verzeichnen konnten. Mit Schreiben vom ... haben wir den offenen Rechnungsbetrag von € 50.000,– angemahnt und eine Nachfrist bis zum .... gesetzt.

Sie befinden sich im Zahlungsverzug. Da wir darauf angewiesen sind, dass unsere erbrachten Leistungen auch vollständig bezahlt werden, drohen wir Ihnen hiermit die **Einstellung unserer Arbeiten** an, wenn der offene Rechnungsbetrag/*alternativ:* mindestens ein Teilbetrag in Höhe von € .../nicht spätestens am .... auf unserem Geschäftskonto eingeht.

Inhaltliche Einwendungen gegen unsere Abrechnung haben Sie bisher nicht vorgebracht. Vorsorglich weisen wir darauf hin, dass Einwendungen gegen die Prüfbarkeit unserer Abschlagsrechnung mehr als 30 Tage nach Zugang der Abschlagsrechnung nicht mehr zulässig sind. Die VOB/B enthält hierzu zwar keine Regelung. Es gibt aber Rechtsprechung, dass das, was für Schlussrechnungen in der VOB/B steht, auch für Abschlagsrechnungen gilt (OLG Celle, Urt. v. 8.4.2009 – 14 U 11/08; BGH, Urt. v. 16.3.2005 – XII ZR 269/01).

Alternativ (Zeitraum für Wiederaufnahme der Arbeiten):

Vorsorglich weisen wir Sie darauf hin, dass wir die auf Ihrer Baustelle tätige Putzerkolonne an ein anderes Bauvorhaben umsetzen werden. Dort wird die Kolonne jeweils wochenweise im Voraus eingeplant und eingesetzt, sodass die Unterbrechung mindestens eine Woche betragen wird. Sollten Sie am kommenden Mittwoch die Rechnung bezahlen, kann die Wiederaufnahme der Arbeiten dennoch erst am übernächsten Montag erfolgen.

Wir gehen davon aus, dass dies auch in Ihrem Interesse liegt, denn anderenfalls müssten wir die Arbeitskräfte bis zum Ausgleich unserer Rechnung „in Bereitschaft" halten und dafür tägliche Stillstandskosten geltend machen. Außerdem wären wir dann schon aus wirtschaftlichen Gründen gezwungen, eine Kündigung des Vertrags in Erwägung zu ziehen.

Mit freundlichen Grüßen

....

(Unterschrift)

Abschlagszahlung gegen Eigentumsübertragung **N 7 2525**

An den Auftraggeber

Datum

Bauvorhaben ...
Abrechnung von eigens angefertigten /*alternativ:* bereits auf der Baustelle lagernden Materialien

Sehr geehrte Damen und Herren,

wir haben inzwischen den überwiegenden Teil der für Ihr Bauvorhaben vorgesehenen Fenster produziert. Diese befinden sich in unserem Lager in ... Nachdem wir bereits zu einem großen Teil in Vorleistung gegangen sind, möchten wir für die eigens für ihr Bauvorhaben produzierten Fenster eine Abschlagsrechnung stellen. Vorab wollen wir mit Ihnen die Absicherung abstimmen. Gemäß § 16 Abs. 1 Nr. 1 VOB/B dürfen wir auch für eigens angefertigte und bereitgestellte Bauteile Abschlagszahlungen verlangen. Voraussetzung ist, dass wir Ihnen entweder das Eigentum an den Fenstern übertragen oder eine andere Sicherheit geben. Wir könnten Ihnen diesbezüglich anbieten, einer Vertragserfüllungsbürgschaft in Höhe von € ... zu stellen. Bitte teilen Sie uns mit, ob Sie hiermit einverstanden sind, dann würden wir die Bürgschaft beantragen.

Alternativ (Zeitraum für Wiederaufnahme der Arbeiten):

Wir möchten ungern eine Bürgschaft zu Ihrer Absicherung stellen, weil dies mit zusätzlichen Kosten für uns verbunden ist. Deshalb schlagen wir vor, dass wir Ihnen das Eigentum, an den in unserem Lager ..., Halle ... gelagerten Fenstern gemäß beigefügter Fensterliste übertragen. Wir versichern Ihnen hiermit, dass wir Eigentümer sind und keine Rechte Dritter bestehen. Gleichzeitig erklären wir hiermit, dass jegliche Beschädigungen beim Transport oder beim Einbau, sowie Verluste durch Diebstahl oder andere Beeinträchtigungen weiterhin zu unseren Lasten gehen. Sie werden also Eigentümer der Fenster, aber wir haften weiterhin für jegliche Verluste oder Beschädigungen und sagen Ihnen für diesen Fall Ersatzlieferung zu. Bitte teilen Sie uns mit, ob Sie hiermit einverstanden sind.

Mit freundlichen Grüßen

....

(Unterschrift)

2526 Aufforderung zur Schlussrechnungslegung N 8

An den Auftragnehmer

Datum

Bauvorhaben ...
Ihre Abschlagsrechnung vom ...

Sehr geehrte Damen und Herren,

Sie haben uns vor zwei Wochen ihre fünfte Abschlagsrechnung übermittelt. Gestern fand die Abnahme ihrer Leistungen statt. Nach der erfolgten Abnahme sind Sie verpflichtet, eine Schlussrechnung zu legen. Ihre vorliegende Abschlagsrechnung müssten wir an sich nicht mehr bezahlen, sind aber bereit, noch eine weitere pauschale Abschlagszahlung in Höhe von € ... zu leisten. Weitere Zahlungen werden wir jedoch erst nach Schlussrechnungslegung und Prüfung vornehmen.

Mit freundlichen Grüßen

....

(Unterschrift)

Ankündigung Teilschlussrechnung **N 9 2527**

An den Auftraggeber

Datum

Bauvorhaben ...
Schlussrechnungslegung

Sehr geehrte Damen und Herren,

wir haben gestern die Abnahme unsere Leistungen durchgeführt. Allerdings wurde im Abnahmeprotokoll festgehalten, dass noch diverse Restleistungen zu erbringen sind. Diese können wir aber im Moment nicht erbringen, weil es an bauseitigen Voraussetzungen fehlt. Dies haben wir Ihnen bereits mitgeteilt.

Im Interesse einer zügigen Abwicklung des Projekts werden wir in den kommenden Tagen eine Teilschlussrechnung übersenden, in der unsere Leistungen, mit Ausnahme der noch zu erbringenden Restleistungen, abgerechnet werden.

***Alternativ** (mehrere Bauabschnitte):*

Wir haben gestern die Teilabnahme unserer Leistungen im ersten Bauabschnitt durchgeführt. Im Interesse einer zügigen Abwicklung des Projekts werden wir in den kommenden Tagen eine Teilschlussrechnung übersenden, in der unsere Leistungen aus dem ersten Bauabschnitt abgerechnet werden.

Mit freundlichen Grüßen

....

(Unterschrift)

2528 Schlusszahlungserklärung N 10

An den Auftragnehmer

Datum

Bauvorhaben ...
Ihre Schlussrechnung vom ...

Sehr geehrte Damen und Herren,

wir haben Ihre Schlussrechnung geprüft und werden Ihnen im Ergebnis der Schlussrechnungsprüfung in den kommenden Tagen einen Betrag in Höhe von € ... überweisen. Es handelt sich dabei um eine Schlusszahlung gemäß § 16 Abs. 3 VOB/B. Die vorbehaltlose Annahme der Schlusszahlung schließt Nachforderungen aus, und zwar auch früher gestellte, aber nicht abgerechnete Forderungen, sowie sonstige nicht abgerechnete Forderungen.

Alternativ *(keine weitere Zahlung):*

Wir haben Ihre Schlussrechnung geprüft und kommen zu dem Ergebnis, dass Sie bereits überzahlt sind. Wir werden daher keine weiteren Zahlungen leisten und behalten uns die Rückforderung des überzahlten Betrags vor. Vorsorglich weisen wir darauf hin, dass Sie mit jeglichen weiteren Forderungen ausgeschlossen sind, wenn von Ihnen gegen diese Schlusszahlungserklärung kein Vorbehalt erklärt wird.

Ein Vorbehalt gegen die Schlusszahlung/Schlusszahlungserklärung ist innerhalb von 28 Tagen nach Zugang dieses Schreibens zu erklären. Er wird hinfällig, wenn Sie nicht innerhalb von weiteren 28 Tagen – beginnend am Tag nach Ablauf der ersten Frist – eine prüfbare Rechnung über die vorbehaltenen Forderungen einreichen oder, wenn das nicht möglich ist, der Vorbehalt eingehend begründet wird.

Mit freundlichen Grüßen

....

(Unterschrift)

Vorbehalt gegen Schlusszahlung **N 11 2529**

An den Auftraggeber

Datum

Bauvorhaben ...
Unsere Schlussrechnung vom

Ihre Schlusszahlungserklärung vom ...

Sehr geehrte Damen und Herren,

Sie haben uns mit Schreiben vom ... mitgeteilt, dass aufgrund ihrer Rechnungsprüfung noch ein Betrag in Höhe von € ... an uns ausgezahlt wird / Sie nicht bereit sind, weitere Zahlungen an uns zu leisten. Dabei haben sie auf die Regelung in § 16 Abs. 3 VOB/B hingewiesen, wonach wir gegen diese Schlusszahlungserklärung einen Vorbehalt erklären müssten.

Sie sind in ihrem Bauvertrag an diversen Stellen von der VOB/B abgewichen. Beispielsweise wird im Bauvertrag eine förmliche Abnahme unserer Leistungen vorgeschrieben. Die Gewährleistungsfrist wurde von vier Jahren auf fünf Jahre verlängert. Mehrkosten müssen nicht nur bei Zusatzleistungen, sondern auch bei Leistungsänderungen angekündigt werden. Die Gewährleistungsbürgschaft soll nicht nur Mängelansprüche absichern, sondern auch etwaige Schadensersatzansprüche wegen Nichtbezahlung des Mindestlohns oder von Sozialabgaben und Berufsgenossenschaftsbeiträgen. Diese und viele weitere Abweichungen von der VOB/B führen dazu, dass alle Vorschriften in der VOB/B als Allgemeine Geschäftsbedingungen auf ihre Wirksamkeit geprüft werden. Nach ständiger Rechtsprechung ist Ihre Schlusszahlungserklärung unwirksam, weil die entsprechende Regelung in der VOB/B uns als Auftragnehmer unangemessen benachteiligt.

Ungeachtet dessen erklären wir hiermit ausdrücklich unseren Vorbehalt gegen Ihre Schlusszahlungserklärung. Wir halten an sämtlichen abgerechneten Forderungen fest. Soweit Sie die Rechnungskürzung im Titel 2 damit begründet haben, dass Ihnen die Wiegescheine für die Entsorgung des Z2-Materials noch nicht vorliegen, werden wir Ihnen diese Wiegescheine noch zusenden.

Alternativ *(falls die VOB/B wirklich unverändert vereinbart wurde):*

Wir erklären unseren Vorbehalt gegen die von Ihnen abgegebene Schlusszahlungserklärung. Wir halten an sämtlichen abgerechneten Forderungen fest und bestehen auf vollständiger Bezahlung unserer Rechnung. Einer gesonderten Begründung unseres Vorbehalts bedarf es nicht, da Ihnen sämtliche zur Rechnungsprüfung erforderlichen Unterlagen vorliegen.

Alternativ *(falls Forderungen noch nicht (prüfbar) abgerechnet worden sind):*

Sie erhalten von uns mit gesondertem Schreiben noch die geforderten Aufmaßpläne für die Geländemodellierung. Vorsorglich weisen wir darauf hin, dass wir in der bisherigen Schlussrechnung übersehen haben, dass der von uns im Bereich … partiell vorgenommene Bodenaustausch noch gar nicht abgerechnet ist. Hierzu erhalten Sie noch eine weitere Abrechnung. Dies wird eine separate Rechnung sein, da wir nach der Rechtsprechung berechtigt sind, unsere Leistungen bei dem Bauvorhaben auch in mehreren Einzelrechnungen abzurechnen.

Mit freundlichen Grüßen

………………………………………………

(Unterschrift)

O. Sicherheiten für den Auftraggeber (§ 17 VOB/B)

I. Was muss der Bauleiter wissen?

1. Vertragliche Vereinbarung erforderlich (§ 17 Abs. 1 VOB/B)

Für den Auftraggeber kann der Fall eintreten, dass der Auftragnehmer seine Leistungen überhaupt nicht, nicht termingerecht oder aber mangelhaft erbringt, sodass ihm Schadensersatzansprüche zustehen oder Mangelbeseitigungsarbeiten erforderlich werden. Seine Ansprüche nützen dem Auftraggeber aber nichts, wenn er sie nicht durchsetzen kann, weil der Auftragnehmer vor der Durchsetzung in Insolvenz fällt. Deshalb besteht ein nachvollziehbares Sicherungsbedürfnis für den Auftraggeber, und zwar insbesondere hinsichtlich der Absicherung etwaiger Gewährleistungsansprüche. Was die Durchsetzung von Ansprüchen wegen nicht termingerechter oder mangelhafter Vertragserfüllung bis zur Abnahme angeht, ist der Auftraggeber durch die bestehende Vorleistungspflicht des Auftragnehmers in den meisten Fällen durch sein Zurückbehaltungsrecht bei Abschlagszahlungen und Schlusszahlungen ausreichend abgesichert. Hauptsächlich in dem Fall, dass der Auftragnehmer gar nicht erst mit den Leistungen beginnt und eine Kündigung erforderlich wird, besteht ein echtes Risiko für den Auftraggeber, etwaige Schadensersatzansprüche nicht durchsetzen zu können, wenn der Auftragnehmer insolvent wird. **2530**

Das Sicherungsinteresse wird in der Praxis durch die Stellung von Sicherheiten für die Vertragserfüllung und für Mängelansprüche erfüllt. Der Auftraggeber hat jedoch keinen gesetzlichen Anspruch auf solche Sicherheiten. Eine Ausnahme gilt nur für Verträge mit Verbrauchern, die den Neubau oder erhebliche Umbaumaßnahmen zum Gegenstand haben. Zum Begriff des Verbraucherbauvertrags siehe Kapitel A. I. 1. c) (Rn. 23 ff.). Gemäß § 650m Abs. 2 BGB hat der Auftragnehmer dem Verbraucher (§ 13 BGB) eine Vertragserfüllungssicherheit von 5 % der Auftragssumme zu stellen. Dies geschieht dadurch, dass von der ersten Abschlagszahlung 5 % der gesamten Auftragssumme einbehalten werden, die nach Abnahme auszuzahlen sind. **2531**

Handelt es sich bei dem Auftraggeber aber um ein Unternehmen oder einen öffentlichen Auftraggeber, so besteht für den Auftragnehmer keine gesetzliche Pflicht zur Sicherheitsleistung, sondern nur bei einer entsprechenden (wirksamen) vertraglichen Vereinbarung. Die Einbeziehung der VOB/B in den Bauvertrag ersetzt eine solche vertragliche Vereinbarung nicht, denn in § 17 VOB/B ist lediglich geregelt, was gelten soll, *„wenn"* die Vertragsparteien entsprechende Sicherheiten vereinbart haben (vgl. den Wortlaut des § 17 Abs. 1 VOB/B). **2532**

Ohne entsprechende vertragliche Vereinbarung existiert kein Recht des Auftraggebers, von Abschlagsrechnungen und Schlussrechnungen Einbehalte zu Sicherungszwecken vorzunehmen. Konkret bedeutet dies, dass ohne eine besondere **2533**

Vertragsvereinbarung Abschlagsrechnungen grundsätzlich zu 100 % zu bezahlen sind und dass ohne vertragliche Vereinbarung auch kein Sicherheitseinbehalt von 5 % der Schlussrechnungssumme für etwaige Mängelansprüche vorgenommen werden darf. Entgegen verbreiteter Auffassung auf Auftraggeberseite gibt es auch keine Üblichkeit oder einen Handelsbrauch zur Sicherheitsleistung ohne vorherige vertragliche Absprache. Ohne Sicherheitseinbehaltsvereinbarung ist der Besteller deshalb selbst bei Insolvenz des Werkunternehmers nicht berechtigt, den Werklohn teilweise wegen möglicher Gewährleistungsansprüche der abgenommenen Leistungen einzubehalten (OLG Hamm, Urt. v. 2.6.1997 – 17 U 128/96).

2. Höhe der Sicherheit

a) Vertragserfüllungssicherheit

2534 Was den Bereich der Vertragserfüllungssicherheiten angeht, so hat sich in der Praxis als weithin üblich durchgesetzt, vom Auftragnehmer entweder eine 10%ige Vertragserfüllungsbürgschaft zu verlangen oder aber von den jeweils gelegten Abschlagsrechnungen 10 % des Rechnungswertes als Vertragserfüllungssicherheit einzubehalten. Dies ist auch in AGB zulässig (BGH, Urt. v. 7.4.2016 – VII ZR 56/15). Eine Vereinbarung höherer Sicherheiten für die Vertragserfüllung in Allgemeinen Geschäftsbedingungen ist unwirksam. So hat das OLG Düsseldorf eine AGB-Klausel, nach der Sicherheit in Höhe von 20 % geleistet werden musste, selbst dann für unwirksam erklärt, wenn der Vertrag mit einem insolventen Unternehmen bzw. dessen Insolvenzverwalter geschlossen wird (OLG Düsseldorf, Urt. v. 6.10.2009 – 21 U 130/08).

2535 Unwirksam sind in Allgemeinen Geschäftsbedingungen auch Klauseln, nach denen der Auftragnehmer einerseits eine Vertragserfüllungsbürgschaft in Höhe von 10 % stellen muss, ihm zusätzlich aber auch nur 90 % seiner Abschlagszahlungen ausgezahlt werden. Das führt zu einer unzulässigen Übersicherung des Auftraggebers in Höhe von insgesamt 20 % und entzieht dem Auftragnehmer Liquidität (BGH, Urt. v. 9.12.2010 – VII ZR 7/10). Auftraggeber müssen also im Bauvertrag klarstellen, dass bei Stellung einer Vertragserfüllungsbürgschaft kein Abzug von den Abschlagszahlungen vorgenommen wird.

2536 Die Berechnung einer Vertragserfüllungssicherheit darf nicht prozentual mit 10 % der „Abrechnungssumme" verlangt werden, weil die Abrechnungssumme erst bei Vertragsbeendigung feststeht (KG, Beschl. v. 11.1.2010 – 27 U 70/09).

b) Sicherheit für Mangelansprüche (Gewährleistungssicherheit)

2537 Hinsichtlich der Sicherheit für Mangelansprüche (Gewährleistungssicherheit) hat sich allgemein eine Höhe von 5 % durchgesetzt. Schon eine Sicherheit in Höhe von 6 % der Auftragssumme ist in Allgemeinen Geschäftsbedingungen unwirksam (OLG Celle, Urt. v. 6.4.2017 – 8 U 204/16 im Anschluss an BGH,

Urt. v. 22.1.2015 – VII ZR 120/14). Höhere Sicherheiten für Mangelansprüche als 5 % der Abrechnungssumme können also nur im Wege einer Individualvereinbarung wirksam vereinbart werden.

Wird nach § 13b UStG abgerechnet (Umkehrbesteuerung), richtet sich der Sicherheitseinbehalt nach der Netto-Abrechnungssumme (§ 17 Abs. 6 Nr. 1 Satz 2 VOB/B 2006). Das gilt auch dann, wenn die Parteien zunächst im Bauvertrag – fehlerhaft – von einer Bruttoabrechnung ausgingen (OLG Köln, Urt. v. 28.10.2009 – 11 U 34/09). **2538**

c) Unzulässige Höhe durch Kumulierung von Sicherheiten

Eine unzulässige Höhe kann die Sicherheit für Mangelansprüche insbesondere dadurch erreichen, dass sie mit einer Vertragserfüllungssicherheit kombiniert wird, die ebenfalls Mangelansprüche absichert und die Rückgabe der Vertragserfüllungssicherheit nicht sofort mit Fertigstellung und Abnahme der Leistungen erfolgt. Ist nach dem Vertrag die Vertragserfüllungsbürgschaft erst „nach Beseitigung aller Abnahmemängel" oder „nach vorbehaltloser Annahme der Schlusszahlung" zurückzugeben, führt das dazu, dass der Auftraggeber über einen längeren Zeitraum beide Sicherheiten beanspruchen kann, was den Auftragnehmer unangemessen benachteiligt (BGH, Urt. v. 22.1.2015 – VII ZR 120/14). Im Ergebnis sind dann beide Sicherungsvereinbarungen unwirksam. **2539**

Insbesondere öffentliche Auftraggeber sind von dieser Rechtsprechung betroffen. So enthielt beispielsweise das Vergabehandbuch des Bundes in seiner Ausgabe 2002 (Stand 1.11.2006) eine Klausel, nach der der Auftragnehmer eine Vertragserfüllungssicherheit in Höhe von 5 % zu stellen hatte, die auch Mangelansprüche absicherte. Zusätzlich war eine Sicherheit für Mangelansprüche (Gewährleistungssicherheit) in Höhe von 5 % zu stellen. Der Auftragnehmer konnte erst nach Abnahme und „Erfüllung aller bis dahin erhobenen Ansprüche des Auftraggebers" die Umwandlung der Vertragserfüllungs- in eine Mangelsicherheit verlangen. Bis zu diesem Zeitpunkt musste er also letztlich Sicherheit für Mangelansprüche in Höhe von 10 % stellen. Das benachteiligt den Auftragnehmer unangemessen, die entsprechende Klausel ist deshalb unwirksam (BGH, Urt. v. 5.5.2011 – VII ZR 179/10). Ebenfalls als unwirksam angesehen wurde die Sicherungsvereinbarung im VHB Bund, Ausgabe 2008, dort betrug die Vertragserfüllungssicherheit 5 % und die Gewährleistungssicherheit 3 % (OLG Celle, Urt. v. 6.4.2017 – 8 U 204/16). Grund für die Unwirksamkeit ist immer, dass die Vertragserfüllungssicherheit keineswegs spätestens bei Abnahme und Gestellung der Sicherheit für Mängelansprüche zurückzugeben ist, wie dies § 17 Abs. 1 Nr. 8 Satz 1 VOB/B vorsieht. Vielmehr konnte der Auftragnehmer erst „nach Erfüllung aller bis dahin erhobenen Ansprüche" Rückgabe der Vertragserfüllungsbürgschaft oder die Umwandlung der Vertragserfüllungssicherheit in eine Gewährleistungs- **2540** sicherheit verlangen. Da auch unbegründete Ansprüche „erhoben" werden könnten, benachteiligt dies den Auftragnehmer unangemessen.

2541 Ebenso benachteiligt es den Auftragnehmer, wenn die Vertragserfüllungsbürgschaft erst „nach vorbehaltloser Annahme der Schlusszahlung" und Übergabe einer Gewährleistungssicherheit zurückgegeben werden soll. Auch diese Regelung würde es dem Auftraggeber ermöglichen, die Vertragserfüllungsbürgschaft auch noch längere Zeit nach der Abnahme zu behalten. Denn wenn der Auftragnehmer mit Rechnungskürzungen nicht einverstanden ist und einen Vorbehalt erklärt, kann Streit über noch offene Forderungen des Auftragnehmers entstehen, der sich sogar über Jahre hinziehen kann, etwa dann, wenn er in einem Rechtsstreit ausgetragen wird. Die Klausel soll dem Auftraggeber nach der maßgeblichen kundenfeindlichsten Auslegung das Recht verschaffen, die Vertragserfüllungsbürgschaft so lange zu behalten, bis die Höhe der dem Auftragnehmer zustehenden Forderung endgültig feststeht. Auf diese Weise werden jedenfalls bis zu diesem Zeitpunkt entstandene Gewährleistungsansprüche über die Vertragserfüllungsbürgschaft mitgesichert. Daher ist auch diese Sicherungsvereinbarung wegen Übersicherung unwirksam (BGH, Urt. v. 22.1.2015 – VII ZR 120/14).

d) Unzulässige Höhe durch Verzögerung der Abnahme

2542 Vielfach versuchen Auftraggeber die Abnahme zu verzögern oder von der Mitwirkung Dritter abhängig zu machen. So wird in Verträgen geregelt, dass der Nachunternehmer erst dann eine Abnahme verlangen kann, wenn der Bauherr seinerseits die Leistungen des Generalunternehmers abgenommen hat. Ebenso kommt es vor, dass der Auftraggeber erklärt, dass die Abnahme erst dann erfolgt, wenn auch der Mieter die Mangelfreiheit der Leistungen bestätigt hat. Ebenso verbreitet sind Abnahmeklauseln, nach denen der Auftraggeber die Abnahme erst „nach mangelfreier Fertigstellung" oder „vollständiger Übergabe aller vereinbarten Dokumentationsunterlagen" erklären will, was bei kundenfeindlicher Auslegung bedeutet, dass wegen einzelner Mängel oder Dokumentationsunterlagen die Abnahme komplett verweigert werden könnte. Allen diesen Klauseln gemeinsam ist, dass der Auftraggeber entgegen den gesetzlichen Vorgaben nicht abnehmen will, wenn die Werkleistung im Wesentlichen vollständig und mangelfrei hergestellt ist, sondern weitere, den Auftragnehmer unangemessen benachteiligende Bedingungen für die Abnahme gestellt werden. Wären diese Vertragsklauseln wirksam, würde sich die Abnahme über die Fertigstellung hinaus erheblich verzögern und der Auftraggeber kann die ganze Zeit eine Vertragserfüllungssicherheit in Höhe von 10 % der Abrechnungssumme behalten, die auch Mängelansprüche vor Abnahme absichert. Im Ergebnis tritt auch hier wieder eine Übersicherung ein.

2543 Man könnte die Ansicht vertreten, dass solche Abnahmeklauseln unwirksam sind, dies aber keine weiteren Folgen hat. Die Unwirksamkeit einer in Allgemeinen Geschäftsbedingungen des Auftraggebers gestellten Abnahmeklausel kann nach der Rechtsprechung aber zusätzlich dazu führen, dass auch die Sicherungsabrede für Mängelansprüche unwirksam wird (OLG Köln, Beschl. v. 10.2.2016 – 11 U 136/15).

e) Unzulässige Verzögerung der Auszahlung

Eine vom Auftraggeber gestellte Klausel, nach der der Gewährleistungseinbe- 2544
halt erst „bei nachgewiesener Mängelfreiheit" durch Bürgschaft abgelöst werden kann, benachteiligt den Auftragnehmer unangemessen und ist unwirksam (LG Karlsruhe, Urt. v. 19.11.2020 – 13 O 29/20 KfH).

3. Weitere Voraussetzungen einer wirksamen Sicherungsvereinbarung

Eine Sicherungsvereinbarung in Allgemeinen Geschäftsbedingungen darf keine zu 2545
hohen Sicherheiten vorsehen, wie gerade erörtert. Der Auftraggeber muss aber noch weitere Punkte beachten, damit die Sicherungsvereinbarung wirksam ist.

a) Unzulässige Vorgaben hinsichtlich Einredeverzichten des Bürgen

Mit der Bürgschaftsübernahme erklärt ein Bürge, dass er für die Bezahlung mög- 2546
licher Forderungen eines Gläubigers gegen einen Schuldner einstehen will. Wenn der eigentliche Schuldner nicht zahlt, muss der Bürge bezahlen. Voraussetzung ist natürlich, dass es überhaupt eine berechtigte Forderung gegen den Schuldner gibt. Dies wird als „Akzessorietät" der Bürgschaft bezeichnet.

Der Bürge kann sich also im Fall seiner Inanspruchnahme darauf berufen, dass die 2547
vom Gläubiger behauptete Forderung gar nicht besteht. Er darf alle, auch alle anderen dem Hauptschuldner zustehenden, Einreden geltend machen (§ 768 BGB). So kann der Bürge bestreiten, dass die vom Auftraggeber behaupteten Mängel existieren. Ebenso kann der Bürge einwenden, dass den Auftraggeber wegen fehlerhafter Planung ein Mitverschulden an der Entstehung des Mangels trifft, oder dass der Auftragnehmer überhaupt nicht für den Mangel haftet, weil er vor der Ausführung der Leistungen Bedenken angemeldet hatte. Eine weitere wichtige Einrede, die der Bürge geltend machen kann, ist, dass die Forderung die gegen ihn geltend gemacht wird, bereits durch Aufrechnung erloschen ist, oder dass der Gläubiger jedenfalls durch Aufrechnung mit einer dem Schuldner zustehenden Forderung aufrechnen könnte (Einrede der Aufrechenbarkeit, § 770 Abs. 2 BGB). Außerdem könnte sich der Bürge darauf berufen, dass der Bauvertrag beispielsweise wegen arglistiger Täuschung anfechtbar wäre (Einrede der Anfechtbarkeit, § 770 Abs. 1 BGB), wobei die letztgenannte Einrede kaum praktische Bedeutung besitzt.

Für einen Auftraggeber, der sich mit einer vom Auftragnehmer zu stellenden Bürg- 2548
schaft bezüglich der Vertragserfüllung oder der Erfüllung der Gewährleistungsansprüche absichern will, wäre es allerdings am schönsten, wenn er solche Diskussionen mit dem Bürgen nicht führen müsste. Deshalb versuchten und versuchen

immer noch viele Auftraggeber, diese Rechte des Bürgen einzuschränken. Dies ist allerdings in Allgemeinen Geschäftsbedingungen nur in einem ganz eingeschränkten Umfang möglich. Verlangt also ein Auftraggeber vertraglich vom Auftragnehmer eine Bürgschaft, die nach der Rechtsprechung unzulässige Einschränkungen der Bürgenrechte enthält, führt dies ebenfalls zur Unwirksamkeit der gesamten Sicherungsvereinbarung. Einzelheiten besprechen wir unter Kapitel O. I. 7 b) und c) (Rn. 2580 ff. und 2585 ff.).

b) Unzulässige Verlängerung der Bürgenhaftung

2549 Ansprüche des Auftraggebers gegen den Bürgen verjähren innerhalb von drei Jahren ab dem Ende des Jahres, in dem der Anspruch gegen den Bürgen erstmals hätte geltend gemacht werden können. Einzelheiten besprechen wir unter Kapitel O. II. 6. (Rn. 2658 ff.).

2550 Diese Frist ist vielen Auftraggebern zu kurz, sodass sich häufig in den Verträgen des Auftraggebers die Forderung findet, dass der Auftragnehmer eine Bürgschaft zu stellen hat, in der der Bürge erklärt, dass die Verjährung der Bürgschaftsforderung nicht vor der Verjährung der gesicherten Hauptforderung (z.B. der Gewährleistungsansprüche) eintritt. Eine solche Klausel benachteiligt den Bürgen und letztlich auch den Auftragnehmer ganz erheblich, wie sich an folgendem Beispiel zeigt:

2551 **Beispiel:** Ein Bauträger lässt ein Wohnhaus von einem GU errichten. Das Bauvorhaben wird im Mai 2015 fertiggestellt und abgenommen. Der Generalunternehmer stellt eine Gewährleistungsbürgschaft mit dem vom Auftraggeber vorgegebenen Inhalt. Bereits bei der Abnahme wird vom Bauträger als Mangel gerügt, dass der Armierungsputz des WDVS nicht die erforderliche Schichtstärke aufweisen würde. Der Bauträger unternimmt wegen dieses Mangels (den der GU bestreitet) zunächst nichts, weil die Wohnungserwerber den Mangel nicht kennen und keine Ansprüche geltend machen. Im Februar 2020 beauftragen die Wohnungseigentümer einen Gutachter, der nun die zu geringe Schichtdicke des Armierungsputzes feststellt. Die Erwerber rügen den Mangel gegenüber dem Bauträger und dieser gegenüber dem Generalunternehmer. Noch vor Ablauf der Gewährleistungsfrist wird im April 2020 ein selbstständiges Beweisverfahren eingeleitet, in dem der Bauträger dem GU den Streit verkündet. Hierdurch wird die Verjährung der Gewährleistungsansprüche gehemmt. Das selbstständige Beweisverfahren dauert vier Jahre. Nachdem der Bauträger mit diversen Feststellungen des gerichtlich bestellten Gutachters nicht einverstanden ist, schließt sich ein Klageverfahren an, welches nochmals drei Jahre dauert. Auch dort wird dem GU der Streit verkündet. Der Bauträger wird verurteilt, einen hohen Kostenvorschuss für die Sanierung der Fassade zu bezahlen. Da der Generalunternehmer den Mangel nicht behebt und auch nicht an den Bauträger bezahlt, verklagt der Bauträger den Generalunternehmer. Dieses Gerichtsverfahren dauert noch einmal drei Jahre. Nachdem im Jahr 2030 der Generalunternehmer zur Zahlung von Kostenvorschuss an den Bauträger verurteilt wird, wendet sich der Bauträger an den Bürgen und verlangt Zahlung.

Der Bürge wird in diesem Beispiel 15 Jahre nach Übernahme der Bürgschaft mit einer Zahlungsforderung konfrontiert. Die ausgereichte Bürgschaft hat in den vergangenen 15 Jahren den Avalrahmen des Generalunternehmers belastet. Der Bauträger meint, er könne Zahlung verlangen, weil die Gewährleistungsansprüche nicht verjährt sind und der Bürge erklärt hat, dass die Bürgschaftsforderung nicht vor der durch die Bürgschaft gesicherten Hauptforderung verjähren soll. **2552**

Tatsächlich ist jedoch die Bürgschaftsforderung verjährt und der Bürge kann die Zahlung verweigern, obwohl im Zuge der gerichtlichen Verfahren rechtskräftig feststeht, dass der Generalunternehmer zur Zahlung von Kostenvorschuss zur Mangelbeseitigung verpflichtet ist. Die Klausel in der Bürgschaft, dass die Bürgschaftsforderung nicht vor der gesicherten Hauptforderung verjährt, ist unwirksam. Ausgehend von der gesetzlichen Verjährungsfrist von drei Jahren ist eine Verlängerung der Verjährungsfrist gegenüber dem Bürgen auf fünf Jahre als angemessen angesehen worden (OLG München, Urt. v. 19.6.2012 – 5 U 3445/11; bestätigt durch BGH, Urt. v. 21.4.2015 – XI ZR 200/14). Den Entscheidungsgründen der beiden Urteile lässt sich entnehmen, dass eine maßvolle Verlängerung von deutlich unter 100 % der gesetzlichen Frist (hier: Verlängerung um 2/3), keine unangemessene Benachteiligung darstelle und sich die Verjährungsfrist auch in absoluten Zahlen (fünf Jahre) nicht bedeutsam von der gesetzlichen Regelverjährung (drei Jahre) unterscheide. **2553**

Legt man dies zugrunde, dann liegt auf der Hand, dass eine Verlängerung der Verjährungsfrist der Bürgschaftsforderung auf unbestimmte Zeit (solange die gesicherte Hauptforderung nicht verjährt ist, was extrem lange dauern kann) definitiv eine unangemessene Benachteiligung des Bürgen, wie auch des Auftragnehmers, darstellt. Ob dies gleichzeitig auch zur Unwirksamkeit der gesamten Sicherungsabrede führt, ist bisher durch kein Gericht entschieden. Nachdem jedoch bereits ein Verzicht auf die praktisch bedeutungslose Einrede der Anfechtbarkeit zur Unwirksamkeit der gesamten Sicherungsabrede führt, ist dies unserer Auffassung nach zu bejahen. Nachdem solche Klauseln relativ weit verbreitet sind, ist dies von erheblicher praktischer Bedeutung. **2554**

c) Unzulässige Verschiebung des Rückgabezeitpunkts

Auch wenn eine für sich genommen wirksame Sicherungsvereinbarung vorliegt, kann diese unwirksam werden, wenn die Rückgabe der Gewährleistungssicherheit nach Ablauf der vereinbarten Gewährleistungsfrist an die weitere Voraussetzung geknüpft wird, dass „zu diesem Zeitpunkt keine Ansprüche aus Gewährleistung **2555** seitens des Auftraggebers geltend gemacht sind". Denn dies benachteiligt den Auftragnehmer unangemessen, was zur Unwirksamkeit der gesamten Sicherungsabrede führt (OLG München, Urt. v. 10.12.2019 – 9 U 4413/18 Bau).

4. Rechtsfolge der Unwirksamkeit einer Sicherungsabrede

2556 Wir haben aufgezeigt, dass es für den Auftraggeber nicht einfach ist, eine wirksame Sicherungsvereinbarung in Allgemeinen Geschäftsbedingungen zu regeln. In den vergangenen zehn Jahren ist die Rechtsprechung in diesem Bereich deutlich strenger geworden. Wenn eine Vereinbarung zur Stellung von Sicherheiten in Allgemeinen Geschäftsbedingungen unwirksam ist, gilt das Gesetz. Dieses sieht vor, dass für 100 % Leistung auch 100 % der vereinbarten Vergütung zu bezahlen sind. Die Sicherheit wird also nicht etwa auf das gerade noch Zulässige reduziert, sondern der Auftragnehmer braucht dann gar keine Sicherheit zu leisten. Ergibt sich die unangemessene Benachteiligung des Auftragnehmers erst aus der Gesamtwirkung zweier, jeweils für sich genommen nicht zu beanstandender Klauseln, sind beide Klauseln unwirksam. Denn es ist nicht Sache des Gerichts, auszusuchen, welche der beiden Klauseln bestehen bleiben soll (BGH, Urt. v. 22.1.2015 – VII ZR 120/14).

2557 Die weitere Folge hieraus ist, dass der Auftraggeber eine bereits erhaltene Vertragserfüllungsbürgschaft oder Gewährleistungsbürgschaft nicht in Anspruch nehmen kann. Der Bürge kann sich nämlich darauf berufen, dass der Auftraggeber wegen der unwirksamen Sicherungsvereinbarung die Bürgschaft ohne Rechtsgrund erlangt hat und deshalb auch keine Zahlungsverpflichtung des Bürgen besteht. (BGH, ebenda). In den Rechtsabteilungen der Bürgen ist die einschlägige Rechtsprechung bekannt. Die aufgrund einer unwirksamen Sicherungsvereinbarung erlangte Bürgschaft ist für den Auftraggeber also nutzlos. Der Auftragnehmer kann seinerseits unberechtigt vom Auftraggeber erlangte Gewährleistungsbürgschaften auch schon vor Ablauf der Gewährleistungsfrist zurückverlangen.

2558 Für den Auftraggeber kann es aber noch schlimmer kommen. Hat der Bürge nach seiner Inanspruchnahme gezahlt und entdeckt er anschließend, dass der Auftraggeber die Bürgschaft aufgrund einer unwirksamen Sicherungsabrede erlangt hat, kann der Bürge seine Zahlung zurückverlangen (BGH, Urt. v. 24.10.2017 – XI ZR 362/15). Obgleich dies relativ häufig der Fall sein dürfte, sind bisher kaum Rückforderungen bereits geleisteter Zahlungen bekannt geworden.

5. Art der Sicherheit/Wahlrecht

2559 Welche Art der Sicherheitsleistung zulässig ist, richtet sich primär nach dem Bauvertrag. Ist dort keine Regelung getroffen worden und handelt es sich um einen VOB/B-Vertrag, so sind die Sicherungsformen des § 17 Abs. 2 VOB/B zulässig, nämlich Einbehalt, Hinterlegung von Geld oder Bürgschaft.

Der Auftragnehmer hat – soweit nichts anderes vereinbart wurde – das Wahlrecht unter den verschiedenen Arten der Sicherheit (§ 17 Abs. 2 Satz 2 VOB/B). Er kann eine Sicherheit durch eine andere ersetzen und dies auch wiederholt tun (OLG Naumburg, Urt. v. 30.9.2011 – 12 U 12/11). **2560**

In der Praxis spielen nur die Sicherheitsformen Einbehalt und Bürgschaft eine Rolle. **2561**

6. Vereinbarung eines Einbehalts

a) Verpflichtung zur Einzahlung auf ein „Sperrkonto"

Haben die Vertragsparteien vereinbart, dass die Vertragserfüllungssicherheit durch Einbehalte von den Abschlagsrechnungen geleistet wird, ist der Auftraggeber verpflichtet, die einbehaltenen Beträge unaufgefordert innerhalb von 18 Werktagen nach Vornahme des Einbehalts zu separieren, also auf ein gesondertes Konto einzuzahlen. Gleichzeitig muss er veranlassen, dass das Geldinstitut den Auftragnehmer von der Einzahlung des Sicherheitsbetrags benachrichtigt (§ 17 Abs. 6 VOB/B). **2562**

Unter einem Sperrkonto verstand man früher ein Konto, das der Auftraggeber im eigenen Namen als alleiniger Kontoinhaber bei einer Bank anlegt und sich gegenüber dem Auftragnehmer und der Bank verpflichtet, über den Betrag nur mit Zustimmung des Auftragnehmers zu verfügen. Solche klassischen Sperrkonten werden schon seit Jahren von den Banken nicht mehr angeboten. Außerdem waren sie nicht insolvenzfest. Deshalb muss ein Sperrkonto als sogenanntes „Und-Konto" angelegt werden, bei dem Auftraggeber und Auftragnehmer gemeinsam Kontoinhaber sind (so schon LG Leipzig, Urt. v. 20.4.2001 – 10 O 9711/00). **2563**

Der BGH hat es allerdings für zulässig erklärt, die Einzahlung auf ein Sperrkonto generell auszuschließen und dem Auftragnehmer nur die Möglichkeit der Ablösung des Einbehalts durch Bürgschaft zu belassen (BGH, Urt. v. 23.9.2004 – VII ZR 173/03). **2564**

Ob der Auftraggeber davon tatsächlich Gebrauch gemacht hat, ist im Einzelfall zu prüfen. Sieht der Vertrag vor, dass der Gewährleistungseinbehalt durch eine Bankbürgschaft abgelöst werden *kann*, dann liegt darin kein Ausschluss des Sperrkontos (BGH, Beschl. v. 10.11.2005 – VII ZR 11/04). *Können* heißt nicht *müssen*, die Klausel beschränkt also das Wahlrecht des § 17 Abs. 3 VOB/B nicht. Der Ausschluss des Sperrkontos muss im Vertrag eindeutig geregelt sein, sonst bleibt die VOB/B-Regelung in Kraft. **2565**

Der öffentliche Auftraggeber kann den Sicherheitseinbehalt auf ein Verwahrgeldkonto nehmen (§ 17 Abs. 6 Nr. 4 VOB/B). Dabei muss es sich nicht um ein bei einem Bank- oder Kreditinstitut geführtes Konto handeln; ein buchhalterisches Eigenkonto des Auftraggebers genügt (LG Potsdam, Urt. v. 20.5.2011 – 10 O 251/10). **2566**

b) Nachfrist zur Einzahlung von Einbehalten auf das Sperrkonto

2567 Wenn der Auftragnehmer die Einbehalte des Auftraggebers sicher verwahrt wissen will oder sich das Klima während der Bauzeit verschlechtert, sollte er den Auftraggeber auffordern, innerhalb angemessener Nachfrist (nach KG, Urt. v. 2.8.2002 – 7 U 38/02 reichen sieben Werktage aus) die bislang vorgenommenen Sicherheitseinbehalte auf ein Sperrkonto bei einem Geldinstitut, das die Anforderungen des § 17 Abs. 2 VOB/B erfüllt, einzuzahlen. Ein konkretes Geldinstitut muss der Auftragnehmer nicht benennen, er überlässt dann aber dem Auftraggeber das Wahlrecht (BGH, Urt. v. 13.1.2006 – 8 U 79/04). Wir verweisen auf das Musterschreiben.

2568 Der Auftraggeber hat innerhalb der Frist die Kontoeröffnung bei seiner Bank zu beantragen und dem Auftragnehmer die Kontoeröffnungsunterlagen zuzusenden sowie seinerseits alles Notwendige zu tun, um das Sperrkonto einzurichten und die Überweisung vorzunehmen. Der Auftragnehmer muss den Antrag auf Kontoeröffnung unterzeichnen und dabei die Vertretungsberechtigung des Zeichnungsberechtigten nachweisen. Bei einer GmbH geschieht dies durch einen aktuellen Handelsregisterauszug.

2569 Lässt der Auftraggeber auch die Nachfrist verstreichen, so kann der Auftragnehmer die sofortige Auszahlung des einbehaltenen Betrags verlangen und braucht dann keine Sicherheit mehr zu leisten (§ 17 Abs. 6 Nr. 3 VOB/B). Das gilt auch dann, wenn der Auftraggeber den Einbehalt zwar auf ein Sperrkonto einzahlt, allerdings erst nach Ablauf der Nachfrist (OLG München, Urt. v. 10.2.2009 – 9 U 4633/08).

2570 Dieser Verlust des Sicherheitsrechts gilt aber nur für die nicht fristgerecht eingezahlten Beträge. Bei zukünftigen Abschlagsrechnungen kann der Auftraggeber, wenn bis dahin ein Sperrkonto eingerichtet ist, wiederum den vertraglich vereinbarten Einbehalt vornehmen.

2571 Das gleiche Prozedere gilt auch für einen vereinbarten Einbehalt für Mangelansprüche (Gewährleistungseinbehalt). Auch diesen hat der Auftraggeber unaufgefordert innerhalb von 18 Werktagen nach der Rechnungsprüfung auf ein Sperrkonto einzuzahlen. Tut er dies nicht, so kann ihm der Auftragnehmer wieder eine Nachfrist setzen, nach deren fruchtlosem Ablauf der Auftragnehmer dann keine Gewährleistungssicherheit mehr leisten muss.

2572 Da es erfahrungsgemäß immer einige Zeit braucht, bis der Auftragnehmer nach Prüfung und Feststellung der Schlussrechnung durch den Auftraggeber eine Bankbürgschaft zur Ablösung des Sicherheitseinbehalts von seinem Geldinstitut bzw. seiner Versicherung erhält, empfiehlt es sich für Auftragnehmer, auch bei beabsichtigter Ablösung des Sicherheitseinbehalts durch eine Bürgschaft zunächst einmal den Auftraggeber unter Nachfristsetzung zur Einzahlung des Sicherheitseinbehalts auf ein Sperrkonto aufzufordern, wenn dieser nicht von sich aus unaufgefordert innerhalb von 18 Werktagen nach Fälligkeit der Schlussrechnung den Sicherheitseinbehalt auf ein Sperrkonto eingezahlt hat oder die Zahlung auf das Sperrkonto vertraglich ausgeschlossen ist. Häufig lässt der Auftraggeber die gesetzte Nachfrist verstreichen, sodass sich gar nicht mehr die Notwendigkeit der Ablösung durch Bankbürgschaft stellt, weil der Auftraggeber sein Recht auf den Gewährleistungseinbehalt insgesamt verloren hat.

Streitig ist, ob der Auftraggeber, der den Einbehalt pflichtwidrig nicht auf ein Sperrkonto eingezahlt hat, dem Auszahlungsanspruch des Auftragnehmers Zurückbehaltungsrechte wegen Mängeln entgegenhalten kann. Dies wird von der Mehrheit der Gerichte bejaht (OLG Düsseldorf, Urt. v. 19.12.2008 – 22 U 86/08; OLG Karlsruhe, Urt. v. 22.3.2007 – 4 U 25/06; KG, Urt. v. 18.11.2002 – 24 U 249/01; OLG Dresden, Urt. v. 1.8.2001 – 11 U 3125/00). Das LG München I meint dagegen, dass der Auftraggeber in diesem Fall jegliche Zurückbehaltungsrechte wegen Mängeln verlieren würde (LG München I, Urt. v. 14.5.2014 – 24 O 24859/13). Ebenso sieht es das OLG Celle, Urt. v. 20.2.2002 – 7 U 59/01, das aber zumindest die Aufrechnung mit einem Kostenvorschuss- oder Schadensersatzanspruch wegen Mängeln für zulässig hält. Eine Mängelsicherheit dient dazu, sich wegen noch nicht bekannter, aber möglicher Mängelansprüche abzusichern. Dieses Recht verliert der Auftraggeber, wenn er den Sicherheitseinbehalt nicht auf das Sperrkonto einzahlt. Wir halten es aber für unzutreffend, dem Auftraggeber auch ein Zurückbehaltungsrecht wegen bereits erkannter Mängel zu versagen. **2573**

Lange Zeit war streitig, ob die Nichteinzahlung des Sicherheitseinbehalts auf ein Sperrkonto eine strafrechtliche Untreue darstelle. Diese Frage war im Fall der Insolvenz des Auftraggebers höchst praxisrelevant, weil dann eine persönliche Haftung der Organe bzw. der Geschäftsführung des Auftraggebers in Betracht kam. Der BGH hat allerdings entschieden, dass der Tatbestand der Untreue nicht erfüllt ist (BGH, Urt. v. 25.5.2010 – VI ZR 205/09). **2574**

7. Sicherheitsleistung durch Bürgschaft

Die Bürgschaft spielt bei der Sicherheitsleistung eine Doppelrolle: Sie kann entweder als originäres Sicherungsmittel (§ 17 Abs. 2 VOB/B) oder zur Ablösung eines Einbehalts vereinbart werden. In beiden Fällen können in der Sicherungsabrede Anforderungen an eine zu stellende Bürgschaft definiert werden (siehe a)). Verwendet der Auftraggeber Allgemeine Geschäftsbedingungen – was regelmäßig der Fall ist –, sind dem aber gesetzliche Grenzen gesetzt (siehe b) und c)). **2575**

a) Ausstellung der Bürgschaft nach Vorschrift des Auftraggebers (§ 17 Abs. 4 VOB/B)

Die VOB/B bestimmt, dass die Bürgschaft „nach Vorschrift des Auftraggebers" auszustellen ist. Diese Klausel dürfte wegen Intransparenz unwirksam sein, weil man darunter auch nach Vertragsabschluss gemachte Vorgaben des Auftragge- **2576** bers verstehen könnte. Der Auftraggeber kann und sollte daher bereits im Bauvertrag die Anforderungen an die Bürgschaft beschreiben oder ein konkretes Bürgschaftsmuster verbindlich vereinbaren. Damit kann sich der Auftraggeber vor inhaltlichen Einschränkungen der Bürgenhaftung schützen und sinnvolle eigene Anforderungen aufstellen. Diese müssen sich allerdings im Rahmen des AGB-rechtlich Zulässigen halten.

2577 Zu empfehlen ist die vertragliche Vorgabe, dass die Ansprüche gegen den Bürgen erst fünf Jahre nach Fälligkeit des Bürgschaftsanspruchs verjähren. Eine noch weitergehende Verlängerung dürfte zur Unwirksamkeit der Sicherungsvereinbarung führen (Kapitel O. 3. b), Rn. 2549 ff.). Ferner ist es sinnvoll, dass in der Bürgschaft als Gerichtsstand derselbe Ort wie im Bauvertrag vereinbart wird, damit später im Streitfall Auftragnehmer und Bürge unproblematisch vor demselben Gericht verklagt werden können.

2578 Verlangt der Auftraggeber eine „Bankbürgschaft", ist damit eine Bürgschaft eines Kautionsversicherers nicht notwendig ausgeschlossen, denn der Begriff wird oft als Synonym für eine Bürgschaft eines gewerblichen Bürgen – im Gegensatz zu privaten Bürgen – benutzt (Ripke, IBR 2015, 1044). Verlangt der Auftraggeber aber ausdrücklich etwa die Stellung der Bürgschaft einer deutschen Großbank, benachteiligt dies den Auftragnehmer unangemessen (LG Düsseldorf, Urt. v. 3.8.2007 – 39 O 70/05). Andere Gerichte halten den Ausschluss von Kautionsversicherern als Bürgen für zulässig (LG München I, Urt. v. 29.5.2008 – 2 O 21977/07; LG Bremen, Beschl. v. 6.3.2008 – 4 S 284/07). Begründet wird dies damit, dass der Auftragnehmer immer noch unter einer großen Anzahl an Banken einen Bürgen auswählen könne. Dabei wird aber übersehen, dass Banken in aller Regel die Hinterlegung eines entsprechenden Geldbetrags für die Ausstellung einer Bürgschaft verlangen und der Auftragnehmer das Ziel der Ablösung des Sicherheitseinbehalts – Liquiditätsgewinn – so gerade nicht erreichen kann. Dadurch benachteiligt die Beschränkung auf Bankbürgschaften den Auftragnehmer unangemessen.

2579 Will der Auftraggeber, dass der Sicherheitseinbehalt und die zur Ablösung bestimmte Bürgschaft nicht nur Gewährleistungsansprüche absichern sollen, sondern auch andere Ansprüche des Auftraggebers, z.B. wegen Verstößen gegen das Arbeitnehmerentsendegesetz, Zahlung des Mindestlohns, Haftung für Sozialabgaben und Überzahlung des Auftragnehmers, kann und muss dies vor Vertragsabschluss in der Sicherungsabrede deutlich gemacht werden. Nachträglich lassen sich solche Erweiterungen des Sicherungszwecks nicht einseitig unter Hinweis auf den Satz „Die Bürgschaft ist nach Vorgabe des AG auszustellen" erreichen.

b) Verpflichtung zur Zahlung auf erstes Anfordern

2580 Vertragserfüllungs- und Gewährleistungsbürgschaften bieten dem Auftraggeber Sicherheit für die vertragsgemäße Ausführung der Leistung bzw. die Erfüllung der Gewährleistungsverpflichtung. Allerdings kann der Bürge die Zahlung verweigern, wenn er der Meinung ist, ein Sicherungsfall liege gar nicht vor. Eine normale selbstschuldnerische Bürgschaft lässt sich also nicht in „schnelles Geld" umwandeln, sondern in der Regel müssen die Ansprüche gegenüber dem Bürgen gut begründet und mitunter auch gerichtlich durchgesetzt werden.

Auftraggeber haben daher in der Vergangenheit vielfach versucht, sogenannte **2581** Bürgschaften auf erstes Anfordern zu vereinbaren. Bei dieser Art Bürgschaft muss der Bürge „ohne Wenn und Aber" zahlen, es sei denn, es würde ausnahmsweise ein klar beweisbarer Rechtsmissbrauch vorliegen. Der Auftraggeber muss bei solchen Bürgschaften nicht nachweisen, dass ihm ein Anspruch auf den verbürgten Betrag tatsächlich zusteht, vielmehr ist der Bürge zunächst zur Zahlung verpflichtet. Erst anschließend wird in einem Rückforderungsprozess geklärt, ob die Ansprüche tatsächlich bestanden haben. Bis zur Beendigung des Prozesses und der Rückzahlung der zu Unrecht in Anspruch genommenen Beträge trägt der Auftragnehmer das Insolvenzrisiko des Auftraggebers. Wegen der erheblichen Missbrauchsgefahr und der Benachteiligung des Auftragnehmers hat der BGH AGB-Klauseln, nach denen Bürgschaften auf erstes Anfordern zu stellen sind, gekippt (BGH, Urt. v. 5.6.1997 – VII ZR 324/95). Mittlerweile stellt auch § 17 Abs. 4 VOB/B klar, dass der Auftraggeber als Vertragserfüllungs- bzw. Gewährleistungssicherheit keine Bürgschaften auf erstes Anfordern verlangen darf.

Private Auftraggeber könnten zwar mit einer Individualvereinbarung hiervon **2582** abweichen, sollten dies aber im eigenen Interesse wirklich nur ausnahmsweise tun. Ist die Regelung über den Sicherheitseinbehalt nämlich wegen Mehrfachverwendung als Allgemeine Geschäftsbedingung (AGB) unwirksam, fehlt es an einer vertraglichen Vereinbarung über die Gewährung einer Sicherheit insgesamt, sodass der Auftragnehmer überhaupt nicht mehr verpflichtet ist, irgendeine Sicherheit zu stellen. Nach der Rechtsprechung des BGH (Urt. v. 8.3.2001 – IX ZR 236/00) ist es auch nicht möglich, eine unwirksame Sicherungsabrede über die Stellung einer Gewährleistungsbürgschaft auf erstes Anfordern in eine Regelung umzudeuten, wonach der Auftragnehmer lediglich eine einfache Bürgschaft schuldet. Das Gleiche gilt für Vertragserfüllungsbürgschaften auf erstes Anfordern, die nach dem 4.7.2002 in AGB vereinbart worden sind (BGH, Urt. v. 4.7.2002 – VII ZR 502/99).

Lediglich zur Absicherung von Vorauszahlungen sind Bürgschaften auf erstes **2583** Anfordern weiterhin auch in AGB zulässig (OLG Frankfurt, Beschl. v. 16.1.2008 – 23 U 51/07). Zu Vorauszahlungsbürgschaften siehe auch Kapitel O. I. 7. h), Rn. 2606 ff.

c) Verzicht des Bürgen auf die Rechte aus § 768 BGB

Grundsätzlich stehen dem Bürgen sämtliche Einwendungen zu, die auch der **2584** Hauptschuldner (der Auftragnehmer) gegenüber der Forderung des Gläubigers (dem Auftraggeber) erheben könnte. Das ergibt sich aus § 768 BGB. Nachdem Bürgschaften auf erstes Anfordern in Allgemeinen Geschäftsbedingungen unzulässig sind, haben einige Auftraggeber versucht, die gleiche Wirkung „durch die Hintertür" zu erreichen. Der Bürge soll dabei auf § 768 BGB und damit auf Einreden verzichten, die ihm nach dem Gesetz zustehen.

2585 **Beispiel:** Der Auftraggeber rügt als Mangel Risse in einer Wand. Der Auftragnehmer wendet ein, der Mangel beruhe auf einem für ihn seinerzeit unerkennbaren Fehler der Statik, die der Auftraggeber selbst hatte erstellen lassen. Er lehnt die Mangelbeseitigung ab. Daraufhin nimmt der Auftraggeber die Gewährleistungsbürgschaft in Anspruch und verlangt die Zahlung eines Kostenvorschusses vom Bürgen.

2586 Der Bürge kann sich hier der Auffassung des Auftragnehmers anschließen und braucht nicht zu zahlen (vorausgesetzt, der Einwand ist zutreffend). Hätte der Bürge hingegen wirksam auf die Rechte aus § 768 BGB verzichtet, müsste er die Zahlung vornehmen, wenn der Mangel als solcher feststeht. Damit wird praktisch die gleiche Wirkung erzielt, die mit dem Begriff „auf erstes Anfordern" verbunden ist.

2587 Nach ständiger Rechtsprechung ist deshalb eine AGB-Klausel, nach der der Gewährleistungseinbehalt nur durch eine Bürgschaft abgelöst werden kann, in der auf die Rechte aus § 768 BGB verzichtet wird, unwirksam (BGH, Urt. v. 28.7.2011 – VII ZR 207/09; BGH, Urt. v. 16.6.2009 – XI ZR 145/08). Der Auftragnehmer muss dann überhaupt keine Sicherheit mehr stellen, die Sicherungsabrede ist insgesamt nichtig.

2588 Im Hinblick auf die Vertragserfüllungssicherheit hat der BGH den Verzicht auf die Einreden des § 768 BGB ebenfalls für unwirksam erachtet. Nach Ansicht des Gerichts sei damit aber nicht die gesamte Sicherungsabrede unwirksam. Anders als bei der Gewährleistungssicherheit wird der Auftragnehmer nicht vollständig von der Sicherheitsleistung frei; er muss zumindest eine normale Bürgschaft stellen, ohne den Verzicht auf die Einreden des § 768 BGB (BGH, Urt. v. 12.2.2009 – VII ZR 39/08). Das gilt auch beim Verzicht auf die Einrede der Aufrechenbarkeit (BGH, Urt. v. 16.6.2016 – VII ZR 29/13).

2589 Die unterschiedliche Behandlung der Sicherheiten ist kritisiert worden. Aus dem Urteil zur Vertragserfüllungssicherheit ergibt sich aber, dass der BGH beide Fälle bewusst unterschiedlich entschieden hat. Hintergrund dürfte nicht zuletzt die große Bedeutung der Vertragserfüllungssicherheit in der Praxis sein.

2590 Auch eine in AGB des Auftraggebers enthaltene Klausel, wonach der Bürge auf die Einrede der Verjährung hinsichtlich der gesicherten Gewährleistungsansprüche verzichtet, ist unwirksam (OLG München, Urt. v. 11.6.2013 – 9 U 4959/12 Bau).

d) Verzicht des Bürgen auf die Einreden der Aufrechenbarkeit und Anfechtbarkeit aus § 770 BGB

Weitere Einreden, die dem Bürgen nach dem Gesetz zustehen, sind die der Einreden der Anfechtbarkeit und der Aufrechenbarkeit, § 770 Abs. 1 und 2 BGB. 2591

Beispiel: Ein Auftragnehmer legt die Schlussrechnung und übergibt eine Gewährleistungsbürgschaft. Der Gewährleistungseinbehalt wird ausgezahlt. Es treten Mängel auf, die der Auftragnehmer nicht beseitigt, weil ihm der Auftraggeber aus einem anderen Bauvorhaben noch € 100.000,– schuldet. Der Auftraggeber verlangt vom Bürgen einen Kostenvorschuss zur Mangelbeseitigung von € 50.000,–. Zu Recht? 2592

Nein, der Bürge kann hier einwenden, dass sich der Auftraggeber durch Aufrechnung selbst befriedigen kann. Dies ist die Einrede der Aufrechenbarkeit gemäß § 770 BGB. Sie ist nur dann relevant, wenn der Auftragnehmer aus irgendeinem Grund nicht schon selbst die Aufrechnung erklärt hat. Denn wenn das der Fall ist, kann der Bürge Erfüllung des Anspruchs einwenden und braucht die Einrede der Aufrechenbarkeit nicht. Trotz der eher geringen Bedeutung ist auch der vom Auftraggeber verlangte vollständige Verzicht auf die Einrede der Aufrechenbarkeit in Allgemeinen Geschäftsbedingungen unwirksam (BGH, Urt. v. 24.10.2017 – XI ZR 600/16). 2593

Wirksam ist ein Ausschluss der Einrede der Aufrechenbarkeit, wenn für anerkannte und rechtskräftig festgestellte Forderungen eine Ausnahme gemacht wird. Zwar kann sich der Bürge dann nicht darauf berufen, dass der Auftraggeber mit strittigen Forderungen aus demselben Bauvorhaben aufrechnen könnte. Gegenüber dem Bürgen ist dies aber zulässig (OLG Düsseldorf, Beschl. v. 2.5.2017 – 23 U 156/16), obgleich eine entsprechende Klausel im Bauvertrag gegenüber dem Auftragnehmer unzulässig wäre. Die Möglichkeit der Aufrechnung von Ansprüchen aus dem gleichen Vertrag, die in einem Gegenseitigkeitsverhältnis stehen, kann für den Auftragnehmer in AGB nicht ausgeschlossen werden (BGH, Urt. v. 7.4.2011 – VII ZR 209/07), die Einrede für den Bürgen aber schon. 2594

Unwirksam ist die Sicherungsabrede auch dann, wenn der Bürge in AGB auf die – praktisch bedeutungslose – Einrede der Anfechtbarkeit verzichten musste (OLG München, Beschl. v. 7.11.2018 – 9 U 1903/18). Im Ergebnis führt die Forderung des Auftraggebers nach einer Bürgschaft unter dem vollständigen Verzicht auf die Einrede der Anfechtbarkeit und/oder dem vollständigen Verzicht des Bürgen auf die Einrede der Aufrechenbarkeit dazu, dass die gesamte Sicherungsabrede unwirksam wird (BGH, Urt. v. 24.10.2017 – XI ZR 600/16; OLG München, Beschl. v. 7.11.2018 – 9 U 1903/18). Das führt dazu, dass der Auftraggeber keine Gewährleistungsbürgschaft verlangen kann und eine schon erhaltene Bürgschaft zurückgeben muss. Abweichende ältere Rechtsprechung hierzu ist überholt. 2595

2596 In Anbetracht der rechtlichen Risiken raten wir dringend davon ab, die dem Bürgen gesetzlich zustehenden Rechte einzuschränken. Die Einrede der Vorausklage (§ 771 BGB) hat ein gewerblicher Bürge ohnehin nicht, da die Bürgschaften eines Kaufmanns gemäß § 349 HGB immer „selbstschuldnerische" Bürgschaften sind. Ein geforderter Verzicht auf die Einrede der Vorausklage ist demzufolge keine Benachteiligung und wirksam.

e) Stückelung von Bürgschaften

2597 Mitunter gibt es das Bedürfnis, statt einer einzelnen Bürgschaft den Gesamtbetrag der Sicherheit auf mehrere Bürgschaften zu verteilen. Dies kann sich daraus ergeben, dass der Auftragnehmer eine ARGE ist und jeder Gesellschafter einen Teil der Sicherheit stellen soll. Denkbar ist auch, dass ein Auftragnehmer innerhalb seines Kautionsversicherungsvertrags zwei Einzelbürgschaften zu € 100.000,– stellen kann, während er keine Einzelbürgschaft zu € 200.000,– erhält. Das OLG Frankfurt hat für eine Vertragserfüllungsbürgschaft bestätigt, dass für den Auftraggeber keine berechtigten Interessen bestehen, eine Stückelung der Bürgschaften abzulehnen (OLG Frankfurt, Urt. v. 19.12.2014 – 5 U 9/14). Das bedeutet im Umkehrschluss, dass es auch nicht möglich ist, in Allgemeinen Geschäftsbedingungen zu regeln, dass eine Stückelung von Bürgschaften unzulässig ist (wie dies öffentliche Auftraggeber teilweise tun), denn dies stellt eine unangemessene Benachteiligung des Auftragnehmers dar. Allerdings dürfte dies nicht zur Unwirksamkeit der gesamten Sicherungsklausel führen, denn es handelt sich hierbei um einen abtrennbaren Teil der Sicherungsvereinbarung.

f) Befristete Bürgschaften

2598 Üblicherweise werden in Deutschland Bürgschaften unbefristet ausgestellt. In § 17 Abs. 4 VOB/B wird dies auch vorgeschrieben. Gleichwohl kommt es vor, dass ein Auftragnehmer mit einem Bürgen zusammenarbeitet, der eine Befristung verlangt (z.B. ausländische Banken, wenn dort Befristungen üblich sind).

2599 Eine befristete Bürgschaft bedeutet für den Auftraggeber ein höheres Risiko. Die Bauzeit kann sich verlängern, sodass eine befristete Vertragserfüllungsbürgschaft vor Fertigstellung abläuft. Ebenso kann sich die Gewährleistungsfrist durch schriftliche Mängelrüge oder Verhandlungen über die Mangelbeseitigung verlängern, aber die befristete Bürgschaft würde dennoch ablaufen.

2600 Man kann diese Problematik entschärfen, indem die Befristung länger gewählt wird als vom Auftragnehmer vorgeschlagen. Trotzdem bleibt ein erhöhtes Risiko, denn bei einer befristeten Bürgschaft muss der „Bürgschaftsfall" vor Fristablauf eingetreten sein, d.h., der Auftraggeber muss bereits einen Geldanspruch gegen den Auftragnehmer und den Bürgen haben.

Beispiel: Der Auftragnehmer übergibt eine befristete Vertragserfüllungsbürgschaft. Die Frist läuft zwei Monate nach dem vorgesehen Fertigstellungstermin ab. Er befindet sich zu diesem Zeitpunkt im Verzug mit seinen Leistungen. Ein Verzugsschaden ist zwar noch nicht entstanden, wird aber mit Sicherheit in der Zukunft entstehen, wenn der „Zeitpuffer" des Auftraggebers bezüglich des Inbetriebnahmetermins aufgebraucht sein wird. **2601**

In diesem Fall würde der Bürge nicht haften, denn zum Zeitpunkt des Ablaufs der Bürgschaft ist noch kein Schaden entstanden. Das Ergebnis ist für den Auftraggeber unbefriedigend, sodass eine Befristung nur in Ausnahmefällen akzeptiert werden sollte. **2602**

g) Geeignete Bürgen gemäß § 17 Abs. 2 VOB/B

Gemäß § 239 Abs. 1 BGB ist ein Bürge dann tauglich, wenn er ein der Höhe der zu leistenden Sicherheit angemessenes Vermögen besitzt und seinen allgemeinen Gerichtsstand im Inland hat, wobei dies in EU-Inland auszulegen ist. § 17 Abs. 2 VOB/B sieht vor, dass Sicherheit durch eine Bürgschaft eines Kreditinstituts geleistet werden kann, welches in einem Staat der Vertragsparteien des Abkommens über den europäischen Wirtschaftsraum oder des WTO-Übereinkommens über das öffentliche Beschaffungswesen zugelassen ist. Danach müsste ein deutscher Auftraggeber gemäß VOB/B auch Bürgschaften aus Israel, Japan, Singapur, Taiwan oder der Ukraine akzeptieren, wenn diese eine Niederlassung in einem EU-Staat haben, denn diese Länder sind Mitglieder des zuletzt genannten Beschaffungsabkommens, ebenso wie etwa Aruba oder Montenegro, um zwei weitere Mitglieder des WTO-Beschaffungsabkommens zu nennen. **2603**

Auch wenn die Wahrscheinlichkeit recht gering ist, dass ein Auftragnehmer eine Bürgschaft eines ausländischen Kreditinstituts stellen will, sollte der Auftraggeber vorgeben, dass der Bürge gem. § 244 Abs. 2 AO in Deutschland allgemein als Zoll- und Steuerbürge zugelassen sein muss. Diese Einschränkung dürfte nicht zu beanstanden sein. **2604**

Nicht zulässig ist es jedoch, wenn der Auftraggeber darauf besteht, dass nur Bürgschaften einer deutschen Großbank oder eines dem AG genehmen Kreditversicherers akzeptiert werden (LG Düsseldorf, Urt. v. 3.8.2007 – 39 O 70/05). Damit wären nämlich die Bürgschaften sämtlicher regionaler Sparkassen und Volksbanken, sowie auch dem Auftraggeber „nicht genehmer" Kautionsversicherer ausgeschlossen, was den Auftragnehmer unangemessen benachteiligt. **2605**

h) Vorauszahlungsbürgschaften

Gelingt es dem Auftragnehmer, mit dem Auftraggeber eine Vorauszahlung zu vereinbaren („Vorkasse"), besteht der Auftraggeber im Regelfall auf eine Absiche- **2606** rung. Beträgt die Vorauszahlung 30 % der Auftragssumme, darf der Auftraggeber auch eine Vorauszahlungsbürgschaft in dieser Höhe verlangen.

2607 Da der Auftraggeber im Fall von Vorauszahlungen ein hohes Risiko eingeht, hält die Rechtsprechung auch die Vereinbarung von Bürgschaften auf erstes Anfordern in Allgemeinen Geschäftsbedingungen für zulässig (OLG Düsseldorf, Urt. v. 24.1.2008 – 5 U 59/07). Gleiches gilt für Bürgschaften „unter Ausschluss der Einreden der Anfechtbarkeit, der Aufrechenbarkeit und der Vorausklage (§§ 768, 770, 771 BGB)".

2608 Auftragnehmern ist allerdings dringend davon abzuraten, sich hierauf einzulassen. Das Risiko, dass eine Bürgschaft auf erstes Anfordern unberechtigt in Anspruch genommen wird, ist zu hoch. Der Auftragnehmer kann dem Bürgen die Auszahlung im Fall der Inanspruchnahme nicht verbieten (OLG Stuttgart, Beschl. v. 14.11.2012 – 9 U 134/12). Allenfalls könnte er versuchen, dem Auftraggeber, im Wege der einstweiligen Verfügung, die Inanspruchnahme der Bürgschaft zu untersagen. Dazu ist es aber erforderlich, dass offensichtlich oder ohne Weiteres beweisbar kein gesicherter Anspruch besteht und außerdem ein schwerwiegender Nachteil droht. Entsprechende Versuche blieben nahezu immer erfolglos.

2609 Ein Ausweg kann in der Vereinbarung einer „abgeschwächten" Bürgschaft auf erstes Anfordern liegen, etwa mit der Vereinbarung, dass der Bürge auf erstes schriftliches Anfordern bis zur Höhe des Bürgschaftsbetrags Zahlung an den Auftraggeber leisten muss, wenn und soweit dieser durch Vorlage eines Gutachtens eines vereidigten Sachverständigen nachweist, dass der Wert der vom Auftragnehmer erbrachten Leistungen geringer ist als der Wert der Vorauszahlung, sowie etwaiger weiterer Abschlagszahlungen. Der Gutachter sollte sinnvollerweise ebenfalls vereinbart werden. Mit solchen oder ähnlichen Lösungen kann der Auftraggeber schnell Geld erhalten, aber eben nur, wenn er seine Forderung glaubhaft macht. Siehe hierzu Musterschreiben O 10.

8. Sicherungsumfang einer Vertragserfüllungsbürgschaft

2610 Der Sicherungsumfang einer Bürgschaft ist gemäß §§ 133, 157 BGB durch Auslegung zu ermitteln. Unklarheiten über den Deckungsumfang gehen zulasten des Gläubigers (BGH, Urt. v. 12.3.1980 – VIII ZR 57/79). Zur Ermittlung des Sicherungsumfangs muss man sich also immer die Sicherungsvereinbarung im Vertrag und den Bürgschaftstext ansehen. Wir hatten oben besprochen, dass ein Auftraggeber bei Vertragsabschluss Einzelheiten des Bürgschaftsinhalts vorgeben kann. Er darf hierdurch den Auftragnehmer allerdings nicht unangemessen benachteiligen.

2611 Wenn ein Bauvertrag keine besonderen Festlegungen hinsichtlich des Sicherungszwecks der Vertragserfüllungsbürgschaft enthält, sichert eine solche grundsätzlich nur Ansprüche des Auftraggebers auf fristgerechte und vertragsgemäße Ausführung der Bauleistung bis zu einem abnahmefähigen Zustand (§ 17 Abs. 1 VOB/B).

Nicht gesichert sind durch eine solche Vertragserfüllungsbürgschaft sonstige Ansprüche des Auftraggebers. Wenn beispielsweise der Auftragnehmer die Beiträge zur Bauberufsgenossenschaft nicht zahlt und der Auftraggeber deshalb von der Berufsgenossenschaft in Bürgenhaftung genommen wird, kann er diesbezüglich keine Ansprüche gegen den Bürgen aus einer Vertragserfüllungsbürgschaft geltend machen. Auch wenn sich der Auftragnehmer neben der Bauleistung dazu verpflichtet hat, bestimmte Gebühren zu bezahlen (etwa für den Prüfstatiker), ist dies ohne gesonderte Vereinbarung nicht vom Sicherungsumfang umfasst (BGH, Urt. v. 4.12.1997 – IX ZR 247/96). Nach dem Wortlaut des § 17 Abs. 1 VOB/B sichert eine solche Vertragserfüllungsbürgschaft auch keine Rückzahlungsansprüche des Auftraggebers aus „Überzahlung" (LG Berlin, Urt. v. 17.4.2013 – 10 O 213/12).

Wenn der Bürge sich aber für die *„Erfüllung sämtlicher Ansprüche aus dem Bauvertrag vom …"* verbürgt hat, ist auch der vertragliche Anspruch auf Rückerstattung von Überzahlungen abgesichert. Ob dies allerdings auch dann gilt, wenn es sich nicht um eine unbeabsichtigte Überzahlung handelt, sondern um die Rückerstattung von geleisteten Vorauszahlungen, könnte fraglich sein. Jedenfalls dann, wenn die Vorauszahlung bereits im Bauvertrag vereinbart war und der Vertrag gekündigt wird, bevor der Auftragnehmer Leistungen in Höhe der Vorauszahlung erbracht hat, haftet der Bürge für den Rückerstattungsanspruch (OLG Celle, Urt. v. 5.2.2004 – 13 U 158/03). **2612**

Eine Vertragserfüllungsbürgschaft sichert auch Mängelansprüche, da sich der Bürge gerade für die vertragsgemäße, also auch mangelfreie Erbringung der Werkleistung verbürgt hat. Allerdings gilt das nur bis zur Abnahme der Bauleistungen. Unterscheiden die Parteien im Bauvertrag selbst zwischen Vertragserfüllungs- und Gewährleistungsbürgschaft, so hat die Vertragserfüllungsbürgschaft mit der Abnahme der Bauleistung ihre Wirksamkeit verloren (OLG Celle, Urt. v. 26.4.2005 – 16 U 207/04). Die Erfüllungsbürgschaft verliert dann mit der Abnahme der Bauleistung ihre Wirksamkeit und ist zurückzugeben. Anderer Ansicht ist das OLG Frankfurt und meint, dass eine Vertragserfüllungsbürgschaft zur „Sicherung sämtlicher Ansprüche" aus dem zugrunde liegenden Bauvertrag sogar Mängelansprüche einschließe, die nach Abnahme entstanden sind (OLG Frankfurt, Beschl. v. 28.10.2019 – 21 U 47/19). Die Vereinbarung einer Vertragserfüllungsbürgschaft i.H.v. 10 %, die „sämtliche Ansprüche" absichert, ist aber wegen unangemessener Benachteiligung des Auftragnehmers unwirksam, wenn nicht zugleich sichergestellt ist, dass die Bürgschaft unmittelbar nach Abnahme zurückgegeben werden muss oder der Sicherungsumfang nach Abnahme in anderer Weise auf 5 % beschränkt ist (ebenda). **2613**

Eine Vertragserfüllungsbürgschaft kann auch dann wegen Mängelrechten vom Auftraggeber in Anspruch genommen werden, wenn der Vertrag gekündigt **2614** wurde und anschließend eine Abnahme erfolgt. Der Bundesgerichtshof hat im Jahr 2006 erklärt, dass auch nach der Kündigung eines Bauvertrags die Werklohnforderung grundsätzlich erst mit Abnahme der bis dahin erbrachten Werkleistungen fällig wird, folglich also der Auftragnehmer auch im Kündigungsfall eine Abnahme verlangen könne (BGH, Urt. v. 11.5.2006 – VII ZR 146/04). Diese Abnahme einer notwendigerweise unvollständigen und mangelbehafteten Werkleistung nach einer Kündigung führt aber nicht dazu, dass der Auftraggeber die Vertragserfüllungsbürgschaft nicht mehr in Anspruch nehmen kann.

2615 Eine Vertragserfüllungsbürgschaft wird vom Auftragnehmer in der Regel kurz nach Abschluss des Bauvertrags gestellt. In der Folgezeit kann es durch Anordnungen des Auftraggebers zur Ausführung zusätzlicher oder geänderter Leistungen kommen. Mitunter erhöht sich die Abrechnungssumme gegenüber der Auftragssumme aufgrund von Nachtragsleistungen um erhebliche Beträge. Werden solche Nachtragsleistungen verspätet oder mangelhaft erbracht, können dem Auftraggeber Schadensersatzansprüche zustehen. Wenn der Bürge sich jedoch im Bürgschaftstext lediglich für die *„Erfüllung aller Ansprüche aus dem Bauvertrag vom …"* verbürgt hat, sind Schadensersatzansprüche im Zusammenhang mit der Erbringung von Nachtragsleistungen nicht von der Bürgschaft umfasst (OLG Frankfurt, Urt. v. 29.5.2002 – 4 U 11/01). Der Auftraggeber sollte daher darauf achten, dass im Bürgschaftstext klargestellt wird, dass die Bürgschaft auch die Vertragserfüllungsansprüche aus etwaigen nach Vertragsabschluss erteilten Zusatzaufträgen umfasst. Es reicht auch aus, wenn der Bürge dies in einem zusätzlichen Schreiben an den Auftraggeber bestätigt. Einen Anspruch hierauf hat der Auftraggeber aber nur, wenn im Bauvertrag vereinbart ist, dass die Vertragserfüllungssicherheit auch die vertragsgerechte Erfüllung zusätzlicher oder geänderter Leistungen absichern muss.

9. Sicherungsumfang einer Gewährleistungsbürgschaft

2616 Eine Gewährleistungsbürgschaft soll den Auftraggeber dagegen absichern, dass der Auftragnehmer zu Recht gerügte Mängel nicht beseitigt und ihm deshalb Kosten für eine Ersatzvornahme entstehen. Vertraglich kann der Sicherungsumfang auch auf andere Ansprüche ausgedehnt werden, die sonst nicht von dem Sicherungsumfang umfasst wären (siehe nachfolgende Rn. 2617 ff.).

2617 Die erste Frage, die sich stellt, ist, ob der Bürge auch bei Nichtbeseitigung von Abnahmemängeln zahlen muss. Das OLG München vertritt hierzu den Standpunkt, dass eine Gewährleistungsbürgschaft regelmäßig nur für solche Mängelansprüche in Anspruch genommen werden könne, die erst nach Abnahme geltend gemacht wurden. Mängel, die bereits vor oder bei der Abnahme gerügt worden sind, seien von der Gewährleistungsbürgschaft nicht umfasst (OLG München, Urt. v. 18.11.2008 – 28 U 3572/08). Wir halten diese Entscheidung für falsch, denn wie oben dargestellt, geht die Rechtsprechung davon aus, dass eine Vertragserfüllungsbürgschaft nach der Abnahme der Leistungen nicht mehr in Anspruch genommen werden kann. Wenn also auch die Gewährleistungsbürgschaft Abnahmemängel nicht abdecken würde, würde der Auftraggeber bezüglich der Abnahmemängel überhaupt keine Sicherheit besitzen. Die Argumentation des OLG München, dass Mängel, die bis zur Abnahme schon erkannt worden sind, von dem 10%igen Vertragserfüllungseinbehalt abgedeckt seien und deshalb nicht in den Sicherungsumfang der Gewährleistungsbürgschaft fallen würden, überzeugt nicht. Nach erfolgter Abnahme ist der Auftraggeber verpflichtet, den restlichen Werklohn komplett auszubezahlen (bis auf einen Sicherheitseinbehalt von 5 %, wenn dieser vereinbart ist). Besteht zu diesem Zeitpunkt ein Guthaben des Auftragnehmers, muss sich der Auftraggeber ohnehin wegen seiner Mängelrechte aus diesem Werklohnguthaben befriedigen und kann die Gewährleistungsbürgschaft nicht in Anspruch nehmen.

Diese Überlegungen werden auch dadurch bestätigt, dass die Bürgen selbst davon **2618** ausgehen, dass eine Gewährleistungsbürgschaft, ohne dass im Bürgschaftstext Einschränkungen gemacht werden, auch für Abnahmemängel „gilt". Dies zeigen die vielfältigen Versuche der Kautionsversicherer, ihre Bürgenhaftung auf „mangelfrei und vorbehaltlos abgenommene Werkleistungen" zu beschränken. Leider haben mehrere Oberlandesgerichte diese – nach unserer Einschätzung für den Auftraggeber überraschenden Klauseln – als zulässig erachtet (OLG Hamm, Urt. v. 3.3.2004 – 25 U 68/03; OLG Frankfurt, Urt. v. 18.1.2006 – 1 U 194/05, wohl auch OLG München, Beschl. v. 23.10.2007 – 23 U 3005/07).

Nach früherer Rechtsprechung ist der Ersatz von Mangelfolgeschäden ohne **2619** Vereinbarung nicht vom Sicherungsumfang der Gewährleistungsbürgschaft umfasst (OLG Koblenz, Urt. v. 27.2.2003 – 5 U 878/02; OLG Saarbrücken, Urt. v. 26.9.2000 – 7 U 83/00-23).

Beispiel: Eine Sanitärfirma hat bei der Ausführung der Leistungen einen Press- **2620** fitting einer Wasserleitung nicht ordnungsgemäß verpresst. Der Fehler fällt zunächst nicht auf, erst nach der Abnahme der Leistungen zeigt sich an den Trockenbauwänden Feuchtigkeit. Der Auftragnehmer reagiert auf die Mängelrüge nicht.

Die Aufwendungen des Auftraggebers zur Mangelbeseitigung sind vom Umfang **2621** der Gewährleistungsbürgschaft umfasst. Hierzu gehören das Öffnen der Trockenbauwand, die Reparatur der defekten Rohrverbindung sowie das Wiederverschließen der Trockenbauwand. Sämtliche übrigen Aufwendungen, beispielsweise für Trocknungsarbeiten oder den Austausch geschädigter angrenzender Bauteile (durchfeuchtete Wärmedämmung, verschimmelte Rigips-Platten), stellen hingegen Mangelfolgeschäden dar, die nach dieser Rechtsprechung vom Sicherungsumfang der Gewährleistungsbürgschaft nicht abgedeckt sind. Allerdings gelten seit der Schuldrechtsreform im Jahr 2002 auch Mangelfolgeschäden als Mängelansprüche. Vermutlich ist diese Rechtsprechung also überholt. Sicherheitshalber sollten Auftraggeber im Bauvertrag vorsehen, dass die Gewährleistungsbürgschaft auch Ansprüche auf Schadensersatz einschließlich Mangelfolgeschäden absichern muss und anschließend darauf achten, dass die übersandte Gewährleistungsbürgschaft diesen Sicherungsumfang auch tatsächlich aufweist.

2622 Gleiches gilt sinngemäß für Ansprüche des Auftraggebers auf Schadensersatz wegen Pflichtverletzungen des Auftragnehmers, etwa der Verletzung der Pflicht zur Zahlung des Mindestlohns oder von Sozialabgaben und Berufsgenossenschaftsbeiträgen und der Verpflichtung zur Rückerstattung von Überzahlungen. Ohne eine entsprechende Sicherungsvereinbarung kann eine Gewährleistungsbürgschaft wegen solcher Ansprüche nicht in Anspruch genommen werden. Hat der Auftraggeber eine entsprechende vertragliche Regelung getroffen – etwa durch Vereinbarung eines Mustertextes für die Gewährleistungsbürgschaft – muss er prüfen, ob die übersandten Bürgschaften auch dem Muster entsprechen, was vielfach nicht der Fall ist (siehe hierzu auch Kapitel O. II. 7., Rn. 2680 ff.).

10. Inanspruchnahme der Bürgschaften

a) Außergerichtliche Inanspruchnahme

2623 Wenn ein Auftragnehmer berechtigte Ansprüche nicht erfüllt, läuft er Gefahr, dass der Auftraggeber den Bürgen anschreibt und ihn zur Zahlung an sich auffordert. Bei Vertragserfüllungsbürgschaften kommt dies eigentlich nur im Fall einer Vertragskündigung vor. Generell ist festzustellen, dass Vertragserfüllungsbürgschaften selten in Anspruch genommen werden. Wesentlich häufiger kommt es vor, dass ein Auftraggeber die Gewährleistungsbürgschaft in Anspruch nimmt. Häufig geschieht dies nicht, weil der Auftraggeber meint, der Auftragnehmer könne den geltend gemachten Kostenvorschuss zur Mangelbeseitigung nicht bezahlen, sondern um Druck auf den Auftragnehmer auszuüben, die gerügten Mängel zu beheben. Tatsächlich besteht für den Auftragnehmer das Risiko, dass der Bürge an den Auftraggeber zahlt, wenn dieser die geltend gemachten Ansprüche plausibel begründet hat und anschließend beim Auftragnehmer Erstattung der Kosten verlangt.

2624 Dem Auftraggeber muss klar sein, dass der Bürge überhaupt nichts über das Bauvorhaben, die vom Auftragnehmer geschuldete Bauleistung, die Vertragsbedingungen usw. weiß. In der Regel werden Bürgschaften online auf dem Bürgschaftsportal der jeweiligen Versicherung beantragt. Der Auftragnehmer setzt den Namen des Bauvorhabens und das Datum des Bauvertrags ein. Mehr weiß der Bürge hiervon nicht.

2625 Nachdem der Bürge nur dann zur Zahlung verpflichtet ist, wenn auch tatsächlich eine Forderung besteht, muss der Auftraggeber gegenüber dem Bürgen alle Tatsachen nachweisen, auf die er seinen Zahlungsanspruch stützt. Dazu muss der komplette Bauvertrag vorgelegt werden, das Abnahmeprotokoll, die Mängelrüge(n) und ein Nachweis, welche Kosten entstehen werden oder bereits entstanden sind. Siehe hierzu auch das Musterschreiben O 9.

In der Regel wird der Bürge den Auftragnehmer anschreiben und um Stellung- **2626**
nahme bitten. Wenn der Auftragnehmer das Vorhandensein der Mängel bestreitet oder andere Argumente gegen seine Zahlungsverpflichtung vorbringt, wird der Bürge regelmäßig nicht bezahlen. Dann wird eine gerichtliche Geltendmachung erforderlich.

b) Gerichtliche Geltendmachung

Wenn der Auftragnehmer nicht insolvent ist oder zu werden droht, muss der Auf- **2627**
traggeber sich als erstes die Frage stellen, ob er überhaupt den Bürgen verklagen will. Grundsätzlich kann man den Auftragnehmer und den Bürgen zusammen verklagen. Allerdings hat man dann zwei Prozessgegner und wenn man ganz oder teilweise verliert, muss man für zwei gegnerische Anwälte die Kosten tragen. Unter Umständen macht es also Sinn, nur den Auftragnehmer auf Zahlung von Kostenvorschuss zur Mangelbeseitigung zu verklagen und von dem Bürgen lediglich zu verlangen, dass dieser in eine Verlängerung der Verjährungsfrist einwilligt. Siehe hierzu Musterschreiben O 8, allerdings mit längerer Frist. Die Ansprüche aus der Bürgschaft verjähren nämlich unabhängig von den Gewährleistungsansprüchen (siehe Kapitel O. II. 6. a) Rn. 2661 ff.).

Sollte allerdings der Auftragnehmer nach verlorenem Prozess insolvent werden **2628**
und der Auftraggeber muss nun doch den Bürgen auf Zahlung in Anspruch nehmen, ist der Bürge an das Ergebnis des vorangegangenen Prozesses gegen den Auftragnehmer nicht gebunden. Er kann also wieder alles bestreiten. Das Gutachten aus dem Vorprozess kann natürlich vorgelegt werden, aber es besteht keine Bindung des Gerichts. Leider ist es auch nicht möglich, dem Bürgen im Vorprozess den Streit zu verkünden, um eine solche Bindungswirkung zu erreichen, da eine Streitverkündung nur im Fall einer alternativen Haftung zulässig ist. Entweder der Auftraggeber lebt mit diesen Risiken oder er verklagt den Bürgen gleich zusammen mit dem Auftragnehmer. Wenn dem Gerichtsverfahren ein selbstständiges Beweisverfahren vorausgehen soll, ist dies erst recht sinnvoll, denn im Folgeprozess gegen den Bürgen können die Kosten eines selbstständigen Beweisverfahrens gegen den Auftragnehmer nicht als Verfahrenskosten geltend gemacht werden (OLG Hamm, Urt. v. 17.7.2008 – 21 U 145/05).

c) Kritische Prüfung der „Werthaltigkeit" der Bürgschaft

Wie wir oben unter Kapitel O. 5. c) und d) (Rn. 2584 ff.) dargestellt haben, sind **2629**
Sicherungsabreden vielfach unwirksam. Auch wenn die durch die Bürgschaft gesicherten Gewährleistungsansprüche bestehen, kann der Bürge im Fall einer unwirk-

samen Sicherungsvereinbarung die Zahlung verweigern und der Prozess geht verloren. Bevor also ein Gewährleistungsbürge verklagt werden soll, empfiehlt sich demzufolge eine kritische Prüfung, ob die Sicherungsabrede im Bauvertrag überhaupt wirksam ist. Ist das nicht der Fall, braucht man über eine Klage gegen den Bürgen nicht nachzudenken, weil im Prozess gegen den Bürgen der Bauvertrag vorgelegt werden muss und den Bürgen die Rechtsprechung zu unwirksamen Sicherungsklauseln bekannt ist.

11. Rückgabe der Sicherheiten, § 17 Abs. 8 Nr. 1 und 2 VOB/B

2630 Die Vertragserfüllungssicherheit ist nach Abnahme und Stellung der Sicherheit für Mangelansprüche zurückzugeben (§ 17 Abs. 8 Nr. 1 VOB/B). Dies gilt jedoch nicht, soweit zu diesem Zeitpunkt noch nicht erfüllte Ansprüche bestehen, die von der Bürgschaft erfasst sind (z.B. Erbringung von Restleistungen, Zahlung der Vertragsstrafe). In diesem Fall darf der Auftraggeber aber nur einen entsprechenden Teil der Sicherheit zurückbehalten und nicht die Rückgabe insgesamt verweigern.

2631 § 17 Abs. 8 Nr. 2 enthält eine – in der Praxis nicht allgemein bekannte – Regelung zur Rückgabe der nicht verwerteten Sicherheit für Mangelansprüche. Danach ist die Sicherheit nach Ablauf von zwei Jahren zurückzugeben, soweit nicht ein anderer Rückgabezeitpunkt vertraglich vereinbart worden ist. Bei der kurzen Rückgabefrist steht die Erwägung im Vordergrund, dass es eine starke Belastung für den Auftragnehmer darstellt, wenn er für die gesamte vereinbarte Verjährungsfrist die Sicherheit vorhalten muss.

2632 Sollten jedoch nach Ablauf von zwei Jahren noch unerledigte Gewährleistungsansprüche bestehen – die von dem Auftraggeber bereits geltend gemacht worden sind –, darf der Auftraggeber einen entsprechenden Teil der Sicherheit zurückhalten. Das gilt selbst nach Ablauf der Gewährleistungsfrist, wenn der Mangel in unverjährter Zeit angezeigt wurde (siehe dazu unten, Kapitel O. II. 6. a), Rn. 2661 ff.).

2633 Auftraggeber sollten darauf achten, dass im Vertrag ausdrücklich geregelt ist, dass die Gewährleistungssicherheit über die gesamte Dauer des vereinbarten Gewährleistungszeitraums (regelmäßig dürften auch in Zukunft fünf Jahre vereinbart werden) aufrechterhalten wird. Danach ist die Gewährleistungssicherheit aber zurückzugeben, sofern keine „unerledigten" Gewährleistungsansprüche bestehen. Eine Regelung die vorsieht, „Die Bürgschaft ist zurückzugeben, wenn alle unter die Gewährleistungsfrist fallenden Gewährleistungsansprüche nicht mehr geltend gemacht werden können" benachteiligt den Auftragnehmer unangemessen und ist daher unwirksam (BGH, Urt. v. 26.3.2015 – VII ZR 92/14). Nach neuerer Rechtsprechung führt das sogar dazu, dass die gesamte Sicherungsvereinbarung unwirksam wird (siehe oben Kapitel O. I. 4., Rn. 2556 ff.).

2634 Eine andere Frage ist, ob der Auftraggeber die Rückgabe der Gewährleistungssicherheit teilweise verweigern kann, wenn der Auftragnehmer innerhalb der

Gewährleistungsfrist Mangelbeseitigungsarbeiten durchgeführt hat, für die eine neue zweijährige oder sogar fünfjährige Gewährleistungsfrist gilt (siehe Kapitel M. I. 5. f) Rn. 2145 ff.) und g)). Unserer Auffassung nach ist das nicht der Fall, denn in § 17 Abs. 8 VOB/B ist ausdrücklich geregelt, dass der Auftraggeber die Rückgabe einer Gewährleistungssicherheit zum vereinbarten Zeitpunkt nur dann verweigern kann, wenn „zu diesem Zeitpunkt seine geltend gemachten Ansprüche noch nicht erfüllt sind". Sind während der Gewährleistungsfrist Mängel behoben worden, hat der Auftragnehmer offensichtlich die geltend gemachten Gewährleistungsansprüche erfüllt. Lediglich, wenn noch Mängelrügen unerledigt sind, darf der Auftraggeber einen Teil der Gewährleistungssicherheit behalten (siehe hierzu auch Kapitel O. II. 7. Rn. 2673 ff.).

Auftragnehmern ist zu raten, die Fristen für die Rückgabe von Sicherheiten zu **2635**
notieren und die Herausgabe nicht verwerteter Sicherheiten zum frühestmöglichen Zeitpunkt zu fordern. Der Auftragnehmer kann die Rückgabe der Bürgschaftsurkunden an sich selbst verlangen (BGH, Urt. v. 9.10.2008 – VII ZR 227/07). Die frühere Rechtsprechung (OLG Düsseldorf, Urt. v. 19.6.2002 – 19 U 37/01; OLG Koblenz, Urt. v. 11.5.2006 – 5 U 1806/05) ist damit überholt.

Jedem Bauleiter muss klar sein, dass das eigene Unternehmen nur einen begrenz- **2636**
ten Bürgschaftskreditrahmen besitzt und die Rückführung der ausgereichten Bürgschaften zum Erhalt der wirtschaftlichen Handlungsfähigkeit unabdingbar ist. Das schließt ein, dass am Ende der Gewährleistungsfrist noch vorhandene Mängel möglichst zügig beseitigt werden. Sind nur geringfügige Mängel vorhanden, muss der Auftraggeber eine Teilenthaftung der Bürgschaft erklären (siehe Musterschreiben O 6). Notfalls muss der Auftragnehmer Klage auf Rückgabe der Bürgschaft oder Abgabe einer Teilenthaftungserklärung androhen (Musterschreiben O 7).

II. Handhabung in der Praxis

1. Fehlende Vereinbarung des Sicherheitseinbehalts

An dieser Stelle muss noch einmal deutlich darauf hingewiesen werden, dass die **2637**
Sicherheiten des Auftraggebers gemäß § 17 VOB/B für den Vertragserfüllungs- bzw. Gewährleistungszeitraum auch bei einem VOB/B-Vertrag ausdrücklich vereinbart werden müssen. Soweit der Auftraggeber vom Auftragnehmer Sicherheit für die Vertragserfüllung oder die Gewährleistung verlangt, ist daher stets zu prüfen, ob solche Sicherheiten überhaupt vertraglich vereinbart sind. Ist dies nicht der Fall, besteht auch keine Pflicht des Auftragnehmers, solche Sicherheiten zu leisten.

Bei mündlich erteilten Aufträgen wird dies so gut wie nie der Fall sein. Wenn der **2638**
Auftraggeber bzw. der von ihm mit der Rechnungsprüfung beauftragte Architekt trotzdem von der Schlussrechnung einen Einbehalt von 5 % für den Gewährleis-

tungszeitraum vornimmt, kann der Auftragnehmer auf Auszahlung von 100 % der Abschlags- bzw. Schlussrechnungssumme bestehen.

2. Die Rechnungsprüfung ergibt (vermeintlich) kein Guthaben

2639 Der Gewährleistungseinbehalt wird von der geprüften Schlussrechnungsforderung des Auftragnehmers in Abzug gebracht. Normalerweise stellt dies kein Problem dar, denn auch die Abschlagsrechnungen werden meist nur zu 90 % bezahlt. Wenn nun aber Gegenforderungen seitens des Auftraggebers erhoben werden oder bereits aus anderen Gründen eine Überzahlung vorliegt, kann nichts mehr einbehalten werden.

2640 Der Auftraggeber sollte sich darüber im Klaren sein, dass die Rechnungsprüfung sehr sorgfältig erfolgen muss. In der Mitteilung an den Auftragnehmer, es liege bereits eine Überzahlung vor, liegt nämlich gleichzeitig die Erklärung, weil nichts einzubehalten sei, komme auch die Einzahlung auf ein Sperrkonto nicht in Frage. Der Auftraggeber bringt damit seine Weigerung zum Ausdruck, den nach Ansicht des Auftragnehmers noch vorhandenen Restwerklohn auf ein Sperrkonto einzuzahlen (BGH, Urt. v. 26.6.2003 – VII ZR 281/02). Wer jedoch die Einzahlung auf das Sperrkonto von vornherein verweigert, dem muss auch keine Nachfrist gesetzt werden.

2641 Stellt sich jedoch im Nachhinein – etwa im Bauprozess – heraus, dass doch ein Guthaben des Auftragnehmers besteht, gibt es keinen Anspruch des Auftraggebers auf Einbehalt der vereinbarten Gewährleistungssicherheit mehr. Das gilt allerdings nur dann, wenn die Einzahlung auf Sperrkonto nicht vertraglich ausgeschlossen war.

3. Stückelung von Bürgschaften

2642 Mitunter gibt es das Bedürfnis, statt einer einzelnen Bürgschaft den Gesamtbetrag der Sicherheit auf mehrere Bürgschaften zu verteilen. Dies kann sich daraus ergeben, dass der Auftragnehmer eine ARGE ist und jeder Gesellschafter einen Teil der Sicherheit stellen soll. Denkbar ist auch, dass ein Auftragnehmer innerhalb seines Kautionsversicherungsvertrags zwei Einzelbürgschaften zu € 100.000,– stellen kann, während er keine Einzelbürgschaft zu € 200.000,– erhält. Das OLG Frankfurt hat für eine Vertragserfüllungsbürgschaft bestätigt, dass für den Auftraggeber keine berechtigten Interessen bestehen, eine Stückelung der Bürgschaften abzulehnen (OLG Frankfurt, Urt. v. 19.12.2014 – 5 U 9/14). Das bedeutet im Umkehrschluss, dass es nicht möglich ist, in Allgemeinen Geschäftsbedingungen zu regeln, dass eine Stückelung von Bürgschaften unzulässig ist (wie dies öffentliche Auftraggeber teilweise tun), denn dies stellt eine unangemessene Benachteiligung des Auftragnehmers dar. Allerdings dürfte dies nicht zur Unwirksamkeit der gesamten Sicherungsklausel führen, denn es handelt sich hierbei um einen abtrennbaren Teil der Sicherungsvereinbarung (anderer Ansicht aber LG Erfurt, Urt. v. 4.2.2019 – 8 O 144/15 – Sicherungsvereinbarung unwirksam).

Der Auftraggeber sollte bei einer solchen Stückelung von Bürgschaften darauf achten, dass jede der Bürgschaften alle Gewährleistungsansprüche aus dem Bauvertrag absichert und er nicht etwa eine Gewährleistungsbürgschaft für die Arbeiten im Gewerk Heizung und eine weitere Gewährleistungsbürgschaft für die Sanitärarbeiten erhält. Dies wäre für den Auftraggeber nachteilig, wenn in dem einen Gewerk erhebliche Mängel auftreten und die Kosten der Mangelbeseitigung den Höchstbetrag der für das betreffende Gewerk erhaltenen Bürgschaft übersteigen. Aus der geschilderten Situation wird im Übrigen deutlich, dass die Absicherung des Auftraggebers umso besser ist, je größer die Vergabeeinheiten sind. Bei einer Generalunternehmervergabe erhält der Auftraggeber eine Sicherheit i.H.v. 5 % der gesamten Auftragssumme, sodass auch beim Auftreten gravierender Mängel in einzelnen Gewerken eine gute Absicherung besteht. **2643**

4. Keine Auszahlung des Sicherheitseinbehalts trotz Übersendung einer Gewährleistungsbürgschaft

a) Rechtsprechung des BGH

Es kommt nicht selten vor, dass Auftraggeber, denen eine Gewährleistungsbürgschaft übersandt wird, diese zwar behalten, den Sicherheitseinbehalt aber – unter Verweis auf Mängel und Restleistungen – nicht ausbezahlen. Dies ist nach der Rechtsprechung klar unzulässig (BGH, Urt. v. 10.2.2011 – IX ZR 73/10; BGH, Urt. v. 13.9.2001 – VII ZR 467/00). Der Auftraggeber darf immer nur eine Sicherheit in Anspruch nehmen. **2644**

Bei Eingang der Bürgschaft hat der Auftraggeber deshalb nur zwei Möglichkeiten: **2645**

- Entweder der Sicherungsfall ist schon eingetreten und der Auftraggeber hat nach abgelaufener Frist zur Mangelbeseitigung einen Kostenvorschussanspruch wegen Mängeln. Dann kann er diesen Anspruch gegen den Sicherheitseinbehalt aufrechnen, muss nun aber umgehend die Bürgschaft zurückgeben (BGH, Urt. v. 25.11.2010 – VII ZR 16/10; OLG Celle, Urt. v. 6.7.2000 – 13 U 242/99; ähnlich OLG Celle, Urt. v. 24.6.2010 – 13 U 186/09). Tut er dies nicht, kann er später die Gewährleistungsbürgschaft nicht in Anspruch nehmen (OLG München, Urt. v. 27.6.2006 – 9 U 2032/06). Begründung: Die Gewährleistungsbürgschaft wird als Austauschsicherheit unter der (auflösenden) Bedingung gestellt, der Auftraggeber werde seiner Verpflichtung zur effektiven Auszahlung des Bareinbehalts alsbald nachkommen (BGH, Urt. v. 3.7.1997 – VII ZR 115/95; ebenso BGH, Urt. v. 10.2.2011 – IX ZR 73/10).
- Gibt es hingegen noch keine aufrechenbaren Mangelansprüche oder erklärt sich der Auftraggeber nicht unverzüglich gegenüber dem Auftragnehmer, dann ist der Einbehalt auszuzahlen. Zurückbehaltungsrechte wegen Mängeln sind unbeachtlich (OLG Hamm, Urt. v. 8.11.2005 – 21 U 84/05). Behält der Auftraggeber die Bürgschaft und zahlt dennoch nicht aus, kann er selbst für

den Fall, dass später tatsächlich Schadensersatzansprüche entstehen, nicht mehr aufrechnen und muss den Einbehalt auszahlen (BGH, Urt. v. 13.9.2001 – VII ZR 467/00). Außerdem muss er die Gewährleistungsbürgschaft zurückgeben (BGH, Urt. v. 10.2.2011 – IX ZR 73/10). Das gilt auch dann, wenn bereits Mängel gerügt worden sind (OLG Karlsruhe, Urt. v. 9.12.2014 – 8 U 185/13).

2646 Die Rechtsprechung benachteiligt im Ergebnis diejenigen Auftraggeber, die keine Mängeleinbehalte von den Abschlagsrechnungen vorgenommen haben, weil dann im Zeitpunkt der Schlussrechnungsprüfung oft kein ausreichendes Guthaben des Auftragnehmers mehr besteht, um nach Eingang der Gewährleistungsbürgschaft und damit geschuldeter Auszahlung des Sicherheitseinbehalts noch Mangeleinbehalte, etwa wegen noch nicht behobener Abnahmemängel, vornehmen oder Gegenansprüche verrechnen zu können.

2647 Die geschilderten Grundsätze gelten auch dann, wenn die vom Auftragnehmer übersandte Bürgschaft nicht vertragskonform ist. Entweder wird dies vom Auftraggeber innerhalb angemessener Frist gerügt und die Bürgschaft zurückgesandt oder der Einbehalt ist auszuzahlen (LG Berlin, Urt. v. 26.3.2015 – 95 O 84/14).

b) Abhilfe für den Auftragnehmer

2648 Um Streitigkeiten von vornherein zu vermeiden, kann sich der Auftragnehmer durch mehrere Maßnahmen schützen:

2649 Der Auftraggeber wird aufgefordert, den Sicherheitseinbehalt binnen einer Nachfrist auf ein Sperrkonto einzuzahlen (§ 17 Abs. 6 Nr. 3 VOB/B), wenn dies nicht vertraglich ausgeschlossen ist. Kommt der Auftraggeber dieser Aufforderung nicht nach, kann die sofortige Auszahlung des Sicherheitseinbehalts verlangt werden. Eine Bürgschaft muss dann nicht mehr gestellt werden. Eine bereits übergebene Bürgschaft kann zurückgefordert werden. Die Aufforderung zur Einzahlung auf ein Sperrkonto ist selbst dann noch zulässig, wenn der Auftragnehmer zur Ablösung des Einbehalts zunächst eine Bürgschaft übersandt hatte (BGH, Beschl. v. 10.11.2005 – VII ZR 11/04), denn dem Auftragnehmer steht das Wahl- und Austauschrecht des § 17 Abs. 3 VOB/B zu (OLG Naumburg, Urt. v. 30.9.2011 – 12 U 12/11).

2650 In den Bürgschaftstext kann auch eine aufschiebende Bedingung aufgenommen werden. Denkbar ist etwa eine Klausel, nach der die Bürgschaft erst in Kraft tritt, wenn der Einbehalt auf ein in dem Bürgschaftstext angegebenes Konto einbezahlt worden ist. Das ist ohne Weiteres zulässig (OLG Karlsruhe, Urt. v. 9.12.2014 – 8 U 165/13) und führt dem Auftraggeber die Konsequenz der Nichtauszahlung deutlicher vor Augen.

2651 Enthält die Bürgschaftsurkunde keine solche aufschiebende Bedingung der Auszahlung des Sicherheitseinbehalts, kann der Auftragnehmer die Übergabe der Bürgschaft von der gleichzeitigen Auszahlung abhängig machen. Juristisch wird dies als Übergabe der Bürgschaft „Zug um Zug" gegen Zahlung bezeichnet. Der

Auftragnehmer ist hinsichtlich der Übergabe der Bürgschaft nämlich nicht vorleistungspflichtig (OLG Düsseldorf, Urt. v. 30.9.2003 – 23 U 204/02). Technisch kann dies über ein Treuhandkonto geschehen.

c) Abhilfe für den Auftraggeber

Auftraggeber sollten vertraglich die Verpflichtung zur Einzahlung auf ein Sperrkonto ausschließen (BGH, Urt. v. 13.11.2003 – VII ZR 57/02). Zudem sollten sie den Bürgschaftstext bereits bei Vertragsschluss vorgeben (vgl. Kapitel O. I. 5., Rn. 2559 ff.). **2652**

Bei Erhalt einer Gewährleistungsbürgschaft muss deren Wortlaut genau geprüft werden, weil z.B. im Fall der o.g. aufschiebenden Bedingung die Bürgschaft womöglich nie in Kraft tritt, wenn nicht auf das konkret angegebene Konto bei der Bürgin gezahlt wird (OLG Naumburg, Urt. v. 25.3.2004 – 2 U 77/03). **2653**

Der Auftraggeber muss sich bei Erhalt der Bürgschaft zudem sofort erklären. Nur soweit er über Zahlungsansprüche tatsächlich schon verfügt, kann er aufrechnen. Er muss dann unverzüglich die Bürgschaft zurückreichen, wenn es nach der Aufrechnung einen Einbehalt, der abgelöst werden könnte, nicht mehr gibt. **2654**

Diese Konsequenz kann der Auftraggeber vertraglich dadurch verhindern, dass eine gänzlich andere Sicherungsvereinbarung getroffen wird. Wenn abweichend von § 17 VOB/B im Bauvertrag vereinbart wird, dass der Auftragnehmer verpflichtet ist, dem Auftraggeber für die Dauer der vereinbarten Gewährleistungsfrist eine Gewährleistungsbürgschaft zu übergeben, dann erfüllt der Auftragnehmer mit der Übersendung der Bürgschaft eine vertragliche Verpflichtung und macht nicht von einem „Ablösungsrecht" Gebrauch. Eine Klausel in Allgemeinen Geschäftsbedingungen eines Bauvertrags, die den Auftragnehmer verpflichtet, zur Sicherung der Gewährleistungsansprüche des Auftraggebers ausschließlich eine unbefristete, unwiderrufliche, selbstschuldnerische Bürgschaft zu stellen, ist als AGB wirksam (BGH, Urt. v. 26.2.2004 – VII ZR 247/02). Das in Erfüllung einer Vertragspflicht Geleistete kann nicht zurückgefordert werden, auch wenn sich herausstellt, dass wegen der Aufrechnung mit Gegenansprüchen entgegen der Annahme des Auftragnehmers kein Werklohnanspruch mehr besteht. **2655**

Schließlich sollte man als Auftraggeber darauf achten, dass bereits von den letzten Abschlagszahlungen vor Fertigstellung bei vorhandenen Mängeln Einbehalte gemacht werden, damit bei Schlussrechnungslegung nicht nur noch 5 % der Abrechnungssumme zu zahlen sind und nach Stellung der Gewährleistungsbürgschaft keine Zurückbehaltungsrechte mehr geltend gemacht werden können. **2656**

5. Aufrechnung des Sicherheitseinbehalts für verschiedene Bauvorhaben?

Eine Aufrechnung des Sicherheitseinbehalts für das Bauvorhaben *„A-Straße"* mit Gegenansprüchen aus dem Bauvorhaben *„B-Straße"* ist nach überwiegender **2657**

Ansicht unzulässig (OLG Karlsruhe, Urt. v. 9.12.2013 – 8 U 165/13; OLG Saarbrücken, Beschl. v. 8.6.2009 – 1 U 299/08; OLG Düsseldorf, Urt. v. 23.2.2007 – 22 U 115/06; OLG Dresden, Urt. v. 28.9.2000 – 19 U 888/00). Ist der Sicherungszweck *„Etwaige Gewährleistungsansprüche am Bauvorhaben A-Straße"*, kann der Auftraggeber das einbehaltene Geld nicht zweckentfremden und zur Befriedigung von Gewährleistungsansprüchen am Bauvorhaben *„B-Straße"* verwenden. Es liegt ein stillschweigend vereinbartes Aufrechnungsverbot vor. Eine Bürgschaft für das Bauvorhaben *„A-Straße"* könnte schließlich auch nicht wegen Mängeln am Bauvorhaben *„B-Straße"* in Anspruch genommen werden. Anderer Ansicht ist allerdings das OLG Hamm (OLG Hamm, Urt. v. 27.10.2006 – 12 U 47/06).

6. Verjährungsprobleme

2658 Verjährungsprobleme zeigen sich unter zwei Gesichtspunkten:

2659 Zunächst stellt sich die Frage, ob eine Gewährleistungsbürgschaft noch in Anspruch genommen werden kann, wenn die Gewährleistungsfrist bereits abgelaufen ist (dazu unter a)).

2660 Zudem sind Fälle denkbar, in denen die Zahlungsansprüche gegen den Bürgen noch vor Ablauf der Gewährleistungsfrist der Mängelansprüche verjähren (dazu unter b)).

a) Verjährung der durch die Bürgschaft gesicherten Gewährleistungsansprüche

2661 Der Inhalt einer Gewährleistungsbürgschaft besteht darin, dass der Bürge erklärt, er werde für die Erfüllung der Gewährleistungsverpflichtungen des Auftragnehmers (Hauptschuldners) haften. Die Inanspruchnahme einer Gewährleistungsbürgschaft – wie auch jeder anderen Bürgschaft – setzt also voraus, dass der eigentliche Hauptschuldner seine vertraglichen Verpflichtungen nicht erfüllt hat. Wenn der Hauptschuldner jedoch berechtigt ist, die Erfüllung seiner Verpflichtung zu verweigern, muss auch der Bürge nicht leisten.

2662 Der Bürge kann sich folglich auf alle Verteidigungsmittel berufen, auf die sich auch der Hauptschuldner berufen könnte (§ 768 Abs. 1 Satz 1 BGB). Hierzu gehört unter anderem die Einrede der Verjährung der gesicherten Gewährleistungsansprüche. Beseitigt ein Auftragnehmer berechtigt gerügte Mängel nicht und verklagt der Auftraggeber anschließend nur den Gewährleistungsbürgen, weil er sich bei einer Klage gegen den Auftragnehmer wirtschaftlich nichts verspricht, kann noch während des Gerichtsverfahrens gegen den Bürgen die Verjährung der Gewährleistungsansprüche eintreten. Die Klage gegen den Bürgen hemmt nämlich nur die Verjährung der Ansprüche aus der Bürgschaft, nicht aber die Verjährung der Mängelansprüche selbst.

2663 Sobald die gesicherte Hauptforderung, hier der Gewährleistungsanspruch des Auftraggebers, verjährt ist, ist die Gewährleistungsbürgschaft zurückzugeben (BGH,

Urt. v. 9.7.2015 – VII ZR 5/15). Ältere Rechtsprechung hierzu ist damit überholt. Der Bürge kann die Zahlung verweigern. Nicht zuletzt aufgrund dieser Rechtsprechung sollten sich Auftraggeber hüten, es überhaupt zur Verjährung der Gewährleistungsansprüche kommen zu lassen. Notfalls müssen gerichtliche Maßnahmen ergriffen werden.

Dabei genügt es – auch im Fall der Insolvenz – nicht, gerichtliche Maßnahmen nur gegen den Bürgen einzuleiten (KG, Beschl. v. 6.6.2013 – 8 W 23/13). 2664

Beispiel: Ein Generalunternehmer hat ein Geschäftshaus schlüsselfertig errichtet und hierfür fünf Jahre die Gewährleistung übernommen. Zur Absicherung der Gewährleistungsverpflichtung wurde dem Auftraggeber eine Gewährleistungsbürgschaft über € 200.000,– übergeben. Drei Jahre nach Beendigung des Bauvorhabens beantragt der Generalunternehmer die Durchführung des Insolvenzverfahrens, welches schließlich auch innerhalb der Gewährleistungsfrist noch eröffnet wird. Der Auftraggeber geht davon aus, dass Mängel vom insolventen Auftragnehmer ohnehin nicht beseitigt würden und lässt notwendige Mangelbeseitigungsarbeiten daher selbst ausführen, ohne sie anzuzeigen. Innerhalb der Fünfjahresfrist verklagt er sodann den Bürgen auf Zahlung von Schadensersatz wegen unterlassener Mangelbeseitigung.

Einen Schadensersatzanspruch wegen unterlassener Mangelbeseitigung gibt 2665
es nur dann, wenn vorher der Mangel gegenüber dem Auftragnehmer gerügt worden ist. Das gilt ausdrücklich auch im Insolvenzverfahren. Es genügt also nicht, wenn der Auftraggeber die Mängel gegenüber dem Bürgen rügt, sondern es muss eine Mängelrüge gegenüber dem Insolvenzverwalter erfolgen, so sinnlos dies in wirtschaftlicher Hinsicht auch sein mag (BGH, Urt. v. 8.12.2009 – XI ZR 181/08).

Eine Mängelrüge allein reicht aber nicht aus. Vielmehr müssen gegen den Auftrag- 2666
nehmer selbst verjährungshemmende Maßnahmen ergriffen werden, im Fall der Insolvenz etwa die Anmeldung der Forderung auf Kostenvorschuss zur Mängelbeseitigung zur Insolvenztabelle. Nur wenn der Auftragnehmer zum Zeitpunkt des Eintritts der Verjährung der Gewährleistungsansprüche im Handelsregister bereits gelöscht ist, brauchen gegen die gelöschte Firma keine verjährungshemmenden Maßnahmen mehr ergriffen zu werden. Es reicht dann aus, ist aber auch zwingend notwendig, wenn der Bürge innerhalb der Verjährungsfrist der Bürgschaftsforderung gerichtlich in Anspruch genommen wird (BGH, Urt. v. 28.1.2003 – XI ZR 243/02).

b) Verjährung der Ansprüche gegen den Bürgen

Von der Verjährungsfrist für Mängelansprüche (früher Gewährleistungsfrist) ist die 2667
Verjährungsfrist der Ansprüche gegen den Bürgen zu unterscheiden. Die Verjäh-

rungsfrist für Ansprüche gegen den Bürgen beträgt nur drei Jahre, ist also kürzer als die eigentliche Gewährleistungsfrist. Die Frist beginnt zum Ende des Jahres, in dem der Anspruch entstanden ist (§ 199 Abs. 1 BGB). Es ist also möglich, dass die Ansprüche gegen den Bürgen vor Ablauf der Gewährleistungsfrist verjähren. Diese Gefahr besteht insbesondere dann, wenn Mängel bereits bei der Abnahme oder relativ kurze Zeit später entdeckt und gerügt werden.

2668 **Beispiel:** Ein Bauvorhaben wird im Jahr 2016 fertiggestellt. Die Abnahme erfolgt am 1.7.2016 unter Rüge diverser Mängel. Eine Beseitigung der Abnahmemängel erfolgt trotz Fristsetzung nicht. Im Juni 2020 findet eine Begehung statt, in deren Ergebnis teilweise die schon bei der Abnahme festgestellten Mängel erneut gerügt werden. Der Auftragnehmer ist insolvent, der Bürge wird nun auf Zahlung in Anspruch genommen. Er beruft sich darauf, dass die gegen ihn gerichteten Geldansprüche im Jahr 2016 entstanden und nach Ablauf von drei Jahren Ende des Jahres 2019 verjährt sind.

2669 Der BGH hat entschieden, dass die Fälligkeit des Anspruchs gegen den Bürgen zeitgleich mit der Fälligkeit des Zahlungsanspruchs gegen den Auftragnehmer eintritt (BGH, Urt. v. 10.2.2011 – VII ZR 53/10). Der Grund hierfür ist, dass nach der ersten erfolglosen Mängelrüge gegenüber dem Auftragnehmer mit Fristsetzung zur Beseitigung ein Geldanspruch des Auftraggebers (Kostenvorschuss, Schadensersatz oder Minderung) entsteht und ab diesem Zeitpunkt auch der Bürge hierfür in Anspruch genommen werden könnte. Wichtig ist, dass es für den Verjährungsbeginn nicht erforderlich ist, dass bereits ein Zahlungsanspruch gegen den Auftragnehmer oder den Bürgen geltend gemacht worden ist (BGH, Urt. v. 11.9.2012 – XI ZR 56/11). Am Ende des Jahres beginnt dann die dreijährige Verjährungsfrist gegenüber dem Bürgen. Damit ist in dem obigen Beispielsfall Verjährung eingetreten.

2670 Der Unterschied der Verjährungsfristen für die Ansprüche aus der Bürgschaft gegen den Bürgen und der Mängelansprüche gegen den Auftragnehmer kann zwar auf vertraglicher Grundlage beseitigt werden. Der Auftraggeber kann in den Bauvertrag aufnehmen, dass der Sicherheitseinbehalt nur durch eine solche Gewährleistungsbürgschaft abgelöst werden kann, bei der die Ansprüche aus der Bürgschaft nicht vor Ablauf der vertraglich vereinbarten Gewährleistungsfrist und damit nicht bereits nach drei Jahren verjähren. Rechtlich handelt es sich um eine Verlängerung der gesetzlichen Verjährungsfrist für Ansprüche gegen den Bürgen. Zu beachten ist aber, dass auch in diesem Fall eine Hemmung der Verjährung gegenüber dem Auftragnehmer – etwa durch Verhandlungen oder ein gerichtliches Verfahren – sich nicht auf die Verjährungsfrist gegenüber dem Bürgen auswirkt. Auch gegenüber dem Bürgen sind daher immer verjährungshemmende Maßnahmen zu ergreifen, z.B. durch eine Vereinbarung, dass der Bürge bis zu drei

Monate nach Beendigung eines gerichtlichen Verfahrens gegen den Auftragnehmer auf die Erhebung der Einrede der Verjährung verzichtet.

In Anbetracht der vielfältigen „Fallstricke" kann man dem Auftraggeber nur empfehlen, immer den sichersten Weg zu gehen. Dieser besteht darin, Mängel zeitnah gegenüber dem Auftragnehmer zu rügen und im Fall der Nichtbeseitigung ebenso zeitnah Klage auf Kostenvorschuss sowohl gegen den Auftragnehmer als auch gegen den Bürgen zu erheben. **2671**

Aus Sicht des Auftragnehmers kann es sinnvoll sein, gerügte Mängel zeitnah zu beheben und so den Auftraggeber von Maßnahmen gegenüber dem Bürgen abzuhalten, da er solche dann nicht als erforderlich ansehen wird. Stellt sich dann heraus, dass die Mängelbeseitigung nicht nachhaltig war, sind Ansprüche gegenüber dem Bürgen häufig verjährt. **2672**

7. Bürgschaftsrückgabe bei nicht erledigten Mängelansprüchen, Druckzuschlag

Auch wenn die Gewährleistungssicherheit regelmäßig nach § 17 Abs. 8 Nr. 2 VOB/B nach zwei Jahren zurückzugeben ist, wird doch häufig in Bauverträgen abweichend davon als Rückgabezeitpunkt der Ablauf der Gewährleistungsfrist vereinbart. Nicht selten wird dann zur Überprüfung der Leistungen kurz vor Ablauf der Gewährleistungsfristen eine Begehung durchgeführt, bei der in der Regel auch der eine oder andere Mangel festgestellt wird. Verlangt der Auftragnehmer die Rückgabe der Gewährleistungsbürgschaft, beruft sich der Auftraggeber regelmäßig darauf, dass er die Bürgschaft so lange behalten könne, wie noch Mängel vorliegen. Außerdem wird zur Begründung angeführt, dass durch die schriftliche Mängelrüge gem. § 13 Abs. 5 Nr. 1 VOB/B die Gewährleistungsfrist um weitere zwei Jahre verlängert wurde, sodass der Auftraggeber berechtigt sei, für diesen Zeitraum die Bürgschaft zu behalten. **2673**

§ 17 Abs. 8 VOB/B trifft hierzu die Regelung, dass der Auftraggeber bei noch nicht beseitigten Mängeln „für diese Ansprüche einen entsprechenden Teil der Sicherheit zurückhalten" darf. Für beseitigte Mängel, für die eine neue Verjährungsfrist begonnen hat, gibt der Text der VOB/B dem Auftraggeber hingegen kein Zurückbehaltungsrecht an der Gewährleistungsbürgschaft. **2674**

Das Kammergericht hat allerdings entschieden, dass mit Ablauf der vertraglichen Verjährungsfrist zwar eine auf die gesamte Vertragssumme bezogene Gewährleistungsbürgschaft zurückzugeben ist, aber der Auftraggeber eine Austauschgewährleistungsbürgschaft verlangen kann, deren Höhe sich nach dem anteiligen Wert der innerhalb der Gewährleistungsfrist durchgeführten Mängelbeseitigungsmaßnahmen sowie der vereinbarten Sicherungshöhe bemisst (KG, Urt. v. 20.4.2004 – 27 U 333/03). **2675**

2676 **Beispiel:** Ein Generalunternehmer errichtet ein Gebäude für € 1,8 Mio. Während der Gewährleistungsfrist werden umfangreiche Nachbesserungsarbeiten an den Balkonbelägen durchgeführt, die € 50.000,– kosteten. Nach Ablauf der regulären Gewährleistungsfrist sowie nach Abnahme der Mängelbeseitigung verlangte der Auftragnehmer die Rückgabe der Bürgschaft von € 90.000,– gegen Stellung einer Bürgschaft in Höhe von 5 % aus € 50.000,–, also € 2.500,–. Der Auftraggeber will die Bürgschaft über € 90.000,– erst nach Ablauf der verlängerten Verjährung für die Mängelbeseitigungsmaßnahmen herausgeben.

2677 Nach unserer Auffassung – und entgegen der Einzelmeinung des Kammergerichts – ist die Gewährleistungsbürgschaft komplett zurückzugeben, wenn aktuell keine Mängel bekannt sind. Die bloße Möglichkeit, dass sich die vorgenommenen Mängelbeseitigungsarbeiten wiederum als mangelhaft bzw. unzureichend erweisen könnten, reicht als Begründung für ein teilweises Behaltendürfen der Bürgschaft nicht aus (so im Ergebnis wohl auch BGH, Urt. v. 26.3.2015 – VII ZR 92/14). Unabhängig von anderen Überlegungen gilt das schon deshalb, weil regelmäßig der Auftraggeber als Verwender der VOB/B anzusehen ist, was dazu führt, dass sich der Auftragnehmer ohne weiteres auf für ihn günstige Klauseln berufen kann. Wie schon geschildert, darf der Auftraggeber aber gemäß § 17 Abs. 8 nur dann die Rückgabe einer Gewährleistungsbürgschaft verweigern, wenn zu diesem Zeitpunkt geltend gemachte Mängelansprüche noch nicht erfüllt sind, muss aber wegen des darüber hinausgehenden Bürgschaftsbetrags einer Reduzierung zustimmen.

2678 Soweit vertreten wird, dass OLG Frankfurt hätte geurteilt, eine Gewährleistungssicherheit müsse nicht (nicht einmal anteilig) zurückgegeben werden, wenn auch nur ein Teil der Gewährleistungsansprüche (noch) nicht verjährt ist (OLG Frankfurt, Beschl. v. 25.8.2016 – 23 U 158/15), ist dies unzutreffend. Zwar steht diese Aussage in der Überschrift des Beschlusses, aus den Entscheidungsgründen kann man aber entnehmen, dass in dem entschiedenen Fall tatsächlich unerledigte Mängelansprüche bestanden. An sich hätte also eine teilweise Rückgabe der Gewährleistungssicherheit erfolgen müssen (BGH, Urt. v. 26.3.2015 – VII ZR 92/14). Hier nun meinte das Gericht rechtsirrig, eine Bürgschaft könne *„(...) nicht stückweise, etwa – nach Vorstellung der Klägerin – durch Reduzierung der Bürgschaftssumme o.ä., herausgegeben werden. Eine Ermäßigung der Bürgschaft entsprechend der Höhe der in Streit stehenden Gewährleistungsansprüche kommt bereits nach der rechtlichen Konstruktion der Bürgschaft unter keinen Umständen in Betracht".* Das ist aber nach allgemeiner Meinung unzutreffend. Die teilweise Rückgabe einer Gewährleistungssicherheit wird durch eine sogenannte Enthaftungserklärung realisiert (siehe Musterschreiben O 6). Die Verwirrtheit des Gerichts hat dann offensichtlich auch zu der falsch formulierten Überschrift geführt.

Wenn nach Ablauf der vereinbarten Frist für die Stellung der Bürgschaft noch unerledigte Mängelansprüche bestehen, stellt sich die weitere Frage, ob der Auftraggeber bei der Bemessung des Bürgschaftsbetrags, den er „behalten" darf, einen Druckzuschlag ansetzen darf. Das ist nicht der Fall (BGH, Urt. v. 26.3.2015 – VII ZR 92/14). Der BGH billigt dem Auftraggeber lediglich einen Sicherheitszuschlag von 20 % zu und verneint ausdrücklich den doppelten „Druckzuschlag" auf die voraussichtlichen Mangelbeseitigungskosten, wenn es um die Frage geht, in welcher Höhe der Auftraggeber die Sicherheit zurückgeben muss (anders noch OLG Brandenburg, Urt. v. 30.4.2014 – 4 U 183/10).

In Anbetracht des beschränkten Avalkreditrahmens und der Kosten, die durch **2679** die Sicherheitsleistung verursacht werden, ist jedem Auftragnehmer anzuraten, von dem Austauschrecht am Ende der Gewährleistungsfrist Gebrauch zu machen. Alternativ hierzu kann der Auftraggeber aufgefordert werden, eine Enthaftungserklärung gegenüber dem Bürgen abzugeben, nach der er auf einen Teil der Bürgschaftssumme verzichtet. Wir verweisen auf das beigefügte Musterschreiben O 6.

8. Bürgschaftstext genau prüfen

Der Bürge kann versuchen, seine Verpflichtungen sowohl zu befristen als auch **2680** inhaltlich zu beschränken. Befristete Bürgschaften muss der Auftraggeber jedoch nicht akzeptieren (§ 17 Abs. 4 VOB/B).

Die großen Kautionsversicherer beschränken in ihren Bürgschaftsformularen ihre **2681** Haftung häufig auf Ansprüche wegen solcher Mängel, die erst nach der Abnahme erkannt worden sind. So wird beispielsweise ein Text verwendet, nach dem die Bürgschaft nur die „vertragsgemäße Gewährleistung für fertiggestellte und abgenommene Arbeiten sichert". Eine andere Formulierung lautet, dass nur die „Gewährleistung für mangelfrei abgenommene Arbeiten" verbürgt wird.

Konkret bedeutet das, dass die Bürgschaft nach der Vorstellung des Bürgen erst mit **2682** der Abnahme in Kraft treten soll und außerdem sämtliche bereits vor oder bei der Abnahme festgestellten Mängel und Restleistungen von der Bürgenhaftung ausgenommen werden (so auch OLG München, Urt. v. 18.11.2008 – 28 U 3572/08).

Aus der Sicht eines Gewährleistungsbürgen sind solche Einschränkungen zwar **2683** verständlich. Für den Auftraggeber ist das aber problematisch, wenn bei der Abnahme in nicht unerheblichem Umfang Mängel festgestellt und gerügt worden sind. Würde er aufgrund einer solchen Gewährleistungsbürgschaft den Sicherheitseinbehalt auszahlen und geriete der Auftragnehmer in Insolvenz, bevor die Abnahmemängel beseitigt sind, wäre die Bürgschaft insoweit für den Auftraggeber wertlos. Das gleiche Problem stellt sich, wenn gar keine Abnahme durchgeführt wurde. Nach Ansicht des OLG Frankfurt kann die förmliche Abnahme nach Ausstellung der Bürgschaftsurkunde auch nicht mehr nachgeholt werden. Dem entschiedenen Fall lag eine Bürgschaftsklausel zugrunde, in der der Bürge die Haftung „für bereits fertiggestellte und ohne Beanstandungen und Auflagen abgenommene Arbeiten" übernommen hatte. Damit schied eine nach Ausstellung der Bürgschaftsurkunde erfolgte Fertigstellung und Abnahme aus (OLG Frankfurt, Urt. v. 30.11.2006 – 4 U 140/06).

2684 Wenn die Abnahme erfolgt ist, jedoch unter Vorbehalt von Mängeln, kann der Auftraggeber eine solche Gewährleistungsbürgschaft noch „retten", indem er nachträglich auf die Rechte wegen der vorbehaltenen Mängel verzichtet (OLG München, Beschl. v. 23.10.2007 – 23 U 3005/07). Damit liegt dann eine vorbehaltlose Abnahme vor und der Bürge kann wenigstens für die nach der Abnahme gerügten Mängel in Anspruch genommen werden.

2685 Sieht das Formular solche Einschränkungen der Bürgenhaftung oder beispielsweise Befristungen der Bürgschaft vor, sollte die Bürgschaft zurückgeschickt und der Auftragnehmer aufgefordert werden, eine geänderte Gewährleistungsbürgschaft im Austausch zu der vorliegenden Bürgschaft zu übersenden. Außerdem sollte vor der Ablösung des Sicherheitseinbehalts eine förmliche Abnahme durchgeführt werden, wenn diese im Vertrag vorgesehen ist. Ansonsten besteht die Gefahr, dass die Bürgschaft nicht in Anspruch genommen werden kann (OLG Frankfurt, Urt. v. 30.11.2006 – 4 U 140/06). Ist die förmliche Abnahme bereits erfolgt und besteht die Einschränkung lediglich darin, dass der Bürge nur für „fertiggestellte und ohne Beanstandungen und Auflagen abgenommene Arbeiten" haften will, sollte der Auftraggeber die Bürgschaft behalten und den Sicherheitseinbehalt auszahlen, wenn es entweder keine gravierenden Abnahmemängel gibt oder noch ein ausreichendes Guthaben des Auftragnehmers besteht, um nach Auszahlung des Gewährleistungseinbehalts noch einen Mangeleinbehalt wegen der Abnahmemängel machen zu können.

III. Musterschreiben

Aufforderung zur Einzahlung des Sicherheitseinbehalts auf ein gemeinschaftliches Konto 2686

O 1

An den Auftraggeber

Datum

Bauvorhaben …
Schlussrechnung vom …

Sehr geehrte Damen und Herren,

nach Ihrer Schlussrechnungsprüfung wurde von unserer Forderung ein Betrag in Höhe von € … als Sicherheit für den Gewährleistungszeitraum einbehalten.

Nach der VOB/B § 17 Abs. 6 Nr. 1 ist der Sicherheitseinbehalt binnen 18 Werktagen nach einer entsprechenden Mitteilung über den Einbehalt unaufgefordert auf ein Sperrkonto einzubezahlen. Da wir von dieser Einzahlung bislang nicht benachrichtigt worden sind, fordern wir Sie innerhalb einer Nachfrist von zehn Werktagen, also bis zum … (*konkretes Datum einsetzen*) auf, ein gemeinschaftliches Konto (sog. *„Und-Konto"*) einzurichten und den Einbehalt hierauf einzuzahlen. Innerhalb der Frist sollten Sie uns hierzu die entsprechenden Kontoeröffnungsunterlagen zusenden. Die Auswahl des konkreten Bankinstituts überlassen wir Ihnen.

Sollte diese Nachfrist fruchtlos verstreichen, sind wir von unserer Verpflichtung zur Leistung einer Gewährleistungssicherheit gemäß § 17 Abs. 6 Nr. 3 VOB/B befreit.

Mit freundlichen Grüßen

……………………………………………

(Unterschrift)

2687 Hinweis auf unwirksame Sicherungsabrede O 2

Vorbemerkung: Es gibt eine Vielzahl von Gründen, aus denen heraus eine Sicherungsabrede unwirksam sein kann. Das nachfolgende Schreiben ist daher beispielhaft zu verstehen und muss an den konkreten Sachverhalt angepasst werden.

An den Auftraggeber

Datum

Bauvorhaben …
Schlussrechnung vom …

Sehr geehrte Damen und Herren,

nach § … des zwischen uns abgeschlossenen Bauvertrags sollen wir eine Vertragserfüllungssicherheit, die auch Mängelansprüche absichert, in Höhe von 10 % stellen. Außerdem sind wir zur Stellung einer Sicherheit für Mangelansprüche nach § … des Vertrags in Höhe von 5 % verpflichtet. Die beiden Sicherheiten überschneiden sich in zeitlicher Hinsicht, denn die Vertragserfüllungssicherheit erhalten wir erst nach Abnahme und Erfüllung aller bis dahin erhobenen Ansprüche zurück.

Da auch unberechtigte Ansprüche erhoben werden können, müssen wir nach dieser Vertragsregelung damit rechnen, dass Sie unsere Vertragserfüllungsbürgschaft noch Monate oder Jahre nach Abnahme behalten könnten. Da die Vertragserfüllungsbürgschaft auch Mängelansprüche sichert, haben Sie dadurch über lange Zeit eine Sicherheit für Mängelansprüche in einer Gesamthöhe von 15 %. Nach der Rechtsprechung benachteiligen solche Vertragsklauseln den Auftragnehmer unangemessen. Dies hat zur Folge, dass beide Sicherungsvereinbarungen unwirksam sind.

Aus diesem Grund fordern wir Sie auf, unsere Abschlagsrechnungen jeweils zu 100 % zu bezahlen (***alternativ**: den Gewährleistungseinbehalt in Höhe von 5 % auszuzahlen*) und setzen Ihnen hierfür eine Frist bis … (*konkretes Datum einfügen*).

Mit freundlichen Grüßen

……………………………………………

(Unterschrift)

Nachfristsetzung auf Auszahlung des Gewährleistungseinbehalts **O 3 2688**

An den Auftraggeber

Datum

Bauvorhaben ...
Ablösung des Sicherheitseinbehalts

Sehr geehrte Damen und Herren,

mit Schreiben vom ... haben wir Ihnen eine Gewährleistungsbürgschaft zu obigem Bauvorhaben übersandt. Gleichwohl ist bis zum heutigen Tage der Sicherheitseinbehalt noch nicht an uns ausgezahlt worden.

Wir setzen Ihnen hiermit eine Nachfrist zur Auszahlung des Sicherheitseinbehalts bis zum ... . Vorsorglich weisen wir darauf hin, dass Sie nicht berechtigt sind, die Gewährleistungsbürgschaft und zusätzlich hierzu den Sicherheitseinbehalt zu behalten. Wenn Sie der Meinung sind, dass Sie bereits Zahlungsansprüche gegen uns besitzen, müssen Sie sich entscheiden, ob Sie den Bareinbehalt verrechnen oder die Bürgschaft behalten wollen. Sollten Sie den Sicherheitseinbehalt behalten wollen, fordern wir Sie auf, die Gewährleistungsbürgschaft unverzüglich zurückzugeben und den Sicherheitseinbehalt innerhalb einer Nachfrist von acht Tagen gerechnet ab Datum dieses Schreibens auf ein Sperrkonto einzuzahlen. Wir weisen darauf hin, dass wir nach fruchtlosem Ablauf dieser Fristen die Bürgschaft zurückverlangen und auch die Auszahlung des Sicherheitseinbehalts fordern können.

Mit freundlichen Grüßen

....

(Unterschrift)

2689 Rüge unzulässiger Einschränkungen der Gewährleistungsbürgschaft O 4

An den Auftragnehmer

Datum

Bauvorhaben ...
Ablösung des Gewährleistungseinbehalts

Sehr geehrte Damen und Herren,

Sie haben uns mit Schreiben vom ... zu obigem Bauvorhaben eine Gewährleistungsbürgschaft der ...-Versicherung übersandt. Wir haben den Bürgschaftstext geprüft und festgestellt, dass die Bürgschaft offenbar nur nach Abnahme erkannte Mängel absichern soll.

Wie Sie wissen, sind noch nicht alle Abnahmemängel beseitigt. Die übersandte Bürgschaft ist daher kein gleichwertiger Ersatz für den bisher gemachten Sicherheitseinbehalt. Wir fordern Sie daher auf, uns eine geänderte Gewährleistungsbürgschaft zu übersenden, in der keine Einschränkungen enthalten sind. Die übersandte Bürgschaft senden wir zu unserer Entlastung zurück.

Alternativ *(wenn ein Einbehalt wegen der Abnahmemängel möglich ist):*

Wie Sie wissen, sind noch nicht alle Abnahmemängel beseitigt. Nachdem wir Ihnen heute den Sicherheitseinbehalt ausbezahlt haben, aber die übersandte Gewährleistungsbürgschaft keine Abnahmemängel umfasst, werden wir bei der Schlusszahlung einen zusätzlichen Mangeleinbehalt wegen der noch vorhandenen Abnahmemängel vornehmen.

Mit freundlichen Grüßen

....

(Unterschrift)

Rückgabe einer Gewährleistungsbürgschaft **O 5 2690**

An den Auftraggeber

Datum

Bauvorhaben ....
Rückgabe der Gewährleistungsbürgschaft

Sehr geehrte Damen und Herren,

beim o.g. Bauvorhaben fand am ... die Abnahme statt. Die vertraglich vereinbarte Gewährleistungsfrist ist am ... abgelaufen. Wir fordern Sie daher auf, die noch in Ihrem Besitz befindliche Gewährleistungsbürgschaft (Kopie anbei) unverzüglich an uns zurückzugeben. Alternativ können Sie die Gewährleistungsbürgschaft auch direkt an die Bürgin zurücksenden.

Hierfür setzen wir Ihnen eine Frist bis zum ...

Vorsorglich weisen wir darauf hin, dass wir Mehrkosten, die uns aus der Weiterzahlung von Bürgschaftsgebühren entstehen, an Sie weiterberechnen werden.

Mit freundlichen Grüßen

....

(Unterschrift)

2691 Bürgschaftsreduzierung nach Ablauf der Gewährleistungsfrist O 6

An den Auftraggeber

Datum

Bauvorhaben ....
Rückgabe der Gewährleistungsbürgschaft

Sehr geehrte Damen und Herren,

mit Schreiben vom ... hatten wir Sie aufgefordert, die Gewährleistungsbürgschaft zu obigem Bauvorhaben nach Ablauf der Gewährleistungsfrist zurückzugeben. Sie haben hierauf geantwortet, dass sich bei der 5-Jahres-Begehung noch Mängel gezeigt hätten, die in unseren Verantwortungsbereich fallen und deshalb keine Rückgabe der Bürgschaft erfolgen könne. Außerdem sei durch die schriftliche Mängelrüge die Verjährungsfrist für weitere zwei Jahre verlängert, sodass Sie die Bürgschaft erst in zwei Jahren zurückgeben müssten.

Diese Auffassung widerspricht der Regelung in § 17 Abs. 8 VOB/B. Hiernach hat der Auftraggeber lediglich das Recht, einen entsprechenden Teil der Sicherheit zurückzubehalten, wenn Gewährleistungsansprüche noch nicht erfüllt sind. Unsere Auftragssumme betrug vorliegend eine Million Euro. Die in Ihrem Besitz befindliche Bürgschaft lautet über € 50.000,–. Sie haben nunmehr Mängel an ... gerügt. Die Kosten für die Beseitigung der jetzt gerügten Mängel schätzen wir auf einen Betrag in Höhe von rund € 5.000,–.

Im Fall der Sicherheitsleistung durch Bürgschaft bedeutet dies, dass der Auftraggeber dem Auftragnehmer gegenüber verpflichtet ist, ein (anteiliges) Erlöschen der Bürgschaftsverpflichtung des Bürgen herbeizuführen (BGH, Urt. v. 9.10.2008 – VII ZR 227/07). Wir fordern Sie daher auf, gegenüber der Bürgin eine Enthaftungserklärung abzugeben. Diese könnte folgenden Text haben:

„Hiermit verzichten wir in Höhe eines Betrags von € 45.000,– auf die Rechte aus der Bürgschaft Nr. ... und werden diese Bürgschaft nur noch bis zu einem Höchstbetrag in Höhe von € 5.000,– in Anspruch nehmen. Wir bitten um Kenntnisnahme."

Für die Abgabe dieser Enthaftungserklärung setzen wir Ihnen hiermit eine Frist bis zum ......

Eventuell:

Nach fruchtlosem Fristablauf werden wir die Abgabe der Enthaftungserklärung gerichtlich durchsetzen.

Mit freundlichen Grüßen

……………………………………………

(Unterschrift)

2692 Klageandrohung wegen Rückgabe der Gewährleistungsbürgschaft O 7

An den Auftraggeber

Datum

Bauvorhaben ...
Unsere Aufforderung auf Rückgabe der Gewährleistungsbürgschaft vom ...

Sehr geehrte Damen und Herren,

wir haben Sie mit Schreiben vom ... nach Ablauf der Gewährleistungsfrist aufgefordert, eine Enthaftungserklärung abzugeben oder zu erklären, dass Sie die in Ihrem Besitz befindliche Gewährleistungsbürgschaft Zug um Zug gegen Übergabe einer verringerten Gewährleistungsbürgschaft über einen Betrag von € 5.000,– zurückgeben werden. Bis heute haben wir hierauf von Ihnen keine Antwort erhalten.

Alternativ:

Sie haben diese Forderung mit der Begründung verweigert, es sei derzeit noch nicht absehbar, in welcher Höhe möglicherweise Mängelansprüche bestünden.

Wir fordern Sie hiermit letztmalig auf, bis zum ... (*Frist von fünf Werktagen ist ausreichend*) die geforderte Enthaftungserklärung abzugeben oder in den Austausch der Gewährleistungsbürgschaften schriftlich einzuwilligen. Sollte die gesetzte Frist ablaufen, werden wir die Angelegenheit unserem Rechtsanwalt übergeben und ihn beauftragen, Klage auf Herausgabe der Gewährleistungsbürgschaft zu erheben. Wir sehen uns hierzu gezwungen, da die ausgereichten Gewährleistungsbürgschaften unseren Avalkreditrahmen belasten und wir wie jeder andere darauf angewiesen sind, dass Gewährleistungssicherheiten grundsätzlich mit Ablauf der vereinbarten Frist zurückgegeben werden. Die bloße Vermutung, es könnten noch Mängelansprüche vorhanden sein, berechtigt Sie nicht, die Bürgschaft in voller Höhe zu behalten.

Mit freundlichen Grüßen

....

(Unterschrift)

Bitte um Verlängerung der Verjährungsfrist **O 8 2693**

An den Bürgen

Datum

Ihre Gewährleistungsbürgschaft Nr. ... vom ....
Bauvorhaben ...

Sehr geehrte Damen und Herren,

die Firma ... hat in unserem Auftrag am o.g. Bauvorhaben Arbeiten ausgeführt. Zur Absicherung etwaiger Mängelansprüche ist uns die Gewährleistungsbürgschaft Nr. ... Ihres Hauses ausgehändigt worden.

Bereits vor zweieinhalb Jahren wurden Mängel im Bereich ... festgestellt. Trotz mehrfacher Begehungen und Begutachtungen liegt noch keine Einigung über die durchzuführenden Arbeiten vor.

Da die gesetzliche Verjährungsfrist von Ansprüchen nur drei Jahre beträgt, droht in einigen Monaten die Verjährung unserer Ansprüche aus der Bürgschaft. Wir fordern Sie daher auf, die beigefügte Erklärung über die Verlängerung der Gewährleistungsfrist um ein Jahr bis zum ... zu unterzeichnen und an uns bis zum ... zurückzusenden. Sollten Sie unserer Bitte nicht nachkommen, wären wir gezwungen, zur Vermeidung von Rechtsnachteilen Klage wegen der Mängelansprüche zu erheben. Wir hoffen, dass es hierzu nicht kommen muss und verbleiben

mit freundlichen Grüßen

....

(Unterschrift)

Anlage Verlängerung Verjährungsfrist

Wir haben mit Bürgschaftsurkunde Nr. ... vom ... die Bürgschaft für etwaige Gewährleistungsansprüche des Auftraggebers gegen den Auftragnehmer übernommen. Hiermit erklären wir uns damit einverstanden, dass die gesetzliche Gewährleistungsfrist um ein Jahr // bis zum ..... // verlängert wird. Auf den Zugang einer Annahmeerklärung verzichten wir.

(Unterschrift Bürge)

2694 Inanspruchnahme einer Gewährleistungsbürgschaft O 9

An den Bürgen

Datum

Ihre Gewährleistungsbürgschaft Nr. ... vom ...
Bauvorhaben ...

Sehr geehrte Damen und Herren,

die Firma ... hat in unserem Auftrag am o.g. Bauvorhaben Arbeiten ausgeführt. Den Bauvertrag (Angebot des Auftragnehmers, Verhandlungsprotokoll und Auftragsschreiben) übersenden wir als Anlage 1. Es wurde eine Gewährleistungsfrist von x Jahren vereinbart.

Zur Absicherung etwaiger Mängelansprüche ist uns die Gewährleistungsbürgschaft Nr. ... Ihres Hauses ausgehändigt worden, Anlage 2.

Die Leistungen wurden am ... förmlich abgenommen, Abnahmeprotokoll Anlage A 3.

Bereits vor zwei Jahren wurden Mängel im Bereich ... festgestellt. Wir haben den Auftragnehmer mehrfach aufgefordert, die Mängel zu beheben, Anlage 3.

Nach Ablauf aller gesetzten Fristen haben wir eine Ersatzfirma mit der Behebung der Mängel beauftragt. Sie erhalten von uns den Auftrag (Anlage 4) sowie die Rechnung, Anlage 5.

Alternativ:

Nach Ablauf einer gesetzten Frist haben wir ein Angebot einer Ersatzfirma eingeholt, Anlage 4.

Wie Sie hieraus ersehen können, sind uns durch die Ersatzvornahme Kosten in Höhe von € ... entstanden // werden uns Kosten in Höhe von € ... entstehen. Da wir zum Vorsteuerabzug berechtigt sind, machen wir nur den Nettobetrag in Höhe von € ... geltend // *alternativ:* Nachdem wir nicht zum Vorsteuerabzug berechtigt sind, ist der Bruttobetrag zu erstatten.

Wir fordern Sie hiermit auf, den obigen Betrag innerhalb von 14 Tagen auf unser im Briefbogen genanntes Konto unter Angabe des Bauvorhabens und des Datums dieses Schreibens zu überweisen.

Sollte es Ihrerseits Einwendungen hinsichtlich Ihrer Zahlungspflicht geben, bitten wir darum, uns diese ebenfalls innerhalb der genannten Frist mitzuteilen.

Wenn wir von Ihnen weder eine Zahlung noch eine inhaltliche Stellungnahme erhalten, werden wir unsere Ansprüche ohne weitere Mahnung gerichtlich durchsetzen. Wir hoffen, dass es hierzu nicht kommen muss und verbleiben

mit freundlichen Grüßen

....

(Unterschrift)

2695 Sicherheitsleistung bei Vorkasse O 10

An den Auftraggeber

Datum

Bauvorhaben ...
Unser Angebot vom ...
Ihr Schreiben vom ....

Sehr geehrte Damen und Herren,

wir haben in unserem Angebot vom ... darauf hingewiesen, dass wir eine Vorkasse i.H.v. 30 % der Auftragssumme innerhalb von vier Wochen nach Auftragserteilung benötigen, um die Herstellung der Fenster für Ihr Bauvorhaben zu finanzieren. Sie haben uns daraufhin geschrieben, dass Sie in diesem Fall von uns eine Vorauszahlungsbürgschaft auf erstes Anfordern zur Absicherung verlangen müssten.

Hierzu teilen wir mit, dass wir nicht bereit sind, eine Vorauszahlungsbürgschaft auf erstes Anfordern zu stellen. Wir können uns aber vorstellen, dass von unserer Hausbank eine Bürgschaft mit folgendem Inhalt gestellt wird:

„Unser Kunde hat mit Ihnen eine Vorauszahlung i.H.v. 30 % der Auftragssumme aus dem Auftrag ... für das Bauvorhaben ... vereinbart. Hiermit übernehmen wir die Bürgschaft für etwaige Rückzahlungsansprüche bis zur Höhe von € ... Wir werden auf erstes schriftliches Anfordern einen Betrag bis zur Höhe der Bürgschaftssumme an Sie zahlen, wenn die bestellten Fensterelemente nicht bis zum ... auf die Baustelle geliefert worden sind.

Ist die Lieferung ganz oder teilweise erfolgt, werden wir dann und insoweit Zahlung leisten, als Sie uns gegenüber innerhalb von vier Wochen nach erfolgter Lieferung durch ein Gutachten des öffentlich bestellten Sachverständigen ... nachweisen, dass der Wert der gelieferten Fenster wegen unvollständiger oder mangelhafter Lieferung hinter dem Wert der geleisteten Vorauszahlung zurückbleibt.

Die Bürgschaft erlischt, wenn sie nicht innerhalb von vier Wochen nach erfolgter Lieferung der Fenster, spätestens aber bis zum ... schriftlich in Anspruch genommen wird.

Die Bürgschaft tritt erst in Kraft, wenn der Vorauszahlungsbetrag in voller Höhe auf dem Konto ... bei uns eingegangen ist."

Alternativ:

Hierzu teilen wir mit, dass wir nicht bereit sind, eine Vorauszahlungsbürgschaft auf erstes Anfordern zu stellen. Sie können von uns eine normale Vertragserfüllungsbürgschaft der ...-Versicherung in Höhe des Vorauszahlungsbetrags erhalten. Nach erfolgter Lieferung der Fenster wird diese Vertragserfüllungsbürgschaft auf 10 % der Auftragssumme reduziert. Sie müssen hierzu gegenüber der ...-Versicherung erklären, dass Sie in Höhe von € ... auf die Rechte aus der Vertragserfüllungsbürgschaft verzichten und diese nur noch bis zu einem Betrag in Höhe von € ... in Anspruch nehmen werden.

Mit freundlichen Grüßen

....

(Unterschrift)

P. Bauhandwerkersicherung nach § 650f BGB

I. Was muss der Bauleiter wissen?

1. Neuregelung in § 650f BGB (vormals § 648a BGB) für ab dem 1.1.2018 abgeschlossene Bauverträge

Aufgrund der gesetzlichen Neuregelungen zum Bauvertragsrecht, das für ab dem 1.1.2018 abgeschlossene Bauverträge gilt, wurde die vormalige Regelung zur Bauhandwerkersicherung in § 648a BGB aus systematischen Gründen in das neue Bauvertragsrecht der §§ 650a bis 650h BGB integriert. Dabei werden aufgrund der Definition des Begriffs „Bauvertrag" in § 650a BGB inhaltliche Änderungen beim Anwendungsbereich der Bestimmung sowie beim sogenannten Verbraucherprivileg (§ 650f Abs. 2 BGB n.F.) vorgenommen (vgl. I. 3. a), Rn. 2701 und b), Rn. 2708 ff.). Die sonstigen Änderungen sind geringfügig und lediglich redaktioneller, also sprachlicher Art. 2696

2. Sinn und Zweck der Bauhandwerkersicherheit

Die Vorschriften zur Bauhandwerkersicherung gelten nur für Bau- und nicht für Werkverträge. Das Bauvertragsrecht wird entscheidend durch die Vorleistungspflicht des Auftragnehmers geprägt. Denn sein Vergütungsanspruch wird erst mit der Abnahme (§ 641 Abs. 1 BGB) und nach Schlussrechnungslegung fällig (§ 650g Abs. 4 BGB bzw. § 16 Abs. 3 Nr. 1 VOB/B). Auch das Recht, Abschlagszahlungen zu verlangen (§ 632a BGB bzw. § 16 Abs. 1 VOB/B), kompensiert das damit verbundene Risiko eines insolvenzbedingten Forderungsausfalls nur eingeschränkt, wenn und soweit für bereits erbrachte Leistungen noch keine (vollständigen) Abschlagszahlungen geleistet wurden, zumal auch etwaige Vergütungsansprüche für nicht erbrachte Leistungen bei (freier) Kündigung im Insolvenzfall unterzugehen drohen. Eines der wirkungsvollsten Mittel des Auftragnehmers, sich dagegen zu schützen, ist das Verlangen einer Sicherheit nach § 650f BGB. Bedauerlicherweise wird von dieser Möglichkeit allzu selten oder aber zu spät Gebrauch gemacht. Auftragnehmer befürchten häufig Retourkutschen bei der Vertragsabwicklung oder haben die Sorge, zukünftig keine Aufträge mehr zu erhalten. Auch wenn diese Befürchtungen berechtigt sein mögen, müssen Auftragnehmer wissen, dass es kein annähernd vergleichbar effizientes und einfach zu handhabendes Instrument gibt, um in der Bauausführungsphase für „Waffengleichheit" zu sorgen. Denn nach abnahmereifer Fertigstellung der Leistung hat der Auftragnehmer nur noch die Möglichkeit, seinen Vergütungsanspruch in einem oftmals langwierigen Bauprozess gegen den zahlungsunwilligen Auftraggeber durchzusetzen. Er steht am Ende dieses Prozesses mit leeren Händen da, wenn der Auftraggeber zu diesem Zeitpunkt nicht mehr zahlen kann. In beiden 2697

Fällen sorgt die Bauhandwerkersicherung für eine angemessenere Lasten- und Risikoverteilung.

2698 § 650f BGB verhindert, dass ungesicherte Vorleistungen erbracht werden müssen. Die anwaltliche Erfahrung zeigt, dass Auftraggeber häufig realistischer und vor allem kompromissbereiter verhandeln, wenn der Vergütungsanspruch wegen einer bestehenden Sicherheit nicht durch eine Insolvenz gefährdet ist. Hinzu kommt, dass der Auftraggeber gegenüber dem Sicherungsgeber – regelmäßig einer Bank oder Versicherung – seinerseits Sicherheit leisten muss, um beispielsweise eine Bürgschaft nach § 650f BGB beibringen zu können. Meistens muss hierfür Festgeld hinterlegt werden, wodurch auch die Liquidität des Auftraggebers geschmälert wird. Ein langjähriger Bauprozess belastet dann nicht nur den Auftragnehmer, sondern hat auch für den Auftraggeber erhebliche Konsequenzen durch die Nichtverfügbarkeit von Mitteln, die regelmäßig der Höhe des gesicherten Vergütungsanspruchs entsprechen. Entscheidend ist, dass von dem Sicherungsrecht nicht erst Gebrauch gemacht wird, wenn es bereits zu spät ist. Denn das wirksamste Druckmittel des Auftragnehmers ist die Leistungsverweigerung bzw. eine dem Auftraggeber drohende Kündigung des Bauvertrags. Diese Rechte folgen aus § 650f Abs. 5 BGB, wenn die verlangte Sicherheit nicht rechtzeitig gestellt wird. Stehen die Arbeiten dagegen kurz vor ihrem Abschluss oder ist deren Wert wesentlich höher als die Summe der bezahlten Abschlagsrechnungen, sieht der Auftraggeber oft keine Veranlassung mehr, die Sicherheit beizubringen.

2699 Die Sicherungsmöglichkeiten außerhalb des § 650f BGB bieten dagegen nur einen unzureichenden Schutz: Denn die Eintragung einer Bauhandwerkersicherungshypothek (§ 650e BGB, vormals: § 648 BGB) kann erst verlangt werden, wenn tatsächlich werterhöhende Leistungen ausgeführt worden sind. Zudem mindern Mängel die Höhe der durch eine Hypothek sicherbaren Forderung. Wenn das Grundstück bereits mit anderen Grundpfandrechten belastet ist, was regelmäßig der Fall sein wird, fällt der Auftragnehmer im Rahmen einer Zwangsversteigerung mit seiner Forderung möglicherweise ganz oder jedenfalls teilweise aus. Oftmals ist ein Auftraggeber auch nicht der Eigentümer des Baugrundstücks, sodass die Eintragung einer Bauhandwerkersicherungshypothek ausscheidet, wenn nicht seltene Ausnahmefälle vorliegen. Gerade Nachunternehmern bietet die Bauhandwerkersicherungshypothek deshalb keinen ausreichenden Schutz. Regelmäßig besteht auch keine Möglichkeit, das eingebaute Material wieder zu entfernen, weil durch seine Verbindung mit dem Grundstück ein Verlust des Eigentums kraft Gesetzes eingetreten ist (§§ 94, 946 BGB).

2700 Auch das Recht *„in möglichst kurzen Zeitabständen"* Abschlagszahlungen zu verlangen, kompensiert das Insolvenzausfallrisiko nur unzureichend. Nach § 16 Abs. 1 Nr. 3 VOB/B sind Abschlagszahlungen binnen 21 Kalendertagen nach Zugang einer prüfbaren Rechnung zu leisten. Zahlt der Auftraggeber bei Fälligkeit nicht, können die Arbeiten erst eingestellt werden, wenn nach Verzugseintritt – regelmäßig 30 Tage nach Zugang der Abschlagsrechnung – noch eine „angemessene *Nachfrist"* zur Zahlung verstrichen ist (§ 16 Abs. 5 Nr. 4 VOB/B). Häufig besteht aber Streit darüber, ob die Abschlagsrechnungen fällig und einredefrei sind. Auftraggeberseits wird eingewandt, die Forderungen seien nicht prüfbar aufgestellt oder die Leistungen noch nicht vollständig erbracht bzw. mit Mängeln behaftet. Treffen diese Behauptungen zu, besteht das Leistungsverweigerungsrecht nach § 16 Abs. 5 Nr. 4 VOB/B nicht. Das Sicherungsverlangen nach § 650f BGB bleibt von solchen Einwendungen dagegen unberührt. Auch das ist ein ganz entscheidender Vorteil dieser Bestimmung.

3. Sachlicher und personeller Anwendungsbereich des Sicherungsverlangens

a) Anspruchsberechtigte

Nach § 650f BGB ist jeder „Unternehmer", der einen Bauvertrag abgeschlossen **2701**
hat, berechtigt, eine Sicherung zu verlangen. In § 650a BGB wird der Begriff des Bauvertrags definiert als ein Vertrag „über die Herstellung, die Wiederherstellung, die Beseitigung oder den Umbau eines Bauwerks, einer Außenanlage oder eines Teils davon". Damit wird wie nach bisherigem Recht an den Begriff des Bauwerks angeknüpft. In § 650a Abs. 2 BGB ist geregelt, dass auch ein Vertrag über die „Instandhaltung eines Bauwerks" als Bauvertrag anzusehen ist, wenn das Werk „für die Konstruktion, den Bestand oder den bestimmungsgemäßen Gebrauch von wesentlicher Bedeutung ist". Das können nach der amtlichen Begründung des Gesetzgebers auch Pflege-, Wartungs- und Inspektionsleistungen sein, die der Erhaltung und/oder der Funktionsfähigkeit des Bauwerks dienen. Danach werden etwa auch Verträge zur Inspektion von Brücken oder zur Pflege und Wartung von tragenden oder sonst für den Bestand eines Bauwerks wichtigen Teilen vom Begriff des Bauvertrags und damit auch von § 650f BGB erfasst. § 650f BGB gilt nunmehr auch für Abbruchunternehmer, für die das bislang unterschiedlich beurteilt wurde (vgl. OLG Bremen, Beschl. v. 1.6.1995 – 4 W 1/95 und OLG München, Beschl. v. 17.9.2004 – 28 W 2286/04).

Für den Anwendungsbereich des § 650f BGB kommt es nach wie vor auf den **2702**
Begriff des *Bauwerks* an. Unter einem Bauwerk versteht man grundsätzlich eine unbewegliche, durch Verwendung von Arbeit und Material in Verbindung mit dem Erdboden hergestellte Sache. Das wirft nach wie vor Fragen auf, die noch behandelt werden. Sicher ist, dass § 650f BGB sowohl für den BGB- wie auch für einen VOB-Bauvertrag gilt. Erfasst werden auch bauplanende Architekten und Ingenieure (OLG Düsseldorf, Urt. v. 5.10.2004 – 21 U 26/04), selbst wenn die Planung (noch) nicht verwirklicht worden ist. Ausgenommen sind dagegen Baustofflieferanten, die Kaufverträge mit ihren Vertragspartnern abschließen.

2703 Der BGH hat auch einen Auftragnehmer, der lediglich mit Rodungsarbeiten und sonstigen Leistungen beauftragt wurde, die dazu dienen, ein Baugrundstück zur Bebauung freizumachen, vom Anwendungsbereich der Bauhandwerkersicherung ausgenommen (BGH, Beschl. v. 24.2.2005 – VII ZR 86/04). Nach dieser Rechtsprechung waren auch Abbruchunternehmer nicht vom Schutzbereich der Vorschrift umfasst (BGH, Urt. v. 9.3.2004 – X ZR 67/01 und LG Rostock, Beschl. v. 14.7.2010 – 5 O 24/10). Das ändert sich zukünftig aufgrund der Definition des Begriffs „Bauvertrag" in § 650a BGB, der ausdrücklich die „Beseitigung" eines Bauwerks erwähnt (siehe oben). Für Gerüstbauer dürfte sich allerdings nichts geändert haben. Denn sowohl die bisherige Rechtsprechung des BGH zu § 648a BGB als auch der Bauvertragsbegriff in § 650a BGB legen es nahe, diese nicht dem Schutzbereich der Bauhandwerkersicherung zu unterstellen (ebenso: LG Baden-Baden, Beschl. v. 21.2.2011 – 2 O 246/10). Anderer Auffassung war in einer älteren Entscheidung das OLG Köln, in der darauf abgestellt wurde, dass die Leistung des Gerüstbauers zu einer mittelbaren Wertsteigerung des Grundstücks führe, da sie unverzichtbare Voraussetzung dafür sei, dass die unmittelbaren Bauwerksleistungen erbracht werden können (OLG Köln, Urt. v. 26.3.1999 – 4 U 47/98). Diese Entscheidung entspricht aber nicht der herrschenden Auffassung, weshalb es für Gerüstbauer nach wie vor mit erheblichen Risiken verbunden sein dürfte, eine Sicherung nach § 650f BGB zu verlangen und die weitere Leistungserbringung zu verweigern, wenn sie nicht gestellt wird. Das Kammergericht hält Arbeiten zur Herstellung und Vorhaltung von Gerüsten, Lastenaufzügen und Schutzvorrichtungen allgemein nicht für Bauwerksleistungen, weil es sich nicht um unmittelbar oder mittelbar über ein Gebäude mit dem Erdboden fest verbundene Leistungen handele (KG, Urt. v. 13.7.2018 – 7 U 126/17). Das LG München betrachtet die Herstellung eines „Berliner Verbaus" einschließlich der Vorhaltung als sicherungsfähige Bauleistung (LG München I, Urt. v. 30.10.2018 – 2 O 1169/18), während es in einer vorherigen Entscheidung aber die bloße Vorhaltung eines Berliner Verbaus nicht als Bauwerksleistung angesehen hat (LG München I, Urt. v. 4.3.2016 – 2 O 8641/14). Das LG München hat beim bloßen Vorhalten des Verbaus auf die Parallele zum Gerüstbauvertrag hingewiesen, bei dem nach herrschender Auffassung der Auf- bzw. Abbau nach *Werk*vertragsrecht und die Gebrauchsüberlassung nach Mietrecht behandelt werden (OLG Hamm, Urt. v. 19.3.2012 – 17 U 30/11). In der neueren Entscheidung hat das LG München aber auch die Vorhaltung – neben der Herstellung – als werkvertragliche Leistung verstanden, weil sie den Zweck habe, die Stabilität der Baugrube während der Bauarbeiten zu gewährleisten.

2704 Auch einfachere Renovierungs- oder Reparaturarbeiten unterfallen nach wie vor nicht dem Anwendungsbereich des § 650f BGB. Werden beispielsweise nur Malerarbeiten ausgeführt, ohne dass dabei gleichzeitig größere Putzschäden beseitigt werden, die der Substanzerhaltung des Gebäudes dienen, kann keine Sicherung der Werklohnforderung verlangt werden. Anders ist es wegen § 650a

Abs. 2 BGB, wenn die Arbeiten für die Erneuerung oder den Bestand eines Gebäudes von *wesentlicher* Bedeutung sind wie beispielsweise der Einbau von Fenstern (OLG Hamm, Urt. v. 22.8.2000 – 24 U 30/00). Zu Bauwerken gehören richtiger Auffassung nach auch technische Anlagen der Gebäudeausrüstung, beispielsweise Brandmelde- oder Aufzugsanlagen. Das OLG Köln sowie das OLG Naumburg haben die Anwendbarkeit von § 648a BGB a.F. für Dach-Photovoltaikanlagen verneint (OLG Köln, Urt. v. 28.5.2014 – 2 U 107/13; OLG Naumburg, Urt. v. 20.2.2014 – 1 U 86/13). Dagegen hat der BGH in einer Entscheidung aus dem Jahr 2016 zur Frage, wann Mängel an Dach-Photovoltaikanlagen verjähren, deren Bauwerkseigenschaft bejaht und damit eine Verjährungsfrist von fünf Jahren angenommen (BGH, Urt. v. 2.6.2016 – VII ZR 348/13). Das gelte – so der BGH –, wenn die Anlage zur dauernden Nutzung fest eingebaut wird, der Einbau eine grundlegende Erneuerung des Gebäudes darstellt und sie eine Funktion für das Gebäude erfüllt. Dem ist zuzustimmen, weil bei der Errichtung einer Solaranlage regelmäßig nicht die Pflicht zur Eigentumsübertragung, sondern die Montage und der damit bezweckte Erfolg – eine funktionierende Anlage – im Vordergrund stehen. Das mag bei einfachen Anlagen, die ohne größeren Aufwand demontiert werden können und deren Installation weder spezielle Verlege- oder Montagepläne bzw. besondere Fachkenntnisse erfordern, anders sein (OLG Naumburg, Urt. v. 20.2.2014 – 1 U 86/13). Auch bei Freilandanlagen (Photovoltaik-Parks) besteht an der Bauwerkseigenschaft kein vernünftiger Zweifel. Bei Arbeiten an einer Außenanlage muss es sich – so der BGH – um Arbeiten handeln, die mit Bauwerksarbeiten vergleichbar sind. Dazu gehören landschaftsgestalterische Arbeiten, Gartenarbeiten oder der Sportplatzbau, aber nicht Aussaatleistungen.

Die dargestellten Beispiele machen die Abgrenzungsschwierigkeiten in Einzelfällen **2705**
deutlich. Diese sind vom Gesetz angelegt, weil auf den Abschluss eines Bauvertrags und damit auf den Begriff des Bauwerks abgestellt wird. Richtiger wäre es, auch Unternehmer, die ausschließlich bauvorbereitende Tätigkeiten oder Renovierungsarbeiten erbringen, vom Schutzbereich der Vorschrift zu erfassen, weil auch sie ein typisches Vorleistungsrisiko eingehen. Der Gesetzgeber hat im Rahmen der Reform des Bauvertragsrechts und der Neufassung des § 650f BGB den Anwendungsbereich aber ausdrücklich nur um Abbrucharbeiten erweitert, nicht aber alle Auftragnehmer einbezogen, die bauvorbereitende oder für ein Bauwerk notwendige Leistungen erbringen und deshalb ein Vorleistungsrisiko eingehen. Solchen Unternehmern bleibt nichts anderes übrig, als Sicherheiten im Vertrag ausdrücklich zu vereinbaren, was leichter gesagt ist als getan. Jedenfalls ist es sinnvoll, das Vorleistungsrisiko durch einen Zahlungsplan mit Raten in möglichst kurzen Abständen und von der VOB/B abweichenden Fälligkeitsfristen zu begrenzen und frühzeitig eine Leistungsverweigerung bei Zahlungsverzug des Auftraggebers zu erwägen (§ 320 BGB bzw. § 16 Abs. 5 Nr. 4 VOB/B).

b) Ausnahmen von der Verpflichtung zur Sicherungsleistung

2706 Nach § 650f Abs. 1 BGB ist der *„Besteller"* verpflichtet, Sicherheit zu leisten. Besteller ist grundsätzlich jeder Auftraggeber einer Bauwerksleistung nach § 650a BGB. Nicht maßgeblich ist, ob der Auftraggeber auch gleichzeitig Grundstückseigentümer ist.

2707 Davon gibt es nur zwei Ausnahmen: Eine Sicherheit kann nicht verlangt werden, wenn es sich um einen öffentlichen Auftraggeber handelt (§ 650f Abs. 6 Nr. 1 BGB), über deren Vermögen ein Insolvenzverfahren unzulässig ist. Nach überwiegender Auffassung müssen jedoch juristische Personen des Privatrechts, an denen (auch mehrheitlich) juristische Personen des öffentlichen Rechts beteiligt sind, Sicherheit nach § 650f BGB leisten (OLG Jena, Urt. v. 22.11.2006 – 7 U 253/06; ähnlich: BGH, Urt. v. 26.4.2007 – VII ZR 152/06 und LG Leipzig, Urt. v. 11.10.2002 – 05 HK O 2292/02), denn die juristische Person des Privatrechts ist grundsätzlich insolvenzfähig. Gründet beispielsweise eine Gemeinde eine GmbH für den sozialen Wohnungsbau, ist diese zur Beibringung einer Sicherheit nach § 650f BGB verpflichtet.

2708 Nach bisherigem Recht waren natürliche Personen, die Bauarbeiten zur Herstellung oder Instandsetzung eines Einfamilienhauses mit oder ohne Einliegerwohnung beauftragt haben, von der Verpflichtung zur Leistung einer Sicherheit ausgenommen (§ 648a Abs. 6 Nr. 2 BGB a.F.). Das nach wie vor in Absatz 6 Nr. 2 geregelte „Verbraucherprivileg" ist an die Reform des Bauvertragsrechts angepasst worden. Danach sind vom Anwendungsbereich des § 650f BGB zukünftig alle Verträge ausgenommen, die einen Verbraucherbauvertrag i.S.d. § 650i BGB sowie einen Bauträgervertrag nach § 650u BGB zum Gegenstand haben. Verbraucherbauverträge sind Verträge, durch die der Unternehmer von einem Verbraucher zum Bau eines neuen Gebäudes oder zu erheblichen Umbaumaßnahmen an einem bestehenden Gebäude verpflichtet wird (§ 650i BGB). Deshalb werden zukünftig auch Verträge über den Bau eines Mehrfamilienhauses – entgegen der bisherigen Rechtslage (vgl. OLG Stuttgart, Beschl. v. 1.12.2014 – 5 U 156/13) – vom Verbraucherprivileg erfasst. Das Gleiche gilt, wenn Verbraucher einen Bauträgervertrag nach § 650u BGB abschließen. Ein Bauträgervertrag hat die Errichtung oder den Umbau eines Hauses bzw. eines vergleichbaren Bauwerks, beispielsweise einer Eigentumswohnung, zum Gegenstand. Er beinhaltet zugleich die Verpflichtung des Unternehmers, dem Auftraggeber das Eigentum an dem Grundstück zu übertragen. Schon nach bisherigem Recht entsprach es herrschender Auffassung, dass § 648a BGB auch auf die Errichtung einer Eigentumswohnung für eine Privatperson oder die Errichtung einer Doppelhaushälfte nicht anwendbar ist (OLG Oldenburg, Urt. v. 18.11.2014 – 2 U 31/14; OLG München, Urt. v. 15.1.2008 – 13 U 4378/07). Interessant ist allerdings, dass auch ein Verbraucher zukünftig eine Sicherheit nach § 650f BGB stellen muss, wenn kein Verbraucherbauvertrag nach § 650i BGB abgeschlossen worden ist, weil es sich um kleinere Baumaßnahmen, beispielsweise Wiederherstellungs- oder Umbaumaßnahmen, handelt. Der Gesetzgeber führte in der amtlichen Begründung dazu aus, dass bei solchen Verträgen das Privileg nicht gerechtfertigt erscheine, da nicht davon ausgegangen werden könne, dass die Finanzierung des Vorhabens in gleichem Maße gesichert sei wie bei einem Verbraucherbauvertrag oder einem Bauträgervertrag. In solchen Fällen kann der Auftragnehmer zukünftig also auch von einem Verbraucher Sicherheit nach § 650f BGB verlangen.

4. Zeitpunkt des Sicherungsverlangens

Der Auftragnehmer kann die Sicherheit bereits unmittelbar nach Vertragsabschluss, **2709** also schon vor Beginn der Bauarbeiten, verlangen. Insbesondere bei bislang unbekannten Auftraggebern oder negativen Auskünften über deren Bonität sollte am besten schon vor Arbeitsaufnahme über das Sicherungsverlangen nachgedacht werden. Es ist nicht notwendig, dass bereits werterhöhende Arbeiten ausgeführt worden sind. Dagegen ist es nicht empfehlenswert, das Sicherungsrecht bereits im Rahmen der Vertragsverhandlungen anzusprechen. Denn das könnte den Auftrag gefährden. Da § 650f BGB einen *gesetzlichen Anspruch* auf eine entsprechende Sicherheit begründet, muss der Bauvertrag dazu keine Regelungen enthalten.

Es ist natürlich auch möglich, das Sicherungsverlangen erst während der Bau- **2710** phase, beispielsweise nach der neunten von insgesamt vierzehn vereinbarten Abschlagsrechnungen, zu stellen. Ein Auftragnehmer kann zunächst abwarten, wie sich sein Vertragspartner im Rahmen der Vertragsdurchführung, insbesondere bei der Bezahlung von Abschlagsrechnungen, verhält. Ergeben sich Zweifel an dessen Liquidität oder seiner Redlichkeit erst im Laufe der Baudurchführung, insbesondere bei bevorstehendem Abschluss der Arbeiten, kann auch (noch) zu diesem Zeitpunkt Sicherheit in Höhe der nicht bezahlten Abschlagsrechnungen, zuzüglich des bis zum Abschluss der Leistungen noch entstehenden Vergütungsanspruchs verlangt werden (BGH, Urt. v. 9.11.2000 – VII ZR 82/99).

Selbst nach einer Kündigung des Bauvertrags durch den Auftraggeber kann **2711** eine Sicherheit nach § 650f BGB verlangt und eingeklagt werden (BGH, Urt. v. 6.3.2014 – VII ZR 349/12; KG, Beschl. v. 3.12.2015 – 27 U 105/15). Das gilt auch, wenn der Auftraggeber den Bauvertrag wegen Insolvenz des Auftragnehmers nach § 8 Abs. 2 VOB/B gekündigt hat (OLG Celle, Urt. v. 25.4.2012 – 7 U 234/11) oder eine auftraggeberseitige Kündigung aus wichtigem Grund nach § 8 Abs. 3 VOB/B ausgesprochen wurde. Ist streitig, ob wichtige Kündigungsgründe nach § 8 Abs. 3 VOB/B vorlagen oder lediglich eine freie Kündigung ausgesprochen wurde, sodass auch sicherbare Ansprüche nach § 8 Abs. 1 Nr. 2 VOB/B in Betracht kommen, gehört dieser Streit nicht in den Prozess auf Stellung der Sicherung, sondern in den Vergütungsprozess (BGH, Urt. v. 6.3.2014 – VII ZR 349/12).

2712 Dass in zeitlicher Hinsicht gilt *„je früher, desto besser"*, wurde vor dem Hintergrund des anderenfalls drohenden Insolvenzausfallrisikos bzw. der Gefahr eines jahrelangen Bauprozesses, der den Auftraggeber in aller Regel weniger belastet als den um seine Vergütung prozessierenden Auftragnehmer, bereits eingangs dargelegt. Eine möglichst zeitige Geltendmachung empfiehlt sich auch deswegen, weil die Stellung einer Bürgschaft innerhalb von drei Monaten vor Insolvenzantragstellung durch den Auftraggeber von einem späteren Insolvenzverwalter angefochten werden kann. Die Anfechtung setzt nach § 130 Abs. 1 InsO voraus, dass der Schuldner (Auftraggeber) zur Zeit der Hergabe der Sicherheit zahlungsunfähig war und der Gläubiger (Auftragnehmer) davon wusste. Dafür reicht es aus, wenn dem Auftragnehmer Umstände bekannt waren, die zwingend auf eine Zahlungsunfähigkeit schließen lassen (§ 130 Abs. 2 InsO). Wenn der Auftragnehmer die Sicherheit erst „in letzter Minute" fordert und dies auch noch damit begründet, dass nicht nur seine Rechnungen, sondern auch die anderer Unternehmer nicht bezahlt worden sind, macht er dadurch selbst deutlich, dass ihm die Zahlungsunfähigkeit seines Auftraggebers bekannt ist. Die wirksame Anfechtung hat zur Folge, dass der Auftragnehmer keine Ansprüche aus der Bürgschaft geltend machen kann.

5. Art, Höhe und Kosten der Sicherheit

2713 Nach § 650f Abs. 1 BGB kann Sicherheit für den gesamten vereinbarten Vergütungsanspruch, auch für die in Zusatzaufträgen vereinbarte und noch nicht gezahlte Vergütung einschließlich dazugehöriger Nebenforderungen (beispielsweise für Zinsen und Rechtsverfolgungskosten), die mit 10 % des sichernden Vergütungsanspruchs anzusetzen sind, verlangt werden.

a) Art der Sicherheit

2714 In der Praxis wird die Sicherheit regelmäßig durch Bürgschaft einer Bank oder Versicherung geleistet (§ 650f Abs. 2 BGB). Andere Sicherungsmittel spielen in der Praxis keine nennenswerte Rolle. Eine als Sicherung angebotene Grundschuld erfüllt die Anforderungen nach Auffassung des LG Darmstadt nur, wenn sie den Verkehrswert des Grundstücks zu allenfalls 60 % ausschöpft (LG Darmstadt, Urt. v. 15.2.2012 – 12 O 12/11). Eine Bürgschaft nach § 650f BGB muss in jedem Fall *unbefristet* sein (OLG Frankfurt, Urt. v. 12.8.2002 – 1 U 127/01). Eine befristete Bürgschaft muss zurückgewiesen werden, weil sie kein taugliches Sicherungsmittel darstellt. Falls in der Bürgschaft ein bestimmtes Datum steht, nach dessen Ablauf die Ansprüche gegen den Bürgen erlöschen, handelt es sich um eine Zeitbürgschaft, auch wenn sie als Sicherheit nach § 650f BGB dienen soll (OLG München, Urt. v. 8.4.2004 – 9 U 2702/03). Der Bürge muss deshalb keine Zahlung leisten, falls innerhalb des Befristungszeitraums keine fällige Forderung entsteht (OLG Koblenz, Urt. v. 14.7.2005 – 5 U 267/05). Die Sicherheit muss dem Auftragnehmer ferner einen *eigenen* Zahlungsanspruch gegen den Sicherungsgeber verschaffen (BGH, Urt. v. 9.11.2000 – VII ZR 82/99). Die Finanzierungsbestätigung einer Bank reicht deshalb ebenso wenig aus wie die Abtretung einer durch eine Bürgschaft gesicherten Werklohnforderung (BGH, Urt. v. 22.9.2005 – VII ZR 152/05; OLG Dresden, Urt. v. 10.6.1997 – 5 U 1121/97). Auch wenn sich die Bürgschaft in der Praxis als Sicherungsmittel durchgesetzt hat, empfehlen wir Auftragnehmern nicht, im Sicherungsverlangen ausschließlich eine Bürgschaft zu fordern. Denn das Wahlrecht unter den tauglichen Sicherungsmitteln steht dem Auftraggeber zu (§§ 262, 232 BGB). Das OLG Köln hielt ein solches Sicherungsverlangen dennoch nicht für unwirksam, weil es zumindest unter Kaufleuten aus der Baubranche nicht so verstanden werden könne, dass andere taugliche Sicherheiten nicht akzeptiert würden (OLG Köln, Urt. v. 23.4.2015 – 3 U 124/14). Auch das OLG Düsseldorf hielt ein explizit auf eine Bürgschaft gerichtetes Sicherheitsverlangen für ausreichend, wobei der Auftragnehmer allerdings den Umständen nach erkennen ließ, dass dem AG auch die Möglichkeit verblieb, eine andere Sicherheit zu stellen, weil insoweit auf die gesetzliche Regelung in § 648a BGB a.F. (heute: § 650f BGB) hingewiesen wurde (OLG Düsseldorf, Beschl. v. 30.7.2018 – 22 U 83/17). Um unnötige Risiken zu vermeiden, sollte das Sicherungsverlangen *neutral* formuliert werden (vgl. die Musterschreiben am Ende des Kapitels).

b) Höhe der Sicherheit

Nach dem Gesetzeswortlaut und der Rechtsprechung des BGH hängt die Höhe des Sicherungsverlangens weder von der Auftragssumme noch davon ab, inwieweit Abschlagszahlungen vereinbart worden sind oder verlangt werden können. Das Recht des Unternehmers auf Sicherheit in voller Höhe besteht aufgrund des gesetzgeberischen Schutzzwecks der Vorschrift auch in solchen Fällen (BGH, Urt. v. 9.11.2000 – VII ZR 82/99). Deshalb ist grundsätzlich von der vereinbarten Vergütung auszugehen, die lediglich um geleistete Abschlagszahlungen zu reduzieren ist (OLG Celle, Urt. v. 25.4.2012 – 7 U 234/11). Wird bei *einem* Geschosswohnungsbauvertrag die Leistung in drei Baukörper – bezeichnet als Blöcke A, B und C – unterteilt und sind die einzelnen Blöcke nacheinander auszuführen, soll nach einer Entscheidung des OLG Bamberg ein Sicherungsverlangen in Höhe der insgesamt vereinbarten Vergütung unverhältnismäßig sein (OLG Bamberg, Urt. v. 26.7.2007 – 1 U 18/07). Der Auftragnehmer habe hier ab Beginn eines jeden Blocks nur Anspruch auf Einzelsicherheiten, begrenzt auf die anteiligen Baukosten. Die Entscheidung ist mit dem Wortlaut der Vorschrift nicht in Übereinstimmung zu bringen. Auftraggeber, die zeitlich nacheinander auszuführende Bauleistungen beauftragen, sollten für die einzelnen Bauabschnitte jeweils separate Verträge abschließen, wenn sie vermeiden wollen, mit einem Sicherungsverlangen über die volle ausstehende Werklohnforderung konfrontiert zu werden. 2715

Im Ausgangpunkt gilt, dass sich die Höhe des abzusichernden Vergütungsanspruchs nach der vertraglichen Vergütungsvereinbarung richtet, weshalb die 2716

Bestimmung der Sicherungshöhe bei Pauschalverträgen unproblematisch ist. Bei Pauschalpreisverträgen besteht der sicherungsfähige Vergütungsanspruch im Pauschalpreis, und zwar auch wenn sich der Leistungsumfang später geändert hat (es sei denn, diese Änderungen haben unstreitig Einfluss auf den Pauschalpreis: OLG Naumburg, Urt. v. 13.3.2017 – 1 U 128/16). Bei Einheitspreis- oder Stundenlohnverträgen kann der Auftragnehmer – soweit zum Zeitpunkt des Sicherungsverlangens keine anderen Erkenntnisse vorliegen – von den Vordersätzen bzw. der als erforderlich angesetzten Stundenzahl ausgehen. Greift der Auftragnehmer Mengenangaben, die er zur Grundlage seines Sicherungsverlangens macht, dagegen „frei aus der Luft" oder sind sie nach den aktuellen Erkenntnissen eindeutig überhöht, kann der Auftraggeber das einwenden und sollte eine Sicherheit in unstreitiger Höhe anbieten bzw. beibringen. Bestehen Unwägbarkeiten über die Frage, wessen Standpunkt zutrifft, muss der Auftraggeber aber wissen, dass jeder Streit über die tatsächlichen Voraussetzungen des schlüssig dargelegten Vergütungsanspruchs nicht im Prozess auf Stellung der Sicherheit geklärt wird, sondern dem Vergütungsprozess vorbehalten bleibt (BGH, Urt. v. 6.3.2014 – VII ZR 349/12). Der Auftragnehmer muss sein Sicherungsverlangen der Höhe nach beziffern, ansonsten ist es unwirksam. Ein überhöhtes Sicherungsverlangen ist aber nicht automatisch bedeutungslos. Der Auftraggeber ist vielmehr verpflichtet, fristgerecht Sicherheit in angemessener Höhe anzubieten (OLG Düsseldorf, Urt. v. 6.10.2009 – 21 U 130/08 und OLG Düsseldorf, Urt. v. 28.4.1998 – 23 U 150/97; BGH, Urt. v. 9.11.2000 – VII ZR 82/99). Ist das Sicherungsverlangen dagegen deutlich überhöht und kann der Auftraggeber den angemessenen Betrag anhand der ihm zur Verfügung gestellten Unterlagen nur mit einem unzumutbar hohen Aufwand ermitteln, kann das Sicherungsverlangen insgesamt ins Leere gehen (OLG Hamm, Urt. v. 25.9.2003 – 21 U 8/03). In dem vom OLG Hamm entschiedenen Fall verlangte der Auftragnehmer eine Sicherheit in Höhe von DM 47.500,–, wohingegen ihm nach Fertigstellung der geschuldeten Leistung nur noch ein Betrag in Höhe von DM 8.700,– zustand. In diesem Fall hielt das OLG Hamm den Auftraggeber nicht einmal für verpflichtet, Sicherheit in angemessener Höhe (hier: DM 8.700,–) zu leisten. Auftraggeber sollten wiederum bedenken, dass der BGH in Prozessen auf Stellung einer Sicherheit nicht verlangt, dass streitige Fragen in diesem Verfahren geklärt werden, wenn das zu einer Verzögerung des Rechtsstreits führen würde (BGH, Urt. v. 6.3.2014 – VII ZR 349/12; ebenso: OLG Hamm, Urt. v. 3.6.2016 – 12 U 99/15 und KG, Beschl. v. 3.12.2015 – 27 U 105/15).

c) Kosten der Sicherheit

2717 Der Auftragnehmer hat dem Auftraggeber die üblichen Kosten der Sicherheit bis zur Höhe von 2 % für das Jahr zu erstatten (§ 650f Abs. 3 BGB). Auch wenn der Auftraggeber für die Höhe dieser Kosten beweispflichtig ist, hat der Auftragnehmer nach einer Entscheidung des LG Mannheim keinen Anspruch auf Einsicht in die

Avalvereinbarung (LG Mannheim, Urt. v. 8.10.2012 – 24 O 33/12). Der Auftraggeber kann den Beweis durch die Rechnung des Bürgen führen, muss sich dabei aber im Rahmen des Höchstsatzes von 2 % pro Jahr bewegen. Ein Kostenerstattungsanspruch besteht dagegen nicht, soweit die Sicherheit wegen unbegründeter Einwendungen des Auftraggebers gegen den Vergütungsanspruch aufrechterhalten werden muss (§ 650f Abs. 3 Satz 2 BGB). Da der Auftragnehmer die Kosten der Sicherheit zu erstatten hat, ist es bei Vereinbarung eines das Vorleistungsrisiko angemessen berücksichtigenden Zahlungsplans ratsam, das Sicherungsverlangen zunächst auf die Summe von ca. drei durchschnittlichen Abschlagszahlungen zu begrenzen. Das vermeidet unnötig hohe Kosten. Das Sicherungsverlangen kann jederzeit erhöht werden, beispielsweise wenn Abschlagsrechnungen nicht oder nicht vollständig bezahlt werden. Denn der Auftragnehmer ist auf eine einmal geltend gemachte Sicherheit nicht festgelegt (BGH, Urt. v. 9.11.2000 – VII ZR 82/99).

6. Sicherungsverlangen mit angemessener Fristsetzung

Dass der Auftragnehmer eine Sicherheit verlangen kann, sobald der Bauvertrag **2718**
abgeschlossen worden ist, versteht sich von selbst. Ob er das Sicherungsverlangen unmittelbar nach Vertragsabschluss, erst während der Bauausführungsphase oder nach Abnahme bzw. Kündigung des Bauvertrags geltend macht, ist seine Sache. Auch wenn das Gesetz keine bestimmte Form für das Sicherungsverlangen vorschreibt, geht an der Einhaltung der Schriftform schon aus Beweisgründen kein Weg vorbei. Um die Sanktionen des § 650f Abs. 5 BGB zu begründen, muss eine dem Auftraggeber zuvor angemessen gesetzte Frist zur Leistung der Sicherheit erfolglos verstrichen sein.

Im Regelfall ist eine Frist von sieben bis zehn Tagen ausreichend (OLG Hamm, **2719**
Urt. v. 28.2.2008 – 24 U 81/07; OLG Dresden, Urt. v. 1.3.2006 – 12 U 2379/04). Entscheidend ist, in welcher Zeit ohne schuldhaftes Zögern eine Sicherheit besorgt werden kann, aber auch, ob ggf. die Rechtslage schwierig ist und anwaltlicher Rat eingeholt werden muss (OLG Düsseldorf, Beschl. v. 3.7.2018 – 22 U 83/17). Bei höheren Forderungen kann ausnahmsweise auch eine Frist von zwei bis drei Wochen in Betracht kommen. Die Angemessenheit hängt von den Umständen des Einzelfalls ab (BGH, Urt. v. 23.11.2017 – VII ZR 34/15), sodass bspw. bei einem Sicherungsverlangen gegenüber einer WEG über die Osterfeiertage und der Erforderlichkeit einer Beschlussfassung sogar mehrere Wochen erforderlich sein können (OLG München, Beschl. v. 22.5.2017 – 28 U 4449,16 Bau). Vorsichtshalber kann der Auftragnehmer bereits im Anforderungsschreiben den Auftraggeber um Mitteilung bitten, falls die gesetzte Frist aus als zu kurz bemessen betrachtet wird. Dabei sollte der Auftraggeber auch aufgefordert werden, seinerseits mitzuteilen, innerhalb welcher Frist er die Sicherheit stellen wird. Erwähnenswert ist in diesem Zusammenhang eine Entscheidung des OLG Dresden.

2720 **Beispiel:** Der Auftragnehmer verlangt mit Schreiben vom 18.12.2013 eine Sicherheit unter Fristsetzung zum 2.1.2014. Der AG beantragt am 19.12.2013 die Sicherheit, weist den Auftragnehmer aber darauf hin, dass die gesetzte Frist angesichts des bevorstehenden Jahreswechsels unrealistisch sei. Daraufhin verlängert der Auftragnehmer die Frist bis zum 6.1.2014 und kündigt am 7.1.2014 den Vertrag, nachdem bis dahin keine weitere Reaktion des Auftraggebers erfolgt ist.

2721 Das OLG Dresden hielt die Kündigung für wirksam (OLG Dresden, Urt. v. 12.3.2015 – 10 U 1598/14). Zur Begründung wurde ausgeführt, dass die Stellung einer Sicherheit eine zwingende Vertragspflicht des Auftraggebers darstelle, mit der er rechnen müsse. Deshalb sei die Frist in der Regel eher kurz zu bemessen. Bei professionellen Auftraggebern könne – auch bei einem Großauftrag – eine Frist von einer Woche ausreichend sein. Eine Frist von deutlich über zehn Tagen sei nur in seltenen Ausnahmefällen zu gewähren. Dem Auftraggeber wurde hier zum Verhängnis, dass er nach der Verlängerung der Frist bis zum 6.1.2014 nicht reagiert hat, insbesondere diese nicht (erneut) als zu kurz bemessen monierte oder vor Ablauf dieser Frist rechtzeitig mitteilte, dass ihm auch die Einhaltung der verlängerten Frist nicht möglich sei. Deshalb konnte der Auftragnehmer davon ausgehen, dass mit der neuen Frist Einverständnis bestehe.

2722 Der BGH hat entschieden, dass die Frist so bemessen sein muss, dass ein Auftraggeber, der sich in normalen finanziellen Verhältnissen befindet, die Möglichkeit hat, die Sicherheit zu beschaffen (BGH, Urt. v. 31.3.2005 – VII ZR 346/03). Eine Frist von nur zwei Tagen ist auch dann unangemessen kurz, wenn der Auftragnehmer bereits vor Ablauf einer angemessenen Frist mit den Arbeiten fertig wird (BGH, Urt. v. 31.3.2005 – VII ZR 346/03). Ist die Rechtslage objektiv unklar, beispielsweise weil der Auftraggeber die Höhe der Sicherheit mangels verlässlicher Angaben in der Anforderung erst selbst ermitteln muss, ist nach einer Entscheidung des BGH eine Frist von nur fünf Werktagen jedenfalls dann zu kurz, wenn keine vorherige Ankündigung des Sicherungsverlangens erfolgte (BGH, Urt. v. 20.12.2010 – VII ZR 22/09). In einem Fall, in dem das Sicherungsverlangen *unverhofft* gestellt wurde, räumte das OLG Naumburg dem Auftraggeber sogar eine Frist von drei Wochen ein (OLG Naumburg, Urt. v. 16.8.2001 – 2 U 17/01). Diese Einzelentscheidung ändert nichts daran, dass im Normalfall eine Frist von sieben bis zehn Tagen als ausreichend anzusehen ist. Das gilt jedenfalls, wenn keine besonderen Umstände vorliegen. Läuft die Frist zur Beibringung der Sicherheit bereits vor dem vereinbarten Baubeginntermin fruchtlos ab, braucht der Auftragnehmer erst gar nicht anzufangen. Wie immer gilt, dass eine zu knapp bemessene Frist automatisch eine angemessene Frist in Lauf setzt (OLG Hamm, Urt. v. 31.5.2007 – 24 U 150/04). Ist sich der Auftragnehmer unsicher, ob seine Frist zu kurz bemessen war, kann er nach Ablauf der gesetzten Frist noch einige

Tage abwarten, bevor er Konsequenzen zieht oder auch eine Nachfrist zur Beibringung der Sicherheit setzen. Letzteres ist der empfehlenswertere Weg.

Gefährlich sind Fallkonstellationen, in denen der Auftraggeber seinerseits unter **2723**
Fristsetzung und Kündigungsandrohung Leistungen fordert, beispielsweise die Beseitigung von Mängeln während der Bauausführung. Nimmt der Auftragnehmer dieses Verhalten zum Anlass, das Sicherungsverlangen zu stellen und läuft die hierfür gesetzte Frist erst ab, *nachdem* die Frist des Auftraggebers zur Mängelbeseitigung bereits verstrichen ist, verliert der Auftragnehmer im Zweifel den Wettlauf der Fristen (BGH, Urt. v. 10.11.2005 – VII ZR 147/04). Denn vor Ablauf einer angemessenen Frist zur Sicherungsleistung bleibt der Auftragnehmer uneingeschränkt zur Leistung verpflichtet und riskiert eine schadensersatzbegründende Kündigung nach den §§ 4 Abs. 7 i.V.m. 8 Abs. 3 VOB/B, wenn er die Arbeiten bereits vor Fristablauf einstellt. Der Auftragnehmer muss den Ablauf der von ihm gesetzten Frist zur Stellung der Sicherheit nur dann nicht abwarten, wenn der Auftraggeber die Sicherungsleistung bereits vor Fristablauf ernsthaft und endgültig abgelehnt hat (OLG Hamm, Urt. v. 7.3.2007 – 25 U 105/06).

Aber auch Auftraggeber müssen vorsichtig sein: Ist eine vom Auftragnehmer ange- **2724**
messen gesetzte Frist zur Beibringung der Sicherheit abgelaufen und wird der Auftragnehmer erst im Anschluss daran zur Mängelbeseitigung unter Kündigungsandrohung aufgefordert, bleibt der Auftraggeber im Fall einer Kündigung auf den Ersatzvornahmekosten der Mängelbeseitigung sitzen. Denn das Leistungsverweigerungsrecht des Auftragnehmers besteht auch im Stadium nach der Kündigung des Bauvertrags fort. In einem solchen Fall verliert der Auftraggeber den Wettlauf der Fristen (OLG Brandenburg, Urt. v. 10.6.2010 – 12 U 198/09).

7. Rechte des Auftragnehmers nach fruchtlosem Fristablauf

a) Leistungsverweigerungsrecht

Wenn die vom Auftragnehmer angemessen gesetzte Frist erfolglos abgelaufen **2725**
ist, kann er die Leistung verweigern (§ 650f Abs. 5 BGB). Nach dem Wortlaut des § 650f BGB ist die Androhung des Leistungsverweigerungsrechts im Sicherungsverlangen nicht erforderlich. Falsch, jedenfalls aber nicht verallgemeinerungsfähig, ist deshalb eine Entscheidung des OLG Frankfurt, die eine vorherige Androhung des Sicherungsverlangens wegen des Kooperationsgebots für notwendig hält (OLG Frankfurt, Urt. v. 17.2.2015 – 5 U 211/13). Das ist weder mit dem Gesetzeswortlaut noch mit dem Gesetzeszweck auch nur ansatzweise vereinbar. Der Auftragnehmer kann sein Sicherungsverlangen *jederzeit* und sogar *aus heiterem Himmel* stellen; seine Motivlage ist – von krassen Ausnahmefällen abgesehen, in denen erkennbar Rechtsmissbrauch vorliegt – irrelevant. Der BGH hat daher mit Urt. v. 23.11.2017 – VII ZR 34/15 die Entscheidung des OLG Frankfurt aufgehoben und dazu klargestellt, dass es nicht per se rechtsmissbräuchlich sei, wenn

ein Sicherungsverlangen ggf. nicht vorrangig davon motiviert sei, auch tatsächlich eine Sicherheit zu erlangen, etwa weil damit Verhandlungen über die Abwicklung des Bauvorhabens motiviert waren. Ebenso sei es nicht schon rechtsmissbräuchlich, wenn das Sicherheitsverlangen nicht für den Fall der ausbleibenden Verständigung zuvor angedroht wurde. Auch wenn eine übergebene Sicherheit zu gering bemessen war, hat der Auftragnehmer ein Leistungsverweigerungsrecht. Der Auftragnehmer muss nicht bis zum Leistungsstand, welcher der Bürgschaftshöhe entspricht, weiterarbeiten (OLG Jena, Urt. v. 19.12.2012 – 2 U 34/12). Nach Ansicht des OLG Düsseldorf steht übrigens auch die fehlende (eigene) Vertragstreue des Auftragnehmers einem Sicherungsverlangen nach § 650f BGB nicht grundsätzlich entgegen (OLG Düsseldorf, Beschl. v. 3.7.2018 – 22 U 83/17).

b) Kündigungsrecht

aa) Schriftliche Kündigungserklärung nach Fristablauf

2726 Statt der Ausübung des Leistungsverweigerungsrechts hat der Auftragnehmer nach Ablauf der Frist auch das Recht, den Bauvertrag zu kündigen (§ 650f Abs. 5 BGB). Nach dem Wortlaut der Vorschrift genügt dafür bereits der Ablauf *einer* angemessenen Frist. Eine Kündigungsandrohung ist nach dem Gesetzeswortlaut nicht erforderlich, sie kann sich aber in Einzelfällen empfehlen, um den Auftraggeber zu warnen. Ferner kann nicht ausgeschlossen werden, dass die Rechtsprechung zumindest in Einzelfällen nach Treu und Glauben bzw. wegen des Kooperationsgebots verlangt, dass der Auftraggeber auf die Absicht des Auftragnehmers, den Vertrag nach Ablauf der Frist zu kündigen, bereits im Sicherungsverlangen hingewiesen wird. Wird im Fall des Fristablaufs lediglich die Leistungseinstellung angedroht, nicht aber die (ebenfalls gesetzlich zulässige) Kündigung, ist es dem Auftragnehmer nach Auffassung des OLG Celle infolge der zum Ausdruck gekommenen „Selbstbeschränkung“ verwehrt, anstelle der Leistungseinstellung sofort zu kündigen (OLG Celle, Urt. v. 7.3.2019 – 6 U 71/18; BGH, Beschl. v. 29.1.2020 – VII ZR 75/19 (Nichtzulassungsbeschwerde zurückgewiesen)). Soll gekündigt werden, muss die Kündigung *nach* Fristablauf ausgesprochen werden. Hierfür empfiehlt sich aus Gründen der Rechtssicherheit die Schriftform. Für ab dem 1.1.2018 abgeschlossene Verträge sieht § 650h BGB die Einhaltung der Schriftform für alle Kündigungen des Bauvertrags ausdrücklich vor. Die Kündigung kann auch dann noch erklärt werden, wenn der Auftragnehmer zunächst nur seine Leistung verweigert hat, ohne dass es einer neuen Fristsetzung bedarf (KG, Urt. v. 16.2.2018 – 21 U 66(16)). Allzu lange sollte mit der Kündigung nach Ablauf der gesetzten Frist aber nicht gewartet werden, da ein Auftraggeber anderenfalls einwenden könnte, die Fristsetzung habe ihre „Warnfunktion“ verloren (zu einem ähnlichen Fall: OLG Celle, Beschl. v. 22.5.2009 – 14 U 45/09). Das gilt insbesondere, wenn sich der Auftragnehmer nach Fristablauf auf weitere Verhandlungen einlässt und der Auftraggeber deshalb davon ausgehen konnte, dass vor Abschluss dieser Verhandlungen keine Konsequenzen erfolgen werden. Hat der Auftragnehmer sein Sicherungsverlangen aufgegeben oder modifiziert, muss er nach dem Scheitern einer Einigung von vorn beginnen und erneut zur Beibringung einer Sicherheit unter angemessener Fristsetzung auffordern (OLG Düsseldorf, Urt. v. 19.7.2013 – 22 U 211/12). Der Auftragnehmer geht seines Anspruchs auf Sicherheit nach Fristablauf auch nach angedrohter oder ausgesprochener Kündigung nicht verlustig, kann diese also auch dann noch weiterhin verlangen (OLG Hamburg, Urt. v. 7.2.2019).

bb) Abrechnung bei Kündigung

Sind bis zur Kündigung bereits Leistungen erbracht worden, werden diese nach den vertraglichen Vereinbarungen vergütet. Der Auftragnehmer kann darüber hinaus, wie bei einer freien Kündigung des Auftraggebers nach § 8 Abs. 1 VOB/B bzw. § 648 BGB (vormals, bis zum 31.12.2017: § 649 BGB), für den kündigungsbedingt nicht mehr ausgeführten Teil der Leistung die vereinbarte Vergütung unter Abzug der konkret ersparten Aufwendungen verlangen. Eine erst *aufgrund* der Kündigung erlangte Erwerbsmöglichkeit muss er sich ebenfalls anrechnen lassen (§ 650f Abs. 5 Satz 2 BGB). Statt der Geltendmachung dieses Anspruchs kann der Auftragnehmer auch eine Pauschale in Höhe von 5 % bezogen auf den Wert der kündigungsbedingt nicht mehr ausgeführten Leistungen verlangen (§ 650f Abs. 5 Satz 3 BGB). Der Auftragnehmer hat demnach die Wahl, wie er im Fall einer Kündigung wegen Nichtgewährung der Sicherheit abrechnet: Entweder er weist konkret nach, welche Aufwendungen er ersparte bzw. welchen anderen Erwerb er wegen der Kündigung erzielte oder er macht die Pauschale von 5 % geltend. **2727**

cc) Kündigung der Mangelbeseitigungsverpflichtung zur Herbeiführung eines Abrechnungsverhältnisses

Oftmals entsteht nach der Kündigung durch den Auftragnehmer eine Pattsituation, weil der Auftraggeber im Hinblick auf noch bestehende Mängel ein Zurückbehaltungsrecht in Höhe des Doppelten der voraussichtlichen Mangelbeseitigungskosten geltend macht (§ 641 Abs. 3 BGB), wenn er nicht sogar jedwede Zahlung unter Verweis auf *wesentliche* Mängel verweigert. Für solche Fälle muss es eine rechtliche Lösung geben, welche diese Situation auflöst und zu einem Abrechnungsverhältnis führt. Um Risiken zu vermeiden, sollte der Auftragnehmer in solchen Fällen zum zweiten Mal eine Sicherheit gemäß § 650f BGB verlangen (anders: Oberhauser, BauR 2012, 1543 ff., die ein zweites Sicherungsverlangen nicht für notwendig hält). Wenn auch dieses zweite Sicherungsverlangen fruchtlos geblieben ist, hat der Auftragnehmer die Möglichkeit, entweder die Sicherheit einzuklagen und nach deren Erhalt die Mängel zu beseitigen (zuvor darf er die Mangelbeseitigung verweigern) oder sich aufgrund des erneut erfolglosen Sicherungsverlangens mit einer zweiten Kündigung endgültig von der noch bestehenden Mangelbeseitigungsverpflichtung zu lösen (vgl. Kimmich/Friedrich, BauR 2015, 565 ff.). Die Höhe des zweiten Sicherungsverlangens muss sich am Werklohn **2728** orientieren, den der Auftragnehmer nach der Kündigung noch verlangen kann. Ersparte Aufwendungen und anderweitiger Erwerb aufgrund der Kündigung sind dabei gegebenenfalls zu berücksichtigen (§ 650f Abs. 5 Satz 2 BGB).

2729 Ein solches Vorgehen des Auftragnehmers ist für den Auftraggeber unter zwei Gesichtspunkten gefährlich: Hat der Auftraggeber zu einem Zeitpunkt, in dem das Leistungsverweigerungsrecht des Auftragnehmers wegen nicht gestellter Sicherheit bereits bestand, Mängel der Leistung durch Ersatzunternehmer beseitigen lassen, bleibt er aufgrund des Leistungsverweigerungsrechts auf diesen Kosten sitzen (OLG Brandenburg, Urt. v. 10.6.2010 – 12 U 198/09). Bestehen die Mängel dagegen noch fort und hat sich der Auftragnehmer von der Verpflichtung zur Mangelbeseitigung durch eine zweite Kündigung befreit (siehe Rn. 2728), kommt es für die zu zahlende Vergütung nicht mehr auf die üblichen Kosten der Mangelbeseitigung, sondern nach § 650f Abs. 5 Satz 2 BGB darauf an, welche Kosten der Auftragnehmer aufgrund der weggefallenen Verpflichtung zur Mangelbeseitigung erspart (vgl. Kniffka/Schmitz, ibr-online-Kommentar Bauvertragsrecht, Stand 07.06.2021, § 650f Rn. 177 bis 183).

dd) Erfordernis der Abnahme auch im Fall einer Kündigung

2730 Nach einer Entscheidung des Kammergerichts ist im Fall einer auftragnehmerseitigen Kündigung nach § 648a Abs. 5 BGB (a.F.) die Abnahme nicht mehr Fälligkeitsvoraussetzung für den Vergütungsanspruch (KG, Urt. v. 1.2.2007 – 27 U 56/04; ebenso: OLG Hamm, Urt. v. 28.2.2008 – 24 U 81/07). Träfe das zu, wäre der Vergütungsanspruch des Auftragnehmers auch bei wesentlichen Mängeln fällig, wobei sich der Auftragnehmer davon nur abziehen lassen müsste, was er durch den Entfall der Mangelbeseitigungsverpflichtung an Kosten erspart. Diese Entscheidung ist pragmatisch, aber mit der BGH-Rechtsprechung nur schwer in Übereinstimmung zu bringen. Der BGH geht davon aus, dass der Vergütungsanspruch auch im Fall einer Kündigung erst mit der Abnahme fällig wird (BGH, Urt. v. 11.5.2006 – VII ZR 146/04). Verweigert der Auftraggeber die Abnahme zu Recht, besteht kein Zahlungsanspruch des Auftragnehmers, soweit sich der Vergütungsanspruch auf bis zur Kündigung erbrachte Leistungen bezieht (der Vergütungsanspruch für nicht erbrachte Leistungen kann von vornherein nicht von einer Abnahme abhängen). Sicherer ist es deshalb, im Hinblick auf die Mangelbeseitigungsverpflichtung ein nochmaliges Sicherungsverlangen zu stellen, im Fall des fruchtlosen Fristablaufs die Mangelbeseitigung zu „kündigen" und auf diesem Weg den Vergütungsanspruch – trotz wesentlicher Mängel – fällig zu stellen (vgl. hierzu Kniffka/Schmitz, ibr-online-Kommentar Bauvertragsrecht, Stand 7.6.2021, § 650f BGB, Rn. 171 bis 175). Der Auftragnehmer kann stattdessen auch die Sicherheit einklagen, nach deren Erhalt die Mängel beseitigen und auf diesem Weg die Abnahmereife und damit die Fälligkeit des Vergütungsanspruchs aus der Schlussrechnung herbeiführen.

Im Hinblick auf die BGH-Rechtsprechung, die eine Abnahme auch für den Fall der Kündigung verlangt, raten wir Auftragnehmern in jedem Fall dazu, die Abnahme nach Kündigung auch tatsächlich innerhalb angemessener Frist zu verlangen. Erklärt sich der Auftraggeber dazu nicht oder benennt er nicht mindestens einen konkreten Mangel, führt das für ab dem 1.1.2018 abgeschlossene Verträge nach § 640 Abs. 2 BGB n.F. zum fiktiven Eintritt aller Abnahmewirkungen und damit auch zur Fälligkeit der Schlussrechnung (vgl. L. I. 2. e), Rn. 1810 ff.). Der Auftragnehmer sollte gleichzeitig daran denken, ein gemeinsames Aufmaß zu verlangen, weil es ansonsten absehbare Schwierigkeiten geben dürfte, die bis zum Kündigungszeitpunkt erbrachten Leistung hieb- und stichfest nachzuweisen. Die VOB/B gewährt dem Aufragnehmer dafür ausdrücklich einen Anspruch in § 8 Abs. 7 VOB/B. **2731**

c) Klage auf Stellung der Sicherheit

Bereits mit der Einführung des Forderungssicherungsgesetzes am 1.1.2009 wurde aus § 648a BGB ein klagbarer Anspruch (LG Nürnberg-Fürth, Urt. v. 12.4.2010 – 17 O 11183/09). Seitdem kann das Sicherungsverlangen auch isoliert prozessual geltend gemacht werden. Ein Auftragnehmer sollte deshalb stets erwägen, seine Klage auf Zahlung des Werklohns mit einem Anspruch auf Sicherungsleistung nach § 650f BGB zu verbinden oder die Sicherheit in einem separaten Prozess einzuklagen. Das Recht auf Sicherheit besteht selbst dann, wenn keine zu erbringenden Leistungen mehr ausstehen oder der Bauvertrag – von wem auch immer – gekündigt wurde. Der Auftragnehmer hat parallel dazu die Möglichkeit, die Arbeiten einzustellen, obwohl er sich entschlossen hat, auf Stellung einer Sicherheit zu klagen (Hildebrandt, BauR 2009, 11 f.). **2732**

Der BGH hat am 6.3.2014 entschieden, dass der Unternehmer auch nach der Kündigung des Bauvertrags einen Anspruch auf Sicherheitsleistung hat und es dazu lediglich erforderlich ist, die Zahlungsansprüche „schlüssig" darzulegen (BGH, Urt. v. 6.3.2014 – VII ZR 349/12). Sind die tatsächlichen Voraussetzungen der Berechnung des Vergütungsanspruchs streitig, ist dem Unternehmer für seine schlüssig dargelegte Vergütung eine Sicherheit ohne Klärung der Streitfragen zu gewähren. Diese Klärung bleibt dem Hauptsacheprozess auf Zahlung der Vergütung vorbehalten, weil anderenfalls das Recht, eine effektive und schnelle Sicherheit zu erlangen, leerlaufen könnte. Ist streitig, ob der Bauvertrag aus wichtigem Grund nach § 8 Abs. 3 VOB/B gekündigt wurde, ist von einer freien Kündigung nach § 8 Abs. 1 VOB/B auszugehen. Der Unternehmer kann in diesem Fall auch eine Sicherheit für seine Ansprüche nach § 8 Abs. 1 Nr. 2 VOB/B verlangen, muss diese aber ebenfalls schlüssig darlegen (genauso: KG, Beschl. v. 3.12.2015 – 27 U 105/15). **2733**

Häufig ist auch bei erfüllten Bauverträgen und einer erfolgten Abnahme streitig, **2734**
in welcher Höhe der Auftragnehmer Zahlung aus der Schlussrechnung verlangen

kann. Oftmals werden dem Grunde oder der Höhe nach streitige Mängeleinwendungen vorgebracht, die erst in einem langwierigen Bauprozess unter Einschaltung von Sachverständigen geklärt werden müssen. Während dieser Zeit trägt der Auftragnehmer, der über keine Sicherheit verfügt, das Insolvenzausfallrisiko. Gerade hier empfiehlt sich das Sicherungsverlangen und für den Fall des fruchtlosen Fristablaufs die klageweise Geltendmachung des Anspruchs. Da weder Mängel noch streitige Gegenansprüche des Auftraggebers das Sicherungsverlangen beeinträchtigen, besteht die Aussicht auf ein schnelles Urteil, wenn der Anspruch in einem separaten Prozess geltend gemacht wird. Bei einer kombinierten Klage auf Zahlung des Werklohns und Stellung einer Sicherheit ist nicht gewährleistet, dass ein Gericht über den Anspruch nach § 650f BGB durch Teilurteil entscheidet und ihn damit vom Vergütungsprozess löst (vgl. dazu: Kurzaufsätze von Dingler, IBR 2012, 1113 und Joussen, IBR 2010, 3).

2735 Leistet der Auftraggeber die Sicherheit nach einer entsprechenden Verurteilung, kann der Vergütungsprozess ohne Insolvenzausfallrisiko zu Ende geführt werden. Darüber hinaus erhöhen sich die Chancen einer Einigung über den Vergütungsanspruch im Vergleichswege erheblich, weil der Auftraggeber im Regelfall auch dem Bürgen Sicherheit leisten muss. Das schmälert die Liquidität des Auftraggebers, sodass sein Interesse, an einer pragmatischen Lösung mitzuwirken, deutlich erhöht sein dürfte.

8. Voraussetzungen einer Inanspruchnahme der Sicherheit

2736 Wurde die Sicherheit durch Bürgschaft geleistet, darf der Bürge gemäß § 650f Abs. 2 Satz 2 BGB erst dann Zahlungen leisten, soweit ein Anerkenntnis des Auftraggebers vorliegt oder dieser durch ein vorläufig vollstreckbares Urteil zur Zahlung verurteil worden ist und die Voraussetzungen vorliegen, unter denen die Zwangsvollstreckung begonnen werden darf. Anerkenntnisse des Auftraggebers selbst dürften eher selten sein, zumal in einer Rechnungsprüfung allein grundsätzlich kein Anerkenntnis liegt. Anders ist es, wenn der Insolvenzverwalter den Anspruch zur Tabelle festgestellt hat (LG Mainz, Urt. v. 6.6.2000 – 10 HKO 1116/99). Im Regelfall muss ein Urteil gegen den Auftraggeber erstritten werden, bevor der Bürge in Anspruch genommen werden kann.

2737 Der Bürge ist allerdings weder an das Anerkenntnis des Auftraggebers noch an ein gegen diesen ergangenes Urteil gebunden. Das Anerkenntnis bzw. die Verurteilung des Hauptschuldners ist nur eine notwendige Bedingung für die Entstehung der Zahlungspflicht des Bürgen. Dieser kann immer noch einwenden, dass das Anerkenntnis zu Unrecht erfolgt oder das Urteil gegen den Auftraggeber falsch sei. Ferner kann er einwenden, dass Nachtragsansprüche von der Bürgschaft nicht umfasst seien (vgl. II. 3. Rn. 2751 ff.). Diese und andere mögliche Einwendungen des Bürgen müssen dann in einem weiteren Prozess gerichtlich geklärt werden.

Das macht deutlich, dass eine Bürgschaft nach § 650f BGB hinter einer üblichen selbstschuldnerischen Bürgschaft, die keine vorherige Klage gegen den Schuldner verlangt, zurückbleibt. Der Auftraggeber schuldet erst recht keine Bürgschaft auf *„erstes Anfordern"*. Die Sicherheit nach § 650f BGB bringt im Streitfall also kein *schnelles Geld*, sondern dient in erster Linie der Absicherung des Insolvenzrisikos.

Die Sicherheit muss vom Auftragnehmer erst nach vollständiger Zahlung der Vergütung zurückgegeben werden. Steht wegen einer unprüfbaren Schlussrechnung nicht fest, ob noch Ansprüche des Auftragnehmers bestehen, muss der Auftraggeber, der die Sicherheit herausverlangt, selbst eine Berechnung aufstellen und gegebenenfalls auf Herausgabe der Sicherheit klagen (OLG Brandenburg, Urt. v. 6.4.2000 – 11 U 79/03). Selbst eine gerichtlich titulierte Forderung steht einem Sicherungsverlangen nicht entgegen, solange diese noch unbezahlt ist (KG, Urt. v. 20.2.2018 – 7 U 40/17). **2738**

9. Unabdingbarkeit der Regelung

Das Recht, eine Sicherheit zu verlangen, kann weder durch Allgemeine Geschäftsbedingungen noch durch eine Individualvereinbarung ausgeschlossen werden (§ 650f Abs. 7 BGB). Die Regelungen der Absätze 1 bis 5 stellen zwingendes Recht dar; sie sind unabdingbar (BGH, Urt. v. 9.11.2000 – VII ZR 82/99). Auch ein wechselseitiger Verzicht auf Sicherheiten im Bauvertrag ist wegen der Bestimmung in § 650f Abs. 7 BGB unwirksam (OLG Hamm, Urt. v. 28.1.2011 – 19 U 155/10). Gleiches gilt für einen nach Vertragsabschluss erklärten einseitigen Verzicht des Auftragnehmers auf das Verlangen einer Sicherheit (LG Düsseldorf, Urt. v. 8.12.2012 – 32 O 110/11). Die Entscheidungen machen deutlich, dass jedwede Vertragskonstruktionen, durch die ein Auftraggeber versucht, die zwingenden Regelungen in § 650f BGB zulasten des Auftragnehmers zu verändern, zum Scheitern verurteilt sind. **2739**

Auftraggeber versuchen gelegentlich dennoch, diese zwingende Ausgestaltung dadurch zu umgehen, dass vertragliche Nachteile für den Fall des Sicherungsverlangens angedroht werden. So wird beispielsweise im Vertrag geregelt, dass die vom Auftragnehmer beizubringende Vertragserfüllungssicherheit (regelmäßig in Höhe von 10 % der Auftragssumme) um den Betrag einer verlangten Sicherheit nach § 650f BGB erhöht werden muss. Auch das ist eindeutig unzulässig (OLG Hamm, BauR 2011, 1056). **2740**

10. Verjährung des Anspruchs auf Sicherheit nach § 650f BGB

Wie jeder vertragliche Anspruch unterliegt auch der Anspruch auf Stellung der Sicherheit der Verjährung, die gem. § 195 BGB („Regelverjährung") drei Jahre beträgt. Nach § 199 Abs. 1 beginnt die Verjährung mit dem Schluss des Jahres, in dem der Anspruch entstanden ist und der Gläubiger von den anspruchsbegründenden Umständen und der Person des Schuldners Kenntnis erlangt hat oder ohne grobe Fahrlässigkeit erlangen musste. **2741**

2742 Die Möglichkeit des Auftragnehmers, die Bauhandwerkersicherheit vom Auftraggeber zu verlangen, besteht bereits ab dem Vertragsschluss. Insofern liegt die Annahme nahe, dass auch der Verjährungsbeginn mit dem Vertragsschluss zusammenfällt, ab dem der Anspruch schließlich vom Unternehmer/Gläubiger geltend gemacht werden darf. Zugleich wird regelmäßig auch entsprechende Kenntnis angenommen werden können, sodass in dieser Konsequenz die Verjährung drei Jahre nach Ende des Jahres eintreten würde, in dem der Vertrag geschlossen wurde, also beispielsweise bei einem Vertragsschluss im Laufe des Jahres 2017 zum 31.12.2020.

2743 Nach herrschender Meinung entsteht der Anspruch nach § 650f BGB aber erst mit der erstmaligen Geltendmachung des Auftragnehmers gegenüber dem Auftraggeber. Denn mit dem Vertragsschluss ist dem Auftragnehmer einstweilen nur die Möglichkeit eingeräumt, Sicherheit zu verlangen, ohne dass der Auftraggeber diesen Anspruch aber bereits zu diesem Zeitpunkt erfüllen könnte oder dürfte. Schließlich trägt der Auftragnehmer grundsätzlich auch die üblichen Kosten der Sicherheit (siehe § 650f Abs. 3 BGB), die der Auftraggeber dem Auftragnehmer nicht ohne Weiteres überbürden darf, sofern dieser noch gar keine Sicherheit verlangt hat (vgl. OLG Köln, Urt. v. 17.6.2020 – I-11 U 186/19 m.w.N.; OLG Hamm, Urt. v. 8.10.2015 – 21 U 71/15). Das Urteil des OLG Köln ist allerdings noch nicht rechtskräftig und liegt nunmehr dem Bundesgerichtshof zur Entscheidung vor (Az. VII ZR 94/20), der sich bislang zu der durchaus umstrittenen Rechtsfrage noch nicht geäußert hat.

II. Handhabung in der Praxis

1. Mängel der Leistung/Gegenansprüche des Auftraggebers

2744 Mängel an den bereits erbrachten Leistungen schließen das Sicherungsverlangen weder aus, noch wird es der Höhe nach reduziert, was bereits aus dem Wortlaut der Regelung in § 650f Abs. 1 Sätze 3 und 4 BGB selbst folgt. Bei der Berechnung der Höhe der Sicherheit werden nur solche Gegenansprüche des Auftraggebers berücksichtigt, die unstreitig oder rechtskräftig festgestellt sind (vgl. auch OLG Celle, Urt. v. 25.4.2012 – 7 U 234/11).

2. Anspruch auf Sicherheit nach § 650f BGB auch für Nachtragsleistungen?

2745 In der Praxis werden geänderte oder zusätzliche Leistungen seitens des Auftraggebers meistens angeordnet, ohne dass hierfür gleichzeitig eine Vergütungsvereinbarung getroffen wird. Das ist nach herrschender Meinung aufgrund der einseitigen Anordnungsrechte des Auftraggebers in § 1 Abs. 3 und Abs. 4 VOB/B auch zulässig. Mit einer solchen Anordnung entsteht *automatisch* ein Anspruch auf geänderte oder zusätzliche Vergütung nach § 2 Abs. 5 oder 6 VOB/B. Damit stellt sich die Frage, ob ein Auftragnehmer in Fällen, in denen es an einer Vergütungsvereinbarung fehlt, dennoch eine Sicherheit verlangen darf. Der Gesetzeswortlaut, der von einer „Sicherheit für die auch in Zusatzaufträgen *vereinbarte* und noch nicht gezahlte Vergütung" ausgeht, könnte auf den ersten Blick dagegensprechen. Die ganz herrschende Meinung sieht das indes anders, was aufgrund des erkennbaren Zwecks der Vorschrift und der auch bei Nachträgen bestehenden Vorleistungspflicht des Auftragnehmers auch zutreffend ist (OLG Hamm, Urt. v. 3.6.2016 – 12 U 99/15; Kimmich/Friedrich, BauR 2015, 565 ff.; anderer Ansicht: OLG Düsseldorf IBR 2005, 667 mit ablehnendem Praxishinweis von Bolz, Ingenstau/Korbion/Leupertz/von Wietersheim, VOB Kommentar, 21. Auflage 2020, Anhang 1. Abschn. Rn. 167).

Für ab dem 1.1.2018 abgeschlossene Verträge gelten die Regelungen in den **2746**
§§ 650b und c BGB (vgl. E. I. 2. b), Rn. 710 ff. und E. I. 5. b), Rn. 795 ff.). Danach kann der Auftragnehmer vorläufig 80 % seiner in einem Nachtragsangebot geltend gemachten Vergütung verlangen, wenn es nicht zu einer vorherigen Einigung gekommen ist (§ 650c Abs. 3 BGB). Dass er dann in dieser Höhe auch eine Sicherheit nach § 650f BGB verlangen kann, steht außer Frage.

Eine davon zu unterscheidende Frage ist, wie mit streitigen Nachträgen im Rahmen **2747**
eines Prozesses auf Stellung einer Sicherheit umzugehen ist bzw. welche Anforderungen an die Darlegungslast des Auftragnehmers in solchen Fällen bestehen. Der BGH hat diese Frage in seinem Grundsatzurteil aus dem Jahr 2014 nicht entscheiden müssen, weil es dort nicht um strittige Nachtragsforderungen ging. Die Aussagen des BGH sind unseres Erachtens aber auf Nachtragsansprüche übertragbar. So führte der BGH u.a. aus, dass bei streitigen Vergütungsansprüchen die schlüssige Darlegung des Auftragnehmers für sein Sicherungsverlangen ausreiche und alle Streitfragen rechtlicher und tatsächlicher Art erst im Vergütungsprozess geklärt werden müssen, wenn anderenfalls der Rechtsstreit verzögert würde (BGH, Urt. v. 6.3.2014 – VII ZR 349/12). So sieht es auch das OLG Hamm in einer aktuellen Entscheidung aus dem Jahr 2016. Aus den Entscheidungsgründen ergibt sich zweifelsfrei, dass nach Auffassung des OLG Hamm die schlüssige Darlegung von Nachtragsansprüchen ausreicht, um das Sicherungsverlangen zu begründen (OLG Hamm, Urt. v. 3.6.2016 – 12 U 99/15; dagegen: Praxishinweis von Schmitz zu dieser Entscheidung). Nach Ansicht des OLG Bamberg muss der Auftragnehmer bei einem Sicherungsverlangen für streitige Mehrvergütungsansprüche und Nachtragsforderungen indes nicht nur den Anspruchsgrund schlüssig darlegen, sondern auch das Vorliegen der Anspruchsberechtigung dem Grunde nach (voll) beweisen; ist dieser allerdings unstreitig (oder bewiesen), reiche zur Anspruchshöhe auch eine schlüssige Darlegung aus (OLG Bamberg, Urt. v. 30.10.2019 – 3 U 22/19; BGH, Beschl. v. 26.8.2020 – VII ZR 268/19 (Nichtzulassungsbeschwerde zurückgewiesen); ebenso OLG Karlsruhe, Urt. v. 12.6.2018 – 8 U 102/16).

2748 Zu weit geht jedenfalls die Auffassung, wonach bei der Höhe der Sicherheit nur dem Grunde und der Höhe nach unstreitige Nachträge berücksichtigt werden können (LG Berlin, Urt. v. 19.1.2017 – 86 O 142/16; ebenso: LG Halle, Urt. v. 9.2.2016 – 8 O 40/15). Wäre das zutreffend, hätte es der Auftraggeber allein dadurch in der Hand, ein Sicherungsverlangen zu vereiteln, indem er einen Nachtrag bestreitet bzw. keine Vereinbarung zur Höhe der Nachtragsvergütung trifft, was er nach herrschender Auffassung nicht muss. Es widerspricht deshalb dem Gesetzeszweck, wenn die klageweise Durchsetzung eines Anspruchs auf Stellung einer Sicherheit für Nachtragsforderungen von einer Vergütungsvereinbarung abhängig gemacht wird. Das Gleiche gilt, wenn man verlangt, der Nachtrag müsse zumindest *dem Grunde nach* unstreitig sein. Das könnte Auftraggeber verleiten, Nachtragsforderungen grundsätzlich streitig zu stellen. Deshalb ist es unserer Auffassung nach richtig, dem Auftragnehmer auch bei streitigen Nachtragsforderungen einen Sicherungsanspruch nach § 650f BGB zu gewähren, wenn er die Voraussetzungen der Nachtragsansprüche im Prozess auf Stellung einer Sicherheit schlüssig vorträgt. Die Klärung von Streitfragen und eventuelle Beweisaufnahmen sollten auch hier dem Prozess auf Zahlung der Vergütung vorbehalten bleiben.

Sicherungsfähig sind übrigens nicht nur Mehrvergütungsansprüche aus sog. „Sachnachträgen", sondern grundsätzlich auch solche aufgrund bauzeitlicher Anordnungen des Auftraggebers („echte Bauzeitennachträge", vgl. KG, Urt. v. 22.6.2018 – 7 U 111/17; BGH, Beschl. v. 9.10.2019 – VII ZR 138/18 (Nichtzulassungsbeschwerde zurückgewiesen)). Nicht sicherungsfähig sind jedoch bloße gesetzliche Ansprüche aus Bereicherungsrecht oder Geschäftsführung ohne Auftrag (bzw. „auftragslos" erbrachte Leistungen gemäß § 2 Abs. 8 Nr. 2 Satz 2 VOB/B), es sei denn, diese wurden gem. § 2 Abs. 8 Nr. 2 Satz 1 VOB/B nachträglich anerkannt (OLG Stuttgart, Urt. v. 26.6.2017 – 10 U 122/16).

2749 Verweigert der Auftragnehmer die Leistung wegen Nichtstellung der Sicherheit oder kündigt er den Vertrag, trägt er allerdings das Risiko, wenn sich in einem Bauprozess herausstellt, dass der Nachtrag unbegründet war. Dann stehen eine Gegenkündigung des Auftraggebers aus wichtigem Grund und daraus resultierende Schadensersatzansprüche im Raum. Hier wird man den Parteien, wenn sie jeweils den sichersten Weg beschreiten wollen, Ratschläge erteilen müssen, die sich im Ergebnis widersprechen. Ein Auftragnehmer sollte wegen schon dem Grunde nach objektiv unsicherer und bestrittener Nachträge weder die Leistung verweigern noch den Vertrag kündigen, sondern stattdessen auf Stellung der Sicherheit klagen, während der Auftraggeber im Zweifel auch eine dem Grunde nach streitige Nachtragsforderung besichern sollte, um nicht das Risiko einer berechtigten Leistungsverweigerung des Auftragnehmers einzugehen, falls der Anspruch berechtigt ist.

2750 Für ab dem 1.1.2018 abgeschlossene Bauverträge bietet sich eine Klärung solcher Streitfragen durch einstweilige Verfügung nach § 650d BGB an. Denn aus der amtlichen Begründung des Gesetzgebers geht hervor, dass das einstweilige Verfügungsverfahren auch die Durchsetzung einer Sicherheitsleistung erleichtern soll. Umgekehrt kann der Auftraggeber im Eilverfahren geltend machen, dass er eine bausolländernde Anordnung nicht erteilt hat, weshalb auch keine Sicherheit verlangt werden kann.

3. Sichert eine Bürgschaft nach § 650f BGB auch vor bzw. nach deren Übergabe entstandene Nachtragsforderungen?

a) Bei Beantragung der Bürgschaft schon beauftragte Nachträge

Dass ein Auftragnehmer eine Sicherheit auch für Nachtragsansprüche geltend **2751**
machen kann, entspricht der ganz herrschenden Meinung (siehe oben). Eine davon zu unterscheidende Frage ist dagegen, ob in der Bürgschaftsurkunde die bereits erfolgten Zusatzbeauftragungen ausdrücklich erwähnt werden müssen. Wir meinen zwar, dass dies nicht erforderlich ist, denn auch bei einer Gewährleistungsbürgschaft wird in der Bürgschaftsurkunde regelmäßig nur auf den Hauptvertrag Bezug genommen. Eine Erwähnung sämtlicher bis zur Abnahme erfolgter Leistungsänderungen und Zusatzleistungen wird insoweit für überflüssig gehalten. Um einem möglichen Einwand des Bürgen, die Bürgschaftsforderung sei nicht ausreichend genau bestimmt, von vornherein die Grundlage zu entziehen, sollte der Auftragnehmer dennoch darauf bestehen, dass in der Bürgschaftsurkunde nicht nur der Hauptvertrag, sondern auch die bis dahin bereits erteilten Zusatzaufträge erwähnt werden. Das OLG München vertritt nämlich die Ansicht, dass eine auf Grundlage des § 648a BGB (nunmehr § 650f BGB) einem Unternehmer übergebene Bürgschaft die Vergütung für Nachtragsleistungen nur dann sichert, wenn diese in der Bürgschaftsurkunde ausdrücklich erwähnt sind.

b) Nach Erhalt der Bürgschaft beauftragte Nachträge

Nachdem der Auftragnehmer die Bürgschaft erhalten hat, kann es ohne Kenntnis **2752**
des Bürgen zu weiteren Zusatzaufträgen kommen.

Beispiel: Ein Bürge stellt gegenüber dem Auftragnehmer eine Bürgschaft nach § 650f BGB in Höhe von € 250.000,–. In der Bürgschaft wird einleitend auf den Bauvertrag Bezug genommen (inkl. Leistungsbeschreibung und Angebot). Sodann übernimmt der Bürge *„für die Bezahlung der vom Auftragnehmer zu erbringenden Vorleistungen aus vorgenanntem Vertrag dem Auftragnehmer gegenüber die Bürgschaft bis zu einem Höchstbetrag von € 250.000,–"*. Wegen Nachtragsforderungen in Höhe von ca. € 478.000,– verlangt der Auftragnehmer Zahlung aus der Bürgschaft. Der Pauschalpreis betrug ca. 1,9 Mio. €; der Auftraggeber hatte bereits ca. 2 Mio. € bezahlt.

Der Auftragnehmer hatte beim OLG München mit seiner Klage gegen den Bür- **2753**
gen keinen Erfolg (OLG München, Urt. v. 23.3.2004 – 9 U 4089/03). Denn aus

dem Wortlaut der Bürgschaft ergibt sich nicht, dass auch (zeitlich) nachträgliche Erweiterungen des vertraglichen Leistungsumfangs von der Bürgenhaftung abgedeckt wurden. Auch der Umstand, dass der Auftraggeber gemäß § 1 Abs. 3 und Abs. 4 Satz 1 VOB/B eine Erweiterung des vertraglichen Leistungsumfangs verlangen kann, weil die VOB/B in den Bauvertrag einbezogen worden ist, ändert nichts daran, dass die Verpflichtung des Bürgen nach Übernahme der Bürgschaft ohne dessen Zustimmung nicht erweitert werden darf (ebenso: BGH, Urt. v. 15.12.2009 – XI ZR 107/08; OLG Frankfurt, Urt. v. 12.3.2008 – 23 U 87/07; KG, Urt. v. 9.1.2006 – 10 U 231/04). Bleibt unklar, ob sich das Bürgschaftsverlangen auch auf Nachtragsansprüche bezieht, geht das nach einer Entscheidung des OLG Köln zulasten des Auftragnehmers (OLG Köln, Urt. v. 27.11.2012 – 3 U 69/12). Sichert die Bürgschaft nach ihrem Wortlaut dagegen ausdrücklich *„Ansprüche aus der Schlussrechnung"*, sind davon auch Nachträge umfasst, die bereits *vor* Abgabe der Bürgschaftserklärung vereinbart wurden (OLG Brandenburg, Urt. v. 20.7.2005 – 4 U 177/04). Der sicherste Weg für den Auftragnehmer besteht wie oben dargestellt darin, dass in der Bürgschaftsurkunde die bereits beauftragten Nachträge ausdrücklich erwähnt werden.

2754 Bei nach Bürgschaftsstellung erfolgten Auftragserweiterungen kann Auftragnehmern nur geraten werden, auch wegen der Nachtragsforderungen eine – weitere – Sicherheit nach § 650f Abs. 1 Satz 2 BGB zu verlangen. Alternativ dazu kommt in Betracht, eine ausdrückliche schriftliche Zustimmung des Bürgen einzuholen, aus der klar hervorgeht, dass die übernommene Bürgschaft auch die nach Ausstellung der Bürgschaft schon entstandenen und zukünftig noch entstehenden Nachtragsansprüche sichert. Ansonsten riskiert ein Auftragnehmer, am Ende mit leeren Händen dazustehen. Denkbar ist auch, dass der Sicherungszweck der Bürgschaft von Anfang an so formuliert wird, dass Nachtragsforderungen unabhängig von ihrem Entstehungszeitpunkt umfasst sind. So könnte beispielsweise Folgendes vereinbart werden:

Beispiel: Diese Bürgschaft dient darüber hinaus auch der Sicherung künftiger Vergütungsansprüche des Auftragnehmers, die wegen geänderter oder zusätzlicher Leistungen nach § 1 Abs. 3 oder 4 VOB/B entstehen.

4. § 650f BGB nach Abnahme und im Fall einer Abnahmeverweigerung/ Handlungsmöglichkeiten für Auftragnehmer bei streitiger Schlussrechnungsforderung

2755 Es besteht kein Zweifel daran, dass ein Auftragnehmer auch nach erfolgter Abnahme Sicherheit nach § 650f BGB verlangen kann (so erstmals BGH, Urt. v. 22.1.2004 – VII ZR 183/02). Wenn der Auftragnehmer die daraus resultierenden Handlungsmöglichkeiten erkennt, kann das Sicherungsverlangen auch zu diesem späten Zeitpunkt ganz erhebliche Konsequenzen haben. Dazu folgendes

Beispiel: Nach der Abnahme rügt der Auftraggeber eine Vielzahl von Mängeln, die überwiegend streitig sind, und zwar sowohl dem Grunde nach als auch in Bezug auf die Höhe der voraussichtlichen Mangelbeseitigungskosten. Deshalb zahlt der Auftraggeber aus den zu diesem Zeitpunkt vorliegenden Abschlagsrechnungen einen offenen Betrag in Höhe von ca. € 300.000,– unter Verweis auf sein Zurückbehaltungsrecht mit Druckzuschlag nicht. Nachdem der Auftragnehmer die aus seiner Sicht zu Recht gerügten Mängel beseitigt und Schlussrechnung in Höhe von € 400.000,– gelegt hat, zahlt der Auftraggeber auch auf die Schlussrechnung keinen Cent, weil zwischenzeitlich weitere Mängel aufgetreten seien und die doppelten Mangelbeseitigungskosten den Schlussrechnungsbetrag überstiegen. Ein unstreitiges Guthaben gäbe es folglich nicht. Das hält der Auftragnehmer für maßlos übertrieben und fragt sich, welche Alternativen zu einem jahrelangen Bauprozess wegen der Vergütungsforderung aus der Schlussrechnung bestehen. **2756**

Solche und ähnliche Fälle gibt es tagtäglich in Hülle und Fülle. Um nicht missverstanden zu werden: Das Leistungsverweigerungsrecht mit Druckzuschlag (§ 641 Abs. 3 BGB) ist notwendig und sinnvoll. Mängel müssen beseitigt werden. Solange sie vorhanden sind, kann kein ungekürzter Zahlungsanspruch bestehen. Aber wie verhält es sich, wenn das Werk dennoch ohne maßgebliche Gebrauchseinschränkungen genutzt wird und der Auftragnehmer sogar weiß, dass die Mieten fließen oder die Kaufpreise für die Wohn- bzw. Gewerbeeinheiten im Wesentlichen bezahlt worden sind? Dann liegt der „Leidensdruck" eines oftmals jahrelang dauernden Bauprozesses maßgeblich auf den Schultern des Auftragnehmers. Was tun? **2757**

Aufgrund der erfolgten Abnahme kommt eine Kündigung des Bauvertrags nicht mehr in Betracht. Dennoch kann der Auftragnehmer die Beseitigung der Mängel davon abhängig machen, dass ihm der Auftraggeber *zuvor* eine Sicherheit stellt. Er muss sich dabei prinzipiell zur Mangelbeseitigung bereit erklären und darf diese nicht endgültig verweigern, sonst gefährdet er seinen Anspruch nach § 650f BGB (BGH, Urt. v. 27.9.2007 – VII ZR 80/05). Der Auftragnehmer kann in der Aufforderung zur Beibringung der Sicherheit mitteilen, dass er im Fall des fruchtlosen Fristablaufs die Mangelbeseitigung endgültig verweigern werde. Auf diesem Weg kann er ein Abrechnungsverhältnis herbeiführen und so das Leistungsverweigerungsrecht mit Druckzuschlag beseitigen. Bezüglich der Konsequenzen einer solchen „Kündigung der Mangelbeseitigung" werden unterschiedliche Ansichten vertreten. Der Grund hierfür ist, dass die gesetzliche Regelung zur Bauhandwerkersicherheit im Laufe der Jahre mehrfach geändert wurde. Nach der Neufassung im Jahr 2000 gilt, dass sich der Unternehmer nach einer Kündigung des Vertrags wegen nicht gestellter Sicherheit nur Dasjenige von seiner Vergütungsforderung abziehen lassen muss, was er durch die Kündigung erspart hat. Ob das auch für **2758** den Wegfall der Mangelbeseitigungsverpflichtung nach einer zweiten Kündigung gilt, ist vom Bundesgerichtshof noch nicht entschieden worden (so aber: OLG Karlsruhe, Urt. v. 21.12.2018 – 8 U 55/17). Zu der bis zum Jahr 2000 geltenden Rechtslage vertrat der Bundesgerichtshof zwar die Auffassung, dass nach einer solchen „Kündigung der Mangelbeseitigung" wegen der vorhandenen Mängel die Vergütung um diejenigen Kosten zu kürzen sei, die notwendig sind, um die Mängel beseitigen zu lassen, sonst um den Minderwert des Bauwerks (BGH, Urt. v. 17.6.2004 – VII ZR 91/03; BGH, Urt. v. 9.12.2004 – VII ZR 199/03). Im Ergebnis erhalte der Auftragnehmer damit nur die Möglichkeit, selbst eine Minderung des Werklohns herbeizuführen. Allerdings dürfte diese Rechtsprechung überholt sein (Kniffka/Schmitz, IBR-Online Kommentar Bauvertragsrecht, Rn. 177 bis 182 zu § 650f BGB). Nach der aktuellen Gesetzeslage sind nicht die Ersatzvornahmekosten des Auftraggebers, sondern nur der ersparte Aufwand des Auftragnehmers, also dessen Selbstkosten, maßgeblich. Das ist insbesondere von Bedeutung, wenn Nachunternehmerleistungen von den Mängelrügen betroffen sind, die Nachunternehmer aber vom Auftragnehmer bereits bezahlt wurden. Dann besteht gegenüber den Nachunternehmern ein Mangelbeseitigungsanspruch im Rahmen der Gewährleistung, also kostenfrei. Der Auftragnehmer hätte in einem solchen Fall durch die weggefallene Verpflichtung zur Mangelbeseitigung nichts erspart. Er müsste allenfalls Mängelansprüche gegen seine Nachunternehmer an den Auftraggeber abtreten.

2759 Ist die Abnahme bereits erfolgt, sollte sich der Auftragnehmer gut überlegen, die Verpflichtung zur Mangelbeseitigung *wegzukündigen.* In Anbetracht der noch bestehenden Unsicherheit bezüglich der Folgen der zweiten Kündigung könnte für ihn günstiger sein, stattdessen nur sein Leistungsverweigerungsrecht bezüglich der Mangelbeseitigung geltend zu machen, da nach neuerer Rechtsprechung im Fall der verweigerten Sicherungsleistung der Druckzuschlag entfällt, sodass nur noch die einfachen Mangelbeseitigungskosten berücksichtigt werden (OLG Jena, Urt. v. 6.3.2013 – 2 U 105/12). Schließlich besteht bei einer zweiten Kündigung gegenüber dem Auftraggeber auch das Risiko, dass der Auftragnehmer an seine Nachunternehmer die volle Vergütung für mangelbehaftete Leistungen zahlen muss, weil die Nachunternehmer einwenden könnten, dass der Auftragnehmer schließlich nicht mehr zur Mangelbeseitigung verpflichtet sei und es daher unbillig wäre, ihnen gegenüber weiterhin Mängeleinbehalte vorzunehmen. Schließlich kann sich das Problem der Mängel von alleine lösen, wenn der Auftraggeber (oder Dritte) im Laufe des Verfahrens die Mängel beheben (lassen). Dann stehen dem Auftraggeber nämlich endgültig keine Mängelansprüche mehr zu (vgl. Rn. 2762).

2760 Wenn die Vergütungsansprüche aus der Schlussrechnung eingeklagt werden müssen, besteht die Möglichkeit, daneben auf Stellung einer Sicherheit nach § 650f BGB zu klagen, weil in einem solchen Prozess die Mängel und ihre voraussichtlichen Beseitigungskosten keine Rolle spielen. Das hat im Vergleich zu einer endgültigen Verweigerung der Mangelbeseitigung durch eine zweite Kündigung den Vorteil, dass der Auftragnehmer seinen Vergütungsanspruch noch ungekürzt verdienen kann, wenn er die Mängel – nach Erhalt der Sicherheit – beseitigt. Hat der Auftraggeber die Sicherheit auf Anforderung geleistet, kann der Streit über die Vergütungsforderung ohne Insolvenzausfallrisiko geführt werden. Über den Anspruch auf Sicherheit kann im Regelfall schnell und ohne Beweisaufnahme entschieden werden, weil alle Streitfragen, die den Prozess verzögern, keine Rolle spielen (BGH, Urt. v. 6.3.2014 – VII ZR 349/12). Ein klagestattgebendes Urteil ist vollstreckungsfähig und eröffnet beispielsweise die Möglichkeit, Konten des Auftraggebers zu pfänden (OLG Saarbrücken, Beschl. v. 15.4.2015 – 5 W 24/15; LG Hagen, Urt. v. 27.7.2010 – 21 O 83/10). Ist der Auftraggeber bereits zu diesem Zeitpunkt nicht mehr in der Lage, Sicherheit zu leisten, sodass die Vollstreckung des Urteils nach § 650f BGB erfolglos bleibt, weiß der Auftragnehmer jedenfalls, woran er ist und wird zumindest keine weiteren Leistungen zur Mangelbeseitigung mehr erbringen.

Hat der Auftraggeber hingegen die Abnahme aufgrund wesentlicher Mängel **2761** verweigert, kann ebenfalls eine Sicherheit verlangt und der Vertrag nach fruchtlosem Fristablauf gekündigt werden. Ein nochmaliges Sicherungsverlangen und eine zweite Kündigung in Bezug auf die Mangelbeseitigungsverpflichtung sind hier der sicherste Weg zur Herbeiführung eines Abrechnungsverhältnisses und der Fälligkeit der Schlussrechnung, da ansonsten das Risiko besteht, dass die Vergütungsklage an der fehlenden Abnahmefähigkeit der Leistungen scheitern könnte (anderer Ansicht: Oberhauser, BauR 2012, 1543 ff.). Auch in diesem Fall kann der Auftragnehmer neben seinem Zahlungsanspruch aus der Schlussrechnung wiederum parallel auf Stellung der Sicherheit klagen.

Auftraggeber müssen in diesem Zusammenhang Folgendes bedenken: Wenn der **2762** Auftragnehmer nach Ablauf der Frist zur Beibringung der Sicherheit ein *Recht* zur Verweigerung der Mangelbeseitigung hat, sich aber entschließt, die dadurch entstehende *Pattsituation* nicht durch eine endgültige Verweigerung der Mangelbeseitigung bzw. eine Kündigung der Mangelbeseitigungsverpflichtung aufzulösen und der Auftraggeber die Mängel während dieser Zeit durch einen Ersatzunternehmer beseitigen lässt, verliert er sein Recht, diese Mangelbeseitigungskosten vom Vergütungsanspruch des Auftragnehmers in Abzug zu bringen. Denn eine Ersatzvornahme zulasten des Auftragnehmers setzt voraus, dass der Auftragnehmer die Mängel innerhalb einer angemessenen Frist nicht beseitigt hat, obwohl er dazu *verpflichtet* war. Eine solche Verpflichtung besteht nicht, wenn die Mangelbeseitigung zu Recht verweigert wurde. Genauso haben das OLG Brandenburg und das OLG Düsseldorf entschieden (OLG Brandenburg, Urt. v. 10.6.2010 – 12 U 198/09; OLG Düsseldorf, Urt. v. 15.10.2004 – 22 U 108/03; die gegenteilige Auffassung des OLG Köln, Beschl. v. 5.7.2005 – 24 U 44/05 ist abzulehnen).

2763 Auch wenn der Auftragnehmer sich von der Verpflichtung zur Mangelbeseitigung endgültig löst, kann der Auftraggeber gravierende Nachteile erleiden, weil vom Vergütungsanspruch allenfalls der mangelbedingte Minderwert in Abzug gebracht werden muss, nicht aber der möglicherweise höhere Betrag, den der Auftraggeber für die Mangelbeseitigung aufwenden muss. Wenn sich der Auftragnehmer – wie wir es für richtig halten – nur die ersparten (Selbst-)Kosten der Mangelbeseitigung abziehen lassen muss, sieht es für den Auftraggeber noch wesentlich schlechter aus.

5. Der fehlkalkulierte Bauvertrag

2764 Es kommt insbesondere bei Pauschalverträgen immer wieder vor, dass der Auftragnehmer falsch kalkuliert bzw. den Umfang der zu erbringenden Leistungen unterschätzt hat. Eine solche Fehlkalkulation begründet kein Recht zur Kündigung des Vertrags. In solchen Fällen kann ein Auftragnehmer aber versuchen, die Verpflichtung zur Erfüllung des Vertrags über das Sicherungsverlangen nach § 650f BGB zu beseitigen. Lässt der Auftraggeber auch nur eine angemessene Frist verstreichen, ohne Sicherheit zu leisten, kann der Vertrag gekündigt werden. Hier sollte das Sicherungsverlangen auch nicht begrenzt, sondern in Höhe des insgesamt noch ausstehenden Vergütungsanspruchs nebst 10 % für Nebenforderungen geltend gemacht werden. Um keine Missverständnisse aufkommen zu lassen: Der Gesetzgeber hat das Sicherungsrecht nicht eingeführt, um dem Auftragnehmer eine Kündigungsmöglichkeit für fehlkalkulierte oder aus sonstigen Gründen nachteilige Bauverträge zu verschaffen. Andererseits: Es gibt auch Auftraggeber, die Werkverträge nicht unbedingt deshalb kündigen, weil Mängel vor der Abnahme nicht fristgemäß beseitigt worden sind (§ 4 Abs. 7 i.V.m. § 8 Abs. 3 VOB/B), sondern weil der Wert der erbrachten Bauleistungen zum fraglichen Zeitpunkt höher war als die dafür bezahlte Vergütung.

2765 Ein Auftragnehmer, der ein Kündigungsrecht nach § 650f BGB begründen will, muss allerdings Folgendes beachten: In der Rechtsprechung gibt es Ansätze, einem *Missbrauch* der Vorschrift entgegenzuwirken, etwa wenn es dem Auftragnehmer ersichtlich nicht darum geht, eine Sicherheit zu erlangen, sondern sich aus sachfremden Gründen vom Vertrag zu lösen. So hat das OLG Naumburg (Urt. v. 16.8.2001 – 2 U 17/01) entschieden, dass der Auftraggeber mit der Anforderung der Bürgschaft nicht *„überrascht"* werden dürfe, sondern ausreichend Zeit für die Stellung der Bürgschaft (bis zu drei Wochen) erhalten müsse. Das gelte insbesondere, wenn der Auftraggeber darauf vertrauen durfte, dass keine Sicherheit gefordert werde. Das OLG Karlsruhe vertrat die Auffassung, dass ein Verlangen nach Sicherheit treuwidrig sein könne, wenn es erkennbar vorgeschoben werde, um von eigenen Vertragsverletzungen abzulenken (OLG Karlsruhe, Urt. v. 30.12.1999 – 17 U 168/95; ähnlich: LG Frankfurt/Main, Urt. v. 28.5.2008 – 3-09 O 117/07). Die genannten Entscheidungen stellen Ausnahmen dar und sind nicht verallgemeinerungsfähig. Sie besagen im Grundsatz lediglich, dass bei hohen Summen längere Fristen zur Beibringung der Sicherheit in Betracht kommen, und zwar besonders dann, wenn der Auftraggeber das Sicherungsverlangen akzeptiert, aber beispielsweise für die Stellung einer Bürgschaft eine längere Frist verlangt hat (OLG Hamm, Urt. v. 28.2.2008 – 24 U 81/07; OLG Frankfurt, Urt. v. 15.8.2006 – 12 U 184/05).

6. § 650f BGB aus der Sicht des Auftraggebers

Gelegentlich machen Auftragnehmer das Sicherungsverlangen nur geltend, weil sie sich eine Kündigungsmöglichkeit verschaffen wollen oder noch Leistungen ausstehen, deren Erbringung nach den Preisvereinbarungen im Vertrag nicht lukrativ ist. Das gilt beispielsweise für die Lieferung der Dokumentation. Wurde dafür nur eine Vergütung in Höhe von € 1.000,– vereinbart, ist der Aufwand für deren Herstellung aber um ein Vielfaches höher, bietet sich ein Vorgehen nach § 650f BGB an, um nach Ablauf einer angemessenen Nachfrist von der entsprechenden Leistungspflicht durch eine Kündigung frei zu werden. Dieses „Schlupfloch" sollten Auftraggeber nach Möglichkeit schließen und die Sicherheit stellen, weil sie ansonsten auf den höheren Ersatzvornahmekosten „sitzen bleiben". **2766**

Falls die gesetzte Frist zur Beibringung der Sicherheit zu kurz bemessen wurde, ist das Sicherungsverlangen nicht unwirksam, stattdessen läuft eine angemessene Frist automatisch. Auftraggebern ist zu empfehlen, auf ein Sicherungsverlangen mit zu kurzer Frist zu reagieren und unter Angabe nachvollziehbarer Gründe mitzuteilen, weshalb es nicht möglich ist, die Sicherheit innerhalb der gesetzten Frist beizubringen, dabei aber gleichzeitig anzugeben, bis wann die Sicherheit gestellt wird. Sollte das Sicherungsverlangen überhöht sein, ist es wiederum nicht insgesamt unberechtigt. Der Auftraggeber sollte eine Sicherheit in aus seiner Sicht angemessener Höhe stellen und konkret begründen, weshalb er dem Verlangen nicht in voller Höhe entsprochen hat sowie vorsichtshalber nachfragen, ob der Auftragnehmer mit der gestellten Sicherheit einverstanden ist. Im Zweifel dürfte es sicherer sein, eine zu hohe Sicherheit zu stellen, als einem berechtigten Sicherungsverlangen nicht zu entsprechen und damit ein Leistungsverweigerungsrecht oder eine Kündigung des Bauvertrags zu riskieren. Denn nach der Rechtsprechung des BGH reduzieren Streitfragen rechtlicher oder tatsächlicher Art nicht die Höhe der Sicherheit, sondern müssen erst in einem Prozess auf Zahlung der Vergütung geklärt werden (BGH, Urt. v. 6.3.2014 – VII ZR 349/12). **2767**

Auftraggeber sollten wissen, dass die Rechte des Auftragnehmers aus § 650f BGB durch vertragliche Regelungen nicht wirksam eingeschränkt werden können, sodass es in hohem Maße riskant ist, die Sicherheit unter Verweis auf solche Vereinbarungen zu verweigern. Stattdessen ist es sinnvoller, vertragliche Regelungen vorzusehen, um zu vermeiden, dass die Sicherheit in einer Höhe fortbesteht, die **2768** deutlich oberhalb der noch zu zahlenden Vergütungsforderung liegt. Dazu kann es zweckmäßig sein, mehrere – *gestückelte* – Bürgschaften, beispielsweise für einzelne Gewerke, zu stellen. Dadurch wird im Fall von geleisteten Zahlungen vermieden, dass eine jeweils um die Zahlung verminderte Bürgschaft gestellt werden muss oder Enthaftungserklärungen notwendig werden. Das ist im Regelfall auch für den Auftragnehmer sinnvoll, weil er die Kosten der Sicherheit zu tragen hat (§ 650f Abs. 3 BGB).

2769 Der Auftraggeber sollte stets beachten, dass nach Ablauf *einer* angemessen gesetzten Frist zur Beibringung der Sicherheit ein Leistungsverweigerungs- oder Kündigungsrecht besteht und eine Bauzeitverlängerung sowie Mehrkosten geltend gemacht werden können, wenn die Sicherheit nicht gestellt wird und der Auftragnehmer daraufhin sein Leistungsverweigerungsrecht ausübt. Im Fall einer Kündigung besteht nach § 650f Abs. 5 Satz 3 BGB die Verpflichtung, zumindest 5 % der Vergütung für die kündigungsbedingt nicht mehr ausgeführten Leistungen zu bezahlen. Alternativ dazu kann auch die volle Vergütung unter Abzug der konkret ersparten Aufwendungen verlangt werden (§ 650f Abs. 5 Satz 2 BGB). Ein Auftraggeber sollte im Regelfall auch nach Abnahme Sicherheit leisten, wenn die Mängelbeseitigung davon abhängig gemacht wird. Ansonsten besteht ein Leistungsverweigerungsrecht des Auftragnehmers. Werden Ersatzunternehmer beauftragt, bleibt der Auftraggeber auf den Kosten der Mängelbeseitigung sitzen.

2770 Ein Generalunternehmer muss bedenken, dass er gegenüber seinen Nachunternehmern zur Sicherungsleistung selbst dann verpflichtet ist, wenn er Bauleistungen für einen öffentlichen Auftraggeber ausführt oder in seinem Vertragsverhältnis das Verbraucherprivileg eingreift und er deshalb von seinem Auftraggeber keine Sicherheit verlangen kann (§ 650f Abs. 6 Nr. 1 oder 2 BGB).

III. Musterschreiben

Aufforderung zur Stellung einer Bauhandwerkersicherheit vor und während der Ausführung/ Alternativen zur Ausübung des Leistungsverweigerungsrechts bzw. zur Kündigung des Bauvertrags 2771

P 1

Einwurf-Einschreiben (***alternativ:*** Einschreiben mit Rückschein)

An den Auftraggeber

Datum

Bauvorhaben …
Bauvertrag vom …

Sehr geehrte Damen und Herren,

nach dem zwischen uns am … abgeschlossenen Bauvertrag steht uns ein voraussichtlicher Vergütungsanspruch in Höhe von € 50.000,– zu.

Unter Bezugnahme auf § 650f BGB fordern wir Ihr Haus dazu auf, uns eine Sicherheit in Höhe unseres voraussichtlichen Vergütungsanspruchs zzgl. eines Betrags von 10 % für Nebenforderungen, insgesamt also eine Sicherheit in Höhe von € 55.000,– für die zu erbringenden Vorleistungen zu stellen. Die Sicherheit kann beispielsweise durch Bankbürgschaft oder eine Auszahlungsgarantie eines Kreditinstituts oder einer Versicherung erbracht werden. Entsprechend der gesetzlichen Regelung werden wir Ihnen die üblichen Kosten für die Sicherheitsleistung erstatten.

Als Frist hierfür haben wir uns den … *(ca. sieben bis zehn Tage sind im Regelfall angemessen)* notiert.

Eventuell *(Kündigungsandrohung im Fall des fruchtlosen Fristablaufs):*

Sollte die hier gesetzte Frist fruchtlos verstreichen, ohne dass die Sicherheit vorliegt bzw. ausreichende Gründe für ihre Nichtbeibringung mitgeteilt worden sind, werden wir mit den Leistungen zum vereinbarten Termin nicht beginnen und stattdessen den Bauvertrag kündigen (§ 650f Abs. 5 Satz 1 BGB). Auf die daraus resultierenden Abrechnungskonsequenzen nach § 650f Abs. 5 Sätze 2 und 3 BGB weisen wir vorsorglich hin.

Eventuell *(bei ungewöhnlich hohen Sicherungsverlangen):*

Nach dem abgeschlossenen Pauschalvertrag vom … besteht ein Vergütungsanspruch in Höhe von 3 Mio. € (netto). Nach § 650f BGB fordern wir Ihr Haus auf, uns entsprechend der gesetzlichen Bestimmung eine Sicherheit in Höhe dieses Anspruchs zzgl. eines Betrags von 10 % (pauschal) für Nebenforderungen, insgesamt also eine Sicherheit in Höhe von 3,3 Mio. € zu stellen. Die Wahl zwischen den in Betracht kommenden Sicherheiten überlassen wir Ihrem Haus. Für die Beibringung der Sicherheit setzen wir eine Frist bis zum … *(ca. 14 Tage)*. Sollte diese Frist aufgrund der Höhe der verlangten Sicherheit aus Ihrer Sicht zu kurz bemessen sein, dürfen wir unverzüglich um eine Mitteilung bitten, ob bzw. bis zu welchem Zeitpunkt die Sicherheit gestellt wird. Sollten wir eine entsprechende Nachricht erhalten, werden wir Ihrem Haus mitteilen, ob wir damit einverstanden sind oder auf einer zeitigeren Sicherheitsleistung bestehen müssen.

Für eventuelle Rückfragen, auch im Hinblick auf die hier gesetzte Frist zur Beibringung der Sicherheit, stehen wir jederzeit zur Verfügung.

Alternativ *(Androhung der Leistungsverweigerung und der klageweisen Geltendmachung des Sicherungsverlangens bei fruchtlosem Fristablauf):*

Sollte die hier gesetzte Frist zur Beibringung der Sicherheit fruchtlos verstreichen, werden wir zunächst von unserem Recht der Leistungsverweigerung Gebrauch machen (§ 650f Abs. 5 Satz 1 BGB). Gegebenenfalls werden wir den Anspruch auf Stellung der Sicherheit einklagen.

Wir weisen Sie darauf hin, dass nach Ziffer … des Bauvertrags mit der Ausführung der Leistung am … begonnen werden soll und wir an einem fristgemäßen Beginn gehindert sind, falls uns die Sicherheit nicht rechtzeitig zur Verfügung gestellt wird. Dadurch würden sich die Ausführungsfristen entsprechend verschieben.

Alternativ *(Teilsicherung vor Ausführungsbeginn):*

Nach dem zwischen uns geschlossenen Bauvertrag steht uns eine Pauschalvergütung in Höhe von 3 Mio. € zu. Um unser Vorleistungsrisiko angemessen abzusichern, fordern wir Sie hiermit dazu auf, uns spätestens bis zum … eine Sicherheit nach § 650f BGB in Höhe von 1 Mio. € zu stellen. Wegen der Höhe des Sicherungsverlangens gewähren wir eine Frist von drei Wochen (***alternativ:*** *Setzen wir für die Beibringung der Sicherheit eine Frist von sieben Tagen und bitten um eine ausdrückliche Mitteilung, falls diese Frist aus Ihrer Sicht zu kurz bemessen sein sollte. Gleichzeitig bitten wir in diesem Fall um eine Mitteilung, ob das Sicherungsverlangen akzeptiert und innerhalb welcher Frist die Sicherheit gestellt wird).* Wir weisen darauf hin, dass wir nach der gesetzlichen Regelung berechtigt wären, Sicherheit in Höhe des gesamten Pauschalpreises zzgl. 10 % für Nebenforderungen zu verlangen. Da wir Ihnen einerseits entgegenkommen wollen, andererseits aber unser Vorleistungsrisiko angemessen abgesichert werden muss, halten wir eine Sicherheit in der geforderten

Höhe zumindest so lange für ausreichend, wie die zwischen uns vereinbarten Abschlagsrechnungen innerhalb der vereinbarten Fristen bezahlt werden.

Sollte die o.g. Frist fruchtlos verstreichen, ohne dass die Sicherheit vorliegt bzw. ausreichende Gründe für ihre Nichtbeibringung geltend gemacht worden sind, werden wir von unserem Leistungsverweigerungsrecht Gebrauch machen und mit den Arbeiten nicht zum vorgesehenen Termin beginnen. Die dadurch eintretenden Stillstandskosten hat Ihr Haus nach § 6 Abs. 6 VOB/B bzw. § 642 BGB zu bezahlen (***alternativ:*** *werden wir den Bauvertrag nach § 650f Abs. 5 Satz 1 BGB kündigen*).

Alternativ *(Sicherungsverlangen während der Bauausführung):*

Nach dem zwischen uns am … geschlossenen Pauschalvertrag stand uns ursprünglich eine Gesamtvergütung in Höhe von € 250.000,– zu. Da zwischenzeitlich ein Betrag in Höhe von € 150.000,– bezahlt wurde, fordern wir Sie unter Hinweis auf § 650f BGB dazu auf, uns eine Sicherheit in Höhe von € 100.000,– (***eventuell:*** zzgl. 10% für Nebenforderungen) für die von uns noch zu erbringenden Leistungen bis zum … (*ca. sieben bis zehn Tage*) zu stellen. Sollte die Sicherheit innerhalb dieser Frist weder beigebracht noch hierfür ausreichende Gründe geltend gemacht worden sein, werden wir die weitere Leistungserbringung verweigern. Die dadurch eintretende Behinderung hätte Ihr Haus nach § 6 Abs. 6 VOB/B zu vertreten (***alternativ:*** *Sollte die hier gesetzte Frist fruchtlos verstreichen, werden wir den Bauvertrag nach § 650f Abs. 5 Satz 1 BGB kündigen*).

Alternativ *(Verzicht auf § 650f BGB bei sofortiger Zahlung einer Abschlagsrechnung und Änderung des Zahlungsplans):*

Nach dem zwischen uns abgeschlossenen Bauvertrag steht uns bis zur Fertigstellung noch ein Restwerklohnanspruch in Höhe von € 250.000,– zu. Wir fordern Sie deshalb dazu auf, uns spätestens bis zum … (ca. sieben bis zehn Tage) eine Sicherheit gemäß § 650f BGB in dieser Höhe zu stellen. Sollte die hier gesetzte Frist fruchtlos verstreichen, ohne dass die Sicherheit vorliegt bzw. ausreichende Gründe für ihre Nichtbeibringung vorgebracht worden sind, werden wir von unserem Leistungsverweigerungsrecht Gebrauch machen und die Fortsetzung der Arbeiten verweigern (***alternativ:*** *Sollte die hier gesetzte Frist fruchtlos verstreichen, werden wir den Bauvertrag nach § 650f Abs. 5 Satz 1 BGB kündigen. Im Falle der Kündigung steht uns die volle Vergütung auch für die kündigungsbedingt nicht mehr erbrachten Leistungen unter Abzug der konkret ersparten Aufwendungen zu (§ 650f Abs. 5 Satz 2 BGB))*. Alternativ dazu sind wir berechtigt, pauschal 5 % der Vergütung bezogen auf den Wert der kündigungsbedingt nicht erbrachten Leistung zu verlangen (§ 650f Abs. 5 Satz 3 BGB).

Statt der Beibringung einer Sicherheitsleistung durch Ihr Haus käme alternativ folgende Verfahrensweise in Betracht: Sie verweigern gegenwärtig die Zahlung der 13. Rate (Einbau aller Fenster) in Höhe von € 45.000,– aufgrund von zwei fehlenden Kellerfenstern, die wir aufgrund von Lieferschwierigkeiten des Herstellers erst in der übernächsten Woche einbauen können. Die Zahlungsverweigerung ist aus unserer Sicht unangemessen. Falls auf die 13. Rate unverzüglich € 40.000,– gezahlt werden und wir den Zahlungsplan dahingehend ändern, dass bis zum Abschluss unserer Leistungen, voraussichtlich am ..., wöchentliche Abschlagszahlungen in Höhe von € ... geleistet werden, wären wir bereit, auf unsere Rechte gemäß § 650f BGB vorläufig zu verzichten. Sollten Sie mit diesem Vorschlag nicht einverstanden sein, müssen wir auf die Stellung der Sicherheit bestehen. Wir bitten Sie um Ihre schriftliche Entscheidung, spätestens bis zum ...

Eventuell *(Hinweis auf Unbeachtlichkeit von Mängeln und streitiger Gegenforderungen):*

Wir weisen Sie darauf hin, dass Mängel der Leistung keinen Einfluss auf die Höhe unseres Sicherungsverlangens haben. Das folgt aus § 650f Abs. 1 Satz 3 BGB. Das Gleiche gilt auch für Gegenansprüche, die weder unstreitig noch rechtskräftig festgestellt worden sind (§ 650f Abs. 1 Satz 4 BGB). Deshalb kann dahinstehen, ob die von Ihrem Haus vorgebrachten Mängelrügen berechtigt sind oder Ansprüche wegen angeblichen Verzugs mit der Leistung bestehen.

Mit freundlichen Grüßen

....

(Unterschrift)

Weitere Sicherheit nach § 650f BGB wegen Nachträgen **P 2 2772**

An den Auftraggeber

Datum

Bauvorhaben ...
Nachtragsbeauftragung vom ...
Unser Schreiben vom ...

Sehr geehrte Damen und Herren,

Wir hatten bereits mit Schreiben vom ... eine Sicherheit nach § 650f BGB gefordert, die uns innerhalb der gesetzten Frist auch gestellt wurde. Zwischenzeitlich haben wir umfangreiche Nachtragsleistungen ausgeführt, die wegen angeblicher Mangelhaftigkeit nur zu einem geringen Teil vergütet worden sind. Die uns vorliegende Bürgschaft erstreckt sich aber nicht ausdrücklich auch auf diese Nachtragsforderungen. Denn die Bürgin haftet nicht für nachträgliche Änderungen des abgeschlossenen Vertrags. Aus diesem Grund besteht für unsere Nachtragsforderungen gegenwärtig keine Sicherheit nach § 650f BGB. Wir fordern Sie deshalb auf, uns spätestens bis zum

... *(ca. sieben bis zehn Tage)*

eine weitere Sicherheit, die den Voraussetzungen des § 650f BGB entspricht, in Höhe von € ... zur Verfügung zu stellen. Sollte diese Frist fruchtlos verstreichen, werden wir von unserem Leistungsverweigerungsrecht Gebrauch machen oder den Vertrag kündigen (§ 650f Abs. 5 Satz 1 BGB).

Eventuell *(Haftungserweiterungserklärung des Bürgen):*

Anstelle einer weiteren Sicherheit wäre es auch ausreichend, wenn die bürgende Bank uns gegenüber innerhalb der o.g. Frist schriftlich erklärt, dass die bereits übernommene Bürgschaft vom ... auch unsere Nachtragsforderungen *[konkrete Benennung empfehlenswert: „NT1 bis 26"]* mit einem Gesamtvolumen von € ... umfasst.

Alternativ *(Sicherungsverlangen aufgrund angeordneter zusätzlicher oder geänderter Leistungen):*

Es dürfte zwischen uns unstreitig sein, dass die zwischenzeitlich erfolgten Planungsänderungen auch unsere Leistungen betroffen haben und wir auf Anordnung Ihres Hauses geänderte und zusätzliche Leistungen ausgeführt haben, die nach § 2 Abs. 5 und Abs. 6 VOB/B vergütungspflichtig sind. Wir haben gegenwärtig Nachtragsforderungen in Höhe von insgesamt € ... geltend gemacht und die Ansprüche nach der Auftragskalkulation prüfbar abgerechnet. Bis zum heutigen Tag sind die Nachträge aber weder beauftragt noch bezahlt (***alternativ:*** *sind unsere Nachtragsforderungen unter Verweis auf die fehlenden Beauftragungen bzw. wegen des hohen Prüfungsaufwandes nur in Höhe von ca. 30 % bezahlt worden*).

Hierfür verlangen wir eine Sicherheit nach § 650f BGB in Höhe von € ... und setzen für deren Beibringung eine Frist bis zum ... (*ca. sieben bis zehn Tage*). Wir erlauben uns den Hinweis, dass der Anspruch auf Sicherheit auch für nicht beauftragte Nachträge besteht und ein eventueller Streit über die daraus resultierenden Vergütungsansprüche das Sicherungsverlangen nicht beeinträchtigt (OLG Hamm, Urt. v. 3.6.2016 – 12 U 99/15 und BGH, Urt. v. 6.3.2014 – VII ZR 349/12). Im Übrigen dürfte es sich von selbst verstehen, dass ein langwieriges internes Prüfungsverfahren im Hinblick auf die von uns geltend gemachten Nachtragsforderungen nicht zur Zahlungsverweigerung berechtigt (BGH, Beschl. v. 24.5.2012 – VII ZR 34/11, veröffentlicht in IBR 2012, 441). Wir werden deshalb neben einer Leistungsverweigerung für den Fall des fruchtlosen Fristablaufs zur Beibringung der Sicherheit Verzugszinsen auf die verspätet bezahlten Abschlagsrechnungen gemäß § 16 Abs. 5 Nr. 3 VOB/B geltend machen.

Mit freundlichen Grüßen

....

(Unterschrift)

Leistungsverweigerung wegen Zahlungsverzugs/ Verlangen einer weiteren Sicherheit nach § 650f BGB **P 3** 2773

An den Auftraggeber

Datum

Bauvorhaben …
Abschlagsrechnung vom …

Sehr geehrte Damen und Herren,

Sie haben uns am ... eine Sicherheit nach § 650f BGB in Höhe von € ... gestellt.

Zwischenzeitlich ist die vierte Abschlagsrechnung vom ... seit dem ... zur Zahlung fällig. Zahlungsverzug besteht spätestens 30 Tage nach Zugang der prüfbaren Rechnung, also seit dem … (§ 16 Abs. 5 Nr. 3 Satz 3 VOB/B). Dennoch ist die Rechnung bis zum heutigen Tag von Ihrem Haus nicht ausgeglichen worden. Nach § 16 Abs. 5 Nr. 4 VOB/B sind wir deshalb berechtigt, die Arbeiten einzustellen. Von diesem Recht werden wir ab dem ... Gebrauch machen, falls die ausstehende Zahlung (s.o.) auch bis dahin nicht geleistet worden ist.

Alternativ dazu sind wir bereit, auf die Ausübung des uns zustehenden Leistungsverweigerungsrechts zu verzichten, falls uns eine weitere Sicherheit nach § 650f BGB in Höhe von € ... gestellt wird. Denn spätestens ab der kommenden Woche übersteigt der Wert der unbezahlten Leistungen die Höhe der uns vorliegenden Bürgschaft. Diese Sicherheit müsste jedoch spätestens bis zum ... vorliegen. Bitte teilen Sie uns unverzüglich mit, ob Ihr Haus dazu bereit ist oder einer Zahlung der Rechnung den Vorzug einräumt.

Für Rückfragen steht Ihnen der Unterzeichnende zur Verfügung.

Mit freundlichen Grüßen

………………………………………………

(Unterschrift)

2774 Kündigung nach Ablauf der zur Beibringung der Sicherheit gesetzten Frist/ Nochmaliges Sicherungsverlangen trotz der ausgesprochenen Kündigung P 4

Einschreiben/Rückschein
An den Auftraggeber

Datum

Bauvorhaben ...
Unser Schreiben vom ...
Kündigung des Bauvertrags

Sehr geehrte Damen und Herren,

mit Schreiben vom ... hatten wir Sie aufgefordert, uns bis spätestens zum ... eine Sicherheit nach § 650f BGB in Höhe eines Betrags von € ... zu übergeben oder uns mitzuteilen, binnen welcher Frist die Sicherheit gestellt wird. Auf dieses Schreiben ist bis zum heutigen Tag keine Reaktion erfolgt, sodass wir den Bauvertrag gemäß § 650f Abs. 5 Satz 1 BGB hiermit kündigen. Wir verweisen auf die anliegende Schlussrechnung, aus der sich unter Berücksichtigung der vereinbarten Sicherheit für Mängelansprüche ein Zahlungsanspruch in Höhe von € 200.000,– ergibt.

Wir fordern Ihr Haus zur Erklärung der Abnahme innerhalb von zwölf Werktagen auf und stehen Ihnen für entsprechende Terminvereinbarungen jederzeit zur Verfügung. Gleichzeitig bitten wir darum, entweder am Tag der Abnahme oder an einem gesondert zu vereinbarenden Termin ein gemeinsames Aufmaß über die von uns bis zum Kündigungszeitpunkt erbrachten Leistungen zu erstellen. Auf eine Abnahme und ein Aufmaß besteht auch nach der Kündigung des Bauvertrags ein Anspruch nach § 8 Abs. 7 VOB/B. Wir gehen davon aus, dass die ausstehenden Leistungen durch andere Unternehmer fertiggestellt werden und danach eine Leistungsabgrenzung nicht oder nur noch schwer möglich ist. Das Gleiche gilt, falls Teile unserer Leistungen durch den weiteren Baufortschritt verdeckt werden.

Trotz der Kündigung des Bauvertrags haben wir nach der Rechtsprechung des BGH nach wie vor einen Anspruch auf eine Sicherheit nach § 650f BGB (BGH, Urt. v. 6.3.2014 – VII ZR 349/12). Dazu ist ausreichend, dass die Zahlungsansprüche schlüssig dargelegt werden. Wir haben in der Schlussrechnung auch Ansprüche nach § 8 Abs. 1 Nr. 2 VOB/B geltend gemacht und dabei von der vereinbarten Vergütung abgezogen, was wir durch die kündigungsbedingte Nichtausführung der Restleistungen an Kosten erspart haben. Wir fordern Sie deshalb auf, uns in Höhe unserer Schlussrechnungsforderung von € 200.000,–

zzgl. eines Pauschalbetrags in Höhe von 10 % für Nebenforderungen, insgesamt also eine Sicherheit in Höhe von € 220.000,– zu stellen. Hierfür setzen wir eine angemessene Frist bis zum ... (*konkretes Datum eintragen; ca. sieben Tage*). Sollte diese Frist fruchtlos verstreichen, werden wir den Anspruch auf Stellung der Sicherheit einklagen, falls Sie die Zahlung der Schlussrechnungsforderung verweigern oder hinauszögern sollten. Über einen Anspruch auf Sicherheitsleistung kann nach der Rechtsprechung des BGH schnell entschieden werden, weil alle Streitfragen rechtlicher und tatsächlicher Art, die diesen Prozess verzögern würden, nicht berücksichtigt werden dürfen (BGH, Urt. v. 6.3.2014 – VII ZR 349/12).

Mit freundlichen Grüßen

....

(Unterschrift)

2775 Zweites Sicherungsverlangen nach Kündigung des Bauvertrags zur Herbeiführung eines Abrechnungsverhältnisses ohne weitere Mangelbeseitigungsverpflichtung

P 5

Einwurf-Einschreiben (***alternativ:*** Einschreiben mit Rückschein)

An den Auftraggeber

Datum

Bauvorhaben:
Kündigungserklärung vom …

Sehr geehrte Damen und Herren,

mit Schreiben vom … haben wir den Bauvertrag nach § 650f Abs. 5 BGB gekündigt, weil Ihr Haus innerhalb der von uns gesetzten Frist keine Sicherheit gestellt hat. Sie haben die Abnahme der von uns erbrachten Leistungen am … verweigert und sich dabei auf das Vorhandensein wesentlicher Mängel berufen. Auch wenn wir hierzu eine andere Auffassung vertreten, fordern wir ein zweites Mal dazu auf, uns in Höhe unseres Vergütungsanspruchs von € … eine Sicherheit nach § 650f BGB gemäß der anliegenden Schlussrechnung zu stellen *(Anmerkung: Die Sicherheitshöhe dürfte nach Kündigung geringer sein, weil für die kündigungsbedingt nicht mehr ausgeführten Leistungen nur noch Sicherheit unter Abzug ersparter Kosten nach § 8 Abs. 1 Nr. 2 VOB/B verlangt werden kann)*. Hierfür setzen wir erneut eine angemessene Frist bis zum … (*konkretes Datum eintragen; ca. sieben Tage*). Sollte diese Frist wiederum fruchtlos verstreichen, kündigen wir unsere Verpflichtung zur Beseitigung von Mängeln und werden danach die Mangelbeseitigung endgültig verweigern.

Eventuell *(Kündigung der Mangelbeseitigungsverpflichtung nach Fristablauf und Androhung einer Klage auf Sicherheitsleistung):*

Wir hatten Sie mit Schreiben vom … ein zweites Mal zur Beibringung einer Sicherheit nach § 650f BGB aufgefordert und gleichzeitig mitgeteilt, dass wir die Mangelbeseitigung verweigern werden, falls auch diese Frist fruchtlos verstreichen sollte. Da uns bis zum heutigen Tag keine Sicherheit vorliegt, kündigen wir hiermit die Verpflichtung zur Mangelbeseitigung. Sollte Ihr Haus die Zahlung der Schlussrechnung wegen Mängeln bzw. eventueller Gegenforderungen verweigern, werden wir unseren Anspruch auf Sicherheitsleistung in einem separaten Prozess geltend machen. Die Schlussrechnung wird unter Berücksichtigung üblicher Postlaufzeiten am … zur Zahlung fällig. Sollte die Zahlung bis dahin nicht erfolgen, muss Ihr Haus auch mit einer Zahlungsklage rechnen. Wir weisen darauf hin, dass wir uns im Hinblick auf den Wegfall der Verpflichtung zur Mangelbeseitigung von unserem Vergütungsanspruch nur in Abzug bringen lassen müssen, was wir dadurch an Kosten erspart haben (§ 650f Abs. 5 Satz 2 BGB). Da die gerügten Mängel auf Leistungen unserer Nachunternehmer beruhen und wir diese in vollem Umfang vergütet haben, stehen uns Gewährleistungsansprüche gegen diese Unternehmer zu. Deshalb ersparen wir durch den Wegfall der Mangelbeseitigungsverpflichtung nichts. Wir sind bereit, Ihnen auf ein entsprechendes Verlangen unsere Gewährleistungsansprüche gegen diejenigen Nachunternehmer abzutreten, welche die angeblich mangelhaften Leistungen ausgeführt haben.

Sollten Sie an einer kurzfristigen Einigung interessiert sein, bevor zwei Prozesse auf Zahlung der Vergütung und Stellung der Sicherheit geführt werden müssen, stehen wir für ein kurzfristiges Einigungsgespräch jederzeit zur Verfügung.

Mit freundlichen Grüßen

....

(Unterschrift)

2776 **Sicherungsverlangen nach einer auftraggeberseitigen Kündigung des Bauvertrags** **P 6**

Einwurf-Einschreiben (***alternativ:*** Einschreiben mit Rückschein)

An den Auftraggeber

Datum

Bauvorhaben …
Bauvertrag vom …
Ihre Kündigung vom …

Sehr geehrte Damen und Herren,

Sie haben den im Betreff genannten Bauvertrag mit Schreiben vom … gekündigt, weil wir angeblich mit der Leistung im Verzug waren. Wir hatten Ihnen bereits mit Schreiben vom … mitgeteilt, dass sich die Ausführungsfristen aufgrund der von uns am … und … angezeigten Behinderungen verschoben haben. Deshalb bestreiten wir, dass Fristen von uns schuldhaft überschritten wurden. Aus diesem Grund haben Sie unserer Auffassung nach lediglich eine freie Kündigung nach § 8 Abs. 1 VOB/B mit den Abrechnungsfolgen des § 8 Abs. 1 Nr. 2 VOB/B ausgesprochen.

Sie haben uns mit Schreiben vom … aufgefordert, verschiedene Mängel der von uns bis zum Kündigungszeitpunkt erbrachten Leistung zu beseitigen und uns hierfür eine Frist von drei Wochen eingeräumt. Wir werden kurzfristig prüfen, ob die Mängelrügen berechtigt sind und gegebenenfalls die Mangelbeseitigung vornehmen. Wir fordern Ihr Haus zunächst dazu auf, die bis zum Kündigungszeitpunkt erbrachten Leistungen abzunehmen und setzen hierfür eine angemessene Frist bis zum … (*ca. zwölf Werktage*). Bitte setzen Sie sich zum Zwecke der Terminvereinbarung mit uns in Verbindung. Gleichzeitig fordern wir dazu auf, die Aufmaßfeststellungen gemeinsam zu treffen. Auf eine Abnahme sowie eine gemeinsame Aufmaßnahme haben wir nach § 8 Abs. 7 VOB/B auch nach Kündigung des Bauvertrags einen Anspruch.

Wir fordern Sie ferner dazu auf, uns innerhalb einer angemessenen Frist, spätestens bis zum … (*Frist von sieben bis zehn Werktagen setzen*) eine den gesetzlichen Voraussetzungen des § 650f BGB entsprechende Sicherheit in Höhe von € … zu stellen. Dieser Anspruch besteht auch nach einer Kündigung des Bauvertrags (BGH, Urt. v. 6.3.2014 – VII ZR 349/12). Die Höhe dieses Anspruchs ergibt sich gegenwärtig aus den bis zum heutigen Tag offenen Zahlungsansprüchen aus den Abschlagsrechnungen. Wir behalten uns vor, das Sicherungsverlangen nach Schlussrechnungslegung anzupassen. Sollte diese Frist fruchtlos verstreichen, werden wir hinsichtlich der verlangten Mangelbeseitigung von unserem Leistungsverweigerungsrecht Gebrauch machen und unseren Anspruch auf Stellung der Sicherheit klageweise geltend machen, falls nicht kurzfristig eine Einigung erfolgt. Alle Streitfragen tatsächlicher oder rechtlicher Art werden in einem solchen Prozess nicht berücksichtigt. Deren Klärung bleibt dem Verfahren auf Zahlung der Vergütung vorbehalten (BGH, Urt. v. 6.3.2014 – VII ZR 349/12). Das gilt auch für die zwischen uns streitige Frage, ob eine schadensersatzbegründende Kündigung nach § 8 Abs. 3 VOB/B oder lediglich eine freie Kündigung nach § 8 Abs. 1 VOB/B ausgesprochen wurde.

Eventuell *(zweites Sicherungsverlangen, wenn der Auftraggeber kurz vor Ablauf der ersten Frist zur Beibringung der Sicherheit den Bauvertrag kündigt):*

Wir haben Sie bereits mit Schreiben vom ... zur Beibringung einer Sicherheit nach § 650f BGB in Höhe von € ... bis zum ... aufgefordert. Kurz bevor diese Frist abgelaufen ist, haben Sie den Vertrag wegen Nichtbeseitigung von Mängeln nach § 4 Abs. 7 i.V.m. § 8 Abs. 3 VOB/B am ... gekündigt. Wir haben Ihnen bereits mehrfach mitgeteilt, dass die überwiegende Anzahl der von Ihnen gerügten Mängel längst beseitigt worden ist und es sich ansonsten um Restleistungen und geringfügige Mängel handelt. Eine Kündigung aus wichtigem Grund liegt deshalb nicht vor. Auch wenn einzelne Mängel noch bestehen sollten, ist jedenfalls für einen objektiven Betrachter offenkundig, dass Sie den Bauvertrag nicht wegen dieser Mängel, sondern aufgrund unseres Sicherungsverlangens gekündigt haben. Dieses Sicherungsverlangen war aber gerechtfertigt, weil allein bis zum heutigen Tag Zahlungsansprüche in Höhe von € ... aus den Abschlagsrechnungen offen sind.

In Ihrem Schreiben vom ... wird behauptet, die Mängel seien derart gravierend, dass eine Abnahmeverweigerung der bis zum Kündigungszeitpunkt erbrachten Leistungen gerechtfertigt sei. Das halten wir aus den bereits genannten Gründen für unzutreffend. Unbeschadet dessen verlangen wir hiermit zum zweiten Mal eine Sicherheit nach § 650f BGB in Höhe von € ... und setzen hierfür eine weitere Frist bis zum ... (*konkretes Datum eintragen, ca. sieben Tage*). Der Anspruch auf Sicherheit gemäß § 650f BGB besteht auch nach Kündigung des Vertrags fort (BGH, Urt. v. 6.3.2014 – VII ZR 349/12). Für den Fall des fruchtlosen Ablaufs dieser Frist werden wir keine Mängel mehr beseitigen und unsere Verpflichtung zur Mangelbeseitigung kündigen. Darüber hinaus werden wir den Anspruch auf Stellung der Sicherheit in einem separaten Prozess klageweise geltend machen. In diesem Verfahren kann dahinstehen, ob es sich um eine freie Kündigung oder um eine Kündigung aus wichtigem Grund gehandelt hat (BGH, Urt. v. 6.3.2014 – VII ZR 349/12).

Eventuell *(Kündigung der Mangelbeseitigungsverpflichtung nach Ablauf der gesetzten Frist):*

Wir hatten Sie mit Schreiben vom … ein zweites Mal aufgefordert, uns eine Sicherheit für unseren Vergütungsanspruch in Höhe von € … zu stellen und hierfür eine angemessene Frist bis zum … gesetzt. Diese Frist ist zwischenzeitlich fruchtlos verstrichen. Wir kündigen deshalb unsere Verpflichtung zur Erbringung von Mangelbeseitigungsleistungen. Wir verweisen auf die anliegende Schlussrechnung und bitten um deren Ausgleich innerhalb von 30 Tagen nach Zugang (§ 16 Abs. 3 Nr. 1 VOB/B). Wir weisen darauf hin, dass wir uns wegen eventuell vorhandener Mängel nur in Abzug bringen lassen müssen, was wir durch deren Nichtbeseitigung tatsächlich an Kosten ersparen. Sollte es darüber oder wegen anderer Fragen zu Streit kommen, werden wir neben unserem Vergütungsanspruch auch den Anspruch auf Stellung einer Sicherheit nach § 650f BGB rechtshängig machen. Im Rahmen eines solchen Prozesses spielen alle Streitfragen tatsächlicher und rechtlicher Art keine Rolle; sie bleiben der Klärung im Vergütungsprozess vorbehalten.

Mit freundlichen Grüßen

……………………………………………

(Unterschrift)

Sicherungsverlangen des Auftragnehmers nach Abnahme bei Mängel-einwendungen des Auftraggebers 2777

P 7

An den Auftraggeber

Datum

Unsere Schlussrechnung vom …
Abnahme vom …
Ihr Schreiben vom …

Sehr geehrte Damen und Herren,

mit dem im Betreff genannten Schreiben vom … teilen Sie uns mit, dass die Bezahlung unserer Schlussrechnung aufgrund von Mängeln verweigert wird. Sie berufen sich dabei auf das Leistungsverweigerungsrecht mit Druckzuschlag nach § 641 Abs. 3 BGB. Die von Ihnen behaupteten Mangelbeseitigungskosten sind unserer Auffassung nach frei geschätzt und überhöht.

Wir werden die gerügten Mängel prüfen und innerhalb angemessener Frist beseitigen, soweit die Mängelrügen berechtigt sein sollten. Eine Mangelbeseitigung setzt jedoch voraus, dass uns gemäß § 650f BGB eine Sicherheit in Höhe unserer Schlussrechnungsforderung zzgl. 10 % pauschal für Nebenforderungen (insgesamt € ...) bis zum … (*ca. sieben bis zehn Tage*) gestellt wird. Nach dem Gesetz steht uns ein Recht auf Sicherheitsleistung auch nach der Abnahme zu (§ 650f Abs. 1 Satz 3 BGB). Sollte die Sicherheit nicht fristgemäß beigebracht werden, machen wir von unserem Recht der Leistungsverweigerung Gebrauch. Sollten Sie die Mängel im Wege der Ersatzvornahme beseitigen lassen, gehen die entsprechenden Kosten allein zu Ihren Lasten, weil in diesem Fall ein Verzug mit der Mangelbeseitigung nicht besteht.

Mit freundlichen Grüßen

………………………………………………

(Unterschrift)

2778 Reaktion des Auftraggebers auf ein Sicherungsverlangen nach § 650f BGB in der Ausführungsphase P 8

An den Auftragnehmer

Datum

Bauvorhaben ...
Ihr Schreiben vom ...

Sehr geehrte Damen und Herren,

mit Schreiben vom ... wurde unser Haus dazu aufgefordert, eine Sicherheit gemäß § 650f BGB in Höhe von € 1,2 Mio. beizubringen. Sie haben uns hierfür eine Frist von lediglich sieben Kalendertagen eingeräumt. Das ist unangemessen kurz. Bei einem Sicherheitsverlangen der hier in Rede stehenden Höhe muss eine Frist von bis zu drei Wochen gewährt werden. Das gilt insbesondere, wenn das Sicherungsverlangen überraschend kommt. Sie haben im Rahmen der Vertragsverhandlungen vor Zeugen erklärt, auf eine Sicherheit zu verzichten, falls die Abschlagsrechnungen pünktlich gezahlt werden. Dies war in der Vergangenheit stets der Fall. Uns drängt sich hier der Eindruck auf, dass Sie das Sicherungsverlangen nur vorschieben, um von Ihren eigenen Vertragsverletzungen abzulenken und sich durch die kurze Fristsetzung ein Kündigungsrecht zu verschaffen. Denn Sie werden nach dem Verlauf der letzten Baubesprechungen nicht ernsthaft bestreiten können, dass Ihre Leistungen teilweise erhebliche Mängel aufweisen und teilweise auch Ausführungsfristen bereits überschritten worden sind, ohne dass Sie durch uns an der vertragsgemäßen Ausführung der Leistung gehindert worden sind. Behinderungsanzeigen liegen uns jedenfalls bis zum heutigen Tag nicht vor.

Wir werden die verlangte Sicherheit dennoch bis zum ... (*konkretes Datum nennen*) beibringen, weisen Sie aber darauf hin, dass Ihr Haus gemäß § 650f Abs. 3 BGB verpflichtet ist, die üblichen Kosten der Sicherheitsleistung bis zu einem Höchstsatz von 2 % für das Jahr zu erstatten. Vor diesem Hintergrund bitten wir darum, zumindest die Höhe des Sicherungsverlangens noch einmal zu überdenken, zumal ein reales Vorleistungsrisiko in dieser Höhe nicht bestehen kann. Denn wir haben regelmäßige Abschlagszahlungen in kurzen zeitlichen Abständen vereinbart, sodass die weitere Leistungserbringung verweigert werden könnte, falls wir mit der Zahlung in Verzug geraten (§ 16 Abs. 5 Nr. 4 VOB/B). Sollten wir bis morgen Vormittag nichts Gegenteiliges hören, gehen wir davon aus, dass es bei der Höhe der Sicherheit bleiben soll und werden diese bis zum o.g. Termin stellen.

Wir weisen abschließend darauf hin, dass die Ausübung eines Leistungsverweigerungsrechts vor dem ... (*o.g. Datum eintragen*) unberechtigt wäre und Ihr Haus in einem solchen Fall Gefahr liefe, die verbindliche Fertigstellungsfrist zu überschreiten. Auf die Vertragsstrafenregelung in Ziffer ... des Bauvertrags bzw. die Vorschriften in § 5 Abs. 4 i.V.m. § 8 Abs. 3 VOB/B wird deshalb vorsorglich hingewiesen.

Alternativ *(Einwand des überhöhten Sicherungsverlangens/Aufforderung zur prüfbaren Berechnung):*

Mit Schreiben vom ... verlangen Sie eine Sicherheit gemäß § 650f BGB in Höhe von € 180.000,–. Wir weisen darauf hin, dass dieses Sicherungsverlangen nach unserer Auffassung deutlich überhöht ist und wir aufgrund der von Ihnen eingereichten Unterlagen auch nicht ansatzweise in der Lage sind, verlässlich zu beurteilen, welcher Vergütungsanspruch Ihrem Haus insgesamt noch zusteht.

Insbesondere die Mengen- und Massenangaben sind in weiten Teilen nicht prüfbar, weil Aufmaße fehlen. Wir verweisen hierzu auf unsere Schreiben vom ... und ... zu Ihren Abschlagsrechnungen. Darüber hinaus vermuten wir, dass auch Eventual- und teilweise nicht zur Ausführung gelangte Alternativpositionen in voller Höhe berücksichtigt wurden, obwohl die Eventualpositionen bis heute nicht zur Ausführung gekommen sind und wir nur in einem Fall die teurere Alternativposition angeordnet haben. Gleiches dürfte für das 8. Nachtragsangebot in Höhe von € 15.000,– gelten. Diesen Nachtrag haben wir weder beauftragt noch eine Anordnung zur Ausführung erteilt. Stattdessen haben wir in der letzten Baubesprechung mitgeteilt, dass sich der Mieter der Gewerbeeinheit nunmehr anders entschieden hat, sodass die im 8. Nachtragsangebot aufgeführten Leistungen definitiv nicht zur Ausführung kommen werden.

Wir fordern Sie deshalb auf, prüfbar darzulegen, wie Ihr Haus zur Höhe des Sicherungsverlangens kommt. Wir verschließen uns Ihrem Anspruch keineswegs grundsätzlich, müssen aber auf eine nachvollziehbare Berechnung bestehen. Wir verweisen in diesem Zusammenhang auf eine Entscheidung des OLG Hamm vom 25.9.2003 (21 U 8/03), nach der ein deutlich überhöhtes Sicherungsverlangen unwirksam ist und auch ein angemessener Betrag anhand der vorgelegten Unterlagen nicht zuverlässig ermittelt werden kann.

Alternativ *(Angebot zur Stellung einer Sicherheit in angemessener Höhe):*

Mit Schreiben vom ... fordern Sie eine Sicherheit gemäß § 650f BGB in Höhe von € 60.000,–. Dieses Sicherungsverlangen ist unserer Auffassung nach haltlos überhöht. Nach den uns vorliegenden Rechnungen und Unterlagen steht Ihrem Haus zum gegenwärtigen Zeitpunkt allenfalls noch ein restlicher Vergütungsanspruch in Höhe von € 20.000,– zu. Möglicherweise wurde nicht berücksichtigt, dass wir die 12. Abschlagsrechnung in Höhe von € ... bereits am ... bezahlt haben. Ferner stellen die im Nachtragsangebot 5 ausgewiesenen Arbeiten keine vergütungspflichtigen Zusatzleistungen nach § 2 Abs. 6 VOB/B dar. Es handelt sich – wie wir Ihnen bereits mitgeteilt haben – stattdessen um Nebenleistungen nach den Abschnitten 4.1.2 und 4.1.3 der DIN 18363. Die Leistungen sind deshalb im Rahmen der vertraglich vereinbarten Einheitspreise zu erbringen (§ 2 Abs. 1 VOB/B). Wir bitten Sie deshalb, das Sicherungsverlangen noch einmal zu überprüfen.

Entsprechend der gesetzlichen Regelung werden wir innerhalb der gesetzten Frist (***alternativ:*** *bis zum ...*) eine Sicherheit nach § 650f BGB in Höhe von € 20.000,– zzgl. 10 % für Nebenforderungen stellen. Nach § 650f Abs. 3 BGB haben Sie die Kosten dieser Sicherheit bis zu 2 % pro Jahr zu tragen. Wir stellen ausdrücklich anheim, das Sicherungsverlangen zu präzisieren bzw. nachvollziehbar zu begründen, weshalb ein Anspruch auf Sicherheitsleistung in Höhe von € 60.000,– bestehen soll. Wir stehen Ihnen in diesem Zusammenhang auch für ein kurzfristiges Gespräch gerne zur Verfügung.

Mit freundlichen Grüßen

....

(Unterschrift)

Sicherungsverlangen nach Abnahme: 2779
Reaktion des Auftraggebers **P 9**

An den Auftragnehmer

Datum

Bauvorhaben …
Ihr Schreiben vom …

Sehr geehrte Damen und Herren,

mit Schreiben vom ... teilten Sie uns mit, dass Sie die Beseitigung der im Abnahmeprotokoll vom ... gerügten Mängel endgültig verweigern werden, falls wir nicht binnen einer Woche Sicherheit nach § 650f BGB in Höhe des ausstehenden Vergütungsanspruchs aus der Schlussrechnung (€ 50.000,–) stellen sollten. Wir verkennen nicht, dass Ihnen dieses Recht grundsätzlich zusteht, weisen aber darauf hin, dass wir im Fall Ihrer Leistungsverweigerung berechtigt wären, die ersparten Mangelbeseitigungskosten von Ihrem Vergütungsanspruch in Abzug zu bringen. Dadurch entsteht eine Pattsituation, weil die einfachen Mangelbeseitigungskosten ca. € 50.000,– betragen.

Bedenken Sie in diesem Zusammenhang bitte, dass die Beauftragung eines Ersatzunternehmers erheblich höhere Kosten verursachen würde, als dies bei einer Leistungserbringung durch Ihr Haus der Fall wäre. Wir machen deshalb folgenden Vorschlag: Anfang der kommenden Kalenderwoche leisten wir eine weitere Abschlagszahlung in Höhe von € 10.000,–, wenn sich Ihr Haus im Gegenzug bereiterklärt, nach Eingang dieses Betrags unverzüglich mit der Mangelbeseitigung zu beginnen und diese binnen zehn Werktagen abzuschließen. Nach vollständiger und ordnungsgemäßer Mangelbeseitigung werden wir die Restforderung in Höhe von € 40.000,– vor der nach § 16 Abs. 3 Nr. 1 VOB/B eintretenden Fälligkeit bezahlen, und zwar am Ende der Woche, in der die Mangelbeseitigung erfolgt ist. Wir meinen, dass dieser Vorschlag dazu dient, ein unnötiges bürokratisches Prozedere und Kosten, die nach § 650f Abs. 3 BGB von Ihrem Haus zu erstatten wären, zu vermeiden. Bitte teilen Sie uns schnellstmöglich mit, ob Sie mit diesem Vorschlag einverstanden sind. Andernfalls werden wir die Sicherheit stellen.

Eventuell *(Einwand der Unangemessenheit der zur Stellung der Sicherheit gesetzten Frist):*

Mit Schreiben vom … verlangen Sie eine Sicherheit nach § 650f BGB bis zum … und drohen gleichzeitig an, die Beseitigung der im Abnahmeprotokoll gerügten Mängel endgültig zu verweigern, falls diese Frist fruchtlos verstreichen sollte. Berücksichtigen Sie bitte, dass uns eine angemessene Frist zur Beibringung der Sicherheit von mindestens sieben Tagen gewährt werden muss. Sie verlangen die Sicherheit innerhalb von lediglich drei Arbeitstagen, weil in dem von Ihnen genannten Zeitraum ein Wochenende liegt. Wir verschließen uns Ihrem Sicherungsverlangen keineswegs grundsätzlich, werden aber nach erfolgter Rücksprache mit unserer Bank bis zum … benötigen, um die Sicherheit stellen zu können.

Eventuell *(Hinweis auf Ersatzvornahme wegen Fristablaufs zur Mangelbeseitigung vor Ablauf einer angemessenen Frist nach § 650f BGB):*

Mit Schreiben vom ... teilten Sie uns mit, dass die Beseitigung der bei der Abnahme festgestellten Mängel endgültig verweigert werde, wenn wir nicht binnen zehn Tagen eine Sicherheit nach § 650f BGB in Höhe von € 50.000,– stellen. Wir weisen in diesem Zusammenhang darauf hin, dass wir bereits im Abnahmeprotokoll vom ... eine angemessene Frist für die Beseitigung der Mängel bis zum ... gesetzt hatten und nach Ablauf dieser Frist zu einer Ersatzvornahme nach § 13 Abs. 5 Nr. 2 VOB/B berechtigt sind. Damit läuft die Ihnen zur Mangelbeseitigung gesetzte Frist deutlich vor einer angemessenen Frist zur Stellung der Sicherheit nach § 650f BGB ab.

Wir betonen abschließend, dass wir an einer einvernehmlichen Klärung und nicht an einem Rechtsstreit interessiert sind. Wir sollten im beiderseitigen Interesse eine Eskalation vermeiden. Bitte setzen Sie sich schnellstmöglich mit dem Unterzeichner in Verbindung, damit wir das Problem kurzfristig lösen und einen Bauprozess nach Möglichkeit vermeiden können.

Mit freundlichen Grüßen

…………………………………………

(Unterschrift)

Verlangen einer Enthaftungserklärung aufgrund erfolgter Zahlungen **P 10** **2780**

An den Auftragnehmer

Datum

Bauvorhaben …
Ihr Schreiben vom …
Unsere Sicherheitsleistung vom …

Sehr geehrte Damen und Herren,

aufgrund Ihres Schreibens vom … hatten wir Ihnen am ... eine Sicherheit nach § 650f BGB in Höhe von 1,5 Mio. € zur Verfügung gestellt. Es dürfte zwischen uns unstreitig sein, dass wir zwischenzeitlich Zahlungen in Höhe von € … geleistet haben, sodass Vergütungsansprüche aus dem Bauvertrag nur noch in Höhe von maximal € … bestehen können. Vor diesem Hintergrund bitten wir Ihr Haus um Abgabe einer Enthaftungserklärung nach dem anliegend beigefügten Formulierungsvorschlag, der von unserer Bank akzeptiert wird. Dadurch vermeiden wir ein bürokratisches Verfahren und weitere Kosten, die im Fall einer Rückgabe der gestellten Bürgschaft Zug um Zug gegen Übergabe einer Ihrem aktuellen Sicherungsinteresse entsprechenden Bürgschaft entstehen würden. Eine Reduzierung der Sicherheit ist im Übrigen auch in Ihrem Interesse, weil Ihr Haus nach § 650f Abs. 3 BGB die Kosten der Sicherheitsleistung bis zu einem Höchstsatz von 2 % pro Jahr zu erstatten hat.

Mit freundlichen Grüßen

……………………………………………

(Unterschrift)

Q. Kauf von Baustoffen

I. Was muss der Bauleiter wissen?

1. Unterscheidung von Werk- und Kaufverträgen

Die Beschaffung von Baustoffen unterliegt regelmäßig nicht dem Werkvertragsrecht (§§ 631 ff. BGB), sondern dem Kaufrecht (§§ 433 ff. BGB). Zwischen beiden Vertragsarten existieren wichtige Unterschiede. 2781

- Das Kaufrecht kennt keine Abnahme, sondern nur die bloße Übergabe des Kaufgegenstandes, womit der Verkäufer seiner vertraglich begründeten Pflicht nachkommt (§ 433 Abs. 1 Satz 1 BGB).
- Auch die Vergütung wird im Kaufrecht grundsätzlich bereits bei Vertragsabschluss (und nicht erst bei Abnahme bzw. Übergabe) fällig (§ 433 Abs. 2 BGB).
- Unter Kaufleuten trifft den Käufer eine umfassende Untersuchungs- und Rügepflicht auf bestehende Mängel, anderenfalls die Ware als genehmigt gilt (§ 377 HGB), womit bei unterlassener Rüge Mängelansprüche ausgeschlossen sein können.
- Das Kaufrecht kennt kein verschuldensunabhängiges Recht des Käufers zur Selbstvornahme (vgl. § 437 BGB).
- Der Käufer hat keinen Anspruch auf die Sicherheiten gemäß §§ 650e, 650f BGB (Sicherungshypothek, Bauhandwerkersicherheit).

Werkverträge sind dadurch geprägt, dass der Auftragnehmer eine Sache herstellen soll. Das Schwergewicht des Vertrags liegt in der schöpferischen Leistung des Herstellvorgangs. Im Vordergrund steht die Erzeugung, jedenfalls aber die Montage des Vertragsgegenstandes. Der Unternehmer schuldet einen Erfolg, die hergestellte Sache hat zu funktionieren, was bei der Abnahme festzustellen ist. 2782

Das Kaufvertragsrecht dagegen geht von der bloßen Lieferung einer – regelmäßig bereits fertigen – Sache aus. Den Schwerpunkt des Vertrags bildet die Übergabe des (Kauf-)Gegenstandes, nicht dessen Herstellung. Deshalb unterliegt die Lieferung „klassischer" Baustoffe wie Sand und Steine dem Kaufvertragsrecht. 2783

Nicht entscheidend ist, wie die Vertragspartner den Vertrag bezeichnet haben. Ein Vertrag, in dem sich eine Partei zur Herstellung eines (Bau-)Werks verpflichtet, ist auch dann ein Werkvertrag, wenn die Parteien ihn als Kaufvertrag überschrieben haben (OLG Brandenburg/BGH, Urt. v. 26.2.1998 – 8 U 54/97). Ein Vertrag über die Lieferung von Baustoffen wird nicht dadurch ein Werkvertrag, dass die VOB/B in ihn einbezogen wird (OLG Rostock, Beschl. v. 16.2.2010 – 4 U 99/09). 2784

Ob ein Vertrag dem Werkvertrags- oder dem Kaufrecht unterliegt, richtet sich nach dem Schwerpunkt des Vertrags und kann im Einzelfall schwierig zu beurteilen sein. Das gilt insbesondere, wenn eine an sich vorgefertigte Sache vom Liefe- 2785 ranten vor Ort montiert oder eingepasst wird (Kaufvertrag mit Montagepflicht) oder der Gegenstand des Vertrags die Lieferung herzustellender oder zu erzeugender beweglicher Sachen ist (Werklieferungsvertrag), worauf gem. § 650 BGB ebenfalls das Kaufrecht anzuwenden ist.

2786 **Beispiele:**
- Der Lieferant einer Fertigteildecke verpflichtet sich, diese einzubauen.
- Eine Firma liefert und verlegt Parkett.
- Es wird eine Containeranlage aus mehreren miteinander verbundenen Modulen hergestellt.
- Die Solaranlage wird nicht nur geliefert, sondern auch auf dem Dach des Bauherrn montiert.

2787 Wenn Bauteile oder -stoffe vom Lieferanten auch montiert werden, so ist danach zu differenzieren, welche Bedeutung die Montageverpflichtung hat. Ein Kaufvertrag mit Montageverpflichtung liegt vor, wenn der Vertrag die Montage der verkauften Sache im Verbund mit dem Kaufabschluss vorsieht und die Montage den Vertrag lediglich ergänzt, nicht jedoch, wenn die Montage den Schwerpunkt des Vertrags bildet und ihn prägt, sodass es sich dann um einen Werkvertrag handelt (BGH, Urt. v. 19.7.2018 – VII ZR 19/18). Zur Abgrenzung beider Vertragstypen und damit zur Bestimmung der anwendbaren unterschiedlichen rechtlichen Regelungen ist also zu prüfen, ob die Montageverpflichtung den Vertrag prägt oder diese sich lediglich als vertragliche Nebenpflicht darstellt. Entscheidendes Kriterium kann hierbei auch das Wertverhältnis zwischen Lieferung und Montage sein (BGH, Urt. v. 3.3.2004 – VIII ZR 76/03; BGH, Beschl. v. 16.4.2013 – VIII ZR 375/11; OLG Saarbrücken, Urt. v. 11.11.2015 – 1 U 51/15). Die Lieferung einer Fertigteildecke richtet sich regelmäßig nach Kaufrecht, denn diese wird vor Ort zwar eingesetzt, aber nicht mehr wesentlich den Gegebenheiten angepasst. Sie ist vom Hersteller bereits vorkonfektioniert geliefert worden. Die Montagekosten machen einen vergleichsweise geringen Anteil an den Gesamtkosten der Decke aus. Das Hauptgewicht liegt auf der Lieferung. Ein Werklieferungsvertrag, auf den die kaufrechtlichen Vorschriften Anwendung finden, ist bspw. ein Vertrag über die Herstellung und Lieferung von Frischbeton (OLG Köln, Urt. v. 2.9.2016 – 19 U 47/15; BGH, Beschl. v. 26.6.2019 – VII ZR 326/16 (Nichtzulassungsbeschwerde zurückgewiesen) oder über die Lieferung von herzustellenden Sichtschutzwänden (OLG Hamburg, Urt v. 15.11.2019 – 8 U 75/19).

2788 Anders ist dies bei der Verlegung von Parkett. Hier steht nicht die Lieferung der Parkettstäbe im Vordergrund, sondern die Untergrundvorbereitung und die Anpassung an die örtlichen Gegebenheiten. Es gilt Werkvertragsrecht (BGH, Beschl. v. 16.4.2013 – VIII ZR 375/11).

Bei der Containeranlage handelt es sich jedenfalls dann um einen Werkvertrag, wenn der Lieferant nicht nur seriengefertigte Einzelcontainer nebeneinanderstellt, sondern diese nach den Wünschen des Bestellers auf- und ausbaut, dabei individuelle Anpassungen vornimmt und aus den einzelnen Containern ein eigenständiges neues Gebäude errichtet, welches z.B. größere Raumeinheiten, Flure und Treppenhäuser aufweist (wie etwa bei Flüchtlingsunterkünften). 2789

Bei einer serienmäßig hergestellten Solaranlage, bei der die Montagekosten nur bei etwa einem Fünftel des Gesamtpreises liegen, ist der BGH von einem Kaufvertrag ausgegangen (BGH, Urt. v. 3.3.2004 – VIII ZR 76/03). Ob dies angesichts der Komplexität von heutigen Solaranlagen und ihrer Steuerungsgeräte noch gelten kann, ist aber zweifelhaft. Anders liegt der Fall jedenfalls, wenn zur Errichtung der Solaranlage aufwändige handwerkliche Installations- und Anpassungsarbeiten am Trägerobjekt (z.B. Dach) erforderlich werden, wenn diese dem Vertrag die maßgebliche Prägung geben, sodass es sich dann um einen Werkvertrag handelt (BGH, Urt. v. 2.6.2016 – VII ZR 348/13). Denn dem Kunden geht es dann regelmäßig nicht nur um die Lieferung der Bauteile, sondern primär um die Herstellung einer funktionsfähigen Anlage. Ein Werkvertrag liegt ebenfalls vor, wenn Planung und Lieferung aufwändig sind und nach Abschluss der Arbeiten der Erfolg erst nach einer gewissen Zeitdauer und einem Probelauf überprüfbar ist, und zwar selbst dann, wenn der Vertrag ausdrücklich als „Kaufvertrag" bezeichnet wurde (OLG München, Urt. v. 28.1.2020 – 28 U 452/19). 2790

2. Prüfungs- und Rügeobliegenheit beim Kauf (§ 377 HGB)

Die in § 377 HGB geregelte Prüfungs- und Rügepflicht hat für die Baupraxis große Bedeutung. Der Käufer ist danach verpflichtet, die Ware (bspw. den Baustoff) unverzüglich nach ihrer Ablieferung zu untersuchen, soweit dies nach dem ordnungsgemäßen Geschäftsgang tunlich ist. Von einem etwaig dabei festgestellten Mangel muss der Käufer dem Verkäufer sofort Anzeige machen. 2791

Unterlässt der Käufer die Anzeige, so hat dies für ihn einschneidende Rechtsnachteile: Die Ware gilt als genehmigt (§ 377 Abs. 2 Satz 1 HGB). Der Käufer verliert jegliche Gewährleistungsansprüche (umfassend zur Rügepflicht Meier, IBR 2012, 1000 – nur ibr-online). Im Einzelnen: 2792

a) Untersuchung der Ware

Der Käufer muss die Ware unverzüglich nach der Ablieferung untersuchen, soweit dies „nach ordnungsmäßigem Geschäftsgange tunlich" ist. 2793

aa) Unverzügliche Untersuchung

Die Untersuchung ist nur dann unverzüglich, wenn der Käufer sie ohne schuldhaftes Zögern (§ 121 BGB) vornimmt. Dieses Erfordernis ist streng auszulegen. Schon bei geringer, vermeidbarer Lässigkeit ist die Rüge verspätet. Regelmäßig 2794 muss die Untersuchung in einem Zeitraum von drei bis vier Tagen durchgeführt werden. Allenfalls in Einzelfällen, etwa bei besonders aufwändigen Untersuchungen, kann auch ein längerer Zeitraum angemessen sein. Wird die Ware aber erst zwei Monate nach Lieferung untersucht, so ist dies zu spät (OLG Nürnberg, Urt. v. 11.10.2005 – 9 U 804/05).

bb) Umfang der Untersuchung

2795 Die Untersuchung hat so weit zu erfolgen, wie sie „tunlich", d.h. im konkreten Fall zumutbar ist. Das ist diejenige Untersuchung, die branchenüblich und objektiv notwendig ist. Auf die subjektiven Fähigkeiten des Käufers kommt es nicht an (dazu ausführlich OLG Düsseldorf, Beschl. v. 8.5.2015 – 22 U 11/15). Verfügt der Käufer selbst nicht über ausreichende Sachkenntnis, muss er zur Untersuchung notfalls einen Sachverständigen hinzuziehen (so z.B. für die Frage der Einhaltung des vereinbarten Kohlenstoffgehalts von Stahl; OLG Hamm, Urt. v. 25.6.2010 – 19 U 154/09; OLG Naumburg, Urt. v. 13.10.1994 – 2 U 173/93; OLG Düsseldorf, Beschl. v. 8.5.2015 – 22 U 11/15). Die Untersuchung ist auf solche Mängel auszurichten, die bei einer verkehrsüblichen Sorgfalt sichtbar werden. Die Intensität der Untersuchung hängt von mehreren Faktoren ab, etwa:

- technischer, organisatorischer und zeitlicher Aufwand für den Käufer
- Fehlerwahrscheinlichkeit
- fehlerbehaftete frühere Lieferungen
- Höhe des drohenden Mangelfolgeschadens

2796 Insgesamt muss sich der Umfang der Untersuchung in einem noch wirtschaftlich vertretbaren Rahmen halten. Das Gesetz fordert die „tunliche" Untersuchung, aber nicht die Prüfung auf alle auch nur theoretisch in Betracht kommenden Mängel. Das wäre im Rahmen eines ordnungsgemäßen Geschäftsgangs auch nicht möglich. Welche Anforderungen an die Art und Weise der Untersuchung zu stellen sind, lässt sich nicht allgemein festlegen. Die von § 377 Abs. 1 HGB geforderte Untersuchung muss nicht von derartigem Umfang und solcher Intensität sein, dass sie nach Art einer „Rundum-Untersuchung" alle irgendwie in Betracht kommenden Mängel der Ware erfasst (BGH, Urt. v. 6.12.2017 – VIII ZR 245/16).

2797 Andererseits darf die Untersuchung nicht oberflächlich sein, sie muss vielmehr mit kaufmännischer bzw. fachmännischer Sorgfalt geschehen. Insbesondere umfasst die Untersuchungsobliegenheit auch schwierig festzustellende Mängel.

b) Rüge bei erkennbaren Mängeln

2798 Mängel, die bei Ablieferung offen zutage treten (sogenannte offene Mängel), muss der Käufer gegenüber dem Verkäufer unverzüglich rügen (§ 377 Abs. 1 HGB). Eine Rüge kann und muss nicht erfolgen, wenn der Mangel auch bei ordnungsgemäßer Untersuchung nicht erkennbar war bzw. nicht in Erscheinung getreten ist (sogenannter verdeckter Mangel). Zeigt sich ein verdeckter Mangel allerdings später, so muss der Käufer diesen unverzüglich nach der Entdeckung rügen (§ 377 Abs. 3 HGB). Im Einzelnen:

aa) Mangel

Der Mangelbegriff des Kaufrechts (§ 434 Abs. 1 BGB) ähnelt demjenigen im Werkvertragsrecht (vgl. dazu Kapitel M, I., 1., Rn. 1949 ff.). **2799**

Die Ware ist mangelhaft, wenn sie nicht die vereinbarte Beschaffenheit aufweist bzw. sich nicht für die nach dem Vertrag vorausgesetzte oder gewöhnliche Verwendung eignet (§ 434 Abs. 1 BGB). Die vereinbarte Beschaffenheit ist nicht eingehalten, wenn z.B. Fenster mit einem Kunststoff- anstatt eines Metallbeschlags geliefert werden (OLG Brandenburg, Urt. v. 7.11.2008 – 6 U 137/07). **2800**

Nach § 434 Abs. 3 BGB ist eine Lieferung auch bei einer Mindermenge mangelhaft. Das ist der Fall, wenn nicht die vertraglich vereinbarte Menge (nach Stückzahl, Maß oder Gewicht) geliefert wird. Der Käufer muss dies rügen; ansonsten muss er die vereinbarte Vergütung voll zahlen, obwohl sie an sich gar nicht verdient wurde. Eine Rüge ist nicht erforderlich, wenn der Verkäufer erkennbar nur eine Teilleistung erbringen möchte. **2801**

Beispiel: Der Verkäufer liefert nur 50 der insgesamt bestellten 70 Fenster. Auf dem Lieferschein heißt es: *„Restlieferung in zwei Tagen."* Hier ist kein Vorbehalt nötig. Dagegen muss der Käufer die Mindermenge rügen, wenn statt der im Lieferschein angegebenen 55 Fenster tatsächlich nur 53 geliefert wurden. **2802**

bb) Unverzügliche Rüge

Hat der Käufer im Rahmen der Untersuchung einen Mangel festgestellt, so muss er diesen wiederum „unverzüglich" rügen. Die hier laufenden Fristen sind noch kürzer als bei der Untersuchung der Ware. Regelmäßig muss die Rüge binnen ein oder zwei Tagen nach Feststellung des Mangels erfolgen. **2803**

Die Rüge ist an den Verkäufer zu richten. Dabei muss der Käufer nicht angeben, welche konkreten Rechte er aus dem Mangel herleitet (BGH, Urt. v. 14.5.1996 – X ZR 75/94). **2804**

cc) Spätere Erkennbarkeit eines Mangels

Waren bei der Untersuchung nach Ablieferung keine Mängel erkennbar, befreit dies den Verkäufer nicht endgültig von seiner Rügeobliegenheit. Treten ursprünglich verdeckte Mängel erst später in Erscheinung, muss der Käufer sie sodann unverzüglich rügen (§ 377 Abs. 3 HGB). Nach der Entscheidung des OLG Brandenburg, Urt. v. 12.12.2012 – 7 U 102/11, muss die Mangelrüge innerhalb von maximal ein bis zwei Tagen (Wochenende nicht eingerechnet) ab Kenntnis des Mangels erfolgen. **2805**

c) Rechtsfolge der unterlassenen Untersuchung bzw. Rüge

2806 Hat der Käufer einen erkennbaren Mangel nicht unverzüglich nach Ablieferung gerügt, so gilt die Ware als von ihm genehmigt (§ 377 Abs. 2 HGB). Das Gleiche gilt, wenn sich ein verdeckter Mangel später zeigt, jedoch nicht unverzüglich gerügt wird (§ 377 Abs. 3 HGB).

2807 Die Rechtsfolge ist für den Käufer einschneidend: Er kann nun wegen des Mangels keinerlei Rechte mehr geltend machen. Ausgeschlossen sind nicht nur Gewährleistungsansprüche im engeren Sinn, sondern alle auf dem Mangel beruhenden Rechte (OLG Nürnberg/BGH, 11.10.2005 – 9 U 804/05; OLG Dresden, Urt. v. 7.10.1999 – 7 U 1972/99). Der Käufer kann also überhaupt keine Mängelrechte gem. §§ 434, 437 BGB mehr gegenüber dem Verkäufer geltend machen, sofern nicht noch anderweitige Verletzungen von (Neben-)Pflichten (BGH, Urt. v. 28.4.1976, VIII ZR 244/74 = BGHZ 66, 208) oder deliktisches Handeln (BGH, Urt. v. 16.9.1987 – VIII ZR 334/86 = BGHZ 101, 337) in Betracht kommen.

2808 Auf die Genehmigungswirkung bei unterlassener Rüge kann sich der Verkäufer allerdings dann nicht stützen, wenn er selbst den Mangel arglistig verschwiegen hat (§ 377 Abs. 5 HGB). Dieser Ausnahmefall wird für den Käufer in der Baupraxis jedoch nur schwer zu beweisen sein. Der Arglistvorwurf greift nämlich nur dort, wo der Verkäufer verpflichtet gewesen wäre, einen ihm bekannten, dem Käufer aber unbekannten Mangel zu offenbaren. Dazu genügt nicht die bloße Kenntnis des Verkäufers vom Mangel, sondern vielmehr auch die Erkenntnis, dass es sich bei dem Mangel um einen für den Käufer wesentlichen Umstand handelt. In der Regel wird es schon nicht möglich sein, dem Verkäufer die Kenntnis des Mangels nachzuweisen. Bloße fahrlässige Unkenntnis des Verkäufers genügt nicht.

3. Haftung für Mängel

2809 Hat der Verkäufer eine mangelhafte Sache geliefert, so haftet er im Rahmen der klassischen Mängelrechte gemäß § 437 BGB (vgl. a)). Hat der Verkäufer den Käufer – z.B. bei der Auswahl eines Baustoffs – falsch beraten, kommt darüber hinaus eine Haftung aus Beratungsvertrag in Betracht (vgl. b)).

a) Mängelrechte des Käufers, § 437 BGB

2810 Die gelieferte Ware ist mangelhaft, wenn sie nicht die vereinbarte Beschaffenheit hat oder sich nicht für die nach dem Vertrag vorausgesetzte bzw. gewöhnliche Verwendung eignet (zu den Einzelheiten vgl. oben, 2. b) aa), Rn. 2800 f.).

2811 In diesem Fall stehen dem Käufer folgende Rechte zu:

aa) Nacherfüllung

2812 Der Käufer kann bei Mängeln zunächst Nacherfüllung verlangen. Er hat insoweit die Wahl zwischen der Nachbesserung der mangelhaften und der Lieferung neuer Ware (§ 439 Abs. 1 BGB, vgl. auch OLG Celle, Urt. v. 19.12.2012 – 7 U 103/12). Dabei kommt es auf ein Verschulden des Verkäufers nicht an. Der Anspruch auf Nacherfüllung setzt kein Verschulden (Fahrlässigkeit oder Vorsatz) des Lieferanten voraus.

Der Verkäufer hat alle zur Nacherfüllung erforderlichen Aufwendungen (insbesondere Transport-, Wege-, Arbeits- und Materialkosten) zu tragen. Dabei erfolgt die Nacherfüllung an dem Ort, an dem sich die mangelhafte Kaufsache befindet. **2813**

Beispiel: Der Verkäufer hat vereinbarungsgemäß Parkettstäbe an den Sitz des Käufers geliefert. Dieser hat die Stäbe auf eine Baustelle verbracht und dort eingebaut. Sind die Parkettstäbe tatsächlich mangelhaft, so findet die Nacherfüllung am Ort des Bauvorhabens statt (Nachbesserung oder Neulieferung). **2814**

Ist es zur Nachbesserung notwendig, den mangelhaften Baustoff aus- und den mangelfreien Baustoff einzubauen, so kann dies zu erheblichen Kosten führen. Das gilt insbesondere dann, wenn der Baustoff an schwer zugänglicher Stelle eingebaut wurde. Ob der Verkäufer für diese Kosten einzustehen hat, hängt zunächst davon ab, ob der Kaufvertrag vor oder nach dem 1.1.2018 abgeschlossen wurde. **2815**

Für Altverträge (vor dem 1.1.2018) besteht ein (verschuldensunabhängiger) Anspruch nur dann, wenn es sich bei dem Käufer um einen Verbraucher (§ 13 BGB) handelt. Der Unternehmer hat dagegen keinen verschuldensunabhängigen Anspruch, d.h., ihm gegenüber muss der Verkäufer die Aus- und Einbaukosten nicht als Teil des Nacherfüllungsanspruchs übernehmen (BGH, Urt. v. 17.10.2012 – VIII ZR 226/11; BGH, Beschl. v. 16.4.2013 – VIII ZR 67/12). In Betracht käme zwar ein Schadensersatzanspruch. Dieser würde allerdings Verschulden (Fahrlässigkeit oder Vorsatz) des Lieferanten im Hinblick auf den Mangel voraussetzen. Da gerade Großhändler die von ihnen vertriebenen Baustoffe aber vor der Ablieferung nicht untersuchen (und nach der Rechtsprechung auch nicht untersuchen müssen), fehlt es regelmäßig schon an der für ein Verschulden notwendigen Kenntnis vom Mangel durch den Lieferanten. Deshalb muss der (gewerblich handelnde) Käufer die Aus- und Einbaukosten bei mangelhaften Baustoffen regelmäßig selbst tragen, soweit es sich um Altverträge handelt. **2816**

Dieser für Bauunternehmen und Handwerker missliche Umstand wurde im Zuge der Reform des Bauvertragsrechts zum 1.1.2018 korrigiert. Für Verträge, die ab dem 1.1.2018 abgeschlossen werden, gilt nunmehr die Neuregelung des § 439 Abs. 3 BGB. Danach ist der Verkäufer verpflichtet, dem Käufer die erforderlichen Aufwendungen für das Entfernen und den Einbau (oder das Anbringen) des mangelfreien Baustoffs zu erstatten, soweit dieser mangelhafte Baustoffe gemäß ihrer Art und ihrem Verwendungszweck in eine andere Sache eingebaut oder an eine andere Sache angebracht hat. Die Neuregelung erfasst nicht nur Baustoffe oder -teile, die tatsächlich fest in ein Bauwerk eingebaut werden. Es genügt auch das bloße „Anbringen“. Hierunter fallen nach der Gesetzesbegründung z.B. Leuchten oder Dachrinnen. **2817**

2818 Die gekaufte Sache muss entsprechend ihrer Art oder ihrem Verwendungszweck eingebaut/angebracht worden sein. Der Verkäufer soll nicht für Aus- und Einbaukosten einstehen müssen, wenn die verkaufte Sache überhaupt nicht für den Einbau (oder die Anbringung) vorgesehen war. Damit sollen andere Kaufgegenstände als Baustoffe von der Neuregelung ausgenommen werden (z.B. Flaschen, die als Schmuckelement in eine Wand eingebaut wurden).

2819 Der Verkäufer hat die für den Aus- und Einbau erforderlichen Kosten zu erstatten. Für die Erforderlichkeit gelten die Grundsätze, die von der Rechtsprechung für die Erstattung von Ersatzvornahmekosten bei Baumängeln entwickelt wurden. Danach sind diejenigen Kosten zu erstatten, die ein vernünftiger, wirtschaftlich denkender Käufer aufgrund sachkundiger Beratung oder Feststellung für den fachgerechten Aus- und Einbau für notwendig erachten durfte (BGH, Urt. v. 31.1.1991 – VII ZR 63/90). Der Erstattungsanspruch besteht nur, wenn der Käufer zum Zeitpunkt des Einbaus der Kaufsache gutgläubig war, d.h. von der Mangelhaftigkeit keine Kenntnis hatte (§ 439 Abs. 3 Satz 2 i.V.m. § 442 Abs. 1 BGB).

2820 Es ist denkbar, dass sich der Käufer an den Kosten des Aus- und Einbaus zu beteiligen hat. Das ist etwa unter dem Gesichtspunkt der Sowieso-Kosten denkbar, wenn der Baustoff nicht nur selbst mangelhaft war, sondern zusätzlich auch noch vom Käufer in nicht fachgerechter Weise eingebaut wurde und deshalb ohnehin der Aus- und Einbau notwendig geworden wäre.

2821 Der Erstattungsanspruch hängt nicht davon ab, ob der Käufer sich nach seinem Wahlrecht (§ 439 Abs. 1 BGB) für die Nachbesserung der mangelhaften Sache oder für die Neulieferung einer mangelfreien Sache entscheidet. In beiden Fällen hat der Verkäufer die Kosten für den Aus- und Einbau zu tragen, soweit dieser zur Mangelbeseitigung notwendig war.

2822 Der Gesetzgeber hat nicht ausdrücklich geregelt, ob der Käufer im Hinblick auf die Aus- und Einbaukosten einen Kostenvorschuss verlangen kann, wie ihn das Werkvertragsrecht für den Fall der Selbstvornahme kennt (§ 637 Abs. 3 BGB). Das wird jedenfalls dann ernsthaft in Betracht kommen, wenn die Kosten die Liquidität des Käufers nachhaltig beeinträchtigen oder gar den Bestand seines Unternehmens gefährden.

2823 Im Rahmen des Gesetzgebungsverfahrens, welches zur Neuregelung des § 439 Abs. 3 BGB geführt hat, war zwischen den Fraktionen des Bundestags umstritten, inwieweit der Verkäufer in Allgemeinen Geschäftsbedingungen den Erstattungsanspruch im Hinblick auf die Aus- und Einbaukosten einschränken oder gar ausschließen dürfe. Letztendlich hat man sich auf eine vermittelnde Lösung geeinigt: Danach ist der Ausschluss oder die Beschränkung des Erstattungsanspruchs jedenfalls in Vertragsverhältnissen mit Verbrauchern unzulässig (§ 309 Nr. 8 b) cc) BGB). Für den Geschäftsverkehr gilt dieses Klauselverbot nicht unmittelbar. Nach der ständigen Rechtsprechung des Bundesgerichtshofs haben Klauselverbote im Vertragsverhältnis mit Verbrauchern aber zumindest eine Indizwirkung. Diese führt – vereinfacht ausgedrückt – dazu, dass der Ausschluss oder die Beschränkung des Erstattungsanspruchs im Regelfall auch im Geschäftsverkehr in Allgemeinen Geschäftsbedingungen nicht zulässig und damit unwirksam ist.

bb) Schadensersatz

Trifft den Verkäufer an der fehlerhaften Lieferung ein Verschulden, dann haftet er **2824**
auch für Schadensersatz. Verschulden setzt Vorsatz oder zumindest Fahrlässigkeit voraus. Kein Verschulden liegt vor, wenn der Verkäufer/Lieferant noch nicht einmal seine Sorgfaltspflichten verletzt hat (§ 276 Abs. 1 und 2 BGB). Das führt in der Praxis zu erheblichen Problemen, vgl. Rn. 2858 ff.

cc) Minderung

Hat der Käufer dem Verkäufer erfolglos eine Frist zur Nacherfüllung gesetzt, kann **2825**
er Minderung verlangen (§ 441 BGB). Dazu wird der Wert der Ware im mangelfreien Zustand mit ihrem wirklichen Wert (im mangelhaften Zustand) ins Verhältnis gesetzt. In Höhe dieser Quote wird dann der Kaufpreis gemindert (§ 441 Abs. 3 BGB).

dd) Rücktritt

Schließlich kann der Käufer vom Kaufvertrag zurücktreten, wenn er dem Verkäu- **2826**
fer erfolglos eine Frist zur Nachbesserung gesetzt hat (§ 323 Abs. 1 BGB).

Der Rücktritt ist allerdings nicht sinnvoll, wenn die Ware bereits eingebaut wurde **2827**
(z.B. der gekaufte Beton). Denn nach dem Rücktritt müssen die erbrachten Leistungen (Lieferungen) zurückgegeben werden. Das ist nach erfolgtem Einbau des Baumaterials häufig nicht möglich, sodass Wertersatz geleistet werden muss (§ 346 Abs. 2 BGB).

ee) Kein verschuldensunabhängiges Recht auf Selbstvornahme

Das Werkvertragsrecht kennt einen verschuldensunabhängigen Anspruch auf **2828**
Erstattung der Kosten einer Selbstvornahme (früher Ersatzvornahme), § 637 BGB. Im Kaufrecht existiert eine solche Regelung nicht, deshalb können die Kosten einer Selbstvornahme allenfalls als Schadensersatz geltend gemacht werden. Voraussetzung ist auch hier ein Verschulden des Lieferanten. Indes kann das Verschulden auch darin liegen, dass der Verkäufer (trotz angemessener Fristsetzung) seiner Pflicht zur Nacherfüllung nicht nachgekommen ist. Hat also der Käufer den Verkäufer zur Nacherfüllung binnen einer bestimmten Frist aufgefordert und ist der Verkäufer dem nicht nachkommen, dann sind die Selbstvornahmekosten als Schadensersatz ersatzfähig. Verweigert der Verkäufer die Nachbesserung ernsthaft und endgültig, dann ist eine Fristsetzung entbehrlich (BGH, Urt. v. 20.1.2009 – X ZR 45/07).

ff) Verjährung der Mängelansprüche

2829 Im Regelfall verjähren Mängelansprüche gegen den Verkäufer binnen zwei Jahren (§ 438 Abs. 1 Nr. 3 BGB). Das ist für die Baubranche jedoch unangemessen. Denn der Käufer baut den Baustoff regelmäßig in ein Bauwerk ein und haftet so seinem Auftraggeber in der Regel fünf Jahre lang (§ 634a Abs. 1 Nr. 2 BGB). Deshalb enthält § 438 BGB in Abs. 1 Nr. 2 b eine Sonderregelung für Baustoffe: Wird der Kaufgegenstand entsprechend seiner „üblichen Verwendungsweise für ein Bauwerk verwendet“, so beträgt die Verjährungsfrist für Mangelansprüche (Gewährleistungsfrist) fünf Jahre. Damit soll sichergestellt werden, dass der Käufer/Bauunternehmer bei Mängeln der Kaufsache stets Rückgriff beim Verkäufer nehmen kann. Deshalb ist auch eine Verkürzung der Gewährleistungsfrist für Baustoffe in Allgemeinen Geschäftsbedingungen nicht zulässig (vgl. II. 4., Rn. 2866 ff.)

2830 Die Sonderregelung des § 438 Abs. 1 Nr. 2 b BGB gilt für solche Waren, die im Rahmen ihrer üblichen Verwendungsweise für ein Bauwerk verwendet wurden. Das ist bei den klassischen Baustoffen (z.B. Beton) ohne Weiteres der Fall, aber auch bei Schraubenverdichtern für eine Klimaanlage (LG Köln, Urt. v. 2.7.2007 – 91 O 87/06), einer Software-gestützten Steuerung einer Pelletieranlage (BGH, Urt. v. 20.5.2003 – X ZR 57/02), einer auf Metallpfosten montierten Freiland-Photovoltaikanlage (OLG Bamberg, Urt. v. 12.1.2012 – 6 W 38/11) und sogar bei der Beschichtung von Stahlbehältern, soweit diese von erheblicher Größe und Gewicht sind (OLG Stuttgart, Urt. v. 20.5.2009 – 10 U 239/07).

2831 Dagegen haftet der Verkäufer von Glasflaschen nicht für fünf Jahre, selbst wenn der Käufer sie (z.B. als Schmuckelemente) in ein Bauwerk einbaut. Flaschen werden nämlich nicht „üblicherweise“ dazu verwendet, sie in Bauwerke einzubauen.

2832 Zu beachten ist schließlich, dass die fünfjährige Gewährleistungsfrist des § 438 Abs. 1 Nr. 2 b BGB mit der Ablieferung des Baustoffs beginnt (§ 438 Abs. 2 BGB). Die Verjährung der Gewährleistungsrechte des Auftraggebers laufen dagegen erst mit Abnahme. Damit beginnt die Gewährleistungsfrist im Werkvertragsrecht regelmäßig immer noch später als diejenige des Kaufvertrags. Auch die Neuregelung kann also nicht sämtliche Deckungslücken schließen.

b) Ansprüche aus Beratungsvertrag

2833 In der Baupraxis kommt es immer wieder vor, dass der Baustofflieferant bei der Auswahl des Baustoffs beratend tätig ist oder Empfehlungen ausspricht. Geht dies über bloße Gefälligkeiten hinaus und hat die Beratung/Empfehlung ersichtliche Bedeutung für den Käufer, dann kommt die Haftung aus Beratungsvertrag in Betracht.

2834 **Beispiel:** Der Auftraggeber möchte den Fußboden einer Tiefgarage neu beschichten. Hierzu lässt er sich im Rahmen eines Ortstermins von dem Mitarbeiter eines Beschichtungssystemherstellers beraten. Nach dem Ortstermin empfiehlt der Hersteller ein bestimmtes Produkt aus seinem Hause und überreicht zudem ein entsprechendes Leistungsverzeichnis (OLG Stuttgart, Urt. v. 27.10.2009 – 12 U 76/09). Das Produkt ist nicht geeignet, es kommt zu Schäden von fast € 200.000,–.

Das OLG Stuttgart hat – zu Recht – einen Beratungsvertrag angenommen. Dies schon deshalb, weil die richtige Auswahl des Beschichtungssystems für den Eigentümer/Käufer ersichtlich hohe wirtschaftliche Bedeutung hatte. Zudem geht die Erstellung eines Leistungsverzeichnisses weit über eine bloße Gefälligkeit hinaus. Dem Hersteller musste klar sein, dass sich der Eigentümer auf seine Empfehlungen verlassen werde. **2835**

Beachte: Haftungsansprüche wegen der Verletzung eines Beratungsvertrags verjähren innerhalb der sogenannten regelmäßigen Verjährungsfrist, d.h. innerhalb von drei Jahren nach Kenntnis des Beratungsfehlers. Die Verjährung tritt dann zum Jahresende des dritten Jahres ein (§§ 195, 199 Abs. 1 BGB). **2836**

4. Haftung des Verkäufers bei Verzug mit der Lieferung

Der Verkäufer haftet für verspätete Lieferungen, wenn ihm Verzug vorzuwerfen ist (§ 286 Abs. 1 BGB). Verzug tritt ein, sobald **2837**

- der Verkäufer einen vereinbarten Liefertermin überschreitet,
- auf eine Mahnung, die nach Fälligkeit ausgesprochen wurde, nicht liefert oder
- die Lieferung ernsthaft und endgültig verweigert.

a) Überschreitung eines verbindlichen Liefertermins

Ein Liefertermin ist für den Verkäufer nur dann verbindlich, wenn er nach dem Kalender bestimmt ist, etwa die Lieferung an einem ganz bestimmten Tag zugesagt wurde. Auch die Vereinbarung von Lieferfristen ist möglich, soweit sich der Fristablauf im Moment des Vertragsabschlusses bestimmen lässt. Seit der Schuldrechtsmodernisierung 2002 können die Parteien den Beginn der Frist auch von dem Eintritt eines Ereignisses abhängig machen (§ 286 Abs. 2 Nr. 2 BGB). **2838**

Beispiel: Der Verkäufer verpflichtet sich, den Beton spätestens fünf Werktage nach Eingang des schriftlichen Abrufs durch den Käufer zu liefern. **2839**

Wird der vereinbarte Liefertermin bzw. die vereinbarte Frist überschritten, so gerät der Verkäufer sogleich in Verzug. Die aus § 5 VOB/B bekannte Differenzierung zwischen bloßen Ausführungs- und verbindlichen Vertragsfristen kennt die Verzugsregelung des § 286 BGB nicht. **2840**

b) Verzug durch Mahnung bzw. Erfüllungsverweigerung

Ist kein Liefertermin oder keine bestimmte Lieferfrist vereinbart worden, so gerät der Verkäufer erst durch eine Mahnung in Verzug (§ 286 Abs. 1 Satz 1 BGB). Die Mahnung darf nicht vor Eintritt der Fälligkeit ausgesprochen werden, ansonsten **2841** ist sie wirkungslos. Fällig ist die Lieferung mangels Vereinbarung einer Leistungszeit zwar im Prinzip sofort (§ 271 Abs. 1 BGB); indes muss dem Verkäufer ein angemessener Zeitraum zur Verfügung stehen, seiner Lieferverpflichtung nachzukommen. Erst wenn dieser Zeitraum abgelaufen ist, tritt Fälligkeit ein, sodass eine verzugsbegründende Mahnung möglich ist.

2842 Welche Frist zur Lieferung angemessen ist, ist stets eine Frage des Einzelfalls. Hier kommt es insbesondere auf den zu liefernden Baustoff, allgemein bekannte Produktionszeiten oder eine dem Verkäufer bekannte besondere Dringlichkeit an.

2843 Verweigert der Verkäufer die Lieferung ernsthaft und endgültig, so wäre eine Mahnung bloße Förmelei. Sie ist dann nicht mehr notwendig. Es tritt sogleich Verzug ein (§ 286 Abs. 2 Nr. 3 BGB).

c) Ansprüche des Käufers bei Verzug

2844 Ist der Verkäufer mit der Lieferung in Verzug geraten, so stehen dem Käufer folgende Rechte zu:

aa) Schadensersatz

2845 Der Käufer kann Schadensersatz gemäß § 280 Abs. 2 i.V.m. § 280 Abs. 1 BGB verlangen. In Betracht kommen hier sämtliche Schäden, die dem Käufer infolge der verspäteten Lieferung entstehen.

2846 **Beispiel:** Die Parteien haben die Lieferung von Beton für den 21.4.2014, 08:00 Uhr vereinbart. Wegen Störungen in der Abfüllanlage erreicht der Beton erst um 13:00 Uhr die Baustelle. In der Zwischenzeit ist dort der Produktionsprozess in Stillstand geraten, wodurch dem Käufer Kosten entstehen.

bb) Rücktritt

2847 Der Käufer kann zudem vom Kaufvertrag zurücktreten (§ 323 Abs. 1 BGB). Dies setzt allerdings voraus, dass er dem Verkäufer nach Eintritt des Verzugs eine Nachfrist gesetzt hat. Mit dem Rücktritt wird das Vertragsverhältnis beendet, der Vertrag ist rückabzuwickeln. Hat der Verkäufer bereits Teillieferungen erbracht, so kann der Käufer vom Gesamtvertrag nur zurücktreten, wenn er an der Teilleistung kein Interesse mehr hat (§ 323 Abs. 5 Satz 1 BGB).

2848 **Beispiel:** Der Bauunternehmer hat beim Hersteller eine Gefahrenmeldeanlage, bestehend aus einer Zentrale und Peripheriegeräten bestellt. Die Geräte werden rechtzeitig, die Zentrale dagegen trotz Mahnung und Nachfristsetzung nicht geliefert. Da die Zentralen anderer Hersteller mit den Peripheriegeräten nicht kompatibel sind, muss und kann der Käufer den Gesamtrücktritt erklären.

2849 Der Käufer kann neben dem Rücktritt auch Schadensersatz geltend machen (§ 325 BGB). Das ist etwa der Fall, wenn er sich die Ware bei einem Ersatzlieferanten teurer beschaffen muss.

II. Handhabung in der Praxis

1. Verletzung der Untersuchungs- und Rügepflicht gemäß § 377 HGB

Die Bedeutung der Untersuchungs- und Rügepflicht darf in der Praxis keinesfalls unterschätzt werden. Die gesetzlichen Folgen der unterlassenen Untersuchung bzw. Rüge sind einschneidend. Es bestehen schlichtweg keine Ansprüche des Käufers wegen des Mangels mehr. Das ist vor allem dann misslich, wenn der Käufer als Auftragnehmer in einem Werkvertrag selbst Gewährleistungsrechten seines Auftraggebers ausgesetzt ist. Den Auftraggeber treffen im werkvertraglichen Verhältnis nämlich keine Rügepflichten entsprechend § 377 HGB. Die Vorschrift gilt nur für das Kaufrecht. Bei Verletzung der Untersuchungs- und Rügeobliegenheit trifft den Auftragnehmer also die große Gefahr, für einen an sich mangelhaften Baustoff selbst eintreten zu müssen, ohne den Verkäufer in Regress nehmen zu können. 2850

Bei der Untersuchung darf der Käufer keinesfalls nachlässig sein. Er muss die Ware umfassend und möglichst sofort nach Anlieferung prüfen. Bei Baustoffen sind die Anforderungen an die unverzügliche Untersuchung besonders hoch. Regelmäßig lagern Baumaterialien nicht wochenlang auf der Baustelle, sondern werden kurzfristig eingebaut. Im eigenen Interesse muss der Käufer sicherstellen, dass die gelieferte Ware noch vor dem Einbau untersucht wird. 2851

Die Untersuchung sollte der Käufer unbedingt dokumentieren. Es sollte zumindest ein Aktenvermerk darüber gefertigt werden, wer wann welche konkrete Leistung wie untersucht hat. Dazu sollten auch Datum und Uhrzeit der Lieferung festgehalten werden. Zeigen sich bei der Untersuchung Mängel, so müssen diese dem Verkäufer sofort schriftlich mitgeteilt werden. Auf den Nachweis des Zugangs (etwa durch Einwurf-Einschreiben) ist zu achten. 2852

Welche hohen Anforderungen die Rechtsprechung an den Käufer stellt, zeigt etwa das anhand der Entscheidung des OLG Karlsruhe, Urt. v. 27.10.2009 – 12 U76/09, gebildete 2853

Beispiel: Ein Dachdecker bestellt bei einem Großhändler Wärmedämmplatten der Produktlinie „Tekurat". Die Lieferung erfolgt direkt vom Hersteller zur Baustelle. Tatsächlich werden aber Wärmedämmplatten der Produktlinie „Neopor" angeliefert, die – anders als das bestellte Produkt – keine Alu-Beschichtung aufweisen. Dem Bauleiter des Käufers fällt die Abweichung auf, er hält deshalb mit dem Hersteller Rücksprache. Dieser erklärt, die Platten seien den bestellten gleichwertig. Diese Auskunft ist jedoch falsch. Die gelieferten Platten weisen wesentlich schlechtere Wärmedämmwerte auf, was der Bauleiter aber nicht rügte. Dem Käufer entstehen Folgekosten in Höhe von fast € 100.000,–, die er mit einer Klage beim Verkäufer geltend macht. Das Gericht weist die Klage ab. Der Käufer hätte die Wärmedämmplatten – trotz der Auskunft des Herstel- 2854 lers – einer besonders sorgfältigen Untersuchung unterziehen müssen. Für den Käufer habe konkreter Anlass zum Misstrauen bestanden. Er hätte sich deshalb aktiv davon überzeugen müssen, ob die gelieferten Platten den bestellten tatsächlich gleichwertig sind. Dazu hätte er insbesondere die Produktdatenblätter vergleichen müssen.

2855 Hat der Verkäufer sich zur Lieferung einer Gesamtanlage verpflichtet, so entsteht die Untersuchungs- und Rügepflicht nicht schon mit der Lieferung einzelner Anlagenteile, sondern erst mit der Inbetriebnahme der Gesamtanlage. Das gilt jedenfalls für Mängel, die erst bei Inbetriebnahme erkennbar sind. Das ist z.B. bei einer Anlage zur Kartoffelverarbeitung, der Fall, bei der die Schälapparatur vorab geliefert wird (OLG Naumburg, Urt. v. 25.6.2009 – 1 U 14/06).

2856 Der Käufer darf keinesfalls vergessen, dass Mängel auch dann unverzüglich angezeigt werden müssen, wenn sie sich erst später, z.B. Monate nach Anlieferung, zeigen (§ 377 Abs. 3 HGB).

2. Vereinbarung eindeutiger Liefertermine

2857 Bleibt die Materiallieferung aus, so führt das für den Käufer/Auftragnehmer auf der Baustelle regelmäßig zu Problemen und finanziellen Schäden. Der Käufer wird den Verkäufer allerdings nur dann haftbar machen können, wenn ein bestimmter Liefertermin vereinbart war (vgl. oben, I. 4. a), Rn. 2838). Für Käufer stellt sich in der Praxis häufig das Problem, dass Verkäufer die Zusage eines bestimmten Liefertermins oder einer Lieferfrist scheuen. Gerade um etwaigen Ansprüchen wegen Verzugs zu entgehen, werden Termine nur mit Einschränkungen wie „voraussichtlicher Liefertermin" oder „unverbindlicher Liefertermin" zugesagt. Damit darf sich der Käufer nicht zufriedengeben, da die Überschreitung eines solchen voraussichtlichen oder unverbindlichen Liefertermins nicht unmittelbar zum Verzug führt. Der Käufer kann dann die verzugsbedingten Rechte (z.B. Schadensersatz oder Rücktritt, s.u.) bei Überschreitung des Termins nur durch eine Mahnung („Inverzugsetzung") nach Ablauf einer angemessenen Lieferfrist (Rn. 2841 ff.) geltend machen. Deshalb sollte der Käufer darauf achten, dass vereinbarte Liefertermine vom Verkäufer nicht in dessen Lieferbedingungen oder in der Auftragsbestätigung relativiert werden.

3. Durchsetzung von Schadensersatzansprüchen gegen den Verkäufer/Zwischenhändler

2858 Ist der gelieferte Baustoff mangelhaft, dann ist es mit der bloßen Mangelbeseitigung nicht getan, wenn Mangelfolgeschäden eingetreten sind.

2859 **Beispiel:** Die vom Käufer/Auftragnehmer eingebauten Flanschdichtungen (Materialpreis: insgesamt € 100,–) weisen (äußerlich nicht erkennbare) Materialfehler auf. Es kommt zu einem Wasserschaden in Höhe von rund € 75.000,– (gebildet nach BGH, Urt. v. 12.12.2001 – X ZR 192/00).

Der Verkäufer haftet zwar verschuldensunabhängig für die Nacherfüllung, d.h., er muss neue Dichtungen liefern (vgl. oben, I. 3. a) (1), Rn. 2859 ff.). Diese Kosten sind im obigen Beispiel vergleichsweise gering, der Mangelfolgeschaden (Wasserschaden) ist weit höher. Allerdings muss der Verkäufer den Folgeschaden nur im Falle des Verschuldens ersetzen (vgl. I. 3. a) (2), Rn. 2824). **2860**

Verschulden setzt mindestens Fahrlässigkeit, d.h. den Verstoß gegen eine Sorgfaltspflicht voraus. Das kann im Einzelfall schwierig festzustellen sein: **2861**

Ist der Verkäufer gleichzeitig Hersteller des Baustoffs, so sind seine Sorgfaltspflichten hoch. Der Hersteller muss insbesondere die Waren, die er in Verkehr bringt, ständig untersuchen. Eine fehlerhafte Lieferung ist daher in der Regel auch fahrlässig verschuldet. **2862**

Anders liegt der Fall, wenn der Baustoff nicht vom Hersteller, sondern von einem Zwischenhändler (z.B. Baustoffhändler) verkauft wurde. Ist die Ware niemals in den Besitz des Zwischenhändlers gelangt (sondern wurde sie direkt vom Hersteller an den Käufer geliefert), dann hat der Händler weder die Möglichkeit noch die Pflicht, sie zu untersuchen. Wird die Ware zunächst beim Zwischenhändler gelagert, der sie dann an den Käufer weiterreicht, so trifft ihn zwar eine grundsätzliche Untersuchungspflicht. Diese ist jedoch branchenüblich weit weniger streng als die Untersuchungspflicht des Endverkäufers (OLG Nürnberg, Urt. v. 25.11.2009 – 12 U 715/09; Kniffka, ibr-online-Kommentar Bauvertragsrecht, Stand 16.2.2021, § 650, Rn. 83). **2863**

Trifft den Zwischenhändler keine Untersuchungspflicht oder hat er zumindest die branchenübliche Untersuchung vorgenommen, dann liegt ein Verschulden nicht vor. Schadensersatzansprüche gegen den Verkäufer/Lieferanten sind dann ausgeschlossen. Das dürfte in der Praxis der Regelfall sein. Mit anderen Worten: Schadensersatzansprüche wegen Mangelfolgeschäden sind nur schwer gegen den Zwischenhändler durchsetzbar. Solche Ansprüche scheitern meist am fehlenden Verschulden. **2864**

Das führt im obigen Beispielsfall dazu, dass der Zwischenhändler zwar (kostenlos) neue Dichtungen liefern muss. Für die Aus- und Einbaukosten und den Wasserschaden haftet er jedoch nicht. Diese Kosten bleiben am Käufer hängen. **2865**

4. Keine Verkürzung der Gewährleistungsfrist für Baustoffe

Die fünfjährige Gewährleistungspflicht für Baustoffe (§ 438 Abs. 1 Nr. 2 b BGB) gilt bereits seit der Schuldrechtsmodernisierung im Jahr 2002. Sie hat sich dennoch in der Baupraxis noch nicht vollständig herumgesprochen. Das führt dazu, dass viele Auftragnehmer auf ihre Mangelansprüche gegen den Lieferanten verzichten, wenn seit der Lieferung mehr als zwei Jahre vergangen sind. Zu Unrecht. **2866**

Zu diesem Irrtum tragen sicherlich auch die Allgemeinen Geschäftsbedingungen der Baustoffhändler bei. Trotz der Neuregelung heißt es dort nämlich regelmäßig, **2867** auf die Baustoffe werde nur eine Gewährleistungsfrist von zwei Jahren gewährt. Allerdings: Eine Verkürzung der gesetzlichen Gewährleistungsfrist von fünf Jahren auf zwei Jahre ist in Allgemeinen Geschäftsbedingungen unzulässig. Die entsprechenden Klauseln sind daher unwirksam (LG Köln, Urt. v. 7.2.2007 – 91 O 87/06). Der Lieferant von Baustoffen haftet also – trotz abweichender AGB-Klauseln – fünf Jahre. Siehe dazu auch das Musterschreiben Q 1.

5. Muss der Auftragnehmer sich das Verschulden des Baustofflieferanten zurechnen lassen?

2868 Schadensersatzansprüche des Auftraggebers gegen den Auftragnehmer setzen Verschulden voraus. Der Auftragnehmer haftet also nur, wenn entweder er selbst oder einer seiner Erfüllungsgehilfen mindestens fahrlässig gehandelt hat (§§ 276, 278 BGB). Trifft den Auftragnehmer selbst kein Verschulden, so muss er sich doch ein Verschulden seiner Erfüllungsgehilfen zurechnen lassen, sodass er im Ergebnis haftet. Fraglich ist, ob der Baustofflieferant Erfüllungsgehilfe in diesem Sinne ist.

2869 **Beispiel:** Ein Installateur tauscht in einer sogenannten Übergabestation Hähne aus. Er verwendet dabei neu entwickelte asbestfreie und faserverstärkte Flanschdichtungen. Diese weisen einen Materialfehler auf, der für den Installateur trotz Sichtprüfung nicht erkennbar war. Ein Verschulden des Baustofflieferanten kann allerdings nicht ausgeschlossen werden. Es kommt zu Folgeschäden in Höhe von rund € 75.000,– (gebildet nach BGH, Urt. v. 12.12.2001 – X ZR 192/00).

2870 Da der Materialfehler von außen nicht erkennbar war, trifft den Auftragnehmer selbst kein Verschulden. Ein Verschulden des Lieferanten kommt zwar in Betracht, ist aber nur relevant, wenn dieser Erfüllungsgehilfe ist (so ausdrücklich BGH, Urt. v. 12.12.2001 – X ZR 192/00). Auch im folgenden Beispiel kommt es auf die Frage des Verschuldens entscheidend an:

2871 **Beispiel:** Der Auftragnehmer bestellt zu einem bestimmten Liefertermin Bauteile beim Baustofflieferanten. Dieser bestätigt den Termin, liefert aber dennoch nicht rechtzeitig, da der Auftrag in seinem Unternehmen versehentlich nicht in der EDV vermerkt wurde. Der Auftragnehmer kann mangels Materials das Bauvorhaben nicht zum vereinbarten Termin fertigstellen. Der Auftraggeber macht Schadensersatzansprüche wegen Verzugs geltend.

2872 Auch in diesem Fall kommt es entscheidend darauf an, ob sich der Auftragnehmer das Verschulden seines Baustofflieferanten zurechnen lassen muss. Der Auftragnehmer selbst hat das Material rechtzeitig bestellt und den Liefertermin sichergestellt. Zur Bevorratung ist der Bauunternehmer nicht verpflichtet (OLG Celle, Urt. v. 11.10.2007 – 6 U 40/07).

2873 Ob der Baustofflieferant Erfüllungsgehilfe des Auftragnehmers ist, ist eine Frage des Einzelfalls. Es kommt darauf an, ob der Lieferant oder Hersteller in den „werkvertraglichen Pflichtenkreis" des Auftragnehmers einbezogen wurde. Das hängt davon ab, wozu sich der Auftragnehmer gegenüber dem Auftraggeber verpflichtet hat. Sollte der Auftragnehmer das Baumaterial selbst herstellen und lässt er dies durch einen Lieferanten/Hersteller erledigen, so ist Letzterer Erfüllungsgehilfe. Hat sich dagegen der Auftragnehmer gegenüber dem Auftraggeber letztendlich nur zur Beschaffung der Baustoffe „wie ein Käufer" verpflichtet, dann liegt der Fall anders. So hat beispielsweise das Landgericht Berlin entschieden, dass sich ein Estrichleger nicht das Verschulden seines Estrichlieferanten zurechnen lassen muss, soweit es nur um die Lieferung von Standardestrich ging (LG Berlin, Urt. v. 9.12.1996 – 93 O 111/96). Der BGH war im obigen Beispielsfall mit der Flanschdichtung der Ansicht, dass der Lieferant durch die bloße Lieferung der (industriell produzierten) Dichtungen nicht in den werkvertraglichen Pflichtenkreis des Installateurs einbezogen sei (BGH, Urt. v. 12.12.2001 – X ZR 192/00).

Übernimmt der Lieferant dagegen für den Auftragnehmer Herstellungspflichten, **2874**
dann ist er sein Erfüllungsgehilfe. Das ist etwa der Fall, wenn sich der Auftragnehmer gegenüber dem Auftraggeber zur Herstellung eines Betons nach einer speziellen Rezeptur verpflichtet hat und sich dazu des Baustofflieferanten bedient (OLG Karlsruhe, Urt. v. 27.2.1997 – 11 U 31/96). Das Gleiche dürfte für eine spezifisch zusammengesetzte Estrichmischung oder sonstige maßgeschneiderte Bauteile gelten.

Falsch dürfte die Entscheidung des OLG Nürnberg vom 28.11.2002 sein **2875**
(12 U 323/02, veröffentlicht in IBR 2003, 469). Dort sollte der Auftragnehmer Fliesen mit einem industriell hergestellten Steinreiniger bearbeiten. Aufgrund eines Materialfehlers des Reinigers wurde die Glasur der Bodenfliesen zerstört. Das OLG Nürnberg war der Ansicht, dass der Lieferant des Steinreinigers Erfüllungsgehilfe des Auftragnehmers sei. Das halten wir nicht für richtig, denn den Steinreiniger sollte der Auftragnehmer sicherlich nicht herstellen.

Im Ergebnis ist der Baustofflieferant regelmäßig nicht Erfüllungsgehilfe des Auf- **2876**
tragnehmers (so ausdrücklich BGH, Urt. v. 23.2.2001 – 22 U 132/00). Siehe dazu auch das Musterschreiben 2.

Daher ist auch eine Vertragsstrafenklausel, nach der sich der Auftragnehmer aus- **2877**
drücklich nicht auf „verspätete oder ausgefallene Materiallieferungen" berufen darf, unwirksam, soweit es sich um Allgemeine Geschäftsbedingungen handelt (OLG Celle, Urt. v. 11.10.2007 – 6 U 40/07). Wenn nämlich der Lieferant im Regelfall kein Erfüllungsgehilfe des Auftragnehmers ist, dann benachteiligt es diesen unangemessen, wenn er sich letztendlich doch dessen Verschulden (hier Lieferverzug) zurechnen lassen muss.

6. Coronabedingte Lieferengpässe bzw. Weitergabe von Preiserhöhungen bei Baustoffen

a) Ausgangslage

2878 Schon seit Jahresbeginn gibt es erhebliche Lieferengpässe sowie teilweise massive Preissteigerungen bei Baustoffen, insbesondere bei Stahl, Kupfer, Holz sowie bei Bitumen und Dämmstoffen etc. Laut statistischem Bundesamt verteuerten sich diese Materialien innerhalb eines Jahres (Mai 2021 im Vergleich zu Mai 2020) zwischen ca. 30 % und 83 %. Neben dem coronabedingten Nachfrageeinbruch und dem damit einhergehenden Herunterfahren der Produktionskapazitäten, sind dafür die zwischenzeitlich eingetretene Nachfragesteigerung, insbesondere aus China und den USA, aber auch erhöhte Treibstoff- und Frachtkosten verantwortlich.

2879 Daraus resultieren eine Reihe von rechtlichen Fragestellungen, und zwar sowohl in der Angebots- als auch in der Bauausführungsphase. Zu diesen Fragestellungen gibt es gegenwärtig noch keine veröffentlichten Gerichtsentscheidungen, sodass auf ältere Urteile zu inhaltlich vergleichbaren Sachverhalten zurückgegriffen werden muss. Ob und inwieweit sich die zukünftige Rechtsprechung an diesen Urteilen orientieren wird, ist aufgrund der Einmaligkeit der Situation allerdings nicht mit Sicherheit prognostizierbar.

Im Kern geht es um folgende Fragen:

b) Gerät der Auftragnehmer in Verzug, wenn er verbindliche Vertragsfristen – insbesondere den Fertigstellungstermin – überschreitet?

2880 Gerät der Auftragnehmer in Verzug mit der Leistung, kann der Auftraggeber bei entsprechender vertraglicher Vereinbarung eine Vertragsstrafe, anderenfalls Verzugsschadensersatzansprüche geltend machen oder äußerstenfalls den Bauvertrag aus wichtigem Grund schadensersatzbegründend kündigen (§ 8 Abs. 3 i.V.m. § 5 Abs. 4 VOB/B). Diese Ansprüche des Auftraggebers setzen allesamt ein Verschulden des Auftragnehmers gemäß § 286 Abs. 4 BGB voraus. Für fehlendes Verschulden ist der Auftragnehmer darlegungs- und beweispflichtig. Auch aus § 6 Abs. 2 Nr. 1c VOB/B folgt, dass Ausführungsfristen nur verlängert werden, wenn die Behinderung auf höherer Gewalt oder für den Auftragnehmer unabwendbaren Umständen beruht.

2881 Da den Auftragnehmer im Grundsatz das Beschaffungsrisiko trifft, schließt bereits das geringste Verschulden (einfache Fahrlässigkeit) unabwendbare Umstände oder höhere Gewalt aus. Weil sich die Baustoffknappheit und die Verteuerung von Baumaterialien aber bereits seit Anfang des Jahres 2021 abzeichneten und spätestens seit April 2021 massiv aufgetreten sind, dürfte an einem Verschulden des Auftragnehmers nicht zu zweifeln sein, wenn er im Jahr 2021 Bauverträge abgeschlossen hat, ohne dass er mit den entsprechenden Materiallieferanten verbindliche Lieferfristen für das benötigte Baumaterial vereinbart hat. In diesen Fällen ist der Auftragnehmer im Grundsatz sowohl an die mit seinem Bauauftraggeber verbindlich vereinbarten Fristen als auch an die entsprechende Preisvereinbarung gebunden. Ausnahmen davon sind allenfalls unter dem Gesichtspunkt einer „Störung der Geschäftsgrundlage" (§ 313 BGB) denkbar. Darauf werden wir noch eingehen.

Bestehen dagegen verbindliche Termin- und Preisvereinbarungen mit Lieferanten, dürfte es an einem Verschulden des Auftragnehmers fehlen, wenn der Lieferant diese Fristen gegenüber dem Auftragnehmer nicht einhält. Denn im Regelfall ist ein Baustofflieferant nicht dessen Erfüllungsgehilfe, sodass sich dieser das Verschulden des Lieferanten nicht gemäß § 278 BGB zurechnen lassen muss (BGH, Urt. v. 12.12.2001 – X ZR 192/00; OLG Celle, Urt. v. 11.10.2007 – 6 U 40/07; LG Berlin, Urt. v. 09.12.1996 – 93 O 111/96). **2882**

Sind verbindliche Termin- bzw. Preisvereinbarungen mit den Lieferanten zustande gekommen, kann – ergänzend und zum Ausschluss eventueller Risiken – noch eine sogenannte „Selbstbelieferungsklausel" in das Angebot aufgenommen werden. Dafür kommt folgende Formulierung in Betracht: **2883**

> *„Die Einhaltung der unter den Ziffern … des Vertrages genannten Termine steht unter dem Vorbehalt richtiger und rechtzeitiger Belieferung des AN durch seine Lieferanten gemäß der verbindlich getroffenen Vereinbarungen, die auf Verlangen des Auftraggebers nachgewiesen werden können."*

Wenn Lieferanten weder verbindliche Termine noch feste Preise vereinbaren, was zwischenzeitlich häufig vorkommt, muss sich der Auftragnehmer dagegen durch entsprechende Angebote bzw. vertragliche Vereinbarungen schützen, wenn er die damit verbundenen Risiken nicht selbst tragen will. Die dafür in Betracht kommenden Möglichkeiten besprechen wir unter d). **2884**

c) Preiserhöhungen durch Lieferanten

Grundsätzlich gilt, dass verbindlich abgeschlossene Lieferverträge vereinbarungsgemäß zu erfüllen sind, auch wenn der Lieferant für die Beschaffung der verkauften Produkte höhere als von ihm kalkulierte Einkaufspreise bezahlen muss. Auch die coronabedingten Lieferengpässe bzw. Preiserhöhungen auf den Märkten sind – von engen Ausnahmen abgesehen – kein Grund nach Vertragsabschluss vereinbarte Preise oder verbindliche Lieferfristen einseitig zu erhöhen bzw. zu verändern. **2885**

Abgesehen von einer möglichen „Störung der Geschäftsgrundlage" gemäß § 313 BGB, auf die wir unter f) bb)) eingehen werden, können Lieferanten Preiserhöhungen nach Vertragsabschluss nur verlangen und durchsetzen, wenn es diesbezüglich eine wirksame vertragliche Vereinbarung gibt. Wenn solche Vereinbarungen Allgemeine Geschäftsbedingungen (AGB) darstellen, was in zahlreichen Fällen so ist, sind sie oftmals gemäß §§ 307 i.V.m. 309 Nr. 1 BGB unwirksam. Denn Bestim- **2886** mungen in Verträgen, welche die Erhöhung des Entgelts für Waren oder Leistungen vorsieht, die innerhalb von vier Monaten nach Vertragsabschluss geliefert oder erbracht werden sollen, verstoßen gegen § 309 Nr. 1 BGB und sind bei Verträgen mit Verbrauchern (natürliche Personen) stets unwirksam. Gleiches kann im unternehmerischen Geschäftsverkehr gemäß § 307 BGB der Fall sein.

2887 Die Rechtsprechung hat zur Wirksamkeit von Preisanpassungsklauseln weitere Anforderungen aufgestellt: Zum einen muss sich aus der Preisanpassungsklausel eindeutig und unmissverständlich ergeben, auf welcher konkreten Grundlage und in welchem genauen Umfang eine Preiserhöhung möglich ist. Zum zweiten darf die Klausel nicht nur einseitig zugunsten des Lieferanten ausfallen, sondern muss auch die Weitergabe von Preissenkungen ermöglichen. Das hat der BGH für einen Gaslieferungsvertrag so entschieden (BGH, Urt. v. 28.10.2009 – ZR VII 320/07). Weil eine Preisanpassungsklausel das vertragliche Äquivalenzverhältnis zwischen Leistung und Gegenleistung wahren muss, ist der Lieferant als Verwender einer Preisanpassungsklausel daran gehindert, über die Abwälzung nachweisbarer Kostensteigerungen hinaus, einen zusätzlichen Gewinn zu erzielen. Ferner muss die verwendete Preisanpassungsklausel ausdrücklich die Verpflichtung enthalten, auch gesunkene Gasbezugskosten nach den gleichen Maßstäben wie gestiegene Kosten zu behandeln, anderenfalls würde sich der Lieferant ungerechtfertigte Vorteile verschaffen. Darüber hinaus dürften viele Preisanpassungsklauseln AGB-rechtlich intransparent formuliert sein (§ 307 Abs. 1 Satz 2 BGB), sodass sie auch unter diesem Gesichtspunkt unwirksam sein können.

2888 Verlangt ein Lieferant bei abgeschlossenen Verträgen nachträglich höhere als die vereinbarten Preise, gegebenenfalls unter Berufung auf seine Allgemeinen Geschäftsbedingungen, sollte eine anwaltliche Beratung im Einzelfall eingeholt werden.

d) Vertragliche Möglichkeiten des Auftragnehmers, falls verbindliche Lieferfristen nicht vereinbart werden können

2889 Sind Lieferanten zu verbindlichen Termin- oder Preiszusagen nicht bereit, was aufgrund der aktuellen Situation bei längerfristiger Belieferung im Rahmen größerer Bauvorhaben stets der Fall sein dürfte, muss der Auftragnehmer dies bereits im Rahmen der Angebotsabgabe gegenüber dem Auftraggeber beachten und seine Angebote von vornherein unverbindlich bzw. „freibleibend" unterbreiten (vgl. § 145 BGB). Eine entsprechende Formulierung könnte beispielsweise lauten:

„Dieses Angebot ist freibleibend (also unverbindlich), sodass ein Vertragsabschluss bei Annahme durch den Auftraggeber noch eine gesonderte Auftragsbestätigung des Auftragnehmers erfordert!"

2890 Kommt es zu einer Auftragsverhandlung mit dem Auftraggeber, der das Angebot annehmen will, darf der Auftragnehmer, wenn er Verzugsansprüche seines Vertragspartners vermeiden will, keine verbindlichen Vertragsfristen vereinbaren oder muss die Einhaltung solcher Fristen ausdrücklich und unmissverständlich von einer rechtzeitigen Belieferung abhängig machen, sodass es nach dem Inhalt der Regelung zu einer Verlängerung der betroffenen Ausführungsfristen kommt, wenn der Auftragnehmer nachweisen kann, dass ihm trotz zumutbarer Anstrengungen eine Beschaffung des benötigten Materials nicht möglich war.

Dieser Gesichtspunkt korrespondiert mit der Frage, wie sich die Rechtslage dar- **2891**
stellt, wenn eine Beschaffung von Baustoffen zwar grundsätzlich möglich, aber erheblich teurer wird, als der Auftragnehmer es im Rahmen seiner Kalkulation berücksichtigt hat. In solchen Fällen müssen Material- bzw. Stoffpreisgleitklauseln oder vergleichbare Regelungen vereinbart werden, um auch das Preisrisiko zu beherrschen. Auf preisliche Vereinbarungen bzw. die Möglichkeit, Preiserhöhungen an den Auftraggeber weiterzugeben, gehen wir jetzt näher ein.

e) Preisanpassungsklauseln im Bauvertrag

aa) Stoff- bzw. Materialpreisgleitklauseln

Stoff- oder Materialpreisgleitklauseln stellen grundsätzlich ein probates Mittel zur **2892**
Weitergabe von Materialpreiserhöhungen dar. Wenn solche Klauseln von Auftraggebern im Bauvertrag (Leistungsverzeichnis) vorgesehen werden und weder gegen das Preisklauselgesetz noch gegen das Recht der Allgemeinen Geschäftsbedingungen, dort § 307 BGB, verstoßen, steht deren Wirksamkeit grundsätzlich nichts entgegen (zum Preisklauselgesetz vgl.: Kniffka-von Rintelen, ibr-online-Kommentar, Stand 12.7.2021 zu § 631, Rn. 542 – 558).

Im Gegensatz zu öffentlichen Auftraggebern, die Stoffpreisgleitklauseln schon in **2893**
der Vergangenheit, aber insbesondere aufgrund der momentanen Situation, häufig vereinbaren, um Verstöße gegen § 7 Abs. 1 Nr. 3 VOB/A (Verbot, dem Auftragnehmer ein ungewöhnliches Wagnis aufzuerlegen), haben private Austraggeber wegen des Risikos damit verbundener Preiserhöhungen in der Praxis kein Interesse daran, Preisgleitklauseln zu vereinbaren. Deshalb ist es Sache des Auftragnehmers, solche Klauseln zu verlangen und für ihre wirksame Einbeziehung in den Bauvertrag Sorge zu tragen. Wegen der bereits erwähnten Regelungen im Preisklauselgesetz, insbesondere aber auch wegen des Rechts der Allgemeinen Geschäftsbedingungen (AGB), ist die Formulierung wirksamer Materialpreisgleitklauseln kompliziert und sollte deshalb von erfahrenen Baujuristen begleitet werden. Verwenden Auftragnehmer Materialpreisgleitklauseln, die sie mit ihrem Vertragspartner nicht individuell aushandeln, stellen sie Allgemeine Geschäftsbedingungen (AGB) dar und können wegen der Vorschriften in den §§ 307 sowie 309 Nr. 1 BGB bzw. im Preisklauselgesetz unwirksam sein.

Deshalb ist es rechtlich sicherer, Stoffpreisgleitklauseln nicht in das Angebot oder **2894**
vorformulierte Vertragsbedingungen aufzunehmen, sondern das Angebot statt-

dessen ausdrücklich „freibleibend" (unverbindlich) abzugeben (siehe oben unter b)) und die Stoffpreisgleitklausel erst in der sich anschließenden Auftragsverhandlung mit dem Vertragspartner auszuhandeln und anschließend vertraglich zu vereinbaren. Dazu kommen beispielsweise folgende Formulierungen in Betracht:

„Ändern sich für das Bauvorhaben … die Einkaufspreise der Materialien aus dem Angebot des AN vom … zum Zeitpunkt der Ausführung um mehr als … %, ändern sich die vertraglichen Materialpreise entsprechend, vorausgesetzt, die Änderung ist nachweislich nicht auf Umstände zurückzuführen, die der AN selbst zu vertreten hat. Das gilt in gleichem Maße für Preiserhöhungen und Preissenkungen.

oder

„Sämtliche im Angebot enthaltenen Preise für Baustoffe/Baumaterialien wurden auf Basis der Einkaufspreise zum Zeitpunkt der Angebotserstellung vom … kalkuliert. Die Vertragsparteien sind sich darüber einig, dass der AN im Fall von Materialpreissteigerungen für solche Leistungen, die ab dem … zu erbringen sind, nachweislich erfolgte Preissteigerungen gegenüber dem AG geltend machen kann. Die Bauvertragsparteien verpflichten sich bereits jetzt, für diesen Fall eine Einigung über einen neuen Preis unter Berücksichtigung der Materialpreissteigerung zu vereinbaren. Im umgekehrten Fall von Materialpreissenkungen kann der AG dies gegenüber dem AN geltend machen, sodass wiederum ein neuer Preis unter Berücksichtigung der Materialpreissenkung zu vereinbaren ist."

2895 Das Formblatt 225 des VHB-Bund knüpft die Preisanpassung an die Preisindizes des Statistischen Bundesamtes. Auch das ist eine Möglichkeit, die zwar den Nachweisaufwand verringert, allerdings individuelle Besonderheiten des Einzelfalles nicht berücksichtigen kann.

bb) „Cost plus Fee"-Vereinbarung

2896 Eine Alternative zur Vereinbarung von Stoffpreisgleitklauseln besteht darin, bei Leistungspositionen mit erheblichen preislichen Unsicherheiten bezüglich der Materialbeschaffungskosten eine feste Vergütung nur für den Montageanteil zu vereinbaren und gleichzeitig zu regeln, dass für Baumaterialien/Bauteile, für die ein Preisrisiko besteht, eine sogenannte „cost plus fee"-Vereinbarung getroffen wird.

2897 Das bedeutet konkret, dass der Auftragnehmer für den Materialanteil der betroffenen Positionen exakt das abrechnet, was ihn die Materialbeschaffung nachweislich und tatsächlich kostet, zuzüglich eines Zuschlags („fee") für Allgemeine Geschäftskosten sowie Gewinn. Sinnvollerweise sollte diese Vereinbarung mit einer Regelung verbunden werden, nach der die beabsichtigten Materialeinkäufe gemeinsam abgestimmt und entsprechende Angebote wechselseitig offengelegt werden müssen („open books"). Eine solche Regelung hat den Vorteil, dass sie als Bestandteil der Preisvereinbarung einer AGB-rechtlichen Inhaltskontrolle entzogen ist (§ 307 Abs. 3 Satz 1 BGB).

f) Können Preiserhöhungen in der Ausführungsphase vom Auftragnehmer ohne vertragliche Vereinbarung weitergegeben werden?

aa) Preisanpassung nach den Grundsätzen einer Störung der Geschäftsgrundlage (§ 313 BGB)

Wenn vertragliche Regelungen zur Preisanpassung im Fall gestiegener Materialkosten fehlen, kann der Auftragnehmer erhöhte Beschaffungskosten allenfalls nach den Grundsätzen einer „Störung der Geschäftsgrundlage" (§ 313 BGB) geltend machen. Dafür müssen allerdings folgende Voraussetzungen vorliegen: **2898**

(1) Nach Vertragsabschluss müssen sich Umstände massiv verändert haben. Dabei ist wiederum zu beachten, dass die Weltgesundheitsorganisation (WHO) den Covid 19 – Ausbruch bereits seit dem 12.03.2020 als Pandemie behandelt. Die Materialknappheit bzw. die Verteuerung von Baustoffen ist bereits seit Anfang des Jahres 2021 vorhersehbar gewesen und spätestens seit April 2021 bekannt (siehe oben unter b)), sodass es bei Bauvertragsabschlüssen im Jahr 2021, jedenfalls aber bei Vertragsabschlüssen ab April 2021, bereits an dieser Voraussetzung fehlen dürfte. **2899**

(2) Es muss sich um Umstände handeln, die zur Grundlage des Vertrags geworden sind. Die interne Preiskalkulation des Auftragnehmers wird prinzipiell nicht als Grundlage des Vertrags angesehen, es sei denn, der Auftragnehmer weist darauf bereits in seinem Angebot explizit und erkennbar hin, beispielsweise durch folgende Formulierung: **2900**

> *„Geschäftsgrundlage für diesen Vertrag sind folgende Einkaufspreise für folgende im Einzelnen bezeichnete Materialien bezüglich der Positionen … des Leistungsverzeichnisses vom … (Anlagen: Angebote der Lieferanten … vom …)."*

In solchen Fällen wäre eine Berufung auf die Grundsätze des § 313 BGB unter dem Gesichtspunkt, dass die Einkaufspreise Vertragsgrundlage geworden sind, nicht von vornherein aussichtslos. **2901**

(3) Die veränderten Umstände dürfen nicht in den Risikobereich einer Vertragspartei fallen. Davon ist die Rechtsprechung in der Vergangenheit zulasten des Auftragnehmers tendenziell ausgegangen (BGH, Urt. v. 08.02.1978 – VIII ZR 221/76 im Zusammenhang mit der sogenannten „Ölkrise" sowie OLG Hamburg, Urt. v. 28.12.2005 – 14 U 124/05 und OLG Düsseldorf, Urt. v. 19.12.2008 – 23 U 48/08 im Zusammenhang mit Stahlpreiserhöhungen). **2902**

(4) Aufgrund der geänderten Umstände ist dem Auftragnehmer ein Festhalten am unveränderten Vertrag unzumutbar. Auch das dürfte nach der bisherigen Recht- **2903**

sprechung eine nur schwer zu überwindende Hürde sein, auch wenn Urteile zur Corona-Pandemie gegenwärtig noch nicht vorliegen. Es ist jedenfalls davon auszugehen, dass bei Bauverträgen, in denen der von den Preiserhöhungen betroffene Materialpreisanteil im Verhältnis zur Gesamtauftragssumme nur gering ist (beispielsweise bei Generalunternehmer-Verträgen) mit Sicherheit nicht von Unzumutbarkeit auszugehen ist. Wenn der Materialpreisanteil dagegen erheblich ist, muss es sich unter diesem Gesichtspunkt schon um extreme Kostenerhöhungen handeln, die ein Festhalten an den Vertragspreisen schlichtweg unzumutbar machen, wobei die oben genannten drei Voraussetzungen zusätzlich erfüllt sein müssen. Aus der bisherigen Rechtsprechung dürfte tendenziell folgen, dass eine Berufung auf die Grundsätze der Störung der Geschäftsgrundlage nur in extremen Ausnahmefällen möglich sein dürfte. Das gilt jedenfalls, wenn die Rechtsprechung trotz der Einmaligkeit der Covid-Krise an ihren bisherigen Grundsätzen festhält.

bb) Sonderfälle: Mengenerhöhungen aufgrund falscher Mengenangaben im Vertrag oder geänderte bzw. zusätzliche Leistungen auf Anordnung des Auftraggebers (Nachträge)

2904 Wie bereits ausgeführt, trägt der Auftragnehmer neben dem Beschaffungsrisiko grundsätzlich auch das Preisrisiko, sodass der Auftragnehmer an die vereinbarten Preise bis zum Ende der Bauzeit gebunden ist. Das gilt allerdings nur in Bezug auf die vertraglich beauftragte Leistung.

2905 Wenn geänderte oder zusätzliche Leistungen (Nachträge) ausgeführt werden müssen, die im Vergleich zur Auftragskalkulation erhöhte Materialbeschaffungskosten erfordern, dürfen Preiserhöhungen immer weitergegeben werden, und zwar sowohl nach VOB/B als auch nach den Nachtragsbestimmungen des BGB.

2906 Kommt es beim Einheitspreisvertrag wegen falscher Mengenangaben im LV zu Mengenerhöhungen gemäß § 2 Abs. 3 Nr. 2 VOB/B, können die gestiegenen Materialkosten für die Mengen ab 110 % geltend gemacht werden. Bei Pauschalverträgen gilt die Bestimmung in § 2 Abs. 7 VOB/B. Danach sind allerdings erhebliche Mengenabweichungen erforderlich, deren Ausführung dem Auftragnehmer für den vereinbarten Pauschalpreis unzumutbar ist (vgl. dazu E. I. 3., Rn. 737 ff.)

g) Sondersituation: Bauen für die öffentliche Hand

2907 Für öffentliche Aufträge gilt, dass der Auftragnehmer keine Änderungen an den Vergabeunterlagen vornehmen darf und darüber hinaus Preise und Vertragsbedingungen nicht verhandelt werden dürfen (§ 15 Abs. 3 VOB/A). Zulässig sind dagegen Bieteranfragen nach § 12a Abs. 4 VOB/A.

2908 Aus einem Erlass des Bundesinnenministeriums vom 21.5.2021 geht hervor, dass für neue Vergabeverfahren Stoffpreisgleitklauseln nach dem Formblatt 225 des VHB-Bund vereinbart werden sollen. Hierbei sind die vom statistischen Bundesamt erfassten und veröffentlichten Indizes der entsprechenden Erzeugerpreise gewerblicher Produkte einzubeziehen. Ferner heißt es dort: *„Insbesondere Sprünge von mehreren Indexpunkten pro Monat sind ein Indiz eines mit der Vereinbarung fester Preise einhergehenden, besonders hohen Wagnisses der Bieter, das die Vereinbarung von Stoffpreisgleitklauseln nahelegt."*

Wenn in neuen oder laufenden Vergabeverfahren öffentlicher Auftraggeber Stoffpreisgleitklauseln dennoch nicht vorgesehen sind, sollte der Auftragnehmer eine Bieteranfrage in Bezug auf die Vereinbarung einer Stoffpreisgleitklausel unter Verweis auf ein anderenfalls bestehendes ungewöhnliches Wagnis gemäß § 7 Abs. 1 Nr. 3 VOB/A stellen und – falls der öffentliche Auftraggeber die Bieteranfrage abschlägig beantwortet – das Vergabeverfahren unverzüglich rügen und gegebenenfalls ein Vergabenachprüfungsverfahren durchführen. **2909**

Bei laufenden Vergabeverfahren können nach diesem Erlass Stoffpreisgleitklauseln auch nachträglich einbezogen und Ausführungsfristen an die aktuelle Situation angepasst werden, wenn die Angebotsöffnung noch nicht erfolgt ist. Gegebenenfalls ist die Angebotsfrist entsprechend zu verlängern. Aus dem Erlass folgt ferner, dass Bieteranfragen gemäß § 12 Abs. 4 VOB/A zur Vereinbarung von Stoffpreisgleitklauseln zu prüfen und soweit mit den Vorgaben des VHB vereinbar auch zu genehmigen sind. Ablehnende Entscheidungen müssen im Vergabevermerk entsprechend begründet werden. **2910**

Ist die Angebotsöffnung bereits erfolgt, ist zu prüfen, ob zur Sicherstellung des Wettbewerbs und zur Vermeidung von Streitigkeiten in der Bauausführung die Rückversetzung in den Stand vor Angebotsabgabe infrage kommt, um Stoffpreisgleitklauseln einzubeziehen und/oder Ausführungsfristen verlängern zu können. **2911**

Bei bestehenden Verträgen kommt nach dem Erlass des Bundesinnenministeriums eine Anpassung allerdings nur in Ausnahmefällen, und zwar nach den Grundsätzen einer „Störung der Geschäftsgrundlage" (§ 313 BGB) in Betracht (siehe oben unter f) bb)). Wie bereits ausgeführt, sind die Anforderungen der Rechtsprechung daran außerordentlich streng. Solche Fälle dürften nur bei tatsächlicher Unmöglichkeit der Baustoffbeschaffung durch den Auftragnehmer anzunehmen sein. **2912**

h) Ausweichstrategien für Auftragnehmer, falls vertragliche Regelungen zur Preisanpassung fehlen

Bevor in eine rechtliche Auseinandersetzung eingestiegen oder gar geklagt wird, sollte ein Auftragnehmer stets versuchen, einvernehmliche Regelungen mit dem Auftraggeber zu treffen. Dazu dürfte es sinnvoll sein, aussagekräftige Unterlagen, welche die nicht kalkulierte Preiserhöhung nachvollziehbar machen, vorzulegen. Auch wenn möglicherweise eine rechtliche Verpflichtung zu einer Übernahme der Preiserhöhung nicht besteht, kann der Auftraggeber im Interesse einer kooperativen Vertragsabwicklung bzw. zur Vermeidung von Leistungsverweigerungsrechten oder einer möglicherweise berechtigten Kündigung des Bauvertrags durch den **2913**

Auftragnehmer mit anschließendem Bauprozess an einer vergleichsweisen Regelung interessiert sein.

2914 Kommt es zu solchen einvernehmlichen Regelungen im Vergleichswege nicht, kann der Auftragnehmer, falls es aus anderen Gründen zu Behinderungen bzw. einem Annahmeverzug des Auftraggebers kommt, an eine Kündigung des Bauvertrages nach § 9 Abs. 1 Nr. 1 VOB/B denken und gegebenenfalls nach Ausspruch einer solchen Kündigung Fristen und Preise neu vereinbaren (zu den Voraussetzungen des Annahmeverzugs vgl. Rn. 1699 ff.). Zuvor sollte sich der Auftragnehmer rechtlich beraten lassen, weil nicht jede Behinderung zu einem Kündigungsrecht führt. Denn der Auftragnehmer ist gemäß § 6 Abs. 3 VOB/B zu flexiblen Anpassungen, die zumutbar sind, verpflichtet, sodass nicht jede Behinderung, die in bestimmten Bereichen zu einem Annahmeverzug des Auftraggebers führen mag, eine Kündigung nach § 9 Abs. 1 Nr. 1 VOB/B bzw. § 643 rechtfertigen kann.

2915 Kommt es zu einer Unterbrechung der Bauarbeiten oder einer Verschiebung des vereinbarten Baubeginns um mehr als drei Monate (§ 6 Abs. 7 VOB/B), die der Auftragnehmer nicht zu vertreten hat, kann er den Vertrag kündigen und gegebenenfalls im Anschluss daran wiederum neue Preise bzw. Termine vereinbaren. Auch hier sollte im Zweifel Rechtsrat eingeholt werden, bevor die Kündigung ausgesprochen wird.

2916 Liegen solche Unterbrechungen, Verschiebungen oder kündigungsrelevante Behinderungen nicht vor, steht es dem Auftragnehmer frei, eine Bauhandwerkersicherheit gemäß § 650f BGB zu verlangen und für den Fall des fruchtlosen Verstreichens der dafür gesetzten Frist den Bauvertrag zu kündigen (vgl. dazu Rn. 2726 ff.). Der Auftragnehmer verlangt die Sicherheit quasi in der Hoffnung, dass der Auftraggeber diese nicht fristgemäß stellt oder stellen kann, und ihm damit einen rechtssicheren Ausstieg aus dem Bauvertrag ermöglicht, verbunden mit der Absicht, im Anschluss daran Preise und Fristen neu zu verhandeln.

2917 Auftraggeber, die ohne entsprechende vertragliche Vereinbarungen durch Preisgleitklauseln etc. nicht bereit sind, Materialpreiserhöhungen oder Fristverschiebungen zu akzeptieren, sollten sich jedenfalls darauf einstellen, dass Auftragnehmer alle denkbaren und undenkbaren rechtlichen Versuche unternehmen werden, um abgeschlossene Verträge vorzeitig zu beenden. Auch Auftraggeber sollten sich in solchen Fällen rechtlich beraten lassen, um irreparable Schäden, beispielsweise aus berechtigten Vertragskündigungen, zu vermeiden.

i) Zusammenfassung

2918 Kurzfristige Materialpreiserhöhungen lassen – ohne ausreichende und wirksame vertragliche Vereinbarungen – nur äußerst geringe Spielräume, gestiegene Preise an den Auftraggeber weiterzugeben bzw. eine Verlängerung der Ausführungsfristen zu erwirken, um Verzugsansprüchen zu entgehen.

Die Weitergabe von Preiserhöhungen erfordert – auch bei entsprechenden vertraglichen Vereinbarungen – einen hohen buchhalterischen und formellen Nachweisaufwand. Pauschale Behauptungen ohne aussagekräftige Unterlagen dürften von der Rechtsprechung die Anerkennung versagt werden. **2919**

Vertragliche Regelungen zu Ausführungsfristen bzw. Preisanpassungsklauseln sollten von erfahrenen Baujuristen geprüft bzw. entworfen werden. Kommt es ohne entsprechende Regelungen zu einer Auseinandersetzung in den jeweiligen Vertragsverhältnissen, empfiehlt es sich, für alle Vertragsparteien aufgrund der gegenwärtig unsicheren Rechtslage schnellstmöglich anwaltlichen Rat im Einzelfall einzuholen, um irreparable Schäden nach Möglichkeit zu vermeiden. Denn die Corona-Pandemie ist eine Situation, die es in der Bundesrepublik Deutschland nach dem zweiten Weltkrieg noch niemals gegeben hat. Aus diesem Grund ist die zukünftige Rechtsprechung zu den hier behandelten Fragen nicht sicher prognostizierbar. Bis diese Fragen höchstrichterlich vom BGH geklärt werden, gehen Jahre ins Land. Deshalb raten wir allen Vertragsparteien zu kooperativem Handeln. **2920**

III. Musterschreiben

2921 **Aufforderung zur Nacherfüllung unter Hinweis auf die fünfjährige Gewährleistungsfrist für Baustoffe (§ 438 Abs. 1 Nr. 2 b BGB)** Q 1

An den Verkäufer

Datum

Bauvorhaben: ...
Kaufvertrag/Bestellung vom ...
Aufforderung zur Nacherfüllung

Sehr geehrte Damen und Herren,

wir haben bei Ihnen mit Kaufvertrag vom .../der Bestellung vom ... 100 Stück Flanschdichtungen des Typs „Superdicht 100" erworben. Wie sich nunmehr herausgestellt hat, sind diese Dichtungen mangelhaft. Sie härten bereits nach wenigen Monaten aus und sind sodann nicht mehr dicht. Die Dichtungen befinden sich jeweils in den Badarmaturen der Wohnungen 1 bis 50 des o.g. Bauvorhabens.

Wir haben Sie aufzufordern, bis zum ... neue, mangelfreie Dichtungen zum Bauvorhaben zu liefern.

***Eventuell** (für Verträge, die ab dem 1.1.2018 geschlossen werden):*

Die mangelhaften Dichtungen werden wir aus- und die neuen, mangelfreien Dichtungen einbauen. Die insoweit anfallenden Kosten werden wir Ihnen berechnen. Dabei erlauben wir uns den Hinweis auf die Regelung des § 439 Abs. 3 BGB, wonach der Baustofflieferant im Falle mangelhafter Lieferungen auch die Erstattung der erforderlichen Aus- und Einbaukosten schuldet.

Eventuell:

Weiter weisen wir rein vorsorglich darauf hin, dass sich Ihre Firma noch immer in der Gewährleistungsfrist befindet. Die Gewährleistungsfrist für Baustoffe beträgt nach § 438 Abs. 1 Nr. 2 b BGB fünf Jahre. Diese gesetzliche Regelung lässt sich durch Allgemeine Geschäftsbedingungen, insbesondere Verkaufsbedingungen, nicht ändern. Es kommt folglich nicht darauf an, ob Sie in Ihren Allgemeinen Geschäftsbedingungen nur von einer Gewährleistungsfrist von zwei Jahren ausgehen (LG Köln, Urt. v. 7.2.2007 – 91 O 87/06 = IBR 2008, 387).

Mit freundlichen Grüßen

....

(Unterschrift)

Zurückweisung einer Inverzugsetzung bei ausgefallener/ verspäteter Materiallieferung **Q 2** 2922

An den Auftragnehmer

Datum

Bauvorhaben: ...
Ihre Inverzugsetzung vom ...

Sehr geehrte Frau .../Sehr geehrter Herr ...,

wir nehmen Bezug auf Ihr Schreiben vom ..., in dem Sie uns mit der Fertigstellung der Dacheindeckung am obigen Bauvorhaben in Verzug setzen.

Wir möchten zunächst betonen, dass wir gerne bereit sind, die noch ausstehenden Leistungen kurzfristig fertigzustellen und dafür auch alles tun werden. Leider müssen wir Ihnen jedoch mitteilen, dass der Lieferant der Dachziegel, die Firma Dazi, die von Ihnen gewünschten Ziegel derzeit nicht liefern kann. Wir haben die Ziegel rechtzeitig, nämlich am ..., bestellt und die Lieferung für den ... vereinbart (Nachweis anbei). Nunmehr wurde uns aber mitgeteilt, dass die Firma Lieferengpässe habe und dass deshalb die Lieferung nicht zum vereinbarten Termin möglich sei (Nachweis anbei). Deshalb ist die Dacheindeckung derzeit nicht möglich.

Wir möchten rein vorsorglich darauf hinweisen, dass wir für die ausgefallene Lieferung der Firma Dazi nicht einzustehen haben. Der Baustofflieferant ist (anders als der Subunternehmer) nicht Erfüllungsgehilfe des Auftragnehmers (BGH, Urt. v. 12.12.2001 – X ZR 192/00). Auch wir haben die industriell gefertigten Ziegel letztendlich beim Lieferanten Dazi nur eingekauft, die Herstellung der Ziegel gehört nicht zu unserem werkvertraglichen Pflichtenkreis.

Natürlich bedauern wir dennoch die ausgefallene Lieferung. Der Lieferant hat uns nunmehr mitgeteilt, dass die Dachziegel voraussichtlich am ... geliefert werden.

Sollten Sie sich angesichts des angekündigten Liefertermins für ein anderes Produkt entscheiden wollen, welches gegebenenfalls früher lieferbar ist, nehmen Sie bitte mit uns Kontakt auf. Die Einzelheiten sollten wir sodann persönlich besprechen.

Mit freundlichen Grüßen

....

(Unterschrift)

Anhang

VOB/B
Allgemeine Vertragsbedingungen für die Ausführung von Bauleistungen (Ausgabe 2016)

§ 1 Art und Umfang der Leistung

(1) Die auszuführende Leistung wird nach Art und Umfang durch den Vertrag bestimmt. Als Bestandteil des Vertrags gelten auch die Allgemeinen Technischen Vertragsbedingungen für Bauleistungen (VOB/C).

(2) Bei Widersprüchen im Vertrag gelten nacheinander:
1. die Leistungsbeschreibung,
2. die Besonderen Vertragsbedingungen,
3. etwaige Zusätzliche Vertragsbedingungen,
4. etwaige Zusätzliche Technische Vertragsbedingungen,
5. die Allgemeinen Technischen Vertragsbedingungen für Bauleistungen,
6. die Allgemeinen Vertragsbedingungen für die Ausführung von Bauleistungen.

(3) Änderungen des Bauentwurfs anzuordnen, bleibt dem Auftraggeber vorbehalten.

(4) Nicht vereinbarte Leistungen, die zur Ausführung der vertraglichen Leistung erforderlich werden, hat der Auftragnehmer auf Verlangen des Auftraggebers mit auszuführen, außer wenn sein Betrieb auf derartige Leistungen nicht eingerichtet ist. Andere Leistungen können dem Auftragnehmer nur mit seiner Zustimmung übertragen werden.

§ 2 Vergütung

(1) Durch die vereinbarten Preise werden alle Leistungen abgegolten, die nach der Leistungsbeschreibung, den Besonderen Vertragsbedingungen, den Zusätzlichen Vertragsbedingungen, den Zusätzlichen Technischen Vertragsbedingungen, den Allgemeinen Technischen Vertragsbedingungen für Bauleistungen und der gewerblichen Verkehrssitte zur vertraglichen Leistung gehören.

(2) Die Vergütung wird nach den vertraglichen Einheitspreisen und den tatsächlich ausgeführten Leistungen berechnet, wenn keine andere Berechnungsart (z.B. durch Pauschalsumme, nach Stundenlohnsätzen, nach Selbstkosten) vereinbart ist.

(3) 1. Weicht die ausgeführte Menge der unter einem Einheitspreis erfassten Leistung oder Teilleistung um nicht mehr als 10 v.H. von dem im Vertrag vorgesehenen Umfang ab, so gilt der vertragliche Einheitspreis.

2. Für die über 10 v.H. hinausgehende Überschreitung des Mengenansatzes ist auf Verlangen ein neuer Preis unter Berücksichtigung der Mehr- oder Minderkosten zu vereinbaren.

3. Bei einer über 10 v.H. hinausgehenden Unterschreitung des Mengenansatzes ist auf Verlangen der Einheitspreis für die tatsächlich ausgeführte Menge der Leistung oder Teilleistung zu erhöhen, soweit der Auftragnehmer nicht durch Erhöhung der Mengen bei anderen Ordnungszahlen (Positionen) oder in anderer Weise einen Ausgleich erhält. Die Erhöhung des Einheitspreises soll im Wesentlichen dem Mehrbetrag entsprechen, der sich durch Verteilung der Baustelleneinrichtungs- und Baustellengemeinkosten und der Allgemeinen Geschäftskosten auf die verringerte Menge ergibt. Die Umsatzsteuer wird entsprechend dem neuen Preis vergütet.
4. Sind von der unter einem Einheitspreis erfassten Leistung oder Teilleistung andere Leistungen abhängig, für die eine Pauschalsumme vereinbart ist, so kann mit der Änderung des Einheitspreises auch eine angemessene Änderung der Pauschalsumme gefordert werden.

(4) Werden im Vertrag ausbedungene Leistungen des Auftragnehmers vom Auftraggeber selbst übernommen (z.B. Lieferung von Bau-, Bauhilfs- und Betriebsstoffen), so gilt, wenn nichts anderes vereinbart wird, § 8 Absatz 1 Nummer 2 entsprechend.

(5) Werden durch Änderung des Bauentwurfs oder andere Anordnungen des Auftraggebers die Grundlagen des Preises für eine im Vertrag vorgesehene Leistung geändert, so ist ein neuer Preis unter Berücksichtigung der Mehr- oder Minderkosten zu vereinbaren. Die Vereinbarung soll vor der Ausführung getroffen werden.

(6) 1. Wird eine im Vertrag nicht vorgesehene Leistung gefordert, so hat der Auftragnehmer Anspruch auf besondere Vergütung. Er muss jedoch den Anspruch dem Auftraggeber ankündigen, bevor er mit der Ausführung der Leistung beginnt.
2. Die Vergütung bestimmt sich nach den Grundlagen der Preisermittlung für die vertragliche Leistung und den besonderen Kosten der geforderten Leistung. Sie ist möglichst vor Beginn der Ausführung zu vereinbaren.

(7) 1. Ist als Vergütung der Leistung eine Pauschalsumme vereinbart, so bleibt die Vergütung unverändert. Weicht jedoch die ausgeführte Leistung von der vertraglich vorgesehenen Leistung so erheblich ab, dass ein Festhalten an der Pauschalsumme nicht zumutbar ist (§ 313 BGB), so ist auf Verlangen ein Ausgleich unter Berücksichtigung der Mehr- oder Minderkosten zu gewähren. Für die Bemessung des Ausgleichs ist von den Grundlagen der Preisermittlung auszugehen.
2. Die Regelungen der Absätze 4, 5 und 6 gelten auch bei Vereinbarung einer Pauschalsumme.
3. Wenn nichts anderes vereinbart ist, gelten die Nummern 1 und 2 auch für Pauschalsummen, die für Teile der Leistung vereinbart sind; Absatz 3 Nummer 4 bleibt unberührt.

(8) 1. Leistungen, die der Auftragnehmer ohne Auftrag oder unter eigenmächtiger Abweichung vom Auftrag ausführt, werden nicht vergütet. Der Auftragnehmer hat sie auf Verlangen innerhalb einer angemessenen Frist zu beseitigen; sonst kann

es auf seine Kosten geschehen. Er haftet außerdem für andere Schäden, die dem Auftraggeber hieraus entstehen.

2. Eine Vergütung steht dem Auftragnehmer jedoch zu, wenn der Auftraggeber solche Leistungen nachträglich anerkennt. Eine Vergütung steht ihm auch zu, wenn die Leistungen für die Erfüllung des Vertrags notwendig waren, dem mutmaßlichen Willen des Auftraggebers entsprachen und ihm unverzüglich angezeigt wurden. Soweit dem Auftragnehmer eine Vergütung zusteht, gelten die Berechnungsgrundlagen für geänderte oder zusätzliche Leistungen der Absätze 5 oder 6 entsprechend.
3. Die Vorschriften des BGB über die Geschäftsführung ohne Auftrag (§§ 677 ff. BGB) bleiben unberührt.

(9) 1. Verlangt der Auftraggeber Zeichnungen, Berechnungen oder andere Unterlagen, die der Auftragnehmer nach dem Vertrag, besonders den Technischen Vertragsbedingungen oder der gewerblichen Verkehrssitte, nicht zu beschaffen hat, so hat er sie zu vergüten.

2. Lässt er vom Auftragnehmer nicht aufgestellte technische Berechnungen durch den Auftragnehmer nachprüfen, so hat er die Kosten zu tragen.

(10) Stundenlohnarbeiten werden nur vergütet, wenn sie als solche vor ihrem Beginn ausdrücklich vereinbart worden sind (§ 15).

§ 3 Ausführungsunterlagen

(1) Die für die Ausführung nötigen Unterlagen sind dem Auftragnehmer unentgeltlich und rechtzeitig zu übergeben.

(2) Das Abstecken der Hauptachsen der baulichen Anlagen, ebenso der Grenzen des Geländes, das dem Auftragnehmer zur Verfügung gestellt wird, und das Schaffen der notwendigen Höhenfestpunkte in unmittelbarer Nähe der baulichen Anlagen sind Sache des Auftraggebers.

(3) Die vom Auftraggeber zur Verfügung gestellten Geländeaufnahmen und Absteckungen und die übrigen für die Ausführung übergebenen Unterlagen sind für den Auftragnehmer maßgebend. Jedoch hat er sie, soweit es zur ordnungsgemäßen Vertragserfüllung gehört, auf etwaige Unstimmigkeiten zu überprüfen und den Auftraggeber auf entdeckte oder vermutete Mängel hinzuweisen.

(4) Vor Beginn der Arbeiten ist, soweit notwendig, der Zustand der Straßen und Geländeoberfläche, der Vorfluter und Vorflutleitungen, ferner der baulichen Anlagen im Baubereich in einer Niederschrift festzuhalten, die vom Auftraggeber und Auftragnehmer anzuerkennen ist.

(5) Zeichnungen, Berechnungen, Nachprüfungen von Berechnungen oder andere Unterlagen, die der Auftragnehmer nach dem Vertrag, besonders den Technischen Vertragsbedingungen, oder der gewerblichen Verkehrssitte oder auf besonderes Verlangen des Auf-

traggebers (§ 2 Absatz 9) zu beschaffen hat, sind dem Auftraggeber nach Aufforderung rechtzeitig vorzulegen.

(6) 1. Die in Absatz 5 genannten Unterlagen dürfen ohne Genehmigung ihres Urhebers nicht veröffentlicht, vervielfältigt, geändert oder für einen anderen als den vereinbarten Zweck benutzt werden.

2. An DV-Programmen hat der Auftraggeber das Recht zur Nutzung mit den vereinbarten Leistungsmerkmalen in unveränderter Form auf den festgelegten Geräten. Der Auftraggeber darf zum Zwecke der Datensicherung zwei Kopien herstellen. Diese müssen alle Identifikationsmerkmale enthalten. Der Verbleib der Kopien ist auf Verlangen nachzuweisen.

3. Der Auftragnehmer bleibt unbeschadet des Nutzungsrechts des Auftraggebers zur Nutzung der Unterlagen und der DV-Programme berechtigt.

§ 4 Ausführung

(1) 1. Der Auftraggeber hat für die Aufrechterhaltung der allgemeinen Ordnung auf der Baustelle zu sorgen und das Zusammenwirken der verschiedenen Unternehmer zu regeln. Er hat die erforderlichen öffentlich-rechtlichen Genehmigungen und Erlaubnisse – z.B. nach dem Baurecht, dem Straßenverkehrsrecht, dem Wasserrecht, dem Gewerberecht – herbeizuführen.

2. Der Auftraggeber hat das Recht, die vertragsgemäße Ausführung der Leistung zu überwachen. Hierzu hat er Zutritt zu den Arbeitsplätzen, Werkstätten und Lagerräumen, wo die vertragliche Leistung oder Teile von ihr hergestellt oder die hierfür bestimmten Stoffe und Bauteile gelagert werden. Auf Verlangen sind ihm die Werkzeichnungen oder andere Ausführungsunterlagen sowie die Ergebnisse von Güteprüfungen zur Einsicht vorzulegen und die erforderlichen Auskünfte zu erteilen, wenn hierdurch keine Geschäftsgeheimnisse preisgegeben werden. Als Geschäftsgeheimnis bezeichnete Auskünfte und Unterlagen hat er vertraulich zu behandeln.

3. Der Auftraggeber ist befugt, unter Wahrung der dem Auftragnehmer zustehenden Leitung (Absatz 2) Anordnungen zu treffen, die zur vertragsgemäßen Ausführung der Leistung notwendig sind. Die Anordnungen sind grundsätzlich nur dem Auftragnehmer oder seinem für die Leitung der Ausführung bestellten Vertreter zu erteilen, außer wenn Gefahr im Verzug ist. Dem Auftraggeber ist mitzuteilen, wer jeweils als Vertreter des Auftragnehmers für die Leitung der Ausführung bestellt ist.

4. Hält der Auftragnehmer die Anordnungen des Auftraggebers für unberechtigt oder unzweckmäßig, so hat er seine Bedenken geltend zu machen, die Anordnungen jedoch auf Verlangen auszuführen, wenn nicht gesetzliche oder behördliche Bestimmungen entgegenstehen. Wenn dadurch eine ungerechtfertigte Erschwerung verursacht wird, hat der Auftraggeber die Mehrkosten zu tragen.

(2) 1. Der Auftragnehmer hat die Leistung unter eigener Verantwortung nach dem Vertrag auszuführen. Dabei hat er die anerkannten Regeln der Technik und die

gesetzlichen und behördlichen Bestimmungen zu beachten. Es ist seine Sache, die Ausführung seiner vertraglichen Leistung zu leiten und für Ordnung auf seiner Arbeitsstelle zu sorgen.

2. Er ist für die Erfüllung der gesetzlichen, behördlichen und berufsgenossenschaftlichen Verpflichtungen gegenüber seinen Arbeitnehmern allein verantwortlich. Es ist ausschließlich seine Aufgabe, die Vereinbarungen und Maßnahmen zu treffen, die sein Verhältnis zu den Arbeitnehmern regeln.

(3) Hat der Auftragnehmer Bedenken gegen die vorgesehene Art der Ausführung (auch wegen der Sicherung gegen Unfallgefahren), gegen die Güte der vom Auftraggeber gelieferten Stoffe oder Bauteile oder gegen die Leistungen anderer Unternehmer, so hat er sie dem Auftraggeber unverzüglich – möglichst schon vor Beginn der Arbeiten – schriftlich mitzuteilen; der Auftraggeber bleibt jedoch für seine Angaben, Anordnungen oder Lieferungen verantwortlich.

(4) Der Auftraggeber hat, wenn nichts anderes vereinbart ist, dem Auftragnehmer unentgeltlich zur Benutzung oder Mitbenutzung zu überlassen:

1. die notwendigen Lager- und Arbeitsplätze auf der Baustelle,
2. vorhandene Zufahrtswege und Anschlussgleise,
3. vorhandene Anschlüsse für Wasser und Energie. Die Kosten für den Verbrauch und den Messer oder Zähler trägt der Auftragnehmer, mehrere Auftragnehmer tragen sie anteilig.

(5) Der Auftragnehmer hat die von ihm ausgeführten Leistungen und die ihm für die Ausführung übergebenen Gegenstände bis zur Abnahme vor Beschädigung und Diebstahl zu schützen. Auf Verlangen des Auftraggebers hat er sie vor Winterschäden und Grundwasser zu schützen, ferner Schnee und Eis zu beseitigen. Obliegt ihm die Verpflichtung nach Satz 2 nicht schon nach dem Vertrag, so regelt sich die Vergütung nach § 2 Absatz 6.

(6) Stoffe oder Bauteile, die dem Vertrag oder den Proben nicht entsprechen, sind auf Anordnung des Auftraggebers innerhalb einer von ihm bestimmten Frist von der Baustelle zu entfernen. Geschieht es nicht, so können sie auf Kosten des Auftragnehmers entfernt oder für seine Rechnung veräußert werden.

(7) Leistungen, die schon während der Ausführung als mangelhaft oder vertragswidrig erkannt werden, hat der Auftragnehmer auf eigene Kosten durch mangelfreie zu ersetzen. Hat der Auftragnehmer den Mangel oder die Vertragswidrigkeit zu vertreten, so hat er auch den daraus entstehenden Schaden zu ersetzen. Kommt der Auftragnehmer der Pflicht zur Beseitigung des Mangels nicht nach, so kann ihm der Auftraggeber eine angemessene Frist zur Beseitigung des Mangels setzen und erklären, dass er nach fruchtlosem Ablauf der Frist den Vertrag kündigen werde (§ 8 Absatz 3).

(8) 1. Der Auftragnehmer hat die Leistung im eigenen Betrieb auszuführen. Mit schriftlicher Zustimmung des Auftraggebers darf er sie an Nachunternehmer übertragen. Die Zustimmung ist nicht notwendig bei Leistungen, auf die der Betrieb des Auf-

tragnehmers nicht eingerichtet ist. Erbringt der Auftragnehmer ohne schriftliche Zustimmung des Auftraggebers Leistungen nicht im eigenen Betrieb, obwohl sein Betrieb darauf eingerichtet ist, kann der Auftraggeber ihm eine angemessene Frist zur Aufnahme der Leistung im eigenen Betrieb setzen und erklären, dass er nach fruchtlosem Ablauf der Frist den Vertrag kündigen werde (§ 8 Absatz 3).

2. Der Auftragnehmer hat bei der Weitervergabe von Bauleistungen an Nachunternehmer die Vergabe- und Vertragsordnung für Bauleistungen Teile B und C zugrunde zu legen.
3. Der Auftragnehmer hat dem Auftraggeber die Nachunternehmer und deren Nachunternehmer ohne Aufforderung spätestens bis zum Leistungsbeginn des Nachunternehmers mit Namen, gesetzlichen Vertretern und Kontaktdaten bekannt zu geben. Auf Verlangen des Auftraggebers hat der Auftragnehmer für seine Nachunternehmer Erklärungen und Nachweise zur Eignung vorzulegen.

(9) Werden bei Ausführung der Leistung auf einem Grundstück Gegenstände von Altertums-, Kunst- oder wissenschaftlichem Wert entdeckt, so hat der Auftragnehmer vor jedem weiteren Aufdecken oder Ändern dem Auftraggeber den Fund anzuzeigen und ihm die Gegenstände nach näherer Weisung abzuliefern. Die Vergütung etwaiger Mehrkosten regelt sich nach § 2 Absatz 6. Die Rechte des Entdeckers (§ 984 BGB) hat der Auftraggeber.

(10) Der Zustand von Teilen der Leistung ist auf Verlangen gemeinsam von Auftraggeber und Auftragnehmer festzustellen, wenn diese Teile der Leistung durch die weitere Ausführung der Prüfung und Feststellung entzogen werden. Das Ergebnis ist schriftlich niederzulegen.

§ 5 Ausführungsfristen

(1) Die Ausführung ist nach den verbindlichen Fristen (Vertragsfristen) zu beginnen, angemessen zu fördern und zu vollenden. In einem Bauzeitenplan enthaltene Einzelfristen gelten nur dann als Vertragsfristen, wenn dies im Vertrag ausdrücklich vereinbart ist.

(2) Ist für den Beginn der Ausführung keine Frist vereinbart, so hat der Auftraggeber dem Auftragnehmer auf Verlangen Auskunft über den voraussichtlichen Beginn zu erteilen. Der Auftragnehmer hat innerhalb von 12 Werktagen nach Aufforderung zu beginnen. Der Beginn der Ausführung ist dem Auftraggeber anzuzeigen.

(3) Wenn Arbeitskräfte, Geräte, Gerüste, Stoffe oder Bauteile so unzureichend sind, dass die Ausführungsfristen offenbar nicht eingehalten werden können, muss der Auftragnehmer auf Verlangen unverzüglich Abhilfe schaffen.

(4) Verzögert der Auftragnehmer den Beginn der Ausführung, gerät er mit der Vollendung in Verzug, oder kommt er der in Absatz 3 erwähnten Verpflichtung nicht nach, so kann der Auftraggeber bei Aufrechterhaltung des Vertrages Schadensersatz nach § 6 Absatz 6 verlangen oder dem Auftragnehmer eine angemessene Frist zur Vertragserfüllung setzen und erklären, dass er nach fruchtlosem Ablauf der Frist den Vertrag kündigen werde (§ 8 Absatz 3).

§ 6 Behinderung und Unterbrechung der Ausführung

(1) Glaubt sich der Auftragnehmer in der ordnungsgemäßen Ausführung der Leistung behindert, so hat er es dem Auftraggeber unverzüglich schriftlich anzuzeigen. Unterlässt er die Anzeige, so hat er nur dann Anspruch auf Berücksichtigung der hindernden Umstände, wenn dem Auftraggeber offenkundig die Tatsache und deren hindernde Wirkung bekannt waren.

(2) 1. Ausführungsfristen werden verlängert, soweit die Behinderung verursacht ist:
   a) durch einen Umstand aus dem Risikobereich des Auftraggebers,
   b) durch Streik oder eine von der Berufsvertretung der Arbeitgeber angeordnete Aussperrung im Betrieb des Auftragnehmers oder in einem unmittelbar für ihn arbeitenden Betrieb,
   c) durch höhere Gewalt oder andere für den Auftragnehmer unabwendbare Umstände.

2. Witterungseinflüsse während der Ausführungszeit, mit denen bei Abgabe des Angebots normalerweise gerechnet werden musste, gelten nicht als Behinderung.

(3) Der Auftragnehmer hat alles zu tun, was ihm billigerweise zugemutet werden kann, um die Weiterführung der Arbeiten zu ermöglichen. Sobald die hindernden Umstände wegfallen, hat er ohne Weiteres und unverzüglich die Arbeiten wieder aufzunehmen und den Auftraggeber davon zu benachrichtigen.

(4) Die Fristverlängerung wird berechnet nach der Dauer der Behinderung mit einem Zuschlag für die Wiederaufnahme der Arbeiten und die etwaige Verschiebung in eine ungünstigere Jahreszeit.

(5) Wird die Ausführung für voraussichtlich längere Dauer unterbrochen, ohne dass die Leistung dauernd unmöglich wird, so sind die ausgeführten Leistungen nach den Vertragspreisen abzurechnen und außerdem die Kosten zu vergüten, die dem Auftragnehmer bereits entstanden und in den Vertragspreisen des nicht ausgeführten Teils der Leistung enthalten sind.

(6) Sind die hindernden Umstände von einem Vertragsteil zu vertreten, so hat der andere Teil Anspruch auf Ersatz des nachweislich entstandenen Schadens, des entgangenen Gewinns aber nur bei Vorsatz oder grober Fahrlässigkeit. Im Übrigen bleibt der Anspruch des Auftragnehmers auf angemessene Entschädigung nach § 642 BGB unberührt, sofern die Anzeige nach Absatz 1 Satz 1 erfolgt oder wenn Offenkundigkeit nach Absatz 1 Satz 2 gegeben ist.

(7) Dauert eine Unterbrechung länger als 3 Monate, so kann jeder Teil nach Ablauf dieser Zeit den Vertrag schriftlich kündigen. Die Abrechnung regelt sich nach den Absätzen 5 und 6; wenn der Auftragnehmer die Unterbrechung nicht zu vertreten hat, sind auch die Kosten der Baustellenräumung zu vergüten, soweit sie nicht in der Vergütung für die bereits ausgeführten Leistungen enthalten sind.

§ 7 Verteilung der Gefahr

(1) Wird die ganz oder teilweise ausgeführte Leistung vor der Abnahme durch höhere Gewalt, Krieg, Aufruhr oder andere objektiv unabwendbare vom Auftragnehmer nicht zu vertretende Umstände beschädigt oder zerstört, so hat dieser für die ausgeführten Teile der Leistung die Ansprüche nach § 6 Absatz 5; für andere Schäden besteht keine gegenseitige Ersatzpflicht.

(2) Zu der ganz oder teilweise ausgeführten Leistung gehören alle mit der baulichen Anlage unmittelbar verbundenen, in ihre Substanz eingegangenen Leistungen, unabhängig von deren Fertigstellungsgrad.

(3) Zu der ganz oder teilweise ausgeführten Leistung gehören nicht die noch nicht eingebauten Stoffe und Bauteile sowie die Baustelleneinrichtung und Absteckungen. Zu der ganz oder teilweise ausgeführten Leistung gehören ebenfalls nicht Hilfskonstruktionen und Gerüste, auch wenn diese als Besondere Leistung oder selbstständig vergeben sind.

§ 8 Kündigung durch den Auftraggeber

(1) 1. Der Auftraggeber kann bis zur Vollendung der Leistung jederzeit den Vertrag kündigen.
2. Dem Auftragnehmer steht die vereinbarte Vergütung zu. Er muss sich jedoch anrechnen lassen, was er infolge der Aufhebung des Vertrags an Kosten erspart oder durch anderweitige Verwendung seiner Arbeitskraft und seines Betriebs erwirbt oder zu erwerben böswillig unterlässt (§ 649 BGB).

(2) 1. Der Auftraggeber kann den Vertrag kündigen, wenn der Auftragnehmer seine Zahlungen einstellt, von ihm oder zulässigerweise vom Auftraggeber oder einem anderen Gläubiger das Insolvenzverfahren (§§ 14 und 15 InsO) beziehungsweise ein vergleichbares gesetzliches Verfahren beantragt ist, ein solches Verfahren eröffnet wird oder dessen Eröffnung mangels Masse abgelehnt wird.
2. Die ausgeführten Leistungen sind nach § 6 Absatz 5 abzurechnen. Der Auftraggeber kann Schadensersatz wegen Nichterfüllung des Restes verlangen.

(3) 1. Der Auftraggeber kann den Vertrag kündigen, wenn in den Fällen des § 4 Absatz 7 und 8 Nummer 1 und des § 5 Absatz 4 die gesetzte Frist fruchtlos abgelaufen ist. Die Kündigung kann auf einen in sich abgeschlossenen Teil der vertraglichen Leistung beschränkt werden.
2. Nach der Kündigung ist der Auftraggeber berechtigt, den noch nicht vollendeten Teil der Leistung zulasten des Auftragnehmers durch einen Dritten ausführen zu lassen, doch bleiben seine Ansprüche auf Ersatz des etwa entstehenden weiteren Schadens bestehen. Er ist auch berechtigt, auf die weitere Ausführung zu verzichten und Schadensersatz wegen Nichterfüllung zu verlangen, wenn die Ausführung aus den Gründen, die zur Kündigung geführt haben, für ihn kein Interesse mehr hat.

3. Für die Weiterführung der Arbeiten kann der Auftraggeber Geräte, Gerüste, auf der Baustelle vorhandene andere Einrichtungen und angelieferte Stoffe und Bauteile gegen angemessene Vergütung in Anspruch nehmen.
4. Der Auftraggeber hat dem Auftragnehmer eine Aufstellung über die entstandenen Mehrkosten und über seine anderen Ansprüche spätestens binnen 12 Werktagen nach Abrechnung mit dem Dritten zuzusenden.

(4) Der Auftraggeber kann den Vertrag kündigen,
1. wenn der Auftragnehmer aus Anlass der Vergabe eine Abrede getroffen hatte, die eine unzulässige Wettbewerbsbeschränkung darstellt. Absatz 3 Nummer 1 Satz 2 und Nummer 2 bis 4 gilt entsprechend.
2. sofern dieser im Anwendungsbereich des 4. Teils des GWB geschlossen wurde,
   a) wenn der Auftragnehmer wegen eines zwingenden Ausschlussgrundes zum Zeitpunkt des Zuschlags nicht hätte beauftragt werden dürfen. Absatz 3 Nummer 1 Satz 2 und Nummer 2 bis 4 gilt entsprechend.
   b) bei wesentlicher Änderung des Vertrages oder bei Feststellung einer schweren Verletzung der Verträge über die Europäische Union und die Arbeitsweise der Europäischen Union durch den Europäischen Gerichtshof. Die ausgeführten Leistungen sind nach § 6 Absatz 5 abzurechnen. Etwaige Schadensersatzansprüche der Parteien bleiben unberührt.

   Die Kündigung ist innerhalb von 12 Kalendertagen nach Bekanntwerden des Kündigungsgrundes auszusprechen.

(5) Sofern der Auftragnehmer die Leistung, ungeachtet des Anwendungsbereichs des 4. Teils des GWB, ganz oder teilweise an Nachunternehmer weitervergeben hat, steht auch ihm das Kündigungsrecht gemäß Absatz 4 Nummer 2 Buchstabe b zu, wenn der ihn als Auftragnehmer verpflichtende Vertrag (Hauptauftrag) gemäß Absatz 4 Nummer 2 Buchstabe b gekündigt wurde. Entsprechendes gilt für jeden Auftraggeber der Nachunternehmerkette, sofern sein jeweiliger Auftraggeber den Vertrag gemäß Satz 1 gekündigt hat.

(6) Die Kündigung ist schriftlich zu erklären.

(7) Der Auftragnehmer kann Aufmaß und Abnahme der von ihm ausgeführten Leistungen alsbald nach der Kündigung verlangen; er hat unverzüglich eine prüfbare Rechnung über die ausgeführten Leistungen vorzulegen.

(8) Eine wegen Verzugs verwirkte, nach Zeit bemessene Vertragsstrafe kann nur für die Zeit bis zum Tag der Kündigung des Vertrags gefordert werden.

§ 9 Kündigung durch den Auftragnehmer

(1) Der Auftragnehmer kann den Vertrag kündigen:
1. wenn der Auftraggeber eine ihm obliegende Handlung unterlässt und dadurch den Auftragnehmer außerstande setzt, die Leistung auszuführen (Annahmeverzug nach §§ 293 ff. BGB),

2. wenn der Auftraggeber eine fällige Zahlung nicht leistet oder sonst in Schuldnerverzug gerät.

(2) Die Kündigung ist schriftlich zu erklären. Sie ist erst zulässig, wenn der Auftragnehmer dem Auftraggeber ohne Erfolg eine angemessene Frist zur Vertragserfüllung gesetzt und erklärt hat, dass er nach fruchtlosem Ablauf der Frist den Vertrag kündigen werde.

(3) Die bisherigen Leistungen sind nach den Vertragspreisen abzurechnen. Außerdem hat der Auftragnehmer Anspruch auf angemessene Entschädigung nach § 642 BGB; etwaige weitergehende Ansprüche des Auftragnehmers bleiben unberührt.

§ 10 Haftung der Vertragsparteien

(1) Die Vertragsparteien haften einander für eigenes Verschulden sowie für das Verschulden ihrer gesetzlichen Vertreter und der Personen, deren sie sich zur Erfüllung ihrer Verbindlichkeiten bedienen (§§ 276, 278 BGB).

(2) 1. Entsteht einem Dritten im Zusammenhang mit der Leistung ein Schaden, für den auf Grund gesetzlicher Haftpflichtbestimmungen beide Vertragsparteien haften, so gelten für den Ausgleich zwischen den Vertragsparteien die allgemeinen gesetzlichen Bestimmungen, soweit im Einzelfall nichts anderes vereinbart ist. Soweit der Schaden des Dritten nur die Folge einer Maßnahme ist, die der Auftraggeber in dieser Form angeordnet hat, trägt er den Schaden allein, wenn ihn der Auftragnehmer auf die mit der angeordneten Ausführung verbundene Gefahr nach § 4 Absatz 3 hingewiesen hat.

2. Der Auftragnehmer trägt den Schaden allein, soweit er ihn durch Versicherung seiner gesetzlichen Haftpflicht gedeckt hat oder durch eine solche zu tarifmäßigen, nicht auf außergewöhnliche Verhältnisse abgestellten Prämien und Prämienzuschlägen bei einem im Inland zum Geschäftsbetrieb zugelassenen Versicherer hätte decken können.

(3) Ist der Auftragnehmer einem Dritten nach den §§ 823 ff. BGB zu Schadensersatz verpflichtet wegen unbefugten Betretens oder Beschädigung angrenzender Grundstücke, wegen Entnahme oder Auflagerung von Boden oder anderen Gegenständen außerhalb der vom Auftraggeber dazu angewiesenen Flächen oder wegen der Folgen eigenmächtiger Versperrung von Wegen oder Wasserläufen, so trägt er im Verhältnis zum Auftraggeber den Schaden allein.

(4) Für die Verletzung gewerblicher Schutzrechte haftet im Verhältnis der Vertragsparteien zueinander der Auftragnehmer allein, wenn er selbst das geschützte Verfahren oder die Verwendung geschützter Gegenstände angeboten oder wenn der Auftraggeber die Verwendung vorgeschrieben und auf das Schutzrecht hingewiesen hat.

(5) Ist eine Vertragspartei gegenüber der anderen nach den Absätzen 2, 3 oder 4 von der Ausgleichspflicht befreit, so gilt diese Befreiung auch zugunsten ihrer gesetzlichen Vertreter und Erfüllungsgehilfen, wenn sie nicht vorsätzlich oder grob fahrlässig gehandelt haben.

(6) Soweit eine Vertragspartei von dem Dritten für einen Schaden in Anspruch genommen wird, den nach den Absätzen 2, 3 oder 4 die andere Vertragspartei zu tragen hat, kann sie verlangen, dass ihre Vertragspartei sie von der Verbindlichkeit gegenüber dem Dritten befreit. Sie darf den Anspruch des Dritten nicht anerkennen oder befriedigen, ohne der anderen Vertragspartei vorher Gelegenheit zur Äußerung gegeben zu haben.

§ 11 Vertragsstrafe

(1) Wenn Vertragsstrafen vereinbart sind, gelten die §§ 339 bis 345 BGB.

(2) Ist die Vertragsstrafe für den Fall vereinbart, dass der Auftragnehmer nicht in der vorgesehenen Frist erfüllt, so wird sie fällig, wenn der Auftragnehmer in Verzug gerät.

(3) Ist die Vertragsstrafe nach Tagen bemessen, so zählen nur Werktage; ist sie nach Wochen bemessen, so wird jeder Werktag angefangener Wochen als 1/6 Woche gerechnet.

(4) Hat der Auftraggeber die Leistung abgenommen, so kann er die Strafe nur verlangen, wenn er dies bei der Abnahme vorbehalten hat.

§ 12 Abnahme

(1) Verlangt der Auftragnehmer nach der Fertigstellung – gegebenenfalls auch vor Ablauf der vereinbarten Ausführungsfrist – die Abnahme der Leistung, so hat sie der Auftraggeber binnen 12 Werktagen durchzuführen; eine andere Frist kann vereinbart werden.

(2) Auf Verlangen sind in sich abgeschlossene Teile der Leistung besonders abzunehmen.

(3) Wegen wesentlicher Mängel kann die Abnahme bis zur Beseitigung verweigert werden.

(4) 1. Eine förmliche Abnahme hat stattzufinden, wenn eine Vertragspartei es verlangt. Jede Partei kann auf ihre Kosten einen Sachverständigen zuziehen. Der Befund ist in gemeinsamer Verhandlung schriftlich niederzulegen. In die Niederschrift sind etwaige Vorbehalte wegen bekannter Mängel und wegen Vertragsstrafen aufzunehmen, ebenso etwaige Einwendungen des Auftragnehmers. Jede Partei erhält eine Ausfertigung.

2. Die förmliche Abnahme kann in Abwesenheit des Auftragnehmers stattfinden, wenn der Termin vereinbart war oder der Auftraggeber mit genügender Frist dazu eingeladen hatte. Das Ergebnis der Abnahme ist dem Auftragnehmer alsbald mitzuteilen.

(5) 1. Wird keine Abnahme verlangt, so gilt die Leistung als abgenommen mit Ablauf von 12 Werktagen nach schriftlicher Mitteilung über die Fertigstellung der Leistung.

2. Wird keine Abnahme verlangt und hat der Auftraggeber die Leistung oder einen Teil der Leistung in Benutzung genommen, so gilt die Abnahme nach Ablauf von 6 Werktagen nach Beginn der Benutzung als erfolgt, wenn nichts anderes vereinbart ist. Die Benutzung von Teilen einer baulichen Anlage zur Weiterführung der Arbeiten gilt nicht als Abnahme.

3. Vorbehalte wegen bekannter Mängel oder wegen Vertragsstrafen hat der Auftraggeber spätestens zu den in den Nummern 1 und 2 bezeichneten Zeitpunkten geltend zu machen.

(6) Mit der Abnahme geht die Gefahr auf den Auftraggeber über, soweit er sie nicht schon nach § 7 trägt.

§ 13 Mängelansprüche

(1) Der Auftragnehmer hat dem Auftraggeber seine Leistung zum Zeitpunkt der Abnahme frei von Sachmängeln zu verschaffen. Die Leistung ist zur Zeit der Abnahme frei von Sachmängeln, wenn sie die vereinbarte Beschaffenheit hat und den anerkannten Regeln der Technik entspricht. Ist die Beschaffenheit nicht vereinbart, so ist die Leistung zur Zeit der Abnahme frei von Sachmängeln,
1. wenn sie sich für die nach dem Vertrag vorausgesetzte, sonst
2. für die gewöhnliche Verwendung eignet und eine Beschaffenheit aufweist, die bei Werken der gleichen Art üblich ist und die der Auftraggeber nach der Art der Leistung erwarten kann.

(2) Bei Leistungen nach Probe gelten die Eigenschaften der Probe als vereinbarte Beschaffenheit, soweit nicht Abweichungen nach der Verkehrssitte als bedeutungslos anzusehen sind. Dies gilt auch für Proben, die erst nach Vertragsabschluss als solche anerkannt sind.

(3) Ist ein Mangel zurückzuführen auf die Leistungsbeschreibung oder auf Anordnungen des Auftraggebers, auf die von diesem gelieferten oder vorgeschriebenen Stoffe oder Bauteile oder die Beschaffenheit der Vorleistung eines anderen Unternehmers, haftet der Auftragnehmer, es sei denn, er hat die ihm nach § 4 Absatz 3 obliegende Mitteilung gemacht.

(4) 1. Ist für Mängelansprüche keine Verjährungsfrist im Vertrag vereinbart, so beträgt sie für Bauwerke 4 Jahre, für andere Werke, deren Erfolg in der Herstellung, Wartung oder Veränderung einer Sache besteht, und für die vom Feuer berührten Teile von Feuerungsanlagen 2 Jahre. Abweichend von Satz 1 beträgt die Verjährungsfrist für feuerberührte und abgasdämmende Teile von industriellen Feuerungsanlagen 1 Jahr.

2. Ist für Teile von maschinellen und elektrotechnischen/elektronischen Anlagen, bei denen die Wartung Einfluss auf Sicherheit und Funktionsfähigkeit hat, nichts anderes vereinbart, beträgt für diese Anlagenteile die Verjährungsfrist für Mängelansprüche abweichend von Nummer 1 zwei Jahre, wenn der Auftraggeber sich dafür entschieden hat, dem Auftragnehmer die Wartung für die Dauer der Verjährungsfrist nicht zu übertragen; dies gilt auch, wenn für weitere Leistungen eine andere Verjährungsfrist vereinbart ist.

3. Die Frist beginnt mit der Abnahme der gesamten Leistung; nur für in sich abgeschlossene Teile der Leistung beginnt sie mit der Teilabnahme (§ 12 Absatz 2).

(5) 1. Der Auftragnehmer ist verpflichtet, alle während der Verjährungsfrist hervortretenden Mängel, die auf vertragswidrige Leistung zurückzuführen sind, auf seine

Kosten zu beseitigen, wenn es der Auftraggeber vor Ablauf der Frist schriftlich verlangt. Der Anspruch auf Beseitigung der gerügten Mängel verjährt in 2 Jahren, gerechnet vom Zugang des schriftlichen Verlangens an, jedoch nicht vor Ablauf der Regelfristen nach Absatz 4 oder der an ihrer Stelle vereinbarten Frist. Nach Abnahme der Mängelbeseitigungsleistung beginnt für diese Leistung eine Verjährungsfrist von 2 Jahren neu, die jedoch nicht vor Ablauf der Regelfristen nach Absatz 4 oder der an ihrer Stelle vereinbarten Frist endet.

2. Kommt der Auftragnehmer der Aufforderung zur Mängelbeseitigung in einer vom Auftraggeber gesetzten angemessenen Frist nicht nach, so kann der Auftraggeber die Mängel auf Kosten des Auftragnehmers beseitigen lassen.

(6) Ist die Beseitigung des Mangels für den Auftraggeber unzumutbar oder ist sie unmöglich oder würde sie einen unverhältnismäßig hohen Aufwand erfordern und wird sie deshalb vom Auftragnehmer verweigert, so kann der Auftraggeber durch Erklärung gegenüber dem Auftragnehmer die Vergütung mindern (§ 638 BGB).

(7) 1. Der Auftragnehmer haftet bei schuldhaft verursachten Mängeln für Schäden aus der Verletzung des Lebens, des Körpers oder der Gesundheit.

2. Bei vorsätzlich oder grob fahrlässig verursachten Mängeln haftet er für alle Schäden.

3. Im Übrigen ist dem Auftraggeber der Schaden an der baulichen Anlage zu ersetzen, zu deren Herstellung, Instandhaltung oder Änderung die Leistung dient, wenn ein wesentlicher Mangel vorliegt, der die Gebrauchsfähigkeit erheblich beeinträchtigt und auf ein Verschulden des Auftragnehmers zurückzuführen ist. Einen darüber hinausgehenden Schaden hat der Auftragnehmer nur dann zu ersetzen,
   a) wenn der Mangel auf einem Verstoß gegen die anerkannten Regeln der Technik beruht,
   b) wenn der Mangel in dem Fehlen einer vertraglich vereinbarten Beschaffenheit besteht oder
   c) soweit der Auftragnehmer den Schaden durch Versicherung seiner gesetzlichen Haftpflicht gedeckt hat oder durch eine solche zu tarifmäßigen, nicht auf außergewöhnliche Verhältnisse abgestellten Prämien und Prämienzuschlägen bei einem im Inland zum Geschäftsbetrieb zugelassenen Versicherer hätte decken können.

4. Abweichend von Absatz 4 gelten die gesetzlichen Verjährungsfristen, soweit sich der Auftragnehmer nach Nummer 3 durch Versicherung geschützt hat oder hätte schützen können oder soweit ein besonderer Versicherungsschutz vereinbart ist.

5. Eine Einschränkung oder Erweiterung der Haftung kann in begründeten Sonderfällen vereinbart werden.

§ 14 Abrechnung

(1) Der Auftragnehmer hat seine Leistungen prüfbar abzurechnen. Er hat die Rechnungen übersichtlich aufzustellen und dabei die Reihenfolge der Posten einzuhalten und die

in den Vertragsbestandteilen enthaltenen Bezeichnungen zu verwenden. Die zum Nachweis von Art und Umfang der Leistung erforderlichen Mengenberechnungen, Zeichnungen und andere Belege sind beizufügen. Änderungen und Ergänzungen des Vertrags sind in der Rechnung besonders kenntlich zu machen; sie sind auf Verlangen getrennt abzurechnen.

(2) Die für die Abrechnung notwendigen Feststellungen sind dem Fortgang der Leistung entsprechend möglichst gemeinsam vorzunehmen. Die Abrechnungsbestimmungen in den Technischen Vertragsbedingungen und den anderen Vertragsunterlagen sind zu beachten. Für Leistungen, die bei Weiterführung der Arbeiten nur schwer feststellbar sind, hat der Auftragnehmer rechtzeitig gemeinsame Feststellungen zu beantragen.

(3) Die Schlussrechnung muss bei Leistungen mit einer vertraglichen Ausführungsfrist von höchstens 3 Monaten spätestens 12 Werktage nach Fertigstellung eingereicht werden, wenn nichts anderes vereinbart ist; diese Frist wird um je 6 Werktage für je weitere 3 Monate Ausführungsfrist verlängert.

(4) Reicht der Auftragnehmer eine prüfbare Rechnung nicht ein, obwohl ihm der Auftraggeber dafür eine angemessene Frist gesetzt hat, so kann sie der Auftraggeber selbst auf Kosten des Auftragnehmers aufstellen.

§ 15 Stundenlohnarbeiten

(1) 1. Stundenlohnarbeiten werden nach den vertraglichen Vereinbarungen abgerechnet.

2. Soweit für die Vergütung keine Vereinbarungen getroffen worden sind, gilt die ortsübliche Vergütung. Ist diese nicht zu ermitteln, so werden die Aufwendungen des Auftragnehmers für Lohn- und Gehaltskosten der Baustelle, Lohn- und Gehaltsnebenkosten der Baustelle, Stoffkosten der Baustelle, Kosten der Einrichtungen, Geräte, Maschinen und maschinellen Anlagen der Baustelle, Fracht-, Fuhr- und Ladekosten, Sozialkassenbeiträge und Sonderkosten, die bei wirtschaftlicher Betriebsführung entstehen, mit angemessenen Zuschlägen für Gemeinkosten und Gewinn (einschließlich allgemeinem Unternehmerwagnis) zuzüglich Umsatzsteuer vergütet.

(2) Verlangt der Auftraggeber, dass die Stundenlohnarbeiten durch einen Polier oder eine andere Aufsichtsperson beaufsichtigt werden, oder ist die Aufsicht nach den einschlägigen Unfallverhütungsvorschriften notwendig, so gilt Absatz 1 entsprechend.

(3) Dem Auftraggeber ist die Ausführung von Stundenlohnarbeiten vor Beginn anzuzeigen. Über die geleisteten Arbeitsstunden und den dabei erforderlichen, besonders zu vergütenden Aufwand für den Verbrauch von Stoffen, für Vorhaltung von Einrichtungen, Geräten, Maschinen und maschinellen Anlagen, für Frachten, Fuhr- und Ladeleistungen sowie etwaige Sonderkosten sind, wenn nichts anderes vereinbart ist, je nach der Verkehrssitte werktäglich oder wöchentlich Listen (Stundenlohnzettel) einzureichen. Der Auftraggeber hat die von ihm bescheinigten Stundenlohnzettel unverzüglich, spätestens

jedoch innerhalb von 6 Werktagen nach Zugang, zurückzugeben. Dabei kann er Einwendungen auf den Stundenlohnzetteln oder gesondert schriftlich erheben. Nicht fristgemäß zurückgegebene Stundenlohnzettel gelten als anerkannt.

(4) Stundenlohnrechnungen sind alsbald nach Abschluss der Stundenlohnarbeiten, längstens jedoch in Abständen von 4 Wochen, einzureichen. Für die Zahlung gilt § 16.

(5) Wenn Stundenlohnarbeiten zwar vereinbart waren, über den Umfang der Stundenlohnleistungen aber mangels rechtzeitiger Vorlage der Stundenlohnzettel Zweifel bestehen, so kann der Auftraggeber verlangen, dass für die nachweisbar ausgeführten Leistungen eine Vergütung vereinbart wird, die nach Maßgabe von Absatz 1 Nummer 2 für einen wirtschaftlich vertretbaren Aufwand an Arbeitszeit und Verbrauch von Stoffen, für Vorhaltung von Einrichtungen, Geräten, Maschinen und maschinellen Anlagen, für Frachten, Fuhr- und Ladeleistungen sowie etwaige Sonderkosten ermittelt wird.

§ 16 Zahlung

(1) 1. Abschlagszahlungen sind auf Antrag in möglichst kurzen Zeitabständen oder zu den vereinbarten Zeitpunkten zu gewähren, und zwar in Höhe des Wertes der jeweils nachgewiesenen vertragsgemäßen Leistungen einschließlich des ausgewiesenen, darauf entfallenden Umsatzsteuerbetrages. Die Leistungen sind durch eine prüfbare Aufstellung nachzuweisen, die eine rasche und sichere Beurteilung der Leistungen ermöglichen muss. Als Leistungen gelten hierbei auch die für die geforderte Leistung eigens angefertigten und bereitgestellten Bauteile sowie die auf der Baustelle angelieferten Stoffe und Bauteile, wenn dem Auftraggeber nach seiner Wahl das Eigentum an ihnen übertragen ist oder entsprechende Sicherheit gegeben wird.

2. Gegenforderungen können einbehalten werden. Andere Einbehalte sind nur in den im Vertrag und in den gesetzlichen Bestimmungen vorgesehenen Fällen zulässig.
3. Ansprüche auf Abschlagszahlungen werden binnen 21 Tagen nach Zugang der Aufstellung fällig.
4. Die Abschlagszahlungen sind ohne Einfluss auf die Haftung des Auftragnehmers; sie gelten nicht als Abnahme von Teilen der Leistung.

(2) 1. Vorauszahlungen können auch nach Vertragsabschluss vereinbart werden; hierfür ist auf Verlangen des Auftraggebers ausreichende Sicherheit zu leisten. Diese Vorauszahlungen sind, sofern nichts anderes vereinbart wird, mit 3 v.H. über dem Basiszinssatz des § 247 BGB zu verzinsen.

2. Vorauszahlungen sind auf die nächstfälligen Zahlungen anzurechnen, soweit damit Leistungen abzugelten sind, für welche die Vorauszahlungen gewährt worden sind.

(3) 1. Der Anspruch auf Schlusszahlung wird alsbald nach Prüfung und Feststellung fällig, spätestens innerhalb von 30 Tagen nach Zugang der Schlussrechnung. Die Frist verlängert sich auf höchstens 60 Tage, wenn sie aufgrund der besonderen Natur oder Merkmale der Vereinbarung sachlich gerechtfertigt ist und ausdrücklich vereinbart

wurde. Werden Einwendungen gegen die Prüfbarkeit unter Angabe der Gründe nicht bis zum Ablauf der jeweiligen Frist erhoben, kann der Auftraggeber sich nicht mehr auf die fehlende Prüfbarkeit berufen. Die Prüfung der Schlussrechnung ist nach Möglichkeit zu beschleunigen. Verzögert sie sich, so ist das unbestrittene Guthaben als Abschlagszahlung sofort zu zahlen.

2. Die vorbehaltlose Annahme der Schlusszahlung schließt Nachforderungen aus, wenn der Auftragnehmer über die Schlusszahlung schriftlich unterrichtet und auf die Ausschlusswirkung hingewiesen wurde.
3. Einer Schlusszahlung steht es gleich, wenn der Auftraggeber unter Hinweis auf geleistete Zahlungen weitere Zahlungen endgültig und schriftlich ablehnt.
4. Auch früher gestellte, aber unerledigte Forderungen werden ausgeschlossen, wenn sie nicht nochmals vorbehalten werden.
5. Ein Vorbehalt ist innerhalb von 28 Tagen nach Zugang der Mitteilung nach den Nummern 2 und 3 über die Schlusszahlung zu erklären. Er wird hinfällig, wenn nicht innerhalb von weiteren 28 Tagen – beginnend am Tag nach Ablauf der in Satz 1 genannten 28 Tage – eine prüfbare Rechnung über die vorbehaltenen Forderungen eingereicht oder, wenn das nicht möglich ist, der Vorbehalt eingehend begründet wird.
6. Die Ausschlussfristen gelten nicht für ein Verlangen nach Richtigstellung der Schlussrechnung und -zahlung wegen Aufmaß-, Rechen- und Übertragungsfehlern.

(4) In sich abgeschlossene Teile der Leistung können nach Teilabnahme ohne Rücksicht auf die Vollendung der übrigen Leistungen endgültig festgestellt und bezahlt werden.

(5) 1. Alle Zahlungen sind aufs Äußerste zu beschleunigen.
2. Nicht vereinbarte Skontoabzüge sind unzulässig.
3. Zahlt der Auftraggeber bei Fälligkeit nicht, so kann ihm der Auftragnehmer eine angemessene Nachfrist setzen. Zahlt er auch innerhalb der Nachfrist nicht, so hat der Auftragnehmer vom Ende der Nachfrist an Anspruch auf Zinsen in Höhe der in § 288 Absatz 2 BGB angegebenen Zinssätze, wenn er nicht einen höheren Verzugsschaden nachweist. Der Auftraggeber kommt jedoch, ohne dass es einer Nachfristsetzung bedarf, spätestens 30 Tage nach Zugang der Rechnung oder der Aufstellung bei Abschlagszahlungen in Zahlungsverzug, wenn der Auftragnehmer seine vertraglichen und gesetzlichen Verpflichtungen erfüllt und den fälligen Entgeltbetrag nicht rechtzeitig erhalten hat, es sei denn, der Auftraggeber ist für den Zahlungsverzug nicht verantwortlich. Die Frist verlängert sich auf höchstens 60 Tage, wenn sie aufgrund der besonderen Natur oder Merkmale der Vereinbarung sachlich gerechtfertigt ist und ausdrücklich vereinbart wurde.
4. Der Auftragnehmer darf die Arbeiten bei Zahlungsverzug bis zur Zahlung einstellen, sofern eine dem Auftraggeber zuvor gesetzte angemessene Frist erfolglos verstrichen ist.

(6) Der Auftraggeber ist berechtigt, zur Erfüllung seiner Verpflichtungen aus den Absätzen 1 bis 5 Zahlungen an Gläubiger des Auftragnehmers zu leisten, soweit sie an der Ausführung der vertraglichen Leistung des Auftragnehmers aufgrund eines mit diesem abgeschlossenen Dienst- oder Werkvertrags beteiligt sind, wegen Zahlungsverzugs des Auftragnehmers die Fortsetzung ihrer Leistung zu Recht verweigern und die Direktzahlung die Fortsetzung der Leistung sicherstellen soll. Der Auftragnehmer ist verpflichtet, sich auf Verlangen des Auftraggebers innerhalb einer von diesem gesetzten Frist darüber zu erklären, ob und inwieweit er die Forderungen seiner Gläubiger anerkennt; wird diese Erklärung nicht rechtzeitig abgegeben, so gelten die Voraussetzungen für die Direktzahlung als anerkannt.

§ 17 Sicherheitsleistung

(1) 1. Wenn Sicherheitsleistung vereinbart ist, gelten die §§ 232 bis 240 BGB, soweit sich aus den nachstehenden Bestimmungen nichts anderes ergibt.

2. Die Sicherheit dient dazu, die vertragsgemäße Ausführung der Leistung und die Mängelansprüche sicherzustellen.

(2) Wenn im Vertrag nichts anderes vereinbart ist, kann Sicherheit durch Einbehalt oder Hinterlegung von Geld oder durch Bürgschaft eines Kreditinstituts oder Kreditversicherers geleistet werden, sofern das Kreditinstitut oder der Kreditversicherer

1. in der Europäischen Gemeinschaft oder
2. in einem Staat der Vertragsparteien des Abkommens über den Europäischen Wirtschaftsraum oder
3. in einem Staat der Vertragsparteien des WTO-Übereinkommens über das öffentliche Beschaffungswesen zugelassen ist.

(3) Der Auftragnehmer hat die Wahl unter den verschiedenen Arten der Sicherheit; er kann eine Sicherheit durch eine andere ersetzen.

(4) Bei Sicherheitsleistung durch Bürgschaft ist Voraussetzung, dass der Auftraggeber den Bürgen als tauglich anerkannt hat. Die Bürgschaftserklärung ist schriftlich unter Verzicht auf die Einrede der Vorausklage abzugeben (§ 771 BGB); sie darf nicht auf bestimmte Zeit begrenzt und muss nach Vorschrift des Auftraggebers ausgestellt sein. Der Auftraggeber kann als Sicherheit keine Bürgschaft fordern, die den Bürgen zur Zahlung auf erstes Anfordern verpflichtet.

(5) Wird Sicherheit durch Hinterlegung von Geld geleistet, so hat der Auftragnehmer den Betrag bei einem zu vereinbarenden Geldinstitut auf ein Sperrkonto einzuzahlen, über das beide nur gemeinsam verfügen können („Und-Konto"). Etwaige Zinsen stehen dem Auftragnehmer zu.

(6) 1. Soll der Auftraggeber vereinbarungsgemäß die Sicherheit in Teilbeträgen von seinen Zahlungen einbehalten, so darf er jeweils die Zahlung um höchstens 10 v.H. kürzen, bis die vereinbarte Sicherheitssumme erreicht ist. Sofern Rechnungen ohne Umsatzsteuer gemäß § 13 b UStG gestellt werden, bleibt die Umsatzsteuer bei der

Berechnung des Sicherheitseinbehalts unberücksichtigt. Den jeweils einbehaltenen Betrag hat er dem Auftragnehmer mitzuteilen und binnen 18 Werktagen nach dieser Mitteilung auf ein Sperrkonto bei dem vereinbarten Geldinstitut einzuzahlen. Gleichzeitig muss er veranlassen, dass dieses Geldinstitut den Auftragnehmer von der Einzahlung des Sicherheitsbetrags benachrichtigt. Absatz 5 gilt entsprechend.

2. Bei kleineren oder kurzfristigen Aufträgen ist es zulässig, dass der Auftraggeber den einbehaltenen Sicherheitsbetrag erst bei der Schlusszahlung auf ein Sperrkonto einzahlt.
3. Zahlt der Auftraggeber den einbehaltenen Betrag nicht rechtzeitig ein, so kann ihm der Auftragnehmer hierfür eine angemessene Nachfrist setzen. Lässt der Auftraggeber auch diese verstreichen, so kann der Auftragnehmer die sofortige Auszahlung des einbehaltenen Betrags verlangen und braucht dann keine Sicherheit mehr zu leisten.
4. Öffentliche Auftraggeber sind berechtigt, den als Sicherheit einbehaltenen Betrag auf eigenes Verwahrgeldkonto zu nehmen; der Betrag wird nicht verzinst.

(7) Der Auftragnehmer hat die Sicherheit binnen 18 Werktagen nach Vertragsabschluss zu leisten, wenn nichts anderes vereinbart ist. Soweit er diese Verpflichtung nicht erfüllt hat, ist der Auftraggeber berechtigt, vom Guthaben des Auftragnehmers einen Betrag in Höhe der vereinbarten Sicherheit einzubehalten. Im Übrigen gelten die Absätze 5 und 6 außer Nummer 1 Satz 1 entsprechend.

(8) 1. Der Auftraggeber hat eine nicht verwertete Sicherheit für die Vertragserfüllung zum vereinbarten Zeitpunkt, spätestens nach Abnahme und Stellung der Sicherheit für Mängelansprüche zurückzugeben, es sei denn, dass Ansprüche des Auftraggebers, die nicht von der gestellten Sicherheit für Mängelansprüche umfasst sind, noch nicht erfüllt sind. Dann darf er für diese Vertragserfüllungsansprüche einen entsprechenden Teil der Sicherheit zurückhalten.

2. Der Auftraggeber hat eine nicht verwertete Sicherheit für Mängelansprüche nach Ablauf von 2 Jahren zurückzugeben, sofern kein anderer Rückgabezeitpunkt vereinbart worden ist. Soweit jedoch zu diesem Zeitpunkt seine geltend gemachten Ansprüche noch nicht erfüllt sind, darf er einen entsprechenden Teil der Sicherheit zurückhalten.

§ 18 Streitigkeiten

(1) Liegen die Voraussetzungen für eine Gerichtsstandvereinbarung nach § 38 der Zivilprozessordnung vor, richtet sich der Gerichtsstand für Streitigkeiten aus dem Vertrag nach dem Sitz der für die Prozessvertretung des Auftraggebers zuständigen Stelle, wenn nichts anderes vereinbart ist. Sie ist dem Auftragnehmer auf Verlangen mitzuteilen.

(2) 1. Entstehen bei Verträgen mit Behörden Meinungsverschiedenheiten, so soll der Auftragnehmer zunächst die der auftraggebenden Stelle unmittelbar vorgesetzte Stelle anrufen. Diese soll dem Auftragnehmer Gelegenheit zur mündlichen Aussprache

geben und ihn möglichst innerhalb von 2 Monaten nach der Anrufung schriftlich bescheiden und dabei auf die Rechtsfolgen des Satzes 3 hinweisen. Die Entscheidung gilt als anerkannt, wenn der Auftragnehmer nicht innerhalb von 3 Monaten nach Eingang des Bescheides schriftlich Einspruch beim Auftraggeber erhebt und dieser ihn auf die Ausschlussfrist hingewiesen hat.

2. Mit dem Eingang des schriftlichen Antrages auf Durchführung eines Verfahrens nach Nummer 1 wird die Verjährung des in diesem Antrag geltend gemachten Anspruchs gehemmt. Wollen Auftraggeber oder Auftragnehmer das Verfahren nicht weiter betreiben, teilen sie dies dem jeweils anderen Teil schriftlich mit. Die Hemmung endet 3 Monate nach Zugang des schriftlichen Bescheides oder der Mitteilung nach Satz 2.

(3) Daneben kann ein Verfahren zur Streitbeilegung vereinbart werden. Die Vereinbarung sollte mit Vertragsabschluss erfolgen.

(4) Bei Meinungsverschiedenheiten über die Eigenschaft von Stoffen und Bauteilen, für die allgemein gültige Prüfungsverfahren bestehen, und über die Zulässigkeit oder Zuverlässigkeit der bei der Prüfung verwendeten Maschinen oder angewendeten Prüfungsverfahren kann jede Vertragspartei nach vorheriger Benachrichtigung der anderen Vertragspartei die materialtechnische Untersuchung durch eine staatliche oder staatlich anerkannte Materialprüfungsstelle vornehmen lassen; deren Feststellungen sind verbindlich. Die Kosten trägt der unterliegende Teil.

(5) Streitfälle berechtigen den Auftragnehmer nicht, die Arbeiten einzustellen.

VOB/A Abschnitt 1 Allgemeine Bestimmungen für die Vergabe von Bauleistungen (auszugsweise, Fassung 2019)

§ 7 Leistungsbeschreibung

(1) 1. Die Leistung ist eindeutig und so erschöpfend zu beschreiben, dass alle Unternehmen die Beschreibung im gleichen Sinne verstehen müssen und ihre Preise sicher und ohne umfangreiche Vorarbeiten berechnen können.

2. Um eine einwandfreie Preisermittlung zu ermöglichen, sind alle sie beeinflussenden Umstände festzustellen und in den Vergabeunterlagen anzugeben.

3. Dem Auftragnehmer darf kein ungewöhnliches Wagnis aufgebürdet werden für Umstände und Ereignisse, auf die er keinen Einfluss hat und deren Einwirkung auf die Preise und Fristen er nicht im Voraus schätzen kann.

4. Bedarfspositionen sind grundsätzlich nicht in die Leistungsbeschreibung aufzunehmen. Angehängte Stundenlohnarbeiten dürfen nur in dem unbedingt erforderlichen Umfang in die Leistungsbeschreibung aufgenommen werden.

5. Erforderlichenfalls sind auch der Zweck und die vorgesehene Beanspruchung der fertigen Leistung anzugeben.

6. Die für die Ausführung der Leistung wesentlichen Verhältnisse der Baustelle, z.B. Boden- und Wasserverhältnisse, sind so zu beschreiben, dass das Unternehmen ihre Auswirkungen auf die bauliche Anlage und die Bauausführung hinreichend beurteilen kann.

7. Die „Hinweise für das Aufstellen der Leistungsbeschreibung" in Abschnitt 0 der Allgemeinen Technischen Vertragsbedingungen für Bauleistungen, DIN 18299 ff., sind zu beachten.

(2) In technischen Spezifikationen darf nicht auf eine bestimmte Produktion oder Herkunft oder ein besonderes Verfahren, das die von einem bestimmten Unternehmen bereitgestellten Produkte charakterisiert, oder auf Marken, Patente, Typen oder einen bestimmten Ursprung oder eine bestimmte Produktion verwiesen werden, es sei denn,

1. dies ist durch den Auftragsgegenstand gerechtfertigt oder
2. der Auftragsgegenstand kann nicht hinreichend genau und allgemein verständlich beschrieben werden; solche Verweise sind mit dem Zusatz „oder gleichwertig" zu versehen.

(3) Bei der Beschreibung der Leistung sind die verkehrsüblichen Bezeichnungen zu beachten.

§ 7b Leistungsbeschreibung mit Leistungsverzeichnis

(1) Die Leistung ist in der Regel durch eine allgemeine Darstellung der Bauaufgabe (Baubeschreibung) und ein in Teilleistungen gegliedertes Leistungsverzeichnis zu beschreiben.

(2) Erforderlichenfalls ist die Leistung auch zeichnerisch oder durch Probestücke darzustellen oder anders zu erklären, z.B. durch Hinweise auf ähnliche Leistungen, durch

Mengen- oder statische Berechnungen. Zeichnungen und Proben, die für die Ausführung maßgebend sein sollen, sind eindeutig zu bezeichnen.

(3) Leistungen, die nach den Vertragsbedingungen, den Technischen Vertragsbedingungen oder der gewerblichen Verkehrssitte zu der geforderten Leistung gehören (§ 2 Absatz 1 VOB/B), brauchen nicht besonders aufgeführt zu werden.

(4) Im Leistungsverzeichnis ist die Leistung derart aufzugliedern, dass unter einer Ordnungszahl (Position) nur solche Leistungen aufgenommen werden, die nach ihrer technischen Beschaffenheit und für die Preisbildung als in sich gleichartig anzusehen sind. Ungleichartige Leistungen sollen unter einer Ordnungszahl (Sammelposition) nur zusammengefasst werden, wenn eine Teilleistung gegenüber einer anderen für die Bildung eines Durchschnittspreises ohne nennenswerten Einfluss ist.

§ 8a Allgemeine, Besondere und Zusätzliche Vertragsbedingungen

(1) In den Vergabeunterlagen ist vorzuschreiben, dass die Allgemeinen Vertragsbedingungen für die Ausführung von Bauleistungen (VOB/B) und die Allgemeinen Technischen Vertragsbedingungen für Bauleistungen (VOB/C) Bestandteile des Vertrags werden. Das gilt auch für etwaige Zusätzliche Vertragsbedingungen und etwaige Zusätzliche Technische Vertragsbedingungen, soweit sie Bestandteile des Vertrags werden sollen.

§ 9 Ausführungsfristen, Einzelfristen, Verzug

(1) 1. Die Ausführungsfristen sind ausreichend zu bemessen; Jahreszeit, Arbeitsbedingungen und etwaige besondere Schwierigkeiten sind zu berücksichtigen. Für die Bauvorbereitung ist dem Auftragnehmer genügend Zeit zu gewähren.

2. Außergewöhnlich kurze Fristen sind nur bei besonderer Dringlichkeit vorzusehen.

3. Soll vereinbart werden, dass mit der Ausführung erst nach Aufforderung zu beginnen ist (§ 5 Absatz 2 VOB/B), so muss die Frist, innerhalb derer die Aufforderung ausgesprochen werden kann, unter billiger Berücksichtigung der für die Ausführung maßgebenden Verhältnisse zumutbar sein; sie ist in den Vergabeunterlagen festzulegen.

(2) 1. Wenn es ein erhebliches Interesse des Auftraggebers erfordert, sind Einzelfristen für in sich abgeschlossene Teile der Leistung zu bestimmen.

2. Wird ein Bauzeitenplan aufgestellt, damit die Leistungen aller Unternehmen sicher ineinandergreifen, so sollen nur die für den Fortgang der Gesamtarbeit besonders wichtigen Einzelfristen als vertraglich verbindliche Fristen (Vertragsfristen) bezeichnet werden.

(3) Ist für die Einhaltung von Ausführungsfristen die Übergabe von Zeichnungen oder anderen Unterlagen wichtig, so soll hierfür ebenfalls eine Frist festgelegt werden.

(4) Der Auftraggeber darf in den Vertragsunterlagen eine Pauschalierung des Verzugsschadens (§ 5 Absatz 4 VOB/B) vorsehen; sie soll fünf Prozent der Auftragssumme nicht überschreiten. Der Nachweis eines geringeren Schadens ist zuzulassen.

§ 15 Aufklärung des Angebotsinhalts

(1) 1. Bei Ausschreibungen darf der Auftraggeber nach Öffnung der Angebote bis zur Zuschlagserteilung von einem Bieter nur Aufklärung verlangen, um sich über seine Eignung, insbesondere seine technische und wirtschaftliche Leistungsfähigkeit, das Angebot selbst, etwaige Nebenangebote, die geplante Art der Durchführung, etwaige Ursprungsorte oder Bezugsquellen von Stoffen oder Bauteilen und über die Angemessenheit der Preise, wenn nötig durch Einsicht in die vorzulegenden Preisermittlungen (Kalkulationen), zu unterrichten.

2. Die Ergebnisse solcher Aufklärungen sind geheim zu halten. Sie sollen in Textform niedergelegt werden.

(2) Verweigert ein Bieter die geforderten Aufklärungen und Angaben oder lässt er die ihm gesetzte angemessene Frist unbeantwortet verstreichen, so ist sein Angebot auszuschließen.

(3) Verhandlungen, besonders über Änderung der Angebote oder Preise, sind unstatthaft, außer, wenn sie bei Nebenangeboten oder Angeboten aufgrund eines Leistungsprogramms nötig sind, um unumgängliche technische Änderungen geringen Umfangs und daraus sich ergebende Änderungen der Preise zu vereinbaren.

BGB – Bürgerliches Gesetzbuch

Hinweis: Die nachstehend mit dem Zusatz (neu) abgedruckten Vorschriften gelten erst für ab dem 1.1.2018 abgeschlossene Verträge (Inkrafttreten des neuen BGB-Bauvertragsrechts). Die bis dahin geltende Fassung finden Sie auf der Website www.bauleiterschulung.de unter dem Punkt „baurelevante Vorschriften".

Buch 1: Allgemeiner Teil

§ 119 Anfechtbarkeit wegen Irrtums

(1) Wer bei der Abgabe einer Willenserklärung über deren Inhalt im Irrtum war oder eine Erklärung dieses Inhalts überhaupt nicht abgeben wollte, kann die Erklärung anfechten, wenn anzunehmen ist, dass er sie bei Kenntnis der Sachlage und bei verständiger Würdigung des Falles nicht abgegeben haben würde.

(2) Als Irrtum über den Inhalt der Erklärung gilt auch der Irrtum über solche Eigenschaften der Person oder der Sache, die im Verkehr als wesentlich angesehen werden.

§ 120 Anfechtbarkeit wegen falscher Übermittlung

Eine Willenserklärung, welche durch die zur Übermittlung verwendete Person oder Einrichtung unrichtig übermittelt worden ist, kann unter der gleichen Voraussetzung angefochten werden wie nach § 119 eine irrtümlich abgegebene Willenserklärung.

§ 121 Anfechtungsfrist

(1) Die Anfechtung muss in den Fällen der §§ 119, 120 ohne schuldhaftes Zögern (unverzüglich) erfolgen, nachdem der Anfechtungsberechtigte von dem Anfechtungsgrund Kenntnis erlangt hat. Die einem Abwesenden gegenüber erfolgte Anfechtung gilt als rechtzeitig erfolgt, wenn die Anfechtungserklärung unverzüglich abgesendet worden ist.

(2) Die Anfechtung ist ausgeschlossen, wenn seit der Abgabe der Willenserklärung zehn Jahre verstrichen sind.

§ 123 Anfechtbarkeit wegen Täuschung oder Drohung

(1) Wer zur Abgabe einer Willenserklärung durch arglistige Täuschung oder widerrechtlich durch Drohung bestimmt worden ist, kann die Erklärung anfechten.

(2) Hat ein Dritter die Täuschung verübt, so ist eine Erklärung, die einem anderen gegenüber abzugeben war, nur dann anfechtbar, wenn dieser die Täuschung kannte oder kennen musste. Soweit ein anderer als derjenige, welchem gegenüber die Erklärung abzugeben war, aus der Erklärung unmittelbar ein Recht erworben hat, ist die Erklärung ihm gegenüber anfechtbar, wenn er die Täuschung kannte oder kennen musste.

§ 133 Auslegung einer Willenserklärung

Bei der Auslegung einer Willenserklärung ist der wirkliche Wille zu erforschen und nicht an dem buchstäblichen Sinne des Ausdrucks zu haften.

§ 138 Sittenwidriges Rechtsgeschäft; Wucher

(1) Ein Rechtsgeschäft, das gegen die guten Sitten verstößt, ist nichtig.

(2) Nichtig ist insbesondere ein Rechtsgeschäft, durch das jemand unter Ausbeutung der Zwangslage, der Unerfahrenheit, des Mangels an Urteilsvermögen oder der erheblichen Willensschwäche eines anderen sich oder einem Dritten für eine Leistung Vermögensvorteile versprechen oder gewähren lässt, die in einem auffälligen Missverhältnis zu der Leistung stehen.

§ 145 Bindung an den Antrag

Wer einem anderen die Schließung eines Vertrags anträgt, ist an den Antrag gebunden, es sei denn, dass er die Gebundenheit ausgeschlossen hat.

§ 146 Erlöschen des Antrags

Der Antrag erlischt, wenn er dem Antragenden gegenüber abgelehnt oder wenn er nicht diesem gegenüber nach den §§ 147 bis 149 rechtzeitig angenommen wird.

§ 147 Annahmefrist

(1) Der einem Anwesenden gemachte Antrag kann nur sofort angenommen werden. Dies gilt auch von einem mittels Fernsprechers oder einer sonstigen technischen Einrichtung von Person zu Person gemachten Antrag.

(2) Der einem Abwesenden gemachte Antrag kann nur bis zu dem Zeitpunkt angenommen werden, in welchem der Antragende den Eingang der Antwort unter regelmäßigen Umständen erwarten darf.

§ 148 Bestimmung einer Annahmefrist

Hat der Antragende für die Annahme des Antrags eine Frist bestimmt, so kann die Annahme nur innerhalb der Frist erfolgen.

§ 149 Verspätet zugegangene Annahmeerklärung

Ist eine dem Antragenden verspätet zugegangene Annahmeerklärung dergestalt abgesendet worden, dass sie bei regelmäßiger Beförderung ihm rechtzeitig zugegangen sein würde und musste der Antragende dies erkennen, so hat er die Verspätung dem Annehmenden unverzüglich nach dem Empfang der Erklärung anzuzeigen, sofern es nicht schon vorher geschehen ist. Verzögert er die Absendung der Anzeige, so gilt die Annahme als nicht verspätet.

§ 150 Verspätete und abändernde Annahme

(1) Die verspätete Annahme eines Antrags gilt als neuer Antrag.

(2) Eine Annahme unter Erweiterungen, Einschränkungen oder sonstigen Änderungen gilt als Ablehnung verbunden mit einem neuen Antrag.

§ 151 Annahme ohne Erklärung gegenüber dem Antragenden

Der Vertrag kommt durch die Annahme des Antrags zustande, ohne dass die Annahme dem Antragenden gegenüber erklärt zu werden braucht, wenn eine solche Erklärung nach der Verkehrssitte nicht zu erwarten ist oder der Antragende auf sie verzichtet hat. Der Zeitpunkt, in welchem der Antrag erlischt, bestimmt sich nach dem aus dem Antrag oder den Umständen zu entnehmenden Willen des Antragenden.

§ 157 Auslegung von Verträgen

Verträge sind so auszulegen, wie Treu und Glauben mit Rücksicht auf die Verkehrssitte es erfordern.

§ 164 Wirkung der Erklärung des Vertreters

(1) Eine Willenserklärung, die jemand innerhalb der ihm zustehenden Vertretungsmacht im Namen des Vertretenen abgibt, wirkt unmittelbar für und gegen den Vertretenen. Es macht keinen Unterschied, ob die Erklärung ausdrücklich im Namen des Vertretenen erfolgt oder ob die Umstände ergeben, dass sie in dessen Namen erfolgen soll.

(2) Tritt der Wille, in fremdem Namen zu handeln, nicht erkennbar hervor, so kommt der Mangel des Willens, im eigenen Namen zu handeln, nicht in Betracht.

(3) Die Vorschriften des Absatzes 1 finden entsprechende Anwendung, wenn eine gegenüber einem anderen abzugebende Willenserklärung dessen Vertreter gegenüber erfolgt.

§ 167 Erteilung der Vollmacht

(1) Die Erteilung der Vollmacht erfolgt durch Erklärung gegenüber dem zu Bevollmächtigenden oder dem Dritten, dem gegenüber die Vertretung stattfinden soll.

(2) Die Erklärung bedarf nicht der Form, welche für das Rechtsgeschäft bestimmt ist, auf das sich die Vollmacht bezieht.

§ 170 Wirkungsdauer der Vollmacht

Wird die Vollmacht durch Erklärung gegenüber einem Dritten erteilt, so bleibt sie diesem gegenüber in Kraft, bis ihm das Erlöschen von dem Vollmachtgeber angezeigt wird.

§ 177 Vertragsschluss durch Vertreter ohne Vertretungsmacht

(1) Schließt jemand ohne Vertretungsmacht im Namen eines anderen einen Vertrag, so hängt die Wirksamkeit des Vertrags für und gegen den Vertretenen von dessen Genehmigung ab.

(2) Fordert der andere Teil den Vertretenen zur Erklärung über die Genehmigung auf, so kann die Erklärung nur ihm gegenüber erfolgen; eine vor der Aufforderung dem Vertreter gegenüber erklärte Genehmigung oder Verweigerung der Genehmigung wird unwirksam. Die Genehmigung kann nur bis zum Ablauf von zwei Wochen nach dem Empfang der Aufforderung erklärt werden; wird sie nicht erklärt, so gilt sie als verweigert.

§ 179 Haftung des Vertreters ohne Vertretungsmacht

(1) Wer als Vertreter einen Vertrag geschlossen hat, ist, sofern er nicht seine Vertretungsmacht nachweist, dem anderen Teil nach dessen Wahl zur Erfüllung oder zum Schadensersatz verpflichtet, wenn der Vertretene die Genehmigung des Vertrags verweigert.

(2) Hat der Vertreter den Mangel der Vertretungsmacht nicht gekannt, so ist er nur zum Ersatz desjenigen Schadens verpflichtet, welchen der andere Teil dadurch erleidet, dass er auf die Vertretungsmacht vertraut, jedoch nicht über den Betrag des Interesses hinaus, welches der andere Teil an der Wirksamkeit des Vertrags hat.

(3) Der Vertreter haftet nicht, wenn der andere Teil den Mangel der Vertretungsmacht kannte oder kennen musste. Der Vertreter haftet auch dann nicht, wenn er in der Geschäftsfähigkeit beschränkt war, es sei denn, dass er mit Zustimmung seines gesetzlichen Vertreters gehandelt hat.

§ 180 Einseitiges Rechtsgeschäft

Bei einem einseitigen Rechtsgeschäft ist Vertretung ohne Vertretungsmacht unzulässig. Hat jedoch derjenige, welchem gegenüber ein solches Rechtsgeschäft vorzunehmen war, die von dem Vertreter behauptete Vertretungsmacht bei der Vornahme des Rechtsgeschäfts nicht beanstandet oder ist er damit einverstanden gewesen, dass der Vertreter ohne Vertretungsmacht handele, so finden die Vorschriften über Verträge entsprechende Anwendung. Das Gleiche gilt, wenn ein einseitiges Rechtsgeschäft gegenüber einem Vertreter ohne Vertretungsmacht mit dessen Einverständnis vorgenommen wird.

§ 195 Regelmäßige Verjährungsfrist

Die regelmäßige Verjährungsfrist beträgt drei Jahre.

§ 197 Dreißigjährige Verjährungsfrist

(1) In 30 Jahren verjähren, soweit nicht ein anderes bestimmt ist,

1. Schadensersatzansprüche, die auf der vorsätzlichen Verletzung des Lebens, des Körpers, der Gesundheit, der Freiheit oder der sexuellen Selbstbestimmung beruhen,
2. Herausgabeansprüche aus Eigentum, anderen dinglichen Rechten, den §§ 2018, 2130und 2362 sowie die Ansprüche, die der Geltendmachung der Herausgabeansprüche dienen,
3. rechtskräftig festgestellte Ansprüche,
4. Ansprüche aus vollstreckbaren Vergleichen oder vollstreckbaren Urkunden,

5. Ansprüche, die durch die im Insolvenzverfahren erfolgte Feststellung vollstreckbar geworden sind, und
6. Ansprüche auf Erstattung der Kosten der Zwangsvollstreckung.

(2) Soweit Ansprüche nach Absatz 1 Nr. 3 bis 5 künftig fällig werdende regelmäßig wiederkehrende Leistungen zum Inhalt haben, tritt an die Stelle der Verjährungsfrist von 30 Jahren die regelmäßige Verjährungsfrist.

§ 199 Beginn der regelmäßigen Verjährungsfrist und Höchstfristen

(1) Die regelmäßige Verjährungsfrist beginnt mit dem Schluss des Jahres, in dem
1. der Anspruch entstanden ist und
2. der Gläubiger von den den Anspruch begründenden Umständen und der Person des Schuldners Kenntnis erlangt oder ohne grobe Fahrlässigkeit erlangen müsste.

(2) Schadensersatzansprüche, die auf der Verletzung des Lebens, des Körpers, der Gesundheit oder der Freiheit beruhen, verjähren ohne Rücksicht auf ihre Entstehung und die Kenntnis oder grob fahrlässige Unkenntnis in 30 Jahren von der Begehung der Handlung, der Pflichtverletzung oder dem sonstigen, den Schaden auslösenden Ereignis an.

(3) Sonstige Schadensersatzansprüche verjähren
1. ohne Rücksicht auf die Kenntnis oder grob fahrlässige Unkenntnis in zehn Jahren von ihrer Entstehung an und
2. ohne Rücksicht auf ihre Entstehung und die Kenntnis oder grob fahrlässige Unkenntnis in 30 Jahren von der Begehung der Handlung, der Pflichtverletzung oder dem sonstigen, den Schaden auslösenden Ereignis an.

Maßgeblich ist die früher endende Frist.

(4) Andere Ansprüche als Schadensersatzansprüche verjähren ohne Rücksicht auf die Kenntnis oder grob fahrlässige Unkenntnis in zehn Jahren von ihrer Entstehung an.

(5) Geht der Anspruch auf ein Unterlassen, so tritt an die Stelle der Entstehung die Zuwiderhandlung.

§ 200 Beginn anderer Verjährungsfristen

Die Verjährungsfrist von Ansprüchen, die nicht der regelmäßigen Verjährungsfrist unterliegen, beginnt mit der Entstehung des Anspruchs, soweit nicht ein anderer Verjährungsbeginn bestimmt ist. § 199 Abs. 5 findet entsprechende Anwendung.

§ 203 Hemmung der Verjährung bei Verhandlungen

Schweben zwischen dem Schuldner und dem Gläubiger Verhandlungen über den Anspruch oder die den Anspruch begründenden Umstände, so ist die Verjährung gehemmt, bis der eine oder der andere Teil die Fortsetzung der Verhandlungen verweigert. Die Verjährung tritt frühestens drei Monate nach dem Ende der Hemmung ein.

§ 212 Neubeginn der Verjährung

(1) Die Verjährung beginnt erneut, wenn
1. der Schuldner dem Gläubiger gegenüber den Anspruch durch Abschlagszahlung, Zinszahlung, Sicherheitsleistung oder in anderer Weise anerkennt oder
2. eine gerichtliche oder behördliche Vollstreckungshandlung vorgenommen oder beantragt wird.

(2) Der erneute Beginn der Verjährung infolge einer Vollstreckungshandlung gilt als nicht eingetreten, wenn die Vollstreckungshandlung auf Antrag des Gläubigers oder wegen Mangels der gesetzlichen Voraussetzungen aufgehoben wird.

(3) Der erneute Beginn der Verjährung durch den Antrag auf Vornahme einer Vollstreckungshandlung gilt als nicht eingetreten, wenn dem Antrag nicht stattgegeben oder der Antrag vor der Vollstreckungshandlung zurückgenommen oder die erwirkte Vollstreckungshandlung nach Absatz 2 aufgehoben wird.

Buch 2: Recht der Schuldverhältnisse

Abschnitt 1: Inhalt der Schuldverhältnisse

§ 241 Pflichten aus dem Schuldverhältnis

(1) Kraft des Schuldverhältnisses ist der Gläubiger berechtigt, von dem Schuldner eine Leistung zu fordern. Die Leistung kann auch in einem Unterlassen bestehen.

(2) Das Schuldverhältnis kann nach seinem Inhalt jeden Teil zur Rücksicht auf die Rechte, Rechtsgüter und Interessen des anderen Teils verpflichten.

§ 242 Leistung nach Treu und Glauben

Der Schuldner ist verpflichtet, die Leistung so zu bewirken, wie Treu und Glauben mit Rücksicht auf die Verkehrssitte es erfordern.

§ 271 Leistungszeit

(1) Ist eine Zeit für die Leistung weder bestimmt noch aus den Umständen zu entnehmen, so kann der Gläubiger die Leistung sofort verlangen, der Schuldner sie sofort bewirken.

(2) Ist eine Zeit bestimmt, so ist im Zweifel anzunehmen, dass der Gläubiger die Leistung nicht vor dieser Zeit verlangen, der Schuldner aber sie vorher bewirken kann.

§ 278 Verantwortlichkeit des Schuldners für Dritte

Der Schuldner hat ein Verschulden seines gesetzlichen Vertreters und der Personen, deren er sich zur Erfüllung seiner Verbindlichkeit bedient, in gleichem Umfang zu vertreten wie eigenes Verschulden. Die Vorschrift des § 276 Abs. 3 findet keine Anwendung.

§ 280 Schadensersatz wegen Pflichtverletzung

(1) Verletzt der Schuldner eine Pflicht aus dem Schuldverhältnis, so kann der Gläubiger Ersatz des hierdurch entstehenden Schadens verlangen. Dies gilt nicht, wenn der Schuldner die Pflichtverletzung nicht zu vertreten hat.

(2) Schadensersatz wegen Verzögerung der Leistung kann der Gläubiger nur unter der zusätzlichen Voraussetzung des § 286 verlangen.

(3) Schadensersatz statt der Leistung kann der Gläubiger nur unter den zusätzlichen Voraussetzungen des § 281, des § 282 oder des § 283 verlangen.

§ 281 Schadensersatz statt der Leistung wegen nicht oder nicht wie geschuldet erbrachter Leistung

(1) Soweit der Schuldner die fällige Leistung nicht oder nicht wie geschuldet erbringt, kann der Gläubiger unter den Voraussetzungen des § 280 Abs. 1 Schadensersatz statt der Leistung verlangen, wenn er dem Schuldner erfolglos eine angemessene Frist zur Leistung oder Nacherfüllung bestimmt hat. Hat der Schuldner eine Teilleistung bewirkt, so kann der Gläubiger Schadensersatz statt der ganzen Leistung nur verlangen, wenn er an der Teilleistung kein Interesse hat. Hat der Schuldner die Leistung nicht wie geschuldet bewirkt, so kann der Gläubiger Schadensersatz statt der ganzen Leistung nicht verlangen, wenn die Pflichtverletzung unerheblich ist.

(2) Die Fristsetzung ist entbehrlich, wenn der Schuldner die Leistung ernsthaft und endgültig verweigert oder wenn besondere Umstände vorliegen, die unter Abwägung der beiderseitigen Interessen die sofortige Geltendmachung des Schadensersatzanspruchs rechtfertigen.

(3) Kommt nach der Art der Pflichtverletzung eine Fristsetzung nicht in Betracht, so tritt an deren Stelle eine Abmahnung.

(4) Der Anspruch auf die Leistung ist ausgeschlossen, sobald der Gläubiger statt der Leistung Schadensersatz verlangt hat.

(5) Verlangt der Gläubiger Schadensersatz statt der ganzen Leistung, so ist der Schuldner zur Rückforderung des Geleisteten nach den §§ 346 bis 348 berechtigt.

§ 282 Schadensersatz statt der Leistung wegen Verletzung einer Pflicht nach § 241 Abs. 2

Verletzt der Schuldner eine Pflicht nach § 241 Abs. 2, kann der Gläubiger unter den Voraussetzungen des § 280 Abs. 1 Schadensersatz statt der Leistung verlangen, wenn ihm die Leistung durch den Schuldner nicht mehr zuzumuten ist.

§ 286 Verzug des Schuldners

(1) Leistet der Schuldner auf eine Mahnung des Gläubigers nicht, die nach dem Eintritt der Fälligkeit erfolgt, so kommt er durch die Mahnung in Verzug. Der Mahnung stehen

die Erhebung der Klage auf die Leistung sowie die Zustellung eines Mahnbescheids im Mahnverfahren gleich.

(2) Der Mahnung bedarf es nicht, wenn
1. für die Leistung eine Zeit nach dem Kalender bestimmt ist,
2. der Leistung ein Ereignis vorauszugehen hat und eine angemessene Zeit für die Leistung in der Weise bestimmt ist, dass sie sich von dem Ereignis an nach dem Kalender berechnen lässt,
3. der Schuldner die Leistung ernsthaft und endgültig verweigert,
4. aus besonderen Gründen unter Abwägung der beiderseitigen Interessen der sofortige Eintritt des Verzugs gerechtfertigt ist.

(3) Der Schuldner einer Entgeltforderung kommt spätestens in Verzug, wenn er nicht innerhalb von 30 Tagen nach Fälligkeit und Zugang einer Rechnung oder gleichwertigen Zahlungsaufstellung leistet; dies gilt gegenüber einem Schuldner, der Verbraucher ist, nur, wenn auf diese Folgen in der Rechnung oder Zahlungsaufstellung besonders hingewiesen worden ist. Wenn der Zeitpunkt des Zugangs der Rechnung oder Zahlungsaufstellung unsicher ist, kommt der Schuldner, der nicht Verbraucher ist, spätestens 30 Tage nach Fälligkeit und Empfang der Gegenleistung in Verzug.

(4) Der Schuldner kommt nicht in Verzug, solange die Leistung infolge eines Umstands unterbleibt, den er nicht zu vertreten hat.

§ 288 Verzugszinsen und sonstiger Verzugsschaden

(1) Eine Geldschuld ist während des Verzugs zu verzinsen. Der Verzugszinssatz beträgt für das Jahr fünf Prozentpunkte über dem Basiszinssatz.

(2) Bei Rechtsgeschäften, an denen ein Verbraucher nicht beteiligt ist, beträgt der Zinssatz für Entgeltforderungen neun Prozentpunkte über dem Basiszinssatz.

(3) Der Gläubiger kann aus einem anderen Rechtsgrund höhere Zinsen verlangen.

(4) Die Geltendmachung eines weiteren Schadens ist nicht ausgeschlossen.

(5) Der Gläubiger einer Entgeltforderung hat bei Verzug des Schuldners, wenn dieser kein Verbraucher ist, außerdem einen Anspruch auf Zahlung einer Pauschale in Höhe von 40 Euro. Dies gilt auch, wenn es sich bei der Entgeltforderung um eine Abschlagszahlung oder sonstige Ratenzahlung handelt. Die Pauschale nach Satz 1 ist auf einen geschuldeten Schadensersatz anzurechnen, soweit der Schaden in Kosten der Rechtsverfolgung begründet ist.

(6) Eine im Voraus getroffene Vereinbarung, die den Anspruch des Gläubigers einer Entgeltforderung auf Verzugszinsen ausschließt, ist unwirksam. Gleiches gilt für eine Vereinbarung, die diesen Anspruch beschränkt oder den Anspruch des Gläubigers einer Entgeltforderung auf die Pauschale nach Absatz 5 oder auf Ersatz des Schadens, der in Kosten der Rechtsverfolgung begründet ist, ausschließt oder beschränkt, wenn sie im Hinblick auf die Belange des Gläubigers grob unbillig ist. Eine Vereinbarung über den Ausschluss der

Pauschale nach Absatz 5 oder des Ersatzes des Schadens, der in Kosten der Rechtsverfolgung begründet ist, ist im Zweifel als grob unbillig anzusehen. Die Sätze 1 bis 3 sind nicht anzuwenden, wenn sich der Anspruch gegen einen Verbraucher richtet.

§ 293 Annahmeverzug

Der Gläubiger kommt in Verzug, wenn er die ihm angebotene Leistung nicht annimmt.

§ 294 Tatsächliches Angebot

Die Leistung muss dem Gläubiger so, wie sie zu bewirken ist, tatsächlich angeboten werden.

§ 295 Wörtliches Angebot

Ein wörtliches Angebot des Schuldners genügt, wenn der Gläubiger ihm erklärt hat, dass er die Leistung nicht annehmen werde, oder wenn zur Bewirkung der Leistung eine Handlung des Gläubigers erforderlich ist, insbesondere wenn der Gläubiger die geschuldete Sache abzuholen hat. Dem Angebot der Leistung steht die Aufforderung an den Gläubiger gleich, die erforderliche Handlung vorzunehmen.

§ 300 Wirkungen des Gläubigerverzugs

(1) Der Schuldner hat während des Verzugs des Gläubigers nur Vorsatz und grobe Fahrlässigkeit zu vertreten.

(2) Wird eine nur der Gattung nach bestimmte Sache geschuldet, so geht die Gefahr mit dem Zeitpunkt auf den Gläubiger über, in welchem er dadurch in Verzug kommt, dass er die angebotene Sache nicht annimmt.

Abschnitt 2: Allgemeine Geschäftsbedingungen

§ 305 Einbeziehung Allgemeiner Geschäftsbedingungen in den Vertrag

(1) Allgemeine Geschäftsbedingungen sind alle für eine Vielzahl von Verträgen vorformulierten Vertragsbedingungen, die eine Vertragspartei (Verwender) der anderen Vertragspartei bei Abschluss eines Vertrags stellt. Gleichgültig ist, ob die Bestimmungen einen äußerlich gesonderten Bestandteil des Vertrags bilden oder in die Vertragsurkunde selbst aufgenommen werden, welchen Umfang sie haben, in welcher Schriftart sie verfasst sind und welche Form der Vertrag hat. Allgemeine Geschäftsbedingungen liegen nicht vor, soweit die Vertragsbedingungen zwischen den Vertragsparteien im Einzelnen ausgehandelt sind.

(2) Allgemeine Geschäftsbedingungen werden nur dann Bestandteil eines Vertrags, wenn der Verwender bei Vertragsschluss

1. die andere Vertragspartei ausdrücklich oder, wenn ein ausdrücklicher Hinweis wegen der Art des Vertragsschlusses nur unter unverhältnismäßigen Schwierigkeiten möglich ist, durch deutlich sichtbaren Aushang am Ort des Vertragsschlusses auf sie hinweist und

2. der anderen Vertragspartei die Möglichkeit verschafft, in zumutbarer Weise, die auch eine für den Verwender erkennbare körperliche Behinderung der anderen Vertragspartei angemessen berücksichtigt, von ihrem Inhalt Kenntnis zu nehmen,

und wenn die andere Vertragspartei mit ihrer Geltung einverstanden ist.

(3) Die Vertragsparteien können für eine bestimmte Art von Rechtsgeschäften die Geltung bestimmter Allgemeiner Geschäftsbedingungen unter Beachtung der in Absatz 2 bezeichneten Erfordernisse im Voraus vereinbaren.

§ 305 b Vorrang der Individualabrede

Individuelle Vertragsabreden haben Vorrang vor Allgemeinen Geschäftsbedingungen.

§ 305 c Überraschende und mehrdeutige Klauseln

(1) Bestimmungen in Allgemeinen Geschäftsbedingungen, die nach den Umständen, insbesondere nach dem äußeren Erscheinungsbild des Vertrags, so ungewöhnlich sind, dass der Vertragspartner des Verwenders mit ihnen nicht zu rechnen braucht, werden nicht Vertragsbestandteil.

(2) Zweifel bei der Auslegung Allgemeiner Geschäftsbedingungen gehen zulasten des Verwenders.

§ 306 Rechtsfolgen bei Nichteinbeziehung und Unwirksamkeit

(1) Sind Allgemeine Geschäftsbedingungen ganz oder teilweise nicht Vertragsbestandteil geworden oder unwirksam, so bleibt der Vertrag im Übrigen wirksam.

(2) Soweit die Bestimmungen nicht Vertragsbestandteil geworden oder unwirksam sind, richtet sich der Inhalt des Vertrags nach den gesetzlichen Vorschriften.

(3) Der Vertrag ist unwirksam, wenn das Festhalten an ihm auch unter Berücksichtigung der nach Absatz 2 vorgesehenen Änderung eine unzumutbare Härte für eine Vertragspartei darstellen würde.

§ 307 Inhaltskontrolle

(1) Bestimmungen in Allgemeinen Geschäftsbedingungen sind unwirksam, wenn sie den Vertragspartner des Verwenders entgegen den Geboten von Treu und Glauben unangemessen benachteiligen. Eine unangemessene Benachteiligung kann sich auch daraus ergeben, dass die Bestimmung nicht klar und verständlich ist.

(2) Eine unangemessene Benachteiligung ist im Zweifel anzunehmen, wenn eine Bestimmung

1. mit wesentlichen Grundgedanken der gesetzlichen Regelung, von der abgewichen wird, nicht zu vereinbaren ist oder
2. wesentliche Rechte oder Pflichten, die sich aus der Natur des Vertrags ergeben, so einschränkt, dass die Erreichung des Vertragszwecks gefährdet ist.

(3) Die Absätze 1 und 2 sowie die §§ 308 und 309 gelten nur für Bestimmungen in Allgemeinen Geschäftsbedingungen, durch die von Rechtsvorschriften abweichende oder diese ergänzende Regelungen vereinbart werden. Andere Bestimmungen können nach Absatz 1 Satz 2 in Verbindung mit Absatz 1 Satz 1 unwirksam sein.

§ 309 Klauselverbote ohne Wertungsmöglichkeit (neu)

Auch soweit eine Abweichung von den gesetzlichen Vorschriften zulässig ist, ist in Allgemeinen Geschäftsbedingungen unwirksam

. (Sonstige Haftungsausschlüsse bei Pflichtverletzung)

b) (Mängel)
eine Bestimmung, durch die bei Verträgen über Lieferungen neu hergestellter Sachen und über Werkleistungen

aa) (Ausschluss und Verweisung auf Dritte)
die Ansprüche gegen den Verwender wegen eines Mangels insgesamt oder bezüglich einzelner Teile ausgeschlossen, auf die Einräumung von Ansprüchen gegen Dritte beschränkt oder von der vorherigen gerichtlichen Inanspruchnahme Dritter abhängig gemacht werden;

bb) (Beschränkung auf Nacherfüllung)
die Ansprüche gegen den Verwender insgesamt oder bezüglich einzelner Teile auf ein Recht auf Nacherfüllung beschränkt werden, sofern dem anderen Vertragsteil nicht ausdrücklich das Recht vorbehalten wird, bei Fehlschlagen der Nacherfüllung zu mindern oder, wenn nicht eine Bauleistung Gegenstand der Mängelhaftung ist, nach seiner Wahl vom Vertrag zurückzutreten;

cc) (Aufwendungen bei Nacherfüllung)
die Verpflichtung des Verwenders ausgeschlossen oder beschränkt wird, die zum Zwecke der Nacherfüllung erforderlichen Aufwendungen nach § 439 Absatz 2 oder § 635 Absatz 2 zu tragen oder zu ersetzen.

[...]

15. (Abschlagszahlungen und Sicherheitsleistung)
eine Bestimmung, nach der der Verwender bei einem Werkvertrag

a) für Teilleistungen Abschlagszahlungen vom anderen Vertragsteil verlangen kann, die wesentlich höher sind als die nach § 632 a Absatz 1 und § 650 m Absatz 1 zu leistenden Abschlagszahlungen oder

b) die Sicherheitsleistung nach § 650 m Absatz 2 nicht oder nur in geringerer Höhe leisten muss.

§ 310 Anwendungsbereich

(1) § 305 Absatz 2 und 3, § 308 Nummer 1, 2 bis 8 und § 309 finden keine Anwendung auf Allgemeine Geschäftsbedingungen, die gegenüber einem Unternehmer, einer juris-

tischen Person des öffentlichen Rechts oder einem öffentlich-rechtlichen Sondervermögen verwendet werden. § 307 Abs. 1 und 2 findet in den Fällen des Satzes 1 auch insoweit Anwendung, als dies zur Unwirksamkeit von in § 308 Nummer 1, 2 bis 8 und § 309 genannten Vertragsbestimmungen führt; auf die im Handelsverkehr geltenden Gewohnheiten und Gebräuche ist angemessen Rücksicht zu nehmen. In den Fällen des Satzes 1 finden § 307 Absatz 1 und 2 sowie § 308 Nummer 1a und 1b auf Verträge, in die die Vergabe- und Vertragsordnung für Bauleistungen Teil B (VOB/B) in der jeweils zum Zeitpunkt des Vertragsschlusses geltenden Fassung ohne inhaltliche Abweichungen insgesamt einbezogen ist, in Bezug auf eine Inhaltskontrolle einzelner Bestimmungen keine Anwendung.

Abschnitt 3: Schuldverhältnisse aus Verträgen

§ 311 Rechtsgeschäftliche und rechtsgeschäftsähnliche Schuldverhältnisse

(1) Zur Begründung eines Schuldverhältnisses durch Rechtsgeschäft sowie zur Änderung des Inhalts eines Schuldverhältnisses ist ein Vertrag zwischen den Beteiligten erforderlich, soweit nicht das Gesetz ein anderes vorschreibt.

(2) Ein Schuldverhältnis mit Pflichten nach § 241 Abs. 2 entsteht auch durch
1. die Aufnahme von Vertragsverhandlungen,
2. die Anbahnung eines Vertrags, bei welcher der eine Teil im Hinblick auf eine etwaige rechtsgeschäftliche Beziehung dem anderen Teil die Möglichkeit zur Einwirkung auf seine Rechte, Rechtsgüter und Interessen gewährt oder ihm diese anvertraut, oder
3. ähnliche geschäftliche Kontakte.

(3) Ein Schuldverhältnis mit Pflichten nach § 241 Abs. 2 kann auch zu Personen entstehen, die nicht selbst Vertragspartei werden sollen. Ein solches Schuldverhältnis entsteht insbesondere, wenn der Dritte in besonderem Maße Vertrauen für sich in Anspruch nimmt und dadurch die Vertragsverhandlungen oder den Vertragsschluss erheblich beeinflusst.

§ 313 Störung der Geschäftsgrundlage

(1) Haben sich Umstände, die zur Grundlage des Vertrags geworden sind, nach Vertragsschluss schwerwiegend verändert und hätten die Parteien den Vertrag nicht oder mit anderem Inhalt geschlossen, wenn sie diese Veränderung vorausgesehen hätten, so kann Anpassung des Vertrags verlangt werden, soweit einem Teil unter Berücksichtigung aller Umstände des Einzelfalls, insbesondere der vertraglichen oder gesetzlichen Risikoverteilung, das Festhalten am unveränderten Vertrag nicht zugemutet werden kann.

(2) Einer Veränderung der Umstände steht es gleich, wenn wesentliche Vorstellungen, die zur Grundlage des Vertrags geworden sind, sich als falsch herausstellen.

(3) Ist eine Anpassung des Vertrags nicht möglich oder einem Teil nicht zumutbar, so kann der benachteiligte Teil vom Vertrag zurücktreten. An die Stelle des Rücktrittsrechts tritt für Dauerschuldverhältnisse das Recht zur Kündigung.

§ 315 Bestimmung der Leistung durch eine Partei

(1) Soll die Leistung durch einen der Vertragschließenden bestimmt werden, so ist im Zweifel anzunehmen, dass die Bestimmung nach billigem Ermessen zu treffen ist.

(2) Die Bestimmung erfolgt durch Erklärung gegenüber dem anderen Teil.

(3) Soll die Bestimmung nach billigem Ermessen erfolgen, so ist die getroffene Bestimmung für den anderen Teil nur verbindlich, wenn sie der Billigkeit entspricht. Entspricht sie nicht der Billigkeit, so wird die Bestimmung durch Urteil getroffen; das Gleiche gilt, wenn die Bestimmung verzögert wird.

§ 320 Einrede des nicht erfüllten Vertrags

(1) Wer aus einem gegenseitigen Vertrag verpflichtet ist, kann die ihm obliegende Leistung bis zur Bewirkung der Gegenleistung verweigern, es sei denn, dass er vorzuleisten verpflichtet ist. Hat die Leistung an mehrere zu erfolgen, so kann dem einzelnen der ihm gebührende Teil bis zur Bewirkung der ganzen Gegenleistung verweigert werden. Die Vorschrift des § 273 Abs. 3 findet keine Anwendung.

(2) Ist von der einen Seite teilweise geleistet worden, so kann die Gegenleistung insoweit nicht verweigert werden, als die Verweigerung nach den Umständen, insbesondere wegen verhältnismäßiger Geringfügigkeit des rückständigen Teils, gegen Treu und Glauben verstoßen würde.

Abschnitt 8: Einzelne Schuldverhältnisse

§ 433 Vertragstypische Pflichten beim Kaufvertrag

(1) Durch den Kaufvertrag wird der Verkäufer einer Sache verpflichtet, dem Käufer die Sache zu übergeben und das Eigentum an der Sache zu verschaffen. Der Verkäufer hat dem Käufer die Sache frei von Sach- und Rechtsmängeln zu verschaffen.

(2) Der Käufer ist verpflichtet, dem Verkäufer den vereinbarten Kaufpreis zu zahlen und die gekaufte Sache abzunehmen.

§ 434 Sachmangel

(1) Die Sache ist frei von Sachmängeln, wenn sie bei Gefahrübergang die vereinbarte Beschaffenheit hat. Soweit die Beschaffenheit nicht vereinbart ist, ist die Sache frei von Sachmängeln,

1. wenn sie sich für die nach dem Vertrag vorausgesetzte Verwendung eignet, sonst
2. wenn sie sich für die gewöhnliche Verwendung eignet und eine Beschaffenheit aufweist, die bei Sachen der gleichen Art üblich ist und die der Käufer nach der Art der Sache erwarten kann.

Zu der Beschaffenheit nach Satz 2 Nr. 2 gehören auch Eigenschaften, die der Käufer nach den öffentlichen Äußerungen des Verkäufers, des Herstellers (§ 4 Abs. 1 und 2 des Produkthaftungsgesetzes) oder seines Gehilfen insbesondere in der Werbung oder bei der

Kennzeichnung über bestimmte Eigenschaften der Sache erwarten kann, es sei denn, dass der Verkäufer die Äußerung nicht kannte und auch nicht kennen musste, dass sie im Zeitpunkt des Vertragsschlusses in gleichwertiger Weise berichtigt war oder dass sie die Kaufentscheidung nicht beeinflussen konnte.

(2) Ein Sachmangel ist auch dann gegeben, wenn die vereinbarte Montage durch den Verkäufer oder dessen Erfüllungsgehilfen unsachgemäß durchgeführt worden ist. Ein Sachmangel liegt bei einer zur Montage bestimmten Sache ferner vor, wenn die Montageanleitung mangelhaft ist, es sei denn, die Sache ist fehlerfrei montiert worden.

(3) Einem Sachmangel steht es gleich, wenn der Verkäufer eine andere Sache oder eine zu geringe Menge liefert.

§ 438 Verjährung der Mängelansprüche

(1) Die in § 437 Nr. 1 und 3 bezeichneten Ansprüche verjähren

1. in 30 Jahren, wenn der Mangel
   a) in einem dinglichen Recht eines Dritten, auf Grund dessen Herausgabe der Kaufsache verlangt werden kann, oder
   b) in einem sonstigen Recht, das im Grundbuch eingetragen ist,
2. in fünf Jahren
   a) bei einem Bauwerk und
   b) bei einer Sache, die entsprechend ihrer üblichen Verwendungsweise für ein Bauwerk verwendet worden ist und dessen Mangelhaftigkeit verursacht hat, und
3. im Übrigen in zwei Jahren.

§ 439 Nacherfüllung (Abs. 3: neu)

(1) Der Käufer kann als Nacherfüllung nach seiner Wahl die Beseitigung des Mangels oder die Lieferung einer mangelfreien Sache verlangen.

(2) Der Verkäufer hat die zum Zwecke der Nacherfüllung erforderlichen Aufwendungen, insbesondere Transport-, Wege-, Arbeits- und Materialkosten zu tragen.

(3) Hat der Käufer die mangelhafte Sache gemäß ihrer Art und ihrem Verwendungszweck in eine andere Sache eingebaut oder an eine andere Sache angebracht, ist der Verkäufer im Rahmen der Nacherfüllung verpflichtet, dem Käufer die erforderlichen Aufwendungen für das Entfernen der mangelhaften und den Einbau oder das Anbringen der nachgebesserten oder gelieferten mangelfreien Sache zu ersetzen. § 422 Absatz 1 ist mit der Maßgabe anzuwenden, dass für die Kenntnis des Käufers an die Stelle des Vertragsschlusses der Einbau oder das Anbringen der mangelhaften Sache durch den Käufer tritt.

§ 631 Vertragstypische Pflichten beim Werkvertrag

(1) Durch den Werkvertrag wird der Unternehmer zur Herstellung des versprochenen Werkes, der Besteller zur Entrichtung der vereinbarten Vergütung verpflichtet.

(2) Gegenstand des Werkvertrags kann sowohl die Herstellung oder Veränderung einer Sache als auch ein anderer durch Arbeit oder Dienstleistung herbeizuführender Erfolg sein.

§ 632 Vergütung

(1) Eine Vergütung gilt als stillschweigend vereinbart, wenn die Herstellung des Werkes den Umständen nach nur gegen eine Vergütung zu erwarten ist.

(2) Ist die Höhe der Vergütung nicht bestimmt, so ist bei dem Bestehen einer Taxe die taxmäßige Vergütung, in Ermangelung einer Taxe die übliche Vergütung als vereinbart anzusehen.

(3) Ein Kostenanschlag ist im Zweifel nicht zu vergüten.

§ 632a Abschlagszahlungen (neu)

(1) Der Unternehmer kann von dem Besteller eine Abschlagszahlung in Höhe des Wertes der von ihm erbrachten und nach dem Vertrag geschuldeten Leistungen verlangen. Sind die erbrachten Leistungen nicht vertragsgemäß, kann der Besteller die Zahlung eines angemessenen Teils des Abschlags verweigern. Die Beweislast für die vertragsgemäße Leistung verbleibt bis zur Abnahme beim Unternehmer. § 641 Abs. 3 gilt entsprechend. Die Leistungen sind durch eine Aufstellung nachzuweisen, die eine rasche und sichere Beurteilung der Leistungen ermöglichen muss. Die Sätze 1 bis 5 gelten auch für erforderliche Stoffe oder Bauteile, die angeliefert oder eigens angefertigt und bereitgestellt sind, wenn dem Besteller nach seiner Wahl Eigentum an den Stoffen oder Bauteilen übertragen oder entsprechende Sicherheit hierfür geleistet wird.

(2) Die Sicherheit nach Absatz 1 Satz 6 kann durch eine Garantie oder ein sonstiges Zahlungsversprechen eines im Geltungsbereich dieses Gesetzes zum Geschäftsbetrieb befugten Kreditinstituts oder Kreditversicherers geleistet werden.

§ 633 Sach- und Rechtsmangel

(1) Der Unternehmer hat dem Besteller das Werk frei von Sach- und Rechtsmängeln zu verschaffen.

(2) Das Werk ist frei von Sachmängeln, wenn es die vereinbarte Beschaffenheit hat. Soweit die Beschaffenheit nicht vereinbart ist, ist das Werk frei von Sachmängeln,

1. wenn es sich für die nach dem Vertrag vorausgesetzte, sonst
2. für die gewöhnliche Verwendung eignet und eine Beschaffenheit aufweist, die bei Werken der gleichen Art üblich ist und die der Besteller nach der Art des Werkes erwarten kann.

Einem Sachmangel steht es gleich, wenn der Unternehmer ein anderes als das bestellte Werk oder das Werk in zu geringer Menge herstellt.

(3) Das Werk ist frei von Rechtsmängeln, wenn Dritte in Bezug auf das Werk keine oder nur die im Vertrag übernommenen Rechte gegen den Besteller geltend machen können.

§ 634 Rechte des Bestellers bei Mängeln

Ist das Werk mangelhaft, kann der Besteller, wenn die Voraussetzungen der folgenden Vorschriften vorliegen und soweit nicht ein anderes bestimmt ist,

1. nach § 635 Nacherfüllung verlangen,
2. nach § 637 den Mangel selbst beseitigen und Ersatz der erforderlichen Aufwendungen verlangen,
3. nach den §§ 636, 323 und 326 Abs. 5 von dem Vertrag zurücktreten oder nach § 638 die Vergütung mindern und
4. nach den §§ 636, 280, 281, 283 und 311a Schadensersatz oder nach § 284 Ersatz vergeblicher Aufwendungen verlangen.

§ 634a Verjährung der Mängelansprüche

(1) Die in § 634 Nr. 1, 2 und 4 bezeichneten Ansprüche verjähren

1. vorbehaltlich der Nummer 2 in zwei Jahren bei einem Werk, dessen Erfolg in der Herstellung, Wartung oder Veränderung einer Sache oder in der Erbringung von Planungs- oder Überwachungsleistungen hierfür besteht,
2. in fünf Jahren bei einem Bauwerk und einem Werk, dessen Erfolg in der Erbringung von Planungs- oder Überwachungsleistungen hierfür besteht und
3. im Übrigen in der regelmäßigen Verjährungsfrist.

(2) Die Verjährung beginnt in den Fällen des Absatzes 1 Nr. 1 und 2 mit der Abnahme.

(3) Abweichend von Absatz 1 Nr. 1 und 2 und Absatz 2 verjähren die Ansprüche in der regelmäßigen Verjährungsfrist, wenn der Unternehmer den Mangel arglistig verschwiegen hat. Im Fall des Absatzes 1 Nr. 2 tritt die Verjährung jedoch nicht vor Ablauf der dort bestimmten Frist ein.

(4) Für das in § 634 bezeichnete Rücktrittsrecht gilt § 218. Der Besteller kann trotz einer Unwirksamkeit des Rücktritts nach § 218 Abs. 1 die Zahlung der Vergütung insoweit verweigern, als er auf Grund des Rücktritts dazu berechtigt sein würde. Macht er von diesem Recht Gebrauch, kann der Unternehmer vom Vertrag zurücktreten.

(5) Auf das in § 634 bezeichnete Minderungsrecht finden § 218 und Absatz 4 Satz 2 entsprechende Anwendung.

§ 635 Nacherfüllung

(1) Verlangt der Besteller Nacherfüllung, so kann der Unternehmer nach seiner Wahl den Mangel beseitigen oder ein neues Werk herstellen.

(2) Der Unternehmer hat die zum Zwecke der Nacherfüllung erforderlichen Aufwendungen, insbesondere Transport-, Wege-, Arbeits- und Materialkosten zu tragen.

(3) Der Unternehmer kann die Nacherfüllung unbeschadet des § 275 Abs. 2 und 3 verweigern, wenn sie nur mit unverhältnismäßigen Kosten möglich ist.

(4) Stellt der Unternehmer ein neues Werk her, so kann er vom Besteller Rückgewähr des mangelhaften Werkes nach Maßgabe der §§ 346 bis 348 verlangen.

§ 636 Besondere Bestimmungen für Rücktritt und Schadensersatz

Außer in den Fällen der §§ 281 Abs. 2 und 323 Abs. 2 bedarf es der Fristsetzung auch dann nicht, wenn der Unternehmer die Nacherfüllung gemäß § 635 Abs. 3 verweigert oder wenn die Nacherfüllung fehlgeschlagen oder dem Besteller unzumutbar ist.

§ 637 Selbstvornahme

(1) Der Besteller kann wegen eines Mangels des Werkes nach erfolglosem Ablauf einer von ihm zur Nacherfüllung bestimmten angemessenen Frist den Mangel selbst beseitigen und Ersatz der erforderlichen Aufwendungen verlangen, wenn nicht der Unternehmer die Nacherfüllung zu Recht verweigert.

(2) § 323 Abs. 2 findet entsprechende Anwendung. Der Bestimmung einer Frist bedarf es auch dann nicht, wenn die Nacherfüllung fehlgeschlagen oder dem Besteller unzumutbar ist.

(3) Der Besteller kann von dem Unternehmer für die zur Beseitigung des Mangels erforderlichen Aufwendungen Vorschuss verlangen.

§ 638 Minderung

(1) Statt zurückzutreten, kann der Besteller die Vergütung durch Erklärung gegenüber dem Unternehmer mindern. Der Ausschlussgrund des § 323 Abs. 5 Satz 2 findet keine Anwendung.

(2) Sind auf der Seite des Bestellers oder auf der Seite des Unternehmers mehrere beteiligt, so kann die Minderung nur von allen oder gegen alle erklärt werden.

(3) Bei der Minderung ist die Vergütung in dem Verhältnis herabzusetzen, in welchem zur Zeit des Vertragsschlusses der Wert des Werkes in mangelfreiem Zustand zu dem wirklichen Wert gestanden haben würde. Die Minderung ist, soweit erforderlich, durch Schätzung zu ermitteln.

(4) Hat der Besteller mehr als die geminderte Vergütung gezahlt, so ist der Mehrbetrag vom Unternehmer zu erstatten. § 346 Abs. 1 und § 347 Abs. 1 finden entsprechende Anwendung.

§ 639 Haftungsausschluss

Auf eine Vereinbarung, durch welche die Rechte des Bestellers wegen eines Mangels ausgeschlossen oder beschränkt werden, kann sich der Unternehmer nicht berufen, soweit er den Mangel arglistig verschwiegen oder eine Garantie für die Beschaffenheit des Werkes übernommen hat.

§ 640 Abnahme (neu)

(1) Der Besteller ist verpflichtet, das vertragsmäßig hergestellte Werk abzunehmen, sofern nicht nach der Beschaffenheit des Werkes die Abnahme ausgeschlossen ist. Wegen unwesentlicher Mängel kann die Abnahme nicht verweigert werden.

(2) Als abgenommen gilt ein Werk auch, wenn der Unternehmer dem Besteller nach Fertigstellung des Werks eine angemessene Frist zur Abnahme gesetzt hat und der Besteller die Abnahme nicht innerhalb dieser Frist unter Angabe mindestens eines Mangels verweigert hat. Ist der Besteller ein Verbraucher, so treten die Rechtsfolgen des Satzes 1 nur dann ein, wenn der Unternehmer den Besteller zusammen mit der Aufforderung zur Abnahme auf die Folgen einer nicht erklärten oder ohne Angabe von Mängeln verweigerten Abnahme hingewiesen hat; der Hinweis muss in Textform erfolgen.

(3) Nimmt der Besteller ein mangelhaftes Werk gemäß Absatz 1 Satz 1 ab, obschon er den Mangel kennt, so stehen ihm die in § 634 Nr. 1 bis 3 bezeichneten Rechte nur zu, wenn er sich seine Rechte wegen des Mangels bei der Abnahme vorbehält.

§ 641 Fälligkeit der Vergütung

(1) Die Vergütung ist bei der Abnahme des Werkes zu entrichten. Ist das Werk in Teilen abzunehmen und die Vergütung für die einzelnen Teile bestimmt, so ist die Vergütung für jeden Teil bei dessen Abnahme zu entrichten.

(2) Die Vergütung des Unternehmers für ein Werk, dessen Herstellung der Besteller einem Dritten versprochen hat, wird spätestens fällig,

1. soweit der Besteller von dem Dritten für das versprochene Werk wegen dessen Herstellung seine Vergütung oder Teile davon erhalten hat,
2. soweit das Werk des Bestellers von dem Dritten abgenommen worden ist oder als abgenommen gilt oder
3. wenn der Unternehmer dem Besteller erfolglos eine angemessene Frist zur Auskunft über die in den Nummern 1 und 2 bezeichneten Umstände bestimmt hat.

Hat der Besteller dem Dritten wegen möglicher Mängel des Werks Sicherheit geleistet, gilt Satz 1 nur, wenn der Unternehmer dem Besteller entsprechende Sicherheit leistet.

(3) Kann der Besteller die Beseitigung eines Mangels verlangen, so kann er nach der Fälligkeit die Zahlung eines angemessenen Teils der Vergütung verweigern; angemessen ist in der Regel das Doppelte der für die Beseitigung des Mangels erforderlichen Kosten.

(4) Eine in Geld festgesetzte Vergütung hat der Besteller von der Abnahme des Werkes an zu verzinsen, sofern nicht die Vergütung gestundet ist.

§ 642 Mitwirkung des Bestellers

(1) Ist bei der Herstellung des Werkes eine Handlung des Bestellers erforderlich, so kann der Unternehmer, wenn der Besteller durch das Unterlassen der Handlung in Verzug der Annahme kommt, eine angemessene Entschädigung verlangen.

(2) Die Höhe der Entschädigung bestimmt sich einerseits nach der Dauer des Verzugs und der Höhe der vereinbarten Vergütung, andererseits nach demjenigen, was der Unternehmer infolge des Verzugs an Aufwendungen erspart oder durch anderweitige Verwendung seiner Arbeitskraft erwerben kann.

§ 643 Kündigung bei unterlassener Mitwirkung

Der Unternehmer ist im Falle des § 642 berechtigt, dem Besteller zur Nachholung der Handlung eine angemessene Frist mit der Erklärung zu bestimmen, dass er den Vertrag kündige, wenn die Handlung nicht bis zum Ablauf der Frist vorgenommen werde. Der Vertrag gilt als aufgehoben, wenn nicht die Nachholung bis zum Ablauf der Frist erfolgt.

§ 644 Gefahrtragung

(1) Der Unternehmer trägt die Gefahr bis zur Abnahme des Werkes. Kommt der Besteller in Verzug der Annahme, so geht die Gefahr auf ihn über. Für den zufälligen Untergang und eine zufällige Verschlechterung des von dem Besteller gelieferten Stoffes ist der Unternehmer nicht verantwortlich.

(2) Versendet der Unternehmer das Werk auf Verlangen des Bestellers nach einem anderen Ort als dem Erfüllungsort, so finden die für den Kauf geltenden Vorschriften des § 447 entsprechende Anwendung.

§ 645 Verantwortlichkeit des Bestellers

(1) Ist das Werk vor der Abnahme infolge eines Mangels des von dem Besteller gelieferten Stoffes oder infolge einer von dem Besteller für die Ausführung erteilten Anweisung untergegangen, verschlechtert oder unausführbar geworden, ohne dass ein Umstand mitgewirkt hat, den der Unternehmer zu vertreten hat, so kann der Unternehmer einen der geleisteten Arbeit entsprechenden Teil der Vergütung und Ersatz der in der Vergütung nicht inbegriffenen Auslagen verlangen. Das Gleiche gilt, wenn der Vertrag in Gemäßheit des § 643 aufgehoben wird.

(2) Eine weitergehende Haftung des Bestellers wegen Verschuldens bleibt unberührt.

§ 646 Vollendung statt Abnahme

Ist nach der Beschaffenheit des Werkes die Abnahme ausgeschlossen, so tritt in den Fällen des § 634a Abs. 2 und der §§ 641, 644 und 645 an die Stelle der Abnahme die Vollendung des Werkes.

§ 647 Unternehmerpfandrecht

Der Unternehmer hat für seine Forderungen aus dem Vertrag ein Pfandrecht an den von ihm hergestellten oder ausgebesserten beweglichen Sachen des Bestellers, wenn sie bei der Herstellung oder zum Zwecke der Ausbesserung in seinen Besitz gelangt sind.

§ 648 Kündigungsrecht des Bestellers (neu, entspricht § 649 a.F.)

Der Besteller kann bis zur Vollendung des Werkes jederzeit den Vertrag kündigen. Kündigt der Besteller, so ist der Unternehmer berechtigt, die vereinbarte Vergütung zu verlangen; er muss sich jedoch dasjenige anrechnen lassen, was er infolge der Aufhebung des Vertrags an Aufwendungen erspart oder durch anderweitige Verwendung seiner Arbeitskraft erwirbt oder zu erwerben böswillig unterlässt. Es wird vermutet, dass danach dem Unternehmer 5 vom Hundert der auf den noch nicht erbrachten Teil der Werkleistung entfallenden vereinbarten Vergütung zustehen.

§ 648a Kündigung aus wichtigem Grund (neu)

(1) Beide Vertragsparteien können den Vertrag aus wichtigem Grund ohne Einhaltung einer Kündigungsfrist kündigen. Ein wichtiger Grund liegt vor, wenn dem kündigenden Teil unter Berücksichtigung aller Umstände des Einzelfalls und unter Abwägung der beiderseitigen Interessen die Fortsetzung des Vertragsverhältnisses bis zur Fertigstellung des Werks nicht zugemutet werden kann.

(2) Eine Teilkündigung ist möglich; sie muss sich auf einen abgrenzbaren Teil des geschuldeten Werks beziehen.

(3) § 341 Absatz 2 und 3 gilt entsprechend.

(4) Nach der Kündigung kann jede Vertragspartei von der anderen verlangen, dass sie an einer gemeinsamen Feststellung des Leistungsstandes mitwirkt. Verweigert eine Vertragspartei die Mitwirkung oder bleibt sie einem vereinbarten oder einem von der anderen Vertragspartei innerhalb einer angemessenen Frist bestimmten Termin zur Leistungsstandfeststellung fern, trifft sie die Beweislast für den Leistungsstand zum Zeitpunkt der Kündigung. Dies gilt nicht, wenn die Vertragspartei infolge eines Umstands fernbleibt, den sie nicht zu vertreten hat und den sie der anderen Vertragspartei unverzüglich mitgeteilt hat.

(5) Kündigt eine Vertragspartei aus wichtigem Grund, ist der Unternehmer nur berechtigt, die Vergütung zu verlangen, die auf den bis zur Kündigung erbrachten Teil des Werks entfällt.

(6) Die Berechtigung, Schadensersatz zu verlangen, wird durch die Kündigung nicht ausgeschlossen.

§ 650a Bauvertrag (neu)

(1) Ein Bauvertrag ist ein Vertrag über die Herstellung, die Wiederherstellung, die Beseitigung oder den Umbau eines Bauwerks, einer Außenanlage oder eines Teils davon. Für den Bauvertrag gelten ergänzend die folgenden Vorschriften dieses Kapitels.

(2) Ein Vertrag über die Instandhaltung eines Bauwerks ist ein Bauvertrag, wenn das Werk für die Konstruktion, den Bestand oder den bestimmungsgemäßen Gebrauch von wesentlicher Bedeutung ist.

§ 650b Änderung des Vertrags; Anordnungsrecht des Bestellers (neu)

(1) Begehrt der Besteller
1. eine Änderung des vereinbarten Werkerfolgs (§ 631 Absatz 2) oder
2. eine Änderung, die zur Erreichung des vereinbarten Werkerfolgs notwendig ist,

streben die Vertragsparteien Einvernehmen über die Änderung und die infolge der Änderung zu leistende Mehr- oder Mindervergütung an. Der Unternehmer ist verpflichtet, ein Angebot über die Mehr- oder Mindervergütung zu erstellen, im Falle einer Änderung nach Satz 1 Nummer 1 jedoch nur, wenn ihm die Ausführung der Änderung zumutbar ist. Macht der Unternehmer betriebsinterne Vorgänge für die Unzumutbarkeit einer Anordnung nach Absatz 1 Satz 1 Nummer 1 geltend, trifft ihn die Beweislast hierfür. Trägt der Besteller die Verantwortung für die Planung des Bauwerks oder der Außenanlage, ist der Unternehmer nur dann zur Erstellung eines Angebots über die Mehr- oder Mindervergütung verpflichtet, wenn der Besteller die für die Änderung erforderliche Planung vorgenommen und dem Unternehmer zur Verfügung gestellt hat. Begehrt der Besteller eine Änderung, für die dem Unternehmer nach § 650c Absatz 1 Satz 2 kein Anspruch auf Vergütung für vermehrten Aufwand zusteht, streben die Parteien nur Einvernehmen über die Änderung an; Satz 2 findet in diesem Fall keine Anwendung.

(2) Erzielen die Parteien binnen 30 Tagen nach Zugang des Änderungsbegehrens beim Unternehmer keine Einigung nach Absatz 1, kann der Besteller die Änderung in Textform anordnen. Der Unternehmer ist verpflichtet, der Anordnung des Bestellers nachzukommen, einer Anordnung nach Absatz 1 Satz 1 Nummer 1 jedoch nur, wenn ihm die Ausführung zumutbar ist. Absatz 1 Satz 3 gilt entsprechend.

§ 650c Vergütungsanpassung bei Anordnungen nach § 650b Absatz 2 (neu)

(1) Die Höhe des Vergütungsanspruchs für den infolge einer Anordnung des Bestellers nach § 650b Absatz 2 vermehrten oder verminderten Aufwand ist nach den tatsächlich erforderlichen Kosten mit angemessenen Zuschlägen für Allgemeine Geschäftskosten, Wagnis und Gewinn zu ermitteln. Umfasst die Leistungspflicht des Unternehmers auch die Planung des Bauwerks oder der Außenanlage, steht diesem im Fall des § 650b Absatz 1 Satz 1 Nummer 2 kein Anspruch auf Vergütung für vermehrten Aufwand zu.

(2) Der Unternehmer kann zur Berechnung der Vergütung für den Nachtrag auf die Ansätze in einer vereinbarungsgemäß hinterlegten Urkalkulation zurückgreifen. Es wird vermutet, dass die auf Basis der Urkalkulation fortgeschriebene Vergütung der Vergütung nach Absatz 1 entspricht.

(3) Bei der Berechnung von vereinbarten oder gemäß § 632a geschuldeten Abschlagszahlungen kann der Unternehmer 80 Prozent einer in einem Angebot nach § 650b Absatz 1 Satz 2 genannten Mehrvergütung ansetzen, wenn sich die Parteien nicht über die Höhe geeinigt haben oder keine anderslautende gerichtliche Entscheidung ergeht. Wählt der Unternehmer diesen Weg und ergeht keine anderslautende gerichtliche Entscheidung, wird die nach den Absätzen 1 und 2 geschuldete Mehrvergütung erst nach der Abnahme

des Werkes fällig. Zahlungen nach Satz 1, die die nach den Absätzen 1 und 2 geschuldete Mehrvergütung übersteigen, sind dem Besteller zurückzugewähren und ab ihrem Eingang beim Unternehmer zu verzinsen. § 288 Absatz 1 Satz 2, Absatz 2 und § 289 Satz 1 gelten entsprechend.

§ 650d Einstweilige Verfügung (neu)

Zum Erlass einer einstweiligen Verfügung in Streitigkeiten über das Anordnungsrecht gemäß § 650b oder die Vergütungsanpassung gemäß § 650c ist es nach Beginn der Bauausführung nicht erforderlich, dass der Verfügungsgrund glaubhaft gemacht wird.

§ 650e Sicherungshypothek des Bauunternehmers (entspricht § 648 a.F.)

Der Unternehmer kann für seine Forderungen aus dem Vertrag die Einräumung einer Sicherungshypothek an dem Baugrundstück des Bestellers verlangen. Ist das Werk noch nicht vollendet, so kann er die Einräumung der Sicherungshypothek für einen der geleisteten Arbeit entsprechenden Teil der Vergütung und für die in der Vergütung nicht inbegriffenen Auslagen verlangen.

§ 650f Bauhandwerkersicherung (neu, entspricht § 648a a.F.)

(1) Der Unternehmer kann vom Besteller Sicherheit für die auch in Zusatzaufträgen vereinbarte und noch nicht gezahlte Vergütung einschließlich dazugehöriger Nebenforderungen, die mit 10 Prozent des zu sichernden Vergütungsanspruchs anzusetzen sind, verlangen. Satz 1 gilt in demselben Umfang auf für Ansprüche, die an die Stelle der Vergütung treten. Der Anspruch des Unternehmers auf Sicherheit wird nicht dadurch ausgeschlossen, dass der Besteller Erfüllung verlangen kann oder das Werk abgenommen hat. Ansprüche, mit denen der Besteller gegen den Anspruch des Unternehmers auf Vergütung aufrechnen kann, bleiben bei der Berechnung der Vergütung unberücksichtigt, es sei denn, sie sind unstreitig oder rechtskräftig festgestellt. Die Sicherheit ist auch dann als ausreichend anzusehen, wenn sich der Sicherungsgeber das Recht vorbehält, sein Versprechen im Falle einer wesentlichen Verschlechterung der Vermögensverhältnisse des Bestellers mit Wirkung für Vergütungsansprüche aus Bauleistungen zu widerrufen, die der Unternehmer bei Zugang der Widerrufserklärung noch nicht erbracht hat.

(2) Die Sicherheit kann auch durch eine Garantie oder ein sonstiges Zahlungsversprechen eines im Geltungsbereich dieses Gesetzes zum Geschäftsbetrieb befugten Kreditinstituts oder Kreditversicherers geleistet werden. Das Kreditinstitut oder der Kreditversicherer darf Zahlungen an den Unternehmer nur leisten, soweit der Besteller den Vergütungsanspruch des Unternehmers anerkennt oder durch vorläufig vollstreckbares Urteil zur Zahlung der Vergütung verurteilt worden ist und die Voraussetzungen vorliegen, unter denen die Zwangsvollstreckung begonnen werden darf.

(3) Der Unternehmer hat dem Besteller die üblichen Kosten der Sicherheitsleistung bis zu einem Höchstsatz von 2 Prozent für das Jahr zu erstatten. Dies gilt nicht, soweit eine Sicherheit wegen Einwendungen des Bestellers gegen den Vergütungsanspruch des

Unternehmers aufrechterhalten werden muss und die Einwendungen sich als unbegründet erweisen.

(4) Soweit der Unternehmer für seinen Vergütungsanspruch eine Sicherheit nach Absatz 1 oder 2 erlangt hat, ist der Anspruch auf Einräumung einer Sicherungshypothek nach § 650e ausgeschlossen.

(5) Hat der Unternehmer dem Besteller erfolglos eine angemessene Frist zur Leistung der Sicherheit nach Absatz 1 bestimmt, so kann der Unternehmer die Leistung verweigern oder den Vertrag kündigen. Kündigt er den Vertrag, ist der Unternehmer berechtigt, die vereinbarte Vergütung zu verlangen; er muss sich jedoch dasjenige anrechnen lassen, was er infolge der Aufhebung des Vertrages an Aufwendungen erspart oder durch anderweitige Verwendung seiner Arbeitskraft erwirbt oder böswillig zu erwerben unterlässt. Es wird vermutet, dass danach dem Unternehmer 5 Prozent der auf den noch nicht erbrachten Teil der Werkleistung entfallenden vereinbarten Vergütung zustehen.

(6) Die Absätze 1 bis 5 finden keine Anwendung, wenn der Besteller
1. eine juristische Person des öffentlichen Rechts oder ein öffentlich-rechtliches Sondervermögen ist, über deren Vermögen ein Insolvenzverfahren unzulässig ist, oder,
2. Verbraucher ist und es sich um einen Verbraucherbauvertrag nach § 650i oder um einen Bauträgervertrag nach § 650u handelt,

Satz 1 Nummer 2 gilt nicht bei Betreuung des Bauvorhabens durch einen zur Verfügung über die Finanzierungsmittel des Bestellers ermächtigten Baubetreuer.

(7) Ein von den Absätzen 1 bis 5 abweichende Vereinbarung ist unwirksam.

§ 650g Zustandsfeststellung bei Verweigerung der Abnahme, Schlussrechnung (neu)

(1) Verweigert der Besteller die Abnahme unter Angabe von Mängeln, hat er auf Verlangen des Unternehmers an einer gemeinsamen Feststellung des Zustands des Werks mitzuwirken. Die gemeinsame Zustandsfeststellung soll mit der Angabe des Tages der Anfertigung versehen werden und ist von beiden Vertragsparteien zu unterschreiben.

(2) Bleibt der Besteller einem vereinbarten oder einem von dem Unternehmer innerhalb einer angemessenen Frist bestimmten Termin zur Zustandsfeststellung fern, so kann der Unternehmer die Zustandsfeststellung auch einseitig vornehmen. Dies gilt nicht, wenn der Besteller infolge eines Umstands fernbleibt, den er nicht zu vertreten hat und den er dem Unternehmer unverzüglich mitgeteilt hat. Der Unternehmer hat die einseitige Zustandsfeststellung mit der Angabe des Tages der Anfertigung zu versehen und sie zu unterschreiben sowie dem Besteller eine Abschrift der einseitigen Zustandsfeststellung zur Verfügung zu stellen.

(3) Ist das Werk dem Besteller verschafft worden und ist in der Zustandsfeststellung nach Absatz 1 oder 2 ein offenkundiger Mangel nicht angegeben, wird vermutet, dass dieser nach der Zustandsfeststellung entstanden und vom Besteller zu vertreten ist. Die Vermutung gilt nicht, wenn der Mangel nach seiner Art nicht vom Besteller verursacht worden sein kann.

(4) Die Vergütung ist zu entrichten, wenn
1. der Besteller das Werk abgenommen hat oder die Abnahme nach § 641 Absatz 2 entbehrlich ist und
2. der Unternehmer dem Besteller eine prüffähige Schlussrechnung erteilt hat.

Die Schlussrechnung ist prüffähig, wenn sie eine übersichtliche Aufstellung der erbrachten Leistungen enthält und für den Besteller nachvollziehbar ist. Sie gilt als prüffähig, wenn der Besteller nicht innerhalb von 30 Tagen nach Zugang der Schlussrechnung begründete Einwendungen gegen ihre Prüffähigkeit erhoben hat.

§ 650h Schriftform der Kündigung (neu)

Die Kündigung des Bauvertrags bedarf der schriftlichen Form.

§ 650i Verbraucherbauvertrag

(1) Verbraucherbauverträge sind Verträge, durch die der Unternehmer von einem Verbraucher zum Bau eines neuen Gebäudes oder zu erheblichen Umbaumaßnahmen an einem bestehenden Gebäude verpflichtet wird.

(2) Der Verbraucherbauvertrag bedarf der Textform.

(3) Für Verbraucherbauverträge gelten ergänzend die folgenden Vorschriften dieses Kapitels.

§ 650j Baubeschreibung

Der Unternehmer hat den Verbraucher über die sich aus Artikel 249 des Einführungsgesetzes zum Bürgerlichen Gesetzbuche ergebenden Einzelheiten in der dort vorgesehenen Form zu unterrichten, es sei denn, der Verbraucher oder ein von ihm Beauftragter macht die wesentlichen Planungsvorgaben.

§ 650k Inhalt des Vertrags

(1) Die Angaben der vorvertraglich zur Verfügung gestellten Baubeschreibung in Bezug auf die Bauausführung werden Inhalt des Vertrags, es sei denn, die Vertragsparteien haben ausdrücklich etwas anderes vereinbart.

(2) Soweit die Baubeschreibung unvollständig oder unklar ist, ist der Vertrag unter Berücksichtigung sämtlicher vertragsbegleitender Umstände, insbesondere des Komfort- und Qualitätsstandards nach der übrigen Leistungsbeschreibung, auszulegen. Zweifel bei der Auslegung des Vertrags bezüglich der vom Unternehmer geschuldeten Leistung gehen zu dessen Lasten.

(3) Der Bauvertrag muss verbindliche Angaben zum Zeitpunkt der Fertigstellung des Werks oder, wenn dieser Zeitpunkt zum Zeitpunkt des Abschlusses des Bauvertrags nicht angegeben werden kann, zur Dauer der Bauausführung enthalten. Enthält der Vertrag diese Angaben nicht, werden die vorvertraglich in der Baubeschreibung übermittelten Angaben zum Zeitpunkt der Fertigstellung des Werks oder zur Dauer der Bauausführung Inhalt des Vertrags.

§ 650l Widerrufsrecht

Dem Verbraucher steht ein Widerrufsrecht gemäß § 355 zu, es sei denn, der Vertrag wurde notariell beurkundet. Der Unternehmer ist verpflichtet, den Verbraucher nach Maßgabe des Artikels 249 § 3 des Einführungsgesetzes zum Bürgerlichen Gesetzbuche über sein Widerrufsrecht zu belehren.

§ 650m Abschlagszahlungen; Absicherung des Vergütungsanspruchs

(1) Verlangt der Unternehmer Abschlagszahlungen nach § 632a, darf der Gesamtbetrag der Abschlagszahlungen 90 Prozent der vereinbarten Gesamtvergütung einschließlich der Vergütung für Nachtragsleistungen nach § 650c nicht übersteigen.

(2) Dem Verbraucher ist bei der ersten Abschlagszahlung eine Sicherheit für die rechtzeitige Herstellung des Werks ohne wesentliche Mängel in Höhe von 5 Prozent der vereinbarten Gesamtvergütung zu leisten. Erhöht sich der Vergütungsanspruch infolge einer Anordnung des Verbrauchers nach den §§ 650b und 650c oder infolge sonstiger Änderungen oder Ergänzungen des Vertrags um mehr als 10 Prozent, ist dem Verbraucher bei der nächsten Abschlagszahlung eine weitere Sicherheit in Höhe von 5 Prozent des zusätzlichen Vergütungsanspruchs zu leisten. Auf Verlangen des Unternehmers ist die Sicherheitsleistung durch Einbehalt dergestalt zu erbringen, dass der Verbraucher die Abschlagszahlungen bis zu dem Gesamtbetrag der geschuldeten Sicherheit zurückhält.

(3) Sicherheiten nach Absatz 2 können auch durch eine Garantie oder ein sonstiges Zahlungsversprechen eines im Geltungsbereich dieses Gesetzes zum Geschäftsbetrieb befugten Kreditinstituts oder Kreditversicherers geleistet werden.

(4) Verlangt der Unternehmer Abschlagszahlungen nach § 632a, ist eine Vereinbarung unwirksam, die den Verbraucher zu einer Sicherheitsleistung für die vereinbarte Vergütung verpflichtet, die die nächste Abschlagszahlung oder 20 Prozent der vereinbarten Vergütung übersteigt. Gleiches gilt, wenn die Parteien Abschlagszahlungen vereinbart haben.

§ 650n Erstellung und Herausgabe von Unterlagen

(1) Rechtzeitig vor Beginn der Ausführung einer geschuldeten Leistung hat der Unternehmer diejenigen Planungsunterlagen zu erstellen und dem Verbraucher herauszugeben, die dieser benötigt, um gegenüber Behörden den Nachweis führen zu können, dass die Leistung unter Einhaltung der einschlägigen öffentlich-rechtlichen Vorschriften ausgeführt werden wird. Die Pflicht besteht nicht, soweit der Verbraucher oder ein von ihm Beauftragter die wesentlichen Planungsvorgaben erstellt.

(2) Spätestens mit der Fertigstellung des Werks hat der Unternehmer diejenigen Unterlagen zu erstellen und dem Verbraucher herauszugeben, die dieser benötigt, um gegenüber Behörden den Nachweis führen zu können, dass die Leistung unter Einhaltung der einschlägigen öffentlich-rechtlichen Vorschriften ausgeführt worden ist.

(3) Die Absätze 1 und 2 gelten entsprechend, wenn ein Dritter, etwa ein Darlehensgeber, Nachweise für die Einhaltung bestimmter Bedingungen verlangt und wenn der Unternehmer die berechtigte Erwartung des Verbrauchers geweckt hat, diese Bedingungen einzuhalten.

§ 650o Abweichende Vereinbarungen

Von § 640 Absatz 2 Satz 2, den §§ 650i bis 650l und 650n kann nicht zum Nachteil des Verbrauchers abgewichen werden. Diese Vorschriften finden auch Anwendung, wenn sie durch anderweitige Gestaltungen umgangen werden.

§ 650p Vertragstypische Pflichten aus Architekten- und Ingenieurverträgen (neu)

(1) Durch einen Architekten- oder Ingenieurvertrag wird der Unternehmer verpflichtet, die Leistungen zu erbringen, die nach dem jeweiligen Stand der Planung und Ausführung des Bauwerks oder der Außenanlage erforderlich sind, um die zwischen den Parteien vereinbarten Planungs- und Überwachungsziele zu erreichen.

(2) Soweit wesentliche Planungs- und Überwachungsziele noch nicht vereinbart sind, hat der Unternehmer zunächst eine Planungsgrundlage zur Ermittlung dieser Ziele zu erstellen. Er legt dem Besteller die Planungsgrundlage zusammen mit einer Kosteneinschätzung für das Vorhaben zur Zustimmung vor.

§ 650q Anwendbare Vorschriften (neu)

(1) Für Architekten- und Ingenieurverträge gelten die Vorschriften des Kapitels 1 des Untertitels 1 sowie die §§ 650b, 650e bis 650h entsprechend, soweit sich aus diesem Untertitel nichts anderes ergibt.

(2) Für die Vergütungsanpassung im Fall von Anordnungen nach § 650b Absatz 2 gelten die Entgeltberechnungsregeln der Honoraranordnung für Architekten und Ingenieure in der jeweils geltenden Fassung, soweit infolge der Anordnung zu erbringende und entfallende Leistungen vom Anwendungsbereich der Honorarordnung erfasst werden. Im Übrigen ist die Vergütungsanpassung für den vermehrten oder verminderten Aufwand aufgrund der angeordneten Leistung fei vereinbar. Soweit die Vertragsparteien keine Vereinbarung treffen, gilt § 650c entsprechend.

§ 650r Sonderkündigungsrecht (neu)

(1) Nach Vorlage von Unterlagen gemäß § 650p Absatz 2 kann der Besteller den Vertrag kündigen. Das Kündigungsrecht erlischt zwei Wochen nach Vorlage der Unterlagen, bei einem Verbraucher jedoch nur dann, wenn der Unternehmer ihn bei der Vorlage der Unterlagen in Textform über das Kündigungsrecht, die Frist, in der es ausgeübt werden kann, und die Rechtsfolgen der Kündigung unterrichtet hat.

(2) Der Unternehmer kann dem Besteller eine angemessene Frist für die Zustimmung nach § 650p Absatz 2 Satz 2 setzen. Er kann den Vertrag kündigen, wenn der Besteller die Zustimmung verweigert oder innerhalb der Frist nach Satz 1 keine Erklärung zu den Unterlagen abgibt.

(3) Wird der Vertrag nach Absatz 1 oder 2 gekündigt, ist der Unternehmer nur berechtigt, die Vergütung zu verlangen, die auf die bis zur Kündigung erbrachten Leistungen entfällt.

§ 650s Teilabnahme (neu)

Der Unternehmer kann ab der Abnahme der letzten Leistung des bauausführenden Unternehmers oder der bauausführenden Unternehmer eine Teilabnahme der von ihm bis dahin erbrachten Leistungen verlangen.

§ 650t Gesamtschuldnerische Haftung mit dem bauausführenden Unternehmer (neu)

Nimmt der Besteller den Unternehmer wegen eines Überwachungsfehlers in Anspruch, der zu einem Mangel an dem Bauwerk oder an der Außenanlage geführt hat, kann der Unternehmer die Leistung verweigern, wenn auch der ausführende Bauunternehmer für den Mangel haftet und der Besteller dem bauausführenden Unternehmer noch nicht erfolglos eine angemessene Frist zur Nacherfüllung bestimmt hat.

§ 650u Bauträgervertrag; anwendbare Vorschriften

(1) Ein Bauträgervertrag ist ein Vertrag, der die Errichtung oder den Umbau eines Hauses oder eines vergleichbaren Bauwerks zum Gegenstand hat und der zugleich die Verpflichtung des Unternehmers enthält, dem Besteller das Eigentum an dem Grundstück zu übertragen oder ein Erbbaurecht zu bestellen oder zu übertragen. Hinsichtlich der Errichtung oder des Umbaus finden die Vorschriften des Untertitels 1 Anwendung, soweit sich aus den nachfolgenden Vorschriften nichts anderes ergibt. Hinsichtlich des Anspruchs auf Übertragung des Eigentums an dem Grundstück oder auf Übertragung oder Bestellung des Erbbaurechts finden die Vorschriften über den Kauf Anwendung.

(2) Keine Anwendung finden die §§ 648, 648a, 650b bis 650e, 650k Absatz 1 sowie die §§ 650l und 650m Absatz 1.

§ 650v Abschlagszahlungen

Der Unternehmer kann von dem Besteller Abschlagszahlungen nur verlangen, soweit sie gemäß einer Verordnung auf Grund von Artikel 244 des Einführungsgesetzes zum Bürgerlichen Gesetzbuche vereinbart sind.

HGB – Handelsgesetzbuch

§ 55

(1) Die Vorschriften des § 54 finden auch Anwendung auf Handlungsbevollmächtigte, die Handelsvertreter sind oder die als Handlungsgehilfen damit betraut sind, außerhalb des Betriebs des Prinzipals Geschäfte in dessen Namen abzuschließen.

(2) Die ihnen erteilte Vollmacht zum Abschluss von Geschäften bevollmächtigt sie nicht, abgeschlossene Verträge zu ändern, insbesondere Zahlungsfristen zu gewähren.

(3) Zur Annahme von Zahlungen sind sie nur berechtigt, wenn sie dazu bevollmächtigt sind.

(4) Sie gelten als ermächtigt, die Anzeige von Mängeln einer Ware, die Erklärung, dass eine Ware zur Verfügung gestellt werde, sowie ähnliche Erklärungen, durch die ein Dritter seine Rechte aus mangelhafter Leistung geltend macht oder sie vorbehält, entgegenzunehmen; sie können die dem Unternehmer (Prinzipal) zustehenden Rechte auf Sicherung des Beweises geltend machen.

§ 362

(1) Geht einem Kaufmann, dessen Gewerbebetrieb die Besorgung von Geschäften für andere mit sich bringt, ein Antrag über die Besorgung solcher Geschäfte von jemand zu, mit dem er in Geschäftsverbindung steht, so ist er verpflichtet, unverzüglich zu antworten; sein Schweigen gilt als Annahme des Antrags. Das gleiche gilt, wenn einem Kaufmann ein Antrag über die Besorgung von Geschäften von jemand zugeht, dem gegenüber er sich zur Besorgung solcher Geschäfte erboten hat.

(2) Auch wenn der Kaufmann den Antrag ablehnt, hat er die mitgesendeten Waren auf Kosten des Antragstellers, soweit er für diese Kosten gedeckt ist und soweit es ohne Nachteil für ihn geschehen kann, einstweilen vor Schaden zu bewahren.

§ 377

(1) Ist der Kauf für beide Teile ein Handelsgeschäft, so hat der Käufer die Ware unverzüglich nach der Ablieferung durch den Verkäufer, soweit dies nach ordnungsmäßigem Geschäftsgang tunlich ist, zu untersuchen und, wenn sich ein Mangel zeigt, dem Verkäufer unverzüglich Anzeige zu machen.

(2) Unterlässt der Käufer die Anzeige, so gilt die Ware als genehmigt, es sei denn, dass es sich um einen Mangel handelt, der bei der Untersuchung nicht erkennbar war.

(3) Zeigt sich später ein solcher Mangel, so muss die Anzeige unverzüglich nach der Entdeckung gemacht werden; anderenfalls gilt die Ware auch in Ansehung dieses Mangels als genehmigt.

(4) Zur Erhaltung der Rechte des Käufers genügt die rechtzeitige Absendung der Anzeige.

(5) Hat der Verkäufer den Mangel arglistig verschwiegen, so kann er sich auf diese Vorschriften nicht berufen.

Stichwortverzeichnis

Die angegebenen Zahlen verweisen auf die Randnummer im Buch.

E

R

S

T

W